# Caderno de Estudos da Lei Seca

Complementar

## Defensoria Pública

Caderno de Estudos da Lei Seca

Caderno de Estudos da

ESTUDOS DA LEI SECA CAD

Caderno de Estudos da Lei Seca

Estudos da

Lei Seca

Caderno de Estudos da Lei Seca

Caderno de Estudos

Lei Seca

CADERNO DE ESTUDOS DA LEI SECA

Caderno de Estudos

Caderno de Estudos da Lei Seca

Caderno de Estudos da Lei Seca

De Estudos

Da Lei Seca

ESTUDOS

Caderno de Estudos da Lei Seca

CADERNO DE ESTUDOS DA LEI SECA

# Caderno de Estudos da Lei Seca

Complementar

Vade Mecum *para estudar*

## Defensoria Pública

Coordenação

**Martina Correia**

- Espaços para anotações
- Letra maior para uma leitura confortável
- Em espiral para facilitar o manuseio
- Artigos mais cobrados destacados

**3ª edição**
revista e atualizada

2022

EDITORA JusPODIVM

www.editorajuspodivm.com.br

EDITORA *Jus*PODIVM
www.editorajuspodivm.com.br

Rua Canuto Saraiva, 131 – Mooca – CEP: 03113-010 – São Paulo – São Paulo
Tel: (11) 3582.5757
• Contato: https://www.editorajuspodivm.com.br/sac



**Diagramação:** Equipe *Jus*PODIVM

**Capa:** Ana Caquetti

Atualizado até 13.07.2022

C122 Caderno de estudos da lei seca complementar Defensoria Pública / Coordenação Martina Correia – 3. ed. rev. e atual. São Paulo: Editora Juspodivm, 2022.
832 p. (Caderno de estudos da lei seca complementar/ Coordenadora Martina Correia)

ISBN: 978-85-442-3890-5.

1. Direito Processual. 2. Ministério público. 3. Procuradorias. 4. Advocacia pública. 5. Advocacia-Geral da União. 6. Defensoria Pública I. Correia, Martina. II. Título.

CDD 341.413

# SOBRE A COORDENADORA

## MARTINA CORREIA

Graduada em Direito pela Universidade Federal de Pernambuco em 2012.

Defensora Pública Federal.

**Outras obras da autora:**

- Direito Penal em tabelas - Partes Geral e Especial
- Processo Penal em tabelas
- Execução Penal em tabelas

Caderno de Estudos da Lei Seca

# APRESENTAÇÃO

A **Editora Juspodivm** tem o prazer de lançar mais um produto para potencializar sua preparação: o ***Caderno de Estudos da Lei Seca Complementar – Defensoria Pública***!

Mas, qual a grande novidade agora? Depois do sucesso e dos pedidos de complementação do primeiro *Caderno de Estudos da Lei Seca*, preparamos um material direcionado à sua área! Para isso, foram convocados os maiores especialistas das principais carreiras, que selecionaram o conteúdo específico de cada uma delas.

Essa triagem foi feita com base nos editais e nas estatísticas de incidência nos concursos, além, é claro, da experiência dos autores de referência das áreas. O resultado é um material que complementa o *Caderno de Estudos da Lei Seca*, oferecendo uma oportunidade de aprendizado consistente e direcionada.

Todos os detalhes foram cuidadosamente pensados, desde a seleção das normas com maior ocorrência nos principais concursos até a indicação dos artigos que merecem uma atenção especial. Esses dispositivos estão marcados com o símbolo ✪, para otimizar sua preparação.

Com a união das duas obras, você terá a preparação integral que seu concurso exige. Afinal, o conceito é o mesmo: um produto com a proposta de turbinar seu aprendizado, aumentando seu rendimento por meio de um formato totalmente inovador, com letra maior, para garantir uma leitura mais confortável, e espaços para suas anotações, que permitem que você anote e inclua o que quiser. Os índices também foram transformados em *check lists*, nos quais é possível assinalar o conteúdo visto e revisto e se foram resolvidas as questões sobre o tema.

Marque, escreva, cole e use-o do seu jeito! À medida que você inserir as informações que considera importantes, o material ganhará a sua cara, com a vantagem de ter todas as suas anotações em um só lugar. Assim, você terá um conteúdo imprescindível para revisar depois – o seu!

Assim, com mais este lançamento, pode-se afirmar que o compromisso da Editora Juspodivm com você persiste em apoiar seus estudos para a concretização dos seus sonhos, oferecendo conteúdo de qualidade, baseado totalmente no que você precisa.

Agradecemos antecipadamente por todas as sugestões e críticas que possibilitem a melhoria deste produto.

Conte conosco!

**Editora Juspodivm**

Caderno de Estudos da Lei Seca

# Como estão seus estudos sobre o conteúdo do *Caderno de Estudos da Lei Seca Principal*?

| Diploma | Estudado | Revisto | Questões |
|---|---|---|---|
| Constituição Federal | ☐ | ☐ | ☐ |
| Código Penal | ☐ | ☐ | ☐ |
| Código de Processo Penal | ☐ | ☐ | ☐ |
| Código Tributário Nacional | ☐ | ☐ | ☐ |
| LINDB | ☐ | ☐ | ☐ |
| Código Civil | ☐ | ☐ | ☐ |
| Código de Processo Civil | ☐ | ☐ | ☐ |
| Código Florestal | ☐ | ☐ | ☐ |
| Código Eleitoral | ☐ | ☐ | ☐ |
| Código de Defesa do Consumidor | ☐ | ☐ | ☐ |
| Estatuto da Criança e do Adolescente | ☐ | ☐ | ☐ |
| Estatuto da Cidade | ☐ | ☐ | ☐ |
| Estatuto do Idoso | ☐ | ☐ | ☐ |
| Estatuto do Desarmamento | ☐ | ☐ | ☐ |
| Estatuto da Pessoa com Deficiência | ☐ | ☐ | ☐ |
| Estatuto da Empresa Pública | ☐ | ☐ | ☐ |
| Lei 4.717/1965 | ☐ | ☐ | ☐ |
| Lei 6.015/1973 | ☐ | ☐ | ☐ |
| Lei 6.404/1976 | ☐ | ☐ | ☐ |
| Lei 6.938/1981 | ☐ | ☐ | ☐ |
| Lei 7.210/1984 | ☐ | ☐ | ☐ |
| Lei 7.347/1985 | ☐ | ☐ | ☐ |

| Diploma | Estudado | Revisto | Questões |
|---|---|---|---|
| Lei 7.960/1989 | ☐ | ☐ | ☐ |
| Lei 8.072/1990 | ☐ | ☐ | ☐ |
| Lei 8.112/1990 | ☐ | ☐ | ☐ |
| Lei 8.137/1990 | ☐ | ☐ | ☐ |
| Lei 8.212/1991 | ☐ | ☐ | ☐ |
| Lei 8.429/1992 | ☐ | ☐ | ☐ |
| Lei 8.666/1993 | ☐ | ☐ | ☐ |
| Lei 8.742/1993 | ☐ | ☐ | ☐ |
| Lei 8.987/1995 | ☐ | ☐ | ☐ |
| Lei 9.099/1995 | ☐ | ☐ | ☐ |
| Lei 9.296/1996 | ☐ | ☐ | ☐ |
| Lei 9.433/1997 | ☐ | ☐ | ☐ |
| Lei 9.455/1997 | ☐ | ☐ | ☐ |
| Lei 9.605/1998 | ☐ | ☐ | ☐ |
| Lei 9.613/1998 | ☐ | ☐ | ☐ |
| Lei 9.784/1999 | ☐ | ☐ | ☐ |
| Lei 9.985/2000 | ☐ | ☐ | ☐ |
| LC 101/2000 | ☐ | ☐ | ☐ |
| Lei 11.079/2004 | ☐ | ☐ | ☐ |
| Lei 11.101/2005 | ☐ | ☐ | ☐ |
| Lei 11.340/2006 | ☐ | ☐ | ☐ |
| Lei 11.343/2006 | ☐ | ☐ | ☐ |

| Diploma | Estudado | Revisto | Questões |
|---|---|---|---|
| Lei 12.016/2009 | ☐ | ☐ | ☐ |
| Lei 12.037/2009 | ☐ | ☐ | ☐ |
| Lei 12.305/2010 | ☐ | ☐ | ☐ |
| Lei 12.846/2013 | ☐ | ☐ | ☐ |
| Lei 12.850/2013 | ☐ | ☐ | ☐ |
| Lei 14.133/2021 | ☐ | ☐ | ☐ |
| Súmulas (STF e STJ) | ☐ | ☐ | ☐ |

Caderno de Estudos da Lei Seca

Lei Seca

RNO DE ESTUDOS DA LEI SECA

DA LEI SECA

CADERNO DE ESTUDOS

Estudos da Lei Seca

Caderno de Estudos da Lei Seca

Caderno de Estudos da Lei Seca

CADERNO DE ESTUDOS DA LEI SECA

CADERNO DE ESTUDOS DA LEI SECA

Caderno de Estudos Lei Seca

Caderno de Estudos da Lei Seca

Caderno de Estudos da Lei Seca

Caderno de Estudos da Lei Seca

CADERNO DE ESTUDOS DA LEI SECA

# SUMÁRIO*

## PRINCÍPIOS INSTITUCIONAIS DA DEFENSORIA PÚBLICA



## DIREITO CONSTITUCIONAL



## DIREITO PENAL



* As normas indicadas com (*) foram publicadas de forma parcial.

## DIREITO PROCESSUAL PENAL E EXECUÇÃO PENAL



## DIREITO CIVIL

## DIREITO EMPRESARIAL



## DIREITO PROCESSUAL CIVIL



## DIREITO DO IDOSO

## DIREITO DA CRIANÇA E DO ADOLESCENTE

## DIREITO DO CONSUMIDOR



## DIREITOS DIFUSOS E COLETIVOS

## DIREITOS HUMANOS

Caderno de Estudos da Lei Seca

# Princípios Institucionais da Defensoria Pública

| Diploma | Estudado | Revisto | Questões |
| --- | --- | --- | --- |
| Lei complementar nº 80/1994 | ☐ | ☐ | ☐ |
| Lei nº 1.060/1950 | ☐ | ☐ | ☐ |

# PRINCÍPIOS INSTITUCIONAIS DA DEFENSORIA PÚBLICA

## LEI COMPLEMENTAR Nº 80, DE 12 DE JANEIRO DE 1994

*Organiza a Defensoria Pública da União, do Distrito Federal e dos Territórios e prescreve normas gerais para sua organização nos Estados, e dá outras providências.*

O PRESIDENTE DA REPÚBLICA Faço saber que o Congresso Nacional decreta e eu sanciono a seguinte Lei:

### TÍTULO I. DISPOSIÇÕES GERAIS

✪ **Art. 1º.** A Defensoria Pública é instituição permanente, essencial à função jurisdicional do Estado, incumbindo-lhe, como expressão e instrumento do regime democrático, fundamentalmente, a orientação jurídica, a promoção dos direitos humanos e a defesa, em todos os graus, judicial e extrajudicial, dos direitos individuais e coletivos, de forma integral e gratuita, aos necessitados, assim considerados na forma do inciso LXXIV do art. 5º da Constituição Federal.

✪ **Art. 2º.** A Defensoria Pública abrange:

**I** – a Defensoria Pública da União;

**II** – a Defensoria Pública do Distrito Federal e dos Territórios;

**III** – as Defensorias Públicas dos Estados.

✪ **Art. 3º.** São princípios institucionais da Defensoria Pública a unidade, a indivisibilidade e a independência funcional.

**Parágrafo único.** (*VETADO*).

✪ **Art. 3º-A.** São objetivos da Defensoria Pública:

**I** – a primazia da dignidade da pessoa humana e a redução das desigualdades sociais;

**II** – a afirmação do Estado Democrático de Direito;

**III** – a prevalência e efetividade dos direitos humanos; e

**IV** – a garantia dos princípios constitucionais da ampla defesa e do contraditório.

✪ **Art. 4º.** São funções institucionais da Defensoria Pública, dentre outras:

**I** – prestar orientação jurídica e exercer a defesa dos necessitados, em todos os graus;

**II** – promover, prioritariamente, a solução extrajudicial dos litígios, visando à composição entre as pessoas em conflito de interesses, por meio de mediação, conciliação, arbitragem e demais técnicas de composição e administração de conflitos;

**III** – promover a difusão e a conscientização dos direitos humanos, da cidadania e do ordenamento jurídico;

**IV** – prestar atendimento interdisciplinar, por meio de órgãos ou de servidores de suas Carreiras de apoio para o exercício de suas atribuições;

**V** – exercer, mediante o recebimento dos autos com vista, a ampla defesa e o contraditório em favor de pessoas naturais e jurídicas, em processos administrativos e judiciais, perante todos os órgãos e em todas as instâncias, ordinárias ou extraordinárias, utilizando todas as medidas capazes de propiciar a adequada e efetiva defesa de seus interesses;

**VI** – representar aos sistemas internacionais de proteção dos direitos humanos, postulando perante seus órgãos;

**VII** – promover ação civil pública e todas as espécies de ações capazes de propiciar a adequada tutela dos direitos difusos, coletivos ou individuais homogêneos quando o resultado da demanda puder beneficiar grupo de pessoas hipossuficientes;

**VIII** – exercer a defesa dos direitos e interesses individuais, difusos, coletivos e individuais homogêneos e dos direitos do consumidor, na forma do inciso LXXIV do art. 5º da Constituição Federal;

**IX** – impetrar *habeas corpus*, mandado de injunção, *habeas data* e mandado de segurança ou qualquer outra ação em defesa das funções institucionais e prerrogativas de seus órgãos de execução;

**X** – promover a mais ampla defesa dos direitos fundamentais dos necessitados, abrangendo seus direitos individuais, coletivos, sociais, econômicos, culturais e ambientais, sendo admissíveis todas as espécies de ações capazes de propiciar sua adequada e efetiva tutela;

**XI** – exercer a defesa dos interesses individuais e coletivos da criança e do adolescente, do idoso, da pessoa portadora de necessidades especiais, da mulher vítima de violência doméstica e familiar e de outros grupos sociais vulneráveis que mereçam proteção especial do Estado;

**XII** - *(VETADO)*;
**XIII** - *(VETADO)*.
**XIV** - acompanhar inquérito policial, inclusive com a comunicação imediata da prisão em flagrante pela autoridade policial, quando o preso não constituir advogado;
**XV** - patrocinar ação penal privada e a subsidiária da pública;
**XVI** - exercer a curadoria especial nos casos previstos em lei;
**XVII** - atuar nos estabelecimentos policiais, penitenciários e de internação de adolescentes, visando a assegurar às pessoas, sob quaisquer circunstâncias, o exercício pleno de seus direitos e garantias fundamentais;
**XVIII** - atuar na preservação e reparação dos direitos de pessoas vítimas de tortura, abusos sexuais, discriminação ou qualquer outra forma de opressão ou violência, propiciando o acompanhamento e o atendimento interdisciplinar das vítimas;
**XIX** - atuar nos Juizados Especiais;
**XX** - participar, quando tiver assento, dos conselhos federais, estaduais e municipais afetos às funções institucionais da Defensoria Pública, respeitadas as atribuições de seus ramos;
**XXI** - executar e receber as verbas sucumbenciais decorrentes de sua atuação, inclusive quando devidas por quaisquer entes públicos, destinando-as a fundos geridos pela Defensoria Pública e destinados, exclusivamente, ao aparelhamento da Defensoria Pública e à capacitação profissional de seus membros e servidores;
**XXII** - convocar audiências públicas para discutir matérias relacionadas às suas funções institucionais.
**§ 1º.** *(VETADO)*.
**§ 2º.** As funções institucionais da Defensoria Pública serão exercidas inclusive contra as Pessoas Jurídicas de Direito Público.
**§ 3º.** *(VETADO)*.
**§ 4º.** O instrumento de transação, mediação ou conciliação referendado pelo Defensor Público valerá como título executivo extrajudicial, inclusive quando celebrado com a pessoa jurídica de direito público.
**§ 5º** A assistência jurídica integral e gratuita custeada ou fornecida pelo Estado será exercida pela Defensoria Pública.
**§ 6º** A capacidade postulatória do Defensor Público decorre exclusivamente de sua nomeação e posse no cargo público.
**§ 7º** Aos membros da Defensoria Pública é garantido sentar-se no mesmo plano do Ministério Público.
**§ 8º** Se o Defensor Público entender inexistir hipótese de atuação institucional, dará imediata ciência ao Defensor Público-Geral, que decidirá a controvérsia, indicando, se for o caso, outro Defensor Público para atuar.
**§ 9º** O exercício do cargo de Defensor Público é comprovado mediante apresentação de carteira funcional expedida pela respectiva Defensoria Pública, conforme modelo previsto nesta Lei Complementar, a qual valerá como documento de identidade e terá fé pública em todo o território nacional.
**§ 10.** O exercício do cargo de Defensor Público é indelegável e privativo de membro da Carreira.
**§ 11.** Os estabelecimentos a que se refere o inciso XVII do *caput* reservarão instalações adequadas ao atendimento jurídico dos presos e internos por parte dos Defensores Públicos, bem como a esses fornecerão apoio administrativo, prestarão as informações solicitadas e assegurarão acesso à documentação dos presos e internos, aos quais é assegurado o direito de entrevista com os Defensores Públicos.

**Art. 4º-A.** São direitos dos assistidos da Defensoria Pública, além daqueles previstos na legislação estadual ou em atos normativos internos:
**I** - a informação sobre:
*a)* localização e horário de funcionamento dos órgãos da Defensoria Pública;
*b)* a tramitação dos processos e os procedimentos para a realização de exames, perícias e outras providências necessárias à defesa de seus interesses;
**II** - a qualidade e a eficiência do atendimento;
**III** - o direito de ter sua pretensão revista no caso de recusa de atuação pelo Defensor Público;
**IV** - o patrocínio de seus direitos e interesses pelo defensor natural;
**V** - a atuação de Defensores Públicos distintos, quando verificada a existência de interesses antagônicos ou colidentes entre destinatários de suas funções.

## TÍTULO II. DA ORGANIZAÇÃO DA DEFENSORIA PÚBLICA DA UNIÃO

### CAPÍTULO I. DA ESTRUTURA

**Art. 5º.** A Defensoria Pública da União compreende:
**I** - órgãos de administração superior:
*a)* a Defensoria Pública-Geral da União;
*b)* a Subdefensoria Pública-Geral da União;
*c)* o Conselho Superior da Defensoria Pública da União;
*d)* a Corregedoria-Geral da Defensoria Pública da União;
**II** - órgãos de atuação:
*a)* as Defensorias Públicas da União nos Estados, no Distrito Federal e nos Territórios;
*b)* os Núcleos da Defensoria Pública da União;
**III** - órgãos de execução:

*a)* os Defensores Públicos Federais nos Estados, no Distrito Federal e nos Territórios.

## SEÇÃO I. DO DEFENSOR PÚBLICO-GERAL FEDERAL E DO SUBDEFENSOR PÚBLICO-GERAL FEDERAL

**Art. 6º.** A Defensoria Pública da União tem por chefe o Defensor Público-Geral Federal, nomeado pelo Presidente da República, dentre membros estáveis da Carreira e maiores de 35 (trinta e cinco) anos, escolhidos em lista tríplice formada pelo voto direto, secreto, plurinominal e obrigatório de seus membros, após a aprovação de seu nome pela maioria absoluta dos membros do Senado Federal, para mandato de 2 (dois) anos, permitida uma recondução, precedida de nova aprovação do Senado Federal.

**§ 1º.** *(VETADO).*

**§ 2º.** *(VETADO).*

**Art. 7º.** O Defensor Público-Geral Federal será substituído, em suas faltas, impedimentos, licenças e férias, pelo Subdefensor Público-Geral Federal, nomeado pelo Presidente da República, dentre os integrantes da Categoria Especial da Carreira, escolhidos pelo Conselho Superior, para mandato de 2 (dois) anos.

**Parágrafo único.** A União poderá, segundo suas necessidades, ter mais de um Subdefensor Público-Geral Federal.

**Art. 8º.** São atribuições do Defensor Público-Geral, dentre outras:

**I** – dirigir a Defensoria Pública da União, superintender e coordenar suas atividades e orientar-lhe a atuação;

**II** – representar a Defensoria Pública da União judicial e extrajudicialmente;

**III** – velar pelo cumprimento das finalidades da Instituição;

**IV** – integrar, como membro nato, e presidir o Conselho Superior da Defensoria Pública da União;

**V** – submeter ao Conselho Superior proposta de criação ou de alteração do Regimento Interno da Defensoria Pública-Geral da União;

**VI** – autorizar os afastamentos dos membros da Defensoria Pública da União;

**VII** – estabelecer a lotação e a distribuição dos membros e dos servidores da Defensoria Pública da União;

**VIII** – dirimir conflitos de atribuições entre membros da Defensoria Pública da União, com recurso para seu Conselho Superior;

**IX** – proferir decisões nas sindicâncias e processos administrativos disciplinares promovidos pela Corregedoria-Geral da Defensoria Pública da União;

**X** – instaurar processo disciplinar contra membros e servidores da Defensoria Pública da União, por recomendação de seu Conselho Superior;

**XI** – abrir concursos públicos para ingresso na carreira da Defensoria Pública da União;

**XII** – determinar correições extraordinárias;

**XIII** – praticar atos de gestão administrativa, financeira e de pessoal;

**XIV** – convocar o Conselho Superior da Defensoria Pública da União;

**XV** – designar membro da Defensoria Pública da União para exercício de suas atribuições em órgão de atuação diverso do de sua lotação ou, em caráter excepcional, perante Juízos, Tribunais ou Ofícios diferentes dos estabelecidos para cada categoria;

**XVI** – requisitar de qualquer autoridade pública e de seus agentes, certidões, exames, perícias, vistorias, diligências, processos, documentos, informações, esclarecimentos e demais providências necessárias à atuação da Defensoria Pública;

**XVII** – aplicar a pena da remoção compulsória, aprovada pelo voto de 2/3 (dois terços) do Conselho Superior da Defensoria Pública da União, assegurada ampla defesa;

**XVIII** – delegar atribuições a autoridade que lhe seja subordinada, na forma da lei.

**XIX** – requisitar força policial para assegurar a incolumidade física dos membros da Defensoria Pública da União, quando estes se encontrarem ameaçados em razão do desempenho de suas atribuições institucionais;

**XX** – apresentar plano de atuação da Defensoria Pública da União ao Conselho Superior.

**Parágrafo único.** Ao Subdefensor Público-Geral Federal, além da atribuição prevista no art. 7º desta Lei Complementar, compete:

**I** – auxiliar o Defensor Público-Geral nos assuntos de interesse da Instituição;

**II** – desincumbir-se das tarefas e delegações que lhe forem determinadas pelo Defensor Público-Geral.

## SEÇÃO II. DO CONSELHO SUPERIOR DA DEFENSORIA PÚBLICA DA UNIÃO

**Art. 9º.** A composição do Conselho Superior da Defensoria Pública da União deve incluir obrigatoriamente o Defensor Público-Geral Federal, o Subdefensor Público-Geral Federal e o Corregedor-Geral Federal, como membros natos, e, em sua maioria, representantes estáveis da Carreira, 2 (dois) por categoria, eleitos pelo voto direto, plurinominal, obrigatório e secreto de todos integrantes da Carreira.

**§ 1º.** O Conselho Superior é presidido pelo Defensor Público-Geral, que, além do seu voto de membro, tem o de qualidade, exceto em matéria de remoção e promoção, sendo as deliberações tomadas por maioria de votos.

**§ 2º.** As eleições serão realizadas em conformidade com as instruções baixadas pelo Defensor Público-Geral.

**§ 3º.** Os membros do Conselho Superior são eleitos para mandato de 2 (dois) anos, mediante voto nominal, direto e secreto.

**§ 4º.** São elegíveis os Defensores Públicos Federais que não estejam afastados da Carreira, para mandato de 2 (dois) anos, permitida 1 (uma) reeleição.

**§ 5º.** São suplentes dos membros eleitos de que trata o *caput* deste artigo os demais votados, em ordem decrescente.

**§ 6º.** Qualquer membro, exceto os natos, pode desistir de sua participação no Conselho Superior, assumindo, imediatamente, o cargo, o respectivo suplente.

**Art. 10.** Ao Conselho Superior da Defensoria Pública da União compete:

**I** – exercer o poder normativo no âmbito da Defensoria Pública da União;

**II** – opinar, por solicitação do Defensor Público-Geral, sobre matéria pertinente à autonomia funcional e administrativa da Defensoria Pública da União;

**III** – elaborar lista tríplice destinada à promoção por merecimento;

**IV** – aprovar a lista de antiguidade dos membros da Defensoria Pública da União e decidir sobre as reclamações a ela concernentes;

**V** – recomendar ao Defensor Público-Geral a instauração de processo disciplinar contra membros e servidores da Defensoria Pública da União;

**VI** – conhecer e julgar recurso contra decisão em processo administrativo disciplinar;

**VII** – decidir sobre pedido de revisão de processo administrativo disciplinar;

**VIII** – decidir acerca da remoção voluntária dos integrantes da carreira da Defensoria Pública da União;

**IX** – decidir sobre a avaliação do estágio probatório dos membros da Defensoria Pública da União, submetendo sua decisão à homologação do Defensor Público-Geral;

**X** – decidir acerca da destituição do Corregedor-Geral, por voto de 2/3 (dois terços) de seus membros, assegurada ampla defesa;

**XI** – deliberar sobre a organização de concurso para ingresso na carreira e designar os representantes da Defensoria Pública da União que integrarão a Comissão de Concurso;

**XII** – organizar os concursos para provimento dos cargos da Carreira de Defensor Público Federal e editar os respectivos regulamentos;

**XIII** – recomendar correições extraordinárias;

**XIV** – indicar os 6 (seis) nomes dos membros da classe mais elevada da Carreira para que o Presidente da República nomeie, dentre esses, o Subdefensor Público-Geral Federal e o Corregedor-Geral Federal da Defensoria Pública da União;

**XV** – editar as normas regulamentando a eleição para Defensor Público-Geral Federal.

**Parágrafo único.** As decisões do Conselho Superior serão motivadas e publicadas, salvo as hipóteses legais de sigilo.

## SEÇÃO III.
## DA CORREGEDORIA-GERAL DA DEFENSORIA PÚBLICA DA UNIÃO

**Art. 11.** A Corregedoria-Geral da Defensoria Pública da União é órgão de fiscalização da atividade funcional e da conduta dos membros e dos servidores da Defensoria Pública da União.

**Art. 12.** A Corregedoria-Geral da Defensoria Pública da União é exercida pelo Corregedor-Geral, indicado dentre os integrantes da classe mais elevada da carreira pelo Conselho Superior e nomeado pelo Presidente da República para mandato de 2 (dois) anos.

**Parágrafo único.** O Corregedor-Geral poderá ser destituído, antes do término do mandato, por proposta do Defensor Público-Geral, pelo voto de 2/3 (dois terços) dos membros do Conselho Superior, assegurada ampla defesa.

**Art. 13.** À Corregedoria-Geral da Defensoria Pública da União compete:

**I** – realizar correições e inspeções funcionais;

**II** – sugerir ao Defensor Público-Geral o afastamento de Defensor Público que esteja sendo submetido a correição, sindicância ou processo administrativo disciplinar, quando cabível;

**III** – propor, fundamentadamente, ao Conselho Superior a suspensão do estágio probatório de membros da Defensoria Pública da União;

**IV** – receber e processar as representações contra os membros da Defensoria Pública da União, encaminhando-as, com parecer, ao Conselho Superior;

**V** – apresentar ao Defensor Público-Geral, em janeiro de cada ano, relatório das atividades desenvolvidas no ano anterior;

**VI** – propor a instauração de processo disciplinar contra membros da Defensoria Pública da União e seus servidores;

**VII** – acompanhar o estágio probatório dos membros da Defensoria Pública da União;

**VIII** – propor a exoneração de membros da Defensoria Pública da União que não cumprirem as condições do estágio probatório.

## SEÇÃO IV.
## DA DEFENSORIA PÚBLICA DA UNIÃO NOS ESTADOS, NO DISTRITO FEDERAL E NOS TERRITÓRIOS

**Art. 14.** A Defensoria Pública da União atuará nos Estados, no Distrito Federal e nos Territórios, junto às Justiças Federal, do Trabalho, Eleitoral, Militar, Tribunais Superiores e instâncias administrativas da União.

**§ 1º.** A Defensoria Pública da União deverá firmar convênios com as Defensorias Públicas dos Estados e do Distrito Federal, para que estas, em seu nome, atuem junto aos órgãos de primeiro e segundo graus de jurisdição referidos no *caput*, no desempenho das funções que lhe são cometidas por esta Lei Complementar.

**§ 2º.** Não havendo na unidade federada Defensoria Pública constituída nos moldes desta Lei Complementar, é autorizado o convênio com a entidade pública que desempenhar essa função, até que seja criado o órgão próprio.

**§ 3º.** A prestação de assistência judiciária pelos órgãos próprios da Defensoria Pública da União dar-se-á, preferencialmente, perante o Supremo Tribunal Federal e os Tribunais superiores.

**Art. 15.** Os órgãos de atuação da Defensoria Pública da União em cada Estado, no Distrito Federal e nos Territórios serão dirigidos por Defensor Público-Chefe, designado pelo Defensor Público-Geral, dentre os integrantes da carreira.

**Parágrafo único.** Ao Defensor Público-Chefe, sem prejuízo de suas funções institucionais, compete, especialmente:

**I** – coordenar as atividades desenvolvidas pelos Defensores Públicos Federais que atuem em sua área de competência;

**II** – sugerir ao Defensor Público-Geral providências para o aperfeiçoamento das atividades institucionais em sua área de competência;

**III** – deferir ao membro da Defensoria Pública da União sob sua coordenação direitos e vantagens legalmente autorizados, por expressa delegação de competência do Defensor Público-Geral;

**IV** – solicitar providências correicionais ao Defensor Público-Geral, em sua área de competência;

**V** – remeter, semestralmente, ao Corregedor-Geral, relatório das atividades na sua área de competência.

**Art. 15-A.** A organização da Defensoria Pública da União deve primar pela descentralização, e sua atuação deve incluir atendimento interdisciplinar, bem como a tutela dos interesses individuais, difusos, coletivos e individuais homogêneos.

## SEÇÃO V.
## DOS NÚCLEOS DA DEFENSORIA PÚBLICA DA UNIÃO NOS ESTADOS, NO DISTRITO FEDERAL E NOS TERRITÓRIOS

**Art. 16.** A Defensoria Pública da União nos Estados, no Distrito Federal e nos Territórios poderá atuar por meio de Núcleos.

**Art. 17.** Os Núcleos são dirigidos por Defensor Público-Chefe, nos termos do art. 15 desta Lei Complementar.

## SEÇÃO VI.
## DOS DEFENSORES PÚBLICOS FEDERAIS

**Art. 18.** Aos Defensores Públicos Federais incumbe o desempenho das funções de orientação, postulação e defesa dos direitos e interesses dos necessitados, cabendo-lhes, especialmente:

**I** – atender às partes e aos interessados;

**II** – postular a concessão de gratuidade de justiça para os necessitados;

**III** – tentar a conciliação das partes, antes de promover a ação cabível;

**IV** – acompanhar e comparecer aos atos processuais e impulsionar os processos;

**V** – interpor recurso para qualquer grau de jurisdição e promover revisão criminal, quando cabível;

**VI** – sustentar, oralmente ou por memorial, os recursos interpostos e as razões apresentadas por intermédio da Defensoria Pública da União;

**VII** – defender os acusados em processo disciplinar.

**VIII** – participar, com direito de voz e voto, do Conselho Penitenciário;

**IX** – certificar a autenticidade de cópias de documentos necessários à instrução de processo administrativo ou judicial, à vista da apresentação dos originais;

**X** – atuar nos estabelecimentos penais sob a administração da União, visando ao atendimento jurídico permanente dos presos e sentenciados, competindo à administração do sistema penitenciário federal reservar instalações seguras e adequadas aos seus trabalhos, franquear acesso a todas as dependências do estabelecimento independentemente de prévio agendamento, fornecer apoio administrativo, prestar todas as informações solicitadas, assegurar o acesso à documentação dos presos e internos, aos quais não poderá, sob fundamento algum, negar o direito de entrevista com os membros da Defensoria Pública da União.

## CAPÍTULO II.
## DA CARREIRA

**Art. 19.** A Defensoria Pública da União é integrada pela Carreira de Defensor Público Federal, composta de 3 (três) categorias de cargos efetivos:

- Lei 12.763/2012 – Criação de cargos de Defensor Público Federal.

**I** – Defensor Público Federal de 2ª Categoria (inicial);

**II** – Defensor Público Federal de 1ª Categoria (intermediária);

**III** – Defensor Público Federal de Categoria Especial (final).

**Art. 20.** Os Defensores Públicos Federais de 2ª Categoria atuarão junto aos Juízos Federais, aos Juízos do Trabalho, às Juntas e aos Juízes Eleitorais, aos Juízes Militares, às Auditorias Militares, ao Tribunal Marítimo e às instâncias administrativas.

**Art. 21.** Os Defensores Públicos Federais de 1ª Categoria atuarão nos Tribunais Regionais Federais, nas Turmas dos Juizados Especiais Federais, nos Tribunais Regionais do Trabalho e nos Tribunais Regionais Eleitorais.

**Art. 22.** Os Defensores Públicos Federais de Categoria Especial atuarão no Superior Tribunal de Justiça, no Tribunal Superior do Trabalho, no Tribunal Superior Eleitoral, no Superior Tribunal Militar e na Turma Nacional de Uniformização dos Juizados Especiais Federais.

**Parágrafo único.** (*VETADO*).

**Art. 23.** O Defensor Público-Geral atuará junto ao Supremo Tribunal Federal.

### SEÇÃO I.
### DO INGRESSO NA CARREIRA

**Art. 24.** O ingresso na Carreira da Defensoria Pública da União far-se-á mediante aprovação prévia em concurso público, de âmbito nacional, de provas e títulos, com a participação da Ordem dos Advogados do Brasil, no cargo inicial de Defensor Público Federal de 2ª Categoria.

**§ 1º.** Do regulamento do concurso constarão os programas das disciplinas sobre as quais versarão as provas, bem como outras disposições pertinentes à sua organização e realização.

**§ 2º.** O edital de abertura de inscrições no concurso indicará, obrigatoriamente, o número de cargos vagos na categoria inicial da carreira.

**Art. 25.** O concurso de ingresso realizar-se-á, obrigatoriamente, quando o número de vagas exceder a 1/5 (um quinto) dos cargos iniciais da carreira e, facultativamente, quando o exigir o interesse da administração.

**Art. 26.** O candidato, no momento da inscrição, deve possuir registro na Ordem dos Advogados do Brasil, ressalvada a situação dos proibidos de obtê-la, e comprovar, no mínimo, 2 (dois) anos de prática forense, devendo indicar sua opção por uma das unidades da Federação onde houver vaga.

**§ 1º.** Considera-se como atividade jurídica o exercício da advocacia, o cumprimento de estágio de Direito reconhecido por lei e o desempenho de cargo, emprego ou função, de nível superior, de atividades eminentemente jurídicas.

**§ 2º.** Os candidatos proibidos de inscrição na Ordem dos Advogados do Brasil comprovarão o registro até a posse no cargo de Defensor Público.

**Art. 26-A.** Aos aprovados no concurso deverá ser ministrado curso oficial de preparação à Carreira, objetivando o treinamento específico para o desempenho das funções técnico-jurídicas e noções de outras disciplinas necessárias à consecução dos princípios institucionais da Defensoria Pública.

**Art. 27.** O concurso será realizado perante bancas examinadoras constituídas pelo Conselho Superior.

### SEÇÃO II.
### DA NOMEAÇÃO, DA LOTAÇÃO E DA DISTRIBUIÇÃO

**Art. 28.** O candidato aprovado no concurso público para ingresso na carreira da Defensoria Pública será nomeado pelo Presidente da República para cargo inicial da carreira, respeitada a ordem de classificação e o número de vagas existentes.

**Art. 29.** Os Defensores Públicos Federais serão lotados e distribuídos pelo Defensor Público-Geral Federal, assegurado aos nomeados para os cargos iniciais o direito de escolha do órgão de atuação, desde que vago e obedecida a ordem de classificação no concurso.

### SEÇÃO III.
### DA PROMOÇÃO

**Art. 30.** A promoção consiste no acesso imediato dos membros efetivos da Defensoria Pública da União de uma categoria para outra da carreira.

**Art. 31.** As promoções obedecerão aos critérios de antiguidade e merecimento alternadamente.

**§ 1º.** A antiguidade será apurada na categoria e determinada pelo tempo de efetivo exercício na mesma.

**§ 2º.** A promoção por merecimento dependerá de lista tríplice para cada vaga, organizada pelo Conselho Superior, em sessão secreta, com ocupantes da lista de antiguidade, em seu primeiro terço.

**§ 3º.** Os membros da Defensoria Pública somente poderão ser promovidos após 2 (dois) anos de efetivo exercício na categoria, dispensado o interstício se não houver quem preencha tal requisito ou se quem o preencher recusar a promoção.

**§ 4º.** As promoções serão efetivadas por ato do Defensor Público-Geral Federal.

**Art. 32.** É facultada a recusa de promoção, sem prejuízo do critério para o preenchimento da vaga recusada.

**Art. 33.** O Conselho Superior fixará os critérios de ordem objetiva para a aferição de merecimento dos membros da Instituição, considerando-se, entre outros, a eficiência e a presteza demonstradas no desempenho da função e a aprovação em cursos de aperfeiçoamento, de natureza jurídica, promovidos pela instituição, ou por estabelecimentos de ensino superior oficialmente reconhecidos.

**§ 1º.** Os cursos de aperfeiçoamento de que trata este artigo compreenderão, necessariamente, as seguintes atividades:

*a)* apresentação de trabalho escrito sobre assunto de relevância jurídica;

*b)* defesa oral do trabalho que tenha sido aceito por banca examinadora.

**§ 2º.** Não poderá concorrer à promoção por merecimento quem tenha sofrido penalidade de advertência ou suspensão, no período de 1 (um) ano imediatamente anterior à ocorrência da vaga, em caso de advertência, ou de 2 (dois) anos, em caso de suspensão.

**§ 3º.** É obrigatória a promoção do Defensor Público que figurar por três vezes consecutivas ou cinco alternadas em lista de merecimento, ressalvada a hipótese do § 2º.

## CAPÍTULO III. DA INAMOVIBILIDADE E DA REMOÇÃO

**Art. 34.** Os membros da Defensoria Pública da União são inamovíveis, salvo se apenados com remoção compulsória, na forma desta Lei Complementar.

**Art. 35.** A remoção será feita a pedido ou por permuta, sempre entre membros da mesma categoria da carreira.

**Art. 36.** A remoção compulsória somente será aplicada com prévio parecer do Conselho Superior, assegurada ampla defesa em processo administrativo disciplinar.

**Art. 37.** A remoção a pedido far-se-á mediante requerimento ao Defensor Público-Geral, nos 15 (quinze) dias seguintes à publicação, no *Diário Oficial*, do aviso de existência de vaga.

**§ 1º.** Findo o prazo fixado no *caput* deste artigo e, havendo mais de um candidato à remoção, será removido o mais antigo na categoria e, ocorrendo empate, sucessivamente, o mais antigo na carreira, no serviço público da União, no serviço público em geral, o mais idoso e o mais bem classificado no concurso para ingresso na Defensoria Pública.

**§ 2º.** A remoção precederá o preenchimento da vaga por promoção.

**Art. 38.** Quando por permuta, a remoção será concedida mediante requerimento do interessado, atendida a conveniência do serviço e observada a ordem de antiguidade na Carreira.

## CAPÍTULO IV. DOS DIREITOS, DAS GARANTIAS E DAS PRERROGATIVAS DOS MEMBROS DA DEFENSORIA PÚBLICA DA UNIÃO

### SEÇÃO I. DA REMUNERAÇÃO

**Art. 39.** À lei cabe fixar a remuneração dos cargos da carreira da Defensoria Pública da União, observado o disposto no art. 135 da Constituição Federal.

**§ 1º.** (*VETADO*).

**§ 2º.** Os membros da Defensoria Pública da União têm os direitos assegurados pela Lei 8.112, de 11 de dezembro de 1990, e nesta Lei Complementar.

**I** – (*Revogado pela Lei Complementar nº 98, de 1999*);

**II** – (*VETADO*);

**III** – (*Revogado pela Lei Complementar nº 98, de 1999*);

**IV** – (*Revogado pela Lei Complementar nº 98, de 1999*);

**V** – (*Revogado pela Lei Complementar nº 98, de 1999*);

**VI** – (*Revogado pela Lei Complementar nº 98, de 1999*);

**VII** – (*VETADO*);

**VIII** – (*Revogado pela Lei Complementar nº 98, de 1999*).

## SEÇÃO II. DAS FÉRIAS E DO AFASTAMENTO

**Art. 40.** (*Revogado pela Lei Complementar nº 98, de 1999*).

**Art. 41.** As férias dos membros da Defensoria Pública da União serão concedidas pelas chefias a que estiverem subordinados.

**Art. 42.** O afastamento para estudo ou missão no interesse da Defensoria Pública da União será autorizado pelo Defensor Público-Geral.

**§ 1º.** O afastamento de que trata este artigo somente será concedido pelo Defensor Público-Geral, após o estágio probatório e pelo prazo máximo de 2 (dois) anos.

**§ 2º.** Quando o interesse público o exigir, o afastamento poderá ser interrompido a juízo do Defensor Público-Geral.

**Art. 42-A.** É assegurado o direito de afastamento para exercício de mandato em entidade de classe de âmbito nacional, de maior representatividade, sem prejuízo dos vencimentos, vantagens ou qualquer direito inerente ao cargo.

**§ 1º.** O afastamento será concedido ao presidente da entidade de classe e terá duração igual à do mandato, devendo ser prorrogado no caso de reeleição.

**§ 2º.** O afastamento para exercício de mandato será contado como tempo de serviço para todos os efeitos legais.

## SEÇÃO III. DAS GARANTIAS E DAS PRERROGATIVAS

**Art. 43.** São garantias dos membros da Defensoria Pública da União:

**I** – a independência funcional no desempenho de suas atribuições;

**II** – a inamovibilidade;

**III** – a irredutibilidade de vencimentos;

**IV** – a estabilidade.

**Art. 44.** São prerrogativas dos membros da Defensoria Pública da União:

**I** – receber, inclusive quando necessário, mediante entrega dos autos com vista, intimação pessoal em qualquer processo e grau de jurisdição ou instância administrativa, contando-se-lhes em dobro todos os prazos;

**II** – não ser preso, senão por ordem judicial escrita, salvo em flagrante, caso em que a autoridade fará imediata comunicação ao Defensor Público-Geral;

**III** – ser recolhido a prisão especial ou a sala especial de Estado-Maior, com direito a privacidade e, após sentença condenatória transitada em julgado, ser recolhido em dependência separada, no estabelecimento em que tiver de ser cumprida a pena;

**IV** – usar vestes talares e as insígnias privativas da Defensoria Pública;

**V** – (*VETADO*);

**VI** – ter vista pessoal dos processos fora dos cartórios e secretarias, ressalvadas as vedações legais;

**VII** – comunicar-se, pessoal e reservadamente, com seus assistidos, ainda quando esses se acharem presos ou detidos, mesmo incomunicáveis, tendo livre ingresso em estabelecimentos policiais, prisionais e de internação coletiva, independentemente de prévio agendamento;

**VIII** – examinar, em qualquer repartição pública, autos de flagrantes, inquéritos e processos, assegurada a obtenção de cópias e podendo tomar apontamentos;

**IX** – manifestar-se em autos administrativos ou judiciais por meio de cota;

**X** – requisitar de autoridade pública e de seus agentes exames, certidões, perícias, vistorias, diligências, processos, documentos, informações, esclarecimentos e providências necessárias ao exercício de suas atribuições;

**XI** – representar a parte, em feito administrativo ou judicial, independentemente de mandato, ressalvados os casos para os quais a lei exija poderes especiais;

**XII** – deixar de patrocinar ação, quando ela for manifestamente incabível ou inconveniente aos interesses da parte sob seu patrocínio, comunicando o fato ao Defensor Público-Geral, com as razões de seu proceder;

**XIII** – ter o mesmo tratamento reservado aos magistrados e demais titulares dos cargos das funções essenciais à justiça;

**XIV** – ser ouvido como testemunha, em qualquer processo ou procedimento, em dia, hora e local previamente ajustados com a autoridade competente;

**XV** – (*VETADO*);

**XVI** – (*VETADO*).

**Parágrafo único.** Quando, no curso de investigação policial, houver indício de prática de infração penal por membro da Defensoria Pública da União, a autoridade policial, civil ou militar, comunicará, imediatamente, o fato ao

Defensor Público-Geral, que designará membro da Defensoria Pública para acompanhar a apuração.

## CAPÍTULO V. DOS DEVERES, DAS PROIBIÇÕES, DOS IMPEDIMENTOS E DA RESPONSABILIDADE FUNCIONAL

### SEÇÃO I. DOS DEVERES

**Art. 45.** São deveres dos membros da Defensoria Pública da União:

**I** – residir na localidade onde exercem suas funções;

**II** – desempenhar, com zelo e presteza, os serviços a seu cargo;

**III** – representar ao Defensor Público-Geral sobre as irregularidades de que tiver ciência, em razão do cargo;

**IV** – prestar informações aos órgãos de administração superior da Defensoria Pública da União, quando solicitadas;

**V** – atender ao expediente forense e participar dos atos judiciais, quando for obrigatória a sua presença;

**VI** – declarar-se suspeito ou impedido, nos termos da lei;

**VII** – interpor os recursos cabíveis para qualquer instância ou Tribunal e promover revisão criminal, sempre que encontrar fundamentos na lei, jurisprudência ou prova dos autos, remetendo cópia à Corregedoria-Geral.

### SEÇÃO II. DAS PROIBIÇÕES

**Art. 46.** Além das proibições decorrentes do exercício de cargo público, aos membros da Defensoria Pública da União é vedado:

**I** – exercer a advocacia fora das atribuições institucionais;

**II** – requerer, advogar, ou praticar em Juízo ou fora dele, atos que de qualquer forma colidam com as funções inerentes ao seu cargo, ou com os preceitos éticos de sua profissão;

**III** – receber, a qualquer título e sob qualquer pretexto, honorários, percentagens ou custas processuais, em razão de suas atribuições;

**IV** – exercer o comércio ou participar de sociedade comercial, exceto como cotista ou acionista;

**V** – exercer atividade político-partidária, enquanto atuar junto à justiça eleitoral.

### SEÇÃO III. DOS IMPEDIMENTOS

**Art. 47.** Ao membro da Defensoria Pública da União é defeso exercer suas funções em processo ou procedimento:

**I** – em que seja parte ou, de qualquer forma, interessado;

**II** – em que haja atuado como representante da parte, perito, Juiz, membro do Ministério Público, Autoridade Policial, Escrivão de Polícia, Auxiliar de Justiça ou prestado depoimento como testemunha;

**III** – em que for interessado cônjuge ou companheiro, parente consanguíneo ou afim em linha reta ou colateral, até o 3º grau;

**IV** – no qual haja postulado como advogado de qualquer das pessoas mencionadas no inciso anterior;

**V** – em que qualquer das pessoas mencionadas no inciso III funcione ou haja funcionado como Magistrado, membro do Ministério Público, Autoridade Policial, Escrivão de Polícia ou Auxiliar de Justiça;

**VI** – em que houver dado à parte contrária parecer verbal ou escrito sobre o objeto da demanda;

**VII** – em outras hipóteses previstas em lei.

**Art. 48.** Os membros da Defensoria Pública da União não podem participar de comissão, banca de concurso, ou qualquer decisão, quando o julgamento ou votação disser respeito a seu cônjuge ou companheiro, ou parente consanguíneo ou afim em linha reta ou colateral, até o 3º grau.

### SEÇÃO IV. DA RESPONSABILIDADE FUNCIONAL

**Art. 49.** A atividade funcional dos membros da Defensoria Pública da União está sujeita a:

**I** – correição ordinária, realizada anualmente pelo Corregedor-Geral e por seus auxiliares, para verificar a regularidade e eficiência dos serviços;

**II** – correição extraordinária, realizada pelo Corregedor-Geral e por seus auxiliares, de ofício ou por determinação do Defensor Público-Geral.

**§ 1º.** Cabe ao Corregedor-Geral, concluída a correição, apresentar ao Defensor Público-Geral relatório dos fatos apurados e das providências a serem adotadas.

**§ 2º.** Qualquer pessoa pode representar ao Corregedor-Geral sobre os abusos, erros ou omissões dos membros da Defensoria Pública da União.

**Art. 50.** Constituem infrações disciplinares, além de outras definidas em Lei Complementar, a violação dos deveres funcionais e vedações contidas nesta Lei Complementar, bem como a prática de crime contra a Administração Pública ou ato de improbidade administrativa.

**§ 1º**. Os membros da Defensoria Pública da União são passíveis das seguintes sanções:

**I** - advertência;

**II** - suspensão por até 90 (noventa) dias;

**III** - remoção compulsória;

**IV** - demissão;

**V** - cassação da aposentadoria.

**§ 2º**. A advertência será aplicada por escrito nos casos de violação dos deveres e das proibições funcionais, quando o fato não justificar a imposição de pena mais grave.

**§ 3º**. A suspensão será aplicada em caso de reincidência em falta punida com advertência ou quando a infração dos deveres ou das proibições funcionais, pela sua gravidade, justificar a sua imposição.

**§ 4º**. A remoção compulsória será aplicada sempre que a falta praticada, pela sua gravidade e repercussão, tornar incompatível a permanência do faltoso no órgão de atuação de sua lotação.

**§ 5º**. A pena de demissão será aplicável nas hipóteses previstas em lei, e no caso de reincidência em falta punida com suspensão ou remoção compulsória.

**§ 6º**. As penas de demissão e cassação da aposentadoria serão aplicadas pelo Presidente da República e as demais pelo Defensor Público-Geral, garantida sempre a ampla defesa, sendo obrigatório o inquérito administrativo nos casos de aplicação de remoção compulsória, suspensão, demissão e cassação da aposentadoria.

**§ 7º**. Prescrevem em 2 (dois) anos, a contar da data em que foram cometidas, as faltas puníveis com advertência, suspensão e remoção compulsória, aplicando-se, quanto às demais, os prazos previstos em lei.

**Art. 51.** A qualquer tempo poderá ser requerida revisão do processo disciplinar, quando se aduzirem fatos novos ou circunstâncias suscetíveis de provar a inocência do apenado ou de justificar a imposição de pena mais branda.

**§ 1º**. Poderá requerer a instauração de processo revisional o próprio interessado ou, se falecido ou interdito, o seu cônjuge ou companheiro, ascendente, descendente ou irmão.

**§ 2º**. Se for procedente a revisão, será tornado sem efeito o ato punitivo ou aplicada a penalidade adequada restabelecendo-se os direitos atingidos pela punição, na sua plenitude.

## TÍTULO III. DA ORGANIZAÇÃO DA DEFENSORIA PÚBLICA DO DISTRITO FEDERAL E DOS TERRITÓRIOS

## CAPÍTULO I. DA ESTRUTURA

**Art. 52.** A Defensoria Pública do Distrito Federal e dos Territórios é organizada e mantida pela União.

**Art. 53.** A Defensoria Pública do Distrito Federal e dos Territórios compreende:

**I** - órgãos de administração superior:

*a)* a Defensoria Pública-Geral do Distrito Federal e dos Territórios;

*b)* a Subdefensoria Pública-Geral do Distrito Federal e dos Territórios;

*c)* o Conselho Superior da Defensoria Pública do Distrito Federal e dos Territórios;

*d)* a Corregedoria-Geral da Defensoria Pública do Distrito Federal e dos Territórios;

**II** - órgãos de atuação:

*a)* as Defensorias Públicas do Distrito Federal e dos Territórios;

*b)* os Núcleos da Defensoria Pública do Distrito Federal e dos Territórios;

**III** - órgãos de execução: os Defensores Públicos do Distrito Federal e dos Territórios.

### SEÇÃO I. DO DEFENSOR PÚBLICO-GERAL E DO SUBDEFENSOR PÚBLICO-GERAL DO DISTRITO FEDERAL E DOS TERRITÓRIOS

**Art. 54.** A Defensoria Pública do Distrito Federal e dos Territórios tem por Chefe o Defensor Público-Geral, nomeado pelo Presidente da República, dentre membros estáveis da Carreira e maiores de 35 (trinta e cinco) anos, escolhidos em lista tríplice formada pelo voto direto, secreto, plurinominal e obrigatório de seus membros, para mandato de 2 (dois) anos, permitida 1 (uma) recondução.

**§ 1º**. (*VETADO*).

**§ 2º**. (*VETADO*).

**Art. 55.** O Defensor Público-Geral será substituído, em suas faltas, impedimentos, licenças e férias, pelo Subdefensor Público-Geral, nomeado pelo Presidente da República, dentre os integrantes da Categoria Especial da carreira, escolhidos pelo Conselho Superior, para mandato de 2 (dois) anos.

**Art. 56.** São atribuições do Defensor Público-Geral:

**I** – dirigir a Defensoria Pública do Distrito Federal e dos Territórios, superintender e coordenar suas atividades e orientar-lhe a atuação;

**II** – representar a Defensoria Pública do Distrito Federal e dos Territórios judicial e extrajudicialmente;

**III** – velar pelo cumprimento das finalidades da Instituição;

**IV** – integrar, como membro nato, e presidir o Conselho Superior da Defensoria Pública do Distrito Federal e dos Territórios;

**V** – baixar o Regimento Interno da Defensoria Pública-Geral do Distrito Federal e dos Territórios;

**VI** – autorizar os afastamentos dos membros da Defensoria Pública do Distrito Federal e dos Territórios;

**VII** – estabelecer a lotação e a distribuição dos membros e servidores da Defensoria Pública do Distrito Federal e dos Territórios;

**VIII** – dirimir conflitos de atribuições entre membros da Defensoria Pública do Distrito Federal e dos Territórios, com recurso para seu Conselho Superior;

**IX** – proferir decisões nas sindicâncias e processos administrativos disciplinares promovidos pela Corregedoria-Geral do Distrito Federal e dos Territórios;

**X** – instaurar processo disciplinar contra membros e servidores da Defensoria Pública do Distrito Federal e dos Territórios;

**XI** – abrir concursos públicos para ingresso na carreira da Defensoria Pública do Distrito Federal e dos Territórios;

**XII** – determinar correições extraordinárias;

**XIII** – praticar atos de gestão administrativa, financeira e de pessoal;

**XIV** – convocar o Conselho Superior da Defensoria Pública do Distrito Federal e dos Territórios e dar execução às suas deliberações;

**XV** – designar membro da Defensoria Pública do Distrito Federal e dos Territórios para exercício de suas atribuições em órgão de atuação diverso do de sua lotação ou, em caráter excepcional, perante Juízos, Tribunais ou Ofícios diferentes dos estabelecidos para cada categoria;

**XVI** – requisitar de qualquer autoridade pública e de seus agentes, certidões, exames, perícias, vistorias, diligências, processos, documentos, informações, esclarecimentos e demais providências necessárias à atuação da Defensoria Pública;

**XVII** – aplicar a pena de remoção compulsória, aprovada pelo voto de 2/3 (dois terços) do Conselho Superior, aos membros da Defensoria Pública do Distrito Federal e dos Territórios;

**XVIII** – delegar atribuições a autoridade que lhe seja subordinada, na forma da lei.

**Parágrafo único.** Ao Subdefensor Público-Geral, além da atribuição prevista no art. 55 desta Lei Complementar, compete:

*a)* auxiliar o Defensor Público-Geral nos assuntos de interesse da Instituição;

*b)* desincumbir-se das tarefas e delegações que lhe forem determinadas pelo Defensor Público-Geral.

## SEÇÃO II. DO CONSELHO SUPERIOR DA DEFENSORIA PÚBLICA DO DISTRITO FEDERAL E DOS TERRITÓRIOS

**Art. 57.** A composição do Conselho Superior da Defensoria Pública do Distrito Federal e dos Territórios deve incluir obrigatoriamente o Defensor Público-Geral, o Subdefensor Público-Geral e o Corregedor-Geral, como membros natos, e, em sua maioria, representantes estáveis da Carreira, 2 (dois) por categoria, eleitos pelo voto direto, plurinominal, secreto e obrigatório, de todos os integrantes da Carreira.

**§ 1º.** O Conselho Superior é presidido pelo Defensor Público-Geral, que terá voto de qualidade, exceto em matéria disciplinar.

**§ 2º.** As eleições serão realizadas em conformidade com as instruções baixadas pelo Conselho Superior.

**§ 3º.** Os membros do Conselho Superior são eleitos para mandato de 2 (dois) anos, permitida 1 (uma) reeleição.

**§ 4º.** São elegíveis os Defensores Públicos do Distrito Federal e dos Territórios que não estejam afastados da carreira.

**§ 5º.** São suplentes dos membros eleitos de que trata o *caput* deste artigo os demais votados, em ordem decrescente.

**§ 6º.** Qualquer membro, exceto o nato, pode desistir de sua participação no Conselho Superior, assumindo, imediatamente, o cargo, o respectivo suplente.

**§ 7º.** O presidente da entidade de classe de âmbito distrital de maior representatividade dos membros da Defensoria Pública do Distrito Federal e dos Territórios terá assento e voz nas reuniões do Conselho Superior.

**Art. 58.** Ao Conselho Superior da Defensoria Pública do Distrito Federal e dos Territórios compete:

**I** – exercer o poder normativo no âmbito da Defensoria Pública do Distrito Federal e dos Territórios;

**II** – opinar, por solicitação do Defensor Público-Geral, sobre matéria pertinente à autonomia funcional e administrativa da Defensoria Pública do Distrito Federal e dos Territórios;

**III** – elaborar lista tríplice destinada à promoção por merecimento;

**IV** – aprovar a lista de antiguidade dos membros da Defensoria Pública do Distrito Federal e dos Territórios e decidir sobre as reclamações a ela concernentes;

**V** – recomendar ao Defensor Público-Geral a instauração de processo disciplinar contra membros e servidores da Defensoria Pública do Distrito Federal e dos Territórios;

**VI** – conhecer e julgar recurso contra decisão em processo administrativo-disciplinar;

**VII** – decidir sobre pedido de revisão de processo administrativo-disciplinar;

**VIII** – decidir acerca da remoção dos integrantes da carreira da Defensoria Pública do Distrito Federal e dos Territórios;

**IX** – decidir sobre a avaliação do estágio probatório dos membros da Defensoria Pública do Distrito Federal e dos Territórios, submetendo sua decisão à homologação do Defensor Público-Geral;

**X** – decidir, por voto de 2/3 (dois terços) de seus membros, acerca da destituição do Corregedor-Geral;

**XI** – deliberar sobre a organização de concurso para ingresso na carreira e designar os representantes da Defensoria Pública do Distrito Federal e dos Territórios que integrarão a Comissão de Concurso;

**XII** – organizar os concursos para provimento dos cargos da carreira de Defensor Público do Distrito Federal e dos Territórios e os seus respectivos regulamentos;

**XIII** – recomendar correições extraordinárias;

**XIV** – indicar os seis nomes dos membros da classe mais elevada da carreira para que o Presidente da República nomeie, dentre estes, o Subdefensor Público-Geral e o Corregedor-Geral.

**XV** – editar as normas regulamentando a eleição para Defensor Público-Geral.

**Parágrafo único.** As decisões do Conselho Superior serão motivadas e publicadas, salvo as hipóteses legais de sigilo.

## SEÇÃO III.
## DA CORREGEDORIA-GERAL DA DEFENSORIA PÚBLICA DO DISTRITO FEDERAL E DOS TERRITÓRIOS

**Art. 59.** A Corregedoria-Geral da Defensoria Pública do Distrito Federal e dos Territórios é órgão de fiscalização da atividade funcional e da conduta dos membros e dos servidores da Defensoria Pública do Distrito Federal e dos Territórios.

**Art. 60.** A Corregedoria-Geral da Defensoria Pública do Distrito Federal e dos Territórios é exercida pelo Corregedor-Geral, indicado dentre os integrantes da classe mais elevada da carreira pelo Conselho Superior e nomeado pelo Presidente da República, para mandato de 2 (dois) anos.

**Parágrafo único.** O Corregedor-Geral poderá ser destituído por proposta do Defensor Público-Geral, pelo voto de 2/3 (dois terços) dos membros do Conselho Superior, antes do término do mandato.

**Art. 61.** À Corregedoria-Geral da Defensoria Pública do Distrito Federal e dos Territórios compete:

**I** – realizar correições e inspeções funcionais;

**II** – sugerir ao Defensor Público-Geral o afastamento de Defensor Público que esteja sendo submetido a correição, sindicância ou processo administrativo disciplinar, quando cabível;

**III** – propor, fundamentadamente, ao Conselho Superior a suspensão do estágio probatório de membros da Defensoria Pública do Distrito Federal e dos Territórios;

**IV** – receber e processar as representações contra os membros da Defensoria Pública do Distrito Federal e dos Territórios, encaminhando-as, com parecer, ao Conselho Superior;

**V** – apresentar ao Defensor Público-Geral, em janeiro de cada ano, relatório das atividades desenvolvidas no ano anterior;

**VI** – propor a instauração de processo disciplinar contra membros da Defensoria Pública do Distrito Federal e dos Territórios e seus servidores;

**VII** – acompanhar o estágio probatório dos membros da Defensoria Pública do Distrito Federal e dos Territórios;

**VIII** – propor a exoneração de membros da Defensoria Pública do Distrito Federal e dos Territórios que não cumprirem as condições do estágio probatório.

## SEÇÃO IV.
## DOS NÚCLEOS DA DEFENSORIA PÚBLICA DO DISTRITO FEDERAL E DOS TERRITÓRIOS

**Art. 62.** A Defensoria Pública do Distrito Federal e dos Territórios exercerá suas funções institucionais através de Núcleos.

**Art. 63.** Os Núcleos da Defensoria Pública do Distrito Federal e dos Territórios são dirigidos por Defensor Público-Chefe, designado pelo Defensor Público-Geral, dentre integrantes da carreira, competindo-lhe, no exercício de suas funções institucionais:

**I** – prestar, no Distrito Federal e nos Territórios, assistência jurídica, judicial e extrajudicial, integral e gratuita, aos necessitados;

**II** – integrar e orientar as atividades desenvolvidas pelos Defensores Públicos que atuem em sua área de competência;

**III** – remeter, semestralmente, ao Corregedor-Geral, relatório de suas atividades;
**IV** – exercer as funções que lhe forem delegadas pelo Defensor Público-Geral.

## SEÇÃO V. DOS DEFENSORES PÚBLICOS DO DISTRITO FEDERAL E DOS TERRITÓRIOS

**Art. 64.** Aos Defensores Públicos do Distrito Federal e dos Territórios incumbe o desempenho das funções de orientação, postulação e defesa dos direitos e interesses dos necessitados, em todos os graus de jurisdição e instâncias administrativas, cabendo-lhes, especialmente:
**I** – atender às partes e aos interessados;
**II** – postular a concessão de gratuidade de justiça para os necessitados;
**III** – tentar a conciliação das partes, antes de promover a ação cabível;
**IV** – acompanhar e comparecer aos atos processuais e impulsionar os processos;
**V** – interpor recurso para qualquer grau de jurisdição e promover Revisão Criminal, quando cabível;
**VI** – sustentar, oralmente ou por memorial, os recursos interpostos e as razões apresentadas por intermédio da Defensoria Pública do Distrito Federal e dos Territórios;
**VII** – defender os acusados em processo disciplinar.
**VIII** – participar, com direito a voz e voto, do Conselho Penitenciário;
**IX** – certificar a autenticidade de cópias de documentos necessários à instrução de processo administrativo ou judicial, à vista da apresentação dos originais;
**X** – atuar nos estabelecimentos penais sob a administração do Distrito Federal, visando ao atendimento jurídico permanente dos presos e sentenciados, competindo à administração do sistema penitenciário distrital reservar instalações seguras e adequadas aos seus trabalhos, franquear acesso a todas as dependências do estabelecimento, independentemente de prévio agendamento, fornecer apoio administrativo, prestar todas as informações solicitadas e assegurar o acesso à documentação dos presos e internos, aos quais não poderá, sob fundamento algum, negar o direito de entrevista com os membros da Defensoria Pública do Distrito Federal.

## CAPÍTULO II. DA CARREIRA

**Art. 65.** A Defensoria Pública do Distrito Federal e dos Territórios é integrada pela carreira de Defensor Público do Distrito Federal e dos Territórios, composta de três categorias de cargos efetivos:
**I** – Defensor Público do Distrito Federal e dos Territórios de 2ª Categoria (inicial);
**II** – Defensor Público do Distrito Federal e dos Territórios de 1ª Categoria (intermediária);
**III** – Defensor Público do Distrito Federal e dos Territórios de Categoria Especial (final).

**Art. 66.** Os Defensores Públicos do Distrito Federal de 2ª Categoria atuarão nos Núcleos das Cidades Satélites, junto aos Juízes de Direito e às instâncias administrativas do Distrito Federal e dos Territórios, ou em função de auxílio ou substituição nos Núcleos do Plano Piloto.

**Art. 67.** Os Defensores Públicos do Distrito Federal e dos Territórios de 1ª Categoria atuarão nos Núcleos do Plano Piloto, junto aos Juízes de Direito e às instâncias administrativas do Distrito Federal e dos Territórios, ou em função de auxílio ou substituição junto ao Tribunal de Justiça do Distrito Federal e Territórios.

**Art. 68.** Os Defensores Públicos do Distrito Federal e dos Territórios de Categoria Especial atuarão junto ao Tribunal de Justiça do Distrito Federal e Territórios, e aos Tribunais Superiores, quando couber (art. 22, parágrafo único).

## SEÇÃO I. DO INGRESSO NA CARREIRA

**Art. 69.** O ingresso na Carreira da Defensoria Pública do Distrito Federal e dos Territórios far-se-á mediante aprovação prévia em concurso público, de provas e títulos, com a participação da Ordem dos Advogados do Brasil, no cargo inicial de Defensor Público do Distrito Federal e dos Territórios de 2ª Categoria.
**§ 1º.** Do regulamento do concurso constarão os programas das disciplinas sobre as quais versarão as provas, bem como outras disposições pertinentes à sua organização e realização.
**§ 2º.** O edital de abertura de inscrições no concurso indicará, obrigatoriamente, o número de cargos vagos na categoria inicial da carreira.

**Art. 70.** O concurso de ingresso realizar-se-á, obrigatoriamente, quando o número de vagas exceder a 1/5 (um quinto) dos cargos iniciais da carreira e, facultativamente, quando o exigir o interesse da administração.

**Art. 71.** O candidato, no momento da inscrição, deve possuir registro na Ordem dos Advogados do Brasil, ressalvada a situação dos proibidos de obtê-la, e comprovar, no mínimo, 2 (dois) anos de prática forense.

**§ 1º**. Considera-se como prática forense o exercício profissional de consultoria, assessoria, o cumprimento de estágio nas Defensorias Públicas e o desempenho de cargo, emprego ou função de nível superior, de atividades eminentemente jurídicas.

**§ 2º**. Os candidatos proibidos de inscrição na Ordem dos Advogados do Brasil comprovarão o registro até a posse no cargo de Defensor Público.

**Art. 72.** O concurso será realizado perante bancas examinadoras constituídas pelo Conselho Superior.

## SEÇÃO II.
## DA NOMEAÇÃO, DA LOTAÇÃO E DA DISTRIBUIÇÃO

**Art. 73.** O candidato aprovado no concurso público para ingresso na carreira da Defensoria Pública será nomeado pelo Presidente da República para cargo inicial da carreira, respeitada a ordem de classificação e o número de vagas existentes.

**Art. 74.** Os Defensores Públicos do Distrito Federal e dos Territórios serão lotados e distribuídos pelo Defensor Público-Geral, assegurado aos nomeados para os cargos iniciais o direito de escolha do órgão de atuação, desde que vago e obedecida a ordem de classificação no concurso.

## SEÇÃO III.
## DA PROMOÇÃO

**Art. 75.** A promoção consiste no acesso imediato dos membros efetivos da Defensoria Pública do Distrito Federal e dos Territórios de uma categoria para outra da carreira.

**Art. 76.** As promoções obedecerão aos critérios de antiguidade e merecimento alternadamente.

**§ 1º**. A antiguidade será apurada na categoria e determinada pelo tempo de efetivo exercício na mesma.

**§ 2º**. A promoção por merecimento dependerá de lista tríplice para cada vaga, organizada pelo Conselho Superior, em sessão secreta, com ocupantes da lista de antiguidade, em seu primeiro terço.

**§ 3º**. Os membros da Defensoria Pública do Distrito Federal e dos Territórios somente poderão ser promovidos depois de 2 (dois) anos de efetivo exercício na categoria, dispensado o interstício se não houver quem preencha tal requisito ou se quem o preencher recusar a promoção.

**§ 4º**. As promoções serão efetivadas por ato do Defensor Público-Geral.

**Art. 77.** É facultada a recusa à promoção, sem prejuízo do critério para o preenchimento da vaga recusada.

**Art. 78.** O Conselho Superior fixará os critérios de ordem objetiva para a aferição de merecimento dos membros da Instituição, considerando-se, entre outros, a eficiência e a presteza demonstradas no desempenho da função e a aprovação em cursos de aperfeiçoamento, de natureza jurídica, promovidos pela Instituição, ou por estabelecimentos de ensino superior, oficialmente reconhecidos.

**§ 1º**. Os cursos de aperfeiçoamento de que trata este artigo compreenderão, necessariamente, as seguintes atividades:

*a)* apresentação de trabalho escrito sobre assunto de relevância jurídica;

*b)* defesa oral do trabalho que tenha sido aceito por banca examinadora.

**§ 2º**. Não poderá concorrer à promoção por merecimento quem tenha sofrido penalidade de advertência ou suspensão; no período de 1 (um) ano imediatamente anterior à ocorrência da vaga, no caso de advertência; ou de 2 (dois) anos, em caso de suspensão.

**§ 3º**. É obrigatória a promoção do Defensor Público que figurar por três vezes consecutivas ou cinco alternadas em lista de merecimento, ressalvada a hipótese do § 2º.

# CAPÍTULO III.
# DA INAMOVIBILIDADE E DA REMOÇÃO

**Art. 79.** Os membros da Defensoria Pública do Distrito Federal e dos Territórios são inamovíveis, salvo se apenados com remoção compulsória, na forma desta Lei Complementar.

**Art. 80.** A remoção será feita a pedido ou por permuta, sempre entre membros da mesma categoria da carreira.

**Art. 81.** A remoção compulsória somente será aplicada com prévio parecer do Conselho Superior, assegurada ampla defesa em processo administrativo disciplinar.

**Art. 82.** A remoção a pedido far-se-á mediante requerimento ao Defensor Público-Geral, nos 15 (quinze) dias seguintes à publicação, no *Diário Oficial*, do aviso de existência da vaga.

**§ 1º.** Findo o prazo fixado no *caput* deste artigo e, havendo mais de um candidato à remoção, será removido o mais antigo na categoria e, ocorrendo empate, sucessivamente, o mais antigo na carreira, no serviço público da União, no serviço público em geral, o mais idoso e o mais bem classificado no concurso para ingresso na Defensoria Pública.

**§ 2º.** A remoção precederá o preenchimento de vaga por promoção.

**Art. 83.** Quando por permuta, a remoção será concedida mediante requerimento dos interessados, atendida a conveniência do serviço.

## CAPÍTULO IV. DOS DIREITOS, DAS GARANTIAS E DAS PRERROGATIVAS DOS MEMBROS DA DEFENSORIA PÚBLICA DO DISTRITO FEDERAL E DOS TERRITÓRIOS

### SEÇÃO I. DA REMUNERAÇÃO

**Art. 84.** À lei cabe fixar a remuneração dos cargos da carreira da Defensoria Pública do Distrito Federal e dos Territórios, observado o disposto no art. 135 da Constituição Federal.

**§ 1º.** *(VETADO).*

**§ 2º.** Os membros da Defensoria Pública do Distrito Federal e dos Territórios têm os direitos assegurados pela Lei nº 8.112, de 1990, e nesta Lei Complementar.

**I** – *(Revogado pela Lei Complementar nº 98, de 1999);*

**II** – *(VETADO);*

**III** – *(Revogado pela Lei Complementar nº 98, de 1999);*

**IV** – *(Revogado pela Lei Complementar nº 98, de 1999);*

**V** – *(Revogado pela Lei Complementar nº 98, de 1999);*

**VI** – *(Revogado pela Lei Complementar nº 98, de 1999);*

**VII** – *(VETADO);*

**VIII** – *(Revogado pela Lei Complementar nº 98, de 1999).*

### SEÇÃO II. DAS FÉRIAS E DO AFASTAMENTO

**Art. 85.** *(Revogado pela Lei Complementar nº 98, de 1999).*

**Art. 86.** As férias dos membros da Defensoria Pública do Distrito Federal e dos Territórios serão concedidas pelas chefias a que estiverem subordinados.

**Art. 87.** O afastamento para estudo ou missão no interesse da Defensoria Pública do Distrito Federal e dos Territórios será autorizado pelo Defensor Público-Geral.

**§ 1º.** O afastamento de que trata este artigo somente será concedido pelo Defensor Público-Geral, após o estágio probatório e pelo prazo máximo de 2 (dois) anos.

**§ 2º.** Quando o interesse público o exigir, o afastamento poderá ser interrompido a juízo do Defensor Público-Geral.

**Art. 87-A.** É assegurado o direito de afastamento para exercício de mandato em entidade de classe de âmbito nacional e distrital, de maior representatividade, sem prejuízo dos vencimentos, vantagens ou qualquer direito inerente ao cargo.

**§ 1º.** O afastamento será concedido ao presidente da entidade de classe e terá duração igual à do mandato, devendo ser prorrogado no caso de reeleição.

**§ 2º.** O afastamento para exercício de mandato será contado como tempo de serviço para todos os efeitos legais.

### SEÇÃO III. DAS GARANTIAS E DAS PRERROGATIVAS

**Art. 88.** São garantias dos membros da Defensoria Pública do Distrito Federal e dos Territórios:

**I** – a independência funcional no desempenho de suas atribuições;

**II** – a inamovibilidade;

**III** – a irredutibilidade de vencimentos;

**IV** – a estabilidade.

**Art. 89.** São prerrogativas dos membros da Defensoria Pública do Distrito Federal e dos Territórios:

**I** – receber, inclusive quando necessário, mediante entrega dos autos com vista, intimação pessoal em qualquer processo e grau de jurisdição ou instância administrativa, contando-se-lhes em dobro todos os prazos;

**II** – não ser preso, senão por ordem judicial escrita, salvo em flagrante, caso em que a autoridade fará imediata comunicação ao Defensor Público-Geral;

**III** – ser recolhido a prisão especial ou a sala especial de Estado-Maior, com direito a privacidade e, após sentença condenatória transitada em julgado, ser recolhido em dependência separada, no estabelecimento em que tiver de ser cumprida a pena;

**IV** – usar vestes talares e as insígnias privativas da Defensoria Pública;

**V** – (*VETADO*);

**VI** – ter vista pessoal dos processos fora dos cartórios e secretarias, ressalvadas as vedações legais;

**VII** – comunicar-se, pessoal e reservadamente, com seus assistidos, ainda quando esses se acharem presos ou detidos, mesmo incomunicáveis, tendo livre ingresso em estabelecimentos policiais, prisionais e de internação coletiva, independentemente de prévio agendamento;

**VIII** – examinar, em qualquer repartição pública, autos de flagrante, inquéritos e processos, assegurada a obtenção de cópias e podendo tomar apontamentos;

**IX** – manifestar-se em autos administrativos ou judiciais por meio de cota;

**X** – requisitar de autoridade pública ou de seus agentes exames, certidões, perícias, vistorias, diligências, processos, documentos, informações, esclarecimentos e providências necessárias ao exercício de suas atribuições;

**XI** – representar a parte, em feito administrativo ou judicial, independentemente de mandato, ressalvados os casos para os quais a lei exija poderes especiais;

**XII** – deixar de patrocinar ação, quando ela for manifestamente incabível ou inconveniente aos interesses da parte sob seu patrocínio, comunicando o fato ao Defensor Público-Geral, com as razões de seu proceder;

**XIII** – ter o mesmo tratamento reservado aos Magistrados e demais titulares dos cargos das funções essenciais à justiça;

**XIV** – ser ouvido como testemunha, em qualquer processo ou procedimento, em dia, hora e local previamente ajustados com a autoridade competente;

**XV** – (*VETADO*).

**XVI** – ter acesso a qualquer banco de dados de caráter público, bem como a locais que guardem pertinência com suas atribuições.

**Parágrafo único.** Quando, no curso de investigação policial, houver indício de prática de infração penal por membro da Defensoria Pública do Distrito Federal e dos Territórios, a autoridade policial, civil ou militar, comunicará imediatamente o fato ao Defensor Público-Geral, que designará membro da Defensoria Pública para acompanhar a apuração.

## CAPÍTULO V. DOS DEVERES, DAS PROIBIÇÕES, DOS IMPEDIMENTOS E DA RESPONSABILIDADE FUNCIONAL

### SEÇÃO I. DOS DEVERES

**Art. 90.** São deveres dos membros da Defensoria Pública do Distrito Federal e dos Territórios:

**I** – residir na localidade onde exercem suas funções;

**II** – desempenhar, com zelo e presteza, os serviços a seu cargo;

**III** – representar ao Defensor Público-Geral sobre as irregularidades de que tiver ciência em razão do cargo;

**IV** – prestar informações aos órgãos de administração superior da Defensoria Pública do Distrito Federal e dos Territórios, quando solicitadas;

**V** – atender ao expediente forense e participar dos atos judiciais, quando for obrigatória a sua presença;

**VI** – declarar-se suspeito, ou impedido, nos termos da lei;

**VII** – interpor os recursos cabíveis para qualquer instância ou Tribunal e promover revisão criminal, sempre que encontrar fundamentos na lei, jurisprudência ou prova dos autos, remetendo cópia à Corregedoria-Geral.

### SEÇÃO II. DAS PROIBIÇÕES

**Art. 91.** Além das proibições decorrentes do exercício de cargo público, aos membros da Defensoria Pública do Distrito Federal e dos Territórios é vedado:

**I** – exercer a advocacia fora das atribuições institucionais;

**II** – requerer, advogar, ou praticar em Juízo ou fora dele, atos que de qualquer forma colidam com as funções inerentes ao seu cargo, ou com os preceitos éticos de sua profissão;

**III** – receber, a qualquer título e sob qualquer pretexto, honorários, percentagens ou custas processuais, em razão de suas atribuições;

**IV** – exercer o comércio ou participar de sociedade comercial, exceto como cotista ou acionista;

**V** – exercer atividade político-partidária, enquanto atuar junto à Justiça Eleitoral.

### SEÇÃO III. DOS IMPEDIMENTOS

**Art. 92.** Ao membro da Defensoria Pública do Distrito Federal e dos Territórios é defeso exercer suas funções em processo ou procedimento:

**I** – em que seja parte ou, de qualquer forma, interessado;

**II** – em que haja atuado como representante da parte, perito, Juiz, membro do Ministério Público, Autoridade Policial, Escrivão de Polícia, Auxiliar de Justiça ou prestado depoimento como testemunha;

**III** – em que for interessado cônjuge ou companheiro, parente consanguíneo ou afim em linha reta ou colateral, até o 3º grau;

**IV** – no qual haja postulado como advogado de qualquer das pessoas mencionadas no inciso anterior;

**V** – em que qualquer das pessoas mencionadas no inciso III funcione ou haja funcionado como Magistrado, membro do Ministério Público, Autoridade Policial, Escrivão de Polícia ou Auxiliar de Justiça;

**VI** – em que houver dado à parte contrária parecer verbal ou escrito sobre o objeto da demanda;

**VII** – em outras hipóteses previstas em lei.

**Art. 93.** Os membros da Defensoria Pública do Distrito Federal e dos Territórios não podem participar de comissão, banca de concurso, ou de qualquer decisão, quando o julgamento ou votação disser respeito a seu cônjuge ou companheiro, ou parente consanguíneo ou afim em linha reta ou colateral, até o 3º grau.

## SEÇÃO IV.
## DA RESPONSABILIDADE FUNCIONAL

**Art. 94.** A atividade funcional dos membros da Defensoria Pública do Distrito Federal e dos Territórios está sujeita a:

**I** – correição ordinária, realizada anualmente pelo Corregedor-Geral e por seus auxiliares, para verificar a regularidade e eficiência dos serviços;

**II** – correição extraordinária, realizada pelo Corregedor-Geral e por seus auxiliares, de ofício ou por determinação do Defensor Público-Geral.

**§ 1º.** Cabe ao Corregedor-Geral, concluída a correição, apresentar ao Defensor Público-Geral relatório dos fatos apurados e das providências a serem adotadas.

**§ 2º.** Qualquer pessoa pode representar ao Corregedor-Geral sobre os abusos, erros ou omissões dos membros da Defensoria Pública do Distrito Federal e dos Territórios.

**Art. 95.** Constituem infrações disciplinares, além de outras definidas em lei, a violação dos deveres funcionais e vedações contidas nesta Lei Complementar, bem como a prática de crime contra a Administração Pública ou ato de improbidade administrativa.

**§ 1º.** Os membros da Defensoria Pública do Distrito Federal e dos Territórios são passíveis das seguintes sanções:

**I** – advertência;

**II** – suspensão por até 90 (noventa) dias;

**III** – remoção compulsória;

**IV** – demissão;

**V** – cassação da aposentadoria.

**§ 2º.** A advertência será aplicada por escrito nos casos de violação aos deveres e das proibições funcionais, quando o fato não justificar a imposição de pena mais grave.

**§ 3º.** A suspensão será aplicada em caso de reincidência em falta punida com advertência ou quando a infração dos deveres e das proibições funcionais, pela sua gravidade, justificar a sua imposição.

**§ 4º.** A remoção compulsória será aplicada sempre que a falta praticada, pela sua gravidade e repercussão, tornar incompatível a permanência do faltoso no órgão de atuação de sua lotação.

**§ 5º.** A pena de demissão será aplicável nas hipóteses previstas em lei, e no caso de reincidência em falta punida com suspensão ou remoção compulsória.

**§ 6º.** As penas de demissão e cassação da aposentadoria serão aplicadas pelo Presidente da República e as demais pelo Defensor Público-Geral, garantida sempre ampla defesa, sendo obrigatório o inquérito administrativo nos casos de aplicação de remoção compulsória, suspensão, demissão e cassação de aposentadoria.

**§ 7º.** Prescrevem em 2 (dois) anos, a contar da data em que foram cometidas, as faltas puníveis com advertência, suspensão e remoção compulsória, aplicando-se, quanto às demais, os prazos previstos em lei.

**Art. 96.** A qualquer tempo poderá ser requerida revisão do processo disciplinar, quando se aduzirem fatos novos ou circunstâncias suscetíveis de provar a inocência do apenado ou de justificar a imposição de pena mais branda.

**§ 1º.** Poderá requerer a instauração de processo revisional o próprio interessado ou, se falecido ou interdito, o seu cônjuge ou companheiro, ascendente, descendente ou irmão.

**§ 2º.** Se for procedente a revisão, será tornado sem efeito o ato punitivo ou aplicada a penalidade adequada, restabelecendo-se os direitos atingidos pela punição, na sua plenitude.

# TÍTULO IV.
# DAS NORMAS GERAIS PARA A ORGANIZAÇÃO DA DEFENSORIA PÚBLICA DOS ESTADOS

## CAPÍTULO I.
## DA ORGANIZAÇÃO

**Art. 97.** A Defensoria Pública dos Estados organizar-se-á de acordo com as normas gerais estabelecidas nesta Lei Complementar.

✪ **Art. 97-A.** À Defensoria Pública do Estado é assegurada autonomia funcional, administrativa e iniciativa para elaboração de sua proposta orçamentária, dentro dos limites estabelecidos na lei de diretrizes orçamentárias, cabendo-lhe, especialmente:

**I** – abrir concurso público e prover os cargos de suas Carreiras e dos serviços auxiliares;

**II** – organizar os serviços auxiliares;

**III** – praticar atos próprios de gestão;

**IV** – compor os seus órgãos de administração superior e de atuação;

**V** – elaborar suas folhas de pagamento e expedir os competentes demonstrativos;

**VI** – praticar atos e decidir sobre situação funcional e administrativa do pessoal, ativo e inativo da Carreira, e dos serviços auxiliares, organizados em quadros próprios;

**VII** – exercer outras competências decorrentes de sua autonomia.

**Art. 97-B.** A Defensoria Pública do Estado elaborará sua proposta orçamentária atendendo aos seus princípios, às diretrizes e aos limites definidos na lei de diretrizes orçamentárias, encaminhando-a ao Chefe do Poder Executivo para consolidação e encaminhamento ao Poder Legislativo.

**§ 1º.** Se a Defensoria Pública do Estado não encaminhar a respectiva proposta orçamentária dentro do prazo estabelecido na lei de diretrizes orçamentárias, o Poder Executivo considerará, para fins de consolidação da proposta orçamentária anual, os valores aprovados na lei orçamentária vigente, ajustados de acordo com os limites estipulados na forma do *caput*.

**§ 2º.** Se a proposta orçamentária de que trata este artigo for encaminhada em desacordo com os limites estipulados no *caput*, o Poder Executivo procederá aos ajustes necessários para fim de consolidação da proposta orçamentária anual.

**§ 3º.** Durante a execução orçamentária do exercício, não poderá haver a realização de despesas que extrapolem os limites estabelecidos na lei de diretrizes orçamentárias, exceto se previamente autorizadas, mediante a abertura de créditos suplementares ou especiais.

**§ 4º.** Os recursos correspondentes às suas dotações orçamentárias próprias e globais, compreendidos os créditos suplementares e especiais, ser-lhe-ão entregues, até o dia 20 (vinte) de cada mês, na forma do art. 168 da Constituição Federal.

**§ 5º.** As decisões da Defensoria Pública do Estado, fundadas em sua autonomia funcional e administrativa, obedecidas as formalidades legais, têm eficácia plena e executoriedade imediata, ressalvada a competência constitucional do Poder Judiciário e do Tribunal de Contas.

**§ 6º.** A fiscalização contábil, financeira, orçamentária, operacional e patrimonial da Defensoria Pública do Estado, quanto à legalidade, legitimidade, aplicação de dotações e recursos próprios e renúncia de receitas, será exercida pelo Poder Legislativo, mediante controle externo e pelo sistema de controle interno estabelecido em lei.

✪ **Art. 98**. A Defensoria Pública dos Estados compreende:

**I** – órgãos de administração superior:

*a)* a Defensoria Pública-Geral do Estado;

*b)* a Subdefensoria Pública-Geral do Estado;

*c)* o Conselho Superior da Defensoria Pública do Estado;

*d)* a Corregedoria-Geral da Defensoria Pública do Estado;

**II** – órgãos de atuação:

*a)* as Defensorias Públicas do Estado;

*b)* os Núcleos da Defensoria Pública do Estado;

**III** – órgãos de execução:

*a)* os Defensores Públicos do Estado.

**IV** – órgão auxiliar: Ouvidoria-Geral da Defensoria Pública do Estado.

## SEÇÃO I.
## DO DEFENSOR PÚBLICO-GERAL E DO SUBDEFENSOR PÚBLICO-GERAL DO ESTADO

**Art. 99.** A Defensoria Pública do Estado tem por chefe o Defensor Público-Geral, nomeado pelo Governador do Estado, dentre membros estáveis da Carreira e maiores de 35 (trinta e cinco) anos, escolhidos em lista tríplice formada pelo voto direto, secreto, plurinominal e obrigatório de seus membros, para mandato de 2 (dois) anos, permitida uma recondução.

**§ 1º.** O Defensor Público-Geral será substituído em suas faltas, licenças, férias e impedimentos pelo Subdefensor Público-Geral, por ele nomeado dentre integrantes estáveis da Carreira, na forma da legislação estadual.

**§ 2º.** Os Estados, segundo suas necessidades, poderão ter mais de um Subdefensor Público-Geral.

**§ 3º.** O Conselho Superior editará as normas regulamentando a eleição para a escolha do Defensor Público-Geral.

**§ 4º.** Caso o Chefe do Poder Executivo não efetive a nomeação do Defensor Público-Geral nos 15 (quinze) dias que se seguirem ao recebimento da lista tríplice, será investido automaticamente no cargo o Defensor Público mais votado para exercício do mandato.

**Art. 100.** Ao Defensor Público-Geral do Estado compete dirigir a Defensoria Pública do Estado, superintender e coordenar suas atividades, orientando sua atuação, e representando-a judicial e extrajudicialmente.

**Art. 101.** A composição do Conselho Superior da Defensoria Pública do Estado deve incluir obrigatoriamente o Defensor Público-Geral, o Subdefensor Público-Geral, o Corregedor-Geral e o Ouvidor-Geral, como membros natos, e, em sua maioria, representantes estáveis da Carreira, eleitos pelo voto direto, plurinominal, obrigatório e secreto de seus membros, em número e forma a serem fixados em lei estadual.

**§ 1º**. O Conselho Superior é presidido pelo Defensor Público-Geral, que terá voto de qualidade, exceto em matéria disciplinar.

**§ 2º**. As eleições serão realizadas em conformidade com as instruções baixadas pelo Conselho Superior da Defensoria Pública do Estado.

**§ 3º**. Os membros do Conselho Superior são eleitos para mandato de 2 (dois) anos, permitida uma reeleição.

**§ 4º**. São elegíveis os membros estáveis da Defensoria Pública que não estejam afastados da Carreira.

**§ 5º**. O presidente da entidade de classe de maior representatividade dos membros da Defensoria Pública do Estado terá assento e voz nas reuniões do Conselho Superior.

**Art. 102.** Ao Conselho Superior compete exercer as atividades consultivas, normativas e decisórias a serem previstas na lei estadual.

**§ 1º**. Caberá ao Conselho Superior decidir sobre a fixação ou a alteração de atribuições dos órgãos de atuação da Defensoria Pública e, em grau de recurso, sobre matéria disciplinar e os conflitos de atribuições entre membros da Defensoria Pública, sem prejuízo de outras atribuições.

**§ 2º**. Caberá ao Conselho Superior aprovar o plano de atuação da Defensoria Pública do Estado, cujo projeto será precedido de ampla divulgação.

**§ 3º**. As decisões do Conselho Superior serão motivadas e publicadas, e suas sessões deverão ser públicas, salvo nas hipóteses legais de sigilo, e realizadas, no mínimo, bimestralmente, podendo ser convocada por qualquer conselheiro, caso não realizada dentro desse prazo.

## SEÇÃO III.
## DA CORREGEDORIA-GERAL DA DEFENSORIA PÚBLICA DO ESTADO

**Art. 103.** A Corregedoria-Geral é órgão de fiscalização da atividade funcional e da conduta dos membros e dos servidores da Instituição.

**Art. 104.** A Corregedoria-Geral é exercida pelo Corregedor-Geral indicado dentre os integrantes da classe mais elevada da Carreira, em lista tríplice formada pelo Conselho Superior, e nomeado pelo Defensor Público-Geral para mandato de 2 (dois) anos, permitida 1 (uma) recondução.

**§ 1º**. O Corregedor-Geral poderá ser destituído por proposta do Defensor Público-Geral, pelo voto de 2/3 (dois terços) do Conselho Superior, antes do término do mandato. (Anterior parágrafo único renumerado para § 1º pela LC 132, de 2009)

**§ 2º**. A lei estadual poderá criar um ou mais cargos de Subcorregedor, fixando as atribuições e especificando a forma de designação.

**Art. 105.** À Corregedoria-Geral da Defensoria Pública do Estado compete:

**I** – realizar correições e inspeções funcionais;

**II** – sugerir ao Defensor Público-Geral o afastamento de Defensor Público que esteja sendo submetido a correição, sindicância ou processo administrativo disciplinar, quando cabível;

**III** – propor, fundamentadamente, ao Conselho Superior a suspensão do estágio probatório de membro da Defensoria Pública do Estado;

**IV** – apresentar ao Defensor Público-Geral, em janeiro de cada ano, relatório das atividades desenvolvidas no ano anterior;

**V** – receber e processar as representações contra os membros da Defensoria Pública do Estado, encaminhando-as, com parecer, ao Conselho Superior;

**VI** – propor a instauração de processo disciplinar contra membros da Defensoria Pública do Estado e seus servidores;

**VII** – acompanhar o estágio probatório dos membros da Defensoria Pública do Estado;

**VIII** – propor a exoneração de membros da Defensoria Pública do Estado que não cumprirem as condições do estágio probatório.

**IX** – baixar normas, no limite de suas atribuições, visando à regularidade e ao aperfeiçoamento das atividades da Defensoria Pública, resguardada a independência funcional de seus membros;

**X** – manter atualizados os assentamentos funcionais e os dados estatísticos de atuação dos membros da Defensoria Pública, para efeito de aferição de merecimento;

**XI** – expedir recomendações aos membros da Defensoria Pública sobre matéria afeta à competência da Corregedoria-Geral da Defensoria Pública;

**XII** – desempenhar outras atribuições previstas em lei ou no regulamento interno da Defensoria Pública.

## SEÇÃO III-A.
## DA OUVIDORIA-GERAL DA DEFENSORIA PÚBLICA DO ESTADO

**Art. 105-A.** A Ouvidoria-Geral é órgão auxiliar da Defensoria Pública do Estado, de promoção da qualidade dos serviços prestados pela Instituição.

**Parágrafo único.** A Ouvidoria-Geral contará com servidores da Defensoria Pública do Estado e com a estrutura definida pelo Conselho Superior após proposta do Ouvidor-Geral.

**Art. 105-B.** O Ouvidor-Geral será escolhido pelo Conselho Superior, dentre cidadãos de reputação ilibada, não integrante da Carreira, indicados em lista tríplice formada pela sociedade civil, para mandato de 2 (dois) anos, permitida 1 (uma) recondução.

**§ 1º.** O Conselho Superior editará normas regulamentando a forma de elaboração da lista tríplice.

**§ 2º.** O Ouvidor-Geral será nomeado pelo Defensor Público-Geral do Estado.

**§ 3º.** O cargo de Ouvidor-Geral será exercido em regime de dedicação exclusiva.

**Art. 105-C.** À Ouvidoria-Geral compete:

**I** – receber e encaminhar ao Corregedor-Geral representação contra membros e servidores da Defensoria Pública do Estado, assegurada a defesa preliminar;

**II** – propor aos órgãos de administração superior da Defensoria Pública do Estado medidas e ações que visem à consecução dos princípios institucionais e ao aperfeiçoamento dos serviços prestados;

**III** – elaborar e divulgar relatório semestral de suas atividades, que conterá também as medidas propostas aos órgãos competentes e a descrição dos resultados obtidos;

**IV** – participar, com direito a voz, do Conselho Superior da Defensoria Pública do Estado;

**V** – promover atividades de intercâmbio com a sociedade civil;

**VI** – estabelecer meios de comunicação direta entre a Defensoria Pública e a sociedade, para receber sugestões e reclamações, adotando as providências pertinentes e informando o resultado aos interessados;

**VII** – contribuir para a disseminação das formas de participação popular no acompanhamento e na fiscalização da prestação dos serviços realizados pela Defensoria Pública;

**VIII** – manter contato permanente com os vários órgãos da Defensoria Pública do Estado, estimulando-os a atuar em permanente sintonia com os direitos dos usuários;

**IX** – coordenar a realização de pesquisas periódicas e produzir estatísticas referentes ao índice de satisfação dos usuários, divulgando os resultados.

**Parágrafo único.** As representações podem ser apresentadas por qualquer pessoa, inclusive pelos próprios membros e servidores da Defensoria Pública do Estado, entidade ou órgão público.

## SEÇÃO IV. DA DEFENSORIA PÚBLICA DO ESTADO

**Art. 106.** A Defensoria Pública do Estado prestará assistência jurídica aos necessitados, em todos os graus de jurisdição e instâncias administrativas do Estado.

**Parágrafo único.** À Defensoria Pública do Estado caberá interpor recursos aos Tribunais Superiores, quando cabíveis.

**Art. 106-A.** A organização da Defensoria Pública do Estado deve primar pela descentralização, e sua atuação deve incluir atendimento interdisciplinar, bem como a tutela dos interesses individuais, difusos, coletivos e individuais homogêneos.

## SEÇÃO V. DOS NÚCLEOS DA DEFENSORIA PÚBLICA DO ESTADO

**Art. 107.** A Defensoria Pública do Estado poderá atuar por intermédio de núcleos ou núcleos especializados, dando-se prioridade, de todo modo, às regiões com maiores índices de exclusão social e adensamento populacional.

## SEÇÃO VI. DOS DEFENSORES PÚBLICOS DOS ESTADOS

**Art. 108.** Aos membros da Defensoria Pública do Estado incumbe, sem prejuízo de outras atribuições estabelecidas pelas Constituições Federal e Estadual, pela Lei Orgânica e por demais diplomas legais, a orientação jurídica e a defesa dos seus assistidos, no âmbito judicial, extrajudicial e administrativo.

**Parágrafo único.** São, ainda, atribuições dos Defensores Públicos Estaduais:

**I** – atender às partes e aos interessados;

**II** – participar, com direito a voz e voto, dos Conselhos Penitenciários;

**III** – certificar a autenticidade de cópias de documentos necessários à instrução de processo administrativo ou judicial, à vista da apresentação dos originais;

**IV** – atuar nos estabelecimentos prisionais, policiais, de internação e naqueles reservados a adolescentes, visando ao atendimento jurídico permanente dos presos provisórios, sentenciados, internados e adolescentes, competindo à administração estadual reservar instalações seguras e adequadas aos seus trabalhos, franquear acesso a todas as dependências do estabelecimento independentemente de prévio agendamento, fornecer apoio administrativo, prestar todas as informações solicitadas e assegurar o acesso à documentação dos assistidos, aos quais não poderá, sob fundamento algum, negar o direito de entrevista com os membros da Defensoria Pública do Estado.

### SEÇÃO VII.
### DOS ÓRGÃOS AUXILIARES

**Art. 109.** Cabe à lei estadual disciplinar os órgãos e serviços auxiliares de apoio administrativo, organizando-o em quadro próprio, com cargos que atendam às peculiaridades e às necessidades da administração e das atividades funcionais da Instituição.

## CAPÍTULO II.
## DA CARREIRA

**Art. 110.** A Defensoria Pública do Estado é integrada pela carreira de Defensor Público do Estado, composta das categorias de cargos efetivos necessárias ao cumprimento das suas funções institucionais, na forma a ser estabelecida na legislação estadual.

**Art. 111.** O Defensor Público do Estado atuará, na forma do que dispuser a legislação estadual, junto a todos os Juízos de 1º grau de jurisdição, núcleos, órgãos judiciários de 2º grau de jurisdição, instâncias administrativas e Tribunais Superiores (art. 22, parágrafo único).

### SEÇÃO I.
### DO INGRESSO NA CARREIRA

**Art. 112.** O ingresso nos cargos iniciais da carreira far-se-á mediante aprovação prévia em concurso público de provas e títulos, com a participação da Ordem dos Advogados do Brasil.

**§ 1º.** Do regulamento do concurso constarão os programas das disciplinas sobre as quais versarão as provas, bem como outras disposições pertinentes à sua organização e realização.

**§ 2º.** O edital de abertura de inscrições no concurso indicará, obrigatoriamente, o número de cargos vagos na categoria inicial da carreira.

**Art. 112-A.** Aos aprovados no concurso deverá ser ministrado curso oficial de preparação à Carreira, objetivando o treinamento específico para o desempenho das funções técnico-jurídicas e noções de outras disciplinas necessárias à consecução dos princípios institucionais da Defensoria Pública.

### SEÇÃO II.
### DA NOMEAÇÃO E DA ESCOLHA DAS VAGAS

**Art. 113.** O candidato aprovado no concurso público para ingresso na carreira da Defensoria Pública do Estado será nomeado pelo Governador do Estado para cargo inicial da carreira, respeitada a ordem de classificação e o número de vagas existentes.

**Art. 114.** O candidato aprovado poderá renunciar à nomeação correspondente à sua classificação, antecipadamente ou até o termo final do prazo de posse, caso em que, optando o renunciante, será deslocado para o último lugar da lista de classificados.

### SEÇÃO III.
### DA PROMOÇÃO

**Art. 115.** A promoção consiste no acesso imediato dos membros efetivos da Defensoria Pública do Estado de uma categoria para outra da carreira.

**Art. 116.** As promoções serão efetivadas por ato do Defensor Público-Geral do Estado, obedecidos, alternadamente, os critérios de antiguidade e merecimento.

**§ 1º.** É facultada a recusa à promoção, sem prejuízo do critério do preenchimento da vaga recusada.

**§ 2º.** A antiguidade será apurada na categoria e determinada pelo tempo de efetivo exercício na mesma.

**§ 3º.** A promoção por merecimento dependerá de lista tríplice para cada vaga, elaborada pelo Conselho Superior, em sessão secreta, com ocupantes do primeiro terço da lista de antiguidade.

**§ 4º.** Os membros da Defensoria Pública do Estado somente poderão ser promovidos após 2 (dois) anos de efetivo exercício na categoria, dispensado o interstício se não houver quem preencha tal requisito, ou se quem o preencher recusar a promoção.

**§ 5º.** É obrigatória a promoção do Defensor Público que figurar por três vezes consecutivas ou cinco alternadas em lista de merecimento, ressalvada a hipótese do art. 117, § 2º.

**Art. 117.** O Conselho Superior fixará os critérios de ordem objetiva para a aferição de merecimento dos membros da Instituição, considerando-se, entre outros, a eficiência e a presteza demonstradas no desempenho da função e a aprovação em cursos de aperfeiçoamento, de natureza jurídica, promovidos pela Instituição, ou por estabelecimentos de ensino superior, oficialmente reconhecidos.

**§ 1º**. Os cursos de aperfeiçoamento de que trata este artigo compreenderão, necessariamente, as seguintes atividades:

*a)* apresentação de trabalho escrito sobre assunto de relevância jurídica;

*b)* defesa oral do trabalho que tenha sido aceito por banca examinadora.

**§ 2º**. A lei estadual estabelecerá os prazos durante os quais estará impedido de concorrer à promoção por merecimento o membro da Instituição que tiver sofrido imposição de penalidade em processo administrativo disciplinar.

## CAPÍTULO III. DA INAMOVIBILIDADE E DA REMOÇÃO

**Art. 118.** Os membros da Defensoria Pública do Estado são inamovíveis, salvo se apenados com remoção compulsória, na forma da lei estadual.

**Art. 119.** A remoção será feita a pedido ou por permuta, sempre entre membros da mesma categoria da carreira.

**Art. 120.** A remoção compulsória somente será aplicada com prévio parecer do Conselho Superior, assegurada ampla defesa em processo administrativo disciplinar.

**Art. 121.** A remoção a pedido far-se-á mediante requerimento ao Defensor Público-Geral, nos 15 (quinze) dias seguintes à publicação, no *Diário Oficial*, do aviso de existência de vaga.

**Parágrafo único.** Findo o prazo fixado neste artigo e, havendo mais de um candidato à remoção, será removido o mais antigo na categoria e, ocorrendo empate, sucessivamente, o mais antigo na carreira, no serviço público do Estado, no serviço público em geral, o mais idoso e o mais bem classificado no concurso para ingresso na Defensoria Pública.

**Art. 122.** A remoção precederá o preenchimento da vaga por merecimento.

**Art. 123.** Quando por permuta, a remoção será concedida mediante requerimento dos interessados, respeitada a antiguidade dos demais, na forma da lei estadual.

**Parágrafo único.** O Defensor Público-Geral dará ampla divulgação aos pedidos de permuta.

## CAPÍTULO IV. DOS DIREITOS, DAS GARANTIAS E DAS PRERROGATIVAS DOS MEMBROS DA DEFENSORIA PÚBLICA DOS ESTADOS

### SEÇÃO I. DA REMUNERAÇÃO

**Art. 124.** À lei estadual cabe fixar a remuneração dos cargos da carreira do respectivo Estado, observado o disposto no art. 135 da Constituição Federal.

**§ 1º**. (*VETADO*).

**§ 2º**. Os membros das Defensorias Públicas dos Estados têm os direitos assegurados pela legislação da respectiva unidade da Federação e nesta Lei Complementar.

**I** – (*Revogado pela Lei Complementar nº 98, de 1999*);

**II** – (*VETADO*);

**III** – (*Revogado pela Lei Complementar nº 98, de 1999*);

**IV** – (*Revogado pela Lei Complementar nº 98, de 1999*);

**V** – (*Revogado pela Lei Complementar nº 98, de 1999*);

**VI** – (*Revogado pela Lei Complementar nº 98, de 1999*);

**VII** – (*VETADO*);

**VIII** – (*Revogado pela Lei Complementar nº 98, de 1999*).

### SEÇÃO II. DAS FÉRIAS E DO AFASTAMENTO

**Art. 125.** As férias dos membros da Defensoria Pública do Estado serão concedidas de acordo com a lei estadual.

**Art. 126.** O afastamento para estudo ou missão, no interesse da Defensoria Pública do Estado, será autorizado pelo Defensor Público-Geral.

**§ 1º**. O afastamento de que trata este artigo somente será concedido pelo Defensor Público-Geral, após estágio probatório e pelo prazo máximo de 2 (dois) anos.

**§ 2º**. Quando o interesse público o exigir, o afastamento poderá ser interrompido a juízo do Defensor Público-Geral.

**Art. 126-A.** É assegurado o direito de afastamento para exercício de mandato em entidade de classe de âmbito estadual ou nacional, de maior representatividade, sem prejuízo dos vencimentos, vantagens ou qualquer direito inerente ao cargo.

**§ 1º**. O afastamento será concedido ao presidente da entidade de classe e terá duração igual à do mandato, devendo ser prorrogado no caso de reeleição.

**§ 2º**. O afastamento para exercício de mandato será contado como tempo de serviço para todos os efeitos legais.

**§ 3º**. Lei estadual poderá estender o afastamento a outros membros da diretoria eleita da entidade.

SEÇÃO III.
DAS GARANTIAS E DAS PRERROGATIVAS

**Art. 127.** São garantias dos membros da Defensoria Pública do Estado, sem prejuízo de outras que a lei estadual estabelecer:

**I** – a independência funcional no desempenho de suas atribuições;

**II** – a inamovibilidade;

**III** – a irredutibilidade de vencimentos;

**IV** – a estabilidade.

**Art. 128.** São prerrogativas dos membros da Defensoria Pública do Estado, dentre outras que a lei local estabelecer:

**I** – receber, inclusive quando necessário, mediante entrega dos autos com vista, intimação pessoal em qualquer processo e grau de jurisdição ou instância administrativa, contando-se-lhes em dobro todos os prazos;

**II** – não ser preso, senão por ordem judicial escrita, salvo em flagrante, caso em que a autoridade fará imediata comunicação ao Defensor Público-Geral;

**III** – ser recolhido a prisão especial ou a sala especial de Estado-Maior, com direito a privacidade e, após sentença condenatória transitada em julgado, ser recolhido em dependência separada, no estabelecimento em que tiver de ser cumprida a pena;

**IV** – usar vestes talares e as insígnias privativas da Defensoria Pública;

**V** – *(VETADO)*;

**VI** – comunicar-se, pessoal e reservadamente, com seus assistidos, ainda quando estes se acharem presos ou detidos, mesmo incomunicáveis, tendo livre ingresso em estabelecimentos policiais, prisionais e de internação coletiva, independentemente de prévio agendamento;

**VII** – ter vista pessoal dos processos fora dos cartórios e secretarias, ressalvadas as vedações legais;

**VIII** – examinar, em qualquer repartição pública, autos de flagrantes, inquéritos e processos, assegurada a obtenção de cópias e podendo tomar apontamentos;

**IX** – manifestar-se em autos administrativos ou judiciais por meio de cota;

**X** – requisitar de autoridade pública ou de seus agentes exames, certidões, perícias, vistorias, diligências, processos, documentos, informações, esclarecimentos e providências necessárias ao exercício de suas atribuições;

**XI** – representar a parte, em feito administrativo ou judicial, independentemente de mandato, ressalvados os casos para os quais a lei exija poderes especiais;

**XII** – deixar de patrocinar ação, quando ela for manifestamente incabível ou inconveniente aos interesses da parte sob seu patrocínio, comunicando o fato ao Defensor Público-Geral, com as razões de seu proceder;

**XIII** – ter o mesmo tratamento reservado aos Magistrados e demais titulares dos cargos das funções essenciais à justiça;

**XIV** – ser ouvido como testemunha, em qualquer processo ou procedimento, em dia, hora e local previamente ajustados com a autoridade competente;

**XV** – *(VETADO)*;

**XVI** – *(VETADO)*.

**Parágrafo único.** Quando, no curso de investigação policial, houver indício de prática de infração penal por membro da Defensoria Pública do Estado, a autoridade policial, civil ou militar, comunicará imediatamente o fato ao Defensor Público-Geral, que designará membro da Defensoria Pública para acompanhar a apuração.

## CAPÍTULO V.
## DOS DEVERES, DAS PROIBIÇÕES, DOS IMPEDIMENTOS E DA RESPONSABILIDADE FUNCIONAL

SEÇÃO I.
DOS DEVERES

**Art. 129.** São deveres dos membros da Defensoria Pública dos Estados:

**I** – residir na localidade onde exercem suas funções, na forma do que dispuser a lei estadual;

**II** – desempenhar com zelo e presteza, dentro dos prazos, os serviços a seu cargo e os que, na forma da lei, lhes sejam atribuídos pelo Defensor Público-Geral;

**III** – representar ao Defensor Público-Geral sobre as irregularidades de que tiver ciência, em razão do cargo;

**IV** – prestar informações aos órgãos de administração superior da Defensoria Pública do Estado, quando solicitadas;

**V** – atender ao expediente forense e participar dos atos judiciais, quando for obrigatória a sua presença;

**VI** – declarar-se suspeito ou impedido, nos termos da lei;

**VII** – interpor os recursos cabíveis para qualquer instância ou Tribunal e promover revisão criminal, sempre que encontrar fundamentos na lei, jurisprudência ou prova dos autos, remetendo cópia à Corregedoria-Geral.

## SEÇÃO II.
## DAS PROIBIÇÕES

**Art. 130.** Além das proibições decorrentes do exercício de cargo público, aos membros da Defensoria Pública dos Estados é vedado:
**I** – exercer a advocacia fora das atribuições institucionais;
**II** – requerer, advogar, ou praticar em Juízo ou fora dele, atos que de qualquer forma colidam com as funções inerentes ao seu cargo, ou com os preceitos éticos de sua profissão;
**III** – receber, a qualquer título e sob qualquer pretexto, honorários, percentagens ou custas processuais, em razão de suas atribuições;
**IV** – exercer o comércio ou participar de sociedade comercial, exceto como cotista ou acionista;
**V** – exercer atividade político-partidária, enquanto atuar junto à Justiça Eleitoral.

## SEÇÃO III.
## DOS IMPEDIMENTOS

**Art. 131.** É defeso ao membro da Defensoria Pública do Estado exercer suas funções em processo ou procedimento:
**I** – em que seja parte ou, de qualquer forma, interessado;
**II** – em que haja atuado como representante da parte, perito, Juiz, membro do Ministério Público, Autoridade Policial, Escrivão de Polícia, Auxiliar de Justiça ou prestado depoimento como testemunha;
**III** – em que for interessado cônjuge ou companheiro, parente consanguíneo ou afim em linha reta ou colateral, até o 3º grau;
**IV** – no qual haja postulado como advogado de qualquer das pessoas mencionadas no inciso anterior;
**V** – em que qualquer das pessoas mencionadas no inciso III funcione ou haja funcionado como Magistrado, membro do Ministério Público, Autoridade Policial, Escrivão de Polícia ou Auxiliar de Justiça;
**VI** – em que houver dado à parte contrária parecer verbal ou escrito sobre o objeto da demanda;
**VII** – em outras hipóteses previstas em lei.

**Art. 132.** Os membros da Defensoria Pública do Estado não podem participar de comissão, banca de concurso, ou de qualquer decisão, quando o julgamento ou votação disser respeito a seu cônjuge ou companheiro, ou parente consanguíneo ou afim em linha reta ou colateral, até o 3º grau.

## SEÇÃO IV.
## DA RESPONSABILIDADE FUNCIONAL

**Art. 133.** A atividade funcional dos membros da Defensoria Pública dos Estados está sujeita a:
**I** – correição ordinária, realizada anualmente pelo Corregedor-Geral e por seus auxiliares, para verificar a regularidade e eficiência dos serviços;
**II** – correição extraordinária, realizada pelo Corregedor-Geral e por seus auxiliares, para verificar a regularidade e eficiência dos serviços.
**§ 1º.** Cabe ao Corregedor-Geral, concluída a correição, apresentar ao Defensor Público-Geral relatório dos fatos apurados e das providências a serem adotadas.
**§ 2º.** Qualquer pessoa pode representar ao Corregedor-Geral sobre os abusos, erros ou omissões dos membros da Defensoria Pública dos Estados.

**Art. 134.** A lei estadual estabelecerá as infrações disciplinares, com as respectivas sanções, procedimentos cabíveis e prazos prescricionais.
**§ 1º.** A lei estadual preverá a pena de remoção compulsória nas hipóteses que estabelecer, e sempre que a falta praticada, pela sua gravidade e repercussão, tornar incompatível a permanência do faltoso no órgão de atuação de sua lotação.
**§ 2º.** Caberá ao Defensor Público-Geral aplicar as penalidades previstas em lei, exceto no caso de demissão e cassação de aposentadoria, em que será competente para aplicá-las o Governador do Estado.
**§ 3º.** Nenhuma penalidade será aplicada sem que se garanta ampla defesa, sendo obrigatório o inquérito administrativo nos casos de aplicação de remoção compulsória.

**Art. 135.** A lei estadual preverá a revisão disciplinar, estabelecendo as hipóteses de cabimento e as pessoas habilitadas a requerê-la.
**Parágrafo único.** Procedente a revisão, será tornado sem efeito o ato punitivo ou aplicada a penalidade adequada, restabelecendo-se os direitos atingidos pela punição, na sua plenitude.

# TÍTULO V.
# DAS DISPOSIÇÕES FINAIS E TRANSITÓRIAS

**Art. 136.** Os Defensores Públicos Federais, bem como os do Distrito Federal, estão sujeitos ao regime jurídico desta Lei Complementar e gozam de independência no exercício de suas funções, aplicando-se-lhes, subsidiariamente, o instituído pela Lei 8.112, de 11 de dezembro de 1990.

**Art. 137.** Aos Defensores Públicos investidos na função até a data da instalação da Assembleia Nacional Constituinte é assegurado o direito de opção pela carreira, garantida a inamovibilidade e vedado o exercício da advocacia fora das atribuições constitucionais.

**Parágrafo único.** (*VETADO*).

**Art. 138.** Os atuais cargos de Advogado de Ofício e de Advogado de Ofício Substituto da Justiça Militar e de Advogado de Ofício da Procuradoria Especial da Marinha, cujos ocupantes tenham sido aprovados em concurso público de provas ou de provas e títulos e optem pela carreira, são transformados em cargos de Defensor Público da União.

**§ 1º.** Os cargos a que se refere este artigo passam a integrar o Quadro Permanente da Defensoria Pública da União, nos seguintes termos:

**I** – os cargos de Advogado de Ofício Substituto da Justiça Militar passam a denominar-se Defensor Público da União de 1ª Categoria;

**II** – os cargos de Advogado de Ofício da Justiça Militar passam a denominar-se Defensor Público da União de Categoria Especial;

**III** – os cargos de Advogado de Ofício da Procuradoria Especial da Marinha passam a denominar-se Defensor Público da União de 1ª Categoria.

**§ 2º.** Os cargos de Defensor Público cujos ocupantes optarem pela carreira são transformados em cargos integrantes do Quadro Permanente da Defensoria Pública da União, respeitadas as diferenças existentes entre eles, de conformidade com o disposto na Lei nº 7.384, de 18 de outubro de 1985, que reestruturou em carreira a Defensoria de Ofício da Justiça Militar Federal.

**§ 3º.** São estendidos aos inativos os benefícios e vantagens decorrentes da transformação dos cargos previstos nesta Lei Complementar, nos termos da Constituição Federal, art. 40, § 4º.

**§ 4º.** O disposto neste artigo somente surtirá efeitos financeiros a partir da vigência da lei a que se refere o parágrafo único do art. 146, observada a existência de prévia dotação orçamentária.

**Art. 139.** É assegurado aos ocupantes de cargos efetivos de assistente jurídico, lotados no Centro de Assistência Judiciária da Procuradoria-Geral do Distrito Federal, o ingresso, mediante opção, na carreira da Defensoria Pública do Distrito Federal e dos Territórios.

**Parágrafo único.** Serão estendidos aos inativos em situação idêntica os benefícios e vantagens previstos nesta Lei Complementar.

**Art. 140.** Os concursos públicos para preenchimento dos cargos transformados em cargos do Quadro Permanente da Defensoria Pública da União, cujo prazo de validade não se tenha expirado, habilitam os aprovados, obedecida a ordem de classificação, a preenchimento das vagas existentes no Quadro Permanente da Defensoria Pública da União.

**Art. 141.** As leis estaduais estenderão os benefícios e vantagens decorrentes da aplicação do art. 137 desta Lei Complementar aos inativos aposentados como titulares dos cargos transformados em cargos do Quadro de Carreira de Defensor Público.

**Art. 142.** Os Estados adaptarão a organização de suas Defensorias Públicas aos preceitos desta Lei Complementar, no prazo de 180 (cento e oitenta) dias.

**Art. 143.** À Comissão de Concurso incumbe realizar a seleção dos candidatos ao ingresso na Carreira da Defensoria Pública da União, do Distrito Federal e dos Territórios.

**Art. 144.** Cabe à lei dispor sobre os órgãos e serviços auxiliares de apoio administrativo, que serão organizados em quadro próprio, composto de cargos que atendam às peculiaridades e às necessidades da administração e das atividades funcionais da Instituição.

**Art. 145.** As Defensorias Públicas da União, do Distrito Federal e dos Territórios e dos Estados adotarão providências no sentido de selecionar, como estagiários, os acadêmicos de Direito que, comprovadamente, estejam matriculados nos quatro últimos semestres de cursos mantidos por estabelecimentos de ensino oficialmente reconhecidos.

**§ 1º.** Os estagiários serão designados pelo Defensor Público-Geral, pelo período de 1 (um) ano, podendo este prazo ser prorrogado por igual período.

**§ 2º.** Os estagiários poderão ser dispensados do estágio, antes de decorrido o prazo de sua duração, nas seguintes hipóteses:

*a)* a pedido;

*b)* por prática de ato que justifique seu desligamento.

**§ 3º.** O tempo de estágio será considerado serviço público relevante e como prática forense.

**Art. 146.** Os preceitos desta Lei Complementar aplicam-se imediatamente aos membros da Defensoria de Ofício da Justiça Militar, que continuarão subordinados, administrativamente, ao Superior Tribunal Militar, até a nomeação e posse do Defensor Público-Geral da União.

**Parágrafo único.** Após a aprovação das dotações orçamentárias necessárias para fazer face às despesas decorrentes desta Lei Complementar, o Poder Executivo enviará projeto de lei dimensionando o Quadro Permanente dos agentes das Defensorias Públicas da União, do Distrito Federal e dos Territórios, e de seu pessoal de apoio.

**Art. 147.** Ficam criados os cargos, de natureza especial, de Defensor Público-Geral e de Subdefensor Público-Geral da União e de Defensor Público-Geral e de Subdefensor Público-Geral do Distrito Federal e dos Territórios.

**Art. 148.** Esta Lei Complementar entra em vigor na data de sua publicação.

**Art. 149.** Revogam-se as disposições em contrário.

Brasília, 12 de janeiro de 1994; 173º da Independência e 106º da República.

ITAMAR FRANCO

D.O.U. de 13.1.1994

# LEI Nº 1.060, DE 5 DE FEVEREIRO DE 1950

*Estabelece normas para a concessão de assistência judiciária aos necessitados.*

O PRESIDENTE DA REPÚBLICA

Faço saber que o Congresso Nacional decreta e eu sanciono a seguinte Lei:

- CF/1988: arts. 134 e 135.
- CPC/15: arts. 185 a 187.
- LC 80/1994 - Organiza a Defensoria Pública da União, do Distrito Federal e dos Territórios e prescre normas gerais para sua organização nos Estados, e dá outras providências.

**Art. 1º.** Os poderes públicos federal e estadual, independentemente da colaboração que possam receber dos municípios e da Ordem dos Advogados do Brasil – OAB, concederão assistência judiciária aos necessitados, nos termos desta Lei *(vetado).*

- Súm. 79 do JEF.
- CF/88: art. 5º, LXXIV.
- CPC/15: arts. 26, caput, II, 82, e 98 a 102.

**Art. 2º.** *(Revogado pela Lei nº 13.105, de 2015)*

**Art. 3º.** *(Revogado pela Lei nº 13.105, de 2015)*

**Art. 4º.** *(Revogado pela Lei nº 13.105, de 2015)*

**Art. 5º.** O juiz, se não tiver fundadas razões para indeferir o pedido, deverá julgá-lo de plano, motivando ou não o deferimento dentro do prazo de 72 (setenta e duas) horas.

**§ 1º.** Deferido o pedido, o juiz determinará que o serviço de assistência judiciária, organizado e mantido pelo Estado, onde houver, indique, no prazo de 2 (dois) dias úteis, o advogado que patrocinará a causa do necessitado.

**§ 2º.** Se no Estado não houver serviço de assistência judiciária, por ele mantido, caberá a indicação à Ordem dos Advogados, por suas seções estaduais, ou subseções municipais.

**§ 3º.** Nos municípios em que não existem Subseções da Ordem dos Advogados do Brasil, o próprio juiz fará a nomeação do advogado que patrocinará a causa do necessitado.

**§ 4º.** Será preferido para a defesa da causa o advogado que o interessado indicar e que declare aceitar o encargo.

**§ 5º.** Nos Estados onde a Assistência Judiciária seja organizada e por eles mantida, o Defensor Público, ou quem exerça cargo equivalente, será intimado pessoalmente de todos os atos do processo, em ambas as Instâncias, contando-se lhes em dobro todos os prazos.

**Art. 6º.** *(Revogado pela Lei nº 13.105, de 2015)*

**Art. 7º.** *(Revogado pela Lei nº 13.105, de 2015)*

**Parágrafo único.** Tal requerimento não suspenderá o curso da ação e se processará pela forma estabelecida no final do art. 6º desta Lei.

**Art. 8º.** Ocorrendo as circunstâncias mencionadas no artigo anterior, poderá o juiz, *ex officio*, decretar a revogação dos benefícios, ouvida a parte interessada dentro de 48 (quarenta e oito) horas improrrogáveis.

**Art. 9º.** Os benefícios da assistência judiciária compreendem todos os atos do processo até decisão final do litígio, em todas as instâncias.

**Art. 10.** São individuais e concedidos em cada caso ocorrente os benefícios de assistência judiciária que se não transmitem ao cessionário de direito e se extinguem pela morte do beneficiário, podendo, entretanto, ser concedidos aos herdeiros que continuarem a demanda, e que necessitarem de tais favores na forma estabelecida nesta Lei.

**Art. 11.** *(Revogado pela Lei nº 13.105, de 2015)*

**Art. 12.** *(Revogado pela Lei nº 13.105, de 2015)*

**Art. 13.** Se o assistido puder atender, em parte, às despesas do processo, o juiz mandará pagar as custas, que serão rateadas entre os que tiverem direito ao seu recebimento.

**Art. 14.** Os profissionais liberais designados para o desempenho do encargo de defensor ou de perito, conforme o caso, salvo justo motivo previsto em lei ou, na sua omissão, a critério da autoridade judiciária competente, são obrigados ao respectivo cumprimento, sob pena de multa de mil cruzeiros a dez mil cruzeiros, sujeita ao reajustamento estabelecido na Lei nº 6.205, de 29 de abril de 1975, sem prejuízo da sanção disciplinar cabível.

**§ 1º**. Na falta de indicação pela assistência ou pela própria parte, o juiz solicitará a do órgão de classe respectivo.

**§ 2º**. A multa prevista neste artigo reverterá em benefício do profissional que assumir o encargo na causa.

**Art. 15.** São motivos para a recusa do mandato pelo advogado designado ou nomeado:

1º) estar impedido de exercer a advocacia;

2º) ser procurador constituído pela parte contrária ou ter com ela relações profissionais de interesse atual;

3º) ter necessidade de se ausentar da sede do juízo para atender a outro mandato anteriormente outorgado ou para defender interesses próprios inadiáveis;

4º) já haver manifestado, por escrito, sua opinião contrária ao direito que o necessitado pretende pleitear;

5º) haver dado à parte contrária parecer escrito sobre a contenda.

**Parágrafo único.** A recusa será solicitada ao juiz que, de plano, a concederá, temporária ou definitivamente, ou a denegará.

**Art. 16.** Se o advogado, ao comparecer em juízo, não exibir o instrumento de mandato outorgado pelo assistido, o juiz determinará que se exarem na ata da audiência os termos da referida outorga.

**Parágrafo único.** O instrumento de mandato não será exigido, quando a parte for representada em juízo por advogado integrante de entidade de direito público incumbido, na forma da lei, de prestação de assistência judiciária gratuita, ressalvados:

*a)* os atos previstos no art. 38 do Código de Processo Civil;

▸ CPC/15: art. 105.

*b)* o requerimento de abertura de inquérito por crime de ação privada, a proposição de ação penal privada ou o oferecimento de representação por crime de ação pública condicionada.

**Art. 17.** (*Revogado pela Lei nº 13.105, de 2015*)

**Art. 18.** Os acadêmicos de direito, a partir da 4ª série, poderão ser indicados pela assistência judiciária, ou nomeados pelo juiz para auxiliar o patrocínio das causas dos necessitados, ficando sujeitos às mesmas obrigações impostas por esta Lei aos advogados.

**Art. 19.** Esta Lei entrará em vigor 30 (trinta) dias depois de sua publicação no *Diário Oficial da União*, revogadas as disposições em contrário.

Rio de Janeiro, 5 de fevereiro de 1950; 129º da Independência e 62º da República.

EURICO G. DUTRA

D.O.U. 13.2.1950

# Direito Constitucional

# PLANO DE ESTUDO

| Diploma | Estudado | Revisto | Questões |
|---|---|---|---|
| Lei nº 4.717/1965 | ☐ | ☐ | ☐ |
| Lei nº 9.868/1999 | ☐ | ☐ | ☐ |

## LEI Nº 4.717, DE 29 DE JUNHO DE 1965

*Regula a ação popular.*

O PRESIDENTE DA REPÚBLICA
Faço saber que o Congresso Nacional decreta e eu sanciono a seguinte Lei:

✪ **Art. 1º.** Qualquer cidadão será parte legítima para pleitear a anulação ou a declaração de nulidade de atos lesivos ao patrimônio da União, do Distrito Federal, dos Estados, dos Municípios, de entidades autárquicas, de sociedades de economia mista (Constituição, art. 141, § 38), de sociedades mútuas de seguro nas quais a União represente os segurados ausentes, de empresas públicas, de serviços sociais autônomos, de instituições ou fundações para cuja criação ou custeio o tesouro público haja concorrido ou concorra com mais de cinquenta por cento do patrimônio ou da receita ânua, de empresas incorporadas ao patrimônio da União, do Distrito Federal, dos Estados e dos Municípios, e de quaisquer pessoas jurídicas ou entidades subvencionadas pelos cofres públicos.

- Refere-se à Constituição de 1946.
- CF/88: arts. 5º, LXXIII e 129, III.

**§ 1º.** Consideram-se patrimônio público para os fins referidos neste artigo, os bens e direitos de valor econômico, artístico, estético, histórico ou turístico.

**§ 2º.** Em se tratando de instituições ou fundações, para cuja criação ou custeio o tesouro público concorra com menos de cinquenta por cento do patrimônio ou da receita ânua, bem como de pessoas jurídicas ou entidades subvencionadas, as consequências patrimoniais da invalidez dos atos lesivos terão por limite a repercussão deles sobre a contribuição dos cofres públicos.

**§ 3º.** A prova da cidadania, para ingresso em juízo, será feita com o título eleitoral, ou com documento que a ele corresponda.

**§ 4º.** Para instruir a inicial, o cidadão poderá requerer às entidades, a que se refere este artigo, as certidões e informações que julgar necessárias, bastando para isso indicar a finalidade das mesmas.

**§ 5º.** As certidões e informações, a que se refere o parágrafo anterior, deverão ser fornecidas dentro de 15 (quinze) dias da entrega, sob recibo, dos respectivos requerimentos, e só poderão ser utilizadas para a instrução de ação popular.

**§ 6º.** Somente nos casos em que o interesse público, devidamente justificado, impuser sigilo, poderá ser negada certidão ou informação.

**§ 7º.** Ocorrendo a hipótese do parágrafo anterior, a ação poderá ser proposta desacompanhada das certidões ou informações negadas, cabendo ao juiz, após apreciar os motivos do indeferimento, e salvo em se tratando de razão de segurança nacional, requisitar umas e outras; feita a requisição, o processo correrá em segredo de justiça, que cessará com o trânsito em julgado de sentença condenatória.

✪ **Art. 2º.** São nulos os atos lesivos ao patrimônio das entidades mencionadas no artigo anterior, nos casos de:

*a)* incompetência;
*b)* vício de forma;
*c)* ilegalidade do objeto;
*d)* inexistência dos motivos;
*e)* desvio de finalidade.

**Parágrafo único.** Para a conceituação dos casos de nulidade observar-se-ão as seguintes normas:

*a)* a incompetência fica caracterizada quando o ato não se incluir nas atribuições legais do agente que o praticou;
*b)* o vício de forma consiste na omissão ou na observância incompleta ou irregular de formalidades indispensáveis à existência ou seriedade do ato;
*c)* a ilegalidade do objeto ocorre quando o resultado do ato importa em violação de lei, regulamento ou outro ato normativo;
*d)* a inexistência dos motivos se verifica quando a matéria de fato ou de direito, em que se fundamenta o ato, é materialmente inexistente ou juridicamente inadequada ao resultado obtido;
*e)* o desvio de finalidade se verifica quando o agente pratica o ato visando a fim diverso daquele previsto, explícita ou implicitamente, na regra de competência.

**Art. 3º.** Os atos lesivos ao patrimônio das pessoas de direito público ou privado, ou das entidades mencionadas no art. 1º, cujos vícios não se compreendam nas especificações do artigo anterior, serão anuláveis, segundo as prescrições legais, enquanto compatíveis com a natureza deles.

✪ **Art. 4º.** São também nulos os seguintes atos ou contratos, praticados ou celebrados por quaisquer das pessoas ou entidades referidas no art. 1º.

**I** – A admissão ao serviço público remunerado, com desobediência, quanto às condições de habilitação, das normas legais, regulamentares ou constantes de instruções gerais.

**II** – A operação bancária ou de crédito real, quando:

*a)* for realizada com desobediência a normas legais, regulamentares, estatutárias, regimentais ou internas;

*b)* o valor real do bem dado em hipoteca ou penhor for inferior ao constante de escritura, contrato ou avaliação.

**III** – A empreitada, a tarefa e a concessão do serviço público, quando:

*a)* o respectivo contrato houver sido celebrado sem prévia concorrência pública ou administrativa, sem que essa condição seja estabelecida em lei, regulamento ou norma geral;

*b)* no edital de concorrência forem incluídas cláusulas ou condições, que comprometam o seu caráter competitivo;

*c)* a concorrência administrativa for processada em condições que impliquem na limitação das possibilidades normais de competição.

**IV** – As modificações ou vantagens, inclusive prorrogações que forem admitidas, em favor do adjudicatário, durante a execução dos contratos de empreitada, tarefa e concessão de serviço público, sem que estejam previstas em lei ou nos respectivos instrumentos;

**V** – A compra e venda de bens móveis ou imóveis, nos casos em que não cabível concorrência pública ou administrativa, quando:

*a)* for realizada com desobediência a normas legais, regulamentares, ou constantes de instruções gerais;

*b)* o preço de compra dos bens for superior ao corrente no mercado, na época da operação;

*c)* o preço de venda dos bens for inferior ao corrente no mercado, na época da operação.

**VI** – A concessão de licença de exportação ou importação, qualquer que seja a sua modalidade, quando:

*a)* houver sido praticada com violação das normas legais e regulamentares ou de instruções e ordens de serviço;

*b)* resultar em exceção ou privilégio, em favor de exportador ou importador.

**VII** – A operação de redesconto quando sob qualquer aspecto, inclusive o limite de valor, desobedecer a normas legais, regulamentares ou constantes de instruções gerais.

**VIII** – O empréstimo concedido pelo Banco Central da República, quando:

*a)* concedido com desobediência de quaisquer normas legais, regulamentares, regimentais ou constantes de instruções gerias:

*b)* o valor dos bens dados em garantia, na época da operação, for inferior ao da avaliação.

**IX** – A emissão, quando efetuada sem observância das normas constitucionais, legais e regulamentadoras que regem a espécie.

## DA COMPETÊNCIA

**Art. 5º.** Conforme a origem do ato impugnado, é competente para conhecer da ação, processá-la e julgá-la o juiz que, de acordo com a organização judiciária de cada Estado, o for para as causas que interessem à União, ao Distrito Federal, ao Estado ou ao Município.

**§ 1º.** Para fins de competência, equiparam-se atos da União, do Distrito Federal, do Estado ou dos Municípios os atos das pessoas criadas ou mantidas por essas pessoas jurídicas de direito público, bem como os atos das sociedades de que elas sejam acionistas e os das pessoas ou entidades por elas subvencionadas ou em relação às quais tenham interesse patrimonial.

**§ 2º.** Quando o pleito interessar simultaneamente à União e a qualquer outra pessoa ou entidade, será competente o juiz das causas da União, se houver; quando interessar simultaneamente ao Estado e ao Município, será competente o juiz das causas do Estado, se houver.

**§ 3º.** A propositura da ação prevenirá a jurisdição do juízo para todas as ações, que forem posteriormente intentadas contra as mesmas partes e sob os mesmos fundamentos.

**§ 4º.** Na defesa do patrimônio público caberá a suspensão liminar do ato lesivo impugnado.

## DOS SUJEITOS PASSIVOS DA AÇÃO E DOS ASSISTENTES

**Art. 6º.** A ação será proposta contra as pessoas públicas ou privadas e as entidades referidas no art. 1º, contra as autoridades, funcionários ou administradores que houverem autorizado, aprovado, ratificado ou praticado o ato impugnado, ou que, por omissas, tiverem dado oportunidade à lesão, e contra os beneficiários diretos do mesmo.

**§ 1º.** Se não houver benefício direto do ato lesivo, ou se for ele indeterminado ou desconhecido, a ação será proposta somente contra as outras pessoas indicadas neste artigo.

**§ 2º.** No caso de que trata o inciso II, item b, do art. 4º, quando o valor real do bem for inferior ao da avaliação, citar-se-ão como réus, além das pessoas públicas ou privadas e entidades referidas no art. 1º, apenas os responsáveis pela avaliação inexata e os beneficiários da mesma.

**§ 3º.** A pessoas jurídica de direito público ou de direito privado, cujo ato seja objeto de impugnação, poderá abster-se de contestar o pedido, ou poderá atuar ao lado do autor, desde que isso se afigure útil ao interesse público, a juízo do respectivo representante legal ou dirigente.

**§ 4º.** O Ministério Público acompanhará a ação, cabendo-lhe apressar a produção da prova e promover a responsabilidade, civil ou criminal, dos que nela incidirem, sendo-lhe vedado, em qualquer hipótese, assumir a defesa do ato impugnado ou dos seus autores.

**§ 5º.** É facultado a qualquer cidadão habilitar-se como litisconsorte ou assistente do autor da ação popular.

## DO PROCESSO

✪ **Art. 7º.** A ação obedecerá ao procedimento ordinário, previsto no Código de Processo Civil, observadas as seguintes normas modificativas:

- CPC/15: art. 318 e ss.

**I** – Ao despachar a inicial, o juiz ordenará:

*a)* além da citação dos réus, a intimação do representante do Ministério Público;

- CF/88: art. 127.

*b)* a requisição, às entidades indicadas na petição inicial, dos documentos que tiverem sido referidos pelo autor (art. 1º, § 6º), bem como a de outros que se lhe afigurem necessários ao esclarecimento dos fatos, ficando prazos de 15 (quinze) a 30 (trinta) dias para o atendimento.

**§ 1º.** O representante do Ministério Público providenciará para que as requisições, a que se refere o inciso anterior, sejam atendidas dentro dos prazos fixados pelo juiz.

- CF/88: art. 127.

**§ 2º.** Se os documentos e informações não puderem ser oferecidos nos prazos assinalados, o juiz poderá autorizar prorrogação dos mesmos, por prazo razoável.

**II** – Quando o autor o preferir, a citação dos beneficiários far-se-á por edital com o prazo de 30 (trinta) dias, afixado na sede do juízo e publicado três vezes no jornal oficial do Distrito Federal, ou da Capital do Estado ou Território em que seja ajuizada a ação. A publicação será gratuita e deverá iniciar-se no máximo 3 (três) dias após a entrega, na repartição competente, sob protocolo, de uma via autenticada do mandado.

**III** – Qualquer pessoa, beneficiada ou responsável pelo ato impugnado, cuja existência ou identidade se torne conhecida no curso do processo e antes de proferida a sentença final de primeira instância, deverá ser citada para a integração do contraditório, sendo-lhe restituído o prazo para contestação e produção de provas, Salvo, quanto a beneficiário, se a citação se houver feito na forma do inciso anterior.

**IV** – O prazo de contestação é de 20 (vinte) dias, prorrogáveis por mais 20 (vinte), a requerimento do interessado, se particularmente difícil a produção de prova documental, e será comum a todos os interessados, correndo da entrega em cartório do mandado cumprido, ou, quando for o caso, do decurso do prazo assinado em edital.

**V** – Caso não requerida, até o despacho saneador, a produção de prova testemunhal ou pericial, o juiz ordenará vista às partes por 10 (dez) dias, para alegações, sendo-lhe os autos conclusos, para sentença, 48 (quarenta e oito) horas após a expiração desse prazo; havendo requerimento de prova, o processo tomará o rito ordinário.

**VI** – A sentença, quando não prolatada em audiência de instrução e julgamento, deverá ser proferida dentro de 15 (quinze) dias do recebimento dos autos pelo juiz.

**Parágrafo único.** O proferimento da sentença além do prazo estabelecido privará o juiz da inclusão em lista de merecimento para promoção, durante 2 (dois) anos, e acarretará a perda, para efeito de promoção por antiguidade, de tantos dias quantos forem os do retardamento, salvo motivo justo, declinado nos autos e comprovado perante o órgão disciplinar competente.

**Art. 8º.** Ficará sujeita à pena de desobediência, salvo motivo justo devidamente comprovado, a autoridade, o administrador ou o dirigente, que deixar de fornecer, no prazo fixado no art. 1º, § 5º, ou naquele que tiver sido estipulado pelo juiz (art. 7º, n. I, letra b), informações e certidão ou fotocópia de documento necessários à instrução da causa.

- CP: art. 330.

**Parágrafo único.** O prazo contar-se-á do dia em que entregue, sob recibo, o requerimento do interessado ou o ofício de requisição (art. 1º, § 5º, e art. 7º, n. I, letra b).

**Art. 9º.** Se o autor desistir da ação ou der motiva à absolvição da instância, serão publicados editais nos prazos e condições previstos no art. 7º, inciso II, ficando assegurado a qualquer cidadão, bem como ao representante do Ministério Público, dentro do prazo de 90 (noventa) dias da última publicação feita, promover o prosseguimento da ação.

**Art. 10.** As partes só pagarão custas e preparo a final.

**Art. 11.** A sentença que, julgando procedente a ação popular, decretar a invalidade do ato impugnado, condenará ao pagamento de perdas e danos os responsáveis pela sua prática e os beneficiários dele, ressalvada a ação regressiva contra os funcionários causadores de dano, quando incorrerem em culpa.

CONSTITUCIONAL

**Art. 12.** A sentença incluirá sempre, na condenação dos réus, o pagamento, ao autor, das custas e demais despesas, judiciais e extrajudiciais, diretamente relacionadas com a ação e comprovadas, bem como o dos honorários de advogado.

**Art. 13.** A sentença que, apreciando o fundamento de direito do pedido, julgar a lide manifestamente temerária, condenará o autor ao pagamento do décuplo das custas.

**Art. 14.** Se o valor da lesão ficar provado no curso da causa, será indicado na sentença; se depender de avaliação ou perícia, será apurado na execução.

**§ 1º.** Quando a lesão resultar da falta ou isenção de qualquer pagamento, a condenação imporá o pagamento devido, com acréscimo de juros de mora e multa legal ou contratual, se houver.

**§ 2º.** Quando a lesão resultar da execução fraudulenta, simulada ou irreal de contratos, a condenação versará sobre a reposição do débito, com juros de mora.

**§ 3º.** Quando o réu condenado perceber dos cofres públicos, a execução far-se-á por desconto em folha até o integral ressarcimento do dano causado, se assim mais convier ao interesse público.

**§ 4º.** A parte condenada a restituir bens ou valores ficará sujeita a sequestro e penhora, desde a prolação da sentença condenatória.

**Art. 15.** Se, no curso da ação, ficar provada a infringência da lei penal ou a prática de falta disciplinar a que a lei comine a pena de demissão ou a de rescisão de contrato de trabalho, o juiz, *ex officio*, determinará a remessa de cópia autenticada das peças necessárias às autoridades ou aos administradores a quem competir aplicar a sanção.

✪ **Art. 16.** Caso decorridos 60 (sessenta) dias da publicação da sentença condenatória de segunda instância, sem que o autor ou terceiro promova a respectiva execução o representante do Ministério Público a promoverá nos 30 (trinta) dias seguintes, sob pena de falta grave.

**Art. 17.** É sempre permitida às pessoas ou entidades referidas no art. 1º, ainda que hajam contestado a ação, promover, em qualquer tempo, e no que as beneficiar a execução da sentença contra os demais réus.

**Art. 18.** A sentença terá eficácia de coisa julgada oponível erga omnes, exceto no caso de haver sido a ação julgada improcedente por deficiência de prova; neste caso, qualquer cidadão poderá intentar outra ação com idêntico fundamento, valendo-se de nova prova.

**Art. 19.** A sentença que concluir pela carência ou pela improcedência da ação está sujeita ao duplo grau de jurisdição, não produzindo efeito senão depois de confirmada pelo tribunal; da que julgar a ação procedente caberá apelação, com efeito suspensivo.

**§ 1º.** Das decisões interlocutórias cabe agravo de instrumento.

**§ 2º.** Das sentenças e decisões proferidas contra o autor da ação e suscetíveis de recurso, poderá recorrer qualquer cidadão e também o Ministério Público.

### DISPOSIÇÕES GERAIS

**Art. 20.** Para os fins desta lei, consideram-se entidades autárquicas:

*a)* o serviço estatal descentralizado com personalidade jurídica, custeado mediante orçamento próprio, independente do orçamento geral;

*b)* as pessoas jurídicas especialmente instituídas por lei, para a execução de serviços de interesse público ou social, custeados por tributos de qualquer natureza ou por outros recursos oriundos do Tesouro Público;

*c)* as entidades de direito público ou privado a que a lei tiver atribuído competência para receber e aplicar contribuições parafiscais.

✪ **Art. 21.** A ação prevista nesta lei prescreve em 5 (cinco) anos.

**Art. 22.** Aplicam-se à ação popular as regras do Código de Processo Civil, naquilo em que não contrariem os dispositivos desta Lei, nem a natureza específica da ação.

▸ Lei 13.105/2015 – Código de Processo Civil.

Brasília, 29 de junho de 1965; 144º da Independência e 77º da República.

H. CASTELLO BRANCO

D.O.U. de 5.7.1965, rep. 8.4.1974

## LEI Nº 9.868, DE 10 DE NOVEMBRO DE 1999

*Dispõe sobre o processo e julgamento da ação direta de inconstitucionalidade e da ação declaratória de constitucionalidade perante o Supremo Tribunal Federal.*

O PRESIDENTE DA REPÚBLICA

Faço saber que o Congresso Nacional decreta e eu sanciono a seguinte Lei:

## CAPÍTULO I. DA AÇÃO DIRETA DE INCONSTITUCIONALIDADE E DA AÇÃO DECLARATÓRIA DE CONSTITUCIONALIDADE

**Art. 1º.** Esta Lei dispõe sobre o processo e julgamento da ação direta de inconstitucionalidade e da ação declaratória de constitucionalidade perante o Supremo Tribunal Federal.

- CF/88: art. 102, I, a.
- Decreto 2.346/1997 – Consolida normas de procedimentos a serem observadas pela Administração Pública Federal em razão de decisões judiciais.

## CAPÍTULO II. DA AÇÃO DIRETA DE INCONSTITUCIONALIDADE

### SEÇÃO I. DA ADMISSIBILIDADE E DO PROCEDIMENTO DA AÇÃO DIRETA DE INCONSTITUCIONALIDADE

✪ **Art. 2º.** Podem propor a ação direta de inconstitucionalidade:

- CF/88: art. 103.

**I** – o Presidente da República;

**II** – a Mesa do Senado Federal;

**III** – a Mesa da Câmara dos Deputados;

**IV** – a Mesa de Assembleia Legislativa ou a Mesa da Câmara Legislativa do Distrito Federal;

**V** – o Governador de Estado ou o Governador do Distrito Federal;

**VI** – o Procurador-Geral da República;

**VII** – o Conselho Federal da Ordem dos Advogados do Brasil;

**VIII** – partido político com representação no Congresso Nacional;

**IX** – confederação sindical ou entidade de classe de âmbito nacional.

**Parágrafo único.** (*VETADO*).

**Art. 3º.** A petição indicará:

**I** – o dispositivo da lei ou do ato normativo impugnado e os fundamentos jurídicos do pedido em relação a cada uma das impugnações;

- Súm. 642 do STF.

**II** – o pedido, com suas especificações.

**Parágrafo único.** A petição inicial, acompanhada de instrumento de procuração, quando subscrita por advogado, será apresentada em duas vias, devendo conter cópias da lei ou do ato normativo impugnado e dos documentos necessários para comprovar a impugnação.

**Art. 4º.** A petição inicial inepta, não fundamentada e a manifestamente improcedente serão liminarmente indeferidas pelo relator.

**Parágrafo único.** Cabe agravo da decisão que indeferir a petição inicial.

**Art. 5º.** Proposta a ação direta, não se admitirá desistência.

**Parágrafo único.** (*VETADO*).

**Art. 6º.** O relator pedirá informações aos órgãos ou às autoridades das quais emanou a lei ou o ato normativo impugnado.

**Parágrafo único.** As informações serão prestadas no prazo de 30 (trinta) dias contado do recebimento do pedido.

✪ **Art. 7º.** Não se admitirá intervenção de terceiros no processo de ação direta de inconstitucionalidade.

**§ 1º.** (*VETADO*).

**§ 2º.** O relator, considerando a relevância da matéria e a representatividade dos postulantes, poderá, por despacho irrecorrível, admitir, observado o prazo fixado no parágrafo anterior, a manifestação de outros órgãos ou entidades.

✪ **Art. 8º.** Decorrido o prazo das informações, serão ouvidos, sucessivamente, o Advogado-Geral da União e o Procurador-Geral da República, que deverão manifestar-se, cada qual, no prazo de 15 (quinze) dias.

**Art. 9º.** Vencidos os prazos do artigo anterior, o relator lançará o relatório, com cópia a todos os Ministros, e pedirá dia para julgamento.

**§ 1º.** Em caso de necessidade de esclarecimento de matéria ou circunstância de fato ou de notória insuficiência das informações existentes nos autos, poderá o relator requisitar informações adicionais, designar perito ou comissão de peritos para que emita parecer sobre a questão, ou fixar data para, em audiência pública, ouvir depoimentos de pessoas com experiência e autoridade na matéria.

**§ 2º.** O relator poderá, ainda, solicitar informações aos Tribunais Superiores, aos Tribunais federais e aos Tribunais estaduais acerca da aplicação da norma impugnada no âmbito de sua jurisdição.

**§ 3º.** As informações, perícias e audiências a que se referem os parágrafos anteriores serão realizadas no prazo de 30 (trinta) dias, contado da solicitação do relator.

### SEÇÃO II. DA MEDIDA CAUTELAR EM AÇÃO DIRETA DE INCONSTITUCIONALIDADE

- CF/88: art. 102, I, p.

✪ **Art. 10**. Salvo no período de recesso, a medida cautelar na ação direta será concedida por decisão da maioria absoluta dos membros do Tribunal, observado o disposto no art. 22, após a audiência dos órgãos ou autoridades dos quais emanou a lei ou ato normativo impugnado, que deverão pronunciar-se no prazo de 5 (cinco) dias.

**§ 1º**. O relator, julgando indispensável, ouvirá o Advogado-Geral da União e o Procurador-Geral da República, no prazo de 3 (três) dias.

**§ 2º**. No julgamento do pedido de medida cautelar, será facultada sustentação oral aos representantes judiciais do requerente e das autoridades ou órgãos responsáveis pela expedição do ato, na forma estabelecida no Regimento do Tribunal.

**§ 3º**. Em caso de excepcional urgência, o Tribunal poderá deferir a medida cautelar sem a audiência dos órgãos ou das autoridades das quais emanou a lei ou o ato normativo impugnado.

**Art. 11.** Concedida a medida cautelar, o Supremo Tribunal Federal fará publicar em seção especial do *Diário Oficial da União* e do *Diário da Justiça da União* a parte dispositiva da decisão, no prazo de 10 (dez) dias, devendo solicitar as informações à autoridade da qual tiver emanado o ato, observando-se, no que couber, o procedimento estabelecido na Seção I deste Capítulo.

**§ 1º**. A medida cautelar, dotada de eficácia contra todos, será concedida com efeito *ex nunc*, salvo se o Tribunal entender que deva conceder-lhe eficácia retroativa.

**§ 2º**. A concessão da medida cautelar torna aplicável a legislação anterior acaso existente, salvo expressa manifestação em sentido contrário.

✪ **Art. 12**. Havendo pedido de medida cautelar, o relator, em face da relevância da matéria e de seu especial significado para a ordem social e a segurança jurídica, poderá, após a prestação das informações, no prazo de 10 (dez) dias, e a manifestação do Advogado-Geral da União e do Procurador-Geral da República, sucessivamente, no prazo de 5 (cinco) dias, submeter o processo diretamente ao Tribunal, que terá a faculdade de julgar definitivamente a ação.

## CAPÍTULO II-A. DA AÇÃO DIRETA DE INCONSTITUCIONALIDADE POR OMISSÃO

### SEÇÃO I. DA ADMISSIBILIDADE E DO PROCEDIMENTO DA AÇÃO DIRETA DE INCONSTITUCIONALIDADE POR OMISSÃO

**Art. 12-A.** Podem propor a ação direta de inconstitucionalidade por omissão os legitimados à propositura da ação direta de inconstitucionalidade e da ação declaratória de constitucionalidade.

**Art. 12-B.** A petição indicará:

**I** – a omissão inconstitucional total ou parcial quanto ao cumprimento de dever constitucional de legislar ou quanto à adoção de providência de índole administrativa;

**II** – o pedido, com suas especificações.

**Parágrafo único.** A petição inicial, acompanhada de instrumento de procuração, se for o caso, será apresentada em 2 (duas) vias, devendo conter cópias dos documentos necessários para comprovar a alegação de omissão.

**Art. 12-C.** A petição inicial inepta, não fundamentada, e a manifestamente improcedente serão liminarmente indeferidas pelo relator.

**Parágrafo único.** Cabe agravo da decisão que indeferir a petição inicial.

**Art. 12-D.** Proposta a ação direta de inconstitucionalidade por omissão, não se admitirá desistência.

**Art. 12-E.** Aplicam-se ao procedimento da ação direta de inconstitucionalidade por omissão, no que couber, as disposições constantes da Seção I do Capítulo II desta Lei.

**§ 1º**. Os demais titulares referidos no art. 2º desta Lei poderão manifestar-se, por escrito, sobre o objeto da ação e pedir a juntada de documentos reputados úteis para o exame da matéria, no prazo das informações, bem como apresentar memoriais.

**§ 2º**. O relator poderá solicitar a manifestação do Advogado-Geral da União, que deverá ser encaminhada no prazo de 15 (quinze) dias.

**§ 3º**. O Procurador-Geral da República, nas ações em que não for autor, terá vista do processo, por 15 (quinze) dias, após o decurso do prazo para informações.

### SEÇÃO II. DA MEDIDA CAUTELAR EM AÇÃO DIRETA DE INCONSTITUCIONALIDADE POR OMISSÃO

**Art. 12-F.** Em caso de excepcional urgência e relevância da matéria, o Tribunal, por decisão da maioria absoluta de seus membros, observado o disposto no art. 22, poderá conceder medida cautelar, após a audiência dos órgãos ou autoridades responsáveis pela omissão inconstitucional, que deverão pronunciar-se no prazo de 5 (cinco) dias.

**§ 1º.** A medida cautelar poderá consistir na suspensão da aplicação da lei ou do ato normativo questionado, no caso de omissão parcial, bem como na suspensão de processos judiciais ou de procedimentos administrativos, ou ainda em outra providência a ser fixada pelo Tribunal.

**§ 2º.** O relator, julgando indispensável, ouvirá o Procurador-Geral da República, no prazo de 3 (três) dias.

**§ 3º.** No julgamento do pedido de medida cautelar, será facultada sustentação oral aos representantes judiciais do requerente e das autoridades ou órgãos responsáveis pela omissão inconstitucional, na forma estabelecida no Regimento do Tribunal.

**Art. 12-G.** Concedida a medida cautelar, o Supremo Tribunal Federal fará publicar, em seção especial do *Diário Oficial da União* e do *Diário da Justiça da União*, a parte dispositiva da decisão no prazo de 10 (dez) dias, devendo solicitar as informações à autoridade ou ao órgão responsável pela omissão inconstitucional, observando-se, no que couber, o procedimento estabelecido na Seção I do Capítulo II desta Lei.

### SEÇÃO III. DA DECISÃO NA AÇÃO DIRETA DE INCONSTITUCIONALIDADE POR OMISSÃO

**Art. 12-H.** Declarada a inconstitucionalidade por omissão, com observância do disposto no art. 22, será dada ciência ao Poder competente para a adoção das providências necessárias.

**§ 1º.** Em caso de omissão imputável a órgão administrativo, as providências deverão ser adotadas no prazo de 30 (trinta) dias, ou em prazo razoável a ser estipulado excepcionalmente pelo Tribunal, tendo em vista as circunstâncias específicas do caso e o interesse público envolvido.

**§ 2º.** Aplica-se à decisão da ação direta de inconstitucionalidade por omissão, no que couber, o disposto no Capítulo IV desta Lei.

## CAPÍTULO III. DA AÇÃO DECLARATÓRIA DE CONSTITUCIONALIDADE

### SEÇÃO I. DA ADMISSIBILIDADE E DO PROCEDIMENTO DA AÇÃO DECLARATÓRIA DE CONSTITUCIONALIDADE

**Art. 13.** Podem propor a ação declaratória de constitucionalidade de lei ou ato normativo federal:

**I** – o Presidente da República;

**II** – a Mesa da Câmara dos Deputados;

**III** – a Mesa do Senado Federal;

**IV** – o Procurador-Geral da República.

**Art. 14.** A petição inicial indicará:

**I** – o dispositivo da lei ou do ato normativo questionado e os fundamentos jurídicos do pedido;

**II** – o pedido, com suas especificações;

**III** – a existência de controvérsia judicial relevante sobre a aplicação da disposição objeto da ação declaratória.

**Parágrafo único.** A petição inicial, acompanhada de instrumento de procuração, quando subscrita por advogado, será apresentada em duas vias, devendo conter cópias do ato normativo questionado e dos documentos necessários para comprovar a procedência do pedido de declaração de constitucionalidade.

**Art. 15.** A petição inicial inepta, não fundamentada e a manifestamente improcedente serão liminarmente indeferidas pelo relator.

**Parágrafo único.** Cabe agravo da decisão que indeferir a petição inicial.

**Art. 16.** Proposta a ação declaratória, não se admitirá desistência.

**Art. 17.** (*VETADO*).

**Art. 18.** Não se admitirá intervenção de terceiros no processo de ação declaratória de constitucionalidade.

**§ 1º.** (*VETADO*).

**§ 2º.** (*VETADO*).

**Art. 19.** Decorrido o prazo do artigo anterior, será aberta vista ao Procurador-Geral da República, que deverá pronunciar-se no prazo de 15 (quinze) dias.

**Art. 20.** Vencido o prazo do artigo anterior, o relator lançará o relatório, com cópia a todos os Ministros, e pedirá dia para julgamento.

**§ 1º.** Em caso de necessidade de esclarecimento de matéria ou circunstância de fato ou de notória insuficiência das informações existentes nos autos, poderá o relator requisitar informações adicionais, designar perito ou comissão de peritos para que emita parecer sobre a questão ou fixar data para, em audiência pública, ouvir depoimentos de pessoas com experiência e autoridade na matéria.

**§ 2º.** O relator poderá solicitar, ainda, informações aos Tribunais Superiores, aos Tribunais federais e aos Tribunais estaduais acerca da aplicação da norma questionada no âmbito de sua jurisdição.

**§ 3º.** As informações, perícias e audiências a que se referem os parágrafos anteriores serão realizadas no prazo de 30 (trinta) dias, contado da solicitação do relator.

### SEÇÃO II. DA MEDIDA CAUTELAR EM AÇÃO DECLARATÓRIA DE CONSTITUCIONALIDADE

**Art. 21.** O Supremo Tribunal Federal, por decisão da maioria absoluta de seus membros, poderá deferir pedido de medida cautelar na ação declaratória de constitucionalidade, consistente na determinação de que os juízes e os Tribunais suspendam o julgamento dos processos que envolvam a aplicação da lei ou do ato normativo objeto da ação até seu julgamento definitivo.

**Parágrafo único.** Concedida a medida cautelar, o Supremo Tribunal Federal fará publicar em seção especial do *Diário Oficial da União* a parte dispositiva da decisão, no prazo de 10 (dez) dias, devendo o Tribunal proceder ao julgamento da ação no prazo de 180 (cento e oitenta) dias, sob pena de perda de sua eficácia.

## CAPÍTULO IV. DA DECISÃO NA AÇÃO DIRETA DE INCONSTITUCIONALIDADE E NA AÇÃO DECLARATÓRIA DE CONSTITUCIONALIDADE

**Art. 22.** A decisão sobre a constitucionalidade ou a inconstitucionalidade da lei ou do ato normativo somente será tomada se presentes na sessão pelo menos oito Ministros.

**Art. 23.** Efetuado o julgamento, proclamar-se-á a constitucionalidade ou a inconstitucionalidade da disposição ou da norma impugnada se num ou noutro sentido se tiverem manifestado pelo menos seis Ministros, quer se trate de ação direta de inconstitucionalidade ou de ação declaratória de constitucionalidade.

**Parágrafo único.** Se não for alcançada a maioria necessária à declaração de constitucionalidade ou de inconstitucionalidade, estando ausentes Ministros em número que possa influir no julgamento, este será suspenso a fim de aguardar-se o comparecimento dos Ministros ausentes, até que se atinja o número necessário para prolação da decisão num ou noutro sentido.

**Art. 24.** Proclamada a constitucionalidade, julgar-se-á improcedente a ação direta ou procedente eventual ação declaratória; e, proclamada a inconstitucionalidade, julgar-se-á procedente a ação direta ou improcedente eventual ação declaratória.

**Art. 25.** Julgada a ação, far-se-á a comunicação à autoridade ou ao órgão responsável pela expedição do ato.

**Art. 26.** A decisão que declara a constitucionalidade ou a inconstitucionalidade da lei ou do ato normativo em ação direta ou em ação declaratória é irrecorrível, ressalvada a interposição de embargos declaratórios, não podendo, igualmente, ser objeto de ação rescisória.

**Art. 27.** Ao declarar a inconstitucionalidade de lei ou ato normativo, e tendo em vista razões de segurança jurídica ou de excepcional interesse social, poderá o Supremo Tribunal Federal, por maioria de 2/3 (dois terços) de seus membros, restringir os efeitos daquela declaração ou decidir que ela só tenha eficácia a partir de seu trânsito em julgado ou de outro momento que venha a ser fixado.

**Art. 28.** Dentro do prazo de 10 (dez) dias após o trânsito em julgado da decisão, o Supremo Tribunal Federal fará publicar em seção especial do *Diário da Justiça* e do *Diário Oficial da União* a parte dispositiva do acórdão.

**Parágrafo único.** A declaração de constitucionalidade ou de inconstitucionalidade, inclusive a interpretação conforme a Constituição e a declaração parcial de inconstitucionalidade sem redução de texto, têm eficácia contra todos e efeito vinculante em relação aos órgãos do Poder Judiciário e à Administração Pública federal, estadual e municipal.

## CAPÍTULO V. DAS DISPOSIÇÕES GERAIS E FINAIS

**Art. 29.** O art. 482 do Código de Processo Civil fica acrescido dos seguintes parágrafos:

- Refere-se ao CPC/1973.
- CPC/15: arts. 1.045 e 1.046.

(...)

**Art. 30.** O art. 8º da Lei nº 8.185, de 14 de maio de 1991, passa a vigorar acrescido dos seguintes dispositivos:

(...)

**Art. 31.** Esta Lei entra em vigor na data de sua publicação.

Brasília, 10 de novembro de 1999; 178º da Independência e 111º da República.

FERNANDO HENRIQUE CARDOSO

D.O.U 11.11.1999

# Direito Penal

# PLANO DE ESTUDO

| Diploma | Estudado | Revisto | Questões |
|---|---|---|---|
| Decreto-lei nº 3.688/1941 | ☐ | ☐ | ☐ |
| Lei nº 1.521/1951 | ☐ | ☐ | ☐ |
| Lei nº 7.716/1989 | ☐ | ☐ | ☐ |
| Lei nº 8.072/1990 | ☐ | ☐ | ☐ |
| Lei nº 8.137/1990 | ☐ | ☐ | ☐ |
| Lei nº 9.455/1997 | ☐ | ☐ | ☐ |
| Lei nº 9.503/1997 (*) | ☐ | ☐ | ☐ |
| Lei nº 9.605/1998 | ☐ | ☐ | ☐ |
| Lei nº 9.613/1998 | ☐ | ☐ | ☐ |
| Lei nº 10.671/2003 (*) | ☐ | ☐ | ☐ |
| Lei nº 10.826/2003 | ☐ | ☐ | ☐ |
| Lei nº 11.340/2006 | ☐ | ☐ | ☐ |
| Lei nº 11.343/2006 | ☐ | ☐ | ☐ |
| Lei nº 12.850/2013 | ☐ | ☐ | ☐ |
| Lei nº 12.984/2014 | ☐ | ☐ | ☐ |
| Lei nº 13.260/2016 | ☐ | ☐ | ☐ |
| Lei nº 13.344/2016 | ☐ | ☐ | ☐ |
| Lei nº 13.869/2019 | ☐ | ☐ | ☐ |
| Lei nº 14.069/2020 | ☐ | ☐ | ☐ |

## DECRETO-LEI Nº 3.688, DE 3 DE OUTUBRO DE 1941

*Lei das Contravenções Penais*

O PRESIDENTE DA REPÚBLICA, usando das atribuições que lhe confere o artigo 180 da Constituição, decreta:

O Art. 2º da Lei nº 7.209/1984 cancelou, na Parte Especial do Código Penal e nas leis especiais alcançadas pelo art. 12 do Código Penal, quaisquer referências a valores de multas, substituindo-se a expressão multa de por multa. (*D.O.U.* de 13.7.1984).

### LEI DAS CONTRAVENÇÕES PENAIS PARTE GERAL

### A APLICAÇÃO DAS REGRAS GERAIS DO CÓDIGO PENAL

**Art. 1º.** Aplicam-se as contravenções às regras gerais do Código Penal, sempre que a presente lei não disponha de modo diverso.

### TERRITORIALIDADE

**Art. 2º.** A lei brasileira só é aplicável à contravenção praticada no território nacional.

### VOLUNTARIEDADE. DOLO E CULPA

**Art. 3º.** Para a existência da contravenção, basta a ação ou omissão voluntária. Deve-se, todavia, ter em conta o dolo ou a culpa, se a lei faz depender, de um ou de outra, qualquer efeito jurídico.

### TENTATIVA

**Art. 4º.** Não é punível a tentativa de contravenção.

### PENAS PRINCIPAIS

**Art. 5º.** As penas principais são:

**I** – prisão simples.

**II** – multa.

### PRISÃO SIMPLES

**Art. 6º.** A pena de prisão simples deve ser cumprida, sem rigor penitenciário, em estabelecimento especial ou seção especial de prisão comum, em regime semiaberto ou aberto.

**§ 1º.** O condenado a pena de prisão simples fica sempre separado dos condenados a pena de reclusão ou de detenção.

**§ 2º.** O trabalho é facultativo, se a pena aplicada, não excede a quinze dias.

### REINCIDÊNCIA

**Art. 7º.** Verifica-se a reincidência quando o agente pratica uma contravenção depois de passar em julgado a sentença que o tenha condenado, no Brasil ou no estrangeiro, por qualquer crime, ou, no Brasil, por motivo de contravenção.

### ERRO DE DIREITO

**Art. 8º.** No caso de ignorância ou de errada compreensão da lei, quando escusáveis, a pena pode deixar de ser aplicada.

### CONVERSÃO DA MULTA EM PRISÃO SIMPLES

**Art. 9º.** A multa converte-se em prisão simples, de acordo com o que dispõe o Código Penal sobre a conversão de multa em detenção.

**Parágrafo único.** Se a multa é a única pena cominada, a conversão em prisão simples se faz entre os limites de quinze dias e três meses.

### LIMITES DAS PENAS

**Art. 10.** A duração da pena de prisão simples não pode, em caso algum, ser superior a

5 (cinco) anos, nem a importância das multas ultrapassar cinquenta contos.

## SUSPENSÃO CONDICIONAL DA PENA DE PRISÃO SIMPLES

✪ **Art. 11.** Desde que reunidas as condições legais, o juiz pode suspender por tempo não inferior a 1 (um) ano nem superior a 3 (três), a execução da pena de prisão simples, bem como conceder livramento condicional.

## PENAS ACESSÓRIAS

**Art. 12.** As penas acessórias são a publicação da sentença e as seguintes interdições de direitos:

**I** – a incapacidade temporária para profissão ou atividade, cujo exercício dependa de habilitação especial, licença ou autorização do poder público;

**II** – a suspensão dos direitos políticos.

**Parágrafo único.** Incorrem:

*a)* na interdição sob n. I, por 1 (um) mês a 2 (dois) anos, o condenado por motivo de contravenção cometida com abuso de profissão ou atividade ou com infração de dever a ela inerente;

*b)* na interdição sob n. II, o condenado a pena privativa de liberdade, enquanto dure a execução da pena ou a aplicação da medida de segurança detentiva.

## MEDIDAS DE SEGURANÇA

**Art. 13.** Aplicam-se, por motivo de contravenção, as medidas de segurança estabelecidas no Código Penal, à exceção do exílio local.

## PRESUNÇÃO DE PERICULOSIDADE

**Art. 14.** Presumem-se perigosos, além dos indivíduos a que se referem os ns. I e II do art. 78 do Código Penal:

**I** – o condenado por motivo de contravenção cometido, em estado de embriaguez pelo álcool ou substância de efeitos análogos, quando habitual a embriaguez;

**II** – o condenado por vadiagem ou mendicância;

**III** – (*Revogado pela Lei nº 6.416, de 1977*);

**IV** – (*Revogado pela Lei nº 6.416, de 1977*).

## INTERNAÇÃO EM COLÔNIA AGRÍCOLA OU EM INSTITUTO DE TRABALHO, DE REEDUCAÇÃO OU DE ENSINO PROFISSIONAL

**Art. 15.** São internados em colônia agrícola ou em instituto de trabalho, de reeducação ou de ensino profissional, pelo prazo mínimo de 1 (um) ano:

**I** – o condenado por vadiagem (art. 59);

**II** – o condenado por mendicância (art. 60 e seu parágrafo);

**III** – (*Revogado pela Lei nº 6.416, de 1977*).

## INTERNAÇÃO EM MANICÔMIO JUDICIÁRIO OU EM CASA DE CUSTÓDIA E TRATAMENTO

✪ **Art. 16.** O prazo mínimo de duração da internação em manicômio judiciário ou em casa de custódia e tratamento é de 6 (seis) meses.

**Parágrafo único.** O juiz, entretanto, pode, ao invés de decretar a internação, submeter o indivíduo a liberdade vigiada.

## AÇÃO PENAL

**Art. 17.** A ação penal é pública, devendo a autoridade proceder de ofício.

## PARTE ESPECIAL

## CAPÍTULO I. DAS CONTRAVENÇÕES REFERENTES À PESSOA

## FABRICO, COMÉRCIO, OU DETENÇÃO DE ARMAS OU MUNIÇÃO

**Art. 18.** Fabricar, importar, exportar, ter em depósito ou vender, sem permissão da autoridade, arma ou munição:

Pena – prisão simples, de 3 (três) meses a 1 (um) ano, ou multa, de um a cinco contos de réis, ou ambas cumulativamente, se o fato não constitui crime contra a ordem política ou social.

## PORTE DE ARMA

**Art. 19.** Trazer consigo arma fora de casa ou de dependência desta, sem licença da autoridade:

Pena – prisão simples, de quinze dias a seis meses, ou multa, de duzentos mil réis a três contos de réis, ou ambas cumulativamente.

**§ 1º.** A pena é aumentada de 1/3 (um terço) até 1/2 (metade), se o agente já foi condenado, em sentença irrecorrível, por violência contra pessoa.

**§ 2º.** Incorre na pena de prisão simples, de 15 (quinze) dias a 3 (três) meses, ou multa, de duzentos mil réis a um conto de réis, quem, possuindo arma ou munição:

*a)* deixa de fazer comunicação ou entrega à autoridade, quando a lei o determina;

*b)* permite que alienado menor de 18 anos ou pessoa inexperiente no manejo de arma a tenha consigo;

*c)* omite as cautelas necessárias para impedir que dela se apodere facilmente alienado, menor de 18 (dezoito) anos ou pessoa inexperiente em manejá-la.

## ANÚNCIO DE MEIO ABORTIVO

**Art. 20.** Anunciar processo, substância ou objeto destinado a provocar aborto:

Pena – multa de hum mil cruzeiros a dez mil cruzeiros.

## VIAS DE FATO

✪ **Art. 21.** Praticar vias de fato contra alguém:

Pena – prisão simples, de 15 (quinze) dias a 3 (três) meses, ou multa, de cem mil réis a um conto de réis, se o fato não constitui crime.

**Parágrafo único.** Aumenta-se a pena de 1/3 (um terço) até a 1/2 metade se a vítima é maior de 60 (sessenta) anos.

## INTERNAÇÃO IRREGULAR EM ESTABELECIMENTO PSIQUIÁTRICO

**Art. 22.** Receber em estabelecimento psiquiátrico, e nele internar, sem as formalidades legais, pessoa apresentada como doente mental:

Pena – multa, de trezentos mil réis a três contos de réis.

**§ 1º.** Aplica-se a mesma pena a quem deixa de comunicar a autoridade competente, no prazo legal, internação que tenha admitido, por motivo de urgência, sem as formalidades legais.

**§ 2º.** Incorre na pena de prisão simples, de 15 (quinze) dias a 3 (três) meses, ou multa de quinhentos mil réis a cinco contos de réis, aquele que, sem observar as prescrições legais, deixa retirar-se ou despede de estabelecimento psiquiátrico pessoa nele, internada.

## INDEVIDA CUSTÓDIA DE DOENTE MENTAL

**Art. 23.** Receber e ter sob custódia doente mental, fora do caso previsto no artigo anterior, sem autorização de quem de direito:

Pena – prisão simples, de 15 (quinze) dias a 3 (três) meses, ou multa, de quinhentos mil réis a cinco contos de réis.

# CAPÍTULO II. DAS CONTRAVENÇÕES REFERENTES AO PATRIMÔNIO

## INSTRUMENTO DE EMPREGO USUAL NA PRÁTICA DE FURTO

**Art. 24.** Fabricar, ceder ou vender gazua ou instrumento empregado usualmente na prática de crime de furto:

Pena – prisão simples, de 6 (seis) meses a 2 (dois) anos, e multa, de trezentos mil réis a três contos de réis.

## POSSE NÃO JUSTIFICADA DE INSTRUMENTO DE EMPREGO USUAL NA PRÁTICA DE FURTO

**Art. 25.** Ter alguém em seu poder, depois de condenado, por crime de furto ou roubo, ou enquanto sujeito à liberdade vigiada ou quando conhecido como vadio ou mendigo, gazuas, chaves falsas ou alteradas ou instrumentos empregados usualmente na prática de crime de furto, desde que não prove destinação legítima:

Pena – prisão simples, de 2 (dois) meses a 1 (um) ano, e multa de duzentos mil réis a dois contos de réis.

## VIOLAÇÃO DE LUGAR OU OBJETO

**Art. 26.** Abrir alguém, no exercício de profissão de serralheiro ou oficio análogo, a pedido ou por incumbência de pessoa de cuja legitimidade não se tenha certificado previamente, fechadura ou qualquer outro aparelho destinado à defesa de lugar ou objeto:

Pena – prisão simples, de 15 (quinze) dias a 3 (três) meses, ou multa, de duzentos mil réis a um conto de réis.

## EXPLORAÇÃO DA CREDULIDADE PÚBLICA

**Art. 27.** (*Revogado pela Lei nº 9.521, de 1997*).

## CAPÍTULO III. DAS CONTRAVENÇÕES REFERENTES À INCOLUMIDADE PÚBLICA

## DISPARO DE ARMA DE FOGO

**Art. 28.** Disparar arma de fogo em lugar habitado ou em suas adjacências, em via pública ou em direção a ela:

Pena – prisão simples, de 1 (um) a 6 (seis) meses, ou multa, de trezentos mil réis a três contos de réis.

**Parágrafo único.** Incorre na pena de prisão simples, de 15 (quinze) dias a 2 (dois) meses, ou multa, de duzentos mil réis a dois contos de réis, quem, em lugar habitado ou em suas adjacências, em via pública ou em direção a ela, sem licença da autoridade, causa deflagração perigosa, queima fogo de artifício ou solta balão aceso.

## DESABAMENTO DE CONSTRUÇÃO

**Art. 29.** Provocar o desabamento de construção ou, por erro no projeto ou na execução, dar-lhe causa:

Pena – multa, de um a dez contos de réis, se o fato não constitui crime contra a incolumidade pública.

## PERIGO DE DESABAMENTO

**Art. 30.** Omitir alguém a providência reclamada pelo Estado ruinoso de construção que lhe pertence ou cuja conservação lhe incumbe:

Pena – multa, de um a cinco contos de réis.

## OMISSÃO DE CAUTELA NA GUARDA OU CONDUÇÃO DE ANIMAIS

**Art. 31.** Deixar em liberdade, confiar à guarda de pessoa inexperiente, ou não guardar com a devida cautela animal perigoso:

Pena – prisão simples, de 10 (dez) dias a 2 (dois) meses, ou multa, de cem mil réis a um conto de réis.

**Parágrafo único.** Incorre na mesma pena quem:

*a)* na via pública, abandona animal de tiro, carga ou corrida, ou o confia à pessoa inexperiente;

*b)* excita ou irrita animal, expondo a perigo a segurança alheia;

*c)* conduz animal, na via pública, pondo em perigo a segurança alheia.

## FALTA DE HABILITAÇÃO PARA DIRIGIR VEÍCULO

**Art. 32.** Dirigir, sem a devida habilitação, veículo na via pública, ou embarcação a motor em águas públicas:

- Súm. 720 do STF.

Pena – multa, de duzentos mil réis a dois contos de réis.

## DIREÇÃO NÃO LICENCIADA DE AERONAVE

**Art. 33.** Dirigir aeronave sem estar devidamente licenciado:

Pena – prisão simples, de 15 (quinze) dias a 3 (três) meses, e multa, de duzentos mil réis a dois contos de réis.

## DIREÇÃO PERIGOSA DE VEÍCULO NA VIA PÚBLICA

**Art. 34.** Dirigir veículos na via pública, ou embarcações em águas públicas, pondo em perigo a segurança alheia:

Pena – prisão simples, de 15 (quinze) das a 3 (três) meses, ou multa, de trezentos mil réis a dois contos de réis.

## ABUSO NA PRÁTICA DA AVIAÇÃO

**Art. 35.** Entregar-se na prática da aviação, a acrobacias ou a voos baixos, fora da zona em que a lei o permite, ou fazer descer a aeronave fora dos lugares destinados a esse fim:

Pena – prisão simples, de 15 (quinze) dias a 3 (três) meses, ou multa, de quinhentos mil réis a cinco contos de réis.

## SINAIS DE PERIGO

**Art. 36.** Deixar de colocar na via pública, sinal ou obstáculo, determinado em lei ou pela autoridade e destinado a evitar perigo a transeuntes:

Pena – prisão simples, de 10 (dez) dias a 2 (dois) meses, ou multa, de duzentos mil réis a dois contos de réis.

**Parágrafo único.** Incorre na mesma pena quem:

*a)* apaga sinal luminoso, destrói ou remove sinal de outra natureza ou obstáculo destinado a evitar perigo a transeuntes;

*b)* remove qualquer outro sinal de serviço público.

## ARREMESSO OU COLOCAÇÃO PERIGOSA

**Art. 37.** Arremessar ou derramar em via pública, ou em lugar de uso comum, ou do uso alheio, coisa que possa ofender, sujar ou molestar alguém:

Pena – multa, de duzentos mil réis a dois contos de réis.

**Parágrafo único.** Na mesma pena incorre aquele que, sem as devidas cautelas, coloca ou deixa suspensa coisa que, caindo em via pública ou em lugar de uso comum ou de uso alheio, possa ofender, sujar ou molestar alguém.

## EMISSÃO DE FUMAÇA, VAPOR OU GÁS

**Art. 38.** Provocar, abusivamente, emissão de fumaça, vapor ou gás, que possa ofender ou molestar alguém:

Pena – multa, de duzentos mil réis a dois contos de réis.

# CAPÍTULO IV. DAS CONTRAVENÇÕES REFERENTES À PAZ PÚBLICA

## ASSOCIAÇÃO SECRETA

**Art. 39.** *(Revogado pela Lei 14.197/2021)*

## PROVOCAÇÃO DE TUMULTO. CONDUTA INCONVENIENTE

**Art. 40.** Provocar tumulto ou portar-se de modo inconveniente ou desrespeitoso, em solenidade ou ato oficial, em assembleia ou espetáculo público, se o fato não constitui infração penal mais grave;

Pena – prisão simples, de 15 (quinze) dias a 6 (seis) meses, ou multa, de duzentos mil réis a dois contos de réis.

## FALSO ALARMA

**Art. 41.** Provocar alarma, anunciando desastre ou perigo inexistente, ou praticar qualquer ato capaz de produzir pânico ou tumulto:

Pena – prisão simples, de 15 (quinze) dias a 6 (seis) meses, ou multa, de duzentos mil réis a dois contos de réis.

## PERTURBAÇÃO DO TRABALHO OU DO SOSSEGO ALHEIOS

✪ **Art. 42.** Perturbar alguém o trabalho ou o sossego alheios:

**I** – com gritaria ou algazarra;

**II** – exercendo profissão incômoda ou ruidosa, em desacordo com as prescrições legais;

**III** – abusando de instrumentos sonoros ou sinais acústicos;

**IV** – provocando ou não procurando impedir barulho produzido por animal de que tem a guarda:

Pena – prisão simples, de 15 (quinze) dias a 3 (três) meses, ou multa, de duzentos mil réis a dois contos de réis.

## CAPÍTULO V.
## DAS CONTRAVENÇÕES REFERENTES À FÉ PÚBLICA

### RECUSA DE MOEDA DE CURSO LEGAL

**Art. 43.** Recusar-se a receber, pelo seu valor, moeda de curso legal no país:

Pena – multa, de duzentos mil réis a dois contos de réis.

### IMITAÇÃO DE MOEDA PARA PROPAGANDA

**Art. 44.** Usar, como propaganda, de impresso ou objeto que pessoa inexperiente ou rústica possa confundir com moeda:

Pena – multa, de duzentos mil réis a dois contos de réis.

### SIMULAÇÃO DA QUALIDADE DE FUNCIONÁRIO

✪ **Art. 45.** Fingir-se funcionário público:

Pena – prisão simples, de 1 (um) a 3 (três) meses, ou multa, de quinhentos mil réis a três contos de réis.

### USO ILEGÍTIMO DE UNIFORME OU DISTINTIVO

**Art. 46.** Usar, publicamente, de uniforme, ou distintivo de função pública que não exerce; usar, indevidamente, de sinal, distintivo ou denominação cujo emprego seja regulado por lei.

Pena – multa, de duzentos a dois mil cruzeiros, se o fato não constitui infração penal mais grave.

## CAPÍTULO VI.
## DAS CONTRAVENÇÕES RELATIVAS À ORGANIZAÇÃO DO TRABALHO

### EXERCÍCIO ILEGAL DE PROFISSÃO OU ATIVIDADE

**Art. 47.** Exercer profissão ou atividade econômica ou anunciar que a exerce, sem preencher as condições a que por lei está subordinado o seu exercício:

Pena – prisão simples, de 15 (quinze) dias a 3 (três) meses, ou multa, de quinhentos mil réis a cinco contos de réis.

### EXERCÍCIO ILEGAL DO COMÉRCIO DE COISAS ANTIGAS E OBRAS DE ARTE

**Art. 48.** Exercer, sem observância das prescrições legais, comércio de antiguidades, de obras de arte, ou de manuscritos e livros antigos ou raros:

Pena – prisão simples de 1 (um) a 6 (seis) meses, ou multa, de um a dez contos de réis.

### MATRÍCULA OU ESCRITURAÇÃO DE INDÚSTRIA E PROFISSÃO

**Art. 49.** Infringir determinação legal relativa à matrícula ou à escrituração de indústria, de comércio, ou de outra atividade:

Pena – multa, de duzentos mil réis a cinco contos de réis.

## CAPÍTULO VII.
## DAS CONTRAVENÇÕES RELATIVAS À POLÍCIA DE COSTUMES

### JOGO DE AZAR

✪ **Art. 50.** Estabelecer ou explorar jogo de azar em lugar público ou acessível ao público, mediante o pagamento de entrada ou sem ele:

Pena – prisão simples, de 3 (três) meses a 1 (um) ano, e multa, de dois a quinze contos de réis, estendendo-se os efeitos da condenação à perda dos móveis e objetos de decoração do local.

**§ 1º**. A pena é aumentada de um terço, se existe entre os empregados ou participa do jogo pessoa menor de dezoito anos.

**§ 2º**. Incorre na pena de multa, de R$ 2.000,00 (dois mil reais) a R$ 200.000,00 (duzentos mil reais), quem é encontrado a participar do jogo, ainda que pela internet ou por qualquer outro meio de comunicação, como ponteiro ou apostador.

**§ 3º**. Consideram-se, jogos de azar:

*a)* o jogo em que o ganho e a perda dependem exclusiva ou principalmente da sorte;

*b)* as apostas sobre corrida de cavalos fora de hipódromo ou de local onde sejam autorizadas;

*c)* as apostas sobre qualquer outra competição esportiva.

**§ 4º**. Equiparam-se, para os efeitos penais, a lugar acessível ao público:

*a)* a casa particular em que se realizam jogos de azar, quando deles habitualmente participam pessoas que não sejam da família de quem a ocupa;

*b)* o hotel ou casa de habitação coletiva, a cujos hóspedes e moradores se proporciona jogo de azar;

*c)* a sede ou dependência de sociedade ou associação, em que se realiza jogo de azar;

*d)* o estabelecimento destinado à exploração de jogo de azar, ainda que se dissimule esse destino.

## LOTERIA NÃO AUTORIZADA

**Art. 51.** Promover ou fazer extrair loteria, sem autorização legal:

Pena – prisão simples, de 6 (seis) meses a 2 (dois) anos, e multa, de cinco a dez contos de réis, estendendo-se os efeitos da condenação à perda dos móveis existentes no local.

**§ 1º.** Incorre na mesma pena quem guarda, vende ou expõe à venda, tem sob sua guarda para o fim de venda, introduz ou tenta introduzir na circulação bilhete de loteria não autorizada.

**§ 2º.** Considera-se loteria toda operação que, mediante a distribuição de bilhete, listas, cupões, vales, sinais, símbolos ou meios análogos, faz depender de sorteio a obtenção de prêmio em dinheiro ou bens de outra natureza.

**§ 3º.** Não se compreendem na definição do parágrafo anterior os sorteios autorizados na legislação especial.

## LOTERIA ESTRANGEIRA

**Art. 52.** Introduzir, no país, para o fim de comércio, bilhete de loteria, rifa ou tômbola estrangeiras:

Pena – prisão simples, de 4 (quatro) meses a 1 (um) ano, e multa, de um a cinco contos de réis.

**Parágrafo único.** Incorre na mesma pena quem vende, expõe à venda, tem sob sua guarda, para o fim de venda, introduz ou tenta introduzir na circulação, bilhete de loteria estrangeira.

## LOTERIA ESTADUAL

**Art. 53.** Introduzir, para o fim de comércio, bilhete de loteria estadual em território onde não possa legalmente circular:

Pena – prisão simples, de 2 (dois) a 6 (seis) meses, e multa, de um a três contos de réis.

**Parágrafo único.** Incorre na mesma pena quem vende, expõe à venda, tem sob sua guarda, para o fim de venda, introduz ou torta introduzir na circulação, bilhete de loteria estadual, em território onde não possa legalmente circular.

## EXIBIÇÃO OU GUARDA DE LISTA DE SORTEIO

**Art. 54.** Exibir ou ter sob sua guarda lista de sorteio de loteria estrangeira:

Pena – prisão simples, de 1 (um) a 3 (três) meses, e multa, de duzentos mil réis a um conto de réis.

**Parágrafo único.** Incorre na mesma pena quem exibe ou tem sob sua guarda lista de sorteio de loteria estadual, em território onde esta não possa legalmente circular.

## IMPRESSÃO DE BILHETES, LISTAS OU ANÚNCIOS

**Art. 55.** Imprimir ou executar qualquer serviço de feitura de bilhetes, lista de sorteio, avisos ou cartazes relativos a loteria, em lugar onde ela não possa legalmente circular:

Pena – prisão simples, de 1 (um) a 6 (seis) meses, e multa, de duzentos mil réis a dois contos de réis.

## DISTRIBUIÇÃO OU TRANSPORTE DE LISTAS OU AVISOS

**Art. 56.** Distribuir ou transportar cartazes, listas de sorteio ou avisos de loteria, onde ela não possa legalmente circular:

Pena – prisão simples, de 1 (um) a 3 (três) meses, e multa, de cem a quinhentos mil réis.

## PUBLICIDADE DE SORTEIO

**Art. 57.** Divulgar, por meio de jornal ou outro impresso, de rádio, cinema, ou qualquer outra forma, ainda que disfarçadamente, anúncio, aviso ou resultado de extração de loteria, onde a circulação dos seus bilhetes não seria legal:

Pena – multa, de 1 (um) a 10 (dez) contos de réis.

## JOGO DO BICHO

**Art. 58.** Explorar ou realizar a loteria denominada jogo do bicho, ou praticar qualquer ato relativo à sua realização ou exploração:

Pena – prisão simples, de 4 (quatro) meses a 1 (um) ano, e multa, de dois a vinte contos de réis.

**Parágrafo único.** Incorre na pena de multa, de duzentos mil réis a dois contos de réis, aquele que participa da loteria, visando a obtenção de prêmio, para si ou para terceiro.

## VADIAGEM

**Art. 59.** Entregar-se alguém habitualmente à ociosidade, sendo válido para o trabalho, sem ter renda que lhe assegure meios bastantes de subsistência, ou prover à própria subsistência mediante ocupação ilícita:

Pena – prisão simples, de 15 (quinze) dias a 3 (três) meses.

**Parágrafo único.** A aquisição superveniente de renda, que assegure ao condenado meios bastantes de subsistência, extingue a pena.

## MENDICÂNCIA

**Art. 60.** (*Revogado pela Lei nº 11.983, de 2009*).

## IMPORTUNAÇÃO OFENSIVA AO PUDOR

**Art. 61.** (*Revogado pela Lei 13.718/2018*).

## EMBRIAGUEZ

**Art. 62.** Apresentar-se publicamente em estado de embriaguez, de modo que cause escândalo ou ponha em perigo a segurança própria ou alheia:

Pena – prisão simples, de 15 (quinze) dias a 3 (três) meses, ou multa, de duzentos mil réis a dois contos de réis.

**Parágrafo único.** Se habitual a embriaguez, o contraventor é internado em casa de custódia e tratamento.

## BEBIDAS ALCOÓLICAS

**Art. 63.** Servir bebidas alcoólicas:

**I** – (*Revogado pela Lei nº 13.106, de 2015*);

**II** – a quem se acha em estado de embriaguez;

**III** – a pessoa que o agente sabe sofrer das faculdades mentais;

**IV** – a pessoa que o agente sabe estar judicialmente proibida de frequentar lugares onde se consome bebida de tal natureza:

Pena – prisão simples, de 2 (dois) meses a 1 (um) ano, ou multa, de quinhentos mil réis a cinco contos de réis.

## CRUELDADE CONTRA ANIMAIS

**Art. 64.** Tratar animal com crueldade ou submetê-lo a trabalho excessivo:

Pena – prisão simples, de 10 (dez) dias a 1 (um) mês, ou multa, de cem a quinhentos mil réis.

**§ 1º.** Na mesma pena incorre aquele que, embora para fins didáticos ou científicos, realiza em lugar público ou exposto ao publico, experiência dolorosa ou cruel em animal vivo.

**§ 2º.** Aplica-se a pena com aumento de metade, se o animal é submetido a trabalho excessivo ou tratado com crueldade, em exibição ou espetáculo público.

## PERTURBAÇÃO DA TRANQUILIDADE

**Art. 65.** (*Revogado pela Lei 14.132/2021*)

## CAPÍTULO VIII. DAS CONTRAVENÇÕES REFERENTES À ADMINISTRAÇÃO PÚBLICA

## OMISSÃO DE COMUNICAÇÃO DE CRIME

**Art. 66.** Deixar de comunicar à autoridade competente:

**I** – crime de ação pública, de que teve conhecimento no exercício de função pública, desde que a ação penal não dependa de representação;

**II** – crime de ação pública, de que teve conhecimento no exercício da medicina ou de outra profissão sanitária, desde que a ação penal não dependa de representação e a comunicação não exponha o cliente a procedimento criminal:

Pena – multa, de trezentos mil réis a três contos de réis.

## INUMAÇÃO OU EXUMAÇÃO DE CADÁVER

**Art. 67.** Inumar ou exumar cadáver, com infração das disposições legais:

Pena – prisão simples, de 1 (um) mês a 1 (um) ano, ou multa, de duzentos mil réis a dois contos de réis.

## RECUSA DE DADOS SOBRE PRÓPRIA IDENTIDADE OU QUALIFICAÇÃO

**Art. 68.** Recusar à autoridade, quando por esta, justificadamente solicitados ou exigidos, dados ou indicações concernentes à própria identidade, estado, profissão, domicílio e residência:

Pena – multa, de duzentos mil réis a dois contos de réis.

**Parágrafo único.** Incorre na pena de prisão simples, de 1 (um) a 6 (seis) meses, e multa, de duzentos mil réis a dois contos de réis, se o fato não constitui infração penal mais grave, quem, nas mesmas circunstâncias, faz declarações inverídicas a respeito de sua identidade pessoal, estado, profissão, domicílio e residência.

## PROIBIÇÃO DE ATIVIDADE REMUNERADA A ESTRANGEIRO

**Art. 69.** (*Revogado pela Lei nº 6.815, de 1980*).

## VIOLAÇÃO DO PRIVILÉGIO POSTAL DA UNIÃO

**Art. 70.** Praticar qualquer ato que importe violação do monopólio postal da União:

Pena – prisão simples, de 3 (três) meses a 1 (um) ano, ou multa, de três a dez contos de réis, ou ambas cumulativamente.

## DISPOSIÇÕES FINAIS

**Art. 71.** Ressalvada a legislação especial sobre florestas, caça e pesca, revogam-se as disposições em contrário.

**Art. 72.** Esta lei entrará em vigor no dia 1º de janeiro de 1942.

Rio de Janeiro, 3 de outubro de 1941; 120º da Independência e 58º da República.

GETÚLIO VARGAS

Francisco Campos

D.O.U. de 3.10.1941

# LEI Nº 1.521, DE 26 DE DEZEMBRO DE 1951

*Altera dispositivos da legislação vigente sobre crimes contra a economia popular.*

O PRESIDENTE DA REPÚBLICA Faço saber que o Congresso Nacional decreta e eu sanciono a seguinte Lei:

- Lei 12.529/2011 – Estrutura o Sistema Brasileiro de Defesa da Concorrência; dispõe sobre a prevenção e repressão às infrações contra a ordem econômica; altera a Lei 8.137/1990, o Decreto-Lei 3.689/1941 (Código de Processo Penal), e a Lei 7.347/1985; revoga dispositivos da Lei 8.884/1994, e a Lei 9.781/1999.
- Lei 8.137/1990 – Define crimes contra a ordem tributária, econômica e contra as relações de consumo.
- Lei 8.078/1990 (CDC): arts. 61 e ss.
- Lei 7.492/1986 – Define os crimes contra o sistema financeiro nacional.

**Art. 1º.** Serão punidos, na forma desta Lei, os crimes e as contravenções contra a economia popular. Esta Lei regulará o seu julgamento.

✪ **Art. 2º.** São crimes desta natureza:

**I** – recusar individualmente em estabelecimento comercial a prestação de serviços essenciais à subsistência; sonegar mercadoria ou recusar vendê-la a quem esteja em condições de comprar a pronto pagamento;

- CDC: art. 39, II e IX.

**II** – favorecer ou preferir comprador ou freguês em detrimento de outro, ressalvados os sistemas de entrega ao consumo por intermédio de distribuidores ou revendedores;

**III** – expor à venda ou vender mercadoria ou produto alimentício, cujo fabrico haja desatendido a determinações oficiais, quanto ao peso e composição;

- CDC: arts. 18, § 6º e 39, VIII.

**IV** – negar ou deixar o fornecedor de serviços essenciais de entregar ao freguês a nota relativa à prestação de serviço, desde que a importância exceda de 15 (quinze) cruzeiros, e com a indicação do preço, do nome e endereço do estabelecimento, do nome da firma ou responsável, da data e do local da transação e do nome e residência do freguês;

**V** – misturar gêneros e mercadorias de espécies diferentes, expô-los à venda ou vendê-los, como puros; misturar gêneros e mercadorias de qualidades desiguais para expô-los à venda ou vendê-lo por preço marcado para os de mais alto custo;

- CDC: art. 18, § 6º.

**VI** – transgredir tabelas oficiais de gêneros e mercadorias, ou de serviços essenciais, bem como expor à venda ou oferecer ao público ou vender tais gêneros, mercadorias ou serviços, por preço superior ao tabelado, assim como não manter afixadas, em lugar visível e de fácil leitura, as tabelas de preços aprovadas pelos órgãos competentes;

- CDC: art. 39, X.

PENAL

**VII** – negar ou deixar o vendedor de fornecer nota ou caderno de venda de gêneros de primeira necessidade, seja à vista ou a prazo, e cuja a importância exceda de dez cruzeiros, ou de especificar na nota ou caderno – que serão isentos de selo – o preço da mercadoria vendida, o nome e o endereço do estabelecimento, a firma ou o responsável, a data e local da transação e o nome e residência do freguês;

**VIII** – celebrar ajuste para impor determinado preço de revenda ou exigir do comprador que não compre de outro vendedor;

**IX** – obter ou tentar obter ganhos ilícitos em detrimento do povo ou de número indeterminado de pessoas mediante especulações ou processos fraudulentos ("bola de neve", "cadeias", "pichardismo" e quaisquer outros equivalentes);

**X** – violar contrato de venda a prestações, fraudando sorteios ou deixando de entregar a coisa vendida, sem devolução das prestações pagas, ou descontar destas, nas vendas com reserva de domínio, quando o contrato for rescindido por culpa do comprador, quantia maior do que a correspondente à depreciação do objeto;

**XI** – fraudar pesos ou medidas padronizados em lei ou regulamentos; possuí-los ou detê-los, para efeitos de comércio, sabendo estarem fraudados.

▸ CDC: art. 18, § 6º, II.

**Pena** – detenção, de 6 (seis) meses a 2 (dois) anos, e multa de dois mil a cinquenta mil cruzeiros.

**Parágrafo único.** Na configuração dos crimes previstos nesta Lei, bem como na de qualquer outro de defesa da economia popular, sua guarda e seu emprego considerar-se-ão como de primeira necessidade ou necessários ao consumo do povo, os gêneros, artigos, mercadorias e qualquer outra espécie de coisas ou bens indispensáveis à subsistência do indivíduo em condições higiênicas e ao exercício normal de suas atividades. Estão compreendidos nesta definição os artigos destinados à alimentação, ao vestuário e à iluminação, os terapêuticos ou sanitários, o combustível, a habitação e os materiais de construção.

✪ **Art. 3º.** São também crimes desta natureza:

**I** – destruir ou inutilizar, intencionalmente e sem autorização legal, com o fim de determinar alta de preços, em proveito próprio ou de terceiro, matérias-primas ou produtos necessários ao consumo do povo;

**II** – abandonar ou fazer abandonar lavoura ou plantações, suspender ou fazer suspender a atividade de fábricas, usinas ou quaisquer estabelecimentos de produção, ou meios de transporte, mediante indenização paga pela desistência da competição;

**III** – promover ou participar de consórcio, convênio, ajuste, aliança ou fusão de capitais, com o fim de impedir ou dificultar, para o efeito de aumento arbitrário de lucros, a concorrência em matéria de produção, transportes ou comércio;

**IV** – reter ou açambarcar matérias-primas, meios de produção ou produtos necessários ao consumo do povo, com o fim de dominar o mercado em qualquer ponto do País e provocar a alta dos preços;

**V** – vender mercadorias abaixo do preço de custo com o fim de impedir a concorrência;

**VI** – provocar a alta ou baixa de preços de mercadorias, títulos públicos, valores ou salários por meio de notícias falsas, operações fictícias ou qualquer outro artifício;

**VII** – dar indicações ou fazer afirmações falsas em prospectos ou anúncios, para fim de substituição, compra ou venda de títulos, ações ou quotas;

**VIII** – exercer funções de direção, administração ou gerência de mais de uma empresa ou sociedade do mesmo ramo de indústria ou comércio com o fim de impedir ou dificultar a concorrência;

**IX** – gerir fraudulenta ou temerariamente bancos ou estabelecimentos bancários, ou de capitalização; sociedades de seguros, pecúlios ou pensões vitalícias; sociedades para empréstimos ou financiamento de construções e de vendas de imóveis a prestações, com ou sem sorteio ou preferência por meio de pontos ou quotas; caixas econômicas; caixas Raiffeisen; caixas mútuas de beneficência, socorros ou empréstimos; caixas de pecúlios, pensão e aposentadoria; caixas construtoras; cooperativas; sociedades de economia coletiva, levando-as à falência ou à insolvência, ou não cumprindo qualquer das cláusulas contratuais com prejuízo dos interessados;

**X** – fraudar de qualquer modo escriturações, lançamentos, registros, relatórios, pareceres e outras informações devidas a sócios de sociedades civis ou comerciais, em que o capital seja fracionado em ações, ou quotas de valor nominativo igual ou inferior a um mil cruzeiros com o fim de sonegar lucros, dividendos, percentagens, rateios ou bonificações, ou de desfalcar ou desviar fundos de reserva ou reservas técnicas.

**Pena** – detenção, de 2 (dois) anos a 10 (dez) anos, e multa de vinte mil a cem mil cruzeiros.

✪ **Art. 4º.** Constitui crime da mesma natureza a usura pecuniária ou real, assim se considerando:

*a)* cobrar juros, comissões ou descontos percentuais, sobre dívidas em dinheiro, superiores à taxa permitida por lei; cobrar ágio superior à taxa oficial de câmbio, sobre quantia permutada por moeda estrangeira; ou, ainda, emprestar sob penhor que seja privativo de instituição oficial de crédito;

- Lei 1.807/1953: art. 10.

*b)* obter, ou estipular, em qualquer contrato, abusando da premente necessidade, inexperiência ou leviandade de outra parte, lucro patrimonial que exceda o quinto do valor corrente ou justo da prestação feita ou prometida.

- CDC: art. 39, IV.

**Pena** – detenção, de 6 (seis) meses a 2 (dois) anos, e multa de cinco mil a vinte mil cruzeiros.

**§ 1º**. Nas mesmas penas incorrerão os procuradores, mandatários ou mediadores que intervierem na operação usurária, bem como os cessionários de crédito usurário que, cientes de sua natureza ilícita, o fizerem valer em sucessiva transmissão ou execução judicial.

**§ 2º**. São circunstâncias agravantes do crime de usura:

**I** - ser cometido em época de grave crise econômica;

**II** – ocasionar grave dano individual;

**III** – dissimular-se a natureza usurária do contrato;

**IV** – quando cometido:

*a)* por militar, funcionário público, ministro de culto religioso; por pessoa cuja condição econômico-social seja manifestamente superior à da vítima;

*b)* em detrimento de operário ou de agricultor; de menor de 18 (dezoito) anos ou de deficiente mental, interditado ou não.

**§ 3º**. A estipulação de juros ou lucros usurários será nula, devendo o juiz ajustá-los à medida legal, ou, caso já tenha sido cumprida, ordenar a restituição da quantia para em excesso, com os juros legais a contar da data do pagamento indevido. (Eficácia suspensa pela Medida Provisória nº 2.172-32, de 2001)

**Art. 5º.** Nos crimes definidos nesta lei, haverá suspensão da pena e livramento condicional em todos os casos permitidos pela legislação comum. Será a fiança concedida nos termos da legislação em vigor, devendo ser arbitrada dentro dos limites de cinco mil cruzeiros a cinquenta mil cruzeiros, nas hipóteses do artigo 2º, e dentro dos limites de dez mil cruzeiros a cem mil cruzeiros nos demais casos, reduzida a metade dentro desses limites, quando o infrator for empregado do estabelecimento comercial ou industrial, ou não ocupe cargo ou posto de direção dos negócios.

- CP: arts. 77 e 78.
- Lei 9.099/1995: art. 89.

**Art. 6º.** Verificado qualquer crime contra a economia popular ou contra a saúde pública (Capítulo III do Título VIII do Código Penal) e atendendo à gravidade do fato, sua repercussão e efeitos, o juiz, na sentença, declarará a interdição de direito, determinada no art. 69, IV, do Código Penal, de 6 (seis) meses a 1 (um) ano, assim como, mediante representação da autoridade policial, poderá decretar, dentro de 48 (quarenta e oito) horas, a suspensão provisória, pelo prazo de 15 (quinze) dias, do exercício da profissão ou atividade do infrator.

- A referência antecede a Lei 7.209/1984.
- CP: art. 47.

**Art. 7º.** Os juízes recorrerão de ofício sempre que absolverem os acusados em processo por crime contra a economia popular ou contra a saúde pública, ou quando determinarem o arquivamento dos autos do respectivo inquérito policial.

**Art. 8º.** Nos crimes contra a saúde pública, os exames periciais serão realizados, no Distrito Federal, pelas repartições da Secretaria-Geral da Saúde e Assistência e da Secretaria da Agricultura, Indústria e Comércio da Prefeitura ou pelo Gabinete de Exames Periciais do Departamento de Segurança Pública e nos Estados e Territórios pelos serviços congêneres, valendo qualquer dos laudos como corpo de delito.

**Art. 9º.** *(Revogado pela Lei nº 6.649, de 1979).*

✪ **Art. 10.** Terá forma sumária, nos termos do Capítulo V, Título II, Livro II, do Código de Processo Penal, o processo das contravenções e dos crimes contra a economia popular, não submetidos ao julgamento pelo júri.

**§ 1º**. Os atos policiais (inquérito ou processo iniciado por portaria) deverão terminar no prazo de 10 (dez) dias.

**§ 2º**. O prazo para oferecimento da denúncia será de 2 (dois) dias, esteja ou não o réu preso.

**§ 3º**. A sentença do juiz será proferida dentro do prazo de 30 (trinta) dias contados do recebimento dos autos da autoridade policial (art. 536 do Código de Processo Penal).

**§ 4º**. A retardação injustificada, pura e simples, dos prazos indicados nos parágrafos anteriores, importa em crime de prevaricação (art. 319 do Código Penal).

**Art. 11.** No Distrito Federal, o processo das infrações penais relativas à economia popular caberá, indistintamente, a todas as varas criminais com exceção das 1ª e 20ª, observadas as disposições quanto aos crimes da competência do júri de que trata o art. 12.

**Arts. 12 a 32.** *(Artigos inaplicáveis, conforme EC 1/1969).*

**Art. 33.** Esta Lei entrará em vigor 60 (sessenta) dias depois de sua publicação, aplicando-se aos processos iniciados na sua vigência.

**Art. 34.** Revogam-se as disposições em contrário.

Rio de Janeiro, 26 de dezembro de 1951; 130º da Independência e 63º da República.

GETÚLIO VARGAS

D.O.U. de 27.12.1951

# LEI Nº 7.716, DE 5 DE JANEIRO DE 1989

*Define os crimes resultantes de preconceitos de raça ou de cor.*

O PRESIDENTE DA REPÚBLICA

Faço saber que o Congresso Nacional decreta e eu sanciono a seguinte Lei:

- Lei 12.288/2010 – Institui o Estatuto da Igualdade Racial.

**Art. 1º.** Serão punidos, na forma desta Lei, os crimes resultantes de discriminação ou preconceito de raça, cor, etnia, religião ou procedência nacional.

- CF/1988: arts. 1º, III, 3º, IV, 5º, caput, VIII, XLI e XLII.
- CP: art. 140, § 3º.

**Art. 2º.** *(VETADO).*

✪ **Art. 3º.** Impedir ou obstar o acesso de alguém, devidamente habilitado, a qualquer cargo da Administração Direta ou Indireta, bem como das concessionárias de serviços públicos:

- Lei 7.437/1985: arts. 8º e 9º.

Pena – reclusão de 2 (dois) a 5 (cinco) anos.

**Parágrafo único.** Incorre na mesma pena quem, por motivo de discriminação de raça, cor, etnia, religião ou procedência nacional, obstar a promoção funcional.

✪ **Art. 4º.** Negar ou obstar emprego em empresa privada:

Pena – reclusão de 2 (dois) a 5 (cinco) anos.

**§ 1º.** Incorre na mesma pena quem, por motivo de discriminação de raça ou de cor ou práticas resultantes do preconceito de descendência ou origem nacional ou étnica:

**I** – deixar de conceder os equipamentos necessários ao empregado em igualdade de condições com os demais trabalhadores;

**II** – impedir a ascensão funcional do empregado ou obstar outra forma de benefício profissional;

**III** – proporcionar ao empregado tratamento diferenciado no ambiente de trabalho, especialmente quanto ao salário.

**§ 2º.** Ficará sujeito às penas de multa e de prestação de serviços à comunidade, incluindo atividades de promoção da igualdade racial, quem, em anúncios ou qualquer outra forma de recrutamento de trabalhadores, exigir aspectos de aparência próprios de raça ou etnia para emprego cujas atividades não justifiquem essas exigências.

✪ **Art. 5º.** Recusar ou impedir acesso a estabelecimento comercial, negando-se a servir, atender ou receber cliente ou comprador:

- Lei 7.437/1985: arts. 4 e 6º.

Pena – reclusão de 1 (um) a 3 (três) anos.

✪ **Art. 6º.** Recusar, negar ou impedir a inscrição ou ingresso de aluno em estabelecimento de ensino público ou privado de qualquer grau:

- Lei 7.437/1985: art. 7º.

Pena – reclusão de 3 (três) a 5 (cinco) anos.

**Parágrafo único.** Se o crime for praticado contra menor de 18 anos a pena é agravada de 1/3 (um terço).

**Art. 7º.** Impedir o acesso ou recusar hospedagem em hotel, pensão, estalagem ou qualquer estabelecimento similar:

- Lei 7.437/1985: art. 3º.

Pena – reclusão de 3 (três) a 5 (cinco) anos.

**Art. 8º.** Impedir o acesso ou recusar atendimento em restaurantes, bares, confeitarias, ou locais semelhantes abertos ao público:

- Lei 7.437/1985: art. 4º.

Pena – reclusão de 1 (um) a 3 (três) anos.

**Art. 9º.** Impedir o acesso ou recusar atendimento em estabelecimentos esportivos, casas de diversões, ou clubes sociais abertos ao público:

- Lei 7.437/1985: art. 5º.

Pena – reclusão de 1 (um) a 3 (três) anos.

**Art. 10.** Impedir o acesso ou recusar atendimento em salões de cabeleireiros, barbearias, termas ou casas de massagem ou estabelecimentos com as mesmas finalidades:

Pena – reclusão de 1 (um) a 3 (três) anos.

**Art. 11.** Impedir o acesso às entradas sociais em edifícios públicos ou residenciais e elevadores ou escada de acesso aos mesmos:

Pena – reclusão de 1 (um) a 3 (três) anos.

**Art. 12.** Impedir o acesso ou uso de transportes públicos, como aviões, navios, barcas, barcos, ônibus, trens, metrô ou qualquer outro meio de transporte concedido:

Pena – reclusão de 1 (um) a 3 (três) anos.

**Art. 13.** Impedir ou obstar o acesso de alguém ao serviço em qualquer ramo das Forças Armadas:

Pena – reclusão de 2 (dois) a 4 (quatro) anos.

**Art. 14.** Impedir ou obstar, por qualquer meio ou forma, o casamento ou convivência familiar e social:

Pena – reclusão de 2 (dois) a 4 (quatro) anos.

**Art. 15.** *(VETADO).*

✪ **Art. 16.** Constitui efeito da condenação a perda do cargo ou função pública, para o servidor público, e a suspensão do funcionamento do estabelecimento particular por prazo não superior a 3 (três) meses.

▸ CP: arts. 91 e 92.

**Art. 17.** *(VETADO).*

**Art. 18.** Os efeitos de que tratam os arts. 16 e 17 desta Lei não são automáticos, devendo ser motivadamente declarados na sentença.

**Art. 19.** *(VETADO).*

**Art. 20.** Praticar, induzir ou incitar a discriminação ou preconceito de raça, cor, etnia, religião ou procedência nacional:

Pena – reclusão, de 1 (um) a 3 (três) anos, e multa.

**§ 1º.** Fabricar, comercializar, distribuir ou veicular símbolos, emblemas, ornamentos, distintivos ou propaganda que utilizem a cruz suástica ou gamada, para fins de divulgação do nazismo:

Pena – reclusão, de 2 (dois) a 5 (cinco) anos, e multa.

**§ 2º.** Se qualquer dos crimes previstos no *caput* é cometido por intermédio dos meios de comunicação social ou publicação de qualquer natureza:

Pena – reclusão, de 2 (dois) a 5 (cinco) anos, e multa.

**§ 3º.** No caso do parágrafo anterior, o juiz poderá determinar, ouvido o Ministério Público ou a pedido deste, ainda antes do inquérito policial, sob pena de desobediência:

**I** – o recolhimento imediato ou a busca e apreensão dos exemplares do material respectivo;

**II** – a cessação das respectivas transmissões radiofônicas, televisivas, eletrônicas ou da publicação por qualquer meio;

**III** – a interdição das respectivas mensagens ou páginas de informação na rede mundial de computadores.

**§ 4º.** Na hipótese do § 2º, constitui efeito da condenação, após o trânsito em julgado da decisão, a destruição do material apreendido.

**Art. 21.** Esta Lei entra em vigor na data de sua publicação.

**Art. 22.** Revogam-se as disposições em contrário.

Brasília, 5 de janeiro de 1989; 168º da Independência e 101º da República.

JOSÉ SARNEY

D.O.U. de 6.1.1989

# LEI Nº 8.072, DE 25 DE JULHO DE 1990

*Dispõe sobre os crimes hediondos, nos termos do art. 5º, XLIII, da Constituição Federal, e determina outras providências.*

O PRESIDENTE DA REPÚBLICA

Faço saber que o Congresso Nacional decreta e eu sanciono a seguinte Lei:

✪ **Art. 1º.** São considerados hediondos os seguintes crimes, todos tipificados no Dec.-lei nº 2.848, de 7 de dezembro de 1940 – Código Penal, consumados ou tentados:

**I** - homicídio (art. 121), quando praticado em atividade típica de grupo de extermínio, ainda que cometido por um só agente, e homicídio qualificado (art. 121, § 2º, incisos I, II, III, IV, V, VI, VII, VIII e IX); *(Redação dada pela Lei 14.344/2022)*

**I-A** – lesão corporal dolosa de natureza gravíssima (art. 129, § 2º) e lesão corporal seguida de morte (art. 129, § 3º), quando praticadas contra autoridade ou agente descrito nos arts. 142 e 144 da Constituição Federal, integrantes do sistema prisional e da Força Nacional de Segurança Pública, no exercício da função ou em decorrência dela, ou contra seu cônjuge, companheiro ou parente consanguíneo até terceiro grau, em razão dessa condição;

**II** – roubo: *(Redação dada pela Lei 13.964/2019)*

*a)* circunstanciado pela restrição de liberdade da vítima (art. 157, § 2º, inciso V); *(Acrescida pela Lei 13.964/2019)*

*b)* circunstanciado pelo emprego de arma de fogo (art. 157, § 2º-A, inciso I) ou pelo emprego

PENAL

de arma de fogo de uso proibido ou restrito (art. 157, § 2º-B); *(Acrescida pela Lei 13.964/2019)*

*c)* qualificado pelo resultado lesão corporal grave ou morte (art. 157, § 3º); *(Acrescida pela Lei 13.964/2019)*

**III** – extorsão qualificada pela restrição da liberdade da vítima, ocorrência de lesão corporal ou morte (art. 158, § 3º); *(Redação dada pela Lei 13.964/2019)*

**IV** – extorsão mediante sequestro e na forma qualificada (art. 159, *caput* e §§ 1º, 2º e 3º);

**V** – estupro (art. 213, *caput* e §§ 1º e 2º);

**VI** – estupro de vulnerável (art. 217-A, *caput* e §§ 1º, 2º, 3º e 4º);

**VII** – epidemia com resultado morte (art. 267, § 1º);

**VII-A** – *(VETADO);*

**VII-B** – falsificação, corrupção, adulteração ou alteração de produto destinado a fins terapêuticos ou medicinais (art. 273, *caput* e § 1º, § 1º-A e § 1º-B, com a redação dada pela Lei nº 9.677, de 2 de julho de 1998).

**VIII** – favorecimento da prostituição ou de outra forma de exploração sexual de criança ou adolescente ou de vulnerável (art. 218-B, *caput*, e §§ 1º e 2º).

**IX** – furto qualificado pelo emprego de explosivo ou de artefato análogo que cause perigo comum (art. 155, § 4º-A). *(Acrescido pela Lei 13.964/2019)*

**Parágrafo único.** Consideram-se também hediondos, tentados ou consumados: *(Redação dada pela Lei 13.964/2019)*

**I** – o crime de genocídio, previsto nos arts. 1º, 2º e 3º da Lei nº 2.889, de 1º de outubro de 1956; *(Acrescido pela Lei 13.964/2019)*

**II** – o crime de posse ou porte ilegal de arma de fogo de uso proibido, previsto no art. 16 da Lei nº 10.826, de 22 de dezembro de 2003; *(Acrescido pela Lei 13.964/2019)*

**III** – o crime de comércio ilegal de armas de fogo, previsto no art. 17 da Lei nº 10.826, de 22 de dezembro de 2003; *(Acrescido pela Lei 13.964/2019)*

**IV** – o crime de tráfico internacional de arma de fogo, acessório ou munição, previsto no art. 18 da Lei nº 10.826, de 22 de dezembro de 2003; *(Acrescido pela Lei 13.964/2019)*

**V** – o crime de organização criminosa, quando direcionado à prática de crime hediondo ou equiparado. *(Acrescido pela Lei 13.964/2019)*

**Art. 2º.** Os crimes hediondos, a prática da tortura, o tráfico ilícito de entorpecentes e drogas afins e o terrorismo são insuscetíveis de:

- Súm, Vinculante 26 do STF.
- Lei 13.260/2016 – Regulamenta o disposto no inciso XLIII do art. 5º da CF, disciplinando o terrorismo, tratando de disposições investigatórias e processuais e reformulando o conceito de organização terrorista; e altera as Leis nos 7.960/1989, e 12.850/2013 (Lei Antiterrorismo).
- Lei 11.343/2006: arts. 33 a 37.
- Lei 9.455/1997: art. 1º.
- Decreto 6.085/2007 – Promulga o Protocolo Facultativo à Convenção contra a Tortura e Outros Tratamentos ou Penas Cruéis, Desumanos ou Degradantes, adotado em 18 de dezembro de 2002.
- Decreto 40/1991 – Promulga a Convenção Contra a Tortura e Outros Tratamentos ou Penas Cruéis, Desumanos ou Degradantes.

**I** – anistia, graça e indulto;

**II** – fiança.

- CPP: arts. 323 e 324.

**§ 1º** A pena por crime previsto neste artigo será cumprida inicialmente em regime fechado.

- Súm. 471 do STJ.
- Lei 7.210/1984: art. 112.

**§ 2º** *(Revogado pela Lei 13.964/2019)*

**§ 3º.** Em caso de sentença condenatória, o juiz decidirá fundamentadamente se o réu poderá apelar em liberdade.

**§ 4º.** A prisão temporária, sobre a qual dispõe a Lei 7.960, de 21 de dezembro de 1989, nos crimes previstos neste artigo, terá o prazo de 30 (trinta) dias, prorrogável por igual período em caso de extrema e comprovada necessidade.

**Art. 3º.** A União manterá estabelecimentos penais, de segurança máxima, destinados ao cumprimento de penas impostas a condenados de alta periculosidade, cuja permanência em presídios estaduais ponha em risco a ordem ou a incolumidade pública.

- Lei 11.671/2008 – Dispõe sobre a transferência e inclusão de presos em estabelecimentos penais federais de segurança máxima.
- Lei 7.210/1980: art. 86, § 1º.

**Art. 4º.** *(VETADO).*

**Art. 5º.** Ao art. 83 do Código Penal é acrescido o seguinte inciso:

(...)

**Art. 6º.** Os arts. 157, § 3º; 159, *caput* e seus §§ 1º, 2º e 3º; 213; 214; 223, *caput* e seu parágrafo único; 267, *caput*, e 270, *caput*, todos do Código Penal, passam a vigorar com a seguinte redação:

(...)

**Art. 7º.** Ao art. 159 do Código Penal fica acrescido o seguinte parágrafo:

(...)

**Art. 8º.** Será de 3 (três) a 6 (seis) anos de reclusão a pena prevista no art. 288 do Código Penal, quando se tratar de crimes hediondos, prática de tortura, tráfico ilícito de entorpecentes e drogas afins ou terrorismo.

- Lei 11.343/2006: art. 35.

**Parágrafo único.** O participante e o associado que denunciar à autoridade o bando ou quadrilha, possibilitando seu desmantelamento, terá a pena reduzida de 1 (um) a 2/3 (dois terços).

**Art. 9º.** As penas fixadas no art. 6º para os crimes capitulados nos arts. 157, § 3º, 158, § 2º, 159, *caput* e seus §§ 1º, 2º e 3º, 213, *caput*, e sua combinação com o art. 223, *caput* e parágrafo único, 214 e sua combinação com o art. 223, *caput* e parágrafo único, todos do Código Penal, são acrescidas de metade, respeitado o limite superior de 30 (trinta) anos de reclusão, estando a vítima em qualquer das hipóteses referidas no art. 224 também do Código Penal.

- Lei 12.015/2009 revogou os arts. 214, 223, caput, parágrafo único, e 224 do CP..

**Art. 10.** O art. 35 da Lei nº 6.368, de 21 de outubro de 1976, passa a vigorar acrescido de parágrafo único, com a seguinte redação:

- Lei 11.343/2006 revogou a Lei 6.368/1976.

(....)

**Art. 11.** *(VETADO).*

**Art. 12.** Esta Lei entra em vigor na data de sua publicação.

**Art. 13.** Revogam-se as disposições em contrário.

Brasília, em 25 de julho de 1990; 169º da Independência e 102º da República.

FERNANDO COLLOR

D.O.U. de 26.7.1990

# LEI Nº 8.137, DE 27 DE DEZEMBRO DE 1990

*Define crimes contra a ordem tributária, econômica e contra as relações de consumo, e dá outras providências.*

O PRESIDENTE DA REPÚBLICA

Faço saber que o Congresso Nacional decreta e eu sanciono a seguinte Lei:

## CAPÍTULO I. DOS CRIMES CONTRA A ORDEM TRIBUTÁRIA

- Lei 13.254/2016 – Dispõe sobre o Regime Especial de Regularização Cambial e Tributária (RERCT) de recursos, bens ou direitos de origem lícita, não declarados ou declarados incorretamente, remetidos, mantidos no exterior ou repatriados por residentes ou domiciliados no País.
- Lei 12.529/2011 – Estrutura o Sistema Brasileiro de Defesa da Concorrência; dispõe sobre a prevenção e repressão às infrações contra a ordem econômica.
- Lei 9.249/1995: art. 34.
- Lei 4.729/1965 – Define o crime de sonegação fiscal.
- Lei 1.521/1951 – Altera dispositivos da legislação vigente sobre crimes contra a economia popular.

### SEÇÃO I. DOS CRIMES PRATICADOS POR PARTICULARES

**Art. 1º.** Constitui crime contra a ordem tributária suprimir ou reduzir tributo, ou contribuição social e qualquer acessório, mediante as seguintes condutas:

- Súm. Vinculante 24 do STF.
- CP: art. 298.
- Lei 13.254/2016: art. 5º, § 1º, I.
- Lei 10.684/2003: art. 9º.
- Lei 9.964/2000: art. 15.

**I** – omitir informação, ou prestar declaração falsa às autoridades fazendárias;

- CP: art. 299.
- Lei 4.729/1965: art. 1º, I.

**II** – fraudar a fiscalização tributária, inserindo elementos inexatos, ou omitindo operação de qualquer natureza, em documento ou livro exigido pela lei fiscal;

**III** – falsificar ou alterar nota fiscal, fatura, duplicata, nota de venda, ou qualquer outro documento relativo à operação tributável;

**IV** – elaborar, distribuir, fornecer, emitir ou utilizar documento que saiba ou deva saber falso ou inexato;

**V** – negar ou deixar de fornecer, quando obrigatório, nota fiscal ou documento equivalente, relativa à venda de mercadoria ou prestação de serviço, efetivamente realizada, ou fornecê-la em desacordo com a legislação.

Pena – reclusão, de 2 (dois) a 5 (cinco) anos, e multa.

**Parágrafo único.** A falta de atendimento da exigência da autoridade, no prazo de 10 (dez) dias, que poderá ser convertido em horas em razão da maior ou menor complexidade da matéria ou da dificuldade quanto ao atendimento da exigência, caracteriza a infração prevista no inciso V.

**Art. 2º.** Constitui crime da mesma natureza:

- Lei 10.684/2003: art. 9º.

**I** – fazer declaração falsa ou omitir declaração sobre rendas, bens ou fatos, ou empregar outra fraude, para eximir-se, total ou parcialmente, de pagamento de tributo;

- Lei 13.254/2016: art. 5º, § 1º, I.

**II** – deixar de recolher, no prazo legal, valor de tributo ou de contribuição social, descontado ou cobrado, na qualidade de sujeito passivo de obrigação e que deveria recolher aos cofres públicos;

- Lei 13.254/2016: art. 5º, § 1º, I.

**III** – exigir, pagar ou receber, para si ou para o contribuinte beneficiário, qualquer percentagem sobre a parcela dedutível ou deduzida de imposto ou de contribuição como incentivo fiscal;

**IV** – deixar de aplicar, ou aplicar em desacordo com o estatuído, incentivo fiscal ou parcelas de imposto liberadas por órgão ou entidade de desenvolvimento;

**V** – utilizar ou divulgar programas de processamento de dados que permita ao sujeito passivo da obrigação tributária possuir informação contábil diversa daquela que é, por lei, fornecida à Fazenda Pública.

- Lei 13.254/2016: art. 5º, § 1º, I.

Pena – detenção, de 6 (seis) meses a 2 (dois) anos, e multa.

### SEÇÃO II. DOS CRIMES PRATICADOS POR FUNCIONÁRIOS PÚBLICOS

✪ **Art. 3º.** Constitui crime funcional contra a ordem tributária, além dos previstos no Dec.-lei 2.848, de 7 de dezembro de 1940 – Código Penal (Título XI, Capítulo I):

**I** – extraviar livro oficial, processo fiscal ou qualquer documento, de que tenha a guarda em razão da função; sonegá-lo, ou inutilizá-lo, total ou parcialmente, acarretando pagamento indevido ou inexato de tributo ou contribuição social;

- CP: art. 314.

**II** – exigir, solicitar ou receber, para si ou para outrem, direta ou indiretamente, ainda que fora da função ou antes de iniciar seu exercício, mas em razão dela, vantagem indevida; ou aceitar promessa de tal vantagem, para deixar de lançar ou cobrar tributo ou contribuição social, ou cobrá-los parcialmente;

- CP: arts. 316 e 317.

Pena – reclusão, de 3 (três) a 8 (oito) anos, e multa.

**III** – patrocinar, direta ou indiretamente, interesse privado perante a administração fazendária, valendo-se da qualidade de funcionário público;

- CP: art. 321.

Pena – reclusão, de 1 (um) a 4 (quatro) anos, e multa.

## CAPÍTULO II. DOS CRIMES CONTRA A ORDEM ECONÔMICA E AS RELAÇÕES DE CONSUMO

**Art. 4º.** Constitui crime contra a ordem econômica:

- Lei 9.249/1995: art. 34.

**I** – abusar do poder econômico, dominando o mercado ou eliminando, total ou parcialmente, a concorrência mediante qualquer forma de ajuste ou acordo de empresas;

*a) (Revogada pela Lei nº 12.529, de 2011).*

*b) (Revogada pela Lei nº 12.529, de 2011).*

*c) (Revogada pela Lei nº 12.529, de 2011).*

*d) (Revogada pela Lei nº 12.529, de 2011).*

*e) (Revogada pela Lei nº 12.529, de 2011).*

*f) (Revogada pela Lei nº 12.529, de 2011).*

**II** – formar acordo, convênio, ajuste ou aliança entre ofertantes, visando:

*a)* à fixação artificial de preços ou quantidades vendidas ou produzidas;

*b)* ao controle regionalizado do mercado por empresa ou grupo de empresas;

*c)* ao controle, em detrimento da concorrência, de rede de distribuição ou de fornecedores.

Pena – reclusão, de 2 (dois) a 5 (cinco) anos e multa.

**III** – *(Revogado pela Lei nº 12.529, de 2011).*

**IV** – *(Revogado pela Lei nº 12.529, de 2011).*

**V** – *(Revogado pela Lei nº 12.529, de 2011).*

**VI** – *(Revogado pela Lei nº 12.529, de 2011).*

**VII** – *(Revogado pela Lei nº 12.529, de 2011).*

**Art. 5º.** *(Revogado pela Lei nº 12.529, de 2011).*

**Art. 6º.** *(Revogado pela Lei nº 12.529, de 2011).*

**Art. 7º.** Constitui crime contra as relações de consumo:

- Lei 8.078/1990: arts. 61 a 80.

**I** – favorecer ou preferir, sem justa causa, comprador ou freguês, ressalvados os sistemas de entrega ao consumo por intermédio de distribuidores ou revendedores;

**II** – vender ou expor à venda mercadoria cuja embalagem, tipo, especificação, peso ou composição esteja em desacordo com as prescrições legais, ou que não corresponda à respectiva classificação oficial;

**III** – misturar gêneros e mercadorias de espécies diferentes, para vendê-los ou expô-los à venda como puros; misturar gêneros e mercadorias de qualidades desiguais para vendê-los ou expô-los à venda por preço estabelecido para os de mais alto custo;

**IV** – fraudar preços por meio de:

*a)* alteração, sem modificação essencial ou de qualidade, de elementos tais como denominação, sinal externo, marca, embalagem, especificação técnica, descrição, volume, peso, pintura ou acabamento de bem ou serviço;

*b)* divisão em partes de bem ou serviço, habitualmente oferecido à venda em conjunto;

*c)* junção de bens ou serviços, comumente oferecidos à venda em separado;

*d)* aviso de inclusão de insumo não empregado na produção do bem ou na prestação dos serviços;

**V** – elevar o valor cobrado nas vendas a prazo de bens ou serviços, mediante a exigência de comissão ou de taxa de juros ilegais;

**VI** – sonegar insumos ou bens, recusando-se a vendê-los a quem pretenda comprá-los nas condições publicamente ofertadas, ou retê-los para o fim de especulação;

**VII** – induzir o consumidor ou usuário a erro, por via de indicação ou afirmação falsa ou enganosa sobre a natureza, qualidade de bem ou serviço, utilizando-se de qualquer meio, inclusive a veiculação ou divulgação publicitária;

▸ Lei 8.078/2990: arts. 37 e 68.

**VIII** – destruir, inutilizar ou danificar matéria-prima ou mercadoria, com o fim de provocar alta de preço, em proveito próprio ou de terceiros;

**IX** – vender, ter em depósito para vender ou expor à venda, ou de qualquer forma, entregar matéria-prima ou mercadoria, em condições impróprias ao consumo.

Pena – detenção, de 2 (dois) a 5 (cinco) anos, ou multa.

**Parágrafo único.** Nas hipóteses dos incisos II, III e IX pune-se a modalidade culposa, reduzindo-se a pena de detenção de 1/3 (um terço) ou a de multa à quinta parte.

## CAPÍTULO III. DAS MULTAS

**Art. 8º.** Nos crimes definidos nos arts. 1º a 3º desta Lei, a pena de multa será fixada entre 10 (dez) e 360 (trezentos e sessenta) dias-multa, conforme seja necessário e suficiente para reprovação e prevenção do crime.

**Parágrafo único.** O dia-multa será fixado pelo juiz em valor não inferior a 14 nem superior a 200 Bônus do Tesouro Nacional – BTN.

▸ Lei 8.177/1991: art. 3º.

**Art. 9º.** A pena de detenção ou reclusão poderá ser convertida em multa de valor equivalente a:

**I** – 200.000 até 5.000.000 de BTN, nos crimes definidos no art. 4º;

**II** – 5.000 até 200.000 BTN, nos crimes definidos nos arts. 5º e 6º;

**III** – 50.000 até 1.000.000 de BTN, nos crimes definidos no art. 7º.

**Art. 10.** Caso o juiz, considerado o ganho ilícito e a situação econômica do réu, verifique a insuficiência ou excessiva onerosidade das penas pecuniárias previstas nesta Lei, poderá diminuí-las até a décima parte ou elevá-las ao décuplo.

## CAPÍTULO IV. DAS DISPOSIÇÕES GERAIS

**Art. 11.** Quem de qualquer modo, inclusive por meio de pessoa jurídica, concorre para os crimes definidos nesta Lei, incide nas penas a estes cominadas, na medida de sua culpabilidade.

**Parágrafo único.** Quando a venda ao consumidor for efetuada por sistema de entrega ao consumo ou por intermédio de distribuidor ou revendedor, seja em regime de concessão comercial ou outro em que o preço ao consumidor é estabelecido ou sugerido pelo fabricante ou concedente, o ato por este praticado não alcança o distribuidor ou revendedor.

✪ **Art. 12.** São circunstâncias que podem agravar de 1/3 (um terço) até a metade as penas previstas nos arts. 1º, 2º e 4º a 7º:

**I** – ocasionar grave dano à coletividade;

**II** – ser o crime cometido por servidor público no exercício de suas funções;

**III** – ser o crime praticado em relação à prestação de serviços ou ao comércio de bens essenciais à vida ou à saúde.

**Art. 13.** *(VETADO).*

**Art. 14.** *(Revogado pela Lei nº 8.383, de 1991).*

**Art. 15.** Os crimes previstos nesta Lei são de ação penal pública, aplicando-se lhes o disposto no art. 100 do Dec.-lei nº 2.848, de 7 de dezembro de 1940 – Código Penal.

**Art. 16.** Qualquer pessoa poderá provocar a iniciativa do Ministério Público nos crimes descritos nesta Lei, fornecendo-lhe por escrito informações sobre o fato e a autoria, bem como indicando o tempo, o lugar e os elementos de convicção.

**Parágrafo único.** Nos crimes previstos nesta Lei, cometidos em quadrilha ou coautoria, o coautor ou partícipe que através de confissão espontânea revelar à autoridade policial ou judicial toda a trama delituosa terá a sua pena reduzida de 1 (um) a 2/3 (dois terços).

**Art. 17.** Compete ao Departamento Nacional de Abastecimento e Preços, quando e se necessário, providenciar a desapropriação de estoques, a fim de evitar crise no mercado ou colapso no abastecimento.

**Art. 18.** *(Revogado pela Lei nº 8.176, de 1991)*

**Art. 19.** O *caput* do art. 172 do Dec.-lei nº 2.848, de 7 de dezembro de 1940 – Código Penal, passa a ter a seguinte redação:

(...)

**Art. 20.** O § 1º do art. 316 do Dec.-lei 2.848, de 7 de dezembro de 1940 – Código Penal, passa a ter a seguinte redação:

(...)

**Art. 21.** O art. 318 do Dec.-lei nº 2.848, de 7 de dezembro de 1940 – Código Penal, quanto à fixação da pena, passa a ter a seguinte redação:

(...)

**Art. 22.** Esta Lei entra em vigor na data de sua publicação.

**Art. 23.** Revogam-se as disposições em contrário e, em especial, o art. 279 do Dec.-lei nº 2.848, de 7 de dezembro de 1940 – Código Penal.

Brasília, em 27 de dezembro de 1990; 169º da Independência e 102º da República.

FERNANDO COLLOR

D.O.U. 28.12.1990

## LEI Nº 9.455, DE 7 DE ABRIL DE 1997

*Define os crimes de tortura e dá outras providências.*

O PRESIDENTE DA REPÚBLICA

Faço saber que o Congresso Nacional decreta e eu sanciono a seguinte Lei:

- Decreto 6.085/2007 – Promulga o Protocolo Facultativo à Convenção contra a Tortura e Outros Tratamentos ou Penas Cruéis, Desumanos ou Degradantes, adotado em 18 de dezembro de 2002.
- Decreto 40/1991 – Promulga a Convenção Contra a Tortura e Outros Tratamentos ou Penas Cruéis, Desumanos ou Degradantes.

✪ **Art. 1º.** Constitui crime de tortura:

- CF/88: arts. 5º, III e XLIII.
- Lei 8.072/1990: art. 2º, I.

**I** – constranger alguém com emprego de violência ou grave ameaça, causando-lhe sofrimento físico ou mental:

*a)* com o fim de obter informação, declaração ou confissão da vítima ou de terceira pessoa;

*b)* para provocar ação ou omissão de natureza criminosa;

*c)* em razão de discriminação racial ou religiosa;

**II** – submeter alguém, sob sua guarda, poder ou autoridade, com emprego de violência ou grave ameaça, a intenso sofrimento físico ou mental, como forma de aplicar castigo pessoal ou medida de caráter preventivo.

**Pena** – reclusão, de 2 (dois) a 8 (oito) anos.

**§ 1º.** Na mesma pena incorre quem submete pessoa presa ou sujeita a medida de segurança a sofrimento físico ou mental, por intermédio da prática de ato não previsto em lei ou não resultante de medida legal.

- CF/88: art. 5º, XLIX.
- Lei 13.869/2019: art. 13.

**§ 2º.** Aquele que se omite em face dessas condutas, quando tinha o dever de evitá-las ou apurá-las, incorre na pena de detenção de 1 (um) a 4 (quatro) anos.

- CP: art. 13, § 2º.

**§ 3º.** Se resulta lesão corporal de natureza grave ou gravíssima, a pena é de reclusão de 4 (quatro) a 10 (dez) anos; se resulta morte, a reclusão é de 8 (oito) a 16 (dezesseis) anos.

**§ 4º.** Aumenta-se a pena de 1/6 (um sexto) até 1/3 (um terço):

**I** – se o crime é cometido por agente público;

- CP: art. 327.
- Lei 13.869/2019: art. 2º.

**II** – se o crime é cometido contra criança, gestante, portador de deficiência, adolescente ou maior de 60 anos;

**III** – se o crime é cometido mediante sequestro.

**§ 5º.** A condenação acarretará a perda do cargo, função ou emprego público e a interdição para seu exercício pelo dobro do prazo da pena aplicada.

**§ 6º.** O crime de tortura é inafiançável e insuscetível de graça ou anistia.

- CF/88: art. 5º, XLIII.
- Lei 8.072/1990: art. 2º, I e II.

**§ 7º.** O condenado por crime previsto nesta Lei, salvo a hipótese do § 2º, iniciará o cumprimento da pena em regime fechado.

- Súm. 698 do STF.
- Lei 8.072/1990: art. 2º, § 1º.

✪ **Art. 2º.** O disposto nesta Lei aplica-se ainda quando o crime não tenha sido cometido em território nacional, sendo a vítima brasileira ou encontrando-se o agente em local sob jurisdição brasileira.

- CP: arts. 5º a 8º.

**Art. 3º.** Esta Lei entra em vigor na data de sua publicação.

**Art. 4º.** Revoga-se o art. 233 da Lei nº 8.069, de 13 de julho de 1990 – Estatuto da Criança e do Adolescente.

Brasília, 7 de abril de 1997; 176º da Independência e 109º da República.

FERNANDO HENRIQUE CARDOSO

D.O.U. de 8.4.1997

# LEI Nº 9.503, DE 23 DE SETEMBRO DE 1997 (*)

*Institui o Código de Trânsito Brasileiro.*

- DOU, 24.09.1997, retificada no DOU, 25.09.1997.
- art. 5º, VI, Lei 13.022/2014 (Dispõe sobre o Estatuto Geral das Guardas Municipais - competências específicas).
- art. 22, Lei 13.103/2015 (Conversão de penalidades decorrentes de infrações a esta lei em sanção de advertência).
- Res. 585/2016, CONTRAN (Dispõe sobre os requisitos de segurança, identificação, habilitação dos condutores e sinalização viária para os Veículos Leves sobre Trilhos - VLT).
- Res. CONTRAN 626/2016 (Estabelece os requisitos de segurança para veículos de transporte de Presos).

O PRESIDENTE DA REPÚBLICA.

Faço saber que o Congresso Nacional decreta e eu sanciono a seguinte Lei:

(...)

## CAPÍTULO XIX DOS CRIMES DE TRÂNSITO

### SEÇÃO I DISPOSIÇÕES GERAIS

**Art. 291.** Aos crimes cometidos na direção de veículos automotores, previstos neste Código, aplicam-se as normas gerais do Código Penal e do Código de Processo Penal, se este Capítulo não dispuser de modo diverso, bem como a Lei n. 9.099, de 26 de setembro de 1995, no que couber.

**§ 1º** Aplica-se aos crimes de trânsito de lesão corporal culposa o disposto nos arts. 74, 76 e 88 da Lei n. 9.099, de 26 de setembro de 1995, exceto se o agente estiver:

**I** - sob a influência de álcool ou qualquer outra substância psicoativa que determine dependência;

**II** - participando, em via pública, de corrida, disputa ou competição automobilística, de exibição ou demonstração de perícia em manobra de veículo automotor, não autorizada pela autoridade competente;

**III** - transitando em velocidade superior à máxima permitida para a via em 50 km/h (cinquenta quilômetros por hora).

**§ 2º** Nas hipóteses previstas no § 1º deste artigo, deverá ser instaurado inquérito policial para a investigação da infração penal.

**§ 3º** (Vetado.)

**§ 4º** O juiz fixará a pena-base segundo as diretrizes previstas no art. 59 do Decreto-Lei nº 2.848, de 7 de dezembro de 1940 (Código Penal), dando especial atenção à culpabilidade do agente e às circunstâncias e consequências do crime. (Incluido pela Lei 13.546/2017.)

**Art. 292.** A suspensão ou a proibição de se obter a permissão ou a habilitação para dirigir veículo automotor pode ser imposta isolada ou cumulativamente com outras penalidades.

**Art. 293.** A penalidade de suspensão ou de proibição de se obter a permissão ou a habilitação, para dirigir veículo automotor, tem a duração de dois meses a cinco anos.

**§ 1º** Transitada em julgado a sentença condenatória, o réu será intimado a entregar à autoridade judiciária, em quarenta e oito horas, a Permissão para Dirigir ou a Carteira de Habilitação.

**§ 2º** A penalidade de suspensão ou de proibição de se obter a permissão ou a habilitação para dirigir veículo automotor não se inicia enquanto o sentenciado, por efeito de condenação penal, estiver recolhido a estabelecimento prisional.

**Art. 294.** Em qualquer fase da investigação ou da ação penal, havendo necessidade para a garantia da ordem pública, poderá o juiz, como medida cautelar, de ofício, ou a requerimento do Ministério Público ou ainda mediante representação da autoridade policial, decretar, em decisão motivada, a suspensão da permissão ou da habilitação para dirigir veículo automotor, ou a proibição de sua obtenção.

**Parágrafo único.** Da decisão que decretar a suspensão ou a medida cautelar, ou da que indeferir o requerimento do Ministério Público, caberá recurso em sentido estrito, sem efeito suspensivo.

**Art. 295.** A suspensão para dirigir veículo automotor ou a proibição de se obter a permissão ou a habilitação será sempre comunicada pela autoridade judiciária ao Conselho Nacional de Trânsito - CONTRAN, e ao órgão de trânsito do Estado em que o indiciado ou réu for domiciliado ou residente.

**Art. 296.** Se o réu for reincidente na prática de crime previsto neste Código, o juiz aplicará a penalidade de suspensão da permissão ou habilitação para dirigir veículo automotor, sem prejuízo das demais sanções penais cabíveis.

**Art. 297.** A penalidade de multa reparatória consiste no pagamento, mediante depósito judicial em favor da vítima, ou seus sucessores, de quantia calculada com base no disposto no § 1º do art. 49 do Código Penal, sempre que houver prejuízo material resultante do crime.

**§ 1º** A multa reparatória não poderá ser superior ao valor do prejuízo demonstrado no processo.

**§ 2º** Aplica-se à multa reparatória o disposto nos arts. 50 a 52 do Código Penal.

**§ 3º** Na indenização civil do dano, o valor da multa reparatória será descontado.

✪ **Art. 298.** São circunstâncias que sempre agravam as penalidades dos crimes de trânsito ter o condutor do veículo cometido a infração:

**I** - com dano potencial para duas ou mais pessoas ou com grande risco de grave dano patrimonial a terceiros;

**II** - utilizando o veículo sem placas, com placas falsas ou adulteradas;

**III** - sem possuir Permissão para Dirigir ou Carteira de Habilitação;

**IV** - com Permissão para Dirigir ou Carteira de Habilitação de categoria diferente da do veículo;

**V** - quando a sua profissão ou atividade exigir cuidados especiais com o transporte de passageiros ou de carga;

**VI** - utilizando veículo em que tenham sido adulterados equipamentos ou características que afetem a sua segurança ou o seu funcionamento de acordo com os limites de velocidade prescritos nas especificações do fabricante;

**VII** - sobre faixa de trânsito temporária ou permanentemente destinada a pedestres.

**Parágrafo único.** *(VETADO na Lei 14.304/2022)*

**Arts. 299 e 300.** *(Vetados.)*

**Art. 301.** Ao condutor de veículo, nos casos de acidentes de trânsito de que resulte vítima, não se imporá a prisão em flagrante, nem se exigirá fiança, se prestar pronto e integral socorro àquela.

## SEÇÃO II
## DOS CRIMES EM ESPÉCIE

✪ **Art. 302.** Praticar homicídio culposo na direção de veículo automotor:

Penas - Detenção, de dois a quatro anos, e suspensão ou proibição de se obter a permissão ou a habilitação para dirigir veículo automotor.

**§ 1º** No homicídio culposo cometido na direção de veículo automotor, a pena é aumentada de 1/3 (um terço) à metade, se o agente:

**I** - não possuir Permissão para Dirigir ou Carteira de Habilitação;

**II** - praticá-lo em faixa de pedestres ou na calçada;

**III** - deixar de prestar socorro, quando possível fazê-lo sem risco pessoal, à vítima do acidente;

**IV** - no exercício de sua profissão ou atividade, estiver conduzindo veículo de transporte de passageiros.

**V** - *(Revogado pela Lei 11.705/2008).*

**§ 2º** *(Revogado pela Lei 13.281/2016).*

**§ 3º** Se o agente conduz veículo automotor sob a influência de álcool ou de qualquer outra substância psicoativa que determine dependência:

Penas - reclusão, de cinco a oito anos, e suspensão ou proibição do direito de se obter a permissão ou a habilitação para dirigir veículo automotor.

✪ **Art. 303.** Praticar lesão corporal culposa na direção de veículo automotor:

Penas - Detenção, de seis meses a dois anos e suspensão ou proibição de se obter a permissão ou a habilitação para dirigir veículo automotor.

**§ 1º** Aumenta-se a pena de 1/3 (um terço) à metade, se ocorrer qualquer das hipóteses do § 1º do art. 302.

**§ 2º** A pena privativa de liberdade é de reclusão de dois a cinco anos, sem prejuízo das outras penas previstas neste artigo, se o agente conduz o veículo com capacidade psicomotora alterada em razão da influência de álcool ou de outra substância psicoativa que determine dependência, e se do crime resultar lesão corporal de natureza grave ou gravíssima.

✪ **Art. 304.** Deixar o condutor do veículo, na ocasião do acidente, de prestar imediato socorro à vítima, ou, não podendo fazê-lo diretamente, por justa causa, deixar de solicitar auxílio da autoridade pública:

Penas - Detenção, de seis meses a um ano, ou multa, se o fato não constituir elemento de crime mais grave.

‣ art. 135, CP.

**Parágrafo único.** Incide nas penas previstas neste artigo o condutor do veículo, ainda que a sua omissão seja suprida por terceiros ou que se trate de vítima com morte instantânea ou com ferimentos leves.

**Art. 305.** Afastar-se o condutor do veículo do local do acidente, para fugir à responsabilidade penal ou civil que lhe possa ser atribuída:

Penas - Detenção, de seis meses a um ano, ou multa.

✪ **Art. 306.** Conduzir veículo automotor com capacidade psicomotora alterada em razão da influência de álcool ou de outra substância psicoativa que determine dependência:

Penas - Detenção, de seis meses a três anos, multa e suspensão ou proibição de se obter a permissão ou a habilitação para dirigir veículo automotor.

- Res. CONTRAN 432/2013 (Dispõe sobre os procedimentos a serem adotados pelas autoridades de trânsito e seus agentes na fiscalização do consumo de álcool ou de outra substância psicoativa que determine dependência, para aplicação do disposto nos arts. 165, 276, 277 e 306 do CTB).
- REsp 1.111.566

**§ 1º** As condutas previstas no *caput* serão constatadas por:

**I** - concentração igual ou superior a 6 decigramas de álcool por litro de sangue ou igual ou superior a 0,3 miligrama de álcool por litro de ar alveolar; ou

**II** - sinais que indiquem, na forma disciplinada pelo Contran, alteração da capacidade psicomotora.

**§ 2º** A verificação do disposto neste artigo poderá ser obtida mediante teste de alcoolemia ou toxicológico, exame clínico, perícia, vídeo, prova testemunhal ou outros meios de prova em direito admitidos, observado o direito à contraprova.

**§ 3º** O Contran disporá sobre a equivalência entre os distintos testes de alcoolemia ou toxicológicos para efeito de caracterização do crime tipificado neste artigo.

- Res. CONTRAN 206/2006 (Dispõe sobre os requisitos necessários para constatar o consumo de álcool, substância entorpecente, tóxica ou de efeito análogo no organismo humano, estabelecendo os procedimentos a serem adotados pelas autoridades de trânsito e seus agentes).

**§ 4º** Poderá ser empregado qualquer aparelho homologado pelo Instituto Nacional de Metrologia, Qualidade e Tecnologia - INMETRO - para se determinar o previsto no *caput. (Acrescido pela Lei 13.840/2019)*

**Art. 307.** Violar a suspensão ou a proibição de se obter a permissão ou a habilitação para dirigir veículo automotor imposta com fundamento neste Código:

Penas - Detenção, de seis meses a um ano e multa, com nova imposição adicional de idêntico prazo de suspensão ou de proibição.

**Parágrafo único.** Nas mesmas penas incorre o condenado que deixa de entregar, no prazo estabelecido no § 1º do art. 293, a Permissão para Dirigir ou a Carteira de Habilitação.

✪ **Art. 308.** Participar, na direção de veículo automotor, em via pública, de corrida, disputa ou competição automobilística ou ainda de exibição ou demonstração de perícia em manobra de veículo automotor, não autorizada pela autoridade competente, gerando situação de risco à incolumidade pública ou privada:

Penas - Detenção, de 6 (seis) meses a 3 (três) anos, multa e suspensão ou proibição de se obter a permissão ou a habilitação para dirigir veículo automotor.

**§ 1º** Se da prática do crime previsto no *caput* resultar lesão corporal de natureza grave, e as circunstâncias demonstrarem que o agente não quis o resultado nem assumiu o risco de produzi-lo, a pena privativa de liberdade é de reclusão, de 3 (três) a 6 (seis) anos, sem prejuízo das outras penas previstas neste artigo.

**§ 2º** Se da prática do crime previsto no *caput* resultar morte, e as circunstâncias demonstrarem que o agente não quis o resultado nem assumiu o risco de produzi-lo, a pena privativa de liberdade é de reclusão de 5 (cinco) a 10 (dez) anos, sem prejuízo das outras penas previstas neste artigo.

**Art. 309.** Dirigir veículo automotor, em via pública, sem a devida Permissão para Dirigir ou Habilitação ou, ainda, se cassado o direito de dirigir, gerando perigo de dano:

Penas - Detenção, de seis meses a um ano, ou multa.

- art. 32, Dec.-Lei 3.688/1941 (Lei de Contravenções Penais).

**Art. 310.** Permitir, confiar ou entregar a direção de veículo automotor a pessoa não habilitada, com habilitação cassada ou com o direito de dirigir suspenso, ou, ainda, a quem, por seu estado de saúde, física ou mental, ou por embriaguez, não esteja em condições de conduzi-lo com segurança:

Penas - Detenção, de seis meses a um ano, ou multa.

**Art. 310-A.** *(Vetado pela Lei 12.619/2012.)*

**Art. 311.** Trafegar em velocidade incompatível com a segurança nas proximidades de escolas, hospitais, estações de embarque e desembarque de passageiros, logradouros estreitos, ou onde haja grande movimentação ou concentração de pessoas, gerando perigo de dano:

Penas - Detenção, de seis meses a um ano, ou multa.

**Art. 312.** Inovar artificiosamente, em caso de acidente automobilístico com vítima, na pendência do respectivo procedimento policial preparatório, inquérito policial ou processo penal, o estado de lugar, de coisa ou de pessoa, a fim de induzir a erro o agente policial, o perito, ou juiz:

Penas - Detenção, de seis meses a um ano, ou multa.

**Parágrafo único.** Aplica-se o disposto neste artigo, ainda que não iniciados, quando da inovação, o procedimento preparatório, o inquérito ou o processo aos quais se refere.

✪ **Art. 312-A.** Para os crimes relacionados nos arts. 302 a 312 deste Código, nas situações em que o juiz aplicar a substituição de pena privativa de liberdade por pena restritiva de direitos, esta deverá ser de prestação de serviço à comunidade ou a entidades públicas, em uma das seguintes atividades:

**I** - trabalho, aos fins de semana, em equipes de resgate dos corpos de bombeiros e em outras unidades móveis especializadas no atendimento a vítimas de trânsito;

**II** - trabalho em unidades de pronto-socorro de hospitais da rede pública que recebem vítimas de acidente de trânsito e politraumatizados;

**III** - trabalho em clínicas ou instituições especializadas na recuperação de acidentados de trânsito;

**IV** - outras atividades relacionadas ao resgate, atendimento e recuperação de vítimas de acidentes de trânsito.

**Art. 312-B.** Aos crimes previstos no § 3º do art. 302 e no § 2º do art. 303 deste Código não se aplica o disposto no inciso I do *caput* do art. 44 do Decreto-Lei nº 2.848, de 7 de dezembro de 1940 (Código Penal). *(Acrescido pela Lei 14.071/2020)*

(...)

Brasília, 23 de setembro de 1997; 176º da Independência e 109º da República.

FERNANDO HENRIQUE CARDOSO

# LEI Nº 9.605, DE 12 DE FEVEREIRO DE 1998

*Dispõe sobre as sanções penais e administrativas derivadas de condutas e atividades lesivas ao meio ambiente, e dá outras providências.*

O PRESIDENTE DA REPÚBLICA

Faço saber que o Congresso Nacional decreta e eu sanciono a seguinte Lei:

## CAPÍTULO I. DISPOSIÇÕES GERAIS

- CF/88: art. 225, § 3º.
- Lei 12.651/2012 – Dispõe sobre a proteção da vegetação nativa (Novo Código Florestal).
- Decreto 6.514/2008 – Dispõe sobre as infrações e sanções administrativas ao meio ambiente, estabelece o processo administrativo federal para apuração destas infrações.

**Art. 1º.** (*VETADO*).

**Art. 2º.** Quem, de qualquer forma, concorre para a prática dos crimes previstos nesta Lei, incide nas penas a estes cominadas, na medida da sua culpabilidade, bem como o diretor, o administrador, o membro de conselho e de órgão técnico, o auditor, o gerente, o preposto ou mandatário de pessoa jurídica, que, sabendo da conduta criminosa de outrem, deixar de impedir a sua prática, quando podia agir para evitá-la.

- CP: art. 29.

✪ **Art. 3º.** As pessoas jurídicas serão responsabilizadas administrativa, civil e penalmente conforme o disposto nesta Lei, nos casos em que a infração seja cometida por decisão de seu representante legal ou contratual, ou de seu órgão colegiado, no interesse ou benefício da sua entidade.

- CF/88: arts. 173, § 5º, e 225, § 3º.
- CPC/15: art. 75, VIII.

**Parágrafo único.** A responsabilidade das pessoas jurídicas não exclui a das pessoas físicas, autoras, coautoras ou partícipes do mesmo fato.

**Art. 4º.** Poderá ser desconsiderada a pessoa jurídica sempre que sua personalidade for obstáculo ao ressarcimento de prejuízos causados à qualidade do meio ambiente.

- Lei 8.078/1990: art. 28.

**Art. 5º.** (*VETADO*).

## CAPÍTULO II. DA APLICAÇÃO DA PENA

**Art. 6º.** Para imposição e gradação da penalidade, a autoridade competente observará:

- CF/88: art. 5º, XLVI.
- CP: arts. 59 e 68.
- Lei 7.201/1984: art. 5º.

**I** – a gravidade do fato, tendo em vista os motivos da infração e suas consequências para a saúde pública e para o meio ambiente;

**II** – os antecedentes do infrator quanto ao cumprimento da legislação de interesse ambiental;

**III** – a situação econômica do infrator, no caso de multa.

**Art. 7º.** As penas restritivas de direitos são autônomas e substituem as privativas de liberdade quando:

- CP: art. 44.

**I** – tratar-se de crime culposo ou for aplicada a pena privativa de liberdade inferior a 4 (quatro) anos;

**II** – a culpabilidade, os antecedentes, a conduta social e a personalidade do condenado, bem como os motivos e as circunstâncias do crime indicarem que a substituição seja suficiente para efeitos de reprovação e prevenção do crime.

- CP: art. 59.

**Parágrafo único.** As penas restritivas de direitos a que se refere este artigo terão a mesma duração da pena privativa de liberdade substituída.

**Art. 8º.** As penas restritivas de direito são:

- CP: art. 43 a 48.

**I** – prestação de serviços à comunidade;

**II** – interdição temporária de direitos;

**III** – suspensão parcial ou total de atividades;

**IV** – prestação pecuniária;

**V** – recolhimento domiciliar.

**Art. 9º.** A prestação de serviços à comunidade consiste na atribuição ao condenado de tarefas gratuitas junto a parques e jardins públicos e unidades de conservação, e, no caso de dano da coisa particular, pública ou tombada, na restauração desta, se possível.

- CP: art. 46, § 2º.

**Art. 10.** As penas de interdição temporária de direito são a proibição de o condenado contratar com o Poder Público, de receber incentivos fiscais ou quaisquer outros benefícios, bem como de participar de licitações, pelo prazo de 5 (cinco) anos, no caso de crimes dolosos, e de 3 (três) anos, no de crimes culposos.

**Art. 11.** A suspensão de atividades será aplicada quando estas não estiverem obedecendo às prescrições legais.

**Art. 12.** A prestação pecuniária consiste no pagamento em dinheiro à vítima ou à entidade pública ou privada com fim social, de importância, fixada pelo juiz, não inferior a 1 (um) salário mínimo nem superior a 360 (trezentos e sessenta) salários mínimos. O valor pago será deduzido do montante de eventual reparação civil a que for condenado o infrator.

**Art. 13.** O recolhimento domiciliar baseia-se na autodisciplina e senso de responsabilidade do condenado, que deverá, sem vigilância, trabalhar, frequentar curso ou exercer atividade autorizada, permanecendo recolhido nos dias e horários de folga em residência ou em qualquer local destinado a sua moradia habitual, conforme estabelecido na sentença condenatória.

- CP: art. 36.

✪ **Art. 14.** São circunstâncias que atenuam a pena:

- CP: arts. 65 e 66.

**I** – baixo grau de instrução ou escolaridade do agente;

**II** – arrependimento do infrator, manifestado pela espontânea reparação do dano, ou limitação significativa da degradação ambiental causada;

- CP: arts. 15 e 16.

**III** – comunicação prévia pelo agente do perigo iminente de degradação ambiental;

**IV** – colaboração com os agentes encarregados da vigilância e do controle ambiental.

- CP: art. 66.

✪ **Art. 15.** São circunstâncias que agravam a pena, quando não constituem ou qualificam o crime:

- CP: arts. 61 e 62.

**I** – reincidência nos crimes de natureza ambiental;

- CP: art. 63.

**II** – ter o agente cometido a infração:

*a)* para obter vantagem pecuniária;

*b)* coagindo outrem para a execução material da infração;

- CP: art. 22.

*c)* afetando ou expondo a perigo, de maneira grave, a saúde pública ou o meio ambiente;

*d)* concorrendo para danos à propriedade alheia;

- CP: art. 163.

*e)* atingindo áreas de unidades de conservação ou áreas sujeitas, por ato do Poder Público, a regime especial de uso;

*f)* atingindo áreas urbanas ou quaisquer assentamentos humanos;

*g)* em período de defeso à fauna;

- Lei 9.605/1998: art. 34.

*h)* em domingos ou feriados;

*i)* à noite;

*j)* em épocas de seca ou inundações;

- Lei 9.605/1988: art. 53, II, d.

*l)* no interior do espaço territorial especialmente protegido;

*m)* com o emprego de métodos cruéis para abate ou captura de animais;

- Lei 9.605/1998: art. 15, II, m.

*n)* mediante fraude ou abuso de confiança;

*o)* mediante abuso do direito de licença, permissão ou autorização ambiental;

*p)* no interesse de pessoa jurídica mantida, total ou parcialmente, por verbas públicas ou beneficiada por incentivos fiscais;

*q)* atingindo espécies ameaçadas, listadas em relatórios oficiais das autoridades competentes;

- Lei 9.605/1998: art. 53, II, c.

*r)* facilitada por funcionário público no exercício de suas funções.

- CP: art. 327.

**Art. 16.** Nos crimes previstos nesta lei, a suspensão condicional da pena pode ser aplicada nos casos de condenação a pena privativa de liberdade não superior a 3 (três) anos.

› CP: art. 77.

**Art. 17.** A verificação da reparação a que se refere o § 2º do art. 78 do Código Penal será feita mediante laudo de reparação do dano ambiental, e as condições a serem impostas pelo juiz deverão relacionar-se com a proteção ao meio ambiente.

› CP: art. 79.

**Art. 18.** A multa será calculada segundo os critérios do Código Penal; se revelar-se ineficaz, ainda que aplicada no valor máximo, poderá ser aumentada até 3 (três) vezes, tendo em vista o valor da vantagem econômica auferida.

› CP: arts. 49 e 60.

**Art. 19.** A perícia de constatação do dano ambiental, sempre que possível, fixará o montante do prejuízo causado para efeitos de prestação de fiança e cálculo de multa.

› CPP: arts. 158, 310, 326 e 328.

**Parágrafo único.** A perícia produzida no inquérito civil ou no juízo cível poderá ser aproveitada no processo penal, instaurando-se o contraditório.

**Art. 20.** A sentença penal condenatória, sempre que possível, fixará o valor mínimo para reparação dos danos causados pela infração, considerando os prejuízos sofridos pelo ofendido ou pelo meio ambiente.

**Parágrafo único.** Transitada em julgado a sentença condenatória, a execução poderá efetuar-se pelo valor fixado nos termos do *caput*, sem prejuízo da liquidação para apuração do dano efetivamente sofrido.

**Art. 21.** As penas aplicáveis isolada, cumulativa ou alternativamente às pessoas jurídicas, de acordo com o disposto no art. 3º, são:

**I** – multa;

**II** – restritivas de direitos;

**III** – prestação de serviços à comunidade.

**Art. 22.** As penas restritivas de direitos da pessoa jurídica são:

**I** – suspensão parcial ou total de atividades;

**II** – interdição temporária de estabelecimento, obra ou atividade;

**III** – proibição de contratar com o Poder Público, bem como dele obter subsídios, subvenções ou doações.

**§ 1º.** A suspensão de atividades será aplicada quando estas não estiverem obedecendo às disposições legais ou regulamentares, relativas à proteção do meio ambiente.

**§ 2º.** A interdição será aplicada quando o estabelecimento, obra ou atividade estiver funcionando sem a devida autorização, ou em desacordo com a concedida, ou com violação de disposição legal ou regulamentar.

**§ 3º.** A proibição de contratar com o Poder Público e dele obter subsídios, subvenções ou doações não poderá exceder o prazo de 10 (dez) anos.

**Art. 23.** A prestação de serviços à comunidade pela pessoa jurídica consistirá em:

**I** – custeio de programas e de projetos ambientais;

**II** – execução de obras de recuperação de áreas degradadas;

**III** – manutenção de espaços públicos;

**IV** – contribuições a entidades ambientais ou culturais públicas.

**Art. 24.** A pessoa jurídica constituída ou utilizada, preponderantemente, com o fim de permitir, facilitar ou ocultar a prática de crime definido nesta Lei terá decretada sua liquidação forçada, seu patrimônio será considerado instrumento do crime e como tal perdido em favor do Fundo Penitenciário Nacional.

› CF/88: art. 5º, XLVI, b.
› CP: art. 91, II, a.

## CAPÍTULO III. DA APREENSÃO DO PRODUTO E DO INSTRUMENTO DE INFRAÇÃO ADMINISTRATIVA OU DE CRIME

**Art. 25.** Verificada a infração, serão apreendidos seus produtos e instrumentos, lavrando-se os respectivos autos.

› CPP: art. 6º, II e III.

**§ 1º.** Os animais serão prioritariamente libertados em seu habitat ou, sendo tal medida inviável ou não recomendável por questões sanitárias, entregues a jardins zoológicos, fundações ou entidades assemelhadas, para guarda e cuidados sob a responsabilidade de técnicos habilitados.

**§ 2º.** Até que os animais sejam entregues às instituições mencionadas no § 1º deste artigo, o órgão autuante zelará para que eles sejam mantidos em condições adequadas de acondicionamento e transporte que garantam o seu bem-estar físico.

**§ 3º.** Tratando-se de produtos perecíveis ou madeiras, serão estes avaliados e doados a instituições científicas, hospitalares, penais e outras com fins beneficentes. *(Renumerando do §2º para §3º pela Lei nº 13.052, de 2014)*

**§ 4º**. Os produtos e subprodutos da fauna não perecíveis serão destruídos ou doados a instituições científicas, culturais ou educacionais. *(Renumerando do § 3º para § 4º pela Lei nº 13.052, de 2014)*

**§ 5º** Os instrumentos utilizados na prática da infração serão vendidos, garantida a sua descaracterização por meio da reciclagem. *(Renumerando do § 4º para § 5º pela Lei nº 13.052, de 2014)*

## CAPÍTULO IV. DA AÇÃO E DO PROCESSO PENAL

✪ **Art. 26.** Nas infrações penais previstas nesta Lei, a ação penal é pública incondicionada.

- CP: art. 100.
- CPP: arts. 24 a 26.

**Parágrafo único.** (*VETADO*).

**Art. 27.** Nos crimes ambientais de menor potencial ofensivo, a proposta de aplicação imediata de pena restritiva de direitos ou multa, prevista no art. 76 da Lei nº 9.099, de 26 de setembro de 1995, somente poderá ser formulada desde que tenha havido a prévia composição do dano ambiental, de que trata o art. 74 da mesma Lei, salvo em caso de comprovada impossibilidade.

**Art. 28.** As disposições do art. 89 da Lei nº 9.099, de 26 de setembro de 1995, aplicam-se aos crimes de menor potencial ofensivo definidos nesta Lei, com as seguintes modificações:

**I** – a declaração de extinção de punibilidade, de que trata o § 5º do artigo referido no *caput*, dependerá de laudo de constatação de reparação do dano ambiental, ressalvada a impossibilidade prevista no inciso I do § 1º do mesmo artigo;

**II** – na hipótese de o laudo de constatação comprovar não ter sido completa a reparação, o prazo de suspensão do processo será prorrogado, até o período máximo previsto no artigo referido no *caput*, acrescido de mais 1 (um) ano, com suspensão do prazo da prescrição;

**III** – no período de prorrogação, não se aplicarão as condições dos incisos II, III e IV do § 1º do artigo mencionado no *caput;*

**IV** – findo o prazo de prorrogação, proceder-se-á à lavratura de novo laudo de constatação de reparação do dano ambiental, podendo, conforme seu resultado, ser novamente prorrogado o período de suspensão, até o máximo previsto no inciso II deste artigo, observado o disposto no inciso III;

**V** – esgotado o prazo máximo de prorrogação, a declaração de extinção de punibilidade dependerá de laudo de constatação que comprove ter o acusado tomado as providências necessárias à reparação integral do dano.

## CAPÍTULO V. DOS CRIMES CONTRA O MEIO AMBIENTE

### SEÇÃO I. DOS CRIMES CONTRA A FAUNA

**Art. 29.** Matar, perseguir, caçar, apanhar, utilizar espécimes da fauna silvestre, nativos ou em rota migratória, sem a devida permissão, licença ou autorização da autoridade competente, ou em desacordo com a obtida:

- Lei 5.197/1967: arts. 1º e 2º.

Pena – detenção, de 6 (seis) meses a 1 (um) ano, e multa.

**§ 1º**. Incorre nas mesmas penas:

**I** – quem impede a procriação da fauna, sem licença, autorização ou em desacordo com a obtida;

**II** – quem modifica, danifica ou destrói ninho, abrigo ou criadouro natural;

**III** – quem vende, expõe à venda, exporta ou adquire, guarda, tem em cativeiro ou depósito, utiliza ou transporta ovos, larvas ou espécimes da fauna silvestre, nativa ou em rota migratória, bem como produtos e objetos dela oriundos, provenientes de criadouros não autorizados ou sem a devida permissão, licença ou autorização da autoridade competente.

**§ 2º**. No caso de guarda doméstica de espécie silvestre não considerada ameaçada de extinção, pode o juiz, considerando as circunstâncias, deixar de aplicar a pena.

**§ 3º**. São espécimes da fauna silvestre todos aqueles pertencentes às espécies nativas, migratórias e quaisquer outras, aquáticas ou terrestres, que tenham todo ou parte de seu ciclo de vida ocorrendo dentro dos limites do território brasileiro, ou águas jurisdicionais brasileiras.

**§ 4º**. A pena é aumentada de metade, se o crime é praticado:

**I** – contra espécie rara ou considerada ameaçada de extinção, ainda que somente no local da infração;

**II** – em período proibido à caça;

**III** – durante a noite;

**IV** – com abuso de licença;

**V** – em unidade de conservação;

**VI** – com emprego de métodos ou instrumentos capazes de provocar destruição em massa.

**§ 5º.** A pena é aumentada até o triplo, se o crime decorre do exercício de caça profissional.

**§ 6º.** As disposições deste artigo não se aplicam aos atos de pesca.

**Art. 30.** Exportar para o exterior peles e couros de anfíbios e répteis em bruto, sem a autorização da autoridade ambiental competente:

Pena – reclusão, de 1 (um) a 3 (três) anos, e multa.

**Art. 31.** Introduzir espécime animal no País, sem parecer técnico oficial favorável e licença expedida por autoridade competente:

Pena – detenção, de 3 (três) meses a 1 (um) ano, e multa.

✪ **Art. 32.** Praticar ato de abuso, maus-tratos, ferir ou mutilar animais silvestres, domésticos ou domesticados, nativos ou exóticos:

- Decreto-lei 3.688/1941: art. 64.

Pena – detenção, de 3 (três) meses a 1 (um) ano, e multa.

**§ 1º.** Incorre nas mesmas penas quem realiza experiência dolorosa ou cruel em animal vivo, ainda que para fins didáticos ou científicos, quando existirem recursos alternativos.

- Lei 11.794/2008 – Regulamenta o inciso VII do § 1º do art. 225 da CF, estabelecendo procedimentos para o uso científico de animais.
- Decreto-lei 3.688/1941: art. 64, § 1º.

**§ 1º-A.** Quando se tratar de cão ou gato, a pena para as condutas descritas no caput deste artigo será de reclusão, de 2 (dois) a 5 (cinco) anos, multa e proibição da guarda. *(Acrescido pela Lei 14.064/2020)*

**§ 2º.** A pena é aumentada de 1/6 (um sexto) a 1/3 (um terço), se ocorre morte do animal.

**Art. 33.** Provocar, pela emissão de efluentes ou carreamento de materiais, o perecimento de espécimes da fauna aquática existentes em rios, lagos, açudes, lagoas, baías ou águas jurisdicionais brasileiras:

Pena – detenção, de 1 (um) a 3 (três) anos, ou multa, ou ambas cumulativamente.

**Parágrafo único.** Incorre nas mesmas penas:

**I** – quem causa degradação em viveiros, açudes ou estações de aquicultura de domínio público;

**II** – quem explora campos naturais de invertebrados aquáticos e algas, sem licença, permissão ou autorização da autoridade competente;

**III** – quem fundeia embarcações ou lança detritos de qualquer natureza sobre bancos de moluscos ou corais, devidamente demarcados em carta náutica.

✪ **Art. 34.** Pescar em período no qual a pesca seja proibida ou em lugares interditados por órgão competente:

- Lei 11.959/2009: arts. 4º a 7º.
- Lei 7.643/1987 – Proíbe a pesca de cetáceo nas águas jurisdicionais brasileiras.
- Decreto 6.514/2008: art. 35.

Pena – detenção, de 1 (um) ano a 3 (três) anos ou multa, ou ambas as penas cumulativamente.

**Parágrafo único.** Incorre nas mesmas penas quem:

**I** – pesca espécies que devam ser preservadas ou espécimes com tamanhos inferiores aos permitidos;

**II** – pesca quantidades superiores às permitidas, ou mediante a utilização de aparelhos, petrechos, técnicas e métodos não permitidos;

**III** – transporta, comercializa, beneficia ou industrializa espécimes provenientes da coleta, apanha e pesca proibidas.

**Art. 35.** Pescar mediante a utilização de:

**I** – explosivos ou substâncias que, em contato com a água, produzam efeito semelhante;

- Lei 11.959/2009: art. 6º, § 1º, VII.
- Decreto 6.514/2008: art. 36.

**II** – substâncias tóxicas, ou outro meio proibido pela autoridade competente:

**Pena** – reclusão, de 1 (um) ano a 5 (cinco) anos.

**Art. 36.** Para os efeitos desta Lei, considera-se pesca todo ato tendente a retirar, extrair, coletar, apanhar, apreender ou capturar espécimes dos grupos dos peixes, crustáceos, moluscos e vegetais hidróbios, suscetíveis ou não de aproveitamento econômico, ressalvadas as espécies ameaçadas de extinção, constantes nas listas oficiais da fauna e da flora.

- Lei 11.959/2009: art. 2º, III.

✪ **Art. 37.** Não é crime o abate de animal, quando realizado:

**I** – em estado de necessidade, para saciar a fome do agente ou de sua família;

- CP: arts. 23, I, e 24.

**II** – para proteger lavouras, pomares e rebanhos da ação predatória ou destruidora de animais, desde que legal e expressamente autorizado pela autoridade competente;

**III** – (*VETADO*);

**IV** – por ser nocivo o animal, desde que assim caracterizado pelo órgão competente.

## SEÇÃO II.
## DOS CRIMES CONTRA A FLORA

✪ **Art. 38.** Destruir ou danificar floresta considerada de preservação permanente, mesmo que em formação, ou utilizá-la com infringência das normas de proteção:

Pena – detenção, de 1 (um) a 3 (três) anos, ou multa, ou ambas as penas cumulativamente.

**Parágrafo único.** Se o crime for culposo, a pena será reduzida à metade.

**Art. 38-A.** Destruir ou danificar vegetação primária ou secundária, em estágio avançado ou médio de regeneração, do Bioma Mata Atlântica, ou utilizá-la com infringência das normas de proteção:

- Lei 11.428/2006: art. 2º.

Pena – detenção, de 1 (um) a 3 (três) anos, ou multa, ou ambas as penas cumulativamente.

**Parágrafo único.** Se o crime for culposo, a pena será reduzida à metade.

**Art. 39.** Cortar árvores em floresta considerada de preservação permanente, sem permissão da autoridade competente:

- Lei 12.651/2012: art. 60.
- Decreto 6.514/2008: art. 44.

Pena – detenção, de 1 (um) a 3 (três) anos, ou multa, ou ambas as penas cumulativamente.

✪ **Art. 40.** Causar dano direto ou indireto às Unidades de Conservação e às áreas de que trata o art. 27 do Decreto nº 99.274, de 6 de junho de 1990, independentemente de sua localização:

Pena – reclusão, de 1 (um) a 5 (cinco) anos.

**§ 1º.** Entende-se por Unidades de Conservação de Proteção Integral as Estações Ecológicas, as Reservas Biológicas, os Parques Nacionais, os Monumentos Naturais e os Refúgios de Vida Silvestre.

- Lei 9.985/2000: arts. 2º, I, 7º, § 1º, e 9º a 13.
- Decreto 4.340/2002 – Regulamenta artigos da Lei 9.985/2000, que dispõe sobre o Sistema Nacional de Unidades de Conservação da Natureza – SNUC.
- Resolução 371/2006 do Conama – Estabelece diretrizes aos órgãos ambientais para o cálculo, cobrança, aplicação, aprovação e controle de gastos de recursos advindos de compensação ambiental, conforme a Lei 9.985/2000, que institui o Sistema Nacional de Unidades de Conservação da Natureza – SNUC.

**§ 2º.** A ocorrência de dano afetando espécies ameaçadas de extinção no interior das Unidades de Conservação de Proteção Integral será considerada circunstância agravante para a fixação da pena.

**§ 3º.** Se o crime for culposo, a pena será reduzida à metade.

**Art. 40-A.** *(VETADO)*

**§ 1º.** Entende-se por Unidades de Conservação de Uso Sustentável as Áreas de Proteção Ambiental, as Áreas de Relevante Interesse Ecológico, as Florestas Nacionais, as Reservas Extrativistas, as Reservas de Fauna, as Reservas de Desenvolvimento Sustentável e as Reservas Particulares do Patrimônio Natural.

- Lei 9.985/2000: arts. 7º, § 2º, 15 a 21.
- Decreto 4.340/2002 – Regulamenta artigos da Lei 9.985/2000, que dispõe sobre o Sistema Nacional de Unidades de Conservação da Natureza – SNUC.
- Resolução 371/2006 do Conama – Estabelece diretrizes aos órgãos ambientais para o cálculo, cobrança, aplicação, aprovação e controle de gastos de recursos advindos de compensação ambiental, conforme a Lei 9.985/2000, que institui o Sistema Nacional de Unidades de Conservação da Natureza – SNUC.

**§ 2º.** A ocorrência de dano afetando espécies ameaçadas de extinção no interior das Unidades de Conservação de Uso Sustentável será considerada circunstância agravante para a fixação da pena.

- Decreto 6.514/2008: art. 91.

**§ 3º.** Se o crime for culposo, a pena será reduzida à metade.

**Art. 41.** Provocar incêndio em mata ou floresta:

- CP: art. 250, § 1º, II, h.
- CPP: art. 173.
- Lei 12.651/2012: art. 38.
- Decreto 6.514/2008: art. 60, I.

Pena – reclusão, de 2 (dois) a 4 (quatro) anos, e multa.

**Parágrafo único.** Se o crime é culposo, a pena é de detenção de 6 (seis) meses a 1 (um) ano, e multa.

**Art. 42.** Fabricar, vender, transportar ou soltar balões que possam provocar incêndios nas florestas e demais formas de vegetação, em áreas urbanas ou qualquer tipo de assentamento humano:

- Decreto 6.514/2008: arts. 59 e 60, I.

Pena – detenção, de 1 (um) a 3 (três) anos ou multa, ou ambas as penas cumulativamente.

**Art. 43.** *(VETADO).*

**Art. 44.** Extrair de florestas de domínio público ou consideradas de preservação permanente, sem prévia autorização, pedra, areia, cal ou qualquer espécie de minerais:

Pena – detenção, de 6 (seis) meses a 1 (um) ano, e multa.

**Art. 45.** Cortar ou transformar em carvão madeira de lei, assim classificada por ato do Poder Público, para fins industriais, energéticos ou para qualquer outra exploração, econômica ou não, em desacordo com as determinações legais:

- Decreto 6.514/2008: art. 46.

Pena – reclusão, de 1 (um) a 2 (dois) anos, e multa.

**Art. 46.** Receber ou adquirir, para fins comerciais ou industriais, madeira, lenha, carvão e outros produtos de origem vegetal, sem exigir a exibição de licença do vendedor, outorgada pela autoridade competente, e sem munir-se da via que deverá acompanhar o produto até final beneficiamento:

- Decreto 6.514/2008: art. 47.

Pena – detenção, de 6 (seis) meses a 1 (um) ano, e multa.

**Parágrafo único.** Incorre nas mesmas penas quem vende, expõe à venda, tem em depósito, transporta ou guarda madeira, lenha, carvão e outros produtos de origem vegetal, sem licença válida para todo o tempo da viagem ou do armazenamento, outorgada pela autoridade competente.

**Art. 47.** (*VETADO*).

**Art. 48.** Impedir ou dificultar a regeneração natural de florestas e demais formas de vegetação:

- Lei 12.651/2012: art. 60.
- Decreto 6.514/2008: art. 48.

Pena – detenção, de 6 (seis) meses a 1 (um) ano, e multa.

**Art. 49.** Destruir, danificar, lesar ou maltratar, por qualquer modo ou meio, plantas de ornamentação de logradouros públicos ou em propriedade privada alheia:

- Decreto 6.514/2008: art. 56.

Pena – detenção, de 3 (três) meses a 1 (um) ano, ou multa, ou ambas as penas cumulativamente.

**Parágrafo único.** No crime culposo, a pena é de 1 (um) a 6 (seis) meses, ou multa.

✪ **Art. 50.** Destruir ou danificar florestas nativas ou plantadas ou vegetação fixadora de dunas, protetora de mangues, objeto de especial preservação:

- Decreto 6.514/2008: art. 50.

Pena – detenção, de 3 (três) meses a 1 (um) ano, e multa.

✪ **Art. 50-A.** Desmatar, explorar economicamente ou degradar floresta, plantada ou nativa, em terras de domínio público ou devolutas, sem autorização do órgão competente:

- Decreto 6.514/2008: art. 51.

Pena – reclusão de 2 (dois) a 4 (quatro) anos e multa.

**§ 1º.** Não é crime a conduta praticada quando necessária à subsistência imediata pessoal do agente ou de sua família.

- CP: art. 24.

**§ 2º.** Se a área explorada for superior a 1.000 ha (mil hectares), a pena será aumentada de 1 (um) ano por milhar de hectare.

**Art. 51.** Comercializar motosserra ou utilizá-la em florestas e nas demais formas de vegetação, sem licença ou registro da autoridade competente:

- Decreto 6.514/2008: art. 57.

Pena – detenção, de 3 (três) meses a 1 (um) ano, e multa.

**Art. 52.** Penetrar em Unidades de Conservação conduzindo substâncias ou instrumentos próprios para caça ou para exploração de produtos ou subprodutos florestais, sem licença da autoridade competente:

- Decreto 6.514/2008: art. 92.

Pena – detenção, de 6 (seis) meses a 1 (um) ano, e multa.

✪ **Art. 53.** Nos crimes previstos nesta Seção, a pena é aumentada de 1/6 (um sexto) a 1/3 (um terço) se:

**I** – do fato resulta a diminuição de águas naturais, a erosão do solo ou a modificação do regime climático;

**II** – o crime é cometido:

*a)* no período de queda das sementes;

*b)* no período de formação de vegetações;

*c)* contra espécies raras ou ameaçadas de extinção, ainda que a ameaça ocorra somente no local da infração;

*d)* em época de seca ou inundação;

*e)* durante a noite, em domingo ou feriado.

## SEÇÃO III. DA POLUIÇÃO E OUTROS CRIMES AMBIENTAIS

**Art. 54.** Causar poluição de qualquer natureza em níveis tais que resultem ou possam resultar em danos à saúde humana, ou que provoquem a mortandade de animais ou a destruição significativa da flora:

Pena – reclusão, de 1 (um) a 4 (quatro) anos, e multa.

**§ 1º.** Se o crime é culposo:

Pena – detenção, de 6 (seis) meses a 1 (um) ano, e multa.

**§ 2º.** Se o crime:

**I** – tornar uma área, urbana ou rural, imprópria para a ocupação humana;

**II** – causar poluição atmosférica que provoque a retirada, ainda que momentânea, dos habitantes das áreas afetadas, ou que cause danos diretos à saúde da população;

**III** – causar poluição hídrica que torne necessária a interrupção do abastecimento público de água de uma comunidade;

**IV** – dificultar ou impedir o uso público das praias;

**V** – ocorrer por lançamento de resíduos sólidos, líquidos ou gasosos, ou detritos, óleos ou substâncias oleosas, em desacordo com as exigências estabelecidas em leis ou regulamentos:

- Lei 12.305/2010: art. 3º, XVI.

Pena – reclusão, de 1 (um) a 5 (cinco) anos.

**§ 3º**. Incorre nas mesmas penas previstas no parágrafo anterior quem deixar de adotar, quando assim o exigir a autoridade competente, medidas de precaução em caso de risco de dano ambiental grave ou irreversível.

- Decreto 6.514/2008: art. 62, VII.

✪ **Art. 55.** Executar pesquisa, lavra ou extração de recursos minerais sem a competente autorização, permissão, concessão ou licença, ou em desacordo com a obtida:

Pena – detenção, de 6 (seis) meses a 1 (um) ano, e multa.

**Parágrafo único.** Nas mesmas penas incorre quem deixa de recuperar a área pesquisada ou explorada, nos termos da autorização, permissão, licença, concessão ou determinação do órgão competente.

**Art. 56.** Produzir, processar, embalar, importar, exportar, comercializar, fornecer, transportar, armazenar, guardar, ter em depósito ou usar produto ou substância tóxica, perigosa ou nociva à saúde humana ou ao meio ambiente, em desacordo com as exigências estabelecidas em leis ou nos seus regulamentos:

- CP: art. 278.
- Lei 7.802/1989: art. 15.

Pena – reclusão, de 1 (um) a 4 (quatro) anos, e multa.

**§ 1º**. Nas mesmas penas incorre quem:

**I** – abandona os produtos ou substâncias referidos no *caput* ou os utiliza em desacordo com as normas ambientais ou de segurança;

**II** – manipula, acondiciona, armazena, coleta, transporta, reutiliza, recicla ou dá destinação final a resíduos perigosos de forma diversa da estabelecida em lei ou regulamento.

**§ 2º**. Se o produto ou a substância for nuclear ou radioativa, a pena é aumentada de 1/6 (um sexto) a 1/3 (um terço).

- Lei 6.453/1977: arts. 1º, II, 20, 22, 24 e 25.

**§ 3º**. Se o crime é culposo:

Pena – detenção, de 6 (seis) meses a 1 (um) ano, e multa.

**Art. 57.** (*VETADO*).

**Art. 58.** Nos crimes dolosos previstos nesta Seção, as penas serão aumentadas:

**I** – de 1/6 (um sexto) a 1/3 (um terço), se resulta dano irreversível a flora ou ao meio ambiente em geral;

**II** – de 1/3 (um terço) até a 1/2 (metade), se resulta lesão corporal de natureza grave em outrem;

- CP: art. 129, §§ 1º e 2º.

**III** – até o dobro, se resultar a morte de outrem.

- CP: art. 121.

**Parágrafo único.** As penalidades previstas neste artigo somente serão aplicadas se do fato não resultar crime mais grave.

**Art. 59.** (*VETADO*).

**Art. 60.** Construir, reformar, ampliar, instalar ou fazer funcionar, em qualquer parte do território nacional, estabelecimentos, obras ou serviços potencialmente poluidores, sem licença ou autorização dos órgãos ambientais competentes, ou contrariando as normas legais e regulamentares pertinentes:

- Decreto 6.514/2008: art. 66.

Pena – detenção, de 1 (um) a 6 (seis) meses, ou multa, ou ambas as penas cumulativamente.

**Art. 61.** Disseminar doença ou praga ou espécies que possam causar dano à agricultura, à pecuária, à fauna, à flora ou aos ecossistemas:

- CP: art. 259.

Pena – reclusão, de 1 (um) a 4 (quatro) anos, e multa.

## SEÇÃO IV.
## DOS CRIMES CONTRA O ORDENAMENTO URBANO E O PATRIMÔNIO CULTURAL

**Art. 62.** Destruir, inutilizar ou deteriorar:

- CP: arts. 163 e 165.
- Decreto-lei 25/1937 – Organiza a proteção do patrimônio histórico e artístico nacional.

**I** – bem especialmente protegido por lei, ato administrativo ou decisão judicial;

**II** – arquivo, registro, museu, biblioteca, pinacoteca, instalação científica ou similar protegido por lei, ato administrativo ou decisão judicial:

Pena – reclusão, de 1 (um) a 3 (três) anos, e multa.

**Parágrafo único.** Se o crime for culposo, a pena é de 6 (seis) meses a 1 (um) ano de detenção, sem prejuízo da multa.

**Art. 63.** Alterar o aspecto ou estrutura de edificação ou local especialmente protegido por lei, ato administrativo ou decisão judicial, em razão de seu valor paisagístico, ecológico, turístico, artístico, histórico, cultural, religioso, arqueológico, etnográfico ou monumental, sem autorização da autoridade competente ou em desacordo com a concedida:

- CP: art. 166.
- Lei 3.924/ 1961 – Dispõe sobre os monumentos arqueológicos e pré-históricos.
- Decreto-lei 25/1937: art. 1º.

Pena – reclusão, de 1 (um) a 3 (três) anos, e multa.

**Art. 64.** Promover construção em solo não edificável, ou no seu entorno, assim considerado em razão de seu valor paisagístico, ecológico, artístico, turístico, histórico, cultural, religioso, arqueológico, etnográfico ou monumental, sem autorização da autoridade competente ou em desacordo com a concedida:

Pena – detenção, de 6 (seis) meses a 1 (um) ano, e multa.

✪ **Art. 65.** Pichar ou por outro meio conspurcar edificação ou monumento urbano:

- Lei 12.408/2011: art. 6º.
- Lei 3.924/ 1961 – Dispõe sobre os monumentos arqueológicos e pré-históricos.
- Decreto-lei 25/1937 – Organiza a proteção do patrimônio histórico e artístico nacional.

Pena - detenção, de 3 (três) meses a 1 (um) ano, e multa.

**§ 1º.** Se o ato for realizado em monumento ou coisa tombada em virtude do seu valor artístico, arqueológico ou histórico, a pena é de 6 (seis) meses a 1 (um) ano de detenção e multa.

**§ 2º.** Não constitui crime a prática de grafite realizada com o objetivo de valorizar o patrimônio público ou privado mediante manifestação artística, desde que consentida pelo proprietário e, quando couber, pelo locatário ou arrendatário do bem privado e, no caso de bem público, com a autorização do órgão competente e a observância das posturas municipais e das normas editadas pelos órgãos governamentais responsáveis pela preservação e conservação do patrimônio histórico e artístico nacional.

## SEÇÃO V.
## DOS CRIMES CONTRA A ADMINISTRAÇÃO AMBIENTAL

- CP: arts. 312 a 327.

**Art. 66.** Fazer o funcionário público afirmação falsa ou enganosa, omitir a verdade, sonegar informações ou dados técnico-científicos em procedimentos de autorização ou de licenciamento ambiental:

Pena – reclusão, de 1 (um) a 3 (três) anos, e multa.

**Art. 67.** Conceder o funcionário público licença, autorização ou permissão em desacordo com as normas ambientais, para as atividades, obras ou serviços cuja realização depende de ato autorizativo do Poder Público:

Pena – detenção, de 1 (um) a 3 (três) anos, e multa.

**Parágrafo único.** Se o crime é culposo, a pena é de 3 (três) meses a 1 (um) ano de detenção, sem prejuízo da multa.

**Art. 68.** Deixar, aquele que tiver o dever legal ou contratual de fazê-lo, de cumprir obrigação de relevante interesse ambiental:

- Lei 12.305/2010: art. 52.

Pena – detenção, de 1 (um) a 3 (três) anos, e multa.

**Parágrafo único.** Se o crime é culposo, a pena é de 3 (três) meses a 1 (um) ano, sem prejuízo da multa.

**Art. 69.** Obstar ou dificultar a ação fiscalizadora do Poder Público no trato de questões ambientais:

Pena – detenção, de 1 (um) a 3 (três) anos, e multa.

**Art. 69-A.** Elaborar ou apresentar, no licenciamento, concessão florestal ou qualquer outro procedimento administrativo, estudo, laudo ou relatório ambiental total ou parcialmente falso ou enganoso, inclusive por omissão:

Pena - reclusão, de 3 (três) a 6 (seis) anos, e multa.

**§ 1º.** Se o crime é culposo:

Pena - detenção, de 1 (um) a 3 (três) anos.

**§ 2º.** A pena é aumentada de 1/3 (um terço) a 2/3 (dois terços), se há dano significativo ao meio ambiente, em decorrência do uso da informação falsa, incompleta ou enganosa.

# CAPÍTULO VI.
# DA INFRAÇÃO ADMINISTRATIVA

**Art. 70.** Considera-se infração administrativa ambiental toda ação ou omissão que viole as regras jurídicas de uso, gozo, promoção, proteção e recuperação do meio ambiente.

**§ 1º.** São autoridades competentes para lavrar auto de infração ambiental e instaurar processo administrativo os funcionários de órgãos ambientais integrantes do Sistema Nacional de Meio Ambiente – SISNAMA, designados para as atividades de fiscalização, bem como os agentes das Capitanias dos Portos, do Ministério da Marinha.

**§ 2º.** Qualquer pessoa, constatando infração ambiental, poderá dirigir representação às autoridades relacionadas no parágrafo anterior, para efeito do exercício do seu poder de polícia.

**§ 3º.** A autoridade ambiental que tiver conhecimento de infração ambiental é obrigada a promover a sua apuração imediata, mediante processo administrativo próprio, sob pena de corresponsabilidade.

**§ 4º.** As infrações ambientais são apuradas em processo administrativo próprio, assegurado o direito de ampla defesa e o contraditório, observadas as disposições desta Lei.

**Art. 71.** O processo administrativo para apuração de infração ambiental deve observar os seguintes prazos máximos:

**I** – 20 (vinte) dias para o infrator oferecer defesa ou impugnação contra o auto de infração, contados da data da ciência da autuação;

**II** – 30 (trinta) dias para a autoridade competente julgar o auto de infração, contados da data da sua lavratura, apresentada ou não a defesa ou impugnação;

**III** – 20 (vinte) dias para o infrator recorrer da decisão condenatória à instância superior do Sistema Nacional do Meio Ambiente – SISNAMA, ou à Diretoria de Portos e Costas, do Ministério da Marinha, de acordo com o tipo de autuação;

**IV** – 5 (cinco) dias para o pagamento de multa, contados da data do recebimento da notificação.

**Art. 72.** As infrações administrativas são punidas com as seguintes sanções, observado o disposto no art. 6º:

**I** – advertência;

**II** – multa simples;

**III** – multa diária;

**IV** – apreensão dos animais, produtos e subprodutos da fauna e flora, instrumentos, petrechos, equipamentos ou veículos de qualquer natureza utilizados na infração;

**V** – destruição ou inutilização do produto;

**VI** – suspensão de venda e fabricação do produto;

**VII** – embargo de obra ou atividade;

**VIII** – demolição de obra;

**IX** – suspensão parcial ou total de atividades;

**X** – (*VETADO*);

**XI** – restritiva de direitos.

**§ 1º.** Se o infrator cometer, simultaneamente, duas ou mais infrações, ser-lhe-ão aplicadas, cumulativamente, as sanções a elas cominadas.

**§ 2º.** A advertência será aplicada pela inobservância das disposições desta Lei e da legislação em vigor, ou de preceitos regulamentares, sem prejuízo das demais sanções previstas neste artigo.

**§ 3º.** A multa simples será aplicada sempre que o agente, por negligência ou dolo:

**I** – advertido por irregularidades que tenham sido praticadas, deixar de saná-las, no prazo assinalado por órgão competente do SISNAMA ou pela Capitania dos Portos, do Ministério da Marinha;

**II** – opuser embaraço à fiscalização dos órgãos do SISNAMA ou da Capitania dos Portos, do Ministério da Marinha.

**§ 4º.** A multa simples pode ser convertida em serviços de preservação, melhoria e recuperação da qualidade do meio ambiente.

**§ 5º.** A multa diária será aplicada sempre que o cometimento da infração se prolongar no tempo.

**§ 6º.** A apreensão e destruição referidas nos incisos IV e V do *caput* obedecerão ao disposto no art. 25 desta Lei.

**§ 7º.** As sanções indicadas nos incisos VI a IX do *caput* serão aplicadas quando o produto, a obra, a atividade ou o estabelecimento não estiverem obedecendo às prescrições legais ou regulamentares.

**§ 8º.** As sanções restritivas de direito são:

**I** – suspensão de registro, licença ou autorização;

**II** – cancelamento de registro, licença ou autorização;

**III** – perda ou restrição de incentivos e benefícios fiscais;

**IV** – perda ou suspensão da participação em linhas de financiamento em estabelecimentos oficiais de crédito;

**V** – proibição de contratar com a Administração Pública, pelo período de até 3 (três) anos.

**Art. 73.** Os valores arrecadados em pagamento de multas por infração ambiental serão revertidos ao Fundo Nacional do Meio Ambiente, criado pela Lei nº 7.797, de 10 de julho de 1989, Fundo Naval, criado pelo Decreto nº 20.923, de 8 de janeiro de 1932, fundos estaduais ou municipais de meio ambiente, ou correlatos, conforme dispuser o órgão arrecadador.

**Art. 74.** A multa terá por base a unidade, hectare, metro cúbico, quilograma ou outra medida pertinente, de acordo com o objeto jurídico lesado.

**Art. 75.** O valor da multa de que trata este Capítulo será fixado no regulamento desta Lei e corrigido periodicamente, com base nos índices estabelecidos na legislação pertinente, sendo o mínimo de R$ 50,00 (cinquenta reais) e o máximo de R$ 50.000.000,00 (cinquenta milhões de reais).

**Art. 76.** O pagamento de multa imposta pelos Estados, Municípios, Distrito Federal ou Territórios substitui a multa federal na mesma hipótese de incidência.

## CAPÍTULO VII. DA COOPERAÇÃO INTERNACIONAL PARA A PRESERVAÇÃO DO MEIO AMBIENTE

**Art. 77.** Resguardados a soberania nacional, a ordem pública e os bons costumes, o Governo brasileiro prestará, no que concerne ao meio ambiente, a necessária cooperação a outro país, sem qualquer ônus, quando solicitado para:

**I** – produção de prova;

**II** – exame de objetos e lugares;

**III** – informações sobre pessoas e coisas;

**IV** – presença temporária da pessoa presa, cujas declarações tenham relevância para a decisão de uma causa;

**V** – outras formas de assistência permitidas pela legislação em vigor ou pelos tratados de que o Brasil seja parte.

**§ 1º.** A solicitação de que trata este artigo será dirigida ao Ministério da Justiça, que a remeterá, quando necessário, ao órgão judiciário competente para decidir a seu respeito, ou a encaminhará à autoridade capaz de atendê-la.

- Lei 13.341/2016: art. 2º, IV (transforma o Ministério da Justiça em Ministério da Justiça e Cidadania).

**§ 2º.** A solicitação deverá conter:

**I** – o nome e a qualificação da autoridade solicitante;

**II** – o objeto e o motivo de sua formulação;

**III** – a descrição sumária do procedimento em curso no país solicitante;

**IV** – a especificação da assistência solicitada;

**V** – a documentação indispensável ao seu esclarecimento, quando for o caso.

**Art. 78.** Para a consecução dos fins visados nesta Lei e especialmente para a reciprocidade da cooperação internacional, deve ser mantido sistema de comunicações apto a facilitar o intercâmbio rápido e seguro de informações com órgãos de outros países.

## CAPÍTULO VIII. DISPOSIÇÕES FINAIS

✪ **Art. 79.** Aplicam-se subsidiariamente a esta Lei as disposições do Código Penal e do Código de Processo Penal.

**Art. 79-A.** Para o cumprimento do disposto nesta Lei, os órgãos ambientais integrantes do SISNAMA, responsáveis pela execução de programas e projetos e pelo controle e fiscalização dos estabelecimentos e das atividades suscetíveis de degradarem a qualidade ambiental, ficam autorizados a celebrar, com força de título executivo extrajudicial, termo de compromisso com pessoas físicas ou jurídicas responsáveis pela construção, instalação, ampliação e funcionamento de estabelecimentos e atividades utilizadores de recursos ambientais, considerados efetiva ou potencialmente poluidores.

**§ 1º.** O termo de compromisso a que se refere este artigo destinar-se-á, exclusivamente, a permitir que as pessoas físicas e jurídicas mencionadas no *caput* possam promover as necessárias correções de suas atividades, para o atendimento das exigências impostas pelas autoridades ambientais competentes, sendo obrigatório que o respectivo instrumento disponha sobre:

**I** – o nome, a qualificação e o endereço das partes compromissadas e dos respectivos representantes legais;

**II** – o prazo de vigência do compromisso, que, em função da complexidade das obrigações nele fixadas, poderá variar entre o mínimo de noventa dias e o máximo de três anos, com possibilidade de prorrogação por igual período;

**III** – a descrição detalhada de seu objeto, o valor do investimento previsto e o cronograma físico de execução e de implantação das obras e serviços exigidos, com metas trimestrais a serem atingidas;

**IV** – as multas que podem ser aplicadas à pessoa física ou jurídica compromissada e os casos de rescisão, em decorrência do não cumprimento das obrigações nele pactuadas;

**V** – o valor da multa de que trata o inciso IV não poderá ser superior ao valor do investimento previsto;

**VI** – o foro competente para dirimir litígios entre as partes.

**§ 2º.** No tocante aos empreendimentos em curso até o dia 30 de março de 1998, envolvendo construção, instalação, ampliação e funcionamento de estabelecimentos e atividades utilizadores de recursos ambientais, considerados efetiva ou potencialmente poluidores, a assinatura do termo de compromisso deverá ser requerida pelas pessoas físicas e jurídicas interessadas, até o dia 31 de dezembro de 1998, mediante requerimento escrito protocolizado junto aos órgãos competentes do SISNAMA, devendo ser firmado pelo dirigente máximo do estabelecimento.

**§ 3º**. Da data da protocolização do requerimento previsto no § 2º e enquanto perdurar a vigência do correspondente termo de compromisso, ficarão suspensas, em relação aos fatos que deram causa à celebração do instrumento, a aplicação de sanções administrativas contra a pessoa física ou jurídica que o houver firmado.

**§ 4º**. A celebração do termo de compromisso de que trata este artigo não impede a execução de eventuais multas aplicadas antes da protocolização do requerimento.

**§ 5º**. Considera-se rescindido de pleno direito o termo de compromisso, quando descumprida qualquer de suas cláusulas, ressalvado o caso fortuito ou de força maior.

**§ 6º**. O termo de compromisso deverá ser firmado em até noventa dias, contados da protocolização do requerimento.

**§ 7º**. O requerimento de celebração do termo de compromisso deverá conter as informações necessárias à verificação da sua viabilidade técnica e jurídica, sob pena de indeferimento do plano.

**§ 8º**. Sob pena de ineficácia, os termos de compromisso deverão ser publicados no órgão oficial competente, mediante extrato.

**Art. 80.** O Poder Executivo regulamentará esta Lei no prazo de 90 (noventa) dias a contar de sua publicação.

- Decreto 6.514/2008 – Dispõe sobre as infrações e sanções administrativas ao meio ambiente, estabelece o processo administrativo federal para apuração destas infrações.

**Art. 81.** (*VETADO*).

**Art. 82.** Revogam-se as disposições em contrário.

Brasília, 12 de fevereiro de 1998; 177º da Independência e 110º da República.

FERNANDO HENRIQUE CARDOSO

D.O.U. 13.2.1998; ret.17.2.1998

# LEI Nº 9.613, DE 3 DE MARÇO DE 1998

*Dispõe sobre os crimes de "lavagem" ou ocultação de bens, direitos e valores; a prevenção da utilização do sistema financeiro para os ilícitos previstos nesta Lei; cria o Conselho de Controle de Atividades Financeiras – COAF, e dá outras providências.*

O PRESIDENTE DA REPÚBLICA

Faço saber que o Congresso Nacional decreta e eu sanciono a seguinte Lei:

- Dec. 9.663/2019 (Estatuto do Conselho de Controle de Atividades Financeiras – COAF)

## CAPÍTULO I. DOS CRIMES DE "LAVAGEM" OU OCULTAÇÃO DE BENS, DIREITOS E VALORES

✪ **Art. 1º.** Ocultar ou dissimular a natureza, origem, localização, disposição, movimentação ou propriedade de bens, direitos ou valores provenientes, direta ou indiretamente, de infração penal.

**I a VIII** – (*Revogados pela Lei nº 12.683, de 2012*);

Pena – reclusão, de 3 (três) a 10 (dez) anos e multa.

**§ 1º**. Incorre na mesma pena quem, para ocultar ou dissimular a utilização de bens, direitos ou valores provenientes de infração penal:

**I** – os converte em ativos lícitos;

**II** – os adquire, recebe, troca, negocia, dá ou recebe em garantia, guarda, tem em depósito, movimenta ou transfere;

**III** – importa ou exporta bens com valores não correspondentes aos verdadeiros.

**§ 2º**. Incorre, ainda, na mesma pena quem:

**I** – utiliza, na atividade econômica ou financeira, bens, direitos ou valores provenientes de infração penal;

**II** – participa de grupo, associação ou escritório tendo conhecimento de que sua atividade principal ou secundária é dirigida à prática de crimes previstos nesta Lei.

**§ 3º**. A tentativa é punida nos termos do parágrafo único do art. 14 do Código Penal.

**§ 4º**. A pena será aumentada de 1 (um) a 2/3 (dois terços) se os crimes definidos nesta Lei forem cometidos de forma reiterada ou por intermédio de organização criminosa.

- Lei 12.850/2013 – Define organização criminosa e dispõe sobre a investigação criminal, os meios de obtenção da prova, infrações penais correlatas e o procedimento criminal.

**§ 5º**. A pena poderá ser reduzida de um a dois terços e ser cumprida em regime aberto ou semiaberto, facultando-se ao juiz deixar de aplicá-la ou substituí-la, a qualquer tempo, por pena restritiva de direitos, se o autor, coautor ou partícipe colaborar espontaneamente com as autoridades, prestando esclarecimentos que conduzam à apuração das infrações penais, à identificação dos autores, coautores e partícipes, ou à localização dos bens, direitos ou valores objeto do crime.

- Lei 12.850/2013: arts. 4º a 7º.
- Lei 9.807/1999: arts. 13 a 15.

**§ 6º** Para a apuração do crime de que trata este artigo, admite-se a utilização da ação controlada e da infiltração de agentes. *(Acrescido pela Lei 13.964/2019)*

## CAPÍTULO II. DISPOSIÇÕES PROCESSUAIS ESPECIAIS

✪ **Art. 2º.** O processo e julgamento dos crimes previstos nesta Lei:

**I** – obedecem às disposições relativas ao procedimento comum dos crimes punidos com reclusão, da competência do juiz singular;

‣ CPP: arts. 394 a 405.

**II** – independem do processo e julgamento das infrações penais antecedentes, ainda que praticados em outro país, cabendo ao juiz competente para os crimes previstos nesta Lei a decisão sobre a unidade de processo e julgamento;

**III** – são da competência da Justiça Federal:

*a)* quando praticados contra o sistema financeiro e a ordem econômico-financeira, ou em detrimento de bens, serviços ou interesses da União, ou de suas entidades autárquicas ou empresas públicas;

*b)* quando a infração penal antecedente for de competência da Justiça Federal.

**§ 1º.** A denúncia será instruída com indícios suficientes da existência da infração penal antecedente, sendo puníveis os fatos previstos nesta Lei, ainda que desconhecido ou isento de pena o autor, ou extinta a punibilidade da infração penal antecedente.

‣ CPP: arts. 41 e 239.

**§ 2º.** No processo por crime previsto nesta Lei, não se aplica o disposto no art. 366 do Decreto-Lei nº 3.689, de 3 de outubro de 1941 (Código de Processo Penal), devendo o acusado que não comparecer nem constituir advogado ser citado por edital, prosseguindo o feito até o julgamento, com a nomeação de defensor dativo.

**Art. 3º.** (*Revogado pela Lei nº 12.683, de 2012*).

✪ **Art. 4º.** O juiz, de ofício, a requerimento do Ministério Público ou mediante representação do delegado de polícia, ouvido o Ministério Público em 24 (vinte e quatro) horas, havendo indícios suficientes de infração penal, poderá decretar medidas assecuratórias de bens, direitos ou valores do investigado ou acusado, ou existentes em nome de interpostas pessoas, que sejam instrumento, produto ou proveito dos crimes previstos nesta Lei ou das infrações penais antecedentes.

**§ 1º.** Proceder-se-á à alienação antecipada para preservação do valor dos bens sempre que estiverem sujeitos a qualquer grau de deterioração ou depreciação, ou quando houver dificuldade para sua manutenção.

**§ 2º.** O juiz determinará a liberação total ou parcial dos bens, direitos e valores quando comprovada a licitude de sua origem, mantendo-se a constrição dos bens, direitos e valores necessários e suficientes à reparação dos danos e ao pagamento de prestações pecuniárias, multas e custas decorrentes da infração penal.

**§ 3º.** Nenhum pedido de liberação será conhecido sem o comparecimento pessoal do acusado ou de interposta pessoa a que se refere o *caput* deste artigo, podendo o juiz determinar a prática de atos necessários à conservação de bens, direitos ou valores, sem prejuízo do disposto no § 1º.

**§ 4º.** Poderão ser decretadas medidas assecuratórias sobre bens, direitos ou valores para reparação do dano decorrente da infração penal antecedente ou da prevista nesta Lei ou para pagamento de prestação pecuniária, multa e custas.

**Art. 4º-A.** A alienação antecipada para preservação de valor de bens sob constrição será decretada pelo juiz, de ofício, a requerimento do Ministério Público ou por solicitação da parte interessada, mediante petição autônoma, que será autuada em apartado e cujos autos terão tramitação em separado em relação ao processo principal.

**§ 1º.** O requerimento de alienação deverá conter a relação de todos os demais bens, com a descrição e a especificação de cada um deles, e informações sobre quem os detém e local onde se encontram.

**§ 2º.** O juiz determinará a avaliação dos bens, nos autos apartados, e intimará o Ministério Público.

**§ 3º.** Feita a avaliação e dirimidas eventuais divergências sobre o respectivo laudo, o juiz, por sentença, homologará o valor atribuído aos bens e determinará sejam alienados em leilão ou pregão, preferencialmente eletrônico, por valor não inferior a 75% (setenta e cinco por cento) da avaliação.

**§ 4º.** Realizado o leilão, a quantia apurada será depositada em conta judicial remunerada, adotando-se a seguinte disciplina:

**I** – nos processos de competência da Justiça Federal e da Justiça do Distrito Federal:

*a)* os depósitos serão efetuados na Caixa Econômica Federal ou em instituição financeira pública, mediante documento adequado para essa finalidade;

*b)* os depósitos serão repassados pela Caixa Econômica Federal ou por outra instituição financeira pública para a Conta Única do Tesouro Nacional, independentemente de qualquer formalidade, no prazo de 24 (vinte e quatro) horas; e

*c)* os valores devolvidos pela Caixa Econômica Federal ou por instituição financeira pública serão debitados à Conta Única do Tesouro Nacional, em subconta de restituição;

**II** – nos processos de competência da Justiça dos Estados:

*a)* os depósitos serão efetuados em instituição financeira designada em lei, preferencialmente pública, de cada Estado ou, na sua ausência, em instituição financeira pública da União;

*b)* os depósitos serão repassados para a conta única de cada Estado, na forma da respectiva legislação.

**§ 5º.** Mediante ordem da autoridade judicial, o valor do depósito, após o trânsito em julgado da sentença proferida na ação penal, será:

**I** – em caso de sentença condenatória, nos processos de competência da Justiça Federal e da Justiça do Distrito Federal, incorporado definitivamente ao patrimônio da União, e, nos processos de competência da Justiça Estadual, incorporado ao patrimônio do Estado respectivo;

**II** – em caso de sentença absolutória extintiva de punibilidade, colocado à disposição do réu pela instituição financeira, acrescido da remuneração da conta judicial.

**§ 6º.** A instituição financeira depositária manterá controle dos valores depositados ou devolvidos.

**§ 7º.** Serão deduzidos da quantia apurada no leilão todos os tributos e multas incidentes sobre o bem alienado, sem prejuízo de iniciativas que, no âmbito da competência de cada ente da Federação, venham a desonerar bens sob constrição judicial daqueles ônus.

**§ 8º.** Feito o depósito a que se refere o § 4º deste artigo, os autos da alienação serão apensados aos do processo principal.

**§ 9º.** Terão apenas efeito devolutivo os recursos interpostos contra as decisões proferidas no curso do procedimento previsto neste artigo.

**§ 10.** Sobrevindo o trânsito em julgado de sentença penal condenatória, o juiz decretará, em favor, conforme o caso, da União ou do Estado:

**I** – a perda dos valores depositados na conta remunerada e da fiança;

**II** – a perda dos bens não alienados antecipadamente e daqueles aos quais não foi dada destinação prévia; e

**III** – a perda dos bens não reclamados no prazo de 90 (noventa) dias após o trânsito em julgado da sentença condenatória, ressalvado o direito de lesado ou terceiro de boa-fé.

**§ 11.** Os bens a que se referem os incisos II e III do § 10 deste artigo serão adjudicados ou levados a leilão, depositando-se o saldo na conta única do respectivo ente.

**§ 12.** O juiz determinará ao registro público competente que emita documento de habilitação à circulação e utilização dos bens colocados sob o uso e custódia das entidades a que se refere o *caput* deste artigo.

‣ Lei 6.015/1973 – Lei de Registros Públicos.

**§ 13.** Os recursos decorrentes da alienação antecipada de bens, direitos e valores oriundos do crime de tráfico ilícito de drogas e que tenham sido objeto de dissimulação e ocultação nos termos desta Lei permanecem submetidos à disciplina definida em lei específica.

**Art. 4º-B.** A ordem de prisão de pessoas ou as medidas assecuratórias de bens, direitos ou valores poderão ser suspensas pelo juiz, ouvido o Ministério Público, quando a sua execução imediata puder comprometer as investigações.

**Art. 5º.** Quando as circunstâncias o aconselharem, o juiz, ouvido o Ministério Público, nomeará pessoa física ou jurídica qualificada para a administração dos bens, direitos ou valores sujeitos a medidas assecuratórias, mediante termo de compromisso.

**Art. 6º.** A pessoa responsável pela administração dos bens:

**I** – fará jus a uma remuneração, fixada pelo juiz, que será satisfeita com o produto dos bens objeto da administração;

**II** – prestará, por determinação judicial, informações periódicas da situação dos bens sob sua administração, bem como explicações e detalhamentos sobre investimentos e reinvestimentos realizados.

**Parágrafo único.** Os atos relativos à administração dos bens sujeitos a medidas assecuratórias serão levados ao conhecimento do Ministério Público, que requererá o que entender cabível.

## CAPÍTULO III. DOS EFEITOS DA CONDENAÇÃO

✪ **Art. 7º.** São efeitos da condenação, além dos previstos no Código Penal:

‣ CP: arts. 91 e 92.

**I** – a perda, em favor da União – e dos Estados, nos casos de competência da Justiça Estadual –, de todos os bens, direitos e valores relacionados, direta ou indiretamente, à prática dos crimes previstos nesta Lei, inclusive aqueles utilizados para prestar a fiança, ressalvado o direito do lesado ou de terceiro de boa-fé;

**II** – a interdição do exercício de cargo ou função pública de qualquer natureza e de diretor, de membro de conselho de administração ou de gerência das pessoas jurídicas referidas no art. 9º, pelo dobro do tempo da pena privativa de liberdade aplicada.

**§ 1º.** A União e os Estados, no âmbito de suas competências, regulamentarão a forma de destinação dos bens, direitos e valores cuja perda houver sido declarada, assegurada, quanto aos processos de competência da Justiça Federal, a sua utilização pelos órgãos federais encarregados da prevenção, do combate, da ação penal e do julgamento dos crimes previstos nesta Lei, e, quanto aos processos de competência da Justiça Estadual, a preferência dos órgãos locais com idêntica função.

**§ 2º.** Os instrumentos do crime sem valor econômico cuja perda em favor da União ou do Estado for decretada serão inutilizados ou doados a museu criminal ou a entidade pública, se houver interesse na sua conservação.

## CAPÍTULO IV. DOS BENS, DIREITOS OU VALORES ORIUNDOS DE CRIMES PRATICADOS NO ESTRANGEIRO

**Art. 8º.** O juiz determinará, na hipótese de existência de tratado ou convenção internacional e por solicitação de autoridade estrangeira competente, medidas assecuratórias sobre bens, direitos ou valores oriundos de crimes descritos no art. 1º praticados no estrangeiro.

**§ 1º.** Aplica-se o disposto neste artigo, independentemente de tratado ou convenção internacional, quando o governo do país da autoridade solicitante prometer reciprocidade ao Brasil.

**§ 2º.** Na falta de tratado ou convenção, os bens, direitos ou valores privados sujeitos a medidas assecuratórias por solicitação de autoridade estrangeira competente ou os recursos provenientes da sua alienação serão repartidos entre o Estado requerente e o Brasil, na proporção de metade, ressalvado o direito do lesado ou de terceiro de boa-fé.

## CAPÍTULO V. DAS PESSOAS SUJEITAS AO MECANISMO DE CONTROLE

**Art. 9º.** Sujeitam-se às obrigações referidas nos arts. 10 e 11 as pessoas físicas e jurídicas que tenham, em caráter permanente ou eventual, como atividade principal ou acessória, cumulativamente ou não:

**I** – a captação, intermediação e aplicação de recursos financeiros de terceiros, em moeda nacional ou estrangeira;

**II** – a compra e venda de moeda estrangeira ou ouro como ativo financeiro ou instrumento cambial;

**III** – a custódia, emissão, distribuição, liquidação, negociação, intermediação ou administração de títulos ou valores mobiliários.

**Parágrafo único.** Sujeitam-se às mesmas obrigações:

**I** – as bolsas de valores, as bolsas de mercadorias ou futuros e os sistemas de negociação do mercado de balcão organizado;

**II** – as seguradoras, as corretoras de seguros e as entidades de previdência complementar ou de capitalização;

**III** – as administradoras de cartões de credenciamento ou cartões de crédito, bem como as administradoras de consórcios para aquisição de bens ou serviços;

**IV** – as administradoras ou empresas que se utilizem de cartão ou qualquer outro meio eletrônico, magnético ou equivalente, que permita a transferência de fundos;

**V** - as empresas de arrendamento mercantil (leasing), as empresas de fomento comercial (factoring) e as Empresas Simples de Crédito (ESC); *(Redação dada pela LC 167/2019)*

**VI** - as sociedades que, mediante sorteio, método assemelhado, exploração de loterias, inclusive de apostas de quota fixa, ou outras sistemáticas de captação de apostas com pagamento de prêmios, realizem distribuição de dinheiro, de bens móveis, de bens imóveis e de outras mercadorias ou serviços, bem como concedam descontos na sua aquisição ou contratação; *(Redação dada pela Lei 14.183/2021)*

**VII** – as filiais ou representações de entes estrangeiros que exerçam no Brasil qualquer das atividades listadas neste artigo, ainda que de forma eventual;

**VIII** – as demais entidades cujo funcionamento dependa de autorização de órgão regulador dos mercados financeiro, de câmbio, de capitais e de seguros;

**IX** – as pessoas físicas ou jurídicas, nacionais ou estrangeiras, que operem no Brasil como agentes, dirigentes, procuradoras, comissionarias ou por qualquer forma representem interesses de ente estrangeiro que exerça qualquer das atividades referidas neste artigo;

**X** – as pessoas físicas ou jurídicas que exerçam atividades de promoção imobiliária ou compra e venda de imóveis;

**XI** – as pessoas físicas ou jurídicas que comercializem joias, pedras e metais preciosos, objetos de arte e antiguidades;

**XII** – as pessoas físicas ou jurídicas que comercializem bens de luxo ou de alto valor, intermedeiem a sua comercialização ou exerçam atividades que envolvam grande volume de recursos em espécie;

**XIII** – as juntas comerciais e os registros públicos;

**XIV** – as pessoas físicas ou jurídicas que prestem, mesmo que eventualmente, serviços de assessoria, consultoria, contadoria, auditoria, aconselhamento ou assistência, de qualquer natureza, em operações:

*a)* de compra e venda de imóveis, estabelecimentos comerciais ou industriais ou participações societárias de qualquer natureza;

*b)* de gestão de fundos, valores mobiliários ou outros ativos;

*c)* de abertura ou gestão de contas bancárias, de poupança, investimento ou de valores mobiliários;

*d)* de criação, exploração ou gestão de sociedades de qualquer natureza, fundações, fundos fiduciários ou estruturas análogas;

*e)* financeiras, societárias ou imobiliárias; e

*f)* de alienação ou aquisição de direitos sobre contratos relacionados a atividades desportivas ou artísticas profissionais;

**XV** – pessoas físicas ou jurídicas que atuem na promoção, intermediação, comercialização, agenciamento ou negociação de direitos de transferência de atletas, artistas ou feiras, exposições ou eventos similares;

**XVI** – as empresas de transporte e guarda de valores;

**XVII** – as pessoas físicas ou jurídicas que comercializem bens de alto valor de origem rural ou animal ou intermedeiem a sua comercialização; e

**XVIII** – as dependências no exterior das entidades mencionadas neste artigo, por meio de sua matriz no Brasil, relativamente a residentes no País.

## CAPÍTULO VI. DA IDENTIFICAÇÃO DOS CLIENTES E MANUTENÇÃO DE REGISTROS

**Art. 10.** As pessoas referidas no art. 9º:

**I** – identificarão seus clientes e manterão cadastro atualizado, nos termos de instruções emanadas das autoridades competentes;

**II** – manterão registro de toda transação em moeda nacional ou estrangeira, títulos e valores mobiliários, títulos de crédito, metais, ou qualquer ativo passível de ser convertido em dinheiro, que ultrapassar limite fixado pela autoridade competente e nos termos de instruções por esta expedidas;

**III** – deverão adotar políticas, procedimentos e controles internos, compatíveis com seu porte e volume de operações, que lhes permitam atender ao disposto neste artigo e no art. 11, na forma disciplinada pelos órgãos competentes;

**IV** – deverão cadastrar-se e manter seu cadastro atualizado no órgão regulador ou fiscalizador e, na falta deste, no Conselho de Controle de Atividades Financeiras (COAF), na forma e condições por eles estabelecidas;

**V** – deverão atender às requisições formuladas pelo COAF na periodicidade, forma e condições por ele estabelecidas, cabendo-lhe preservar, nos termos da lei, o sigilo das informações prestadas.

**§ 1º.** Na hipótese de o cliente constituir-se em pessoa jurídica, a identificação referida no inciso I deste artigo deverá abranger as pessoas físicas autorizadas a representá-la, bem como seus proprietários.

**§ 2º.** Os cadastros e registros referidos nos incisos I e II deste artigo deverão ser conservados durante o período mínimo de 5 (cinco) anos a partir do encerramento da conta ou da conclusão da transação, prazo este que poderá ser ampliado pela autoridade competente.

**§ 3º.** O registro referido no inciso II deste artigo será efetuado também quando a pessoa física ou jurídica, seus entes ligados, houver realizado, em um mesmo mês-calendário, operações com uma mesma pessoa, conglomerado ou grupo que, em seu conjunto, ultrapassem o limite fixado pela autoridade competente.

**Art. 10-A.** O Banco Central manterá registro centralizado formando o cadastro geral de correntistas e clientes de instituições financeiras, bem como de seus procuradores.

## CAPÍTULO VII. DA COMUNICAÇÃO DE OPERAÇÕES FINANCEIRAS

**Art. 11.** As pessoas referidas no art. 9º:

**I** – dispensarão especial atenção às operações que, nos termos de instruções emanadas das autoridades competentes, possam constituir-se em sérios indícios dos crimes previstos nesta Lei, ou com eles relacionar-se;

**II** – deverão comunicar ao COAF, abstendo-se de dar ciência de tal ato a qualquer pessoa, inclusive àquela à qual se refira a informação, no prazo de 24 (vinte e quatro) horas, a proposta ou realização:

*a)* de todas as transações referidas no inciso II do art. 10, acompanhadas da identificação de que trata o inciso I do mencionado artigo; e

*b)* das operações referidas no inciso I;

**III** – deverão comunicar ao órgão regulador ou fiscalizador da sua atividade ou, na sua falta, ao COAF, na periodicidade, forma e condições por eles estabelecidas, a não ocorrência de propostas, transações ou operações passíveis de serem comunicadas nos termos do inciso II.

**§ 1º.** As autoridades competentes, nas instruções referidas no inciso I deste artigo, elaborarão relação de operações que, por suas características, no que se refere às partes envolvidas, valores, forma de realização, instrumentos utilizados, ou pela falta de fundamento econômico ou legal, possam configurar a hipótese nele prevista.

**§ 2º**. As comunicações de boa-fé, feitas na forma prevista neste artigo, não acarretarão responsabilidade civil ou administrativa.

**§ 3º**. O COAF disponibilizará as comunicações recebidas com base no inciso II do *caput* aos respectivos órgãos responsáveis pela regulação ou fiscalização das pessoas a que se refere o art. 9º.

**Art. 11-A.** As transferências internacionais e os saques em espécie deverão ser previamente comunicados à instituição financeira, nos termos, limites, prazos e condições fixados pelo Banco Central do Brasil.

## CAPÍTULO VIII. DA RESPONSABILIDADE ADMINISTRATIVA

**Art. 12.** Às pessoas referidas no art. 9º, bem como aos administradores das pessoas jurídicas, que deixem de cumprir as obrigações previstas nos arts. 10 e 11, serão aplicadas, cumulativamente ou não, pelas autoridades competentes, as seguintes sanções:

**I** – advertência;

**II** – multa pecuniária variável não superior:

*a)* ao dobro do valor da operação;

*b)* ao dobro do lucro real obtido ou que presumivelmente seria obtido pela realização da operação; ou

*c)* ao valor de R$ 20.000.000,00 (vinte milhões de reais);

**III** – inabilitação temporária, pelo prazo de até 10 (dez) anos, para o exercício do cargo de administrador das pessoas jurídicas referidas no art. 9º;

**IV** – cassação ou suspensão da autorização para o exercício de atividade, operação ou funcionamento.

**§ 1º**. A pena de advertência será aplicada por irregularidade no cumprimento das instruções referidas nos incisos I e II do art. 10.

**§ 2º**. A multa será aplicada sempre que as pessoas referidas no art. 9º, por culpa ou dolo: (Redação alterada pela Lei nº 12.683, de 2012)

**I** – deixarem de sanar as irregularidades objeto de advertência, no prazo assinalado pela autoridade competente;

**II** – não cumprirem o disposto nos incisos I a IV do art. 10;

**III** – deixarem de atender, no prazo estabelecido, a requisição formulada nos termos do inciso V do art. 10;

**IV** – descumprirem a vedação ou deixarem de fazer a comunicação a que se refere o art. 11.

**§ 3º**. A inabilitação temporária será aplicada quando forem verificadas infrações graves quanto ao cumprimento das obrigações constantes desta Lei ou quando ocorrer reincidência específica, devidamente caracterizada em transgressões anteriormente punidas com multa.

**§ 4º**. A cassação da autorização será aplicada nos casos de reincidência específica de infrações anteriormente punidas com a pena prevista no inciso III do *caput* deste artigo.

**Art. 13.** *(Revogado pela Lei 13.974/2020)*

## CAPÍTULO IX. DO CONSELHO DE CONTROLE DE ATIVIDADES FINANCEIRAS

**Art. 14.** É criado, no âmbito do Ministério da Fazenda, o Conselho de Controle de Atividades Financeiras – COAF, com a finalidade de disciplinar, aplicar penas administrativas, receber, examinar e identificar as ocorrências suspeitas de atividades ilícitas previstas nesta Lei, sem prejuízo da competência de outros órgãos e entidades.

**§ 1º**. As instruções referidas no art. 10 destinadas às pessoas mencionadas no art. 9º, para as quais não exista órgão próprio fiscalizador ou regulador, serão expedidas pelo COAF, competindo-lhe, para esses casos, a definição das pessoas abrangidas e a aplicação das sanções enumeradas no art. 12.

**§ 2º**. O COAF deverá, ainda, coordenar e propor mecanismos de cooperação e de troca de informações que viabilizem ações rápidas e eficientes no combate à ocultação ou dissimulação de bens, direitos e valores.

**§ 3º**. O COAF poderá requerer aos órgãos da Administração Pública as informações cadastrais bancárias e financeiras de pessoas envolvidas em atividades suspeitas.

**Art. 15.** O COAF comunicará às autoridades competentes para a instauração dos procedimentos cabíveis, quando concluir pela existência de crimes previstos nesta Lei, de fundados indícios de sua prática, ou de qualquer outro ilícito.

**Arts. 16 e 17.** *(Revogados pela Lei 13.974/2020)*

## CAPÍTULO X DISPOSIÇÕES GERAIS

**Art. 17-A.** Aplicam-se, subsidiariamente, as disposições do Decreto-Lei nº 3.689, de 3 de outubro de 1941 (Código de Processo

Penal), no que não forem incompatíveis com esta Lei.

**Art. 17-B.** A autoridade policial e o Ministério Público terão acesso, exclusivamente, aos dados cadastrais do investigado que informam qualificação pessoal, filiação e endereço, independentemente de autorização judicial, mantidos pela Justiça Eleitoral, pelas empresas telefônicas, pelas instituições financeiras, pelos provedores de internet e pelas administradoras de cartão de crédito.

- CPP: arts. 13-A e 13-B.

**Art. 17-C.** Os encaminhamentos das instituições financeiras e tributárias em resposta às ordens judiciais de quebra ou transferência de sigilo deverão ser, sempre que determinado, em meio informático, e apresentados em arquivos que possibilitem a migração de informações para os autos do processo sem redigitação.

- LC 105/2001: art. 1º, § 4º.

**Art. 17-D.** Em caso de indiciamento de servidor público, este será afastado, sem prejuízo de remuneração e demais direitos previstos em lei, até que o juiz competente autorize, em decisão fundamentada, o seu retorno.

- ADI 4.911/2013, publicada no DOU de 02.12.2020: Artigo declarado inconstitucional, em controle concentrado, pelo Supremo Tribunal Federal.

**Art. 17-E.** A Secretaria da Receita Federal do Brasil conservará os dados fiscais dos contribuintes pelo prazo mínimo de 5 (cinco) anos, contado a partir do início do exercício seguinte ao da declaração de renda respectiva ou ao do pagamento do tributo.

**Art. 18.** Esta Lei entra em vigor na data de sua publicação.

Brasília, 3 de março de 1998; 177º da Independência e 110º da República.

FERNANDO HENRIQUE CARDOSO

D.O.U. 4.3.1998

# LEI Nº 10.671, DE 15 DE MAIO DE 2003 (*)

*Dispõe sobre o Estatuto de Defesa do Torcedor e dá outras providências*

O PRESIDENTE DA REPÚBLICA

Faço saber que o Congresso Nacional decreta e eu sanciono a seguinte Lei:

(...)

## CAPÍTULO XI. DAS PENALIDADES

(...)

**Art. 41-A.** Os juizados do torcedor, órgãos da Justiça Ordinária com competência cível e criminal, poderão ser criados pelos Estados e pelo Distrito Federal para o processo, o julgamento e a execução das causas decorrentes das atividades reguladas nesta Lei.

## CAPÍTULO XI-A. DOS CRIMES

✪ **Art. 41-B.** Promover tumulto, praticar ou incitar a violência, ou invadir local restrito aos competidores em eventos esportivos:

Pena – reclusão de 1 (um) a 2 (dois) anos e multa.

**§ 1º.** Incorrerá nas mesmas penas o torcedor que:

**I** – promover tumulto, praticar ou incitar a violência num raio de 5.000 (cinco mil) metros ao redor do local de realização do evento esportivo, ou durante o trajeto de ida e volta do local da realização do evento;

**II** – portar, deter ou transportar, no interior do estádio, em suas imediações ou no seu trajeto, em dia de realização de evento esportivo, quaisquer instrumentos que possam servir para a prática de violência.

**§ 2º.** Na sentença penal condenatória, o juiz deverá converter a pena de reclusão em pena impeditiva de comparecimento às proximidades do estádio, bem como a qualquer local em que se realize evento esportivo, pelo prazo de 3 (três) meses a 3 (três) anos, de acordo com a gravidade da conduta, na hipótese de o agente ser primário, ter bons antecedentes e não ter sido punido anteriormente pela prática de condutas previstas neste artigo.

**§ 3º.** A pena impeditiva de comparecimento às proximidades do estádio, bem como a qualquer local em que se realize evento esportivo, converter-se-á em privativa de liberdade quando ocorrer o descumprimento injustificado da restrição imposta.

**§ 4º.** Na conversão de pena prevista no § 2º, a sentença deverá determinar, ainda, a obrigatoriedade suplementar de o agente permanecer em estabelecimento indicado pelo juiz, no período compreendido entre as 2 (duas) horas antecedentes e as 2 (duas) horas posteriores à realização de partidas de entidade de prática desportiva ou de competição determinada.

**§ 5º.** Na hipótese de o representante do Ministério Público propor aplicação da pena restritiva de direito prevista no art. 76 da Lei nº 9.099, de 26 de setembro de 1995, o juiz aplicará a sanção prevista no § 2º.

✪ **Art. 41-C.** Solicitar ou aceitar, para si ou para outrem, vantagem ou promessa de vantagem patrimonial ou não patrimonial para qualquer ato ou omissão destinado a alterar ou falsear o resultado de competição esportiva ou evento a ela associado:

Pena – reclusão de 2 (dois) a 6 (seis) anos e multa.

**Art. 41-D.** Dar ou prometer vantagem patrimonial ou não patrimonial com o fim de alterar ou falsear o resultado de uma competição desportiva ou evento a ela associado:

Pena – reclusão de 2 (dois) a 6 (seis) anos e multa.

**Art. 41-E.** Fraudar, por qualquer meio, ou contribuir para que se fraude, de qualquer forma, o resultado de competição esportiva ou evento a ela associado:

Pena – reclusão de 2 (dois) a 6 (seis) anos e multa.

✪ **Art. 41-F.** Vender ingressos de evento esportivo, por preço superior ao estampado no bilhete:

Pena – reclusão de 1 (um) a 2 (dois) anos e multa.

**Art. 41-G.** Fornecer, desviar ou facilitar a distribuição de ingressos para venda por preço superior ao estampado no bilhete:

Pena – reclusão de 2 (dois) a 4 (quatro) anos e multa.

**Parágrafo único.** A pena será aumentada de 1/3 (um terço) até a metade se o agente for servidor público, dirigente ou funcionário de entidade de prática desportiva, entidade responsável pela organização da competição, empresa contratada para o processo de emissão, distribuição e venda de ingressos ou torcida organizada e se utilizar desta condição para os fins previstos neste artigo.

(...)

# LEI Nº 10.826, DE 22 DE DEZEMBRO DE 2003

*Dispõe sobre registro, posse e comercialização de armas de fogo e munição, sobre o Sistema Nacional de Armas – SINARM, define crimes e dá outras providências.*

O PRESIDENTE DA REPÚBLICA Faço saber que o Congresso Nacional decreta e eu sanciono a seguinte Lei:

## CAPÍTULO I. DO SISTEMA NACIONAL DE ARMAS

**Art. 1º.** O Sistema Nacional de Armas – SINARM, instituído no Ministério da Justiça, no âmbito da Polícia Federal, tem circunscrição em todo o território nacional.

**Art. 2º.** Ao SINARM compete:

**I** – identificar as características e a propriedade de armas de fogo, mediante cadastro;

**II** – cadastrar as armas de fogo produzidas, importadas e vendidas no País;

**III** – cadastrar as autorizações de porte de arma de fogo e as renovações expedidas pela Polícia Federal;

**IV** – cadastrar as transferências de propriedade, extravio, furto, roubo e outras ocorrências suscetíveis de alterar os dados cadastrais, inclusive as decorrentes de fechamento de empresas de segurança privada e de transporte de valores;

**V** – identificar as modificações que alterem as características ou o funcionamento de arma de fogo;

**VI** – integrar no cadastro os acervos policiais já existentes;

**VII** – cadastrar as apreensões de armas de fogo, inclusive as vinculadas a procedimentos policiais e judiciais;

**VIII** – cadastrar os armeiros em atividade no País, bem como conceder licença para exercer a atividade;

**IX** – cadastrar mediante registro os produtores, atacadistas, varejistas, exportadores e importadores autorizados de armas de fogo, acessórios e munições;

**X** – cadastrar a identificação do cano da arma, as características das impressões de raiamento e de microestriamento de projétil disparado, conforme marcação e testes obrigatoriamente realizados pelo fabricante;

**XI** – informar às Secretarias de Segurança Pública dos Estados e do Distrito Federal os registros e autorizações de porte de armas de fogo nos respectivos territórios, bem como manter o cadastro atualizado para consulta.

**Parágrafo único.** As disposições deste artigo não alcançam as armas de fogo das Forças Armadas e Auxiliares, bem como as demais que constem dos seus registros próprios.

## CAPÍTULO II. DO REGISTRO

**Art. 3º.** É obrigatório o registro de arma de fogo no órgão competente.

**Parágrafo único.** As armas de fogo de uso restrito serão registradas no Comando do Exército, na forma do regulamento desta Lei.

**Art. 4º.** Para adquirir arma de fogo de uso permitido o interessado deverá, além de declarar a efetiva necessidade, atender aos seguintes requisitos:

**I** – comprovação de idoneidade, com a apresentação de certidões negativas de antecedentes criminais fornecidas pela Justiça Federal, Estadual, Militar e Eleitoral e de não estar respondendo a inquérito policial ou a processo criminal, que poderão ser fornecidas por meios eletrônicos;

**II** – apresentação de documento comprobatório de ocupação lícita e de residência certa;

**III** – comprovação de capacidade técnica e de aptidão psicológica para o manuseio de arma de fogo, atestadas na forma disposta no regulamento desta Lei.

**§ 1º.** O SINARM expedirá autorização de compra de arma de fogo após atendidos os requisitos anteriormente estabelecidos, em nome do requerente e para a arma indicada, sendo intransferível esta autorização.

**§ 2º.** A aquisição de munição somente poderá ser feita no calibre correspondente à arma registrada e na quantidade estabelecida no regulamento desta Lei.

**§ 3º.** A empresa que comercializar arma de fogo em território nacional é obrigada a comunicar a venda à autoridade competente, como também a manter banco de dados com todas as características da arma e cópia dos documentos previstos neste artigo.

**§ 4º.** A empresa que comercializa armas de fogo, acessórios e munições responde legalmente por essas mercadorias, ficando registradas como de sua propriedade enquanto não forem vendidas.

**§ 5º.** A comercialização de armas de fogo, acessórios e munições entre pessoas físicas somente será efetivada mediante autorização do SINARM.

**§ 6º.** A expedição da autorização a que se refere o § 1º será concedida, ou recusada com a devida fundamentação, no prazo de 30 (trinta) dias úteis, a contar da data do requerimento do interessado.

**§ 7º.** O registro precário a que se refere o § 4º prescinde do cumprimento dos requisitos dos incisos I, II e III deste artigo.

**§ 8º.** Estará dispensado das exigências constantes do inciso III do *caput* deste artigo, na forma do regulamento, o interessado em adquirir arma de fogo de uso permitido que comprove estar autorizado a portar arma com as mesmas características daquela a ser adquirida.

**Art. 5º.** O certificado de Registro de Arma de Fogo, com validade em todo o território nacional, autoriza o seu proprietário a manter a arma de fogo exclusivamente no interior de sua residência ou domicílio, ou dependência desses, ou, ainda, no seu local de trabalho, desde que seja ele o titular ou o responsável legal pelo estabelecimento ou empresa.

**§ 1º.** O certificado de registro de arma de fogo será expedido pela Polícia Federal e será precedido de autorização do SINARM.

**§ 2º.** Os requisitos de que tratam os incisos I, II e III do art. 4º deverão ser comprovados periodicamente, em período não inferior a 3 (três) anos, na conformidade do estabelecido no regulamento desta Lei, para a renovação do Certificado de Registro de Arma de Fogo.

**§ 3º.** O proprietário de arma de fogo com certificados de registro de propriedade expedido por órgão estadual ou do Distrito Federal até a data da publicação desta Lei que não optar pela entrega espontânea prevista no art. 32 desta Lei deverá renová-lo mediante o pertinente registro federal, até o dia 31 de dezembro de 2008, ante a apresentação de documento de identificação pessoal e comprovante de residência fixa, ficando dispensado do pagamento de taxas e do cumprimento das demais exigências constantes dos incisos I a III do *caput* do art. 4º desta Lei.

**§ 4º.** Para fins do cumprimento do disposto no § 3º deste artigo, o proprietário de arma de fogo poderá obter, no Departamento de Polícia Federal, certificado de registro provisório, expedido na rede mundial de computadores – internet, na forma do regulamento e obedecidos os procedimentos a seguir:

**I** – emissão de certificado de registro provisório pela internet, com validade inicial de 90 (noventa) dias; e

**II** – revalidação pela unidade do Departamento de Polícia Federal do certificado de registro provisório pelo prazo que estimar como necessário para a emissão definitiva do certificado de registro de propriedade.

**§ 5º** Aos residentes em área rural, para os fins do disposto no *caput* deste artigo, considera-se residência ou domicílio toda a extensão do respectivo imóvel rural. *(Acrescido pela Lei 13.870/2019)*

## CAPÍTULO III.
## DO PORTE

**Art. 6º.** É proibido o porte de arma de fogo em todo o território nacional, salvo para os casos previstos em legislação própria e para:

**I** – os integrantes das Forças Armadas;

**II** – os integrantes de órgãos referidos nos incisos I, II, III, IV e V do caput do art. 144 da Constituição Federal e os da Força Nacional de Segurança Pública (FNSP);

**III** – os integrantes das guardas municipais das capitais dos Estados e dos Municípios com mais de 500.000 (quinhentos mil) habitantes, nas condições estabelecidas no regulamento desta Lei;

- ADC 38/2015, ADI 5.538/2016 e ADI 5.948/2018, publicadas no DOU de 11.03.2021: Inciso declarado inconstitucional, em controle concentrado, pelo Supremo Tribunal Federal, a fim de invalidar as expressões "das capitais dos Estados" e "com mais de 500.000 (quinhentos mil) habitantes".

**IV** – os integrantes das guardas municipais dos Municípios com mais de 50.000 (cinquenta mil) e menos de 500.000 (quinhentos mil) habitantes, quando em serviço;

- ADC 38/2015, ADI 5.538/2016 e ADI 5.948/2018, publicadas no DOU de 11.03.2021: Inciso declarado inconstitucional, em controle concentrado, pelo Supremo Tribunal Federal.

**V** – os agentes operacionais da Agência Brasileira de Inteligência e os agentes do Departamento de Segurança do Gabinete de Segurança Institucional da Presidência da República;

**VI** – os integrantes dos órgãos policiais referidos no art. 51, IV, e no art. 52, XIII, da Constituição Federal;

**VII** – os integrantes do quadro efetivo dos agentes e guardas prisionais, os integrantes das escoltas de presos e as guardas portuárias;

**VIII** – as empresas de segurança privada e de transporte de valores constituídas, nos termos desta Lei;

**IX** – para os integrantes das entidades de desporto legalmente constituídas, cujas atividades esportivas demandem o uso de armas de fogo, na forma do regulamento desta Lei, observando-se, no que couber, a legislação ambiental.

**X** – integrantes das Carreiras de Auditoria da Receita Federal do Brasil e de Auditoria-Fiscal do Trabalho, cargos de Auditor-Fiscal e Analista Tributário.

**XI** – os tribunais do Poder Judiciário descritos no art. 92 da Constituição Federal e os Ministérios Públicos da União e dos Estados, para uso exclusivo de servidores de seus quadros pessoais que efetivamente estejam no exercício de funções de segurança, na forma de regulamento a ser emitido pelo Conselho Nacional de Justiça – CNJ e pelo Conselho Nacional do Ministério Público – CNMP.

**§ 1º.** As pessoas previstas nos incisos I, II, III, V e VI do *caput* deste artigo terão direito de portar arma de fogo de propriedade particular ou fornecida pela respectiva corporação ou instituição, mesmo fora de serviço, nos termos do regulamento desta Lei, com validade em âmbito nacional para aquelas constantes dos incisos I, II, V e VI.

**§ 1º-A** (Revogado de acordo com a Lei nº 11.706, de 2008)

**§ 1º-B.** Os integrantes do quadro efetivo de agentes e guardas prisionais poderão portar arma de fogo de propriedade particular ou fornecida pela respectiva corporação ou instituição, mesmo fora de serviço, desde que estejam:

**I** – submetidos a regime de dedicação exclusiva;

**II** – sujeitos à formação funcional, nos termos do regulamento; e

**III** – subordinados a mecanismos de fiscalização e de controle interno.

**§ 1º-C.** *(VETADO)*

**§ 2º.** A autorização para o porte de arma de fogo aos integrantes das instituições descritas nos incisos V, VI, VII e X do *caput* deste artigo está condicionada à comprovação do requisito a que se refere o inciso III do *caput* do art. 4º desta Lei nas condições estabelecidas no regulamento desta Lei.

**§ 3º.** A autorização para o porte de arma de fogo das guardas municipais está condicionada à formação funcional de seus integrantes em estabelecimentos de ensino de atividade policial, à existência de mecanismos de fiscalização e de controle interno, nas condições estabelecidas no regulamento desta Lei, observada a supervisão do Ministério da Justiça.

**§ 4º.** Os integrantes das Forças Armadas, das polícias federais e estaduais e do Distrito Federal, bem como os militares dos Estados e do Distrito Federal, ao exercerem o direito descrito no art. 4º, ficam dispensados do cumprimento do disposto nos incisos I, II e III do mesmo artigo, na forma do regulamento desta Lei.

**§ 5º.** Aos residentes em áreas rurais, maiores de 25 (vinte e cinco) anos que comprovem depender do emprego de arma de fogo para prover sua subsistência alimentar familiar será concedido pela Polícia Federal o porte de arma de fogo, na categoria caçador para subsistência, de uma arma de uso permitido, de tiro simples, com 1 (um) ou 2 (dois) canos, de alma lisa e de calibre igual ou inferior a 16 (dezesseis), desde que o interessado comprove a efetiva necessidade em requerimento ao qual deverão ser anexados os seguintes documentos:

**I** – documento de identificação pessoal;

**II** – comprovante de residência em área rural; e

**III** – atestado de bons antecedentes.

**§ 6º.** O caçador para subsistência que der outro uso à sua arma de fogo, independentemente de outras tipificações penais, responderá, conforme o caso, por porte ilegal ou por disparo de arma de fogo de uso permitido.

**§ 7º.** Aos integrantes das guardas municipais dos Municípios que integram regiões metropolitanas será autorizado porte de arma de fogo, quando em serviço.

**Art. 7º.** As armas de fogo utilizadas pelos empregados das empresas de segurança privada e de transporte de valores, constituídas na forma da lei, serão de propriedade, responsabilidade e guarda das respectivas empresas, somente podendo ser utilizadas quando em serviço, devendo essas observar as condições de uso e de armazenagem estabelecidas pelo órgão competente, sendo o certificado de registro e a autorização de porte expedidos pela Polícia Federal em nome da empresa.

**§ 1º.** O proprietário ou diretor responsável de empresa de segurança privada e de transporte de valores responderá pelo crime previsto no parágrafo único do art. 13 desta Lei, sem prejuízo das demais sanções administrativas e civis, se deixar de registrar ocorrência policial e de comunicar à Polícia Federal perda, furto, roubo ou outras formas de extravio de armas de fogo, acessórios e munições que estejam sob sua guarda, nas primeiras 24 (vinte e quatro) horas depois de ocorrido o fato.

**§ 2º.** A empresa de segurança e de transporte de valores deverá apresentar documentação comprobatória do preenchimento dos requisitos constantes do art. 4º desta Lei quanto aos empregados que portarão arma de fogo.

**§ 3º.** A listagem dos empregados das empresas referidas neste artigo deverá ser atualizada semestralmente junto ao SINARM.

**Art. 7º-A.** As armas de fogo utilizadas pelos servidores das instituições descritas no inciso XI do art. 6º serão de propriedade, responsabilidade e guarda das respectivas instituições, somente podendo ser utilizadas quando em serviço, devendo estas observar as condições de uso e de armazenagem estabelecidas pelo órgão competente, sendo o certificado de registro e a autorização de porte expedidos pela Polícia Federal em nome da instituição.

**§ 1º.** A autorização para o porte de arma de fogo de que trata este artigo independe do pagamento de taxa.

**§ 2º.** O presidente do tribunal ou o chefe do Ministério Público designará os servidores de seus quadros pessoais no exercício de funções de segurança que poderão portar arma de fogo, respeitado o limite máximo de 50% (cinquenta por cento) do número de servidores que exerçam funções de segurança.

**§ 3º.** O porte de arma pelos servidores das instituições de que trata este artigo fica condicionado à apresentação de documentação comprobatória do preenchimento dos requisitos constantes do art. 4º desta Lei, bem como à formação funcional em estabelecimentos de ensino de atividade policial e à existência de mecanismos de fiscalização e de controle interno, nas condições estabelecidas no regulamento desta Lei.

**§ 4º.** A listagem dos servidores das instituições de que trata este artigo deverá ser atualizada semestralmente no SINARM.

**§ 5º.** As instituições de que trata este artigo são obrigadas a registrar ocorrência policial e a comunicar à Polícia Federal eventual perda, furto, roubo ou outras formas de extravio de armas de fogo, acessórios e munições que estejam sob sua guarda, nas primeiras 24 (vinte e quatro) horas depois de ocorrido o fato.

**Art. 8º.** As armas de fogo utilizadas em entidades desportivas legalmente constituídas devem obedecer às condições de uso e de armazenagem estabelecidas pelo órgão competente, respondendo o possuidor ou o autorizado a portar a arma pela sua guarda na forma do regulamento desta Lei.

**Art. 9º.** Compete ao Ministério da Justiça a autorização do porte de arma para os responsáveis pela segurança de cidadãos estrangeiros em visita ou sediados no Brasil e, ao Comando do Exército, nos termos do regulamento desta Lei, o registro e a concessão de porte de trânsito de arma de fogo para colecionadores, atiradores e caçadores e de representantes estrangeiros em competição internacional oficial de tiro realizada no território nacional.

**Art. 10.** A autorização para o porte de arma de fogo de uso permitido, em todo o território nacional, é de competência da Polícia Federal e somente será concedida após autorização do SINARM.

**§ 1º.** A autorização prevista neste artigo poderá ser concedida com eficácia temporária e territorial limitada, nos termos de atos regulamentares, e dependerá de o requerente:

**I** – demonstrar a sua efetiva necessidade por exercício de atividade profissional de risco ou de ameaça à sua integridade física;

**II** – atender às exigências previstas no art. 4º desta Lei;

**III** – apresentar documentação de propriedade de arma de fogo, bem como o seu devido registro no órgão competente.

**§ 2º.** A autorização de porte de arma de fogo, prevista neste artigo, perderá automaticamente sua eficácia caso o portador dela seja detido ou abordado em estado de embriaguez ou sob efeito de substâncias químicas ou alucinógenas.

**Art. 11.** Fica instituída a cobrança de taxas, nos valores constantes do Anexo desta Lei, pela prestação de serviços relativos:

**I** - ao registro de arma de fogo;

**II** - à renovação de registro de arma de fogo;

**III** - à expedição de segunda via de registro de arma de fogo;

**IV** - à expedição de porte federal de arma de fogo;

**V** - à renovação de porte de arma de fogo;

**VI** - à expedição de segunda via de porte federal de arma de fogo.

**§ 1º.** Os valores arrecadados destinam-se ao custeio e à manutenção das atividades do SINARM, da Polícia Federal e do Comando do Exército, no âmbito de suas respectivas responsabilidades.

**§ 2º.** São isentas do pagamento das taxas previstas neste artigo as pessoas e as instituições a que se referem os incisos I a VII e X e o § 5º do art. 6º desta Lei.

**Art. 11-A.** O Ministério da Justiça disciplinará a forma e as condições do credenciamento de profissionais pela Polícia Federal para comprovação da aptidão psicológica e da capacidade técnica para o manuseio de arma de fogo.

**§ 1º.** Na comprovação da aptidão psicológica, o valor cobrado pelo psicólogo não poderá exceder ao valor médio dos honorários profissionais para realização de avaliação psicológica constante do item 1.16 da tabela do Conselho Federal de Psicologia.

**§ 2º.** Na comprovação da capacidade técnica, o valor cobrado pelo instrutor de armamento e tiro não poderá exceder R$ 80,00 (oitenta reais), acrescido do custo da munição.

**§ 3º.** A cobrança de valores superiores aos previstos nos §§ 1º e 2º deste artigo implicará o descredenciamento do profissional pela Polícia Federal.

## CAPÍTULO IV.
## DOS CRIMES E DAS PENAS

### POSSE IRREGULAR DE ARMA DE FOGO DE USO PERMITIDO

✪ **Art. 12.** Possuir ou manter sob sua guarda arma de fogo, acessório ou munição, de uso permitido, em desacordo com determinação legal ou regulamentar, no interior de sua residência ou dependência desta, ou, ainda no seu local de trabalho, desde que seja o titular ou o responsável legal do estabelecimento ou empresa:

Pena – detenção, de 1 (um) a 3 (três) anos, e multa.

### OMISSÃO DE CAUTELA

**Art. 13.** Deixar de observar as cautelas necessárias para impedir que menor de 18 (dezoito) anos ou pessoa portadora de deficiência mental se apodere de arma de fogo que esteja sob sua posse ou que seja de sua propriedade:

Pena – detenção, de 1 (um) a 2 (dois) anos, e multa.

**Parágrafo único.** Nas mesmas penas incorrem o proprietário ou diretor responsável de empresa de segurança e transporte de valores que deixarem de registrar ocorrência policial e de comunicar à Polícia Federal perda, furto, roubo ou outras formas de extravio de arma de fogo, acessório ou munição que estejam sob sua guarda, nas primeiras 24 (vinte quatro) horas depois de ocorrido o fato.

### PORTE ILEGAL DE ARMA DE FOGO DE USO PERMITIDO

✪ **Art. 14.** Portar, deter, adquirir, fornecer, receber, ter em depósito, transportar, ceder, ainda que gratuitamente, emprestar, remeter, empregar, manter sob guarda ou ocultar arma de fogo, acessório ou munição, de uso permitido, sem autorização e em desacordo com determinação legal ou regulamentar:

Pena – reclusão, de 2 (dois) a 4 (quatro) anos, e multa.

**Parágrafo único.** O crime previsto neste artigo é inafiançável, salvo quando a arma de fogo estiver registrada em nome do agente.

- ADIn 3.112-1: O Tribunal, por maioria, julgou procedente, em parte, a ação para declarar a inconstitucionalidade deste parágrafo único.

### DISPARO DE ARMA DE FOGO

**Art. 15.** Disparar arma de fogo ou acionar munição em lugar habitado ou em suas adjacências, em via pública ou em direção a ela, desde que essa conduta não tenha como finalidade a prática de outro crime:

Pena – reclusão, de 2 (dois) a 4 (quatro) anos, e multa.

**Parágrafo único.** O crime previsto neste artigo é inafiançável.

‣ ADIn 3.112-1: O Tribunal, por maioria, julgou procedente, em parte, a ação para declarar a inconstitucionalidade deste parágrafo único.

## POSSE OU PORTE ILEGAL DE ARMA DE FOGO DE USO RESTRITO

✪ **Art. 16.** Possuir, deter, portar, adquirir, fornecer, receber, ter em depósito, transportar, ceder, ainda que gratuitamente, emprestar, remeter, empregar, manter sob sua guarda ou ocultar arma de fogo, acessório ou munição de uso restrito, sem autorização e em desacordo com determinação legal ou regulamentar: *(Redação dada pela Lei 13.964/2019)*

Pena – reclusão, de 3 (três) a 6 (seis) anos, e multa.

**§ 1º** Nas mesmas penas incorre quem: *(Parágrafo único transformado em § 1º pela Lei 13.964/2019)*

**I** – suprimir ou alterar marca, numeração ou qualquer sinal de identificação de arma de fogo ou artefato;

**II** – modificar as características de arma de fogo, de forma a torná-la equivalente a arma de fogo de uso proibido ou restrito ou para fins de dificultar ou de qualquer modo induzir a erro autoridade policial, perito ou juiz;

**III** – possuir, detiver, fabricar ou empregar artefato explosivo ou incendiário, sem autorização ou em desacordo com determinação legal ou regulamentar;

**IV** – portar, possuir, adquirir, transportar ou fornecer arma de fogo com numeração, marca ou qualquer outro sinal de identificação raspado, suprimido ou adulterado;

**V** – vender, entregar ou fornecer, ainda que gratuitamente, arma de fogo, acessório, munição ou explosivo a criança ou adolescente; e

**VI** – produzir, recarregar ou reciclar, sem autorização legal, ou adulterar, de qualquer forma, munição ou explosivo.

**§ 2º** Se as condutas descritas no caput e no § 1º deste artigo envolverem arma de fogo de uso proibido, a pena é de reclusão, de 4 (quatro) a 12 (doze) anos. *(Acrescido pela Lei 13.964/2019)*

## COMÉRCIO ILEGAL DE ARMA DE FOGO

✪ **Art. 17.** Adquirir, alugar, receber, transportar, conduzir, ocultar, ter em depósito, desmontar, montar, remontar, adulterar, vender, expor à venda, ou de qualquer forma utilizar, em proveito próprio ou alheio, no exercício de atividade comercial ou industrial, arma de fogo, acessório ou munição, sem autorização ou em desacordo com determinação legal ou regulamentar:

Pena - reclusão, de 6 (seis) a 12 (doze) anos, e multa. *(Redação dada pela Lei 13.964/2019)*

**§ 1º** Equipara-se à atividade comercial ou industrial, para efeito deste artigo, qualquer forma de prestação de serviços, fabricação ou comércio irregular ou clandestino, inclusive o exercido em residência. *(Parágrafo único transformado em § 1º pela Lei 13.964/2019)*

**§ 2º** Incorre na mesma pena quem vende ou entrega arma de fogo, acessório ou munição, sem autorização ou em desacordo com a determinação legal ou regulamentar, a agente policial disfarçado, quando presentes elementos probatórios razoáveis de conduta criminal preexistente. *(Acrescido pela Lei 13.964/2019)*

## TRÁFICO INTERNACIONAL DE ARMA DE FOGO

✪ **Art. 18.** Importar, exportar, favorecer a entrada ou saída do território nacional, a qualquer título, de arma de fogo, acessório ou munição, sem autorização da autoridade competente:

Pena - reclusão, de 8 (oito) a 16 (dezesseis) anos, e multa. *(Redação dada pela Lei 13.964/2019)*

**Parágrafo único.** Incorre na mesma pena quem vende ou entrega arma de fogo, acessório ou munição, em operação de importação, sem autorização da autoridade competente, a agente policial disfarçado, quando presentes elementos probatórios razoáveis de conduta criminal preexistente. *(Acrescido pela Lei 13.964/2019)*

✪ **Art. 19.** Nos crimes previstos nos arts. 17 e 18, a pena é aumentada da metade se a arma de fogo, acessório ou munição forem de uso proibido ou restrito.

✪ **Art. 20.** Nos crimes previstos nos arts. 14, 15, 16, 17 e 18, a pena é aumentada da metade se: *(Redação dada pela Lei 13.964/2019)*

**I** – forem praticados por integrante dos órgãos e empresas referidas nos arts. 6º, 7º e 8º desta Lei; ou *(Acrescido pela Lei 13.964/2019)*

**II** – o agente for reincidente específico em crimes dessa natureza. *(Acrescido pela Lei 13.964/2019)*

✪ **Art. 21.** Os crimes previstos nos arts. 16, 17 e 18 são insuscetíveis de liberdade provisória.

‣ ADIn 3.112-1: O Tribunal, por maioria, julgou procedente, em parte, a ação para declarar a inconstitucionalidade deste artigo.

## CAPÍTULO V. DISPOSIÇÕES GERAIS

**Art. 22.** O Ministério da Justiça poderá celebrar convênios com os Estados e o Distrito Federal para o cumprimento do disposto nesta Lei.

**Art. 23.** A classificação legal, técnica e geral bem como a definição das armas de fogo e demais produtos controlados, de usos proibidos, restritos, permitidos ou obsoletos e de valor histórico serão disciplinadas em ato do chefe do Poder Executivo Federal, mediante proposta do Comando do Exército.

**§ 1º.** Todas as munições comercializadas no País deverão estar acondicionadas em embalagens com sistema de código de barras, gravado na caixa, visando possibilitar a identificação do fabricante e do adquirente, entre outras informações definidas pelo regulamento desta Lei.

**§ 2º.** Para os órgãos referidos no art. 6º, somente serão expedidas autorizações de compra de munição com identificação do lote e do adquirente no culote dos projéteis, na forma do regulamento desta Lei.

**§ 3º.** As armas de fogo fabricadas a partir de 1 (um) ano da data de publicação desta Lei conterão dispositivo intrínseco de segurança e de identificação, gravado no corpo da arma, definido pelo regulamento desta Lei, exclusive para os órgãos previstos no art. 6º.

**§ 4º.** As instituições de ensino policial e as guardas municipais referidas nos incisos III e IV do *caput* do art. 6º desta Lei e no seu § 7º poderão adquirir insumos e máquinas de recarga de munição para o fim exclusivo de suprimento de suas atividades, mediante autorização concedida nos termos definidos em regulamento.

**Art. 24.** Excetuadas as atribuições a que se refere o art. 2º desta Lei, compete ao Comando do Exército autorizar e fiscalizar a produção, exportação, importação, desembaraço alfandegário e o comércio de armas de fogo e demais produtos controlados, inclusive o registro e o porte de trânsito de arma de fogo de colecionadores, atiradores e caçadores.

**Art. 25.** As armas de fogo apreendidas, após a elaboração do laudo pericial e sua juntada aos autos, quando não mais interessarem à persecução penal serão encaminhadas pelo juiz competente ao Comando do Exército, no prazo de até 48 (quarenta e oito) horas, para destruição ou doação aos órgãos de segurança pública ou às Forças Armadas, na forma do regulamento desta Lei. *(Redação dada pela Lei 13.886/2019)*

**§ 1º.** As armas de fogo encaminhadas ao Comando do Exército que receberem parecer favorável à doação, obedecidos o padrão e a dotação de cada Força Armada ou órgão de segurança pública, atendidos os critérios de prioridade estabelecidos pelo Ministério da Justiça e ouvido o Comando do Exército, serão arroladas em relatório reservado trimestral a ser encaminhado àquelas instituições, abrindo-se-lhes prazo para manifestação de interesse.

**§ 1º-A.** As armas de fogo e munições apreendidas em decorrência do tráfico de drogas de abuso, ou de qualquer forma utilizadas em atividades ilícitas de produção ou comercialização de drogas abusivas, ou, ainda, que tenham sido adquiridas com recursos provenientes do tráfico de drogas de abuso, perdidas em favor da União e encaminhadas para o Comando do Exército, devem ser, após perícia ou vistoria que atestem seu bom estado, destinadas com prioridade para os órgãos de segurança pública e do sistema penitenciário da unidade da federação responsável pela apreensão. *(Acrescido pela Lei 13.886/2019)*

**§ 2º.** O Comando do Exército encaminhará a relação das armas a serem doadas ao juiz competente, que determinará o seu perdimento em favor da instituição beneficiada.

**§ 3º.** O transporte das armas de fogo doadas será de responsabilidade da instituição beneficiada, que procederá ao seu cadastramento no SINARM ou no Sigma.

**§ 4º.** *(VETADO)*

**§ 5º.** O Poder Judiciário instituirá instrumentos para o encaminhamento ao SINARM ou ao Sigma, conforme se trate de arma de uso permitido ou de uso restrito, semestralmente, da relação de armas acauteladas em juízo, mencionando suas características e o local onde se encontram.

**Art. 26.** São vedadas a fabricação, a venda, a comercialização e a importação de brinquedos, réplicas e simulacros de armas de fogo, que com estas se possam confundir.

**Parágrafo único.** Excetuam-se da proibição as réplicas e os simulacros destinados à instrução, ao adestramento, ou à coleção de usuário autorizado, nas condições fixadas pelo Comando do Exército.

**Art. 27.** Caberá ao Comando do Exército autorizar, excepcionalmente, a aquisição de armas de fogo de uso restrito.

**Parágrafo único.** O disposto neste artigo não se aplica às aquisições dos Comandos Militares.

**Art. 28.** É vedado ao menor de 25 (vinte e cinco) anos adquirir arma de fogo, ressalvados os integrantes das entidades constantes dos incisos I, II, III, V, VI, VII e X do *caput* do art. 6º desta Lei.

**Art. 29.** As autorizações de porte de armas de fogo já concedidas expirar-se-ão 90 (noventa) dias após a publicação desta Lei.

**Parágrafo único.** O detentor de autorização com prazo de validade superior a 90 (noventa) dias poderá renová-la, perante a Polícia Federal, nas condições dos arts. 4º, 6º e 10 desta Lei, no prazo de 90 (noventa) dias após sua publicação, sem ônus para o requerente.

**Art. 30.** Os possuidores e proprietários de arma de fogo de uso permitido ainda não registrada deverão solicitar seu registro até o dia 31 de dezembro de 2008, mediante apresentação de documento de identificação pessoal e comprovante de residência fixa, acompanhados de nota fiscal de compra ou comprovação da origem lícita da posse, pelos meios de prova admitidos em direito, ou declaração firmada na qual constem as características da arma e a sua condição de proprietário, ficando este dispensado do pagamento de taxas e do cumprimento das demais exigências constantes dos incisos I a III do *caput* do art. 4º desta Lei.

**Parágrafo único.** Para fins do cumprimento do disposto no *caput* deste artigo, o proprietário de arma de fogo poderá obter, no Departamento de Polícia Federal, certificado de registro provisório, expedido na forma do § 4º do art. 5º desta Lei.

**Art. 31.** Os possuidores e proprietários de armas de fogo adquiridas regularmente poderão, a qualquer tempo, entregá-las à Polícia Federal, mediante recibo e indenização, nos termos do regulamento desta Lei.

**Art. 32.** Os possuidores e proprietários de arma de fogo poderão entregá-la, espontaneamente, mediante recibo, e, presumindo-se de boa-fé, serão indenizados, na forma do regulamento, ficando extinta a punibilidade de eventual posse irregular da referida arma.

**Parágrafo único.** *Revogado de acordo com a Lei nº 11.706, de 2008.*

**Art. 33.** Será aplicada multa de R$ 100.000,00 (cem mil reais) a R$ 300.000,00 (trezentos mil reais), conforme especificar o regulamento desta Lei:

**I** – à empresa de transporte aéreo, rodoviário, ferroviário, marítimo, fluvial ou lacustre que deliberadamente, por qualquer meio, faça, promova, facilite ou permita o transporte de arma ou munição sem a devida autorização ou com inobservância das normas de segurança;

**II** – à empresa de produção ou comércio de armamentos que realize publicidade para venda, estimulando o uso indiscriminado de armas de fogo, exceto nas publicações especializadas.

**Art. 34.** Os promotores de eventos em locais fechados, com aglomeração superior a 1000 (um mil) pessoas, adotarão, sob pena de responsabilidade, as providências necessárias para evitar o ingresso de pessoas armadas, ressalvados os eventos garantidos pelo inciso VI do art. 5º da Constituição Federal.

**Parágrafo único.** As empresas responsáveis pela prestação dos serviços de transporte internacional e interestadual de passageiros adotarão as providências necessárias para evitar o embarque de passageiros armados.

**Art. 34-A.** Os dados relacionados à coleta de registros balísticos serão armazenados no Banco Nacional de Perfis Balísticos. *(Acrescido pela Lei 13.964/2019)*

**§ 1º** O Banco Nacional de Perfis Balísticos tem como objetivo cadastrar armas de fogo e armazenar características de classe e individualizadoras de projéteis e de estojos de munição deflagrados por arma de fogo.

**§ 2º** O Banco Nacional de Perfis Balísticos será constituído pelos registros de elementos de munição deflagrados por armas de fogo relacionados a crimes, para subsidiar ações destinadas às apurações criminais federais, estaduais e distritais.

**§ 3º** O Banco Nacional de Perfis Balísticos será gerido pela unidade oficial de perícia criminal.

**§ 4º** Os dados constantes do Banco Nacional de Perfis Balísticos terão caráter sigiloso, e aquele que permitir ou promover sua utilização para fins diversos dos previstos nesta Lei ou em decisão judicial responderá civil, penal e administrativamente.

**§ 5º** É vedada a comercialização, total ou parcial, da base de dados do Banco Nacional de Perfis Balísticos.

**§ 6º** A formação, a gestão e o acesso ao Banco Nacional de Perfis Balísticos serão regulamentados em ato do Poder Executivo federal.

## CAPÍTULO VI. DISPOSIÇÕES FINAIS

**Art. 35.** É proibida a comercialização de arma de fogo e munição em todo o território nacional, salvo para as entidades previstas no art. 6º desta Lei.

**§ 1º.** Este dispositivo, para entrar em vigor, dependerá de aprovação mediante referendo popular, a ser realizado em outubro de 2005.

**§ 2º.** Em caso de aprovação do referendo popular, o disposto neste artigo entrará em vigor na data de publicação de seu resultado pelo Tribunal Superior Eleitoral.

**Art. 36.** É revogada a Lei nº 9.437, de 20 de fevereiro de 1997.

**Art. 37.** Esta Lei entra em vigor na data de sua publicação.

Brasília, 22 de dezembro de 2003;
182º da Independência e
115º da República.
LUIZ INÁCIO LULA DA SILVA

## ANEXO.
## TABELA DE TAXAS

| ATO ADMINISTRATIVO | R$ |
|---|---|
| I – Registro de arma de fogo: | |
| – até 31 de dezembro de 2008 | Gratuito (art. 30) |
| – a partir de 1º de janeiro de 2009 | 60,00 |
| II – Renovação do certificado de registro de arma de fogo: | |
| – até 31 de dezembro de 2008 | Gratuito (art. 5º, § 3º) |
| – a partir de 1º de janeiro de 2009 | 60,00 |
| III – Registro de arma de fogo para empresa de segurança privada e de transporte de valores | 60,00 |
| IV – Renovação do certificado de registro de arma de fogo para empresa de segurança privada e de transporte de valores: | |
| – até 30 de junho de 2008 | 30,00 |
| – de 1º de julho de 2008 a 31 de outubro de 2008 | 45,00 |
| – a partir de 1º de novembro de 2008 | 60,00 |
| V – Expedição de porte de arma de fogo | 1.000,00 |
| VI – Renovação de porte de arma de fogo | 1.000,00 |
| VII – Expedição de segunda via de certificado de registro de arma de fogo | 60,00 |
| VIII – Expedição de segunda via de porte de arma de fogo | 60,00 |

# LEI Nº 11.340, DE 7 DE AGOSTO DE 2006

*Cria mecanismos para coibir a violência doméstica e familiar contra a mulher, nos termos do § 8º do art. 226 da Constituição Federal, da Convenção sobre a Eliminação de Todas as Formas de Discriminação contra as Mulheres e da Convenção Interamericana para Prevenir, Punir e Erradicar a Violência contra a Mulher; dispõe sobre a criação dos Juizados de Violência Doméstica e Familiar contra a Mulher; altera o Código de Processo Penal, o Código Penal e a Lei de Execução Penal; e dá outras providências.*

O PRESIDENTE DA REPÚBLICA

Faço saber que o Congresso Nacional decreta e eu sanciono a seguinte Lei:

## TÍTULO I. DISPOSIÇÕES PRELIMINARES

- Lei 13.239/2015 – Cirurgia plástica reparadora causadas por atos de violência contra a mulher pelo SUS.
- Lei 12.845/2013– Dispõe sobre o atendimento obrigatório e integral de pessoas em situação de violência sexual.
- v. Decreto 5.017/2004 – Promulga o Protocolo Adicional à Convenção das Nações Unidas contra o Crime Organizado Transnacional Relativo à Prevenção, Repressão e Punição do Tráfico de Pessoas, em Especial Mulheres e Crianças. (Protocolo de Palermo)
- Decreto 4.377/2002 – Convenção sobre a eliminação de todas as formas de discriminação contra a mulher.
- Decreto 1.973/1996 – Promulga a Convenção Interamericana para Prevenir, Punir e Erradicar a Violência contra a Mulher, concluída em Belém do Pará, em 9 de junho de 1994.

**Art. 1º.** Esta Lei cria mecanismos para coibir e prevenir a violência doméstica e familiar contra a mulher, nos termos do § 8º do art. 226 da Constituição Federal, da Convenção sobre a Eliminação de Todas as Formas de Violência contra a Mulher, da Convenção Interamericana para Prevenir, Punir e Erradicar a Violência contra a Mulher e de outros tratados internacionais ratificados pela República Federativa do Brasil; dispõe sobre a criação dos Juizados de Violência Doméstica e Familiar contra a Mulher; e estabelece medidas de assistência e proteção às mulheres em situação de violência doméstica e familiar.

- ADC 19: O STF, por unanimidade, "julgou procedente a ação declaratória para declarar a constitucionalidade art. 1º da Lei 11.340/2006". (D.O.U. 17.2.2012)

**Art. 2º.** Toda mulher, independentemente de classe, raça, etnia, orientação sexual, renda, cultura, nível educacional, idade e religião, goza dos direitos fundamentais inerentes à pessoa humana, sendo-lhe asseguradas as oportunidades e facilidades para viver sem violência, preservar sua saúde física e mental e seu aperfeiçoamento moral, intelectual e social.

- CF/88: art. 5º, I.

**Art. 3º.** Serão asseguradas às mulheres as condições para o exercício efetivo dos direitos à vida, à segurança, à saúde, à alimentação, à educação, à cultura, à moradia, ao acesso à justiça, ao esporte, ao lazer, ao trabalho, à cidadania, à liberdade, à dignidade, ao respeito e à convivência familiar e comunitária.

**§ 1º.** O poder público desenvolverá políticas que visem garantir os direitos humanos das mulheres no âmbito das relações domésticas e familiares no sentido de resguardá-las de toda forma de negligência, discriminação, exploração, violência, crueldade e opressão.

**§ 2º.** Cabe à família, à sociedade e ao poder público criar as condições necessárias para o efetivo exercício dos direitos enunciados no *caput*.

**Art. 4º.** Na interpretação desta Lei, serão considerados os fins sociais a que ela se destina e, especialmente, as condições peculiares das mulheres em situação de violência doméstica e familiar.

## TÍTULO II. DA VIOLÊNCIA DOMÉSTICA E FAMILIAR CONTRA A MULHER

### CAPÍTULO I. DISPOSIÇÕES GERAIS

✪ **Art. 5º.** Para os efeitos desta Lei, configura violência doméstica e familiar contra a mulher qualquer ação ou omissão baseada no gênero que lhe cause morte, lesão, sofrimento físico, sexual ou psicológico e dano moral ou patrimonial:

- CP: art. 61, II, f.
- Súm. 600, STJ.

**I** – no âmbito da unidade doméstica, compreendida como o espaço de convívio permanente de pessoas, com ou sem vínculo familiar, inclusive as esporadicamente agregadas;

**II** – no âmbito da família, compreendida como a comunidade formada por indivíduos que são ou se consideram aparentados, unidos por laços naturais, por afinidade ou por vontade expressa;

**III** – em qualquer relação íntima de afeto, na qual o agressor conviva ou tenha convivido com a ofendida, independentemente de coabitação.

**Parágrafo único.** As relações pessoais enunciadas neste artigo independem de orientação sexual.

**Art. 6º.** A violência doméstica e familiar contra a mulher constitui uma das formas de violação dos direitos humanos.

### CAPÍTULO II. DAS FORMAS DE VIOLÊNCIA DOMÉSTICA E FAMILIAR CONTRA A MULHER

✪ **Art. 7º.** São formas de violência doméstica e familiar contra a mulher, entre outras:

- Súm. 600, STJ.

**I** – a violência física, entendida como qualquer conduta que ofenda sua integridade ou saúde corporal;

**II** – a violência psicológica, entendida como qualquer conduta que lhe cause dano emocional e diminuição da autoestima ou que lhe prejudique e perturbe o pleno desenvolvimento ou que vise degradar ou controlar suas ações, comportamentos, crenças e decisões, mediante ameaça, constrangimento, humilhação, manipulação, isolamento, vigilância constante, perseguição contumaz, insulto, chantagem, violação de sua intimidade, ridicularização, exploração e limitação do direito de ir e vir ou qualquer outro meio que lhe cause prejuízo à saúde psicológica e à autodeterminação; *(Redação dada pela Lei 13.772/2018)*

**III** – a violência sexual, entendida como qualquer conduta que a constranja a presenciar, a manter ou a participar de relação sexual não desejada, mediante intimidação, ameaça, coação ou uso da força; que a induza a comercializar ou a utilizar, de qualquer modo, a sua sexualidade, que a impeça de usar qualquer método contraceptivo ou que a force ao matrimônio, à gravidez, ao aborto ou à prostituição, mediante coação, chantagem, suborno ou manipulação; ou que limite ou anule o exercício de seus direitos sexuais e reprodutivos;

**IV** – a violência patrimonial, entendida como qualquer conduta que configure retenção, subtração, destruição parcial ou total de seus objetos, instrumentos de trabalho, documentos pessoais, bens, valores e direitos ou recursos econômicos, incluindo os destinados a satisfazer suas necessidades;

**V** – a violência moral, entendida como qualquer conduta que configure calúnia, difamação ou injúria.

## TÍTULO III. DA ASSISTÊNCIA À MULHER EM SITUAÇÃO DE VIOLÊNCIA DOMÉSTICA E FAMILIAR

### CAPÍTULO I. DAS MEDIDAS INTEGRADAS DE PREVENÇÃO

**Art. 8º.** A política pública que visa coibir a violência doméstica e familiar contra a mulher far-se-á por meio de um conjunto articulado de ações da União, dos Estados, do Distrito Federal e dos Municípios e de ações não governamentais, tendo por diretrizes:

**I** – a integração operacional do Poder Judiciário, do Ministério Público e da Defensoria Pública com as áreas de segurança pública, assistência social, saúde, educação, trabalho e habitação;

**II** – a promoção de estudos e pesquisas, estatísticas e outras informações relevantes, com a perspectiva de gênero e de raça ou etnia, concernentes às causas, às consequências e à frequência da violência doméstica e familiar contra a mulher, para a sistematização de dados, a serem unificados nacionalmente, e a avaliação periódica dos resultados das medidas adotadas;

**III** – o respeito, nos meios de comunicação social, dos valores éticos e sociais da pessoa e da família, de forma a coibir os papéis estereotipados que legitimem ou exacerbem a violência doméstica e familiar, de acordo com o estabelecido no inciso III do art. 1º, no inciso IV do art. 3º e no inciso IV do art. 221 da Constituição Federal;

**IV** – a implementação de atendimento policial especializado para as mulheres, em particular nas Delegacias de Atendimento à Mulher;

**V** – a promoção e a realização de campanhas educativas de prevenção da violência doméstica e familiar contra a mulher, voltadas ao público escolar e à sociedade em geral, e a difusão desta Lei e dos instrumentos de proteção aos direitos humanos das mulheres;

**VI** – a celebração de convênios, protocolos, ajustes, termos ou outros instrumentos de promoção de parceria entre órgãos governamentais ou entre estes e entidades não governamentais, tendo por objetivo a implementação de programas de erradicação da violência doméstica e familiar contra a mulher;

**VII** – a capacitação permanente das Polícias Civil e Militar, da Guarda Municipal, do Corpo de Bombeiros e dos profissionais pertencentes aos órgãos e às áreas enunciados no inciso I quanto às questões de gênero e de raça ou etnia;

**VIII** – a promoção de programas educacionais que disseminem valores éticos de irrestrito respeito à dignidade da pessoa humana com a perspectiva de gênero e de raça ou etnia;

**IX** – o destaque, nos currículos escolares de todos os níveis de ensino, para os conteúdos relativos aos direitos humanos, à equidade de gênero e de raça ou etnia e ao problema da violência doméstica e familiar contra a mulher.

## CAPÍTULO II. DA ASSISTÊNCIA À MULHER EM SITUAÇÃO DE VIOLÊNCIA DOMÉSTICA E FAMILIAR

**Art. 9º.** A assistência à mulher em situação de violência doméstica e familiar será prestada de forma articulada e conforme os princípios e as diretrizes previstos na Lei Orgânica da Assistência Social, no Sistema Único de Saúde, no Sistema Único de Segurança Pública, entre outras normas e políticas públicas de proteção, e emergencialmente quando for o caso.

**§ 1º.** O juiz determinará, por prazo certo, a inclusão da mulher em situação de violência doméstica e familiar no cadastro de programas assistenciais do governo federal, estadual e municipal.

**§ 2º.** O juiz assegurará à mulher em situação de violência doméstica e familiar, para preservar sua integridade física e psicológica:

**I** – acesso prioritário à remoção quando servidora pública, integrante da administração direta ou indireta;

**II** – manutenção do vínculo trabalhista, quando necessário o afastamento do local de trabalho, por até 6 (seis) meses.

**III** – encaminhamento à assistência judiciária, quando for o caso, inclusive para eventual ajuizamento da ação de separação judicial, de divórcio, de anulação de casamento ou de dissolução de união estável perante o juízo competente. *(Acrescido pela Lei 13.894/2019)*

**§ 3º.** A assistência à mulher em situação de violência doméstica e familiar compreenderá o acesso aos benefícios decorrentes do desenvolvimento científico e tecnológico, incluindo os serviços de contracepção de emergência, a profilaxia das Doenças Sexualmente Transmissíveis (DST) e da Síndrome da Imunodeficiência Adquirida (AIDS) e outros procedimentos médicos necessários e cabíveis nos casos de violência sexual.

**§ 4º** Aquele que, por ação ou omissão, causar lesão, violência física, sexual ou psicológica e dano moral ou patrimonial a mulher fica obrigado a ressarcir todos os danos causados, inclusive ressarcir ao Sistema Único de Saúde (SUS), de acordo com a tabela SUS, os custos relativos aos serviços de saúde prestados para o total tratamento das vítimas em situação de violência doméstica e familiar, recolhidos os recursos assim arrecadados ao Fundo de Saúde do ente federado responsável pelas unidades de saúde que prestarem os serviços. *(Acrescido pela Lei 13.871/2019)*

**§ 5º** Os dispositivos de segurança destinados ao uso em caso de perigo iminente e disponibilizados para o monitoramento das vítimas de violência doméstica ou familiar amparadas por medidas protetivas terão seus custos ressarcidos pelo agressor. *(Acrescido pela Lei 13.871/2019)*

**§ 6º** O ressarcimento de que tratam os §§ 4º e 5º deste artigo não poderá importar ônus de qualquer natureza ao patrimônio da mulher e dos seus dependentes, nem configurar atenuante ou ensejar possibilidade de substituição da pena aplicada. *(Acrescido pela Lei 13.871/2019)*

**§ 7º** A mulher em situação de violência doméstica e familiar tem prioridade para matricular seus dependentes em instituição de educação básica mais próxima de seu domicílio, ou transferi-los para essa instituição, mediante a apresentação dos documentos comprobatórios do registro da ocorrência policial ou do processo de violência doméstica e familiar em curso. *(Acrescido pela Lei 13.882/2019)*

**§ 8º** Serão sigilosos os dados da ofendida e de seus dependentes matriculados ou transferidos conforme o disposto no § 7º deste artigo, e o acesso às informações será reservado ao juiz, ao Ministério Público e aos órgãos competentes do poder público. *(Acrescido pela Lei 13.882/2019)*

## CAPÍTULO III. DO ATENDIMENTO PELA AUTORIDADE POLICIAL

**Art. 10.** Na hipótese da iminência ou da prática de violência doméstica e familiar contra a mulher, a autoridade policial que tomar conhecimento da ocorrência adotará, de imediato, as providências legais cabíveis.

**Parágrafo único.** Aplica-se o disposto no *caput* deste artigo ao descumprimento de medida protetiva de urgência deferida.

**Art. 10-A.** É direito da mulher em situação de violência doméstica e familiar o atendimento policial e pericial especializado, ininterrupto e prestado por servidores – preferencialmente do sexo feminino – previamente capacitados.

**§ 1º.** A inquirição de mulher em situação de violência doméstica e familiar ou de testemunha de violência doméstica, quando se tratar de crime contra a mulher, obedecerá às seguintes diretrizes:

**I** – salvaguarda da integridade física, psíquica e emocional da depoente, considerada a sua condição peculiar de pessoa em situação de violência doméstica e familiar;

**II** – garantia de que, em nenhuma hipótese, a mulher em situação de violência doméstica e familiar, familiares e testemunhas terão contato direto com investigados ou suspeitos e pessoas a eles relacionadas;

**III** – não revitimização da depoente, evitando sucessivas inquirições sobre o mesmo fato nos âmbitos criminal, cível e administrativo, bem como questionamentos sobre a vida privada.

**§ 2º** Na inquirição de mulher em situação de violência doméstica e familiar ou de testemunha de delitos de que trata esta Lei, adotar-se-á, preferencialmente, o seguinte procedimento:

**I** – a inquirição será feita em recinto especialmente projetado para esse fim, o qual conterá os equipamentos próprios e adequados à idade da mulher em situação de violência doméstica e familiar ou testemunha e ao tipo e à gravidade da violência sofrida;

**II** – quando for o caso, a inquirição será intermediada por profissional especializado em violência doméstica e familiar designado pela autoridade judiciária ou policial;

**III** – o depoimento será registrado em meio eletrônico ou magnético, devendo a degravação e a mídia integrar o inquérito.

✪ **Art. 11.** No atendimento à mulher em situação de violência doméstica e familiar, a autoridade policial deverá, entre outras providências:

**I** – garantir proteção policial, quando necessário, comunicando de imediato ao Ministério Público e ao Poder Judiciário;

**II** – encaminhar a ofendida ao hospital ou posto de saúde e ao Instituto Médico Legal;

**III** – fornecer transporte para a ofendida e seus dependentes para abrigo ou local seguro, quando houver risco de vida;

**IV** – se necessário, acompanhar a ofendida para assegurar a retirada de seus pertences do local da ocorrência ou do domicílio familiar;

**V** – informar à ofendida os direitos a ela conferidos nesta Lei e os serviços disponíveis, inclusive os de assistência judiciária para o eventual ajuizamento perante o juízo competente da ação de separação judicial, de divórcio, de anulação de casamento ou de dissolução de união estável. *(Redação dada pela Lei 13.894/2019)*

✪ **Art. 12.** Em todos os casos de violência doméstica e familiar contra a mulher, feito o registro da ocorrência, deverá a autoridade policial adotar, de imediato, os seguintes procedimentos, sem prejuízo daqueles previstos no Código de Processo Penal:

**I** – ouvir a ofendida, lavrar o boletim de ocorrência e tomar a representação a termo, se apresentada;

- ADIn 4.424/DF: O STF, por maioria, "julgou procedente a ação direta para, dando interpretação conforme aos arts. 12, I, e 16, ambos da Lei 11.340/2006, assentar a natureza incondicionada da ação penal em caso de crime de lesão, pouco importando a extensão desta, praticado contra a mulher no ambiente doméstico". (D.O.U. 17.2.2012)

PENAL

**II** – colher todas as provas que servirem para o esclarecimento do fato e de suas circunstâncias;

**III** – remeter, no prazo de 48 (quarenta e oito) horas, expediente apartado ao juiz com o pedido da ofendida, para a concessão de medidas protetivas de urgência;

**IV** – determinar que se proceda ao exame de corpo de delito da ofendida e requisitar outros exames periciais necessários;

**V** – ouvir o agressor e as testemunhas;

**VI** – ordenar a identificação do agressor e fazer juntar aos autos sua folha de antecedentes criminais, indicando a existência de mandado de prisão ou registro de outras ocorrências policiais contra ele;

**VI-A** – verificar se o agressor possui registro de porte ou posse de arma de fogo e, na hipótese de existência, juntar aos autos essa informação, bem como notificar a ocorrência à instituição responsável pela concessão do registro ou da emissão do porte, nos termos da Lei nº 10.826, de 22 de dezembro de 2003 (Estatuto do Desarmamento); *(Acrescido pela Lei 13.880/2019)*

**VII** – remeter, no prazo legal, os autos do inquérito policial ao juiz e ao Ministério Público.

**§ 1º.** O pedido da ofendida será tomado a termo pela autoridade policial e deverá conter:

**I** – qualificação da ofendida e do agressor;

**II** – nome e idade dos dependentes;

**III** – descrição sucinta do fato e das medidas protetivas solicitadas pela ofendida.

**IV** – informação sobre a condição de a ofendida ser pessoa com deficiência e se da violência sofrida resultou deficiência ou agravamento de deficiência preexistente. *(Acrescido pela Lei 13.836/2019)*

**§ 2º.** A autoridade policial deverá anexar ao documento referido no § 1º o boletim de ocorrência e cópia de todos os documentos disponíveis em posse da ofendida.

**§ 3º.** Serão admitidos como meios de prova os laudos ou prontuários médicos fornecidos por hospitais e postos de saúde.

**Art. 12-A.** Os Estados e o Distrito Federal, na formulação de suas políticas e planos de atendimento à mulher em situação de violência doméstica e familiar, darão prioridade, no âmbito da Polícia Civil, à criação de Delegacias Especializadas de Atendimento à Mulher (Deams), de Núcleos Investigativos de Feminicídio e de equipes especializadas para o atendimento e a investigação das violências graves contra a mulher.

**Art. 12-B.** (Vetado).

**§ 1º.** (Vetado).

**§ 2º.** (Vetado).

**§ 3º.** A autoridade policial poderá requisitar os serviços públicos necessários à defesa da mulher em situação de violência doméstica e familiar e de seus dependentes.

**Art. 12-C.** Verificada a existência de risco atual ou iminente à vida ou à integridade física ou psicológica da mulher em situação de violência doméstica e familiar, ou de seus dependentes, o agressor será imediatamente afastado do lar, domicílio ou local de convivência com a ofendida: *(Redação dada pela Lei 14.188/2021)*

**I** – pela autoridade judicial; *(Acrescido pela Lei 13.827/2019)*

**II** – pelo delegado de polícia, quando o Município não for sede de comarca; ou *(Acrescido pela Lei 13.827/2019)*

**III** – pelo policial, quando o Município não for sede de comarca e não houver delegado disponível no momento da denúncia. *(Acrescido pela Lei 13.827/2019)*

**§ 1º** Nas hipóteses dos incisos II e III do caput deste artigo, o juiz será comunicado no prazo máximo de 24 (vinte e quatro) horas e decidirá, em igual prazo, sobre a manutenção ou a revogação da medida aplicada, devendo dar ciência ao Ministério Público concomitantemente. *(Acrescido pela Lei 13.827/2019)*

**§ 2º** Nos casos de risco à integridade física da ofendida ou à efetividade da medida protetiva de urgência, não será concedida liberdade provisória ao preso. *(Acrescido pela Lei 13.827/2019)*

# TÍTULO IV. DOS PROCEDIMENTOS

## CAPÍTULO I. DISPOSIÇÕES GERAIS

**Art. 13.** Ao processo, ao julgamento e à execução das causas cíveis e criminais decorrentes da prática de violência doméstica e familiar contra a mulher aplicar-se-ão as normas dos Códigos de Processo Penal e Processo Civil e da legislação específica relativa à criança, ao adolescente e ao idoso que não conflitarem com o estabelecido nesta Lei.

**Art. 14.** Os Juizados de Violência Doméstica e Familiar contra a Mulher, órgãos da Justiça Ordinária com competência cível e criminal, poderão ser criados pela União, no Distrito Federal e nos Territórios, e pelos Estados, para o processo, o julgamento e a execução das causas decorrentes da prática de violência doméstica e familiar contra a mulher.

▸ Súm. 536 do STJ.

**Parágrafo único.** Os atos processuais poderão realizar-se em horário noturno, conforme dispuserem as normas de organização judiciária.

**Art. 14-A.** A ofendida tem a opção de propor ação de divórcio ou de dissolução de união estável no Juizado de Violência Doméstica e Familiar contra a Mulher. *(Acrescido pela Lei 13.894/2019, vetado pelo Presidente da República, mantido pelo Congresso Nacional e publicado no DOU de 11.12.2019)*

**§ 1º** Exclui-se da competência dos Juizados de Violência Doméstica e Familiar contra a Mulher a pretensão relacionada à partilha de bens.

**§ 2º** Iniciada a situação de violência doméstica e familiar após o ajuizamento da ação de divórcio ou de dissolução de união estável, a ação terá preferência no juízo onde estiver.

✪ **Art. 15.** É competente, por opção da ofendida, para os processos cíveis regidos por esta Lei, o Juizado:

**I** – do seu domicílio ou de sua residência;

**II** – do lugar do fato em que se baseou a demanda;

**III** – do domicílio do agressor.

**Art. 16.** Nas ações penais públicas condicionadas à representação da ofendida de que trata esta Lei, só será admitida a renúncia à representação perante o juiz, em audiência especialmente designada com tal finalidade, antes do recebimento da denúncia e ouvido o Ministério Público.

▸ ADIn 4.424/DF: O STF, por maioria, "julgou procedente a ação direta para, dando interpretação conforme aos arts. 12, I, e 16, ambos da Lei 11.340/2006, assentar a natureza incondicionada da ação penal em caso de crime de lesão, pouco importando a extensão desta, praticado contra a mulher no ambiente doméstico". (D.O.U. 17.2.2012)

✪ **Art. 17.** É vedada a aplicação, nos casos de violência doméstica e familiar contra a mulher, de penas de cesta básica ou outras de prestação pecuniária, bem como a substituição de pena que implique o pagamento isolado de multa.

▸ Súm. 536 do STJ.

## CAPÍTULO II. DAS MEDIDAS PROTETIVAS DE URGÊNCIA

### SEÇÃO I. DISPOSIÇÕES GERAIS

✪ **Art. 18.** Recebido o expediente com o pedido da ofendida, caberá ao juiz, no prazo de 48 (quarenta e oito) horas:

**I** – conhecer do expediente e do pedido e decidir sobre as medidas protetivas de urgência;

**II** – determinar o encaminhamento da ofendida ao órgão de assistência judiciária, quando for o caso, inclusive para o ajuizamento da ação de separação judicial, de divórcio, de anulação de casamento ou de dissolução de união estável perante o juízo competente; *(Redação dada pela Lei 13.894/2019)*

**III** – comunicar ao Ministério Público para que adote as providências cabíveis.

**IV** – determinar a apreensão imediata de arma de fogo sob a posse do agressor. *(Acrescido pela Lei 13.880/2019)*

✪ **Art. 19.** As medidas protetivas de urgência poderão ser concedidas pelo juiz, a requerimento do Ministério Público ou a pedido da ofendida.

**§ 1º.** As medidas protetivas de urgência poderão ser concedidas de imediato, independentemente de audiência das partes e de manifestação do Ministério Público, devendo este ser prontamente comunicado.

**§ 2º.** As medidas protetivas de urgência serão aplicadas isolada ou cumulativamente, e poderão ser substituídas a qualquer tempo por outras de maior eficácia, sempre que os direitos reconhecidos nesta Lei forem ameaçados ou violados.

**§ 3º.** Poderá o juiz, a requerimento do Ministério Público ou a pedido da ofendida, conceder novas medidas protetivas de urgência ou rever aquelas já concedidas, se entender necessário à proteção da ofendida, de seus familiares e de seu patrimônio, ouvido o Ministério Público.

✪ **Art. 20.** Em qualquer fase do inquérito policial ou da instrução criminal, caberá a prisão preventiva do agressor, decretada pelo juiz, de ofício, a requerimento do Ministério Público ou mediante representação da autoridade policial.

▸ CPP: arts. 312 e 313.

**Parágrafo único.** O juiz poderá revogar a prisão preventiva se, no curso do processo, verificar a falta de motivo para que subsista, bem como de novo decretá-la, se sobrevierem razões que a justifiquem.

▸ CPP: art. 316.

**Art. 21.** A ofendida deverá ser notificada dos atos processuais relativos ao agressor, especialmente dos pertinentes ao ingresso e à saída da prisão, sem prejuízo da intimação do advogado constituído ou do defensor público.

**Parágrafo único.** A ofendida não poderá entregar intimação ou notificação ao agressor.

## SEÇÃO II. DAS MEDIDAS PROTETIVAS DE URGÊNCIA QUE OBRIGAM O AGRESSOR

✪ **Art. 22.** Constatada a prática de violência doméstica e familiar contra a mulher, nos termos desta Lei, o juiz poderá aplicar, de imediato, ao agressor, em conjunto ou separadamente, as seguintes medidas protetivas de urgência, entre outras:

**I** – suspensão da posse ou restrição do porte de armas, com comunicação ao órgão competente, nos termos da Lei nº 10.826, de 22 de dezembro de 2003;

**II** – afastamento do lar, domicílio ou local de convivência com a ofendida;

**III** – proibição de determinadas condutas, entre as quais:

*a)* aproximação da ofendida, de seus familiares e das testemunhas, fixando o limite mínimo de distância entre estes e o agressor;

*b)* contato com a ofendida, seus familiares e testemunhas por qualquer meio de comunicação;

*c)* frequentação de determinados lugares a fim de preservar a integridade física e psicológica da ofendida;

**IV** – restrição ou suspensão de visitas aos dependentes menores, ouvida a equipe de atendimento multidisciplinar ou serviço similar;

**V** – prestação de alimentos provisionais ou provisórios.

**VI** – comparecimento do agressor a programas de recuperação e reeducação; e *(Acrescido pela Lei 13.984/2020)*

**VII** – acompanhamento psicossocial do agressor, por meio de atendimento individual e/ou em grupo de apoio. *(Acrescido pela Lei 13.984/2020)*

**§ 1º.** As medidas referidas neste artigo não impedem a aplicação de outras previstas na legislação em vigor, sempre que a segurança da ofendida ou as circunstâncias o exigirem, devendo a providência ser comunicada ao Ministério Público.

**§ 2º.** Na hipótese de aplicação do inciso I, encontrando-se o agressor nas condições mencionadas no *caput* e incisos do art. 6º da Lei nº 10.826, de 22 de dezembro de 2003, o juiz comunicará ao respectivo órgão, corporação ou instituição as medidas protetivas de urgência concedidas e determinará a restrição do porte de armas, ficando o superior imediato do agressor responsável pelo cumprimento da determinação judicial, sob pena de incorrer nos crimes de prevaricação ou de desobediência, conforme o caso.

**§ 3º.** Para garantir a efetividade das medidas protetivas de urgência, poderá o juiz requisitar, a qualquer momento, auxílio da força policial.

**§ 4º.** Aplica-se às hipóteses previstas neste artigo, no que couber, o disposto no *caput* e nos §§ 5º e 6º do art. 461 da Lei nº 5.869, de 11 de janeiro de 1973 (Código de Processo Civil).

- Lei 13.105/2015 revogou a lei 5.869/1973.
- CPC/15: arts. 497, 536 e 537.

## SEÇÃO III. DAS MEDIDAS PROTETIVAS DE URGÊNCIA À OFENDIDA

✪ **Art. 23.** Poderá o juiz, quando necessário, sem prejuízo de outras medidas:

**I** – encaminhar a ofendida e seus dependentes a programa oficial ou comunitário de proteção ou de atendimento;

**II** – determinar a recondução da ofendida e a de seus dependentes ao respectivo domicílio, após afastamento do agressor;

**III** – determinar o afastamento da ofendida do lar, sem prejuízo dos direitos relativos a bens, guarda dos filhos e alimentos;

**IV** – determinar a separação de corpos.

**V** – determinar a matrícula dos dependentes da ofendida em instituição de educação básica mais próxima do seu domicílio, ou a transferência deles para essa instituição, independentemente da existência de vaga. *(Acrescido pela Lei 13.882/2019)*

✪ **Art. 24.** Para a proteção patrimonial dos bens da sociedade conjugal ou daqueles de propriedade particular da mulher, o juiz poderá determinar, liminarmente, as seguintes medidas, entre outras:

**I** – restituição de bens indevidamente subtraídos pelo agressor à ofendida;

**II** – proibição temporária para a celebração de atos e contratos de compra, venda e locação de propriedade em comum, salvo expressa autorização judicial;

**III** – suspensão das procurações conferidas pela ofendida ao agressor;

**IV** – prestação de caução provisória, mediante depósito judicial, por perdas e danos materiais decorrentes da prática de violência doméstica e familiar contra a ofendida.

**Parágrafo único.** Deverá o juiz oficiar ao cartório competente para os fins previstos nos incisos II e III deste artigo.

## SEÇÃO IV

- (Incluída pela Lei nº 13.641, de 2018)

## DO CRIME DE DESCUMPRIMENTO DE MEDIDAS PROTETIVAS DE URGÊNCIA

## DESCUMPRIMENTO DE MEDIDAS PROTETIVAS DE URGÊNCIA

✪ **Art. 24-A.** Descumprir decisão judicial que defere medidas protetivas de urgência previstas nesta Lei: (Incluído pela Lei nº 13.641, de 2018)

Pena – detenção, de 3 (três) meses a 2 (dois) anos. (Incluído pela Lei nº 13.641, de 2018)

**§ 1º** A configuração do crime independe da competência civil ou criminal do juiz que deferiu as medidas. (Incluído pela Lei nº 13.641, de 2018)

**§ 2º** Na hipótese de prisão em flagrante, apenas a autoridade judicial poderá conceder fiança. (Incluído pela Lei nº 13.641, de 2018)

**§ 3º** O disposto neste artigo não exclui a aplicação de outras sanções cabíveis. (Incluído pela Lei nº 13.641, de 2018)

## CAPÍTULO III. DA ATUAÇÃO DO MINISTÉRIO PÚBLICO

- LC 75/1993 – Dispõe sobre a organização, as atribuições e o estatuto do Ministério Público da União.
- Lei 8.625/1993 – Institui a Lei Orgânica Nacional do Ministério Público, dispõe sobre normas gerais para a organização do Ministério Público dos Estados.

**Art. 25.** O Ministério Público intervirá, quando não for parte, nas causas cíveis e criminais decorrentes da violência doméstica e familiar contra a mulher.

**Art. 26.** Caberá ao Ministério Público, sem prejuízo de outras atribuições, nos casos de violência doméstica e familiar contra a mulher, quando necessário:

**I** – requisitar força policial e serviços públicos de saúde, de educação, de assistência social e de segurança, entre outros;

**II** – fiscalizar os estabelecimentos públicos e particulares de atendimento à mulher em situação de violência doméstica e familiar, e adotar, de imediato, as medidas administrativas ou judiciais cabíveis no tocante a quaisquer irregularidades constatadas;

**III** – cadastrar os casos de violência doméstica e familiar contra a mulher.

## CAPÍTULO IV. DA ASSISTÊNCIA JUDICIÁRIA

**Art. 27.** Em todos os atos processuais, cíveis e criminais, a mulher em situação de violência doméstica e familiar deverá estar acompanhada de advogado, ressalvado o previsto no art. 19 desta Lei.

✪ **Art. 28.** É garantido a toda mulher em situação de violência doméstica e familiar o acesso aos serviços de Defensoria Pública ou de Assistência Judiciária Gratuita, nos termos da lei, em sede policial e judicial, mediante atendimento específico e humanizado.

- Lei 1.060/1950 – Estabelece normas para a concessão de assistência judiciária aos necessitados.

## TÍTULO V. DA EQUIPE DE ATENDIMENTO MULTIDISCIPLINAR

**Art. 29.** Os Juizados de Violência Doméstica e Familiar contra a Mulher que vierem a ser criados poderão contar com uma equipe de atendimento multidisciplinar, a ser integrada por profissionais especializados nas áreas psicossocial, jurídica e de saúde.

**Art. 30.** Compete à equipe de atendimento multidisciplinar, entre outras atribuições que lhe forem reservadas pela legislação local, fornecer subsídios por escrito ao juiz, ao Ministério Público e à Defensoria Pública, mediante laudos ou verbalmente em audiência, e desenvolver trabalhos de orientação, encaminhamento, prevenção e outras medidas, voltados para a ofendida, o agressor e os familiares, com especial atenção às crianças e aos adolescentes.

**Art. 31.** Quando a complexidade do caso exigir avaliação mais aprofundada, o juiz poderá determinar a manifestação de profissional especializado, mediante a indicação da equipe de atendimento multidisciplinar.

**Art. 32.** O Poder Judiciário, na elaboração de sua proposta orçamentária, poderá prever recursos para a criação e manutenção da equipe de atendimento multidisciplinar, nos termos da Lei de Diretrizes Orçamentárias.

# TÍTULO VI.
# DISPOSIÇÕES TRANSITÓRIAS

**Art. 33.** Enquanto não estruturados os Juizados de Violência Doméstica e Familiar contra a Mulher, as varas criminais acumularão as competências cível e criminal para conhecer e julgar as causas decorrentes da prática de violência doméstica e familiar contra a mulher, observadas as previsões do TÍTULO IV desta Lei, subsidiada pela legislação processual pertinente.

- ADC 19: O STF, por unanimidade, "julgou procedente a ação declaratória para declarar a constitucionalidade art. 33 da Lei 11.340/2006". (D.O.U. 17.2.2012)

**Parágrafo único.** Será garantido o direito de preferência, nas varas criminais, para o processo e o julgamento das causas referidas no *caput*.

# TÍTULO VII.
# DISPOSIÇÕES FINAIS

**Art. 34.** A instituição dos Juizados de Violência Doméstica e Familiar contra a Mulher poderá ser acompanhada pela implantação das curadorias necessárias e do serviço de assistência judiciária.

**Art. 35.** A União, o Distrito Federal, os Estados e os Municípios poderão criar e promover, no limite das respectivas competências:

- Art. 4º da Lei 14.316/2022.

**I** – centros de atendimento integral e multidisciplinar para mulheres e respectivos dependentes em situação de violência doméstica e familiar;

**II** – casas-abrigos para mulheres e respectivos dependentes menores em situação de violência doméstica e familiar;

**III** – delegacias, núcleos de defensoria pública, serviços de saúde e centros de perícia médico-legal especializados no atendimento à mulher em situação de violência doméstica e familiar;

**IV** – programas e campanhas de enfrentamento da violência doméstica e familiar;

**V** – centros de educação e de reabilitação para os agressores.

**Art. 36.** A União, os Estados, o Distrito Federal e os Municípios promoverão a adaptação de seus órgãos e de seus programas às diretrizes e aos princípios desta Lei.

**Art. 37.** A defesa dos interesses e direitos transindividuais previstos nesta Lei poderá ser exercida, concorrentemente, pelo Ministério Público e por associação de atuação na área, regularmente constituída há pelo menos 1 (um) ano, nos termos da legislação civil.

- CC: arts. 53 a 61.

**Parágrafo único.** O requisito da pré-constituição poderá ser dispensado pelo juiz quando entender que não há outra entidade com representatividade adequada para o ajuizamento da demanda coletiva.

✪ **Art. 38.** As estatísticas sobre a violência doméstica e familiar contra a mulher serão incluídas nas bases de dados dos órgãos oficiais do Sistema de Justiça e Segurança a fim de subsidiar o sistema nacional de dados e informações relativo às mulheres.

**Parágrafo único.** As Secretarias de Segurança Pública dos Estados e do Distrito Federal poderão remeter suas informações criminais para a base de dados do Ministério da Justiça.

- Lei 13.341/2016: art. 2º, IV (transforma o Ministério da Justiça em Ministério da Justiça e Cidadania).

**Art. 38-A.** O juiz competente providenciará o registro da medida protetiva de urgência. *(Artigo acrescido pela Lei 13.827/2019)*

**Parágrafo único.** As medidas protetivas de urgência serão, após sua concessão, imediatamente registradas em banco de dados mantido e regulamentado pelo Conselho Nacional de Justiça, garantido o acesso instantâneo do Ministério Público, da Defensoria Pública e dos órgãos de segurança pública e de assistência social, com vistas à fiscalização e à efetividade das medidas protetivas. *(Redação dada pela Lei 14.310/2022)*

**Art. 39.** A União, os Estados, o Distrito Federal e os Municípios, no limite de suas competências e nos termos das respectivas leis de diretrizes orçamentárias, poderão estabelecer dotações orçamentárias específicas, em cada exercício financeiro, para a implementação das medidas estabelecidas nesta Lei.

**Art. 40.** As obrigações previstas nesta Lei não excluem outras decorrentes dos princípios por ela adotados.

✪ **Art. 41.** Aos crimes praticados com violência doméstica e familiar contra a mulher, independentemente da pena prevista, não se aplica a Lei 9.099, de 26 de setembro de 1995.

- ADC 19: o STF, por unanimidade, "julgou procedente a ação declaratória para declarar a constitucionalidade art. 41 da Lei 11.340/2006". (D.O.U. 17.2.2012)

**Art. 42.** O art. 313 do Decreto-lei nº 3.689, de 3 de outubro de 1941 (Código de Processo Penal), passa a vigorar acrescido do seguinte inciso IV:

(...)

**Art. 43.** A alínea *f* do inciso II do art. 61 do Decreto-lei nº 2.848, de 7 de dezembro de 1940 (Código Penal), passa a vigorar com a seguinte redação:

(...)

**Art. 44.** O art. 129 do Decreto-lei 2.848, de 7 de dezembro de 1940 (Código Penal), passa a vigorar com as seguintes alterações:

(...)

**Art. 45.** O art. 152 da Lei 7.210, de 11 de julho de 1984 (Lei de Execução Penal), passa a vigorar com a seguinte redação:

(...)

**Art. 46.** Esta Lei entra em vigor 45 (quarenta e cinco) dias após sua publicação.

Brasília, 7 de agosto de 2006; 185º da Independência e 118º da República.

LUIZ INÁCIO LULA DA SILVA

Publicado no D.O.U. 8.8.2006

# LEI Nº 11.343, DE 23 DE AGOSTO DE 2006

*Institui o Sistema Nacional de Políticas Públicas sobre Drogas – Sisnad; prescreve medidas para prevenção do uso indevido, atenção e reinserção social de usuários e dependentes de drogas; estabelece normas para repressão à produção não autorizada e ao tráfico ilícito de drogas; define crimes e dá outras providências.*

O PRESIDENTE DA REPÚBLICA Faço saber que o Congresso Nacional decreta e eu sanciono a seguinte Lei:

## TÍTULO I. DISPOSIÇÕES PRELIMINARES

- Súm. 501 do STJ.
- Decreto 5.912/2006 – Regulamenta a Lei 11.343/2006.

**Art. 1º.** Esta Lei institui o Sistema Nacional de Políticas Públicas sobre Drogas – Sisnad; prescreve medidas para prevenção do uso indevido, atenção e reinserção social de usuários e dependentes de drogas; estabelece normas para repressão à produção não autorizada e ao tráfico ilícito de drogas e define crimes.

- Decreto 5.912/2006: art. 1º.

**Parágrafo único.** Para fins desta Lei, consideram-se como drogas as substâncias ou os produtos capazes de causar dependência, assim especificados em lei ou relacionados em listas atualizadas periodicamente pelo Poder Executivo da União.

- Lei 11.343/2006: art. 66.
- Portaria 344/1998 do SVS/MS– Aprova o Regulamento Técnico sobre substâncias e medicamentos sujeitos a controle especial.

✪ **Art. 2º.** Ficam proibidas, em todo o território nacional, as drogas, bem como o plantio, a cultura, a colheita e a exploração de vegetais e substratos dos quais possam ser extraídas ou produzidas drogas, ressalvada a hipótese de autorização legal ou regulamentar, bem como o que estabelece a Convenção de Viena, das Nações Unidas, sobre Substâncias Psicotrópicas, de 1971, a respeito de plantas de uso estritamente ritualístico-religioso.

- CF/88: art. 243.
- Lei 8.257/1991 – Expropriação das glebas nas quais se localizem culturas ilegais de plantas psicotrópicas.

**Parágrafo único.** Pode a União autorizar o plantio, a cultura e a colheita dos vegetais referidos no *caput* deste artigo, exclusivamente para fins medicinais ou científicos, em local e prazo predeterminados, mediante fiscalização, respeitadas as ressalvas supramencionadas.

PENAL

## TÍTULO II. DO SISTEMA NACIONAL DE POLÍTICAS PÚBLICAS SOBRE DROGAS

**Art. 3º.** O Sisnad tem a finalidade de articular, integrar, organizar e coordenar as atividades relacionadas com:

**I** – a prevenção do uso indevido, a atenção e a reinserção social de usuários e dependentes de drogas;

**II** – a repressão da produção não autorizada e do tráfico ilícito de drogas.

**§ 1º** Entende-se por Sisnad o conjunto ordenado de princípios, regras, critérios e recursos materiais e humanos que envolvem as políticas, planos, programas, ações e projetos sobre drogas, incluindo-se nele, por adesão, os Sistemas de Políticas Públicas sobre Drogas dos Estados, Distrito Federal e Municípios. (Incluído pela Lei 13.840/2019)

**§ 2º** O Sisnad atuará em articulação com o Sistema Único de Saúde - SUS, e com o Sistema Único de Assistência Social - SUAS. (Incluído pela Lei 13.840/2019)

### CAPÍTULO I. DOS PRINCÍPIOS E DOS OBJETIVOS DO SISTEMA NACIONAL DE POLÍTICAS PÚBLICAS SOBRE DROGAS

**Art. 4º.** São princípios do Sisnad:

**I** – o respeito aos direitos fundamentais da pessoa humana, especialmente quanto à sua autonomia e à sua liberdade;

**II** – o respeito à diversidade e às especificidades populacionais existentes;

**III** – a promoção dos valores éticos, culturais e de cidadania do povo brasileiro, reconhecendo-os como fatores de proteção para o uso indevido de drogas e outros comportamentos correlacionados;

**IV** – a promoção de consensos nacionais, de ampla participação social, para o estabelecimento dos fundamentos e estratégias do Sisnad;

**V** – a promoção da responsabilidade compartilhada entre Estado e Sociedade, reconhecendo a importância da participação social nas atividades do Sisnad;

**VI** – o reconhecimento da intersetorialidade dos fatores correlacionados com o uso indevido de drogas, com a sua produção não autorizada e o seu tráfico ilícito;

**VII** – a integração das estratégias nacionais e internacionais de prevenção do uso indevido, atenção e reinserção social de usuários e dependentes de drogas e de repressão à sua produção não autorizada e ao seu tráfico ilícito;

**VIII** – a articulação com os órgãos do Ministério Público e dos Poderes Legislativo e Judiciário visando à cooperação mútua nas atividades do Sisnad;

**IX** – a adoção de abordagem multidisciplinar que reconheça a interdependência e a natureza complementar das atividades de prevenção do uso indevido, atenção e reinserção social de usuários e dependentes de drogas, repressão da produção não autorizada e do tráfico ilícito de drogas;

**X** – a observância do equilíbrio entre as atividades de prevenção do uso indevido, atenção e reinserção social de usuários e dependentes de drogas e de repressão à sua produção não autorizada e ao seu tráfico ilícito, visando a garantir a estabilidade e o bem-estar social;

**XI** – a observância às orientações e normas emanadas do Conselho Nacional Antidrogas – Conad.

**Art. 5º.** O Sisnad tem os seguintes objetivos:

**I** – contribuir para a inclusão social do cidadão, visando a torná-lo menos vulnerável a assumir comportamentos de risco para o uso indevido de drogas, seu tráfico ilícito e outros comportamentos correlacionados;

**II** – promover a construção e a socialização do conhecimento sobre drogas no país;

**III** – promover a integração entre as políticas de prevenção do uso indevido, atenção e reinserção social de usuários e dependentes de drogas e de repressão à sua produção não autorizada e ao tráfico ilícito e as políticas públicas setoriais dos órgãos do Poder Executivo da União, Distrito Federal, Estados e Municípios;

**IV** – assegurar as condições para a coordenação, a integração e a articulação das atividades de que trata o art. 3º desta Lei.

## CAPÍTULO II.
## DO SISTEMA NACIONAL DE POLÍTICAS PÚBLICAS SOBRE DROGAS
***(Redação dada pela Lei 13.840/2019)***

### SEÇÃO I
### DA COMPOSIÇÃO DO SISTEMA NACIONAL DE POLÍTICAS PÚBLICAS SOBRE DROGAS
*(Incluída pela Lei 13.840/2019)*

**Art. 6º.** *(VETADO).*

**Art. 7º.** A organização do Sisnad assegura a orientação central e a execução descentralizada das atividades realizadas em seu âmbito, nas esferas federal, distrital, estadual e municipal e se constitui matéria definida no regulamento desta Lei.

**Art. 7º-A.** (Vetado na Lei 13.840/2019)

**Art. 8º.** *(VETADO).*

### SEÇÃO II
### DAS COMPETÊNCIAS
*(Incluída pela Lei 13.840/2019)*

**Art. 8º-A.** Compete à União: (Incluído pela Lei 13.840/2019)

**I** - formular e coordenar a execução da Política Nacional sobre Drogas;

**II** - elaborar o Plano Nacional de Políticas sobre Drogas, em parceria com Estados, Distrito Federal, Municípios e a sociedade;

**III** - coordenar o Sisnad;

**IV** - estabelecer diretrizes sobre a organização e funcionamento do Sisnad e suas normas de referência;

**V** - elaborar objetivos, ações estratégicas, metas, prioridades, indicadores e definir formas de financiamento e gestão das políticas sobre drogas;

**VI** - (Vetado na Lei 13.840/2019)

**VII** - (Vetado na Lei 13.840/2019)

**VIII** - promover a integração das políticas sobre drogas com os Estados, o Distrito Federal e os Municípios;

**IX** - financiar, com Estados, Distrito Federal e Municípios, a execução das políticas sobre drogas, observadas as obrigações dos integrantes do Sisnad;

**X** - estabelecer formas de colaboração com Estados, Distrito Federal e Municípios para a execução das políticas sobre drogas;

**XI** - garantir publicidade de dados e informações sobre repasses de recursos para financiamento das políticas sobre drogas;

**XII** - sistematizar e divulgar os dados estatísticos nacionais de prevenção, tratamento, acolhimento, reinserção social e econômica e repressão ao tráfico ilícito de drogas;

**XIII** - adotar medidas de enfretamento aos crimes transfronteiriços; e

**XIV** - estabelecer uma política nacional de controle de fronteiras, visando a coibir o ingresso de drogas no País.

**Art. 8º-B.** (Vetado na Lei 13.840/2019)

**Art. 8º-C.** (Vetado na Lei 13.840/2019)

## CAPÍTULO II-A
## DA FORMULAÇÃO DAS POLÍTICAS SOBRE DROGAS
## *(Incluído pela Lei 13.840/2019)*

### SEÇÃO I
### DO PLANO NACIONAL DE POLÍTICAS SOBRE DROGAS
### *(Incluída pela Lei 13.840/2019)*

**Art. 8º-D.** São objetivos do Plano Nacional de Políticas sobre Drogas, dentre outros: (Incluído pela Lei 13.840/2019)

**I** - promover a interdisciplinaridade e integração dos programas, ações, atividades e projetos dos órgãos e entidades públicas e privadas nas áreas de saúde, educação, trabalho, assistência social, previdência social, habitação, cultura, desporto e lazer, visando à prevenção do uso de drogas, atenção e reinserção social dos usuários ou dependentes de drogas;

**II** - viabilizar a ampla participação social na formulação, implementação e avaliação das políticas sobre drogas;

**III** - priorizar programas, ações, atividades e projetos articulados com os estabelecimentos de ensino, com a sociedade e com a família para a prevenção do uso de drogas;

**IV** - ampliar as alternativas de inserção social e econômica do usuário ou dependente de drogas, promovendo programas que priorizem a melhoria de sua escolarização e a qualificação profissional;

**V** - promover o acesso do usuário ou dependente de drogas a todos os serviços públicos;

**VI** - estabelecer diretrizes para garantir a efetividade dos programas, ações e projetos das políticas sobre drogas;

**VII** - fomentar a criação de serviço de atendimento telefônico com orientações e informações para apoio aos usuários ou dependentes de drogas;

**VIII** - articular programas, ações e projetos de incentivo ao emprego, renda e capacitação para o trabalho, com objetivo de promover a inserção profissional da pessoa que haja cumprido o plano individual de atendimento nas fases de tratamento ou acolhimento;

**IX** - promover formas coletivas de organização para o trabalho, redes de economia solidária e o cooperativismo, como forma de promover autonomia ao usuário ou dependente de drogas egresso de tratamento ou acolhimento, observando-se as especificidades regionais;

**X** - propor a formulação de políticas públicas que conduzam à efetivação das diretrizes e princípios previstos no art. 22;

**XI** - articular as instâncias de saúde, assistência social e de justiça no enfrentamento ao abuso de drogas; e

**XII** - promover estudos e avaliação dos resultados das políticas sobre drogas.

**§ 1º** O plano de que trata o *caput* terá duração de 5 (cinco) anos a contar de sua aprovação.

**§ 2º** O poder público deverá dar a mais ampla divulgação ao conteúdo do Plano Nacional de Políticas sobre Drogas.

### SEÇÃO II
### DOS CONSELHOS DE POLÍTICAS SOBRE DROGAS
### *(Incluída pela Lei 13.840/2019)*

**Art. 8º-E.** Os conselhos de políticas sobre drogas, constituídos por Estados, Distrito Federal e Municípios, terão os seguintes objetivos: (Incluído pela Lei 13.840/2019)

**I** - auxiliar na elaboração de políticas sobre drogas;

**II** - colaborar com os órgãos governamentais no planejamento e na execução das políticas sobre drogas, visando à efetividade das políticas sobre drogas;

**III** - propor a celebração de instrumentos de cooperação, visando à elaboração de programas, ações, atividades e projetos voltados à prevenção, tratamento, acolhimento, reinserção social e econômica e repressão ao tráfico ilícito de drogas;

**IV** - promover a realização de estudos, com o objetivo de subsidiar o planejamento das políticas sobre drogas;

**V** - propor políticas públicas que permitam a integração e a participação do usuário ou dependente de drogas no processo social, econômico, político e cultural no respectivo ente federado; e

**VI** - desenvolver outras atividades relacionadas às políticas sobre drogas em consonância com o Sisnad e com os respectivos planos.

SEÇÃO III
DOS MEMBROS DOS CONSELHOS DE POLÍTICAS SOBRE DROGAS
*(Incluída pela Lei 13.840/2019)*

**Art. 8º-F.** (Vetado na Lei 13.840/2019)

## CAPÍTULO III.
(VETADO).

**Arts. 9º a 14.** *(VETADOS).*

## CAPÍTULO IV.
## DO ACOMPANHAMENTO E DA AVALIAÇÃO DAS POLÍTICAS SOBRE DROGAS
***(Redação dada pela Lei 13.840/2019)***

**Art. 15.** *(VETADO).*

**Art. 16.** As instituições com atuação nas áreas da atenção à saúde e da assistência social que atendam usuários ou dependentes de drogas devem comunicar ao órgão competente do respectivo sistema municipal de saúde os casos atendidos e os óbitos ocorridos, preservando a identidade das pessoas, conforme orientações emanadas da União.

**Art. 17.** Os dados estatísticos nacionais de repressão ao tráfico ilícito de drogas integrarão sistema de informações do Poder Executivo.

‣ CPP: art. 809.

# TÍTULO III.
# DAS ATIVIDADES DE PREVENÇÃO DO USO INDEVIDO, ATENÇÃO E REINSERÇÃO SOCIAL DE USUÁRIOS E DEPENDENTES DE DROGAS

## CAPÍTULO I.
## DA PREVENÇÃO

SEÇÃO I
DAS DIRETRIZES
*(Incluída pela Lei 13.840/2019)*

**Art. 18.** Constituem atividades de prevenção do uso indevido de drogas, para efeito desta Lei, aquelas direcionadas para a redução dos fatores de vulnerabilidade e risco e para a promoção e o fortalecimento dos fatores de proteção.

**Art. 19.** As atividades de prevenção do uso indevido de drogas devem observar os seguintes princípios e diretrizes:

**I** – o reconhecimento do uso indevido de drogas como fator de interferência na qualidade de vida do indivíduo e na sua relação com a comunidade à qual pertence;

**II** – a adoção de conceitos objetivos e de fundamentação científica como forma de orientar as ações dos serviços públicos comunitários e privados e de evitar preconceitos e estigmatização das pessoas e dos serviços que as atendam;

**III** – o fortalecimento da autonomia e da responsabilidade individual em relação ao uso indevido de drogas;

**IV** – o compartilhamento de responsabilidades e a colaboração mútua com as instituições do setor privado e com os diversos segmentos sociais, incluindo usuários e dependentes de drogas e respectivos familiares, por meio do estabelecimento de parcerias;

**V** – a adoção de estratégias preventivas diferenciadas e adequadas às especificidades socioculturais das diversas populações, bem como das diferentes drogas utilizadas;

**VI** – o reconhecimento do "não uso", do "retardamento do uso" e da redução de riscos como resultados desejáveis das atividades de natureza preventiva, quando da definição dos objetivos a serem alcançados;

**VII** – o tratamento especial dirigido às parcelas mais vulneráveis da população, levando em consideração as suas necessidades específicas;

**VIII** – a articulação entre os serviços e organizações que atuam em atividades de prevenção do uso indevido de drogas e a rede de atenção a usuários e dependentes de drogas e respectivos familiares;

**IX** – o investimento em alternativas esportivas, culturais, artísticas, profissionais, entre outras, como forma de inclusão social e de melhoria da qualidade de vida;

**X** – o estabelecimento de políticas de formação continuada na área da prevenção do uso indevido de drogas para profissionais de educação nos 3 (três) níveis de ensino;

**XI** – a implantação de projetos pedagógicos de prevenção do uso indevido de drogas, nas instituições de ensino público e privado, alinhados às Diretrizes Curriculares Nacionais e aos conhecimentos relacionados a drogas;

**XII** – a observância das orientações e normas emanadas do Conad;

**XIII** – o alinhamento às diretrizes dos órgãos de controle social de políticas setoriais específicas.

**Parágrafo único.** As atividades de prevenção do uso indevido de drogas dirigidas à criança e ao adolescente deverão estar em consonância com as diretrizes emanadas pelo Conselho Nacional dos Direitos da Criança e do Adolescente – Conanda.

### SEÇÃO II
### DA SEMANA NACIONAL DE POLÍTICAS SOBRE DROGAS
*(Incluída pela Lei 13.840/2019)*

**Art. 19-A.** Fica instituída a Semana Nacional de Políticas sobre Drogas, comemorada anualmente, na quarta semana de junho. (Incluído pela Lei 13.840/2019)

**§ 1º** No período de que trata o *caput*, serão intensificadas as ações de:

**I** - difusão de informações sobre os problemas decorrentes do uso de drogas;

**II** - promoção de eventos para o debate público sobre as políticas sobre drogas;

**III** - difusão de boas práticas de prevenção, tratamento, acolhimento e reinserção social e econômica de usuários de drogas;

**IV** - divulgação de iniciativas, ações e campanhas de prevenção do uso indevido de drogas;

**V** - mobilização da comunidade para a participação nas ações de prevenção e enfrentamento às drogas;

**VI** - mobilização dos sistemas de ensino previstos na Lei nº 9.394, de 20 de dezembro de 1996 - Lei de Diretrizes e Bases da Educação Nacional, na realização de atividades de prevenção ao uso de drogas.

## CAPÍTULO II.
## DAS ATIVIDADES DE PREVENÇÃO, TRATAMENTO, ACOLHIMENTO E DE REINSERÇÃO SOCIAL E ECONÔMICA DE USUÁRIOS OU DEPENDENTES DE DROGAS
***(Redação dada pela Lei 13.840/2019)***

### SEÇÃO I
### DISPOSIÇÕES GERAIS
*(Incluída pela Lei 13.840/2019)*

**Art. 20.** Constituem atividades de atenção ao usuário e dependente de drogas e respectivos familiares, para efeito desta Lei, aquelas que visem à melhoria da qualidade de vida e à redução dos riscos e dos danos associados ao uso de drogas.

**Art. 21.** Constituem atividades de reinserção social do usuário ou do dependente de drogas e respectivos familiares, para efeito desta Lei, aquelas direcionadas para sua integração ou reintegração em redes sociais.

**Art. 22.** As atividades de atenção e as de reinserção social do usuário e do dependente de drogas e respectivos familiares devem observar os seguintes princípios e diretrizes:

**I** – respeito ao usuário e ao dependente de drogas, independentemente de quaisquer condições, observados os direitos fundamentais da pessoa humana, os princípios e diretrizes do Sistema Único de Saúde e da Política Nacional de Assistência Social;

**II** – a adoção de estratégias diferenciadas de atenção e reinserção social do usuário e do dependente de drogas e respectivos familiares que considerem as suas peculiaridades socioculturais;

**III** – definição de projeto terapêutico individualizado, orientado para a inclusão social e para a redução de riscos e de danos sociais e à saúde;

**IV** – atenção ao usuário ou dependente de drogas e aos respectivos familiares, sempre que possível, de forma multidisciplinar e por equipes multiprofissionais;

**V** – observância das orientações e normas emanadas do Conad;

**VI** – o alinhamento às diretrizes dos órgãos de controle social de políticas setoriais específicas.

**VII** - estímulo à capacitação técnica e profissional; (Incluído pela Lei 13.840/2019)

**VIII** - efetivação de políticas de reinserção social voltadas à educação continuada e ao trabalho; (Incluído pela Lei 13.840/2019)

**IX** - observância do plano individual de atendimento na forma do art. 23-B desta Lei; (Incluído pela Lei 13.840/2019)

**X** - orientação adequada ao usuário ou dependente de drogas quanto às consequências lesivas do uso de drogas, ainda que ocasional. (Incluído pela Lei 13.840/2019)

## SEÇÃO II
## DA EDUCAÇÃO NA REINSERÇÃO SOCIAL E ECONÔMICA
*(Incluída pela Lei 13.840/2019)*

**Art. 22-A.** As pessoas atendidas por órgãos integrantes do Sisnad terão atendimento nos programas de educação profissional e tecnológica, educação de jovens e adultos e alfabetização. (Incluído pela Lei 13.840/2019)

## SEÇÃO III
## DO TRABALHO NA REINSERÇÃO SOCIAL E ECONÔMICA
*(Incluída pela Lei 13.840/2019)*

**Art. 22-B.** (Vetado na Lei 13.840/2019)

## SEÇÃO IV
## DO TRATAMENTO DO USUÁRIO OU DEPENDENTE DE DROGAS
*(Incluída pela Lei 13.840/2019)*

**Art. 23.** As redes dos serviços de saúde da União, dos Estados, do Distrito Federal, dos Municípios desenvolverão programas de atenção ao usuário e ao dependente de drogas, respeitadas as diretrizes do Ministério da Saúde e os princípios explicitados no art. 22 desta Lei, obrigatória a previsão orçamentária adequada.

**Art. 23-A.** O tratamento do usuário ou dependente de drogas deverá ser ordenado em uma rede de atenção à saúde, com prioridade para as modalidades de tratamento ambulatorial, incluindo excepcionalmente formas de internação em unidades de saúde e hospitais gerais nos termos de normas dispostas pela União e articuladas com os serviços de assistência social e em etapas que permitam: (Incluído pela Lei 13.840/2019)

**I** - articular a atenção com ações preventivas que atinjam toda a população;

**II** - orientar-se por protocolos técnicos predefinidos, baseados em evidências científicas, oferecendo atendimento individualizado ao usuário ou dependente de drogas com abordagem preventiva e, sempre que indicado, ambulatorial;

**III** - preparar para a reinserção social e econômica, respeitando as habilidades e projetos individuais por meio de programas que articulem educação, capacitação para o trabalho, esporte, cultura e acompanhamento individualizado; e

**IV** - acompanhar os resultados pelo SUS, Suas e Sisnad, de forma articulada.

**§ 1º** Caberá à União dispor sobre os protocolos técnicos de tratamento, em âmbito nacional.

**§ 2º** A internação de dependentes de drogas somente será realizada em unidades de saúde ou hospitais gerais, dotados de equipes multidisciplinares e deverá ser obrigatoriamente autorizada por médico devidamente registrado no Conselho Regional de Medicina - CRM do Estado onde se localize o estabelecimento no qual se dará a internação.

**§ 3º** São considerados 2 (dois) tipos de internação:

**I** - internação voluntária: aquela que se dá com o consentimento do dependente de drogas;

**II** - internação involuntária: aquela que se dá, sem o consentimento do dependente, a pedido de familiar ou do responsável legal ou, na absoluta falta deste, de servidor público da área de saúde, da assistência social ou dos órgãos públicos integrantes do Sisnad, com exceção de servidores da área de segurança pública, que constate a existência de motivos que justifiquem a medida.

**§ 4º** A internação voluntária:

**I** - deverá ser precedida de declaração escrita da pessoa solicitante de que optou por este regime de tratamento;

**II** - seu término dar-se-á por determinação do médico responsável ou por solicitação escrita da pessoa que deseja interromper o tratamento.

**§ 5º** A internação involuntária:

**I** - deve ser realizada após a formalização da decisão por médico responsável;

**II** - será indicada depois da avaliação sobre o tipo de droga utilizada, o padrão de uso e na hipótese comprovada da impossibilidade de utilização de outras alternativas terapêuticas previstas na rede de atenção à saúde;

**III** - perdurará apenas pelo tempo necessário à desintoxicação, no prazo máximo de 90 (noventa) dias, tendo seu término determinado pelo médico responsável;

**IV** - a família ou o representante legal poderá, a qualquer tempo, requerer ao médico a interrupção do tratamento.

**§ 6º** A internação, em qualquer de suas modalidades, só será indicada quando os recursos extra-hospitalares se mostrarem insuficientes.

**§ 7º** Todas as internações e altas de que trata esta Lei deverão ser informadas, em, no máximo, de 72 (setenta e duas) horas, ao Ministério Público, à Defensoria Pública e a outros órgãos de fiscalização, por meio de sistema informatizado único, na forma do regulamento desta Lei.

**§ 8º** É garantido o sigilo das informações disponíveis no sistema referido no § 7º e o acesso será permitido apenas às pessoas autorizadas a conhecê-las, sob pena de responsabilidade.

**§ 9º** É vedada a realização de qualquer modalidade de internação nas comunidades terapêuticas acolhedoras.

**§ 10.** O planejamento e a execução do projeto terapêutico individual deverão observar, no que couber, o previsto na Lei nº 10.216, de 6 de abril de 2001, que dispõe sobre a proteção e os direitos das pessoas portadoras de transtornos mentais e redireciona o modelo assistencial em saúde mental.

## SEÇÃO V
## DO PLANO INDIVIDUAL DE ATENDIMENTO
*(Incluída pela Lei 13.840/2019)*

**Art. 23-B.** O atendimento ao usuário ou dependente de drogas na rede de atenção à saúde dependerá de: (Incluído pela Lei 13.840/2019)

**I** - avaliação prévia por equipe técnica multidisciplinar e multissetorial; e

**II** - elaboração de um Plano Individual de Atendimento - PIA.

**§ 1º** A avaliação prévia da equipe técnica subsidiará a elaboração e execução do projeto terapêutico individual a ser adotado, levantando no mínimo:

**I** - o tipo de droga e o padrão de seu uso; e

**II** - o risco à saúde física e mental do usuário ou dependente de drogas ou das pessoas com as quais convive.

**§ 2º** (Vetado)

**§ 3º** O PIA deverá contemplar a participação dos familiares ou responsáveis, os quais têm o dever de contribuir com o processo, sendo esses, no caso de crianças e adolescentes, passíveis de responsabilização civil, administrativa e criminal, nos termos da Lei nº 8.069, de 13 de julho de 1990 - Estatuto da Criança e do Adolescente.

**§ 4º** O PIA será inicialmente elaborado sob a responsabilidade da equipe técnica do primeiro projeto terapêutico que atender o usuário ou dependente de drogas e será atualizado ao longo das diversas fases do atendimento.

**§ 5º** Constarão do plano individual, no mínimo:

**I** - os resultados da avaliação multidisciplinar;

**II** - os objetivos declarados pelo atendido;

**III** - a previsão de suas atividades de integração social ou capacitação profissional;

**IV** - atividades de integração e apoio à família;

**V** - formas de participação da família para efetivo cumprimento do plano individual;

**VI** - designação do projeto terapêutico mais adequado para o cumprimento do previsto no plano; e

**VII** - as medidas específicas de atenção à saúde do atendido.

**§ 6º** O PIA será elaborado no prazo de até 30 (trinta) dias da data do ingresso no atendimento.

**§ 7º** As informações produzidas na avaliação e as registradas no plano individual de atendimento são consideradas sigilosas.

**Art. 24.** A União, os Estados, o Distrito Federal e os Municípios poderão conceder benefícios às instituições privadas que desenvolverem programas de reinserção no mercado de trabalho, do usuário e do dependente de drogas encaminhados por órgão oficial.

**Art. 25.** As instituições da sociedade civil, sem fins lucrativos, com atuação nas áreas da atenção à saúde e da assistência social, que atendam usuários ou dependentes de drogas poderão receber recursos do Funad, condicionados à sua disponibilidade orçamentária e financeira.

**Art. 26.** O usuário e o dependente de drogas que, em razão da prática de infração penal, estiverem cumprindo pena privativa de liberdade ou submetidos a medida de segurança, têm garantidos os serviços de atenção à sua saúde, definidos pelo respectivo sistema penitenciário.

## SEÇÃO VI
## DO ACOLHIMENTO EM COMUNIDADE TERAPÊUTICA ACOLHEDORA
*(Incluída pela Lei 13.840/2019)*

**Art. 26-A.** O acolhimento do usuário ou dependente de drogas na comunidade terapêutica acolhedora caracteriza-se por: (Incluído pela Lei 13.840/2019)

**I** - oferta de projetos terapêuticos ao usuário ou dependente de drogas que visam à abstinência;

**II** - adesão e permanência voluntária, formalizadas por escrito, entendida como uma etapa transitória para a reinserção social e econômica do usuário ou dependente de drogas;

**III** - ambiente residencial, propício à formação de vínculos, com a convivência entre os pares, atividades práticas de valor educativo e a promoção do desenvolvimento pessoal, vocacionada para acolhimento ao usuário ou dependente de drogas em vulnerabilidade social;

**IV** - avaliação médica prévia;

**V** - elaboração de plano individual de atendimento na forma do art. 23-B desta Lei; e

**VI** - vedação de isolamento físico do usuário ou dependente de drogas.

**§ 1º** Não são elegíveis para o acolhimento as pessoas com comprometimentos biológicos e psicológicos de natureza grave que mereçam atenção médico-hospitalar contínua ou de emergência, caso em que deverão ser encaminhadas à rede de saúde.

**§§ 2º a 5º** (Vetados)

## CAPÍTULO III. DOS CRIMES E DAS PENAS

**Art. 27.** As penas previstas neste CAPÍTULO poderão ser aplicadas isolada ou cumulativamente, bem como substituídas a qualquer tempo, ouvidos o Ministério Público e o defensor.

✪ **Art. 28.** Quem adquirir, guardar, tiver em depósito, transportar ou trouxer consigo, para consumo pessoal, drogas sem autorização ou em desacordo com determinação legal ou regulamentar será submetido às seguintes penas:

- Lei 11.343/2006: art. 48.
- Lei 8.257/1991: art. 1º.
- Súm. 630, STJ.

**I** – advertência sobre os efeitos das drogas;

**II** – prestação de serviços à comunidade;

- CP: art. 46.

**III** – medida educativa de comparecimento a programa ou curso educativo.

**§ 1º**. Às mesmas medidas submete-se quem, para seu consumo pessoal, semeia, cultiva ou colhe plantas destinadas à preparação de pequena quantidade de substância ou produto capaz de causar dependência física ou psíquica.

**§ 2º**. Para determinar se a droga destinava-se a consumo pessoal, o juiz atenderá à natureza e à quantidade da substância apreendida, ao local e às condições em que se desenvolveu a ação, às circunstâncias sociais e pessoais, bem como à conduta e aos antecedentes do agente.

**§ 3º**. As penas previstas nos incisos II e III do *caput* deste artigo serão aplicadas pelo prazo máximo de 5 (cinco) meses.

**§ 4º**. Em caso de reincidência, as penas previstas nos incisos II e III do *caput* deste artigo serão aplicadas pelo prazo máximo de 10 (dez) meses.

- CP: arts. 63 e 64.

**§ 5º**. A prestação de serviços à comunidade será cumprida em programas comunitários, entidades educacionais ou assistenciais, hospitais, estabelecimentos congêneres, públicos ou privados sem fins lucrativos, que se ocupem, preferencialmente, da prevenção do consumo ou da recuperação de usuários e dependentes de drogas.

**§ 6º**. Para garantia do cumprimento das medidas educativas a que se refere o *caput*, nos incisos I, II e III, a que injustificadamente se recuse o agente, poderá o juiz submetê-lo, sucessivamente a:

**I** – admoestação verbal;

**II** – multa.

**§ 7º**. O juiz determinará ao Poder Público que coloque à disposição do infrator, gratuitamente, estabelecimento de saúde, preferencialmente ambulatorial, para tratamento especializado.

**Art. 29.** Na imposição da medida educativa a que se refere o inciso II do § 6º do art. 28, o juiz, atendendo à reprovabilidade da conduta, fixará o número de dias-multa, em quantidade nunca inferior a 40 (quarenta) nem superior a 100 (cem), atribuindo depois a cada um, segundo a capacidade econômica do agente, o valor de 1/30 (um trinta avos) até 3 (três) vezes o valor do maior salário mínimo.

**Parágrafo único.** Os valores decorrentes da imposição da multa a que se refere o § 6º do art. 28 serão creditados à conta do Fundo Nacional Antidrogas.

**Art. 30.** Prescrevem em 2 (dois) anos a imposição e a execução das penas, observado, no tocante à interrupção do prazo, o disposto nos arts. 107 e seguintes do Código Penal.

- CP: art. 117.

# TÍTULO IV. DA REPRESSÃO À PRODUÇÃO NÃO AUTORIZADA E AO TRÁFICO ILÍCITO DE DROGAS

## CAPÍTULO I. DISPOSIÇÕES GERAIS

**Art. 31.** É indispensável a licença prévia da autoridade competente para produzir, extrair, fabricar, transformar, preparar, possuir, manter em depósito, importar, exportar, reexportar, remeter, transportar, expor, oferecer, vender, comprar, trocar, ceder ou adquirir, para qualquer fim, drogas ou matéria-prima destinada à sua preparação, observadas as demais exigências legais.

**Art. 32**. As plantações ilícitas serão imediatamente destruídas pelo delegado de polícia na forma do art. 50-A, que recolherá quantidade suficiente para exame pericial, de tudo lavrando auto de levantamento das condições encontradas, com a delimitação do local, asseguradas as medidas necessárias para a preservação da prova. (Redação dada pela Lei nº 12.961, de 2014)

**§ 1º**. (*Revogado pela Lei nº 12.961, de 2014*)

**§ 2º**. (*Revogado pela Lei nº 12.961, de 2014*)

**§ 3º**. Em caso de ser utilizada a queimada para destruir a plantação, observar-se-á, além das cautelas necessárias à proteção ao meio ambiente, o disposto no Decreto nº 2.661, de 8 de julho de 1998, no que couber, dispensada a autorização prévia do órgão próprio do Sistema Nacional do Meio Ambiente – Sisnama.

- Lei 12.651/2012 revogou o Decreto 2.661/1998 que regulamentava o art. 27, par. único, da Lei 4.771/1965.
- Lei 12.651/2012: arts. 38 a 40.

**§ 4º**. As glebas cultivadas com plantações ilícitas serão expropriadas, conforme o disposto no art. 243 da Constituição Federal, de acordo com a legislação em vigor.

- Lei 8.257/1991: art. 1º.

## CAPÍTULO II. DOS CRIMES

**Art. 33**. Importar, exportar, remeter, preparar, produzir, fabricar, adquirir, vender, expor à venda, oferecer, ter em depósito, transportar, trazer consigo, guardar, prescrever, ministrar, entregar a consumo ou fornecer drogas, ainda que gratuitamente, sem autorização ou em desacordo com determinação legal ou regulamentar:

- Súm. 630 do STJ.
- CF/.88: art. 144, § 1º, II.

Pena – reclusão de 5 (cinco) a 15 (quinze) anos e pagamento de 500 (quinhentos) a 1.500 (mil e quinhentos) dias-multa.

**§ 1º**. Nas mesmas penas incorre quem:

**I** – importa, exporta, remete, produz, fabrica, adquire, vende, expõe à venda, oferece, fornece, tem em depósito, transporta, traz consigo ou guarda, ainda que gratuitamente, sem autorização ou em desacordo com determinação legal ou regulamentar, matéria-prima, insumo ou produto químico destinado à preparação de drogas;

- Lei 10.357/2001: art. 1º.

**II** – semeia, cultiva ou faz a colheita, sem autorização ou em desacordo com determinação legal ou regulamentar, de plantas que se constituam em matéria-prima para a preparação de drogas;

**III** – utiliza local ou bem de qualquer natureza de que tem a propriedade, posse, administração, guarda ou vigilância, ou consente que outrem dele se utilize, ainda que gratuitamente, sem autorização ou em desacordo com determinação legal ou regulamentar, para o tráfico ilícito de drogas.

**IV** - vende ou entrega drogas ou matéria-prima, insumo ou produto químico destinado à preparação de drogas, sem autorização ou em desacordo com a determinação legal ou regulamentar, a agente policial disfarçado, quando presentes elementos probatórios razoáveis de conduta criminal preexistente. (Incluído pela Lei 13.964/2019)

**§ 2º**. Induzir, instigar ou auxiliar alguém ao uso indevido de droga:

- ADIn 4274: O STF, por unanimidade, "julgou procedente a ação direta para dar ao § 2º do art. 33 da Lei 11.343/2006 interpretação conforme à Constituição, para dele excluir qualquer significado que enseje a proibição de manifestações e debates públicos acerca da descriminalização ou legalização do uso de drogas ou de qualquer substância que leve o ser humano ao entorpecimento episódico, ou então viciado, das suas faculdades psico-físicas". (D.O.U. 2.12.2011)

Pena – detenção, de 1 (um) a 3 (três) anos, e multa de 100 (cem) a 300 (trezentos) dias-multa.

**§ 3º**. Oferecer droga, eventualmente e sem objetivo de lucro, a pessoa de seu relacionamento, para juntos a consumirem:

Pena – detenção, de 6 (seis) meses a 1 (um) ano, e pagamento de 700 (setecentos) a 1.500 (mil e quinhentos) dias-multa, sem prejuízo das penas previstas no art. 28.

**§ 4º**. Nos delitos definidos no *caput* e no § 1º deste artigo, as penas poderão ser reduzidas de 1/6 (um sexto) a 2/3 (dois terços), vedada a conversão em penas restritivas de direitos, desde que o agente seja primário, de bons antecedentes, não se dedique às atividades criminosas nem integre organização criminosa.

- Resolução 5/2012 do Senado Federal, que suspende a execução da expressão "vedada a conversão em penas restritivas de direitos".

**§§ 5º e 6º** (Vetados na Lei 13.840/2019)

**Art. 34**. Fabricar, adquirir, utilizar, transportar, oferecer, vender, distribuir, entregar a qualquer título, possuir, guardar ou fornecer, ainda que gratuitamente, maquinário, aparelho, instrumento ou qualquer objeto destinado à fabricação, preparação, produção ou transformação de drogas, sem autorização ou em desacordo com determinação legal ou regulamentar:

Pena – reclusão, de 3 (três) a 10 (dez) anos, e pagamento de 1.200 (mil e duzentos) a 2.000 (dois mil) dias-multa.

**Art. 35**. Associarem-se duas ou mais pessoas para o fim de praticar, reiteradamente ou não, qualquer dos crimes previstos nos arts. 33, *caput* e § 1º, e 34 desta Lei:

- CP: art. 288.
- Lei 12.850/2013 – Define organização criminosa e dispõe sobre a investigação criminal, os meios de obtenção da prova, infrações penais correlatas e o procedimento criminal.
- Lei 8.072/1990: art. 8º.

Pena – reclusão, de 3 (três) a 10 (dez) anos, e pagamento de 700 (setecentos) a 1.200 (mil e duzentos) dias-multa.

**Parágrafo único.** Nas mesmas penas do *caput* deste artigo incorre quem se associa para a prática reiterada do crime definido no art. 36 desta Lei.

✪ **Art. 36.** Financiar ou custear a prática de qualquer dos crimes previstos nos arts. 33, *caput* e § 1º, e 34 desta Lei:

- Lei 12.850/2013: art. 2º.

Pena – reclusão, de 8 (oito) a 20 (vinte) anos, e pagamento de 1.500 (mil e quinhentos) a 4.000 (quatro mil) dias-multa.

✪ **Art. 37.** Colaborar, como informante, com grupo, organização ou associação destinados à prática de qualquer dos crimes previstos nos arts. 33, *caput* e § 1º, e 34 desta Lei:

Pena – reclusão, de 2 (dois) a 6 (seis) anos, e pagamento de 300 (trezentos) a 700 (setecentos) dias-multa.

✪ **Art. 38.** Prescrever ou ministrar, culposamente, drogas, sem que delas necessite o paciente, ou fazê-lo em doses excessivas ou em desacordo com determinação legal ou regulamentar:

Pena – detenção, de 6 (seis) meses a 2 (dois) anos, e pagamento de 50 (cinquenta) a 200 (duzentos) dias-multa.

**Parágrafo único.** O juiz comunicará a condenação ao Conselho Federal da categoria profissional a que pertença o agente.

**Art. 39.** Conduzir embarcação ou aeronave após o consumo de drogas, expondo a dano potencial a incolumidade de outrem:

- Lei 9.503/1997: art. 306.

Pena – detenção, de 6 (seis) meses a 3 (três) anos, além da apreensão do veículo, cassação da habilitação respectiva ou proibição de obtê-la, pelo mesmo prazo da pena privativa de liberdade aplicada, e pagamento de 200 (duzentos) a 400 (quatrocentos) dias-multa.

**Parágrafo único.** As penas de prisão e multa, aplicadas cumulativamente com as demais, serão de 4 (quatro) a 6 (seis) anos e de 400 (quatrocentos) a 600 (seiscentos) dias-multa, se o veículo referido no *caput* deste artigo for de transporte coletivo de passageiros.

✪ **Art. 40.** As penas previstas nos arts. 33 a 37 desta Lei são aumentadas de 1/6 (um sexto) a 2/3 (dois terços), se:

**I** – a natureza, a procedência da substância ou do produto apreendido e as circunstâncias do fato evidenciarem a transnacionalidade do delito;

**II** – o agente praticar o crime prevalecendo-se de função pública ou no desempenho de missão de educação, poder familiar, guarda ou vigilância;

**III** – a infração tiver sido cometida nas dependências ou imediações de estabelecimentos prisionais, de ensino ou hospitalares, de sedes de entidades estudantis, sociais, culturais, recreativas, esportivas, ou beneficentes, de locais de trabalho coletivo, de recintos onde se realizem espetáculos ou diversões de qualquer natureza, de serviços de tratamento de dependentes de drogas ou de reinserção social, de unidades militares ou policiais ou em transportes públicos;

**IV** – o crime tiver sido praticado com violência, grave ameaça, emprego de arma de fogo, ou qualquer processo de intimidação difusa ou coletiva;

**V** – caracterizado o tráfico entre Estados da Federação ou entre estes e o Distrito Federal;

- CF/88: art. 144, § 1º, II.
- Lei 10.446/2002: art. 1º, par. único.
- Súm. 587 do STJ.

**VI** – sua prática envolver ou visar a atingir criança ou adolescente ou a quem tenha, por qualquer motivo, diminuída ou suprimida a capacidade de entendimento e determinação;

- Lei 8.069/1990: arts. 243 e 244-B.

**VII** – o agente financiar ou custear a prática do crime.

✪ **Art. 41.** O indiciado ou acusado que colaborar voluntariamente com a investigação policial e o processo criminal na identificação dos demais coautores ou partícipes do crime e na recuperação total ou parcial do produto do crime, no caso de condenação, terá pena reduzida de 1/3 (um terço) a 2/3 (dois terços).

- CP: art. 65, III, b.

✪ **Art. 42.** O juiz, na fixação das penas, considerará, com preponderância sobre o previsto no art. 59 do Código Penal, a natureza e a quantidade da substância ou do produto, a personalidade e a conduta social do agente.

✪ **Art. 43.** Na fixação da multa a que se referem os arts. 33 a 39 desta Lei, o juiz, atendendo ao que dispõe o art. 42 desta Lei, determinará o número de dias-multa, atribuindo a cada um, segundo as condições econômicas dos acusados, valor não inferior a 1/30 (um trinta avos) nem superior a cinco vezes o maior salário mínimo.

**Parágrafo único.** As multas, que em caso de concurso de crimes serão impostas sempre cumulativamente, podem ser aumentadas até o décuplo se, em virtude da situação econômica do acusado, considerá-las o juiz ineficazes, ainda que aplicadas no máximo.

✪ **Art. 44**. Os crimes previstos nos arts. 33, *caput* e § 1º, e 34 a 37 desta Lei são inafiançáveis e insuscetíveis de *sursis*, graça, indulto, anistia e liberdade provisória, vedada a conversão de suas penas em restritivas de direitos.

- CF/88: art. 5º, XLII.
- Lei 8.072/1990: art. 2º.

**Parágrafo único.** Nos crimes previstos no *caput* deste artigo, dar-se-á o livramento condicional após o cumprimento de 2/3 (dois terços) da pena, vedada sua concessão ao reincidente específico.

- CP: art. 83, V.

**Art. 45.** É isento de pena o agente que, em razão da dependência, ou sob o efeito, proveniente de caso fortuito ou força maior, de droga, era, ao tempo da ação ou da omissão, qualquer que tenha sido a infração penal praticada, inteiramente incapaz de entender o caráter ilícito do fato ou de determinar-se de acordo com esse entendimento.

- CP: arts. 26 a 28.

**Parágrafo único.** Quando absolver o agente, reconhecendo, por força pericial, que este apresentava, à época do fato previsto neste artigo, as condições referidas no *caput* deste artigo, poderá determinar o juiz, na sentença, o seu encaminhamento para tratamento médico adequado.

**Art. 46.** As penas podem ser reduzidas de 1/3 (um terço) a 2/3 (dois terços) se, por força das circunstâncias previstas no art. 45 desta Lei, o agente não possuía, ao tempo da ação ou da omissão, a plena capacidade de entender o caráter ilícito do fato ou de determinar-se de acordo com esse entendimento.

- CP: art. 28, § 2º.

**Art. 47.** Na sentença condenatória, o juiz, com base em avaliação que ateste a necessidade de encaminhamento do agente para tratamento, realizada por profissional de saúde com competência específica na forma da lei, determinará que a tal se proceda, observado o disposto no art. 26 desta Lei.

## CAPÍTULO III.
## DO PROCEDIMENTO PENAL

✪ **Art. 48**. O procedimento relativo aos processos por crimes definidos neste TÍTULO rege-se pelo disposto neste Capítulo, aplicando-se, subsidiariamente, as disposições do Código de Processo Penal e da Lei de Execução Penal.

**§ 1º**. O agente de qualquer das condutas previstas no art. 28 desta Lei, salvo se houver concurso com os crimes previstos nos arts. 33 a 37 desta Lei, será processado e julgado na forma dos arts. 60 e seguintes da Lei nº 9.099, de 26 de setembro de 1995, que dispõe sobre os Juizados Especiais Criminais.

**§ 2º**. Tratando-se da conduta prevista no art. 28 desta Lei, não se imporá prisão em flagrante, devendo o autor do fato ser imediatamente encaminhado ao juízo competente ou, na falta deste, assumir o compromisso de a ele comparecer, lavrando-se termo circunstanciado e providenciando-se as requisições dos exames e perícias necessários.

**§ 3º**. Se ausente a autoridade judicial, as providências previstas no § 2º deste artigo serão tomadas de imediato pela autoridade policial, no local em que se encontrar, vedada a detenção do agente.

**§ 4º**. Concluídos os procedimentos de que trata o § 2º deste artigo, o agente será submetido a exame de corpo de delito, se o requerer ou se a autoridade de polícia judiciária entender conveniente, e em seguida liberado.

**§ 5º**. Para os fins do disposto no art. 76 da Lei nº 9.099, de 1995, que dispõe sobre os Juizados Especiais Criminais, o Ministério Público poderá propor a aplicação imediata de pena prevista no art. 28 desta Lei, a ser especificada na proposta.

**Art. 49.** Tratando-se de condutas tipificadas nos arts. 33, *caput* e § 1º, e 34 a 37 desta Lei, o juiz, sempre que as circunstâncias o recomendem, empregará os instrumentos protetivos de colaboradores e testemunhas previstos na Lei nº 9.807, de 13 de julho de 1999.

### SEÇÃO I.
### DA INVESTIGAÇÃO

✪ **Art. 50**. Ocorrendo prisão em flagrante, a autoridade de polícia judiciária fará, imediatamente, comunicação ao juiz competente, remetendo-lhe cópia do auto lavrado, do qual será dada vista ao órgão do Ministério Público, em 24 (vinte e quatro) horas.

- CF/88: art. 5º, LXI.
- CPP: arts. 4º, 302 e 306, § 2º.

**§ 1º**. Para efeito da lavratura do auto de prisão em flagrante e estabelecimento da materialidade do delito, é suficiente o laudo de constatação da natureza e quantidade da droga, firmado por perito oficial ou, na falta deste, por pessoa idônea.

- CPP: art. 158.

**§ 2º**. O perito que subscrever o laudo a que se refere o § 1º deste artigo não ficará impedido de participar da elaboração do laudo definitivo.

‣ CPP: art. 159.

**§ 3º**. Recebida cópia do auto de prisão em flagrante, o juiz, no prazo de 10 (dez) dias, certificará a regularidade formal do laudo de constatação e determinará a destruição das drogas apreendidas, guardando-se amostra necessária à realização do laudo definitivo. (Incluído pela Lei nº 12.961, de 2014)

**§ 4º**. A destruição das drogas será executada pelo delegado de polícia competente no prazo de 15 (quinze) dias na presença do Ministério Público e da autoridade sanitária. (Incluído pela Lei nº 12.961, de 2014)

**§ 5º**. O local será vistoriado antes e depois de efetivada a destruição das drogas referida no § 3º, sendo lavrado auto circunstanciado pelo delegado de polícia, certificando-se neste a destruição total delas. (Incluído pela Lei nº 12.961, de 2014)

**Art. 50-A.** A destruição das drogas apreendidas sem a ocorrência de prisão em flagrante será feita por incineração, no prazo máximo de 30 (trinta) dias contados da data da apreensão, guardando-se amostra necessária à realização do laudo definitivo. (Redação dada pela Lei 13.840/2019)

✪ **Art. 51**. O inquérito policial será concluído no prazo de 30 (trinta) dias, se o indiciado estiver preso, e de 90 (noventa) dias, quando solto.

**Parágrafo único.** Os prazos a que se refere este artigo podem ser duplicados pelo juiz, ouvido o Ministério Público, mediante pedido justificado da autoridade de polícia judiciária.

✪ **Art. 52**. Findos os prazos a que se refere o art. 51 desta Lei, a autoridade de polícia judiciária, remetendo os autos do inquérito ao juízo:

**I** – relatará sumariamente as circunstâncias do fato, justificando as razões que a levaram à classificação do delito, indicando a quantidade e natureza da substância ou do produto apreendido, o local e as condições em que se desenvolveu a ação criminosa, as circunstâncias da prisão, a conduta, a qualificação e os antecedentes do agente; ou

**II** – requererá sua devolução para a realização de diligências necessárias.

**Parágrafo único.** A remessa dos autos far-se-á sem prejuízo de diligências complementares:

**I** – necessárias ou úteis à plena elucidação do fato, cujo resultado deverá ser encaminhado ao juízo competente até 3 (três) dias antes da audiência de instrução e julgamento;

**II** – necessárias ou úteis à indicação dos bens, direitos e valores de que seja titular o agente, ou que figurem em seu nome, cujo resultado deverá ser encaminhado ao juízo competente até 3 (três) dias antes da audiência de instrução e julgamento.

✪ **Art. 53**. Em qualquer fase da persecução criminal relativa aos crimes previstos nesta Lei, são permitidos, além dos previstos em lei, mediante autorização judicial e ouvido o Ministério Público, os seguintes procedimentos investigatórios:

**I** – a infiltração por agentes de polícia, em tarefas de investigação, constituída pelos órgãos especializados pertinentes;

**II** – a não atuação policial sobre os portadores de drogas, seus precursores químicos ou outros produtos utilizados em sua produção, que se encontrem no território brasileiro, com a finalidade de identificar e responsabilizar maior número de integrantes de operações de tráfico e distribuição, sem prejuízo da ação penal cabível.

**Parágrafo único.** Na hipótese do inciso II deste artigo, a autorização será concedida desde que sejam conhecidos o itinerário provável e a identificação dos agentes do delito ou de colaboradores.

## SEÇÃO II.
## DA INSTRUÇÃO CRIMINAL

**Art. 54.** Recebidos em juízo os autos do inquérito policial, de Comissão Parlamentar de Inquérito ou peças de informação, dar-se-á vista ao Ministério Público para, no prazo de 10 (dez) dias, adotar uma das seguintes providências:

**I** – requerer o arquivamento;

‣ CPP: art. 28.

**II** – requisitar as diligências que entender necessárias;

**III** – oferecer denúncia, arrolar até 5 (cinco) testemunhas e requerer as demais provas que entender pertinentes.

✪ **Art. 55**. Oferecida a denúncia, o juiz ordenará a notificação do acusado para oferecer defesa prévia, por escrito, no prazo de 10 (dez) dias.

**§ 1º**. Na resposta, consistente em defesa preliminar e exceções, o acusado poderá arguir preliminares e invocar todas as razões de defesa, oferecer documentos e justificações, especificar as provas que pretende produzir e, até o número de 5 (cinco), arrolar testemunhas.

**§ 2º**. As exceções serão processadas em apartado, nos termos dos arts. 95 a 113 do Decreto-Lei nº 3.689, de 3 de outubro de 1941 – Código de Processo Penal.

**§ 3º**. Se a resposta não for apresentada no prazo, o juiz nomeará defensor para oferecê-la em 10 (dez) dias, concedendo-lhe vista dos autos no ato de nomeação.

**§ 4º**. Apresentada a defesa, o juiz decidirá em 5 (cinco) dias.

**§ 5º**. Se entender imprescindível, o juiz, no prazo máximo de 10 (dez) dias, determinará a apresentação do preso, realização de diligências, exames e perícias.

**Art. 56.** Recebida a denúncia, o juiz designará dia e hora para a audiência de instrução e julgamento, ordenará a citação pessoal do acusado, a intimação do Ministério Público, do assistente, se for o caso, e requisitará os laudos periciais.

**§ 1º**. Tratando-se de condutas tipificadas como infração do disposto nos arts. 33, *caput* e § 1º, e 34 a 37 desta Lei, o juiz, ao receber a denúncia, poderá decretar o afastamento cautelar do denunciado de suas atividades, se for funcionário público, comunicando ao órgão respectivo.

**§ 2º**. A audiência a que se refere o *caput* deste artigo será realizada dentro dos 30 (trinta) dias seguintes ao recebimento da denúncia, salvo se determinada a realização de avaliação para atestar dependência de drogas, quando se realizará em 90 (noventa) dias.

**Art. 57.** Na audiência de instrução e julgamento, após o interrogatório do acusado e a inquirição das testemunhas, será dada a palavra, sucessivamente, ao representante do Ministério Público e ao defensor do acusado, para sustentação oral, pelo prazo de 20 (vinte) minutos para cada um, prorrogável por mais 10 (dez), a critério do juiz.

**Parágrafo único.** Após proceder ao interrogatório, o juiz indagará das partes se restou algum fato para ser esclarecido, formulando as perguntas correspondentes se o entender pertinente e relevante.

- CPP: art. 188.

**Art. 58.** Encerrados os debates, proferirá o juiz sentença de imediato, ou o fará em 10 (dez) dias, ordenando que os autos para isso lhe sejam conclusos.

**§ 1º**. *(Revogado pela Lei nº 12.961, de 2014)*

**§ 2º**. *(Revogado pela Lei nº 12.961, de 2014)*

**Art. 59.** Nos crimes previstos nos arts. 33, *caput* e § 1º, e 34 a 37 desta Lei, o réu não poderá apelar sem recolher-se à prisão, salvo se for primário e de bons antecedentes, assim reconhecido na sentença condenatória.

## CAPÍTULO IV. DA APREENSÃO, ARRECADAÇÃO E DESTINAÇÃO DE BENS DO ACUSADO

**Art. 60.** O juiz, a requerimento do Ministério Público ou do assistente de acusação, ou mediante representação da autoridade de polícia judiciária, poderá decretar, no curso do inquérito ou da ação penal, a apreensão e outras medidas assecuratórias nos casos em que haja suspeita de que os bens, direitos ou valores sejam produto do crime ou constituam proveito dos crimes previstos nesta Lei, procedendo-se na forma dos arts. 125 e seguintes do Decreto-Lei nº 3.689, de 3 de outubro de 1941 - Código de Processo Penal. (Redação dada pela Lei 13.840/2019)

- Lei 8.257/1991: art. 1º.

**§§ 1º e 2º** (Revogados pela Lei 13.840/2019)

**§ 3º** Na hipótese do art. 366 do Decreto-Lei nº 3.689, de 3 de outubro de 1941 - Código de Processo Penal, o juiz poderá determinar a prática de atos necessários à conservação dos bens, direitos ou valores. (Redação dada pela Lei 13.840/2019)

**§ 4º** A ordem de apreensão ou sequestro de bens, direitos ou valores poderá ser suspensa pelo juiz, ouvido o Ministério Público, quando a sua execução imediata puder comprometer as investigações. (Redação dada pela Lei 13.840/2019)

**§ 5º** Decretadas quaisquer das medidas previstas no caput deste artigo, o juiz facultará ao acusado que, no prazo de 5 (cinco) dias, apresente provas, ou requeira a produção delas, acerca da origem lícita do bem ou do valor objeto da decisão, exceto no caso de veículo apreendido em transporte de droga ilícita. *(Acrescido pela Lei 14.322/2022)*

**§ 6º** Provada a origem lícita do bem ou do valor, o juiz decidirá por sua liberação, exceto no caso de veículo apreendido em transporte de droga ilícita, cuja destinação observará o disposto nos arts. 61 e 62 desta Lei, ressalvado o direito de terceiro de boa-fé. *(Acrescido pela Lei 14.322/2022)*

**Art. 60-A.** Se as medidas assecuratórias de que trata o art. 60 desta Lei recaírem sobre moeda estrangeira, títulos, valores mobiliários ou cheques emitidos como ordem de pagamento, será determinada, imediatamente, a sua conversão em moeda nacional. *(Acrescido pela Lei nº 13.886/2019)*

**§ 1º** A moeda estrangeira apreendida em espécie deve ser encaminhada a instituição financeira, ou equiparada, para alienação na forma prevista pelo Conselho Monetário Nacional.

**§ 2º** Na hipótese de impossibilidade da alienação a que se refere o § 1º deste artigo, a moeda estrangeira será custodiada pela instituição financeira até decisão sobre o seu destino.

**§ 3º** Após a decisão sobre o destino da moeda estrangeira a que se refere o § 2º deste artigo, caso seja verificada a inexistência de valor de mercado, seus espécimes poderão ser destruídos ou doados à representação diplomática do país de origem.

**§ 4º** Os valores relativos às apreensões feitas antes da data de entrada em vigor da Medida Provisória nº 885, de 17 de junho de 2019, e que estejam custodiados nas dependências do Banco Central do Brasil devem ser transferidos à Caixa Econômica Federal, no prazo de 360 (trezentos e sessenta) dias, para que se proceda à alienação ou custódia, de acordo com o previsto nesta Lei.

**Art. 61.** A apreensão de veículos, embarcações, aeronaves e quaisquer outros meios de transporte e dos maquinários, utensílios, instrumentos e objetos de qualquer natureza utilizados para a prática, habitual ou não, dos crimes definidos nesta Lei será imediatamente comunicada pela autoridade de polícia judiciária responsável pela investigação ao juízo competente. *(Redação dada pela Lei 14.322/2022)*

**§ 1º** O juiz, no prazo de 30 (trinta) dias contado da comunicação de que trata o *caput*, determinará a alienação dos bens apreendidos, excetuadas as armas, que serão recolhidas na forma da legislação específica. (Redação dada pela Lei 13.840/2019)

**§ 2º** A alienação será realizada em autos apartados, dos quais constará a exposição sucinta do nexo de instrumentalidade entre o delito e os bens apreendidos, a descrição e especificação dos objetos, as informações sobre quem os tiver sob custódia e o local em que se encontrem. (Incluído pela Lei 13.840/2019)

**§ 3º** O juiz determinará a avaliação dos bens apreendidos, que será realizada por oficial de justiça, no prazo de 5 (cinco) dias a contar da autuação, ou, caso sejam necessários conhecimentos especializados, por avaliador nomeado pelo juiz, em prazo não superior a 10 (dez) dias. (Incluído pela Lei 13.840/2019)

**§ 4º** Feita a avaliação, o juiz intimará o órgão gestor do Funad, o Ministério Público e o interessado para se manifestarem no prazo de 5 (cinco) dias e, dirimidas eventuais divergências, homologará o valor atribuído aos bens. (Incluído pela Lei 13.840/2019)

**§ 5º** (Vetado na Lei 13.840/2019)

**§§ 6º a 8º** (Revogados pela Lei 13.886/2019)

**§ 9º** O Ministério Público deve fiscalizar o cumprimento da regra estipulada no § 1º deste artigo. (Acrescido pela Lei 13.886/2019)

**§ 10.** Aplica-se a todos os tipos de bens confiscados a regra estabelecida no § 1º deste artigo. (Acrescido pela Lei 13.886/2019)

**§ 11.** Os bens móveis e imóveis devem ser vendidos por meio de hasta pública, preferencialmente por meio eletrônico, assegurada a venda pelo maior lance, por preço não inferior a 50% (cinquenta por cento) do valor da avaliação judicial. (Acrescido pela Lei 13.886/2019)

**§ 12.** O juiz ordenará às secretarias de fazenda e aos órgãos de registro e controle que efetuem as averbações necessárias, tão logo tenha conhecimento da apreensão. (Acrescido pela Lei 13.886/2019)

**§ 13.** Na alienação de veículos, embarcações ou aeronaves, a autoridade de trânsito ou o órgão congênere competente para o registro, bem como as secretarias de fazenda, devem proceder à regularização dos bens no prazo de 30 (trinta) dias, ficando o arrematante isento do pagamento de multas, encargos e tributos anteriores, sem prejuízo de execução fiscal em relação ao antigo proprietário. (Acrescido pela Lei 13.886/2019)

**§ 14.** Eventuais multas, encargos ou tributos pendentes de pagamento não podem ser cobrados do arrematante ou do órgão público alienante como condição para regularização dos bens. (Acrescido pela Lei 13.886/2019)

**§ 15.** Na hipótese de que trata o § 13 deste artigo, a autoridade de trânsito ou o órgão congênere competente para o registro poderá emitir novos identificadores dos bens. (Acrescido pela Lei 13.886/2019)

**Art. 62.** Comprovado o interesse público na utilização de quaisquer dos bens de que trata o art. 61, os órgãos de polícia judiciária, militar e rodoviária poderão deles fazer uso, sob sua responsabilidade e com o objetivo de sua conservação, mediante autorização judicial, ouvido o Ministério Público e garantida a prévia avaliação dos respectivos bens. (Redação dada pela Lei 13.840/2019)

**§ 1º** (Revogado pela Lei 13.886/2019)

**§ 1º-A.** O juízo deve cientificar o órgão gestor do Funad para que, em 10 (dez) dias, avalie a existência do interesse público mencionado no *caput* deste artigo e indique o órgão que deve receber o bem. (Acrescido pela Lei 13.886/2019)

**§ 1º-B.** Têm prioridade, para os fins do § 1º-A deste artigo, os órgãos de segurança pública que participaram das ações de investigação ou repressão ao crime que deu causa à medida. (Acrescido pela Lei 13.886/2019)

**§ 2º** A autorização judicial de uso de bens deverá conter a descrição do bem e a respectiva avaliação e indicar o órgão responsável por sua utilização. (Redação dada pela Lei 13.840/2019)

**§ 3º** O órgão responsável pela utilização do bem deverá enviar ao juiz periodicamente, ou a qualquer momento quando por este solicitado, informações sobre seu estado de conservação. (Redação dada pela Lei 13.840/2019)

**§ 4º** Quando a autorização judicial recair sobre veículos, embarcações ou aeronaves, o juiz ordenará à autoridade ou ao órgão de registro e controle a expedição de certificado provisório de registro e licenciamento em favor do órgão ao qual tenha deferido o uso ou custódia, ficando este livre do pagamento de multas, encargos e tributos anteriores à decisão de utilização do bem até o trânsito em julgado da decisão que decretar o seu perdimento em favor da União. (Redação dada pela Lei 13.840/2019)

**§ 5º** Na hipótese de levantamento, se houver indicação de que os bens utilizados na forma deste artigo sofreram depreciação superior àquela esperada em razão do transcurso do tempo e do uso, poderá o interessado requerer nova avaliação judicial. (Redação dada pela Lei 13.840/2019)

**§ 6º** Constatada a depreciação de que trata o § 5º, o ente federado ou a entidade que utilizou o bem indenizará o detentor ou proprietário dos bens. (Redação dada pela Lei 13.840/2019)

**§§ 7º a 11.** (Revogados pela Lei 13.840/2019)

**Art. 62-A.** O depósito, em dinheiro, de valores referentes ao produto da alienação ou a numerários apreendidos ou que tenham sido convertidos deve ser efetuado na Caixa Econômica Federal, por meio de documento de arrecadação destinado a essa finalidade. (Redação dada pela Lei 13.886/2019)

**§ 1º** Os depósitos a que se refere o *caput* deste artigo devem ser transferidos, pela Caixa Econômica Federal, para a conta única do Tesouro Nacional, independentemente de qualquer formalidade, no prazo de 24 (vinte e quatro) horas, contado do momento da realização do depósito, onde ficarão à disposição do Funad.

**§ 2º** Na hipótese de absolvição do acusado em decisão judicial, o valor do depósito será devolvido a ele pela Caixa Econômica Federal no prazo de até 3 (três) dias úteis, acrescido de juros, na forma estabelecida pelo § 4º do art. 39 da Lei nº 9.250, de 26 de dezembro de 1995.

**§ 3º** Na hipótese de decretação do seu perdimento em favor da União, o valor do depósito será transformado em pagamento definitivo, respeitados os direitos de eventuais lesados e de terceiros de boa-fé.

**§ 4º** Os valores devolvidos pela Caixa Econômica Federal, por decisão judicial, devem ser efetuados como anulação de receita do Funad no exercício em que ocorrer a devolução.

**§ 5º** A Caixa Econômica Federal deve manter o controle dos valores depositados ou devolvidos.

**Art. 63.** Ao proferir a sentença, o juiz decidirá sobre: (Redação dada pela Lei 13.840/2019)

**I** - o perdimento do produto, bem, direito ou valor apreendido ou objeto de medidas assecuratórias; e (Incluído pela Lei 13.840/2019)

**II** - o levantamento dos valores depositados em conta remunerada e a liberação dos bens utilizados nos termos do art. 62. (Incluído pela Lei 13.840/2019)

**§ 1º** Os bens, direitos ou valores apreendidos em decorrência dos crimes tipificados nesta Lei ou objeto de medidas assecuratórias, após decretado seu perdimento em favor da União, serão revertidos diretamente ao Funad. (Redação dada pela Lei 13.840/2019)

**§ 2º** O juiz remeterá ao órgão gestor do Funad relação dos bens, direitos e valores declarados perdidos, indicando o local em que se encontram e a entidade ou o órgão em cujo poder estejam, para os fins de sua destinação nos termos da legislação vigente. (Redação dada pela Lei 13.840/2019)

**§ 3º** (Revogado pela Lei 13.886/2019)

**§ 4º** Transitada em julgado a sentença condenatória, o juiz do processo, de ofício ou a requerimento do Ministério Público, remeterá à Senad relação dos bens, direitos e valores declarados perdidos em favor da União, indicando, quanto aos bens, o local em que se encontram e a entidade ou o órgão em cujo poder estejam, para os fins de sua destinação nos termos da legislação vigente.

- A alteração do § 4º proposta pela Lei 13.964/2019, foi vetada pelo Presidente da República.

**§ 4º-A.** Antes de encaminhar os bens ao órgão gestor do Funad, o juíz deve: (Acrescido pela Lei 13.886/2019)

**I** - ordenar às secretarias de fazenda e aos órgãos de registro e controle que efetuem as averbações necessárias, caso não tenham sido realizadas quando da apreensão; e

**II** - determinar, no caso de imóveis, o registro de propriedade em favor da União no cartório de registro de imóveis competente, nos termos do *caput* e do parágrafo único do art. 243 da Constituição Federal, afastada a responsabilidade de terceiros prevista no inciso VI do *caput* do art. 134 da Lei nº 5.172, de 25 de outubro de 1966 (Código Tributário Nacional), bem como determinar à Secretaria de Coordenação e Governança do Patrimônio da União a incorporação e entrega do imóvel, tornando-o livre e desembaraçado de quaisquer ônus para sua destinação.

**§ 5º** (Vetado na Lei 13.840/2019)

**§ 6º** Na hipótese do inciso II do *caput*, decorridos 360 (trezentos e sessenta) dias do trânsito em julgado e do conhecimento da sentença pelo interessado, os bens apreendidos, os que tenham sido objeto de medidas assecuratórias ou os valores depositados que não forem reclamados serão revertidos ao Funad. (Incluído pela Lei 13.840/2019)

**Art. 63-A.** Nenhum pedido de restituição será conhecido sem o comparecimento pessoal do acusado, podendo o juiz determinar a prática de atos necessários à conservação de bens, direitos ou valores. (Incluído pela Lei 13.840/2019)

**Art. 63-B.** O juiz determinará a liberação total ou parcial dos bens, direitos e objeto de medidas assecuratórias quando comprovada a licitude de sua origem, mantendo-se a constrição dos bens, direitos e valores necessários e suficientes à reparação dos danos e ao pagamento de prestações pecuniárias, multas e custas decorrentes da infração penal. (Incluído pela Lei 13.840/2019)

**Art. 63-C.** Compete à Senad, do Ministério da Justiça e Segurança Pública, proceder à destinação dos bens apreendidos e não leiloados em caráter cautelar, cujo perdimento seja decretado em favor da União, por meio das seguintes modalidades: (Acrescido pela Lei 13.886/2019)

**I** - alienação, mediante:

*a)* licitação;

*b)* doação com encargo a entidades ou órgãos públicos, bem como a comunidades terapêuticas acolhedoras que contribuam para o alcance das finalidades do Funad; ou

*c)* venda direta, observado o disposto no inciso II do *caput* do art. 24 da Lei nº 8.666, de 21 de junho de 1993;

- Lei 14.133/2021 (Nova Lei de Licitações)

**II** - incorporação ao patrimônio de órgão da administração pública, observadas as finalidades do Funad;

**III** - destruição; ou

**IV** - inutilização.

**§ 1º** A alienação por meio de licitação deve ser realizada na modalidade leilão, para bens móveis e imóveis, independentemente do valor de avaliação, isolado ou global, de bem ou de lotes, assegurada a venda pelo maior lance, por preço não inferior a 50% (cinquenta por cento) do valor da avaliação.

**§ 2º** O edital do leilão a que se refere o § 1º deste artigo será amplamente divulgado em jornais de grande circulação e em sítios eletrônicos oficiais, principalmente no Município em que será realizado, dispensada a publicação em diário oficial.

**§ 3º** Nas alienações realizadas por meio de sistema eletrônico da administração pública, a publicidade dada pelo sistema substituirá a publicação em diário oficial e em jornais de grande circulação.

**§ 4º** Na alienação de imóveis, o arrematante fica livre do pagamento de encargos e tributos anteriores, sem prejuízo de execução fiscal em relação ao antigo proprietário.

**§ 5º** Na alienação de veículos, embarcações ou aeronaves deverão ser observadas as disposições dos §§ 13 e 15 do art. 61 desta Lei.

**§ 6º** Aplica-se às alienações de que trata este artigo a proibição relativa à cobrança de multas, encargos ou tributos prevista no § 14 do art. 61 desta Lei.

**§ 7º** A Senad, do Ministério da Justiça e Segurança Pública, pode celebrar convênios ou instrumentos congêneres com órgãos e entidades da União, dos Estados, do Distrito Federal ou dos Municípios, bem como com comunidades terapêuticas acolhedoras, a fim de dar imediato cumprimento ao estabelecido neste artigo.

**§ 8º** Observados os procedimentos licitatórios previstos em lei, fica autorizada a contratação da iniciativa privada para a execução das ações de avaliação, de administração e de alienação dos bens a que se refere esta Lei.

**Art. 63-D.** Compete ao Ministério da Justiça e Segurança Pública regulamentar os procedimentos relativos à administração, à preservação e à destinação dos recursos provenientes de delitos e atos ilícitos e estabelecer os valores abaixo dos quais se deve proceder à sua destruição ou inutilização. (Acrescido pela Lei 13.886/2019)

- Portaria Senad 1/2020 (Regulamenta o art. 63-D da Lei nº 11.343, de 23 de agosto de 2006, dispondo sobre a incorporação e a doação de bens do Fundo Nacional Antidrogas, e dispõe sobre a indicação para uso provisório no curso de processo judicial e sobre os casos de destruição e de inutilização de bens objetos de apreensão e perdimento em favor da União).

**Art. 63-E.** O produto da alienação dos bens apreendidos ou confiscados será revertido integralmente ao Funad, nos termos do parágrafo único do art. 243 da Constituição Federal, vedada a sub-rogação sobre o valor da arrematação para saldar eventuais multas, encargos ou tributos pendentes de pagamento. (Acrescido pela Lei 13.886/2019)

**Parágrafo único.** O disposto no *caput* deste artigo não prejudica o ajuizamento de execução fiscal em relação aos antigos devedores.

**Art. 63-F.** Na hipótese de condenação por infrações às quais esta Lei comine pena máxima superior a 6 (seis) anos de reclusão, poderá ser decretada a perda, como produto ou proveito do crime, dos bens correspondentes à diferença entre o valor do patrimônio do condenado e aquele compatível com o seu rendimento lícito. (Acrescido pela Lei 13.886/2019)

**§ 1º** A decretação da perda prevista no *caput* deste artigo fica condicionada à existência de elementos probatórios que indiquem conduta criminosa habitual, reiterada ou profissional do condenado ou sua vinculação a organização criminosa.

**§ 2º** Para efeito da perda prevista no *caput* deste artigo, entende-se por patrimônio do condenado todos os bens:

**I** - de sua titularidade, ou sobre os quais tenha domínio e benefício direto ou indireto, na data da infração penal, ou recebidos posteriormente; e

**II** - transferidos a terceiros a título gratuito ou mediante contraprestação irrisória, a partir do início da atividade criminal.

**§ 3º** O condenado poderá demonstrar a inexistência da incompatibilidade ou a procedência lícita do patrimônio.

**Art. 64.** A União, por intermédio da Senad, poderá firmar convênio com os Estados, com o Distrito Federal e com organismos orientados para a prevenção do uso indevido de drogas, a atenção e a reinserção social de usuários ou dependentes e a atuação na repressão à produção não autorizada e ao tráfico ilícito de drogas, com vistas na liberação de equipamentos e de recursos por ela arrecadados, para a implantação e execução de programas relacionados à questão das drogas.

## TÍTULO V. DA COOPERAÇÃO INTERNACIONAL

**Art. 65.** De conformidade com os princípios da não intervenção em assuntos internos, da igualdade jurídica e do respeito à integridade territorial dos Estados e às leis e aos regulamentos nacionais em vigor, e observado o espírito das Convenções das Nações Unidas e outros instrumentos jurídicos internacionais relacionados à questão das drogas, de que o Brasil é parte, o governo brasileiro prestará, quando solicitado, cooperação a outros países e organismos internacionais e, quando necessário, deles solicitará a colaboração, nas áreas de:

**I** – intercâmbio de informações sobre legislações, experiências, projetos e programas voltados para atividades de prevenção do uso indevido, de atenção e de reinserção social de usuários e dependentes de drogas;

**II** – intercâmbio de inteligência policial sobre produção e tráfico de drogas e delitos conexos, em especial o tráfico de armas, a lavagem de dinheiro e o desvio de precursores químicos;

**III** – intercâmbio de informações policiais e judiciais sobre produtores e traficantes de drogas e seus precursores químicos.

## TÍTULO V-A DO FINANCIAMENTO DAS POLÍTICAS SOBRE DROGAS *(Incluído pela Lei 13.840/2019)*

**Art. 65-A.** (Vetado na Lei 13.840/2019)

## TÍTULO VI. DISPOSIÇÕES FINAIS E TRANSITÓRIAS

**Art. 66.** Para fins do disposto no parágrafo único do art. 1º desta Lei, até que seja atualizada a terminologia da lista mencionada no preceito, denominam-se drogas substâncias entorpecentes, psicotrópicas, precursoras e outras sob controle especial, da Portaria SVS/MS 344, de 12 de maio de 1998.

**Art. 67.** A liberação dos recursos previstos na Lei 7.560, de 19 de dezembro de 1986, em favor de Estados e do Distrito Federal, dependerá de sua adesão e respeito às diretrizes básicas contidas nos convênios firmados e do fornecimento de dados necessários à atualização do sistema previsto no art. 17 desta Lei, pelas respectivas polícias judiciárias.

**Art. 67-A.** Os gestores e entidades que recebam recursos públicos para execução das políticas sobre drogas deverão garantir o acesso às suas instalações, à documentação e a todos os elementos necessários à efetiva fiscalização pelos órgãos competentes. (Incluído pela Lei 13.840/2019)

**Art. 68.** A União, os Estados, o Distrito Federal e os Municípios poderão criar estímulos fiscais e outros, destinados às pessoas físicas e jurídicas que colaborem na prevenção do uso indevido de drogas, atenção e reinserção social de usuários e dependentes e na repressão da produção não autorizada e do tráfico ilícito de drogas.

**Art. 69.** No caso de falência ou liquidação extrajudicial de empresas ou estabelecimentos hospitalares, de pesquisa, de ensino, ou congêneres, assim como nos serviços de saúde que produzirem, venderem, adquirirem, consumirem, prescreverem ou fornecerem drogas ou de qualquer outro em que existam essas substâncias ou produtos, incumbe ao juízo perante o qual tramite o feito:

**I** – determinar, imediatamente à ciência da falência ou liquidação, sejam lacradas suas instalações;

**II** – ordenar à autoridade sanitária competente a urgente adoção das medidas necessárias ao recebimento e guarda, em depósito, das drogas arrecadadas;

**III** – dar ciência ao órgão do Ministério Público, para acompanhar o feito.

**§ 1º**. Da licitação para alienação de substâncias ou produtos não proscritos referidos no inciso II do *caput* deste artigo, só podem participar pessoas jurídicas regularmente habilitadas na área de saúde ou de pesquisa científica que comprovem a destinação lícita a ser dada ao produto a ser arrematado.

**§ 2º**. Ressalvada a hipótese de que trata o § 3º deste artigo, o produto não arrematado será, ato contínuo à hasta pública, destruído pela autoridade sanitária, na presença dos Conselhos Estaduais sobre Drogas e do Ministério Público.

**§ 3º**. Figurando entre o praceado e não arrematadas especialidades farmacêuticas em condições de emprego terapêutico, ficarão elas depositadas sob a guarda do Ministério da Saúde, que as destinará à rede pública de saúde.

**Art. 70.** O processo e o julgamento dos crimes previstos nos arts. 33 a 37 desta Lei, se caracterizado ilícito transnacional, são da competência da Justiça Federal.

**Parágrafo único.** Os crimes praticados nos Municípios que não sejam sede de vara federal serão processados e julgados na vara federal da circunscrição respectiva.

**Art. 71.** *(VETADO).*

**Art. 72.** Encerrado o processo criminal ou arquivado o inquérito policial, o juiz, de ofício, mediante representação da autoridade de polícia judiciária, ou a requerimento do Ministério Público, determinará a destruição das amostras guardadas para contraprova, certificando nos autos. (Redação dada pela Lei 13.840/2019)

**Art. 73.** A União poderá estabelecer convênios com os Estados e o com o Distrito Federal, visando à prevenção e repressão do tráfico ilícito e do uso indevido de drogas, e com os Municípios, com o objetivo de prevenir o uso indevido delas e de possibilitar a atenção e reinserção social de usuários e dependentes de drogas. (Redação dada pela Lei nº 12.219, de 2010)

**Art. 74.** Esta Lei entra em vigor 45 (quarenta e cinco) dias após a sua publicação.

**Art. 75.** Revogam-se a Lei nº 6.368, de 21 de outubro de 1976, e a Lei 10.409, de 11 de janeiro de 2002.

Brasília, 23 de agosto de 2006; 185º da Independência e 118º da República.

LUIZ INÁCIO LULA DA SILVA

Publicado no D.O.U. 24.8.2006

# LEI Nº 12.850, DE 2 DE AGOSTO DE 2013

*Define organização criminosa e dispõe sobre a investigação criminal, os meios de obtenção da prova, infrações penais correlatas e o procedimento criminal; altera o Decreto-Lei nº 2.848, de 7 de dezembro de 1940 (Código Penal); revoga a Lei nº 9.034, de 3 de maio de 1995; e dá outras providências.*

A PRESIDENTA DA REPÚBLICA

Faço saber que o Congresso Nacional decreta e eu sanciono a seguinte Lei:

## CAPÍTULO I. DA ORGANIZAÇÃO CRIMINOSA

- Lei 13.344/2016 – Dispõe sobre prevenção e repressão ao tráfico interno e internacional de pessoas e sobre medidas de atenção às vítimas.
- Lei 13.260/2016 – Regulamenta o disposto no inciso XLIII do art. 5º da CF, disciplinando o terrorismo, tratando de disposições investigatórias e processuais e reformulando o conceito de organização terrorista. (Lei Antiterrorismo)
- Lei 12.694/2012 – Dispõe sobre o processo e o julgamento colegiado em 1º grau de jurisdição de crimes praticados por organizações criminosas.

✪ **Art. 1º.** Esta Lei define organização criminosa e dispõe sobre a investigação criminal, os meios de obtenção da prova, infrações penais correlatas e o procedimento criminal a ser aplicado.

**§ 1º**. Considera-se organização criminosa a associação de 4 (quatro) ou mais pessoas estruturalmente ordenada e caracterizada pela divisão de tarefas, ainda que informalmente, com objetivo de obter, direta ou indiretamente, vantagem de qualquer natureza, mediante a prática de infrações penais cujas penas máximas sejam superiores a 4 (quatro) anos, ou que sejam de caráter transnacional.

**§ 2º**. Esta Lei se aplica também:

**I** – às infrações penais previstas em tratado ou convenção internacional quando, iniciada a execução no País, o resultado tenha ou devesse ter ocorrido no estrangeiro, ou reciprocamente;

**II** – às organizações terroristas, entendidas como aquelas voltadas para a prática dos atos de terrorismo legalmente definidos.

✪ **Art. 2º.** Promover, constituir, financiar ou integrar, pessoalmente ou por interposta pessoa, organização criminosa:

Pena – reclusão, de 3 (três) a 8 (oito) anos, e multa, sem prejuízo das penas correspondentes às demais infrações penais praticadas.

**§ 1º.** Nas mesmas penas incorre quem impede ou, de qualquer forma, embaraça a investigação de infração penal que envolva organização criminosa.

**§ 2º.** As penas aumentam-se até a metade se na atuação da organização criminosa houver emprego de arma de fogo.

**§ 3º.** A pena é agravada para quem exerce o comando, individual ou coletivo, da organização criminosa, ainda que não pratique pessoalmente atos de execução.

**§ 4º.** A pena é aumentada de 1/6 (um sexto) a 2/3 (dois terços):

**I** – se há participação de criança ou adolescente;

**II** – se há concurso de funcionário público, valendo-se a organização criminosa dessa condição para a prática de infração penal;

**III** – se o produto ou proveito da infração penal destinar-se, no todo ou em parte, ao exterior;

**IV** – se a organização criminosa mantém conexão com outras organizações criminosas independentes;

**V** – se as circunstâncias do fato evidenciarem a transnacionalidade da organização.

**§ 5º.** Se houver indícios suficientes de que o funcionário público integra organização criminosa, poderá o juiz determinar seu afastamento cautelar do cargo, emprego ou função, sem prejuízo da remuneração, quando a medida se fizer necessária à investigação ou instrução processual.

**§ 6º.** A condenação com trânsito em julgado acarretará ao funcionário público a perda do cargo, função, emprego ou mandato eletivo e a interdição para o exercício de função ou cargo público pelo prazo de 8 (oito) anos subsequentes ao cumprimento da pena.

**§ 7º.** Se houver indícios de participação de policial nos crimes de que trata esta Lei, a Corregedoria de Polícia instaurará inquérito policial e comunicará ao Ministério Público, que designará membro para acompanhar o feito até a sua conclusão.

**§ 8º** As lideranças de organizações criminosas armadas ou que tenham armas à disposição deverão iniciar o cumprimento da pena em estabelecimentos penais de segurança máxima. *(Acrescido pela Lei 13.964/2019)*

**§ 9º** O condenado expressamente em sentença por integrar organização criminosa ou por crime praticado por meio de organização criminosa não poderá progredir de regime de cumprimento de pena ou obter livramento condicional ou outros benefícios prisionais se houver elementos probatórios que indiquem a manutenção do vínculo associativo. *(Acrescido pela Lei 13.964/2019)*

## CAPÍTULO II. DA INVESTIGAÇÃO E DOS MEIOS DE OBTENÇÃO DA PROVA

✪ **Art. 3º.** Em qualquer fase da persecução penal, serão permitidos, sem prejuízo de outros já previstos em lei, os seguintes meios de obtenção da prova:

**I** – colaboração premiada;

**II** – captação ambiental de sinais eletromagnéticos, ópticos ou acústicos;

**III** – ação controlada;

**IV** – acesso a registros de ligações telefônicas e telemáticas, a dados cadastrais constantes de bancos de dados públicos ou privados e a informações eleitorais ou comerciais;

**V** – interceptação de comunicações telefônicas e telemáticas, nos termos da legislação específica;

- Lei 9.296/1996 – Regulamenta o inciso XII, parte final, do art. 5º da CF. (Lei de Interceptações Telefônicas)

**VI** – afastamento dos sigilos financeiro, bancário e fiscal, nos termos da legislação específica;

**VII** – infiltração, por policiais, em atividade de investigação, na forma do art. 11;

**VIII** – cooperação entre instituições e órgãos federais, distritais, estaduais e municipais na busca de provas e informações de interesse da investigação ou da instrução criminal.

**§ 1º.** Havendo necessidade justificada de manter sigilo sobre a capacidade investigatória, poderá ser dispensada licitação para contratação de serviços técnicos especializados, aquisição ou locação de equipamentos destinados à polícia judiciária para o rastreamento e obtenção de provas previstas nos incisos II e V.

**§ 2º.** No caso do § 1º, fica dispensada a publicação de que trata o parágrafo único do art. 61 da Lei nº 8.666, de 21 de junho de 1993, devendo ser comunicado o órgão de controle interno da realização da contratação.

### SEÇÃO I. DA COLABORAÇÃO PREMIADA

**Art. 3º-A.** O acordo de colaboração premiada é negócio jurídico processual e meio de obtenção de prova, que pressupõe utilidade e interesse públicos. *(Acrescido pela Lei 13.964/2019)*

PENAL

**Art. 3º-B.** O recebimento da proposta para formalização de acordo de colaboração demarca o início das negociações e constitui também marco de confidencialidade, configurando violação de sigilo e quebra da confiança e da boa-fé a divulgação de tais tratativas iniciais ou de documento que as formalize, até o levantamento de sigilo por decisão judicial. *(Acrescido pela Lei 13.964/2019)*

**§ 1º** A proposta de acordo de colaboração premiada poderá ser sumariamente indeferida, com a devida justificativa, cientificando-se o interessado.

**§ 2º** Caso não haja indeferimento sumário, as partes deverão firmar Termo de Confidencialidade para prosseguimento das tratativas, o que vinculará os órgãos envolvidos na negociação e impedirá o indeferimento posterior sem justa causa.

**§ 3º** O recebimento de proposta de colaboração para análise ou o Termo de Confidencialidade não implica, por si só, a suspensão da investigação, ressalvado acordo em contrário quanto à propositura de medidas processuais penais cautelares e assecuratórias, bem como medidas processuais cíveis admitidas pela legislação processual civil em vigor.

**§ 4º** O acordo de colaboração premiada poderá ser precedido de instrução, quando houver necessidade de identificação ou complementação de seu objeto, dos fatos narrados, sua definição jurídica, relevância, utilidade e interesse público.

**§ 5º** Os termos de recebimento de proposta de colaboração e de confidencialidade serão elaborados pelo celebrante e assinados por ele, pelo colaborador e pelo advogado ou defensor público com poderes específicos.

**§ 6º** Na hipótese de não ser celebrado o acordo por iniciativa do celebrante, esse não poderá se valer de nenhuma das informações ou provas apresentadas pelo colaborador, de boa-fé, para qualquer outra finalidade.

**Art. 3º-C.** A proposta de colaboração premiada deve estar instruída com procuração do interessado com poderes específicos para iniciar o procedimento de colaboração e suas tratativas, ou firmada pessoalmente pela parte que pretende a colaboração e seu advogado ou defensor público. *(Acrescido pela Lei 13.964/2019)*

**§ 1º** Nenhuma tratativa sobre colaboração premiada deve ser realizada sem a presença de advogado constituído ou defensor público.

**§ 2º** Em caso de eventual conflito de interesses, ou de colaborador hipossuficiente, o celebrante deverá solicitar a presença de outro advogado ou a participação de defensor público.

**§ 3º** No acordo de colaboração premiada, o colaborador deve narrar todos os fatos ilícitos para os quais concorreu e que tenham relação direta com os fatos investigados.

**§ 4º** Incumbe à defesa instruir a proposta de colaboração e os anexos com os fatos adequadamente descritos, com todas as suas circunstâncias, indicando as provas e os elementos de corroboração.

✪ **Art. 4º.** O juiz poderá, a requerimento das partes, conceder o perdão judicial, reduzir em até 2/3 (dois terços) a pena privativa de liberdade ou substituí-la por restritiva de direitos daquele que tenha colaborado efetiva e voluntariamente com a investigação e com o processo criminal, desde que dessa colaboração advenha um ou mais dos seguintes resultados:

**I** – a identificação dos demais coautores e partícipes da organização criminosa e das infrações penais por eles praticadas;

**II** – a revelação da estrutura hierárquica e da divisão de tarefas da organização criminosa;

**III** – a prevenção de infrações penais decorrentes das atividades da organização criminosa;

**IV** – a recuperação total ou parcial do produto ou do proveito das infrações penais praticadas pela organização criminosa;

**V** – a localização de eventual vítima com a sua integridade física preservada.

**§ 1º.** Em qualquer caso, a concessão do benefício levará em conta a personalidade do colaborador, a natureza, as circunstâncias, a gravidade e a repercussão social do fato criminoso e a eficácia da colaboração.

**§ 2º.** Considerando a relevância da colaboração prestada, o Ministério Público, a qualquer tempo, e o delegado de polícia, nos autos do inquérito policial, com a manifestação do Ministério Público, poderão requerer ou representar ao juiz pela concessão de perdão judicial ao colaborador, ainda que esse benefício não tenha sido previsto na proposta inicial, aplicando-se, no que couber, o art. 28 do Decreto-Lei nº 3.689, de 3 de outubro de 1941 (Código de Processo Penal).

**§ 3º.** O prazo para oferecimento de denúncia ou o processo, relativos ao colaborador, poderá ser suspenso por até 6 (seis) meses, prorrogáveis por igual período, até que sejam cumpridas as medidas de colaboração, suspendendo-se o respectivo prazo prescricional.

**§ 4º** Nas mesmas hipóteses do caput deste artigo, o Ministério Público poderá deixar de oferecer denúncia se a proposta de acordo de colaboração referir-se a infração de cuja existência não tenha prévio conhecimento e o colaborador: *(Redação dada pela Lei 13.964/2019)*

**I** – não for o líder da organização criminosa;

**II** – for o primeiro a prestar efetiva colaboração nos termos deste artigo.

**§ 4º-A**. Considera-se existente o conhecimento prévio da infração quando o Ministério Público ou a autoridade policial competente tenha instaurado inquérito ou procedimento investigatório para apuração dos fatos apresentados pelo colaborador. *(Acrescido pela Lei 13.964/2019)*

**§ 5º**. Se a colaboração for posterior à sentença, a pena poderá ser reduzida até a metade ou será admitida a progressão de regime ainda que ausentes os requisitos objetivos.

**§ 6º**. O juiz não participará das negociações realizadas entre as partes para a formalização do acordo de colaboração, que ocorrerá entre o delegado de polícia, o investigado e o defensor, com a manifestação do Ministério Público, ou, conforme o caso, entre o Ministério Público e o investigado ou acusado e seu defensor.

**§ 7º** Realizado o acordo na forma do § 6º deste artigo, serão remetidos ao juiz, para análise, o respectivo termo, as declarações do colaborador e cópia da investigação, devendo o juiz ouvir sigilosamente o colaborador, acompanhado de seu defensor, oportunidade em que analisará os seguintes aspectos na homologação: *(Redação dada pela Lei 13.964/2019)*

**I** – regularidade e legalidade; *(Acrescido pela Lei 13.964/2019)*

II – adequação dos benefícios pactuados àqueles previstos no caput e nos §§ 4º e 5º deste artigo, sendo nulas as cláusulas que violem o critério de definição do regime inicial de cumprimento de pena do art. 33 do Decreto-Lei nº 2.848, de 7 de dezembro de 1940 (Código Penal), as regras de cada um dos regimes previstos no Código Penal e na Lei nº 7.210, de 11 de julho de 1984 (Lei de Execução Penal) e os requisitos de progressão de regime não abrangidos pelo § 5º deste artigo; *(Acrescido pela Lei 13.964/2019)*

**III** – adequação dos resultados da colaboração aos resultados mínimos exigidos nos incisos I, II, III, IV e V do caput deste artigo; *(Acrescido pela Lei 13.964/2019)*

**IV** - voluntariedade da manifestação de vontade, especialmente nos casos em que o colaborador está ou esteve sob efeito de medidas cautelares. *(Acrescido pela Lei 13.964/2019)*

**§ 7º-A** O juiz ou o tribunal deve proceder à análise fundamentada do mérito da denúncia, do perdão judicial e das primeiras etapas de aplicação da pena, nos termos do Decreto-Lei nº 2.848, de 7 de dezembro de 1940 (Código Penal) e do Decreto-Lei nº 3.689, de 3 de outubro de 1941 (Código de Processo Penal), antes de conceder os benefícios pactuados, exceto quando o acordo prever o não oferecimento da denúncia na forma dos §§ 4º e 4º-A deste artigo ou já tiver sido proferida sentença. *(Acrescido pela Lei 13.964/2019)*

**§ 7º-B**. São nulas de pleno direito as previsões de renúncia ao direito de impugnar a decisão homologatória. *(Acrescido pela Lei 13.964/2019)*

**§ 8º** O juiz poderá recusar a homologação da proposta que não atender aos requisitos legais, devolvendo-a às partes para as adequações necessárias. *(Redação dada pela Lei 13.964/2019)*

**§ 9º**. Depois de homologado o acordo, o colaborador poderá, sempre acompanhado pelo seu defensor, ser ouvido pelo membro do Ministério Público ou pelo delegado de polícia responsável pelas investigações.

**§ 10.** As partes podem retratar-se da proposta, caso em que as provas autoincriminatórias produzidas pelo colaborador não poderão ser utilizadas exclusivamente em seu desfavor.

**§ 10-A**. Em todas as fases do processo, deve-se garantir ao réu delatado a oportunidade de manifestar-se após o decurso do prazo concedido ao réu que o delatou. *(Acrescido pela Lei 13.964/2019)*

**§ 11.** A sentença apreciará os termos do acordo homologado e sua eficácia.

**§ 12.** Ainda que beneficiado por perdão judicial ou não denunciado, o colaborador poderá ser ouvido em juízo a requerimento das partes ou por iniciativa da autoridade judicial.

**§ 13.** O registro das tratativas e dos atos de colaboração deverá ser feito pelos meios ou recursos de gravação magnética, estenotipia, digital ou técnica similar, inclusive audiovisual, destinados a obter maior fidelidade das informações, garantindo-se a disponibilização de cópia do material ao colaborador. *(Redação dada pela Lei 13.964/2019)*

**§ 14.** Nos depoimentos que prestar, o colaborador renunciará, na presença de seu defensor, ao direito ao silêncio e estará sujeito ao compromisso legal de dizer a verdade.

**§ 15.** Em todos os atos de negociação, confirmação e execução da colaboração, o colaborador deverá estar assistido por defensor.

**§ 16.** Nenhuma das seguintes medidas será decretada ou proferida com fundamento apenas nas declarações do colaborador: *(Redação dada pela Lei 13.964/2019)*

**I** – medidas cautelares reais ou pessoais; *(Acrescido pela Lei 13.964/2019)*

**II** – recebimento de denúncia ou queixa-crime; *(Acrescido pela Lei 13.964/2019)*

**III** – sentença condenatória. *(Acrescido pela Lei 13.964/2019)*

**§ 17.** O acordo homologado poderá ser rescindido em caso de omissão dolosa sobre os fatos objeto da colaboração. *(Acrescido pela Lei 13.964/2019)*

**§ 18.** O acordo de colaboração premiada pressupõe que o colaborador cesse o envolvimento em conduta ilícita relacionada ao objeto da colaboração, sob pena de rescisão. *(Acrescido pela Lei 13.964/2019)*

✪ **Art. 5º.** São direitos do colaborador:

**I** – usufruir das medidas de proteção previstas na legislação específica;

**II** – ter nome, qualificação, imagem e demais informações pessoais preservados;

**III** – ser conduzido, em juízo, separadamente dos demais coautores e partícipes;

**IV** – participar das audiências sem contato visual com os outros acusados;

**V** – não ter sua identidade revelada pelos meios de comunicação, nem ser fotografado ou filmado, sem sua prévia autorização por escrito;

**VI** – cumprir pena ou prisão cautelar em estabelecimento penal diverso dos demais corréus ou condenados. *(Redação dada pela Lei 13.964/2019)*

**Art. 6º.** O termo de acordo da colaboração premiada deverá ser feito por escrito e conter:

**I** – o relato da colaboração e seus possíveis resultados;

**II** – as condições da proposta do Ministério Público ou do delegado de polícia;

**III** – a declaração de aceitação do colaborador e de seu defensor;

**IV** – as assinaturas do representante do Ministério Público ou do delegado de polícia, do colaborador e de seu defensor;

**V** – a especificação das medidas de proteção ao colaborador e à sua família, quando necessário.

**Art. 7º.** O pedido de homologação do acordo será sigilosamente distribuído, contendo apenas informações que não possam identificar o colaborador e o seu objeto.

**§ 1º**. As informações pormenorizadas da colaboração serão dirigidas diretamente ao juiz a que recair a distribuição, que decidirá no prazo de 48 (quarenta e oito) horas.

**§ 2º**. O acesso aos autos será restrito ao juiz, ao Ministério Público e ao delegado de polícia, como forma de garantir o êxito das investigações, assegurando-se ao defensor, no interesse do representado, amplo acesso aos elementos de prova que digam respeito ao exercício do direito de defesa, devidamente precedido de autorização judicial, ressalvados os referentes às diligências em andamento.

**§ 3º** O acordo de colaboração premiada e os depoimentos do colaborador serão mantidos em sigilo até o recebimento da denúncia ou da queixa-crime, sendo vedado ao magistrado decidir por sua publicidade em qualquer hipótese. *(Redação dada pela Lei 13.964/2019)*

## SEÇÃO II. DA AÇÃO CONTROLADA

✪ **Art. 8º.** Consiste a ação controlada em retardar a intervenção policial ou administrativa relativa à ação praticada por organização criminosa ou a ela vinculada, desde que mantida sob observação e acompanhamento para que a medida legal se concretize no momento mais eficaz à formação de provas e obtenção de informações.

**§ 1º**. O retardamento da intervenção policial ou administrativa será previamente comunicado ao juiz competente que, se for o caso, estabelecerá os seus limites e comunicará ao Ministério Público.

**§ 2º**. A comunicação será sigilosamente distribuída de forma a não conter informações que possam indicar a operação a ser efetuada.

**§ 3º**. Até o encerramento da diligência, o acesso aos autos será restrito ao juiz, ao Ministério Público e ao delegado de polícia, como forma de garantir o êxito das investigações.

**§ 4º**. Ao término da diligência, elaborar-se-á auto circunstanciado acerca da ação controlada.

**Art. 9º.** Se a ação controlada envolver transposição de fronteiras, o retardamento da intervenção policial ou administrativa somente poderá ocorrer com a cooperação das autoridades dos países que figurem como provável itinerário ou destino do investigado, de modo a reduzir os riscos de fuga e extravio do produto, objeto, instrumento ou proveito do crime.

## SEÇÃO III. DA INFILTRAÇÃO DE AGENTES

- Lei 13.441/2017 – Altera a Lei 8.069/1990 (ECA), para prever a infiltração de agentes de polícia na internet com o fim de investigar crimes contra a dignidade sexual de criança e de adolescente.

✪ **Art. 10.** A infiltração de agentes de polícia em tarefas de investigação, representada pelo delegado de polícia ou requerida pelo Ministério Público, após manifestação técnica do delegado de polícia quando solicitada no curso de inquérito policial, será precedida de circunstanciada, motivada e sigilosa autorização judicial, que estabelecerá seus limites.

**§ 1º**. Na hipótese de representação do delegado de polícia, o juiz competente, antes de decidir, ouvirá o Ministério Público.

**§ 2º**. Será admitida a infiltração se houver indícios de infração penal de que trata o art. 1º e se a prova não puder ser produzida por outros meios disponíveis.

**§ 3º**. A infiltração será autorizada pelo prazo de até 6 (seis) meses, sem prejuízo de eventuais renovações, desde que comprovada sua necessidade.

**§ 4º**. Findo o prazo previsto no § 3º, o relatório circunstanciado será apresentado ao juiz competente, que imediatamente cientificará o Ministério Público.

**§ 5º**. No curso do inquérito policial, o delegado de polícia poderá determinar aos seus agentes, e o Ministério Público poderá requisitar, a qualquer tempo, relatório da atividade de infiltração.

**Art. 10-A.** Será admitida a ação de agentes de polícia infiltrados virtuais, obedecidos os requisitos do caput do art. 10, na internet, com o fim de investigar os crimes previstos nesta Lei e a eles conexos, praticados por organizações criminosas, desde que demonstrada sua necessidade e indicados o alcance das tarefas dos policiais, os nomes ou apelidos das pessoas investigadas e, quando possível, os dados de conexão ou cadastrais que permitam a identificação dessas pessoas. *(Acrescido pela Lei 13.964/2019)*

**§ 1º** Para efeitos do disposto nesta Lei, consideram-se:

**I** - dados de conexão: informações referentes a hora, data, início, término, duração, endereço de Protocolo de Internet (IP) utilizado e terminal de origem da conexão;

**II** - dados cadastrais: informações referentes a nome e endereço de assinante ou de usuário registrado ou autenticado para a conexão a quem endereço de IP, identificação de usuário ou código de acesso tenha sido atribuído no momento da conexão.

**§ 2º** Na hipótese de representação do delegado de polícia, o juiz competente, antes de decidir, ouvirá o Ministério Público.

**§ 3º** Será admitida a infiltração se houver indícios de infração penal de que trata o art. 1º desta Lei e se as provas não puderem ser produzidas por outros meios disponíveis.

**§ 4º** A infiltração será autorizada pelo prazo de até 6 (seis) meses, sem prejuízo de eventuais renovações, mediante ordem judicial fundamentada e desde que o total não exceda a 720 (setecentos e vinte) dias e seja comprovada sua necessidade.

**§ 5º** Findo o prazo previsto no § 4º deste artigo, o relatório circunstanciado, juntamente com todos os atos eletrônicos praticados durante a operação, deverão ser registrados, gravados, armazenados e apresentados ao juiz competente, que imediatamente cientificará o Ministério Público.

**§ 6º** No curso do inquérito policial, o delegado de polícia poderá determinar aos seus agentes, e o Ministério Público e o juiz competente poderão requisitar, a qualquer tempo, relatório da atividade de infiltração.

**§ 7º** É nula a prova obtida sem a observância do disposto neste artigo.

**Art. 10-B.** As informações da operação de infiltração serão encaminhadas diretamente ao juiz responsável pela autorização da medida, que zelará por seu sigilo. *(Acrescido pela Lei 13.964/2019)*

**Parágrafo único.** Antes da conclusão da operação, o acesso aos autos será reservado ao juiz, ao Ministério Público e ao delegado de polícia responsável pela operação, com o objetivo de garantir o sigilo das investigações.

**Art. 10-C.** Não comete crime o policial que oculta a sua identidade para, por meio da internet, colher indícios de autoria e materialidade dos crimes previstos no art. 1º desta Lei. *(Acrescido pela Lei 13.964/2019)*

**Parágrafo único.** O agente policial infiltrado que deixar de observar a estrita finalidade da investigação responderá pelos excessos praticados.

**Art. 10-D.** Concluída a investigação, todos os atos eletrônicos praticados durante a operação deverão ser registrados, gravados, armazenados e encaminhados ao juiz e ao Ministério Público, juntamente com relatório circunstanciado. *(Acrescido pela Lei 13.964/2019)*

**Parágrafo único.** Os atos eletrônicos registrados citados no caput deste artigo serão reunidos em autos apartados e apensados ao processo criminal juntamente com o inquérito policial, assegurando-se a preservação da identidade do agente policial infiltrado e a intimidade dos envolvidos.

**Art. 11.** O requerimento do Ministério Público ou a representação do delegado de polícia para a infiltração de agentes conterão a demonstração da necessidade da medida, o alcance das tarefas dos agentes e, quando possível, os nomes ou apelidos das pessoas investigadas e o local da infiltração.

**Parágrafo único.** Os órgãos de registro e cadastro público poderão incluir nos bancos de dados próprios, mediante procedimento sigiloso e requisição da autoridade judicial, as informações necessárias à efetividade da identidade fictícia criada, nos casos de infiltração de agentes na internet. *(Acrescido pela Lei 13.964/2019)*

**Art. 12.** O pedido de infiltração será sigilosamente distribuído, de forma a não conter informações que possam indicar a operação a ser efetivada ou identificar o agente que será infiltrado.

**§ 1º**. As informações quanto à necessidade da operação de infiltração serão dirigidas diretamente ao juiz competente, que decidirá no prazo de 24 (vinte e quatro) horas, após manifestação do Ministério Público na hipótese de representação do delegado de polícia, devendo-se adotar as medidas necessárias para o êxito das investigações e a segurança do agente infiltrado.

**§ 2º.** Os autos contendo as informações da operação de infiltração acompanharão a denúncia do Ministério Público, quando serão disponibilizados à defesa, assegurando-se a preservação da identidade do agente.

**§ 3º.** Havendo indícios seguros de que o agente infiltrado sofre risco iminente, a operação será sustada mediante requisição do Ministério Público ou pelo delegado de polícia, dando-se imediata ciência ao Ministério Público e à autoridade judicial.

**Art. 13.** O agente que não guardar, em sua atuação, a devida proporcionalidade com a finalidade da investigação, responderá pelos excessos praticados.

**Parágrafo único.** Não é punível, no âmbito da infiltração, a prática de crime pelo agente infiltrado no curso da investigação, quando inexigível conduta diversa.

**Art. 14.** São direitos do agente:

**I** – recusar ou fazer cessar a atuação infiltrada;

**II** – ter sua identidade alterada, aplicando-se, no que couber, o disposto no art. 9º da Lei nº 9.807, de 13 de julho de 1999, bem como usufruir das medidas de proteção a testemunhas;

**III** – ter seu nome, sua qualificação, sua imagem, sua voz e demais informações pessoais preservadas durante a investigação e o processo criminal, salvo se houver decisão judicial em contrário;

**IV** – não ter sua identidade revelada, nem ser fotografado ou filmado pelos meios de comunicação, sem sua prévia autorização por escrito.

## SEÇÃO IV. DO ACESSO A REGISTROS, DADOS CADASTRAIS, DOCUMENTOS E INFORMAÇÕES

**Art. 15.** O delegado de polícia e o Ministério Público terão acesso, independentemente de autorização judicial, apenas aos dados cadastrais do investigado que informem exclusivamente a qualificação pessoal, a filiação e o endereço mantidos pela Justiça Eleitoral, empresas telefônicas, instituições financeiras, provedores de internet e administradoras de cartão de crédito.

**Art. 16.** As empresas de transporte possibilitarão, pelo prazo de 5 (cinco) anos, acesso direto e permanente do juiz, do Ministério Público ou do delegado de polícia aos bancos de dados de reservas e registro de viagens.

**Art. 17.** As concessionárias de telefonia fixa ou móvel manterão, pelo prazo de 5 (cinco) anos, à disposição das autoridades mencionadas no art. 15, registros de identificação dos números dos terminais de origem e de destino das ligações telefônicas internacionais, interurbanas e locais.

## SEÇÃO V. DOS CRIMES OCORRIDOS NA INVESTIGAÇÃO E NA OBTENÇÃO DA PROVA

**Art. 18.** Revelar a identidade, fotografar ou filmar o colaborador, sem sua prévia autorização por escrito:

Pena – reclusão, de 1 (um) a 3 (três) anos, e multa.

**Art. 19.** Imputar falsamente, sob pretexto de colaboração com a Justiça, a prática de infração penal a pessoa que sabe ser inocente, ou revelar informações sobre a estrutura de organização criminosa que sabe inverídicas:

Pena – reclusão, de 1 (um) a 4 (quatro) anos, e multa.

**Art. 20.** Descumprir determinação de sigilo das investigações que envolvam a ação controlada e a infiltração de agentes:

Pena – reclusão, de 1 (um) a 4 (quatro) anos, e multa.

**Art. 21.** Recusar ou omitir dados cadastrais, registros, documentos e informações requisitadas pelo juiz, Ministério Público ou delegado de polícia, no curso de investigação ou do processo:

Pena – reclusão, de 6 (seis) meses a 2 (dois) anos, e multa.

**Parágrafo único.** Na mesma pena incorre quem, de forma indevida, se apossa, propala, divulga ou faz uso dos dados cadastrais de que trata esta Lei.

# CAPÍTULO III. DISPOSIÇÕES FINAIS

**Art. 22.** Os crimes previstos nesta Lei e as infrações penais conexas serão apurados mediante procedimento ordinário previsto no Decreto-Lei nº 3.689, de 3 de outubro de 1941 (Código de Processo Penal), observado o disposto no parágrafo único deste artigo.

**Parágrafo único.** A instrução criminal deverá ser encerrada em prazo razoável, o qual não poderá exceder a 120 (cento e vinte) dias quando o réu estiver preso, prorrogáveis em até igual período, por decisão fundamentada, devidamente motivada pela complexidade da causa ou por fato procrastinatório atribuível ao réu.

**Art. 23.** O sigilo da investigação poderá ser decretado pela autoridade judicial competente, para garantia da celeridade e da eficácia das diligências investigatórias, assegurando-se ao defensor, no interesse do representado, amplo acesso aos elementos de prova que digam respeito ao exercício do direito de defesa, devidamente precedido de autorização judicial, ressalvados os referentes às diligências em andamento.

**Parágrafo único.** Determinado o depoimento do investigado, seu defensor terá assegurada a prévia vista dos autos, ainda que classificados como sigilosos, no prazo mínimo de 3 (três) dias que antecedem ao ato, podendo ser ampliado, a critério da autoridade responsável pela investigação.

**Art. 24.** O art. 288 do Decreto-Lei nº 2.848, de 7 de dezembro de 1940 (Código Penal), passa a vigorar com a seguinte redação:

(...)

**Art. 25.** O art. 342 do Decreto-Lei nº 2.848, de 7 de dezembro de 1940 (Código Penal), passa a vigorar com a seguinte redação:

(...)

**Art. 26.** Revoga-se a Lei nº 9.034, de 3 de maio de 1995.

**Art. 27.** Esta Lei entra em vigor após decorridos 45 (quarenta e cinco) dias de sua publicação oficial.

Brasília, 2 de agosto de 2013; 192º da Independência e 125º da República.

DILMA ROUSSEFF

Publicado no D.O.U. 5.8.2013

## LEI Nº 12.984, DE 2 DE JUNHO DE 2014

*Define o crime de discriminação dos portadores do vírus da imunodeficiência humana (HIV) e doentes de AIDS.*

A PRESIDENTA DA REPÚBLICA

Faço saber que o Congresso Nacional decreta e eu sanciono a seguinte Lei:

- CF/88: art. 3º, IV.

✪ **Art. 1º.** Constitui crime punível com reclusão, de 1 (um) a 4 (quatro) anos, e multa, as seguintes condutas discriminatórias contra o portador do HIV e o doente de aids, em razão da sua condição de portador ou de doente:

**I** – recusar, procrastinar, cancelar ou segregar a inscrição ou impedir que permaneça como aluno em creche ou estabelecimento de ensino de qualquer curso ou grau, público ou privado;

**II** – negar emprego ou trabalho;

**III** – exonerar ou demitir de seu cargo ou emprego;

**IV** – segregar no ambiente de trabalho ou escolar;

**V** – divulgar a condição do portador do HIV ou de doente de aids, com intuito de ofender-lhe-a dignidade;

**VI** – recusar ou retardar atendimento de saúde.

**Art. 2º.** Esta Lei entra em vigor na data de sua publicação.

Brasília, 2 de junho de 2014; 193º da Independência e 126º da República.

DILMA ROUSSEFF

Publicado no D.O.U. de 3.6.2014

## LEI Nº 13.260, DE 16 DE MARÇO DE 2016

*Regulamenta o disposto no inciso XLIII do art. 5º da Constituição Federal, disciplinando o terrorismo, tratando de disposições investigatórias e processuais e reformulando o conceito de organização terrorista; e altera as Leis nºs 7.960, de 21 de dezembro de 1989, e 12.850, de 2 de agosto de 2013.*

A PRESIDENTA DA REPÚBLICA

Faço saber que o Congresso Nacional decreta e eu sanciono a seguinte Lei:

- v. Lei 10.744/2003 – Dispõe sobre a assunção, pela União, de responsabilidades civis perante terceiros no caso de atentados terroristas, atos de guerra ou eventos correlatos, contra aeronaves de matrícula brasileira operadas por empresas brasileiras de transporte aéreo público, excluídas as empresas de táxi aéreo.
- v. Decreto 7.037/2009 – Aprova o Programa Nacional de Direitos Humanos (PNDH-3).
- v. Decreto 5.035/2004 – Regulamenta a Lei 10.744/2003, que dispõe sobre a assunção, pela União, de responsabilidades civis perante terceiros no caso de atentados terroristas, atos de Decreto-Lei 4.812/1942 – Dispõe sobre a requisição de bens imóveis e móveis, necessários às forças armadas e à defesa passiva da população.
- v. Decreto 678/1992 – Promulga a Convenção Americana sobre Direitos Humanos (Pacto de São José da Costa Rica), de 22 de novembro de 1969.
- v. Decreto 592/ 1992 – Atos Internacionais. Pacto Internacional sobre Direitos Civis e Políticos. Promulgação.

**Art. 1º.** Esta Lei regulamenta o disposto no inciso XLIII do art. 5º da Constituição Federal, disciplinando o terrorismo, tratando de disposições investigatórias e processuais e reformulando o conceito de organização terrorista.

PENAL

✪ **Art. 2º.** O terrorismo consiste na prática por um ou mais indivíduos dos atos previstos neste artigo, por razões de xenofobia, discriminação ou preconceito de raça, cor, etnia e religião, quando cometidos com a finalidade de provocar terror social ou generalizado, expondo a perigo pessoa, patrimônio, a paz pública ou a incolumidade pública.

**§ 1º.** São atos de terrorismo:

**I** – usar ou ameaçar usar, transportar, guardar, portar ou trazer consigo explosivos, gases tóxicos, venenos, conteúdos biológicos, químicos, nucleares ou outros meios capazes de causar danos ou promover destruição em massa;

**II** – (VETADO);

**III** – (VETADO);

**IV** – sabotar o funcionamento ou apoderar-se, com violência, grave ameaça a pessoa ou servindo-se de mecanismos cibernéticos, do controle total ou parcial, ainda que de modo temporário, de meio de comunicação ou de transporte, de portos, aeroportos, estações ferroviárias ou rodoviárias, hospitais, casas de saúde, escolas, estádios esportivos, instalações públicas ou locais onde funcionem serviços públicos essenciais, instalações de geração ou transmissão de energia, instalações militares, instalações de exploração, refino e processamento de petróleo e gás e instituições bancárias e sua rede de atendimento;

**V** – atentar contra a vida ou a integridade física de pessoa:

Pena – reclusão, de doze a trinta anos, além das sanções correspondentes à ameaça ou à violência.

**§ 2º.** O disposto neste artigo não se aplica à conduta individual ou coletiva de pessoas em manifestações políticas, movimentos sociais, sindicais, religiosos, de classe ou de categoria profissional, direcionados por propósitos sociais ou reivindicatórios, visando a contestar, criticar, protestar ou apoiar, com o objetivo de defender direitos, garantias e liberdades constitucionais, sem prejuízo da tipificação penal contida em lei.

✪ **Art. 3º.** Promover, constituir, integrar ou prestar auxílio, pessoalmente ou por interposta pessoa, a organização terrorista:

Pena – reclusão, de cinco a oito anos, e multa.

**§ 1º.** (VETADO).

**§ 2º.** (VETADO).

**Art. 4º.** (VETADO).

✪ **Art. 5º.** Realizar atos preparatórios de terrorismo com o propósito inequívoco de consumar tal delito:

Pena – a correspondente ao delito consumado, diminuída de um quarto até a metade.

**§ 1º.** Incorre nas mesmas penas o agente que, com o propósito de praticar atos de terrorismo:

**I** – recrutar, organizar, transportar ou municiar indivíduos que viajem para país distinto daquele de sua residência ou nacionalidade; ou

**II** – fornecer ou receber treinamento em país distinto daquele de sua residência ou nacionalidade.

**§ 2º.** Nas hipóteses do § 1º, quando a conduta não envolver treinamento ou viagem para país distinto daquele de sua residência ou nacionalidade, a pena será a correspondente ao delito consumado, diminuída de metade a dois terços.

✪ **Art. 6º.** Receber, prover, oferecer, obter, guardar, manter em depósito, solicitar, investir, de qualquer modo, direta ou indiretamente, recursos, ativos, bens, direitos, valores ou serviços de qualquer natureza, para o planejamento, a preparação ou a execução dos crimes previstos nesta Lei:

Pena – reclusão, de quinze a trinta anos.

**Parágrafo único.** Incorre na mesma pena quem oferecer ou receber, obtiver, guardar, mantiver em depósito, solicitar, investir ou de qualquer modo contribuir para a obtenção de ativo, bem ou recurso financeiro, com a finalidade de financiar, total ou parcialmente, pessoa, grupo de pessoas, associação, entidade, organização criminosa que tenha como atividade principal ou secundária, mesmo em caráter eventual, a prática dos crimes previstos nesta Lei.

**Art. 7º.** Salvo quando for elementar da prática de qualquer crime previsto nesta Lei, se de algum deles resultar lesão corporal grave, aumenta-se a pena de um terço, se resultar morte, aumenta-se a pena da metade.

**Art. 8º.** (VETADO).

**Art. 9º.** (VETADO).

**Art. 10.** Mesmo antes de iniciada a execução do crime de terrorismo, na hipótese do art. 5º desta Lei, aplicam-se as disposições do art. 15 do Decreto-Lei nº 2.848, de 7 de dezembro de 1940 – Código Penal.

✪ **Art. 11.** Para todos os efeitos legais, considera-se que os crimes previstos nesta Lei são praticados contra o interesse da União, cabendo à Polícia Federal a investigação criminal, em sede de inquérito policial, e à Justiça Federal o seu processamento e julgamento, nos termos do inciso IV do art. 109 da Constituição Federal.

**Parágrafo único.** (VETADO).

**Art. 12.** O juiz, de ofício, a requerimento do Ministério Público ou mediante representação do delegado de polícia, ouvido o Ministério Público em vinte e quatro horas, havendo indícios suficientes de crime previsto nesta Lei, poderá decretar, no curso da investigação ou da ação penal, medidas assecuratórias de bens, direitos ou valores do investigado ou acusado, ou existentes em nome de interpostas pessoas, que sejam instrumento, produto ou proveito dos crimes previstos nesta Lei.

**§ 1º.** Proceder-se-á à alienação antecipada para preservação do valor dos bens sempre que estiverem sujeitos a qualquer grau de deterioração ou depreciação, ou quando houver dificuldade para sua manutenção.

**§ 2º.** O juiz determinará a liberação, total ou parcial, dos bens, direitos e valores quando comprovada a licitude de sua origem e destinação, mantendo-se a constrição dos bens, direitos e valores necessários e suficientes à reparação dos danos e ao pagamento de prestações pecuniárias, multas e custas decorrentes da infração penal.

**§ 3º.** Nenhum pedido de liberação será conhecido sem o comparecimento pessoal do acusado ou de interposta pessoa a que se refere o *caput* deste artigo, podendo o juiz determinar a prática de atos necessários à conservação de bens, direitos ou valores, sem prejuízo do disposto no § 1º.

**§ 4º.** Poderão ser decretadas medidas assecuratórias sobre bens, direitos ou valores para reparação do dano decorrente da infração penal antecedente ou da prevista nesta Lei ou para pagamento de prestação pecuniária, multa e custas.

**Art. 13.** Quando as circunstâncias o aconselharem, o juiz, ouvido o Ministério Público, nomeará pessoa física ou jurídica qualificada para a administração dos bens, direitos ou valores sujeitos a medidas assecuratórias, mediante termo de compromisso.

**Art. 14.** A pessoa responsável pela administração dos bens:

**I** – fará jus a uma remuneração, fixada pelo juiz, que será satisfeita preferencialmente com o produto dos bens objeto da administração;

**II** – prestará, por determinação judicial, informações periódicas da situação dos bens sob sua administração, bem como explicações e detalhamentos sobre investimentos e reinvestimentos realizados.

**Parágrafo único.** Os atos relativos à administração dos bens serão levados ao conhecimento do Ministério Público, que requererá o que entender cabível.

**Art. 15.** O juiz determinará, na hipótese de existência de tratado ou convenção internacional e por solicitação de autoridade estrangeira competente, medidas assecuratórias sobre bens, direitos ou valores oriundos de crimes descritos nesta Lei praticados no estrangeiro.

**§ 1º.** Aplica-se o disposto neste artigo, independentemente de tratado ou convenção internacional, quando houver reciprocidade do governo do país da autoridade solicitante.

**§ 2º.** Na falta de tratado ou convenção, os bens, direitos ou valores sujeitos a medidas assecuratórias por solicitação de autoridade estrangeira competente ou os recursos provenientes da sua alienação serão repartidos entre o Estado requerente e o Brasil, na proporção de metade, ressalvado o direito do lesado ou de terceiro de boa-fé.

**Art. 16.** Aplicam-se as disposições da Lei nº 12.850, de 2 agosto de 2013, para a investigação, processo e julgamento dos crimes previstos nesta Lei.

**Art. 17.** Aplicam-se as disposições da Lei nº 8.072, de 25 de julho de 1990, aos crimes previstos nesta Lei.

**Art. 18.** O inciso III do art. 1º da Lei nº 7.960, de 21 de dezembro de 1989, passa a vigorar acrescido da seguinte alínea p:

(...)

**Art. 19.** O art. 1º da Lei nº 12.850, de 2 de agosto de 2013, passa a vigorar com a seguinte alteração:

(...)

**Art. 20.** Esta Lei entra em vigor na data de sua publicação.

Brasília, 16 de março de 2016; 195º da Independência e 128º da República.

DILMA ROUSSEFF

Publicado no D.O.U. de 17.3.2016

# LEI Nº 13.344, DE 6 DE OUTUBRO DE 2016

*Dispõe sobre prevenção e repressão ao tráfico interno e internacional de pessoas e sobre medidas de atenção às vítimas; altera a Lei nº 6.815, de 19 de agosto de 1980, o Decreto-Lei nº 3.689, de 3 de outubro de 1941 (Código de Processo Penal), e o Decreto-Lei nº 2.848, de 7 de dezembro de 1940 (Código Penal); e revoga dispositivos do Decreto-Lei nº 2.848, de 7 de dezembro de 1940 (Código Penal).*

- *Tráfico de pessoas*

O PRESIDENTE DA REPÚBLICA Faço saber que o Congresso Nacional decreta e eu sanciono a seguinte Lei:

- Decreto 9.833/2019 – Dispõe sobre o Comitê Nacional de Enfrentamento ao Tráfico de Pessoas.
- Decreto 5.948/2006 – Aprova a Política Nacional de Enfrentamento ao Tráfico de Pessoas e institui Grupo de Trabalho Interministerial com o objetivo de elaborar proposta do Plano Nacional de Enfrentamento ao Tráfico de Pessoas (PNETP).
- Decreto 5.017/2004 – Promulga o Protocolo Adicional à Convenção das Nações Unidas contra o Crime Organizado Transnacional Relativo à Prevenção, Repressão e Punição do Tráfico de Pessoas, em Especial Mulheres e Crianças. (Protocolo de Palermo)
- Decreto 5.016/2004 – Promulga o Protocolo Adicional à Convenção das Nações Unidas contra o Crime Organizado Transnacional, relativo ao Combate ao Tráfico de Migrantes por Via Terrestre, Marítima e Aérea.
- Decreto 5.015/2004 – Promulga a Convenção das Nações Unidas contra o Crime Organizado Transnacional.
- Decreto 46.981/1959 – Promulga, com o respectivo Protocolo Final, a Convenção para a repressão do tráfico de pessoas e do lenocínio, concluída em Lake Success Nova York, em 21 de março de 1950, e assinada pelo Brasil em 5 de outubro de 1951.
- Lei 13.445/2017 (Lei de Migração).

**Art. 1º.** Esta Lei dispõe sobre o tráfico de pessoas cometido no território nacional contra vítima brasileira ou estrangeira e no exterior contra vítima brasileira.

- CP: arts. 83, V e 149-A

**Parágrafo único.** O enfrentamento ao tráfico de pessoas compreende a prevenção e a repressão desse delito, bem como a atenção às suas vítimas.

## CAPÍTULO I. DOS PRINCÍPIOS E DAS DIRETRIZES

**Art. 2º.** O enfrentamento ao tráfico de pessoas atenderá aos seguintes princípios:

**I** – respeito à dignidade da pessoa humana;

**II** – promoção e garantia da cidadania e dos direitos humanos;

**III** – universalidade, indivisibilidade e interdependência;

**IV** – não discriminação por motivo de gênero, orientação sexual, origem étnica ou social, procedência, nacionalidade, atuação profissional, raça, religião, faixa etária, situação migratória ou outro status;

**V** – transversalidade das dimensões de gênero, orientação sexual, origem étnica ou social, procedência, raça e faixa etária nas políticas públicas;

**VI** – atenção integral às vítimas diretas e indiretas, independentemente de nacionalidade e de colaboração em investigações ou processos judiciais;

**VII** – proteção integral da criança e do adolescente.

**Art. 3º.** O enfrentamento ao tráfico de pessoas atenderá às seguintes diretrizes:

**I** – fortalecimento do pacto federativo, por meio da atuação conjunta e articulada das esferas de governo no âmbito das respectivas competências;

**II** – articulação com organizações governamentais e não governamentais nacionais e estrangeiras;

**III** – incentivo à participação da sociedade em instâncias de controle social e das entidades de classe ou profissionais na discussão das políticas sobre tráfico de pessoas;

**IV** – estruturação da rede de enfrentamento ao tráfico de pessoas, envolvendo todas as esferas de governo e organizações da sociedade civil;

**V** – fortalecimento da atuação em áreas ou regiões de maior incidência do delito, como as de fronteira, portos, aeroportos, rodovias e estações rodoviárias e ferroviárias;

**VI** – estímulo à cooperação internacional;

**VII** – incentivo à realização de estudos e pesquisas e ao seu compartilhamento;

**VIII** – preservação do sigilo dos procedimentos administrativos e judiciais, nos termos da lei;

**IX** – gestão integrada para coordenação da política e dos planos nacionais de enfrentamento ao tráfico de pessoas.

## CAPÍTULO II. DA PREVENÇÃO AO TRÁFICO DE PESSOAS

**Art. 4º.** A prevenção ao tráfico de pessoas dar-se-á por meio:

**I** – da implementação de medidas intersetoriais e integradas nas áreas de saúde, educação, trabalho, segurança pública, justiça, turismo, assistência social, desenvolvimento rural, esportes, comunicação, cultura e direitos humanos;

**II** – de campanhas socioeducativas e de conscientização, considerando as diferentes realidades e linguagens;

**III** – de incentivo à mobilização e à participação da sociedade civil; e

**IV** – de incentivo a projetos de prevenção ao tráfico de pessoas.

## CAPÍTULO III. DA REPRESSÃO AO TRÁFICO DE PESSOAS

**Art. 5º.** A repressão ao tráfico de pessoas dar-se-á por meio:

**I** – da cooperação entre órgãos do sistema de justiça e segurança, nacionais e estrangeiros;

**II** – da integração de políticas e ações de repressão aos crimes correlatos e da responsabilização dos seus autores;

**III** – da formação de equipes conjuntas de investigação.

## CAPÍTULO IV.
## DA PROTEÇÃO E DA ASSISTÊNCIA ÀS VÍTIMAS

**Art. 6º.** A proteção e o atendimento à vítima direta ou indireta do tráfico de pessoas compreendem:

- Lei 9.807/1999 – Estabelece normas para a organização e a manutenção de programas especiais de proteção a vítimas e a testemunhas ameaçadas, institui o Programa Federal de Assistência a Vítimas e a Testemunhas Ameaçadas e dispõe sobre a proteção de acusados ou condenados que tenham voluntariamente prestado efetiva colaboração à investigação policial e ao processo criminal.

**I** – assistência jurídica, social, de trabalho e emprego e de saúde;

**II** – acolhimento e abrigo provisório;

**III** – atenção às suas necessidades específicas, especialmente em relação a questões de gênero, orientação sexual, origem étnica ou social, procedência, nacionalidade, raça, religião, faixa etária, situação migratória, atuação profissional, diversidade cultural, linguagem, laços sociais e familiares ou outro status;

**IV** – preservação da intimidade e da identidade;

**V** – prevenção à revitimização no atendimento e nos procedimentos investigatórios e judiciais;

**VI** – atendimento humanizado;

**VII** – informação sobre procedimentos administrativos e judiciais.

**§ 1º** A atenção às vítimas dar-se-á com a interrupção da situação de exploração ou violência, a sua reinserção social, a garantia de facilitação do acesso à educação, à cultura, à formação profissional e ao trabalho e, no caso de crianças e adolescentes, a busca de sua reinserção familiar e comunitária.

**§ 2º** No exterior, a assistência imediata a vítimas brasileiras estará a cargo da rede consular brasileira e será prestada independentemente de sua situação migratória, ocupação ou outro status.

**§ 3º** A assistência à saúde prevista no inciso I deste artigo deve compreender os aspectos de recuperação física e psicológica da vítima.

**Art. 7º.** A Lei nº 6.815, de 19 de agosto de 1980, passa a vigorar acrescida dos seguintes artigos:

(...)

## CAPÍTULO V.
## DISPOSIÇÕES PROCESSUAIS

**Art. 8º.** O juiz, de ofício, a requerimento do Ministério Público ou mediante representação do delegado de polícia, ouvido o Ministério Público, havendo indícios suficientes de infração penal, poderá decretar medidas assecuratórias relacionadas a bens, direitos ou valores pertencentes ao investigado ou acusado, ou existentes em nome de interpostas pessoas, que sejam instrumento, produto ou proveito do crime de tráfico de pessoas, procedendo-se na forma dos arts. 125 a 144-A do Decreto-Lei nº 3.689, de 3 de outubro de 1941 (Código de Processo Penal).

**§ 1º.** Proceder-se-á à alienação antecipada para preservação do valor dos bens sempre que estiverem sujeitos a qualquer grau de deterioração ou depreciação, ou quando houver dificuldade para sua manutenção.

**§ 2º.** O juiz determinará a liberação total ou parcial dos bens, direitos e valores quando comprovada a licitude de sua origem, mantendo-se a constrição dos bens, direitos e valores necessários e suficientes à reparação dos danos e ao pagamento de prestações pecuniárias, multas e custas decorrentes da infração penal.

**§ 3º.** Nenhum pedido de liberação será conhecido sem o comparecimento pessoal do acusado ou investigado, ou de interposta pessoa a que se refere o *caput*, podendo o juiz determinar a prática de atos necessários à conservação de bens, direitos ou valores, sem prejuízo do disposto no § 1º.

**§ 4º.** Ao proferir a sentença de mérito, o juiz decidirá sobre o perdimento do produto, bem ou valor apreendido, sequestrado ou declarado indisponível.

**Art. 9º.** Aplica-se subsidiariamente, no que couber, o disposto na Lei nº 12.850, de 2 de agosto de 2013.

**Art. 10.** O Poder Público é autorizado a criar sistema de informações visando à coleta e à gestão de dados que orientem o enfrentamento ao tráfico de pessoas.

**Art. 11.** O Decreto-Lei nº 3.689, de 3 de outubro de 1941 (Código de Processo Penal), passa a vigorar acrescido dos seguintes arts. 13-A e 13-B:

(...)

**Art. 12.** O inciso V do art. 83 do Decreto-Lei nº 2.848, de 7 de dezembro de 1940 (Código Penal), passa a vigorar com a seguinte redação:

(...)

**Art. 13.** O Decreto-Lei nº 2.848, de 7 de dezembro de 1940 (Código Penal), passa a vigorar acrescido do seguinte art. 149-A:

(...)

## CAPÍTULO VI.
## DAS CAMPANHAS RELACIONADAS AO ENFRENTAMENTO AO TRÁFICO DE PESSOAS

**Art. 14.** É instituído o Dia Nacional de Enfrentamento ao Tráfico de Pessoas, a ser comemorado, anualmente, em 30 de julho.

**Art. 15.** Serão adotadas campanhas nacionais de enfrentamento ao tráfico de pessoas, a serem divulgadas em veículos de comunicação, visando à conscientização da sociedade sobre todas as modalidades de tráfico de pessoas.

## CAPÍTULO VII. DISPOSIÇÕES FINAIS

**Art. 16.** Revogam-se os arts. 231 e 231-A do Decreto-Lei nº 2.848, de 7 de dezembro de 1940 (Código Penal).

**Art. 17.** Esta Lei entra em vigor após decorridos 45 (quarenta e cinco) dias de sua publicação oficial.

Brasília, 6 de outubro de 2016; 195º da Independência e 128º da República.

MICHEL TEMER

Publicado no DOU de 7.10.2016

# LEI Nº 13.869, DE 5 DE SETEMBRO DE 2019

*Dispõe sobre os crimes de abuso de autoridade; altera a Lei nº 7.960, de 21 de dezembro de 1989, a Lei nº 9.296, de 24 de julho de 1996, a Lei nº 8.069, de 13 de julho de 1990, e a Lei nº 8.906, de 4 de julho de 1994; e revoga a Lei nº 4.898, de 9 de dezembro de 1965, e dispositivos do Decreto-Lei nº 2.848, de 7 de dezembro de 1940 (Código Penal).*

› *Abuso de autoridade*

O PRESIDENTE DA REPÚBLICA

Faço saber que o Congresso Nacional decreta e eu sanciono a seguinte Lei:

## CAPÍTULO I DISPOSIÇÕES GERAIS

**Art. 1º** Esta Lei define os crimes de abuso de autoridade, cometidos por agente público, servidor ou não, que, no exercício de suas funções ou a pretexto de exercê-las, abuse do poder que lhe tenha sido atribuído.

**§ 1º** As condutas descritas nesta Lei constituem crime de abuso de autoridade quando praticadas pelo agente com a finalidade específica de prejudicar outrem ou beneficiar a si mesmo ou a terceiro, ou, ainda, por mero capricho ou satisfação pessoal.

**§ 2º** A divergência na interpretação de lei ou na avaliação de fatos e provas não configura abuso de autoridade.

## CAPÍTULO II DOS SUJEITOS DO CRIME

**Art. 2º** É sujeito ativo do crime de abuso de autoridade qualquer agente público, servidor ou não, da administração direta, indireta ou fundacional de qualquer dos Poderes da União, dos Estados, do Distrito Federal, dos Municípios e de Território, compreendendo, mas não se limitando a:

**I** - servidores públicos e militares ou pessoas a eles equiparadas;

**II** - membros do Poder Legislativo;

**III** - membros do Poder Executivo;

**IV** - membros do Poder Judiciário;

**V** - membros do Ministério Público;

**VI** - membros dos tribunais ou conselhos de contas.

**Parágrafo único.** Reputa-se agente público, para os efeitos desta Lei, todo aquele que exerce, ainda que transitoriamente ou sem remuneração, por eleição, nomeação, designação, contratação ou qualquer outra forma de investidura ou vínculo, mandato, cargo, emprego ou função em órgão ou entidade abrangidos pelo *caput* deste artigo.

## CAPÍTULO III DA AÇÃO PENAL

**Art. 3º** Os crimes previstos nesta Lei são de ação penal pública incondicionada. (Artigo vetado pelo Presidente da República, mantido pelo Congresso Nacional e publicado no DOU de 27.09.2019)

**§ 1º** Será admitida ação privada se a ação penal pública não for intentada no prazo legal, cabendo ao Ministério Público aditar a queixa, repudiá-la e oferecer denúncia substitutiva, intervir em todos os termos do processo, fornecer elementos de prova, interpor recurso e, a todo tempo, no caso de negligência do querelante, retomar a ação como parte principal.

**§ 2º** A ação privada subsidiária será exercida no prazo de 6 (seis) meses, contado da data em que se esgotar o prazo para oferecimento da denúncia.

## CAPÍTULO IV DOS EFEITOS DA CONDENAÇÃO E DAS PENAS RESTRITIVAS DE DIREITOS

### SEÇÃO I DOS EFEITOS DA CONDENAÇÃO

**Art. 4º** São efeitos da condenação:

**I** - tornar certa a obrigação de indenizar o dano causado pelo crime, devendo o juiz, a requerimento do ofendido, fixar na sentença o valor mínimo para reparação dos danos causados pela infração, considerando os prejuízos por ele sofridos;

**II** - a inabilitação para o exercício de cargo, mandato ou função pública, pelo período de 1 (um) a 5 (cinco) anos;

**III** - a perda do cargo, do mandato ou da função pública.

**Parágrafo único.** Os efeitos previstos nos incisos II e III do *caput* deste artigo são condicionados à ocorrência de reincidência em crime de abuso de autoridade e não são automáticos, devendo ser declarados motivadamente na sentença.

## SEÇÃO II
## DAS PENAS RESTRITIVAS DE DIREITOS

**Art. 5º** As penas restritivas de direitos substitutivas das privativas de liberdade previstas nesta Lei são:

**I** - prestação de serviços à comunidade ou a entidades públicas;

**II** - suspensão do exercício do cargo, da função ou do mandato, pelo prazo de 1 (um) a 6 (seis) meses, com a perda dos vencimentos e das vantagens;

**III** - (VETADO).

**Parágrafo único.** As penas restritivas de direitos podem ser aplicadas autônoma ou cumulativamente.

## CAPÍTULO V
## DAS SANÇÕES DE NATUREZA CIVIL E ADMINISTRATIVA

**Art. 6º** As penas previstas nesta Lei serão aplicadas independentemente das sanções de natureza civil ou administrativa cabíveis.

**Parágrafo único.** As notícias de crimes previstos nesta Lei que descreverem falta funcional serão informadas à autoridade competente com vistas à apuração.

**Art. 7º** As responsabilidades civil e administrativa são independentes da criminal, não se podendo mais questionar sobre a existência ou a autoria do fato quando essas questões tenham sido decididas no juízo criminal.

**Art. 8º** Faz coisa julgada em âmbito cível, assim como no administrativo-disciplinar, a sentença penal que reconhecer ter sido o ato praticado em estado de necessidade, em legítima defesa, em estrito cumprimento de dever legal ou no exercício regular de direito.

## CAPÍTULO VI
## DOS CRIMES E DAS PENAS

**Art. 9º** Decretar medida de privação da liberdade em manifesta desconformidade com as hipóteses legais: (Artigo vetado pelo Presidente da República, mantido pelo Congresso Nacional e publicado no DOU de 27.09.2019)

Pena - detenção, de 1 (um) a 4 (quatro) anos, e multa.

**Parágrafo único.** Incorre na mesma pena a autoridade judiciária que, dentro de prazo razoável, deixar de:

**I** - relaxar a prisão manifestamente ilegal;

**II** - substituir a prisão preventiva por medida cautelar diversa ou de conceder liberdade provisória, quando manifestamente cabível;

**III** - deferir liminar ou ordem de *habeas corpus*, quando manifestamente cabível.

**Art. 10.** Decretar a condução coercitiva de testemunha ou investigado manifestamente descabida ou sem prévia intimação de comparecimento ao juízo:

Pena - detenção, de 1 (um) a 4 (quatro) anos, e multa.

**Art. 11.** (VETADO).

**Art. 12.** Deixar injustificadamente de comunicar prisão em flagrante à autoridade judiciária no prazo legal:

Pena - detenção, de 6 (seis) meses a 2 (dois) anos, e multa.

**Parágrafo único.** Incorre na mesma pena quem:

**I** - deixa de comunicar, imediatamente, a execução de prisão temporária ou preventiva à autoridade judiciária que a decretou;

**II** - deixa de comunicar, imediatamente, a prisão de qualquer pessoa e o local onde se encontra à sua família ou à pessoa por ela indicada;

**III** - deixa de entregar ao preso, no prazo de 24 (vinte e quatro) horas, a nota de culpa, assinada pela autoridade, com o motivo da prisão e os nomes do condutor e das testemunhas;

**IV** - prolonga a execução de pena privativa de liberdade, de prisão temporária, de prisão preventiva, de medida de segurança ou de internação, deixando, sem motivo justo e excepcionalíssimo, de executar o alvará de soltura imediatamente após recebido ou de promover a soltura do preso quando esgotado o prazo judicial ou legal.

**Art. 13.** Constranger o preso ou o detento, mediante violência, grave ameaça ou redução de sua capacidade de resistência, a:

**I** - exibir-se ou ter seu corpo ou parte dele exibido à curiosidade pública;

**II** - submeter-se a situação vexatória ou a constrangimento não autorizado em lei;

**III** - produzir prova contra si mesmo ou contra terceiro: (Inciso vetado pelo Presidente da República, mantido pelo Congresso Nacional e publicado no DOU de 27.09.2019)

Pena - detenção, de 1 (um) a 4 (quatro) anos, e multa, sem prejuízo da pena cominada à violência. (Artigo retificado no DOU de 18/9/2019)

**Art. 14.** (VETADO).

**Art. 15.** Constranger a depor, sob ameaça de prisão, pessoa que, em razão de função, ministério, ofício ou profissão, deva guardar segredo ou resguardar sigilo:

Pena - detenção, de 1 (um) a 4 (quatro) anos, e multa.

**Parágrafo único.** Incorre na mesma pena quem prossegue com o interrogatório: (Parágrafo único vetado pelo Presidente da República, mantido pelo Congresso Nacional e publicado no DOU de 27.09.2019)

**I** - de pessoa que tenha decidido exercer o direito ao silêncio; ou

**II** - de pessoa que tenha optado por ser assistida por advogado ou defensor público, sem a presença de seu patrono.

## VIOLÊNCIA INSTITUCIONAL

*(Acrescido pela Lei 14.321/2022)*

**Art. 15-A.** Submeter a vítima de infração penal ou a testemunha de crimes violentos a procedimentos desnecessários, repetitivos ou invasivos, que a leve a reviver, sem estrita necessidade: *(Acrescido pela Lei 14.321/2022)*

**I** - a situação de violência; ou

**II** - outras situações potencialmente geradoras de sofrimento ou estigmatização:

Pena - detenção, de 3 (três) meses a 1 (um) ano, e multa.

**§ 1º** Se o agente público permitir que terceiro intimide a vítima de crimes violentos, gerando indevida revitimização, aplica-se a pena aumentada de 2/3 (dois terços).

**§ 2º** Se o agente público intimidar a vítima de crimes violentos, gerando indevida revitimização, aplica-se a pena em dobro.

**Art. 16.** Deixar de identificar-se ou identificar-se falsamente ao preso por ocasião de sua captura ou quando deva fazê-lo durante sua detenção ou prisão: (Artigo vetado pelo Presidente da República, mantido pelo Congresso Nacional e publicado no DOU de 27.09.2019)

Pena - detenção, de 6 (seis) meses a 2 (dois) anos, e multa.

**Parágrafo único.** Incorre na mesma pena quem, como responsável por interrogatório em sede de procedimento investigatório de infração penal, deixa de identificar-se ao preso ou atribui a si mesmo falsa identidade, cargo ou função.

**Art. 17.** (VETADO).

**Art. 18.** Submeter o preso a interrogatório policial durante o período de repouso noturno, salvo se capturado em flagrante delito ou se ele, devidamente assistido, consentir em prestar declarações:

Pena - detenção, de 6 (seis) meses a 2 (dois) anos, e multa.

**Art. 19.** Impedir ou retardar, injustificadamente, o envio de pleito de preso à autoridade judiciária competente para a apreciação da legalidade de sua prisão ou das circunstâncias de sua custódia:

Pena - detenção, de 1 (um) a 4 (quatro) anos, e multa.

**Parágrafo único.** Incorre na mesma pena o magistrado que, ciente do impedimento ou da demora, deixa de tomar as providências tendentes a saná-lo ou, não sendo competente para decidir sobre a prisão, deixa de enviar o pedido à autoridade judiciária que o seja.

**Art. 20.** Impedir, sem justa causa, a entrevista pessoal e reservada do preso com seu advogado: (Artigo vetado pelo Presidente da República, mantido pelo Congresso Nacional e publicado no DOU de 27.09.2019)

Pena - detenção, de 6 (seis) meses a 2 (dois) anos, e multa.

**Parágrafo único.** Incorre na mesma pena quem impede o preso, o réu solto ou o investigado de entrevistar-se pessoal e reservadamente com seu advogado ou defensor, por prazo razoável, antes de audiência judicial, e de sentar-se ao seu lado e com ele comunicar-se durante a audiência, salvo no curso de interrogatório ou no caso de audiência realizada por videoconferência.

**Art. 21.** Manter presos de ambos os sexos na mesma cela ou espaço de confinamento:

Pena - detenção, de 1 (um) a 4 (quatro) anos, e multa.

**Parágrafo único.** Incorre na mesma pena quem mantém, na mesma cela, criança ou adolescente na companhia de maior de idade ou em ambiente inadequado, observado o disposto na Lei nº 8.069, de 13 de julho de 1990 (Estatuto da Criança e do Adolescente).

**Art. 22.** Invadir ou adentrar, clandestina ou astuciosamente, ou à revelia da vontade do ocupante, imóvel alheio ou suas dependências, ou nele permanecer nas mesmas condições, sem determinação judicial ou fora das condições estabelecidas em lei:

Pena - detenção, de 1 (um) a 4 (quatro) anos, e multa.

**§ 1º** Incorre na mesma pena, na forma prevista no *caput* deste artigo, quem:

**I** - coage alguém, mediante violência ou grave ameaça, a franquear-lhe o acesso a imóvel ou suas dependências;

**II** - (VETADO);

**III** - cumpre mandado de busca e apreensão domiciliar após as 21h (vinte e uma horas) ou antes das 5h (cinco horas).

**§ 2º** Não haverá crime se o ingresso for para prestar socorro, ou quando houver fundados indícios que indiquem a necessidade do ingresso em razão de situação de flagrante delito ou de desastre.

**Art. 23.** Inovar artificiosamente, no curso de diligência, de investigação ou de processo, o estado de lugar, de coisa ou de pessoa, com o fim de eximir-se de responsabilidade ou de responsabilizar criminalmente alguém ou agravar-lhe a responsabilidade:

Pena - detenção, de 1 (um) a 4 (quatro) anos, e multa.

**Parágrafo único.** Incorre na mesma pena quem pratica a conduta com o intuito de:

**I** - eximir-se de responsabilidade civil ou administrativa por excesso praticado no curso de diligência;

**II** - omitir dados ou informações ou divulgar dados ou informações incompletos para desviar o curso da investigação, da diligência ou do processo.

**Art. 24.** Constranger, sob violência ou grave ameaça, funcionário ou empregado de instituição hospitalar pública ou privada a admitir para tratamento pessoa cujo óbito já tenha ocorrido, com o fim de alterar local ou momento de crime, prejudicando sua apuração:

Pena - detenção, de 1 (um) a 4 (quatro) anos, e multa, além da pena correspondente à violência.

**Art. 25.** Proceder à obtenção de prova, em procedimento de investigação ou fiscalização, por meio manifestamente ilícito:

Pena - detenção, de 1 (um) a 4 (quatro) anos, e multa.

**Parágrafo único.** Incorre na mesma pena quem faz uso de prova, em desfavor do investigado ou fiscalizado, com prévio conhecimento de sua ilicitude.

**Art. 26.** (VETADO).

**Art. 27.** Requisitar instauração ou instaurar procedimento investigatório de infração penal ou administrativa, em desfavor de alguém, à falta de qualquer indício da prática de crime, de ilícito funcional ou de infração administrativa:

Pena - detenção, de 6 (seis) meses a 2 (dois) anos, e multa.

**Parágrafo único.** Não há crime quando se tratar de sindicância ou investigação preliminar sumária, devidamente justificada.

**Art. 28.** Divulgar gravação ou trecho de gravação sem relação com a prova que se pretenda produzir, expondo a intimidade ou a vida privada ou ferindo a honra ou a imagem do investigado ou acusado:

Pena - detenção, de 1 (um) a 4 (quatro) anos, e multa.

**Art. 29.** Prestar informação falsa sobre procedimento judicial, policial, fiscal ou administrativo com o fim de prejudicar interesse de investigado:

Pena - detenção, de 6 (seis) meses a 2 (dois) anos, e multa.

**Parágrafo único.** (VETADO).

**Art. 30.** Dar início ou proceder à persecução penal, civil ou administrativa sem justa causa fundamentada ou contra quem sabe inocente: (Artigo vetado pelo Presidente da República, mantido pelo Congresso Nacional e publicado no DOU de 27.09.2019)

Pena - detenção, de 1 (um) a 4 (quatro) anos, e multa.

**Art. 31.** Estender injustificadamente a investigação, procrastinando-a em prejuízo do investigado ou fiscalizado:

Pena - detenção, de 6 (seis) meses a 2 (dois) anos, e multa.

**Parágrafo único.** Incorre na mesma pena quem, inexistindo prazo para execução ou conclusão de procedimento, o estende de forma imotivada, procrastinando-o em prejuízo do investigado ou do fiscalizado.

**Art. 32.** Negar ao interessado, seu defensor ou advogado acesso aos autos de investigação preliminar, ao termo circunstanciado, ao inquérito ou a qualquer outro procedimento investigatório de infração penal, civil ou administrativa, assim como impedir a obtenção de cópias, ressalvado o acesso a peças relativas a diligências em curso, ou que indiquem a realização de diligências futuras, cujo sigilo seja imprescindível: (Artigo vetado pelo Presidente da República, mantido pelo Congresso Nacional e publicado no DOU de 27.09.2019)

Pena - detenção, de 6 (seis) meses a 2 (dois) anos, e multa.

**Art. 33.** Exigir informação ou cumprimento de obrigação, inclusive o dever de fazer ou de não fazer, sem expresso amparo legal:

Pena - detenção, de 6 (seis) meses a 2 (dois) anos, e multa.

**Parágrafo único.** Incorre na mesma pena quem se utiliza de cargo ou função pública ou invoca a condição de agente público para se eximir de obrigação legal ou para obter vantagem ou privilégio indevido.

**Art. 34.** (VETADO).

**Art. 35.** (VETADO).

**Art. 36.** Decretar, em processo judicial, a indisponibilidade de ativos financeiros em quantia que extrapole exacerbadamente o valor estimado para a satisfação da dívida da parte e, ante a demonstração, pela parte, da excessividade da medida, deixar de corrigi-la:

Pena - detenção, de 1 (um) a 4 (quatro) anos, e multa.

**Art. 37.** Demorar demasiada e injustificadamente no exame de processo de que tenha requerido vista em órgão colegiado, com o intuito de procrastinar seu andamento ou retardar o julgamento:

Pena - detenção, de 6 (seis) meses a 2 (dois) anos, e multa.

**Art. 38.** Antecipar o responsável pelas investigações, por meio de comunicação, inclusive rede social, atribuição de culpa, antes de concluídas as apurações e formalizada a acusação: (Artigo vetado pelo Presidente da República, mantido pelo Congresso Nacional e publicado no DOU de 27.09.2019)

Pena - detenção, de 6 (seis) meses a 2 (dois) anos, e multa.

## CAPÍTULO VII
## DO PROCEDIMENTO

**Art. 39.** Aplicam-se ao processo e ao julgamento dos delitos previstos nesta Lei, no que couber, as disposições do Decreto-Lei nº 3.689, de 3 de outubro de 1941 (Código de Processo

Penal), e da Lei nº 9.099, de 26 de setembro de 1995.

## CAPÍTULO VIII
## DISPOSIÇÕES FINAIS

**Art. 40.** O art. 2º da Lei nº 7.960, de 21 de dezembro de 1989, passa a vigorar com a seguinte redação:

(...)

**Art. 41.** O art. 10 da Lei nº 9.296, de 24 de julho de 1996, passa a vigorar com a seguinte redação:

(...)

**Art. 42.** A Lei nº 8.069, de 13 de julho de 1990 (Estatuto da Criança e do Adolescente), passa a vigorar acrescida do seguinte art. 227-A:

(...)

**Art. 43.** A Lei nº 8.906, de 4 de julho de 1994, passa a vigorar acrescida do seguinte art. 7º-B: (Artigo vetado pelo Presidente da República, mantido pelo Congresso Nacional e publicado no DOU de 27.09.2019)

(...)

**Art. 44.** Revogam-se a Lei nº 4.898, de 9 de dezembro de 1965, e o § 2º do art. 150 e o art. 350, ambos do Decreto-Lei nº 2.848, de 7 de dezembro de 1940 (Código Penal).

**Art. 45.** Esta Lei entra em vigor após decorridos 120 (cento e vinte) dias de sua publicação oficial.

Brasília, 5 de setembro de 2019; 198º da Independência e 131º da República.

JAIR MESSIAS BOLSONARO

Sérgio Moro

Wagner de Campos Rosário

Jorge Antonio de Oliveira Francisco

André Luiz de Almeida Mendonça

# LEI Nº 14.069, DE 1º DE OUTUBRO DE 2020

*Cria o Cadastro Nacional de Pessoas Condenadas por Crime de Estupro.*

O PRESIDENTE DA REPÚBLICA

*Faço saber que o Congresso Nacional decreta e eu sanciono a seguinte Lei:*

**Art. 1º** Fica criado, no âmbito da União, o Cadastro Nacional de Pessoas Condenadas por Crime de Estupro, o qual conterá, no mínimo, as seguintes informações sobre as pessoas condenadas por esse crime:

**I** - características físicas e dados de identificação datiloscópica;

**II** - identificação do perfil genético;

**III** - fotos;

**IV** - local de moradia e atividade laboral desenvolvida, nos últimos 3 (três) anos, em caso de concessão de livramento condicional.

**Art. 2º** Instrumento de cooperação celebrado entre a União e os entes federados definirá:

**I** - o acesso às informações constantes da base de dados do Cadastro de que trata esta Lei;

**II** - as responsabilidades pelo processo de atualização e de validação dos dados inseridos na base de dados do Cadastro de que trata esta Lei.

**Art. 3º** Os custos relativos ao desenvolvimento, à instalação e à manutenção da base de dados do Cadastro Nacional de Pessoas Condenadas por Crime de Estupro serão suportados por recursos do Fundo Nacional de Segurança Pública.

**Art. 4º** Esta Lei entra em vigor na data de sua publicação

Brasília, 1º de outubro de 2020; 199º da Independência e 132º da República.

JAIR MESSIAS BOLSONARO

André Luiz de Almeida Mendonça

Damares Regina Alves

# Direito Processual Penal e Execução Penal

| Diploma | Estudado | Revisto | Questões |
|---|---|---|---|
| Lei nº 7.210/1984 | ☐ | ☐ | ☐ |
| Lei nº 7.960/1989 | ☐ | ☐ | ☐ |
| Lei nº 9.296/1996 | ☐ | ☐ | ☐ |
| Lei nº 9.807/1999 | ☐ | ☐ | ☐ |
| Lei nº 11.671/2008 | ☐ | ☐ | ☐ |

## LEI Nº 7.210, DE 11 DE JULHO DE 1984

*Institui a Lei de Execução Penal.*

O PRESIDENTE DA REPÚBLICA, faço saber que o Congresso Nacional decreta e eu sanciono a seguinte Lei:

## TÍTULO I. DO OBJETO E DA APLICAÇÃO DA LEI DE EXECUÇÃO PENAL

**Art. 1º.** A execução penal tem por objetivo efetivar as disposições de sentença ou decisão criminal e proporcionar condições para a harmônica integração social do condenado e do internado.

- CF/88: art. 5º, XLVI a L.
- Lei 12.714/2012 – Dispõe sobre o sistema de acompanhamento da execução das penas, da prisão cautelar e da medida de segurança.

**Art. 2º.** A jurisdição penal dos juízes ou tribunais da justiça ordinária, em todo o território nacional, será exercida, no processo de execução, na conformidade desta Lei e do Código de Processo Penal.

- Súm.611 do STF.
- Súm. 192 do STJ.
- CPP: arts. 1º, e 668 a 779.
- Lei 7.210/1984: art. 194.

**Parágrafo único.** Esta Lei aplicar-se-á igualmente ao preso provisório e ao condenado pela Justiça Eleitoral ou Militar, quando recolhido a estabelecimento sujeito à jurisdição ordinária.

- Súm. 717 do STF.
- CPP: art. 319, VII.

**Art. 3º.** Ao condenado e ao internado serão assegurados todos os direitos não atingidos pela sentença ou pela Lei.

- CF/88: arts. 5º, XLIX, e 15, III.

**Parágrafo único.** Não haverá qualquer distinção de natureza racial, social, religiosa ou política.

- CF/88: arts. 3º, IV, e 4º, VIII.

**Art. 4º.** O Estado deverá recorrer à cooperação da comunidade nas atividades de execução da pena e da medida de segurança.

- Lei 7.210/1984: arts. 78 a 81.

## TÍTULO II. DO CONDENADO E DO INTERNADO

### CAPÍTULO I. DA CLASSIFICAÇÃO

✪ **Art. 5º.** Os condenados serão classificados, segundo os seus antecedentes e personalidade, para orientar a individualização da execução penal.

- CF/88: art. 5º, XLVI.
- CP: art. 59.

**Art. 6º.** A classificação será feita por Comissão Técnica de Classificação que elaborará o programa individualizador da pena privativa de liberdade adequada ao condenado ou preso provisório.

**Art. 7º.** A Comissão Técnica de Classificação, existente em cada estabelecimento, será presidida pelo diretor e composta, no mínimo, por 2 (dois) chefes de serviço, 1 (um) psiquiatra, 1 (um) psicólogo e 1 (um) assistente social, quando se tratar de condenado à pena privativa da liberdade.

**Parágrafo único.** Nos demais casos a Comissão atuará junto ao Juízo da Execução e será integrada por fiscais do Serviço Social.

**Art. 8º.** O condenado ao cumprimento de pena privativa de liberdade, em regime fechado, será submetido a exame criminológico para a obtenção dos elementos necessários a uma adequada classificação e com vistas à individualização da execução.

- Súm. Vinculante 26 do STF.
- Súm. 439 doSTJ.
- CP: art. 34.
- Lei 7.210/1984: art. 174.

**Parágrafo único.** Ao exame de que trata este artigo poderá ser submetido o condenado ao cumprimento da pena privativa de liberdade em regime semiaberto.

- CP: art. 35.

**Art. 9º.** A Comissão, no exame para a obtenção de dados reveladores da personalidade, observando a ética profissional e tendo sempre presentes peças ou informações do processo, poderá:

**I** – entrevistar pessoas;

**II** – requisitar, de repartições ou estabelecimentos privados, dados e informações a respeito do condenado;

**III** – realizar outras diligências e exames necessários.

**Art. 9º-A.** O condenado por crime doloso praticado com violência grave contra a pessoa, bem como por crime contra a vida, contra a liberdade sexual ou por crime sexual contra vulnerável, será submetido, obrigatoriamente, à identificação do perfil genético, mediante extração de DNA (ácido desoxirribonucleico), por técnica adequada e indolor, por ocasião do ingresso no estabelecimento prisional. *(Redação dada pela Lei 13.964/2019, vetado pelo Presidente da República, mantido pelo Congresso Nacional e publicado no DOU de 30.04.2021)*

- CF/88: art. 5º, LVIII.
- Lei 12.037/2009 – Identificação criminal do civilmente identificado.
- Lei 7.210/1984: art. 174.
- Decreto 7.950/2013 – Institui o Banco Nacional de Perfis Genéticos e a Rede Integrada de Bancos de Perfis Genéticos.

**§ 1º.** A identificação do perfil genético será armazenada em banco de dados sigiloso, conforme regulamento a ser expedido pelo Poder Executivo.

**§ 1º-A.** A regulamentação deverá fazer constar garantias mínimas de proteção de dados genéticos, observando as melhores práticas da genética forense. *(Acrescido pela Lei 13.964/2019)*

**§ 2º.** A autoridade policial, federal ou estadual, poderá requerer ao juiz competente, no caso de inquérito instaurado, o acesso ao banco de dados de identificação de perfil genético.

**§ 3º** Deve ser viabilizado ao titular de dados genéticos o acesso aos seus dados constantes nos bancos de perfis genéticos, bem como a todos os documentos da cadeia de custódia que gerou esse dado, de maneira que possa ser contraditado pela defesa. *(Acrescido pela Lei 13.964/2019)*

**§ 4º** O condenado pelos crimes previstos no caput deste artigo que não tiver sido submetido à identificação do perfil genético por ocasião do ingresso no estabelecimento prisional deverá ser submetido ao procedimento durante o cumprimento da pena. *(Acrescido pela Lei 13.964/2019)*

**§ 5º** A amostra biológica coletada só poderá ser utilizada para o único e exclusivo fim de permitir a identificação pelo perfil genético, não estando autorizadas as práticas de fenotipagem genética ou de busca familiar. *(Vetado pelo Presidente da República na Lei 13.964/2019, mantido pelo Congresso Nacional e publicado no DOU de 30.04.2021)*

**§ 6º** Uma vez identificado o perfil genético, a amostra biológica recolhida nos termos do caput deste artigo deverá ser correta e imediatamente descartada, de maneira a impedir a sua utilização para qualquer outro fim. *(Vetado pelo Presidente da República na Lei 13.964/2019, mantido pelo Congresso Nacional e publicado no DOU de 30.04.2021)*

**§ 7º** A coleta da amostra biológica e a elaboração do respectivo laudo serão realizadas por perito oficial. *(Vetado pelo Presidente da República na Lei 13.964/2019, mantido pelo Congresso Nacional e publicado no DOU de 30.04.2021)*

**§ 8º** Constitui falta grave a recusa do condenado em submeter-se ao procedimento de identificação do perfil genético. *(Acrescido pela Lei 13.964/2019)*

## CAPÍTULO II. DA ASSISTÊNCIA

### SEÇÃO I. DISPOSIÇÕES GERAIS

**Art. 10.** A assistência ao preso e ao internado é dever do Estado, objetivando prevenir o crime e orientar o retorno à convivência em sociedade.

**Parágrafo único.** A assistência estende-se ao egresso.

- Lei 7.210/1984: art. 26.

**Art. 11.** A assistência será:

- Lei 7.210/1984: art. 41, VII.

**I** – material;

**II** – à saúde;

**III** – jurídica;

**IV** – educacional;

**V** – social;

**VI** – religiosa.

- CF/88: art. 5º, VII.

### SEÇÃO II. DA ASSISTÊNCIA MATERIAL

**Art. 12.** A assistência material ao preso e ao internado consistirá no fornecimento de alimentação, vestuário e instalações higiênicas.

- Lei 7.210/1984: arts. 39, IX e 41, I.

**Art. 13.** O estabelecimento disporá de instalações e serviços que atendam aos presos nas suas necessidades pessoais, além de locais destinados à venda de produtos e objetos permitidos e não fornecidos pela Administração.

### SEÇÃO III. DA ASSISTÊNCIA À SAÚDE

**Art. 14.** A assistência à saúde do preso e do internado, de caráter preventivo e curativo, compreenderá atendimento médico, farmacêutico e odontológico.

- Lei 7.210/1984: arts. 41, VII, 43 e 120, II.

**§ 1º.** *(VETADO).*

**§ 2º.** Quando o estabelecimento penal não estiver aparelhado para prover a assistência médica necessária, esta será prestada em outro local, mediante autorização da direção do estabelecimento.

**§ 3º.** Será assegurado acompanhamento médico à mulher, principalmente no pré-natal e no pós-parto, extensivo ao recém-nascido.

- CF/88: art. 5º, L.
- Lei 7.210/1984: art. 89.

**§ 4º** Será assegurado tratamento humanitário à mulher grávida durante os atos médico-hospitalares preparatórios para a realização do parto e durante o trabalho de parto, bem como à mulher no período de puerpério, cabendo ao poder público promover a assistência integral à sua saúde e à do recém-nascido. *(Acrescido pela Lei 14.326/2022)*

## SEÇÃO IV. DA ASSISTÊNCIA JURÍDICA

**Art. 15.** A assistência jurídica é destinada aos presos e aos internados sem recursos financeiros para constituir advogado.

- CF/88: art. 5º, LXIII e LXXIV.
- CPP: arts. 261 e 263.
- Lei 7.210/1984: art. 41, VII.
- Lei 1.060/1950 – Estabelece normas para a concessão de assistência judiciária aos necessitados.

**Art. 16.** As Unidades da Federação deverão ter serviços de assistência jurídica, integral e gratuita, pela Defensoria Pública, dentro e fora dos estabelecimentos penais.

- CF/88: art. 134.
- LC 80/1994 – Organiza a Defensoria Pública da União, do Distrito Federal e dos Territórios e prescne normas gerais para sua organização nos Estados.

**§ 1º.** As Unidades da Federação deverão prestar auxílio estrutural, pessoal e material à Defensoria Pública, no exercício de suas funções, dentro e fora dos estabelecimentos penais.

**§ 2º.** Em todos os estabelecimentos penais, haverá local apropriado destinado ao atendimento pelo Defensor Público.

- Lei 7.210/1984: art. 41, IX.

**§ 3º.** Fora dos estabelecimentos penais, serão implementados Núcleos Especializados da Defensoria Pública para a prestação de assistência jurídica integral e gratuita aos réus, sentenciados em liberdade, egressos e seus familiares, sem recursos financeiros para constituir advogado.

## SEÇÃO V. DA ASSISTÊNCIA EDUCACIONAL

**Art. 17.** A assistência educacional compreenderá a instrução escolar e a formação profissional do preso e do internado.

- CF/88: arts. 205 e 208.
- Lei 7.210/1984: art. 41, VI, 83, e 126, caput, §§ 5º e 6º.

**Art. 18.** O ensino de 1º grau será obrigatório, integrando-se no sistema escolar da unidade federativa.

**Art. 18-A.** O ensino médio, regular ou supletivo, com formação geral ou educação profissional de nível médio, será implantado nos presídios, em obediência ao preceito constitucional de sua universalização.

**§ 1º.** O ensino ministrado aos presos e presas integrar-se-á ao sistema estadual e municipal de ensino e será mantido, administrativa e financeiramente, com o apoio da União, não só com os recursos destinados à educação, mas pelo sistema estadual de justiça ou administração penitenciária.

**§ 2º.** Os sistemas de ensino oferecerão aos presos e às presas cursos supletivos de educação de jovens e adultos.

**§ 3º.** A União, os Estados, os Municípios e o Distrito Federal incluirão em seus programas de educação à distância e de utilização de novas tecnologias de ensino, o atendimento aos presos e às presas.

**Art. 19.** O ensino profissional será ministrado em nível de iniciação ou de aperfeiçoamento técnico.

**Parágrafo único.** A mulher condenada terá ensino profissional adequado à sua condição.

**Art. 20.** As atividades educacionais podem ser objeto de convênio com entidades públicas ou particulares, que instalem escolas ou ofereçam cursos especializados.

**Art. 21.** Em atendimento às condições locais, dotar-se-á cada estabelecimento de uma biblioteca, para uso de todas as categorias de reclusos, provida de livros instrutivos, recreativos e didáticos.

**Art. 21-A.** O censo penitenciário deverá apurar:

**I** – o nível de escolaridade dos presos e das presas;

**II** – a existência de cursos nos níveis fundamental e médio e o número de presos e presas atendidos;

**III** – a implementação de cursos profissionais em nível de iniciação ou aperfeiçoamento técnico e o número de presos e presas atendidos;

**IV** – a existência de bibliotecas e as condições de seu acervo;

**V** – outros dados relevantes para o aprimoramento educacional de presos e presas.

## SEÇÃO VI. DA ASSISTÊNCIA SOCIAL

**Art. 22.** A assistência social tem por finalidade amparar o preso e o internado e prepará-los para o retorno à liberdade.

- Lei 7.210/1984: art. 41, VII.

**Art. 23.** Incumbe ao serviço de assistência social:

**I** – conhecer os resultados dos diagnósticos e exames;

**II** – relatar, por escrito, ao diretor do estabelecimento, os problemas e as dificuldades enfrentados pelo assistido;

**III** – acompanhar o resultado das permissões de saídas e das saídas temporárias;

**IV** – promover, no estabelecimento, pelos meios disponíveis, a recreação;

**V** – promover a orientação do assistido, na fase final do cumprimento da pena, e do liberando, de modo a facilitar o seu retorno à liberdade;

**VI** – providenciar a obtenção de documentos, dos benefícios da previdência social e do seguro por acidente no trabalho;

**VII** – orientar e amparar, quando necessário, a família do preso, do internado e da vítima.

## SEÇÃO VII. DA ASSISTÊNCIA RELIGIOSA

**Art. 24.** A assistência religiosa, com liberdade de culto, será prestada aos presos e aos internados, permitindo-se-lhes a participação nos serviços organizados no estabelecimento penal, bem como a posse de livros de instrução religiosa.

- CF/88: art. 5º, VI.
- Lei 7.210/1984: art. 41, VII.

**§ 1º.** No estabelecimento haverá local apropriado para os cultos religiosos.

**§ 2º.** Nenhum preso ou internado poderá ser obrigado a participar de atividade religiosa.

## SEÇÃO VIII. DA ASSISTÊNCIA AO EGRESSO

**Art. 25.** A assistência ao egresso consiste:

**I** – na orientação e apoio para reintegrá-lo à vida em liberdade;

**II** – na concessão, se necessário, de alojamento e alimentação, em estabelecimento adequado, pelo prazo de 2 (dois) meses.

**Parágrafo único.** O prazo estabelecido no inciso II poderá ser prorrogado uma única vez, comprovado, por declaração do assistente social, o empenho na obtenção de emprego.

**Art. 26.** Considera-se egresso para os efeitos desta Lei:

- Decreto 3.048/1999: art. 13, IV.

**I** – o liberado definitivo, pelo prazo de 1 (um) ano a contar da saída do estabelecimento;

**II** – o liberado condicional, durante o período de prova.

**Art. 27.** O serviço de assistência social colaborará com o egresso para a obtenção de trabalho.

# CAPÍTULO III. DO TRABALHO

## SEÇÃO I. DISPOSIÇÕES GERAIS

✪ **Art. 28.** O trabalho do condenado, como dever social e condição de dignidade humana, terá finalidade educativa e produtiva.

- CF/88: arts. 1º, III e 5º, XLVII, c.
- Lei 7.210/1984: arst. 39, V, 126 e 130.

**§ 1º.** Aplicam-se à organização e aos métodos de trabalho as precauções relativas à segurança e à higiene.

**§ 2º.** O trabalho do preso não está sujeito ao regime da Consolidação das Leis do Trabalho.

✪ **Art. 29.** O trabalho do preso será remunerado, mediante prévia tabela, não podendo ser inferior a 3/4 (três quartos) do salário mínimo.

- CP: art. 39.

**§ 1º.** O produto da remuneração pelo trabalho deverá atender:

*a)* à indenização dos danos causados pelo crime, desde que determinados judicialmente e não reparados por outros meios;

*b)* à assistência à família;

*c)* a pequenas despesas pessoais;

*d)* ao ressarcimento ao Estado das despesas realizadas com a manutenção do condenado, em proporção a ser fixada e sem prejuízo da destinação prevista nas letras anteriores.

**§ 2º.** Ressalvadas outras aplicações legais, será depositada a parte restante para constituição do pecúlio, em cadernetas de poupança, que será entregue ao condenado quando posto em liberdade.

**Art. 30.** As tarefas executadas como prestação de serviço à comunidade não serão remuneradas.

- CP: art. 46, § 1º.

## SEÇÃO II.
## DO TRABALHO INTERNO

**Art. 31.** O condenado à pena privativa de liberdade está obrigado ao trabalho na medida de suas aptidões e capacidade.

- CF/88: arts. 1º, III e 5º, XLVII, c.
- CP: arts. 34, §§ 1º e 3º, e 35.
- Lei 7.210/1984: arts. 39, V, 41, II, 50, VI, e 126 a 130.

**Parágrafo único.** Para o preso provisório, o trabalho não é obrigatório e só poderá ser executado no interior do estabelecimento.

**Art. 32.** Na atribuição do trabalho deverão ser levadas em conta a habilitação, a condição pessoal e as necessidades futuras do preso, bem como as oportunidades oferecidas pelo mercado.

**§ 1º.** Deverá ser limitado, tanto quanto possível, o artesanato sem expressão econômica, salvo nas regiões de turismo.

**§ 2º.** Os maiores de 60 anos poderão solicitar ocupação adequada à sua idade.

- Lei 10.741/2003: art. 26.

**§ 3º.** Os doentes ou deficientes físicos somente exercerão atividades apropriadas ao seu estado.

**Art. 33.** A jornada normal de trabalho não será inferior a 6 (seis), nem superior a 8 (oito) horas, com descanso nos domingos e feriados.

**Parágrafo único.** Poderá ser atribuído horário especial de trabalho aos presos designados para os serviços de conservação e manutenção do estabelecimento penal.

**Art. 34.** O trabalho poderá ser gerenciado por fundação, ou empresa pública, com autonomia administrativa, e terá por objetivo a formação profissional do condenado.

**§ 1º.** Nessa hipótese, incumbirá à entidade gerenciadora promover e supervisionar a produção, com critérios e métodos empresariais, encarregar-se de sua comercialização, bem como suportar despesas, inclusive pagamento de remuneração adequada.

**§ 2º.** Os governos federal, estadual e municipal poderão celebrar convênio com a iniciativa privada, para implantação de oficinas de trabalho referentes a setores de apoio dos presídios.

**Art. 35.** Os órgãos da administração direta ou indireta da União, Estados, Territórios, Distrito Federal e dos Municípios adquirirão, com dispensa de concorrência pública, os bens ou produtos do trabalho prisional, sempre que não for possível ou recomendável realizar-se a venda a particulares.

**Parágrafo único.** Todas as importâncias arrecadadas com as vendas reverterão em favor da fundação ou empresa pública a que alude o artigo anterior ou, na sua falta, do estabelecimento penal.

## SEÇÃO III.
## DO TRABALHO EXTERNO

✪ **Art. 36.** O trabalho externo será admissível para os presos em regime fechado somente em serviço ou obras públicas realizadas por órgãos da administração direta ou indireta, ou entidades privadas, desde que tomadas as cautelas contra a fuga e em favor da disciplina.

- CP: art. 34, § 3º.

**§ 1º.** O limite máximo do número de presos será de 10% (dez por cento) do total de empregados na obra.

**§ 2º.** Caberá ao órgão da administração, à entidade ou à empresa empreiteira a remuneração desse trabalho.

**§ 3º.** A prestação de trabalho a entidade privada depende do consentimento expresso do preso.

**Art. 37.** A prestação de trabalho externo, a ser autorizada pela direção do estabelecimento, dependerá de aptidão, disciplina e responsabilidade, além do cumprimento mínimo de 1/6 (um sexto) da pena.

- Súm. 40 do STJ.

**Parágrafo único.** Revogar-se-á a autorização de trabalho externo ao preso que vier a praticar fato definido como crime, for punido por falta grave, ou tiver comportamento contrário aos requisitos estabelecidos neste artigo.

- Lei 7.210/1984: art. 50.

# CAPÍTULO IV.
# DOS DEVERES, DOS DIREITOS E DA DISCIPLINA

## SEÇÃO I.
## DOS DEVERES

**Art. 38.** Cumpre ao condenado, além das obrigações legais inerentes ao seu estado, submeter-se às normas de execução da pena.

✪ **Art. 39.** Constituem deveres do condenado:

**I** – comportamento disciplinado e cumprimento fiel da sentença;

**II** – obediência ao servidor e respeito a qualquer pessoa com quem deva relacionar-se;

- Lei 7.210/1984: arts. 50, VI e 51, III.

**III** – urbanidade e respeito no trato com os demais condenados;

**IV** – conduta oposta aos movimentos individuais ou coletivos de fuga ou de subversão à ordem ou à disciplina;

**V** – execução do trabalho, das tarefas e das ordens recebidas;

- Lei 7.210/1984: arts. 50, VI e 51, III.

**VI** – submissão à sanção disciplinar imposta;

**VII** – indenização à vítima ou aos seus sucessores;

- CP: arts. 83, IV, e 91, I.

**VIII** – indenização ao Estado, quando possível, das despesas realizadas com a sua manutenção, mediante desconto proporcional da remuneração do trabalho;

**IX** – higiene pessoal e asseio da cela ou alojamento;

- Lei 7.210/1984: art. 88.

**X** – conservação dos objetos de uso pessoal.

**Parágrafo único.** Aplica-se ao preso provisório, no que couber, o disposto neste artigo.

## SEÇÃO II. DOS DIREITOS

**Art. 40.** Impõe-se a todas as autoridades o respeito à integridade física e moral dos condenados e dos presos provisórios.

- CF/88: art. 5º, III e XLIX.
- CP: art. 38.
- Decreto 8.858/2016 – Regulamenta o disposto no art. 199 da Lei 7.210/1984 (LEP).

**Art. 41.** Constituem direitos do preso:

**I** – alimentação suficiente e vestuário;

**II** – atribuição de trabalho e sua remuneração;

**III** – previdência social;

**IV** – constituição de pecúlio;

**V** – proporcionalidade na distribuição do tempo para o trabalho, o descanso e a recreação;

**VI** – exercício das atividades profissionais, intelectuais, artísticas e desportivas anteriores, desde que compatíveis com a execução da pena;

**VII** – assistência material, à saúde, jurídica, educacional, social e religiosa;

- Lei 7.210/1984: Arts. 10 e 11.

**VIII** – proteção contra qualquer forma de sensacionalismo;

- Lei 7.210/1984: art. 198.

**IX** – entrevista pessoal e reservada com o advogado;

- Lei 8.906/1994: art. 7º, III.

**X** – visita do cônjuge, da companheira, de parentes e amigos em dias determinados;

- Lei 7.210/1984: art. 52, III.

**XI** – chamamento nominal;

**XII** – igualdade de tratamento salvo quanto às exigências da individualização da pena;

- CF/88: art. 5º, XLVI.

**XIII** – audiência especial com o diretor do estabelecimento;

**XIV** – representação e petição a qualquer autoridade, em defesa de direito;

- CF/88: art. 5º, XXXIV e XXXV.

**XV** – contato com o mundo exterior por meio de correspondência escrita, da leitura e de outros meios de informação que não comprometam a moral e os bons costumes;

**XVI** – atestado de pena a cumprir, emitido anualmente, sob pena da responsabilidade da autoridade judiciária competente.

**Parágrafo único.** Os direitos previstos nos incisos V, X e XV poderão ser suspensos ou restringidos mediante ato motivado do diretor do estabelecimento.

- Súm. 533 do STJ.
- Lei 7.210/1984: art. 53, III.

**Art. 42.** Aplica-se ao preso provisório e ao submetido à medida de segurança, no que couber, o disposto nesta Seção.

**Art. 43.** É garantida a liberdade de contratar médico de confiança pessoal do internado ou do submetido a tratamento ambulatorial, por seus familiares ou dependentes, a fim de orientar e acompanhar o tratamento.

**Parágrafo único.** As divergências entre o médico oficial e o particular serão resolvidas pelo juiz de execução.

- CPP: art. 180.

## SEÇÃO III. DA DISCIPLINA

### *SUBSEÇÃO I. DISPOSIÇÕES GERAIS*

**Art. 44.** A disciplina consiste na colaboração com a ordem, na obediência às determinações das autoridades e seus agentes e no desempenho do trabalho.

- Lei 7.210/1984: arts. 39, V, 41, V, VI e XIV.

**Parágrafo único.** Estão sujeitos à disciplina o condenado à pena privativa de liberdade ou restritiva de direitos e o preso provisório.

**Art. 45.** Não haverá falta nem sanção disciplinar sem expressa e anterior previsão legal ou regulamentar.

- CF/88: art. 5º, XXXIX.
- CP: art. 1º.

**§ 1º.** As sanções não poderão colocar em perigo a integridade física e moral do condenado.

- CF/88: art. 5º, XLIX.

**§ 2º.** É vedado o emprego de cela escura.

- CF/88: art. 5º, XLVII, e.
- Lei 7.210/1984: art. 52, II.

**§ 3º.** São vedadas as sanções coletivas.

- CF/88: art. 5º, XLV.

**Art. 46.** O condenado ou denunciado, no início da execução da pena ou da prisão, será cientificado das normas disciplinares.

**Art. 47.** O poder disciplinar, na execução da pena privativa de liberdade, será exercido pela autoridade administrativa conforme as disposições regulamentares.

- Lei 7.210/1984: arts. 53 a 60.

**Art. 48.** Na execução das penas restritivas de direitos, o poder disciplinar será exercido pela autoridade administrativa a que estiver sujeito o condenado.

**Parágrafo único.** Nas faltas graves, a autoridade representará ao juiz da execução para os fins dos arts. 118, inciso I, 125, 127, 181, §§ 1º, letra *d*, e 2º desta Lei.

### *SUBSEÇÃO II. DAS FALTAS DISCIPLINARES*

- Súm. 533 do STJ.

**Art. 49.** As faltas disciplinares classificam-se em leves, médias e graves. A legislação local especificará as leves e médias, bem assim as respectivas sanções.

- CF/88: art. 24, I.
- Lei 7.210/1984: arts. 45 e 53.

**Parágrafo único.** Pune-se a tentativa com a sanção correspondente à falta consumada.

✪ **Art. 50.** Comete falta grave o condenado à pena privativa de liberdade que:

- Súm. 534 e 535 do STJ.

**I** – incitar ou participar de movimento para subverter a ordem ou a disciplina;

- CP: arts. 352 e 354.

**II** – fugir;

**III** – possuir, indevidamente, instrumento capaz de ofender a integridade física de outrem;

**IV** – provocar acidente de trabalho;

**V** – descumprir, no regime aberto, as condições impostas;

- Lei 7.210/1984: art. 115.

**VI** – inobservar os deveres previstos nos incisos II e V do art. 39 desta Lei.

**VII** – tiver em sua posse, utilizar ou fornecer aparelho telefônico, de rádio ou similar, que permita a comunicação com outros presos ou com o ambiente externo.

- CP: arts. 319-A e 349-A.

**VIII** – recusar submeter-se ao procedimento de identificação do perfil genético. *(Acrescido pela Lei 13.964/2019)*

**Parágrafo único.** O disposto neste artigo aplica-se, no que couber, ao preso provisório.

✪ **Art. 51.** Comete falta grave o condenado à pena restritiva de direitos que:

- Súm. 534 e 535 do STJ.

**I** – descumprir, injustificadamente, a restrição imposta;

- CP: art. 44, § 4º, 1ª parte.
- Lei 7.210/1984: art. 181, § 1º, "b" e "c".

**II** – retardar, injustificadamente, o cumprimento da obrigação imposta;

**III** – inobservar os deveres previstos nos incisos II e V do art. 39 desta Lei.

✪ **Art. 52.** A prática de fato previsto como crime doloso constitui falta grave e, quando ocasionar subversão da ordem ou disciplina internas, sujeitará o preso provisório, ou condenado, nacional ou estrangeiro, sem prejuízo da sanção penal, ao regime disciplinar diferenciado, com as seguintes características: *(Redação dada pela Lei 13.964/2019)*

- Súm. 526, 534 e 535 do STJ.
- Lei 11.671/2008 – Transferência e inclusão de presos em estabelecimentos penais federais de segurança máxima.

**I** – duração máxima de até 2 (dois) anos, sem prejuízo de repetição da sanção por nova falta grave de mesma espécie; *(Redação dada pela Lei 13.964/2019)*

**II** – recolhimento em cela individual; *(Redação dada pela Lei 13.964/2019)*

- Lei 7.210/1984: art. 88.

**III** – visitas quinzenais, de 2 (duas) pessoas por vez, a serem realizadas em instalações equipadas para impedir o contato físico e a passagem de objetos, por pessoa da família ou, no caso de terceiro, autorizado judicialmente, com duração de 2 (duas) horas; *(Redação dada pela Lei 13.964/2019)*

**IV** – direito do preso à saída da cela por 2 (duas) horas diárias para banho de sol, em grupos de até 4 (quatro) presos, desde que não haja contato com presos do mesmo grupo criminoso; *(Redação dada pela Lei 13.964/2019)*

**V** – entrevistas sempre monitoradas, exceto aquelas com seu defensor, em instalações equipadas para impedir o contato físico e a passagem de objetos, salvo expressa autorização judicial em contrário; *(Acrescido pela Lei 13.964/2019)*

**VI** – fiscalização do conteúdo da correspondência; *(Acrescido pela Lei 13.964/2019)*

**VII** – participação em audiências judiciais preferencialmente por videoconferência, garantindo-se a participação do defensor no mesmo ambiente do preso. *(Acrescido pela Lei 13.964/2019)*

**§ 1º** O regime disciplinar diferenciado também será aplicado aos presos provisórios ou condenados, nacionais ou estrangeiros: *(Redação dada pela Lei 13.964/2019)*

**I** - que apresentem alto risco para a ordem e a segurança do estabelecimento penal ou da sociedade; *(Acrescido pela Lei 13.964/2019)*

**II** - sob os quais recaiam fundadas suspeitas de envolvimento ou participação, a qualquer título, em organização criminosa, associação criminosa ou milícia privada, independentemente da prática de falta grave. *(Acrescido pela Lei 13.964/2019)*

**§ 2º** *(Revogado pela Lei 13.964/2019)*

**§ 3º** Existindo indícios de que o preso exerce liderança em organização criminosa, associação criminosa ou milícia privada, ou que tenha atuação criminosa em 2 (dois) ou mais Estados da Federação, o regime disciplinar diferenciado será obrigatoriamente cumprido em estabelecimento prisional federal. *(Acrescido pela Lei 13.964/2019)*

**§ 4º** Na hipótese dos parágrafos anteriores, o regime disciplinar diferenciado poderá ser prorrogado sucessivamente, por períodos de 1 (um) ano, existindo indícios de que o preso: *(Acrescido pela Lei 13.964/2019)*

**I** - continua apresentando alto risco para a ordem e a segurança do estabelecimento penal de origem ou da sociedade;

**II** - mantém os vínculos com organização criminosa, associação criminosa ou milícia privada, considerados também o perfil criminal e a função desempenhada por ele no grupo criminoso, a operação duradoura do grupo, a superveniência de novos processos criminais e os resultados do tratamento penitenciário.

**§ 5º** Na hipótese prevista no § 3º deste artigo, o regime disciplinar diferenciado deverá contar com alta segurança interna e externa, principalmente no que diz respeito à necessidade de se evitar contato do preso com membros de sua organização criminosa, associação criminosa ou milícia privada, ou de grupos rivais. *(Acrescido pela Lei 13.964/2019)*

**§ 6º** A visita de que trata o inciso III do caput deste artigo será gravada em sistema de áudio ou de áudio e vídeo e, com autorização judicial, fiscalizada por agente penitenciário. *(Acrescido pela Lei 13.964/2019)*

**§ 7º** Após os primeiros 6 (seis) meses de regime disciplinar diferenciado, o preso que não receber a visita de que trata o inciso III do caput deste artigo poderá, após prévio agendamento, ter contato telefônico, que será gravado, com uma pessoa da família, 2 (duas) vezes por mês e por 10 (dez) minutos. *(Acrescido pela Lei 13.964/2019)*

### *SUBSEÇÃO III. DAS SANÇÕES E DAS RECOMPENSAS*

**Art. 53.** Constituem sanções disciplinares:

‣ Súm. 534 e 535 do STJ.

**I** – advertência verbal;

**II** – repreensão;

**III** – suspensão ou restrição de direitos (art. 41, parágrafo único);

**IV** – isolamento na própria cela, ou em local adequado, nos estabelecimentos que possuam alojamento coletivo, observado o disposto no art. 88 desta Lei;

**V** – inclusão no regime disciplinar diferenciado.

**Art. 54.** As sanções dos incisos I a IV do art. 53 serão aplicadas por ato motivado do diretor do estabelecimento e a do inciso V, por prévio e fundamentado despacho do juiz competente. *(Redação da pela Lei nº 10.792, de 2003)*

‣ Súm. 533 do STJ.

**§ 1º.** A autorização para a inclusão do preso em regime disciplinar dependerá de requerimento circunstanciado elaborado pelo diretor do estabelecimento ou outra autoridade administrativa.

**§ 2º.** A decisão judicial sobre inclusão de preso em regime disciplinar será precedida de manifestação do Ministério Público e da defesa e prolatada no prazo máximo de 15 (quinze) dias.

‣ Lei 7.210/1984: art. 60.

**Art. 55.** As recompensas têm em vista o bom comportamento reconhecido em favor do condenado, de sua colaboração com a disciplina e de sua dedicação ao trabalho.

**Art. 56.** São recompensas:

**I** – o elogio;

**II** – a concessão de regalias.

**Parágrafo único.** A legislação local e os regulamentos estabelecerão a natureza e a forma de concessão de regalias.

### *SUBSEÇÃO IV. DA APLICAÇÃO DAS SANÇÕES*

**Art. 57.** Na aplicação das sanções disciplinares, levar-se-ão em conta a natureza, os motivos, as circunstâncias e consequências do fato, bem como a pessoa do faltoso e seu tempo de prisão.

‣ CP: art. 59.

**Parágrafo único.** Nas faltas graves, aplicam-se as sanções previstas nos incisos III a V do art. 53 desta Lei.

**Art. 58.** O isolamento, a suspensão e a restrição de direitos não poderão exceder a 30 (trinta) dias, ressalvada a hipótese do regime disciplinar diferenciado.

**Parágrafo único.** O isolamento será sempre comunicado ao juiz da execução.

‣ Lei 7.210/1984: art. 66, VI e VII.

### *SUBSEÇÃO V. DO PROCEDIMENTO DISCIPLINAR*

**Art. 59.** Praticada a falta disciplinar, deverá ser instaurado o procedimento para sua apuração, conforme regulamento, assegurado o direito de defesa.

‣ Súm. 533 do STJ.

**Parágrafo único.** A decisão será motivada.

**Art. 60.** A autoridade administrativa poderá decretar o isolamento preventivo do faltoso pelo prazo de até 10 (dez) dias. A inclusão do preso no regime disciplinar diferenciado, no interesse da disciplina e da averiguação do fato, dependerá de despacho do juiz competente.

**Parágrafo único.** O tempo de isolamento ou inclusão preventiva no regime disciplinar diferenciado será computado no período de cumprimento da sanção disciplinar.

- CP: art. 42.

# TÍTULO III. DOS ÓRGÃOS DA EXECUÇÃO PENAL

## CAPÍTULO I. DISPOSIÇÕES GERAIS

**Art. 61.** São órgãos da execução penal:

**I** – o Conselho Nacional de Política Criminal e Penitenciária;

**II** – o Juízo da Execução;

**III** – o Ministério Público;

- LC 75/1993: art. 38, VII.

**IV** – o Conselho Penitenciário;

- Lei 7.210/1984: art. 69, § 1º.

**V** – os Departamentos Penitenciários;

- Lei 7.210/1984: arts. 71 e 72.

**VI** – o Patronato;

- Lei 7.210/1984: art. 79.

**VII** – o Conselho da Comunidade;

- Lei 7.210/1984: arts. 66, IX e 80.

**VIII** – a Defensoria Pública.

- CF/88: art. 134.
- LC 80/1994 – Organiza a Defensoria Pública da União, do Distrito Federal e dos Territórios e prescre normas gerais para sua organização nos Estados.

## CAPÍTULO II. DO CONSELHO NACIONAL DE POLÍTICA CRIMINAL E PENITENCIÁRIA

**Art. 62.** O Conselho Nacional de Política Criminal e Penitenciária, com sede na Capital da República, é subordinado ao Ministério da Justiça.

- Lei 13.341/2016: art. 2º, IV.

**Art. 63.** O Conselho Nacional de Política Criminal e Penitenciária será integrado por 13 (treze) membros designados através de ato do Ministério da Justiça, dentre professores e profissionais da área do Direito Penal, Processual Penal, Penitenciário e ciências correlatas, bem como por representantes da comunidade e dos Ministérios da área social.

- Lei 13.341/2016: art. 2º, IV.

**Parágrafo único.** O mandato dos membros do Conselho terá duração de 2 (dois) anos, renovado 1/3 (um terço) em cada ano.

**Art. 64.** Ao Conselho Nacional de Política Criminal e Penitenciária, no exercício de suas atividades, em âmbito federal ou estadual, incumbe:

**I** – propor diretrizes da política criminal quanto à prevenção do delito, administração da justiça criminal e execução das penas e das medidas de segurança;

**II** – contribuir na elaboração de planos nacionais de desenvolvimento, sugerindo as metas e prioridades da política criminal e penitenciária;

**III** – promover a avaliação periódica do sistema criminal para a sua adequação às necessidades do País;

**IV** – estimular e promover a pesquisa criminológica;

**V** – elaborar programa nacional penitenciário de formação e aperfeiçoamento do servidor;

**VI** – estabelecer regras sobre a arquitetura e construção de estabelecimentos penais e casas de albergados;

**VII** – estabelecer os critérios para a elaboração da estatística criminal;

**VIII** – inspecionar e fiscalizar os estabelecimentos penais, bem assim informar-se, mediante relatório do Conselho Penitenciário, requisições, visitas ou outros meios, acerca do desenvolvimento da execução penal nos Estados, Territórios e Distrito Federal, propondo às autoridades dela incumbidas as medidas necessárias ao seu aprimoramento;

**IX** – representar ao juiz da execução ou à autoridade administrativa para instauração de sindicância ou procedimento administrativo, em caso de violação das normas referentes à execução penal;

**X** – representar à autoridade competente para a interdição, no todo ou em parte, de estabelecimento penal.

## CAPÍTULO III. DO JUÍZO DA EXECUÇÃO

**Art. 65.** A execução penal competirá ao juiz indicado na lei local de organização judiciária e, na sua ausência, ao da sentença.

- Súm. 192 do STJ.
- CPP: art. 668.

✪ **Art. 66.** Compete ao juiz da execução:

- Súm. 192 do STJ.

**I** – aplicar aos casos julgados lei posterior que de qualquer modo favorecer o condenado;

- Súm. 611 do STF.
- CF/88: art. 5º, XL.
- CP: art. 2º, par. único.

**II** – declarar extinta a punibilidade;

- CP: art. 107.

**III** – decidir sobre:

*a)* soma ou unificação de penas;

- CP: arts. 69 a 71, e 75.
- CPP: arts. 81 e 82.

*b)* progressão ou regressão nos regimes;

PROCESSUAL PENAL

- Súm. Vinculante 26 do STF.
- CP: art. 33, § 2º.
- Lei 8.072/1990: art. 2º, § 2º.
- Lei 7.210/1984: arts. 110 a 119.

*c)* detração e remição da pena;

- CP: art. 42.
- Lei 7.210/1984: arts. 126 a 130.

*d)* suspensão condicional da pena;

- CPP: arts. 581, XI, e 696 a 709.
- Lei 7.210/1984: arts. 156 a 163.

*e)* livramento condicional;

- CP: arts. 83 a 90.
- CPP: arts. 710 a 733.
- Lei 7.210/1984: arts. 131 a 146.

*f)* incidentes da execução;

- Lei 7.210/1984: arts. 180, 181, 183 e 184.

**IV** – autorizar saídas temporárias;

- Lei 7.210/1984: arts. 120 a 125.

**V** – determinar:

*a)* a forma de cumprimento da pena restritiva de direitos e fiscalizar sua execução;

- Lei 7.210/1984: arts. 147 a 158.

*b)* a conversão da pena restritiva de direitos e de multa em privativa de liberdade;

- CP: art. 51.

*c)* a conversão da pena privativa de liberdade em restritiva de direitos;

- CP: art. 44.
- Lei 7.284/1984: art. 180.

*d)* a aplicação da medida de segurança, bem como a substituição da pena por medida de segurança;

- CP: arts. 96 e ss.
- Lei 7.210/1984: art. 183.

*e)* a revogação da medida de segurança;

- CP: art. 97, § 3º.
- Lei 7.210/1984: arts. 175 a 179.

*f)* a desinternação e o restabelecimento da situação anterior;

- CP: art. 96, §§ 3º e 4º.
- Lei 7.210/1984: art. 178.

*g)* o cumprimento de pena ou medida de segurança em outra comarca;

*h)* a remoção do condenado na hipótese prevista no § 1º do art. 86 desta Lei;

*i) (VETADA);*

**VI** – zelar pelo correto cumprimento da pena e da medida de segurança;

**VII** – inspecionar, mensalmente, os estabelecimentos penais, tomando providências para o adequado funcionamento e promovendo, quando for o caso, a apuração de responsabilidade;

**VIII** – interditar, no todo ou em parte, estabelecimento penal que estiver funcionando em condições inadequadas ou com infringência aos dispositivos desta Lei;

**IX** – compor e instalar o Conselho da Comunidade;

- Lei 7.210/1984: arts. 80 e 81.

**X** – emitir anualmente atestado de pena a cumprir.

## CAPÍTULO IV. DO MINISTÉRIO PÚBLICO

**Art. 67.** O Ministério Público fiscalizará a execução da pena e da medida de segurança, oficiando no processo executivo e nos incidentes da execução.

- Lei 8.625/1993 – Institui a Lei Orgânica Nacional do Ministério Público, dispõe sobre normas gerais para a organização do Ministério Público dos Estados.
- Lei 7.210/1984: art. 196.

**Art. 68.** Incumbe, ainda, ao Ministério Público:

**I** – fiscalizar a regularidade formal das guias de recolhimento e de internamento;

**II** – requerer:

*a)* todas as providências necessárias ao desenvolvimento do processo executivo;

*b)* a instauração dos incidentes de excesso ou desvio de execução;

*c)* a aplicação de medida de segurança, bem como a substituição da pena por medida de segurança;

*d)* a revogação da medida de segurança;

*e)* a conversão de pena, a progressão ou regressão nos regimes e a revogação da suspensão condicional da pena e do livramento condicional;

*f)* a internação, a desinternação e o restabelecimento da situação anterior;

**III** – interpor recursos de decisões proferidas pela autoridade judiciária, durante a execução.

**Parágrafo único.** O órgão do Ministério Público visitará mensalmente os estabelecimentos penais, registrando a sua presença em livro próprio.

- Lei 11.671/2008: Art. 8º.
- Lei 7.210/1984: art. 66, VII.

## CAPÍTULO V. DO CONSELHO PENITENCIÁRIO

**Art. 69.** O Conselho Penitenciário é órgão consultivo e fiscalizador da execução da pena.

**§ 1º.** O Conselho será integrado por membros nomeados pelo governador do Estado, do Distrito Federal e dos Territórios, dentre professores e profissionais da área de Direito Penal, Processual Penal, Penitenciário e ciências correlatas, bem como por representantes da comunidade. A legislação federal e estadual regulará o seu funcionamento.

**§ 2º.** O mandato dos membros do Conselho Penitenciário terá a duração de 4 (quatro) anos.

**Art. 70.** Incumbe ao Conselho Penitenciário:

- Lei 7.210/1984: arts. 131, 143, 145, 186 e 187.

**I** – emitir parecer sobre indulto e comutação de pena, excetuada a hipótese de pedido de indulto com base no estado de saúde do preso;

- CF/88: art. 84, XII.
- CP: art. 107, II.

**II** – inspecionar os estabelecimentos e serviços penais;

**III** – apresentar, no primeiro trimestre de cada ano, ao Conselho Nacional de Política Criminal e Penitenciária, relatório dos trabalhos efetuados no exercício anterior;

**IV** – supervisionar os patronatos, bem como a assistência aos egressos.

## CAPÍTULO VI. DOS DEPARTAMENTOS PENITENCIÁRIOS

### SEÇÃO I. DO DEPARTAMENTO PENITENCIÁRIO NACIONAL

**Art. 71.** O Departamento Penitenciário Nacional, subordinado ao Ministério da Justiça, é órgão executivo da Política Penitenciária Nacional e de apoio administrativo e financeiro do Conselho Nacional de Política Criminal e Penitenciária.

**Art. 72.** São atribuições do Departamento Penitenciário Nacional:

**I** – acompanhar a fiel aplicação das normas de execução penal em todo o território nacional;

**II** – inspecionar e fiscalizar periodicamente os estabelecimentos e serviços penais;

**III** – assistir tecnicamente as unidades federativas na implementação dos princípios e regras estabelecidos nesta Lei;

**IV** – colaborar com as unidades federativas, mediante convênios, na implantação de estabelecimentos e serviços penais;

**V** – colaborar com as unidades federativas para a realização de cursos de formação de pessoal penitenciário e de ensino profissionalizante do condenado e do internado;

**VI** – estabelecer, mediante convênios com as unidades federativas, o cadastro nacional das vagas existentes em estabelecimentos locais destinadas ao cumprimento de penas privativas de liberdade aplicadas pela justiça de outra unidade federativa, em especial para presos sujeitos a regime disciplinar.

**VII** – acompanhar a execução da pena das mulheres beneficiadas pela progressão especial de que trata o § 3º do art. 112 desta Lei, monitorando sua integração social e a ocorrência de reincidência, específica ou não, mediante a realização de avaliações periódicas e de estatísticas criminais. *(Incluído pela Lei 13.769/2018)*

**§ 1º** Incumbe também ao Departamento a coordenação e supervisão dos estabelecimentos penais e de internamento federais. *(Renumerado pela Lei 13.769/2018)*

**§ 2º** Os resultados obtidos por meio do monitoramento e das avaliações periódicas previstas no inciso VII do *caput* deste artigo serão utilizados para, em função da efetividade da progressão especial para a ressocialização das mulheres de que trata o § 3º do art. 112 desta Lei, avaliar eventual desnecessidade do regime fechado de cumprimento de pena para essas mulheres nos casos de crimes cometidos sem violência ou grave ameaça. *(Incluído pela Lei 13.769/2018)*

### SEÇÃO II. DO DEPARTAMENTO PENITENCIÁRIO LOCAL

**Art. 73.** A legislação local poderá criar Departamento Penitenciário ou órgão similar, com as atribuições que estabelecer.

**Art. 74.** O Departamento Penitenciário local, ou órgão similar, tem por finalidade supervisionar e coordenar os estabelecimentos penais da unidade da Federação a que pertencer.

**Parágrafo único.** Os órgãos referidos no caput deste artigo realizarão o acompanhamento de que trata o inciso VII do *caput* do art. 72 desta Lei e encaminharão ao Departamento Penitenciário Nacional os resultados obtidos. *(Incluído pela Lei 13.769/2018)*

### SEÇÃO III. DA DIREÇÃO E DO PESSOAL DOS ESTABELECIMENTOS PENAIS

**Art. 75.** O ocupante do cargo de diretor de estabelecimento deverá satisfazer os seguintes requisitos:

**I** – ser portador de diploma de nível superior de Direito, ou Psicologia, ou Ciências Sociais, ou Pedagogia, ou Serviços Sociais;

**II** – possuir experiência administrativa na área;

**III** – ter idoneidade moral e reconhecida aptidão para o desempenho da função.

**Parágrafo único.** O diretor deverá residir no estabelecimento, ou nas proximidades, e dedicará tempo integral à sua função.

**Art. 76.** O Quadro do Pessoal Penitenciário será organizado em diferentes categorias funcionais, segundo as necessidades do serviço, com especificação de atribuições relativas às funções de direção, chefia e assessoramento do estabelecimento e às demais funções.

**Art. 77.** A escolha do pessoal administrativo, especializado, de instrução técnica e de vigilância atenderá a vocação, preparação profissional e antecedentes pessoais do candidato.

**§ 1º.** O ingresso do pessoal penitenciário, bem como a progressão ou a ascensão funcional dependerão de cursos específicos de formação, procedendo-se à reciclagem periódica dos servidores em exercício.

**§ 2º.** No estabelecimento para mulheres somente se permitirá o trabalho de pessoal do sexo feminino, salvo quando se tratar de pessoal técnico especializado.

## CAPÍTULO VII. DO PATRONATO

**Art. 78.** O Patronato público ou particular destina-se a prestar assistência aos albergados e aos egressos (art. 26).

- Lei 7.210/1984: arts. 61, VI, 139 e 158, § 3º.

**Art. 79.** Incumbe também ao Patronato:

**I** – orientar os condenados à pena restritiva de direitos;

**II** – fiscalizar o cumprimento das penas de prestação de serviço à comunidade e de limitação de fim de semana;

**III** – colaborar na fiscalização do cumprimento das condições da suspensão e do livramento condicional.

## CAPÍTULO VIII. DO CONSELHO DA COMUNIDADE

**Art. 80.** Haverá, em cada comarca, um Conselho da Comunidade composto, no mínimo, por 1 (um) representante de associação comercial ou industrial, 1 (um) advogado indicado pela Seção da Ordem dos Advogados do Brasil, 1 (um) Defensor Público indicado pelo Defensor Público Geral e 1 (um) assistente social escolhido pela Delegacia Seccional do Conselho Nacional de Assistentes Sociais.

- Lei 7.210/1984: arts. 61, VII, 66, IX, 139 e 158, § 3º.

**Parágrafo único.** Na falta da representação prevista neste artigo, ficará a critério do juiz da execução a escolha dos integrantes do Conselho.

**Art. 81.** Incumbe ao Conselho da Comunidade:

**I** – visitar, pelo menos mensalmente, os estabelecimentos penais existentes na comarca;

**II** – entrevistar presos;

**III** – apresentar relatórios mensais ao juiz da execução e ao Conselho Penitenciário;

**IV** – diligenciar a obtenção de recursos materiais e humanos para melhor assistência ao preso ou internado, em harmonia com a direção do estabelecimento.

## CAPÍTULO IX. DA DEFENSORIA PÚBLICA

- CF/88: arts. 134 e 135.
- LC 80/1994 – Organiza a Defensoria Pública da União, do Distrito Federal e dos Territórios e prescre normas gerais para sua organização nos Estados.

✪ **Art. 81-A.** A Defensoria Pública velará pela regular execução da pena e da medida de segurança, oficiando, no processo executivo e nos incidentes da execução, para a defesa dos necessitados em todos os graus e instâncias, de forma individual e coletiva.

✪ **Art. 81-B.** Incumbe, ainda, à Defensoria Pública:

**I** – requerer:

*a)* todas as providências necessárias ao desenvolvimento do processo executivo;

*b)* a aplicação aos casos julgados de lei posterior que de qualquer modo favorecer o condenado;

*c)* a declaração de extinção da punibilidade;

*d)* a unificação de penas;

*e)* a detração e remição da pena;

*f)* a instauração dos incidentes de excesso ou desvio de execução;

*g)* a aplicação de medida de segurança e sua revogação, bem como a substituição da pena por medida de segurança;

*h)* a conversão de penas, a progressão nos regimes, a suspensão condicional da pena, o livramento condicional, a comutação de pena e o indulto;

*i)* a autorização de saídas temporárias;

*j)* a internação, a desinternação e o restabelecimento da situação anterior;

*k)* o cumprimento de pena ou medida de segurança em outra comarca;

*l)* a remoção do condenado na hipótese prevista no § 1º do art. 86 desta Lei;

**II** – requerer a emissão anual do atestado de pena a cumprir;

**III** – interpor recursos de decisões proferidas pela autoridade judiciária ou administrativa durante a execução;

**IV** – representar ao Juiz da execução ou à autoridade administrativa para instauração de sindicância ou procedimento administrativo em caso de violação das normas referentes à execução penal;

**V** – visitar os estabelecimentos penais, tomando providências para o adequado funcionamento, e requerer, quando for o caso, a apuração de responsabilidade;

**VI** – requerer à autoridade competente a interdição, no todo ou em parte, de estabelecimento penal.

**Parágrafo único.** O órgão da Defensoria Pública visitará periodicamente os estabelecimentos penais, registrando a sua presença em livro próprio.

# TÍTULO IV. DOS ESTABELECIMENTOS PENAIS

## CAPÍTULO I. DISPOSIÇÕES GERAIS

**Art. 82.** Os estabelecimentos penais destinam-se ao condenado, ao submetido à medida de segurança, ao preso provisório e ao egresso.

- Lei 7.210/1984: arts. 25, II e 26.

**§ 1º.** A mulher e o maior de 60 (sessenta) anos, separadamente, serão recolhidos a estabelecimento próprio e adequado à sua condição pessoal.

- CF/88: art. 5º, XLVIII.
- CP: art. 37.

**§ 2º.** O mesmo conjunto arquitetônico poderá abrigar estabelecimentos de destinação diversa desde que devidamente isolados.

✪ **Art. 83.** O estabelecimento penal, conforme a sua natureza, deverá contar em suas dependências com áreas e serviços destinados a dar assistência, educação, trabalho, recreação e prática esportiva.

**§ 1º.** Haverá instalação destinada a estágio de estudantes universitários.

**§ 2º.** Os estabelecimentos penais destinados a mulheres serão dotados de berçário, onde as condenadas possam cuidar de seus filhos, inclusive amamentá-los, no mínimo, até 6 (seis) meses de idade.

- CF/88: art. 5º, L.
- ECA: arts. 8º, § 10, e 9º.

**§ 3º.** Os estabelecimentos de que trata o § 2º deste artigo deverão possuir, exclusivamente, agentes do sexo feminino na segurança de suas dependências internas.

- CF/88: art. 5º, XLVIII e XLIX.
- CPP: art. 249.

**§ 4º.** Serão instaladas salas de aulas destinadas a cursos do ensino básico e profissionalizante.

- Lei 9.394/1996: arts. 21, I, 32, 35 e 36-B.

**§ 5º.** Haverá instalação destinada à Defensoria Pública.

- CF/88: art. 134.
- LC 80/1994 – Organiza a Defensoria Pública da União, do Distrito Federal e dos Territórios e prescre normas gerais para sua organização nos Estados.

**Art. 83-A.** Poderão ser objeto de execução indireta as atividades materiais acessórias, instrumentais ou complementares desenvolvidas em estabelecimentos penais, e notadamente:

**I** – serviços de conservação, limpeza, informática, copeiragem, portaria, recepção, reprografia, telecomunicações, lavanderia e manutenção de prédios, instalações e equipamentos internos e externos;

**II** – serviços relacionados à execução de trabalho pelo preso.

**§ 1º.** A execução indireta será realizada sob supervisão e fiscalização do poder público.

**§ 2º.** Os serviços relacionados neste artigo poderão compreender o fornecimento de materiais, equipamentos, máquinas e profissionais.

**Art. 83-B.** São indelegáveis as funções de direção, chefia e coordenação no âmbito do sistema penal, bem como todas as atividades que exijam o exercício do poder de polícia, e notadamente:

**I** – classificação de condenados;

**II** – aplicação de sanções disciplinares;

**III** – controle de rebeliões;

**IV** – transporte de presos para órgãos do Poder Judiciário, hospitais e outros locais externos aos estabelecimentos penais.

✪ **Art. 84.** O preso provisório ficará separado do condenado por sentença transitada em julgado.

**§ 1º.** Os presos provisórios ficarão separados de acordo com os seguintes critérios:

**I** – acusados pela prática de crimes hediondos ou equiparados;

- Lei 8.072/1990: art. 1º

**II** – acusados pela prática de crimes cometidos com violência ou grave ameaça à pessoa;

**III** – acusados pela prática de outros crimes ou contravenções diversos dos apontados nos incisos I e II.

**§ 2º.** O preso que, ao tempo do fato, era funcionário da administração da Justiça criminal ficará em dependência separada.

**§ 3º.** Os presos condenados ficarão separados de acordo com os seguintes critérios:

**I** – condenados pela prática de crimes hediondos ou equiparados;

- Lei 8.072/1990: art. 1º

**II** – reincidentes condenados pela prática de crimes cometidos com violência ou grave ameaça à pessoa;

- CP: arts. 63 e 64.

**III** – primários condenados pela prática de crimes cometidos com violência ou grave ameaça à pessoa;

**IV** – demais condenados pela prática de outros crimes ou contravenções em situação diversa das previstas nos incisos I, II e III.

**§ 4º.** O preso que tiver sua integridade física, moral ou psicológica ameaçada pela convivência com os demais presos ficará segregado em local próprio.

**Art. 85.** O estabelecimento penal deverá ter lotação compatível com a sua estrutura e finalidade.

- Lei 7.210/1984: art. 66, VI a VIII.

**Parágrafo único.** O Conselho Nacional de Política Criminal e Penitenciária determinará o limite máximo de capacidade do estabelecimento, atendendo a sua natureza e peculiaridades.

**Art. 86.** As penas privativas de liberdade aplicadas pela justiça de uma unidade federativa podem ser executadas em outra unidade, em estabelecimento local ou da União.

- Lei 7.210/1984: art. 66, V, g e h.

**§ 1º.** A União Federal poderá construir estabelecimento penal em local distante da condenação para recolher os condenados, quando a medida se justifique no interesse da segurança pública ou do próprio condenado.

- Lei 11.671/2008 : art. 3º.
- Lei 8.072/1990: art. 3º.

**§ 2º.** Conforme a natureza do estabelecimento, nele poderão trabalhar os liberados ou egressos que se dediquem a obras públicas ou ao aproveitamento de terras ociosas.

- Lei 7.210/1984: arts. 26, 132, § 1º, a, e 178.

**§ 3º.** Caberá ao juiz competente, a requerimento da autoridade administrativa definir o estabelecimento prisional adequado para abrigar o preso provisório ou condenado, em atenção ao regime e aos requisitos estabelecidos.

## CAPÍTULO II. DA PENITENCIÁRIA

**Art. 87.** A Penitenciária destina-se ao condenado à pena de reclusão, em regime fechado.

- CP: arts. 33 e 34.

**Parágrafo único.** A União Federal, os Estados, o Distrito Federal e os Territórios poderão construir Penitenciárias destinadas, exclusivamente, aos presos provisórios e condenados que estejam em regime fechado, sujeitos ao regime disciplinar diferenciado, nos termos do art. 52 desta Lei.

**Art. 88.** O condenado será alojado em cela individual que conterá dormitório, aparelho sanitário e lavatório.

- Decreto 6.049/2007: art. 6º.

**Parágrafo único.** São requisitos básicos da unidade celular:

*a)* salubridade do ambiente pela concorrência dos fatores de aeração, insolação e condicionamento térmico adequado à existência humana;

*b)* área mínima de 6 m².

**Art. 89.** Além dos requisitos referidos no art. 88, a penitenciária de mulheres será dotada de seção para gestante e parturiente e de creche para abrigar crianças maiores de 6 (seis) meses e menores de 7 (sete) anos, com a finalidade de assistir a criança desamparada cuja responsável estiver presa.

- CP: art. 37.
- ECA: arts. 8º, § 10, e 9º.
- Lei 7.210/1984: art. 14, § 3º.

**Parágrafo único.** São requisitos básicos da seção e da creche referidas neste artigo:

**I** – atendimento por pessoal qualificado, de acordo com as diretrizes adotadas pela legislação educacional e em unidades autônomas; e

**II** – horário de funcionamento que garanta a melhor assistência à criança e à sua responsável.

**Art. 90.** A penitenciária de homens será construída em local afastado do centro urbano a distância que não restrinja a visitação.

## CAPÍTULO III. DA COLÔNIA AGRÍCOLA, INDUSTRIAL OU SIMILAR

**Art. 91.** A Colônia Agrícola, Industrial ou similar destina-se ao cumprimento da pena em regime semiaberto.

- arts. 33, § 1º e 35, § 1º.

**Art. 92.** O condenado poderá ser alojado em compartimento coletivo, observados os requisitos da letra *a* do parágrafo único do art. 88 desta Lei.

- Lei 7.210/1984: art. 53, IV.

**Parágrafo único.** São também requisitos básicos das dependências coletivas:

*a)* a seleção adequada dos presos;

*b)* o limite de capacidade máxima que atenda os objetivos de individualização da pena.

## CAPÍTULO IV. DA CASA DO ALBERGADO

**Art. 93.** A Casa do Albergado destina-se ao cumprimento de pena privativa de liberdade, em regime aberto, e da pena de limitação de fim de semana.

- CP: arts. 35, § 1º, e 48.
- Lei 7.210/1984: art. 117.

**Art. 94.** O prédio deverá situar-se em centro urbano, separado dos demais estabelecimentos, e caracterizar-se pela ausência de obstáculos físicos contra a fuga.

**Art. 95.** Em cada região haverá, pelo menos, 1 (uma) Casa de Albergado, a qual deverá conter, além dos aposentos para acomodar os presos, local adequado para cursos e palestras.

- CP: art. 48, par. único.

**Parágrafo único.** O estabelecimento terá instalações para os serviços de fiscalização e orientação dos condenados.

## CAPÍTULO V. DO CENTRO DE OBSERVAÇÃO

**Art. 96.** No Centro de Observação realizar-se-ão os exames gerais e o criminológico, cujos resultados serão encaminhados à Comissão Técnica de Classificação.

‣ CP: arts. 34 e 35.

**Parágrafo único.** No Centro poderão ser realizadas pesquisas criminológicas.

**Art. 97.** O Centro de Observação será instalado em unidade autônoma ou em anexo a estabelecimento penal.

**Art. 98.** Os exames poderão ser realizados pela Comissão Técnica de Classificação, na falta do Centro de Observação.

## CAPÍTULO VI. DO HOSPITAL DE CUSTÓDIA E TRATAMENTO PSIQUIÁTRICO

**Art. 99.** O Hospital de Custódia e Tratamento Psiquiátrico destina-se aos inimputáveis e semi-imputáveis referidos no art. 26 e seu parágrafo único do Código Penal.

‣ CP: arts. 41 e 42.
‣ CPP: arts. 149 a 154, e 682.

**Parágrafo único.** Aplica-se ao Hospital, no que couber, o disposto no parágrafo único do art. 88 desta Lei.

**Art. 100.** O exame psiquiátrico e os demais exames necessários ao tratamento são obrigatórios para todos os internados.

‣ Lei 7.210/1984: art. 175.

**Art. 101.** O tratamento ambulatorial, previsto no art. 97, segunda parte, do Código Penal, será realizado no Hospital de Custódia e Tratamento Psiquiátrico ou em outro local com dependência médica adequada.

## CAPÍTULO VII. DA CADEIA PÚBLICA

**Art. 102.** A Cadeia Pública destina-se ao recolhimento de presos provisórios.

**Art. 103.** Cada comarca terá, pelo menos, 1 (uma) Cadeia Pública a fim de resguardar o interesse da administração da justiça criminal e a permanência do preso em local próximo ao seu meio social e familiar.

**Art. 104.** O estabelecimento de que trata este Capítulo será instalado próximo de centro urbano, observando-se na construção as exigências mínimas referidas no art. 88 e seu parágrafo único desta Lei.

# TÍTULO V. DA EXECUÇÃO DAS PENAS EM ESPÉCIE

## CAPÍTULO I. DAS PENAS PRIVATIVAS DE LIBERDADE

### SEÇÃO I. DISPOSIÇÕES GERAIS

**Art. 105.** Transitando em julgado a sentença que aplicar pena privativa de liberdade, se o réu estiver ou vier a ser preso, o juiz ordenará a expedição de guia de recolhimento para a execução.

**Art. 106.** A guia de recolhimento, extraída pelo escrivão, que a rubricará em todas as folhas e a assinará com o juiz, será remetida à autoridade administrativa incumbida da execução e conterá:

**I** – o nome do condenado;

**II** – a sua qualificação civil e o número do registro geral no órgão oficial de identificação;

**III** – o inteiro teor da denúncia e da sentença condenatória, bem como certidão do trânsito em julgado;

**IV** – a informação sobre os antecedentes e o grau de instrução;

**V** – a data da terminação da pena;

**VI** – outras peças do processo reputadas indispensáveis ao adequado tratamento penitenciário.

**§ 1º**. Ao Ministério Público se dará ciência da guia de recolhimento.

**§ 2º**. A guia de recolhimento será retificada sempre que sobrevier modificação quanto ao início da execução, ou ao tempo de duração da pena.

**§ 3º**. Se o condenado, ao tempo do fato, era funcionário da administração da justiça criminal, far-se-á, na guia, menção dessa circunstância, para fins do disposto no § 2º do art. 84 desta Lei.

**Art. 107.** Ninguém será recolhido, para cumprimento de pena privativa de liberdade, sem a guia expedida pela autoridade judiciária.

- Lei 13.869/2019: art. 9º.

**§ 1º.** A autoridade administrativa incumbida da execução passará recibo da guia de recolhimento, para juntá-la aos autos do processo, e dará ciência dos seus termos ao condenado.

**§ 2º.** As guias de recolhimento serão registradas em livro especial, segundo a ordem cronológica do recebimento, e anexadas ao prontuário do condenado, aditando-se, no curso da execução, o cálculo das remições e de outras retificações posteriores.

**Art. 108.** O condenado a quem sobrevier doença mental será internado em Hospital de Custódia e Tratamento Psiquiátrico.

- Lei 7.210/1984: art. 183.

**Art. 109.** Cumprida ou extinta a pena, o condenado será posto em liberdade, mediante alvará do juiz, se por outro motivo não estiver preso.

- CP: art. 107.
- Lei 13.869/2019: art. 12, p.ú., IV.

## SEÇÃO II.
## DOS REGIMES

**Art. 110.** O juiz, na sentença, estabelecerá o regime no qual o condenado iniciará o cumprimento da pena privativa de liberdade, observado o disposto no art. 33 e seus parágrafos do Código Penal.

**Art. 111.** Quando houver condenação por mais de um crime, no mesmo processo ou em processos distintos, a determinação do regime de cumprimento será feita pelo resultado da soma ou unificação das penas, observada, quando for o caso, a detração ou remição.

- CP: arts. 42 e 71.
- Lei 7.210/1984: arts. 66, III, a, e 126, § 1º.

**Parágrafo único.** Sobrevindo condenação no curso da execução, somar-se-á a pena ao restante da que está sendo cumprida, para determinação do regime.

✪ **Art. 112.** A pena privativa de liberdade será executada em forma progressiva com a transferência para regime menos rigoroso, a ser determinada pelo juiz, quando o preso tiver cumprido ao menos: *(Redação dada pela Lei 13.964/2019)*

- Súm. 716 do STF.
- Súm. 471 e 491 do STJ.

**I** – 16% (dezesseis por cento) da pena, se o apenado for primário e o crime tiver sido cometido sem violência à pessoa ou grave ameaça; *(Acrescido pela Lei 13.964/2019)*

**II** – 20% (vinte por cento) da pena, se o apenado for reincidente em crime cometido sem violência à pessoa ou grave ameaça; *(Acrescido pela Lei 13.964/2019)*

**III** – 25% (vinte e cinco por cento) da pena, se o apenado for primário e o crime tiver sido cometido com violência à pessoa ou grave ameaça; *(Acrescido pela Lei 13.964/2019)*

**IV** – 30% (trinta por cento) da pena, se o apenado for reincidente em crime cometido com violência à pessoa ou grave ameaça; *(Acrescido pela Lei 13.964/2019)*

**V** – 40% (quarenta por cento) da pena, se o apenado for condenado pela prática de crime hediondo ou equiparado, se for primário; *(Acrescido pela Lei 13.964/2019)*

**VI** – 50% (cinquenta por cento) da pena, se o apenado for: *(Acrescido pela Lei 13.964/2019)*

*a)* condenado pela prática de crime hediondo ou equiparado, com resultado morte, se for primário, vedado o livramento condicional;

*b)* condenado por exercer o comando, individual ou coletivo, de organização criminosa estruturada para a prática de crime hediondo ou equiparado; ou

*c)* condenado pela prática do crime de constituição de milícia privada;

**VII** – 60% (sessenta por cento) da pena, se o apenado for reincidente na prática de crime hediondo ou equiparado; *(Acrescido pela Lei 13.964/2019)*

**VIII** – 70% (setenta por cento) da pena, se o apenado for reincidente em crime hediondo ou equiparado com resultado morte, vedado o livramento condicional. *(Acrescido pela Lei 13.964/2019)*

**§ 1º** Em todos os casos, o apenado só terá direito à progressão de regime se ostentar boa conduta carcerária, comprovada pelo diretor do estabelecimento, respeitadas as normas que vedam a progressão. *(Redação dada pela Lei 13.964/2019)*

- CF/88: art. 93, IX.

**§ 2º** A decisão do juiz que determinar a progressão de regime será sempre motivada e precedida de manifestação do Ministério Público e do defensor, procedimento que também será adotado na concessão de livramento condicional, indulto e comutação de penas, respeitados os prazos previstos nas normas vigentes. *(Redação dada pela Lei 13.964/2019)*

**§ 3º** No caso de mulher gestante ou que for mãe ou responsável por crianças ou pessoas com deficiência, os requisitos para progressão de regime são, cumulativamente: *(Incluído pela Lei 13.769/2018)*

**I** - não ter cometido crime com violência ou grave ameaça a pessoa;

**II** - não ter cometido o crime contra seu filho ou dependente;

**III** - ter cumprido ao menos 1/8 (um oitavo) da pena no regime anterior;

**IV** - ser primária e ter bom comportamento carcerário, comprovado pelo diretor do estabelecimento;

**V** - não ter integrado organização criminosa.

**§ 4º** O cometimento de novo crime doloso ou falta grave implicará a revogação do benefício previsto no § 3º deste artigo. (*Incluído pela Lei 13.769/2018*)

**§ 5º** Não se considera hediondo ou equiparado, para os fins deste artigo, o crime de tráfico de drogas previsto no § 4º do art. 33 da Lei nº 11.343, de 23 de agosto de 2006. *(Acrescido pela Lei 13.964/2019)*

**§ 6º** O cometimento de falta grave durante a execução da pena privativa de liberdade interrompe o prazo para a obtenção da progressão no regime de cumprimento da pena, caso em que o reinício da contagem do requisito objetivo terá como base a pena remanescente. *(Acrescido pela Lei 13.964/2019)*

**§ 7º** O bom comportamento é readquirido após 1 (um) ano da ocorrência do fato, ou antes, após o cumprimento do requisito temporal exigível para a obtenção do direito. *(Vetado pelo Presidente da República na Lei 13.964/2019, mantido pelo Congresso Nacional e publicado no DOU de 30.04.2021)*

**Art. 113.** O ingresso do condenado em regime aberto supõe a aceitação de seu programa e das condições impostas pelo juiz.

- CP: art. 36.

**Art. 114.** Somente poderá ingressar no regime aberto o condenado que:

**I** – estiver trabalhando ou comprovar a possibilidade de fazê-lo imediatamente;

**II** – apresentar, pelos seus antecedentes ou pelo resultado dos exames a que foi submetido, fundados indícios de que irá ajustar-se, com autodisciplina e senso de responsabilidade, ao novo regime.

**Parágrafo único.** Poderão ser dispensadas do trabalho as pessoas referidas no art. 117 desta Lei.

**Art. 115.** O juiz poderá estabelecer condições especiais para a concessão de regime aberto, sem prejuízo das seguintes condições gerais e obrigatórias:

**I** – permanecer no local que for designado, durante o repouso e nos dias de folga;

**II** – sair para o trabalho e retornar, nos horários fixados;

**III** – não se ausentar da cidade onde reside, sem autorização judicial;

**IV** – comparecer a juízo, para informar e justificar as suas atividades, quando for determinado.

**Art. 116.** O juiz poderá modificar as condições estabelecidas, de ofício, a requerimento do Ministério Público, da autoridade administrativa ou do condenado, desde que as circunstâncias assim o recomendem.

✪ **Art. 117.** Somente se admitirá o recolhimento do beneficiário de regime aberto em residência particular quando se tratar de:

**I** – condenado maior de 70 (setenta) anos;

**II** – condenado acometido de doença grave;

**III** – condenada com filho menor ou deficiente físico ou mental;

**IV** – condenada gestante.

**Art. 118.** A execução da pena privativa de liberdade ficará sujeita à forma regressiva, com a transferência para qualquer dos regimes mais rigorosos, quando o condenado:

**I** – praticar fato definido como crime doloso ou falta grave;

- Súm. 526 do STJ.

**II** – sofrer condenação, por crime anterior, cuja pena, somada ao restante da pena em execução, torne incabível o regime (art. 111).

**§ 1º.** O condenado será transferido do regime aberto se, além das hipóteses referidas nos incisos anteriores, frustrar os fins da execução ou não pagar, podendo, a multa cumulativamente imposta.

- CP: art. 51.

**§ 2º.** Nas hipóteses do inciso I e do parágrafo anterior, deverá ser ouvido, previamente, o condenado.

**Art. 119.** A legislação local poderá estabelecer normas complementares para o cumprimento da pena privativa de liberdade em regime aberto (art. 36, § 1º, do Código Penal).

## SEÇÃO III. DAS AUTORIZAÇÕES DE SAÍDA

### *SUBSEÇÃO I. DA PERMISSÃO DE SAÍDA*

- Súm. 520 do STJ.

**Art. 120.** Os condenados que cumprem pena em regime fechado ou semiaberto e os presos provisórios poderão obter permissão para sair do estabelecimento, mediante escolta, quando ocorrer um dos seguintes fatos:

**I** – falecimento ou doença grave do cônjuge, companheira, ascendente, descendente ou irmão;

**II** – necessidade de tratamento médico (parágrafo único do art. 14).

- Refere-se ao § 2º do art. 14.

**Parágrafo único.** A permissão de saída será concedida pelo diretor do estabelecimento onde se encontra o preso.

PROCESSUAL PENAL

**Art. 121.** A permanência do preso fora do estabelecimento terá duração necessária à finalidade da saída.

*SUBSEÇÃO II.*
*DA SAÍDA TEMPORÁRIA*

**Art. 122.** Os condenados que cumprem pena em regime semiaberto poderão obter autorização para saída temporária do estabelecimento, sem vigilância direta, nos seguintes casos:

- Súm. 40 do STJ.

**I** – visita à família;

**II** – frequência a curso supletivo profissionalizante, bem como de instrução do 2º grau ou superior, na comarca do Juízo da Execução;

**III** – participação em atividades que concorram para o retorno ao convívio social.

**§ 1º** A ausência de vigilância direta não impede a utilização de equipamento de monitoração eletrônica pelo condenado, quando assim determinar o juiz da execução. *(Parágrafo único transformado em § 1º pela Lei 13.964/2019)*

- CPP: art. 319, IX.
- Lei 7.210/1984: arts. 146-A a 146-D.
- Decreto 7.627/2011 – Regulamenta a monitoração eletrônica de pessoas prevista no Decreto-Lei 3.689/1941 (CPP), e na Lei 7.210/1984 (LEP).

**§ 2º** Não terá direito à saída temporária a que se refere o caput deste artigo o condenado que cumpre pena por praticar crime hediondo com resultado morte. *(Acrescido pela Lei 13.964/2019)*

**Art. 123.** A autorização será concedida por ato motivado do juiz da execução, ouvidos o Ministério Público e a administração penitenciária, e dependerá da satisfação dos seguintes requisitos:

**I** – comportamento adequado;

**II** – cumprimento mínimo de 1/6 (um sexto) da pena, se o condenado for primário, e 1/4 (um quarto), se reincidente;

- Súm. 40 do STJ.
- CP: art. 35, § 2º.

**III** – compatibilidade do benefício com os objetivos da pena.

**Art. 124.** A autorização será concedida por prazo não superior a 7 (sete) dias, podendo ser renovada por mais 4 (quatro) vezes durante o ano.

**§ 1º.** Ao conceder a saída temporária, o juiz imporá ao beneficiário as seguintes condições, entre outras que entender compatíveis com as circunstâncias do caso e a situação pessoal do condenado:

- CP: art. 47, IV.

**I** – fornecimento do endereço onde reside a família a ser visitada ou onde poderá ser encontrado durante o gozo do benefício;

**II** – recolhimento à residência visitada, no período noturno;

**III** – proibição de frequentar bares, casas noturnas e estabelecimentos congêneres.

**§ 2º.** Quando se tratar de frequência a curso profissionalizante, de instrução de ensino médio ou superior, o tempo de saída será o necessário para o cumprimento das atividades discentes.

**§ 3º.** Nos demais casos, as autorizações de saída somente poderão ser concedidas com prazo mínimo de 45 (quarenta e cinco) dias de intervalo entre uma e outra.

**Art. 125.** O benefício será automaticamente revogado quando o condenado praticar fato definido como crime doloso, for punido por falta grave, desatender as condições impostas na autorização ou revelar baixo grau de aproveitamento do curso.

**Parágrafo único.** A recuperação do direito à saída temporária dependerá da absolvição no processo penal, do cancelamento da punição disciplinar ou da demonstração do merecimento do condenado.

## SEÇÃO IV.
## DA REMIÇÃO

✪ **Art. 126.** O condenado que cumpre a pena em regime fechado ou semiaberto poderá remir, por trabalho ou por estudo, parte do tempo de execução da pena.

- Súm. 341 do STJ.
- Lei 7.210/1984: art. 39, V.

**§ 1º.** A contagem de tempo referida no *caput* será feita à razão de:

**I** – 1 (um) dia de pena a cada 12 (doze) horas de frequência escolar – atividade de ensino fundamental, médio, inclusive profissionalizante, ou superior, ou ainda de requalificação profissional – divididas, no mínimo, em 3 (três) dias;

**II** – 1 (um) dia de pena a cada 3 (três) dias de trabalho.

- Lei 7.210/1984: art. 33.

**§ 2º.** As atividades de estudo a que se refere o § 1º deste artigo poderão ser desenvolvidas de forma presencial ou por metodologia de ensino a distância e deverão ser certificadas pelas autoridades educacionais competentes dos cursos frequentados.

**§ 3º.** Para fins de cumulação dos casos de remição, as horas diárias de trabalho e de estudo serão definidas de forma a se compatibilizarem.

**§ 4º.** O preso impossibilitado, por acidente, de prosseguir no trabalho ou nos estudos continuará a beneficiar-se com a remição.

**§ 5º.** O tempo a remir em função das horas de estudo será acrescido de 1/3 (um terço) no caso de conclusão do ensino fundamental, médio ou superior durante o cumprimento da pena, desde que certificada pelo órgão competente do sistema de educação.

**§ 6º**. O condenado que cumpre pena em regime aberto ou semiaberto e o que usufrui liberdade condicional poderão remir, pela frequência a curso de ensino regular ou de educação profissional, parte do tempo de execução da pena ou do período de prova, observado o disposto no inciso I do § 1º deste artigo.

**§ 7º**. O disposto neste artigo aplica-se às hipóteses de prisão cautelar.

**§ 8º**. A remição será declarada pelo juiz da execução, ouvidos o Ministério Público e a defesa.

✪ **Art. 127.** Em caso de falta grave, o juiz poderá revogar até 1/3 (um terço) do tempo remido, observado o disposto no art. 57, recomeçando a contagem a partir da data da infração disciplinar.

- Súm. Vinculante 9 do STF.
- Súm. 534 e 535 do STJ.
- Lei 7.210/1984: arts. 48, par. único, 50, 51 e 52.

**Art. 128.** O tempo remido será computado como pena cumprida, para todos os efeitos.

**Art. 129.** A autoridade administrativa encaminhará mensalmente ao juízo da execução cópia do registro de todos os condenados que estejam trabalhando ou estudando, com informação dos dias de trabalho ou das horas de frequência escolar ou de atividades de ensino de cada um deles.

**§ 1º**. O condenado autorizado a estudar fora do estabelecimento penal deverá comprovar mensalmente, por meio de declaração da respectiva unidade de ensino, a frequência e o aproveitamento escolar.

**§ 2º**. Ao condenado dar-se-á a relação de seus dias remidos.

**Art. 130.** Constitui o crime do art. 299 do Código Penal declarar ou atestar falsamente prestação de serviço para fim de instruir pedido de remição.

## SEÇÃO V.
## DO LIVRAMENTO CONDICIONAL

**Art. 131.** O livramento condicional poderá ser concedido pelo juiz da execução, presentes os requisitos do art. 83, incisos e parágrafo único, do Código Penal, ouvidos o Ministério Público e o Conselho Penitenciário.

- Súm. 441 do STJ.
- CP: art. 83.
- CPP: arts. 710 a 733.
- Lei 7.210/1984: art. 112, § 2º.

**Art. 132.** Deferido o pedido, o juiz especificará as condições a que fica subordinado o livramento.

**§ 1º**. Serão sempre impostas ao liberado condicional as obrigações seguintes:

*a)* obter ocupação lícita, dentro de prazo razoável se for apto para o trabalho;

*b)* comunicar periodicamente ao juiz sua ocupação;

*c)* não mudar do território da comarca do Juízo da Execução, sem prévia autorização deste.

**§ 2º**. Poderão ainda ser impostas ao liberado condicional, entre outras obrigações, as seguintes:

*a)* não mudar de residência sem comunicação ao juiz e à autoridade incumbida da observação cautelar e de proteção;

*b)* recolher-se à habitação em hora fixada;

*c)* não frequentar determinados lugares.

*d)* (*VETADA*).

**Art. 133.** Se for permitido ao liberado residir fora da comarca do Juízo da Execução, remeter-se-á cópia da sentença do livramento ao juízo do lugar para onde ele se houver transferido e à autoridade incumbida da observação cautelar e de proteção.

**Art. 134.** O liberado será advertido da obrigação de apresentar-se imediatamente às autoridades referidas no artigo anterior.

**Art. 135.** Reformada a sentença denegatória do livramento, os autos baixarão ao Juízo da Execução, para as providências cabíveis.

- Lei 7.210/1984: art. 197.

**Art. 136.** Concedido o benefício, será expedida a carta de livramento com a cópia integral da sentença em 2 (duas) vias, remetendo-se uma à autoridade administrativa incumbida da execução e outra ao Conselho Penitenciário.

- Lei 7.210/1984: art. 69.

**Art. 137.** A cerimônia do livramento condicional será realizada solenemente no dia marcado pelo presidente do Conselho Penitenciário, no estabelecimento onde está sendo cumprida a pena, observando-se o seguinte:

**I** – a sentença será lida ao liberando, na presença dos demais condenados, pelo presidente do Conselho Penitenciário ou membro por ele designado, ou, na falta, pelo juiz;

**II** – a autoridade administrativa chamará a atenção do liberando para as condições impostas na sentença de livramento;

**III** – o liberando declarará se aceita as condições.

**§ 1º**. De tudo, em livro próprio, será lavrado termo subscrito por quem presidir a cerimônia e pelo liberando, ou alguém a seu rogo, se não souber ou não puder escrever.

**§ 2º**. Cópia desse termo deverá ser remetida ao juiz da execução.

**Art. 138.** Ao sair o liberado do estabelecimento penal, ser-lhe-á entregue, além do saldo de seu pecúlio e do que lhe pertencer, uma caderneta, que exibirá à autoridade judiciária ou administrativa sempre que lhe for exigida.

**§ 1º**. A caderneta conterá:

*a)* a identificação do liberado;

*b)* o texto impresso do presente Capítulo;

*c)* as condições impostas.

**§ 2º**. Na falta de caderneta, será entregue ao liberado um salvo-conduto, em que constem as condições do livramento, podendo substituir-se a ficha de identificação ou o seu retrato pela descrição dos sinais que possam identificá-lo.

**§ 3º**. Na caderneta e no salvo-conduto deverá haver espaço para consignar-se o cumprimento das condições referidas no art. 132 desta Lei.

**Art. 139.** A observação cautelar e a proteção realizadas por serviço social penitenciário, Patronato ou Conselho da Comunidade terão a finalidade de:

**I** – fazer observar o cumprimento das condições especificadas na sentença concessiva do benefício;

**II** – proteger o beneficiário, orientando-o na execução de suas obrigações e auxiliando-o na obtenção de atividade laborativa.

**Parágrafo único.** A entidade encarregada da observação cautelar e da proteção do liberado apresentará relatório ao Conselho Penitenciário, para efeito da representação prevista nos arts. 143 e 144 desta Lei.

- Lei 7.210/1984: art. 70.

**Art. 140.** A revogação do livramento condicional dar-se-á nas hipóteses previstas nos arts. 86 e 87 do Código Penal.

**Parágrafo único.** Mantido o livramento condicional, na hipótese da revogação facultativa, o juiz deverá advertir o liberado ou agravar as condições.

**Art. 141.** Se a revogação for motivada por infração penal anterior à vigência do livramento, computar-se-á como tempo de cumprimento da pena o período de prova, sendo permitida, para a concessão de novo livramento, a soma do tempo das 2 (duas) penas.

**Art. 142.** No caso de revogação por outro motivo, não se computará na pena o tempo em que esteve solto o liberado, e tampouco se concederá, em relação à mesma pena, novo livramento.

**Art. 143.** A revogação será decretada a requerimento do Ministério Público, mediante representação do Conselho Penitenciário, ou de ofício, pelo juiz, ouvido o liberado.

**Art. 144.** O Juiz, de ofício, a requerimento do Ministério Público, da Defensoria Pública ou mediante representação do Conselho Penitenciário, e ouvido o liberado, poderá modificar as condições especificadas na sentença, devendo o respectivo ato decisório ser lido ao liberado por uma das autoridades ou funcionários indicados no inciso I do *caput* do art. 137 desta Lei, observado o disposto nos incisos II e III e §§ 1º e 2º do mesmo artigo.

**Art. 145.** Praticada pelo liberado outra infração penal, o juiz poderá ordenar a sua prisão, ouvidos o Conselho Penitenciário e o Ministério Público, suspendendo o curso do livramento condicional, cuja revogação, entretanto, ficará dependendo da decisão final.

- CP: art. 89.

**Art. 146.** O juiz, de ofício, a requerimento do interessado, do Ministério Público ou mediante representação do Conselho Penitenciário, julgará extinta a pena privativa de liberdade, se expirar o prazo do livramento sem revogação.

- CP: art. 90.

## SEÇÃO VI. DA MONITORAÇÃO ELETRÔNICA

**Art. 146-A.** (*VETADO*).

**Art. 146-B.** O juiz poderá definir a fiscalização por meio da monitoração eletrônica quando:

- CPP: art. 319, IX.
- Decreto 7.627/2011 – Regulamenta a monitoração eletrônica de pessoas prevista no Decreto-Lei 3.689/1941 (CPP), e na Lei 7.210/1984 (LEP).

**I** – (*VETADO*);

**II** – autorizar a saída temporária no regime semiaberto;

**III** – (*VETADO*);

**IV** – determinar a prisão domiciliar;

- Lei 7.210/1984: art. 117.

**V** – (*VETADO*);

**Parágrafo único.** (*VETADO*).

**Art. 146-C.** O condenado será instruído acerca dos cuidados que deverá adotar com o equipamento eletrônico e dos seguintes deveres:

**I** – receber visitas do servidor responsável pela monitoração eletrônica, responder aos seus contatos e cumprir suas orientações;

**II** – abster-se de remover, de violar, de modificar, de danificar de qualquer forma o dispositivo de monitoração eletrônica ou de permitir que outrem o faça;

**III** – (*VETADO*);

**Parágrafo único.** A violação comprovada dos deveres previstos neste artigo poderá acarretar, a critério do juiz da execução, ouvidos o Ministério Público e a defesa:

**I** – a regressão do regime;

**II** – a revogação da autorização de saída temporária;

**III** – (*VETADO*);

**IV** – (*VETADO*);

**V** – (*VETADO*);

**VI** – a revogação da prisão domiciliar;

**VII** – advertência, por escrito, para todos os casos em que o juiz da execução decida não aplicar alguma das medidas previstas nos incisos de I a VI deste parágrafo.

**Art. 146-D.** A monitoração eletrônica poderá ser revogada:

**I** – quando se tornar desnecessária ou inadequada;

**II** – se o acusado ou condenado violar os deveres a que estiver sujeito durante a sua vigência ou cometer falta grave.

## CAPÍTULO II. DAS PENAS RESTRITIVAS DE DIREITO

### SEÇÃO I. DISPOSIÇÕES GERAIS

**Art. 147.** Transitada em julgado a sentença que aplicou a pena restritiva de direitos, o juiz de execução, de ofício ou a requerimento do Ministério Público, promoverá a execução, podendo, para tanto, requisitar, quando necessário, a colaboração de entidades públicas ou solicitá-la a particulares.

‣ CP: arts. 43 a 48.

**Art. 148.** Em qualquer fase da execução, poderá o juiz, motivadamente, alterar a forma de cumprimento das penas de prestação de serviços à comunidade e de limitação de fim de semana, ajustando-as às condições pessoais do condenado e às características do estabelecimento, da entidade ou do programa comunitário ou estatal.

### SEÇÃO II. DA PRESTAÇÃO DE SERVIÇOS À COMUNIDADE

**Art. 149.** Caberá ao juiz da execução:

‣ CP: arts. 43, IV e 46.

**I** – designar a entidade ou programa comunitário ou estatal, devidamente credenciado ou convencionado, junto ao qual o condenado deverá trabalhar gratuitamente, de acordo com as suas aptidões;

**II** – determinar a intimação do condenado, cientificando-o da entidade, dias e horário em que deverá cumprir a pena;

**III** – alterar a forma de execução, a fim de ajustá-la às modificações ocorridas na jornada de trabalho.

**§ 1º.** O trabalho terá a duração de 8 (oito) horas semanais e será realizado aos sábados, domingos e feriados, ou em dias úteis, de modo a não prejudicar a jornada normal de trabalho, nos horários estabelecidos pelo juiz.

‣ CP: art. 46, §§ 3º e 4º.

**§ 2º.** A execução terá início a partir da data do primeiro comparecimento.

‣ CP: art. 117, V.

**Art. 150.** A entidade beneficiada com a prestação de serviços encaminhará mensalmente, ao juiz da execução, relatório circunstanciado das atividades do condenado, bem como, a qualquer tempo, comunicação sobre ausência ou falta disciplinar.

‣ Lei 7.210/1984: arts. 51 e 181, § 1º.

### SEÇÃO III. DA LIMITAÇÃO DE FIM DE SEMANA

**Art. 151.** Caberá ao juiz da execução determinar a intimação do condenado, cientificando-o do local, dias e horário em que deverá cumprir a pena.

‣ CP: art. 48.

**Parágrafo único.** A execução terá início a partir da data do primeiro comparecimento.

**Art. 152.** Poderão ser ministrados ao condenado, durante o tempo de permanência, cursos e palestras, ou atribuídas atividades educativas.

**Parágrafo único.** Nos casos de violência doméstica e familiar contra a criança, o adolescente e a mulher e de tratamento cruel ou degradante, ou de uso de formas violentas de educação, correção ou disciplina contra a criança e o adolescente, o juiz poderá determinar o comparecimento obrigatório do agressor a programas de recuperação e reeducação. *(Redação dada pela Lei 14.344/2022)*

‣ Lei 11.340/2006: art. 17.

**Art. 153.** O estabelecimento designado encaminhará, mensalmente, ao juiz da execução, relatório, bem assim comunicará, a qualquer tempo, a ausência ou falta disciplinar do condenado.

- Lei 7.210/1984: arts. 51 e 181, § 2º.

### SEÇÃO IV. DA INTERDIÇÃO TEMPORÁRIA DE DIREITOS

- CP: art. 47, IV e V.

**Art. 154.** Caberá ao juiz da execução comunicar à autoridade competente a pena aplicada, determinada a intimação do condenado.

**§ 1º.** Na hipótese de pena de interdição do art. 47, I, do Código Penal, a autoridade deverá, em 24 (vinte e quatro) horas, contadas do recebimento do ofício, baixar ato, a partir do qual a execução terá seu início.

**§ 2º.** Nas hipóteses do art. 47, II e III, do Código Penal, o Juízo da Execução determinará a apreensão dos documentos, que autorizam o exercício do direito interditado.

- CTB: arts. 292 e 293.

**Art. 155.** A autoridade deverá comunicar imediatamente ao juiz da execução o descumprimento da pena.

**Parágrafo único.** A comunicação prevista neste artigo poderá ser feita por qualquer prejudicado.

## CAPÍTULO III. DA SUSPENSÃO CONDICIONAL

**Art. 156.** O juiz poderá suspender, pelo período de 2 (dois) a 4 (quatro) anos, a execução da pena privativa de liberdade, não superior a 2 (dois) anos, na forma prevista nos arts. 77 a 82 do Código Penal.

- CP: arts. 77 a 82.
- CPP: arts. 696 a 709.

**Art. 157.** O juiz ou tribunal, na sentença que aplicar pena privativa de liberdade, na situação determinada no artigo anterior, deverá pronunciar-se, motivadamente, sobre a suspensão condicional, quer a conceda, quer a denegue.

**Art. 158.** Concedida a suspensão, o juiz especificará as condições a que fica sujeito o condenado, pelo prazo fixado, começando este a correr da audiência prevista no art. 160 desta Lei.

**§ 1º.** As condições serão adequadas ao fato e à situação pessoal do condenado, devendo ser incluída entre as mesmas a de prestar serviços à comunidade, ou limitação de fim de semana, salvo hipótese do art. 78, § 2º, do Código Penal.

**§ 2º.** O juiz poderá, a qualquer tempo, de ofício, a requerimento do Ministério Público ou mediante proposta do Conselho Penitenciário, modificar as condições e regras estabelecidas na sentença, ouvido o condenado.

**§ 3º.** A fiscalização do cumprimento das condições, regulada nos Estados, Territórios e Distrito Federal por normas supletivas, será atribuída a serviço social penitenciário, Patronato, Conselho da Comunidade ou instituição beneficiada com a prestação de serviços, inspecionados pelo Conselho Penitenciário, pelo Ministério Público, ou ambos, devendo o juiz da execução suprir, por ato, a falta das normas supletivas.

**§ 4º.** O beneficiário, ao comparecer periodicamente à entidade fiscalizadora, para comprovar a observância das condições a que está sujeito, comunicará, também, a sua ocupação e os salários ou proventos de que vive.

**§ 5º.** A entidade fiscalizadora deverá comunicar imediatamente ao órgão de inspeção, para os fins legais, qualquer fato capaz de acarretar a revogação do benefício, a prorrogação do prazo ou a modificação das condições.

- CP: art. 81.

**§ 6º.** Se for permitido ao beneficiário mudar-se, será feita comunicação ao juiz e à entidade fiscalizadora do local da nova residência, aos quais o primeiro deverá apresentar-se imediatamente.

**Art. 159.** Quando a suspensão condicional da pena for concedida por tribunal, a este caberá estabelecer as condições do benefício.

- CP: arts. 78 e 79.

**§ 1º.** De igual modo proceder-se-á quando o tribunal modificar as condições estabelecidas na sentença recorrida.

**§ 2º.** O tribunal, ao conceder a suspensão condicional da pena, poderá, todavia, conferir ao Juízo da Execução a incumbência de estabelecer as condições do benefício, e, em qualquer caso, a de realizar a audiência admonitória.

**Art. 160.** Transitada em julgado a sentença condenatória, o juiz a lerá ao condenado, em audiência, advertindo-o das consequências de nova infração penal e do descumprimento das condições impostas.

**Art. 161.** Se, intimado pessoalmente ou por edital com prazo de 20 (vinte) dias, o réu não comparecer injustificadamente à audiência admonitória, a suspensão ficará sem efeito e será executada imediatamente a pena.

**Art. 162.** A revogação da suspensão condicional da pena e a prorrogação do período de prova dar-se-ão na forma do art. 81 e respectivos parágrafos do Código Penal.

**Art. 163.** A sentença condenatória será registrada, com a nota de suspensão, em livro especial do juízo a que couber a execução da pena.

**§ 1º.** Revogada a suspensão ou extinta a pena, será o fato averbado à margem do registro.

**§ 2º.** O registro e a averbação serão sigilosos, salvo para efeito de informações requisitadas por órgão judiciário ou pelo Ministério Público, para instruir processo penal.

## CAPÍTULO IV. DA PENA DE MULTA

**Art. 164.** Extraída certidão da sentença condenatória com trânsito em julgado, que valerá como título executivo judicial, o Ministério Público requererá, em autos apartados, a citação do condenado para, no prazo de 10 (dez) dias, pagar o valor da multa ou nomear bens à penhora.

- CP: art. 49 a 52, 58, 60, e 81, II.
- CPP: arts. 686 690.

**§ 1º.** Decorrido o prazo sem o pagamento da multa, ou o depósito da respectiva importância, proceder-se-á à penhora de tantos bens quantos bastem para garantir a execução.

**§ 2º.** A nomeação de bens à penhora e a posterior execução seguirão o que dispuser a lei processual civil.

**Art. 165.** Se a penhora recair em bem imóvel, os autos apartados serão remetidos ao juízo cível para prosseguimento.

**Art. 166.** Recaindo a penhora em outros bens, dar-se-á prosseguimento nos termos do § 2º do art. 164 desta Lei.

**Art. 167.** A execução da pena de multa será suspensa quando sobrevier ao condenado doença mental (art. 52 do Código Penal).

**Art. 168.** O juiz poderá determinar que a cobrança da multa se efetue mediante desconto no vencimento ou salário do condenado, nas hipóteses do art. 50, § 1º, do Código Penal, observando-se o seguinte:

**I** – o limite máximo do desconto mensal será o da quarta parte da remuneração e o mínimo o de um décimo;

**II** – o desconto será feito mediante ordem do juiz a quem de direito;

**III** – o responsável pelo desconto será intimado a recolher mensalmente, até o dia fixado pelo juiz, a importância determinada.

**Art. 169.** Até o término do prazo a que se refere o art. 164 desta Lei, poderá o condenado requerer ao juiz o pagamento da multa em prestações mensais, iguais e sucessivas.

**§ 1º.** O juiz, antes de decidir, poderá determinar diligências para verificar a real situação econômica do condenado e, ouvido o Ministério Público, fixará o número de prestações.

**§ 2º.** Se o condenado for impontual ou se melhorar de situação econômica, o juiz, de ofício ou a requerimento do Ministério Público, revogará o benefício executando-se a multa, na forma prevista neste Capítulo, ou prosseguindo-se na execução já iniciada.

**Art. 170.** Quando a pena de multa for aplicada cumulativamente com pena privativa da liberdade, enquanto esta estiver sendo executada, poderá aquela ser cobrada mediante desconto na remuneração do condenado (art. 168).

**§ 1º.** Se o condenado cumprir a pena privativa de liberdade ou obtiver livramento condicional, sem haver resgatado a multa, far-se-á a cobrança nos termos deste Capítulo.

**§ 2º.** Aplicar-se-á o disposto no parágrafo anterior aos casos em que for concedida a suspensão condicional da pena.

# TÍTULO VI. DA EXECUÇÃO DAS MEDIDAS DE SEGURANÇA

## CAPÍTULO I. DISPOSIÇÕES GERAIS

**Art. 171.** Transitada em julgado a sentença que aplicar medida de segurança, será ordenada a expedição de guia para a execução.

- CP: arts. 9º, II, 97, e 98.
- CPP: arts. 751 a 779.

**Art. 172.** Ninguém será internado em Hospital de Custódia e Tratamento Psiquiátrico, ou submetido a tratamento ambulatorial, para cumprimento de medida de segurança, sem a guia expedida pela autoridade judiciária.

- CPP: art. 150.
- Lei 7.210/1984: art. 107.

**Art. 173.** A guia de internamento ou de tratamento ambulatorial, extraída pelo escrivão, que a rubricará em todas as folhas e a subscreverá com o juiz, será remetida à

PROCESSUAL PENAL

autoridade administrativa incumbida da execução e conterá:

**I** – a qualificação do agente e o número do registro geral do órgão oficial de identificação;

**II** – o inteiro teor da denúncia e da sentença que tiver aplicado a medida de segurança, bem como a certidão do trânsito em julgado;

**III** – a data em que terminará o prazo mínimo de internação, ou do tratamento ambulatorial;

**IV** – outras peças do processo reputadas indispensáveis ao adequado tratamento ou internamento.

**§ 1º**. Ao Ministério Público será dada ciência da guia de recolhimento e de sujeição a tratamento.

**§ 2º**. A guia será retificada sempre que sobrevier modificação quanto ao prazo de execução.

**Art. 174.** Aplicar-se-á, na execução da medida de segurança, naquilo que couber, o disposto nos arts. 8º e 9º desta Lei.

## CAPÍTULO II. DA CESSAÇÃO DA PERICULOSIDADE

**Art. 175.** A cessação da periculosidade será averiguada no fim do prazo mínimo de duração da medida de segurança, pelo exame das condições pessoais do agente, observando-se o seguinte:

‣ CP: arts. 26 e 97, § 1º.

**I** – a autoridade administrativa, até 1 (um) mês antes de expirar o prazo de duração mínima da medida, remeterá ao juiz minucioso relatório que o habilite a resolver sobre a revogação ou permanência da medida;

**II** – o relatório será instruído com o laudo psiquiátrico;

‣ CPP: art. 159.

‣ Lei 7.210/1984: art. 43.

**III** – juntado aos autos o relatório ou realizadas as diligências, serão ouvidos, sucessivamente, o Ministério Público e o curador ou defensor, no prazo de 3 (três) dias para cada um;

‣ CPP: art. 149, § 2º.

**IV** – o juiz nomeará curador ou defensor para o agente que não o tiver;

**V** – o juiz, de ofício ou a requerimento de qualquer das partes, poderá determinar novas diligências, ainda que expirado o prazo de duração mínima da medida de segurança;

**VI** – ouvidas as partes ou realizadas as diligências a que se refere o inciso anterior, o juiz proferirá a sua decisão, no prazo de 5 (cinco) dias.

**Art. 176.** Em qualquer tempo, ainda no decorrer do prazo mínimo de duração da medida de segurança, poderá o juiz da execução, diante de requerimento fundamentado do Ministério Público ou do interessado, seu procurador ou defensor, ordenar o exame para que se verifique a cessação da periculosidade, procedendo-se nos termos do artigo anterior.

**Art. 177.** Nos exames sucessivos para verificar-se a cessação da periculosidade, observar-se-á, no que lhes for aplicável, o disposto no artigo anterior.

**Art. 178.** Nas hipóteses de desinternação ou de liberação (art. 97, § 3º, do Código Penal), aplicar-se-á o disposto nos arts. 132 e 133 desta Lei.

**Art. 179.** Transitada em julgado a sentença, o juiz expedirá ordem para a desinternação ou a liberação.

# TÍTULO VII. DOS INCIDENTES DE EXECUÇÃO

## CAPÍTULO I. DAS CONVERSÕES

**Art. 180.** A pena privativa de liberdade, não superior a 2 (dois) anos, poderá ser convertida em restritiva de direitos, desde que:

‣ CP: art. 44, §§ 4º e 5º.

**I** – o condenado a esteja cumprindo em regime aberto;

**II** – tenha sido cumprido pelo menos 1/4 (um quarto) da pena;

**III** – os antecedentes e a personalidade do condenado indiquem ser a conversão recomendável.

**Art. 181.** A pena restritiva de direitos será convertida em privativa de liberdade nas hipóteses e na forma do art. 45 e seus incisos do Código Penal.

‣ Consta conforme publicação oficial. Onde se lê "incisos"; leia-se "parágrafos".

**§ 1º**. A pena de prestação de serviços à comunidade será convertida quando o condenado:

*a)* não for encontrado por estar em lugar incerto e não sabido, ou desatender à intimação por edital;

*b)* não comparecer, injustificadamente, à entidade ou programa em que deva prestar serviço;

*c)* recusar-se, injustificadamente, a prestar o serviço que lhe foi imposto;

*d)* praticar falta grave;

‣ Lei 7.210/1984: art. 51.

*e)* sofrer condenação por outro crime à pena privativa de liberdade, cuja execução não tenha sido suspensa.

- CP: art. 44, § 5º.

**§ 2º.** A pena de limitação de fim de semana será convertida quando o condenado não comparecer ao estabelecimento designado para o cumprimento da pena, recusar-se a exercer a atividade determinada pelo juiz ou se ocorrer qualquer das hipóteses das letras *a*, *d* e *e* do parágrafo anterior.

**§ 3º.** A pena de interdição temporária de direitos será convertida quando o condenado exercer, injustificadamente, o direito interditado ou se ocorrer qualquer das hipóteses das letras *a* e *e* do § 1º deste artigo.

**Art. 182.** *(Revogado pela Lei nº 9.268, de 1996).*

**Art. 183.** Quando, no curso da execução da pena privativa de liberdade, sobrevier doença mental ou perturbação da saúde mental, o Juiz, de ofício, a requerimento do Ministério Público, da Defensoria Pública ou da autoridade administrativa, poderá determinar a substituição da pena por medida de segurança.

- CP: arts. 41, 75 e 91, § 1º.

**Art. 184.** O tratamento ambulatorial poderá ser convertido em internação se o agente revelar incompatibilidade com a medida.

- CP: art. 97, § 4º.

**Parágrafo único.** Nesta hipótese, o prazo mínimo de internação será de 1 (um) ano.

## CAPÍTULO II. DO EXCESSO OU DESVIO

**Art. 185.** Haverá excesso ou desvio de execução sempre que algum ato for praticado além dos limites fixados na sentença, em normas legais ou regulamentares.

**Art. 186.** Podem suscitar o incidente de excesso ou desvio de execução:

**I** – o Ministério Público;

**II** – o Conselho Penitenciário;

**III** – o sentenciado;

**IV** – qualquer dos demais órgãos da execução penal.

## CAPÍTULO III. DA ANISTIA E DO INDULTO

**Art. 187.** Concedida a anistia, o juiz, de ofício, a requerimento do interessado ou do Ministério Público, por proposta da autoridade administrativa ou do Conselho Penitenciário, declarará extinta a punibilidade.

- CF/88: arts. 5º, XLII, 20, XVII, e 48, VIII.
- ADCT: art. 8º.
- CP: art. 107, II.
- CPP: art. 742.
- Lei 8.072/1990: art. 2º, I.

**Art. 188.** O indulto individual poderá ser provocado por petição do condenado, por iniciativa do Ministério Público, do Conselho Penitenciário, ou da autoridade administrativa.

- CF/88: art. 84, XII.
- CP: art. 107, II.
- CPP: art. 741.

**Art. 189.** A petição do indulto, acompanhada dos documentos que a instruírem, será entregue ao Conselho Penitenciário, para a elaboração de parecer e posterior encaminhamento ao Ministério da Justiça.

**Art. 190.** O Conselho Penitenciário, à vista dos autos do processo e do prontuário, promoverá as diligências que entender necessárias e fará, em relatório, a narração do ilícito penal e dos fundamentos da sentença condenatória, a exposição dos antecedentes do condenado e do procedimento deste depois da prisão, emitindo seu parecer sobre o mérito do pedido e esclarecendo qualquer formalidade ou circunstâncias omitidas na petição.

**Art. 191.** Processada no Ministério da Justiça com documentos e o relatório do Conselho Penitenciário, a petição será submetida a despacho do Presidente da República, a quem serão presentes os autos do processo ou a certidão de qualquer de suas peças, se ele o determinar.

**Art. 192.** Concedido o indulto e anexada aos autos cópia do decreto, o juiz declarará extinta a pena ou ajustará a execução aos termos do decreto, no caso de comutação.

**Art. 193.** Se o sentenciado for beneficiado por indulto coletivo, o juiz, de ofício, a requerimento do interessado, do Ministério Público, ou por iniciativa do Conselho Penitenciário ou da autoridade administrativa, providenciará de acordo com o disposto no artigo anterior.

# TÍTULO VIII. DO PROCEDIMENTO JUDICIAL

**Art. 194.** O procedimento correspondente às situações previstas nesta Lei será judicial, desenvolvendo-se perante o Juízo da Execução.

**Art. 195.** O procedimento judicial iniciar-se-á de ofício, a requerimento do Ministério Público, do interessado, de quem o represente, de seu cônjuge, parente ou descendente, mediante proposta do Conselho Penitenciário, ou, ainda, da autoridade administrativa.

**Art. 196.** A portaria ou petição será autuada ouvindo-se, em 3 (três) dias, o condenado e o Ministério Público, quando não figurem como requerentes da medida.

**§ 1º.** Sendo desnecessária a produção de prova, o juiz decidirá de plano, em igual prazo.

**§ 2º.** Entendendo indispensável a realização de prova pericial ou oral, o juiz a ordenará, decidindo após a produção daquela ou na audiência designada.

**Art. 197.** Das decisões proferidas pelo juiz caberá recurso de agravo, sem efeito suspensivo.

## TÍTULO IX. DAS DISPOSIÇÕES FINAIS E TRANSITÓRIAS

**Art. 198.** É defesa ao integrante dos órgãos da execução penal, e ao servidor a divulgação de ocorrência que perturbe a segurança e a disciplina dos estabelecimentos, bem como exponha o preso a inconveniente notoriedade, durante o cumprimento da pena.

**Art. 199.** O emprego de algemas será disciplinado por decreto federal.

- Súm. Vinculante 11 do STF.
- CPP: arts. 284, 292 e 474, § 3º.
- Decreto 8.858/2016 – Regulamenta o disposto no art. 199 da Lei 7.210/1984 (LEP).
- Decreto 6.049/2007: art. 58, III.

**Art. 200.** O condenado por crime político não está obrigado ao trabalho.

**Art. 201.** Na falta de estabelecimento adequado, o cumprimento da prisão civil e da prisão administrativa se efetivará em seção especial da Cadeia Pública.

**Art. 202.** Cumprida ou extinta a pena, não constarão da folha corrida, atestados ou certidões fornecidas por autoridade policial ou por auxiliares da Justiça, qualquer notícia ou referência à condenação, salvo para instruir processo pela prática de nova infração penal ou outros casos expressos em lei.

- CP: arts. 93 a 95.
- CPP: arts. 743 a 750.

**Art. 203.** No prazo de 6 (seis) meses, a contar da publicação desta Lei, serão editadas as normas complementares ou regulamentares, necessárias à eficácia dos dispositivos não autoaplicáveis.

**§ 1º.** Dentro do mesmo prazo deverão as unidades federativas, em convênio com o Ministério da Justiça, projetar a adaptação, construção e equipamento de estabelecimentos e serviços penais previstos nesta Lei.

**§ 2º.** Também, no mesmo prazo, deverá ser providenciada a aquisição ou desapropriação de prédios para instalação de casas de albergados.

**§ 3º.** O prazo a que se refere o *caput* deste artigo poderá ser ampliado, por ato do Conselho Nacional de Política Criminal e Penitenciária, mediante justificada solicitação, instruída com os projetos de reforma ou de construção de estabelecimentos.

**§ 4º.** O descumprimento injustificado dos deveres estabelecidos para as unidades federativas implicará na suspensão de qualquer ajuda financeira a elas destinada pela União, para atender às despesas de execução das penas e medidas de segurança.

**Art. 204.** Esta Lei entra em vigor concomitantemente com a lei de reforma da Parte Geral do Código Penal, revogadas as disposições em contrário, especialmente a Lei 3.274, de 2 de outubro de 1957.

Brasília, em 11 de julho de 1984; 163º da Independência e 96º da República.

JOÃO FIGUEIREDO
D.O.U de 13.7.1984

# LEI Nº 7.960, DE 21 DE DEZEMBRO DE 1989

*Dispõe sobre prisão temporária.*

O PRESIDENTE DA REPÚBLICA
Faço saber que o Congresso Nacional decreta e eu sanciono a seguinte Lei:

✪ **Art. 1º.** Caberá prisão temporária:

- CF/88: art. 5º, LXI.
- Lei 8.072/1990: art. 2º, § 4º.
- Vide ADIs 3.360 e 4.109.

**I** – quando imprescindível para as investigações do inquérito policial;

**II** – quando o indiciado não tiver residência fixa ou não fornecer elementos necessários ao esclarecimento de sua identidade;

- CPP: art. 313, par. único.

**III** – quando houver fundadas razões, de acordo com qualquer prova admitida na legislação penal, de autoria ou participação do indiciado nos seguintes crimes:

*a)* homicídio doloso (art. 121, *caput*, e seu § 2º);

*b)* sequestro ou cárcere privado (art. 148, *caput*, e seus §§ 1º e 2º);

*c)* roubo (art. 157, *caput*, e seus §§ 1º, 2º e 3º);

*d)* extorsão (art. 158, *caput*, e seus §§ 1º e 2º);

*e)* extorsão mediante sequestro (art. 159, *caput*, e seus §§ 1º, 2º e 3º);

*f)* estupro (art. 213, *caput*, e sua combinação com o art. 223, *caput*, e parágrafo único);

- Lei 12.015/2009 revogou o art. 223, caput, e par. único.
- CP: art. 217-A.

*g)* atentado violento ao pudor (art. 214, *caput*, e sua combinação com o art. 223, *caput*, e parágrafo único);

- Lei 12.015/2009 revogou os arts. 214, caput, 223, caput, e parágrafo único.
- CP: art. 213.

*h)* rapto violento (art. 219, e sua combinação com o art. 223, *caput*, e parágrafo único);

- Lei 11.106/2005 revogou o art. 219.
- Lei 12.015/2009 revogou o art. 223, caput, e par. único.
- CP: art. 148, § 1º, V.

*i)* epidemia com resultado de morte (art. 267, § 1º);

*j)* envenenamento de água potável ou substância alimentícia ou medicinal qualificado pela morte (art. 270, *caput*, combinado com o art. 285);

*l)* quadrilha ou bando (art. 288), todos do Código Penal;

*m)* genocídio (arts. 1º, 2º e 3º da Lei nº 2.889, de 1.10.1956), em qualquer de suas formas típicas;

*n)* tráfico de drogas (art. 12 da Lei nº 6.368, de 21.10.1976);

- Lei 11.343/2006 revogou a Lei 6.368/1976.
- Lei 11.343/2006: art. 33..

*o)* crimes contra o sistema financeiro (Lei 7.492, de 16.06.1986).

*p)* crimes previstos na Lei de Terrorismo.

✪ **Art. 2º.** A prisão temporária será decretada pelo Juiz, em face da representação da autoridade policial ou de requerimento do Ministério Público, e terá o prazo de 5 (cinco) dias, prorrogável por igual período em caso de extrema e comprovada necessidade.

- CF/1988: art. 5º, LXI.
- CPP: art. 581,V.
- Lei 8.072/1990: art. 2º, § 4º.

**§ 1º.** Na hipótese de representação da autoridade policial, o Juiz, antes de decidir, ouvirá o Ministério Público.

**§ 2º.** O despacho que decretar a prisão temporária deverá ser fundamentado e prolatado dentro do prazo de 24 (vinte e quatro) horas, contadas a partir do recebimento da representação ou do requerimento.

**§ 3º.** O Juiz poderá, de ofício, ou a requerimento do Ministério Público e do Advogado, determinar que o preso lhe seja apresentado, solicitar informações e esclarecimentos da autoridade policial e submetê-lo a exame de corpo de delito.

**§ 4º.** Decretada a prisão temporária, expedir-se-á mandado de prisão, em duas vias, uma das quais será entregue ao indiciado e servirá como nota de culpa.

- CPP: arts. 286 e 306, § 2º.

**§ 4º-A.** O mandado de prisão conterá necessariamente o período de duração da prisão temporária estabelecido no caput deste artigo, bem como o dia em que o preso deverá ser libertado. *(Acrescido pela Lei 13.869/2019)*

**§ 5º.** A prisão somente poderá ser executada depois da expedição de mandado judicial.

**§ 6º.** Efetuada a prisão, a autoridade policial informará o preso dos direitos previstos no art. 5º da Constituição Federal.

- CF/1988: art. 5º, LXII a LXIV.

**§ 7º** Decorrido o prazo contido no mandado de prisão, a autoridade responsável pela custódia deverá, independentemente de nova ordem da autoridade judicial, pôr imediatamente o preso em liberdade, salvo se já tiver sido comunicada da prorrogação da prisão temporária ou da decretação da prisão preventiva. *(Redação dada pela Lei 13.869/2019)*

- CPP: arts. 312, 647 e 648. II..

**§ 8º** Inclui-se o dia do cumprimento do mandado de prisão no cômputo do prazo de prisão temporária. *(Acrescido pela Lei 13.869/2019)*

**Art. 3º.** Os presos temporários deverão permanecer, obrigatoriamente, separados dos demais detentos.

- Lei 7.210/1984: art. 84.

**Art. 4º.** O art. 4º da Lei nº 4.898, de 9 de dezembro de 1965, fica acrescido da alínea *i*, com a seguinte redação:

(...)

- Lei 13.869/2019 revogou a Lei 4.898/1965.

**Art. 5º.** Em todas as comarcas e seções judiciárias haverá um plantão permanente de 24 (vinte e quatro) horas do Poder Judiciário e do Ministério Público para apreciação dos pedidos de prisão temporária.

**Art. 6º.** Esta Lei entra em vigor na data de sua publicação.

**Art. 7º.** Revogam-se as disposições em contrário.

Brasília, 21 de dezembro de 1989; 168º da Independência e 101º da República.

JOSÉ SARNEY

D.O.U. de 22.12.1989

# LEI Nº 9.296, DE 24 DE JULHO DE 1996

*Regulamenta o inciso XII, parte final, do art. 5º da Constituição Federal.*

O PRESIDENTE DA REPÚBLICA

Faço saber que o Congresso Nacional decreta e eu sanciono a seguinte Lei:

- Resolução 59/2008 do CNJ – Disciplina e uniformiza as rotinas visando ao aperfeiçoamento do procedimento de interceptação de comunicações telefônicas e de sistemas de informática e telemática nos órgãos jurisdicionais do Poder Judiciário, a que se refere a Lei 9.296/1996.

✪ **Art. 1º.** A interceptação de comunicações telefônicas, de qualquer natureza, para prova em investigação criminal e em instrução processual penal, observará o disposto nesta Lei e dependerá de ordem do juiz competente da ação principal, sob segredo de justiça.

**Parágrafo único.** O disposto nesta Lei aplica-se à interceptação do fluxo de comunicações em sistemas de informática e telemática.

✪ **Art. 2º.** Não será admitida a interceptação de comunicações telefônicas quando ocorrer qualquer das seguintes hipóteses:

**I** – não houver indícios razoáveis da autoria ou participação em infração penal;

**II** – a prova puder ser feita por outros meios disponíveis;

**III** – o fato investigado constituir infração penal punida, no máximo, com pena de detenção.

**Parágrafo único.** Em qualquer hipótese deve ser descrita com clareza a situação objeto da investigação, inclusive com a indicação e qualificação dos investigados, salvo impossibilidade manifesta, devidamente justificada.

**Art. 3º.** A interceptação das comunicações telefônicas poderá ser determinada pelo juiz, de ofício ou a requerimento:

**I** – da autoridade policial, na investigação criminal;

**II** – do representante do Ministério Público, na investigação criminal e na instrução processual penal.

✪ **Art. 4º.** O pedido de interceptação de comunicação telefônica conterá a demonstração de que a sua realização é necessária à apuração de infração penal, com indicação dos meios a serem empregados.

**§ 1º.** Excepcionalmente, o juiz poderá admitir que o pedido seja formulado verbalmente, desde que estejam presentes os pressupostos que autorizem a interceptação, caso em que a concessão será condicionada à sua redução a termo.

**§ 2º.** O juiz, no prazo máximo de vinte e quatro horas, decidirá sobre o pedido.

**Art. 5º.** A decisão será fundamentada, sob pena de nulidade, indicando também a forma de execução da diligência, que não poderá exceder o prazo de quinze dias, renovável por igual tempo uma vez comprovada a indispensabilidade do meio de prova.

**Art. 6º.** Deferido o pedido, a autoridade policial conduzirá os procedimentos de interceptação, dando ciência ao Ministério Público, que poderá acompanhar a sua realização.

**§ 1º.** No caso de a diligência possibilitar a gravação da comunicação interceptada, será determinada a sua transcrição.

**§ 2º.** Cumprida a diligência, a autoridade policial encaminhará o resultado da interceptação ao juiz, acompanhado de auto circunstanciado, que deverá conter o resumo das operações realizadas.

**§ 3º.** Recebidos esses elementos, o juiz determinará a providência do art. 8º, ciente o Ministério Público.

**Art. 7º.** Para os procedimentos de interceptação de que trata esta Lei, a autoridade policial poderá requisitar serviços e técnicos especializados às concessionárias de serviço público.

**Art. 8º.** A interceptação de comunicação telefônica, de qualquer natureza, ocorrerá em autos apartados, apensados aos autos do inquérito policial ou do processo criminal, preservando-se o sigilo das diligências, gravações e transcrições respectivas.

**Parágrafo único.** A apensação somente poderá ser realizada imediatamente antes do relatório da autoridade, quando se tratar de inquérito policial (Código de Processo Penal, art. 10, § 1º) ou na conclusão do processo ao juiz para o despacho decorrente do disposto nos arts. 407, 502 ou 538 do Código de Processo Penal.

**Art. 8º-A.** Para investigação ou instrução criminal, poderá ser autorizada pelo juiz, a requerimento da autoridade policial ou do Ministério Público, a captação ambiental de sinais eletromagnéticos, ópticos ou acústicos, quando: *(Acrescido pela Lei 13.964/2019)*

**I** - a prova não puder ser feita por outros meios disponíveis e igualmente eficazes; e

**II** - houver elementos probatórios razoáveis de autoria e participação em infrações criminais cujas penas máximas sejam superiores a 4 (quatro) anos ou em infrações penais conexas.

**§ 1º** O requerimento deverá descrever circunstanciadamente o local e a forma de instalação do dispositivo de captação ambiental.

**§ 2º** A instalação do dispositivo de captação ambiental poderá ser realizada, quando necessária, por meio de operação policial disfarçada ou no período noturno, exceto na casa, nos termos do inciso XI do caput do art. 5º da Constituição Federal. *(Vetado pelo Presidente*

*da República na Lei 13.964/2019, mantido pelo Congresso Nacional e publicado no DOU de 30.04.2021)*

**§ 3º** A captação ambiental não poderá exceder o prazo de 15 (quinze) dias, renovável por decisão judicial por iguais períodos, se comprovada a indispensabilidade do meio de prova e quando presente atividade criminal permanente, habitual ou continuada.

**§ 4º** A captação ambiental feita por um dos interlocutores sem o prévio conhecimento da autoridade policial ou do Ministério Público poderá ser utilizada, em matéria de defesa, quando demonstrada a integridade da gravação. *(Vetado pelo Presidente da República na Lei 13.964/2019, mantido pelo Congresso Nacional e publicado no DOU de 30.04.2021)*

**§ 5º** Aplicam-se subsidiariamente à captação ambiental as regras previstas na legislação específica para a interceptação telefônica e telemática.

**Art. 9º.** A gravação que não interessar à prova será inutilizada por decisão judicial, durante o inquérito, a instrução processual ou após esta, em virtude de requerimento do Ministério Público ou da parte interessada.

**Parágrafo único.** O incidente de inutilização será assistido pelo Ministério Público, sendo facultada a presença do acusado ou de seu representante legal.

**Art. 10.** Constitui crime realizar interceptação de comunicações telefônicas, de informática ou telemática, promover escuta ambiental ou quebrar segredo da Justiça, sem autorização judicial ou com objetivos não autorizados em lei: *(Redação dada pela Lei 13.869/2019)*

**Pena** - reclusão, de 2 (dois) a 4 (quatro) anos, e multa. *(Redação dada pela Lei 13.869/2019)*

**Parágrafo único.** Incorre na mesma pena a autoridade judicial que determina a execução de conduta prevista no caput deste artigo com objetivo não autorizado em lei. *(Acrescido pela Lei 13.869/2019)*

**Art. 10-A.** Realizar captação ambiental de sinais eletromagnéticos, ópticos ou acústicos para investigação ou instrução criminal sem autorização judicial, quando esta for exigida: *(Acrescido pela Lei 13.964/2019)*

**Pena** - reclusão, de 2 (dois) a 4 (quatro) anos, e multa.

**§ 1º** Não há crime se a captação é realizada por um dos interlocutores.

**§ 2º** A pena será aplicada em dobro ao funcionário público que descumprir determinação de sigilo das investigações que envolvam a captação ambiental ou revelar o conteúdo das gravações enquanto mantido o sigilo judicial.

**Art. 11.** Esta Lei entra em vigor na data de sua publicação.

**Art. 12.** Revogam-se as disposições em contrário.

Brasília, 24 de julho de 1996; 175º da Independência e 108º da República.

FERNANDO HENRIQUE CARDOSO

D.O.U. de 25.7.1996

# LEI Nº 9.807, DE 13 DE JULHO DE 1999

*Estabelece normas para a organização e a manutenção de programas especiais de proteção a vítimas e a testemunhas ameaçadas, institui o Programa Federal de Assistência a Vítimas e a Testemunhas Ameaçadas e dispõe sobre a proteção de acusados ou condenados que tenham voluntariamente prestado efetiva colaboração à investigação policial e ao processo criminal.*

O PRESIDENTE DA REPÚBLICA

Faço saber que o Congresso Nacional decreta e eu sanciono a seguinte Lei:

## CAPÍTULO I. DA PROTEÇÃO ESPECIAL A VÍTIMAS E A TESTEMUNHAS

✪ **Art. 1º.** As medidas de proteção requeridas por vítimas ou por testemunhas de crimes que estejam coagidas ou expostas a grave ameaça em razão de colaborarem com a investigação ou processo criminal serão prestadas pela União, pelos Estados e pelo Distrito Federal, no âmbito das respectivas competências, na forma de programas especiais organizados com base nas disposições desta Lei.

- CP: art. 344.
- CPP: arts. 202 a 225.

**§ 1º.** A União, os Estados e o Distrito Federal poderão celebrar convênios, acordos, ajustes ou termos de parceria entre si ou com entidades não governamentais objetivando a realização dos programas.

**§ 2º.** A supervisão e a fiscalização dos convênios, acordos, ajustes e termos de parceria de interesse da União ficarão a cargo do órgão do Ministério da Justiça com atribuições para a execução da política de direitos humanos.

✪ **Art. 2º.** A proteção concedida pelos programas e as medidas dela decorrentes levarão em conta a gravidade da coação ou da ameaça à integridade física ou psicológica, a dificuldade de preveni-las ou reprimi-las pelos meios convencionais e a sua importância para a produção da prova.

**§ 1º.** A proteção poderá ser dirigida ou estendida ao cônjuge ou companheiro, ascendentes, descendentes e dependentes que tenham convivência habitual com a vítima ou testemunha, conforme o especificamente necessário em cada caso.

**§ 2º.** Estão excluídos da proteção os indivíduos cuja personalidade ou conduta seja incompatível com as restrições de comportamento exigidas pelo programa, os condenados que estejam cumprindo pena e os indiciados ou acusados sob prisão cautelar em qualquer de suas modalidades. Tal exclusão não trará prejuízo a eventual prestação de medidas de preservação da integridade física desses indivíduos por parte dos órgãos de segurança pública.

**§ 3º.** O ingresso no programa, as restrições de segurança e demais medidas por ele adotadas terão sempre a anuência da pessoa protegida, ou de seu representante legal.

**§ 4º.** Após ingressar no programa, o protegido ficará obrigado ao cumprimento das normas por ele prescritas.

**§ 5º.** As medidas e providências relacionadas com os programas serão adotadas, executadas e mantidas em sigilo pelos protegidos e pelos agentes envolvidos em sua execução.

**Art. 3º.** Toda admissão no programa ou exclusão dele será precedida de consulta ao Ministério Público sobre o disposto no art. 2º e deverá ser subsequentemente comunicada à autoridade policial ou ao juiz competente.

**Art. 4º.** Cada programa será dirigido por um conselho deliberativo em cuja composição haverá representantes do Ministério Público, do Poder Judiciário e de órgãos públicos e privados relacionados com a segurança pública e a defesa dos direitos humanos.

**§ 1º.** A execução das atividades necessárias ao programa ficará a cargo de um dos órgãos representados no conselho deliberativo, devendo os agentes dela incumbidos ter formação e capacitação profissional compatíveis com suas tarefas.

**§ 2º.** Os órgãos policiais prestarão a colaboração e o apoio necessários à execução de cada programa.

✪ **Art. 5º.** A solicitação objetivando ingresso no programa poderá ser encaminhada ao órgão executor:

**I** - pelo interessado;

**II** - por representante do Ministério Público;

**III** - pela autoridade policial que conduz a investigação criminal;

**IV** - pelo juiz competente para a instrução do processo criminal;

**V** - por órgãos públicos e entidades com atribuições de defesa dos direitos humanos.

**§ 1º.** A solicitação será instruída com a qualificação da pessoa a ser protegida e com informações sobre a sua vida pregressa, o fato delituoso e a coação ou ameaça que a motiva.

**§ 2º.** Para fins de instrução do pedido, o órgão executor poderá solicitar, com a aquiescência do interessado:

**I** - documentos ou informações comprobatórias de sua identidade, estado civil, situação profissional, patrimônio e grau de instrução, e da pendência de obrigações civis, administrativas, fiscais, financeiras ou penais;

**II** - exames ou pareceres técnicos sobre a sua personalidade, estado físico ou psicológico.

**§ 3º.** Em caso de urgência e levando em consideração a procedência, gravidade e a iminência da coação ou ameaça, a vítima ou testemunha poderá ser colocada provisoriamente sob a custódia de órgão policial, pelo órgão executor, no aguardo de decisão do conselho deliberativo, com comunicação imediata a seus membros e ao Ministério Público.

**Art. 6º.** O conselho deliberativo decidirá sobre:

**I** - o ingresso do protegido no programa ou a sua exclusão;

**II** - as providências necessárias ao cumprimento do programa.

**Parágrafo único.** As deliberações do conselho serão tomadas por maioria absoluta de seus membros e sua execução ficará sujeita à disponibilidade orçamentária.

✪ **Art. 7º.** Os programas compreendem, dentre outras, as seguintes medidas, aplicáveis isolada ou cumulativamente em benefício da pessoa protegida, segundo a gravidade e as circunstâncias de cada caso:

**I** - segurança na residência, incluindo o controle de telecomunicações;

**II** - escolta e segurança nos deslocamentos da residência, inclusive para fins de trabalho ou para a prestação de depoimentos;

**III** - transferência de residência ou acomodação provisória em local compatível com a proteção;

**IV** - preservação da identidade, imagem e dados pessoais;

**V** - ajuda financeira mensal para prover as despesas necessárias à subsistência individual ou familiar, no caso de a pessoa protegida estar impossibilitada de desenvolver trabalho regular ou de inexistência de qualquer fonte de renda;

**VI** - suspensão temporária das atividades funcionais, sem prejuízo dos respectivos vencimentos ou vantagens, quando servidor público ou militar;

**VII** - apoio e assistência social, médica e psicológica;

**VIII** – sigilo em relação aos atos praticados em virtude da proteção concedida;

**IX** – apoio do órgão executor do programa para o cumprimento de obrigações civis e administrativas que exijam o comparecimento pessoal.

**Parágrafo único.** A ajuda financeira mensal terá um teto fixado pelo conselho deliberativo no início de cada exercício financeiro.

**Art. 8º.** Quando entender necessário, poderá o conselho deliberativo solicitar ao Ministério Público que requeira ao juiz a concessão de medidas cautelares direta ou indiretamente relacionadas com a eficácia da proteção.

✪ **Art. 9º.** Em casos excepcionais e considerando as características e gravidade da coação ou ameaça, poderá o conselho deliberativo encaminhar requerimento da pessoa protegida ao juiz competente para registros públicos objetivando a alteração de nome completo.

**§ 1º.** A alteração de nome completo poderá estender-se às pessoas mencionadas no § 1º do art. 2º desta Lei, inclusive aos filhos menores, e será precedida das providências necessárias ao resguardo de direitos de terceiros.

**§ 2º.** O requerimento será sempre fundamentado e o juiz ouvirá previamente o Ministério Público, determinando, em seguida, que o procedimento tenha rito sumaríssimo e corra em segredo de justiça.

**§ 3º.** Concedida a alteração pretendida, o juiz determinará na sentença, observando o sigilo indispensável à proteção do interessado:

**I** – a averbação no registro original de nascimento da menção de que houve alteração de nome completo em conformidade com o estabelecido nesta Lei, com expressa referência à sentença autorizatória e ao juiz que a exarou e sem a aposição do nome alterado;

**II** – a determinação aos órgãos competentes para o fornecimento dos documentos decorrentes da alteração;

**III** – a remessa da sentença ao órgão nacional competente para o registro único de identificação civil, cujo procedimento obedecerá às necessárias restrições de sigilo.

**§ 4º.** O conselho deliberativo, resguardado o sigilo das informações, manterá controle sobre a localização do protegido cujo nome tenha sido alterado.

**§ 5º.** Cessada a coação ou ameaça que deu causa à alteração, ficará facultado ao protegido solicitar ao juiz competente o retorno à situação anterior, com a alteração para o nome original, em petição que será encaminhada pelo conselho deliberativo e terá manifestação prévia do Ministério Público.

**Art. 10.** A exclusão da pessoa protegida de programa de proteção a vítimas e a testemunhas poderá ocorrer a qualquer tempo:

**I** – por solicitação do próprio interessado;

**II** – por decisão do conselho deliberativo, em consequência de:

*a)* cessação dos motivos que ensejaram a proteção;

*b)* conduta incompatível do protegido.

✪ **Art. 11.** A proteção oferecida pelo programa terá a duração máxima de 2 (dois) anos.

**Parágrafo único.** Em circunstâncias excepcionais, perdurando os motivos que autorizam a admissão, a permanência poderá ser prorrogada.

**Art. 12.** Fica instituído, no âmbito do órgão do Ministério da Justiça com atribuições para a execução da política de direitos humanos, o Programa Federal de Assistência a Vítimas e a Testemunhas Ameaçadas, a ser regulamentado por decreto do Poder Executivo.

- Lei 13.341/2016: art. 2º, IV (transforma o Ministério da Justiça em Ministério da Justiça e Cidadania).
- Decreto 3.518/2000 – Regulamenta o Programa Federal de Assistência a Vítimas e a Testemunhas Ameaçadas, instituído pelo art. 12 da Lei 9.807/1999, e dispõe sobre a atuação da Polícia Federal nas hipóteses previstas nos arts. 2º, § 2º, 4º, § 2º, 5º, § 3º, e 15 da referida Lei.

## CAPÍTULO II. DA PROTEÇÃO AOS RÉUS COLABORADORES

✪ **Art. 13.** Poderá o juiz, de ofício ou a requerimento das partes, conceder o perdão judicial e a consequente extinção da punibilidade ao acusado que, sendo primário, tenha colaborado efetiva e voluntariamente com a investigação e o processo criminal, desde que dessa colaboração tenha resultado:

**I** – a identificação dos demais coautores ou partícipes da ação criminosa;

**II** – a localização da vítima com a sua integridade física preservada;

**III** – a recuperação total ou parcial do produto do crime.

**Parágrafo único.** A concessão do perdão judicial levará em conta a personalidade do beneficiado e a natureza, circunstâncias, gravidade e repercussão social do fato criminoso.

**Art. 14.** O indiciado ou acusado que colaborar voluntariamente com a investigação policial e o processo criminal na identificação dos demais coautores ou partícipes do crime, na localização da vítima com vida e na recuperação total ou parcial do produto do crime, no caso de condenação, terá pena reduzida de 1/3 (um terço) a 2/3 (dois terços).

- CP: art. 159, § 4º.

- Lei 11.343/2006: art. 41.
- Lei 8.072/1990: art. 8º, par. único.

**Art. 15.** Serão aplicadas em benefício do colaborador, na prisão ou fora dela, medidas especiais de segurança e proteção a sua integridade física, considerando ameaça ou coação eventual ou efetiva.

**§ 1º**. Estando sob prisão temporária, preventiva ou em decorrência de flagrante delito, o colaborador será custodiado em dependência separada dos demais presos.

- CPP: art. 312.
- Lei 7.960/1989 – Prisão temporária.

**§ 2º**. Durante a instrução criminal, poderá o juiz competente determinar em favor do colaborador qualquer das medidas previstas no art. 8º desta Lei.

**§ 3º**. No caso de cumprimento da pena em regime fechado, poderá o juiz criminal determinar medidas especiais que proporcionem a segurança do colaborador em relação aos demais apenados.

## DISPOSIÇÕES GERAIS

**Art. 16.** O art. 57 da Lei nº 6.015, de 31 de dezembro de 1973, fica acrescido do seguinte § 7º:

(...)

**Art. 17.** O parágrafo único do art. 58 da Lei nº 6.015, de 31 de dezembro de 1973, com a redação dada pela Lei nº 9.708, de 18 de novembro de 1998, passa a ter a seguinte redação:

(...)

**Art. 18.** O art. 18 da Lei nº 6.015, de 31 de dezembro de 1973, passa a ter a seguinte redação:

(...)

**Art. 19.** A União poderá utilizar estabelecimentos especialmente destinados ao cumprimento de pena de condenados que tenham prévia e voluntariamente prestado a colaboração de que trata esta Lei.

**Parágrafo único.** Para fins de utilização desses estabelecimentos, poderá a União celebrar convênios com os Estados e o Distrito Federal.

**Art. 19-A.** Terão prioridade na tramitação o inquérito e o processo criminal em que figure indiciado, acusado, vítima ou réu colaboradores, vítima ou testemunha protegidas pelos programas de que trata esta Lei.

**Parágrafo único.** Qualquer que seja o rito processual criminal, o juiz, após a citação, tomará antecipadamente o depoimento das pessoas incluídas nos programas de proteção previstos nesta Lei, devendo justificar a eventual impossibilidade de fazê-lo no caso concreto ou o possível prejuízo que a oitiva antecipada traria para a instrução criminal.

**Art. 20.** As despesas decorrentes da aplicação desta Lei, pela União, correrão à conta de dotação consignada no orçamento.

**Art. 21.** Esta Lei entra em vigor na data de sua publicação.

Brasília, 13 de julho de 1999; 178º da Independência e 111º da República.

FERNANDO HENRIQUE CARDOSO

D.O.U. 14.7.1999

# LEI Nº 11.671, DE 8 DE MAIO DE 2008

*Dispõe sobre a transferência e inclusão de presos em estabelecimentos penais federais de segurança máxima e dá outras providências.*

O PRESIDENTE DA REPÚBLICA Faço saber que o Congresso Nacional decreta e eu sanciono a seguinte Lei:

- Decreto 6.877/2009 – Regulamenta a Lei 11.671/2008.

**Art. 1º.** A inclusão de presos em estabelecimentos penais federais de segurança máxima e a transferência de presos de outros estabelecimentos para aqueles obedecerão ao disposto nesta Lei.

✪ **Art. 2º.** A atividade jurisdicional de execução penal nos estabelecimentos penais federais será desenvolvida pelo juízo federal da seção ou subseção judiciária em que estiver localizado o estabelecimento penal federal de segurança máxima ao qual for recolhido o preso.

- Lei 7.210/1984: art. 65.

**Parágrafo único.** O juízo federal de execução penal será competente para as ações de natureza penal que tenham por objeto fatos ou incidentes relacionados à execução da pena ou infrações penais ocorridas no estabelecimento penal federal. *(Acrescido pela Lei 13.964/2019)*

**Art. 3º** Serão incluídos em estabelecimentos penais federais de segurança máxima aqueles para quem a medida se justifique no interesse da segurança pública ou do próprio preso, condenado ou provisório. *(Redação dada pela Lei 13.964/2019)*

**§ 1º** A inclusão em estabelecimento penal federal de segurança máxima, no atendimento do interesse da segurança pública, será em regime fechado de segurança máxima, com as seguintes características: *(Acrescido pela Lei 13.964/2019)*

**I** – recolhimento em cela individual;

**II** – visita do cônjuge, do companheiro, de parentes e de amigos somente em dias determinados, por meio virtual ou no parlatório, com o máximo de 2 (duas) pessoas por vez, além de eventuais crianças, separados por vidro e comunicação por meio de interfone, com filmagem e gravações;

**III** – banho de sol de até 2 (duas) horas diárias; e

**IV** – monitoramento de todos os meios de comunicação, inclusive de correspondência escrita.

**§ 2º** Os estabelecimentos penais federais de segurança máxima deverão dispor de monitoramento de áudio e vídeo no parlatório e nas áreas comuns, para fins de preservação da ordem interna e da segurança pública, vedado seu uso nas celas e no atendimento advocatício, salvo expressa autorização judicial em contrário. *(Acrescido pela Lei 13.964/2019)*

**§ 3º** As gravações das visitas não poderão ser utilizadas como meio de prova de infrações penais pretéritas ao ingresso do preso no estabelecimento. *(Acrescido pela Lei 13.964/2019)*

**§ 4º** Os diretores dos estabelecimentos penais federais de segurança máxima ou o Diretor do Sistema Penitenciário Federal poderão suspender e restringir o direito de visitas previsto no inciso II do § 1º deste artigo por meio de ato fundamentado. *(Acrescido pela Lei 13.964/2019)*

**§ 5º** Configura o crime do art. 325 do Decreto-Lei nº 2.848, de 7 de dezembro de 1940 (Código Penal), a violação ao disposto no § 2º deste artigo. *(Acrescido pela Lei 13.964/2019)*

✪ **Art. 4º.** A admissão do preso, condenado ou provisório, dependerá de decisão prévia e fundamentada do juízo federal competente, após receber os autos de transferência enviados pelo juízo responsável pela execução penal ou pela prisão provisória.

**§ 1º.** A execução penal da pena privativa de liberdade, no período em que durar a transferência, ficará a cargo do juízo federal competente.

**§ 2º.** Apenas a fiscalização da prisão provisória será deprecada, mediante carta precatória, pelo juízo de origem ao juízo federal competente, mantendo aquele juízo a competência para o processo e para os respectivos incidentes.

✪ **Art. 5º.** São legitimados para requerer o processo de transferência, cujo início se dá com a admissibilidade pelo juiz da origem da necessidade da transferência do preso para estabelecimento penal federal de segurança máxima, a autoridade administrativa, o Ministério Público e o próprio preso.

**§ 1º.** Caberá à Defensoria Pública da União a assistência jurídica ao preso que estiver nos estabelecimentos penais federais de segurança máxima.

**§ 2º.** Instruídos os autos do processo de transferência, serão ouvidos, no prazo de 5 (cinco) dias cada, quando não requerentes, a autoridade administrativa, o Ministério Público e a defesa, bem como o Departamento Penitenciário Nacional – DEPEN, a quem é facultado indicar o estabelecimento penal federal mais adequado.

**§ 3º.** A instrução dos autos do processo de transferência será disciplinada no regulamento para fiel execução desta Lei.

**§ 4º.** Na hipótese de imprescindibilidade de diligências complementares, o juiz federal ouvirá, no prazo de 5 (cinco) dias, o Ministério Público Federal e a defesa e, em seguida, decidirá acerca da transferência no mesmo prazo.

**§ 5º.** A decisão que admitir o preso no estabelecimento penal federal de segurança máxima indicará o período de permanência.

**§ 6º.** Havendo extrema necessidade, o juiz federal poderá autorizar a imediata transferência do preso e, após a instrução dos autos, na forma do § 2º deste artigo, decidir pela manutenção ou revogação da medida adotada.

**§ 7º.** A autoridade policial será comunicada sobre a transferência do preso provisório quando a autorização da transferência ocorrer antes da conclusão do inquérito policial que presidir.

**Art. 6º.** Admitida a transferência do preso condenado, o juízo de origem deverá encaminhar ao juízo federal os autos da execução penal.

**Art. 7º.** Admitida a transferência do preso provisório, será suficiente a carta precatória remetida pelo juízo de origem, devidamente instruída, para que o juízo federal competente dê início à fiscalização da prisão no estabelecimento penal federal de segurança máxima.

**Art. 8º.** As visitas feitas pelo juiz responsável ou por membro do Ministério Público, às quais se referem os arts. 66 e 68 da Lei nº 7.210, de 11 de julho de 1984, serão registradas em livro próprio, mantido no respectivo estabelecimento.

**Art. 9º.** Rejeitada a transferência, o juízo de origem poderá suscitar o conflito de competência perante o tribunal competente, que o apreciará em caráter prioritário.

✪ **Art. 10.** A inclusão de preso em estabelecimento penal federal de segurança máxima será excepcional e por prazo determinado.

**§ 1º** O período de permanência será de até 3 (três) anos, renovável por iguais períodos, quando solicitado motivadamente pelo juízo de origem, observados os requisitos da transferência, e se persistirem os motivos que a determinaram. *(Redação dada pela Lei 13.964/2019)*

**§ 2º**. Decorrido o prazo, sem que seja feito, imediatamente após seu decurso, pedido de renovação da permanência do preso em estabelecimento penal federal de segurança máxima, ficará o juízo de origem obrigado a receber o preso no estabelecimento penal sob sua jurisdição.

**§ 3º**. Tendo havido pedido de renovação, o preso, recolhido no estabelecimento federal em que estiver, aguardará que o juízo federal profira decisão.

**§ 4º**. Aceita a renovação, o preso permanecerá no estabelecimento federal de segurança máxima em que estiver, retroagindo o termo inicial do prazo ao dia seguinte ao término do prazo anterior.

**§ 5º**. Rejeitada a renovação, o juízo de origem poderá suscitar o conflito de competência, que o tribunal apreciará em caráter prioritário.

**§ 6º**. Enquanto não decidido o conflito de competência em caso de renovação, o preso permanecerá no estabelecimento penal federal.

**Art. 11.** A lotação máxima do estabelecimento penal federal de segurança máxima não será ultrapassada.

**§ 1º**. O número de presos, sempre que possível, será mantido aquém do limite de vagas, para que delas o juízo federal competente possa dispor em casos emergenciais.

**§ 2º**. No julgamento dos conflitos de competência, o tribunal competente observará a vedação estabelecida no *caput* deste artigo.

**Art. 11-A.** As decisões relativas à transferência ou à prorrogação da permanência do preso em estabelecimento penal federal de segurança máxima, à concessão ou à denegação de benefícios prisionais ou à imposição de sanções ao preso federal poderão ser tomadas por órgão colegiado de juízes, na forma das normas de organização interna dos tribunais. *(Acrescido pela Lei 13.964/2019)*

**Art. 11-B.** Os Estados e o Distrito Federal poderão construir estabelecimentos penais de segurança máxima, ou adaptar os já existentes, aos quais será aplicável, no que couber, o disposto nesta Lei. *(Acrescido pela Lei 13.964/2019)*

**Art. 12.** Esta Lei entra em vigor na data de sua publicação.

Brasília, 8 de maio de 2008; 187º da Independência e 120º da República.

LUIZ INÁCIO LULA DA SILVA

Publicado no D.O.U. de 9.5.2008

# Direito Civil

# PLANO DE ESTUDO

| Diploma | Estudado | Revisto | Questões |
|---|---|---|---|
| Decreto-lei nº 58/1937 | ☐ | ☐ | ☐ |
| Lei nº 4.591/1964 | ☐ | ☐ | ☐ |
| Lei nº 5.478/1968 | ☐ | ☐ | ☐ |
| Lei nº 6.015/1973 | ☐ | ☐ | ☐ |
| Lei nº 6.515/1977 | ☐ | ☐ | ☐ |
| Lei nº 6.766/1979 | ☐ | ☐ | ☐ |
| Lei nº 8.009/1990 | ☐ | ☐ | ☐ |
| Lei nº 8.245/1991 | ☐ | ☐ | ☐ |
| Lei nº 9.278/1996 | ☐ | ☐ | ☐ |
| Lei nº 9.514/1997 (*) | ☐ | ☐ | ☐ |
| Lei nº 11.804/2008 | ☐ | ☐ | ☐ |
| Lei nº 12.318/2010 | ☐ | ☐ | ☐ |
| Lei nº 12.965/2014 | ☐ | ☐ | ☐ |
| Lei nº 13.709/2018 | ☐ | ☐ | ☐ |
| Lei nº 13.874/2019 | ☐ | ☐ | ☐ |

# DECRETO-LEI Nº 58, DE 10 DE DEZEMBRO DE 1937

*Dispõe sobre o loteamento e a venda de terrenos para pagamento em prestações.*

- Vide arts. 1.417 e 1.418 do Código Civil

O PRESIDENTE DA REPÚBLICA DOS ESTADOS UNIDOS DO BRASIL, usando da atribuição que lhe confere o artigo 180 da Constituição:

CONSIDERANDO o crescente desenvolvimento da loteação de terrenos para venda mediante o pagamento do preço em prestações;

CONSIDERANDO que as transações assim realizadas não transferem o domínio ao comprador, uma vez que o art. 1.088 do Código Civil permite a qualquer das partes arrepender-se antes de assinada a escritura da compra e venda;

- Alude ao Código Civil de 1916

CONSIDERANDO que esse dispositivo deixa pràticamente sem amparo numerosos compradores de lotes, que têm assim por exclusiva garantia a seriedade, a boa fé e a solvabilidade das empresas vendedoras;

CONSIDERANDO que, para segurança das transações realizadas mediante contrato de compromisso de compra e venda de lotes, cumpre acautelar o compromissário contra futuras alienações ou onerações dos lotes comprometidos;

CONSIDERANDO ainda que a loteação e venda de terrenos urbanos e rurais se opera frequentemente sem que aos compradores seja possível a verificação dos títulos de propriedade dos vendedores;

DECRETA:

✪ **Art. 1º** Os proprietários ou co-proprietários de terras rurais ou terrenos urbanos, que pretendam vendê-los, divididos em lotes e por oferta pública, mediante pagamento do preço a prazo em prestações sucessivas e periódicas, são obrigados, antes de anunciar a venda, a depositar no cartório do registro de imóveis da circunscrição respectiva:

- Art. 61 da Lei 4.504/1964 (Estatuto da Terra)
- Vide Decreto-lei 271/1967 (Loteamento Urbano, responsabilidade do loteador, concessão de uso e espaço aéreo)
- Art. 167, I-19 da Lei 6.015/1973 (Lei de Registros Públicos)
- Vide Lei 6.766/1979 (Parcelamento do solo urbano)

I, um memorial por eles assinado ou por procuradores com poderes especiais, contendo:

*a)* denominação, área, limites, situação e outros característicos do imóvel;

*b)* relação cronológica dos títulos de domínio, desde 30 anos, com indicação da natureza e data de cada um, e do número e data das transcrições, ou cópia autêntica dos títulos e prova de que se acham devidamente transcritos;

*c)* plano de loteamento, de que conste o programa de desenvolvimento urbano, ou de aproveitamento industrial ou agrícola; nesta última hipótese, informações sobre a qualidade das terras, águas, servidões ativas e passivas, estradas e caminhos, distância de sede do município e das estações de transporte de acesso mais fácil;

II, planta do imóvel, assinada também pelo engenheiro que haja efetuado a mediação e o loteamento e com todos os requisitos técnicos e legais; indicadas a situação, as dimensões e a numeração dos lotes, as dimensões e a nomenclatura das vias de comunicação e espaços livres, as construções e benfeitorias, e as vias públicas de comunicação;

III, exemplar de caderneta ou do contrato-tipo de compromisso de venda dos lotes;

IV, certidão negativa de impostos e de ônus reais;

V, certidão dos documentos referidos na letra b do nº I.

**§ 1º** Tratando-se de propriedade urbana, o plano e a planta de loteamento devem ser previamente aprovados pela Prefeitura Municipal, ouvidas, quanto ao que lhes disser respeito, as autoridades sanitárias, militares e, desde que se trata de área total ou parcialmente florestada as autoridades florestais.

**§ 2º** As certidões positivas da existência de ônus reais, de impostos e de qualquer ação real ou pessoal, bem como qualquer protesto de título de dívida civil ou comercial não impedir o registro.

**§ 3º** Se a propriedade estiver gravada de ônus real, o memorial será acompanhado da escritura pública em que o respectivo titular estipule as condições em que se obrigam a liberar os lotes no ato do instrumento definitivo de compra e venda.

**§ 4º** O plano de loteamento poderá ser modificado quanto aos lotes não comprometidos e o de arruamento desde que a modificação não prejudique os lotes comprometidos ou definitivamente adquiridos, se a Prefeitura Municipal aprovar a modificação.

A planta e o memorial assim aprovados serão depositados no cartório do registro para nova inscrição, observando o disposto no art. 2º e parágrafos.

**§ 5º** O memorial, o plano de loteamento e os documentos depositados serão franqueados, pelo oficial do registro, ao exame de qualquer interessado, independentemente do pagamento de emolumentos, ainda que a título de busca.

O oficial, neste caso, receberá apenas as custas regimentais das certidões que fornecer.

**§ 6º** Sob pena de incorrerem em crime de fraude, os vendedores, se quiserem invocar, como argumento de propaganda, a proximidade do terreno com algum acidente geográfico, cidade, fonte hidromineral ou termal ou qualquer outro motivo de atração ou valorização, serão obrigados a declarar no memorial descritivo e a mencionar nas divulgações, anúncios e prospectos de propaganda, a distância métrica a que se situa o imóvel do ponto invocado ou tomado como referência.

**Art. 2º.** Recebidos o memorial e os documentos mencionados no art. 1º, o oficial do registro dará recibo ao depositante e, depois de autuá-los e verificar a sua conformidade com a lei, tornará público o depósito por edital afixado no lugar do costume e publicado três vezes, durante 10 dias, no jornal oficial do Estado e em jornal da sede da comarca, ou que nesta circule.

**§ 1º** Decorridos 30 dias da última publicação, e não havendo impugnação de terceiros, o oficial procederá ao registro se os documentos estiverem em ordem. Caso contrário, os autos serão desde logo conclusos ao Juiz competente para conhecer da dúvida ou impugnação, publicada a sentença em cartório pelo oficial, que dela dará ciência aos interessados.

- Art. 167, I-19 e 198 da Lei 6.015/1973 (Lei de Registros Públicos)

**§ 2º** Da sentença que negar ou conceder o registro caberá apelação.

**Art. 3º.** A inscrição torna inalienáveis, por qualquer título, as vias de comunicação e os espaços livres constantes do memorial e da planta.

- Art. 22 da Lei 6.766/1979 (Parcelamento do Solo Urbano)

**Art. 4º.** Nos cartórios do registro imobiliário haverá um livro auxiliar na forma da lei respectiva e de acordo com o modelo anexo.

Nele se registrarão, resumidamente:

*a)* por inscrição, o memorial de propriedade loteada;

- Art. 167, I-19 e 168 da Lei 6.015/1973 (Lei de Registros Públicos)

*b)* por averbação, os contratos de compromisso de venda e de financiamento, suas transferências e rescisões.

- Art. 167, I-20 e II-3 da Lei 6.015/1973 (Lei de Registros Públicos)

**Parágrafo único.** No livro de transcrição, e à margem do registro da propriedade loteada, averbar-se-á a inscrição assim que efetuada.

**Art. 5º.** A averbação atribui ao compromissário direito real oponível a terceiros, quanto à alienação ou oneração posterior, e far-se-á à vista do instrumento de compromisso de venda, em que o oficial lançará a nota indicativa do livro, página e data do assentamento.

- Art. 1.417 e 1.418 do Código Civil

**Art. 6º.** A inscrição não pode ser cancelada senão:

*a)* em cumprimento de sentença;

*b)* a requerimento do proprietário, enquanto nenhum lote for objeto de compromisso devidamente inscrito, ou mediante o consentimento de todos os compromissários ou seus cessionários, expresso em documento por eles assinado ou por procuradores com poderes especiais.

**Art. 7º.** Cancela-se a averbação:

*a)* a requerimento das partes contratantes do compromisso de venda;

*b)* pela resolução do contrato;

*c)* pela transcrição do contrato definitivo de compra e venda;

*d)* por mandado judicial.

**Art. 8º.** O registro instituído por esta lei, tanto por inscrição quanto por averbação, não dispensa nem substitui o dos atos constitutivos ou translativos de direitos reais na forma e para os efeitos das leis e regulamentos dos registros públicos.

**Art. 9º.** O adquirente por ato inter-vivos, ainda que em hasta pública, ou por sucessão legítima ou testamentária, da propriedade loteada e inscrita, sub-roga-se nos direitos e obrigações dos alienantes, autores da herança ou testadores, sendo nula qualquer disposição em contrário.

**Art. 10.** Nos anúncios e outras publicações de propaganda de venda de lotes a prestações, sempre se mencionará o número e data da inscrição do memorial e dos documentos no registro imobiliário.

**Art. 11.** Do compromisso de compra e venda a que se refere esta lei, contratado por instrumento público ou particular, constarão sempre as seguintes especificações:

- Art. 26 da Lei 6.766/1979 (Lei do Parcelamento Solo Urbano)
- Súmula 413 do Supremo Tribunal Federal

*a)* nome, nacionalidade, estado e domicílio dos contratantes;

*b)* denominação e situação da propriedade, número e data da inscrição;

*c)* descrição do lote ou dos lotes que forem objeto do compromisso, confrontações, áreas e outros característicos, bem como os números correspondentes na planta arquivada;

*d)* prazo, preço e forma de pagamento, e importância do sinal;
*e)* juros devidos sobre o débito em aberto e sobre as prestações vencidas e não pagas;
*f)* cláusula penal não superior a 10 % do débito, e só exigível no caso de intervenção judicial;
*g)* declaração da existência ou inexistência de servidão ativa ou passiva e outros ônus reais ou quaisquer outras restrições ao direito de propriedade;
*h)* indicação do contratante a quem incumbe o pagamento das taxas e impostos.

**§ 1º** O contrato, que será manuscrito, datilografado ou impresso, com espaços em branco preenchíveis em cada caso, lavrar-se-á em duas vias, assinadas pelas partes e por duas testemunhas devidamente reconhecidas as firmas por tabelião.
Ambas as vias serão entregues dentro em 10 dias ao oficial do registro, para averbá-las e restituí-las devidamente anotadas a cada uma das partes.

**§ 2º** E' indispensável a outorga uxória quantos seja casado o vendedor.

**§ 3º** As procurações dos contratantes que não tiverem sido arquivadas anteriormente sê-lo-ão no cartório do registro, junto aos respectivos autos.

**Art. 12.** Subentende-se no contrato a condição resolutiva da legitimidade e validade do título de domínio.

**§ 1º** Em caso de resolução, além de se devolverem as prestações recebidas, com juros convencionados ou os da lei, desde a data do pagamento, haverá, quando provada a má fé, direito à indenização de perdas e danos.

**§ 2º** O falecimento dos contratantes não resolve o contrato, que se transmitirá aos herdeiros. Também, não o resolve a, sentença declaratória de falência; na dos proprietários, dar-lhe-ão cumprimento o síndico e o liquidatário; na dos compromissários, será ele arrecadado pelo síndico e vendido, em hasta pública, pelo liquidatário.

**Art. 13.** O contrato transfere-se por simples trespasse lançado no verso das duas vias, ou por instrumento separado, sempre com as formalidades dos parágrafos do art. 11.

- Art. 31 da Lei 6.766/1979 (Lei do Parcelamento do Solo Urbano)

**§ 1º** No primeiro caso, presume-se a anuência do proprietário. À falta do consentimento não impede a transferência, mas torna os adquirentes e os alienantes solidários nos direitos e obrigações contratuais.

**§ 2º** Averbando a transferência para a qual não conste o assentimento do proprietário, o oficial dela lhe dará, ciência por escrito.

**Art. 14.** Vencida e não paga a prestação, considera-se o contrato rescindido 30 dias depois de constituído em mora o devedor.

- Art. 1º. do Decreto-lei 745/1969 (Contratos a que se refere o art. 22 do Dec.-lei 58/1937)
- Súmula 76 do Superior Tribunal de Justiça

**§ 1º** Para este efeito será ele intimado a requerimento do compromitente, pelo oficial do registro a satisfazer as prestações vencidas e as que se vencerem até a data do pagamento, juros convencionados e custas da intimação.

**§ 2º** Purgada a mora, convalescerá o compromisso.

**§ 3º** Com a certidão de não haver sido feito pagamento em cartório, os compromitentes requererão ao oficial do registro o cancelamento da averbação.

**Art. 15.** Os compromissários têm o direito de, antecipando ou ultimando o pagamento integral do preço, e estando quites com os impostos e taxas, exigir a outorga da escritura de compra e venda.

- Súmula 166 do Supremo Tribunal Federal

**Art. 16.** Recusando-se os compromitentes a outorgar a escritura definitiva no caso do artigo 15, o compromissário poderá propor, para o cumprimento da obrigação, ação de adjudicação compulsória, que tomará o rito sumaríssimo.

- Art. 69 da Lei 4.380/1964 (Sistema Financeiro de Habitação)
- Súmulas 166, 167, 168, 412 e 413 do Supremo Tribunal Federal
- Súmula 76 do Superior Tribunal de Justiça

**§ 1º** A ação não será acolhida se a parte, que a intentou, não cumprir a sua prestação nem a oferecer nos casos e formas legais.

**§ 2º** Julgada procedente a ação a sentença, uma vez transitada em julgado, adjudicará o imóvel ao compromissário, valendo como título para a transcrição.

- Art. 168 da Lei 6.015/1973 (Lei de Registros Públicos)

**§ 3º** Das sentenças proferidas nos casos deste artigo, caberá apelação.

- Arts. 938, 1.010 e seguintes do Código de Processo Civil de 2015

**§ 4º** Das sentenças proferidas nos casos deste artigo caberá o recurso de agravo de petição.

**§ 5º** Estando a propriedade hipotecada, cumprido o dispositivo do § 3º, do art. 1º, será o credor citado para, no caso deste artigo, autorizar o cancelamento parcial da inscrição, quanto aos lotes comprometidos.

**Art. 17.** Pagas todas as prestações do preço, é lícito ao compromitente requerer a intimação judicial do compromissário para, no prazo de trinta dias, que correrá em cartório, receber a escritura de compra e venda.

**Parágrafo único.** Não sendo assinada a escritura nesse prazo, depositar-se-á o lote comprometido por conta e risco do compromissário, respondendo este pelas despesas judiciais e custas do depósito.

**Art. 18.** Os proprietários ou co-proprietários dos terrenos urbanos loteados a prestação, na forma desta lei, que se dispuserem a fornecer aos compromissários, por empréstimo, recursos para a construção do prédio, nos lotes comprometidos, ou tomá-la por empreitada, por conta dos compromissários, depositarão no cartório do Registro Imobiliário um memorial indicando as condições gerais do empréstimo ou da empreitada e da amortização da dívida em prestações.

**§ 1º** O contrato, denominado de financiamento, será feito por instrumento público ou particular, com as especificações do art. 11 que lhe forem aplicáveis. Esse contrato ser á registrado, por averbação, no livro a que alude o art. 4º, fazendo-se-lhe resumida referência na coluna apropriada.

**§ 2º** Com o memorial também se depositará o contrato-tipo de financiamento, contendo as cláusulas gerais para todos os casos, com os claros a serem preenchidos em cada caso.

**Art. 19.** O contrato de compromisso não poderá ser transferido sem o de financiamento, nem este sem aquele. A rescisão do compromisso de venda acarretará a do contrato de financiamento e vice-versa, na forma do art. 14.

**Art. 20.** O adquirente, por qualquer título, do lote, fica solidariamente responsável, com, o compromissário, pelas obrigações constantes e decorrentes do contrato de financiamento, se devidamente averbado.

**Art. 21.** Em caso de falência, os contratos de compromisso de venda e de financiamento serão vencidos conjuntamente em hasta pública, anunciada dentro de 15 dias depois da primeira assembleia de credores, sob pena de destituição do liquidatário. Essa pena será aplicada pelo juiz a requerimento dos interessados, que poderão pedir designação de dia e hora para a hasta pública.

### ⦿ Disposições gerais

**Art. 22.** Os contratos, sem cláusula de arrependimento, de compromisso de compra e venda e cessão de direitos de imóveis não loteados, cujo preço tenha sido pago no ato de sua constituição ou deva sê-lo em uma, ou mais prestações, desde que, inscritos a qualquer tempo, atribuem aos compromissos direito real oponível a terceiros, e lhes conferem o direito de adjudicação compulsória nos termos dos artigos 16 desta lei, 640 e 641 do Código de Processo Civil.

- A Lei 11.232/2005 revogou os arts. 640 e 641 do Código de Processo Civil de 1973.
- Arts. 1.225, VII, 1.417 e 1.418 do Código Civil
- Art. 69 da Lei 4.380/1964 (Sistema Financeiro de Habitação)
- Arts. 167, I-9, e 168 da Lei 6.015/1973 (Lei de Registros Públicos)
- Art. 25 da Lei 6.766/1979 (Lei do Parcelamento do Solo Urbano)
- Súmulas 167, 168, 412 e 413 do Supremo Tribunal Federal
- Súmula 76 do Superior Tribunal de Justiça

**Art. 23.** Nenhuma ação ou defesa se admitirá, fundada nos dispositivos desta lei, sem apresentação de documento comprobatório do registro por ela instituído.

**Art. 24.** Em todos os casos de procedimento judicial, o foro competente será o da situação do lote comprometido ou o a que se referir o contrato de financiamento, quando as partes não hajam contratado outro foro.

**Art. 25.** O oficial do registro perceberá:

*a)* pelo depósito e inscrição, a taxa fixa de 100$000, além das custas que forem devidas pelos demais atos;

*b)* pela averbação, a de 5$000 por via de compromisso de venda ou de financiamento;

*c)* pelo cancelamento de averbação, a de 5$000.

**Art. 26.** Todos os requerimentos e documentos atinentes ao registro se juntarão aos autos respectivos, independentemente do despacho judicial.

### ⦿ Disposições transitórias

**Art. 1º.** Os proprietários de terras e terrenos loteados em curso de venda deverão, dentro de três meses, proceder ao depósito e registro, nos termos desta lei, indicando no memorial os lotes já comprometidos cujas prestações estejam em dia. Se até 30 dias depois de esgotado esse prazo não houverem cumprido o disposto na lei, incorrerão os vendedores em multas de 10 a 20 contos de réis, aplicadas no dobro quando decorridos mais três meses.

**Parágrafo único.** Efetuada a inscrição da propriedade loteada, os compromissários apresentarão as suas cadernetas ou contratos para serem averbados, ainda que não tenham todos os requisitos do artigo 11, contanto que sejam anteriores a esta lei.

- Arts. 167 da 6.015/1973 (Lei dos Registros Públicos)

**Art. 2º.** As penhoras, arrestos e sequestros de imóveis, para os efeitos da apreciação da fraude de alienações posteriores, serão inscritos obrigatoriamente, dependendo da prova desse procedimento o curso da ação.

- Arts. 167, I-5, e 240 da Lei 6.015/1973 (Lei dos Registros Públicos)

**Art. 3º.** A mudança de numeração, a construção, a reconstrução, a demolição, a adjudicação, o desmembramento, a alteração do nome por casamento ou desquite serão obrigatoriamente averbados nas transcrições dos imóveis a que se referirem, mediante prova, a crédito do oficial do registro de imóveis.

**Art. 4º.** Esta lei entrará em vigor na data da sua publicação, revogadas as disposições em contrário.

Rio de Janeiro, 10 de dezembro de 1937, 116º da Independência e 49º da República

GETULIO VARGAS.

*(DOU. de 13.12.1937 e Retificado no DOU. 17.12.1937)*

# LEI Nº 4.591, DE 16 DE DEZEMBRO DE 1964

*Dispõe sobre o condomínio em edificações e as incorporações imobiliárias.*

O PRESIDENTE DA REPÚBLICA Faço saber que o Congresso Nacional decreta e eu sanciono a seguinte Lei:

## TÍTULO I. DO CONDOMÍNIO

▸ CC: arts. 1.331 a 1.358.

✪ **Art. 1º.** As edificações ou conjuntos de edificações, de um ou mais pavimentos, construídos sob a forma de unidades isoladas entre si, destinadas a fins residenciais ou não residenciais, poderão ser alienados, no todo ou em parte, objetivamente considerados, e constituirá, cada unidade, propriedade autônoma, sujeita às limitações desta Lei.

**§ 1º.** Cada unidade será assinalada por designação especial, numérica ou alfabética, para efeitos de identificação e discriminação.

**§ 2º.** A cada unidade caberá, como parte inseparável, uma fração ideal do terreno e coisas comuns, expressa sob forma decimal ou ordinária.

**Art. 2º.** Cada unidade com saída para a via pública, diretamente ou por processo de passagem comum, será sempre tratada como objeto de propriedade exclusiva, qualquer que seja o número de suas peças e sua destinação, inclusive (*vetado*) edifício-garagem, com ressalva das restrições que se lhe imponham.

▸ Súm. 449 do STJ.

**§ 1º.** O direito à guarda de veículos nas garagens ou locais a isso destinados nas edificações ou conjuntos de edificações será tratado como objeto de propriedade exclusiva, com ressalva das restrições que ao mesmo sejam impostas por instrumentos contratuais adequados, e será vinculada à unidade habitacional a que corresponder, no caso de não lhe ser atribuída fração ideal específica de terreno.

**§ 2º.** O direito de que trata o § 1º deste artigo poderá ser transferido a outros condôminos independentemente da alienação da unidade a que corresponder, vedada sua transferência a pessoas estranhas ao condomínio.

**§ 3º.** Nos edifícios-garagem, às vagas serão atribuídas frações ideais de terreno específicas.

**Art. 3º.** O terreno em que se levantam a edificação ou o conjunto de edificações e suas instalações, bem como as fundações, paredes externas, o teto, as áreas internas de ventilação, e tudo o mais que sirva a qualquer dependência de uso comum dos proprietários ou titulares de direito à aquisição de unidades ou ocupantes, constituirão condomínio de todos, e serão insuscetíveis de divisão, ou de alienação destacada da respectiva unidade. Serão, também, insuscetíveis de utilização exclusiva por qualquer condômino (*vetado*).

**Art. 4º.** A alienação de cada unidade, a transferência de direitos pertinentes à sua aquisição e a constituição de direitos reais sobre ela independerão do consentimento dos condôminos (*vetado*).

**Parágrafo único.** A alienação ou transferência de direitos de que trata este artigo dependerá de prova de quitação das obrigações do alienante para com o respectivo condomínio.

▸ Lei 7.433/1985: art. 2º, § 2º.

**Art. 5º.** O condomínio por meação de parede, soalhos e tetos das unidades isoladas regular-se-á pelo disposto no Código Civil, no que lhe for aplicável.

▸ CC: art. 1.327.

**Art. 6º.** Sem prejuízo do disposto nesta Lei, regular-se-á pelas disposições de direito comum o condomínio por quota ideal de mais de uma pessoa sobre a mesma unidade autônoma.

**Art. 7º.** O condomínio por unidades autônomas instituir-se-á por ato entre vivos ou por testamento, com inscrição obrigatória no Registro de Imóveis, dele constando: a individualização de cada unidade, sua identificação e discriminação, bem como a fração ideal sobre o terreno e partes comuns, atribuída a cada unidade, dispensando-se a descrição interna da unidade.

▸ CC: art. 1.332.

**Art. 8º.** Quando, em terreno onde não houver edificação, o proprietário, o promitente comprador, o cessionário deste ou o promitente cessionário sobre ele desejar erigir mais de uma edificação, observar-se-á também o seguinte:

*a)* em relação às unidades autônomas que se constituírem em casas térreas ou assobradadas, será discriminada a parte do terreno ocupada pela edificação e também aquela eventualmente reservada como de utilização exclusiva dessas casas, como jardim e quintal, bem assim a fração ideal do todo do terreno e de partes comuns, que corresponderá às unidades;

*b)* em relação às unidades autônomas que constituírem edifícios de dois ou mais pavimentos, será discriminada a parte do terreno ocupada pela edificação, aquela que eventualmente for reservada como de utilização exclusiva, correspondente às unidades do edifício, e ainda a fração ideal do todo do terreno e de partes comuns, que corresponderá a cada uma das unidades;

*c)* serão discriminadas as partes do total do terreno que poderão ser utilizadas em comum pelos titulares de direito sobre os vários tipos de unidades autônomas;

*d)* serão discriminadas as áreas que se constituírem em passagem comum para as vias públicas ou para as unidades entre si.

## CAPÍTULO II. DA CONVENÇÃO DE CONDOMÍNIO

‣ CC: arts. 1.333 e 1.334.

✪ **Art. 9º.** Os proprietários, promitentes compradores, cessionários ou promitentes cessionários dos direitos pertinentes à aquisição de unidades autônomas, em edificações a serem construídas, em construção ou já construídas, elaborarão, por escrito, a Convenção de Condomínio, e deverão, também, por contrato ou por deliberação, em assembleia, aprovar o Regimento Interno da edificação ou conjunto de edificações.

**§ 1º.** Far-se-á o registro da Convenção no Registro de Imóveis, bem como a averbação das suas eventuais alterações.

**§ 2º.** Considera-se aprovada, e obrigatória para os proprietários de unidades, promitentes compradores, cessionários e promitentes cessionários, atuais e futuros, como para qualquer ocupante, a Convenção que reúna as assinaturas de titulares de direitos que representem, no mínimo, 2/3 (dois terços) das frações ideais que compõem o condomínio.

**§ 3º.** Além de outras normas aprovadas pelos interessados, a Convenção deverá conter:

*a)* a discriminação das partes de propriedade exclusiva, e as de condomínio, com especificações das diferentes áreas;

*b)* o destino das diferentes partes;

*c)* o modo de usar as coisas e serviços comuns;

*d)* encargos, forma e proporção das contribuições dos condôminos para as despesas de custeio e para as extraordinárias;

*e)* o modo de escolher o síndico e o Conselho Consultivo;

*f)* as atribuições do síndico, além das legais;

*g)* a definição da natureza gratuita ou remunerada de suas funções;

*h)* o modo e o prazo de convocação das assembleias gerais dos condôminos;

*i)* o *quorum* para os diversos tipos de votações;

*j)* a forma de contribuição para constituição de fundo de reserva;

*l)* a forma e o *quorum* para as alterações de convenção;

*m)* a forma e o *quorum* para a aprovação do Regimento Interno, quando não incluídos na própria Convenção.

**§ 4º.** No caso de conjunto de edificações, a que se refere o art. 8º, a Convenção de Condomínio fixará os direitos e as relações de propriedade entre os condôminos das várias edificações, podendo estipular formas pelas quais se possam desmembrar e alienar porções do terreno, inclusive as edificadas.

✪ **Art. 10.** É defeso a qualquer condômino:

‣ CC: art. 1.336.

**I** – alterar a forma externa da fachada;

**II** – decorar as partes e esquadrias externas com tonalidades ou cores diversas das empregadas no conjunto da edificação;

**III** – destinar a unidade a utilização diversa da finalidade do prédio, ou usá-la de forma nociva ou perigosa ao sossego, à salubridade e à segurança dos demais condôminos;

**IV** – embaraçar o uso das partes comuns.

**§ 1º.** O transgressor ficará sujeito ao pagamento de multa prevista na Convenção ou no Regulamento do Condomínio, além de ser compelido a desfazer a obra ou abster-se da prática do ato, cabendo, ao síndico, com autorização judicial, mandar desmanchá-la, à custa do transgressor, se este não a desfizer no prazo que lhe for estipulado.

**§ 2º.** O proprietário ou titular de direito à aquisição de unidade poderá fazer obra que (*vetado*) ou modifique sua fachada, se obtiver a aquiescência da unanimidade dos condôminos.

**Art. 11.** Para efeitos tributários, cada unidade autônoma será tratada como prédio isolado, contribuindo o respectivo condômino, diretamente, com as importâncias relativas aos impostos e taxas federais, estaduais e municipais, na forma dos respectivos lançamentos.

## CAPÍTULO III. DAS DESPESAS DO CONDOMÍNIO

✪ **Art. 12.** Cada condômino concorrerá nas despesas do condomínio, recolhendo, nos prazos previstos na Convenção, a quota-parte que lhe couber em rateio.

▸ CC: art. 1.336, I, e §§ 1º e 2º.

**§ 1º**. Salvo disposição em contrário na Convenção, a fixação da quota do rateio corresponderá à fração ideal de terreno de cada unidade.

**§ 2º**. Cabe ao síndico arrecadar as contribuições, competindo-lhe promover, por via executiva, a cobrança judicial das quotas atrasadas.

**§ 3º**. O condômino que não pagar a sua contribuição no prazo fixado na Convenção fica sujeito ao juro moratório de 1% (um por cento) ao mês, e multa de até 20% (vinte por cento) sobre o débito, que será atualizado, se o estipular a Convenção, com a aplicação dos índices de correção monetária levantados pelo Conselho Nacional de Economia, no caso de mora por período igual ou superior a seis meses.

**§ 4º**. As obras que interessarem à estrutura integral da edificação ou conjunto de edificações, ou ao serviço comum, serão feitas com o concurso pecuniário de todos os proprietários ou titulares de direito à aquisição de unidades, mediante orçamento prévio aprovado em Assembleia Geral, podendo incumbir-se de sua execução o síndico, ou outra pessoa, com aprovação da assembleia.

**§ 5º**. A renúncia de qualquer condômino aos seus direitos, em caso algum valerá como escusa para exonerá-lo de seus encargos.

## CAPÍTULO IV. DO SEGURO, DO INCÊNDIO, DA DEMOLIÇÃO E DA RECONSTRUÇÃO OBRIGATÓRIA

**Art. 13.** Proceder-se-á ao seguro da edificação ou do conjunto de edificações, neste caso, discriminadamente, abrangendo todas as unidades autônomas e partes comuns, contra incêndio ou outro sinistro que cause destruição no todo ou em parte, computando-se o prêmio nas despesas ordinárias do condomínio.

**Parágrafo único.** O seguro de que trata este artigo será obrigatoriamente feito dentro de 120 (cento e vinte) dias, contados da data da concessão do "habite-se", sob pena de ficar o condomínio sujeito à multa mensal equivalente a 1/12 (um doze avos) do imposto predial, cobrável executivamente pela Municipalidade.

**Art. 14.** Na ocorrência de sinistro total, ou que destrua mais de 2/3 (dois terços) de uma edificação, seus condôminos reunir-se-ão em assembleia especial, e deliberarão sobre a sua reconstrução ou venda do terreno e materiais, por *quorum* mínimo de votos que representem metade mais uma das frações ideais do respectivo terreno.

**§ 1º**. Rejeitada a proposta de reconstrução, a mesma assembleia, ou outra para este fim convocada, decidirá, pelo mesmo *quorum*, do destino a ser dado ao terreno, e aprovará a partilha do valor do seguro entre os condôminos, sem prejuízo do que receber cada um pelo seguro facultativo de sua unidade.

**§ 2º**. Aprovada, a reconstrução será feita, guardados, obrigatoriamente, o mesmo destino, a mesma forma externa e a mesma disposição interna.

**§ 3º**. Na hipótese do parágrafo anterior, a minoria não poderá ser obrigada a contribuir para a reedificação, caso em que a maioria poderá adquirir as partes dos dissidentes, mediante avaliação judicial, feita em vistoria.

**Art. 15.** Na hipótese de que trata o § 3º do artigo antecedente, à maioria poderão ser adjudicadas, por sentença, as frações ideais da minoria.

**§ 1º**. Como condição para o exercício da ação prevista neste artigo, com a inicial, a maioria oferecerá e depositará, à disposição do juízo, as importâncias arbitradas na vistoria para avaliação, prevalecendo as de eventual desempatador.

**§ 2º**. Feito o depósito de que trata o parágrafo anterior, o juiz, liminarmente, poderá autorizar a adjudicação à maioria, e a minoria poderá levantar as importâncias depositadas; o oficial de registro de imóveis, nestes casos, fará constar do registro que a adjudicação foi resultante de medida liminar.

**§ 3º**. Feito o depósito, será expedido o mandado de citação, com o prazo de 10 (dez) dias para a contestação (*vetado*).

**§ 4º**. Se não contestado, o juiz, imediatamente, julgará o pedido.

**§ 5º**. Se contestado o pedido, seguirá o processo o rito ordinário.

**§ 6º**. Se a sentença fixar valor superior ao da avaliação feita na vistoria, o condomínio, em execução, restituirá à minoria a respectiva diferença, acrescida de juros de mora à razão de 1% (um por cento) ao mês, desde a data da concessão de eventual liminar, ou pagará o total devido, com os juros de mora a contar da citação.

**§ 7º**. Transitada em julgado a sentença, servirá ela de título definitivo para a maioria, que deverá registrá-la no Registro de Imóveis.

**§ 8º**. A maioria poderá pagar e cobrar da minoria, em execução de sentença, encargos fiscais necessários à adjudicação definitiva a cujo pagamento se recusar a minoria.

**Art. 16.** Em caso de sinistro que destrua menos de 2/3 (dois terços) da edificação, o síndico promoverá o recebimento do seguro e a reconstrução ou os reparos nas partes danificadas.

✪ **Art. 17.** Os condôminos que representem, pelo menos, 2/3 (dois terços) do total de unidades isoladas e frações ideais correspondentes a 80% (oitenta por cento) do terreno e coisas comuns poderão decidir sobre a demolição e reconstrução do prédio, ou sua alienação, por motivos urbanísticos ou arquitetônicos, ou, ainda, no caso de condenação do edifício pela autoridade pública, em razão de sua insegurança ou insalubridade.

**§ 1º.** A minoria não fica obrigada a contribuir para as obras, mas assegura-se à maioria o direito de adquirir as partes dos dissidentes, mediante avaliação judicial, aplicando-se o processo previsto no art. 15.

**§ 2º.** Ocorrendo desgaste, pela ação do tempo, das unidades habitacionais de uma edificação, que deprecie seu valor unitário em relação ao valor global do terreno onde se acha construída, os condôminos, pelo *quorum* mínimo de votos que representem 2/3 (dois terços) das unidades isoladas e frações ideais correspondentes a 80% (oitenta por cento) do terreno e coisas comuns, poderão decidir por sua alienação total, procedendo-se em relação à minoria na forma estabelecida no art. 15, e seus parágrafos, desta Lei.

**§ 3º.** Decidida por maioria a alienação do prédio, o valor atribuído à quota dos condôminos vencidos será correspondente ao preço efetivo e, no mínimo, à avaliação prevista no § 2º ou, a critério desses, a imóvel localizado em área próxima ou adjacente com a mesma área útil de construção.

**Art. 18.** A aquisição parcial de uma edificação, ou de um conjunto de edificações, ainda que por força de desapropriação, importará no ingresso do adquirente no condomínio, ficando sujeito às disposições desta Lei, bem assim às da Convenção do Condomínio e do Regulamento Interno.

## CAPÍTULO V. UTILIZAÇÃO DA EDIFICAÇÃO OU DO CONJUNTO DE EDIFICAÇÕES

✪ **Art. 19.** Cada condômino tem o direito de usar e fruir, com exclusividade, de sua unidade autônoma, segundo suas conveniências e interesses, condicionados, umas e outros, às normas de boa vizinhança, e poderá usar as partes e coisas comuns de maneira a não causar dano ou incômodo aos demais condôminos ou moradores, nem obstáculo ou embaraço ao bom uso das mesmas partes por todos.

**Parágrafo único.** *(VETADO).*

**Art. 20.** Aplicam-se ao ocupante do imóvel, a qualquer título, todas as obrigações referentes ao uso, fruição e destino da unidade.

**Art. 21.** A violação de qualquer dos deveres estipulados na Convenção sujeitará o infrator à multa fixada na própria Convenção ou no Regimento Interno, sem prejuízo da responsabilidade civil ou criminal que, no caso, couber.

**Parágrafo único.** Compete ao síndico a iniciativa do processo e a cobrança da multa, por via executiva, em benefício do condomínio, e, em caso de omitir-se ele, a qualquer condômino.

## CAPÍTULO VI. DA ADMINISTRAÇÃO DO CONDOMÍNIO

✪ **Art. 22.** Será eleito, na forma prevista pela Convenção, um síndico do condomínio, cujo mandato não poderá exceder a dois anos, permitida a reeleição.

**§ 1º.** Compete ao síndico:

*a)* representar, ativa e passivamente, o condomínio, em juízo ou fora dele, e praticar os atos de defesa dos interesses comuns, nos limites das atribuições conferidas por esta Lei ou pela Convenção;

*b)* exercer a administração interna da edificação ou do conjunto de edificações, no que respeita à sua vigilância, moralidade e segurança, bem como aos serviços que interessam a todos os moradores;

*c)* praticar os atos que lhe atribuírem as leis, a Convenção e o Regimento Interno;

*d)* impor as multas estabelecidas na Lei, na Convenção ou no Regimento Interno;

*e)* cumprir e fazer cumprir a Convenção e o Regimento Interno, bem como executar e fazer executar as deliberações da Assembleia;

*f)* prestar contas à Assembleia dos condôminos;

*g)* manter guardada durante o prazo de 5 (cinco) anos, para eventuais necessidades de verificação contábil, toda a documentação relativa ao condomínio.

**§ 2º.** As funções administrativas podem ser delegadas a pessoas de confiança do síndico, e sob a sua inteira responsabilidade, mediante aprovação da Assembleia Geral dos condôminos.

**§ 3º.** A Convenção poderá estipular que dos atos do síndico caiba recurso para a Assembleia, convocada pelo interessado.

**§ 4º.** Ao síndico, que poderá ser condômino ou pessoa física ou jurídica estranha ao condomínio, será fixada a remuneração pela mesma assembleia que o eleger, salvo se a Convenção dispuser diferentemente.

**§ 5º.** O síndico poderá ser destituído pela forma e sob as condições previstas na Convenção, ou, no silêncio desta, pelo voto de 2/3 (dois terços) dos condôminos, presentes, em assembleia geral especialmente convocada.

**§ 6º.** A Convenção poderá prever a eleição de subsíndicos, definindo-lhes atribuições e fixando-lhes o mandato, que não poderá exceder de 2 (dois) anos, permitida a reeleição.

**Art. 23.** Será eleito, na forma prevista na Convenção, um Conselho Consultivo, constituído de três condôminos, com mandatos que não poderão exceder de 2 (dois) anos, permitida a reeleição.

**Parágrafo único.** Funcionará o Conselho como órgão consultivo do síndico, para assessorá-lo na solução dos problemas que digam respeito ao condomínio, podendo a Convenção definir suas atribuições específicas.

## CAPÍTULO VII. DA ASSEMBLEIA GERAL

- CC: arts. 1.347 a 1.356.

✪ **Art. 24.** Haverá, anualmente, uma assembleia geral ordinária dos condôminos, convocada pelo síndico na forma prevista na Convenção, à qual compete, além das demais matérias inscritas na ordem do dia, aprovar, por maioria dos presentes, as verbas para as despesas de condomínio, compreendendo as de conservação da edificação ou conjunto de edificações, manutenção de seus serviços e correlatas.

**§ 1º.** As decisões da Assembleia, tomadas, em cada caso, pelo *quorum* que a Convenção fixar, obrigam todos os condôminos.

**§ 2º.** O síndico, nos oito dias subsequentes à Assembleia, comunicará aos condôminos o que tiver sido deliberado, inclusive no tocante à previsão orçamentária, o rateio das despesas, e promoverá a arrecadação, tudo na forma que a Convenção previr.

**§ 3º.** Nas Assembleias Gerais, os votos serão proporcionais às frações ideais do terreno e partes comuns, pertencentes a cada condômino, salvo disposição diversa da Convenção.

**§ 4º.** Nas decisões da Assembleia que não envolvam despesas extraordinárias do condomínio, o locatário poderá votar, caso o condômino-locador a ela não compareça.

**Art. 25.** Ressalvado o disposto no § 3º do art. 22, poderá haver Assembleias Gerais Extraordinárias, convocadas pelo síndico ou por condôminos que representem 1/4 (um quarto), no mínimo, do condomínio, sempre que o exigirem os interesses gerais.

**Parágrafo único.** Salvo estipulação diversa da Convenção, esta só poderá ser modificada em Assembleia Geral Extraordinária, pelo voto mínimo de condôminos que representem 2/3 (dois terços) do total das frações ideais.

**Art. 26.** *(VETADO).*

**Art. 27.** Se a Assembleia não se reunir para exercer qualquer dos poderes que lhe competem, quinze dias após o pedido de convocação, o juiz decidirá a respeito, mediante requerimento dos interessados.

# TÍTULO II. DAS INCORPORAÇÕES

## CAPÍTULO I. DISPOSIÇÕES GERAIS

**Art. 28.** As incorporações imobiliárias, em todo o território nacional, reger-se-ão pela presente Lei.

- Lei 10.931/2004 – Dispõe sobre o patrimônio de afetação de incorporações imobiliárias, Letra de Crédito Imobiliário, Cédula de Crédito Imobiliário, Cédula de Crédito Bancário, altera o Decreto-Lei 911/1969, as Leis 4.591/1964, 4.728/1965, e 10.406/2002.

**Parágrafo único.** Para efeito desta Lei, considera-se incorporação imobiliária a atividade exercida com o intuito de promover e realizar a construção, para alienação total ou parcial, de edificações, ou conjunto de edificações compostas de unidades autônomas (*vetado*).

✪ **Art. 29.** Considera-se incorporador a pessoa física ou jurídica, comerciante ou não, que, embora não efetuando a construção, compromisse ou efetive a venda de frações ideais de terreno objetivando a vinculação de tais frações a unidades autônomas (*vetado*), em edificações a serem construídas ou em construção sob regime condominial, ou que meramente aceita propostas para efetivação de tais transações, coordenando e levando a termo a incorporação e responsabilizando-se, conforme o caso, pela entrega, a certo prazo, preço e determinadas condições, das obras concluídas.

**Parágrafo único.** Presume-se a vinculação entre a alienação das frações do terreno e o negócio de construção, se, ao ser contratada a venda, ou promessa de venda ou de cessão das frações de terreno, já houver sido aprovado e estiver em vigor, ou pender de aprovação de autoridade administrativa, o respectivo projeto de construção, respondendo o alienante como incorporador.

**Art. 30.** Estende-se a condição de incorporador aos proprietários e titulares de direitos aquisitivos que contratem a construção de edifícios que se destinem a constituição em condomínio, sempre que iniciarem as alienações antes da conclusão das obras.

**Arts. 30-A a 30-G.** *(Revogados pela Lei nº 10.931, de 2004).*

**Art. 31.** A iniciativa e a responsabilidade das incorporações imobiliárias caberão ao incorporador, que somente poderá ser:

*a)* o proprietário do terreno, o promitente comprador, o cessionário deste ou promitente cessionário com título que satisfaça os requisitos da alínea *a* do art. 32;

*b)* o construtor (Decretos nº 23.569, de 11 de dezembro de 1933, e 3.995, de 31 de dezembro de 1941, e Dec.-lei nº 8.620, de 10 de janeiro de 1946) ou corretor de imóveis (Lei nº 4.116, de 27 de agosto de 1962);

*c)* o ente da Federação imitido na posse a partir de decisão proferida em processo judicial de desapropriação em curso ou o cessionário deste, conforme comprovado mediante registro no registro de imóveis competente.

**§ 1º.** No caso da alínea *b*, o incorporador será investido, pelo proprietário do terreno, o promitente comprador e cessionário deste ou o promitente cessionário, de mandato outorgado por instrumento público, onde se faça menção expressa desta Lei e se transcreva o disposto no § 4º do art. 35, para concluir todos os negócios tendentes à alienação das frações ideais do terreno, mas se obrigará pessoalmente pelos atos que praticar na qualidade de incorporador.

**§ 2º.** Nenhuma incorporação poderá ser proposta à venda sem a indicação expressa do incorporador, devendo também seu nome permanecer indicado ostensivamente no local da construção.

**§ 3º.** Toda e qualquer incorporação, independentemente da forma por que seja constituída, terá um ou mais incorporadores solidariamente responsáveis, ainda que em fase subordinada a período de carência, referido no art. 34.

## CAPÍTULO I-A. DO PATRIMÔNIO DE AFETAÇÃO

✪ **Art. 31-A.** A critério do incorporador, a incorporação poderá ser submetida ao regime da afetação, pelo qual o terreno e as acessões objeto de incorporação imobiliária, bem como os demais bens e direitos a ela vinculados, manter-se-ão apartados do patrimônio do incorporador e constituirão patrimônio de afetação, destinado à consecução da incorporação correspondente e à entrega das unidades imobiliárias aos respectivos adquirentes.

**§ 1º.** O patrimônio de afetação não se comunica com os demais bens, direitos e obrigações do patrimônio geral do incorporador ou de outros patrimônios de afetação por ele constituídos e só responde por dívidas e obrigações vinculadas à incorporação respectiva.

**§ 2º.** O incorporador responde pelos prejuízos que causar ao patrimônio de afetação.

**§ 3º.** Os bens e direitos integrantes do patrimônio de afetação somente poderão ser objeto de garantia real em operação de crédito cujo produto seja integralmente destinado à consecução da edificação correspondente e à entrega das unidades imobiliárias aos respectivos adquirentes.

**§ 4º.** No caso de cessão, plena ou fiduciária, de direitos creditórios oriundos da comercialização das unidades imobiliárias componentes da incorporação, o produto da cessão também passará a integrar o patrimônio de afetação, observado o disposto no § 6º.

**§ 5º.** As quotas de construção correspondentes a acessões vinculadas a frações ideais serão pagas pelo incorporador até que a responsabilidade pela sua construção tenha sido assumida por terceiros, nos termos da parte final do § 6º do art. 35.

**§ 6º.** Os recursos financeiros integrantes do patrimônio de afetação serão utilizados para pagamento ou reembolso das despesas inerentes à incorporação.

**§ 7º.** O reembolso do preço de aquisição do terreno somente poderá ser feito quando da alienação das unidades autônomas, na proporção das respectivas frações ideais, considerando-se tão somente os valores efetivamente recebidos pela alienação.

**§ 8º.** Excluem-se do patrimônio de afetação:

**I** – os recursos financeiros que excederem a importância necessária à conclusão da obra (art. 44), considerando-se os valores a receber até sua conclusão e, bem assim, os recursos necessários à quitação de financiamento para a construção, se houver; e

**II** – o valor referente ao preço de alienação da fração ideal de terreno de cada unidade vendida, no caso de incorporação em que a construção seja contratada sob o regime por empreitada (art. 55) ou por administração (art. 58).

**§ 9º.** No caso de conjuntos de edificações de que trata o art. 8º, poderão ser constituídos patrimônios de afetação separados, tantos quantos forem os:

**I** – subconjuntos de casas para as quais esteja prevista a mesma data de conclusão (art. 8º, alínea *a*); e

**II** – edifícios de dois ou mais pavimentos (art. 8º, alínea *b*).

**§ 10.** A constituição de patrimônios de afetação separados de que trata o § 9º deverá estar declarada no memorial de incorporação.

**§ 11.** Nas incorporações objeto de financiamento, a comercialização das unidades deverá contar com a anuência da instituição financiadora ou deverá ser a ela cientificada, conforme vier a ser estabelecido no contrato de financiamento.

**§ 12.** A contratação de financiamento e constituição de garantias, inclusive mediante transmissão, para o credor, da propriedade fiduciária sobre as unidades imobiliárias integrantes da incorporação, bem como a cessão, plena ou fiduciária, de direitos creditórios decorrentes da comercialização dessas unidades, não implicam a transferência para o credor de nenhuma das obrigações ou responsabilidades do cedente, do incorporador ou do construtor, permanecendo estes como únicos responsáveis pelas obrigações e pelos deveres que lhes são imputáveis.

**Art. 31-B.** Considera-se constituído o patrimônio de afetação mediante averbação, a qualquer tempo, no Registro de Imóveis, de termo firmado pelo incorporador e, quando for o caso, também pelos titulares de direitos reais de aquisição sobre o terreno.

**Parágrafo único.** A averbação não será obstada pela existência de ônus reais que tenham sido constituídos sobre o imóvel objeto da incorporação para garantia do pagamento do preço de sua aquisição ou do cumprimento de obrigação de construir o empreendimento.

**Art. 31-C.** A Comissão de Representantes e a instituição financiadora da construção poderão nomear, às suas expensas, pessoa física ou jurídica para fiscalizar e acompanhar o patrimônio de afetação.

**§ 1º.** A nomeação a que se refere o *caput* não transfere para o nomeante qualquer responsabilidade pela qualidade da obra, pelo prazo de entrega do imóvel ou por qualquer outra obrigação decorrente da responsabilidade do incorporador ou do construtor, seja legal ou a oriunda dos contratos de alienação das unidades imobiliárias, de construção e de outros contratos eventualmente vinculados à incorporação.

**§ 2º.** A pessoa que, em decorrência do exercício da fiscalização de que trata o *caput* deste artigo, obtiver acesso às informações comerciais, tributárias e de qualquer outra natureza referentes ao patrimônio afetado responderá pela falta de zelo, dedicação e sigilo destas informações.

**§ 3º.** A pessoa nomeada pela instituição financiadora deverá fornecer cópia de seu relatório ou parecer à Comissão de Representantes, a requerimento desta, não constituindo esse fornecimento quebra de sigilo de que trata o § 2º deste artigo.

**Art. 31-D.** Incumbe ao incorporador:

**I** – promover todos os atos necessários à boa administração e à preservação do patrimônio de afetação, inclusive mediante adoção de medidas judiciais;

**II** – manter apartados os bens e direitos objeto de cada incorporação;

**III** – diligenciar a captação dos recursos necessários à incorporação e aplicá-los na forma prevista nesta Lei, cuidando de preservar os recursos necessários à conclusão da obra;

**IV** – entregar à Comissão de Representantes, no mínimo a cada três meses, demonstrativo do estado da obra e de sua correspondência com o prazo pactuado ou com os recursos financeiros que integrem o patrimônio de afetação recebidos no período, firmados por profissionais habilitados, ressalvadas eventuais modificações sugeridas pelo incorporador e aprovadas pela Comissão de Representantes;

**V** – manter e movimentar os recursos financeiros do patrimônio de afetação em conta de depósito aberta especificamente para tal fim;

**VI** – entregar à Comissão de Representantes balancetes coincidentes com o trimestre civil, relativos a cada patrimônio de afetação;

**VII** – assegurar à pessoa nomeada nos termos do art. 31-C o livre acesso à obra, bem como aos livros, contratos, movimentação da conta de depósito exclusiva referida no inciso V deste artigo e quaisquer outros documentos relativos ao patrimônio de afetação; e

**VIII** – manter escrituração contábil completa, ainda que esteja desobrigado pela legislação tributária.

**Art. 31-E.** O patrimônio de afetação extinguir-se-á pela:

**I** – averbação da construção, registro dos títulos de domínio ou de direito de aquisição em nome dos respectivos adquirentes e, quando for o caso, extinção das obrigações do incorporador perante a instituição financiadora do empreendimento;

**II** – revogação em razão de denúncia da incorporação, depois de restituídas aos adquirentes as quantias por eles pagas (art. 36), ou de outras hipóteses previstas em lei; e

**III** – liquidação deliberada pela assembleia geral nos termos do art. 31-F, § 1º.

**§ 1º** *(VETADO na Lei 14.382/2022)*

**§ 2º** Por ocasião da extinção integral das obrigações do incorporador perante a instituição financiadora do empreendimento e após a averbação da construção, a afetação das unidades não negociadas será cancelada mediante averbação, sem conteúdo financeiro, do respectivo termo de quitação na matrícula matriz do empreendimento ou nas respectivas matrículas das unidades imobiliárias eventualmente abertas. *(Redação dada pela Lei 14.382/2022)*

**§ 3º** *(VETADO na Lei 14.382/2022)*

**§ 4º** Após a denúncia da incorporação, proceder-se-á ao cancelamento do patrimônio

CIVIL

de afetação, mediante o cumprimento das obrigações previstas neste artigo, no art. 34 desta Lei e nas demais disposições legais. *(Acrescido pela Lei 14.382/2022)*

**Art. 31-F.** Os efeitos da decretação da falência ou da insolvência civil do incorporador não atingem os patrimônios de afetação constituídos, não integrando a massa concursal o terreno, as acessões e demais bens, direitos creditórios, obrigações e encargos objeto da incorporação.

**§ 1º.** Nos 60 (sessenta) dias que se seguirem à decretação da falência ou da insolvência civil do incorporador, o condomínio dos adquirentes, por convocação da sua Comissão de Representantes ou, na sua falta, de 1/6 (um sexto) dos titulares de frações ideais, ou, ainda, por determinação do juiz prolator da decisão, realizará assembleia geral, na qual, por maioria simples, ratificará o mandato da Comissão de Representantes ou elegerá novos membros, e, em primeira convocação, por 2/3 (dois terços) dos votos dos adquirentes ou, em segunda convocação, pela maioria absoluta desses votos, instituirá o condomínio da construção, por instrumento público ou particular, e deliberará sobre os termos da continuação da obra ou da liquidação do patrimônio de afetação (art. 43, inciso III); havendo financiamento para construção, a convocação poderá ser feita pela instituição financiadora.

**§ 2º.** O disposto no § 1º aplica-se também à hipótese de paralisação das obras prevista no art. 43, inciso VI.

**§ 3º.** Na hipótese de que tratam os §§ 1º e 2º, a Comissão de Representantes ficará investida de mandato irrevogável para firmar com os adquirentes das unidades autônomas o contrato definitivo a que estiverem obrigados o incorporador, o titular do domínio e o titular dos direitos aquisitivos do imóvel objeto da incorporação em decorrência de contratos preliminares.

**§ 4º.** O mandato a que se refere o § 3º será válido mesmo depois de concluída a obra.

**§ 5º.** O mandato outorgado à Comissão de Representantes confere poderes para transmitir domínio, direito, posse e ação, manifestar a responsabilidade do alienante pela evicção e imitir os adquirentes na posse das unidades respectivas.

**§ 6º.** Os contratos definitivos serão celebrados mesmo com os adquirentes que tenham obrigações a cumprir perante o incorporador ou a instituição financiadora, desde que comprovadamente adimplentes, situação em que a outorga do contrato fica condicionada à constituição de garantia real sobre o imóvel, para assegurar o pagamento do débito remanescente.

**§ 7º.** Ainda na hipótese dos §§ 1º e 2º, a Comissão de Representantes ficará investida de mandato irrevogável para, em nome dos adquirentes, e em cumprimento da decisão da assembleia geral que deliberar pela liquidação do patrimônio de afetação, efetivar a alienação do terreno e das acessões, transmitindo posse, direito, domínio e ação, manifestar a responsabilidade pela evicção, imitir os futuros adquirentes na posse do terreno e das acessões.

**§ 8º.** Na hipótese do § 7º, será firmado o respectivo contrato de venda, promessa de venda ou outra modalidade de contrato compatível com os direitos objeto da transmissão.

**§ 9º.** A Comissão de Representantes cumprirá o mandato nos termos e nos limites estabelecidos pela deliberação da assembleia geral e prestará contas aos adquirentes, entregando-lhes o produto líquido da alienação, no prazo de 5 (cinco) dias da data em que tiver recebido o preço ou cada parcela do preço.

**§ 10.** Os valores pertencentes aos adquirentes não localizados deverão ser depositados em Juízo pela Comissão de Representantes.

**§ 11.** Caso decidam pela continuação da obra, os adquirentes ficarão automaticamente sub-rogados nos direitos, nas obrigações e nos encargos relativos à incorporação, inclusive aqueles relativos ao contrato de financiamento da obra, se houver.

**§ 12.** Para os efeitos do § 11 deste artigo, cada adquirente responderá individualmente pelo saldo porventura existente entre as receitas do empreendimento e o custo da conclusão da incorporação na proporção dos coeficientes de construção atribuíveis às respectivas unidades, se outro critério de rateio não for deliberado em assembleia geral por 2/3 (dois terços) dos votos dos adquirentes, observado o seguinte:

**I** – os saldos dos preços das frações ideais e acessões integrantes da incorporação que não tenham sido pagos ao incorporador até a data da decretação da falência ou da insolvência civil passarão a ser pagos à Comissão de Representantes, permanecendo o somatório desses recursos submetido à afetação, nos termos do art. 31-A, até o limite necessário à conclusão da incorporação;

**II** – para cumprimento do seu encargo de administradora da incorporação, a Comissão de Representantes fica investida de mandato legal, em caráter irrevogável, para, em nome do incorporador ou do condomínio de construção, conforme o caso, receber as parcelas do saldo do preço e dar quitação, bem como promover as medidas extrajudiciais ou judiciais necessárias a esse recebimento, praticando todos os atos relativos ao leilão de que trata o art. 63 ou os atos relativos à consolidação da propriedade e ao leilão de que tratam os arts. 26 e 27 da Lei nº 9.514, de 20 de novembro de 1997, devendo realizar a garantia e aplicar na incorporação todo o produto do recebimento do saldo do preço e do leilão;

**III** – consideram-se receitas do empreendimento os valores das parcelas a receber, vincendas e vencidas e ainda não pagas, de cada adquirente, correspondentes ao preço de aquisição das respectivas unidades ou do preço de custeio de construção, bem como os recursos disponíveis afetados; e

**IV** – compreendem-se no custo de conclusão da incorporação todo o custeio da construção do edifício e a averbação da construção das edificações para efeito de individualização e discriminação das unidades, nos termos do art. 44.

**§ 13.** Havendo saldo positivo entre as receitas da incorporação e o custo da conclusão da incorporação, o valor correspondente a esse saldo deverá ser entregue à massa falida pela Comissão de Representantes.

**§ 14.** Para assegurar as medidas necessárias ao prosseguimento das obras ou à liquidação do patrimônio de afetação, a Comissão de Representantes, no prazo de 60 (sessenta) dias, a contar da data de realização da assembleia geral de que trata o § 1º, promoverá, em leilão público, com observância dos critérios estabelecidos pelo art. 63, a venda das frações ideais e respectivas acessões que, até a data da decretação da falência ou insolvência não tiverem sido alienadas pelo incorporador.

**§ 15.** Na hipótese de que trata o § 14, o arrematante ficará sub-rogado, na proporção atribuível à fração e acessões adquiridas, nos direitos e nas obrigações relativas ao empreendimento, inclusive nas obrigações de eventual financiamento, e, em se tratando da hipótese do art. 39 desta Lei, nas obrigações perante o proprietário do terreno.

**§ 16.** Dos documentos para anúncio da venda de que trata o § 14 e, bem assim, o inciso III do art. 43, constarão o valor das acessões não pagas pelo incorporador (art. 35, § 6º) e o preço da fração ideal do terreno e das acessões (arts. 40 e 41).

**§ 17.** No processo de venda de que trata o § 14, serão asseguradas, sucessivamente, em igualdade de condições com terceiros:

**I** – ao proprietário do terreno, nas hipóteses em que este seja pessoa distinta da pessoa do incorporador, a preferência para aquisição das acessões vinculadas à fração objeto da venda, a ser exercida nas vinte e quatro horas seguintes à data designada para a venda; e

**II** – ao condomínio, caso não exercida a preferência de que trata o inciso I, ou caso não haja licitantes, a preferência para aquisição da fração ideal e acessões, desde que deliberada em assembleia geral, pelo voto da maioria simples dos adquirentes presentes, e exercida no prazo de 48 (quarenta e oito) horas a contar da data designada para a venda.

**§ 18.** Realizada a venda prevista no § 14, incumbirá à Comissão de Representantes, sucessivamente, nos 5 (cinco) dias que se seguirem ao recebimento do preço:

**I** – pagar as obrigações trabalhistas, previdenciárias e tributárias, vinculadas ao respectivo patrimônio de afetação, observada a ordem de preferência prevista na legislação, em especial o disposto no art. 186 do Código Tributário Nacional;

**II** – reembolsar aos adquirentes as quantias que tenham adiantado, com recursos próprios, para pagamento das obrigações referidas no inciso I;

**III** – reembolsar à instituição financiadora a quantia que esta tiver entregue para a construção, salvo se outra forma for convencionada entre as partes interessadas;

**IV** – entregar ao condomínio o valor que este tiver desembolsado para construção das acessões de responsabilidade do incorporador (§ 6º do art. 35 e § 5º do art. 31-A), na proporção do valor obtido na venda;

**V** – entregar ao proprietário do terreno, nas hipóteses em que este seja pessoa distinta da pessoa do incorporador, o valor apurado na venda, em proporção ao valor atribuído à fração ideal; e

**VI** – entregar à massa falida o saldo que porventura remanescer.

**§ 19.** O incorporador deve assegurar à pessoa nomeada nos termos do art. 31-C, o acesso a todas as informações necessárias à verificação do montante das obrigações referidas no § 12, inciso I, do art. 31-F vinculadas ao respectivo patrimônio de afetação.

**§ 20.** Ficam excluídas da responsabilidade dos adquirentes as obrigações relativas, de maneira direta ou indireta, ao imposto de renda e à contribuição social sobre o lucro, devidas pela pessoa jurídica do incorporador, inclusive por equiparação, bem como as obrigações oriundas de outras atividades do incorporador não relacionadas diretamente com as incorporações objeto de afetação.

## CAPÍTULO II. DAS OBRIGAÇÕES E DIREITOS DO INCORPORADOR

**Art. 32.** O incorporador somente poderá alienar ou onerar as frações ideais de terrenos e acessões que corresponderão às futuras unidades autônomas após o registro, no registro de imóveis competente, do memorial de incorporação composto pelos seguintes documentos: *(Redação dada pela Lei 14.382/2022)*

*a)* título de propriedade de terreno, ou de promessa, irrevogável e irretratável, de compra e venda ou de cessão de direitos ou de permuta, do qual conste cláusula de imissão na posse do imóvel, não haja estipulações impeditivas de sua alienação em frações ideais e inclua consentimento para demolição e construção, devidamente registrado;

*b)* certidões negativas de impostos federais, estaduais e municipais, de protesto de títulos, de ações cíveis e criminais e de ônus reais relativamente ao imóvel, aos alienantes do terreno e ao incorporador;
*c)* histórico dos títulos de propriedade do imóvel, abrangendo os últimos 20 anos, acompanhado de certidão dos respectivos registros;
*d)* projeto de construção devidamente aprovado pelas autoridades competentes;
*e)* cálculo das áreas das edificações, discriminando, além da global, a das partes comuns, e indicando, para cada tipo de unidade, a respectiva metragem de área construída;
*f)* certidão negativa de débito para com a Previdência Social, quando o titular de direitos sobre o terreno for responsável pela arrecadação das respectivas contribuições;
*g)* memorial descritivo das especificações da obra projetada, segundo modelo a que se refere o inciso IV, do art. 53, desta Lei;
*h)* avaliação do custo global da obra, atualizada à data do arquivamento, calculada de acordo com a norma do inciso III, do art. 53, com base nos custos unitários referidos no art. 54, discriminando-se, também, o custo de construção de cada unidade, devidamente autenticada pelo profissional responsável pela obra;
*i)* instrumento de divisão do terreno em frações ideais autônomas que contenham a sua discriminação e a descrição, a caracterização e a destinação das futuras unidades e partes comuns que a elas acederão; *(Redação dada pela Lei 14.382/2022)*
*j)* minuta de convenção de condomínio que disciplinará o uso das futuras unidades e partes comuns do conjunto imobiliário; *(Redação dada pela Lei 14.382/2022)*
*l)* declaração em que se defina a parcela do preço de que trata o inciso II, do art. 39;
*m)* certidão do instrumento público de mandato, referido no § 1º do art. 31;
*n)* declaração expressa em que se fixe, se houver, o prazo de carência (art. 34);
*o) (Revogada pela Lei 14.382/2022)*
*p)* declaração, acompanhada de plantas elucidativas, sobre o número de veículos que a garagem comporta e os locais destinados à guarda dos mesmos.

**§ 1º**. A documentação referida neste artigo, após o exame do oficial de registro de imóveis, será arquivada em cartório, fazendo-se o competente registro.

**§ 1º-A** O registro do memorial de incorporação sujeita as frações do terreno e as respectivas acessões a regime condominial especial, investe o incorporador e os futuros adquirentes na faculdade de sua livre disposição ou oneração e independe de anuência dos demais condôminos. *(Acrescido pela Lei 14.382/2022)*

**§ 2º**. Os contratos de compra e venda, promessa de venda, cessão ou promessa de cessão de unidades autônomas são irretratáveis e, uma vez registrados, conferem direito real oponível a terceiros, atribuindo direito a adjudicação compulsória perante o incorporador ou a quem o suceder, inclusive na hipótese de insolvência posterior ao término da obra.

**§ 3º**. O número do registro referido no § 1º, bem como a indicação do cartório competente, constará, obrigatoriamente, dos anúncios, impressos, publicações, propostas, contratos, preliminares ou definitivos, referentes à incorporação, salvo dos anúncios "classificados".

**§ 4º**. O Registro de Imóveis dará certidão ou fornecerá, a quem o solicitar, cópia fotostática, heliográfica, termofax, microfilmagem ou outra equivalente, dos documentos especificados neste artigo, ou autenticará cópia apresentada pela parte interessada.

**§ 5º**. A existência de ônus fiscais ou reais, salvo os impeditivos de alienação, não impedem o registro, que será feito com as devidas ressalvas, mencionando-se, em todos os documentos, extraídos do Registro, a existência e a extensão dos ônus.

**§ 6º** Os oficiais do registro de imóveis terão 10 (dez) dias úteis para apresentar, por escrito, todas as exigências que julgarem necessárias ao registro e, satisfeitas as referidas exigências, terão o prazo de 10 (dez) dias úteis para fornecer certidão e devolver a segunda via autenticada da documentação, quando apresentada por meio físico, com exceção dos documentos públicos, e caberá ao oficial, em caso de divergência, suscitar a dúvida, segundo as normas processuais aplicáveis. *(Redação dada pela Lei 14.382/2022)*

**§ 7º**. O oficial do registro de imóveis responde, civil e criminalmente, se efetuar o arquivamento de documentação contraveniente à lei ou der certidão (*vetado*) sem o arquivamento de todos os documentos exigidos.

**§ 8º**. O oficial do registro de imóveis que não observar os prazos previstos no § 6º ficará sujeito à penalidade imposta pela autoridade judiciária competente em montante igual ao dos emolumentos devidos pelo registro de que trata este artigo, aplicável por quinzena ou fração de quinzena de superação de cada um daqueles prazos.

**§ 9º**. O oficial do registro de imóveis não responde pela exatidão dos documentos que lhe forem apresentados para arquivamento em obediência ao disposto nas alíneas *e*, *g*, *h*, *l* e p deste artigo, desde que assinados pelo profissional responsável pela obra.

**§ 10.** As plantas do projeto aprovado (alínea *d* deste artigo) poderão ser apresentadas em cópia autenticada pelo profissional responsável pela obra, acompanhada de cópia de licença de construção.

**§ 11.** Até 30 de junho de 1966, se, dentro de 15 dias da entrega ao Cartório do Registro de Imóveis da documentação completa prevista neste artigo, feita por carta enviada pelo Ofício de Títulos e Documentos, não tiver o Cartório de Imóveis entregue a certidão de arquivamento e registro, nem formulado, por escrito, as exigências previstas no § 6º, considerar-se-á de pleno direito completado o registro provisório.

**§ 12.** O registro provisório previsto no parágrafo anterior autoriza o incorporador a negociar as unidades da incorporação, indicando na sua publicação o número do Registro de Títulos e Documentos referente à remessa dos documentos ao Cartório de Imóveis, sem prejuízo, todavia, da sua responsabilidade perante o adquirente da unidade e da obrigação de satisfazer as exigências posteriormente formuladas pelo Cartório, bem como de completar o registro definitivo.

**§ 13.** Na incorporação sobre imóvel objeto de imissão na posse registrada conforme item 36 do inciso I do art. 167 da Lei nº 6.015, de 31 de dezembro de 1973, fica dispensada a apresentação, relativamente ao ente público, dos documentos mencionados nas alíneas *a, b, c, f* e *o* deste artigo, devendo o incorporador celebrar contrato de cessão de posse com os adquirentes das unidades autônomas, aplicando-se a regra prevista nos §§ 4º, 5º e 6º do art. 26 da Lei nº 6.766, de 19 de dezembro de 1979.

**§ 14.** Quando demonstrar de modo suficiente o estado do processo e a repercussão econômica do litígio, a certidão esclarecedora de ação cível ou penal poderá ser substituída por impressão do andamento do processo digital. *(Acrescido pela Lei 14.382/2022)*

**§ 15.** O registro do memorial de incorporação e da instituição do condomínio sobre as frações ideais constitui ato registral único. *(Acrescido pela Lei 14.382/2022)*

**Art. 33.** Se, após 180 (cento e oitenta) dias da data do registro da incorporação, ela ainda não se houver concretizado, por meio da formalização da alienação ou da oneração de alguma unidade futura, da contratação de financiamento para a construção ou do início das obras do empreendimento, o incorporador somente poderá negociar unidades depois de averbar a atualização das certidões e de eventuais documentos com prazo de validade vencido a que se refere o art. 32 desta Lei. *(Redação dada pela Lei 14.382/2022)*

**Parágrafo único.** Enquanto não concretizada a incorporação, o procedimento de que trata o *caput* deste artigo deverá ser realizado a cada 180 (cento e oitenta) dias. *(Acrescido pela Lei 14.382/2022)*

**Art. 34.** O incorporador poderá fixar, para efetivação da incorporação, prazo de carência, dentro do qual lhe é lícito desistir do empreendimento.

**§ 1º.** A fixação do prazo de carência será feita pela declaração a que se refere a alínea *n*, do art. 32, onde se fixem as condições que autorizarão o incorporador a desistir do empreendimento.

**§ 2º.** Em caso algum poderá o prazo de carência ultrapassar o termo final do prazo da validade do registro ou, se for o caso, de sua revalidação.

**§ 3º.** Os documentos preliminares de ajuste, se houver, mencionarão, obrigatoriamente, o prazo de carência, inclusive para efeitos do art. 45.

**§ 4º.** A desistência da incorporação será denunciada, por escrito, ao Registro de Imóveis (*vetado*) e comunicada, por escrito, a cada um dos adquirentes ou candidatos à aquisição, sob pena de responsabilidade civil e criminal do incorporador.

**§ 5º.** Será averbada no registro da incorporação a desistência de que trata o parágrafo anterior, arquivando-se em cartório o respectivo documento.

**§ 6º.** O prazo de carência é improrrogável.

**Art. 35.** O incorporador terá o prazo máximo de 45 (quarenta e cinco) dias, a contar do termo final do prazo de carência, se houver, para promover a celebração do competente contrato relativo à fração ideal de terreno, e, bem assim, do contrato de construção e da Convenção do Condomínio, de acordo com discriminação constante da alínea *i* do art. 32.

▸ Lei 4.864/1965: art. 13 (o prazo foi elevado para 60 dias).

**§ 1º.** No caso de não haver prazo de carência, o prazo acima se contará da data de qualquer documento de ajuste preliminar.

**§ 2º.** Quando houver prazo de carência, a obrigação somente deixará de existir se o incorporador tiver denunciado, dentro do mesmo prazo e nas condições previamente estabelecidas, por escrito, ao Registro de Imóveis, a não concretização do empreendimento.

**§ 3º.** Se, dentro do prazo de carência, o incorporador não denunciar a incorporação, embora não se tenham reunido as condições a que se refere o § 1º, o outorgante do mandato, de que trata o § 1º, do art. 31, poderá fazê-lo nos cinco dias subsequentes ao prazo de carência, e nesse caso ficará solidariamente responsável com o incorporador pela devolução das quantias que os adquirentes ou candidatos à aquisição houverem entregue ao incorporador, resguardado o direito de regresso sobre eles, dispensando-se, então, do cumprimento da obrigação fixada no *caput* deste artigo.

**§ 4º.** Descumprida pelo incorporador e pelo mandante de que trata o § 1º do art. 31, a obrigação da outorga dos contratos referidos no *caput* deste artigo nos prazos ora fixados, a carta-proposta ou o documento de ajuste preliminar poderão ser averbados no Registro de Imóveis, averbação que conferirá direito real oponível a terceiros, com o consequente direito à obtenção compulsória do contrato correspondente.

**§ 5º.** Na hipótese do parágrafo anterior, o incorporador incorrerá também na multa de 50% (cinquenta por cento) sobre a quantia que efetivamente tiver recebido, cobrável por via executiva, em favor do adquirente ou candidato à aquisição.

**§ 6º.** Ressalvado o disposto no art. 43, do contrato de construção deverá constar expressamente a menção dos responsáveis pelo pagamento da construção de cada uma das unidades. O incorporador responde, em igualdade de condições, com os demais contratantes, pelo pagamento da construção das unidades que não tenham tido a responsabilidade pela sua construção assumida por terceiros e até que o tenham.

**Art. 35-A.** Os contratos de compra e venda, promessa de venda, cessão ou promessa de cessão de unidades autônomas integrantes de incorporação imobiliária serão iniciados por quadro-resumo, que deverá conter:

**I** - o preço total a ser pago pelo imóvel;

**II** - o valor da parcela do preço a ser tratada como entrada, a sua forma de pagamento, com destaque para o valor pago à vista, e os seus percentuais sobre o valor total do contrato;

**III** - o valor referente à corretagem, suas condições de pagamento e a identificação precisa de seu beneficiário;

**IV** - a forma de pagamento do preço, com indicação clara dos valores e vencimentos das parcelas;

**V** - os índices de correção monetária aplicáveis ao contrato e, quando houver pluralidade de índices, o período de aplicação de cada um;

**VI** - as consequências do desfazimento do contrato, seja por meio de distrato, seja por meio de resolução contratual motivada por inadimplemento de obrigação do adquirente ou do incorporador, com destaque negritado para as penalidades aplicáveis e para os prazos para devolução de valores ao adquirente;

**VII** - as taxas de juros eventualmente aplicadas, se mensais ou anuais, se nominais ou efetivas, o seu período de incidência e o sistema de amortização;

**VIII** - as informações acerca da possibilidade do exercício, por parte do adquirente do imóvel, do direito de arrependimento previsto no art. 49 da Lei nº 8.078, de 11 de setembro de 1990 (Código de Defesa do Consumidor), em todos os contratos firmados em estandes de vendas e fora da sede do incorporador ou do estabelecimento comercial;

**IX** - o prazo para quitação das obrigações pelo adquirente após a obtenção do auto de conclusão da obra pelo incorporador;

**X** - as informações acerca dos ônus que recaiam sobre o imóvel, em especial quando o vinculem como garantia real do financiamento destinado à construção do investimento;

**XI** - o número do registro do memorial de incorporação, a matrícula do imóvel e a identificação do cartório de registro de imóveis competente;

**XII** - o termo final para obtenção do auto de conclusão da obra (habite-se) e os efeitos contratuais da intempestividade prevista no art. 43-A desta Lei.

**§ 1º** Identificada a ausência de quaisquer das informações previstas no *caput* deste artigo, será concedido prazo de 30 (trinta) dias para aditamento do contrato e saneamento da omissão, findo o qual, essa omissão, se não sanada, caracterizará justa causa para rescisão contratual por parte do adquirente.

**§ 2º** A efetivação das consequências do desfazimento do contrato, referidas no inciso VI do *caput* deste artigo, dependerá de anuência prévia e específica do adquirente a seu respeito, mediante assinatura junto a essas cláusulas, que deverão ser redigidas conforme o disposto no § 4º do art. 54 da Lei nº 8.078, de 11 de setembro de 1990 *(Código de Defesa do Consumidor).*

**Art. 36.** No caso de denúncia de incorporação, nos termos do art. 34, se o incorporador, até 30 (trinta) dias a contar da denúncia, não restituir aos adquirentes as importâncias pagas, estes poderão cobrá-la por via executiva, reajustado o seu valor a contar da data do recebimento, em função do índice geral de preços mensalmente publicado pelo Conselho Nacional de Economia, que reflita as variações no poder aquisitivo da moeda nacional, e acrescido de juros de 6% (seis por cento) ao ano, sobre o total corrigido.

**Art. 37.** Se o imóvel estiver gravado de ônus real ou fiscal ou se contra os alienantes houver qualquer ação que possa comprometê-lo, o fato será obrigatoriamente mencionado em todos os documentos de ajuste, com a indicação de sua natureza e das condições de liberação.

**Art. 38.** Também constará, obrigatoriamente, dos documentos de ajuste, se for o caso, o fato de encontrar-se ocupado o imóvel, esclarecendo-se a que título se deve esta ocupação e quais as condições de desocupação.

**Art. 39.** Nas incorporações em que a aquisição do terreno se der com pagamento total ou parcial em unidades a serem construídas, deverão ser discriminadas em todos os documentos de ajuste:

**I** – a parcela que, se houver, será paga em dinheiro;

**II** – a quota-parte da área das unidades a serem entregues em pagamento do terreno que corresponderá a cada uma das unidades, a qual deverá ser expressa em metros quadrados.

**Parágrafo único.** Deverá constar, também, de todos os documentos de ajuste, se o alienante do terreno ficou ou não sujeito a qualquer prestação ou encargo.

**Art. 40.** No caso de rescisão de contrato de alienação do terreno ou de fração ideal, ficarão rescindidas as cessões ou promessas de cessão de direitos correspondentes à aquisição do terreno.

**§ 1º.** Nesta hipótese, consolidar-se-á, no alienante em cujo favor se opera a resolução, o direito sobre a construção porventura existente.

**§ 2º.** No caso do parágrafo anterior, cada um dos ex-titulares de direito à aquisição de unidades autônomas haverá do mencionado alienante o valor da parcela de construção que haja adicionado à unidade, salvo se a rescisão houver sido causada pelo ex-titular.

**§ 3º.** Na hipótese dos parágrafos anteriores, sob pena de nulidade, não poderá o alienante em cujo favor se operou a resolução voltar a negociar seus direitos sobre a unidade autônoma, sem a prévia indenização aos titulares, de que trata o § 2º.

**§ 4º.** No caso do parágrafo anterior, se os ex-titulares tiverem de recorrer à cobrança judicial do que lhes for devido, somente poderão garantir o seu pagamento a unidade e respectiva fração de terreno objeto do presente artigo.

**Art. 41.** Quando as unidades imobiliárias forem contratadas pelo incorporador por preço global compreendendo quota de terreno e construção, inclusive com parte do pagamento após a entrega da unidade, discriminar-se-ão, no contrato, o preço da quota de terreno e o da construção.

**§ 1º.** Poder-se-á estipular que, na hipótese de o adquirente atrasar o pagamento de parcela relativa à construção, os efeitos da mora recairão não apenas sobre a aquisição da parte construída, mas, também, sobre a fração ideal de terreno, ainda que esta tenha sido totalmente paga.

**§ 2º.** Poder-se-á também estipular que, na hipótese de o adquirente atrasar o pagamento da parcela relativa à fração ideal de terreno, os efeitos da mora recairão não apenas sobre a aquisição da fração ideal, mas, também, sobre a parte construída, ainda que totalmente paga.

**Art. 42.** No caso de rescisão do contrato relativo à fração ideal de terreno e partes comuns, a pessoa em cujo favor se tenha operado a resolução sub-rogar-se-á nos direitos e obrigações contratualmente atribuídos ao inadimplente, com relação à construção.

**Art. 43.** Quando o incorporador contratar a entrega da unidade a prazo e preços certos, determinados ou determináveis, mesmo quando pessoa física, ser-lhe-ão impostas as seguintes normas:

**I** - encaminhar à comissão de representantes: *(Redação dada pela Lei 14.382/2022)*

*a)* a cada 3 (três) meses, o demonstrativo do estado da obra e de sua correspondência com o prazo pactuado para entrega do conjunto imobiliário; e *(Redação dada pela Lei 14.382/2022)*

*b)* quando solicitada, a relação dos adquirentes com os seus endereços residenciais e eletrônicos, devendo os integrantes da comissão de representantes, no tratamento de tais dados, atender ao disposto na Lei nº 13.709, de 14 de agosto de 2018 (Lei Geral de Proteção de Dados Pessoais), no que for aplicável; *(Redação dada pela Lei 14.382/2022)*

**II** – responder civilmente pela execução da incorporação, devendo indenizar os adquirentes ou compromissários, dos prejuízos que a estes advierem do fato de não se concluir a edificação ou de se retardar injustificadamente a conclusão das obras, cabendo-lhe ação regressiva contra o construtor, se for o caso e se a este couber a culpa;

**III** – em caso de falência do incorporador, pessoa física ou jurídica, e não ser possível à maioria prosseguir na construção das edificações, os subscritores ou candidatos à aquisição de unidades serão credores privilegiados pelas quantias que houverem pago ao incorporador, respondendo subsidiariamente os bens pessoais deste;

**IV** – é vedado ao incorporador alterar o projeto, especialmente no que se refere à unidade do adquirente e às partes comuns, modificar as especificações, ou desviar-se do plano da construção, salvo autorização unânime dos interessados ou exigência legal;

**V** – não poderá modificar as condições de pagamento nem reajustar o preço das unidades, ainda no caso de elevação dos preços dos materiais e da mão de obra, salvo se tiver sido expressamente ajustada a faculdade de reajustamento, procedendo-se, então, nas condições estipuladas;

**VI** – se o incorporador, sem justa causa devidamente comprovada, paralisar as obras por mais de 30 (trinta) dias, ou retardar-lhes excessivamente o andamento, poderá o juiz notificá-lo para que no prazo mínimo de 30 (trinta) dias as reinicie ou torne a dar-lhes o andamento normal. Desatendida a notificação, poderá o incorporador ser destituído pela maioria absoluta dos votos dos adquirentes, sem prejuízo da responsabilidade civil ou penal que couber, sujeito à cobrança executiva das importâncias comprovadamente devidas, facultando-se aos interessados prosseguir na obra (*vetado*).

**VII** – em caso de insolvência do incorporador que tiver optado pelo regime da afetação e não sendo possível à maioria prosseguir na construção, a assembleia geral poderá, pelo voto de 2/3 (dois terços) dos adquirentes, deliberar pela venda do terreno, das acessões e demais bens e direitos integrantes do patrimônio de afetação, mediante leilão ou outra forma que estabelecer, distribuindo entre si, na proporção dos recursos que comprovadamente tiverem aportado, o resultado líquido da venda, depois de pagas as dívidas do patrimônio de afetação e deduzido e entregue ao proprietário do terreno a quantia que lhe couber, nos termos do art. 40; não se obtendo, na venda, a reposição dos aportes efetivados pelos adquirentes, reajustada na forma da lei e de acordo com os critérios do contrato celebrado com o incorporador, os adquirentes serão credores privilegiados pelos valores da diferença não reembolsada, respondendo subsidiariamente os bens pessoais do incorporador.

**§ 1º** Deliberada a destituição de que tratam os incisos VI e VII do *caput* deste artigo, o incorporador será notificado extrajudicialmente pelo oficial do registro de imóveis da circunscrição em que estiver localizado o empreendimento para que, no prazo de 15 (quinze) dias, contado da data da entrega da notificação na sede do incorporador ou no seu endereço eletrônico: *(Acrescido pela Lei 14.382/2022)*

**I** - imita a comissão de representantes na posse do empreendimento e lhe entregue:

*a)* os documentos correspondentes à incorporação; e

*b)* os comprovantes de quitação das quotas de construção de sua responsabilidade a que se referem o § 5º do art. 31-A e o § 6º do art. 35 desta Lei; ou

**II** - efetive o pagamento das quotas que estiverem pendentes, de modo a viabilizar a realização da auditoria a que se refere o art. 31-C desta Lei.

**§ 2º** Da ata da assembleia geral que deliberar a destituição do incorporador deverão constar os nomes dos adquirentes presentes e as seguintes informações: *(Acrescido pela Lei 14.382/2022)*

**I** - a qualificação;

**II** - o documento de identidade;

**III** - as inscrições no Cadastro de Pessoas Físicas (CPF) ou no Cadastro Nacional da Pessoa Jurídica (CNPJ) da Secretaria Especial da Receita Federal do Brasil do Ministério da Economia;

**IV** - os endereços residenciais ou comerciais completos; e

**V** - as respectivas frações ideais e acessões a que se vincularão as suas futuras unidades imobiliárias, com a indicação dos correspondentes títulos aquisitivos, públicos ou particulares, ainda que não registrados no registro de imóveis.

**§ 3º** A ata de que trata o § 2º deste artigo, registrada no registro de títulos e documentos, constituirá documento hábil para: *(Acrescido pela Lei 14.382/2022)*

**I** - averbação da destituição do incorporador na matrícula do registro de imóveis da circunscrição em que estiver registrado o memorial de incorporação; e

**II** - implementação das medidas judiciais ou extrajudiciais necessárias:

*a)* à imissão da comissão de representantes na posse do empreendimento;

*b)* à investidura da comissão de representantes na administração e nos poderes para a prática dos atos de disposição que lhe são conferidos pelos arts. 31-F e 63 desta Lei;

*c)* à inscrição do respectivo condomínio da construção no CNPJ; e

*d)* quaisquer outros atos necessários à efetividade da norma instituída no *caput* deste artigo, inclusive para prosseguimento da obra ou liquidação do patrimônio da incorporação.

**§ 4º** As unidades não negociadas pelo incorporador e vinculadas ao pagamento das correspondentes quotas de construção nos termos do § 6º do art. 35 desta Lei ficam indisponíveis e insuscetíveis de constrição por dívidas estranhas à respectiva incorporação até que o incorporador comprove a regularidade do pagamento. *(Acrescido pela Lei 14.382/2022)*

**§ 5º** Fica autorizada a comissão de representantes a promover a venda, com fundamento no § 14 do art. 31-F e no art. 63 desta Lei, das unidades de que trata o § 4º, expirado o prazo da notificação a que se refere o § 1º deste artigo, com aplicação do produto obtido no pagamento do débito correspondente. *(Acrescido pela Lei 14.382/2022)*

**Art. 43-A.** A entrega do imóvel em até 180 (cento e oitenta) dias corridos da data estipulada contratualmente como data prevista para conclusão do empreendimento, desde que expressamente pactuado, de forma clara e destacada, não dará causa à resolução do contrato por parte do adquirente nem ensejará o pagamento de qualquer penalidade pelo incorporador. *(Incluído pela Lei 13.786/2018)*

**§ 1º** Se a entrega do imóvel ultrapassar o prazo estabelecido no *caput* deste artigo, desde que o adquirente não tenha dado causa ao atraso, poderá ser promovida por este a resolução do contrato, sem prejuízo da devolução da integralidade de todos os valores pagos e da multa estabelecida, em até 60 (sessenta) dias corridos contados da resolução, corrigidos nos termos do § 8º do art. 67-A desta Lei.

**§ 2º** Na hipótese de a entrega do imóvel estender-se por prazo superior àquele previsto no *caput* deste artigo, e não se tratar de resolução do contrato, será devida ao adquirente adimplente, por ocasião da entrega da unidade, indenização de 1% (um por cento) do valor efetivamente pago à incorporadora, para cada mês de atraso, *pro rata die*, corrigido monetariamente conforme índice estipulado em contrato.

**§ 3º** A multa prevista no § 2º deste artigo, referente a mora no cumprimento da obrigação, em hipótese alguma poderá ser cumulada com a multa estabelecida no § 1º deste artigo, que trata da inexecução total da obrigação.

**Art. 44.** Após a concessão do habite-se pela autoridade administrativa, incumbe ao incorporador a averbação da construção em correspondência às frações ideais discriminadas na matrícula do terreno, respondendo perante os adquirentes pelas perdas e danos que resultem da demora no cumprimento dessa obrigação. *(Redação dada pela Lei 14.382/2022)*

**§ 1º**. Se o incorporador não requerer a averbação (*vetado*) o construtor requerê-la-á (*vetado*) sob pena de ficar solidariamente responsável com o incorporador perante os adquirentes.

**§ 2º**. Na omissão do incorporador e do construtor, a averbação poderá ser requerida por qualquer dos adquirentes de unidade.

**Art. 45.** É lícito ao incorporador recolher o Imposto do Selo devido, mediante apresentação dos contratos preliminares, até 10 (dez) dias a contar do vencimento do prazo de carência a que se refere o art. 34, extinta a obrigação se, dentro deste prazo, for denunciada a incorporação.

**Art. 46.** Quando o pagamento do Imposto sobre Lucro Imobiliário e respectivos acréscimos e adicionais for de responsabilidade do vendedor do terreno, será lícito ao adquirente reter o pagamento das últimas prestações anteriores à data limite em que é lícito pagar, sem reajuste, o referido imposto e os adicionais, caso o vendedor não apresente a quitação até 10 (dez) dias antes do vencimento das prestações cujo pagamento torne inferior ao débito fiscal a parte do preço a ser ainda paga até a referida data limite.

**Parágrafo único.** No caso de retenção pelo adquirente, esse ficará responsável, para todos os efeitos, perante o Fisco, pelo recolhimento do tributo, adicionais e acréscimos, inclusive pelos reajustamentos que vier a sofrer o débito fiscal (*vetado*).

**Art. 47.** Quando se fixar no contrato que a obrigação do pagamento do Imposto sobre Lucro Imobiliário, acréscimos e adicionais devidos pelo alienante é transferida ao adquirente, dever-se-á explicitar o montante que tal obrigação atingiria, se sua satisfação se desse na data da escritura.

**§ 1º**. Neste caso, o adquirente será tido, para todos os efeitos, como responsável perante o Fisco.

**§ 2º**. Havendo parcela restituível, a restituição será feita ao adquirente e, se for o caso, em nome deste serão emitidas as Obrigações do Tesouro Nacional a que se refere o art. 4º da Lei nº 4.357, de 16 de julho de 1964.

**§ 3º**. Para efeitos fiscais, não importará em aumento do preço de aquisição a circunstância de obrigar-se o adquirente ao pagamento do Imposto sobre Lucro Imobiliário, seus acréscimos e adicionais.

## CAPÍTULO III.
## DA CONSTRUÇÃO DE EDIFICAÇÕES EM CONDOMÍNIO

### SEÇÃO I.
### DA CONSTRUÇÃO EM GERAL

**Art. 48.** A construção de imóveis, objeto de incorporação nos moldes previstos nesta Lei, poderá ser contratada sob o regime da empreitada ou de administração, conforme adiante definidos, e poderá estar incluída no contrato com o incorporador (*vetado*), ou ser contratada diretamente entre os adquirentes e o construtor.

**§ 1º**. O projeto e o memorial descritivo das edificações farão parte integrante e complementar do contrato.

**§ 2º**. Do contrato deverá constar o prazo da entrega das obras e as condições e formas de sua eventual prorrogação.

**Art. 49.** Os contratantes da construção, inclusive no caso do art. 43, para tratar de seus interesses, com relação a ela, poderão reunir-se em assembleia, cujas deliberações, desde que aprovadas por maioria simples dos votos presentes, serão válidas e obrigatórias para todos eles, salvo no que afetar ao direito de propriedade previsto na legislação.

**§ 1º**. As Assembleias serão convocadas, pelo menos, por 1/3 (um terço) dos votos dos contratantes, pelo incorporador ou pelo construtor, com menção expressa do assunto a tratar, sendo admitido comparecimento de procurador bastante.

**§ 2º**. A convocação da Assembleia será feita por carta registrada ou protocolo, com antecedência mínima de 5 (cinco) dias para a primeira convocação, e mais 3 (três) dias para a segunda, podendo ambas as convocações ser feitas no mesmo aviso.

**§ 3º**. A Assembleia instalar-se-á, no mínimo, com metade dos contratantes, em primeira convocação, e com qualquer número, em segunda, sendo, porém, obrigatória a presença, em qualquer caso, do incorporador ou do construtor, quando convocantes, e, pelo menos, com metade dos contratantes que a tenham convocado, se for o caso.

**§ 4º.** Na assembleia os votos dos contratantes serão proporcionais às respectivas frações ideais de terreno.

**Art. 50.** Será designada no contrato de construção ou eleita em assembleia geral a ser realizada por iniciativa do incorporador no prazo de até 6 (seis) meses, contado da data do registro do memorial de incorporação, uma comissão de representantes composta por, no mínimo, 3 (três) membros escolhidos entre os adquirentes para representá-los perante o construtor ou, no caso previsto no art. 43 desta Lei, o incorporador, em tudo o que interessar ao bom andamento da incorporação e, em especial, perante terceiros, para praticar os atos resultantes da aplicação do disposto nos art. 31-A a art. 31-F desta Lei. *(Redação dada pela Lei 14.382/2022)*

**§ 1º.** Uma vez eleita a Comissão, cuja constituição se comprovará com a ata da Assembleia, devidamente inscrita no Registro de Títulos e Documentos, esta ficará de pleno direito investida dos poderes necessários para exercer todas as atribuições e praticar todos os atos que esta Lei e o contrato de construção lhe deferirem, sem necessidade de instrumento especial outorgado pelos contratantes ou, se for o caso, pelos que se sub-rogarem nos direitos e obrigações destes.

**§ 2º.** A assembleia geral poderá, pela maioria absoluta dos votos dos adquirentes, alterar a composição da Comissão de Representantes e revogar qualquer de suas decisões, ressalvados os direitos de terceiros quanto aos efeitos já produzidos.

**§ 3º.** Respeitados os limites constantes desta Lei, o contrato poderá discriminar as atribuições da Comissão e deverá dispor sobre os mandatos de seus membros, sua destituição e a forma de preenchimento das vagas eventuais, sendo lícita a estipulação de que o mandato conferido a qualquer membro, no caso de sub-rogação de seu contrato a terceiros, se tenha por transferido, de pleno direito, ao sub-rogatário, salvo se este não o aceitar.

**§ 4º.** Nas incorporações em que o número de contratantes de unidades for igual ou inferior a três, a totalidade deles exercerá, em conjunto, as atribuições que esta Lei confere à Comissão, aplicando-se, no que couber, o disposto nos parágrafos anteriores.

**Art. 51.** Nos contratos de construção, seja qual for seu regime, deverá constar expressamente a quem caberão as despesas com ligações de serviços públicos, devidas ao Poder Público, bem como as despesas indispensáveis à instalação, funcionamento e regulamentação do condomínio.

**Parágrafo único.** Quando o serviço público for explorado mediante concessão, os contratos de construção deverão também especificar a quem caberão as despesas com as ligações que incumbam às concessionárias, no caso de não estarem elas obrigadas a fazê-las, ou, em o estando, se a isto se recusarem ou alegarem impossibilidade.

**Art. 52.** Cada contratante da construção só será imitido na posse de sua unidade se estiver em dia com as obrigações assumidas, inclusive as relativas à construção, exercendo o construtor e o condomínio, até então, o direito de retenção sobre a respectiva unidade; no caso do art. 43, este direito será exercido pelo incorporador.

**Art. 53.** O Poder Executivo, através do Banco Nacional da Habitação, promoverá a celebração de contratos com a Associação Brasileira de Normas Técnicas (ABNT), no sentido de que esta, tendo em vista o disposto na Lei nº 4.150, de 21 de novembro de 1962, prepare, no prazo máximo de 120 (cento e vinte) dias, normas que estabeleçam, para cada tipo de prédio que padronizar:

**I** – critérios e normas para cálculo de custos unitários de construção, para uso dos sindicatos, na forma do art. 54;

**II** – critérios e normas para execução de orçamentos de custos de construção, para fins do disposto no art. 59;

**III** – critérios e normas para a avaliação de custo global de obra, para fins da alínea *h*, do art. 32;

**IV** – modelo de memorial descritivo dos acabamentos de edificação, para fins do disposto no art. 32;

**V** – critério para entrosamento entre o cronograma das obras e o pagamento das prestações, que poderá ser introduzido nos contratos de incorporação inclusive para o efeito de aplicação do disposto no § 2º do art. 48.

**§ 1º.** O número de tipos padronizados deverá ser reduzido e na fixação se atenderá primordialmente:

*a)* o número de pavimentos e a existência de pavimentos especiais (subsolo, pilotis etc.);

*b)* o padrão da construção (baixo, normal, alto), tendo em conta as condições de acabamento, a qualidade dos materiais empregados, os equipamentos, o número de elevadores e as inovações de conforto;

*c)* as áreas de construção.

**§ 2º.** Para custear o serviço a ser feito pela ABNT, definido neste artigo, fica autorizado o Poder Executivo a abrir um crédito especial no valor de Cr$ 10.000.000,00 (dez milhões de cruzeiros), em favor do Banco Nacional da Habitação, vinculado a este fim, podendo o Banco adiantar a importância à ABNT, se necessário.

**§ 3º**. No contrato a ser celebrado com a ABNT, estipular-se-á a atualização periódica das normas previstas neste artigo, mediante remuneração razoável.

**Art. 54.** Os sindicatos estaduais da indústria da construção civil ficam obrigados a divulgar mensalmente, até o dia 5 de cada mês, os custos unitários de construção a serem adotados nas respectivas regiões jurisdicionais, calculados com observância dos critérios e normas a que se refere o inciso I do artigo anterior.

**§ 1º**. O sindicato estadual que deixar de cumprir a obrigação prevista neste artigo deixará de receber dos cofres públicos, enquanto perdurar a omissão, qualquer subvenção ou auxílio que pleiteie ou a que tenha direito.

**§ 2º**. Na ocorrência de omissão de sindicato estadual, o construtor usará os índices fixados por outro sindicato estadual, em cuja região os custos de construção mais lhe pareçam aproximados dos da sua.

**§ 3º**. Os orçamentos ou estimativas baseados nos custos unitários a que se refere este artigo só poderão ser considerados atualizados, em certo mês, para os efeitos desta Lei, se baseados em custos unitários relativos ao próprio mês ou a um dos dois meses anteriores.

## SEÇÃO II. DA CONSTRUÇÃO POR EMPREITADA

**Art. 55.** Nas incorporações em que a construção seja feita pelo regime de empreitada, esta poderá ser a preço fixo ou a preço reajustável por índices previamente determinados.

**§ 1º**. Na empreitada a preço fixo, o preço da construção será irreajustável, independentemente das variações que sofrer o custo efetivo das obras e quaisquer que sejam suas causas.

**§ 2º**. Na empreitada a preço reajustável, o preço fixado no contrato será reajustado na forma e nas épocas nele expressamente previstas, em função da variação dos índices adotados, também previstos obrigatoriamente no contrato.

**§ 3º**. Nos contratos de construção por empreitada, a Comissão de Representantes fiscalizará o andamento da obra e a obediência ao projeto e às especificações, exercendo as demais obrigações inerentes à sua função representativa dos contratantes e fiscalizadora da construção.

**§ 4º**. Nos contratos de construção fixados sob regime de empreitada, reajustável, a Comissão de Representantes fiscalizará, também, o cálculo do reajustamento.

**§ 5º**. No contrato deverá ser mencionado o montante do orçamento atualizado da obra, calculado de acordo com as normas do inciso III do art. 53, com base nos custos unitários referidos no art. 54, quando o preço estipulado for inferior ao mesmo.

**§ 6º**. Na forma de expressa referência, os contratos de empreitada entendem-se como sendo a preço fixo.

**Art. 56.** Em toda a publicidade ou propaganda escrita, destinada a promover a venda de incorporação com construção pelo regime de empreitada reajustável, em que conste preço, serão discriminados explicitamente o preço da fração ideal do terreno e o preço da construção, com indicação expressa da reajustabilidade.

**§ 1º**. As mesmas indicações deverão constar em todos os papéis utilizados para a realização da incorporação, tais como cartas, propostas, escrituras, contratos e documentos semelhantes.

**§ 2º**. Esta exigência será dispensada nos anúncios "classificados" dos jornais.

**Art. 57.** Ao construtor que contratar, por empreitada a preço fixo, uma obra de incorporação, aplicar-se-á, no que couber, o disposto nos itens II, III, IV (*vetado*) e VI do art. 43.

## SEÇÃO III. DA CONSTRUÇÃO POR ADMINISTRAÇÃO

**Art. 58.** Nas incorporações em que a construção for contratada pelo regime de administração, também chamado "a preço de custo", será de responsabilidade dos proprietários ou adquirentes o pagamento do custo integral de obra, observadas as seguintes disposições:

**I** – todas as faturas, duplicatas, recibos e quaisquer documentos referentes às transações ou aquisições para construção serão emitidos em nome do condomínio dos contratantes da construção;

**II** – todas as contribuições dos condôminos para qualquer fim relacionado com a construção serão depositadas em contas abertas em nome do condomínio dos contratantes em estabelecimentos bancários, as quais serão movimentadas pela forma que for fixada no contrato.

**Art. 59.** No regime de construção por administração será obrigatório constar do respectivo contrato o montante do orçamento do custo da obra, elaborado com estrita observância dos critérios e normas referidos no inciso II do art. 53, e a data em que se iniciará efetivamente a obra.

**§ 1º**. Nos contratos lavrados até o término das fundações, este montante não poderá ser inferior ao da estimativa atualizada, a que se refere o § 3º do art. 54.

**§ 2º**. Nos contratos celebrados após o término das fundações, este montante não poderá ser inferior à última revisão efetivada na forma do artigo seguinte.

**§ 3º**. Às transferências e sub-rogações do contrato, em qualquer fase da obra, aplicar-se-á o disposto neste artigo.

**Art. 60.** As revisões da estimativa de custo da obra serão efetuadas, pelo menos semestralmente, em comum entre a Comissão de Representantes e o construtor. O contrato poderá estipular que, em função das necessidades da obra, sejam alteráveis os esquemas de contribuições quanto ao total, ao número, ao valor e à distribuição no tempo das prestações.

**Parágrafo único.** Em caso de majoração de prestações, o novo esquema deverá ser comunicado aos contratantes, com antecedência mínima de 45 (quarenta e cinco) dias da data em que deverão ser efetuados os depósitos das primeiras prestações alteradas.

**Art. 61.** A Comissão de Representantes terá poderes para, em nome de todos os contratantes e na forma prevista no contrato:

*a)* examinar os balancetes organizados pelos construtores, dos recebimentos e despesas do condomínio dos contratantes, aprová-los ou impugná-los, examinando a documentação respectiva;

*b)* fiscalizar concorrências relativas às compras dos materiais necessários à obra ou aos serviços a ela pertinentes;

*c)* contratar, em nome do condomínio, com qualquer condômino, modificações por ele solicitadas em sua respectiva unidade, a serem administradas pelo construtor, desde que não prejudiquem unidade de outro condômino e não estejam em desacordo com o parecer técnico do construtor;

*d)* fiscalizar a arrecadação das contribuições destinadas à construção;

*e)* exercer as demais obrigações inerentes a sua função representativa dos contratantes e fiscalizadora da construção, e praticar todos os atos necessários ao funcionamento regular do condomínio.

**Art. 62.** Em toda publicidade ou propaganda escrita destinada a promover a venda de incorporação com construção, pelo regime de administração em que conste preço, serão discriminados explicitamente o preço da fração ideal de terreno e o montante do orçamento atualizado do custo da construção, na forma dos arts. 59 e 60, com a indicação do mês a que se refere o dito orçamento e do tipo padronizado a que se vincule o mesmo.

**§ 1º**. As mesmas indicações deverão constar em todos os papéis utilizados para a realização da incorporação, tais como cartas, propostas, escrituras, contratos e documentos semelhantes.

**§ 2º**. Esta exigência será dispensada nos anúncios "classificados" dos jornais.

## CAPÍTULO IV. DAS INFRAÇÕES

✪ **Art. 63.** É lícito estipular no contrato, sem prejuízo de outras sanções, que a falta de pagamento, por parte do adquirente ou contratante, de três prestações do preço da construção, quer estabelecidas inicialmente, quer alteradas ou criadas posteriormente, quando for o caso, depois de prévia notificação com o prazo de 10 (dez) dias para purgação da mora, implique na rescisão do contrato, conforme nele se fixar, ou que, na falta de pagamento pelo débito respondem os direitos à respectiva fração ideal de terreno e à parte construída adicionada, na forma abaixo estabelecida, se outra forma não fixar o contrato.

**§ 1º**. Se o débito não for liquidado no prazo de 10 (dez) dias, após solicitação da Comissão de Representantes, esta ficará, desde logo, de pleno direito, autorizada a efetuar, no prazo que fixar, em público leilão anunciado pela forma que o contrato previr, a venda, promessa de venda ou de cessão, ou a cessão da quota de terreno e correspondente parte construída e direitos, bem como a sub-rogação do contrato de construção.

**§ 2º**. Se o maior lanço obtido for inferior ao desembolso efetuado pelo inadimplente, para a quota do terreno e a construção, despesas acarretadas e as percentagens expressas no parágrafo seguinte, será realizada nova praça no prazo estipulado no contrato. Nesta segunda praça, será aceito o maior lanço apurado, ainda que inferior àquele total (*vetado*).

**§ 3º**. No prazo de 24 (vinte e quatro) horas após a realização do leilão final, o condomínio, por decisão unânime de Assembleia Geral, em condições de igualdade com terceiros, terá preferência na aquisição dos bens, caso em que serão adjudicados ao condomínio.

**§ 4º**. Do preço que for apurado no leilão, serão deduzidas as quantias em débito, todas as despesas ocorridas, inclusive honorários de advogado e anúncios, e mais 5% (cinco por cento) a título de comissão e 10% (dez por cento) de multa compensatória, que reverterão em benefício do condomínio de todos os contratantes, com exceção do faltoso, ao qual será entregue o saldo, se houver.

**§ 5º**. Para os fins das medidas estipuladas neste artigo, a Comissão de Representantes ficará investida de mandato irrevogável, isento do Imposto do Selo, na vigência do contrato geral de construção da obra, com poderes necessários para, em nome do condômino inadimplente, efetuar as citadas transações, podendo para este fim fixar preços, ajustar condições, sub-rogar o arrematante nos direitos e obrigações decorrentes do contrato de construção e da quota de terreno e construção; outorgar as competentes escrituras e contratos, receber preços, dar quitações; imitir o arrematante na posse do imóvel; transmitir domínio, direito e ação; responder pela evicção; receber citação, propor e variar de ações; e também dos poderes *ad juditia*, a serem substabelecidos a advogado legalmente habilitado.

**§ 6º.** A morte, falência ou concordata do condômino ou sua dissolução, se se tratar de sociedade, não revogará o mandato de que trata o parágrafo anterior, o qual poderá ser exercido pela Comissão de Representantes até a conclusão dos pagamentos devidos, ainda que a unidade pertença a menor de idade.

**§ 7º.** Os eventuais débitos, fiscais ou para com a Previdência Social, não impedirão a alienação por leilão público. Neste caso, ao condômino somente será entregue o saldo, se houver, desde que prove estar quite com o Fisco e a Previdência Social, devendo a Comissão de Representantes, em caso contrário, consignar judicialmente a importância equivalente aos débitos existentes, dando ciência do fato à entidade credora.

**§ 8º.** Independentemente das disposições deste artigo e seus parágrafos, e como penalidades preliminares, poderá o contrato de construção estabelecer a incidência de multas e juros de mora em caso de atraso no depósito de contribuições, sem prejuízo do disposto no parágrafo seguinte.

**§ 9º.** O contrato poderá dispor que o valor das prestações pagas com atraso seja corrigível em função da variação do índice geral de preços mensalmente publicado pelo Conselho Nacional de Economia, que reflita as oscilações do poder aquisitivo da moeda nacional.

**§ 10.** O membro da Comissão de Representantes que incorrer na falta prevista neste artigo estará sujeito à perda automática do mandato e deverá ser substituído segundo dispuser o contrato.

**Art. 64.** Os órgãos de informação e publicidade que divulgarem publicidade sem os requisitos exigidos pelo § 3º do art. 32 e pelos arts. 56 e 62, desta Lei, sujeitar-se-ão à multa em importância correspondente ao dobro do preço pago pelo anunciante, a qual reverterá em favor da respectiva Municipalidade.

**Art. 65.** É crime contra a economia popular promover incorporação, fazendo, em proposta, contratos, prospectos ou comunicação ao público ou aos interessados, afirmação falsa sobre a constituição do condomínio, alienação das frações ideais do terreno ou sobre a construção das edificações.

**Pena** – reclusão de 1 (um) a 4 (quatro) anos e multa de cinco a cinquenta vezes o maior salário mínimo legal vigente no País.

**§ 1º.** Incorrem na mesma pena:

**I** – o incorporador, o corretor e o construtor, individuais, bem como os diretores ou gerentes de empresa coletiva, incorporadora, corretora ou construtora que, em proposta, contrato, publicidade, prospecto, relatório, parecer, balanço ou comunicação ao público ou aos condôminos, candidatos ou subscritores de unidades, fizerem afirmação falsa sobre a constituição do condomínio, alienação das frações ideais ou sobre a construção das edificações;

**II** – o incorporador, o corretor e o construtor individuais, bem como os diretores ou gerentes de empresa coletiva, incorporadora, corretora ou construtora que usar, ainda que a título de empréstimo, em proveito próprio ou de terceiro, bens ou haveres destinados a incorporação contratada por administração, sem prévia autorização dos interessados.

**§ 2º.** O julgamento destes crimes será de competência de juízo singular, aplicando-se os arts. 5º, 6º e 7º da Lei nº 1.521, de 26 de dezembro de 1951.

**§ 3º.** Em qualquer fase do procedimento criminal objeto deste artigo, a prisão do indiciado dependerá sempre de mandado do juízo referido no § 2º.

**Art. 66.** São contravenções relativas à economia popular, puníveis na forma do art. 10 da Lei nº 1.521, de 26 de dezembro de 1951:

**I** – negociar o incorporador frações ideais de terreno, sem previamente satisfazer às exigências constantes desta Lei;

**II** – omitir o incorporador, em qualquer documento de ajuste, as indicações a que se referem os arts. 37 e 38, desta Lei;

**III** – deixar o incorporador, sem justa causa, no prazo do art. 35 e ressalvada a hipótese de seus §§ 2º e 3º, de promover a celebração do contrato relativo à fração ideal de terreno, do contrato de construção ou da Convenção do Condomínio;

**IV** – *(VETADO)*;

**V** – omitir o incorporador, no contrato, a indicação a que se refere o § 5º do art. 55 desta Lei;

**VI** – paralisar o incorporador a obra, por mais de 30 (trinta) dias, ou retardar-lhe excessivamente o andamento sem justa causa.

**Pena** – multa de cinco a vinte vezes o maior salário mínimo legal vigente no País.

**Parágrafo único.** No caso de contratos relativos a incorporações, de que não participe o incorporador, responderão solidariamente pelas faltas capituladas neste artigo o construtor, o corretor, o proprietário ou titular de direitos aquisitivos do terreno, desde que figurem no contrato, com direito regressivo sobre o incorporador, se as faltas cometidas lhe forem imputáveis.

## CAPÍTULO V. DAS DISPOSIÇÕES FINAIS E TRANSITÓRIAS

**Art. 67.** Os contratos poderão consignar exclusivamente as cláusulas, termos ou condições variáveis ou específicas.

**§ 1º**. As cláusulas comuns a todos os adquirentes não precisarão figurar expressamente nos respectivos contratos.

**§ 2º**. Os contratos, no entanto, consignarão obrigatoriamente que as partes contratantes adotem e se comprometam a cumprir as cláusulas, termos e condições contratuais a que se refere o parágrafo anterior, sempre transcritas, verbo *ad verbum*, no respectivo cartório ou ofício, mencionando, inclusive, o número do Livro e das folhas do competente registro.

**§ 3º**. Aos adquirentes, ao receberem os respectivos instrumentos, será obrigatoriamente entregue cópia, impressa ou mimeografada, autenticada, do contrato padrão contendo as cláusulas, termos e condições referidas no § 1º deste artigo.

**§ 4º**. Os Cartórios de Registro de Imóveis, para os devidos efeitos, receberão dos incorporadores, autenticadamente, o instrumento a que se refere o parágrafo anterior.

✪ **Art. 67-A.** Em caso de desfazimento do contrato celebrado exclusivamente com o incorporador, mediante distrato ou resolução por inadimplemento absoluto de obrigação do adquirente, este fará jus à restituição das quantias que houver pago diretamente ao incorporador, atualizadas com base no índice contratualmente estabelecido para a correção monetária das parcelas do preço do imóvel, delas deduzidas, cumulativamente: *(Incluído pela Lei 13.786/2018)*

**I** - a integralidade da comissão de corretagem;

**II** - a pena convencional, que não poderá exceder a 25% (vinte e cinco por cento) da quantia paga.

**§ 1º** Para exigir a pena convencional, não é necessário que o incorporador alegue prejuízo.

**§ 2º** Em função do período em que teve disponibilizada a unidade imobiliária, responde ainda o adquirente, em caso de resolução ou de distrato, sem prejuízo do disposto no *caput* e no § 1º deste artigo, pelos seguintes valores:

**I** - quantias correspondentes aos impostos reais incidentes sobre o imóvel;

**II** - cotas de condomínio e contribuições devidas a associações de moradores;

**III** - valor correspondente à fruição do imóvel, equivalente à 0,5% (cinco décimos por cento) sobre o valor atualizado do contrato, *pro rata die*;

**IV** - demais encargos incidentes sobre o imóvel e despesas previstas no contrato.

**§ 3º** Os débitos do adquirente correspondentes às deduções de que trata o § 2º deste artigo poderão ser pagos mediante compensação com a quantia a ser restituída.

**§ 4º** Os descontos e as retenções de que trata este artigo, após o desfazimento do contrato, estão limitados aos valores efetivamente pagos pelo adquirente, salvo em relação às quantias relativas à fruição do imóvel.

**§ 5º** Quando a incorporação estiver submetida ao regime do patrimônio de afetação, de que tratam os arts. 31-A a 31-F desta Lei, o incorporador restituirá os valores pagos pelo adquirente, deduzidos os valores descritos neste artigo e atualizados com base no índice contratualmente estabelecido para a correção monetária das parcelas do preço do imóvel, no prazo máximo de 30 (trinta) dias após o habite-se ou documento equivalente expedido pelo órgão público municipal competente, admitindose, nessa hipótese, que a pena referida no inciso II do *caput* deste artigo seja estabelecida até o limite de 50% (cinquenta por cento) da quantia paga.

**§ 6º** Caso a incorporação não esteja submetida ao regime do patrimônio de afetação de que trata a Lei nº 10.931, de 2 de agosto de 2004, e após as deduções a que se referem os parágrafos anteriores, se houver remanescente a ser ressarcido ao adquirente, o pagamento será realizado em parcela única, após o prazo de 180 (cento e oitenta) dias, contado da data do desfazimento do contrato.

**§ 7º** Caso ocorra a revenda da unidade antes de transcorrido o prazo a que se referem os §§ 5º ou 6º deste artigo, o valor remanescente devido ao adquirente será pago em até 30 (trinta) dias da revenda.

**§ 8º** O valor remanescente a ser pago ao adquirente nos termos do § 7º deste artigo deve ser atualizado com base no índice contratualmente estabelecido para a correção monetária das parcelas do preço do imóvel.

**§ 9º** Não incidirá a cláusula penal contratualmente prevista na hipótese de o adquirente que der causa ao desfazimento do contrato encontrar comprador substituto que o sub-rogue nos direitos e obrigações originalmente assumidos, desde que haja a devida anuência do incorporador e a aprovação dos cadastros e da capacidade financeira e econômica do comprador substituto.

**§ 10.** Os contratos firmados em estandes de vendas e fora da sede do incorporador permitem ao adquirente o exercício do direito de arrependimento, durante o prazo improrrogável de 7 (sete) dias, com a devolução de todos os valores eventualmente antecipados, inclusive a comissão de corretagem.

**§ 11.** Caberá ao adquirente demonstrar o exercício tempestivo do direito de arrependimento por meio de carta registrada, com aviso de recebimento, considerada a data da postagem como data inicial da contagem do prazo a que se refere o § 10 deste artigo.

**§ 12.** Transcorrido o prazo de 7 (sete) dias a que se refere o § 10 deste artigo sem que tenha sido exercido o direito de arrependimento, será observada a irretratabilidade do contrato de incorporação imobiliária, conforme disposto no § 2º do art. 32 da Lei nº 4.591, de 16 de dezembro de 1964.

**§ 13.** Poderão as partes, em comum acordo, por meio de instrumento específico de distrato, definir condições diferenciadas das previstas nesta Lei.

**§ 14.** Nas hipóteses de leilão de imóvel objeto de contrato de compra e venda com pagamento parcelado, com ou sem garantia real, de promessa de compra e venda ou de cessão e de compra e venda com pacto adjeto de alienação fiduciária em garantia, realizado o leilão no contexto de execução judicial ou de procedimento extrajudicial de execução ou de resolução, a restituição far-se-á de acordo com os critérios estabelecidos na respectiva lei especial ou com as normas aplicáveis à execução em geral.

**Art. 68.** A atividade de alienação de lotes integrantes de desmembramento ou loteamento, quando vinculada à construção de casas isoladas ou geminadas, promovida por uma das pessoas indicadas no art. 31 desta Lei ou no art. 2º-A da Lei nº 6.766, de 19 de dezembro de 1979, caracteriza incorporação imobiliária sujeita ao regime jurídico instituído por esta Lei e às demais normas legais a ele aplicáveis. *(Redação dada pela Lei 14.382/2022)*

**§ 1º** A modalidade de incorporação de que trata este artigo poderá abranger a totalidade ou apenas parte dos lotes integrantes do parcelamento, ainda que sem área comum, e não sujeita o conjunto imobiliário dela resultante ao regime do condomínio edilício, permanecendo as vias e as áreas por ele abrangidas sob domínio público. *(Acrescido pela Lei 14.382/2022)*

**§ 2º** O memorial de incorporação do empreendimento indicará a metragem de cada lote e da área de construção de cada casa, dispensada a apresentação dos documentos referidos nas alíneas e, i, j, l e n do *caput* do art. 32 desta Lei. *(Acrescido pela Lei 14.382/2022)*

**§ 3º** A incorporação será registrada na matrícula de origem em que tiver sido registrado o parcelamento, na qual serão também assentados o respectivo termo de afetação de que tratam o art. 31-B desta Lei e o art. 2º da Lei nº 10.931, de 2 de agosto de 2004, e os demais atos correspondentes à incorporação. *(Acrescido pela Lei 14.382/2022)*

**§ 4º** Após o registro do memorial de incorporação, e até a emissão da carta de habite-se do conjunto imobiliário, as averbações e os registros correspondentes aos atos e negócios relativos ao empreendimento sujeitam-se às normas do art. 237-A da Lei nº 6.015, de 31 de dezembro de 1973 (Lei de Registros Públicos). *(Acrescido pela Lei 14.382/2022)*

**Art. 69.** O Poder Executivo baixará, no prazo de 90 (noventa) dias, regulamento sobre o registro no Registro de Imóveis (*vetado*).

**Art. 70.** A presente Lei entrará em vigor na data de sua publicação, revogados o Dec. nº 5.481, de 25 de junho de 1928 e quaisquer disposições em contrário.

Brasília, 16 de dezembro de 1964; 143º da Independência e 76º da República.

H. CASTELLO BRANCO

D.O.U. de 21.12.1964

# LEI Nº 5.478, DE 25 DE JULHO DE 1968

*Dispõe sobre ação de alimentos e dá outras providências.*

O PRESIDENTE DA REPÚBLICA

Faço saber que o Congresso Nacional decreta e eu sanciono a seguinte Lei:

- CPC/15: arts. 22, I, 53, II, 189, II, 215, II, 292, III, 528 a 533, 693, par. único, 911 a 913, e 1.012.
- Decreto 56.826/1965 – Promulga a Convenção sobre a prestação de alimentos no estrangeiro.

✪ **Art. 1º.** A ação de alimentos é de rito especial, independe de prévia distribuição e de anterior concessão do benefício de gratuidade.

- CC: arts. 1.590, e 1.694 a 1.710.
- CPC/15: art. 189, II.
- Lei 6.515/1977: arts. 16, 19 a 23, e 28 a 30.
- Lei 1.060/1950 – Estabelece normas para a concessão de assistência judiciária aos necessitados.

**§ 1º.** A distribuição será determinada posteriormente por ofício do juízo, inclusive para o fim de registro do feito.

**§ 2º.** A parte que não estiver em condições de pagar as custas do processo, sem prejuízo do sustento próprio ou de sua família, gozará do benefício da gratuidade, por simples afirmativa dessas condições perante o juiz, sob pena de pagamento até o décuplo das custas judiciais.

**§ 3º.** Presume-se pobre, até prova em contrário, quem afirmar essa condição, nos termos desta Lei.

**§ 4º.** A impugnação do direito à gratuidade não suspende o curso do processo de alimentos e será feita em autos apartados.

CIVIL

**Art. 2º.** O credor, pessoalmente ou por intermédio de advogado, dirigir-se-á ao juiz competente, qualificando-se, e exporá suas necessidades, provando, apenas, o parentesco ou a obrigação de alimentar do devedor, indicando seu nome e sobrenome, residência ou local de trabalho, profissão e naturalidade, quanto ganha aproximadamente ou os recursos de que dispõe.

**§ 1º.** Dispensar-se-á a produção inicial de documentos probatórios:

**I** – quando existente em notas, registros, repartições ou estabelecimentos públicos e ocorrer impedimento ou demora em extrair certidões;

**II** – quando estiverem em poder do obrigado as prestações alimentícias ou de terceiro residente em lugar incerto ou não sabido.

**§ 2º.** Os documentos públicos ficam isentos de reconhecimento de firma.

**§ 3º.** Se o credor comparecer pessoalmente e não indicar profissional que haja concordado em assisti-lo, o juiz designará desde logo quem o deva fazer.

**Art. 3º.** O pedido será apresentado por escrito, em três vias, e deverá conter a indicação do juiz a quem for dirigido, os elementos referidos no artigo anterior e um histórico sumário dos fatos.

**§ 1º.** Se houver sido designado pelo juiz defensor para assistir o solicitante, na forma prevista no art. 2º, formulará o designado, dentro de 24 (vinte e quatro) horas da nomeação, o pedido, por escrito, podendo, se achar conveniente, indicar seja a solicitação verbal reduzida a termo.

**§ 2º.** O termo previsto no parágrafo anterior será em três vias, datadas e assinadas pelo escrivão, observado, no que couber, o disposto no *caput* do presente artigo.

**Art. 4º.** Ao despachar o pedido, o juiz fixará desde logo alimentos provisórios a serem pagos pelo devedor, salvo se o credor expressamente declarar que deles não necessita.

› CPC/15: art. 693, par. único.

**Parágrafo único.** Se se tratar de alimentos provisórios pedidos pelo cônjuge, casado pelo regime da comunhão universal de bens, o juiz determinará igualmente que seja entregue ao credor, mensalmente, parte da renda líquida dos bens comuns, administrados pelo devedor.

**Art. 5º.** O escrivão, dentro de 48 (quarenta e oito) horas, remeterá ao devedor a segunda via da petição ou do termo, juntamente com a cópia do despacho do juiz, e a comunicação do dia e hora da realização da audiência de conciliação e julgamento.

**§ 1º.** Na designação da audiência o juiz fixará o prazo razoável que possibilite ao réu a contestação da ação proposta e a eventualidade de citação por edital.

**§ 2º.** A comunicação, que será feita mediante registro postal isento de taxas e com aviso de recebimento, importa em citação, para todos os efeitos legais.

**§ 3º.** Se o réu criar embaraços ao recebimento da citação, ou não for encontrado, repetir-se-á a diligência por intermédio do oficial de justiça, servindo de mandado a terceira via da petição ou do termo.

**§ 4º.** Impossibilitada a citação do réu por qualquer dos modos acima previstos, será ele citado por edital afixado na sede do juízo e publicado três vezes consecutivas no órgão oficial do Estado, correndo a despesa por conta do vencido, a final, sendo previamente a conta juntada aos autos.

**§ 5º.** O edital deverá conter um resumo do pedido inicial, a íntegra do despacho nele exarado, a data e a hora da audiência.

**§ 6º.** O autor será notificado da data e hora da audiência no ato de recebimento da petição, ou da lavratura do termo.

**§ 7º.** O juiz, ao marcar a audiência, oficiará ao empregador do réu, ou, se o mesmo for funcionário público, ao responsável por sua repartição, solicitando o envio, no máximo até a data marcada para a audiência, de informações sobre o salário ou os vencimentos do devedor, sob as penas previstas no art. 22 desta Lei.

**§ 8º.** A citação do réu, mesmo no caso dos arts. 200 e 201 do Código de Processo Civil, far-se-á na forma do § 2º do art. 5º desta Lei.

**Art. 6º.** Na audiência de conciliação e julgamento deverão estar presentes autor e réu, independentemente de intimação e de comparecimento de seus representantes.

**Art. 7º.** O não comparecimento do autor determina o arquivamento do pedido, e a ausência do réu importa em revelia, além de confissão quanto à matéria de fato.

› CPC/15: arts. 329, II, e 344 a 346.

**Art. 8º.** Autor e réu comparecerão à audiência acompanhados de suas testemunhas, três no máximo, apresentando, nessa ocasião, as demais provas.

**Art. 9º.** Aberta a audiência, lida a petição, ou o termo, e a resposta, se houver, ou dispensada a leitura, o juiz ouvirá as partes litigantes e o representante do Ministério Público, propondo conciliação.

**§ 1º.** Se houver acordo, lavrar-se-á o respectivo termo, que será assinado pelo juiz, escrivão, partes e representantes do Ministério Público.

**§ 2º.** Não havendo acordo, o juiz tomará o depoimento pessoal das partes e das testemunhas, ouvidos os peritos se houver, podendo julgar o feito sem a mencionada produção de provas, se as partes concordarem.

**Art. 10.** A audiência de julgamento será contínua; mas, se não for possível por motivo de força maior concluí-la no mesmo dia, o juiz marcará a sua continuação para o primeiro dia desimpedido, independentemente de novas intimações.

**Art. 11.** Terminada a instrução poderão as partes e o Ministério Público aduzir alegações finais, em prazo não excedente de 10 (dez) minutos para cada um.

**Parágrafo único.** Em seguida, o juiz renovará a proposta de conciliação e, não sendo aceita, ditará sua sentença, que conterá sucinto relatório do ocorrido na audiência.

**Art. 12.** Da sentença serão as partes intimadas, pessoalmente ou através de seus representantes, na própria audiência, ainda quando ausentes, desde que intimadas de sua realização.

✪ **Art. 13.** O disposto nesta Lei aplica-se igualmente, no que couber, às ações ordinárias de desquite, nulidade e anulação de casamento, à revisão de sentenças proferidas em pedidos de alimentos e respectivas execuções.

**§ 1º.** Os alimentos provisórios fixados na inicial poderão ser revistos a qualquer tempo, se houver modificação na situação financeira das partes, mas o pedido será sempre processado em apartado.

**§ 2º.** Em qualquer caso, os alimentos fixados retroagem à data da citação.

‣ Súmula 621, STJ.

**§ 3º.** Os alimentos provisórios serão devidos até a decisão final, inclusive o julgamento do recurso extraordinário.

✪ **Art. 14.** Da sentença caberá apelação no efeito devolutivo.

✪ **Art. 15.** A decisão judicial sobre alimentos não transita em julgado e pode a qualquer tempo ser revista em face da modificação da situação financeira dos interessados.

**Art. 16.** *(Revogado pela Lei nº 13.105, de 2015).*

**Art. 17.** *(Revogado pela Lei nº 13.105, de 2015)*

**Art. 18.** *(Revogado pela Lei nº 13.105, de 2015)*

✪ **Art. 19.** O juiz, para instrução da causa, ou na execução da sentença ou do acordo, poderá tomar todas as providências necessárias para seu esclarecimento ou para o cumprimento do julgado ou do acordo, inclusive a decretação de prisão do devedor até 60 (sessenta) dias.

‣ CF/88: art. 5º, LXVII.

**§ 1º.** O cumprimento integral da pena de prisão não eximirá o devedor do pagamento das prestações alimentícias, vincendas ou vencidas e não pagas.

**§ 2º.** Da decisão que decretar a prisão do devedor, caberá agravo de instrumento.

**§ 3º.** A interposição do agravo não suspende a execução da ordem de prisão.

**Art. 20.** As repartições públicas, civis ou militares, inclusive do Imposto de Renda, darão todas as informações necessárias à instrução dos processos previstos nesta Lei e à execução do que for decidido ou acordado em juízo.

**Art. 21.** O art. 244 do Código Penal passa a vigorar com a seguinte redação:

(...)

**Art. 22.** Constitui crime contra a administração da Justiça deixar o empregador ou funcionário público de prestar ao juízo competente as informações necessárias à instrução de processo ou execução de sentença ou acordo que fixe pensão alimentícia:

**Pena** – detenção de 6 (seis) meses a 1 (um) ano, sem prejuízo da pena acessória de suspensão do emprego de 30 (trinta) a 90 (noventa) dias.

**Parágrafo único.** Nas mesmas penas incide quem, de qualquer modo, ajuda o devedor a eximir-se ao pagamento de pensão alimentícia judicialmente acordada, fixada ou majorada, ou se recusa, ou procrastina a executar ordem de descontos em folhas de pagamento, expedida pelo juiz competente.

**Art. 23.** A prescrição quinquenal referida no art. 178, § 10, I, do Código Civil só alcança as prestações mensais e não o direito a alimentos, que, embora irrenunciável, pode ser provisoriamente dispensado.

**Art. 24.** A parte responsável pelo sustento da família, e que deixar a residência comum por motivo que não necessitará declarar, poderá tomar a iniciativa de comunicar ao juízo os rendimentos de que dispõe e de pedir a citação do credor, para comparecer à audiência de conciliação e julgamento destinada à fixação dos alimentos a que está obrigado.

**Art. 25.** A prestação não pecuniária estabelecida no art. 403 do Código Civil só pode ser autorizada pelo juiz se a ela anuir o alimentando capaz.

- Referência ao CC/1916.

**Art. 26.** É competente para as ações de alimentos decorrentes da aplicação do Dec. Leg. 10, de 13 de novembro de 1958, e Dec. 56.826, de 2 de setembro de 1965, o juízo federal da capital da Unidade Federativa Brasileira em que reside o devedor, sendo considerada instituição intermediária, para os fins dos referidos decretos, a Procuradoria-Geral da República.

**Parágrafo único.** Nos termos do inciso III do art. 2º da Convenção Internacional sobre Ações de Alimentos, o Governo Brasileiro comunicará, sem demora, ao secretário-geral das Nações Unidas, o disposto neste artigo.

**Art. 27.** Aplicam-se supletivamente nos processos regulados por esta Lei as disposições do Código de Processo Civil.

- Lei 13.105/2015 – Código de Processo Civil.

**Art. 28.** Esta Lei entrará em vigor 30 (trinta) dias depois de sua publicação.

**Art. 29.** Revogam-se as disposições em contrário.

Brasília, 25 de julho de 1968; 147º da Independência e 80º da República.

A. COSTA E SILVA

D.O.U. de 26.7.1968

# LEI Nº 6.015, DE 31 DE DEZEMBRO DE 1973

*Dispõe sobre os Registros Públicos e dá outras providências.*

O PRESIDENTE DA REPÚBLICA

Faço saber que o Congresso Nacional decreta e eu sanciono a seguinte Lei:

- LC 116/2003: Item 21 da lista de serviços.
- Lei 10.150/2000: art. 35.
- Lei 9.534/1997 – Dá no redação ao art. 30 da Lei 6.015/1973, que dispõe sobre os registros públicos; acrescenta inciso ao art. 1º da Lei 9.265/1996, que trata da gratuidade dos atos necessários ao exercício da cidadania; e altera os arts. 30 e 45 da Lei 8.935/1994, que dispõe sobre os serviços notariais e de registro.
- Lei 8.935/1994 – Regulamenta o art. 236 da CF, dispondo sobre serviços notariais e de registro. (Lei dos cartórios).
- Lei 7.433/1985 – Dispõe sobre os requisitos para a lavratura de escrituras públicas.
- Decreto 10.063/2019 – Dispõe sobre o Compromisso Nacional pela Erradicação do Sub-registro Civil de Nascimento e Ampliação do Acesso à Documentação Básica, o Comitê Gestor Nacional do Compromisso Nacional pela Erradicação do Sub-registro Civil de Nascimento e Ampliação da Documentação Básica e a Semana Nacional de Mobilização para o Registro Civil de Nascimento e a Documentação Básica.

## TÍTULO I. DAS DISPOSIÇÕES GERAIS

### CAPÍTULO I. DAS ATRIBUIÇÕES

**Art. 1º.** Os serviços concernentes aos Registros Públicos, estabelecidos pela legislação civil para autenticidade, segurança e eficácia dos atos jurídicos, ficam sujeitos ao regime estabelecido nesta Lei.

- CC: arts. 9º e 10.

**§ 1º.** Os registros referidos neste artigo são os seguintes:

**I** – o registro civil de pessoas naturais;

- CC: arts. 1º a 40.

**II** – o registro civil de pessoas jurídicas;

- CC: arts. 44 a 46.

**III** – o registro de títulos e documentos;

- CC: art. 1.245.

**IV** – o registro de imóveis.

- CC: arts. 1.245 a 1.247.

**§ 2º.** Os demais registros reger-se-ão por leis próprias.

**§ 3º.** Os registros serão escriturados, publicizados e conservados em meio eletrônico, nos termos estabelecidos pela Corregedoria Nacional de Justiça do Conselho Nacional de Justiça, em especial quanto aos: *(Redação dada pela Lei 14.382/2022)*

**I** – padrões tecnológicos de escrituração, indexação, publicidade, segurança, redundância e conservação; e *(Acrescido pela Lei 14.382/2022)*

**II** – prazos de implantação nos registros públicos de que trata este artigo. *(Acrescido pela Lei 14.382/2022)*

**§ 4º.** É vedado às serventias dos registros públicos recusar a recepção, a conservação ou o registro de documentos em forma eletrônica produzidos nos termos estabelecidos pela Corregedoria Nacional de Justiça do Conselho Nacional de Justiça. *(Acrescido pela Lei 14.382/2022)*

**Art. 2º.** Os registros indicados no § 1º do artigo anterior ficam a cargo de serventuários privativos nomeados de acordo com o estabelecido na Lei de Organização Administrativa e Judiciária do Distrito Federal e dos Territórios e nas Resoluções sobre a Divisão e Organização Judiciária dos Estados, e serão feitos:

- CF/88: art. 236.

**I** – o do item I, nos ofícios privativos, ou nos Cartórios de Registro de Nascimentos, Casamentos e Óbitos;

**II** – os dos itens II e III, nos ofícios privativos, ou nos Cartórios de Registro de Títulos e Documentos;

**III** – o do item IV, nos ofícios privativos, ou nos Cartórios de Registro de Imóveis.

## CAPÍTULO II.
## DA ESCRITURAÇÃO

**Art. 3º.** A escrituração será feita em livros encadernados, que obedecerão aos modelos anexos a esta Lei, sujeitos à correição da autoridade judiciária competente.

**§ 1º.** Os livros podem ter 0,22m até 0,40m de largura e de 0,33m até 0,55m de altura, cabendo ao oficial a escolha, dentro dessas dimensões, de acordo com a conveniência do serviço.

**§ 2º.** Para facilidade do serviço podem os livros ser escriturados mecanicamente, em folhas soltas, obedecidos os modelos aprovados pela autoridade judiciária competente.

**Art. 4º.** Os livros de escrituração serão abertos, numerados, autenticados e encerrados pelo oficial do registro, podendo ser utilizado, para tal fim, processo mecânico de autenticação previamente aprovado pela autoridade judiciária competente.

**Parágrafo único.** Os livros notariais, nos modelos existentes, em folhas fixas ou soltas, serão também abertos, numerados, autenticados e encerrados pelo tabelião, que determinará a respectiva quantidade a ser utilizada, de acordo com a necessidade do serviço.

**Art. 5º.** Considerando a quantidade dos registros o juiz poderá autorizar a diminuição do número de páginas dos livros respectivos, até a terça parte do consignado nesta Lei.

**Art. 6º.** Findando-se um livro, o imediato tomará o número seguinte, acrescido à respectiva letra, salvo no registro de imóveis, em que o número será conservado, com a adição sucessiva de letras, na ordem alfabética simples, e, depois, repetidas em combinações com a primeira, com a segunda, e assim indefinidamente. Exemplos: 2-A a 2-Z; 2-AA a 2-AZ; 2-BA a 2-BZ etc.

**Art. 7º.** Os números de ordem dos registros não serão interrompidos no fim de cada livro, mas continuarão, indefinidamente, nos seguintes da mesma espécie.

**Art. 7º-A.** O disposto nos arts. 3º, 4º, 5º, 6º e 7º não se aplica à escrituração por meio eletrônico de que trata o § 3º do art. 1º desta Lei. *(Redação dada pela Lei 14.382/2022)*

## CAPÍTULO III.
## DA ORDEM DO SERVIÇO

✪ **Art. 8º.** O serviço começará e terminará às mesmas horas em todos os dias úteis.

**Parágrafo único.** O Registro Civil de Pessoas Naturais funcionará todos os dias, sem exceção.

✪ **Art. 9º.** Será nulo o registro lavrado fora das horas regulamentares ou em dias em que não houver expediente, sendo civil e criminalmente responsável o oficial que der causa à nulidade.

‣ CC: art. 166, VII.

**§ 1º** Serão contados em dias e horas úteis os prazos estabelecidos para a vigência da prenotação, para os pagamentos de emolumentos e para a prática de atos pelos oficiais dos registros de imóveis, de títulos e documentos e civil de pessoas jurídicas, incluída a emissão de certidões, exceto nos casos previstos em lei e naqueles contados em meses e anos. *(Acrescido pela Lei 14.382/2022)*

**§ 2º** Para fins do disposto no § 1º deste artigo, consideram-se: *(Acrescido pela Lei 14.382/2022)*

**I** - dias úteis: aqueles em que houver expediente; e

**II** - horas úteis: as horas regulamentares do expediente.

**§ 3º** A contagem dos prazos nos registros públicos observará os critérios estabelecidos na legislação processual civil. *(Acrescido pela Lei 14.382/2022)*

**Art. 10.** Todos os títulos, apresentados no horário regulamentar e que não forem registrados até a hora do encerramento do serviço, aguardarão o dia seguinte, no qual serão registrados, preferencialmente, aos apresentados nesse dia.

**Parágrafo único.** O registro civil de pessoas naturais não poderá, entretanto, ser adiado.

**Art. 11.** Os oficiais adotarão o melhor regime interno de modo a assegurar às partes a ordem de precedência na apresentação dos seus títulos, estabelecendo-se, sempre, o número de ordem geral.

**Art. 12.** Nenhuma exigência fiscal, ou dívida, obstará a apresentação de um título e o seu lançamento do Protocolo com o respectivo número de ordem, nos casos em que da precedência decorra prioridade de direitos para o apresentante.

**Parágrafo único.** Independem de apontamento no Protocolo os títulos apresentados apenas para exame e cálculo dos respectivos emolumentos.

**Art. 13.** Salvo as anotações e as averbações obrigatórias, os atos do registro serão praticados:

**I** – por ordem judicial;

**II** – a requerimento verbal ou escrito dos interessados;

**III** – a requerimento do Ministério Público, quando a lei autorizar.

**§ 1º**. O reconhecimento de firma nas comunicações ao Registro Civil pode ser exigido pelo respectivo oficial.

**§ 2º**. A emancipação concedida por sentença judicial será anotada às expensas do interessado.

**Art. 14.** Os oficiais do registro, pelos atos que praticarem em decorrência do disposto nesta Lei, terão direito, a título de remuneração, aos emolumentos fixados nos Regimentos de Custas do Distrito Federal, dos Estados e dos Territórios, os quais serão pagos pelo interessado que os requerer. *(Redação dada pela Lei 14.382/2022)*

**Parágrafo único.** O valor correspondente às custas de escrituras, certidões, buscas, averbações, registros de qualquer natureza, emolumentos e despesas legais constará, obrigatoriamente, do próprio documento, independentemente da expedição do recibo, quando solicitado.

- Lei 10.150/2000: art. 35.

**Art. 15.** Quando o interessado no registro for o oficial encarregado de fazê-lo ou algum parente seu, em grau que determine impedimento, o ato incumbe ao substituto legal do oficial.

## CAPÍTULO IV. DA PUBLICIDADE

**Art. 16.** Os oficiais e os encarregados das repartições em que se façam os registros são obrigados:

- CF/1988: art. 5º, LXXVI, a.

1º) a lavrar certidão do que lhes for requerido;

2º) a fornecer às partes as informações solicitadas.

**Art. 17.** Qualquer pessoa pode requerer certidão do registro sem informar ao oficial ou ao funcionário o motivo ou interesse do pedido.

**§ 1º** O acesso ou o envio de informações aos registros públicos, quando realizados por meio da internet, deverão ser assinados com o uso de assinatura avançada ou qualificada de que trata o art. 4º da Lei nº 14.063, de 23 de setembro de 2020, nos termos estabelecidos pela Corregedoria Nacional de Justiça do Conselho Nacional de Justiça. *(Parágrafo único transformado em § 1º e com redação dada pela Lei 14.382/2022)*

**§ 2º** Ato da Corregedoria Nacional de Justiça do Conselho Nacional de Justiça poderá estabelecer hipóteses de uso de assinatura avançada em atos que envolvam imóveis. *(Acrescido pela Lei 14.382/2022)*

**Art. 18.** Ressalvado o disposto nos arts. 45, 57, § 7º, e 95, parágrafo único, a certidão será lavrada independentemente de despacho judicial, devendo mencionar o livro de registro ou o documento arquivado no cartório.

**Art. 19.** A certidão será lavrada em inteiro teor, em resumo, ou em relatório, conforme quesitos, e devidamente autenticada pelo oficial ou seus substitutos legais, não podendo ser retardada por mais de 5 (cinco) dias.

**§ 1º** A certidão de inteiro teor será extraída por meio reprográfico ou eletrônico. *(Redação dada pela Lei 14.382/2022)*

**§ 2º** As certidões do registro civil das pessoas naturais mencionarão a data em que foi lavrado o assento. *(Redação dada pela Lei 14.382/2022)*

**§ 3º**. Nas certidões de Registro Civil, não se mencionará a circunstância de ser legítima, ou não, a filiação, salvo a requerimento do próprio interessado, ou em virtude de determinação judicial.

**§ 4º**. As certidões de nascimento mencionarão a data em que foi feito o assento, a data, por extenso, do nascimento e, ainda, expressamente, a naturalidade.

**§ 5º** As certidões extraídas dos registros públicos deverão, observado o disposto no § 1º deste artigo, ser fornecidas eletronicamente, com uso de tecnologia que permita a sua impressão pelo usuário e a identificação segura de sua autenticidade, conforme critérios estabelecidos pela Corregedoria Nacional de Justiça do Conselho Nacional de Justiça, dispensada a materialização das certidões pelo oficial de registro. *(Redação dada pela Lei 14.382/2022)*

**§ 6º** O interessado poderá solicitar a qualquer serventia certidões eletrônicas relativas a atos registrados em outra serventia, por meio do Sistema Eletrônico dos Registros Públicos (Serp), nos termos estabelecidos pela Corregedoria Nacional de Justiça do Conselho Nacional de Justiça. *(Acrescido pela Lei 14.382/2022)*

**§ 7º** A certidão impressa nos termos do § 5º e a certidão eletrônica lavrada nos termos do § 6º deste artigo terão validade e fé pública. *(Acrescido pela Lei 14.382/2022)*

**§ 8º** Os registros públicos de que trata esta Lei disponibilizarão, por meio do Serp, a visualização eletrônica dos atos neles transcritos, praticados, registrados ou averbados, na forma e nos prazos estabelecidos pela Corregedoria Nacional de Justiça do Conselho Nacional de Justiça. *(Acrescido pela Lei 14.382/2022)*

**§ 9º** A certidão da situação jurídica atualizada do imóvel compreende as informações vigentes de sua descrição, número de contribuinte, proprietário, direitos, ônus e restrições, judiciais e administrativas, incidentes sobre o imóvel e o respectivo titular, além das demais informações necessárias à comprovação da propriedade e à transmissão e à constituição de outros direitos reais. *(Acrescido pela Lei 14.382/2022)*

**§ 10.** As certidões do registro de imóveis, inclusive aquelas de que trata o § 6º deste artigo, serão emitidas nos seguintes prazos máximos, contados a partir do pagamento dos emolumentos: *(Acrescido pela Lei 14.382/2022)*

**I** - 4 (quatro) horas, para a certidão de inteiro teor da matrícula ou do livro auxiliar, em meio eletrônico, requerida no horário de expediente, desde que fornecido pelo usuário o respectivo número;

**II** - 1 (um) dia, para a certidão da situação jurídica atualizada do imóvel; e

**III** - 5 (cinco) dias, para a certidão de transcrições e para os demais casos.

**§ 11.** No âmbito do registro de imóveis, a certidão de inteiro teor da matrícula conterá a reprodução de todo seu conteúdo e será suficiente para fins de comprovação de propriedade, direitos, ônus reais e restrições sobre o imóvel, independentemente de certificação específica pelo oficial. *(Redação dada pela Lei 14.382/2022)*

**§ 12.** Na localidade em que haja dificuldade de comunicação eletrônica, a Corregedoria-Geral da Justiça Estadual poderá autorizar, de modo excepcional e com expressa comunicação ao público, a aplicação de prazos maiores para emissão das certidões do registro de imóveis de que trata o § 10 deste artigo. *(Acrescido pela Lei 14.382/2022)*

**Art. 20.** No caso de recusa ou retardamento na expedição da certidão, o interessado poderá reclamar à autoridade competente, que aplicará, se for o caso, a pena disciplinar cabível.

**Parágrafo único.** Para a verificação do retardamento, o oficial, logo que receber alguma petição, fornecerá à parte uma nota de entrega devidamente autenticada.

**Art. 21.** Sempre que houver qualquer alteração posterior ao ato cuja certidão é pedida, deve o Oficial mencioná-la, obrigatoriamente, não obstante as especificações do pedido, sob pena de responsabilidade civil e penal, ressalvado o disposto nos artigos 45 e 95.

**Parágrafo único.** A alteração a que se refere este artigo deverá ser anotada na própria certidão, contendo a inscrição de que "a presente certidão envolve elementos de averbação à margem do termo.

## CAPÍTULO V.
## DA CONSERVAÇÃO

**Art. 22.** Os livros de registro, bem como as fichas que os substituam, somente sairão do respectivo cartório mediante autorização judicial.

**Art. 23.** Todas as diligências judiciais e extrajudiciais que exigirem a apresentação de qualquer livro, ficha substitutiva de livro ou documento, efetuar-se-ão no próprio cartório.

**Art. 24.** Os oficiais devem manter em segurança, permanentemente, os livros e documentos e respondem pela sua ordem e conservação.

**Art. 25.** Os papéis referentes ao serviço do registro serão arquivados em cartório mediante utilização de processos racionais que facilitem as buscas, facultada a utilização de microfilmagem e de outros meios de reprodução autorizados em lei.

**Art. 26.** Os livros e papéis pertencentes ao arquivo do cartório ali permanecerão indefinidamente.

**Art. 27.** Quando a lei criar novo cartório, e enquanto este não for instalado, os registros continuarão a ser feitos no cartório que sofreu o desmembramento, não sendo necessário repeti-los no novo ofício.

**Parágrafo único.** O arquivo do antigo cartório continuará a pertencer-lhe.

## CAPÍTULO VI.
## DA RESPONSABILIDADE

**Art. 28.** Além dos casos expressamente consignados, os oficiais são civilmente responsáveis por todos os prejuízos que, pessoalmente, ou pelos prepostos ou substitutos que indicarem, causarem, por culpa ou dolo, aos interessados no registro.

**Parágrafo único.** A responsabilidade civil independe da criminal pelos delitos que cometerem.

## TÍTULO II. DO REGISTRO DE PESSOAS NATURAIS

### CAPÍTULO I. DISPOSIÇÕES GERAIS

**Art. 29.** Serão registrados no Registro Civil de Pessoas Naturais:

- Decreto 7.231/2010 – Regulamenta o art. 29, incisos I, II e III, da Lei 6.015/1973, que dispõe sobre os registros públicos.

**I** – os nascimentos;

- Lei 13.257/2016 – Dispõe sobre as políticas públicas para a primeira infância e altera a Lei 8.069/1990 (Estatuto da Criança e do Adolescente), o Dec.-lei 3.689/1941 (Código de Processo Penal), a Consolidação das Leis do Trabalho (CLT), aprovada pelo Dec.-lei 5.452/1943, a Lei 11.770/2008, e a Lei 12.662/2012.
- Lei 12.662/2012 – Assegura validade nacional à Declaração de Nascido Vivo (DNV), regula sua expedição, altera a Lei 6.015/1973.
- Lei 8.560/1992 – Regula a investigação de paternidade dos filhos havidos fora do casamento.

**II** – os casamentos;

- CC: arts. 1.525 a 1.547.
- Lei 1.110/1950 – Regula o reconhecimento dos efeitos civis ao casamento religioso.
- Resolução 175/2013 do CNJ – Dispõe sobre a habilitação, celebração de casamento civil, ou de conversão de união estável em casamento, entre pessoas de mesmo sexo.

**III** – os óbitos;

- CC: art. 9º, I.

**IV** – as emancipações;

- CC: arts. 5º, par. único, e 9º, I.

**V** – as interdições;

- CC: art. 9º, III.
- CPC/15: art. 755, § 3º.

**VI** – as sentenças declaratórias de ausência;

- CPC/15: art. 744.

**VII** – as opções de nacionalidade;

**VIII** – as sentenças que deferirem a legitimação adotiva.

- CF/88: art. 227, § 6º.

**§ 1º.** Serão averbados:

*a)* as sentenças que decidirem a nulidade ou anulação do casamento, o desquite e o restabelecimento da sociedade conjugal;

*b)* as sentenças que julgarem ilegítimos os filhos concebidos na constância do casamento e as que declararem a filiação legítima;

*c)* os casamentos de que resultar a legitimação de filhos havidos ou concebidos anteriormente;

*d)* os atos judiciais ou extrajudiciais de reconhecimento de filhos ilegítimos;

*e)* as escrituras de adoção e os atos que a dissolverem;

*f)* as alterações ou abreviaturas de nomes.

**§ 2º.** É competente para a inscrição da opção de nacionalidade o cartório da residência do optante, ou de seus pais. Se forem residentes no estrangeiro, far-se-á o registro no Distrito Federal.

**§ 3º.** Os ofícios do registro civil das pessoas naturais são considerados ofícios da cidadania e estão autorizados a prestar outros serviços remunerados, na forma prevista em convênio, em credenciamento ou em matrícula com órgãos públicos e entidades interessadas.

**§ 4º.** O convênio referido no § 3º deste artigo independe de homologação e será firmado pela entidade de classe dos registradores civis de pessoas naturais de mesma abrangência territorial do órgão ou da entidade interessada.

- ADI 5.855: Declarada a nulidade parcial com redução de texto da expressão "independe de homologação", em controle concentrado, pelo Supremo Tribunal Federal.

**§ 5º** *(VETADO na Lei 14.382/2022)*

**Art. 30.** Não serão cobrados emolumentos pelo registro civil de nascimento e pelo assento de óbito, bem como pela primeira certidão respectiva.

**§ 1º.** Os reconhecidamente pobres estão isentos de pagamento de emolumentos pelas demais certidões extraídas pelo cartório de registro civil.

**§ 2º.** O estado de pobreza será comprovado por declaração do próprio interessado ou a rogo, tratando-se de analfabeto, neste caso, acompanhada da assinatura de duas testemunhas.

**§ 3º.** A falsidade da declaração ensejará a responsabilidade civil e criminal do interessado.

**§ 3º-A.** Comprovado o descumprimento, pelos oficiais de Cartórios de Registro Civil, do disposto no *caput* deste artigo, aplicar-se-ão as penalidades previstas nos arts. 32 e 33 da Lei 8.935, de 18 de novembro de 1994.

**§ 3º-B.** Esgotadas as penalidades a que se refere o parágrafo anterior e verificando-se novo descumprimento, aplicar-se-á o disposto no art. 39 da Lei nº 8.935, de 18 de novembro de 1994.

**§ 3º-C.** Os cartórios de Registros Públicos deverão afixar, em local de grande visibilidade, que permita fácil leitura e acesso ao público, quadros contendo tabelas atualizadas das custas e emolumentos, além de informações claras sobre a gratuidade prevista no *caput* deste artigo.

**§ 4º.** É proibida a inserção nas certidões de que trata o § 1º deste artigo de expressões que indiquem condição de pobreza ou semelhantes.

**§ 5º.** *(VETADO).*

**§ 6º.** *(VETADO).*

**§ 7º.** *(VETADO).*

**§ 8º** *(VETADO).*

**§ 9º** *(VETADO na Lei 14.382/2022)*

**Art. 31.** Os fatos concernentes ao registro civil, que se derem a bordo dos navios de guerra e mercantes, em viagem, e no exército, em campanha, serão imediatamente registrados e comunicados em tempo oportuno, por cópia autêntica, aos respectivos Ministérios, a fim de que, através do Ministério da Justiça, sejam ordenados os assentamentos, notas ou averbações nos livros competentes das circunscrições a que se referirem.

**Art. 32.** Os assentos de nascimento, óbito e de casamento de brasileiros em país estrangeiro serão considerados autênticos, nos termos da lei do lugar em que forem feitos, legalizadas as certidões pelos cônsules ou, quando por estes tomados, nos termos do regulamento consular.

**§ 1º.** Os assentos de que trata este artigo serão, porém, trasladados nos cartórios do 1º Ofício do domicílio do registrado ou no 1º Ofício do Distrito Federal, em falta de domicílio conhecido, quando tiverem de produzir efeito no País, ou, antes, por meio de segunda via que os cônsules serão obrigados a remeter por intermédio do Ministério das Relações Exteriores.

**§ 2º.** O filho de brasileiro ou brasileira, nascido no estrangeiro, e cujos pais não estejam ali a serviço do Brasil, desde que registrado em consulado brasileiro ou não registrado, venha a residir no território nacional antes de atingir a maioridade, poderá requerer, no juízo de seu domicílio, se registre, no livro "E" do 1º Ofício do Registro Civil, o termo de nascimento.

**§ 3º.** Do termo e das respectivas certidões do nascimento registrado na forma do parágrafo antecedente constará que só valerão como prova de nacionalidade brasileira, até 4 (quatro) anos depois de atingida a maioridade.

**§ 4º.** Dentro do prazo de 4 (quatro) anos, depois de atingida a maioridade pelo interessado referido no § 2º deverá ele manifestar a sua opção pela nacionalidade brasileira perante o juízo federal. Deferido o pedido, proceder-se-á ao registro no livro "E" do Cartório do 1º Ofício do domicílio do optante.

**§ 5º.** Não se verificando a hipótese prevista no parágrafo anterior, o oficial cancelará, de ofício, o registro provisório efetuado na forma do § 2º.

## CAPÍTULO II. DA ESCRITURAÇÃO E ORDEM DE SERVIÇO

**Art. 33.** Haverá, em cada cartório, os seguintes livros: *(Redação dada pela Lei 14.382/2022)*

**I** – "A" - de registro de nascimento;

**II** – "B" - de registro de casamento;

**III** – "B Auxiliar" - de registro de casamento Religioso para Efeitos Civis;

**IV** – "C" - de registro de óbitos;

**V** – "C Auxiliar" - de registro de natimortos;

**VI** – "D" - de registro de proclama.

**Parágrafo único.** No Cartório do 1º Ofício ou da 1ª subdivisão judiciária haverá, em cada comarca, outro livro para inscrição dos demais atos relativos ao estado civil, designado sob a letra E. *(Redação dada pela Lei 14.382/2022)*

**Art. 34.** O oficial juntará, a cada um dos livros, índice alfabético dos assentos lavrados pelos nomes das pessoas a quem se referirem.

**Parágrafo único.** O índice alfabético poderá, a critério do oficial, ser organizado pelo sistema de fichas, desde que preencham estas os requisitos de segurança, comodidade e pronta busca.

**Art. 35.** A escrituração será feita seguidamente, em ordem cronológica de declarações, sem abreviaturas, nem algarismos; no fim de cada assento e antes da subscrição e das assinaturas, serão ressalvadas as emendas, entrelinhas ou outras circunstâncias que puderem ocasionar dúvidas. Entre um assento e outro, será traçada uma linha de intervalo, tendo cada um o seu número de ordem.

**Art. 36.** Os livros de registro serão divididos em três partes, sendo na da esquerda lançado o número de ordem e na central o assento, ficando na da direita espaço para as notas, averbações e retificações.

**Art. 37.** As partes, ou seus procuradores, bem como as testemunhas, assinarão os assentos, inserindo-se neles as declarações feitas de acordo com a lei ou ordenadas por sentença. As procurações serão arquivadas, declarando-se no termo a data, o livro, a folha e o ofício em que foram lavradas, quando constarem de instrumento público.

**§ 1º.** Se os declarantes, ou as testemunhas não puderem, por qualquer circunstância, assinar, far-se-á declaração no assento, assinando a rogo outra pessoa e tomando-se a impressão dactiloscópica da que não assinar, à margem do assento.

**§ 2º.** As custas com o arquivamento das procurações ficarão a cargo dos interessados.

**Art. 38.** Antes da assinatura dos assentos, serão estes lidos às partes e às testemunhas, do que se fará menção.

**Art. 39.** Tendo havido omissão ou erro de modo que seja necessário fazer adição ou emenda, estas serão feitas antes da assinatura ou ainda em seguida, mas antes de outro assento, sendo a ressalva novamente por todos assinada.

**Art. 40.** Fora da retificação feita no ato, qualquer outra só poderá ser efetuada nos termos dos arts. 109 a 112 desta Lei.

**Art. 41.** Reputam-se inexistentes e sem efeitos jurídicos quaisquer emendas ou alterações posteriores, não ressalvadas ou não lançadas na forma indicada nos artigos 39 e 40.

**Art. 42.** A testemunha para os assentos de registro deve satisfazer às condições exigidas pela lei civil, sendo admitido o parente, em qualquer grau, do registrado.

**Parágrafo único.** Quando a testemunha não for conhecida do oficial do registro, deverá apresentar documento hábil da sua identidade, do qual se fará, no assento, expressa menção.

**Art. 43.** Os livros de proclamas serão escriturados cronologicamente com o resumo do que constar dos editais expedidos pelo próprio cartório ou recebidos de outros, todos assinados pelo oficial.

**Parágrafo único.** As despesas de publicação do edital serão pagas pelo interessado.

**Art. 44.** O registro do edital de casamento conterá todas as indicações quanto à época de publicação e aos documentos apresentados, abrangendo também o edital remetido por outro oficial processante.

**Art. 45.** A certidão relativa ao nascimento de filho legitimado por subsequente matrimônio deverá ser fornecida sem o teor da declaração ou averbação a esse respeito, como se fosse legítimo; na certidão de casamento também será omitida a referência àquele filho, salvo havendo em qualquer dos casos, determinação judicial, deferida em favor de quem demonstre legítimo interesse em obtê-la.

## CAPÍTULO III. DAS PENALIDADES

✪ **Art. 46.** As declarações de nascimento feitas após o decurso do prazo legal serão registradas no lugar de residência do interessado.

**§ 1º.** O requerimento de registro será assinado por 2 (duas) testemunhas, sob as penas da lei.

**§ 2º.** (*Revogado pela Lei nº 10.215, de 2001*).

**§ 3º.** O oficial do Registro Civil, se suspeitar da falsidade da declaração, poderá exigir prova suficiente.

**§ 4º.** Persistindo a suspeita, o oficial encaminhará os autos ao juízo competente.

**§ 5º.** Se o juiz não fixar prazo menor, o oficial deverá lavrar o assento dentro em 5 (cinco) dias, sob pena de pagar multa correspondente a um salário mínimo da região.

**§ 6º** Os órgãos do Poder Executivo e do Poder Judiciário detentores de bases biométricas poderão franquear ao oficial de registro civil de pessoas naturais acesso às bases para fins de conferência por ocasião do registro tardio de nascimento. *(Acrescido pela Lei 14.382/2022)*

**Art. 47.** Se o oficial do registro civil recusar fazer ou retardar qualquer registro, averbação ou anotação, bem como o fornecimento de certidão, as partes prejudicadas poderão queixar-se à autoridade judiciária, a qual, ouvindo o acusado, decidirá dentro de 5 (cinco) dias.

**§ 1º.** Se for injusta a recusa ou injustificada a demora, o juiz que tomar conhecimento do fato poderá impor ao oficial multa de um a dez salários mínimos da região, ordenando que, no prazo improrrogável de 24 (vinte e quatro) horas, seja feito o registro, a averbação, a anotação ou fornecida certidão, sob pena de prisão de 5 (cinco) a 20 (vinte) dias.

**§ 2º.** Os pedidos de certidão feitos por via postal, telegráfica ou bancária serão obrigatoriamente atendidos pelo oficial do registro civil, satisfeitos os emolumentos devidos, sob as penas previstas no parágrafo anterior.

**Art. 48.** Os juízes farão correição e fiscalização nos livros de registro, conforme as normas da organização judiciária.

**Art. 49.** Os oficiais do registro civil remeterão à Fundação Instituto Brasileiro de Geografia e Estatística, dentro dos primeiros oito dias dos meses de janeiro, abril, julho e outubro de cada ano, um mapa dos nascimentos, casamentos e óbitos ocorridos no trimestre anterior.

**§ 1º.** A Fundação Instituto Brasileiro de Geografia e Estatística fornecerá mapas para a execução do disposto neste artigo, podendo requisitar aos oficiais do registro que façam as correções que forem necessárias.

**§ 2º.** Os oficiais que, no prazo legal, não remeterem os mapas, incorrerão na multa de um a cinco salários mínimos da região, que será cobrada como dívida ativa da União, sem prejuízo da ação penal que no caso couber.

**§ 3º.** No mapa de que trata o *caput* deverá ser informado o número da identificação da Declaração de Nascido Vivo.

**§ 4º.** Os mapas dos nascimentos deverão ser remetidos aos órgãos públicos interessados no cruzamento das informações do registro civil e da Declaração de Nascido Vivo conforme o regulamento, com o objetivo de integrar a informação e promover a busca ativa de nascimentos.

**§ 5º.** Os mapas previstos no *caput* e no § 4º deverão ser remetidos por meio digital quando o registrador detenha capacidade de transmissão de dados.

## CAPÍTULO IV. DO NASCIMENTO

✪ **Art. 50.** Todo nascimento que ocorrer no território nacional deverá ser dado a registro, no lugar em que tiver ocorrido o parto ou no lugar da residência dos pais, dentro do prazo de 15 (quinze) dias, que será ampliado em até 3 (três) meses para os lugares distantes mais de trinta quilômetros da sede do cartório.

- Lei 8.560/1992 – Regula a investigação de paternidade dos filhos havidos fora do casamento.

**§ 1º**. Quando for diverso o lugar da residência dos pais, observar-se-á a ordem contida nos itens 1º e 2º do art. 52.

**§ 2º**. Os índios, enquanto não integrados, não estão obrigados a inscrição do nascimento. Este poderá ser feito em livro próprio do órgão federal de assistência aos índios.

**§ 3º**. Os menores de 21 (vinte um) anos e maiores de 18 (dezoito) anos poderão, pessoalmente e isentos de multa, requerer o registro de seu nascimento.

**§ 4º**. É facultado aos nascidos anteriormente à obrigatoriedade do registro civil requerer, isentos de multa, a inscrição de seu nascimento.

**§ 5º**. Aos brasileiros nascidos no estrangeiro aplicará o disposto neste artigo, ressalvadas as prescrições legais relativas aos consulados.

**Art. 51.** Os nascimentos ocorridos a bordo, quando não registrados nos termos do artigo 65, deverão ser declarados dentro de cinco (5) dias, a contar da chegada do navio ou aeronave ao local do destino, no respectivo cartório ou consulado.

**Art. 52.** São obrigados a fazer a declaração de nascimento:

- Lei 8.560/1992 – Regula a investigação de paternidade dos filhos havidos fora do casamento.

1º) o pai ou a mãe, isoladamente ou em conjunto, observado o disposto no § 2º do art. 54;

2º) no caso de falta ou de impedimento de um dos indicados no item 1º, outro indicado, que terá o prazo para declaração prorrogado por 45 (quarenta e cinco) dias;

3º) no impedimento de ambos, o parente mais próximo, sendo maior e achando-se presente;

4º) em falta ou impedimento do parente referido no número anterior, os administradores de hospitais ou os médicos e parteiras, que tiverem assistido o parto;

5º) pessoa idônea da casa em que ocorrer, sendo fora da residência da mãe;

6º) finalmente, as pessoas (vetado) encarregadas da guarda do menor.

**§ 1º**. Quando o oficial tiver motivo para duvidar da declaração, poderá ir à casa do recém-nascido verificar a sua existência, ou exigir atestação do médico ou parteira que tiver assistido o parto, ou o testemunho de duas pessoas que não forem os pais e tiverem visto o recém-nascido.

**§ 2º**. Tratando-se de registro fora do prazo legal, o oficial, em caso de dúvida, poderá requerer ao juiz as providências que forem cabíveis para esclarecimento do fato.

**§ 3º** O oficial de registro civil comunicará o registro de nascimento ao Ministério da Economia e ao INSS pelo Sistema Nacional de Informações de Registro Civil (Sirc) ou por outro meio que venha a substituí-lo. *(Acrescido pela Lei 13.846/2019)*

**Art. 53.** No caso de ter a criança nascido morta ou no de ter morrido na ocasião do parto, será, não obstante, feito o assento com os elementos que couberem e com remissão ao do óbito.

**§ 1º**. No caso de ter a criança nascido morta, será o registro feito no livro "C Auxiliar", com os elementos que couberem.

**§ 2º**. No caso de a criança morrer na ocasião do parto, tendo, entretanto, respirado, serão feitos os dois assentos, o de nascimento e o de óbito, com os elementos cabíveis e com remissões recíprocas.

✪ **Art. 54.** O assento do nascimento deverá conter:

- Lei 8.560/1992: art. 5º.

1º) o dia, mês, ano e lugar do nascimento e a hora certa, sendo possível determiná-la, ou aproximada;

2º) o sexo do registrando;

3º) o fato de ser gêmeo, quando assim tiver acontecido;

4º) o nome e o prenome, que forem postos à criança;

5º) a declaração de que nasceu morta, ou morreu no ato ou logo depois do parto;

6º) a ordem de filiação de outros irmãos do mesmo prenome que existirem ou tiverem existido;

7º) os nomes e prenomes, a naturalidade, a profissão dos pais, o lugar e cartório onde se casaram, a idade da genitora, do registrando em anos completos, na ocasião do parto, e o domicílio ou a residência do casal;

8º) os nomes e prenomes dos avós paternos e maternos;

9º) os nomes e prenomes, a profissão e a residência das duas testemunhas do assento, quando se tratar de parto ocorrido sem assistência médica em residência ou fora de unidade hospitalar ou casa de saúde;

10) o número de identificação da Declaração de Nascido Vivo, com controle do dígito verificador, exceto na hipótese de registro tardio previsto no art. 46 desta Lei; e

11) a naturalidade do registrando.

**§ 1º**. Não constituem motivo para recusa, devolução ou solicitação de retificação da

Declaração de Nascido Vivo por parte do Registrador Civil das Pessoas Naturais:

**I** – equívocos ou divergências que não comprometam a identificação da mãe;

**II** – omissão do nome do recém-nascido ou do nome do pai;

**III** – divergência parcial ou total entre o nome do recém-nascido constante da declaração e o escolhido em manifestação perante o registrador no momento do registro de nascimento, prevalecendo este último;

**IV** – divergência parcial ou total entre o nome do pai constante da declaração e o verificado pelo registrador nos termos da legislação civil, prevalecendo este último;

**V** – demais equívocos, omissões ou divergências que não comprometam informações relevantes para o registro de nascimento.

**§ 2º**. O nome do pai constante da Declaração de Nascido Vivo não constitui prova ou presunção da paternidade, somente podendo ser lançado no registro de nascimento quando verificado nos termos da legislação civil vigente.

**§ 3º**. Nos nascimentos frutos de partos sem assistência de profissionais da saúde ou parteiras tradicionais, a Declaração de Nascido Vivo será emitida pelos Oficiais de Registro Civil que lavrarem o registro de nascimento, sempre que haja demanda das Secretarias Estaduais ou Municipais de Saúde para que realizem tais emissões.

**§ 4º**. A naturalidade poderá ser do Município em que ocorreu o nascimento ou do Município de residência da mãe do registrando na data do nascimento, desde que localizado em território nacional, e a opção caberá ao declarante no ato de registro do nascimento.

**§ 5º** O oficial de registro civil de pessoas naturais do Município poderá, mediante convênio e desde que não prejudique o regular funcionamento da serventia, instalar unidade interligada em estabelecimento público ou privado de saúde para recepção e remessa de dados, lavratura do registro de nascimento e emissão da respectiva certidão. *(Acrescido pela Lei 14.382/2022)*

**Art. 55.** Toda pessoa tem direito ao nome, nele compreendidos o prenome e o sobrenome, observado que ao prenome serão acrescidos os sobrenomes dos genitores ou de seus ascendentes, em qualquer ordem e, na hipótese de acréscimo de sobrenome de ascendente que não conste das certidões apresentadas, deverão ser apresentadas as certidões necessárias para comprovar a linha ascendente. *(Redação dada pela Lei 14.382/2022)*

**§ 1º** O oficial de registro civil não registrará prenomes suscetíveis de expor ao ridículo os seus portadores, observado que, quando os genitores não se conformarem com a recusa do oficial, este submeterá por escrito o caso à decisão do juiz competente, independentemente da cobrança de quaisquer emolumentos. *(Parágrafo único transformado em § 1º e com redação dada pela Lei 14.382/2022)*

**§ 2º** Quando o declarante não indicar o nome completo, o oficial de registro lançará adiante do prenome escolhido ao menos um sobrenome de cada um dos genitores, na ordem que julgar mais conveniente para evitar homonímias. *(Acrescido pela Lei 14.382/2022)*

**§ 3º** O oficial de registro orientará os pais acerca da conveniência de acrescer sobrenomes, a fim de se evitar prejuízos à pessoa em razão da homonímia. *(Acrescido pela Lei 14.382/2022)*

**§ 4º** Em até 15 (quinze) dias após o registro, qualquer dos genitores poderá apresentar, perante o registro civil onde foi lavrado o assento de nascimento, oposição fundamentada ao prenome e sobrenomes indicados pelo declarante, observado que, se houver manifestação consensual dos genitores, será realizado o procedimento de retificação administrativa do registro, mas, se não houver consenso, a oposição será encaminhada ao juiz competente para decisão. *(Acrescido pela Lei 14.382/2022)*

✪ **Art. 56.** A pessoa registrada poderá, após ter atingido a maioridade civil, requerer pessoalmente e imotivadamente a alteração de seu prenome, independentemente de decisão judicial, e a alteração será averbada e publicada em meio eletrônico. *(Redação dada pela Lei 14.382/2022)*

**§ 1º** A alteração imotivada de prenome poderá ser feita na via extrajudicial apenas 1 (uma) vez, e sua desconstituição dependerá de sentença judicial. *(Acrescido pela Lei 14.382/2022)*

**§ 2º** A averbação de alteração de prenome conterá, obrigatoriamente, o prenome anterior, os números de documento de identidade, de inscrição no Cadastro de Pessoas Físicas (CPF) da Secretaria Especial da Receita Federal do Brasil, de passaporte e de título de eleitor do registrado, dados esses que deverão constar expressamente de todas as certidões solicitadas. *(Acrescido pela Lei 14.382/2022)*

**§ 3º** Finalizado o procedimento de alteração no assento, o ofício de registro civil de pessoas naturais no qual se processou a alteração, a expensas do requerente, comunicará o ato oficialmente aos órgãos expedidores do documento de identidade, do CPF e do passaporte, bem como ao Tribunal Superior Eleitoral, preferencialmente por meio eletrônico. *(Acrescido pela Lei 14.382/2022)*

**§ 4º** Se suspeitar de fraude, falsidade, má-fé, vício de vontade ou simulação quanto à real intenção da pessoa requerente, o oficial de registro civil fundamentadamente recusará a retificação. *(Acrescido pela Lei 14.382/2022)*

✪ **Art. 57.** A alteração posterior de sobrenomes poderá ser requerida pessoalmente perante o oficial de registro civil, com a apresentação de certidões e de documentos necessários, e será averbada nos assentos de nascimento e casamento, independentemente de autorização judicial, a fim de: *(Redação dada pela Lei 14.382/2022)*

**I** – inclusão de sobrenomes familiares; *(Acrescido pela Lei 14.382/2022)*

**II** – inclusão ou exclusão de sobrenome do cônjuge, na constância do casamento; *(Acrescido pela Lei 14.382/2022)*

**III** – exclusão de sobrenome do ex-cônjuge, após a dissolução da sociedade conjugal, por qualquer de suas causas; *(Acrescido pela Lei 14.382/2022)*

**IV** – inclusão e exclusão de sobrenomes em razão de alteração das relações de filiação, inclusive para os descendentes, cônjuge ou companheiro da pessoa que teve seu estado alterado. *(Acrescido pela Lei 14.382/2022)*

**§ 1º**. Poderá, também, ser averbado, nos mesmos termos, o nome abreviado, usado como firma comercial registrada ou em qualquer atividade profissional.

**§ 2º** Os conviventes em união estável devidamente registrada no registro civil de pessoas naturais poderão requerer a inclusão de sobrenome de seu companheiro, a qualquer tempo, bem como alterar seus sobrenomes nas mesmas hipóteses previstas para as pessoas casadas. *(Redação dada pela Lei 14.382/2022)*

**§ 3º** *(Revogado pela Lei 14.382/2022)*

**§ 3º-A**. O retorno ao nome de solteiro ou de solteira do companheiro ou da companheira será realizado por meio da averbação da extinção de união estável em seu registro. *(Acrescido pela Lei 14.382/2022)*

**§§ 4º a 6º** *(Revogados pela Lei 14.382/2022)*

**§ 7º** Quando a alteração de nome for concedida em razão de fundada coação ou ameaça decorrente de colaboração com a apuração de crime, o juiz competente determinará que haja a averbação no registro de origem de menção da existência de sentença concessiva da alteração, sem a averbação do nome alterado, que somente poderá ser procedida mediante determinação posterior, que levará em consideração a cessação da coação ou ameaça que deu causa à alteração.

**§ 8º** O enteado ou a enteada, se houver motivo justificável, poderá requerer ao oficial de registro civil que, nos registros de nascimento e de casamento, seja averbado o nome de família de seu padrasto ou de sua madrasta, desde que haja expressa concordância destes, sem prejuízo de seus sobrenomes de família. *(Redação dada pela Lei 14.382/2022)*

✪ **Art. 58.** O prenome será definitivo, admitindo-se, todavia, a sua substituição por apelidos públicos notórios.

- ADI 4.275 (1) - DJE (09.03.2018).

**Parágrafo único.** A substituição do prenome será ainda admitida em razão de fundada coação ou ameaça decorrente da colaboração com a apuração de crime, por determinação, em sentença, de juiz competente, ouvido o Ministério Público.

**Art. 59.** Quando se tratar de filho ilegítimo, não será declarado o nome do pai sem que este expressamente o autorize e compareça, por si ou por procurador especial, para, reconhecendo-o, assinar, ou não sabendo ou não podendo, mandar assinar a seu rogo o respectivo assento com duas testemunhas.

- Lei 8.560/1992 – Regula a investigação de paternidade dos filhos havidos fora do casamento.

**Art. 60.** O registro conterá o nome do pai ou da mãe, ainda que ilegítimos, quando qualquer deles for o declarante.

**Art. 61.** Tratando-se de exposto, o registro será feito de acordo com as declarações que os estabelecimentos de caridade, as autoridades ou os particulares comunicarem ao oficial competente, nos prazos mencionados no artigo 51, a partir do achado ou entrega, sob a pena do art. 46, apresentando ao oficial, salvo motivo de força maior comprovada, o exposto e os objetos a que se refere o parágrafo único deste artigo.

**Parágrafo único.** Declarar-se-á o dia, mês e ano, lugar em que foi exposto, a hora em que foi encontrado e a sua idade aparente. Nesse caso, o envoltório, roupas e quaisquer outros objetos e sinais que trouxer a criança e que possam a todo tempo fazê-la reconhecer, serão numerados, alistados e fechados em caixa lacrada e selada, com o seguinte rótulo: "Pertence ao exposto tal, assento de fls.. do livro..." e remetidos imediatamente, com uma guia em duplicata, ao juiz, para serem recolhidos a lugar seguro. Recebida e arquivada a duplicata com o competente recibo do depósito, far-se-á à margem do assento a correspondente anotação.

**Art. 62.** O registro do nascimento do menor abandonado, sob jurisdição do juiz de menores, poderá fazer-se por iniciativa deste, à vista dos elementos de que dispuser e com observância, no que for aplicável, do que preceitua o artigo anterior.

**Art. 63.** No caso de gêmeos, será declarada no assento especial de cada um a ordem de nascimento. Os gêmeos que tiverem o prenome igual deverão ser inscritos com duplo prenome ou nome completo diverso, de modo que possam distinguir-se.

**Parágrafo único.** Também serão obrigados a duplo prenome, ou a nome completo diverso, os irmãos a que se pretender dar o mesmo prenome.

**Art. 64.** Os assentos de nascimentos em navio brasileiro mercante ou de guerra serão lavrados, logo que o fato se verificar, pelo modo estabelecido na legislação de marinha, devendo, porém, observar-se as disposições da presente Lei.

**Art. 65.** No primeiro porto a que se chegar, o comandante depositará imediatamente, na capitania do porto, ou em sua falta, na estação fiscal, ou ainda, no consulado, em se tratando de porto estrangeiro, duas cópias autenticadas dos assentos referidos no artigo anterior, uma das quais será remetida, por intermédio do Ministério da Justiça, ao oficial do registro, para o registro, no lugar de residência dos pais ou, se não for possível descobri-lo, no 1º Ofício do Distrito Federal. Uma terceira cópia será entregue pelo comandante ao interessado que, após conferência na capitania do porto, por ela poderá, também, promover o registro no cartório competente.

**Parágrafo único.** Os nascimentos ocorridos a bordo de quaisquer aeronaves, ou de navio estrangeiro, poderão ser dados a registro pelos pais brasileiros no cartório ou consulado do local do desembarque.

**Art. 66.** Pode ser tomado assento de nascimento de filho de militar ou assemelhado em livro criado pela administração militar mediante declaração feita pelo interessado ou remetida pelo comandante de unidade, quando em campanha. Esse assento será publicado em boletim da unidade e, logo que possível, trasladado por cópia autenticada, *ex officio* ou a requerimento do interessado, para o Cartório de Registro Civil a que competir ou para o do 1º Ofício do Distrito Federal, quando não puder ser conhecida a residência do pai.

**Parágrafo único.** A providência de que trata este artigo será extensiva ao assento de nascimento de filho de civil, quando, em consequência de operações de guerra, não funcionarem os cartórios locais.

## CAPÍTULO V. DA HABILITAÇÃO PARA O CASAMENTO

- CC: arts. 1.525 a 1.532.
- Resolução 175/2013 do CNJ – Dispõe sobre a habilitação, celebração de casamento civil, ou de conversão de união estável em casamento, entre pessoas de mesmo sexo.

**Art. 67.** Na habilitação para o casamento, os interessados, apresentando os documentos exigidos pela lei civil, requererão ao oficial do registro do distrito de residência de um dos nubentes, que lhes expeça certidão de que se acham habilitados para se casarem.

**§ 1º** Se estiver em ordem a documentação, o oficial de registro dará publicidade, em meio eletrônico, à habilitação e extrairá, no prazo de até 5 (cinco) dias, o certificado de habilitação, podendo os nubentes contrair matrimônio perante qualquer serventia de registro civil de pessoas naturais, de sua livre escolha, observado o prazo de eficácia do art. 1.532 da Lei nº 10.406, de 10 de janeiro de 2002 (Código Civil). *(Redação dada pela Lei 14.382/2022)*

**§§ 2º a 4º** *(Revogados pela Lei 14.382/2022)*

**§ 4º-A** A identificação das partes e a apresentação dos documentos exigidos pela lei civil para fins de habilitação poderão ser realizadas eletronicamente mediante recepção e comprovação da autoria e da integridade dos documentos. *(Acrescido pela Lei 14.382/2022)*

**§ 5º** Se houver impedimento ou arguição de causa suspensiva, o oficial de registro dará ciência do fato aos nubentes, para que indiquem, em 24 (vinte e quatro) horas, prova que pretendam produzir, e remeterá os autos a juízo, e, produzidas as provas pelo oponente e pelos nubentes, no prazo de 3 (três) dias, com ciência do Ministério Público, e ouvidos os interessados e o órgão do Ministério Público em 5 (cinco) dias, decidirá o juiz em igual prazo. *(Redação dada pela Lei 14.382/2022)*

**§ 6º** Quando a celebração do casamento ocorrer perante oficial de registro civil de pessoas naturais diverso daquele da habilitação, deverá ser comunicado o oficial de registro em que foi realizada a habilitação, por meio eletrônico, para a devida anotação no procedimento de habilitação. *(Redação dada pela Lei 14.382/2022)*

**§ 7º** Expedido o certificado de habilitação, celebrar-se-á o casamento, no dia, hora e lugar solicitados pelos nubentes e designados pelo oficial de registro. *(Acrescido pela Lei 14.382/2022)*

**§ 8º** A celebração do casamento poderá ser realizada, a requerimento dos nubentes, em meio eletrônico, por sistema de videoconferência em que se possa verificar a livre manifestação da vontade dos contraentes. *(Acrescido pela Lei 14.382/2022)*

**Art. 68.** Se o interessado quiser justificar fato necessário à habilitação para o casamento, deduzirá sua intenção perante o juiz competente, em petição circunstanciada, indicando testemunhas e apresentando documentos que comprovem as alegações.

**§ 1º.** Ouvidas as testemunhas, se houver, dentro do prazo de 5 (cinco) dias, com a ciência do órgão do Ministério Público, este terá o prazo de 24 (vinte e quatro) horas para manifestar-se, decidindo o juiz em igual prazo, sem recurso.

**§ 2º.** Os autos da justificação serão encaminhados ao oficial do registro para serem anexados ao processo da habilitação matrimonial.

**Art. 69.** Para a dispensa da publicação eletrônica dos proclamas, nos casos previstos em lei, os contraentes, em petição dirigida ao oficial de registro, deduzirão os motivos de urgência do casamento, provando o alegado, no prazo de 24 (vinte e quatro) horas, com documentos. *(Redação dada pela Lei 14.382/2022)*

**§ 1º** *(Revogado pela Lei 14.382/2022)*

**§ 2º** O oficial de registro, no prazo de 24 (vinte quatro) horas, com base nas provas apresentadas, poderá dispensar ou não a publicação eletrônica, e caberá recurso da decisão ao juiz corregedor. *(Redação dada pela Lei 14.382/2022)*

## CAPÍTULO VI. DO CASAMENTO

**Art. 70.** Do matrimônio, logo depois de celebrado, será lavrado assento, assinado pelo presidente do ato, os cônjuges, as testemunhas e o oficial, sendo exarados:

- CC: art. 1.536.

1°) os nomes, prenomes, nacionalidade, naturalidade, data de nascimento, profissão, domicílio e residência atual dos cônjuges;

2º) os nomes, prenomes, nacionalidade, data de nascimento ou de morte, domicílio e residência atual dos pais;

3º) os nomes e prenomes do cônjuge precedente e a data da dissolução do casamento anterior, quando for o caso;

4º) a data da publicação dos proclamas e da celebração do casamento;

5º) a relação dos documentos apresentados ao oficial do registro;

6º) os nomes, prenomes, nacionalidade, profissão, domicílio e residência atual das testemunhas;

7º) o regime de casamento, com declaração da data e do cartório em cujas notas foi tomada a escritura antenupcial, quando o regime não for o da comunhão ou o legal que, sendo conhecido, será declarado expressamente;

8º) o nome, que passa a ter a mulher, em virtude do casamento;

9º) os nomes e as idades dos filhos havidos de matrimônio anterior ou legitimados pelo casamento;

10) à margem do termo, a impressão digital do contraente que não souber assinar o nome.

**Parágrafo único.** As testemunhas serão, pelo menos, duas, não dispondo a lei de modo diverso.

**Art. 70-A.** A conversão da união estável em casamento deverá ser requerida pelos companheiros perante o oficial de registro civil de pessoas naturais de sua residência. *(Acrescido pela Lei 14.382/2022)*

**§ 1º** Recebido o requerimento, será iniciado o processo de habilitação sob o mesmo rito previsto para o casamento, e deverá constar dos proclamas que se trata de conversão de união estável em casamento.

**§ 2º** Em caso de requerimento de conversão de união estável por mandato, a procuração deverá ser pública e com prazo máximo de 30 (trinta) dias.

**§ 3º** Se estiver em termos o pedido, será lavrado o assento da conversão da união estável em casamento, independentemente de autorização judicial, prescindindo o ato da celebração do matrimônio.

**§ 4º** O assento da conversão da união estável em casamento será lavrado no Livro B, sem a indicação da data e das testemunhas da celebração, do nome do presidente do ato e das assinaturas dos companheiros e das testemunhas, anotando-se no respectivo termo que se trata de conversão de união estável em casamento.

**§ 5º** A conversão da união estável dependerá da superação dos impedimentos legais para o casamento, sujeitando-se à adoção do regime patrimonial de bens, na forma dos preceitos da lei civil.

**§ 6º** Não constará do assento de casamento convertido a partir da união estável a data do início ou o período de duração desta, salvo no caso de prévio procedimento de certificação eletrônica de união estável realizado perante oficial de registro civil.

**§ 7º** Se estiver em termos o pedido, o falecimento da parte no curso do processo de habilitação não impedirá a lavratura do assento de conversão de união estável em casamento.

## CAPÍTULO VII. DO REGISTRO DO CASAMENTO RELIGIOSO PARA EFEITOS CIVIS

- CF/88: art. 226, § 2º.
- Lei 1.110/1950 – Regula o reconhecimento dos efeitos civis ao casamento religioso.

**Art. 71.** Os nubentes habilitados para o casamento poderão pedir ao oficial que lhes forneça a respectiva certidão, para se casarem perante autoridade ou ministro religioso, nela mencionando o prazo legal de validade da habilitação.

**Art. 72.** O termo ou assento do casamento religioso, subscrito pela autoridade ou ministro que o celebrar, pelos nubentes e por duas testemunhas, conterá os requisitos do artigo 71, exceto o 5º.

CIVIL

**Art. 73.** No prazo de 30 (trinta) dias a contar da realização, o celebrante ou qualquer interessado poderá, apresentando o assento ou termo do casamento religioso, requerer-lhe o registro ao oficial do cartório que expediu a certidão.

**§ 1º.** O assento ou termo conterá a data da celebração, o lugar, o culto religioso, o nome do celebrante, sua qualidade, o cartório que expediu a habilitação, sua data, os nomes, profissões, residências, nacionalidades das testemunhas que o assinarem e os nomes dos contraentes.

**§ 2º.** Anotada a entrada do requerimento o oficial fará o registro no prazo de 24 (vinte e quatro) horas.

**§ 3º.** A autoridade ou ministro celebrante arquivará a certidão de habilitação que lhe foi apresentada, devendo, nela, anotar a data da celebração do casamento.

**Art. 74.** O casamento religioso, celebrado sem a prévia habilitação, perante o oficial de registro público, poderá ser registrado desde que apresentados pelos nubentes, com o requerimento de registro, a prova do ato religioso e os documentos exigidos pelo Código Civil, suprindo eles eventual falta de requisitos no termo da celebração.

- CC: art. 1.516.

**Parágrafo único.** Processada a habilitação com a publicação dos editais e certificada a inexistência de impedimentos, o oficial fará o registro do casamento religioso, de acordo com a prova do ato e os dados constantes do processo, observado o disposto no artigo 70.

**Art. 75.** O registro produzirá efeitos jurídicos a contar da celebração do casamento.

**Parágrafo único.** O oficial de registro civil comunicará o registro ao Ministério da Economia e ao INSS pelo Sistema Nacional de Informações de Registro Civil (Sirc) ou por outro meio que venha a substituí-lo. *(Acrescido pela Lei 13.846/2019)*

## CAPÍTULO VIII. DO CASAMENTO EM IMINENTE RISCO DE VIDA

**Art. 76.** Ocorrendo iminente risco de vida de algum dos contraentes, e não sendo possível a presença da autoridade competente para presidir o ato, o casamento poderá realizar-se na presença de seis testemunhas, que comparecerão, dentro de 5 (cinco) dias, perante a autoridade judiciária mais próxima, a fim de que sejam reduzidas a termo suas declarações.

- CC: arts. 1.539 a 1.541.

**§ 1º.** Não comparecendo as testemunhas, espontaneamente, poderá qualquer interessado requerer a sua intimação.

**§ 2º.** Autuadas as declarações e encaminhadas à autoridade judiciária competente, se outra for a que as tomou por termo, será ouvido o órgão do Ministério Público e se realizarão as diligências necessárias para verificar a inexistência de impedimento para o casamento.

**§ 3º.** Ouvidos dentro de 5 (cinco) dias os interessados que o requerem e o órgão do Ministério Público, o juiz decidirá em igual prazo.

**§ 4º.** Da decisão caberá apelação com ambos os efeitos.

**§ 5º.** Transitada em julgado a sentença, o juiz mandará registrá-la no Livro de Casamento.

## CAPÍTULO IX. DO ÓBITO

- CC: art. 9º, I.
- Lei 11.789/2008 – Proíbe a inserção nas certidões de nascimento e de óbito de expressões que indiquem condição de pobreza ou semelhantes.

**Art. 77.** Nenhum sepultamento será feito sem certidão do oficial de registro do lugar do falecimento ou do lugar de residência do de cujus, quando o falecimento ocorrer em local diverso do seu domicílio, extraída após a lavratura do assento de óbito, em vista do atestado de médico, se houver no lugar, ou em caso contrário, de duas pessoas qualificadas que tiverem presenciado ou verificado a morte.

**§ 1º.** Antes de proceder ao assento de óbito de criança de menos de 1 (um) ano, o oficial verificará se houve registro de nascimento, que, em caso de falta, será previamente feito.

**§ 2º.** A cremação de cadáver somente será feita daquele que houver manifestado a vontade de ser incinerado ou no interesse da saúde pública e se o atestado de óbito houver sido firmado por 2 (dois) médicos ou por 1 (um) médico legista e, no caso de morte violenta, depois de autorizada pela autoridade judiciária.

**Art. 78.** Na impossibilidade de ser feito o registro dentro de 24 (vinte e quatro) horas do falecimento, pela distância ou qualquer outro motivo relevante, o assento será lavrado depois, com a maior urgência, e dentro dos prazos fixados no artigo 50.

✪ **Art. 79.** São obrigados a fazer declaração de óbito:

1º) o chefe de família, a respeito de sua mulher, filhos, hóspedes, agregados e fâmulos;

2º) a viúva, a respeito de seu marido, e de cada uma das pessoas indicadas no número antecedente;

3º) o filho, a respeito do pai ou da mãe; o irmão, a respeito dos irmãos e demais pessoas de casa, indicadas no n. 1; o parente mais próximo maior e presente;

4º) o administrador, diretor ou gerente de qualquer estabelecimento público ou particular, a respeito dos que nele faleceram, salvo se estiver presente algum parente em grau acima indicado;

5º) na falta de pessoa competente, nos termos dos números anteriores, a que tiver assistido aos últimos momentos do finado, o médico, o sacerdote ou vizinho que do falecimento tiver notícia;

6º) a autoridade policial, a respeito de pessoas encontradas mortas.

**Parágrafo único.** A declaração poderá ser feita por meio de preposto, autorizando-o o declarante em escrito, de que constem os elementos necessários ao assento de óbito.

**Art. 80.** O assento de óbito deverá conter:

1º) a hora, se possível, dia, mês e ano do falecimento;

2º) o lugar do falecimento, com indicação precisa;

3º) o prenome, nome, sexo, idade, cor, estado, profissão, naturalidade, domicílio e residência do morto;

4º) se era casado, o nome do cônjuge sobrevivente, mesmo quando desquitado; se viúvo, o do cônjuge pré-defunto; e o cartório de casamento em ambos os casos;

5º) os nomes, prenomes, profissão, naturalidade e residência dos pais;

6º) se faleceu com testamento conhecido;

7º) se deixou filhos, nome e idade de cada um;

8º) se a morte foi natural ou violenta e a causa conhecida, com o nome dos atestantes;

9º) o lugar do sepultamento;

10) se deixou bens e herdeiros menores ou interditos;

11) se era eleitor;

12) pelo menos uma das informações a seguir arroladas: número de inscrição do PIS/Pasep; número de inscrição no Instituto Nacional do Seguro Social – INSS, se contribuinte individual; número de benefício previdenciário – NB, se a pessoa falecida for titular de qualquer benefício pago pelo INSS; número do CPF; número de registro da Carteira de Identidade e respectivo órgão emissor; número do título de eleitor; número do registro de nascimento, com informação do livro, da folha e do termo; número e série da Carteira de Trabalho.

**Parágrafo único.** O oficial de registro civil comunicará o óbito à Receita Federal e à Secretaria de Segurança Pública da unidade da Federação que tenha emitido a cédula de identidade, exceto se, em razão da idade do falecido, essa informação for manifestamente desnecessária.

**Art. 81.** Sendo o finado desconhecido, o assento deverá conter declaração de estatura ou medida, se for possível, cor, sinais aparentes, idade presumida, vestuário e qualquer outra indicação que possa auxiliar de futuro o seu reconhecimento; e, no caso de ter sido encontrado morto, serão mencionados esta circunstância e o lugar em que se achava e o da necropsia, se tiver havido.

**Parágrafo único.** Neste caso, será extraída a individual dactiloscópica, se no local existir esse serviço.

**Art. 82.** O assento deverá ser assinado pela pessoa que fizer a comunicação ou por alguém a seu rogo, se não souber ou não puder assinar.

**Art. 83.** Quando o assento for posterior ao enterro, faltando atestado de médico ou de duas pessoas qualificadas, assinarão, com a que fizer a declaração, duas testemunhas que tiverem assistido ao falecimento ou ao funeral e puderem atestar, por conhecimento próprio ou por informação que tiverem colhido, a identidade do cadáver.

**Art. 84.** Os assentos de óbitos de pessoas falecidas a bordo de navio brasileiro serão lavrados de acordo com as regras estabelecidas para os nascimentos, no que lhes for aplicável, com as referências constantes do artigo 80, salvo se o enterro for no porto, onde será tomado o assento.

**Art. 85.** Os óbitos, verificados em campanha, serão registrados em livro próprio, para esse fim designado, nas formações sanitárias e corpos de tropas, pelos oficiais da corporação militar correspondente, autenticado cada assento com a rubrica do respectivo médico chefe, ficando a cargo da unidade que proceder ao sepultamento o registro, nas condições especificadas, dos óbitos que se derem no próprio local de combate.

**Art. 86.** Os óbitos a que se refere o artigo anterior, serão publicados em boletim da corporação e registrados no Registro Civil, mediante relações autenticadas, remetidas ao Ministério da Justiça, contendo os nomes dos mortos, idade, naturalidade, estado civil, designação dos corpos a que pertenciam, lugar da residência ou de mobilização, dia, mês, ano e lugar do falecimento e do sepultamento para, à vista dessas relações, se fazerem os assentamentos de conformidade com o que a respeito está disposto no artigo 66.

**Art. 87.** O assentamento de óbito ocorrido em hospital, prisão ou outro qualquer estabelecimento público será feito, em falta de declaração de parentes, segundo a da respectiva administração, observadas as disposições dos artigos 80 a 83; e o relativo a pessoa encontrada acidental ou violentamente morta, segundo a comunicação, *ex officio*, das autoridades policiais, às quais incumbe fazê-la logo que tenham conhecimento do fato.

**Art. 88.** Poderão os juízes togados admitir justificação para o assento de óbito de pessoas desaparecidas em naufrágio, inundação, incêndio, terremoto ou qualquer outra catástrofe, quando estiver provada a sua presença no local do desastre e não for possível encontrar-se o cadáver para exame.

**Parágrafo único.** Será também admitida a justificação no caso de desaparecimento em campanha, provados a impossibilidade de ter sido feito o registro nos termos do artigo 85 e os fatos que convençam da ocorrência do óbito.

## CAPÍTULO X. DA EMANCIPAÇÃO, INTERDIÇÃO E AUSÊNCIA

- CC: arts. 5º, par. único, 9º, II e III, 22 a 25, 1.635, II e 1.782.
- Lei 2.375/1954 – Dispõe sobre a inscrição no Registro Público da emancipação por outorga do pai ou da mãe.

**Art. 89.** No Cartório do 1º Ofício ou da 1ª subdivisão judiciária de cada comarca serão registrados, em livro especial, as sentenças de emancipação, bem como os atos dos pais que a concederem, em relação aos menores nela domiciliados.

**Art. 90.** O registro será feito mediante trasladação da sentença oferecida em certidão ou do instrumento, limitando-se, se for de escritura pública, às referências da data, livro, folha e ofício em que for lavrada sem dependência, em qualquer dos casos, da presença de testemunhas, mas com a assinatura do apresentante. Dele sempre constarão:

1º) data do registro e da emancipação;

2º) nome, prenome, idade, filiação, profissão, naturalidade e residência do emancipado; data e cartório em que foi registrado o seu nascimento;

3º) nome, profissão, naturalidade e residência dos pais ou do tutor.

**Art. 91.** Quando o juiz conceder emancipação, deverá comunicá-la, de ofício, ao oficial de registro, se não constar dos autos haver sido efetuado este dentro de 8 (oito) dias.

**Parágrafo único.** Antes do registro, a emancipação, em qualquer caso, não produzirá efeito.

**Art. 92.** As interdições serão registradas no mesmo cartório e no mesmo livro de que trata o artigo 89, salvo a hipótese prevista na parte final do parágrafo único do artigo 33, declarando-se:

1º) data do registro;

2º) nome, prenome, idade, estado civil, profissão, naturalidade, domicílio e residência do interdito, data e cartório em que forem registrados o nascimento e o casamento, bem como o nome do cônjuge, se for casado;

3º) data da sentença, nome e vara do juiz que a proferiu;

4º) nome, profissão, estado civil, domicílio e residência do curador;

5º) nome do requerente da interdição e causa desta;

6º) limites da curadoria, quando for parcial a interdição;

7º) lugar onde está internado o interdito.

**Art. 93.** A comunicação, com os dados necessários, acompanhados de certidão de sentença, será remetida pelo juiz ao cartório para registro de ofício, se o curador ou promovente não o tiver feito dentro de 8 (oito) dias.

**Parágrafo único.** Antes de registrada a sentença, não poderá o curador assinar o respectivo termo.

**Art. 94.** O registro das sentenças declaratórias de ausência, que nomearem curador, será feito no cartório do domicílio anterior do ausente, com as mesmas cautelas e efeitos do registro de interdição, declarando-se:

1º) data do registro;

2º) nome, idade, estado civil, profissão e domicílio anterior do ausente, data e cartório em que foram registrados o nascimento e o casamento, bem como o nome do cônjuge, se for casado;

3º) tempo de ausência até a data da sentença;

4º) nome do promotor do processo;

5º) data da sentença, nome e vara do juiz que a proferiu;

6º) nome, estado civil, profissão, domicílio e residência do curador e os limites da curatela.

**Art. 94-A.** Os registros das sentenças declaratórias de reconhecimento e dissolução, bem como dos termos declaratórios formalizados perante o oficial de registro civil e das escrituras públicas declaratórias e dos distratos que envolvam união estável, serão feitos no Livro E do registro civil de pessoas naturais em que os companheiros têm ou tiveram sua última residência, e dele deverão constar: *(Acrescido pela Lei 14.382/2022)*

**I** - data do registro;

**II** - nome, estado civil, data de nascimento, profissão, CPF e residência dos companheiros;

**III** - nome dos pais dos companheiros;

**IV** - data e cartório em que foram registrados os nascimentos das partes, seus casamentos e uniões estáveis anteriores, bem como os óbitos de seus outros cônjuges ou companheiros, quando houver;

**V** - data da sentença, trânsito em julgado da sentença e vara e nome do juiz que a proferiu, quando for o caso;

**VI** - data da escritura pública, mencionados o livro, a página e o tabelionato onde foi lavrado o ato;

**VII** - regime de bens dos companheiros;

**VIII** - nome que os companheiros passam a ter em virtude da união estável.

**§ 1º** Não poderá ser promovido o registro, no Livro E, de união estável de pessoas casadas, ainda que separadas de fato, exceto se separadas judicialmente ou extrajudicialmente, ou se a declaração da união estável decorrer de sentença judicial transitada em julgado.

**§ 2º** As sentenças estrangeiras de reconhecimento de união estável, os termos extrajudiciais, os instrumentos particulares ou escrituras públicas declaratórias de união estável, bem como os respectivos distratos, lavrados no exterior, nos quais ao menos um dos companheiros seja brasileiro, poderão ser levados a registro no Livro E do registro civil de pessoas naturais em que qualquer dos companheiros tem ou tenha tido sua última residência no território nacional.

**§ 3º** Para fins de registro, as sentenças estrangeiras de reconhecimento de união estável, os termos extrajudiciais, os instrumentos particulares ou escrituras públicas declaratórias de união estável, bem como os respectivos distratos, lavrados no exterior, deverão ser devidamente legalizados ou apostilados e acompanhados de tradução juramentada.

## CAPÍTULO XI. DA LEGITIMAÇÃO ADOTIVA

- CC: arts. 10, II, 1.596, 1.618, 1.619, 1.635, IV, e 1.763, II.
- Lei 12.010/2009 – Dispõe sobre adoção; altera as Leis 8.069/1990 (Estatuto da Criança e do Adolescente), 8.560/1992; revoga dispositivos da Lei 10.406/2002 (Código Civil), e da Consolidação das Leis do Trabalho (CLT), aprovada pelo Decreto-Lei 5.452/1943.

**Art. 95.** Serão registradas no registro de nascimento as sentenças de legitimação adotiva, consignando-se nele os nomes dos pais adotivos como pais legítimos e os dos ascendentes dos mesmos se já falecidos, ou sendo vivos, se houverem, em qualquer tempo, manifestado por escrito sua adesão ao ato (Lei nº 4.655, de 2 de junho de 1965, art. 6º).

**Parágrafo único.** O mandado será arquivado, dele não podendo o oficial fornecer certidão, a não ser por determinação judicial e em segredo de justiça, para salvaguarda de direitos (Lei nº 4.655, de 2.6.1965, art. 8º, parágrafo único).

- CF/88: art. 227, §§ 5º e 6º.

**Art. 96.** Feito o registro, será cancelado o assento de nascimento original do menor.

## CAPÍTULO XII. DA AVERBAÇÃO

**Art. 97.** A averbação será feita pelo oficial do cartório em que constar o assento à vista da carta de sentença, de mandado ou de petição acompanhada de certidão ou documento legal e autêntico.

**Parágrafo único.** Nas hipóteses em que o oficial suspeitar de fraude, falsidade ou má-fé nas declarações ou na documentação apresentada para fins de averbação, não praticará o ato pretendido e submeterá o caso ao representante do Ministério Público para manifestação, com a indicação, por escrito, dos motivos da suspeita.

**Art. 98.** A averbação será feita à margem do assento e, quando não houver espaço, no livro corrente, com as notas e remissões recíprocas, que facilitem a busca.

**Art. 99.** A averbação será feita mediante a indicação minuciosa da sentença ou ato que a determinar.

**Art. 100.** No livro de casamento, será feita averbação da sentença de nulidade e anulação de casamento, bem como de desquite, declarando-se a data em que o juiz a proferiu, a sua conclusão, os nomes das partes e o trânsito em julgado.

**§ 1º.** Antes de averbação, as sentenças não produzirão efeito contra terceiros.

**§ 2º.** As sentenças de nulidade ou anulação de casamento não serão averbadas enquanto sujeitas a recurso, qualquer que seja o seu efeito.

**§ 3º.** A averbação a que se refere o parágrafo anterior será feita à vista da carta de sentença, subscrita pelo presidente ou outro juiz do tribunal que julgar a ação em grau de recurso, da qual constem os requisitos mencionados neste artigo e, ainda, certidão do trânsito em julgado do acórdão.

**§ 4º.** O oficial do registro comunicará, dentro de 48 (quarenta e oito) horas, o lançamento da averbação respectiva ao juiz que houver subscrito a carta de sentença mediante ofício sob registro postal.

**§ 5º.** Ao oficial, que deixar de cumprir as obrigações consignadas nos parágrafos anteriores, será imposta a multa de cinco salários mínimos da região e a suspensão do cargo até 6 (seis) meses; em caso de reincidência ser-lhe-á aplicada, em dobro, a pena pecuniária, ficando sujeito à perda do cargo.

**Art. 101.** Será também averbado, com as mesmas indicações e efeitos, o ato de restabelecimento de sociedade conjugal.

**Art. 102.** No livro de nascimento serão averbados:

1º) as sentenças que julgarem ilegítimos os filhos concebidos nas constância do casamento;

2º) as sentenças que declararem legítima a filiação;

3º) as escrituras de adoção e os atos que a dissolverem;

4º) o reconhecimento judicial ou voluntário dos filhos ilegítimos;

5º) a perda de nacionalidade brasileira, quando comunicada pelo Ministério da Justiça;

6º) a perda e a suspensão do pátrio poder.

**Art. 103.** Será feita, ainda de ofício, diretamente quando no mesmo cartório, ou por comunicação do oficial que registrar o casamento, a averbação da legitimação dos filhos por subsequente matrimônio dos pais, quando tal circunstância constar do assento de casamento.

**Art. 104.** No livro de emancipação, interdições e ausências, será feita a averbação das sentenças que puserem termo à interdição, das substituições dos curadores de interditos ou ausentes, das alterações dos limites de curatela, da cessação ou mudança de internação, bem como da cessação de ausência pelo aparecimento do ausente, de acordo com o disposto nos artigos anteriores.

- CC: art. 5º, par. único.

**Parágrafo único.** Averbar-se-á, também, no assento de ausência, a sentença de abertura de sucessão provisória, após o trânsito em julgado, com referência especial ao testamento do ausente se houver e indicação de seus herdeiros habilitados.

**Art. 105.** Para a averbação de escritura de adoção de pessoa cujo registro de nascimento haja sido fora do País, será trasladado, sem ônus para os interessados, no livro "A" do Cartório do 1º Ofício ou da 1ª subdivisão judiciária da comarca em que for domiciliado o adotante, aquele registro, legalmente traduzido, se for o caso, para que se faça, à margem dele, a competente averbação.

- ECA: art. 47, §§ 3º e 4º.

## CAPÍTULO XIII. DAS ANOTAÇÕES

**Art. 106.** Sempre que o oficial fizer algum registro ou averbação, deverá, no prazo de 5 (cinco) dias, anotá-lo nos atos anteriores, com remissões recíprocas, se lançados em seu cartório, ou fará comunicação, com resumo do assento, ao oficial em cujo cartório estiverem os registros primitivos, obedecendo-se sempre à forma prescrita no artigo 98.

**Parágrafo único.** As comunicações serão feitas mediante cartas relacionadas em protocolo, anotando-se à margem ou sob o ato comunicado, o número do protocolo e ficarão arquivadas no cartório que as receber.

**Art. 107.** O óbito deverá ser anotado, com as remissões recíprocas, nos assentos de casamento e nascimento, e o casamento no deste.

**§ 1º.** A emancipação, a interdição e a ausência serão anotadas pela mesma forma, nos assentos de nascimento e casamento, bem como a mudança do nome da mulher, em virtude de casamento, ou sua dissolução, anulação ou desquite.

**§ 2º.** A dissolução e a anulação do casamento e o restabelecimento da sociedade conjugal serão, também, anotados nos assentos de nascimento dos cônjuges.

**Art. 108.** Os oficiais, além das penas disciplinares em que incorrerem, são responsáveis civil e criminalmente pela omissão ou atraso na remessa de comunicações a outros cartórios.

## CAPÍTULO XIV. DAS RETIFICAÇÕES, RESTAURAÇÕES E SUPRIMENTOS

**Art. 109.** Quem pretender que se restaure, supra ou retifique assentamento no Registro Civil, requererá, em petição fundamentada e instruída com documentos ou com indicação de testemunhas, que o juiz o ordene, ouvido o órgão do Ministério Público e os interessados, no prazo de 5 (cinco) dias, que correrá em cartório.

**§ 1º.** Se qualquer interessado ou o órgão do Ministério Público impugnar o pedido, o juiz determinará a produção da prova, dentro do prazo de 10 (dez) dias e ouvidos, sucessivamente, em 3 (três) dias, os interessados e o órgão do Ministério Público, decidirá em 5 (cinco) dias.

**§ 2º.** Se não houver impugnação ou necessidade de mais provas, o juiz decidirá no prazo de 5 (cinco) dias.

**§ 3º.** Da decisão do juiz, caberá o recurso de apelação com ambos os efeitos.

‣ CPC/15: art. 938, § 1º, 1.007, § 6º, 1.009, 1.010, 1.012 a 1.015.

**§ 4º.** Julgado procedente o pedido, o juiz ordenará que se expeça mandado para que seja lavrado, restaurado ou retificado o assentamento, indicando, com precisão, os fatos ou circunstâncias que devam ser retificados, e em que sentido, ou os que devam ser objeto do novo assentamento.

**§ 5º.** Se houver de ser cumprido em jurisdição diversa, o mandado será remetido, por ofício, ao juiz sob cuja jurisdição estiver o cartório do Registro Civil e, com o seu "cumpra-se", executar-se-á.

**§ 6º.** As retificações serão feitas à margem do registro, com as indicações necessárias, ou, quando for o caso, com a trasladação do mandado, que ficará arquivado. Se não houver espaço, far-se-á o transporte do assento, com as remissões à margem do registro original.

**Art. 110.** O oficial retificará o registro, a averbação ou a anotação, de ofício ou a requerimento do interessado, mediante petição assinada pelo interessado, representante legal ou procurador, independentemente de prévia autorização judicial ou manifestação do Ministério Público, nos casos de:

**I** – erros que não exijam qualquer indagação para a constatação imediata de necessidade de sua correção;

**II** – erro na transposição dos elementos constantes em ordens e mandados judiciais, termos ou requerimentos, bem como outros títulos a serem registrados, averbados ou anotados, e o documento utilizado para a referida averbação e/ou retificação ficará arquivado no registro no cartório;

**III** – inexatidão da ordem cronológica e sucessiva referente à numeração do livro, da folha, da página, do termo, bem como da data do registro;

**IV** – ausência de indicação do Município relativo ao nascimento ou naturalidade do registrado, nas hipóteses em que existir descrição precisa do endereço do local do nascimento;

**V** – elevação de Distrito a Município ou alteração de suas nomenclaturas por força de lei.

**§ 1º.** (Revogado).

**§ 2º.** (Revogado).

**§ 3º.** (Revogado).

**§ 4º.** (Revogado).

**§ 5º** Nos casos em que a retificação decorra de erro imputável ao oficial, por si ou por seus prepostos, não será devido pelos interessados o pagamento de selos e taxas.

**Art. 111.** Nenhuma justificação em matéria de registro civil, para retificação, restauração ou abertura de assento, será entregue à parte.

**Art. 112.** Em qualquer tempo poderá ser apreciado o valor probante da justificação, em original ou por traslado, pela autoridade judiciária competente ao conhecer de ações que se relacionem com os fatos justificados.

**Art. 113.** As questões de filiação legítima ou ilegítima serão decididas em processo contencioso para anulação ou reforma de assento.

## TÍTULO III.
## DO REGISTRO CIVIL DE PESSOAS JURÍDICAS

### CAPÍTULO I
### DA ESCRITURAÇÃO

**Art. 114.** No Registro Civil de Pessoas Jurídicas serão inscritos:

**I** – os contratos, os atos constitutivos, o estatuto ou compromissos das sociedades civis, religiosas, pias, morais, científicas ou literárias, bem como o das fundações e das associações de utilidade pública;

‣ CC: art. 45.

**II** – as sociedades civis que revestirem as formas estabelecidas nas leis comerciais, salvo as anônimas;

**III** – os atos constitutivos e os estatutos dos partidos políticos.

**Parágrafo único.** No mesmo cartório será feito o registro dos jornais, periódicos, oficinas impressoras, empresas de radiodifusão e agências de notícias a que se refere o art. 8º da Lei nº 5.250, de 9/2/1967.

**Art. 115.** Não poderão ser registrados os atos constitutivos de pessoas jurídicas, quando o seu objeto ou circunstâncias relevantes indiquem destino ou atividades ilícitos ou contrários, nocivos ou perigosos ao bem público, à segurança do Estado e da coletividade, à ordem pública ou social, à moral e aos bons costumes.

**Parágrafo único.** Ocorrendo qualquer dos motivos previstos neste artigo, o oficial do registro, de ofício ou por provocação de qualquer autoridade, sobrestará no processo de registro e suscitará dúvida para o juiz, que a decidirá.

**Art. 116.** Haverá, para o fim previsto nos artigos anteriores, os seguintes livros:

**I** – Livro A, para os fins indicados nos incisos I e II do *caput* do art. 114 desta Lei; e *(Redação dada pela Lei 14.382/2022)*

**II** – Livro B, para matrícula das oficinas impressoras, jornais, periódicos, empresas de radiodifusão e agências de notícias. *(Redação dada pela Lei 14.382/2022)*

**Art. 117.** Todos os exemplares de contratos, de atos, de estatuto e de publicações, registrados e arquivados, serão encadernados por períodos certos, acompanhados de índice que facilite a busca e o exame.

**Art. 118.** Os oficiais farão índices, pela ordem cronológica e alfabética, de todos os registros e arquivamentos, podendo adotar o sistema de fichas, mas ficando sempre responsáveis por qualquer erro ou omissão.

**Art. 119.** A existência legal das pessoas jurídicas só começa com o registro de seus atos constitutivos.

**Parágrafo único.** Quando o funcionamento da sociedade depender de aprovação da autoridade, sem esta não poderá ser feito o registro.

## CAPÍTULO II.
## DA PESSOA JURÍDICA

✪ **Art. 120.** O registro das sociedades, fundações e partidos políticos consistirá na declaração, feita em livro, pelo oficial, do número de ordem, da data da apresentação e da espécie do ato constitutivo, com as seguintes indicações:

- Decreto-lei 9.085/1946 – Dispõe sobre o registro civil das pessoas jurídicas.

**I** – a denominação, o fundo social, quando houver, os fins e a sede da associação ou fundação, bem como o tempo de sua duração;

**II** – o modo por que se administra e representa a sociedade, ativa e passivamente, judicial e extrajudicialmente;

**III** – se o estatuto, o contrato ou o compromisso é reformável, no tocante à administração, e de que modo;

**IV** – se os membros respondem ou não, subsidiariamente, pelas obrigações sociais;

**V** – as condições de extinção da pessoa jurídica e nesse caso o destino do seu patrimônio;

**VI** – os nomes dos fundadores ou instituidores e dos membros da diretoria, provisória ou definitiva, com indicação da nacionalidade, estado civil e profissão de cada um, bem como o nome e residência do apresentante dos exemplares.

**Parágrafo único.** Para o registro dos partidos políticos, serão obedecidos, além dos requisitos deste artigo, os estabelecidos em lei específica.

**Art. 121.** O registro será feito com base em uma via do estatuto, compromisso ou contrato, apresentada em papel ou em meio eletrônico, a requerimento do representante legal da pessoa jurídica. *(Redação dada pela Lei 14.382/2022)*

**§ 1º** É dispensado o requerimento de que trata o *caput* deste artigo caso o representante legal da pessoa jurídica tenha subscrito o estatuto, compromisso ou contrato. *(Acrescido pela Lei 14.382/2022)*

**§ 2º** Os documentos apresentados em papel poderão ser retirados pelo apresentante nos 180 (cento e oitenta) dias após a data da certificação do registro ou da expedição de nota devolutiva. *(Acrescido pela Lei 14.382/2022)*

**§ 3º** Decorrido o prazo de que trata o § 2º deste artigo, os documentos serão descartados. *(Acrescido pela Lei 14.382/2022)*

## CAPÍTULO III.
## DO REGISTRO DE JORNAIS, OFICINAS IMPRESSORAS, EMPRESAS DE RADIODIFUSÃO E AGÊNCIAS DE NOTÍCIAS

**Art. 122.** No Registro Civil das Pessoas Jurídicas serão matriculados:

**I** – os jornais e demais publicações periódicas;

**II** – as oficinas impressoras de qualquer natureza, pertencentes a pessoas naturais ou jurídicas;

**III** – as empresas de radiodifusão que mantenham serviços de notícias, reportagens, comentários, debates e entrevistas;

**IV** – as empresas que tenham por objeto o agenciamento de notícias.

**Art. 123.** O pedido de matrícula conterá as informações e será instruído com os documentos seguintes:

**I** – no caso de jornais ou outras publicações periódicas:

*a)* título do jornal ou periódico, sede da redação, administração e oficinas impressoras, esclarecendo, quanto a estas, se são próprias ou de terceiros, e indicando, neste caso, os respectivos proprietários;

*b)* nome, idade, residência e prova da nacionalidade do diretor ou redator-chefe;

*c)* nome, idade, residência e prova da nacionalidade do proprietário;

*d)* se propriedade de pessoa jurídica, exemplar do respectivo estatuto ou contrato social e nome, idade, residência e prova da nacionalidade dos diretores, gerentes e sócios da pessoa jurídica proprietária;

**II** – nos casos de oficinas impressoras:

*a)* nome, nacionalidade, idade e residência do gerente e do proprietário, se pessoa natural;

*b)* sede da administração, lugar, rua e número onde funcionam as oficinas e denominação destas;

*c)* exemplar do contrato ou estatuto social, se pertencentes a pessoa jurídica;

**III** – no caso de empresas de radiodifusão:

*a)* designação da emissora, sede de sua administração e local das instalações do estúdio;

*b)* nome, idade, residência e prova de nacionalidade do diretor ou redator-chefe responsável pelos serviços de notícias, reportagens, comentários, debates e entrevistas;

**IV** – no caso de empresas noticiosas:

*a)* nome, nacionalidade, idade e residência do gerente e do proprietário, se pessoa natural;

*b)* sede da administração;

*c)* exemplar do contrato ou estatuto social, se pessoa jurídica.

**§ 1º.** As alterações em qualquer dessas declarações ou documentos deverão ser averbadas na matrícula, no prazo de 8 (oito) dias.

**§ 2º.** A cada declaração a ser averbada deverá corresponder um requerimento.

**Art. 124.** A falta de matrícula das declarações, exigidas no artigo anterior, ou da averbação da alteração, será punida com multa que terá o valor de meio a dois salários mínimos da região.

**§ 1º.** A sentença que impuser a multa fixará prazo, não inferior a 20 (vinte) dias, para matrícula ou alteração das declarações.

**§ 2º.** A multa será aplicada pela autoridade judiciária em representação feita pelo oficial, e cobrada por processo executivo, mediante ação do órgão competente.

**§ 3º.** Se a matrícula ou alteração não for efetivada no prazo referido no § 1º deste artigo, o juiz poderá impor nova multa, agravando-a de 50% (cinquenta por cento) toda vez que seja ultrapassado de 10 (dez) dias o prazo assinalado na sentença.

**Art. 125.** Considera-se clandestino o jornal, ou outra publicação periódica, não matriculado nos termos do artigo 122 ou de cuja matrícula não constem os nomes e as qualificações do diretor ou redator e do proprietário.

**Art. 126.** O processo de matrícula será o mesmo do registro prescrito no artigo 121.

## TÍTULO IV. DO REGISTRO DE TÍTULOS E DOCUMENTOS

### CAPÍTULO I. DAS ATRIBUIÇÕES

**Art. 127.** No Registro de Títulos e Documentos será feita a transcrição:

**I** – dos instrumentos particulares, para a prova das obrigações convencionais de qualquer valor;

- CC: art. 221.

**II** – do penhor comum sobre coisas móveis;

- CC: arts. 1.431 e 1.432.

**III** – da caução de títulos de crédito pessoal e da dívida pública federal, estadual ou municipal, ou de bolsa ao portador;

**IV** - *(Revogado pela Lei 14.382/2022)*

**V** – do contrato de parceria agrícola ou pecuária;

**VI** – do mandado judicial de renovação do contrato de arrendamento para sua vigência, quer entre as partes contratantes, quer em face de terceiros (art. 19, § 2º, do Decreto 24.150, de 20 de abril de 1934);

- Lei 8.245/1991 revogou o Decreto 24.150/1934..

**VII** – facultativa, de quaisquer documentos, para sua conservação.

**Parágrafo único.** Caberá ao Registro de Títulos e Documentos a realização de quaisquer registros não atribuídos expressamente a outro ofício.

**Art. 127-A.** O registro facultativo para conservação de documentos ou conjunto de documentos de que trata o inciso VII do *caput* do art. 127 desta Lei terá a finalidade de arquivamento de conteúdo e data, não gerará efeitos em relação a terceiros e não poderá servir como instrumento para cobrança de dívidas, mesmo que de forma velada, nem para protesto, notificação extrajudicial, medida judicial ou negativação nos serviços de proteção ao crédito ou congêneres. *(Redação dada pela Lei 14.382/2022)*

**§ 1º** O acesso ao conteúdo do registro efetuado na forma prevista no *caput* deste artigo é restrito ao requerente, vedada a utilização do registro para qualquer outra finalidade, ressalvadas: *(Redação dada pela Lei 14.382/2022)*

**I** - requisição da autoridade tributária, em caso de negativa de autorização sem justificativa aceita; e *(Acrescido pela Lei 14.382/2022)*

**II** - determinação judicial. *(Acrescido pela Lei 14.382/2022)*

**§ 2º** Quando se tratar de registro para fins de conservação de documentos de interesse fiscal, administrativo ou judicial, o apresentante poderá autorizar, a qualquer momento, a sua disponibilização para os órgãos públicos pertinentes, que poderão acessá-los por meio do Serp, sem ônus, nos termos estabelecidos pela Corregedoria Nacional de Justiça do Conselho Nacional de Justiça, dispensada a guarda pelo apresentante. *(Acrescido pela Lei 14.382/2022)*

**§ 3º** A certificação do registro será feita por termo, com indicação do número total de páginas registradas, dispensada a chancela ou rubrica em qualquer uma delas. *(Redação dada pela Lei 14.382/2022)*

**§ 4º** *(VETADO na Lei 14.382/2022)*

CIVIL

**Art. 128.** À margem dos respectivos registros, serão averbadas quaisquer ocorrências que os alterem, quer em relação às obrigações, quer em atinência às pessoas que nos atos figurarem, inclusive quanto à prorrogação dos prazos.

**Art. 129.** Estão sujeitos a registro, no Registro de Títulos e Documentos, para surtir efeitos em relação a terceiros:

1º) os contratos de locação de prédios, sem prejuízo do disposto no artigo 167, I, 3;

2º) *(Revogado pela Lei 14.382/2022)*

3º) as cartas de fiança, em geral, feitas por instrumento particular, seja qual for a natureza do compromisso por elas abonado;

4º) os contratos de locação de serviços não atribuídos a outras repartições;

5º) os contratos de compra e venda em prestações, com reserva de domínio ou não, qualquer que seja a forma de que se revistam, e os contratos de alienação ou de promessas de venda referentes a bens móveis; *(Redação dada pela Lei 14.382/2022)*

6º) todos os documentos de procedência estrangeira, acompanhados das respectivas traduções, para produzirem efeitos em repartições da União, dos Estados, do Distrito Federal, dos Territórios e dos Municípios ou em qualquer instância, juízo ou tribunal;

7º) as quitações, recibos e contratos de compra e venda de automóveis, bem como o penhor destes, qualquer que seja a forma que revistam;

- Súm. 132 do STJ.

8º) os atos administrativos expedidos para cumprimento de decisões judiciais, sem trânsito em julgado, pelas quais for determinada a entrega, pelas alfândegas e mesas de renda, de bens e mercadorias procedentes do exterior;

9º) os instrumentos de sub-rogação e de dação em pagamento; *(Redação dada pela Lei 14.382/2022)*

10º) a cessão de direitos e de créditos, a reserva de domínio e a alienação fiduciária de bens móveis; e *(Acrescido pela Lei 14.382/2022)*

11º) as constrições judiciais ou administrativas sobre bens móveis corpóreos e sobre direitos de crédito. *(Acrescido pela Lei 14.382/2022)*

**§ 1º** A inscrição em dívida ativa da Fazenda Pública não se sujeita ao registro de que trata o *caput* deste artigo para efeito da presunção de fraude de que trata o art. 185 da Lei nº 5.172, de 25 de outubro de 1966 (Código Tributário Nacional). *(Acrescido pela Lei 14.382/2022)*

**§ 2º** O disposto no *caput* deste artigo não se aplica ao registro e à constituição de ônus e de gravames previstos em legislação específica, inclusive o estabelecido: *(Redação dada pela Lei 14.382/2022)*

**I** - na Lei nº 9.503, de 23 de setembro de 1997 (Código de Trânsito Brasileiro); e *(Acrescido pela Lei 14.382/2022)*

**II** - no art. 26 da Lei nº 12.810, de 15 de maio de 2013. *(Acrescido pela Lei 14.382/2022)*

**Art. 130.** Dentro do prazo de vinte dias da data da sua assinatura pelas partes, todos os atos enumerados nos arts. 127 e 129, serão registrados no domicílio das partes contratantes e, quando residam estas em circunscrições territoriais diversas, far-se-á o registro em todas elas.

> **Atualização:** Art. 130. Os atos enumerados nos arts. 127 e 129 desta Lei serão registrados no domicílio: *(Redação dada pela Lei 14.382/2022, em vigor em 1º de janeiro de 2024)*
>
> I – das partes, quando residirem na mesma circunscrição territorial; *(Acrescido pela Lei 14.382/2022, em vigor em 1º de janeiro de 2024)*
>
> II – de um dos devedores ou garantidores, quando as partes residirem em circunscrições territoriais diversas; ou *(Acrescido pela Lei 14.382/2022, em vigor em 1º de janeiro de 2024)*
>
> III – de uma das partes, quando não houver devedor ou garantidor. *(Acrescido pela Lei 14.382/2022, em vigor em 1º de janeiro de 2024)*

**Parágrafo único.** Os registros de documentos apresentados, depois de findo o prazo, produzirão efeitos a partir da data da apresentação.

> **Atualização:** § 1º Os atos de que trata este artigo produzirão efeitos a partir da data do registro. *(Parágrafo único transformado em § 1º e com redação dada pela Lei 14.382/2022, em vigor em 1º de janeiro de 2024)*
>
> § 2º O registro de títulos e documentos não exigirá reconhecimento de firma, e caberá exclusivamente ao apresentante a responsabilidade pela autenticidade das assinaturas constantes de documento particular. *(Acrescido pela Lei 14.382/2022, em vigor em 1º de janeiro de 2024)*
>
> § 3º O documento de quitação ou de exoneração da obrigação constante do título registrado, quando apresentado em meio físico, deverá conter o reconhecimento de firma do credor. *(Acrescido pela Lei 14.382/2022, em vigor em 1º de janeiro de 2024)*

**Art. 131.** Os registros referidos nos artigos anteriores serão feitos independentemente de prévia distribuição.

## CAPÍTULO II. DA ESCRITURAÇÃO

**Art. 132.** No registro de títulos e documentos, haverá os seguintes livros: *(Redação dada pela Lei 14.382/2022)*

**I** – Livro A – protocolo para apontamentos de todos os títulos, documentos e papéis apresentados, diariamente, para serem registrados, ou averbados;

**II** – Livro B – para trasladação integral de títulos e documentos, sua conservação e validade contra terceiros, ainda que registrados por extratos em outros livros;

**III** – Livro C – para inscrição, por extração, de títulos e documentos, a fim de surtirem efeitos em relação a terceiros e autenticação de data;

**IV** – Livro D - indicador pessoal, substituível pelo sistema de fichas, a critério e sob a responsabilidade do oficial, o qual é obrigado a fornecer com presteza as certidões pedidas pelos nomes das partes que figurarem, por qualquer modo, nos livros de registros; *(Redação dada pela Lei 14.382/2022)*

**V** – Livro E – indicador real, para matrícula de todos os bens móveis que figurarem nos demais livros, devendo conter sua identificação, referência aos números de ordem dos outros livros e anotações necessárias, inclusive direitos e ônus incidentes sobre eles; *(Acrescido pela Lei 14.382/2022)*

**VI** – Livro F – para registro facultativo de documentos ou conjunto de documentos para conservação de que tratam o inciso VII do *caput* do art. 127 e o art. 127-A desta Lei; e *(Acrescido pela Lei 14.382/2022)*

**VII** – Livro G – indicador pessoal específico para repositório dos nomes dos apresentantes que figurarem no Livro F, do qual deverá constar o respectivo número do registro, o nome do apresentante e o seu número de inscrição no Cadastro de Pessoas Físicas da Secretaria Especial da Receita Federal do Brasil do Ministério da Economia ou, no caso de pessoa jurídica, a denominação do apresentante e o seu número de inscrição no Cadastro Nacional da Pessoa Jurídica da Secretaria Especial da Receita Federal do Brasil do Ministério da Economia. *(Acrescido pela Lei 14.382/2022)*

**Art. 133.** Na parte superior de cada página do livro se escreverá o título, a letra com o número e o ano em que começar.

**Art. 134.** O juiz, em caso de afluência de serviço, poderá autorizar o desdobramento dos livros de registro para escrituração das várias espécies de atos, sem prejuízo da unidade do protocolo e de sua numeração em ordem rigorosa.

**Parágrafo único.** Esses livros desdobrados terão as indicações de E, F, G, H etc.

**Art. 135.** O protocolo deverá conter colunas para as seguintes anotações:

1º) número de ordem, continuando, indefinidamente, nos seguintes;

2º) dia e mês;

3º) natureza do título e qualidade do lançamento (integral, resumido, penhor etc.);

4º) o nome do apresentante;

5º) anotações e averbações.

**Parágrafo único.** Em seguida ao registro, far-se-á, no protocolo, remissão ao número da página do livro em que foi ele lançado, mencionando-se, também, o número e a página de outros livros em que houver qualquer nota ou declaração concernente ao mesmo ato.

**Art. 136.** O livro de registro integral de títulos será escriturado nos termos do artigo 142, lançando-se, antes de cada registro, o número de ordem, a data do protocolo e o nome do apresentante, e conterá colunas para as seguintes declarações:

1º) número de ordem;

2º) dia e mês;

3º) transcrição;

4º) anotações e averbações.

**Art. 137.** O livro de registro, por extrato, conterá colunas para as seguintes declarações:

1º) número de ordem;

2º) dia e mês;

3º) espécie e resumo do título;

4º) anotações e averbações.

**Art. 138.** O indicador pessoal será dividido alfabeticamente para a indicação do nome de todas as pessoas que, ativa ou passivamente, individual ou coletivamente, figurarem nos livros de registro e deverá conter, além dos nomes das pessoas, referências aos números de ordem e páginas dos outros livros e anotações.

**Art. 139.** Se a mesma pessoa já estiver mencionada no indicador, somente se fará, na coluna das anotações, uma referência ao número de ordem, página e número do livro em que estiver lançado o novo registro ou averbação.

**Art. 140.** Se no mesmo registro ou averbação, figurar mais de uma pessoa, ativa ou passivamente, o nome de cada uma será lançado distintamente, no indicador, com referência recíproca na coluna das anotações.

**Art. 141.** *(Revogado pela Lei 14.382/2022)*

## CAPÍTULO III. DA TRANSCRIÇÃO E DA AVERBAÇÃO

**Art. 142.** O registro integral dos documentos consistirá na trasladação dos mesmos, com a mesma ortografia e pontuação, com referência às entrelinhas ou quaisquer acréscimos, alterações, defeitos ou vícios que tiver o original apresentado, e, bem assim, com menção precisa aos seus característicos exteriores e às formalidades legais, podendo a transcrição dos documentos mercantis, quando levados a registro, ser feita na mesma disposição gráfica em que estiverem escritos, se o interessado assim o desejar.

**§ 1º.** Feita a trasladação, na última linha, de maneira a não ficar espaço em branco, será conferida e realizado o seu encerramento, depois do que o oficial, seu substituto legal ou escrevente designado pelo oficial e autorizado pelo juiz competente, ainda que o primeiro não esteja afastado, assinará o seu nome por inteiro.

**§ 2º.** Tratando-se de documento impresso, idêntico a outro já anteriormente registrado na íntegra, no mesmo livro, poderá o registro limitar-se a consignar o nome das partes contratantes, as características do objeto e demais dados constantes dos claros preenchidos, fazendo-se remissão, quanto ao mais, àquele já registrado.

**Art. 143.** O registro resumido consistirá na declaração da natureza do título, do documento ou papel, valor, prazo, lugar em que tenha sido feito, nome e condição jurídica das partes, nomes das testemunhas, data da assinatura e do reconhecimento de firma por tabelião, se houver, o nome deste, o do apresentante, o número de ordem e a data do protocolo, e da averbação, a importância e a qualidade do imposto pago, depois do que será datado e rubricado pelo oficial ou servidores referidos no artigo 142, § 1º.

**Art. 144.** *(Revogado pela Lei 14.382/2022)*

**Art. 145.** *(Revogado pela Lei 14.382/2022)*

## CAPÍTULO IV. DA ORDEM DO SERVIÇO

**Art. 146.** Apresentado o título ou documento para registro ou averbação, serão anotados, no protocolo, a data de sua apresentação, sob o número de ordem que se seguir imediatamente, a natureza do instrumento, a espécie de lançamento a fazer (registro integral ou resumido, ou averbação), o nome do apresentante, reproduzindo-se as declarações relativas ao número de ordem, à data, e à espécie de lançamento a fazer no corpo do título, do documento ou do papel.

**Art. 147.** Protocolizado o título ou documento, far-se-á, em seguida, no livro respectivo, o lançamento (registro integral ou resumido, ou averbação) e, concluído este, declarar-se-á no corpo do título, documento ou papel, o número de ordem e a data do procedimento no livro competente, rubricando o oficial ou os servidores referidos no art. 142, § 1º, esta declaração e as demais folhas do título, do documento ou do papel.

**Art. 148.** Os títulos, documentos e papéis escritos em língua estrangeira, uma vez adotados os caracteres comuns, poderão ser registrados no original, para o efeito da sua conservação ou perpetuidade. Para produzirem efeitos legais no País e para valerem contra terceiros, deverão, entretanto, ser vertidos em vernáculo e registrada a tradução, o que, também, se observará em relação às procurações lavradas em língua estrangeira.

**Parágrafo único.** Para o registro resumido, os títulos, documentos ou papéis em língua estrangeira, deverão ser sempre traduzidos.

**Art. 149.** Depois de concluídos os lançamentos nos livros respectivos, será feita, nas anotações do protocolo, referência ao número de ordem sob o qual tiver sido feito o registro, ou a averbação, no livro respectivo, datando e rubricando, em seguida, o oficial ou os servidores referidos no art. 142, § 1º.

**Art. 150.** O apontamento do título, documento ou papel no protocolo será feito, seguida e imediatamente um depois do outro. Sem prejuízo da numeração individual de cada documento, se a mesma pessoa apresentar simultaneamente diversos documentos de idêntica natureza, para lançamento da mesma espécie, serão eles lançados no protocolo englobadamente.

**Parágrafo único.** Onde terminar cada apontamento, será traçada uma linha horizontal, separando-o do seguinte, sendo lavrado, no fim do expediente diário, o termo de encerramento do próprio punho do oficial por este datado e assinado.

**Art. 151.** O lançamento dos registros e das averbações nos livros respectivos será feito, também seguidamente, na ordem de prioridade do seu apontamento no protocolo, quando não for obstado por ordem de autoridade judiciária competente, ou por dúvida superveniente; neste caso, seguir-se-ão os registros ou averbações dos imediatos, sem prejuízo da data autenticada pelo competente apontamento.

**Art. 152.** Cada registro ou averbação será datado e assinado por inteiro, pelo oficial ou pelos servidores referidos no artigo 142, § 1º, separados, um do outro, por uma linha horizontal.

**Art. 153.** Os títulos terão sempre um número diferente, segundo a ordem de apresentação, ainda que se refiram à mesma pessoa. O registro e a averbação deverão ser imediatos e, quando não o puderem ser, por acúmulo de serviço, o lançamento será feito no prazo estritamente necessário, e sem prejuízo da ordem da prenotação. Em qualquer desses casos, o oficial, depois de haver dado entrada no protocolo e lançado no corpo do título as declarações prescritas, fornecerá um recibo contendo a declaração da data da apresentação, o número de ordem desta no protocolo e a indicação do dia em que deverá ser entregue, devidamente legalizado; o recibo será restituído pelo apresentante contra a devolução do documento.

**Art. 154.** Nos termos de encerramento diário do protocolo, lavrados ao findar a hora regulamentar, deverão ser mencionados, pelos respectivos números, os títulos apresentados cujos registros ficarem adiados, com a declaração dos motivos do adiamento.

**Parágrafo único.** Ainda que o expediente continue para ultimação do serviço, nenhuma nova apresentação será admitida depois da hora regulamentar.

**Art. 155.** Quando o título, já registrado por extrato, for levado a registro integral, ou for exigido simultaneamente pelo apresentante o duplo registro, mencionar-se-á essa circunstância no lançamento posterior e, nas anotações do protocolo, far-se-ão referências recíprocas para verificação das diversas espécies de lançamento do mesmo título.

**Art. 156.** O oficial deverá recusar registro a título e a documento que não se revistam das formalidades legais.

**Parágrafo único.** Se tiver suspeita de falsificação, poderá o oficial sobrestar no registro, depois de protocolado o documento, até notificar o apresentante dessa circunstância; se este insistir, o registro será feito com essa nota, podendo o oficial, entretanto, submeter a dúvida ao juiz competente, ou notificar o signatário para assistir ao registro, mencionando também as alegações pelo último aduzidas.

**Art. 157.** O oficial, salvo quando agir de má-fé, devidamente comprovada, não será responsável pelos danos decorrentes da anulação do registro, ou da averbação, por vício intrínseco ou extrínseco do documento, título ou papel, mas, tão somente, pelos erros ou vícios no processo de registro.

**Art. 158.** *(Revogado pela Lei 14.382/2022)*

**Art. 159.** As folhas do título, documento ou papel que tiver sido registrado e as das certidões serão rubricadas pelo oficial, antes de entregues aos apresentantes. As declarações no protocolo, bem como as dos registros e das averbações lançadas no título, documento ou papel e as respectivas datas poderão ser apostas por carimbo, sendo, porém, para autenticação, de próprio punho do oficial, ou de quem suas vezes fizer, a assinatura ou a rubrica.

**Art. 160.** O oficial será obrigado, quando o apresentante o requerer, a notificar do registro ou da averbação os demais interessados que figurarem no título, documento, o papel apresentado, e a quaisquer terceiros que lhes sejam indicados, podendo requisitar dos oficiais de registro em outros Municípios, as notificações necessárias. Por esse processo, também, poderão ser feitos avisos, denúncias e notificações, quando não for exigida a intervenção judicial.

**§ 1º**. Os certificados de notificação ou da entrega de registros serão lavrados nas colunas das anotações, no livro competente, à margem dos respectivos registros.

**§ 2º**. O serviço das notificações e demais diligências poderá ser realizado por escreventes designados pelo oficial e autorizados pelo juiz competente.

**Art. 161.** As certidões do registro de títulos e documentos terão a mesma eficácia e o mesmo valor probante dos documentos originais registrados, físicos ou nato-digitais, ressalvado o incidente de falsidade destes, oportunamente levantado em juízo. *(Redação dada pela Lei 14.382/2022)*

**§§ 1º e 2º**. *(Revogados pela Lei 14.382/2022)*

**Art. 162.** O fato da apresentação de um título, documento ou papel, para registro ou averbação, não constituirá, para o apresentante, direito sobre o mesmo, desde que não seja o próprio interessado.

**Art. 163.** Os tabeliães e escrivão, nos atos que praticarem, farão sempre referência ao livro e à folha do registro de títulos e documentos em que tenham sido trasladados os mandatos de origem estrangeira, a que tenham de reportar-se.

## CAPÍTULO V.
## DO CANCELAMENTO

**Art. 164.** O cancelamento poderá ser feito em virtude de sentença ou de documento autêntico de quitação ou de exoneração do título registrado.

**Art. 165.** Apresentado qualquer dos documentos referidos no artigo anterior, o oficial certificará, na coluna das averbações do livro respectivo, o cancelamento e a razão dele, mencionando-se o documento que o autorizou, datando e assinando a certidão, de tudo fazendo referência nas anotações do protocolo.

**Parágrafo único.** Quando não for suficiente o espaço da coluna das averbações, será feito novo registro, com referências recíprocas, na coluna própria.

**Art. 166.** Os requerimentos de cancelamento serão arquivados com os documentos que os instruírem.

# TÍTULO V.
# DO REGISTRO DE IMÓVEIS

## CAPÍTULO I.
## DAS ATRIBUIÇÕES

- Lei 10.169/2000 – Regula o § 2º do art. 236 da CF, mediante o estabelecimento de normas gerais para a fixação de emolumentos relativos aos atos praticados pelos serviços notariais e de registro.
- Lei 8.935/1994 – Regulamenta o art. 236 da CF, dispondo sobre serviços notariais e de registro.

**Art. 167.** No Registro de Imóveis, além da matrícula, serão feitos:

- CPC/15: art. 406.

**I** – o registro:

1) da instituição de bem de família;

- CC: arts. 1.711 a 1.722.
- Lei 8.009/1990 – Dispõe sobre a impenhorabilidade do bem de família.

2) das hipotecas legais, judiciais e convencionais;

- CC: arts. 1.225, IX, 1.419 a 1.430, e 1.473 a 1.505.

3) dos contratos de locação de prédios, nos quais tenha sido consignada cláusula de vigência no caso de alienação da coisa locada;

- CC: art. 576.
- Lei 8.245/1991: art. 8º.

4) do penhor de máquinas e de aparelhos utilizados na indústria, instalados e em funcionamento, com os respectivos pertences ou sem eles;

5) das penhoras, arrestos e sequestro de imóveis;

6) das servidões em geral;

- CC: arts. 1.378 a 1.389.

7) do usufruto e do uso sobre imóveis e da habitação, quando não resultarem do direito de família;

- CC: arts. 1.390 a 1.416.

8) das rendas constituídas sobre imóveis ou a eles vinculadas por disposição de última vontade;

- CC: arts. 803 a 813.

9) dos contratos de compromisso de compra e venda de cessão deste e de promessa de cessão, com ou sem cláusula de arrependimento, que tenham por objeto imóveis não loteados e cujo preço tenha sido pago no ato de sua celebração, ou deva sê-lo a prazo, de uma só vez ou em prestações;

- CC: arts. 1.417 e 1.418.

10) da enfiteuse;

11) da anticrese;

- CC: arts. 1.506 a 1.510.

12) das convenções antenupciais;

13) *(Revogado pela Lei 13.986/2020)*

14) das cédulas de crédito, industrial;

15) dos contratos de penhor rural;

16) dos empréstimos por obrigações ao portador ou debêntures, inclusive as conversíveis em ações;

17) das incorporações, instituições e convenções de condomínio;

- CC: arts. 1.331 a 1.358.
- Lei 4.591/1964: arts. 9º, 32 e 33.

18) dos contratos de promessa de venda, cessão ou promessa de cessão de unidades autônomas condominiais e de promessa de permuta, a que se refere a Lei nº 4.591, de 16 de dezembro de 1964, quando a incorporação ou a instituição de condomínio se formalizar na vigência desta Lei; *(Redação dada pela Lei 14.382/2022)*

19) dos loteamentos urbanos e rurais;

- Lei 6.766/1979 – Dispõe sobre o Parcelamento do Solo Urbano.

20) dos contratos de promessa de compra e venda de terrenos loteados em conformidade com o Decreto-lei 58, de 10 de dezembro de 1937, e respectiva cessão e promessa de cessão, quando o loteamento se formalizar na vigência desta Lei;

- CC: arts. 1.417 e 1.418.

21) das citações de ações reais ou pessoais reipersecutórias, relativas a imóveis;

22) (*Revogado pela Lei nº 6.850, de 1980*);

23) dos julgados e atos jurídicos entre vivos que dividirem imóveis ou os demarcarem inclusive

nos casos de incorporação que resultarem em constituição de condomínio e atribuírem uma ou mais unidades aos incorporadores;

24) das sentenças que nos inventários, arrolamentos e partilhas, adjudicarem bens de raiz em pagamento das dívidas da herança;

25) dos atos de entrega de legados de imóveis, dos formais de partilha e das sentenças de adjudicação em inventário ou arrolamento quando não houver partilha;

- CPC/15: art. 655.

26) da arrematação e da adjudicação em hasta pública;

- CPC/15: arts. 879 a 903.

27) do dote;

28) das sentenças declaratórias de usucapião;

29) da compra e venda pura e da condicional;

30) da permuta e da promessa de permuta; *(Redação dada pela Lei 14.382/2022)*

31) da dação em pagamento;

- CC: arts. 356 a 359.

32) da transferência, de imóvel a sociedade, quando integrar quota social;

33) da doação entre vivos;

34) da desapropriação amigável e das sentenças que, em processo de desapropriação, fixarem o valor da indenização;

35) da alienação fiduciária em garantia de coisa imóvel;

36) da imissão provisória na posse, quando concedida à União, aos Estados, ao Distrito Federal, aos Municípios ou às suas entidades delegadas, e respectiva cessão e promessa de cessão;

37) dos termos administrativos ou das sentenças declaratórias da concessão de uso especial para fins de moradia;

38) *(VETADO).*

39) da constituição do direito de superfície de imóvel urbano;

- CC: art. 167, I, 39.

40) do contrato de concessão de direito real de uso de imóvel público;

41) da legitimação de posse;

42) da conversão da legitimação de posse em propriedade, prevista no art. 60 da Lei 11.977, de 7 de julho de 2009;

43) da Certidão de Regularização Fundiária (CRF);

44) da legitimação fundiária; *(Redação dada pela Lei 14.382/2022)*

45) do contrato de pagamento por serviços ambientais, quando este estipular obrigações de natureza propter rem; e *(Redação dada pela Lei 14.382/2022)*

46) do ato de tombamento definitivo, sem conteúdo financeiro; *(Acrescido pela Lei 14.382/2022)*

**II** – a averbação:

1) das convenções antenupciais e do regime de bens diversos do legal, nos registros referentes a imóveis ou a direitos reais pertencentes a qualquer dos cônjuges, inclusive os adquiridos posteriormente ao casamento;

- CC: arts. 979, 1.536, VII, 1.640, par. único, e 1.653 a 1.657.

2) por cancelamento, da extinção dos ônus e direitos reais;

3) dos contratos de promessa de compra e venda, das cessões e das promessas de cessão a que alude o Decreto-lei nº 58, de 10 de dezembro de 1937, quando o loteamento se tiver formalizado anteriormente à vigência desta Lei;

4) da mudança de denominação e de numeração dos prédios, da edificação, da reconstrução, da demolição, do desmembramento e do loteamento de imóveis;

5) da alteração do nome por casamento ou por desquite, ou, ainda, de outras circunstâncias que, de qualquer modo, tenham influência no registro ou nas pessoas nele interessadas;

- Lei 6.515/1977: arts. 17 e 18.

6) dos atos pertinentes a unidades autônomas condominiais a que alude a Lei nº 4.591, de 16 de dezembro de 1964, quando a incorporação tiver sido formalizada anteriormente à vigência desta Lei;

7) das cédulas hipotecárias;

8) da caução e da cessão fiduciária de direitos reais relativos a imóveis; *(Redação dada pela Lei 14.382/2022)*

9) das sentenças de separação de dote;

10) do restabelecimento da sociedade conjugal;

11) das cláusulas de inalienabilidade, impenhorabilidade e incomunicabilidade impostas a imóveis, bem como da constituição de fideicomisso;

12) das decisões, recursos e seus efeitos, que tenham por objeto atos ou títulos registrados ou averbados;

13) *ex officio*, dos nomes dos logradouros, decretados pelo poder público;

14) das sentenças de separação judicial, de divórcio e de nulidade ou anulação de casamento, quando nas respectivas partilhas existirem imóveis ou direitos reais sujeitos a registro;

15) da rerratificação do contrato de mútuo com pacto adjeto de hipoteca em favor de entidade integrante do Sistema Financeiro da Habitação, ainda que importando elevação da dívida, desde que mantidas as mesmas partes e que inexista outra hipoteca registrada em favor de terceiros;

16) do contrato de locação, para os fins de exercício de direito de preferência;

17) do Termo de Securitização de créditos imobiliários, quando submetidos a regime fiduciário;

18) da notificação para parcelamento, edificação ou utilização compulsórios de imóvel urbano;

19) da extinção da concessão de uso especial para fins de moradia;

20) da extinção do direito de superfície do imóvel urbano;

21) da cessão do crédito com garantia real sobre imóvel, ressalvado o disposto no item 35 deste inciso; *(Redação dada pela Lei 14.382/2022)*

22) da reserva legal;

23) da servidão ambiental.

24) do destaque de imóvel de gleba pública originária.

25) *(v. MP 458/2009 e Lei 11.952/2009).*

26) do auto de demarcação urbanística.

27) da extinção da legitimação de posse;

28) da extinção da concessão de uso especial para fins de moradia;

29) da extinção da concessão de direito real de uso.

30) da sub-rogação de dívida, da respectiva garantia fiduciária ou hipotecária e da alteração das condições contratuais, em nome do credor que venha a assumir essa condição nos termos do art. 31 da Lei nº 9.514, de 20 de novembro de 1997, ou do art. 347 da Lei nº 10.406, de 10 de janeiro de 2002 (Código Civil), realizada em ato único, a requerimento do interessado, instruído com documento comprobatório firmado pelo credor original e pelo mutuário, ressalvado o disposto no item 35 deste inciso; *(Redação dada pela Lei 14.382/2022)*

31) da certidão de liberação de condições resolutivas dos títulos de domínio resolúvel emitidos pelos órgãos fundiários;

32) do termo de quitação de contrato de compromisso de compra e venda registrado e do termo de quitação dos instrumentos públicos ou privados oriundos da implantação de empreendimentos ou de processo de regularização fundiária, firmado pelo empreendedor proprietário de imóvel ou pelo promotor do empreendimento ou da regularização fundiária objeto de loteamento, desmembramento, condomínio de qualquer modalidade ou de regularização fundiária, exclusivamente para fins de exoneração da sua responsabilidade sobre tributos municipais incidentes sobre o imóvel perante o Município, não implicando transferência de domínio ao compromissário comprador ou ao beneficiário da regularização.

33) *(Acrescido pela MP 992/2020, com vigência encerrada em 12.11.2020, conforme Ato Declaratório 144/2020, DOU 16.11.2020)*

34) da existência dos penhores previstos no art. 178 desta Lei, de ofício, sem conteúdo financeiro, por ocasião do registro no livro auxiliar em relação a imóveis de titularidade do devedor pignoratício ou a imóveis objeto de contratos registrados no Livro nº 2 - Registro Geral; *(Redação dada pela Lei 14.382/2022)*

35) da cessão de crédito ou da sub-rogação de dívida decorrentes de transferência do financiamento com garantia real sobre imóvel, nos termos do Capítulo II-A da Lei nº 9.514, de 20 de novembro de 1997; e *(Acrescido pela Lei 14.382/2022)*

36) do processo de tombamento de bens imóveis e de seu eventual cancelamento, sem conteúdo financeiro. *(Acrescido pela Lei 14.382/2022)*

**Parágrafo único.** O registro previsto no item 3 do inciso I do *caput* e a averbação prevista no item 16 do inciso II do *caput* deste artigo serão efetuados no registro de imóveis da circunscrição onde o imóvel estiver matriculado, mediante apresentação de uma via do contrato assinado pelas partes, admitida a forma eletrônica e bastando a coincidência entre o nome de um dos proprietários e o do locador. *(Acrescido pela Lei 14.382/2022)*

**Art. 168.** Na designação genérica de registro, consideram-se englobadas a inscrição e a transcrição a que se referem as leis civis.

**Art. 169.** Todos os atos enumerados no art. 167 desta Lei são obrigatórios e serão efetuados na serventia da situação do imóvel, observado o seguinte: *(Redação dada pela Lei 14.382/2022)*

**I** - as averbações serão efetuadas na matrícula ou à margem do registro a que se referirem, ainda que o imóvel tenha passado a pertencer a outra circunscrição, observado o disposto no inciso I do § 1º e no § 18 do art. 176 desta Lei; *(Redação dada pela Lei 14.382/2022)*

**II** - para o imóvel situado em duas ou mais circunscrições, serão abertas matrículas em ambas as serventias dos registros públicos; e *(Redação dada pela Lei 14.382/2022)*

**III** - *(Revogado pela Lei 14.382/2022)*

**IV** - aberta matrícula na serventia da situação do imóvel, o oficial comunicará o fato à serventia de origem, para o encerramento, de ofício, da matrícula anterior. *(Acrescido pela Lei 14.382/2022)*

**§ 1º** O registro do loteamento e do desmembramento que abranger imóvel localizado em mais de uma circunscrição imobiliária observará o disposto no inciso II do *caput* deste artigo, e as matrículas das unidades imobiliárias deverão ser abertas na serventia do registro de imóveis da circunscrição em que estiver situada a unidade imobiliária, procedendo-se às averbações remissivas. *(Redação dada pela Lei 14.382/2022)*

**§ 2º** As informações relativas às alterações de denominação de logradouro e de numeração predial serão enviadas pelo Município à serventia do registro de imóveis da circunscrição onde estiver situado o imóvel, por meio do Serp, e as informações de alteração de numeração predial poderão ser arquivadas para uso oportuno e a pedido do interessado. *(Redação dada pela Lei 14.382/2022)*

**§ 3º** Na hipótese prevista no inciso II do *caput* deste artigo, as matrículas serão abertas: *(Acrescido pela Lei 14.382/2022)*

**I** - com remissões recíprocas;

**II** - com a prática dos atos de registro e de averbação apenas no registro de imóveis da circunscrição em que estiver situada a maior área, averbando-se, sem conteúdo financeiro, a circunstância na outra serventia; e

**III** - se a área for idêntica em ambas as circunscrições, adotar-se-á o mesmo procedimento e proceder-se-á aos registros e às averbações na serventia de escolha do interessado, averbada a circunstância na outra serventia, sem conteúdo financeiro.

**Art. 170.** O desmembramento territorial posterior ao registro não exige sua repetição no novo cartório.

**Art. 171.** Os atos relativos a vias férreas serão registrados na circunscrição imobiliária onde se situe o imóvel.

**Parágrafo único.** A requerimento do interessado, o oficial do cartório do registro de imóveis da circunscrição a que se refere o *caput* deste artigo abrirá a matrícula da área correspondente, com base em planta, memorial descritivo e certidão atualizada da matrícula ou da transcrição do imóvel, caso exista, podendo a apuração do remanescente ocorrer em momento posterior.

## CAPÍTULO II. DA ESCRITURAÇÃO

**Art. 172.** No Registro de Imóveis serão feitos, nos termos desta Lei, o registro e a averbação dos títulos ou atos constitutivos, declaratórios, translativos e extintivos de direitos reais sobre imóveis reconhecidos em lei, *inter vivos* ou *mortis causa*, quer para sua constituição, transferência e extinção, quer para sua validade em relação a terceiros, quer para a sua disponibilidade.

**Art. 173.** Haverá, no Registro de Imóveis, os seguintes livros:

**I** – Livro n. 1 – Protocolo;

**II** – Livro n. 2 – Registro Geral;

**III** – Livro n. 3 – Registro Auxiliar;

**IV** – Livro n. 4 – Indicador Real;

**V** – Livro n. 5 – Indicador Pessoal.

**Parágrafo único.** Observado o disposto no § 2º do art. 3º, desta Lei, os Livros ns. 2, 3, 4 e 5 poderão ser substituídos por fichas.

**Art. 174.** O Livro n. 1 – Protocolo – servirá para apontamento de todos os títulos apresentados diariamente, ressalvado o disposto no parágrafo único do art. 12 desta Lei.

**Art. 175.** São requisitos da escrituração do Livro n. 1 – Protocolo:

**I** – o número de ordem, que seguirá indefinidamente nos livros da mesma espécie;

**II** – a data da apresentação;

**III** – o nome do apresentante;

**IV** – a natureza formal do título;

**V** – os atos que formalizar, resumidamente mencionados.

**Art. 176.** O Livro n. 2 – Registro Geral – será destinado, à matrícula dos imóveis e ao registro ou averbação dos atos relacionados no art. 167 e não atribuídos ao Livro n. 3.

**§ 1º.** A escrituração do Livro nº 2 obedecerá às seguintes normas:

**I** – cada imóvel terá matrícula própria, que será aberta por ocasião do primeiro ato de registro ou de averbação caso a transcrição possua todos os requisitos elencados para a abertura de matrícula; *(Redação dada pela Lei 14.382/2022)*

**II** – são requisitos da matrícula:

1) o número de ordem, que seguirá ao infinito;

2) a data;

3) a identificação do imóvel, que será feita com indicação:

*a)* se rural, do código do imóvel, dos dados constantes do CCIR, da denominação e de suas características, confrontações, localização e área;

*b)* se urbano, de suas características e confrontações, localização, área, logradouro, número e de sua designação cadastral, se houver.

4) o nome, domicílio e nacionalidade do proprietário, bem como:

*a)* tratando-se de pessoa física, o estado civil, a profissão, o número de inscrição no Cadastro de Pessoas Físicas do Ministério da Fazenda ou do Registro Geral da cédula de identidade, ou à falta deste, sua filiação;

*b)* tratando-se de pessoa jurídica, a sede social e o número de inscrição no Cadastro Geral de Contribuintes do Ministério da Fazenda;

5) o número do registro anterior.

6) tratando-se de imóvel em regime de multipropriedade, a indicação da existência de matrículas, nos termos do § 10 deste artigo; *(Incluído pela Lei 13.777/2018)*

**III** – são requisitos do registro no Livro n. 2:

1) a data;

2) o nome, domicílio e nacionalidade do transmitente, ou do devedor, e do adquirente, ou credor, bem como:

*a)* tratando-se de pessoa física, o estado civil, a profissão e o número de inscrição no Cadastro de Pessoas Físicas do Ministério da Fazenda ou do Registro Geral da cédula de identidade, ou, à falta deste, sua filiação;

*b)* tratando-se de pessoa jurídica, a sede social e o número de inscrição no Cadastro Geral de Contribuintes do Ministério da Fazenda;

3) o título da transmissão ou do ônus;

4) a forma do título, sua procedência e caracterização;

5) o valor do contrato, da coisa ou da dívida, prazo desta, condições e mais especificações, inclusive os juros, se houver.

**§ 2º.** Para a matrícula e registro das escrituras e partilhas, lavradas ou homologadas na vigência do Decreto nº 4.857, de 9 de novembro de 1939, não serão observadas as exigências deste artigo, devendo tais atos obedecer ao disposto na legislação anterior.

**§ 3º.** Nos casos de desmembramento, parcelamento ou remembramento de imóveis rurais, a identificação prevista na alínea *a* do item 3 do inciso II do § 1º será obtida a partir de memorial descritivo, assinado por profissional habilitado e com a devida Anotação de Responsabilidade Técnica – ART, contendo as coordenadas dos vértices definidores dos limites dos imóveis rurais, georreferenciadas ao Sistema Geodésico Brasileiro e com precisão posicional a ser fixada pelo Incra, garantida a isenção de custos financeiros aos proprietários de imóveis rurais cuja somatória da área não exceda a quatro módulos fiscais.

**§ 4º.** A identificação de que trata o § 3º tornar-se-á obrigatória para efetivação de registro, em qualquer situação de transferência de imóvel rural, nos prazos fixados por ato do Poder Executivo.

**§ 5º.** Nas hipóteses do § 3º, caberá ao Incra certificar que a poligonal objeto do memorial descritivo não se sobrepõe a nenhuma outra constante de seu cadastro georreferenciado e que o memorial atende às exigências técnicas, conforme ato normativo próprio.

**§ 6º.** A certificação do memorial descritivo de glebas públicas será referente apenas ao seu perímetro originário.

**§ 7º.** Não se exigirá, por ocasião da efetivação do registro do imóvel destacado de glebas públicas, a retificação do memorial descritivo da área remanescente, que somente ocorrerá a cada 3 (três) anos, contados a partir do primeiro destaque, englobando todos os destaques realizados no período.

**§ 8º.** O ente público proprietário ou imitido na posse a partir de decisão proferida em processo judicial de desapropriação em curso poderá requerer a abertura de matrícula de parte de imóvel situado em área urbana ou de expansão urbana, previamente matriculado ou não, com base em planta e memorial descritivo, podendo a apuração de remanescente ocorrer em momento posterior.

**§ 9º** A instituição do direito real de laje ocorrerá por meio da abertura de uma matrícula própria no registro de imóveis e por meio da averbação desse fato na matrícula da construção-base e nas matrículas de lajes anteriores, com remissão recíproca.

**§ 10.** Quando o imóvel se destinar ao regime da multipropriedade, além da matrícula do imóvel, haverá uma matrícula para cada fração de tempo, na qual se registrarão e averbarão os atos referentes à respectiva fração de tempo, ressalvado o disposto no § 11 deste artigo. *(Incluído pela Lei 13.777/2018)*

**§ 11.** Na hipótese prevista no § 10 deste artigo, cada fração de tempo poderá, em função de legislação tributária municipal, ser objeto de inscrição imobiliária individualizada. *(Incluído pela Lei 13.777/2018)*

**§ 12.** Na hipótese prevista no inciso II do § 1º do art. 1.358-N da Lei nº 10.406, de 10 de janeiro de 2002 (Código Civil), a fração de tempo adicional, destinada à realização de reparos, constará da matrícula referente à fração de tempo principal de cada multiproprietário e não será objeto de matrícula específica. *(Incluído pela Lei 13.777/2018)*

**§ 13.** Para a identificação de que tratam os §§ 3º e 4º deste artigo, é dispensada a anuência dos confrontantes, bastando para tanto a declaração do requerente de que respeitou os limites e as confrontações. *(Acrescido pela Lei 13.838/2019)*

**§ 14.** É facultada a abertura da matrícula na circunscrição onde estiver situado o imóvel, a requerimento do interessado ou de ofício, por conveniência do serviço. *(Acrescido pela Lei 14.382/2022)*

**§ 15.** Ainda que ausentes alguns elementos de especialidade objetiva ou subjetiva, desde que haja segurança quanto à localização e à identificação do imóvel, a critério do oficial, e que constem os dados do registro anterior, a matrícula poderá ser aberta nos termos do § 14 deste artigo. *(Acrescido pela Lei 14.382/2022)*

**§ 16.** Se não forem suficientes os elementos de especialidade objetiva ou subjetiva, será exigida a retificação, no caso de requerimento do interessado na forma prevista no § 14 deste artigo, perante a circunscrição de situação do imóvel. *(Acrescido pela Lei 14.382/2022)*

**§ 17.** Os elementos de especialidade objetiva ou subjetiva que não alterarem elementos essenciais do ato ou negócio jurídico praticado, quando não constantes do título ou do acervo registral, poderão ser complementados por outros documentos ou, quando se tratar de manifestação de vontade, por declarações dos proprietários ou dos interessados, sob sua responsabilidade. *(Acrescido pela Lei 14.382/2022)*

**§ 18.** Quando se tratar de transcrição que não possua todos os requisitos para a abertura de matrícula, admitir-se-á que se façam na circunscrição de origem, à margem do título, as averbações necessárias. *(Acrescido pela Lei 14.382/2022)*

**Art. 176-A.** O registro de aquisição originária ou de desapropriação amigável ou judicial ocasionará a abertura de matrícula, se não houver, relativa ao imóvel adquirido ou quando atingir, total ou parcialmente, um ou mais imóveis objeto de registro anterior. *(Acrescido pela Lei 14.273/2021)*

**§ 1º** A matrícula será aberta com base em planta e memorial utilizados na instrução do procedimento administrativo ou judicial que ensejou a aquisição, os quais assegurarão a descrição e a caracterização objetiva do imóvel e as benfeitorias, nos termos do art. 176 desta Lei.

**§ 2º** As matrículas atingidas serão encerradas ou receberão averbação dos desfalques, caso necessário, dispensada a retificação da planta e do memorial descritivo da área remanescente.

**§ 3º** *(VETADO na Lei 14.273/2021)*

**§ 4º** Na hipótese de a área adquirida em caráter originário ser maior do que a área constante do registro existente, a informação sobre a diferença apurada será averbada na matrícula aberta.

**§ 5º** O disposto no *caput* deste artigo aplica-se ao registro de:

**I** - ato de imissão provisória na posse, em procedimento de desapropriação;

**II** - carta de adjudicação, em procedimento judicial de desapropriação;

**III** - escritura pública, termo ou contrato administrativo, em procedimento extrajudicial de desapropriação.

**Art. 177.** O Livro n. 3 – Registro Auxiliar – será destinado ao registro dos atos que, sendo atribuídos ao Registro de Imóveis por disposição legal, não digam respeito diretamente a imóvel matriculado.

**Art. 178.** Registrar-se-ão no Livro n. 3 – Registro Auxiliar:

**I** – a emissão de debêntures, sem prejuízo do registro eventual e definitivo, na matrícula do imóvel, da hipoteca, anticrese ou penhor que abonarem especialmente tais emissões, firmando-se pela ordem do registro a prioridade entre as séries de obrigações emitidas pela sociedade;

**II** – as cédulas de crédito industrial, sem prejuízo do registro da hipoteca cedular; *(Redação dada pela Lei 13.986/2020)*

**III** – as convenções de condomínio edilício, condomínio geral voluntário e condomínio em multipropriedade; *(Redação dada pela Lei 13.777/2018)*

**IV** – o penhor de máquinas e de aparelhos utilizados na indústria, instalados e em funcionamento, com os respectivos pertences ou sem eles;

**V** – as convenções antenupciais;

**VI** – os contratos de penhor rural;

**VII** – os títulos que, a requerimento do interessado, forem registrados no seu inteiro teor, sem prejuízo do ato, praticado no Livro n. 2.

**Art. 179.** O Livro n. 4 – Indicador Real – será o repositório de todos os imóveis que figurarem nos demais livros, devendo conter sua identificação, referência aos números de ordem dos outros livros e anotações necessárias.

**§ 1º.** Se não for utilizado o sistema de fichas, o Livro n. 4 conterá, ainda, o número de ordem, que seguirá indefinidamente, nos livros da mesma espécie.

**§ 2º.** Adotado o sistema previsto no parágrafo precedente, os oficiais deverão ter, para auxiliar a consulta, um livro-índice ou fichas pelas ruas, quando se tratar de imóveis urbanos, e pelos nomes e situações, quando rurais.

**Art. 180.** O Livro n. 5 – Indicador Pessoal – dividido alfabeticamente, será o repositório dos nomes de todas as pessoas que, individual ou coletivamente, ativa ou passivamente, direta ou indiretamente, figurarem nos demais livros, fazendo-se referência aos respectivos números de ordem.

**Parágrafo único.** Se não for utilizado o sistema de fichas, o Livro n. 5 conterá, ainda, o número de ordem de cada letra do alfabeto, que seguirá indefinidamente, nos livros da mesma espécie. Os oficiais poderão adotar, para auxiliar as buscas, um livro-índice ou fichas em ordem alfabética.

**Art. 181.** Poderão ser abertos e escriturados, concomitantemente, até 10 (dez) livros de "Registro Geral", obedecendo, neste caso, a sua escrituração ao algarismo final da matrícula, sendo as matrículas de número final 1 (um) feitas no Livro 2-1, as de final 2 (dois) no Livro 2-2 e as de final 3 (três) no Livro 2-3, e assim, sucessivamente.

**Parágrafo único.** Também poderão ser desdobrados, a critério do oficial, os Livros ns. 3 "Registro Auxiliar", 4 "Indicador Real" e 5 "Indicador Pessoal".

## CAPÍTULO III.
## DO PROCESSO DO REGISTRO

**Art. 182.** Todos os títulos tomarão, no Protocolo, o número de ordem que lhes competir em razão da sequência rigorosa de sua apresentação.

**Art. 183.** Reproduzir-se-á, em cada título, o número de ordem respectivo e a data de sua prenotação.

**Art. 184.** O Protocolo será encerrado diariamente.

**Art. 185.** A escrituração do Protocolo incumbirá tanto ao oficial titular como ao seu substituto legal, podendo, ser feita, ainda, por escrevente auxiliar expressamente designado pelo oficial titular ou pelo seu substituto legal mediante autorização do juiz competente, ainda que os primeiros não estejam nem afastados nem impedidos.

**Art. 186.** O número de ordem determinará a prioridade do título, e esta a preferência dos direitos reais, ainda que apresentados pela mesma pessoa mais de um título simultaneamente.

**Art. 187.** Em caso de permuta, e pertencendo os imóveis à mesma circunscrição, serão feitos os registros nas matrículas correspondentes, sob um único número de ordem no Protocolo.

**Art. 188.** Protocolizado o título, proceder-se-á ao registro ou à emissão de nota devolutiva, no prazo de 10 (dez) dias, contado da data do protocolo, salvo nos casos previstos no § 1º deste artigo e nos arts. 189, 190, 191 e 192 desta Lei. *(Redação dada pela Lei 14.382/2022)*

**§ 1º** Se não houver exigências ou falta de pagamento de custas e emolumentos, deverão ser registrados, no prazo de 5 (cinco) dias: *(Redação dada pela Lei 14.382/2022)*

**I** - as escrituras de compra e venda sem cláusulas especiais, os requerimentos de averbação de construção e de cancelamento de garantias;

**II** - os documentos eletrônicos apresentados por meio do Serp; e

**III** - os títulos que reingressarem na vigência da prenotação com o cumprimento integral das exigências formuladas anteriormente.

**§ 2º** A inobservância do disposto neste artigo ensejará a aplicação das penas previstas no art. 32 da Lei nº 8.935, de 18 de novembro de 1994, nos termos estabelecidos pela Corregedoria Nacional de Justiça do Conselho Nacional de Justiça. *(Acrescido pela Lei 14.382/2022)*

**Art. 189.** Apresentado título de segunda hipoteca, com referência expressa à existência de outra anterior, o oficial, depois de prenotá-lo, aguardará durante 30 (trinta) dias que os interessados na primeira promovam a inscrição. Esgotado esse prazo, que correrá da data da prenotação, sem que seja apresentado o título anterior, o segundo será inscrito e obterá preferência sobre aquele.

**Art. 190.** Não serão registrados, no mesmo dia, títulos pelos quais se constituam direitos reais contraditórios sobre o mesmo imóvel.

**Art. 191.** Prevalecerão, para efeito de prioridade de registro, quando apresentados no mesmo dia, os títulos prenotados no Protocolo sob número de ordem mais baixo, protelando-se o registro dos apresentados posteriormente, pelo prazo correspondente a, pelo menos, 1 (um) dia útil.

**Art. 192.** O disposto nos arts. 190 e 191 não se aplica às escrituras públicas, da mesma data e apresentadas no mesmo dia, que determinem, taxativamente, a hora da sua lavratura, prevalecendo, para efeito de prioridade, a que foi lavrada em primeiro lugar.

**Art. 193.** O registro será feito pela simples exibição do título, sem dependência de extratos.

**Art. 194.** Os títulos físicos serão digitalizados, devolvidos aos apresentantes e mantidos exclusivamente em arquivo digital, nos termos estabelecidos pela Corregedoria Nacional de Justiça do Conselho Nacional de Justiça. *(Redação dada pela Lei 14.382/2022)*

**Art. 195.** Se o imóvel não estiver matriculado ou registrado em nome do outorgante, o oficial exigirá a prévia matrícula e o registro do título anterior, qualquer que seja a sua natureza, para manter a continuidade do registro.

**Art. 195-A.** O Município poderá solicitar ao cartório de registro de imóveis competente a abertura de matrícula de parte ou da totalidade de imóveis públicos oriundos de parcelamento do solo urbano implantado, ainda que não inscrito ou registrado, por meio de requerimento acompanhado dos seguintes documentos:

**I** – planta e memorial descritivo do imóvel público a ser matriculado, dos quais constem a sua descrição, com medidas perimetrais, área total, localização, confrontantes e coordenadas preferencialmente georreferenciadas dos vértices definidores de seus limites;

**II** – comprovação de intimação dos confrontantes para que informem, no prazo de 15 (quinze) dias, se os limites definidos na planta e no memorial descritivo do imóvel público a ser matriculado se sobrepõem às suas respectivas áreas, se for o caso;

**III** – as respostas à intimação prevista no inciso II, quando houver; e

**IV** - planta de parcelamento ou do imóvel público a ser registrado, assinada pelo loteador ou elaborada e assinada por agente público da prefeitura, acompanhada de declaração de que o parcelamento encontra-se implantado, na hipótese de este não ter sido inscrito ou registrado.

**§ 1º**. Apresentados pelo Município os documentos relacionados no *caput*, o registro de imóveis deverá proceder ao registro dos imóveis públicos decorrentes do parcelamento do solo urbano na matrícula ou transcrição da gleba objeto de parcelamento.

**§ 2º**. Na abertura de matrícula de imóvel público oriundo de parcelamento do solo urbano, havendo divergência nas medidas perimetrais de que resulte, ou não, alteração de área, a situação de fato implantada do bem deverá prevalecer sobre a situação constante do registro ou da planta de parcelamento, respeitados os limites dos particulares lindeiros.

**§ 3º**. Não será exigido, para transferência de domínio, formalização da doação de áreas públicas pelo loteador nos casos de parcelamentos urbanos realizados na vigência do Decreto-Lei nº 58, de 10 de dezembro de 1937.

**§ 4º**. Recebido o requerimento e verificado o atendimento aos requisitos previstos neste artigo, o oficial do registro de imóveis abrirá a matrícula em nome do Município.

**§ 5º**. A abertura de matrícula de que trata o *caput* independe do regime jurídico do bem público.

**§ 6º** Na hipótese de haver área remanescente, a sua apuração poderá ocorrer em momento posterior.

**§ 7º** O procedimento definido neste artigo poderá ser adotado para abertura de matrícula de glebas municipais adquiridas por lei ou por outros meios legalmente admitidos, inclusive para as terras devolutas transferidas ao Município em razão de legislação estadual ou federal, dispensado o procedimento discriminatório administrativo ou judicial.

**§ 8º** O disposto neste artigo aplica-se, em especial, às áreas de uso público utilizadas pelo sistema viário do parcelamento urbano irregular.

**Art. 195-B.** A União, os Estados e o Distrito Federal poderão solicitar ao registro de imóveis competente a abertura de matrícula de parte ou da totalidade de imóveis urbanos sem registro anterior, cujo domínio lhes tenha sido assegurado pela legislação, por meio de requerimento acompanhado dos documentos previstos nos incisos I, II e III do *caput* do art. 195-A, inclusive para as terras devolutas, dispensado o procedimento discriminatório administrativo ou judicial.

**§ 1º**. Recebido o requerimento na forma prevista no *caput* deste artigo, o oficial do registro de imóveis abrirá a matrícula em nome do requerente, observado o disposto nos §§ 5º e 6º do art. 195-A.

**§ 2º**. O Município poderá realizar, em acordo com o Estado, o procedimento de que trata este artigo e requerer, em nome deste, no registro de imóveis competente a abertura de matrícula de imóveis urbanos situados nos limites do respectivo território municipal.

**§ 3º**. O procedimento de que trata este artigo poderá ser adotado pela União para o registro de imóveis rurais de sua propriedade, observado o disposto nos §§ 3º, 4º, 5º, 6º e 7º do art. 176 desta Lei.

**§ 4º**. Para a abertura de matrícula em nome da União com base neste artigo, a comprovação de que trata o inciso II do *caput* do art. 195-A será realizada, no que couber, mediante o procedimento de notificação previsto nos arts. 12-A e 12-B do Decreto-Lei nº 9.760, de 5 de setembro de 1946, com ressalva quanto ao prazo para apresentação de eventuais impugnações, que será de quinze dias, na hipótese de notificação pessoal, e de trinta dias, na hipótese de notificação por edital.

**Art. 196.** A matrícula será feita à vista dos elementos constantes do título apresentado e do registro anterior que constar do próprio cartório.

**Art. 197.** Quando o título anterior estiver registrado em outro cartório, o novo título será apresentado juntamente com certidão atualizada, comprobatória do registro anterior, e da existência ou inexistência de ônus.

**Art. 198.** Se houver exigência a ser satisfeita, ela será indicada pelo oficial por escrito, dentro do prazo previsto no art. 188 desta Lei e de uma só vez, articuladamente, de forma clara e objetiva, com data, identificação e assinatura do oficial ou preposto responsável, para que: *(Redação dada pela Lei 14.382/2022)*

**I a IV** - *(Revogados pela Lei 14.382/2022)*

**V** - o interessado possa satisfazê-la; ou *(Acrescido pela Lei 14.382/2022)*

**VI** - caso não se conforme ou não seja possível cumprir a exigência, o interessado requeira que o título e a declaração de dúvida sejam remetidos ao juízo competente para dirimi-la. *(Acrescido pela Lei 14.382/2022)*

**§ 1º** O procedimento da dúvida observará o seguinte: *(Redação dada pela Lei 14.382/2022)*

**I** - no Protocolo, o oficial anotará, à margem da prenotação, a ocorrência da dúvida;

**II** - após certificar a prenotação e a suscitação da dúvida no título, o oficial rubricará todas as suas folhas;

**III** - em seguida, o oficial dará ciência dos termos da dúvida ao apresentante, fornecendo-lhe cópia da suscitação e notificando-o para impugná-la perante o juízo competente, no prazo de 15 (quinze) dias; e

**IV** - certificado o cumprimento do disposto no inciso III deste parágrafo, serão remetidos eletronicamente ao juízo competente as razões da dúvida e o título.

**§ 2º** A inobservância do disposto neste artigo ensejará a aplicação das penas previstas no art. 32 da Lei nº 8.935, de 18 de novembro de 1994, nos termos estabelecidos pela Corregedoria Nacional de Justiça do Conselho Nacional de Justiça. *(Acrescido pela Lei 14.382/2022)*

**Art. 199.** Se o interessado não impugnar a dúvida no prazo referido no item III do artigo anterior, será ela, ainda assim, julgada por sentença.

**Art. 200.** Impugnada a dúvida com os documentos que o interessado apresentar, será ouvido o Ministério Público, no prazo de 10 (dez) dias.

**Art. 201.** Se não forem requeridas diligências, o juiz proferirá decisão no prazo de 15 (quinze) dias, com base nos elementos constantes dos autos.

**Art. 202.** Da sentença, poderão interpor apelação, com os efeitos devolutivo e suspensivo, o interessado, o Ministério Público e o terceiro prejudicado.

**Art. 203.** Transitada em julgado a decisão da dúvida, proceder-se-á do seguinte modo:

**I** – se for julgada procedente, os documentos serão restituídos à parte, independentemente de traslado, dando-se ciência da decisão ao oficial, para que a consigne no Protocolo e cancele a prenotação;

**II** – se for julgada improcedente, o interessado apresentará, de novo, os seus documentos, com o respectivo mandado, ou certidão da sentença, que ficarão arquivados, para que, desde logo, se proceda ao registro, declarando o oficial o fato na coluna de anotações do Protocolo.

**Art. 204.** A decisão da dúvida tem natureza administrativa e não impede o uso do processo contencioso competente.

**Art. 205.** Cessarão automaticamente os efeitos da prenotação se, decorridos 20 (vinte) dias da data do seu lançamento no Protocolo, o título não tiver sido registrado por omissão do interessado em atender às exigências legais. *(Redação dada pela Lei 14.382/2022)*

**Parágrafo único.** Nos procedimentos de regularização fundiária de interesse social, os efeitos da prenotação cessarão decorridos 40 (quarenta) dias de seu lançamento no Protocolo. *(Redação dada pela Lei 14.382/2022)*

**Art. 206.** Se o documento, uma vez prenotado, não puder ser registrado, ou o apresentante desistir do seu registro, a importância relativa às despesas previstas no art. 14 será restituída, deduzida a quantia correspondente às buscas e à prenotação.

**Art. 206-A.** Quando o título for apresentado para prenotação, o usuário poderá optar: *(Redação dada pela Lei 14.382/2022)*

- Lei 14.382/2022, art. 19: "O disposto no art. 206-A da Lei nº 6.015, de 31 de dezembro de 1973 (Lei de Registros Públicos), deverá ser implementado, em todo o território nacional, no prazo de 150 (cento e cinquenta) dias, contado da data de entrada em vigor desta Lei."

**I** - pelo depósito do pagamento antecipado dos emolumentos e das custas; ou

**II** - pelo recolhimento do valor da prenotação e depósito posterior do pagamento do valor restante, no prazo de 5 (cinco) dias, contado da data da análise pelo oficial que concluir pela aptidão para registro.

**§ 1º** Os efeitos da prenotação serão mantidos durante o prazo de que trata o inciso II do *caput* deste artigo.

**§ 2º** Efetuado o depósito, os procedimentos registrais serão finalizados com a realização dos atos solicitados e a expedição da respectiva certidão.

**§ 3º** Fica autorizada a devolução do título apto para registro, em caso de não efetivação do pagamento no prazo previsto no *caput* deste artigo, caso em que o apresentante perderá o valor da prenotação.

**§ 4º** Os títulos apresentados por instituições financeiras e demais instituições autorizadas a funcionar pelo Banco Central do Brasil ou por entidades autorizadas pelo Banco Central do Brasil ou pela Comissão de Valores Mobiliários a exercer as atividades de depósito centralizado ou de registro de ativos financeiros e de valores mobiliários, nos termos dos arts. 22 e 28 da Lei nº 12.810, de 15 de maio de 2013, respectivamente, poderão efetuar o pagamento dos atos pertinentes à vista de fatura.

**§ 5º** O disposto neste artigo aplica-se às unidades federativas que adotem forma de pagamento por meio de documento de arrecadação.

**§ 6º** A reapresentação de título que tenha sido devolvido por falta de pagamento dos emolumentos, nos termos do § 3º deste artigo, dependerá do pagamento integral do depósito prévio.

**§ 7º** O prazo previsto no *caput* deste artigo não é computado dentro do prazo de registro de que trata o art. 188 desta Lei.

**Art. 207.** No processo, de dúvida, somente serão devidas custas, a serem pagas pelo interessado, quando a dúvida for julgada procedente.

**Art. 208.** O registro começado dentro das horas fixadas não será interrompido, salvo motivo de força maior declarado, prorrogando-se o expediente até ser concluído.

**Art. 209.** Durante a prorrogação nenhuma nova apresentação será admitida, lavrando o termo de encerramento no Protocolo.

**Art. 210.** Todos os atos serão assinados e encerrados pelo oficial, por seu substituto legal, ou por escrevente expressamente designado pelo oficial ou por seu substituto legal e autorizado pelo juiz competente ainda que os primeiros não estejam nem afastados nem impedidos.

**Art. 211.** Nas vias dos títulos restituídas aos apresentantes, serão declarados resumidamente, por carimbo, os atos praticados.

**Art. 212.** Se o registro ou a averbação for omissa, imprecisa ou não exprimir a verdade, a retificação será feita pelo Oficial do Registro de Imóveis competente, a requerimento do interessado, por meio do procedimento administrativo previsto no art. 213, facultado ao interessado requerer a retificação por meio de procedimento judicial.

**Parágrafo único.** A opção pelo procedimento administrativo previsto no art. 213 não exclui a prestação jurisdicional, a requerimento da parte prejudicada.

**Art. 213.** O oficial retificará o registro ou a averbação:

**I** – de ofício ou a requerimento do interessado nos casos de:

*a)* omissão ou erro cometido na transposição de qualquer elemento do título;

*b)* indicação ou atualização de confrontação;

*c)* alteração de denominação de logradouro público, comprovada por documento oficial;

*d)* retificação que vise a indicação de rumos, ângulos de deflexão ou inserção de coordenadas georeferenciadas, em que não haja alteração das medidas perimetrais;

*e)* alteração ou inserção que resulte de mero cálculo matemático feito a partir das medidas perimetrais constantes do registro;

*f)* reprodução de descrição de linha divisória de imóvel confrontante que já tenha sido objeto de retificação;

*g)* inserção ou modificação dos dados de qualificação pessoal das partes, comprovada por documentos oficiais, ou mediante despacho judicial quando houver necessidade de produção de outras provas;

**II** – a requerimento do interessado, no caso de inserção ou alteração de medida perimetral de que resulte, ou não, alteração de área, instruído com planta e memorial descritivo assinado por profissional legalmente habilitado, com prova de anotação de responsabilidade técnica no competente Conselho Regional de Engenharia e Arquitetura – Crea, bem assim pelos confrontantes.

- Lei 12.378/2010 – Regulamenta o exercício da Arquitetura e Urbanismo; cria o Conselho de Arquitetura e Urbanismo do Brasil – CAU/BR e os Conselhos de Arquitetura e Urbanismo dos Estados e do Distrito Federal – CAUs.

**§ 1º.** Uma vez atendidos os requisitos de que trata o *caput* do art. 225, o oficial averbará a retificação.

**§ 2º.** Se a planta não contiver a assinatura de algum confrontante, este será notificado pelo Oficial de Registro de Imóveis competente, a requerimento do interessado, para se manifestar em 15 (quinze) dias, promovendo-se a notificação pessoalmente ou pelo correio, com aviso de recebimento, ou, ainda, por solicitação do Oficial de Registro de Imóveis, pelo Oficial de Registro de Títulos e Documentos da comarca da situação do imóvel ou do domicílio de quem deva recebê-la.

**§ 3º.** A notificação será dirigida ao endereço do confrontante constante do Registro de Imóveis, podendo ser dirigida ao próprio imóvel contíguo ou àquele fornecido pelo requerente; não sendo encontrado o confrontante ou estando em lugar incerto e não sabido, tal fato será certificado pelo oficial encarregado da diligência, promovendo-se a notificação do confrontante mediante edital, com o mesmo prazo fixado no § 2º, publicado por duas vezes em jornal local de grande circulação.

**§ 4º.** Presumir-se-á a anuência do confrontante que deixar de apresentar impugnação no prazo da notificação.

**§ 5º.** Findo o prazo sem impugnação, o oficial averbará a retificação requerida; se houver impugnação fundamentada por parte de algum confrontante, o oficial intimará o requerente e o profissional que houver assinado a planta e o memorial a fim de que, no prazo de 5 (cinco) dias, se manifestem sobre a impugnação.

**§ 6º.** Havendo impugnação e se as partes não tiverem formalizado transação amigável para solucioná-la, o oficial remeterá o processo ao juiz competente, que decidirá de plano ou após instrução sumária, salvo se a controvérsia versar sobre o direito de propriedade de alguma das partes, hipótese em que remeterá o interessado para as vias ordinárias.

**§ 7º.** Pelo mesmo procedimento previsto neste artigo poderão ser apurados os remanescentes de áreas parcialmente alienadas, caso em que serão considerados como confrontantes tão somente os confinantes das áreas remanescentes.

**§ 8º.** As áreas públicas poderão ser demarcadas ou ter seus registros retificados pelo mesmo procedimento previsto neste artigo, desde que constem do registro ou sejam logradouros devidamente averbados.

**§ 9º.** Independentemente de retificação, dois ou mais confrontantes poderão, por meio de escritura pública, alterar ou estabelecer as divisas entre si e, se houver transferência de área, com o recolhimento do devido imposto de transmissão e desde que preservadas, se rural o imóvel, a fração mínima de parcelamento e, quando urbano, a legislação urbanística.

**§ 10.** Entendem-se como confrontantes os proprietários e titulares de outros direitos reais e aquisitivos sobre os imóveis contíguos, observado o seguinte: *(Redação dada pela Lei 14.382/2022)*

**I** - o condomínio geral, de que trata o Capítulo VI do Título III do Livro III da Parte Especial da Lei nº 10.406, de 10 de janeiro de 2002 (Código Civil), será representado por qualquer um dos condôminos; *(Redação dada pela Lei 14.382/2022)*

**II** - o condomínio edilício, de que tratam os arts. 1.331 a 1.358 da Lei nº 10.406, de 10 de janeiro de 2002 (Código Civil), será representado pelo síndico, e o condomínio por frações autônomas, de que trata o art. 32 da Lei nº 4.591, de 16 de dezembro de 1964, pela comissão de representantes; e *(Redação dada pela Lei 14.382/2022)*

**III** - não se incluem como confrontantes: *(Acrescido pela Lei 14.382/2022)*

*a)* os detentores de direitos reais de garantia hipotecária ou pignoratícia; ou

*b)* os titulares de crédito vincendo, cuja propriedade imobiliária esteja vinculada, temporariamente, à operação de crédito financeiro.

**§ 11.** Independe de retificação:

**I** – a regularização fundiária de interesse social realizada em Zonas Especiais de Interesse Social, promovida por Município ou pelo Distrito Federal, quando os lotes já estiverem cadastrados individualmente ou com lançamento fiscal há mais de 10 (dez) anos;

**II** – a adequação da descrição de imóvel rural às exigências dos arts. 176, §§ 3º e 4º, e 225, § 3º, desta Lei.

**III** – a adequação da descrição de imóvel urbano decorrente de transformação de coordenadas geodésicas entre os sistemas de georreferenciamento oficiais;

**IV** – a averbação do auto de demarcação urbanística e o registro do parcelamento decorrente de projeto de regularização fundiária de interesse social de que trata a Lei 11.977, de 7 de julho de 2009; e

**V** – o registro do parcelamento de glebas para fins urbanos anterior a 19 de dezembro de 1979, que esteja implantado e integrado à cidade, nos termos do art. 71 da Lei nº 11.977, de 7 de julho de 2009.

**§ 12.** Poderá o oficial realizar diligências no imóvel para a constatação de sua situação em face dos confrontantes e localização na quadra.

**§ 13.** Se não houver dúvida quanto à identificação do imóvel: *(Redação dada pela Lei 14.382/2022)*

**I** - o título anterior à retificação poderá ser levado a registro desde que requerido pelo adquirente, promovendo-se o registro em conformidade com a nova descrição; e *(Acrescido pela Lei 14.382/2022)*

**II** - a prenotação do título anterior à retificação será prorrogada durante a análise da retificação de registro. *(Acrescido pela Lei 14.382/2022)*

**§ 14.** Verificado a qualquer tempo não serem verdadeiros os fatos constantes do memorial descritivo, responderão os requerentes e o profissional que o elaborou pelos prejuízos causados, independentemente das sanções disciplinares e penais.

**§ 15.** Não são devidos custas ou emolumentos notariais ou de registro decorrentes de regularização fundiária de interesse social a cargo da administração pública.

**§ 16.** Na retificação de que trata o inciso II do *caput*, serão considerados confrontantes somente os confinantes de divisas que forem alcançadas pela inserção ou alteração de medidas perimetrais.

**Art. 214.** As nulidades de pleno direito do registro, uma vez provadas, invalidam-no, independentemente de ação direta.

**§ 1º.** A nulidade será decretada depois de ouvidos os atingidos.

**§ 2º** Da decisão tomada no caso do § 1º caberá apelação ou agravo conforme o caso.

**§ 3º** Se o juiz entender que a superveniência de novos registros poderá causar danos de difícil reparação poderá determinar de ofício, a qualquer momento, ainda que sem oitiva das partes, o bloqueio da matrícula do imóvel.

**§ 4º** Bloqueada a matrícula, o oficial não poderá mais nela praticar qualquer ato, salvo com autorização judicial, permitindo-se, todavia, aos interessados a prenotação de seus títulos, que ficarão com o prazo prorrogado até a solução do bloqueio.

**§ 5º** A nulidade não será decretada se atingir terceiro de boa-fé que já tiver preenchido as condições de usucapião do imóvel.

**Art. 215.** São nulos os registros efetuados após sentença de abertura de falência, ou do termo legal nele fixado, salvo se a apresentação tiver sido feita anteriormente.

**Art. 216.** O registro poderá também ser retificado ou anulado por sentença em processo contencioso, ou por efeito do julgado em ação de anulação ou de declaração de nulidade de ato jurídico, ou de julgado sobre fraude à execução.

**Art. 216-A.** Sem prejuízo da via jurisdicional, é admitido o pedido de reconhecimento extrajudicial de usucapião, que será processado diretamente perante o cartório do registro de imóveis da comarca em que estiver situado o imóvel usucapiendo, a requerimento do interessado, representado por advogado, instruído com:

**I** - ata notarial lavrada pelo tabelião, atestando o tempo de posse do requerente e de seus antecessores, conforme o caso e suas circunstâncias, aplicando-se o disposto no art. 384 da Lei nº 13.105, de 16 de março de 2015 (Código de Processo Civil);

**II** - planta e memorial descritivo assinado por profissional legalmente habilitado, com prova de anotação de responsabilidade técnica no respectivo conselho de fiscalização profissional, e pelos titulares de direitos registrados ou averbados na matrícula do imóvel usucapiendo ou na matrícula dos imóveis confinantes;

**III** – certidões negativas dos distribuidores da comarca da situação do imóvel e do domicílio do requerente;

**IV** – justo título ou quaisquer outros documentos que demonstrem a origem, a continuidade, a natureza e o tempo da posse, tais como o pagamento dos impostos e das taxas que incidirem sobre o imóvel.

**§ 1º.** O pedido será autuado pelo registrador, prorrogando-se o prazo da prenotação até o acolhimento ou a rejeição do pedido.

**§ 2º.** Se a planta não contiver a assinatura de qualquer um dos titulares de direitos registrados ou averbados na matrícula do imóvel usucapiendo ou na matrícula dos imóveis confinantes, o titular será notificado pelo registrador competente, pessoalmente ou pelo correio com aviso de recebimento, para manifestar consentimento expresso em quinze dias, interpretado o silêncio como concordância.

**§ 3º.** O oficial de registro de imóveis dará ciência à União, ao Estado, ao Distrito Federal e ao Município, pessoalmente, por intermédio do oficial de registro de títulos e documentos, ou pelo correio com aviso de recebimento, para que se manifestem, em 15 (quinze) dias, sobre o pedido.

**§ 4º.** O oficial de registro de imóveis promoverá a publicação de edital em jornal de grande circulação, onde houver, para a ciência de terceiros eventualmente interessados, que poderão se manifestar em 15 (quinze) dias.

**§ 5º.** Para a elucidação de qualquer ponto de dúvida, poderão ser solicitadas ou realizadas diligências pelo oficial de registro de imóveis.

**§ 6º** Transcorrido o prazo de que trata o § 4º deste artigo, sem pendência de diligências na forma do § 5º deste artigo e achando-se em ordem a documentação, o oficial de registro de imóveis registrará a aquisição do imóvel com as descrições apresentadas, sendo permitida a abertura de matrícula, se for o caso.

**§ 7º.** Em qualquer caso, é lícito ao interessado suscitar o procedimento de dúvida, nos termos desta Lei.

**§ 8º.** Ao final das diligências, se a documentação não estiver em ordem, o oficial de registro de imóveis rejeitará o pedido.

**§ 9º.** A rejeição do pedido extrajudicial não impede o ajuizamento de ação de usucapião.

**§ 10.** Em caso de impugnação justificada do pedido de reconhecimento extrajudicial de usucapião, o oficial de registro de imóveis remeterá os autos ao juízo competente da comarca da situação do imóvel, cabendo ao requerente emendar a petição inicial para adequá-la ao procedimento comum, porém, em caso de impugnação injustificada, esta não será admitida pelo registrador, cabendo ao interessado o manejo da suscitação de dúvida nos moldes do art. 198 desta Lei. *(Redação dada pela Lei 14.382/2022)*

**§ 11.** No caso de o imóvel usucapiendo ser unidade autônoma de condomínio edilício, fica dispensado consentimento dos titulares de direitos reais e outros direitos registrados ou averbados na matrícula dos imóveis confinantes e bastará a notificação do síndico para se manifestar na forma do § 2º deste artigo.

**§ 12.** Se o imóvel confinante contiver um condomínio edilício, bastará a notificação do síndico para o efeito do § 2º deste artigo, dispensada a notificação de todos os condôminos.

**§ 13.** Para efeito do § 2º deste artigo, caso não seja encontrado o notificando ou caso ele esteja em lugar incerto ou não sabido, tal fato será certificado pelo registrador, que deverá promover a sua notificação por edital mediante publicação, por duas vezes, em jornal local de grande circulação, pelo prazo de quinze dias cada um, interpretado o silêncio do notificando como concordância.

**§ 14.** Regulamento do órgão jurisdicional competente para a correição das serventias poderá autorizar a publicação do edital em meio eletrônico, caso em que ficará dispensada a publicação em jornais de grande circulação.

**§ 15.** No caso de ausência ou insuficiência dos documentos de que trata o inciso IV do *caput* deste artigo, a posse e os demais dados necessários poderão ser comprovados em procedimento de justificação administrativa perante a serventia extrajudicial, que obedecerá, no que couber, ao disposto no § 5º do art. 381 e ao rito previsto nos arts. 382 e 383 da Lei nº 13.105, de 16 março de 2015 (Código de Processo Civil).

**Art. 216-B.** Sem prejuízo da via jurisdicional, a adjudicação compulsória de imóvel objeto de promessa de venda ou de cessão poderá ser efetivada extrajudicialmente no serviço de registro de imóveis da situação do imóvel, nos termos deste artigo. *(Acrescido pela Lei 14.382/2022)*

**§ 1º** São legitimados a requerer a adjudicação o promitente comprador ou qualquer dos seus cessionários ou promitentes cessionários, ou seus sucessores, bem como o promitente vendedor, representados por advogado, e o pedido deverá ser instruído com os seguintes documentos:

**I** - instrumento de promessa de compra e venda ou de cessão ou de sucessão, quando for o caso;

**II** - prova do inadimplemento, caracterizado pela não celebração do título de transmissão da propriedade plena no prazo de 15 (quinze) dias, contado da entrega de notificação extrajudicial pelo oficial do registro de imóveis da situação do imóvel, que poderá delegar a diligência ao oficial do registro de títulos e documentos;

**III** - (VETADO);

**IV** - certidões dos distribuidores forenses da comarca da situação do imóvel e do domicílio do requerente que demonstrem a inexistência de litígio envolvendo o contrato de promessa de compra e venda do imóvel objeto da adjudicação;

**V** - comprovante de pagamento do respectivo Imposto sobre a Transmissão de Bens Imóveis (ITBI);

**VI** - procuração com poderes específicos.

**§ 2º** (VETADO).

**§ 3º** À vista dos documentos a que se refere o § 1º deste artigo, o oficial do registro de imóveis da circunscrição onde se situa o imóvel procederá ao registro do domínio em nome do promitente comprador, servindo de título a respectiva promessa de compra e venda ou de cessão ou o instrumento que comprove a sucessão.

## CAPÍTULO IV. DAS PESSOAS

**Art. 217.** O registro e a averbação poderão ser provocados por qualquer pessoa, incumbindo-lhe as despesas respectivas.

**Art. 218.** Nos atos a título gratuito, o registro pode também ser promovido pelo transferente, acompanhado da prova de aceitação do beneficiado.

**Art. 219.** O registro do penhor rural independe do consentimento do credor hipotecário.

**Art. 220.** São considerados, para fins de escrituração, credores e devedores, respectivamente:

**I** – nas servidões, o dono do prédio dominante e dono do prédio serviente;

**II** – no uso, o usuário e o proprietário;

**III** – na habitação, o habitante e proprietário;

**IV** – na anticrese, o mutuante e mutuário;

**V** – no usufruto, o usufrutuário e o nu-proprietário;

**VI** – na enfiteuse, o senhorio e o enfiteuta;

**VII** – na constituição de renda, o beneficiário e o rendeiro censuário;

**VIII** – na locação, o locatário e o locador;

**IX** – nas promessas de compra e venda, o promitente comprador e o promitente vendedor;

**X** – nas penhoras e ações, o autor e o réu;

**XI** – nas cessões de direitos, o cessionário e o cedente;

**XII** – nas promessas de cessão de direitos, o promitente cessionário e o promitente cedente.

## CAPÍTULO V. DOS TÍTULOS

- Lei 6.739/1979 – Dispõe sobre a Matrícula e o Registro de Imóveis Rurais.

**Art. 221.** Somente são admitidos a registro:

**I** – escrituras públicas, inclusive as lavradas em consulados brasileiros;

**II** – escritos particulares autorizados em lei, assinados pelas partes e testemunhas, com as firmas reconhecidas, dispensado o reconhecimento quando se tratar de atos praticados por entidades vinculadas ao Sistema Financeiro da Habitação;

**III** – atos autênticos de países estrangeiros, com força de instrumento público, legalizados e traduzidos na forma da lei, e registrados no Cartório do Registro de Títulos e Documentos, assim como sentenças proferidas por tribunais estrangeiros após homologação pelo Supremo Tribunal Federal;

**IV** – cartas de sentença, formais de partilha, certidões e mandados extraídos de autos de processo.

**V** – contratos ou termos administrativos, assinados com a União, Estados, Municípios ou o Distrito Federal, no âmbito de programas de regularização fundiária e de programas habitacionais de interesse social, dispensado o reconhecimento de firma.

**§ 1º**. Serão registrados os contratos e termos mencionados no inciso V do *caput* assinados a rogo com a impressão dactiloscópica do beneficiário, quando este for analfabeto ou não puder assinar, acompanhados da assinatura de 2 (duas) testemunhas.

**§ 2º**. Os contratos ou termos administrativos mencionados no inciso V do *caput* poderão ser celebrados constando apenas o nome e o número de documento oficial do beneficiário, podendo sua qualificação completa ser efetuada posteriormente, no momento do registro do termo ou contrato, mediante simples requerimento do interessado dirigido ao registro de imóveis.

**§ 3º**. Fica dispensada a apresentação dos títulos previstos nos incisos I a V do *caput* deste artigo quando se tratar de registro do projeto de regularização fundiária e da constituição de direito real, sendo o ente público promotor da regularização fundiária urbana responsável pelo fornecimento das informações necessárias ao registro, ficando dispensada a apresentação de título individualizado, nos termos da legislação específica.

**§ 4º** Quando for requerida a prática de ato com base em título físico que tenha sido registrado, digitalizado ou armazenado, inclusive em outra serventia, será dispensada a reapresentação e bastará referência a ele ou a apresentação de certidão. *(Acrescido pela Lei 14.382/2022)*

**Art. 222.** Em todas as escrituras e em todos os atos relativos a imóveis, bem como nas cartas de sentença e formais de partilha, o tabelião ou escrivão deve fazer referência à matrícula ou ao registro anterior, seu número e cartório.

**Art. 223.** Ficam sujeitas à obrigação, a que alude o artigo anterior, as partes que, por instrumento particular, celebrarem atos relativos a imóveis.

**Art. 224.** Nas escrituras, lavradas em decorrência de autorização judicial, serão mencionados, por certidão, em breve relatório com todas as minúcias que permitam identificá-los, os respectivos alvarás.

**Art. 225.** Os tabeliães, escrivães e juízes farão com que, nas escrituras e nos autos judiciais, as partes indiquem, com precisão, os característicos, as confrontações e as localizações dos imóveis, mencionando os nomes dos confrontantes e, ainda, quando se tratar só de terreno, se esse fica do lado par ou do lado ímpar do logradouro, em que quadra e a que distância métrica da edificação ou da esquina mais próxima, exigindo dos interessados certidão do Registro Imobiliário.

**§ 1º**. As mesmas minúcias, com relação à caracterização do imóvel, devem constar dos instrumentos particulares apresentados em cartório para registro.

**§ 2º**. Consideram-se irregulares, para efeito de matrícula, os títulos nos quais a caracterização do imóvel não coincida com a que consta do registro anterior.

**§ 3º**. Nos autos judiciais que versem sobre imóveis rurais, a localização, os limites e as confrontações serão obtidos a partir de memorial descritivo assinado por profissional habilitado e com a devida Anotação de Responsabilidade Técnica – ART, contendo as coordenadas dos vértices definidores dos limites dos imóveis rurais, georreferenciadas ao Sistema Geodésico Brasileiro e com precisão posicional a ser fixada pelo Incra, garantida a isenção de custos financeiros aos proprietários de imóveis rurais cuja somatória da área não exceda a quatro módulos fiscais.

**Art. 226.** Tratando-se de usucapião, os requisitos da matrícula devem constar do mandado judicial.

## CAPÍTULO VI. DA MATRÍCULA

- Lei 6.739/1979 – Dispõe sobre a Matrícula e o Registro de Imóveis Rurais.

**Art. 227.** Todo imóvel objeto de título a ser registrado deve estar matriculado no Livro n. 2 – Registro Geral – obedecido o disposto no art. 176.

**Art. 228.** A matrícula será efetuada por ocasião do primeiro registro a ser lançado na vigência desta Lei, mediante os elementos constantes do título apresentado e do registro anterior nele mencionado.

- CPC/15: art. 406.

**Art. 229.** Se o registro anterior foi efetuado em outra circunscrição, a matrícula será aberta com os elementos constantes do título apresentado e da certidão atualizada daquele registro, a qual ficará arquivada em cartório.

**Art. 230.** Se na certidão constar ônus, o oficial fará a matrícula, e, logo em seguida ao registro, averbará a existência do ônus, sua natureza e valor, certificando o fato no título que devolver à parte, o que ocorrerá, também, quando o ônus estiver lançado no próprio cartório.

**Art. 231.** No preenchimento dos livros, observar-se-ão as seguintes normas:

**I** – no alto da face de cada folha será lançada a matrícula do imóvel, com os requisitos constantes do art. 176, e no espaço restante e no verso, serão lançados por ordem cronológica e em forma narrativa, os registros e averbações dos atos pertinentes ao imóvel matriculado;

**II** – preenchida uma folha, será feito o transporte para a primeira folha em branco do mesmo livro ou do livro da mesma série que estiver em uso, onde continuarão os lançamentos, com remissões recíprocas.

**Art. 232.** Cada lançamento de registro será precedido pela letra "R" e o da averbação pelas letras "AV", seguindo-se o número de ordem do lançamento e o da matrícula (ex.: R-1-1, R-2-1, AV-3-1, R-4-1, AV-5-1 etc.)

**Art. 233.** A matrícula será cancelada:

**I** – por decisão judicial;

**II** – quando em virtude de alienações parciais, o imóvel for inteiramente transferido a outros proprietários;

**III** – pela fusão, nos termos do artigo seguinte.

**Art. 234.** Quando dois ou mais imóveis contíguos pertencentes ao mesmo proprietário, constarem de matrículas autônomas, pode ele requerer a fusão destas em uma só, de novo número, encerrando-se as primitivas.

**Art. 235.** Podem, ainda, ser unificados, com abertura de matrícula única:

**I** – dois ou mais imóveis constantes de transcrições anteriores a esta Lei, à margem das quais será averbada a abertura da matrícula que os unificar;

**II** – dois ou mais imóveis, registrados por ambos os sistemas, caso em que, nas transcrições, será feita a averbação prevista no item anterior, as matrículas serão encerradas na forma do artigo anterior.

**III** – 2 (dois) ou mais imóveis contíguos objeto de imissão provisória na posse registrada em nome da União, dos Estados, do Distrito Federal, dos Municípios ou de suas entidades delegadas ou contratadas e sua respectiva cessão e promessa de cessão. *(Redação dada pela Lei 14.273/2021)*

**§ 1º.** Os imóveis de que trata este artigo, bem como os oriundos de desmembramentos, partilha e glebas destacadas de maior porção, serão desdobrados em novas matrículas, juntamente com os ônus que sobre eles existirem, sempre que ocorrer a transferência de 1 (uma) ou mais unidades, procedendo-se, em seguida, ao que estipula o inciso II do art. 233.

**§ 2º.** A hipótese de que trata o inciso III somente poderá ser utilizada nos casos de imóveis inseridos em área urbana ou de expansão urbana e com a finalidade de implementar programas habitacionais ou de regularização fundiária, o que deverá ser informado no requerimento de unificação.

**§ 3º** Na hipótese de que trata o inciso III do *caput* deste artigo, a unificação poderá abranger matrículas ou transcrições relativas a imóveis contíguos àqueles que tenham sido objeto da imissão provisória na posse. *(Redação dada pela Lei 14.273/2021)*

**Art. 235-A.** Fica instituído o Código Nacional de Matrícula (CNM) que corresponde à numeração única de matrículas imobiliárias em âmbito nacional.

**§ 1º.** O CNM referente a matrícula encerrada ou cancelada não poderá ser reutilizado.

**§ 2º.** Ato da Corregedoria Nacional de Justiça do Conselho Nacional de Justiça regulamentará as características e a forma de implementação do CNM.

## CAPÍTULO VII. DO REGISTRO

- Lei 6.739/1979 – Dispõe sobre a Matrícula e o Registro de Imóveis Rurais.

**Art. 236.** Nenhum registro poderá ser feito sem que o imóvel a que se referir esteja matriculado.

**Art. 237.** Ainda que o imóvel esteja matriculado, não se fará registro que dependa da apresentação de título anterior, a fim de que se preserve a continuidade do registro.

**Art. 237-A.** Após o registro do parcelamento do solo, na modalidade loteamento ou na modalidade desmembramento, e da incorporação imobiliária, de condomínio edilício ou de condomínio de lotes, até que tenha sido averbada a conclusão das obras de infraestrutura ou da construção, as averbações e os registros relativos à pessoa do loteador ou do incorporador ou referentes a quaisquer direitos reais, inclusive de garantias, cessões ou demais negócios jurídicos que envolvam o empreendimento e suas unidades, bem como a própria averbação da conclusão do empreendimento, serão realizados na matrícula de origem do imóvel a ele destinado e replicados, sem custo adicional, em cada uma das matrículas recipiendárias dos lotes ou das unidades autônomas eventualmente abertas. *(Redação dada pela Lei 14.382/2022)*

**§ 1º** Para efeito de cobrança de custas e emolumentos, as averbações e os registros relativos ao mesmo ato jurídico ou negócio jurídico e realizados com base no *caput* deste artigo serão considerados ato de registro único, não importando a quantidade de lotes ou de unidades autônomas envolvidas ou de atos intermediários existentes. *(Redação dada pela Lei 14.382/2022)*

**§ 2º**. Nos registros decorrentes de processo de parcelamento do solo ou de incorporação imobiliária, o registrador deverá observar o prazo máximo de 15 (quinze) dias para o fornecimento do número do registro ao interessado ou a indicação das pendências a serem satisfeitas para sua efetivação.

**§ 3º**. O registro da instituição de condomínio ou da especificação do empreendimento constituirá ato único para fins de cobrança de custas e emolumentos.

**§ 4º** É facultada a abertura de matrícula para cada lote ou fração ideal que corresponderá a determinada unidade autônoma, após o registro do loteamento ou da incorporação imobiliária. *(Acrescido pela Lei 14.382/2022)*

**§ 5º** Na hipótese do § 4º deste artigo, se a abertura da matrícula ocorrer no interesse do serviço, fica vedado o repasse das despesas dela decorrentes ao interessado, mas se a abertura da matrícula ocorrer por requerimento do interessado, o emolumento pelo ato praticado será devido por ele. *(Acrescido pela Lei 14.382/2022)*

**Art. 238.** O registro de hipoteca convencional valerá pelo prazo de 30 (trinta) anos, findo o qual só será mantido o número anterior se reconstituída por novo título e novo registro.

**Art. 239.** As penhoras, arrestos e sequestro de imóveis serão registrados depois de pagas as custas do registro pela parte interessada, em cumprimento de mandado ou à vista de certidão do escrivão, de que constem, além dos requisitos exigidos para o registro, os nomes do juiz, do depositário, das partes e a natureza do processo.

**Parágrafo único.** A certidão será lavrada pelo escrivão do feito, com a declaração do fim especial a que se destina, após a entrega, em cartório, do mandado devidamente cumprido.

**Art. 240.** O registro da penhora faz prova quanto à fraude de qualquer transação posterior.

**Art. 241.** O registro da anticrese no Livro n. 2 declarará, também, o prazo, a época do pagamento e a forma de administração.

**Art. 242.** O contrato de locação, com cláusula expressa de vigência no caso de alienação do imóvel, registrado no Livro n. 2, consignará também, o seu valor, a renda, o prazo, o tempo e o lugar do pagamento, bem como pena convencional.

**Art. 243.** A matrícula do imóvel promovida pelo titular do domínio direto aproveita ao titular do domínio útil, e vice-versa.

**Art. 244.** As escrituras antenupciais serão registradas no Livro n. 3 do cartório do domicílio conjugal, sem prejuízo de sua averbação obrigatória no lugar da situação dos imóveis de propriedade do casal, ou dos que forem sendo adquiridos e sujeitos a regime de bens diverso do comum, com a declaração das respectivas cláusulas, para ciência de terceiros.

**Art. 245.** Quando o regime de separação de bens for determinado por lei, far-se-á a respectiva averbação nos termos do artigo anterior, incumbindo ao Ministério Público zelar pela fiscalização e observância dessa providência.

## CAPÍTULO VIII.
## DA AVERBAÇÃO E DO CANCELAMENTO

- CC: arts. 346 a 351.

**Art. 246.** Além dos casos expressamente indicados no inciso II do *caput* do art. 167 desta Lei, serão averbadas na matrícula as sub-rogações e outras ocorrências que, por qualquer modo, alterem o registro ou repercutam nos direitos relativos ao imóvel. *(Redação dada pela Lei 14.382/2022)*

**§ 1º**. As averbações a que se referem os itens 4 e 5 do inciso II do art. 167 serão as feitas a requerimento dos interessados, com firma reconhecida, instruído com documento dos interessados, com firma reconhecida, instruído com documento comprobatório fornecido pela autoridade competente. A alteração do nome só poderá ser averbada quando devidamente comprovada por certidão do Registro Civil.

**§ 1º-A**. No caso das averbações de que trata o § 1º deste artigo, o oficial poderá providenciar, preferencialmente por meio eletrônico, a requerimento e às custas do interessado, os documentos comprobatórios necessários perante as autoridades competentes. *(Acrescido pela Lei 14.382/2022)*

**§ 2º**. Tratando-se de terra indígena com demarcação homologada, a União promoverá o registro da área em seu nome.

**§ 3º**. Constatada, durante o processo demarcatório, a existência de domínio privado nos limites da terra indígena, a União requererá ao Oficial de Registro a averbação, na respectiva matrícula, dessa circunstância.

**§ 4º**. As providências a que se referem os §§ 2º e 3º deste artigo deverão ser efetivadas pelo cartório, no prazo de 30 (trinta) dias, contado a partir do recebimento da solicitação de registro e averbação, sob pena de aplicação de multa diária no valor de R$ 1.000,00 (mil reais), sem prejuízo da responsabilidade civil e penal do Oficial de Registro.

**Art. 247.** Averbar-se-á, também, na matrícula, a declaração de indisponibilidade de bens, na forma prevista na Lei. *(incluído pela Lei nº 6.216, de 1975)*

**Art. 247-A.** É dispensado o habite-se expedido pela prefeitura municipal para a averbação de construção residencial urbana unifamiliar de um só pavimento finalizada há mais de 5 (cinco) anos em área ocupada predominantemente por população de baixa renda, inclusive para o fim de registro ou averbação decorrente de financiamento à moradia. *(Acrescido pela Lei 13.865/2019)*

**Art. 248.** O cancelamento efetuar-se-á mediante averbação, assinada pelo oficial, seu substituto legal ou escrevente autorizado, e declarará o motivo que o determinou, bem como o título em virtude do qual foi feito.

**Art. 249.** O cancelamento poderá ser total ou parcial e referir-se a qualquer dos atos do registro.

**Art. 250.** Far-se-á o cancelamento: (incluído pela Lei nº 6.216, de 1975)

**I** – em cumprimento de decisão judicial transitada em julgado; (incluído pela Lei nº 6.216, de 1975)

**II** – a requerimento unânime das partes que tenham participado do ato registrado, se capazes, com as firmas reconhecidas por tabelião; (incluído pela Lei nº 6.216, de 1975)

**III** – a requerimento do interessado, instruído com documento hábil. (incluído pela Lei nº 6.216, de 1975)

**IV** – a requerimento da Fazenda Pública, instruído com certidão de conclusão de processo administrativo que declarou, na forma da lei, a rescisão do título de domínio ou de concessão de direito real de uso de imóvel rural, expedido para fins de regularização fundiária, e a reversão do imóvel ao patrimônio público.

**Art. 251.** O cancelamento de hipoteca só pode ser feito:

**I** – à vista de autorização expressa ou quitação outorgada pelo credor ou seu sucessor, em instrumento público ou particular;

**II** – em razão de procedimento administrativo ou contencioso, no qual o credor tenha sido intimado (art. 698 do Código de Processo Civil);

‣ CPC/15: art. 889, V.

**III** – na conformidade da legislação referente às cédulas hipotecárias.

**Art. 251-A.** Em caso de falta de pagamento, o cancelamento do registro do compromisso de compra e venda de imóvel será efetuado em conformidade com o disposto neste artigo. *(Acrescido pela Lei 14.382/2022)*

**§ 1º** A requerimento do promitente vendedor, o promitente comprador, ou seu representante legal ou procurador regularmente constituído, será intimado pessoalmente pelo oficial do competente registro de imóveis a satisfazer, no prazo de 30 (trinta) dias, a prestação ou as prestações vencidas e as que vencerem até a data de pagamento, os juros convencionais, a correção monetária, as penalidades e os demais encargos contratuais, os encargos legais, inclusive tributos, as contribuições condominiais ou despesas de conservação e manutenção em loteamentos de acesso controlado, imputáveis ao imóvel, além das despesas de cobrança, de intimação, bem como do registro do contrato, caso esse tenha sido efetuado a requerimento do promitente vendedor.

**§ 2º** O oficial do registro de imóveis poderá delegar a diligência de intimação ao oficial do registro de títulos e documentos da comarca da situação do imóvel ou do domicílio de quem deva recebê-la.

**§ 3º** Aos procedimentos de intimação ou notificação efetuados pelos oficiais de registros públicos, aplicam-se, no que couber, os dispositivos referentes à citação e à intimação previstos na Lei nº 13.105, de 16 de março de 2015 (Código de Processo Civil).

**§ 4º** A mora poderá ser purgada mediante pagamento ao oficial do registro de imóveis, que dará quitação ao promitente comprador ou ao seu cessionário das quantias recebidas no prazo de 3 (três) dias e depositará esse valor na conta bancária informada pelo promitente vendedor no próprio requerimento ou, na falta dessa informação, o cientificará de que o numerário está à sua disposição.

**§ 5º** Se não ocorrer o pagamento, o oficial certificará o ocorrido e intimará o promitente vendedor a promover o recolhimento dos emolumentos para efetuar o cancelamento do registro.

**§ 6º** A certidão do cancelamento do registro do compromisso de compra e venda reputa-se como prova relevante ou determinante para concessão da medida liminar de reintegração de posse.

**Art. 252.** O registro, enquanto não cancelado, produz todos os efeitos legais ainda que, por outra maneira, se prove que o título está desfeito, anulado, extinto ou rescindido.

**Art. 253.** Ao terceiro prejudicado é lícito, em juízo, fazer prova da extinção dos ônus, reais, e promover o cancelamento do seu registro.

**Art. 254.** Se, cancelado o registro, subsistirem o título e os direitos dele decorrentes, poderá o credor promover novo registro, o qual só produzirá efeitos a partir da nova data.

**Art. 255.** Além dos casos previstos nesta Lei, a inscrição de incorporação ou loteamento só será cancelada a requerimento do incorporador ou loteador, enquanto nenhuma unidade ou lote for objeto de transação averbada, ou mediante o consentimento de todos os compromissários ou cessionários.

**Art. 256.** O cancelamento da servidão, quando o prédio dominante estiver hipotecado, só poderá ser feito com aquiescência do credor, expressamente manifestada.

**Art. 257.** O dono do prédio serviente terá, nos termos da lei, direito a cancelar a servidão.

**Art. 258.** O foreiro poderá, nos termos da lei, averbar a renúncia de seu direito, sem dependência do consentimento do senhorio direto.

**Art. 259.** O cancelamento não pode ser feito em virtude de sentença sujeita, ainda, a recurso.

## CAPÍTULO IX. DO BEM DE FAMÍLIA

- CC: arts. 1.711 a 1.722.
- Lei 8.009/1990 – Dispõe sobre a impenhorabilidade do bem de família.

**Art. 260.** A instituição do bem de família far-se-á por escritura pública, declarando o instituidor que determinado prédio se destina a domicílio de sua família e ficará isento de execução por dívida.

**Art. 261.** Para a inscrição do bem de família, o instituidor apresentará ao oficial do registro a escritura pública de instituição, para que mande publicá-la na imprensa local e, à falta, na da Capital do Estado ou do Território.

**Art. 262.** Se não ocorrer razão para dúvida, o oficial fará a publicação, em forma de edital, do qual constará:

**I** – o resumo da escritura, nome, naturalidade e profissão do instituidor, data do instrumento e nome do tabelião que o fez, situação e característicos do prédio;

**II** – o aviso de que, se alguém se julgar prejudicado, deverá, dentro em 30 (trinta) dias, contados da data da publicação, reclamar contra a instituição, por escrito e perante o oficial.

**Art. 263.** Findo o prazo do n. II do artigo anterior, sem que tenha havido reclamação, o oficial transcreverá a escritura, integralmente, no Livro n. 3 e fará a inscrição na competente matrícula, arquivando um exemplar do jornal em que a publicação houver sido feita e restituindo o instrumento ao apresentante, com a nota da inscrição.

**Art. 264.** Se for apresentada reclamação, dela fornecerá o oficial, ao instituidor, cópia autêntica e lhe restituirá a escritura, com a declaração de haver sido suspenso o registro, cancelando a prenotação.

**§ 1º.** O instituidor poderá requerer ao juiz que ordene o registro, sem embargo da reclamação.

**§ 2º.** Se o juiz determinar que se proceda ao registro, ressalvará ao reclamante o direito de recorrer à ação competente para anular a instituição ou de fazer execução sobre o prédio instituído, na hipótese de tratar-se de dívida anterior e cuja solução se tornou inexequível em virtude do ato da instituição.

**§ 3º.** O despacho do juiz será irrecorrível e, se deferir o pedido será transcrito integralmente, juntamente com o instrumento.

**Art. 265.** Quando o bem de família for instituído juntamente com a transmissão da propriedade (Decreto-Lei nº 3.200, de 14 de abril de 1941, art. 8º, § 5º), a inscrição far-se-á imediatamente após o registro da transmissão ou, se for o caso, com a matrícula.

- Consta conforme publicação oficial. A data do Decreto-Lei é 19 de abril de 1941.

## CAPÍTULO X. DA REMIÇÃO DO IMÓVEL HIPOTECADO

**Art. 266.** Para remir o imóvel hipotecado, o adquirente requererá, no prazo legal, a citação dos credores hipotecários propondo, para a remição, no mínimo, o preço por que adquiriu o imóvel.

- CC: arts. 1.481 a 1.484.

**Art. 267.** Se o credor, citado, não se opuser à remição, ou não comparecer, lavrar-se-á termo de pagamento e quitação e o juiz ordenará, por sentença, o cancelamento da hipoteca.

**Parágrafo único.** No caso de revelia, consignar-se-á o preço à custa do credor.

**Art. 268.** Se o credor, citado, comparecer e impugnar o preço oferecido, o juiz mandará promover a licitação entre os credores hipotecários, os fiadores e o próprio adquirente, autorizando a venda judicial a quem oferecer maior preço.

**§ 1º.** Na licitação, será preferido, em igualdade de condições, o lanço do adquirente.

**§ 2º.** Na falta de arrematante, o valor será o proposto pelo adquirente.

**Art. 269.** Arrematado o imóvel e depositado, dentro de 48 (quarenta e oito) horas, o respectivo preço, o juiz mandará cancelar a hipoteca, sub-rogando-se no produto da venda os direitos do credor hipotecário.

**Art. 270.** Se o credor de segunda hipoteca, embora não vencida a dívida, requerer a remição, juntará o título e certidão da inscrição da anterior e depositará a importância devida ao primeiro credor, pedindo a citação deste para levantar o depósito e a do devedor para dentro do prazo de 5 (cinco) dias remir a hipoteca, sob pena de ficar o requerente sub-rogado nos direitos creditórios, sem prejuízo dos que lhe couberem em virtude da segunda hipoteca.

**Art. 271.** Se o devedor não comparecer ou não remir a hipoteca, os autos serão conclusos ao juiz para julgar por sentença a remição pedida pelo segundo credor.

**Art. 272.** Se o devedor comparecer e quiser efetuar a remição, notificar-se-á o credor para receber o preço, ficando sem efeito o depósito realizado pelo autor.

**Art. 273.** Se o primeiro credor estiver promovendo a execução da hipoteca, a remição, que abrangerá a importância das custas e despesas realizadas, não se efetuará antes da primeira praça, nem depois de assinado o auto de arrematação.

**Art. 274.** Na remição de hipoteca legal em que haja interesse de incapaz intervirá o Ministério Público.

**Art. 275.** Das sentenças que julgarem o pedido de remição caberá o recurso de apelação com ambos os efeitos.

**Art. 276.** Não é necessária a remição quando o credor assinar, com o vendedor, escritura de venda do imóvel gravado.

## CAPÍTULO XI. DO REGISTRO TORRENS

**Art. 277.** Requerida a inscrição de imóvel rural no Registro Torrens, o oficial protocolizará e autuará o requerimento e documentos que o instruírem e verificará se o pedido se acha em termos de ser despachado.

- CPC/15: art. 1.046.

**Art. 278.** O requerimento será instruído com:

**I** – os documentos comprobatórios do domínio do requerente;

**II** – a prova de quaisquer atos que modifiquem ou limitem a sua propriedade;

**III** – o memorial de que constem os encargos do imóvel os nomes dos ocupantes, confrontantes, quaisquer interessados, e a indicação das respectivas residências;

**IV** – a planta do imóvel, cuja escala poderá variar entre os limites: 1:500m (1/500) e 1:5.000m (1/5.000).

**§ 1º.** O levantamento da planta obedecerá às seguintes regras:

*a)* empregar-se-ão goniômetros ou outros instrumentos de maior precisão;

*b)* a planta será orientada segundo o mediano do lugar, determinada a declinação magnética;

*c)* fixação dos pontos de referência necessários a verificações ulteriores e de marcos especiais, ligados a pontos certos e estáveis nas sedes das propriedades, de maneira que a planta possa incorporar-se à carta geral cadastral.

**§ 2º.** Às plantas serão anexados o memorial e as cadernetas das operações de campo, autenticadas pelo agrimensor.

**Art. 279.** O imóvel sujeito a hipoteca ou ônus real não será admitido a registro sem consentimento expresso do credor hipotecário ou da pessoa em favor de quem se tenha instituído o ônus.

**Art. 280.** Se o oficial considerar irregular o pedido ou a documentação, poderá conceder o prazo de 30 (trinta) dias para que o interessado os regularize. Se o requerente não estiver de acordo com a exigência do oficial, este suscitará dúvida.

**Art. 281.** Se o oficial considerar em termos o pedido, remetê-lo-á a juízo para ser despachado.

**Art. 282.** O juiz, distribuído o pedido a um dos cartórios judiciais se entender que os documentos justificam a propriedade do requerente, mandará expedir edital que será afixado no lugar de costume e publicado uma vez no órgão oficial do Estado e 3 (três) vezes na imprensa local, se houver, marcando prazo não menor de 2 (dois) meses, nem maior de 4 (quatro) meses para que se ofereça oposição.

**Art. 283.** O juiz ordenará, de ofício ou a requerimento da parte, que, à custa do peticionário, se notifiquem do requerimento as pessoas nele indicadas.

**Art. 284.** Em qualquer hipótese, será ouvido o órgão do Ministério Público, que poderá impugnar o registro por falta de prova completa do domínio ou preterição de outra formalidade legal.

**Art. 285.** Feita a publicação do edital, a pessoa que se julgar com direito sobre o imóvel, no todo ou em parte, poderá contestar o pedido no prazo de 15 (quinze) dias.

**§ 1º.** A contestação mencionará o nome e a residência do réu, fará a descrição exata do imóvel e indicará os direitos reclamados e os títulos em que se fundarem.

**§ 2º.** Se não houver contestação, e se o Ministério Público não impugnar o pedido, o juiz ordenará que se inscreva o imóvel, que ficará, assim, submetido aos efeitos do Registro Torrens.

**Art. 286.** Se houver contestação ou impugnação, o procedimento será ordinário, cancelando-se, mediante mandado, a prenotação.

**Art. 287.** Da sentença que deferir, ou não, o pedido, cabe o recurso de apelação, com ambos os efeitos.

**Art. 288.** Transitada em julgado a sentença que deferir o pedido, o oficial inscreverá, na matrícula, o julgado que determinou a submissão do imóvel aos efeitos do Registro Torrens, arquivando em cartório a documentação autuada.

## CAPÍTULO XII. DO REGISTRO DA REGULARIZAÇÃO FUNDIÁRIA URBANA

**Art. 288-A.** O procedimento de registro da regularização fundiária urbana observará o disposto em legislação específica.

**I a III** – *(Revogados pela Lei 13.465/2017)*

**§§ 1º a 4º** *(Revogados pela Lei 13.465/2017)*

**Arts. 288-B a 288-G.** *(Revogados pela Lei 13.465/2017)*

# TÍTULO VI. DAS DISPOSIÇÕES FINAIS E TRANSITÓRIAS

**Art. 289.** No exercício de suas funções, cumpre aos oficiais de registro fazer rigorosa fiscalização do pagamento dos impostos devidos por força dos atos que lhes forem apresentados em razão do ofício.

**Art. 290.** Os emolumentos devidos pelos atos relacionados com a primeira aquisição imobiliária para fins residenciais, financiada pelo Sistema Financeiro da Habitação, serão reduzidos em 50% (cinquenta por cento).

- Lei 10.169/2000 – Regula o § 2º do art. 236 da CF, mediante o estabelecimento de normas gerais para a fixação de emolumentos relativos aos atos praticados pelos serviços notariais e de registro.

**§ 1º.** O registro e a averbação referentes à aquisição da casa própria, em que seja parte cooperativa habitacional ou entidade assemelhada, serão considerados, para efeito de cálculo de custas e emolumentos, como um ato apenas, não podendo a sua cobrança exceder o limite correspondente a 40% (quarenta por cento) do Maior Valor de Referência.

**§ 2º.** Nos demais programas de interesse social, executados pelas Companhias de Habitação Popular – Cohabs ou entidades assemelhadas, os emolumentos e as custas devidos pelos atos de aquisição de imóveis e pelos de averbação de construção estarão sujeitos às seguintes limitações:

*a)* imóvel de até 60 m² (sessenta metros quadrados) de área construída: 10% (dez por cento) do Maior Valor de Referência;

*b)* de mais de 60 m² (sessenta metros quadrados) até 70 m² (setenta metros quadrados) de área construída: 15% (quinze por cento) do Maior Valor de Referência;

CIVIL

*c)* de mais de 70 m² (setenta metros quadrados) e até 80 m² (oitenta metros quadrados) de área construída: 20% (vinte por cento) do Maior Valor de Referência.

**§ 3º.** Os emolumentos devidos pelos atos relativos a financiamento rural serão cobrados de acordo com a legislação federal.

**§ 4º.** As custas e emolumentos devidos aos Cartórios de Notas e de Registro de Imóveis, nos atos relacionados com a aquisição imobiliária para fins residenciais, oriundas de programas e convênios com a União, Estados, Distrito Federal e Municípios, para a construção de habitações populares destinadas a famílias de baixa renda, pelo sistema de mutirão e autoconstrução orientada, serão reduzidos para 20% (vinte por cento) da tabela cartorária normal, considerando-se que o imóvel será limitado a até 69 m² de área construída, em terreno de até 250 m².

**§ 5º.** Os cartórios que não cumprirem o disposto no § 4º ficarão sujeitos a multa de até R$ 1.120,00 (um mil, cento e vinte reais) a ser aplicada pelo juiz, com a atualização que se fizer necessária, em caso de desvalorização da moeda.

**Art. 290-A.** Devem ser realizados independentemente do recolhimento de custas e emolumentos:

**I** – o primeiro registro de direito real constituído em favor de beneficiário de regularização fundiária de interesse social em áreas urbanas e em áreas rurais de agricultura familiar;

**II** – a primeira averbação de construção residencial de até 70 m² (setenta metros quadrados) de edificação em áreas urbanas objeto de regularização fundiária de interesse social

**III** – o registro de título de legitimação de posse, concedido pelo poder público, de que trata o art. 59 da Lei nº 11.977, de 7 de julho de 2009, e de sua conversão em propriedade.

**IV** – o registro do título de transferência do direito real de propriedade ou de outro direito ao beneficiário de projetos de assentamento rurais promovidos pelo Instituto Nacional de Colonização e Reforma Agrária (Incra) com base nas Leis nº 4.504, de 30 de novembro de 1964, e 8.629, de 25 de fevereiro de 1993, ou em outra lei posterior com finalidade similar. *(Acrescido pela Lei 14.382/2022)*

**§ 1º.** O registro e a averbação de que tratam os incisos I, II e III do *caput* deste artigo independem da comprovação do pagamento de quaisquer tributos, inclusive previdenciários.

**§ 2º.** *(Revogado pela Lei nº 12.424, de 2011).*

**Art. 291.** A emissão ou averbação da Cédula Hipotecária, consolidando créditos hipotecários de um só credor, não implica modificação da ordem preferencial dessas hipotecas em relação a outras que lhes sejam posteriores e que garantam créditos não incluídos na consolidação.

**Art. 292.** É vedado aos tabeliães e aos oficiais de registro de imóveis, sob pena de responsabilidade, lavrar ou registrar escritura ou escritos particulares autorizados por lei, que tenham por objeto imóvel hipotecado a entidade do Sistema Financeiro da Habitação, ou direitos a eles relativos, sem que conste dos mesmos, expressamente, a menção ao ônus real e ao credor, bem como a comunicação ao credor, necessariamente feita pelo alienante, com antecedência de, no mínimo 30 (trinta) dias.

**Art. 293.** Se a escritura deixar de ser lavrada no prazo de 60 (sessenta) dias a contar da data da comunicação do alienante, esta perderá a validade.

**Parágrafo único.** A ciência da comunicação não importará consentimento tácito do credor hipotecário.

**Art. 294.** Nos casos de incorporação de bens imóveis do patrimônio público, para a formação ou integralização do capital de sociedade por ações da administração indireta ou para a formação do patrimônio de empresa pública, o oficial do respectivo registro de imóveis fará o novo registro em nome da entidade a que os mesmos forem incorporados ou transferidos, valendo-se, para tanto, dos dados característicos e confrontações constantes do anterior.

**§ 1º.** Servirá como título hábil para o novo registro o instrumento pelo qual a incorporação ou transferência se verificou, em cópia autêntica, ou exemplar do órgão oficial no qual foi aquele publicado.

**§ 2º.** Na hipótese de não coincidência das características do imóvel com as constantes do registro existente, deverá a entidade, ao qual foi o mesmo incorporado ou transferido, promover a respectiva correção mediante termo aditivo ao instrumento de incorporação ou transferência e do qual deverão constar, entre outros elementos, seus limites ou confrontações, sua descrição e caracterização.

**§ 3º.** Para fins do registro de que trata o presente artigo, considerar-se-á, como valor de transferência dos bens, o constante do instrumento a que alude o § 1º.

**Art. 295.** O encerramento dos livros em uso, antes da vigência da presente Lei, não exclui a validade dos atos neles registrados, nem impede que, neles, se façam as averbações e anotações posteriores.

**Parágrafo único.** Se a averbação ou anotação dever ser feita no Livro n. 2 do Registro de

Imóvel, pela presente Lei, e não houver espaço nos anteriores Livros de Transcrição das Transmissões, será aberta a matrícula do imóvel.

**Art. 296.** Aplicam-se aos registros referidos no art. 1º, § 1º, I, II e III, desta Lei, as disposições relativas ao processo de dúvida no registro de imóveis.

**Art. 297.** Os oficiais, na data de vigência desta Lei, lavrarão termo de encerramento nos livros, e dele remeterão cópia ao juiz a que estiverem subordinados.

**Parágrafo único.** Sem prejuízo do cumprimento integral das disposições desta Lei, os livros antigos poderão ser aproveitados, até o seu esgotamento, mediante autorização judicial e adaptação aos novos modelos, iniciando-se nova numeração.

**Art. 298.** Esta Lei entrará em vigor no dia 1º de janeiro de 1976.

**Art. 299.** Revogam-se a Lei nº 4.827, de 7 de março de 1924, os Decretos nºs 4.857, de 9 de novembro de 1939, 5.318, de 29 de fevereiro de 1940, 5.553, de 6 de maio de 1940, e as demais disposições em contrário.

Brasília, 31 de dezembro de 1973; 152º da Independência e 85º da República.

EMÍLIO G. MÉDICI

D.O.U de 31.12.1973; rep. 16.9.1975 – supl.; ret. 30.10.1975

› Não publicamos os anexos desta lei.

# LEI Nº 6.515, DE 26 DE DEZEMBRO DE 1977

*Regula os casos de dissolução da sociedade conjugal e do casamento, seus efeitos e respectivos processos, e dá outras providências.*

O PRESIDENTE DA REPÚBLICA, *faço saber que* o Congresso Nacional decreta e eu sanciono a seguinte Lei:

**Art. 1º.** A separação judicial, a dissolução do casamento, ou a cessação de seus efeitos civis, de que trata a Emenda Constitucional nº 9, de 28 de junho de 1977, ocorrerão nos casos e segundo a forma que esta Lei regula.

## CAPÍTULO I. DA DISSOLUÇÃO DA SOCIEDADE CONJUGAL

✪ **Art. 2º.** A Sociedade Conjugal termina:

› CC: art. 1.571.

**I** – pela morte de um dos cônjuges;

**II** – pela nulidade ou anulação do casamento;

**III** – pela separação judicial;

**IV** – pelo divórcio.

**Parágrafo único.** O casamento válido somente se dissolve pela morte de um dos cônjuges ou pelo divórcio.

› CC: art. 1.571, § 1º.

### SEÇÃO I. DOS CASOS E EFEITOS DA SEPARAÇÃO JUDICIAL

✪ **Art. 3º.** A separação judicial põe termo aos deveres de coabitação, fidelidade recíproca e ao regime matrimonial de bens, como se o casamento fosse dissolvido.

› CC: art. 1.576.

**§ 1º.** O procedimento judicial da separação caberá somente aos cônjuges, e, no caso de incapacidade, serão representados por curador, ascendente ou irmão.

› CC: art. 1.582, par. único.

**§ 2º.** O juiz deverá promover todos os meios para que as partes se reconciliem ou transijam, ouvindo pessoal e separadamente cada uma delas e, a seguir, reunindo-as em sua presença, se assim considerar necessário.

**§ 3º.** Após a fase prevista no parágrafo anterior, se os cônjuges pedirem, os advogados deverão ser chamados a assistir aos entendimentos e deles participar.

✪ **Art. 4º.** Dar-se-á a separação judicial por mútuo consentimento dos cônjuges, se forem casados há mais de 2 (dois) anos, manifestado perante o juiz e devidamente homologado.

› CC: art. 1.574.

✪ **Art. 5º.** A separação judicial pode ser pedida por um só dos cônjuges quando imputar ao outro conduta desonrosa ou qualquer ato que importe em grave violação dos deveres do casamento e tornem insuportável a vida em comum.

› CC: arts. 1.572 e 1.573.

**§ 1º.** A separação judicial pode, também, ser pedida se um dos cônjuges provar a ruptura da vida em comum há mais de um ano consecutivo, e a impossibilidade de sua reconstituição.

› CC: art. 1.574.

**§ 2º.** O cônjuge pode ainda pedir a separação judicial quando o outro estiver acometido de grave doença mental, manifestada após o casamento, que torne impossível a continuação da vida em comum, desde que, após uma duração de 5 (cinco) anos, a enfermidade tenha sido reconhecida de cura improvável.

› CC: art. 1.572, § 2º.

**§ 3º.** Nos casos dos parágrafos anteriores, reverterão, ao cônjuge que não houver pedido a separação judicial, os remanescentes dos bens que levou para o casamento, e, se o regime de bens adotado o permitir, também a meação nos adquiridos na constância da sociedade conjugal.

✪ **Art. 6º.** Nos casos dos §§ 1º e 2º do artigo anterior, a separação judicial poderá ser negada, se constituir respectivamente, causa de agravamento das condições pessoais ou da doença do outro cônjuge, ou determinar, em qualquer caso, consequências morais de excepcional gravidade para os filhos menores.

- CC: art. 1.574, par. único.

✪ **Art. 7º.** A separação judicial importará na separação de corpos e na partilha de bens.

- CC: art. 1.575.

**§ 1º.** A separação de corpos poderá ser determinada como medida cautelar (art. 796 do CPC).

- Refere-se ao CPC de 1973.
- CC: art. 1.580.

**§ 2º.** A partilha de bens poderá ser feita mediante proposta dos cônjuges e homologada pelo juiz ou por este decidida.

- CC: art. 1.575, par. único.

✪ **Art. 8º.** A sentença que julgar a separação judicial produz seus efeitos à data de seu trânsito em julgado, o à da decisão que tiver concedido separação cautelar.

## SEÇÃO II. DA PROTEÇÃO DA PESSOA DOS FILHOS

- Lei 11.698/2008 – Altera os arts. 1.583 e 1.584 da Lei 10.406/2002 – Código Civil, para instituir e disciplinar a guarda compartilhada.

**Art. 9º.** No caso de dissolução da sociedade conjugal pela separação judicial consensual (art. 4º), observar-se-á o que os cônjuges acordarem sobre a guarda dos filhos.

- CC: art. 1.579.

✪ **Art. 10.** Na separação judicial fundada no *caput* do art. 5º, os filhos menores ficarão com o cônjuge que a e não houver dado causa.

**§ 1º.** Se pela separação judicial forem responsáveis ambos os cônjuges; os filhos menores ficarão em poder da mãe, salvo se o juiz verificar que de tal solução possa advir prejuízo de ordem moral para eles.

**§ 2º.** Verificado que não devem os filhos permanecer em poder da mãe nem do pai, deferirá o juiz a sua guarda a pessoa notoriamente idônea da família de qualquer dos cônjuges.

**Art. 11.** Quando a separação judicial ocorrer com fundamento no § 1º do art. 5º, os filhos ficarão em poder do cônjuge em cuja companhia estavam durante o tempo de ruptura da vida em comum.

**Art. 12.** Na separação judicial fundada no § 2º do art. 5º, o juiz deferirá a entrega dos filhos ao cônjuge que estiver em condições de assumir, normalmente, a responsabilidade de sua guarda e educação.

**Art. 13.** Se houver motivos graves, poderá o juiz, em qualquer caso, a bem dos filhos, regular por maneira diferente da estabelecida nos artigos anteriores a situação deles com os pais.

**Art. 14.** No caso de anulação do casamento, havendo filhos comuns, observar-se-á o disposto nos arts. 10 e 13.

**Parágrafo único.** Ainda que nenhum dos cônjuges esteja de boa-fé ao contrair o casamento, seus efeitos civis aproveitarão aos filhos comuns.

**Art. 15.** Os pais, em cuja guarda não estejam os filhos, poderão visitá-los e tê-los em sua companhia, segundo fixar o juiz, bem como fiscalizar sua manutenção e educação.

**Art. 16.** As disposições relativas à guarda e à prestação de alimentos aos filhos menores estendem-se aos filhos maiores inválidos.

## SEÇÃO III. DO USO DO NOME

- CC: arts. 1.571, § 2º e 1.578.

**Art. 17.** Vencida na ação de separação judicial (art. 5º, *caput*), voltará a mulher a usar o nome de solteira.

**§ 1º.** Aplica-se, ainda, o disposto neste artigo, quando é da mulher a iniciativa da separação judicial com fundamento nos §§ 1º e 2º do art. 5º.

**§ 2º.** Nos demais casos, caberá à mulher a opção pela conservação do nome de casada.

**Art. 18.** Vencedora na ação de separação judicial (art. 5º, *caput*), poderá a mulher renunciar, a qualquer momento, o direito de usar o nome do marido.

## SEÇÃO IV.
## DOS ALIMENTOS

- CPC/15: arts. 22, I, 53, II, 189, II, 215, II, 292, III, 528 a 533, 693, par. único, 911 a 913, e 1.012, § 1º, II.
- Lei 5.478/1968 – Dispõe sobre ação de alimentos.

**Art. 19.** O cônjuge responsável pela separação judicial prestará ao outro, se dela necessitar, a pensão que o juiz fixar.

**Art. 20.** Para manutenção dos filhos, os cônjuges, separados judicialmente, contribuirão na proporção de seus recursos.

**Art. 21.** Para assegurar o pagamento da pensão alimentícia, o juiz poderá determinar a constituição de garantia real ou fidejussória.

**§ 1º.** Se o cônjuge credor preferir, o juiz poderá determinar que a pensão consista no usufruto de determinados bens do cônjuge devedor.

**§ 2º.** Aplica-se, também, o disposto no parágrafo anterior, se o cônjuge credor justificar a possibilidade do não recebimento regular da pensão.

**Art. 22.** Salvo decisão judicial, as prestações alimentícias, de qualquer natureza, serão corrigidas monetariamente na forma dos índices de atualização das Obrigações Reajustáveis do Tesouro Nacional – ORTN.

**Parágrafo único.** No caso do não pagamento das referidas prestações no vencimento, o devedor responderá, ainda, por custas e honorários de advogado apurados simultaneamente.

**Art. 23.** A obrigação de prestar alimentos transmite-se aos herdeiros do devedor, na forma do art. 1.796 do Código Civil.

## CAPÍTULO II.
## DO DIVÓRCIO

**Art. 24.** O divórcio põe termo ao casamento e aos efeitos civis do matrimônio religioso.

**Parágrafo único.** O pedido somente competirá aos cônjuges, podendo, contudo, ser exercido, em caso de incapacidade, por curador, ascendente ou irmão.

- CC: art. 1.582, par. único.

**Art. 25.** A conversão em divórcio da separação judicial dos cônjuges existente há mais de um ano, contada da data da decisão ou da que concedeu a medida cautelar correspondente (art. 8º), será decretada por sentença, da qual não constará referência à causa que a determinou.

**Parágrafo único.** A sentença de conversão determinará que a mulher volte a usar o nome que tinha antes de contrair matrimônio, só conservando o nome de família do ex-marido se alteração prevista neste artigo acarretar:

**I** – evidente prejuízo para a sua identificação;

**II** – manifesta distinção entre o seu nome de família e dos filhos havidos da união dissolvida;

**III** – dano grave reconhecido em decisão judicial.

**Art. 26.** No caso de divórcio resultante da separação prevista nos §§ 1º e 2º do art. 5º, o cônjuge que teve a iniciativa da separação continuará com o dever de assistência ao outro. (Código Civil – art. 231, n. III).

**Art. 27.** O divórcio não modificará os direitos e deveres dos pais em relação aos filhos.

- CC: art. 1.579.

**Parágrafo único.** O novo casamento de qualquer dos pais ou de ambos também não importará restrição a esses direitos e deveres.

**Art. 28.** Os alimentos devidos pelos pais e fixados na sentença de separação poderão ser alterados a qualquer tempo.

**Art. 29.** O novo casamento do cônjuge credor da pensão extinguirá a obrigação do cônjuge devedor.

**Art. 30.** Se o cônjuge devedor da pensão vier a casar-se, o novo casamento não alterará sua obrigação.

**Art. 31.** Não se decretará o divórcio se ainda não houver sentença definitiva de separação judicial, ou se esta não tiver decidido sobre a partilha dos bens.

**Art. 32.** A sentença definitiva do divórcio produzirá efeitos depois de registrada no Registro Público competente.

**Art. 33.** Se os cônjuges divorciados quiserem restabelecer a união conjugal só poderão fazê-lo mediante novo casamento.

## CAPÍTULO III.
## DO PROCESSO

**Art. 34.** A separação judicial consensual se fará pelo procedimento previsto nos arts. 1.120 e

1.124 do Código de Processo Civil, e as demais pelo procedimento ordinário.

- Refere-se ao CPC de 1973.
- CPC/15: arts. 731 a 734.

**§ 1º.** A petição será também assinada pelos advogados das partes ou pelo advogado escolhido de comum acordo.

**§ 2º.** O juiz pode recusar a homologação e não decretar a separação judicial, se comprovar que a convenção não preserva suficientemente os interesses dos filhos ou de um dos cônjuges.

**§ 3º.** Se os cônjuges não puderem ou não souberem assinar, é lícito que outrem o faça a rogo deles.

**§ 4º.** Às assinaturas, quando não lançadas na presença do juiz, serão, obrigatoriamente, reconhecidas por tabelião.

**Art. 35.** A conversão da separação judicial em divórcio será feita mediante pedido de qualquer dos cônjuges.

**Parágrafo único.** O pedido será apensado aos autos da separação judicial. (art. 48)

**Art. 36.** Do pedido referido no artigo anterior, será citado o outro cônjuge, em cuja resposta não caberá reconvenção.

**Parágrafo único.** A contestação só pode fundar-se em:

**I** – falta do decurso de 1 (um) ano da separação judicial;

**II** – descumprimento das obrigações assumidas pelo requerente na separação.

**Art. 37.** O juiz conhecerá diretamente do pedido, quando não houver contestação ou necessidade de produzir prova em audiência, e proferirá sentença dentro em 10 (dez) dias.

**§ 1º.** A sentença limitar-se-á à conversão da separação em divórcio, que não poderá ser negada, salvo se provada qualquer das hipóteses previstas no parágrafo único do artigo anterior.

**§ 2º.** A improcedência do pedido de conversão não impede que o mesmo cônjuge o renove, desde que satisfeita a condição anteriormente descumprida.

**Art. 38.** *(Revogado pela Lei nº 7.841, de 1989).*

**Art. 39.** O capítulo III do Título II do Livro IV do Código de Processo Civil, as expressões "desquite por mútuo consentimento", "desquite" e "desquite litigioso" são substituídas por "separação consensual" e "separação judicial".

## CAPÍTULO IV. DAS DISPOSIÇÕES FINAIS E TRANSITÓRIAS

**Art. 40.** No caso de separação de fato, e desde que completados 2 (dois) anos consecutivos, poderá ser promovida ação de divórcio, na qual deverá ser comprovado decurso do tempo da separação.

**§ 1º.** *(Revogado pela* Lei *nº 7.841, de 1989).*

**§ 2º.** No divórcio consensual, o procedimento adotado será o previsto nos artigos 1.120 a 1.124 do Código de Processo Civil, observadas, ainda, as seguintes normas:

**I** – a petição conterá a indicação dos meios probatórios da separação de fato, e será instruída com a prova documental já existente;

**II** – a petição fixará o valor da pensão do cônjuge que dela necessitar para sua manutenção, e indicará as garantias para o cumprimento da obrigação assumida;

**III** – se houver prova testemunhal, ela será produzida na audiência de ratificação do pedido de divórcio a qual será obrigatoriamente realizada.

**IV** – a partilha dos bens deverá ser homologada pela sentença do divórcio.

**§ 3º.** Nos demais casos, adotar-se-á o procedimento ordinário.

**Art. 41.** As causas de desquite em curso na data da vigência desta Lei, tanto as que se processam pelo procedimento especial quanto as de procedimento ordinário, passam automaticamente a visar à separação judicial.

**Art. 42.** As sentenças já proferidas em causas de desquite são equiparadas, para os efeitos desta Lei, às de separação judicial.

**Art. 43.** Se, na sentença do desquite, não tiver sido homologada ou decidida a partilha dos bens, ou quando esta não tenha sido feita posteriormente, a decisão de conversão disporá sobre ela.

**Art. 44.** Contar-se-á o prazo de separação judicial a partir da data em que, por decisão judicial proferida em qualquer processo, mesmo nos de jurisdição voluntária, for determinada ou presumida a separação dos cônjuges.

**Art. 45.** Quando o casamento se seguir a uma comunhão de vida entre os nubentes, existentes antes de 28 de junho de 1977, que haja perdurado por 10 (dez) anos consecutivos ou da qual tenha resultado filhos, o regime matrimonial de bens será estabelecido livremente, não se lhe aplicando o disposto no artigo 258, parágrafo único, n. II, do Código Civil.

**Art. 46.** Seja qual for a causa da separação judicial, e o modo como esta se faça, é permitido aos cônjuges restabelecer a todo o tempo a sociedade conjugal, nos termos sem que fora constituída, contanto que o façam mediante requerimento nos autos da ação de separação.

**Parágrafo único.** A reconciliação em nada prejudicará os direitos de terceiros, adquiridos antes e durante a separação, seja qual for o regime de bens.

**Art. 47.** Se os autos do desquite ou os da separação judicial tiverem sido extraviados, ou se encontrarem em outra circunscrição judiciária, o pedido de conversão em divórcio será instruído com a certidão da sentença, ou da sua averbação no assento de casamento.

**Art. 48.** Aplica-se o disposto no artigo anterior, quando a mulher desquitada tiver domicílio diverso daquele em que se julgou o desquite.

**Art. 49.** Os §§ 5º e 6º do art. 7º da Lei de Introdução ao Código Civil passam a vigorar com a seguinte redação:

(...)

**Art. 50.** São introduzidas no Código Civil as alterações seguintes:

(...)

**Art. 51.** A Lei nº 883, de 21 de outubro de 1949 passa a vigorar com as seguintes alterações:

(...)

**Art. 52.** O n. I do art. 100, o n. II do art. 155 e o § 2º do art. 733 do Código de Processo Civil passam a vigorar com a seguinte redação:

- Refere-se ao CPC de 1973.

(...)

**Art. 53.** A presente Lei entrará em vigor na data de sua publicação.

**Art. 54.** Revogam-se os arts. 315 a 328 e o § 1º do art. 1605 do Código Civil e as demais disposições em contrário.

Brasília, em 26 de dezembro de 1977; 156º da Independência e 89º da República.

ERNESTO GEISEL

D.O.U. 27.12.1977

# LEI Nº 6.766, DE 19 DE DEZEMBRO DE 1979

*Dispõe sobre o parcelamento do solo urbano e dá outras providências.*

O PRESIDENTE DA REPÚBLICA,

Faço saber que o Congresso Nacional decreta e eu sanciono a seguinte Lei:

- Lei 10.257/2001 – Regulamenta os arts. 182 e 183 da Constituição Federal, estabelece diretrizes gerais da política urbana. (Estatuto da Cidade)
- Decreto 3.365/1941 – Desapropriação por utilidade pública.
- Decreto-lei 271/1967 – Loteamento urbano, responsabilidade do loteador concessão de uso e espaço aéreo.
- Decreto-Lei 58/1937 – Dispõe sobre o loteamento e a venda de terrenos para pagamento em prestações.

**Art. 1º.** O parcelamento do solo para fins urbanos será regido por esta Lei.

- CF/88: arts. 30, VIII, 182 e 183

**Parágrafo único.** Os Estados, o Distrito Federal e os Municípios poderão estabelecer normas complementares relativas ao parcelamento do solo municipal para adequar o previsto nesta Lei às peculiaridades regionais e locais.

## CAPÍTULO I. DISPOSIÇÕES PRELIMINARES

✪ **Art. 2º.** O parcelamento do solo urbano poderá ser feito mediante loteamento ou desmembramento, observadas as disposições desta Lei e as das legislações estaduais e municipais pertinentes.

- Lei 6.015/1973: art. 167, II, item 4.

**§ 1º.** Considera-se loteamento a subdivisão de gleba em lotes destinados a edificação, com abertura de novas vias de circulação, de logradouros públicos ou prolongamento, modificação ou ampliação das vias existentes.

**§ 2º.** Considera-se desmembramento a subdivisão de gleba em lotes destinados a edificação, com aproveitamento do sistema viário existente, desde que não implique a abertura de novas vias e logradouros públicos, nem prolongamento, modificação ou ampliação dos já existentes.

**§ 3º.** *(VETADO).*

**§ 4º.** Considera-se lote o terreno servido de infraestrutura básica cujas dimensões atendam aos índices urbanísticos definidos pelo plano diretor ou lei municipal para a zona em que se situe.

**§ 5º.** A infraestrutura básica dos parcelamentos é constituída pelos equipamentos urbanos de escoamento das águas pluviais, iluminação pública, esgotamento sanitário, abastecimento de água potável, energia elétrica pública e domiciliar e vias de circulação.

**§ 6º.** A infraestrutura básica dos parcelamentos situados nas zonas habitacionais declaradas por lei como de interesse social (ZHIS) consistirá, no mínimo, de:

**I** – vias de circulação;

**II** – escoamento das águas pluviais;

**III** – rede para o abastecimento de água potável; e

**IV** – soluções para o esgotamento sanitário e para a energia elétrica domiciliar.

**§ 7º.** O lote poderá ser constituído sob a forma de imóvel autônomo ou de unidade imobiliária integrante de condomínio de lotes.

**§ 8º.** Constitui loteamento de acesso controlado a modalidade de loteamento, definida nos termos do § 1º deste artigo, cujo controle de acesso será regulamentado por ato do poder público Municipal, sendo vedado o impedimento de acesso a pedestres ou a condutores de veículos, não residentes, devidamente identificados ou cadastrados.

**Art. 2º-A.** Considera-se empreendedor, para fins de parcelamento do solo urbano, o responsável pela implantação do parcelamento, o qual, além daqueles indicados em regulamento, poderá ser: *(Acrescido pela Lei 14.118/2021)*

*a)* o proprietário do imóvel a ser parcelado;

*b)* o compromissário comprador, cessionário ou promitente cessionário, ou o foreiro, desde que o proprietário expresse sua anuência em relação ao empreendimento e sub-rogue-se nas obrigações do compromissário comprador, cessionário ou promitente cessionário, ou do foreiro, em caso de extinção do contrato;

*c)* o ente da administração pública direta ou indireta habilitado a promover a desapropriação com a finalidade de implantação de parcelamento habitacional ou de realização de regularização fundiária de interesse social, desde que tenha ocorrido a regular imissão na posse;

*d)* a pessoa física ou jurídica contratada pelo proprietário do imóvel a ser parcelado ou pelo poder público para executar o parcelamento ou a regularização fundiária, em forma de parceria, sob regime de obrigação solidária, devendo o contrato ser averbado na matrícula do imóvel no competente registro de imóveis;

*e)* a cooperativa habitacional ou associação de moradores, quando autorizada pelo titular do domínio, ou associação de proprietários ou compradores que assuma a responsabilidade pela implantação do parcelamento.

✪ **Art. 3º.** Somente será admitido o parcelamento do solo para fins urbanos em zonas urbanas, de expansão urbana ou de urbanização específica, assim definidas pelo plano diretor ou aprovadas por lei municipal.

- CF/88: art. 182, § 1º.
- Lei 10.257/2001 – Estatuto da Cidade.

**Parágrafo único.** Não será permitido o parcelamento do solo:

**I** – em terrenos alagadiços e sujeitos a inundações, antes de tomadas as providências para assegurar o escoamento das águas;

**II** – em terrenos que tenham sido aterrados com material nocivo à saúde pública, sem que sejam previamente saneados;

**III** – em terreno com declividade igual ou superior a 30% (trinta por cento), salvo se atendidas exigências específicas das autoridades competentes;

**IV** – em terrenos onde as condições geológicas não aconselham a edificação;

**V** – em áreas de preservação ecológica ou naquelas onde a poluição impeça condições sanitárias suportáveis, até a sua correção.

## CAPÍTULO II. DOS REQUISITOS URBANÍSTICOS PARA LOTEAMENTO

✪ **Art. 4º.** Os loteamentos deverão atender, pelo menos, aos seguintes requisitos:

**I** – as áreas destinadas a sistemas de circulação, a implantação de equipamento urbano e comunitário, bem como a espaços livres de uso público, serão proporcionais à densidade de ocupação prevista pelo plano diretor ou aprovada por lei municipal para a zona em que se situem;

**II** – os lotes terão área mínima de 125 m² (cento e vinte e cinco metros quadrados) e frente mínima de 5 (cinco) metros, salvo quando a legislação estadual ou municipal determinar maiores exigências, ou quando o loteamento se destinar a urbanização específica ou edificação de conjuntos habitacionais de interesse social, previamente aprovados pelos órgãos públicos competentes;

**III** – ao longo das faixas de domínio público das rodovias, a reserva de faixa não edificável de, no mínimo, 15 (quinze) metros de cada lado poderá ser reduzida por lei municipal ou distrital que aprovar o instrumento do planejamento territorial, até o limite mínimo de 5 (cinco) metros de cada lado. *(Redação dada pela Lei 13.913/2019)*

**III-A** – ao longo da faixa de domínio das ferrovias, será obrigatória a reserva de uma faixa não edificável de, no mínimo, 15 (quinze) metros de cada lado; *(Redação dada Lei 14.285/2021)*

**III-B** – ao longo das águas correntes e dormentes, as áreas de faixas não edificáveis deverão respeitar a lei municipal ou distrital que aprovar o instrumento de planejamento territorial e que definir e regulamentar a largura das faixas marginais de cursos d´água naturais em área urbana consolidada, nos termos da Lei nº 12.651, de 25 de maio de 2012, com obrigatoriedade de reserva de uma faixa não edificável para cada trecho de margem, indicada em diagnóstico socioambiental elaborado pelo Município; *(Acrescido pela Lei 14.285/2021)*

**IV** – as vias de loteamento deverão articular-se com as vias adjacentes oficiais, existentes ou projetadas, e harmonizar-se com a topografia local.

**§ 1º**. A legislação municipal definirá, para cada zona em que se divida o território do Município, os usos permitidos e os índices urbanísticos de parcelamento e ocupação do solo, que incluirão, obrigatoriamente, as áreas mínimas e máximas de lotes e os coeficientes máximos de aproveitamento.

**§ 2º**. Consideram-se comunitários os equipamentos públicos de educação, cultura, saúde, lazer e similares.

**§ 3º**. Se necessária, a reserva de faixa não edificável vinculada a dutovias será exigida no âmbito do respectivo licenciamento ambiental, observados critérios e parâmetros que garantam a segurança da população e a proteção do meio ambiente, conforme estabelecido nas normas técnicas pertinentes.

**§ 4º** No caso de lotes integrantes de condomínio de lotes, poderão ser instituídas limitações administrativas e direitos reais sobre coisa alheia em benefício do poder público, da população em geral e da proteção da paisagem urbana, tais como servidões de passagem, usufrutos e restrições à construção de muros.

**§ 5º** As edificações localizadas nas áreas contíguas às faixas de domínio público dos trechos de rodovia que atravessem perímetros urbanos ou áreas urbanizadas passíveis de serem incluídas em perímetro urbano, desde que construídas até a data de promulgação deste parágrafo, ficam dispensadas da observância da exigência prevista no inciso III do *caput* deste artigo, salvo por ato devidamente fundamentado do poder público municipal ou distrital. *(Acrescido pela Lei 13.913/2019)*

**§§ 6º e 7º** *(VETADOS na Lei 14.285/2021)*

**Art. 5º.** O Poder Público competente poderá complementarmente exigir, em cada loteamento, a reserva de faixa *non aedificandi* destinada a equipamentos urbanos.

**Parágrafo único.** Consideram-se urbanos os equipamentos públicos de abastecimento de água, serviços de esgotos, energia elétrica, coletas de águas pluviais, rede telefônica e gás canalizado.

## CAPÍTULO III. DO PROJETO DE LOTEAMENTO

**Art. 6º.** Antes da elaboração do projeto de loteamento, o interessado deverá solicitar à Prefeitura Municipal, ou ao Distrito Federal quando for o caso, que defina as diretrizes para o uso do solo, traçado dos lotes, do sistema viário, dos espaços livres e das áreas reservadas para equipamento urbano e comunitário, apresentando, para este fim, requerimento e planta do imóvel contendo, pelo menos:

**I** – as divisas da gleba a ser loteada;

**II** – as curvas de nível a distância adequada, quando exigidas por lei estadual ou municipal;

**III** – a localização dos cursos d'água, bosques e construções existentes;

**IV** – a indicação dos arruamentos contíguos a todo o perímetro, a localização das vias de comunicação, das áreas livres, dos equipamentos urbanos e comunitários, existentes no local ou em suas adjacências, com as respectivas distâncias da área a ser loteada;

**V** – o tipo de uso predominante a que o loteamento se destina;

**VI** – as características, dimensões e localização das zonas de uso contíguas.

**Art. 7º.** A Prefeitura Municipal, ou o Distrito Federal quando for o caso, indicará, nas plantas apresentadas junto com o requerimento, de acordo com as diretrizes de planejamento estadual e municipal:

**I** – as ruas ou estradas existentes ou projetadas, que compõem o sistema viário da cidade e do Município relacionadas com o loteamento pretendido e a serem respeitadas;

**II** – o traçado básico do sistema viário principal;

**III** – a localização aproximada dos terrenos destinados a equipamento urbano e comunitário e das áreas livres de uso público;

**IV** – as faixas sanitárias do terreno necessárias ao escoamento das águas pluviais e as faixas não edificáveis;

**V** – a zona ou zonas de uso predominante da área, com indicação dos usos compatíveis.

**Parágrafo único.** As diretrizes expedidas vigorarão pelo prazo máximo de 4 (quatro) anos.

✪ **Art. 8º.** Os Municípios com menos de 50.000 (cinquenta mil) habitantes e aqueles cujo plano diretor contiver diretrizes de urbanização para a zona em que se situe o parcelamento poderão dispensar, por lei, a fase de fixação de diretrizes previstas nos arts. 6º e 7º desta Lei.

**Art. 9º.** Orientado pelo traçado e diretrizes oficiais, quando houver, o projeto, contendo desenhos, memorial descritivo e cronograma de execução das obras com duração máxima de 4 (quatro) anos, será apresentado à Prefeitura Municipal, ou ao Distrito Federal, quando for o caso, acompanhado de certidão atualizada da matrícula da gleba, expedida pelo Cartório de Registro de Imóveis competente, de certidão negativa de tributos municipais e do competente instrumento de garantia, ressalvado o disposto no § 4º do art. 18.

**§ 1º**. Os desenhos conterão pelo menos:

**I** – a subdivisão das quadras em lotes, com as respectivas dimensões e numeração;

**II** – o sistema de vias com a respectiva hierarquia;

**III** – as dimensões lineares e angulares do projeto, com raios, cordas, arcos, ponto de tangência e ângulos centrais das vias;

**IV** – os perfis longitudinais e transversais de todas as vias de circulação e praças;

**V** – a indicação dos marcos de alinhamento e nivelamento localizados nos ângulos de curvas e vias projetadas;

**VI** – a indicação em planta e perfis de todas as linhas de escoamento das águas pluviais.

**§ 2º.** O memorial descritivo deverá conter, obrigatoriamente, pelo menos:

**I** – a descrição sucinta do loteamento, com as suas características e a fixação da zona ou zonas de uso predominante;

**II** – as condições urbanísticas do loteamento e as limitações que incidem sobre os lotes e suas construções, além daquelas constantes das diretrizes fixadas;

**III** – a indicação das áreas públicas que passarão ao domínio do Município no ato de registro do loteamento;

**IV** – a enumeração dos equipamentos urbanos, comunitários e dos serviços públicos ou de utilidade pública, já existentes no loteamento e adjacências.

**§ 3º.** Caso se constate, a qualquer tempo, que a certidão da matrícula apresentada como atual não tem mais correspondência com os registros e averbações cartorárias do tempo da sua apresentação, além das consequências penais cabíveis, serão consideradas insubsistentes tanto as diretrizes expedidas anteriormente, quanto às aprovações consequentes.

## CAPÍTULO IV. DO PROJETO DE DESMEMBRAMENTO

**Art. 10.** Para a aprovação de projeto de desmembramento, o interessado apresentará requerimento à Prefeitura Municipal, ou ao Distrito Federal quando for o caso, acompanhado de certidão atualizada da matrícula da gleba, expedida pelo Cartório de Registro de Imóveis competente, ressalvado o disposto no § 4º do art. 18, e de planta do imóvel a ser desmembrado contendo:

- Lei 6.015/1973 – Dispõe sobre os registros públicos.

**I** – a indicação das vias existentes e dos loteamentos próximos;

**II** – a indicação do tipo de uso predominante no local;

**III** – a indicação da divisão de lotes pretendida na área.

**Art. 11.** Aplicam-se ao desmembramento, no que couber, as disposições urbanísticas vigentes para as regiões em que se situem ou, na ausência destas, as disposições urbanísticas para os loteamentos.

**Parágrafo único.** O Município, ou o Distrito Federal quando for o caso, fixará os requisitos exigíveis para a aprovação de desmembramento de lotes decorrentes de loteamento cuja destinação da área pública tenha sido inferior à mínima prevista no § 1º do art. 4º desta Lei.

## CAPÍTULO V. DA APROVAÇÃO DO PROJETO DE LOTEAMENTO E DESMEMBRAMENTO

**Art. 12.** O projeto de loteamento e desmembramento deverá ser aprovado pela Prefeitura Municipal, ou pelo Distrito Federal quando for o caso, a quem compete também a fixação das diretrizes a que aludem os arts. 6º e 7º desta Lei, salvo a exceção prevista no artigo seguinte.

**§ 1º.** O projeto aprovado deverá ser executado no prazo constante do cronograma de execução, sob pena de caducidade da aprovação.

**§ 2º.** Nos Municípios inseridos no cadastro nacional de municípios com áreas suscetíveis à ocorrência de deslizamentos de grande impacto, inundações bruscas ou processos geológicos ou hidrológicos correlatos, a aprovação do projeto de que trata o *caput* ficará vinculada ao atendimento dos requisitos constantes da carta geotécnica de aptidão à urbanização.

**§ 3º.** É vedada a aprovação de projeto de loteamento e desmembramento em áreas de risco definidas como não edificáveis, no plano diretor ou em legislação dele derivada.

**Art. 13.** Aos Estados caberá disciplinar a aprovação pelos Municípios de loteamentos e desmembramentos nas seguintes condições:

**I** – quando localizados em áreas de interesse especial, tais como as de proteção aos mananciais ou ao patrimônio cultural, histórico, paisagístico e arqueológico, assim definidas por legislação estadual ou federal;

**II** – quando o loteamento ou desmembramento localizar-se em área limítrofe do Município, ou que pertença a mais de um Município, nas regiões metropolitanas ou em aglomerações urbanas, definidas em lei estadual ou federal;

**III** – quando o loteamento abranger área superior a 1.000.000 m° (um milhão de metros quadrados).

**Parágrafo único.** No caso de loteamento ou desmembramento localizado em área de Município integrante de região metropolitana, o exame e a anuência prévia à aprovação do projeto caberão à autoridade metropolitana.

**Art. 14.** Os Estados definirão, por decreto, as áreas de proteção especial, previstas no inciso I do artigo anterior.

**Art. 15.** Os Estados estabelecerão, por decreto, as normas a que deverão submeter-se os projetos de loteamento e desmembramento nas áreas previstas no art. 13, observadas as disposições desta Lei.

**Parágrafo único.** Na regulamentação das normas previstas neste artigo, o Estado procurará atender às exigências urbanísticas do planejamento municipal.

**Art. 16.** A lei municipal definirá os prazos para que um projeto de parcelamento apresentado seja aprovado ou rejeitado e para que as obras executadas sejam aceitas ou recusadas.

**§ 1º.** Transcorridos os prazos sem a manifestação do Poder Público, o projeto será considerado rejeitado ou as obras recusadas, assegurada a indenização por eventuais danos derivados da omissão.

**§ 2º.** Nos Municípios cuja legislação for omissa, os prazos serão de 90 (noventa) dias para a aprovação ou rejeição e de 60 (sessenta) dias para a aceitação ou recusa fundamentada das obras de urbanização.

**Art. 17.** Os espaços livres de uso comum, as vias e praças, as áreas destinadas a edifícios públicos e outros equipamentos urbanos, constantes do projeto e do memorial descritivo, não poderão ter sua destinação alterada pelo loteador, desde a aprovação do loteamento, salvo as hipóteses de caducidade da licença ou desistência do loteador, sendo, neste caso, observadas as exigências do art. 23 desta Lei.

## CAPÍTULO VI. DO REGISTRO DO LOTEAMENTO E DESMEMBRAMENTO

- Lei 6.015/1973 – Dispõe sobre os registros públicos.

**Art. 18.** Aprovado o projeto de loteamento ou de desmembramento, o loteador deverá submetê-lo ao Registro Imobiliário dentro de 180 (cento e oitenta) dias, sob pena de caducidade da aprovação, acompanhado dos seguintes documentos:

**I** – título de propriedade do imóvel ou certidão da matrícula, ressalvado o disposto nos §§ 4º e 5º;

**II** – histórico dos títulos de propriedade do imóvel, abrangendo os últimos 20 (vinte) anos, acompanhado dos respectivos comprovantes;

**III** – certidões negativas:

*a)* de tributos federais, estaduais e municipais incidentes sobre o imóvel;

*b)* de ações reais referentes ao imóvel, pelo período de 10 (dez) anos;

*c)* de ações penais com respeito ao crime contra o patrimônio e contra a Administração Pública;

**IV** – certidões:

*a)* dos cartórios de protestos de títulos, em nome do loteador, pelo período de 5 (cinco) anos; *(Redação dada pela Lei 14.382/2022)*

*b)* de ações cíveis relativas ao loteador, pelo período de 10 (dez) anos; *(Redação dada pela Lei 14.382/2022)*

*c)* da situação jurídica atualizada do imóvel; e *(Redação dada pela Lei 14.382/2022)*

*d)* de ações penais contra o loteador, pelo período de 10 (dez) anos; *(Redação dada pela Lei 14.382/2022)*

**V** – cópia do ato de aprovação do loteamento e comprovante do termo de verificação, pelo Município ou pelo Distrito Federal, da execução das obras exigidas pela legislação municipal, que incluirão, no mínimo, a execução das vias de circulação do loteamento, demarcação dos lotes, quadras e logradouros e das obras de escoamento das águas pluviais ou da aprovação de um cronograma, com a duração máxima de 4 (quatro) anos, prorrogáveis por mais 4 (quatro) anos, acompanhado de competente instrumento de garantia para a execução das obras; *(Redação dada pela Lei 14.118/2021)*

**VI** – exemplar do contrato-padrão de promessa de venda, ou de cessão ou de promessa de cessão, do qual constarão obrigatoriamente as indicações previstas no art. 26 desta Lei;

**VII** – declaração do cônjuge do requerente de que consente no registro do loteamento.

**§ 1º.** Os períodos referidos nos incisos III, *b*, e IV, *a*, *b* e *d*, tomarão por base a data do pedido de registro do loteamento, devendo todas elas ser extraídas em nome daqueles que, nos mencionados períodos, tenham sido titulares de direitos reais sobre o imóvel.

**§ 2º.** A existência de protestos, de ações pessoais ou de ações penais, exceto as referentes a crime contra o patrimônio e contra a administração, não impedirá o registro do loteamento se o requerente comprovar que esses protestos ou ações não poderão prejudicar os adquirentes dos lotes. Se o oficial do registro de imóveis julgar insuficiente a comprovação feita, suscitará a dúvida perante o juiz competente.

**§ 3º.** A declaração a que se refere o inciso VII deste artigo não dispensará o consentimento do declarante para os atos de alienação ou promessa de alienação de lotes, ou de direitos a eles relativos, que venham a ser praticados pelo seu cônjuge.

**§ 4º.** O título de propriedade será dispensado quando se tratar de parcelamento popular, destinado às classes de menor renda, em imóvel declarado de utilidade pública, com processo de desapropriação judicial em curso e imissão provisória na posse, desde que promovido pela

União, Estados, Distrito Federal, Municípios ou suas entidades delegadas, autorizadas por lei a implantar projetos de habitação.

**§ 5º**. No caso de que trata o § 4º, o pedido de registro do parcelamento, além dos documentos mencionados nos incisos V e VI deste artigo, será instruído com cópias autênticas da decisão que tenha concedido a imissão provisória na posse, do decreto de desapropriação, do comprovante de sua publicação na imprensa oficial e, quando formulado por entidades delegadas, da lei de criação e de seus atos constitutivos.

**§ 6º** Na hipótese de o loteador ser companhia aberta, as certidões referidas na alínea c do inciso III e nas alíneas a, b e d do inciso IV do *caput* deste artigo poderão ser substituídas por exibição das informações trimestrais e demonstrações financeiras anuais constantes do sítio eletrônico da Comissão de Valores Mobiliários. *(Acrescido pela Lei 14.382/2022)*

**§ 7º** Quando demonstrar de modo suficiente o estado do processo e a repercussão econômica do litígio, a certidão esclarecedora de ação cível ou penal poderá ser substituída por impressão do andamento do processo digital. *(Acrescido pela Lei 14.382/2022)*

**Art. 19.** O oficial do registro de imóveis, após examinar a documentação e se encontrá-la em ordem, deverá encaminhar comunicação à Prefeitura e fará publicar, em resumo e com pequeno desenho de localização da área, edital do pedido de registro em 3 (três) dias consecutivos, o qual poderá ser impugnado no prazo de 15 (quinze) dias corridos, contado da data da última publicação. *(Redação dada pela Lei 14.382/2022)*

**§ 1º**. Findo o prazo sem impugnação, será feito imediatamente o registro. Se houver impugnação de terceiros, o oficial do registro de imóveis intimará o requerente e a Prefeitura Municipal, ou o Distrito Federal quando for o caso, para que sobre ela se manifestem no prazo de 5 (cinco) dias, sob pena de arquivamento do processo. Com tais manifestações o processo será enviado ao juiz competente para decisão.

**§ 2º**. Ouvido o Ministério Público no prazo de 5 (cinco) dias, o juiz decidirá de plano ou após instrução sumária, devendo remeter ao interessado as vias ordinárias caso a matéria exija maior indagação.

**§ 3º**. Nas capitais, a publicação do edital se fará no *Diário Oficial do Estado* e num dos jornais de circulação diária. Nos demais Municípios, a publicação se fará apenas num dos jornais locais, se houver, ou, não havendo, em jornal da região.

**§ 4º**. O oficial do registro de imóveis que efetuar o registro em desacordo com as exigências desta Lei ficará sujeito a multa equivalente a 10 (dez) vezes os emolumentos regimentais fixados para o registro, na época em que for aplicada a penalidade pelo juiz corregedor do cartório, sem prejuízo das sanções penais e administrativas cabíveis.

**§ 5º**. Registrado o loteamento, o oficial de registro comunicará, por certidão, o seu registro à Prefeitura.

**Art. 20.** O registro do loteamento será feito, por extrato, no livro próprio.

**Parágrafo único.** No Registro de Imóveis far-se-á o registro do loteamento, com uma indicação para cada lote, a averbação das alterações, a abertura de ruas e praças e as áreas destinadas a espaços livres ou a equipamentos urbanos.

**Art. 21.** Quando a área loteada estiver situada em mais de uma circunscrição imobiliária, o registro será requerido primeiramente perante aquela em que estiver localizada a maior parte da área loteada. Procedido o registro nessa circunscrição, o interessado requererá, sucessivamente, o registro do loteamento em cada uma das demais, comprovando perante cada qual o registro efetuado na anterior, até que o loteamento seja registrado em todas. Denegado o registro em qualquer das circunscrições, essa decisão será comunicada, pelo oficial do registro de imóveis, às demais para efeito de cancelamento dos registros feitos, salvo se ocorrer a hipótese prevista no § 4º deste artigo.

**§ 1º**. Nenhum lote poderá situar-se em mais de uma circunscrição.

**§ 2º**. É defeso ao interessado processar simultaneamente, perante diferentes circunscrições, pedidos de registro do mesmo loteamento, sendo nulos os atos praticados com infração a esta norma.

**§ 3º**. Enquanto não procedidos todos os registros de que trata este artigo, considerar-se-á o loteamento como não registrado para os efeitos desta Lei.

**§ 4º**. O indeferimento do registro do loteamento em uma circunscrição não determinará o cancelamento do registro procedido em outra, se o motivo do indeferimento naquela não se estender à área situada sob a competência desta, e desde que o interessado requeira a manutenção do registro obtido, submetido o remanescente do loteamento a uma aprovação prévia perante a Prefeitura Municipal, ou o Distrito Federal quando for o caso.

**Art. 22.** Desde a data de registro do loteamento, passam a integrar o domínio do Município as vias e praças, os espaços livres e as áreas destinadas a edifícios públicos e outros equipamentos urbanos, constantes do projeto e do memorial descritivo.

**Parágrafo único.** Na hipótese de parcelamento do solo implantado e não registrado, o Município poderá requerer, por meio da apresentação de planta de parcelamento elaborada pelo loteador ou aprovada pelo Município e de declaração de que o parcelamento se encontra implantado, o registro das áreas destinadas a uso público, que passarão dessa forma a integrar o seu domínio.

**Art. 23.** O registro do loteamento só poderá ser cancelado:

**I** – por decisão judicial;

**II** – a requerimento do loteador, com anuência da Prefeitura, ou do Distrito Federal quando for o caso, enquanto nenhum lote houver sido objeto de contrato;

**III** – a requerimento conjunto do loteador e de todos os adquirentes de lotes, com anuência da Prefeitura, ou do Distrito Federal quando for o caso, e do Estado.

**§ 1º.** A Prefeitura e o Estado só poderão se opor ao cancelamento se disto resultar inconveniente comprovado para o desenvolvimento urbano ou se já se tiver realizado qualquer melhoramento na área loteada ou adjacências.

**§ 2º.** Nas hipóteses dos incisos II e III, o oficial do registro de imóveis fará publicar, em resumo, edital do pedido de cancelamento, podendo este ser impugnado no prazo de 30 (trinta) dias contados da data da última publicação. Findo esse prazo, com ou sem impugnação, o processo será remetido ao juiz competente para homologação do pedido de cancelamento, ouvido o Ministério Público.

**§ 3º.** A homologação de que trata o parágrafo anterior será precedida de vistoria judicial destinada a comprovar a inexistência de adquirentes instalados na área loteada.

**Art. 24.** O processo de loteamento e os contratos depositados em cartório poderão ser examinados por qualquer pessoa, a qualquer tempo, independentemente do pagamento de custas ou emolumentos, ainda que a título de busca.

## CAPÍTULO VII.
## DOS CONTRATOS

**Art. 25.** São irretratáveis os compromissos de compra e venda, cessões e promessas de cessão, os que atribuam direito a adjudicação compulsória e, estando registrados, confiram direito real oponível a terceiros.

‣ Decreto-lei 58/1937: arts. 16 e 22.

**Art. 26.** Os compromissos de compra e venda, as cessões ou promessas de cessão poderão ser feitos por escritura pública ou por instrumento particular, de acordo com o modelo depositado na forma do inciso VI do art. 18 e conterão, pelo menos, as seguintes indicações:

**I** – nome, registro civil, cadastro fiscal no Ministério da Fazenda, nacionalidade, estado civil e residência dos contratantes;

**II** – denominação e situação do loteamento, número e data da inscrição;

**III** – descrição do lote ou dos lotes que forem objeto de compromissos, confrontações, área e outras características;

**IV** – preço, prazo, forma e local de pagamento bem como a importância do sinal;

**V** – taxa de juros incidentes sobre o débito em aberto e sobre as prestações vencidas e não pagas, bem como a cláusula penal, nunca excedente a 10% (dez por cento) do débito e só exigível nos casos de intervenção judicial ou de mora superior a 3 (três) meses;

**VI** – indicação sobre a quem incumbe o pagamento dos impostos e taxas incidentes sobre o lote compromissado;

**VII** – declaração das restrições urbanísticas convencionais do loteamento, supletivas da legislação pertinente.

**§ 1º.** O contrato deverá ser firmado em três vias ou extraído em três traslados, sendo um para cada parte e o terceiro para arquivo no registro imobiliário, após o registro e anotações devidas.

**§ 2º.** Quando o contrato houver sido firmado por procurador de qualquer das partes, será obrigatório o arquivamento da procuração no Registro Imobiliário.

**§ 3º.** Admite-se, nos parcelamentos populares, a cessão da posse em que estiverem provisoriamente imitidas a União, Estados, Distrito Federal, Municípios e suas entidades delegadas, o que poderá ocorrer por instrumento particular, ao qual se atribui, para todos os fins de direito, caráter de escritura pública, não se aplicando a disposição do inciso II do art. 134 do Código Civil.

**§ 4º.** A cessão da posse referida no § 3º, cumpridas as obrigações do cessionário, constitui crédito contra o expropriante, de aceitação obrigatória em garantia de contratos de financiamentos habitacionais.

**§ 5º.** Com o registro da sentença que, em processo de desapropriação, fixar o valor da indenização, a posse referida no § 3º converter-se-á em propriedade e a sua cessão, em compromisso de compra e venda ou venda e compra, conforme haja obrigações a cumprir ou estejam elas cumpridas, circunstância que, demonstradas ao Registro de Imóveis, serão averbadas na matrícula relativa ao lote.

**§ 6º.** Os compromissos de compra e venda, as cessões e as promessas de cessão valerão como título para o registro da propriedade do lote adquirido, quando acompanhados da respectiva prova de quitação.

**Art. 26-A.** Os contratos de compra e venda, cessão ou promessa de cessão de loteamento devem ser iniciados por quadro-resumo, que deverá conter, além das indicações constantes do art. 26 desta Lei: *(Incluído pela Lei 13.786/2018)*

**I** - o preço total a ser pago pelo imóvel;

**II** - o valor referente à corretagem, suas condições de pagamento e a identificação precisa de seu beneficiário;

**III** - a forma de pagamento do preço, com indicação clara dos valores e vencimentos das parcelas;

**IV** - os índices de correção monetária aplicáveis ao contrato e, quando houver pluralidade de índices, o período de aplicação de cada um;

**V** - as consequências do desfazimento do contrato, seja mediante distrato, seja por meio de resolução contratual motivada por inadimplemento de obrigação do adquirente ou do loteador, com destaque negritado para as penalidades aplicáveis e para os prazos para devolução de valores ao adquirente;

**VI** - as taxas de juros eventualmente aplicadas, se mensais ou anuais, se nominais ou efetivas, o seu período de incidência e o sistema de amortização;

**VII** - as informações acerca da possibilidade do exercício, por parte do adquirente do imóvel, do direito de arrependimento previsto no art. 49 da Lei nº 8.078, de 11 setembro de 1990 (Código de Defesa do Consumidor), em todos os contratos firmados em estandes de vendas e fora da sede do loteador ou do estabelecimento comercial;

**VIII** - o prazo para quitação das obrigações pelo adquirente após a obtenção do termo de vistoria de obras;

**IX** - informações acerca dos ônus que recaiam sobre o imóvel;

**X** - o número do registro do loteamento ou do desmembramento, a matrícula do imóvel e a identificação do cartório de registro de imóveis competente;

**XI** - o termo final para a execução do projeto referido no § 1º do art. 12 desta Lei e a data do protocolo do pedido de emissão do termo de vistoria de obras.

**§ 1º** Identificada a ausência de quaisquer das informações previstas no *caput* deste artigo, será concedido prazo de 30 (trinta) dias para aditamento do contrato e saneamento da omissão, findo o qual, essa omissão, se não sanada, caracterizará justa causa para rescisão contratual por parte do adquirente.

**§ 2º** A efetivação das consequências do desfazimento do contrato, mencionadas no inciso V do *caput* deste artigo, dependerá de anuência prévia e específica do adquirente a seu respeito, mediante assinatura junto a essas cláusulas, que deverão ser redigidas conforme o disposto no § 4º do art. 54 da Lei nº 8.078, de 11 de setembro de 1990 *(Código de Defesa do Consumidor)*.

**Art. 27.** Se aquele que se obrigou a concluir contrato de promessa de venda ou de cessão não cumprir a obrigação, o credor poderá notificar o devedor para outorga do contrato ou oferecimento de impugnação no prazo de 15 (quinze) dias, sob pena de proceder-se ao registro do pré-contrato, passando as relações entre as partes a serem regidas pelo contrato-padrão.

**§ 1º.** Para fins deste artigo, terão o mesmo valor de pré-contrato a promessa de cessão, a proposta de compra, a reserva de lote ou qualquer outro instrumento, do qual conste a manifestação da vontade das partes, a indicação do lote, o preço e modo de pagamento, e a promessa de contratar.

**§ 2º.** O registro de que trata este artigo não será procedido se a parte que o requereu não comprovar haver cumprido a sua prestação, nem a oferecer na forma devida, salvo se ainda não exigível.

**§ 3º.** Havendo impugnação daquele que se comprometeu a concluir o contrato, observar-se-á o disposto nos arts. 639 e 640 do Código de Processo Civil.

- Refere-se ao CPC de 1973, revogados pela Lei 11.232/2005.

**Art. 28.** Qualquer alteração ou cancelamento parcial do loteamento registrado dependerá de acordo entre o loteador e os adquirentes de lotes atingidos pela alteração, bem como da aprovação pela Prefeitura Municipal, ou do Distrito Federal quando for o caso, devendo ser depositada no Registro de Imóveis, em complemento ao projeto original, com a devida averbação.

**Art. 29.** Aquele que adquirir a propriedade loteada mediante ato *inter vivos*, ou por sucessão *causa mortis*, sucederá o transmitente em todos os seus direitos e obrigações, ficando obrigado a respeitar os compromissos de compra e venda ou as promessas de cessão, em todas as suas cláusulas, sendo nula qualquer disposição em contrário, ressalvado o direito do herdeiro ou legatário de renunciar à herança ou ao legado.

**Art. 30.** A sentença declaratória de falência ou da insolvência de qualquer das partes não rescindirá os contratos de compromisso de compra e venda ou de promessa de cessão que tenham por objeto a área loteada ou lotes da mesma. Se a falência ou insolvência for do proprietário da área loteada ou do titular de direito sobre ela, incumbirá ao síndico ou ao administrador dar cumprimento aos referidos contratos; se do adquirente do lote, seus direitos serão levados à praça.

**Art. 31.** O contrato particular pode ser transferido por simples trespasse, lançado no verso das vias em poder das partes, ou por instrumento em separado, declarando-se o número do registro do loteamento, o valor da cessão e a qualificação do cessionário, para o devido registro.

**§ 1º.** A cessão independe da anuência do loteador, mas, em relação a este, seus efeitos só se produzem depois de cientificado, por escrito, pelas partes ou quando registrada a cessão.

**§ 2º.** Uma vez registrada a cessão, feita sem anuência do loteador, o oficial do registro dar-lhe-á ciência, por escrito, dentro de 10 (dez) dias.

**Art. 32.** Vencida e não paga a prestação, o contrato será considerado rescindido 30 (trinta) dias depois de constituído em mora o devedor.

**§ 1º.** Para os fins deste artigo o devedor-adquirente será intimado, a requerimento do credor, pelo oficial do registro de imóveis, a satisfazer as prestações vencidas e as que se vencerem até a data do pagamento, os juros convencionados e as custas de intimação.

**§ 2º.** Purgada a mora, convalescerá o contrato.

**§ 3º.** Com a certidão de não haver sido feito o pagamento em cartório, o vendedor requererá ao oficial do registro o cancelamento da averbação.

**Art. 32-A.** Em caso de resolução contratual por fato imputado ao adquirente, respeitado o disposto no § 2º deste artigo, deverão ser restituídos os valores pagos por ele, atualizados com base no índice contratualmente estabelecido para a correção monetária das parcelas do preço do imóvel, podendo ser descontados dos valores pagos os seguintes itens: *(Incluído pela Lei 13.786/2018)*

**I** - os valores correspondentes à eventual fruição do imóvel, até o equivalente a 0,75% (setenta e cinco centésimos por cento) sobre o valor atualizado do contrato, cujo prazo será contado a partir da data da transmissão da posse do imóvel ao adquirente até sua restituição ao loteador;

**II** - o montante devido por cláusula penal e despesas administrativas, inclusive arras ou sinal, limitado a um desconto de 10% (dez por cento) do valor atualizado do contrato;

**III** - os encargos moratórios relativos às prestações pagas em atraso pelo adquirente;

**IV** - os débitos de impostos sobre a propriedade predial e territorial urbana, contribuições condominiais, associativas ou outras de igual natureza que sejam a estas equiparadas e tarifas vinculadas ao lote, bem como tributos, custas e emolumentos incidentes sobre a restituição e/ou rescisão;

**V** - a comissão de corretagem, desde que integrada ao preço do lote.

**§ 1º** O pagamento da restituição ocorrerá em até 12 (doze) parcelas mensais, com início após o seguinte prazo de carência:

**I** - em loteamentos com obras em andamento: no prazo máximo de 180 (cento e oitenta) dias após o prazo previsto em contrato para conclusão das obras;

**II** - em loteamentos com obras concluídas: no prazo máximo de 12 (doze) meses após a formalização da rescisão contratual.

**§ 2º** Somente será efetuado registro do contrato de nova venda se for comprovado o início da restituição do valor pago pelo vendedor ao titular do registro cancelado na forma e condições pactuadas no distrato, dispensada essa comprovação nos casos em que o adquirente não for localizado ou não tiver se manifestado, nos termos do art. 32 desta Lei.

**§ 3º** O procedimento previsto neste artigo não se aplica aos contratos e escrituras de compra e venda de lote sob a modalidade de alienação fiduciária nos termos da Lei nº 9.514, de 20 de novembro de 1997.

**Art. 33.** Se o credor das prestações se recusar a recebê-las ou furtar-se ao seu recebimento, será constituído em mora mediante notificação do oficial do registro de imóveis para vir receber as importâncias depositadas pelo devedor no próprio Registro de Imóveis. Decorridos 15 (quinze) dias após o recebimento da intimação, considerar-se-á efetuado o pagamento, a menos que o credor impugne o depósito e, alegando inadimplemento do devedor, requeira a intimação deste para os fins do disposto no art. 32 desta Lei.

**Art. 34.** Em qualquer caso de rescisão por inadimplemento do adquirente, as benfeitorias necessárias ou úteis por ele levadas a efeito no imóvel deverão ser indenizadas, sendo de nenhum efeito qualquer disposição contratual em contrário.

- CC: arts. 1.219 a 1.222.

**§ 1º** Não serão indenizadas as benfeitorias feitas em desconformidade com o contrato ou com a lei. *(Renumerado pela Lei 13.786/2018)*

**§ 2º** No prazo de 60 (sessenta) dias, contado da constituição em mora, fica o loteador, na hipótese do *caput* deste artigo, obrigado a alienar o imóvel mediante leilão judicial ou extrajudicial, nos termos da Lei nº 9.514, de 20 de novembro de 1997. *(Incluído pela Lei 13.786/2018)*

**Art. 35.** Se ocorrer o cancelamento do registro por inadimplemento do contrato, e tiver sido realizado o pagamento de mais de 1/3 (um terço) do preço ajustado, o oficial do registro de imóveis mencionará esse fato e a quantia paga no ato do cancelamento, e somente será efetuado novo registro relativo ao mesmo lote, mediante apresentação do distrato assinado pelas partes e a comprovação do pagamento da parcela única ou da primeira parcela do montante a ser restituído ao adquirente, na forma do art. 32-A desta Lei, ao titular do registro cancelado, ou mediante depósito em dinheiro à sua disposição no registro de imóveis. *(Redação dada pela Lei 13.786/2018)*

**§ 1º.** Ocorrendo o depósito a que se refere este artigo, o oficial do registro de imóveis intimará o interessado para vir recebê-lo no prazo de 10 (dez) dias, sob pena de ser devolvido ao depositante.

**§ 2º.** No caso de não ser encontrado o interessado, o oficial do registro de imóveis depositará a quantia em estabelecimento de crédito, segundo a ordem prevista no inciso I do art. 666 do Código de Processo Civil, em conta com incidência de juros e correção monetária.

- Lei 13.105/15: art. 840, I.

**§ 3º.** A obrigação de comprovação prévia de pagamento da parcela única ou da primeira parcela como condição para efetivação de novo registro, prevista no *caput* deste artigo, poderá ser dispensada se as partes convencionarem de modo diverso e de forma expressa no documento de distrato por elas assinado. *(Incluído pela Lei 13.786/2018)*

**Art. 36.** O registro do compromisso, cessão ou promessa de cessão só poderá ser cancelado:

**I** – por decisão judicial;

**II** – a requerimento conjunto das partes contratantes;

**III** – quando houver rescisão comprovada do contrato.

**Art. 36-A.** As atividades desenvolvidas pelas associações de proprietários de imóveis, titulares de direitos ou moradores em loteamentos ou empreendimentos assemelhados, desde que não tenham fins lucrativos, bem como pelas entidades civis organizadas em função da solidariedade de interesses coletivos desse público com o objetivo de administração, conservação, manutenção, disciplina de utilização e convivência, visando à valorização dos imóveis que compõem o empreendimento, tendo em vista a sua natureza jurídica, vinculam-se, por critérios de afinidade, similitude e conexão, à atividade de administração de imóveis.

**Parágrafo único.** A administração de imóveis na forma do *caput* deste artigo sujeita seus titulares à normatização e à disciplina constantes de seus atos constitutivos, cotizando-se na forma desses atos para suportar a consecução dos seus objetivos.

## CAPÍTULO VIII. DISPOSIÇÕES GERAIS

✪ **Art. 37.** É vedado vender ou prometer vender parcela de loteamento ou desmembramento não registrado.

**Art. 38.** Verificado que o loteamento ou desmembramento não se acha registrado ou regularmente executado ou notificado pela Prefeitura Municipal, ou pelo Distrito Federal quando for o caso, deverá o adquirente do lote suspender o pagamento das prestações restantes e notificar o loteador para suprir a falta.

**§ 1º.** Ocorrendo a suspensão do pagamento das prestações restantes, na forma do *caput* deste artigo, o adquirente efetuará o depósito das prestações devidas junto ao Registro de Imóveis competente, que as depositará em estabelecimento de crédito, segundo a ordem prevista no inciso I do art. 666 do Código de Processo Civil, em conta com incidência de juros e correção monetária, cuja movimentação dependerá de prévia autorização judicial.

- Refere-se ao CPC de 1973.
- CPC/15: art. 840, I.

**§ 2º.** A Prefeitura Municipal, ou o Distrito Federal quando for o caso, ou o Ministério Público, poderá promover a notificação ao loteador prevista no *caput* deste artigo.

**§ 3º.** Regularizado o loteamento pelo loteador, este promoverá judicialmente a autorização para levantar as prestações depositadas, com os acréscimos de correção monetária e juros, sendo necessária a citação da Prefeitura, ou do Distrito Federal quando for o caso, para integrar o processo judicial aqui previsto, bem como audiência do Ministério Público.

**§ 4º.** Após o reconhecimento judicial de regularidade do loteamento, o loteador notificará os adquirentes dos lotes, por intermédio do Registro de Imóveis competente, para que passem a pagar diretamente as prestações restantes, a contar da data da notificação.

**§ 5º.** No caso de o loteador deixar de atender à notificação até o vencimento do prazo contratual, ou quando o loteamento ou desmembramento for regularizado pela Prefeitura Municipal, ou pelo Distrito Federal quando for o caso, nos termos do art. 40 desta Lei, o loteador não poderá, a qualquer título, exigir o recebimento das prestações depositadas.

**Art. 39.** Será nula de pleno direito a cláusula de rescisão de contrato por inadimplemento do adquirente, quando o loteamento não estiver regularmente inscrito.

**Art. 40.** A Prefeitura Municipal, ou o Distrito Federal quando for o caso, se desatendida pelo loteador a notificação, poderá regularizar loteamento ou desmembramento não autorizado ou executado sem observância das determinações do ato administrativo de licença, para evitar lesão aos seus padrões de desenvolvimento urbano e na defesa dos direitos dos adquirentes de lotes.

**§ 1º.** A Prefeitura Municipal, ou o Distrito Federal quando for o caso, que promover a regularização, na forma deste artigo, obterá judicialmente o levantamento das prestações depositadas, com os respectivos acréscimos de correção monetária e juros, nos termos do § 1º do art. 38 desta Lei, a título de ressarcimento das importâncias despendidas com equipamentos urbanos ou expropriações necessárias para regularizar o loteamento ou desmembramento.

**§ 2º.** As importâncias despendidas pela Prefeitura Municipal, ou pelo Distrito Federal quando for o caso, para regularizar o loteamento ou desmembramento, caso não sejam integralmente ressarcidas conforme o disposto no parágrafo anterior, serão exigidas na parte faltante do loteador, aplicando-se o disposto no art. 47 desta Lei.

**§ 3º.** No caso de o loteador não cumprir o estabelecido no parágrafo anterior, a Prefeitura Municipal, ou o Distrito Federal quando for o caso, poderá receber as prestações dos adquirentes, até o valor devido.

**§ 4º.** A Prefeitura Municipal, ou o Distrito Federal quando for o caso, para assegurar a regularização do loteamento ou desmembramento, bem como o ressarcimento integral de importâncias despendidas, ou a despender, poderá promover judicialmente os procedimentos cautelares necessários aos fins colimados.

**§ 5º.** A regularização de um parcelamento pela Prefeitura Municipal, ou Distrito Federal, quando for o caso, não poderá contrariar o disposto nos arts. 3º e 4º desta Lei, ressalvado o disposto no § 1º desse último.

**Art. 41.** Regularizado o loteamento ou desmembramento pela Prefeitura Municipal, ou pelo Distrito Federal quando for o caso, o adquirente do lote, comprovando o depósito de todas as prestações do preço avençado, poderá obter o registro de propriedade do lote adquirido, valendo para tanto o compromisso de venda e compra devidamente firmado.

**Art. 42.** Nas desapropriações não serão considerados como loteados ou loteáveis, para fins de indenização, os terrenos ainda não vendidos ou compromissados, objeto de loteamento ou desmembramento não registrado.

**Art. 43.** Ocorrendo a execução de loteamento não aprovado, a destinação de áreas públicas exigidas no inciso I do art. 4º desta Lei não se poderá alterar sem prejuízo da aplicação das sanções administrativas, civis e criminais previstas.

**Parágrafo único.** Neste caso, o loteador ressarcirá a Prefeitura Municipal ou o Distrito Federal quando for o caso, em pecúnia ou em área equivalente, no dobro da diferença entre o total das áreas públicas exigidas e as efetivamente destinadas.

**Art. 44.** O Município, o Distrito Federal e o Estado poderão expropriar áreas urbanas ou de expansão urbana para reloteamento, demolição, reconstrução e incorporação, ressalvada a preferência dos expropriados para a aquisição de novas unidades.

**Art. 45.** O loteador, ainda que já tenha vendido todos os lotes, ou os vizinhos, são partes legítimas para promover ação destinada a impedir construção em desacordo com restrições legais ou contratuais.

**Art. 46.** O loteador não poderá fundamentar qualquer ação ou defesa na presente Lei sem apresentação dos registros e contratos a que ela se refere.

**Art. 47.** Se o loteador integrar grupo econômico ou financeiro, qualquer pessoa física ou jurídica desse grupo, beneficiária de qualquer forma do loteamento ou desmembramento irregular, será solidariamente responsável pelos prejuízos por ele causados aos compradores de lotes e ao Poder Público.

**Art. 48.** O foro competente para os procedimentos judiciais previstos nesta Lei será sempre o da comarca da situação do lote.

**Art. 49.** As intimações e notificações previstas nesta Lei deverão ser feitas pessoalmente ao intimado ou notificado, que assinará o comprovante do recebimento, e poderão igualmente ser promovidas por meio dos Cartórios de Registro de Títulos e Documentos da comarca da situação do imóvel ou do domicílio de quem deva recebê-las.

**§ 1º.** Se o destinatário se recusar a dar recibo ou se furtar ao recebimento, ou se for desconhecido o seu paradeiro, o funcionário incumbido da diligência informará esta circunstância ao oficial competente que a certificará, sob sua responsabilidade.

**§ 2º**. Certificada a ocorrência dos fatos mencionados no parágrafo anterior, a intimação ou notificação será feita por edital na forma desta Lei, começando o prazo a correr 10 (dez) dias após a última publicação.

## CAPÍTULO IX. DISPOSIÇÕES PENAIS

✪ **Art. 50.** Constitui crime contra a Administração Pública:

**I** – dar início, de qualquer modo, ou efetuar loteamento ou desmembramento do solo para fins urbanos sem autorização do órgão público competente, ou em desacordo com as disposições desta Lei ou das normas pertinentes do Distrito Federal, Estados e Municípios;

**II** – dar início, de qualquer modo, ou efetuar loteamento ou desmembramento do solo para fins urbanos sem observância das determinações constantes do ato administrativo de licença;

**III** – fazer, ou veicular em proposta, contrato, prospecto ou comunicação ao público ou a interessados, afirmação falsa sobre a legalidade de loteamento ou desmembramento do solo para fins urbanos, ou ocultar fraudulentamente fato a ele relativo.

**Pena:** reclusão, de 1 (um) a 4 (quatro) anos, e multa de cinco a 50 (cinquenta) vezes o maior salário mínimo vigente no País.

- Lei 7.209/1984: art. 2º –, " [...] são canceladas, na Parte Especial do Código Penal e nas leis especiais alcançadas pelo art. 12 do Código Penal, quaisquer referências a valores de multas, substituindo-se a expressão multa de por multa".

**Parágrafo único.** O crime definido neste artigo é qualificado, se cometido:

**I** – por meio de venda, promessa de venda, reserva de lote ou quaisquer outros instrumentos que manifestem a intenção de vender lote em loteamento ou desmembramento não registrado no Registro de Imóveis competente;

**II** – com inexistência de título legítimo de propriedade do imóvel loteado ou desmembrado, ressalvado o disposto no art. 18, §§ 4º e 5º, desta Lei, ou com omissão fraudulenta de fato a ele relativo, se o fato não constituir crime mais grave.

**Pena:** reclusão, de 1 (um) a 5 (cinco) anos, e multa de dez a cem vezes o maior salário mínimo vigente no País.

**Art. 51.** Quem, de qualquer modo, concorra para a prática dos crimes previstos no artigo anterior desta Lei incide nas penas a estes cominadas, considerados em especial os atos praticados na qualidade de mandatário de loteador, diretor ou gerente de sociedade.

- CP: art. 29.

**Parágrafo único.** *(VETADO).*

**Art. 52.** Registrar loteamento ou desmembramento não aprovado pelos órgãos competentes, registrar o compromisso de compra e venda, a cessão ou promessa de cessão de direitos, ou efetuar registro de contrato de venda de loteamento ou desmembramento não registrado.

**Pena:** detenção, de 1 (um) a 2 (dois) anos, e multa de 5 (cinco) a 50 (cinquenta) vezes o maior salário mínimo vigente no País, sem prejuízo das sanções administrativas cabíveis.

## CAPÍTULO X. DISPOSIÇÕES FINAIS

**Art. 53.** Todas as alterações de uso do solo rural para fins urbanos dependerão de prévia audiência do Instituto Nacional de Colonização e Reforma Agrária – INCRA, do Órgão Metropolitano, se houver, onde se localiza o Município, e da aprovação da Prefeitura Municipal, ou do Distrito Federal quando for o caso, segundo as exigências da legislação pertinente.

**Art. 53-A.** São considerados de interesse público os parcelamentos vinculados a planos ou programas habitacionais de iniciativa das Prefeituras Municipais e do Distrito Federal, ou entidades autorizadas por lei, em especial as regularizações de parcelamentos e de assentamentos.

**Parágrafo único.** Às ações e intervenções de que trata este artigo não será exigível documentação que não seja a mínima necessária e indispensável aos registros no cartório competente, inclusive sob a forma de certidões, vedadas as exigências e as sanções pertinentes aos particulares, especialmente aquelas que visem garantir a realização de obras e serviços, ou que visem prevenir questões de domínio de glebas, que se presumirão asseguradas pelo Poder Público respectivo.

**Art. 54.** Esta Lei entrará em vigor na data de sua publicação.

**Art. 55.** Revogam-se as disposições em contrário.

Brasília, 19 de dezembro de 1979; 158º da Independência e 91º da República.

JOÃO FIGUEIREDO

D.O.U. de 20.12.1979

# LEI Nº 8.009, DE 29 DE MARÇO DE 1990

*Dispõe sobre a impenhorabilidade do bem de família.*

Faço saber que o Presidente da República adotou a Medida Provisória 143, de 1990, que o Congresso Nacional aprovou, e eu Nelson Carneiro, Presidente do Senado Federal, para os efeitos do disposto no parágrafo único do art. 62 da Constituição Federal, promulgo a seguinte Lei:

✪ **Art. 1º.** O imóvel residencial próprio do casal, ou da entidade familiar, é impenhorável e não responderá por qualquer tipo de dívida civil, comercial, fiscal, previdenciária ou de outra natureza, contraída pelos cônjuges ou pelos pais ou filhos que sejam seus proprietários e nele residam, salvo nas hipóteses previstas nesta Lei.

- Súm. 205, 364 e 449 do STJ.
- CF/1988: art. 226, *caput* e §4º.
- CC: arts. 1.711 a 1.722.
- CPC/15: arts. 260 a 265, 832 e 833.
- Lei 6.015/1973: arts. 167, I-1, e 260 a 265.

**Parágrafo único.** A impenhorabilidade compreende o imóvel sobre o qual se assentam a construção, as plantações, as benfeitorias de qualquer natureza e todos os equipamentos, inclusive os de uso profissional, ou móveis que guarnecem a casa, desde que quitados.

- Súm. 364 e 449 do STJ.
- CPC/15: art. 833.

✪ **Art. 2º.** Excluem-se da impenhorabilidade os veículos de transporte, obras de arte e adornos suntuosos.

- v. CPC/15: art. 835.

**Parágrafo único.** No caso de imóvel locado, a impenhorabilidade aplica-se aos bens móveis quitados que guarneçam a residência e que sejam de propriedade do locatário, observado o disposto neste artigo.

✪ **Art. 3º.** A impenhorabilidade é oponível em qualquer processo de execução civil, fiscal, previdenciária, trabalhista ou de outra natureza, salvo se movido:

- CPC/15: art. 833, § 1º.

**I** – (*Revogado pela Lei Complementar nº 150, de 2015*);

**II** – pelo titular do crédito decorrente do financiamento destinado à construção ou à aquisição do imóvel, no limite dos créditos e acréscimos constituídos em função do respectivo contrato;

**III** – pelo credor da pensão alimentícia, resguardados os direitos, sobre o bem, do seu coproprietário que, com o devedor, integre união estável ou conjugal, observadas as hipóteses em que ambos responderão pela dívida;

**IV** – para cobrança de impostos, predial ou territorial, taxas e contribuições devidas em função do imóvel familiar;

**V** – para execução de hipoteca sobre o imóvel oferecido como garantia real pelo casal ou pela entidade familiar;

**VI** – por ter sido adquirido com produto de crime ou para execução de sentença penal condenatória a ressarcimento, indenização ou perdimento de bens;

**VII** – por obrigação decorrente de fiança concedida em contrato de locação.

**Art. 4º.** Não se beneficiará do disposto nesta Lei aquele que, sabendo-se insolvente, adquire de má-fé imóvel mais valioso para transferir a residência familiar, desfazendo-se ou não da moradia antiga.

**§ 1º.** Neste caso poderá o juiz, na respectiva ação do credor, transferir a impenhorabilidade para a moradia familiar anterior, ou anular-lhe a venda, liberando a mais valiosa para execução ou concurso, conforme a hipótese.

**§ 2º.** Quando a residência familiar constituir-se em imóvel rural, a impenhorabilidade restringir-se-á à sede de moradia, com os respectivos bens móveis, e, nos casos do art. 5º, inciso XXVI, da Constituição, à área limitada como pequena propriedade rural.

**Art. 5º.** Para os efeitos de impenhorabilidade, de que trata esta Lei, considera-se residência um único imóvel utilizado pelo casal ou pela entidade familiar para moradia permanente.

**Parágrafo único.** Na hipótese de o casal, ou entidade familiar, ser possuidor de vários imóveis utilizados como residência, a impenhorabilidade recairá sobre o de menor valor, salvo se outro tiver sido registrado, para esse fim, no Registro de Imóveis e na forma do art. 70 do Código Civil.

- Refere-se ao art. 70 do Código Civil de 1916.

**Art. 6º.** São canceladas as execuções suspensas pela Medida Provisória 143, de 8 de março de 1990, que deu origem a esta Lei.

**Art. 7º.** Esta Lei entra em vigor na data de sua publicação.

**Art. 8º.** Revogam-se as disposições em contrário.

Senado Federal, em 29 de março de 1990; 169º da Independência e 102º da República.

NELSON CARNEIRO

D.O.U. de 30.3.1990

# LEI Nº 8.245, DE 18 DE OUTUBRO DE 1991

*Dispõe sobre as locações dos imóveis urbanos e os procedimentos a elas pertinentes.*

‣ Arts. 565 a 578 do Código Civil

O PRESIDENTE DA REPÚBLICA

Faço saber que o Congresso Nacional decreta e eu sanciono a seguinte lei:

## TÍTULO I
## DA LOCAÇÃO

### CAPÍTULO I
### DISPOSIÇÕES GERAIS

#### SEÇÃO I
#### DA LOCAÇÃO EM GERAL

✪ **Art. 1º** A locação de imóvel urbano regula-se pelo disposto nesta lei:

**Parágrafo único.** Continuam regulados pelo Código Civil e pelas leis especiais:

*a)* as locações:

1. de imóveis de propriedade da União, dos Estados e dos Municípios, de suas autarquias e fundações públicas;

2. de vagas autônomas de garagem ou de espaços para estacionamento de veículos;

3. de espaços destinados à publicidade;

4. em apart-hotéis, hotéis-residência ou equiparados, assim considerados aqueles que prestam serviços regulares a seus usuários e como tais sejam autorizados a funcionar;

*b)* o arrendamento mercantil, em qualquer de suas modalidades.

✪ **Art. 2º** Havendo mais de um locador ou mais de um locatário, entende-se que são solidários se o contrário não se estipulou.

**Parágrafo único.** Os ocupantes de habitações coletivas multifamiliares presumem-se locatários ou sublocatários.

✪ **Art. 3º** O contrato de locação pode ser ajustado por qualquer prazo, dependendo de vênia conjugal, se igual ou superior a dez anos.

**Parágrafo único.** Ausente a vênia conjugal, o cônjuge não estará obrigado a observar o prazo excedente.

✪ **Art. 4º** Durante o prazo estipulado para a duração do contrato, não poderá o locador reaver o imóvel alugado. Com exceção ao que estipula o § 2º do art. 54-A, o locatário, todavia, poderá devolvê-lo, pagando a multa pactuada, proporcional ao período de cumprimento do contrato, ou, na sua falta, a que for judicialmente estipulada.

**Parágrafo único.** O locatário ficará dispensado da multa se a devolução do imóvel decorrer de transferência, pelo seu empregador, privado ou público, para prestar serviços em localidades diversas daquela do início do contrato, e se notificar, por escrito, o locador com prazo de, no mínimo, trinta dias de antecedência.

✪ **Art. 5º** Seja qual for o fundamento do término da locação, a ação do locador para reaver o imóvel é a de despejo.

**Parágrafo único.** O disposto neste artigo não se aplica se a locação termina em decorrência de desapropriação, com a imissão do expropriante na posse do imóvel.

**Art. 6º.** O locatário poderá denunciar a locação por prazo indeterminado mediante aviso por escrito ao locador, com antecedência mínima de trinta dias.

**Parágrafo único.** Na ausência do aviso, o locador poderá exigir quantia correspondente a um mês de aluguel e encargos, vigentes quando da resilição.

**Art. 7º.** Nos casos de extinção de usufruto ou de fideicomisso, a locação celebrada pelo usufrutuário ou fiduciário poderá ser denunciada, com o prazo de trinta dias para a desocupação, salvo se tiver havido aquiescência escrita do nu-proprietário ou do fideicomissário, ou se a propriedade estiver consolidada em mãos do usufrutuário ou do fiduciário.

‣ Arts. 1.410, VI e 1.958 do Código Civil

**Parágrafo único.** A denúncia deverá ser exercitada no prazo de noventa dias contados da extinção do fideicomisso ou da averbação da extinção do usufruto, presumindo-se, após esse prazo, a concordância na manutenção da locação.

✪ **Art. 8º** Se o imóvel for alienado durante a locação, o adquirente poderá denunciar o contrato, com o prazo de noventa dias para a desocupação, salvo se a locação for por tempo determinado e o contrato contiver cláusula de vigência em caso de alienação e estiver averbado junto à matrícula do imóvel.

**§ 1º** Idêntico direito terá o promissário comprador e o promissário cessionário, em caráter irrevogável, com imissão na posse do imóvel e título registrado junto à matrícula do mesmo.

**§ 2º** A denúncia deverá ser exercitada no prazo de noventa dias contados do registro da venda ou do compromisso, presumindo-se, após esse prazo, a concordância na manutenção da locação.

✪ **Art. 9º.** A locação também poderá ser desfeita:

**I** – por mútuo acordo;

**II** – em decorrência da prática de infração legal ou contratual;

**III** – em decorrência da falta de pagamento do aluguel e demais encargos;

**IV** – para a realização de reparações urgentes determinadas pelo Poder Público, que não possam ser normalmente executadas com a permanência do locatário no imóvel ou, podendo, ele se recuse a consenti-las.

✪ **Art. 10.** Morrendo o locador, a locação transmite-se aos herdeiros.

✪ **Art. 11.** Morrendo o locatário, ficarão sub-rogados nos seus direitos e obrigações:

**I** – nas locações com finalidade residencial, o cônjuge sobrevivente ou o companheiro e, sucessivamente, os herdeiros necessários e as pessoas que viviam na dependência econômica do de cujus, desde que residentes no imóvel;

**II** – nas locações com finalidade não residencial, o espólio e, se for o caso, seu sucessor no negócio.

**Art. 12.** Em casos de separação de fato, separação judicial, divórcio ou dissolução da união estável, a locação residencial prosseguirá automaticamente com o cônjuge ou companheiro que permanecer no imóvel.

**§ 1º** Nas hipóteses previstas neste artigo e no art. 11, a sub-rogação será comunicada por escrito ao locador e ao fiador, se esta for a modalidade de garantia locatícia.

**§ 2º** O fiador poderá exonerar-se das suas responsabilidades no prazo de 30 (trinta) dias contado do recebimento da comunicação oferecida pelo sub-rogado, ficando responsável pelos efeitos da fiança durante 120 (cento e vinte) dias após a notificação ao locador.

**Art. 13.** A cessão da locação, a sublocação e o empréstimo do imóvel, total ou parcialmente, dependem do consentimento prévio e escrito do locador.

**§ 1º** Não se presume o consentimento pela simples demora do locador em manifestar formalmente a sua oposição.

**§ 2º** Desde que notificado por escrito pelo locatário, de ocorrência de uma das hipóteses deste artigo, o locador terá o prazo de trinta dias para manifestar formalmente a sua oposição.

**§ 3º** *(VETADO)*

## SEÇÃO II – DAS SUBLOCAÇÕES

**Art. 14.** Aplicam-se às sublocações, no que couber, as disposições relativas às locações.

**Art. 15.** Rescindida ou finda a locação, qualquer que seja sua causa, resolvem-se as sublocações, assegurado o direito de indenização do sublocatário contra o sublocador.

**Art. 16.** O sublocatário responde subsidiariamente ao locador pela importância que dever ao sublocador, quando este for demandado e, ainda, pelos aluguéis que se vencerem durante a lide.

## SEÇÃO III – DO ALUGUEL

**Art. 17.** É livre a convenção do aluguel, vedada a sua estipulação em moeda estrangeira e a sua vinculação à variação cambial ou ao salário mínimo.

**Parágrafo único.** Nas locações residenciais serão observadas os critérios de reajustes previstos na legislação específica.

**Art. 18.** É lícito às partes fixar, de comum acordo, novo valor para o aluguel, bem como inserir ou modificar cláusula de reajuste.

**Art. 19.** Não havendo acordo, o locador ou locatário, após três anos de vigência do contrato ou do acordo anteriormente realizado, poderão pedir revisão judicial do aluguel, a fim de ajustá-lo ao preço de mercado.

**Art. 20.** Salvo as hipóteses do art. 42 e da locação para temporada, o locador não poderá exigir o pagamento antecipado do aluguel.

**Art. 21.** O aluguel da sublocação não poderá exceder o da locação; nas habitações coletivas multifamiliares, a soma dos aluguéis não poderá ser superior ao dobro do valor da locação.

**Parágrafo único.** O descumprimento deste artigo autoriza o sublocatário a reduzir o aluguel até os limites nele estabelecidos.

## SEÇÃO IV – DOS DEVERES DO LOCADOR E DO LOCATÁRIO

✪ **Art. 22.** O locador é obrigado a:

**I** – entregar ao locatário o imóvel alugado em estado de servir ao uso a que se destina;

**II** – garantir, durante o tempo da locação, o uso pacífico do imóvel locado;

**III** – manter, durante a locação, a forma e o destino do imóvel;

**IV** – responder pelos vícios ou defeitos anteriores à locação;

**V** – fornecer ao locatário, caso este solicite, descrição minuciosa do estado do imóvel, quando de sua entrega, com expressa referência aos eventuais defeitos existentes;

**VI** – fornecer ao locatário recibo discriminado das importâncias por este pagas, vedada a quitação genérica;

**VII** – pagar as taxas de administração imobiliária, se houver, e de intermediações, nestas compreendidas as despesas necessárias à aferição da idoneidade do pretendente ou de seu fiador;

**VIII** – pagar os impostos e taxas, e ainda o prêmio de seguro complementar contra fogo, que incidam ou venham a incidir sobre o imóvel, salvo disposição expressa em contrário no contrato;

**IX** – exibir ao locatário, quando solicitado, os comprovantes relativos às parcelas que estejam sendo exigidas;

**X** – pagar as despesas extraordinárias de condomínio.

**Parágrafo único.** Por despesas extraordinárias de condomínio se entendem aquelas que não se refiram aos gastos rotineiros de manutenção do edifício, especialmente:

*a)* obras de reformas ou acréscimos que interessem à estrutura integral do imóvel;

*b)* pintura das fachadas, empenas, poços de aeração e iluminação, bem como das esquadrias externas;

*c)* obras destinadas a repor as condições de habitabilidade do edifício;

*d)* indenizações trabalhistas e previdenciárias pela dispensa de empregados, ocorridas em data anterior ao início da locação;

*e)* instalação de equipamento de segurança e de incêndio, de telefonia, de intercomunicação, de esporte e de lazer;

*f)* despesas de decoração e paisagismo nas partes de uso comum;

*g)* constituição de fundo de reserva.

✪ **Art. 23.** O locatário é obrigado a:

**I** – pagar pontualmente o aluguel e os encargos da locação, legal ou contratualmente exigíveis, no prazo estipulado ou, em sua falta, até o sexto dia útil do mês seguinte ao vencido, no imóvel locado, quando outro local não tiver sido indicado no contrato;

**II** – servir-se do imóvel para o uso convencionado ou presumido, compatível com a natureza deste e com o fim a que se destina, devendo tratá-lo com o mesmo cuidado como se fosse seu;

**III** – restituir o imóvel, finda a locação, no estado em que o recebeu, salvo as deteriorações decorrentes do seu uso normal;

**IV** – levar imediatamente ao conhecimento do locador o surgimento de qualquer dano ou defeito cuja reparação a este incumba, bem como as eventuais turbações de terceiros;

**V** – realizar a imediata reparação dos danos verificados no imóvel, ou nas suas instalações, provocadas por si, seus dependentes, familiares, visitantes ou prepostos;

**VI** – não modificar a forma interna ou externa do imóvel sem o consentimento prévio e por escrito do locador;

**VII** – entregar imediatamente ao locador os documentos de cobrança de tributos e encargos condominiais, bem como qualquer intimação, multa ou exigência de autoridade pública, ainda que dirigida a ele, locatário;

**VIII** – pagar as despesas de telefone e de consumo de força, luz e gás, água e esgoto;

**IX** – permitir a vistoria do imóvel pelo locador ou por seu mandatário, mediante combinação prévia de dia e hora, bem como admitir que seja o mesmo visitado e examinado por terceiros, na hipótese prevista no art. 27;

**X** – cumprir integralmente a convenção de condomínio e os regulamentos internos;

**XI** – pagar o prêmio do seguro de fiança;

**XII** – pagar as despesas ordinárias de condomínio.

**§ 1º** Por despesas ordinárias de condomínio se entendem as necessárias à administração respectiva, especialmente:

*a)* salários, encargos trabalhistas, contribuições previdenciárias e sociais dos empregados do condomínio;

*b)* consumo de água e esgoto, gás, luz e força das áreas de uso comum;

*c)* limpeza, conservação e pintura das instalações e dependências de uso comum;

*d)* manutenção e conservação das instalações e equipamentos hidráulicos, elétricos, mecânicos e de segurança, de uso comum;

*e)* manutenção e conservação das instalações e equipamentos de uso comum destinados à prática de esportes e lazer;

*f)* manutenção e conservação de elevadores, porteiro eletrônico e antenas coletivas;

*g)* pequenos reparos nas dependências e instalações elétricas e hidráulicas de uso comum;

*h)* rateios de saldo devedor, salvo se referentes a período anterior ao início da locação;

*i)* reposição do fundo de reserva, total ou parcialmente utilizado no custeio ou complementação das despesas referidas nas alíneas anteriores, salvo se referentes a período anterior ao início da locação.

**§ 2º** O locatário fica obrigado ao pagamento das despesas referidas no parágrafo anterior, desde que comprovadas a previsão orçamentária e o rateio mensal, podendo exigir a qualquer tempo a comprovação das mesmas.

**§ 3º** No edifício constituído por unidades imobiliárias autônomas, de propriedade da mesma pessoa, os locatários ficam obrigados ao pagamento das despesas referidas no § 1º deste artigo, desde que comprovadas.

**Art. 24.** Nos imóveis utilizados como habitação coletiva multifamiliar, os locatários ou sublocatários poderão depositar judicialmente o aluguel e encargos se a construção for considerada em condições precárias pelo Poder Público.

**§ 1º** O levantamento dos depósitos somente será deferido com a comunicação, pela autoridade pública, da regularização do imóvel.

**§ 2º** Os locatários ou sublocatários que deixarem o imóvel estarão desobrigados do aluguel durante a execução das obras necessárias à regularização.

**§ 3º** Os depósitos efetuados em juízo pelos locatários e sublocatários poderão ser levantados, mediante ordem judicial, para realização das obras ou serviços necessários à regularização do imóvel.

**Art. 25.** Atribuída ao locatário a responsabilidade pelo pagamento dos tributos, encargos e despesas ordinárias de condomínio, o locador poderá cobrar tais verbas juntamente com o aluguel do mês a que se refiram.

**Parágrafo único.** Se o locador antecipar os pagamentos, a ele pertencerão as vantagens daí advindas, salvo se o locatário reembolsá-lo integralmente.

**Art. 26.** Necessitando o imóvel de reparos urgentes, cuja realização incumba ao locador, o locatário é obrigado a consenti-los.

**Parágrafo único.** Se os reparos durarem mais de dez dias, o locatário terá direito ao abatimento do aluguel, proporcional ao período excedente; se mais de trinta dias, poderá resilir o contrato.

## SEÇÃO V – DO DIREITO DE PREFERÊNCIA

✪ **Art. 27.** No caso de venda, promessa de venda, cessão ou promessa de cessão de direitos ou dação em pagamento, o locatário tem preferência para adquirir o imóvel locado, em igualdade de condições com terceiros, devendo o locador dar-lhe conhecimento do negócio mediante notificação judicial, extrajudicial ou outro meio de ciência inequívoca.

**Parágrafo único.** A comunicação deverá conter todas as condições do negócio e, em especial, o preço, a forma de pagamento, a existência de ônus reais, bem como o local e horário em que pode ser examinada a documentação pertinente.

**Art. 28.** O direito de preferência do locatário caducará se não manifestada, de maneira inequívoca, sua aceitação integral à proposta, no prazo de trinta dias.

**Art. 29.** Ocorrendo aceitação da proposta, pelo locatário, a posterior desistência do negócio pelo locador acarreta, a este, responsabilidade pelos prejuízos ocasionados, inclusive lucros cessantes.

**Art. 30.** Estando o imóvel sublocado em sua totalidade, caberá a preferência ao sublocatário e, em seguida, ao locatário. Se forem vários os sublocatários, a preferência caberá a todos, em comum, ou a qualquer deles, se um só for o interessado.

**Parágrafo único.** Havendo pluralidade de pretendentes, caberá a preferência ao locatário mais antigo, e, se da mesma data, ao mais idoso.

**Art. 31.** Em se tratando de alienação de mais de uma unidade imobiliária, o direito de preferência incidirá sobre a totalidade dos bens objeto da alienação.

**Art. 32.** O direito de preferência não alcança os casos de perda da propriedade ou venda por decisão judicial, permuta, doação, integralização de capital, cisão, fusão e incorporação.

**Parágrafo único.** Nos contratos firmados a partir de 1º de outubro de 2001, o direito de preferência de que trata este artigo não alcançará também os casos de constituição da propriedade fiduciária e de perda da propriedade ou venda por quaisquer formas de realização de garantia, inclusive mediante leilão extrajudicial, devendo essa condição constar expressamente em cláusula contratual específica, destacando-se das demais por sua apresentação gráfica.

**Art. 33.** O locatário preterido no seu direito de preferência poderá reclamar do alienante as perdas e danos ou, depositando o preço e demais despesas do ato de transferência, haver para si o imóvel locado, se o requerer no prazo de seis meses, a contar do registro do ato no cartório de imóveis, desde que o contrato de locação esteja averbado pelo menos trinta dias antes da alienação junto à matrícula do imóvel.

**Parágrafo único.** A averbação far-se-á à vista de qualquer das vias do contrato de locação desde que subscrito também por duas testemunhas.

‣ Art. 169, III da Lei 6.015/1973

**Art. 34.** Havendo condomínio no imóvel, a preferência do condômino terá prioridade sobre a do locatário.

## SEÇÃO VI – DAS BENFEITORIAS

✪ **Art. 35.** Salvo expressa disposição contratual em contrário, as benfeitorias necessárias introduzidas pelo locatário, ainda que não autorizadas pelo locador, bem como as úteis, desde que autorizadas, serão indenizáveis e permitem o exercício do direito de retenção.

**Art. 36.** As benfeitorias voluptuárias não serão indenizáveis, podendo ser levantadas pelo locatário, finda a locação, desde que sua retirada não afete a estrutura e a substância do imóvel.

## SEÇÃO VII – DAS GARANTIAS LOCATÍCIAS

✪ **Art. 37.** No contrato de locação, pode o locador exigir do locatário as seguintes modalidades de garantia:

**I** – caução;

**II** – fiança;

**III** – seguro de fiança locatícia.

**IV** – cessão fiduciária de quotas de fundo de investimento.

**Parágrafo único.** É vedada, sob pena de nulidade, mais de uma das modalidades de garantia num mesmo contrato de locação.

**Art. 38.** A caução poderá ser em bens móveis ou imóveis.

**§ 1º** A caução em bens móveis deverá ser registrada em cartório de títulos e documentos; a em bens imóveis deverá ser averbada à margem da respectiva matrícula.

‣ Art. 127, III, 144, 145 e 167, II-8 da Lei 6.015/1973

**§ 2º** A caução em dinheiro, que não poderá exceder o equivalente a três meses de aluguel, será depositada em caderneta de poupança, autorizada, pelo Poder Público e por ele regulamentada, revertendo em benefício do locatário todas as vantagens dela decorrentes por ocasião do levantamento da soma respectiva.

**§ 3º** A caução em títulos e ações deverá ser substituída, no prazo de trinta dias, em caso de concordata, falência ou liquidação das sociedades emissoras.

**Art. 39.** Salvo disposição contratual em contrário, qualquer das garantias da locação se estende até a efetiva devolução do imóvel, ainda que prorrogada a locação por prazo indeterminado, por força desta Lei.

**Art. 40.** O locador poderá exigir novo fiador ou a substituição da modalidade de garantia, nos seguintes casos:

**I** – morte do fiador;

**II** – ausência, interdição, recuperação judicial, falência ou insolvência do fiador, declaradas judicialmente;

**III** – alienação ou gravação de todos os bens imóveis do fiador ou sua mudança de residência sem comunicação ao locador;

**IV** – exoneração do fiador;

**V** – prorrogação da locação por prazo indeterminado, sendo a fiança ajustada por prazo certo;

**VI** – desaparecimento dos bens móveis;

**VII** – desapropriação ou alienação do imóvel.

**VIII** – exoneração de garantia constituída por quotas de fundo de investimento;

**IX** – liquidação ou encerramento do fundo de investimento de que trata o inciso IV do art. 37 desta Lei.

**X** – prorrogação da locação por prazo indeterminado uma vez notificado o locador pelo fiador de sua intenção de desoneração, ficando obrigado por todos os efeitos da fiança, durante 120 (cento e vinte) dias após a notificação ao locador.

**Parágrafo único.** O locador poderá notificar o locatário para apresentar nova garantia locatícia no prazo de 30 (trinta) dias, sob pena de desfazimento da locação.

**Art. 41.** O seguro de fiança locatícia abrangerá a totalidade das obrigações do locatário.

**Art. 42.** Não estando a locação garantida por qualquer das modalidades, o locador poderá exigir do locatário o pagamento do aluguel e encargos até o sexto dia útil do mês vincendo.

## SEÇÃO VIII – DAS PENALIDADES CRIMINAIS E CIVIS

✪ **Art. 43.** Constitui contravenção penal, punível com prisão simples de cinco dias a seis meses ou multa de três a doze meses do valor do último aluguel atualizado, revertida em favor do locatário:

**I** – exigir, por motivo de locação ou sublocação, quantia ou valor além do aluguel e encargos permitidos;

**II** – exigir, por motivo de locação ou sublocação, mais de uma modalidade de garantia num mesmo contrato de locação;

**III** – cobrar antecipadamente o aluguel, salvo a hipótese do art. 42 e da locação para temporada.

✪ **Art. 44.** Constitui crime de ação pública, punível com detenção de três meses a um ano, que poderá ser substituída pela prestação de serviços à comunidade:

**I** – recusar-se o locador ou sublocador, nas habitações coletivas multifamiliares, a fornecer recibo discriminado do aluguel e encargos;

**II** – deixar o retomante, dentro de cento e oitenta dias após a entrega do imóvel, no caso do inciso III do art. 47, de usá-lo para o fim declarado ou, usando-o, não o fizer pelo prazo mínimo de um ano;

**III** – não iniciar o proprietário, promissário comprador ou promissário cessionário, nos casos do inciso IV do art. 9º, inciso IV do art. 47, inciso I do art. 52 e inciso II do art. 53, a demolição ou a reparação do imóvel, dentro de sessenta dias contados de sua entrega;

**IV** – executar o despejo com inobservância do disposto no § 2º do art. 65.

**Parágrafo único.** Ocorrendo qualquer das hipóteses previstas neste artigo, poderá o prejudicado reclamar, em processo próprio, multa equivalente a um mínimo de doze e um máximo de vinte e quatro meses do valor do último aluguel atualizado ou do que esteja sendo cobrado do novo locatário, se realugado o imóvel.

## SEÇÃO IX – DAS NULIDADES

**Art. 45.** São nulas de pleno direito as cláusulas do contrato de locação que visem a elidir os objetivos da presente lei, notadamente as que proíbam a prorrogação prevista no art. 47, ou que afastem o direito à renovação, na hipótese do art. 51, ou que imponham obrigações pecuniárias para tanto.

## CAPÍTULO II – DAS DISPOSIÇÕES ESPECIAIS

## SEÇÃO I – DA LOCAÇÃO RESIDENCIAL

**Art. 46.** Nas locações ajustadas por escrito e por prazo igual ou superior a trinta meses, a resolução do contrato ocorrerá findo o prazo estipulado, independentemente de notificação ou aviso.

**§ 1º** Findo o prazo ajustado, se o locatário continuar na posse do imóvel alugado por mais de trinta dias sem oposição do locador, presumir-se-á prorrogada a locação por prazo indeterminado, mantidas as demais cláusulas e condições do contrato.

**§ 2º** Ocorrendo a prorrogação, o locador poderá denunciar o contrato a qualquer tempo, concedido o prazo de trinta dias para desocupação.

**Art. 47.** Quando ajustada verbalmente ou por escrito e como prazo inferior a trinta meses, findo o prazo estabelecido, a locação prorroga-se automaticamente, por prazo indeterminado, somente podendo ser retomado o imóvel:

**I** – Nos casos do art. 9º;

**II** – em decorrência de extinção do contrato de trabalho, se a ocupação do imóvel pelo locatário relacionada com o seu emprego;

**III** – se for pedido para uso próprio, de seu cônjuge ou companheiro, ou para uso residencial de ascendente ou descendente que não disponha, assim como seu cônjuge ou companheiro, de imóvel residencial próprio;

**IV** – se for pedido para demolição e edificação licenciada ou para a realização de obras aprovadas pelo Poder Público, que aumentem a área construída, em, no mínimo, vinte por cento ou, se o imóvel for destinado a exploração de hotel ou pensão, em cinquenta por cento;

**V** – se a vigência ininterrupta da locação ultrapassar cinco anos.

**§ 1º** Na hipótese do inciso III, a necessidade deverá ser judicialmente demonstrada, se:

*a)* O retomante, alegando necessidade de usar o imóvel, estiver ocupando, com a mesma finalidade, outro de sua propriedade situado nas mesma localidade ou, residindo ou utilizando imóvel alheio, já tiver retomado o imóvel anteriormente;

*b)* o ascendente ou descendente, beneficiário da retomada, residir em imóvel próprio.

**§ 2º** Nas hipóteses dos incisos III e IV, o retomante deverá comprovar ser proprietário, promissário comprador ou promissário cessionário, em caráter irrevogável, com imissão na posse do imóvel e título registrado junto à matrícula do mesmo.

## SEÇÃO II – DA LOCAÇÃO PARA TEMPORADA

**Art. 48.** Considera-se locação para temporada aquela destinada à residência temporária do locatário, para prática de lazer, realização de cursos, tratamento de saúde, feitura de obras em seu imóvel, e outros fatos que decorrem tão-somente de determinado tempo, e contratada por prazo não superior a noventa dias, esteja ou não mobiliado o imóvel.

**Parágrafo único.** No caso de a locação envolver imóvel mobiliado, constará do contrato, obrigatoriamente, a descrição dos móveis e utensílios que o guarnecem, bem como o estado em que se encontram.

**Art. 49.** O locador poderá receber de uma só vez e antecipadamente os aluguéis e encargos, bem como exigir qualquer das modalidades de garantia previstas no art. 37 para atender as demais obrigações do contrato.

**Art. 50.** Findo o prazo ajustado, se o locatário permanecer no imóvel sem oposição do locador por mais de trinta dias, presumir-se-á prorrogada a locação por tempo indeterminado, não mais sendo exigível o pagamento antecipado do aluguel e dos encargos.

**Parágrafo único.** Ocorrendo a prorrogação, o locador somente poderá denunciar o contrato após trinta meses de seu início ou nas hipóteses do art. 47.

## SEÇÃO III – DA LOCAÇÃO NÃO RESIDENCIAL

✪ **Art. 51.** Nas locações de imóveis destinados ao comércio, o locatário terá direito a renovação do contrato, por igual prazo, desde que, cumulativamente:

**I** – o contrato a renovar tenha sido celebrado por escrito e com prazo determinado;

**II** – o prazo mínimo do contrato a renovar ou a soma dos prazos ininterruptos dos contratos escritos seja de cinco anos;

**III** – o locatário esteja explorando seu comércio, no mesmo ramo, pelo prazo mínimo e ininterrupto de três anos.

**§ 1º** O direito assegurado neste artigo poderá ser exercido pelos cessionários ou sucessores da locação; no caso de sublocação total do imóvel, o direito a renovação somente poderá ser exercido pelo sublocatário.

**§ 2º** Quando o contrato autorizar que o locatário utilize o imóvel para as atividades de sociedade de que faça parte e que a esta passe a pertencer o fundo de comércio, o direito a renovação poderá ser exercido pelo locatário ou pela sociedade.

**§ 3º** Dissolvida a sociedade comercial por morte de um dos sócios, o sócio sobrevivente fica sub-rogado no direito a renovação, desde que continue no mesmo ramo.

**§ 4º** O direito a renovação do contrato estende-se às locações celebradas por indústrias e sociedades civis com fim lucrativo, regularmente constituídas, desde que ocorrentes os pressupostos previstos neste artigo.

**§ 5º** Do direito a renovação decai aquele que não propuser a ação no interregno de um ano, no máximo, até seis meses, no mínimo, anteriores à data da finalização do prazo do contrato em vigor.

**Art. 52.** O locador não estará obrigado a renovar o contrato se:

**I** – por determinação do Poder Público, tiver que realizar no imóvel obras que importarem na sua radical transformação; ou para fazer modificações de tal natureza que aumente o valor do negócio ou da propriedade;

**II** – o imóvel vier a ser utilizado por ele próprio ou para transferência de fundo de comércio existente há mais de um ano, sendo detentor da maioria do capital o locador, seu cônjuge, ascendente ou descendente.

**§ 1º** Na hipótese do inciso II, o imóvel não poderá ser destinado ao uso do mesmo ramo do locatário, salvo se a locação também envolvia o fundo de comércio, com as instalações e pertences.

**§ 2º** Nas locações de espaço em shopping centers, o locador não poderá recusar a renovação do contrato com fundamento no inciso II deste artigo.

**§ 3º** O locatário terá direito a indenização para ressarcimento dos prejuízos e dos lucros cessantes que tiver que arcar com mudança, perda do lugar e desvalorização do fundo de comércio, se a renovação não ocorrer em razão de proposta de terceiro, em melhores condições, ou se o locador, no prazo de três meses da entrega do imóvel, não der o destino alegado ou não iniciar as obras determinadas pelo Poder Público ou que declarou pretender realizar.

**Art. 53.** Nas locações de imóveis utilizados por hospitais, unidades sanitárias oficiais, asilos, estabelecimentos de saúde e de ensino autorizados e fiscalizados pelo Poder Público, bem como por entidades religiosas devidamente registradas, o contrato somente poderá ser rescindido.

**I** – nas hipóteses do art. 9º;

**II** – se o proprietário, promissário comprador ou promissário cessionário, em caráter irrevogável e imitido na posse, com título registrado, que haja quitado o preço da promessa ou que, não o tendo feito, seja autorizado pelo proprietário, pedir o imóvel para demolição, edificação, licenciada ou reforma que venha a resultar em aumento mínimo de cinquenta por cento da área útil.

**Art. 54.** Nas relações entre lojistas e empreendedores de shopping center, prevalecerão as condições livremente pactuadas nos contratos de locação respectivos e as disposições procedimentais previstas nesta lei.

**§ 1º** O empreendedor não poderá cobrar do locatário em shopping center:

*a)* as despesas referidas nas alíneas a, b e d do parágrafo único do art. 22; e

*b)* as despesas com obras ou substituições de equipamentos, que impliquem modificar o projeto ou o memorial descritivo da data do habite-se e obras de paisagismo nas partes de uso comum.

**§ 2º** As despesas cobradas do locatário devem ser previstas em orçamento, salvo casos de urgência ou força maior, devidamente demonstradas, podendo o locatário, a cada sessenta dias, por si ou entidade de classe exigir a comprovação das mesmas.

**Art. 54-A.** Na locação não residencial de imóvel urbano na qual o locador procede à prévia aquisição, construção ou substancial reforma, por si mesmo ou por terceiros, do imóvel então especificado pelo pretendente à locação, a fim de que seja a este locado por prazo determinado, prevalecerão as condições livremente pactuadas no contrato respectivo e as disposições procedimentais previstas nesta Lei.

**§ 1º** Poderá ser convencionada a renúncia ao direito de revisão do valor dos aluguéis durante o prazo de vigência do contrato de locação.

**§ 2º** Em caso de denúncia antecipada do vínculo locatício pelo locatário, compromete-se este a cumprir a multa convencionada, que não excederá, porém, a soma dos valores dos aluguéis a receber até o termo final da locação.

**§ 3º** *(VETADO).*

**Art. 55.** Considera-se locação não residencial quando o locatário for pessoa jurídica e o imóvel, destinar-se ao uso de seus titulares, diretores, sócios, gerentes, executivos ou empregados.

**Art. 56.** Nos demais casos de locação não residencial, o contrato por prazo determinado cessa, de pleno direito, findo o prazo estipulado, independentemente de notificação ou aviso.

**Parágrafo único.** Findo o prazo estipulado, se o locatário permanecer no imóvel por mais de trinta dias sem oposição do locador, presumir-se-á prorrogada a locação nas condições ajustadas, mas sem prazo determinado.

**Art. 57.** O contrato de locação por prazo indeterminado pode ser denunciado por escrito, pelo locador, concedidos ao locatário trinta dias para a desocupação.

## TÍTULO II – DOS PROCEDIMENTOS

### CAPÍTULO I – DAS DISPOSIÇÕES GERAIS

**Art. 58.** Ressalvados os casos previstos no parágrafo único do art. 1º, nas ações de despejo, consignação em pagamento de aluguel e acessório da locação, revisionais de aluguel e renovatórias de locação, observar-se-á o seguinte:

**I** – os processos tramitam durante as férias forenses e não se suspendem pela superveniência delas;

**II** – é competente para conhecer e julgar tais ações o foro do lugar da situação do imóvel, salvo se outro houver sido eleito no contrato;

**III** – o valor da causa corresponderá a doze meses de aluguel, ou, na hipótese do inciso II do art. 47, a três salários vigentes por ocasião do ajuizamento;

**IV** – desde que autorizado no contrato, a citação, intimação ou notificação far-se-á mediante correspondência com aviso de recebimento, ou, tratando-se de pessoa jurídica ou firma individual, também mediante telex ou fac-símile, ou, ainda, sendo necessário, pelas demais formas previstas no Código de Processo Civil;

**V** – os recursos interpostos contra as sentenças terão efeito somente devolutivo.

### CAPÍTULO II – DAS AÇÕES DE DESPEJO

✪ **Art. 59.** Com as modificações constantes deste capítulo, as ações de despejo terão o rito ordinário.

**§ 1º** Conceder-se-á liminar para desocupação em quinze dias, independentemente da audiência da parte contrária e desde que prestada a caução no valor equivalente a três meses de aluguel, nas ações que tiverem por fundamento exclusivo:

**I** – o descumprimento do mútuo acordo (art. 9º, inciso I), celebrado por escrito e assinado pelas partes e por duas testemunhas, no qual tenha sido ajustado o prazo mínimo de seis meses para desocupação, contado da assinatura do instrumento;

**II** – o disposto no inciso II do art. 47, havendo prova escrita da rescisão do contrato de trabalho ou sendo ela demonstrada em audiência prévia;

**III** – o término do prazo da locação para temporada, tendo sido proposta a ação de despejo em até trinta dias após o vencimento do contrato;

**IV** – a morte do locatário sem deixar sucessor legítimo na locação, de acordo com o referido no inciso I do art. 11, permanecendo no imóvel pessoas não autorizadas por lei;

**V** – a permanência do sublocatário no imóvel, extinta a locação, celebrada com o locatário.
**VI** – o disposto no inciso IV do art. 9º, havendo a necessidade de se produzir reparações urgentes no imóvel, determinadas pelo poder público, que não possam ser normalmente executadas com a permanência do locatário, ou, podendo, ele se recuse a consenti-las;
**VII** – o término do prazo notificatório previsto no parágrafo único do art. 40, sem apresentação de nova garantia apta a manter a segurança inaugural do contrato;
**VIII** – o término do prazo da locação não residencial, tendo sido proposta a ação em até 30 (trinta) dias do termo ou do cumprimento de notificação comunicando o intento de retomada;
**IX** – a falta de pagamento de aluguel e acessórios da locação no vencimento, estando o contrato desprovido de qualquer das garantias previstas no art. 37, por não ter sido contratada ou em caso de extinção ou pedido de exoneração dela, independentemente de motivo.
**§ 2º** Qualquer que seja o fundamento da ação dar-se-á ciência do pedido aos sublocatários, que poderão intervir no processo como assistentes.
**§ 3º** No caso do inciso IX do § 1º deste artigo, poderá o locatário evitar a rescisão da locação e elidir a liminar de desocupação se, dentro dos 15 (quinze) dias concedidos para a desocupação do imóvel e independentemente de cálculo, efetuar depósito judicial que contemple a totalidade dos valores devidos, na forma prevista no inciso II do art. 62.

**Art. 60.** Nas ações de despejo fundadas no inciso IV do art. 9º, inciso IV do art. 47 e inciso II do art. 53, a petição inicial deverá ser instruída com prova da propriedade do imóvel ou do compromisso registrado.

**Art. 61.** Nas ações fundadas no § 2º do art. 46 e nos incisos III e IV do art. 47, se o locatário, no prazo da contestação, manifestar sua concordância com a desocupação do imóvel, o juiz acolherá o pedido fixando prazo de seis meses para a desocupação, contados da citação, impondo ao vencido a responsabilidade pelas custas e honorários advocatícios de vinte por cento sobre o valor dado à causa. Se a desocupação ocorrer dentro do prazo fixado, o réu ficará isento dessa responsabilidade; caso contrário, será expedido mandado de despejo.

**Art. 62.** Nas ações de despejo fundadas na falta de pagamento de aluguel e acessórios da locação, de aluguel provisório, de diferenças de aluguéis, ou somente de quaisquer dos acessórios da locação, observar-se-á o seguinte:
**I** – o pedido de rescisão da locação poderá ser cumulado com o pedido de cobrança dos aluguéis e acessórios da locação; nesta hipótese, citar-se-á o locatário para responder ao pedido de rescisão e o locatário e os fiadores para responderem ao pedido de cobrança, devendo ser apresentado, com a inicial, cálculo discriminado do valor do débito;
**II** – o locatário e o fiador poderão evitar a rescisão da locação efetuando, no prazo de 15 (quinze) dias, contado da citação, o pagamento do débito atualizado, independentemente de cálculo e mediante depósito judicial, incluídos:
*a)* os aluguéis e acessórios da locação que vencerem até a sua efetivação;
*b)* as multas ou penalidades contratuais, quando exigíveis;
*c)* os juros de mora;
*d)* as custas e os honorários do advogado do locador, fixados em dez por cento sobre o montante devido, se do contrato não constar disposição diversa;
**III** – efetuada a purga da mora, se o locador alegar que a oferta não é integral, justificando a diferença, o locatário poderá complementar o depósito no prazo de 10 (dez) dias, contado da intimação, que poderá ser dirigida ao locatário ou diretamente ao patrono deste, por carta ou publicação no órgão oficial, a requerimento do locador;
**IV** – não sendo integralmente complementado o depósito, o pedido de rescisão prosseguirá pela diferença, podendo o locador levantar a quantia depositada;
**V** – os aluguéis que forem vencendo até a sentença deverão ser depositados à disposição do juízo, nos respectivos vencimentos, podendo o locador levantá-los desde que incontroversos;
**VI** – havendo cumulação dos pedidos de rescisão da locação e cobrança dos aluguéis, a execução desta pode ter início antes da desocupação do imóvel, caso ambos tenham sido acolhidos.
**Parágrafo único.** Não se admitirá a emenda da mora se o locatário já houver utilizado essa faculdade nos 24 (vinte e quatro) meses imediatamente anteriores à propositura da ação.

**Art. 63.** Julgada procedente a ação de despejo, o juiz determinará a expedição de mandado de despejo, que conterá o prazo de 30 (trinta) dias para a desocupação voluntária, ressalvado o disposto nos parágrafos seguintes.
**§ 1º** O prazo será de quinze dias se:
*a)* entre a citação e a sentença de primeira instância houverem decorrido mais de quatro meses; ou
*b)* o despejo houver sido decretado com fundamento no art. 9º ou no § 2º do art. 46.
**§ 2º** Tratando-se de estabelecimento de ensino autorizado e fiscalizado pelo Poder Público, respeitado o prazo mínimo de seis meses e o máximo de um ano, o juiz disporá de modo

que a desocupação coincida com o período de férias escolares.

**§ 3º** Tratando-se de hospitais, repartições públicas, unidades sanitárias oficiais, asilos, estabelecimentos de saúde e de ensino autorizados e fiscalizados pelo Poder Público, bem como por entidades religiosas devidamente registradas, e o despejo for decretado com fundamento no inciso IV do art. 9º ou no inciso II do art. 53, o prazo será de um ano, exceto no caso em que entre a citação e a sentença de primeira instância houver decorrido mais de um ano, hipótese em que o prazo será de seis meses.

**§ 4º** A sentença que decretar o despejo fixará o valor da caução para o caso de ser executada provisoriamente.

**Art. 64.** Salvo nas hipóteses das ações fundadas no art. 9º, a execução provisória do despejo dependerá de caução não inferior a 6 (seis) meses nem superior a 12 (doze) meses do aluguel, atualizado até a data da prestação da caução.

**§ 1º** A caução poderá ser real ou fidejussória e será prestada nos autos da execução provisória.

**§ 2º** Ocorrendo a reforma da sentença ou da decisão que concedeu liminarmente o despejo, o valor da caução reverterá em favor do réu, como indenização mínima das perdas e danos, podendo este reclamar, em ação própria, a diferença pelo que a exceder.

**Art. 65.** Findo o prazo assinado para a desocupação, contado da data da notificação, será efetuado o despejo, se necessário com emprego de força, inclusive arrombamento.

**§ 1º** Os móveis e utensílios serão entregues à guarda de depositário, se não os quiser retirar o despejado.

**§ 2º** O despejo não poderá ser executado até o trigésimo dia seguinte ao do falecimento do cônjuge, ascendente, descendente ou irmão de qualquer das pessoas que habitem o imóvel.

**Art. 66.** Quando o imóvel for abandonado após ajuizada a ação, o locador poderá imitir-se na posse do imóvel.

## CAPÍTULO III – DA AÇÃO DE CONSIGNAÇÃO DE ALUGUEL E ACESSÓRIOS DA LOCAÇÃO

**Art. 67.** Na ação que objetivar o pagamento dos aluguéis e acessórios da locação mediante consignação, será observado o seguinte:

**I** – a petição inicial, além dos requisitos exigidos pelo art. 282 do Código de Processo Civil, deverá especificar os aluguéis e acessórios da locação com indicação dos respectivos valores;

**II** – determinada a citação do réu, o autor será intimado a, no prazo de vinte e quatro horas, efetuar o depósito judicial da importância indicada na petição inicial, sob pena de ser extinto o processo;

**III** – o pedido envolverá a quitação das obrigações que vencerem durante a tramitação do feito e até ser prolatada a sentença de primeira instância, devendo o autor promover os depósitos nos respectivos vencimentos;

**IV** – não sendo oferecida a contestação, ou se o locador receber os valores depositados, o juiz acolherá o pedido, declarando quitadas as obrigações, condenando o réu ao pagamento das custas e honorários de vinte por cento do valor dos depósitos;

**V** – a contestação do locador, além da defesa de direito que possa caber, ficará adstrita, quanto à matéria de fato, a:

*a)* não ter havido recusa ou mora em receber a quantia devida;

*b)* ter sido justa a recusa;

*c)* não ter sido efetuado o depósito no prazo ou no lugar do pagamento;

*d)* não ter sido o depósito integral;

**VI** – além de contestar, o réu poderá, em reconvenção, pedir o despejo e a cobrança dos valores objeto da consignatória ou da diferença do depósito inicial, na hipótese de ter sido alegado não ser o mesmo integral;

**VII** – o autor poderá complementar o depósito inicial, no prazo de cinco dias contados da ciência do oferecimento da resposta, com acréscimo de dez por cento sobre o valor da diferença. Se tal ocorrer, o juiz declarará quitadas as obrigações, elidindo a rescisão da locação, mas imporá ao autor-reconvindo a responsabilidade pelas custas e honorários advocatícios de vinte por cento sobre o valor dos depósitos;

**VIII** – havendo, na reconvenção, cumulação dos pedidos de rescisão da locação e cobrança dos valores objeto da consignatória, a execução desta somente poderá ter início após obtida a desocupação do imóvel, caso ambos tenham sido acolhidos.

**Parágrafo único.** O réu poderá levantar a qualquer momento as importâncias depositadas sobre as quais não penda controvérsia.

## CAPÍTULO IV – DA AÇÃO REVISIONAL DE ALUGUEL

**Art. 68.** Na ação revisional de aluguel, que terá o rito sumário, observar-se-á o seguinte:

**I** – além dos requisitos exigidos pelos arts. 276 e 282 do Código de Processo Civil, a petição inicial deverá indicar o valor do aluguel cuja fixação é pretendida;

CIVIL

**II** – ao designar a audiência de conciliação, o juiz, se houver pedido e com base nos elementos fornecidos tanto pelo locador como pelo locatário, ou nos que indicar, fixará aluguel provisório, que será devido desde a citação, nos seguintes moldes:

*a)* em ação proposta pelo locador, o aluguel provisório não poderá ser excedente a 80% (oitenta por cento) do pedido;

*b)* em ação proposta pelo locatário, o aluguel provisório não poderá ser inferior a 80% (oitenta por cento) do aluguel vigente;

**III** – sem prejuízo da contestação e até a audiência, o réu poderá pedir seja revisto o aluguel provisório, fornecendo os elementos para tanto;

**IV** – na audiência de conciliação, apresentada a contestação, que deverá conter contraproposta se houver discordância quanto ao valor pretendido, o juiz tentará a conciliação e, não sendo esta possível, determinará a realização de perícia, se necessária, designando, desde logo, audiência de instrução e julgamento;

**V** – o pedido de revisão previsto no inciso III deste artigo interrompe o prazo para interposição de recurso contra a decisão que fixar o aluguel provisório.

**§ 1º** Não caberá ação revisional na pendência de prazo para desocupação do imóvel (arts. 46, parágrafo 2º e 57), ou quando tenha sido este estipulado amigável ou judicialmente.

**§ 2º** No curso da ação de revisão, o aluguel provisório será reajustado na periodicidade pactuada ou na fixada em lei.

**Art. 69.** O aluguel fixado na sentença retroage à citação, e as diferenças devidas durante a ação de revisão, descontados os alugueres provisórios satisfeitos, serão pagas corrigidas, exigíveis a partir do trânsito em julgado da decisão que fixar o novo aluguel.

**§ 1º** Se pedido pelo locador, ou sublocador, a sentença poderá estabelecer periodicidade de reajustamento do aluguel diversa daquela prevista no contrato revisando, bem como adotar outro indexador para reajustamento do aluguel.

**§ 2º** A execução das diferenças será feita nos autos da ação de revisão.

**Art. 70.** Na ação de revisão do aluguel, o juiz poderá homologar acordo de desocupação, que será executado mediante expedição de mandado de despejo.

## CAPÍTULO V – DA AÇÃO RENOVATÓRIA

**Art. 71.** Além dos demais requisitos exigidos no art. 282 do Código de Processo Civil, a petição inicial da ação renovatória deverá ser instruída com:

**I** – prova do preenchimento dos requisitos dos incisos I, II e III do art. 51;

**II** – prova do exato cumprimento do contrato em curso;

**III** – prova da quitação dos impostos e taxas que incidiram sobre o imóvel e cujo pagamento lhe incumbia;

**IV** – indicação clara e precisa das condições oferecidas para a renovação da locação;

**V** – indicação do fiador quando houver no contrato a renovar e, quando não for o mesmo, com indicação do nome ou denominação completa, número de sua inscrição no Ministério da Fazenda, endereço e, tratando-se de pessoa natural, a nacionalidade, o estado civil, a profissão e o número da carteira de identidade, comprovando, desde logo, mesmo que não haja alteração do fiador, a atual idoneidade financeira;

**VI** – prova de que o fiador do contrato ou o que o substituir na renovação aceita os encargos da fiança, autorizado por seu cônjuge, se casado for;

**VII** – prova, quando for o caso, de ser cessionário ou sucessor, em virtude de título oponível ao proprietário.

**Parágrafo único.** Proposta a ação pelo sublocatário do imóvel ou de parte dele, serão citados o sublocador e o locador, como litisconsortes, salvo se, em virtude de locação originária ou renovada, o sublocador dispuser de prazo que admita renovar a sublocação; na primeira hipótese, procedente a ação, o proprietário ficará diretamente obrigado à renovação.

**Art. 72.** A contestação do locador, além da defesa de direito que possa caber, ficará adstrita, quanto à matéria de fato, ao seguinte:

**I** – não preencher o autor os requisitos estabelecidos nesta lei;

**II** – não atender, a proposta do locatário, o valor locativo real do imóvel na época da renovação, excluída a valorização trazida por aquele ao ponto ou lugar;

**III** – ter proposta de terceiro para a locação, em condições melhores;

**IV** – não estar obrigado a renovar a locação (incisos I e II do art. 52).

**§ 1º** No caso do inciso II, o locador deverá apresentar, em contraproposta, as condições de locação que repute compatíveis com o valor locativo real e atual do imóvel.

**§ 2º** No caso do inciso III, o locador deverá juntar prova documental da proposta do terceiro, subscrita por este e por duas testemunhas, com clara indicação do ramo a ser explorado, que não poderá ser o mesmo do locatário. Nessa hipótese, o locatário poderá, em réplica, aceitar tais condições para obter a renovação pretendida.

**§ 3º** No caso do inciso I do art. 52, a contestação deverá trazer prova da determinação do Poder Público ou relatório pormenorizado das obras a serem realizadas e da estimativa de valorização que sofrerá o imóvel, assinado por engenheiro devidamente habilitado.

**§ 4º** Na contestação, o locador, ou sublocador, poderá pedir, ainda, a fixação de aluguel provisório, para vigorar a partir do primeiro mês do prazo do contrato a ser renovado, não excedente a oitenta por cento do pedido, desde que apresentados elementos hábeis para aferição do justo valor do aluguel.

**§ 5º** Se pedido pelo locador, ou sublocador, a sentença poderá estabelecer periodicidade de reajustamento do aluguel diversa daquela prevista no contrato renovando, bem como adotar outro indexador para reajustamento do aluguel.

**Art. 73.** Renovada a locação, as diferenças dos aluguéis vencidos serão executadas nos próprios autos da ação e pagas de uma só vez.

**Art. 74.** Não sendo renovada a locação, o juiz determinará a expedição de mandado de despejo, que conterá o prazo de 30 (trinta) dias para a desocupação voluntária, se houver pedido na contestação.

**§ 1º** *(VETADO)*

**§ 2º** *(VETADO)*

**§ 3º** *(VETADO)*

**Art. 75.** Na hipótese do inciso III do art. 72, a sentença fixará desde logo a indenização devida ao locatário em consequência da não prorrogação da locação, solidariamente devida pelo locador e o proponente.

## TÍTULO III – DAS DISPOSIÇÕES FINAIS E TRANSITÓRIAS

**Art. 76.** Não se aplicam as disposições desta lei aos processos em curso.

**Art. 77.** Todas as locações residenciais que tenham sido celebradas anteriormente à vigência desta lei serão automaticamente prorrogadas por tempo indeterminado, ao término do prazo ajustado no contrato.

**Art. 78.** As locações residenciais que tenham sido celebradas anteriormente à vigência desta lei e que já vigorem ou venham a vigorar por prazo indeterminado, poderão ser denunciadas pelo locador, concedido o prazo de doze meses para a desocupação.

**Parágrafo único.** Na hipótese de ter havido revisão judicial ou amigável do aluguel, atingindo o preço do mercado, a denúncia somente poderá ser exercitada após vinte e quatro meses da data da revisão, se esta ocorreu nos doze meses anteriores à data da vigência desta lei.

**Art. 79.** No que for omissa esta lei aplicam-se as normas do Código Civil e do Código de Processo Civil.

**Art. 80.** Para os fins do inciso I do art. 98 da Constituição Federal, as ações de despejo poderão ser consideradas como causas cíveis de menor complexidade.

**Art. 81.** O inciso II do art. 167 e o art. 169 da Lei nº 6.015, de 31 de dezembro de 1973, passam a vigorar com as seguintes alterações:

(...)

**Art. 82.** O art. 3º da Lei nº 8.009, de 29 de março de 1990, passa a vigorar acrescido do seguinte inciso VII:

(...)

**Art. 83.** Ao art. 24 da Lei nº 4.591, de 16 de dezembro de 1964 fica acrescido o seguinte § 4º:

(...)

**Art. 84.** Reputam-se válidos os registros dos contratos de locação de imóveis, realizados até a data da vigência desta lei.

**Art. 85.** Nas locações residenciais, é livre a convenção do aluguel quanto a preço, periodicidade e indexador de reajustamento, vedada a vinculação à variação do salário mínimo, variação cambial e moeda estrangeira:

**I** – dos imóveis novos, com habite-se concedido a partir da entrada em vigor desta lei;

**II** – dos demais imóveis não enquadrados no inciso anterior, em relação aos contratos celebrados, após cinco anos de entrada em vigor desta lei.

**Art. 86.** O art. 8º da Lei nº 4.380, de 21 de agosto de 1964 passa a vigorar com a seguinte redação:

(...)

**Art. 87.** *(Vetado).*

**Art. 88.** *(Vetado).*

**Art. 89.** Esta lei entrará em vigor sessenta dias após a sua publicação.

**Art. 90.** Revogam-se as disposições em contrário, especialmente:

**I** - o Decreto nº 24.150, de 20 de abril de 1934;

**II** - a Lei nº 6.239, de 19 de setembro de 1975;

**III** - a Lei nº 6.649, de 16 de maio de 1979;

**IV** - a Lei nº 6.698, de 15 de outubro de 1979;

**V** - a Lei nº 7.355, de 31 de agosto de 1985;

**VI** - a Lei nº 7.538, de 24 de setembro de 1986;

**VII** - a Lei nº 7.612, de 9 de julho de 1987; e

**VIII** - a Lei nº 8.157, de 3 de janeiro de 1991.

*Brasília, 18 de outubro de 1991; 170º da Independência e 103º da República.*

*FERNANDO COLLOR*
*(DOU. de 21.10.1991)*

## LEI Nº 9.278, DE 10 DE MAIO DE 1996

*Regula o § 3º do art. 226 da Constituição Federal.*

O PRESIDENTE DA REPÚBLICA Faço saber que o Congresso Nacional decreta e eu sanciono a seguinte Lei:

**Art. 1º.** É reconhecida como entidade familiar a convivência duradoura, pública e contínua, de um homem e uma mulher, estabelecida com objetivo de constituição de família.

- CC: arts. 1.723 e 1.727.

✪ **Art. 2º.** São direitos e deveres iguais dos conviventes:

- CF/88: art. 226, § 5º.
- CC: art. 1.724.

**I** - respeito e consideração mútuos;

**II** - assistência moral e material recíproca;

**III** - guarda, sustento e educação dos filhos comuns.

- CC: art. 1.584.

**Art. 3º.** (*VETADO*).

**Art. 4º.** (*VETADO*).

✪ **Art. 5º.** Os bens móveis e imóveis adquiridos por um ou por ambos os conviventes na constância da união estável e a título oneroso são considerados fruto do trabalho e da colaboração comum, passando a pertencer a ambos, em condomínio e em partes iguais, salvo estipulação contrária em contrato escrito.

- CC: arts. 1.683 e 1.725.

**§ 1º.** Cessa a presunção do *caput* deste artigo se a aquisição patrimonial ocorrer com o produto de bens adquiridos anteriormente ao início da união.

**§ 2º.** A administração do patrimônio comum dos conviventes compete a ambos, salvo estipulação contrária em contrato escrito.

**Art. 6º.** (*VETADO*).

**Art. 7º.** Dissolvida a união estável por rescisão, a assistência material prevista nesta Lei será prestada por um dos conviventes ao que dela necessitar, a título de alimentos.

- Lei 8.971/1994 - Regula o direito dos companheiros a alimentos e à sucessão.

**Parágrafo único.** Dissolvida a união estável por morte de um dos conviventes, o sobrevivente terá direito real de habitação, enquanto viver ou não constituir nova união ou casamento, relativamente ao imóvel destinado à residência da família.

**Art. 8º.** Os conviventes poderão, de comum acordo e a qualquer tempo, requerer a conversão da união estável em casamento, por requerimento ao Oficial do Registro Civil da Circunscrição de seu domicílio.

- CF/88: art. 226, § 3º.
- CC: art. 1.726.

✪ **Art. 9º.** Toda matéria relativa à união estável é de competência do juízo da Vara de Família, assegurado o segredo de justiça.

- CPC/15: art. 189, II.

**Art. 10.** Esta Lei entra em vigor na data de sua publicação.

**Art. 11.** Revogam-se as disposições em contrário.

Brasília, 10 de maio de 1996; 175º da Independência e 108º da República.

FERNANDO HENRIQUE CARDOSO

D.O.U. de 13.5.1996

## LEI Nº 9.514, DE 20 DE NOVEMBRO DE 1997 (*)

*Dispõe sobre o Sistema de Financiamento Imobiliário, institui a alienação fiduciária de coisa imóvel e dá outras providências.*

O PRESIDENTE DA REPÚBLICA

Faço saber que o Congresso Nacional decreta e eu sanciono a seguinte Lei:

## CAPÍTULO I – DO SISTEMA DE FINANCIAMENTO IMOBILIÁRIO

### SEÇÃO I – DA FINALIDADE

**Art. 1º** O Sistema de Financiamento Imobiliário – SFI tem por finalidade promover o financiamento imobiliário em geral, segundo condições compatíveis com as da formação dos fundos respectivos.

### SEÇÃO II – DAS ENTIDADES

✪ **Art. 2º** Poderão operar no SFI as caixas econômicas, os bancos comerciais, os bancos de investimento, os bancos com carteira de crédito imobiliário, as sociedades de crédito imobiliário, as associações de poupança e empréstimo, as companhias hipotecárias e, a critério do Conselho Monetário Nacional – CMN, outras entidades.

**Art. 3º** As companhias securitizadoras de créditos imobiliários, instituições não financeiras constituídas sob a forma de sociedade por ações, terão por finalidade a aquisição e securitização desses créditos e a emissão e colocação, no mercado financeiro, de Certificados de Recebíveis Imobiliários, podendo emitir outros títulos de crédito, realizar negócios e prestar serviços compatíveis com as suas atividades.

**Parágrafo único.** *(Revogado pela Lei nº 13.097, de 19/1/2015)*

### SEÇÃO III – DO FINANCIAMENTO IMOBILIÁRIO

**Art. 4º** As operações de financiamento imobiliário em geral serão livremente efetuadas pelas entidades autorizadas a operar no SFI, segundo condições de mercado e observadas as prescrições legais.

**Parágrafo único.** Nas operações de que trata este artigo, poderão ser empregados recursos provenientes da captação nos mercados financeiro e de valores mobiliários, de acordo com a legislação pertinente.

✪ **Art. 5º** As operações de financiamento imobiliário em geral, no âmbito do SFI, serão livremente pactuadas pelas partes, observadas as seguintes condições essenciais:

**I** – reposição integral do valor emprestado e respectivo reajuste;

**II** – remuneração do capital emprestado às taxas convencionadas no contrato;

**III** – capitalização dos juros;

**IV** – contratação, pelos tomadores de financiamento, de seguros contra os riscos de morte e invalidez permanente.

**§ 1º** As partes poderão estabelecer os critérios do reajuste de que trata o inciso I, observada a legislação vigente.

**§ 2º** As operações de comercialização de imóveis, com pagamento parcelado, de arrendamento mercantil de imóveis e de financiamento imobiliário em geral poderão ser pactuadas nas mesmas condições permitidas para as entidades autorizadas a operar no SFI.

**§ 3º** Na alienação de unidades em edificação sob o regime da Lei nº 4.591, de 16 de dezembro de 1964, a critério do adquirente e mediante informação obrigatória do incorporador, poderá ser contratado seguro que garanta o ressarcimento ao adquirente das quantias por este pagas, na hipótese de inadimplemento do incorporador ou construtor quanto à entrega da obra.

### SEÇÃO IV – DO CERTIFICADO DE RECEBÍVEIS IMOBILIÁRIOS

✪ **Art. 6º** O Certificado de Recebíveis Imobiliários – CRI é título de crédito nominativo, de livre negociação, lastreado em créditos imobiliários e constitui promessa de pagamento em dinheiro.

**Parágrafo único.** *(Revogado pela MP 1.103/2022)*

> **Texto anterior:** Parágrafo único. O CRI é de emissão exclusiva das companhias securitizadoras.

**Art. 7º** *(Revogado pela MP 1.103/2022)*

> **Texto anterior:** Art. 7º O CRI terá as seguintes características:
>
> I – nome da companhia emitente;
>
> II – número de ordem, local e data de emissão;
>
> III – denominação "Certificado de Recebíveis Imobiliários";
>
> IV – forma escritural;
>
> V – nome do titular;
>
> VI – valor nominal;
>
> VII – data de pagamento ou, se emitido para pagamento parcelado, discriminação dos valores e das datas de pagamento das diversas parcelas;
>
> VIII – taxa de juros, fixa ou flutuante, e datas de sua exigibilidade, admitida a capitalização;
>
> IX – cláusula de reajuste, observada a legislação pertinente;
>
> X – lugar de pagamento;

CIVIL

XI – identificação do Termo de Securitização de Créditos que lhe tenha dado origem.

§ 1º O registro e a negociação do CRI far-se-ão por meio de sistemas centralizados de custódia e liquidação financeira de títulos privados.

§ 2º O CRI poderá ter, conforme dispuser o Termo de Securitização de Créditos, garantia flutuante, que lhe assegurará privilégio geral sobre o ativo da companhia securitizadora, mas não impedirá a negociação dos bens que compõem esse ativo.

## SEÇÃO V – DA SECURITIZAÇÃO DE CRÉDITOS IMOBILIÁRIOS

**Art. 8º** *(Revogado pela MP 1.103/2022)*

**Texto anterior:** Art. 8º A securitização de créditos imobiliários é a operação pela qual tais créditos são expressamente vinculados à emissão de uma série de títulos de crédito, mediante Termo de Securitização de Créditos, lavrado por uma companhia securitizadora, do qual constarão os seguintes elementos:

I – a identificação do devedor e o valor nominal de cada crédito que lastreie a emissão, com a individuação do imóvel a que esteja vinculado e a indicação do Cartório de Registro de Imóveis em que esteja registrado e respectiva matrícula, bem como a indicação do ato pelo qual o crédito foi cedido;

II – a identificação dos títulos emitidos;

III – a constituição de outras garantias de resgate dos títulos da série emitida, se for o caso.

Parágrafo único. Será permitida a securitização de créditos oriundos da alienação de unidades em edificação sob regime de incorporação nos moldes da Lei nº 4.591, de 16 de dezembro de 1964.

## SEÇÃO VI – DO REGIME FIDUCIÁRIO

**Arts. 9º a 16.** *(Revogados pela MP 1.103/2022)*

**Texto anterior:** Art. 9º A companhia securitizadora poderá instituir regime fiduciário sobre créditos imobiliários, a fim de lastrear a emissão de Certificados de Recebíveis Imobiliários, sendo agente fiduciário uma instituição financeira ou companhia autorizada para esse fim pelo BACEN e beneficiários os adquirentes dos títulos lastreados nos recebíveis objeto desse regime.

**Texto anterior:** Art. 10. O regime fiduciário será instituído mediante declaração unilateral da companhia securitizadora no contexto do Termo de Securitização de Créditos, que, além de conter os elementos de que trata o art. 8º, submeter-se-á às seguintes condições:

I – a constituição do regime fiduciário sobre os créditos que lastreiem a emissão;

II – a constituição de patrimônio separado, integrado pela totalidade dos créditos submetidos ao regime fiduciário que lastreiem a emissão;

III – a afetação dos créditos como lastro da emissão da respectiva série de títulos;

IV – a nomeação do agente fiduciário, com a definição de seus deveres, responsabilidades e remuneração, bem como as hipóteses, condições e forma de sua destituição ou substituição e as demais condições de sua atuação;

V – a forma de liquidação do patrimônio separado.

Parágrafo único. O Termo de Securitização de Créditos, em que seja instituído o regime fiduciário, será averbado nos Registros de Imóveis em que estejam matriculados os respectivos imóveis.

**Texto anterior:** Art. 11. Os créditos objeto do regime fiduciário:

I – constituem patrimônio separado, que não se confunde com o da companhia securitizadora;

II – manter-se-ão apartados do patrimônio da companhia securitizadora até que se complete o resgate de todos os títulos da série a que estejam afetados;

III – destinam-se exclusivamente à liquidação dos títulos a que estiverem afetados, bem como ao pagamento dos respectivos custos de administração e de obrigações fiscais;

IV – estão isentos de qualquer ação ou execução pelos credores da companhia securitizadora;

V – não são passíveis de constituição de garantias ou de excussão por quaisquer dos credores da companhia securitizadora, por mais privilegiados que sejam;

VI – só responderão pelas obrigações inerentes aos títulos a ele afetados.

§ 1º No Termo de Securitização de Créditos, poderá ser conferido aos beneficiários e demais credores do patrimônio separado, se este se tornar insuficiente, o direito de haverem seus créditos contra o patrimônio da companhia securitizadora.

§ 2º Uma vez assegurado o direito de que trata o parágrafo anterior, a companhia securitizadora, sempre que se verificar insuficiência do patrimônio separado, promoverá a respectiva recomposição, mediante aditivo ao Termo de Securitização de Créditos, nele incluindo outros créditos imobiliários, com observância dos requisitos previstos nesta seção.

§ 3º A realização dos direitos dos beneficiários limitar-se-á aos créditos imobiliários integrantes do patrimônio separado, salvo se tiverem sido constituídas garantias adicionais por terceiros.

**Texto anterior:** Art. 12. Instituído o regime fiduciário, incumbirá à companhia securitizadora administrar cada patrimônio separado, manter registros contábeis independentes em relação a cada um deles e elaborar e publicar as respectivas demonstrações financeiras.

Parágrafo único. A totalidade do patrimônio da companhia securitizadora responderá pelos prejuízos que esta causar por descumprimento de disposição legal ou regulamentar, por negligência ou administração temerária ou, ainda, por desvio da finalidade do patrimônio separado.

**Texto anterior:** Art. 13. Ao agente fiduciário são conferidos poderes gerais de representação da comunhão dos beneficiários, inclusive os de receber e dar quitação, incumbindo-lhe:

I – zelar pela proteção dos direitos e interesses dos beneficiários, acompanhando a atuação da companhia securitizadora na administração do patrimônio separado;

II – adotar as medidas judiciais ou extrajudiciais necessárias à defesa dos interesses dos beneficiários, bem como à realização dos créditos afetados ao patrimônio separado, caso a companhia securitizadora não o faça;

III – exercer, na hipótese de insolvência da companhia securitizadora, a administração do patrimônio separado;

IV – promover, na forma em que dispuser o Termo de Securitização de Créditos, a liquidação do patrimônio separado;

V – executar os demais encargos que lhe forem atribuídos no Termo de Securitização de Créditos.

§ 1º O agente fiduciário responderá pelos prejuízos que causar por descumprimento de disposição legal ou regulamentar, por negligência ou administração temerária.

§ 2º Aplicam-se ao agente fiduciário os mesmos requisitos e incompatibilidades impostos pelo art. 66 da Lei nº 6.404, de 15 de dezembro de 1976.

**Texto anterior:** Art. 14. A insuficiência dos bens do patrimônio separado não dará causa à declaração de sua quebra, cabendo, nessa hipótese, ao agente fiduciário convocar assembleia geral dos beneficiários para deliberar sobre as normas de administração ou liquidação do patrimônio separado.

§ 1º Na hipótese de que trata este artigo, a assembleia geral estará legitimada a adotar qualquer medida pertinente à administração ou liquidação do patrimônio separado, inclusive a transferência dos bens e direitos dele integrantes para outra entidade que opere no SFI, a forma de liquidação do patrimônio e a nomeação do liquidante.

§ 2º A assembleia geral, convocada mediante edital publicado por três vezes, com antecedência de vinte dias, em jornal de grande circulação na praça em que tiver sido feita a emissão dos títulos, instalar-se-á, em primeira convocação, com a presença de beneficiários que representem, pelo menos, dois terços do valor global dos títulos e, em segunda convocação, com qualquer número, sendo válidas as deliberações tomadas pela maioria absoluta desse capital.

**Texto anterior:** Art. 15. No caso de insolvência da companhia securitizadora, o agente fiduciário assumirá imediatamente a custódia e administração dos créditos imobiliários integrantes do patrimônio separado e convocará a assembleia geral dos beneficiários para deliberar sobre a forma de administração, observados os requisitos estabelecidos no § 2º do art. 14.

Parágrafo único. A insolvência da companhia securitizadora não afetará os patrimônios separados que tenha constituído.

**Texto anterior:** Art. 16. Extinguir-se-á o regime fiduciário de que trata esta seção pelo implemento das condições a que esteja submetido, na conformidade do Termo de Securitização de Créditos que o tenha instituído.

§ 1º Uma vez satisfeitos os créditos dos beneficiários e extinto o regime fiduciário, o Agente Fiduciário fornecerá, no prazo de três dias úteis, à companhia securitizadora, termo de quitação, que servirá para baixa, nos competentes Registros de Imóveis, da averbação que tenha instituído o regime fiduciário.

§ 2º A baixa de que trata o parágrafo anterior importará na reintegração ao patrimônio comum da companhia securitizadora dos recebíveis imobiliários que sobejarem.

§ 3º Os emolumentos devidos aos Cartórios de Registros de Imóveis para cancelamento do regime fiduciário e das garantias reais existentes serão cobrados como ato único.

## SEÇÃO VII – DAS GARANTIAS

✪ **Art. 17.** As operações de financiamento imobiliário em geral poderão ser garantidas por:

**I** – hipoteca;

**II** – cessão fiduciária de direitos creditórios decorrentes de contratos de alienação de imóveis;

**III** – caução de direitos creditórios ou aquisitivos decorrentes de contratos de venda ou promessa de venda de imóveis;

**IV** – alienação fiduciária de coisa imóvel.

**§ 1º** As garantias a que se referem os incisos II, III e IV deste artigo constituem direito real sobre os respectivos objetos.

**§ 2º** Aplicam-se à caução dos direitos creditórios a que se refere o inciso III deste artigo as disposições dos arts. 789 a 795 do Código Civil.

**§ 3º** As operações do SFI que envolvam locação poderão ser garantidas suplementarmente por anticrese.

**Art. 18.** O contrato de cessão fiduciária em garantia opera a transferência ao credor da titularidade dos créditos cedidos, até a liquidação da dívida garantida, e conterá, além de outros elementos, os seguintes:

**I** – o total da dívida ou sua estimativa;

**II** – o local, a data e a forma de pagamento;

**III** – a taxa de juros;

**IV** – a identificação dos direitos creditórios objeto da cessão fiduciária.

**Art. 19.** Ao credor fiduciário compete o direito de:

**I** – conservar e recuperar a posse dos títulos representativos dos créditos cedidos, contra qualquer detentor, inclusive o próprio cedente;

**II** – promover a intimação dos devedores que não paguem ao cedente, enquanto durar a cessão fiduciária;

**III** – usar das ações, recursos e execuções, judiciais e extrajudiciais, para receber os créditos cedidos e exercer os demais direitos conferidos ao cedente no contrato de alienação do imóvel;

**IV** – receber diretamente dos devedores os créditos cedidos fiduciariamente.

CIVIL

**§ 1º** As importâncias recebidas na forma do inciso IV deste artigo, depois de deduzidas as despesas de cobrança e de administração, serão creditadas ao devedor cedente, na operação objeto da cessão fiduciária, até final liquidação da dívida e encargos, responsabilizando-se o credor fiduciário perante o cedente, como depositário, pelo que receber além do que este lhe devia.

**§ 2º** Se as importâncias recebidas, a que se refere o parágrafo anterior, não bastarem para o pagamento integral da dívida e seus encargos, bem como das despesas de cobrança e de administração daqueles créditos, o devedor continuará obrigado a resgatar o saldo remanescente nas condições convencionadas no contrato.

**Art. 20.** Na hipótese de falência do devedor cedente e se não tiver havido a tradição dos títulos representativos dos créditos cedidos fiduciariamente, ficará assegurada ao cessionário fiduciário a restituição na forma da legislação pertinente.

**Parágrafo único.** Efetivada a restituição, prosseguirá o cessionário fiduciário no exercício de seus direitos na forma do disposto nesta seção.

**Art. 21.** São suscetíveis de caução, desde que transmissíveis, os direitos aquisitivos sobre imóvel, ainda que em construção.

**§ 1º** O instrumento da caução, a que se refere este artigo, indicará o valor do débito e dos encargos e identificará o imóvel cujos direitos aquisitivos são caucionados.

**§ 2º** Referindo-se a caução a direitos aquisitivos de promessa de compra e venda cujo preço ainda não tenha sido integralizado, poderá o credor caucionário, sobrevindo a mora do promissário comprador, promover a execução do seu crédito ou efetivar, sob protesto, o pagamento do saldo da promessa.

**§ 3º** Se, nos termos do disposto no parágrafo anterior, o credor efetuar o pagamento, o valor pago, com todos os seus acessórios e eventuais penalidades, será adicionado à dívida garantida pela caução, ressalvado ao credor o direito de executar desde logo o devedor, inclusive pela parcela da dívida assim acrescida.

## CAPÍTULO II – DA ALIENAÇÃO FIDUCIÁRIA DE COISA IMÓVEL

✪ **Art. 22.** A alienação fiduciária regulada por esta Lei é o negócio jurídico pelo qual o devedor, ou fiduciante, com o escopo de garantia, contrata a transferência ao credor, ou fiduciário, da propriedade resolúvel de coisa imóvel.

**§ 1º** A alienação fiduciária poderá ser contratada por pessoa física ou jurídica, não sendo privativa das entidades que operam no SFI, podendo ter como objeto, além da propriedade plena:

**I** – bens enfitêuticos, hipótese em que será exigível o pagamento do laudêmio, se houver a consolidação do domínio útil no fiduciário;

**II** – o direito de uso especial para fins de moradia;

**III** – o direito real de uso, desde que suscetível de alienação;

**IV** – a propriedade superficiária.

**§ 2º** Os direitos de garantia instituídos nas hipóteses dos incisos III e IV do § 1º deste artigo ficam limitados à duração da concessão ou direito de superfície, caso tenham sido transferidos por período determinado.

**Art. 23.** Constitui-se a propriedade fiduciária de coisa imóvel mediante registro, no competente Registro de Imóveis, do contrato que lhe serve de título.

**Parágrafo único.** Com a constituição da propriedade fiduciária, dá-se o desdobramento da posse, tornando-se o fiduciante possuidor direto e o fiduciário possuidor indireto da coisa imóvel.

**Art. 24.** O contrato que serve de título ao negócio fiduciário conterá.

**I** – o valor do principal da dívida;

**II** – o prazo e as condições de reposição do empréstimo ou do crédito do fiduciário;

**III** – a taxa de juros e os encargos incidentes;

**IV** – a cláusula de constituição da propriedade fiduciária, com a descrição do imóvel objeto da alienação fiduciária e a indicação do título e modo de aquisição;

**V** – a cláusula assegurando ao fiduciante, enquanto adimplente, a livre utilização, por sua conta e risco, do imóvel objeto da alienação fiduciária;

**VI** – a indicação, para efeito de venda em público leilão, do valor do imóvel e dos critérios para a respectiva revisão;

**VII** – a cláusula dispondo sobre os procedimentos de que trata o art. 27.

**Parágrafo único.** Caso o valor do imóvel convencionado pelas partes nos termos do inciso VI do *caput* deste artigo seja inferior ao utilizado pelo órgão competente como base de cálculo para a apuração do imposto sobre transmissão inter vivos, exigível por força da consolidação da propriedade em nome do credor fiduciário, este último será o valor mínimo para efeito de venda do imóvel no primeiro leilão.

**Art. 25.** Com o pagamento da dívida e seus encargos, resolve-se, nos termos deste artigo, a propriedade fiduciária do imóvel.

**§ 1º** No prazo de trinta dias, a contar da data de liquidação da dívida, o fiduciário fornecerá o respectivo termo de quitação ao fiduciante, sob pena de multa em favor deste, equivalente a meio por cento ao mês, ou fração, sobre o valor do contrato.

**§ 2º** À vista do termo de quitação de que trata o parágrafo anterior, o oficial do competente Registro de Imóveis efetuará o cancelamento do registro da propriedade fiduciária.

**§ 3º** *(Revogado pela Lei nº 12.810, de 15/5/2013)*

**Art. 26.** Vencida e não paga, no todo ou em parte, a dívida e constituído em mora o fiduciante, consolidar-se-á, nos termos deste artigo, a propriedade do imóvel em nome do fiduciário.

**§ 1º** Para os fins do disposto neste artigo, o fiduciante, ou seu representante legal ou procurador regularmente constituído, será intimado, a requerimento do fiduciário, pelo oficial do competente Registro de Imóveis, a satisfazer, no prazo de quinze dias, a prestação vencida e as que se vencerem até a data do pagamento, os juros convencionais, as penalidades e os demais encargos contratuais, os encargos legais, inclusive tributos, as contribuições condominiais imputáveis ao imóvel, além das despesas de cobrança e de intimação.

**§ 2º** O contrato definirá o prazo de carência após o qual será expedida a intimação.

**§ 3º** A intimação far-se-á pessoalmente ao fiduciante, ou ao seu representante legal ou ao procurador regularmente constituído, podendo ser promovida, por solicitação do oficial do Registro de Imóveis, por oficial de Registro de Títulos e Documentos da comarca da situação do imóvel ou do domicílio de quem deva recebê-la, ou pelo correio, com aviso de recebimento.

**§ 3º-A**. Quando, por duas vezes, o oficial de registro de imóveis ou de registro de títulos e documentos ou o serventuário por eles credenciado houver procurado o intimando em seu domicílio ou residência sem o encontrar, deverá, havendo suspeita motivada de ocultação, intimar qualquer pessoa da família ou, em sua falta, qualquer vizinho de que, no dia útil imediato, retornará ao imóvel, a fim de efetuar a intimação, na hora que designar, aplicando-se subsidiariamente o disposto nos arts. 252, 253 e 254 da Lei nº 13.105, de 16 de março de 2015 (Código de Processo Civil).

**§ 3º-B**. Nos condomínios edilícios ou outras espécies de conjuntos imobiliários com controle de acesso, a intimação de que trata o § 3º-A poderá ser feita ao funcionário da portaria responsável pelo recebimento de correspondência.

**§ 4º** Quando o fiduciante, ou seu cessionário, ou seu representante legal ou procurador encontrar-se em local ignorado, incerto ou inacessível, o fato será certificado pelo serventuário encarregado da diligência e informado ao oficial de Registro de Imóveis, que, à vista da certidão, promoverá a intimação por edital publicado durante 3 (três) dias, pelo menos, em um dos jornais de maior circulação local ou noutro de comarca de fácil acesso, se no local não houver imprensa diária, contado o prazo para purgação da mora da data da última publicação do edital.

**§ 5º** Purgada a mora no Registro de Imóveis, convalescerá o contrato de alienação fiduciária.

**§ 6º** O oficial do Registro de Imóveis, nos três dias seguintes à purgação da mora, entregará ao fiduciário as importâncias recebidas, deduzidas as despesas de cobrança e de intimação.

**§ 7º** Decorrido o prazo de que trata o § 1º sem a purgação da mora, o oficial do competente Registro de Imóveis, certificando esse fato, promoverá a averbação, na matrícula do imóvel, da consolidação da propriedade em nome do fiduciário, à vista da prova do pagamento por este, do imposto de transmissão inter vivos e, se for o caso, do laudêmio.

**§ 8º** O fiduciante pode, com a anuência do fiduciário, dar seu direito eventual ao imóvel em pagamento da dívida, dispensados os procedimentos previstos no art. 27.

✪ **Art. 26-A.** Os procedimentos de cobrança, purgação de mora e consolidação da propriedade fiduciária relativos às operações de financiamento habitacional, inclusive as operações do Programa Minha Casa, Minha Vida, instituído pela Lei nº 11.977, de 7 de julho de 2009, com recursos advindos da integralização de cotas no Fundo de Arrendamento Residencial (FAR), sujeitam-se às normas especiais estabelecidas neste artigo.

**§ 1º** A consolidação da propriedade em nome do credor fiduciário será averbada no registro de imóveis trinta dias após a expiração do prazo para purgação da mora de que trata o § 1º do art. 26 desta Lei.

**§ 2º** Até a data da averbação da consolidação da propriedade fiduciária, é assegurado ao devedor fiduciante pagar as parcelas da dívida vencidas e as despesas de que trata o inciso II do § 3º do art. 27, hipótese em que convalescerá o contrato de alienação fiduciária.

✪ **Art. 27.** Uma vez consolidada a propriedade em seu nome, o fiduciário, no prazo de trinta dias, contados da data do registro de que trata o § 7º do artigo anterior, promoverá público leilão para a alienação do imóvel.

**§ 1º** Se no primeiro leilão público o maior lance oferecido for inferior ao valor do imóvel, estipulado na forma do inciso VI e do parágrafo único do art. 24 desta Lei, será realizado o segundo leilão nos quinze dias seguintes.

**§ 2º** No segundo leilão, será aceito o maior lance oferecido, desde que igual ou superior ao valor da dívida, das despesas, dos prêmios de seguro, dos encargos legais, inclusive tributos, e das contribuições condominiais.

CIVIL

**§ 2º-A**. Para os fins do disposto nos §§ 1º e 2º deste artigo, as datas, horários e locais dos leilões serão comunicados ao devedor mediante correspondência dirigida aos endereços constantes do contrato, inclusive ao endereço eletrônico.

**§ 2º-B**. Após a averbação da consolidação da propriedade fiduciária no patrimônio do credor fiduciário e até a data da realização do segundo leilão, é assegurado ao devedor fiduciante o direito de preferência para adquirir o imóvel por preço correspondente ao valor da dívida, somado aos encargos e despesas de que trata o § 2º deste artigo, aos valores correspondentes ao imposto sobre transmissão inter vivos e ao laudêmio, se for o caso, pagos para efeito de consolidação da propriedade fiduciária no patrimônio do credor fiduciário, e às despesas inerentes ao procedimento de cobrança e leilão, incumbindo, também, ao devedor fiduciante o pagamento dos encargos tributários e despesas exigíveis para a nova aquisição do imóvel, de que trata este parágrafo, inclusive custas e emolumentos.

**§ 3º** Para os fins do disposto neste artigo, entende-se por:

**I** – dívida: o saldo devedor da operação de alienação fiduciária, na data do leilão, nele incluídos os juros convencionais, as penalidades e os demais encargos contratuais;

**II** – despesas: a soma das importâncias correspondentes aos encargos e custas de intimação e as necessárias à realização do público leilão, nestas compreendidas as relativas aos anúncios e à comissão do leiloeiro.

**§ 4º** Nos cinco dias que se seguirem à venda do imóvel no leilão, o credor entregará ao devedor a importância que sobejar, considerando-se nela compreendido o valor da indenização de benfeitorias, depois de deduzidos os valores da dívida e das despesas e encargos de que tratam os §§ 2º e 3º, fato esse que importará em recíproca quitação, não se aplicando o disposto na parte final do art. 516 do Código Civil.

**§ 5º** Se, no segundo leilão, o maior lance oferecido não for igual ou superior ao valor referido no § 2º, considerar-se-á extinta a dívida e exonerado o credor da obrigação de que trata o § 4º.

**§ 6º** Na hipótese de que trata o parágrafo anterior, o credor, no prazo de cinco dias a contar da data do segundo leilão, dará ao devedor quitação da dívida, mediante termo próprio.

**§ 7º** Se o imóvel estiver locado, a locação poderá ser denunciada com o prazo de trinta dias para desocupação, salvo se tiver havido aquiescência por escrito do fiduciário, devendo a denúncia ser realizada no prazo de noventa dias a contar da data da consolidação da propriedade no fiduciário, devendo essa condição constar expressamente em cláusula contratual específica, destacando-se das demais por sua apresentação gráfica.

**§ 8º** Responde o fiduciante pelo pagamento dos impostos, taxas, contribuições condominiais e quaisquer outros encargos que recaiam ou venham a recair sobre o imóvel, cuja posse tenha sido transferida para o fiduciário, nos termos deste artigo, até a data em que o fiduciário vier a ser imitido na posse.

**§ 9º** O disposto no § 2º-B deste artigo aplica-se à consolidação da propriedade fiduciária de imóveis do FAR, na forma prevista na Lei nº 11.977, de 7 de julho de 2009.

**Art. 28.** A cessão do crédito objeto da alienação fiduciária implicará a transferência, ao cessionário, de todos os direitos e obrigações inerentes à propriedade fiduciária em garantia.

**Art. 29.** O fiduciante, com anuência expressa do fiduciário, poderá transmitir os direitos de que seja titular sobre o imóvel objeto da alienação fiduciária em garantia, assumindo o adquirente as respectivas obrigações.

**Art. 30.** É assegurada ao fiduciário, seu cessionário ou sucessores, inclusive o adquirente do imóvel por força do público leilão de que tratam os §§ 1º e 2º do art. 27, a reintegração na posse do imóvel, que será concedida liminarmente, para desocupação em sessenta dias, desde que comprovada, na forma do disposto no art. 26, a consolidação da propriedade em seu nome.

**Parágrafo único.** Nas operações de financiamento imobiliário, inclusive nas operações do Programa Minha Casa, Minha Vida, instituído pela Lei nº 11.977, de 7 de julho de 2009, com recursos advindos da integralização de cotas no Fundo de Arrendamento Residencial (FAR), uma vez averbada a consolidação da propriedade fiduciária, as ações judiciais que tenham por objeto controvérsias sobre as estipulações contratuais ou os requisitos procedimentais de cobrança e leilão, excetuada a exigência de notificação do devedor fiduciante, serão resolvidas em perdas e danos e não obstarão a reintegração de posse de que trata este artigo.

**Art. 31.** O fiador ou terceiro interessado que pagar a dívida ficará sub-rogado, de pleno direito, no crédito e na propriedade fiduciária.

**Parágrafo único.** Nos casos de transferência de financiamento para outra instituição financeira, o pagamento da dívida à instituição credora original poderá ser feito, a favor do mutuário, pela nova instituição credora.

**Art. 32.** Na hipótese de insolvência do fiduciante, fica assegurada ao fiduciário a restituição do imóvel alienado fiduciariamente, na forma da legislação pertinente.

**Art. 33.** Aplicam-se à propriedade fiduciária, no que couber, as disposições dos arts. 647 e 648 do Código Civil.

(...)

## LEI Nº 11.804, DE 5 DE NOVEMBRO DE 2008

*Disciplina o direito a alimentos gravídicos e a forma como ele será exercido e dá outras providências.*

O PRESIDENTE DA REPÚBLICA

Faço saber que o Congresso Nacional decreta e eu sanciono a seguinte Lei:

- CC: arts. 1.694 a 1.710.
- CPC/15: arts. 22, I, 53, II, 189, II, 215, II, 292, III, 528 a 533, 693, par. único, 911 a 913, e 1.012, § 1º, II.
- Lei 8.069/1990: art. 22.
- Lei 5.478/1968 – Dispõe sobre ação de alimentos.

**Art. 1º.** Esta Lei disciplina o direito de alimentos da mulher gestante e a forma como será exercido.

✪ **Art. 2º.** Os alimentos de que trata esta Lei compreenderão os valores suficientes para cobrir as despesas adicionais do período de gravidez e que sejam dela decorrentes, da concepção ao parto, inclusive as referentes a alimentação especial, assistência médica e psicológica, exames complementares, internações, parto, medicamentos e demais prescrições preventivas e terapêuticas indispensáveis, a juízo do médico, além de outras que o juiz considere pertinentes.

**Parágrafo único.** Os alimentos de que trata este artigo referem-se à parte das despesas que deverá ser custeada pelo futuro pai, considerando-se a contribuição que também deverá ser dada pela mulher grávida, na proporção dos recursos de ambos.

**Art. 3º.** *(VETADO).*

**Art. 4º.** *(VETADO).*

**Art. 5º.** *(VETADO).*

✪ **Art. 6º.** Convencido da existência de indícios da paternidade, o juiz fixará alimentos gravídicos que perdurarão até o nascimento da criança, sopesando as necessidades da parte autora e as possibilidades da parte ré.

**Parágrafo único.** Após o nascimento com vida, os alimentos gravídicos ficam convertidos em pensão alimentícia em favor do menor até que uma das partes solicite a sua revisão.

**Art. 7º.** O réu será citado para apresentar resposta em 5 (cinco) dias.

- CF/88: art. 5º, LXVII.

**Art. 8º.** *(VETADO).*

**Art. 9º.** *(VETADO).*

**Art. 10.** *(VETADO).*

**Art. 11.** Aplicam-se supletivamente nos processos regulados por esta Lei as disposições das Leis nºs 5.478, de 25 de julho de 1968, e 5.869, de 11 de janeiro de 1973 – Código de Processo Civil.

- Lei 13.105/2015 revogou a Lei 5.869/1973.

**Art. 12.** Esta Lei entra em vigor na data de sua publicação.

Brasília, 5 de novembro de 2008; 187º da Independência e 120º da República.

LUIZ INÁCIO LULA DA SILVA

Publicado no D.O.U. de 6.11.2008

## LEI Nº 12.318, DE 26 DE AGOSTO DE 2010

*Dispõe sobre a alienação parental e altera o art. 236 da Lei nº 8.069, de 13 de julho de 1990.*

O PRESIDENTE DA REPÚBLICA

Faço saber que o Congresso Nacional decreta e eu sanciono a seguinte Lei:

**Art. 1º.** Esta Lei dispõe sobre a alienação parental.

✪ **Art. 2º.** Considera-se ato de alienação parental a interferência na formação psicológica da criança ou do adolescente promovida ou induzida por um dos genitores, pelos avós ou pelos que tenham a criança ou adolescente sob a sua autoridade, guarda ou vigilância para que repudie genitor ou que cause prejuízo ao estabelecimento ou à manutenção de vínculos com este.

**Parágrafo único.** São formas exemplificativas de alienação parental, além dos atos assim declarados pelo juiz ou constatados por perícia, praticados diretamente ou com auxílio de terceiros:

**I** – realizar campanha de desqualificação da conduta do genitor no exercício da paternidade ou maternidade;

**II** – dificultar o exercício da autoridade parental;

**III** – dificultar contato de criança ou adolescente com genitor;
**IV** – dificultar o exercício do direito regulamentado de convivência familiar;
**V** – omitir deliberadamente a genitor informações pessoais relevantes sobre a criança ou adolescente, inclusive escolares, médicas e alterações de endereço;
**VI** – apresentar falsa denúncia contra genitor, contra familiares deste ou contra avós, para obstar ou dificultar a convivência deles com a criança ou adolescente;
**VII** – mudar o domicílio para local distante, sem justificativa, visando a dificultar a convivência da criança ou adolescente com o outro genitor, com familiares deste ou com avós.

**Art. 3º.** A prática de ato de alienação parental fere direito fundamental da criança ou do adolescente de convivência familiar saudável, prejudica a realização de afeto nas relações com genitor e com o grupo familiar, constitui abuso moral contra a criança ou o adolescente e descumprimento dos deveres inerentes à autoridade parental ou decorrentes de tutela ou guarda.

**Art. 4º.** Declarado indício de ato de alienação parental, a requerimento ou de ofício, em qualquer momento processual, em ação autônoma ou incidentalmente, o processo terá tramitação prioritária, e o juiz determinará, com urgência, ouvido o Ministério Público, as medidas provisórias necessárias para preservação da integridade psicológica da criança ou do adolescente, inclusive para assegurar sua convivência com genitor ou viabilizar a efetiva reaproximação entre ambos, se for o caso.
**Parágrafo único.** Assegurar-se-á à criança ou ao adolescente e ao genitor garantia mínima de visitação assistida no fórum em que tramita a ação ou em entidades conveniadas com a Justiça, ressalvados os casos em que há iminente risco de prejuízo à integridade física ou psicológica da criança ou do adolescente, atestado por profissional eventualmente designado pelo juiz para acompanhamento das visitas. *(Redação dada pela Lei 14.340/2022)*

**Art. 5º.** Havendo indício da prática de ato de alienação parental, em ação autônoma ou incidental, o juiz, se necessário, determinará perícia psicológica ou biopsicossocial.
**§ 1º.** O laudo pericial terá base em ampla avaliação psicológica ou biopsicossocial, conforme o caso, compreendendo, inclusive, entrevista pessoal com as partes, exame de documentos dos autos, histórico do relacionamento do casal e da separação, cronologia de incidentes, avaliação da personalidade dos envolvidos e exame da forma como a criança ou adolescente se manifesta acerca de eventual acusação contra genitor.
**§ 2º.** A perícia será realizada por profissional ou equipe multidisciplinar habilitados, exigido, em qualquer caso, aptidão comprovada por histórico profissional ou acadêmico para diagnosticar atos de alienação parental.
**§ 3º.** O perito ou equipe multidisciplinar designada para verificar a ocorrência de alienação parental terá prazo de 90 (noventa) dias para apresentação do laudo, prorrogável exclusivamente por autorização judicial baseada em justificativa circunstanciada.
**§ 4º** Na ausência ou insuficiência de serventuários responsáveis pela realização de estudo psicológico, biopsicossocial ou qualquer outra espécie de avaliação técnica exigida por esta Lei ou por determinação judicial, a autoridade judiciária poderá proceder à nomeação de perito com qualificação e experiência pertinentes ao tema, nos termos dos arts. 156 e 465 da Lei nº 13.105, de 16 de março de 2015 (Código de Processo Civil). *(Acrescido pela Lei 14.340/2022)*

✪ **Art. 6º.** Caracterizados atos típicos de alienação parental ou qualquer conduta que dificulte a convivência de criança ou adolescente com genitor, em ação autônoma ou incidental, o juiz poderá, cumulativamente ou não, sem prejuízo da decorrente responsabilidade civil ou criminal e da ampla utilização de instrumentos processuais aptos a inibir ou atenuar seus efeitos, segundo a gravidade do caso:
**I** – declarar a ocorrência de alienação parental e advertir o alienador;
**II** – ampliar o regime de convivência familiar em favor do genitor alienado;
**III** – estipular multa ao alienador;
**IV** – determinar acompanhamento psicológico e/ou biopsicossocial;
**V** – determinar a alteração da guarda para guarda compartilhada ou sua inversão;
**VI** – determinar a fixação cautelar do domicílio da criança ou adolescente;
**VII** - *(Revogado pela Lei 14.340/2022)*
**§ 1º** Caracterizado mudança abusiva de endereço, inviabilização ou obstrução à convivência familiar, o juiz também poderá inverter a obrigação de levar para ou retirar a criança ou adolescente da residência do genitor, por ocasião das alternâncias dos períodos de convivência familiar. *(Parágrafo único transformado em § 1º pela Lei 14.340/2022)*
**§ 2º** O acompanhamento psicológico ou o biopsicossocial deve ser submetido a avaliações periódicas, com a emissão, pelo menos, de um laudo inicial, que contenha a avaliação do caso e o indicativo da metodologia a ser empregada, e de um laudo final, ao término do acompanhamento. *(Acrescido pela Lei 14.340/2022)*

**Art. 7º.** A atribuição ou alteração da guarda dar-se-á por preferência ao genitor que viabiliza a efetiva convivência da criança ou adolescente com o outro genitor nas hipóteses em que seja inviável a guarda compartilhada.

**Art. 8º.** A alteração de domicílio da criança ou adolescente é irrelevante para a determinação da competência relacionada às ações fundadas em direito de convivência familiar, salvo se decorrente de consenso entre os genitores ou de decisão judicial.

**Art. 8º-A.** Sempre que necessário o depoimento ou a oitiva de crianças e de adolescentes em casos de alienação parental, eles serão realizados obrigatoriamente nos termos da Lei nº 13.431, de 4 de abril de 2017, sob pena de nulidade processual. *(Acrescido pela Lei 14.340/2022)*

**Art. 9º.** (VETADO).

**Art. 10.** (VETADO).

**Art. 11.** Esta Lei entra em vigor na data de sua publicação.

Brasília, 26 de agosto de 2010; 189º da Independência e 122º da República.

LUIZ INÁCIO LULA DA SILVA

Publicado no D.O.U. 27.8.2010

# LEI Nº 12.965, DE 23 DE ABRIL DE 2014

*Estabelece princípios, garantias, direitos e deveres para o uso da Internet no Brasil.*

- *Marco Civil da Internet*

A PRESIDENTA DA REPÚBLICA Faço saber que o Congresso Nacional decreta e eu sanciono a seguinte Lei:

## CAPÍTULO I. DISPOSIÇÕES PRELIMINARES

- Decreto 8.771/2016 – Regulamenta a Lei 12.965/2014, para tratar das hipóteses admitidas de discriminação de pacotes de dados na internet e de degradação de tráfego, indicar procedimentos para guarda e proteção de dados por provedores de conexão e de aplicações, apontar medidas de transparência na requisição de dados cadastrais pela administração pública e estabelecer parâmetros para fiscalização e apuração de infrações.

**Art. 1º.** Esta Lei estabelece princípios, garantias, direitos e deveres para o uso da internet no Brasil e determina as diretrizes para atuação da União, dos Estados, do Distrito Federal e dos Municípios em relação à matéria.

**Art. 2º.** A disciplina do uso da internet no Brasil tem como fundamento o respeito à liberdade de expressão, bem como:

**I** – o reconhecimento da escala mundial da rede;

**II** – os direitos humanos, o desenvolvimento da personalidade e o exercício da cidadania em meios digitais;

**III** – a pluralidade e a diversidade;

**IV** – a abertura e a colaboração;

**V** – a livre iniciativa, a livre concorrência e a defesa do consumidor; e

**VI** – a finalidade social da rede.

**Art. 3º.** A disciplina do uso da internet no Brasil tem os seguintes princípios:

**I** – garantia da liberdade de expressão, comunicação e manifestação de pensamento, nos termos da Constituição Federal;

**II** – proteção da privacidade;

**III** – proteção dos dados pessoais, na forma da lei;

**IV** – preservação e garantia da neutralidade de rede;

**V** – preservação da estabilidade, segurança e funcionalidade da rede, por meio de medidas técnicas compatíveis com os padrões internacionais e pelo estímulo ao uso de boas práticas;

**VI** – responsabilização dos agentes de acordo com suas atividades, nos termos da lei;

**VII** – preservação da natureza participativa da rede;

**VIII** – liberdade dos modelos de negócios promovidos na internet, desde que não conflitem com os demais princípios estabelecidos nesta Lei.

**Parágrafo único.** Os princípios expressos nesta Lei não excluem outros previstos no ordenamento jurídico pátrio relacionados à matéria ou nos tratados internacionais em que a República Federativa do Brasil seja parte.

**Art. 4º.** A disciplina do uso da internet no Brasil tem por objetivo a promoção:

**I** – do direito de acesso à internet a todos;

**II** – do acesso à informação, ao conhecimento e à participação na vida cultural e na condução dos assuntos públicos;

**III** – da inovação e do fomento à ampla difusão de novas tecnologias e modelos de uso e acesso; e

**IV** – da adesão a padrões tecnológicos abertos que permitam a comunicação, a acessibilidade e a interoperabilidade entre aplicações e bases de dados.

**Art. 5º.** Para os efeitos desta Lei, considera-se:

**I** – internet: o sistema constituído do conjunto de protocolos lógicos, estruturado em escala mundial para uso público e irrestrito, com a finalidade de possibilitar a comunicação de dados entre terminais por meio de diferentes redes;

**II** – terminal: o computador ou qualquer dispositivo que se conecte à internet;

**III** – endereço de protocolo de internet (endereço IP): o código atribuído a um terminal de uma rede para permitir sua identificação, definido segundo parâmetros internacionais;

**IV** – administrador de sistema autônomo: a pessoa física ou jurídica que administra blocos de endereço IP específicos e o respectivo sistema autônomo de roteamento, devidamente cadastrada no ente nacional responsável pelo registro e distribuição de endereços IP geograficamente referentes ao País;

**V** – conexão à internet: a habilitação de um terminal para envio e recebimento de pacotes de dados pela internet, mediante a atribuição ou autenticação de um endereço IP;

**VI** – registro de conexão: o conjunto de informações referentes à data e hora de início e término de uma conexão à internet, sua duração e o endereço IP utilizado pelo terminal para o envio e recebimento de pacotes de dados;

**VII** – aplicações de internet: o conjunto de funcionalidades que podem ser acessadas por meio de um terminal conectado à internet; e

**VIII** – registros de acesso a aplicações de internet: o conjunto de informações referentes à data e hora de uso de uma determinada aplicação de internet a partir de um determinado endereço IP.

**Art. 6º.** Na interpretação desta Lei serão levados em conta, além dos fundamentos, princípios e objetivos previstos, a natureza da internet, seus usos e costumes particulares e sua importância para a promoção do desenvolvimento humano, econômico, social e cultural.

## CAPÍTULO II. DOS DIREITOS E GARANTIAS DOS USUÁRIOS

**Art. 7º.** O acesso à internet é essencial ao exercício da cidadania, e ao usuário são assegurados os seguintes direitos:

**I** – inviolabilidade da intimidade e da vida privada, sua proteção e indenização pelo dano material ou moral decorrente de sua violação;

**II** – inviolabilidade e sigilo do fluxo de suas comunicações pela internet, salvo por ordem judicial, na forma da lei;

**III** – inviolabilidade e sigilo de suas comunicações privadas armazenadas, salvo por ordem judicial;

**IV** – não suspensão da conexão à internet, salvo por débito diretamente decorrente de sua utilização;

**V** – manutenção da qualidade contratada da conexão à internet;

**VI** – informações claras e completas constantes dos contratos de prestação de serviços, com detalhamento sobre o regime de proteção aos registros de conexão e aos registros de acesso a aplicações de internet, bem como sobre práticas de gerenciamento da rede que possam afetar sua qualidade;

**VII** – não fornecimento a terceiros de seus dados pessoais, inclusive registros de conexão, e de acesso a aplicações de internet, salvo mediante consentimento livre, expresso e informado ou nas hipóteses previstas em lei;

**VIII** – informações claras e completas sobre coleta, uso, armazenamento, tratamento e proteção de seus dados pessoais, que somente poderão ser utilizados para finalidades que:

*a)* justifiquem sua coleta;

*b)* não sejam vedadas pela legislação; e

*c)* estejam especificadas nos contratos de prestação de serviços ou em termos de uso de aplicações de internet;

**IX** – consentimento expresso sobre coleta, uso, armazenamento e tratamento de dados pessoais, que deverá ocorrer de forma destacada das demais cláusulas contratuais;

**X** – exclusão definitiva dos dados pessoais que tiver fornecido a determinada aplicação de internet, a seu requerimento, ao término da relação entre as partes, ressalvadas as hipóteses de guarda obrigatória de registros previstas nesta Lei e na que dispõe sobre a proteção de dados pessoais; *(Redação dada pela Lei 13.709/2018)*

**XI** – publicidade e clareza de eventuais políticas de uso dos provedores de conexão à internet e de aplicações de internet;

**XII** – acessibilidade, consideradas as características físico-motoras, perceptivas, sensoriais, intelectuais e mentais do usuário, nos termos da lei; e

**XIII** – aplicação das normas de proteção e defesa do consumidor nas relações de consumo realizadas na internet.

**Art. 8º.** A garantia do direito à privacidade e à liberdade de expressão nas comunicações é condição para o pleno exercício do direito de acesso à internet.

**Parágrafo único.** São nulas de pleno direito as cláusulas contratuais que violem o disposto no *caput*, tais como aquelas que:

**I** – impliquem ofensa à inviolabilidade e ao sigilo das comunicações privadas, pela internet; ou

**II** – em contrato de adesão, não ofereçam como alternativa ao contratante a adoção do foro brasileiro para solução de controvérsias decorrentes de serviços prestados no Brasil.

## CAPÍTULO III. DA PROVISÃO DE CONEXÃO E DE APLICAÇÕES DE INTERNET

### SEÇÃO I. DA NEUTRALIDADE DE REDE

**Art. 9º.** O responsável pela transmissão, comutação ou roteamento tem o dever de tratar de forma isonômica quaisquer pacotes de dados, sem distinção por conteúdo, origem e destino, serviço, terminal ou aplicação.

**§ 1º.** A discriminação ou degradação do tráfego será regulamentada nos termos das atribuições privativas do Presidente da República previstas no inciso IV do art. 84 da Constituição Federal, para a fiel execução desta Lei, ouvidos o Comitê Gestor da Internet e a Agência Nacional de Telecomunicações, e somente poderá decorrer de:

**I** – requisitos técnicos indispensáveis à prestação adequada dos serviços e aplicações; e

**II** – priorização de serviços de emergência.

**§ 2º.** Na hipótese de discriminação ou degradação do tráfego prevista no § 1º, o responsável mencionado no *caput* deve:

**I** – abster-se de causar dano aos usuários, na forma do art. 927 da Lei 10.406, de 10 de janeiro de 2002 – Código Civil;

**II** – agir com proporcionalidade, transparência e isonomia;

**III** – informar previamente de modo transparente, claro e suficientemente descritivo aos seus usuários sobre as práticas de gerenciamento e mitigação de tráfego adotadas, inclusive as relacionadas à segurança da rede; e

**IV** – oferecer serviços em condições comerciais não discriminatórias e abster-se de praticar condutas anticoncorrenciais.

**§ 3º.** Na provisão de conexão à internet, onerosa ou gratuita, bem como na transmissão, comutação ou roteamento, é vedado bloquear, monitorar, filtrar ou analisar o conteúdo dos pacotes de dados, respeitado o disposto neste artigo.

### SEÇÃO II. DA PROTEÇÃO AOS REGISTROS, AOS DADOS PESSOAIS E ÀS COMUNICAÇÕES PRIVADAS

**Art. 10.** A guarda e a disponibilização dos registros de conexão e de acesso a aplicações de internet de que trata esta Lei, bem como de dados pessoais e do conteúdo de comunicações privadas, devem atender à preservação da intimidade, da vida privada, da honra e da imagem das partes direta ou indiretamente envolvidas.

**§ 1º.** O provedor responsável pela guarda somente será obrigado a disponibilizar os registros mencionados no *caput*, de forma autônoma ou associados a dados pessoais ou a outras informações que possam contribuir para a identificação do usuário ou do terminal, mediante ordem judicial, na forma do disposto na Seção IV deste Capítulo, respeitado o disposto no art. 7º.

**§ 2º.** O conteúdo das comunicações privadas somente poderá ser disponibilizado mediante ordem judicial, nas hipóteses e na forma que a lei estabelecer, respeitado o disposto nos incisos II e III do art. 7º.

**§ 3º.** O disposto no *caput* não impede o acesso aos dados cadastrais que informem qualificação pessoal, filiação e endereço, na forma da lei, pelas autoridades administrativas que detenham competência legal para a sua requisição.

**§ 4º.** As medidas e os procedimentos de segurança e de sigilo devem ser informados pelo responsável pela provisão de serviços de forma clara e atender a padrões definidos em regulamento, respeitado seu direito de confidencialidade quanto a segredos empresariais.

**Art. 11.** Em qualquer operação de coleta, armazenamento, guarda e tratamento de registros, de dados pessoais ou de comunicações por provedores de conexão e de aplicações de internet em que pelo menos um desses atos ocorra em território nacional, deverão ser obrigatoriamente respeitados a legislação brasileira e os direitos à privacidade, à proteção dos dados pessoais e ao sigilo das comunicações privadas e dos registros.

**§ 1º.** O disposto no *caput* aplica-se aos dados coletados em território nacional e ao conteúdo das comunicações, desde que pelo menos um dos terminais esteja localizado no Brasil.

**§ 2º.** O disposto no *caput* aplica-se mesmo que as atividades sejam realizadas por pessoa jurídica sediada no exterior, desde que oferte serviço ao público brasileiro ou pelo menos uma integrante do mesmo grupo econômico possua estabelecimento no Brasil.

**§ 3º.** Os provedores de conexão e de aplicações de internet deverão prestar, na forma da regulamentação, informações que permitam a verificação quanto ao cumprimento da legislação brasileira referente à coleta, à guarda, ao armazenamento ou ao tratamento de dados, bem como quanto ao respeito à privacidade e ao sigilo de comunicações.

**§ 4º.** Decreto regulamentará o procedimento para apuração de infrações ao disposto neste artigo.

**Art. 12.** Sem prejuízo das demais sanções cíveis, criminais ou administrativas, as infrações às normas previstas nos arts. 10 e 11 ficam sujeitas, conforme o caso, às seguintes sanções, aplicadas de forma isolada ou cumulativa:

**I** – advertência, com indicação de prazo para adoção de medidas corretivas;

**II** – multa de até 10% (dez por cento) do faturamento do grupo econômico no Brasil no seu último exercício, excluídos os tributos, considerados a condição econômica do infrator e o princípio da proporcionalidade entre a gravidade da falta e a intensidade da sanção;

**III** – suspensão temporária das atividades que envolvam os atos previstos no art. 11; ou

**IV** – proibição de exercício das atividades que envolvam os atos previstos no art. 11.

**Parágrafo único.** Tratando-se de empresa estrangeira, responde solidariamente pelo pagamento da multa de que trata o *caput* sua filial, sucursal, escritório ou estabelecimento situado no País.

### SUBSEÇÃO I. DA GUARDA DE REGISTROS DE CONEXÃO

**Art. 13.** Na provisão de conexão à internet, cabe ao administrador de sistema autônomo respectivo o dever de manter os registros de conexão, sob sigilo, em ambiente controlado e de segurança, pelo prazo de 1 (um) ano, nos termos do regulamento.

**§ 1º.** A responsabilidade pela manutenção dos registros de conexão não poderá ser transferida a terceiros.

**§ 2º.** A autoridade policial ou administrativa ou o Ministério Público poderá requerer cautelarmente que os registros de conexão sejam guardados por prazo superior ao previsto no *caput*.

**§ 3º.** Na hipótese do § 2º, a autoridade requerente terá o prazo de 60 (sessenta) dias, contados a partir do requerimento, para ingressar com o pedido de autorização judicial de acesso aos registros previstos no *caput*.

**§ 4º.** O provedor responsável pela guarda dos registros deverá manter sigilo em relação ao requerimento previsto no § 2º, que perderá sua eficácia caso o pedido de autorização judicial seja indeferido ou não tenha sido protocolado no prazo previsto no § 3º.

**§ 5º.** Em qualquer hipótese, a disponibilização ao requerente dos registros de que trata este artigo deverá ser precedida de autorização judicial, conforme disposto na Seção IV deste Capítulo.

**§ 6º.** Na aplicação de sanções pelo descumprimento ao disposto neste artigo, serão considerados a natureza e a gravidade da infração, os danos dela resultantes, eventual vantagem auferida pelo infrator, as circunstâncias agravantes, os antecedentes do infrator e a reincidência.

### SUBSEÇÃO II. DA GUARDA DE REGISTROS DE ACESSO A APLICAÇÕES DE INTERNET NA PROVISÃO DE CONEXÃO

**Art. 14.** Na provisão de conexão, onerosa ou gratuita, é vedado guardar os registros de acesso a aplicações de internet.

### SUBSEÇÃO III. DA GUARDA DE REGISTROS DE ACESSO A APLICAÇÕES DE INTERNET NA PROVISÃO DE APLICAÇÕES

**Art. 15.** O provedor de aplicações de internet constituído na forma de pessoa jurídica e que exerça essa atividade de forma organizada, profissionalmente e com fins econômicos deverá manter os respectivos registros de acesso a aplicações de internet, sob sigilo, em ambiente controlado e de segurança, pelo prazo de 6 (seis) meses, nos termos do regulamento.

**§ 1º.** Ordem judicial poderá obrigar, por tempo certo, os provedores de aplicações de internet que não estão sujeitos ao disposto no *caput* a guardarem registros de acesso a aplicações de internet, desde que se trate de registros relativos a fatos específicos em período determinado.

**§ 2º.** A autoridade policial ou administrativa ou o Ministério Público poderão requerer cautelarmente a qualquer provedor de aplicações de internet que os registros de acesso a aplicações de internet sejam guardados, inclusive por prazo superior ao previsto no *caput*, observado o disposto nos §§ 3º e 4º do art. 13.

**§ 3º.** Em qualquer hipótese, a disponibilização ao requerente dos registros de que trata este artigo deverá ser precedida de autorização judicial, conforme disposto na Seção IV deste Capítulo.

**§ 4º.** Na aplicação de sanções pelo descumprimento ao disposto neste artigo, serão considerados a natureza e a gravidade da infração, os danos dela resultantes, eventual vantagem auferida pelo infrator, as circunstâncias agravantes, os antecedentes do infrator e a reincidência.

**Art. 16.** Na provisão de aplicações de internet, onerosa ou gratuita, é vedada a guarda:

**I** – dos registros de acesso a outras aplicações de internet sem que o titular dos dados tenha consentido previamente, respeitado o disposto no art. 7º; ou

**II** – de dados pessoais que sejam excessivos em relação à finalidade para a qual foi dado consentimento pelo seu titular, exceto nas hipóteses previstas na Lei que dispõe sobre a proteção de dados pessoais. *(Redação dada pela Lei 13.709/2018)*

**Art. 17.** Ressalvadas as hipóteses previstas nesta Lei, a opção por não guardar os registros de acesso a aplicações de internet não implica responsabilidade sobre danos decorrentes do uso desses serviços por terceiros.

## SEÇÃO III. DA RESPONSABILIDADE POR DANOS DECORRENTES DE CONTEÚDO GERADO POR TERCEIROS

**Art. 18.** O provedor de conexão à internet não será responsabilizado civilmente por danos decorrentes de conteúdo gerado por terceiros.

**Art. 19.** Com o intuito de assegurar a liberdade de expressão e impedir a censura, o provedor de aplicações de internet somente poderá ser responsabilizado civilmente por danos decorrentes de conteúdo gerado por terceiros se, após ordem judicial específica, não tomar as providências para, no âmbito e nos limites técnicos do seu serviço e dentro do prazo assinalado, tornar indisponível o conteúdo apontado como infringente, ressalvadas as disposições legais em contrário.

**§ 1º.** A ordem judicial de que trata o *caput* deverá conter, sob pena de nulidade, identificação clara e específica do conteúdo apontado como infringente, que permita a localização inequívoca do material.

**§ 2º.** A aplicação do disposto neste artigo para infrações a direitos de autor ou a direitos conexos depende de previsão legal específica, que deverá respeitar a liberdade de expressão e demais garantias previstas no art. 5º da Constituição Federal.

**§ 3º.** As causas que versem sobre ressarcimento por danos decorrentes de conteúdos disponibilizados na internet relacionados à honra, à reputação ou a direitos de personalidade, bem como sobre a indisponibilização desses conteúdos por provedores de aplicações de internet, poderão ser apresentadas perante os juizados especiais.

**§ 4º.** O juiz, inclusive no procedimento previsto no § 3º, poderá antecipar, total ou parcialmente, os efeitos da tutela pretendida no pedido inicial, existindo prova inequívoca do fato e considerado o interesse da coletividade na disponibilização do conteúdo na internet, desde que presentes os requisitos de verossimilhança da alegação do autor e de fundado receio de dano irreparável ou de difícil reparação.

**Art. 20.** Sempre que tiver informações de contato do usuário diretamente responsável pelo conteúdo a que se refere o art. 19, caberá ao provedor de aplicações de internet comunicar-lhe os motivos e informações relativos à indisponibilização de conteúdo, com informações que permitam o contraditório e a ampla defesa em juízo, salvo expressa previsão legal ou expressa determinação judicial fundamentada em contrário.

**Parágrafo único.** Quando solicitado pelo usuário que disponibilizou o conteúdo tornado indisponível, o provedor de aplicações de internet que exerce essa atividade de forma organizada, profissionalmente e com fins econômicos substituirá o conteúdo tornado indisponível pela motivação ou pela ordem judicial que deu fundamento à indisponibilização.

**Art. 21.** O provedor de aplicações de internet que disponibilize conteúdo gerado por terceiros será responsabilizado subsidiariamente pela violação da intimidade decorrente da divulgação, sem autorização de seus participantes, de imagens, de vídeos ou de outros materiais contendo cenas de nudez ou de atos sexuais de caráter privado quando, após o recebimento de notificação pelo participante ou seu representante legal, deixar de promover, de forma diligente, no âmbito e nos limites técnicos do seu serviço, a indisponibilização desse conteúdo.

**Parágrafo único.** A notificação prevista no *caput* deverá conter, sob pena de nulidade, elementos que permitam a identificação específica do material apontado como violador da intimidade do participante e a verificação da legitimidade para apresentação do pedido.

## SEÇÃO IV. DA REQUISIÇÃO JUDICIAL DE REGISTROS

**Art. 22.** A parte interessada poderá, com o propósito de formar conjunto probatório em processo judicial cível ou penal, em caráter incidental ou autônomo, requerer ao juiz que ordene ao responsável pela guarda o fornecimento de registros de conexão ou de registros de acesso a aplicações de internet.

**Parágrafo único.** Sem prejuízo dos demais requisitos legais, o requerimento deverá conter, sob pena de inadmissibilidade:

**I** – fundados indícios da ocorrência do ilícito;

**II** – justificativa motivada da utilidade dos registros solicitados para fins de investigação ou instrução probatória; e

**III** – período ao qual se referem os registros.

**Art. 23.** Cabe ao juiz tomar as providências necessárias à garantia do sigilo das informações recebidas e à preservação da intimidade, da vida privada, da honra e da imagem do usuário, podendo determinar segredo de justiça,

CIVIL

inclusive quanto aos pedidos de guarda de registro.

## CAPÍTULO IV. DA ATUAÇÃO DO PODER PÚBLICO

**Art. 24.** Constituem diretrizes para a atuação da União, dos Estados, do Distrito Federal e dos Municípios no desenvolvimento da internet no Brasil:

**I** – estabelecimento de mecanismos de governança multiparticipativa, transparente, colaborativa e democrática, com a participação do governo, do setor empresarial, da sociedade civil e da comunidade acadêmica;

**II** – promoção da racionalização da gestão, expansão e uso da internet, com participação do Comitê Gestor da internet no Brasil;

**III** – promoção da racionalização e da interoperabilidade tecnológica dos serviços de governo eletrônico, entre os diferentes Poderes e âmbitos da Federação, para permitir o intercâmbio de informações e a celeridade de procedimentos;

**IV** – promoção da interoperabilidade entre sistemas e terminais diversos, inclusive entre os diferentes âmbitos federativos e diversos setores da sociedade;

**V** – adoção preferencial de tecnologias, padrões e formatos abertos e livres;

**VI** – publicidade e disseminação de dados e informações públicos, de forma aberta e estruturada;

**VII** – otimização da infraestrutura das redes e estímulo à implantação de centros de armazenamento, gerenciamento e disseminação de dados no País, promovendo a qualidade técnica, a inovação e a difusão das aplicações de internet, sem prejuízo à abertura, à neutralidade e à natureza participativa;

**VIII** – desenvolvimento de ações e programas de capacitação para uso da internet;

**IX** – promoção da cultura e da cidadania; e

**X** – prestação de serviços públicos de atendimento ao cidadão de forma integrada, eficiente, simplificada e por múltiplos canais de acesso, inclusive remotos.

**Art. 25.** As aplicações de internet de entes do poder público devem buscar:

**I** – compatibilidade dos serviços de governo eletrônico com diversos terminais, sistemas operacionais e aplicativos para seu acesso;

**II** – acessibilidade a todos os interessados, independentemente de suas capacidades físico-motoras, perceptivas, sensoriais, intelectuais, mentais, culturais e sociais, resguardados os aspectos de sigilo e restrições administrativas e legais;

**III** – compatibilidade tanto com a leitura humana quanto com o tratamento automatizado das informações;

**IV** – facilidade de uso dos serviços de governo eletrônico; e

**V** – fortalecimento da participação social nas políticas públicas.

**Art. 26.** O cumprimento do dever constitucional do Estado na prestação da educação, em todos os níveis de ensino, inclui a capacitação, integrada a outras práticas educacionais, para o uso seguro, consciente e responsável da internet como ferramenta para o exercício da cidadania, a promoção da cultura e o desenvolvimento tecnológico.

**Art. 27.** As iniciativas públicas de fomento à cultura digital e de promoção da internet como ferramenta social devem:

**I** – promover a inclusão digital;

**II** – buscar reduzir as desigualdades, sobretudo entre as diferentes regiões do País, no acesso às tecnologias da informação e comunicação e no seu uso; e

**III** – fomentar a produção e circulação de conteúdo nacional.

**Art. 28.** O Estado deve, periodicamente, formular e fomentar estudos, bem como fixar metas, estratégias, planos e cronogramas, referentes ao uso e desenvolvimento da internet no País.

## CAPÍTULO V. DISPOSIÇÕES FINAIS

**Art. 29.** O usuário terá a opção de livre escolha na utilização de programa de computador em seu terminal para exercício do controle parental de conteúdo entendido por ele como impróprio a seus filhos menores, desde que respeitados os princípios desta Lei e da Lei nº 8.069, de 13 de julho de 1990 – Estatuto da Criança e do Adolescente.

**Parágrafo único.** Cabe ao poder público, em conjunto com os provedores de conexão e de aplicações de internet e a sociedade civil, promover a educação e fornecer informações sobre o uso dos programas de computador previstos no *caput*, bem como para a definição de boas práticas para a inclusão digital de crianças e adolescentes.

**Art. 30.** A defesa dos interesses e dos direitos estabelecidos nesta Lei poderá ser exercida em juízo, individual ou coletivamente, na forma da Lei.

**Art. 31.** Até a entrada em vigor da lei específica prevista no § 2º do art. 19, a responsabilidade do provedor de aplicações de internet por danos decorrentes de conteúdo gerado por terceiros, quando se tratar de infração a direitos de autor ou a direitos conexos, continuará a ser disciplinada pela legislação autoral vigente aplicável na data da entrada em vigor desta Lei.

**Art. 32.** Esta Lei entra em vigor após decorridos 60 (sessenta) dias de sua publicação oficial.

Brasília, 23 de abril de 2014; 193º da Independência e 126º da República.

DILMA ROUSSEFF

Publicado no D.O.U. 24.4.2014

# LEI Nº 13.709, DE 14 DE AGOSTO DE 2018

*Lei Geral de Proteção de Dados Pessoais (LGPD) (Ementa com redação dada pela Lei 13.853/2019)*

- *Lei Geral de Proteção de Dados Pessoais*

O PRESIDENTE DA REPÚBLICA Faço saber que o Congresso Nacional decreta e eu sanciono a seguinte Lei:

## CAPÍTULO I DISPOSIÇÕES PRELIMINARES

**Art. 1º** Esta Lei dispõe sobre o tratamento de dados pessoais, inclusive nos meios digitais, por pessoa natural ou por pessoa jurídica de direito público ou privado, com o objetivo de proteger os direitos fundamentais de liberdade e de privacidade e o livre desenvolvimento da personalidade da pessoa natural.

**Parágrafo único.** As normas gerais contidas nesta Lei são de interesse nacional e devem ser observadas pela União, Estados, Distrito Federal e Municípios. (Acrescido pela Lei 13.853/2019)

**Art. 2º** A disciplina da proteção de dados pessoais tem como fundamentos:

**I** – o respeito à privacidade;

**II** – a autodeterminação informativa;

**III** – a liberdade de expressão, de informação, de comunicação e de opinião;

**IV** – a inviolabilidade da intimidade, da honra e da imagem;

**V** – o desenvolvimento econômico e tecnológico e a inovação;

**VI** – a livre iniciativa, a livre concorrência e a defesa do consumidor; e

**VII** – os direitos humanos, o livre desenvolvimento da personalidade, a dignidade e o exercício da cidadania pelas pessoas naturais.

**Art. 3º** Esta Lei aplica-se a qualquer operação de tratamento realizada por pessoa natural ou por pessoa jurídica de direito público ou privado, independentemente do meio, do país de sua sede ou do país onde estejam localizados os dados, desde que:

**I** – a operação de tratamento seja realizada no território nacional;

**II** – a atividade de tratamento tenha por objetivo a oferta ou o fornecimento de bens ou serviços ou o tratamento de dados de indivíduos localizados no território nacional; ou (Redação dada pela Lei 13.853/2019)

**III** – os dados pessoais objeto do tratamento tenham sido coletados no território nacional.

**§ 1º** Consideram-se coletados no território nacional os dados pessoais cujo titular nele se encontre no momento da coleta.

**§ 2º** Excetua-se do disposto no inciso I deste artigo o tratamento de dados previsto no inciso IV do *caput* do art. 4º desta Lei.

**Art. 4º** Esta Lei não se aplica ao tratamento de dados pessoais:

**I** – realizado por pessoa natural para fins exclusivamente particulares e não econômicos;

**II** – realizado para fins exclusivamente:

*a)* jornalístico e artísticos; ou

*b)* acadêmicos, aplicando-se a esta hipótese os arts. 7º e 11 desta Lei;

**III** – realizado para fins exclusivos de:

*a)* segurança pública;

*b)* defesa nacional;

*c)* segurança do Estado; ou

*d)* atividades de investigação e repressão de infrações penais; ou

**IV** – provenientes de fora do território nacional e que não sejam objeto de comunicação, uso compartilhado de dados com agentes de tratamento brasileiros ou objeto de transferência internacional de dados com outro país que não o de proveniência, desde que o país de proveniência proporcione grau de proteção de dados pessoais adequado ao previsto nesta Lei.

**§ 1º** O tratamento de dados pessoais previsto no inciso III será regido por legislação específica, que deverá prever medidas proporcionais e estritamente necessárias ao atendimento do interesse público, observados o devido processo legal, os princípios gerais de proteção e os direitos do titular previstos nesta Lei.

**§ 2º** É vedado o tratamento dos dados a que se refere o inciso III do *caput* deste artigo por pessoa de direito privado, exceto em procedimentos sob tutela de pessoa jurídica de direito público, que serão objeto de informe específico à autoridade nacional e que deverão observar a limitação imposta no § 4º deste artigo.

**§ 3º** A autoridade nacional emitirá opiniões técnicas ou recomendações referentes às exceções previstas no inciso III do *caput* deste artigo e deverá solicitar aos responsáveis relatórios de impacto à proteção de dados pessoais.

**§ 4º** Em nenhum caso a totalidade dos dados pessoais de banco de dados de que trata o inciso III do *caput* deste artigo poderá ser tratada por pessoa de direito privado, salvo por aquela que possua capital integralmente constituído pelo poder público. (Redação dada pela Lei 13.853/2019)

**Art. 5º** Para os fins desta Lei, considera-se:

**I** – dado pessoal: informação relacionada a pessoa natural identificada ou identificável;

**II** – dado pessoal sensível: dado pessoal sobre origem racial ou étnica, convicção religiosa, opinião política, filiação a sindicato ou a organização de caráter religioso, filosófico ou político, dado referente à saúde ou à vida sexual, dado genético ou biométrico, quando vinculado a uma pessoa natural;

**III** – dado anonimizado: dado relativo a titular que não possa ser identificado, considerando a utilização de meios técnicos razoáveis e disponíveis na ocasião de seu tratamento;

**IV** – banco de dados: conjunto estruturado de dados pessoais, estabelecido em um ou em vários locais, em suporte eletrônico ou físico;

**V** – titular: pessoa natural a quem se referem os dados pessoais que são objeto de tratamento;

**VI** – controlador: pessoa natural ou jurídica, de direito público ou privado, a quem competem as decisões referentes ao tratamento de dados pessoais;

**VII** – operador: pessoa natural ou jurídica, de direito público ou privado, que realiza o tratamento de dados pessoais em nome do controlador;

**VIII** – encarregado: pessoa indicada pelo controlador e operador para atuar como canal de comunicação entre o controlador, os titulares dos dados e a Autoridade Nacional de Proteção de Dados (ANPD); (Redação dada pela Lei 13.853/2019)

**IX** – agentes de tratamento: o controlador e o operador;

**X** – tratamento: toda operação realizada com dados pessoais, como as que se referem a coleta, produção, recepção, classificação, utilização, acesso, reprodução, transmissão, distribuição, processamento, arquivamento, armazenamento, eliminação, avaliação ou controle da informação, modificação, comunicação, transferência, difusão ou extração;

**XI** – anonimização: utilização de meios técnicos razoáveis e disponíveis no momento do tratamento, por meio dos quais um dado perde a possibilidade de associação, direta ou indireta, a um indivíduo;

**XII** – consentimento: manifestação livre, informada e inequívoca pela qual o titular concorda com o tratamento de seus dados pessoais para uma finalidade determinada;

**XIII** – bloqueio: suspensão temporária de qualquer operação de tratamento, mediante guarda do dado pessoal ou do banco de dados;

**XIV** – eliminação: exclusão de dado ou de conjunto de dados armazenados em banco de dados, independentemente do procedimento empregado;

**XV** – transferência internacional de dados: transferência de dados pessoais para país estrangeiro ou organismo internacional do qual o país seja membro;

**XVI** – uso compartilhado de dados: comunicação, difusão, transferência internacional, interconexão de dados pessoais ou tratamento compartilhado de bancos de dados pessoais por órgãos e entidades públicos no cumprimento de suas competências legais, ou entre esses e entes privados, reciprocamente, com autorização específica, para uma ou mais modalidades de tratamento permitidas por esses entes públicos, ou entre entes privados;

**XVII** – relatório de impacto à proteção de dados pessoais: documentação do controlador que contém a descrição dos processos de tratamento de dados pessoais que podem gerar riscos às liberdades civis e aos direitos fundamentais, bem como medidas, salvaguardas e mecanismos de mitigação de risco;

**XVIII** – órgão de pesquisa: órgão ou entidade da administração pública direta ou indireta ou pessoa jurídica de direito privado sem fins lucrativos legalmente constituída sob as leis brasileiras, com sede e foro no País, que inclua em sua missão institucional ou em seu objetivo social ou estatutário a pesquisa básica ou aplicada de caráter histórico, científico, tecnológico ou estatístico; e (Redação dada pela Lei 13.853/2019)

**XIX** – autoridade nacional: órgão da administração pública responsável por zelar, implementar e fiscalizar o cumprimento desta Lei em todo o território nacional. (Redação dada pela Lei 13.853/2019)

**Art. 6º** As atividades de tratamento de dados pessoais deverão observar a boa-fé e os seguintes princípios:

**I** – finalidade: realização do tratamento para propósitos legítimos, específicos, explícitos e informados ao titular, sem possibilidade de tratamento posterior de forma incompatível com essas finalidades;

**II** – adequação: compatibilidade do tratamento com as finalidades informadas ao titular, de acordo com o contexto do tratamento;

**III** – necessidade: limitação do tratamento ao mínimo necessário para a realização de suas finalidades, com abrangência dos dados pertinentes, proporcionais e não excessivos em relação às finalidades do tratamento de dados;
**IV** – livre acesso: garantia, aos titulares, de consulta facilitada e gratuita sobre a forma e a duração do tratamento, bem como sobre a integralidade de seus dados pessoais;
**V** – qualidade dos dados: garantia, aos titulares, de exatidão, clareza, relevância e atualização dos dados, de acordo com a necessidade e para o cumprimento da finalidade de seu tratamento;
**VI** – transparência: garantia, aos titulares, de informações claras, precisas e facilmente acessíveis sobre a realização do tratamento e os respectivos agentes de tratamento, observados os segredos comercial e industrial;
**VII** – segurança: utilização de medidas técnicas e administrativas aptas a proteger os dados pessoais de acessos não autorizados e de situações acidentais ou ilícitas de destruição, perda, alteração, comunicação ou difusão;
**VIII** – prevenção: adoção de medidas para prevenir a ocorrência de danos em virtude do tratamento de dados pessoais;
**IX** – não discriminação: impossibilidade de realização do tratamento para fins discriminatórios ilícitos ou abusivos;
**X** – responsabilização e prestação de contas: demonstração, pelo agente, da adoção de medidas eficazes e capazes de comprovar a observância e o cumprimento das normas de proteção de dados pessoais e, inclusive, da eficácia dessas medidas.

## CAPÍTULO II
## DO TRATAMENTO DE DADOS PESSOAIS

### SEÇÃO I
### DOS REQUISITOS PARA O TRATAMENTO DE DADOS PESSOAIS

**Art. 7º** O tratamento de dados pessoais somente poderá ser realizado nas seguintes hipóteses:
**I** – mediante o fornecimento de consentimento pelo titular;
**II** – para o cumprimento de obrigação legal ou regulatória pelo controlador;
**III** – pela administração pública, para o tratamento e uso compartilhado de dados necessários à execução de políticas públicas previstas em leis e regulamentos ou respaldadas em contratos, convênios ou instrumentos congêneres, observadas as disposições do Capítulo IV desta Lei;
**IV** – para a realização de estudos por órgão de pesquisa, garantida, sempre que possível, a anonimização dos dados pessoais;
**V** – quando necessário para a execução de contrato ou de procedimentos preliminares relacionados a contrato do qual seja parte o titular, a pedido do titular dos dados;
**VI** – para o exercício regular de direitos em processo judicial, administrativo ou arbitral, esse último nos termos da Lei nº 9.307, de 23 de setembro de 1996 (Lei de Arbitragem);
**VII** – para a proteção da vida ou da incolumidade física do titular ou de terceiro;
**VIII** – para a tutela da saúde, exclusivamente, em procedimento realizado por profissionais de saúde, serviços de saúde ou autoridade sanitária; (Redação dada pela Lei 13.853/2019)
**IX** – quando necessário para atender aos interesses legítimos do controlador ou de terceiro, exceto no caso de prevalecerem direitos e liberdades fundamentais do titular que exijam a proteção dos dados pessoais; ou
**X** – para a proteção do crédito, inclusive quanto ao disposto na legislação pertinente.
**§§ 1º e 2º** *(Revogados pela Lei 13.853/2019)*
**§ 3º** O tratamento de dados pessoais cujo acesso é público deve considerar a finalidade, a boa-fé e o interesse público que justificaram sua disponibilização.
**§ 4º** É dispensada a exigência do consentimento previsto no *caput* deste artigo para os dados tornados manifestamente públicos pelo titular, resguardados os direitos do titular e os princípios previstos nesta Lei.
**§ 5º** O controlador que obteve o consentimento referido no inciso I do *caput* deste artigo que necessitar comunicar ou compartilhar dados pessoais com outros controladores deverá obter consentimento específico do titular para esse fim, ressalvadas as hipóteses de dispensa do consentimento previstas nesta Lei.
**§ 6º** A eventual dispensa da exigência do consentimento não desobriga os agentes de tratamento das demais obrigações previstas nesta Lei, especialmente da observância dos princípios gerais e da garantia dos direitos do titular.
**§ 7º** O tratamento posterior dos dados pessoais a que se referem os §§ 3º e 4º deste artigo poderá ser realizado para novas finalidades, desde que observados os propósitos legítimos e específicos para o novo tratamento e a preservação dos direitos do titular, assim como os fundamentos e os princípios previstos nesta Lei. *(Acrescido pela Lei 13.853/2019)*

**Art. 8º** O consentimento previsto no inciso I do art. 7º desta Lei deverá ser fornecido por escrito ou por outro meio que demonstre a manifestação de vontade do titular.

**§ 1º** Caso o consentimento seja fornecido por escrito, esse deverá constar de cláusula destacada das demais cláusulas contratuais.

**§ 2º** Cabe ao controlador o ônus da prova de que o consentimento foi obtido em conformidade com o disposto nesta Lei.

**§ 3º** É vedado o tratamento de dados pessoais mediante vício de consentimento.

**§ 4º** O consentimento deverá referir-se a finalidades determinadas, e as autorizações genéricas para o tratamento de dados pessoais serão nulas.

**§ 5º** O consentimento pode ser revogado a qualquer momento mediante manifestação expressa do titular, por procedimento gratuito e facilitado, ratificados os tratamentos realizados sob amparo do consentimento anteriormente manifestado enquanto não houver requerimento de eliminação, nos termos do inciso VI do *caput* do art. 18 desta Lei.

**§ 6º** Em caso de alteração de informação referida nos incisos I, II, III ou V do art. 9º desta Lei, o controlador deverá informar ao titular, com destaque de forma específica do teor das alterações, podendo o titular, nos casos em que o seu consentimento é exigido, revogá-lo caso discorde da alteração.

**Art. 9º** O titular tem direito ao acesso facilitado às informações sobre o tratamento de seus dados, que deverão ser disponibilizadas de forma clara, adequada e ostensiva acerca de, entre outras características previstas em regulamentação para o atendimento do princípio do livre acesso:

**I** – finalidade específica do tratamento;

**II** – forma e duração do tratamento, observados os segredos comercial e industrial;

**III** – identificação do controlador;

**IV** – informações de contato do controlador;

**V** – informações acerca do uso compartilhado de dados pelo controlador e a finalidade;

**VI** – responsabilidades dos agentes que realizarão o tratamento; e

**VII** – direitos do titular, com menção explícita aos direitos contidos no art. 18 desta Lei.

**§ 1º** Na hipótese em que o consentimento é requerido, esse será considerado nulo caso as informações fornecidas ao titular tenham conteúdo enganoso ou abusivo ou não tenham sido apresentadas previamente com transparência, de forma clara e inequívoca.

**§ 2º** Na hipótese em que o consentimento é requerido, se houver mudanças da finalidade para o tratamento de dados pessoais não compatíveis com o consentimento original, o controlador deverá informar previamente o titular sobre as mudanças de finalidade, podendo o titular revogar o consentimento, caso discorde das alterações.

**§ 3º** Quando o tratamento de dados pessoais for condição para o fornecimento de produto ou de serviço ou para o exercício de direito, o titular será informado com destaque sobre esse fato e sobre os meios pelos quais poderá exercer os direitos do titular elencados no art. 18 desta Lei.

**Art. 10.** O legítimo interesse do controlador somente poderá fundamentar tratamento de dados pessoais para finalidades legítimas, consideradas a partir de situações concretas, que incluem, mas não se limitam a:

**I** – apoio e promoção de atividades do controlador; e

**II** – proteção, em relação ao titular, do exercício regular de seus direitos ou prestação de serviços que o beneficiem, respeitadas as legítimas expectativas dele e os direitos e liberdades fundamentais, nos termos desta Lei.

**§ 1º** Quando o tratamento for baseado no legítimo interesse do controlador, somente os dados pessoais estritamente necessários para a finalidade pretendida poderão ser tratados.

**§ 2º** O controlador deverá adotar medidas para garantir a transparência do tratamento de dados baseado em seu legítimo interesse.

**§ 3º** A autoridade nacional poderá solicitar ao controlador relatório de impacto à proteção de dados pessoais, quando o tratamento tiver como fundamento seu interesse legítimo, observados os segredos comercial e industrial.

## SEÇÃO II
## DO TRATAMENTO DE DADOS PESSOAIS SENSÍVEIS

**Art. 11.** O tratamento de dados pessoais sensíveis somente poderá ocorrer nas seguintes hipóteses:

**I** – quando o titular ou seu responsável legal consentir, de forma específica e destacada, para finalidades específicas;

**II** – sem fornecimento de consentimento do titular, nas hipóteses em que for indispensável para:

*a)* cumprimento de obrigação legal ou regulatória pelo controlador;

*b)* tratamento compartilhado de dados necessários à execução, pela administração pública, de políticas públicas previstas em leis ou regulamentos;

*c)* realização de estudos por órgão de pesquisa, garantida, sempre que possível, a anonimização dos dados pessoais sensíveis;

*d)* exercício regular de direitos, inclusive em contrato e em processo judicial, administrativo e arbitral, este último nos termos da Lei nº 9.307, de 23 de setembro de 1996 (Lei de Arbitragem);

*e)* proteção da vida ou da incolumidade física do titular ou de terceiro;

*f)* tutela da saúde, exclusivamente, em procedimento realizado por profissionais de saúde, serviços de saúde ou autoridade sanitária; ou (Redação dada pela Lei 13.853/2019)

*g)* garantia da prevenção à fraude e à segurança do titular, nos processos de identificação e autenticação de cadastro em sistemas eletrônicos, resguardados os direitos mencionados no art. 9º desta Lei e exceto no caso de prevalecerem direitos e liberdades fundamentais do titular que exijam a proteção dos dados pessoais.

**§ 1º** Aplica-se o disposto neste artigo a qualquer tratamento de dados pessoais que revele dados pessoais sensíveis e que possa causar dano ao titular, ressalvado o disposto em legislação específica.

**§ 2º** Nos casos de aplicação do disposto nas alíneas "a" e "b" do inciso II do *caput* deste artigo pelos órgãos e pelas entidades públicas, será dada publicidade à referida dispensa de consentimento, nos termos do inciso I do *caput* do art. 23 desta Lei.

**§ 3º** A comunicação ou o uso compartilhado de dados pessoais sensíveis entre controladores com objetivo de obter vantagem econômica poderá ser objeto de vedação ou de regulamentação por parte da autoridade nacional, ouvidos os órgãos setoriais do Poder Público, no âmbito de suas competências.

**§ 4º** É vedada a comunicação ou o uso compartilhado entre controladores de dados pessoais sensíveis referentes à saúde com objetivo de obter vantagem econômica, exceto nas hipóteses relativas a prestação de serviços de saúde, de assistência farmacêutica e de assistência à saúde, desde que observado o § 5º deste artigo, incluídos os serviços auxiliares de diagnose e terapia, em benefício dos interesses dos titulares de dados, e para permitir:

**I** – a portabilidade de dados quando solicitada pelo titular; ou

**II** – as transações financeiras e administrativas resultantes do uso e da prestação dos serviços de que trata este parágrafo. (Redação dada pela Lei 13.853/2019)

**§ 5º** É vedado às operadoras de planos privados de assistência à saúde o tratamento de dados de saúde para a prática de seleção de riscos na contratação de qualquer modalidade, assim como na contratação e exclusão de beneficiários. (Acrescido pela Lei 13.853/2019)

**Art. 12.** Os dados anonimizados não serão considerados dados pessoais para os fins desta Lei, salvo quando o processo de anonimização ao qual foram submetidos for revertido, utilizando exclusivamente meios próprios, ou quando, com esforços razoáveis, puder ser revertido.

**§ 1º** A determinação do que seja razoável deve levar em consideração fatores objetivos, tais como custo e tempo necessários para reverter o processo de anonimização, de acordo com as tecnologias disponíveis, e a utilização exclusiva de meios próprios.

**§ 2º** Poderão ser igualmente considerados como dados pessoais, para os fins desta Lei, aqueles utilizados para formação do perfil comportamental de determinada pessoa natural, se identificada.

**§ 3º** A autoridade nacional poderá dispor sobre padrões e técnicas utilizados em processos de anonimização e realizar verificações acerca de sua segurança, ouvido o Conselho Nacional de Proteção de Dados Pessoais.

**Art. 13.** Na realização de estudos em saúde pública, os órgãos de pesquisa poderão ter acesso a bases de dados pessoais, que serão tratados exclusivamente dentro do órgão e estritamente para a finalidade de realização de estudos e pesquisas e mantidos em ambiente controlado e seguro, conforme práticas de segurança previstas em regulamento específico e que incluam, sempre que possível, a anonimização ou pseudonimização dos dados, bem como considerem os devidos padrões éticos relacionados a estudos e pesquisas.

**§ 1º** A divulgação dos resultados ou de qualquer excerto do estudo ou da pesquisa de que trata o *caput* deste artigo em nenhuma hipótese poderá revelar dados pessoais.

**§ 2º** O órgão de pesquisa será o responsável pela segurança da informação prevista no *caput* deste artigo, não permitida, em circunstância alguma, a transferência dos dados a terceiro.

**§ 3º** O acesso aos dados de que trata este artigo será objeto de regulamentação por parte da autoridade nacional e das autoridades da área de saúde e sanitárias, no âmbito de suas competências.

**§ 4º** Para os efeitos deste artigo, a pseudonimização é o tratamento por meio do qual um dado perde a possibilidade de associação, direta ou indireta, a um indivíduo, senão pelo uso de informação adicional mantida separadamente pelo controlador em ambiente controlado e seguro.

## SEÇÃO III
## DO TRATAMENTO DE DADOS PESSOAIS DE CRIANÇAS E DE ADOLESCENTES

**Art. 14.** O tratamento de dados pessoais de crianças e de adolescentes deverá ser realizado em seu melhor interesse, nos termos deste artigo e da legislação pertinente.

**§ 1º** O tratamento de dados pessoais de crianças deverá ser realizado com o consentimento específico e em destaque dado por pelo menos um dos pais ou pelo responsável legal.

**§ 2º** No tratamento de dados de que trata o § 1º deste artigo, os controladores deverão manter pública a informação sobre os tipos de dados coletados, a forma de sua utilização e os procedimentos para o exercício dos direitos a que se refere o art. 18 desta Lei.

**§ 3º** Poderão ser coletados dados pessoais de crianças sem o consentimento a que se refere o § 1º deste artigo quando a coleta for necessária para contatar os pais ou o responsável legal, utilizados uma única vez e sem armazenamento, ou para sua proteção, e em nenhum caso poderão ser repassados a terceiro sem o consentimento de que trata o § 1º deste artigo.

**§ 4º** Os controladores não deverão condicionar a participação dos titulares de que trata o § 1º deste artigo em jogos, aplicações de internet ou outras atividades ao fornecimento de informações pessoais além das estritamente necessárias à atividade.

**§ 5º** O controlador deve realizar todos os esforços razoáveis para verificar que o consentimento a que se refere o § 1º deste artigo foi dado pelo responsável pela criança, consideradas as tecnologias disponíveis.

**§ 6º** As informações sobre o tratamento de dados referidas neste artigo deverão ser fornecidas de maneira simples, clara e acessível, consideradas as características físico-motoras, perceptivas, sensoriais, intelectuais e mentais do usuário, com uso de recursos audiovisuais quando adequado, de forma a proporcionar a informação necessária aos pais ou ao responsável legal e adequada ao entendimento da criança.

## SEÇÃO IV
## DO TÉRMINO DO TRATAMENTO DE DADOS

**Art. 15.** O término do tratamento de dados pessoais ocorrerá nas seguintes hipóteses:

**I** – verificação de que a finalidade foi alcançada ou de que os dados deixaram de ser necessários ou pertinentes ao alcance da finalidade específica almejada;

**II** – fim do período de tratamento;

**III** – comunicação do titular, inclusive no exercício de seu direito de revogação do consentimento conforme disposto no § 5º do art. 8º desta Lei, resguardado o interesse público; ou

**IV** – determinação da autoridade nacional, quando houver violação ao disposto nesta Lei.

**Art. 16.** Os dados pessoais serão eliminados após o término de seu tratamento, no âmbito e nos limites técnicos das atividades, autorizada a conservação para as seguintes finalidades:

**I** – cumprimento de obrigação legal ou regulatória pelo controlador;

**II** – estudo por órgão de pesquisa, garantida, sempre que possível, a anonimização dos dados pessoais;

**III** – transferência a terceiro, desde que respeitados os requisitos de tratamento de dados dispostos nesta Lei; ou

**IV** – uso exclusivo do controlador, vedado seu acesso por terceiro, e desde que anonimizados os dados.

## CAPÍTULO III
## DOS DIREITOS DO TITULAR

**Art. 17.** Toda pessoa natural tem assegurada a titularidade de seus dados pessoais e garantidos os direitos fundamentais de liberdade, de intimidade e de privacidade, nos termos desta Lei.

**Art. 18.** O titular dos dados pessoais tem direito a obter do controlador, em relação aos dados do titular por ele tratados, a qualquer momento e mediante requisição:

**I** – confirmação da existência de tratamento;

**II** – acesso aos dados;

**III** – correção de dados incompletos, inexatos ou desatualizados;

**IV** – anonimização, bloqueio ou eliminação de dados desnecessários, excessivos ou tratados em desconformidade com o disposto nesta Lei;

**V** – portabilidade dos dados a outro fornecedor de serviço ou produto, mediante requisição expressa, de acordo com a regulamentação da autoridade nacional, observados os segredos comercial e industrial; (Redação dada pela Lei 13.853/2019)

**VI** – eliminação dos dados pessoais tratados com o consentimento do titular, exceto nas hipóteses previstas no art. 16 desta Lei;

**VII** – informação das entidades públicas e privadas com as quais o controlador realizou uso compartilhado de dados;

**VIII** – informação sobre a possibilidade de não fornecer consentimento e sobre as consequências da negativa;

**IX** – revogação do consentimento, nos termos do § 5º do art. 8º desta Lei.

**§ 1º** O titular dos dados pessoais tem o direito de peticionar em relação aos seus dados contra o controlador perante a autoridade nacional.

**§ 2º** O titular pode opor-se a tratamento realizado com fundamento em uma das hipóteses de dispensa de consentimento, em caso de descumprimento ao disposto nesta Lei.

**§ 3º** Os direitos previstos neste artigo serão exercidos mediante requerimento expresso do titular ou de representante legalmente constituído, a agente de tratamento.

**§ 4º** Em caso de impossibilidade de adoção imediata da providência de que trata o § 3º deste artigo, o controlador enviará ao titular resposta em que poderá:

**I** – comunicar que não é agente de tratamento dos dados e indicar, sempre que possível, o agente; ou

**II** – indicar as razões de fato ou de direito que impedem a adoção imediata da providência.

**§ 5º** O requerimento referido no § 3º deste artigo será atendido sem custos para o titular, nos prazos e nos termos previstos em regulamento.

**§ 6º** O responsável deverá informar, de maneira imediata, aos agentes de tratamento com os quais tenha realizado uso compartilhado de dados a correção, a eliminação, a anonimização ou o bloqueio dos dados, para que repitam idêntico procedimento, exceto nos casos em que esta comunicação seja comprovadamente impossível ou implique esforço desproporcional. (Redação dada pela Lei 13.853/2019)

**§ 7º** A portabilidade dos dados pessoais a que se refere o inciso V do *caput* deste artigo não inclui dados que já tenham sido anonimizados pelo controlador.

**§ 8º** O direito a que se refere o § 1º deste artigo também poderá ser exercido perante os organismos de defesa do consumidor.

**Art. 19.** A confirmação de existência ou o acesso a dados pessoais serão providenciados, mediante requisição do titular:

**I** – em formato simplificado, imediatamente; ou

**II** – por meio de declaração clara e completa, que indique a origem dos dados, a inexistência de registro, os critérios utilizados e a finalidade do tratamento, observados os segredos comercial e industrial, fornecida no prazo de até 15 (quinze) dias, contado da data do requerimento do titular.

**§ 1º** Os dados pessoais serão armazenados em formato que favoreça o exercício do direito de acesso.

**§ 2º** As informações e os dados poderão ser fornecidos, a critério do titular:

**I** – por meio eletrônico, seguro e idôneo para esse fim; ou

**II** – sob forma impressa.

**§ 3º** Quando o tratamento tiver origem no consentimento do titular ou em contrato, o titular poderá solicitar cópia eletrônica integral de seus dados pessoais, observados os segredos comercial e industrial, nos termos de regulamentação da autoridade nacional, em formato que permita a sua utilização subsequente, inclusive em outras operações de tratamento.

**§ 4º** A autoridade nacional poderá dispor de forma diferenciada acerca dos prazos previstos nos incisos I e II do *caput* deste artigo para os setores específicos.

**Art. 20.** O titular dos dados tem direito a solicitar a revisão de decisões tomadas unicamente com base em tratamento automatizado de dados pessoais que afetem seus interesses, incluídas as decisões destinadas a definir o seu perfil pessoal, profissional, de consumo e de crédito ou os aspectos de sua personalidade. (Redação dada pela Lei 13.853/2019)

**§ 1º** O controlador deverá fornecer, sempre que solicitadas, informações claras e adequadas a respeito dos critérios e dos procedimentos utilizados para a decisão automatizada, observados os segredos comercial e industrial.

**§ 2º** Em caso de não oferecimento de informações de que trata o § 1º deste artigo baseado na observância de segredo comercial e industrial, a autoridade nacional poderá realizar auditoria para verificação de aspectos discriminatórios em tratamento automatizado de dados pessoais.

**§ 3º** (Vetado na Lei 13.853/2019)

**Art. 21.** Os dados pessoais referentes ao exercício regular de direitos pelo titular não podem ser utilizados em seu prejuízo.

**Art. 22.** A defesa dos interesses e dos direitos dos titulares de dados poderá ser exercida em juízo, individual ou coletivamente, na forma do disposto na legislação pertinente, acerca dos instrumentos de tutela individual e coletiva.

## CAPÍTULO IV
## DO TRATAMENTO DE DADOS PESSOAIS PELO PODER PÚBLICO

### SEÇÃO I
### DAS REGRAS

**Art. 23.** O tratamento de dados pessoais pelas pessoas jurídicas de direito público referidas no parágrafo único do art. 1º da Lei nº 12.527, de 18 de novembro de 2011 (Lei de Acesso à Informação), deverá ser realizado para o atendimento de sua finalidade pública, na persecução do interesse público, com o objetivo de executar as competências legais ou cumprir as atribuições legais do serviço público, desde que:

**I** – sejam informadas as hipóteses em que, no exercício de suas competências, realizam o tratamento de dados pessoais, fornecendo informações claras e atualizadas sobre a previsão legal, a finalidade, os procedimentos e as práticas utilizadas para a execução dessas atividades, em veículos de fácil acesso, preferencialmente em seus sítios eletrônicos;

**II** - (VETADO); e

**III** - seja indicado um encarregado quando realizarem operações de tratamento de dados pessoais, nos termos do art. 39 desta Lei; e (Redação dada pela Lei 13.853/2019)

**IV** - (Vetado na Lei 13.853/2019)

**§ 1º** A autoridade nacional poderá dispor sobre as formas de publicidade das operações de tratamento.

**§ 2º** O disposto nesta Lei não dispensa as pessoas jurídicas mencionadas no *caput* deste artigo de instituir as autoridades de que trata a Lei nº 12.527, de 18 de novembro de 2011 (Lei de Acesso à Informação).

**§ 3º** Os prazos e procedimentos para exercício dos direitos do titular perante o Poder Público observarão o disposto em legislação específica, em especial as disposições constantes da Lei nº 9.507, de 12 de novembro de 1997 (Lei do *Habeas Data*), da Lei nº 9.784, de 29 de janeiro de 1999 (Lei Geral do Processo Administrativo), e da Lei nº 12.527, de 18 de novembro de 2011 (Lei de Acesso à Informação).

**§ 4º** Os serviços notariais e de registro exercidos em caráter privado, por delegação do Poder Público, terão o mesmo tratamento dispensado às pessoas jurídicas referidas no *caput* deste artigo, nos termos desta Lei.

**§ 5º** Os órgãos notariais e de registro devem fornecer acesso aos dados por meio eletrônico para a administração pública, tendo em vista as finalidades de que trata o *caput* deste artigo.

**Art. 24.** As empresas públicas e as sociedades de economia mista que atuam em regime de concorrência, sujeitas ao disposto no art. 173 da Constituição Federal, terão o mesmo tratamento dispensado às pessoas jurídicas de direito privado particulares, nos termos desta Lei.

**Parágrafo único.** As empresas públicas e as sociedades de economia mista, quando estiverem operacionalizando políticas públicas e no âmbito da execução delas, terão o mesmo tratamento dispensado aos órgãos e às entidades do Poder Público, nos termos deste Capítulo.

**Art. 25.** Os dados deverão ser mantidos em formato interoperável e estruturado para o uso compartilhado, com vistas à execução de políticas públicas, à prestação de serviços públicos, à descentralização da atividade pública e à disseminação e ao acesso das informações pelo público em geral.

**Art. 26.** O uso compartilhado de dados pessoais pelo Poder Público deve atender a finalidades específicas de execução de políticas públicas e atribuição legal pelos órgãos e pelas entidades públicas, respeitados os princípios de proteção de dados pessoais elencados no art. 6º desta Lei.

**§ 1º** É vedado ao Poder Público transferir a entidades privadas dados pessoais constantes de bases de dados a que tenha acesso, exceto:

**I** - em casos de execução descentralizada de atividade pública que exija a transferência, exclusivamente para esse fim específico e determinado, observado o disposto na Lei nº 12.527, de 18 de novembro de 2011 (Lei de Acesso à Informação);

**II** - (VETADO);

**III** - nos casos em que os dados forem acessíveis publicamente, observadas as disposições desta Lei.

**IV** - quando houver previsão legal ou a transferência for respaldada em contratos, convênios ou instrumentos congêneres; ou (Acrescido pela Lei 13.853/2019)

**V** - na hipótese de a transferência dos dados objetivar exclusivamente a prevenção de fraudes e irregularidades, ou proteger e resguardar a segurança e a integridade do titular dos dados, desde que vedado o tratamento para outras finalidades. (Acrescido pela Lei 13.853/2019)

**§ 2º** Os contratos e convênios de que trata o § 1º deste artigo deverão ser comunicados à autoridade nacional.

**Art. 27.** A comunicação ou o uso compartilhado de dados pessoais de pessoa jurídica de direito público a pessoa de direito privado será informado à autoridade nacional e dependerá de consentimento do titular, exceto:

**I** - nas hipóteses de dispensa de consentimento previstas nesta Lei;

**II** - nos casos de uso compartilhado de dados, em que será dada publicidade nos termos do inciso I do *caput* do art. 23 desta Lei; ou

**III** - nas exceções constantes do § 1º do art. 26 desta Lei.

**Parágrafo único.** A informação à autoridade nacional de que trata o *caput* deste artigo será objeto de regulamentação. (Acrescido pela Lei 13.853/2019)

**Art. 28.** (VETADO).

**Art. 29.** A autoridade nacional poderá solicitar, a qualquer momento, aos órgãos e às entidades do poder público a realização de operações de tratamento de dados pessoais, informações específicas sobre o âmbito e a natureza dos dados e outros detalhes do tratamento realizado e poderá emitir parecer técnico complementar para garantir o cumprimento desta Lei. (Redação dada pela Lei 13.853/2019)

**Art. 30.** A autoridade nacional poderá estabelecer normas complementares para as atividades de comunicação e de uso compartilhado de dados pessoais.

## SEÇÃO II
## DA RESPONSABILIDADE

**Art. 31.** Quando houver infração a esta Lei em decorrência do tratamento de dados pessoais por órgãos públicos, a autoridade nacional poderá enviar informe com medidas cabíveis para fazer cessar a violação.

**Art. 32.** A autoridade nacional poderá solicitar a agentes do Poder Público a publicação de relatórios de impacto à proteção de dados pessoais e sugerir a adoção de padrões e de boas práticas para os tratamentos de dados pessoais pelo Poder Público.

## CAPÍTULO V
## DA TRANSFERÊNCIA INTERNACIONAL DE DADOS

**Art. 33.** A transferência internacional de dados pessoais somente é permitida nos seguintes casos:

**I** – para países ou organismos internacionais que proporcionem grau de proteção de dados pessoais adequado ao previsto nesta Lei;

**II** – quando o controlador oferecer e comprovar garantias de cumprimento dos princípios, dos direitos do titular e do regime de proteção de dados previstos nesta Lei, na forma de:

*a)* cláusulas contratuais específicas para determinada transferência;

*b)* cláusulas-padrão contratuais;

*c)* normas corporativas globais;

*d)* selos, certificados e códigos de conduta regularmente emitidos;

**III** – quando a transferência for necessária para a cooperação jurídica internacional entre órgãos públicos de inteligência, de investigação e de persecução, de acordo com os instrumentos de direito internacional;

**IV** – quando a transferência for necessária para a proteção da vida ou da incolumidade física do titular ou de terceiro;

**V** – quando a autoridade nacional autorizar a transferência;

**VI** – quando a transferência resultar em compromisso assumido em acordo de cooperação internacional;

**VII** – quando a transferência for necessária para a execução de política pública ou atribuição legal do serviço público, sendo dada publicidade nos termos do inciso I do *caput* do art. 23 desta Lei;

**VIII** – quando o titular tiver fornecido o seu consentimento específico e em destaque para a transferência, com informação prévia sobre o caráter internacional da operação, distinguindo claramente esta de outras finalidades; ou

**IX** – quando necessário para atender as hipóteses previstas nos incisos II, V e VI do art. 7º desta Lei.

**Parágrafo único.** Para os fins do inciso I deste artigo, as pessoas jurídicas de direito público referidas no parágrafo único do art. 1º da Lei nº 12.527, de 18 de novembro de 2011 (Lei de Acesso à Informação), no âmbito de suas competências legais, e responsáveis, no âmbito de suas atividades, poderão requerer à autoridade nacional a avaliação do nível de proteção a dados pessoais conferido por país ou organismo internacional.

**Art. 34.** O nível de proteção de dados do país estrangeiro ou do organismo internacional mencionado no inciso I do *caput* do art. 33 desta Lei será avaliado pela autoridade nacional, que levará em consideração:

**I** – as normas gerais e setoriais da legislação em vigor no país de destino ou no organismo internacional;

**II** – a natureza dos dados;

**III** – a observância dos princípios gerais de proteção de dados pessoais e direitos dos titulares previstos nesta Lei;

**IV** – a adoção de medidas de segurança previstas em regulamento;

**V** – a existência de garantias judiciais e institucionais para o respeito aos direitos de proteção de dados pessoais; e

**VI** – outras circunstâncias específicas relativas à transferência.

**Art. 35.** A definição do conteúdo de cláusulas-padrão contratuais, bem como a verificação de cláusulas contratuais específicas para uma determinada transferência, normas corporativas globais ou selos, certificados e códigos de conduta, a que se refere o inciso II do *caput* do art. 33 desta Lei, será realizada pela autoridade nacional.

**§ 1º** Para a verificação do disposto no *caput* deste artigo, deverão ser considerados os requisitos, as condições e as garantias mínimas para a transferência que observem os direitos, as garantias e os princípios desta Lei.

**§ 2º** Na análise de cláusulas contratuais, de documentos ou de normas corporativas globais submetidas à aprovação da autoridade nacional, poderão ser requeridas informações suplementares ou realizadas diligências de verificação quanto às operações de tratamento, quando necessário.

**§ 3º** A autoridade nacional poderá designar organismos de certificação para a realização do previsto no *caput* deste artigo, que permanecerão sob sua fiscalização nos termos definidos em regulamento.

**§ 4º** Os atos realizados por organismo de certificação poderão ser revistos pela autoridade nacional e, caso em desconformidade com esta Lei, submetidos a revisão ou anulados.

**§ 5º** As garantias suficientes de observância dos princípios gerais de proteção e dos direitos do titular referidas no *caput* deste artigo serão também analisadas de acordo com as medidas técnicas e organizacionais adotadas pelo operador, de acordo com o previsto nos §§ 1º e 2º do art. 46 desta Lei.

**Art. 36.** As alterações nas garantias apresentadas como suficientes de observância dos princípios gerais de proteção e dos direitos do titular referidas no inciso II do art. 33 desta Lei deverão ser comunicadas à autoridade nacional.

## CAPÍTULO VI
## DOS AGENTES DE TRATAMENTO DE DADOS PESSOAIS

### SEÇÃO I
### DO CONTROLADOR E DO OPERADOR

**Art. 37.** O controlador e o operador devem manter registro das operações de tratamento de dados pessoais que realizarem, especialmente quando baseado no legítimo interesse.

**Art. 38.** A autoridade nacional poderá determinar ao controlador que elabore relatório de impacto à proteção de dados pessoais, inclusive de dados sensíveis, referente a suas operações de tratamento de dados, nos termos de regulamento, observados os segredos comercial e industrial.

**Parágrafo único.** Observado o disposto no *caput* deste artigo, o relatório deverá conter, no mínimo, a descrição dos tipos de dados coletados, a metodologia utilizada para a coleta e para a garantia da segurança das informações e a análise do controlador com relação a medidas, salvaguardas e mecanismos de mitigação de risco adotados.

**Art. 39.** O operador deverá realizar o tratamento segundo as instruções fornecidas pelo controlador, que verificará a observância das próprias instruções e das normas sobre a matéria.

**Art. 40.** A autoridade nacional poderá dispor sobre padrões de interoperabilidade para fins de portabilidade, livre acesso aos dados e segurança, assim como sobre o tempo de guarda dos registros, tendo em vista especialmente a necessidade e a transparência.

### SEÇÃO II
### DO ENCARREGADO PELO TRATAMENTO DE DADOS PESSOAIS

**Art. 41.** O controlador deverá indicar encarregado pelo tratamento de dados pessoais.

**§ 1º** A identidade e as informações de contato do encarregado deverão ser divulgadas publicamente, de forma clara e objetiva, preferencialmente no sítio eletrônico do controlador.

**§ 2º** As atividades do encarregado consistem em:

**I** – aceitar reclamações e comunicações dos titulares, prestar esclarecimentos e adotar providências;

**II** – receber comunicações da autoridade nacional e adotar providências;

**III** – orientar os funcionários e os contratados da entidade a respeito das práticas a serem tomadas em relação à proteção de dados pessoais; e

**IV** – executar as demais atribuições determinadas pelo controlador ou estabelecidas em normas complementares.

**§ 3º** A autoridade nacional poderá estabelecer normas complementares sobre a definição e as atribuições do encarregado, inclusive hipóteses de dispensa da necessidade de sua indicação, conforme a natureza e o porte da entidade ou o volume de operações de tratamento de dados.

**§ 4º** (Vetado na Lei 13.853/2019)

### SEÇÃO III
### DA RESPONSABILIDADE E DO RESSARCIMENTO DE DANOS

**Art. 42.** O controlador ou o operador que, em razão do exercício de atividade de tratamento de dados pessoais, causar a outrem dano patrimonial, moral, individual ou coletivo, em violação à legislação de proteção de dados pessoais, é obrigado a repará-lo.

**§ 1º** A fim de assegurar a efetiva indenização ao titular dos dados:

**I** – o operador responde solidariamente pelos danos causados pelo tratamento quando descumprir as obrigações da legislação de proteção de dados ou quando não tiver seguido as instruções lícitas do controlador, hipótese em que o operador equipara-se ao controlador, salvo nos casos de exclusão previstos no art. 43 desta Lei;

**II** – os controladores que estiverem diretamente envolvidos no tratamento do qual decorreram danos ao titular dos dados respondem solidariamente, salvo nos casos de exclusão previstos no art. 43 desta Lei.

**§ 2º** O juiz, no processo civil, poderá inverter o ônus da prova a favor do titular dos dados quando, a seu juízo, for verossímil a alegação, houver hipossuficiência para fins de produção de prova ou quando a produção de prova pelo titular resultar-lhe excessivamente onerosa.

**§ 3º** As ações de reparação por danos coletivos que tenham por objeto a responsabilização nos termos do *caput* deste artigo podem ser exercidas coletivamente em juízo, observado o disposto na legislação pertinente.

**§ 4º** Aquele que reparar o dano ao titular tem direito de regresso contra os demais responsáveis, na medida de sua participação no evento danoso.

**Art. 43.** Os agentes de tratamento só não serão responsabilizados quando provarem:

**I** – que não realizaram o tratamento de dados pessoais que lhes é atribuído;

**II** – que, embora tenham realizado o tratamento de dados pessoais que lhes é atribuído, não houve violação à legislação de proteção de dados; ou

**III** – que o dano é decorrente de culpa exclusiva do titular dos dados ou de terceiro.

**Art. 44.** O tratamento de dados pessoais será irregular quando deixar de observar a legislação ou quando não fornecer a segurança que o titular dele pode esperar, consideradas as circunstâncias relevantes, entre as quais:

**I** – o modo pelo qual é realizado;

**II** – o resultado e os riscos que razoavelmente dele se esperam;

**III** – as técnicas de tratamento de dados pessoais disponíveis à época em que foi realizado.

**Parágrafo único.** Responde pelos danos decorrentes da violação da segurança dos dados o controlador ou o operador que, ao deixar de adotar as medidas de segurança previstas no art. 46 desta Lei, der causa ao dano.

**Art. 45.** As hipóteses de violação do direito do titular no âmbito das relações de consumo permanecem sujeitas às regras de responsabilidade previstas na legislação pertinente.

## CAPÍTULO VII
## DA SEGURANÇA E DAS BOAS PRÁTICAS

### SEÇÃO I
### DA SEGURANÇA E DO SIGILO DE DADOS

**Art. 46.** Os agentes de tratamento devem adotar medidas de segurança, técnicas e administrativas aptas a proteger os dados pessoais de acessos não autorizados e de situações acidentais ou ilícitas de destruição, perda, alteração, comunicação ou qualquer forma de tratamento inadequado ou ilícito.

**§ 1º** A autoridade nacional poderá dispor sobre padrões técnicos mínimos para tornar aplicável o disposto no *caput* deste artigo, considerados a natureza das informações tratadas, as características específicas do tratamento e o estado atual da tecnologia, especialmente no caso de dados pessoais sensíveis, assim como os princípios previstos no *caput* do art. 6º desta Lei.

**§ 2º** As medidas de que trata o *caput* deste artigo deverão ser observadas desde a fase de concepção do produto ou do serviço até a sua execução.

**Art. 47.** Os agentes de tratamento ou qualquer outra pessoa que intervenha em uma das fases do tratamento obriga-se a garantir a segurança da informação prevista nesta Lei em relação aos dados pessoais, mesmo após o seu término.

**Art. 48.** O controlador deverá comunicar à autoridade nacional e ao titular a ocorrência de incidente de segurança que possa acarretar risco ou dano relevante aos titulares.

**§ 1º** A comunicação será feita em prazo razoável, conforme definido pela autoridade nacional, e deverá mencionar, no mínimo:

**I** – a descrição da natureza dos dados pessoais afetados;

**II** – as informações sobre os titulares envolvidos;

**III** – a indicação das medidas técnicas e de segurança utilizadas para a proteção dos dados, observados os segredos comercial e industrial;

**IV** – os riscos relacionados ao incidente;

**V** – os motivos da demora, no caso de a comunicação não ter sido imediata; e

**VI** – as medidas que foram ou que serão adotadas para reverter ou mitigar os efeitos do prejuízo.

**§ 2º** A autoridade nacional verificará a gravidade do incidente e poderá, caso necessário para a salvaguarda dos direitos dos titulares, determinar ao controlador a adoção de providências, tais como:

**I** – ampla divulgação do fato em meios de comunicação; e

**II** – medidas para reverter ou mitigar os efeitos do incidente.

**§ 3º** No juízo de gravidade do incidente, será avaliada eventual comprovação de que foram adotadas medidas técnicas adequadas que tornem os dados pessoais afetados ininteligíveis, no âmbito e nos limites técnicos de seus serviços, para terceiros não autorizados a acessá-los.

**Art. 49.** Os sistemas utilizados para o tratamento de dados pessoais devem ser estruturados de forma a atender aos requisitos de segurança, aos padrões de boas práticas e de governança e aos princípios gerais previstos nesta Lei e às demais normas regulamentares.

## SEÇÃO II
## DAS BOAS PRÁTICAS E DA GOVERNANÇA

**Art. 50.** Os controladores e operadores, no âmbito de suas competências, pelo tratamento de dados pessoais, individualmente ou por meio de associações, poderão formular regras de boas práticas e de governança que estabeleçam as condições de organização, o regime de funcionamento, os procedimentos, incluindo reclamações e petições de titulares, as normas de segurança, os padrões técnicos, as obrigações específicas para os diversos envolvidos no tratamento, as ações educativas, os mecanismos internos de supervisão e de mitigação de riscos e outros aspectos relacionados ao tratamento de dados pessoais.

**§ 1º** Ao estabelecer regras de boas práticas, o controlador e o operador levarão em consideração, em relação ao tratamento e aos dados, a natureza, o escopo, a finalidade e a probabilidade e a gravidade dos riscos e dos benefícios decorrentes de tratamento de dados do titular.

**§ 2º** Na aplicação dos princípios indicados nos incisos VII e VIII do *caput* do art. 6º desta Lei, o controlador, observados a estrutura, a escala e o volume de suas operações, bem como a sensibilidade dos dados tratados e a probabilidade e a gravidade dos danos para os titulares dos dados, poderá:

**I** – implementar programa de governança em privacidade que, no mínimo:

*a)* demonstre o comprometimento do controlador em adotar processos e políticas internas que assegurem o cumprimento, de forma abrangente, de normas e boas práticas relativas à proteção de dados pessoais;

*b)* seja aplicável a todo o conjunto de dados pessoais que estejam sob seu controle, independentemente do modo como se realizou sua coleta;

*c)* seja adaptado à estrutura, à escala e ao volume de suas operações, bem como à sensibilidade dos dados tratados;

*d)* estabeleça políticas e salvaguardas adequadas com base em processo de avaliação sistemática de impactos e riscos à privacidade;

*e)* tenha o objetivo de estabelecer relação de confiança com o titular, por meio de atuação transparente e que assegure mecanismos de participação do titular;

*f)* esteja integrado a sua estrutura geral de governança e estabeleça e aplique mecanismos de supervisão internos e externos;

*g)* conte com planos de resposta a incidentes e remediação; e

*h)* seja atualizado constantemente com base em informações obtidas a partir de monitoramento contínuo e avaliações periódicas;

**II** – demonstrar a efetividade de seu programa de governança em privacidade quando apropriado e, em especial, a pedido da autoridade nacional ou de outra entidade responsável por promover o cumprimento de boas práticas ou códigos de conduta, os quais, de forma independente, promovam o cumprimento desta Lei.

**§ 3º** As regras de boas práticas e de governança deverão ser publicadas e atualizadas periodicamente e poderão ser reconhecidas e divulgadas pela autoridade nacional.

**Art. 51.** A autoridade nacional estimulará a adoção de padrões técnicos que facilitem o controle pelos titulares dos seus dados pessoais.

## CAPÍTULO VIII
## DA FISCALIZAÇÃO

## SEÇÃO I
## DAS SANÇÕES ADMINISTRATIVAS

**Art. 52.** Os agentes de tratamento de dados, em razão das infrações cometidas às normas previstas nesta Lei, ficam sujeitos às seguintes sanções administrativas aplicáveis pela autoridade nacional:

**I** – advertência, com indicação de prazo para adoção de medidas corretivas;

**II** – multa simples, de até 2% (dois por cento) do faturamento da pessoa jurídica de direito privado, grupo ou conglomerado no Brasil no seu último exercício, excluídos os tributos, limitada, no total, a R$ 50.000.000,00 (cinquenta milhões de reais) por infração;

**III** – multa diária, observado o limite total a que se refere o inciso II;

**IV** – publicização da infração após devidamente apurada e confirmada a sua ocorrência;

**V** – bloqueio dos dados pessoais a que se refere a infração até a sua regularização;

**VI** – eliminação dos dados pessoais a que se refere a infração;

**VII** – (VETADO);

**VIII** – (VETADO);

**IX** – (VETADO).

**X** – suspensão parcial do funcionamento do banco de dados a que se refere a infração pelo período máximo de 6 (seis) meses, prorrogável por igual período, até a regularização da atividade de tratamento pelo controlador; (Acrescido pela Lei 13.853/2019, vetado pelo Presidente da República, mantido pelo Congresso Nacional e publicado no DOU de 20.12.2019)

**XI** – suspensão do exercício da atividade de tratamento dos dados pessoais a que se refere a infração pelo período máximo de 6 (seis) meses, prorrogável por igual período; (Acrescido pela Lei 13.853/2019, vetado pelo Presidente da República, mantido pelo Congresso Nacional e publicado no DOU de 20.12.2019)

**XII** – proibição parcial ou total do exercício de atividades relacionadas a tratamento de dados. (Acrescido pela Lei 13.853/2019, vetado pelo Presidente da República, mantido pelo Congresso Nacional e publicado no DOU de 20.12.2019)

**§ 1º** As sanções serão aplicadas após procedimento administrativo que possibilite a oportunidade da ampla defesa, de forma gradativa, isolada ou cumulativa, de acordo com as peculiaridades do caso concreto e considerados os seguintes parâmetros e critérios:

**I** – a gravidade e a natureza das infrações e dos direitos pessoais afetados;

**II** – a boa-fé do infrator;

**III** – a vantagem auferida ou pretendida pelo infrator;

**IV** – a condição econômica do infrator;

**V** – a reincidência;

**VI** – o grau do dano;

**VII** – a cooperação do infrator;

**VIII** – a adoção reiterada e demonstrada de mecanismos e procedimentos internos capazes de minimizar o dano, voltados ao tratamento seguro e adequado de dados, em consonância com o disposto no inciso II do § 2º do art. 48 desta Lei;

**IX** – a adoção de política de boas práticas e governança;

**X** – a pronta adoção de medidas corretivas; e

**XI** – a proporcionalidade entre a gravidade da falta e a intensidade da sanção.

**§ 2º** O disposto neste artigo não substitui a aplicação de sanções administrativas, civis ou penais definidas na Lei nº 8.078, de 11 de setembro de 1990, e em legislação específica. (Redação dada pela Lei 13.853/2019)

**§ 3º** O disposto nos incisos I, IV, V, VI, X, XI e XII do *caput* deste artigo poderá ser aplicado às entidades e aos órgãos públicos, sem prejuízo do disposto na Lei nº 8.112, de 11 de dezembro de 1990, na Lei nº 8.429, de 2 de junho de 1992, e na Lei nº 12.527, de 18 de novembro de 2011. (Redação dada pela Lei 13.853/2019, vetado pelo Presidente da República, mantido pelo Congresso Nacional e publicado no DOU de 20.12.2019)

**§ 4º** No cálculo do valor da multa de que trata o inciso II do *caput* deste artigo, a autoridade nacional poderá considerar o faturamento total da empresa ou grupo de empresas, quando não dispuser do valor do faturamento no ramo de atividade empresarial em que ocorreu a infração, definido pela autoridade nacional, ou quando o valor for apresentado de forma incompleta ou não for demonstrado de forma inequívoca e idônea.

**§ 5º** O produto da arrecadação das multas aplicadas pela ANPD, inscritas ou não em dívida ativa, será destinado ao Fundo de Defesa de Direitos Difusos de que tratam o art. 13 da Lei nº 7.347, de 24 de julho de 1985, e a Lei nº 9.008, de 21 de março de 1995. *(Acrescido pela Lei 13.853/2019)*

**§ 6º** As sanções previstas nos incisos X, XI e XII do *caput* deste artigo serão aplicadas: *(Acrescido pela Lei 13.853/2019, vetado pelo Presidente da República, mantido pelo Congresso Nacional e publicado no DOU de 20.12.2019)*

**I** – somente após já ter sido imposta ao menos 1 (uma) das sanções de que tratam os incisos II, III, IV, V e VI do *caput* deste artigo para o mesmo caso concreto; e

**II** – em caso de controladores submetidos a outros órgãos e entidades com competências sancionatórias, ouvidos esses órgãos.

**§ 7º** Os vazamentos individuais ou os acessos não autorizados de que trata o *caput* do art. 46 desta Lei poderão ser objeto de conciliação direta entre controlador e titular e, caso não haja acordo, o controlador estará sujeito à aplicação das penalidades de que trata este artigo. *(Acrescido pela Lei 13.853/2019)*

**Art. 53.** A autoridade nacional definirá, por meio de regulamento próprio sobre sanções administrativas a infrações a esta Lei, que deverá ser objeto de consulta pública, as metodologias que orientarão o cálculo do valor-base das sanções de multa.

**§ 1º** As metodologias a que se refere o *caput* deste artigo devem ser previamente publicadas, para ciência dos agentes de tratamento, e devem apresentar objetivamente as formas e dosimetrias para o cálculo do valor-base das sanções de multa, que deverão conter fundamentação detalhada de todos os seus elementos, demonstrando a observância dos critérios previstos nesta Lei.

**§ 2º** O regulamento de sanções e metodologias correspondentes deve estabelecer as circunstâncias e as condições para a adoção de multa simples ou diária.

**Art. 54.** O valor da sanção de multa diária aplicável às infrações a esta Lei deve observar a gravidade da falta e a extensão do dano ou prejuízo causado e ser fundamentado pela autoridade nacional.

**Parágrafo único.** A intimação da sanção de multa diária deverá conter, no mínimo, a descrição da obrigação imposta, o prazo razoável e estipulado pelo órgão para o seu cumprimento e o valor da multa diária a ser aplicada pelo seu descumprimento.

## CAPÍTULO IX DA AUTORIDADE NACIONAL DE PROTEÇÃO DE DADOS (ANPD) E DO CONSELHO NACIONAL DE PROTEÇÃO DE DADOS PESSOAIS E DA PRIVACIDADE

### SEÇÃO I DA AUTORIDADE NACIONAL DE PROTEÇÃO DE DADOS (ANPD)

**Art. 55.** (VETADO).

**Art. 55-A.** Fica criada a Autoridade Nacional de Proteção de Dados - ANPD, autarquia de natureza especial, dotada de autonomia técnica e decisória, com patrimônio próprio e com sede e foro no Distrito Federal. *(Redação dada pela Medida Provisória 1.124/2022)*

> **Texto anterior:** Art. 55-A. Fica criada, sem aumento de despesa, a Autoridade Nacional de Proteção de Dados (ANPD), órgão da administração pública federal, integrante da Presidência da República. *(Acrescido pela Lei 13.853/2019)*

**§ 1º** *(Revogado pela MP 1.124/2022)*

> **Texto anterior:** § 1º A natureza jurídica da ANPD é transitória e poderá ser transformada pelo Poder Executivo em entidade da administração pública federal indireta, submetida a regime autárquico especial e vinculada à Presidência da República.

**§ 2º** *(Revogado pela MP 1.124/2022)*

> **Texto anterior:** § 2º A avaliação quanto à transformação de que dispõe o § 1º deste artigo deverá ocorrer em até 2 (dois) anos da data da entrada em vigor da estrutura regimental da ANPD.

**§ 3º** *(Revogado pela MP 1.124/2022)*

> **Texto anterior:** § 3º O provimento dos cargos e das funções necessários à criação e à atuação da ANPD está condicionado à expressa autorização física e financeira na lei orçamentária anual e à permissão na lei de diretrizes orçamentárias.

**Art. 55-B.** *(Revogado pela MP 1.124/2022)*

> **Texto anterior:** Art. 55-B. É assegurada autonomia técnica à ANPD. *(Acrescido pela Lei 13.853/2019)*

**Art. 55-C.** ANPD é composta de: *(Incluído pela Lei 13.853/2019)*

**I** - Conselho Diretor, órgão máximo de direção;

**II** - Conselho Nacional de Proteção de Dados Pessoais e da Privacidade;

**III** - Corregedoria;

**IV** - Ouvidoria;

**V** - Procuradoria; e *(Redação dada pela MP 1.124/2022)*

> **Texto anterior:** V - órgão de assessoramento jurídico próprio; e

**VI** - unidades administrativas e unidades especializadas necessárias à aplicação do disposto nesta Lei. (Acrescido pela Lei 13.853/2019)

**Art. 55-D.** O Conselho Diretor da ANPD será composto de 5 (cinco) diretores, incluído o Diretor-Presidente. *(Acrescido pela Lei 13.853/2019)*

**§ 1º** Os membros do Conselho Diretor da ANPD serão escolhidos pelo Presidente da República e por ele nomeados, após aprovação pelo Senado Federal, nos termos da alínea 'f' do inciso III do art. 52 da Constituição Federal, e ocuparão cargo em comissão do Grupo-Direção e Assessoramento Superiores - DAS, no mínimo, de nível 5.

**§ 2º** Os membros do Conselho Diretor serão escolhidos dentre brasileiros que tenham reputação ilibada, nível superior de educação e elevado conceito no campo de especialidade dos cargos para os quais serão nomeados.

**§ 3º** O mandato dos membros do Conselho Diretor será de 4 (quatro) anos.

**§ 4º** Os mandatos dos primeiros membros do Conselho Diretor nomeados serão de 2 (dois), de 3 (três), de 4 (quatro), de 5 (cinco) e de 6 (seis) anos, conforme estabelecido no ato de nomeação.

**§ 5º** Na hipótese de vacância do cargo no curso do mandato de membro do Conselho Diretor, o prazo remanescente será completado pelo sucessor.

**Art. 55-E.** Os membros do Conselho Diretor somente perderão seus cargos em virtude de renúncia, condenação judicial transitada em julgado ou pena de demissão decorrente de processo administrativo disciplinar. *(Acrescido pela Lei 13.853/2019)*

**§ 1º** Nos termos do *caput* deste artigo, cabe ao Ministro de Estado Chefe da Casa Civil da Presidência da República instaurar o processo administrativo disciplinar, que será conduzido por comissão especial constituída por servidores públicos federais estáveis.

**§ 2º** Compete ao Presidente da República determinar o afastamento preventivo, somente quando assim recomendado pela comissão especial de que trata o § 1º deste artigo, e proferir o julgamento.

**Art. 55-F.** Aplica-se aos membros do Conselho Diretor, após o exercício do cargo, o disposto no art. 6º da Lei nº 12.813, de 16 de maio de 2013. *(Acrescido pela Lei 13.853/2019)*

**Parágrafo único.** A infração ao disposto no *caput* caracteriza ato de improbidade administrativa.

**Art. 55-G.** Ato do Presidente da República disporá sobre a estrutura regimental da ANPD. *(Acrescido pela Lei 13.853/2019)*

**§ 1º** Até a data de entrada em vigor de sua estrutura regimental, a ANPD receberá o apoio técnico e administrativo da Casa Civil da Presidência da República para o exercício de suas atividades.

**§ 2º** O Conselho Diretor disporá sobre o regimento interno da ANPD.

**Art. 55-H.** Os cargos em comissão e as funções de confiança da ANPD serão remanejados de outros órgãos e entidades do Poder Executivo federal. *(Acrescido pela Lei 13.853/2019)*

**Art. 55-I.** Os ocupantes dos cargos em comissão e das funções de confiança da ANPD serão indicados pelo Conselho Diretor e nomeados ou designados pelo Diretor-Presidente. *(Acrescido pela Lei 13.853/2019)*

**Art. 55-J.** Compete à ANPD: *(Acrescido pela Lei 13.853/2019)*

**I** - zelar pela proteção dos dados pessoais, nos termos da legislação;

**II** - zelar pela observância dos segredos comercial e industrial, observada a proteção de dados pessoais e do sigilo das informações quando protegido por lei ou quando a quebra do sigilo violar os fundamentos do art. 2º desta Lei;

**III** - elaborar diretrizes para a Política Nacional de Proteção de Dados Pessoais e da Privacidade;

**IV** - fiscalizar e aplicar sanções em caso de tratamento de dados realizado em descumprimento à legislação, mediante processo administrativo que assegure o contraditório, a ampla defesa e o direito de recurso;

**V** - apreciar petições de titular contra controlador após comprovada pelo titular a apresentação de reclamação ao controlador não solucionada no prazo estabelecido em regulamentação;

**VI** - promover na população o conhecimento das normas e das políticas públicas sobre proteção de dados pessoais e das medidas de segurança;

**VII** - promover e elaborar estudos sobre as práticas nacionais e internacionais de proteção de dados pessoais e privacidade;

**VIII** - estimular a adoção de padrões para serviços e produtos que facilitem o exercício de controle dos titulares sobre seus dados pessoais, os quais deverão levar em consideração as especificidades das atividades e o porte dos responsáveis;

**IX** - promover ações de cooperação com autoridades de proteção de dados pessoais de outros países, de natureza internacional ou transnacional;

**X** - dispor sobre as formas de publicidade das operações de tratamento de dados pessoais, respeitados os segredos comercial e industrial;

**XI** - solicitar, a qualquer momento, às entidades do poder público que realizem operações de tratamento de dados pessoais informe específico sobre o âmbito, a natureza dos dados e os demais detalhes do tratamento realizado, com a possibilidade de emitir parecer técnico complementar para garantir o cumprimento desta Lei;

**XII** - elaborar relatórios de gestão anuais acerca de suas atividades;

**XIII** - editar regulamentos e procedimentos sobre proteção de dados pessoais e privacidade, bem como sobre relatórios de impacto à proteção de dados pessoais para os casos em que o tratamento representar alto risco à garantia dos princípios gerais de proteção de dados pessoais previstos nesta Lei;

**XIV** - ouvir os agentes de tratamento e a sociedade em matérias de interesse relevante e prestar contas sobre suas atividades e planejamento;

**XV** - arrecadar e aplicar suas receitas e publicar, no relatório de gestão a que se refere o inciso XII do *caput* deste artigo, o detalhamento de suas receitas e despesas;

**XVI** - realizar auditorias, ou determinar sua realização, no âmbito da atividade de fiscalização de que trata o inciso IV e com a devida observância do disposto no inciso II do *caput* deste artigo, sobre o tratamento de dados pessoais efetuado pelos agentes de tratamento, incluído o poder público;

**XVII** - celebrar, a qualquer momento, compromisso com agentes de tratamento para eliminar irregularidade, incerteza jurídica ou situação contenciosa no âmbito de processos administrativos, de acordo com o previsto no Decreto-Lei nº 4.657, de 4 de setembro de 1942;

**XVIII** - editar normas, orientações e procedimentos simplificados e diferenciados, inclusive quanto aos prazos, para que microempresas e empresas de pequeno porte, bem como iniciativas empresariais de caráter incremental ou disruptivo que se autodeclarem startups ou empresas de inovação, possam adequar-se a esta Lei;

**XIX** - garantir que o tratamento de dados de idosos seja efetuado de maneira simples, clara, acessível e adequada ao seu entendimento, nos termos desta Lei e da Lei nº 10.741, de 1º de outubro de 2003 (Estatuto do Idoso);

**XX** - deliberar, na esfera administrativa, em caráter terminativo, sobre a interpretação desta Lei, as suas competências e os casos omissos;

**XXI** - comunicar às autoridades competentes as infrações penais das quais tiver conhecimento;

**XXII** - comunicar aos órgãos de controle interno o descumprimento do disposto nesta Lei por órgãos e entidades da administração pública federal;

**XXIII** - articular-se com as autoridades reguladoras públicas para exercer suas competências em setores específicos de atividades econômicas e governamentais sujeitas à regulação; e

**XXIV** - implementar mecanismos simplificados, inclusive por meio eletrônico, para o registro de reclamações sobre o tratamento de dados pessoais em desconformidade com esta Lei.

**§ 1º** Ao impor condicionantes administrativas ao tratamento de dados pessoais por agente de tratamento privado, sejam eles limites, encargos ou sujeições, a ANPD deve observar a exigência de mínima intervenção, assegurados os fundamentos, os princípios e os direitos dos titulares previstos no art. 170 da Constituição Federal e nesta Lei.

**§ 2º** Os regulamentos e as normas editados pela ANPD devem ser precedidos de consulta e audiência públicas, bem como de análises de impacto regulatório.

**§ 3º** A ANPD e os órgãos e entidades públicos responsáveis pela regulação de setores específicos da atividade econômica e governamental devem coordenar suas atividades, nas correspondentes esferas de atuação, com vistas a assegurar o cumprimento de suas atribuições com a maior eficiência e promover o adequado funcionamento dos setores regulados, conforme legislação específica, e o tratamento de dados pessoais, na forma desta Lei.

**§ 4º** A ANPD manterá fórum permanente de comunicação, inclusive por meio de cooperação técnica, com órgãos e entidades da administração pública responsáveis pela regulação de setores específicos da atividade econômica e governamental, a fim de facilitar as competências regulatória, fiscalizatória e punitiva da ANPD.

**§ 5º** No exercício das competências de que trata o *caput* deste artigo, a autoridade competente deverá zelar pela preservação do segredo empresarial e do sigilo das informações, nos termos da lei.

**§ 6º** As reclamações colhidas conforme o disposto no inciso V do *caput* deste artigo poderão ser analisadas de forma agregada, e as eventuais providências delas decorrentes poderão ser adotadas de forma padronizada.

**Art. 55-K.** A aplicação das sanções previstas nesta Lei compete exclusivamente à ANPD, e suas competências prevalecerão, no que se refere à proteção de dados pessoais, sobre as competências correlatas de outras entidades ou órgãos da administração pública. *(Acrescido pela Lei 13.853/2019)*

**Parágrafo único.** A ANPD articulará sua atuação com outros órgãos e entidades com competências sancionatórias e normativas afetas ao tema de proteção de dados pessoais e será o órgão central de interpretação desta Lei e do estabelecimento de normas e diretrizes para a sua implementação.

**Art. 55-L.** Constituem receitas da ANPD: *(Acrescido pela Lei 13.853/2019)*

**I** - as dotações, consignadas no orçamento geral da União, os créditos especiais, os créditos adicionais, as transferências e os repasses que lhe forem conferidos;

**II** - as doações, os legados, as subvenções e outros recursos que lhe forem destinados;

**III** - os valores apurados na venda ou aluguel de bens móveis e imóveis de sua propriedade;

**IV** - os valores apurados em aplicações no mercado financeiro das receitas previstas neste artigo;

**V** - (VETADO);

**VI** - os recursos provenientes de acordos, convênios ou contratos celebrados com entidades, organismos ou empresas, públicos ou privados, nacionais ou internacionais;

**VII** - o produto da venda de publicações, material técnico, dados e informações, inclusive para fins de licitação pública.

**Art. 55-M.** Constituem o patrimônio da ANPD os bens e os direitos: *(Acrescido pela MP 1.124/2022)*

**I** - que lhe forem transferidos pelos órgãos da Presidência da República; e

**II** - que venha a adquirir ou a incorporar.

**Arts. 56 e 57.** (VETADOS).

## SEÇÃO II
## DO CONSELHO NACIONAL DE

## PROTEÇÃO DE DADOS PESSOAIS E DA PRIVACIDADE

**Art. 58.** (VETADO)

**Art. 58-A.** O Conselho Nacional de Proteção de Dados Pessoais e da Privacidade será composto de 23 (vinte e três) representantes, titulares e suplentes, dos seguintes órgãos: *(Acrescido pela Lei 13.853/2019)*

**I** - 5 (cinco) do Poder Executivo federal;

**II** - 1 (um) do Senado Federal;

**III** - 1 (um) da Câmara dos Deputados;

**IV** - 1 (um) do Conselho Nacional de Justiça;

**V** - 1 (um) do Conselho Nacional do Ministério Público;

**VI** - 1 (um) do Comitê Gestor da Internet no Brasil;

**VII** - 3 (três) de entidades da sociedade civil com atuação relacionada a proteção de dados pessoais;

**VIII** - 3 (três) de instituições científicas, tecnológicas e de inovação;

**IX** - 3 (três) de confederações sindicais representativas das categorias econômicas do setor produtivo;

**X** - 2 (dois) de entidades representativas do setor empresarial relacionado à área de tratamento de dados pessoais; e

**XI** - 2 (dois) de entidades representativas do setor laboral.

**§ 1º** Os representantes serão designados por ato do Presidente da República, permitida a delegação.

**§ 2º** Os representantes de que tratam os incisos I, II, III, IV, V e VI do *caput* deste artigo e seus suplentes serão indicados pelos titulares dos respectivos órgãos e entidades da administração pública.

**§ 3º** Os representantes de que tratam os incisos VII, VIII, IX, X e XI do *caput* deste artigo e seus suplentes:

**I** - serão indicados na forma de regulamento;

**II** - não poderão ser membros do Comitê Gestor da Internet no Brasil;

**III** - terão mandato de 2 (dois) anos, permitida 1 (uma) recondução.

**§ 4º** A participação no Conselho Nacional de Proteção de Dados Pessoais e da Privacidade será considerada prestação de serviço público relevante, não remunerada.

**Art. 58-B.** Compete ao Conselho Nacional de Proteção de Dados Pessoais e da Privacidade: *(Acrescido pela Lei 13.853/2019)*

**I** - propor diretrizes estratégicas e fornecer subsídios para a elaboração da Política Nacional de Proteção de Dados Pessoais e da Privacidade e para a atuação da ANPD;

**II** - elaborar relatórios anuais de avaliação da execução das ações da Política Nacional de Proteção de Dados Pessoais e da Privacidade;

**III** - sugerir ações a serem realizadas pela ANPD;

**IV** - elaborar estudos e realizar debates e audiências públicas sobre a proteção de dados pessoais e da privacidade; e

**V** - disseminar o conhecimento sobre a proteção de dados pessoais e da privacidade à população.

**Art. 59.** (VETADO)

## CAPÍTULO X
## DISPOSIÇÕES FINAIS E TRANSITÓRIAS

**Art. 60.** A Lei nº 12.965, de 23 de abril de 2014 (Marco Civil da Internet), passa a vigorar com as seguintes alterações:

(...)

**Art. 61.** A empresa estrangeira será notificada e intimada de todos os atos processuais previstos nesta Lei, independentemente de procuração ou de disposição contratual ou estatutária, na pessoa do agente ou representante ou pessoa responsável por sua filial, agência, sucursal, estabelecimento ou escritório instalado no Brasil.

**Art. 62.** A autoridade nacional e o Instituto Nacional de Estudos e Pesquisas Educacionais Anísio Teixeira (Inep), no âmbito de suas competências, editarão regulamentos específicos para o acesso a dados tratados pela União para o cumprimento do disposto no § 2º do art. 9º da Lei nº 9.394, de 20 de dezembro de 1996 (Lei de Diretrizes e Bases da Educação Nacional), e aos referentes ao Sistema Nacional de Avaliação da Educação Superior (Sinaes), de que trata a Lei nº 10.861, de 14 de abril de 2004.

**Art. 63.** A autoridade nacional estabelecerá normas sobre a adequação progressiva de bancos de dados constituídos até a data de entrada em vigor desta Lei, consideradas a complexidade das operações de tratamento e a natureza dos dados.

**Art. 64.** Os direitos e princípios expressos nesta Lei não excluem outros previstos no ordenamento jurídico pátrio relacionados à matéria ou nos tratados internacionais em que a República Federativa do Brasil seja parte.

**Art. 65.** Esta Lei entra em vigor: *(Redação dada pela Lei 13.853/2019)*

**I** - dia 28 de dezembro de 2018, quanto aos arts. 55-A, 55-B, 55-C, 55-D, 55- E, 55-F, 55-G, 55-H, 55-I, 55-J, 55-K, 55-L, 58-A e 58-B; e *(Acrescido pela Lei 13.853/2019)*

**I-A** – dia 1º de agosto de 2021, quanto aos arts. 52, 53 e 54; *(Acrescido pela Lei 14.010/2020)*

**II** - 24 (vinte e quatro) meses após a data de sua publicação, quanto aos demais artigos. *(Acrescido pela Lei 13.853/2019)*

Brasília, 14 de agosto de 2018; 197º da Independência e 130º da República.

MICHEL TEMER

# LEI Nº 13.874, DE 20 DE SETEMBRO DE 2019

*Institui a Declaração de Direitos de Liberdade Econômica; estabelece garantias de livre mercado; altera as Leis nºs 10.406, de 10 de janeiro de 2002 (Código Civil), 6.404, de 15 de dezembro de 1976, 11.598, de 3 de dezembro de 2007, 12.682, de 9 de julho de 2012, 6.015, de 31 de dezembro de 1973, 10.522, de 19 de julho de 2002, 8.934, de 18 de novembro 1994, o Decreto-Lei nº 9.760, de 5 de setembro de 1946 e a Consolidação das Leis do Trabalho, aprovada pelo Decreto-Lei nº 5.452, de 1º de maio de 1943; revoga a Lei Delegada nº 4, de 26 de setembro de 1962, a Lei nº 11.887, de 24 de dezembro de 2008, e dispositivos do Decreto-Lei nº 73, de 21 de novembro de 1966; e dá outras providências.*

▸ *Declaração de Direitos de Liberdade Econômica*

O PRESIDENTE DA REPÚBLICA

Faço saber que o Congresso Nacional decreta e eu sanciono a seguinte Lei:

## CAPÍTULO I
## DISPOSIÇÕES GERAIS

**Art. 1º** Fica instituída a Declaração de Direitos de Liberdade Econômica, que estabelece normas de proteção à livre iniciativa e ao livre exercício de atividade econômica e disposições sobre a atuação do Estado como agente normativo e regulador, nos termos do inciso IV do *caput* do art. 1º, do parágrafo único do art. 170 e do *caput* do art. 174 da Constituição Federal.

**§ 1º** O disposto nesta Lei será observado na aplicação e na interpretação do direito civil, empresarial, econômico, urbanístico e do trabalho nas relações jurídicas que se encontrem no seu âmbito de aplicação e na ordenação pública, inclusive sobre exercício das profissões, comércio, juntas comerciais, registros públicos, trânsito, transporte e proteção ao meio ambiente.

**§ 2º** Interpretam-se em favor da liberdade econômica, da boa-fé e do respeito aos contratos, aos investimentos e à propriedade todas as normas de ordenação pública sobre atividades econômicas privadas.

**§ 3º** O disposto neste Capítulo e nos Capítulos II e III desta Lei não se aplica ao direito tributário e ao direito financeiro, ressalvado o disposto no inciso X do *caput* do art. 3º desta Lei. *(Redação dada pela Lei 14.195/2021)*

**§ 4º** O disposto nos arts. 1º, 2º, 3º e 4º desta Lei constitui norma geral de direito econômico, conforme o disposto no inciso I do *caput* e nos §§ 1º, 2º, 3º e 4º do art. 24 da Constituição Federal, e será observado para todos os atos públicos de liberação da atividade econômica executados pelos Estados, pelo Distrito Federal e pelos Municípios, nos termos do § 2º deste artigo.

**§ 5º** O disposto no inciso IX do *caput* do art. 3º desta Lei não se aplica aos Estados, ao Distrito Federal e aos Municípios, exceto se:

**I** - o ato público de liberação da atividade econômica for derivado ou delegado por legislação ordinária federal; ou

**II** - o ente federativo ou o órgão responsável pelo ato decidir vincular-se ao disposto no inciso IX do *caput* do art. 3º desta Lei por meio de instrumento válido e próprio.

**§ 6º** Para fins do disposto nesta Lei, consideram-se atos públicos de liberação a licença, a autorização, a concessão, a inscrição, a permissão, o alvará, o cadastro, o credenciamento, o estudo, o plano, o registro e os demais atos exigidos, sob qualquer denominação, por órgão ou entidade da administração pública na aplicação de legislação, como condição para o exercício de atividade econômica, inclusive o início, a continuação e o fim para a instalação, a construção, a operação, a produção, o funcionamento, o uso, o exercício ou a realização, no âmbito público ou privado, de atividade, serviço, estabelecimento, profissão, instalação, operação, produto, equipamento, veículo, edificação e outros.

**Art. 2º** São princípios que norteiam o disposto nesta Lei:

**I** - a liberdade como uma garantia no exercício de atividades econômicas;

**II** - a boa-fé do particular perante o poder público;

**III** - a intervenção subsidiária e excepcional do Estado sobre o exercício de atividades econômicas; e

**IV** - o reconhecimento da vulnerabilidade do particular perante o Estado.

**Parágrafo único.** Regulamento disporá sobre os critérios de aferição para afastamento do inciso IV do *caput* deste artigo, limitados a questões de má-fé, hipersuficiência ou reincidência.

## CAPÍTULO II
## DA DECLARAÇÃO DE DIREITOS DE LIBERDADE ECONÔMICA

**Art. 3º** São direitos de toda pessoa, natural ou jurídica, essenciais para o desenvolvimento e o crescimento econômicos do País, observado o disposto no parágrafo único do art. 170 da Constituição Federal:

**I** - desenvolver atividade econômica de baixo risco, para a qual se valha exclusivamente de propriedade privada própria ou de terceiros consensuais, sem a necessidade de quaisquer atos públicos de liberação da atividade econômica;

**II** - desenvolver atividade econômica em qualquer horário ou dia da semana, inclusive feriados, sem que para isso esteja sujeita a cobranças ou encargos adicionais, observadas:

*a)* as normas de proteção ao meio ambiente, incluídas as de repressão à poluição sonora e à perturbação do sossego público;

*b)* as restrições advindas de contrato, de regulamento condominial ou de outro negócio jurídico, bem como as decorrentes das normas de direito real, incluídas as de direito de vizinhança; e

*c)* a legislação trabalhista;

**III** - definir livremente, em mercados não regulados, o preço de produtos e de serviços como consequência de alterações da oferta e da demanda;

**IV** - receber tratamento isonômico de órgãos e de entidades da administração pública quanto ao exercício de atos de liberação da atividade econômica, hipótese em que o ato de liberação estará vinculado aos mesmos critérios de interpretação adotados em decisões administrativas análogas anteriores, observado o disposto em regulamento;

**V** - gozar de presunção de boa-fé nos atos praticados no exercício da atividade econômica, para os quais as dúvidas de interpretação do direito civil, empresarial, econômico e urbanístico serão resolvidas de forma a preservar a autonomia privada, exceto se houver expressa disposição legal em contrário;

**VI** - desenvolver, executar, operar ou comercializar novas modalidades de produtos e de serviços quando as normas infralegais se tornarem desatualizadas por força de desenvolvimento tecnológico consolidado internacionalmente, nos termos estabelecidos em regulamento, que disciplinará os requisitos para aferição da situação concreta, os procedimentos, o momento e as condições dos efeitos;

**VII** - (VETADO);

**VIII** - ter a garantia de que os negócios jurídicos empresariais paritários serão objeto de livre estipulação das partes pactuantes, de forma a aplicar todas as regras de direito empresarial apenas de maneira subsidiária ao avençado, exceto normas de ordem pública;

**IX** - ter a garantia de que, nas solicitações de atos públicos de liberação da atividade econômica que se sujeitam ao disposto nesta Lei, apresentados todos os elementos necessários à instrução do processo, o particular será cientificado expressa e imediatamente do prazo máximo estipulado para a análise de seu pedido e de que, transcorrido o prazo fixado, o silêncio da autoridade competente importará aprovação tácita para todos os efeitos, ressalvadas as hipóteses expressamente vedadas em lei;

**X** - arquivar qualquer documento por meio de microfilme ou por meio digital, conforme técnica e requisitos estabelecidos em regulamento, hipótese em que se equiparará a documento físico para todos os efeitos legais e para a comprovação de qualquer ato de direito público;

**XI** - não ser exigida medida ou prestação compensatória ou mitigatória abusiva, em sede de estudos de impacto ou outras liberações de atividade econômica no direito urbanístico, entendida como aquela que:

*a)* (VETADO);

*b)* requeira medida que já era planejada para execução antes da solicitação pelo particular, sem que a atividade econômica altere a demanda para execução da referida medida;

*c)* utilize-se do particular para realizar execuções que compensem impactos que existiriam independentemente do empreendimento ou da atividade econômica solicitada;

*d)* requeira a execução ou prestação de qualquer tipo para áreas ou situação além daquelas diretamente impactadas pela atividade econômica; ou

*e)* mostre-se sem razoabilidade ou desproporcional, inclusive utilizada como meio de coação ou intimidação; e

**XII** - não ser exigida pela administração pública direta ou indireta certidão sem previsão expressa em lei.

**§ 1º** Para fins do disposto no inciso I do *caput* deste artigo:

**I** - ato do Poder Executivo federal disporá sobre a classificação de atividades de baixo risco a ser observada na ausência de legislação estadual, distrital ou municipal específica;

**II** - na hipótese de ausência de ato do Poder Executivo federal de que trata o inciso I deste parágrafo, será aplicada resolução do Comitê para Gestão da Rede Nacional para a Simplificação do Registro e da Legalização de Empresas e Negócios (CGSIM), independentemente da aderência do ente federativo à Rede Nacional para a Simplificação do Registro e da Legalização de Empresas e Negócios (Redesim); e

**III** - na hipótese de existência de legislação estadual, distrital ou municipal sobre a classificação de atividades de baixo risco, o ente federativo que editar ou tiver editado norma específica encaminhará notificação ao Ministério da Economia sobre a edição de sua norma.

**§ 2º** A fiscalização do exercício do direito de que trata o inciso I do *caput* deste artigo será realizada posteriormente, de ofício ou como consequência de denúncia encaminhada à autoridade competente.

**§ 3º** O disposto no inciso III do *caput* deste artigo não se aplica:

**I** - às situações em que o preço de produtos e de serviços seja utilizado com a finalidade de reduzir o valor do tributo, de postergar a sua arrecadação ou de remeter lucros em forma de custos ao exterior; e

**II** - à legislação de defesa da concorrência, aos direitos do consumidor e às demais disposições protegidas por lei federal.

**§ 4º** *(Revogado pela Lei 14.011/2020)*

**§ 5º** O disposto no inciso VIII do *caput* deste artigo não se aplica à empresa pública e à sociedade de economia mista definidas nos arts. 3º e 4º da Lei nº 13.303, de 30 de junho de 2016.

**§ 6º** O disposto no inciso IX do *caput* deste artigo não se aplica quando:

**I** - versar sobre questões tributárias de qualquer espécie ou de concessão de registro de marcas;

**II** - a decisão importar em compromisso financeiro da administração pública; e

**III** - houver objeção expressa em tratado em vigor no País.

**§ 7º** A aprovação tácita prevista no inciso IX do *caput* deste artigo não se aplica quando a titularidade da solicitação for de agente público ou de seu cônjuge, companheiro ou parente em linha reta ou colateral, por consanguinidade ou afinidade, até o 3º (terceiro) grau, dirigida a autoridade administrativa ou política do próprio órgão ou entidade da administração pública em que desenvolva suas atividades funcionais.

**§ 8º** O prazo a que se refere o inciso IX do *caput* deste artigo será definido pelo órgão ou pela entidade da administração pública solicitada, observados os princípios da impessoalidade e da eficiência e os limites máximos estabelecidos em regulamento.

**§ 9º** (VETADO).

**§ 10.** O disposto no inciso XI do *caput* deste artigo não se aplica às situações de acordo resultantes de ilicitude.

**§ 11.** Para os fins do inciso XII do *caput* deste artigo, é ilegal delimitar prazo de validade de certidão emitida sobre fato imutável, inclusive sobre óbito.

## CAPÍTULO III
## DAS GARANTIAS DE LIVRE INICIATIVA

**Art. 4º** É dever da administração pública e das demais entidades que se vinculam a esta Lei, no exercício de regulamentação de norma pública pertencente à legislação sobre a qual esta Lei versa, exceto se em estrito cumprimento a previsão explícita em lei, evitar o abuso do poder regulatório de maneira a, indevidamente:

**I** - criar reserva de mercado ao favorecer, na regulação, grupo econômico, ou profissional, em prejuízo dos demais concorrentes;

**II** - redigir enunciados que impeçam a entrada de novos competidores nacionais ou estrangeiros no mercado;

**III** - exigir especificação técnica que não seja necessária para atingir o fim desejado;

**IV** - redigir enunciados que impeçam ou retardem a inovação e a adoção de novas tecnologias, processos ou modelos de negócios, ressalvadas as situações consideradas em regulamento como de alto risco;

**V** - aumentar os custos de transação sem demonstração de benefícios;

**VI** - criar demanda artificial ou compulsória de produto, serviço ou atividade profissional, inclusive de uso de cartórios, registros ou cadastros;

**VII** - introduzir limites à livre formação de sociedades empresariais ou de atividades econômicas;

**VIII** - restringir o uso e o exercício da publicidade e propaganda sobre um setor econômico, ressalvadas as hipóteses expressamente vedadas em lei federal; e

**IX** - exigir, sob o pretexto de inscrição tributária, requerimentos de outra natureza de maneira a mitigar os efeitos do inciso I do *caput* do art. 3º desta Lei.

**Art. 4º-A** É dever da administração pública e das demais entidades que se sujeitam a esta Lei, na aplicação da ordenação pública sobre atividades econômicas privadas: *(Acrescido pela Lei 14.195/2021)*

**I** - dispensar tratamento justo, previsível e isonômico entre os agentes econômicos;

**II** - proceder à lavratura de autos de infração ou aplicar sanções com base em termos subjetivos ou abstratos somente quando estes forem propriamente regulamentados por meio de critérios claros, objetivos e previsíveis; e

**III** - observar o critério de dupla visita para lavratura de autos de infração decorrentes do exercício de atividade considerada de baixo ou médio risco.

**§ 1º** Os órgãos e as entidades competentes, na forma do inciso II do *caput* deste artigo, editarão atos normativos para definir a aplicação e a incidência de conceitos subjetivos ou abstratos por meio de critérios claros, objetivos e previsíveis, observado que:

**I** - nos casos de imprescindibilidade de juízo subjetivo para a aplicação da sanção, o ato normativo determinará o procedimento para sua aferição, de forma a garantir a maior previsibilidade e impessoalidade possível;

**II** - a competência da edição dos atos normativos infralegais equivalentes a que se refere este parágrafo poderá ser delegada pelo Poder competente conforme sua autonomia, bem como pelo órgão ou pela entidade responsável pela lavratura do auto de infração.

**§ 2º** Para os fins administrativos, controladores e judiciais, consideram-se plenamente atendidos pela administração pública os requisitos previstos no inciso II do *caput* deste artigo, quando a advocacia pública, no âmbito da União, dos Estados, do Distrito Federal e dos Municípios, nos limites da respectiva competência, tiver previamente analisado o ato de que trata o § 1º deste artigo.

**§ 3º** Os órgãos e as entidades deverão editar os atos normativos previstos no § 1º deste artigo no prazo de 4 (quatro) anos, podendo o Poder Executivo estabelecer prazo inferior em regulamento.

**§ 4º** O disposto no inciso II do *caput* deste artigo aplica-se exclusivamente ao ato de lavratura decorrente de infrações referentes a matérias nas quais a atividade foi considerada de baixo ou médio risco, não se aplicando a órgãos e a entidades da administração pública que não a tenham assim classificado, de forma direta ou indireta, de acordo com os seguintes critérios:

**I** - direta, quando realizada pelo próprio órgão ou entidade da administração pública que procede à lavratura; e

**II** - indireta, quando o nível de risco aplicável decorre de norma hierarquicamente superior ou subsidiária, por força de lei, desde que a classificação refira-se explicitamente à matéria sobre a qual se procederá a lavratura.

## CAPÍTULO IV
## DA ANÁLISE DE IMPACTO REGULATÓRIO

**Art. 5º** As propostas de edição e de alteração de atos normativos de interesse geral de agentes econômicos ou de usuários dos serviços prestados, editadas por órgão ou entidade da administração pública federal, incluídas as autarquias e as fundações públicas, serão precedidas da realização de análise de impacto regulatório, que conterá informações e dados sobre os possíveis efeitos do ato normativo para verificar a razoabilidade do seu impacto econômico.

- Decreto 10.411/2020 - Regulamenta a análise de impacto regulatório, de que tratam o art. 5º da Lei 13.874/2019

**Parágrafo único.** Regulamento disporá sobre a data de início da exigência de que trata o *caput* deste artigo e sobre o conteúdo, a metodologia da análise de impacto regulatório, os quesitos mínimos a serem objeto de exame, as hipóteses em que será obrigatória sua realização e as hipóteses em que poderá ser dispensada.

## CAPÍTULO V
## DAS ALTERAÇÕES LEGISLATIVAS E DISPOSIÇÕES FINAIS

**Art. 6º** Fica extinto o Fundo Soberano do Brasil (FSB), fundo especial de natureza contábil e financeira, vinculado ao Ministério da Economia, criado pela Lei nº 11.887, de 24 de dezembro de 2008.

**Art. 7º** A Lei nº 10.406, de 10 de janeiro de 2002 (Código Civil), passa a vigorar com as seguintes alterações:

(...)

**Art. 8º** O art. 85 da Lei nº 6.404, de 15 de dezembro de 1976, passa a vigorar com as seguintes alterações:

(...)

**Art. 9º** O art. 4º da Lei nº 11.598, de 3 de dezembro de 2007, passa a vigorar acrescido do seguinte § 5º:

(...)

**Art. 10.** A Lei nº 12.682, de 9 de julho de 2012, passa a vigorar acrescida do seguinte art. 2º-A:

(...)

**Art. 11.** O Decreto-Lei nº 9.760, de 5 de setembro de 1946, passa a vigorar com as seguintes alterações:

(...)

**Art. 12.** O art. 1º da Lei nº 6.015, de 31 de dezembro de 1973, passa a vigorar acrescido do seguinte § 3º:

(...)

**Art. 13.** A Lei nº 10.522, de 19 de julho de 2002, passa a vigorar com as seguintes alterações:

(...)

**Art. 14.** A Lei nº 8.934, de 18 de novembro de 1994, passa a vigorar com as seguintes alterações:

(...)

**Art. 15.** A Consolidação das Leis do Trabalho, aprovada pelo Decreto-Lei nº 5.452, de 1º de maio de 1943, passa a vigorar com as seguintes alterações:

(...)

**Art. 16.** O Sistema de Escrituração Digital das Obrigações Fiscais, Previdenciárias e Trabalhistas (eSocial) será substituído, em nível federal, por sistema simplificado de escrituração digital de obrigações previdenciárias, trabalhistas e fiscais.

**Parágrafo único.** Aplica-se o disposto no *caput* deste artigo às obrigações acessórias à versão digital gerenciadas pela Receita Federal do Brasil do Livro de Controle de Produção e Estoque da Secretaria Especial da Receita Federal do Brasil (Bloco K).

**Art. 17.** Ficam resguardados a vigência e a eficácia ou os efeitos dos atos declaratórios do Procurador-Geral da Fazenda Nacional, aprovados pelo Ministro de Estado respectivo e editados até a data de publicação desta Lei, nos termos do inciso II do *caput* do art. 19 da Lei nº 10.522, de 19 de julho de 2002.

**Art. 18.** A eficácia do disposto no inciso X do *caput* do art. 3º desta Lei fica condicionada à regulamentação em ato do Poder Executivo federal, observado que:

**I** - para documentos particulares, qualquer meio de comprovação da autoria, integridade e, se necessário, confidencialidade de documentos em forma eletrônica é válido, desde que escolhido de comum acordo pelas partes ou aceito pela pessoa a quem for oposto o documento; e

**II** - independentemente de aceitação, o processo de digitalização que empregar o uso da certificação no padrão da Infraestrutura de Chaves Públicas Brasileira (ICP-Brasil) terá garantia de integralidade, autenticidade e confidencialidade para documentos públicos e privados.

**Art. 19.** Ficam revogados:

**I** - a Lei Delegada nº 4, de 26 de setembro de 1962;

**II** - os seguintes dispositivos do Decreto-Lei nº 73, de 21 de novembro de 1966:

*a)* inciso III do *caput* do art. 5º; e

*b)* inciso X do *caput* do art. 32;

**III** - a Lei nº 11.887, de 24 de dezembro de 2008;

**IV** - (VETADO);

**V** - os seguintes dispositivos da Consolidação das Leis do Trabalho, aprovada pelo Decreto-Lei nº 5.452, de 1º de maio de 1943:

*a)* art. 17;

*b)* art. 20;

*c)* art. 21;

*d)* art. 25;

*e)* art. 26;

*f)* art. 30;

*g)* art. 31;

*h)* art. 32;

*i)* art. 33;

*j)* art. 34;

*k)* inciso II do art. 40;

*l)* art. 53;

*m)* art. 54;

*n)* art. 56;

*o)* art. 141;

*p)* parágrafo único do art. 415;

*q)* art. 417;

*r)* art. 419;

*s)* art. 420;

*t)* art. 421;

*u)* art. 422; e

*v)* art. 633;

**VI** - os seguintes dispositivos da Lei nº 8.934, de 18 de novembro de 1994:

*a)* parágrafo único do art. 2º;

*b)* inciso VIII do *caput* do art. 35;

*c)* art. 43; e

*d)* parágrafo único do art. 47.

**Art. 20.** Esta Lei entra em vigor:

**I** - (VETADO);

**II** - na data de sua publicação, para os demais artigos.

Brasília, 20 de setembro de 2019; 198º da Independência e 131º da República.

JAIR MESSIAS BOLSONARO

Paulo Guedes

Luiz Henrique Mandetta

# Direito Empresarial

# PLANO DE ESTUDO

| Diploma | Estudado | Revisto | Questões |
|---|---|---|---|
| Decreto nº 2.044/1908 | ☐ | ☐ | ☐ |
| Decreto nº 57.663/1966 | ☐ | ☐ | ☐ |
| Lei nº 5.474/1968 | ☐ | ☐ | ☐ |
| Lei nº 6.404/1976 | ☐ | ☐ | ☐ |
| Lei nº 7.357/1985 | ☐ | ☐ | ☐ |
| Lei nº 8.934/1994 | ☐ | ☐ | ☐ |
| Lei nº 9.492/1997 | ☐ | ☐ | ☐ |
| Lei nº 11.101/2005 | ☐ | ☐ | ☐ |
| Lei complementar nº 123/2006 | ☐ | ☐ | ☐ |

## DECRETO Nº 2.044, DE 31 DE DEZEMBRO DE 1908

*Define a letra de câmbio e a nota promissória e regula as operações cambiais.*

O PRESIDENTE DA REPÚBLICA DOS ESTADOS UNIDOS DO BRASIL

Faço saber que o Congresso Nacional decreta e eu sanciono a seguinte Resolução:

## TÍTULO I. DA LETRA DE CÂMBIO

- Decreto-Lei 427/1969 – Dispõe sobre a tributação do imposto de renda na fonte, registro de letras de câmbio e notas promissórias.
- Decreto 57.663/1966 – Promulga as Convenções para adoção de uma lei uniforme em matéria de letras de câmbio e notas promissórias.

### CAPÍTULO I. DO SAQUE

✪ **Art. 1º.** A letra de câmbio é uma ordem de pagamento e deve conter estes requisitos, lançados, por extenso, no contexto:

**I** – a denominação "letra de câmbio" ou a denominação equivalente na língua em que for emitida;

**II** – a soma de dinheiro a pagar e a espécie de moeda;

**III** – o nome da pessoa que deve pagá-la. Esta indicação pode ser inserida abaixo do contexto;

**IV** – o nome da pessoa a quem deve ser paga. A letra pode ser ao portador e também pode ser emitida por ordem e conta de terceiro. O sacador pode designar-se como tomador;

**V** – a assinatura do próprio punho do sacador ou do mandatário especial. A assinatura deve ser firmada abaixo do contexto.

**Art. 2º.** Não será letra de câmbio o escrito a que faltar qualquer dos requisitos acima enumerados.

**Art. 3º.** Esses requisitos são considerados lançados ao tempo da emissão da letra. A prova em contrário será admitida no caso de má-fé do portador.

- Súm. 387 do STF.

**Art. 4º.** Presume-se mandato ao portador para inserir a data e o lugar do saque, na letra que não os contiver.

**Art. 5º.** Havendo diferença entre o valor lançado por algarismo e o que se achar por extenso no corpo da letra, este último será sempre considerado verdadeiro e a diferença não prejudicará a letra. Diversificando as indicações da soma de dinheiro no contexto, o título não será letra de câmbio.

**Art. 6º.** A letra pode ser passada:

**I** – à vista;

**II** – a dia certo;

**III** – a tempo certo da data;

**IV** – a tempo certo da vista.

**Art. 7º.** A época do pagamento deve ser precisa, uma e única para a totalidade da soma cambial.

### CAPÍTULO II. DO ENDOSSO

- CC: arts. 910 e ss.

✪ **Art. 8º.** O endosso transmite a propriedade da letra de câmbio. Para a validade do endosso, é suficiente a simples assinatura do próprio punho do endossador ou do mandatário especial, no verso da letra. O endossatário pode completar este endosso.

**§ 1º.** A cláusula "por procuração", lançada no endosso, indica o mandato com todos os poderes, salvo o caso de restrição, que deve ser expressa no mesmo endosso.

**§ 2º.** O endosso posterior ao vencimento da letra tem o efeito de cessão civil.

**§ 3º.** É vedado o endosso parcial.

### CAPÍTULO III. DO ACEITE

✪ **Art. 9º.** A apresentação da letra ao aceite é facultativa quando certa a data do vencimento. A letra a tempo certo da vista deve ser apresentada ao aceite do sacado, dentro do prazo nela marcado; na falta de designação, dentro de 6 (seis) meses contados da data da emissão do título, sob pena de perder o portador o direito regressivo contra o sacador, endossadores e avalistas.

**Parágrafo único.** O aceite da letra, a tempo certo da vista, deve ser datado, presumindo-se, na falta de data, o mandato ao portador para inseri-la.

**Art. 10.** Sendo dois ou mais os sacados, o portador deve apresentar a letra ao primeiro nomeado; na falta ou recusa do aceite, ao segundo, se estiver domiciliado na mesma praça; assim, sucessivamente, sem embargo da forma da indicação na letra dos nomes dos sacados.

**Art. 11.** Para a validade do aceite é suficiente a simples assinatura do próprio punho do sacado ou do mandatário especial, no anverso da letra. Vale, como aceite puro, a declaração que não traduzir inequivocamente a recusa, limitação ou modificação.

**Parágrafo único.** Para os efeitos cambiais, a limitação ou modificação do aceite equivale à recusa, ficando, porém, o aceitante cambialmente vinculado, nos termos da limitação ou modificação.

**Art. 12.** O aceite, uma vez firmado, não pode ser cancelado nem retirado.

**Art. 13.** A falta ou recusa do aceite prova-se pelo protesto.

## CAPÍTULO IV. DO AVAL

- CC: arts. 897 a 900.

✪ **Art. 14.** O pagamento de uma letra de câmbio, independente do aceite e do endosso, pode ser garantido por aval. Para a validade do aval, é suficiente a simples assinatura do próprio punho do avalista ou do mandatário especial, no verso ou no anverso da letra.

**Art. 15.** O avalista é equiparado àquele cujo nome indicar; na falta de indicação, àquele abaixo de cuja assinatura lançar a sua; fora destes casos, ao aceitante e, não estando aceita a letra, ao sacador.

- Súm. 189 do STF.

## CAPÍTULO V. DA MULTIPLICAÇÃO DA LETRA DE CÂMBIO

### SEÇÃO ÚNICA. DAS DUPLICATAS

✪ **Art. 16.** O sacador, sob pena de responder por perdas e interesses, é obrigado a dar, ao portador, as vias de letra que este reclamar antes do vencimento, diferençadas, no contexto, por números de ordem ou pela ressalva, das que se extraviaram. Na falta da diferenciação ou da ressalva, que torne inequívoca a unicidade da obrigação, cada exemplar valerá como letra distinta.

**§ 1º.** O endossador e o avalista, sob pena de responderem por perdas e interesses, são obrigados a repetir, na duplicata, o endosso e o aval firmados no original.

**§ 2º.** O sacado fica cambialmente obrigado por cada um dos exemplares em que firmar o aceite.

**§ 3º.** O endossador de dois ou mais exemplares da mesma letra a pessoas diferentes, e os sucessivos endossadores e avalistas ficam cambialmente obrigados.

**§ 4º.** O detentor da letra expedida para o aceite é obrigado a entregá-la ao legítimo portador da duplicata, sob pena de responder por perdas e interesses.

## CAPÍTULO VI. DO VENCIMENTO

**Art. 17.** A letra à vista vence-se no ato da apresentação ao sacado.

A letra, a dia certo, vence-se nesse dia. A letra, a dias da data ou da vista, vence-se no último dia do prazo; não se conta, para a primeira, o dia do saque, e, para a segunda, o dia do aceite.

A letra a semanas, meses ou anos da data ou da vista vence no dia da semana, mês ou ano do pagamento, correspondente ao dia do saque ou dia do aceite. Na falta do dia correspondente, vence-se no último dia do mês do pagamento.

**Art. 18.** Sacada a letra em país onde vigorar outro calendário, sem a declaração do adotado, verifica-se o termo do vencimento contando-se do dia do calendário gregoriano, correspondente ao da emissão da letra pelo outro calendário.

**Art. 19.** A letra é considerada vencida, quando protestada:

**I** – pela falta ou recusa do aceite;

**II** – pela falência do aceitante.

O pagamento, nestes casos, continua diferido até ao dia do vencimento ordinário da letra, ocorrendo o aceite de outro sacado nomeado ou, na falta, a aquiescência do portador, expressa no ato do protesto, ao aceite na letra, pelo interveniente voluntário.

## CAPÍTULO VII.
## DO PAGAMENTO

**Art. 20.** A letra deve ser apresentada ao sacado ou ao aceitante para o pagamento, no lugar designado e no dia do vencimento ou, sendo este dia feriado por lei, no primeiro dia útil imediato, sob pena de perder o portador o direito de regresso contra o sacador, endossadores e avalistas.

**§ 1º.** Será pagável à vista a letra que não indicar a época do vencimento. Será pagável, no lugar mencionado ao pé do nome do sacado, a letra que não indicar o lugar do pagamento.

É facultada a indicação alternativa de lugares de pagamento, tendo o portador direito de opção. A letra pode ser sacada sobre uma pessoa, para ser paga no domicílio de outra, indicada pelo sacador ou pelo aceitante.

**§ 2º.** No caso de recusa ou falta de pagamento pelo aceitante, sendo dois ou mais os sacados, o portador deve apresentar a letra ao primeiro nomeado, se estiver domiciliado na mesma praça; assim sucessivamente, sem embargo da forma da indicação na letra dos nomes dos sacados.

**§ 3º.** Sobrevindo caso fortuito ou força maior, a apresentação deve ser feita, logo que cessar o impedimento.

**Art. 21.** A letra à vista deve ser apresentada ao pagamento dentro do prazo nela marcado; na falta desta designação, dentro de 12 (doze) meses, contados da data da emissão do título, sob pena de perder o portador o direito de regresso contra o sacador, endossadores e avalistas.

**Art. 22.** O portador não é obrigado a receber o pagamento antes do vencimento da letra. Aquele que paga uma letra, antes do respectivo vencimento, fica responsável pela validade desse pagamento.

**§ 1º.** O portador é obrigado a receber o pagamento parcial, ao tempo do vencimento.

**§ 2º.** O portador é obrigado a entregar a letra com a quitação àquele que efetua o pagamento; no caso do pagamento parcial, em que se não opera a tradição do título, além da quitação em separado, outra deve ser firmada na própria letra.

**Art. 23.** Presume-se validamente desonerado aquele que paga a letra no vencimento, sem oposição.

**Parágrafo único.** A oposição ao pagamento é somente admissível no caso de extravio da letra, de falência ou incapacidade do portador para recebê-lo.

**Art. 24.** O pagamento feito pelo aceitante ou pelos respectivos avalistas desonera da responsabilidade cambial todos os coobrigados.

O pagamento feito pelo sacador, pelos endossadores ou respectivos avalistas desonera da responsabilidade cambial os coobrigados posteriores.

**Parágrafo único.** O endossador ou avalista, que paga ao endossatário ou ao avalista posterior, pode riscar o próprio endosso ou aval e os dos endossadores ou avalistas posteriores.

**Art. 25.** A letra de câmbio deve ser paga na moeda indicada. Designada moeda estrangeira, o pagamento, salvo determinação em contrário, expressa na letra, deve ser efetuado em moeda nacional, ao câmbio à vista do dia do vencimento e do lugar do pagamento; não havendo no lugar curso de câmbio, pelo da praça mais próxima.

**Art. 26.** Se o pagamento de uma letra de câmbio não for exigido no vencimento, o aceitante pode, depois de expirado o prazo para o protesto por falta de pagamento, depositar o valor da mesma, por conta e risco do portador, independente de qualquer citação.

**Art. 27.** A falta ou recusa, total ou parcial, de pagamento, prova-se pelo protesto.

## CAPÍTULO VIII.
## DO PROTESTO

**Art. 28.** A letra que houver de ser protestada por falta de aceite ou de pagamento deve ser entregue ao oficial competente, no primeiro dia útil que se seguir ao da recusa do aceite ou ao do vencimento, e o respectivo protesto tirado dentro de 3 (três) dias úteis.

**Parágrafo único.** O protesto deve ser tirado do lugar indicado na letra para o aceite ou para o pagamento. Sacada ou aceita a letra para ser paga em outro domicílio que não o do sacado, naquele domicílio deve ser tirado o protesto.

✪ **Art. 29.** O instrumento de protesto deve conter:

**I** – a data;

**II** – a transcrição literal da letra e das declarações nela inseridas pela ordem respectiva;

**III** – a certidão da intimação ao sacado ou ao aceitante ou aos outros sacados, nomeados na letra para aceitar ou pagar, a resposta dada ou a declaração da falta da resposta.

A intimação é dispensada no caso do sacado ou aceitante firmar na letra a declaração da recusa

EMPRESARIAL

do aceite ou do pagamento e, na hipótese de protesto, por causa da falência do aceitante;

**IV** – a certidão de não haver sido encontrada ou de ser desconhecida a pessoa indicada para aceitar ou para pagar. Nesta hipótese, o oficial afixará a intimação nos lugares do estilo e, se possível, a publicará pela imprensa;

**V** – a indicação dos intervenientes voluntários e das firmas por eles honradas;

**VI** – a aquiescência do portador ao aceite por honra;

**VII** – a assinatura, com o sinal público, do oficial do protesto.

**Parágrafo único.** Este instrumento, depois de registrado no livro de protesto, deverá ser entregue ao detentor ou portador da letra ou àquele que houver efetuado o pagamento.

**Art. 30.** O portador é obrigado a dar aviso do protesto ao último endossador, dentro de 2 (dois) dias, contados da data do instrumento do protesto e cada endossatário, dentro de 2 (dois) dias, contados do recebimento do aviso, deve transmiti-lo ao seu endossador, sob pena de responder por perdas e interesses.

Não constando do endosso o domicílio ou a residência do endossador, o aviso deve ser transmitido ao endossador anterior, que houver satisfeito aquela formalidade.

**Parágrafo único.** O aviso pode ser dado em carta registrada. Para esse fim, a carta será levada aberta ao Correio, onde, verificada a existência do aviso, se declarará o conteúdo da carta registrada no conhecimento e talão respectivo.

**Art. 31.** Recusada a entrega da letra por aquele que a recebeu para firmar o aceite ou para efetuar o pagamento, o protesto pode ser tirado por outro exemplar ou, na falta, pelas indicações do protestante.

**Parágrafo único.** Pela prova do fato, pode ser decretada a prisão do detentor da letra, salvo depositando este a soma cambial e a importância das despesas feitas.

**Art. 32.** O portador que não tira, em tempo útil e forma regular, o instrumento do protesto da letra perde o direito de regresso contra o sacador, endossadores e avalistas.

**Art. 33.** O oficial que não lavra, em tempo útil e forma regular, o instrumento do protesto, além da pena em que incorrer, segundo o Código Penal, responde por perdas e interesses.

## CAPÍTULO IX.
## DA INTERVENÇÃO

**Art. 34.** No ato do protesto pela falta ou recusa do aceite, a letra pode ser aceita por terceiro, mediante a aquiescência do detentor ou portador.

A responsabilidade cambial deste interveniente é equiparada à do sacado que aceita.

**Art. 35.** No ato do protesto, excetuada apenas a hipótese do artigo anterior, qualquer pessoa tem o direito de intervir para efetuar o pagamento da letra, por honra de qualquer das firmas.

**§ 1º.** O pagamento, por honra da firma do aceitante ou dos respectivos avalistas, desonera da responsabilidade cambial todos os coobrigados.

O pagamento, por honra da firma do sacador, do endossador ou dos respectivos avalistas desonera da responsabilidade cambial todos os coobrigados posteriores.

**§ 2º.** Não indicada a firma, entende-se ter sido honrada a do sacador; quando aceita a letra, a do aceitante.

**§ 3º.** Sendo múltiplas as intervenções, concorram ou não coobrigados, deve ser preferido o interveniente que desonera maior número de firmas.

Múltiplas as intervenções pela mesma firma, deve ser preferido o interveniente coobrigado, na falta deste, o sacado; na falta de ambos, o detentor ou portador tem a opção. É vedada a intervenção ao aceitante ou ao respectivo avalista.

## CAPÍTULO X.
## DA ANULAÇÃO DA LETRA

✪ **Art. 36.** Justificando a propriedade e o extravio ou a destruição total ou parcial da letra, descrita com clareza e precisão, o proprietário pode requerer ao juiz competente do lugar do pagamento, na hipótese de extravio, a intimação do sacado ou do aceitante e dos coobrigados, para não pagarem a aludida letra, e a citação do detentor para apresentá-la em juízo, dentro do prazo de 3 (três) meses, e, nos casos de extravio e de destruição, a citação dos coobrigados para, dentro do referido prazo, oporem contestação firmada em defeito de forma do título ou, na falta de requisito essencial, ao exercício da ação cambial.

Estas citações e intimações devem ser feitas pela imprensa, publicadas no jornal oficial do Estado e no *Diário Oficial* para o Distrito Federal e nos periódicos indicados pelo juiz, além de afixadas nos lugares do estilo e na bolsa da praça do pagamento.

**§ 1º.** O prazo de 3 (três) meses corre da data do vencimento; estando vencida a letra, da data da publicação no jornal oficial.

**§ 2º.** Durante o curso desse prazo, munido da certidão do requerimento e do despacho favorável do juiz, fica o proprietário autorizado a praticar todos os atos necessários à garantia do direito creditório, podendo, vencida a letra, reclamar do aceitante o depósito judicial da soma devida.

**§ 3º.** Decorrido o prazo, sem se apresentar o portador legitimado (art. 39) da letra, ou sem a contestação do coobrigado (art. 36), o juiz decretará a nulidade do título extraviado ou destruído e ordenará, em benefício do proprietário, o levantamento do depósito da soma, caso tenha sido feito.

**§ 4º.** Por esta sentença, fica o proprietário habilitado, para o exercício da ação executiva, contra o aceitante e os outros coobrigados.

**§ 5º.** Apresentada a letra pelo portador legitimado (art. 39) ou oferecida a contestação (art. 36) pelo coobrigado, o juiz julgará prejudicado o pedido de anulação da letra, deixando, salvo à parte, o recurso aos meios ordinários.

**§ 6º.** Da sentença proferida no processo cabe o recurso de agravo com efeito suspensivo.

**§ 7º.** Este processo não impede o recurso à duplicata e nem para os efeitos da responsabilidade civil do coobrigado dispensa o aviso imediato do extravio, por cartas registradas endereçadas ao sacado, ao aceitante e aos outros coobrigados, pela forma indicada no parágrafo único do art. 30.

## CAPÍTULO XI. DO RESSAQUE

**Art. 37.** O portador da letra protestada pode haver o embolso da soma devida, pelo ressaque de nova letra de câmbio, à vista, sobre qualquer dos obrigados.

O ressacado que paga pode, por seu turno, ressacar sob qualquer dos coobrigados a ele anteriores.

**Parágrafo único.** O ressaque deve ser acompanhado da letra protestada, do instrumento de protesto e da conta de retorno.

**Art. 38.** A conta de retorno deve indicar:

**I** – a soma cambial e a dos juros legais, desde o dia do vencimento;

**II** – a soma das despesas legais: protesto, comissão, porte de cartas, selos, e dos juros legais, desde o dia em que foram feitas;

**III** – o nome do ressacado;

**IV** – o preço do câmbio, certificado por corretor ou, na falta, por dois comerciantes.

**§ 1º.** O recâmbio é regulado pelo curso do câmbio da praça do pagamento, sobre a praça do domicílio ou da residência do ressacado; o recâmbio, devido ao endossador ou ao avalista que ressaca, é regulado pelo curso do câmbio da praça do ressaque, sobre a praça da residência ou do domicílio do ressacado.

Não havendo curso de câmbio na praça do ressaque, o recâmbio é regulado pelo curso do câmbio da praça mais próxima.

**§ 2º.** É facultado o cúmulo dos recâmbios nos sucessivos ressaques.

## CAPÍTULO XII. DOS DIREITOS E DAS OBRIGAÇÕES CAMBIAIS

### SEÇÃO I. DOS DIREITOS

✪ **Art. 39.** O possuidor é considerado legítimo proprietário da letra ao portador e da letra endossada em branco.

O último endossatário é considerado legítimo proprietário da letra endossada em preto, se o primeiro endosso estiver assinado pelo tomador e cada um dos outros, pelo endossatário do endosso, imediatamente anterior.

Seguindo-se ao endosso em branco outro endosso presume-se haver o endossador deste adquirido por aquele a propriedade da letra.

**§ 1º.** No caso de pluralidade de tomadores ou endossatários, conjuntos ou disjuntos, o tomador ou o endossatário possuidor da letra é considerado, para os efeitos cambiais, o credor único da obrigação.

**§ 2º.** O possuidor, legitimado de acordo com este artigo, somente no caso de má-fé na aquisição, pode ser obrigado a abrir mão da letra de câmbio.

**Art. 40.** Quem paga não está obrigado a verificar a autenticidade dos endossos.

**Parágrafo único.** O interveniente voluntário que paga fica sub-rogado em todos os direitos daquele, cuja firma foi por ele honrada.

**Art. 41.** O detentor, embora sem título algum, está autorizado a praticar as diligências necessárias à garantia do crédito, a reclamar o aceite, a tirar os protestos, a exigir, ao tempo do vencimento, o depósito da soma cambial.

### SEÇÃO II. DAS OBRIGAÇÕES

**Art. 42.** Pode obrigar-se, por letra de câmbio, quem tem a capacidade civil ou comercial.

**Parágrafo único.** Tendo a capacidade pela lei brasileira, o estrangeiro fica obrigado pela declaração que firmar, sem embargo da sua incapacidade, pela lei do Estado a que pertencer.

**Art. 43.** As obrigações cambiais são autônomas e independentes umas das outras. O signatário da declaração cambial fica, por ela, vinculado e solidariamente responsável pelo aceite e pelo pagamento da letra, sem embargo da falsidade, da falsificação ou da nulidade de qualquer outra assinatura.

**Art. 44.** Para os efeitos cambiais, são consideradas não escritas:

**I** – a cláusula de juros;

**II** – a cláusula proibitiva do endosso ou do protesto, a excludente da responsabilidade pelas despesas e qualquer outra, dispensando a observância dos termos ou das formalidades prescritas por esta Lei;

**III** – a cláusula proibitiva da apresentação da letra ao aceite do sacado;

**IV** – a cláusula excludente ou restritiva da responsabilidade e qualquer outra beneficiando o devedor ou o credor, além dos limites fixados por esta Lei.

**§ 1º.** Para os efeitos cambiais, o endosso ou aval cancelado é considerado não escrito.

**§ 2º.** Não é letra de câmbio o título em que o emitente exclui ou restringe a sua responsabilidade cambial.

**Art. 45.** Pelo aceite, o sacado fica cambialmente obrigado para com o sacador e respectivos avalistas.

**§ 1º.** A letra endossada ao aceitante pode ser por este reendossada, antes do vencimento.

**§ 2º.** Pelo reendosso da letra, endossada ao sacador, ao endossado ou ao avalista, continuam cambialmente obrigados os codevedores intermédios.

**Art. 46.** Aquele que assina a declaração cambial, como mandatário ou representante legal de outrem, sem estar devidamente autorizado, fica, por ela, pessoalmente obrigado.

**Art. 47.** A substância, os efeitos, a forma extrínseca e os meios de prova da obrigação cambial são regulados pela lei do lugar onde a obrigação foi firmada.

**Art. 48.** Sem embargo da desoneração da responsabilidade cambial o sacador ou aceitante fica obrigado a restituir ao portador com os juros legais, a soma com a qual se locupletou à custa deste.

A ação do portador, para este fim, é ordinária.

## CAPÍTULO XIII. DA AÇÃO CAMBIAL

**Art. 49.** A ação cambial é a executiva.

Por ela tem também o credor o direito de reclamar a importância que receberia pelo ressaque (art. 38).

**Art. 50.** A ação cambial pode ser proposta contra um, alguns ou todos os coobrigados, sem estar o credor adstrito à observância da ordem dos endossos.

**Art. 51.** Na ação cambial, somente é admissível defesa fundada no direito pessoal do réu contra o autor, em defeito de forma do título e na falta de requisito necessário ao exercício da ação.

## CAPÍTULO XIV. DA PRESCRIÇÃO DA AÇÃO CAMBIAL

✪ **Art. 52.** A ação cambial, contra o sacador, aceitante e respectivos avalistas, prescreve em 5 (cinco) anos.

A ação cambial contra o endossador e respectivo avalista prescreve em 12 (doze) meses.

**Art. 53.** O prazo da prescrição é contado do dia em que a ação pode ser proposta; para o endossador ou respectivo avalista que paga, do dia desse pagamento.

# TÍTULO II. DA NOTA PROMISSÓRIA

## CAPÍTULO I. DA EMISSÃO

✪ **Art. 54.** A nota promissória é uma promessa de pagamento e deve conter estes requisitos essenciais, lançados, por extenso, no contexto:

**I** – a denominação de "nota promissória" ou termo correspondente, na língua em que for emitida;

**II** – a soma de dinheiro a pagar;

**III** – o nome da pessoa a quem deve ser paga;

**IV** – a assinatura do próprio punho do emitente ou do mandatário especial.

**§ 1º.** Presume-se ter o portador o mandato para inserir a data e lugar da emissão da nota promissória, que não contiver estes requisitos.

**§ 2º.** Será pagável à vista a nota promissória que não indicar a época do vencimento. Será pagável no domicílio do emitente a nota promissória que não indicar o lugar do pagamento.

É facultada a indicação alternativa de lugar de pagamento, tendo o portador direito de opção.

**§ 3º.** Diversificando as indicações da soma do dinheiro, será considerada verdadeira a que se achar lançada por extenso no contexto.

Diversificando no contexto as indicações da soma de dinheiro, o título não será nota promissória.

**§ 4º.** Não será nota promissória o escrito ao qual faltar qualquer dos requisitos acima enumerados. Os requisitos essenciais são considerados lançados ao tempo da emissão da nota promissória. No caso de má-fe do portador, será admitida prova em contrário.

**Art. 55.** A nota promissória pode ser passada:

**I** – à vista;

**II** – a dia certo;

**III** – a tempo certo da data.

**Parágrafo único.** A época do pagamento deve ser precisa e única para toda a soma devida.

## CAPÍTULO II. DISPOSIÇÕES GERAIS

**Art. 56.** São aplicáveis à nota promissória, com as modificações necessárias, todos os dispositivos do Título I desta Lei, exceto os que se referem ao aceite e às duplicatas.

Para o efeito da aplicação de tais dispositivos, o emitente da nota promissória é equiparado ao aceitante da letra de câmbio.

**Art. 57.** Ficam revogados todos os artigos do Título XVI do Código Comercial e mais disposições em contrário.

Rio de Janeiro, 31 de dezembro de 1908; 20º da República.

AFONSO AUGUSTO MOREIRA PENA

Coleção de Leis do Brasil, 31.12.1908, D.O.U. de 6.1.1909

# LEI Nº 5.474, DE 18 DE JULHO DE 1968

*Dispõe sobre as duplicatas e dá outras providências.*

O PRESIDENTE DA REPÚBLICA Faço saber que o Congresso Nacional decreta e eu sanciono a seguinte Lei:

## CAPÍTULO I. DA FATURA E DA DUPLICATA

**Art. 1º.** Em todo o contrato de compra e venda mercantil entre partes domiciliadas no território brasileiro, com prazo não inferior a 30 (trinta) dias, contado da data da entrega ou despacho das mercadorias, o vendedor extrairá a respectiva fatura para apresentação ao comprador.

**§ 1º.** A fatura discriminará as mercadorias vendidas ou, quando convier ao vendedor, indicará somente os números e valores das notas parciais expedidas por ocasião das vendas, despachos ou entregas das mercadorias.

**§ 2º.** *(Revogado pelo Decreto-lei nº 436, de 1969)*

✪ **Art. 2º.** No ato da emissão da fatura, dela poderá ser extraída uma duplicata para circulação como efeito comercial, não sendo admitida qualquer outra espécie de título de crédito para documentar o saque do vendedor pela importância faturada ao comprador.

**§ 1º.** A duplicata conterá:

**I** – a denominação "duplicata", a data de sua emissão e o número de ordem;

**II** – o número da fatura;

**III** – a data certa do vencimento ou a declaração de ser a duplicata à vista;

**IV** – o nome e domicílio do vendedor e do comprador;

**V** – a importância a pagar, em algarismos e por extenso;

**VI** – a praça de pagamento;

**VII** – a cláusula à ordem;

**VIII** – a declaração do reconhecimento de sua exatidão e da obrigação de pagá-la, a ser assinada pelo comprador, como aceite cambial;

**IX** – a assinatura do emitente.

**§ 2º.** Uma só duplicata não pode corresponder a mais de uma fatura.

**§ 3º.** Nos casos de venda para pagamento em parcelas, poderá ser emitida duplicata única, em que se discriminarão todas as prestações e seus vencimentos, ou série de duplicatas, uma para cada prestação, distinguindo-se a numeração a que se refere o item I do § 1º deste artigo, pelo acréscimo de letra do alfabeto, em sequência.

**Art. 3º.** A duplicata indicará sempre o valor total da fatura, ainda que o comprador tenha direito a qualquer rebate, mencionando o vendedor o valor líquido que o comprador deverá reconhecer como obrigação de pagar.

**§ 1º.** Não se incluirão no valor total da duplicata os abatimentos de preços das mercadorias feitos pelo vendedor até o ato do faturamento, desde que constem da fatura.

**§ 2º.** A venda mercantil para pagamento contra a entrega da mercadoria ou do conhecimento de transporte, sejam ou não da mesma praça vendedor e comprador, ou para pagamento em prazo inferior a 30 (trinta) dias, contado da entrega ou despacho das mercadorias, poderá representar-se, também, por duplicata, em que se declarará que o pagamento será feito nessas condições.

**Art. 4º.** Nas vendas realizadas por consignatários ou comissários e faturadas em nome e por conta do consignante ou comitente, caberá àqueles cumprir os dispositivos desta Lei.

**Art. 5º.** Quando a mercadoria for vendida por conta do consignatário, este é obrigado, na ocasião de expedir a fatura e a duplicata, a comunicar a venda ao consignante.

**§ 1º.** Por sua vez, o consignante expedirá fatura e duplicata correspondente à mesma venda, a fim de ser esta assinada pelo consignatário, mencionando-se o prazo estipulado para a liquidação do saldo da conta.

**§ 2º.** Fica o consignatário dispensado de emitir duplicata quando na comunicação a que se refere o § 1º declarar que o produto líquido apurado está à disposição do consignante.

## CAPÍTULO II. DA REMESSA E DA DEVOLUÇÃO DA DUPLICATA

✪ **Art. 6º.** A remessa de duplicata poderá ser feita diretamente pelo vendedor ou por seus representantes, por intermédio de instituições financeiras, procuradores ou correspondentes que se incumbam de apresentá-la ao comprador na praça ou no lugar de seu estabelecimento, podendo os intermediários devolvê-la, depois de assinada, ou conservá-la em seu poder até o momento do resgate, segundo as instruções de quem lhes cometeu o encargo.

**§ 1º.** O prazo para remessa da duplicata será de 30 (trinta) dias, contado da data de sua emissão.

**§ 2º.** Se a remessa for feita por intermédio de representantes, instituições financeiras, procuradores ou correspondentes, estes deverão apresentar o título ao comprador dentro de dez dias, contados da data de seu recebimento na praça de pagamento.

✪ **Art. 7º.** A duplicata, quando não for à vista, deverá ser devolvida pelo comprador ao apresentante dentro do prazo de 10 (dez) dias, contados da data de sua apresentação, devidamente assinada ou acompanhada de declaração, por escrito, contendo as razões da falta do aceite.

**§ 1º.** Havendo expressa concordância da instituição financeira cobradora, o sacado poderá reter a duplicata em seu poder até a data do vencimento, desde que comunique, por escrito, à apresentante, o aceite e a retenção.

**§ 2º.** A comunicação de que trata o parágrafo anterior substituirá, quando necessário, no ato do protesto ou na execução judicial, a duplicata a que se refere.

✪ **Art. 8º.** O comprador só poderá deixar de aceitar a duplicata por motivo de:

**I** – avaria ou não recebimento das mercadorias, quando não expedidas ou não entregues por sua conta e risco;

**II** – vícios, defeitos e diferenças na qualidade ou na quantidade das mercadorias, devidamente comprovados;

**III** – divergência nos prazos ou nos preços ajustados.

## CAPÍTULO III. DO PAGAMENTO DAS DUPLICATAS

✪ **Art. 9º.** É lícito ao comprador resgatar a duplicata antes de aceitá-la ou antes da data do vencimento.

**§ 1º.** A prova do pagamento é o recibo, passado pelo legítimo portador ou por seu representante com poderes especiais, no verso do próprio título ou em documento, em separado, com referência expressa à duplicata.

‣ CC: art. 324.

**§ 2º.** Constituirá, igualmente, prova de pagamento, total ou parcial, da duplicata, a liquidação de cheque, a favor do estabelecimento endossatário, no qual conste, no verso, que seu valor se destina à amortização ou liquidação da duplicata nele caracterizada.

**Art. 10.** No pagamento da duplicata poderão ser deduzidos quaisquer créditos a favor do devedor, resultantes de devolução de mercadorias, diferenças de preço, enganos verificados, pagamentos por conta e outros motivos assemelhados, desde que devidamente autorizados.

**Art. 11.** A duplicata admite reforma ou prorrogação do prazo de vencimento mediante declaração em separado ou nela escrita, assinada pelo vendedor ou endossatário, ou por representante com poderes especiais.

**Parágrafo único.** A reforma ou prorrogação de que trata este artigo, para manter a coobrigação dos demais intervenientes por endosso ou aval, requer a anuência expressa destes.

**Art. 12.** O pagamento da duplicata poderá ser assegurado por aval, sendo o avalista equiparado àquele cujo nome indicar; na falta da indicação, àquele abaixo de cuja firma lançar a sua; fora desses casos, ao comprador.

**Parágrafo único.** O aval dado posteriormente ao vencimento do título produzirá os mesmos efeitos que o prestado anteriormente àquela ocorrência.

## CAPÍTULO IV. DO PROTESTO

‣ Lei 9.492/1997 – Define competência, regulamenta os serviços concernentes ao protesto de títulos e outros documentos de dívida.

✪ **Art. 13.** A duplicata é protestável por falta de aceite, de devolução ou de pagamento.

**§ 1º.** Por falta de aceite, de devolução ou de pagamento, o protesto será tirado, conforme o caso, mediante apresentação da duplicata, da triplicata, ou, ainda, por simples indicações do portador, na falta de devolução do título.

**§ 2º.** O fato de não ter sido exercida a faculdade de protestar o título, por falta de aceite ou de devolução, não elide a possibilidade de protesto por falta de pagamento.

**§ 3º.** O protesto será tirado na praça de pagamento constante do título.

**§ 4º.** O portador que não tirar o protesto da duplicata, em forma regular e dentro do prazo de 30 (trinta) dias, contado da data de seu vencimento, perderá o direito de regresso contra os endossantes e respectivos avalistas.

**Art. 14.** Nos casos de protesto, por falta de aceite, de devolução ou de pagamento, ou feitos por indicações do portador o instrumento de protesto deverá conter os requisitos enumerados no art. 29 do Dec. 2.044, de 31 de dezembro de 1908, exceto a transcrição mencionada no inciso II, que será substituída pela reprodução das indicações feitas pelo portador do título.

## CAPÍTULO V. DO PROCESSO PARA COBRANÇA DA DUPLICATA

**Art. 15.** A cobrança judicial de duplicata ou triplicata será efetuada de conformidade com o processo aplicável aos títulos executivos extrajudiciais, de que cogita o Livro II do Código de Processo Civil, quando se tratar:

‣ CPC/15: arts. 771 e ss.

**I** – de duplicata ou triplicata aceita, protestada ou não;

**II** – de duplicata ou triplicata não aceita, contanto que, cumulativamente:

*a)* haja sido protestada;

*b)* esteja acompanhada de documento hábil comprobatório da entrega e do recebimento da mercadoria, permitida a sua comprovação por meio eletrônico; *(Redação dada pela Lei 14.301/2022)*

*c)* o sacado não tenha, comprovadamente, recusado o aceite, no prazo, nas condições e pelos motivos previstos nos arts. 7º e 8º desta Lei.

**§ 1º.** Contra o sacador, os endossantes e respectivos avalistas caberá o processo de execução referido neste artigo, quaisquer que sejam a forma e as condições do protesto.

**§ 2º.** Processar-se-á também da mesma maneira a execução de duplicata ou triplicata não aceita e não devolvida, desde que haja sido protestada mediante indicações do credor ou do apresentante do título, nos termos do art. 14, preenchidas as condições do inciso II deste artigo.

**§ 3º** A comprovação por meio eletrônico de que trata a alínea b do inciso II do caput deste artigo poderá ser disciplinada em ato do Poder Executivo federal. *(Acrescido pela Lei 14.301/2022)*

**Art. 16.** Aplica-se o procedimento ordinário previsto no Código de Processo Civil à ação do credor contra o devedor, por duplicata ou triplicata que não preencha os requisitos do art. 15, I e II, e §§ 1º e 2º, bem como à ação para ilidir as razões invocadas pelo devedor para o não aceite do título, nos casos previstos no art. 8º.

**Art. 17.** O foro competente para a cobrança judicial da duplicata ou da triplicata é o da praça de pagamento constante do título, ou outra de domicílio do comprador e, no caso de ação regressiva, a dos sacadores, dos endossantes e respectivos avalistas.

**Art. 18.** A pretensão à execução da duplicata prescreve:

**I** – contra o sacado e respectivos avalistas, em três anos, contados da data do vencimento do título;

**II** – contra endossante e seus avalistas, em um ano, contado da data do protesto;

**III** – de qualquer dos coobrigados, contra os demais, em um ano, contado da data em que haja sido efetuado o pagamento do título.

**§ 1º.** A cobrança judicial poderá ser proposta contra um ou contra todos os coobrigados, sem observância da ordem em que figurem no título.

**§ 2º.** Os coobrigados da duplicata respondem solidariamente pelo aceite e pelo pagamento.

## CAPÍTULO VI. DA ESCRITA ESPECIAL

**Art. 19.** A adoção do regime de vendas de que trata o art. 2º desta Lei obriga o vendedor a ter e a escriturar o Livro de Registro de Duplicatas.

‣ CC: art. 1.180.

**§ 1º.** No Registro de Duplicatas serão escrituradas, cronologicamente, todas as duplicatas emitidas, com o número de ordem, data e valor das faturas originárias e data de sua expedição; nome e domicílio do comprador;

anotações das reformas; prorrogações e outras circunstâncias necessárias.

**§ 2º.** Os Registros de Duplicatas, que não poderão conter emendas, borrões, rasuras ou entrelinhas, deverão ser conservados nos próprios estabelecimentos.

**§ 3º.** O Registro de Duplicatas poderá ser substituído por qualquer sistema mecanizado, desde que os requisitos deste artigo sejam observados.

## CAPÍTULO VII. DAS DUPLICATAS DE PRESTAÇÃO DE SERVIÇOS

**Art. 20.** Poderão emitir, na forma prevista nesta Lei, fatura e duplicata: *(Redação dada pela Lei 14.206/2021)*

**I** – as empresas, individuais ou coletivas, fundações ou sociedades civis que se dediquem à prestação de serviços; e *(Acrescido pela Lei 14.206/2021)*

**II** – o Transportador Autônomo de Cargas (TAC), de que trata o inciso I do caput do art. 2º da Lei nº 11.442, de 5 de janeiro de 2007. *(Acrescido pela Lei 14.206/2021)*

**§ 1º.** A fatura deverá discriminar a natureza dos serviços prestados.

**§ 2º.** A soma a pagar em dinheiro corresponderá ao preço dos serviços prestados.

**§ 3º.** Aplicam-se à fatura e à duplicata ou triplicata de prestação de serviços, com as adaptações cabíveis, as disposições referentes à fatura e à duplicata ou triplicata de venda mercantil, constituindo documento hábil, para transcrição do instrumento de protesto, qualquer documento que comprove a efetiva prestação dos serviços e o vínculo contratual que a autorizou.

**Art. 21.** O sacado poderá deixar de aceitar a duplicata de prestação de serviços por motivo de:

**I** – não correspondência com os serviços efetivamente contratados;

**II** – vícios ou defeitos na qualidade dos serviços prestados, devidamente comprovados;

**III** – divergências nos prazos ou nos preços ajustados.

**Art. 22.** Equiparam-se às entidades constantes do art. 20, para os efeitos da presente Lei, ressalvado o disposto no Capítulo VI, os profissionais liberais e os que prestam serviço de natureza eventual, desde que o valor do serviço ultrapasse a cem cruzeiros novos.

**§ 1º.** Nos casos deste artigo, o credor enviará ao devedor fatura ou conta que mencione a natureza e valor dos serviços prestados, data e local do pagamento e o vínculo contratual que deu origem aos serviços executados.

**§ 2º.** Registrada a fatura ou conta no Cartório de Títulos e Documentos, será ela remetida ao devedor, com as cautelas constantes do art. 6º.

**§ 3º.** O não pagamento da fatura ou conta no prazo nela fixado autorizará o credor a levá-la a protesto, valendo, na ausência do original, certidão do cartório competente.

**§ 4º.** O instrumento do protesto, elaborado com as cautelas do art. 14, discriminando a fatura ou conta original ou a certidão do Cartório de Títulos e Documentos, autorizará o ajuizamento do competente processo de execução na forma prescrita nesta Lei.

## CAPÍTULO VIII. DAS DISPOSIÇÕES GERAIS

**Art. 23.** A perda ou extravio da duplicata obrigará o vendedor a extrair triplicata, que terá os mesmos efeitos e requisitos e obedecerá às mesmas formalidades daquela.

**Art. 24.** Da duplicata poderão constar outras indicações, desde que não alterem sua feição característica.

**Art. 25.** Aplicam-se à duplicata e à triplicata, no que couber, os dispositivos da legislação sobre emissão, circulação e pagamento das Letras de Câmbio.

**Art. 26.** O art. 172 do Código Penal (Dec.-lei nº 2.848, de 7 de dezembro de 1940) passa a vigorar com a seguinte redação:

- Alteração incorporada ao texto do referido CP.

**Art. 27.** O Conselho Monetário Nacional, por proposta do Ministério da Indústria e do Comércio, baixará, dentro de 120 (cento e vinte) dias da data da publicação desta Lei, normas para padronização formal dos títulos e documentos nela referidos fixando prazo para sua adoção obrigatória.

**Art. 28.** Esta Lei entrará em vigor 30 (trinta) dias após a data de sua publicação, revogando-se a Lei nº 187, de 15 de janeiro de 1936, a Lei nº 4.068, de 9 de junho de 1962, os Decs.-leis nºs 265, de 28 de fevereiro de 1967; 320, de 29 de março de 1967; 331, de 21 de setembro de 1967 e 345, de 28 de dezembro de 1967, na parte referente às duplicatas e todas as demais disposições em contrário.

Brasília, 18 de julho de 1968; 147º da Independência e 80º da República.

A. COSTA E SILVA

D.O.U. de 19.7.1968

# LEI Nº 6.404, DE 15 DE DEZEMBRO DE 1976

*Dispõe sobre as sociedades por ações.*

- Lei 12.838/2013 – Dispõe sobre crédito presumido apurado com base em créditos decorrentes de diferenças temporárias oriundos de provisões para créditos de liquidação duvidosa nas condições que estabelece e dispõe sobre os títulos de crédito e instrumentos emitidos por instituições financeiras e demais instituições autorizadas a funcionar pelo Banco Central do Brasil, para composição de seu patrimônio de referência, e altera a Lei 12.249/2010.
- Lei 11.638/2007 – Altera e revoga dispositivos da Lei 6.404/1976, e da Lei 6.385/1976, e estende às sociedades de grande porte disposições relativas à elaboração e divulgação de demonstrações financeiras.
- Lei 6.385/1976 – Dispõe sobre o mercado de valores mobiliários e cria a Comissão de Valores Mobiliários.

O PRESIDENTE DA REPÚBLICA

Faço saber que o Congresso Nacional decreta e eu sanciono a seguinte Lei:

## CAPÍTULO I. CARACTERÍSTICAS E NATUREZA DA COMPANHIA OU SOCIEDADE ANÔNIMA

### Características

**Art. 1º.** A companhia ou sociedade anônima terá o capital dividido em ações, e a responsabilidade dos sócios ou acionistas será limitada ao preço de emissão das ações subscritas ou adquiridas.

- CC: arts. 1.088 e 1.089, e 1.126 e 1.133.

### Objetivo social

**Art. 2º.** Pode ser objeto da companhia qualquer empresa de fim lucrativo, não contrário à lei, à ordem pública e aos bons costumes.

**§ 1º.** Qualquer que seja o objeto, a companhia é mercantil e se rege pelas leis e usos do comércio.

**§ 2º.** O estatuto social definirá o objeto de modo preciso e completo.

**§ 3º.** A companhia pode ter por objeto participar de outras sociedades; ainda que não prevista no estatuto, a participação é facultada como meio de realizar o objeto social, ou para beneficiar-se de incentivos fiscais.

### Denominação

**Art. 3º.** A sociedade será designada por denominação acompanhada das expressões "companhia", ou "sociedade anônima", expressas por extenso ou abreviadamente mas vedada a utilização da primeira ao final.

**§ 1º.** O nome do fundador, acionista, ou pessoa que por qualquer outro modo tenha concorrido para o êxito da empresa, poderá figurar na denominação.

**§ 2º.** Se a denominação for idêntica ou semelhante a de companhia já existente assistirá à prejudicada o direito de requerer a modificação, por via administrativa (artigo 97) ou em juízo, e demandar as perdas e danos resultantes.

- CC: art. 1.163.
- Lei 8.934/1994: art. 35, V.

### Companhia aberta e fechada

**Art. 4º.** Para os efeitos desta Lei, a companhia é aberta ou fechada conforme os valores mobiliários de sua emissão estejam ou não admitidos à negociação no mercado de valores mobiliários.

- Lei 6.385/1976 – Dispõe sobre o mercado de valores mobiliários e cria a Comissão de Valores Mobiliários.

**§ 1º.** Somente os valores mobiliários de emissão de companhia registrada na Comissão de Valores Mobiliários podem ser negociados no mercado de valores mobiliários.

**§ 2º.** Nenhuma distribuição pública de valores mobiliários será efetivada no mercado sem prévio registro na Comissão de Valores Mobiliários.

**§ 3º.** A Comissão de Valores Mobiliários poderá classificar as companhias abertas em categorias, segundo as espécies e classes dos valores mobiliários por ela emitidos negociados no mercado, e especificará as normas sobre companhias abertas aplicáveis a cada categoria.

**§ 4º.** O registro de companhia aberta para negociação de ações no mercado somente poderá ser cancelado se a companhia emissora de ações, o acionista controlador ou a sociedade que a controle, direta ou indiretamente, formular oferta pública para adquirir a totalidade das ações em circulação no mercado, por preço justo, ao menos igual ao valor de avaliação da companhia, apurado com base nos critérios, adotados de forma isolada ou combinada, de patrimônio líquido contábil, de patrimônio líquido avaliado a preço de mercado, de fluxo de caixa descontado, de comparação por múltiplos, de cotação das ações no mercado de valores mobiliários, ou com base em outro critério aceito pela Comissão de Valores Mobiliários, assegurada a revisão do valor da oferta, em conformidade com o disposto no art. 4º-A.

**§ 5º.** Terminado o prazo da oferta pública fixado na regulamentação expedida pela Comissão de Valores Mobiliários, se remanescerem em circulação menos de 5% (cinco por cento) do total das ações emitidas pela companhia, a assembleia geral poderá deliberar o resgate dessas ações pelo valor da oferta de que trata o § 4º, desde que deposite em estabelecimento bancário autorizado pela Comissão de Valores Mobiliários, à disposição dos seus titulares, o valor de resgate, não se aplicando, nesse caso, o disposto no § 6º do art. 44.

**§ 6º.** O acionista controlador ou a sociedade controladora que adquirir ações da companhia aberta sob seu controle que elevem sua participação, direta ou indireta, em determinada espécie e classe de ações à porcentagem que, segundo normas gerais expedidas pela Comissão de Valores Mobiliários, impeça a liquidez de mercado das ações remanescentes, será obrigado a fazer oferta pública, por preço determinado nos termos do § 4º, para aquisição da totalidade das ações remanescentes no mercado.

✪ **Art. 4º-A.** Na companhia aberta, os titulares de, no mínimo, 10% (dez por cento) das ações em circulação no mercado poderão requerer aos administradores da companhia que convoquem assembleia especial dos acionistas titulares de ações em circulação no mercado, para deliberar sobre a realização de nova avaliação pelo mesmo ou por outro critério, para efeito de determinação do valor de avaliação da companhia, referido no § 4º do art. 4º.

**§ 1º.** O requerimento deverá ser apresentado no prazo de 15 (quinze) dias da divulgação do valor da oferta pública, devidamente fundamentado e acompanhado de elementos de convicção que demonstrem a falha ou imprecisão no emprego da metodologia de cálculo ou no critério de avaliação adotado, podendo os acionistas referidos no *caput* convocar a assembleia quando os administradores não atenderem, no prazo de 8 (oito) dias, ao pedido de convocação.

**§ 2º.** Consideram-se ações em circulação no mercado todas as ações do capital da companhia aberta menos as de propriedade do acionista controlador, de diretores, de conselheiros de administração e as em tesouraria.

**§ 3º.** Os acionistas que requererem a realização de nova avaliação e aqueles que votarem a seu favor deverão ressarcir a companhia pelos custos incorridos, caso o novo valor seja inferior ou igual ao valor inicial da oferta pública.

**§ 4º.** Caberá à Comissão de Valores Mobiliários disciplinar o disposto no art. 4º e neste artigo, e fixar prazos para a eficácia desta revisão.

## CAPÍTULO II. CAPITAL SOCIAL

### SEÇÃO I. VALOR

**Fixação no estatuto e moeda**

**Art. 5º.** O estatuto da companhia fixará o valor do capital social, expresso em moeda nacional.

**Parágrafo único.** A expressão monetária do valor do capital social realizado será corrigida anualmente (artigo 167).

**Alteração**

**Art. 6º.** O capital social somente poderá ser modificado com observância dos preceitos desta Lei e do estatuto social (artigos 166 a 174).

### SEÇÃO II. FORMAÇÃO

**Dinheiro e bens**

**Art. 7º.** O capital social poderá ser formado com contribuições em dinheiro ou em qualquer espécie de bens suscetíveis de avaliação em dinheiro.

**Avaliação**

**Art. 8º.** A avaliação dos bens será feita por 3 (três) peritos ou por empresa especializada, nomeados em assembleia geral dos subscritores, convocada pela imprensa e presidida por um dos fundadores, instalando-se em primeira convocação com a presença de subscritores que representem metade, pelo menos, do capital social, e em segunda convocação com qualquer número.

**§ 1º.** Os peritos ou a empresa avaliadora deverão apresentar laudo fundamentado, com a indicação dos critérios de avaliação e dos elementos de comparação adotados e instruído com os documentos relativos aos bens avaliados, e estarão presentes à assembleia que conhecer do laudo, a fim de prestarem as informações que lhes forem solicitadas.

**§ 2º.** Se o subscritor aceitar o valor aprovado pela assembleia, os bens incorporar-se-ão ao patrimônio da companhia, competindo aos primeiros diretores cumprir as formalidades necessárias à respectiva transmissão.

**§ 3º.** Se a assembleia não aprovar a avaliação, ou o subscritor não aceitar a avaliação aprovada, ficará sem efeito o projeto de constituição da companhia.

**§ 4º.** Os bens não poderão ser incorporados ao patrimônio da companhia por valor acima do que lhes tiver dado o subscritor.

**§ 5º.** Aplica-se à assembleia referida neste artigo o disposto nos §§ 1º e 2º do art. 115.

**§ 6º.** Os avaliadores e o subscritor responderão perante a companhia, os acionistas e terceiros, pelos danos que lhes causarem por culpa ou dolo na avaliação dos bens, sem prejuízo da responsabilidade penal em que tenham incorrido; no caso de bens em condomínio, a responsabilidade dos subscritores é solidária.

**Transferência dos bens**

**Art. 9º.** Na falta de declaração expressa em contrário, os bens transferem-se à companhia a título de propriedade.

**Responsabilidade do subscritor**

**Art. 10.** A responsabilidade civil dos subscritores ou acionistas que contribuírem com bens para a formação do capital social será idêntica à do vendedor.

**Parágrafo único.** Quando a entrada consistir em crédito, o subscritor ou acionista responderá pela solvência do devedor.

## CAPÍTULO III. AÇÕES

### SEÇÃO I. NÚMERO E VALOR NOMINAL

**Fixação no estatuto**

**Art. 11.** O estatuto fixará o número das ações em que se divide o capital social e estabelecerá se as ações terão, ou não, valor nominal.

**§ 1º.** Na companhia com ações sem valor nominal, o estatuto poderá criar uma ou mais classes de ações preferenciais com valor nominal.

**§ 2º.** O valor nominal será o mesmo para todas as ações da companhia.

**§ 3º.** O valor nominal das ações de companhia aberta não poderá ser inferior ao mínimo fixado pela Comissão de Valores Mobiliários.

‣ Lei 6.385/1976: art. 19, § 6º.

**Alteração**

**Art. 12.** O número e o valor nominal das ações somente poderão ser alterados nos casos de modificação do valor do capital social ou da sua expressão monetária, de desdobramento ou grupamento de ações, ou de cancelamento de ações autorizado nesta Lei.

### SEÇÃO II. PREÇO DE EMISSÃO

‣ Súm. 371 do STJ.

**Ações com valor nominal**

**Art. 13.** É vedada a emissão de ações por preço inferior ao seu valor nominal.

**§ 1º.** A infração do disposto neste artigo importará nulidade do ato ou operação e responsabilidade dos infratores, sem prejuízo da ação penal que no caso couber.

**§ 2º.** A contribuição do subscritor que ultrapassar o valor nominal constituirá reserva de capital (artigo 182, § 1º).

**Ações sem valor nominal**

**Art. 14.** O preço de emissão das ações sem valor nominal será fixado, na constituição da companhia, pelos fundadores, e no aumento de capital, pela assembleia geral ou pelo conselho de administração (artigos 166 e 170, § 2º).

**Parágrafo único.** O preço de emissão pode ser fixado com parte destinada à formação de reserva de capital; na emissão de ações preferenciais com prioridade no reembolso do capital, somente a parcela que ultrapassar o valor de reembolso poderá ter essa destinação.

### SEÇÃO III. ESPÉCIES E CLASSES

**Espécies**

**Art. 15.** As ações, conforme a natureza dos direitos ou vantagens que confiram a seus titulares, são ordinárias, preferenciais, ou de fruição.

**§ 1º** As ações ordinárias e preferenciais poderão ser de uma ou mais classes, observado, no caso das ordinárias, o disposto nos arts. 16, 16-A e 110-A desta Lei. *(Redação dada pela Lei 14.195/2021)*

**§ 2º.** O número de ações preferenciais sem direito a voto, ou sujeitas a restrição no exercício desse direito, não pode ultrapassar 50% (cinquenta por cento) do total das ações emitidas.

**Ações ordinárias**

**Art. 16.** As ações ordinárias de companhia fechada poderão ser de classes diversas, em função de:

**I** – conversibilidade em ações preferenciais;

**II** – exigência de nacionalidade brasileira do acionista; ou

**III** – direito de voto em separado para o preenchimento de determinados cargos de órgãos administrativos.

**IV** – atribuição de voto plural a uma ou mais classes de ações, observados o limite e as condições dispostos no art. 110-A desta Lei. *(Acrescido pela Lei 14.195/2021)*

**Parágrafo único.** A alteração do estatuto na parte em que regula a diversidade de classes, se não for expressamente prevista e regulada, requererá a concordância de todos os titulares das ações atingidas. *(Redação dada pela Lei 14.195/2021)*

**Art. 16-A.** Na companhia aberta, é vedada a manutenção de mais de uma classe de ações ordinárias, ressalvada a adoção do voto plural nos termos e nas condições dispostos no art. 110-A desta Lei. *(Acrescido pela Lei 14.195/2021)*

**Ações preferenciais**

✪ **Art. 17.** As preferências ou vantagens das ações preferenciais podem consistir:

**I** – em prioridade na distribuição de dividendo, fixo ou mínimo;

**II** – em prioridade no reembolso do capital, com prêmio ou sem ele; ou

**III** – na acumulação das preferências e vantagens de que tratam os incisos I e II.

**§ 1º.** Independentemente do direito de receber ou não o valor de reembolso do capital com prêmio ou sem ele, as ações preferenciais sem direito de voto ou com restrição ao exercício deste direito, somente serão admitidas à negociação no mercado de valores mobiliários se a elas for atribuída pelo menos uma das seguintes preferências ou vantagens:

**I** – direito de participar do dividendo a ser distribuído, correspondente a, pelo menos, 25% (vinte e cinco por cento) do lucro líquido do exercício, calculado na forma do art. 202, de acordo com o seguinte critério:

*a)* prioridade no recebimento dos dividendos mencionados neste inciso correspondente a, no mínimo, 3% (três por cento) do valor do patrimônio líquido da ação; e

*b)* direito de participar dos lucros distribuídos em igualdade de condições com as ordinárias, depois de a estas assegurado dividendo igual ao mínimo prioritário estabelecido em conformidade com a alínea *a*; ou

**II** – direito ao recebimento de dividendo, por ação preferencial, pelo menos 10% (dez por cento) maior do que o atribuído a cada ação ordinária; ou

**III** – direito de serem incluídas na oferta pública de alienação de controle, nas condições previstas no art. 254-A, assegurado o dividendo pelo menos igual ao das ações ordinárias.

**§ 2º.** Deverão constar do estatuto, com precisão e minúcia, outras preferências ou vantagens que sejam atribuídas aos acionistas sem direito a voto, ou com voto restrito, além das previstas neste artigo.

**§ 3º.** Os dividendos, ainda que fixos ou cumulativos, não poderão ser distribuídos em prejuízo do capital social, salvo quando, em caso de liquidação da companhia, essa vantagem tiver sido expressamente assegurada.

**§ 4º.** Salvo disposição em contrário no estatuto, o dividendo prioritário não é cumulativo, a ação com dividendo fixo não participa dos lucros remanescentes e a ação com dividendo mínimo participa dos lucros distribuídos em igualdade de condições com as ordinárias, depois de a estas assegurado dividendo igual ao mínimo.

**§ 5º.** Salvo no caso de ações com dividendo fixo, o estatuto não pode excluir ou restringir o direito das ações preferenciais de participar dos aumentos de capital decorrentes da capitalização de reservas ou lucros (art. 169).

**§ 6º.** O estatuto pode conferir às ações preferenciais com prioridade na distribuição de dividendo cumulativo, o direito de recebê-lo, no exercício em que o lucro for insuficiente, à conta das reservas de capital de que trata o § 1º do art. 182.

**§ 7º.** Nas companhias objeto de desestatização poderá ser criada ação preferencial de classe especial, de propriedade exclusiva do ente desestatizante, à qual o estatuto social poderá conferir os poderes que especificar, inclusive o poder de veto às deliberações da assembleia geral nas matérias que especificar.

**Vantagens políticas**

**Art. 18.** O estatuto pode assegurar a uma ou mais classes de ações preferenciais o direito de eleger, em votação em separado, um ou mais membros dos órgãos de administração.

**Parágrafo único.** O estatuto pode subordinar as alterações estatutárias que especificar à aprovação, em assembleia especial, dos titulares de uma ou mais classes de ações preferenciais.

**Regulação no estatuto**

**Art. 19.** O estatuto da companhia com ações preferenciais declarará as vantagens ou preferências atribuídas a cada classe dessas ações e as restrições a que ficarão sujeitas, e poderá prever o resgate ou a amortização, a conversão de ações de uma classe em ações de outra e em ações ordinárias, e destas em preferenciais, fixando as respectivas condições.

## SEÇÃO IV. FORMA

**Art. 20.** As ações devem ser nominativas.

**Ações não integralizadas**

**Art. 21.** Além dos casos regulados em lei especial, as ações terão obrigatoriamente forma nominativa ou endossável até o integral pagamento do preço de emissão.

**Determinação no estatuto**

**Art. 22.** O estatuto determinará a forma das ações e a conversibilidade de uma em outra forma.

**Parágrafo único.** As ações ordinárias da companhia aberta e ao menos uma das classes de ações ordinárias da companhia fechada, quando tiverem a forma ao portador, serão obrigatoriamente conversíveis, à vontade do acionista, em nominativas ou endossáveis.

## SEÇÃO V. CERTIFICADOS

**Emissão**

**Art. 23.** A emissão de certificado de ação somente será permitida depois de cumpridas as formalidades necessárias ao funcionamento legal da companhia.

**§ 1º.** A infração do disposto neste artigo importa nulidade do certificado e responsabilidade dos infratores.

**§ 2º.** Os certificados das ações, cujas entradas não consistirem em dinheiro, só poderão ser emitidos depois de cumpridas as formalidades necessárias à transmissão de bens, ou de realizados os créditos.

**§ 3º.** A companhia poderá cobrar o custo da substituição dos certificados, quando pedida pelo acionista.

**Requisitos**

**Art. 24.** Os certificados das ações serão escritos em vernáculo e conterão as seguintes declarações:

**I** – denominação da companhia, sua sede e prazo de duração;

**II** – o valor do capital social, a data do ato que o tiver fixado, o número de ações em que se divide e o valor nominal das ações, ou a declaração de que não têm valor nominal;

**III** – nas companhias com capital autorizado, o limite da autorização, em número de ações ou valor do capital social;

**IV** – o número de ações ordinárias e preferenciais das diversas classes, se houver, as vantagens ou preferências conferidas a cada classe e as limitações ou restrições a que as ações estiverem sujeitas;

**V** – o número de ordem do certificado e da ação, e a espécie e classe a que pertence;

**VI** – os direitos conferidos às partes beneficiárias, se houver;

**VII** – a época e o lugar da reunião da assembleia geral ordinária;

**VIII** – a data da constituição da companhia e do arquivamento e publicação de seus atos constitutivos;

**IX** – o nome do acionista;

**X** – o débito do acionista e a época e o lugar de seu pagamento, se a ação não estiver integralizada;

**XI** – a data da emissão do certificado e as assinaturas de dois diretores, ou do agente emissor de certificados (art. 27).

**§ 1º.** A omissão de qualquer dessas declarações dá ao acionista direito à indenização por perdas e danos contra a companhia e os diretores na gestão dos quais os certificados tenham sido emitidos.

**§ 2º.** Os certificados de ações emitidas por companhias abertas podem ser assinados por 2 (dois) mandatários com poderes especiais, ou autenticados por chancela mecânica, observadas as normas expedidas pela Comissão de Valores Mobiliários.

**Títulos múltiplos e cautelas**

**Art. 25.** A companhia poderá, satisfeitos os requisitos do artigo 24, emitir certificados de múltiplos de ações e, provisoriamente, cautelas que as representem.

**Parágrafo único.** Os títulos múltiplos das companhias abertas obedecerão à padronização de número de ações fixada pela Comissão de Valores Mobiliários.

**Cupões**

**Art. 26.** Aos certificados das ações ao portador podem ser anexados cupões relativos a dividendos ou outros direitos.

**Parágrafo único.** Os cupões conterão a denominação da companhia, a indicação do lugar da sede, o número de ordem do certificado, a classe da ação e o número de ordem do cupão.

**Agente emissor de certificados**

**Art. 27.** A companhia pode contratar a escrituração e a guarda dos livros de registro e transferência de ações e a emissão dos certificados com instituição financeira autorizada pela Comissão de Valores Mobiliários a manter esse serviço.

**§ 1º.** Contratado o serviço, somente o agente emissor poderá praticar os atos relativos aos registros e emitir certificados.

**§ 2º.** O nome do agente emissor constará das publicações e ofertas públicas de valores mobiliários feitas pela companhia.

**§ 3º.** Os certificados de ações emitidos pelo agente emissor da companhia deverão ser numerados seguidamente, mas a numeração das ações será facultativa.

## SEÇÃO VI.
## PROPRIEDADE E CIRCULAÇÃO
## INDIVISIBILIDADE

**Art. 28.** A ação é indivisível em relação à companhia.

**Parágrafo único.** Quando a ação pertencer a mais de uma pessoa, os direitos por ela conferidos serão exercidos pelo representante do condomínio.

**Negociabilidade**

**Art. 29.** As ações da companhia aberta somente poderão ser negociadas depois de realizados 30% (trinta por cento) do preço de emissão.

**Parágrafo único.** A infração do disposto neste artigo importa na nulidade do ato.

**Negociação com as próprias ações**

**Art. 30.** A companhia não poderá negociar com as próprias ações.

**§ 1º.** Nessa proibição não se compreendem:

*a)* as operações de resgate, reembolso ou amortização previstas em lei;

*b)* a aquisição, para permanência em tesouraria ou cancelamento, desde que até o valor do saldo de lucros ou reservas, exceto a legal, e sem diminuição do capital social ou por doação;

*c)* a alienação das ações adquiridas nos termos da alínea *b* e mantidas em tesouraria;

*d)* a compra quando, resolvida a redução do capital mediante restituição, em dinheiro, de parte do valor das ações, o preço destas em bolsa for inferior ou igual à importância que deve ser restituída.

**§ 2º.** A aquisição das próprias ações pela companhia aberta obedecerá, sob pena de nulidade, às normas expedidas pela Comissão de Valores Mobiliários, que poderá subordiná-la a prévia autorização em cada caso.

**§ 3º.** A companhia não poderá receber em garantia as próprias ações, salvo para assegurar a gestão dos seus administradores.

**§ 4º.** As ações adquiridas nos termos da alínea *b* do § 1º, enquanto mantidas em tesouraria, não terão direito a dividendo nem a voto.

**§ 5º.** No caso da alínea *d* do § 1º, as ações adquiridas serão retiradas definitivamente de circulação.

**Ações nominativas**

**Art. 31.** A propriedade das ações nominativas presume-se pela inscrição do nome do acionista no livro de "Registro de Ações Nominativas" ou pelo extrato que seja fornecido pela instituição custodiante, na qualidade de proprietária fiduciária das ações.

**§ 1º.** A transferência das ações nominativas opera-se por termo lavrado no livro de "Transferência de Ações Nominativas", datado e assinado pelo cedente e pelo cessionário, ou seus legítimos representantes.

**§ 2º.** A transferência das ações nominativas em virtude de transmissão por sucessão universal ou legado, de arrematação, adjudicação ou outro ato judicial, ou por qualquer outro título, somente se fará mediante averbação no livro de "Registro de Ações Nominativas", à vista de documento hábil, que ficará em poder da companhia.

**§ 3º.** Na transferência das ações nominativas adquiridas em Bolsa de Valores, o cessionário será representado, independentemente de instrumento de procuração, pela sociedade corretora, ou pela caixa de liquidação da Bolsa de Valores.

**Ações endossáveis**

**Art. 32.** *(Revogado pela Lei nº 8.021, de 1990).*

**Ações ao portador**

**Art. 33.** *(Revogado pela Lei nº 8.021, de 1990).*

**Ações escriturais**

**Art. 34.** O estatuto da companhia pode autorizar ou estabelecer que todas as ações da companhia, ou uma ou mais classes delas, sejam mantidas em contas de depósito, em nome de seus titulares, na instituição que designar, sem emissão de certificados.

**§ 1º.** No caso de alteração estatutária, a conversão em ação escritural depende da apresentação e do cancelamento do respectivo certificado em circulação.

**§ 2º.** Somente as instituições financeiras autorizadas pela Comissão de Valores Mobiliários podem manter serviços de escrituração de ações e de outros valores mobiliários.

- Lei 6.385/1976: arts. 19, § 4º.

**§ 3º.** A companhia responde pelas perdas e danos causados aos interessados por erros ou irregularidades no serviço de ações escriturais, sem prejuízo do eventual direito de regresso contra a instituição depositária.

**Art. 35.** A propriedade da ação escritural presume-se pelo registro na conta de depósito das ações, aberta em nome do acionista nos livros da instituição depositária.

**§ 1º.** A transferência da ação escritural opera-se pelo lançamento efetuado pela instituição depositária em seus livros, a débito da conta de ações do alienante e a crédito da conta de ações do adquirente, à vista de ordem escrita do alienante, ou de autorização ou ordem judicial, em documento hábil que ficará em poder da instituição.

**§ 2º.** A instituição depositária fornecerá ao acionista extrato da conta de depósito das ações escriturais, sempre que solicitado, ao término de todo mês em que for movimentada e, ainda que não haja movimentação, ao menos uma vez por ano.

**§ 3º.** O estatuto pode autorizar a instituição depositária a cobrar do acionista o custo do serviço de transferência da propriedade das ações escriturais, observados os limites máximos fixados pela Comissão de Valores Mobiliários.

**Limitações à circulação**

**Art. 36.** O estatuto da companhia fechada pode impor limitações à circulação das ações nominativas, contanto que regule minuciosamente tais limitações e não impeça a negociação, nem sujeite o acionista ao arbítrio dos órgãos de administração da companhia ou da maioria dos acionistas.

**Parágrafo único.** A limitação à circulação criada por alteração estatutária somente se aplicará às ações cujos titulares com ela expressamente concordarem, mediante pedido de averbação no livro de "Registro de Ações Nominativas".

**Suspensão dos serviços de certificados**

**Art. 37.** A companhia aberta pode, mediante comunicação às Bolsas de Valores em que suas ações forem negociadas e publicação de anúncio, suspender, por períodos que não ultrapassem, cada um, 15 (quinze) dias, nem o total de 90 (noventa) dias durante o ano, os serviços de transferência, conversão e desdobramento de certificados.

**Parágrafo único.** O disposto neste artigo não prejudicará o registro da transferência das ações negociadas em bolsa anteriormente ao início do período de suspensão.

**Perda ou extravio**

**Art. 38.** O titular de certificado perdido ou extraviado de ação ao portador ou endossável poderá, justificando a propriedade e a perda ou extravio, promover, na forma da lei processual, o procedimento de anulação e substituição para obter a expedição de novo certificado.

**§ 1º.** Somente será admitida a anulação e substituição de certificado ao portador ou endossado em branco à vista da prova, produzida pelo titular, da destruição ou inutilização do certificado a ser substituído.

**§ 2º.** Até que o certificado seja recuperado ou substituído, as transferências poderão ser averbadas sob condição, cabendo à companhia exigir do titular, para satisfazer dividendo e demais direitos, garantia idônea de sua eventual restituição.

## SEÇÃO VII. CONSTITUIÇÃO DE DIREITOS REAIS E OUTROS ÔNUS

**Penhor**

**Art. 39.** O penhor ou caução de ações se constitui pela averbação do respectivo instrumento no livro de Registro de Ações Nominativas.

**§ 1º.** O penhor da ação escritural se constitui pela averbação do respectivo instrumento nos livros da instituição financeira, a qual será anotada no extrato da conta de depósito fornecido ao acionista.

**§ 2º.** Em qualquer caso, a companhia, ou a instituição financeira, tem o direito de exigir, para seu arquivo, um exemplar do instrumento de penhor.

**Outros direitos e ônus**

**Art. 40.** O usufruto, o fideicomisso, a alienação fiduciária em garantia e quaisquer cláusulas ou ônus que gravarem a ação deverão ser averbados:

**I** – se nominativa, no livro de "Registro de Ações Nominativas";

**II** – se escritural, nos livros da instituição financeira, que os anotará no extrato da conta de depósito fornecida ao acionista.

**Parágrafo único.** Mediante averbação nos termos deste artigo, a promessa de venda da ação e o direito de preferência à sua aquisição são oponíveis a terceiros.

## SEÇÃO VIII. CUSTÓDIA DE AÇÕES FUNGÍVEIS

**Art. 41.** A instituição autorizada pela Comissão de Valores Mobiliários a prestar serviços de custódia de ações fungíveis pode contratar custódia em que as ações de cada espécie e classe da companhia sejam recebidas em depósito como valores fungíveis, adquirindo a instituição depositária a propriedade fiduciária das ações.

**§ 1º.** A instituição depositária não pode dispor das ações e fica obrigada a devolver ao depositante a quantidade de ações recebidas, com as modificações resultantes de alterações no capital social ou no número de ações da companhia emissora, independentemente do número de ordem das ações ou dos certificados recebidos em depósito.

**§ 2º.** Aplica-se o disposto neste artigo, no que couber, aos demais valores mobiliários.

**§ 3º.** A instituição depositária ficará obrigada a comunicar à companhia emissora:

**I** – imediatamente, o nome do proprietário efetivo quando houver qualquer evento societário que exija a sua identificação; e

**II** – no prazo de até 10 (dez) dias, a contratação da custódia e a criação de ônus ou gravames sobre as ações.

**§ 4º.** A propriedade das ações em custódia fungível será provada pelo contrato firmado entre o proprietário das ações e a instituição depositária.

**§ 5º.** A instituição tem as obrigações de depositária e responde perante o acionista e terceiros pelo descumprimento de suas obrigações.

**Representação e responsabilidade**

**Art. 42.** A instituição financeira representa, perante a companhia, os titulares das ações recebidas em custódia nos termos do artigo 41, para receber dividendos e ações bonificadas e exercer direito de preferência para subscrição de ações.

**§ 1º.** Sempre que houver distribuição de dividendos ou bonificação de ações e, em qualquer caso, ao menos uma vez por ano, a instituição financeira fornecerá à companhia a lista dos depositantes de ações recebidas nos termos deste artigo, assim como a quantidade de ações de cada um.

**§ 2º.** O depositante pode, a qualquer tempo, extinguir a custódia e pedir a devolução dos certificados de suas ações.

**§ 3º.** A companhia não responde perante o acionista nem terceiros pelos atos da instituição depositária das ações.

## SEÇÃO IX.
## CERTIFICADO DE DEPÓSITO DE AÇÕES

**Art. 43.** A instituição financeira autorizada a funcionar como agente emissor de certificados (art. 27) pode emitir título representativo das ações que receber em depósito, do qual constarão:

**I** – o local e a data da emissão;

**II** – o nome da instituição emitente e as assinaturas de seus representantes;

**III** – a denominação "Certificado de Depósito de Ações";

**IV** – a especificação das ações depositadas;

**V** – a declaração de que as ações depositadas, seus rendimentos e o valor recebido nos casos de resgate ou amortização somente serão entregues ao titular do certificado de depósito, contra apresentação deste;

**VI** – o nome e a qualificação do depositante;

**VII** – o preço do depósito cobrado pelo banco, se devido na entrega das ações depositadas;

**VIII** – o lugar da entrega do objeto do depósito.

**§ 1º.** A instituição financeira responde pela origem e autenticidade dos certificados das ações depositadas.

**§ 2º.** Emitido o certificado de depósito, as ações depositadas, seus rendimentos, o valor de resgate ou de amortização não poderão ser objeto de penhora, arresto, sequestro, busca ou apreensão, ou qualquer outro embaraço que impeça sua entrega ao titular do certificado, mas este poderá ser objeto de penhora ou de qualquer medida cautelar por obrigação do seu titular.

**§ 3º.** Os certificados de depósito de ações serão nominativos, podendo ser mantidos sob o sistema escritural.

**§ 4º.** Os certificados de depósito de ações poderão, a pedido do seu titular, e por sua conta, ser desdobrados ou grupados.

**§ 5º.** Aplicam-se ao endosso do certificado, no que couber, as normas que regulam o endosso de títulos cambiários.

## SEÇÃO X.
## RESGATE, AMORTIZAÇÃO E REEMBOLSO

### Resgate e amortização

**Art. 44.** O estatuto ou a assembleia geral extraordinária pode autorizar a aplicação de lucros ou reservas no resgate ou na amortização de ações, determinando as condições e o modo de proceder-se à operação.

**§ 1º.** O resgate consiste no pagamento do valor das ações para retirá-las definitivamente de circulação, com redução ou não do capital social; mantido o mesmo capital, será atribuído, quando for o caso, novo valor nominal às ações remanescentes.

**§ 2º.** A amortização consiste na distribuição aos acionistas, a título de antecipação e sem redução do capital social, de quantias que lhes poderiam tocar em caso de liquidação da companhia.

**§ 3º.** A amortização pode ser integral ou parcial e abranger todas as classes de ações ou só uma delas.

**§ 4º.** O resgate e a amortização que não abrangerem a totalidade das ações de uma mesma classe serão feitos mediante sorteio; sorteadas ações custodiadas nos termos do artigo 41, a instituição financeira especificará, mediante rateio, as resgatadas ou amortizadas, se outra forma não estiver prevista no contrato de custódia.

**§ 5º.** As ações integralmente amortizadas poderão ser substituídas por ações de fruição, com as restrições fixadas pelo estatuto ou pela assembleia geral que deliberar a amortização; em qualquer caso, ocorrendo liquidação da companhia, as ações amortizadas só concorrerão ao acervo líquido depois de assegurado às ações não amortizadas valor igual ao da amortização, corrigido monetariamente.

**§ 6º.** Salvo disposição em contrário do estatuto social, o resgate de ações de uma ou mais classes só será efetuado se, em assembleia especial convocada para deliberar essa matéria específica, for aprovado por acionistas que representem, no mínimo, a metade das ações da(s) classe(s) atingida(s).

### Reembolso

**Art. 45.** O reembolso é a operação pela qual, nos casos previstos em lei, a companhia paga aos acionistas dissidentes de deliberação da assembleia geral o valor de suas ações.

**§ 1º.** O estatuto pode estabelecer normas para a determinação do valor de reembolso, que, entretanto, somente poderá ser inferior ao valor de patrimônio líquido constante do último balanço aprovado pela assembleia geral, observado o disposto no § 2º, se estipulado com base no valor econômico da companhia, a ser apurado em avaliação (§§ 3º e 4º).

**§ 2º.** Se a deliberação da assembleia geral ocorrer mais de 60 (sessenta) dias depois da data do último balanço aprovado, será facultado ao acionista dissidente pedir, juntamente com o reembolso, levantamento de balanço especial em data que atenda àquele prazo. Nesse caso, a companhia pagará imediatamente 80% (oitenta por cento) do valor de reembolso calculado com base no último balanço e, levantado o balanço especial, pagará o saldo no prazo de 120 (cento e vinte), dias a contar da data da deliberação da assembleia geral.

**§ 3º**. Se o estatuto determinar a avaliação da ação para efeito de reembolso, o valor será o determinado por 3 (três) peritos ou empresa especializada, mediante laudo que satisfaça os requisitos do § 1º do art. 8º e com a responsabilidade prevista no § 6º do mesmo artigo.

**§ 4º**. Os peritos ou empresa especializada serão indicados em lista sêxtupla ou tríplice, respectivamente, pelo conselho de administração ou, se não houver, pela diretoria, e escolhidos pela Assembleia geral em deliberação tomada por maioria absoluta de votos, não se computando os votos em branco, cabendo a cada ação, independentemente de sua espécie ou classe, o direito a um voto.

**§ 5º**. O valor de reembolso poderá ser pago à conta de lucros ou reservas, exceto a legal, e nesse caso as ações reembolsadas ficarão em tesouraria.

**§ 6º**. Se, no prazo de 120 (cento e vinte) dias, a contar da publicação da ata da assembleia, não forem substituídos os acionistas cujas ações tenham sido reembolsadas à conta do capital social, este considerar-se-á reduzido no montante correspondente, cumprindo aos órgãos da administração convocar a assembleia geral, dentro de cinco dias, para tomar conhecimento daquela redução.

**§ 7º**. Se sobrevier a falência da sociedade, os acionistas dissidentes, credores pelo reembolso de suas ações, serão classificados como quirografários em quadro separado, e os rateios que lhes couberem serão imputados no pagamento dos créditos constituídos anteriormente à data da publicação da ata da assembleia. As quantias assim atribuídas aos créditos mais antigos não se deduzirão dos créditos dos ex-acionistas, que subsistirão integralmente para serem satisfeitos pelos bens da massa, depois de pagos os primeiros.

**§ 8º**. Se, quando ocorrer a falência, já se houver efetuado, à conta do capital social, o reembolso dos ex-acionistas, estes não tiverem sido substituídos, e a massa não bastar para o pagamento dos créditos mais antigos, caberá ação revocatória para restituição do reembolso pago com redução do capital social, até a concorrência do que remanescer dessa parte do passivo. A restituição será havida, na mesma proporção, de todos os acionistas cujas ações tenham sido reembolsadas.

## CAPÍTULO IV. PARTES BENEFICIÁRIAS

### Características

**Art. 46.** A companhia pode criar, a qualquer tempo, títulos negociáveis, sem valor nominal e estranhos ao capital social, denominados "partes beneficiárias".

**§ 1º**. As partes beneficiárias conferirão aos seus titulares direito de crédito eventual contra a companhia, consistente na participação nos lucros anuais (art. 190).

**§ 2º**. A participação atribuída às partes beneficiárias, inclusive para formação de reserva para resgate, se houver, não ultrapassará 0,1 (um décimo) dos lucros.

**§ 3º**. É vedado conferir às partes beneficiárias qualquer direito privativo de acionista, salvo o de fiscalizar, nos termos desta Lei, os atos dos administradores.

**§ 4º**. É proibida a criação de mais de uma classe ou série de partes beneficiárias.

### Emissão

**Art. 47.** As partes beneficiárias poderão ser alienadas pela companhia, nas condições determinadas pelo estatuto ou pela assembleia geral, ou atribuídas a fundadores, acionistas ou terceiros, como remuneração de serviços prestados à companhia.

**Parágrafo único.** É vedado às companhias abertas emitir partes beneficiárias.

### Resgate e conversão

**Art. 48.** O estatuto fixará o prazo de duração das partes beneficiárias e, sempre que estipular resgate, deverá criar reserva especial para esse fim.

**§ 1º**. O prazo de duração das partes beneficiárias atribuídas gratuitamente, salvo as destinadas a sociedades ou fundações beneficentes dos empregados da companhia, não poderá ultrapassar 10 (dez) anos.

**§ 2º**. O estatuto poderá prever a conversão das partes beneficiárias em ações, mediante capitalização de reserva criada para esse fim.

**§ 3º**. No caso de liquidação da companhia, solvido o passivo exigível, os titulares das partes beneficiárias terão direito de preferência sobre o que restar do ativo até a importância da reserva para resgate ou conversão.

### Certificados

**Art. 49.** Os certificados das partes beneficiárias conterão:

**I** – a denominação "Parte Beneficiária";

**II** – a denominação da companhia, sua sede e prazo de duração;

**III** – o valor do capital social, a data do ato que o fixou e o número de ações em que se divide;

**IV** – o número de partes beneficiárias criadas pela companhia e o respectivo número de ordem;

**V** – os direitos que lhes são atribuídos pelo estatuto, o prazo de duração e as condições de resgate, se houver;

**VI** – a data da constituição da companhia e do arquivamento e publicação dos seus atos constitutivos;

**VII** – o nome do beneficiário;

**VIII** – a data da emissão do certificado e as assinaturas de dois diretores.

**Forma, propriedade, circulação e ônus**

**Art. 50.** As partes beneficiárias serão nominativas e a elas se aplica, no que couber, o disposto nas seções V a VII do Capítulo III.

**§ 1º.** As partes beneficiárias serão registradas em livros próprios, mantidos pela companhia.

**§ 2º.** As partes beneficiárias podem ser objeto de depósito com emissão de certificado, nos termos do artigo 43.

**Modificação dos direitos**

**Art. 51.** A reforma do estatuto que modificar ou reduzir as vantagens conferidas às partes beneficiárias só terá eficácia quando aprovada pela metade, no mínimo, dos seus titulares, reunidos em assembleia geral especial.

**§ 1º.** A assembleia será convocada, através da imprensa, de acordo com as exigências para convocação das assembleias de acionistas, com 1 (um) mês de antecedência, no mínimo. Se, após 2 (duas) convocações, deixar de instalar-se por falta de número, somente 6 (seis) meses depois outra poderá ser convocada.

**§ 2º.** Cada parte beneficiária dá direito a 1 (um) voto, não podendo a companhia votar com os títulos que possuir em tesouraria.

**§ 3º.** A emissão de partes beneficiárias poderá ser feita com a nomeação de agente fiduciário dos seus titulares, observado, no que couber, o disposto nos artigos 66 a 71.

## CAPÍTULO V. DEBÊNTURES

**Características**

**Art. 52.** A companhia poderá emitir debêntures que conferirão aos seus titulares direito de crédito contra ela, nas condições constantes da escritura de emissão e, se houver, do certificado.

### SEÇÃO I. DIREITO DOS DEBENTURISTAS

**Emissões e séries**

**Art. 53.** A companhia poderá efetuar mais de uma emissão de debêntures, e cada emissão pode ser dividida em séries.

**Parágrafo único.** As debêntures da mesma série terão igual valor nominal e conferirão a seus titulares os mesmos direitos.

**Valor nominal**

**Art. 54.** A debênture terá valor nominal expresso em moeda nacional, salvo nos casos de obrigação que, nos termos da legislação em vigor, possa ter o pagamento estipulado em moeda estrangeira.

**§ 1º.** A debênture poderá conter cláusula de correção monetária, com base nos coeficientes fixados para correção de títulos da dívida pública, na variação da taxa cambial ou em outros referenciais não expressamente vedados em lei.

**§ 2º.** A escritura de debênture poderá assegurar ao debenturista a opção de escolher receber o pagamento do principal e acessórios, quando do vencimento, amortização ou resgate, em moeda ou em bens avaliados nos termos do art. 8º.

**Vencimento, amortização e resgate**

**Art. 55.** A época do vencimento da debênture deverá constar da escritura de emissão e do certificado, podendo a companhia estipular amortizações parciais de cada série, criar fundos de amortização e reservar-se o direito de resgate antecipado, parcial ou total, dos títulos da mesma série.

**§ 1º.** A amortização de debêntures da mesma série deve ser feita mediante rateio.

**§ 2º.** O resgate parcial de debêntures da mesma série deve ser feito:

**I** – mediante sorteio; ou

**II** – se as debêntures estiverem cotadas por preço inferior ao valor nominal, por compra no mercado organizado de valores mobiliários, observadas as regras expedidas pela Comissão de Valores Mobiliários.

**§ 3º.** É facultado à companhia adquirir debêntures de sua emissão:

**I** – por valor igual ou inferior ao nominal, devendo o fato constar do relatório da administração e das demonstrações financeiras; ou

**II** – por valor superior ao nominal, desde que observe as regras expedidas pela Comissão de Valores Mobiliários.

**§ 4º.** A companhia poderá emitir debêntures cujo vencimento somente ocorra nos casos de inadimplência da obrigação de pagar juros e dissolução da companhia, ou de outras condições previstas no título.

**Juros e outros direitos**

**Art. 56.** A debênture poderá assegurar ao seu titular juros, fixos ou variáveis, participação no lucro da companhia e prêmio de reembolso.

**Conversibilidade em ações**

**Art. 57.** A debênture poderá ser conversível em ações nas condições constantes da escritura de emissão, que especificará:

**I** – as bases da conversão, seja em número de ações em que poderá ser convertida cada debênture, seja como relação entre o valor nominal da debênture e o preço de emissão das ações;

**II** – a espécie e a classe das ações em que poderá ser convertida;

**III** – o prazo ou época para o exercício do direito à conversão;

**IV** – as demais condições a que a conversão acaso fique sujeita.

**§ 1º**. Os acionistas terão direito de preferência para subscrever a emissão de debêntures com cláusula de conversibilidade em ações, observado o disposto nos artigos 171 e 172.

**§ 2º**. Enquanto puder ser exercido o direito à conversão, dependerá de prévia aprovação dos debenturistas, em assembleia especial, ou de seu agente fiduciário, a alteração do estatuto para:

*a)* mudar o objeto da companhia;

*b)* criar ações preferenciais ou modificar as vantagens das existentes, em prejuízo das ações em que são conversíveis as debêntures.

## SEÇÃO II. ESPÉCIES

**Art. 58.** A debênture poderá, conforme dispuser a escritura de emissão, ter garantia real ou garantia flutuante, não gozar de preferência ou ser subordinada aos demais credores da companhia.

› Lei 11.101/2005: arts. 83, II, V, VIII, a, e 124, parágrafo único.

**§ 1º**. A garantia flutuante assegura à debênture privilégio geral sobre o ativo da companhia, mas não impede a negociação dos bens que compõem esse ativo.

**§ 2º**. As garantias poderão ser constituídas cumulativamente.

**§ 3º**. As debêntures com garantia flutuante de nova emissão são preferidas pelas de emissão ou emissões anteriores, e a prioridade se estabelece pela data da inscrição da escritura de emissão; mas dentro da mesma emissão, as séries concorrem em igualdade.

**§ 4º**. A debênture que não gozar de garantia poderá conter cláusula de subordinação aos credores quirografários, preferindo apenas os acionistas no ativo remanescente, se houver, em caso de liquidação da companhia.

**§ 5º**. A obrigação de não alienar ou onerar bem imóvel ou outro bem sujeito a registro de propriedade, assumida pela companhia na escritura de emissão, é oponível a terceiros, desde que averbada no competente registro.

**§ 6º**. As debêntures emitidas por companhia integrante de grupo de sociedades (artigo 265) poderão ter garantia flutuante do ativo de 2 (duas) ou mais sociedades do grupo.

## SEÇÃO III. CRIAÇÃO E EMISSÃO

**Competência**

**Art. 59.** A deliberação sobre emissão de debêntures é da competência privativa da assembleia geral, que deverá fixar, observado o que a respeito dispuser o estatuto:

**I** – o valor da emissão ou os critérios de determinação do seu limite, e a sua divisão em séries, se for o caso;

**II** – o número e o valor nominal das debêntures;

**III** – as garantias reais ou a garantia flutuante, se houver;

**IV** – as condições de correção monetária, se houver;

**V** – a conversibilidade ou não em ações e as condições a serem observadas na conversão;

**VI** – a época e as condições de vencimento, amortização ou resgate;

**VII** – a época e as condições do pagamento dos juros, da participação nos lucros e do prêmio de reembolso, se houver;

**VIII** – o modo de subscrição ou colocação, e o tipo das debêntures.

**§ 1º**. Na companhia aberta, o conselho de administração pode deliberar sobre a emissão de debêntures não conversíveis em ações, salvo disposição estatutária em contrário.

**§ 2º**. O estatuto da companhia aberta poderá autorizar o conselho de administração a, dentro dos limites do capital autorizado, deliberar sobre a emissão de debêntures conversíveis em ações, especificando o limite do aumento de capital decorrente da conversão das debêntures, em valor do capital social ou em número de ações, e as espécies e classes das ações que poderão ser emitidas.

**§ 3º**. A assembleia geral pode deliberar que a emissão terá valor e número de série indeterminados, dentro dos limites por ela fixados.

**§ 4º**. Nos casos não previstos nos §§ 1º e 2º, a assembleia geral pode delegar ao conselho de administração a deliberação sobre as condições de que tratam os incisos VI a VIII do *caput* e sobre a oportunidade da emissão.

**Limite de emissão**

**Art. 60.** *(Revogado pela Lei nº 12.431, de 2011).*

**Escritura de emissão**

**Art. 61.** A companhia fará constar da escritura de emissão os direitos conferidos pelas debêntures, suas garantias e demais cláusulas ou condições.

**§ 1º**. A escritura de emissão, por instrumento público ou particular, de debêntures distribuídas ou admitidas à negociação no mercado, terá obrigatoriamente a intervenção de agente fiduciário dos debenturistas (artigos 66 a 70).

**§ 2º**. Cada nova série da mesma emissão será objeto de aditamento à respectiva escritura.

**§ 3º**. A Comissão de Valores Mobiliários poderá aprovar padrões de cláusulas e condições que devam ser adotados nas escrituras de emissão de debêntures destinadas à negociação em bolsa ou no mercado de balcão, e recusar a admissão ao mercado da emissão que não satisfaça a esses padrões.

**Registro**

**Art. 62.** Nenhuma emissão de debêntures será feita sem que tenham sido satisfeitos os seguintes requisitos:

**I** – arquivamento, no registro do comércio, e publicação da ata da assembleia geral, ou do conselho de administração, que deliberou sobre a emissão;

**II** – inscrição da escritura de emissão no registro do comércio;

**III** – constituição das garantias reais, se for o caso.

**§ 1º**. Os administradores da companhia respondem pelas perdas e danos causados à companhia ou a terceiros por infração deste artigo.

**§ 2º**. O agente fiduciário e qualquer debenturista poderão promover os registros requeridos neste artigo e sanar as lacunas e irregularidades porventura existentes nos registros promovidos pelos administradores da companhia; neste caso, o oficial do registro notificará a administração da companhia para que lhe forneça as indicações e documentos necessários.

**§ 3º**. Os aditamentos à escritura de emissão serão averbados nos mesmos registros.

**§ 4º**. Os registros do comércio manterão livro especial para inscrição das emissões de debêntures, no qual serão anotadas as condições essenciais de cada emissão.

SEÇÃO IV.
FORMA, PROPRIEDADE, CIRCULAÇÃO E ÔNUS

**Art. 63.** As debêntures serão nominativas, aplicando-se, no que couber, o disposto nas seções V a VII do Capítulo III.

**§ 1º**. As debêntures podem ser objeto de depósito com emissão de certificado, nos termos do art. 43.

**§ 2º**. A escritura de emissão pode estabelecer que as debêntures sejam mantidas em contas de custódia, em nome de seus titulares, na instituição que designar, sem emissão de certificados, aplicando-se, no que couber, o disposto no art. 41.

SEÇÃO V.
CERTIFICADOS

**Requisitos**

**Art. 64.** Os certificados das debêntures conterão:

**I** – a denominação, sede, prazo de duração e objeto da companhia;

**II** – a data da constituição da companhia e do arquivamento e publicação dos seus atos constitutivos;

**III** – a data da publicação da ata da assembleia geral que deliberou sobre a emissão;

**IV** – a data e ofício do registro de imóveis em que foi inscrita a emissão;

**V** – a denominação "Debênture" e a indicação da sua espécie, pelas palavras "com garantia real", "com garantia flutuante", "sem preferência" ou "subordinada";

**VI** – a designação da emissão e da série;

**VII** – o número de ordem;

**VIII** – o valor nominal e a cláusula de correção monetária, se houver, as condições de vencimento, amortização, resgate, juros, participação no lucro ou prêmio de reembolso, e a época em que serão devidos;

**IX** – as condições de conversibilidade em ações, se for o caso;

**X** – o nome do debenturista;

**XI** – o nome do agente fiduciário dos debenturistas, se houver;

**XII** – a data da emissão do certificado e a assinatura de dois diretores da companhia;

**XIII** – a autenticação do agente fiduciário, se for o caso.

**TÍTULOS MÚLTIPLOS E CAUTELAS**

**Art. 65.** A companhia poderá emitir certificados de múltiplos de debêntures e, provisoriamente, cautelas que as representem, satisfeitos os requisitos do artigo 64.

**§ 1º**. Os títulos múltiplos de debêntures das companhias abertas obedecerão à padronização de quantidade fixada pela Comissão de Valores Mobiliários.

**§ 2º**. Nas condições previstas na escritura de emissão com nomeação de agente fiduciário, os certificados poderão ser substituídos, desdobrados ou grupados.

SEÇÃO VI.
AGENTE FIDUCIÁRIO DOS DEBENTURISTAS

**Requisitos e incompatibilidades**

**Art. 66.** O agente fiduciário será nomeado e deverá aceitar a função na escritura de emissão das debêntures.

**§ 1º.** Somente podem ser nomeados agentes fiduciários as pessoas naturais que satisfaçam aos requisitos para o exercício de cargo em órgão de administração da companhia e as instituições financeiras que, especialmente autorizadas pelo Banco Central do Brasil, tenham por objeto a administração ou a custódia de bens de terceiros.

**§ 2º.** A Comissão de Valores Mobiliários poderá estabelecer que nas emissões de debêntures negociadas no mercado o agente fiduciário, ou um dos agentes fiduciários, seja instituição financeira.

**§ 3º.** Não pode ser agente fiduciário:

*a)* pessoa que já exerça a função em outra emissão da mesma companhia, a menos que autorizado, nos termos das normas expedidas pela Comissão de Valores Mobiliários;

*b)* instituição financeira coligada à companhia emissora ou à entidade que subscreva a emissão para distribuí-la no mercado, e qualquer sociedade por elas controlada;

*c)* credor, por qualquer título, da sociedade emissora, ou sociedade por ele controlada;

*d)* instituição financeira cujos administradores tenham interesse na companhia emissora;

*e)* pessoa que, de qualquer outro modo, se coloque em situação de conflito de interesse pelo exercício da função.

**§ 4º.** O agente fiduciário que, por circunstâncias posteriores à emissão, ficar impedido de continuar a exercer a função deverá comunicar imediatamente o fato aos debenturistas e pedir sua substituição.

**Substituição, remuneração e fiscalização**

**Art. 67.** A escritura de emissão estabelecerá as condições de substituição e remuneração do agente fiduciário, observadas as normas expedidas pela Comissão de Valores Mobiliários.

**Parágrafo único.** A Comissão de Valores Mobiliários fiscalizará o exercício da função de agente fiduciário das emissões distribuídas no mercado, ou de debêntures negociadas em bolsa ou no mercado de balcão, podendo:

*a)* nomear substituto provisório, nos casos de vacância;

*b)* suspender o agente fiduciário de suas funções e dar-lhe substituto, se deixar de cumprir os seus deveres.

**Deveres e atribuições**

**Art. 68.** O agente fiduciário representa, nos termos desta Lei e da escritura de emissão, a comunhão dos debenturistas perante a companhia emissora.

**§ 1º.** São deveres do agente fiduciário:

*a)* proteger os direitos e interesses dos debenturistas, empregando no exercício da função o cuidado e a diligência que todo homem ativo e probo costuma empregar na administração de seus próprios bens;

*b)* elaborar relatório e colocá-lo anualmente à disposição dos debenturistas, dentro de 4 (quatro) meses do encerramento do exercício social da companhia, informando os fatos relevantes ocorridos durante o exercício, relativos à execução das obrigações assumidas pela companhia, aos bens garantidores das debêntures e à constituição e aplicação do fundo de amortização, se houver; do relatório constará, ainda, declaração do agente sobre sua aptidão para continuar no exercício da função;

*c)* notificar os debenturistas, no prazo máximo de 60 (sessenta) dias, de qualquer inadimplemento, pela companhia, de obrigações assumidas na escritura da emissão.

**§ 2º.** A escritura de emissão disporá sobre o modo de cumprimento dos deveres de que tratam as alíneas *b* e *c* do parágrafo anterior.

**§ 3º.** O agente fiduciário pode usar de qualquer ação para proteger direitos ou defender interesses dos debenturistas, sendo-lhe especialmente facultado, no caso de inadimplemento da companhia:

*a)* declarar, observadas as condições da escritura de emissão, antecipadamente vencidas as debêntures e cobrar o seu principal e acessórios;

*b)* executar garantias reais, receber o produto da cobrança e aplicá-lo no pagamento, integral ou proporcional, dos debenturistas;

*c)* requerer a falência da companhia emissora, se não existirem garantias reais;

*d)* representar os debenturistas em processos de falência, concordata, intervenção ou liquidação extrajudicial da companhia emissora, salvo deliberação em contrário da assembleia dos debenturistas;

*e)* tomar qualquer providência necessária para que os debenturistas realizem os seus créditos.

**§ 4º.** O agente fiduciário responde perante os debenturistas pelos prejuízos que lhes causar por culpa ou dolo no exercício das suas funções.

**§ 5º.** O crédito do agente fiduciário por despesas que tenha feito para proteger direitos e interesses ou realizar créditos dos debenturistas será acrescido à dívida da companhia emissora, gozará das mesmas garantias das debêntures e preferirá a estas na ordem de pagamento.

**§ 6º.** Serão reputadas não escritas as cláusulas da escritura de emissão que restringirem os deveres, atribuições e responsabilidade do agente fiduciário previstos neste artigo.

**Outras funções**

**Art. 69.** A escritura de emissão poderá ainda atribuir ao agente fiduciário as funções de autenticar os certificados de debêntures, administrar o fundo de amortização, manter em custódia bens dados em garantia e efetuar os pagamentos de juros, amortização e resgate.

**Substituição de garantias e modificação da escritura**

**Art. 70.** A substituição de bens dados em garantia, quando autorizada na escritura de emissão, dependerá da concordância do agente fiduciário.

**Parágrafo único.** O agente fiduciário não tem poderes para acordar na modificação das cláusulas e condições da emissão.

## SEÇÃO VII. ASSEMBLEIA DE DEBENTURISTAS

**Art. 71.** Os titulares de debêntures da mesma emissão ou série podem, a qualquer tempo, reunir-se em assembleia a fim de deliberar sobre matéria de interesse da comunhão dos debenturistas.

**§ 1º.** A assembleia de debenturistas pode ser convocada pelo agente fiduciário, pela companhia emissora, por debenturistas que representem 10% (dez por cento), no mínimo, dos títulos em circulação, e pela Comissão de Valores Mobiliários.

**§ 2º.** Aplica-se à assembleia de debenturistas, no que couber, o disposto nesta Lei sobre a assembleia geral de acionistas.

**§ 3º.** A assembleia se instalará, em primeira convocação, com a presença de debenturistas que representem metade, no mínimo, das debêntures em circulação, e, em segunda convocação, com qualquer número.

**§ 4º.** O agente fiduciário deverá comparecer à assembleia e prestar aos debenturistas as informações que lhe forem solicitadas.

**§ 5º.** A escritura de emissão estabelecerá a maioria necessária, que não será inferior à metade das debêntures em circulação, para aprovar modificação nas condições das debêntures.

**§ 6º.** Nas deliberações da assembleia, a cada debênture caberá um voto.

## SEÇÃO VIII. CÉDULA DE DEBÊNTURES

**Art. 72.** As instituições financeiras autorizadas pelo Banco Central do Brasil a efetuar esse tipo de operação poderão emitir cédulas lastreadas em debêntures, com garantia própria, que conferirão a seus titulares direito de crédito contra o emitente, pelo valor nominal e os juros nela estipulados.

**§ 1º.** A cédula será nominativa, escritural ou não.

**§ 2º.** O certificado da cédula conterá as seguintes declarações:

*a)* o nome da instituição financeira emitente e as assinaturas dos seus representantes;

*b)* o número de ordem, o local e a data da emissão;

*c)* a denominação "Cédula de Debêntures";

*d)* o valor nominal e a data do vencimento;

*e)* os juros, que poderão ser fixos ou variáveis, e as épocas do seu pagamento;

*f)* o lugar do pagamento do principal e dos juros;

*g)* a identificação das debêntures-lastro, do seu valor e da garantia constituída;

*h)* o nome do agente fiduciário dos debenturistas;

*i)* a cláusula de correção monetária, se houver;

*j)* o nome do titular;

## SEÇÃO IX. EMISSÃO DE DEBÊNTURES NO ESTRANGEIRO

**Art. 73.** Somente com a prévia aprovação do Banco Central do Brasil as companhias brasileiras poderão emitir debêntures no Exterior com garantia real ou flutuante de bens situados no País.

**§ 1º.** Os credores por obrigações contraídas no Brasil terão preferência sobre os créditos por debêntures emitidas no Exterior por companhias estrangeiras autorizadas a funcionar no País, salvo se a emissão tiver sido previamente autorizada pelo Banco Central do Brasil e o seu produto aplicado em estabelecimento situado no território nacional.

**§ 2º.** Em qualquer caso, somente poderão ser remetidos para o Exterior o principal e os encargos de debêntures registradas no Banco Central do Brasil.

**§ 3º.** A emissão de debêntures no estrangeiro, além de observar os requisitos do artigo 62, requer a inscrição no registro de imóveis, do local da sede ou do estabelecimento, dos demais documentos exigidos pelas leis do lugar da emissão, autenticadas de acordo com a lei aplicável, legalizadas pelo consulado brasileiro no Exterior e acompanhadas de tradução em vernáculo, feita por tradutor público juramentado; e, no caso de companhia estrangeira, o arquivamento no registro do comércio e publicação do ato que, de acordo com o estatuto social e a lei do local da sede, tenha autorizado a emissão.

**§ 4º.** A negociação, no mercado de capitais do Brasil, de debêntures emitidas no estrangeiro, depende de prévia autorização da Comissão de Valores Mobiliários.

SEÇÃO X.
EXTINÇÃO

**Art. 74.** A companhia emissora fará, nos livros próprios, as anotações referentes à extinção das debêntures, e manterá arquivados, pelo prazo de 5 (cinco) anos, juntamente com os documentos relativos à extinção, os certificados cancelados ou os recibos dos titulares das contas das debêntures escriturais.

**§ 1º.** Se a emissão tiver agente fiduciário, caberá a este fiscalizar o cancelamento dos certificados.

**§ 2º.** Os administradores da companhia responderão solidariamente pelas perdas e danos decorrentes da infração do disposto neste artigo.

## CAPÍTULO VI.
## BÔNUS DE SUBSCRIÇÃO

**Características**

**Art. 75.** A companhia poderá emitir, dentro do limite de aumento de capital autorizado no estatuto (artigo 168), títulos negociáveis denominados "Bônus de Subscrição".

**Parágrafo único.** Os bônus de subscrição conferirão aos seus titulares, nas condições constantes do certificado, direito de subscrever ações do capital social, que será exercido mediante apresentação do título à companhia e pagamento do preço de emissão das ações.

**Competência**

**Art. 76.** A deliberação sobre emissão de bônus de subscrição compete à assembleia geral, se o estatuto não a atribuir ao conselho de administração.

**Emissão**

**Art. 77.** Os bônus de subscrição serão alienados pela companhia ou por ela atribuídos, como vantagem adicional, aos subscritores de emissões de suas ações ou debêntures.

**Parágrafo único.** Os acionistas da companhia gozarão, nos termos dos artigos 171 e 172, de preferência para subscrever a emissão de bônus.

**Forma, propriedade e circulação**

**Art. 78.** Os bônus de subscrição terão a forma nominativa.

**Parágrafo único.** Aplica-se aos bônus de subscrição, no que couber, o disposto nas Seções V a VII do Capítulo III.

**Certificados**

**Art. 79.** O certificado de bônus de subscrição conterá as seguintes declarações:

**I** – as previstas nos números. I a IV do artigo 24;

**II** – a denominação "Bônus de Subscrição";

**III** – o número de ordem;

**IV** – o número, a espécie e a classe das ações que poderão ser subscritas, o preço de emissão ou os critérios para sua determinação;

**V** – a época em que o direito de subscrição poderá ser exercido e a data do término do prazo para esse exercício;

**VI** – o nome do titular;

**VII** – a data da emissão do certificado e as assinaturas de dois diretores.

## CAPÍTULO VII.
## CONSTITUIÇÃO DA COMPANHIA

SEÇÃO I.
REQUISITOS PRELIMINARES

**Art. 80.** A constituição da companhia depende do cumprimento dos seguintes requisitos preliminares:

**I** – subscrição, pelo menos por 2 (duas) pessoas, de todas as ações em que se divide o capital social fixado no estatuto;

**II** – realização, como entrada, de 10% (dez por cento), no mínimo, do preço de emissão das ações subscritas em dinheiro;

**III** – depósito, no Banco do Brasil S.A., ou em outro estabelecimento bancário autorizado pela Comissão de Valores Mobiliários, da parte do capital realizado em dinheiro.

**Parágrafo único.** O disposto no número II não se aplica às companhias para as quais a lei exige realização inicial de parte maior do capital social.

**Depósito da entrada**

**Art. 81.** O depósito referido no número III do artigo 80 deverá ser feito pelo fundador, no prazo de 5 (cinco) dias contados do recebimento das quantias, em nome do subscritor e a favor da sociedade em organização, que só poderá levantá-lo após haver adquirido personalidade jurídica.

**Parágrafo único.** Caso a companhia não se constitua dentro de 6 (seis) meses da data do depósito, o banco restituirá as quantias depositadas diretamente aos subscritores.

SEÇÃO II.
CONSTITUIÇÃO POR SUBSCRIÇÃO
PÚBLICA REGISTRO DA EMISSÃO

**Art. 82.** A constituição de companhia por subscrição pública depende do prévio registro da emissão na Comissão de Valores Mobiliários, e a subscrição somente poderá ser efetuada com a intermediação de instituição financeira.

**§ 1º**. O pedido de registro de emissão obedecerá às normas expedidas pela Comissão de Valores Mobiliários e será instruído com:

*a)* o estudo de viabilidade econômica e financeira do empreendimento;

*b)* o projeto do estatuto social;

*c)* o prospecto, organizado e assinado pelos fundadores e pela instituição financeira intermediária.

**§ 2º**. A Comissão de Valores Mobiliários poderá condicionar o registro a modificações no estatuto ou no prospecto e denegá-lo por inviabilidade ou temeridade do empreendimento, ou inidoneidade dos fundadores.

**Projeto de estatuto**

**Art. 83.** O projeto de estatuto deverá satisfazer a todos os requisitos exigidos para os contratos das sociedades mercantis em geral e aos peculiares às companhias, e conterá as normas pelas quais se regerá a companhia.

▸ CC: art. 997.

**Prospecto**

**Art. 84.** O prospecto deverá mencionar, com precisão e clareza, as bases da companhia e os motivos que justifiquem a expectativa de bom êxito do empreendimento, e em especial:

**I** – o valor do capital social a ser subscrito, o modo de sua realização e a existência ou não de autorização para aumento futuro;

**II** – a parte do capital a ser formada com bens, a discriminação desses bens e o valor a eles atribuídos pelos fundadores;

**III** – o número, as espécies e classes de ações em que se dividirá o capital; o valor nominal das ações, e o preço da emissão das ações;

**IV** – a importância da entrada a ser realizada no ato da subscrição;

**V** – as obrigações assumidas pelos fundadores, os contratos assinados no interesse da futura companhia e as quantias já despendidas e por despender;

**VI** – as vantagens particulares, a que terão direito os fundadores ou terceiros, e o dispositivo do projeto do estatuto que as regula;

**VII** – a autorização governamental para constituir-se a companhia, se necessária;

**VIII** – as datas de início e término da subscrição e as instituições autorizadas a receber as entradas;

**IX** – a solução prevista para o caso de excesso de subscrição;

**X** – o prazo dentro do qual deverá realizar-se a assembleia de constituição da companhia, ou a preliminar para avaliação dos bens, se for o caso;

**XI** – o nome, nacionalidade, estado civil, profissão e residência dos fundadores, ou, se pessoa jurídica, a firma ou denominação, nacionalidade e sede, bem como o número e espécie de ações que cada um houver subscrito;

**XII** – a instituição financeira intermediária do lançamento, em cujo poder ficarão depositados os originais do prospecto e do projeto de estatuto, com os documentos a que fizerem menção, para exame de qualquer interessado.

**Lista, boletim e entrada**

**Art. 85.** No ato da subscrição das ações a serem realizadas em dinheiro, o subscritor pagará entrada e assinará a lista ou o boletim individual autenticados pela instituição autorizada a receber as entradas, qualificando-se pelo nome, nacionalidade, residência, estado civil, profissão e documento de identidade, ou, se pessoa jurídica, pela firma ou denominação, nacionalidade e sede, devendo especificar o número das ações subscritas, a sua espécie e classe, se houver mais de uma, e o total da entrada.

**§ 1º** A subscrição poderá ser feita, nas condições previstas no prospecto, por carta à instituição, acompanhada das declarações a que se refere este artigo e do pagamento da entrada. *(Parágrafo único transformado em § 1º e com redação dada pela Lei 13.874/2019)*

**§ 2º** Será dispensada a assinatura de lista ou de boletim a que se refere o caput deste artigo na hipótese de oferta pública cuja liquidação ocorra por meio de sistema administrado por entidade administradora de mercados organizados de valores mobiliários. *(Acrescido pela Lei 13.874/2019)*

## CONVOCAÇÃO DE ASSEMBLEIA

**Art. 86.** Encerrada a subscrição e havendo sido subscrito todo o capital social, os fundadores convocarão a assembleia geral que deverá:

**I** – promover a avaliação dos bens, se for o caso (artigo 8º);

**II** – deliberar sobre a constituição da companhia.

**Parágrafo único.** Os anúncios de convocação mencionarão hora, dia e local da reunião e serão inseridos nos jornais em que houver sido feita a publicidade da oferta de subscrição.

## ASSEMBLEIA DE CONSTITUIÇÃO

**Art. 87.** A assembleia de constituição instalar-se-á, em primeira convocação, com a presença de subscritores que representem, no mínimo, metade do capital social, e, em segunda convocação, com qualquer número.

**§ 1º**. Na assembleia, presidida por um dos fundadores e secretariada por subscritor, será lido o recibo de depósito de que trata o número

III do artigo 80, bem como discutido e votado o projeto de estatuto.

**§ 2º.** Cada ação, independentemente de sua espécie ou classe, dá direito a um voto; a maioria não tem poder para alterar o projeto de estatuto.

**§ 3º.** Verificando-se que foram observadas as formalidades legais e não havendo oposição de subscritores que representem mais da metade do capital social, o presidente declarará constituída a companhia, procedendo-se, a seguir, à eleição dos administradores e fiscais.

**§ 4º.** A ata da reunião, lavrada em duplicata, depois de lida e aprovada pela assembleia, será assinada por todos os subscritores presentes, ou por quantos bastem à validade das deliberações; um exemplar ficará em poder da companhia e o outro será destinado ao registro do comércio.

## SEÇÃO III. CONSTITUIÇÃO POR SUBSCRIÇÃO PARTICULAR

**Art. 88.** A constituição da companhia por subscrição particular do capital pode fazer-se por deliberação dos subscritores em assembleia geral ou por escritura pública, considerando-se fundadores todos os subscritores.

**§ 1º.** Se a forma escolhida for a de assembleia geral observar-se-á o disposto nos artigos 86 e 87, devendo ser entregues à assembleia o projeto do estatuto, assinado em duplicata por todos os subscritores do capital, e as listas ou boletins de subscrição de todas as ações.

**§ 2º.** Preferida a escritura pública, será ela assinada por todos os subscritores, e conterá:

*a)* a qualificação dos subscritores, nos termos do artigo 85;

*b)* o estatuto da companhia;

*c)* a relação das ações tomadas pelos subscritores e a importância das entradas pagas;

*d)* a transcrição do recibo do depósito referido no número III do artigo 80;

*e)* a transcrição do laudo de avaliação dos peritos, caso tenha havido subscrição do capital social em bens (artigo 8º);

*f)* a nomeação dos primeiros administradores e, quando for o caso, dos fiscais.

## SEÇÃO IV. DISPOSIÇÕES GERAIS

**Art. 89.** A incorporação de imóveis para formação do capital social não exige escritura pública.

**Art. 90.** O subscritor pode fazer-se representar na assembleia geral ou na escritura pública por procurador com poderes especiais.

**Art. 91.** Nos atos e publicações referentes a companhia em constituição, sua denominação deverá ser aditada da cláusula "em organização".

**Art. 92.** Os fundadores e as instituições financeiras que participarem da constituição por subscrição pública responderão, no âmbito das respectivas atribuições, pelos prejuízos resultantes da inobservância de preceitos legais.

**Parágrafo único.** Os fundadores responderão, solidariamente, pelo prejuízo decorrente de culpa ou dolo em atos ou operações anteriores à constituição.

**Art. 93.** Os fundadores entregarão aos primeiros administradores eleitos todos os documentos, livros ou papéis relativos à constituição da companhia ou a esta pertencentes.

## CAPÍTULO VIII. FORMALIDADES COMPLEMENTARES DA CONSTITUIÇÃO

### Arquivamento e publicação

**Art. 94.** Nenhuma companhia poderá funcionar sem que sejam arquivados e publicados seus atos constitutivos.

### Companhia constituída por assembleia

**Art. 95.** Se a companhia houver sido constituída por deliberação em assembleia geral, deverão ser arquivados no registro do comércio do lugar da sede:

**I** – um exemplar do estatuto social, assinado por todos os subscritores (artigo 88, § 1º) ou, se a subscrição houver sido pública, os originais do estatuto e do prospecto, assinados pelos fundadores, bem como do jornal em que tiverem sido publicados;

**II** – a relação completa, autenticada pelos fundadores ou pelo presidente da assembleia, dos subscritores do capital social, com a qualificação, número das ações e o total da entrada de cada subscritor (artigo 85);

**III** – o recibo do depósito a que se refere o número III do artigo 80;

**IV** – duplicata das atas das assembleias realizadas para a avaliação de bens quando for o caso (artigo 8º);

**V** – duplicata da ata da assembleia geral dos subscritores que houver deliberado a constituição da companhia (artigo 87).

### Companhia constituída por escritura pública

**Art. 96.** Se a companhia tiver sido constituída por escritura pública, bastará o arquivamento de certidão do instrumento.

### Registro do comércio

**Art. 97.** Cumpre ao registro do comércio examinar se as prescrições legais foram observadas na constituição da companhia, bem como se no estatuto existem cláusulas contrárias à lei, à ordem pública e aos bons costumes.

**§ 1º.** Se o arquivamento for negado, por inobservância de prescrição ou exigência legal ou por irregularidade verificada na constituição da companhia, os primeiros administradores deverão convocar imediatamente a assembleia geral para sanar a falta ou irregularidade, ou autorizar as providências que se fizerem necessárias. A instalação e funcionamento da assembleia obedecerão ao disposto no artigo 87, devendo a deliberação ser tomada por acionistas que representem, no mínimo, metade do capital social. Se a falta for do estatuto, poderá ser sanada na mesma assembleia, a qual deliberará, ainda, sobre se a companhia deve promover a responsabilidade civil dos fundadores (artigo 92).

**§ 2º.** Com a 2ª via da ata da assembleia e a prova de ter sido sanada a falta ou irregularidade, o registro do comércio procederá o arquivamento dos atos constitutivos da companhia.

**§ 3º.** A criação de sucursais, filiais ou agências, observado o disposto no estatuto, será arquivada no registro do comércio.

## PUBLICAÇÃO E TRANSFERÊNCIA DE BENS

**Art. 98.** Arquivados os documentos relativos à constituição da companhia, os seus administradores providenciarão, nos 30 (trinta) dias subsequentes, a publicação deles, bem como a de certidão do arquivamento, em órgão oficial do local de sua sede.

**§ 1º.** Um exemplar do órgão oficial deverá ser arquivado no registro do comércio.

**§ 2º.** A certidão dos atos constitutivos da companhia, passada pelo registro do comércio em que foram arquivados, será o documento hábil para a transferência, por transcrição no registro público competente, dos bens com que o subscritor tiver contribuído para a formação do capital social (artigo 8º, § 2º).

**§ 3º.** A ata da assembleia geral que aprovar a incorporação deverá identificar o bem com precisão, mas poderá descrevê-lo sumariamente, desde que seja suplementada por declaração, assinada pelo subscritor, contendo todos os elementos necessários para a transcrição no registro público.

## RESPONSABILIDADE DOS PRIMEIROS ADMINISTRADORES

**Art. 99.** Os primeiros administradores são solidariamente responsáveis perante a companhia pelos prejuízos causados pela demora no cumprimento das formalidades complementares à sua constituição.

**Parágrafo único.** A companhia não responde pelos atos ou operações praticadas pelos primeiros administradores antes de cumpridas as formalidades de constituição, mas a assembleia geral poderá deliberar em contrário.

## CAPÍTULO IX. LIVROS SOCIAIS

**Art. 100.** A companhia deve ter, além dos livros obrigatórios para qualquer comerciante, os seguintes, revestidos das mesmas formalidades legais:

**I** – o livro de Registro de Ações Nominativas, para inscrição, anotação ou averbação:

*a)* do nome do acionista e do número das suas ações;

*b)* das entradas ou prestações de capital realizado;

*c)* das conversões de ações, de uma em outra espécie ou classe;

*d)* do resgate, reembolso e amortização das ações, ou de sua aquisição pela companhia;

*e)* das mutações operadas pela alienação ou transferência de ações;

*f)* do penhor, usufruto, fideicomisso, da alienação fiduciária em garantia ou de qualquer ônus que grave as ações ou obste sua negociação;

**II** – o livro de "Transferência de Ações Nominativas", para lançamento dos termos de transferência, que deverão ser assinados pelo cedente e pelo cessionário ou seus legítimos representantes;

**III** – o livro de "Registro de Partes Beneficiárias Nominativas" e o de "Transferência de Partes Beneficiárias Nominativas", se tiverem sido emitidas, observando-se, em ambos, no que couber, o disposto nos números I e II deste artigo;

**IV** – o livro de Atas das Assembleias-Gerais;

**V** – o livro de Presença dos Acionistas;

**VI** – os livros de Atas das Reuniões do Conselho de Administração, se houver, e de Atas das Reuniões de Diretoria;

**VII** – o livro de Atas e Pareceres do Conselho Fiscal.

**§ 1º.** A qualquer pessoa, desde que se destinem a defesa de direitos e esclarecimento de situações de interesse pessoal ou dos acionistas ou do mercado de valores mobiliários, serão dadas certidões dos assentamentos constantes dos livros mencionados nos incisos I a III, e por elas a companhia poderá cobrar o custo do serviço, cabendo, do indeferimento do pedido por parte da companhia, recurso à Comissão de Valores Mobiliários.

**§ 2º**. Nas companhias abertas, os livros referidos nos incisos I a V do *caput* deste artigo poderão ser substituídos, observadas as normas expedidas pela Comissão de Valores Mobiliários, por registros mecanizados ou eletrônicos.

**§ 3º** Nas companhias fechadas, os livros referidos nos incisos I, II, III, IV e V do *caput* deste artigo poderão ser substituídos por registros mecanizados ou eletrônicos, nos termos do regulamento. *(Acrescido pela Lei 14.195/2021)*

### ESCRITURAÇÃO DO AGENTE EMISSOR

**Art. 101.** O agente emissor de certificados (art. 27) poderá substituir os livros referidos nos incisos I a III do art. 100 pela sua escrituração e manter, mediante sistemas adequados, aprovados pela Comissão de Valores Mobiliários, os registros de propriedade das ações, partes beneficiárias, debêntures e bônus de subscrição, devendo uma vez por ano preparar lista dos seus titulares, com o número dos títulos de cada um, a qual será encadernada, autenticada no registro do comércio e arquivada na companhia.

**§ 1º**. Os termos de transferência de ações nominativas perante o agente emissor poderão ser lavrados em folhas soltas, à vista do certificado da ação, no qual serão averbados a transferência e o nome e qualificação do adquirente.

**§ 2º**. Os termos de transferência em folhas soltas serão encadernados em ordem cronológica, em livros autenticados no registro do comércio e arquivados no agente emissor.

### AÇÕES ESCRITURAIS

**Art. 102.** A instituição financeira depositária de ações escriturais deverá fornecer à companhia, ao menos uma vez por ano, cópia dos extratos das contas de depósito das ações e a lista dos acionistas com a quantidade das respectivas ações, que serão encadernadas em livros autenticados no registro do comércio e arquivados na instituição financeira.

### FISCALIZAÇÃO E DÚVIDAS NO REGISTRO

**Art. 103.** Cabe à companhia verificar a regularidade das transferências e da constituição de direitos ou ônus sobre os valores mobiliários de sua emissão; nos casos dos artigos 27 e 34, essa atribuição compete, respectivamente, ao agente emissor de certificados e à instituição financeira depositária das ações escriturais.

**Parágrafo único.** As dúvidas suscitadas entre o acionista, ou qualquer interessado, e a companhia, o agente emissor de certificados ou a instituição financeira depositária das ações escriturais, a respeito das averbações ordenadas por esta Lei, ou sobre anotações, lançamentos ou transferências de ações, partes beneficiárias, debêntures, ou bônus de subscrição, nos livros de registro ou transferência, serão dirimidas pelo juiz competente para solucionar as dúvidas levantadas pelos oficiais dos registros públicos, excetuadas as questões atinentes à substância do direito.

### RESPONSABILIDADE DA COMPANHIA

**Art. 104.** A companhia é responsável pelos prejuízos que causar aos interessados por vícios ou irregularidades verificadas nos livros de que tratam os incisos I a III do art. 100.

**Parágrafo único.** A companhia deverá diligenciar para que os atos de emissão e substituição de certificados, e de transferências e averbações nos livros sociais, sejam praticados no menor prazo possível, não excedente do fixado pela Comissão de Valores Mobiliários, respondendo perante acionistas e terceiros pelos prejuízos decorrentes de atrasos culposos.

### EXIBIÇÃO DOS LIVROS

**Art. 105.** A exibição por inteiro dos livros da companhia pode ser ordenada judicialmente sempre que, a requerimento de acionistas que representem, pelo menos, 5% (cinco por cento) do capital social, sejam apontados atos violadores da lei ou do estatuto, ou haja fundada suspeita de graves irregularidades praticadas por qualquer dos órgãos da companhia.

## CAPÍTULO X. ACIONISTAS

### SEÇÃO I. OBRIGAÇÃO DE REALIZAR O CAPITAL

### CONDIÇÕES E MORA

**Art. 106.** O acionista é obrigado a realizar, nas condições previstas no estatuto ou no boletim de subscrição, a prestação correspondente às ações subscritas ou adquiridas.

**§ 1º**. Se o estatuto e o boletim forem omissos quanto ao montante da prestação e ao prazo ou data do pagamento, caberá aos órgãos da administração efetuar chamada, mediante avisos publicados na imprensa, por 3 (três) vezes, no mínimo, fixando prazo, não inferior a 30 (trinta) dias, para o pagamento.

**§ 2º.** O acionista que não fizer o pagamento nas condições previstas no estatuto ou boletim, ou na chamada, ficará de pleno direito constituído em mora, sujeitando-se ao pagamento dos juros, da correção monetária e da multa que o estatuto determinar, esta não superior a 10% (dez por cento) do valor da prestação.

## ACIONISTA REMISSO

**Art. 107.** Verificada a mora do acionista, a companhia pode, à sua escolha:

**I** – promover contra o acionista, e os que com ele forem solidariamente responsáveis (artigo 108), processo de execução para cobrar as importâncias devidas, servindo o boletim de subscrição e o aviso de chamada como título extrajudicial nos termos do Código de Processo Civil; ou

- Lei 13.105/2015 - CPC.

**II** – mandar vender as ações em Bolsa de Valores, por conta e risco do acionista.

**§ 1º.** Será havida como não escrita, relativamente à companhia, qualquer estipulação do estatuto ou do boletim de subscrição que exclua ou limite o exercício da opção prevista neste artigo, mas o subscritor de boa-fé terá ação, contra os responsáveis pela estipulação, para haver perdas e danos sofridos, sem prejuízo da responsabilidade penal que no caso couber.

**§ 2º.** A venda será feita em leilão especial na Bolsa de Valores do lugar da sede social, ou, se não houver, na mais próxima, depois de publicado aviso, por 3 (três) vezes, com antecedência mínima de 3 (três) dias. Do produto da venda serão deduzidos as despesas com a operação e, se previsto no estatuto, os juros, correção monetária e multa, ficando o saldo à disposição do ex-acionista, na sede da sociedade.

**§ 3º.** É facultado à companhia, mesmo após iniciada a cobrança judicial, mandar vender a ação em Bolsa de Valores; a companhia poderá também promover a cobrança judicial se as ações oferecidas em bolsa não encontrarem tomador, ou se o preço apurado não bastar para pagar os débitos do acionista.

**§ 4º.** Se a companhia não conseguir, por qualquer dos meios previstos neste artigo, a integralização das ações, poderá declará-las caducas e fazer suas as entradas realizadas, integralizando-as com lucros ou reservas, exceto a legal; se não tiver lucros e reservas suficientes, terá o prazo de 1 (um) ano para colocar as ações caídas em comisso, findo o qual, não tendo sido encontrado comprador, a assembleia geral deliberará sobre a redução do capital em importância correspondente.

## RESPONSABILIDADE DOS ALIENANTES

**Art. 108.** Ainda quando negociadas as ações, os alienantes continuarão responsáveis, solidariamente com os adquirentes, pelo pagamento das prestações que faltarem para integralizar as ações transferidas.

**Parágrafo único.** Tal responsabilidade cessará, em relação a cada alienante, no fim de 2 (dois) anos a contar da data da transferência das ações.

## SEÇÃO II. DIREITOS ESSENCIAIS

**Art. 109.** Nem o estatuto social nem a assembleia geral poderão privar o acionista dos direitos de:

**I** – participar dos lucros sociais;

**II** – participar do acervo da companhia, em caso de liquidação;

**III** – fiscalizar, na forma prevista nesta Lei, a gestão dos negócios sociais;

**IV** – preferência para subscrição de ações, partes beneficiárias conversíveis em ações, debêntures conversíveis em ações e bônus de subscrição, observado o disposto nos artigos 171 e 172;

**V** – retirar-se da sociedade nos casos previstos nesta Lei.

**§ 1º.** As ações de cada classe conferirão iguais direitos aos seus titulares.

**§ 2º.** Os meios, processos ou ações que a lei confere ao acionista para assegurar os seus direitos não podem ser elididos pelo estatuto ou pela assembleia geral.

**§ 3º.** O estatuto da sociedade pode estabelecer que as divergências entre os acionistas e a companhia, ou entre os acionistas controladores e os acionistas minoritários, poderão ser solucionadas mediante arbitragem, nos termos em que especificar.

## SEÇÃO III. DIREITO DE VOTO

## DISPOSIÇÕES GERAIS

**Art. 110.** A cada ação ordinária corresponde 1 (um) voto nas deliberações da assembleia geral.

**§ 1º.** O estatuto pode estabelecer limitação ao número de votos de cada acionista.

**§ 2º.** *(Revogado pela Lei 14.195/2021)*

**Art. 110-A.** É admitida a criação de uma ou mais classes de ações ordinárias com atribuição de voto plural, não superior a 10 (dez) votos por ação ordinária: *(Acrescido pela Lei 14.195/2021)*

**I** – na companhia fechada; e

**II** – na companhia aberta, desde que a criação da classe ocorra previamente à negociação de quaisquer ações ou valores mobiliários conversíveis em ações de sua emissão em mercados organizados de valores mobiliários.

**§ 1º** A criação de classe de ações ordinárias com atribuição do voto plural depende do voto favorável de acionistas que representem:

**I** – metade, no mínimo, do total de votos conferidos pelas ações com direito a voto; e

**II** – metade, no mínimo, das ações preferenciais sem direito a voto ou com voto restrito, se emitidas, reunidas em assembleia especial convocada e instalada com as formalidades desta Lei.

**§ 2º** Nas deliberações de que trata o § 1º deste artigo, será assegurado aos acionistas dissidentes o direito de se retirarem da companhia mediante reembolso do valor de suas ações nos termos do art. 45 desta Lei, salvo se a criação da classe de ações ordinárias com atribuição de voto plural já estiver prevista ou autorizada pelo estatuto.

**§ 3º** O estatuto social da companhia, aberta ou fechada, nos termos dos incisos I e II do caput deste artigo, poderá exigir quórum maior para as deliberações de que trata o § 1º deste artigo.

**§ 4º** A listagem de companhias que adotem voto plural e a admissão de valores mobiliários de sua emissão em segmento de listagem de mercados organizados sujeitar-se-ão à observância das regras editadas pelas respectivas entidades administradoras, que deverão dar transparência sobre a condição de tais companhias abertas.

**§ 5º** Após o início da negociação das ações ou dos valores mobiliários conversíveis em ações em mercados organizados de valores mobiliários, é vedada a alteração das características de classe de ações ordinárias com atribuição de voto plural, exceto para reduzir os respectivos direitos ou vantagens.

**§ 6º** É facultado aos acionistas estipular no estatuto social o fim da vigência do voto plural condicionado a um evento ou a termo, observado o disposto nos §§ 7º e 8º deste artigo.

**§ 7º** O voto plural atribuído às ações ordinárias terá prazo de vigência inicial de até 7 (sete) anos, prorrogável por qualquer prazo, desde que:

**I** – seja observado o disposto nos §§ 1º e 3º deste artigo para a aprovação da prorrogação;

**II** – sejam excluídos das votações os titulares de ações da classe cujo voto plural se pretende prorrogar; e

**III** – seja assegurado aos acionistas dissidentes, nas hipóteses de prorrogação, o direito previsto no § 2º deste artigo.

**§ 8º** As ações de classe com voto plural serão automaticamente convertidas em ações ordinárias sem voto plural na hipótese de:

**I** – transferência, a qualquer título, a terceiros, exceto nos casos em que:

*a)* o alienante permanecer indiretamente como único titular de tais ações e no controle dos direitos políticos por elas conferidos;

*b)* o terceiro for titular da mesma classe de ações com voto plural a ele alienadas; ou

*c)* a transferência ocorrer no regime de titularidade fiduciária para fins de constituição do depósito centralizado; ou

**II** – o contrato ou acordo de acionistas, entre titulares de ações com voto plural e acionistas que não sejam titulares de ações com voto plural, dispor sobre exercício conjunto do direito de voto.

**§ 9º** Quando a lei expressamente indicar quóruns com base em percentual de ações ou do capital social, sem menção ao número de votos conferidos pelas ações, o cálculo respectivo deverá desconsiderar a pluralidade de voto.

**§ 10.** *(VETADO na Lei 14.195/2021).*

**§ 11.** São vedadas as operações:

**I** – de incorporação, de incorporação de ações e de fusão de companhia aberta que não adote voto plural, e cujas ações ou valores mobiliários conversíveis em ações sejam negociados em mercados organizados, em companhia que adote voto plural;

**II** – de cisão de companhia aberta que não adote voto plural, e cujas ações ou valores mobiliários conversíveis em ações sejam negociados em mercados organizados, para constituição de nova companhia com adoção do voto plural, ou incorporação da parcela cindida em companhia que o adote.

**§ 12.** Não será adotado o voto plural nas votações pela assembleia de acionistas que deliberarem sobre:

**I** – a remuneração dos administradores; e

**II** – a celebração de transações com partes relacionadas que atendam aos critérios de relevância a serem definidos pela Comissão de Valores Mobiliários.

**§ 13.** O estatuto social deverá estabelecer, além do número de ações de cada espécie e classe em que se divide o capital social, no mínimo:

**I** – o número de votos atribuído por ação de cada classe de ações ordinárias com direito a voto, respeitado o limite de que trata o caput deste artigo;

**II** – o prazo de duração do voto plural, observado o limite previsto no § 7º deste artigo, bem como eventual quórum qualificado para deliberar sobre as prorrogações, nos termos do § 3º deste artigo; e

**III** – se aplicável, outras hipóteses de fim de vigência do voto plural condicionadas a evento ou a termo, além daquelas previstas neste artigo, conforme autorizado pelo § 6º deste artigo.

**§ 14.** As disposições relativas ao voto plural não se aplicam às empresas públicas, às sociedades de economia mista, às suas subsidiárias e às sociedades controladas direta ou indiretamente pelo poder público.

## AÇÕES PREFERENCIAIS

**Art. 111.** O estatuto poderá deixar de conferir às ações preferenciais algum ou alguns dos direitos reconhecidos às ações ordinárias, inclusive o de voto, ou conferi-lo com restrições, observado o disposto no artigo 109.

**§ 1º.** As ações preferenciais sem direito de voto adquirirão o exercício desse direito se a companhia, pelo prazo previsto no estatuto, não superior a 3 (três) exercícios consecutivos, deixar de pagar os dividendos fixos ou mínimos a que fizerem jus, direito que conservarão até o pagamento, se tais dividendos não forem cumulativos, ou até que sejam pagos os cumulativos em atraso.

**§ 2º.** Na mesma hipótese e sob a mesma condição do § 1º, as ações preferenciais com direito de voto restrito terão suspensas as limitações ao exercício desse direito.

**§ 3º.** O estatuto poderá estipular que o disposto nos §§ 1º e 2º vigorará a partir do término da implantação do empreendimento inicial da companhia.

## NÃO EXERCÍCIO DE VOTO PELAS AÇÕES AO PORTADOR

**Art. 112.** Somente os titulares de ações nominativas endossáveis e escriturais poderão exercer o direito de voto.

**Parágrafo único.** Os titulares de ações preferenciais ao portador que adquirirem direito de voto de acordo com o disposto nos §§ 1º e 2º do artigo 111, e enquanto dele gozarem, poderão converter as ações em nominativas ou endossáveis, independentemente de autorização estatutária.

## VOTO DAS AÇÕES EMPENHADAS E ALIENADAS FIDUCIARIAMENTE

**Art. 113.** O penhor da ação não impede o acionista de exercer o direito de voto; será lícito, todavia, estabelecer, no contrato, que o acionista não poderá, sem consentimento do credor pignoratício, votar em certas deliberações.

**Parágrafo único.** O credor garantido por alienação fiduciária da ação não poderá exercer o direito de voto; o devedor somente poderá exercê-lo nos termos do contrato.

## VOTO DAS AÇÕES GRAVADAS COM USUFRUTO

**Art. 114.** O direito de voto da ação gravada com usufruto, se não for regulado no ato de constituição do gravame, somente poderá ser exercido mediante prévio acordo entre o proprietário e o usufrutuário.

## ABUSO DO DIREITO DE VOTO E CONFLITO DE INTERESSES

**Art. 115.** O acionista deve exercer o direito a voto no interesse da companhia; considerar-se-á abusivo o voto exercido com o fim de causar dano à companhia ou a outros acionistas, ou de obter, para si ou para outrem, vantagem a que não faz jus e de que resulte, ou possa resultar, prejuízo para a companhia ou para outros acionistas.

**§ 1º.** O acionista não poderá votar nas deliberações da assembleia geral relativas ao laudo de avaliação de bens com que concorrer para a formação do capital social e à aprovação de suas contas como administrador, nem em quaisquer outras que puderem beneficiá-lo de modo particular, ou em que tiver interesse conflitante com o da companhia.

**§ 2º.** Se todos os subscritores forem condôminos de bem com que concorreram para a formação do capital social, poderão aprovar o laudo, sem prejuízo da responsabilidade de que trata o § 6º do artigo 8º.

**§ 3º.** O acionista responde pelos danos causados pelo exercício abusivo do direito de voto, ainda que seu voto não haja prevalecido.

**§ 4º.** A deliberação tomada em decorrência do voto de acionista que tem interesse conflitante com o da companhia é anulável; o acionista responderá pelos danos causados e será obrigado a transferir para a companhia as vantagens que tiver auferido.

**§§ 5º a 10.** *(VETADOS).*

## SEÇÃO IV. ACIONISTA CONTROLADOR

## DEVERES

**Art. 116.** Entende-se por acionista controlador a pessoa, natural ou jurídica, ou o grupo de pessoas vinculadas por acordo de voto, ou sob controle comum, que:

*a)* é titular de direitos de sócio que lhe assegurem, de modo permanente, a maioria dos votos nas deliberações da assembleia geral e o poder de eleger a maioria dos administradores da companhia; e *b)* usa efetivamente seu poder para dirigir as atividades sociais e orientar o funcionamento dos órgãos da companhia.

**Parágrafo único.** O acionista controlador deve usar o poder com o fim de fazer a companhia realizar o seu objeto e cumprir sua função social, e tem deveres e responsabilidades para com os demais acionistas da empresa, os que nela trabalham e para com a comunidade em que atua, cujos direitos e interesses deve lealmente respeitar e atender.

**Art. 116-A.** O acionista controlador da companhia aberta e os acionistas, ou grupo de acionistas, que elegerem membro do conselho de administração ou membro do conselho fiscal, deverão informar imediatamente as modificações em sua posição acionária na companhia à Comissão de Valores Mobiliários e às Bolsas de Valores ou entidades do mercado de balcão organizado nas quais os valores mobiliários de emissão da companhia estejam admitidos à negociação, nas condições e na forma determinadas pela Comissão de Valores Mobiliários.

## RESPONSABILIDADE

**Art. 117.** O acionista controlador responde pelos danos causados por atos praticados com abuso de poder.

**§ 1º.** São modalidades de exercício abusivo de poder:

*a)* orientar a companhia para fim estranho ao objeto social ou lesivo ao interesse nacional, ou levá-la a favorecer outra sociedade, brasileira ou estrangeira, em prejuízo da participação dos acionistas minoritários nos lucros ou no acervo da companhia, ou da economia nacional;

*b)* promover a liquidação de companhia próspera, ou a transformação, incorporação, fusão ou cisão da companhia, com o fim de obter, para si ou para outrem, vantagem indevida, em prejuízo dos demais acionistas, dos que trabalham na empresa ou dos investidores em valores mobiliários emitidos pela companhia;

*c)* promover alteração estatutária, emissão de valores mobiliários ou adoção de políticas ou decisões que não tenham por fim o interesse da companhia e visem a causar prejuízo a acionistas minoritários, aos que trabalham na empresa ou aos investidores em valores mobiliários emitidos pela companhia;

*d)* eleger administrador ou fiscal que sabe inapto, moral ou tecnicamente;

*e)* induzir, ou tentar induzir, administrador ou fiscal a praticar ato ilegal, ou, descumprindo seus deveres definidos nesta Lei e no estatuto, promover, contra o interesse da companhia, sua ratificação pela assembleia geral;

*f)* contratar com a companhia, diretamente ou através de outrem, ou de sociedade na qual tenha interesse, em condições de favorecimento ou não equitativas;

*g)* aprovar ou fazer aprovar contas irregulares de administradores, por favorecimento pessoal, ou deixar de apurar denúncia que saiba ou devesse saber procedente, ou que justifique fundada suspeita de irregularidade;

*h)* subscrever ações, para os fins do disposto no art. 170, com a realização em bens estranhos ao objeto social da companhia.

**§ 2º.** No caso da alínea *e* do § 1º, o administrador ou fiscal que praticar o ato ilegal responde solidariamente com o acionista controlador.

**§ 3º.** O acionista controlador que exerce cargo de administrador ou fiscal tem também os deveres e responsabilidades próprios do cargo.

## SEÇÃO V.
## ACORDO DE ACIONISTAS

**Art. 118.** Os acordos de acionistas, sobre a compra e venda de suas ações, preferência para adquiri-las, exercício do direito a voto, ou do poder de controle deverão ser observados pela companhia quando arquivados na sua sede.

**§ 1º.** As obrigações ou ônus decorrentes desses acordos somente serão oponíveis a terceiros, depois de averbados nos livros de registro e nos certificados das ações, se emitidos.

**§ 2º.** Esses acordos não poderão ser invocados para eximir o acionista de responsabilidade no exercício do direito de voto (artigo 115) ou do poder de controle (artigos 116 e 117).

**§ 3º.** Nas condições previstas no acordo, os acionistas podem promover a execução específica das obrigações assumidas.

**§ 4º.** As ações averbadas nos termos deste artigo não poderão ser negociadas em bolsa ou no mercado de balcão.

**§ 5º.** No relatório anual, os órgãos da administração da companhia aberta informarão à assembleia geral as disposições sobre política de reinvestimento de lucros e distribuição de dividendos, constantes de acordos de acionistas arquivados na companhia.

**§ 6º.** O acordo de acionistas cujo prazo for fixado em função de termo ou condição resolutiva somente pode ser denunciado segundo suas estipulações.

**§ 7º.** O mandato outorgado nos termos de acordo de acionistas para proferir, em assembleia geral ou especial, voto contra ou a favor de determinada deliberação, poderá prever prazo superior ao constante do § 1º do art. 126 desta Lei.

**§ 8º.** O presidente da assembleia ou do órgão colegiado de deliberação da companhia não computará o voto proferido com infração de acordo de acionistas devidamente arquivado.

**§ 9º.** O não comparecimento à assembleia ou às reuniões dos órgãos de administração da companhia, bem como as abstenções de voto de qualquer parte de acordo de acionistas ou de membros do conselho de administração eleitos nos termos de acordo de acionistas, assegura à parte prejudicada o direito de votar com as ações pertencentes ao acionista ausente ou omisso e, no caso de membro do conselho de administração, pelo conselheiro eleito com os votos da parte prejudicada.
**§ 10.** Os acionistas vinculados a acordo de acionistas deverão indicar, no ato de arquivamento, representante para comunicar-se com a companhia, para prestar ou receber informações, quando solicitadas.
**§ 11.** A companhia poderá solicitar aos membros do acordo esclarecimento sobre suas cláusulas.

### SEÇÃO VI.
### REPRESENTAÇÃO DE ACIONISTA RESIDENTE OU DOMICILIADO NO EXTERIOR

**Art. 119.** O acionista residente ou domiciliado no Exterior deverá manter, no País, representante com poderes para receber citação em ações contra ele, propostas com fundamento nos preceitos desta Lei.
**Parágrafo único.** O exercício, no Brasil, de qualquer dos direitos de acionista, confere ao mandatário ou representante legal qualidade para receber citação judicial.

### SEÇÃO VII.
### SUSPENSÃO DO EXERCÍCIO DE DIREITOS

**Art. 120.** A assembleia geral poderá suspender o exercício dos direitos do acionista que deixar de cumprir obrigação imposta pela lei ou pelo estatuto, cessando a suspensão logo que cumprida a obrigação.

## CAPÍTULO XI.
## ASSEMBLEIA GERAL

### SEÇÃO I.
### DISPOSIÇÕES GERAIS

**Art. 121.** A assembleia geral, convocada e instalada de acordo com a lei e o estatuto, tem poderes para decidir todos os negócios relativos ao objeto da companhia e tomar as resoluções que julgar convenientes à sua defesa e desenvolvimento.
**Parágrafo único.** Nas companhias, abertas e fechadas, o acionista poderá participar e votar a distância em assembleia geral, nos termos do regulamento da Comissão de Valores Mobiliários e do órgão competente do Poder Executivo federal, respectivamente. *(Redação dada pela Lei 14.030/2020)*

### COMPETÊNCIA PRIVATIVA

**Art. 122.** Compete privativamente à assembleia geral:
**I** – reformar o estatuto social;
**II** – eleger ou destituir, a qualquer tempo, os administradores e fiscais da companhia, ressalvado o disposto no inciso II do art. 142;
**III** – tomar, anualmente, as contas dos administradores e deliberar sobre as demonstrações financeiras por eles apresentadas;
**IV** – autorizar a emissão de debêntures, ressalvado o disposto nos §§ 1º, 2º e 4º do art. 59;
**V** – suspender o exercício dos direitos do acionista (art. 120);
**VI** – deliberar sobre a avaliação de bens com que o acionista concorrer para a formação do capital social;
**VII** – autorizar a emissão de partes beneficiárias;
**VIII** – deliberar sobre transformação, fusão, incorporação e cisão da companhia, sua dissolução e liquidação, eleger e destituir liquidantes e julgar as suas contas *(Redação dada pela Lei 14.195/2021)*
**IX** – autorizar os administradores a confessar falência e a pedir recuperação judicial; e *(Redação dada pela Lei 14.195/2021)*
**X** – deliberar, quando se tratar de companhias abertas, sobre a celebração de transações com partes relacionadas, a alienação ou a contribuição para outra empresa de ativos, caso o valor da operação corresponda a mais de 50% (cinquenta por cento) do valor dos ativos totais da companhia constantes do último balanço aprovado. *(Redação dada pela Lei 14.195/2021)*
**Parágrafo único.** Em caso de urgência, a confissão de falência ou o pedido de recuperação judicial poderá ser formulado pelos administradores, com a concordância do acionista controlador, se houver, hipótese em que a assembleia geral será convocada imediatamente para deliberar sobre a matéria. *(Redação dada pela Lei 14.195/2021)*

### COMPETÊNCIA PARA CONVOCAÇÃO

**Art. 123.** Compete ao conselho de administração, se houver, ou aos diretores, observado o disposto no estatuto, convocar a assembleia geral.
**Parágrafo único.** A assembleia geral pode também ser convocada:
*a)* pelo conselho fiscal, nos casos previstos no número V do artigo 163;
*b)* por qualquer acionista, quando os administradores retardarem, por mais de 60 (sessenta)

dias, a convocação nos casos previstos em lei ou no estatuto;

*c)* por acionistas que representem 5% (cinco por cento), no mínimo, do capital social, quando os administradores não atenderem, no prazo de oito dias, a pedido de convocação que apresentarem, devidamente fundamentado, com indicação das matérias a serem tratadas;

*d)* por acionistas que representem 5% (cinco por cento), no mínimo, do capital votante, ou 5% (cinco por cento), no mínimo, dos acionistas sem direito a voto, quando os administradores não atenderem, no prazo de 8 (oito) dias, a pedido de convocação de assembleia para instalação do conselho fiscal.

## MODO DE CONVOCAÇÃO E LOCAL

**Art. 124.** A convocação far-se-á mediante anúncio publicado por 3 (três) vezes, no mínimo, contendo, além do local, data e hora da assembleia, a ordem do dia, e, no caso de reforma do estatuto, a indicação da matéria.

**§ 1º**. A primeira convocação da assembleia geral deverá ser feita:

**I** – na companhia fechada, com 8 (oito) dias de antecedência, no mínimo, contado o prazo da publicação do primeiro anúncio; não se realizando a assembleia, será publicado novo anúncio, de segunda convocação, com antecedência mínima de 5 (cinco) dias;

**II** – na companhia aberta, com 21 (vinte e um) dias de antecedência, e a segunda convocação com 8 (oito) dias de antecedência. *(Redação dada pela Lei 14.195/2021)*

**§ 2º** A assembleia geral deverá ser realizada, preferencialmente, no edifício onde a companhia tiver sede ou, por motivo de força maior, em outro lugar, desde que seja no mesmo Município da sede e seja indicado com clareza nos anúncios. *(Redação dada pela Lei 14.030/2020)*

**§ 2º-A**. Sem prejuízo do disposto no § 2º deste artigo, as companhias, abertas e fechadas, poderão realizar assembleia digital, nos termos do regulamento da Comissão de Valores Mobiliários e do órgão competente do Poder Executivo federal, respectivamente. *(Redação dada pela Lei 14.030/2020)*

**§ 3º**. Nas companhias fechadas, o acionista que representar 5% (cinco por cento), ou mais, do capital social, será convocado por telegrama ou carta registrada, expedidos com a antecedência prevista no § 1º, desde que o tenha solicitado, por escrito, à companhia, com a indicação do endereço completo e do prazo de vigência do pedido, não superior a 2 (dois) exercícios sociais, e renovável; essa convocação não dispensa a publicação do aviso previsto no § 1º, e sua inobservância dará ao acionista direito de haver, dos administradores da companhia, indenização pelos prejuízos sofridos.

**§ 4º**. Independentemente das formalidades previstas neste artigo, será considerada regular a assembleia geral a que comparecerem todos os acionistas.

**§ 5º**. A Comissão de Valores Mobiliários poderá, a seu exclusivo critério, mediante decisão fundamentada de seu Colegiado, a pedido de qualquer acionista, e ouvida a companhia:

**I** – determinar, fundamentadamente, o adiamento de assembleia geral por até 30 (trinta) dias, em caso de insuficiência de informações necessárias para a deliberação, contado o prazo da data em que as informações completas forem colocadas à disposição dos acionistas; e *(Redação dada pela Lei 14.195/2021)*

**II** – interromper, por até 15 (quinze) dias, o curso do prazo de antecedência da convocação de assembleia geral extraordinária de companhia aberta, a fim de conhecer e analisar as propostas a serem submetidas à assembleia e, se for o caso, informar à companhia, até o término da interrupção, as razões pelas quais entende que a deliberação proposta à assembleia viola dispositivos legais ou regulamentares.

**§ 6º**. As companhias abertas com ações admitidas à negociação em Bolsa de Valores deverão remeter, na data da publicação do anúncio de convocação da assembleia, à bolsa de valores em que suas ações forem mais negociadas, os documentos postos à disposição dos acionistas para deliberação na assembleia geral.

## "QUORUM" DE INSTALAÇÃO

**Art. 125.** Ressalvadas as exceções previstas em lei, a assembleia geral instalar-se-á, em primeira convocação, com a presença de acionistas que representem, no mínimo, 1/4 (um quarto) do total de votos conferidos pelas ações com direito a voto e, em segunda convocação, instalar-se-á com qualquer número. *(Redação dada pela Lei 14.195/2021)*

**Parágrafo único.** Os acionistas sem direito de voto podem comparecer à assembleia geral e discutir a matéria submetida à deliberação.

## LEGITIMAÇÃO E REPRESENTAÇÃO

**Art. 126.** As pessoas presentes à assembleia deverão provar a sua qualidade de acionista, observadas as seguintes normas:

**I** – os titulares de ações nominativas exibirão, se exigido, documento hábil de sua identidade;

**II** – os titulares de ações escriturais ou em custódia nos termos do art. 41, além do documento de identidade, exibirão, ou depositarão na companhia, se o estatuto o exigir, comprovante expedido pela instituição financeira depositária;

**III** – os titulares de ações ao portador exibirão os respectivos certificados, ou documento de depósito nos termos do número II;

**IV** – os titulares de ações escriturais ou em custódia nos termos do artigo 41, além do documento de identidade, exibirão, ou depositarão na companhia, se o estatuto o exigir, comprovante expedido pela instituição financeira depositária.

**§ 1º**. O acionista pode ser representado na assembleia geral por procurador constituído há menos de 1 (um) ano, que seja acionista, administrador da companhia ou advogado; na companhia aberta, o procurador pode, ainda, ser instituição financeira, cabendo ao administrador de fundos de investimento representar os condôminos.

**§ 2º**. O pedido de procuração mediante correspondência, ou anúncio publicado, sem prejuízo da regulamentação que, sobre o assunto vier a baixar a Comissão de Valores Mobiliários, deverá satisfazer aos seguintes requisitos:

*a)* conter todos os elementos informativos necessários ao exercício do voto pedido;

*b)* facultar ao acionista o exercício de voto contrário à decisão com indicação de outro procurador para o exercício desse voto;

*c)* ser dirigido a todos os titulares de ações cujos endereços constem da companhia.

**§ 3º**. É facultado a qualquer acionista, detentor de ações, com ou sem voto, que represente 0,5% (meio por cento), no mínimo, do capital social, solicitar relação de endereços dos acionistas, para os fins previstos no § 1º, obedecidos sempre os requisitos do parágrafo anterior.

**§ 4º**. Têm a qualidade para comparecer à assembleia os representantes legais dos acionistas.

## LIVRO DE PRESENÇA

**Art. 127.** Antes de abrir-se a assembleia, os acionistas assinarão o "Livro de Presença", indicando o seu nome, nacionalidade e residência, bem como a quantidade, espécie e classe das ações de que forem titulares.

**Parágrafo único.** Considera-se presente em assembleia geral, para todos os efeitos desta Lei, o acionista que registrar a distância sua presença, na forma prevista em regulamento da Comissão de Valores Mobiliários.

## MESA

**Art. 128.** Os trabalhos da assembleia serão dirigidos por mesa composta, salvo disposição diversa do estatuto, de presidente e secretário, escolhidos pelos acionistas presentes.

## "QUORUM" DAS DELIBERAÇÕES

**Art. 129.** As deliberações da assembleia geral, ressalvadas as exceções previstas em lei, serão tomadas por maioria absoluta de votos, não se computando os votos em branco.

**§ 1º**. O estatuto da companhia fechada pode aumentar o *quorum* exigido para certas deliberações, desde que especifique as matérias.

**§ 2º**. No caso de empate, se o estatuto não estabelecer procedimento de arbitragem e não contiver norma diversa, a assembleia será convocada, com intervalo mínimo de 2 (dois) meses, para votar a deliberação; se permanecer o empate e os acionistas não concordarem em cometer a decisão a um terceiro, caberá ao Poder Judiciário decidir, no interesse da companhia.

## ATA DA ASSEMBLEIA

**Art. 130.** Dos trabalhos e deliberações da assembleia será lavrada, em livro próprio, ata assinada pelos membros da mesa e pelos acionistas presentes. Para validade da ata é suficiente a assinatura de quantos bastem para constituir a maioria necessária para as deliberações tomadas na assembleia. Da ata tirar-se-ão certidões ou cópias autênticas para os fins legais.

**§ 1º**. A ata poderá ser lavrada na forma de sumário dos fatos ocorridos, inclusive dissidências e protestos, e conter a transcrição apenas das deliberações tomadas, desde que:

*a)* os documentos ou propostas submetidas à assembleia, assim como as declarações de voto ou dissidência, referidos na ata, sejam numerados seguidamente, autenticados pela mesa e por qualquer acionista que o solicitar, e arquivados na companhia;

*b)* a mesa, a pedido de acionista interessado, autentique exemplar ou cópia de proposta, declaração de voto ou dissidência, ou protesto apresentado.

**§ 2º**. A assembleia geral da companhia aberta pode autorizar a publicação de ata com omissão das assinaturas dos acionistas.

**§ 3º**. Se a ata não for lavrada na forma permitida pelo § 1º, poderá ser publicado apenas o seu extrato, com o sumário dos fatos ocorridos e a transcrição das deliberações tomadas.

## ESPÉCIES DE ASSEMBLEIA

**Art. 131.** A assembleia geral é ordinária quando tem por objeto as matérias previstas no artigo 132, e extraordinária nos demais casos.

**Parágrafo único.** A assembleia geral ordinária e a assembleia geral extraordinária poderão ser, cumulativamente, convocadas e realizadas no mesmo local, data e hora, instrumentadas em ata única.

SEÇÃO II.
ASSEMBLEIA GERAL ORDINÁRIA

## OBJETO

**Art. 132.** Anualmente, nos 4 (quatro) primeiros meses seguintes ao término do exercício social, deverá haver 1 (uma) assembleia geral para:

**I** – tomar as contas dos administradores, examinar, discutir e votar as demonstrações financeiras;

**II** – deliberar sobre a destinação do lucro líquido do exercício e a distribuição de dividendos;

**III** – eleger os administradores e os membros do conselho fiscal, quando for o caso;

**IV** – aprovar a correção da expressão monetária do capital social (artigo 167).

## DOCUMENTOS DA ADMINISTRAÇÃO

**Art. 133.** Os administradores devem comunicar, até 1 (um) mês antes da data marcada para a realização da assembleia geral ordinária, por anúncios publicados na forma prevista no artigo 124, que se acham à disposição dos acionistas:

**I** – o relatório da administração sobre os negócios sociais e os principais fatos administrativos do exercício findo;

**II** – a cópia das demonstrações financeiras;

**III** – o parecer dos auditores independentes, se houver;

**IV** – o parecer do conselho fiscal, inclusive votos dissidentes, se houver; e

**V** – demais documentos pertinentes a assuntos incluídos na ordem do dia.

**§ 1º.** Os anúncios indicarão o local ou locais onde os acionistas poderão obter cópias desses documentos.

**§ 2º.** A companhia remeterá cópia desses documentos aos acionistas que o pedirem por escrito, nas condições previstas no § 3º do art. 124.

**§ 3º.** Os documentos referidos neste artigo, à exceção dos constantes dos incisos IV e V, serão publicados até 5 (cinco) dias, pelo menos, antes da data marcada para a realização da assembleia geral.

**§ 4º.** A assembleia geral que reunir a totalidade dos acionistas poderá considerar sanada a falta de publicação dos anúncios ou a inobservância dos prazos referidos neste artigo; mas é obrigatória a publicação dos documentos antes da realização da assembleia.

**§ 5º.** A publicação dos anúncios é dispensada quando os documentos a que se refere este artigo são publicados até 1 (um) mês antes da data marcada para a realização da assembleia geral ordinária.

## PROCEDIMENTO

**Art. 134.** Instalada a assembleia geral, proceder-se-á, se requerida por qualquer acionista, à leitura dos documentos referidos no artigo 133 e do parecer do conselho fiscal, se houver, os quais serão submetidos pela mesa à discussão e votação.

**§ 1º.** Os administradores da companhia, ou ao menos um deles, e o auditor independente, se houver, deverão estar presentes à assembleia para atender a pedidos de esclarecimentos de acionistas, mas os administradores não poderão votar, como acionistas ou procuradores, os documentos referidos neste artigo.

**§ 2º.** Se a assembleia tiver necessidade de outros esclarecimentos, poderá adiar a deliberação e ordenar diligências; também será adiada a deliberação, salvo dispensa dos acionistas presentes, na hipótese de não comparecimento de administrador, membro do conselho fiscal ou auditor independente.

**§ 3º.** A aprovação, sem reserva, das demonstrações financeiras e das contas, exonera de responsabilidade os administradores e fiscais, salvo erro, dolo, fraude ou simulação (artigo 286).

**§ 4º.** Se a assembleia aprovar as demonstrações financeiras com modificação no montante do lucro do exercício ou no valor das obrigações da companhia, os administradores promoverão, dentro de 30 (trinta) dias, a republicação das demonstrações, com as retificações deliberadas pela assembleia; se a destinação dos lucros proposta pelos órgãos de administração não lograr aprovação (artigo 176, § 3º), as modificações introduzidas constarão da ata da assembleia.

**§ 5º.** A ata da assembleia geral ordinária será arquivada no registro do comércio e publicada.

**§ 6º.** As disposições do § 1º, segunda parte, não se aplicam quando, nas sociedades fechadas, os diretores forem os únicos acionistas.

SEÇÃO III.
ASSEMBLEIA GERAL EXTRAORDINÁRIA

## REFORMA DO ESTATUTO

**Art. 135.** A assembleia geral extraordinária que tiver por objeto a reforma do estatuto somente se instalará, em primeira convocação, com a presença de acionistas que representem, no mínimo, 2/3 (dois terços) do total de votos conferidos pelas ações com direito a voto, mas poderá instalar-se, em segunda convocação, com qualquer número. *(Redação dada pela Lei 14.195/2021)*

**§ 1º.** Os atos relativos a reformas do estatuto, para valerem contra terceiros, ficam sujeitos às formalidades de arquivamento e publicação, não podendo, todavia, a falta de cumprimento dessas formalidades ser oposta, pela companhia ou por seus acionistas, a terceiros de boa-fé.

**§ 2º**. Aplica-se aos atos de reforma do estatuto o disposto no artigo 97 e seus §§ 1º e 2º e no artigo 98 e seu § 1º.

**§ 3º**. Os documentos pertinentes à matéria a ser debatida na assembleia geral extraordinária deverão ser postos à disposição dos acionistas, na sede da companhia, por ocasião da publicação do primeiro anúncio de convocação da assembleia geral.

## QUORUM QUALIFICADO

**Art. 136.** É necessária a aprovação de acionistas que representem metade, no mínimo, do total de votos conferidos pelas ações com direito a voto, se maior quórum não for exigido pelo estatuto da companhia cujas ações não estejam admitidas à negociação em bolsa ou no mercado de balcão, para deliberação sobre: *(Redação dada pela Lei 14.195/2021)*

**I** – criação de ações preferenciais ou aumento de classe de ações preferenciais existentes, sem guardar proporção com as demais classes de ações preferenciais, salvo se já previstos ou autorizados pelo estatuto;

**II** – alteração nas preferências, vantagens e condições de resgate ou amortização de uma ou mais classes de ações preferenciais, ou criação de nova classe mais favorecida;

**III** – redução do dividendo obrigatório;

**IV** – fusão da companhia, ou sua incorporação em outra;

**V** – participação em grupo de sociedades (art. 265);

**VI** – mudança do objeto da companhia;

**VII** – cessação do estado de liquidação da companhia;

**VIII** – criação de partes beneficiárias;

**IX** – cisão da companhia;

**X** – dissolução da companhia.

**§ 1º**. Nos casos dos incisos I e II, a eficácia da deliberação depende de prévia aprovação ou da ratificação, em prazo improrrogável de um ano, por titulares de mais da metade de cada classe de ações preferenciais prejudicadas, reunidos em assembleia especial convocada pelos administradores e instalada com as formalidades desta Lei.

**§ 2º** A Comissão de Valores Mobiliários pode autorizar a redução do quórum previsto neste artigo no caso de companhia aberta com a propriedade das ações dispersa no mercado e cujas 3 (três) últimas assembleias tenham sido realizadas com a presença de acionistas que representem menos da metade do total de votos conferidos pelas ações com direito a voto. *(Redação dada pela Lei 14.195/2021)*

**§ 2º-A** Na hipótese do § 2º deste artigo, a autorização da Comissão de Valores Mobiliários será mencionada nos avisos de convocação e a deliberação com quórum reduzido somente poderá ser adotada em terceira convocação. *(Acrescido pela Lei 14.195/2021)*

**§ 3º** O disposto nos §§ 2º e 2º-A deste artigo aplica-se também às assembleias especiais de acionistas preferenciais de que trata o § 1º deste artigo. *(Redação dada pela Lei 14.195/2021)*

**§ 4º**. Deverá constar da ata da assembleia geral que deliberar sobre as matérias dos incisos I e II, se não houver prévia aprovação, que a deliberação só terá eficácia após a sua ratificação pela assembleia especial prevista no § 1º.

## DIREITO DE RETIRADA

**Art. 136-A.** A aprovação da inserção de convenção de arbitragem no estatuto social, observado o quorum do art. 136, obriga a todos os acionistas, assegurado ao acionista dissidente o direito de retirar-se da companhia mediante o reembolso do valor de suas ações, nos termos do art. 45.

**§ 1º**. A convenção somente terá eficácia após o decurso do prazo de 30 (trinta) dias, contado da publicação da ata da assembleia geral que a aprovou.

**§ 2º**. O direito de retirada previsto no *caput* não será aplicável:

**I** – caso a inclusão da convenção de arbitragem no estatuto social represente condição para que os valores mobiliários de emissão da companhia sejam admitidos à negociação em segmento de listagem de bolsa de valores ou de mercado de balcão organizado que exija dispersão acionária mínima de 25% (vinte e cinco por cento) das ações de cada espécie ou classe;

**II** – caso a inclusão da convenção de arbitragem seja efetuada no estatuto social de companhia aberta cujas ações sejam dotadas de liquidez e dispersão no mercado, nos termos das alíneas a e b do inciso II do art. 137 desta Lei.

**Art. 137.** A aprovação das matérias previstas nos incisos I a VI e IX do art. 136 dá ao acionista dissidente o direito de retirar-se da companhia, mediante reembolso do valor das suas ações (art. 45), observadas as seguintes normas:

**I** – nos casos dos incisos I e II do art. 136, somente terá direito de retirada o titular de ações de espécie ou classe prejudicadas;

**II** – nos casos dos incisos IV e V do art. 136, não terá direito de retirada o titular de ação de espécie ou classe que tenha liquidez e dispersão no mercado, considerando-se haver:

*a)* liquidez, quando a espécie ou classe de ação, ou certificado que a represente, integre índice geral representativo de carteira de valores mobiliários admitido à negociação no mercado de valores mobiliários, no Brasil ou no exterior, definido pela Comissão de Valores Mobiliários; e

*b)* dispersão, quando o acionista controlador, a sociedade controladora ou outras sociedades sob seu controle detiverem menos da metade da espécie ou classe de ação;

**III** – no caso do inciso IX do art. 136, somente haverá direito de retirada se a cisão implicar:

*a)* mudança do objeto social, salvo quando o patrimônio cindido for vertido para sociedade cuja atividade preponderante coincida com a decorrente do objeto social da sociedade cindida;

*b)* redução do dividendo obrigatório; ou

*c)* participação em grupo de sociedades;

**IV** – o reembolso da ação deve ser reclamado à companhia no prazo de 30 (trinta) dias contado da publicação da ata da assembleia geral;

**V** – o prazo para o dissidente de deliberação de assembleia especial (art. 136, § 1º) será contado da publicação da respectiva ata;

**VI** – o pagamento do reembolso somente poderá ser exigido após a observância do disposto no § 3º e, se for o caso, da ratificação da deliberação pela assembleia geral.

**§ 1º**. O acionista dissidente de deliberação da assembleia, inclusive o titular de ações preferenciais sem direito de voto, poderá exercer o direito de reembolso das ações de que, comprovadamente, era titular na data da primeira publicação do edital de convocação da assembleia, ou na data da comunicação do fato relevante objeto da deliberação, se anterior.

**§ 2º**. O direito de reembolso poderá ser exercido no prazo previsto nos incisos IV ou V do *caput* deste artigo, conforme o caso, ainda que o titular das ações tenha se abstido de votar contra a deliberação ou não tenha comparecido à assembleia.

**§ 3º**. Nos 10 (dez) dias subsequentes ao término do prazo de que tratam os incisos IV e V do *caput* deste artigo, conforme o caso, contado da publicação da ata da assembleia geral ou da assembleia especial que ratificar a deliberação, é facultado aos órgãos da administração convocar a assembleia geral para ratificar ou reconsiderar a deliberação, se entenderem que o pagamento do preço do reembolso das ações aos acionistas dissidentes que exerceram o direito de retirada porá em risco a estabilidade financeira da empresa.

**§ 4º**. Decairá do direito de retirada o acionista que não o exercer no prazo fixado.

## CAPÍTULO XII.
## CONSELHO DE ADMINISTRAÇÃO E DIRETORIA

### ADMINISTRAÇÃO DA COMPANHIA

**Art. 138.** A administração da companhia competirá, conforme dispuser o estatuto, ao conselho de administração e à diretoria, ou somente à diretoria.

**§ 1º**. O conselho de administração é órgão de deliberação colegiada, sendo a representação da companhia privativa dos diretores.

**§ 2º**. As companhias abertas e as de capital autorizado terão, obrigatoriamente, conselho de administração.

> **Atualização:** § 3º É vedada, nas companhias abertas, a acumulação do cargo de presidente do conselho de administração e do cargo de diretor-presidente ou de principal executivo da companhia. (Acrescido pela Lei 14.195/2021 – DOU 27.08.2021, com produção de efeitos 360 dias contados da data da publicação)

**§ 4º** A Comissão de Valores Mobiliários poderá editar ato normativo que excepcione as companhias de menor porte previstas no art. 294-B desta Lei da vedação de que trata o § 3º deste artigo. *(Acrescido pela Lei 14.195/2021)*

**Art. 139.** As atribuições e poderes conferidos por lei aos órgãos de administração não podem ser outorgados a outro órgão, criado por lei ou pelo estatuto.

## SEÇÃO I.
## CONSELHO DE ADMINISTRAÇÃO

### COMPOSIÇÃO

**Art. 140.** O conselho de administração será composto por, no mínimo, 3 (três) membros, eleitos pela assembleia geral e por ela destituíveis a qualquer tempo, devendo o estatuto estabelecer:

**I** – o número de conselheiros, ou o máximo e mínimo permitidos, e o processo de escolha e substituição do presidente do conselho pela assembleia ou pelo próprio conselho;

**II** – o modo de substituição dos conselheiros;

**III** – o prazo de gestão, que não poderá ser superior a 3 (três) anos, permitida a reeleição;

**IV** – as normas sobre convocação, instalação e funcionamento do conselho, que deliberará por maioria de votos, podendo o estatuto estabelecer *quorum* qualificado para certas deliberações, desde que especifique as matérias.

**§ 1º** O estatuto poderá prever a participação no conselho de representantes dos empregados, escolhidos pelo voto destes, em eleição direta, organizada pela empresa, em conjunto com as entidades sindicais que os representam. *(Acrescido pela Lei 14.195/2021)*

**§ 2º** Na composição do conselho de administração das companhias abertas, é obrigatória a participação de conselheiros independentes, nos termos e nos prazos definidos pela Comissão de Valores Mobiliários. *(Acrescido pela Lei 14.195/2021)*

## VOTO MÚLTIPLO

**Art. 141.** Na eleição dos conselheiros, é facultado aos acionistas que representem, no mínimo, 10% (dez por cento) do capital social com direito a voto, esteja ou não previsto no estatuto, requerer a adoção do processo de voto múltiplo, por meio do qual o número de votos de cada ação será multiplicado pelo número de cargos a serem preenchidos, reconhecido ao acionista o direito de cumular os votos em um só candidato ou distribuí-los entre vários. *(Redação dada pela Lei 14.195/2021)*

**§ 1º.** A faculdade prevista neste artigo deverá ser exercida pelos acionistas até 48 (quarenta e oito) horas antes da assembleia geral, cabendo à mesa que dirigir os trabalhos da assembleia informar previamente aos acionistas, à vista do "Livro de Presença", o número de votos necessários para a eleição de cada membro do conselho.

**§ 2º.** Os cargos que, em virtude de empate, não forem preenchidos, serão objeto de nova votação, pelo mesmo processo, observado o disposto no § 1º, *in fine*.

**§ 3º.** Sempre que a eleição tiver sido realizada por esse processo, a destituição de qualquer membro do conselho de administração pela assembleia geral importará destituição dos demais membros, procedendo-se a nova eleição; nos demais casos de vaga, não havendo suplente, a primeira assembleia geral procederá à nova eleição de todo o conselho.

**§ 4º.** Terão direito de eleger e destituir um membro e seu suplente do conselho de administração, em votação em separado na assembleia geral, excluído o acionista controlador, a maioria dos titulares, respectivamente:

**I** – de ações de emissão de companhia aberta com direito a voto, que representem, pelo menos, 15% (quinze por cento) do total das ações com direito a voto; e

**II** – de ações preferenciais sem direito a voto ou com voto restrito de emissão de companhia aberta, que representem, no mínimo, 10% (dez por cento) do capital social, que não houverem exercido o direito previsto no estatuto, em conformidade com o art. 18.

**§ 5º.** Verificando-se que nem os titulares de ações com direito a voto e nem os titulares de ações preferenciais sem direito a voto ou com voto restrito perfizeram, respectivamente, o *quorum* exigido nos incisos I e II do § 4º, ser-lhes-á facultado agregar suas ações para elegerem em conjunto um membro e seu suplente para o conselho de administração, observando-se, nessa hipótese, o *quorum* exigido pelo inciso II do § 4º.

**§ 6º.** Somente poderão exercer o direito previsto no § 4º os acionistas que comprovarem a titularidade ininterrupta da participação acionária ali exigida durante o período de 3 (três) meses, no mínimo, imediatamente anterior à realização da assembleia geral.

**§ 7º** Sempre que, cumulativamente, a eleição do conselho de administração ocorrer pelo sistema do voto múltiplo e os titulares de ações ordinárias ou preferenciais exercerem a prerrogativa de eleger conselheiro, será assegurado a acionista ou a grupo de acionistas vinculados por acordo de votos que detenham mais de 50% (cinquenta por cento) do total de votos conferidos pelas ações com direito a voto o direito de eleger conselheiros em número igual ao dos eleitos pelos demais acionistas, mais um, independentemente do número de conselheiros que, segundo o estatuto, componha o órgão. *(Redação dada pela Lei 14.195/2021)*

**§ 8º.** A companhia deverá manter registro com a identificação dos acionistas que exercerem a prerrogativa a que se refere o § 4º.

**§ 9º.** *(VETADO).*

## COMPETÊNCIA

**Art. 142.** Compete ao conselho de administração:

**I** – fixar a orientação geral dos negócios da companhia;

**II** – eleger e destituir os diretores da companhia e fixar-lhes as atribuições, observado o que a respeito dispuser o estatuto;

▸ Lei 6.404/1976: art. 122, II.

**III** – fiscalizar a gestão dos diretores, examinar, a qualquer tempo, os livros e papéis da companhia, solicitar informações sobre contratos celebrados ou em via de celebração, e quaisquer outros atos;

**IV** – convocar a assembleia geral quando julgar conveniente, ou no caso do artigo 132;

**V** – manifestar-se sobre o relatório da administração e as contas da diretoria;

**VI** – manifestar-se previamente sobre atos ou contratos, quando o estatuto assim o exigir;

**VII** – deliberar, quando autorizado pelo estatuto, sobre a emissão de ações ou de bônus de subscrição;

**VIII** – autorizar, se o estatuto não dispuser em contrário, a alienação de bens do ativo não circulante, a constituição de ônus reais e a prestação de garantias a obrigações de terceiros;

**IX** – escolher e destituir os auditores independentes, se houver.

**§ 1º.** Serão arquivadas no registro do comércio e publicadas as atas das reuniões do conselho de administração que contiverem deliberação destinada a produzir efeitos perante terceiros.

**§ 2º.** A escolha e a destituição do auditor independente ficará sujeita a veto, devidamente fundamentado, dos conselheiros eleitos na forma do art. 141, § 4º, se houver.

SEÇÃO II.
DIRETORIA

### COMPOSIÇÃO

**Art. 143.** A Diretoria será composta por 1 (um) ou mais membros eleitos e destituíveis a qualquer tempo pelo conselho de administração ou, se inexistente, pela assembleia geral, e o estatuto estabelecerá: *(Redação dada pela LC 182/2021)*

**I** – o número de diretores, ou o máximo e o mínimo permitidos;

**II** – o modo de sua substituição;

**III** – o prazo de gestão, que não será superior a 3 (três) anos, permitida a reeleição;

**IV** – as atribuições e poderes de cada diretor.

**§ 1º.** Os membros do conselho de administração, até o máximo de 1/3 (um terço), poderão ser eleitos para cargos de diretores.

**§ 2º.** O estatuto pode estabelecer que determinadas decisões, de competência dos diretores, sejam tomadas em reunião da diretoria.

### REPRESENTAÇÃO

**Art. 144.** No silêncio do estatuto e inexistindo deliberação do conselho de administração (artigo 142, II e parágrafo único), competirão a qualquer diretor a representação da companhia e a prática dos atos necessários ao seu funcionamento regular.

**Parágrafo único.** Nos limites de suas atribuições e poderes, é lícito aos diretores constituir mandatários da companhia, devendo ser especificados no instrumento os atos ou operações que poderão praticar e a duração do mandato, que, no caso de mandato judicial, poderá ser por prazo indeterminado.

SEÇÃO III.
ADMINISTRADORES

### NORMAS COMUNS

**Art. 145.** As normas relativas a requisitos, impedimentos, investidura, remuneração, deveres e responsabilidades dos administradores aplicam-se a conselheiros e diretores.

### REQUISITOS E IMPEDIMENTOS

**Art. 146.** Apenas pessoas naturais poderão ser eleitas para membros dos órgãos de administração. *(Redação dada pela Lei 14.195/2021)*

**§ 1º.** A ata da assembleia geral ou da reunião do conselho de administração que eleger administradores deverá conter a qualificação e o prazo de gestão de cada um dos eleitos, devendo ser arquivada no registro do comércio e publicada.

**§ 2º** A posse de administrador residente ou domiciliado no exterior fica condicionada à constituição de representante residente no País, com poderes para, até, no mínimo, 3 (três) anos após o término do prazo de gestão do administrador, receber: *(Redação dada pela Lei 14.195/2021)*

**I** – citações em ações contra ele propostas com base na legislação societária; e *(Acrescido pela Lei 14.195/2021)*

**II** – citações e intimações em processos administrativos instaurados pela Comissão de Valores Mobiliários, no caso de exercício de cargo de administração em companhia aberta. *(Acrescido pela Lei 14.195/2021)*

**Art. 147.** Quando a lei exigir certos requisitos para a investidura em cargo de administração da companhia, a assembleia geral somente poderá eleger quem tenha exibido os necessários comprovantes, dos quais se arquivará cópia autêntica na sede social.

**§ 1º.** São inelegíveis para os cargos de administração da companhia as pessoas impedidas por lei especial, ou condenadas por crime falimentar, de prevaricação, peita ou suborno, concussão, peculato contra a economia popular, a fé pública ou a propriedade, ou a pena criminal que vede, ainda que temporariamente, o acesso a cargos públicos.

**§ 2º.** São ainda inelegíveis para os cargos de administração de companhia aberta as pessoas declaradas inabilitadas por ato da Comissão de Valores Mobiliários.

**§ 3º.** O conselheiro deve ter reputação ilibada, não podendo ser eleito, salvo dispensa da assembleia geral, aquele que:

**I** – ocupar cargos em sociedades que possam ser consideradas concorrentes no mercado, em especial, em conselhos consultivos, de administração ou fiscal; e

**II** – tiver interesse conflitante com a sociedade.

**§ 4º.** A comprovação do cumprimento das condições previstas no § 3º será efetuada por meio de declaração firmada pelo conselheiro eleito nos termos definidos pela Comissão de Valores Mobiliários, com vistas ao disposto nos arts. 145 e 159, sob as penas da lei.

### GARANTIA DA GESTÃO

**Art. 148.** O estatuto pode estabelecer que o exercício do cargo de administrador deva ser assegurado, pelo titular ou por terceiro, mediante penhor de ações da companhia ou outra garantia.

**Parágrafo único.** A garantia só será levantada após aprovação das últimas contas apresentadas pelo administrador que houver deixado o cargo.

## INVESTIDURA

**Art. 149.** Os conselheiros e diretores serão investidos nos seus cargos mediante assinatura de termo de posse no livro de atas do conselho de administração ou da diretoria, conforme o caso.

**§ 1º.** Se o termo não for assinado nos 30 (trinta) dias seguintes à nomeação, esta tornar-se-á sem efeito, salvo justificação aceita pelo órgão da administração para o qual tiver sido eleito.

**§ 2º.** O termo de posse deverá conter, sob pena de nulidade, a indicação de pelo menos um domicílio no qual o administrador receberá as citações e intimações em processos administrativos e judiciais relativos a atos de sua gestão, as quais reputar-se-ão cumpridas mediante entrega no domicílio indicado, o qual somente poderá ser alterado mediante comunicação por escrito à companhia.

## SUBSTITUIÇÃO E TÉRMINO DA GESTÃO

**Art. 150.** No caso de vacância do cargo de conselheiro, salvo disposição em contrário do estatuto, o substituto será nomeado pelos conselheiros remanescentes e servirá até a primeira assembleia geral. Se ocorrer vacância da maioria dos cargos, a assembleia geral será convocada para proceder a nova eleição.

**§ 1º.** No caso de vacância de todos os cargos do conselho de administração, compete à diretoria convocar a assembleia geral.

**§ 2º.** No caso de vacância de todos os cargos da diretoria, se a companhia não tiver conselho de administração, compete ao conselho fiscal, se em funcionamento, ou a qualquer acionista, convocar a assembleia geral, devendo o representante de maior número de ações praticar, até a realização da assembleia, os atos urgentes de administração da companhia.

**§ 3º.** O substituto eleito para preencher cargo vago completará o prazo de gestão do substituído.

**§ 4º.** O prazo de gestão do conselho de administração ou da diretoria se estende até a investidura dos novos administradores eleitos.

## RENÚNCIA

**Art. 151.** A renúncia do administrador torna-se eficaz, em relação à companhia, desde o momento em que lhe for entregue a comunicação escrita do renunciante, e em relação a terceiros de boa-fé, após arquivamento no registro do comércio e publicação, que poderão ser promovidos pelo renunciante.

## REMUNERAÇÃO

**Art. 152.** A assembleia geral fixará o montante global ou individual da remuneração dos administradores, inclusive benefícios de qualquer natureza e verbas de representação, tendo em conta suas responsabilidades, o tempo dedicado às suas funções, sua competência e reputação profissional e o valor dos seus serviços no mercado.

**§ 1º.** O estatuto da companhia que fixar o dividendo obrigatório em 25% (vinte e cinco por cento) ou mais do lucro líquido, pode atribuir aos administradores participação no lucro da companhia, desde que o seu total não ultrapasse a remuneração anual dos administradores nem 0,1 (um décimo) dos lucros (artigo 190), prevalecendo o limite que for menor.

**§ 2º.** Os administradores somente farão jus à participação nos lucros do exercício social em relação ao qual for atribuído aos acionistas o dividendo obrigatório, de que trata o artigo 202.

## SEÇÃO IV.
## DEVERES E RESPONSABILIDADES

## DEVER DE DILIGÊNCIA

**Art. 153.** O administrador da companhia deve empregar, no exercício de suas funções, o cuidado e diligência que todo homem ativo e probo costuma empregar na administração dos seus próprios negócios.

## FINALIDADES DAS ATRIBUIÇÕES E DESVIO DE PODER

**Art. 154.** O administrador deve exercer as atribuições que a lei e o estatuto lhe conferem para lograr os fins e no interesse da companhia, satisfeitas as exigências do bem público e da função social da empresa.

**§ 1º.** O administrador eleito por grupo ou classe de acionistas tem, para com a companhia, os mesmos deveres que os demais, não podendo, ainda que para defesa do interesse dos que o elegeram, faltar a esses deveres.

**§ 2º.** É vedado ao administrador:

*a)* praticar ato de liberdade à custa da companhia;

*b)* sem prévia autorização da assembleia geral ou do conselho de administração, tomar por empréstimo recursos ou bens da companhia,

ou usar, em proveito próprio, de sociedade em que tenha interesse, ou de terceiros, os seus bens, serviços ou crédito;
*c)* receber de terceiros, sem autorizarão estatutária ou da assembleia geral, qualquer modalidade de vantagens pessoal, direta ou indireta, em razão do exercício de seu cargo.
**§ 3º**. As importâncias recebidas com infração ao disposto na alínea *c* do § 2º pertencerão à companhia.
**§ 4º**. O conselho de administração ou a diretoria podem autorizar a prática de atos gratuitos razoáveis em benefício dos empregados ou da comunidade de que participe a empresa, tendo em vista suas responsabilidades sociais.

## DEVER DE LEALDADE

**Art. 155.** O administrador deve servir com lealdade à companhia e manter reserva sobre os seus negócios, sendo-lhe vedado:
**I** – usar, em benefício próprio ou de outrem, com ou sem prejuízo para a companhia, as oportunidades comerciais de que tenha conhecimento em razão do exercício de seu cargo;
**II** – omitir-se no exercício ou proteção de direitos da companhia ou, visando à obtenção de vantagens, para si ou para outrem, deixar de aproveitar oportunidades de negócio de interesse da companhia;
**III** – adquirir, para revender com lucro, bem ou direito que sabe necessário à companhia, ou que esta tencione adquirir.
**§ 1º**. Cumpre, ademais, ao administrador de companhia aberta, guardar sigilo sobre qualquer informação que ainda não tenha sido divulgada para conhecimento do mercado, obtida em razão do cargo e capaz de influir de modo ponderável na cotação de valores mobiliários, sendo-lhe vedado valer-se da informação para obter, para si ou para outrem, vantagem mediante compra ou venda de valores mobiliários.
**§ 2º**. O administrador deve zelar para que a violação do disposto no § 1º não possa ocorrer através de subordinados ou terceiros de sua confiança.
**§ 3º**. A pessoa prejudicada em compra e venda de valores mobiliários, contratada com infração do disposto nos §§ 1º e 2º, tem direito de haver do infrator indenização por perdas e danos, a menos que ao contratar já conhecesse a informação.
**§ 4º**. É vedada a utilização de informação relevante ainda não divulgada, por qualquer pessoa que a ela tenha tido acesso, com a finalidade de auferir vantagem, para si ou para outrem, no mercado de valores mobiliários.

## CONFLITO DE INTERESSE

**Art. 156.** É vedado ao administrador intervir em qualquer posição social em que tiver interesse conflitante com o da companhia, bem como na deliberação que a respeito tomarem os demais administradores, cumprindo-lhe cientificá-los do seu impedimento e fazer consignar, em ata de reunião do conselho de administração ou da diretoria, a natureza e extensão do seu interesse.
**§ 1º**. Ainda que observado o disposto neste artigo, o administrador somente pode contratar com a companhia em condições razoáveis ou equitativas, idênticas às que prevalecem no mercado ou em que a companhia contrataria com terceiros.
**§ 2º**. O negócio contratado com infração do disposto no § 1º é anulável, e o administrador interessado será obrigado a transferir para a companhia as vantagens que dele tiver auferido.

## DEVER DE INFORMAR

**Art. 157.** O administrador de companhia aberta deve declarar, ao firmar o termo de posse, o número de ações, bônus de subscrição, opções de compra de ações e debêntures conversíveis em ações, de emissão da companhia e de sociedades controladas ou do mesmo grupo, de que seja titular.
**§ 1º**. O administrador de companhia aberta é obrigado a revelar à assembleia geral ordinária, a pedido de acionistas que representem 5% (cinco por cento) ou mais do capital social:
*a)* o número dos valores mobiliários de emissão da companhia ou de sociedades controladas, ou do mesmo grupo, que tiver adquirido ou alienado, diretamente ou através de outras pessoas, no exercício anterior;
*b)* as opções de compra de ações que tiver contratado ou exercido no exercício anterior;
*c)* os benefícios ou vantagens, indiretas ou complementares, que tenha recebido ou esteja recebendo da companhia e de sociedades coligadas, controladas ou do mesmo grupo;
*d)* as condições dos contratos de trabalho que tenham sido firmados pela companhia com os diretores e empregados de alto nível;
*e)* quaisquer atos ou fatos relevantes nas atividades da companhia.
**§ 2º**. Os esclarecimentos prestados pelo administrador poderão, a pedido de qualquer acionista, ser reduzidos a escrito, autenticados pela mesa da assembleia, e fornecidos por cópia aos solicitantes.
**§ 3º**. A revelação dos atos ou fatos de que trata este artigo só poderá ser utilizada no legítimo interesse da companhia ou do acionista, respondendo os solicitantes pelos abusos que praticarem.
**§ 4º**. Os administradores da companhia aberta são obrigados a comunicar imediatamente à

Bolsa de Valores e a divulgar pela imprensa qualquer deliberação da assembleia geral ou dos órgãos de administração da companhia, ou fato relevante ocorrido nos seus negócios, que possa influir, de modo ponderável, na decisão dos investidores do mercado de vender ou comprar valores mobiliários emitidos pela companhia.

**§ 5º**. Os administradores poderão recusar-se a prestar a informação (§ 1º, *e*), ou deixar de divulgá-la (§ 4º), se entenderem que sua revelação porá em risco interesse legítimo da companhia, cabendo à Comissão de Valores Mobiliários, a pedido dos administradores, de qualquer acionista, ou por iniciativa própria, decidir sobre a prestação de informação e responsabilizar os administradores, se for o caso.

**§ 6º**. Os administradores da companhia aberta deverão informar imediatamente, nos termos e na forma determinados pela Comissão de Valores Mobiliários, a esta e às Bolsas de Valores ou entidades do mercado de balcão organizado nas quais os valores mobiliários de emissão da companhia estejam admitidos à negociação, as modificações em suas posições acionárias na companhia.

## RESPONSABILIDADE DOS ADMINISTRADORES

**Art. 158.** O administrador não é pessoalmente responsável pelas obrigações que contrair em nome da sociedade e em virtude de ato regular de gestão; responde, porém, civilmente, pelos prejuízos que causar, quando proceder:

**I** – dentro de suas atribuições ou poderes, com culpa ou dolo;

**II** – com violação da lei ou do estatuto.

**§ 1º**. O administrador não é responsável por atos ilícitos de outros administradores, salvo se com eles for conivente, se negligenciar em descobri-los ou se, deles tendo conhecimento, deixar de agir para impedir a sua prática. Exime-se de responsabilidade o administrador dissidente que faça consignar sua divergência em ata de reunião do órgão de administração ou, não sendo possível, dela dê ciência imediata e por escrito ao órgão da administração, ao conselho fiscal, se em funcionamento, ou à assembleia geral.

**§ 2º**. Os administradores são solidariamente responsáveis pelos prejuízos causados em virtude do não cumprimento dos deveres impostos por lei para assegurar o funcionamento normal da companhia, ainda que, pelo estatuto, tais deveres não caibam a todos eles.

**§ 3º**. Nas companhias abertas, a responsabilidade de que trata o § 2º ficará restrita, ressalvado o disposto no § 4º, aos administradores que, por disposição do estatuto, tenham atribuição específica de dar cumprimento àqueles deveres.

**§ 4º**. O administrador que, tendo conhecimento do não cumprimento desses deveres por seu predecessor, ou pelo administrador competente nos termos do § 3º, deixar de comunicar o fato à assembleia geral, tornar-se-á por ele solidariamente responsável.

**§ 5º**. Responderá solidariamente com o administrador quem, com o fim de obter vantagem para si ou para outrem, concorrer para a prática de ato com violação da lei ou do estatuto.

## AÇÃO DE RESPONSABILIDADE

**Art. 159.** Compete à companhia, mediante prévia deliberação da assembleia geral, a ação de responsabilidade civil contra o administrador, pelos prejuízos causados ao seu patrimônio.

**§ 1º**. A deliberação poderá ser tomada em assembleia geral ordinária e, se prevista na ordem do dia, ou for consequência direta de assunto nela incluído, em assembleia geral extraordinária.

**§ 2º**. O administrador ou administradores contra os quais deva ser proposta ação ficarão impedidos e deverão ser substituídos na mesma assembleia.

**§ 3º**. Qualquer acionista poderá promover a ação, se não for proposta no prazo de 3 (três) meses da deliberação da assembleia geral.

**§ 4º**. Se a assembleia deliberar não promover a ação, poderá ela ser proposta por acionistas que representem 5% (cinco por cento), pelo menos, do capital social.

**§ 5º**. Os resultados da ação promovida por acionista deferem-se à companhia, mas esta deverá indenizá-lo, até o limite daqueles resultados, de todas as despesas em que tiver incorrido, inclusive correção monetária e juros dos dispêndios realizados.

**§ 6º**. O juiz poderá reconhecer a exclusão da responsabilidade do administrador, se convencido de que este agiu de boa-fé e visando ao interesse da companhia.

**§ 7º**. A ação prevista neste artigo não exclui a que couber ao acionista ou terceiro diretamente prejudicado por ato de administrador.

## ÓRGÃOS TÉCNICOS E CONSULTIVOS

**Art. 160.** As normas desta Seção aplicam-se aos membros de quaisquer órgãos, criados pelo estatuto, com funções técnicas ou destinados a aconselhar os administradores.

# CAPÍTULO XIII. CONSELHO FISCAL

## COMPOSIÇÃO E FUNCIONAMENTO

**Art. 161.** A companhia terá um conselho fiscal e o estatuto disporá sobre seu funcionamento, de modo permanente ou nos exercícios sociais em que for instalado a pedido de acionistas.

**§ 1º.** O conselho fiscal será composto de, no mínimo, 3 (três) e, no máximo, 5 (cinco) membros, e suplentes em igual número, acionistas ou não, eleitos pela assembleia geral.

**§ 2º.** O conselho fiscal, quando o funcionamento não for permanente, será instalado pela assembleia geral a pedido de acionistas que representem, no mínimo, 0,1 (um décimo) das ações com direito a voto, ou 5% (cinco por cento) das ações sem direito a voto, e cada período de seu funcionamento terminará na primeira assembleia geral ordinária após a sua instalação.

**§ 3º.** O pedido de funcionamento do conselho fiscal, ainda que a matéria não conste do anúncio de convocação, poderá ser formulado em qualquer assembleia geral, que elegerá os seus membros.

**§ 4º.** Na constituição do conselho fiscal serão observadas as seguintes normas:

*a)* os titulares de ações preferenciais sem direito a voto, ou com voto restrito, terão direito de eleger, em votação em separado, 1 (um) membro e respectivo suplente; igual direito terão os acionistas minoritários, desde que representem, em conjunto, 10% (dez por cento) ou mais das ações com direito a voto;

*b)* ressalvado o disposto na alínea anterior, os demais acionistas com direito a voto poderão eleger os membros efetivos e suplentes que, em qualquer caso, serão em número igual ao dos eleitos nos termos da alínea *a*, mais um.

**§ 5º.** Os membros do conselho fiscal e seus suplentes exercerão seus cargos até a primeira assembleia-geral ordinária que se realizar após a sua eleição, e poderão ser reeleitos.

**§ 6º.** Os membros do conselho fiscal e seus suplentes exercerão seus cargos até a primeira assembleia geral ordinária que se realizar após a sua eleição, e poderão ser reeleitos.

**§ 7º.** A função de membro do conselho fiscal é indelegável.

## REQUISITOS, IMPEDIMENTOS E REMUNERAÇÃO

**Art. 162.** Somente podem ser eleitas para o conselho fiscal pessoas naturais, residentes no País, diplomadas em curso de nível universitário, ou que tenham exercido por prazo mínimo de 3 (três) anos, cargo de administrador de empresa ou de conselheiro fiscal.

**§ 1º.** Nas localidades em que não houver pessoas habilitadas, em número suficiente, para o exercício da função, caberá ao juiz dispensar a companhia da satisfação dos requisitos estabelecidos neste artigo.

**§ 2º.** Não podem ser eleitos para o conselho fiscal, além das pessoas enumeradas nos parágrafos do artigo 147, membros de órgãos de administração e empregados da companhia ou de sociedade controlada ou do mesmo grupo, e o cônjuge ou parente, até terceiro grau, de administrador da companhia.

**§ 3º.** A remuneração dos membros do conselho fiscal, além do reembolso, obrigatório, das despesas de locomoção e estada necessárias ao desempenho da função, será fixada pela assembleia geral que os eleger, e não poderá ser inferior, para cada membro em exercício, a 10% (dez por cento) da que, em média, for atribuída a cada diretor, não computados benefícios, verbas de representação e participação nos lucros.

## COMPETÊNCIA

**Art. 163.** Compete ao conselho fiscal:

**I** – fiscalizar, por qualquer de seus membros, os atos dos administradores e verificar o cumprimento dos seus deveres legais e estatutários;

**II** – opinar sobre o relatório anual da administração, fazendo constar do seu parecer as informações complementares que julgar necessárias ou úteis à deliberação da assembleia geral;

**III** – opinar sobre as propostas dos órgãos da administração, a serem submetidas à assembleia geral, relativas a modificação do capital social, emissão de debêntures ou bônus de subscrição, planos de investimento ou orçamentos de capital, distribuição de dividendos, transformação, incorporação, fusão ou cisão;

**IV** – denunciar, por qualquer de seus membros, aos órgãos de administração e, se estes não tomarem as providências necessárias para a proteção dos interesses da companhia, à assembleia geral, os erros, fraudes ou crimes que descobrirem, e sugerir providências úteis à companhia;

**V** – convocar a assembleia geral ordinária, se os órgãos da administração retardarem por mais de 1 (um) mês essa convocação, e a extraordinária, sempre que ocorrerem motivos graves ou urgentes, incluindo na agenda das assembleias as matérias que considerarem necessárias;

**VI** – analisar, ao menos trimestralmente, o balancete e demais demonstrações financeiras elaboradas periodicamente pela companhia;

**VII** – examinar as demonstrações financeiras de exercício social e sobre elas opinar;

**VIII** – exercer essas atribuições, durante a liquidação, tendo em vista as disposições especiais que a regulam.

**§ 1º.** Os órgãos de administração são obrigados, através de comunicação por escrito, a colocar à disposição dos membros em exercício do conselho fiscal, dentro de 10 (dez) dias, cópias das atas de suas reuniões e, dentro de 15 (quinze) dias do seu recebimento, cópias dos balancetes e demais demonstrações financeiras elaboradas periodicamente e, quando houver, dos relatórios de execução de orçamentos.

**§ 2º.** O conselho fiscal, a pedido de qualquer dos seus membros, solicitará aos órgãos de administração esclarecimentos ou informações, desde que relativas à sua função fiscalizadora, assim como a elaboração de demonstrações financeiras ou contábeis especiais.

**§ 3º.** Os membros do conselho fiscal assistirão às reuniões do conselho de administração, se houver, ou da diretoria, em que se deliberar sobre os assuntos em que devam opinar (ns. II, III e VII).

**§ 4º.** Se a companhia tiver auditores independentes, o conselho fiscal, a pedido de qualquer de seus membros, poderá solicitar-lhes esclarecimentos ou informações, e a apuração de fatos específicos.

**§ 5º.** Se a companhia não tiver auditores independentes, o conselho fiscal poderá, para melhor desempenho das suas funções, escolher contador ou firma de auditoria e fixar-lhes os honorários, dentro de níveis razoáveis, vigentes na praça e compatíveis com a dimensão econômica da companhia, os quais serão pagos por esta.

**§ 6º.** O conselho fiscal deverá fornecer ao acionista, ou grupo de acionistas que representem, no mínimo, 5% (cinco por cento) do capital social, sempre que solicitadas, informações sobre matérias de sua competência.

**§ 7º.** As atribuições e poderes conferidos pela lei ao conselho fiscal não podem ser outorgados a outro órgão da companhia.

**§ 8º.** O conselho fiscal poderá, para apurar fato cujo esclarecimento seja necessário ao desempenho de suas funções, formular, com justificativa, questões a serem respondidas por perito e solicitar à diretoria que indique, para esse fim, no prazo máximo de 30 (trinta) dias, 3 (três) peritos, que podem ser pessoas físicas ou jurídicas, de notório conhecimento na área em questão, entre os quais o conselho fiscal escolherá um, cujos honorários serão pagos pela companhia.

### PARECERES E REPRESENTAÇÕES

**Art. 164.** Os membros do conselho fiscal, ou ao menos um deles, deverão comparecer às reuniões da assembleia geral e responder aos pedidos de informações formulados pelos acionistas.

**Parágrafo único.** Os pareceres e representações do conselho fiscal, ou de qualquer um de seus membros, poderão ser apresentados e lidos na assembleia geral, independentemente de publicação e ainda que a matéria não conste da ordem do dia.

### DEVERES E RESPONSABILIDADES

**Art. 165.** Os membros do conselho fiscal têm os mesmos deveres dos administradores de que tratam os arts. 153 a 156 e respondem pelos danos resultantes de omissão no cumprimento de seus deveres e de atos praticados com culpa ou dolo, ou com violação da lei ou do estatuto.

**§ 1º.** Os membros do conselho fiscal deverão exercer suas funções no exclusivo interesse da companhia; considerar-se-á abusivo o exercício da função com o fim de causar dano à companhia, ou aos seus acionistas ou administradores, ou de obter, para si ou para outrem, vantagem a que não faz jus e de que resulte, ou possa resultar, prejuízo para a companhia, seus acionistas ou administradores.

**§ 2º.** O membro do conselho fiscal não é responsável pelos atos ilícitos de outros membros, salvo se com eles foi conivente, ou se concorrer para a prática do ato.

**§ 3º.** A responsabilidade dos membros do conselho fiscal por omissão no cumprimento de seus deveres é solidária, mas dela se exime o membro dissidente que fizer consignar sua divergência em ata da reunião do órgão e a comunicar aos órgãos da administração e à assembleia geral.

**Art. 165-A.** Os membros do conselho fiscal da companhia aberta deverão informar imediatamente as modificações em suas posições acionárias na companhia à Comissão de Valores Mobiliários e às Bolsas de Valores ou entidades do mercado de balcão organizado nas quais os valores mobiliários de emissão da companhia estejam admitidos à negociação, nas condições e na forma determinadas pela Comissão de Valores Mobiliários.

## CAPÍTULO XIV. MODIFICAÇÃO DO CAPITAL SOCIAL

### SEÇÃO I. AUMENTO

### COMPETÊNCIA

**Art. 166.** O capital social pode ser aumentado:

**I** – por deliberação da assembleia geral ordinária, para correção da expressão monetária do seu valor (artigo 167);

**II** – por deliberação da assembleia geral ou do conselho de administração, observado o que a respeito dispuser o estatuto, nos casos de emissão de ações dentro do limite autorizado no estatuto (artigo 168);

**III** – por conversão, em ações, de debêntures ou partes beneficiárias e pelo exercício de direitos conferidos por bônus de subscrição, ou de opção de compra de ações;

**IV** – por deliberação da assembleia geral extraordinária convocada para decidir sobre reforma do estatuto social, no caso de inexistir autorização de aumento, ou de estar a mesma esgotada.

**§ 1º.** Dentro dos 30 (trinta) dias subsequentes à efetivação do aumento, a companhia requererá ao registro do comércio a sua averbação, nos casos dos números I a III, ou o arquivamento da ata da assembleia de reforma do estatuto, no caso do número IV.

**§ 2º.** O conselho fiscal, se em funcionamento, deverá, salvo nos casos do número III, ser obrigatoriamente ouvido antes da deliberação sobre o aumento de capital.

## CORREÇÃO MONETÁRIA ANUAL

**Art. 167.** A reserva de capital constituída por ocasião do balanço de encerramento do exercício social e resultante da correção monetária do capital realizado (artigo 182, § 2º) será capitalizada por deliberação da assembleia geral ordinária que aprovar o balanço.

**§ 1º.** Na companhia aberta, a capitalização prevista neste artigo será feita sem modificação do número de ações emitidas e com aumento do valor nominal das ações, se for o caso.

**§ 2º.** A companhia poderá deixar de capitalizar o saldo da reserva correspondente às frações de centavo do valor nominal das ações, ou, se não tiverem valor nominal, à fração inferior a 1% (um por cento) do capital social.

**§ 3º.** Se a companhia tiver ações com e sem valor nominal, a correção do capital correspondente às ações com valor nominal será feita separadamente, sendo a reserva resultante capitalizada em benefício dessas ações.

## CAPITAL AUTORIZADO

**Art. 168.** O estatuto pode conter autorização para aumento do capital social independentemente de reforma estatutária.

**§ 1º.** A autorização deverá especificar:

*a)* o limite de aumento, em valor do capital ou em número de ações, e as espécies e classes das ações que poderão ser emitidas;

*b)* o órgão competente para deliberar sobre as emissões, que poderá ser a assembleia geral ou o conselho de administração;

*c)* as condições a que estiverem sujeitas as emissões;

*d)* os casos ou as condições em que os acionistas terão direito de preferência para subscrição, ou de inexistência desse direito (artigo 172).

**§ 2º.** O limite de autorização, quando fixado em valor do capital social, será anualmente corrigido pela assembleia geral ordinária, com base nos mesmos índices adotados na correção do capital social.

**§ 3º.** O estatuto pode prever que a companhia, dentro do limite de capital autorizado, e de acordo com plano aprovado pela assembleia geral, outorgue opção de compra de ações a seus administradores ou empregados, ou a pessoas naturais que prestem serviços à companhia ou a sociedade sob seu controle.

## CAPITALIZAÇÃO DE LUCROS E RESERVAS

**Art. 169.** O aumento mediante capitalização de lucros ou de reservas importará alteração do valor nominal das ações ou distribuição das ações novas, correspondentes ao aumento, entre acionistas, na proporção do número de ações que possuírem.

**§ 1º.** Na companhia com ações sem valor nominal, a capitalização de lucros ou de reservas poderá ser efetivada sem modificação do número de ações.

**§ 2º.** Às ações distribuídas de acordo com este artigo se estenderão, salvo cláusula em contrário dos instrumentos que os tenham constituído, o usufruto, o fideicomisso, a inalienabilidade e a incomunicabilidade que porventura gravarem as ações de que elas forem derivadas.

**§ 3º.** As ações que não puderem ser atribuídas por inteiro a cada acionista serão vendidas em Bolsa, dividindo-se o produto da venda, proporcionalmente, pelos titulares das frações; antes da venda, a companhia fixará prazo, não inferior a 30 (trinta) dias, durante o qual os acionistas poderão transferir as frações de ação.

## AUMENTO MEDIANTE SUBSCRIÇÃO DE AÇÕES

**Art. 170.** Depois de realizados 3/4 (três quartos), no mínimo, do capital social, a companhia pode aumentá-lo mediante subscrição pública ou particular de ações.

**§ 1º.** O preço de emissão deverá ser fixado, sem diluição injustificada da participação dos antigos acionistas, ainda que tenham direito de preferência para subscrevê-las, tendo em vista, alternativa ou conjuntamente:

**I** – a perspectiva de rentabilidade da companhia;

**II** – o valor do patrimônio líquido da ação;

**III** – a cotação de suas ações em Bolsa de Valores ou no mercado de balcão organizado, admitido ágio ou deságio em função das condições do mercado.

**§ 2º.** A assembleia geral, quando for de sua competência deliberar sobre o aumento, poderá delegar ao conselho de administração a fixação do preço de emissão de ações a serem distribuídas no mercado.

**§ 3º**. A subscrição de ações para realização em bens será sempre procedida com observância do disposto no artigo 8º, e a ela se aplicará o disposto nos §§ 2º e 3º do artigo 98.

**§ 4º**. As entradas e as prestações da realização das ações poderão ser recebidas pela companhia independentemente de depósito bancário.

**§ 5º**. No aumento de capital observar-se-á, se mediante subscrição pública, o disposto no artigo 82, e se mediante subscrição particular, o que a respeito for deliberado pela assembleia geral ou pelo conselho de administração, conforme dispuser o estatuto.

**§ 6º**. Ao aumento de capital aplica-se, no que couber, o disposto sobre a constituição da companhia, exceto na parte final do § 2º do art. 82.

**§ 7º**. A proposta de aumento do capital deverá esclarecer qual o critério adotado, nos termos do § 1º deste artigo, justificando pormenorizadamente os aspectos econômicos que determinaram a sua escolha.

### DIREITO DE PREFERÊNCIA

**Art. 171.** Na proporção do número de ações que possuírem, os acionistas terão preferência para a subscrição do aumento de capital.

**§ 1º**. Se o capital for dividido em ações de diversas espécies ou classes e o aumento for feito por emissão de mais de uma espécie ou classe, observar-se-ão as seguintes normas:

*a)* no caso de aumento, na mesma proporção, do número de ações de todas as espécies e classes existentes, cada acionista exercerá o direito de preferência sobre ações idênticas às de que for possuidor;

*b)* se as ações emitidas forem de espécies e classes existentes, mas importarem alteração das respectivas proporções no capital social, a preferência será exercida sobre ações de espécies e classes idênticas às de que forem possuidores os acionistas, somente se estendendo às demais se aquelas forem insuficientes para lhes assegurar, no capital aumentado, a mesma proporção que tinham no capital antes do aumento;

*c)* se houver emissão de ações de espécie ou classe diversa das existentes, cada acionista exercerá a preferência, na proporção do número de ações que possuir, sobre ações de todas as espécies e classes do aumento.

**§ 2º**. No aumento mediante capitalização de créditos ou subscrição em bens, será sempre assegurado aos acionistas o direito de preferência e, se for o caso, as importâncias por eles pagas serão entregues ao titular do crédito a ser capitalizado ou do bem a ser incorporado.

**§ 3º**. Os acionistas terão direito de preferência para subscrição das emissões de debêntures conversíveis em ações, bônus de subscrição e partes beneficiárias conversíveis em ações emitidas para alienação onerosa; mas na conversão desses títulos em ações, ou na outorga e no exercício de opção de compra de ações, não haverá direito de preferência.

**§ 4º**. O estatuto ou a assembleia geral fixará prazo de decadência, não inferior a 30 (trinta) dias, para o exercício do direito de preferência.

**§ 5º**. No usufruto e no fideicomisso, o direito de preferência, quando não exercido pelo acionista até 10 (dez) dias antes do vencimento do prazo, poderá sê-lo pelo usufrutuário ou fideicomissário.

**§ 6º**. O acionista poderá ceder seu direito de preferência.

**§ 7º**. Na companhia aberta, o órgão que deliberar sobre a emissão mediante subscrição particular deverá dispor sobre as sobras de valores mobiliários não subscritos, podendo:

*a)* mandar vendê-las em Bolsa, em benefício da companhia; ou

*b)* rateá-las, na proporção dos valores subscritos, entre os acionistas que tiverem pedido, no boletim ou lista de subscrição, reserva de sobras; nesse caso, a condição constará dos boletins e listas de subscrição e o saldo não rateado será vendido em Bolsa, nos termos da alínea anterior.

**§ 8º**. Na companhia fechada, será obrigatório o rateio previsto na alínea *b* do § 7º, podendo o saldo, se houver, ser subscrito por terceiros, de acordo com os critérios estabelecidos pela assembleia geral ou pelos órgãos da administração.

### EXCLUSÃO DO DIREITO DE PREFERÊNCIA

**Art. 172.** O estatuto da companhia aberta que contiver autorização para o aumento do capital pode prever a emissão, sem direito de preferência para os antigos acionistas, ou com redução do prazo de que trata o § 4º do art. 171, de ações e debêntures conversíveis em ações, ou bônus de subscrição, cuja colocação seja feita mediante:

**I** – venda em Bolsa de Valores ou subscrição pública; ou

**II** – permuta por ações, em oferta pública de aquisição de controle, nos termos dos arts. 257 e 263.

**Parágrafo único.** O estatuto da companhia, ainda que fechada, pode excluir o direito de preferência para subscrição de ações nos termos de lei especial sobre incentivos fiscais.

SEÇÃO II.
REDUÇÃO

**Art. 173.** A assembleia geral poderá deliberar a redução do capital social se houver perda, até o montante dos prejuízos acumulados, ou se julgá-lo excessivo.

**§ 1º.** A proposta de redução do capital social, quando de iniciativa dos administradores, não poderá ser submetida à deliberação da assembleia geral sem o parecer do conselho fiscal, se em funcionamento.

**§ 2º.** A partir da deliberação de redução ficarão suspensos os direitos correspondentes às ações cujos certificados tenham sido emitidos, até que sejam apresentados à companhia para substituição.

### OPOSIÇÃO DOS CREDORES

**Art. 174.** Ressalvado o disposto nos artigos 45 e 107, a redução do capital social com restituição aos acionistas de parte do valor das ações, ou pela diminuição do valor destas, quando não integralizadas, à importância das entradas, só se tornará efetiva 60 (sessenta) dias após a publicação da ata da assembleia geral que a tiver deliberado.

**§ 1º.** Durante o prazo previsto neste artigo, os credores quirografários por títulos anteriores à data da publicação da ata poderão, mediante notificação, de que se dará ciência ao registro do comércio da sede da companhia, opor-se à redução do capital; decairão desse direito os credores que o não exercerem dentro do prazo.

**§ 2º.** Findo o prazo, a ata da assembleia geral que houver deliberado a redução poderá ser arquivada se não tiver havido oposição ou, se tiver havido oposição de algum credor, desde que feita a prova do pagamento do seu crédito ou do depósito judicial da importância respectiva.

**§ 3º.** Se houver em circulação debêntures emitidas pela companhia, a redução do capital, nos casos previstos neste artigo, não poderá ser efetivada sem prévia aprovação pela maioria dos debenturistas, reunidos em assembleia especial.

## CAPÍTULO XV. EXERCÍCIO SOCIAL E DEMONSTRAÇÕES FINANCEIRAS

### SEÇÃO I. EXERCÍCIO SOCIAL

**Art. 175.** O exercício social terá duração de 1 (um) ano e a data do término será fixada no estatuto.

**Parágrafo único.** Na constituição da companhia e nos casos de alteração estatutária o exercício social poderá ter duração diversa.

### SEÇÃO II. DEMONSTRAÇÕES FINANCEIRAS

### DISPOSIÇÕES GERAIS

**Art. 176.** Ao fim de cada exercício social, a diretoria fará elaborar, com base na escrituração mercantil da companhia, as seguintes demonstrações financeiras, que deverão exprimir com clareza a situação do patrimônio da companhia e as mutações ocorridas no exercício:

**I** – balanço patrimonial;

**II** – demonstração dos lucros ou prejuízos acumulados;

**III** – demonstração do resultado do exercício; e

**IV** – demonstração dos fluxos de caixa; e

**V** – se companhia aberta, demonstração do valor adicionado.

**§ 1º.** As demonstrações de cada exercício serão publicadas com a indicação dos valores correspondentes das demonstrações do exercício anterior.

**§ 2º.** Nas demonstrações, as contas semelhantes poderão ser agrupadas; os pequenos saldos poderão ser agregados, desde que indicada a sua natureza e não ultrapassem 0,1 (um décimo) do valor do respectivo grupo de contas; mas é vedada a utilização de designações genéricas, como "diversas contas" ou "contas correntes".

**§ 3º.** As demonstrações financeiras registrarão a destinação dos lucros segundo a proposta dos órgãos da administração, no pressuposto de sua aprovação pela assembleia geral.

**§ 4º.** As demonstrações serão complementadas por notas explicativas e outros quadros analíticos ou demonstrações contábeis necessários para esclarecimento da situação patrimonial e dos resultados do exercício.

**§ 5º.** As notas explicativas devem:

**I** – apresentar informações sobre a base de preparação das demonstrações financeiras e das práticas contábeis específicas selecionadas e aplicadas para negócios e eventos significativos;

**II** – divulgar as informações exigidas pelas práticas contábeis adotadas no Brasil que não estejam apresentadas em nenhuma outra parte das demonstrações financeiras;

**III** – fornecer informações adicionais não indicadas nas próprias demonstrações financeiras e consideradas necessárias para uma apresentação adequada; e

**IV** – indicar:

*a)* os principais critérios de avaliação dos elementos patrimoniais, especialmente estoques, dos cálculos de depreciação, amortização e exaustão, de constituição de provisões para encargos ou riscos, e dos ajustes para atender a perdas prováveis na realização de elementos do ativo;

*b)* os investimentos em outras sociedades, quando relevantes (art. 247, parágrafo único);
*c)* o aumento de valor de elementos do ativo resultante de novas avaliações (art. 182, § 3º);
*d)* os ônus reais constituídos sobre elementos do ativo, as garantias prestadas a terceiros e outras responsabilidades eventuais ou contingentes;
*e)* a taxa de juros, as datas de vencimento e as garantias das obrigações a longo prazo;
*f)* o número, espécies e classes das ações do capital social;
*g)* as opções de compra de ações outorgadas e exercidas no exercício;
*h)* os ajustes de exercícios anteriores (art. 186, § 1º); e
*i)* os eventos subsequentes à data de encerramento do exercício que tenham, ou possam vir a ter, efeito relevante sobre a situação financeira e os resultados futuros da companhia.

**§ 6º**. A companhia fechada com patrimônio líquido, na data do balanço, inferior a R$ 2.000.000,00 (dois milhões de reais) não será obrigada à elaboração e publicação da demonstração dos fluxos de caixa.

**§ 7º**. A Comissão de Valores Mobiliários poderá, a seu critério, disciplinar de forma diversa o registro de que trata o § 3º deste artigo.

## ESCRITURAÇÃO

**Art. 177.** A escrituração da companhia será mantida em registros permanentes, com obediência aos preceitos da legislação comercial e desta Lei e aos princípios de contabilidade geralmente aceitos, devendo observar métodos ou critérios contábeis uniformes no tempo e registrar as mutações patrimoniais segundo o regime de competência.

**§ 1º**. As demonstrações financeiras do exercício em que houver modificação de métodos ou critérios contábeis, de efeitos relevantes, deverão indicá-la em nota e ressaltar esses efeitos.

**§ 2º**. A companhia observará exclusivamente em livros ou registros auxiliares, sem qualquer modificação da escrituração mercantil e das demonstrações reguladas nesta Lei, as disposições da lei tributária, ou de legislação especial sobre a atividade que constitui seu objeto, que prescrevam, conduzam ou incentivem a utilização de métodos ou critérios contábeis diferentes ou determinem registros, lançamentos ou ajustes ou a elaboração de outras demonstrações financeiras.

**I** – *(Revogado pela Lei nº 11.941, de 2009).*

**II** – *(Revogado pela Lei nº 11.941, de 2009).*

**§ 3º**. As demonstrações financeiras das companhias abertas observarão, ainda, as normas expedidas pela Comissão de Valores Mobiliários e serão obrigatoriamente submetidas a auditoria por auditores independentes nela registrados.

**§ 4º**. As demonstrações financeiras serão assinadas pelos administradores e por contabilistas legalmente habilitados.

**§ 5º**. As normas expedidas pela Comissão de Valores Mobiliários a que se refere o § 3º deste artigo deverão ser elaboradas em consonância com os padrões internacionais de contabilidade adotados nos principais mercados de valores mobiliários.

**§ 6º**. As companhias fechadas poderão optar por observar as normas sobre demonstrações financeiras expedidas pela Comissão de Valores Mobiliários para as companhias abertas.

**§ 7º**. *(Revogado pela Lei nº 11.941, de 2009).*

## SEÇÃO III.
## BALANÇO PATRIMONIAL

## GRUPO DE CONTAS

**Art. 178.** No balanço, as contas serão classificadas segundo os elementos do patrimônio que registrem, e agrupadas de modo a facilitar o conhecimento e a análise da situação financeira da companhia.

**§ 1º**. No ativo, as contas serão dispostas em ordem decrescente de grau de liquidez dos elementos nelas registrados, nos seguintes grupos:

**I** – ativo circulante; e

**II** – ativo não circulante, composto por ativo realizável a longo prazo, investimentos, imobilizado e intangível.

**§ 2º**. No passivo, as contas serão classificadas nos seguintes grupos:

**I** – passivo circulante;

**II** – passivo não circulante; e

**III** – patrimônio líquido, dividido em capital social, reservas de capital, ajustes de avaliação patrimonial, reservas de lucros, ações em tesouraria e prejuízos acumulados.

**§ 3º** Os saldos devedores e credores que a companhia não tiver direito de compensar serão classificados separadamente.

## ATIVO

**Art. 179.** As contas serão classificadas do seguinte modo:

**I** – no ativo circulante: as disponibilidades, os direitos realizáveis no curso do exercício social subsequente e as aplicações de recursos em despesas do exercício seguinte;

**II** – no ativo realizável a longo prazo: os direitos realizáveis após o término do exercício seguinte, assim como os derivados de vendas, adiantamentos ou empréstimos a sociedades coligadas ou controladas (artigo 243), diretores, acionistas ou participantes no lucro da companhia, que não constituírem negócios usuais na exploração do objeto da companhia;

**III** – em investimentos: as participações permanentes em outras sociedades e os direitos de qualquer natureza, não classificáveis no ativo circulante, e que não se destinem à manutenção da atividade da companhia ou da empresa;

**IV** – no ativo imobilizado: os direitos que tenham por objeto bens corpóreos destinados à manutenção das atividades da companhia ou da empresa ou exercidos com essa finalidade, inclusive os decorrentes de operações que transfiram à companhia os benefícios, riscos e controle desses bens;

**V** – *(Revogado pela Lei nº 11.941, de 2009).*

**VI** – no intangível: os direitos que tenham por objeto bens incorpóreos destinados à manutenção da companhia ou exercidos com essa finalidade, inclusive o fundo de comércio adquirido.

**Parágrafo único.** Na companhia em que o ciclo operacional da empresa tiver duração maior que o exercício social, a classificação no circulante ou longo prazo terá por base o prazo desse ciclo.

## PASSIVO EXIGÍVEL

**Art. 180.** As obrigações da companhia, inclusive financiamentos para aquisição de direitos do ativo não circulante, serão classificadas no passivo circulante, quando se vencerem no exercício seguinte, e no passivo não circulante, se tiverem vencimento em prazo maior, observado o disposto no parágrafo único do art. 179 desta Lei.

## RESULTADOS DE EXERCÍCIOS FUTUROS

**Art. 181.** *(Revogado pela Lei nº 11.941, de 2009).*

## PATRIMÔNIO LÍQUIDO

**Art. 182.** A conta do capital social discriminará o montante subscrito e, por dedução, a parcela ainda não realizada.

**§ 1º.** Serão classificadas como reservas de capital as contas que registrarem:

*a)* a contribuição do subscritor de ações que ultrapassar o valor nominal e a parte do preço de emissão das ações sem valor nominal que ultrapassar a importância destinada à formação do capital social, inclusive nos casos de conversão em ações de debêntures ou partes beneficiárias;

*b)* o produto da alienação de partes beneficiárias e bônus de subscrição;

*c) (Revogada pela Lei nº 11.638, de 2007).*

*d) (Revogada pela Lei nº 11.638, de 2007).*

**§ 2º.** Será ainda registrado como reserva de capital o resultado da correção monetária do capital realizado, enquanto não capitalizado.

**§ 3º.** Serão classificadas como ajustes de avaliação patrimonial, enquanto não computadas no resultado do exercício em obediência ao regime de competência, as contrapartidas de aumentos ou diminuições de valor atribuídos a elementos do ativo e do passivo, em decorrência da sua avaliação a valor justo, nos casos previstos nesta Lei ou, em normas expedidas pela Comissão de Valores Mobiliários, com base na competência conferida pelo § 3º do art. 177 desta Lei.

**§ 4º.** Serão classificadas como reservas de lucros as contas constituídas pela apropriação de lucros da companhia.

**§ 5º.** As ações em tesouraria deverão ser destacadas no balanço como dedução da conta do patrimônio líquido que registrar a origem dos recursos aplicados na sua aquisição.

## CRITÉRIOS DE AVALIAÇÃO DO ATIVO

**Art. 183.** No balanço, os elementos do ativo serão avaliados segundo os seguintes critérios:

**I** – as aplicações em instrumentos financeiros, inclusive derivativos, e em direitos e títulos de créditos, classificados no ativo circulante ou no realizável a longo prazo:

*a)* pelo seu valor justo, quando se tratar de aplicações destinadas à negociação ou disponíveis para venda; e

*b)* pelo valor de custo de aquisição ou valor de emissão, atualizado conforme disposições legais ou contratuais, ajustado ao valor provável de realização, quando este for inferior, no caso das demais aplicações e os direitos e títulos de crédito;

**II** – os direitos que tiverem por objeto mercadorias e produtos do comércio da companhia, assim como matérias-primas, produtos em fabricação e bens em almoxarifado, pelo custo de aquisição ou produção, deduzido de provisão para ajustá-lo ao valor de mercado, quando este for inferior;

**III** – os investimentos em participação no capital social de outras sociedades, ressalvado o disposto nos artigos 248 a 250, pelo custo de aquisição, deduzido de provisão para perdas prováveis na realização do seu valor, quando essa perda estiver comprovada como permanente, e que não será modificado em razão do recebimento, sem custo para a companhia, de ações ou quotas bonificadas;

**IV** – os demais investimentos, pelo custo de aquisição, deduzido de provisão para atender às perdas prováveis na realização do seu valor, ou para redução do custo de aquisição ao valor de mercado, quando este for inferior;

**V** – os direitos classificados no imobilizado, pelo custo de aquisição, deduzido do saldo da respectiva conta de depreciação, amortização ou exaustão;

**VI** – *(Revogado pela Lei nº 11.941, de 2009).*

**VII** – os direitos classificados no intangível, pelo custo incorrido na aquisição deduzido do saldo da respectiva conta de amortização;

**VIII** – os elementos do ativo decorrentes de operações de longo prazo serão ajustados a valor presente, sendo os demais ajustados quando houver efeito relevante.

**§ 1º**. Para efeitos do disposto neste artigo, considera-se valor justo:

*a)* das matérias-primas e dos bens em almoxarifado, o preço pelo qual possam ser repostos, mediante compra no mercado;

*b)* dos bens ou direitos destinados à venda, o preço líquido de realização mediante venda no mercado, deduzidos os impostos e demais despesas necessárias para a venda, e a margem de lucro;

*c)* dos investimentos, o valor líquido pelo qual possam ser alienados a terceiros.

*d)* dos instrumentos financeiros, o valor que pode se obter em um mercado ativo, decorrente de transação não compulsória realizada entre partes independentes; e, na ausência de um mercado ativo para um determinado instrumento financeiro:

1) o valor que se pode obter em um mercado ativo com a negociação de outro instrumento financeiro de natureza, prazo e risco similares;

2) o valor presente líquido dos fluxos de caixa futuros para instrumentos financeiros de natureza, prazo e risco similares; ou

3) o valor obtido por meio de modelos matemático-estatísticos de precificação de instrumentos financeiros.

**§ 2º**. A diminuição do valor dos elementos dos ativos imobilizado e intangível será registrada periodicamente nas contas de:

*a)* depreciação, quando corresponder à perda do valor dos direitos que têm por objeto bens físicos sujeitos a desgaste ou perda de utilidade por uso, ação da natureza ou obsolescência;

*b)* amortização, quando corresponder à perda do valor do capital aplicado na aquisição de direitos da propriedade industrial ou comercial e quaisquer outros com existência ou exercício de duração limitada, ou cujo objeto sejam bens de utilização por prazo legal ou contratualmente limitado;

*c)* exaustão, quando corresponder à perda do valor, decorrente da sua exploração, de direitos cujo objeto sejam recursos minerais ou florestais, ou bens aplicados nessa exploração.

**§ 3º**. A companhia deverá efetuar, periodicamente, análise sobre a recuperação dos valores registrados no imobilizado e no intangível, a fim de que sejam:

I – registradas as perdas de valor do capital aplicado quando houver decisão de interromper os empreendimentos ou atividades a que se destinavam ou quando comprovado que não poderão produzir resultados suficientes para recuperação desse valor; ou

II – revisados e ajustados os critérios utilizados para determinação da vida útil econômica estimada e para cálculo da depreciação, exaustão e amortização.

**§ 4º**. Os estoques de mercadorias fungíveis destinadas à venda poderão ser avaliados pelo valor de mercado, quando esse for o costume mercantil aceito pela técnica contábil.

## CRITÉRIOS DE AVALIAÇÃO DO PASSIVO

**Art. 184.** No balanço, os elementos do passivo serão avaliados de acordo com os seguintes critérios:

**I** – as obrigações, encargos e riscos, conhecidos ou calculáveis, inclusive Imposto sobre a Renda a pagar com base no resultado do exercício, serão computados pelo valor atualizado até a data do balanço;

**II** – as obrigações em moeda estrangeira, com cláusula de paridade cambial, serão convertidas em moeda nacional à taxa de câmbio em vigor na data do balanço;

**III** – as obrigações, os encargos e os riscos classificados no passivo não circulante serão ajustados ao seu valor presente, sendo os demais ajustados quando houver efeito relevante.

## CRITÉRIOS DE AVALIAÇÃO EM OPERAÇÕES SOCIETÁRIAS

**Art. 184-A.** A Comissão de Valores Mobiliários estabelecerá, com base na competência conferida pelo § 3º do art. 177 desta Lei, normas especiais de avaliação e contabilização aplicáveis à aquisição de controle, participações societárias ou negócios.

## CORREÇÃO MONETÁRIA

**Art. 185.** *(Revogado pela Lei nº 7.730, de 1989).*

## SEÇÃO IV. DEMONSTRAÇÃO DE LUCROS OU PREJUÍZOS ACUMULADOS

**Art. 186.** A demonstração de lucros ou prejuízos acumulados discriminará:

**I** – o saldo do início do período, os ajustes de exercícios anteriores e a correção monetária do saldo inicial;

**II** – as reversões de reservas e o lucro líquido do exercício;

**III** – as transferências para reservas, os dividendos, a parcela dos lucros incorporada ao capital e o saldo ao fim do período.

**§ 1º.** Como ajustes de exercícios anteriores serão considerados apenas os decorrentes de efeitos da mudança de critério contábil, ou da retificação de erro imputável a determinado exercício anterior, e que não possam ser atribuídos a fatos subsequentes.

**§ 2º.** A demonstração de lucros ou prejuízos acumulados deverá indicar o montante do dividendo por ação do capital social e poderá ser incluída na demonstração das mutações do patrimônio líquido, se elaborada e publicada pela companhia.

### SEÇÃO V. DEMONSTRAÇÃO DO RESULTADO DO EXERCÍCIO

**Art. 187.** A demonstração do resultado do exercício discriminará:

**I** – a receita bruta das vendas e serviços, as deduções das vendas, os abatimentos e os impostos;

**II** – a receita líquida das vendas e serviços, o custo das mercadorias e serviços vendidos e o lucro bruto;

**III** – as despesas com as vendas, as despesas financeiras, deduzidas das receitas, as despesas gerais e administrativas, e outras despesas operacionais;

**IV** – o lucro ou prejuízo operacional, as outras receitas e as outras despesas;

**V** – o resultado do exercício antes do Imposto sobre a Renda e a provisão para o imposto;

**VI** – as participações de debêntures, empregados, administradores e partes beneficiárias, mesmo na forma de instrumentos financeiros, e de instituições ou fundos de assistência ou previdência de empregados, que não se caracterizem como despesa;

**VII** – o lucro ou prejuízo líquido do exercício e o seu montante por ação do capital social.

**§ 1º.** Na determinação do resultado do exercício serão computados:

*a)* as receitas e os rendimentos ganhos no período, independentemente da sua realização em moeda; e

*b)* os custos, despesas, encargos e perdas, pagos ou incorridos, correspondentes a essas receitas e rendimentos.

**§ 2º.** *(Revogado pela Lei nº 11.638, de 2007).*

### SEÇÃO VI. DEMONSTRAÇÕES DOS FLUXOS DE CAIXA E DO VALOR ADICIONADO

**Art. 188.** As demonstrações referidas nos incisos IV e V do *caput* do art. 176 desta Lei indicarão, no mínimo:

**I** – demonstração dos fluxos de caixa – as alterações ocorridas, durante o exercício, no saldo de caixa e equivalentes de caixa, segregando-se essas alterações em, no mínimo, 3 (três) fluxos:

*a)* das operações;

*b)* dos financiamentos; e

*c)* dos investimentos;

**II** – demonstração do valor adicionado – o valor da riqueza gerada pela companhia, a sua distribuição entre os elementos que contribuíram para a geração dessa riqueza, tais como empregados, financiadores, acionistas, governo e outros, bem como a parcela da riqueza não distribuída.

**III** – *(Revogado pela Lei nº 11.941, de 2009).*

**IV** – *(Revogado pela Lei nº 11.941, de 2009).*

## CAPÍTULO XVI. LUCROS, RESERVAS E DIVIDENDOS

### SEÇÃO I. LUCRO

#### DEDUÇÃO DE PREJUÍZOS E IMPOSTO SOBRE A RENDA

**Art. 189.** Do resultado do exercício serão deduzidos, antes de qualquer participação, os prejuízos acumulados e a provisão para o Imposto sobre a Renda.

**Parágrafo único.** O prejuízo do exercício será obrigatoriamente absorvido pelos lucros acumulados, pelas reservas de lucros e pela reserva legal, nessa ordem.

#### PARTICIPAÇÕES

**Art. 190.** As participações estatutárias de empregados, administradores e partes beneficiárias serão determinadas, sucessivamente e nessa ordem, com base nos lucros que remanescerem depois de deduzida a participação anteriormente calculada.

**Parágrafo único.** Aplica-se ao pagamento das participações dos administradores e das partes beneficiárias o disposto nos parágrafos do artigo 201.

#### LUCRO LÍQUIDO

**Art. 191.** Lucro líquido do exercício é o resultado do exercício que remanescer depois de deduzidas as participações de que trata o artigo 190.

#### PROPOSTA DE DESTINAÇÃO DO LUCRO

**Art. 192.** Juntamente com as demonstrações financeiras do exercício, os órgãos da administração da companhia apresentarão à assembleia geral ordinária, observado o disposto nos artigos 193 a 203 e no estatuto, proposta sobre a destinação a ser dada ao lucro líquido do exercício.

SEÇÃO II.
RESERVAS E RETENÇÃO DE LUCROS

### RESERVA LEGAL

**Art. 193.** Do lucro líquido do exercício, 5% (cinco por cento) serão aplicados, antes de qualquer outra destinação, na constituição da reserva legal, que não excederá de 20% (vinte por cento) do capital social.

**§ 1º.** A companhia poderá deixar de constituir a reserva legal no exercício em que o saldo dessa reserva, acrescido do montante das reservas de capital de que trata o § 1º do artigo 182, exceder de 30% (trinta por cento) do capital social.

**§ 2º.** A reserva legal tem por fim assegurar a integridade do capital social e somente poderá ser utilizada para compensar prejuízos ou aumentar o capital.

### RESERVAS ESTATUTÁRIAS

**Art. 194.** O estatuto poderá criar reservas desde que, para cada uma:

**I** - indique, de modo preciso e completo, a sua finalidade;

**II** - fixe os critérios para determinar a parcela anual dos lucros líquidos que serão destinados à sua constituição; e

**III** - estabeleça o limite máximo da reserva.

### RESERVAS PARA CONTINGÊNCIAS

**Art. 195.** A assembleia geral poderá, por proposta dos órgãos da administração, destinar parte do lucro líquido à formação de reserva com a finalidade de compensar, em exercício futuro, a diminuição do lucro decorrente de perda julgada provável, cujo valor possa ser estimado.

**§ 1º.** A proposta dos órgãos da administração deverá indicar a causa da perda prevista e justificar, com as razões de prudência que a recomendem, a constituição da reserva.

**§ 2º.** A reserva será revertida no exercício em que deixarem de existir as razões que justificarem a sua constituição ou em que ocorrer a perda.

### RESERVA DE INCENTIVOS FISCAIS

**Art. 195-A.** A assembleia geral poderá, por proposta dos órgãos de administração, destinar para a reserva de incentivos fiscais a parcela do lucro líquido decorrente de doações ou subvenções governamentais para investimentos, que poderá ser excluída da base de cálculo do dividendo obrigatório (inciso I do *caput* do art. 202 desta Lei).

### RETENÇÃO DE LUCROS

**Art. 196.** A assembleia geral poderá, por proposta dos órgãos da administração, deliberar reter parcela do lucro líquido do exercício prevista em orçamento de capital por ela previamente aprovado.

**§ 1º.** O orçamento, submetido pelos órgãos da administração com a justificativa da retenção de lucros proposta, deverá compreender todas as fontes de recursos e aplicações de capital, fixo ou circulante, e poderá ter a duração de até 5 (cinco) exercícios, salvo no caso de execução, por prazo maior, de projeto de investimento.

**§ 2º.** O orçamento poderá ser aprovado pela assembleia geral ordinária que deliberar sobre o balanço do exercício e revisado anualmente, quando tiver duração superior a um exercício social.

### RESERVA DE LUCROS A REALIZAR

**Art. 197.** No exercício em que o montante do dividendo obrigatório, calculado nos termos do estatuto ou do art. 202, ultrapassar a parcela realizada do lucro líquido do exercício, a assembleia geral poderá, por proposta dos órgãos de administração, destinar o excesso à constituição de reserva de lucros a realizar.

**§ 1º.** Para os efeitos deste artigo, considera-se realizada a parcela do lucro líquido do exercício que exceder da soma dos seguintes valores:

**I** - o resultado líquido positivo da equivalência patrimonial (art. 248); e

**II** - o lucro, rendimento ou ganho líquidos em operações ou contabilização de ativo e passivo pelo valor de mercado, cujo prazo de realização financeira ocorra após o término do exercício social seguinte.

**§ 2º.** A reserva de lucros a realizar somente poderá ser utilizada para pagamento do dividendo obrigatório e, para efeito do inciso III do art. 202, serão considerados como integrantes da reserva os lucros a realizar de cada exercício que forem os primeiros a serem realizados em dinheiro.

## LIMITE DA CONSTITUIÇÃO DE RESERVAS E RETENÇÃO DE LUCROS

**Art. 198.** A destinação dos lucros para constituição das reservas de que trata o artigo 194 e a retenção nos termos do artigo 196 não poderão ser aprovadas, em cada exercício, em prejuízo da distribuição do dividendo obrigatório (artigo 202).

## LIMITE DO SALDO DAS RESERVAS DE LUCRO

**Art. 199.** O saldo das reservas de lucros, exceto as para contingências, de incentivos fiscais e de lucros a realizar, não poderá ultrapassar o capital social. Atingindo esse limite, a assembleia deliberará sobre aplicação do excesso na integralização ou no aumento do capital social ou na distribuição de dividendos.

## RESERVAS DE CAPITAL

**Art. 200.** As reservas de capital somente poderão ser utilizadas para:

- Lei 6.404/1976: art. 192.

**I** – absorção de prejuízos que ultrapassarem os lucros acumulados e as reservas de lucros (artigo 189, parágrafo único);

**II** – resgate, reembolso ou compra de ações;

**III** – resgate de partes beneficiárias;

**IV** – incorporação ao capital social;

**V** – pagamento de dividendo a ações preferenciais, quando essa vantagem lhes for assegurada (artigo 17, § 5º).

**Parágrafo único.** A reserva constituída com o produto da venda de partes beneficiárias poderá ser destinada ao resgate desses títulos.

## SEÇÃO III. DIVIDENDOS

## ORIGEM

**Art. 201.** A companhia somente pode pagar dividendos à conta de lucro líquido do exercício, de lucros acumulados e de reserva de lucros; e à conta de reserva de capital, no caso das ações preferenciais de que trata o § 5º do artigo 17.

**§ 1º.** A distribuição de dividendos com inobservância do disposto neste artigo implica responsabilidade solidária dos administradores e fiscais, que deverão repor à caixa social a importância distribuída, sem prejuízo da ação penal que no caso couber.

**§ 2º.** Os acionistas não são obrigados a restituir os dividendos que em boa-fé tenham recebido. Presume-se a má-fé quando os dividendos forem distribuídos sem o levantamento do balanço ou em desacordo com os resultados deste.

## DIVIDENDO OBRIGATÓRIO

**Art. 202.** Os acionistas têm direito de receber como dividendo obrigatório, em cada exercício, a parcela dos lucros estabelecida no estatuto ou, se este for omisso, a importância determinada de acordo com as seguintes normas:

**I** – metade do lucro líquido do exercício diminuído ou acrescido dos seguintes valores:

*a)* importância destinada à constituição da reserva legal (art. 193); e

*b)* importância destinada à formação da reserva para contingências (art. 195) e reversão da mesma reserva formada em exercícios anteriores;

**II** – o pagamento do dividendo determinado nos termos do inciso I poderá ser limitado ao montante do lucro líquido do exercício que tiver sido realizado, desde que a diferença seja registrada como reserva de lucros a realizar (art. 197);

**III** – os lucros registrados na reserva de lucros a realizar, quando realizados e se não tiverem sido absorvidos por prejuízos em exercícios subsequentes, deverão ser acrescidos ao primeiro dividendo declarado após a realização.

**§ 1º.** O estatuto poderá estabelecer o dividendo como porcentagem do lucro ou do capital social, ou fixar outros critérios para determiná-lo, desde que sejam regulados com precisão e minúcia e não sujeitem os acionistas minoritários ao arbítrio dos órgãos de administração ou da maioria.

**§ 2º.** Quando o estatuto for omisso e a assembleia geral deliberar alterá-lo para introduzir norma sobre a matéria, o dividendo obrigatório não poderá ser inferior a 25% (vinte e cinco por cento) do lucro líquido ajustado nos termos do inciso I deste artigo.

**§ 3º.** A assembleia geral pode, desde que não haja oposição de qualquer acionista presente, deliberar a distribuição de dividendo inferior ao obrigatório, nos termos deste artigo, ou a retenção de todo o lucro líquido, nas seguintes sociedades:

**I** – companhias abertas exclusivamente para a captação de recursos por debêntures não conversíveis em ações;

**II** – companhias fechadas, exceto nas controladas por companhias abertas que não se enquadrem na condição prevista no inciso I.

**§ 4º.** O dividendo previsto neste artigo não será obrigatório no exercício social em que os órgãos da administração informarem à assembleia geral ordinária ser ele incompatível com a situação financeira da companhia. O conselho fiscal, se em funcionamento, deverá dar parecer sobre essa informação e, na companhia aberta, seus administradores encaminharão à Comissão de Valores Mobiliários, dentro de 5 (cinco) dias da realização da assembleia geral, exposição justificativa da informação transmitida à assembleia.

**§ 5º**. Os lucros que deixarem de ser distribuídos nos termos do § 4º serão registrados como reserva especial e, se não absorvidos por prejuízos em exercícios subsequentes, deverão ser pagos como dividendo assim que o permitir a situação financeira da companhia.

**§ 6º**. Os lucros não destinados nos termos dos arts. 193 a 197 deverão ser distribuídos como dividendos.

### DIVIDENDOS DE AÇÕES PREFERENCIAIS

**Art. 203.** O disposto nos artigos 194 a 197, e 202, não prejudicará o direito dos acionistas preferenciais de receber os dividendos fixos ou mínimos a que tenham prioridade, inclusive os atrasados, se cumulativos.

### DIVIDENDOS INTERMEDIÁRIOS

**Art. 204.** A companhia que, por força de lei ou de disposição estatutária, levantar balanço semestral, poderá declarar, por deliberação dos órgãos de administração, se autorizados pelo estatuto, dividendo à conta do lucro apurado nesse balanço.

**§ 1º**. A companhia poderá, nos termos de disposição estatutária, levantar balanço e distribuir dividendos em períodos menores, desde que o total dos dividendos pagos em cada semestre do exercício social não exceda o montante das reservas de capital de que trata o § 1º do artigo 182.

**§ 2º**. O estatuto poderá autorizar os órgãos de administração a declarar dividendos intermediários, à conta de lucros acumulados ou de reservas de lucros existentes no último balanço anual ou semestral.

### PAGAMENTO DE DIVIDENDOS

**Art. 205.** A companhia pagará o dividendo de ações nominativas à pessoa que, na data do ato de declaração do dividendo, estiver inscrita como proprietária ou usufrutuária da ação.

**§ 1º**. Os dividendos poderão ser pagos por cheque nominativo remetido por via postal para o endereço comunicado pelo acionista à companhia, ou mediante crédito em conta corrente bancária aberta em nome do acionista.

**§ 2º**. Os dividendos das ações em custódia bancária ou em depósito nos termos dos artigos 41 e 43 serão pagos pela companhia à instituição financeira depositária, que será responsável pela sua entrega aos titulares das ações depositadas.

**§ 3º**. O dividendo deverá ser pago, salvo deliberação em contrário da assembleia geral, no prazo de 60 (sessenta) dias da data em que for declarado e, em qualquer caso, dentro do exercício social.

## CAPÍTULO XVII. DISSOLUÇÃO, LIQUIDAÇÃO E EXTINÇÃO

### SEÇÃO I. DISSOLUÇÃO

**Art. 206.** Dissolve-se a companhia:

**I** – de pleno direito:

*a)* pelo término do prazo de duração;

*b)* nos casos previstos no estatuto;

*c)* por deliberação da assembleia geral (art. 136, X);

*d)* pela existência de 1 (um) único acionista, verificada em assembleia geral ordinária, se o mínimo de 2 (dois) não for reconstituído até à do ano seguinte, ressalvado o disposto no artigo 251;

*e)* pela extinção, na forma da lei, da autorização para funcionar;

**II** – por decisão judicial:

*a)* quando anulada a sua constituição, em ação proposta por qualquer acionista;

*b)* quando provado que não pode preencher o seu fim, em ação proposta por acionistas que representem 5% (cinco por cento) ou mais do capital social;

*c)* em caso de falência, na forma prevista na respectiva lei;

**III** – por decisão de autoridade administrativa competente, nos casos e na forma previstos em lei especial.

### EFEITOS

**Art. 207.** A companhia dissolvida conserva a personalidade jurídica, até a extinção, com o fim de proceder à liquidação.

### SEÇÃO II. LIQUIDAÇÃO

### LIQUIDAÇÃO PELOS ÓRGÃOS DA COMPANHIA

**Art. 208.** Silenciando o estatuto, compete à assembleia geral, nos casos do número I do artigo 206, determinar o modo de liquidação e nomear o liquidante e o conselho fiscal que devam funcionar durante o período de liquidação.

**§ 1º.** A companhia que tiver conselho de administração poderá mantê-lo, competindo-lhe nomear o liquidante; o funcionamento do conselho fiscal será permanente ou a pedido de acionistas, conforme dispuser o estatuto.

**§ 2º.** O liquidante poderá ser destituído, a qualquer tempo, pelo órgão que o tiver nomeado.

## LIQUIDAÇÃO JUDICIAL

**Art. 209.** Além dos casos previstos no número II do artigo 206, a liquidação será processada judicialmente:

**I** – a pedido de qualquer acionista, se os administradores ou a maioria de acionistas deixarem de promover a liquidação, ou a ela se opuserem, nos casos do número I do artigo 206;

**II** – a requerimento do Ministério Público, à vista de comunicação da autoridade competente, se a companhia, nos 30 (trinta) dias subsequentes à dissolução, não iniciar a liquidação ou, se após iniciá-la, a interromper por mais de 15 (quinze) dias, no caso da alínea *e* do número I do artigo 301.

**Parágrafo único.** Na liquidação judicial será observado o disposto na lei processual, devendo o liquidante ser nomeado pelo juiz.

## DEVERES DO LIQUIDANTE

**Art. 210.** São deveres do liquidante:

**I** – arquivar e publicar a ata da assembleia geral, ou certidão de sentença, que tiver deliberado ou decidido a liquidação;

**II** – arrecadar os bens, livros e documentos da companhia, onde quer que estejam;

**III** – fazer levantar de imediato, em prazo não superior ao fixado pela assembleia geral ou pelo juiz, o balanço patrimonial da companhia;

**IV** – ultimar os negócios da companhia, realizar o ativo, pagar o passivo, e partilhar o remanescente entre os acionistas;

**V** – exigir dos acionistas, quando o ativo não bastar para a solução do passivo, a integralização de suas ações;

**VI** – convocar a assembleia geral, nos casos previstos em lei ou quando julgar necessário;

**VII** – confessar a falência da companhia e pedir concordata, nos casos previstos em lei;

**VIII** – finda a liquidação, submeter à assembleia geral relatório dos atos e operações da liquidação e suas contas finais;

**IX** – arquivar e publicar a ata da assembleia geral que houver encerrado a liquidação.

## PODERES DO LIQUIDANTE

**Art. 211.** Compete ao liquidante representar a companhia e praticar todos os atos necessários à liquidação, inclusive alienar bens móveis ou imóveis, transigir, receber e dar quitação.

**Parágrafo único.** Sem expressa autorização da assembleia geral o liquidante não poderá gravar bens e contrair empréstimos, salvo quando indispensáveis ao pagamento de obrigações inadiáveis, nem prosseguir, ainda que para facilitar a liquidação, na atividade social.

## DENOMINAÇÃO DA COMPANHIA

**Art. 212.** Em todos os atos ou operações, o liquidante deverá usar a denominação social seguida das palavras "em liquidação".

## ASSEMBLEIA GERAL

**Art. 213.** O liquidante convocará a assembleia geral cada 6 (seis) meses, para prestar-lhe contas dos atos e operações praticados no semestre e apresentar-lhe o relatório e o balanço do estado da liquidação; a assembleia geral pode fixar, para essas prestações de contas, períodos menores ou maiores que, em qualquer caso, não serão inferiores a 3 (três) nem superiores a 12 (doze) meses.

**§ 1º.** Nas assembleias-gerais da companhia em liquidação todas as ações gozam de igual direito de voto, tornando-se ineficazes as restrições ou limitações porventura existentes em relação às ações ordinárias ou preferenciais; cessando o estado de liquidação, restaura-se a eficácia das restrições ou limitações relativas ao direito de voto.

**§ 2º.** No curso da liquidação judicial, as assembleias-gerais necessárias para deliberar sobre os interesses da liquidação serão convocadas por ordem do juiz, a quem compete presidi-las e resolver, sumariamente, as dúvidas e litígios que forem suscitados. As atas das assembleias-gerais serão, por cópias autênticas, apensadas ao processo judicial.

## PAGAMENTO DO PASSIVO

**Art. 214.** Respeitados os direitos dos credores preferenciais, o liquidante pagará as dívidas sociais proporcionalmente e sem distinção entre vencidas e vincendas, mas, em relação a estas, com desconto às taxas bancárias.

**Parágrafo único.** Se o ativo for superior ao passivo, o liquidante poderá, sob sua responsabilidade pessoal, pagar integralmente as dívidas vencidas.

## PARTILHA DO ATIVO

**Art. 215.** A assembleia geral pode deliberar que antes de ultimada a liquidação, e depois de pagos todos os credores, se façam rateios entre os acionistas, à proporção que se forem apurando os haveres sociais.

**§ 1º** É facultado à assembleia geral aprovar, pelo voto de acionistas que representem, no mínimo, 90% (noventa por cento) dos votos conferidos pelas ações com direito a voto, depois de pagos ou garantidos os credores, condições especiais para a partilha do ativo remanescente, com a atribuição de bens aos sócios, pelo valor contábil ou outro por ela fixado. *(Redação dada pela Lei 14.195/2021)*

**§ 2º.** Provado pelo acionista dissidente (artigo 216, § 2º) que as condições especiais de partilha visaram a favorecer a maioria, em detrimento da parcela que lhe tocaria, se inexistissem tais condições, será a partilha suspensa, se não consumada, ou, se já consumada, os acionistas majoritários indenizarão os minoritários pelos prejuízos apurados.

### PRESTAÇÃO DE CONTAS

**Art. 216.** Pago o passivo e rateado o ativo remanescente, o liquidante convocará a assembleia geral para a prestação final das contas.

**§ 1º.** Aprovadas as contas, encerra-se a liquidação e a companhia se extingue.

**§ 2º.** O acionista dissidente terá o prazo de 30 (trinta) dias, a contar da publicação da ata, para promover a ação que lhe couber.

### RESPONSABILIDADE NA LIQUIDAÇÃO

**Art. 217.** O liquidante terá as mesmas responsabilidades do administrador, e os deveres e responsabilidades dos administradores, fiscais e acionistas subsistirão até a extinção da companhia.

### DIREITO DO CREDOR NÃO SATISFEITO

**Art. 218.** Encerrada a liquidação, o credor não satisfeito só terá direito de exigir dos acionistas, individualmente, o pagamento de seu crédito, até o limite da soma, por eles recebida, e de propor contra o liquidante, se for o caso, ação de perdas e danos. O acionista executado terá direito de haver dos demais a parcela que lhes couber no crédito pago.

### SEÇÃO III. EXTINÇÃO

**Art. 219.** Extingue-se a companhia:

**I** – pelo encerramento da liquidação;

**II** – pela incorporação ou fusão, e pela cisão com versão de todo o patrimônio em outras sociedades.

## CAPÍTULO XVIII. TRANSFORMAÇÃO, INCORPORAÇÃO, FUSÃO E CISÃO

### SEÇÃO I. TRANSFORMAÇÃO

### CONCEITO E FORMA

**Art. 220.** A transformação é a operação pela qual a sociedade passa, independentemente de dissolução e liquidação, de um tipo para outro.

**Parágrafo único.** A transformação obedecerá aos preceitos que regulam a constituição e o registro do tipo a ser adotado pela sociedade.

### DELIBERAÇÃO

**Art. 221.** A transformação exige o consentimento unânime dos sócios ou acionistas, salvo se prevista no estatuto ou no contrato social, caso em que o sócio dissidente terá o direito de retirar-se da sociedade.

**Parágrafo único.** Os sócios podem renunciar, no contrato social, ao direito da retirada no caso de transformação em companhia.

### DIREITO DOS CREDORES

**Art. 222.** A transformação não prejudicará, em caso algum, os direitos dos credores, que continuarão, até o pagamento integral dos seus créditos, com as mesmas garantias que o tipo anterior de sociedade lhes oferecia.

**Parágrafo único.** A falência da sociedade transformada somente produzirá efeitos em relação aos sócios que, no tipo anterior, a eles estariam sujeitos, se o pedirem os titulares de créditos anteriores à transformação, e somente a estes beneficiará.

### SEÇÃO II. INCORPORAÇÃO, FUSÃO E CISÃO COMPETÊNCIA E PROCESSO

- CC: arts. 1.113 a 1.122.

**Art. 223.** A incorporação, fusão e cisão podem ser operadas entre sociedades de tipos iguais ou diferentes e deverão ser deliberadas na forma prevista para a alteração dos respectivos estatutos ou contratos sociais.

**§ 1º**. Nas operações em que houver criação de sociedade serão observadas as normas reguladoras da constituição das sociedades do seu tipo.

**§ 2º**. Os sócios ou acionistas das sociedades incorporadas, fundidas ou cindidas receberão, diretamente da companhia emissora, as ações que lhes couberem.

**§ 3º**. Se a incorporação, fusão ou cisão envolverem companhia aberta, as sociedades que a sucederem serão também abertas, devendo obter o respectivo registro e, se for o caso, promover a admissão de negociação das novas ações no mercado secundário, no prazo máximo de cento e vinte dias, contados da data da assembleia geral que aprovou a operação, observando as normas pertinentes baixadas pela Comissão de Valores Mobiliários.

**§ 4º**. O descumprimento do previsto no parágrafo anterior dará ao acionista direito de retirar-se da companhia, mediante reembolso do valor das suas ações (art. 45), nos trinta dias seguintes ao término do prazo nele referido, observado o disposto nos §§ 1º e 4º do art. 137.

## PROTOCOLO

**Art. 224.** As condições da incorporação, fusão ou cisão com incorporação em sociedade existente constarão de protocolo firmado pelos órgãos de administração ou sócios das sociedades interessadas, que incluirá:

**I** – o número, espécie e classe das ações que serão atribuídas em substituição dos direitos de sócios que se extinguirão e os critérios utilizados para determinar as relações de substituição;

**II** – os elementos ativos e passivos que formarão cada parcela do patrimônio, no caso de cisão;

**III** – os critérios de avaliação do patrimônio líquido, a data a que será referida a avaliação, e o tratamento das variações patrimoniais posteriores;

**IV** – a solução a ser adotada quanto às ações ou quotas do capital de uma das sociedades possuídas por outra;

**V** – o valor do capital das sociedades a serem criadas ou do aumento ou redução do capital das sociedades que forem parte na operação;

**VI** – o projeto ou projetos de estatuto, ou de alterações estatutárias, que deverão ser aprovados para efetivar a operação;

**VII** – todas as demais condições a que estiver sujeita a operação.

**Parágrafo único.** Os valores sujeitos a determinação serão indicados por estimativa.

## JUSTIFICAÇÃO

**Art. 225.** As operações de incorporação, fusão e cisão serão submetidas à deliberação da assembleia geral das companhias interessadas mediante justificação, na qual serão expostos:

**I** – os motivos ou fins da operação, e o interesse da companhia na sua realização;

**II** – as ações que os acionistas preferenciais receberão e as razões para a modificação dos seus direitos, se prevista;

**III** – a composição, após a operação, segundo espécies e classes das ações, do capital das companhias que deverão emitir ações em substituição às que se deverão extinguir;

**IV** – o valor de reembolso das ações a que terão direito os acionistas dissidentes.

## TRANSFORMAÇÃO, INCORPORAÇÃO, FUSÃO E CISÃO

**Art. 226.** As operações de incorporação, fusão e cisão somente poderão ser efetivadas nas condições aprovadas se os peritos nomeados determinarem que o valor do patrimônio ou patrimônios líquidos a serem vertidos para a formação de capital social é, ao menos, igual ao montante do capital a realizar.

**§ 1º** As ações ou quotas do capital da sociedade a ser incorporada que forem de propriedade da companhia incorporadora poderão, conforme dispuser o protocolo de incorporação, ser extintas, ou substituídas por ações em tesouraria da incorporadora, até o limite dos lucros acumulados e reservas, exceto a legal.

**§ 2º**. O disposto no § 1º aplicar-se-á aos casos de fusão, quando uma das sociedades fundidas for proprietária de ações ou quotas de outra, e de cisão com incorporação, quando a companhia que incorporar parcela do patrimônio da cindida for proprietária de ações ou quotas do capital desta.

**§ 3º**. A Comissão de Valores Mobiliários estabelecerá normas especiais de avaliação e contabilização aplicáveis às operações de fusão, incorporação e cisão que envolvam companhia aberta.

## INCORPORAÇÃO

**Art. 227.** A incorporação é a operação pela qual uma ou mais sociedades são absorvidas por outra, que lhes sucede em todos os direitos e obrigações.

**§ 1º**. A assembleia geral da companhia incorporadora, se aprovar o protocolo da operação, deverá autorizar o aumento de capital a ser subscrito e realizado pela incorporada mediante versão do seu patrimônio líquido, e nomear os peritos que o avaliarão.

**§ 2º**. A sociedade que houver de ser incorporada, se aprovar o protocolo da operação, autorizará seus administradores a praticarem os atos necessários à incorporação, inclusive a subscrição do aumento de capital da incorporadora.

**§ 3º**. Aprovados pela assembleia geral da incorporadora o laudo de avaliação e a incorporação, extingue-se a incorporada, competindo à primeira promover o arquivamento e a publicação dos atos da incorporação.

## FUSÃO

**Art. 228.** A fusão é a operação pela qual se unem duas ou mais sociedades para formar sociedade nova, que lhes sucederá em todos os direitos e obrigações.

**§ 1º**. A assembleia geral de cada companhia, se aprovar o protocolo de fusão, deverá nomear os peritos que avaliarão os patrimônios líquidos das demais sociedades.

**§ 2º**. Apresentados os laudos, os administradores convocarão os sócios ou acionistas das sociedades para uma assembleia geral, que deles tomará conhecimento e resolverá sobre a constituição definitiva da nova sociedade, vedado aos sócios ou acionistas votar o laudo de avaliação do patrimônio líquido da sociedade de que fazem parte.

**§ 3º**. Constituída a nova companhia, incumbirá aos primeiros administradores promover o arquivamento e a publicação da fusão.

## CISÃO

**Art. 229.** A cisão é a operação pela qual a companhia transfere parcelas do seu patrimônio para uma ou mais sociedades, constituídas para esse fim ou já existentes, extinguindo-se a companhia cindida, se houver versão de todo o seu patrimônio, ou dividindo-se o seu capital, se parcial a versão.

**§ 1º**. Sem prejuízo do disposto no artigo 233, a sociedade que absorver parcela do patrimônio da companhia cindida sucede a esta nos direitos e obrigações relacionados no ato da cisão; no caso de cisão com extinção, as sociedades que absorverem parcelas do patrimônio da companhia cindida sucederão a esta, na proporção dos patrimônios líquidos transferidos, nos direitos e obrigações não relacionados.

**§ 2º**. Na cisão com versão de parcela do patrimônio em sociedade nova, a operação será deliberada pela assembleia geral da companhia à vista de justificação que incluirá as informações de que tratam os números do artigo 224; a assembleia, se a aprovar, nomeará os peritos que avaliarão a parcela do patrimônio a ser transferida, e funcionará como assembleia de constituição da nova companhia.

**§ 3º**. A cisão com versão de parcela de patrimônio em sociedade já existente obedecerá às disposições sobre incorporação (artigo 227).

**§ 4º**. Efetivada a cisão com extinção da companhia cindida, caberá aos administradores das sociedades que tiverem absorvido parcelas do seu patrimônio promover o arquivamento e publicação dos atos da operação; na cisão com versão parcial do patrimônio, esse dever caberá aos administradores da companhia cindida e da que absorver parcela do seu patrimônio.

**§ 5º**. As ações integralizadas com parcelas de patrimônio da companhia cindida serão atribuídas a seus titulares, em substituição às extintas, na proporção das que possuíam; a atribuição em proporção diferente requer aprovação de todos os titulares, inclusive das ações sem direito a voto.

## DIREITO DA RETIRADA

**Art. 230.** Nos casos de incorporação ou fusão, o prazo para exercício do direito de retirada, previsto no art. 137, inciso II, será contado a partir da publicação da ata que aprovar o protocolo ou justificação, mas o pagamento do preço de reembolso somente será devido se a operação vier a efetivar-se.

## DIREITOS DOS DEBENTURISTAS

**Art. 231.** A incorporação, fusão ou cisão da companhia emissora de debêntures em circulação dependerá da prévia aprovação dos debenturistas, reunidos em assembleia especialmente convocada com esse fim.

**§ 1º**. Será dispensada a aprovação pela assembleia se for assegurado aos debenturistas que o desejarem, durante o prazo mínimo de 6 (seis) meses a contar da data da publicação das atas das assembleias relativas à operação, o resgate das debêntures de que forem titulares.

**§ 2º**. No caso do § 1º, a sociedade cindida e as sociedades que absorverem parcelas do seu patrimônio responderão solidariamente pelo resgate das debêntures.

## DIREITOS DOS CREDORES NA INCORPORAÇÃO OU FUSÃO

**Art. 232.** Até 60 (sessenta) dias depois de publicados os atos relativos à incorporação ou à fusão, o credor anterior por ela prejudicado poderá pleitear judicialmente a anulação da operação; findo o prazo, decairá do direito o credor que não o tiver exercido.

**§ 1º**. A consignação da importância em pagamento prejudicará a anulação pleiteada.

**§ 2º.** Sendo ilíquida a dívida, a sociedade poderá garantir-lhe a execução, suspendendo-se o processo de anulação.

**§ 3º.** Ocorrendo, no prazo deste artigo, a falência da sociedade incorporadora ou da sociedade nova, qualquer credor anterior terá o direito de pedir a separação dos patrimônios, para o fim de serem os créditos pagos pelos bens das respectivas massas.

### DIREITOS DOS CREDORES NA CISÃO

**Art. 233.** Na cisão com extinção da companhia cindida, as sociedades que absorverem parcelas do seu patrimônio responderão solidariamente pelas obrigações da companhia extinta. A companhia cindida que subsistir e as que absorverem parcelas do seu patrimônio responderão solidariamente pelas obrigações da primeira anteriores à cisão.

**Parágrafo único.** O ato de cisão parcial poderá estipular que as sociedades que absorverem parcelas do patrimônio da companhia cindida serão responsáveis apenas pelas obrigações que lhes forem transferidas, sem solidariedade entre si ou com a companhia cindida, mas, nesse caso, qualquer credor anterior poderá se opor à estipulação, em relação ao seu crédito, desde que notifique a sociedade no prazo de 90 (noventa) dias a contar da data da publicação dos atos da cisão.

### AVERBAÇÃO DA SUCESSÃO

**Art. 234.** A certidão, passada pelo registro do comércio, da incorporação, fusão ou cisão, é documento hábil para a averbação, nos registros públicos competentes, da sucessão, decorrente da operação, em bens, direitos e obrigações.

## CAPÍTULO XIX. SOCIEDADES DE ECONOMIA MISTA

### LEGISLAÇÃO APLICÁVEL

**Art. 235.** As sociedades anônimas de economia mista estão sujeitas a esta Lei, sem prejuízo das disposições especiais de lei federal.

**§ 1º.** As companhias abertas de economia mista estão também sujeitas às normas expedidas pela Comissão de Valores Mobiliários.

**§ 2º.** As companhias de que participarem, majoritária ou minoritariamente, as sociedades de economia mista, estão sujeitas ao disposto nesta Lei, sem as exceções previstas neste Capítulo.

### CONSTITUIÇÃO E AQUISIÇÃO DE CONTROLE

**Art. 236.** A constituição de companhia de economia mista depende de prévia autorização legislativa.

**Parágrafo único.** Sempre que pessoa jurídica de direito público adquirir, por desapropriação, o controle de companhia em funcionamento, os acionistas terão direito de pedir, dentro de 60 (sessenta) dias da publicação da primeira ata da assembleia geral, realizada após a aquisição do controle, o reembolso das suas ações, salvo se a companhia já se achava sob o controle, direto ou indireto, de outra pessoa jurídica de direito público, ou no caso de concessionária de serviço público.

### OBJETO

**Art. 237.** A companhia de economia mista somente poderá explorar os empreendimentos ou exercer as atividades previstas na lei que autorizou a sua constituição.

**§ 1º.** A companhia de economia mista somente poderá participar de outras sociedades quando autorizada por lei no exercício de opção legal para aplicar Imposto sobre a Renda ou investimentos para o desenvolvimento regional ou setorial.

**§ 2º.** As instituições financeiras de economia mista poderão participar de outras sociedades, observadas as normas estabelecidas pelo Banco Central do Brasil.

### ACIONISTA CONTROLADOR

**Art. 238.** A pessoa jurídica que controla a companhia de economia mista tem os deveres e responsabilidades do acionista controlador (artigos 116 e 117), mas poderá orientar as atividades da companhia de modo a atender ao interesse público que justificou a sua criação.

### ADMINISTRAÇÃO

**Art. 239.** As companhias de economia mista terão obrigatoriamente conselho de administração, assegurado à minoria o direito de eleger um dos conselheiros, se maior número não lhes couber pelo processo de voto múltiplo.

**Parágrafo único.** Os deveres e responsabilidades dos administradores das companhias de economia mista são os mesmos dos administradores das companhias abertas.

### CONSELHO FISCAL

**Art. 240.** O funcionamento do conselho fiscal será permanente nas companhias de economia mista; um dos seus membros, e respectivo suplente, será eleito pelas ações ordinárias minoritárias e outro pelas ações preferenciais, se houver.

## CORREÇÃO MONETÁRIA

**Art. 241.** *(Revogado pelo Decreto-lei nº 2.287, de 1986).*

## FALÊNCIA E RESPONSABILIDADE SUBSIDIÁRIA

**Art. 242.** *(Revogado pela Lei nº 10.303, de 2001).*

# CAPÍTULO XX. SOCIEDADES COLIGADAS, CONTROLADORAS E CONTROLADAS

## SEÇÃO I. INFORMAÇÕES NO RELATÓRIO DA ADMINISTRAÇÃO

**Art. 243.** O relatório anual da administração deve relacionar os investimentos da companhia em sociedades coligadas e controladas e mencionar as modificações ocorridas durante o exercício.

**§ 1º.** São coligadas as sociedades nas quais a investidora tenha influência significativa.

‣ CC: arts. 1.097 a 1.101.

**§ 2º.** Considera-se controlada a sociedade na qual a controladora, diretamente ou através de outras controladas, é titular de direitos de sócio que lhe assegurem, de modo permanente, preponderância nas deliberações sociais e o poder de eleger a maioria dos administradores.

**§ 3º.** A companhia aberta divulgará as informações adicionais, sobre coligadas e controladas, que forem exigidas pela Comissão de Valores Mobiliários.

**§ 4º.** Considera-se que há influência significativa quando a investidora detém ou exerce o poder de participar nas decisões das políticas financeira ou operacional da investida, sem controlá-la.

**§ 5º** É presumida influência significativa quando a investidora for titular de 20% (vinte por cento) ou mais dos votos conferidos pelo capital da investida, sem controlá-la. *(Redação dada pela Lei 14.195/2021)*

## SEÇÃO II. PARTICIPAÇÃO RECÍPROCA

**Art. 244.** É vedada a participação recíproca entre a companhia e suas coligadas ou controladas.

**§ 1º.** O disposto neste artigo não se aplica ao caso em que ao menos uma das sociedades participa de outra com observância das condições em que a lei autoriza a aquisição das próprias ações (artigo 30, § 1º, *b*).

**§ 2º.** As ações do capital da controladora, de propriedade da controlada, terão suspenso o direito de voto.

**§ 3º.** O disposto no § 2º do artigo 30 aplica-se à aquisição de ações da companhia aberta por suas coligadas e controladas.

**§ 4º.** No caso do § 1º, a sociedade deverá alienar, dentro de 6 (seis) meses, as ações ou quotas que excederem do valor dos lucros ou reservas, sempre que esses sofrerem redução.

**§ 5º.** A participação recíproca, quando ocorrer em virtude de incorporação, fusão ou cisão, ou da aquisição, pela companhia, do controle de sociedade, deverá ser mencionada nos relatórios e demonstrações financeiras de ambas as sociedades, e será eliminada no prazo máximo de 1 (um) ano; no caso de coligadas, salvo acordo em contrário, deverão ser alienadas as ações ou quotas de aquisição mais recente ou, se da mesma data, que representem menor porcentagem do capital social.

**§ 6º.** A aquisição de ações ou quotas de que resulte participação recíproca com violação ao disposto neste artigo importa responsabilidade civil solidária dos administradores da sociedade, equiparando-se, para efeitos penais, à compra ilegal das próprias ações.

## SEÇÃO III. RESPONSABILIDADE DOS ADMINISTRADORES E DAS SOCIEDADES CONTROLADORAS

## ADMINISTRADORES

**Art. 245.** Os administradores não podem, em prejuízo da companhia, favorecer sociedade coligada, controladora ou controlada, cumprindo-lhes zelar para que as operações entre as sociedades, se houver, observem condições estritamente comutativas, ou com pagamento compensatório adequado; e respondem perante a companhia pelas perdas e danos resultantes de atos praticados com infração ao disposto neste artigo.

## SOCIEDADE CONTROLADORA

**Art. 246.** A sociedade controladora será obrigada a reparar os danos que causar à companhia por atos praticados com infração ao disposto nos artigos 116 e 117.

**§ 1º.** A ação para haver reparação cabe:

*a)* a acionistas que representem 5% (cinco por cento) ou mais do capital social;

*b)* a qualquer acionista, desde que preste caução pelas custas e honorários de advogado devidos no caso de vir a ação ser julgada improcedente.

**§ 2º.** A sociedade controladora, se condenada, além de reparar o dano e arcar com as custas, pagará honorários de advogado de 20% (vinte por cento) e prêmio de 5% (cinco por cento) ao autor da ação, calculados sobre o valor da indenização.

## SEÇÃO IV.
## DEMONSTRAÇÕES FINANCEIRAS NOTAS EXPLICATIVAS

**Art. 247.** As notas explicativas dos investimentos a que se refere o art. 248 desta Lei devem conter informações precisas sobre as sociedades coligadas e controladas e suas relações com a companhia, indicando:

**I** – a denominação da sociedade, seu capital social e patrimônio líquido;

**II** – o número, espécies e classes das ações ou quotas de propriedade da companhia, e o preço de mercado das ações, se houver;

**III** – o lucro líquido do exercício;

**IV** – os créditos e obrigações entre a companhia e as sociedades coligadas e controladas;

**V** – o montante das receitas e despesas em operações entre a companhia e as sociedades coligadas e controladas.

**Parágrafo único.** Considera-se relevante o investimento:

*a)* em cada sociedade coligada ou controlada, se o valor contábil é igual ou superior a 10% (dez por cento) do valor do patrimônio líquido da companhia;

*b)* no conjunto das sociedades coligadas e controladas, se o valor contábil é igual ou superior a 15% (quinze por cento) do valor do patrimônio líquido da companhia.

## AVALIAÇÃO DO INVESTIMENTO EM COLIGADAS E CONTROLADAS

**Art. 248.** No balanço patrimonial da companhia, os investimentos em coligadas ou em controladas e em outras sociedades que façam parte de um mesmo grupo ou estejam sob controle comum serão avaliados pelo método da equivalência patrimonial, de acordo com as seguintes normas:

**I** – o valor do patrimônio líquido da coligada ou da controlada será determinado com base em balanço patrimonial ou balancete de verificação levantado, com observância das normas desta Lei, na mesma data, ou até 60 (sessenta) dias, no máximo, antes da data do balanço da companhia; no valor de patrimônio líquido não serão computados os resultados não realizados decorrentes de negócios com a companhia, ou com outras sociedades coligadas à companhia, ou por ela controladas;

**II** – o valor do investimento será determinado mediante a aplicação, sobre o valor de patrimônio líquido referido no número anterior, da porcentagem de participação no capital da coligada ou controlada;

**III** – a diferença entre o valor do investimento, de acordo com o número II, e o custo de aquisição corrigido monetariamente; somente será registrada como resultado do exercício:

*a)* se decorrer de lucro ou prejuízo apurado na coligada ou controlada;

*b)* se corresponder, comprovadamente, a ganhos ou perdas efetivas;

*c)* no caso de companhia aberta, com observância das normas expedidas pela Comissão de Valores Mobiliários.

**§ 1º.** Para efeito de determinar a relevância do investimento, nos casos deste artigo, serão computados como parte do custo de aquisição os saldos de créditos da companhia contra as coligadas e controladas.

**§ 2º.** A sociedade coligada, sempre que solicitada pela companhia, deverá elaborar e fornecer o balanço ou balancete de verificação previsto no número I.

## DEMONSTRAÇÕES CONSOLIDADAS

**Art. 249.** A companhia aberta que tiver mais de 30% (trinta por cento) do valor do seu patrimônio líquido representado por investimentos em sociedades controladas deverá elaborar e divulgar, juntamente com suas demonstrações financeiras, demonstrações consolidadas nos termos do artigo 250.

**Parágrafo único.** A Comissão de Valores Mobiliários poderá expedir normas sobre as sociedades cujas demonstrações devam ser abrangidas na consolidação, e:

*a)* determinar a inclusão de sociedades que, embora não controladas, sejam financeira ou administrativamente dependentes da companhia;

*b)* autorizar, em casos especiais, a exclusão de uma ou mais sociedades controladas.

## NORMAS SOBRE CONSOLIDAÇÃO

**Art. 250.** Das demonstrações financeiras consolidadas serão excluídas:

**I** – as participações de uma sociedade em outra;

**II** – os saldos de quaisquer contas entre as sociedades;

**III** – as parcelas dos resultados do exercício, dos lucros ou prejuízos acumulados e do custo de estoques ou do ativo não circulante que corresponderem a resultados, ainda não realizados, de negócios entre as sociedades.

**§ 1º**. A participação dos acionistas não controladores no patrimônio líquido e no lucro do exercício será destacada, respectivamente, no balanço patrimonial e na demonstração do resultado do exercício.

**§ 2º**. A parcela do custo de aquisição do investimento em controlada, que não for absorvida na consolidação, deverá ser mantida no ativo não circulante, com dedução da provisão adequada para perdas já comprovadas, e será objeto de nota explicativa.

**§ 3º**. O valor da participação que exceder do custo de aquisição constituirá parcela destacada dos resultados de exercícios futuros até que fique comprovada a existência de ganho efetivo.

**§ 4º**. Para fins deste artigo, as sociedades controladas, cujo exercício social termine mais de 60 (sessenta) dias antes da data do encerramento do exercício da companhia, elaborarão, com observância das normas desta Lei, demonstrações financeiras extraordinárias em data compreendida nesse prazo.

## SEÇÃO V. SUBSIDIÁRIA INTEGRAL

**Art. 251.** A companhia pode ser constituída, mediante escritura pública, tendo como único acionista sociedade brasileira.

**§ 1º**. A sociedade que subscrever em bens o capital de subsidiária integral deverá aprovar o laudo de avaliação de que trata o artigo 8º, respondendo nos termos do § 6º do artigo 8º e do artigo 10 e seu parágrafo único.

**§ 2º**. A companhia pode ser convertida em subsidiária integral mediante aquisição, por sociedade brasileira, de todas as suas ações, ou nos termos do artigo 252.

### INCORPORAÇÃO DE AÇÕES

**Art. 252.** A incorporação de todas as ações do capital social ao patrimônio de outra companhia brasileira, para convertê-la em subsidiária integral, será submetida à deliberação da assembleia geral das duas companhias mediante protocolo e justificação, nos termos dos artigos 224 e 225.

**§ 1º**. A assembleia geral da companhia incorporadora, se aprovar a operação, deverá autorizar o aumento do capital, a ser realizado com as ações a serem incorporadas e nomear os peritos que as avaliarão; os acionistas não terão direito de preferência para subscrever o aumento de capital, mas os dissidentes poderão retirar-se da companhia, observado o disposto no art. 137, II, mediante o reembolso do valor de suas ações, nos termos do art. 230.

**§ 2º** A assembleia geral da companhia cujas ações houverem de ser incorporadas somente poderá aprovar a operação por metade, no mínimo, do total de votos conferidos pelas ações com direito a voto e, se a aprovar, autorizará a diretoria a subscrever o aumento do capital da incorporadora, por conta dos seus acionistas, e os dissidentes da deliberação terão direito de se retirar da companhia, observado o disposto no inciso II do caput do art. 137 desta Lei, mediante o reembolso do valor de suas ações, nos termos do art. 230 desta Lei. *(Redação dada pela Lei 14.195/2021)*

**§ 3º**. Aprovado o laudo de avaliação pela assembleia geral da incorporadora, efetivar-se-á a incorporação e os titulares das ações incorporadas receberão diretamente da incorporadora as ações que lhes couberem.

**§ 4º**. A Comissão de Valores Mobiliários estabelecerá normas especiais de avaliação e contabilização aplicáveis às operações de incorporação de ações que envolvam companhia aberta.

### ADMISSÃO DE ACIONISTAS EM SUBSIDIÁRIA INTEGRAL

**Art. 253.** Na proporção das ações que possuírem no capital da companhia, os acionistas terão direito de preferência para:

**I** – adquirir ações do capital da subsidiária integral, se a companhia decidir aliená-las no todo ou em parte; e

**II** – subscrever aumento de capital da subsidiária integral, se a companhia decidir admitir outros acionistas.

**Parágrafo único.** As ações ou o aumento de capital de subsidiária integral serão oferecidos aos acionistas da companhia em assembleia geral convocada para esse fim, aplicando-se à hipótese, no que couber, o disposto no artigo 171.

## SEÇÃO VI. ALIENAÇÃO DE CONTROLE

### DIVULGAÇÃO

**Art. 254.** *(Revogado pela Lei nº 9.457, de 1997).*

**Art. 254-A.** A alienação, direta ou indireta, do controle de companhia aberta somente poderá ser contratada sob a condição, suspensiva ou resolutiva, de que o adquirente se obrigue a fazer oferta pública de aquisição das ações com direito a voto de propriedade dos demais acionistas da companhia, de modo a lhes assegurar o preço no mínimo igual a 80% (oitenta por cento) do valor pago por ação com direito a voto, integrante do bloco de controle.

**§ 1º**. Entende-se como alienação de controle a transferência, de forma direta ou indireta, de ações integrantes do bloco de controle, de ações vinculadas a acordos de acionistas e de valores mobiliários conversíveis em ações com direito a voto, cessão de direitos de subscrição de ações e de outros títulos ou direitos relativos a valores mobiliários conversíveis em ações que venham a resultar na alienação de controle acionário da sociedade.

**§ 2º**. A Comissão de Valores Mobiliários autorizará a alienação de controle de que trata o *caput*, desde que verificado que as condições da oferta pública atendem aos requisitos legais.

**§ 3º**. Compete à Comissão de Valores Mobiliários estabelecer normas a serem observadas na oferta pública de que trata o *caput*.

**§ 4º**. O adquirente do controle acionário de companhia aberta poderá oferecer aos acionistas minoritários a opção de permanecer na companhia, mediante o pagamento de um prêmio equivalente à diferença entre o valor de mercado das ações e o valor pago por ação integrante do bloco de controle.

**§ 5º**. (*VETADO*).

### COMPANHIA ABERTA SUJEITA A AUTORIZAÇÃO

**Art. 255.** A alienação do controle de companhia aberta que dependa de autorização do governo para funcionar está sujeita à prévia autorização do órgão competente para aprovar a alteração do seu estatuto.

**§ 1º**. (*Revogado pela Lei nº 9.457, de 1997*).

**§ 2º**. (*Revogado pela Lei nº 9.457, de 1997*).

### APROVAÇÃO PELA ASSEMBLEIA GERAL DA COMPRADORA

**Art. 256.** A compra, por companhia aberta, do controle de qualquer sociedade mercantil, dependerá de deliberação da assembleia geral da compradora, especialmente convocada para conhecer da operação, sempre que:

**I** – o preço de compra constituir, para a compradora, investimento relevante (artigo 247, parágrafo único); ou

**II** – o preço médio de cada ação ou quota ultrapassar uma vez e meia o maior dos 3 (três) valores a seguir indicados:

*a)* cotação média das ações em bolsa ou no mercado de balcão organizado, durante os noventa dias anteriores à data da contratação;

*b)* valor de patrimônio líquido (artigo 248) da ação ou quota, avaliado o patrimônio a preços de mercado (artigo 183, § 1º);

*c)* valor do lucro líquido da ação ou quota, que não poderá ser superior a 15 (quinze) vezes o lucro líquido anual por ação (artigo 187, VII) nos 2 (dois) últimos exercícios sociais, atualizado monetariamente.

**§ 1º**. A proposta ou o contrato de compra, acompanhado de laudo de avaliação, observado o disposto no art. 8º, §§ 1º e 6º, será submetido à prévia autorização da assembleia geral, ou à sua ratificação, sob pena de responsabilidade dos administradores, instruído com todos os elementos necessários à deliberação.

**§ 2º**. Se o preço da aquisição ultrapassar uma vez e meia o maior dos três valores de que trata o inciso II do *caput*, o acionista dissidente da deliberação da assembleia que a aprovar terá o direito de retirar-se da companhia mediante reembolso do valor de suas ações, nos termos do art. 137, observado o disposto em seu inciso II.

## SEÇÃO VII. AQUISIÇÃO DE CONTROLE MEDIANTE OFERTA PÚBLICA

### REQUISITOS

**Art. 257.** A oferta pública para aquisição de controle de companhia aberta somente poderá ser feita com a participação de instituição financeira que garanta o cumprimento das obrigações assumidas pelo ofertante.

**§ 1º**. Se a oferta contiver permuta, total ou parcial, dos valores mobiliários, somente poderá ser efetuada após prévio registro na Comissão de Valores Mobiliários.

**§ 2º**. A oferta deverá ter por objeto ações com direito a voto em número suficiente para assegurar o controle da companhia e será irrevogável.

**§ 3º**. Se o ofertante já for titular de ações votantes do capital da companhia, a oferta poderá ter por objeto o número de ações necessário para completar o controle, mas o ofertante deverá fazer prova, perante a Comissão de Valores Mobiliários, das ações de sua propriedade.

**§ 4º**. A Comissão de Valores Mobiliários poderá expedir normas sobre oferta pública de aquisição de controle.

### INSTRUMENTO DA OFERTA DE COMPRA

**Art. 258.** O instrumento de oferta de compra, firmado pelo ofertante e pela instituição financeira que garante o pagamento, será publicado na imprensa e deverá indicar:

**I** – o número mínimo de ações que o ofertante se propõe a adquirir e, se for o caso, o número máximo;

**II** – o preço e as condições de pagamento;

**III** – a subordinação da oferta ao número mínimo de aceitantes e a forma de rateio entre os aceitantes, se o número deles ultrapassar o máximo fixado;

**IV** – o procedimento que deverá ser adotado pelos acionistas aceitantes para manifestar a sua aceitação e efetivar a transferência das ações;

**V** – o prazo de validade da oferta, que não poderá ser inferior a 20 (vinte) dias;

**VI** – informações sobre o ofertante.

**Parágrafo único.** A oferta será comunicada à Comissão de Valores Mobiliários dentro de 24 (vinte e quatro) horas da primeira publicação.

## INSTRUMENTO DE OFERTA DE PERMUTA

**Art. 259.** O projeto de instrumento de oferta de permuta será submetido à Comissão de Valores Mobiliários com o pedido de registro prévio da oferta e deverá conter, além das referidas no artigo 258, informações sobre os valores mobiliários oferecidos em permuta e as companhias emissoras desses valores.

**Parágrafo único.** A Comissão de Valores Mobiliários poderá fixar normas sobre o instrumento de oferta de permuta e o seu registro prévio.

## SIGILO

**Art. 260.** Até a publicação da oferta, o ofertante, a instituição financeira intermediária e a Comissão de Valores Mobiliários devem manter sigilo sobre a oferta projetada, respondendo o infrator pelos danos que causar.

## PROCESSAMENTO DA OFERTA

**Art. 261.** A aceitação da oferta deverá ser feita nas instituições financeiras ou do mercado de valores mobiliários indicadas no instrumento de oferta e os aceitantes deverão firmar ordens irrevogáveis de venda ou permuta, nas condições ofertadas, ressalvado o disposto no § 1º do artigo 262.

**§ 1º**. É facultado ao ofertante melhorar, uma vez, as condições de preço ou forma de pagamento, desde que em porcentagem igual ou superior a 5% (cinco por cento) e até 10 (dez) dias antes do término do prazo da oferta; as novas condições se estenderão aos acionistas que já tiverem aceito a oferta.

**§ 2º**. Findo o prazo da oferta, a instituição financeira intermediária comunicará o resultado à Comissão de Valores Mobiliários e, mediante publicação pela imprensa, aos aceitantes.

**§ 3º**. Se o número de aceitantes ultrapassar o máximo, será obrigatório o rateio, na forma prevista no instrumento da oferta.

## OFERTA CONCORRENTE

**Art. 262.** A existência de oferta pública em curso não impede oferta concorrente, desde que observadas as normas desta Seção.

**§ 1º**. A publicação de oferta concorrente torna nulas as ordens de venda que já tenham sido firmadas em aceitação de oferta anterior.

**§ 2º**. É facultado ao primeiro ofertante prorrogar o prazo de sua oferta até fazê-lo coincidir com o da oferta concorrente.

## NEGOCIAÇÃO DURANTE A OFERTA

**Art. 263.** A Comissão de Valores Mobiliários poderá expedir normas que disciplinem a negociação das ações objeto da oferta durante o seu prazo.

## SEÇÃO VIII. INCORPORAÇÃO DE COMPANHIA CONTROLADA

**Art. 264.** Na incorporação, pela controladora, de companhia controlada, a justificação, apresentada à assembleia geral da controlada, deverá conter, além das informações previstas nos arts. 224 e 225, o cálculo das relações de substituição das ações dos acionistas não controladores da controlada com base no valor do patrimônio líquido das ações da controladora e da controlada, avaliados os dois patrimônios segundo os mesmos critérios e na mesma data, a preços de mercado, ou com base em outro critério aceito pela Comissão de Valores Mobiliários, no caso de companhias abertas.

**§ 1º**. A avaliação dos dois patrimônios será feita por três peritos ou empresa especializada e, no caso de companhias abertas, por empresa especializada.

**§ 2º**. Para efeito da comparação referida neste artigo, as ações do capital da controlada de propriedade da controladora serão avaliadas, no patrimônio desta, em conformidade com o disposto no *caput*.

**§ 3º**. Se as relações de substituição das ações dos acionistas não controladores, previstas no protocolo da incorporação, forem menos vantajosas que as resultantes da comparação prevista neste artigo, os acionistas dissidentes da deliberação da assembleia geral da controlada que aprovar a operação, poderão optar, no prazo previsto no art. 230, entre o valor de reembolso fixado nos termos do art. 45 e o valor apurado em conformidade com o disposto no *caput*, observado o disposto no art. 137, inciso II.

**§ 4º**. Aplicam-se as normas previstas neste artigo à incorporação de controladora por sua controlada, à fusão de companhia controladora com a controlada, à incorporação de ações de companhia controlada ou controladora, à incorporação, fusão e incorporação de ações de sociedades sob controle comum.

**§ 5º.** O disposto neste artigo não se aplica no caso de as ações do capital da controlada terem sido adquiridas no pregão da Bolsa de Valores ou mediante oferta pública nos termos dos artigos 257 e 263.

## CAPÍTULO XXI. GRUPO DE SOCIEDADES

### SEÇÃO I. CARACTERÍSTICAS E NATUREZA

#### CARACTERÍSTICAS

**Art. 265.** A sociedade controladora e suas controladas podem constituir, nos termos deste Capítulo, grupo de sociedades, mediante convenção pela qual se obriguem a combinar recursos ou esforços para a realização dos respectivos objetos, ou a participar de atividades ou empreendimentos comuns.

**§ 1º.** A sociedade controladora, ou de comando do grupo, deve ser brasileira, e exercer, direta ou indiretamente, e de modo permanente, o controle das sociedades filiadas, como titular de direitos de sócio ou acionista, ou mediante acordo com outros sócios ou acionistas.

**§ 2º.** A participação recíproca das sociedades do grupo obedecerá ao disposto no artigo 244.

#### NATUREZA

**Art. 266.** As relações entre as sociedades, a estrutura administrativa do grupo e a coordenação ou subordinação dos administradores das sociedades filiadas serão estabelecidas na convenção do grupo, mas cada sociedade conservará personalidade e patrimônios distintos.

#### DESIGNAÇÃO

**Art. 267.** O grupo de sociedades terá designação de que constarão as palavras "grupo de sociedades" ou "grupo".

**Parágrafo único.** Somente os grupos organizados de acordo com este Capítulo poderão usar designação com as palavras "grupo" ou "grupo de sociedades".

#### COMPANHIAS SUJEITAS A AUTORIZAÇÃO PARA FUNCIONAR

**Art. 268.** A companhia que, por seu objeto, depende de autorização para funcionar, somente poderá participar de grupo de sociedades após a aprovação da convenção do grupo pela autoridade competente para aprovar suas alterações estatutárias.

### SEÇÃO II. CONSTITUIÇÃO, REGISTRO E PUBLICIDADE

**Art. 269.** O grupo de sociedades será constituído por convenção aprovada pelas sociedades que o componham, a qual deverá conter:

**I** – a designação do grupo;

**II** – a indicação da sociedade de comando e das filiadas;

**III** – as condições de participação das diversas sociedades;

**IV** – o prazo de duração, se houver, e as condições de extinção;

**V** – as condições para admissão de outras sociedades e para a retirada das que o componham;

**VI** – os órgãos e cargos da administração do grupo, suas atribuições e as relações entre a estrutura administrativa do grupo e as das sociedades que o componham;

**VII** – a declaração da nacionalidade do controle do grupo;

**VIII** – as condições para alteração da convenção.

**Parágrafo único.** Para os efeitos do número VII, o grupo de sociedades considera-se sob controle brasileiro se a sua sociedade de comando está sob o controle de:

*a)* pessoas naturais residentes ou domiciliadas no Brasil;

*b)* pessoas jurídicas de direito público interno; ou

*c)* sociedade ou sociedades brasileiras que, direta ou indiretamente, estejam sob controle das pessoas referidas nas alíneas *a* e *b*.

#### APROVAÇÃO PELOS SÓCIOS DAS SOCIEDADES

**Art. 270.** A convenção de grupo deve ser aprovada com observância das normas para alteração do contrato social ou do estatuto (art. 136, V).

**Parágrafo único.** Os sócios ou acionistas dissidentes da deliberação de se associar a grupo têm direito, nos termos do artigo 137, ao reembolso de suas ações ou quotas.

#### REGISTRO E PUBLICIDADE

**Art. 271.** Considera-se constituído o grupo a partir da data do arquivamento, no registro do

EMPRESARIAL

comércio da sede da sociedade de comando, dos seguintes documentos:

**I** – convenção de constituição do grupo;

**II** – atas das assembleias-gerais, ou instrumentos de alteração contratual, de todas as sociedades que tiverem aprovado a constituição do grupo;

**III** – declaração autenticada do número das ações ou quotas de que a sociedade de comando e as demais sociedades integrantes do grupo são titulares em cada sociedade filiada, ou exemplar de acordo de acionistas que assegura o controle da sociedade filiada.

**§ 1º.** Quando as sociedades filiadas tiverem sede em locais diferentes, deverão ser arquivadas no registro do comércio das respectivas sedes as atas de assembleia ou alterações contratuais que tiverem aprovado a convenção, sem prejuízo do registro na sede da sociedade de comando.

**§ 2º.** As certidões de arquivamento no Registro do comércio serão publicadas.

**§ 3º.** A partir da data do arquivamento, a sociedade de comando e as filiadas passarão a usar as respectivas denominações acrescidas da designação do grupo.

**§ 4º.** As alterações da convenção do grupo serão arquivadas e publicadas nos termos deste artigo, observando-se o disposto no § 1º do artigo 135.

## SEÇÃO III.
## ADMINISTRAÇÃO

### ADMINISTRADORES DO GRUPO

**Art. 272.** A convenção deve definir a estrutura administrativa do grupo de sociedades, podendo criar órgãos de deliberação colegiada e cargos de direção-geral.

**Parágrafo único.** A representação das sociedades perante terceiros, salvo disposição expressa na convenção do grupo, arquivada no registro do comércio e publicada, caberá exclusivamente aos administradores de cada sociedade, de acordo com os respectivos estatutos ou contratos sociais.

### ADMINISTRADORES DAS SOCIEDADES FILIADAS

**Art. 273.** Aos administradores das sociedades filiadas, sem prejuízo de suas atribuições, poderes e responsabilidades, de acordo com os respectivos estatutos ou contratos sociais, compete observar a orientação geral estabelecida e as instruções expedidas pelos administradores do grupo que não importem violação da lei ou da convenção do grupo.

### REMUNERAÇÃO

**Art. 274.** Os administradores do grupo e os investidos em cargos de mais de uma sociedade poderão ter a sua remuneração rateada entre as diversas sociedades, e a gratificação dos administradores, se houver, poderá ser fixada, dentro dos limites do § 1º do artigo 152 com base nos resultados apurados nas demonstrações financeiras consolidadas do grupo.

## SEÇÃO IV.
## DEMONSTRAÇÕES FINANCEIRAS

**Art. 275.** O grupo de sociedades publicará, além das demonstrações financeiras referentes a cada uma das companhias que o compõem, demonstrações consolidadas, compreendendo todas as sociedades do grupo, elaboradas com observância do disposto no artigo 250.

**§ 1º.** As demonstrações consolidadas do grupo serão publicadas juntamente com as da sociedade de comando.

**§ 2º.** A sociedade de comando deverá publicar demonstrações financeiras nos termos desta Lei, ainda que não tenha a forma de companhia.

**§ 3º.** As companhias filiadas indicarão, em nota às suas demonstrações financeiras publicadas, o órgão que publicou a última demonstração consolidada do grupo a que pertencer.

**§ 4º.** As demonstrações consolidadas de grupo de sociedades que inclua companhia aberta serão obrigatoriamente auditadas por auditores independentes registrados na Comissão de Valores Mobiliários, e observarão as normas expedidas por essa Comissão.

## SEÇÃO V.
## PREJUÍZOS RESULTANTES DE ATOS CONTRÁRIOS À CONVENÇÃO

**Art. 276.** A combinação de recursos e esforços, a subordinação dos interesses de uma sociedade aos de outra, ou do grupo, e a participação em custos, receitas ou resultados de atividades ou empreendimentos somente poderão ser opostos aos sócios minoritários das sociedades filiadas nos termos da convenção do grupo.

**§ 1º.** Consideram-se minoritários, para os efeitos deste artigo, todos os sócios da filiada, com exceção da sociedade de comando e das demais filiadas do grupo.

**§ 2º.** A distribuição de custos, receitas e resultados e as compensações entre sociedades, previstas na convenção do grupo, deverão ser determinadas e registradas no balanço de cada exercício social das sociedades interessadas.

**§ 3º.** Os sócios minoritários da filiada terão ação contra os seus administradores e contra a sociedade de comando do grupo para haver reparação de prejuízos resultantes de atos praticados com infração das normas deste artigo, observado o disposto nos parágrafos do artigo 246.

### CONSELHO FISCAL DAS FILIADAS

**Art. 277.** O funcionamento do conselho fiscal da companhia filiada a grupo, quando não for permanente, poderá ser pedido por acionistas não controladores que representem, no mínimo, 5% (cinco por cento) das ações ordinárias, ou das ações preferenciais sem direito de voto.

**§ 1º.** Na constituição do conselho fiscal da filiada serão observadas as seguintes normas:

*a)* os acionistas não controladores votarão em separado, cabendo às ações com direito a voto o direito de eleger 1 (um) membro e respectivo suplente e às ações sem direito a voto, ou com voto restrito, o de eleger outro;

*b)* a sociedade de comando e as filiadas poderão eleger número de membros, e respectivos suplentes, igual ao dos eleitos nos termos da alínea *a*, mais um.

**§ 2º.** O conselho fiscal da sociedade filiada poderá solicitar aos órgãos de administração da sociedade de comando, ou de outras filiadas, os esclarecimentos ou informações que julgar necessários para fiscalizar a observância da convenção do grupo.

## CAPÍTULO XXII. CONSÓRCIO

**Art. 278.** As companhias e quaisquer outras sociedades, sob o mesmo controle ou não, podem constituir consórcio para executar determinado empreendimento, observado o disposto neste Capítulo.

**§ 1º.** O consórcio não tem personalidade jurídica e as consorciadas somente se obrigam nas condições previstas no respectivo contrato, respondendo cada uma por suas obrigações, sem presunção de solidariedade.

**§ 2º.** A falência de uma consorciada não se estende às demais, subsistindo o consórcio com as outras contratantes; os créditos que porventura tiver a falida serão apurados e pagos na forma prevista no contrato de consórcio.

**Art. 279.** O consórcio será constituído mediante contrato aprovado pelo órgão da sociedade competente para autorizar a alienação de bens do ativo não circulante, do qual constarão:

› Lei 8.934/1994: art. 32, II, b.

**I** – a designação do consórcio, se houver;

**II** – o empreendimento que constitua o objeto do consórcio;

**III** – a duração, endereço e foro;

**IV** – a definição das obrigações e responsabilidade de cada sociedade consorciada, e das prestações específicas;

**V** – normas sobre recebimento de receitas e partilha de resultados;

**VI** – normas sobre administração do consórcio, contabilização, representação das sociedades consorciadas e taxa de administração, se houver;

**VII** – forma de deliberação sobre assuntos de interesse comum, com o número de votos que cabe a cada consorciado;

**VIII** – contribuição de cada consorciado para as despesas comuns, se houver.

**Parágrafo único.** O contrato de consórcio e suas alterações serão arquivados no registro do comércio do lugar da sua sede, devendo a certidão do arquivamento ser publicada.

## CAPÍTULO XXIII. SOCIEDADES EM COMANDITA POR AÇÕES

› CC: arts. 1.045 a 1.051.

**Art. 280.** A sociedade em comandita por ações terá o capital dividido em ações e reger-se-á pelas normas relativas às companhias ou sociedades anônimas, sem prejuízo das modificações constantes deste Capítulo.

**Art. 281.** A sociedade poderá comerciar sob firma ou razão social, da qual só farão parte os nomes dos sócios-diretores ou gerentes. Ficam ilimitada e solidariamente responsáveis, nos termos desta Lei, pelas obrigações sociais, os que, por seus nomes figurarem na firma ou razão social.

**Parágrafo único.** A denominação ou a firma deve ser seguida das palavras "Comandita por Ações", por extenso ou abreviadamente.

**Art. 282.** Apenas o sócio ou acionista tem qualidade para administrar ou gerir a sociedade, e, como diretor ou gerente, responder, subsidiária mas ilimitada e solidariamente, pelas obrigações da sociedade.

**§ 1º.** Os diretores ou gerentes serão nomeados, sem limitação de tempo, no estatuto da sociedade, e somente poderão ser destituídos por deliberação de acionistas que representem 2/3 (dois terços), no mínimo, do capital social.

**§ 2º.** O diretor ou gerente que for destituído ou se exonerar continuará responsável pelas obrigações sociais contraídas sob sua administração.

**Art. 283.** A assembleia geral não pode, sem o consentimento dos diretores ou gerentes, mudar o objeto essencial da sociedade, prorrogar-lhe o prazo de duração, aumentar ou diminuir o capital social, emitir debêntures ou criar partes beneficiárias nem aprovar a participação em grupo de sociedade.

**Art. 284.** Não se aplica à sociedade em comandita por ações o disposto nesta Lei sobre voto plural, sobre conselho de administração, sobre autorização estatutária de aumento de capital e sobre emissão de bônus de subscrição. *(Redação dada pela Lei 14.195/2021)*

## CAPÍTULO XXIV. PRAZOS DE PRESCRIÇÃO

**Art. 285.** A ação para anular a constituição da companhia, por vício ou defeito, prescreve em 1 (um) ano, contado da publicação dos atos constitutivos.

**Parágrafo único.** Ainda depois de proposta a ação, é licito à companhia, por deliberação da assembleia geral, providenciar para que seja sanado o vício ou defeito.

**Art. 286.** A ação para anular as deliberações tomadas em assembleia geral ou especial, irregularmente convocada ou instalada, violadoras da lei ou do estatuto, ou eivadas de erro, dolo, fraude ou simulação prescreve em 2 (dois) anos, contados da deliberação.

**Art. 287.** Prescreve:

**I** – em, 1 (um) ano:

*a)* a ação contra peritos e subscritores do capital, para deles haver reparação civil pela avaliação de bens, contado o prazo da publicação da ata da assembleia geral que aprovar o laudo;

*b)* a ação dos credores não pagos contra os acionistas e os liquidantes, contado o prazo da publicação da ata de encerramento da liquidação da companhia;

**II** – em 3 (três) anos:

*a)* a ação para haver dividendos, contado o prazo da data em que tenham sido postos à disposição do acionista;

*b)* a ação contra os fundadores, acionistas, administradores, liquidantes, fiscais ou sociedade de comando, para deles haver reparação civil por atos culposos ou dolosos, no caso de violação da lei, do estatuto ou da convenção do grupo, contado o prazo:

1) para os fundadores, da data da publicação dos atos constitutivos da companhia;

2) para os acionistas, administradores, fiscais e sociedades de comando, da data da publicação da ata que aprovar o balanço referente ao exercício em que a violação tenha ocorrido;

3) para os liquidantes, da data da publicação da ata da primeira assembleia geral posterior à violação;

*c)* a ação contra acionistas para restituição de dividendos recebidos de má-fé, contado o prazo da data da publicação da ata de assembleia geral ordinária do exercício em que os dividendos tenham sido declarados;

*d)* a ação contra os administradores ou titulares de partes beneficiárias para restituição das participações no lucro recebidas de má-fé, contado o prazo da data da publicação da ata da assembleia geral ordinária do exercício em que as participações tenham sido pagas;

*e)* a ação contra o agente fiduciário de debenturistas ou titulares de partes beneficiárias para dele haver reparação civil por atos culposos ou dolosos, no caso de violação da lei ou da escritura de emissão, a contar da publicação da ata da assembleia geral que tiver tomado conhecimento da violação;

*f)* a ação contra o violador do dever de sigilo de que trata o artigo 260 para dele haver reparação civil, a contar da data da publicação da oferta;

*g)* a ação movida pelo acionista contra a companhia, qualquer que seja o seu fundamento.

**Art. 288.** Quando a ação se originar de fato que deva ser apurado no juízo criminal, não ocorrerá prescrição antes da respectiva sentença definitiva, ou da prescrição da ação penal.

## CAPÍTULO XXV. DISPOSIÇÕES GERAIS

**Art. 289.** As publicações ordenadas por esta Lei obedecerão às seguintes condições: *(Redação dada pela Lei 13.818/2019)*

**I** – deverão ser efetuadas em jornal de grande circulação editado na localidade em que esteja situada a sede da companhia, de forma resumida e com divulgação simultânea da íntegra dos documentos na página do mesmo jornal na internet, que deverá providenciar certificação digital da autenticidade dos documentos mantidos na página própria emitida por autoridade certificadora credenciada no âmbito da Infraestrutura de Chaves Públicas Brasileiras (ICP-Brasil); *(Acrescido pela Lei 13.818/2019)*

**II** – no caso de demonstrações financeiras, a publicação de forma resumida deverá conter, no mínimo, em comparação com os dados do exercício social anterior, informações ou valores globais relativos a cada grupo e a respectiva classificação de contas ou registros, assim como extratos das informações relevantes contempladas nas notas explicativas e nos pareceres dos auditores independentes e do conselho fiscal, se houver. *(Acrescido pela Lei 13.818/2019)*

**§ 1º.** A Comissão de Valores Mobiliários poderá determinar que as publicações ordenadas por esta Lei sejam feitas, também, em jornal de grande circulação nas localidades em que os valores mobiliários da companhia sejam negociados em bolsa ou em mercado de balcão, ou disseminadas por algum outro meio que assegure sua ampla divulgação e imediato acesso às informações.

**§ 2º.** Se no lugar em que estiver situada a sede da companhia não for editado jornal, a publicação se fará em órgão de grande circulação local.

**§ 3º.** A companhia deve fazer as publicações previstas nesta Lei sempre no mesmo jornal, e qualquer mudança deverá ser precedida de aviso aos acionistas no extrato da ata da assembleia geral ordinária.

**§ 4º.** O disposto no final do § 3º não se aplica à eventual publicação de atas ou balanços em outros jornais.

**§ 5º.** Todas as publicações ordenadas nesta Lei deverão ser arquivadas no registro do comércio.

**§ 6º.** As publicações do balanço e da demonstração de lucros e perdas poderão ser feitas adotando-se como expressão monetária o milhar de reais.

**§ 7º.** Sem prejuízo do disposto no *caput* deste artigo, as companhias abertas poderão, ainda, disponibilizar as referidas publicações pela rede mundial de computadores.

**Art. 290.** A indenização por perdas e danos em ações com fundamento nesta Lei será corrigida monetariamente até o trimestre civil em que for efetivamente liquidada.

**Art. 291.** A Comissão de Valores Mobiliários poderá reduzir, mediante fixação de escala em função do valor do capital social, a porcentagem mínima aplicável às companhias abertas, estabelecida no art. 105; na alínea *c* do parágrafo único do art. 123; no *caput* do art. 141; no § 1º do art. 157; no § 4º do art. 159; no § 2º do art. 161; no § 6º do art. 163; na alínea *a* do § 1º do art. 246; e no art. 277.

**Parágrafo único.** A Comissão de Valores Mobiliários poderá reduzir a porcentagem de que trata o artigo 249.

**Art. 292.** As sociedades de que trata o artigo 62 da Lei 4.728, de 14 de julho de 1965, podem ter suas ações ao portador.

**Art. 293.** A Comissão de Valores Mobiliários poderá autorizar as bolsas de valores e outras entidades, que sejam ou não instituições financeiras, a prestar os serviços previstos: *(Redação dada pela MP 1.103/2022)*

> **Texto anterior:** Art. 293. A Comissão de Valores Mobiliários autorizará as Bolsas de Valores a prestar os serviços previstos nos artigos 27; 34, § 2º; 39, § 1º; 40; 41; 42; 43; 44; 72; 102 e 103.

**I** – no art. 27; *(Acrescido pela MP 1.103/2022)*

**II** – no § 2º do art. 34; *(Acrescido pela MP 1.103/2022)*

**III** – no § 1º do art. 39; *(Acrescido pela MP 1.103/2022)*

**IV** – nos art. 40 ao art. 44; *(Acrescido pela MP 1.103/2022)*

**V** – no art. 72; e *(Acrescido pela MP 1.103/2022)*

**VI** – nos art. 102 e art. 103. *(Acrescido pela MP 1.103/2022)*

**Parágrafo único.** *(Revogado pela Lei nº 12.810, de 2013).*

**Art. 294.** A companhia fechada que tiver receita bruta anual de até R$ 78.000.000,00 (setenta e oito milhões de reais) poderá: *(Redação dada pela LC 182/2021)*

**I e II** – *(Revogados pela LC 182/2021)*

**III** – realizar as publicações ordenadas por esta Lei de forma eletrônica, em exceção ao disposto no art. 289 desta Lei; e *(Acrescido pela LC 182/2021)*

**IV** – substituir os livros de que trata o art. 100 desta Lei por registros mecanizados ou eletrônicos. *(Acrescido pela LC 182/2021)*

**§ 1º** A companhia deverá guardar os recibos de entrega dos anúncios de convocação e arquivar no registro de comércio, juntamente com a ata da assembléia, cópia autenticada dos mesmos.

**§ 2º** Nas companhias de que trata este artigo, o pagamento da participação dos administradores poderá ser feito sem observância do disposto no § 2º do artigo 152, desde que aprovada pela unanimidade dos acionistas.

3º O disposto neste artigo não se aplica à companhia controladora de grupo de sociedade, ou a ela filiadas.

**§ 4º** Na hipótese de omissão do estatuto quanto à distribuição de dividendos, estes serão estabelecidos livremente pela assembleia geral, hipótese em que não se aplicará o disposto no art. 202 desta Lei, desde que não seja prejudicado o direito dos acionistas preferenciais de receber os dividendos fixos ou mínimos a que tenham prioridade. *(Acrescido pela LC 182/2021)*

**§ 5º** Ato do Ministro de Estado da Economia disciplinará o disposto neste artigo. *(Acrescido pela LC 182/2021)*

**Art. 294-A.** A Comissão de Valores Mobiliários regulamentará as condições facilitadas para o acesso de companhias de menor porte ao mercado de capitais, e será permitido dispensar ou modular a observância ao disposto: *(Acrescido pela LC 182/2021)*

**I** – no art. 161 desta Lei, quanto à obrigatoriedade de instalação do conselho fiscal a pedido de acionistas;

**II** – no § 5º do art. 170 desta Lei, quanto à obrigatoriedade de intermediação de instituição financeira em distribuições públicas de valores mobiliários, sem prejuízo da competência prevista no inciso III do § 3º do art. 2º da Lei nº 6.385, de 7 de dezembro de 1976;

**III** – no inciso I do *caput* do art. 109, nos §§ 1º e 2º do art. 111 e no art. 202 desta Lei, quanto ao recebimento de dividendo obrigatório;

**IV** – no art. 289 desta Lei, quanto à forma de realização das publicações ordenadas por esta Lei; e

**V** – (VETADO).

**Art. 294-B.** Para fins do disposto nesta Lei, considera-se companhia de menor porte aquela que aufira receita bruta anual inferior a R$ 500.000.000,00 (quinhentos milhões de reais). *(Acrescido pela LC 182/2021)*

**§ 1º** A regulamentação editada não prejudica o estabelecimento de procedimentos simplificados aplicáveis às companhias de menor porte, pela Comissão de Valores Mobiliários, com base nas competências previstas na Lei nº 6.385, de 7 de dezembro de 1976, especialmente quanto:

**I** – à obtenção de registro de emissor;

**II** – às distribuições públicas de valores mobiliários de sua emissão; e

**III** – à elaboração e à prestação de informações periódicas e eventuais.

**§ 2º** A Comissão de Valores Mobiliários poderá:

**I** – estabelecer a forma de atualização do valor previsto no *caput* deste artigo e os critérios adicionais para a manutenção da condição de companhia de menor porte após seu acesso ao mercado de capitais; e

**II** – disciplinar o tratamento a ser empregado às companhias abertas que se caracterizem como de menor porte nos termos do *caput* deste artigo.

## CAPÍTULO XXVI.
## DISPOSIÇÕES TRANSITÓRIAS

**Art. 295.** A presente Lei entrará em vigor 60 (sessenta) dias após a sua publicação, aplicando-se, todavia, a partir da data da publicação, às companhias que se constituírem.

**§ 1º**. O disposto neste artigo não se aplica às disposições sobre:

*a)* elaboração das demonstrações financeiras, que serão observadas pelas companhias existentes a partir do exercício social que se iniciar após 1º de janeiro de 1978;

*b)* a apresentação, nas demonstrações financeiras, de valores do exercício anterior (artigo 176, § 1º), que será obrigatória a partir do balanço do exercício social subsequente ao referido na alínea anterior;

*c)* elaboração e publicação de demonstrações financeiras consolidadas, que somente serão obrigatórias para os exercícios iniciados a partir de 1º de janeiro de 1978.

**§ 2º**. A participação dos administradores nos lucros sociais continuará a regular-se pelas disposições legais e estatutárias em vigor, aplicando-se o disposto nos §§ 1º e 2º do artigo 152 a partir do exercício social que se iniciar no curso do ano de 1977.

**§ 3º**. A restrição ao direito de voto das ações ao portador (artigo 112) só vigorará a partir de 1 (um) ano a contar da data em que esta Lei entrar em vigor.

**Art. 296.** As companhias existentes deverão proceder à adaptação do seu estatuto aos preceitos desta Lei no prazo de 1 (um) ano a contar da data em que ela entrar em vigor, devendo para esse fim ser convocada assembleia geral dos acionistas.

**§ 1º**. Os administradores e membros do conselho fiscal respondem pelos prejuízos que causarem pela inobservância do disposto neste artigo.

**§ 2º**. O disposto neste artigo não prejudicará os direitos pecuniários conferidos por partes beneficiárias e debêntures em circulação na data da publicação desta Lei, que somente poderão ser modificados ou reduzidos com observância do disposto no artigo 51 e no § 5º do artigo 71.

**§ 3º**. As companhias existentes deverão eliminar, no prazo de 5 (cinco) anos a contar da data da entrada em vigor desta Lei, as participações recíprocas vedadas pelo artigo 244 e seus parágrafos.

**§ 4º**. As companhias existentes, cujo estatuto for omisso quanto à fixação do dividendo, ou que o estabelecer em condições que não satisfaçam aos requisitos do § 1º do artigo 202 poderão, dentro do prazo previsto neste artigo, fixá-lo em porcentagem inferior à prevista no § 2º do artigo 202, mas os acionistas dissidentes dessa deliberação terão direito de retirar-se da companhia, mediante reembolso do valor de suas ações, com observância do disposto nos artigos 45 e 137.

**§ 5º**. O disposto no artigo 199 não se aplica às reservas constituídas e aos lucros acumulados em balanços levantados antes de 1º de janeiro de 1977.

**§ 6º**. O disposto nos §§ 1º e 2º do artigo 237 não se aplica às participações existentes na data da publicação desta Lei.

**Art. 297.** As companhias existentes que tiverem ações preferenciais com prioridade na distribuição de dividendo fixo ou mínimo ficarão dispensadas do disposto no artigo 167 e seu § 1º, desde que no prazo de que trata o artigo 296 regulem no estatuto a participação das ações preferenciais na correção anual do capital social, com observância das seguintes normas:

**I** – o aumento de capital poderá ficar na dependência de deliberação da assembleia geral, mas será obrigatório quando o saldo da conta de que trata o § 3º do artigo 182 ultrapassar 50% (cinquenta por cento) do capital social;

**II** – a capitalização da reserva poderá ser procedida mediante aumento do valor nominal das ações ou emissões de novas ações bonificadas, cabendo à assembleia geral escolher, em cada aumento de capital, o modo a ser adotado;

**III** – em qualquer caso, será observado o disposto no § 4º do artigo 17;

**IV** – as condições estatutárias de participação serão transcritas nos certificados das ações da companhia.

**Art. 298.** As companhias existentes, com capital inferior a Cr$ 5.000.000,00 (cinco milhões de cruzeiros), poderão, no prazo de que trata o artigo 296, deliberar, pelo voto de acionistas que representem 2/3 (dois terços) do capital social, a sua transformação em sociedade por quotas, de responsabilidade limitada, observadas as seguintes normas:

**I** – na deliberação da assembleia a cada ação caberá 1 (um) voto, independentemente de espécie ou classe;

**II** – a sociedade por quotas resultante da transformação deverá ter o seu capital integralizado e o seu contrato social assegurará aos sócios a livre transferência das quotas, entre si ou para terceiros;

**III** – o acionista dissidente da deliberação da assembleia poderá pedir o reembolso das ações pelo valor de patrimônio líquido a preços de mercado, observado o disposto nos artigos 45 e 137;

**IV** – o prazo para o pedido de reembolso será de 90 (noventa) dias a partir da data da publicação da ata da assembleia, salvo para os titulares de ações nominativas, que será contado da data do recebimento de aviso por escrito da companhia.

**Art. 299.** Ficam mantidas as disposições sobre sociedades por ações, constantes de legislação especial sobre a aplicação de incentivos fiscais nas áreas da Sudene, Sudam, Sudepe, Embratur e Reflorestamento, bem como todos os dispositivos das Leis nºs 4.131, de 3 de setembro de 1962, e 4.390, de 29 de agosto de 1964.

**Art. 299-A.** O saldo existente em 31 de dezembro de 2008 no ativo diferido que, pela sua natureza, não puder ser alocado a outro grupo de contas, poderá permanecer no ativo sob essa classificação até sua completa amortização, sujeito à análise sobre a recuperação de que trata o § 3º do art. 183 desta Lei.

**Art. 299-B.** O saldo existente no resultado de exercício futuro em 31 de dezembro de 2008 deverá ser reclassificado para o passivo não circulante em conta representativa de receita diferida.

**Parágrafo único.** O registro do saldo de que trata o *caput* deste artigo deverá evidenciar a receita diferida e o respectivo custo diferido.

**Art. 300.** Ficam revogados o Decreto-Lei 2.627, de 26 de setembro de 1940, com exceção dos artigos 59 a 73, e demais disposições em contrário.

Brasília, 15 de dezembro de 1976;
155º da Independência e
88º da República.

ERNESTO GEISEL

D.O.U. de 17.12.1976

# LEI Nº 7.357, DE 2 DE SETEMBRO DE 1985

*Dispõe sobre o cheque e dá outras providências.*

O PRESIDENTE DA REPÚBLICA, faço saber que o Congresso Nacional decreta e eu sanciono a seguinte Lei:

- Decreto 1.240/1994 – Promulga a Convenção Interamericana sobre Conflitos de Leis em Matéria de Cheques, adotada em Montevidéu, em 8 de maio de 1979.

## CAPÍTULO I. DA EMISSÃO E DA FORMA DO CHEQUE

✪ **Art. 1º.** O cheque contém:

- CC: art. 887.

**I** – a denominação "cheque" inscrita no contexto do título e expressa na língua em que este é regido;

**II** – a ordem incondicional de pagar quantia determinada;

**III** – o nome do banco ou da instituição financeira que deve pagar (sacado);

**IV** – a indicação do lugar de pagamento;

**V** – a indicação da data e do lugar de emissão;

**VI** – a assinatura do emitente (sacador), ou de seu mandatário com poderes especiais.

**Parágrafo único.** A assinatura do emitente ou da de seu mandatário com poderes especiais pode ser constituída, na forma de legislação específica, por chancela mecânica ou processo equivalente.

**Art. 2º.** O título a que falte qualquer dos requisitos enumerados no artigo precedente não vale como cheque, salvo nos casos determinados a seguir:

- CC: arts. 888 e 891.

**I** – na falta de indicação especial, é considerado lugar de pagamento o lugar designado junto ao nome do sacado; se designados vários lugares, o cheque é pagável no primeiro deles; não existindo qualquer indicação, o cheque é pagável no lugar de sua emissão;

**II** – não indicado o lugar de emissão, considera-se emitido o cheque no lugar indicado junto ao nome do emitente.

**Art. 3º.** O cheque é emitido contra banco, ou instituição financeira que lhe seja equiparada, sob pena de não valer como cheque.

**Art. 4º.** O emitente deve ter fundos disponíveis em poder do sacado e estar autorizado a sobre eles emitir cheque, em virtude de contrato expresso ou tácito. A infração desses preceitos não prejudica a validade do título como cheque.

**§ 1º.** A existência de fundos disponíveis é verificada no momento da apresentação do cheque para pagamento.

**§ 2º.** Consideram-se fundos disponíveis:

*a)* os créditos constantes de conta corrente bancária não subordinados a termo;

*b)* o saldo exigível de conta corrente contratual;

*c)* a soma proveniente de abertura de crédito.

**Art. 5º.** *(VETADO).*

**Art. 6º.** O cheque não admite aceite, considerando-se não escrita qualquer declaração com esse sentido.

**Art. 7º.** Pode o sacado, a pedido do emitente ou do portador legitimado, lançar e assinar, no verso do cheque não ao portador e ainda não endossado, visto, certificação ou outra declaração equivalente, datada e por quantia igual à indicada no título.

**§ 1º.** A aposição de visto, certificação ou outra declaração equivalente obriga o sacado a debitar à conta do emitente a quantia indicada no cheque e a reservá-la em benefício do portador legitimado, durante o prazo de apresentação, sem que fiquem exonerados o emitente, endossantes e demais coobrigados.

**§ 2º.** O sacado creditará à conta do emitente a quantia reservada, uma vez vencido o prazo de apresentação; e, antes disso, se o cheque lhe for entregue para inutilização.

**Art. 8º.** Pode-se estipular no cheque que seu pagamento seja feito:

**I** – a pessoa nomeada, com ou sem cláusula expressa "à ordem";

**II** – a pessoa nomeada, com a cláusula "não à ordem", ou outra equivalente;

- Lei 7.357/1985: art. 17, § 1º.

**III** – ao portador.

- Lei 9.069/1995: art. 69.

**Parágrafo único.** Vale como cheque ao portador o que não contém indicação do beneficiário e o emitido em favor de pessoa nomeada com a cláusula "ou ao portador", ou expressão equivalente.

- CC: arts. 904 a 909.

**Art. 9º.** O cheque pode ser emitido:

**I** – à ordem do próprio sacador;

**II** – por conta de terceiro;

**III** – contra o próprio banco sacador, desde que não ao portador.

**Art. 10.** Considera-se não escrita a estipulação de juros inserida no cheque.

**Art. 11.** O cheque pode ser pagável no domicílio de terceiro, quer na localidade em que o sacado tenha domicílio, quer em outra, desde que o terceiro seja banco.

**Art. 12.** Feita a indicação da quantia em algarismos e por extenso, prevalece esta no caso de divergência. Indicada a quantia mais de uma vez, quer por extenso, quer por algarismo, prevalece no caso de divergência, a indicação da menor quantia.

**Art. 13.** As obrigações contraídas do cheque são autônomas e independentes.

**Parágrafo único.** A assinatura de pessoa capaz cria obrigações para o signatário, mesmo que o cheque contenha assinatura de pessoas incapazes de se obrigar por cheque, ou assinaturas falsas, ou assinaturas de pessoas fictícias, ou assinaturas que, por qualquer outra razão, não poderiam obrigar as pessoas que assinaram o cheque, ou em nome das quais ele foi assinado.

**Art. 14.** Obriga-se pessoalmente quem assina cheque como mandatário ou representante, sem ter poderes para tal, ou excedendo os que lhe foram conferidos. Pagando o cheque, tem os mesmos direitos daquele em cujo nome assinou.

**Art. 15.** O emitente garante o pagamento, considerando-se não escrita a declaração pela qual se exima dessa garantia.

**Art. 16.** Se o cheque, incompleto no ato da emissão, for completado com inobservância do convencionado com o emitente, tal fato não pode ser oposto ao portador, a não ser que este tenha adquirido o cheque de má-fé.

## CAPÍTULO II. DA TRANSMISSÃO

✪ **Art. 17.** O cheque pagável a pessoa nomeada, com ou sem cláusula expressa "à ordem", é transmissível por via de endosso.

**§ 1º.** O cheque pagável a pessoa nomeada, com a cláusula "não à ordem", ou outra equivalente, só é transmissível pela forma e com os efeitos de cessão.

‣ CC: arts. 286 a 298, e 893.

**§ 2º.** O endosso pode ser feito ao emitente, ou a outro obrigado, que podem novamente endossar o cheque.

✪ **Art. 18.** O endosso deve ser puro e simples, reputando-se não escrita qualquer condição a que seja subordinado.

‣ CC: art. 912.

**§ 1º.** São nulos o endosso parcial e o do sacado.

**§ 2º.** Vale como em branco o endosso ao portador. O endosso ao sacado vale apenas como quitação, salvo no caso de o sacado ter vários estabelecimentos e o endosso ser feito em favor de estabelecimento diverso daquele contra o qual o cheque foi emitido.

**Art. 19.** O endosso deve ser lançado no cheque ou na folha de alongamento e assinado pelo endossante, ou seu mandatário com poderes especiais.

‣ CC: arts. 910 e ss..

**§ 1º.** O endosso pode não designar o endossatário. Consistindo apenas na assinatura do endossante (endosso em branco), só é válido quando lançado no verso do cheque ou na folha de alongamento.

**§ 2º.** A assinatura do endossante, ou a de seu mandatário com poderes especiais, pode ser constituída, na forma de legislação específica, por chancela mecânica, ou processo equivalente.

✪ **Art. 20.** O endosso transmite todos os direitos resultantes do cheque. Se o endosso é em branco, pode o portador:

‣ CC: arts. 893 e 904.

**I** – completá-lo com o seu nome ou com o de outra pessoa;

**II** – endossar novamente o cheque, em branco ou à outra pessoa;

**III** – transferir o cheque a um terceiro, sem completar o endosso e sem endossar.

**Art. 21.** Salvo estipulação em contrário, o endossante garante o pagamento.

‣ CC: art. 914.

**Parágrafo único.** Pode o endossante proibir novo endosso; neste caso, não garante o pagamento a quem seja o cheque posteriormente endossado.

**Art. 22.** O detentor de cheque "à ordem" é considerado portador legitimado, se provar seu direito por uma série ininterrupta de endossos, mesmo que o último seja em branco. Para esse efeito, os endossos cancelados são considerados não escritos.

**Parágrafo único.** Quando um endosso em branco for seguido de outro, entende-se que o signatário deste adquiriu o cheque pelo endosso em branco.

**Art. 23.** O endosso num cheque passado ao portador torna o endossante responsável, nos termos das disposições que regulam o direito de ação, mas nem por isso converte o título num cheque "à ordem".

**Art. 24.** Desapossado alguém de um cheque, em virtude de qualquer evento, novo portador legitimado não está obrigado a restituí-lo, se não o adquiriu de má-fé.

**Parágrafo único.** Sem prejuízo do disposto neste artigo, serão observadas, nos casos de perda, extravio, furto, roubo ou apropriação indébita do cheque, as disposições legais relativas à anulação e substituição de títulos ao portador, no que for aplicável.

‣ CC: art. 909.

**Art. 25.** Quem for demandado por obrigação resultante de cheque não pode opor ao portador exceções fundadas em relações pessoais com o emitente, ou com os portadores anteriores, salvo se o portador o adquiriu conscientemente em detrimento do devedor.

**Art. 26.** Quando o endosso contiver a cláusula "valor em cobrança", "para cobrança", "por procuração", ou qualquer outra que implique apenas mandato, o portador pode exercer todos os direitos resultantes do cheque, mas só pode lançar no cheque endosso-mandato. Neste caso, os obrigados somente podem invocar contra o portador as exceções oponíveis ao endossante.

**Parágrafo único.** O mandato contido no endosso não se extingue por morte do endossante ou por superveniência de sua incapacidade.

**Art. 27.** O endosso posterior ao protesto, ou declaração equivalente, ou à expiração do prazo de apresentação produz apenas os efeitos de cessão. Salvo prova em contrário, o endosso sem data presume-se anterior ao protesto, ou declaração equivalente, ou à expiração do prazo de apresentação.

▸ CC: arts. 286 a 298.

**Art. 28.** O endosso no cheque nominativo, pago pelo banco contra o qual foi sacado, prova o recebimento da respectiva importância pela pessoa a favor da qual foi emitido, e pelos endossantes subsequentes.

**Parágrafo único.** Se o cheque indica a nota, fatura, conta cambial, imposto lançado ou declarado a cujo pagamento se destina, ou outra causa da sua emissão, o endosso pela pessoa a favor da qual foi emitido a sua liquidação pelo banco sacado provam a extinção da obrigação indicada.

## CAPÍTULO III. DO AVAL

**Art. 29.** O pagamento do cheque pode ser garantido, no todo ou em parte, por aval prestado por terceiro, exceto o sacado, ou mesmo por signatário do título.

▸ CC: arts. 897 a 903.

**Art. 30.** O aval é lançado no cheque ou na folha de alongamento. Exprime-se pelas palavras "por aval", ou fórmula equivalente, com a assinatura do avalista. Considera-se como resultante da simples assinatura do avalista, aposta no anverso do cheque, salvo quando se tratar da assinatura do emitente.

**Parágrafo único.** O aval deve indicar o avalizado. Na falta de indicação, considera-se avalizado o emitente.

**Art. 31.** O avalista se obriga da mesma maneira que o avalizado. Subsiste sua obrigação, ainda que nula a por ele garantida, salvo se a nulidade resultar de vício de forma.

**Parágrafo único.** O avalista que paga o cheque adquire todos os direitos dele resultantes contra o avalizado e contra os obrigados para com este em virtude do cheque.

## CAPÍTULO IV. DA APRESENTAÇÃO E DO PAGAMENTO

**Art. 32.** O cheque é pagável à vista. Considera-se não escrita qualquer menção em contrário.

▸ Súm. 370 do STJ.

**Parágrafo único.** O cheque apresentado para pagamento antes do dia indicado como data de emissão é pagável no dia da apresentação.

✪ **Art. 33.** O cheque deve ser apresentado para pagamento, a contar do dia da emissão, no prazo de 30 (trinta) dias, quando emitido no lugar onde houver de ser pago; e de 60 (sessenta) dias, quando emitido em outro lugar do País ou no exterior.

▸ Súm. 600 do STF.

**Parágrafo único.** Quando o cheque é emitido entre lugares com calendários diferentes, considera-se como de emissão o dia correspondente do calendário do lugar de pagamento.

**Art. 34.** A apresentação do cheque à câmara de compensação equivale à apresentação a pagamento.

**Art. 35.** O emitente do cheque pagável no Brasil pode revogá-lo, mercê de contraordem dada por aviso epistolar, ou por via judicial ou extrajudicial, com as razões motivadoras do ato.

**Parágrafo único.** A revogação ou contraordem só produz efeito depois de expirado o prazo de apresentação e, não sendo promovida, pode o sacado pagar o cheque até que decorra o prazo de prescrição, nos termos do art. 59 desta Lei.

**Art. 36.** Mesmo durante o prazo de apresentação, o emitente e o portador legitimado podem fazer sustar o pagamento, manifestando ao sacado, por escrito, oposição fundada em relevante razão de direito.

**§ 1º.** A oposição do emitente e a revogação ou contraordem se excluem reciprocamente.

**§ 2º.** Não cabe ao sacado julgar da relevância da razão invocada pelo oponente.

**Art. 37.** A morte do emitente ou sua incapacidade superveniente à emissão não invalidam os efeitos do cheque.

**Art. 38.** O sacado pode exigir, ao pagar o cheque, que este lhe seja entregue quitado pelo portador.

**Parágrafo único.** O portador não pode recusar pagamento parcial, e, nesse caso, o sacado pode exigir que esse pagamento conste do cheque e que o portador lhe dê a respectiva quitação.

**Art. 39.** O sacado que paga cheque "à ordem" é obrigado a verificar a regularidade da série de endossos, mas não a autenticidade das assinaturas dos endossantes. A mesma obrigação incumbe ao banco apresentante do cheque a câmara de compensação.

**Parágrafo único.** Ressalvada a responsabilidade do apresentante, no caso da parte final deste artigo, o banco sacado responde pelo pagamento do cheque falso, falsificado ou alterado, salvo dolo ou culpa do correntista, do endossante ou do beneficiário, dos quais poderá o sacado, no todo ou em parte, reaver o que pagou.

- Súm. 28 do STF.

**Art. 40.** O pagamento se fará à medida em que forem apresentados os cheques e se dois ou mais forem apresentados simultaneamente, sem que os fundos disponíveis bastem para o pagamento de todos, terão preferência os de emissão mais antiga e, se da mesma data, os de número inferior.

**Art. 41.** O sacado pode pedir explicações ou garantia para pagar cheque mutilado, rasgado ou partido, ou que contenha borrões, emendas e dizeres que não pareçam formalmente normais.

**Art. 42.** O cheque em moeda estrangeira é pago, no prazo de apresentação, em moeda nacional ao câmbio do dia do pagamento, obedecida a legislação especial.

**Parágrafo único.** Se o cheque não for pago no ato da apresentação, pode o portador optar entre o câmbio do dia da apresentação e o do dia do pagamento para efeito de conversão em moeda nacional.

**Art. 43.** *(VETADO).*

**§ 1º.** *(VETADO).*

**§ 2º.** *(VETADO).*

## CAPÍTULO V. DO CHEQUE CRUZADO

**Art. 44.** O emitente ou o portador podem cruzar o cheque, mediante a aposição de dois traços paralelos no anverso do título.

**§ 1º.** O cruzamento é geral se entre os dois traços não houver nenhuma indicação ou existir apenas a indicação "banco", ou outra equivalente. O cruzamento é especial se entre os dois traços existir a indicação do nome do banco.

**§ 2º.** O cruzamento geral pode ser convertido em especial, mas este não pode converter-se naquele.

**§ 3º.** A inutilização do cruzamento ou a do nome do banco é reputada como não existente.

**Art. 45.** O cheque com cruzamento geral só pode ser pago pelo sacado a banco ou a cliente do sacado, mediante crédito em conta. O cheque com cruzamento especial só pode ser pago pelo sacado ao banco indicado, ou, se este for o sacado, a cliente seu, mediante crédito em conta. Pode, entretanto, o banco designado incumbir outro da cobrança.

**§ 1º.** O banco só pode adquirir cheque cruzado de cliente seu ou de outro banco. Só pode cobrá-lo por conta de tais pessoas.

**§ 2º.** O cheque com vários cruzamentos especiais só pode ser pago pelo sacado no caso de dois cruzamentos, um dos quais para cobrança por câmara de compensação.

**§ 3º.** Responde pelo dano, até a concorrência do montante do cheque, o sacado ou o banco portador que não observar as disposições precedentes.

## CAPÍTULO VI. DO CHEQUE PARA SER CREDITADO EM CONTA

**Art. 46.** O emitente ou o portador podem proibir que o cheque seja pago em dinheiro mediante a inscrição transversal, no anverso do título, da cláusula "para ser creditado em conta", ou outra equivalente. Nesse caso, o sacado só pode proceder a lançamento contábil (crédito em conta, transferência ou compensação), que vale como pagamento. O depósito do cheque em conta de seu beneficiário dispensa o respectivo endosso.

**§ 1º.** A inutilização da cláusula é considerada como não existente.

**§ 2º.** Responde pelo dano, até a concorrência do montante do cheque, o sacado que não observar as disposições precedentes.

## CAPÍTULO VII. DA AÇÃO POR FALTA DE PAGAMENTO

✪ **Art. 47.** Pode o portador promover a execução do cheque:

- Súm. 28 e 600 do STF.
- Súm. 27 do STJ.
- Lei 7.357/1985: arts. 47 a 62.

**I** – contra o emitente e seu avalista;

EMPRESARIAL

**II** – contra os endossantes e seus avalistas, se o cheque apresentado em tempo hábil e a recusa de pagamento é comprovada pelo protesto ou por declaração do sacado, escrita e datada sobre o cheque, com indicação do dia de apresentação, ou, ainda, por declaração escrita e datada por câmara de compensação.

**§ 1º.** Qualquer das declarações previstas neste artigo dispensa o protesto e produz os efeitos deste.

**§ 2º.** Os signatários respondem pelos danos causados por declarações inexatas.

**§ 3º.** O portador que não apresentar o cheque em tempo hábil, ou não comprovar a recusa de pagamento pela forma indicada neste artigo, perde o direito de execução contra o emitente, se este tinha fundos disponíveis durante o prazo de apresentação e os deixou de ter, em razão de fato que não lhe seja imputável.

**§ 4º.** A execução independe do protesto e das declarações previstas neste artigo, se a apresentação ou o pagamento do cheque são obstados pelo fato de o sacado ter sido submetido a intervenção, liquidação extrajudicial ou falência.

**Art. 48.** O protesto ou as declarações do artigo anterior devem fazer-se no lugar de pagamento ou do domicílio do emitente, antes da expiração do prazo de apresentação. Se esta ocorrer no último dia do prazo, o protesto ou as declarações podem fazer-se no primeiro dia útil seguinte.

- Lei 9.492/1997 – Define Competência, Regulamenta os Serviços Concernentes ao Protesto de Títulos.

**§ 1º.** A entrega do cheque para protesto deve ser prenotada em livro especial e o protesto tirado no prazo de 3 (três) dias úteis a contar do recebimento do título.

**§ 2º.** O instrumento do protesto, datado e assinado pelo oficial público competente, contém:

*a)* a transcrição literal do cheque, com todas as declarações nele inseridas, na ordem em que se acham lançadas;

*b)* a certidão da intimação do emitente, de seu mandatário especial ou representante legal, e as demais pessoas obrigadas no cheque;

*c)* a resposta dada pelos intimados ou a declaração da falta de resposta;

*d)* a certidão de não haverem sido encontrados ou de serem desconhecidos o emitente ou os demais obrigados, realizada a intimação, nesse caso, pela imprensa.

**§ 3º.** O instrumento de protesto, depois de registrado em livro próprio, será entregue ao portador legitimado ou àquele que houver efetuado o pagamento.

**§ 4º.** Pago o cheque depois do protesto, pode este ser cancelado, a pedido de qualquer interessado, mediante arquivamento de cópia autenticada da quitação que contenha perfeita identificação do título.

**Art. 49.** O portador deve dar aviso da falta de pagamento a seu endossante e ao emitente, nos quatro dias úteis seguintes ao do protesto ou das declarações previstas no art. 47 desta Lei ou, havendo cláusula "sem despesa", ao da apresentação.

**§ 1º.** Cada endossante deve, nos dois dias úteis seguintes ao do recebimento do aviso, comunicar seu teor ao endossante precedente, indicando os nomes e endereços dos que deram os avisos anteriores, e assim por diante, até o emitente, contando-se os prazos do recebimento do aviso precedente.

**§ 2º.** O aviso dado a um obrigado deve estender-se, no mesmo prazo, a seu avalista.

**§ 3º.** Se o endossante não houver indicado seu endereço, ou o tiver feito de forma ilegível, basta o aviso ao endossante que o preceder.

**§ 4º.** O aviso pode ser dado por qualquer forma, até pela simples devolução do cheque.

**§ 5º.** Aquele que estiver obrigado a aviso deverá provar que o deu no prazo estipulado. Considera-se observado o prazo se, dentro dele, houver sido posta no correio a carta de aviso.

**§ 6º.** Não decai do direito de regresso o que deixa de dar o aviso no prazo estabelecido. Responde, porém, pelo dano causado por sua negligência, sem que a indenização exceda o valor do cheque.

**Art. 50.** O emitente, o endossante e o avalista podem, pela cláusula "sem despesa", "sem protesto", ou outra equivalente, lançada no título e assinada, dispensar o portador, para promover a execução do título, do protesto ou da declaração equivalente.

**§ 1º.** A cláusula não dispensa o portador da apresentação do cheque no prazo estabelecido, nem dos avisos. Incumbe a quem alega a inobservância de prazo a prova respectiva.

**§ 2º.** A cláusula lançada pelo emitente produz efeito em relação a todos os obrigados; a lançada por endossante ou por avalista produz efeito somente em relação ao que lançar.

**§ 3º.** Se, apesar da cláusula lançada pelo emitente, o portador promove o protesto, as despesas correm por sua conta. Por elas respondem todos os obrigados, se a cláusula é lançada por endossante ou avalista.

**Art. 51.** Todos os obrigados respondem solidariamente para com o portador do cheque.

**§ 1º.** O portador tem o direito de demandar todos os obrigados, individual ou coletivamente, sem estar sujeito a observar a ordem em que se obrigaram. O mesmo direito cabe ao obrigado que pagar o cheque.

**§ 2º.** A ação contra um dos obrigados não impede sejam os outros demandados, mesmo que se tenham obrigado posteriormente àquele.

**§ 3º.** Regem-se pelas normas das obrigações solidárias as relações entre obrigados do mesmo grau.

- CC: arts. 264 a 285.

**Art. 52.** O portador pode exigir do demandado:

**I** – a importância do cheque não pago;

**II** – os juros legais desde o dia da apresentação;

**III** – as despesas que fez;

**IV** – a compensação pela perda do valor aquisitivo da moeda, até o embolso das importâncias mencionadas nos itens antecedentes.

**Art. 53.** Quem paga o cheque pode exigir de seus garantes:

**I** – a importância integral que pagou;

**II** – os juros legais, a contar do dia do pagamento;

**III** – as despesas que fez;

**IV** – a compensação pela perda do valor aquisitivo da moeda, até o embolso das importâncias mencionadas nos itens antecedentes.

**Art. 54.** O obrigado contra o qual se promova execução, ou que a esta esteja sujeito, pode exigir, contra pagamento, a entrega do cheque, com o instrumento de protesto ou da declaração equivalente e a conta de juros e despesas quitada.

**Parágrafo único.** O endossante que pagou o cheque pode cancelar seu endosso e os dos endossantes posteriores.

**Art. 55.** Quando disposição legal ou caso de força maior impedir a apresentação do cheque, o protesto ou a declaração equivalente nos prazos estabelecidos, consideram-se estes prorrogados.

**§ 1º.** O portador é obrigado a dar aviso imediato da ocorrência de força maior a seu endossante e a fazer menção do aviso dado mediante declaração datada e assinada por ele no cheque ou folha de alongamento. São aplicáveis, quanto ao mais, as disposições do art. 49 e seus parágrafos desta Lei.

**§ 2º.** Cessado o impedimento, deve o portador, imediatamente, apresentar o cheque para pagamento e, se couber, promover o protesto ou a declaração equivalente.

**§ 3º.** Se o impedimento durar por mais de 15 (quinze) dias, contados do dia em que o portador, mesmo antes de findo o prazo de apresentação, comunicou a ocorrência de força maior a seu endossante, poderá ser promovida a execução, sem necessidade de apresentação do protesto ou declaração equivalente.

**§ 4º.** Não constituem casos de força maior os fatos puramente pessoais relativos ao portador ou à pessoa por ele incumbida da apresentação do cheque, do protesto ou da obtenção da declaração equivalente.

## CAPÍTULO VIII. DA PLURALIDADE DE EXEMPLARES

**Art. 56.** Excetuado o cheque ao portador, qualquer cheque emitido em um país e pagável em outro pode ser feito em vários exemplares idênticos, que devem ser numerados no próprio texto do título, sob pena de cada exemplar ser considerado cheque distinto.

**Art. 57.** O pagamento feito contra a apresentação de um exemplar é liberatório, ainda que não estipulado que o pagamento torna sem efeito os outros exemplares.

**Parágrafo único.** O endossante que transferir os exemplares a diferentes pessoas e os endossantes posteriores respondem por todos os exemplares que assinarem e que não forem restituídos.

## CAPÍTULO IX. DAS ALTERAÇÕES

**Art. 58.** No caso de alteração do texto do cheque, os signatários posteriores à alteração respondem nos termos do texto alterado e os signatários anteriores, nos do texto original.

**Parágrafo único.** Não sendo possível determinar se a firma foi aposta no título antes ou depois de sua alteração, presume-se que o tenha sido antes.

## CAPÍTULO X. DA PRESCRIÇÃO

✪ **Art. 59.** Prescreve em seis meses, contados da expiração do prazo de apresentação, a ação que o art. 47 desta Lei assegura ao portador.

- Súm. 531 do STJ.
- Lei 7.357/1985: arts. 35, par. único e 61.

**Parágrafo único.** A ação de regresso de um obrigado ao pagamento do cheque contra outro prescreve em seis meses, contados do dia em que o obrigado pagou o cheque ou do dia em que foi demandado.

**Art. 60.** A interrupção da prescrição produz efeito somente contra o obrigado em relação ao qual foi promovido o ato interruptivo.

**Art. 61.** A ação de enriquecimento contra o emitente ou outros obrigados, que se locupletaram injustamente com o não pagamento do cheque, prescreve em dois anos, contados do dia em que se consumar a prescrição prevista no art. 59 e seu parágrafo desta Lei.

**Art. 62.** Salvo prova de novação, a emissão ou a transferência do cheque não exclui a ação fundada na relação causal, feita a prova do não pagamento.

### CAPÍTULO XI. DOS CONFLITOS DE LEIS EM MATÉRIA DE CHEQUES

**Art. 63.** Os conflitos de leis em matéria de cheques serão resolvidos de acordo com as normas constantes das Convenções aprovadas, promulgadas e mandadas aplicar no Brasil, na forma prevista pela Constituição Federal.

### CAPÍTULO XII. DAS DISPOSIÇÕES GERAIS

**Art. 64.** A apresentação do cheque, o protesto ou a declaração equivalente só podem ser feitos ou exigidos em dia útil, durante o expediente dos estabelecimentos de crédito, câmaras de compensação e cartório de protestos.

**Parágrafo único.** O cômputo dos prazos estabelecidos nesta Lei obedece às disposições do direito comum.

**Art. 65.** Os efeitos penais da emissão do cheque sem suficiente provisão de fundos, da frustração do pagamento do cheque, da falsidade, da falsificação e da alteração do cheque continuam regidos pela legislação criminal.

- Súm. 246, 521 e 554 do STF.
- CP: art, 171, § 2º, VI.

**Art. 66.** Os vales ou cheques postais, os cheques de poupança ou assemelhados, e os cheques de viagem regem-se pelas disposições especiais a eles referentes.

**Art. 67.** A palavra "banco", para os fins desta Lei, designa também a instituição financeira contra a qual a lei admita a emissão de cheque.

**Art. 68.** Os bancos e casas bancárias poderão fazer prova aos seus depositantes dos cheques por estes sacados, mediante apresentação de cópia fotográfica ou microfotográfica.

**Art. 69.** Fica ressalvada a competência do Conselho Monetário Nacional, nos termos e nos limites da legislação específica, para expedir normas relativas à matéria bancária relacionada com o cheque.

**Parágrafo único.** É da competência do Conselho Monetário Nacional:

*a)* a determinação das normas a que devem obedecer as contas de depósito para que possam ser fornecidos os talões de cheques aos depositantes;

*b)* a determinação das consequências do uso indevido do cheque, relativamente à conta do depositante;

*c)* a disciplina das relações entre o sacado e o opoente, na hipótese do artigo 36 desta Lei.

**Art. 70.** Esta Lei entra em vigor na data de sua publicação.

**Art. 71.** Revogam-se as disposições em contrário.

Brasília, em 2 de setembro de 1985; 164º da Independência e 97º da República.

JOSÉ SARNEY

D.O.U. de 3.9.1985

# LEI Nº 8.934, DE 18 DE NOVEMBRO DE 1994

*Dispõe sobre o Registro Público de Empresas Mercantis e Atividades Afins e dá outras providências.*

O PRESIDENTE DA REPÚBLICA Faço saber que o Congresso Nacional decreta e eu sanciono a seguinte Lei:

## TÍTULO I. DO REGISTRO PÚBLICO DE EMPRESAS MERCANTIS E ATIVIDADES AFINS

### CAPÍTULO I. DAS FINALIDADES E DA ORGANIZAÇÃO

#### SEÇÃO I. DAS FINALIDADES

- Lei 11.598/2007 – Estabelece diretrizes e procedimentos para a simplificação e integração do processo de registro e legalização de empresários e de pessoas jurídicas, cria a Rede Nacional para a Simplificação do Registro e da Legalização de Empresas e Negócios – REDESIM.
- LC 123/2006 – Institui o Estatuto Nacional da Microempresa e da Empresa de Pequeno Porte.
- v. Decreto 1.800/1996 – Regulamenta a Lei 8.934/1994.

✪ **Art. 1º** O Registro Público de Empresas Mercantis e Atividades Afins, observado o disposto nesta Lei, será exercido em todo o território nacional, de forma sistêmica, por órgãos federais, estaduais e distrital, com as seguintes finalidades: *(Redação dada pela Lei 13.833/2019)*

› CC: arts. 966 a 971, e 1.150 a 1.154.

**I** – dar garantia, publicidade, autenticidade, segurança e eficácia aos atos jurídicos das empresas mercantis, submetidos a registro na forma desta Lei;

**II** – cadastrar as empresas nacionais e estrangeiras em funcionamento no País e manter atualizadas as informações pertinentes;

**III** – proceder à matrícula dos agentes auxiliares do comércio, bem como ao seu cancelamento.

**Art. 2º.** Os atos das firmas mercantis individuais e das sociedades mercantis serão arquivados no Registro Público de Empresas Mercantis e Atividades Afins, independentemente de seu objeto, salvo as exceções previstas em lei.

**Parágrafo único.** *(Revogado pela Lei 13.874/2019)*

## SEÇÃO II.
## DA ORGANIZAÇÃO

**Art. 3º.** Os serviços do Registro Público de Empresas Mercantis e Atividades Afins serão exercidos, em todo o território nacional, de maneira uniforme, harmônica e interdependente, pelo Sistema Nacional de Registro de Empresas Mercantis – Sinrem, composto pelos seguintes órgãos:

**I** – o Departamento Nacional de Registro Empresarial e Integração, órgão central do Sinrem, com as seguintes funções: *(Redação dada pela Lei 13.833/2019)*

*a)* supervisora, orientadora, coordenadora e normativa, na área técnica; e *(Redação dada pela Lei 13.833/2019)*

*b)* supletiva, na área administrativa; e *(Acrescida pela Lei 13.833/2019)*

**II** – as Juntas Comerciais, como órgãos locais, com funções executora e administradora dos serviços de registro.

### *SUBSEÇÃO I*
### *DO DEPARTAMENTO NACIONAL DE REGISTRO EMPRESARIAL E INTEGRAÇÃO*
*(Redação dada pela Lei 13.833/2019)*

✪ **Art. 4º.** O Departamento Nacional de Registro Empresarial e Integração (Drei) da Secretaria de Governo Digital da Secretaria Especial de Desburocratização, Gestão e Governo Digital do Ministério da Economia tem por finalidade: *(Redação dada pela Lei 13.874/2019)*

**I** – supervisionar e coordenar, no plano técnico, os órgãos incumbidos da execução dos serviços de Registro Público de Empresas Mercantis e Atividades Afins;

**II** – estabelecer e consolidar, com exclusividade, as normas e diretrizes gerais do Registro Público de Empresas Mercantis e Atividades Afins;

**III** – solucionar dúvidas ocorrentes na interpretação das leis, regulamentos e demais normas relacionadas com o registro de empresas mercantis, baixando instruções para esse fim;

**IV** – prestar orientação às Juntas Comerciais, com vistas à solução de consultas e à observância das normas legais e regulamentares do Registro Público de Empresas Mercantis e Atividades Afins;

**V** – exercer ampla fiscalização jurídica sobre os órgãos incumbidos do Registro Público de Empresas Mercantis e Atividades Afins, representando para os devidos fins às autoridades administrativas contra abusos e infrações das respectivas normas, e requerendo tudo o que se afigurar necessário ao cumprimento dessas normas;

**VI** – estabelecer normas procedimentais de arquivamento de atos de firmas mercantis individuais e sociedades mercantis de qualquer natureza;

**VII** – promover ou providenciar, supletivamente, as medidas tendentes a suprir ou corrigir as ausências, falhas ou deficiências dos serviços de Registro Público de Empresas Mercantis e Atividades Afins;

**VIII** – prestar colaboração técnica e financeira às Juntas Comerciais para a melhoria dos serviços pertinentes ao Registro Público de Empresas Mercantis e Atividades Afins;

**IX** – organizar e manter atualizado o cadastro nacional das empresas mercantis em funcionamento no País, com a cooperação das Juntas Comerciais;

**X** – instruir, examinar e encaminhar os pedidos de autorização para nacionalização ou instalação de filial, de agência, de sucursal ou de estabelecimento no País por sociedade estrangeira, ressalvada a competência de outros órgãos federais; *(Redação dada pela Lei 14.195/2021)*

**XI** – promover e elaborar estudos e publicações e realizar reuniões sobre temas pertinentes ao Registro Público de Empresas Mercantis e Atividades Afins. *(Redação dada pela Lei 13.833/2019)*

**XII** – apoiar a articulação e a supervisão dos órgãos e das entidades envolvidos na integração para o registro e a legalização de empresas; *(Acrescido pela Lei 14.195/2021)*

**XIII** – quanto à integração para o registro e a legalização de empresas: *(Acrescido pela Lei 14.195/2021)*

*a)* propor planos de ação e diretrizes e implementar as medidas deles decorrentes, em articulação com outros órgãos e entidades

EMPRESARIAL

públicas, inclusive estaduais, distritais e municipais;

*b) (VETADO na Lei 14.195/2021);*

*c) (VETADO na Lei 14.195/2021);* e

*d)* propor e implementar projetos, ações, convênios e programas de cooperação, em articulação com órgãos e com entidades públicas e privadas, nacionais e estrangeiras, no âmbito de sua área de competência;

**XIV** – quanto ao Registro Público de Empresas Mercantis e Atividades Afins, propor os planos de ação, as diretrizes e as normas e implementar as medidas necessárias; *(Acrescido pela Lei 14.195/2021)*

**XV** – coordenar as ações dos órgãos incumbidos da execução dos serviços do Registro Público de Empresas Mercantis e Atividades Afins; *(Acrescido pela Lei 14.195/2021)*

**XVI** – especificar, desenvolver, implementar, manter e operar os sistemas de informação relativos à integração para o registro e para a legalização de empresas, em articulação com outros órgãos e observadas as competências destes; e *(Acrescido pela Lei 14.195/2021)*

**XVII** – propor, implementar e monitorar medidas relacionadas com a desburocratização do registro público de empresas e destinadas à melhoria do ambiente de negócios no País. *(Acrescido pela Lei 14.195/2021)*

**Parágrafo único.** O cadastro nacional a que se refere o inciso IX do caput deste artigo será mantido com as informações originárias do cadastro estadual de empresas, vedados a exigência de preenchimento de formulário pelo empresário ou o fornecimento de novos dados ou informações, bem como a cobrança de preço pela inclusão das informações no cadastro nacional. *(Acrescido pela Lei 13.874/2019)*

### *SUBSEÇÃO II. DAS JUNTAS COMERCIAIS*

**Art. 5º.** Haverá uma Junta Comercial em cada unidade federativa, com sede na capital e jurisdição na área da circunscrição territorial respectiva.

**Art. 6º** As juntas comerciais subordinam-se, administrativamente, ao governo do respectivo ente federativo e, tecnicamente, ao Departamento Nacional de Registro Empresarial e Integração, nos termos desta Lei. *(Redação dada pela Lei 13.833/2019)*

**Parágrafo único.** *(Revogado pela Lei 13.833/2019)*

**Art. 7º.** As Juntas Comerciais poderão desconcentrar os seus serviços, mediante convênios com órgãos públicos e entidades privadas sem fins lucrativos, preservada a competência das atuais Delegacias.

✪ **Art. 8º.** Às Juntas Comerciais incumbe:

**I** – executar os serviços previstos no art. 32 desta Lei;

**II** – elaborar a tabela de preços de seus serviços, observadas as normas legais pertinentes;

**III** – processar a habilitação e a nomeação dos tradutores públicos e intérpretes comerciais;

**IV** – elaborar os respectivos Regimentos Internos e suas alterações, bem como as resoluções de caráter administrativo necessárias ao fiel cumprimento das normas legais, regulamentares e regimentais;

**V** – expedir carteiras de exercício profissional de pessoas legalmente inscritas no Registro Público de Empresas Mercantis e Atividades Afins;

**VI** – o assentamento dos usos e práticas mercantis.

▸ Decreto 1.800/1996: arts. 87 e 88.

**Art. 9º.** A estrutura básica das juntas Comerciais será integrada pelos seguintes órgãos:

**I** – a Presidência, como órgão diretivo e representativo;

**II** – o Plenário, como órgão deliberativo superior;

**III** – as Turmas, como órgãos deliberativos inferiores;

**IV** – a Secretaria-Geral, como órgão administrativo;

**V** – a Procuradoria, como órgão de fiscalização e de consulta jurídica.

**§ 1º.** As Juntas Comerciais poderão ter uma assessoria técnica, com a competência de preparar e relatar os documentos a serem submetidos à sua deliberação, cujos membros deverão ser bacharéis em Direito, Economistas, Contadores ou Administradores.

**§ 2º** As Juntas Comerciais, por seu Plenário, poderão resolver pela criação de delegacias, órgãos locais do registro do comércio, nos termos da legislação estadual respectiva.

**Art. 10.** O Plenário, composto de Vogais e respectivos suplentes, será constituído pelo mínimo de onze e no máximo de vinte e três Vogais.

**Art. 11.** Os vogais e os respectivos suplentes serão nomeados, salvo disposição em contrário, pelos governos dos Estados e do Distrito Federal, dentre brasileiros que atendam às seguintes condições: *(Redação dada pela Lei 13.833/2019)*

**I** – estejam em pleno gozo dos direitos civis e políticos;

**II** – não estejam condenados por crime cuja pena vede o acesso a cargo, emprego e funções públicas, ou por crime de prevaricação, falência fraudulenta, peita ou suborno, concussão, peculato, contra a propriedade, a fé pública e a economia popular;

**III** – sejam, ou tenham sido, por mais de 5 (cinco) anos, titulares de firma mercantil individual, sócios ou administradores de sociedade mercantil, valendo como prova, para esse fim, certidão expedida pela Junta Comercial;

**IV** – estejam quites com o serviço militar e o serviço eleitoral.

**Parágrafo único.** Qualquer pessoa poderá representar fundadamente à autoridade competente contra a nomeação de vogal ou suplente, contrária aos preceitos desta Lei, no prazo de 15 (quinze) dias, contados da data da posse.

**Art. 12.** Os vogais e respectivos suplentes serão escolhidos da seguinte forma:

**I** – a metade do número de vogais e suplentes será designada mediante indicação de nomes, em listas tríplices, pelas entidades patronais de grau superior e pelas Associações Comerciais, com sede na jurisdição da Junta;

**II** – um Vogal e respectivo suplente, representando a União, por nomeação do Ministro de Estado do Desenvolvimento, Indústria e Comércio Exterior;

**III** – quatro vogais e respectivos suplentes representando a classe dos advogados, a dos economistas, a dos contadores e a dos administradores, todos mediante indicação, em lista tríplice, do Conselho Seccional ou Regional do Órgão Corporativo dessas categorias profissionais;

**IV** – os demais vogais e suplentes serão designados, nos Estados e no Distrito Federal, por livre escolha dos respectivos governadores. *(Redação dada pela Lei 13.833/2019)*

**§ 1º.** Os vogais e respectivos suplentes de que tratam os incisos II e III deste artigo ficam dispensados da prova do requisito previsto no inciso III do art. 11, mas exigir-se-á a prova de mais de 5 (cinco) anos de efetivo exercício da profissão em relação aos vogais e suplentes de que trata o inciso III.

**§ 2º.** As listas referidas neste artigo devem ser remetidas até 60 (sessenta) dias antes do término do mandato, caso contrário será considerada, com relação a cada entidade que se omitir na remessa, a última lista que não inclua pessoa que exerça ou tenha exercido mandato de vogal.

**Art. 13.** Os vogais serão remunerados por presença, nos termos da legislação da unidade federativa a que pertencer a Junta Comercial.

**Art. 14.** O vogal será substituído por seu suplente durante os impedimentos e, no caso de vaga, até o final do mandato.

**Art. 15.** São incompatíveis para a participação no colégio de vogais da mesma Junta Comercial os parentes consanguíneos e afins até o segundo grau e os sócios da mesma empresa.

**Parágrafo único.** Em caso de incompatibilidade, serão seguidos, para a escolha dos membros, sucessivamente, os critérios da precedência na nomeação, da precedência na posse, ou do membro mais idoso.

**Art. 16.** O mandato de vogal e respectivo suplente será de 4 (quatro) anos, permitida apenas uma recondução.

**Art. 17.** O vogal ou seu suplente perderá o mandato nos seguintes casos:

**I** – mais de 3 (três) faltas consecutivas às sessões, ou 12 (doze) alternadas no mesmo ano, sem justo motivo;

**II** – por conduta incompatível com a dignidade do cargo.

**Art. 18.** Na sessão inaugural do Plenário das Juntas Comerciais, que iniciará cada período de mandato, serão distribuídos os vogais por Turmas de três membros cada uma, com exclusão do presidente e do vice-presidente.

**Art. 19.** Ao Plenário compete o julgamento dos processos em grau de recurso, nos termos previstos no regulamento desta Lei.

**Art. 20.** As sessões ordinárias do Plenário e das Turmas efetuar-se-ão com a periodicidade e do modo determinado no regimento da Junta Comercial; e as extraordinárias, sempre justificadas, por convocação do presidente ou de 2/3 (dois terços) dos seus membros.

**Art. 21.** Compete às Turmas julgar, originariamente, os pedidos relativos à execução dos atos de registro.

**Art. 22.** Compete aos respectivos governadores a nomeação para os cargos em comissão de presidente e vice-presidente das juntas comerciais dos Estados e do Distrito Federal, escolhidos dentre os vogais do Plenário. *(Redação dada pela Lei 13.833/2019)*

**Art. 23.** Compete ao presidente:

**I** – a direção e representação geral da Junta;

**II** – dar posse aos vogais, convocar e dirigir as sessões do Plenário, superintender todos os serviços e velar pelo fiel cumprimento das normas legais e regulamentares.

**Art. 24.** Ao vice-presidente incumbe substituir o presidente em suas faltas ou impedimentos e efetuar a correição permanente dos serviços, na forma do regulamento desta Lei.

**Art. 25.** Compete aos respectivos governadores a nomeação para o cargo em comissão de secretário-geral das juntas comerciais dos Estados e do Distrito Federal, e a escolha deverá recair sobre brasileiros de notória idoneidade moral e com conhecimentos em direito empresarial. *(Redação dada pela Lei 13.833/2019)*

**Art. 26.** À Secretaria-Geral compete a execução dos serviços de registro e de administração da Junta.

**Art. 27.** As procuradorias serão compostas de 1 (um) ou mais procuradores e chefiadas pelo procurador que for designado pelo governador do Estado ou do Distrito Federal. *(Redação dada pela Lei 13.833/2019)*

**Art. 28.** A Procuradoria tem por atribuição fiscalizar e promover o fiel cumprimento das normas legais e executivas, oficiando, internamente, por sua iniciativa ou mediante solicitação da Presidência, do Plenário e das Turmas; e, externamente, em atos ou feitos de natureza jurídica, inclusive os judiciais, que envolvam matéria do interesse da Junta.

## CAPÍTULO II. DA PUBLICIDADE DO REGISTRO PÚBLICO DE EMPRESAS MERCANTIS E ATIVIDADES AFINS

### SEÇÃO I. DAS DISPOSIÇÕES GERAIS

✪ **Art. 29.** Qualquer pessoa, sem necessidade de provar interesse, poderá consultar os assentamentos existentes nas Juntas Comerciais e obter certidões, mediante pagamento do preço devido.

- Lei 11.101/2005: art. 196.

**Art. 30.** A forma, prazo e procedimento de expedição de certidões serão definidos no Regulamento desta Lei.

### SEÇÃO II. DA PUBLICAÇÃO DOS ATOS

**Art. 31.** Os atos decisórios serão publicados em sítio da rede mundial de computadores da junta comercial do respectivo ente federativo. *(Redação dada pela Lei 13.874/2019)*

## CAPÍTULO III. DOS ATOS PERTINENTES AO REGISTRO PÚBLICO DE EMPRESAS MERCANTIS E ATIVIDADES AFINS

### SEÇÃO I. DA COMPREENSÃO DOS ATOS

✪ **Art. 32.** O registro compreende:

- CC: arts. 967 a 971, 974, § 3º, 979, 1.179 a 1.180..

**I** – a matrícula e seu cancelamento: dos leiloeiros, tradutores públicos e intérpretes comerciais, trapicheiros e administradores de armazéns-gerais;

**II** – o arquivamento:

- Lei 8.934/1994: arts. 36 e 37, par. único..

*a)* dos documentos relativos à constituição, alteração, dissolução e extinção de firmas mercantis individuais, sociedades mercantis e cooperativas;

*b)* dos atos relativos a consórcio e grupo de sociedade de que trata a Lei 6.404, de 15 de dezembro de 1976;

- Lei 6.404/1976: arts. 270 e 271.

*c)* dos atos concernentes a empresas mercantis estrangeiras autorizadas a funcionar no Brasil;

- CC: arts. 1.134 a 1.141.

*d)* das declarações de microempresa;

*e)* de atos ou documentos que, por determinação legal, sejam atribuídos ao Registro Público de Empresas Mercantis e Atividades Afins ou daqueles que possam interessar ao empresário e às empresas mercantis;

**III** – a autenticação dos instrumentos de escrituração das empresas mercantis registradas e dos agentes auxiliares do comércio, na forma de leis própria.

**§ 1º.** Os atos, os documentos e as declarações que contenham informações meramente cadastrais serão levados automaticamente a registro se puderem ser obtidos de outras bases de dados disponíveis em órgãos públicos. *(Acrescido pela Lei 13.874/2019)*

**§ 2º.** Ato do Departamento Nacional de Registro Empresarial e Integração definirá os atos, os documentos e as declarações que contenham informações meramente cadastrais. *(Acrescido pela Lei 13.874/2019)*

**Art. 33.** A proteção ao nome empresarial decorre automaticamente do arquivamento dos atos constitutivos de firma individual e de sociedades, ou de suas alterações.

▸ CC: arts. 1.155 a 1.168.

**§ 1º.** (*VETADO*).

**§ 2º.** (*VETADO*).

**Art. 34.** O nome empresarial obedecerá aos princípios da veracidade e da novidade.

▸ CC: art. 1.163.

## SEÇÃO II. DAS PROIBIÇÕES DE ARQUIVAMENTO

**Art. 35.** Não podem ser arquivados:

**I** – os documentos que não obedecerem às prescrições legais ou regulamentares ou que contiverem matéria contrária aos bons costumes ou à ordem pública, bem como os que colidirem com o respectivo estatuto ou contrato não modificado anteriormente;

**II** – os documentos de constituição ou alteração de empresas mercantis de qualquer espécie ou modalidade em que figure como titular ou administrador pessoa que esteja condenada pela prática de crime cuja pena vede o acesso à atividade mercantil;

**III** – os atos constitutivos de empresas mercantis que, além das cláusulas exigidas em lei, não designarem o respectivo capital e a declaração de seu objeto, cuja indicação no nome empresarial é facultativa; *(Redação dada pela Lei 14.195/2021)*

**IV** – *(Revogado pela Lei 14.195/2021)*

**V** – os atos de empresas mercantis com nome idêntico a outro já existente; *(Redação dada pela Lei 14.195/2021)*

**VI** – a alteração contratual, por deliberação majoritária do capital social, quando houver cláusula restritiva;

**VII** – os contratos sociais ou suas alterações em que haja incorporação de imóveis à sociedade, por instrumento particular, quando do instrumento não constar:

*a)* a descrição e identificação do imóvel, sua área, dados relativos à sua titulação, bem como o número da matrícula no registro imobiliário;

*b)* a outorga uxória ou marital, quando necessária;

**VIII** – *(Revogado pela Lei 13.874/2019)*

**§ 1º** O registro dos atos constitutivos e de suas alterações e extinções ocorrerá independentemente de autorização governamental prévia, e os órgãos públicos deverão ser informados pela Rede Nacional para a Simplificação do Registro e da Legalização de Empresas e Negócios (Redesim) a respeito dos registros sobre os quais manifestarem interesse. *(Parágrafo único transformado em § 1º pela Lei 14.195/2021)*

**§ 2º** Eventuais casos de confronto entre nomes empresariais por semelhança poderão ser questionados pelos interessados, a qualquer tempo, por meio de recurso ao Drei. *(Redação dada pela Lei 14.195/2021)*

**Art. 35-A.** O empresário ou a pessoa jurídica poderá optar por utilizar o número de inscrição no Cadastro Nacional da Pessoa Jurídica (CNPJ) como nome empresarial, seguido da partícula identificadora do tipo societário ou jurídico, quando exigida por lei. *(Acrescido pela Lei 14.195/2021)*

## SEÇÃO III. DA ORDEM DOS SERVIÇOS

### *SUBSEÇÃO I. DA APRESENTAÇÃO DOS ATOS E ARQUIVAMENTO*

**Art. 36.** Os documentos referidos no inciso II do art. 32 deverão ser apresentados a arquivamento na Junta, dentro de 30 (trinta) dias contados de sua assinatura, a cuja data retroagirão os efeitos do arquivamento; fora desse prazo, o arquivamento só terá eficácia a partir do despacho que o conceder.

**Art. 37.** Instruirão obrigatoriamente os pedidos de arquivamento:

▸ Lei 6.404/1976: arts. 94 a 97.

**I** – o instrumento original de constituição, modificação ou extinção de empresas mercantis, assinado pelo titular, pelos administradores, sócios ou seus procuradores;

**II** – declaração do titular ou administrador, firmada sob as penas da lei, de não estar impedido de exercer o comércio ou a administração de sociedade mercantil, em virtude de condenação criminal;

**III** – a ficha cadastral padronizada, que deverá seguir o modelo aprovado pelo Drei, a qual incluirá, no mínimo, as informações sobre os seus titulares e administradores, bem como sobre a forma de representação da empresa mercantil; *(Redação dada pela Lei 14.195/2021)*

**IV** – os comprovantes de pagamento dos preços dos serviços correspondentes;

**V** – a prova de identidade dos titulares e dos administradores da empresa mercantil.

**Parágrafo único.** Além dos referidos neste artigo, nenhum outro documento será exigido das firmas individuais e sociedades referidas nas alíneas *a*, *b* e *d* do inciso II do art. 32.

**Art. 38.** Para cada empresa mercantil, a Junta Comercial organizará um prontuário com os respectivos documentos.

### *SUBSEÇÃO II. DAS AUTENTICAÇÕES*

**Art. 39.** As Juntas Comerciais autenticarão:

- Decreto 8.683/2016 – Altera o Decreto 1.800/1996, que regulamenta a Lei 8.934/1994.

**I** – os instrumentos de escrituração das empresas mercantis e dos agentes auxiliares do comércio;

**II** – as cópias dos documentos assentados.

**Parágrafo único.** Os instrumentos autenticados, não retirados no prazo de 30 (trinta) dias, contados da sua apresentação, poderão ser eliminados.

**Art. 39-A.** A autenticação dos documentos de empresas de qualquer porte realizada por meio de sistemas públicos eletrônicos dispensa qualquer outra.

**Art. 39-B.** A comprovação da autenticação de documentos e da autoria de que trata esta Lei poderá ser realizada por meio eletrônico, na forma do regulamento.

### *SUBSEÇÃO III. DO EXAME DAS FORMALIDADES*

**Art. 40.** Todo ato, documento ou instrumento apresentado a arquivamento será objeto de exame do cumprimento das formalidades legais pela Junta Comercial.

**§ 1º.** Verificada a existência de vício insanável, o requerimento será indeferido; quando for sanável, o processo será colocado em exigência.

**§ 2º.** As exigências formuladas pela Junta Comercial deverão ser cumpridas em até 30 (trinta) dias, contados da data da ciência pelo interessado ou da publicação do despacho.

**§ 3º.** O processo em exigência será entregue completo ao interessado; não devolvido no prazo previsto no parágrafo anterior, será considerado como novo pedido de arquivamento, sujeito ao pagamento dos preços dos serviços correspondentes.

### *SUBSEÇÃO IV. DO PROCESSO DECISÓRIO*

✪ **Art. 41.** Estão sujeitos ao regime de decisão colegiada pelas Juntas Comerciais, na forma desta Lei:

**I** – o arquivamento:

*a)* dos atos de constituição de sociedades anônimas; *(Redação dada pela Lei 13.874/2019)*

*b)* dos atos referentes à transformação, incorporação, fusão e cisão de empresas mercantis;

*c)* dos atos de constituição e alterações de consórcio e de grupo de sociedades, conforme previsto na Lei nº 6.404, de 15 de dezembro de 1976;

**II** – o julgamento do recurso previsto nesta Lei.

**Parágrafo único.** Os pedidos de arquivamento de que trata o inciso I do caput deste artigo serão decididos no prazo de 5 (cinco) dias úteis, contado da data de seu recebimento, sob pena de os atos serem considerados arquivados, mediante provocação dos interessados, sem prejuízo do exame das formalidades legais pela procuradoria. *(Acrescido pela Lei 13.874/2019)*

**Art. 42.** Os atos próprios do Registro Público de Empresas Mercantis e Atividades Afins, não previstos no artigo anterior, serão objeto de decisão singular proferida pelo presidente da Junta Comercial, por vogal ou servidor que possua comprovados conhecimentos de Direito Comercial e de Registro de Empresas Mercantis.

**§ 1º** Os vogais e servidores habilitados a proferir decisões singulares serão designados pelo presidente da junta comercial. *(Parágrafo único transformado em § 1º pela Lei 13.874/2019)*

**§ 2º** Os pedidos de arquivamento não previstos no inciso I do caput do art. 41 desta Lei serão decididos no prazo de 2 (dois) dias úteis, contado da data de seu recebimento, sob pena de os atos serem considerados arquivados, mediante provocação dos interessados, sem prejuízo do exame das formalidades legais pela procuradoria. *(Acrescido pela Lei 13.874/2019)*

**§ 3º** O arquivamento dos atos constitutivos e de alterações não previstos no inciso I do caput do art. 41 desta Lei terá o registro deferido automaticamente caso cumpridos os requisitos de: *(Acrescido pela Lei 13.874/2019)*

**I** – aprovação da consulta prévia da viabilidade do nome empresarial e da viabilidade de localização, quando o ato exigir; e

**II** – utilização pelo requerente do instrumento padrão estabelecido pelo Departamento Nacional de Registro Empresarial e Integração (Drei) da Secretaria de Governo Digital da Secretaria Especial de Desburocratização, Gestão e Governo Digital do Ministério da Economia.

**§ 4º** O arquivamento dos atos de extinção não previstos no inciso I do caput do art. 41 desta Lei terá o registro deferido automaticamente no caso de utilização pelo requerente do instrumento padrão estabelecido pelo Drei. *(Acrescido pela Lei 13.874/2019)*

**§ 5º** Nas hipóteses de que tratam os §§ 3º e 4º do caput deste artigo, a análise do cumprimento das formalidades legais será feita posteriormente, no prazo de 2 (dois) dias úteis, contado da data do deferimento automático do registro. *(Acrescido pela Lei 13.874/2019)*

**§ 6º** Após a análise de que trata o § 5º deste artigo, a identificação da existência de vício acarretará: *(Acrescido pela Lei 13.874/2019)*

**I** – o cancelamento do arquivamento, se o vício for insanável; ou

**II** – a observação do procedimento estabelecido pelo Drei, se o vício for sanável.

**Art. 43.** *(Revogado pela Lei 13.874/2019)*

### *SUBSEÇÃO V. DO PROCESSO REVISIONAL*

✪ **Art. 44.** O processo revisional pertinente ao Registro Público de Empresas Mercantis e Atividades Afins dar-se-á mediante:

**I** – Pedido de Reconsideração;

**II** – Recurso ao Plenário;

**III** – Recurso ao Departamento Nacional de Registro Empresarial e Integração. *(Redação dada pela Lei 13.874/2019)*

**Art. 45.** O Pedido de Reconsideração terá por objeto obter a revisão de despachos singulares ou de Turmas que formulem exigências para o deferimento do arquivamento e será apresentado no prazo para cumprimento da exigência para apreciação pela autoridade recorrida em 3 (três) dias úteis ou 5 (cinco) dias úteis, respectivamente.

**Art. 46.** Das decisões definitivas, singulares ou de Turmas, cabe recurso ao Plenário, que deverá ser decidido no prazo máximo de 30 (trinta) dias, a contar da data do recebimento da peça recursal, ouvida a Procuradoria, no prazo de 10 (dez) dias, quando a mesma não for a recorrente.

**Art. 47.** Das decisões do plenário cabe recurso ao Departamento Nacional de Registro Empresarial e Integração como última instância administrativa. *(Redação dada pela Lei 13.874/2019)*

**Parágrafo único.** *(Revogado pela Lei 13.874/2019)*

**Art. 48.** Os recursos serão indeferidos liminarmente pelo presidente da Junta quando assinados por procurador sem mandato ou, ainda, quando interpostos fora do prazo ou antes da decisão definitiva, devendo ser, em qualquer caso, anexados ao processo.

**Art. 49.** Os recursos de que trata esta Lei não têm efeito suspensivo.

**Art. 50.** Todos os recursos previstos nesta Lei deverão ser interpostos no prazo de 10 (dez) dias úteis, cuja fluência começa na data da intimação da parte ou da publicação do ato no órgão oficial de publicidade da Junta Comercial.

**Art. 51.** A Procuradoria e as partes interessadas, quando for o caso, serão intimadas para, no mesmo prazo de 10 (dez) dias, oferecerem contrarrazões.

## TÍTULO II. DAS DISPOSIÇÕES FINAIS E TRANSITÓRIAS

## CAPÍTULO I. DAS DISPOSIÇÕES FINAIS

**Art. 52.** (*VETADO*).

**Art. 53.** As alterações contratuais ou estatutárias poderão ser efetivadas por escritura pública ou particular, independentemente da forma adotada no ato constitutivo.

**Art. 54.** A prova da publicidade de atos societários, quando exigida em lei, será feita mediante anotação nos registros da junta comercial à vista da apresentação da folha do Diário Oficial, em sua versão eletrônica, dispensada a juntada da mencionada folha. *(Redação dada pela Lei 13.874/2019)*

**Art. 55.** Compete ao Departamento Nacional de Registro Empresarial e Integração propor a elaboração da tabela de preços dos serviços pertinentes ao Registro Público de Empresas Mercantis, na parte relativa aos atos de natureza federal, bem como especificar os atos a serem observados pelas juntas comerciais na elaboração de suas tabelas locais. *(Redação dada pela Lei 13.874/2019)*

**§ 1º** As isenções de preços de serviços restringem-se aos casos previstos em lei. *(Parágrafo único transformado em § 1º pela Lei 13.874/2019)*

**§ 2º** É vedada a cobrança de preço pelo serviço de arquivamento dos documentos relativos à extinção do registro do empresário individual, da empresa individual de responsabilidade limitada (Eireli) e da sociedade limitada. *(Acrescido pela Lei 13.874/2019)*

**Art. 56.** Os documentos arquivados pelas juntas comerciais não serão retirados, em qualquer hipótese, de suas dependências, ressalvado o disposto no art. 57 desta Lei. *(Redação dada pela Lei 14.195/2021)*

**Art. 57.** Quaisquer atos e documentos, após microfilmados ou preservada a sua imagem por meios tecnológicos mais avançados, poderão ser eliminados pelas juntas comerciais, conforme disposto em regulamento. *(Redação dada pela Lei 14.195/2021)*

**Parágrafo único.** Antes da eliminação prevista no caput deste artigo, será concedido o prazo de 30 (trinta) dias para os acionistas, os diretores e os procuradores das empresas ou outros interessados retirarem, facultativamente, a documentação original, sem qualquer custo. *(Acrescido pela Lei 14.195/2021)*

**Art. 58.** *(Revogado pela Lei 14.195/2021)*

**Art. 59.** Expirado o prazo da sociedade celebrada por tempo determinado, esta perderá a proteção do seu nome empresarial.

**Art. 60.** *(Revogado pela Lei 14.195/2021)*

**Art. 61.** O fornecimento de informações cadastrais aos órgãos executores do Registro Público de Empresas Mercantis e Atividades Afins desobriga as firmas individuais e sociedades de prestarem idênticas informações a outros órgãos ou entidades das Administrações Federal, Estadual ou Municipal.

**Parágrafo único.** O Departamento Nacional de Registro Empresarial e Integração manterá à disposição dos órgãos ou das entidades de que trata este artigo os seus serviços de cadastramento de empresas mercantis. *(Redação dada pela Lei 13.833/2019)*

**Art. 62.** *(Revogado pela Lei 13.833/2019)*

**Art. 63.** Os atos levados a arquivamento nas juntas comerciais são dispensados de reconhecimento de firma. *(Redação dada pela Lei 14.195/2021)*

**§ 1º** A cópia de documento, autenticada na forma prevista em lei, dispensará nova conferência com o documento original. *(Parágrafo único transformado em § 1º e com redação dada pela Lei 13.874/2019)*

**§ 2º** A autenticação do documento poderá ser realizada por meio de comparação entre o documento original e a sua cópia pelo servidor a quem o documento seja apresentado. *(Acrescido pela Lei 13.874/2019)*

**§ 3º** Fica dispensada a autenticação a que se refere o § 1º do caput deste artigo quando o advogado ou o contador da parte interessada declarar, sob sua responsabilidade pessoal, a autenticidade da cópia do documento. *(Acrescido pela Lei 13.874/2019)*

**Art. 64.** A certidão dos atos de constituição e de alteração de empresários individuais e de sociedades mercantis, fornecida pelas juntas comerciais em que foram arquivados, será o documento hábil para a transferência, por transcrição no registro público competente, dos bens com que o subscritor tiver contribuído para a formação ou para o aumento do capital. *(Redação dada pela Lei 14.195/2021)*

## CAPÍTULO II. DAS DISPOSIÇÕES TRANSITÓRIAS

**Art. 65.** As Juntas Comerciais adaptarão os respectivos regimentos ou regulamentos às disposições desta Lei no prazo de 180 (cento e oitenta) dias.

**Art. 65-A.** Os atos de constituição, alteração, transformação, incorporação, fusão, cisão, dissolução e extinção de registro de empresários e de pessoas jurídicas poderão ser realizados também por meio de sistema eletrônico criado e mantido pela administração pública federal. *(Acrescido pela Lei 13.874/2019)*

**Art. 66.** (*VETADO*).

**Art. 67.** Esta Lei será regulamentada pelo Poder Executivo no prazo de 90 (noventa) dias e entrará em vigor na data da sua publicação, revogadas as Leis nºs 4.726, de 13 de julho de 1965, 6.939, de 9 de setembro de 1981, 6.054, de 12 de junho de 1974, o § 4º do art. 71 da Lei nº 4.215, de 27 de abril de 1963, acrescentado pela Lei nº 6.884, de 9 de dezembro de 1980, e a Lei nº 8.209, de 18 de julho de 1991.

Brasília, 18 de novembro de 1994; 173º da Independência e 106º da República.

ITAMAR FRANCO

D.O.U. 21.11.1994

# LEI Nº 9.492, DE 10 DE SETEMBRO DE 1997

*Define competência, regulamenta os serviços concernentes ao protesto de títulos e outros documentos de dívida e dá outras providências.*

O PRESIDENTE DA REPÚBLICA Faço saber que o Congresso Nacional decreta e eu sanciono a seguinte Lei:

## CAPÍTULO I. DA COMPETÊNCIA E DAS ATRIBUIÇÕES

**Art. 1º.** Protesto é o ato formal e solene pelo qual se prova a inadimplência e o descumprimento de obrigação originada em títulos e outros documentos de dívida.

- CC: art. 202, II.
- CCo: art. 661.
- Lei 7.357/1985: arts. 47, II, e 48.
- Lei 6.268/1975: art. 3º.
- Lei 6.690/1979 – Disciplina o cancelamento de protesto de títulos cambiais.
- Lei 5.474/1968: arts. 13 e 14.
- Decreto 2.044/1908: arts. 28 a 33.
- Decreto 57.663/1966: Anexo I, artigos 43 a 54.

**Parágrafo único.** Incluem-se entre os títulos sujeitos a protesto as certidões de dívida ativa da União, dos Estados, do Distrito Federal, dos Municípios e das respectivas autarquias e fundações públicas.

- ADI 5.488 (4) (DJE 01.02.2018 e 07.02.2018).

**Art. 2º.** Os serviços concernentes ao protesto, garantidores da autenticidade, publicidade, segurança e eficácia dos atos jurídicos, ficam sujeitos ao regime estabelecido nesta Lei.

**Art. 3º.** Compete privativamente ao Tabelião de Protesto de Títulos, na tutela dos interesses públicos e privados, a protocolização, a intimação, o acolhimento da devolução ou do aceite, o recebimento do pagamento, do título e de outros documentos de dívida, bem como lavrar e registrar o protesto ou acatar a desistência do credor em relação ao mesmo, proceder às averbações, prestar informações e fornecer certidões relativas a todos os atos praticados, na forma desta Lei.

## CAPÍTULO II. DA ORDEM DOS SERVIÇOS

**Art. 4º.** O atendimento ao público será, no mínimo, de seis horas diárias.

**Art. 5º.** Todos os documentos apresentados ou distribuídos no horário regulamentar serão protocolizados dentro de vinte e quatro horas, obedecendo à ordem cronológica de entrega.

**Parágrafo único.** Ao apresentante será entregue recibo com as características essenciais do título ou documento de dívida, sendo de sua responsabilidade os dados fornecidos.

**Art. 6º.** Tratando-se de cheque, poderá o protesto ser lavrado no lugar do pagamento ou do domicílio do emitente, devendo do referido cheque constar a prova de apresentação ao Banco sacado, salvo se o protesto tenha por fim instruir medidas pleiteadas contra o estabelecimento de crédito.

## CAPÍTULO III. DA DISTRIBUIÇÃO

**Art. 7º.** Os títulos e documentos de dívida destinados a protesto somente estarão sujeitos a prévia distribuição obrigatória nas localidades onde houver mais de um Tabelionato de Protesto de Títulos.

**Parágrafo único.** Onde houver mais de um Tabelionato de Protesto de Títulos, a distribuição será feita por um Serviço instalado e mantido pelos próprios Tabelionatos, salvo se já existir Ofício Distribuidor organizado antes da promulgação desta Lei.

**Art. 8º.** Os títulos e documentos de dívida serão recepcionados, distribuídos e entregues na mesma data aos Tabelionatos de Protesto, obedecidos os critérios de quantidade e qualidade.

**§ 1º** Poderão ser recepcionadas as indicações a protestos das Duplicatas Mercantis e de Prestação de Serviços, por meio magnético ou de gravação eletrônica de dados, sendo de inteira responsabilidade do apresentante os dados fornecidos, ficando a cargo dos Tabelionatos a mera instrumentalização das mesmas. *(Renumerado pela Lei 13.775/2018, publicada no DOU de 21/12/2018, em vigor 120 dias após a publicação)*

**§ 2º** Os títulos e documentos de dívida mantidos sob a forma escritural nos sistemas eletrônicos de escrituração ou nos depósitos centralizados de que trata a Lei nº 12.810, de 15 de maio de 2013, poderão ser recepcionados para protesto por extrato, desde que atestado por seu emitente, sob as penas da lei, que as informações conferem com o que consta na origem. *(Incluído pela Lei 13.775/2018, publicada no DOU de 21/12/2018, em vigor 120 dias após a publicação)*

## CAPÍTULO IV. DA APRESENTAÇÃO E PROTOCOLIZAÇÃO

**Art. 9º.** Todos os títulos e documentos de dívida protocolizados serão examinados em seus caracteres formais e terão curso se não apresentarem vícios, não cabendo ao Tabelião de Protesto investigar a ocorrência de prescrição ou caducidade.

**Parágrafo único.** Qualquer irregularidade formal observada pelo Tabelião obstará o registro do protesto.

**Art. 10.** Poderão ser protestados títulos e outros documentos de dívida em moeda estrangeira, emitidos fora do Brasil, desde que acompanhados de tradução efetuada por tradutor público juramentado.

**§ 1º**. Constarão obrigatoriamente do registro do protesto a descrição do documento e sua tradução.

**§ 2º**. Em caso de pagamento, este será efetuado em moeda corrente nacional, cumprindo ao apresentante a conversão na data de apresentação do documento para protesto.

**§ 3º**. Tratando-se de títulos ou documentos de dívidas emitidos no Brasil, em moeda estrangeira, cuidará o Tabelião de observar as disposições do Decreto-lei 857, de 11 de setembro de 1969, e legislação complementar ou superveniente.

**Art. 11.** Tratando-se de títulos ou documentos de dívida sujeitos a qualquer tipo de correção, o pagamento será feito pela conversão vigorante no dia da apresentação, no valor indicado pelo apresentante.

## CAPÍTULO V. DO PRAZO

✪ **Art. 12.** O protesto será registrado dentro de 3 (três) dias úteis contados da protocolização do título ou documento de dívida.

**§ 1º**. Na contagem do prazo a que se refere o *caput* exclui-se o dia da protocolização e inclui-se o do vencimento.

**§ 2º**. Considera-se não útil o dia em que não houver expediente bancário para o público ou aquele em que este não obedecer ao horário normal.

**Art. 13.** Quando a intimação for efetivada excepcionalmente no último dia do prazo ou além dele, por motivo de força maior, o protesto será tirado no primeiro dia útil subsequente.

## CAPÍTULO VI. DA INTIMAÇÃO

**Art. 14.** Protocolizado o título ou documento de dívida, o Tabelião de Protesto expedirá a intimação ao devedor, no endereço fornecido pelo apresentante do título ou documento, considerando-se cumprida quando comprovada a sua entrega no mesmo endereço.

**§ 1º**. A remessa da intimação poderá ser feita por portador do próprio tabelião, ou por qualquer outro meio, desde que o recebimento fique assegurado e comprovado através de protocolo, aviso de recepção (AR) ou documento equivalente.

**§ 2º**. A intimação deverá conter nome e endereço do devedor, elementos de identificação do título ou documento de dívida, e prazo limite para cumprimento da obrigação no Tabelionato, bem como número do protocolo e valor a ser pago.

**Art. 15.** A intimação será feita por edital se a pessoa indicada para aceitar ou pagar for desconhecida, sua localização incerta ou ignorada, for residente ou domiciliada fora da competência territorial do Tabelionato, ou, ainda, ninguém se dispuser a receber a intimação no endereço fornecido pelo apresentante.

**§ 1º**. O edital será afixado no Tabelionato de Protesto e publicado pela imprensa local onde houver jornal de circulação diária.

**§ 2º**. Aquele que fornecer endereço incorreto, agindo de má-fé, responderá por perdas e danos, sem prejuízo de outras sanções civis, administrativas ou penais.

## CAPÍTULO VII. DA DESISTÊNCIA E SUSTAÇÃO DO PROTESTO

**Art. 16.** Antes da lavratura do protesto, poderá o apresentante retirar o título ou documento de dívida, pagos os emolumentos e demais despesas.

**Art. 17.** Permanecerão no Tabelionato, à disposição do Juízo respectivo, os títulos ou documentos de dívida cujo protesto for judicialmente sustado.

**§ 1º**. O título do documento de dívida cujo protesto tiver sido sustado judicialmente só poderá ser pago, protestado ou retirado com autorização judicial.

**§ 2º**. Revogada a ordem de sustação, não há necessidade de se proceder a nova intimação do devedor, sendo a lavratura e o registro do protesto efetivados até o primeiro dia útil subsequente ao do recebimento da revogação, salvo se a materialização do ato depender de consulta a ser formulada ao apresentante, caso em que o mesmo prazo será contado da data da resposta dada.

**§ 3º**. Tornada definitiva a ordem de sustação, o título ou o documento de dívida será encaminhado ao Juízo respectivo, quando não constar determinação expressa a qual das partes o mesmo deverá ser entregue, ou se decorridos 30 (trinta) dias sem que a parte autorizada tenha comparecido no Tabelionato para retirá-lo.

**Art. 18.** As dúvidas do Tabelião de Protesto serão resolvidas pelo Juízo competente.

## CAPÍTULO VIII. DO PAGAMENTO

**Art. 19.** O pagamento do título ou do documento de dívida apresentado para protesto será feito diretamente no Tabelionato competente, no valor igual ao declarado pelo apresentante, acrescido dos emolumentos e demais despesas.

**§ 1º.** Não poderá ser recusado pagamento oferecido dentro do prazo legal, desde que feito no Tabelionato de Protesto competente e no horário de funcionamento dos serviços.

**§ 2º.** No ato do pagamento, o Tabelionato de Protesto dará a respectiva quitação, e o valor devido será colocado à disposição do apresentante no primeiro dia útil subsequente ao do recebimento.

**§ 3º.** Quando for adotado sistema de recebimento do pagamento por meio de cheque, ainda que de emissão de estabelecimento bancário, a quitação dada pelo Tabelionato fica condicionada à efetiva liquidação.

**§ 4º.** Quando do pagamento no Tabelionato ainda subsistirem parcelas vincendas, será dada quitação da parcela paga em apartado, devolvendo-se o original ao apresentante.

## CAPÍTULO IX. DO REGISTRO DO PROTESTO

**Art. 20.** Esgotado o prazo previsto no art. 12, sem que tenham ocorrido as hipóteses dos Capítulos VII e VIII, o Tabelião lavrará e registrará o protesto, sendo o respectivo instrumento entregue ao apresentante.

**Art. 21.** O protesto será tirado por falta de pagamento, de aceite ou de devolução.

**§ 1º.** O protesto por falta de aceite somente poderá ser efetuado antes do vencimento da obrigação e após o decurso do prazo legal para o aceite ou a devolução.

**§ 2º.** Após o vencimento, o protesto sempre será efetuado por falta de pagamento, vedada a recusa da lavratura e registro do protesto por motivo não previsto na lei cambial.

**§ 3º.** Quando o sacado retiver a letra de câmbio ou a duplicata enviada para aceite e não proceder à devolução dentro do prazo legal, o protesto poderá ser baseado na segunda via da letra de câmbio ou nas indicações da duplicata, que se limitarão a conter os mesmos requisitos lançados pelo sacador ao tempo da emissão da duplicata, vedada a exigência de qualquer formalidade não prevista na Lei que regula a emissão e circulação das duplicatas.

**§ 4º.** Os devedores, assim compreendidos os emitentes de notas promissórias e cheques, os sacados nas letras de câmbio e duplicatas, bem como os indicados pelo apresentante ou credor como responsáveis pelo cumprimento da obrigação, não poderão deixar de figurar no termo de lavratura e registro de protesto.

**§ 5º.** Não se poderá tirar protesto por falta de pagamento de letra de câmbio contra o sacado não aceitante.

**Art. 22.** O registro do protesto e seu instrumento deverão conter:

**I** – data e número de protocolização;

**II** – nome do apresentante e endereço;

**III** – reprodução ou transcrição do documento ou das indicações feitas pelo apresentante e declarações nele inseridas;

**IV** – certidão das intimações feitas e das respostas eventualmente oferecidas;

**V** – indicação dos intervenientes voluntários e das firmas por eles honradas;

**VI** – a aquiescência do portador ao aceite por honra;

**VII** – nome, número do documento de identificação do devedor e endereço;

**VIII** – data e assinatura do Tabelião de Protesto, de seus substitutos ou de Escrevente autorizado.

**Parágrafo único.** Quando o Tabelião de Protesto conservar em seus arquivos gravação eletrônica da imagem, cópia reprográfica ou micrográfica do título ou documento de dívida, dispensa-se, no registro e no instrumento, a sua transcrição literal, bem como das demais declarações nele inseridas.

**Art. 23.** Os termos dos protestos lavrados, inclusive para fins especiais, por falta de pagamento, de aceite ou de devolução serão registrados em um único livro e conterão as anotações do tipo e do motivo do protesto, além dos requisitos previstos no artigo anterior.

**Parágrafo único.** Somente poderão ser protestados, para fins falimentares, os títulos ou documentos de dívida de responsabilidade das pessoas sujeitas às consequências da legislação falimentar.

**Art. 24.** O deferimento do processamento de concordata não impede o protesto.

## CAPÍTULO X. DAS AVERBAÇÕES E DO CANCELAMENTO

**Art. 25.** A averbação de retificação de erros materiais pelo serviço poderá ser efetuada de ofício ou a requerimento do interessado, sob responsabilidade do Tabelião de Protesto de Títulos.

**§ 1º**. Para a averbação da retificação será indispensável a apresentação do instrumento eventualmente expedido e de documentos que comprovem o erro.

**§ 2º**. Não são devidos emolumentos pela averbação prevista neste artigo.

**Art. 26.** O cancelamento do registro do protesto será solicitado diretamente no Tabelionato de Protesto de Títulos, por qualquer interessado, mediante apresentação do documento protestado, cuja cópia ficará arquivada.

**§ 1º**. Na impossibilidade de apresentação do original do título ou documento de dívida protestado, será exigida a declaração de anuência, com identificação e firma reconhecida, daquele que figurou no registro de protesto como credor, originário ou por endosso translativo.

**§ 2º**. Na hipótese de protesto em que tenha figurado apresentante por endosso-mandato, será suficiente a declaração de anuência passada pelo credor endossante.

**§ 3º**. O cancelamento do registro do protesto, se fundado em outro motivo que não no pagamento do título ou documento de dívida, será efetivado por determinação judicial, pagos os emolumentos devidos ao Tabelião.

**§ 4º**. Quando a extinção da obrigação decorrer de processo judicial, o cancelamento do registro do protesto poderá ser solicitado com a apresentação da certidão expedida pelo Juízo processante, com menção do trânsito em julgado, que substituirá o título ou o documento de dívida protestado.

**§ 5º**. O cancelamento do registro do protesto será feito pelo Tabelião titular, por seus Substitutos ou por Escrevente autorizado.

**§ 6º**. Quando o protesto lavrado for registrado sob forma de microfilme ou gravação eletrônica, o termo do cancelamento será lançado em documento apartado, que será arquivado juntamente com os documentos que instruíram o pedido, e anotado no índice respectivo.

## CAPÍTULO XI. DAS CERTIDÕES E INFORMAÇÕES DO PROTESTO

✪ **Art. 27.** O Tabelião de Protesto expedirá as certidões solicitadas dentro de 5 (cinco) dias úteis, no máximo, que abrangerão o período mínimo dos 5 (cinco) anos anteriores, contados da data do pedido, salvo quando se referir a protesto específico.

**§ 1º**. As certidões expedidas pelos serviços de protesto de títulos, inclusive as relativas à prévia distribuição, deverão obrigatoriamente indicar, além do nome do devedor, seu número no Registro Geral (RG), constante da Cédula de Identidade, ou seu número no Cadastro de Pessoas Físicas (CPF), se pessoa física, e o número de inscrição no Cadastro Geral de Contribuintes (CGC), se pessoa jurídica, cabendo ao apresentante do título para protesto fornecer esses dados, sob pena de recusa.

**§ 2º**. Das certidões não constarão os registros cujos cancelamentos tiverem sido averbados, salvo por requerimento escrito do próprio devedor ou por ordem judicial.

**Art. 28.** Sempre que a homonímia puder ser verificada simplesmente pelo confronto do número de documento de identificação, o Tabelião de Protesto dará certidão negativa.

**Art. 29.** Os cartórios fornecerão às entidades representativas da indústria e do comércio ou àquelas vinculadas à proteção do crédito, quando solicitada, certidão diária, em forma de relação, dos protestos tirados e dos cancelamentos efetuados, com a nota de se cuidar de informação reservada, da qual não se poderá dar publicidade pela imprensa, nem mesmo parcialmente.

**§ 1º**. O fornecimento da certidão será suspenso caso se desatenda ao disposto no *caput* ou se forneçam informações de protestos cancelados.

**§ 2º**. Dos cadastros ou bancos de dados das entidades referidas no *caput* somente serão prestadas informações restritivas de crédito oriundas de títulos ou documentos de dívidas regularmente protestados cujos registros não foram cancelados.

**§ 3º**. (*Revogado pela Lei nº 9.841, de 1999*)

**Art. 30.** As certidões, informações e relações serão elaboradas pelo nome dos devedores, conforme previsto no § 4º. do art. 21, desta Lei, devidamente identificados, e abrangerão os protestos lavrados e registrados por falta de pagamento, de aceite ou de devolução, vedada a exclusão ou omissão de nomes e de protestos, ainda que provisória ou parcial.

**Art. 31.** Poderão ser fornecidas certidões de protestos, não cancelados, a quaisquer interessados, desde que requeridas por escrito.

## CAPÍTULO XII. DOS LIVROS E ARQUIVOS

**Art. 32.** O livro de Protocolo poderá ser escriturado mediante processo manual, mecânico, eletrônico ou informatizado, em folhas soltas e com colunas destinadas às seguintes anotações: número de ordem, natureza do título ou documento de dívida, valor, apresentante, devedor e ocorrências.

**Parágrafo único.** A escrituração será diária, constando do termo de encerramento o número de documentos apresentados no dia, sendo a data da protocolização a mesma do termo diário do encerramento.

**Art. 33.** Os livros de Registros de Protesto serão abertos e encerrados pelo Tabelião de Protestos ou seus Substitutos, ou ainda por Escrevente autorizado, com suas folhas numeradas e rubricadas.

**Art. 34.** Os índices serão de localização dos protestos registrados e conterão os nomes dos devedores, na forma do § 4º do art. 21, vedada a exclusão ou omissão de nomes e de protestos, ainda que em caráter provisório ou parcial, não decorrente do cancelamento definitivo do protesto.

**§ 1º.** Os índices conterão referência ao livro e à folha, ao microfilme ou ao arquivo eletrônico onde estiver registrado o protesto, ou ao número do registro, e aos cancelamentos de protestos efetuados.

**§ 2º.** Os índices poderão ser elaborados pelo sistema de fichas, microfichas ou banco eletrônico de dados.

**Art. 35.** O Tabelião de Protestos arquivará ainda:

**I** – intimações;

**II** – editais;

**III** – documentos apresentados para a averbação no registro de protestos e ordens de cancelamentos;

**IV** – mandados e ofícios judiciais;

**V** – solicitações de retirada de documentos pelo apresentante;

**VI** – comprovantes de entrega de pagamentos aos credores;

**VII** – comprovantes de devolução de documentos de dívida irregulares.

**§ 1º.** Os arquivos deverão ser conservados, pelo menos, durante os seguintes prazos:

**I** – 1 (um) ano, para as intimações e editais correspondentes a documentos protestados e ordens de cancelamento;

**II** – 6 (seis) meses, para as intimações e editais correspondentes a documentos pagos ou retirados além do tríduo legal;

**III** – 30 (trinta) dias, para os comprovantes de entrega de pagamento aos credores, para as solicitações de retirada dos apresentantes e para os comprovantes de devolução, por irregularidade, aos mesmos, dos títulos e documentos de dívidas.

**§ 2º.** Para os livros e documentos microfilmados ou gravados por processo eletrônico de imagens não subsiste a obrigatoriedade de sua conservação.

**§ 3º.** Os mandados judiciais de sustação de protesto deverão ser conservados, juntamente com os respectivos documentos, até solução definitiva por parte do Juízo.

**Art. 36.** O prazo de arquivamento é de 3 (três) anos para livros e protocolo e de 10 (dez) anos para os livros de registros de protesto e respectivos títulos.

## CAPÍTULO XIII. DOS EMOLUMENTOS

**Art. 37.** Pelos atos que praticarem em decorrência desta Lei, os Tabeliães de Protesto perceberão, diretamente das partes, a título de remuneração, os emolumentos fixados na forma da lei estadual e de seus decretos regulamentadores, salvo quando o serviço for estatizado.

**§ 1º.** Poderá ser exigido depósito prévio dos emolumentos e demais despesas devidas, caso em que igual importância deverá ser reembolsada ao apresentante por ocasião da prestação de contas, quando ressarcidas pelo devedor no Tabelionato.

**§ 2º.** Todo e qualquer ato praticado pelo Tabelião de Protesto será cotado, identificando-se as parcelas componentes do seu total.

**§ 3º.** Pelo ato de digitalização e gravação eletrônica dos títulos e outros documentos, serão cobrados os mesmos valores previstos na tabela de emolumentos para o ato de microfilmagem.

## CAPÍTULO XIV. DISPOSIÇÕES FINAIS

**Art. 38.** Os Tabeliães de Protesto de Títulos são civilmente responsáveis por todos os prejuízos que causarem, por culpa ou dolo, pessoalmente, pelos substitutos que designarem ou Escreventes que autorizarem, assegurado o direito de regresso.

**Art. 39.** A reprodução de microfilme ou do processamento eletrônico da imagem, do título ou de qualquer documento arquivado no Tabelionato, quando autenticado pelo Tabelião de Protesto, por seu Substituto ou Escrevente autorizado, guarda o mesmo valor do original, independentemente de restauração judicial.

**Art. 40.** Não havendo prazo assinado, a data do registro do protesto é o termo inicial da incidência de juros, taxas e atualizações monetárias sobre o valor da obrigação contida no título ou documento de dívida.

**Art. 41.** Para os serviços previstos nesta Lei os Tabeliães poderão adotar, independentemente de autorização, sistemas de computação, microfilmagem, gravação eletrônica de imagem e quaisquer outros meios de reprodução.

**Art. 41-A.** Os tabeliães de protesto manterão, em âmbito nacional, uma central nacional de serviços eletrônicos compartilhados que prestará, ao menos, os seguintes serviços:

**I** – escrituração e emissão de duplicata sob a forma escritural, observado o disposto na legislação específica, inclusive quanto ao requisito de autorização prévia para o exercício da atividade de escrituração pelo órgão supervisor e aos demais requisitos previstos na regulamentação por ele editada;

**II** – recepção e distribuição de títulos e documentos de dívida para protesto, desde que escriturais;

**III** – consulta gratuita quanto a devedores inadimplentes e aos protestos realizados, aos dados desses protestos e dos tabelionatos aos quais foram distribuídos, ainda que os respectivos títulos e documentos de dívida não sejam escriturais;

**IV** – confirmação da autenticidade dos instrumentos de protesto em meio eletrônico; e

**V** – anuência eletrônica para o cancelamento de protestos.

**§ 1º.** A partir da implementação da central de que trata o *caput* deste artigo, os tabelionatos de protesto disponibilizarão ao poder público, por meio eletrônico e sem ônus, o acesso às informações constantes dos seus bancos de dados.

**§ 2º.** É obrigatória a adesão imediata de todos os tabeliães de protesto do País ou responsáveis pelo expediente à central nacional de serviços eletrônicos compartilhados de que trata o *caput* deste artigo, sob pena de responsabilização disciplinar nos termos do inciso I do *caput* do art. 31 da Lei nº 8.935, de 18 de novembro de 1994. *(Artigo incluído pela Lei 13.775/2018, publicada no DOU de 21/12/2018, em vigor 120 dias após a publicação)*

**Art. 42.** Esta Lei entra em vigor na data de sua publicação.

**Art. 43.** Revogam-se as disposições em contrário.

Brasília, 10 de setembro de 1997; 176º da Independência e 109º da República.

FERNANDO HENRIQUE CARDOSO

D.O.U. 11.9.1997

# LEI Nº 11.101, DE 9 DE FEVEREIRO DE 2005

*Regula a recuperação judicial, a extrajudicial e a falência do empresário e da sociedade empresária.*

## CAPÍTULO I. DISPOSIÇÕES PRELIMINARES

**Art. 1º.** Esta Lei disciplina a recuperação judicial, a recuperação extrajudicial e a falência do empresário e da sociedade empresária, doravante referidos simplesmente como devedor.

✪ **Art. 2º.** Esta Lei não se aplica a:

**I** – empresa pública e sociedade de economia mista;

**II** – instituição financeira pública ou privada, cooperativa de crédito, consórcio, entidade de previdência complementar, sociedade operadora de plano de assistência à saúde, sociedade seguradora, sociedade de capitalização e outras entidades legalmente equiparadas às anteriores.

**Art. 3º.** É competente para homologar o plano de recuperação extrajudicial, deferir a recuperação judicial ou decretar a falência o juízo do local do principal estabelecimento do devedor ou da filial de empresa que tenha sede fora do Brasil.

**Art. 4º.** Vetado.

## CAPÍTULO II. DISPOSIÇÕES COMUNS À RECUPERAÇÃO JUDICIAL E À FALÊNCIA

### SEÇÃO I. DISPOSIÇÕES GERAIS

**Art. 5º.** Não são exigíveis do devedor, na recuperação judicial ou na falência:

**I** – as obrigações a título gratuito;

**II** – as despesas que os credores fizerem para tomar parte na recuperação judicial ou na falência, salvo as custas judiciais decorrentes de litígio com o devedor.

✪ **Art. 6º.** A decretação da falência ou o deferimento do processamento da recuperação judicial implica: (Redação dada pela Lei 14.112/2020)

‣ Esta Lei: art. 52, III.

**I** - suspensão do curso da prescrição das obrigações do devedor sujeitas ao regime desta Lei; (Acrescido pela Lei 14.112/2020)

**II** - suspensão das execuções ajuizadas contra o devedor, inclusive daquelas dos credores particulares do sócio solidário, relativas a créditos ou obrigações sujeitos à recuperação judicial ou à falência; (Acrescido pela Lei 14.112/2020)

**III** - proibição de qualquer forma de retenção, arresto, penhora, sequestro, busca e apreensão e constrição judicial ou extrajudicial sobre os bens do devedor, oriunda de demandas judiciais ou extrajudiciais cujos créditos ou obrigações sujeitem-se à recuperação judicial ou à falência. (Acrescido pela Lei 14.112/2020)

**§ 1º**. Terá prosseguimento no juízo no qual estiver se processando a ação que demandar quantia ilíquida.

- Esta Lei: arts. 19, § 1º, e 99, V.

**§ 2º**. É permitido pleitear, perante o administrador judicial, habilitação, exclusão ou modificação de créditos derivados da relação de trabalho, mas as ações de natureza trabalhista, inclusive as impugnações a que se refere o art. 8º desta Lei, serão processadas perante a justiça especializada até a apuração do respectivo crédito, que será inscrito no quadro-geral de credores pelo valor determinado em sentença.

- Esta Lei: arts. 19, § 1º, e 99, V.

**§ 3º**. O juiz competente para as ações referidas nos §§ 1º e 2º deste artigo poderá determinar a reserva da importância que estimar devida na recuperação judicial ou na falência, e, uma vez reconhecido líquido o direito, será o crédito incluído na classe própria.

**§ 4º**. Na recuperação judicial, as suspensões e a proibição de que tratam os incisos I, II e III do *caput* deste artigo perdurarão pelo prazo de 180 (cento e oitenta) dias, contado do deferimento do processamento da recuperação, prorrogável por igual período, uma única vez, em caráter excepcional, desde que o devedor não haja concorrido com a superação do lapso temporal. (Redação da pela Lei 14.112/2020)

- Esta Lei: art. 49, §§ 3º e 5º.

**§ 4º-A.** O decurso do prazo previsto no § 4º deste artigo sem a deliberação a respeito do plano de recuperação judicial proposto pelo devedor faculta aos credores a propositura de plano alternativo, na forma dos §§ 4º, 5º, 6º e 7º do art. 56 desta Lei, observado o seguinte: (Acrescido pela Lei 14.112/2020)

**I** - as suspensões e a proibição de que tratam os incisos I, II e III do *caput* deste artigo não serão aplicáveis caso os credores não apresentem plano alternativo no prazo de 30 (trinta) dias, contado do final do prazo referido no § 4º deste artigo ou no § 4º do art. 56 desta Lei;

**II** - as suspensões e a proibição de que tratam os incisos I, II e III do *caput* deste artigo perdurarão por 180 (cento e oitenta) dias contados do final do prazo referido no § 4º deste artigo, ou da realização da assembleia-geral de credores referida no § 4º do art. 56 desta Lei, caso os credores apresentem plano alternativo no prazo referido no inciso I deste parágrafo ou no prazo referido no § 4º do art. 56 desta Lei.

**§ 5º**. O disposto no § 2º deste artigo aplica-se à recuperação judicial durante o período de suspensão de que trata o § 4º deste artigo. (Redação dada pela Lei 14.112/2020)

**§ 6º**. Independentemente da verificação periódica perante os cartórios de distribuição, as ações que venham a ser propostas contra o devedor deverão ser comunicadas ao juízo da falência ou da recuperação judicial:

**I** – pelo juiz competente, quando do recebimento da petição inicial;

**II** – pelo devedor, imediatamente após a citação.

**§ 7º**. (Revogado pela Lei 14.112/2020)

**§ 7º-A.** O disposto nos incisos I, II e III do *caput* deste artigo não se aplica aos créditos referidos nos §§ 3º e 4º do art. 49 desta Lei, admitida, todavia, a competência do juízo da recuperação judicial para determinar a suspensão dos atos de constrição que recaiam sobre bens de capital essenciais à manutenção da atividade empresarial durante o prazo de suspensão a que se refere o § 4º deste artigo, a qual será implementada mediante a cooperação jurisdicional, na forma do art. 69 da Lei nº 13.105, de 16 de março de 2015 (Código de Processo Civil), observado o disposto no art. 805 do referido Código. (Acrescido pela Lei 14.112/2020)

**§ 7º-B.** O disposto nos incisos I, II e III do *caput* deste artigo não se aplica às execuções fiscais, admitida, todavia, a competência do juízo da recuperação judicial para determinar a substituição dos atos de constrição que recaiam sobre bens de capital essenciais à manutenção da atividade empresarial até o encerramento da recuperação judicial, a qual será implementada mediante a cooperação jurisdicional, na forma do art. 69 da Lei nº 13.105, de 16 de março de 2015 (Código de Processo Civil), observado o disposto no art. 805 do referido Código. (Acrescido pela Lei 14.112/2020)

**§ 8º**. A distribuição do pedido de falência ou de recuperação judicial ou a homologação de recuperação extrajudicial previne a jurisdição para qualquer outro pedido de falência, de recuperação judicial ou de homologação de recuperação extrajudicial relativo ao mesmo devedor. (Redação dada pela Lei 14.112/2020)

**§ 9º**. O processamento da recuperação judicial ou a decretação da falência não autoriza o administrador judicial a recusar a eficácia da convenção de arbitragem, não impedindo ou suspendendo a instauração de procedimento arbitral. (Acrescido pela Lei 14.112/2020)

**§ 10.** (VETADO na Lei 14.112/2020)

**§ 11.** O disposto no § 7º-B deste artigo aplica-se, no que couber, às execuções fiscais e às execuções de ofício que se enquadrem respectivamente nos incisos VII e VIII do *caput* do art. 114 da Constituição Federal, vedados a expedição de certidão de crédito e o arquivamento das execuções para efeito de habilitação na recuperação judicial ou na falência. (Acrescido pela Lei 14.112/2020)

**§ 12.** Observado o disposto no art. 300 da Lei nº 13.105, de 16 de março de 2015 (Código de Processo Civil), o juiz poderá antecipar total ou parcialmente os efeitos do deferimento do processamento da recuperação judicial. (Acrescido pela Lei 14.112/2020)

**§ 13.** Não se sujeitam aos efeitos da recuperação judicial os contratos e obrigações decorrentes dos atos cooperativos praticados pelas sociedades cooperativas com seus cooperados, na forma do art. 79 da Lei nº 5.764, de 16 de dezembro de 1971, consequentemente, não se aplicando a vedação contida no inciso II do art. 2º quando a sociedade operadora de plano de assistência à saúde for cooperativa médica. (Parágrafo vetado na Lei 14.112/2020 pelo Presidente da República, mantido pelo Congresso Nacional e publicado na Edição Extra D do DOU de 26/3/2021)

**Art. 6º-A.** É vedado ao devedor, até a aprovação do plano de recuperação judicial, distribuir lucros ou dividendos a sócios e acionistas, sujeitando-se o infrator ao disposto no art. 168 desta Lei. (Acrescido pela Lei 14.112/2020)

**Art. 6º-B.** Não se aplica o limite percentual de que tratam os arts. 15 e 16 da Lei nº 9.065, de 20 de junho de 1995, à apuração do imposto sobre a renda e da Contribuição Social sobre o Lucro Líquido (CSLL) sobre a parcela do lucro líquido decorrente de ganho de capital resultante da alienação judicial de bens ou direitos, de que tratam os arts. 60, 66 e 141 desta Lei, pela pessoa jurídica em recuperação judicial ou com falência decretada. (Artigo vetado na Lei 14.112/2020 pelo Presidente da República, mantido pelo Congresso Nacional e publicado na Edição Extra D do DOU de 26/3/2021)

**Parágrafo único.** O disposto no caput deste artigo não se aplica na hipótese em que o ganho de capital decorra de transação efetuada com:

**I** - pessoa jurídica que seja controladora, controlada, coligada ou interligada; ou

**II** - pessoa física que seja acionista controlador, sócio, titular ou administrador da pessoa jurídica devedora.

**Art. 6º-C** É vedada atribuição de responsabilidade a terceiros em decorrência do mero inadimplemento de obrigações do devedor falido ou em recuperação judicial, ressalvadas as garantias reais e fidejussórias, bem como as demais hipóteses reguladas por esta Lei. (Acrescido pela Lei 14.112/2020)

## SEÇÃO II.
## DA VERIFICAÇÃO E DA HABILITAÇÃO DE CRÉDITOS

✪ **Art. 7º.** A verificação dos créditos será realizada pelo administrador judicial, com base nos livros contábeis e documentos comerciais e fiscais do devedor e nos documentos que lhe forem apresentados pelos credores, podendo contar com o auxílio de profissionais ou empresas especializadas.

**§ 1º.** Publicado o edital previsto no art. 52, § 1º, ou no parágrafo único do art. 99 desta Lei, os credores terão o prazo de 15 (quinze) dias para apresentar ao administrador judicial suas habilitações ou suas divergências quanto aos créditos relacionados.

▸ Esta Lei: arts. 9º; 10; 52,§ 1º, III e 99, IV.

**§ 2º.** O administrador judicial, com base nas informações e documentos colhidos na forma do *caput* e do § 1º deste artigo, fará publicar edital contendo a relação de credores no prazo de 45 (quarenta e cinco) dias, contado do fim do prazo do § 1º deste artigo, devendo indicar o local, o horário e o prazo comum em que as pessoas indicadas no art. 8º desta Lei terão acesso aos documentos que fundamentaram a elaboração dessa relação.

▸ Esta Lei: arts. 14; 15, § 1º; 18; 22, I, e; 39 e 55.

**Art. 7º-A** Na falência, após realizadas as intimações e publicado o edital, conforme previsto, respectivamente, no inciso XIII do *caput* e no § 1º do art. 99 desta Lei, o juiz instaurará, de ofício, para cada Fazenda Pública credora, incidente de classificação de crédito público e determinará a sua intimação eletrônica para que, no prazo de 30 (trinta) dias, apresente diretamente ao administrador judicial ou em juízo, a depender do momento processual, a relação completa de seus créditos inscritos em dívida ativa, acompanhada dos cálculos, da classificação e das informações sobre a situação atual. (Acrescido pela Lei 14.112/2020)

**§ 1º** Para efeito do disposto no *caput* deste artigo, considera-se Fazenda Pública credora aquela que conste da relação do edital previsto no § 1º do art. 99 desta Lei, ou que, após a intimação prevista no inciso XIII do *caput* do art. 99 desta Lei, alegue nos autos, no prazo de 15 (quinze) dias, possuir crédito contra o falido.

**§ 2º** Os créditos não definitivamente constituídos, não inscritos em dívida ativa ou com exigibilidade suspensa poderão ser informados em momento posterior.

**§ 3º** Encerrado o prazo de que trata o *caput* deste artigo:

**I** - o falido, os demais credores e o administrador judicial disporão do prazo de 15 (quinze)

dias para manifestar objeções, limitadamente, sobre os cálculos e a classificação para os fins desta Lei;

**II** - a Fazenda Pública, ultrapassado o prazo de que trata o inciso I deste parágrafo, será intimada para prestar, no prazo de 10 (dez) dias, eventuais esclarecimentos a respeito das manifestações previstas no referido inciso;

**III** - os créditos serão objeto de reserva integral até o julgamento definitivo quando rejeitados os argumentos apresentados de acordo com o inciso II deste parágrafo;

**IV** - os créditos incontroversos, desde que exigíveis, serão imediatamente incluídos no quadro-geral de credores, observada a sua classificação;

**V** - o juiz, anteriormente à homologação do quadro-geral de credores, concederá prazo comum de 10 (dez) dias para que o administrador judicial e a Fazenda Pública titular de crédito objeto de reserva manifestem-se sobre a situação atual desses créditos e, ao final do referido prazo, decidirá acerca da necessidade de mantê-la.

**§ 4º** Com relação à aplicação do disposto neste artigo, serão observadas as seguintes disposições:

**I** - a decisão sobre os cálculos e a classificação dos créditos para os fins do disposto nesta Lei, bem como sobre a arrecadação dos bens, a realização do ativo e o pagamento aos credores, competirá ao juízo falimentar;

**II** - a decisão sobre a existência, a exigibilidade e o valor do crédito, observado o disposto no inciso II do *caput* do art. 9º desta Lei e as demais regras do processo de falência, bem como sobre o eventual prosseguimento da cobrança contra os corresponsáveis, competirá ao juízo da execução fiscal;

**III** - a ressalva prevista no art. 76 desta Lei, ainda que o crédito reconhecido não esteja em cobrança judicial mediante execução fiscal, aplicar-se-á, no que couber, ao disposto no inciso II deste parágrafo;

**IV** - o administrador judicial e o juízo falimentar deverão respeitar a presunção de certeza e liquidez de que trata o art. 3º da Lei nº 6.830, de 22 de setembro de 1980, sem prejuízo do disposto nos incisos II e III deste parágrafo;

**V** - as execuções fiscais permanecerão suspensas até o encerramento da falência, sem prejuízo da possibilidade de prosseguimento contra os corresponsáveis;

**VI** - a restituição em dinheiro e a compensação serão preservadas, nos termos dos arts. 86 e 122 desta Lei; e

**VII** - o disposto no art. 10 desta Lei será aplicado, no que couber, aos créditos retardatários.

**§ 5º**. Na hipótese de não apresentação da relação referida no *caput* deste artigo no prazo nele estipulado, o incidente será arquivado e a Fazenda Pública credora poderá requerer o desarquivamento, observado, no que couber, o disposto no art. 10 desta Lei.

**§ 6º**. As disposições deste artigo aplicam-se, no que couber, às execuções fiscais e às execuções de ofício que se enquadrem no disposto nos incisos VII e VIII do *caput* do art. 114 da Constituição Federal.

**§ 7º**. O disposto neste artigo aplica-se, no que couber, aos créditos do Fundo de Garantia do Tempo de Serviço (FGTS).

**§ 8º**. Não haverá condenação em honorários de sucumbência no incidente de que trata este artigo.

✪ **Art. 8º**. No prazo de 10 (dez) dias, contado da publicação da relação referida no art. 7º, § 2º, desta Lei, o Comitê, qualquer credor, o devedor ou seus sócios ou o Ministério Público podem apresentar ao juiz impugnação contra a relação de credores, apontando a ausência de qualquer crédito ou manifestando-se contra a legitimidade, importância ou classificação de crédito relacionado.

**Parágrafo único.** Autuada em separado, a impugnação será processada nos termos dos arts. 13 a 15 desta Lei.

**Art. 9º.** A habilitação de crédito realizada pelo credor nos termos do art. 7º, § 1º, desta Lei deverá conter:

**I** – o nome, o endereço do credor e o endereço em que receberá comunicação de qualquer ato do processo;

**II** – o valor do crédito, atualizado até a data da decretação da falência ou do pedido de recuperação judicial, sua origem e classificação;

**III** – os documentos comprobatórios do crédito e a indicação das demais provas a serem produzidas;

**IV** – a indicação da garantia prestada pelo devedor, se houver, e o respectivo instrumento;

**V** – a especificação do objeto da garantia que estiver na posse do credor.

**Parágrafo único.** Os títulos e documentos que legitimam os créditos deverão ser exibidos no original ou por cópias autenticadas se estiverem juntados em outro processo.

‣ Esta Lei: art. 94, § 3º.

**Art. 10.** Não observado o prazo estipulado no art. 7º, § 1º, desta Lei, as habilitações de crédito serão recebidas como retardatárias.

**§ 1º**. Na recuperação judicial, os titulares de créditos retardatários, excetuados os titulares de créditos derivados da relação de trabalho, não terão direito a voto nas deliberações da assembleia-geral de credores.

‣ Esta Lei: art. 39.

**§ 2º**. Aplica-se o disposto no § 1º deste artigo ao processo de falência, salvo se, na data da realização da assembleia-geral, já houver sido homologado o quadro-geral de credores contendo o crédito retardatário.

**§ 3º**. Na falência, os créditos retardatários perderão o direito a rateios eventualmente realizados e ficarão sujeitos ao pagamento de custas, não se computando os acessórios compreendidos entre o término do prazo e a data do pedido de habilitação.

**§ 4º**. Na hipótese prevista no § 3º deste artigo, o credor poderá requerer a reserva de valor para satisfação de seu crédito.

**§ 5º**. As habilitações de crédito retardatárias, se apresentadas antes da homologação do quadro-geral de credores, serão recebidas como impugnação e processadas na forma dos arts. 13 a 15 desta Lei.

**§ 6º**. Após a homologação do quadro-geral de credores, aqueles que não habilitaram seu crédito poderão, observado, no que couber, o procedimento ordinário previsto no Código de Processo Civil, requerer ao juízo da falência ou da recuperação judicial a retificação do quadro-geral para inclusão do respectivo crédito.

**§ 7º** O quadro-geral de credores será formado com o julgamento das impugnações tempestivas e com as habilitações e as impugnações retardatárias decididas até o momento da sua formação. (Acrescido pela Lei 14.112/2020)

**§ 8º** As habilitações e as impugnações retardatárias acarretarão a reserva do valor para a satisfação do crédito discutido. (Acrescido pela Lei 14.112/2020)

**§ 9º** A recuperação judicial poderá ser encerrada ainda que não tenha havido a consolidação definitiva do quadro-geral de credores, hipótese em que as ações incidentais de habilitação e de impugnação retardatárias serão redistribuídas ao juízo da recuperação judicial como ações autônomas e observarão o rito comum. (Acrescido pela Lei 14.112/2020)

**§ 10.** O credor deverá apresentar pedido de habilitação ou de reserva de crédito em, no máximo, 3 (três) anos, contados da data de publicação da sentença que decretar a falência, sob pena de decadência. (Acrescido pela Lei 14.112/2020)

**Art. 11.** Os credores cujos créditos forem impugnados serão intimados para contestar a impugnação, no prazo de 5 (cinco) dias, juntando os documentos que tiverem e indicando outras provas que reputem necessárias.

› Esta Lei: art. 15.

**Art. 12.** Transcorrido o prazo do art. 11 desta Lei, o devedor e o Comitê, se houver, serão intimados pelo juiz para se manifestar sobre ela no prazo comum de 5 (cinco) dias.

› Esta Lei: art. 15.

**Parágrafo único.** Findo o prazo a que se refere o *caput* deste artigo, o administrador judicial será intimado pelo juiz para emitir parecer no prazo de 5 (cinco) dias, devendo juntar à sua manifestação o laudo elaborado pelo profissional ou empresa especializada, se for o caso, e todas as informações existentes nos livros fiscais e demais documentos do devedor acerca do crédito, constante ou não da relação de credores, objeto da impugnação.

**Art. 13.** A impugnação será dirigida ao juiz por meio de petição, instruída com os documentos que tiver o impugnante, o qual indicará as provas consideradas necessárias.

› Esta Lei: arts. 8º, parágrafo único; e 10, § 5º.

**Parágrafo único.** Cada impugnação será autuada em separado, com os documentos a ela relativos, mas terão uma só autuação as diversas impugnações versando sobre o mesmo crédito.

**Art. 14.** Caso não haja impugnações, o juiz homologará, como quadro-geral de credores, a relação dos credores de que trata o § 2º do art. 7º, ressalvado o disposto no art. 7º-A desta Lei. (Redação dada pela Lei 14.112/2020)

› Esta Lei: arts. 8º, parágrafo único; e 10, § 5º.

**Art. 15.** Transcorridos os prazos previstos nos arts. 11 e 12 desta Lei, os autos de impugnação serão conclusos ao juiz, que:

› Esta Lei: arts. 8º, parágrafo único; e 10, § 5º.

**I** – determinará a inclusão no quadro-geral de credores das habilitações de créditos não impugnadas, no valor constante da relação referida no § 2º do art. 7º desta Lei;

**II** – julgará as impugnações que entender suficientemente esclarecidas pelas alegações e provas apresentadas pelas partes, mencionando, de cada crédito, o valor e a classificação;

**III** – fixará, em cada uma das restantes impugnações, os aspectos controvertidos e decidirá as questões processuais pendentes;

**IV** – determinará as provas a serem produzidas, designando audiência de instrução e julgamento, se necessário.

**Art. 16.** Para fins de rateio na falência, deverá ser formado quadro-geral de credores, composto pelos créditos não impugnados constantes do edital de que trata o § 2º do art. 7º desta Lei, pelo julgamento de todas as impugnações apresentadas no prazo previsto no art. 8º desta Lei e pelo julgamento realizado até então das habilitações de crédito recebidas como retardatárias. (Redação dada pela Lei 14.112/2020)

**§ 1º** As habilitações retardatárias não julgadas acarretarão a reserva do valor controvertido, mas não impedirão o pagamento da parte incontroversa. (Parágrafo único transformado em § 1º e com redação dada pela Lei 14.112/2020)

**§ 2º** Ainda que o quadro-geral de credores não esteja formado, o rateio de pagamentos na falência poderá ser realizado desde que a classe de credores a ser satisfeita já tenha tido todas as impugnações judiciais apresentadas no prazo previsto no art. 8º desta Lei, ressalvada a reserva dos créditos controvertidos em função das habilitações retardatárias de créditos distribuídas até então e ainda não julgadas. (Acrescido pela Lei 14.112/2020)

**Art. 17.** Da decisão judicial sobre a impugnação caberá agravo.

▸ Súm. nº 25 do STJ.

**Parágrafo único.** Recebido o agravo, o relator poderá conceder efeito suspensivo à decisão que reconhece o crédito ou determinar a inscrição ou modificação do seu valor ou classificação no quadro-geral de credores, para fins de exercício de direito de voto em assembleia-geral.

**Art. 18.** O administrador judicial será responsável pela consolidação do quadro-geral de credores, a ser homologado pelo juiz, com base na relação dos credores a que se refere o art. 7º, § 2º, desta Lei e nas decisões proferidas nas impugnações oferecidas.

▸ Esta Lei: arts. 14 e 22, I, f.

**Parágrafo único.** O quadro-geral, assinado pelo juiz e pelo administrador judicial, mencionará a importância e a classificação de cada crédito na data do requerimento da recuperação judicial ou da decretação da falência, será juntado aos autos e publicado no órgão oficial, no prazo de 5 (cinco) dias, contado da data da sentença que houver julgado as impugnações.

**Art. 19.** O administrador judicial, o Comitê, qualquer credor ou o representante do Ministério Público poderá, até o encerramento da recuperação judicial ou da falência, observado, no que couber, o procedimento ordinário previsto no Código de Processo Civil, pedir a exclusão, outra classificação ou a retificação de qualquer crédito, nos casos de descoberta de falsidade, dolo, simulação, fraude, erro essencial ou, ainda, documentos ignorados na época do julgamento do crédito ou da inclusão no quadro-geral de credores.

**§ 1º.** A ação prevista neste artigo será proposta exclusivamente perante o juízo da recuperação judicial ou da falência ou, nas hipóteses previstas no art. 6º, §§ 1º e 2º, desta Lei, perante o juízo que tenha originariamente reconhecido o crédito.

**§ 2º.** Proposta a ação de que trata este artigo, o pagamento ao titular do crédito por ela atingido somente poderá ser realizado mediante a prestação de caução no mesmo valor do crédito questionado.

**Art. 20.** As habilitações dos credores particulares do sócio ilimitadamente responsável processar-se-ão de acordo com as disposições desta Seção.

## SEÇÃO II–A
## DAS CONCILIAÇÕES E DAS MEDIAÇÕES ANTECEDENTES OU INCIDENTAIS AOS PROCESSOS DE RECUPERAÇÃO JUDICIAL

*(Acrescida pela Lei 14.112/2020)*

**Art. 20-A.** A conciliação e a mediação deverão ser incentivadas em qualquer grau de jurisdição, inclusive no âmbito de recursos em segundo grau de jurisdição e nos Tribunais Superiores, e não implicarão a suspensão dos prazos previstos nesta Lei, salvo se houver consenso entre as partes em sentido contrário ou determinação judicial. (Acrescido pela Lei 14.112/2020)

**Art. 20-B.** Serão admitidas conciliações e mediações antecedentes ou incidentais aos processos de recuperação judicial, notadamente: (Acrescido pela Lei 14.112/2020)

**I** - nas fases pré-processual e processual de disputas entre os sócios e acionistas de sociedade em dificuldade ou em recuperação judicial, bem como nos litígios que envolverem credores não sujeitos à recuperação judicial, nos termos dos §§ 3º e 4º do art. 49 desta Lei, ou credores extraconcursais;

**II** - em conflitos que envolverem concessionárias ou permissionárias de serviços públicos em recuperação judicial e órgãos reguladores ou entes públicos municipais, distritais, estaduais ou federais;

**III** - na hipótese de haver créditos extraconcursais contra empresas em recuperação judicial durante período de vigência de estado de calamidade pública, a fim de permitir a continuidade da prestação de serviços essenciais;

**IV** - na hipótese de negociação de dívidas e respectivas formas de pagamento entre a empresa em dificuldade e seus credores, em caráter antecedente ao ajuizamento de pedido de recuperação judicial.

**§ 1º** Na hipótese prevista no inciso IV do *caput* deste artigo, será facultado às empresas em dificuldade que preencham os requisitos legais para requerer recuperação judicial obter tutela de urgência cautelar, nos termos do art. 305 e seguintes da Lei nº 13.105, de 16 de março de 2015 (Código de Processo Civil), a fim de que sejam suspensas as execuções contra elas propostas pelo prazo de até 60 (sessenta) dias, para tentativa de composição com seus credores, em procedimento de mediação ou conciliação já instaurado perante o Centro Judiciário de Solução de Conflitos e Cidadania (Cejusc) do tribunal competente ou da câmara especializada, observados, no que couber, os arts. 16 e 17 da Lei nº 13.140, de 26 de junho de 2015.

**§ 2º** São vedadas a conciliação e a mediação sobre a natureza jurídica e a classificação de créditos, bem como sobre critérios de votação em assembleia-geral de credores.

**§ 3º** Se houver pedido de recuperação judicial ou extrajudicial, observados os critérios desta Lei, o período de suspensão previsto no § 1º deste artigo será deduzido do período de suspensão previsto no art. 6º desta Lei.

**Art. 20-C.** O acordo obtido por meio de conciliação ou de mediação com fundamento nesta Seção deverá ser homologado pelo juiz competente conforme o disposto no art. 3º desta Lei. (Acrescido pela Lei 14.112/2020)

**Parágrafo único.** Requerida a recuperação judicial ou extrajudicial em até 360 (trezentos e sessenta) dias contados do acordo firmado durante o período da conciliação ou de mediação pré-processual, o credor terá reconstituídos seus direitos e garantias nas condições originalmente contratadas, deduzidos os valores eventualmente pagos e ressalvados os atos validamente praticados no âmbito dos procedimentos previstos nesta Seção.

**Art. 20-D.** As sessões de conciliação e de mediação de que trata esta Seção poderão ser realizadas por meio virtual, desde que o Cejusc do tribunal competente ou a câmara especializada responsável disponham de meios para a sua realização. (Acrescido pela Lei 14.112/2020)

## SEÇÃO III.
## DO ADMINISTRADOR JUDICIAL E DO COMITÊ DE CREDORES

**Art. 21.** O administrador judicial será profissional idôneo, preferencialmente advogado, economista, administrador de empresas ou contador, ou pessoa jurídica especializada.

‣ Esta Lei: art. 52, I.

**Parágrafo único.** Se o administrador judicial nomeado for pessoa jurídica, declarar-se-á, no termo de que trata o art. 33 desta Lei, o nome de profissional responsável pela condução do processo de falência ou de recuperação judicial, que não poderá ser substituído sem autorização do juiz.

✪ **Art. 22.** Ao administrador judicial compete, sob a fiscalização do juiz e do Comitê, além de outros deveres que esta Lei lhe impõe:

**I** – na recuperação judicial e na falência:

‣ Esta Lei: art. 22, § 2º.

*a)* enviar correspondência aos credores constantes na relação de que trata o inciso III do *caput* do art. 51, o inciso III do *caput* do art. 99 ou o inciso II do *caput* do art. 105 desta Lei, comunicando a data do pedido de recuperação judicial ou da decretação da falência, a natureza, o valor e a classificação dada ao crédito;

*b)* fornecer, com presteza, todas as informações pedidas pelos credores interessados;

*c)* dar extratos dos livros do devedor, que merecerão fé de ofício, a fim de servirem de fundamento nas habilitações e impugnações de créditos;

*d)* exigir dos credores, do devedor ou seus administradores quaisquer informações;

*e)* elaborar a relação de credores de que trata o § 2º do art. 7º desta Lei;

*f)* consolidar o quadro-geral de credores nos termos do art. 18 desta Lei;

*g)* requerer ao juiz convocação da assembleia-geral de credores nos casos previstos nesta Lei ou quando entender necessária sua ouvida para a tomada de decisões;

*h)* contratar, mediante autorização judicial, profissionais ou empresas especializadas para, quando necessário, auxiliá-lo no exercício de suas funções;

*i)* manifestar-se nos casos previstos nesta Lei;

*j)* estimular, sempre que possível, a conciliação, a mediação e outros métodos alternativos de solução de conflitos relacionados à recuperação judicial e à falência, respeitados os direitos de terceiros, na forma do § 3º do art. 3º da Lei nº 13.105, de 16 de março de 2015 (Código de Processo Civil); (Acrescida pela Lei 14.112/2020)

*k)* manter endereço eletrônico na internet, com informações atualizadas sobre os processos de falência e de recuperação judicial, com a opção de consulta às peças principais do processo, salvo decisão judicial em sentido contrário; (Acrescida pela Lei 14.112/2020)

*l)* manter endereço eletrônico específico para o recebimento de pedidos de habilitação ou a apresentação de divergências, ambos em âmbito administrativo, com modelos que poderão ser utilizados pelos credores, salvo decisão judicial em sentido contrário; (Acrescida pela Lei 14.112/2020)

*m)* providenciar, no prazo máximo de 15 (quinze) dias, as respostas aos ofícios e às solicitações enviadas por outros juízos e órgãos públicos, sem necessidade de prévia deliberação do juízo; (Acrescida pela Lei 14.112/2020)

**II** – na recuperação judicial:

*a)* fiscalizar as atividades do devedor e o cumprimento do plano de recuperação judicial;

*b)* requerer a falência no caso de descumprimento de obrigação assumida no plano de recuperação;

*c)* apresentar ao juiz, para juntada aos autos, relatório mensal das atividades do devedor, fiscalizando a veracidade e a conformidade das informações prestadas pelo devedor; (Redação dada pela Lei 14.112/2020)

*d)* apresentar o relatório sobre a execução do plano de recuperação, de que trata o inciso III do *caput* do art. 63 desta Lei;

*e)* fiscalizar o decurso das tratativas e a regularidade das negociações entre devedor e credores; (Acrescida pela Lei 14.112/2020)

*f)* assegurar que devedor e credores não adotem expedientes dilatórios, inúteis ou, em geral, prejudiciais ao regular andamento das negociações; (Acrescida pela Lei 14.112/2020)

*g)* assegurar que as negociações realizadas entre devedor e credores sejam regidas pelos termos convencionados entre os interessados ou, na falta de acordo, pelas regras propostas pelo administrador judicial e homologadas pelo juiz, observado o princípio da boa-fé para solução construtiva de consensos, que acarretem maior efetividade econômico-financeira e proveito social para os agentes econômicos envolvidos; (Acrescida pela Lei 14.112/2020)

*h)* apresentar, para juntada aos autos, e publicar no endereço eletrônico específico relatório mensal das atividades do devedor e relatório sobre o plano de recuperação judicial, no prazo de até 15 (quinze) dias contado da apresentação do plano, fiscalizando a veracidade e a conformidade das informações prestadas pelo devedor, além de informar eventual ocorrência das condutas previstas no art. 64 desta Lei; (Acrescida pela Lei 14.112/2020)

**III** – na falência:

- Esta Lei: arts. 99, IX; e 186.

*a)* avisar, pelo órgão oficial, o lugar e hora em que, diariamente, os credores terão à sua disposição os livros e documentos do falido;

*b)* examinar a escrituração do devedor;

*c)* relacionar os processos e assumir a representação judicial e extrajudicial, incluídos os processos arbitrais, da massa falida; (Redação dada pela Lei 14.112/2020)

*d)* receber e abrir a correspondência dirigida ao devedor, entregando a ele o que não for assunto de interesse da massa;

*e)* apresentar, no prazo de 40 (quarenta) dias, contado da assinatura do termo de compromisso, prorrogável por igual período, relatório sobre as causas e circunstâncias que conduziram à situação de falência, no qual apontará a responsabilidade civil e penal dos envolvidos, observado o disposto no art. 186 desta Lei;

- Esta Lei: art. 22, § 4º.

*f)* arrecadar os bens e documentos do devedor e elaborar o auto de arrecadação, nos termos dos arts. 108 e 110 desta Lei;

*g)* avaliar os bens arrecadados;

*h)* contratar avaliadores, de preferência oficiais, mediante autorização judicial, para a avaliação dos bens caso entenda não ter condições técnicas para a tarefa;

*i)* praticar os atos necessários à realização do ativo e ao pagamento dos credores;

*j)* proceder à venda de todos os bens da massa falida no prazo máximo de 180 (cento e oitenta) dias, contado da data da juntada do auto de arrecadação, sob pena de destituição, salvo por impossibilidade fundamentada, reconhecida por decisão judicial; (Redação dada pela Lei 14.112/2020)

*l)* praticar todos os atos conservatórios de direitos e ações, diligenciar a cobrança de dívidas e dar a respectiva quitação;

*m)* remir, em benefício da massa e mediante autorização judicial, bens apenhados, penhorados ou legalmente retidos;

*n)* representar a massa falida em juízo, contratando, se necessário, advogado, cujos honorários serão previamente ajustados e aprovados pelo Comitê de Credores;

*o)* requerer todas as medidas e diligências que forem necessárias para o cumprimento desta Lei, a proteção da massa ou a eficiência da administração;

*p)* apresentar ao juiz para juntada aos autos, até o 10º (décimo) dia do mês seguinte ao vencido, conta demonstrativa da administração, que especifique com clareza a receita e a despesa;

*q)* entregar ao seu substituto todos os bens e documentos da massa em seu poder, sob pena de responsabilidade;

*r)* prestar contas ao final do processo, quando for substituído, destituído ou renunciar ao cargo.

*s)* arrecadar os valores dos depósitos realizados em processos administrativos ou judiciais nos quais o falido figure como parte, oriundos de penhoras, de bloqueios, de apreensões, de leilões, de alienação judicial e de outras hipóteses de constrição judicial, ressalvado o disposto nas Leis nos 9.703, de 17 de novembro de 1998, e 12.099, de 27 de novembro de 2009, e na Lei Complementar nº 151, de 5 de agosto de 2015. (Acrescida pela Lei 14.112/2020)

**§ 1º**. As remunerações dos auxiliares do administrador judicial serão fixadas pelo juiz, que considerará a complexidade dos trabalhos a serem executados e os valores praticados no mercado para o desempenho de atividades semelhantes.

**§ 2º**. Na hipótese da alínea d do inciso I do *caput* deste artigo, se houver recusa, o juiz, a requerimento do administrador judicial, intimará aquelas pessoas para que compareçam à sede do juízo, sob pena de desobediência, oportunidade em que as interrogará na presença do administrador judicial, tomando seus depoimentos por escrito.

**§ 3º**. Na falência, o administrador judicial não poderá, sem autorização judicial, após ouvidos o Comitê e o devedor no prazo comum de 2 (dois) dias, transigir sobre obrigações e direitos da massa falida e conceder abatimento de dívidas, ainda que sejam consideradas de difícil recebimento.

**§ 4º**. Se o relatório de que trata a alínea e do inciso III do *caput* deste artigo apontar responsabilidade penal de qualquer dos envolvidos, o Ministério Público será intimado para tomar conhecimento de seu teor.

**Art. 23.** O administrador judicial que não apresentar, no prazo estabelecido, suas contas ou qualquer dos relatórios previstos nesta Lei será intimado pessoalmente a fazê-lo no prazo de 5 (cinco) dias, sob pena de desobediência.

**Parágrafo único.** Decorrido o prazo do *caput* deste artigo, o juiz destituirá o administrador judicial e nomeará substituto para elaborar relatórios ou organizar as contas, explicitando as responsabilidades de seu antecessor.

**Art. 24.** O juiz fixará o valor e a forma de pagamento da remuneração do administrador judicial, observados a capacidade de pagamento do devedor, o grau de complexidade do trabalho e os valores praticados no mercado para o desempenho de atividades semelhantes.

**§ 1º**. Em qualquer hipótese, o total pago ao administrador judicial não excederá 5% (cinco por cento) do valor devido aos credores submetidos à recuperação judicial ou do valor de venda dos bens na falência.

**§ 2º**. Será reservado 40% (quarenta por cento) do montante devido ao administrador judicial para pagamento após atendimento do previsto nos arts. 154 e 155 desta Lei.

**§ 3º**. O administrador judicial substituído será remunerado proporcionalmente ao trabalho realizado, salvo se renunciar sem relevante razão ou for destituído de suas funções por desídia, culpa, dolo ou descumprimento das obrigações fixadas nesta Lei, hipóteses em que não terá direito à remuneração.

**§ 4º**. Também não terá direito a remuneração o administrador que tiver suas contas desaprovadas.

**§ 5º** A remuneração do administrador judicial fica reduzida ao limite de 2% (dois por cento), no caso de microempresas e de empresas de pequeno porte, bem como na hipótese de que trata o art. 70-A desta Lei. (Redação dada pela Lei 14.112/2020)

**Art. 25.** Caberá ao devedor ou à massa falida arcar com as despesas relativas à remuneração do administrador judicial e das pessoas eventualmente contratadas para auxiliá-lo.

**Art. 26.** O Comitê de Credores será constituído por deliberação de qualquer das classes de credores na assembleia-geral e terá a seguinte composição:

- Esta Lei: art. 56, § 2º.

**I** – 1 (um) representante indicado pela classe de credores trabalhistas, com 2 (dois) suplentes;

**II** – 1 (um) representante indicado pela classe de credores com direitos reais de garantia ou privilégios especiais, com 2 (dois) suplentes;

**III** – 1 (um) representante indicado pela classe de credores quirografários e com privilégios gerais, com 2 (dois) suplentes.

**IV** – 1 (um) representante indicado pela classe de credores representantes de microempresas e empresas de pequeno porte, com 2 (dois) suplentes. (Incluído pela Lei Complementar nº 147, de 2014)

**§ 1º**. A falta de indicação de representante por quaisquer das classes não prejudicará a constituição do Comitê, que poderá funcionar com número inferior ao previsto no *caput* deste artigo.

**§ 2º**. O juiz determinará, mediante requerimento subscrito por credores que representem a maioria dos créditos de uma classe, independentemente da realização de assembleia:

**I** – a nomeação do representante e dos suplentes da respectiva classe ainda não representada no Comitê; ou

**II** – a substituição do representante ou dos suplentes da respectiva classe.

**§ 3º**. Caberá aos próprios membros do Comitê indicar, entre eles, quem irá presidi-lo.

**Art. 27.** O Comitê de Credores terá as seguintes atribuições, além de outras previstas nesta Lei:

**I** – na recuperação judicial e na falência:

*a)* fiscalizar as atividades e examinar as contas do administrador judicial;

*b)* zelar pelo bom andamento do processo e pelo cumprimento da lei;

*c)* comunicar ao juiz, caso detecte violação dos direitos ou prejuízo aos interesses dos credores;

*d)* apurar e emitir parecer sobre quaisquer reclamações dos interessados;

*e)* requerer ao juiz a convocação da assembleia-geral de credores;

*f)* manifestar-se nas hipóteses previstas nesta Lei;

**II** – na recuperação judicial:

*a)* fiscalizar a administração das atividades do devedor, apresentando, a cada 30 (trinta) dias, relatório de sua situação;

*b)* fiscalizar a execução do plano de recuperação judicial;

*c)* submeter à autorização do juiz, quando ocorrer o afastamento do devedor nas hipóteses previstas nesta Lei, a alienação de bens do ativo permanente, a constituição de ônus reais e outras garantias, bem como atos de endividamento necessários à continuação da atividade empresarial durante o período que antecede a aprovação do plano de recuperação judicial.

**§ 1º.** As decisões do Comitê, tomadas por maioria, serão consignadas em livro de atas, rubricado pelo juízo, que ficará à disposição do administrador judicial, dos credores e do devedor.

**§ 2º.** Caso não seja possível a obtenção de maioria em deliberação do Comitê, o impasse será resolvido pelo administrador judicial ou, na incompatibilidade deste, pelo juiz.

**Art. 28.** Não havendo Comitê de Credores, caberá ao administrador judicial ou, na incompatibilidade deste, ao juiz exercer suas atribuições.

**Art. 29.** Os membros do Comitê não terão sua remuneração custeada pelo devedor ou pela massa falida, mas as despesas realizadas para a realização de ato previsto nesta Lei, se devidamente comprovadas e com a autorização do juiz, serão ressarcidas atendendo às disponibilidades de caixa.

**Art. 30.** Não poderá integrar o Comitê ou exercer as funções de administrador judicial quem, nos últimos 5 (cinco) anos, no exercício do cargo de administrador judicial ou de membro do Comitê em falência ou recuperação judicial anterior, foi destituído, deixou de prestar contas dentro dos prazos legais ou teve a prestação de contas desaprovada.

**§ 1º.** Ficará também impedido de integrar o Comitê ou exercer a função de administrador judicial quem tiver relação de parentesco ou afinidade até o 3º (terceiro) grau com o devedor, seus administradores, controladores ou representantes legais ou deles for amigo, inimigo ou dependente.

**§ 2º.** O devedor, qualquer credor ou o Ministério Público poderá requerer ao juiz a substituição do administrador judicial ou dos membros do Comitê nomeados em desobediência aos preceitos desta Lei.

**§ 3º.** O juiz decidirá, no prazo de 24 (vinte e quatro) horas, sobre o requerimento do § 2º deste artigo.

**Art. 31.** O juiz, de ofício ou a requerimento fundamentado de qualquer interessado, poderá determinar a destituição do administrador judicial ou de quaisquer dos membros do Comitê de Credores quando verificar desobediência aos preceitos desta Lei, descumprimento de deveres, omissão, negligência ou prática de ato lesivo às atividades do devedor ou a terceiros.

**§ 1º.** No ato de destituição, o juiz nomeará novo administrador judicial ou convocará os suplentes para recompor o Comitê.

**§ 2º.** Na falência, o administrador judicial substituído prestará contas no prazo de 10 (dez) dias, nos termos dos §§ 1º a 6º do art. 154 desta Lei.

**Art. 32.** O administrador judicial e os membros do Comitê responderão pelos prejuízos causados à massa falida, ao devedor ou aos credores por dolo ou culpa, devendo o dissidente em deliberação do Comitê consignar sua discordância em ata para eximir-se da responsabilidade.

**Art. 33.** O administrador judicial e os membros do Comitê de Credores, logo que nomeados, serão intimados pessoalmente para, em 48 (quarenta e oito) horas, assinar, na sede do juízo, o termo de compromisso de bem e fielmente desempenhar o cargo e assumir todas as responsabilidades a ele inerentes.

- Esta Lei: art. 21, parágrafo único.

**Art. 34.** Não assinado o termo de compromisso no prazo previsto no art. 33 desta Lei, o juiz nomeará outro administrador judicial.

## SEÇÃO IV.
## DA ASSEMBLEIA-GERAL DE CREDORES

**Art. 35.** A assembleia-geral de credores terá por atribuições deliberar sobre:

**I** – na recuperação judicial:

- Esta Lei: art. 42.

*a)* aprovação, rejeição ou modificação do plano de recuperação judicial apresentado pelo devedor;

*b)* a constituição do Comitê de Credores, a escolha de seus membros e sua substituição;

*c)* Vetado.

*d)* o pedido de desistência do devedor, nos termos do § 4º do art. 52 desta Lei;

*e)* o nome do gestor judicial, quando do afastamento do devedor;

*f)* qualquer outra matéria que possa afetar os interesses dos credores;

*g)* alienação de bens ou direitos do ativo não circulante do devedor, não prevista no plano de recuperação judicial; (Acrescida pela Lei 14.112/2020)

**II** – na falência:

- Esta Lei: art. 99, IX.

*a)* Vetado.

*b)* a constituição do Comitê de Credores, a escolha de seus membros e sua substituição;

*c)* a adoção de outras modalidades de realização do ativo, na forma do art. 145 desta Lei;

*d)* qualquer outra matéria que possa afetar os interesses dos credores.

**Art. 36.** A assembleia-geral de credores será convocada pelo juiz por meio de edital publicado no diário oficial eletrônico e disponibilizado no sítio eletrônico do administrador judicial, com antecedência mínima de 15 (quinze) dias, o qual conterá: (Redação dada pela Lei 14.112/2020)

**I** – local, data e hora da assembleia em 1ª (primeira) e em 2ª (segunda) convocação, não podendo esta ser realizada menos de 5 (cinco) dias depois da 1ª (primeira);

**II** – a ordem do dia;

**III** – local onde os credores poderão, se for o caso, obter cópia do plano de recuperação judicial a ser submetido à deliberação da assembleia.

**§ 1º**. Cópia do aviso de convocação da assembleia deverá ser afixada de forma ostensiva na sede e filiais do devedor.

**§ 2º**. Além dos casos expressamente previstos nesta Lei, credores que representem no mínimo 25% (vinte e cinco por cento) do valor total dos créditos de uma determinada classe poderão requerer ao juiz a convocação de assembleia-geral.

▸ Esta Lei: art. 52, § 2º.

**§ 3º**. As despesas com a convocação e a realização da assembleia-geral correm por conta do devedor ou da massa falida, salvo se convocada em virtude de requerimento do Comitê de Credores ou na hipótese do § 2º deste artigo.

**Art. 37.** A assembleia será presidida pelo administrador judicial, que designará 1 (um) secretário dentre os credores presentes.

**§ 1º**. Nas deliberações sobre o afastamento do administrador judicial ou em outras em que haja incompatibilidade deste, a assembleia será presidida pelo credor presente que seja titular do maior crédito.

**§ 2º**. A assembleia instalar-se-á, em 1ª (primeira) convocação, com a presença de credores titulares de mais da metade dos créditos de cada classe, computados pelo valor, e, em 2ª (segunda) convocação, com qualquer número.

**§ 3º**. Para participar da assembleia, cada credor deverá assinar a lista de presença, que será encerrada no momento da instalação.

**§ 4º**. O credor poderá ser representado na assembleia-geral por mandatário ou representante legal, desde que entregue ao administrador judicial, até 24 (vinte e quatro) horas antes da data prevista no aviso de convocação, documento hábil que comprove seus poderes ou a indicação das folhas dos autos do processo em que se encontre o documento.

**§ 5º**. Os sindicatos de trabalhadores poderão representar seus associados titulares de créditos derivados da legislação do trabalho ou decorrentes de acidente de trabalho que não comparecerem, pessoalmente ou por procurador, à assembleia.

**§ 6º**. Para exercer a prerrogativa prevista no § 5º deste artigo, o sindicato deverá:

**I** – apresentar ao administrador judicial, até 10 (dez) dias antes da assembleia, a relação dos associados que pretende representar, e o trabalhador que conste da relação de mais de um sindicato deverá esclarecer, até 24 (vinte e quatro) horas antes da assembleia, qual sindicato o representa, sob pena de não ser representado em assembleia por nenhum deles; e

**II** – Vetado.

**§ 7º**. Do ocorrido na assembleia, lavrar-se-á ata que conterá o nome dos presentes e as assinaturas do presidente, do devedor e de 2 (dois) membros de cada uma das classes votantes, e que será entregue ao juiz, juntamente com a lista de presença, no prazo de 48 (quarenta e oito) horas.

**Art. 38.** O voto do credor será proporcional ao valor de seu crédito, ressalvado, nas deliberações sobre o plano de recuperação judicial, o disposto no § 2º do art. 45 desta Lei.

**Parágrafo único.** Na recuperação judicial, para fins exclusivos de votação em assembleia-geral, o crédito em moeda estrangeira será convertido para moeda nacional pelo câmbio da véspera da data de realização da assembleia.

**Art. 39.** Terão direito a voto na assembleia-geral as pessoas arroladas no quadro-geral de credores ou, na sua falta, na relação de credores apresentada pelo administrador judicial na forma do art. 7º, § 2º, desta Lei, ou, ainda, na falta desta, na relação apresentada pelo próprio devedor nos termos dos arts. 51, incisos III e IV do *caput*, 99, inciso III do *caput*, ou 105, inciso II do *caput*, desta Lei, acrescidas, em qualquer caso, das que estejam habilitadas na data da realização da assembleia ou que tenham créditos admitidos ou alterados por decisão judicial, inclusive as que tenham obtido reserva de importâncias, observado o disposto nos §§ 1º e 2º do art. 10 desta Lei.

**§ 1º**. Não terão direito a voto e não serão considerados para fins de verificação do quorum de instalação e de deliberação os titulares de créditos excetuados na forma dos §§ 3º e 4º do art. 49 desta Lei.

**§ 2º**. As deliberações da assembleia-geral não serão invalidadas em razão de posterior decisão judicial acerca da existência, quantificação ou classificação de créditos.

**§ 3º**. No caso de posterior invalidação de deliberação da assembleia, ficam resguardados os direitos de terceiros de boa-fé, respondendo os credores que aprovarem a deliberação pelos prejuízos comprovados causados por dolo ou culpa.

**§ 4º** Qualquer deliberação prevista nesta Lei a ser realizada por meio de assembleia-geral de credores poderá ser substituída, com idênticos efeitos, por: (Acrescido pela Lei 14.112/2020)

**I** - termo de adesão firmado por tantos credores quantos satisfaçam o quórum de aprovação específico, nos termos estabelecidos no art. 45-A desta Lei;

**II** - votação realizada por meio de sistema eletrônico que reproduza as condições de tomada de voto da assembleia-geral de credores; ou

**III** - outro mecanismo reputado suficientemente seguro pelo juiz.

**§ 5º**. As deliberações nos formatos previstos no § 4º deste artigo serão fiscalizadas pelo administrador judicial, que emitirá parecer sobre sua regularidade, previamente à sua homologação judicial, independentemente da concessão ou não da recuperação judicial. (Acrescido pela Lei 14.112/2020)

**§ 6º**. O voto será exercido pelo credor no seu interesse e de acordo com o seu juízo de conveniência e poderá ser declarado nulo por abusividade somente quando manifestamente exercido para obter vantagem ilícita para si ou para outrem.(Acrescido pela Lei 14.112/2020)

**§ 7º**. A cessão ou a promessa de cessão do crédito habilitado deverá ser imediatamente comunicada ao juízo da recuperação judicial. (Acrescido pela Lei 14.112/2020)

**Art. 40.** Não será deferido provimento liminar, de caráter cautelar ou antecipatório dos efeitos da tutela, para a suspensão ou adiamento da assembleia-geral de credores em razão de pendência de discussão acerca da existência, da quantificação ou da classificação de créditos.

**Art. 41.** A assembleia-geral será composta pelas seguintes classes de credores:

▸ Esta Lei: art. 45.

**I** – titulares de créditos derivados da legislação do trabalho ou decorrentes de acidentes de trabalho;

▸ Esta Lei: art. 45, § 2º.

**II** – titulares de créditos com garantia real;

▸ Esta Lei: art. 45, § 1º.

**III** – titulares de créditos quirografários, com privilégio especial, com privilégio geral ou subordinados.

▸ Esta Lei: art. 45, § 1º.

**IV** – titulares de créditos enquadrados como microempresa ou empresa de pequeno porte. (Incluído pela Lei Complementar nº 147, de 2014)

**§ 1º**. Os titulares de créditos derivados da legislação do trabalho votam com a classe prevista no inciso I do *caput* deste artigo com o total de seu crédito, independentemente do valor.

**§ 2º**. Os titulares de créditos com garantia real votam com a classe prevista no inciso II do *caput* deste artigo até o limite do valor do bem gravado e com a classe prevista no inciso III do *caput* deste artigo pelo restante do valor de seu crédito.

**Art. 42.** Considerar-se-á aprovada a proposta que obtiver votos favoráveis de credores que representem mais da metade do valor total dos créditos presentes à assembleia-geral, exceto nas deliberações sobre o plano de recuperação judicial nos termos da alínea a do inciso I do *caput* do art. 35 desta Lei, a composição do Comitê de Credores ou forma alternativa de realização do ativo nos termos do art. 145 desta Lei.

▸ Esta Lei: art. 73, I.

**Art. 43.** Os sócios do devedor, bem como as sociedades coligadas, controladoras, controladas ou as que tenham sócio ou acionista com participação superior a 10% (dez por cento) do capital social do devedor ou em que o devedor ou algum de seus sócios detenham participação superior a 10% (dez por cento) do capital social, poderão participar da assembleia-geral de credores, sem ter direito a voto e não serão considerados para fins de verificação do quorum de instalação e de deliberação.

**Parágrafo único.** O disposto neste artigo também se aplica ao cônjuge ou parente, consanguíneo ou afim, colateral até o 2º (segundo) grau, ascendente ou descendente do devedor, de administrador, do sócio controlador, de membro dos conselhos consultivo, fiscal ou semelhantes da sociedade devedora e à sociedade em que quaisquer dessas pessoas exerçam essas funções.

**Art. 44.** Na escolha dos representantes de cada classe no Comitê de Credores, somente os respectivos membros poderão votar.

**Art. 45.** Nas deliberações sobre o plano de recuperação judicial, todas as classes de credores referidas no art. 41 desta Lei deverão aprovar a proposta.

▸ Esta Lei: art. 58, *caput*, § 1º e II.

**§ 1º**. Em cada uma das classes referidas nos incisos II e III do art. 41 desta Lei, a proposta deverá ser aprovada por credores que representem mais da metade do valor total dos créditos presentes à assembleia e, cumulativamente, pela maioria simples dos credores presentes.

**§ 2º**. Nas classes previstas nos incisos I e IV do art. 41 desta Lei, a proposta deverá ser aprovada pela maioria simples dos credores presentes, independentemente do valor de seu crédito. (Redação dada pela Lei Complementar nº 147, de 2014)

‣ Esta Lei: art. 38.

**§ 3º**. O credor não terá direito a voto e não será considerado para fins de verificação de quorum de deliberação se o plano de recuperação judicial não alterar o valor ou as condições originais de pagamento de seu crédito.

**Art. 45-A.** As deliberações da assembleia-geral de credores previstas nesta Lei poderão ser substituídas pela comprovação da adesão de credores que representem mais da metade do valor dos créditos sujeitos à recuperação judicial, observadas as exceções previstas nesta Lei. (Acrescido pela Lei 14.112/2020)

**§ 1º** Nos termos do art. 56-A desta Lei, as deliberações sobre o plano de recuperação judicial poderão ser substituídas por documento que comprove o cumprimento do disposto no art. 45 desta Lei.

**§ 2º** As deliberações sobre a constituição do Comitê de Credores poderão ser substituídas por documento que comprove a adesão da maioria dos créditos de cada conjunto de credores previsto no art. 26 desta Lei.

**§ 3º** As deliberações sobre forma alternativa de realização do ativo na falência, nos termos do art. 145 desta Lei, poderão ser substituídas por documento que comprove a adesão de credores que representem 2/3 (dois terços) dos créditos.

**§ 4º** As deliberações no formato previsto neste artigo serão fiscalizadas pelo administrador judicial, que emitirá parecer sobre sua regularidade, com oitiva do Ministério Público, previamente à sua homologação judicial, independentemente da concessão ou não da recuperação judicial.

**Art. 46.** A aprovação de forma alternativa de realização do ativo na falência, prevista no art. 145 desta Lei, dependerá do voto favorável de credores que representem 2/3 (dois terços) dos créditos presentes à assembleia.

## CAPÍTULO III. DA RECUPERAÇÃO JUDICIAL

### SEÇÃO I. DISPOSIÇÕES GERAIS

✪ **Art. 47**. A recuperação judicial tem por objetivo viabilizar a superação da situação de crise econômico-financeira do devedor, a fim de permitir a manutenção da fonte produtora, do emprego dos trabalhadores e dos interesses dos credores, promovendo, assim, a preservação da empresa, sua função social e o estímulo à atividade econômica.

✪ **Art. 48**. Poderá requerer recuperação judicial o devedor que, no momento do pedido, exerça regularmente suas atividades há mais de 2 (dois) anos e que atenda aos seguintes requisitos, cumulativamente:

‣ Esta Lei: art. 161.

**I** – não ser falido e, se o foi, estejam declaradas extintas, por sentença transitada em julgado, as responsabilidades daí decorrentes;

**II** – não ter, há menos de 5 (cinco) anos, obtido concessão de recuperação judicial;

**III** – não ter, há menos de 5 (cinco) anos, obtido concessão de recuperação judicial com base no plano especial de que trata a Seção V deste Capítulo; (Redação dada pela Lei Complementar nº 147, de 2014)

**IV** – não ter sido condenado ou não ter, como administrador ou sócio controlador, pessoa condenada por qualquer dos crimes previstos nesta Lei.

**§ 1º**. A recuperação judicial também poderá ser requerida pelo cônjuge sobrevivente, herdeiros do devedor, inventariante ou sócio remanescente. (Renumerado pela Lei nº 12.873, de 2013)

**§ 2º** No caso de exercício de atividade rural por pessoa jurídica, admite-se a comprovação do prazo estabelecido no *caput* deste artigo por meio da Escrituração Contábil Fiscal (ECF), ou por meio de obrigação legal de registros contábeis que venha a substituir a ECF, entregue tempestivamente. (Redação dada pela Lei 14.112/2020)

**§ 3º** Para a comprovação do prazo estabelecido no *caput* deste artigo, o cálculo do período de exercício de atividade rural por pessoa física é feito com base no Livro Caixa Digital do Produtor Rural (LCDPR), ou por meio de obrigação legal de registros contábeis que venha a substituir o LCDPR, e pela Declaração do Imposto sobre a Renda da Pessoa Física (DIRPF) e balanço patrimonial, todos entregues tempestivamente. (Acrescido pela Lei 14.112/2020)

**§ 4º** Para efeito do disposto no § 3º deste artigo, no que diz respeito ao período em que não for exigível a entrega do LCDPR, admitir-se-á a entrega do livro-caixa utilizado para a elaboração da DIRPF. (Acrescido pela Lei 14.112/2020)

**§ 5º** Para os fins de atendimento ao disposto nos §§ 2º e 3º deste artigo, as informações contábeis relativas a receitas, a bens, a despesas, a custos e a dívidas deverão estar organizadas de acordo com a legislação e com o padrão contábil da legislação correlata vigente, bem como guardar obediência ao regime de competência e de elaboração de balanço patrimonial por contador habilitado. (Acrescido pela Lei 14.112/2020)

**Art. 48-A.** Na recuperação judicial de companhia aberta, serão obrigatórios a formação e o funcionamento do conselho fiscal, nos termos da Lei nº 6.404, de 15 de dezembro de 1976, enquanto durar a fase da recuperação judicial, incluído o período de cumprimento das obrigações assumidas pelo plano de recuperação. (Acrescido pela Lei 14.112/2020)

**Art. 49.** Estão sujeitos à recuperação judicial todos os créditos existentes na data do pedido, ainda que não vencidos.

**§ 1º.** Os credores do devedor em recuperação judicial conservam seus direitos e privilégios contra os coobrigados, fiadores e obrigados de regresso.

**§ 2º.** As obrigações anteriores à recuperação judicial observarão as condições originalmente contratadas ou definidas em lei, inclusive no que diz respeito aos encargos, salvo se de modo diverso ficar estabelecido no plano de recuperação judicial.

**§ 3º.** Tratando-se de credor titular da posição de proprietário fiduciário de bens móveis ou imóveis, de arrendador mercantil, de proprietário ou promitente vendedor de imóvel cujos respectivos contratos contenham cláusula de irrevogabilidade ou irretratabilidade, inclusive em incorporações imobiliárias, ou de proprietário em contrato de venda com reserva de domínio, seu crédito não se submeterá aos efeitos da recuperação judicial e prevalecerão os direitos de propriedade sobre a coisa e as condições contratuais, observada a legislação respectiva, não se permitindo, contudo, durante o prazo de suspensão a que se refere o § 4º do art. 6º desta Lei, a venda ou a retirada do estabelecimento do devedor dos bens de capital essenciais a sua atividade empresarial.

› Esta Lei: arts. 39, § 1º; 52, III; 71, I; e 161,§ 1º.

**§ 4º.** Não se sujeitará aos efeitos da recuperação judicial a importância a que se refere o inciso II do art. 86 desta Lei.

› Esta Lei: arts. 39, § 1º; 52, III; 71, I.

**§ 5º.** Tratando-se de crédito garantido por penhor sobre títulos de crédito, direitos creditórios, aplicações financeiras ou valores mobiliários, poderão ser substituídas ou renovadas as garantias liquidadas ou vencidas durante a recuperação judicial e, enquanto não renovadas ou substituídas, o valor eventualmente recebido em pagamento das garantias permanecerá em conta vinculada durante o período de suspensão de que trata o § 4º do art. 6º desta Lei.

**§ 6º** Nas hipóteses de que tratam os §§ 2º e 3º do art. 48 desta Lei, somente estarão sujeitos à recuperação judicial os créditos que decorram exclusivamente da atividade rural e estejam discriminados nos documentos a que se referem os citados parágrafos, ainda que não vencidos. (Acrescido pela Lei 14.112/2020)

**§ 7º** Não se sujeitarão aos efeitos da recuperação judicial os recursos controlados e abrangidos nos termos dos arts. 14 e 21 da Lei nº 4.829, de 5 de novembro de 1965. (Acrescido pela Lei 14.112/2020)

**§ 8º** Estarão sujeitos à recuperação judicial os recursos de que trata o § 7º deste artigo que não tenham sido objeto de renegociação entre o devedor e a instituição financeira antes do pedido de recuperação judicial, na forma de ato do Poder Executivo. (Acrescido pela Lei 14.112/2020)

**§ 9º** Não se enquadrará nos créditos referidos no *caput* deste artigo aquele relativo à dívida constituída nos 3 (três) últimos anos anteriores ao pedido de recuperação judicial, que tenha sido contraída com a finalidade de aquisição de propriedades rurais, bem como as respectivas garantias. (Acrescido pela Lei 14.112/2020)

**Art. 50.** Constituem meios de recuperação judicial, observada a legislação pertinente a cada caso, dentre outros:

› Esta Lei: art. 53, I.

**I** – concessão de prazos e condições especiais para pagamento das obrigações vencidas ou vincendas;

**II** – cisão, incorporação, fusão ou transformação de sociedade, constituição de subsidiária integral, ou cessão de cotas ou ações, respeitados os direitos dos sócios, nos termos da legislação vigente;

**III** – alteração do controle societário;

**IV** – substituição total ou parcial dos administradores do devedor ou modificação de seus órgãos administrativos;

**V** – concessão aos credores de direito de eleição em separado de administradores e de poder de veto em relação às matérias que o plano especificar;

**VI** – aumento de capital social;

**VII** – trespasse ou arrendamento de estabelecimento, inclusive à sociedade constituída pelos próprios empregados;

**VIII** – redução salarial, compensação de horários e redução da jornada, mediante acordo ou convenção coletiva;

**IX** – dação em pagamento ou novação de dívidas do passivo, com ou sem constituição de garantia própria ou de terceiro;

**X** – constituição de sociedade de credores;

**XI** – venda parcial dos bens;

**XII** – equalização de encargos financeiros relativos a débitos de qualquer natureza, tendo como termo inicial a data da distribuição do pedido de recuperação judicial, aplicando-se inclusive aos contratos de crédito rural, sem prejuízo do disposto em legislação específica;

**XIII** – usufruto da empresa;

**XIV** – administração compartilhada;

**XV** – emissão de valores mobiliários;

**XVI** – constituição de sociedade de propósito específico para adjudicar, em pagamento dos créditos, os ativos do devedor.

**XVII** – conversão de dívida em capital social; (Acrescido pela Lei 14.112/2020)

**XVIII** – venda integral da devedora, desde que garantidas aos credores não submetidos ou não aderentes condições, no mínimo, equivalentes àquelas que teriam na falência, hipótese em que será, para todos os fins, considerada unidade produtiva isolada. (Acrescido pela Lei 14.112/2020)

**§ 1º**. Na alienação de bem objeto de garantia real, a supressão da garantia ou sua substituição somente serão admitidas mediante aprovação expressa do credor titular da respectiva garantia.

‣ Esta Lei: art. 59.

**§ 2º**. Nos créditos em moeda estrangeira, a variação cambial será conservada como parâmetro de indexação da correspondente obrigação e só poderá ser afastada se o credor titular do respectivo crédito aprovar expressamente previsão diversa no plano de recuperação judicial.

**§ 3º** Não haverá sucessão ou responsabilidade por dívidas de qualquer natureza a terceiro credor, investidor ou novo administrador em decorrência, respectivamente, da mera conversão de dívida em capital, de aporte de novos recursos na devedora ou de substituição dos administradores desta. (Acrescido pela Lei 14.112/2020)

**§ 4º** O imposto sobre a renda e a Contribuição Social sobre o Lucro Líquido (CSLL) incidentes sobre o ganho de capital resultante da alienação de bens ou direitos pela pessoa jurídica em recuperação judicial poderão ser parcelados, com atualização monetária das parcelas, observado o seguinte: (Acrescido pela Lei 14.112/2020)

**I** – o disposto na Lei nº 10.522, de 19 de julho de 2002; e

**II** – a utilização, como limite, da mediana de alongamento no plano de recuperação judicial em relação aos créditos a ele sujeitos.

**§ 5º** O limite de alongamento de prazo a que se refere o inciso II do § 4º deste artigo será readequado na hipótese de alteração superveniente do plano de recuperação judicial. (Acrescido pela Lei 14.112/2020)

**Art. 50-A.** Nas hipóteses de renegociação de dívidas de pessoa jurídica no âmbito de processo de recuperação judicial, estejam as dívidas sujeitas ou não a esta, e do reconhecimento de seus efeitos nas demonstrações financeiras das sociedades, deverão ser observadas as seguintes disposições: (Artigo vetado na Lei 14.112/2020 pelo Presidente da República, mantido pelo Congresso Nacional e publicado na Edição Extra D do DOU de 26/3/2021)

**I** – a receita obtida pelo devedor não será computada na apuração da base de cálculo da Contribuição para o Programa de Integração Social (PIS) e para o Programa de Formação do Patrimônio do Servidor Público (Pasep) e da Contribuição para o Financiamento da Seguridade Social (Cofins);

**II** – o ganho obtido pelo devedor com a redução da dívida não se sujeitará ao limite percentual de que tratam os arts. 42 e 58 da Lei nº 8.981, de 20 de janeiro de 1995, na apuração do imposto sobre a renda e da CSLL; e

**III** – as despesas correspondentes às obrigações assumidas no plano de recuperação judicial serão consideradas dedutíveis na determinação do lucro real e da base de cálculo da CSLL, desde que não tenham sido objeto de dedução anterior.

**Parágrafo único.** O disposto no caput deste artigo não se aplica à hipótese de dívida com:

**I** – pessoa jurídica que seja controladora, controlada, coligada ou interligada; ou

**II** – pessoa física que seja acionista controladora, sócia, titular ou administradora da pessoa jurídica devedora

## SEÇÃO II. DO PEDIDO E DO PROCESSAMENTO DA RECUPERAÇÃO JUDICIAL

**Art. 51.** A petição inicial de recuperação judicial será instruída com:

‣ Esta Lei: arts. 70, § 1º; e 96, VII.

**I** – a exposição das causas concretas da situação patrimonial do devedor e das razões da crise econômico-financeira;

**II** – as demonstrações contábeis relativas aos 3 (três) últimos exercícios sociais e as levantadas especialmente para instruir o pedido, confeccionadas com estrita observância da legislação societária aplicável e compostas obrigatoriamente de:

‣ Esta Lei: art. 163, II.

*a)* balanço patrimonial;

*b)* demonstração de resultados acumulados;

*c)* demonstração do resultado desde o último exercício social;

*d)* relatório gerencial de fluxo de caixa e de sua projeção;

*e)* descrição das sociedades de grupo societário, de fato ou de direito; (Acrescida pela Lei 14.112/2020)

**III** - a relação nominal completa dos credores, sujeitos ou não à recuperação judicial, inclusive aqueles por obrigação de fazer ou de dar, com a indicação do endereço físico e eletrônico de cada um, a natureza, conforme estabelecido nos arts. 83 e 84 desta Lei, e o valor atualizado do crédito, com a discriminação de sua origem, e o regime dos vencimentos;(Redação dada pela Lei 14.112/2020)

‣ Esta Lei: arts. 22, I; 39 e 64, IV, d.

**IV** – a relação integral dos empregados, em que constem as respectivas funções, salários, indenizações e outras parcelas a que têm direito, com o correspondente mês de competência, e a discriminação dos valores pendentes de pagamento;

▸ Esta Lei: art. 39.

**V** – certidão de regularidade do devedor no Registro Público de Empresas, o ato constitutivo atualizado e as atas de nomeação dos atuais administradores;

**VI** – a relação dos bens particulares dos sócios controladores e dos administradores do devedor;

**VII** – os extratos atualizados das contas bancárias do devedor e de suas eventuais aplicações financeiras de qualquer modalidade, inclusive em fundos de investimento ou em bolsas de valores, emitidos pelas respectivas instituições financeiras;

**VIII** – certidões dos cartórios de protestos situados na comarca do domicílio ou sede do devedor e naquelas onde possui filial;

**IX** – a relação, subscrita pelo devedor, de todas as ações judiciais e procedimentos arbitrais em que este figure como parte, inclusive as de natureza trabalhista, com a estimativa dos respectivos valores demandados; (Redação dada pela Lei 14.112/2020)

**X** – o relatório detalhado do passivo fiscal; e (Acrescido pela Lei 14.112/2020)

**XI** – a relação de bens e direitos integrantes do ativo não circulante, incluídos aqueles não sujeitos à recuperação judicial, acompanhada dos negócios jurídicos celebrados com os credores de que trata o § 3º do art. 49 desta Lei. (Acrescido pela Lei 14.112/2020)

**§ 1º**. Os documentos de escrituração contábil e demais relatórios auxiliares, na forma e no suporte previstos em lei, permanecerão à disposição do juízo, do administrador judicial e, mediante autorização judicial, de qualquer interessado.

**§ 2º**. Com relação à exigência prevista no inciso II do *caput* deste artigo, as microempresas e empresas de pequeno porte poderão apresentar livros e escrituração contábil simplificados nos termos da legislação específica.

**§ 3º**. O juiz poderá determinar o depósito em cartório dos documentos a que se referem os §§ 1º e 2º deste artigo ou de cópia destes.

**§ 4º** Na hipótese de o ajuizamento da recuperação judicial ocorrer antes da data final de entrega do balanço correspondente ao exercício anterior, o devedor apresentará balanço prévio e juntará o balanço definitivo no prazo da lei societária aplicável. (Acrescido pela Lei 14.112/2020)

**§ 5º** O valor da causa corresponderá ao montante total dos créditos sujeitos à recuperação judicial. (Acrescido pela Lei 14.112/2020)

**§ 6º** Em relação ao período de que trata o § 3º do art. 48 desta Lei: (Acrescido pela Lei 14.112/2020)

**I** – a exposição referida no inciso I do *caput* deste artigo deverá comprovar a crise de insolvência, caracterizada pela insuficiência de recursos financeiros ou patrimoniais com liquidez suficiente para saldar suas dívidas;

**II** – os requisitos do inciso II do *caput* deste artigo serão substituídos pelos documentos mencionados no § 3º do art. 48 desta Lei relativos aos últimos 2 (dois) anos.

**Art. 51-A.** Após a distribuição do pedido de recuperação judicial, poderá o juiz, quando reputar necessário, nomear profissional de sua confiança, com capacidade técnica e idoneidade, para promover a constatação exclusivamente das reais condições de funcionamento da requerente e da regularidade e da completude da documentação apresentada com a petição inicial. (Acrescido pela Lei 14.112/2020)

**§ 1º** A remuneração do profissional de que trata o *caput* deste artigo deverá ser arbitrada posteriormente à apresentação do laudo e deverá considerar a complexidade do trabalho desenvolvido.

**§ 2º** O juiz deverá conceder o prazo máximo de 5 (cinco) dias para que o profissional nomeado apresente laudo de constatação das reais condições de funcionamento do devedor e da regularidade documental.

**§ 3º** A constatação prévia será determinada sem que seja ouvida a outra parte e sem apresentação de quesitos por qualquer das partes, com a possibilidade de o juiz determinar a realização da diligência sem a prévia ciência do devedor, quando entender que esta poderá frustrar os seus objetivos.

**§ 4º** O devedor será intimado do resultado da constatação prévia concomitantemente à sua intimação da decisão que deferir ou indeferir o processamento da recuperação judicial, ou que determinar a emenda da petição inicial, e poderá impugná-la mediante interposição do recurso cabível.

**§ 5º** A constatação prévia consistirá, objetivamente, na verificação das reais condições de funcionamento da empresa e da regularidade documental, vedado o indeferimento do processamento da recuperação judicial baseado na análise de viabilidade econômica do devedor.

**§ 6º** Caso a constatação prévia detecte indícios contundentes de utilização fraudulenta da ação de recuperação judicial, o juiz poderá indeferir a petição inicial, sem prejuízo de oficiar ao Ministério Público para tomada das providências criminais eventualmente cabíveis.

**§ 7º** Caso a constatação prévia demonstre que o principal estabelecimento do devedor não se situa na área de competência do juízo, o juiz deverá determinar a remessa dos autos, com urgência, ao juízo competente.

**Art. 52.** Estando em termos a documentação exigida no art. 51 desta Lei, o juiz deferirá o processamento da recuperação judicial e, no mesmo ato:

**I** – nomeará o administrador judicial, observado o disposto no art. 21 desta Lei;

**II** – determinará a dispensa da apresentação de certidões negativas para que o devedor exerça suas atividades, observado o disposto no § 3º do art. 195 da Constituição Federal e no art. 69 desta Lei; (Redação dada pela Lei 14.112/2020)

**III** – ordenará a suspensão de todas as ações ou execuções contra o devedor, na forma do art. 6º desta Lei, permanecendo os respectivos autos no juízo onde se processam, ressalvadas as ações previstas nos §§ 1º, 2º e 7º do art. 6º desta Lei e as relativas a créditos excetuados na forma dos §§ 3º e 4º do art. 49 desta Lei;

**IV** – determinará ao devedor a apresentação de contas demonstrativas mensais enquanto perdurar a recuperação judicial, sob pena de destituição de seus administradores;

**V** – ordenará a intimação eletrônica do Ministério Público e das Fazendas Públicas federal e de todos os Estados, Distrito Federal e Municípios em que o devedor tiver estabelecimento, a fim de que tomem conhecimento da recuperação judicial e informem eventuais créditos perante o devedor, para divulgação aos demais interessados. (Redação dada pela Lei 14.112/2020)

**§ 1º**. O juiz ordenará a expedição de edital, para publicação no órgão oficial, que conterá: Esta Lei: art. 7º, § 1º.

**I** – o resumo do pedido do devedor e da decisão que defere o processamento da recuperação judicial;

**II** – a relação nominal de credores, em que se discrimine o valor atualizado e a classificação de cada crédito;

**III** – a advertência acerca dos prazos para habilitação dos créditos, na forma do art. 7º, § 1º, desta Lei, e para que os credores apresentem objeção ao plano de recuperação judicial apresentado pelo devedor nos termos do art. 55 desta Lei.

**§ 2º**. Deferido o processamento da recuperação judicial, os credores poderão, a qualquer tempo, requerer a convocação de assembleia-geral para a constituição do Comitê de Credores ou substituição de seus membros, observado o disposto no § 2º do art. 36 desta Lei.

**§ 3º**. No caso do inciso III do *caput* deste artigo, caberá ao devedor comunicar a suspensão aos juízos competentes.

**§ 4º**. O devedor não poderá desistir do pedido de recuperação judicial após o deferimento de seu processamento, salvo se obtiver aprovação da desistência na assembleia-geral de credores.

› Esta Lei: art. 35, I, d.

## SEÇÃO III. DO PLANO DE RECUPERAÇÃO JUDICIAL

✪ **Art. 53**. O plano de recuperação será apresentado pelo devedor em juízo no prazo improrrogável de 60 (sessenta) dias da publicação da decisão que deferir o processamento da recuperação judicial, sob pena de convolação em falência, e deverá conter:

› Esta Lei: arts. 71 e 73, II.

**I** – discriminação pormenorizada dos meios de recuperação a ser empregados, conforme o art. 50 desta Lei, e seu resumo;

**II** – demonstração de sua viabilidade econômica; e

**III** – laudo econômico-financeiro e de avaliação dos bens e ativos do devedor, subscrito por profissional legalmente habilitado ou empresa especializada.

**Parágrafo único.** O juiz ordenará a publicação de edital contendo aviso aos credores sobre o recebimento do plano de recuperação e fixando o prazo para a manifestação de eventuais objeções, observado o art. 55 desta Lei.

**Art. 54.** O plano de recuperação judicial não poderá prever prazo superior a 1 (um) ano para pagamento dos créditos derivados da legislação do trabalho ou decorrentes de acidentes de trabalho vencidos até a data do pedido de recuperação judicial.

**§ 1º** O plano não poderá, ainda, prever prazo superior a 30 (trinta) dias para o pagamento, até o limite de 5 (cinco) salários-mínimos por trabalhador, dos créditos de natureza estritamente salarial vencidos nos 3 (três) meses anteriores ao pedido de recuperação judicial. (Parágrafo único transformado em § 1º pela Lei 14.112/2020)

**§ 2º** O prazo estabelecido no *caput* deste artigo poderá ser estendido em até 2 (dois) anos, se o plano de recuperação judicial atender aos seguintes requisitos, cumulativamente: (Acrescido pela Lei 14.112/2020)

**I** – apresentação de garantias julgadas suficientes pelo juiz;

**II** – aprovação pelos credores titulares de créditos derivados da legislação trabalhista ou decorrentes de acidentes de trabalho, na forma do § 2º do art. 45 desta Lei; e

**III** – garantia da integralidade do pagamento dos créditos trabalhistas.

## SEÇÃO IV. DO PROCEDIMENTO DE RECUPERAÇÃO JUDICIAL

**Art. 55.** Qualquer credor poderá manifestar ao juiz sua objeção ao plano de recuperação judicial no prazo de 30 (trinta) dias contado da publicação da relação de credores de que trata o § 2º do art. 7º desta Lei.

› Esta Lei: arts. 52, § 1º, III; 53, parágrafo único; 57; 58 e 72, parágrafo único.

**Parágrafo único.** Caso, na data da publicação da relação de que trata o *caput* deste artigo, não tenha sido publicado o aviso previsto no art. 53, parágrafo único, desta Lei, contar-se-á da publicação deste o prazo para as objeções.

**Art. 56.** Havendo objeção de qualquer credor ao plano de recuperação judicial, o juiz convocará a assembleia-geral de credores para deliberar sobre o plano de recuperação.

**§ 1º**. A data designada para a realização da assembleia-geral não excederá 150 (cento e cinquenta) dias contados do deferimento do processamento da recuperação judicial.

**§ 2º**. A assembleia-geral que aprovar o plano de recuperação judicial poderá indicar os membros do Comitê de Credores, na forma do art. 26 desta Lei, se já não estiver constituído.

**§ 3º**. O plano de recuperação judicial poderá sofrer alterações na assembleia-geral, desde que haja expressa concordância do devedor e em termos que não impliquem diminuição dos direitos exclusivamente dos credores ausentes.

**§ 4º** Rejeitado o plano de recuperação judicial, o administrador judicial submeterá, no ato, à votação da assembleia-geral de credores a concessão de prazo de 30 (trinta) dias para que seja apresentado plano de recuperação judicial pelos credores. (Redação dada pela Lei 14.112/2020)

‣ Esta Lei: art. 73, III.

**§ 5º** A concessão do prazo a que se refere o § 4º deste artigo deverá ser aprovada por credores que representem mais da metade dos créditos presentes à assembleia-geral de credores. (Acrescido pela Lei 14.112/2020)

**§ 6º** O plano de recuperação judicial proposto pelos credores somente será posto em votação caso satisfeitas, cumulativamente, as seguintes condições: (Acrescido pela Lei 14.112/2020)

**I** – não preenchimento dos requisitos previstos no § 1º do art. 58 desta Lei;

**II** – preenchimento dos requisitos previstos nos incisos I, II e III do *caput* do art. 53 desta Lei;

**III** – apoio por escrito de credores que representem, alternativamente:

*a)* mais de 25% (vinte e cinco por cento) dos créditos totais sujeitos à recuperação judicial; ou

*b)* mais de 35% (trinta e cinco por cento) dos créditos dos credores presentes à assembleia-geral a que se refere o § 4º deste artigo;

**IV** – não imputação de obrigações novas, não previstas em lei ou em contratos anteriormente celebrados, aos sócios do devedor;

**V** – previsão de isenção das garantias pessoais prestadas por pessoas naturais em relação aos créditos a serem novados e que sejam de titularidade dos credores mencionados no inciso III deste parágrafo ou daqueles que votarem favoravelmente ao plano de recuperação judicial apresentado pelos credores, não permitidas ressalvas de voto; e

**VI** – não imposição ao devedor ou aos seus sócios de sacrifício maior do que aquele que decorreria da liquidação na falência.

**§ 7º** O plano de recuperação judicial apresentado pelos credores poderá prever a capitalização dos créditos, inclusive com a consequente alteração do controle da sociedade devedora, permitido o exercício do direito de retirada pelo sócio do devedor. (Acrescido pela Lei 14.112/2020)

**§ 8º** Não aplicado o disposto nos §§ 4º, 5º e 6º deste artigo, ou rejeitado o plano de recuperação judicial proposto pelos credores, o juiz convolará a recuperação judicial em falência. (Acrescido pela Lei 14.112/2020)

**§ 9º** Na hipótese de suspensão da assembleia-geral de credores convocada para fins de votação do plano de recuperação judicial, a assembleia deverá ser encerrada no prazo de até 90 (noventa) dias, contado da data de sua instalação. (Acrescido pela Lei 14.112/2020)

**Art. 56-A.** Até 5 (cinco) dias antes da data de realização da assembleia-geral de credores convocada para deliberar sobre o plano, o devedor poderá comprovar a aprovação dos credores por meio de termo de adesão, observado o quórum previsto no art. 45 desta Lei, e requerer a sua homologação judicial. (Acrescido pela Lei 14.112/2020)

**§ 1º** No caso previsto no *caput* deste artigo, a assembleia-geral será imediatamente dispensada, e o juiz intimará os credores para apresentarem eventuais oposições, no prazo de 10 (dez) dias, o qual substituirá o prazo inicialmente estipulado nos termos do *caput* do art. 55 desta Lei.

**§ 2º** Oferecida oposição prevista no § 1º deste artigo, terá o devedor o prazo de 10 (dez) dias para manifestar-se a respeito, ouvido a seguir o administrador judicial, no prazo de 5 (cinco) dias.

**§ 3º** No caso de dispensa da assembleia-geral ou de aprovação do plano de recuperação judicial em assembleia-geral, as oposições apenas poderão versar sobre:

**I** – não preenchimento do quórum legal de aprovação;

**II** – descumprimento do procedimento disciplinado nesta Lei;

**III** – irregularidades do termo de adesão ao plano de recuperação; ou

**IV** – irregularidades e ilegalidades do plano de recuperação.

**Art. 57.** Após a juntada aos autos do plano aprovado pela assembleia-geral de credores ou decorrido o prazo previsto no art. 55 desta Lei sem objeção de credores, o devedor apresentará certidões negativas de débitos tributários nos termos dos arts. 151, 205, 206

da Lei nº 5.172, de 25 de outubro de 1966 – Código Tributário Nacional.

**Art. 58.** Cumpridas as exigências desta Lei, o juiz concederá a recuperação judicial do devedor cujo plano não tenha sofrido objeção de credor nos termos do art. 55 desta Lei ou tenha sido aprovado pela assembleia-geral de credores na forma dos arts. 45 ou 56-A desta Lei. (Redação dada pela Lei 14.112/2020)

‣ Esta Lei: art. 61.

**§ 1º**. O juiz poderá conceder a recuperação judicial com base em plano que não obteve aprovação na forma do art. 45 desta Lei, desde que, na mesma assembleia, tenha obtido, de forma cumulativa:

**I** – o voto favorável de credores que representem mais da metade do valor de todos os créditos presentes à assembleia, independentemente de classes;

**II** – a aprovação de 3 (três) das classes de credores ou, caso haja somente 3 (três) classes com credores votantes, a aprovação de pelo menos 2 (duas) das classes ou, caso haja somente 2 (duas) classes com credores votantes, a aprovação de pelo menos 1 (uma) delas, sempre nos termos do art. 45 desta Lei; (Redação dada pela Lei 14.112/2020)

**III** – na classe que o houver rejeitado, o voto favorável de mais de 1/3 (um terço) dos credores, computados na forma dos §§ 1º e 2º do art. 45 desta Lei.

**§ 2º**. A recuperação judicial somente poderá ser concedida com base no § 1º deste artigo se o plano não implicar tratamento diferenciado entre os credores da classe que o houver rejeitado.

**§ 3º**. Da decisão que conceder a recuperação judicial serão intimados eletronicamente o Ministério Público e as Fazendas Públicas federal e de todos os Estados, Distrito Federal e Municípios em que o devedor tiver estabelecimento. (Acrescido pela Lei 14.112/2020)

**Art. 58-A.** Rejeitado o plano de recuperação proposto pelo devedor ou pelos credores e não preenchidos os requisitos estabelecidos no § 1º do art. 58 desta Lei, o juiz convolará a recuperação judicial em falência. (Acrescido pela Lei nº 14.112/2020)

**Parágrafo único.** Da sentença prevista no *caput* deste artigo caberá agravo de instrumento.

**Art. 59.** O plano de recuperação judicial implica novação dos créditos anteriores ao pedido, e obriga o devedor e todos os credores a ele sujeitos, sem prejuízo das garantias, observado o disposto no § 1º do art. 50 desta Lei.

**§ 1º**. A decisão judicial que conceder a recuperação judicial constituirá título executivo judicial, nos termos do art. 584, inciso III, do *caput* da Lei nº 5.869, de 11 de janeiro de 1973 – Código de Processo Civil.

‣ Súm. nº 25 do STJ.

**§ 2º**. Contra a decisão que conceder a recuperação judicial caberá agravo, que poderá ser interposto por qualquer credor e pelo Ministério Público.

**§ 3º** Da decisão que conceder a recuperação judicial serão intimadas eletronicamente as Fazendas Públicas federal e de todos os Estados, Distrito Federal e Municípios em que o devedor tiver estabelecimento. (Acrescido pela Lei 14.112/2020)

**Art. 60.** Se o plano de recuperação judicial aprovado envolver alienação judicial de filiais ou de unidades produtivas isoladas do devedor, o juiz ordenará a sua realização, observado o disposto no art. 142 desta Lei.

**Parágrafo-único.** O objeto da alienação estará livre de qualquer ônus e não haverá sucessão do arrematante nas obrigações do devedor de qualquer natureza, incluídas, mas não exclusivamente, as de natureza ambiental, regulatória, administrativa, penal, anticorrupção, tributária e trabalhista, observado o disposto no § 1º do art. 141 desta Lei. (Parágrafo vetado na Lei 14.112/2020 pelo Presidente da República, mantido pelo Congresso Nacional e publicado na Edição Extra D do DOU de 26/3/2021)

**Art. 60-A.** A unidade produtiva isolada de que trata o art. 60 desta Lei poderá abranger bens, direitos ou ativos de qualquer natureza, tangíveis ou intangíveis, isolados ou em conjunto, incluídas participações dos sócios. (Acrescido pela Lei 14.112/2020)

**Parágrafo único.** O disposto no *caput* deste artigo não afasta a incidência do inciso VI do *caput* e do § 2º do art. 73 desta Lei.

**Art. 61.** Proferida a decisão prevista no art. 58 desta Lei, o juiz poderá determinar a manutenção do devedor em recuperação judicial até que sejam cumpridas todas as obrigações previstas no plano que vencerem até, no máximo, 2 (dois) anos depois da concessão da recuperação judicial, independentemente do eventual período de carência. (Redação dada pela Lei 14.112/2020)

‣ Esta Lei: arts. 63 e 73, IV.

**§ 1º**. Durante o período estabelecido no *caput* deste artigo, o descumprimento de qualquer obrigação prevista no plano acarretará a convolação da recuperação em falência, nos termos do art. 73 desta Lei.

**§ 2º**. Decretada a falência, os credores terão reconstituídos seus direitos e garantias nas condições originalmente contratadas, deduzidos os valores eventualmente pagos e ressalvados os atos validamente praticados no âmbito da recuperação judicial.

▸ Esta Lei: art. 100.

**Art. 62.** Após o período previsto no art. 61 desta Lei, no caso de descumprimento de qualquer obrigação prevista no plano de recuperação judicial, qualquer credor poderá requerer a execução específica ou a falência com base no art. 94 desta Lei.

**Art. 63.** Cumpridas as obrigações vencidas no prazo previsto no *caput* do art. 61 desta Lei, o juiz decretará por sentença o encerramento da recuperação judicial e determinará:

**I** – o pagamento do saldo de honorários ao administrador judicial, somente podendo efetuar a quitação dessas obrigações mediante prestação de contas, no prazo de 30 (trinta) dias, e aprovação do relatório previsto no inciso III do *caput* deste artigo;

**II** – a apuração do saldo das custas judiciais a serem recolhidas;

**III** – a apresentação de relatório circunstanciado do administrador judicial, no prazo máximo de 15 (quinze) dias, versando sobre a execução do plano de recuperação pelo devedor;

▸ Esta Lei: art. 22, II, d.

**IV** – a dissolução do Comitê de Credores e a exoneração do administrador judicial;

**V** – a comunicação ao Registro Público de Empresas e à Secretaria Especial da Receita Federal do Brasil do Ministério da Economia para as providências cabíveis. (Redação dada pela Lei 14.112/2020)

**Parágrafo único.** O encerramento da recuperação judicial não dependerá da consolidação do quadro-geral de credores. (Acrescido pela Lei 14.112/2020)

**Art. 64.** Durante o procedimento de recuperação judicial, o devedor ou seus administradores serão mantidos na condução da atividade empresarial, sob fiscalização do Comitê, se houver, e do administrador judicial, salvo se qualquer deles:

**I** – houver sido condenado em sentença penal transitada em julgado por crime cometido em recuperação judicial ou falência anteriores ou por crime contra o patrimônio, a economia popular ou a ordem econômica previstos na legislação vigente;

**II** – houver indícios veementes de ter cometido crime previsto nesta Lei;

**III** – houver agido com dolo, simulação ou fraude contra os interesses de seus credores;

**IV** – houver praticado qualquer das seguintes condutas:

*a)* efetuar gastos pessoais manifestamente excessivos em relação a sua situação patrimonial;

*b)* efetuar despesas injustificáveis por sua natureza ou vulto, em relação ao capital ou gênero do negócio, ao movimento das operações e a outras circunstâncias análogas;

*c)* descapitalizar injustificadamente a empresa ou realizar operações prejudiciais ao seu funcionamento regular;

*d)* simular ou omitir créditos ao apresentar a relação de que trata o inciso III do *caput* do art. 51 desta Lei, sem relevante razão de direito ou amparo de decisão judicial;

**V** – negar-se a prestar informações solicitadas pelo administrador judicial ou pelos demais membros do Comitê;

**VI** – tiver seu afastamento previsto no plano de recuperação judicial.

**Parágrafo único.** Verificada qualquer das hipóteses do *caput* deste artigo, o juiz destituirá o administrador, que será substituído na forma prevista nos atos constitutivos do devedor ou do plano de recuperação judicial.

**Art. 65.** Quando do afastamento do devedor, nas hipóteses previstas no art. 64 desta Lei, o juiz convocará a assembleia-geral de credores para deliberar sobre o nome do gestor judicial que assumirá a administração das atividades do devedor, aplicando-se-lhe, no que couber, todas as normas sobre deveres, impedimentos e remuneração do administrador judicial.

**§ 1º.** O administrador judicial exercerá as funções de gestor enquanto a assembleia-geral não deliberar sobre a escolha deste.

**§ 2º.** Na hipótese de o gestor indicado pela assembleia-geral de credores recusar ou estar impedido de aceitar o encargo para gerir os negócios do devedor, o juiz convocará, no prazo de 72 (setenta e duas) horas, contado da recusa ou da declaração do impedimento nos autos, nova assembleia-geral, aplicado o disposto no § 1º deste artigo.

**Art. 66.** Após a distribuição do pedido de recuperação judicial, o devedor não poderá alienar ou onerar bens ou direitos de seu ativo não circulante, inclusive para os fins previstos no art. 67 desta Lei, salvo mediante autorização do juiz, depois de ouvido o Comitê de Credores, se houver, com exceção daqueles previamente autorizados no plano de recuperação judicial. (Redação dada pela Lei 14.112/2020)

**§ 1º** Autorizada a alienação de que trata o *caput* deste artigo pelo juiz, observar-se-á o seguinte: (Acrescido pela Lei 14.112/2020)

**I** – nos 5 (cinco) dias subsequentes à data da publicação da decisão, credores que corresponderem a mais de 15% (quinze por cento) do valor total de créditos sujeitos à recuperação judicial, comprovada a prestação da caução equivalente ao valor total da alienação, poderão manifestar ao administrador judicial, fundamentadamente, o interesse na realização da assembleia-geral de credores para deliberar sobre a realização da venda;

**II** – nas 48 (quarenta e oito) horas posteriores ao final do prazo previsto no inciso I deste parágrafo, o administrador judicial apresentará ao juiz relatório das manifestações recebidas e, somente na hipótese de cumpridos os requisitos estabelecidos, requererá a convocação de assembleia-geral de credores, que será realizada da forma mais célere, eficiente e menos onerosa, preferencialmente por intermédio dos instrumentos referidos no § 4º do art. 39 desta Lei.

**§ 2º** As despesas com a convocação e a realização da assembleia-geral correrão por conta dos credores referidos no inciso I do § 1º deste artigo, proporcionalmente ao valor total de seus créditos. (Acrescido pela Lei 14.112/2020)

**§ 3º** Desde que a alienação seja realizada com observância do disposto no § 1º do art. 141 e no art. 142 desta Lei, o objeto da alienação estará livre de qualquer ônus e não haverá sucessão do adquirente nas obrigações do devedor, incluídas, mas não exclusivamente, as de natureza ambiental, regulatória, administrativa, penal, anticorrupção, tributária e trabalhista. (Parágrafo vetado na Lei 14.112/2020 pelo Presidente da República, mantido pelo Congresso Nacional e publicado na Edição Extra D do DOU de 26/3/2021)

**§ 4º** O disposto no *caput* deste artigo não afasta a incidência do inciso VI do *caput* e do § 2º do art. 73 desta Lei. (Acrescido pela Lei 14.112/2020)

**Art. 66-A.** A alienação de bens ou a garantia outorgada pelo devedor a adquirente ou a financiador de boa-fé, desde que realizada mediante autorização judicial expressa ou prevista em plano de recuperação judicial ou extrajudicial aprovado, não poderá ser anulada ou tornada ineficaz após a consumação do negócio jurídico com o recebimento dos recursos correspondentes pelo devedor. (Acrescido pela Lei 14.112/2020)

**Art. 67.** Os créditos decorrentes de obrigações contraídas pelo devedor durante a recuperação judicial, inclusive aqueles relativos a despesas com fornecedores de bens ou serviços e contratos de mútuo, serão considerados extraconcursais, em caso de decretação de falência, respeitada, no que couber, a ordem estabelecida no art. 83 desta Lei.

- Esta Lei: art. 54, V.

**Parágrafo único.** O plano de recuperação judicial poderá prever tratamento diferenciado aos créditos sujeitos à recuperação judicial pertencentes a fornecedores de bens ou serviços que continuarem a provê-los normalmente após o pedido de recuperação judicial, desde que tais bens ou serviços sejam necessários para a manutenção das atividades e que o tratamento diferenciado seja adequado e razoável no que concerne à relação comercial futura. (Redação dada pela Lei 14.112/2020)

**Art. 68.** As Fazendas Públicas e o Instituto Nacional do Seguro Social – INSS poderão deferir, nos termos da legislação específica, parcelamento de seus créditos, em sede de recuperação judicial, de acordo com os parâmetros estabelecidos na Lei nº 5.172, de 25 de outubro de 1966 – Código Tributário Nacional.

**Parágrafo único.** As microempresas e empresas de pequeno porte farão jus a prazos 20% (vinte por cento) superiores àqueles regularmente concedidos às demais empresas. (Incluído pela Lei Complementar nº 147, de 2014)

**Art. 69.** Em todos os atos, contratos e documentos firmados pelo devedor sujeito ao procedimento de recuperação judicial deverá ser acrescida, após o nome empresarial, a expressão "em Recuperação Judicial".

- Esta Lei: art. 52, II.

**Parágrafo único.** O juiz determinará ao Registro Público de Empresas e à Secretaria Especial da Receita Federal do Brasil a anotação da recuperação judicial nos registros correspondentes. (Redação dada pela Lei 14.112/2020)

## SEÇÃO IV-A
## DO FINANCIAMENTO DO DEVEDOR E DO GRUPO DEVEDOR DURANTE A RECUPERAÇÃO JUDICIAL
*(Acrescida pela Lei 14.112/2020)*

**Art. 69-A.** Durante a recuperação judicial, nos termos dos arts. 66 e 67 desta Lei, o juiz poderá, depois de ouvido o Comitê de Credores, autorizar a celebração de contratos de financiamento com o devedor, garantidos pela oneração ou pela alienação fiduciária de bens e direitos, seus ou de terceiros, pertencentes ao ativo não circulante, para financiar as suas atividades e as despesas de reestruturação ou de preservação do valor de ativos. (Acrescida pela Lei 14.112/2020)

**Art. 69-B.** A modificação em grau de recurso da decisão autorizativa da contratação do financiamento não pode alterar sua natureza extraconcursal, nos termos do art. 84 desta Lei, nem as garantias outorgadas pelo devedor em favor do financiador de boa-fé, caso o desembolso dos recursos já tenha sido efetivado. (Acrescida pela Lei 14.112/2020)

**Art. 69-C.** O juiz poderá autorizar a constituição de garantia subordinada sobre um ou mais ativos do devedor em favor do financiador de devedor em recuperação judicial, dispensando a anuência do detentor da garantia original. (Acrescida pela Lei 14.112/2020)

**§ 1º** A garantia subordinada, em qualquer hipótese, ficará limitada ao eventual excesso resultante da alienação do ativo objeto da garantia original.

**§ 2º** O disposto no *caput* deste artigo não se aplica a qualquer modalidade de alienação fiduciária ou de cessão fiduciária.

**Art. 69-D.** Caso a recuperação judicial seja convolada em falência antes da liberação integral dos valores de que trata esta Seção, o contrato de financiamento será considerado automaticamente rescindido. (Acrescida pela Lei 14.112/2020)

**Parágrafo único.** As garantias constituídas e as preferências serão conservadas até o limite dos valores efetivamente entregues ao devedor antes da data da sentença que convolar a recuperação judicial em falência.'

**Art. 69-E.** O financiamento de que trata esta Seção poderá ser realizado por qualquer pessoa, inclusive credores, sujeitos ou não à recuperação judicial, familiares, sócios e integrantes do grupo do devedor. (Acrescida pela Lei 14.112/2020)

**Art. 69-F.** Qualquer pessoa ou entidade pode garantir o financiamento de que trata esta Seção mediante a oneração ou a alienação fiduciária de bens e direitos, inclusive o próprio devedor e os demais integrantes do seu grupo, estejam ou não em recuperação judicial. (Acrescida pela Lei 14.112/2020)

## SEÇÃO IV-B
## DA CONSOLIDAÇÃO PROCESSUAL E DA CONSOLIDAÇÃO SUBSTANCIAL
*(Acrescida pela Lei 14.112/2020)*

**Art. 69-G.** Os devedores que atendam aos requisitos previstos nesta Lei e que integrem grupo sob controle societário comum poderão requerer recuperação judicial sob consolidação processual. (Acrescida pela Lei 14.112/2020)

**§ 1º** Cada devedor apresentará individualmente a documentação exigida no art. 51 desta Lei.

**§ 2º** O juízo do local do principal estabelecimento entre os dos devedores eì competente para deferir a recuperação judicial sob consolidação processual, em observância ao disposto no art. 3º desta Lei.

**§ 3º** Exceto quando disciplinado de forma diversa, as demais disposições desta Lei aplicam-se aos casos de que trata esta Seção.

**Art. 69-H.** Na hipótese de a documentação de cada devedor ser considerada adequada, apenas um administrador judicial será nomeado, observado o disposto na Seção III do Capítulo II desta Lei. (Acrescida pela Lei 14.112/2020)

**Art. 69-I.** A consolidação processual, prevista no art. 69-G desta Lei, acarreta a coordenação de atos processuais, garantida a independência dos devedores, dos seus ativos e dos seus passivos. (Acrescida pela Lei 14.112/2020)

**§ 1º** Os devedores proporão meios de recuperação independentes e específicos para a composição de seus passivos, admitida a sua apresentação em plano único.

**§ 2º** Os credores de cada devedor deliberarão em assembleias-gerais de credores independentes.

**§ 3º** Os quóruns de instalação e de deliberação das assembleias-gerais de que trata o § 2º deste artigo serão verificados, exclusivamente, em referência aos credores de cada devedor, e serão elaboradas atas para cada um dos devedores.

**§ 4º** A consolidação processual não impede que alguns devedores obtenham a concessão da recuperação judicial e outros tenham a falência decretada.

**§ 5º** Na hipótese prevista no § 4º deste artigo, o processo será desmembrado em tantos processos quantos forem necessários.

**Art. 69-J.** O juiz poderá, de forma excepcional, independentemente da realização de assembleia-geral, autorizar a consolidação substancial de ativos e passivos dos devedores integrantes do mesmo grupo econômico que estejam em recuperação judicial sob consolidação processual, apenas quando constatar a interconexão e a confusão entre ativos ou passivos dos devedores, de modo que não seja possível identificar a sua titularidade sem excessivo dispêndio de tempo ou de recursos, cumulativamente com a ocorrência de, no mínimo, 2 (duas) das seguintes hipóteses: (Acrescida pela Lei 14.112/2020)

**I** – existência de garantias cruzadas;

**II** – relação de controle ou de dependência;

**III** – identidade total ou parcial do quadro societário; e

**IV** - atuação conjunta no mercado entre os postulantes.

**Art. 69-K.** Em decorrência da consolidação substancial, ativos e passivos de devedores serão tratados como se pertencessem a um único devedor. (Acrescida pela Lei 14.112/2020)

**§ 1º** A consolidação substancial acarretará a extinção imediata de garantias fidejussórias e de créditos detidos por um devedor em face de outro.

**§ 2º** A consolidação substancial não impactará a garantia real de nenhum credor, exceto mediante aprovação expressa do titular.

**Art. 69-L.** Admitida a consolidação substancial, os devedores apresentarão plano unitário, que discriminará os meios de recuperação a serem empregados e será submetido a uma assembleia-geral de credores para a qual serão convocados os credores dos devedores. (Acrescida pela Lei 14.112/2020)

**§ 1º** As regras sobre deliberação e homologação previstas nesta Lei serão aplicadas à assembleia-geral de credores a que se refere o *caput* deste artigo.

**§ 2º** A rejeição do plano unitário de que trata o *caput* deste artigo implicará a convolação da recuperação judicial em falência dos devedores sob consolidação substancial.

## SEÇÃO V. DO PLANO DE RECUPERAÇÃO JUDICIAL PARA MICROEMPRESAS E EMPRESAS DE PEQUENO PORTE

**Art. 70.** As pessoas de que trata o art. 1º desta Lei e que se incluam nos conceitos de microempresa ou empresa de pequeno porte, nos termos da legislação vigente, sujeitam-se às normas deste Capítulo.

- Esta Lei: art. 72.

**§ 1º** As microempresas e as empresas de pequeno porte, conforme definidas em lei, poderão apresentar plano especial de recuperação judicial, desde que afirmem sua intenção de fazê-lo na petição inicial de que trata o art. 51 desta Lei.

**§ 2º** Os credores não atingidos pelo plano especial não terão seus créditos habilitados na recuperação judicial.

**Art. 70-A.** O produtor rural de que trata o § 3º do art. 48 desta Lei poderá apresentar plano especial de recuperação judicial, nos termos desta Seção, desde que o valor da causa não exceda a R$ 4.800.000,00 (quatro milhões e oitocentos mil reais). (Acrescido pela Lei 14.112/2020)

**Art. 71.** O plano especial de recuperação judicial será apresentado no prazo previsto no art. 53 desta Lei e limitar-se á às seguintes condições:

**I** – abrangerá todos os créditos existentes na data do pedido, ainda que não vencidos, excetuados os decorrentes de repasse de recursos oficiais, os fiscais e os previstos nos §§ 3º e 4º do art. 49; (Redação dada pela Lei Complementar nº 147, de 2014)

**II** – preverá parcelamento em até 36 (trinta e seis) parcelas mensais, iguais e sucessivas, acrescidas de juros equivalentes à taxa Sistema Especial de Liquidação e de Custódia – SELIC, podendo conter ainda a proposta de abatimento do valor das dívidas; (Redação dada pela Lei Complementar nº 147, de 2014)

**III** – preverá o pagamento da 1ª (primeira) parcela no prazo máximo de 180 (cento e oitenta) dias, contado da distribuição do pedido de recuperação judicial;

**IV** – estabelecerá a necessidade de autorização do juiz, após ouvido o administrador judicial e o Comitê de Credores, para o devedor aumentar despesas ou contratar empregados.

**Parágrafo único.** O pedido de recuperação judicial com base em plano especial não acarreta a suspensão do curso da prescrição nem das ações e execuções por créditos não abrangidos pelo plano.

**Art. 72.** Caso o devedor de que trata o art. 70 desta Lei opte pelo pedido de recuperação judicial com base no plano especial disciplinado nesta Seção, não será convocada assembleia-geral de credores para deliberar sobre o plano, e o juiz concederá a recuperação judicial se atendidas as demais exigências desta Lei.

**Parágrafo único.** O juiz também julgará improcedente o pedido de recuperação judicial e decretará a falência do devedor se houver objeções, nos termos do art. 55, de credores titulares de mais da metade de qualquer uma das classes de créditos previstos no art. 83, computados na forma do art. 45, todos desta Lei. (Redação dada pela Lei Complementar nº 147, de 2014)

# CAPÍTULO IV. DA CONVOLAÇÃO DA RECUPERAÇÃO JUDICIAL EM FALÊNCIA

✪ **Art. 73.** O juiz decretará a falência durante o processo de recuperação judicial:

- Esta Lei: art. 61,§ 1º.

**I** – por deliberação da assembleia-geral de credores, na forma do art. 42 desta Lei;

**II** – pela não apresentação, pelo devedor, do plano de recuperação no prazo do art. 53 desta Lei;

**III** – quando não aplicado o disposto nos §§ 4º, 5º e 6º do art. 56 desta Lei, ou rejeitado o plano de recuperação judicial proposto pelos credores, nos termos do § 7º do art. 56 e do art. 58-A desta Lei; (Redação dada pela Lei 14.112/2020)

**IV** – por descumprimento de qualquer obrigação assumida no plano de recuperação, na forma do § 1º do art. 61 desta Lei.

**V** – por descumprimento dos parcelamentos referidos no art. 68 desta Lei ou da transação prevista no art. 10-C da Lei nº 10.522, de 19 de julho de 2002; e (Acrescido pela Lei 14.112/2020)

**VI** – quando identificado o esvaziamento patrimonial da devedora que implique liquidação substancial da empresa, em prejuízo de credores não sujeitos à recuperação judicial, inclusive as Fazendas Públicas. (Acrescido pela Lei 14.112/2020)

**§ 1º** O disposto neste artigo não impede a decretação da falência por inadimplemento de obrigação não sujeita à recuperação judicial, nos termos dos incisos I ou II do *caput* do art. 94 desta Lei, ou por prática de ato previsto no inciso III do *caput* do art. 94 desta Lei. (Parágrafo único transformado em § 1º pela Lei 14.112/2020)

**§ 2º** A hipótese prevista no inciso VI do *caput* deste artigo não implicará a invalidade ou a ineficácia dos atos, e o juiz determinará o bloqueio do produto de eventuais alienações e a devolução ao devedor dos valores já distribuídos, os quais ficarão à disposição do juízo. (Acrescido pela Lei 14.112/2020)

**§ 3º** Considera-se substancial a liquidação quando não forem reservados bens, direitos ou projeção de fluxo de caixa futuro suficientes à manutenção da atividade econômica para fins de cumprimento de suas obrigações, facultada a realização de perícia específica para essa finalidade. (Acrescido pela Lei 14.112/2020)

**Art. 74.** Na convolação da recuperação em falência, os atos de administração, endividamento, oneração ou alienação praticados durante a recuperação judicial presumem-se válidos, desde que realizados na forma desta Lei.

## CAPÍTULO V.
## DA FALÊNCIA

### SEÇÃO I.
### DISPOSIÇÕES GERAIS

**Art. 75.** A falência, ao promover o afastamento do devedor de suas atividades, visa a: (Redação dada pela Lei 14.112/2020)

**I** – preservar e a otimizar a utilização produtiva dos bens, dos ativos e dos recursos produtivos, inclusive os intangíveis, da empresa; (Acrescido pela Lei nº 14.112/2020)

**II** – permitir a liquidação célere das empresas inviáveis, com vistas à realocação eficiente de recursos na economia; e (Acrescido pela Lei nº 14.112/2020)

**III** – fomentar o empreendedorismo, inclusive por meio da viabilização do retorno célere do empreendedor falido à atividade econômica. (Acrescido pela Lei nº 14.112/2020)

**§ 1º** O processo de falência atenderá aos princípios da celeridade e da economia processual, sem prejuízo do contraditório, da ampla defesa e dos demais princípios previstos na Lei nº 13.105, de 16 de março de 2015 (Código de Processo Civil). (Parágrafo único transformado em § 1º e com redação dada pela Lei nº 14.112/2020)

**§ 2º** A falência é mecanismo de preservação de benefícios econômicos e sociais decorrentes da atividade empresarial, por meio da liquidação imediata do devedor e da rápida realocação útil de ativos na economia. (Acrescido pela Lei nº 14.112/2020)

**Art. 76.** O juízo da falência é indivisível e competente para conhecer todas as ações sobre bens, interesses e negócios do falido, ressalvadas as causas trabalhistas, fiscais e aquelas não reguladas nesta Lei em que o falido figurar como autor ou litisconsorte ativo.

**Parágrafo único.** Todas as ações, inclusive as excetuadas no *caput* deste artigo, terão prosseguimento com o administrador judicial, que deverá ser intimado para representar a massa falida, sob pena de nulidade do processo.

✪ **Art. 77.** A decretação da falência determina o vencimento antecipado das dívidas do devedor e dos sócios ilimitada e solidariamente responsáveis, com o abatimento proporcional dos juros, e converte todos os créditos em moeda estrangeira para a moeda do País, pelo câmbio do dia da decisão judicial, para todos os efeitos desta Lei.

**Art. 78.** Os pedidos de falência estão sujeitos a distribuição obrigatória, respeitada a ordem de apresentação.

**Parágrafo único.** As ações que devam ser propostas no juízo da falência estão sujeitas a distribuição por dependência.

**Art. 79.** Os processos de falência e os seus incidentes preferem a todos os outros na ordem dos feitos, em qualquer instância.

**Art. 80.** Considerar-se-ão habilitados os créditos remanescentes da recuperação judicial, quando definitivamente incluídos no quadro-geral de credores, tendo prosseguimento as habilitações que estejam em curso.

**Art. 81.** A decisão que decreta a falência da sociedade com sócios ilimitadamente responsáveis também acarreta a falência destes, que ficam sujeitos aos mesmos efeitos jurídicos produzidos em relação à sociedade falida e, por isso, deverão ser citados para apresentar contestação, se assim o desejarem.

**§ 1º** O disposto no *caput* deste artigo aplica-se ao sócio que tenha se retirado voluntariamente ou que tenha sido excluído da sociedade, há menos de 2 (dois) anos, quanto às dívidas existentes na data do arquivamento da alteração do contrato, no caso de não terem sido solvidas até a data da decretação da falência.

**§ 2º** As sociedades falidas serão representadas na falência por seus administradores ou liquidantes, os quais terão os mesmos direitos e, sob as mesmas penas, ficarão sujeitos às obrigações que cabem ao falido.

**Art. 82.** A responsabilidade pessoal dos sócios de responsabilidade limitada, dos controladores e dos administradores da sociedade falida, estabelecida nas respectivas leis, será apurada no próprio juízo da falência, independentemente da realização do ativo e da prova da sua insuficiência para cobrir o passivo, observado o procedimento ordinário previsto no Código de Processo Civil.

**§ 1º** Prescreverá em 2 (dois) anos, contados do trânsito em julgado da sentença de encerramento da falência, a ação de responsabilização prevista no *caput* deste artigo.

**§ 2º** O juiz poderá, de ofício ou mediante requerimento das partes interessadas, ordenar a indisponibilidade de bens particulares dos réus, em quantidade compatível com o dano provocado, até o julgamento da ação de responsabilização.

**Art. 82-A.** É vedada a extensão da falência ou de seus efeitos, no todo ou em parte, aos sócios de responsabilidade limitada, aos controladores e aos administradores da sociedade falida, admitida, contudo, a desconsideração da personalidade jurídica. (Acrescido pela Lei 14.112/2020)

**Parágrafo único.** A desconsideração da personalidade jurídica da sociedade falida, para fins de responsabilização de terceiros, grupo, sócio ou administrador por obrigação desta, somente pode ser decretada pelo juízo falimentar com a observância do art. 50 da Lei nº 10.406, de 10 de janeiro de 2002 (Código Civil) e dos arts. 133, 134, 135, 136 e 137 da Lei nº 13.105, de 16 de março de 2015 (Código de Processo Civil), não aplicada a suspensão de que trata o § 3º do art. 134 da Lei nº 13.105, de 16 de março de 2015 (Código de Processo Civil).

## SEÇÃO II. DA CLASSIFICAÇÃO DOS CRÉDITOS

✪ **Art. 83.** A classificação dos créditos na falência obedece à seguinte ordem:

› Esta Lei: arts. 67 e 149.

**I** – os créditos derivados da legislação trabalhista, limitados a 150 (cento e cinquenta) salários-mínimos por credor, e aqueles decorrentes de acidentes de trabalho; (Redação dada pela Lei 14.112/2020)

**II** – os créditos gravados com direito real de garantia até o limite do valor do bem gravado; (Redação dada pela Lei 14.112/2020)

› Esta Lei: art. 163, § 1º.

**III** – os créditos tributários, independentemente da sua natureza e do tempo de constituição, exceto os créditos extraconcursais e as multas tributárias; (Redação dada pela Lei 14.112/2020)

› Súm. nº 192 do STF.

**IV e V** – (Revogados pela Lei 14.112/2020)

**VI** – os créditos quirografários, a saber: (Redação dada pela Lei 14.112/2020)

› Esta Lei: art. 163, § 1º.

*a)* aqueles não previstos nos demais incisos deste artigo;

*b)* os saldos dos créditos não cobertos pelo produto da alienação dos bens vinculados ao seu pagamento; e (Redação dada pela Lei 14.112/2020)

*c)* os saldos dos créditos derivados da legislação trabalhista que excederem o limite estabelecido no inciso I do *caput* deste artigo; (Redação dada pela Lei 14.112/2020)

**VII** - as multas contratuais e as penas pecuniárias por infração das leis penais ou administrativas, incluídas as multas tributárias; (Redação dada pela Lei 14.112/2020)

**VIII** – os créditos subordinados, a saber: (Redação dada pela Lei 14.112/2020)

› Esta Lei: art. 163, § 1º.

*a)* os previstos em lei ou em contrato; e (Redação dada pela Lei 14.112/2020)

*b)* os créditos dos sócios e dos administradores sem vínculo empregatício cuja contratação não tenha observado as condições estritamente comutativas e as práticas de mercado; e (Redação dada pela Lei 14.112/2020)

**IX** – os juros vencidos após a decretação da falência, conforme previsto no art. 124 desta Lei. (Redação dada pela Lei 14.112/2020)

**§ 1º** Para os fins do inciso II do *caput* deste artigo, será considerado como valor do bem objeto de garantia real a importância efetivamente arrecadada com sua venda, ou, no caso de alienação em bloco, o valor de avaliação do bem individualmente considerado.

› Esta Lei: art. 108, § 5º.

**§ 2º** Não são oponíveis à massa os valores decorrentes de direito de sócio ao recebimento de sua parcela do capital social na liquidação da sociedade.

**§ 3º** As cláusulas penais dos contratos unilaterais não serão atendidas se as obrigações neles estipuladas se vencerem em virtude da falência.

**§ 4º** (Revogado pela Lei 14.112/2020)

**§ 5º** Para os fins do disposto nesta Lei, os créditos cedidos a qualquer título manterão sua natureza e classificação. (Acrescido pela Lei 14.112/2020)

**§ 6º** Para os fins do disposto nesta Lei, os créditos que disponham de privilégio especial ou geral em outras normas integrarão a classe dos créditos quirografários. (Acrescido pela Lei 14.112/2020)

**Art. 84.** Serão considerados créditos extraconcursais e serão pagos com precedência sobre os mencionados no art. 83 desta Lei, na ordem a seguir, aqueles relativos: (Redação dada pela Lei 14.112/2020)

- Esta Lei: art. 149.

**I** – (Revogado pela Lei 14.112/2020)

- Súm. nº 219 do STJ.

**I-A** – às quantias referidas nos arts. 150 e 151 desta Lei; (Acrescido pela Lei 14.112/2020)

**I-B** – ao valor efetivamente entregue ao devedor em recuperação judicial pelo financiador, em conformidade com o disposto na Seção IV-A do Capítulo III desta Lei; (Acrescido pela Lei 14.112/2020)

**I-C** – aos créditos em dinheiro objeto de restituição, conforme previsto no art. 86 desta Lei; (Acrescido pela Lei 14.112/2020)

**I-D** – às remunerações devidas ao administrador judicial e aos seus auxiliares, aos reembolsos devidos a membros do Comitê de Credores, e aos créditos derivados da legislação trabalhista ou decorrentes de acidentes de trabalho relativos a serviços prestados após a decretação da falência; (Acrescido pela Lei 14.112/2020)

**I-E** – às obrigações resultantes de atos jurídicos válidos praticados durante a recuperação judicial, nos termos do art. 67 desta Lei, ou após a decretação da falência; (Acrescido pela Lei 14.112/2020)

**II** – às quantias fornecidas à massa falida pelos credores; (Redação dada pela Lei 14.112/2020)

**III** – às despesas com arrecadação, administração, realização do ativo, distribuição do seu produto e custas do processo de falência; (Redação dada pela Lei 14.112/2020)

**IV** – às custas judiciais relativas às ações e às execuções em que a massa falida tenha sido vencida; (Redação dada pela Lei 14.112/2020)

**V** – aos tributos relativos a fatos geradores ocorridos após a decretação da falência, respeitada a ordem estabelecida no art. 83 desta Lei. (Redação dada pela Lei 14.112/2020)

**§ 1º** As despesas referidas no inciso I-A do *caput* deste artigo serão pagas pelo administrador judicial com os recursos disponíveis em caixa. (Acrescido pela Lei 14.112/2020)

**§ 2º** O disposto neste artigo não afasta a hipótese prevista no art. 122 desta Lei. (Acrescido pela Lei 14.112/2020)

## SEÇÃO III.
## DO PEDIDO DE RESTITUIÇÃO

**Art. 85.** O proprietário de bem arrecadado no processo de falência ou que se encontre em poder do devedor na data da decretação da falência poderá pedir sua restituição.

- Súm. nº 417 do STF.

**Parágrafo único.** Também pode ser pedida a restituição de coisa vendida a crédito e entregue ao devedor nos 15 (quinze) dias anteriores ao requerimento de sua falência, se ainda não alienada.

**Art. 86.** Proceder-se-á à restituição em dinheiro:

**I** – se a coisa não mais existir ao tempo do pedido de restituição, hipótese em que o requerente receberá o valor da avaliação do bem, ou, no caso de ter ocorrido sua venda, o respectivo preço, em ambos os casos no valor atualizado;

**II** – da importância entregue ao devedor, em moeda corrente nacional, decorrente de adiantamento a contrato de câmbio para exportação, na forma do art. 75, §§ 3º e 4º, da Lei nº 4.728, de 14 de julho de 1965, desde que o prazo total da operação, inclusive eventuais prorrogações, não exceda o previsto nas normas específicas da autoridade competente;

- Súmulas nº 36 e 133 do STJ.
- Esta Lei: arts. 49, § 4º; e 161, § 1º.

**III** – dos valores entregues ao devedor pelo contratante de boa-fé na hipótese de revogação ou ineficácia do contrato, conforme disposto no art. 136 desta Lei.

**IV** – às Fazendas Públicas, relativamente a tributos passíveis de retenção na fonte, de descontos de terceiros ou de sub-rogação e a valores recebidos pelos agentes arrecadadores e não recolhidos aos cofres públicos. (Acrescido pela Lei 14.112/2020)

**Parágrafo único.** (Revogado pela Lei 14.112/2020)

**Art. 87.** O pedido de restituição deverá ser fundamentado e descreverá a coisa reclamada.

**§ 1º.** O juiz mandará autuar em separado o requerimento com os documentos que o instruírem e determinará a intimação do falido, do Comitê, dos credores e do administrador judicial para que, no prazo sucessivo de 5 (cinco) dias, se manifestem, valendo como contestação a manifestação contrária à restituição.

**§ 2º.** Contestado o pedido e deferidas as provas porventura requeridas, o juiz designará audiência de instrução e julgamento, se necessária.

**§ 3º.** Não havendo provas a realizar, os autos serão conclusos para sentença.

**Art. 88.** A sentença que reconhecer o direito do requerente determinará a entrega da coisa no prazo de 48 (quarenta e oito) horas.

**Parágrafo único.** Caso não haja contestação, a massa não será condenada ao pagamento de honorários advocatícios.

**Art. 89.** A sentença que negar a restituição, quando for o caso, incluirá o requerente no quadro-geral de credores, na classificação que lhe couber, na forma desta Lei.

**Art. 90.** Da sentença que julgar o pedido de restituição caberá apelação sem efeito suspensivo.

**Parágrafo único.** O autor do pedido de restituição que pretender receber o bem ou a quantia reclamada antes do trânsito em julgado da sentença prestará caução.

**Art. 91.** O pedido de restituição suspende a disponibilidade da coisa até o trânsito em julgado.

**Parágrafo único.** Quando diversos requerentes houverem de ser satisfeitos em dinheiro e não existir saldo suficiente para o pagamento integral, far-se-á rateio proporcional entre eles.

**Art. 92.** O requerente que tiver obtido êxito no seu pedido ressarcirá a massa falida ou a quem tiver suportado as despesas de conservação da coisa reclamada.

**Art. 93.** Nos casos em que não couber pedido de restituição, fica resguardado o direito dos credores de propor embargos de terceiros, observada a legislação processual civil.

## SEÇÃO IV. DO PROCEDIMENTO PARA A DECRETAÇÃO DA FALÊNCIA

✪ **Art. 94.** Será decretada a falência do devedor que:

- Esta Lei: arts. 62 e 73, parágrafo único.

**I** – sem relevante razão de direito, não paga, no vencimento, obrigação líquida materializada em título ou títulos executivos protestados cuja soma ultrapasse o equivalente a 40 (quarenta) salários-mínimos na data do pedido de falência;

- Súm. nº 361 do STJ.
- Esta Lei: arts. 96 e 98, parágrafo único.

**II** – executado por qualquer quantia líquida, não paga, não deposita e não nomeia à penhora bens suficientes dentro do prazo legal;

- Esta Lei: art. 98, parágrafo único.

**III** – pratica qualquer dos seguintes atos, exceto se fizer parte de plano de recuperação judicial:

- Esta Lei: art. 164, § 3º, II.

*a)* procede à liquidação precipitada de seus ativos ou lança mão de meio ruinoso ou fraudulento para realizar pagamentos;

*b)* realiza ou, por atos inequívocos, tenta realizar, com o objetivo de retardar pagamentos ou fraudar credores, negócio simulado ou alienação de parte ou da totalidade de seu ativo a terceiro, credor ou não;

*c)* transfere estabelecimento a terceiro, credor ou não, sem o consentimento de todos os credores e sem ficar com bens suficientes para solver seu passivo;

*d)* simula a transferência de seu principal estabelecimento com o objetivo de burlar a legislação ou a fiscalização ou para prejudicar credor;

*e)* dá ou reforça garantia a credor por dívida contraída anteriormente sem ficar com bens livres e desembaraçados suficientes para saldar seu passivo;

*f)* ausenta-se sem deixar representante habilitado e com recursos suficientes para pagar os credores, abandona estabelecimento ou tenta ocultar-se de seu domicílio, do local de sua sede ou de seu principal estabelecimento;

*g)* deixa de cumprir, no prazo estabelecido, obrigação assumida no plano de recuperação judicial.

**§ 1º.** Credores podem reunir-se em litisconsórcio a fim de perfazer o limite mínimo para o pedido de falência com base no inciso I do *caput* deste artigo.

**§ 2º.** Ainda que líquidos, não legitimam o pedido de falência os créditos que nela não se possam reclamar.

**§ 3º.** Na hipótese do inciso I do *caput* deste artigo, o pedido de falência será instruído com os títulos executivos na forma do parágrafo único do art. 9º desta Lei, acompanhados, em qualquer caso, dos respectivos instrumentos de protesto para fim falimentar nos termos da legislação específica.

- Súm. nº 361 do STJ.
- Lei nº 9.492, de 10-09-1997, art. 23, parágrafo único, Lei do Protesto de Títulos.

**§ 4º.** Na hipótese do inciso II do *caput* deste artigo, o pedido de falência será instruído com certidão expedida pelo juízo em que se processa a execução.

**§ 5º.** Na hipótese do inciso III do *caput* deste artigo, o pedido de falência descreverá os fatos que a caracterizam, juntando-se as provas que houver e especificando-se as que serão produzidas.

**Art. 95.** Dentro do prazo de contestação, o devedor poderá pleitear sua recuperação judicial.

**Art. 96.** A falência requerida com base no art. 94, inciso I do *caput*, desta Lei, não será decretada se o requerido provar:

**I** – falsidade de título;

**II** – prescrição;

**III** – nulidade de obrigação ou de título;

**IV** – pagamento da dívida;

**V** – qualquer outro fato que extinga ou suspenda obrigação ou não legitime a cobrança de título;

**VI** – vício em protesto ou em seu instrumento;

**VII** – apresentação de pedido de recuperação judicial no prazo da contestação, observados os requisitos do art. 51 desta Lei;

**VIII** – cessação das atividades empresariais mais de 2 (dois) anos antes do pedido de falência, comprovada por documento hábil do Registro Público de Empresas, o qual não prevalecerá contra prova de exercício posterior ao ato registrado.

**§ 1º.** Não será decretada a falência de sociedade anônima após liquidado e partilhado seu ativo nem do espólio após 1 (um) ano da morte do devedor.

**§ 2º.** As defesas previstas nos incisos I a VI do *caput* deste artigo não obstam a decretação de falência se, ao final, restarem obrigações não atingidas pelas defesas em montante que supere o limite previsto naquele dispositivo.

**Art. 97.** Podem requerer a falência do devedor:

**I** – o próprio devedor, na forma do disposto nos arts. 105 a 107 desta Lei;

**II** – o cônjuge sobrevivente, qualquer herdeiro do devedor ou o inventariante;

› Esta Lei: art. 107, parágrafo único.

**III** – o cotista ou o acionista do devedor na forma da lei ou do ato constitutivo da sociedade;

› Esta Lei: art. 107, parágrafo único.

**IV** – qualquer credor.

› Esta Lei: art. 107, parágrafo único.

**§ 1º.** O credor empresário apresentará certidão do Registro Público de Empresas que comprove a regularidade de suas atividades.

**§ 2º.** O credor que não tiver domicílio no Brasil deverá prestar caução relativa às custas e ao pagamento da indenização de que trata o art. 101 desta Lei.

**Art. 98.** Citado, o devedor poderá apresentar contestação no prazo de 10 (dez) dias.

**Parágrafo único.** Nos pedidos baseados nos incisos I e II do *caput* do art. 94 desta Lei, o devedor poderá, no prazo da contestação, depositar o valor correspondente ao total do crédito, acrescido de correção monetária, juros e honorários advocatícios, hipótese em que a falência não será decretada e, caso julgado procedente o pedido de falência, o juiz ordenará o levantamento do valor pelo autor.

✪ **Art. 99.** A sentença que decretar a falência do devedor, dentre outras determinações:

› Esta Lei: arts. 107 e 192, § 4º.

**I** – conterá a síntese do pedido, a identificação do falido e os nomes dos que forem a esse tempo seus administradores;

**II** – fixará o termo legal da falência, sem poder retrotraí-lo por mais de 90 (noventa) dias contados do pedido de falência, do pedido de recuperação judicial ou do 1º (primeiro) protesto por falta de pagamento, excluindo-se, para esta finalidade, os protestos que tenham sido cancelados;

**III** – ordenará ao falido que apresente, no prazo máximo de 5 (cinco) dias, relação nominal dos credores, indicando endereço, importância, natureza e classificação dos respectivos créditos, se esta já não se encontrar nos autos, sob pena de desobediência;

› Esta Lei: arts. 22, I e 39.

**IV** – explicitará o prazo para as habilitações de crédito, observado o disposto no § 1º do art. 7º desta Lei;

**V** – ordenará a suspensão de todas as ações ou execuções contra o falido, ressalvadas as hipóteses previstas nos §§ 1º e 2º do art. 6º desta Lei;

**VI** – proibirá a prática de qualquer ato de disposição ou oneração de bens do falido, submetendo-os preliminarmente à autorização judicial e do Comitê, se houver, ressalvados os bens cuja venda faça parte das atividades normais do devedor se autorizada a continuação provisória nos termos do inciso XI do *caput* deste artigo;

**VII** – determinará as diligências necessárias para salvaguardar os interesses das partes envolvidas, podendo ordenar a prisão preventiva do falido ou de seus administradores quando requerida com fundamento em provas da prática de crime definido nesta Lei;

**VIII** – ordenará ao Registro Público de Empresas e à Secretaria Especial da Receita Federal do Brasil que procedam à anotação da falência no registro do devedor, para que dele constem a expressão "falido", a data da decretação da falência e a inabilitação de que trata o art. 102 desta Lei; (Redação dada pela Lei 14.112/2020)

**IX** – nomeará o administrador judicial, que desempenhará suas funções na forma do inciso III do *caput* do art. 22 desta Lei sem prejuízo do disposto na alínea a do inciso II do *caput* do art. 35 desta Lei;

**X** – determinará a expedição de ofícios aos órgãos e repartições públicas e outras entidades para que informem a existência de bens e direitos do falido;

**XI** – pronunciar-se-á a respeito da continuação provisória das atividades do falido com o administrador judicial ou da lacração dos estabelecimentos, observado o disposto no art. 109 desta Lei;

› Esta Lei: art. 150.

**XII** – determinará, quando entender conveniente, a convocação da assembleia-geral de credores para a constituição de Comitê de Credores, podendo ainda autorizar a manutenção do Comitê eventualmente em funcionamento na recuperação judicial quando da decretação da falência;

**XIII** – ordenará a intimação eletrônica, nos termos da legislação vigente e respeitadas as prerrogativas funcionais, respectivamente, do Ministério Público e das Fazendas Públicas federal e de todos os Estados, Distrito Federal e Municípios em que o devedor tiver estabelecimento, para que tomem conhecimento da falência. (Redação dada pela Lei 14.112/2020)

› Esta Lei: art. 7º, § 1º.

**§ 1º** O juiz ordenará a publicação de edital eletrônico com a íntegra da decisão que decreta a falência e a relação de credores apresentada pelo falido. (Parágrafo único transformado em § 1º e com redação dada pela Lei 14.112/2020)

**§ 2º** A intimação eletrônica das pessoas jurídicas de direito público integrantes da administração pública indireta dos entes federativos referidos no inciso XIII do *caput* deste artigo será direcionada: (Acrescido pela Lei 14.112/2020)

**I** – no âmbito federal, à Procuradoria-Geral Federal e à Procuradoria-Geral do Banco Central do Brasil;

**II** – no âmbito dos Estados e do Distrito Federal, à respectiva Procuradoria-Geral, à qual competirá dar ciência a eventual órgão de representação judicial específico das entidades interessadas; e

**III** – no âmbito dos Municípios, à respectiva Procuradoria-Geral ou, se inexistir, ao gabinete do Prefeito, à qual competirá dar ciência a eventual órgão de representação judicial específico das entidades interessadas.

**§ 3º** Após decretada a quebra ou convolada a recuperação judicial em falência, o administrador deverá, no prazo de até 60 (sessenta) dias, contado do termo de nomeação, apresentar, para apreciação do juiz, plano detalhado de realização dos ativos, inclusive com a estimativa de tempo não superior a 180 (cento e oitenta) dias a partir da juntada de cada auto de arrecadação, na forma do inciso III do *caput* do art. 22 desta Lei. (Acrescido pela Lei 14.112/2020)

**Art. 100.** Da decisão que decreta a falência cabe agravo, e da sentença que julga a improcedência do pedido cabe apelação.

› Súm. nº 25 do STJ.

**Art. 101.** Quem por dolo requerer a falência de outrem será condenado, na sentença que julgar improcedente o pedido, a indenizar o devedor, apurando-se as perdas e danos em liquidação de sentença.

› Esta Lei: art. 97, § 2º.

**§ 1º.** Havendo mais de 1 (um) autor do pedido de falência, serão solidariamente responsáveis aqueles que se conduziram na forma prevista no *caput* deste artigo.

**§ 2º.** Por ação própria, o terceiro prejudicado também pode reclamar indenização dos responsáveis.

## SEÇÃO V. DA INABILITAÇÃO EMPRESARIAL, DOS DIREITOS E DEVERES DO FALIDO

**Art. 102.** O falido fica inabilitado para exercer qualquer atividade empresarial a partir da decretação da falência e até a sentença que extingue suas obrigações, respeitado o disposto no § 1º do art. 181 desta Lei.

› Esta Lei: art. 99, VIII.

**Parágrafo único.** Findo o período de inabilitação, o falido poderá requerer ao juiz da falência que proceda à respectiva anotação em seu registro.

**Art. 103.** Desde a decretação da falência ou do sequestro, o devedor perde o direito de administrar os seus bens ou deles dispor.

**Parágrafo único.** O falido poderá, contudo, fiscalizar a administração da falência, requerer as providências necessárias para a conservação de seus direitos ou dos bens arrecadados e intervir nos processos em que a massa falida seja parte ou interessada, requerendo o que for de direito e interpondo os recursos cabíveis.

**Art. 104.** A decretação da falência impõe aos representantes legais do falido os seguintes deveres: (Redação dada pela Lei 14.112/2020)

**I** - assinar nos autos, desde que intimado da decisão, termo de comparecimento, com a indicação do nome, da nacionalidade, do estado civil e do endereço completo do domicílio, e declarar, para constar do referido termo, diretamente ao administrador judicial, em dia, local e hora por ele designados, por prazo não superior a 15 (quinze) dias após a decretação da falência, o seguinte: (Redação dada pela Lei 14.112/2020)

*a)* as causas determinantes da sua falência, quando requerida pelos credores;

*b)* tratando-se de sociedade, os nomes e endereços de todos os sócios, acionistas controladores, diretores ou administradores, apresentando o contrato ou estatuto social e a prova do respectivo registro, bem como suas alterações;

*c)* o nome do contador encarregado da escrituração dos livros obrigatórios;

*d)* os mandatos que porventura tenha outorgado, indicando seu objeto, nome e endereço do mandatário;

*e)* seus bens imóveis e os móveis que não se encontram no estabelecimento;

*f)* se faz parte de outras sociedades, exibindo respectivo contrato;

*g)* suas contas bancárias, aplicações, títulos em cobrança e processos em andamento em que for autor ou réu;

**II** – entregar ao administrador judicial os seus livros obrigatórios e os demais instrumentos de escrituração pertinentes, que os encerrará por termo; (Redação dada pela Lei 14.112/2020)

**III** – não se ausentar do lugar onde se processa a falência sem motivo justo e comunicação expressa ao juiz, e sem deixar procurador bastante, sob as penas cominadas na lei;

**IV** – comparecer a todos os atos da falência, podendo ser representado por procurador, quando não for indispensável sua presença;

**V** – entregar ao administrador judicial, para arrecadação, todos os bens, papéis, documentos e senhas de acesso a sistemas contábeis, financeiros e bancários, bem como indicar aqueles que porventura estejam em poder de terceiros; (Redação dada pela Lei 14.112/2020)

**VI** – prestar as informações reclamadas pelo juiz, administrador judicial, credor ou Ministério Público sobre circunstâncias e fatos que interessem à falência;

**VII** – auxiliar o administrador judicial com zelo e presteza;

**VIII** – examinar as habilitações de crédito apresentadas;

**IX** – assistir ao levantamento, à verificação do balanço e ao exame dos livros;

**X** – manifestar-se sempre que for determinado pelo juiz;

**XI** – apresentar ao administrador judicial a relação de seus credores, em arquivo eletrônico, no dia em que prestar as declarações referidas no inciso I do *caput* deste artigo; (Redação dada pela Lei 14.112/2020)

**XII** – examinar e dar parecer sobre as contas do administrador judicial.

**Parágrafo único.** Faltando ao cumprimento de quaisquer dos deveres que esta Lei lhe impõe, após intimado pelo juiz a fazê-lo, responderá o falido por crime de desobediência.

## SEÇÃO VI.
## DA FALÊNCIA REQUERIDA PELO PRÓPRIO DEVEDOR

**Art. 105.** O devedor em crise econômico-financeira que julgue não atender aos requisitos para pleitear sua recuperação judicial deverá requerer ao juízo sua falência, expondo as razões da impossibilidade de prosseguimento da atividade empresarial, acompanhadas dos seguintes documentos:

› Esta Lei: art. 97, I.

**I** – demonstrações contábeis referentes aos 3 (três) últimos exercícios sociais e as levantadas especialmente para instruir o pedido, confeccionadas com estrita observância da legislação societária aplicável e compostas obrigatoriamente de:

a) balanço patrimonial;

b) demonstração de resultados acumulados;

c) demonstração do resultado desde o último exercício social;

d) relatório do fluxo de caixa;

**II** – relação nominal dos credores, indicando endereço, importância, natureza e classificação dos respectivos créditos;

› Esta Lei: arts. 22, I e 39.

**III** – relação dos bens e direitos que compõem o ativo, com a respectiva estimativa de valor e documentos comprobatórios de propriedade;

**IV** – prova da condição de empresário, contrato social ou estatuto em vigor ou, se não houver, a indicação de todos os sócios, seus endereços e a relação de seus bens pessoais;

**V** – os livros obrigatórios e documentos contábeis que lhe forem exigidos por lei;

**VI** – relação de seus administradores nos últimos 5 (cinco) anos, com os respectivos endereços, suas funções e participação societária.

**Art. 106.** Não estando o pedido regularmente instruído, o juiz determinará que seja emendado.

› Esta Lei: art. 97, I.

**Art. 107.** A sentença que decretar a falência do devedor observará a forma do art. 99 desta Lei.

› Esta Lei: art. 97, I.

**Parágrafo único.** Decretada a falência, aplicam-se integralmente os dispositivos relativos à falência requerida pelas pessoas referidas nos incisos II a IV do *caput* do art. 97 desta Lei.

› Súm. nº 25 do STJ.

## SEÇÃO VII.
## DA ARRECADAÇÃO E DA CUSTÓDIA DOS BENS

**Art. 108.** Ato contínuo à assinatura do termo de compromisso, o administrador judicial efetuará a arrecadação dos bens e documentos e a avaliação dos bens, separadamente ou em bloco, no local em que se encontrem, requerendo ao juiz, para esses fins, as medidas necessárias.

› Súm. nº 305 do STJ.
› Esta Lei: art. 22, III, f.

**§ 1º.** Os bens arrecadados ficarão sob a guarda do administrador judicial ou de pessoa por ele escolhida, sob responsabilidade daquele, podendo o falido ou qualquer de seus representantes ser nomeado depositário dos bens.

**§ 2º.** O falido poderá acompanhar a arrecadação e a avaliação.

**§ 3º.** O produto dos bens penhorados ou por outra forma apreendidos entrará para a massa, cumprindo ao juiz deprecar, a requerimento do administrador judicial, às autoridades competentes, determinando sua entrega.

**§ 4º.** Não serão arrecadados os bens absolutamente impenhoráveis.

**§ 5º.** Ainda que haja avaliação em bloco, o bem objeto de garantia real será também avaliado separadamente, para os fins do § 1º do art. 83 desta Lei.

**Art. 109.** O estabelecimento será lacrado sempre que houver risco para a execução da etapa de arrecadação ou para a preservação dos bens da massa falida ou dos interesses dos credores.

› Esta Lei: art. 99, XI.

**Art. 110.** O auto de arrecadação, composto pelo inventário e pelo respectivo laudo de avaliação dos bens, será assinado pelo administrador judicial, pelo falido ou seus representantes e por outras pessoas que auxiliarem ou presenciarem o ato.

› Esta Lei: art. 22, III, f.

**§ 1º.** Não sendo possível a avaliação dos bens no ato da arrecadação, o administrador judicial requererá ao juiz a concessão de prazo para apresentação do laudo de avaliação, que não poderá exceder 30 (trinta) dias, contados da apresentação do auto de arrecadação.

**§ 2º.** Serão referidos no inventário:

**I** – os livros obrigatórios e os auxiliares ou facultativos do devedor, designando-se o estado em que se acham, número e denominação de cada um, páginas escrituradas, data do início da escrituração e do último lançamento, e se os livros obrigatórios estão revestidos das formalidades legais;

**II** – dinheiro, papéis, títulos de crédito, documentos e outros bens da massa falida;

**III** – os bens da massa falida em poder de terceiro, a título de guarda, depósito, penhor ou retenção;

**IV** – os bens indicados como propriedade de terceiros ou reclamados por estes, mencionando-se essa circunstância.

**§ 3º.** Quando possível, os bens referidos no § 2º deste artigo serão individualizados.

**§ 4º.** Em relação aos bens imóveis, o administrador judicial, no prazo de 15 (quinze) dias após a sua arrecadação, exibirá as certidões de registro, extraídas posteriormente à decretação da falência, com todas as indicações que nele constarem.

**Art. 111.** O juiz poderá autorizar os credores, de forma individual ou coletiva, em razão dos custos e no interesse da massa falida, a adquirir ou adjudicar, de imediato, os bens arrecadados, pelo valor da avaliação, atendida a regra de classificação e preferência entre eles, ouvido o Comitê.

**Art. 112.** Os bens arrecadados poderão ser removidos, desde que haja necessidade de sua melhor guarda e conservação, hipótese em que permanecerão em depósito sob responsabilidade do administrador judicial, mediante compromisso.

**Art. 113.** Os bens perecíveis, deterioráveis, sujeitos à considerável desvalorização ou que sejam de conservação arriscada ou dispendiosa, poderão ser vendidos antecipadamente, após a arrecadação e a avaliação, mediante autorização judicial, ouvidos o Comitê e o falido no prazo de 48 (quarenta e oito) horas.

› Esta Lei: art. 22, III, j.

**Art. 114.** O administrador judicial poderá alugar ou celebrar outro contrato referente aos bens da massa falida, com o objetivo de produzir renda para a massa falida, mediante autorização do Comitê.

**§ 1º.** O contrato disposto no *caput* deste artigo não gera direito de preferência na compra e não pode importar disposição total ou parcial dos bens.

**§ 2º.** O bem objeto da contratação poderá ser alienado a qualquer tempo, independentemente do prazo contratado, rescindindo-se, sem direito a multa, o contrato realizado, salvo se houver anuência do adquirente.

**Art. 114-A.** Se não forem encontrados bens para serem arrecadados, ou se os arrecadados forem insuficientes para as despesas do processo, o administrador judicial informará imediatamente esse fato ao juiz, que, ouvido o representante do Ministério Público, fixará, por meio de edital, o prazo de 10 (dez) dias para os interessados se manifestarem. (Acrescido pela Lei 14.112/2020)

**§ 1º** Um ou mais credores poderão requerer o prosseguimento da falência, desde que paguem a quantia necessária às despesas e aos honorários do administrador judicial, que serão considerados despesas essenciais nos termos estabelecidos no inciso I-A do *caput* do art. 84 desta Lei.

**§ 2º** Decorrido o prazo previsto no *caput* sem manifestação dos interessados, o administrador judicial promoverá a venda dos bens arrecadados no prazo máximo de 30 (trinta) dias, para bens móveis, e de 60 (sessenta) dias, para bens imóveis, e apresentará o seu relatório, nos termos e para os efeitos dispostos neste artigo.

**§ 3º** Proferida a decisão, a falência será encerrada pelo juiz nos autos.

## SEÇÃO VIII. DOS EFEITOS DA DECRETAÇÃO DA FALÊNCIA SOBRE AS OBRIGAÇÕES DO DEVEDOR

**Art. 115.** A decretação da falência sujeita todos os credores, que somente poderão exercer os seus direitos sobre os bens do falido e do sócio ilimitadamente responsável na forma que esta Lei prescrever.

✪ **Art. 116.** A decretação da falência suspende:

**I** – o exercício do direito de retenção sobre os bens sujeitos à arrecadação, os quais deverão ser entregues ao administrador judicial;

**II** – o exercício do direito de retirada ou de recebimento do valor de suas quotas ou ações, por parte dos sócios da sociedade falida.

**Art. 117.** Os contratos bilaterais não se resolvem pela falência e podem ser cumpridos pelo administrador judicial se o cumprimento reduzir ou evitar o aumento do passivo da massa falida ou for necessário à manutenção e preservação de seus ativos, mediante autorização do Comitê.

**§ 1º.** O contratante pode interpelar o administrador judicial, no prazo de até 90 (noventa) dias, contado da assinatura do termo de sua nomeação, para que, dentro de 10 (dez) dias, declare se cumpre ou não o contrato.

**§ 2º.** A declaração negativa ou o silêncio do administrador judicial confere ao contraente o direito à indenização, cujo valor, apurado em processo ordinário, constituirá crédito quirografário.

**Art. 118.** O administrador judicial, mediante autorização do Comitê, poderá dar cumprimento a contrato unilateral se esse fato reduzir ou evitar o aumento do passivo da massa falida ou for necessário à manutenção e preservação de seus ativos, realizando o pagamento da prestação pela qual está obrigada.

**Art. 119.** Nas relações contratuais a seguir mencionadas prevalecerão as seguintes regras:

**I** – o vendedor não pode obstar a entrega das coisas expedidas ao devedor e ainda em trânsito, se o comprador, antes do requerimento da falência, as tiver revendido, sem fraude, à vista das faturas e conhecimentos de transporte, entregues ou remetidos pelo vendedor;

**II** – se o devedor vendeu coisas compostas e o administrador judicial resolver não continuar a execução do contrato, poderá o comprador pôr à disposição da massa falida as coisas já recebidas, pedindo perdas e danos;

**III** – não tendo o devedor entregue coisa móvel ou prestado serviço que vendera ou contratara a prestações, e resolvendo o administrador judicial não executar o contrato, o crédito relativo ao valor pago será habilitado na classe própria;

**IV** – o administrador judicial, ouvido o Comitê, restituirá a coisa móvel comprada pelo devedor com reserva de domínio do vendedor se resolver não continuar a execução do contrato, exigindo a devolução, nos termos do contrato, dos valores pagos;

**V** – tratando-se de coisas vendidas a termo, que tenham cotação em bolsa ou mercado, e não se executando o contrato pela efetiva entrega daquelas e pagamento do preço, prestar-se-á a diferença entre a cotação do dia do contrato e a da época da liquidação em bolsa ou mercado;

**VI** – na promessa de compra e venda de imóveis, aplicar-se-á a legislação respectiva;

**VII** – a falência do locador não resolve o contrato de locação e, na falência do locatário, o administrador judicial pode, a qualquer tempo, denunciar o contrato;

**VIII** – caso haja acordo para compensação e liquidação de obrigações no âmbito do sistema financeiro nacional, nos termos da legislação vigente, a parte não falida poderá considerar o contrato vencido antecipadamente, hipótese em que será liquidado na forma estabelecida em regulamento, admitindo-se a compensação de eventual crédito que venha a ser apurado em favor do falido com créditos detidos pelo contratante;

**IX** – os patrimônios de afetação, constituídos para cumprimento de destinação específica, obedecerão ao disposto na legislação respectiva, permanecendo seus bens, direitos e obrigações separados dos do falido até o advento do respectivo termo ou até o cumprimento de sua finalidade, ocasião em que o administrador judicial arrecadará o saldo a favor da massa falida ou inscreverá na classe própria o crédito que contra ela remanescer.

**Art. 120.** O mandato conferido pelo devedor, antes da falência, para a realização de negócios, cessará seus efeitos com a decretação da falência, cabendo ao mandatário prestar contas de sua gestão.

**§ 1º.** O mandato conferido para representação judicial do devedor continua em vigor até que seja expressamente revogado pelo administrador judicial.

**§ 2º.** Para o falido, cessa o mandato ou comissão que houver recebido antes da falência, salvo os que versem sobre matéria estranha à atividade empresarial.

**Art. 121.** As contas correntes com o devedor consideram-se encerradas no momento de decretação da falência, verificando-se o respectivo saldo.

**Art. 122.** Compensam-se, com preferência sobre todos os demais credores, as dívidas do devedor vencidas até o dia da decretação da falência, provenha o vencimento da sentença de falência ou não, obedecidos os requisitos da legislação civil.

**Parágrafo único.** Não se compensam:

**I** – os créditos transferidos após a decretação da falência, salvo em caso de sucessão por fusão, incorporação, cisão ou morte; ou

**II** – os créditos, ainda que vencidos anteriormente, transferidos quando já conhecido o estado de crise econômico-financeira do devedor ou cuja transferência se operou com fraude ou dolo.

**Art. 123.** Se o falido fizer parte de alguma sociedade como sócio comanditário ou cotista, para a massa falida entrarão somente os haveres que na sociedade ele possuir e forem apurados na forma estabelecida no contrato ou estatuto social.

**§ 1º.** Se o contrato ou o estatuto social nada disciplinar a respeito, a apuração far-se-á judicialmente, salvo se, por lei, pelo contrato ou estatuto, a sociedade tiver de liquidar-se, caso em que os haveres do falido, somente após o pagamento de todo o passivo da sociedade, entrarão para a massa falida.

**§ 2º.** Nos casos de condomínio indivisível de que participe o falido, o bem será vendido e deduzir-se-á do valor arrecadado o que for devido aos demais condôminos, facultada a estes a compra da quota-parte do falido nos termos da melhor proposta obtida.

**Art. 124.** Contra a massa falida não são exigíveis juros vencidos após a decretação da falência, previstos em lei ou em contrato, se o ativo apurado não bastar para o pagamento dos credores subordinados.

**Parágrafo único.** Excetuam-se desta disposição os juros das debêntures e dos créditos com garantia real, mas por eles responde, exclusivamente, o produto dos bens que constituem a garantia.

**Art. 125.** Na falência do espólio, ficará suspenso o processo de inventário, cabendo ao administrador judicial a realização de atos pendentes em relação aos direitos e obrigações da massa falida.

**Art. 126.** Nas relações patrimoniais não reguladas expressamente nesta Lei, o juiz decidirá o caso atendendo à unidade, à universalidade do concurso e à igualdade de tratamento dos credores, observado o disposto no art. 75 desta Lei.

**Art. 127.** O credor de coobrigados solidários cujas falências sejam decretadas tem o direito de concorrer, em cada uma delas, pela totalidade do seu crédito, até recebê-lo por inteiro, quando então comunicará ao juízo.

**§ 1º.** O disposto no *caput* deste artigo não se aplica ao falido cujas obrigações tenham sido extintas por sentença, na forma do art. 159 desta Lei.

**§ 2º.** Se o credor ficar integralmente pago por uma ou por diversas massas coobrigadas, as que pagaram terão direito regressivo contra as demais, em proporção à parte que pagaram e àquela que cada uma tinha a seu cargo.

**§ 3º.** Se a soma dos valores pagos ao credor em todas as massas coobrigadas exceder o total do crédito, o valor será devolvido às massas na proporção estabelecida no § 2º deste artigo.

**§ 4º.** Se os coobrigados eram garantes uns dos outros, o excesso de que trata o § 3º deste artigo pertencerá, conforme a ordem das obrigações, às massas dos coobrigados que tiverem o direito de ser garantidas.

**Art. 128.** Os coobrigados solventes e os garantes do devedor ou dos sócios ilimitadamente responsáveis podem habilitar o crédito correspondente às quantias pagas ou devidas, se o credor não se habilitar no prazo legal.

## SEÇÃO IX. DA INEFICÁCIA E DA REVOGAÇÃO DE ATOS PRATICADOS ANTES DA FALÊNCIA

✪ **Art. 129.** São ineficazes em relação à massa falida, tenha ou não o contratante conhecimento do estado de crise econômico-financeira do devedor, seja ou não intenção deste fraudar credores:

**I** – o pagamento de dívidas não vencidas realizado pelo devedor dentro do termo legal, por qualquer meio extintivo do direito de crédito, ainda que pelo desconto do próprio título;

› Esta Lei: art. 131.

**II** – o pagamento de dívidas vencidas e exigíveis realizado dentro do termo legal, por qualquer forma que não seja a prevista pelo contrato;

› Esta Lei: art. 131.

**III** – a constituição de direito real de garantia, inclusive a retenção, dentro do termo legal, tratando-se de dívida contraída anteriormente; se os bens dados em hipoteca forem objeto de outras posteriores, a massa falida receberá a parte que devia caber ao credor da hipoteca revogada;

› Esta Lei: art. 131.

**IV** – a prática de atos a título gratuito, desde 2 (dois) anos antes da decretação da falência;

**V** – a renúncia à herança ou a legado, até 2 (dois) anos antes da decretação da falência;

**VI** – a venda ou transferência de estabelecimento feita sem o consentimento expresso ou o pagamento de todos os credores, a esse tempo existentes, não tendo restado ao devedor bens suficientes para solver o seu passivo, salvo se, no prazo de 30 (trinta) dias, não houver oposição dos credores, após serem devidamente notificados, judicialmente ou pelo oficial do registro de títulos e documentos;

‣ Esta Lei: art. 131.

**VII** – os registros de direitos reais e de transferência de propriedade entre vivos, por título oneroso ou gratuito, ou a averbação relativa a imóveis realizados após a decretação da falência, salvo se tiver havido prenotação anterior.

**Parágrafo único.** A ineficácia poderá ser declarada de ofício pelo juiz, alegada em defesa ou pleiteada mediante ação própria ou incidentalmente no curso do processo.

**Art. 130.** São revogáveis os atos praticados com a intenção de prejudicar credores, provando-se o conluio fraudulento entre o devedor e o terceiro que com ele contratar e o efetivo prejuízo sofrido pela massa falida.

‣ Esta Lei: arts. 132 e 164, § 3º, I e § 5º.

**Art. 131.** Nenhum dos atos referidos nos incisos I, II, III e VI do *caput* do art. 129 desta Lei que tenham sido previstos e realizados na forma definida no plano de recuperação judicial ou extrajudicial será declarado ineficaz ou revogado. (Redação dada pela Lei 14.112/2020)

‣ Esta Lei: art. 138.

**Art. 132.** A ação revocatória, de que trata o art. 130 desta Lei, deverá ser proposta pelo administrador judicial, por qualquer credor ou pelo Ministério Público no prazo de 3 (três) anos contado da decretação da falência.

**Art. 133.** A ação revocatória pode ser promovida:

**I** – contra todos os que figuraram no ato ou que por efeito dele foram pagos, garantidos ou beneficiados;

**II** – contra os terceiros adquirentes, se tiveram conhecimento, ao se criar o direito, da intenção do devedor de prejudicar os credores;

**III** – contra os herdeiros ou legatários das pessoas indicadas nos incisos I e II do *caput* deste artigo.

**Art. 134.** A ação revocatória correrá perante o juízo da falência e obedecerá ao procedimento ordinário previsto na Lei nº 5.869, de 11 de janeiro de 1973 – Código de Processo Civil.

**Art. 135.** A sentença que julgar procedente a ação revocatória determinará o retorno dos bens à massa falida em espécie, com todos os acessórios, ou o valor de mercado, acrescidos das perdas e danos.

**Parágrafo único.** Da sentença cabe apelação.

‣ Súm. nº 25 do STJ.

**Art. 136.** Reconhecida a ineficácia ou julgada procedente a ação revocatória, as partes retornarão ao estado anterior, e o contratante de boa-fé terá direito à restituição dos bens ou valores entregues ao devedor.

‣ Esta Lei: art. 86, III.

**§ 1º.** Na hipótese de securitização de créditos do devedor, não será declarada a ineficácia ou revogado o ato de cessão em prejuízo dos direitos dos portadores de valores mobiliários emitidos pelo securitizador.

**§ 2º.** É garantido ao terceiro de boa-fé, a qualquer tempo, propor ação por perdas e danos contra o devedor ou seus garantes.

**Art. 137.** O juiz poderá, a requerimento do autor da ação revocatória, ordenar, como medida preventiva, na forma da lei processual civil, o sequestro dos bens retirados do patrimônio do devedor que estejam em poder de terceiros.

**Art. 138.** O ato pode ser declarado ineficaz ou revogado, ainda que praticado com base em decisão judicial, observado o disposto no art. 131 desta Lei.

**Parágrafo único.** Revogado o ato ou declarada sua ineficácia, ficará rescindida a sentença que o motivou.

## SEÇÃO X. DA REALIZAÇÃO DO ATIVO

**Art. 139.** Logo após a arrecadação dos bens, com a juntada do respectivo auto ao processo de falência, será iniciada a realização do ativo.

✪ **Art. 140.** A alienação dos bens será realizada de uma das seguintes formas, observada a seguinte ordem de preferência:

**I** – alienação da empresa, com a venda de seus estabelecimentos em bloco;

**II** – alienação da empresa, com a venda de suas filiais ou unidades produtivas isoladamente;

**III** – alienação em bloco dos bens que integram cada um dos estabelecimentos do devedor;

**IV** – alienação dos bens individualmente considerados.

**§ 1º**. Se convier à realização do ativo, ou em razão de oportunidade, podem ser adotadas mais de uma forma de alienação.

**§ 2º**. A realização do ativo terá início independentemente da formação do quadro-geral de credores.

**§ 3º**. A alienação da empresa terá por objeto o conjunto de determinados bens necessários à operação rentável da unidade de produção, que poderá compreender a transferência de contratos específicos.

**§ 4º**. Nas transmissões de bens alienados na forma deste artigo que dependam de registro público, a este servirá como título aquisitivo suficiente o mandado judicial respectivo.

**Art. 141.** Na alienação conjunta ou separada de ativos, inclusive da empresa ou de suas filiais, promovida sob qualquer das modalidades de que trata o art. 142: (Redação dada pela Lei 14.112/2020)

‣ Esta Lei: art. 145, § 1º.

**I** – todos os credores, observada a ordem de preferência definida no art. 83 desta Lei, sub-rogam-se no produto da realização do ativo;

**II** – o objeto da alienação estará livre de qualquer ônus e não haverá sucessão do arrematante nas obrigações do devedor, inclusive as de natureza tributária, as derivadas da legislação do trabalho e as decorrentes de acidentes de trabalho.

**§ 1º**. O disposto no inciso II do *caput* deste artigo não se aplica quando o arrematante for:

‣ Esta Lei: art. 60, parágrafo único.

**I** – sócio da sociedade falida, ou sociedade controlada pelo falido;

**II** – parente, em linha reta ou colateral até o 4º (quarto) grau, consanguíneo ou afim, do falido ou de sócio da sociedade falida; ou

**III** – identificado como agente do falido com o objetivo de fraudar a sucessão.

**§ 2º**. Empregados do devedor contratados pelo arrematante serão admitidos mediante novos contratos de trabalho e o arrematante não responde por obrigações decorrentes do contrato anterior.

**§ 3º** A alienação nas modalidades de que trata o art. 142 desta Lei poderá ser realizada com compartilhamento de custos operacionais por 2 (duas) ou mais empresas em situação falimentar. (Acrescido pela Lei 14.112/2020)

**Art. 142.** A alienação de bens dar-se-á por uma das seguintes modalidades: (Redação dada pela Lei 14.112/2020)

‣ Esta Lei: arts. 60; 144 e 166.

**I** – leilão eletrônico, presencial ou híbrido; (Redação dada pela Lei 14.112/2020)

**II e III** – (Revogados pela Lei 14.112/2020)

**IV** – processo competitivo organizado promovido por agente especializado e de reputação ilibada, cujo procedimento deverá ser detalhado em relatório anexo ao plano de realização do ativo ou ao plano de recuperação judicial, conforme o caso; (Acrescido pela Lei 14.112/2020)

**V** – qualquer outra modalidade, desde que aprovada nos termos desta Lei. (Acrescido pela Lei 14.112/2020)

**§§ 1º e 2º.** (Revogados pela Lei 14.112/2020).

**§ 2º-A**. A alienação de que trata o *caput* deste artigo: (Acrescido pela Lei 14.112/2020)

**I** – dar-se-á independentemente de a conjuntura do mercado no momento da venda ser favorável ou desfavorável, dado o caráter forçado da venda;

**II** – independerá da consolidação do quadro-geral de credores;

**III** – poderá contar com serviços de terceiros como consultores, corretores e leiloeiros;

**IV** – deverá ocorrer no prazo máximo de 180 (cento e oitenta) dias, contado da data da lavratura do auto de arrecadação, no caso de falência;

**V** – não estará sujeita à aplicação do conceito de preço vil.

**§ 3º**. Ao leilão eletrônico, presencial ou híbrido aplicam-se, no que couber, as regras da Lei nº 13.105, de 16 de março de 2015 (Código de Processo Civil). (Redação dada pela Lei 14.112/2020)

**§ 3º-A.** A alienação por leilão eletrônico, presencial ou híbrido dar-se-á:(Acrescido pela Lei 14.112/2020)

**I** - em primeira chamada, no mínimo pelo valor de avaliação do bem;

**II** - em segunda chamada, dentro de 15 (quinze) dias, contados da primeira chamada, por no mínimo 50% (cinquenta por cento) do valor de avaliação; e

**III** – em terceira chamada, dentro de 15 (quinze) dias, contados da segunda chamada, por qualquer preço.

**§ 3º-B**. A alienação prevista nos incisos IV e V do *caput* deste artigo, conforme disposições específicas desta Lei, observará o seguinte: (Acrescido pela Lei 14.112/2020)

**I** - será aprovada pela assembleia-geral de credores;

**II** - decorrerá de disposição de plano de recuperação judicial aprovado; ou

**III** - deverá ser aprovada pelo juiz, considerada a manifestação do administrador judicial e do Comitê de Credores, se existente.

**§§ 4º a 6º**. (Revogados pela Lei 14.112/2020)

**§ 7º** Em qualquer modalidade de alienação, o Ministério Público e as Fazendas Públicas serão intimados por meio eletrônico, nos termos da legislação vigente e respeitadas as respectivas prerrogativas funcionais, sob pena de nulidade. (Redação dada pela Lei 14.112/2020)

**§ 8º** Todas as formas de alienação de bens realizadas de acordo com esta Lei serão consideradas, para todos os fins e efeitos, alienações judiciais. (Acrescido pela Lei 14.112/2020)

**Art. 143.** Em qualquer das modalidades de alienação referidas no art. 142 desta Lei, poderão ser apresentadas impugnações por quaisquer credores, pelo devedor ou pelo Ministério Público, no prazo de 48 (quarenta e oito) horas da arrematação, hipótese em que os autos serão conclusos ao juiz, que, no prazo de 5 (cinco) dias, decidirá sobre as impugnações e, julgando-as improcedentes, ordenará a entrega dos bens ao arrematante, respeitadas as condições estabelecidas no edital.

- Súm. nº 25 do STJ.

**§ 1º** Impugnações baseadas no valor de venda do bem somente serão recebidas se acompanhadas de oferta firme do impugnante ou de terceiro para a aquisição do bem, respeitados os termos do edital, por valor presente superior ao valor de venda, e de depósito caucionário equivalente a 10% (dez por cento) do valor oferecido. (Acrescido pela Lei 14.112/2020)

**§ 2º** A oferta de que trata o § 1º deste artigo vincula o impugnante e o terceiro ofertante como se arrematantes fossem. (Acrescido pela Lei 14.112/2020)

**§ 3º** Se houver mais de uma impugnação baseada no valor de venda do bem, somente terá seguimento aquela que tiver o maior valor presente entre elas. (Acrescido pela Lei 14.112/2020)

**§ 4º** A suscitação infundada de vício na alienação pelo impugnante será considerada ato atentatório à dignidade da justiça e sujeitará o suscitante à reparação dos prejuízos causados e às penas previstas na Lei nº 13.105, de 16 de março de 2015 (Código de Processo Civil), para comportamentos análogos. (Acrescido pela Lei 14.112/2020)

**Art. 144.** Havendo motivos justificados, o juiz poderá autorizar, mediante requerimento fundamentado do administrador judicial ou do Comitê, modalidades de alienação judicial diversas das previstas no art. 142 desta Lei.

**Art. 144-A.** Frustrada a tentativa de venda dos bens da massa falida e não havendo proposta concreta dos credores para assumi-los, os bens poderão ser considerados sem valor de mercado e destinados à doação. (Acrescido pela Lei 14.112/2020)

**Parágrafo único.** Se não houver interessados na doação referida no *caput* deste artigo, os bens serão devolvidos ao falido.

**Art. 145.** Por deliberação tomada nos termos do art. 42 desta Lei, os credores poderão adjudicar os bens alienados na falência ou adquiri-los por meio de constituição de sociedade, de fundo ou de outro veículo de investimento, com a participação, se necessária, dos atuais sócios do devedor ou de terceiros, ou mediante conversão de dívida em capital. (Redação dada pela Lei 14.112/2020)

- Esta Lei: arts. 35, II, c; e 46.

**§ 1º** Aplica-se irrestritamente o disposto no art. 141 desta Lei à transferência dos bens à sociedade, ao fundo ou ao veículo de investimento mencionados no *caput* deste artigo. (Redação dada pela Lei 14.112/2020)

**§§ 2º e 3º.** (Revogados pela Lei 14.112/2020)

**§ 4º** Será considerada não escrita qualquer restrição convencional à venda ou à circulação das participações na sociedade, no fundo de investimento ou no veículo de investimento a que se refere o *caput* deste artigo. (Acrescido pela Lei 14.112/2020)

**Art. 146.** Em qualquer modalidade de realização do ativo adotada, fica a massa falida dispensada da apresentação de certidões negativas.

**Art. 147.** As quantias recebidas a qualquer título serão imediatamente depositadas em conta remunerada de instituição financeira, atendidos os requisitos da lei ou das normas de organização judiciária.

**Art. 148.** O administrador judicial fará constar do relatório de que trata a alínea p do inciso III do art. 22 os valores eventualmente recebidos no mês vencido, explicitando a forma de distribuição dos recursos entre os credores, observado o disposto no art. 149 desta Lei.

## SEÇÃO XI.
## DO PAGAMENTO AOS CREDORES

**Art. 149.** Realizadas as restituições, pagos os créditos extraconcursais, na forma do art. 84 desta Lei, e consolidado o quadro-geral de credores, as importâncias recebidas com a realização do ativo serão destinadas ao pagamento dos credores, atendendo à classificação prevista no art. 83 desta Lei, respeitados os demais dispositivos desta Lei e as decisões judiciais que determinam reserva de importâncias.

**§ 1º.** Havendo reserva de importâncias, os valores a ela relativos ficarão depositados até o julgamento definitivo do crédito e, no caso de não ser este finalmente reconhecido, no todo ou em parte, os recursos depositados serão objeto de rateio suplementar entre os credores remanescentes.

**§ 2º.** Os credores que não procederem, no prazo fixado pelo juiz, ao levantamento dos valores que lhes couberam em rateio serão intimados a fazê-lo no prazo de 60 (sessenta) dias, após o qual os recursos serão objeto de rateio suplementar entre os credores remanescentes.

**Art. 150.** As despesas cujo pagamento antecipado seja indispensável à administração da falência, inclusive na hipótese de continuação provisória das atividades previstas no inciso XI do *caput* do art. 99 desta Lei, serão pagas pelo administrador judicial com os recursos disponíveis em caixa.

**Art. 151.** Os créditos trabalhistas de natureza estritamente salarial vencidos nos 3 (três) meses anteriores à decretação da falência, até o limite de 5 (cinco) salários-mínimos por trabalhador, serão pagos tão logo haja disponibilidade em caixa.

‣ Esta Lei: art. 86, parágrafo único.

**Art. 152.** Os credores restituirão em dobro as quantias recebidas, acrescidas dos juros legais, se ficar evidenciado dolo ou má-fé na constituição do crédito ou da garantia.

**Art. 153.** Pagos todos os credores, o saldo, se houver, será entregue ao falido.

## SEÇÃO XII. DO ENCERRAMENTO DA FALÊNCIA E DA EXTINÇÃO DAS OBRIGAÇÕES DO FALIDO

**Art. 154.** Concluída a realização de todo o ativo, e distribuído o produto entre os credores, o administrador judicial apresentará suas contas ao juiz no prazo de 30 (trinta) dias.

‣ Esta Lei: art. 24, § 2º.

**§ 1º.** As contas, acompanhadas dos documentos comprobatórios, serão prestadas em autos apartados que, ao final, serão apensados aos autos da falência.

‣ Esta Lei: art. 31, § 2º.

**§ 2º.** O juiz ordenará a publicação de aviso de que as contas foram entregues e se encontram à disposição dos interessados, que poderão impugná-las no prazo de 10 (dez) dias.

‣ Esta Lei: art. 31, § 2º.

**§ 3º.** Decorrido o prazo do aviso e realizadas as diligências necessárias à apuração dos fatos, o juiz intimará o Ministério Público para manifestar-se no prazo de 5 (cinco) dias, findo o qual o administrador judicial será ouvido se houver impugnação ou parecer contrário do Ministério Público.

‣ Esta Lei: art. 31, § 2º.

**§ 4º.** Cumpridas as providências previstas nos §§ 2º e 3º deste artigo, o juiz julgará as contas por sentença.

‣ Esta Lei: art. 31, § 2º.

**§ 5º.** A sentença que rejeitar as contas do administrador judicial fixará suas responsabilidades, poderá determinar a indisponibilidade ou o sequestro de bens e servirá como título executivo para indenização da massa.

‣ Esta Lei: art. 31, § 2º.

**§ 6º.** Da sentença cabe apelação.

‣ Súm. nº 25 do STJ.

‣ Esta Lei: art. 31, § 2º.

**Art. 155.** Julgadas as contas do administrador judicial, ele apresentará o relatório final da falência no prazo de 10 (dez) dias, indicando o valor do ativo e o do produto de sua realização, o valor do passivo e o dos pagamentos feitos aos credores, e especificará justificadamente as responsabilidades com que continuará o falido.

‣ Esta Lei: art. 24, § 2º.

**Art. 156.** Apresentado o relatório final, o juiz encerrará a falência por sentença e ordenará a intimação eletrônica às Fazendas Públicas federal e de todos os Estados, Distrito Federal e Municípios em que o devedor tiver estabelecimento e determinará a baixa da falida no Cadastro Nacional da Pessoa Jurídica (CNPJ), expedido pela Secretaria Especial da Receita Federal do Brasil. (Redação dada pela Lei 14.112/2020)

**Parágrafo único.** A sentença de encerramento será publicada por edital e dela caberá apelação.

**Art. 157.** (Revogado pela Lei 14.112/2020).

**Art. 158.** Extingue as obrigações do falido:

**I** – o pagamento de todos os créditos;

**II** – o pagamento, após realizado todo o ativo, de mais de 25% (vinte e cinco por cento) dos créditos quirografários, facultado ao falido o depósito da quantia necessária para atingir a referida porcentagem se para isso não tiver sido suficiente a integral liquidação do ativo; (Redação dada pela Lei 14.112/2020)

**III e IV** – (Revogados pela Lei 14.112/2020)

**V** – o decurso do prazo de 3 (três) anos, contado da decretação da falência, ressalvada a utilização dos bens arrecadados anteriormente, que serão destinados à liquidação para a satisfação dos credores habilitados ou com pedido de reserva realizado; (Acrescido pela Lei 14.112/2020)

**VI** – o encerramento da falência nos termos dos arts. 114-A ou 156 desta Lei. (Acrescido pela Lei 14.112/2020)

**Art. 159.** Configurada qualquer das hipóteses do art. 158 desta Lei, o falido poderá requerer ao juízo da falência que suas obrigações sejam declaradas extintas por sentença.

‣ Esta Lei: art. 127, § 1º.

**§ 1º** A secretaria do juízo fará publicar imediatamente informação sobre a apresentação do requerimento a que se refere este artigo, e, no prazo comum de 5 (cinco) dias, qualquer credor, o administrador judicial e o Ministério Público poderão manifestar-se exclusivamente para apontar inconsistências formais e objetivas. (Redação dada pela Lei 14.112/2020)

**§ 2º**. (Revogado pela Lei 14.112/2020)

**§ 3º** Findo o prazo, o juiz, em 15 (quinze) dias, proferirá sentença que declare extintas todas as obrigações do falido, inclusive as de natureza trabalhista. (Redação dada pela Lei 14.112/2020)

**§ 4º**. A sentença que declarar extintas as obrigações será comunicada a todas as pessoas e entidades informadas da decretação da falência.

**§ 5º**. Da sentença cabe apelação.

**§ 6º**. Após o trânsito em julgado, os autos serão apensados aos da falência.

**Art. 159-A.** A sentença que declarar extintas as obrigações do falido, nos termos do art. 159 desta Lei, somente poderá ser rescindida por ação rescisória, na forma prevista na Lei nº 13.105, de 16 de março de 2015 (Código de Processo Civil), a pedido de qualquer credor, caso se verifique que o falido tenha sonegado bens, direitos ou rendimentos de qualquer espécie anteriores à data do requerimento a que se refere o art. 159 desta Lei. (Acrescido pela Lei 14.112/2020)

**Parágrafo único.** O direito à rescisão de que trata o *caput* deste artigo extinguir-se-á no prazo de 2 (dois) anos, contado da data do trânsito em julgado da sentença de que trata o art. 159 desta Lei.

**Art. 160.** Verificada a prescrição ou extintas as obrigações nos termos desta Lei, o sócio de responsabilidade ilimitada também poderá requerer que seja declarada por sentença a extinção de suas obrigações na falência.

## CAPÍTULO VI. DA RECUPERAÇÃO EXTRAJUDICIAL

**Art. 161.** O devedor que preencher os requisitos do art. 48 desta Lei poderá propor e negociar com credores plano de recuperação extrajudicial.

‣ Súm. nº 480 do STJ.

**§ 1º** Estão sujeitos à recuperação extrajudicial todos os créditos existentes na data do pedido, exceto os créditos de natureza tributária e aqueles previstos no § 3º do art. 49 e no inciso II do *caput* do art. 86 desta Lei, e a sujeição dos créditos de natureza trabalhista e por acidentes de trabalho exige negociação coletiva com o sindicato da respectiva categoria profissional. (Redação dada pela Lei 14.112/2020)

**§ 2º**. O plano não poderá contemplar o pagamento antecipado de dívidas nem tratamento desfavorável aos credores que a ele não estejam sujeitos.

**§ 3º**. O devedor não poderá requerer a homologação de plano extrajudicial, se estiver pendente pedido de recuperação judicial ou se houver obtido recuperação judicial ou homologação de outro plano de recuperação extrajudicial há menos de 2 (dois) anos.

**§ 4º**. O pedido de homologação do plano de recuperação extrajudicial não acarretará suspensão de direitos, ações ou execuções, nem a impossibilidade do pedido de decretação de falência pelos credores não sujeitos ao plano de recuperação extrajudicial.

**§ 5º**. Após a distribuição do pedido de homologação, os credores não poderão desistir da adesão ao plano, salvo com a anuência expressa dos demais signatários.

**§ 6º**. A sentença de homologação do plano de recuperação extrajudicial constituirá título executivo judicial, nos termos do art. 584, inciso III do *caput*, da Lei nº 5.869, de 11 de janeiro de 1973 – Código de Processo Civil.

**Art. 162.** O devedor poderá requerer a homologação em juízo do plano de recuperação extrajudicial, juntando sua justificativa e o documento que contenha seus termos e condições, com as assinaturas dos credores que a ele aderiram.

‣ Esta Lei: arts. 163, § 6º, e 164.

**Art. 163.** O devedor poderá também requerer a homologação de plano de recuperação extrajudicial que obriga todos os credores por ele abrangidos, desde que assinado por credores que representem mais da metade dos créditos de cada espécie abrangidos pelo plano de recuperação extrajudicial. (Redação dada pela Lei 14.112/2020)

‣ Esta Lei: art. 164, § 3º, I; e 180.

**§ 1º**. O plano poderá abranger a totalidade de uma ou mais espécies de créditos previstos no art. 83, incisos II, IV, V, VI e VIII do *caput*, desta Lei, ou grupo de credores de mesma natureza e sujeito a semelhantes condições de pagamento, e, uma vez homologado, obriga a todos os credores das espécies por ele abrangidas, exclusivamente em relação aos créditos constituídos até a data do pedido de homologação.

**§ 2º**. Não serão considerados para fins de apuração do percentual previsto no *caput* deste artigo os créditos não incluídos no plano de recuperação extrajudicial, os quais não poderão ter seu valor ou condições originais de pagamento alteradas.

**§ 3º**. Para fins exclusivos de apuração do percentual previsto no *caput* deste artigo:

**I** – o crédito em moeda estrangeira será convertido para moeda nacional pelo câmbio da véspera da data de assinatura do plano; e

**II** – não serão computados os créditos detidos pelas pessoas relacionadas no art. 43 deste artigo.

**§ 4º**. Na alienação de bem objeto de garantia real, a supressão da garantia ou sua substituição somente serão admitidas mediante a aprovação expressa do credor titular da respectiva garantia.

**§ 5º**. Nos créditos em moeda estrangeira, a variação cambial só poderá ser afastada se o credor titular do respectivo crédito aprovar expressamente previsão diversa no plano de recuperação extrajudicial.

**§ 6º**. Para a homologação do plano de que trata este artigo, além dos documentos previstos no *caput* do art. 162 desta Lei, o devedor deverá juntar:

**I** – exposição da situação patrimonial do devedor;

**II** – as demonstrações contábeis relativas ao último exercício social e as levantadas especialmente para instruir o pedido, na forma do inciso II do *caput* do art. 51 desta Lei; e

**III** – os documentos que comprovem os poderes dos subscritores para novar ou transigir, relação nominal completa dos credores, com a indicação do endereço de cada um, a natureza, a classificação e o valor atualizado do crédito, discriminando sua origem, o regime dos respectivos vencimentos e a indicação dos registros contábeis de cada transação pendente.

**§ 7º** O pedido previsto no *caput* deste artigo poderá ser apresentado com comprovação da anuência de credores que representem pelo menos 1/3 (um terço) de todos os créditos de cada espécie por ele abrangidos e com o compromisso de, no prazo improrrogável de 90 (noventa) dias, contado da data do pedido, atingir o quórum previsto no *caput* deste artigo, por meio de adesão expressa, facultada a conversão do procedimento em recuperação judicial a pedido do devedor. (Acrescido pela Lei 14.112/2020)

**§ 8º** Aplica-se à recuperação extrajudicial, desde o respectivo pedido, a suspensão de que trata o art. 6º desta Lei, exclusivamente em relação às espécies de crédito por ele abrangidas, e somente deverá ser ratificada pelo juiz se comprovado o quórum inicial exigido pelo § 7º deste artigo. (Acrescido pela Lei 14.112/2020)

**Art. 164.** Recebido o pedido de homologação do plano de recuperação extrajudicial previsto nos arts. 162 e 163 desta Lei, o juiz ordenará a publicação de edital eletrônico com vistas a convocar os credores do devedor para apresentação de suas impugnações ao plano de recuperação extrajudicial, observado o disposto no § 3º deste artigo. (Redação dada pela Lei 14.112/2020)

**§ 1º**. No prazo do edital, deverá o devedor comprovar o envio de carta a todos os credores sujeitos ao plano, domiciliados ou sediados no país, informando a distribuição do pedido, as condições do plano e prazo para impugnação.

**§ 2º**. Os credores terão prazo de 30 (trinta) dias, contado da publicação do edital, para impugnarem o plano, juntando a prova de seu crédito.

**§ 3º**. Para opor-se, em sua manifestação, à homologação do plano, os credores somente poderão alegar:

**I** – não preenchimento do percentual mínimo previsto no *caput* do art. 163 desta Lei;

**II** – prática de qualquer dos atos previstos no inciso III do art. 94 ou do art. 130 desta Lei, ou descumprimento de requisito previsto nesta Lei;

**III** – descumprimento de qualquer outra exigência legal.

**§ 4º**. Sendo apresentada impugnação, será aberto prazo de 5 (cinco) dias para que o devedor sobre ela se manifeste.

**§ 5º**. Decorrido o prazo do § 4º deste artigo, os autos serão conclusos imediatamente ao juiz para apreciação de eventuais impugnações e decidirá, no prazo de 5 (cinco) dias, acerca do plano de recuperação extrajudicial, homologando-o por sentença se entender que não implica prática de atos previstos no art. 130 desta Lei e que não há outras irregularidades que recomendem sua rejeição.

**§ 6º**. Havendo prova de simulação de créditos ou vício de representação dos credores que subscreverem o plano, a sua homologação será indeferida.

**§ 7º**. Da sentença cabe apelação sem efeito suspensivo.

**§ 8º**. Na hipótese de não homologação do plano o devedor poderá, cumpridas as formalidades, apresentar novo pedido de homologação de plano de recuperação extrajudicial.

**Art. 165.** O plano de recuperação extrajudicial produz efeitos após sua homologação judicial.

**§ 1º**. É lícito, contudo, que o plano estabeleça a produção de efeitos anteriores à homologação, desde que exclusivamente em relação à modificação do valor ou da forma de pagamento dos credores signatários.

**§ 2º**. Na hipótese do § 1º deste artigo, caso o plano seja posteriormente rejeitado pelo juiz, devolve-se aos credores signatários o direito de exigir seus créditos nas condições originais, deduzidos os valores efetivamente pagos.

**Art. 166.** Se o plano de recuperação extrajudicial homologado envolver alienação judicial de filiais ou de unidades produtivas isoladas do devedor, o juiz ordenará a sua realização, observado, no que couber, o disposto no art. 142 desta Lei.

**Art. 167.** O disposto neste Capítulo não implica impossibilidade de realização de outras modalidades de acordo privado entre o devedor e seus credores.

## CAPÍTULO VI-A
## DA INSOLVÊNCIA TRANSNACIONAL
***(Acrescido pela Lei 14.112/2020)***

### SEÇÃO I
### DISPOSIÇÕES GERAIS
*(Acrescido pela Lei 14.112/2020)*

**Art. 167-A.** Este Capítulo disciplina a insolvência transnacional, com o objetivo de proporcionar mecanismos efetivos para: (Acrescido pela Lei 14.112/2020)

**I** - cooperação entre juízes e outras autoridades competentes do Brasil e de outros países em casos de insolvência transnacional;

**II** - o aumento da segurança jurídica para a atividade econômica e para o investimento;

**III** - a administração justa e eficiente de processos de insolvência transnacional, de modo a proteger os interesses de todos os credores e dos demais interessados, inclusive do devedor;

**IV** - a proteção e a maximização do valor dos ativos do devedor;

**V** - a promoção da recuperação de empresas em crise econômico-financeira, com a proteção de investimentos e a preservação de empregos; e

**VI** - a promoção da liquidação dos ativos da empresa em crise econômicofinanceira, com a preservação e a otimização da utilização produtiva dos bens, dos ativos e dos recursos produtivos da empresa, inclusive os intangíveis.

**§ 1º** Na interpretação das disposições deste Capítulo, deverão ser considerados o seu objetivo de cooperação internacional, a necessidade de uniformidade de sua aplicação e a observância da boa-fé.

**§ 2º** As medidas de assistência aos processos estrangeiros mencionadas neste Capítulo formam um rol meramente exemplificativo, de modo que outras medidas, ainda que previstas em leis distintas, solicitadas pelo representante estrangeiro, pela autoridade estrangeira ou pelo juízo brasileiro poderão ser deferidas pelo juiz competente ou promovidas diretamente pelo administrador judicial, com imediata comunicação nos autos.

**§ 3º** Em caso de conflito, as obrigações assumidas em tratados ou convenções internacionais em vigor no Brasil prevalecerão sobre as disposições deste Capítulo.

**§ 4º** O juiz somente poderá deixar de aplicar as disposições deste Capítulo se, no caso concreto, a sua aplicação configurar manifesta ofensa à ordem pública.

**§ 5º** O Ministério Público intervirá nos processos de que trata este Capítulo.

**§ 6º** Na aplicação das disposições deste Capítulo, será observada a competência do Superior Tribunal de Justiça prevista na alínea "i" do inciso I do *caput* do art. 105 da Constituição Federal, quando cabível.

**Art. 167-B.** Para os fins deste Capítulo, considera-se: (Acrescido pela Lei 14.112/2020)

**I** - processo estrangeiro: qualquer processo judicial ou administrativo, de cunho coletivo, inclusive de natureza cautelar, aberto em outro país de acordo com disposições relativas à insolvência nele vigentes, em que os bens e as atividades de um devedor estejam sujeitos a uma autoridade estrangeira, para fins de reorganização ou liquidação;

**II** - processo estrangeiro principal: qualquer processo estrangeiro aberto no país em que o devedor tenha o centro de seus interesses principais;

**III** - processo estrangeiro não principal: qualquer processo estrangeiro que não seja um processo estrangeiro principal, aberto em um país em que o devedor tenha estabelecimento ou bens;

**IV** - representante estrangeiro: pessoa ou órgão, inclusive o nomeado em caráter transitório, que esteja autorizado, no processo estrangeiro, a administrar os bens ou as atividades do devedor, ou a atuar como representante do processo estrangeiro;

**V** - autoridade estrangeira: juiz ou autoridade administrativa que dirija ou supervisione um processo estrangeiro; e

**VI** – estabelecimento: qualquer local de operações em que o devedor desenvolva uma atividade econômica não transitória com o emprego de recursos humanos e de bens ou serviços.

**Art. 167-C.** As disposições deste Capítulo aplicam-se aos casos em que: (Acrescido pela Lei 14.112/2020)

**I** - autoridade estrangeira ou representante estrangeiro solicita assistência no Brasil para um processo estrangeiro;

**II** - assistência relacionada a um processo disciplinado por esta Lei é pleiteada em um país estrangeiro;

**III** - processo estrangeiro e processo disciplinado por esta Lei relativos ao mesmo devedor estão em curso simultaneamente; ou

**IV** - credores ou outras partes interessadas, de outro país, têm interesse em requerer a abertura de um processo disciplinado por esta Lei, ou dele participar.

**Art. 167-D.** O juízo do local do principal estabelecimento do devedor no Brasil é o competente para o reconhecimento de processo estrangeiro e para a cooperação com a autoridade estrangeira nos termos deste Capítulo. (Acrescido pela Lei 14.112/2020)

**§ 1º** A distribuição do pedido de reconhecimento do processo estrangeiro previne a jurisdição para qualquer pedido de recuperação judicial, de recuperação extrajudicial ou de falência relativo ao devedor.

**§ 2º** A distribuição do pedido de recuperação judicial, de recuperação extrajudicial ou de falência previne a jurisdição para qualquer pedido de reconhecimento de processo estrangeiro relativo ao devedor.

**Art. 167-E.** São autorizados a atuar em outros países, independentemente de decisão judicial, na qualidade de representante do processo brasileiro, desde que essa providência seja permitida pela lei do país em que tramitem os processos estrangeiros:

**I** - o devedor, na recuperação judicial e na recuperação extrajudicial;

**II** - o administrador judicial, na falência.

**§ 1º** Na hipótese de que trata o inciso II do *caput* deste artigo, poderá o juiz, em caso de omissão do administrador judicial, autorizar terceiro para a atuação prevista no *caput* deste artigo.

**§ 2º** A pedido de qualquer dos autorizados, o juízo mandará certificar a condição de representante do processo brasileiro.

## SEÇÃO II
## DO ACESSO À JURISDIÇÃO BRASILEIRA
*(Acrescido pela Lei 14.112/2020)*

**Art. 167-F.** O representante estrangeiro está legitimado a postular diretamente ao juiz brasileiro, nos termos deste Capítulo. (Acrescido pela Lei 14.112/2020)

**§ 1º** O pedido feito ao juiz brasileiro não sujeita o representante estrangeiro nem o devedor, seus bens e suas atividades à jurisdição brasileira, exceto no que diz respeito aos estritos limites do pedido.

**§ 2º** Reconhecido o processo estrangeiro, o representante estrangeiro está autorizado a:

**I** - ajuizar pedido de falência do devedor, desde que presentes os requisitos para isso, de acordo com esta Lei;

**II** - participar do processo de recuperação judicial, de recuperação extrajudicial ou de falência do mesmo devedor, em curso no Brasil;

**III** - intervir em qualquer processo em que o devedor seja parte, atendidas as exigências do direito brasileiro.

**Art. 167-G.** Os credores estrangeiros têm os mesmos direitos conferidos aos credores nacionais nos processos de recuperação judicial, de recuperação extrajudicial ou de falência. (Acrescido pela Lei 14.112/2020)

**§ 1º** Os credores estrangeiros receberão o mesmo tratamento dos credores nacionais, respeitada a ordem de classificação dos créditos prevista nesta Lei, e não serão discriminados em razão de sua nacionalidade ou da localização de sua sede, estabelecimento, residência ou domicílio, respeitado o seguinte:

**I** - os créditos estrangeiros de natureza tributária e previdenciária, bem como as penas pecuniárias por infração de leis penais ou administrativas, inclusive as multas tributárias devidas a Estados estrangeiros, não serão considerados nos processos de recuperação judicial e serão classificados como créditos subordinados nos processos de falência, independentemente de sua classificação nos países em que foram constituídos;

**II** - o crédito do representante estrangeiro será equiparado ao do administrador judicial nos casos em que fizer jus a remuneração, exceto quando for o próprio devedor ou seu representante;

**III** - os créditos que não tiverem correspondência com a classificação prevista nesta Lei serão classificados como quirografários, independentemente da classificação atribuída pela lei do país em que foram constituídos.

**§ 2º** O juiz deve determinar as medidas apropriadas, no caso concreto, para que os credores que não tiverem domicílio ou estabelecimento no Brasil tenham acesso às notificações e às informações dos processos de recuperação judicial, de recuperação extrajudicial ou de falência.

**§ 3º** As notificações e as informações aos credores que não tiverem domicílio ou estabelecimento no Brasil serão realizadas por qualquer meio considerado adequado pelo juiz, dispensada a expedição de carta rogatória para essa finalidade.

**§ 4º** A comunicação do início de um processo de recuperação judicial ou de falência para credores estrangeiros deverá conter as informações sobre providências necessárias para que o credor possa fazer valer seu direito, inclusive quanto ao prazo para apresentação de habilitação ou de divergência e à necessidade de os credores garantidos habilitarem seus créditos.

**§ 5º** O juiz brasileiro deverá expedir os ofícios e os mandados necessários ao Banco Central do

Brasil para permitir a remessa ao exterior dos valores recebidos por credores domiciliados no estrangeiro.

## SEÇÃO III
## DO RECONHECIMENTO DE PROCESSOS ESTRANGEIROS
*(Acrescido pela Lei 14.112/2020)*

**Art. 167-H.** O representante estrangeiro pode ajuizar, perante o juiz, pedido de reconhecimento do processo estrangeiro em que atua. (Acrescido pela Lei 14.112/2020)

**§ 1º** O pedido de reconhecimento do processo estrangeiro deve ser acompanhado dos seguintes documentos:

**I** - cópia apostilada da decisão que determine a abertura do processo estrangeiro e nomeie o representante estrangeiro;

**II** - certidão apostilada expedida pela autoridade estrangeira que ateste a existência do processo estrangeiro e a nomeação do representante estrangeiro; ou

**III** - qualquer outro documento emitido por autoridade estrangeira que permita ao juiz atingir plena convicção da existência do processo estrangeiro e da identificação do representante estrangeiro.

**§ 2º** O pedido de reconhecimento do processo estrangeiro deve ser acompanhado por uma relação de todos os processos estrangeiros relativos ao devedor que sejam de conhecimento do representante estrangeiro.

**§ 3º** Os documentos redigidos em língua estrangeira devem estar acompanhados de tradução oficial para a língua portuguesa, salvo quando, sem prejuízo aos credores, for expressamente dispensada pelo juiz e substituída por tradução simples para a língua portuguesa, declarada fiel e autêntica pelo próprio advogado, sob sua responsabilidade pessoal.

**Art. 167-I.** Independentemente de outras medidas, o juiz poderá reconhecer: (Acrescido pela Lei 14.112/2020)

**I** – a existência do processo estrangeiro e a identificação do representante estrangeiro, a partir da decisão ou da certidão referidas no § 1º do art. 167-H desta Lei que os indicarem como tal;

**II** – a autenticidade de todos ou de alguns documentos juntados com o pedido de reconhecimento do processo estrangeiro, mesmo que não tenham sido apostilados;

**III** - o país onde se localiza o domicílio do devedor, no caso dos empresários individuais, ou o país da sede estatutária do devedor, no caso das sociedades, como seu centro de interesses principais, salvo prova em contrário.

**Art. 167-J.** Ressalvado o disposto no § 4º do art. 167-A desta Lei, o juiz reconhecerá o processo estrangeiro quando: (Acrescido pela Lei 14.112/2020)

**I** – o processo enquadrar-se na definição constante do inciso I do *caput* do art. 167-B desta Lei;

**II** – o representante que tiver requerido o reconhecimento do processo enquadrar-se na definição de representante estrangeiro constante do inciso IV do *caput* do art. 167-B desta Lei;

**III** – o pedido cumprir os requisitos estabelecidos no art. 167-H desta Lei; e

**IV** – o pedido tiver sido endereçado ao juiz, conforme o disposto no art. 167- D desta Lei.

**§ 1º** Satisfeitos os requisitos previstos no *caput* deste artigo, o processo estrangeiro deve ser reconhecido como:

**I** – processo estrangeiro principal, caso tenha sido aberto no local em que o devedor tenha o seu centro de interesses principais; ou

**II** – processo estrangeiro não principal, caso tenha sido aberto em local em que o devedor tenha bens ou estabelecimento, na forma definida no inciso VI do *caput* do art. 167-B desta Lei.

**§ 2º** Não obstante o previsto nos incisos I e II do § 1º deste artigo, o processo estrangeiro será reconhecido como processo estrangeiro não principal se o centro de interesses principais do devedor tiver sido transferido ou de outra forma manipulado com o objetivo de transferir para outro Estado a competência jurisdicional para abertura do processo.

**§ 3º** A decisão de reconhecimento do processo estrangeiro poderá ser modificada ou revogada, a qualquer momento, a pedido de qualquer parte interessada, se houver elementos que comprovem que os requisitos para o reconhecimento foram descumpridos, total ou parcialmente, ou deixaram de existir.

**§ 4º** Da decisão que acolher o pedido de reconhecimento caberá agravo, e da sentença que o julgar improcedente caberá apelação.

**Art. 167-K.** Após o pedido de reconhecimento do processo estrangeiro, o representante estrangeiro deverá imediatamente informar ao juiz: (Acrescido pela Lei 14.112/2020)

**I** – qualquer modificação significativa no estado do processo estrangeiro reconhecido ou no estado de sua nomeação como representante estrangeiro;

**II** – qualquer outro processo estrangeiro relativo ao mesmo devedor de que venha a ter conhecimento.

**Art. 167-L.** Após o ajuizamento do pedido de reconhecimento do processo estrangeiro, e antes de sua decisão, o juiz poderá conceder liminarmente as medidas de tutela provisória, fundadas em urgência ou evidência, necessárias para o cumprimento desta Lei, para a proteção da massa falida ou para a eficiência da administração. (Acrescido pela Lei 14.112/2020)

**§ 1º** Salvo no caso do disposto no inciso IV do *caput* do art. 167-N desta Lei, as medidas de natureza provisória encerram-se com a decisão sobre o pedido de reconhecimento.

**§ 2º** O juiz poderá recusar-se a conceder as medidas de assistência provisória que possam interferir na administração do processo estrangeiro principal.

**Art. 167-M.** Com o reconhecimento de processo estrangeiro principal, decorrem automaticamente: (Acrescido pela Lei 14.112/2020)

**I** - a suspensão do curso de quaisquer processos de execução ou de quaisquer outras medidas individualmente tomadas por credores relativas ao patrimônio do devedor, respeitadas as demais disposições desta Lei;

**II** - a suspensão do curso da prescrição de quaisquer execuções judiciais contra o devedor, respeitadas as demais disposições desta Lei;

**III** - a ineficácia de transferência, de oneração ou de qualquer forma de disposição de bens do ativo não circulante do devedor realizadas sem prévia autorização judicial.

**§ 1º** A extensão, a modificação ou a cessação dos efeitos previstos nos incisos I, II e III do *caput* deste artigo subordinam-se ao disposto nesta Lei.

**§ 2º** Os credores conservam o direito de ajuizar quaisquer processos judiciais e arbitrais, e de neles prosseguir, que visem à condenação do devedor ou ao reconhecimento ou à liquidação de seus créditos, e, em qualquer caso, as medidas executórias deverão permanecer suspensas.

**§ 3º** As medidas previstas neste artigo não afetam os credores que não estejam sujeitos aos processos de recuperação judicial, de recuperação extrajudicial ou de falência, salvo nos limites permitidos por esta Lei.

**Art. 167-N.** Com a decisão de reconhecimento do processo estrangeiro, tanto principal como não principal, o juiz poderá determinar, a pedido do representante estrangeiro e desde que necessárias para a proteção dos bens do devedor e no interesse dos credores, entre outras, as seguintes medidas: (Acrescido pela Lei 14.112/2020)

**I** - a ineficácia de transferência, de oneração ou de qualquer forma de disposição de bens do ativo não circulante do devedor realizadas sem prévia autorização judicial, caso não tenham decorrido automaticamente do reconhecimento previsto no art. 167-M desta Lei;

**II** - a oitiva de testemunhas, a colheita de provas ou o fornecimento de informações relativas a bens, a direitos, a obrigações, à responsabilidade e à atividade do devedor;

**III** - a autorização do representante estrangeiro ou de outra pessoa para administrar e/ou realizar o ativo do devedor, no todo ou em parte, localizado no Brasil;

**IV** - a conversão, em definitiva, de qualquer medida de assistência provisória concedida anteriormente;

**V** - a concessão de qualquer outra medida que seja necessária.

**§ 1º** Com o reconhecimento do processo estrangeiro, tanto principal como não principal, o juiz poderá, a requerimento do representante estrangeiro, autorizá-lo, ou outra pessoa nomeada por aquele, a promover a destinação do ativo do devedor, no todo ou em parte, localizado no Brasil, desde que os interesses dos credores domiciliados ou estabelecidos no Brasil estejam adequadamente protegidos.

**§ 2º** Ao conceder medida de assistência prevista neste artigo requerida pelo representante estrangeiro de um processo estrangeiro não principal, o juiz deverá certificar-se de que as medidas para efetivá-la se referem a bens que, de acordo com o direito brasileiro, devam ser submetidos à disciplina aplicável ao processo estrangeiro não principal, ou certificar-se de que elas digam respeito a informações nele exigidas.

**Art. 167-O.** Ao conceder ou denegar uma das medidas previstas nos arts. 167-L e 167-N desta Lei, bem como ao modificá-las ou revogá-las nos termos do § 2º deste artigo, o juiz deverá certificar-se de que o interesse dos credores, do devedor e de terceiros interessados será adequadamente protegido. (Acrescido pela Lei 14.112/2020)

**§ 1º** O juiz poderá condicionar a concessão das medidas previstas nos arts. 167-L e 167-N desta Lei ao atendimento de condições que considerar apropriadas.

**§ 2º** A pedido de qualquer interessado, do representante estrangeiro ou de ofício, o juiz poderá modificar ou revogar, a qualquer momento, medidas concedidas com fundamento nos arts. 167-L e 167-N desta Lei.

**§ 3º** Com o reconhecimento do processo estrangeiro, tanto principal quanto não principal, o representante estrangeiro poderá ajuizar medidas com o objetivo de tornar ineficazes quaisquer atos realizados, nos termos dos arts. 129 e 130, observado ainda o disposto no art. 131, todos desta Lei.

**§ 4º** No caso de processo estrangeiro não principal, a ineficácia referida no § 3º deste artigo dependerá da verificação, pelo juiz, de que, de acordo com a lei brasileira, os bens devam ser submetidos à disciplina aplicável ao processo estrangeiro não principal.

## SEÇÃO IV
## DA COOPERAÇÃO COM AUTORIDADES E REPRESENTANTES ESTRANGEIROS
*(Acrescido pela Lei 14.112/2020)*

**Art. 167-P.** O juiz deverá cooperar diretamente ou por meio do administrador judicial, na máxima extensão possível, com a autoridade estrangeira ou com representantes estrangeiros, na persecução dos objetivos estabelecidos no art. 167-A desta Lei. (Acrescido pela Lei 14.112/2020)

**§ 1º** O juiz poderá comunicar-se diretamente com autoridades estrangeiras ou com representantes estrangeiros, ou deles solicitar informação e assistência, sem a necessidade de expedição de cartas rogatórias, de procedimento de auxílio direto ou de outras formalidades semelhantes.

**§ 2º** O administrador judicial, no exercício de suas funções e sob a supervisão do juiz, deverá cooperar, na máxima extensão possível, com a autoridade estrangeira ou com representantes estrangeiros, na persecução dos objetivos estabelecidos no art. 167-A desta Lei.

**§ 3º** O administrador judicial, no exercício de suas funções, poderá comunicar-se com as autoridades estrangeiras ou com os representantes estrangeiros.

**Art. 167-Q.** A cooperação a que se refere o art. 167-P desta Lei poderá ser implementada por quaisquer meios, inclusive pela: (Acrescido pela Lei 14.112/2020)

**I** - nomeação de uma pessoa, natural ou jurídica, para agir sob a supervisão do juiz;

**II** - comunicação de informações por quaisquer meios considerados apropriados pelo juiz;

**III** - coordenação da administração e da supervisão dos bens e das atividades do devedor;

**IV** - aprovação ou implementação, pelo juiz, de acordos ou de protocolos de cooperação para a coordenação dos processos judiciais; e;

**V** - coordenação de processos concorrentes relativos ao mesmo devedor.

## SEÇÃO V
## DOS PROCESSOS CONCORRENTES
*(Acrescido pela Lei 14.112/2020)*

**Art. 167-R.** Após o reconhecimento de um processo estrangeiro principal, somente se iniciará no Brasil um processo de recuperação judicial, de recuperação extrajudicial ou de falência se o devedor possuir bens ou estabelecimento no País. (Acrescido pela Lei 14.112/2020)

**Parágrafo único.** Os efeitos do processo ajuizado no Brasil devem restringir-se aos bens e ao estabelecimento do devedor localizados no Brasil e podem estenderse a outros, desde que esta medida seja necessária para a cooperação e a coordenação com o processo estrangeiro principal.

**Art. 167-S.** Sempre que um processo estrangeiro e um processo de recuperação judicial, de recuperação extrajudicial ou de falência relativos ao mesmo devedor estiverem em curso simultaneamente, o juiz deverá buscar a cooperação e a coordenação entre eles, respeitadas as seguintes disposições: (Acrescido pela Lei 14.112/2020)

**I** - se o processo no Brasil já estiver em curso quando o pedido de reconhecimento do processo estrangeiro tiver sido ajuizado, qualquer medida de assistência determinada pelo juiz nos termos dos arts. 167-L ou 167-N desta Lei deve ser compatível com o processo brasileiro, e o previsto no art. 167-M desta Lei não será aplicável se o processo estrangeiro for reconhecido como principal;

**II** - se o processo no Brasil for ajuizado após o reconhecimento do processo estrangeiro ou após o ajuizamento do pedido de seu reconhecimento, todas as medidas de assistência concedidas nos termos dos arts. 167-L ou 167-N desta Lei deverão ser revistas pelo juiz e modificadas ou revogadas se forem incompatíveis com o processo no Brasil e, quando o processo estrangeiro for reconhecido como principal, os efeitos referidos nos incisos I, II e III do *caput* do art. 167-M serão modificados ou cessados, nos termos do § 1º do art. 167-M desta Lei, se incompatíveis com os demais dispositivos desta Lei;

**III** - qualquer medida de assistência a um processo estrangeiro não principal deverá restringir-se a bens e a estabelecimento que, de acordo com o ordenamento jurídico brasileiro, devam ser submetidos à disciplina aplicável ao processo estrangeiro não principal, ou a informações nele exigidas.

**Art. 167-T.** Na hipótese de haver mais de um processo estrangeiro relativo ao mesmo devedor, o juiz deverá buscar a cooperação e a coordenação de acordo com as disposições dos arts. 167-P e 167-Q desta Lei, bem como observar o seguinte: (Acrescido pela Lei 14.112/2020)

**I** - qualquer medida concedida ao representante de um processo estrangeiro não principal após o reconhecimento de um processo estrangeiro principal deve ser compatível com este último;

**II** - se um processo estrangeiro principal for reconhecido após o reconhecimento ou o pedido de reconhecimento de um processo estrangeiro não principal, qualquer medida concedida nos termos dos arts. 167-L ou 167-N desta Lei deverá ser revista pelo juiz, que a modificará ou a revogará se for incompatível com o processo estrangeiro principal;

**III** - se, após o reconhecimento de um processo estrangeiro não principal, outro processo estrangeiro não principal for reconhecido, o juiz poderá, com a finalidade de facilitar a coordenação dos processos, conceder, modificar ou revogar qualquer medida antes concedida.

**Art. 167-U.** Na ausência de prova em contrário, presume-se a insolvência do devedor cujo processo estrangeiro principal tenha sido reconhecido no Brasil. (Acrescido pela Lei 14.112/2020)

**Parágrafo único.** O representante estrangeiro, o devedor ou os credores podem requerer a falência do devedor cujo processo estrangeiro principal tenha sido reconhecido no Brasil, atendidos os pressupostos previstos nesta Lei.

**Art. 167-V.** O juízo falimentar responsável por processo estrangeiro não principal deve prestar ao juízo principal as seguintes informações, entre outras: (Acrescido pela Lei 14.112/2020)

**I** - valor dos bens arrecadados e do passivo;

**II** - valor dos créditos admitidos e sua classificação;

**III** - classificação, segundo a lei nacional, dos credores não domiciliados ou sediados nos países titulares de créditos sujeitos à lei estrangeira;

**IV** - relação de ações judiciais em curso de que seja parte o falido, como autor, réu ou interessado;

**V** - ocorrência do término da liquidação e o saldo, credor ou devedor, bem como eventual ativo remanescente.

**Art. 167-W.** No processo falimentar transnacional, principal ou não principal, nenhum ativo, bem ou recurso remanescente da liquidação será entregue ao falido se ainda houver passivo não satisfeito em qualquer outro processo falimentar transnacional. (Acrescido pela Lei 14.112/2020)

**Art. 167-X.** O processo de falência transnacional principal somente poderá ser finalizado após o encerramento dos processos não principais ou após a constatação de que, nesses últimos, não haja ativo líquido remanescente. (Acrescido pela Lei 14.112/2020)

**Art. 167-Y.** Sem prejuízo dos direitos sobre bens ou decorrentes de garantias reais, o credor que tiver recebido pagamento parcial de seu crédito em processo de insolvência no exterior não poderá ser pago pelo mesmo crédito em processo no Brasil referente ao mesmo devedor enquanto os pagamentos aos credores da mesma classe forem proporcionalmente inferiores ao valor já recebido no exterior. (Acrescido pela Lei 14.112/2020)

## CAPÍTULO VII. DISPOSIÇÕES PENAIS

### SEÇÃO I. DOS CRIMES EM ESPÉCIE

**FRAUDE A CREDORES**

✪ **Art. 168.** Praticar, antes ou depois da sentença que decretar a falência, conceder a recuperação judicial ou homologar a recuperação extrajudicial, ato fraudulento de que resulte ou possa resultar prejuízo aos credores, com o fim de obter ou assegurar vantagem indevida para si ou para outrem.

Pena – reclusão, de 3 (três) a 6 (seis) anos, e multa.

**AUMENTO DA PENA**

**§ 1º.** A pena aumenta-se de 1/6 (um sexto) a 1/3 (um terço), se o agente:

**I** – elabora escrituração contábil ou balanço com dados inexatos;

**II** – omite, na escrituração contábil ou no balanço, lançamento que deles deveria constar, ou altera escrituração ou balanço verdadeiros;

**III** – destrói, apaga ou corrompe dados contábeis ou negociais armazenados em computador ou sistema informatizado;

**IV** – simula a composição do capital social;

**V** – destrói, oculta ou inutiliza, total ou parcialmente, os documentos de escrituração contábil obrigatórios.

**CONTABILIDADE PARALELA E DISTRIBUIÇÃO DE LUCROS OU DIVIDENDOS A SÓCIOS E ACIONISTAS ATÉ A APROVAÇÃO DO PLANO DE RECUPERAÇÃO JUDICIAL**

**§ 2º** A pena é aumentada de 1/3 (um terço) até metade se o devedor manteve ou movimentou recursos ou valores paralelamente à contabilidade exigida pela legislação, inclusive na hipótese de violação do disposto no art. 6º-A desta Lei. (Redação dada pela Lei 14.112/2020)

**CONCURSO DE PESSOAS**

**§ 3º.** Nas mesmas penas incidem os contadores, técnicos contábeis, auditores e outros profissionais que, de qualquer modo, concorrerem para as condutas criminosas descritas neste artigo, na medida de sua culpabilidade.

**REDUÇÃO OU SUBSTITUIÇÃO DA PENA**

**§ 4º.** Tratando-se de falência de microempresa ou de empresa de pequeno porte, e não se constatando prática habitual de condutas fraudulentas por parte do falido, poderá o juiz reduzir a pena de reclusão de 1/3 (um terço) a 2/3 (dois terços) ou substituí-la pelas penas restritivas de direitos, pelas de perda de bens e valores ou pelas de prestação de serviços à comunidade ou a entidades públicas.

VIOLAÇÃO DE SIGILO EMPRESARIAL

**Art. 169.** Violar, explorar ou divulgar, sem justa causa, sigilo empresarial ou dados confidenciais sobre operações ou serviços, contribuindo para a condução do devedor a estado de inviabilidade econômica ou financeira:

Pena – reclusão, de 2 (dois) a 4 (quatro) anos, e multa.

DIVULGAÇÃO DE INFORMAÇÕES FALSAS

**Art. 170.** Divulgar ou propalar, por qualquer meio, informação falsa sobre devedor em recuperação judicial, com o fim de levá-lo à falência ou de obter vantagem:

Pena – reclusão, de 2 (dois) a 4 (quatro) anos, e multa.

INDUÇÃO A ERRO

**Art. 171.** Sonegar ou omitir informações ou prestar informações falsas no processo de falência, de recuperação judicial ou de recuperação extrajudicial, com o fim de induzir a erro o juiz, o Ministério Público, os credores, a assembleia-geral de credores, o Comitê ou o administrador judicial:

Pena – reclusão, de 2 (dois) a 4 (quatro) anos, e multa.

FAVORECIMENTO DE CREDORES

**Art. 172.** Praticar, antes ou depois da sentença que decretar a falência, conceder a recuperação judicial ou homologar plano de recuperação extrajudicial, ato de disposição ou oneração patrimonial ou gerador de obrigação, destinado a favorecer um ou mais credores em prejuízo dos demais:

Pena – reclusão, de 2 (dois) a 5 (cinco) anos, e multa.

**Parágrafo único.** Nas mesmas penas incorre o credor que, em conluio, possa beneficiar-se de ato previsto no *caput* deste artigo.

DESVIO, OCULTAÇÃO OU APROPRIAÇÃO DE BENS

**Art. 173.** Apropriar-se, desviar ou ocultar bens pertencentes ao devedor sob recuperação judicial ou à massa falida, inclusive por meio da aquisição por interposta pessoa:

Pena – reclusão, de 2 (dois) a 4 (quatro) anos, e multa.

AQUISIÇÃO, RECEBIMENTO OU USO ILEGAL DE BENS

**Art. 174.** Adquirir, receber, usar, ilicitamente, bem que sabe pertencer à massa falida ou influir para que terceiro, de boa-fé, o adquira, receba ou use:

Pena – reclusão, de 2 (dois) a 4 (quatro) anos, e multa.

HABILITAÇÃO ILEGAL DE CRÉDITO

**Art. 175.** Apresentar, em falência, recuperação judicial ou recuperação extrajudicial, relação de créditos, habilitação de créditos ou reclamação falsas, ou juntar a elas título falso ou simulado:

Pena – reclusão, de 2 (dois) a 4 (quatro) anos, e multa.

EXERCÍCIO ILEGAL DE ATIVIDADE

**Art. 176.** Exercer atividade para a qual foi inabilitado ou incapacitado por decisão judicial, nos termos desta Lei:

Pena – reclusão, de 1 (um) a 4 (quatro) anos, e multa.

VIOLAÇÃO DE IMPEDIMENTO

**Art. 177.** Adquirir o juiz, o representante do Ministério Público, o administrador judicial, o gestor judicial, o perito, o avaliador, o escrivão, o oficial de justiça ou o leiloeiro, por si ou por interposta pessoa, bens de massa falida ou de devedor em recuperação judicial, ou, em relação a estes, entrar em alguma especulação de lucro, quando tenham atuado nos respectivos processos:

Pena – reclusão, de 2 (dois) a 4 (quatro) anos, e multa.

OMISSÃO DOS DOCUMENTOS CONTÁBEIS OBRIGATÓRIOS

**Art. 178.** Deixar de elaborar, escriturar ou autenticar, antes ou depois da sentença que decretar a falência, conceder a recuperação judicial ou homologar o plano de recuperação extrajudicial, os documentos de escrituração contábil obrigatórios:

Pena – detenção, de 1 (um) a 2 (dois) anos, e multa, se o fato não constitui crime mais grave.

SEÇÃO II.
DISPOSIÇÕES COMUNS

**Art. 179.** Na falência, na recuperação judicial e na recuperação extrajudicial de sociedades, os seus sócios, diretores, gerentes, administradores e conselheiros, de fato ou de direito, bem como o administrador judicial, equiparam-se ao devedor ou falido para todos os efeitos penais decorrentes desta Lei, na medida de sua culpabilidade.

**Art. 180.** A sentença que decreta a falência, concede a recuperação judicial ou concede a recuperação extrajudicial de que trata o art. 163 desta Lei é condição objetiva de punibilidade das infrações penais descritas nesta Lei.

**Art. 181.** São efeitos da condenação por crime previsto nesta Lei:

**I** – a inabilitação para o exercício de atividade empresarial;

**II** – o impedimento para o exercício de cargo ou função em conselho de administração, diretoria ou gerência das sociedades sujeitas a esta Lei;

**III** – a impossibilidade de gerir empresa por mandato ou por gestão de negócio.

**§ 1º.** Os efeitos de que trata este artigo não são automáticos, devendo ser motivadamente declarados na sentença, e perdurarão até 5 (cinco) anos após a extinção da punibilidade, podendo, contudo, cessar antes pela reabilitação penal.

- Esta Lei: art. 102.

**§ 2º.** Transitada em julgado a sentença penal condenatória, será notificado o Registro Público de Empresas para que tome as medidas necessárias para impedir novo registro em nome dos inabilitados.

**Art. 182.** A prescrição dos crimes previstos nesta Lei reger-se-á pelas disposições do Decreto-Lei nº 2.848, de 7 de dezembro de 1940 – Código Penal, começando a correr do dia da decretação da falência, da concessão da recuperação judicial ou da homologação do plano de recuperação extrajudicial.

**Parágrafo único.** A decretação da falência do devedor interrompe a prescrição cuja contagem tenha iniciado com a concessão da recuperação judicial ou com a homologação do plano de recuperação extrajudicial.

## SEÇÃO III. DO PROCEDIMENTO PENAL

**Art. 183.** Compete ao juiz criminal da jurisdição onde tenha sido decretada a falência, concedida a recuperação judicial ou homologado o plano de recuperação extrajudicial, conhecer da ação penal pelos crimes previstos nesta Lei.

**Art. 184.** Os crimes previstos nesta Lei são de ação penal pública incondicionada.

**Parágrafo único.** Decorrido o prazo a que se refere o art. 187, § 1º, sem que o representante do Ministério Público ofereça denúncia, qualquer credor habilitado ou o administrador judicial poderá oferecer ação penal privada subsidiária da pública, observado o prazo decadencial de 6 (seis) meses.

- CPP: art. 29.

**Art. 185.** Recebida a denúncia ou a queixa, observar-se-á o rito previsto nos arts. 531 a 540 do Decreto-Lei nº 3.689, de 3 de outubro de 1941 – Código de Processo Penal.

**Art. 186.** No relatório previsto na alínea e do inciso III do *caput* do art. 22 desta Lei, o administrador judicial apresentará ao juiz da falência exposição circunstanciada, considerando as causas da falência, o procedimento do devedor, antes e depois da sentença, e outras informações detalhadas a respeito da conduta do devedor e de outros responsáveis, se houver, por atos que possam constituir crime relacionado com a recuperação judicial ou com a falência, ou outro delito conexo a estes.

- Esta Lei: art. 22, III, e.

**Parágrafo único.** A exposição circunstanciada será instruída com laudo do contador encarregado do exame da escrituração do devedor.

**Art. 187.** Intimado da sentença que decreta a falência ou concede a recuperação judicial, o Ministério Público, verificando a ocorrência de qualquer crime previsto nesta Lei, promoverá imediatamente a competente ação penal ou, se entender necessário, requisitará a abertura de inquérito policial.

**§ 1º.** O prazo para oferecimento da denúncia regula-se pelo art. 46 do Decreto-Lei nº 3.689, de 3 de outubro de 1941 – Código de Processo Penal, salvo se o Ministério Público, estando o réu solto ou afiançado, decidir aguardar a apresentação da exposição circunstanciada de que trata o art. 186 desta Lei, devendo, em seguida, oferecer a denúncia em 15 (quinze) dias.

- Súmula nº 564 do STF.
- Esta Lei: art. 184, parágrafo único.

**§ 2º.** Em qualquer fase processual, surgindo indícios da prática dos crimes previstos nesta Lei, o juiz da falência ou da recuperação judicial ou da recuperação extrajudicial cientificará o Ministério Público.

**Art. 188.** Aplicam-se subsidiariamente as disposições do Código de Processo Penal, no que não forem incompatíveis com esta Lei.

## CAPÍTULO VIII. DISPOSIÇÕES FINAIS E TRANSITÓRIAS

**Art. 189.** Aplica-se, no que couber, aos procedimentos previstos nesta Lei, o disposto na Lei nº 13.105, de 16 de março de 2015 (Código de Processo Civil), desde que não seja incompatível com os princípios desta Lei. (Redação dada pela Lei 14.112/2020)

**§ 1º** Para os fins do disposto nesta Lei: (Acrescido pela Lei 14.112/2020)

**I** - todos os prazos nela previstos ou que dela decorram serão contados em dias corridos; e

**II** - as decisões proferidas nos processos a que se refere esta Lei serão passíveis de agravo de instrumento, exceto nas hipóteses em que esta Lei previr de forma diversa.

**§ 2º** Para os fins do disposto no art. 190 da Lei nº 13.105, de 16 de março de 2015 (Código de Processo Civil), a manifestação de vontade do devedor será expressa e a dos credores será obtida por maioria, na forma prevista no art. 42 desta Lei. (Acrescido pela Lei 14.112/2020)

**Art. 189-A.** Os processos disciplinados nesta Lei e os respectivos recursos, bem como os processos, os procedimentos e a execução dos atos e das diligências judiciais em que figure como parte empresário individual ou sociedade empresária em regime de recuperação judicial ou extrajudicial ou de falência terão prioridade sobre todos os atos judiciais, salvo o *habeas corpus* e as prioridades estabelecidas em leis especiais. (Acrescido pela Lei 14.112/2020)

**Art. 190.** Todas as vezes que esta Lei se referir a devedor ou falido, compreender-se-á que a disposição também se aplica aos sócios ilimitadamente responsáveis.

**Art. 191.** Ressalvadas as disposições específicas desta Lei, as publicações ordenadas serão feitas em sítio eletrônico próprio, na internet, dedicado à recuperação judicial e à falência, e as intimações serão realizadas por notificação direta por meio de dispositivos móveis previamente cadastrados e autorizados pelo interessado. (Redação dada pela Lei 14.112/2020)

**Parágrafo único.** As publicações ordenadas nesta Lei conterão a epígrafe "recuperação judicial de", "recuperação extrajudicial de" ou "falência de".

**Art. 192.** Esta Lei não se aplica aos processos de falência ou de concordata ajuizados anteriormente ao início de sua vigência, que serão concluídos nos termos do Decreto-Lei nº 7.661, de 21 de junho de 1945.

**§ 1º.** Fica vedada a concessão de concordata suspensiva nos processos de falência em curso, podendo ser promovida a alienação dos bens da massa falida assim que concluída sua arrecadação, independentemente da formação do quadro-geral de credores e da conclusão do inquérito judicial.

**§ 2º.** A existência de pedido de concordata anterior à vigência desta Lei não obsta o pedido de recuperação judicial pelo devedor que não houver descumprido obrigação no âmbito da concordata, vedado, contudo, o pedido baseado no plano especial de recuperação judicial para microempresas e empresas de pequeno porte a que se refere a Seção V do Capítulo III desta Lei.

**§ 3º.** No caso do § 2º deste artigo, se deferido o processamento da recuperação judicial, o processo de concordata será extinto e os créditos submetidos à concordata serão inscritos por seu valor original na recuperação judicial, deduzidas as parcelas pagas pelo concordatário.

**§ 4º.** Esta Lei aplica-se às falências decretadas em sua vigência resultantes de convolação de concordatas ou de pedidos de falência anteriores, às quais se aplica, até a decretação, o Decreto-Lei nº 7.661, de 21 de junho de 1945, observado, na decisão que decretar a falência, o disposto no art. 99 desta Lei.

**§ 5º.** O juiz poderá autorizar a locação ou arrendamento de bens imóveis ou móveis a fim de evitar a sua deterioração, cujos resultados reverterão em favor da massa. (Incluído pela Lei nº 11.127, de 2005)

**Art. 193.** O disposto nesta Lei não afeta as obrigações assumidas no âmbito das câmaras ou prestadoras de serviços de compensação e de liquidação financeira, que serão ultimadas e liquidadas pela câmara ou prestador de serviços, na forma de seus regulamentos.

**Art. 193-A.** O pedido de recuperação judicial, o deferimento de seu processamento ou a homologação do plano de recuperação judicial não afetarão ou suspenderão, nos termos da legislação aplicável, o exercício dos direitos de vencimento antecipado e de compensação no âmbito de operações compromissadas e de derivativos, de modo que essas operações poderão ser vencidas antecipadamente, desde que assim previsto nos contratos celebrados entre as partes ou em regulamento, proibidas, no entanto, medidas que impliquem a redução, sob qualquer forma, das garantias ou de sua condição de excussão, a restrição do exercício de direitos, inclusive de vencimento antecipado por inexecução, e a compensação previstas contratualmente ou em regulamento. (Acrescido pela Lei 14.112/2020)

**§ 1º** Em decorrência do vencimento antecipado das operações compromissadas e de derivativos conforme previsto no *caput* deste artigo, os créditos e débitos delas decorrentes serão compensados e extinguirão as obrigações até onde se compensarem.

**§ 2º** Se houver saldo remanescente contra o devedor, será este considerado crédito sujeito à recuperação judicial, ressalvada a existência de garantia de alienação ou de cessão fiduciária.

**Art. 194.** O produto da realização das garantias prestadas pelo participante das câmaras ou prestadores de serviços de compensação e de liquidação financeira submetidos aos regimes de que trata esta Lei, assim como os títulos, valores mobiliários e quaisquer outros de seus ativos objetos de compensação ou liquidação serão destinados à liquidação das obrigações assumidas no âmbito das câmaras ou prestadoras de serviços.

**Art. 195.** A decretação da falência das concessionárias de serviços públicos implica extinção da concessão, na forma da lei.

**Art. 196.** Os Registros Públicos de Empresas, em cooperação com os Tribunais de Justiça, manterão banco de dados público e gratuito, disponível na internet, com a relação de todos os devedores falidos ou em recuperação judicial. (Redação dada pela Lei 14.112/2020)

**Parágrafo único.** Os Registros Públicos de Empresas, em cooperação com o Conselho Nacional de Justiça, deverão promover a integração de seus bancos de dados em âmbito nacional. (Redação dada pela Lei 14.112/2020)

**Art. 197.** Enquanto não forem aprovadas as respectivas leis específicas, esta Lei aplica-se subsidiariamente, no que couber, aos regimes previstos no Decreto-Lei nº 73, de 21 de novembro de 1966, na Lei nº 6.024, de 13 de março de 1974, no Decreto-Lei nº 2.321, de 25 de fevereiro de 1987, e na Lei nº 9.514, de 20 de novembro de 1997.

**Art. 198.** Os devedores proibidos de requerer concordata nos termos da legislação específica em vigor na data da publicação desta Lei ficam proibidos de requerer recuperação judicial ou extrajudicial nos termos desta Lei.

**Art. 199.** Não se aplica o disposto no art. 198 desta Lei às sociedades a que se refere o art. 187 da Lei nº 7.565, de 19 de dezembro de 1986.

**§ 1º.** Na recuperação judicial e na falência das sociedades de que trata o *caput* deste artigo, em nenhuma hipótese ficará suspenso o exercício de direitos derivados de contratos de locação, arrendamento mercantil ou de qualquer outra modalidade de arrendamento de aeronaves ou de suas partes. (Renumerado do parágrafo único com nova redação pela Lei nº 11.196, de 2005)

**§ 2º.** Os créditos decorrentes dos contratos mencionados no § 1º deste artigo não se submeterão aos efeitos da recuperação judicial ou extrajudicial, prevalecendo os direitos de propriedade sobre a coisa e as condições contratuais, não se lhes aplicando a ressalva contida na parte final do § 3º do art. 49 desta Lei. (Incluído pela Lei nº 11.196, de 2005)

**§ 3º.** Na hipótese de falência das sociedades de que trata o *caput* deste artigo, prevalecerão os direitos de propriedade sobre a coisa relativos a contratos de locação, de arrendamento mercantil ou de qualquer outra modalidade de arrendamento de aeronaves ou de suas partes. (Incluído pela Lei nº 11.196, de 2005)

**Art. 200.** Ressalvado o disposto no art. 192 desta Lei, ficam revogados o Decreto-Lei nº 7.661, de 21 de junho de 1945, e os arts. 503 a 512 do Decreto-Lei nº 3.689, de 3 de outubro de 1941 – Código de Processo Penal.

**Art. 201.** Esta Lei entra em vigor 120 (cento e vinte) dias após sua publicação.

Brasília, 9 de fevereiro de 2005,
184º da Independência e 117º da República.

LUIZ INÁCIO LULA DA SILVA

Publicado no DOU de 09.02.2005

# LEI COMPLEMENTAR Nº 123, DE 14 DE DEZEMBRO DE 2006

- (Republicação em atendimento ao disposto no art. 5º da Lei Complementar nº 139, de 10 de novembro de 2011.).

*Institui o Estatuto Nacional da Microempresa e da Empresa de Pequeno Porte; altera dispositivos das Leis nº 8.212 e 8.213, ambas de 24 de julho de 1991, da Consolidação das Leis do Trabalho – CLT, aprovada pelo Decreto-Lei nº 5.452, de 1º de maio de 1943, da Lei nº 10.189, de 14 de fevereiro de 2001, da Lei Complementar nº 63, de 11 de janeiro de 1990; e revoga as Leis nº 9.317, de 5 de dezembro de 1996, e 9.841, de 5 de outubro de 1999.*

O PRESIDENTE DA REPÚBLICA Faço saber que o Congresso Nacional decreta e eu sanciono a seguinte Lei Complementar:

## CAPÍTULO I. DISPOSIÇÕES PRELIMINARES

✪ **Art. 1º.** Esta Lei Complementar estabelece normas gerais relativas ao tratamento diferenciado e favorecido a ser dispensado às microempresas e empresas de pequeno porte no âmbito dos Poderes da União, dos Estados, do Distrito Federal e dos Municípios, especialmente no que se refere:

- CF: art. 179.

**I** – à apuração e recolhimento dos impostos e contribuições da União, dos Estados, do Distrito Federal e dos Municípios, mediante regime único de arrecadação, inclusive obrigações acessórias;

**II** – ao cumprimento de obrigações trabalhistas e previdenciárias, inclusive obrigações acessórias;

**III** – ao acesso a crédito e ao mercado, inclusive quanto à preferência nas aquisições de bens e serviços pelos Poderes Públicos, à tecnologia, ao associativismo e às regras de inclusão.

**IV** – ao cadastro nacional único de contribuintes a que se refere o inciso IV do parágrafo único do art. 146, in fine, da Constituição Federal.

**§ 1º**. Cabe ao Comitê Gestor do Simples Nacional (CGSN) apreciar a necessidade de revisão, a partir de 1º de janeiro de 2015, dos valores expressos em moeda nesta Lei Complementar.

**§ 2º**. Vetado.

**§ 3º**. Ressalvado o disposto no Capítulo IV, toda nova obrigação que atinja as microempresas e empresas de pequeno porte deverá apresentar, no instrumento que a instituiu, especificação do tratamento diferenciado, simplificado e favorecido para cumprimento.

**§ 4º**. Na especificação do tratamento diferenciado, simplificado e favorecido de que trata o § 3º, deverá constar prazo máximo, quando forem necessários procedimentos adicionais, para que os órgãos fiscalizadores cumpram as medidas necessárias à emissão de documentos, realização de vistorias e atendimento das demandas realizadas pelas microempresas e empresas de pequeno porte com o objetivo de cumprir a nova obrigação.

**§ 5º**. Caso o órgão fiscalizador descumpra os prazos estabelecidos na especificação do tratamento diferenciado e favorecido, conforme o disposto no § 4º, a nova obrigação será inexigível até que seja realizada visita para fiscalização orientadora e seja reiniciado o prazo para regularização.

**§ 6º**. A ausência de especificação do tratamento diferenciado, simplificado e favorecido ou da determinação de prazos máximos, de acordo com os §§ 3º e 4º, tornará a nova obrigação inexigível para as microempresas e empresas de pequeno porte.

**§ 7º**. A inobservância do disposto nos §§ 3º a 6º resultará em atentado aos direitos e garantias legais assegurados ao exercício profissional da atividade empresarial.

**Art. 2º.** O tratamento diferenciado e favorecido a ser dispensado às microempresas e empresas de pequeno porte de que trata o art. 1º desta Lei Complementar será gerido pelas instâncias a seguir especificadas:

**I** – Comitê Gestor do Simples Nacional, vinculado ao Ministério da Economia, composto de 4 (quatro) representantes da União, 2 (dois) dos Estados e do Distrito Federal, 2 (dois) dos Municípios, 1 (um) do Serviço Brasileiro de Apoio às Micro e Pequenas Empresas (Sebrae) e 1 (um) das confederações nacionais de representação do segmento de microempresas e empresas de pequeno porte referidas no art. 11 da Lei Complementar nº 147, de 7 de agosto de 2014, para tratar dos aspectos tributários; *(Redação dada pela Lei Complementar 188/2021)*

**II** – Fórum Permanente das Microempresas e Empresas de Pequeno Porte, com a participação dos órgãos federais competentes e das entidades vinculadas ao setor, para tratar dos demais aspectos, ressalvado o disposto no inciso III do *caput* deste artigo;

**III** – Comitê para Gestão da Rede Nacional para Simplificação do Registro e da Legalização de Empresas e Negócios – CGSIM, vinculado à Secretaria da Micro e Pequena Empresa da Presidência da República, composto por representantes da União, dos Estados e do Distrito Federal, dos Municípios e demais órgãos de apoio e de registro empresarial, na forma definida pelo Poder Executivo, para tratar do processo de registro e de legalização de empresários e de pessoas jurídicas.

▸ CC: art. 968, § 4º.

**§ 1º**. Os Comitês de que tratam os incisos I e III do *caput* deste artigo serão presididos e coordenados por representantes da União.

**§ 2º**. Os representantes dos Estados e do Distrito Federal nos Comitês referidos nos incisos I e III do *caput* deste artigo serão indicados pelo Conselho Nacional de Política Fazendária – Confaz e os dos Municípios serão indicados, um pela entidade representativa das Secretarias de Finanças das Capitais e outro pelas entidades de representação nacional dos Municípios brasileiros.

**§ 3º**. As entidades de representação referidas no inciso III do *caput* e no § 2º deste artigo serão aquelas regularmente constituídas há pelo menos 1 (um) ano antes da publicação desta Lei Complementar.

**§ 4º** Os comitês de que tratam os incisos I e III do caput deste artigo elaborarão seus regimentos internos mediante resolução, observado, quanto ao CGSN, o disposto nos §§ 4º-A e 4º-B deste artigo. *(Redação dada pela Lei Complementar 188/2021)*

**§ 4º-A**. O quórum mínimo para a realização das reuniões do CGSN será de 3/4 (três quartos) dos componentes, dos quais um deles será necessariamente o Presidente. *(Acrescido pela Lei Complementar 188/2021)*

**§ 4º-B**. As deliberações do CGSN serão tomadas por 3/4 (três quartos) dos componentes presentes às reuniões, presenciais ou virtuais, ressalvadas as decisões que determinem a exclusão de ocupações autorizadas a atuar na qualidade de Microempreendedor Individual (MEI), quando a deliberação deverá ser unânime. *(Acrescido pela Lei Complementar 188/2021)*

**§ 5º.** O Fórum referido no inciso II do *caput* deste artigo tem por finalidade orientar e assessorar a formulação e coordenação da política nacional de desenvolvimento das microempresas e empresas de pequeno porte, bem como acompanhar e avaliar a sua implantação, sendo presidido e coordenado pela Secretaria da Micro e Pequena Empresa da Presidência da República.

**§ 6º.** Ao Comitê de que trata o inciso I do *caput* deste artigo compete regulamentar a opção, exclusão, tributação, fiscalização, arrecadação, cobrança, dívida ativa, recolhimento e demais itens relativos ao regime de que trata o art. 12 desta Lei Complementar, observadas as demais disposições desta Lei Complementar.

**§ 7º.** Ao Comitê de que trata o inciso III do *caput* deste artigo compete, na forma da lei, regulamentar a inscrição, cadastro, abertura, alvará, arquivamento, licenças, permissão, autorização, registros e demais itens relativos à abertura, legalização e funcionamento de empresários e de pessoas jurídicas de qualquer porte, atividade econômica ou composição societária.

**§ 8º** Os membros dos comitês de que tratam os incisos I e III do caput deste artigo serão designados pelo Ministro de Estado da Economia, mediante indicação dos órgãos e entidades vinculados. *(Redação dada pela Lei Complementar 188/2021)*

**§ 8º-A.** Dos membros da União que compõem o comitê de que trata o inciso I do caput deste artigo, 3 (três) serão representantes da Secretaria Especial da Receita Federal do Brasil e 1 (um) da Subsecretaria de Desenvolvimento das Micro e Pequenas Empresas, Empreendedorismo e Artesanato da Secretaria Especial de Produtividade e Competitividade ou do órgão que vier a substituí-la. *(Acrescido pela Lei Complementar 188/2021)*

**§ 8º-B.** A vaga das confederações nacionais de representação do segmento de microempresas e empresas de pequeno porte no comitê de que trata o inciso I do caput deste artigo será ocupada em regime de rodízio anual entre as confederações. *(Acrescido pela Lei Complementar 188/2021)*

**§ 9º.** O CGSN poderá determinar, com relação à microempresa e à empresa de pequeno porte optante pelo Simples Nacional, a forma, a periodicidade e o prazo:

**I** – de entrega à Secretaria da Receita Federal do Brasil – RFB de uma única declaração com dados relacionados a fatos geradores, base de cálculo e valores da contribuição para a Seguridade Social devida sobre a remuneração do trabalho, inclusive a descontada dos trabalhadores a serviço da empresa, do Fundo de Garantia do Tempo de Serviço – FGTS e outras informações de interesse do Ministério do Trabalho e Emprego – MTE, do Instituto Nacional do Seguro Social – INSS e do Conselho Curador do FGTS, observado o disposto no § 7º deste artigo; e

**II** – do recolhimento das contribuições descritas no inciso I e do FGTS.

**§ 10.** O recolhimento de que trata o inciso II do § 9º deste artigo poderá se dar de forma unificada relativamente aos tributos apurados na forma do Simples Nacional.

**§ 11.** A entrega da declaração de que trata o inciso I do § 9º substituirá, na forma regulamentada pelo CGSN, a obrigatoriedade de entrega de todas as informações, formulários e declarações a que estão sujeitas as demais empresas ou equiparados que contratam trabalhadores, inclusive relativamente ao recolhimento do FGTS, à Relação Anual de Informações Sociais e ao Cadastro Geral de Empregados e Desempregados.

**§ 12.** Na hipótese de recolhimento do FGTS na forma do inciso II do § 9º deste artigo, deve-se assegurar a transferência dos recursos e dos elementos identificadores do recolhimento ao gestor desse fundo para crédito na conta vinculada do trabalhador.

**§ 13.** O documento de que trata o inciso I do § 9º tem caráter declaratório, constituindo instrumento hábil e suficiente para a exigência dos tributos, contribuições e dos débitos fundiários que não tenham sido recolhidos resultantes das informações nele prestadas.

## CAPÍTULO II. DA DEFINIÇÃO DE MICROEMPRESA E DE EMPRESA DE PEQUENO PORTE

✪ **Art. 3º.** Para os efeitos desta Lei Complementar, consideram-se microempresas ou empresas de pequeno porte a sociedade empresária, a sociedade simples, a empresa individual de responsabilidade limitada e o empresário a que se refere o art. 966 da Lei nº 10.406, de 10 de janeiro de 2002 (Código Civil), devidamente registrados no Registro de Empresas Mercantis ou no Registro Civil de Pessoas Jurídicas, conforme o caso, desde que:

- CC: arts. 967 e 998.
- Esta lei: art. 16, § 1º.

**I** – no caso da microempresa, aufira, em cada ano-calendário, receita bruta igual ou inferior a R$ 360.000,00 (trezentos e sessenta mil reais); e

**II** – no caso de empresa de pequeno porte, aufira, em cada ano-calendário, receita bruta superior a R$ 360.000,00 (trezentos e sessenta mil reais) e igual ou inferior a R$ 4.800.000,00 (quatro milhões e oitocentos mil reais). (Redação dada pela Lei Complementar nº 155, de 2016)

**§ 1º.** Considera-se receita bruta, para fins do disposto no *caput* deste artigo, o produto da venda de bens e serviços nas operações de conta própria, o preço dos serviços prestados e o resultado nas operações em conta alheia, não incluídas as vendas canceladas e os descontos incondicionais concedidos.

**§ 2º.** No caso de início de atividade no próprio ano-calendário, o limite a que se refere o *caput* deste artigo será proporcional ao número de meses em que a microempresa ou a empresa de pequeno porte houver exercido atividade, inclusive as frações de meses.

**§ 3º.** O enquadramento do empresário ou da sociedade simples ou empresária como microempresa ou empresa de pequeno porte bem como o seu desenquadramento não implicarão alteração, denúncia ou qualquer restrição em relação a contratos por elas anteriormente firmados.

**§ 4º.** Não poderá se beneficiar do tratamento jurídico diferenciado previsto nesta Lei Complementar, incluído o regime de que trata o art. 12 desta Lei Complementar, para nenhum efeito legal, a pessoa jurídica:

**I** – de cujo capital participe outra pessoa jurídica;

**II** – que seja filial, sucursal, agência ou representação, no País, de pessoa jurídica com sede no exterior;

**III** – de cujo capital participe pessoa física que seja inscrita como empresário ou seja sócia de outra empresa que receba tratamento jurídico diferenciado nos termos desta Lei Complementar, desde que a receita bruta global ultrapasse o limite de que trata o inciso II do *caput* deste artigo;

**IV** – cujo titular ou sócio participe com mais de 10% (dez por cento) do capital de outra empresa não beneficiada por esta Lei Complementar, desde que a receita bruta global ultrapasse o limite de que trata o inciso II do *caput* deste artigo;

**V** – cujo sócio ou titular seja administrador ou equiparado de outra pessoa jurídica com fins lucrativos, desde que a receita bruta global ultrapasse o limite de que trata o inciso II do *caput* deste artigo;

**VI** – constituída sob a forma de cooperativas, salvo as de consumo;

**VII** – que participe do capital de outra pessoa jurídica;

**VIII** – que exerça atividade de banco comercial, de investimentos e de desenvolvimento, de caixa econômica, de sociedade de crédito, financiamento e investimento ou de crédito imobiliário, de corretora ou de distribuidora de títulos, valores mobiliários e câmbio, de empresa de arrendamento mercantil, de seguros privados e de capitalização ou de previdência complementar;

**IX** – resultante ou remanescente de cisão ou qualquer outra forma de desmembramento de pessoa jurídica que tenha ocorrido em um dos 5 (cinco) anos-calendário anteriores;

**X** – constituída sob a forma de sociedade por ações.

**XI** – cujos titulares ou sócios guardem, cumulativamente, com o contratante do serviço, relação de pessoalidade, subordinação e habitualidade.

**§ 5º.** O disposto nos incisos IV e VII do § 4º deste artigo não se aplica à participação no capital de cooperativas de crédito, bem como em centrais de compras, bolsas de subcontratação, no consórcio referido no art. 50 desta Lei Complementar e na sociedade de propósito específico prevista no art. 56 desta Lei Complementar, e em associações assemelhadas, sociedades de interesse econômico, sociedades de garantia solidária e outros tipos de sociedade, que tenham como objetivo social a defesa exclusiva dos interesses econômicos das microempresas e empresas de pequeno porte.

**§ 6º.** Na hipótese de a microempresa ou empresa de pequeno porte incorrer em alguma das situações previstas nos incisos do § 4º, será excluída do tratamento jurídico diferenciado previsto nesta Lei Complementar, bem como do regime de que trata o art. 12, com efeitos a partir do mês seguinte ao que incorrida a situação impeditiva.

**§ 7º.** Observado o disposto no § 2º deste artigo, no caso de início de atividades, a microempresa que, no ano-calendário, exceder o limite de receita bruta anual previsto no inciso I do *caput* deste artigo passa, no ano-calendário seguinte, à condição de empresa de pequeno porte.

**§ 8º.** Observado o disposto no § 2º deste artigo, no caso de início de atividades, a empresa de pequeno porte que, no ano-calendário, não ultrapassar o limite de receita bruta anual previsto no inciso I do *caput* deste artigo passa, no ano-calendário seguinte, à condição de microempresa.

**§ 9º.** A empresa de pequeno porte que, no ano-calendário, exceder o limite de receita bruta anual previsto no inciso II do *caput* fica excluída, no mês subsequente à ocorrência do excesso, do tratamento jurídico diferenciado previsto nesta Lei Complementar, incluído o regime de que trata o art. 12, para todos os efeitos legais, ressalvado o disposto nos §§ 9º-A, 10 e 12.

**§ 9º-A.** Os efeitos da exclusão prevista no § 9º dar-se-ão no ano-calendário subsequente se o excesso verificado em relação à receita bruta não for superior a 20% (vinte por cento) do limite referido no inciso II do *caput*.

**§ 10.** A empresa de pequeno porte que no decurso do ano-calendário de início de atividade ultrapassar o limite proporcional de receita bruta de que trata o § 2º estará excluída do tratamento jurídico diferenciado previsto nesta Lei Complementar, bem como do regime de que trata o art. 12 desta Lei Complementar, com efeitos retroativos ao início de suas atividades.

▸ Esta lei: art. 31, III, b.

**§ 11.** Na hipótese de o Distrito Federal, os Estados e os respectivos Municípios adotarem um dos limites previstos nos incisos I e II do *caput* do art. 19 e no art. 20, caso a receita bruta auferida pela empresa durante o ano-calendário de início de atividade ultrapasse 1/12 (um doze avos) do limite estabelecido multiplicado pelo número de meses de funcionamento nesse período, a empresa não poderá recolher o ICMS e o ISS na forma do Simples Nacional, relativos ao estabelecimento localizado na unidade da federação que os houver adotado, com efeitos retroativos ao início de suas atividades.

**§ 12.** A exclusão de que trata o § 10 não retroagirá ao início das atividades se o excesso verificado em relação à receita bruta não for superior a 20% (vinte por cento) do respectivo limite referido naquele parágrafo, hipótese em que os efeitos da exclusão dar-se-ão no ano-calendário subsequente.

**§ 13.** O impedimento de que trata o § 11 não retroagirá ao início das atividades se o excesso verificado em relação à receita bruta não for superior a 20% (vinte por cento) dos respectivos limites referidos naquele parágrafo, hipótese em que os efeitos do impedimento ocorrerão no ano-calendário subsequente.

**§ 14.** Para fins de enquadramento como microempresa ou empresa de pequeno porte, poderão ser auferidas receitas no mercado interno até o limite previsto no inciso II do *caput* ou no § 2º, conforme o caso, e, adicionalmente, receitas decorrentes da exportação de mercadorias ou serviços, inclusive quando realizada por meio de comercial exportadora ou da sociedade de propósito específico prevista no art. 56 desta Lei Complementar, desde que as receitas de exportação também não excedam os referidos limites de receita bruta anual.

**§ 15.** Na hipótese do § 14, para fins de determinação da alíquota de que trata o § 1º do art. 18, da base de cálculo prevista em seu § 3º e das majorações de alíquotas previstas em seus §§ 16, 16-A, 17 e 17-A, serão consideradas separadamente as receitas brutas auferidas no mercado interno e aquelas decorrentes da exportação.

**§ 16.** O disposto neste artigo será regulamentado por resolução do CGSN.

**§ 17.** (VETADO). (Incluído pela Lei Complementar nº 155, de 2016)

**§ 18.** (VETADO). (Incluído pela Lei Complementar nº 155, de 2016)

**Art. 3º-A.** Aplica-se ao produtor rural pessoa física e ao agricultor familiar conceituado na Lei nº 11.326, de 24 de julho de 2006, com situação regular na Previdência Social e no Município que tenham auferido receita bruta anual até o limite de que trata o inciso II do *caput* do art. 3º o disposto nos arts. 6º e 7º, nos Capítulos V a X, na Seção IV do Capítulo XI e no Capítulo XII desta Lei Complementar, ressalvadas as disposições da Lei nº 11.718, de 20 de junho de 2008.

**Parágrafo único.** A equiparação de que trata o *caput* não se aplica às disposições do Capítulo IV desta Lei Complementar.

**Art. 3º-B.** Os dispositivos desta Lei Complementar, com exceção dos dispostos no Capítulo IV, são aplicáveis a todas as microempresas e empresas de pequeno porte, assim definidas pelos incisos I e II do *caput* e § 4º do art. 3º, ainda que não enquadradas no regime tributário do Simples Nacional, por vedação ou por opção.

## CAPÍTULO III.
## DA INSCRIÇÃO E DA BAIXA

**Art. 4º.** Na elaboração de normas de sua competência, os órgãos e entidades envolvidos na abertura e fechamento de empresas, dos 3 (três) âmbitos de governo, deverão considerar a unicidade do processo de registro e de legalização de empresários e de pessoas jurídicas, para tanto devendo articular as competências próprias com aquelas dos demais membros, e buscar, em conjunto, compatibilizar e integrar procedimentos, de modo a evitar a duplicidade de exigências e garantir a linearidade do processo, da perspectiva do usuário.

**§ 1º.** O processo de abertura, registro, alteração e baixa da microempresa e empresa de pequeno porte, bem como qualquer exigência para o início de seu funcionamento, deverão ter trâmite especial e simplificado, preferencialmente eletrônico, opcional para o empreendedor, observado o seguinte:

**I** – poderão ser dispensados o uso da firma, com a respectiva assinatura autógrafa, o capital, requerimentos, demais assinaturas, informações relativas ao estado civil e regime de bens, bem como remessa de documentos, na forma estabelecida pelo CGSIM; e

**II** – (Revogado).

**§ 2º.** (Revogado pela Lei Complementar nº 139, de 2011)

**§ 3º.** Ressalvado o disposto nesta Lei Complementar, ficam reduzidos a 0 (zero) todos os custos, inclusive prévios, relativos à abertura, à inscrição, ao registro, ao funcionamento, ao alvará, à licença, ao cadastro, às alterações e procedimentos de baixa e encerramento e aos demais itens relativos ao Microempreendedor Individual, incluindo os valores referentes a taxas, a emolumentos e a demais contribuições relativas aos órgãos de registro, de licenciamento, sindicais, de regulamentação, de anotação de responsabilidade técnica, de vistoria e de fiscalização do exercício de profissões regulamentadas.

**§ 3º-A**. O agricultor familiar, definido conforme a Lei nº 11.326, de 24 de julho de 2006, e identificado pela Declaração de Aptidão ao Pronaf – DAP física ou jurídica, bem como o MEI e o empreendedor de economia solidária ficam isentos de taxas e outros valores relativos à fiscalização da vigilância sanitária.

**§ 4º**. No caso do MEI, de que trata o art. 18-A desta Lei Complementar, a cobrança associativa ou oferta de serviços privados relativos aos atos de que trata o § 3º deste artigo somente poderá ser efetuada a partir de demanda prévia do próprio MEI, firmado por meio de contrato com assinatura autógrafa, observando-se que:

**I** – para a emissão de boletos de cobrança, os bancos públicos e privados deverão exigir das instituições sindicais e associativas autorização prévia específica a ser emitida pelo CGSIM;

**II** – o desrespeito ao disposto neste parágrafo configurará vantagem ilícita pelo induzimento ao erro em prejuízo do MEI, aplicando-se as sanções previstas em lei.

**§ 5º**. (VETADO).

**§ 6º**. Na ocorrência de fraude no registro do Microempreendedor Individual – MEI feito por terceiros, o pedido de baixa deve ser feito por meio exclusivamente eletrônico, com efeitos retroativos à data de registro, na forma a ser regulamentada pelo CGSIM, não sendo aplicáveis os efeitos do § 1º do art. 29 desta Lei Complementar. (Incluído pela Lei Complementar nº 155, de 2016)

**Art. 5º.** Os órgãos e entidades envolvidos na abertura e fechamento de empresas, dos 3 (três) âmbitos de governo, no âmbito de suas atribuições, deverão manter à disposição dos usuários, de forma presencial e pela rede mundial de computadores, informações, orientações e instrumentos, de forma integrada e consolidada, que permitam pesquisas prévias às etapas de registro ou inscrição, alteração e baixa de empresários e pessoas jurídicas, de modo a prover ao usuário certeza quanto à documentação exigível e quanto à viabilidade do registro ou inscrição.

**Parágrafo único.** As pesquisas prévias à elaboração de ato constitutivo ou de sua alteração deverão bastar a que o usuário seja informado pelos órgãos e entidades competentes:

**I** – da descrição oficial do endereço de seu interesse e da possibilidade de exercício da atividade desejada no local escolhido;

**II** – de todos os requisitos a serem cumpridos para obtenção de licenças de autorização de funcionamento, segundo a atividade pretendida, o porte, o grau de risco e a localização; e

**III** – da possibilidade de uso do nome empresarial de seu interesse.

**Art. 6º.** Os requisitos de segurança sanitária, metrologia, controle ambiental e prevenção contra incêndios, para os fins de registro e legalização de empresários e pessoas jurídicas, deverão ser simplificados, racionalizados e uniformizados pelos órgãos envolvidos na abertura e fechamento de empresas, no âmbito de suas competências.

**§ 1º**. Os órgãos e entidades envolvidos na abertura e fechamento de empresas que sejam responsáveis pela emissão de licenças e autorizações de funcionamento somente realizarão vistorias após o início de operação do estabelecimento, quando a atividade, por sua natureza, comportar grau de risco compatível com esse procedimento.

**§ 2º**. Os órgãos e entidades competentes definirão, em 6 (seis) meses, contados da publicação desta Lei Complementar, as atividades cujo grau de risco seja considerado alto e que exigirão vistoria prévia.

**§ 3º**. Na falta de legislação estadual, distrital ou municipal específica relativa à definição do grau de risco da atividade aplicar-se-á resolução do CGSIM.

**§ 4º**. A classificação de baixo grau de risco permite ao empresário ou à pessoa jurídica a obtenção do licenciamento de atividade mediante o simples fornecimento de dados e a substituição da comprovação prévia do cumprimento de exigências e restrições por declarações do titular ou responsável.

**§ 5º**. O disposto neste artigo não é impeditivo da inscrição fiscal.

**Art. 7º.** Exceto nos casos em que o grau de risco da atividade seja considerado alto, os Municípios emitirão Alvará de Funcionamento Provisório, que permitirá o início de operação do estabelecimento imediatamente após o ato de registro.

**Parágrafo único.** Nos casos referidos no *caput* deste artigo, poderá o Município conceder Alvará de Funcionamento Provisório para o microempreendedor individual, para microempresas e para empresas de pequeno porte:

**I** – instaladas em área ou edificação desprovidas de regulação fundiária e imobiliária, inclusive habite-se; ou

**II** – em residência do microempreendedor individual ou do titular ou sócio da microempresa ou empresa de pequeno porte, na hipótese em que a atividade não gere grande circulação de pessoas.

**Art. 8º.** Será assegurado aos empresários e pessoas jurídicas:

**I** – entrada única de dados e documentos;

**II** – processo de registro e legalização integrado entre os órgãos e entes envolvidos, por meio de sistema informatizado que garanta:

EMPRESARIAL

*a)* sequenciamento das seguintes etapas: consulta prévia de nome empresarial e de viabilidade de localização, registro empresarial, inscrições fiscais e licenciamento de atividade;

*b)* criação da base nacional cadastral única de empresas;

**III** – identificação nacional cadastral única que corresponderá ao número de inscrição no Cadastro Nacional de Pessoas Jurídicas – CNPJ.

**§ 1º**. O sistema de que trata o inciso II do *caput* deve garantir aos órgãos e entidades integrados:

**I** – compartilhamento irrestrito dos dados da base nacional única de empresas;

**II** – autonomia na definição das regras para comprovação do cumprimento de exigências nas respectivas etapas do processo.

**§ 2º**. A identificação nacional cadastral única substituirá para todos os efeitos as demais inscrições, sejam elas federais, estaduais ou municipais, após a implantação do sistema a que se refere o inciso II do *caput*, no prazo e na forma estabelecidos pelo CGSIM.

**§ 3º**. É vedado aos órgãos e entidades integrados ao sistema informatizado de que trata o inciso II do *caput* o estabelecimento de exigências não previstas em lei.

**§ 4º**. A coordenação do desenvolvimento e da implantação do sistema de que trata o inciso II do *caput* ficará a cargo do CGSIM.

**Art. 9º.** O registro dos atos constitutivos, de suas alterações e extinções (baixas), referentes a empresários e pessoas jurídicas em qualquer órgão dos 3 (três) âmbitos de governo ocorrerá independentemente da regularidade de obrigações tributárias, previdenciárias ou trabalhistas, principais ou acessórias, do empresário, da sociedade, dos sócios, dos administradores ou de empresas de que participem, sem prejuízo das responsabilidades do empresário, dos titulares, dos sócios ou dos administradores por tais obrigações, apuradas antes ou após o ato de extinção.

**§ 1º**. O arquivamento, nos órgãos de registro, dos atos constitutivos de empresários, de sociedades empresárias e de demais equiparados que se enquadrarem como microempresa ou empresa de pequeno porte bem como o arquivamento de suas alterações são dispensados das seguintes exigências:

**I** – certidão de inexistência de condenação criminal, que será substituída por declaração do titular ou administrador, firmada sob as penas da lei, de não estar impedido de exercer atividade mercantil ou a administração de sociedade, em virtude de condenação criminal;

**II** – prova de quitação, regularidade ou inexistência de débito referente a tributo ou contribuição de qualquer natureza.

**§ 2º**. Não se aplica às microempresas e às empresas de pequeno porte o disposto no § 2º do art. 1º da Lei nº 8.906, de 4 de julho de 1994.

**§ 3º**. (Revogado pela Lei Complementar nº 147, de 2014).

**§ 4º**. A baixa do empresário ou da pessoa jurídica não impede que, posteriormente, sejam lançados ou cobrados tributos, contribuições e respectivas penalidades, decorrentes da falta do cumprimento de obrigações ou da prática comprovada e apurada em processo administrativo ou judicial de outras irregularidades praticadas pelos empresários, pelas pessoas jurídicas ou por seus titulares, sócios ou administradores.

**§ 5º**. A solicitação de baixa do empresário ou da pessoa jurídica importa responsabilidade solidária dos empresários, dos titulares, dos sócios e dos administradores no período da ocorrência dos respectivos fatos geradores.

**§ 6º**. Os órgãos referidos no *caput* deste artigo terão o prazo de 60 (sessenta) dias para efetivar a baixa nos respectivos cadastros.

**§ 7º**. Ultrapassado o prazo previsto no § 6º deste artigo sem manifestação do órgão competente, presumir-se-á a baixa dos registros das microempresas e a das empresas de pequeno porte.

**§§ 8º a 12.** (Revogados pela Lei Complementar nº 147, de 2014).

**Art. 10.** Não poderão ser exigidos pelos órgãos e entidades envolvidos na abertura e fechamento de empresas, dos 3 (três) âmbitos de governo:

**I** – excetuados os casos de autorização prévia, quaisquer documentos adicionais aos requeridos pelos órgãos executores do Registro Público de Empresas Mercantis e Atividades Afins e do Registro Civil de Pessoas Jurídicas;

**II** – documento de propriedade ou contrato de locação do imóvel onde será instalada a sede, filial ou outro estabelecimento, salvo para comprovação do endereço indicado;

**III** – comprovação de regularidade de prepostos dos empresários ou pessoas jurídicas com seus órgãos de classe, sob qualquer forma, como requisito para deferimento de ato de inscrição, alteração ou baixa de empresa, bem como para autenticação de instrumento de escrituração.

**Art. 11.** Fica vedada a instituição de qualquer tipo de exigência de natureza documental ou formal, restritiva ou condicionante, pelos órgãos envolvidos na abertura e fechamento de empresas, dos 3 (três) âmbitos de governo, que exceda o estrito limite dos requisitos pertinentes à essência do ato de registro, alteração ou baixa da empresa.

## CAPÍTULO IV. DOS TRIBUTOS E CONTRIBUIÇÕES

### SEÇÃO I. DA INSTITUIÇÃO E ABRANGÊNCIA

**Art. 12.** Fica instituído o Regime Especial Unificado de Arrecadação de Tributos e Contribuições devidos pelas Microempresas e Empresas de Pequeno Porte – Simples Nacional.

- Súm. nº 448 do STJ.
- CF: art. 146, III, d e par. ún.

**Parágrafo único.** (VETADO). (Incluído pela Lei Complementar nº 155, de 2016)

**Art. 13.** O Simples Nacional implica o recolhimento mensal, mediante documento único de arrecadação, dos seguintes impostos e contribuições:

**I** – Imposto sobre a Renda da Pessoa Jurídica – IRPJ;

- Súm. nº 184 do STJ.

**II** – Imposto sobre Produtos Industrializados – IPI, observado o disposto no inciso XII do § 1º deste artigo;

**III** – Contribuição Social sobre o Lucro Líquido – CSLL;

**IV** – Contribuição para o Financiamento da Seguridade Social – Cofins, observado o disposto no inciso XII do § 1º deste artigo;

**V** – contribuição para o PIS/Pasep, observado o disposto no inciso XII do § 1º deste artigo;

**VI** – Contribuição Patronal Previdenciária – CPP para a Seguridade Social, a cargo da pessoa jurídica, de que trata o art. 22 da Lei nº 8.212, de 24 de julho de 1991, exceto no caso da microempresa e da empresa de pequeno porte que se dedique às atividades de prestação de serviços referidas no § 5º-C do art. 18 desta Lei Complementar;

- Súm. nº 425 do STJ.

**VII** – Imposto sobre Operações Relativas à Circulação de Mercadorias e Sobre Prestações de Serviços de Transporte Interestadual e Intermunicipal e de Comunicação – ICMS;

- Esta lei: art. 18-A, § 3º, V, b.

**VIII** – Imposto sobre Serviços de Qualquer Natureza – ISS.

- Esta lei: art. 18-A, § 3º, V, c.

**§ 1º.** O recolhimento na forma deste artigo não exclui a incidência dos seguintes impostos ou contribuições, devidos na qualidade de contribuinte ou responsável, em relação aos quais será observada a legislação aplicável às demais pessoas jurídicas:

- Esta lei: art. 18-A, § 3º, VI.

**I** – Imposto sobre Operações de Crédito, Câmbio e Seguro, ou Relativas a Títulos ou Valores Mobiliários – IOF;

**II** – Imposto sobre a Importação de Produtos Estrangeiros – II;

**III** – Imposto sobre a Exportação, para o Exterior, de Produtos Nacionais ou Nacionalizados – IE;

**IV** – Imposto sobre a Propriedade Territorial Rural – ITR;

**V** – Imposto de Renda, relativo aos rendimentos ou ganhos líquidos auferidos em aplicações de renda fixa ou variável;

**VI** – Imposto de Renda relativo aos ganhos de capital auferidos na alienação de bens do ativo permanente;

**VII** – Contribuição Provisória sobre Movimentação ou Transmissão de Valores e de Créditos e Direitos de Natureza Financeira – CPMF;

**VIII** – Contribuição para o Fundo de Garantia do Tempo de Serviço – FGTS;

**IX** – Contribuição para manutenção da Seguridade Social, relativa ao trabalhador;

**X** – Contribuição para a Seguridade Social, relativa à pessoa do empresário, na qualidade de contribuinte individual;

- Lei Complementar nº 123, de 14-12-2006, art. 18-A, § 3º, IV, institui o Estatuto Nacional da Microempresa e da Empresa de Pequeno Porte.

**XI** – Imposto de Renda relativo aos pagamentos ou créditos efetuados pela pessoa jurídica a pessoas físicas;

**XII** – Contribuição para o PIS/Pasep, Cofins e IPI incidentes na importação de bens e serviços;

**XIII** – ICMS devido:

*a)* nas operações sujeitas ao regime de substituição tributária, tributação concentrada em uma única etapa (monofásica) e sujeitas ao regime de antecipação do recolhimento do imposto com encerramento de tributação, envolvendo combustíveis e lubrificantes; energia elétrica; cigarros e outros produtos derivados do fumo; bebidas; óleos e azeites vegetais comestíveis; farinha de trigo e misturas de farinha de trigo; massas alimentícias; açúcares; produtos lácteos; carnes e suas preparações; preparações à base de cereais; chocolates; produtos de padaria e da indústria de bolachas e biscoitos; sorvetes e preparados para fabricação de sorvetes em máquinas; cafés e mates, seus extratos, essências e concentrados; preparações para molhos e molhos preparados; preparações de produtos vegetais; rações para animais domésticos; veículos automotivos e automotores, suas peças, componentes e acessórios; pneumáticos; câmaras de ar e protetores de borracha; medicamentos e outros produtos farmacêuticos para uso humano ou veterinário; cosméticos; produtos de perfumaria e de higiene pessoal; papéis; plásticos; canetas e malas; cimentos; cal e argamassas; produtos cerâmicos; vidros; obras de metal e plástico para construção; telhas e caixas d'água; tintas e vernizes; produtos eletrônicos, eletroeletrônicos e eletrodomésticos; fios; cabos e outros condutores; transformadores elétricos e reatores; disjuntores; interruptores e tomadas; isoladores; para-raios e lâmpadas; máquinas e aparelhos de ar-condicionado; centrifugadores de uso doméstico; aparelhos e instrumentos de pesagem de uso doméstico; extintores; aparelhos ou máquinas de barbear;

máquinas de cortar o cabelo ou de tosquiar; aparelhos de depilar, com motor elétrico incorporado; aquecedores elétricos de água para uso doméstico e termômetros; ferramentas; álcool etílico; sabões em pó e líquidos para roupas; detergentes; alvejantes; esponjas; palhas de aço e amaciantes de roupas; venda de mercadorias pelo sistema porta a porta; nas operações sujeitas ao regime de substituição tributária pelas operações anteriores; e nas prestações de serviços sujeitas aos regimes de substituição tributária e de antecipação de recolhimento do imposto com encerramento de tributação;

*b)* por terceiro, a que o contribuinte se ache obrigado, por força da legislação estadual ou distrital vigente;

*c)* na entrada, no território do Estado ou do Distrito Federal, de petróleo, inclusive lubrificantes e combustíveis líquidos e gasosos dele derivados, bem como energia elétrica, quando não destinados à comercialização ou industrialização;

*d)* por ocasião do desembaraço aduaneiro;

*e)* na aquisição ou manutenção em estoque de mercadoria desacobertada de documento fiscal;

*f)* na operação ou prestação desacobertada de documento fiscal;

*g)* nas operações com bens ou mercadorias sujeitas ao regime de antecipação do recolhimento do imposto, nas aquisições em outros Estados e Distrito Federal:

1. com encerramento da tributação, observado o disposto no inciso IV do § 4º do art. 18 desta Lei Complementar;

2. sem encerramento da tributação, hipótese em que será cobrada a diferença entre a alíquota interna e a interestadual, sendo vedada a agregação de qualquer valor;

*h)* nas aquisições em outros Estados e no Distrito Federal de bens ou mercadorias, não sujeitas ao regime de antecipação do recolhimento do imposto, relativo à diferença entre a alíquota interna e a interestadual;

**XIV** – ISS devido:

*a)* em relação aos serviços sujeitos à substituição tributária ou retenção na fonte;

*b)* na importação de serviços;

**XV** – demais tributos de competência da União, dos Estados, do Distrito Federal ou dos Municípios, não relacionados nos incisos anteriores.

**§ 1º-A** Os valores repassados aos profissionais de que trata a Lei nº 12.592, de 18 de janeiro de 2012, contratados por meio de parceria, nos termos da legislação civil, não integrarão a receita bruta da empresa contratante para fins de tributação, cabendo ao contratante a retenção e o recolhimento dos tributos devidos pelo contratado. (Incluído pela Lei Complementar nº 155, de 2016)

**§ 2º.** Observada a legislação aplicável, a incidência do imposto de renda na fonte, na hipótese do inciso V do § 1º deste artigo, será definitiva.

**§ 3º.** As microempresas e empresas de pequeno porte optantes pelo Simples Nacional ficam dispensadas do pagamento das demais contribuições instituídas pela União, inclusive as contribuições para as entidades privadas de serviço social e de formação profissional vinculadas ao sistema sindical, de que trata o art. 240 da Constituição Federal, e demais entidades de serviço social autônomo.

- Lei Complementar nº 123, de 14-12-2006, art. 18-A, § 3º, IV, institui o Estatuto Nacional da Microempresa e da Empresa de Pequeno Porte.

**§ 4º.** (VETADO).

**§ 5º.** A diferença entre a alíquota interna e a interestadual de que tratam as alíneas g e h do inciso XIII do § 1º deste artigo será calculada tomando-se por base as alíquotas aplicáveis às pessoas jurídicas não optantes pelo Simples Nacional.

**§ 6º.** O Comitê Gestor do Simples Nacional:

**I** – disciplinará a forma e as condições em que será atribuída à microempresa ou empresa de pequeno porte optante pelo Simples Nacional a qualidade de substituta tributária; e

**II** – poderá disciplinar a forma e as condições em que será estabelecido o regime de antecipação do ICMS previsto na alínea g do inciso XIII do § 1º deste artigo.

**§ 7º.** O disposto na alínea a do inciso XIII do § 1º será disciplinado por convênio celebrado pelos Estados e pelo Distrito Federal, ouvidos o CGSN e os representantes dos segmentos econômicos envolvidos.

**§ 8º.** Em relação às bebidas não alcóolicas, massas alimentícias, produtos lácteos, carnes e suas preparações, preparações à base de cereais, chocolates, produtos de padaria e da indústria de bolachas e biscoitos, preparações para molhos e molhos preparados, preparações de produtos vegetais, telhas e outros produtos cerâmicos para construção e detergentes, aplica-se o disposto na alínea a do inciso XIII do § 1º aos fabricados em escala industrial relevante em cada segmento, observado o disposto no § 7º.

**Art. 13-A.** Para efeito de recolhimento do ICMS e do ISS no Simples Nacional, o limite máximo de que trata o inciso II do *caput* do art. 3º será de R$ 3.600.000,00 (três milhões e seiscentos mil reais), observado o disposto nos §§ 11, 13, 14 e 15 do mesmo artigo, nos §§ 17 e 17-A do art. 18 e no § 4º do art. 19. (Incluído pela Lei Complementar nº 155, de 2016)

**Art. 14.** Consideram-se isentos do imposto de renda, na fonte e na declaração de ajuste do beneficiário, os valores efetivamente pagos ou distribuídos ao titular ou sócio da microempresa ou empresa de pequeno porte optante pelo Simples Nacional, salvo os que corresponderem a pró-labore, aluguéis ou serviços prestados.

**§ 1º.** A isenção de que trata o *caput* deste artigo fica limitada ao valor resultante da aplicação dos percentuais de que trata o art. 15 da Lei nº 9.249, de 26 de dezembro de 1995, sobre a receita bruta mensal, no caso de antecipação de fonte, ou da receita bruta total anual, tratando-se de declaração de ajuste, subtraído do valor devido na forma do Simples Nacional no período.

- Lei nº 9.249, de 26-12-1995: art. 15, dispõe a base cálculo do imposto de renda.

**§ 2º.** O disposto no § 1º deste artigo não se aplica na hipótese de a pessoa jurídica manter escrituração contábil e evidenciar lucro superior àquele limite.

**Art. 15.** (VETADO).

**Art. 16.** A opção pelo Simples Nacional da pessoa jurídica enquadrada na condição de microempresa e empresa de pequeno porte dar-se-á na forma a ser estabelecida em ato do Comitê Gestor, sendo irretratável para todo o ano-calendário.

**§ 1º.** Para efeito de enquadramento no Simples Nacional, considerar-se-á microempresa ou empresa de pequeno porte aquela cuja receita bruta no ano-calendário anterior ao da opção esteja compreendida dentro dos limites previstos no art. 3º desta Lei Complementar.

**§ 1º-A.** A opção pelo Simples Nacional implica aceitação de sistema de comunicação eletrônica, destinado, dentre outras finalidades, a:

**I** – cientificar o sujeito passivo de quaisquer tipos de atos administrativos, incluídos os relativos ao indeferimento de opção, à exclusão do regime e a ações fiscais;

**II** – encaminhar notificações e intimações; e

**III** – expedir avisos em geral.

**§ 1º-B.** O sistema de comunicação eletrônica de que trata o § 1º-A será regulamentado pelo CGSN, observando-se o seguinte:

**I** – as comunicações serão feitas, por meio eletrônico, em portal próprio, dispensando-se a sua publicação no Diário Oficial e o envio por via postal;

**II** – a comunicação feita na forma prevista no *caput* será considerada pessoal para todos os efeitos legais;

**III** – a ciência por meio do sistema de que trata o § 1º-A com utilização de certificação digital ou de código de acesso possuirá os requisitos de validade;

**IV** – considerar-se-á realizada a comunicação no dia em que o sujeito passivo efetivar a consulta eletrônica ao teor da comunicação; e

**V** – na hipótese do inciso IV, nos casos em que a consulta se dê em dia não útil, a comunicação será considerada como realizada no primeiro dia útil seguinte.

**§ 1º-C.** A consulta referida nos incisos IV e V do § 1º-B deverá ser feita em até 45 (quarenta e cinco) dias contados da data da disponibilização da comunicação no portal a que se refere o inciso I do § 1º-B, ou em prazo superior estipulado pelo CGSN, sob pena de ser considerada automaticamente realizada na data do término desse prazo.

**§ 1º-D.** Enquanto não editada a regulamentação de que trata o § 1º-B, os entes federativos poderão utilizar sistemas de comunicação eletrônica, com regras próprias, para as finalidades previstas no § 1º-A, podendo a referida regulamentação prever a adoção desses sistemas como meios complementares de comunicação.

**§ 2º.** A opção de que trata o *caput* deste artigo deverá ser realizada no mês de janeiro, até o seu último dia útil, produzindo efeitos a partir do 1º (primeiro) dia do ano-calendário da opção, ressalvado o disposto no § 3º deste artigo.

**§ 3º.** A opção produzirá efeitos a partir da data do início de atividade, desde que exercida nos termos, prazo e condições a serem estabelecidos no ato do Comitê Gestor a que se refere o *caput* deste artigo.

**§ 4º.** Serão consideradas inscritas no Simples Nacional, em 1º de julho de 2007, as microempresas e empresas de pequeno porte regularmente optantes pelo regime tributário de que trata a Lei nº 9.317, de 5 de dezembro de 1996, salvo as que estiverem impedidas de optar por alguma vedação imposta por esta Lei Complementar.

**§ 5º.** O Comitê Gestor regulamentará a opção automática prevista no § 4º deste artigo.

**§ 6º.** O indeferimento da opção pelo Simples Nacional será formalizado mediante ato da Administração Tributária segundo regulamentação do Comitê Gestor.

## SEÇÃO II.
## DAS VEDAÇÕES AO INGRESSO NO SIMPLES NACIONAL

✪ **Art. 17.** Não poderão recolher os impostos e contribuições na forma do Simples Nacional a microempresa ou empresa de pequeno porte: *(Redação dada pela LC 167/2019)*

- Esta Lei: art. 31, § 2º.

**I** - que explore atividade de prestação cumulativa e contínua de serviços de assessoria creditícia, gestão de crédito, seleção e riscos, administração de contas a pagar e a receber, gerenciamento de ativos (*asset management*) ou compra de direitos creditórios resultantes de vendas mercantis a prazo ou de prestação de serviços (*factoring*) ou que execute operações de empréstimo, de financiamento e de desconto de títulos de crédito, exclusivamente com recursos próprios, tendo como contrapartes microempreendedores individuais, microempresas e empresas de pequeno porte, inclusive sob a forma de empresa simples de crédito; *(Redação dada pela LC 167/2019)*

**II** – que tenha sócio domiciliado no exterior;

**III** – de cujo capital participe entidade da administração pública, direta ou indireta, federal, estadual ou municipal;

**IV** – Revogado.

**V** – que possua débito com o Instituto Nacional do Seguro Social – INSS, ou com as Fazendas Públicas Federal, Estadual ou Municipal, cuja exigibilidade não esteja suspensa;

▸ Esta lei: art. 31, IV.

**VI** – que preste serviço de transporte intermunicipal e interestadual de passageiros, exceto quando na modalidade fluvial ou quando possuir características de transporte urbano ou metropolitano ou realizar-se sob fretamento contínuo em área metropolitana para o transporte de estudantes ou trabalhadores;

**VII** – que seja geradora, transmissora, distribuidora ou comercializadora de energia elétrica;

**VIII** – que exerça atividade de importação ou fabricação de automóveis e motocicletas;

**IX** – que exerça atividade de importação de combustíveis;

**X** – que exerça atividade de produção ou venda no atacado de:

*a)* cigarros, cigarrilhas, charutos, filtros para cigarros, armas de fogo, munições e pólvoras, explosivos e detonantes;

*b)* bebidas não alcoólicas a seguir descritas: (Redação dada pela Lei Complementar nº 155, de 2016)

1. (Revogado pela Lei Complementar nº 155, de 2016);

2 e 3. (Revogados pela Lei Complementar nº 147, de 2014);

4. cervejas sem álcool;

*c)* bebidas alcoólicas, exceto aquelas produzidas ou vendidas no atacado por: (Incluída pela Lei Complementar nº 155, de 2016)

1. micro e pequenas cervejarias; (Incluída pela Lei Complementar nº 155, de 2016)

2. micro e pequenas vinícolas; (Incluída pela Lei Complementar nº 155, de 2016)

3. produtores de licores; (Incluída pela Lei Complementar nº 155, de 2016)

4. micro e pequenas destilarias; (Incluída pela Lei Complementar nº 155, de 2016)

**XI** – (Revogado)

**XII** – que realize cessão ou locação de mão de obra;

▸ Esta lei: art. 18, § 5º-H.

**XIII** – (Revogado)

**XIV** – que se dedique ao loteamento e à incorporação de imóveis;

**XV** – que realize atividade de locação de imóveis próprios, exceto quando se referir a prestação de serviços tributados pelo ISS;

**XVI** – com ausência de inscrição ou com irregularidade em cadastro fiscal federal, municipal ou estadual, quando exigível.

**§ 1º**. As vedações relativas a exercício de atividades previstas no *caput* deste artigo não se aplicam às pessoas jurídicas que se dediquem exclusivamente às atividades referidas nos §§ 5º-B a 5º-E do art. 18 desta Lei Complementar, ou as exerçam em conjunto com outras atividades que não tenham sido objeto de vedação no *caput* deste artigo.

**I a XXI** – (Revogados pela LC nº 128/08)

**XXII** – Vetado.

**XXIII a XXVII** – (Revogados pela LC nº 128/08)

**XXVIII** – Vetado.

**§ 2º**. Também poderá optar pelo Simples Nacional a microempresa ou empresa de pequeno porte que se dedique à prestação de outros serviços que não tenham sido objeto de vedação expressa neste artigo, desde que não incorra em nenhuma das hipóteses de vedação previstas nesta Lei Complementar.

**§ 3º**. (VETADO).

**§ 4º**. Na hipótese do inciso XVI do *caput*, deverá ser observado, para o MEI, o disposto no art. 4º desta Lei Complementar.

**§ 5º**. As empresas que exerçam as atividades previstas nos itens da alínea c do inciso X do *caput* deste artigo deverão obrigatoriamente ser registradas no Ministério da Agricultura, Pecuária e Abastecimento e obedecerão também à regulamentação da Agência Nacional de Vigilância Sanitária e da Secretaria da Receita Federal do Brasil quanto à produção e à comercialização de bebidas alcoólicas. (Incluído pela Lei Complementar nº 155, de 2016)

## SEÇÃO III.
## DAS ALÍQUOTAS E BASE DE CÁLCULO

**Art. 18.** O valor devido mensalmente pela microempresa ou empresa de pequeno porte optante pelo Simples Nacional será determinado mediante aplicação das alíquotas efetivas, calculadas a partir das alíquotas nominais constantes das tabelas dos Anexos I a V desta Lei Complementar, sobre a base de cálculo de que trata o § 3º deste artigo, observado o disposto no § 15 do art. 3º. (Redação dada pela Lei Complementar nº 155, de 2016)

**§ 1º**. Para efeito de determinação da alíquota nominal, o sujeito passivo utilizará a receita bruta acumulada nos doze meses anteriores ao do período de apuração. (Redação dada pela Lei Complementar nº 155, de 2016)

**§ 1º-A**. A alíquota efetiva é o resultado de:

$$\frac{RBT12 \times Aliq - PD}{RBT12},$$

em que: (Incluído pela Lei Complementar nº 155, de 2016)

**I** – RBT12: receita bruta acumulada nos doze meses anteriores ao período de apuração; (Incluído pela Lei Complementar nº 155, de 2016)

**II** – Aliq: alíquota nominal constante dos Anexos I a V desta Lei Complementar; (Incluído pela Lei Complementar nº 155, de 2016)

**III** – PD: parcela a deduzir constante dos Anexos I a V desta Lei Complementar. (Incluído pela Lei Complementar nº 155, de 2016)

**§ 1º-B**. Os percentuais efetivos de cada tributo serão calculados a partir da alíquota efetiva, multiplicada pelo percentual de repartição constante dos Anexos I a V desta Lei Complementar, observando-se que: (Incluído pela Lei Complementar nº 155, de 2016)

**I** – o percentual efetivo máximo destinado ao ISS será de 5% (cinco por cento), transferindo-se eventual diferença, de forma proporcional, aos tributos federais da mesma faixa de receita bruta anual; (Incluído pela Lei Complementar nº 155, de 2016)

**II** – eventual diferença centesimal entre o total dos percentuais e a alíquota efetiva será transferida para o tributo com maior percentual de repartição na respectiva faixa de receita bruta. (Incluído pela Lei Complementar nº 155, de 2016)

**§ 1º-C.** Na hipótese de transformação, extinção, fusão ou sucessão dos tributos referidos nos incisos IV e V do art. 13, serão mantidas as alíquotas nominais e efetivas previstas neste artigo e nos Anexos I a V desta Lei Complementar, e lei ordinária disporá sobre a repartição dos valores arrecadados para os tributos federais, sem alteração no total dos percentuais de repartição a eles devidos, e mantidos os percentuais de repartição destinados ao ICMS e ao ISS. (Incluído pela Lei Complementar nº 155, de 2016)

**§ 2º.** Em caso de início de atividade, os valores de receita bruta acumulada constantes dos Anexos I a V desta Lei Complementar devem ser proporcionalizados ao número de meses de atividade no período. (Redação dada pela Lei Complementar nº 155, de 2016)

**§ 3º.** Sobre a receita bruta auferida no mês incidirá a alíquota efetiva determinada na forma do caput e dos §§ 1º, 1º-A e 2º deste artigo, podendo tal incidência se dar, à opção do contribuinte, na forma regulamentada pelo Comitê Gestor, sobre a receita recebida no mês, sendo essa opção irretratável para todo o ano-calendário. (Redação dada pela Lei Complementar nº 155, de 2016)

**§ 4º.** O contribuinte deverá considerar, destacadamente, para fim de pagamento, as receitas decorrentes da:

**I** – revenda de mercadorias, que serão tributadas na forma do Anexo I desta Lei Complementar;

**II** – venda de mercadorias industrializadas pelo contribuinte, que serão tributadas na forma do Anexo II desta Lei Complementar;

**III** – prestação de serviços de que trata o § 5º-B deste artigo e dos serviços vinculados à locação de bens imóveis e corretagem de imóveis desde que observado o disposto no inciso XV do art. 17, que serão tributados na forma do Anexo III desta Lei Complementar;

▸ Súm. nº 423 do STJ.

**IV** – prestação de serviços de que tratam os §§ 5º-C a 5º-F e 5º-I deste artigo, que serão tributadas na forma prevista naqueles parágrafos;

**V** – locação de bens móveis, que serão tributadas na forma do Anexo III desta Lei Complementar, deduzida a parcela correspondente ao ISS;

**VI** – atividade com incidência simultânea de IPI e de ISS, que serão tributadas na forma do Anexo II desta Lei Complementar, deduzida a parcela correspondente ao ICMS e acrescida a parcela correspondente ao ISS prevista no Anexo III desta Lei Complementar;

**VII** – comercialização de medicamentos e produtos magistrais produzidos por manipulação de fórmulas:

*a)* sob encomenda para entrega posterior ao adquirente, em caráter pessoal, mediante prescrições de profissionais habilitados ou indicação pelo farmacêutico, produzidos no próprio estabelecimento após o atendimento inicial, que serão tributadas na forma do Anexo III desta Lei Complementar;

*b)* nos demais casos, quando serão tributadas na forma do Anexo I desta Lei Complementar.

**§ 4º-A.** O contribuinte deverá segregar, também, as receitas:

**I** – decorrentes de operações ou prestações sujeitas à tributação concentrada em uma única etapa (monofásica), bem como, em relação ao ICMS, que o imposto já tenha sido recolhido por substituto tributário ou por antecipação tributária com encerramento de tributação;

**II** – sobre as quais houve retenção de ISS na forma do § 6º deste artigo e § 4º do art. 21 desta Lei Complementar, ou, na hipótese do § 22-A deste artigo, seja devido em valor fixo ao respectivo município;

**III** – sujeitas à tributação em valor fixo ou que tenham sido objeto de isenção ou redução de ISS ou de ICMS na forma prevista nesta Lei Complementar;

**IV** – decorrentes da exportação para o exterior, inclusive as vendas realizadas por meio de comercial exportadora ou da sociedade de propósito específico prevista no art. 56 desta Lei Complementar;

**V** – sobre as quais o ISS seja devido a Município diverso do estabelecimento prestador, quando será recolhido no Simples Nacional.

**§ 5º.** As atividades industriais serão tributadas na forma do Anexo II desta Lei Complementar.

**I a VII** – (Revogados pela LC 128/08)

**§ 5º-A.** (Revogado).

**§ 5º-B.** Sem prejuízo do disposto no § 1º do art. 17 desta Lei Complementar, serão tributadas na forma do Anexo III desta Lei Complementar as seguintes atividades de prestação de serviços:

**I** – creche, pré-escola e estabelecimento de ensino fundamental, escolas técnicas, profissionais e de ensino médio, de línguas estrangeiras, de artes, cursos técnicos de pilotagem, preparatórios para concursos, gerenciais e escolas livres, exceto as previstas nos incisos II e III do § 5º-D deste artigo;

▸ Súm. nº 448 do STJ.

**II** – agência terceirizada de correios;

**III** – agência de viagem e turismo;

**IV** – centro de formação de condutores de veículos automotores de transporte terrestre de passageiros e de carga;

**V** – agência lotérica;

**VI a VIII** – (Revogados pela LC nº 128/08)

**IX** – serviços de instalação, de reparos e de manutenção em geral, bem como de usinagem, solda, tratamento e revestimento em metais;

**X a XII** – (Revogados pela LC nº 128/08)

**XIII** – transporte municipal de passageiros;

**XIV** – escritórios de serviços contábeis, observado o disposto nos §§ 22-B e 22-C deste artigo;

**XV** – produções cinematográficas, audiovisuais, artísticas e culturais, sua exibição ou apresentação, inclusive no caso de música, literatura, artes cênicas, artes visuais, cinematográficas e audiovisuais.

**XVI** – fisioterapia;

**XVII** – corretagem de seguros.

**XVIII** – arquitetura e urbanismo; *(Acrescido pela LC 155/2016)*

**XIX** – medicina, inclusive laboratorial, e enfermagem; *(Acrescido pela LC 155/2016)*

**XX** – odontologia e prótese dentária; *(Acrescido pela LC 155/2016)*

**XXI** – psicologia, psicanálise, terapia ocupacional, acupuntura, podologia, fonoaudiologia, clínicas de nutrição e de vacinação e bancos de leite. *(Acrescido pela LC 155/2016)*

**§ 5º-C**. Sem prejuízo do disposto no § 1º do art. 17 desta Lei Complementar, as atividades de prestação de serviços seguintes serão tributadas na forma do Anexo IV desta Lei Complementar, hipótese em que não estará incluída no Simples Nacional a contribuição prevista no inciso VI do *caput* do art. 13 desta Lei Complementar, devendo ela ser recolhida segundo a legislação prevista para os demais contribuintes ou responsáveis:

▸ Esta lei: art. 33, § 2º.

**I** – construção de imóveis e obras de engenharia em geral, inclusive sob a forma de subempreitada, execução de projetos e serviços de paisagismo, bem como decoração de interiores;

**II a V** – (Revogados pela LC nº 128/08)

**VI** – serviço de vigilância, limpeza ou conservação.

**VII** – serviços advocatícios.

**§ 5º-D**. Sem prejuízo do disposto no § 1º do art. 17 desta Lei Complementar, as seguintes atividades de prestação de serviços serão tributadas na forma do Anexo III desta Lei Complementar: (Redação dada pela Lei Complementar nº 155, de 2016)

**I** – administração e locação de imóveis de terceiros;

**II** – academias de dança, de capoeira, de ioga e de artes marciais;

**III** – academias de atividades físicas, desportivas, de natação e escolas de esportes;

**IV** – elaboração de programas de computadores, inclusive jogos eletrônicos, desde que desenvolvidos em estabelecimento do optante;

**V** – licenciamento ou cessão de direito de uso de programas de computação;

**VI** – planejamento, confecção, manutenção e atualização de páginas eletrônicas, desde que realizados em estabelecimento do optante;

**VII e VIII** (Revogados pela LC nº 128/08)

**IX** – empresas montadoras de estandes para feiras;

**X e XI** – (Revogados pela LC nº 128/08)

**XII** – laboratórios de análises clínicas ou de patologia clínica;

**XIII** – serviços de tomografia, diagnósticos médicos por imagem, registros gráficos e métodos óticos, bem como ressonância magnética;

**XIV** – serviços de prótese em geral.

**§ 5º-E**. Sem prejuízo do disposto no § 1º do art. 17 desta Lei Complementar, as atividades de prestação de serviços de comunicação e de transportes interestadual e intermunicipal de cargas, e de transportes autorizados no inciso VI do *caput* do art. 17, inclusive na modalidade fluvial, serão tributadas na forma do Anexo III, deduzida a parcela correspondente ao ISS e acrescida a parcela correspondente ao ICMS prevista no Anexo I.

**§ 5º-F**. As atividades de prestação de serviços referidas no § 2º do art. 17 desta Lei Complementar serão tributadas na forma do Anexo III desta Lei Complementar, salvo se, para alguma dessas atividades, houver previsão expressa de tributação na forma dos Anexos IV ou V desta Lei Complementar. (Redação dada pela Lei Complementar nº 155, de 2016)

**§ 5º-G**. (Revogado).

**§ 5º-H**. A vedação de que trata o inciso XII do *caput* do art. 17 desta Lei Complementar não se aplica às atividades referidas no § 5º-C deste artigo.

**§ 5º-I**. Sem prejuízo do disposto no § 1º do art. 17 desta Lei Complementar, as seguintes atividades de prestação de serviços serão tributadas na forma do Anexo V desta Lei Complementar: (Redação dada pela Lei Complementar nº 155, de 2016)

**I** – (Revogado pela Lei Complementar nº 155, de 2016);

**II** – medicina veterinária;

**III** – (Revogado pela Lei Complementar nº 155, de 2016);

**IV** – (Revogado pela Lei Complementar nº 155, de 2016);

**V** – serviços de comissária, de despachantes, de tradução e de interpretação;

**VI** – engenharia, medição, cartografia, topografia, geologia, geodésia, testes, suporte e análises técnicas e tecnológicas, pesquisa, design, desenho e agronomia; (Redação dada pela Lei Complementar nº 155, de 2016)

**VII** – representação comercial e demais atividades de intermediação de negócios e serviços de terceiros;

**VIII** – perícia, leilão e avaliação;

**IX** – auditoria, economia, consultoria, gestão, organização, controle e administração;

**X** – jornalismo e publicidade;

**XI** – agenciamento, exceto de mão de obra;

**XII** – outras atividades do setor de serviços que tenham por finalidade a prestação de serviços decorrentes do exercício de atividade intelectual, de natureza técnica, científica, desportiva, artística ou cultural, que constitua profissão regulamentada ou não, desde que não sujeitas à tributação na forma dos Anexos III ou IV desta Lei Complementar. (Redação dada pela Lei Complementar nº 155, de 2016)

**§ 5º-J.** As atividades de prestação de serviços a que se refere o § 5º-I serão tributadas na forma do Anexo III desta Lei Complementar caso a razão entre a folha de salários e a receita bruta da pessoa jurídica seja igual ou superior a 28% (vinte e oito por cento). (Incluído pela Lei Complementar nº 155, de 2016)

**§ 5º-K.** Para o cálculo da razão a que se referem os §§ 5º-J e 5º-M, serão considerados, respectivamente, os montantes pagos e auferidos nos doze meses anteriores ao período de apuração para fins de enquadramento no regime tributário do Simples Nacional. ((Incluído pela Lei Complementar nº 155, de 2016)

**§ 5º-L.** (VETADO). (Incluído pela Lei Complementar nº 155, de 2016)

**§ 5º-M.** Quando a relação entre a folha de salários e a receita bruta da microempresa ou da empresa de pequeno porte for inferior a 28% (vinte e oito por cento), serão tributadas na forma do Anexo V desta Lei Complementar as atividades previstas: (Incluído pela Lei Complementar nº 155, de 2016)

**I** – nos incisos XVI, XVIII, XIX, XX e XXI do § 5º-B deste artigo; (Incluído pela Lei Complementar nº 155, de 2016)

**II** – no § 5º-D deste artigo. (Incluído pela Lei Complementar nº 155, de 2016)

**§ 6º.** No caso dos serviços previstos no § 2º do art. 6º da Lei Complementar nº 116, de 31 de julho de 2003, prestados pelas microempresas e pelas empresas de pequeno porte, o tomador do serviço deverá reter o montante correspondente na forma da legislação do município onde estiver localizado, observado o disposto no § 4º do art. 21 desta Lei Complementar.

**§ 7º.** A sociedade de propósito específico de que trata o art. 56 desta Lei Complementar que houver adquirido mercadorias de microempresa ou empresa de pequeno porte que seja sua sócia, bem como a empresa comercial exportadora que houver adquirido mercadorias ou serviços de empresa optante pelo Simples Nacional, com o fim específico de exportação para o exterior, que, no prazo de 180 (cento e oitenta) dias, contado da data da emissão da nota fiscal pela vendedora, não comprovar o seu embarque para o exterior ficará sujeita ao pagamento de todos os impostos e contribuições que deixaram de ser pagos pela empresa vendedora, acrescidos de juros de mora e multa, de mora ou de ofício, calculados na forma da legislação relativa à cobrança do tributo não pago, aplicável à sociedade de propósito específico ou à própria comercial exportadora.

**§ 8º.** Para efeito do disposto no § 7º deste artigo, considera-se vencido o prazo para o pagamento na data em que a empresa vendedora deveria fazê-lo, caso a venda houvesse sido efetuada para o mercado interno.

**§ 9º.** Relativamente à contribuição patronal previdenciária, devida pela vendedora, a sociedade de propósito específico de que trata o art. 56 desta Lei Complementar ou a comercial exportadora deverão recolher, no prazo previsto no § 8º deste artigo, o valor correspondente a 11% (onze por cento) do valor das mercadorias não exportadas nos termos do § 7º deste artigo.

**§ 10.** Na hipótese do § 7º deste artigo, a sociedade de propósito específico de que trata o art. 56 desta Lei Complementar ou a empresa comercial exportadora não poderão deduzir do montante devido qualquer valor a título de crédito de Imposto sobre Produtos Industrializados – IPI da Contribuição para o PIS/Pasep ou da Cofins, decorrente da aquisição das mercadorias e serviços objeto da incidência.

**§ 11.** Na hipótese do § 7º deste artigo, a sociedade de propósito específico ou a empresa comercial exportadora deverão pagar, também, os impostos e contribuições devidos nas vendas para o mercado interno, caso, por qualquer forma, tenham alienado ou utilizado as mercadorias.

**§ 12.** Na apuração do montante devido no mês relativo a cada tributo, para o contribuinte que apure receitas mencionadas nos incisos I a III e V do § 4º-A deste artigo, serão consideradas as reduções relativas aos tributos já recolhidos, ou sobre os quais tenha havido tributação monofásica, isenção, redução ou, no caso do ISS, que o valor tenha sido objeto de retenção ou seja devido diretamente ao Município.

**§ 13.** Para efeito de determinação da redução de que trata o § 12 deste artigo, as receitas serão discriminadas em comerciais, industriais ou de prestação de serviços, na forma dos Anexos I, II, III, IV e V desta Lei Complementar. (Redação dada pela Lei Complementar nº 155, de 2016)

**§ 14.** A redução no montante a ser recolhido no Simples Nacional relativo aos valores das receitas decorrentes da exportação de que trata o inciso IV do § 4º-A deste artigo corresponderá tão somente às alíquotas efetivas relativas à Cofins, à Contribuição para o PIS/Pasep, ao IPI, ao ICMS e ao ISS, apuradas com base nos Anexos I a V desta Lei Complementar. (Redação dada pela Lei Complementar nº 155, de 2016)

**I** – (Revogado).

**II** – (Revogado).

**§ 15.** Será disponibilizado sistema eletrônico para realização do cálculo simplificado do valor mensal devido referente ao Simples Nacional.

**§ 15-A.** As informações prestadas no sistema eletrônico de cálculo de que trata o § 15:

**I** – têm caráter declaratório, constituindo confissão de dívida e instrumento hábil e suficiente para a exigência dos tributos e contribuições que não tenham sido recolhidos resultantes das informações nele prestadas; e

**II** – deverão ser fornecidas à Secretaria da Receita Federal do Brasil até o vencimento do prazo para pagamento dos tributos devidos no Simples Nacional em cada mês, relativamente aos fatos geradores ocorridos no mês anterior.

**§ 16.** Na hipótese do § 12 do art. 3º, a parcela de receita bruta que exceder o montante determinado no § 10 daquele artigo estará sujeita às alíquotas máximas previstas nos Anexos I a V desta Lei Complementar, proporcionalmente, conforme o caso. (Redação dada pela Lei Complementar nº 155, de 2016)

**§ 16-A**. O disposto no § 16 aplica-se, ainda, às hipóteses de que trata o § 9º do art. 3º, a partir do mês em que ocorrer o excesso do limite da receita bruta anual e até o mês anterior aos efeitos da exclusão.

**§ 17.** Na hipótese do § 13 do art. 3º, a parcela de receita bruta que exceder os montantes determinados no § 11 daquele artigo estará sujeita, em relação aos percentuais aplicáveis ao ICMS e ao ISS, às alíquotas máximas correspondentes a essas faixas previstas nos Anexos I a V desta Lei Complementar, proporcionalmente, conforme o caso. (Redação dada pela Lei Complementar nº 155, de 2016)

**§ 17-A**. O disposto no § 17 aplica-se, ainda, à hipótese de que trata o § 1º do art. 20, a partir do mês em que ocorrer o excesso do limite da receita bruta anual e até o mês anterior aos efeitos do impedimento.

**§ 18.** Os Estados, o Distrito Federal e os Municípios, no âmbito das respectivas competências, poderão estabelecer, na forma definida pelo Comitê Gestor, independentemente da receita bruta recebida no mês pelo contribuinte, valores fixos mensais para o recolhimento do ICMS e do ISS devido por microempresa que aufira receita bruta, no ano-calendário anterior, de até o limite máximo previsto na segunda faixa de receitas brutas anuais constantes dos Anexos I a VI, ficando a microempresa sujeita a esses valores durante todo o ano-calendário, ressalvado o disposto no § 18-A.

**§ 18-A**. A microempresa que, no ano-calendário, exceder o limite de receita bruta previsto no § 18 fica impedida de recolher o ICMS ou o ISS pela sistemática de valor fixo, a partir do mês subsequente à ocorrência do excesso, sujeitando-se à apuração desses tributos na forma das demais empresas optantes pelo Simples Nacional.

**§ 19.** Os valores estabelecidos no § 18 deste artigo não poderão exceder a 50% (cinquenta por cento) do maior recolhimento possível do tributo para a faixa de enquadramento prevista na tabela do *caput* deste artigo, respeitados os acréscimos decorrentes do tipo de atividade da empresa estabelecidos no § 5º deste artigo.

**§ 20.** Na hipótese em que o Estado, o Município ou o Distrito Federal concedam isenção ou redução do ICMS ou do ISS devido por microempresa ou empresa de pequeno porte, ou ainda determine recolhimento de valor fixo para esses tributos, na forma do § 18 deste artigo, será realizada redução proporcional ou ajuste do valor a ser recolhido, na forma definida em resolução do Comitê Gestor.

**§ 20-A**. A concessão dos benefícios de que trata o § 20 deste artigo poderá ser realizada:

**I** – mediante deliberação exclusiva e unilateral do Estado, do Distrito Federal ou do Município concedente;

**II** – de modo diferenciado para cada ramo de atividade.

**§ 20-B**. A União, os Estados e o Distrito Federal poderão, em lei específica destinada à ME ou EPP optante pelo Simples Nacional, estabelecer isenção ou redução de COFINS, Contribuição para o PIS/PASEP e ICMS para produtos da cesta básica, discriminando a abrangência da sua concessão.

**§ 21.** O valor a ser recolhido na forma do disposto no § 20 deste artigo, exclusivamente na hipótese de isenção, não integrará o montante a ser partilhado com o respectivo Município, Estado ou Distrito Federal.

**§ 22.** (Revogado pela LC 128/08)

**§ 22-A**. A atividade constante do inciso XIV do § 5º-B deste artigo recolherá o ISS em valor fixo, na forma da legislação municipal.

**§ 22-B**. Os escritórios de serviços contábeis, individualmente ou por meio de suas entidades representativas de classe, deverão:

**I** – promover atendimento gratuito relativo à inscrição, à opção de que trata o art. 18-A desta Lei Complementar e à primeira declaração anual simplificada da microempresa individual, podendo, para tanto, por meio de suas entidades representativas de classe, firmar convênios e acordos com a União, os Estados, o Distrito Federal e os Municípios, por intermédio dos seus órgãos vinculados;

**II** – fornecer, na forma estabelecida pelo Comitê Gestor, resultados de pesquisas quantitativas e qualitativas relativas às microempresas e empresas de pequeno porte optantes pelo Simples Nacional por eles atendidas;

**III** – promover eventos de orientação fiscal, contábil e tributária para as microempresas e empresas de pequeno porte optantes pelo Simples Nacional por eles atendidas.

**§ 22-C**. Na hipótese de descumprimento das obrigações de que trata o § 22-B deste artigo, o escritório será excluído do Simples Nacional, com efeitos a partir do mês subsequente ao do descumprimento, na forma regulamentada pelo Comitê Gestor.

**§ 23.** Da base de cálculo do ISS será abatido o material fornecido pelo prestador dos serviços previstos nos itens 7.02 e 7.05 da lista de serviços anexa à Lei Complementar nº 116, de 31 de julho de 2003.

**§ 24.** Para efeito de aplicação do § 5º-K, considera-se folha de salários, incluídos encargos, o montante pago, nos doze meses anteriores ao período de apuração, a título de remunerações a pessoas físicas decorrentes do trabalho, acrescido do montante efetivamente recolhido a título de contribuição patronal previdenciária e FGTS, incluídas as retiradas de pró-labore. (Redação dada pela Lei Complementar nº 155, de 2016)

**§ 25.** Para efeito do disposto no § 24 deste artigo, deverão ser consideradas tão somente as remunerações informadas na forma prevista no inciso IV do *caput* do art. 32 da Lei nº 8.212, de 24 de julho de 1991.

**§ 26.** Não são considerados, para efeito do disposto no § 24, valores pagos a título de aluguéis e de distribuição de lucros, observado o disposto no § 1º do art. 14.

**§ 27.** (VETADO). (Incluído pela Lei Complementar nº 155, de 2016)

**Art. 18-A.** O Microempreendedor Individual – MEI poderá optar pelo recolhimento dos impostos e contribuições abrangidos pelo Simples Nacional em valores fixos mensais, independentemente da receita bruta por ele auferida no mês, na forma prevista neste artigo.

- CC: art. 968, §§ 4º e 5º.
- Lei Complementar nº 123, de 14-12-2006, art. 36-A, Institui o Estatuto Nacional da Microempresa e da Empresa de Pequeno Porte.
- Lei nº 8.212, de 24-7-1991: arts. 21, § 2º, II, a, 24 e 72, dispõe sobre a organização da Seguridade Social, institui Plano de Custeio.

**§ 1º** Para os efeitos desta Lei Complementar, considera-se MEI quem tenha auferido receita bruta, no ano-calendário anterior, de até R$ 81.000,00 (oitenta e um mil reais), que seja optante pelo Simples Nacional e que não esteja impedido de optar pela sistemática prevista neste artigo, e seja empresário individual que se enquadre na definição do art. 966 da Lei nº 10.406, de 10 de janeiro de 2002 (Código Civil), ou o empreendedor que exerça: *(Redação dada pela Lei Complementar 188/2021)*

**I** - as atividades de que trata o § 4º-A deste artigo; *(Acrescido pela Lei Complementar 188/2021)*

**II** - as atividades de que trata o § 4º-B deste artigo estabelecidas pelo CGSN; e *(Acrescido pela Lei Complementar 188/2021)*

**III** - as atividades de industrialização, comercialização e prestação de serviços no âmbito rural. *(Acrescido pela Lei Complementar 188/2021)*

**§ 2º.** No caso de início de atividades, o limite de que trata o § 1º será de R$ 6.750,00 (seis mil, setecentos e cinquenta reais) multiplicados pelo número de meses compreendido entre o início da atividade e o final do respectivo ano-calendário, consideradas as frações de meses como um mês inteiro. (Redação dada pela Lei Complementar nº 155, de 2016)

**§ 3º.** Na vigência da opção pela sistemática de recolhimento prevista no *caput* deste artigo:

**I** – não se aplica o disposto no § 18 do art. 18 desta Lei Complementar;

**II** – não se aplica a redução prevista no § 20 do art. 18 desta Lei Complementar ou qualquer dedução na base de cálculo;

**III** – não se aplicam as isenções específicas para as microempresas e empresas de pequeno porte concedidas pelo Estado, Município ou Distrito Federal a partir de 1º de julho de 2007 que abranjam integralmente a faixa de receita bruta anual até o limite previsto no § 1º;

**IV** – a opção pelo enquadramento como Microempreendedor Individual importa opção pelo recolhimento da contribuição referida no inciso X do § 1º do art. 13 desta Lei Complementar na forma prevista no § 2º do art. 21 da Lei nº 8.212, de 24 de julho de 1991;

**V** – o MEI, com receita bruta anual igual ou inferior a R$ 81.000,00 (oitenta e um mil reais), recolherá, na forma regulamentada pelo Comitê Gestor, valor fixo mensal correspondente à soma das seguintes parcelas: (Redação dada pela Lei Complementar nº 155, de 2016)

*a)* R$ 45,65 (quarenta e cinco reais e sessenta e cinco centavos), a título da contribuição prevista no inciso IV deste parágrafo;

*b)* R$ 1,00 (um real), a título do imposto referido no inciso VII do *caput* do art. 13 desta Lei Complementar, caso seja contribuinte do ICMS; e

*c)* R$ 5,00 (cinco reais), a título do imposto referido no inciso VIII do *caput* do art. 13 desta Lei Complementar, caso seja contribuinte do ISS;

**VI** – sem prejuízo do disposto nos §§ 1º a 3º do art. 13, o MEI terá isenção dos tributos referidos nos incisos I a VI do *caput* daquele artigo, ressalvado o disposto no art. 18-C.

**§ 4º.** Não poderá optar pela sistemática de recolhimento prevista no *caput* deste artigo o MEI:

**I** – cuja atividade seja tributada na forma dos Anexos V ou VI desta Lei Complementar, salvo autorização relativa a exercício de atividade isolada na forma regulamentada pelo CGSN;

**II** – que possua mais de um estabelecimento;

**III** – que participe de outra empresa como titular, sócio ou administrador; ou

**IV** – (Revogado pela Lei Complementar nº 155, de 2016)

**V** - constituído na forma de *startup*. *(Acrescido pela LC 167/2019)*

**§ 4º-A.** Observadas as demais condições deste artigo, poderá optar pela sistemática de recolhimento prevista no *caput* o empresário individual que exerça atividade de comercialização e processamento de produtos de natureza extrativista.

**§ 4º-B.** O CGSN determinará as atividades autorizadas a optar pela sistemática de recolhimento de que trata este artigo, de forma a evitar a fragilização das relações de trabalho, bem como sobre a incidência do ICMS e do ISS.

**§ 5º.** A opção de que trata o *caput* deste artigo dar-se-á na forma a ser estabelecida em ato do Comitê Gestor, observando-se que:

**I** – será irretratável para todo o ano-calendário;

**II** – deverá ser realizada no início do ano-calendário, na forma disciplinada pelo Comitê Gestor, produzindo efeitos a partir do primeiro dia do ano-calendário da opção, ressalvado o disposto no inciso III;

**III** – produzirá efeitos a partir da data do início de atividade desde que exercida nos termos, prazo e condições a serem estabelecidos em ato do Comitê Gestor a que se refere o *caput* deste parágrafo.

**§ 6º**. O desenquadramento da sistemática de que trata o *caput* deste artigo será realizado de ofício ou mediante comunicação do MEI.

**§ 7º**. O desenquadramento mediante comunicação do MEI à Secretaria da Receita Federal do Brasil – RFB dar-se-á:

**I** – por opção, que deverá ser efetuada no início do ano-calendário, na forma disciplinada pelo Comitê Gestor, produzindo efeitos a partir de 1º de janeiro do ano-calendário da comunicação;

**II** – obrigatoriamente, quando o MEI incorrer em alguma das situações previstas no § 4º deste artigo, devendo a comunicação ser efetuada até o último dia útil do mês subsequente àquele em que ocorrida a situação de vedação, produzindo efeitos a partir do mês subsequente ao da ocorrência da situação impeditiva;

**III** – obrigatoriamente, quando o MEI exceder, no ano-calendário, o limite de receita bruta previsto no § 1º deste artigo, devendo a comunicação ser efetuada até o último dia útil do mês subsequente àquele em que ocorrido o excesso, produzindo efeitos:

*a)* a partir de 1º de janeiro do ano-calendário subsequente ao da ocorrência do excesso, na hipótese de não ter ultrapassado o referido limite em mais de 20% (vinte por cento);

*b)* retroativamente a 1º de janeiro do ano-calendário da ocorrência do excesso, na hipótese de ter ultrapassado o referido limite em mais de 20% (vinte por cento);

**IV** – obrigatoriamente, quando o MEI exceder o limite de receita bruta previsto no § 2º deste artigo, devendo a comunicação ser efetuada até o último dia útil do mês subsequente àquele em que ocorrido o excesso, produzindo efeitos:

*a)* a partir de 1º de janeiro do ano-calendário subsequente ao da ocorrência do excesso, na hipótese de não ter ultrapassado o referido limite em mais de 20% (vinte por cento);

*b)* retroativamente ao início de atividade, na hipótese de ter ultrapassado o referido limite em mais de 20% (vinte por cento).

**§ 8º**. O desenquadramento de ofício dar-se-á quando verificada a falta de comunicação de que trata o § 7º deste artigo.

**§ 9º**. O Empresário Individual desenquadrado da sistemática de recolhimento prevista no *caput* deste artigo passará a recolher os tributos devidos pela regra geral do Simples Nacional a partir da data de início dos efeitos do desenquadramento, ressalvado o disposto no § 10 deste artigo.

**§ 10.** Nas hipóteses previstas nas alíneas a dos incisos III e IV do § 7º deste artigo, o MEI deverá recolher a diferença, sem acréscimos, em parcela única, juntamente com a da apuração do mês de janeiro do ano-calendário subsequente ao do excesso, na forma a ser estabelecida em ato do Comitê Gestor.

**§ 11.** O valor referido na alínea a do inciso V do § 3º deste artigo será reajustado, na forma prevista em lei ordinária, na mesma data de reajustamento dos benefícios de que trata a Lei nº 8.213, de 24 de julho de 1991, de forma a manter equivalência com a contribuição de que trata o § 2º do art. 21 da Lei nº 8.212, de 24 de julho de 1991.

**§ 12.** Aplica-se ao MEI que tenha optado pela contribuição na forma do § 1º deste artigo o disposto no § 4º do art. 55 e no § 2º do art. 94, ambos da Lei nº 8.213, de 24 de julho de 1991, exceto se optar pela complementação da contribuição previdenciária a que se refere o § 3º do art. 21 da Lei nº 8.212, de 24 de julho de 1991.

**§ 13.** O MEI está dispensado, ressalvado o disposto no art. 18-C desta Lei Complementar, de:

**I** – atender o disposto no inciso IV do *caput* do art. 32 da Lei nº 8.212, de 24 de julho de 1991;

**II** – apresentar a Relação Anual de Informações Sociais (Rais); e

**III** – declarar ausência de fato gerador para a Caixa Econômica Federal para emissão da Certidão de Regularidade Fiscal perante o FGTS.

**§ 14.** O Comitê Gestor disciplinará o disposto neste artigo.

**§ 15.** A inadimplência do recolhimento do valor previsto na alínea a do inciso V do § 3º tem como consequência a não contagem da competência em atraso para fins de carência para obtenção dos benefícios previdenciários respectivos.

**§ 15-A**. Ficam autorizados os Estados, o Distrito Federal e os Municípios a promover a remissão dos débitos decorrentes dos valores previstos nas alíneas b e c do inciso V do § 3º, inadimplidos isolada ou simultaneamente.

**§ 15-B**. O MEI poderá ter sua inscrição automaticamente cancelada após período de 12 (doze) meses consecutivos sem recolhimento ou declarações, independentemente de qualquer notificação, devendo a informação ser publicada no Portal do Empreendedor, na forma regulamentada pelo CGSIM.

**§ 16.** O CGSN estabelecerá, para o MEI, critérios, procedimentos, prazos e efeitos diferenciados para desenquadramento da sistemática de que trata este artigo, cobrança, inscrição em dívida ativa e exclusão do Simples Nacional.

**§ 16-A** A baixa do MEI via portal eletrônico dispensa a comunicação aos órgãos da administração pública. (Incluído pela Lei Complementar nº 155, de 2016)

**§ 17.** A alteração de dados no CNPJ informada pelo empresário à Secretaria da Receita Federal do Brasil equivalerá à comunicação obrigatória de desenquadramento da sistemática de recolhimento de que trata este artigo, nas seguintes hipóteses:

**I** – alteração para natureza jurídica distinta de empresário individual a que se refere o art. 966 da Lei nº 10.406, de 10 de janeiro de 2002 (Código Civil);

**II** – inclusão de atividade econômica não autorizada pelo CGSN;

**III** – abertura de filial.

**§ 18.** Os Municípios somente poderão realizar o cancelamento da inscrição do MEI caso tenham regulamentação própria de classificação de risco e o respectivo processo simplificado de inscrição e legalização, em conformidade com esta Lei Complementar e com as resoluções do CGSIM.

**§ 19.** Fica vedada aos conselhos representativos de categorias econômicas a exigência de obrigações diversas das estipuladas nesta Lei Complementar para inscrição do MEI em seus quadros, sob pena de responsabilidade.

**§ 19-A** O MEI inscrito no conselho profissional de sua categoria na qualidade de pessoa física é dispensado de realizar nova inscrição no mesmo conselho na qualidade de empresário individual. (Incluído pela Lei Complementar nº 155, de 2016)

**§ 19-B.** São vedadas aos conselhos profissionais, sob pena de responsabilidade, a exigência de inscrição e a execução de qualquer tipo de ação fiscalizadora quando a ocupação do MEI não exigir registro profissional da pessoa física. (Incluído pela Lei Complementar nº 155, de 2016)

**§ 20.** Os documentos fiscais das microempresas e empresas de pequeno porte poderão ser emitidos diretamente por sistema nacional informatizado e pela internet, sem custos para o empreendedor, na forma regulamentada pelo Comitê Gestor do Simples Nacional.

**§ 21.** Assegurar-se-á o registro nos cadastros oficiais ao guia de turismo inscrito como MEI.

**§ 22.** Fica vedado às concessionárias de serviço público o aumento das tarifas pagas pelo MEI por conta da modificação da sua condição de pessoa física para pessoa jurídica.

**§ 23.** (VETADO).

**§ 24.** Aplica-se ao MEI o disposto no inciso XI do § 4º do art. 3º.

**§ 25.** O MEI poderá utilizar sua residência como sede do estabelecimento, quando não for indispensável a existência de local próprio para o exercício da atividade.

**Art. 18-B.** A empresa contratante de serviços executados por intermédio do MEI mantém, em relação a esta contratação, a obrigatoriedade de recolhimento da contribuição a que se refere o inciso III do *caput* e o § 1º do art. 22 da Lei nº 8.212, de 24 de julho de 1991, e o cumprimento das obrigações acessórias relativas à contratação de contribuinte individual.

**§ 1º.** Aplica-se o disposto neste artigo exclusivamente em relação ao MEI que for contratado para prestar serviços de hidráulica, eletricidade, pintura, alvenaria, carpintaria e de manutenção ou reparo de veículos.

**§ 2º.** O disposto no *caput* e no § 1º não se aplica quando presentes os elementos da relação de emprego, ficando a contratante sujeita a todas as obrigações dela decorrentes, inclusive trabalhistas, tributárias e previdenciárias.

**Art. 18-C.** Observado o disposto no *caput* e nos §§ 1º a 25 do art. 18-A desta Lei Complementar, poderá enquadrar-se como MEI o empresário individual ou o empreendedor que exerça as atividades de industrialização, comercialização e prestação de serviços no âmbito rural que possua um único empregado que receba exclusivamente um salário mínimo ou o piso salarial da categoria profissional. (Redação dada pela Lei Complementar nº 155, de 2016)

**§ 1º.** Na hipótese referida no *caput*, o MEI:

**I** – deverá reter e recolher a contribuição previdenciária relativa ao segurado a seu serviço na forma da lei, observados prazo e condições estabelecidos pelo CGSN;

**II** – é obrigado a prestar informações relativas ao segurado a seu serviço, na forma estabelecida pelo CGSN; e

**III** – está sujeito ao recolhimento da contribuição de que trata o inciso VI do *caput* do art. 13, calculada à alíquota de 3% (três por cento) sobre o salário de contribuição previsto no *caput*, na forma e prazos estabelecidos pelo CGSN.

**§ 2º.** Para os casos de afastamento legal do único empregado do MEI, será permitida a contratação de outro empregado, inclusive por prazo determinado, até que cessem as condições do afastamento, na forma estabelecida pelo Ministério do Trabalho e Emprego.

**§ 3º.** O CGSN poderá determinar, com relação ao MEI, a forma, a periodicidade e o prazo:

**I** – de entrega à Secretaria da Receita Federal do Brasil de uma única declaração com dados relacionados a fatos geradores, base de cálculo e valores dos tributos previstos nos arts. 18-A e 18-C, da contribuição para a Seguridade Social descontada do empregado e do Fundo de Garantia do Tempo de Serviço (FGTS), e outras informações de interesse do Ministério do Trabalho e Emprego, do Instituto Nacional do Seguro Social (INSS) e do Conselho Curador do FGTS, observado o disposto no § 7º do art. 26;

**II** – do recolhimento dos tributos previstos nos arts. 18-A e 18-C, bem como do FGTS e da contribuição para a Seguridade Social descontada do empregado.

**§ 4º.** A entrega da declaração única de que trata o inciso I do § 3º substituirá, na forma regulamentada pelo CGSN, a obrigatoriedade de entrega de todas as informações, formulários e declarações a que estão sujeitas as demais empresas ou equiparados que contratam empregados, inclusive as relativas ao recolhimento do FGTS, à Relação Anual de Informações Sociais (Rais) e ao Cadastro Geral de Empregados e Desempregados (Caged).

**§ 5º.** Na hipótese de recolhimento do FGTS na forma do inciso II do § 3º, deve-se assegurar a transferência dos recursos e dos elementos identificadores do recolhimento ao gestor desse fundo para crédito na conta vinculada do trabalhador.

**§ 6º**. O documento de que trata o inciso I do § 3º deste artigo tem caráter declaratório, constituindo instrumento hábil e suficiente para a exigência dos tributos e dos débitos fundiários que não tenham sido recolhidos resultantes das informações nele prestadas.

**Art. 18-D.** A tributação municipal do imposto sobre imóveis prediais urbanos deverá assegurar tratamento mais favorecido ao MEI para realização de sua atividade no mesmo local em que residir, mediante aplicação da menor alíquota vigente para aquela localidade, seja residencial ou comercial, nos termos da lei, sem prejuízo de eventual isenção ou imunidade existente.

**Art. 18-E.** O instituto do MEI é uma política pública que tem por objetivo a formalização de pequenos empreendimentos e a inclusão social e previdenciária.

**§ 1º**. A formalização de MEI não tem caráter eminentemente econômico ou fiscal.

**§ 2º**. Todo benefício previsto nesta Lei Complementar aplicável à microempresa estende-se ao MEI sempre que lhe for mais favorável.

**§ 3º**. O MEI é modalidade de microempresa.

**§ 4º**. É vedado impor restrições ao MEI relativamente ao exercício de profissão ou participação em licitações, em função da sua natureza jurídica, inclusive por ocasião da contratação dos serviços previstos no § 1º do art. 18-B desta Lei Complementar. (Redação dada pela Lei Complementar nº 155, de 2016)

**§ 5º**. O empreendedor que exerça as atividades de industrialização, comercialização e prestação de serviços no âmbito rural que efetuar seu registro como MEI não perderá a condição de segurado especial da Previdência Social. (Incluído pela Lei Complementar nº 155, de 2016)

**§ 6º**. O disposto no § 5º e o licenciamento simplificado de atividades para o empreendedor que exerça as atividades de industrialização, comercialização e prestação de serviços no âmbito rural serão regulamentados pelo CGSIM em até cento e oitenta dias. (Incluído pela Lei Complementar nº 155, de 2016)

**§ 7º**. O empreendedor que exerça as atividades de industrialização, comercialização e prestação de serviços no âmbito rural manterá todas as suas obrigações relativas à condição de produtor rural ou de agricultor familiar. (Incluído pela Lei Complementar nº 155, de 2016)

**Art. 18-F.** Para o transportador autônomo de cargas inscrito como MEI, nos termos do art. 18-A desta Lei Complementar: *(Acrescido pela Lei Complementar 188/2021)*

**I** - o limite da receita bruta de que trata o § 1º e o inciso V do § 3º do art. 18-A desta Lei Complementar será de R$ 251.600,00 (duzentos e cinquenta e um mil e seiscentos reais);

**II** - o limite será de R$ 20.966,67 (vinte mil novecentos e sessenta e seis reais e sessenta e sete centavos) multiplicados pelo número de meses compreendidos entre o início da atividade e o final do respectivo ano-calendário, consideradas as frações de meses como um mês inteiro, no caso de início de atividades de que trata o § 2º do art. 18-A desta Lei Complementar;

**III** - o valor mensal da contribuição de que trata o inciso X do § 1º do art. 13 desta Lei Complementar corresponderá ao valor resultante da aplicação da alíquota de 12% (doze por cento) sobre o salário-mínimo mensal.

**Art. 19.** Sem prejuízo da possibilidade de adoção de todas as faixas de receita previstas nos Anexos I a V desta Lei Complementar, os Estados cuja participação no Produto Interno Bruto brasileiro seja de até 1% (um por cento) poderão optar pela aplicação de sublimite para efeito de recolhimento do ICMS na forma do Simples Nacional nos respectivos territórios, para empresas com receita bruta anual de até R$ 1.800.000,00 (um milhão e oitocentos mil reais). (Redação dada pela Lei Complementar nº 155, de 2016)

**I** – (Revogado pela Lei Complementar nº 155, de 2016)

**II** – (Revogado pela Lei Complementar nº 155, de 2016)

**III** – (Revogado pela Lei Complementar nº 155, de 2016)

**§ 1º**. A participação no Produto Interno Bruto brasileiro será apurada levando em conta o último resultado divulgado pelo Instituto Brasileiro de Geografia e Estatística ou outro órgão que o substitua.

**§ 2º**. A opção prevista no *caput* produzirá efeitos somente para o ano-calendário subsequente, salvo deliberação do CGSN. (Redação dada pela Lei Complementar nº 155, de 2016)

**§ 3º**. O disposto neste artigo aplica-se ao Distrito Federal.

**§ 4º**. Para os Estados que não tenham adotado sublimite na forma do *caput* e para aqueles cuja participação no Produto Interno Bruto brasileiro seja superior a 1% (um por cento), para efeito de recolhimento do ICMS e do ISS, observar-se-á obrigatoriamente o sublimite no valor de R$ 3.600.000,00 (três milhões e seiscentos mil reais). (Incluído pela Lei Complementar nº 155, de 2016)

**Art. 20.** A opção feita na forma do art. 19 desta Lei Complementar pelos Estados importará adoção do mesmo limite de receita bruta anual para efeito de recolhimento na forma do ISS dos Municípios nele localizados, bem como para o do ISS devido no Distrito Federal.

**§ 1º.** A empresa de pequeno porte que ultrapassar os limites a que se referem o caput e o § 4º do art. 19 estará automaticamente impedida de recolher o ICMS e o ISS na forma do Simples Nacional, a partir do mês subsequente àquele em que tiver ocorrido o excesso, relativamente aos seus estabelecimentos localizados na unidade da Federação que os houver adotado, ressalvado o disposto nos §§ 11 e 13 do art. 3º. (Redação dada pela Lei Complementar nº 155, de 2016)

**§ 1º-A.** Os efeitos do impedimento previsto no § 1º ocorrerão no ano-calendário subsequente se o excesso verificado não for superior a 20% (vinte por cento) dos limites referidos.

**§ 2º.** O disposto no § 1º deste artigo não se aplica na hipótese de o Estado ou de o Distrito Federal adotarem, compulsoriamente ou por opção, a aplicação de faixa de receita bruta superior à que vinha sendo utilizada no ano-calendário em que ocorreu o excesso da receita bruta.

**§ 3º.** Na hipótese em que o recolhimento do ICMS ou do ISS não esteja sendo efetuado por meio do Simples Nacional por força do disposto neste artigo e no art. 19 desta Lei Complementar, as faixas de receita do Simples Nacional superiores àquela que tenha sido objeto de opção pelos Estados ou pelo Distrito Federal sofrerão, para efeito de recolhimento do Simples Nacional, redução da alíquota efetiva desses impostos, apurada de acordo com os Anexos I a V desta Lei Complementar, conforme o caso. (Redação dada pela Lei Complementar nº 155, de 2016)

**§ 4º.** O Comitê Gestor regulamentará o disposto neste artigo e no art. 19 desta Lei Complementar.

## SEÇÃO IV. DO RECOLHIMENTO DOS TRIBUTOS DEVIDOS

**Art. 21.** Os tributos devidos, apurados na forma dos arts. 18 a 20 desta Lei Complementar, deverão ser pagos:

**I** – por meio de documento único de arrecadação, instituído pelo Comitê Gestor;

**II** – (Revogado pela LC nº 127/07)

**III** – enquanto não regulamentado pelo Comitê Gestor, até o último dia útil da primeira quinzena do mês subsequente àquele a que se referir;

**IV** – em banco integrante da rede arrecadadora do Simples Nacional, na forma regulamentada pelo Comitê Gestor.

**§ 1º.** Na hipótese de a microempresa ou a empresa de pequeno porte possuir filiais, o recolhimento dos tributos do Simples Nacional dar-se-á por intermédio da matriz.

**§ 2º.** Poderá ser adotado sistema simplificado de arrecadação do Simples Nacional, inclusive sem utilização da rede bancária, mediante requerimento do Estado, Distrito Federal ou Município ao Comitê Gestor.

**§ 3º.** O valor não pago até a data do vencimento sujeitar-se-á à incidência de encargos legais na forma prevista na legislação do imposto sobre a renda.

**§ 4º.** A retenção na fonte de ISS das microempresas ou das empresas de pequeno porte optantes pelo Simples Nacional somente será permitida se observado o disposto no art. 3º da Lei Complementar nº 116, de 31 de julho de 2003, e deverá observar as seguintes normas:

**I** – a alíquota aplicável na retenção na fonte deverá ser informada no documento fiscal e corresponderá à alíquota efetiva de ISS a que a microempresa ou a empresa de pequeno porte estiver sujeita no mês anterior ao da prestação; (Redação dada pela Lei Complementar nº 155, de 2016)

**II** – na hipótese de o serviço sujeito à retenção ser prestado no mês de início de atividades da microempresa ou da empresa de pequeno porte, deverá ser aplicada pelo tomador a alíquota efetiva de 2% (dois por cento); (Redação dada pela Lei Complementar nº 155, de 2016)

**III** – na hipótese do inciso II deste parágrafo, constatando-se que houve diferença entre a alíquota utilizada e a efetivamente apurada, caberá à microempresa ou empresa de pequeno porte prestadora dos serviços efetuar o recolhimento dessa diferença no mês subsequente ao do início de atividade em guia própria do Município;

**IV** – na hipótese de a microempresa ou empresa de pequeno porte estar sujeita à tributação do ISS no Simples Nacional por valores fixos mensais, não caberá a retenção a que se refere o *caput* deste parágrafo;

**V** – na hipótese de a microempresa ou a empresa de pequeno porte não informar a alíquota de que tratam os incisos I e II deste parágrafo no documento fiscal, aplicar-se-á a alíquota efetiva de 5% (cinco por cento); (Redação dada pela Lei Complementar nº 155, de 2016)

**VI** – não será eximida a responsabilidade do prestador de serviços quando a alíquota do ISS informada no documento fiscal for inferior à devida, hipótese em que o recolhimento dessa diferença será realizado em guia própria do Município;

**VII** – o valor retido, devidamente recolhido, será definitivo, não sendo objeto de partilha com os municípios, e sobre a receita de prestação de serviços que sofreu a retenção não haverá incidência de ISS a ser recolhido no Simples Nacional.

**§ 4º-A.** Na hipótese de que tratam os incisos I e II do § 4º, a falsidade na prestação dessas informações sujeitará o responsável, o titular, os sócios ou os administradores da microempresa e da empresa de pequeno porte, juntamente com as demais pessoas que para ela concorrerem, às penalidades previstas na legislação criminal e tributária.

**§ 5º.** O CGSN regulará a compensação e a restituição dos valores do Simples Nacional recolhidos indevidamente ou em montante superior ao devido.

**§ 6º.** O valor a ser restituído ou compensado será acrescido de juros obtidos pela aplicação da taxa referencial do Sistema Especial de Liquidação e de Custódia (Selic) para títulos federais, acumulada mensalmente, a partir do mês subsequente ao do pagamento indevido ou a maior que o devido até o mês anterior ao da compensação ou restituição, e de 1% (um por cento) relativamente ao mês em que estiver sendo efetuada.

**§ 7º.** Os valores compensados indevidamente serão exigidos com os acréscimos moratórios de que trata o art. 35.

**§ 8º.** Na hipótese de compensação indevida, quando se comprove falsidade de declaração apresentada pelo sujeito passivo, o contribuinte estará sujeito à multa isolada aplicada no percentual previsto no inciso I do *caput* do art. 44 da Lei nº 9.430, de 27 de dezembro de 1996, aplicado em dobro, e terá como base de cálculo o valor total do débito indevidamente compensado.

**§ 9º.** É vedado o aproveitamento de créditos não apurados no Simples Nacional, inclusive de natureza não tributária, para extinção de débitos do Simples Nacional.

**§ 10.** Os créditos apurados no Simples Nacional não poderão ser utilizados para extinção de outros débitos para com as Fazendas Públicas, salvo por ocasião da compensação de ofício oriunda de deferimento em processo de restituição ou após a exclusão da empresa do Simples Nacional.

**§ 11.** No Simples Nacional, é permitida a compensação tão somente de créditos para extinção de débitos para com o mesmo ente federado e relativos ao mesmo tributo.

**§ 12.** Na restituição e compensação no Simples Nacional serão observados os prazos de decadência e prescrição previstos na Lei nº 5.172, de 25 de outubro de 1966 (Código Tributário Nacional).

**§ 13.** É vedada a cessão de créditos para extinção de débitos no Simples Nacional.

**§ 14.** Aplica-se aos processos de restituição e de compensação o rito estabelecido pelo CGSN.

**§ 15.** Compete ao CGSN fixar critérios, condições para rescisão, prazos, valores mínimos de amortização e demais procedimentos para parcelamento dos recolhimentos em atraso dos débitos tributários apurados no Simples Nacional, observado o disposto no § 3º deste artigo e no art. 35 e ressalvado o disposto no § 19 deste artigo.

**§ 16.** Os débitos de que trata o § 15 poderão ser parcelados em até 60 (sessenta) parcelas mensais, na forma e condições previstas pelo CGSN.

**§ 17.** O valor de cada prestação mensal, por ocasião do pagamento, será acrescido de juros equivalentes à taxa referencial do Sistema Especial de Liquidação e de Custódia (Selic) para títulos federais, acumulada mensalmente, calculados a partir do mês subsequente ao da consolidação até o mês anterior ao do pagamento, e de 1% (um por cento) relativamente ao mês em que o pagamento estiver sendo efetuado, na forma regulamentada pelo CGSN.

**§ 18.** Será admitido reparcelamento de débitos constantes de parcelamento em curso ou que tenha sido rescindido, podendo ser incluídos novos débitos, na forma regulamentada pelo CGSN.

**§ 19.** Os débitos constituídos de forma isolada por parte de Estado, do Distrito Federal ou de Município, em face de ausência de aplicativo para lançamento unificado, relativo a tributo de sua competência, que não estiverem inscritos em Dívida Ativa da União, poderão ser parcelados pelo ente responsável pelo lançamento de acordo com a respectiva legislação, na forma regulamentada pelo CGSN.

**§ 20.** O pedido de parcelamento deferido importa confissão irretratável do débito e configura confissão extrajudicial.

**§ 21.** Serão aplicadas na consolidação as reduções das multas de lançamento de ofício previstas na legislação federal, conforme regulamentação do CGSN.

**§ 22.** O repasse para os entes federados dos valores pagos e da amortização dos débitos parcelados será efetuado proporcionalmente ao valor de cada tributo na composição da dívida consolidada.

**§ 23.** No caso de parcelamento de débito inscrito em dívida ativa, o devedor pagará custas, emolumentos e demais encargos legais.

**§ 24.** Implicará imediata rescisão do parcelamento e remessa do débito para inscrição em dívida ativa ou prosseguimento da execução, conforme o caso, até deliberação do CGSN, a falta de pagamento:

**I** – de 3 (três) parcelas, consecutivas ou não; ou

**II** – de 1 (uma) parcela, estando pagas todas as demais.

**§ 25.** O documento previsto no inciso I do *caput* deste artigo deverá conter a partilha discriminada de cada um dos tributos abrangidos pelo Simples Nacional, bem como os valores destinados a cada ente federado. (Incluído pela Lei Complementar nº 155, de 2016)

**Art. 21-A.** A inscrição de microempresa ou empresa de pequeno porte no Cadastro Informativo dos créditos não quitados do setor público federal – CADIN, somente ocorrerá mediante notificação prévia com prazo para contestação.

**Art. 21-B.** Os Estados e o Distrito Federal deverão observar, em relação ao ICMS, o prazo mínimo de 60 (sessenta) dias, contado a partir do primeiro dia do mês do fato gerador da obrigação tributária, para estabelecer a data de vencimento do imposto devido por substituição tributária, tributação concentrada em uma única etapa (monofásica) e por antecipação tributária com ou sem encerramento de tributação, nas hipóteses em que a responsabilidade recair sobre operações ou prestações subsequentes, na forma regulamentada pelo Comitê Gestor.

## SEÇÃO V.
## DO REPASSE DO PRODUTO DA ARRECADAÇÃO

**Art. 22.** O Comitê Gestor definirá o sistema de repasses do total arrecadado, inclusive encargos legais, para o:

**I** – Município ou Distrito Federal, do valor correspondente ao ISS;

**II** – Estado ou Distrito Federal, do valor correspondente ao ICMS;

**III** – Instituto Nacional do Seguro Social, do valor correspondente à Contribuição para manutenção da Seguridade Social.

**Parágrafo único.** Enquanto o Comitê Gestor não regulamentar o prazo para o repasse previsto no inciso II do *caput* deste artigo, esse será efetuado nos prazos estabelecidos nos convênios celebrados no âmbito do colegiado a que se refere a alínea g do inciso XII do § 2º do art. 155 da Constituição Federal.

## SEÇÃO VI.
## DOS CRÉDITOS

**Art. 23.** As microempresas e as empresas de pequeno porte optantes pelo Simples Nacional não farão jus à apropriação nem transferirão créditos relativos a impostos ou contribuições abrangidos pelo Simples Nacional.

**§ 1º.** As pessoas jurídicas e aquelas a elas equiparadas pela legislação tributária não optantes pelo Simples Nacional terão direito a crédito correspondente ao ICMS incidente sobre as suas aquisições de mercadorias de microempresa ou empresa de pequeno porte optante pelo Simples Nacional, desde que destinadas à comercialização ou industrialização e observado, como limite, o ICMS efetivamente devido pelas optantes pelo Simples Nacional em relação a essas aquisições.

**§ 2º.** A alíquota aplicável ao cálculo do crédito de que trata o § 1º deste artigo deverá ser informada no documento fiscal e corresponderá ao percentual de ICMS previsto nos Anexos I ou II desta Lei Complementar para a faixa de receita bruta a que a microempresa ou a empresa de pequeno porte estiver sujeita no mês anterior ao da operação.

**§ 3º.** Na hipótese de a operação ocorrer no mês de início de atividades da microempresa ou empresa de pequeno porte optante pelo Simples Nacional, a alíquota aplicável ao cálculo do crédito de que trata o § 1º deste artigo corresponderá ao percentual de ICMS referente à menor alíquota prevista nos Anexos I ou II desta Lei Complementar.

**§ 4º.** Não se aplica o disposto nos §§ 1º a 3º deste artigo quando:

**I** – a microempresa ou empresa de pequeno porte estiver sujeita à tributação do ICMS no Simples Nacional por valores fixos mensais;

**II** – a microempresa ou a empresa de pequeno porte não informar a alíquota de que trata o § 2º deste artigo no documento fiscal;

**III** – houver isenção estabelecida pelo Estado ou Distrito Federal que abranja a faixa de receita bruta a que a microempresa ou a empresa de pequeno porte estiver sujeita no mês da operação;

**IV** – o remetente da operação ou prestação considerar, por opção, que a alíquota determinada na forma do *caput* e dos §§ 1º e 2º do art. 18 desta Lei Complementar deverá incidir sobre a receita recebida no mês.

**§ 5º.** Mediante deliberação exclusiva e unilateral dos Estados e do Distrito Federal, poderá ser concedido às pessoas jurídicas e àquelas a elas equiparadas pela legislação tributária não optantes pelo Simples Nacional crédito correspondente ao ICMS incidente sobre os insumos utilizados nas mercadorias adquiridas de indústria optante pelo Simples Nacional, sendo vedado o estabelecimento de diferenciação no valor do crédito em razão da procedência dessas mercadorias.

**§ 6º.** O Comitê Gestor do Simples Nacional disciplinará o disposto neste artigo.

**Art. 24.** As microempresas e as empresas de pequeno porte optantes pelo Simples Nacional não poderão utilizar ou destinar qualquer valor a título de incentivo fiscal.

**§ 1º.** Não serão consideradas quaisquer alterações em bases de cálculo, alíquotas e percentuais ou outros fatores que alterem o valor de imposto ou contribuição apurado na forma do Simples Nacional, estabelecidas pela União, Estado, Distrito Federal ou Município, exceto as previstas ou autorizadas nesta Lei Complementar. (Incluído pela Lei Complementar nº 155, de 2016)

**§ 2º.** (VETADO). (Incluído pela Lei Complementar nº 155, de 2016)

## SEÇÃO VII.
## DAS OBRIGAÇÕES FISCAIS ACESSÓRIAS

**Art. 25.** A microempresa ou empresa de pequeno porte optante pelo Simples Nacional deverá apresentar anualmente à Secretaria da Receita Federal do Brasil declaração única e simplificada de informações socioeconômicas e fiscais, que deverá ser disponibilizada aos órgãos de fiscalização tributária e previdenciária, observados prazo e modelo aprovados pelo CGSN e observado o disposto no § 15-A do art. 18.

▸ Lei Complementar nº 123, de 14-12-2006, arts. 26, II, § 3º, 38, 41, § 4º, II, Institui o Estatuto Nacional da Microempresa e da Empresa de Pequeno Porte.

**§ 1º.** A declaração de que trata o *caput* deste artigo constitui confissão de dívida e instrumento hábil e suficiente para a exigência dos tributos e contribuições que não tenham sido recolhidos resultantes das informações nela prestadas.

**§ 2º.** A situação de inatividade deverá ser informada na declaração de que trata o *caput* deste artigo, na forma regulamentada pelo Comitê Gestor.

**§ 3º.** Para efeito do disposto no § 2º deste artigo, considera-se em situação de inatividade a microempresa ou a empresa de pequeno porte que não apresente mutação patrimonial e atividade operacional durante todo o ano-calendário.

**§ 4º.** A declaração de que trata o *caput* deste artigo, relativa ao MEI definido no art. 18-A desta Lei Complementar, conterá, para efeito do disposto no art. 3º da Lei Complementar nº 63, de 11 de janeiro de 1990, tão somente as informações relativas à receita bruta total sujeita ao ICMS, sendo vedada a instituição de declarações adicionais em decorrência da referida Lei Complementar.

**§ 5º.** A declaração de que trata o *caput*, a partir das informações relativas ao ano-calendário de 2012, poderá ser prestada por meio da declaração de que trata o § 15-A do art. 18 desta Lei Complementar, na periodicidade e prazos definidos pelo CGSN.

**Art. 26.** As microempresas e empresas de pequeno porte optantes pelo Simples Nacional ficam obrigadas a:

**I** – emitir documento fiscal de venda ou prestação de serviço, de acordo com instruções expedidas pelo Comitê Gestor;

▸ Esta lei: art. 29, XI.

**II** – manter em boa ordem e guarda os documentos que fundamentaram a apuração dos impostos e contribuições devidos e o cumprimento das obrigações acessórias a que se refere o art. 25 desta Lei Complementar enquanto não decorrido o prazo decadencial e não prescritas eventuais ações que lhes sejam pertinentes.

**§ 1º.** O MEI fará a comprovação da receita bruta mediante apresentação do registro de vendas ou de prestação de serviços na forma estabelecida pelo CGSN, ficando dispensado da emissão do documento fiscal previsto no inciso I do *caput*, ressalvadas as hipóteses de emissão obrigatória previstas pelo referido Comitê.

**I a III** – (Revogados pela LC nº 128/08)

**§ 2º.** As demais microempresas e as empresas de pequeno porte, além do disposto nos incisos I e II do *caput* deste artigo, deverão, ainda, manter o livro-caixa em que será escriturada sua movimentação financeira e bancária.

**§ 3º.** A exigência de declaração única a que se refere o *caput* do art. 25 desta Lei Complementar não desobriga a prestação de informações relativas a terceiros.

**§ 4º.** É vedada a exigência de obrigações tributárias acessórias relativas aos tributos apurados na forma do Simples Nacional além daquelas estipuladas pelo CGSN e atendidas por meio do Portal do Simples Nacional, bem como, o estabelecimento de exigências adicionais e unilaterais pelos entes federativos, exceto os programas de cidadania fiscal.

**§ 4º-A.** A escrituração fiscal digital ou obrigação equivalente não poderá ser exigida da microempresa ou empresa de pequeno porte optante pelo Simples Nacional, salvo se, cumulativamente, houver:

**I** – autorização específica do CGSN, que estabelecerá as condições para a obrigatoriedade;

**II** – disponibilização por parte da administração tributária estipulante de aplicativo gratuito para uso da empresa optante.

**§ 4º-B.** A exigência de apresentação de livros fiscais em meio eletrônico aplicar-se-á somente na hipótese de substituição da entrega em meio convencional, cuja obrigatoriedade tenha sido prévia e especificamente estabelecida pelo CGSN.

**§ 4º-C.** Até a implantação de sistema nacional uniforme estabelecido pelo CGSN com compartilhamento de informações com os entes federados, permanece válida norma publicada por ente federado até o primeiro trimestre de 2014 que tenha veiculado exigência vigente de a microempresa ou empresa de pequeno porte apresentar escrituração fiscal digital ou obrigação equivalente.

**§ 5º.** As microempresas e empresas de pequeno porte ficam sujeitas à entrega de declaração eletrônica que deva conter os dados referentes aos serviços prestados ou tomados de terceiros, na conformidade do que dispuser o Comitê Gestor.

**§ 6º.** Na hipótese do § 1º deste artigo:

**I** – deverão ser anexados ao registro de vendas ou de prestação de serviços, na forma regulamentada pelo Comitê Gestor, os documentos fiscais comprobatórios das entradas de mercadorias e serviços tomados referentes ao período, bem como os documentos fiscais relativos às operações ou prestações realizadas eventualmente emitidos;

**II** – será obrigatória a emissão de documento fiscal nas vendas e nas prestações de serviços realizadas pelo MEI para destinatário cadastrado no Cadastro Nacional da Pessoa Jurídica (CNPJ), ficando dispensado desta emissão para o consumidor final.

**§ 7º.** Cabe ao CGSN dispor sobre a exigência da certificação digital para o cumprimento de obrigações principais e acessórias por parte da microempresa, inclusive o MEI, ou empresa de pequeno porte optante pelo Simples Nacional, inclusive para o recolhimento do FGTS.

**§ 8º.** O CGSN poderá disciplinar sobre a disponibilização, no portal do SIMPLES Nacional, de documento fiscal eletrônico de venda ou de prestação de serviço para o MEI, microempresa ou empresa de pequeno porte optante pelo Simples Nacional.

**§ 9º.** O desenvolvimento e a manutenção das soluções de tecnologia, capacitação e orientação aos usuários relativas ao disposto no § 8º, bem como as demais relativas ao Simples Nacional, poderão ser apoiadas pelo Serviço Brasileiro de Apoio às Micro e Pequenas Empresas – SEBRAE.

**§ 10.** O ato de emissão ou de recepção de documento fiscal por meio eletrônico estabelecido pelas administrações tributárias, em qualquer modalidade, de entrada, de saída ou de prestação, na forma estabelecida pelo CGSN, representa sua própria escrituração fiscal e elemento suficiente para a fundamentação e a constituição do crédito tributário.

**§ 11.** Os dados dos documentos fiscais de qualquer espécie podem ser compartilhados entre as administrações tributárias da União, Estados, Distrito Federal e Municípios e, quando emitidos por meio eletrônico, na forma estabelecida pelo CGSN, a microempresa ou empresa de pequeno porte optante pelo Simples Nacional fica desobrigada de transmitir seus dados às administrações tributárias.

**§ 12.** As informações a serem prestadas relativas ao ICMS devido na forma prevista nas alíneas a, g e h do inciso XIII do § 1º do art. 13 serão fornecidas por meio de aplicativo único.

**§ 13.** Fica estabelecida a obrigatoriedade de utilização de documentos fiscais eletrônicos estabelecidos pelo Confaz nas operações e prestações relativas ao ICMS efetuadas por microempresas e empresas de pequeno porte nas hipóteses previstas nas alíneas a, g e h do inciso XIII do § 1º do art. 13.

**§ 14.** Os aplicativos necessários ao cumprimento do disposto nos §§ 12 e 13 deste artigo serão disponibilizados, de forma gratuita, no portal do Simples Nacional.

**§ 15.** O CGSN regulamentará o disposto neste artigo.

**Art. 27.** As microempresas e empresas de pequeno porte optantes pelo Simples Nacional poderão, opcionalmente, adotar contabilidade simplificada para os registros e controles das operações realizadas, conforme regulamentação do Comitê Gestor.

- Dec. nº 6.451, de 12-5-2008, dispõe sobre a constituição do Consórcio Simples por Microempresas e EPP optantes pelo Simples Nacional.

## SEÇÃO VIII. DA EXCLUSÃO DO SIMPLES NACIONAL

**Art. 28.** A exclusão do Simples Nacional será feita de ofício ou mediante comunicação das empresas optantes.

**Parágrafo único.** As regras previstas nesta seção e o modo de sua implementação serão regulamentados pelo Comitê Gestor.

✪ **Art. 29.** A exclusão de ofício das empresas optantes pelo Simples Nacional dar-se-á quando:

**I** – verificada a falta de comunicação de exclusão obrigatória;

- Esta lei: art. 33.

**II** – for oferecido embaraço à fiscalização, caracterizado pela negativa não justificada de exibição de livros e documentos a que estiverem obrigadas, bem como pelo não fornecimento de informações sobre bens, movimentação financeira, negócio ou atividade que estiverem intimadas a apresentar, e nas demais hipóteses que autorizam a requisição de auxílio da força pública;

**III** – for oferecida resistência à fiscalização, caracterizada pela negativa de acesso ao estabelecimento, ao domicílio fiscal ou a qualquer outro local onde desenvolvam suas atividades ou se encontrem bens de sua propriedade;

**IV** – a sua constituição ocorrer por interpostas pessoas;

**V** – tiver sido constatada prática reiterada de infração ao disposto nesta Lei Complementar;

**VI** – a empresa for declarada inapta, na forma dos arts. 81 e 82 da Lei nº 9.430, de 27 de dezembro de 1996, e alterações posteriores;

**VII** – comercializar mercadorias objeto de contrabando ou descaminho;

**VIII** – houver falta de escrituração do livro-caixa ou não permitir a identificação da movimentação financeira, inclusive bancária;

**IX** – for constatado que durante o ano-calendário o valor das despesas pagas supera em 20% (vinte por cento) o valor de ingressos de recursos no mesmo período, excluído o ano de início de atividade;

**X** – for constatado que durante o ano-calendário o valor das aquisições de mercadorias para comercialização ou industrialização, ressalvadas hipóteses justificadas de aumento de estoque, for superior a 80% (oitenta por cento) dos ingressos de recursos no mesmo período, excluído o ano de início de atividade;

**XI** – houver descumprimento reiterado da obrigação contida no inciso I do *caput* do art. 26;

**XII** – omitir de forma reiterada da folha de pagamento da empresa ou de documento de informações previsto pela legislação previdenciária, trabalhista ou tributária, segurado empregado, trabalhador avulso ou contribuinte individual que lhe preste serviço.

**§ 1º.** Nas hipóteses previstas nos incisos II a XII do *caput* deste artigo, a exclusão produzirá efeitos a partir do próprio mês em que incorridas, impedindo a opção pelo regime diferenciado e favorecido desta Lei Complementar pelos próximos 3 (três) anos-calendário seguintes.

**§ 2º.** O prazo de que trata o § 1º deste artigo será elevado para 10 (dez) anos caso seja constatada a utilização de artifício, ardil ou qualquer outro meio fraudulento que induza ou mantenha a fiscalização em erro, com o fim de suprimir ou reduzir o pagamento de tributo apurável segundo o regime especial previsto nesta Lei Complementar.

**§ 3º.** A exclusão de ofício será realizada na forma regulamentada pelo Comitê Gestor, cabendo o lançamento dos tributos e contribuições apurados aos respectivos entes tributantes.

**§ 4º.** (REVOGADO pela LC 128/08)

**§ 5º.** A competência para exclusão de ofício do Simples Nacional obedece ao disposto no art. 33, e o julgamento administrativo, ao disposto no art. 39, ambos desta Lei Complementar.

**§ 6º.** Nas hipóteses de exclusão previstas no *caput*, a notificação:

**I** – será efetuada pelo ente federativo que promoveu a exclusão; e

**II** – poderá ser feita por meio eletrônico, observada a regulamentação do CGSN.

**§ 7º.** (Revogado pela LC 139/11)

**§ 8º.** A notificação de que trata o § 6º aplica-se ao indeferimento da opção pelo Simples Nacional.

**§ 9º.** Considera-se prática reiterada, para fins do disposto nos incisos V, XI e XII do *caput*:

**I** – a ocorrência, em 2 (dois) ou mais períodos de apuração, consecutivos ou alternados, de idênticas infrações, inclusive de natureza acessória, verificada em relação aos últimos 5 (cinco) anos-calendário, formalizadas por intermédio de auto de infração ou notificação de lançamento; ou

**II** – a segunda ocorrência de idênticas infrações, caso seja constatada a utilização de artifício, ardil ou qualquer outro meio fraudulento que induza ou mantenha a fiscalização em erro, com o fim de suprimir ou reduzir o pagamento de tributo.

**Art. 30.** A exclusão do Simples Nacional, mediante comunicação das microempresas ou das empresas de pequeno porte, dar-se-á:

**I** – por opção;

**II** – obrigatoriamente, quando elas incorrerem em qualquer das situações de vedação previstas nesta Lei Complementar; ou

**III** – obrigatoriamente, quando ultrapassado, no ano-calendário de início de atividade, o limite proporcional de receita bruta de que trata o § 2º do art. 3º;

**IV** – obrigatoriamente, quando ultrapassado, no ano-calendário, o limite de receita bruta previsto no inciso II do *caput* do art. 3º, quando não estiver no ano-calendário de início de atividade.

**§ 1º.** A exclusão deverá ser comunicada à Secretaria da Receita Federal:

› Esta lei: art. 36.

**I** – na hipótese do inciso I do *caput* deste artigo, até o último dia útil do mês de janeiro;

**II** – na hipótese do inciso II do *caput* deste artigo, até o último dia útil do mês subsequente àquele em que ocorrida a situação de vedação;

**III** – na hipótese do inciso III do *caput*:

*a)* até o último dia útil do mês seguinte àquele em que tiver ultrapassado em mais de 20% (vinte por cento) o limite proporcional de que trata o § 10 do art. 3º; ou

*b)* até o último dia útil do mês de janeiro do ano-calendário subsequente ao de início de atividades, caso o excesso seja inferior a 20% (vinte por cento) do respectivo limite;

**IV** – na hipótese do inciso IV do *caput*:

*a)* até o último dia útil do mês subsequente à ultrapassagem em mais de 20% (vinte por cento) do limite de receita bruta previsto no inciso II do *caput* do art. 3º; ou

*b)* até o último dia útil do mês de janeiro do ano-calendário subsequente, na hipótese de não ter ultrapassado em mais de 20% (vinte por cento) o limite de receita bruta previsto no inciso II do *caput* do art. 3º.

**§ 2º.** A comunicação de que trata o *caput* deste artigo dar-se-á na forma a ser estabelecida pelo Comitê Gestor.

**§ 3º.** A alteração de dados no CNPJ, informada pela ME ou EPP à Secretaria da Receita Federal do Brasil, equivalerá à comunicação obrigatória de exclusão do Simples Nacional nas seguintes hipóteses:

**I** – alteração de natureza jurídica para Sociedade Anônima, Sociedade Empresária em Comandita por Ações, Sociedade em Conta de Participação ou Estabelecimento, no Brasil, de Sociedade Estrangeira;

**II** – inclusão de atividade econômica vedada à opção pelo Simples Nacional;

**III** – inclusão de sócio pessoa jurídica;

**IV** – inclusão de sócio domiciliado no exterior;

**V** – cisão parcial; ou

**VI** – extinção da empresa.

**Art. 31.** A exclusão das microempresas ou das empresas de pequeno porte do Simples Nacional produzirá efeitos:

**I** – na hipótese do inciso I do *caput* do art. 30 desta Lei Complementar, a partir de 1º de janeiro do ano-calendário subsequente, ressalvado o disposto no § 4º deste artigo;

**II** – na hipótese do inciso II do *caput* do art. 30 desta Lei Complementar, a partir do mês seguinte da ocorrência da situação impeditiva;

**III** – na hipótese do inciso III do *caput* do art. 30 desta Lei Complementar:

*a)* desde o início das atividades;

*b)* a partir de 1º de janeiro do ano-calendário subsequente, na hipótese de não ter ultrapassado em mais de 20% (vinte por cento) o limite proporcional de que trata o § 10 do art. 3º;

**IV** – na hipótese do inciso V do *caput* do art. 17 desta Lei Complementar, a partir do ano-calendário subsequente ao da ciência da comunicação da exclusão.

**V** – na hipótese do inciso IV do *caput* do art. 30:

*a)* a partir do mês subsequente à ultrapassagem em mais de 20% (vinte por cento) do limite de receita bruta previsto no inciso II do art. 3º;

*b)* a partir de 1º de janeiro do ano-calendário subsequente, na hipótese de não ter ultrapassado em mais de 20% (vinte por cento) o limite de receita bruta previsto no inciso II do art. 3º.

**§ 1º.** Na hipótese prevista no inciso III do *caput* do art. 30 desta Lei Complementar, a microempresa ou empresa de pequeno porte não poderá optar, no ano-calendário subsequente ao do início de atividades, pelo Simples Nacional.

**§ 2º.** Na hipótese dos incisos V e XVI do *caput* do art. 17, será permitida a permanência da pessoa jurídica como optante pelo Simples Nacional mediante a comprovação da regularização do débito ou do cadastro fiscal no prazo de até 30 (trinta) dias contados a partir da ciência da comunicação da exclusão.

**§ 3º.** O CGSN regulamentará os procedimentos relativos ao impedimento de recolher o ICMS e o ISS na forma do Simples Nacional, em face da ultrapassagem dos limites estabelecidos na forma dos incisos I ou II do art. 19 e do art. 20.

**§ 4º.** No caso de a microempresa ou a empresa de pequeno porte ser excluída do Simples Nacional no mês de janeiro, na hipótese do inciso I do *caput* do art. 30 desta Lei Complementar, os efeitos da exclusão dar-se-ão nesse mesmo ano.

**§ 5º.** Na hipótese do inciso II do *caput* deste artigo, uma vez que o motivo da exclusão deixe de existir, havendo a exclusão retroativa de ofício no caso do inciso I do *caput* do art. 29 desta Lei Complementar, o efeito desta dar-se-á a partir do mês seguinte ao da ocorrência da situação impeditiva, limitado, porém, ao último dia do ano-calendário em que a referida situação deixou de existir.

**Art. 32.** As microempresas ou as empresas de pequeno porte excluídas do Simples Nacional sujeitar-se-ão, a partir do período em que se processarem os efeitos da exclusão, às normas de tributação aplicáveis às demais pessoas jurídicas.

**§ 1º.** Para efeitos do disposto no *caput* deste artigo, na hipótese da alínea a do inciso III do *caput* do art. 31 desta Lei Complementar, a microempresa ou a empresa de pequeno porte desenquadrada ficará sujeita ao pagamento da totalidade ou diferença dos respectivos impostos e contribuições, devidos de conformidade com as normas gerais de incidência, acrescidos, tão somente, de juros de mora, quando efetuado antes do início de procedimento de ofício.

**§ 2º.** Para efeito do disposto no *caput* deste artigo, o sujeito passivo poderá optar pelo recolhimento do imposto de renda e da Contribuição Social sobre o Lucro Líquido na forma do lucro presumido, lucro real trimestral ou anual.

**§ 3º.** Aplica-se o disposto no *caput* e no § 1º em relação ao ICMS e ao ISS à empresa impedida de recolher esses impostos na forma do Simples Nacional, em face da ultrapassagem dos limites a que se referem os incisos I e II do *caput* do art. 19, relativamente ao estabelecimento localizado na unidade da federação que os houver adotado.

## SEÇÃO IX. DA FISCALIZAÇÃO

**Art. 33.** A competência para fiscalizar o cumprimento das obrigações principais e acessórias relativas ao Simples Nacional e para verificar a ocorrência das hipóteses previstas no art. 29 desta Lei Complementar é da Secretaria da Receita Federal e das Secretarias de Fazenda ou de Finanças do Estado ou do Distrito Federal, segundo a localização do estabelecimento, e, tratando-se de prestação de serviços incluídos na competência tributária municipal, a competência será também do respectivo Município.

**§ 1º.** As Secretarias de Fazenda ou Finanças dos Estados poderão celebrar convênio com os Municípios de sua jurisdição para atribuir a estes a fiscalização a que se refere o *caput* deste artigo.

**§ 1º-A.** Dispensa-se o convênio de que trata o § 1º na hipótese de ocorrência de prestação de serviços sujeita ao ISS por estabelecimento localizado no Município.

**§ 1º-B.** A fiscalização de que trata o *caput*, após iniciada, poderá abranger todos os demais estabelecimentos da microempresa ou da empresa de pequeno porte, independentemente da atividade por eles exercida ou de sua localização, na forma e condições estabelecidas pelo CGSN.

**§ 1º-C.** As autoridades fiscais de que trata o *caput* têm competência para efetuar o lançamento de todos os tributos previstos nos incisos I a VIII do art. 13, apurados na forma do Simples Nacional, relativamente a todos os estabelecimentos da empresa, independentemente do ente federado instituidor.

**§ 1º-D.** A competência para autuação por descumprimento de obrigação acessória é privativa da administração tributária perante a qual a obrigação deveria ter sido cumprida.

**§ 2º.** Na hipótese de a microempresa ou empresa de pequeno porte exercer alguma das atividades de prestação de serviços previstas no § 5º-C do art. 18 desta Lei Complementar, caberá à Secretaria da Receita Federal do Brasil a fiscalização da Contribuição para a Seguridade Social, a cargo da empresa, de que trata o art. 22 da Lei nº 8.212, de 24 de julho de 1991.

**§ 3º.** O valor não pago, apurado em procedimento de fiscalização, será exigido em lançamento de ofício pela autoridade competente que realizou a fiscalização.

**§ 4º.** O Comitê Gestor disciplinará o disposto neste artigo.

## SEÇÃO X. DA OMISSÃO DE RECEITA

**Art. 34.** Aplicam-se à microempresa e à empresa de pequeno porte optantes pelo Simples Nacional todas as presunções de omissão de receita existentes nas legislações de regência

EMPRESARIAL

dos impostos e contribuições incluídos no Simples Nacional.

**§ 1º**. É permitida a prestação de assistência mútua e a permuta de informações entre a Fazenda Pública da União e as dos Estados, do Distrito Federal e dos Municípios, relativas às microempresas e às empresas de pequeno porte, para fins de planejamento ou de execução de procedimentos fiscais ou preparatórios. (Incluído pela Lei Complementar nº 155, de 2016)

**§ 2º**. (VETADO). (Incluído pela Lei Complementar nº 155, de 2016)

**§ 3º**. Sem prejuízo de ação fiscal individual, as administrações tributárias poderão utilizar procedimento de notificação prévia visando à autorregularização, na forma e nos prazos a serem regulamentados pelo CGSN, que não constituirá início de procedimento fiscal. (Incluído pela Lei Complementar nº 155, de 2016)

**§ 4º**. (VETADO). (Incluído pela Lei Complementar nº 155, de 2016)

## SEÇÃO XI. DOS ACRÉSCIMOS LEGAIS

**Art. 35.** Aplicam-se aos impostos e contribuições devidos pela microempresa e pela empresa de pequeno porte, inscritas no Simples Nacional, as normas relativas aos juros e multa de mora e de ofício previstas para o imposto de renda, inclusive, quando for o caso, em relação ao ICMS e ao ISS.

**Art. 36.** A falta de comunicação, quando obrigatória, da exclusão da pessoa jurídica do Simples Nacional, nos prazos determinados no § 1º do art. 30 desta Lei Complementar, sujeitará a pessoa jurídica a multa correspondente a 10% (dez por cento) do total dos impostos e contribuições devidos de conformidade com o Simples Nacional no mês que anteceder o início dos efeitos da exclusão, não inferior a R$ 200,00 (duzentos reais), insusceptível de redução.

**Art. 36-A.** A falta de comunicação, quando obrigatória, do desenquadramento do microempreendedor individual da sistemática de recolhimento prevista no art. 18-A desta Lei Complementar nos prazos determinados em seu § 7º sujeitará o microempreendedor individual a multa no valor de R$ 50,00 (cinquenta reais), insusceptível de redução.

**Art. 37.** A imposição das multas de que trata esta Lei Complementar não exclui a aplicação das sanções previstas na legislação penal, inclusive em relação a declaração falsa, adulteração de documentos e emissão de nota fiscal em desacordo com a operação efetivamente praticada, a que estão sujeitos o titular ou sócio da pessoa jurídica.

**Art. 38.** O sujeito passivo que deixar de apresentar a Declaração Simplificada da Pessoa Jurídica a que se refere o art. 25 desta Lei Complementar, no prazo fixado, ou que a apresentar com incorreções ou omissões, será intimado a apresentar declaração original, no caso de não apresentação, ou a prestar esclarecimentos, nos demais casos, no prazo estipulado pela autoridade fiscal, na forma definida pelo Comitê Gestor, e sujeitar-se-á às seguintes multas:

**I** – de 2% (dois por cento) ao mês-calendário ou fração, incidentes sobre o montante dos tributos e contribuições informados na Declaração Simplificada da Pessoa Jurídica, ainda que integralmente pago, no caso de falta de entrega da declaração ou entrega após o prazo, limitada a 20% (vinte por cento), observado o disposto no § 3º deste artigo;

**II** – de R$ 100,00 (cem reais) para cada grupo de 10 (dez) informações incorretas ou omitidas.

**§ 1º**. Para efeito de aplicação da multa prevista no inciso I do *caput* deste artigo, será considerado como termo inicial o dia seguinte ao término do prazo originalmente fixado para a entrega da declaração e como termo final a data da efetiva entrega ou, no caso de não apresentação, da lavratura do auto de infração.

**§ 2º**. Observado o disposto no § 3º deste artigo, as multas serão reduzidas:

**I** – à ½ (metade), quando a declaração for apresentada após o prazo, mas antes de qualquer procedimento de ofício;

**II** – a 75% (setenta e cinco por cento), se houver a apresentação da declaração no prazo fixado em intimação.

**§ 3º**. A multa mínima a ser aplicada será de R$ 200,00 (duzentos reais).

**§ 4º**. Considerar-se-á não entregue a declaração que não atender às especificações técnicas estabelecidas pelo Comitê Gestor.

**§ 5º**. Na hipótese do § 4º deste artigo, o sujeito passivo será intimado a apresentar nova declaração, no prazo de 10 (dez) dias, contados da ciência da intimação, e sujeitar-se-á à multa prevista no inciso I do *caput* deste artigo, observado o disposto nos §§ 1º a 3º deste artigo.

**§ 6º**. A multa mínima de que trata o § 3º deste artigo a ser aplicada ao Microempreendedor Individual na vigência da opção de que trata o art. 18-A desta Lei Complementar será de R$ 50,00 (cinquenta reais).

**Art. 38-A.** O sujeito passivo que deixar de prestar as informações no sistema eletrônico de cálculo de que trata o § 15 do art. 18, no prazo previsto no § 15-A do mesmo artigo, ou que as prestar com incorreções ou omissões, será intimado a fazê-lo, no caso de não apresentação, ou a prestar esclarecimentos, nos demais casos, no prazo estipulado pela autoridade fiscal, na forma definida pelo CGSN, e sujeitar-se-á às seguintes multas, para cada mês de referência:

**I** – de 2% (dois por cento) ao mês-calendário ou fração, a partir do primeiro dia do quarto mês do ano subsequente à ocorrência dos fatos geradores, incidentes sobre o montante dos impostos e contribuições decorrentes das informações prestadas no sistema eletrônico de cálculo de que trata o § 15 do art. 18, ainda que integralmente pago, no caso de ausência de prestação de informações ou sua efetuação após o prazo, limitada a 20% (vinte por cento), observado o disposto no § 2º deste artigo; e

**II** – de R$ 20,00 (vinte reais) para cada grupo de 10 (dez) informações incorretas ou omitidas.

**§ 1º.** Para efeito de aplicação da multa prevista no inciso I do *caput*, será considerado como termo inicial o primeiro dia do quarto mês do ano subsequente à ocorrência dos fatos geradores e como termo final a data da efetiva prestação ou, no caso de não prestação, da lavratura do auto de infração.

**§ 2º.** A multa mínima a ser aplicada será de R$ 50,00 (cinquenta reais) para cada mês de referência.

**§ 3º.** Aplica-se ao disposto neste artigo o disposto nos §§ 2º, 4º e 5º do art. 38.

**§ 4º.** O CGSN poderá estabelecer data posterior à prevista no inciso I do *caput* e no § 1º.

**Art. 38-B.** As multas relativas à falta de prestação ou à incorreção no cumprimento de obrigações acessórias para com os órgãos e entidades federais, estaduais, distritais e municipais, quando em valor fixo ou mínimo, e na ausência de previsão legal de valores específicos e mais favoráveis para MEI, microempresa ou empresa de pequeno porte, terão redução de:

**I** – 90% (noventa por cento) para os MEI;

**II** – 50% (cinquenta por cento) para as microempresas ou empresas de pequeno porte optantes pelo Simples Nacional.

**Parágrafo único.** As reduções de que tratam os incisos I e II do *caput* não se aplicam na:

**I** – hipótese de fraude, resistência ou embaraço à fiscalização;

**II** – ausência de pagamento da multa no prazo de 30 (trinta) dias após a notificação.

## SEÇÃO XII.
## DO PROCESSO ADMINISTRATIVO FISCAL

**Art. 39.** O contencioso administrativo relativo ao Simples Nacional será de competência do órgão julgador integrante da estrutura administrativa do ente federativo que efetuar o lançamento, o indeferimento da opção ou a exclusão de ofício, observados os dispositivos legais atinentes aos processos administrativos fiscais desse ente.

▸ Esta lei: art. 55, § 4º.

**§ 1º.** O Município poderá, mediante convênio, transferir a atribuição de julgamento exclusivamente ao respectivo Estado em que se localiza.

**§ 2º.** No caso em que o contribuinte do Simples Nacional exerça atividades incluídas no campo de incidência do ICMS e do ISS e seja apurada omissão de receita de que não se consiga identificar a origem, a autuação será feita utilizando a maior alíquota prevista nesta Lei Complementar, e a parcela autuada que não seja correspondente aos tributos e contribuições federais será rateada entre Estados e Municípios ou Distrito Federal.

**§ 3º.** Na hipótese referida no § 2º deste artigo, o julgamento caberá ao Estado ou ao Distrito Federal.

**§ 4º.** A intimação eletrônica dos atos do contencioso administrativo observará o disposto nos §§ 1º-A a 1º-D do art. 16.

**§ 5º.** A impugnação relativa ao indeferimento da opção ou à exclusão poderá ser decidida em órgão diverso do previsto no *caput*, na forma estabelecida pela respectiva administração tributária.

**§ 6º.** Na hipótese prevista no § 5º, o CGSN poderá disciplinar procedimentos e prazos, bem como, no processo de exclusão, prever efeito suspensivo na hipótese de apresentação de impugnação, defesa ou recurso.

**Art. 40.** As consultas relativas ao Simples Nacional serão solucionadas pela Secretaria da Receita Federal, salvo quando se referirem a tributos e contribuições de competência estadual ou municipal, que serão solucionadas conforme a respectiva competência tributária, na forma disciplinada pelo Comitê Gestor.

▸ Esta lei: art. 55, § 4º.

## SEÇÃO XIII.
## DO PROCESSO JUDICIAL

**Art. 41.** Os processos relativos a impostos e contribuições abrangidos pelo Simples Nacional serão ajuizados em face da União, que será representada em juízo pela Procuradoria-Geral da Fazenda Nacional, observado o disposto no § 5º deste artigo.

**§ 1º.** Os Estados, Distrito Federal e Municípios prestarão auxílio à Procuradoria-Geral da Fazenda Nacional, em relação aos tributos de sua competência, na forma a ser disciplinada por ato do Comitê Gestor.

**§ 2º.** Os créditos tributários oriundos da aplicação desta Lei Complementar serão apurados, inscritos em Dívida Ativa da União e cobrados judicialmente pela Procuradoria-Geral da Fazenda Nacional, observado o disposto no inciso V do § 5º deste artigo.

**§ 3º.** Mediante convênio, a Procuradoria-Geral da Fazenda Nacional poderá delegar aos Estados e Municípios a inscrição em dívida ativa estadual e municipal e a cobrança judicial dos tributos estaduais e municipais a que se refere esta Lei Complementar.

**§ 4º**. Aplica-se o disposto neste artigo aos impostos e contribuições que não tenham sido recolhidos resultantes das informações prestadas:

**I** – no sistema eletrônico de cálculo dos valores devidos no Simples Nacional de que trata o § 15 do art. 18;

**II** – na declaração a que se refere o art. 25.

**§ 5º**. Excetuam-se do disposto no *caput* deste artigo:

**I** – os mandados de segurança nos quais se impugnem atos de autoridade coatora pertencente a Estado, Distrito Federal ou Município;

**II** – as ações que tratem exclusivamente de tributos de competência dos Estados, do Distrito Federal ou dos Municípios, as quais serão propostas em face desses entes federativos, representados em juízo por suas respectivas procuradorias;

**III** – as ações promovidas na hipótese de celebração do convênio de que trata o § 3º deste artigo.

**IV** – o crédito tributário decorrente de auto de infração lavrado exclusivamente em face de descumprimento de obrigação acessória, observado o disposto no § 1º-D do art. 33.

**V** – o crédito tributário relativo ao ICMS e ao ISS de que tratam as alíneas b e c do inciso V do § 3º do art. 18-A desta Lei Complementar.

## CAPÍTULO V. DO ACESSO AOS MERCADOS

### SEÇÃO I. DAS AQUISIÇÕES PÚBLICAS

‣ Lei 14.133/2021 (Nova Lei de Licitações e Contratos Administrativos).

**Art. 42.** Nas licitações públicas, a comprovação de regularidade fiscal e trabalhista das microempresas e das empresas de pequeno porte somente será exigida para efeito de assinatura do contrato. (Redação dada pela Lei Complementar nº 155, de 2016)

**Art. 43.** As microempresas e as empresas de pequeno porte, por ocasião da participação em certames licitatórios, deverão apresentar toda a documentação exigida para efeito de comprovação de regularidade fiscal e trabalhista, mesmo que esta apresente alguma restrição. (Redação dada pela Lei Complementar nº 155, de 2016)

**§ 1º**. Havendo alguma restrição na comprovação da regularidade fiscal e trabalhista, será assegurado o prazo de cinco dias úteis, cujo termo inicial corresponderá ao momento em que o proponente for declarado vencedor do certame, prorrogável por igual período, a critério da administração pública, para regularização da documentação, para pagamento ou parcelamento do débito e para emissão de eventuais certidões negativas ou positivas com efeito de certidão negativa. (Redação dada pela Lei Complementar nº 155, de 2016)

**§ 2º**. A não regularização da documentação, no prazo previsto no § 1º deste artigo, implicará decadência do direito à contratação, sem prejuízo das sanções previstas no art. 81 da Lei nº 8.666, de 21 de junho de 1993, sendo facultado à Administração convocar os licitantes remanescentes, na ordem de classificação, para a assinatura do contrato, ou revogar a licitação.

**Art. 44.** Nas licitações será assegurada, como critério de desempate, preferência de contratação para as microempresas e empresas de pequeno porte.

**§ 1º**. Entende-se por empate aquelas situações em que as propostas apresentadas pelas microempresas e empresas de pequeno porte sejam iguais ou até 10% (dez por cento) superiores à proposta mais bem classificada.

**§ 2º**. Na modalidade de pregão, o intervalo percentual estabelecido no § 1º deste artigo será de até 5% (cinco por cento) superior ao melhor preço.

**Art. 45.** Para efeito do disposto no art. 44 desta Lei Complementar, ocorrendo o empate, proceder-se-á da seguinte forma:

‣ Esta lei: art. 44.

**I** – a microempresa ou empresa de pequeno porte mais bem classificada poderá apresentar proposta de preço inferior àquela considerada vencedora do certame, situação em que será adjudicado em seu favor o objeto licitado;

**II** – não ocorrendo a contratação da microempresa ou empresa de pequeno porte, na forma do inciso I do *caput* deste artigo, serão convocadas as remanescentes que porventura se enquadrem na hipótese dos §§ 1º e 2º do art. 44 desta Lei Complementar, na ordem classificatória, para o exercício do mesmo direito;

**III** – no caso de equivalência dos valores apresentados pelas microempresas e empresas de pequeno porte que se encontrem nos intervalos estabelecidos nos §§ 1º e 2º do art. 44 desta Lei Complementar, será realizado sorteio entre elas para que se identifique aquela que primeiro poderá apresentar melhor oferta.

**§ 1º**. Na hipótese da não contratação nos termos previstos no *caput* deste artigo, o objeto licitado será adjudicado em favor da proposta originalmente vencedora do certame.

**§ 2º**. O disposto neste artigo somente se aplicará quando a melhor oferta inicial não tiver sido apresentada por microempresa ou empresa de pequeno porte.

**§ 3º**. No caso de pregão, a microempresa ou empresa de pequeno porte mais bem classificada será convocada para apresentar nova proposta no prazo máximo de 5 (cinco) minutos após o encerramento dos lances, sob pena de preclusão.

**Art. 46.** A microempresa e a empresa de pequeno porte titular de direitos creditórios decorrentes de empenhos liquidados por órgãos e entidades da União, Estados, Distrito Federal e Município não pagos em até 30 (trinta) dias contados da data de liquidação poderão emitir cédula de crédito microempresarial.

**Parágrafo único.** (Revogado pela Lei Complementar nº 147, de 2014).

**Art. 47.** Nas contratações públicas da administração direta e indireta, autárquica e fundacional, federal, estadual e municipal, deverá ser concedido tratamento diferenciado e simplificado para as microempresas e empresas de pequeno porte objetivando a promoção do desenvolvimento econômico e social no âmbito municipal e regional, a ampliação da eficiência das políticas públicas e o incentivo à inovação tecnológica.

**Parágrafo único.** No que diz respeito às compras públicas, enquanto não sobrevier legislação estadual, municipal ou regulamento específico de cada órgão mais favorável à microempresa e empresa de pequeno porte, aplica-se a legislação federal.

**Art. 48.** Para o cumprimento do disposto no art. 47 desta Lei Complementar, a administração pública:

**I** – deverá realizar processo licitatório destinado exclusivamente à participação de microempresas e empresas de pequeno porte nos itens de contratação cujo valor seja de até R$ 80.000,00 (oitenta mil reais);

**II** – poderá, em relação aos processos licitatórios destinados à aquisição de obras e serviços, exigir dos licitantes a subcontratação de microempresa ou empresa de pequeno porte;

**III** – deverá estabelecer, em certames para aquisição de bens de natureza divisível, cota de até 25% (vinte e cinco por cento) do objeto para a contratação de microempresas e empresas de pequeno porte.

**§ 1º.** (Revogado pela Lei Complementar nº 147, de 2014).

**§ 2º.** Na hipótese do inciso II do *caput* deste artigo, os empenhos e pagamentos do órgão ou entidade da administração pública poderão ser destinados diretamente às microempresas e empresas de pequeno porte subcontratadas.

**§ 3º.** Os benefícios referidos no *caput* deste artigo poderão, justificadamente, estabelecer a prioridade de contratação para as microempresas e empresas de pequeno porte sediadas local ou regionalmente, até o limite de 10% (dez por cento) do melhor preço válido.

**Art. 49.** Não se aplica o disposto nos arts. 47 e 48 desta Lei Complementar quando:

**I** – (Revogado)

**II** – não houver um mínimo de 3 (três) fornecedores competitivos enquadrados como microempresas ou empresas de pequeno porte sediados local ou regionalmente e capazes de cumprir as exigências estabelecidas no instrumento convocatório;

**III** – o tratamento diferenciado e simplificado para as microempresas e empresas de pequeno porte não for vantajoso para a administração pública ou representar prejuízo ao conjunto ou complexo do objeto a ser contratado;

**IV** – a licitação for dispensável ou inexigível, nos termos dos arts. 24 e 25 da Lei nº 8.666, de 21 de junho de 1993, excetuando-se as dispensas tratadas pelos incisos I e II do art. 24 da mesma Lei, nas quais a compra deverá ser feita preferencialmente de microempresas e empresas de pequeno porte, aplicando-se o disposto no inciso I do art. 48.

### SEÇÃO II.
### ACESSO AO MERCADO EXTERNO

**Art. 49-A.** A microempresa e a empresa de pequeno porte beneficiárias do SIMPLES usufruirão de regime de exportação que contemplará procedimentos simplificados de habilitação, licenciamento, despacho aduaneiro e câmbio, na forma do regulamento.

**Parágrafo único.** As pessoas jurídicas prestadoras de serviço de logística internacional, quando contratadas pelas empresas descritas nesta Lei Complementar, estão autorizadas a realizar atividades relativas a licenciamento administrativo, despacho aduaneiro, consolidação e desconsolidação de carga e a contratar seguro, câmbio, transporte e armazenagem de mercadorias, objeto da prestação do serviço, de forma simplificada e por meio eletrônico, na forma de regulamento. (Redação dada pela Lei Complementar nº 155, de 2016)

**Art. 49-B.** (VETADO). (Incluído pela Lei Complementar nº 155, de 2016)

## CAPÍTULO VI.
## DA SIMPLIFICAÇÃO DAS RELAÇÕES DE TRABALHO

### SEÇÃO I.
### DA SEGURANÇA E DA MEDICINA DO TRABALHO

**Art. 50.** As microempresas e as empresas de pequeno porte serão estimuladas pelo poder público e pelos Serviços Sociais Autônomos a formar consórcios para acesso a serviços especializados em segurança e medicina do trabalho.

SEÇÃO II.
DAS OBRIGAÇÕES TRABALHISTAS

**Art. 51.** As microempresas e as empresas de pequeno porte são dispensadas:

**I** – da afixação de Quadro de Trabalho em suas dependências;

**II** – da anotação das férias dos empregados nos respectivos livros ou fichas de registro;

**III** – de empregar e matricular seus aprendizes nos cursos dos Serviços Nacionais de Aprendizagem;

**IV** – da posse do livro intitulado "Inspeção do Trabalho"; e

**V** – de comunicar ao Ministério do Trabalho e Emprego a concessão de férias coletivas.

**Art. 52.** O disposto no art. 51 desta Lei Complementar não dispensa as microempresas e as empresas de pequeno porte dos seguintes procedimentos:

**I** – anotações na Carteira de Trabalho e Previdência Social – CTPS;

**II** – arquivamento dos documentos comprobatórios de cumprimento das obrigações trabalhistas e previdenciárias, enquanto não prescreverem essas obrigações;

**III** – apresentação da Guia de Recolhimento do Fundo de Garantia do Tempo de Serviço e Informações à Previdência Social – GFIP;

**IV** – apresentação das Relações Anuais de Empregados e da Relação Anual de Informações Sociais – RAIS e do Cadastro Geral de Empregados e Desempregados – CAGED.

**Parágrafo único.** (VETADO).

**Art. 53.** (Revogado pela LC nº 127/07)

SEÇÃO III.
DO ACESSO À JUSTIÇA DO TRABALHO

**Art. 54.** É facultado ao empregador de microempresa ou de empresa de pequeno porte fazer-se substituir ou representar perante a Justiça do Trabalho por terceiros que conheçam dos fatos, ainda que não possuam vínculo trabalhista ou societário.

## CAPÍTULO VII.
## DA FISCALIZAÇÃO ORIENTADORA

**Art. 55.** A fiscalização, no que se refere aos aspectos trabalhista, metrológico, sanitário, ambiental, de segurança, de relações de consumo e de uso e ocupação do solo das microempresas e das empresas de pequeno porte, deverá ser prioritariamente orientadora quando a atividade ou situação, por sua natureza, comportar grau de risco compatível com esse procedimento. (Redação dada pela Lei Complementar nº 155, de 2016)

**§ 1º**. Será observado o critério de dupla visita para lavratura de autos de infração, salvo quando for constatada infração por falta de registro de empregado ou anotação da Carteira de Trabalho e Previdência Social – CTPS, ou, ainda, na ocorrência de reincidência, fraude, resistência ou embaraço à fiscalização.

**§ 2º**. (VETADO).

**§ 3º**. Os órgãos e entidades competentes definirão, em 12 (doze) meses, as atividades e situações cujo grau de risco seja considerado alto, as quais não se sujeitarão ao disposto neste artigo.

**§ 4º**. O disposto neste artigo não se aplica ao processo administrativo fiscal relativo a tributos, que se dará na forma dos arts. 39 e 40 desta Lei Complementar.

**§ 5º**. O disposto no § 1º aplica-se à lavratura de multa pelo descumprimento de obrigações acessórias relativas às matérias do *caput*, inclusive quando previsto seu cumprimento de forma unificada com matéria de outra natureza, exceto a trabalhista.

**§ 6º**. A inobservância do critério de dupla visita implica nulidade do auto de infração lavrado sem cumprimento ao disposto neste artigo, independentemente da natureza principal ou acessória da obrigação.

**§ 7º**. Os órgãos e entidades da administração pública federal, estadual, distrital e municipal deverão observar o princípio do tratamento diferenciado, simplificado e favorecido por ocasião da fixação de valores decorrentes de multas e demais sanções administrativas.

**§ 8º**. A inobservância do disposto no *caput* deste artigo implica atentado aos direitos e garantias legais assegurados ao exercício profissional da atividade empresarial.

**§ 9º**. O disposto no *caput* deste artigo não se aplica a infrações relativas à ocupação irregular da reserva de faixa não edificável, de área destinada a equipamentos urbanos, de áreas de preservação permanente e nas faixas de domínio público das rodovias, ferrovias e dutovias ou de vias e logradouros públicos.

## CAPÍTULO VIII.
## DO ASSOCIATIVISMO

SEÇÃO ÚNICA.
DA SOCIEDADE DE PROPÓSITO ESPECÍFICO FORMADA POR MICROEMPRESAS E EMPRESAS DE PEQUENO PORTE OPTANTES PELO SIMPLES NACIONAL

**Art. 56.** As microempresas ou as empresas de pequeno porte poderão realizar negócios de compra e venda de bens e serviços para os mercados nacional e internacional, por meio de sociedade de propósito específico, nos termos e condições estabelecidos pelo Poder Executivo federal.

**§ 1º.** Não poderão integrar a sociedade de que trata o *caput* deste artigo pessoas jurídicas não optantes pelo Simples Nacional.

**§ 2º.** A sociedade de propósito específico de que trata este artigo:

**I** – terá seus atos arquivados no Registro Público de Empresas Mercantis;

**II** – terá por finalidade realizar:

*a)* operações de compras para revenda às microempresas ou empresas de pequeno porte que sejam suas sócias;

*b)* operações de venda de bens adquiridos das microempresas e empresas de pequeno porte que sejam suas sócias para pessoas jurídicas que não sejam suas sócias;

**III** – poderá exercer atividades de promoção dos bens referidos na alínea b do inciso II deste parágrafo;

**IV** – apurará o imposto de renda das pessoas jurídicas com base no lucro real, devendo manter a escrituração dos livros Diário e Razão;

**V** – apurará a Cofins e a Contribuição para o PIS/Pasep de modo não cumulativo;

**VI** – exportará, exclusivamente, bens a ela destinados pelas microempresas e empresas de pequeno porte que dela façam parte;

**VII** – será constituída como sociedade limitada;

**VIII** – deverá, nas revendas às microempresas ou empresas de pequeno porte que sejam suas sócias, observar preço no mínimo igual ao das aquisições realizadas para revenda; e

**IX** – deverá, nas revendas de bens adquiridos de microempresas ou empresas de pequeno porte que sejam suas sócias, observar preço no mínimo igual ao das aquisições desses bens.

**§ 3º.** A aquisição de bens destinados à exportação pela sociedade de propósito específico não gera direito a créditos relativos a impostos ou contribuições abrangidos pelo Simples Nacional.

**§ 4º.** A microempresa ou a empresa de pequeno porte não poderá participar simultaneamente de mais de uma sociedade de propósito específico de que trata este artigo.

**§ 5º.** A sociedade de propósito específico de que trata este artigo não poderá:

**I** – ser filial, sucursal, agência ou representação, no País, de pessoa jurídica com sede no exterior;

**II** – ser constituída sob a forma de cooperativas, inclusive de consumo;

**III** – participar do capital de outra pessoa jurídica;

**IV** – exercer atividade de banco comercial, de investimentos e de desenvolvimento, de caixa econômica, de sociedade de crédito, financiamento e investimento ou de crédito imobiliário, de corretora ou de distribuidora de títulos, valores mobiliários e câmbio, de empresa de arrendamento mercantil, de seguros privados e de capitalização ou de previdência complementar;

**V** – ser resultante ou remanescente de cisão ou qualquer outra forma de desmembramento de pessoa jurídica que tenha ocorrido em um dos 5 (cinco) anos-calendário anteriores;

**VI** – exercer a atividade vedada às microempresas e empresas de pequeno porte optantes pelo Simples Nacional.

**§ 6º.** A inobservância do disposto no § 4º deste artigo acarretará a responsabilidade solidária das microempresas ou empresas de pequeno porte sócias da sociedade de propósito específico de que trata este artigo na hipótese em que seus titulares, sócios ou administradores conhecessem ou devessem conhecer tal inobservância.

**§ 7º.** O Poder Executivo regulamentará o disposto neste artigo até 31 de dezembro de 2008.

**§ 8º.** (VETADO). (Incluído pela Lei Complementar nº 155, de 2016)

## CAPÍTULO IX. DO ESTÍMULO AO CRÉDITO E À CAPITALIZAÇÃO

### SEÇÃO I. DISPOSIÇÕES GERAIS

**Art. 57.** O Poder Executivo federal proporá, sempre que necessário, medidas no sentido de melhorar o acesso das microempresas e empresas de pequeno porte aos mercados de crédito e de capitais, objetivando a redução do custo de transação, a elevação da eficiência alocativa, o incentivo ao ambiente concorrencial e a qualidade do conjunto informacional, em especial o acesso e portabilidade das informações cadastrais relativas ao crédito.

**Art. 58.** Os bancos comerciais públicos e os bancos múltiplos públicos com carteira comercial, a Caixa Econômica Federal e o Banco Nacional do Desenvolvimento Econômico e Social – BNDES manterão linhas de crédito específicas para as microempresas e para as empresas de pequeno porte, vinculadas à reciprocidade social, devendo o montante disponível e suas condições de acesso ser expressos nos respectivos orçamentos e amplamente divulgados. (Redação dada pela Lei Complementar nº 155, de 2016)

**§ 1º.** As instituições mencionadas no *caput* deste artigo deverão publicar, juntamente com os respectivos balanços, relatório circunstanciado dos recursos alocados às linhas de crédito referidas no caput e daqueles efetivamente utilizados, consignando, obrigatoriamente, as justificativas do desempenho alcançado. (Redação dada pela Lei Complementar nº 155, de 2016)

EMPRESARIAL

**§ 2º**. O acesso às linhas de crédito específicas previstas no *caput* deste artigo deverá ter tratamento simplificado e ágil, com divulgação ampla das respectivas condições e exigências.

**§ 3º**. (VETADO). (Incluído pela Lei Complementar nº 155, de 2016)

**§ 4º**. O Conselho Monetário Nacional – CMN regulamentará o percentual mínimo de direcionamento dos recursos de que trata o *caput*, inclusive no tocante aos recursos de que trata a alínea b do inciso III do art. 10 da Lei nº 4.595, de 31 de dezembro de 1964. (Incluído pela Lei Complementar nº 155, de 2016)

**Art. 58-A.** Os bancos públicos e privados não poderão contabilizar, para cumprimento de metas, empréstimos realizados a pessoas físicas, ainda que sócios de empresas, como disponibilização de crédito para microempresas e empresas de pequeno porte.

**Art. 59.** As instituições referidas no *caput* do art. 58 desta Lei Complementar devem se articular com as respectivas entidades de apoio e representação das microempresas e empresas de pequeno porte, no sentido de proporcionar e desenvolver programas de treinamento, desenvolvimento gerencial e capacitação tecnológica.

**Art. 60.** (VETADO).

**Art. 60-A.** Poderá ser instituído Sistema Nacional de Garantias de Crédito pelo Poder Executivo, com o objetivo de facilitar o acesso das microempresas e empresas de pequeno porte a crédito e demais serviços das instituições financeiras, o qual, na forma de regulamento, proporcionará a elas tratamento diferenciado, favorecido e simplificado, sem prejuízo de atendimento a outros públicos-alvo.

**Parágrafo único.** O Sistema Nacional de Garantias de Crédito integrará o Sistema Financeiro Nacional.

**Art. 60-B.** Os fundos garantidores de risco de crédito empresarial que possuam participação da União na composição do seu capital atenderão, sempre que possível, as operações de crédito que envolvam microempresas e empresas de pequeno porte, definidas na forma do art. 3º desta Lei.

**Art. 60-C.** (VETADO).

**Art. 61.** Para fins de apoio creditício às operações de comércio exterior das microempresas e das empresas de pequeno porte, serão utilizados os parâmetros de enquadramento ou outros instrumentos de alta significância para as microempresas, empresas de pequeno porte exportadoras segundo o porte de empresas, aprovados pelo Mercado Comum do Sul – Mercosul.

**Art. 61-A.** Para incentivar as atividades de inovação e os investimentos produtivos, a sociedade enquadrada como microempresa ou empresa de pequeno porte, nos termos desta Lei Complementar, poderá admitir o aporte de capital, que não integrará o capital social da empresa.

**§ 1º**. As finalidades de fomento a inovação e investimentos produtivos deverão constar do contrato de participação, com vigência não superior a sete anos.

**§ 2º** O aporte de capital poderá ser realizado por pessoa física, por pessoa jurídica ou por fundos de investimento, conforme regulamento da Comissão de Valores Mobiliários, que serão denominados investidores-anjos. *(Redação dada pela LC 182/2021)*

**§ 3º**. A atividade constitutiva do objeto social é exercida unicamente por sócios regulares, em seu nome individual e sob sua exclusiva responsabilidade.

**§ 4º**. O investidor-anjo:

**I** – não será considerado sócio nem terá qualquer direito a gerência ou a voto na administração da empresa, resguardada a possibilidade de participação nas deliberações em caráter estritamente consultivo, conforme pactuação contratual; *(Redação dada pela LC 182/2021)*

**II** – não responderá por qualquer dívida da empresa, inclusive em recuperação judicial, não se aplicando a ele o art. 50 da Lei nº 10.406, de 10 de janeiro de 2002 – Código Civil;

**III** – será remunerado por seus aportes, nos termos do contrato de participação, pelo prazo máximo de 7 (sete) anos; *(Redação dada pela LC 182/2021)*

**IV** – poderá exigir dos administradores as contas justificadas de sua administração e, anualmente, o inventário, o balanço patrimonial e o balanço de resultado econômico; e *(Acrescido pela LC 182/2021)*

**V** – poderá examinar, a qualquer momento, os livros, os documentos e o estado do caixa e da carteira da sociedade, exceto se houver pactuação contratual que determine época própria para isso. *(Acrescido pela LC 182/2021)*

**§ 5º**. Para fins de enquadramento da sociedade como microempresa ou empresa de pequeno porte, os valores de capital aportado não são considerados receitas da sociedade.

**§ 6º** As partes contratantes poderão: *(Redação dada pela LC 182/2021)*

**I** – estipular remuneração periódica, ao final de cada período, ao investidor-anjo, conforme contrato de participação; ou *(Acrescido pela LC 182/2021)*

**II** – prever a possibilidade de conversão do aporte de capital em participação societária. *(Acrescido pela LC 182/2021)*

**§ 7º** O investidor-anjo somente poderá exercer o direito de resgate depois de decorridos, no mínimo, 2 (dois) anos do aporte de capital, ou prazo superior estabelecido no contrato de participação, e seus haveres serão pagos na forma prevista no art. 1.031 da Lei nº 10.406, de 10 de janeiro de 2002 (Código Civil), não permitido ultrapassar o valor investido devidamente corrigido por índice previsto em contrato. *(Redação dada pela LC 182/2021)*

**§ 8º.** O disposto no § 7º deste artigo não impede a transferência da titularidade do aporte para terceiros.

**§ 9º.** A transferência da titularidade do aporte para terceiro alheio à sociedade dependerá do consentimento dos sócios, salvo estipulação contratual expressa em contrário.

**§ 10.** O Ministério da Fazenda poderá regulamentar a tributação sobre retirada do capital investido.

**Art. 61-B.** A emissão e a titularidade de aportes especiais não impedem a fruição do Simples Nacional.

**Art. 61-C.** Caso os sócios decidam pela venda da empresa, o investidor-anjo terá direito de preferência na aquisição, bem como direito de venda conjunta da titularidade do aporte de capital, nos mesmos termos e condições que forem ofertados aos sócios regulares.

**Art. 61-D.** Os fundos de investimento poderão aportar capital como investidores-anjos em microempresas e em empresas de pequeno porte, conforme regulamentação da Comissão de Valores Mobiliários. *(Redação dada pela LC 182/2021)*

## SEÇÃO I-A
## DA SOCIEDADE DE GARANTIA SOLIDÁRIA E DA SOCIEDADE DE CONTRAGARANTIA
*(Acrescida pela LC 169/2019)*

**Art. 61-E.** É autorizada a constituição de sociedade de garantia solidária (SGS), sob a forma de sociedade por ações, para a concessão de garantia a seus sócios participantes. *(Acrescido pela LC 169/2019)*

**§ 1º** *(VETADO na LC 169/2019)*

**§ 2º** *(VETADO na LC 169/2019)*

**§ 3º** Os atos da sociedade de garantia solidária serão arquivados no Registro Público de Empresas Mercantis e Atividades Afins. *(Acrescido pela LC 169/2019)*

**§ 4º** É livre a negociação, entre sócios participantes, de suas ações na respectiva sociedade de garantia solidária, respeitada a participação máxima que cada sócio pode atingir. *(Acrescido pela LC 169/2019)*

**§ 5º** Podem ser admitidos como sócios participantes os pequenos empresários, microempresários e microempreendedores e as pessoas jurídicas constituídas por esses associados. *(Acrescido pela LC 169/2019)*

**§ 6º** *(VETADO na LC 169/2019)*

**§ 7º** Sem prejuízo do disposto nesta Lei Complementar, aplicam-se à sociedade de garantia solidária as disposições da lei que rege as sociedades por ações. *(Acrescido pela LC 169/2019)*

**Art. 61-F.** O contrato de garantia solidária tem por finalidade regular a concessão da garantia pela sociedade ao sócio participante, mediante o recebimento de taxa de remuneração pelo serviço prestado, devendo fixar as cláusulas necessárias ao cumprimento das obrigações do sócio beneficiário perante a sociedade. *(Acrescido pela LC 169/2019)*

**Parágrafo único.** Para a concessão da garantia, a sociedade de garantia solidária poderá exigir contragarantia por parte do sócio participante beneficiário, respeitados os princípios que orientam a existência daquele tipo de sociedade.

**Art. 61-G.** A sociedade de garantia solidária pode conceder garantia sobre o montante de recebíveis de seus sócios participantes que sejam objeto de securitização. *(Acrescido pela LC 169/2019)*

**Art. 61-H.** É autorizada a constituição de sociedade de contragarantia, que tem como finalidade o oferecimento de contragarantias à sociedade de garantia solidária, nos termos a serem definidos por regulamento. *(Acrescido pela LC 169/2019)*

**Art. 61-I.** A sociedade de garantia solidária e a sociedade de contragarantia integrarão o Sistema Financeiro Nacional e terão sua constituição, organização e funcionamento disciplinados pelo Conselho Monetário Nacional, observado o disposto nesta Lei Complementar. *(Acrescido pela LC 169/2019)*

## SEÇÃO II.
## DAS RESPONSABILIDADES DO BANCO CENTRAL DO BRASIL

**Art. 62.** O Banco Central do Brasil disponibilizará dados e informações das instituições financeiras integrantes do Sistema Financeiro Nacional, inclusive por meio do Sistema de Informações de Crédito – SCR, de modo a ampliar o acesso ao crédito para microempresas e empresas de pequeno porte e fomentar a competição bancária.

**§ 1º**. O disposto no *caput* deste artigo alcança a disponibilização de dados e informações específicas relativas ao histórico de relacionamento bancário e creditício das microempresas e das empresas de pequeno porte, apenas aos próprios titulares.

**§ 2º**. O Banco Central do Brasil poderá garantir o acesso simplificado, favorecido e diferenciado dos dados e informações constantes no § 1º deste artigo aos seus respectivos interessados, podendo a instituição optar por realizá-lo por meio das instituições financeiras, com as quais o próprio cliente tenha relacionamento.

### SEÇÃO III.
### DAS CONDIÇÕES DE ACESSO AOS DEPÓSITOS ESPECIAIS DO FUNDO DE AMPARO AO TRABALHADOR – FAT

**Art. 63.** O Codefat poderá disponibilizar recursos financeiros por meio da criação de programa específico para as cooperativas de crédito de cujos quadros de cooperados participem microempreendedores, empreendedores de microempresa e empresa de pequeno porte bem como suas empresas.

**Parágrafo único.** Os recursos referidos no *caput* deste artigo deverão ser destinados exclusivamente às microempresas e empresas de pequeno porte.

### SEÇÃO IV.
### (VETADO)

**Arts. 63-A a 63-E.** (Vetados na Lei Complementar nº 155, de 2016)

## CAPÍTULO X.
## DO ESTÍMULO À INOVAÇÃO

### SEÇÃO I.
### DISPOSIÇÕES GERAIS

**Art. 64.** Para os efeitos desta Lei Complementar considera-se:

**I** – inovação: a concepção de um novo produto ou processo de fabricação, bem como a agregação de novas funcionalidades ou características ao produto ou processo que implique melhorias incrementais e efetivo ganho de qualidade ou produtividade, resultando em maior competitividade no mercado;

**II** – agência de fomento: órgão ou instituição de natureza pública ou privada que tenha entre os seus objetivos o financiamento de ações que visem a estimular e promover o desenvolvimento da ciência, da tecnologia e da inovação;

**III** – Instituição Científica e Tecnológica – ICT: órgão ou entidade da administração pública que tenha por missão institucional, dentre outras, executar atividades de pesquisa básica ou aplicada de caráter científico ou tecnológico;

**IV** – núcleo de inovação tecnológica: núcleo ou órgão constituído por uma ou mais ICT com a finalidade de gerir sua política de inovação;

**V** – instituição de apoio: instituições criadas sob o amparo da Lei nº 8.958, de 20 de dezembro de 1994, com a finalidade de dar apoio a projetos de pesquisa, ensino e extensão e de desenvolvimento institucional, científico e tecnológico.

**VI** – instrumentos de apoio tecnológico para a inovação: qualquer serviço disponibilizado presencialmente ou na internet que possibilite acesso a informações, orientações, bancos de dados de soluções de informações, respostas técnicas, pesquisas e atividades de apoio complementar desenvolvidas pelas instituições previstas nos incisos II a V deste artigo.

### SEÇÃO II.
### DO APOIO À INOVAÇÃO E DO INOVA SIMPLES DA EMPRESA SIMPLES DE INOVAÇÃO
*(Redação dada pela LC 167/2019)*

**Art. 65.** A União, os Estados, o Distrito Federal e os Municípios, e as respectivas agências de fomento, as ICT, os núcleos de inovação tecnológica e as instituições de apoio manterão programas específicos para as microempresas e para as empresas de pequeno porte, inclusive quando estas revestirem a forma de incubadoras, observando-se o seguinte:

**I** – as condições de acesso serão diferenciadas, favorecidas e simplificadas;

**II** – o montante disponível e suas condições de acesso deverão ser expressos nos respectivos orçamentos e amplamente divulgados.

**§ 1º**. As instituições deverão publicar, juntamente com as respectivas prestações de contas, relatório circunstanciado das estratégias para maximização da participação do segmento, assim como dos recursos alocados às ações referidas no *caput* deste artigo e aqueles efetivamente utilizados, consignando, obrigatoriamente, as justificativas do desempenho alcançado no período.

**§ 2º**. As pessoas jurídicas referidas no *caput* deste artigo terão por meta a aplicação de, no mínimo, 20% (vinte por cento) dos recursos destinados à inovação para o desenvolvimento de tal atividade nas microempresas ou nas empresas de pequeno porte.

**§ 3º**. Os órgãos e entidades integrantes da administração pública federal, estadual e municipal atuantes em pesquisa, desenvolvimento ou capacitação tecnológica terão por meta efetivar suas aplicações, no percentual mínimo fixado neste artigo, em programas e projetos de apoio às microempresas ou às empresas de pequeno porte, transmitindo ao Ministério da Ciência, Tecnologia e Inovação, no primeiro trimestre de cada ano, informação relativa aos valores alocados e a respectiva relação percentual em relação ao total dos recursos destinados para esse fim.

**§ 4º**. Ficam autorizados a reduzir a 0 (zero) as alíquotas dos impostos e contribuições a seguir indicados, incidentes na aquisição, ou importação, de equipamentos, máquinas, aparelhos, instrumentos, acessórios, sobressalentes e ferramentas que os acompanhem, na forma definida em regulamento, quando adquiridos, ou importados, diretamente por microempresas ou empresas de pequeno porte para incorporação ao seu ativo imobilizado:

**I** – a União, em relação ao IPI, à Cofins, à Contribuição para o PIS/Pasep, à Cofins-Importação e à Contribuição para o PIS/Pasep-Importação; e

**II** – os Estados e o Distrito Federal, em relação ao ICMS.

**§ 5º**. A microempresa ou empresa de pequeno porte, adquirente de bens com o benefício previsto no § 4º deste artigo, fica obrigada, nas hipóteses previstas em regulamento, a recolher os impostos e contribuições que deixaram de ser pagos, acrescidos de juros e multa, de mora ou de ofício, contados a partir da data da aquisição, no mercado interno, ou do registro da declaração de importação – DI, calculados na forma da legislação que rege a cobrança do tributo não pago.

**§ 6º**. Para efeito da execução do orçamento previsto neste artigo, os órgãos e instituições poderão alocar os recursos destinados à criação e ao custeio de ambientes de inovação, incluindo incubadoras, parques e centros vocacionais tecnológicos, laboratórios metrológicos, de ensaio, de pesquisa ou apoio ao treinamento, bem como custeio de bolsas de extensão e remuneração de professores, pesquisadores e agentes envolvidos nas atividades de apoio tecnológico complementar.

**Art. 65-A.** Fica criado o Inova Simples, regime especial simplificado que concede às iniciativas empresariais de caráter incremental ou disruptivo que se autodeclarem como empresas de inovação tratamento diferenciado com vistas a estimular sua criação, formalização, desenvolvimento e consolidação como agentes indutores de avanços tecnológicos e da geração de emprego e renda. *(Redação dada pela LC 182/2021)*

**§§ 1º e 2º** *(Revogados pela LC 182/2021)*

**§ 3º** O tratamento diferenciado a que se refere o *caput* deste artigo consiste na fixação de rito sumário para abertura e fechamento de empresas sob o regime do Inova Simples, que se dará de forma simplificada e automática, no mesmo ambiente digital do portal da Rede Nacional para a Simplificação do Registro e da Legalização de Empresas e Negócios (Redesim), em sítio eletrônico oficial do governo federal, por meio da utilização de formulário digital próprio, disponível em janela ou ícone intitulado Inova Simples.

**§ 4º** Os titulares de empresa submetida ao regime do Inova Simples preencherão cadastro básico com as seguintes informações:

**I** - qualificação civil, domicílio e CPF;

**II** - descrição do escopo da intenção empresarial inovadora, que utilize modelos de negócios inovadores para a geração de produtos ou serviços, e definição do nome empresarial, que conterá a expressão 'Inova Simples (I.S.)'; *(Redação dada pela LC 182/2021)*

**III** - autodeclaração, sob as penas da lei, de que o funcionamento da empresa submetida ao regime do Inova Simples não produzirá poluição, barulho e aglomeração de tráfego de veículos, para fins de caracterizar baixo grau de risco, nos termos do § 4º do art. 6º desta Lei Complementar;

**IV** - definição do local da sede, que poderá ser comercial, residencial ou de uso misto, sempre que não proibido pela legislação municipal ou distrital, admitindo-se a possibilidade de sua instalação em locais onde funcionam parques tecnológicos, instituições de ensino, empresas juniores, incubadoras, aceleradoras e espaços compartilhados de trabalho na forma de *coworking*; e

**V** - em caráter facultativo, a existência de apoio ou validação de instituto técnico, científico ou acadêmico, público ou privado, bem como de incubadoras, aceleradoras e instituições de ensino, nos parques tecnológicos e afins.

**§ 5º** Realizado o correto preenchimento das informações, será gerado automaticamente número de CNPJ específico, em nome da denominação da empresa Inova Simples, em código próprio Inova Simples.

**§ 6º** A empresa submetida ao regime do Inova Simples constituída na forma deste artigo deverá abrir, imediatamente, conta bancária de pessoa jurídica, para fins de captação e integralização de capital, proveniente de aporte próprio de seus titulares ou de investidor domiciliado no exterior, de linha de crédito público ou privado e de outras fontes previstas em lei.

**§ 7º** No portal da Redesim, no espaço destinado ao preenchimento de dados do Inova Simples, será disponibilizado ícone que direcionará a ambiente virtual do Instituto Nacional da Propriedade Industrial (INPI), do qual constarão orientações para o depósito de pedido de patente ou de registro de marca. *(Redação dada pela LC 182/2021)*

**§ 8º** O exame dos pedidos de patente ou de registro de marca, nos termos deste artigo, que tenham sido depositados por empresas participantes do Inova Simples será realizado em caráter prioritário. *(Redação dada pela LC 182/2021)*

**§ 9º** *(Revogado pela LC 182/2021)*

**§ 10.** É permitida a comercialização experimental do serviço ou produto até o limite fixado para o MEI nesta Lei Complementar.

**§ 11.** Na eventualidade de não lograr êxito no desenvolvimento do escopo pretendido, a baixa do CNPJ será automática, mediante procedimento de autodeclaração no portal da Redesim.

**§ 12.** (VETADO)

**§ 13.** O disposto neste artigo será regulamentado pelo Comitê Gestor do Simples Nacional.

**Art. 66.** No primeiro trimestre do ano subsequente, os órgãos e entidades a que alude o art. 67 desta Lei Complementar transmitirão ao Ministério da Ciência e Tecnologia relatório circunstanciado dos projetos realizados, compreendendo a análise do desempenho alcançado.

**Art. 67.** Os órgãos congêneres ao Ministério da Ciência e Tecnologia estaduais e municipais deverão elaborar e divulgar relatório anual indicando o valor dos recursos recebidos, inclusive por transferência de terceiros, que foram aplicados diretamente ou por organizações vinculadas, por Fundos Setoriais e outros, no segmento das microempresas e empresas de pequeno porte, retratando e avaliando os resultados obtidos e indicando as previsões de ações e metas para ampliação de sua participação no exercício seguinte.

### SEÇÃO III.
### DO APOIO À CERTIFICAÇÃO
### (INCLUÍDO PELA LEI COMPLEMENTAR Nº 155, DE 2016.).

**Art. 67-A.** O órgão competente do Poder Executivo disponibilizará na internet informações sobre certificação de qualidade de produtos e processos para microempresas e empresas de pequeno porte. (Incluído pela Lei Complementar nº 155, de 2016)

**Parágrafo único.** Os órgãos da administração direta e indireta e as entidades certificadoras privadas, responsáveis pela criação, regulação e gestão de processos de certificação de qualidade de produtos e processos, deverão, sempre que solicitados, disponibilizar ao órgão competente do Poder Executivo informações referentes a procedimentos e normas aplicáveis aos processos de certificação em seu escopo de atuação. (Incluído pela Lei Complementar nº 155, de 2016)

## CAPÍTULO XI.
## DAS REGRAS CIVIS E EMPRESARIAIS

### SEÇÃO I.
### DAS REGRAS CIVIS

#### *SUBSEÇÃO I.*
#### *DO PEQUENO EMPRESÁRIO*

**Art. 68.** Considera-se pequeno empresário, para efeito de aplicação do disposto nos arts. 970 e 1.179 da Lei nº 10.406, de 2002, o empresário individual caracterizado como microempresa na forma desta Lei Complementar que aufira receita bruta anual até o limite previsto no § 1º do art. 18-A.

#### *SUBSEÇÃO II.*

**Art. 69.** (VETADO).

### SEÇÃO II.
### DAS DELIBERAÇÕES SOCIAIS E DA ESTRUTURA ORGANIZACIONAL

**Art. 70.** As microempresas e as empresas de pequeno porte são desobrigadas da realização de reuniões e assembleias em qualquer das situações previstas na legislação civil, as quais serão substituídas por deliberação representativa do primeiro número inteiro superior à ½ (metade) do capital social.

**§ 1º.** O disposto no *caput* deste artigo não se aplica caso haja disposição contratual em contrário, caso ocorra hipótese de justa causa que enseje a exclusão de sócio ou caso um ou mais sócios ponham em risco a continuidade da empresa em virtude de atos de inegável gravidade.

**§ 2º.** Nos casos referidos no § 1º deste artigo, realizar-se-á reunião ou assembleia de acordo com a legislação civil.

**Art. 71.** Os empresários e as sociedades de que trata esta Lei Complementar, nos termos da legislação civil, ficam dispensados da publicação de qualquer ato societário.

### SEÇÃO III.
### DO NOME EMPRESARIAL

**Art. 72.** (Revogado pela Lei Complementar nº 155, de 2016).

### SEÇÃO IV.
### DO PROTESTO DE TÍTULOS

**Art. 73.** O protesto de título, quando o devedor for microempresário ou empresa de pequeno porte, é sujeito às seguintes condições:

**I** – sobre os emolumentos do tabelião não incidirão quaisquer acréscimos a título de taxas, custas e contribuições para o Estado ou Distrito Federal, carteira de previdência, fundo de custeio de atos gratuitos, fundos especiais do Tribunal de Justiça, bem como de associação de classe, criados ou que venham a ser criados sob qualquer título ou denominação, ressalvada a cobrança do devedor das despesas de correio, condução e publicação de edital para realização da intimação;

**II** – para o pagamento do título em cartório, não poderá ser exigido cheque de emissão de estabelecimento bancário, mas, feito o pagamento por meio de cheque, de emissão de estabelecimento bancário ou não, a quitação dada pelo tabelionato de protesto será condicionada à efetiva liquidação do cheque;

**III** – o cancelamento do registro de protesto, fundado no pagamento do título, será feito independentemente de declaração de anuência do credor, salvo no caso de impossibilidade de apresentação do original protestado;

**IV** – para os fins do disposto no *caput* e nos incisos I, II e III do *caput* deste artigo, o devedor deverá provar sua qualidade de microempresa ou de empresa de pequeno porte perante o tabelionato de protestos de títulos, mediante documento expedido pela Junta Comercial ou pelo Registro Civil das Pessoas Jurídicas, conforme o caso;

**V** – quando o pagamento do título ocorrer com cheque sem a devida provisão de fundos, serão automaticamente suspensos pelos cartórios de protesto, pelo prazo de 1 (um) ano, todos os benefícios previstos para o devedor neste artigo, independentemente da lavratura e registro do respectivo protesto.

**Art. 73-A.** São vedadas cláusulas contratuais relativas à limitação da emissão ou circulação de títulos de crédito ou direitos creditórios originados de operações de compra e venda de produtos e serviços por microempresas e empresas de pequeno porte.

## CAPÍTULO XII. DO ACESSO À JUSTIÇA

### SEÇÃO I. DO ACESSO AOS JUIZADOS ESPECIAIS

**Art. 74.** Aplica-se às microempresas e às empresas de pequeno porte de que trata esta Lei Complementar o disposto no § 1º do art. 8º da Lei nº 9.099, de 26 de setembro de 1995, e no inciso I do *caput* do art. 6º da Lei nº 10.259, de 12 de julho de 2001, as quais, assim como as pessoas físicas capazes, passam a ser admitidas como proponentes de ação perante o Juizado Especial, excluídos os cessionários de direito de pessoas jurídicas.

- Lei nº 9.099, de 26-9-1995, dispõe sobre Juizados Especiais Cíveis e Criminais da Justiça Estadual.

**Art. 74-A.** O Poder Judiciário, especialmente por meio do Conselho Nacional de Justiça – CNJ, e o Ministério da Justiça implementarão medidas para disseminar o tratamento diferenciado e favorecido às microempresas e empresas de pequeno porte em suas respectivas áreas de competência.

### SEÇÃO II. DA CONCILIAÇÃO PRÉVIA, MEDIAÇÃO E ARBITRAGEM

**Art. 75.** As microempresas e empresas de pequeno porte deverão ser estimuladas a utilizar os institutos de conciliação prévia, mediação e arbitragem para solução dos seus conflitos.

**§ 1º.** Serão reconhecidos de pleno direito os acordos celebrados no âmbito das comissões de conciliação prévia.

**§ 2º.** O estímulo a que se refere o *caput* deste artigo compreenderá campanhas de divulgação, serviços de esclarecimento e tratamento diferenciado, simplificado e favorecido no tocante aos custos administrativos e honorários cobrados.

### SEÇÃO III. DAS PARCERIAS

**Art. 75-A.** Para fazer face às demandas originárias do estímulo previsto nos arts. 74 e 75 desta Lei Complementar, entidades privadas, públicas, inclusive o Poder Judiciário, poderão firmar parcerias entre si, objetivando a instalação ou utilização de ambientes propícios para a realização dos procedimentos inerentes a busca da solução de conflitos.

**Art. 75-B.** (VETADO). (Incluído pela Lei Complementar nº 155, de 2016)

## CAPÍTULO XIII. DO APOIO E DA REPRESENTAÇÃO

**Art. 76.** Para o cumprimento do disposto nesta Lei Complementar, bem como para desenvolver e acompanhar políticas públicas voltadas às microempresas e empresas de pequeno porte, o poder público, em consonância com o Fórum Permanente das Microempresas e Empresas de Pequeno Porte, sob a coordenação da Secretaria da Micro e Pequena Empresa da Presidência da

República, deverá incentivar e apoiar a criação de fóruns com participação dos órgãos públicos competentes e das entidades vinculadas ao setor.

**Parágrafo único.** A Secretaria da Micro e Pequena Empresa da Presidência da República coordenará com as entidades representativas das microempresas e empresas de pequeno porte a implementação dos fóruns regionais nas unidades da federação.

**Art. 76-A.** As instituições de representação e apoio empresarial deverão promover programas de sensibilização, de informação, de orientação e apoio, de educação fiscal, de regularidade dos contratos de trabalho e de adoção de sistemas informatizados e eletrônicos, como forma de estímulo à formalização de empreendimentos, de negócios e empregos, à ampliação da competitividade e à disseminação do associativismo entre as microempresas, os microempreendedores individuais, as empresas de pequeno porte e equiparados.

## CAPÍTULO XIV. DISPOSIÇÕES FINAIS E TRANSITÓRIAS

**Art. 77.** Promulgada esta Lei Complementar, o Comitê Gestor expedirá, em 30 (trinta) meses, as instruções que se fizerem necessárias à sua execução.

**§ 1º.** O Ministério do Trabalho e Emprego, a Secretaria da Receita Federal, a Secretaria da Receita Previdenciária, os Estados, o Distrito Federal e os Municípios deverão editar, em 1 (um) ano, as leis e demais atos necessários para assegurar o pronto e imediato tratamento jurídico diferenciado, simplificado e favorecido às microempresas e às empresas de pequeno porte.

**§ 2º.** A administração direta e indireta federal, estadual e municipal e as entidades paraestatais acordarão, no prazo previsto no § 1º deste artigo, as providências necessárias à adaptação dos respectivos atos normativos ao disposto nesta Lei Complementar.

**§ 3º.** (VETADO).

**§ 4º.** O Comitê Gestor regulamentará o disposto no inciso I do § 6º do art. 13 desta Lei Complementar até 31 de dezembro de 2008.

**§ 5º.** A partir de 1º de janeiro de 2009, perderão eficácia as substituições tributárias que não atenderem à disciplina estabelecida na forma do § 4º deste artigo.

**§ 6º.** O Comitê de que trata o inciso III do *caput* do art. 2º desta Lei Complementar expedirá, até 31 de dezembro de 2009, as instruções que se fizerem necessárias relativas a sua competência.

**Art. 78.** (Revogado pela LC nº 128/08)

**Art. 79.** Será concedido, para ingresso no Simples Nacional, parcelamento, em até 100 (cem) parcelas mensais e sucessivas, dos débitos com o Instituto Nacional do Seguro Social – INSS, ou com as Fazendas Públicas federal, estadual ou municipal, de responsabilidade da microempresa ou empresa de pequeno porte e de seu titular ou sócio, com vencimento até 30 de junho de 2008.

**§ 1º.** O valor mínimo da parcela mensal será de R$ 100,00 (cem reais), considerados isoladamente os débitos para com a Fazenda Nacional, para com a Seguridade Social, para com a Fazenda dos Estados, dos Municípios ou do Distrito Federal.

**§ 2º.** Esse parcelamento alcança inclusive débitos inscritos em dívida ativa.

**§ 3º.** O parcelamento será requerido à respectiva Fazenda para com a qual o sujeito passivo esteja em débito.

**§ 3º-A.** O parcelamento deverá ser requerido no prazo estabelecido em regulamentação do Comitê Gestor.

**§ 4º.** Aplicam-se ao disposto neste artigo as demais regras vigentes para parcelamento de tributos e contribuições federais, na forma regulamentada pelo Comitê Gestor.

**§§ 5º a 8º.** (VETADO).

**§ 9º.** O parcelamento de que trata o *caput* deste artigo não se aplica na hipótese de reingresso de microempresa ou empresa de pequeno porte no Simples Nacional.

**Art. 79-A.** (VETADO).

**Art. 79-B.** Excepcionalmente para os fatos geradores ocorridos em julho de 2007, os tributos apurados na forma dos arts. 18 a 20 desta Lei Complementar deverão ser pagos até o último dia útil de agosto de 2007.

**Art. 79-C.** A microempresa e a empresa de pequeno porte que, em 30 de junho de 2007, se enquadravam no regime previsto na Lei nº 9.317, de 5 de dezembro de 1996, e que não ingressaram no regime previsto no art. 12 desta Lei Complementar sujeitar-se-ão, a partir de 1º de julho de 2007, às normas de tributação aplicáveis às demais pessoas jurídicas.

**§ 1º.** Para efeito do disposto no *caput* deste artigo, o sujeito passivo poderá optar pelo recolhimento do Imposto sobre a Renda da Pessoa Jurídica – IRPJ e da Contribuição Social sobre o Lucro Líquido – CSLL na forma do lucro real, trimestral ou anual, ou do lucro presumido.

**§ 2º.** A opção pela tributação com base no lucro presumido dar-se-á pelo pagamento, no vencimento, do IRPJ e da CSLL devidos, correspondente ao 3º (terceiro) trimestre de 2007 e, no caso do lucro real anual, com o pagamento do IRPJ e da CSLL relativos ao mês de julho de 2007 com base na estimativa mensal.

**Art. 79-D.** Excepcionalmente, para os fatos geradores ocorridos entre 1º de julho de 2007 e 31 de dezembro de 2008, as pessoas jurídicas que exerçam atividade sujeita simultaneamente à incidência do IPI e do ISS deverão recolher o ISS diretamente ao Município em que este imposto é devido até o último dia útil de fevereiro de 2009, aplicando-se, até esta data, o disposto no parágrafo único do art. 100 da Lei nº 5.172, de 25 de outubro de 1966 – Código Tributário Nacional – CTN.

**Art. 79-E.** A empresa de pequeno porte optante pelo Simples Nacional em 31 de dezembro de 2017 que durante o ano calendário de 2017 auferir receita bruta total anual entre R$ 3.600.000,01 (três milhões, seiscentos mil reais e um centavo) e R$ 4.800.000,00 (quatro milhões e oitocentos mil reais) continuará automaticamente incluída no Simples Nacional com efeitos a partir de 1º de janeiro de 2018, ressalvado o direito de exclusão por comunicação da optante. (Redação dada pela Lei Complementar nº 155, de 2016)

**Art. 80.** O art. 21 da Lei nº 8.212, de 24 de julho de 1991, fica acrescido dos seguintes §§ 2º e 3º, passando o parágrafo único a vigorar como § 1º:

(...)

**Art. 81.** O art. 45 da Lei nº 8.212, de 24 de julho de 1991, passa a vigorar com as seguintes alterações:

(...)

**Art. 82.** A Lei nº 8.213, de 24 de julho de 1991, passa a vigorar com as seguintes alterações:

(...)

**Art. 83.** O art. 94 da Lei nº 8.213, de 24 de julho de 1991, fica acrescido do seguinte § 2º, passando o parágrafo único a vigorar como § 1º:

(...)

**Art. 84.** O art. 58 da Consolidação das Leis do Trabalho – CLT, aprovada pelo Decreto-Lei nº 5.452, de 1º de maio de 1943, passa a vigorar acrescido do seguinte § 3º:

(...)

**Art. 85.** (VETADO).

**Art. 85-A.** Caberá ao Poder Público Municipal designar Agente de Desenvolvimento para a efetivação do disposto nesta Lei Complementar, observadas as especificidades locais.

**§ 1º.** A função de Agente de Desenvolvimento caracteriza-se pelo exercício de articulação das ações públicas para a promoção do desenvolvimento local e territorial, mediante ações locais ou comunitárias, individuais ou coletivas, que visem ao cumprimento das disposições e diretrizes contidas nesta Lei Complementar, sob supervisão do órgão gestor local responsável pelas políticas de desenvolvimento.

**§ 2º.** O Agente de Desenvolvimento deverá preencher os seguintes requisitos:

**I** – residir na área da comunidade em que atuar;

**II** – haver concluído, com aproveitamento, curso de qualificação básica para a formação de Agente de Desenvolvimento; e

**III** – possuir formação ou experiência compatível com a função a ser exercida;

**IV** – ser preferencialmente servidor efetivo do Município.

**§ 3º.** A Secretaria da Micro e Pequena Empresa da Presidência da República juntamente com as entidades municipalistas e de apoio e representação empresarial prestarão suporte aos referidos agentes na forma de capacitação, estudos e pesquisas, publicações, promoção de intercâmbio de informações e experiências.

**Art. 86.** As matérias tratadas nesta Lei Complementar que não sejam reservadas constitucionalmente a lei complementar poderão ser objeto de alteração por lei ordinária.

**Art. 87.** O § 1º do art. 3º da Lei Complementar nº 63, de 11 de janeiro de 1990, passa a vigorar com a seguinte redação:

(...)

**Art. 87-A.** Os Poderes Executivos da União, Estados, Distrito Federal e Municípios expedirão, anualmente, até o dia 30 de novembro, cada um, em seus respectivos âmbitos de competência, decretos de consolidação da regulamentação aplicável relativamente às microempresas e empresas de pequeno porte.

**Art. 88.** Esta Lei Complementar entra em vigor na data de sua publicação, ressalvado o regime de tributação das microempresas e empresas de pequeno porte, que entra em vigor em 1º de julho de 2007.

**Art. 89.** Ficam revogadas, a partir de 1º de julho de 2007, a Lei nº 9.317, de 5 de dezembro de 1996, e a Lei nº 9.841, de 5 de outubro de 1999.

Brasília, 14 de dezembro de 2006; 185º da Independência e 118º da República.

LUIZ INÁCIO LULA DA SILVA

*(Publicação no D.O.U. de 15.12.2006; republicação 31.1.2009, em 31.1.2012 e 6.3.2012)*

## ANEXO I
## (Anexo com redação dada pela Lei Complementar nº 155, de 27/10/2016)
## ALÍQUOTAS E PARTILHA DO SIMPLES NACIONAL – COMÉRCIO

| Receita Bruta em 12 Meses (em R$) | | Alíquota | Valor a Deduzir (em R$) |
|---|---|---|---|
| 1ª Faixa | Até 180.000,00 | 4,00% | – |
| 2ª Faixa | De 180.000,01 a 360.000,00 | 7,30% | 5.940,00 |
| 3ª Faixa | De 360.000,01 a 720.000,00 | 9,50% | 13.860,00 |
| 4ª Faixa | De 720.000,01 a 1.800.000,00 | 10,70% | 22.500,00 |
| 5ª Faixa | De 1.800.000,01 a 3.600.000,00 | 14,30% | 87.300,00 |
| 6ª Faixa | De 3.600.000,01 a 4.800.000,00 | 19,00% | 378.000,00 |

| Faixas | Percentual de Repartição dos Tributos | | | | | |
|---|---|---|---|---|---|---|
| | IRPJ | CSLL | Cofins | PIS/Pasep | CPP | ICMS |
| 1ª Faixa | 5,50% | 3,50% | 12,74% | 2,76% | 41,50% | 34,00% |
| 2ª Faixa | 5,50% | 3,50% | 12,74% | 2,76% | 41,50% | 34,00% |
| 3ª Faixa | 5,50% | 3,50% | 12,74% | 2,76% | 42,00% | 33,50% |
| 4ª Faixa | 5,50% | 3,50% | 12,74% | 2,76% | 42,00% | 33,50% |
| 5ª Faixa | 5,50% | 3,50% | 12,74% | 2,76% | 42,00% | 33,50% |
| 6ª Faixa | 13,50% | 10,00% | 28,27% | 6,13% | 42,10% | – |

## ANEXO II
## (ANEXO COM REDAÇÃO DADA PELA LEI COMPLEMENTAR Nº 155, DE 27/10/2016)
## ALÍQUOTAS E PARTILHA DO SIMPLES NACIONAL – INDÚSTRIA

| Receita Bruta em 12 Meses (em R$) | | Alíquota | Valor a Deduzir (em R$) |
|---|---|---|---|
| 1ª Faixa | Até 180.000,00 | 4,50% | – |
| 2ª Faixa | De 180.000,01 a 360.000,00 | 7,80% | 5.940,00 |
| 3ª Faixa | De 360.000,01 a 720.000,00 | 10,00% | 13.860,00 |
| 4ª Faixa | De 720.000,01 a 1.800.000,00 | 11,20% | 22.500,00 |
| 5ª Faixa | De 1.800.000,01 a 3.600.000,00 | 14,70% | 85.500,00 |
| 6ª Faixa | De 3.600.000,01 a 4.800.000,00 | 30,00% | 720.000,00 |

| Faixas | Percentual de Repartição dos Tributos | | | | | | |
|---|---|---|---|---|---|---|---|
| | IRPJ | CSLL | Cofins | PIS/Pasep | CPP | IPI | ICMS |
| 1ª Faixa | 5,50% | 3,50% | 11,51% | 2,49% | 37,50% | 7,50% | 32,00% |
| 2ª Faixa | 5,50% | 3,50% | 11,51% | 2,49% | 37,50% | 7,50% | 32,00% |
| 3ª Faixa | 5,50% | 3,50% | 11,51% | 2,49% | 37,50% | 7,50% | 32,00% |
| 4ª Faixa | 5,50% | 3,50% | 11,51% | 2,49% | 37,50% | 7,50% | 32,00% |
| 5ª Faixa | 5,50% | 3,50% | 11,51% | 2,49% | 37,50% | 7,50% | 32,00% |
| 6ª Faixa | 8,50% | 7,50% | 20,96% | 4,54% | 23,50% | 35,00% | – |

## ANEXO III
## ALÍQUOTAS E PARTILHA DO SIMPLES NACIONAL – RECEITAS DE LOCAÇÃO DE BENS MÓVEIS E DE PRESTAÇÃO DE SERVIÇOS NÃO RELACIONADOS NO § 5º-C DO ART. 18 DESTA LEI COMPLEMENTAR
## (Redação dada pela Lei Complementar nº 155, de 2016)

| Receita Bruta em 12 Meses (em R$ ) | | Alíquota | Valor a Deduzir (em R$ ) |
|---|---|---|---|
| 1ª Faixa | Até 180.000,00 | 6,00% | – |
| 2ª Faixa | De 180.000,01 a 360.000,00 | 11, 20 % | 9.360,00 |

| Receita Bruta em 12 Meses (em R$ ) | | Alíquota | Valor a Deduzir (em R$ ) |
|---|---|---|---|
| 3ª Faixa | De 360.000,01 a 720.000,00 | 13,50% | 17.640,00 |
| 4ª Faixa | De 720.000,01 a 1.800.000,00 | 16,00% | 35.640,00 |
| 5ª Faixa | De 1.800.000,01 a 3.600.000,00 | 21,00% | 125.640,00 |
| 6ª Faixa | De 3.600.000,01 a 4.800.000,00 | 33,00% | 648.000,00 |

| Faixa | Percentual de Repartição dos Tributos | | | | | |
|---|---|---|---|---|---|---|
| | IRPJ | CSLL | Cofins | PIS/Pasep | CPP | ISS (*) |
| 1ª Faixa | 4,00% | 3,50% | 12,82% | 2,78% | 43,40% | 33,50% |
| 2ª Faixa | 4,00% | 3,50% | 14,05% | 3,05% | 43,40% | 32,00% |
| 3ª Faixa | 4,00% | 3,50% | 13,64% | 2,96% | 43,40% | 32,50% |
| 4ª Faixa | 4,00% | 3,50% | 13,64% | 2,96% | 43,40% | 32,50% |
| 5ª Faixa | 4,00% | 3,50% | 12,82% | 2,78% | 43,40% | 33,50% (*) |
| 6ª Faixa | 35,00% | 15,00% | 16,03% | 3,47% | 30,50% | – |

(*) O percentual efetivo máximo devido ao ISS será de 5%, transferindo-se a diferença, de forma proporcional, aos tributos federais da mesma faixa de receita bruta anual. Sendo assim, na 5ª faixa, quando a alíquota efetiva for superior a 14,92537%, a repartição será:

| Faixa | IRPJ | CSLL | Cofins | PIS/Pasep | CPP | ISS |
|---|---|---|---|---|---|---|
| 5ª Faixa, com alíquota efetiva superior a 14,92537% | (Alíquota efetiva – 5%) x 6,02% | (Alíquota efetiva – 5%) x 5,26% | (Alíquota efetiva – 5%) x 19,28% | (Alíquota efetiva – 5%) x 4,18% | (Alíquota efetiva – 5%) x 65,26% | Percentual de ISS fixo em 5% |

## ANEXO IV
## ALÍQUOTAS E PARTILHA DO SIMPLES NACIONAL – RECEITAS DECORRENTES DA PRESTAÇÃO DE SERVIÇOS RELACIONADOS NO § 5º-C DO ART. 18 DESTA LEI COMPLEMENTAR
**(Redação dada pela Lei Complementar nº 155, de 2016)**

| Receita Bruta em 12 Meses (em R$ ) | | Alíquota | Valor a Deduzir (em R$ ) |
|---|---|---|---|
| 1ª Faixa | Até 180.000,00 | 4,50% | – |
| 2ª Faixa | De 180.000,01 a 360.000,00 | 9,00% | 8.100,00 |
| 3ª Faixa | De 360.000,01 a 720.000,00 | 10,20% | 12.420,00 |
| 4ª Faixa | De 720.000,01 a 1.800.000,00 | 14,00% | 39.780,00 |
| 5ª Faixa | De 1.800.000,01 a 3.600.000,00 | 22,00% | 183.780,00 |
| 6ª Faixa | De 3.600.000,01 a 4.800.000,00 | 33,00% | 828.000,00 |

| Faixa | Percentual de Repartição dos Tributos | | | | |
|---|---|---|---|---|---|
| | IRPJ | CSLL | Cofins | PIS/Pasep | ISS (*) |
| 1ª Faixa | 18,80% | 15,20% | 17,67% | 3,83% | 44,50% |
| 2ª Faixa | 19,80% | 15,20% | 20,55% | 4,45% | 40,00% |
| 3ª Faixa | 20,80% | 15,20% | 19,73% | 4,27% | 40,00% |
| 4ª Faixa | 17,80% | 19,20% | 18,90% | 4,10% | 40,00% |

| Faixa | Percentual de Repartição dos Tributos | | | | |
|---|---|---|---|---|---|
| | IRPJ | CSLL | Cofins | PIS/Pasep | ISS (*) |
| 5ª Faixa | 18,80% | 19,20% | 18,08% | 3,92% | 40,00% (*) |
| 6ª Faixa | 53,50% | 21,50% | 20,55% | 4,45% | – |

(*) O percentual efetivo máximo devido ao ISS será de 5%, transferindo-se a diferença, de forma proporcional, aos tributos federais da mesma faixa de receita bruta anual. Sendo assim, na 5ª faixa, quando a alíquota efetiva for superior a 12,5%, a repartição será:

| Faixa | IRPJ | CSLL | Cofins | PIS/Pasep | ISS |
|---|---|---|---|---|---|
| 5ª Faixa, com alíquota efetiva superior a 12,5% | Alíquota efetiva – 5%) x 31,33% | (Alíquota efetiva – 5%) x 32,00% | (Alíquota efetiva – 5%) x 30,13% | Alíquota efetiva – 5%) x 6,54% | Percentual de ISS fixo em 5% |

## ANEXO V
## ALÍQUOTAS E PARTILHA DO SIMPLES NACIONAL – RECEITAS DECORRENTES DA PRESTAÇÃO DE SERVIÇOS RELACIONADOS NO § 5º-I DO ART. 18 DESTA LEI COMPLEMENTAR
**(Redação dada pela Lei Complementar nº 155, de 2016)**

| Receita Bruta em 12 Meses (em R$ ) | | Alíquota | Valor a Deduzir (em R$ ) |
|---|---|---|---|
| 1ª Faixa | Até 180.000,00 | 15,50% | – |
| 2ª Faixa | De 180.000,01 a 360.000,00 | 18,00% | 4.500,00 |
| 3ª Faixa | De 360.000,01 a 720.000,00 | 19,50% | 9.900,00 |
| 4ª Faixa | De 720.000,01 a 1.800.000,00 | 20,50% | 17.100,00 |
| 5ª Faixa | De 1.800.000,01 a 3.600.000,00 | 23,00% | 62.100,00 |
| 6ª Faixa | De 3.600.000,01 a 4.800.000,00 | 30,50% | 540.000,00 |

| Faixa | Percentual de Repartição dos Tributos | | | | | |
|---|---|---|---|---|---|---|
| | IRPJ | CSLL | Cofins | PIS/Pasep | CPP | ICMS |
| 1ª Faixa | 25,00% | 15,00% | 14,10% | 3,05% | 28,85% | 14,00% |
| 2ª Faixa | 23,00% | 15,00% | 14,10% | 3,05% | 27,85% | 17,00% |
| 3ª Faixa | 24,00% | 15,00% | 14,92% | 3,23% | 23,85% | 19,00% |
| 4ª Faixa | 21,00% | 15,00% | 15,74% | 3,41% | 23,85% | 21,00% |
| 5ª Faixa | 23,00% | 12,50% | 14,10% | 3,05% | 23,85% | 23,50% |
| 6ª Faixa | 35,00% | 15,50% | 16,44% | 3,56% | 29,50% | – |

## ANEXO VI
## (REVOGADO PELA LEI COMPLEMENTAR Nº 155, DE 2016, EM VIGOR A PARTIR DE 1º DE JANEIRO DE 2018)

# Direito Processual Civil

# PLANO DE ESTUDO

| Diploma | Estudado | Revisto | Questões |
|---|---|---|---|
| Lei nº 8.038/1990 | ☐ | ☐ | ☐ |
| Lei nº 11.417/2006 | ☐ | ☐ | ☐ |

# LEI Nº 8.038, DE 28 DE MAIO DE 1990

*Institui normas procedimentais para os processos que especifica, perante o Superior Tribunal de Justiça e o Supremo Tribunal Federal.*

O PRESIDENTE DA REPÚBLICA, faço saber que o Congresso Nacional decreta e eu sanciono a seguinte Lei:

- Lei 11.419/2006 – Dispõe sobre a informatização do processo judicial; altera a Lei 5.869/1973 (Código de Processo Civil).
- Resolução 693/2020 do STF – Regulamenta o processo eletrônico no âmbito do STF.
- Resolução 10/2015 do STJ – Regulamenta o processo judicial eletrônico no âmbito do STJ.

## TÍTULO I. PROCESSOS DE COMPETÊNCIA ORIGINÁRIA

### CAPÍTULO I. AÇÃO PENAL ORIGINÁRIA

- Lei 8.658/1993: art. 1º.

✪ **Art. 1º.** Nos crimes de ação penal pública, o Ministério Público terá o prazo de 15 (quinze) dias para oferecer denúncia ou pedir arquivamento do inquérito ou das peças informativas.

- CF/88: art. 129.

**§ 1º.** Diligências complementares poderão ser deferidas pelo relator, com interrupção do prazo deste artigo.

- CPP: art. 798.

**§ 2º.** Se o indiciado estiver preso:

*a)* o prazo para oferecimento da denúncia será de 5 (cinco) dias;

*b)* as diligências complementares não interromperão o prazo, salvo se o relator, ao deferi-las, determinar o relaxamento da prisão.

- CF/88: art. 5º, LXV.

**§ 3º.** Não sendo o caso de arquivamento e tendo o investigado confessado formal e circunstanciadamente a prática de infração penal sem violência ou grave ameaça e com pena mínima inferior a 4 (quatro) anos, o Ministério Público poderá propor acordo de não persecução penal, desde que necessário e suficiente para a reprovação e prevenção do crime, nos termos do art. 28-A do Decreto-Lei nº 3.689, de 3 de outubro de 1941 (Código de Processo Penal). *(Acrescido pela Lei 13.964/2019)*

**Art. 2º.** O relator, escolhido na forma regimental, será o juiz da instrução, que se realizará segundo o disposto neste capítulo, no Código de Processo Penal, no que for aplicável, e no Regimento Interno do Tribunal.

**Parágrafo único.** O relator terá as atribuições que a legislação processual confere aos juízes singulares.

✪ **Art. 3º.** Compete ao relator:

**I** – determinar o arquivamento do inquérito ou de peças informativas, quando o requerer o Ministério Público, ou submeter o requerimento à decisão competente do Tribunal;

**II** – decretar a extinção da punibilidade, nos casos previstos em lei.

**III** – convocar desembargadores de Turmas Criminais dos Tribunais de Justiça ou dos Tribunais Regionais Federais, bem como juízes de varas criminais da Justiça dos Estados e da Justiça Federal, pelo prazo de 6 (seis) meses, prorrogável por igual período, até o máximo de 2 (dois) anos, para a realização do interrogatório e de outros atos da instrução, na sede do tribunal ou no local onde se deva produzir o ato.

✪ **Art. 4º.** Apresentada a denúncia ou a queixa ao Tribunal, far-se-á a notificação do acusado para oferecer resposta no prazo de 15 (quinze) dias.

- CF/88: art. 5º, LIV e LV.

**§ 1º.** Com a notificação, serão entregues ao acusado cópia da denúncia ou da queixa, do despacho do relator e dos documentos por este indicados.

**§ 2º.** Se desconhecido o paradeiro do acusado, ou se este criar dificuldades para que o oficial cumpra a diligência, proceder-se-á à sua notificação por edital, contendo o teor resumido da acusação, para que compareça ao Tribunal, em 5 (cinco) dias, onde terá vista dos autos pelo prazo de 15 (quinze) dias, a fim de apresentar a resposta prevista neste artigo.

✪ **Art. 5º.** Se, com a resposta, forem apresentados novos documentos, será intimada a parte contrária para sobre eles se manifestar, no prazo de 5 (cinco) dias.

**Parágrafo único.** Na ação penal de iniciativa privada, será ouvido, em igual prazo, o Ministério Público.

- CPP: art. 45.

✪ **Art. 6º.** A seguir, o relator pedirá dia para que o Tribunal delibere sobre o recebimento, a rejeição da denúncia ou da queixa, ou a improcedência da acusação, se a decisão não depender de outras provas.

‣ CPP: art. 395.

**§ 1º**. No julgamento de que trata este artigo, será facultada sustentação oral pelo prazo de 15 (quinze) minutos, primeiro à acusação, depois à defesa.

**§ 2º**. Encerrados os debates, o Tribunal passará a deliberar, determinando o Presidente as pessoas que poderão permanecer no recinto, observado o disposto no inciso II, do art. 12, desta Lei.

**Art. 7º.** Recebida a denúncia ou a queixa, o relator designará dia e hora para o interrogatório, mandando citar o acusado ou querelado e intimar o órgão do Ministério Público, bem como o querelante ou o assistente, se for o caso.

‣ CPP: art. 188.

**Art. 8º.** O prazo para defesa prévia será de 5 (cinco) dias, contado do interrogatório ou da intimação do defensor dativo.

**Art. 9º.** A instrução obedecerá, no que couber, ao procedimento comum do Código de Processo Penal.

‣ CPP: arts. 394 a 405.

**§ 1º**. O relator poderá delegar a realização do interrogatório ou de outro ato da instrução ao juiz ou membro de tribunal com competência territorial no local de cumprimento da carta de ordem.

‣ CPC/15: arts. 260, 262, 263 e 266.

**§ 2º**. Por expressa determinação do relator, as intimações poderão ser feitas por carta registrada com aviso de recebimento.

‣ CPC/15: arts. 231, I, 246 a 249, 269, § 1º, 274 e 275.

**Art. 10.** Concluída a inquirição de testemunhas, serão intimadas a acusação e a defesa, para requerimento de diligências no prazo de 5 (cinco) dias.

**Art. 11.** Realizadas as diligências, ou não sendo estas requeridas nem determinadas pelo relator, serão intimadas a acusação e a defesa para, sucessivamente, apresentarem, no prazo de 15 (quinze) dias, alegações escritas.

**§ 1º.** Será comum o prazo do acusador e do assistente, bem como o dos correús.

**§ 2º.** Na ação penal de iniciativa privada, o Ministério Público terá vista, por igual prazo, após as alegações das partes.

**§ 3º.** O relator poderá, após as alegações escritas, determinar de ofício a realização de provas reputadas imprescindíveis para o julgamento da causa.

**Art. 12.** Finda a instrução, o Tribunal procederá ao julgamento, na forma determinada pelo regimento interno, observando-se o seguinte:

**I** – a acusação e a defesa terão, sucessivamente, nessa ordem, prazo de 1 (uma) hora para sustentação oral, assegurado ao assistente 1/4 (um quarto) do tempo da acusação;

**II** – encerrados os debates, o Tribunal passará a proferir o julgamento, podendo o Presidente limitar a presença no recinto às partes e seus advogados, ou somente a estes, se o interesse público exigir.

## CAPÍTULO II. RECLAMAÇÃO

**Arts. 13 a 18.** (Revogados pela Lei n º 13.105, de 2015)

## CAPÍTULO III. INTERVENÇÃO FEDERAL

**Art. 19.** A requisição de intervenção federal prevista nos incisos II e IV do art. 36 da Constituição Federal será promovida:

**I** – de ofício, ou mediante pedido de Presidente de Tribunal de Justiça do Estado, ou de Presidente de Tribunal Federal, quando se tratar de prover a execução de ordem ou decisão judicial, com ressalva, conforme a matéria, da competência do Supremo Tribunal Federal ou do Tribunal Superior Eleitoral;

**II** – de ofício, ou mediante pedido da parte interessada, quando se tratar de prover a execução de ordem ou decisão do Superior Tribunal de Justiça;

**III** – mediante representação do Procurador-Geral da República, quando se tratar de prover a execução de lei federal.

**Art. 20.** O Presidente, ao receber o pedido:

**I** – tomará as providências que lhe parecerem adequadas para remover, administrativamente, a causa do pedido;

**II** – mandará arquivá-lo, se for manifestamente infundado, cabendo do seu despacho agravo regimental.

**Art. 21.** Realizada a gestão prevista no inciso I do artigo anterior, solicitadas informações à autoridade estadual e ouvido o Procurador-Geral, o pedido será distribuído a um relator.

**Parágrafo único.** Tendo em vista o interesse público, poderá ser permitida a presença no recinto às partes e seus advogados, ou somente a estes.

**Art. 22.** Julgado procedente o pedido, o Presidente do Superior Tribunal de Justiça comunicará, imediatamente, a decisão aos órgãos do poder público interessados e requisitará a intervenção ao Presidente da República.

## CAPÍTULO IV. *HABEAS CORPUS*

- CF/88: art. 5º, LXVIII.

**Art. 23.** Aplicam-se ao *habeas corpus* perante o Superior Tribunal de Justiça as normas do Livro III, Título II, Capítulo X, do Código de Processo Penal.

## CAPÍTULO V. OUTROS PROCEDIMENTOS

**Art. 24.** Na ação rescisória, nos conflitos de competência, de jurisdição e de atribuições, na revisão criminal e no mandado de segurança, será aplicada a legislação processual em vigor.

- CF/88: arts. 5º, LXIX, 102, I, e 105, I.
- CPC/15: arts. 966 a 975
- CPP: arts. 621 a 631.

**Parágrafo único.** No mandado de injunção e no *habeas data*, serão observadas, no que couber, as normas do mandado de segurança, enquanto não editada legislação específica.

- CF/88: art. 5º, LXXI e LXXII.
- CPC/15: arts. 1.027 e 1.028.
- Lei 13.300/2016 – Disciplina o processo e o julgamento dos mandados de injunção individual e coletivo.
- Lei 12.016/2009 – Disciplina o mandado de segurança individual e coletivo.
- Lei 9.507/1997 – Regula o direito de acesso a informações e disciplina o rito processual do habeas data.

**Art. 25.** Salvo quando a causa tiver por fundamento matéria constitucional, competente ao Presidente do Superior Tribunal de Justiça, a requerimento do Procurador-Geral da República ou da pessoa jurídica de direito público interessada, e para evitar grave lesão à ordem, à saúde, à segurança e à economia pública, suspender, em despacho fundamentado, a execução de liminar ou de decisão concessiva de mandado de segurança, proferida, em única ou última instância, pelos Tribunais Regionais Federais ou pelos Tribunais dos Estados e do Distrito Federal.

**§ 1º.** O Presidente pode ouvir o impetrante, em 5 (cinco) dias, e o Procurador-Geral quando não for o requerente, em igual prazo.

**§ 2º.** Do despacho que conceder a suspensão caberá agravo regimental.

**§ 3º.** A suspensão de segurança vigorará enquanto pender o recurso, ficando sem efeito, se a decisão concessiva for mantida pelo Superior Tribunal de Justiça ou transitar em julgado.

- Súm. 626 do STJ.

# TÍTULO II. RECURSOS

## CAPÍTULO I. RECURSO EXTRAORDINÁRIO E RECURSO ESPECIAL

- CPC/15: arts. 1.029 a 1.041.

**Arts. 26 a 29.** (Revogados pela Lei n º 13.105, de 2015)

## CAPÍTULO II. RECURSO ORDINÁRIO EM *HABEAS CORPUS*

**Art. 30.** O recurso ordinário para o Superior Tribunal de Justiça, das decisões denegatórias de *habeas corpus*, proferidas pelos Tribunais Regionais Federais ou pelos Tribunais dos Estados e do Distrito Federal, será interposto no prazo de 5 (cinco) dias, com as razões do pedido de reforma.

- CF/88: art. 105, II, a.
- CPP: art. 650, I.

**Art. 31.** Distribuído o recurso, a Secretaria, imediatamente, fará os autos com vista ao Ministério Público, pelo prazo de 2 (dois) dias.

**Parágrafo único.** Conclusos os autos ao relator, este submeterá o feito a julgamento independentemente de pauta.

**Art. 32.** Será aplicado, no que couber, ao processo e julgamento do recurso, o disposto com relação ao pedido originário de *habeas corpus*.

- CF/88: art. 102, I, d e i.

## CAPÍTULO III. RECURSO ORDINÁRIO EM MANDADO DE SEGURANÇA

**Art. 33.** O recurso ordinário para o Superior Tribunal de Justiça, das decisões denegatórias de mandado de segurança, proferidas em única instância pelos Tribunais Regionais Federais ou pelos Tribunais de Estados e do Distrito Federal, será interposto no prazo de 15 (quinze) dias, com as razões do pedido de reforma.

- CF/88: art. 105, II, b.

**Art. 34.** Serão aplicadas, quanto aos requisitos de admissibilidade e o procedimento no Tribunal recorrido, as regras do Código de Processo Civil relativas à apelação.

- CPC/15: arts. 1.009 a 1.014.

**Art. 35.** Distribuído o recurso, a Secretaria, imediatamente, fará os autos com vista ao Ministério Público, pelo prazo de 5 (cinco) dias.

**Parágrafo único.** Conclusos os autos ao relator, este pedirá dia para julgamento.

## CAPÍTULO IV. APELAÇÃO CÍVEL E AGRAVO DE INSTRUMENTO

**Art. 36.** Nas causas em que forem partes, de um lado, Estado estrangeiro ou organismo internacional e, de outro, município ou pessoa domiciliada ou residente no País, caberá:

› CF/88: art. 105, II, b.

**I** – apelação da sentença;

› CPC/15: arts. 1.009 a 1.014.

**II** – agravo de instrumento, das decisões interlocutórias.

› CPC/15: arts. 1.015 a 1.020.

**Art. 37.** Os recursos mencionados no artigo anterior serão interpostos para o Superior Tribunal de Justiça, aplicando-se lhes, quanto aos requisitos de admissibilidade e ao procedimento o disposto no Código de Processo Civil.

› CPC/15: arts. 929 a 946.

## TÍTULO III. DISPOSIÇÕES GERAIS

**Art. 38.** (Revogado pela Lei nº 13.105, de 2015)

**Art. 39.** Da decisão do Presidente do Tribunal, de Seção, de Turma ou de Relator que causar gravame à parte, caberá agravo para o órgão especial, Seção ou Turma, conforme o caso, no prazo de 5 (cinco) dias.

› Súm. 116 do STJ.

**Art. 40.** Haverá revisão, no Superior Tribunal de Justiça, nos seguintes processos:

**I** – ação rescisória;

**II** – ação penal originária;

**III** – revisão criminal.

**Art. 41.** Em caso de vaga ou afastamento do Ministro do Superior Tribunal de Justiça, por prazo superior a 30 (trinta) dias, poderá ser convocado Juiz de Tribunal Regional Federal ou Desembargador, para substituição, pelo voto da maioria absoluta dos seus membros.

**Art. 41-A.** A decisão de Turma, no Superior Tribunal de Justiça, será tomada pelo voto da maioria absoluta de seus membros.

**Parágrafo único.** Em *habeas corpus* originário ou recursal, havendo empate, prevalecerá a decisão mais favorável ao paciente.

**Art. 41-B.** As despesas do porte de remessa e retorno dos autos serão recolhidas mediante documento de arrecadação, de conformidade com instruções e tabela expedidas pelo Supremo Tribunal Federal e pelo Superior Tribunal de Justiça.

**Parágrafo único.** A secretaria do tribunal local zelará pelo recolhimento das despesas postais.

**Art. 42.** Os arts. 496, 497, 498, inciso II do art. 500, e 508 da Lei nº 5.869, de 11 de janeiro de 1973 – Código de Processo Civil, passam a vigorar com a seguinte redação:

(...)

**Art. 43.** Esta Lei entra em vigor na data de sua publicação.

**Art. 44.** Revogam-se as disposições em contrário, especialmente os arts. 541 a 546 do Código de Processo Civil e a Lei nº 3.396, de 2 de junho de 1958.

Brasília, em 28 de maio de 1990; 169º da Independência e 102º da República.

FERNANDO COLLOR

D.O.U. 29.5.1990

# LEI Nº 11.417, DE 19 DE DEZEMBRO DE 2006

*Regulamenta o art. 103-A da Constituição Federal e altera a Lei nº 9.784, de 29 de janeiro de 1999, disciplinando a edição, a revisão e o cancelamento de enunciado de súmula vinculante pelo Supremo Tribunal Federal, e dá outras providências.*

O PRESIDENTE DA REPÚBLICA

Faço saber que o Congresso Nacional decreta e eu sanciono a seguinte Lei:

› Resolução 388/2008 do STF – Disciplina o processamento de proposta de edição, revisão e cancelamento de súmulas.

› Resolução 381/2008 do STF – Estabelece procedimentos para a edição, a revisão e o cancelamento de súmulas vinculantes.

**Art. 1º.** Esta Lei disciplina a edição, a revisão e o cancelamento de enunciado de súmula vinculante pelo Supremo Tribunal Federal e dá outras providências.

✪ **Art. 2º.** O Supremo Tribunal Federal poderá, de ofício ou por provocação, após reiteradas decisões sobre matéria constitucional, editar enunciado de súmula que, a partir de sua publicação na imprensa oficial, terá efeito vinculante em relação aos demais órgãos do Poder Judiciário e à administração pública direta e indireta, nas esferas federal, estadual e municipal, bem como proceder à sua revisão ou cancelamento, na forma prevista nesta Lei.

‣ CF/88: art. 103-A.

**§ 1º.** O enunciado da súmula terá por objeto a validade, a interpretação e a eficácia de normas determinadas, acerca das quais haja, entre órgãos judiciários ou entre esses e a administração pública, controvérsia atual que acarrete grave insegurança jurídica e relevante multiplicação de processos sobre idêntica questão.

‣ CF/88: art. 103-A, § 1º.

**§ 2º.** O Procurador-Geral da República, nas propostas que não houver formulado, manifestar-se-á previamente à edição, revisão ou cancelamento de enunciado de súmula vinculante.

**§ 3º.** A edição, a revisão e o cancelamento de enunciado de súmula com efeito vinculante dependerão de decisão tomada por 2/3 (dois terços) dos membros do Supremo Tribunal Federal, em sessão plenária.

**§ 4º.** No prazo de 10 (dez) dias após a sessão em que editar, rever ou cancelar enunciado de súmula com efeito vinculante, o Supremo Tribunal Federal fará publicar, em seção especial do *Diário da Justiça* e do *Diário Oficial da União*, o enunciado respectivo.

✪ **Art. 3º.** São legitimados a propor a edição, a revisão ou o cancelamento de enunciado de súmula vinculante:

**I** – o Presidente da República;

**II** – a Mesa do Senado Federal;

**III** – a Mesa da Câmara dos Deputados;

**IV** – o Procurador-Geral da República;

**V** – o Conselho Federal da Ordem dos Advogados do Brasil;

**VI** – o Defensor Público-Geral da União;

**VII** – partido político com representação no Congresso Nacional;

**VIII** – confederação sindical ou entidade de classe de âmbito nacional;

**IX** – a Mesa de Assembleia Legislativa ou da Câmara Legislativa do Distrito Federal;

**X** – o Governador de Estado ou do Distrito Federal;

**XI** – os Tribunais Superiores, os Tribunais de Justiça de Estados ou do Distrito Federal e Territórios, os Tribunais Regionais Federais, os Tribunais Regionais do Trabalho, os Tribunais Regionais Eleitorais e os Tribunais Militares.

**§ 1º.** O Município poderá propor, incidentalmente ao curso de processo em que seja parte, a edição, a revisão ou o cancelamento de enunciado de súmula vinculante, o que não autoriza a suspensão do processo.

**§ 2º.** No procedimento de edição, revisão ou cancelamento de enunciado da súmula vinculante, o relator poderá admitir, por decisão irrecorrível, a manifestação de terceiros na questão, nos termos do Regimento Interno do Supremo Tribunal Federal.

**Art. 4º.** A súmula com efeito vinculante tem eficácia imediata, mas o Supremo Tribunal Federal, por decisão de 2/3 (dois terços) dos seus membros, poderá restringir os efeitos vinculantes ou decidir que só tenha eficácia a partir de outro momento, tendo em vista razões de segurança jurídica ou de excepcional interesse público.

**Art. 5º.** Revogada ou modificada a lei em que se fundou a edição de enunciado de súmula vinculante, o Supremo Tribunal Federal, de ofício ou por provocação, procederá à sua revisão ou cancelamento, conforme o caso.

**Art. 6º.** A proposta de edição, revisão ou cancelamento de enunciado de súmula vinculante não autoriza a suspensão dos processos em que se discuta a mesma questão.

**Art. 7º.** Da decisão judicial ou do ato administrativo que contrariar enunciado de súmula vinculante, negar-lhe vigência ou aplicá-lo indevidamente caberá reclamação ao Supremo Tribunal Federal, sem prejuízo dos recursos ou outros meios admissíveis de impugnação.

**§ 1º.** Contra omissão ou ato da administração pública, o uso da reclamação só será admitido após esgotamento das vias administrativas.

**§ 2º.** Ao julgar procedente a reclamação, o Supremo Tribunal Federal anulará o ato administrativo ou cassará a decisão judicial impugnada, determinando que outra seja proferida com ou sem aplicação da súmula, conforme o caso.

**Art. 8º.** O art. 56 da Lei nº 9.784, de 29 de janeiro de 1999, passa a vigorar acrescido do seguinte § 3º:

(...)

**Art. 9º.** A Lei nº 9.784, de 29 de janeiro de 1999, passa a vigorar acrescida dos seguintes arts. 64-A e 64-B:

(...)

**Art. 10.** O procedimento de edição, revisão ou cancelamento de enunciado de súmula com efeito vinculante obedecerá, subsidiariamente, ao disposto no Regimento Interno do Supremo Tribunal Federal.

**Art. 11.** Esta Lei entra em vigor 3 (três) meses após a sua publicação.

Brasília, 19 de dezembro de 2006; 185º da Independência e 118º da República.

LUIZ INÁCIO LULA DA SILVA

Publicado no D.O.U. de 20.12.2006

# Direito do Idoso

# PLANO DE ESTUDO

| Diploma | Estudado | Revisto | Questões |
|---|---|---|---|
| Lei nº 8.842/1994 | ☐ | ☐ | ☐ |

# LEI Nº 8.842, DE 4 DE JANEIRO DE 1994

*Dispõe sobre a Política Nacional do Idoso, cria o Conselho Nacional do Idoso e dá outras providências.*

O PRESIDENTE DA REPÚBLICA

Faço saber que o Congresso Nacional decreta e eu sanciono a seguinte Lei:

## CAPÍTULO I
## DA FINALIDADE

**Art. 1º** A política nacional do idoso tem por objetivo assegurar os direitos sociais do idoso, criando condições para promover sua autonomia, integração e participação efetiva na sociedade.

✪ **Art. 2º** Considera-se idoso, para os efeitos desta Lei, a pessoa maior de sessenta anos de idade.

## CAPÍTULO II
## DOS PRINCÍPIOS E DAS DIRETRIZES

### SEÇÃO I
### DOS PRINCÍPIOS

✪ **Art. 3º** A política nacional do idoso reger-se-á pelos seguintes princípios:

**I** - a família, a sociedade e o estado têm o dever de assegurar ao idoso todos os direitos da cidadania, garantindo sua participação na comunidade, defendendo sua dignidade, bem-estar e o direito à vida;

**II** - o processo de envelhecimento diz respeito à sociedade em geral, devendo ser objeto de conhecimento e informação para todos;

**III** - o idoso não deve sofrer discriminação de qualquer natureza;

**IV** - o idoso deve ser o principal agente e o destinatário das transformações a serem efetivadas através desta política;

**V** - as diferenças econômicas, sociais, regionais e, particularmente, as contradições entre o meio rural e o urbano do Brasil deverão ser observadas pelos poderes públicos e pela sociedade em geral, na aplicação desta Lei.

### SEÇÃO II
### DAS DIRETRIZES

✪ **Art. 4º** Constituem diretrizes da política nacional do idoso:

**I** - viabilização de formas alternativas de participação, ocupação e convívio do idoso, que proporcionem sua integração às demais gerações;

**II** - participação do idoso, através de suas organizações representativas, na formulação, implementação e avaliação das políticas, planos, programas e projetos a serem desenvolvidos;

**III** - priorização do atendimento ao idoso através de suas próprias famílias, em detrimento do atendimento asilar, à exceção dos idosos que não possuam condições que garantam sua própria sobrevivência;

**IV** - descentralização político-administrativa;

**V** - capacitação e reciclagem dos recursos humanos nas áreas de geriatria e gerontologia e na prestação de serviços;

**VI** - implementação de sistema de informações que permita a divulgação da política, dos serviços oferecidos, dos planos, programas e projetos em cada nível de governo;

**VII** - estabelecimento de mecanismos que favoreçam a divulgação de informações de caráter educativo sobre os aspectos biopsicossociais do envelhecimento;

**VIII** - priorização do atendimento ao idoso em órgãos públicos e privados prestadores de serviços, quando desabrigados e sem família;

**IX** - apoio a estudos e pesquisas sobre as questões relativas ao envelhecimento.

**Parágrafo único.** É vedada a permanência de portadores de doenças que necessitem de assistência médica ou de enfermagem permanente em instituições asilares de caráter social.

## CAPÍTULO III
## DA ORGANIZAÇÃO E GESTÃO

**Art. 5º** Competirá ao órgão ministerial responsável pela assistência e promoção social a coordenação geral da política nacional do idoso, com a participação dos conselhos nacionais, estaduais, do Distrito Federal e municipais do idoso.

**Art. 6º** Os conselhos nacional, estaduais, do Distrito Federal e municipais do idoso serão órgãos permanentes, paritários e deliberativos, compostos por igual número de representantes dos órgãos e entidades públicas e de organizações representativas da sociedade civil ligadas à área.

**Art. 7º** Compete aos Conselhos de que trata o art. 6º desta Lei a supervisão, o acompanhamento, a fiscalização e a avaliação da política nacional do idoso, no âmbito das respectivas instâncias político-administrativas.

**Art. 8º** À União, por intermédio do ministério responsável pela assistência e promoção social, compete:

**I** - coordenar as ações relativas à política nacional do idoso;

**II** - participar na formulação, acompanhamento e avaliação da política nacional do idoso;

**III** - promover as articulações intraministeriais e interministeriais necessárias à implementação da política nacional do idoso;

**IV** - (VETADO);

**V** - elaborar a proposta orçamentária no âmbito da promoção e assistência social e submetê-la ao Conselho Nacional do Idoso.

**Parágrafo único.** Os ministérios das áreas de saúde, educação, trabalho, previdência social, cultura, esporte e lazer devem elaborar proposta orçamentária, no âmbito de suas competências, visando ao financiamento de programas nacionais compatíveis com a política nacional do idoso.

**Art. 9º** (VETADO)

**Parágrafo único.** (VETADO)

## CAPÍTULO IV
## DAS AÇÕES GOVERNAMENTAIS

**Art. 10.** Na implementação da política nacional do idoso, são competências dos órgãos e entidades públicos:

**I** - na área de promoção e assistência social:

*a)* prestar serviços e desenvolver ações voltadas para o atendimento das necessidades básicas do idoso, mediante a participação das famílias, da sociedade e de entidades governamentais e não-governamentais.

*b)* estimular a criação de incentivos e de alternativas de atendimento ao idoso, como centros de convivência, centros de cuidados diurnos, casas-lares, oficinas abrigadas de trabalho, atendimentos domiciliares e outros;

*c)* promover simpósios, seminários e encontros específicos;

*d)* planejar, coordenar, supervisionar e financiar estudos, levantamentos, pesquisas e publicações sobre a situação social do idoso;

*e)* promover a capacitação de recursos para atendimento ao idoso;

**II** - na área de saúde:

*a)* garantir ao idoso a assistência à saúde, nos diversos níveis de atendimento do Sistema Único de Saúde;

*b)* prevenir, promover, proteger e recuperar a saúde do idoso, mediante programas e medidas profiláticas;

*c)* adotar e aplicar normas de funcionamento às instituições geriátricas e similares, com fiscalização pelos gestores do Sistema Único de Saúde;

*d)* elaborar normas de serviços geriátricos hospitalares;

*e)* desenvolver formas de cooperação entre as Secretarias de Saúde dos Estados, do Distrito Federal, e dos Municípios e entre os Centros de Referência em Geriatria e Gerontologia para treinamento de equipes interprofissionais;

*f)* incluir a Geriatria como especialidade clínica, para efeito de concursos públicos federais, estaduais, do Distrito Federal e municipais;

*g)* realizar estudos para detectar o caráter epidemiológico de determinadas doenças do idoso, com vistas a prevenção, tratamento e reabilitação; e

*h)* criar serviços alternativos de saúde para o idoso;

**III** - na área de educação:

*a)* adequar currículos, metodologias e material didático aos programas educacionais destinados ao idoso;

*b)* inserir nos currículos mínimos, nos diversos níveis do ensino formal, conteúdos voltados para o processo de envelhecimento, de forma a eliminar preconceitos e a produzir conhecimentos sobre o assunto;

*c)* incluir a Gerontologia e a Geriatria como disciplinas curriculares nos cursos superiores;

*d)* desenvolver programas educativos, especialmente nos meios de comunicação, a fim de informar a população sobre o processo de envelhecimento;

*e)* desenvolver programas que adotem modalidades de ensino à distância, adequados às condições do idoso;

*f)* apoiar a criação de universidade aberta para a terceira idade, como meio de universalizar o acesso às diferentes formas do saber;

**IV** - na área de trabalho e previdência social:

*a)* garantir mecanismos que impeçam a discriminação do idoso quanto a sua participação no mercado de trabalho, no setor público e privado;

*b)* priorizar o atendimento do idoso nos benefícios previdenciários;

*c)* criar e estimular a manutenção de programas de preparação para aposentadoria nos setores público e privado com antecedência mínima de dois anos antes do afastamento;

**V** - na área de habitação e urbanismo:

*a)* destinar, nos programas habitacionais, unidades em regime de comodato ao idoso, na modalidade de casas-lares;

*b)* incluir nos programas de assistência ao idoso formas de melhoria de condições de habitabilidade e adaptação de moradia, considerando seu estado físico e sua independência de locomoção;

*c)* elaborar critérios que garantam o acesso da pessoa idosa à habitação popular;

d) diminuir barreiras arquitetônicas e urbanas;

**VI** - na área de justiça:

a) promover e defender os direitos da pessoa idosa;

*b)* zelar pela aplicação das normas sobre o idoso determinando ações para evitar abusos e lesões a seus direitos;

**VII** - na área de cultura, esporte e lazer:

*a)* garantir ao idoso a participação no processo de produção, reelaboração e fruição dos bens culturais;

*b)* propiciar ao idoso o acesso aos locais e eventos culturais, mediante preços reduzidos, em âmbito nacional;

*c)* incentivar os movimentos de idosos a desenvolver atividades culturais;

*d)* valorizar o registro da memória e a transmissão de informações e habilidades do idoso aos mais jovens, como meio de garantir a continuidade e a identidade cultural;

*e)* incentivar e criar programas de lazer, esporte e atividades físicas que proporcionem a melhoria da qualidade de vida do idoso e estimulem sua participação na comunidade.

**§ 1º** É assegurado ao idoso o direito de dispor de seus bens, proventos, pensões e benefícios, salvo nos casos de incapacidade judicialmente comprovada.

**§ 2º** Nos casos de comprovada incapacidade do idoso para gerir seus bens, ser-lhe-á nomeado Curador especial em juízo.

**§ 3º** Todo cidadão tem o dever de denunciar à autoridade competente qualquer forma de negligência ou desrespeito ao idoso.

## CAPÍTULO V
## DO CONSELHO NACIONAL

**Arts. 11 a 18.** (VETADOS)

## CAPÍTULO VI
## DAS DISPOSIÇÕES GERAIS

**Art. 19.** Os recursos financeiros necessários à implantação das ações afetas às áreas de competência dos governos federal, estaduais, do Distrito Federal e municipais serão consignados em seus respectivos orçamentos.

**Art. 20.** O Poder Executivo regulamentará esta lei no prazo de sessenta dias, a partir da data de sua publicação.

**Art. 21.** Esta lei entra em vigor na data de sua publicação.

**Art. 22.** Revogam-se as disposições em contrário.

Brasília, 4 de janeiro de 1994, 173º da Independência e 106º da República.

ITAMAR FRANCO

Leonor Barreto Franco

# Direito da Criança e do Adolescente

# PLANO DE ESTUDO

| Diploma | Estudado | Revisto | Questões |
| --- | --- | --- | --- |
| Resolução Conanda nº 113/2006 | ☐ | ☐ | ☐ |
| Resolução Conanda nº 119/2006 | ☐ | ☐ | ☐ |
| Lei nº 12.594/2012 | ☐ | ☐ | ☐ |
| Resolução CONANDA nº 169/2014 | ☐ | ☐ | ☐ |
| Lei nº 13.257/2016 | ☐ | ☐ | ☐ |
| Lei nº 13.431/2017 | ☐ | ☐ | ☐ |
| Resolução CNJ nº 289/2019 | ☐ | ☐ | ☐ |
| Resolução CNJ nº 330/2020 | ☐ | ☐ | ☐ |
| Resolução CNJ nº 369/2021 | ☐ | ☐ | ☐ |

## RESOLUÇÃO CONANDA Nº 113, DE 19 DE ABRIL DE 2006

*Dispõe sobre os parâmetros para a institucionalização e fortalecimento do Sistema de Garantia dos Direitos da Criança e do Adolescente*

O PRESIDENTE DO CONSELHO NACIONAL DOS DIREITOS DA CRIANÇA E DO ADOLESCENTE - CONANDA, no uso das atribuições legais estabelecidas na Lei n.º 8.242, de 12 de outubro de 1991 e no Decreto nº 5.089 de 20 de maio de 2004, em cumprimento ao que estabelecem o art. 227 *caput* e §7º da Constituição Federal e os artigos 88, incisos II e III, 90, parágrafo único, 91, 139, 260, §2º e 261, parágrafo único, do Estatuto da Criança e do Adolescente - Lei Federal nº 8.069/90, e a deliberação do Conanda, na Assembléia Ordinária n.º 137, realizada nos dias 08 e 09 de março de 2006, resolve aprovar os seguintes parâmetros para a institucionalização e fortalecimento do Sistema de Garanta dos Direitos da Criança e do Adolescente:

### CAPÍTULO I
### DA CONFIGURAÇÃO DO SISTEMA DE GARANTIA DOS DIREITOS DA CRIANÇA E DO ADOLESCENTE

✪ **Art. 1º** O Sistema de Garantia dos Direitos da Criança e do Adolescente constitui-se na articulação e integração das instâncias públicas governamentais e da sociedade civil, na aplicação de instrumentos normativos e no funcionamento dos mecanismos de promoção, defesa e controle para a efetivação dos direitos humanos da criança e do adolescente, nos níveis Federal, Estadual, Distrital e Municipal.

**§ 1º** Esse Sistema articular-se-á com todos os sistemas nacionais de operacionalização de políticas públicas, especialmente nas áreas da saúde, educação, assistência social, trabalho, segurança pública, planejamento, orçamentária, relações exteriores e promoção da igualdade e valorização da diversidade.

**§ 2º** Igualmente, articular-se-á, na forma das normas nacionais e internacionais, com os sistemas congêneres de promoção, defesa e controle da efetivação dos direitos humanos, de nível interamericano e internacional, buscando assistência técnico-financeira e respaldo político, junto às agências e organismos que desenvolvem seus programas no país.

✪ **Art. 2º** Compete ao Sistema de Garantia dos Direitos da Criança e do Adolescente promover, defender e controlar a efetivação dos direitos civis, políticos, econômicos, sociais, culturais, coletivos e difusos, em sua integralidade, em favor de todas as crianças e adolescentes, de modo que sejam reconhecidos e respeitados como sujeitos de direitos e pessoas em condição peculiar de desenvolvimento; colocando-os a salvo de ameaças e violações a quaisquer de seus direitos, além de garantir a apuração e reparação dessas ameaças e violações.

**§ 1º** O Sistema procurará enfrentar os atuais níveis de desigualdades e iniqüidades, que se manifestam nas discriminações, explorações e violências, baseadas em razões de classe social, gênero, raça/etnia, orientação sexual, deficiência e localidade geográfica, que dificultam significativamente a realização plena dos direitos humanos de crianças e adolescentes, consagrados nos instrumentos normativos nacionais e internacionais, próprios.

**§ 2º** Este Sistema fomentará a integração do princípio do interesse superior da criança e do adolescente nos processos de elaboração e execução de atos legislativos, políticas, programas e ações públicas, bem como nas decisões judiciais e administrativas que afetem crianças e adolescentes.

**§ 3º** Este Sistema promoverá estudos e pesquisas, processos de formação de recursos humanos dirigidos aos operadores dele próprio, assim como a mobilização do público em geral sobre a efetivação do princípio da prevalência do melhor interesse da criança e do adolescente.

**§ 4º** O Sistema procurará assegurar que as opiniões das crianças e dos adolescentes sejam levadas em devida consideração, em todos os processos que lhes digam respeito.

**Art. 3º** A garantia dos direitos de crianças e adolescentes se fará através das seguintes linhas estratégicas:

**I** - efetivação dos instrumentos normativos próprios, especialmente da Constituição Federal, da Convenção sobre os Direitos da Criança e do Estatuto da Criança e do Adolescente;

**II** - implementação e fortalecimento das instâncias públicas responsáveis por esse fim; e

**III**- facilitação do acesso aos mecanismos de garantia de direitos, definidos em lei.

## CAPÍTULO II
## DOS INSTRUMENTOS NORMATIVOS DE GARANTIA DOS DIREITOS DA CRIANÇA E DO ADOLESCENTE

**Art. 4º** Consideram-se instrumentos normativos de promoção, defesa e controle da efetivação dos direitos humanos da criança e do adolescente, para os efeitos desta Resolução: (Redação dada pela Resolução CONANDA 117/2006)

**I** - Constituição Federal, com destaque para os artigos, 5º, 6º, 7º, 24 - XV, 226, 204, 227 e 228;

**II** - Tratados internacionais e interamericanos, referentes à promoção e proteção de direitos humanos, ratificados pelo Brasil, enquanto normas constitucionais, nos termos da Emenda nº 45 da Constituição federal, com especial atenção para a Convenção sobre os Direitos da Criança; (Redação dada pela Resolução CONANDA 117/2006)

**III** - Normas internacionais não-convencionais, aprovadas como Resoluções da Assembléia Geral das Nações Unidas, a respeito da matéria;

**IV** - Lei federal nº 8.069 (Estatuto da Criança e do Adolescente), de 13 de julho de 1990; (Redação dada pela Resolução CONANDA 117/2006)

**V** - Leis federais, estaduais e municipais de proteção da infância e da adolescência;

**VI** - Leis orgânicas referentes a determinadas políticas sociais, especialmente as da assistência social, da educação e da saúde;

**VII** - Decretos que regulamentem as leis indicadas;

**VIII** - Instruções normativas dos Tribunais de Contas e de outros órgãos de controle e fiscalização (Receita Federal, por exemplo);

**IX** - Resoluções e outros atos normativos dos conselhos dos direitos da criança e do adolescente, nos três níveis de governo, que estabeleçam principalmente parâmetros, como normas operacionais básicas, para regular o funcionamento do Sistema e para especificamente formular a política de promoção dos direitos humanos da criança e do adolescente, controlando as ações públicas decorrentes; e

**X** - Resoluções e outros atos normativos dos conselhos setoriais nos três níveis de governo, que estabeleçam, principalmente, parâmetros, como normas operacionais básicas, para regular o funcionamento dos seus respectivos sistemas. (Redação dada pela Resolução CONANDA 117/2006)

## CAPÍTULO III
## DAS INSTÂNCIAS PÚBLICAS DE GARANTIA DOS DIREITOS HUMANOS DA CRIANÇA E DO ADOLESCENTE

**Art. 5º** Os órgãos públicos e as organizações da sociedade civil que integram esse Sistema deverão exercer suas funções, em rede, a partir de três eixos estratégicos de ação: (Redação dada pela Resolução CONANDA 117/2006)

**I** - defesa dos direitos humanos;

**II** - promoção dos direitos humanos; e

**III** - controle da efetivação dos direitos humanos.

**Parágrafo único.** Os órgãos públicos e as organizações da sociedade civil que integram o Sistema podem exercer funções em mais de um eixo.

## CAPÍTULO IV
## DA DEFESA DOS DIREITOS HUMANOS

**Art. 6º** O eixo da defesa dos direitos humanos de crianças e adolescentes caracteriza-se pela garantia do acesso à justiça, ou seja, pelo recurso às instâncias públicas e mecanismos jurídicos de proteção legal dos direitos humanos, gerais e especiais, da infância e da adolescência, para assegurar a impositividade deles e sua exigibilidade, em concreto.

**Art. 7º** Neste eixo situa-se a atuação dos seguintes órgãos públicos: (Redação dada pela Resolução CONANDA 117/2006)

**I** - judiciais, especialmente as Varas da Infância e da Juventude e suas equipes multiprofissionais, as Varas Criminais especializadas, os Tribunais do Júri, as comissões judiciais de adoção, os Tribunais de Justiça, as Corregedorias Gerais de Justiça; (Redação dada pela Resolução CONANDA 117/2006)

**II** - público-ministeriais, especialmente as Promotorias de Justiça, os centros de apoio operacional, as Procuradorias de Justiça, as Procuradorias Gerais de Justiça, as Corregedorias Gerais do Ministério Publico; (Redação dada pela Resolução CONANDA 117/2006)

**III** - Defensorias Públicas, serviços de assessoramento jurídico e assistência judiciária; (Redação dada pela Resolução CONANDA 117/2006)

**IV** - Advocacia Geral da União e as Procuradorias Gerais dos Estados; (Redação dada pela Resolução CONANDA 117/2006)

**V** - Polícia Civil Judiciária, inclusive a Polícia Técnica; (Redação dada pela Resolução CONANDA 117/2006)

**VI** - Polícia Militar; (Redação dada pela Resolução CONANDA 117/2006)

**VII** - Conselhos Tutelares; e (Redação dada pela Resolução CONANDA 117/2006)

**VIII** - Ouvidorias. (Redação dada pela Resolução CONANDA 117/2006)

**Parágrafo único.** Igualmente, situa-se neste eixo, a atuação das entidades sociais de defesa de direitos humanos, incumbidas de prestar proteção jurídico-social, nos termos do art. 87, V do Estatuto da Criança e do Adolescente. (Redação dada pela Resolução CONANDA 117/2006)

✪ **Art. 8º** Para os fins previstos no art. 7º, é assegurado o acesso à justiça de toda criança ou adolescente, na forma das normas processuais, através de qualquer dos órgãos do Poder Judiciário, do Ministério Publico e da Defensoria Pública.

**§ 1º** Serão prestadas assessoria jurídica e assistência judiciária gratuita a todas as crianças ou adolescentes e suas famílias, que necessitarem, preferencialmente através de defensores públicos, na forma da Lei Complementar de Organização da Defensoria Pública. (Redação dada pela Resolução CONANDA 117/2006)

**§ 2º** A não garantia de acesso à Defensoria Pública deverá implicar em sanções judiciais e administrativas cabíveis, a serem aplicadas quando da constatação dessa situação de violação de direitos humanos.

**Art. 9º** O Poder Judiciário, o Ministério Público, as Defensorias Públicas e a Segurança Pública deverão ser instados no sentido da exclusividade, especialização e regionalização dos seus órgãos e de suas ações, garantindo a criação, implementação e fortalecimento de:

**I** - Varas da Infância e da Juventude específicas, em todas as comarcas que correspondam a municípios de grande e médio porte ou outra proporcionalidade por número de habitantes, dotando-as de infra-estruturas e prevendo para elas regime de plantão; (Redação dada pela Resolução CONANDA 117/2006)

**II** - Equipes Interprofissionais, vinculadas a essas Varas e mantidas com recursos do Poder Judiciário, nos termos do Estatuto citado;

**III** - Varas Criminais especializadas no processamento e julgamento de crimes praticados contra crianças e adolescentes, em todas as comarcas da Capital e nas cidades de grande porte e em outras cidades onde indicadores apontem essa necessidade, priorizando o processamento e julgamento nos Tribunais do Júri dos processos que tenham crianças e adolescentes como vítimas de crimes contra a vida; (Redação dada pela Resolução CONANDA 117/2006)

**IV** - Promotorias da Infância e Juventude especializadas, em todas as comarcas, na forma do inciso III; (Redação dada pela Resolução CONANDA 117/2006)

**V** - Centros de Apoio Operacional às Promotorias da Infância e Juventude;

**VI** - Núcleos Especializados de Defensores Públicos, para a imprescindível defesa técnico- jurídica de crianças e adolescentes que dela necessitem; e

**VII** - Delegacias de Polícia Especializadas tanto na apuração de ato infracional atribuído a adolescente quanto na apuração de delitos praticados contra crianças e adolescentes, em todos os municípios de grande e médio porte. (Redação dada pela Resolução CONANDA 117/2006)

**Art. 10** Os conselhos tutelares são órgãos contenciosos não jurisdicionais, encarregados de "zelar pelo cumprimento dos direitos da criança e do adolescente", particularmente através da aplicação de medidas especiais de proteção a crianças e adolescentes com direitos ameaçados ou violados e através da aplicação de medidas especiais a pais ou responsáveis (art. 136, I e II, da Lei nº 8.069/1990). (Redação dada pela Resolução CONANDA 117/2006)

**Parágrafo Único.** Os conselhos tutelares não são entidades, programas ou serviços de proteção, previstos nos arts. 87, inciso III a V, 90 e 118, § 1º, do Estatuto da Criança e do Adolescente. (Redação dada pela Resolução CONANDA 117/2006)

**Art. 11** As atribuições dos conselhos tutelares estão previstas no Estatuto da Criança e do Adolescente, não podendo ser instituídas novas atribuições em Regimento Interno ou em atos administrativos semelhante de quaisquer outras autoridades.

**Parágrafo Único.** É vedado ao Conselho Tutelar aplicar e ou executar as medidas socioeducativas, previstas no art. 112 do Estatuto da Criança e do Adolescente. (Redação dada pela Resolução CONANDA 117/2006)

**Art. 12** Somente os conselhos tutelares têm competência para apurar os atos infracionais praticados por crianças, aplicando-lhes medidas específicas de proteção, previstas em lei, a serem cumpridas mediante requisições do conselho. (artigo 98, 101,105 e 136, III, "b" da Lei 8.069/1990). (Redação dada pela Resolução CONANDA 117/2006)

**Art. 13** Os conselhos tutelares deverão acompanhar os atos de apuração de ato infracional praticado por adolescente, quando houver fundada suspeita da ocorrência de algum abuso de poder ou violação de direitos do adolescente, no sentido de providenciar as medidas específicas de proteção de direitos humanos, previstas e cabíveis em lei. (Redação dada pela Resolução CONANDA 117/2006)

## CAPÍTULO V
## DA PROMOCAO DOS DIREITOS HUMANOS

**Art. 14** O eixo estratégico da promoção dos direitos humanos de crianças e adolescentes operacionaliza-se através do desenvolvimento da "política de atendimento dos direitos da criança e do adolescente", prevista no artigo 86 do Estatuto da Criança e do Adolescente, que integra o âmbito maior da política de promoção e proteção dos direitos humanos.

**§ 1º** Essa política especializada de promoção da efetivação dos direitos humanos de crianças e adolescentes desenvolve-se, estrategicamente, de maneira transversal e intersetorial, articulando todas as políticas públicas (infra-estruturantes, institucionais, econômicas e sociais) e integrando suas ações, em favor da garantia integral dos direitos de crianças e adolescentes.

**§ 2º** No desenvolvimento dessa política deverão ser considerados e respeitados os princípios fundamentais enumerados no artigo 2º e seus parágrafos desta Resolução.

**§ 3º** O desenvolvimento dessa política implica:

**I** - na satisfação das necessidades básicas de crianças e adolescentes pelas políticas públicas, como garantia de direitos humanos e ao mesmo tempo como um dever do Estado, da família e da sociedade;

**II** - na participação da população, através de suas organizações representativas, na formulação e no controle das políticas públicas; (Redação dada pela Resolução CONANDA 117/2006)

**III** - na descentralização política e administrativa, cabendo a coordenação das políticas e edição das normas gerais à esfera federal e a coordenação e a execução dessas políticas e dos respectivos programas às esferas estadual, distrital e municipal, bem como às entidades sociais; e (Redação dada pela Resolução CONANDA 117/2006)

**IV** - no controle social e institucional (interno e externo) da sua implementação e operacionalização.

**Art. 15** A política de atendimento dos direitos humanos de crianças e adolescentes operacionaliza-se através de três tipos de programas, serviços e ações públicas:

**I** - serviços e programas das políticas públicas, especialmente das políticas sociais, afetos aos fins da política de atendimento dos direitos humanos de crianças e adolescentes;

**II** - serviços e programas de execução de medidas de proteção de direitos humanos; e III - serviços e programas de execução de medidas socioeducativas e assemelhadas.

### SEÇÃO I
### DOS SERVIÇOS E PROGRAMAS DA POLÍTICA DE ATENDIMENTO DOS DIREITOS HUMANOS DE CRIANÇAS E ADOLESCENTES

#### *SUBSEÇÃO I*
#### *DOS PROGRAMAS EM GERAL DAS POLÍTICAS PÚBLICAS*

**Art. 16** As políticas públicas, especialmente as políticas sociais, assegurarão o acesso de todas as crianças e todos os adolescentes a seus serviços, especialmente as crianças e os adolescentes com seus direitos violados ou em conflito com a lei, quando afetos às finalidades da política de atendimento dos direitos humanos da criança e do adolescente, obedecidos os princípios fundamentais elencados nos parágrafos do art. 2º desta Resolução. (Redação dada pela Resolução CONANDA 117/2006)

#### *SUBSEÇÃO II*
#### *DOS SERVIÇOS E PROGRAMAS DE EXECUÇÃO DE MEDIDAS DE PROTEÇÃO DE DIREITOS HUMANOS*

**Art. 17** Os serviços e programas de execução de medidas específicas de proteção de direitos humanos têm caráter de atendimento inicial, integrado e emergencial, desenvolvendo ações que visem prevenir a ocorrência de ameaças e violações dos direitos humanos de crianças e adolescentes e atender às vítimas imediatamente após a ocorrência dessas ameaças e violações.

**§ 1º** Esses programas e serviços ficam à disposição dos órgãos competentes do Poder Judiciário e dos conselhos tutelares, para a execução de medidas específicas de proteção, previstas no Estatuto da Criança e do Adolescente; podendo, todavia receber diretamente crianças e adolescentes, em caráter excepcional e de urgência, sem previa determinação da autoridade competente, fazendo, porém, a devida comunicação do fato a essa autoridade, até o segundo dia útil imediato, na forma da lei citada. (Redação dada pela Resolução CONANDA 117/2006)

**§ 2º** Os programas e serviços de execução de medidas específicas de proteção de direitos humanos obedecerão aos parâmetros e recomendações estabelecidos pelo Conselho Nacional dos Direitos da Criança e do Adolescente - Conanda e, complementarmente, pelos demais conselhos dos direitos, em nível estadual, distrital e municipal e pelos conselhos setoriais competentes. (Redação dada pela Resolução CONANDA 117/2006)

**§ 3º** Estes programas se estruturam e se organizam sob a forma de um Sistema Nacional de Proteção de Direitos Humanos de Crianças e Adolescentes, regulado por normas operacionais básicas específicas, a serem editadas pelo Conselho Nacional dos Direitos da Criança e do Adolescente - Conanda. (Redação dada pela Resolução CONANDA 117/2006)

**Art. 18** Consideram-se como programas e serviços de execução de medidas de proteção de direitos humanos aqueles previstos na legislação vigente a respeito da matéria.

*SUBSEÇÃO III*
*DOS PROGRAMAS DE EXECUÇÃO DE MEDIDAS SOCIOEDUCATIVAS E ASSEMELHADAS*

**Art. 19** Os programas de execução de medidas socioeducativas são destinados ao atendimento dos adolescentes autores de ato infracional, em cumprimento de medida judicial socioeducativa, aplicada na forma da lei, em decorrência de procedimento apuratório, onde se assegure o respeito estrito ao princípio constitucional do devido processo legal.

**§ 1º** Os programas de execução de medidas socioeducativas para adolescentes autores de ato infracional obedecerão aos parâmetros e recomendações estabelecidos pelo Conselho Nacional dos Direitos da Criança e do Adolescente - Conanda e, complementarmente, pelos demais conselhos dos direitos, em nível Estadual, Distrital e Municipal.

**§ 2º** Estes programas se estruturam e organizam, sob forma de um Sistema Nacional de Atendimento Socioeducativo - SINASE em cumprimento dos seguintes princípios norteadores:

**I** - prevalência do conteúdo educativo sobre os sancionatórios e meramente de contenção, no atendimento socioeducativo;

**II** - ordenação do atendimento socioeducativo e da sua gestão, a partir do projeto político-pedagógico;

**III** - construção, monitoramento e avaliação do atendimento socioeducativo, com a participação proativa dos adolescentes socioeducandos;

**IV** - exemplaridade, presença educativa e respeito à singularidade do adolescente socioeducando, como condições necessárias no atendimento socioeducativo;

**V** - disciplina como meio para a realização do processo socioeducativo;

**VI** - exigência e compreensão enquanto elementos primordiais de reconhecimento e respeito ao adolescente durante o processo socioeducativo;

**VII** - dinâmica institucional favorecendo a horizontalidade na socialização das informações e dos saberes entre a equipe multiprofissional (técnicos e educadores); (Redação dada pela Resolução CONANDA 117/2006)

**VIII** - organização espacial e funcional dos programas de atendimento sócio-educativo, como sinônimo de condições de vida e de possibilidades de desenvolvimento pessoal e social para o adolescente; (Redação dada pela Resolução CONANDA 117/2006)

**IX** - respeito à diversidade étnica/racial, de gênero, orientação sexual e localização geográfica, como eixo do processo socioeducativo; e (Redação dada pela Resolução CONANDA 117/2006)

**X** - participação proativa da família e da comunidade no processo socioeducativo.

**§ 3º** Os programas de execução de medidas socioeducativas devem oferecer condições que garantam o acesso dos adolescentes socioeducandos às oportunidades de superação de sua situação de conflito com a lei.

✪ **Art. 20** Consideram-se como programas socioeducativos, na forma do Estatuto da Criança e do Adolescente, os seguintes programas, taxativamente:

**I** - programas socioeducativos em meio aberto

*a)* prestação de serviço à comunidade; e

*b)* liberdade assistida.

**II** - programas socioeducativos com privação de liberdade

*a)* semiliberdade; e

*b)* internação.

**Parágrafo único.** Integram também o Sistema Nacional Socioeducativo - SINASE, como auxiliares dos programas socioeducativos, os programas acautelatórios de atendimento inicial (arts. 175 e 185 da Lei Federal nº 8069/90), os programas de internação provisória (art 108 e 183 da lei citada) e os programas de apoio e assistência aos egressos. (Redação dada pela Resolução CONANDA 117/2006)

## CAPÍTULO VI
## DO CONTROLE DA EFETIVAÇÃO DOS DIREITOS HUMANOS

**Art. 21** O controle das ações públicas de promoção e defesa dos direitos humanos da criança e do adolescente se fará através das instâncias públicas colegiadas próprias, onde se assegure a paridade de participação de órgãos governamentais e de entidades sociais, tais como: (Redação dada pela Resolução CONANDA 117/2006)

**I** - conselhos dos direitos de crianças e adolescentes;

**II** - conselhos setoriais de formulação e controle de políticas públicas; e

**III** - os órgãos e os poderes de controle interno e externo definidos nos artigos 70, 71, 72, 73, 74 e 75 da Constituição Federal.

**Parágrafo Único.** O controle social é exercido soberanamente pela sociedade civil, através das suas organizações e articulações representativas. (Redação dada pela Resolução CONANDA 117/2006)

**Art. 22** Na União, nos Estados, no Distrito Federal e nos Municípios haverá um Conselho dos Direitos da Criança e do Adolescente, respectivamente, composto por igual número de representantes do governo e da sociedade civil organizada, garantindo a ampla participação da população, por suas organizações representativas, no processo de formulação e controle da política de atendimento aos direitos da criança e ao adolescente, dos seus programas, serviços e ações.

**Parágrafo único.** A composição desses conselhos e a nomeação de seus membros devem ser estabelecidas de acordo com as Resoluções nºs 105 e 106 do CONANDA, inclusive as recomendações, contendo procedimentos que ofereçam todas as garantias necessárias para assegurar a representação pluralista de todos os segmentos da sociedade, envolvidos de alguma forma na promoção e proteção de direitos humanos, particularmente através de representações de organizações da sociedade civil, sindicatos, entidades sociais de atendimento a crianças e adolescentes, organizações profissionais interessadas, entidades representativas do pensamento científico, religioso e filosófico e outros nessa linha. (Redação dada pela Resolução CONANDA 117/2006)

**Art. 23** Os conselhos dos direitos da criança e do adolescente deverão acompanhar, avaliar e monitorar as ações públicas de promoção e defesa de direitos de crianças e adolescentes, deliberando previamente a respeito, através de normas, recomendações, orientações.

**§ 1º** As deliberações dos conselhos dos direitos da criança e do adolescente, no âmbito de suas atribuições e competências, vinculam as ações governamentais e da sociedade civil organizada, em respeito aos princípios constitucionais da participação popular, da prioridade absoluta do atendimento à criança e ao adolescente e da prevalência do interesse superior da criança e do adolescente, conforme já decidido pelo Supremo Tribunal Federal.

**§ 2º** Constatado, através dos mecanismos de controle, o descumprimento de suas deliberações, os conselhos dos direitos da criança e do adolescente representarão ao Ministério Publico para as providencias cabíveis e aos demais órgãos e entidades legitimados no artigo 210 da Lei nº 8.069/90 para demandar em Juízo por meio do ingresso de ação mandamental ou ação civil pública.

## CAPÍTULO VII
## DOS MECANISMOS ESTRATÉGICOS DE PROMOÇÃO, DEFESA E CONTROLE DA EFETIVAÇÃO DE DIREITOS HUMANOS

**Art. 24** Para promover e defender os direitos de crianças e adolescentes, quando ameaçados e violados e controlar as ações públicas decorrentes, o Sistema de Garantia dos Direitos da Criança e do Adolescente deverá priorizar alguns determinados mecanismos estratégicos de garantia de direitos:

**I** - mecanismos judiciais extrajudiciais de exigibilidade de direitos; (Redação dada pela Resolução CONANDA 117/2006)

**II** - financiamento público de atividades de órgãos públicos e entidades sociais de atendimento de direitos;

**III** - formação de operadores do Sistema;

**IV** - gerenciamento de dados e informações;

**V** - monitoramento e avaliação das ações públicas de garantia de direitos; e

**VI** - mobilização social em favor da garantia de direitos.

## CAPÍTULO VIII
## DA GESTÃO DO SISTEMA DE GARANTIA DOS DIREITOS DA CRIANÇA E DO ADOLESCENTE

**Art. 25** A estrutura governamental, em nível federal, contará com um órgão específico e autônomo, responsável pela política de atendimento dos direitos humanos de crianças e adolescentes, com as seguintes atribuições mínimas: (Redação dada pela Resolução CONANDA 117/2006)

**I** - articular e fortalecer o Sistema de Garantia dos Direitos da Criança e do Adolescente;

**II** - funcionar prioritariamente como núcleo estratégico-conceitual, para a promoção dos direitos humanos da infância e adolescência, no âmbito nacional;

**III** - manter sistema de informação para infância e adolescência, em articulação com as esferas estadual e municipal;

**IV** - apoiar técnica e financeiramente o funcionamento das entidades e unidades de execução de medidas de proteção de direitos e de medidas socioeducativas;

**V** - Coordenar o Sistema Nacional de Atendimento Socioeducativo, especialmente os programas de execução de medidas socioeducativas; e

**VI** - Co-coordenar o Sistema Nacional de Proteção de Direitos Humanos, especialmente os programas de enfrentamento da violência, proteção de crianças e adolescentes ameaçados de morte, os programas e serviços de promoção, defesa e garantia da convivência familiar e comunitária, dentre outros programas de promoção e proteção dos direitos humanos de criança e adolescente.

**Art. 26** Nos níveis estadual, distrital e municipal, as entidades públicas responsáveis pela política de atendimento dos direitos de crianças e adolescentes e por esses serviços, programas e ações especiais deverão funcionar nessa linha, em seu respectivo nível de competência e deverão ter estrutura e organização próprias, respeitada a autonomia da política de atendimento de direitos da criança e do adolescente, na forma do Estatuto da Criança e do Adolescente, ficando, além do mais, responsáveis pela execução dos seus programas, serviços e ações e a manutenção das unidades respectivas.

**§ 1º** Cada Estado, Município e o Distrito Federal vincularão essas suas entidades públicas responsáveis pela política de atendimento de direitos da criança e do adolescente à Secretaria ou órgão congênere que julgar conveniente, estabelecendo-se, porém expressamente que elas se incorporam ao Sistema de Garantia dos Direitos da Criança e do Adolescente e que deverão ser considerados interlocutoras do Conselho Nacional dos Direitos da Criança e do Adolescente - CONANDA e do órgão federal responsável, previsto no artigo anterior, principalmente para efeito de apoio técnico e financeiro. (Redação dada pela Resolução CONANDA 117/2006)

**§ 2º** O órgão federal previsto no artigo anterior deverá assegurar que os estados, o Distrito Federal e os municípios estejam conscientes de suas obrigações em relação à efetivação das normas de proteção à criança e à juventude, especialmente do Estatuto da Criança e do Adolescente e da Convenção sobre os Direitos da Criança, da Constituição Federal e de que os direitos previstos nessas normas legais têm que ser implementados em todos os níveis, em regime de prioridade absoluta, por meio de legislações, políticas e demais medidas apropriadas. (Redação dada pela Resolução CONANDA 117/2006)

**Art. 27** A União, os Estados, o Distrito Federal e os Municípios organizarão, em regime de colaboração, os sistemas estaduais, distrital e municipais, tanto de defesa de direitos, quanto de atendimento socioeducativo. (Redação dada pela Resolução CONANDA 117/2006)

**§ 1º** Caberá à União a coordenação desses programas e serviços de execução das medidas específicas de proteção de direitos e de execução das medidas socioeducativas, integrando-os no campo maior da política de atendimento de direitos da criança e do adolescente e exercendo função normativa de caráter geral e supletiva dos recursos necessários ao desenvolvimento dos sistemas estaduais, distrital e municipais.

**§ 2º** Os sistemas nacionais de proteção de direitos humanos e de socioeducação têm legitimidade normativa complementar e liberdade de organização e funcionamento, nos termos desta Resolução.

**§ 3º** Aplicam-se ao Distrito Federal, cumulativamente, as regras de competência dos estados e municípios. (Redação dada pela Resolução CONANDA 117/2006)

✪ **Art. 28** Incumbe à União:

**I** - elaborar os Planos Nacionais de Proteção de Direitos Humanos e de Socioeducação, em colaboração com os estados, o Distrito Federal e os municípios;

**II** - prestar assistência técnica e financeira aos estados, ao Distrito Federal e aos municípios para o desenvolvimento de seus sistemas de proteção especial de direitos e de atendimento socioeducativo, no exercício de sua função supletiva;

**III** - colher informações sobre a organização e funcionamento dos sistemas, entidades e programas de atendimento e oferecer subsídios técnicos para a qualificação da oferta;

**IV** - estabelecer diretrizes gerais sobre as condições mínimas das estruturas físicas e dos recursos humanos das unidades de execução; e

**V** - instituir e manter processo nacional de avaliação dos sistemas, entidades e programas de atendimento.

**§ 1º** Para o cumprimento do disposto nos incisos III e V, a União terá livre acesso às informações necessárias em todos os sistemas, entidades e programas de atendimento.

**§ 2º** As funções de natureza normativa e deliberativa da competência da União serão exercidas pelo Conselho Nacional dos Direitos da Criança e do Adolescente - Conanda, e as funções de natureza executiva, pela Presidência da República, através da Secretaria Especial dos Direitos Humanos.

✪ **Art. 29** Incumbe aos Estados:

**I** - elaborar os planos estaduais de defesa de direitos e de atendimento socioeducativo, em colaboração com os municípios;

**II** - instituir, regular e manter seus sistemas de defesa de direitos e de atendimento socioeducativo, respeitadas as diretrizes gerais dos respectivos Planos Nacionais;

**III** - criar e manter os programas de defesa de direitos e de atendimento socioeducativo, para a execução das medidas próprias;

**IV** - baixar normas complementares para a organização e funcionamento dos seus sistemas de defesa de direitos e de atendimento e dos sistemas municipais;

**V** - estabelecer, com os municípios, as formas de colaboração para a oferta dos programas de defesa de direitos e de atendimento socioeducativo em meio aberto; e

**VI** - apoiar tecnicamente os municípios e as entidades sociais para a regular oferta de programas de defesa de direitos e de atendimento socioeducativo em meio aberto.

**Parágrafo único.** As funções de natureza normativa e deliberativa relacionadas à organização e funcionamento dos sistemas referidos, em nível estadual, serão exercidas pelo Conselho Estadual dos Direitos da Criança e do Adolescente. (Redação dada pela Resolução CONANDA 117/2006)

✪ **Art. 30** Incumbe aos Municípios: (Redação dada pela Resolução CONANDA 117/2006)

**I** - instituir, regular e manter os seus sistemas de defesa de direitos e de atendimento socioeducativo, respeitadas as diretrizes gerais dos Planos Nacionais e Estaduais, respectivos;

**II** - criar e manter os programas de defesa de direitos e de atendimento socioeducativo para a execução das medidas de meio aberto; e

**III** - baixar normas complementares para a organização e funcionamento dos programas de seus sistemas de defesa de direitos e de atendimento socioeducativo.

**§ 1º** Para a criação e manutenção de programas de defesa de direitos e de atendimento socioeducativo em meio aberto, os municípios integrantes de uma mesma organização judiciária poderão instituir consórcios regionais como modalidade de compartilhar responsabilidades.

**§ 2º** As funções de natureza normativa e deliberativa relacionadas à organização e funcionamento dos sistemas municipais serão exercidas pelo Conselho Municipal dos Direitos da Criança e do Adolescente.

## CAPÍTULO IX PARÂMETROS, PLANOS, PROGRAMAS E PROJETOS DE INSTITUCIONALIZAÇÃO E FORTALECIMENTO DO SISTEMA DE GARANTIA DOS DIREITOS DA CRIANÇA E DO ADOLESCENTE PELOS CONSELHOS DOS DIREITOS

**Art. 31** O Conselho Nacional dos Direitos da Criança e do Adolescente - CONANDA e os conselhos congêneres, nos níveis estaduais, distrital e municipais, em caráter complementar, aprovarão parâmetros específicos, como normas operacionais básicas para a institucionalização e fortalecimento do Sistema de Garantia dos Direitos da Criança e do Adolescente. (Redação dada pela Resolução CONANDA 117/2006)

**Art. 32** Igualmente, no limite de suas atribuições, o Conselho Nacional dos Direitos da Criança e do Adolescente - Conanda e os conselhos congêneres, nos níveis estadual, distrital e municipal, em caráter complementar, aprovarão planos que visem planejar estrategicamente as ações de instâncias públicas e os mecanismos de garantia de direitos do Sistema de Garantia dos Direitos de Crianças e Adolescentes.

**Parágrafo único.** Esses planos serão elaborados por iniciativa dos próprios conselhos ou por propostas das entidades de atendimento de direito ou de fóruns e frentes de articulação de órgãos governamentais e/ou entidades sociais. (Redação dada pela Resolução CONANDA 117/2006)

**Art. 33** Os programas e projetos de responsabilidade de órgãos governamentais e entidades sociais que devam ser financiados com recursos públicos dos fundos para os direitos da criança e do adolescente deverão ser obrigatoriamente analisados e aprovados, previamente, pelos conselhos respectivos.

**Art. 34** Esta Resolução entra em vigor na data da sua publicação. (Redação dada pela Resolução CONANDA 117/2006)

JOSÉ FERNANDO DA SILVA
Presidente

# RESOLUÇÃO CONANDA Nº 119, DE 11 DE DEZEMBRO DE 2006

*Dispõe sobre o Sistema Nacional de Atendimento Socioeducativo e dá outras providências.*

O PRESIDENTE DO CONSELHO NACIONAL DOS DIREITOS DA CRIANÇA E DO ADOLESCENTE – CONANDA, no uso das atribuições legais estabelecidas na Lei n.º 8.242, de 12 de outubro de 1991 e no Decreto nº 5.089 de 20 de maio de 2004, em cumprimento ao que estabelecem o artigo 227 *caput* e § 7º da Constituição Federal e os artigos 88, incisos II e III, 90, parágrafo único, 91, 139, 260, §2º e 261, parágrafo único, do Estatuto da Criança e do Adolescente – Lei Federal nº 8.069 / 90, e a deliberação do Conanda, na Assembléia Ordinária nº 140, realizada no dia 07 e 08 de junho de 2006, resolve:

**Art. 1º.** Aprovar o Sistema de Atendimento Sócio Educativo – Sinase.

✪ **Art. 2º.** O Sinase constitui-se de uma política pública destinada à inclusão do adolescente em conflito com a lei que se correlaciona e demanda iniciativas dos diferentes campos das políticas públicas e sociais.

**Art. 3°.** O Sinase é um conjunto ordenado de princípios, regras e critérios, de caráter jurídico, político, pedagógico, financeiro e administrativo, que envolve desde o processo de apuração de ato infracional até a execução de medidas socioeducativas.

**Art. 4°.** O Sinase inclui os sistemas nacional, estaduais, distrital e municipais, bem como todas as políticas, planos e programas específicos de atenção ao adolescente em conflito com a lei.

**Art. 5°.** O Sinase encontra-se protocolado na Secretaria Especial dos Direitos Humanos da Presidência da República / Subsecretaria de Promoção dos Direitos da Criança e do Adolescente - Processo N° 0000.001308/2006-36, folhas 01 a 122, e a sua versão completa está disponível no site www.planalto.gov.br/sedh/conanda.

**Art. 6°.** Esta Resolução entra em vigor na data de sua publicação.

JOSÉ FERNANDO DA SILVA
Presidente

# LEI Nº 12.594, DE 18 DE JANEIRO DE 2012

*Institui o Sistema Nacional de Atendimento Socioeducativo (Sinase), regulamenta a execução das medidas socioeducativas destinadas a adolescente que pratique ato infracional; e altera as Leis nºs 8.069, de 13 de julho de 1990 (Estatuto da Criança e do Adolescente); 7.560, de 19 de dezembro de 1986, 7.998, de 11 de janeiro de 1990, 5.537, de 21 de novembro de 1968, 8.315, de 23 de dezembro de 1991, 8.706, de 14 de setembro de 1993, os Decretos-leis nºs 4.048, de 22 de janeiro de 1942, 8.621, de 10 de janeiro de 1946, e a Consolidação das Leis do Trabalho (CLT), aprovada pelo Decreto-lei nº 5.452, de 1º de maio de 1943.*

A PRESIDENTA DA REPÚBLICA
Faço saber que o Congresso Nacional decreta e eu sanciono a seguinte Lei:

## TÍTULO I. DO SISTEMA NACIONAL DE ATENDIMENTO SOCIOEDUCATIVO - SINASE

## CAPÍTULO I. DISPOSIÇÕES GERAIS

✪ **Art. 1º.** Esta Lei institui o Sistema Nacional de Atendimento Socioeducativo (Sinase) e regulamenta a execução das medidas destinadas a adolescente que pratique ato infracional.

**§ 1º.** Entende-se por Sinase o conjunto ordenado de princípios, regras e critérios que envolvem a execução de medidas socioeducativas, incluindo-se nele, por adesão, os sistemas estaduais, distrital e municipais, bem como todos os planos, políticas e programas específicos de atendimento a adolescente em conflito com a lei.

**§ 2º.** Entendem-se por medidas socioeducativas as previstas no art. 112 da Lei nº 8.069, de 13 de julho de 1990 (Estatuto da Criança e do Adolescente), as quais têm por objetivos:

**I** - a responsabilização do adolescente quanto às consequências lesivas do ato infracional, sempre que possível incentivando a sua reparação;

**II** - a integração social do adolescente e a garantia de seus direitos individuais e sociais, por meio do cumprimento de seu plano individual de atendimento; e

**III** - a desaprovação da conduta infracional, efetivando as disposições da sentença como parâmetro máximo de privação de liberdade ou restrição de direitos, observados os limites previstos em lei.

**§ 3º.** Entendem-se por programa de atendimento a organização e o funcionamento, por unidade, das condições necessárias para o cumprimento das medidas socioeducativas.

**§ 4º.** Entende-se por unidade a base física necessária para a organização e o funcionamento de programa de atendimento.

**§ 5º.** Entendem-se por entidade de atendimento a pessoa jurídica de direito público ou privado que instala e mantém a unidade e os recursos humanos e materiais necessários ao desenvolvimento de programas de atendimento.

**Art. 2º.** O Sinase será coordenado pela União e integrado pelos sistemas estaduais, distrital e municipais responsáveis pela implementação dos seus respectivos programas de atendimento a adolescente ao qual seja aplicada medida socioeducativa, com liberdade de organização e funcionamento, respeitados os termos desta Lei.

## CAPÍTULO II. DAS COMPETÊNCIAS

✪ **Art. 3º.** Compete à União:

**I** - formular e coordenar a execução da política nacional de atendimento socioeducativo;

**II** - elaborar o Plano Nacional de Atendimento Socioeducativo, em parceria com os Estados, o Distrito Federal e os Municípios;

**III** – prestar assistência técnica e suplementação financeira aos Estados, ao Distrito Federal e aos Municípios para o desenvolvimento de seus sistemas;

**IV** – instituir e manter o Sistema Nacional de Informações sobre o Atendimento Socioeducativo, seu funcionamento, entidades, programas, incluindo dados relativos a financiamento e população atendida;

**V** – contribuir para a qualificação e ação em rede dos Sistemas de Atendimento Socioeducativo;

**VI** – estabelecer diretrizes sobre a organização e funcionamento das unidades e programas de atendimento e as normas de referência destinadas ao cumprimento das medidas socioeducativas de internação e semiliberdade;

**VII** – instituir e manter processo de avaliação dos Sistemas de Atendimento Socioeducativo, seus planos, entidades e programas;

**VIII** – financiar, com os demais entes federados, a execução de programas e serviços do Sinase; e

**IX** – garantir a publicidade de informações sobre repasses de recursos aos gestores estaduais, distrital e municipais, para financiamento de programas de atendimento socioeducativo.

**§ 1º**. São vedados à União o desenvolvimento e a oferta de programas próprios de atendimento.

**§ 2º**. Ao Conselho Nacional dos Direitos da Criança e do Adolescente (Conanda) competem as funções normativa, deliberativa, de avaliação e de fiscalização do Sinase, nos termos previstos na Lei nº 8.242, de 12 de outubro de 1991, que cria o referido Conselho.

**§ 3º**. O Plano de que trata o inciso II do *caput* deste artigo será submetido à deliberação do Conanda.

**§ 4º**. À Secretaria de Direitos Humanos da Presidência da República (SDH/PR) competem as funções executiva e de gestão do Sinase.

**Art. 4º.** Compete aos Estados:

**I** – formular, instituir, coordenar e manter Sistema Estadual de Atendimento Socioeducativo, respeitadas as diretrizes fixadas pela União;

**II** – elaborar o Plano Estadual de Atendimento Socioeducativo em conformidade com o Plano Nacional;

**III** – criar, desenvolver e manter programas para a execução das medidas socioeducativas de semiliberdade e internação;

**IV** – editar normas complementares para a organização e funcionamento do seu sistema de atendimento e dos sistemas municipais;

**V** – estabelecer com os Municípios formas de colaboração para o atendimento socioeducativo em meio aberto;

**VI** – prestar assessoria técnica e suplementação financeira aos Municípios para a oferta regular de programas de meio aberto;

**VII** – garantir o pleno funcionamento do plantão interinstitucional, nos termos previstos no inciso V do art. 88 da Lei nº 8.069, de 13 de julho de 1990 (Estatuto da Criança e do Adolescente);

**VIII** – garantir defesa técnica do adolescente a quem se atribua prática de ato infracional;

**IX** – cadastrar-se no Sistema Nacional de Informações sobre o Atendimento Socioeducativo e fornecer regularmente os dados necessários ao povoamento e à atualização do Sistema; e

**X** – cofinanciar, com os demais entes federados, a execução de programas e ações destinados ao atendimento inicial de adolescente apreendido para apuração de ato infracional, bem como aqueles destinados a adolescente a quem foi aplicada medida socioeducativa privativa de liberdade.

**§ 1º**. Ao Conselho Estadual dos Direitos da Criança e do Adolescente competem as funções deliberativas e de controle do Sistema Estadual de Atendimento Socioeducativo, nos termos previstos no inciso II do art. 88 da Lei nº 8.069, de 13 de julho de 1990 (Estatuto da Criança e do Adolescente), bem como outras definidas na legislação estadual ou distrital.

**§ 2º**. O Plano de que trata o inciso II do *caput* deste artigo será submetido à deliberação do Conselho Estadual dos Direitos da Criança e do Adolescente.

**§ 3º**. Competem ao órgão a ser designado no Plano de que trata o inciso II do *caput* deste artigo as funções executiva e de gestão do Sistema Estadual de Atendimento Socioeducativo.

**Art. 5º.** Compete aos Municípios:

**I** – formular, instituir, coordenar e manter o Sistema Municipal de Atendimento Socioeducativo, respeitadas as diretrizes fixadas pela União e pelo respectivo Estado;

**II** – elaborar o Plano Municipal de Atendimento Socioeducativo, em conformidade com o Plano Nacional e o respectivo Plano Estadual;

**III** – criar e manter programas de atendimento para a execução das medidas socioeducativas em meio aberto;

**IV** – editar normas complementares para a organização e funcionamento dos programas do seu Sistema de Atendimento Socioeducativo;

**V** – cadastrar-se no Sistema Nacional de Informações sobre o Atendimento Socioeducativo e fornecer regularmente os dados necessários ao povoamento e à atualização do Sistema; e

**VI** – cofinanciar, conjuntamente com os demais entes federados, a execução de programas e ações destinados ao atendimento inicial de adolescente apreendido para apuração de ato infracional, bem como aqueles destinados a adolescente a quem foi aplicada medida socioeducativa em meio aberto.

**§ 1º**. Para garantir a oferta de programa de atendimento socioeducativo de meio aberto, os Municípios podem instituir os consórcios dos quais trata a Lei nº 11.107, de 6 de abril de 2005, que dispõe sobre normas gerais de contratação de consórcios públicos e dá outras providências, ou qualquer outro instrumento jurídico adequado, como forma de compartilhar responsabilidades.

**§ 2º.** Ao Conselho Municipal dos Direitos da Criança e do Adolescente competem as funções deliberativas e de controle do Sistema Municipal de Atendimento Socioeducativo, nos termos previstos no inciso II do art. 88 da Lei nº 8.069, de 13 de julho de 1990 (Estatuto da Criança e do Adolescente), bem como outras definidas na legislação municipal.

**§ 3º.** O Plano de que trata o inciso II do *caput* deste artigo será submetido à deliberação do Conselho Municipal dos Direitos da Criança e do Adolescente.

**§ 4º.** Competem ao órgão a ser designado no Plano de que trata o inciso II do *caput* deste artigo as funções executiva e de gestão do Sistema Municipal de Atendimento Socioeducativo.

**Art. 6º.** Ao Distrito Federal cabem, cumulativamente, as competências dos Estados e dos Municípios.

## CAPÍTULO III. DOS PLANOS DE ATENDIMENTO SOCIOEDUCATIVO

**Art. 7º.** O Plano de que trata o inciso II do art. 3º desta Lei deverá incluir um diagnóstico da situação do Sinase, as diretrizes, os objetivos, as metas, as prioridades e as formas de financiamento e gestão das ações de atendimento para os 10 (dez) anos seguintes, em sintonia com os princípios elencados na Lei nº 8.069, de 13 de julho de 1990 (Estatuto da Criança e do Adolescente).

**§ 1º.** As normas nacionais de referência para o atendimento socioeducativo devem constituir anexo ao Plano de que trata o inciso II do art. 3º desta Lei.

**§ 2º.** Os Estados, o Distrito Federal e os Municípios deverão, com base no Plano Nacional de Atendimento Socioeducativo, elaborar seus planos decenais correspondentes, em até 360 (trezentos e sessenta) dias a partir da aprovação do Plano Nacional.

**Art. 8º.** Os Planos de Atendimento Socioeducativo deverão, obrigatoriamente, prever ações articuladas nas áreas de educação, saúde, assistência social, cultura, capacitação para o trabalho e esporte, para os adolescentes atendidos, em conformidade com os princípios elencados na Lei nº 8.069, de 13 de julho de 1990 (Estatuto da Criança e do Adolescente).

**Parágrafo único.** Os Poderes Legislativos federal, estaduais, distrital e municipais, por meio de suas comissões temáticas pertinentes, acompanharão a execução dos Planos de Atendimento Socioeducativo dos respectivos entes federados.

## CAPÍTULO IV. DOS PROGRAMAS DE ATENDIMENTO

### SEÇÃO I. DISPOSIÇÕES GERAIS

**Art. 9º.** Os Estados e o Distrito Federal inscreverão seus programas de atendimento e alterações no Conselho Estadual ou Distrital dos Direitos da Criança e do Adolescente, conforme o caso.

**Art. 10.** Os Municípios inscreverão seus programas e alterações, bem como as entidades de atendimento executoras, no Conselho Municipal dos Direitos da Criança e do Adolescente.

**Art. 11.** Além da especificação do regime, são requisitos obrigatórios para a inscrição de programa de atendimento:

**I** – a exposição das linhas gerais dos métodos e técnicas pedagógicas, com a especificação das atividades de natureza coletiva;

**II** – a indicação da estrutura material, dos recursos humanos e das estratégias de segurança compatíveis com as necessidades da respectiva unidade;

**III** – regimento interno que regule o funcionamento da entidade, no qual deverá constar, no mínimo:

*a)* o detalhamento das atribuições e responsabilidades do dirigente, de seus prepostos, dos membros da equipe técnica e dos demais educadores;

*b)* a previsão das condições do exercício da disciplina e concessão de benefícios e o respectivo procedimento de aplicação; e

*c)* a previsão da concessão de benefícios extraordinários e enaltecimento, tendo em vista tornar público o reconhecimento ao adolescente pelo esforço realizado na consecução dos objetivos do plano individual;

**IV** – a política de formação dos recursos humanos;

**V** – a previsão das ações de acompanhamento do adolescente após o cumprimento de medida socioeducativa;

**VI** – a indicação da equipe técnica, cuja quantidade e formação devem estar em conformidade com as normas de referência do sistema e dos conselhos profissionais e com o atendimento socioeducativo a ser realizado; e

**VII** – a adesão ao Sistema de Informações sobre o Atendimento Socioeducativo, bem como sua operação efetiva.

**Parágrafo único.** O não cumprimento do previsto neste artigo sujeita as entidades de atendimento, os órgãos gestores, seus dirigentes ou prepostos à aplicação das medidas previstas no art. 97 da Lei nº 8.069, de 13 de julho de 1990 (Estatuto da Criança e do Adolescente).

**Art. 12.** A composição da equipe técnica do programa de atendimento deverá ser interdisciplinar, compreendendo, no mínimo, profissionais das áreas de saúde, educação e assistência social, de acordo com as normas de referência.

**§ 1º.** Outros profissionais podem ser acrescentados às equipes para atender necessidades específicas do programa.

**§ 2º.** Regimento interno deve discriminar as atribuições de cada profissional, sendo proibida a sobreposição dessas atribuições na entidade de atendimento.

**§ 3º.** O não cumprimento do previsto neste artigo sujeita as entidades de atendimento, seus dirigentes ou prepostos à aplicação das medidas previstas no art. 97 da Lei nº 8.069, de 13 de julho de 1990 (Estatuto da Criança e do Adolescente).

## SEÇÃO II.
## DOS PROGRAMAS DE MEIO ABERTO

**Art. 13.** Compete à direção do programa de prestação de serviços à comunidade ou de liberdade assistida:

**I** – selecionar e credenciar orientadores, designando-os, caso a caso, para acompanhar e avaliar o cumprimento da medida;

**II** – receber o adolescente e seus pais ou responsável e orientá-los sobre a finalidade da medida e a organização e funcionamento do programa;

**III** – encaminhar o adolescente para o orientador credenciado;

**IV** – supervisionar o desenvolvimento da medida; e

**V** – avaliar, com o orientador, a evolução do cumprimento da medida e, se necessário, propor à autoridade judiciária sua substituição, suspensão ou extinção.

**Parágrafo único.** O rol de orientadores credenciados deverá ser comunicado, semestralmente, à autoridade judiciária e ao Ministério Público.

**Art. 14.** Incumbe ainda à direção do programa de medida de prestação de serviços à comunidade selecionar e credenciar entidades assistenciais, hospitais, escolas ou outros estabelecimentos congêneres, bem como os programas comunitários ou governamentais, de acordo com o perfil do socioeducando e o ambiente no qual a medida será cumprida.

**Parágrafo único.** Se o Ministério Público impugnar o credenciamento, ou a autoridade judiciária considerá-lo inadequado, instaurará incidente de impugnação, com a aplicação subsidiária do procedimento de apuração de irregularidade em entidade de atendimento regulamentado na Lei nº 8.069, de 13 de julho de 1990 (Estatuto da Criança e do Adolescente), devendo citar o dirigente do programa e a direção da entidade ou órgão credenciado.

## SEÇÃO III.
## DOS PROGRAMAS DE PRIVAÇÃO DA LIBERDADE

**Art. 15.** São requisitos específicos para a inscrição de programas de regime de semiliberdade ou internação:

**I** – a comprovação da existência de estabelecimento educacional com instalações adequadas e em conformidade com as normas de referência;

**II** – a previsão do processo e dos requisitos para a escolha do dirigente;

**III** – a apresentação das atividades de natureza coletiva;

**IV** - a definição das estratégias para a gestão de conflitos, vedada a previsão de isolamento cautelar, exceto nos casos previstos no § 2º do art. 49 desta Lei; e

**V** – a previsão de regime disciplinar nos termos do art. 72 desta Lei.

**Art. 16.** A estrutura física da unidade deverá ser compatível com as normas de referência do Sinase.

**§ 1º.** É vedada a edificação de unidades socioeducacionais em espaços contíguos, anexos, ou de qualquer outra forma integrados a estabelecimentos penais.

**§ 2º.** A direção da unidade adotará, em caráter excepcional, medidas para proteção do interno em casos de risco à sua integridade física, à sua vida, ou à de outrem, comunicando, de imediato, seu defensor e o Ministério Público.

**Art. 17.** Para o exercício da função de dirigente de programa de atendimento em regime de semiliberdade ou de internação, além dos requisitos específicos previstos no respectivo programa de atendimento, é necessário:

**I** – formação de nível superior compatível com a natureza da função;

**II** – comprovada experiência no trabalho com adolescentes de, no mínimo, 2 (dois) anos; e

**III** – reputação ilibada.

## CAPÍTULO V. DA AVALIAÇÃO E ACOMPANHAMENTO DA GESTÃO DO ATENDIMENTO SOCIOEDUCATIVO

**Art. 18.** A União, em articulação com os Estados, o Distrito Federal e os Municípios, realizará avaliações periódicas da implementação dos Planos de Atendimento Socioeducativo em intervalos não superiores a 3 (três) anos.

**§ 1º.** O objetivo da avaliação é verificar o cumprimento das metas estabelecidas e elaborar recomendações aos gestores e operadores dos Sistemas.

**§ 2º.** O processo de avaliação deverá contar com a participação de representantes do Poder Judiciário, do Ministério Público, da Defensoria Pública e dos Conselhos Tutelares, na forma a ser definida em regulamento.

**§ 3º.** A primeira avaliação do Plano Nacional de Atendimento Socioeducativo realizar-se-á no terceiro ano de vigência desta Lei, cabendo ao Poder Legislativo federal acompanhar o trabalho por meio de suas comissões temáticas pertinentes.

**Art. 19.** É instituído o Sistema Nacional de Avaliação e Acompanhamento do Atendimento Socioeducativo, com os seguintes objetivos:

**I** – contribuir para a organização da rede de atendimento socioeducativo;

**II** – assegurar conhecimento rigoroso sobre as ações do atendimento socioeducativo e seus resultados;

**III** – promover a melhora da qualidade da gestão e do atendimento socioeducativo; e

**IV** – disponibilizar informações sobre o atendimento socioeducativo.

**§ 1º.** A avaliação abrangerá, no mínimo, a gestão, as entidades de atendimento, os programas e os resultados da execução das medidas socioeducativas.

**§ 2º.** Ao final da avaliação, será elaborado relatório contendo histórico e diagnóstico da situação, as recomendações e os prazos para que essas sejam cumpridas, além de outros elementos a serem definidos em regulamento.

**§ 3º.** O relatório da avaliação deverá ser encaminhado aos respectivos Conselhos de Direitos, Conselhos Tutelares e ao Ministério Público.

**§ 4º.** Os gestores e entidades têm o dever de colaborar com o processo de avaliação, facilitando o acesso às suas instalações, à documentação e a todos os elementos necessários ao seu efetivo cumprimento.

**§ 5º.** O acompanhamento tem por objetivo verificar o cumprimento das metas dos Planos de Atendimento Socioeducativo.

**Art. 20.** O Sistema Nacional de Avaliação e Acompanhamento da Gestão do Atendimento Socioeducativo assegurará, na metodologia a ser empregada:

**I** – a realização da autoavaliação dos gestores e das instituições de atendimento;

**II** – a avaliação institucional externa, contemplando a análise global e integrada das instalações físicas, relações institucionais, compromisso social, atividades e finalidades das instituições de atendimento e seus programas;

**III** – o respeito à identidade e à diversidade de entidades e programas;

**IV** – a participação do corpo de funcionários das entidades de atendimento e dos Conselhos Tutelares da área de atuação da entidade avaliada; e

**V** – o caráter público de todos os procedimentos, dados e resultados dos processos avaliativos.

**Art. 21.** A avaliação será coordenada por uma comissão permanente e realizada por comissões temporárias, essas compostas, no mínimo, por 3 (três) especialistas com reconhecida atuação na área temática e definidas na forma do regulamento.

**Parágrafo único.** É vedado à comissão permanente designar avaliadores:

**I** – que sejam titulares ou servidores dos órgãos gestores avaliados ou funcionários das entidades avaliadas;

**II** – que tenham relação de parentesco até o 3º grau com titulares ou servidores dos órgãos gestores avaliados e/ou funcionários das entidades avaliadas; e

**III** – que estejam respondendo a processos criminais.

**Art. 22.** A avaliação da gestão terá por objetivo:

**I** – verificar se o planejamento orçamentário e sua execução se processam de forma compatível com as necessidades do respectivo Sistema de Atendimento Socioeducativo;

**II** – verificar a manutenção do fluxo financeiro, considerando as necessidades operacionais do atendimento socioeducativo, as normas de referência e as condições previstas nos instrumentos jurídicos celebrados entre os órgãos gestores e as entidades de atendimento;

**III** – verificar a implementação de todos os demais compromissos assumidos por ocasião da celebração dos instrumentos jurídicos relativos ao atendimento socioeducativo; e

**IV** – a articulação interinstitucional e intersetorial das políticas.

**Art. 23.** A avaliação das entidades terá por objetivo identificar o perfil e o impacto de sua atuação, por meio de suas atividades, programas e projetos, considerando as diferentes dimensões institucionais e, entre elas, obrigatoriamente, as seguintes:

**I** – o plano de desenvolvimento institucional;

**II** – a responsabilidade social, considerada especialmente sua contribuição para a inclusão social e o desenvolvimento socioeconômico do adolescente e de sua família;

**III** – a comunicação e o intercâmbio com a sociedade;

**IV** – as políticas de pessoal quanto à qualificação, aperfeiçoamento, desenvolvimento profissional e condições de trabalho;

**V** – a adequação da infraestrutura física às normas de referência;

**VI** – o planejamento e a autoavaliação quanto aos processos, resultados, eficiência e eficácia do projeto pedagógico e da proposta socioeducativa;

**VII** – as políticas de atendimento para os adolescentes e suas famílias;

**VIII** – a atenção integral à saúde dos adolescentes em conformidade com as diretrizes do art. 60 desta Lei; e

**IX** – a sustentabilidade financeira.

**Art. 24.** A avaliação dos programas terá por objetivo verificar, no mínimo, o atendimento ao que determinam os arts. 94, 100, 117, 119, 120, 123 e 124 da Lei nº 8.069, de 13 de julho de 1990 (Estatuto da Criança e do Adolescente).

**Art. 25.** A avaliação dos resultados da execução de medida socioeducativa terá por objetivo, no mínimo:

**I** – verificar a situação do adolescente após cumprimento da medida socioeducativa, tomando por base suas perspectivas educacionais, sociais, profissionais e familiares; e

**II** – verificar reincidência de prática de ato infracional.

**Art. 26.** Os resultados da avaliação serão utilizados para:

**I** – planejamento de metas e eleição de prioridades do Sistema de Atendimento Socioeducativo e seu financiamento;

**II** – reestruturação e/ou ampliação da rede de atendimento socioeducativo, de acordo com as necessidades diagnosticadas;

**III** – adequação dos objetivos e da natureza do atendimento socioeducativo prestado pelas entidades avaliadas;

**IV** – celebração de instrumentos de cooperação com vistas à correção de problemas diagnosticados na avaliação;

**V** – reforço de financiamento para fortalecer a rede de atendimento socioeducativo;

**VI** – melhorar e ampliar a capacitação dos operadores do Sistema de Atendimento Socioeducativo; e

**VII** – os efeitos do art. 95 da Lei nº 8.069, de 13 de julho de 1990 (Estatuto da Criança e do Adolescente).

**Parágrafo único.** As recomendações originadas da avaliação deverão indicar prazo para seu cumprimento por parte das entidades de atendimento e dos gestores avaliados, ao fim do qual estarão sujeitos às medidas previstas no art. 28 desta Lei.

**Art. 27.** As informações produzidas a partir do Sistema Nacional de Informações sobre Atendimento Socioeducativo serão utilizadas para subsidiar a avaliação, o acompanhamento, a gestão e o financiamento dos Sistemas Nacional, Distrital, Estaduais e Municipais de Atendimento Socioeducativo.

## CAPÍTULO VI.
## DA RESPONSABILIZAÇÃO DOS GESTORES, OPERADORES E ENTIDADES DE ATENDIMENTO

**Art. 28.** No caso do desrespeito, mesmo que parcial, ou do não cumprimento integral às diretrizes e determinações desta Lei, em todas as esferas, são sujeitos:

**I** – gestores, operadores e seus prepostos e entidades governamentais às medidas previstas no inciso I e no § 1º do art. 97 da Lei nº 8.069, de 13 de julho de 1990 (Estatuto da Criança e do Adolescente); e

**II** – entidades não governamentais, seus gestores, operadores e prepostos às medidas previstas no inciso II e no § 1º do art. 97 da Lei nº 8.069, de 13 de julho de 1990 (Estatuto da Criança e do Adolescente).

**Parágrafo único.** A aplicação das medidas previstas neste artigo dar-se-á a partir da análise de relatório circunstanciado elaborado após as avaliações, sem prejuízo do que determinam os arts. 191 a 197, 225 a 227, 230 a 236, 243 e 245 a 247 da Lei nº 8.069, de 13 de julho de 1990 (Estatuto da Criança e do Adolescente).

**Art. 29.** Àqueles que, mesmo não sendo agentes públicos, induzam ou concorram, sob qualquer forma, direta ou indireta, para o não cumprimento desta Lei, aplicam-se, no que couber, as penalidades dispostas na Lei nº 8.429, de 2 de junho de 1992, que dispõe sobre as sanções aplicáveis aos agentes públicos nos casos de enriquecimento ilícito no exercício de mandato, cargo, emprego ou função na administração pública direta, indireta ou fundacional e dá outras providências (Lei de Improbidade Administrativa).

## CAPÍTULO VII. DO FINANCIAMENTO E DAS PRIORIDADES

**Art. 30.** O Sinase será cofinanciado com recursos dos orçamentos fiscal e da seguridade social, além de outras fontes.

**§ 1º.** (VETADO).

**§ 2º.** Os entes federados que tenham instituído seus sistemas de atendimento socioeducativo terão acesso aos recursos na forma de transferência adotada pelos órgãos integrantes do Sinase.

**§ 3º.** Os entes federados beneficiados com recursos dos orçamentos dos órgãos responsáveis pelas políticas integrantes do Sinase, ou de outras fontes, estão sujeitos às normas e procedimentos de monitoramento estabelecidos pelas instâncias dos órgãos das políticas setoriais envolvidas, sem prejuízo do disposto nos incisos IX e X do art. 4º, nos incisos V e VI do art. 5º e no art. 6º desta Lei.

**Art. 31.** Os Conselhos de Direitos, nas 3 (três) esferas de governo, definirão, anualmente, o percentual de recursos dos Fundos dos Direitos da Criança e do Adolescente a serem aplicados no financiamento das ações previstas nesta Lei, em especial para capacitação, sistemas de informação e de avaliação.

**Parágrafo único.** Os entes federados beneficiados com recursos do Fundo dos Direitos da Criança e do Adolescente para ações de atendimento socioeducativo prestarão informações sobre o desempenho dessas ações por meio do Sistema de Informações sobre Atendimento Socioeducativo.

**Art. 32.** A Lei nº 7.560, de 19 de dezembro de 1986, passa a vigorar com as seguintes alterações:

(...)

**Art. 33.** A Lei nº 7.998, de 11 de janeiro de 1990, passa a vigorar acrescida do seguinte art. 19-A:

(...)

**Art. 34.** O art. 2º da Lei nº 5.537, de 21 de novembro de 1968, passa a vigorar acrescido do seguinte § 3º:

(...)

# TÍTULO II. DA EXECUÇÃO DAS MEDIDAS SOCIOEDUCATIVAS

## CAPÍTULO I. DISPOSIÇÕES GERAIS

✪ **Art. 35.** A execução das medidas socioeducativas reger-se-á pelos seguintes princípios:

**I** – legalidade, não podendo o adolescente receber tratamento mais gravoso do que o conferido ao adulto;

**II** – excepcionalidade da intervenção judicial e da imposição de medidas, favorecendo-se meios de autocomposição de conflitos;

**III** – prioridade a práticas ou medidas que sejam restaurativas e, sempre que possível, atendam às necessidades das vítimas;

**IV** – proporcionalidade em relação à ofensa cometida;

**V** – brevidade da medida em resposta ao ato cometido, em especial o respeito ao que dispõe o art. 122 da Lei nº 8.069, de 13 de julho de 1990 (Estatuto da Criança e do Adolescente);

**VI** – individualização, considerando-se a idade, capacidades e circunstâncias pessoais do adolescente;

**VII** – mínima intervenção, restrita ao necessário para a realização dos objetivos da medida;

**VIII** – não discriminação do adolescente, notadamente em razão de etnia, gênero, nacionalidade, classe social, orientação religiosa, política ou sexual, ou associação ou pertencimento a qualquer minoria ou status; e

**IX** – fortalecimento dos vínculos familiares e comunitários no processo socioeducativo.

## CAPÍTULO II. DOS PROCEDIMENTOS

**Art. 36.** A competência para jurisdicionar a execução das medidas socioeducativas segue o determinado pelo art. 146 da Lei nº 8.069, de 13 de julho de 1990 (Estatuto da Criança e do Adolescente).

**Art. 37.** A defesa e o Ministério Público intervirão, sob pena de nulidade, no procedimento judicial de execução de medida socioeducativa, asseguradas aos seus membros as prerrogativas previstas na Lei nº 8.069, de 13 de julho de 1990 (Estatuto da Criança e do Adolescente), podendo requerer as providências necessárias para adequar a execução aos ditames legais e regulamentares.

**Art. 38.** As medidas de proteção, de advertência e de reparação do dano, quando aplicadas de forma isolada, serão executadas nos próprios autos do processo de conhecimento, respeitado o disposto nos arts. 143 e 144 da Lei nº 8.069, de 13 de julho de 1990 (Estatuto da Criança e do Adolescente).

**Art. 39.** Para aplicação das medidas socioeducativas de prestação de serviços à comunidade, liberdade assistida, semiliberdade ou internação, será constituído processo de execução para cada adolescente, respeitado o disposto nos arts. 143 e 144 da Lei nº 8.069, de 13 de julho de 1990 (Estatuto da Criança e do Adolescente), e com autuação das seguintes peças:

**I** – documentos de caráter pessoal do adolescente existentes no processo de conhecimento, especialmente os que comprovem sua idade; e

**II** – as indicadas pela autoridade judiciária, sempre que houver necessidade e, obrigatoriamente:

*a)* cópia da representação;

*b)* cópia da certidão de antecedentes;

*c)* cópia da sentença ou acórdão; e

*d)* cópia de estudos técnicos realizados durante a fase de conhecimento.

**Parágrafo único.** Procedimento idêntico será observado na hipótese de medida aplicada em sede de remissão, como forma de suspensão do processo.

**Art. 40.** Autuadas as peças, a autoridade judiciária encaminhará, imediatamente, cópia integral do expediente ao órgão gestor do atendimento socioeducativo, solicitando designação do programa ou da unidade de cumprimento da medida.

✪ **Art. 41.** A autoridade judiciária dará vistas da proposta de plano individual de que trata o art. 53 desta Lei ao defensor e ao Ministério Público pelo prazo sucessivo de 3 (três) dias, contados do recebimento da proposta encaminhada pela direção do programa de atendimento.

**§ 1º.** O defensor e o Ministério Público poderão requerer, e o Juiz da Execução poderá determinar, de ofício, a realização de qualquer avaliação ou perícia que entenderem necessárias para complementação do plano individual.

**§ 2º.** A impugnação ou complementação do plano individual, requerida pelo defensor ou pelo Ministério Público, deverá ser fundamentada, podendo a autoridade judiciária indeferi-la, se entender insuficiente a motivação.

**§ 3º.** Admitida a impugnação, ou se entender que o plano é inadequado, a autoridade judiciária designará, se necessário, audiência da qual cientificará o defensor, o Ministério Público, a direção do programa de atendimento, o adolescente e seus pais ou responsável.

**§ 4º.** A impugnação não suspenderá a execução do plano individual, salvo determinação judicial em contrário.

**§ 5º.** Findo o prazo sem impugnação, considerar-se-á o plano individual homologado.

**Art. 42.** As medidas socioeducativas de liberdade assistida, de semiliberdade e de internação deverão ser reavaliadas no máximo a cada 6 (seis) meses, podendo a autoridade judiciária, se necessário, designar audiência, no prazo máximo de 10 (dez) dias, cientificando o defensor, o Ministério Público, a direção do programa de atendimento, o adolescente e seus pais ou responsável.

**§ 1º.** A audiência será instruída com o relatório da equipe técnica do programa de atendimento sobre a evolução do plano de que trata o art. 52 desta Lei e com qualquer outro parecer técnico requerido pelas partes e deferido pela autoridade judiciária.

**§ 2º.** A gravidade do ato infracional, os antecedentes e o tempo de duração da medida não são fatores que, por si, justifiquem a não substituição da medida por outra menos grave.

**§ 3º.** Considera-se mais grave a internação, em relação a todas as demais medidas, e mais grave a semiliberdade, em relação às medidas de meio aberto.

**Art. 43.** A reavaliação da manutenção, da substituição ou da suspensão das medidas de meio aberto ou de privação da liberdade e do respectivo plano individual pode ser solicitada a qualquer tempo, a pedido da direção do programa de atendimento, do defensor, do Ministério Público, do adolescente, de seus pais ou responsável.

**§ 1º.** Justifica o pedido de reavaliação, entre outros motivos:

**I** – o desempenho adequado do adolescente com base no seu plano de atendimento individual, antes do prazo da reavaliação obrigatória;

**II** – a inadaptação do adolescente ao programa e o reiterado descumprimento das atividades do plano individual; e

**III** – a necessidade de modificação das atividades do plano individual que importem em maior restrição da liberdade do adolescente.

**§ 2º.** A autoridade judiciária poderá indeferir o pedido, de pronto, se entender insuficiente a motivação.

**§ 3º.** Admitido o processamento do pedido, a autoridade judiciária, se necessário, designará audiência, observando o princípio do § 1º do art. 42 desta Lei.

**§ 4º.** A substituição por medida mais gravosa somente ocorrerá em situações excepcionais, após o devido processo legal, inclusive na hipótese do inciso III do art. 122 da Lei nº 8.069, de 13 de julho de 1990 (Estatuto da Criança e do Adolescente), e deve ser:

**I** – fundamentada em parecer técnico;

**II** - precedida de prévia audiência, e nos termos do § 1º do art. 42 desta Lei.

**Art. 44.** Na hipótese de substituição da medida ou modificação das atividades do plano individual, a autoridade judiciária remeterá o inteiro teor da decisão à direção do programa de atendimento, assim como as peças que entender relevantes à nova situação jurídica do adolescente.

**Parágrafo único.** No caso de a substituição da medida importar em vinculação do adolescente a outro programa de atendimento, o plano individual e o histórico do cumprimento da medida deverão acompanhar a transferência.

**Art. 45.** Se, no transcurso da execução, sobrevier sentença de aplicação de nova medida, a autoridade judiciária procederá à unificação, ouvidos, previamente, o Ministério Público e o defensor, no prazo de 3 (três) dias sucessivos, decidindo-se em igual prazo.

**§ 1º**. É vedado à autoridade judiciária determinar reinício de cumprimento de medida socioeducativa, ou deixar de considerar os prazos máximos, e de liberação compulsória previstos na Lei nº 8.069, de 13 de julho de 1990 (Estatuto da Criança e do Adolescente), excetuada a hipótese de medida aplicada por ato infracional praticado durante a execução.

**§ 2º**. É vedado à autoridade judiciária aplicar nova medida de internação, por atos infracionais praticados anteriormente, a adolescente que já tenha concluído cumprimento de medida socioeducativa dessa natureza, ou que tenha sido transferido para cumprimento de medida menos rigorosa, sendo tais atos absorvidos por aqueles aos quais se impôs a medida socioeducativa extrema.

**Art. 46.** A medida socioeducativa será declarada extinta:

**I** – pela morte do adolescente;

**II** – pela realização de sua finalidade;

**III** – pela aplicação de pena privativa de liberdade, a ser cumprida em regime fechado ou semiaberto, em execução provisória ou definitiva;

**IV** – pela condição de doença grave, que torne o adolescente incapaz de submeter-se ao cumprimento da medida; e

**V** – nas demais hipóteses previstas em lei.

**§ 1º**. No caso de o maior de 18 (dezoito) anos, em cumprimento de medida socioeducativa, responder a processo-crime, caberá à autoridade judiciária decidir sobre eventual extinção da execução, cientificando da decisão o juízo criminal competente.

**§ 2º**. Em qualquer caso, o tempo de prisão cautelar não convertida em pena privativa de liberdade deve ser descontado do prazo de cumprimento da medida socioeducativa.

**Art. 47.** O mandado de busca e apreensão do adolescente terá vigência máxima de 6 (seis) meses, a contar da data da expedição, podendo, se necessário, ser renovado, fundamentadamente.

✪ **Art. 48.** O defensor, o Ministério Público, o adolescente e seus pais ou responsável poderão postular revisão judicial de qualquer sanção disciplinar aplicada, podendo a autoridade judiciária suspender a execução da sanção até decisão final do incidente.

**§ 1º**. Postulada a revisão após ouvida a autoridade colegiada que aplicou a sanção e havendo provas a produzir em audiência, procederá o magistrado na forma do § 1º do art. 42 desta Lei.

**§ 2º**. É vedada a aplicação de sanção disciplinar de isolamento a adolescente interno, exceto seja essa imprescindível para garantia da segurança de outros internos ou do próprio adolescente a quem seja imposta a sanção, sendo necessária ainda comunicação ao defensor, ao Ministério Público e à autoridade judiciária em até 24 (vinte e quatro) horas.

## CAPÍTULO III.
## DOS DIREITOS INDIVIDUAIS

✪ **Art. 49.** São direitos do adolescente submetido ao cumprimento de medida socioeducativa, sem prejuízo de outros previstos em lei:

**I** – ser acompanhado por seus pais ou responsável e por seu defensor, em qualquer fase do procedimento administrativo ou judicial;

**II** – ser incluído em programa de meio aberto quando inexistir vaga para o cumprimento de medida de privação da liberdade, exceto nos casos de ato infracional cometido mediante grave ameaça ou violência à pessoa, quando o adolescente deverá ser internado em Unidade mais próxima de seu local de residência;

**III** – ser respeitado em sua personalidade, intimidade, liberdade de pensamento e religião e em todos os direitos não expressamente limitados na sentença;

**IV** – peticionar, por escrito ou verbalmente, diretamente a qualquer autoridade ou órgão público, devendo, obrigatoriamente, ser respondido em até 15 (quinze) dias;

**V** – ser informado, inclusive por escrito, das normas de organização e funcionamento do programa de atendimento e também das previsões de natureza disciplinar;

**VI** – receber, sempre que solicitar, informações sobre a evolução de seu plano individual, participando, obrigatoriamente, de sua elaboração e, se for o caso, reavaliação;

**VII** – receber assistência integral à sua saúde, conforme o disposto no art. 60 desta Lei; e

**VIII** – ter atendimento garantido em creche e pré-escola aos filhos de 0 (zero) a 5 (cinco) anos.

**§ 1º**. As garantias processuais destinadas a adolescente autor de ato infracional previstas na Lei nº 8.069, de 13 de julho de 1990 (Estatuto da Criança e do Adolescente), aplicam-se integralmente na execução das medidas socioeducativas, inclusive no âmbito administrativo.

**§ 2º**. A oferta irregular de programas de atendimento socioeducativo em meio aberto não poderá ser invocada como motivo para aplicação ou manutenção de medida de privação da liberdade.

**Art. 50.** Sem prejuízo do disposto no § 1º do art. 121 da Lei nº 8.069, de 13 de julho de 1990 (Estatuto da Criança e do Adolescente), a direção do programa de execução de medida de privação da liberdade poderá autorizar a saída, monitorada, do adolescente nos casos de tratamento médico, doença grave ou falecimento, devidamente comprovados, de pai, mãe, filho, cônjuge, companheiro ou irmão, com imediata comunicação ao juízo competente.

**Art. 51.** A decisão judicial relativa à execução de medida socioeducativa será proferida após manifestação do defensor e do Ministério Público.

## CAPÍTULO IV. DO PLANO INDIVIDUAL DE ATENDIMENTO (PIA)

**Art. 52.** O cumprimento das medidas socioeducativas, em regime de prestação de serviços à comunidade, liberdade assistida, semiliberdade ou internação, dependerá de Plano Individual de Atendimento (PIA), instrumento de previsão, registro e gestão das atividades a serem desenvolvidas com o adolescente.

**Parágrafo único.** O PIA deverá contemplar a participação dos pais ou responsáveis, os quais têm o dever de contribuir com o processo ressocializador do adolescente, sendo esses passíveis de responsabilização administrativa, nos termos do art. 249 da Lei nº 8.069, de 13 de julho de 1990 (Estatuto da Criança e do Adolescente), civil e criminal.

**Art. 53.** O PIA será elaborado sob a responsabilidade da equipe técnica do respectivo programa de atendimento, com a participação efetiva do adolescente e de sua família, representada por seus pais ou responsável.

**Art. 54.** Constarão do plano individual, no mínimo:

**I** – os resultados da avaliação interdisciplinar;

**II** – os objetivos declarados pelo adolescente;

**III** – a previsão de suas atividades de integração social e/ou capacitação profissional;

**IV** – atividades de integração e apoio à família;

**V** – formas de participação da família para efetivo cumprimento do plano individual; e

**VI** – as medidas específicas de atenção à sua saúde.

**Art. 55.** Para o cumprimento das medidas de semiliberdade ou de internação, o plano individual conterá, ainda:

**I** – a designação do programa de atendimento mais adequado para o cumprimento da medida;

**II** – a definição das atividades internas e externas, individuais ou coletivas, das quais o adolescente poderá participar; e

**III** – a fixação das metas para o alcance de desenvolvimento de atividades externas.

**Parágrafo único.** O PIA será elaborado no prazo de até 45 (quarenta e cinco) dias da data do ingresso do adolescente no programa de atendimento.

**Art. 56.** Para o cumprimento das medidas de prestação de serviços à comunidade e de liberdade assistida, o PIA será elaborado no prazo de até 15 (quinze) dias do ingresso do adolescente no programa de atendimento.

**Art. 57.** Para a elaboração do PIA, a direção do respectivo programa de atendimento, pessoalmente ou por meio de membro da equipe técnica, terá acesso aos autos do procedimento de apuração do ato infracional e aos dos procedimentos de apuração de outros atos infracionais atribuídos ao mesmo adolescente.

**§ 1º**. O acesso aos documentos de que trata o *caput* deverá ser realizado por funcionário da entidade de atendimento, devidamente credenciado para tal atividade, ou por membro da direção, em conformidade com as normas a serem definidas pelo Poder Judiciário, de forma a preservar o que determinam os arts. 143 e 144 da Lei nº 8.069, de 13 de julho de 1990 (Estatuto da Criança e do Adolescente).

**§ 2º**. A direção poderá requisitar, ainda:

**I** – ao estabelecimento de ensino, o histórico escolar do adolescente e as anotações sobre o seu aproveitamento;

**II** – os dados sobre o resultado de medida anteriormente aplicada e cumprida em outro programa de atendimento; e

**III** – os resultados de acompanhamento especializado anterior.

**Art. 58.** Por ocasião da reavaliação da medida, é obrigatória a apresentação pela direção do programa de atendimento de relatório da equipe técnica sobre a evolução do adolescente no cumprimento do plano individual.

**Art. 59.** O acesso ao plano individual será restrito aos servidores do respectivo programa de atendimento, ao adolescente e a seus pais ou responsável, ao Ministério Público e ao defensor, exceto expressa autorização judicial.

## CAPÍTULO V. DA ATENÇÃO INTEGRAL À SAÚDE DE ADOLESCENTE EM CUMPRIMENTO DE MEDIDA SOCIOEDUCATIVA

### SEÇÃO I. DISPOSIÇÕES GERAIS

**Art. 60.** A atenção integral à saúde do adolescente no Sistema de Atendimento Socioeducativo seguirá as seguintes diretrizes:

**I** – previsão, nos planos de atendimento socioeducativo, em todas as esferas, da implantação de ações de promoção da saúde, com o objetivo de integrar as ações socioeducativas, estimulando a autonomia, a melhoria das relações interpessoais e o fortalecimento de redes de apoio aos adolescentes e suas famílias;

**II** – inclusão de ações e serviços para a promoção, proteção, prevenção de agravos e doenças e recuperação da saúde;

**III** – cuidados especiais em saúde mental, incluindo os relacionados ao uso de álcool e outras substâncias psicoativas, e atenção aos adolescentes com deficiências;

**IV** – disponibilização de ações de atenção à saúde sexual e reprodutiva e à prevenção de doenças sexualmente transmissíveis;

**V** – garantia de acesso a todos os níveis de atenção à saúde, por meio de referência e contrarreferência, de acordo com as normas do Sistema Único de Saúde (SUS);

**VI** – capacitação das equipes de saúde e dos profissionais das entidades de atendimento, bem como daqueles que atuam nas unidades de saúde de referência voltadas às especificidades de saúde dessa população e de suas famílias;

**VII** – inclusão, nos Sistemas de Informação de Saúde do SUS, bem como no Sistema de Informações sobre Atendimento Socioeducativo, de dados e indicadores de saúde da população de adolescentes em atendimento socioeducativo; e

**VIII** – estruturação das unidades de internação conforme as normas de referência do SUS e do Sinase, visando ao atendimento das necessidades de Atenção Básica.

**Art. 61.** As entidades que ofereçam programas de atendimento socioeducativo em meio aberto e de semiliberdade deverão prestar orientações aos socioeducandos sobre o acesso aos serviços e às unidades do SUS.

**Art. 62.** As entidades que ofereçam programas de privação de liberdade deverão contar com uma equipe mínima de profissionais de saúde cuja composição esteja em conformidade com as normas de referência do SUS.

**Art. 63.** (VETADO).

**§ 1º**. O filho de adolescente nascido nos estabelecimentos referidos no *caput* deste artigo não terá tal informação lançada em seu registro de nascimento.

**§ 2º**. Serão asseguradas as condições necessárias para que a adolescente submetida à execução de medida socioeducativa de privação de liberdade permaneça com o seu filho durante o período de amamentação.

### SEÇÃO II. DO ATENDIMENTO A ADOLESCENTE COM TRANSTORNO MENTAL E COM DEPENDÊNCIA DE ÁLCOOL E DE SUBSTÂNCIA PSICOATIVA

**Art. 64.** O adolescente em cumprimento de medida socioeducativa que apresente indícios de transtorno mental, de deficiência mental, ou associadas, deverá ser avaliado por equipe técnica multidisciplinar e multissetorial.

**§ 1º**. As competências, a composição e a atuação da equipe técnica de que trata o *caput* deverão seguir, conjuntamente, as normas de referência do SUS e do Sinase, na forma do regulamento.

**§ 2º**. A avaliação de que trata o *caput* subsidiará a elaboração e execução da terapêutica a ser adotada, a qual será incluída no PIA do adolescente, prevendo, se necessário, ações voltadas para a família.

**§ 3º**. As informações produzidas na avaliação de que trata o *caput* são consideradas sigilosas.

**§ 4º**. Excepcionalmente, o juiz poderá suspender a execução da medida socioeducativa, ouvidos o defensor e o Ministério Público, com vistas a incluir o adolescente em programa de atenção integral à saúde mental que melhor atenda aos objetivos terapêuticos estabelecidos para o seu caso específico.

**§ 5º.** Suspensa a execução da medida socioeducativa, o juiz designará o responsável por acompanhar e informar sobre a evolução do atendimento ao adolescente.

**§ 6º.** A suspensão da execução da medida socioeducativa será avaliada, no mínimo, a cada 6 (seis) meses.

**§ 7º.** O tratamento a que se submeterá o adolescente deverá observar o previsto na Lei nº 10.216, de 6 de abril de 2001, que dispõe sobre a proteção e os direitos das pessoas portadoras de transtornos mentais e redireciona o modelo assistencial em saúde mental.

**§ 8º.** (VETADO).

**Art. 65.** Enquanto não cessada a jurisdição da Infância e Juventude, a autoridade judiciária, nas hipóteses tratadas no art. 64, poderá remeter cópia dos autos ao Ministério Público para eventual propositura de interdição e outras providências pertinentes.

**Art. 66.** (VETADO).

## CAPÍTULO VI. DAS VISITAS A ADOLESCENTE EM CUMPRIMENTO DE MEDIDA DE INTERNAÇÃO

**Art. 67.** A visita do cônjuge, companheiro, pais ou responsáveis, parentes e amigos a adolescente a quem foi aplicada medida socioeducativa de internação observará dias e horários próprios definidos pela direção do programa de atendimento.

**Art. 68.** É assegurado ao adolescente casado ou que viva, comprovadamente, em união estável o direito à visita íntima.

**Parágrafo único.** O visitante será identificado e registrado pela direção do programa de atendimento, que emitirá documento de identificação, pessoal e intransferível, específico para a realização da visita íntima.

**Art. 69.** É garantido aos adolescentes em cumprimento de medida socioeducativa de internação o direito de receber visita dos filhos, independentemente da idade desses.

**Art. 70.** O regulamento interno estabelecerá as hipóteses de proibição da entrada de objetos na unidade de internação, vedando o acesso aos seus portadores.

## CAPÍTULO VII. DOS REGIMES DISCIPLINARES

**Art. 71.** Todas as entidades de atendimento socioeducativo deverão, em seus respectivos regimentos, realizar a previsão de regime disciplinar que obedeça aos seguintes princípios:

**I** – tipificação explícita das infrações como leves, médias e graves e determinação das correspondentes sanções;

**II** – exigência da instauração formal de processo disciplinar para a aplicação de qualquer sanção, garantidos a ampla defesa e o contraditório;

**III** – obrigatoriedade de audiência do socioeducando nos casos em que seja necessária a instauração de processo disciplinar;

**IV** – sanção de duração determinada;

**V** – enumeração das causas ou circunstâncias que eximam, atenuem ou agravem a sanção a ser imposta ao socioeducando, bem como os requisitos para a extinção dessa;

**VI** – enumeração explícita das garantias de defesa;

**VII** – garantia de solicitação e rito de apreciação dos recursos cabíveis; e

**VIII** – apuração da falta disciplinar por comissão composta por, no mínimo, 3 (três) integrantes, sendo 1 (um), obrigatoriamente, oriundo da equipe técnica.

**Art. 72.** O regime disciplinar é independente da responsabilidade civil ou penal que advenha do ato cometido.

**Art. 73.** Nenhum socioeducando poderá desempenhar função ou tarefa de apuração disciplinar ou aplicação de sanção nas entidades de atendimento socioeducativo.

**Art. 74.** Não será aplicada sanção disciplinar sem expressa e anterior previsão legal ou regulamentar e o devido processo administrativo.

**Art. 75.** Não será aplicada sanção disciplinar ao socioeducando que tenha praticado a falta:

**I** – por coação irresistível ou por motivo de força maior;

**II** – em legítima defesa, própria ou de outrem.

## CAPÍTULO VIII. DA CAPACITAÇÃO PARA O TRABALHO

**Art. 76.** O art. 2º do Decreto-Lei 4.048, de 22 de janeiro de 1942, passa a vigorar acrescido do seguinte § 1º, renumerando-se o atual parágrafo único para § 2º:

(...)

**Art. 77.** O art. 3º do Decreto-Lei nº 8.621, de 10 de janeiro de 1946, passa a vigorar acrescido do seguinte § 1º, renumerando-se o atual parágrafo único para § 2º:

(...)

**Art. 78.** O art. 1º da Lei nº 8.315, de 23 de dezembro de 1991, passa a vigorar acrescido do seguinte parágrafo único:

(...)

**Art. 79.** O art. 3º da Lei nº 8.706, de 14 de setembro de 1993, passa a vigorar acrescido do seguinte parágrafo único:

(...)

**Art. 80.** O art. 429 do Decreto-Lei nº 5.452, de 1º de maio de 1943, passa a vigorar acrescido do seguinte § 2º:

(...)

## TÍTULO III. DISPOSIÇÕES FINAIS E TRANSITÓRIAS

**Art. 81.** As entidades que mantenham programas de atendimento têm o prazo de até 6 (seis) meses após a publicação desta Lei para encaminhar ao respectivo Conselho Estadual ou Municipal dos Direitos da Criança e do Adolescente proposta de adequação da sua inscrição, sob pena de interdição.

**Art. 82.** Os Conselhos dos Direitos da Criança e do Adolescente, em todos os níveis federados, com os órgãos responsáveis pelo sistema de educação pública e as entidades de atendimento, deverão, no prazo de 1 (um) ano a partir da publicação desta Lei, garantir a inserção de adolescentes em cumprimento de medida socioeducativa na rede pública de educação, em qualquer fase do período letivo, contemplando as diversas faixas etárias e níveis de instrução.

**Art. 83.** Os programas de atendimento socioeducativo sob a responsabilidade do Poder Judiciário serão, obrigatoriamente, transferidos ao Poder Executivo no prazo máximo de 1 (um) ano a partir da publicação desta Lei e de acordo com a política de oferta dos programas aqui definidos.

**Art. 84.** Os programas de internação e semiliberdade sob a responsabilidade dos Municípios serão, obrigatoriamente, transferidos para o Poder Executivo do respectivo Estado no prazo máximo de 1 (um) ano a partir da publicação desta Lei e de acordo com a política de oferta dos programas aqui definidos.

**Art. 85.** A não transferência de programas de atendimento para os devidos entes responsáveis, no prazo determinado nesta Lei, importará na interdição do programa e caracterizará ato de improbidade administrativa do agente responsável, vedada, ademais, ao Poder Judiciário e ao Poder Executivo municipal, ao final do referido prazo, a realização de despesas para a sua manutenção.

**Art. 86.** Os arts. 90, 97, 121, 122, 198 e 208 da Lei nº 8.069, de 13 de julho de 1990 (Estatuto da Criança e do Adolescente), passam a vigorar com a seguinte redação:

(...)

**Art. 87.** A Lei nº 8.069, de 13 de julho de 1990 (Estatuto da Criança e do Adolescente), passa a vigorar com as seguintes alterações:

(...)

**Art. 88.** O parágrafo único do art. 3º da Lei nº 12.213, de 20 de janeiro de 2010, passa a vigorar com a seguinte redação:

(...)

**Art. 89.** (VETADO)

**Art. 90.** Esta Lei entra em vigor após decorridos 90 (noventa) dias de sua publicação oficial.

Brasília, 18 de janeiro de 2012; 191º da Independência e 124º da República.

DILMA ROUSSEFF

Publicação no D.O.U. 19.1.2012; ret. 20.1.2012

# RESOLUÇÃO CONANDA Nº 169, DE 13 DE NOVEMBRO DE 2014

*Dispõe sobre a proteção dos direitos de crianças e adolescentes em atendimento por órgãos e entidades do Sistema de Garantia de Direitos, em conformidade com a política nacional de atendimento da criança e do adolescente prevista nos arts. 86, 87, incisos I, III, V e VI e 88, da Lei nº 8.069, de 13 de julho de 1990.*

O Conselho Nacional dos Direitos da Criança e do Adolescente - CONANDA, no uso de suas atribuições estabelecidas na Lei nº 8.242, de 12 de outubro de 1991 e no Decreto nº 5.089, de 20 de maio de 2004, bem como no seu Regimento Interno, e

Considerando que é dever da família, da sociedade e do Estado assegurar à criança e ao adolescente, com absoluta prioridade, o direito à vida, à saúde, à alimentação, à educação, ao lazer, à profissionalização, à cultura, à dignidade, ao respeito, à liberdade e à convivência familiar e comunitária, além de colocá-los a salvo de toda forma de negligência, discriminação, exploração, violência, crueldade e opressão, conforme disposto no art. 227, *caput*, da Constituição Federal e nos arts. 4º e 5º da Lei nº 8.069, de 13 de julho de 1990, Estatuto da Criança e do Adolescente - ECA;

Considerando o disposto nos art. 1º, 15 e 87 do ECA que dizem respeito à proteção integral à criança e ao adolescente, o direito à liberdade, ao respeito e à dignidade como pessoas humanas em processo de desenvolvimento e como sujeitos de direitos civis, humanos e sociais garantidos na Constituição Federal, bem como a garantia de oferta de serviços especiais de prevenção e atendimento médico e psicossocial às vítimas de negligência, maus-tratos, exploração, abuso, crueldade e opressão;

Considerando que, na forma do art. 17 do ECA, o direito ao respeito consiste na inviolabilidade da integridade física, psíquica e moral da criança e do adolescente, e que por força do art. 18 do mesmo Diploma Legal, é dever de todos velar pela dignidade da criança e do adolescente, pondo-os a salvo de qualquer tratamento desumano, violento, aterrorizante, vexatório ou constrangedor;

Considerando que o art. 100, Parágrafo único, inciso V, do ECA, estabelece como regra elementar a ser observada por todos os órgãos e agentes que atuam em matéria de infância e juventude, o princípio da privacidade, segundo o qual a promoção dos direitos e proteção da criança e do adolescente deve ser efetuada no respeito pela intimidade, direito à imagem e reserva da sua vida privada, visando invariavelmente seu superior interesse, que também se constitui num princípio a ser observado, por força do contido no inciso IV, do mesmo dispositivo legal;

Considerando que o art. 3º da Convenção da Organização das Nações Unidas - ONU, sobre os Direitos da Criança, ratificada pelo Brasil por meio do Decreto nº 99.710, de 21 de novembro de 1990, afirma que as ações relativas à criança e ao adolescente, levadas a efeito por instituições públicas ou privadas de bem estar social, tribunais, autoridades administrativas ou órgãos legislativos, devem considerar, primordialmente, o interesse maior da criança e do adolescente;

Considerando ainda que o art. 12 desta mesma Convenção afirma que o Estado, por meio de todos os seus órgãos e agentes, deve assegurar à criança e ao adolescente que estiver capacitado a formar seus próprios pontos de vista, o direito de expressar suas opiniões livremente sobre todos os assuntos que lhe digam respeito, levando-se em consideração essas opiniões em função da idade e maturidade da criança, podendo a criança expressar-se diretamente ou por intermédio de um representante ou órgão apropriado em conformidade com as regras processuais da legislação nacional;

Considerando também o disposto no art. 39 da citada Convenção, que assegura que todas as medidas apropriadas serão tomadas para estimular a recuperação física e psicológica, bem como a reintegração social de toda criança e/ ou adolescente vítima de qualquer forma de abandono, exploração ou abuso, tortura ou outros tratamentos ou penas cruéis, desumanos ou degradantes, ou ainda conflitos armados, e que essa recuperação e reintegração serão efetuadas em ambiente que estimule a saúde, o respeito próprio e a dignidade dos mesmos;

Considerando os esclarecimentos feitos pelo Comitê da ONU sobre os Direitos da Criança, em seu Comentário Geral nº 12, de 2009, bem como da ECOSOC Resolution 2005/20 - Guidelines on Justice in Matters involving Child Victims and Witnesses of Crime, onde consta que o art. 12 da Convenção sobre os Direitos da Criança é uma provisão singular dentre os tratados de Direitos Humanos, na medida em que dispõe tanto sobre o status social quanto legal da criança e do adolescente, que, por um lado, carece de total autonomia como os adultos, mas, por outro, é sujeito de direitos;

Considerando que, em razão disto, é reconhecido que a possibilidade de manifestar-se, inclusive nos processos que os envolvam, ou expressar seus pontos de vista, é uma escolha, e não uma obrigação da criança e do adolescente, devendo-se garantir que, para tanto, recebam todas as informações necessárias à tomada de uma decisão que atenda seus interesses, como também expressa o art. 100, parágrafo único, inciso XI, da Lei nº 8.069/90;

Considerando que estes documentos estabelecem que crianças e adolescentes devem ser tratados de forma cuidadosa e sensível durante todo o processo judicial, levando-se em consideração a idade, seu estágio de desenvolvimento e capacidade de compreensão, desejos, identidade de gênero, orientação sexual, etnia, cultura, religião, formação linguística, condições socioeconômica, status de refugiado ou imigrante, bem como as necessidades especiais de saúde e assistência, dentre outras; e que os profissionais responsáveis pelo seu atendimento, assim como pela defesa/ promoção de seus direitos devem ser respeitosos, sensíveis e treinados para lidar com tais diferenças, assim como com as especificidades inerentes à matéria;

Considerando o disposto no Plano Decenal dos Direitos Humanos de Crianças e Adolescentes, especialmente o Eixo 2, que trata da Proteção e Defesa dos Direitos de Criança e do Adolescente, Objetivos Estratégicos 3.9 e 3.11, referentes ao enfrentamento das violências contra crianças e adolescentes; Diretriz 05, Objetivos Estratégicos. 5.1, 5.2, 5.3, que tratam do acesso de crianças e adolescentes aos sistemas de justiça e segurança pública para a efetivação dos seus direitos; bem como o Eixo 3, que trata do Protagonismo e Participação de Crianças e Adolescentes, Objetivo Estratégico 6.2, relativo à escuta de crianças e adolescentes nos serviços de atenção e em todo processo judicial e administrativo que os envolvam; e

Considerando, por fim, que a violência que envolva criança e adolescente deverá ser compreendida como fenômeno complexo, cultural e historicamente construído e que o atendimento não deve revitimizar a crianças e o adolescente pela sobreposição, incoerência ou divergência de ações nas etapas do fluxo de atendimento, resolve:

**Art. 1º** Esta Resolução dispõe sobre a proteção dos direitos de crianças e adolescentes no atendimento realizado por órgãos e entidades do Sistema de Garantia de Direitos, em conformidade com a política nacional de atendimento da criança e do adolescente prevista nos arts. 86, incisos I, III, V e VI do 87 e 88, da Lei nº 8.069, de 13 de julho de 1990.

**Parágrafo único.** Para os fins desta Resolução, entende-se por atendimento o conjunto de procedimentos adotados nos momentos em que a criança e o adolescente são ouvidos nos órgãos e entidades do Sistema de Garantia de Direitos, envolvendo, entre outros, o Sistema de Justiça, os órgãos de Segurança Pública e do Poder Executivo e os Conselhos Tutelares.

**Art. 2º** O atendimento deverá proporcionar à criança e ao adolescente a escolha e a oportunidade de expressar livremente suas opiniões e demandas sobre os assuntos a eles relacionados, levando-se em consideração os fatores idade, maturidade e interesse.

**§ 1º** Será garantida à criança e ao adolescente o tempo e o lugar condizentes com sua condição de pessoa em fase especial de desenvolvimento para a realização do atendimento, garantindo-lhes a privacidade necessária.

**§ 2º** O atendimento deverá ser uma prática ética e profissional, de acordo com a regulamentação dos respectivos órgãos profissionais, não podendo agravar o sofrimento psíquico de crianças e adolescentes vítimas ou testemunhas de crimes, devendo-se respeitar o tempo e o silêncio de quem é ouvido, prevalecendo-se as medidas emergenciais de proteção.

**§ 3º** Recomenda-se que sejam asseguradas à criança e ao adolescente todas as informações acerca dos casos em que estejam envolvidos para que possam melhor opinar.

**Art. 3º** Recomenda-se que o atendimento contemple os meios técnicos e metodológicos necessários à preservação da integridade física, psíquica e moral da criança e do adolescente, respeitando suas vulnerabilidades e o desenvolvimento progressivo de suas capacidades.

**§ 1º** O atendimento deverá ser realizado, sempre que possível, por equipe técnica interprofissional, respeitando-se a autonomia técnica no manejo das intervenções.

**§ 2º** O atendimento deverá proporcionar o devido acolhimento à criança e ao adolescente, promovendo a atenção e o suporte às suas necessidades e peculiaridades.

**§ 3º** O compartilhamento de informações entre os diversos órgãos deverá ser feito nos limites da lei, resguardado o direito à privacidade e ao sigilo.

**§ 4º** Recomenda-se que, no atendimento de criança e adolescente que falem outros idiomas, seja providenciada a participação de profissional especializado para o atendimento desta demanda.

**Art. 4º** Em situações de violência envolvendo criança ou adolescente deverão ser incluídos na análise dos casos a escuta dos supostos autores da violência, dos familiares ou dos responsáveis pela criança ou adolescente.

**Parágrafo único.** Aos autores da violência contra criança ou adolescente, quando couber, deverá ser garantido tratamento especializado que os ajudem a romper com o ciclo da violência.

**Art. 5º** Recomenda-se que entrevista, o estudo social, o estudo psicológico e a perícia da criança e do adolescente sejam conduzidos por profissionais tecnicamente habilitados, possibilitando o reconhecimento da situação vivenciada e permitindo a busca de medidas de proteção adequadas às especificidades dos sujeitos envolvidos.

**Art. 6º** Quando manifestarem o desejo de serem ouvidos em procedimento judicial, recomenda-se que a criança e o adolescente sejam prévia e adequadamente informados de seus direitos por equipe interprofissional ou multidisciplinar.

**§ 1º** A criança e o adolescente têm o direito de receber assistência jurídica integral em todas as fases do procedimento judicial.

**§ 2º** Recomenda-se que a criança e o adolescente não sejam submetidos a situações de constrangimento e sofrimento emocional no âmbito do procedimento judicial.

**Art. 7º** Será garantido o direito da criança e do adolescente a efetiva participação e a expressão de suas opiniões e demandas nos procedimentos que impliquem na construção de planos individuais de atendimento e nas ações para superar situações de risco ou vulnerabilidade.

**Art. 8º** Nas situações cotidianas de conflito em que a criança ou o adolescente estejam envolvidos, deverão ser priorizados os meios alternativos de resolução, visando à preservação de seus interesses.

**Art. 9º** Os conflitos nos espaços comunitários que envolvam a criança e o adolescente deverão ser prioritariamente solucionados de forma pacífica, evitando-se a judicialização e a exposição ao Sistema de Segurança Pública.

**Art. 10.** Esta Resolução entra em vigor na data de sua publicação.

MIRIAM MARIA JOSÉ DOS SANTOS

Presidente do Conselho

## LEI Nº 13.257, DE 8 DE MARÇO DE 2016

*Dispõe sobre as políticas públicas para a primeira infância e altera a Lei nº 8.069, de 13 de julho de 1990 (Estatuto da Criança e do Adolescente), o Decreto-Lei nº 3.689, de 3 de outubro de 1941 (Código de Processo Penal), a Consolidação das Leis do Trabalho (CLT), aprovada pelo Decreto-Lei nº 5.452, de 1º de maio de 1943, a Lei nº 11.770, de 9 de setembro de 2008, e a Lei nº 12.662, de 5 de junho de 2012.*

A PRESIDENTA DA REPÚBLICA

Faço saber que o Congresso Nacional decreta e eu sanciono a seguinte Lei:

- v. Lei 8.069/1990 – Dispõe sobre o Estatuto da Criança e do Adolescente (ECA).

**Art. 1º.** Esta Lei estabelece princípios e diretrizes para a formulação e a implementação de políticas públicas para a primeira infância em atenção à especificidade e à relevância dos primeiros anos de vida no desenvolvimento infantil e no desenvolvimento do ser humano, em consonância com os princípios e diretrizes da Lei nº 8.069, de 13 de julho de 1990 (Estatuto da Criança e do Adolescente); altera a Lei nº 8.069, de 13 de julho de 1990 (Estatuto da Criança e do Adolescente); altera os arts. 6º, 185, 304 e 318 do Decreto-Lei nº 3.689, de 3 de outubro de 1941 (Código de Processo Penal); acrescenta incisos ao art. 473 da Consolidação das Leis do Trabalho (CLT), aprovada pelo Decreto-Lei nº 5.452, de 1º de maio de 1943; altera os arts. 1º, 3º, 4º e 5º da Lei nº 11.770, de 9 de setembro de 2008; e acrescenta parágrafos ao art. 5º da Lei nº 12.662, de 5 de junho de 2012.

✪ **Art. 2º.** Para os efeitos desta Lei, considera-se primeira infância o período que abrange os primeiros 6 (seis) anos completos ou 72 (setenta e dois) meses de vida da criança.

**Art 3º.** A prioridade absoluta em assegurar os direitos da criança, do adolescente e do jovem, nos termos do art. 227 da Constituição Federal e do art. 4º da Lei nº 8.069, de 13 de julho de 1990, implica o dever do Estado de estabelecer políticas, planos, programas e serviços para a primeira infância que atendam às especificidades dessa faixa etária, visando a garantir seu desenvolvimento integral.

**Art. 4º.** As políticas públicas voltadas ao atendimento dos direitos da criança na primeira infância serão elaboradas e executadas de forma a:

**I** – atender ao interesse superior da criança e à sua condição de sujeito de direitos e de cidadã;

**II** – incluir a participação da criança na definição das ações que lhe digam respeito, em conformidade com suas características etárias e de desenvolvimento;

**III** – respeitar a individualidade e os ritmos de desenvolvimento das crianças e valorizar a diversidade da infância brasileira, assim como as diferenças entre as crianças em seus contextos sociais e culturais;

**IV** – reduzir as desigualdades no acesso aos bens e serviços que atendam aos direitos da criança na primeira infância, priorizando o investimento público na promoção da justiça social, da equidade e da inclusão sem discriminação da criança;

**V** – articular as dimensões ética, humanista e política da criança cidadã com as evidências científicas e a prática profissional no atendimento da primeira infância;

**VI** – adotar abordagem participativa, envolvendo a sociedade, por meio de suas organizações representativas, os profissionais, os pais e as crianças, no aprimoramento da qualidade das ações e na garantia da oferta dos serviços;

**VII** – articular as ações setoriais com vistas ao atendimento integral e integrado;

**VIII** – descentralizar as ações entre os entes da Federação;

**IX** – promover a formação da cultura de proteção e promoção da criança, com apoio dos meios de comunicação social.

**Parágrafo único.** A participação da criança na formulação das políticas e das ações que lhe dizem respeito tem o objetivo de promover sua inclusão social como cidadã e dar-se-á de acordo com a especificidade de sua idade, devendo ser realizada por profissionais qualificados em processos de escuta adequados às diferentes formas de expressão infantil.

✪ **Art. 5º.** Constituem áreas prioritárias para as políticas públicas para a primeira infância a saúde, a alimentação e a nutrição, a educação infantil, a convivência familiar e comunitária, a assistência social à família da criança, a cultura, o brincar e o lazer, o espaço e o meio ambiente, bem como a proteção contra toda forma de violência e de pressão consumista, a prevenção de acidentes e a adoção de medidas que evitem a exposição precoce à comunicação mercadológica.

**Art. 6º.** A Política Nacional Integrada para a primeira infância será formulada e implementada mediante abordagem e coordenação intersetorial que articule as diversas políticas setoriais a partir de uma visão abrangente de todos os direitos da criança na primeira infância.

**Art. 7º.** A União, os Estados, o Distrito Federal e os Municípios poderão instituir, nos respectivos âmbitos, comitê intersetorial de políticas públicas para a primeira infância com a finalidade de assegurar a articulação das ações voltadas à proteção e à promoção dos direitos da criança, garantida a participação social por meio dos conselhos de direitos.

**§ 1º.** Caberá ao Poder Executivo no âmbito da União, dos Estados, do Distrito Federal e dos Municípios indicar o órgão responsável pela coordenação do comitê intersetorial previsto no *caput* deste artigo.

**§ 2º.** O órgão indicado pela União nos termos do § 1º deste artigo manterá permanente articulação com as instâncias de coordenação das ações estaduais, distrital e municipais de atenção à criança na primeira infância, visando à complementaridade das ações e ao cumprimento do dever do Estado na garantia dos direitos da criança.

**Art. 8º.** O pleno atendimento dos direitos da criança na primeira infância constitui objetivo comum de todos os entes da Federação, segundo as respectivas competências constitucionais e legais, a ser alcançado em regime de colaboração entre a União, os Estados, o Distrito Federal e os Municípios.

**Parágrafo único.** A União buscará a adesão dos Estados, do Distrito Federal e dos Municípios à abordagem multi e intersetorial no atendimento dos direitos da criança na primeira infância e oferecerá assistência técnica na elaboração de planos estaduais, distrital e municipais para a primeira infância que articulem os diferentes setores.

**Art. 9º.** As políticas para a primeira infância serão articuladas com as instituições de formação profissional, visando à adequação dos cursos às características e necessidades das crianças e à formação de profissionais qualificados, para possibilitar a expansão com qualidade dos diversos serviços.

**Art. 10.** Os profissionais que atuam nos diferentes ambientes de execução das políticas e programas destinados à criança na primeira infância terão acesso garantido e prioritário à qualificação, sob a forma de especialização e atualização, em programas que contemplem, entre outros temas, a especificidade da primeira infância, a estratégia da intersetorialidade na promoção do desenvolvimento integral e a prevenção e a proteção contra toda forma de violência contra a criança.

**Art. 11.** As políticas públicas terão, necessariamente, componentes de monitoramento e coleta sistemática de dados, avaliação periódica dos elementos que constituem a oferta dos serviços à criança e divulgação dos seus resultados.

**§ 1º.** A União manterá instrumento individual de registro unificado de dados do crescimento e desenvolvimento da criança, assim como sistema informatizado, que inclua as redes pública e privada de saúde, para atendimento ao disposto neste artigo.

**§ 2º.** A União informará à sociedade a soma dos recursos aplicados anualmente no conjunto dos programas e serviços para a primeira infância e o percentual que os valores representam em relação ao respectivo orçamento realizado, bem como colherá informações sobre os valores aplicados pelos demais entes da Federação.

**Art. 12.** A sociedade participa solidariamente com a família e o Estado da proteção e da promoção da criança na primeira infância, nos termos do *caput* e do § 7º do art. 227, combinado com o inciso II do art. 204 da Constituição Federal, entre outras formas:

**I** – formulando políticas e controlando ações, por meio de organizações representativas;

**II** – integrando conselhos, de forma paritária com representantes governamentais, com funções de planejamento, acompanhamento, controle social e avaliação;

**III** – executando ações diretamente ou em parceria com o poder público;

**IV** – desenvolvendo programas, projetos e ações compreendidos no conceito de responsabilidade social e de investimento social privado;

**V** – criando, apoiando e participando de redes de proteção e cuidado à criança nas comunidades;

**VI** – promovendo ou participando de campanhas e ações que visem a aprofundar a consciência social sobre o significado da primeira infância no desenvolvimento do ser humano.

**Art. 13.** A União, os Estados, o Distrito Federal e os Municípios apoiarão a participação das famílias em redes de proteção e cuidado da criança em seus contextos sociofamiliar e comunitário visando, entre outros objetivos, à formação e ao fortalecimento dos vínculos familiares e comunitários, com prioridade aos contextos que apresentem riscos ao desenvolvimento da criança.

✪ **Art. 14.** As políticas e programas governamentais de apoio às famílias, incluindo as visitas domiciliares e os programas de promoção da paternidade e maternidade responsáveis, buscarão a articulação das áreas de saúde, nutrição, educação, assistência social, cultura, trabalho, habitação, meio ambiente e direitos humanos, entre outras, com vistas ao desenvolvimento integral da criança.

**§ 1º**. Os programas que se destinam ao fortalecimento da família no exercício de sua função de cuidado e educação de seus filhos na primeira infância promoverão atividades centradas na criança, focadas na família e baseadas na comunidade.

**§ 2º**. As famílias identificadas nas redes de saúde, educação e assistência social e nos órgãos do Sistema de Garantia dos Direitos da Criança e do Adolescente que se encontrem em situação de vulnerabilidade e de risco ou com direitos violados para exercer seu papel protetivo de cuidado e educação da criança na primeira infância, bem como as que têm crianças com indicadores de risco ou deficiência, terão prioridade nas políticas sociais públicas.

**§ 3º**. As gestantes e as famílias com crianças na primeira infância deverão receber orientação e formação sobre maternidade e paternidade responsáveis, aleitamento materno, alimentação complementar saudável, crescimento e desenvolvimento infantil integral, prevenção de acidentes e educação sem uso de castigos físicos, nos termos da Lei 13.010, de 26 de junho de 2014, com o intuito de favorecer a formação e a consolidação de vínculos afetivos e estimular o desenvolvimento integral na primeira infância.

**§ 4º**. A oferta de programas e de ações de visita domiciliar e de outras modalidades que estimulem o desenvolvimento integral na primeira infância será considerada estratégia de atuação sempre que respaldada pelas políticas públicas sociais e avaliada pela equipe profissional responsável.

**§ 5º**. Os programas de visita domiciliar voltados ao cuidado e educação na primeira infância deverão contar com profissionais qualificados, apoiados por medidas que assegurem sua permanência e formação continuada.

**Art. 15.** As políticas públicas criarão condições e meios para que, desde a primeira infância, a criança tenha acesso à produção cultural e seja reconhecida como produtora de cultura.

**Art. 16.** A expansão da educação infantil deverá ser feita de maneira a assegurar a qualidade da oferta, com instalações e equipamentos que obedeçam a padrões de infraestrutura estabelecidos pelo Ministério da Educação, com profissionais qualificados conforme dispõe a Lei nº 9.394, de 20 de dezembro de 1996 (Lei de Diretrizes e Bases da Educação Nacional), e com currículo e materiais pedagógicos adequados à proposta pedagógica.

**Parágrafo único.** A expansão da educação infantil das crianças de 0 (zero) a 3 (três) anos de idade, no cumprimento da meta do Plano Nacional de Educação, atenderá aos critérios definidos no território nacional pelo competente sistema de ensino, em articulação com as demais políticas sociais.

**Art. 17.** A União, os Estados, o Distrito Federal e os Municípios deverão organizar e estimular a criação de espaços lúdicos que propiciem o bem-estar, o brincar e o exercício da criatividade em locais públicos e privados onde haja circulação de crianças, bem como a fruição de ambientes livres e seguros em suas comunidades.

**Art 18.** O art. 3º da Lei nº 8.069, de 13 de julho de 1990 (Estatuto da Criança e do Adolescente), passa a vigorar acrescido do seguinte parágrafo único:

(...)

**Art. 19.** O art. 8º da Lei nº 8.069, de 13 de julho de 1990, passa a vigorar com a seguinte redação:

(...)

**Art. 20.** O art. 9º da Lei nº 8.069, de 13 de julho de 1990, passa a vigorar acrescido dos seguintes §§ 1º e 2º:

(...)

**Art. 21.** O art. 11 da Lei nº 8.069, de 13 de julho de 1990, passa a vigorar com a seguinte redação:

(...)

**Art. 22.** O art. 12 da Lei nº 8.069, de 13 de julho de 1990, passa a vigorar com a seguinte redação:

(...)

**Art. 23.** O art. 13 da Lei nº 8.069, de 13 de julho de 1990, passa a vigorar acrescido do seguinte § 2º, numerando-se o atual parágrafo único como § 1º:

(...)

**Art. 24.** O art. 14 da Lei nº 8.069, de 13 de julho de 1990, passa a vigorar acrescido dos seguintes §§ 2º, 3º e 4º, numerando-se o atual parágrafo único como § 1º:

(...)

**Art. 25.** O art. 19 da Lei nº 8.069, de 13 de julho de 1990, passa a vigorar com a seguinte redação:

(...)

**Art. 26.** O art. 22 da Lei nº 8.069, de 13 de julho de 1990, passa a vigorar acrescido do seguinte parágrafo único:

(...)

**Art. 27.** O § 1º do art. 23 da Lei nº 8.069, de 13 de julho de 1990, passa a vigorar com a seguinte redação:

(...)

**Art. 28.** O art. 34 da Lei nº 8.069, de 13 de julho de 1990, passa a vigorar acrescido dos seguintes §§ 3º e 4º:

(...)

**Art. 29.** O inciso II do art. 87 da Lei nº 8.069, de 13 de julho de 1990, passa a vigorar com a seguinte redação:

(...)

**Art. 30.** O art. 88 da Lei nº 8.069, de 13 de julho de 1990, passa a vigorar acrescido dos seguintes incisos VIII, IX e X:

(...)

**Art. 31.** O art. 92 da Lei nº 8.069, de 13 de julho de 1990, passa a vigorar acrescido do seguinte § 7º:

(...)

**Art. 32.** O inciso IV do *caput* do art. 101 da Lei nº 8.069, de 13 de julho de 1990, passa a vigorar com a seguinte redação:

(...)

**Art. 33.** O art. 102 da Lei nº 8.069, de 13 de julho de 1990, passa a vigorar acrescido dos seguintes §§ 5º e 6º:

(...)

**Art. 34.** O inciso I do art. 129 da Lei nº 8.069, de 13 de julho de 1990, passa a vigorar com a seguinte redação:

(...)

**Art. 35.** Os §§ 1º-A e 2º do art. 260 da Lei nº 8.069, de 13 de julho de 1990, passam a vigorar com a seguinte redação:

(...)

**Art. 36.** A Lei nº 8.069, de 13 de julho de 1990, passa a vigorar acrescida do seguinte art. 265-A:

(...)

**Art. 37.** O art. 473 da Consolidação das Leis do Trabalho (CLT), aprovada pelo Decreto-Lei nº 5.452, de 1º de maio de 1943, passa a vigorar acrescido dos seguintes incisos X e XI:

(...)

**Art. 38.** Os arts. 1º, 3º, 4º e 5º da Lei nº 11.770, de 9 de setembro de 2008, passam a vigorar com as seguintes alterações:

(...)

**Art. 39.** O Poder Executivo, com vistas ao cumprimento do disposto no inciso II do *caput* do art. 5º e nos arts. 12 e 14 da Lei Complementar nº 101, de 4 de maio de 2000, estimará o montante da renúncia fiscal decorrente do disposto no art. 38 desta Lei e o incluirá no demonstrativo a que se refere o § 6º do art. 165 da Constituição Federal, que acompanhará o projeto de lei orçamentária cuja apresentação se der após decorridos 60 (sessenta) dias da publicação desta Lei.

**Art. 40.** Os arts. 38 e 39 desta Lei produzem efeitos a partir do primeiro dia do exercício subsequente àquele em que for implementado o disposto no art. 39.

**Art. 41.** Os arts. 6º, 185, 304 e 318 do Decreto-Lei nº 3.689, de 3 de outubro de 1941 (Código de Processo Penal), passam a vigorar com as seguintes alterações:

(...)

**Art. 42.** O art. 5º da Lei nº 12.662, de 5 de junho de 2012, passa a vigorar acrescido dos seguintes §§ 3º e 4º:

(...)

**Art. 43.** Esta Lei entra em vigor na data de sua publicação.

Brasília, 8 de março de 2016; 195º da Independência e 128º da República.

DILMA ROUSSEFF

Publicado no D.O.U. de 9.3.2016

# LEI Nº 13.431, DE 4 DE ABRIL DE 2017

*Estabelece o sistema de garantia de direitos da criança e do adolescente vítima ou testemunha de violência e altera a Lei nº 8.069, de 13 de julho de 1990 (Estatuto da Criança e do Adolescente).*

- Vide Decreto nº 9.603/2018 (Regulamenta a Lei 13.431/2017).

O PRESIDENTE DA REPÚBLICA Faço saber que o Congresso Nacional decreta e eu sanciono a seguinte Lei:

## TÍTULO I
## DISPOSIÇÕES GERAIS

**Art. 1º** Esta Lei normatiza e organiza o sistema de garantia de direitos da criança e do adolescente vítima ou testemunha de violência, cria mecanismos para prevenir e coibir a violência, nos termos do art. 227 da Constituição Federal, da Convenção sobre os Direitos da Criança e seus protocolos adicionais, da Resolução nº 20/2005 do Conselho Econômico e Social das Nações Unidas e de outros diplomas internacionais, e estabelece medidas de assistência e proteção à criança e ao adolescente em situação de violência.

**Art. 2º** A criança e o adolescente gozam dos direitos fundamentais inerentes à pessoa humana, sendo-lhes asseguradas a proteção integral e as oportunidades e facilidades para viver sem violência e preservar sua saúde física e mental e seu desenvolvimento moral, intelectual e social, e gozam de direitos específicos à sua condição de vítima ou testemunha.

**Parágrafo único.** A União, os Estados, o Distrito Federal e os Municípios desenvolverão políticas integradas e coordenadas que visem a garantir os direitos humanos da criança e do adolescente no âmbito das relações domésticas, familiares e sociais, para resguardá-los de toda forma de negligência, discriminação, exploração, violência, abuso, crueldade e opressão.

**Art. 3º** Na aplicação e interpretação desta Lei, serão considerados os fins sociais a que ela se destina e, especialmente, as condições peculiares da criança e do adolescente como pessoas em desenvolvimento, às quais o Estado, a família e a sociedade devem assegurar a fruição dos direitos fundamentais com absoluta prioridade.

**Parágrafo único.** A aplicação desta Lei é facultativa para as vítimas e testemunhas de violência entre 18 (dezoito) e 21 (vinte e um) anos, conforme disposto no parágrafo único do art. 2º da Lei nº 8.069, de 13 de julho de 1990 (Estatuto da Criança e do Adolescente).

**Art. 4º** Para os efeitos desta Lei, sem prejuízo da tipificação das condutas criminosas, são formas de violência:

**I** – violência física, entendida como a ação infligida à criança ou ao adolescente que ofenda sua integridade ou saúde corporal ou que lhe cause sofrimento físico;

**II** – violência psicológica:

*a)* qualquer conduta de discriminação, depreciação ou desrespeito em relação à criança ou ao adolescente mediante ameaça, constrangimento, humilhação, manipulação, isolamento, agressão verbal e xingamento, ridicularização, indiferença, exploração ou intimidação sistemática (*bullying*) que possa comprometer seu desenvolvimento psíquico ou emocional;

- Vide Lei 13.185/2015, institui o Programa de Combate à Intimidação Sistêmica (bullying).

*b)* o ato de alienação parental, assim entendido como a interferência na formação psicológica da criança ou do adolescente, promovida ou induzida por um dos genitores, pelos avós ou por quem os tenha sob sua autoridade, guarda ou vigilância, que leve ao repúdio de genitor ou que cause prejuízo ao estabelecimento ou à manutenção de vínculo com este;

- Vide Lei 12.318/2010, que dispõe sobre alienação parental.

*c)* qualquer conduta que exponha a criança ou o adolescente, direta ou indiretamente, a crime violento contra membro de sua família ou de sua rede de apoio, independentemente do ambiente em que cometido, particularmente quando isto a torna testemunha;

**III** – violência sexual, entendida como qualquer conduta que constranja a criança ou o adolescente a praticar ou presenciar conjunção carnal ou qualquer outro ato libidinoso, inclusive exposição do corpo em foto ou vídeo por meio eletrônico ou não, que compreenda:

*a)* abuso sexual, entendido como toda ação que se utiliza da criança ou do adolescente para fins sexuais, seja conjunção carnal ou outro ato libidinoso, realizado de modo presencial ou por meio eletrônico, para estimulação sexual do agente ou de terceiro;

*b)* exploração sexual comercial, entendida como o uso da criança ou do adolescente em atividade sexual em troca de remuneração ou qualquer outra forma de compensação, de forma independente ou sob patrocínio, apoio ou incentivo de terceiro, seja de modo presencial ou por meio eletrônico;

*c)* tráfico de pessoas, entendido como o recrutamento, o transporte, a transferência, o alojamento ou o acolhimento da criança ou do adolescente, dentro do território nacional ou para o estrangeiro, com o fim de exploração sexual, mediante ameaça, uso de força ou outra forma de coação, rapto, fraude, engano, abuso de autoridade, aproveitamento de situação de vulnerabilidade ou entrega ou aceitação de pagamento, entre os casos previstos na legislação;

- Vide Lei nº 13.344/2016, que dispõe sobre prevenção e repressão ao tráfico interno e internacional de pessoas.
- Vide artigo 239 do ECA.

**IV** – violência institucional, entendida como a praticada por instituição pública ou conveniada, inclusive quando gerar revitimização.

**V** – violência patrimonial, entendida como qualquer conduta que configure retenção, subtração, destruição parcial ou total de seus documentos pessoais, bens, valores e direitos ou recursos econômicos, incluídos os destinados a satisfazer suas necessidades, desde que a medida não se enquadre como educacional. *(Acrescido pela Lei 14.344/2022)*

**§ 1º** Para os efeitos desta Lei, a criança e o adolescente serão ouvidos sobre a situação de violência por meio de escuta especializada e depoimento especial.

**§ 2º** Os órgãos de saúde, assistência social, educação, segurança pública e justiça adotarão os procedimentos necessários por ocasião da revelação espontânea da violência.

**§ 3º** Na hipótese de revelação espontânea da violência, a criança e o adolescente serão chamados a confirmar os fatos na forma especificada no § 1º deste artigo, salvo em caso de intervenções de saúde.

**§ 4º** O não cumprimento do disposto nesta Lei implicará a aplicação das sanções previstas na Lei nº 8.069, de 13 de julho de 1990 (Estatuto da Criança e do Adolescente).

## TÍTULO II
## DOS DIREITOS E GARANTIAS

**Art. 5º** A aplicação desta Lei, sem prejuízo dos princípios estabelecidos nas demais normas nacionais e internacionais de proteção dos direitos da criança e do adolescente, terá como base, entre outros, os direitos e garantias fundamentais da criança e do adolescente a:

**I** – receber prioridade absoluta e ter considerada a condição peculiar de pessoa em desenvolvimento;

**II** – receber tratamento digno e abrangente;

**III** – ter a intimidade e as condições pessoais protegidas quando vítima ou testemunha de violência;

**IV** – ser protegido contra qualquer tipo de discriminação, independentemente de classe, sexo, raça, etnia, renda, cultura, nível educacional, idade, religião, nacionalidade, procedência regional, regularidade migratória, deficiência ou qualquer outra condição sua, de seus pais ou de seus representantes legais;

**V** – receber informação adequada à sua etapa de desenvolvimento sobre direitos, inclusive sociais, serviços disponíveis, representação jurídica, medidas de proteção, reparação de danos e qualquer procedimento a que seja submetido;

**VI** – ser ouvido e expressar seus desejos e opiniões, assim como permanecer em silêncio;

**VII** – receber assistência qualificada jurídica e psicossocial especializada, que facilite a sua participação e o resguarde contra comportamento inadequado adotado pelos demais órgãos atuantes no processo;

**VIII** – ser resguardado e protegido de sofrimento, com direito a apoio, planejamento de sua participação, prioridade na tramitação do processo, celeridade processual, idoneidade do atendimento e limitação das intervenções;

**IX** – ser ouvido em horário que lhe for mais adequado e conveniente, sempre que possível;

**X** – ter segurança, com avaliação contínua sobre possibilidades de intimidação, ameaça e outras formas de violência;

**XI** – ser assistido por profissional capacitado e conhecer os profissionais que participam dos procedimentos de escuta especializada e depoimento especial;

**XII** – ser reparado quando seus direitos forem violados;

**XIII** – conviver em família e em comunidade;

**XIV** – ter as informações prestadas tratadas confidencialmente, sendo vedada a utilização ou o repasse a terceiro das declarações feitas pela criança e pelo adolescente vítima, salvo para os fins de assistência à saúde e de persecução penal;

**XV** – prestar declarações em formato adaptado à criança e ao adolescente com deficiência ou em idioma diverso do português.

**Parágrafo único.** O planejamento referido no inciso VIII, no caso de depoimento especial, será realizado entre os profissionais especializados e o juízo.

**Art. 6º** A criança e o adolescente vítima ou testemunha de violência têm direito a pleitear, por meio de seu representante legal, medidas protetivas contra o autor da violência.

**Parágrafo único.** Os casos omissos nesta Lei serão interpretados à luz do disposto na Lei nº 8.069, de 13 de julho de 1990 (Estatuto da Criança e do Adolescente), na Lei nº 11.340, de 7 de agosto de 2006 (Lei Maria da Penha), e em normas conexas.

## TÍTULO III
## DA ESCUTA ESPECIALIZADA E DO DEPOIMENTO ESPECIAL

**Art. 7º** Escuta especializada é o procedimento de entrevista sobre situação de violência com criança ou adolescente perante órgão da rede de proteção, limitado o relato estritamente ao necessário para o cumprimento de sua finalidade.

**Art. 8º** Depoimento especial é o procedimento de oitiva de criança ou adolescente vítima ou testemunha de violência perante autoridade policial ou judiciária.

**Art. 9º** A criança ou o adolescente será resguardado de qualquer contato, ainda que visual, com o suposto autor ou acusado, ou com outra pessoa que represente ameaça, coação ou constrangimento.

**Art. 10.** A escuta especializada e o depoimento especial serão realizados em local apropriado e acolhedor, com infraestrutura e espaço físico que garantam a privacidade da criança ou do adolescente vítima ou testemunha de violência.

**Art. 11.** O depoimento especial reger-se-á por protocolos e, sempre que possível, será realizado uma única vez, em sede de produção antecipada de prova judicial, garantida a ampla defesa do investigado.

**§ 1º** O depoimento especial seguirá o rito cautelar de antecipação de prova:

**I** – quando a criança ou o adolescente tiver menos de 7 (sete) anos;

**II** – em caso de violência sexual.

**§ 2º** Não será admitida a tomada de novo depoimento especial, salvo quando justificada a sua imprescindibilidade pela autoridade competente e houver a concordância da vítima ou da testemunha, ou de seu representante legal.

**Art. 12.** O depoimento especial será colhido conforme o seguinte procedimento:

**I** – os profissionais especializados esclarecerão a criança ou o adolescente sobre a tomada do depoimento especial, informando-lhe os seus direitos e os procedimentos a serem adotados e planejando sua participação, sendo vedada a leitura da denúncia ou de outras peças processuais;

**II** – é assegurada à criança ou ao adolescente a livre narrativa sobre a situação de violência, podendo o profissional especializado intervir quando necessário, utilizando técnicas que permitam a elucidação dos fatos;

**III** – no curso do processo judicial, o depoimento especial será transmitido em tempo real para a sala de audiência, preservado o sigilo;

**IV** – findo o procedimento previsto no inciso II deste artigo, o juiz, após consultar o Ministério Público, o defensor e os assistentes técnicos, avaliará a pertinência de perguntas complementares, organizadas em bloco;

**V** – o profissional especializado poderá adaptar as perguntas à linguagem de melhor compreensão da criança ou do adolescente;

**VI** – o depoimento especial será gravado em áudio e vídeo.

**§ 1º** À vítima ou testemunha de violência é garantido o direito de prestar depoimento diretamente ao juiz, se assim o entender.

**§ 2º** O juiz tomará todas as medidas apropriadas para a preservação da intimidade e da privacidade da vítima ou testemunha.

**§ 3º** O profissional especializado comunicará ao juiz se verificar que a presença, na sala de audiência, do autor da violência pode prejudicar o depoimento especial ou colocar o depoente em situação de risco, caso em que, fazendo constar em termo, será autorizado o afastamento do imputado.

**§ 4º** Nas hipóteses em que houver risco à vida ou à integridade física da vítima ou testemunha, o juiz tomará as medidas de proteção cabíveis, inclusive a restrição do disposto nos incisos III e VI deste artigo.

**§ 5º** As condições de preservação e de segurança da mídia relativa ao depoimento da criança ou do adolescente serão objeto de regulamentação, de forma a garantir o direito à intimidade e à privacidade da vítima ou testemunha.

**§ 6º** O depoimento especial tramitará em segredo de justiça.

## TÍTULO IV
## DA INTEGRAÇÃO DAS POLÍTICAS DE ATENDIMENTO

### CAPÍTULO I
### DISPOSIÇÕES GERAIS

**Art. 13.** Qualquer pessoa que tenha conhecimento ou presencie ação ou omissão, praticada em local público ou privado, que constitua violência contra criança ou adolescente tem o dever de comunicar o fato imediatamente ao serviço de recebimento e monitoramento de denúncias, ao conselho tutelar ou à autoridade policial, os quais, por sua vez, cientificarão imediatamente o Ministério Público.

- Vide artigo 245 do ECA.

**Parágrafo único.** A União, os Estados, o Distrito Federal e os Municípios poderão promover, periodicamente, campanhas de conscientização da sociedade, promovendo a identificação das violações de direitos e garantias de crianças e adolescentes e a divulgação dos serviços de proteção e dos fluxos de atendimento, como forma de evitar a violência institucional.

**Art. 14.** As políticas implementadas nos sistemas de justiça, segurança pública, assistência social, educação e saúde deverão adotar ações articuladas, coordenadas e efetivas voltadas ao acolhimento e ao atendimento integral às vítimas de violência.

**§ 1º** As ações de que trata o *caput* observarão as seguintes diretrizes:

**I** – abrangência e integralidade, devendo comportar avaliação e atenção de todas as necessidades da vítima decorrentes da ofensa sofrida;

**II** – capacitação interdisciplinar continuada, preferencialmente conjunta, dos profissionais;

**III** – estabelecimento de mecanismos de informação, referência, contrarreferência e monitoramento;

**IV** – planejamento coordenado do atendimento e do acompanhamento, respeitadas as especificidades da vítima ou testemunha e de suas famílias;

**V** – celeridade do atendimento, que deve ser realizado imediatamente – ou tão logo quanto possível – após a revelação da violência;

**VI** – priorização do atendimento em razão da idade ou de eventual prejuízo ao desenvolvimento psicossocial, garantida a intervenção preventiva;

**VII** – mínima intervenção dos profissionais envolvidos; e

**VIII** – monitoramento e avaliação periódica das políticas de atendimento.

**§ 2º** Nos casos de violência sexual, cabe ao responsável da rede de proteção garantir a urgência e a celeridade necessárias ao atendimento de saúde e à produção probatória, preservada a confidencialidade.

**Art. 15.** A União, os Estados, o Distrito Federal e os Municípios poderão criar serviços de atendimento, de ouvidoria ou de resposta, pelos meios de comunicação disponíveis, integrados às redes de proteção, para receber denúncias de violações de direitos de crianças e adolescentes.

**Parágrafo único.** As denúncias recebidas serão encaminhadas:

**I** – à autoridade policial do local dos fatos, para apuração;

**II** – ao conselho tutelar, para aplicação de medidas de proteção; e

**III** – ao Ministério Público, nos casos que forem de sua atribuição específica.

**Art. 16.** O poder público poderá criar programas, serviços ou equipamentos que proporcionem atenção e atendimento integral e interinstitucional às crianças e adolescentes vítimas ou testemunhas de violência, compostos por equipes multidisciplinares especializadas.

**Parágrafo único.** Os programas, serviços ou equipamentos públicos poderão contar com delegacias especializadas, serviços de saúde, perícia médico-legal, serviços socioassistenciais, varas especializadas, Ministério Público e Defensoria Pública, entre outros possíveis de integração, e deverão estabelecer parcerias em caso de indisponibilidade de serviços de atendimento.

### CAPÍTULO II
### DA SAÚDE

**Art. 17.** A União, os Estados, o Distrito Federal e os Municípios poderão criar, no âmbito do Sistema Único de Saúde (SUS), serviços para atenção integral à criança e ao adolescente em situação de violência, de forma a garantir o atendimento acolhedor.

**Art. 18.** A coleta, guarda provisória e preservação de material com vestígios de violência serão realizadas pelo Instituto Médico Legal (IML) ou por serviço credenciado do sistema de saúde mais próximo, que entregará o material para perícia imediata, observado o disposto no art. 5º desta Lei.

### CAPÍTULO III
### DA ASSISTÊNCIA SOCIAL

**Art. 19.** A União, os Estados, o Distrito Federal e os Municípios poderão estabelecer, no âmbito do Sistema Único de Assistência Social (Suas), os seguintes procedimentos:

**I** – elaboração de plano individual e familiar de atendimento, valorizando a participação da criança e do adolescente e, sempre que possível, a preservação dos vínculos familiares;

**II** – atenção à vulnerabilidade indireta dos demais membros da família decorrente da situação de violência, e solicitação, quando necessário, aos órgãos competentes, de inclusão da vítima ou testemunha e de suas famílias nas políticas, programas e serviços existentes;

**III** – avaliação e atenção às situações de intimidação, ameaça, constrangimento ou discriminação decorrentes da vitimização, inclusive durante o trâmite do processo judicial, as quais deverão ser comunicadas imediatamente à autoridade judicial para tomada de providências; e

**IV** – representação ao Ministério Público, nos casos de falta de responsável legal com capacidade protetiva em razão da situação de violência, para colocação da criança ou do adolescente sob os cuidados da família extensa, de família substituta ou de serviço de acolhimento familiar ou, em sua falta, institucional.

## CAPÍTULO IV
## DA SEGURANÇA PÚBLICA

**Art. 20.** O poder público poderá criar delegacias especializadas no atendimento de crianças e adolescentes vítimas de violência.

**§ 1º** Na elaboração de suas propostas orçamentárias, as unidades da Federação alocarão recursos para manutenção de equipes multidisciplinares destinadas a assessorar as delegacias especializadas.

**§ 2º** Até a criação do órgão previsto no *caput* deste artigo, a vítima será encaminhada prioritariamente a delegacia especializada em temas de direitos humanos.

**§ 3º** A tomada de depoimento especial da criança ou do adolescente vítima ou testemunha de violência observará o disposto no art. 14 desta Lei.

**Art. 21.** Constatado que a criança ou o adolescente está em risco, a autoridade policial requisitará à autoridade judicial responsável, em qualquer momento dos procedimentos de investigação e responsabilização dos suspeitos, as medidas de proteção pertinentes, entre as quais:

**I** – evitar o contato direto da criança ou do adolescente vítima ou testemunha de violência com o suposto autor da violência;

**II** – solicitar o afastamento cautelar do investigado da residência ou local de convivência, em se tratando de pessoa que tenha contato com a criança ou o adolescente;

**III** – requerer a prisão preventiva do investigado, quando houver suficientes indícios de ameaça à criança ou adolescente vítima ou testemunha de violência;

**IV** – solicitar aos órgãos socioassistenciais a inclusão da vítima e de sua família nos atendimentos a que têm direito;

**V** – requerer a inclusão da criança ou do adolescente em programa de proteção a vítimas ou testemunhas ameaçadas; e

**VI** – representar ao Ministério Público para que proponha ação cautelar de antecipação de prova, resguardados os pressupostos legais e as garantias previstas no art. 5º desta Lei, sempre que a demora possa causar prejuízo ao desenvolvimento da criança ou do adolescente.

**Art. 22.** Os órgãos policiais envolvidos envidarão esforços investigativos para que o depoimento especial não seja o único meio de prova para o julgamento do réu.

## CAPÍTULO V
## DA JUSTIÇA

**Art. 23.** Os órgãos responsáveis pela organização judiciária poderão criar juizados ou varas especializadas em crimes contra a criança e o adolescente.

**Parágrafo único.** Até a implementação do disposto no *caput* deste artigo, o julgamento e a execução das causas decorrentes das práticas de violência ficarão, preferencialmente, a cargo dos juizados ou varas especializadas em violência doméstica e temas afins.

## TÍTULO V
## DOS CRIMES

**Art. 24.** Violar sigilo processual, permitindo que depoimento de criança ou adolescente seja assistido por pessoa estranha ao processo, sem autorização judicial e sem o consentimento do depoente ou de seu representante legal.

**Pena** – reclusão, de 1 (um) a 4 (quatro) anos, e multa.

## TÍTULO VI
## DISPOSIÇÕES FINAIS E TRANSITÓRIAS

**Art. 25.** O art. 208 da Lei nº 8.069, de 13 de julho de 1990 (Estatuto da Criança e do Adolescente), passa a vigorar acrescido do seguinte inciso XI:

(...)

**Art. 26.** Cabe ao poder público, no prazo máximo de 60 (sessenta) dias contado da entrada em vigor desta Lei, emanar atos normativos necessários à sua efetividade.

**Art. 27.** Cabe aos Estados, ao Distrito Federal e aos Municípios, no prazo máximo de 180 (cento e oitenta) dias contado da entrada em vigor desta Lei, estabelecer normas sobre o sistema de garantia de direitos da criança e do adolescente vítima ou testemunha de violência, no âmbito das respectivas competências.

**Art. 28.** Revoga-se o art. 248 da Lei nº 8.069, de 13 de julho de 1990 (Estatuto da Criança e do Adolescente).

**Art. 29.** Esta Lei entra em vigor após decorrido 1 (um) ano de sua publicação oficial.

Brasília, 4 de abril de 2017; 196º da Independência e 129º da República.

MICHEL TEMER
DOU de 5.4.2017

## RESOLUÇÃO CNJ Nº 289, DE 14 DE AGOSTO DE 2019

*Dispõe sobre a implantação e funcionamento do Sistema Nacional de Adoção e Acolhimento - SNA e dá outras providências.*

O Presidente do Conselho Nacional de Justiça, no uso de suas atribuições legais e regimentais;

Considerando o princípio constitucional da prioridade absoluta, aplicável às políticas de atendimento à infância e juventude;

Considerando as normas referentes ao instituto do acolhimento e da adoção contidas no Estatuto da Criança e do Adolescente, no Código Civil, em outros normativos nacionais sobre a matéria e em acordos ou pactos internacionais de que o Brasil seja signatário;

Considerando a necessidade de racionalizar e aprimorar os bancos de dados, os cadastros e os sistemas do Conselho Nacional de Justiça que versam sobre acolhimento e adoção de crianças e adolescentes;

Considerando a edição da Portaria nº 11, de 6 de março de 2018, pela Corregedoria Nacional de Justiça, que instituiu Grupo de Trabalho multidisciplinar para a execução das ações necessárias à implementação da modernização dos cadastros referentes à adoção e ao acolhimento infanto-juvenis;

Considerando a edição da Portaria Conjunta nº 4, de 4 de julho de 2019, que instituiu o Sistema Nacional de Adoção e Acolhimento - SNA, sob a gestão do Comitê Gestor dos Cadastros Nacionais - CGCN; instituído pela Portaria Conjunta nº 1, de 6 de novembro de 2018;

Considerando a decisão plenária tomada no Ato Normativo nº 0005538-25.2019.2.00.0000, na 294ª Sessão Ordinária, realizada em 6 de agosto de 2019;

RESOLVE:

**Art. 1º** O Conselho Nacional de Justiça implantará o Sistema Nacional de Adoção e de Acolhimento - SNA, cuja finalidade é consolidar dados fornecidos pelos Tribunais de Justiça referentes ao acolhimento institucional e familiar, à adoção, incluindo as intuitu personae, e a outras modalidades de colocação em família substituta, bem como sobre pretendentes nacionais e estrangeiros habilitados à adoção.

**§ 1º** A inserção de pretendentes domiciliados fora do território brasileiro no SNA compete às as Comissões Estaduais Judiciárias de Adoção -CEJAS/CEJAIS dos Tribunais de Justiça.

**§ 2º** Fica assegurado à Autoridade Central Administrativa Federal -ACAF o acesso ao sistema para inserção de dados sobre organismos internacionais e autoridades estrangeiras, bem como para visualização dos dados referentes ao cadastro dos pretendentes à adoção domiciliados no exterior, brasileiros que desejam adotar no exterior, crianças aptas à adoção internacional e adoções internacionais realizadas.

**§ 3º** Os Tribunais de Justiça deverão dispor de condições técnicas, operacionais e de pessoal para receber e processar os pedidos de habilitação para adoção apresentados por pretendentes residentes no exterior.

**§ 4º** O tratamento dos dados pessoais contidos no SNA submete-se, no que couber, aos princípios e às determinações da legislação penal, processual penal e de proteção de dados pessoais, especialmente no que diz respeito às hipóteses de sigilo, ao armazenamento e ao compartilhamento de dados. *(Acrescido pela Resolução CNJ 451/2022)*

**Art. 2º** As Corregedorias dos Tribunais de Justiça ou as Coordenadorias da Infância e Juventude funcionarão como administradoras do SNA na respectiva unidade federativa e terão acesso integral aos dados cadastrados, competindo-lhes cadastrar e liberar o acesso ao usuário, bem como zelar pela correta alimentação do sistema.

**Parágrafo único.** A responsabilidade pelo cadastro de pessoa, expedição de documentos, classificação, atualização, inclusão e exclusão de dados no sistema é exclusiva das autoridades judiciárias competentes.

**Art. 3º** O Conselho Nacional de Justiça prestará o apoio técnico necessário aos Tribunais de Justiça para a correta alimentação do SNA.

**Art. 4º** O Conselho Nacional de Justiça, as Comissões Estaduais Judiciárias de Adoção, as Coordenadorias da Infância e Juventude e as Corregedorias-Gerais dos Tribunais de Justiça devem promover e estimular campanhas de incentivo à reintegração à família de origem, à inclusão em família extensa ou à adoção de crianças e adolescentes em acolhimento familiar ou institucional, sem perspectivas de reinserção à família natural.

**Art. 5º** O SNA integra todos os cadastros municipais, estaduais e nacional de crianças e adolescentes em condições de serem adotados e de pretendentes habilitados à adoção, inclusive os cadastros internacionais, conforme preceitua o art. 50, § 5º e 6º, do Estatuto da Criança e do Adolescente, dispensada a manutenção pelos tribunais de cadastros separados.

**Art. 6º** Compete ao Comitê Gestor dos Cadastros Nacionais viabilizar a migração dos dados armazenados no Cadastro Nacional de Adoção - CNA e no Cadastro Nacional de Crianças de Adolescentes Acolhidos -CNCA para o SNA.

› Res. CNJ 390/2021: Art. 7º.

**§ 1º** Os cadastros CNA e CNCA ficarão disponíveis para consulta até o dia 12 de outubro de 2019.

**§ 2º** Concluída a migração dos dados para o SNA e observado o disposto no § 1º deste artigo, os cadastros CNA e CNCA serão extintos, em conformidade com a Lei nº 13.709, de 14 de agosto de 2018, Lei Geral de Proteção de Dados.

**Art. 7º** As regras técnicas do SNA estão inseridas no Anexo I desta Resolução.

**Parágrafo único.** Eventuais atualizações do anexo desta Resolução poderão ser feitas por meio da edição de Portaria da Presidência do CNJ, após parecer técnico do Comitê de Apoio ao Sistema Nacional de Adoção e Acolhimento. *(Redação dada pela Resolução CNJ 451/2022)*

**Art. 7º-A.** O SNA adotará os conceitos, as diretrizes e os princípios previstos na Resolução CNJ no 335/2020, que dispõe sobre a Plataforma Digital do Poder Judiciário, e será desenvolvido como serviço desta, contando com as estruturas nela disponibilizadas. *(Acrescido pela Resolução CNJ 451/2022)*

**Parágrafo único.** O SNA poderá ser alimentado pelos tribunais e demais órgãos por meio de *Application Programming Interface* (API), a ser desenvolvido pelo CNJ.

**Art. 7º-B.** O CNJ poderá firmar parcerias para integrar o SNA a outros sistemas, com a finalidade de possibilitar o intercâmbio de informações, respeitando, no que couber, as normas de proteção de dados e as regras de sigilo. *(Acrescido pela Resolução CNJ 451/2022)*

**Parágrafo único.** As integrações serão realizadas mediante acordo de cooperação técnica que deverá prever, entre outras obrigações:

**I** – a finalidade da integração, observada a atribuição legal de cada instituição;

**II** – a forma de gestão de usuários(as) e de acesso ao sistema;

**III** – o registro dos tratamentos de dados realizados, com indicação do operador, da data e da hora do tratamento; bem como a extensão dos dados tratados, com imediata disponibilização ao CNJ; e

**IV** – as sanções aplicadas em caso de descumprimento.

**Art. 8º** Os Tribunais de Justiça deverão dar ampla publicidade sobre as funcionalidades do SNA, em ato próprio, a ser editado nos termos da minuta proposta no Anexo II desta Resolução.

**Art. 9º** Ficam revogadas as Resoluções nº 54, de 29 de abril de 2008, nº 93, de 27 de outubro de 2009, e nº 190, de 1º de abril de 2014, bem como a Portaria Conjunta nº 2, de 9 de fevereiro de 2010.

**Art. 10.** Os Provimentos nº 32, de 24 de junho de 2013, e nº 36, de 5 de maio de 2014, por meio de ato específico da Corregedoria Nacional de Justiça, deverão ter sua redação adequada aos termos desta Resolução, substituindo-se, onde couber, Cadastro Nacional de Crianças de Adolescentes Acolhidos - CNCA e Cadastro Nacional de Adoção - CNA, por Sistema Nacional de Adoção e Acolhimento - SNA.

› Provimento CNJ 118/2021 revogou o Provimento CNJ 32/2013.

**Art. 11.** Esta Resolução entra em vigor na data de sua publicação.

Ministro DIAS TOFFOLI

## ANEXO I
## REGULAMENTAÇÃO TÉCNICA DO SISTEMA NACIONAL DE ADOÇÃO E ACOLHIMENTO

### I – DA HABILITAÇÃO PARA ADOÇÃO

**Art. 1º** A inscrição dos pretendentes no SNA será efetuada em ordem cronológica, a partir da data da sentença de habilitação, observando-se, como critério de desempate, a data do ajuizamento do pedido.

**Parágrafo único.** A data de habilitação será mantida mesmo em caso de mudança de pretendente para outra comarca.

**Art. 2º** A habilitação do pretendente terá validade de três anos, devendo ser renovada até o seu vencimento.

**§ 1º** Expirado o prazo mencionado no *caput*, a habilitação será suspensa por 30 dias, durante os quais o postulante poderá solicitar a renovação.

**§ 2º** Enquanto suspensa a habilitação, o postulante não será consultado para novas adoções.

**§ 3º**Decorrido o prazo de 30 dias sem que o pretendente renove sua habilitação, esta será arquivada, com imediata inativação no sistema.

II - DA INCLUSÃO DA CRIANÇA OU ADOLESCENTE NA SITUAÇÃO APTA PARA ADOÇÃO

**Art. 3º** A colocação da criança ou do adolescente na situação "apta para adoção" deverá ocorrer após o trânsito em julgado da decisão do processo de destituição ou extinção do poder familiar, ou ainda quando a criança ou o adolescente for órfão ou tiver ambos os genitores desconhecidos.

**Art. 4º** O juiz poderá, no melhor interesse da criança ou do adolescente, determinar a inclusão cautelar na situação "apta para adoção" antes do trânsito em julgado da decisão que destitui ou extingue o poder familiar, hipótese em que o pretendente deverá ser informado sobre o risco jurídico.

III – DA VINCULAÇÃO ENTRE CRIANÇAS E/OU ADOLESCENTES E PRETENDENTES

**Art. 5º** Iniciada a vinculação entre a criança ou adolescente e o pretendente, a habilitação do pretendente ficará suspensa no sistema para novas consultas.

**Art. 6º** Iniciado o estágio de convivência, caso o pretendente esteja inicialmente habilitado para adoção de outras crianças ou adolescentes, o sistema o reclassificará, sendo mantida como data da classificação a do início do estágio de convivência, observada a hipótese do art. 197-E, §3º, do ECA.

**Art. 7º** Realizada a vinculação, o juízo terá o prazo de 15 dias para comunicar o fato ao pretendente, atualizando as informações no sistema.

**Parágrafo único.** Caso o pretendente não receba comunicação do juízo no prazo citado no *caput*, o sistema automaticamente lhe encaminhará correspondência eletrônica, convocando-o para manifestar interesse em conhecer a criança ou o adolescente.

**Art. 8º** Esgotada a busca por pretendentes nacionais, deve o juízo competente, no prazo máximo de cinco dias, iniciar as buscas internacionais, com a devida ciência à CEJA/CEJAI do respectivo tribunal.

IV – DAS GUIAS DE ACOLHIMENTO E DESLIGAMENTO

**Art. 9º** A Guia Nacional de Acolhimento e a Guia Nacional de Desligamento de Crianças e Adolescentes Acolhidos deverão ser obrigatoriamente emitidas no sistema para todas as crianças e adolescentes cuja medida protetiva de acolhimento tenha sido aplicada.

V – DO RELATÓRIO ELETRÔNICO DAS AUDIÊNCIAS CONCENTRADAS

**Art. 10.** O sistema gerará automaticamente o relatório eletrônico das audiências concentradas na unidade judiciária, contendo as estatísticas referentes às crianças e aos adolescentes que passaram por acolhimento naquele semestre, substituindo o preenchimento eletrônico dos dados.

## ANEXO II
## MINUTA DE ATO PARA DAR PUBLICIDADE ÀS FUNCIONALIDADES DO SNA AOS PRETENDENTES

I – DA HABILITAÇÃO PARA ADOÇÃO

**Art. 1º** O pretendente interessado em iniciar o processo de habilitação poderá realizar seu pré-cadastro no SNA por meio de formulário eletrônico e se dirigir à Vara da Infância e Juventude da comarca de seu domicílio para protocolar o pedido de habilitação para adoção.

**Parágrafo único.** O pretendente somente será considerado habilitado após a sentença de deferimento proferida no procedimento de habilitação.

**Art. 2º** Se o pretendente apresentar perfil de adotando de difícil colocação em família substituta, o magistrado deverá dar prioridade à tramitação da habilitação.

**Art. 3º** Nos pedidos de habilitação para adoção, as Varas da Infância e Juventude deverão verificar se o requerente possui residência habitual naquela comarca.

**Art. 4º** O pretendente é responsável pela atualização de seus dados pessoais e meios de contato junto à Vara da Infância e Juventude, podendo alterá-los diretamente em área exclusiva do sistema ou presencialmente.

**§ 1º** Em caso de mudança de domicílio, o pretendente deverá dar imediata ciência à Vara da Infância e Juventude, devendo juntar comprovante do novo endereço nos autos do processo original ou requerer pessoalmente a remessa dos autos na vara com competência em infância e juventude do novo endereço.

**§ 2º** Caso eventual desatualização dos dados venha a ensejar impossibilidade de comunicação com o pretendente, tal fato será considerado recusa injustificada do habilitado à adoção de crianças ou adolescentes, com as consequências do art. 197-E, §4º, do ECA.

**Art. 5º** Havendo mudança de endereço do pretendente, o magistrado da comarca da nova residência verificará a necessidade de nova avaliação psicossocial, podendo suspender o processo.

**Parágrafo único.** A inclusão dos novos dados do pretendente no sistema não altera a data-base de habilitação inicial.

**Art. 6º** No caso de separação dos pretendentes, havendo interesse de qualquer deles ou de ambos em permanecer no sistema, deverão ser renovadas as avaliações, mantida, para efeito de ordem no cadastro, a mesma data-base da habilitação do casal.

**Art. 7º** A renovação da habilitação, para manutenção da ordem de preferência no sistema, deverá ser solicitada pelo postulante com antecedência de 120 dias.

**Art. 8º** O pretendente poderá solicitar suspensão de consultas para adoção pelo prazo máximo de seis meses, nos termos do art. 313, II, e § 4º, do Código de Processo Civil.

**Art. 9º** O sistema inativará a habilitação dos pretendentes à adoção nos seguintes casos:

**I** – transcorridos 30 dias do vencimento do processo de habilitação, caso não haja pedido de renovação;

**II** – trânsito em julgado de sentença que deferir pedido de adoção na forma pretendida pelo postulante; e

**III** – decisão judicial.

**Parágrafo único.** Inativada a habilitação, o pretendente não será consultado para novas adoções e deverá se submeter a um novo processo de habilitação.

**Art. 10.** Os casos omissos ou que suscitarem dúvidas deverão ser decididos pelo juiz do processo de habilitação ou, existindo mais de um, pela Corregedoria local, se na mesma unidade federativa, ou pela Corregedoria Nacional de Justiça, quando envolver unidades federativas diversas.

**Art. 11.** As comunicações com o pretendente serão realizadas preferencialmente por meio eletrônico.

**II – DA VINCULAÇÃO ENTRE CRIANÇAS OU ADOLESCENTES E PRETENDENTES**

**Art. 12.** Compete ao órgão julgador responsável pela criança ou adolescente vinculado a um pretendente dar início ao processo de aproximação entre os envolvidos.

**§ 1º** O pretendente, após formalmente consultado, terá o prazo de dois dias úteis para manifestar interesse em conhecer a criança ou adolescente.

**§ 2º** Em caso de omissão ou desinteresse do pretendente em conhecer a criança ou adolescente, será iniciada nova busca por pretendente habilitado.

**§ 3º** Manifestada, por qualquer meio, a anuência em conhecer o adotando, o pretendente deverá comparecer ao juízo que o convocou em até cinco dias, prorrogáveis a juízo do magistrado e mediante justificação adequada, para dar início aos procedimentos prévios à adoção.

**§ 4º** Caso o pretendente não se apresente em até cinco dias ao juízo que o convocou, o magistrado cancelará a vinculação no sistema e determinará a consulta ao próximo pretendente habilitado.

Ministro DIAS TOFFOLI

Presidente

# RESOLUÇÃO CNJ Nº 330, DE 26 DE AGOSTO DE 2020

*Regulamenta e estabelece critérios para a realização de audiências e outros atos processuais por videoconferência, em processos de apuração de atos infracionais e de execução de medidas socioeducativas, durante o estado de calamidade pública, reconhecido pelo Decreto Federal nº 06/2020, em razão da pandemia mundial por Covid-19.*

O PRESIDENTE DO CONSELHO NACIONAL DE JUSTIÇA, no uso de suas atribuições legais e regimentais;

Considerando a atribuição do Conselho Nacional de Justiça para o controle da atuação administrativa e financeira do Poder Judiciário, podendo expedir atos regulamentares, no âmbito de sua competência (art. 103-B, § 4º, da Constituição Federal);

Considerando as disposições dos itens 7.1, 8.1, 8.2, 14.1 e 14.2 das Regras da Organização das Nações Unidas para Administração da Justiça Juvenil (Regras de Beijing) de 29de novembro de 1985, que dispõem sobre as garantias processuais básicas em todas as etapas do processo judicial e o direito à intimidade de adolescentes autores de ato infracional;

Considerando os itens 56, 57 e 58 dos Princípios Orientadores da Organização das Nações Unidas para Prevenção da Delinquência Juvenil (Princípios de Riad) de 1990, que dispõem sobre a administração da justiça para prevenção da prática de atos infracionais por adolescentes;

Considerando os itens 1, 2, 17 e 18, das Regras Mínimas da Organização das Nações Unidas para Proteção de Jovens Privados de Liberdade (Regras de Havana) de 14 de dezembro de 1990, que dispõem sobre a obrigação do sistema de justiça de garantir os direitos e a segurança de adolescentes, notadamente o acesso à assistência jurídica, bem como a necessidade de agilidade na análise processual dos jovens em internação provisória;

Considerando os itens 37 e 40 da Convenção sobre os Direitos das Crianças, de 20de novembro de 1989, os quais dispõem que todos os adolescentes privados de sua liberdade sejam tratados com a humanidade e o respeito que merece a dignidade inerente à pessoa humana, o direito à presunção de inocência, o direito a ter assistência jurídica adequada e de ter garantido, nas etapas processuais, a presença de seus pais ou representantes legais;

Considerando que o Comitê das Nações Unidas sobre os Direitos da Criança, em sua Observação Geral nº 24/2019, nos parágrafos 46 e 56, preconiza que os Estados devem assegurar, além dos princípios inerentes ao devido processo legal, que os procedimentos judiciais sejam realizados de forma a permitir que o adolescente participe efetivamente e compreenda todas suas etapas, bem como seja garantida a presença de seus pais ou responsável em todos os momentos dos atos processuais;

Considerando o disposto no art. 5º, LXXVIII, da Constituição Federal, que assegura a razoável duração do processo judicial e os meios que garantam a celeridade de sua tramitação;

Considerando o art. 93, XII, da Constituição Federal, o qual estabelece que a atividade jurisdicional será ininterrupta;

Considerando que a Constituição Federal de 1988 estabelece a prioridade absoluta na garantia dos direitos da criança e do adolescente (art. 227), a dignidade da pessoa humana (art. 1º, III) e a não submissão à tortura ou tratamento cruel, desumano e degradante (art. 5º, III);

Considerando as disposições do art. 5º, LIV, LV e LX, da Constituição Federal, que estabelecem as garantias fundamentais do devido processo legal, do contraditório e da ampla defesa,

Considerando o disposto na Lei nº 8.069 de 1990, que dispõe sobre o Estatuto da Criança e do Adolescente - ECA, especialmente em seus artigos 108, 110, 111 e 141, que preveem que nenhum adolescente será privado de sua liberdade sem o devido processo legal, garantem o acesso à assistência jurídica gratuita e a impossibilidade de prorrogação do prazo de 45 dias da internação provisória;

Considerando a urgência e a necessidade de se evitar o risco de perecimento do direito tutelado, com fundamento nos princípios da proteção integral e da prioridade absoluta dispostos nos arts. 3º e 4º do Estatuto da Criança e do Adolescente - ECA;

Considerando a Resolução Conanda nº 119, de 11 de dezembro de 2006, que dispõe sobre o Sistema Nacional de Atendimento Socioeducativo e dá outras providências;

Considerando o disposto no Sistema Nacional de Atendimento Socioeducativo, Lei nº 12.594 de 18 de janeiro de 2012, em seus artigos 35, 36, 42 e 43, que dispõem sobre os princípios que regerão a execução das medidas socioeducativas e sobre os prazos e procedimentos para reavaliação da manutenção, da substituição ou da suspensão das medidas de meio aberto ou de restrição e privação da liberdade.

Considerando a declaração pública de pandemia em relação ao novo Coronavírus pela Organização Mundial da Saúde - OMS, de 11 de março de 2020, assim como a Declaração de Emergência em Saúde Pública de Importância Internacional da OMS, de 30 de janeiro de 2020, e a Lei nº 13.979, de 6 de fevereiro de 2020, que dispõe sobre medidas para enfrentamento da situação de emergência em saúde pública de importância internacional decorrente do novo Coronavírus;

Considerando que o Plenário do Supremo Tribunal Federal - STF, em sessão realizada em 6 de maio de 2020, decidiu que estados e municípios, no âmbito de suas competências e em seu território, podem adotar, respectivamente, medidas de restrição à locomoção intermunicipal e local durante o estado de emergência decorrente da pandemia do novo Coronavírus, sem a necessidade de autorização do Ministério da Saúde para a decretação de isolamento, quarentena e outras providências ao deferirem medida cautelar na Ação Direta de Inconstitucionalidade - ADI nº 6343, para suspender parcialmente a eficácia de dispositivos das Medidas Provisórias - MPs nº 926/2020 e 927/2020;

Considerando que alguns estados federados e municípios estão relativizando as regras de isolamento social, enquanto outros entes vêm enfrentando maiores dificuldades, chegando a instituir o regime de lockdown, de modo a impedir um regramento único para todos os tribunais do país;

Considerando a natureza essencial da atividade jurisdicional e a necessidade de se assegurarem condições para sua continuidade, compatibilizando-a com a preservação da saúde de magistrados, agentes públicos, advogados, das partes do processo e usuários em geral;

Considerando a necessidade de se estabelecer um planejamento de retorno gradual às atividades presenciais, onde seja possível e de acordo com critérios estabelecidos por autoridades médicas e sanitárias;

Considerando a Resolução CNJ nº 313/2020, que estabelece, no âmbito do Poder Judiciário, regime de plantão extraordinário para uniformizar o funcionamento dos serviços judiciários, com o objetivo de prevenir o contágio pelo novo Coronavírus (Covid-19), e garantir o acesso à justiça neste período emergencial e sua prorrogação de prazo disposta na Resolução CNJ nº 314/2020 e Resolução CNJ nº 318/2020;

Considerando as disposições da Resolução CNJ nº 322/2020, que estabelece condições para a retomada dos serviços presenciais nos órgãos do Poder Judiciário;

Considerando a decisão plenária tomada no julgamento do Ato Normativo nº 0006101-82.2020.2.00.0000, na 48ª Sessão Virtual Extraordinária, realizada em 10 de agosto de 2020;

RESOLVE:

**Art. 1º** As medidas transitórias e excepcionais previstas nesta Resolução vigorarão durante o estado de calamidade pública reconhecido pelo Decreto Federal nº 06/2020, em razão da pandemia mundial (Covid-19), que determinou, dentre outras medidas, o isolamento social indicado pela Organização Mundial de Saúde, considerando as disposições da Resolução CNJ nº 322/2020.

**Art. 2º** A realização de audiências por meio de videoconferência em processos de apuração de atos infracionais e de execução de medidas socioeducativas é permitida de forma excepcional apenas quando não seja possível a realização presencial dos atos nos termos do art. 111 do ECA.

**Parágrafo único.** Os tribunais poderão utilizar plataforma disponibilizada pelo Conselho Nacional de Justiça ou ferramenta similar, conforme previsão no art. 6º, § 2 da Resolução CNJ nº 314/2020, desde que garantido o sigilo característico dos atos de processo socioeducativo (art. 143 do ECA).

**Art. 3º** As audiências realizadas por videoconferência deverão observar os princípios inerentes ao devido processo legal, em especial:

**I** - a ampla defesa e o contraditório;

**II** - a igualdade na relação processual;

**III** - a presunção de inocência;

**IV** - a proteção da intimidade e vida privada;

**V** - a efetiva participação do adolescente na integralidade da audiência ou ato processual; e

**VI** - a segurança da informação e conexão.

**§ 1º** Os atos realizados por videoconferência deverão observar, na medida do possível, a máxima equivalência com os atos realizados presencialmente.

**§ 2º** Deverá ser garantida assistência gratuita por tradutor ou intérprete, caso o adolescente não compreenda ou não fale fluentemente a língua portuguesa.

**Art. 4º** Sem prejuízo dos princípios previstos no artigo anterior, o magistrado deverá observar e garantir os princípios e direitos específicos do direito infanto juvenil, especialmente:

**I** - a prioridade absoluta à criança e ao adolescente;

**II** - a brevidade e excepcionalidade da medida socioeducativa;

**III** - o respeito à condição peculiar de pessoa em desenvolvimento;

**IV** - a convivência familiar e comunitária;

**V** - a legalidade, não podendo o adolescente receber tratamento mais gravoso do que o conferido ao adulto;

**VI** - a não discriminação do adolescente;

**VII** - a individualização da medida socioeducativa, considerando-se a idade, capacidades e circunstâncias pessoais do adolescente; e

**VIII** - a garantia do sigilo do processo socioeducativo e da intimidade do adolescente.

**Parágrafo único.** De forma a assegurar o princípio constitucional à convivência familiar e comunitária, o magistrado competente zelará para que seja garantida a participação dos pais ou responsáveis do adolescente em qualquer fase do procedimento, em conformidade ao artigo 111, VI, do ECA.

**Art. 5º** No caso de adolescente submetido à internação provisória, o magistrado deverá respeitar o limite máximo e improrrogável de 45 dias previsto no artigo 183 do ECA.

**Art. 6º** Nas audiências e atos processuais realizados por videoconferência deverá ser verificada a adequação dos meios tecnológicos aptos a promover igualdade de condições a todos os participantes, observando-se, especialmente:

**I** - a disponibilidade de câmera e microfone e a disposição destes equipamentos de modo a permitir a correta visualização da sala em que se encontra o adolescente;

**II** - a conexão estável de internet;

**III** - a gravação audiovisual e o armazenamento das gravações de audiências em sistema eletrônico e físico, quando necessário, garantido o sigilo indispensável dos atos processuais; e

**IV** - a garantia de digitalização dos processos, quando físicos.

**§ 1º** Em caso de dificuldade técnica, fica estabelecido o dever de colaboração mútua dos atores processuais a fim de promover sua superação, sempre baseado no superior interesse do adolescente.

**§ 2º** Ao final da audiência, será lavrada ata da audiência em que conste que o ato foi realizado, excepcionalmente, por meio de videoconferência em razão de risco de contaminação pela Covid-19, devendo-se registrar todas as ocorrências e incidentes ocorridos durante o ato.

**§ 3º** Quando o adolescente for ouvido por videoconferência, o magistrado deve adotar todas as cautelas para assegurar que a oitiva seja feita em ambiente reservado, seguro e livre de intimidação, ameaça ou coação.

**§ 4º** Não sendo possível assegurar que a audiência por videoconferência em processos de apuração de atos infracionais ou de execução de medidas socioeducativas sejam realizadas em ambientes livres de interferências, com a garantia de segurança, sigilo e intimidade necessários ao ato, deverá o juízo disponibilizar espaço no ambiente forense para a realização do ato ou designar sua realização presencial, respeitados os protocolos sanitários.

**Art. 7º** Designada a audiência por videoconferência, as partes deverão ser intimadas com antecedência.

**§ 1º** Se qualquer das partes informar, prévia e justificadamente, a impossibilidade de realização da audiência por videoconferência, deverá o Magistrado decidir acerca da suspensão do ato ou sua realização por meio presencial.

**§ 2º** Caberá ao juízo informar ao Ministério Público, à defesa, ao Órgão Gestor do Sistema Estadual de Atendimento Socioeducativo, ao adolescente e seu responsável, à vítima e às testemunhas o link de acesso à sala virtual de audiência, assim como o dia e a hora de sua realização.

**§ 3º** O juízo deverá assegurar a digitalização integral do processo quando este tramitar em meio físico e seu acesso prévio pelas partes com antecedência ao ato por videoconferência.

**Art. 8º** Quando o adolescente, seus familiares ou responsáveis, o ofendido ou a testemunha não dispuserem de recursos adequados ou não possam acessar a videoconferência, deverá o Juízo disponibilizar espaço no ambiente forense para a realização do ato.

**§ 1º** A unidade judiciária deverá zelar para a observância de práticas sanitárias, como o distanciamento mínimo de um metro entre os presentes, a desinfecção de equipamentos após o uso de cada participante e outras medidas recomendadas pelas autoridades sanitárias.

**§ 2º** No caso previsto no *caput*, aos magistrados, advogados e representantes do Ministério Público e da Defensoria Pública e aos demais participantes será disponibilizado link para acesso a videoconferência, sendo-lhes facultado optar por participar do ato na localidade, de acordo com as orientações sanitárias.

**§ 3º** O ato será presidido pelo juiz de direito e contará com ao menos um servidor para acompanhar a videoconferência na sede da unidade judiciária, que será responsável pela verificação da regularidade do ato, pela identificação das partes, entre outras medidas.

**§ 4º** Se as restrições sanitárias não permitirem a utilização do espaço forense, a audiência por meio de videoconferência será redesignada e feita de forma presencial, sem que isso represente prejuízo ao adolescente privado de liberdade.

**Art. 9º** No caso de adolescente privado de liberdade que excepcionalmente participe do ato do processo socioeducativo por videoconferência, deverá o juízo:

**I** - garantir a informação acerca da realização do ato por videoconferência em razão da pandemia Covid-19;

**II** - certificar-se de que a sala utilizada para a videoconferência tenha sido fiscalizada de modo a assegurar ambiente livre de intimidação, ameaça ou coação;

**III** - assegurar ao adolescente:

*a)* não estar algemado, salvo decisão judicial fundamentada nos termos da Súmula Vinculante nº 11;

*b)* o acesso à assistência jurídica;

*c)* o direito de assistir a audiência em sua integralidade;

*d)* o direito de participação de seus familiares ou responsáveis;

**IV** - inquirir o adolescente sobre o tratamento recebido no estabelecimento socioeducativo, questionando sobre a ocorrência de tortura ou outros tratamentos cruéis, desumanos ou degradantes;

**V** - registrar nos autos ou na gravação audiovisual quaisquer irregularidades em equipamentos, conexão de internet, entre outros que ocorram durante a audiência.

**Parágrafo único.** Quando identificados indícios de ocorrência de tortura ou outros tratamentos cruéis, desumanos ou degradantes, o magistrado requisitará realização de exame de corpo de delito e registrará possíveis lesões por meio da gravação audiovisual, poderá determinara realização da audiência de modo presencial, bem como adotar outras providências cabíveis.

**Art. 10.** É garantido ao adolescente a assistência jurídica por seu defensor nas audiências por videoconferência, compreendendo, entre outras, o direito a:

**I** - entrevista prévia e reservada com seu defensor, inclusive por meios telemáticos, pelo tempo adequado à preparação de sua defesa;

**II** - acesso a meios para comunicação, livre e reservada, entre os defensores que estejam eventualmente em locais distintos, bem como entre o defensor e o adolescente;

**III** - participação de seus pais ou responsáveis, em conformidade com o Estatuto da Criança e do Adolescente.

**Art. 11.** A audiência de apresentação poderá ser realizada por meio de videoconferência, excepcionalmente e por meio de decisão fundamentada, após oitiva das partes, devendo o magistrado garantir:

**I** - a presença de um dos pais ou responsáveis no mesmo local que o adolescente, respeitados os protocolos sanitários;

**II** - os meios para assegurar o segredo de justiça próprio do processo socioeducativo durante o interrogatório, especialmente:

*a)* que as salas destinadas à participação dos adolescentes e seus responsáveis sejam protegidas de visualização e escuta externa; e

*b)* que, durante o interrogatório do adolescente, apenas permaneçam na mesma sala que ele seus pais ou responsáveis e seu defensor, se a defesa houver manifestado interesse em participar presencialmente do ato.

**III** - a digitalização integral do inquérito policial ou procedimento investigativo, assim como da representação e demais documentos existentes nos autos, quando o processo tramitar em meio físico, e seu acesso prévio pelas partes com antecedência.

**§ 1º** O juízo deverá construir soluções conjuntas com as instituições locais com vistas à realização do exame de corpo de delito ad cautelam em espaço adequado e com fluxo condizente com as recomendações sanitárias, e a sua juntada aos autos previamente à realização da audiência de apresentação, podendo o tema ser equacionado, inclusive, no âmbito do comitê interinstitucional previsto no art. 14 da Recomendação CNJ nº 62.

**§ 2º** Demonstrada a impossibilidade de participação presencial dos pais ou responsáveis do adolescente nos termos do inciso I deste artigo, o magistrado autorizará sua participação por videoconferência, em casos excepcionais e mediante decisão fundamentada, devendo adotar todas as providências para resguardar a intimidade e sigilo inerentes ao ato.

**§ 3º** Caso os pais ou responsáveis não sejam localizados ou, se notificados para o ato, não se apresentarem para acompanhar o adolescente na audiência por videoconferência, sem justificativa, deverá o juízo designar curador especial para o ato.

**Art. 12.** Nas audiências de instrução e durante o processo de conhecimento, deverá o juízo:

**I** - garantir a presença de um dos pais ou responsáveis com o adolescente dentro da unidade, se as condições sanitárias permitirem, ou via videoconferência, quando houver impossibilidade de presença, devidamente justificada;

**II** - assegurar a incomunicabilidade de vítimas e testemunhas, certificando-se de que o local não tenha interferência de outras pessoas e sem acesso manual a dispositivos que lhe permitam contatar terceiros durante a oitiva;

**III** - adotar, na tomada de depoimento de testemunhas e na oitiva de peritos, as providências necessárias à garantia do segredo de justiça próprio do processo de apuração de ato infracional; e

**IV** - assegurar a efetiva participação do adolescente durante a integralidade da audiência, garantindo sua comunicação direta com seu defensor até o final do ato.

**Art. 13.** Para fins de realização de audiências por videoconferência no curso dos processos de execução de medidas socioeducativas, deverá o juízo garantir a digitalização do Plano-Individual de Atendimento - PIA e do relatório técnico de avaliação, caso não estejam nos autos, além de outras peças que as partes indicarem, e conceder seu acesso às partes com antecedência.

**§ 1º** Tratando-se de audiência para a realização de perícia ou avaliação para complementação do PIA, o magistrado somente deverá designar sua realização por videoconferência se houver compatibilidade entre a modalidade virtual do ato e a natureza da perícia ou avaliação a ser realizada.

**§ 2º** Tratando-se de audiência para impugnação ou complementação do PIA, requerida pela defesa ou pelo Ministério Público, o juízo comunicará a designação do ato à direção do programa de atendimento, a fim de que viabilize a participação por videoconferência do adolescente, seus pais ou responsáveis e dos profissionais da equipe técnica de referência encarregada da elaboração do PIA.

**§ 3º** Nas hipóteses em que entender necessária a designação de audiência para fins de reavaliação da medida socioeducativa, o juiz intimará, com antecedência, a defesa, o Ministério Público, o adolescente e seus pais ou responsável, e cientificará a direção do programa de atendimento, a fim de que viabilize a participação, por videoconferência, do adolescente e seus pais ou responsável e dos profissionais da equipe técnica de referência responsáveis pela elaboração do relatório de avaliação.

**§ 4º** A realização de audiência por videoconferência para eventual substituição de medida socioeducativa por outra mais gravosa, análise de internação-sanção e revisão de sanção disciplinar aplicada pelo estabelecimento socioeducativo será feita de modo presencial, cabendo a designação de ato por videoconferência apenas quando as condições sanitárias impossibilitarem a realização presencial.

**Art. 14.** Os tribunais poderão utilizar plataforma disponibilizada pelo Conselho Nacional de Justiça ou ferramenta similar, desde que observados os requisitos técnicos que permitam a participação paritária, devendo fornecer suporte técnico adequado.

**Art. 15.** Esta Resolução entra em vigor na data de sua publicação.

Ministro DIAS TOFFOLI

## RESOLUÇÃO CNJ Nº 369, DE 19 DE JANEIRO DE 2021

*Estabelece procedimentos e diretrizes para a substituição da privação de liberdade de gestantes, mães, pais e responsáveis por crianças e pessoas com deficiência, nos termos dos arts. 318 e 318-A do Código de Processo Penal, e em cumprimento às ordens coletivas de habeas corpus concedidas pela 2ª Turma do Supremo Tribunal Federal nos HCs nº 143.641/SP e nº 165.704/DF.*

O PRESIDENTE DO CONSELHO NACIONAL DE JUSTIÇA (CNJ), no uso de suas atribuições legais e regimentais,

Considerando a absoluta prioridade para garantia dos direitos fundamentais de crianças, adolescentes e jovens no Brasil, a teor do art. 227 da Constituição Federal, da Lei nº 8.069/1990 (Estatuto da Criança e do Adolescente), e da Lei nº 13.257/2016, a qual prevê a atuação prioritária do poder público na construção de políticas públicas voltadas aos direitos de convivência familiar e comunitária de crianças até seis anos deidade;

Considerando as atribuições do Conselho Nacional de Justiça, previstas no art. 103-B, § 4º, da Constituição Federal, especialmente no que concerne ao controle da atuação administrativa e financeira e à coordenação do planejamento estratégico do Poder Judiciário, inclusive na área de tecnologia da informação;

Considerando o disposto nos arts. 318 e 318-A do Código de Processo Penal, que dispõem sobre a substituição da prisão preventiva pela domiciliar às mulheres e aos homens que sejam mães, pais ou responsáveis por crianças ou pessoas com deficiência;

Considerando as Regras das Nações Unidas que estabelecem parâmetros e medidas de tratamento humanitário para mulheres em privação de liberdade e egressas das prisões (Regras de Bangkok), assim como a Convenção Internacional sobre os Direitos das Pessoas com Deficiência (art. 4º) e a Convenção sobre Direitos da Criança de 1989 (art. 3º);

Considerando as disposições do art. 35, I, da Lei nº 12.594/2012 e do item 54 das Diretrizes das Nações Unidas para Prevenção da Delinquência Juvenil - Diretrizes de Riad, no sentido de que adolescentes e jovens não podem receber tratamento infracional ou socioeducativo mais gravoso que adultos;

Considerando o enunciado da Súmula Vinculante nº 56 do Supremo Tribunal Federal, no sentido de que a falta de estabelecimento penal adequado não autoriza a manutenção do condenado em regime prisional mais gravoso, devendo-se observar, nessa hipótese, os parâmetros fixados no RE nº 641.320/RS;

Considerando o acórdão proferido pela 2ª Turma do Supremo Tribunal Federal no HC nº 143.641, Relator Ministro Ricardo Lewandowski, em que foi concedida ordem de *habeas corpus* coletivo para determinar a substituição da prisão preventiva pela domiciliar - sem prejuízo da aplicação concomitante das medidas alternativas previstas no art. 319 do CPP - de todas as mulheres presas, gestantes, puérperas, mães e responsáveis por crianças e deficientes, enquanto perdurar tal condição, bem como às adolescentes sujeitas a medidas socioeducativas em idêntica situação, excetuados os casos de crimes praticados por elas mediante violência ou grave ameaça, contra seus descendentes ou, ainda, em situações excepcionalíssimas, devidamente fundamentadas;

Considerando o acórdão proferido pela 2ª Turma do Supremo Tribunal Federal no HC nº 165.704, Relator Ministro Gilmar Mendes, em que foi concedida ordem de *habeas corpus* coletivo para determinar a substituição da prisão cautelar dos pais e responsáveis por crianças e pessoas com deficiência, observadas as condicionantes nele apontadas, bem como a comunicação da ordem ao DMF/CNJ para acompanhamento da execução;

Considerando a Resolução CNJ nº 252/2018, que estabelece princípios e diretrizes para o acompanhamento das mulheres mães e gestantes privadas de liberdade, bem como o disposto no art. 11 da Resolução CNJ nº 254/2018, que trata do Cadastro Nacional de Presas Grávidas e Lactantes, e no art. 10 da Resolução CNJ nº 348/2020, no sentido de que os direitos assegurados às mulheres deverão ser estendidos às mulheres lésbicas, travestis e transexuais e aos homens transexuais, no que couber;

Considerando a importância de que os sistemas informatizados do Poder Judiciário forneçam suporte ativo à prestação jurisdicional, a fim de assegurar objetividade e eficiência às análises processuais e ao planejamento das políticas judiciárias, nos termos da Resolução CNJ nº 335/2020;

Considerando a Recomendação CNJ nº 62/2020, que orientou aos tribunais e magistrados a respeito da adoção de medidas preventivas à propagação da infecção pelo novo coronavírus - Covid-19 no âmbito dos sistemas de justiça penal e socioeducativo.

Considerando a decisão plenária tomada no julgamento do Ato Normativo nº 0010001-73.2020.2.00.0000, na 79ª Sessão Virtual, realizada em 18 de dezembro de 2020;

RESOLVE:

**Art. 1º** Estabelecer procedimentos e diretrizes para a substituição da privação de liberdade de gestantes, mães, pais e responsáveis por crianças e pessoas com deficiência, nos termos dos arts. 318 e 318-A do Código de Processo Penal, e em cumprimento às ordens coletivas de *habeas corpus* concedidas pela 2ª Turma do Supremo Tribunal Federal nos HCs nº 143.641/SP e nº 165.704/DF.

**Parágrafo único.** Esta Resolução aplica-se também aos adolescentes e jovens apreendidos, processados por cometimento de ato infracional ou em cumprimento de medida socioeducativa, observadas as disposições da Lei nº 8.069/90 e da Lei nº 12.594/2012.

**Art. 2º** Os sistemas e cadastros utilizados na inspeção de estabelecimentos penais e socioeducativos na tramitação e gestão de dados dos processos, incluídas as fases pré-processual e de execução, contemplarão informações quanto à:

**I** - eventual condição gravídica ou de lactação, com indicação de data provável do parto, no primeiro caso;

**II** - circunstância de ser pai ou mãe, com especificação quanto à:

*a)* quantidade de filhos;

*b)* data de nascimento de cada um deles; e

*c)* eventual condição de pessoa com deficiência.

**III** - eventual situação de responsável por pessoa, de quem não seja pai ou mãe, com a indicação de:

*a)* data de nascimento; e

*b)* eventual condição de pessoa com deficiência.

**IV** - prática de crime contra filho ou dependente.

**§ 1º** Os sistemas e cadastros deverão assegurar a proteção dos dados pessoais e o respeito aos direitos e garantias individuais, notadamente à intimidade, privacidade, honra e imagem, nos termos da legislação aplicável.

**§ 2º** As adaptações necessárias nos sistemas e cadastros observarão os conceitos previstos no art. 4º da Resolução CNJ nº 335/2020, que institui política pública para a governança e a gestão de processo judicial eletrônico e integra os tribunais do país com a criação da Plataforma Digital do Poder Judiciário Brasileiro - PDPJ-Br.

**§ 3º** Os tribunais manterão atualizadas as informações de que trata este artigo nos sistemas e cadastros eletrônicos.

**Art. 3º** Os sistemas e cadastros relativos ao processo e à execução penais, ao procedimento de apuração de ato infracional e à execução de medida-socioeducativa deverão fornecer à autoridade judicial alerta automático em caso de:

**I** - custodiada gestante, mãe ou responsável por crianças ou pessoas com deficiência, indicativo da necessidade de analisar a possibilidade de substituição de prisão preventiva por prisão domiciliar, e o cabimento de saída antecipada do regime fechado ou semiaberto, conforme Súmula Vinculante nº 56;

**II** - custodiado que seja pai ou responsável por criança ou pessoa com deficiência, a fim de indicar a necessidade de analisar a possibilidade de substituição de prisão preventiva por prisão domiciliar, nos termos do art. 318, III e VI, do Código de Processo Penal, ou de saída antecipada do regime fechado ou semiaberto, conforme Súmula Vinculante nº 56.

**III** - custodiada gestante, mãe ou responsável por crianças ou pessoas com deficiência que já tenha cumprido um oitavo da pena no regime prisional, indicativo da necessidade de análise de progressão de regime, nos termos do art. 112, § 3º, da Lei de Execução Penal.

**Parágrafo único.** O alerta de que trata este artigo também deverá ser acessível ao Ministério Público, à Defesa e à pessoa custodiada, acusada, ré, condenada ou privada de liberdade.

**Art. 4º** Incumbe à autoridade judicial, na análise do caso concreto e em cumprimento às ordens coletivas de *habeas corpus* concedidas pela 2ª Turma do Supremo Tribunal Federal nos HCs nº 143.641 e 165.704:

**I** - averiguar, por perguntas e visualmente, hipóteses de gravidez ou existência de filhos, dependentes ou outra pessoa sob cuidados da pessoa custodiada, com informações referentes à idade e a eventual deficiência destas;

**II** - consultar, se entender necessário, sistemas eletrônicos de registro civil, devendo conferir credibilidade à palavra da pessoa custodiada em caso de indisponibilidade do sistema e em relação à guarda do filho, criança ou pessoa com deficiência que esteja sob sua responsabilidade; e

**III** - consultar a equipe multidisciplinar, a fim de colher subsídios para a decisão e para os encaminhamentos de proteção social necessários à pessoa apresentada e aos filhos, criança ou pessoa com deficiência que esteja sob sua responsabilidade.

**§ 1º** Na audiência de custódia, caso a prisão em flagrante tenha sido regular, e se entender necessária e adequada a segregação cautelar da pessoa que se encontre nas hipóteses previstas no art. 1º desta Resolução, o juiz poderá determinar sua prisão domiciliar, sem prejuízo da imposição de medida cautelar prevista no art. 319 do Código de Processo Penal, nos casos em que haja estrita necessidade.

**§ 2º** Eventual imposição de prisão domiciliar ou de medida cautelar diversa da prisão deverá ser fundamentada nos termos do art. 315 do Código de Processo Penal, cabendo ainda examinar sua compatibilidade com os cuidados necessários ao filho ou dependente.

**§ 3º** A aplicação de medidas cautelares diversas da prisão compreenderá a estipulação de prazos para seu cumprimento e para a reavaliação de sua manutenção, conforme art. 9º da Resolução CNJ nº 213/2015.

**§ 4º** Na audiência de custódia, o juiz questionará a pessoa apresentada sobre a profissão declarada e os vínculos de emprego, que deverão ser considerados na fundamentação sobre a prisão domiciliar e/ou na imposição de medidas cautelares diversas.

**§ 5º** Caso a presa mãe, gestante ou responsável por criança ou pessoa com deficiência não possua emprego, atividade lícita e nem condições imediatas de trabalho, o magistrado deverá avaliar a possibilidade de inclusão em projetos sociais e de geração de trabalho e renda compatíveis com a sua situação particular.

**§ 6º** A decretação da prisão preventiva de pessoa que se encontre nas hipóteses previstas no art. 1º desta Resolução deve ser considerada apenas nos casos previstos no rol taxativo decidido pelo STF nos *Habeas Corpus* nº 143.641 e 165.704:

**I** - crimes praticados mediante violência ou grave ameaça;

**II** - crimes praticados contra seus descendentes;

**III** - suspensão ou destituição do poder familiar por outros motivos que não a prisão;

**IV** - situações excepcionalíssimas, as quais deverão ser devidamente fundamentadas, considerando:

*a)* a absoluta excepcionalidade do encarceramento de gestantes, mães, pais e responsáveis por crianças e pessoas com deficiência, em favor dos quais as ordens de *habeas corpus* foram concedidas;

*b)* a presunção legal de indispensabilidade dos cuidados maternos;

*c)* a presunção de que a separação de mães, pais ou responsáveis, de seus filhos ou dependentes afronta o melhor interesse dessas pessoas, titulares de direito à especial proteção; e

*d)* a desnecessidade de comprovação de que o ambiente carcerário é inadequado para gestantes, lactantes e seus filhos.

**§ 7º** Na hipótese excepcional de manutenção da privação de liberdade, o acompanhamento das mulheres mães e gestantes obedecerá aos princípios e diretrizes previstos na Resolução CNJ nº 252/2018.

**Art. 5º** Até o trânsito em julgado de eventual decisão condenatória, a autoridade judicial poderá se valer das providências previstas no art. 4º para reavaliar a necessidade de manutenção da medida privativa de liberdade, ou designar audiência, em caso de dúvida sobre a prova documental carreada aos autos acercados requisitos do art. 318 do CPP.

**Art. 6º** Incumbe à autoridade judicial responsável pela execução penal analisar, em caráter emergencial, a possibilidade de concessão de saída antecipada do regime fechado ou semiaberto, nos casos elencados na Recomendação CNJ nº 62/2020.

**Art. 7º** Os tribunais, em colaboração com as escolas de magistratura, deverão promover estudos, pesquisas e cursos de formação continuada, divulgar estatísticas e outras informações relevantes referentes ao tratamento de pessoas custodiadas, acusadas, rés, condenadas ou privadas de liberdade que sejam gestantes, lactantes, mães, pais ou responsáveis por crianças e pessoas com deficiência, para qualificação permanente e atualização funcional dos magistrados e serventuários em atuação nas varas criminais, juizados especiais criminais, juizados de violência doméstica e familiar contra a mulher, varas de execução penal e varas da infância e da juventude.

**Art. 8º** Os tribunais, por meio do Grupo de Monitoramento e Fiscalização do Sistema Carcerário (GMF) e da Coordenadoria da Infância e da Juventude (CIJ), deverão:

**I** - estabelecer fluxo para rastreamento e acompanhamento das decisões que tratem da substituição de prisão preventiva, bem como da saída antecipada dos regimes fechado e semiaberto;

**II** - sistematizar e divulgar os dados, decisões judiciais e informações correlatas ao objeto dos *Habeas Corpus* nº 143.641 e 165.704, remetendo relatório ao DMF, trimestralmente.

**Parágrafo único.** Os GMFs e as CIJs poderão designar servidores ou magistrados, sem prejuízo de suas atribuições, para acompanhamento específico do cumprimento do disposto neste artigo.

**Art. 9º** Fica instituída, no âmbito do Conselho Nacional de Justiça, Comissão Permanente Interinstitucional para acompanhamento e sistematização em nível nacional dos dados referentes ao cumprimento das ordens coletivas de *habeas corpus* concedidas pela 2ª Turma do Supremo Tribunal Federal nos HCs nº 143.641 e 165.704 e à implementação das demais medidas previstas nesta Resolução.

**§ 1º** A composição da Comissão Permanente Interinstitucional será definida por ato da Presidência do CNJ, a ser publicado no prazo de 30 dias, assegurada a equidade de gênero nas indicações e a participação de representantes da Ordem dos Advogados do Brasil, do Ministério Público, da Defensoria Pública e de, no mínimo, duas organizações ou instituições da sociedade civil que se dediquem ao objeto desta Resolução.

**§ 2º** Será criado painel público para monitoramento dos dados referentes à implementação desta Resolução, hospedado na página eletrônica do Conselho Nacional de Justiça.

**Art. 10.** O acompanhamento do cumprimento desta Resolução contará com o apoio técnico do Departamento de Monitoramento e Fiscalização do Sistema Carcerário e do Sistema de Execução de Medidas Socioeducativas do Conselho Nacional de Justiça (DMF).

**Parágrafo único.** O DMF elaborará, no prazo de até 180 dias:

**I** - manual voltado à orientação dos tribunais e magistrados quanto à implementação do disposto nesta Resolução;

**II** - formulário eletrônico para monitoramento da implementação desta Resolução, a ser preenchido trimestralmente pelos tribunais.

**Art. 11.** Os sistemas e cadastros utilizados na inspeção de estabelecimentos penais e socioeducativas na tramitação e gestão de dados dos processos penais serão adequados ao disposto nesta Resolução no prazo de noventa dias.

**Parágrafo único.** O Departamento de Tecnologia da Informação do Conselho Nacional de Justiça fornecerá o suporte técnico necessário à implementação da presente Resolução.

**Art. 12.** O Conselho Nacional de Justiça e os tribunais poderão realizar acordos e parcerias para viabilizar a implementação dos dispositivos da presente Resolução, notadamente para disponibilizar aos juízes acesso eletrônico para consulta ao sistema de registro civil.

**Art. 13.** Esta Resolução entra em vigor na data da sua publicação.

Ministro LUIZ FUX

# Direito do Consumidor

# PLANO DE ESTUDO

| Diploma | Estudado | Revisto | Questões |
|---|---|---|---|
| Decreto nº 2.181/1997 | ☐ | ☐ | ☐ |
| Decreto nº 11.034/2022 | ☐ | ☐ | ☐ |

## DECRETO Nº 2.181, DE 20 DE MARÇO DE 1997

*Dispõe sobre a organização do Sistema Nacional de Defesa do Consumidor - SNDC, estabelece as normas gerais de aplicação das sanções administrativas previstas na Lei nº 8.078, de 11 de setembro de 1990, revoga o Decreto nº 861, de 9 julho de 1993, e dá outras providências.*

O PRESIDENTE DA REPÚBLICA, no uso da atribuição que lhe confere o art. 84, inciso IV, da Constituição, e tendo em vista o disposto na Lei nº 8.078, de 11 de setembro de 1990, DECRETA:

**Art. 1º** Fica organizado o Sistema Nacional de Defesa do Consumidor – SNDC e estabelecidas as normas gerais de aplicação das sanções administrativas, nos termos da Lei nº 8.078, de 11 de setembro de 1990.

### CAPÍTULO I
### DO SISTEMA NACIONAL DE DEFESA DO CONSUMIDOR

**Art. 2º** Integram o SNDC a Secretaria Nacional do Consumidor do Ministério da Justiça e os demais órgãos federais, estaduais, do Distrito Federal, municipais e as entidades civis de defesa do consumidor.

### CAPÍTULO II
### DA COMPETÊNCIA DOS ORGÃOS INTEGRANTES DO SNDC

✪ **Art. 3º** Compete à Secretaria Nacional do Consumidor do Ministério da Justiça, a coordenação da política do Sistema Nacional de Defesa do Consumidor, cabendo-lhe:

**I** - planejar, elaborar, propor, coordenar e executar a política nacional de proteção e defesa do consumidor;

**II** - receber, analisar, avaliar e apurar consultas e denúncias apresentadas por entidades representativas ou pessoas jurídicas de direito público ou privado ou por consumidores individuais;

**III** - prestar aos consumidores orientação permanente sobre seus direitos e garantias;

**IV** - informar, conscientizar e motivar o consumidor, por intermédio dos diferentes meios de comunicação;

**V** - solicitar à polícia judiciária a instauração de inquérito para apuração de delito contra o consumidor, nos termos da legislação vigente;

**VI** - representar ao Ministério Público competente, para fins de adoção de medidas processuais, penais e civis, no âmbito de suas atribuições;

**VII** - levar ao conhecimento dos órgãos competentes as infrações de ordem administrativa que violarem os interesses difusos , coletivos ou individuais dos consumidores;

**VIII** - solicitar o concurso de órgãos e entidades da União, dos Estados, do Distrito Federal e dos Municípios, bem como auxiliar na fiscalização de preços, abastecimento, quantidade e segurança de produtos e serviços;

**IX** - incentivar, inclusive com recursos financeiros e outros programas especiais, a criação de órgãos públicos estaduais e municipais de defesa do consumidor e a formação, pelos cidadãos, de entidades com esse mesmo objetivo;

**X** - fiscalizar e aplicar as sanções administrativas previstas na Lei nº 8.078, de 1990, e em outras normas pertinentes à defesa do consumidor;

**XI** - solicitar o concurso de órgãos e entidades de notória especialização técnico-científica para a consecução de seus objetivos;

**XII** - celebrar convênios e termos de ajustamento de conduta, na forma do § 6º do art. 5º da Lei nº 7.347, de 24 de julho de 1985;

**XIII** - elaborar e divulgar o cadastro nacional de reclamações fundamentadas contra fornecedores de produtos e serviços, a que se refere o art. 44 da Lei nº 8.078, de 1990;

**XIV** - desenvolver outras atividades compatíveis com suas finalidades.

✪ **Art. 4º** No âmbito de sua jurisdição e competência, caberá ao órgão estadual, do Distrito Federal e municipal de proteção e defesa do consumidor, criado, na forma da lei, especificamente para este fim, exercitar as atividades contidas nos incisos II a XII do art. 3º deste Decreto e, ainda:

**I** - planejar, elaborar, propor, coordenar e executar a política estadual, do Distrito Federal e municipal de proteção e defesa do consumidor, nas suas respectivas áreas de atuação;

**II** - dar atendimento aos consumidores, processando, regularmente, as reclamações fundamentadas;

**III** - fiscalizar as relações de consumo;

**IV** - funcionar, no processo administrativo, como instância de instrução e julgamento, no âmbito de sua competência, dentro das regras fixadas pela Lei nº 8.078, de 1990, pela legislação complementar e por este Decreto;

**V** - elaborar e divulgar anualmente, no âmbito de sua competência, o cadastro de reclamações fundamentadas contra fornecedores de produtos e serviços, de que trata o art. 44 da Lei nº 8.078, de 1990 e remeter cópia à Secretaria Nacional do Consumidor do Ministério da Justiça;

**VI** - desenvolver outras atividades compatíveis com suas finalidades.

**Art. 5º** Qualquer entidade ou órgão da Administração Pública, federal, estadual e municipal, destinado à defesa dos interesses e direitos do consumidor, tem, no âmbito de suas respectivas competências, atribuição para apurar e punir infrações a este Decreto e à legislação das relações de consumo.

**Parágrafo único.** Se instaurado mais de um processo administrativo por pessoas jurídicas de direito público distintas, para apuração de infração decorrente de um mesmo fato imputado ao mesmo fornecedor, eventual conflito de competência será dirimido pela Secretaria Nacional do Consumidor do Ministério da Justiça e Segurança Pública, que poderá ouvir o Conselho Nacional de Defesa do Consumidor, considerada a competência federativa para legislar sobre a respectiva atividade econômica. *(Redação dada pelo Decreto 10.417/2020)*

✪ **Art. 6º** As entidades e órgãos da Administração Pública destinados à defesa dos interesses e direitos protegidos pelo Código de Defesa do Consumidor poderão celebrar compromissos de ajustamento de conduta às exigências legais, nos termos do § 6º do art. 5º da Lei nº 7.347, de 1985, na órbita de suas respectivas competências.

**§ 1º** A celebração de termo de ajustamento de conduta não impede que outro, desde que mais vantajoso para o consumidor, seja lavrado por quaisquer das pessoas jurídicas de direito público integrantes do SNDC.

**§ 2º** A qualquer tempo, o órgão subscritor poderá, diante de novas informações ou se assim as circunstâncias o exigirem, retificar ou complementar o acordo firmado, determinando outras providências que se fizerem necessárias, sob pena de invalidade imediata do ato, dando-se seguimento ao procedimento administrativo eventualmente arquivado.

**§ 3º** O compromisso de ajustamento conterá, entre outras, cláusulas que estipulem condições sobre:

**I** - obrigação do fornecedor de adequar sua conduta às exigências legais, no prazo ajustado

**II** - pena pecuniária, diária, pelo descumprimento do ajustado, levando-se em conta os seguintes critérios:

*a)* o valor global da operação investigada;

*b)* o valor do produto ou serviço em questão;

*c)* os antecedentes do infrator;

*d)* a situação econômica do infrator;

**III** - ressarcimento das despesas de investigação da infração e instrução do procedimento administrativo.

**§ 4º** A celebração do compromisso de ajustamento suspenderá o curso do processo administrativo, se instaurado, que somente será arquivado após atendidas todas as condições estabelecidas no respectivo termo.

**§ 5º** O descumprimento do termo de ajustamento de conduta acarretará a perda dos benefícios concedidos ao compromissário, sem prejuízo da pena pecuniária diária a que se refere o inciso II do *caput* do § 3º. *(Acrescido pelo Decreto 10.887/2021)*

**§ 6º** Os recursos provenientes de termo de ajustamento de conduta deverão ser utilizados nos termos do disposto no art. 13 da Lei nº 7.347, de 1985. *(Acrescido pelo Decreto 10.887/2021)*

**Art. 6º-A.** O termo de ajustamento de conduta poderá estipular obrigações de fazer ou compensatórias a serem cumpridas pelo compromissário. *(Acrescido pelo Decreto 10.887/2021)*

**Parágrafo único.** As obrigações de que trata o *caput* deverão ser estimadas, preferencialmente, em valor monetário.

**Art. 7º** Compete aos demais órgãos públicos federais, estaduais, do Distrito Federal e municipais que passarem a integrar o SNDC fiscalizar as relações de consumo, no âmbito de sua competência, e autuar, na forma da legislação, os responsáveis por práticas que violem os direitos do consumidor.

**Art. 8º** As entidades civis de proteção e defesa do consumidor, legalmente constituídas, poderão:

**I** - encaminhar denúncias aos órgãos públicos de proteção e defesa do consumidor, para as providências legais cabíveis;

**II** - representar o consumidor em juízo, observado o disposto no inciso IV do art. 82 da Lei nº 8.078, de 1990;

**III** - exercer outras atividades correlatas.

## CAPÍTULO III
## DA FISCALIZAÇÃO, DAS PRÁTICAS INFRATIVAS E DAS PENALIDADES

### SEÇÃO I
### DA FISCALIZAÇÃO

**Art. 9º** A fiscalização das relações de consumo de que tratam a Lei nº 8.078, de 1990, este Decreto e as demais normas de defesa do consumidor será exercida em todo o território nacional pela Secretaria Nacional do Consumidor do Ministério da Justiça, pelos órgãos federais integrantes do Sistema Nacional de Defesa do Consumidor, pelos órgãos conveniados com a Secretaria e pelos órgãos de proteção e defesa do consumidor criados pelos Estados, Distrito Federal e Municípios, em suas respectivas áreas de atuação e competência.

**Art. 10.** A fiscalização de que trata este Decreto será efetuada por agentes fiscais, oficialmente designados, vinculados aos respectivos órgãos de proteção e defesa do consumidor, no âmbito federal, estadual, do Distrito Federal e municipal, devidamente credenciados mediante Cédula de Identificação Fiscal, admitida a delegação mediante convênio.

**Art. 11.** Sem exclusão da responsabilidade dos órgãos que compõem o SNDC, os agentes de que trata o artigo anterior responderão pelos atos que praticarem quando investidos da ação fiscalizadora.

SEÇÃO II
DAS PRÁTICAS INFRATIVAS

✪ **Art. 12.** São consideradas práticas infrativa:

**I** - condicionar o fornecimento de produto ou serviço ao fornecimento de outro produto ou serviço, bem como, sem justa causa, a limites quantitativos;

**II** - recusar atendimento às demandas dos consumidores na exata medida de sua disponibilidade de estoque e, ainda, de conformidade com os usos e costumes;

**III** - recusar, sem motivo justificado, atendimento à demanda dos consumidores de serviços;

**IV** - enviar ou entregar ao consumidor qualquer produto ou fornecer qualquer serviço, sem solicitação prévia;

**V** - prevalecer-se da fraqueza ou ignorância do consumidor, tendo em vista sua idade, saúde, conhecimento ou condição social, para impingir-lhe seus produtos ou serviços;

**VI** - exigir do consumidor vantagem manifestamente excessiva;

**VII** - executar serviços sem a prévia elaboração de orçamento e auto consumidor. ressalvadas as decorrentes de práticas anteriores entre as partes;

**VIII** - repassar informação depreciativa referente a ato praticado pelo consumidor no exercício de seus direitos;

**IX** - colocar, no mercado de consumo, qualquer produto ou serviço:

*a)* em desacordo com as normas expedidas pelos órgãos oficiais competentes ou, se normas específicas não existirem, pela Associação Brasileira de Normas Técnicas - ABNT ou outra entidade credenciada pelo Conselho Nacional de Metrologia, Normalização e Qualidade Industrial - Conmetro, observado o disposto no inciso VI do *caput* do art. 3º da Lei nº 13.874, de 20 de setembro de 2019; *(Redação dada pelo Decreto 10.887/2021)*

*b)* que acarrete riscos à saúde ou à segurança dos consumidores e sem informações ostensivas e adequadas, inclusive no caso de oferta ou de aquisição de produto ou serviço por meio de provedor de aplicação; *(Redação dada pelo Decreto 10.887/2021)*

*c)* em desacordo com as indicações constantes do recipiente, da embalagem, da rotulagem ou mensagem publicitária, respeitadas as variações decorrentes de sua natureza;

*d)* impróprio ou inadequado ao consumo a que se destina ou que lhe diminua o valor;

**X** - deixar de reexecutar os serviços, quando cabível, sem custo adicional;

**XI** - deixar de estipular prazo para o cumprimento de sua obrigação ou deixar a fixação ou variação de seu termo inicial a seu exclusivo critério.

✪ **Art. 13.** Serão consideradas, ainda, práticas infrativas, na forma dos dispositivos da Lei nº 8.078, de 1990:

**I** - ofertar produtos ou serviços sem as informações corretas, claras, precisa e ostensivas, em língua portuguesa, sobre suas características, qualidade, quantidade, composição, preço, condições de pagamento, juros, encargos, garantia, prazos de validade e origem, entre outros dados relevantes;

**II** - deixar de comunicar à autoridade competente a periculosidade do produto ou serviço, quando do lançamento dos mesmos no mercado de consumo, ou quando da verificação posterior da existência do risco;

**III** - deixar de comunicar aos consumidores, por meio de anúncios publicitários, a periculosidade do produto ou serviço, quando do lançamento dos mesmos no mercado de consumo, ou quando da verificação posterior da existência do risco;

**IV** - deixar de reparar os danos causados aos consumidores por defeitos decorrentes de projetos, fabricação, construção, montagem, manipulação, apresentação ou acondicionamento de seus produtos ou serviços, ou por informações insuficientes ou inadequadas sobre a sua utilização e risco;

**V** - deixar de empregar componentes de reposição originais, adequados e novos, ou que mantenham as especificações técnicas do fabricante, salvo se existir autorização em contrário do consumidor;

**VI** - deixar de cumprir a oferta, publicitária ou não, suficientemente precisa, ressalvada a incorreção retificada em tempo hábil ou exclusivamente atribuível ao veículo de comunicação, sem prejuízo, inclusive nessas duas hipóteses, do cumprimento forçado do anunciado ou do ressarcimento de perdas e danos sofridos pelo consumidor, assegurado o direito de regresso do anunciante contra seu segurador ou responsável direto;

**VII** - omitir, nas ofertas ou vendas eletrônicas, por telefone ou reembolso postal, o nome e endereço do fabricante ou do importador na embalagem, na publicidade e nos impressos utilizados na transação comercial;

**VIII** - deixar de cumprir, no caso de fornecimento de produtos e serviços, o regime de preços tabelados, congelados, administrados, fixados ou controlados pelo Poder Público;

**IX** - submeter o consumidor inadimplente a ridículo ou a qualquer tipo de constrangimento ou ameaça;

**X** - impedir ou dificultar o acesso gratuito do consumidor às informações existentes em cadastros, fichas, registros de dados pessoais e de consumo, arquivados sobre ele, bem como sobre as respectivas fontes;

**XI** - elaborar cadastros de consumo com dados irreais ou imprecisos;

**XII** - manter cadastros e dados de consumidores com informações negativas, divergentes da proteção legal;

**XIIII** - deixar de comunicar, por escrito, ao consumidor a abertura de cadastro, ficha, registro de dados pessoais e de consumo, quando não solicitada por ele;

**XIV** - deixar de corrigir, imediata e gratuitamente, a inexatidão de dados e cadastros, quando solicitado pelo consumidor;

**XV** - deixar de comunicar ao consumidor, no prazo de cinco dias úteis, as correções cadastrais por ele solicitadas;

**XVI** - impedir, dificultar ou negar, sem justa causa, o cumprimento das declarações constantes de escritos particulares, recibos e pré-contratos concernentes às relações de consumo;

**XVII** - omitir em impressos, catálogos ou comunicações, impedir, dificultar ou negar a desistência contratual, no prazo de até sete dias a contar da assinatura do contrato ou do ato de recebimento do produto ou serviço, sempre que a contratação ocorrer fora do estabelecimento comercial, especialmente por telefone ou a domicílio;

**XVIII** - impedir, dificultar ou negar a devolução dos valores pagos, monetariamente atualizados, durante o prazo de reflexão, em caso de desistência do contrato pelo consumidor;

**XIX** - deixar de entregar o termo de garantia, devidamente preenchido com as informações previstas no parágrafo único do art. 50 da Lei nº 8.078, de 1990;

**XX** - deixar, em contratos que envolvam vendas a prazo ou com cartão de crédito, de informar por escrito ao consumidor, prévia e adequadamente, inclusive nas comunicações publicitárias, o preço do produto ou do serviço em moeda corrente nacional, o montante dos juros de mora e da taxa efetiva anual de juros, os acréscimos legal e contratualmente previstos, o número e a periodicidade das prestações e, com igual destaque, a soma total a pagar, com ou sem financiamento;

**XXI** - deixar de assegurar a oferta de componentes e peças de reposição, enquanto não cessar a fabricação ou importação do produto, e, caso cessadas, de manter a oferta de componentes e peças de reposição por período razoável de tempo, nunca inferior à vida útil do produto ou serviço;

**XXII** - propor ou aplicar índices ou formas de reajuste alternativos, bem como fazê-lo em desacordo com aquele que seja legal ou contratualmente permitido;

**XXIII** - recusar a venda de produto ou a prestação de serviços, publicamente ofertados, diretamente a quem se dispõe a adquiri-los mediante pronto pagamento, ressalvados os casos regulados em leis especiais;

**XXIV** - deixar de trocar o produto impróprio, inadequado, ou de valor diminuído, por outro da mesma espécie, em perfeitas condições de uso, ou de restituir imediatamente a quantia paga, devidamente corrigida, ou fazer abatimento proporcional do preço, a critério do consumidor.

**Parágrafo único.** Aplica-se o disposto nos incisos I, II, III e VII do *caput* à oferta e à aquisição de produto ou de serviço por meio de provedor de aplicação. *(Acrescido pelo Decreto 10.887/2021)*

✪ **Art. 14.** É enganosa qualquer modalidade de informação ou comunicação de caráter publicitário inteira ou parcialmente falsa, ou, por qualquer outro modo, mesmo por omissão, capaz de induzir a erro o consumidor a respeito da natureza, características, qualidade, quantidade, propriedade, origem, preço e de quaisquer outros dados sobre produtos ou serviços.

**§ 1º** É enganosa, por omissão, a publicidade que deixar de informar sobre dado essencial do produto ou serviço a ser colocado à disposição dos consumidores.

**§ 2º** É abusiva, entre outras, a publicidade discriminatória de qualquer natureza, que incite à violência, explore o medo ou a superstição, se aproveite da deficiência de julgamento e da inexperiência da criança, desrespeite valores ambientais, seja capaz de induzir o consumidor a se comportar de forma prejudicial ou perigosa à sua saúde ou segurança, ou que viole normas legais ou regulamentares de controle da publicidade.

**§ 3º** O ônus da prova da veracidade (não-enganosidade) e da correção (não-abusividade) da informação ou comunicação publicitária cabe a quem as patrocina.

**§ 4º** Para fins do disposto neste artigo, entende-se por publicidade a veiculação de mensagem, em meio analógico ou digital, inclusive por meio de provedor de aplicação, que vise a promover a oferta ou a aquisição de produto ou de serviço disponibilizado no mercado de consumo. *(Acrescido pelo Decreto 10.887/2021)*

**Art. 14-A.** Para fins do disposto no art. 14, o órgão de proteção e defesa do consumidor deverá considerar as práticas de autorregulação adotadas pelo mercado de publicidade em geral. *(Acrescido pelo Decreto 10.887/2021)*

**Art. 15.** O processo referente ao fornecedor de produtos ou de serviços que tenha sido acionado em mais de um Estado pelo mesmo fato gerador de prática infrativa poderá ser remetido ao órgão coordenador do SNDC pela autoridade máxima do sistema estadual. *(Redação dada pelo Decreto 10.887/2021)*

**§ 1º** O órgão coordenador do SNDC apurará o fato e aplicará as sanções cabíveis, ouvido o Conselho Nacional de Defesa do Consumidor. *(Acrescido pelo Decreto 10.887/2021)*

**§ 2º** Na hipótese de a autoridade máxima do sistema estadual optar por não encaminhar o processo, o fato deverá ser comunicado ao órgão coordenador do SNDC. *(Acrescido pelo Decreto 10.887/2021)*

**Art. 16.** Nos casos de processos administrativos em trâmite em mais de um Estado, que envolvam interesses difusos ou coletivos, a Secretaria Nacional do Consumidor do Ministério da Justiça e Segurança Pública poderá avocá-los, ouvido o Conselho Nacional de Defesa do Consumidor, e as autoridades máximas dos sistemas estaduais. *(Redação dada pelo Decreto 10.417/2020)*

**Art. 17.** As práticas infrativas classificam-se em:

**I** - leves: aquelas em que forem verificadas somente circunstâncias atenuantes;

**II** - graves: aquelas em que forem verificadas circunstâncias agravantes.

## SEÇÃO III
## DAS PENALIDADES ADMINISTRATIVAS

✪ **Art. 18.** A inobservância das normas contidas na Lei nº 8.078, de 1990, e das demais normas de defesa do consumidor constituirá prática infrativa e sujeitará o fornecedor às seguintes penalidades, que poderão ser aplicadas isolada ou cumulativamente, inclusive de forma cautelar, antecedente ou incidente no processo administrativo, sem prejuízo das de natureza cível, penal e das definidas em normas específicas:

**I** - multa;

**II** - apreensão do produto;

**III** - inutilização do produto;

**IV** - cassação do registro do produto junto ao órgão competente;

**V** - proibição de fabricação do produto;

**VI** - suspensão de fornecimento de produtos ou serviços;

**VII** - suspensão temporária de atividade;

**VIII** - revogação de concessão ou permissão de uso;

**IX** - cassação de licença do estabelecimento ou de atividade;

**X** - interdição, total ou parcial, de estabelecimento, de obra ou de atividade;

**XI** - intervenção administrativa;

**XII** - imposição de contrapropaganda.

**§ 1º** Responderá pela prática infrativa, sujeitando-se às sanções administrativas previstas neste Decreto, quem por ação ou omissão lhe der causa, concorrer para sua prática ou dela se beneficiar.

**§ 2º** As penalidades previstas neste artigo serão aplicadas pelos órgãos oficiais integrantes do SNDC, sem prejuízo das atribuições do órgão normativo ou regulador da atividade, na forma da legislação vigente.

**§ 3º** As penalidades previstas nos incisos III a XI deste artigo sujeitam-se a posterior confirmação pelo órgão normativo ou regulador da atividade, nos limites de sua competência.

**Art. 19.** Toda pessoa física ou jurídica que fizer ou promover publicidade enganosa ou abusiva ficará sujeita à pena de multa, cumulada com aquelas previstas no artigo anterior, sem prejuízo da competência de outros órgãos administrativos.

**Parágrafo único.** Incide também nas penas deste artigo o fornecedor que:

*a)* deixar de organizar ou negar aos legítimos interessados os dados fáticos, técnicos e científicos que dão sustentação à mensagem publicitária;

*b)* veicular publicidade de forma que o consumidor não possa, fácil e imediatamente, identificá-la como tal.

**Art. 20.** Sujeitam-se à pena de multa os órgãos públicos que, por si ou suas empresas concessionárias, permissionárias ou sob qualquer outra forma de empreendimento, deixarem de fornecer serviços adequados, eficientes, seguros e, quanto aos essenciais, contínuos.

**Art. 21.** A aplicação da sanção prevista no inciso II do art. 18 terá lugar quando os produtos forem comercializados em desacordo com as especificações técnicas estabelecidas em legislação própria, na Lei nº 8.078, de 1990, e neste Decreto.

**§ 1º** Os bens apreendidos, a critério da autoridade, poderão ficar sob a guarda do proprietário, responsável, preposto ou empregado que responda pelo gerenciamento do negócio, nomeado fiel depositário, mediante termo próprio, proibida a venda, utilização, substituição, subtração ou remoção, total ou parcial, dos referidos bens.

**§ 2º** A retirada de produto por parte da autoridade fiscalizadora não poderá incidir sobre quantidade superior àquela necessária à realização da análise pericial.

✪ **Art. 22.** Será aplicada multa ao fornecedor de produtos ou serviços que, direta ou indiretamente, inserir, fizer circular ou utilizar-se de cláusula abusiva, qualquer que seja a modalidade do contrato de consumo, inclusive nas operações securitárias, bancárias, de crédito direto ao consumidor, depósito, poupança, mútuo ou financiamento, e especialmente quando:

**I** - impossibilitar, exonerar ou atenuar a responsabilidade do fornecedor por vícios de qualquer natureza dos produtos e serviços ou implicar renúncia ou disposição de direito do consumidor;

**II** - deixar de reembolsar ao consumidor a quantia já paga, nos casos previstos na Lei nº 8.078, de 1990;

**III** - transferir responsabilidades a terceiros;

**IV** - estabelecer obrigações consideradas iníquas ou abusivas, que coloquem o consumidor em desvantagem exagerada, incompatíveis com a boa-fé ou a eqüidade;

**V** - estabelecer inversão do ônus da prova em prejuízo do consumidor;

**VI** - determinar a utilização compulsória de arbitragem;

**VII** - impuser representante para concluir ou realizar outro negócio jurídico pelo consumidor;

**VIII** - deixar ao fornecedor a opção de concluir ou não o contrato, embora obrigando o consumidor;

**IX** - permitir ao fornecedor, direta ou indiretamente, variação unilateral do preço, juros, encargos, forma de pagamento ou atualização monetária;

**X** - autorizar o fornecedor a cancelar o contrato unilateralmente, sem que igual direito seja conferido ao consumidor, ou permitir, nos contratos de longa duração ou de trato sucessivo, o cancelamento sem justa causa e motivação, mesmo que dada ao consumidor a mesma opção;

**XI** - obrigar o consumidor a ressarcir os custos de cobrança de sua obrigação, sem que igual direito lhe seja conferido contra o fornecedor;

**XII** - autorizar o fornecedor a modificar unilateralmente o conteúdo ou a qualidade do contrato após sua celebração;

**XIII** - infringir normas ambientais ou possibilitar sua violação;

**XIV** - possibilitar a renúncia ao direito de indenização por benfeitorias necessárias;

**XV** - restringir direitos ou obrigações fundamentais à natureza do contrato, de tal modo a ameaçar o seu objeto ou o equilíbrio contratual;

**XVI** - onerar excessivamente o consumidor, considerando-se a natureza e o conteúdo do contrato, o interesse das partes e outras circunstâncias peculiares à espécie;

**XVII** - determinar, nos contratos de compra e venda mediante pagamento em prestações, ou nas alienações fiduciárias em garantia, a perda total das prestações pagas, em beneficio do credor que, em razão do inadimplemento, pleitear a resilição do contrato e a retomada do produto alienado, ressalvada a cobrança judicial de perdas e danos comprovadamente sofridos;

**XVIII** - anunciar, oferecer ou estipular pagamento em moeda estrangeira, salvo nos casos previstos em lei;

**XIX** - cobrar multas de mora superiores a dois por cento, decorrentes do inadimplemento de obrigação no seu termo, conforme o disposto no § 1º do art. 52 da Lei nº 8.078, de 1990, com a redação dada pela Lei nº 9.298, de 1º de agosto de 1996;

**XX** - impedir, dificultar ou negar ao consumidor a liquidação antecipada do débito, total ou parcialmente, mediante redução proporcional dos juros, encargos e demais acréscimos, inclusive seguro;

**XXI** - fizer constar do contrato alguma das cláusulas abusivas a que se refere o art. 56 deste Decreto;

**XXII** - elaborar contrato, inclusive o de adesão, sem utilizar termos claros, caracteres ostensivos e legíveis, que permitam sua imediata e fácil compreensão, destacando-se as cláusulas que impliquem obrigação ou limitação dos direitos contratuais do consumidor, inclusive com a utilização de tipos de letra e cores diferenciados, entre outros recursos gráficos e visuais;

**XXIII** - que impeça a troca de produto impróprio, inadequado, ou de valor diminuído, por outro da mesma espécie, em perfeitas condições de uso, ou a restituição imediata da quantia paga, devidamente corrigido, ou fazer abatimento proporcional do preço, a critério do consumidor.

**Parágrafo único.** Dependendo da gravidade da infração prevista nos incisos dos arts. 12, 13 e deste artigo, a pena de multa poderá ser cumulada com as demais previstas no art. 18, sem prejuízo da competência de outros órgãos administrativos.

**Art. 23.** Os serviços prestados e os produtos remetidos ou entregues ao consumidor, na hipótese prevista no inciso IV do art. 12 deste Decreto, equiparam-se às amostras grátis, inexistindo obrigação de pagamento.

**Art. 24.** Para a imposição da pena e sua gradação, serão considerados:

**I** - as circunstâncias atenuantes e agravantes;

**II** - os antecedentes do infrator, nos termos do art. 28 deste Decreto.

**Art. 25.** Consideram-se circunstâncias atenuantes:

**I** - a ação do infrator não ter sido fundamental para a consecução do fato;

**II** - ser o infrator primário;

**III** - ter o infrator adotado as providências pertinentes para minimizar ou de imediato reparar os efeitos do ato lesivo; *(Redação dada pelo Decreto 10.887/2021)*

**IV** - a confissão do infrator; *(Acrescido pelo Decreto 10.887/2021)*

**V** - a participação regular do infrator em projetos e ações de capacitação e treinamento oferecidos pelos órgãos integrantes do SNDC; e *(Acrescido pelo Decreto 10.887/2021)*

**VI** - ter o fornecedor aderido à plataforma Consumidor.gov.br, de que trata o Decreto nº 8.573, de 19 de novembro de 2015. *(Acrescido pelo Decreto 10.887/2021)*

**Art. 26.** Consideram-se circunstâncias agravantes:

**I** - ser o infrator reincidente;

**II** - ter o infrator, comprovadamente, cometido a prática infrativa para obter vantagens indevidas;

**III** - trazer a prática infrativa conseqüências danosas à saúde ou à segurança do consumidor;

**IV** - deixar o infrator, tendo conhecimento do ato lesivo, de tomar as providências para evitar ou mitigar suas conseqüências;

**V** - ter o infrator agido com dolo;

**VI** - ocasionar a prática infrativa dano coletivo ou ter caráter repetitivo;

**VII** - ter a prática infrativa ocorrido em detrimento de menor de dezoito ou maior de sessenta anos ou de pessoas portadoras de deficiência física, mental ou sensorial, interditadas ou não;

**VIII** - dissimular-se a natureza ilícita do ato ou atividade;

**IX** - ser a conduta infrativa praticada aproveitando-se o infrator de grave crise econômica ou da condição cultural, social ou econômica da vítima, ou, ainda, por ocasião de calamidade.

**Parágrafo único.** Para fins de reconhecimento da circunstância agravante de que trata o inciso VI do *caput*, a Secretaria Nacional do Consumidor do Ministério da Justiça e Segurança Pública manterá e regulamentará banco de dados, garantido o acesso dos demais órgãos e entidades federais, estaduais, distritais e municipais de defesa do consumidor, com vistas a subsidiar a atuação no âmbito dos processos administrativos sancionadores. *(Acrescido pelo Decreto 10.887/2021)*

**Art. 26-A.** As circunstâncias agravantes e atenuantes, de que tratam os art. 25 e art. 26, têm natureza taxativa e não comportam ampliação por meio de ato dos órgãos de proteção e defesa do consumidor. *(Acrescido pelo Decreto 10.887/2021)*

**Art. 27.** Considera-se reincidência a repetição de prática infrativa, de qualquer natureza, às normas de defesa do consumidor, punida por decisão administrativa irrecorrível.

**Parágrafo único.** Para efeito de reincidência, não prevalece a sanção anterior, se entre a data da decisão administrativa definitiva e aquela da prática posterior houver decorrido período de tempo superior a cinco anos.

**Art. 28.** Observado o disposto no art. 24 pela autoridade competente e respeitados os parâmetros estabelecidos no parágrafo único do art. 57 da Lei nº 8.078, de 1990, a pena de multa fixada considerará: *(Redação dada pelo Decreto 10.887/2021)*

**I** - a gravidade da prática infrativa; *(Acrescido pelo Decreto 10.887/2021)*

**II** - a extensão do dano causado aos consumidores; *(Acrescido pelo Decreto 10.887/2021)*

**III** - a vantagem auferida com o ato infrativo; *(Acrescido pelo Decreto 10.887/2021)*

**IV** - a condição econômica do infrator; e *(Acrescido pelo Decreto 10.887/2021)*

**V** - a proporcionalidade entre a gravidade da falta e a intensidade da sanção. *(Acrescido pelo Decreto 10.887/2021)*

**Art. 28-A.** Na fixação da pena de multa, os elementos que forem utilizados para a fixação da pena-base não poderão ser valorados novamente como circunstâncias agravantes ou atenuantes. *(Acrescido pelo Decreto 10.887/2021)*

**Art. 28-B.** Ato do Secretário Nacional do Consumidor do Ministério da Justiça e Segurança

Pública poderá estabelecer critérios gerais para: *(Acrescido pelo Decreto 10.887/2021)*

**I** - a valoração das circunstâncias agravantes e atenuantes, de que tratam os art. 25 e art. 26; e

**II** - a fixação da pena-base para a aplicação da pena de multa.

## CAPÍTULO IV DA DESTINAÇÃO DA MULTA E DA ADMINISTRAÇÃO DOS RECURSOS

**Art. 29.** A multa de que trata o inciso I do art. 56 e *caput* do art. 57 da Lei nº 8.078, de 1990, reverterá para o Fundo pertinente à pessoa jurídica de direito público que impuser a sanção, gerido pelo respectivo Conselho Gestor.

**Parágrafo único.** As multas arrecadadas pela União e órgãos federais reverterão para o Fundo de Direitos Difusos de que tratam a Lei nº 7.347, de 1985, e Lei nº 9.008, de 21 de março de 1995, gerido pelo Conselho Federal Gestor do Fundo de Defesa dos Direitos Difusos - CFDD.

**Art. 30.** As multas arrecadadas serão destinadas para a reconstituição dos bens lesados, nos termos do disposto no *caput* do art. 13 da Lei nº 7.347, de 1985, após aprovação pelo respectivo Conselho Gestor, em cada unidade federativa. *(Redação dada pelo Decreto 10.887/2021)*

**Art. 31.** Na ausência de Fundos municipais, os recursos serão depositados no Fundo do respectivo Estado e, faltando este, no Fundo federal.

**Parágrafo único.** O Conselho Federal Gestor do Fundo de Defesa dos Direitos, Difusos poderá apreciar e autorizar recursos para projetos especiais de órgãos e entidades federais, estaduais e municipais de defesa do consumidor.

**Art. 32.** Na hipótese de multa aplicada pelo órgão coordenador do SNDC nos casos previstos pelo art. 15 deste Decreto, o Conselho Federal Gestor do FDD restituirá aos fundos dos Estados envolvidos o percentual de até oitenta por cento do valor arrecadado.

## CAPÍTULO V DO PROCESSO ADMINISTRATIVO

### SEÇÃO I DAS DISPOSIÇÕES GERAIS

**Art. 33.** As práticas infrativas às normas de proteção e defesa do consumidor serão apuradas em processo administrativo sancionador, que terá início mediante: *(Redação dada pelo Decreto 10.887/2021)*

**I** - ato, por escrito, da autoridade competente; e *(Redação dada pelo Decreto 10.887/2021)*

**II** - lavratura de auto de infração. *(Redação dada pelo Decreto 10.887/2021)*

**III** - *(Revogado pelo Decreto 10.887/2021)*

**§ 1º** Antecedendo à instauração do processo administrativo, poderá a autoridade competente abrir investigação preliminar, cabendo, para tanto, requisitar dos fornecedores informações sobre as questões investigados, resguardado o segredo industrial, na forma do disposto no § 4º do art. 55 da Lei nº 8.078, de 1990.

**§ 2º** A recusa à prestação das informações ou o desrespeito às determinações e convocações dos órgãos do SNDC caracterizam desobediência, na forma do art. 330 do Código Penal, ficando a autoridade administrativa com poderes para determinar a imediata cessação da prática, além da imposição das sanções administrativas e civis cabíveis.

**§ 3º** A autoridade administrativa poderá determinar, no curso das averiguações preliminares e dos processos administrativos sancionadores, a adoção de medidas cautelares, nos termos do disposto no art. 18, com ou sem oitiva prévia da pessoa que estará sujeita a seus efeitos. *(Acrescido pelo Decreto 10.887/2021)*

**§ 4º** Na hipótese de ser indicada a baixa lesão ao bem jurídico tutelado, inclusive em relação aos custos de persecução, a autoridade administrativa, mediante ato motivado, poderá deixar de instaurar processo administrativo sancionador. *(Acrescido pelo Decreto 10.887/2021)*

**§ 5º** Para fins do disposto no § 4º, a autoridade administrativa deverá utilizar outros instrumentos e medidas de supervisão, observados os princípios da finalidade, da motivação, da razoabilidade e da eficiência. *(Acrescido pelo Decreto 10.887/2021)*

### SEÇÃO I-A DAS AVERIGUAÇÕES PRELIMINARES *(Acrescido pelo Decreto 10.887/2021)*

**Art. 33-A.** A averiguação preliminar é o procedimento investigatório de natureza inquisitorial, instaurado pela autoridade competente de proteção e defesa do consumidor, quando os indícios ainda não forem suficientes para a instauração imediata de processo administrativo sancionador. *(Acrescido pelo Decreto 10.887/2021)*

**§ 1º** Na averiguação preliminar, a autoridade competente poderá exercer quaisquer competências instrutórias legalmente previstas, inclusive requerer esclarecimentos do representado ou de terceiros, por escrito ou pessoalmente.

**§ 2º** Da averiguação preliminar poderá resultar:

**I** - a instauração de processo administrativo sancionador; ou

**II** - o arquivamento do caso.

**§ 3º** A averiguação preliminar poderá ser desmembrada, quando conveniente para a instrução do caso.

**Art. 33-B.** No prazo de até vinte dias após a publicação oficial da decisão que resultar no arquivamento da averiguação preliminar, o superior hierárquico do órgão prolator da decisão poderá avocar o processo, de ofício ou mediante provocação. *(Acrescido pelo Decreto 10.887/2021)*

**Parágrafo único.** A autoridade responsável por avocar a averiguação preliminar poderá:

**I** - ratificar a decisão de arquivamento; ou

**II** - determinar o retorno dos autos à autoridade competente para a continuidade da averiguação preliminar ou para a instauração de processo administrativo sancionatório, conforme o caso.

## SEÇÃO II
## DA RECLAMAÇÃO

**Art. 34.** O consumidor poderá apresentar a sua reclamação pessoalmente ou por meio de telegrama, carta, telex, fac-símile ou qualquer outro meio de comunicação, físico ou eletrônico, a qualquer órgão oficial de proteção e defesa do consumidor. *(Redação dada pelo Decreto 10.887/2021)*

**Parágrafo único.** As reclamações apresentadas na forma prevista no *caput* orientarão a implementação das políticas públicas de proteção e defesa do consumidor. *(Acrescido pelo Decreto 10.887/2021)*

## SEÇÃO III
## DOS AUTOS DE INFRAÇÃO, DE APREENSÃO E DO TERMO DE DEPÓSITO

**Art. 35.** Os Autos de infração, de Apreensão e o Termo de Depósito deverão ser impressos, numerados em série e preenchidos de forma clara e precisa, sem entrelinhas, rasuras ou emendas, mencionando:

**I** - o Auto de Infração:

*a)* o local, a data e a hora da lavratura;

*b)* o nome, o endereço e a qualificação do autuado;

*c)* a descrição do fato ou do ato constitutivo da infração;

*d)* o dispositivo legal infringido;

*e)* a determinação da exigência e a intimação para cumpri-la ou impugná-la no prazo estabelecido no *caput* do art. 42; *(Redação dada pelo Decreto 10.887/2021)*

*f)* a identificação do agente autuante, sua assinatura, a indicação do seu cargo ou função e o número de sua matrícula;

*g)* a designação do órgão julgador e o respectivo endereço;

*h)* a assinatura do autuado;

*i)* a cientificação do autuado para apresentar defesa no prazo estabelecido no *caput* do art. 42 e especificar as provas que pretende produzir, de modo a declinar, se for o caso, a qualificação completa de até três testemunhas, mediante fornecimento do motivo para o seu arrolamento e sempre que possível: (Acrescida pelo Decreto 10.887/2021)

1. do nome;
2. da profissão;
3. do estado civil;
4. da idade;
5. do número de inscrição no Cadastro de Pessoas Físicas;
6. do número de registro da identidade; e
7. do endereço completo da residência e do local de trabalho;

**II** - o Auto de Apreensão e o Termo de Depósito:

*a)* o local, a data e a hora da lavratura;

*b)* o nome, o endereço e a qualificação do depositário;

*c)* a descrição e a quantidade dos produtos apreendidos;

*d)* as razões e os fundamentos da apreensão;

*e)* o local onde o produto ficará armazenado;

*f)* a quantidade de amostra colhida para análise;

*g)* a identificação do agente autuante, sua assinatura, a indicação do seu cargo ou função e o número de sua matrícula;

*h)* a assinatura do depositário;

*i)* as proibições contidas no § 1º do art. 21 deste Decreto.

**Art. 36.** Os Autos de Infração, de Apreensão e o Termo de Depósito serão lavrados pelo agente autuante que houver verificado a prática infrativa, preferencialmente no local onde foi comprovada a irregularidade.

**Art. 37.** Os Autos de Infração, de Apreensão e o Termo de Depósito serão lavrados em impresso próprio, composto de três vias, numeradas tipograficamente.

**§ 1º** Quando necessário, para comprovação de infração, os Autos serão acompanhados de laudo pericial.

**§ 2º** Quando a verificação do defeito ou vício relativo à qualidade, oferta e apresentação de produtos não depender de perícia, o agente competente consignará o fato no respectivo Auto.

**§ 3º** Os autos de infração, de apreensão e o termo de depósito poderão ser formalizados, comunicados e transmitidos em meio eletrônico, observado o disposto na legislação aplicável. *(Acrescido pelo Decreto 10.887/2021)*

**Art. 38.** A assinatura nos Autos de Infração, de Apreensão e no Termo de Depósito, por parte do autuado, ao receber cópias dos mesmos, constitui notificação, sem implicar confissão, para os fins do art. 44 do presente Decreto.

**Parágrafo único.** Em caso de recusa do autuado em assinar os Autos de Infração, de Apreensão e o Termo de Depósito, o Agente competente consignará o fato nos Autos e no Termo, remetendo-os ao autuado por via postal, com Aviso de Recebimento (AR) ou outro procedimento equivalente, tendo os mesmos efeitos do *caput* deste artigo.

**Art. 38-A.** A fiscalização, no âmbito das relações de consumo, deverá ser prioritariamente orientadora, quando a atividade econômica for classificada como de risco leve, irrelevante ou inexistente, nos termos do disposto na Lei nº 13.874, de 2019. *(Acrescido pelo Decreto 10.887/2021)*

**§ 1º** Para fins do disposto no *caput*, o critério de dupla visita para lavratura de auto de infração será observado, exceto na hipótese de ocorrência de reincidência, fraude, resistência ou embaraço à fiscalização.

**§ 2º** A inobservância do critério de dupla visita, nos termos do disposto no § 1º, implica nulidade do auto de infração, independentemente da natureza da obrigação.

**§ 3º** Os órgãos e as entidades da administração pública federal, estadual, distrital e municipal deverão observar o princípio do tratamento diferenciado, simplificado e favorecido previsto na Lei Complementar nº 123, de 14 de dezembro de 2006, na fixação de valores decorrentes de multas e demais sanções administrativas.

## SEÇÃO IV
## DA INSTAURAÇÃO DO PROCESSO ADMINISTRATIVO POR ATO DE AUTORIDADE COMPETENTE

**Art. 39.** O processo administrativo sancionador de que trata o art. 33 poderá ser instaurado de ofício pela autoridade competente ou a pedido do interessado. *(Redação dada pelo Decreto 10.887/2021)*

**Parágrafo único.** Na hipótese de a investigação preliminar não resultar em processo administrativo com base em reclamação apresentada por consumidor, deverá este ser informado sobre as razões do arquivamento pela autoridade competente.

**Art. 40.** O ato que instaurar o processo administrativo sancionador, na forma do inciso I do *caput* do art. 33, deverá conter: *(Redação dada pelo Decreto 10.887/2021)*

**I** - a identificação do infrator;

**II** - a descrição do fato ou ato constitutivo da infração;

**III** - os dispositivos legais infringidos;

**IV** - a assinatura da autoridade competente; e *(Redação dada pelo Decreto 10.887/2021)*

**V** - a determinação de notificação do representado para apresentar defesa no prazo estabelecido no *caput* do art. 42 e especificar as provas que pretende produzir, de modo a declinar, se for o caso, a qualificação completa de até três testemunhas, mediante fornecimento do motivo para o seu arrolamento e sempre que possível: *(Acrescido pelo Decreto 10.887/2021)*

*a)* do nome;

*b)* da profissão;

*c)* do estado civil;

*d)* da idade;

*e)* do número de inscrição no Cadastro de Pessoas Físicas;

*f)* do número de registro da identidade; e

*g)* do endereço completo da residência e do local de trabalho.

**§ 1º** O resumo dos fatos a serem apurados e a motivação da decisão poderão consistir em declaração de concordância com fundamentos anteriores, pareceres, informações, decisões ou proposta que, nesse caso, serão parte integrante do ato de instauração. *(Acrescido pelo Decreto 10.887/2021)*

**§ 2º** Até que ocorra a decisão de primeira instância, o ato de instauração a que se refere o *caput* poderá ser aditado para inclusão de novos representados ou de novos fatos que não tenham sido objeto de alegação pelas partes nos autos, hipótese em que será reiniciada a contagem do prazo para a defesa nos limites do aditamento. *(Acrescido pelo Decreto 10.887/2021)*

**Art. 40-A.** A critério da autoridade processante e por meio de despacho fundamentado, o processo administrativo poderá ser desmembrado quando: *(Acrescido pelo Decreto 10.887/2021)*

**I** - as infrações tiverem sido praticadas em circunstâncias de tempo ou de lugar diferentes;

**II** - houver número de representados excessivo, para não comprometer a duração razoável do processo ou dificultar a defesa;

**III** - houver dificuldade de notificar um ou mais dos representados; ou

**IV** - houver outro motivo considerado relevante pela autoridade processante.

**Art. 40-B.** Na hipótese de haver conexão temática entre os processos administrativos e as infrações terem sido praticadas em circunstâncias de tempo ou de lugar similares, a autoridade processante poderá proceder à juntada de processos administrativos diferentes com vistas à racionalização dos recursos. *(Acrescido pelo Decreto 10.887/2021)*

**Art. 41.** A autoridade administrativa poderá determinar, na forma de ato próprio, constatação preliminar da ocorrência de prática presumida.

## SEÇÃO V
## DAS NOTIFICAÇÕES E DAS INTIMAÇÕES
*(Redação dada pelo Decreto 10.887/2021)*

**Art. 42.** A autoridade competente expedirá notificação ao infrator e fixará prazo de vinte dias, contado da data de seu recebimento pelo infrator, para apresentação de defesa, nos termos do disposto no art. 44. *(Redação dada pelo Decreto 10.887/2021)*

**§ 1º** A notificação será acompanhada de cópia de ato de instauração do processo administrativo sancionador e, se for o caso, da nota técnica ou de outro ato que o fundamente por meio de remissão e será feita: *(Redação dada pelo Decreto 10.887/2021)*

**I** - por carta registrada ao representado, seu mandatário ou preposto, com aviso de recebimento; *(Redação dada pelo Decreto 10.887/2021)*

**II** - por outro meio, físico ou eletrônico, que assegure a certeza da ciência do representado; ou *(Redação dada pelo Decreto 10.887/2021)*

**III** - por mecanismos de cooperação internacional. *(Acrescido pelo Decreto 10.887/2021)*

**§ 2º** Na hipótese de notificação de representados que residam em países que aceitem a notificação postal direta, a notificação internacional poderá ser realizada por meio de serviço postal com aviso de recebimento em nome próprio. *(Redação dada pelo Decreto 10.887/2021)*

**§ 3º** O comparecimento espontâneo do representado supre a falta ou a nulidade da notificação e nessa data se iniciará a contagem do prazo para apresentação de defesa no processo administrativo sancionador. *(Acrescido pelo Decreto 10.887/2021)*

**Art. 42-A.** A intimação dos demais atos processuais será feita por meio de: *(Acrescido pelo Decreto 10.887/2021)*

**I** - carta registrada ao representado, ou ao seu mandatário ou preposto, com aviso de recebimento;

**II** - publicação oficial, da qual constarão os nomes do representado e de seu procurador, se houver; ou

**III** - por outro meio, físico ou eletrônico, que assegure a certeza da ciência do representado.

**§ 1º** O representado arguirá a nulidade da intimação em capítulo preliminar do próprio ato que lhe caiba praticar, o qual será tido por tempestivo caso o vício seja reconhecido.

**§ 2º** Na hipótese de não ser possível a prática imediata do ato diante da necessidade de acesso prévio aos autos, ao representado será limitado arguir a nulidade da intimação, caso em que o prazo será contado da data da intimação da decisão que a reconheça.

**§ 3º** As intimações dirigidas ao endereço constante dos autos serão presumidas válidas, ainda que não sejam recebidas pessoalmente pelo interessado, caso a modificação temporária ou definitiva do endereço não tenha sido comunicada ao órgão processante.

**§ 4º** As disposições deste artigo aplicam-se aos fornecedores que ofereçam produtos ou serviços, por meio de aplicação de internet, desde que o uso ou a fruição do bem adquirido se dê no território nacional.

## SEÇÃO V-A
## DO *AMICUS CURIAE*
*(Acrescida pelo Decreto 10.887/2021)*

**Art. 42-B.** Considerada a relevância da matéria, a especificidade do tema ou a repercussão social da demanda, a autoridade competente poderá, de ofício, a requerimento das partes ou de quem pretenda se manifestar, solicitar ou admitir a participação de pessoa natural ou jurídica, órgão ou entidade especializada, com representatividade adequada, na condição de *amicus curiae*, no prazo de quinze dias, contado da data de intimação. *(Acrescido pelo Decreto 10.887/2021)*

**Parágrafo único.** A intervenção de que trata o *caput* não:

**I** - implicará alteração de competência; ou

**II** - autorizará a interposição de recursos.

## SEÇÃO VI
## DA IMPUGNAÇÃO, DA INSTRUÇÃO E DO JULGAMENTO DO PROCESSO ADMINISTRATIVO SANCIONADOR
*(Redação dada pelo Decreto 10.887/2021)*

**Art. 43.** *(Revogado pelo Decreto 10.887/2021)*

**Art. 44.** O representado poderá impugnar o ato que instaurar o processo administrativo sancionador, no prazo estabelecido no *caput* do art. 42, contado da data de sua notificação, de modo a indicar em sua defesa: *(Redação dada pelo Decreto 10.887/2021)*

**I** - a autoridade decisória a quem é dirigida; *(Redação dada pelo Decreto 10.887/2021)*

CONSUMIDOR

**II** - a qualificação do impugnante;

**III** - as razões de fato e de direito que fundamentam a impugnação; e *(Redação dada pelo Decreto 10.887/2021)*

**IV** - de maneira fundamentada, as provas que pretende produzir, de modo a declinar a qualificação completa de até três testemunhas. *(Redação dada pelo Decreto 10.887/2021)*

**Art. 45.** Decorrido o prazo da impugnação, o órgão decisor determinará as diligências cabíveis e: *(Redação dada pelo Decreto 10.887/2021)*

**I** - deverá dispensar as diligências meramente protelatórias ou irrelevantes; e *(Acrescido pelo Decreto 10.887/2021)*

**II** - poderá requisitar informações, esclarecimentos ou documentos ao representado, a pessoas físicas ou jurídicas e a órgãos ou entidades públicos, a serem apresentados no prazo estabelecido. *(Acrescido pelo Decreto 10.887/2021)*

**§ 1º** As provas propostas pelo representado que forem ilícitas, impertinentes, desnecessárias ou protelatórias serão indeferidas por meio de despacho fundamentado. *(Acrescido pelo Decreto 10.887/2021)*

**§ 2º** Os depoimentos e as oitivas serão tomados por qualquer servidor em exercício no órgão processante e serão realizados nas dependências do referido órgão, exceto se houver impossibilidade comprovada de deslocamento da testemunha, sob as expensas da parte que a arrolou. *(Acrescido pelo Decreto 10.887/2021)*

**§ 3º** Os depoimentos e as oitivas de que tratam o § 2º serão realizados preferencialmente por meio de videoconferência ou de recurso tecnológico de transmissão de sons e imagens em tempo real, desde que estejam presentes as condições técnicas para realização da diligência e segundo critério de conveniência e oportunidade da autoridade competente. *(Acrescido pelo Decreto 10.887/2021)*

**§ 4º** Na hipótese de realização de prova testemunhal, cabe ao representado informar ou intimar a testemunha por ele arrolada o dia, a hora e o local da audiência designada, dispensada a intimação por parte do órgão responsável pela instrução do processo. *(Acrescido pelo Decreto 10.887/2021)*

**§ 5º** Na hipótese de que trata o § 4º, o não comparecimento injustificado da testemunha presumirá que a parte desistiu de sua inquirição. *(Acrescido pelo Decreto 10.887/2021)*

**§ 6º** A juntada de prova documental poderá ser realizada até o saneamento do processo, excetuadas as seguintes hipóteses: *(Acrescido pelo Decreto 10.887/2021)*

**I** - necessidade de demonstração de fato ocorrido após o encerramento da instrução processual;

**II** - necessidade de contraposição a fato levantado após o encerramento da instrução processual;

**III** - o documento ter se tornado conhecido, acessível ou disponível após o encerramento da instrução processual, hipótese em que caberá à parte que os produzir comprovar o motivo que a impediu de juntá-los anteriormente; ou

**IV** - o documento ter sido formado após a instauração do processo sancionatório.

**§ 7º** O órgão processante poderá admitir a utilização de prova produzida em outro processo, administrativo ou judicial, e lhe atribuirá o valor probatório adequado, observados os princípios do contraditório e da ampla defesa. *(Acrescido pelo Decreto 10.887/2021)*

**Art. 46.** A decisão administrativa conterá: *(Redação dada pelo Decreto 10.887/2021)*

**I** - a identificação do representado e, quando for o caso, do representante; *(Acrescido pelo Decreto 10.887/2021)*

**II** - o resumo dos fatos imputados ao representado, com a indicação dos dispositivos legais infringidos; *(Acrescido pelo Decreto 10.887/2021)*

**III** - o sumário das razões de defesa; *(Acrescido pelo Decreto 10.887/2021)*

**IV** - o registro das principais ocorrências no andamento do processo; *(Acrescido pelo Decreto 10.887/2021)*

**V** - a apreciação das provas; e *(Acrescido pelo Decreto 10.887/2021)*

**VI** - o dispositivo, com a conclusão a respeito da configuração da prática infrativa, com a especificação dos fatos que constituam a infração apurada na hipótese de condenação. *(Acrescido pelo Decreto 10.887/2021)*

**§ 1º** Na hipótese de caracterização de infração contra as normas de proteção e defesa do consumidor, a decisão também deverá conter: *(Redação dada pelo Decreto 10.887/2021)*

**I** - a indicação das providências a serem tomadas pelos responsáveis para fazê-la cessar, quando for o caso; *(Acrescido pelo Decreto 10.887/2021)*

**II** - o prazo no qual deverão ser iniciadas e concluídas as providências referidas no inciso I; *(Acrescido pelo Decreto 10.887/2021)*

**III** - a multa estipulada, sua individualização e sua dosimetria; *(Acrescido pelo Decreto 10.887/2021)*

**IV** - a multa diária, em caso de continuidade da infração; *(Acrescido pelo Decreto 10.887/2021)*

**V** - as demais sanções descritas na Lei nº 8.078, de 1990, se for o caso; *(Acrescido pelo Decreto 10.887/2021)*

**VI** - a multa em caso de descumprimento das providências estipuladas, se for o caso; e *(Acrescido pelo Decreto 10.887/2021)*

**VII** - o prazo para pagamento da multa e para cumprimento das demais obrigações determinadas. *(Acrescido pelo Decreto 10.887/2021)*

**§ 2º** A decisão condenatória poderá consistir em declaração de concordância com pareceres, notas técnicas ou decisões, hipótese em que integrarão o ato decisório. *(Redação dada pelo Decreto 10.887/2021)*

**§ 3º** *(Revogado pelo Decreto 10.887/2021)*

**Art. 47.** Quando a cominação prevista for a contrapropaganda, o processo poderá ser instruído com indicações técnico-publicitárias, das quais se intimará o autuado, obedecidas, na execução da respectiva decisão, as condições constantes do § 1º do art. 60 da Lei nº 8.078, de 1990.

## SEÇÃO VII
## DAS NULIDADES

**Art. 48.** A inobservância de forma não acarretará a nulidade do ato, se não houver prejuízo para a defesa.

**Parágrafo único.** A nulidade prejudica somente os atos posteriores ao ato declarado nulo e dele diretamente dependentes ou de que sejam conseqüência, cabendo à autoridade que a declarar indicar tais atos e determinar o adequado procedimento saneador, se for o caso.

## SEÇÃO VIII
## DOS RECURSOS ADMINISTRATIVOS

**Art. 49.** Das decisões da autoridade competente do órgão público que aplicou a sanção caberá recurso, sem efeito suspensivo, no prazo de dez dias, contados da data da intimação da decisão, a seu superior hierárquico, que proferirá decisão definitiva.

**§ 1º** Na hipótese de aplicação de multas, o recurso será recebido, com efeito suspensivo, pela autoridade superior. *(Acrescido pelo Decreto 10.887/2021)*

**§ 2º** A decisão recorrida pode ser confirmada, total ou parcialmente, pelos seus próprios fundamentos. *(Acrescido pelo Decreto 10.887/2021)*

**§ 3º** Na hipótese prevista no § 2º, a autoridade competente poderá apenas fazer remissão à própria decisão anterior, no caso de confirmação integral, ou ao trecho confirmado, no caso de confirmação parcial, desde que tenham sido confrontados todos os argumentos deduzidos no recurso capazes, em tese, de infirmar a conclusão adotada na decisão recorrida. *(Acrescido pelo Decreto 10.887/2021)*

**Art. 50.** Quando o processo tramitar no âmbito do Departamento de Proteção e Defesa do Consumidor, o julgamento do feito será de responsabilidade do Diretor daquele órgão, cabendo recurso ao titular da Secretaria Nacional do Consumidor, no prazo de dez dias, contado da data da intimação da decisão, como segunda e última instância recursal.

**Art. 51.** Não será conhecido o recurso interposto fora dos prazos e condições estabelecidos neste Decreto.

**Art. 52.** Sendo julgada insubsistente a infração, a autoridade julgadora recorrerá à autoridade imediatamente superior, nos termos fixados nesta Seção, mediante declaração na própria decisão.

**Art. 53.** A decisão é definitiva quando não mais couber recurso, seja de ordem formal ou material.

**Parágrafo único.** Na hipótese de não caber mais recursos em relação à aplicação da pena de multa, o infrator será notificado para efetuar o recolhimento no prazo de dez dias, nos termos do disposto nos art. 29 a art. 32. *(Acrescido pelo Decreto 10.887/2021)*

**Art. 54.** Todos os prazos referidos nesta Seção são preclusivos.

## SEÇÃO IX
## DA INSCRIÇÃO NA DÍVIDA ATIVA

**Art. 55.** Não sendo recolhido o valor da multa em trinta dias, será o débito inscrito em dívida ativa do órgão que houver aplicado a sanção, para subsequente cobrança executiva.

# CAPÍTULO VI
# DO ELENCO DE CLÁUSULAS ABUSIVAS E DO CADASTRO DE FORNECEDORES

## SEÇÃO I
## DO ELENCO DE CLÁUSULAS ABUSIVAS

**Art. 56.** Na forma do art. 51 da Lei nº 8.078, de 1990, e com o objetivo de orientar o Sistema Nacional de Defesa do Consumidor, a Secretaria Nacional do Consumidor divulgará, anualmente, elenco complementar de cláusulas contratuais consideradas abusivas, notadamente para o fim de aplicação do disposto no inciso IV do *caput* do art. 22.

**§ 1º** Na elaboração do elenco referido no *caput* e posteriores inclusões, a consideração sobre a abusividade de cláusulas contratuais se dará de forma genérica e abstrata.

**§ 2º** O rol de cláusulas consideradas abusivas tem natureza exemplificativa, o que não impede que outras cláusulas possam ser assim consideradas pelos órgãos da administração pública incumbidos da defesa dos interesses e direitos protegidos pela Lei nº 8.078, de 1990, e pela legislação correlata, por meio de ato próprio, observado o disposto no art. 4º da Lei nº 13.874, de 2019. *(Redação dada pelo Decreto 10.887/2021)*

**§ 3º** A apreciação sobre a abusividade de cláusulas contratuais, para fins de sua inclusão no rol a que se refere o *caput* se dará de ofício ou por provocação dos legitimados previstos no art. 82 da Lei nº 8.078, de 1990, ou por terceiros interessados, mediante procedimento de consulta pública, a ser regulamentado em ato do Secretário Nacional do Consumidor do Ministério da Justiça e Segurança Pública. *(Redação dada pelo Decreto 10.887/2021)*

**§ 4º** Compete exclusivamente à Secretaria Nacional do Consumidor do Ministério da Justiça e Segurança Pública elencar as cláusulas abusivas, observadas as disposições deste Decreto, quando o fornecedor de produtos ou serviços utilizá-las uniformemente em âmbito nacional. *(Acrescido pelo Decreto 10.887/2021)*

## SEÇÃO II
## DO CADASTRO DE FORNECEDORES

**Art. 57.** Os cadastros de reclamações fundamentadas contra fornecedores constituem instrumento essencial de defesa e orientação dos consumidores, devendo os órgãos públicos competentes assegurar sua publicidade, contabilidade e continuidade, nos termos do art. 44 da Lei nº 8.078, de 1990.

**Art. 58.** Para os fins deste Decreto, considera-se:

**I** - cadastro: o resultado dos registros feitos pelos órgãos públicos de defesa do consumidor de todas as reclamações fundamentadas contra fornecedores;

**II** - reclamação fundamentada: a notícia de lesão ou ameaça a direito de consumidor analisada por órgão público de defesa do consumidor, a requerimento ou de ofício, considerada procedente, por decisão definitiva.

**Art. 59.** Os órgãos públicos de defesa do consumidor devem providenciar a divulgação periódica dos cadastros atualizados de reclamações fundamentadas contra fornecedores.

**§ 1º** O cadastro referido no *caput* deste artigo será publicado, obrigatoriamente, no órgão de imprensa oficial local, devendo a entidade responsável dar-lhe a maior publicidade possível por meio dos órgãos de comunicação, inclusive eletrônica.

**§ 2º** O cadastro será divulgado anualmente, podendo o órgão responsável fazê-lo em período menor, sempre que julgue necessário, e conterá informações objetivas, claras e verdadeiras sobre o objeto da reclamação, a identificação do fornecedor e o atendimento ou não da reclamação pelo fornecedor.

**§ 3º** Os cadastros deverão ser atualizados permanentemente, por meio das devidas anotações, não podendo conter informações negativas sobre fornecedores, referentes a período superior a cinco anos, contado da data da intimação da decisão definitiva.

**Art. 60.** Os cadastros de reclamações fundamentadas contra fornecedores são considerados arquivos públicos, sendo informações e fontes a todos acessíveis, gratuitamente, vedada a utilização abusiva ou, por qualquer outro modo, estranha à defesa e orientação dos consumidores, ressalvada a hipótese de publicidade comparativa.

**Art. 61.** O consumidor ou fornecedor poderá requerer em cinco dias a contar da divulgação do cadastro e mediante petição fundamentada, a retificação de informação inexata que nele conste, bem como a inclusão de informação omitida, devendo a autoridade competente, no prazo de dez dias úteis, pronunciar-se, motivadamente, pela procedência ou improcedência do pedido.

**Parágrafo único.** No caso de acolhimento do pedido, a autoridade competente providenciará, no prazo deste artigo, a retificação ou inclusão de informação e sua divulgação, nos termos do § 1º do art. 59 deste Decreto.

**Art. 62.** Os cadastros específicos de cada órgão público de defesa do consumidor serão consolidados em cadastros gerais, nos âmbitos federal e estadual, aos quais se aplica o disposto nos artigos desta Seção.

## CAPÍTULO VII
## DAS DISPOSIÇÕES GERAIS

**Art. 63.** Nos termos do disposto na Lei nº 8.078, de 1990, e na legislação complementar, a Secretaria Nacional do Consumidor do Ministério da Justiça e Segurança Pública poderá editar atos administrativos com vistas à observância das normas de proteção e defesa do consumidor, facultada a oitiva do Conselho Nacional de Defesa do Consumidor. *(Redação dada pelo Decreto 10.887/2021)*

**Art. 64.** Poderão ser lavrados Autos de Comprovação ou Constatação, a fim de estabelecer a situação real de mercado, em determinado lugar e momento, obedecido o procedimento adequado.

**Art. 65.** Em caso de impedimento à aplicação do presente Decreto, ficam as autoridades competentes autorizadas a requisitar o emprego de força policial.

**Art. 65-A.** As normas procedimentais estabelecidas pela Lei nº 9.784, de 29 de janeiro de 1999, e pela Lei nº 13.105, de 16 de março de 2015 - Código de Processo Civil, aplicam-se subsidiariamente e supletivamente a este Decreto. *(Acrescido pelo Decreto 10.887/2021)*

**Art. 66.** Este Decreto entra em vigor na data de sua publicação.

**Art. 67.** Fica revogado o Decreto nº 861, de 9 de julho de 1993.

Brasília, 20 de março de 1997; 176º da Independência e 109º da República.

FERNANDO HENRIQUE CARDOSO

Nelson A. Jobim

# DECRETO Nº 11.034, DE 5 DE ABRIL DE 2022

*Regulamenta a Lei nº 8.078, de 11 de setembro de 1990 – Código de Defesa do Consumidor, para estabelecer diretrizes e normas sobre o Serviço de Atendimento ao Consumidor.*

- Esse Decreto entra em vigor 180 dias após a sua publicação (06.04.2022). Disciplina a matéria durante esse período de *vacatio* o Dec. 6.523/2008.

O PRESIDENTE DA REPÚBLICA, no uso da atribuição que lhe confere o art. 84, *caput*, inciso IV, da Constituição, e tendo em vista o disposto na Lei nº 8.078, de 11 de setembro de 1990 - Código de Defesa do Consumidor, DECRETA:

## CAPÍTULO I
## DISPOSIÇÕES GERAIS

**Art. 1º** Este Decreto regulamenta a Lei nº 8.078, de 11 de setembro de 1990 - Código de Defesa do Consumidor, para estabelecer diretrizes e normas sobre o Serviço de Atendimento ao Consumidor - SAC, no âmbito dos fornecedores dos serviços regulados pelo Poder Executivo federal, com vistas a garantir o direito do consumidor:

**I** - à obtenção de informação adequada sobre os serviços contratados; e

**II** - ao tratamento de suas demandas.

**Parágrafo único.** Para fins do disposto neste Decreto, os órgãos ou as entidades reguladoras considerarão o porte do fornecedor do serviço regulado.

**Art. 2º** Para fins do disposto neste Decreto, considera-se Serviço de Atendimento ao Consumidor - SAC o serviço de atendimento realizado por diversos canais integrados dos fornecedores de serviços regulados com a finalidade de dar tratamento às demandas dos consumidores, tais como informação, dúvida, reclamação, contestação, suspensão ou cancelamento de contratos e de serviços.

**Parágrafo único.** O disposto neste Decreto não se aplica à oferta e à contratação de produtos e serviços.

## CAPÍTULO II
## DO ATENDIMENTO AO CONSUMIDOR

**Art. 3º** O acesso ao SAC será gratuito e o atendimento das demandas não acarretará ônus para o consumidor.

**Art. 4º** O acesso ao SAC estará disponível, ininterruptamente, durante vinte e quatro horas por dia, sete dias por semana.

**§ 1º** O acesso de que trata o *caput* será garantido por meio de, no mínimo, um dos canais de atendimento integrados, cujo funcionamento será amplamente divulgado.

**§ 2º** O acesso ao SAC prestado por atendimento telefônico será obrigatório, nos termos do disposto no art. 5º.

**§ 3º** Na hipótese de o serviço ofertado não estar disponível para fruição ou contratação nos termos do disposto no *caput*, o acesso ao SAC poderá ser interrompido, observada a regulamentação dos órgãos ou das entidades reguladoras competentes.

**§ 4º** O acesso inicial ao atendente não será condicionado ao fornecimento prévio de dados pelo consumidor.

**§ 5º** É vedada a veiculação de mensagens publicitárias durante o tempo de espera para o atendimento, exceto se houver consentimento prévio do consumidor.

**§ 6º** Sem prejuízo do disposto no § 5º, é admitida a veiculação de mensagens de caráter informativo durante o tempo de espera, desde que tratem dos direitos e deveres dos consumidores ou dos outros canais de atendimento disponíveis.

**Art. 5º** Os órgãos ou as entidades reguladoras competentes observarão as seguintes condições mínimas para o atendimento telefônico do consumidor:

**I** - horário de atendimento não inferior a oito horas diárias, com disponibilização de atendimento por humano;

**II** - opções mínimas constantes do primeiro menu, incluídas, obrigatoriamente, as opções de reclamação e de cancelamento de contratos e serviços; e

**III** - tempo máximo de espera para:

*a)* o contato direto com o atendente, quando essa opção for selecionada; e

*b)* a transferência ao setor competente para atendimento definitivo da demanda, quando o primeiro atendente não tiver essa atribuição.

**Parágrafo único.** Os órgãos ou as entidades reguladoras competentes poderão estabelecer, para o setor regulado, horário de atendimento telefônico por humano superior ao previsto no inciso I do *caput*.

**Art. 6º** É obrigatória a acessibilidade em canais do SAC mantidos pelos fornecedores de que trata este Decreto, para uso da pessoa com deficiência, garantido o acesso pleno para atendimento de suas demandas.

**Parágrafo único.** Ato da Secretaria Nacional do Consumidor do Ministério da Justiça e Segurança Pública disporá sobre a acessibilidade de canais de SAC, consideradas as especificidades das deficiências.

**Art. 7º** As opções de acesso ao SAC constarão de maneira clara:

**I** - em todos os documentos e materiais impressos entregues ao consumidor na contratação do serviço e durante o seu fornecimento; e

**II** - nos canais eletrônicos do fornecedor.

## CAPÍTULO III
## DA QUALIDADE DO TRATAMENTO DAS DEMANDAS

**Art. 8º** No tratamento das demandas, o SAC garantirá a:

**I** - tempestividade;

**II** - segurança;

**III** - privacidade; e

**IV** - resolutividade da demanda.

**Parágrafo único.** No tratamento das demandas serão observados ainda os princípios da:

**I** - dignidade;

**II** - boa-fé;

**III** - transparência;

**IV** - eficiência;

**V** - eficácia;

**VI** - celeridade; e

**VII** - cordialidade.

**Art. 9º** Os dados pessoais do consumidor serão coletados, armazenados, tratados, transferidos e utilizados exclusivamente nos termos do disposto na Lei nº 13.709, de 14 de agosto de 2018.

**Art. 10.** É vedado solicitar a repetição da demanda do consumidor após o seu registro no primeiro atendimento.

**Art. 11.** Caso a chamada telefônica seja finalizada pelo fornecedor antes da conclusão do atendimento, o fornecedor deverá:

**I** - retornar a chamada ao consumidor;

**II** - informar o registro numérico de que trata o art. 12; e

**III** - concluir o atendimento.

## CAPÍTULO IV
## DO ACOMPANHAMENTO DAS DEMANDAS

**Art. 12.** É direito do consumidor acompanhar, nos diversos canais de atendimento integrados, todas as suas demandas, por meio de registro numérico ou outro tipo de procedimento eletrônico.

**§ 1º** O consumidor terá o direito de acesso ao histórico de suas demandas, sem ônus.

**§ 2º** O histórico das demandas a que se refere o § 1º:

**I** - será enviado ao consumidor, mediante solicitação, no prazo de cinco dias corridos, contado da data da solicitação, por correspondência ou por meio eletrônico, a critério do consumidor; e

**II** - conterá todas as informações relacionadas à demanda, incluído o conteúdo da resposta do fornecedor, observado o disposto no § 2º do art. 13.

**§ 3º** Quando se tratar de chamada telefônica, a manutenção da gravação da chamada efetuada para o SAC é obrigatória, pelo prazo mínimo de noventa dias, contado da data do atendimento.

**§ 4º** Durante o prazo de que trata o § 3º, o consumidor poderá requerer acesso ao conteúdo da chamada efetuada.

**§ 5º** O registro do atendimento será mantido à disposição do consumidor e do órgão ou da entidade fiscalizadora pelo prazo mínimo de dois anos, contado da data de resolução da demanda.

## CAPÍTULO V
## DO TRATAMENTO DAS DEMANDAS

**Art. 13.** As demandas do consumidor serão respondidas no prazo de sete dias corridos, contado da data de seu registro.

**§ 1º** O consumidor será informado sobre a conclusão do tratamento de sua demanda e, mediante solicitação, receberá do fornecedor a comprovação pertinente por correspondência ou por meio eletrônico, a critério do consumidor.

**§ 2º** A resposta do fornecedor:

**I** - será clara, objetiva e conclusiva; e

**II** - abordará todos os pontos da demanda do consumidor.

**§ 3º** Quando a demanda tratar de serviço não solicitado ou de cobrança indevida, o fornecedor adotará imediatamente as medidas necessárias à suspensão da cobrança.

**§ 4º** Os órgãos ou as entidades reguladoras competentes poderão estabelecer, no setor regulado, prazo para resolução das demandas no SAC.

**Art. 14.** O recebimento e o processamento imediato do pedido de cancelamento de serviço feito pelo consumidor, por meio do SAC, observará as seguintes diretrizes:

**I** - o pedido de cancelamento será permitido e assegurado ao consumidor por todos os meios disponíveis para a contratação do serviço, observadas as condições aplicáveis à rescisão e as multas decorrentes de cláusulas contratuais;

**II** - os efeitos do pedido de cancelamento serão imediatos, independentemente do adimplemento contratual, exceto quando for necessário o processamento técnico da demanda;

**III** - será assegurada ao consumidor a informação sobre eventuais condições aplicáveis à rescisão e as multas incidentes por descumprimento de cláusulas contratuais de permanência mínima, quando cabíveis;

**IV** - o comprovante do pedido de cancelamento será encaminhado por correspondência ou por meio eletrônico, a critério do consumidor; e

**V** - poderá ser oferecida a opção para cancelamento programado, sujeita à anuência do consumidor.

**Parágrafo único.** Os órgãos ou as entidades reguladoras competentes fixarão prazo para a conclusão do processamento técnico da demanda de que trata o inciso II do *caput*.

## CAPÍTULO VI
## DA EFETIVIDADE

**Art. 15.** À Secretaria Nacional do Consumidor do Ministério da Justiça e Segurança Pública competirá desenvolver a metodologia e implementar a ferramenta de acompanhamento da efetividade dos SAC, ouvidos os órgãos e as entidades reguladoras, os integrantes do Sistema Nacional de Defesa do Consumidor e os representantes de prestadores de serviços de relacionamento com consumidores.

**§ 1º** No desenvolvimento da metodologia e na implementação da ferramenta de que trata o *caput*, serão considerados, no mínimo, os seguintes parâmetros:

**I** - quantidade de reclamações referentes ao SAC, ponderada por quantidade de clientes ou de unidades de produção;

**II** - taxa de resolução das demandas, sob a ótica do consumidor;

**III** - índice de reclamações junto aos órgãos de defesa do consumidor, principalmente no Sistema Nacional de Informações de Defesa do Consumidor e no sítio eletrônico do consumidor.gov.br, ou nas plataformas que venham a substituí-los;

**IV** - índice de reclamações no órgão ou na entidade reguladora setorial; e

**V** - grau de satisfação do consumidor.

**§ 2º** A Secretaria Nacional do Consumidor do Ministério da Justiça e Segurança Pública dará transparência à metodologia e à ferramenta de acompanhamento da efetividade dos SAC de que trata o *caput*, divulgados, no mínimo, uma vez ao ano, os resultados da implementação da ferramenta.

**§ 3º** A Secretaria Nacional do Consumidor do Ministério da Justiça e Segurança Pública poderá solicitar dados e informações aos fornecedores, observadas as hipóteses legais de sigilo, com vistas ao acompanhamento da efetividade dos SAC.

**§ 4º** Os dados e as informações de que trata o § 3º poderão ser compartilhados com os órgãos ou as entidades reguladoras competentes, nos termos do disposto no Decreto nº 10.046, de 9 de outubro de 2019.

**§ 5º** Com base na ferramenta de que trata o *caput*, a Secretaria Nacional do Consumidor do Ministério da Justiça e Segurança Pública poderá, ao averiguar a baixa efetividade dos SAC de determinados fornecedores, estabelecer horário de atendimento telefônico por humano superior ao previsto no inciso I do *caput* do art. 5º.

## CAPÍTULO VII
## DISPOSIÇÕES FINAIS

**Art. 16.** A inobservância ao disposto neste Decreto acarretará a aplicação das sanções estabelecidas no art. 56 da Lei nº 8.078, de 1990 - Código de Defesa do Consumidor, sem prejuízo da aplicação das sanções constantes dos regulamentos específicos dos órgãos e das entidades reguladoras.

**Art. 17.** Fica revogado o Decreto nº 6.523, de 31 de julho de 2008.

**Art. 18.** Este Decreto entra em vigor cento e oitenta dias após a data de sua publicação.

Brasília, 5 de abril de 2022;

201º da Independência e 134º da República.

JAIR MESSIAS BOLSONARO
Anderson Gustavo Torres

# Direitos Difusos e Coletivos

# PLANO DE ESTUDO

| Diploma | Estudado | Revisto | Questões |
|---|---|---|---|
| Lei nº 6.938/1981 | ☐ | ☐ | ☐ |
| Resolução Conama nº 001/1986 | ☐ | ☐ | ☐ |
| Lei nº 8.080/1990 | ☐ | ☐ | ☐ |
| Lei nº 8.629/1993 | ☐ | ☐ | ☐ |
| Lei nº 8.742/1993 | ☐ | ☐ | ☐ |
| Lei nº 9.394/1996 | ☐ | ☐ | ☐ |
| Lei nº 9.433/1997 | ☐ | ☐ | ☐ |
| Resolução Conama nº 237/1997 | ☐ | ☐ | ☐ |
| Lei nº 9.985/2000 | ☐ | ☐ | ☐ |
| Lei nº 10.216/2001 | ☐ | ☐ | ☐ |
| Medida Provisória nº 2.220/2001 | ☐ | ☐ | ☐ |
| Resolução Conama nº 302/2002 | ☐ | ☐ | ☐ |
| Resolução Conama nº 303/2002 | ☐ | ☐ | ☐ |
| Lei nº 11.105/2005 | ☐ | ☐ | ☐ |
| Lei nº 11.346/2006 | ☐ | ☐ | ☐ |
| Lei nº 11.445/2007 | ☐ | ☐ | ☐ |
| Decreto nº 7.217/2010 | ☐ | ☐ | ☐ |
| Lei nº 11.977/2009 | ☐ | ☐ | ☐ |
| Decreto nº 7.053/2009 | ☐ | ☐ | ☐ |
| Lei nº 12.187/2009 | ☐ | ☐ | ☐ |
| Resolução nº 107/2010 | ☐ | ☐ | ☐ |
| Lei nº 12.305/2010 | ☐ | ☐ | ☐ |
| Lei nº 13.146/2015 | ☐ | ☐ | ☐ |
| Lei nº 13.979/2020 | ☐ | ☐ | ☐ |

# LEI Nº 6.938, DE 31 DE AGOSTO DE 1981

*Dispõe sobre a Política Nacional do Meio Ambiente, seus fins e mecanismos de formulação e aplicação, e dá outras providências.*

- Lei 12.651/2012 – Dispõe sobre a proteção da vegetação nativa; altera as Leis 6.938/1981, 9.393/1996, e 11.428/2006; revoga as Leis 4.771/1965, e 7.754/1989, e a MP 2.166-67/2001. (Novo Código Florestal)
- Lei 11.105/2005 – Regulamenta os incisos II, IV e V do § 1º do art. 225 da CF.
- Lei 9.985/2000 – Regulamenta o art. 225, § 1º, incisos I, II, III e VII da CF, institui o Sistema Nacional de Unidades de Conservação da Natureza.
- Lei 9.605/1998 – Dispõe sobre as sanções penais e administrativas derivadas de condutas e atividades lesivas ao meio ambiente. (Lei de crimes ambientais)
- Decreto 7.830/2012 – Dispõe sobre o Sistema de Cadastro Ambiental Rural, o Cadastro Ambiental Rural, estabelece normas de caráter geral aos Programas de Regularização Ambiental, de que trata a Lei 12.651/2012..
- Decreto de 15 de setembro de 2010 – Institui o Plano de Ação para Prevenção e Controle do Desmatamento e das Queimadas no Bioma Cerrado (PP Cerrado).
- Decreto 6.514/2008 – Dispõe sobre as infrações e sanções administrativas ao meio ambiente, estabelece o processo administrativo federal para apuração destas infrações.
- Decreto 6.321/2007 – Dispõe sobre ações relativas à prevenção, monitoramento e controle de desmatamento no Bioma Amazônia.
- Decreto 5.092/2004 – Define regras para identificação de áreas prioritárias para a conservação, utilização sustentável e repartição dos benefícios da biodiversidade, no âmbito das atribuições do Ministério do Meio Ambiente.
- Decreto 4.339/2002 – Institui princípios e diretrizes para a implementação da Política Nacional da Biodiversidade.
- Decreto 99.274/1990 – Regulamenta a Lei nº 6.902, de 27 de abril de 1981, e a Lei nº 6.938, de 31 de agosto de 1981, que dispõem, respectivamente sobre a criação de Estações Ecológicas e Áreas de Proteção Ambiental e sobre a Política Nacional do Meio Ambiente.

O PRESIDENTE DA REPÚBLICA, faço saber que o Congresso Nacional decreta e eu sanciono a seguinte Lei:

**Art. 1º.** Esta Lei, com fundamento nos incisos VI e VII do art. 23 e no art. 235 da Constituição, estabelece a Política Nacional do Meio Ambiente, seus fins e mecanismos de formulação e aplicação, constitui o Sistema Nacional do Meio Ambiente (Sisnama) e institui o Cadastro de Defesa Ambiental.

- Consta conforme publicação oficial. Onde se lê "art. 235"; leia-se "art. 225".

## DA POLÍTICA NACIONAL DO MEIO AMBIENTE

✪ **Art. 2º.** A Política Nacional do Meio Ambiente tem por objetivo a preservação, melhoria e recuperação da qualidade ambiental propícia à vida, visando assegurar, no País, condições ao desenvolvimento socioeconômico, aos interesses da segurança nacional e à proteção da dignidade da vida humana, atendidos os seguintes princípios:

**I** – ação governamental na manutenção do equilíbrio ecológico, considerando o meio ambiente como um patrimônio público a ser necessariamente assegurado e protegido, tendo em vista o uso coletivo;

- CF/88: art. 225, § 1º, VII.
- Lei 12.651/2012: art. 1º-A
- Decreto 99.274/1990: art. 1º.

**II** – racionalização do uso do solo, do subsolo, da água e do ar;

**III** – planejamento e fiscalização do uso dos recursos ambientais;

**IV** – proteção dos ecossistemas, com a preservação de áreas representativas;

**V** – controle e zoneamento das atividades potencial ou efetivamente poluidoras;

**VI** – incentivos ao estudo e à pesquisa de tecnologias orientadas para o uso racional e a proteção dos recursos ambientais;

**VII** – acompanhamento do estado da qualidade ambiental;

**VIII** – recuperação de áreas degradadas;

- Decreto 97.632/1989 – Regulamenta o inciso VIII do art. 2º da Lei 6.938/1981.

**IX** – proteção de áreas ameaçadas de degradação;

**X** – educação ambiental a todos os níveis do ensino, inclusive a educação da comunidade, objetivando capacitá-la para participação ativa na defesa do meio ambiente.

✪ **Art. 3º.** Para os fins previstos nesta Lei, entende-se por:

- Lei 12.651/2012: art. 3º.

**I** – meio ambiente, o conjunto de condições, leis, influências e interações de ordem física, química e biológica, que permite, abriga e rege a vida em todas as suas formas;

**II** – degradação da qualidade ambiental, a alteração adversa das características do meio ambiente;

**III** – poluição, a degradação da qualidade ambiental resultante de atividades que direta ou indiretamente:

*a)* prejudiquem a saúde, a segurança e o bem-estar da população;

*b)* criem condições adversas às atividades sociais e econômicas;

*c)* afetem desfavoravelmente a biota;

*d)* afetem as condições estéticas ou sanitárias do meio ambiente;

*e)* lancem matérias ou energia em desacordo com os padrões ambientais estabelecidos;

**IV** – poluidor, a pessoa física ou jurídica, de direito público ou privado, responsável, direta ou indiretamente, por atividade causadora de degradação ambiental;

**V** – recursos ambientais: a atmosfera, as águas interiores, superficiais e subterrâneas, os estuários, o mar territorial, o solo, o subsolo, os elementos da biosfera, a fauna e a flora.

## DOS OBJETIVOS DA POLÍTICA NACIONAL DO MEIO AMBIENTE

**Art. 4º.** A Política Nacional do Meio Ambiente visará:

**I** – à compatibilização do desenvolvimento econômico-social com a preservação da qualidade do meio ambiente e do equilíbrio ecológico;

**II** – à definição de áreas prioritárias de ação governamental relativa à qualidade e ao equilíbrio ecológico, atendendo aos interesses da União, dos Estados, do Distrito Federal, dos Territórios e dos Municípios;

**III** – ao estabelecimento de critérios e padrões da qualidade ambiental e de normas relativas ao uso e manejo de recursos ambientais;

- Decreto 5.975/2006 – Regulamenta o inciso III do art. 4º da Lei 6.938/1981.

**IV** – ao desenvolvimento de pesquisas e de tecnologias nacionais orientadas para o uso racional de recursos ambientais;

**V** – à difusão de tecnologias de manejo do meio ambiente, à divulgação de dados e informações ambientais e à formação de uma consciência pública sobre a necessidade de preservação da qualidade ambiental e do equilíbrio ecológico;

**VI** – à preservação e restauração dos recursos ambientais com vistas à sua utilização racional e disponibilidade permanente, concorrendo para a manutenção do equilíbrio ecológico propício à vida;

**VII** – à imposição, ao poluidor e ao predador, da obrigação de recuperar e/ou indenizar os danos causados e, ao usuário, da contribuição pela utilização de recursos ambientais com fins econômicos.

**Art. 5º.** As diretrizes da Política Nacional do Meio Ambiente serão formuladas em normas e planos, destinados a orientar a ação dos governos da União, dos Estados, do Distrito Federal, dos Territórios e dos Municípios no que se relaciona com a preservação da qualidade ambiental e manutenção do equilíbrio ecológico, observados os princípios estabelecidos no art. 2º desta Lei.

- Decreto 5.098/2004 – Plano Nacional de Prevenção, Preparação e Resposta Rápida a Emergências Ambientais com Produtos Químicos Perigosos (P2R2).

**Parágrafo único.** As atividades empresariais públicas ou privadas serão exercidas em consonância com as diretrizes da Política Nacional do Meio Ambiente.

## DO SISTEMA NACIONAL DO MEIO AMBIENTE

✪ **Art. 6º.** Os órgãos e entidades da União, dos Estados, do Distrito Federal, dos Territórios e dos Municípios, bem como as fundações instituídas pelo Poder Público, responsáveis pela proteção e melhoria da qualidade ambiental, constituirão o Sistema Nacional do Meio Ambiente – Sisnama, assim estruturado:

**I** – órgão superior: o Conselho de Governo, com a função de assessorar o Presidente da República na formulação da política nacional e nas diretrizes governamentais para o meio ambiente e os recursos ambientais;

**II** – órgão consultivo e deliberativo: o Conselho Nacional do Meio Ambiente – Conama, com a finalidade de assessorar, estudar e propor ao Conselho de Governo, diretrizes de políticas governamentais para o meio ambiente e os recursos naturais e deliberar, no âmbito de sua competência, sobre normas e padrões compatíveis com o meio ambiente ecologicamente equilibrado e essencial à sadia qualidade de vida;

**III** – órgão central: a Secretaria do Meio Ambiente da Presidência da República, com a finalidade de planejar, coordenar, supervisionar e controlar, como órgão federal, a política nacional e as diretrizes governamentais fixadas para o meio ambiente;

**IV** – órgãos executores: o Instituto Brasileiro do Meio Ambiente e dos Recursos Naturais Renováveis – IBAMA e o Instituto Chico Mendes de Conservação da Biodiversidade – Instituto Chico Mendes, com a finalidade de executar e fazer executar a política e as diretrizes governamentais fixadas para o meio ambiente, de acordo com as respectivas competências;

**V** – órgãos seccionais: os órgãos ou entidades estaduais responsáveis pela execução de programas, projetos e pelo controle e fiscalização de atividades capazes de provocar a degradação ambiental;

**VI** – órgãos locais: os órgãos ou entidades municipais, responsáveis pelo controle e fiscalização dessas atividades, nas suas respectivas jurisdições.

**§ 1º.** Os Estados, na esfera de suas competências e nas áreas de sua jurisdição, elaborarão normas supletivas e complementares e padrões relacionados com o meio ambiente, observados os que forem estabelecidos pelo Conama.

**§ 2º.** Os Municípios, observadas as normas e os padrões federais e estaduais, também poderão elaborar as normas mencionadas no parágrafo anterior.

**§ 3º.** Os órgãos central, setoriais, seccionais e locais mencionados neste artigo deverão fornecer os resultados das análises efetuadas e sua fundamentação, quando solicitados por pessoa legitimamente interessada.

**§ 4º** De acordo com a legislação em vigor, é o Poder Executivo autorizado a criar uma Fundação de apoio técnico científico às atividades do IBAMA.

## DO CONSELHO NACIONAL DO MEIO AMBIENTE

**Art. 7º.** (Revogado pela Lei nº 8.028, de 1990).

✪ **Art. 8º.** Compete ao Conama:

**I** – estabelecer, mediante proposta do IBAMA, normas e critérios para o licenciamento de atividades efetiva ou potencialmente poluidoras, a ser concedido pelos Estados e supervisionado pelo IBAMA;

**II** – determinar, quando julgar necessário, a realização de estudos das alternativas e das possíveis consequências ambientais de projetos públicos ou privados, requisitando aos órgãos federais, estaduais e municipais, bem assim a entidades privadas, as informações indispensáveis para apreciação dos estudos de impacto ambiental, e respectivos relatórios, no caso de obras ou atividades de significativa degradação ambiental, especialmente nas áreas consideradas patrimônio nacional;

**III** – (Revogado pela Lei nº 11.941, de 2009).

**IV** – homologar acordos visando à transformação de penalidades pecuniárias na obrigação de executar medidas de interesse para a proteção ambiental; (vetado);

**V** – determinar, mediante representação do Ibama, a perda ou restrição de benefícios fiscais concedidos pelo Poder Público, em caráter geral ou condicional, e a perda ou suspensão de participação em linhas de financiamento em estabelecimentos oficiais de crédito;

**VI** – estabelecer, privativamente, normas e padrões nacionais de controle da poluição por veículos automotores, aeronaves e embarcações, mediante audiência dos Ministérios competentes;

**VII** – estabelecer normas, critérios e padrões relativos ao controle e à manutenção da qualidade do meio ambiente com vistas ao uso racional dos recursos ambientais, principalmente os hídricos.

- Lei 9.433/1997 – Institui a Política Nacional de Recursos Hídricos, cria o Sistema Nacional de Gerenciamento de Recursos Hídricos, regulamenta o inciso XIX do art. 21 da CF, e altera o art. 1º da Lei 8.001/1990, que modificou a Lei 7.990/1989.

**Parágrafo único.** O Secretário do Meio Ambiente é, sem prejuízo de suas funções, o Presidente do Conama.

## DOS INSTRUMENTOS DA POLÍTICA NACIONAL DO MEIO AMBIENTE

✪ **Art. 9º.** São instrumentos da Política Nacional do Meio Ambiente:

**I** – o estabelecimento de padrões de qualidade ambiental;

**II** – o zoneamento ambiental;

- Decreto 4.297/2002 – Regulamenta o inc. II do art. 9º da Lei 6.938/1981.
- Decreto 7.378/2010 – Macrozoneamento Ecológico-Econômico da Amazônia Legal (MacroZEE) da Amazônia Legal.

**III** – a avaliação de impactos ambientais;

**IV** – o licenciamento e a revisão de atividades efetiva ou potencialmente poluidoras;

**V** – os incentivos à produção e instalação de equipamentos e a criação ou absorção de tecnologia, voltados para a melhoria da qualidade ambiental;

**VI** – a criação de espaços territoriais especialmente protegidos pelo Poder Público federal, estadual e municipal, tais como áreas de proteção ambiental, de relevante interesse ecológico e reservas extrativistas;

- Lei 9.985/2000: art. 18, *caput*.

**VII** – o sistema nacional de informações sobre o meio ambiente;

**VIII** – o Cadastro Técnico Federal de Atividades e Instrumentos de Defesa Ambiental;

**IX** – as penalidades disciplinares ou compensatórias ao não cumprimento das medidas necessárias à preservação ou correção da degradação ambiental;

**X** – a instituição do Relatório de Qualidade do Meio Ambiente, a ser divulgado anualmente pelo Instituto Brasileiro do Meio Ambiente e Recursos Naturais Renováveis – Ibama;

**XI** – a garantia da prestação de informações relativas ao Meio Ambiente, obrigando-se o Poder Público a produzi-las, quando inexistentes;

**XII** – o Cadastro Técnico Federal de atividades potencialmente poluidoras e/ou utilizadoras dos recursos ambientais.

**XIII** – instrumentos econômicos, como concessão florestal, servidão ambiental, seguro ambiental e outros.

✪ **Art. 9º-A.** O proprietário ou possuidor de imóvel, pessoa natural ou jurídica, pode, por instrumento público ou particular ou por termo administrativo firmado perante órgão integrante do Sisnama, limitar o uso de toda a sua propriedade ou de parte dela para preservar, conservar ou recuperar os recursos ambientais existentes, instituindo servidão ambiental.

› CC: art. 1.378 e ss.

**§ 1º**. O instrumento ou termo de instituição da servidão ambiental deve incluir, no mínimo, os seguintes itens:

**I** – memorial descritivo da área da servidão ambiental, contendo pelo menos um ponto de amarração georreferenciado;

**II** – objeto da servidão ambiental;

**III** – direitos e deveres do proprietário ou possuidor instituidor;

**IV** – prazo durante o qual a área permanecerá como servidão ambiental.

**§ 2º**. A servidão ambiental não se aplica às Áreas de Preservação Permanente e à Reserva Legal mínima exigida.

› Lei 12.651/2012: art. 44, I.

**§ 3º**. A restrição ao uso ou à exploração da vegetação da área sob servidão ambiental deve ser, no mínimo, a mesma estabelecida para a Reserva Legal.

**§ 4º**. Devem ser objeto de averbação na matrícula do imóvel no registro de imóveis competente:

**I** – o instrumento ou termo de instituição da servidão ambiental;

**II** – o contrato de alienação, cessão ou transferência da servidão ambiental.

**§ 5º**. Na hipótese de compensação de Reserva Legal, a servidão ambiental deve ser averbada na matrícula de todos os imóveis envolvidos.

**§ 6º**. É vedada, durante o prazo de vigência da servidão ambiental, a alteração da destinação da área, nos casos de transmissão do imóvel a qualquer título, de desmembramento ou de retificação dos limites do imóvel.

**§ 7º**. As áreas que tenham sido instituídas na forma de servidão florestal, nos termos do art. 44-A da Lei nº 4.771, de 15 de setembro de 1965, passam a ser consideradas, pelo efeito desta Lei, como de servidão ambiental.

› Lei 12.651/2012 revogou a Lei 4.771/1965.

✪ **Art. 9º-B.** A servidão ambiental poderá ser onerosa ou gratuita, temporária ou perpétua.

**§ 1º**. O prazo mínimo da servidão ambiental temporária é de 15 (quinze) anos.

**§ 2º**. A servidão ambiental perpétua equivale, para fins creditícios, tributários e de acesso aos recursos de fundos públicos, à Reserva Particular do Patrimônio Natural – RPPN, definida no art. 21 da Lei nº 9.985, de 18 de julho de 2000.

**§ 3º**. O detentor da servidão ambiental poderá aliená-la, cedê-la ou transferi-la, total ou parcialmente, por prazo determinado ou em caráter definitivo, em favor de outro proprietário ou de entidade pública ou privada que tenha a conservação ambiental como fim social.

✪ **Art. 9º-C.** O contrato de alienação, cessão ou transferência da servidão ambiental deve ser averbado na matrícula do imóvel.

**§ 1º**. O contrato referido no *caput* deve conter, no mínimo, os seguintes itens:

**I** – a delimitação da área submetida a preservação, conservação ou recuperação ambiental;

**II** – o objeto da servidão ambiental;

**III** – os direitos e deveres do proprietário instituidor e dos futuros adquirentes ou sucessores;

**IV** – os direitos e deveres do detentor da servidão ambiental;

**V** – os benefícios de ordem econômica do instituidor e do detentor da servidão ambiental;

**VI** – a previsão legal para garantir o seu cumprimento, inclusive medidas judiciais necessárias, em caso de ser descumprido.

**§ 2º**. São deveres do proprietário do imóvel serviente, entre outras obrigações estipuladas no contrato:

**I** – manter a área sob servidão ambiental;

**II** – prestar contas ao detentor da servidão ambiental sobre as condições dos recursos naturais ou artificiais;

**III** – permitir a inspeção e a fiscalização da área pelo detentor da servidão ambiental;

**IV** – defender a posse da área serviente, por todos os meios em direito admitidos.

› CC: art. 1.210, § 1º.

**§ 3º**. São deveres do detentor da servidão ambiental, entre outras obrigações estipuladas no contrato:

**I** – documentar as características ambientais da propriedade;

**II** – monitorar periodicamente a propriedade para verificar se a servidão ambiental está sendo mantida;

**III** – prestar informações necessárias a quaisquer interessados na aquisição ou aos sucessores da propriedade;

**IV** – manter relatórios e arquivos atualizados com as atividades da área objeto da servidão;

**V** – defender judicialmente a servidão ambiental.

**Art. 10.** A construção, instalação, ampliação e funcionamento de estabelecimentos e atividades utilizadores de recursos ambientais, efetiva ou potencialmente poluidores ou capazes, sob qualquer forma, de causar degradação ambiental dependerão de prévio licenciamento ambiental.

› Lei 12.651/2012: art. 11-A, § 3º.

**§ 1º**. Os pedidos de licenciamento, sua renovação e a respectiva concessão serão publicados no jornal oficial, bem como em periódico regional ou local de grande circulação, ou em meio eletrônico de comunicação mantido pelo órgão ambiental competente.

**§ 2º**. (Revogado pela Lei Complementar nº 140, de 2011)

**§ 3º**. (Revogado pela Lei Complementar nº 140, de 2011)

**§ 4º**. (Revogado pela Lei Complementar nº 140, de 2011)

**Art. 11.** Compete ao Ibama propor ao Conama normas e padrões para implantação, acompanhamento e fiscalização do licenciamento previsto no artigo anterior, além das que forem oriundas do próprio Conama.

**§ 1º**. (Revogado pela Lei Complementar nº 140, de 2011).

**§ 2º**. Inclui-se na competência da fiscalização e controle a análise de projetos de entidades, públicas ou privadas, objetivando a preservação ou a recuperação de recursos ambientais, afetados por processos de exploração predatórios ou poluidores.

**Art. 12.** As entidades e órgãos de financiamento e incentivos governamentais condicionarão a aprovação de projetos habilitados a esses benefícios ao licenciamento, na forma desta Lei, e ao cumprimento das normas, dos critérios e dos padrões expedidos pelo Conama.

**Parágrafo único.** As entidades e órgãos referidos no *caput* deste artigo deverão fazer constar dos projetos a realização de obras e aquisição de equipamentos destinados ao controle de degradação ambiental e à melhoria da qualidade do meio ambiente.

**Art. 13.** O Poder Executivo incentivará as atividades voltadas ao meio ambiente, visando:

**I** – ao desenvolvimento, no País, de pesquisas e processos tecnológicos destinados a reduzir a degradação da qualidade ambiental;

**II** – à fabricação de equipamentos antipoluidores;

**III** – a outras iniciativas que propiciem a racionalização do uso de recursos ambientais.

**Parágrafo único.** Os órgãos, entidades, e programas do Poder Público, destinados ao incentivo das pesquisas científicas e tecnológicas, considerarão, entre as suas metas prioritárias, o apoio aos projetos que visem a adquirir e desenvolver conhecimentos básicos e aplicáveis na área ambiental e ecológica.

✪ **Art. 14.** Sem prejuízo das penalidades definidas pela legislação federal, estadual e municipal, o não cumprimento das medidas necessárias à preservação ou correção dos inconvenientes e danos causados pela degradação da qualidade ambiental sujeitará os transgressores:

▸ Súmula 629, STJ.

**I** – à multa simples ou diária, nos valores correspondentes, no mínimo, a 10 (dez) e, no máximo, a 1.000 (mil) Obrigações do Tesouro Nacional – OTNs, agravada em casos de reincidência específica, conforme dispuser o regulamento, vedada a sua cobrança pela União se já tiver sido aplicada pelo Estado, Distrito Federal, Territórios ou pelos Municípios;

**II** – à perda ou restrição de incentivos e benefícios fiscais concedidos pelo Poder Público;

**III** – à perda ou suspensão de participação em linhas de financiamento em estabelecimentos oficiais de crédito;

**IV** – à suspensão de sua atividade.

**§ 1º**. Sem obstar a aplicação das penalidades previstas neste artigo, é o poluidor obrigado, independentemente da existência de culpa, a indenizar ou reparar os danos causados ao meio ambiente e a terceiros, afetados por sua atividade. O Ministério Público da União e dos Estados terá legitimidade para propor ação de responsabilidade civil e criminal, por danos causados ao meio ambiente.

▸ Súmula 623, STJ.

**§ 2º**. No caso de omissão da autoridade estadual ou municipal, caberá ao Secretário do Meio Ambiente a aplicação das penalidades pecuniárias previstas neste artigo.

**§ 3º**. Nos casos previstos nos incisos II e III deste artigo, o ato declaratório da perda, restrição ou suspensão será atribuição da autoridade administrativa ou financeira que concedeu os benefícios, incentivos ou financiamento, cumprindo resolução do Conama.

**§ 4º**. (Revogado pela Lei nº 9.966, de 2000).

**§ 5º**. A execução das garantias exigidas do poluidor não impede a aplicação das obrigações de indenização e reparação de danos previstas no § 1º deste artigo.

✪ **Art. 15.** O poluidor que expuser a perigo a incolumidade humana, animal ou vegetal, ou estiver tornando mais grave situação de perigo existente, fica sujeito à pena de reclusão de 1 (um) a 3 (três) anos e multa de 100 (cem) a 1.000 (mil) MVR.

**§ 1º**. A pena é aumentada até o dobro se:

**I** – resultar:

*a)* dano irreversível à fauna, à flora e ao meio ambiente;

*b)* lesão corporal grave;

**II** – a poluição é decorrente de atividade industrial ou de transporte;

**III** – o crime é praticado durante a noite, em domingo ou em feriado.

**§ 2º**. Incorre no mesmo crime a autoridade competente que deixar de promover as medidas tendentes a impedir a prática das condutas acima descritas.

**Art. 16.** (Revogado pela Lei nº 7.804, de 1989).

**Art. 17.** Fica instituído, sob a administração do Instituto Brasileiro do Meio Ambiente e Recursos Naturais Renováveis – Ibama:

**I** – Cadastro Técnico Federal de Atividades e Instrumentos de Defesa Ambiental, para registro obrigatório de pessoas físicas ou jurídicas que se dedicam à consultoria técnica sobre problemas ecológicos e ambientais e à indústria e comércio de equipamentos, aparelhos e instrumentos destinados ao controle de atividades efetiva ou potencialmente poluidoras;

‣ Decreto 6.514/2008: art. 76.

**II** – Cadastro Técnico Federal de Atividades Potencialmente Poluidoras ou Utilizadoras de Recursos Ambientais, para registro obrigatório de pessoas físicas ou jurídicas que se dedicam a atividades potencialmente poluidoras e/ou à extração, produção, transporte e comercialização de produtos potencialmente perigosos ao meio ambiente, assim como de produtos e subprodutos da fauna e flora.

**Art. 17-A.** São estabelecidos os preços dos serviços e produtos do Instituto Brasileiro do Meio Ambiente e dos Recursos Naturais Renováveis – Ibama, a serem aplicados em âmbito nacional, conforme Anexo a esta Lei.

**Art. 17-B.** Fica instituída a Taxa de Controle e Fiscalização Ambiental – TCFA, cujo fato gerador é o exercício regular do poder de polícia conferido ao Instituto Brasileiro do Meio Ambiente e dos Recursos Naturais Renováveis – Ibama para controle e fiscalização das atividades potencialmente poluidoras e utilizadoras de recursos naturais.

**§ 1º.** (Revogado pela Lei nº 10.165, de 2000).

**§ 2º.** (Revogado pela Lei nº 10.165, de 2000).

**Art. 17-C.** É sujeito passivo da TCFA todo aquele que exerça as atividades constantes do Anexo VIII desta Lei.

**§ 1º.** O sujeito passivo do TCFA é obrigado a entregar até o dia 31 de março de cada ano relatório das atividades exercidas no ano anterior, cujo modelo será definido pelo Ibama, para o fim de colaborar com os procedimentos de controle e fiscalização.

**§ 2º.** O descumprimento da providência determinada no § 1º sujeita o infrator a multa equivalente a 20% (vinte por cento) da TCFA devida, sem prejuízo da exigência desta.

**§ 3º.** (Revogado pela Lei nº 10.165, de 2000).

**Art. 17-D.** A TCFA é devida por estabelecimento e os seus valores são os fixados no Anexo IX desta Lei.

**§ 1º.** Para os fins desta Lei, consideram-se:

**I** – microempresa e empresa de pequeno porte, as pessoas jurídicas que se enquadrem, respectivamente, nas descrições dos incisos I e II do *caput* do art. 2º da Lei 9.841, de 5 de outubro de 1999;

‣ LC 123/2006 revogou a citada lei.

**II** – empresa de médio porte, a pessoa jurídica que tiver receita bruta anual superior a R$ 1.200.000,00 (um milhão e duzentos mil reais) e igual ou inferior a R$ 12.000.000,00 (doze milhões de reais);

**III** – empresa de grande porte, a pessoa jurídica que tiver receita bruta anual superior a R$ 12.000.000,00 (doze milhões de reais).

**§ 2º.** O potencial de poluição (PP) e o grau de utilização (GU) de recursos naturais de cada uma das atividades sujeitas à fiscalização encontram-se definidos no Anexo VIII desta Lei.

**§ 3º.** Caso o estabelecimento exerça mais de uma atividade sujeita à fiscalização, pagará a taxa relativamente a apenas uma delas, pelo valor mais elevado.

**Art. 17-E.** É o Ibama autorizado a cancelar débitos de valores inferiores a R$ 40,00 (quarenta reais), existentes até 31 de dezembro de 1999.

**Art. 17-F.** São isentas do pagamento da TCFA as entidades públicas federais, distritais, estaduais e municipais, as entidades filantrópicas, aqueles que praticam agricultura de subsistência e as populações tradicionais.

**Art. 17-G.** A TCFA será devida no último dia útil de cada trimestre do ano civil, nos valores fixados no Anexo IX desta Lei, e o recolhimento será efetuado em conta bancária vinculada ao Ibama, por intermédio de documento próprio de arrecadação, até o quinto dia útil do mês subsequente.

**Parágrafo único.** (Revogado pela Lei nº 10.165, de 2000).

‣ Consta conforme publicação oficial.

**§ 2º.** Os recursos arrecadados com a TCFA terão utilização restrita em atividades de controle e fiscalização ambiental.

‣ Consta conforme publicação oficial.

**Art. 17-H.** A TCFA não recolhida nos prazos e nas condições estabelecidas no artigo anterior será cobrada com os seguintes acréscimos:

**I** – juros de mora, na via administrativa ou judicial, contados do mês seguinte ao do vencimento, à razão de 1% (um por cento);

**II** – multa de mora de 20% (vinte por cento), reduzida a 10% (dez por cento) se o pagamento for efetuado até o último dia útil do mês subsequente ao do vencimento;

**III** – encargo de 20% (vinte por cento), substitutivo da condenação do devedor em honorários de advogado, calculado sobre o total do débito inscrito como Dívida Ativa, reduzido para 10% (dez por cento) se o pagamento for efetuado antes do ajuizamento da execução.

**§ 1º-A.** Os juros de mora não incidem sobre o valor da multa de mora.

› Consta conforme publicação oficial.

**§ 1º.** Os débitos relativos à TCFA poderão ser parcelados de acordo com os critérios fixados na legislação tributária, conforme dispuser o regulamento desta Lei.

› Consta conforme publicação oficial.

**Art. 17-I.** As pessoas físicas e jurídicas que exerçam as atividades mencionadas nos incisos I e II do art. 17 e que não estiverem inscritas nos respectivos cadastros até o último dia útil do terceiro mês que se seguir ao da publicação desta Lei incorrerão em infração punível com multa de:

**I** – R$ 50,00 (cinquenta reais), se pessoa física;

**II** – R$ 150,00 (cento e cinquenta reais), se microempresa;

**III** – R$ 900,00 (novecentos reais), se empresa de pequeno porte;

**IV** – R$ 1.800,00 (mil e oitocentos reais), se empresa de médio porte;

**V** – R$ 9.000,00 (nove mil reais), se empresa de grande porte.

**Parágrafo único.** (Revogado pela Lei nº 10.165, de 2000)

**Art. 17-J.** (Revogado pela Lei nº 10.165, de 2000).

**Art. 17-L.** As ações de licenciamento, registro, autorizações, concessões e permissões relacionadas à fauna, à flora, e ao controle ambiental são de competência exclusiva dos órgãos integrantes do Sistema Nacional do Meio Ambiente.

**Art. 17-M.** Os preços dos serviços administrativos prestados pelo Ibama, inclusive os referentes à venda de impressos e publicações, assim como os de entrada, permanência e utilização de áreas ou instalações nas unidades de conservação, serão definidos em portaria do Ministro de Estado do Meio Ambiente, mediante proposta do Presidente daquele Instituto.

**Art. 17-N.** Os preços dos serviços técnicos do Laboratório de Produtos Florestais do Ibama, assim como os para venda de produtos da flora, serão, também, definidos em portaria do Ministro de Estado do Meio Ambiente, mediante proposta do Presidente daquele Instituto.

**Art. 17-O.** Os proprietários rurais que se beneficiarem com redução do valor do Imposto sobre a Propriedade Territorial Rural – ITR, com base em Ato Declaratório Ambiental – ADA, deverão recolher ao Ibama a importância prevista no item 3.11 do Anexo VII da Lei nº 9.960, de 29 de janeiro de 2000, a título de Taxa de Vistoria.

**§ 1º-A.** A Taxa de Vistoria a que se refere o *caput* deste artigo não poderá exceder a 10% (dez por cento) do valor da redução do imposto proporcionada pelo ADA.

› Consta conforme publicação oficial.

**§ 1º.** A utilização do ADA para efeito de redução do valor a pagar do ITR é obrigatória.

› Consta conforme publicação oficial.

**§ 2º.** O pagamento de que trata o *caput* deste artigo poderá ser efetivado em cota única ou em parcelas, nos mesmos moldes escolhidos pelo contribuinte para o pagamento do ITR, em documento próprio de arrecadação do Ibama.

**§ 3º.** Para efeito de pagamento parcelado, nenhuma parcela poderá ser inferior a R$ 50,00 (cinquenta reais).

**§ 4º.** O inadimplemento de qualquer parcela ensejará a cobrança de juros e multa nos termos dos incisos I e II do *caput* e §§ 1º-A e 1º, todos do art. 17-H desta Lei.

**§ 5º.** Após a vistoria, realizada por amostragem, caso os dados constantes do ADA não coincidam com os efetivamente levantados pelos técnicos do Ibama, estes lavrarão, de ofício, novo ADA, contendo os dados reais, o qual será encaminhado à Secretaria da Receita Federal, para as providências cabíveis.

**Art. 17-P.** Constitui crédito para compensação com o valor devido a título de TCFA, até o limite de 60% (sessenta por cento) e relativamente ao mesmo ano, o montante efetivamente pago pelo estabelecimento ao Estado, ao Município e ao Distrito Federal em razão de taxa de fiscalização ambiental.

**§ 1º.** Valores recolhidos ao Estado, ao Município e ao Distrito Federal a qualquer outro título, tais como taxas ou preços públicos de licenciamento e venda de produtos, não constituem crédito para compensação com a TCFA.

**§ 2º.** A restituição, administrativa ou judicial, qualquer que seja a causa que a determine, da taxa de fiscalização ambiental estadual ou distrital compensada com a TCFA restaura o direito de crédito do Ibama contra o estabelecimento, relativamente ao valor compensado.

**Art. 17-Q.** É o Ibama autorizado a celebrar convênios com os Estados, os Municípios e o Distrito Federal para desempenharem atividades de fiscalização ambiental, podendo repassar-lhes parcela da receita obtida com a TCFA.

**Art. 18.** (Revogado pela Lei nº 9.985, de 2000).

**Art. 19.** Ressalvado o disposto nas Leis nºs 5.357, de 17 de novembro de 1967, e 7.661, de 16 de maio de 1988, a receita proveniente da aplicação desta Lei será recolhida de acordo com o disposto no art. 4º da Lei nº 7.735, de 22 de fevereiro de 1989.

‣ Lei 9.966/2000 revogou a Lei 5.357/1967.

**Art. 20.** Esta Lei entrará em vigor na data de sua publicação.

**Art. 21.** Revogam-se as disposições em contrário.

Brasília, em 31 de agosto de 1981; 160º da Independência e 93º da República.

JOÃO FIGUEIREDO

D.O.U. de 2.9.1981

Deixamos de publicar os Anexos I a IX desta Lei.

## RESOLUÇÃO CONAMA Nº 01, DE 23 DE JANEIRO DE 1986

*Definições, responsabilidades, critérios básicos e diretrizes gerais para uso e implementação da Avaliação de Impacto Ambiental como um dos instrumentos da Política Nacional do Meio Ambiente.*

**Art. 1º.** Para efeito desta Resolução, considera-se impacto ambiental qualquer alteração das propriedades físicas, químicas e biológicas do meio ambiente, causada por qualquer forma de matéria ou energia resultante das atividades humanas que, direta ou indiretamente, afetam:

**I** - a saúde, a segurança e o bem-estar da população;

**II** - as atividades sociais e econômicas;

**III** - a biota;

**IV** - as condições estéticas e sanitárias do meio ambiente;

**V** - a qualidade dos recursos ambientais.

✪ **Art. 2º.** Dependerá de elaboração de estudo de impacto ambiental e respectivo relatório de impacto ambiental - RIMA, a serem submetidos à aprovação do órgão estadual competente, e do IBAMA e 1n caráter supletivo, o licenciamento de atividades modificadoras do meio ambiente, tais como:

**I** - Estradas de rodagem com duas ou mais faixas de rolamento;

**II** - Ferrovias;

**III** - Portos e terminais de minério, petróleo e produtos químicos;

**IV** - Aeroportos, conforme definidos pelo inciso 1, artigo 48, do Decreto-Lei nº 32, de 18.11.66;

**V** - Oleodutos, gasodutos, minerodutos, troncos coletores e emissários de esgotos sanitários;

**VI** - Linhas de transmissão de energia elétrica, acima de 230KV;

**VII** - Obras hidráulicas para exploração de recursos hídricos, tais como: barragem para fins hidrelétricos, acima de 10MW, de saneamento ou de irrigação, abertura de canais para navegação, drenagem e irrigação, retificação de cursos d'água, abertura de barras e embocaduras, transposição de bacias, diques;

**VIII** - Extração de combustível fóssil (petróleo, xisto, carvão);

**IX** - Extração de minério, inclusive os da classe II, definidas no Código de Mineração;

**X** - Aterros sanitários, processamento e destino final de resíduos tóxicos ou perigosos;

**XI** - Usinas de geração de eletricidade, qualquer que seja a fonte de energia primária, acima de 10MW;

**XII** - Complexo e unidades industriais e agro-industriais (petroquímicos, siderúrgicos, cloroquímicos, destilarias de álcool, hulha, extração e cultivo de recursos hídricos);

**XIII** - Distritos industriais e zonas estritamente industriais - ZEI;

**XIV** - Exploração econômica de madeira ou de lenha, em áreas acima de 100 hectares ou menores, quando atingir áreas significativas em termos percentuais ou de importância do ponto de vista ambiental;

**XV** - Projetos urbanísticos, acima de 100ha. ou em áreas consideradas de relevante interesse ambiental a critério da SEMA e dos órgãos municipais e estaduais competentes;

**XVI** - Qualquer atividade que utilizar carvão vegetal, derivados ou produtos similares, em quantidade superior a dez toneladas por dia. (nova redação dada pela Resolução n° 11/86)

**XVII** - Projetos Agropecuários que contemplem áreas acima de 1.000 ha. ou menores, neste caso, quando se tratar de áreas significativas em termos percentuais ou de importância do ponto de vista ambiental, inclusive nas áreas de proteção ambiental. (inciso acrescentado pela Resolução n° 11/86)

**XVIII** - Empreendimentos potencialmente lesivos ao patrimônio espeleológico nacional. (inciso acrescentado pela Resolução nº 5/87)

**Art. 3º.** (Revogado pela Resolução nº 237/97)

**Art. 4º.** Os órgãos ambientais competentes e os órgãos setoriais do SISNAMA deverão compatibilizar os processos de licenciamento com as etapas de planejamento e implantação das atividades modificadoras do meio Ambiente, respeitados os critérios e diretrizes estabelecidos por esta Resolução e tendo por base a natureza o porte e as peculiaridades de cada atividade.

✪ **Art. 5º.** O estudo de impacto ambiental, além de atender à legislação, em especial os princípios e objetivos expressos na Lei de Política Nacional do Meio Ambiente, obedecerá às seguintes diretrizes gerais:

**I** - Contemplar todas as alternativas tecnológicas e de localização de projeto, confrontando-as com a hipótese de não execução do projeto;

**II** - Identificar e avaliar sistematicamente os impactos ambientais gerados nas fases de implantação e operação da atividade ;

**III** - Definir os limites da área geográfica a ser direta ou indiretamente afetada pelos impactos, denominada área de influência do projeto, considerando, em todos os casos, a bacia hidrográfica na qual se localiza;

**IV** - Considerar os planos e programas governamentais, propostos e em implantação na área de influência do projeto, e sua compatibilidade.

**Parágrafo único.** Ao determinar a execução do estudo de impacto ambiental o órgão estadual competente, ou o IBAMA ou, quando couber, o Município, fixará as diretrizes adicionais que, pelas peculiaridades do projeto e características ambientais da área, forem julgadas necessárias, inclusive os prazos para conclusão e análise dos estudos.

✪ **Art. 6º.** O estudo de impacto ambiental desenvolverá, no mínimo, as seguintes atividades técnicas:

**I** - Diagnóstico ambiental da área de influência do projeto completa descrição e análise dos recursos ambientais e suas interações, tal como existem, de modo a caracterizar a situação ambiental da área, antes da implantação do projeto, considerando:

*a)* o meio físico - o subsolo, as águas, o ar e o clima, destacando os recursos minerais, a topografia, os tipos e aptidões do solo, os corpos d'água, o regime hidrológico, as correntes marinhas, as correntes atmosféricas;

*b)* o meio biológico e os ecossistemas naturais - a fauna e a flora, destacando as espécies indicadoras da qualidade ambiental, de valor científico e econômico, raras e ameaçadas de extinção e as áreas de preservação permanente;

*c)* o meio sócio-econômico - o uso e ocupação do solo, os usos da água e a sócio-economia, destacando os sítios e monumentos arqueológicos, históricos e culturais da comunidade, as relações de dependência entre a sociedade local, os recursos ambientais e a potencial utilização futura desses recursos.

**II** - Análise dos impactos ambientais do projeto e de suas alternativas, através de identificação, previsão da magnitude e interpretação da importância dos prováveis impactos relevantes, discriminando: os impactos positivos e negativos (benéficos e adversos), diretos e indiretos, imediatos e a médio e longo prazos, temporários e permanentes; seu grau de reversibilidade; suas propriedades cumulativas e sinérgicas; a distribuição dos ônus e benefícios sociais.

**III** - Definição das medidas mitigadoras dos impactos negativos, entre elas os equipamentos de controle e sistemas de tratamento de despejos, avaliando a eficiência de cada uma delas.

**IV** - Elaboração do programa de acompanhamento e monitoramento (os impactos positivos e negativos, indicando os fatores e parâmetros a serem considerados.

**Parágrafo único.** Ao determinar a execução do estudo de impacto Ambiental o órgão estadual competente; ou o IBAMA ou quando couber, o Município fornecerá as instruções adicionais que se fizerem necessárias, pelas peculiaridades do projeto e características ambientais da área.

**Art. 7º.** (Revogado pela Resolução nº 237/97)

**Art. 8º.** Correrão por conta do proponente do projeto todas as despesas e custos referentes á realização do estudo de impacto ambiental, tais como: coleta e aquisição dos dados e informações, trabalhos e inspeções de campo, análises de laboratório, estudos técnicos e científicos e acompanhamento e monitoramento dos impactos, elaboração do RIMA e fornecimento de pelo menos 5 (cinco) cópias.

**Art. 9º.** O relatório de impacto ambiental - RIMA refletirá as conclusões do estudo de impacto ambiental e conterá, no mínimo:

**I** - Os objetivos e justificativas do projeto, sua relação e compatibilidade com as políticas setoriais, planos e programas governamentais;

**II** - A descrição do projeto e suas alternativas tecnológicas e locacionais, especificando para cada um deles, nas fases de construção e operação a área de influência, as matérias primas, e mão-de-obra, as fontes de energia, os processos e técnica operacionais, os prováveis efluentes, emissões, resíduos de energia, os empregos diretos e indiretos a serem gerados;

**III** - A síntese dos resultados dos estudos de diagnósticos ambiental da área de influência do projeto;

**IV** - A descrição dos prováveis impactos ambientais da implantação e operação da atividade, considerando o projeto, suas alternativas, os horizontes de tempo de incidência dos impactos e indicando os métodos, técnicas e critérios adotados para sua identificação, quantificação e interpretação;

**V** - A caracterização da qualidade ambiental futura da área de influência, comparando as diferentes situações da adoção do projeto e suas alternativas, bem como com a hipótese de sua não realização;

**VI** - A descrição do efeito esperado das medidas mitigadoras previstas em relação aos impactos negativos, mencionando aqueles que não puderam ser evitados, e o grau de alteração esperado;

**VII** - O programa de acompanhamento e monitoramento dos impactos;

**VIII** - Recomendação quanto à alternativa mais favorável (conclusões e comentários de ordem geral).

**Parágrafo único.** O RIMA deve ser apresentado de forma objetiva e adequada a sua compreensão. As informações devem ser traduzidas em linguagem acessível, ilustradas por mapas, cartas, quadros, gráficos e demais técnicas de comunicação visual, de modo que se possam entender as vantagens e desvantagens do projeto, bem como todas as conseqüências ambientais de sua implementação.

**Art. 10.** O órgão estadual competente, ou o IBAMA ou, quando couber, o Município terá um prazo para se manifestar de forma conclusiva sobre o RIMA apresentado.

**Parágrafo único.** O prazo a que se refere o *caput* deste artigo terá o seu termo inicial na data do recebimento pelo estadual competente ou pela SEMA do estudo do impacto ambiental e seu respectivo RIMA.

**Art. 11.** Respeitado o sigilo industrial, assim solicitando e demonstrando pelo interessado o RIMA será acessível ao público. Suas cópias permanecerão à disposição dos interessados, nos centros de documentação ou bibliotecas da SEMA e do estadual de controle ambiental correspondente, inclusive o período de análise técnica.

**§ 1º**. Os órgãos públicos que manifestarem interesse, ou tiverem relação direta com o projeto, receberão cópia do RIMA, para conhecimento e manifestação,

**§ 2º**. Ao determinar a execução do estudo de impacto ambiental e apresentação do RIMA, o estadual competente ou o IBAMA ou, quando couber o Município, determinará o prazo para recebimento dos comentários a serem feitos pelos órgãos públicos e demais interessados e, sempre que julgar necessário, promoverá a realização de audiência pública para informação sobre o projeto e seus impactos ambientais e discussão do RIMA.

**Art. 12.** Esta Resolução entra em vigor na data de sua publicação.

FLÁVIO PEIXOTO DA SILVEIRA

Presidente do Conselho

DOU de 17 de fevereiro de 1986.

# LEI Nº 8.080, DE 19 DE SETEMBRO DE 1990

*Dispõe sobre as condições para promoção, proteção e recuperação da saúde, a organização e o funcionamento dos serviços correspondentes e dá outras providências.*

O PRESIDENTE DA REPÚBLICA

Faço saber que o Congresso Nacional decreta e eu sanciono a seguinte Lei:

## DISPOSIÇÃO PRELIMINAR

**Art. 1º** Esta Lei regula, em todo o território nacional, as ações e serviços de saúde, executados isolada ou conjuntamente, em caráter permanente ou eventual, por pessoas naturais ou jurídicas de direito Público ou privado.

## TÍTULO I
## DAS DISPOSIÇÕES GERAIS

**Art. 2º** A saúde é um direito fundamental do ser humano, devendo o Estado prover as condições indispensáveis ao seu pleno exercício.

**§ 1º** O dever do Estado de garantir a saúde consiste na formulação e execução de políticas econômicas e sociais que visem à redução de riscos de doenças e de outros agravos e no estabelecimento de condições que assegurem acesso universal e igualitário às ações e aos serviços para a sua promoção, proteção e recuperação.

**§ 2º** O dever do Estado não exclui o das pessoas, da família, das empresas e da sociedade.

**Art. 3º** Os níveis de saúde expressam a organização social e econômica do País, tendo a saúde como determinantes e condicionantes, entre outros, a alimentação, a moradia, o saneamento básico, o meio ambiente, o trabalho, a renda, a educação, a atividade física, o transporte, o lazer e o acesso aos bens e serviços essenciais.

**Parágrafo único.** Dizem respeito também à saúde as ações que, por força do disposto no artigo anterior, se destinam a garantir às pessoas e à coletividade condições de bem-estar físico, mental e social.

## TÍTULO II
## DO SISTEMA ÚNICO DE SAÚDE
## DISPOSIÇÃO PRELIMINAR

**Art. 4º** O conjunto de ações e serviços de saúde, prestados por órgãos e instituições públicas federais, estaduais e municipais, da Administração direta e indireta e das fundações mantidas pelo Poder Público, constitui o Sistema Único de Saúde - SUS.

**§ 1º** Estão incluídas no disposto neste artigo as instituições públicas federais, estaduais e municipais de controle de qualidade, pesquisa e produção de insumos, medicamentos, inclusive de sangue e hemoderivados, e de equipamentos para saúde.

**§ 2º** A iniciativa privada poderá participar do Sistema Único de Saúde - SUS, em caráter complementar.

## CAPÍTULO I
## DOS OBJETIVOS E ATRIBUIÇÕES

**Art. 5º** São objetivos do Sistema Único de Saúde SUS:

**I** - a identificação e divulgação dos fatores condicionantes e determinantes da saúde;

**II** - a formulação de política de saúde destinada a promover, nos campos econômico e social, a observância do disposto no § 1º do art. 2º desta lei;

**III** - a assistência às pessoas por intermédio de ações de promoção, proteção e recuperação da saúde, com a realização integrada das ações assistenciais e das atividades preventivas.

✪ **Art. 6º** Estão incluídas ainda no campo de atuação do Sistema Único de Saúde - SUS:

**I** - a execução de ações:

*a)* de vigilância sanitária;

*b)* de vigilância epidemiológica;

*c)* de saúde do trabalhador; e

*d)* de assistência terapêutica integral, inclusive farmacêutica;

**II** - a participação na formulação da política e na execução de ações de saneamento básico;

**III** - a ordenação da formação de recursos humanos na área de saúde;

**IV** - a vigilância nutricional e a orientação alimentar;

**V** - a colaboração na proteção do meio ambiente, nele compreendido o do trabalho;

**VI** - a formulação da política de medicamentos, equipamentos, imunobiológicos e outros insumos de interesse para a saúde e a participação na sua produção;

**VII** - o controle e a fiscalização de serviços, produtos e substâncias de interesse para a saúde;

**VIII** - a fiscalização e a inspeção de alimentos, água e bebidas para consumo humano;

**IX** - a participação no controle e na fiscalização da produção, transporte, guarda e utilização de substâncias e produtos psicoativos, tóxicos e radioativos;

**X** - o incremento, em sua área de atuação, do desenvolvimento científico e tecnológico;

**XI** - a formulação e execução da política de sangue e seus derivados.

**§ 1º** Entende-se por vigilância sanitária um conjunto de ações capaz de eliminar, diminuir ou prevenir riscos à saúde e de intervir nos problemas sanitários decorrentes do meio ambiente, da produção e circulação de bens e da prestação de serviços de interesse da saúde, abrangendo:

**I** - o controle de bens de consumo que, direta ou indiretamente, se relacionem com a saúde, compreendidas todas as etapas e processos, da produção ao consumo; e

**II** - o controle da prestação de serviços que se relacionam direta ou indiretamente com a saúde.

**§ 2º** Entende-se por vigilância epidemiológica um conjunto de ações que proporcionam o conhecimento, a detecção ou prevenção de qualquer mudança nos fatores determinantes e condicionantes de saúde individual ou coletiva, com a finalidade de recomendar e adotar as medidas de prevenção e controle das doenças ou agravos.

**§ 3º** Entende-se por saúde do trabalhador, para fins desta lei, um conjunto de atividades que se destina, através das ações de vigilância epidemiológica e vigilância sanitária, à promoção e proteção da saúde dos trabalhadores, assim como visa à recuperação e reabilitação da saúde dos trabalhadores submetidos aos riscos e agravos advindos das condições de trabalho, abrangendo:

**I** - assistência ao trabalhador vítima de acidentes de trabalho ou portador de doença profissional e do trabalho;

**II** - participação, no âmbito de competência do Sistema Único de Saúde - SUS, em estudos, pesquisas, avaliação e controle dos riscos e agravos potenciais à saúde existentes no processo de trabalho;

**III** - participação, no âmbito de competência do Sistema Único de Saúde - SUS, da normatização, fiscalização e controle das condições de produção, extração, armazenamento, transporte, distribuição e manuseio de substâncias, de produtos, de máquinas e de equipamentos que apresentam riscos à saúde do trabalhador;

**IV** - avaliação do impacto que as tecnologias provocam à saúde;

**V** - informação ao trabalhador e à sua respectiva entidade sindical e às empresas sobre os riscos de acidentes de trabalho, doença profissional e do trabalho, bem como os resultados de fiscalizações, avaliações ambientais e exames de saúde, de admissão, periódicos e de demissão, respeitados os preceitos da ética profissional;

**VI** - participação na normatização, fiscalização e controle dos serviços de saúde do trabalhador nas instituições e empresas públicas e privadas;

**VII** - revisão periódica da listagem oficial de doenças originadas no processo de trabalho, tendo na sua elaboração a colaboração das entidades sindicais; e

**VIII** - a garantia ao sindicato dos trabalhadores de requerer ao órgão competente a interdição de máquina, de setor de serviço ou de todo ambiente de trabalho, quando houver exposição a risco iminente para a vida ou saúde dos trabalhadores.

## CAPÍTULO II
## DOS PRINCÍPIOS E DIRETRIZES

✪ **Art. 7º** As ações e serviços públicos de saúde e os serviços privados contratados ou conveniados que integram o Sistema Único de Saúde - SUS, são desenvolvidos de acordo com as diretrizes previstas no art. 198 da Constituição Federal, obedecendo ainda aos seguintes princípios:

**I** - universalidade de acesso aos serviços de saúde em todos os níveis de assistência;

**II** - integralidade de assistência, entendida como conjunto articulado e contínuo das ações e serviços preventivos e curativos, individuais e coletivos, exigidos para cada caso em todos os níveis de complexidade do sistema;

**III** - preservação da autonomia das pessoas na defesa de sua integridade física e moral;

**IV** - igualdade da assistência à saúde, sem preconceitos ou privilégios de qualquer espécie;

**V** - direito à informação, às pessoas assistidas, sobre sua saúde;

**VI** - divulgação de informações quanto ao potencial dos serviços de saúde e a sua utilização pelo usuário;

**VII** - utilização da epidemiologia para o estabelecimento de prioridades, a alocação de recursos e a orientação programática;

**VIII** - participação da comunidade;

**IX** - descentralização político-administrativa, com direção única em cada esfera de governo:

*a)* ênfase na descentralização dos serviços para os municípios;

*b)* regionalização e hierarquização da rede de serviços de saúde;

**X** - integração em nível executivo das ações de saúde, meio ambiente e saneamento básico;

**XI** - conjugação dos recursos financeiros, tecnológicos, materiais e humanos da União, dos Estados, do Distrito Federal e dos Municípios na prestação de serviços de assistência à saúde da população;

**XII** - capacidade de resolução dos serviços em todos os níveis de assistência; e

**XIII** - organização dos serviços públicos de modo a evitar duplicidade de meios para fins idênticos;

**XIV** - organização de atendimento público específico e especializado para mulheres e vítimas de violência doméstica em geral, que garanta, entre outros, atendimento, acompanhamento psicológico e cirurgias plásticas reparadoras, em conformidade com a Lei nº 12.845, de 1º de agosto de 2013.

## CAPÍTULO III
## DA ORGANIZAÇÃO, DA DIREÇÃO E DA GESTÃO

**Art. 8º** As ações e serviços de saúde, executados pelo Sistema Único de Saúde - SUS, seja diretamente ou mediante participação complementar da iniciativa privada, serão organizados de forma regionalizada e hierarquizada em níveis de complexidade crescente.

**Art. 9º** A direção do Sistema Único de Saúde - SUS é única, de acordo com o inciso I do art. 198 da Constituição Federal, sendo exercida em cada esfera de governo pelos seguintes órgãos:

**I** - no âmbito da União, pelo Ministério da Saúde;

**II** - no âmbito dos Estados e do Distrito Federal, pela respectiva Secretaria de Saúde ou órgão equivalente; e

**III** - no âmbito dos Municípios, pela respectiva Secretaria de Saúde ou órgão equivalente.

**Art. 10.** Os municípios poderão constituir consórcios para desenvolver em conjunto as ações e os serviços de saúde que lhes correspondam.

**§ 1º** Aplica-se aos consórcios administrativos intermunicipais o princípio da direção única, e os respectivos atos constitutivos disporão sobre sua observância.

**§ 2º** No nível municipal, o Sistema Único de Saúde - SUS, poderá organizar-se em distritos de forma a integrar e articular recursos, técnicas e práticas voltadas para a cobertura total das ações de saúde.

**Art. 11.** (VETADO).

**Art. 12.** Serão criadas comissões intersetoriais de âmbito nacional, subordinadas ao Conselho Nacional de Saúde, integradas pelos Ministérios e órgãos competentes e por entidades representativas da sociedade civil.

**Parágrafo único.** As comissões intersetoriais terão a finalidade de articular políticas e programas de interesse para a saúde, cuja execução envolva áreas não compreendidas no âmbito do Sistema Único de Saúde - SUS.

**Art. 13.** A articulação das políticas e programas, a cargo das comissões intersetoriais, abrangerá, em especial, as seguintes atividades:

**I** - alimentação e nutrição;

**II** - saneamento e meio ambiente;

**III** - vigilância sanitária e farmacoepidemiologia;

**IV** - recursos humanos;

**V** - ciência e tecnologia; e

**VI** - saúde do trabalhador.

**Art. 14.** Deverão ser criadas Comissões Permanentes de integração entre os serviços de saúde e as instituições de ensino profissional e superior.

**Parágrafo único.** Cada uma dessas comissões terá por finalidade propor prioridades, métodos e estratégias para a formação e educação continuada dos recursos humanos do Sistema Único de Saúde – SUS, na esfera correspondente, assim como em relação à pesquisa e à cooperação técnica entre essas instituições.

**Art. 14-A.** As Comissões Intergestores Bipartite e Tripartite são reconhecidas como foros de negociação e pactuação entre gestores, quanto aos aspectos operacionais do Sistema Único de Saúde (SUS).

**Parágrafo único.** A atuação das Comissões Intergestores Bipartite e Tripartite terá por objetivo:

**I** - decidir sobre os aspectos operacionais, financeiros e administrativos da gestão compartilhada do SUS, em conformidade com a definição da política consubstanciada em planos de saúde, aprovados pelos conselhos de saúde;

**II** - definir diretrizes, de âmbito nacional, regional e intermunicipal, a respeito da organização das redes de ações e serviços de saúde, principalmente no tocante à sua governança institucional e à integração das ações e serviços dos entes federados;

**III** - fixar diretrizes sobre as regiões de saúde, distrito sanitário, integração de territórios, referência e contrarreferência e demais aspectos vinculados à integração das ações e serviços de saúde entre os entes federados.

**Art. 14-B.** O Conselho Nacional de Secretários de Saúde (Conass) e o Conselho Nacional de Secretarias Municipais de Saúde (Conasems) são reconhecidos como entidades representativas dos entes estaduais e municipais para tratar de matérias referentes à saúde e declarados de utilidade pública e de relevante função social, na forma do regulamento.

**§ 1º** O Conass e o Conasems receberão recursos do orçamento geral da União por meio do Fundo Nacional de Saúde, para auxiliar no custeio de suas despesas institucionais, podendo ainda celebrar convênios com a União.

**§ 2º** Os Conselhos de Secretarias Municipais de Saúde (Cosems) são reconhecidos como entidades que representam os entes municipais, no âmbito estadual, para tratar de matérias referentes à saúde, desde que vinculados institucionalmente ao Conasems, na forma que dispuserem seus estatutos.

## CAPÍTULO IV
## DA COMPETÊNCIA E DAS ATRIBUIÇÕES

### SEÇÃO I
### DAS ATRIBUIÇÕES COMUNS

✪ **Art. 15.** A União, os Estados, o Distrito Federal e os Municípios exercerão, em seu âmbito administrativo, as seguintes atribuições:

**I** - definição das instâncias e mecanismos de controle, avaliação e de fiscalização das ações e serviços de saúde;

**II** - administração dos recursos orçamentários e financeiros destinados, em cada ano, à saúde;

**III** - acompanhamento, avaliação e divulgação do nível de saúde da população e das condições ambientais;

**IV** - organização e coordenação do sistema de informação de saúde;

**V** - elaboração de normas técnicas e estabelecimento de padrões de qualidade e parâmetros de custos que caracterizam a assistência à saúde;

**VI** - elaboração de normas técnicas e estabelecimento de padrões de qualidade para promoção da saúde do trabalhador;

**VII** - participação de formulação da política e da execução das ações de saneamento básico e colaboração na proteção e recuperação do meio ambiente;

**VIII** - elaboração e atualização periódica do plano de saúde;

**IX** - participação na formulação e na execução da política de formação e desenvolvimento de recursos humanos para a saúde;

**X** - elaboração da proposta orçamentária do Sistema Único de Saúde - SUS, de conformidade com o plano de saúde;

**XI** - elaboração de normas para regular as atividades de serviços privados de saúde, tendo em vista a sua relevância pública;

**XII** - realização de operações externas de natureza financeira de interesse da saúde, autorizadas pelo Senado Federal;

**XIII** - para atendimento de necessidades coletivas, urgentes e transitórias, decorrentes de situações de perigo iminente, de calamidade pública ou de irrupção de epidemias, a autoridade competente da esfera administrativa correspondente poderá requisitar bens e serviços, tanto de pessoas naturais como de jurídicas, sendo-lhes assegurada justa indenização;

▸ Vide ADI 3.454

**XIV** - implementar o Sistema Nacional de Sangue, Componentes e Derivados;

**XV** - propor a celebração de convênios, acordos e protocolos internacionais relativos à saúde, saneamento e meio ambiente;

**XVI** - elaborar normas técnico-científicas de promoção, proteção e recuperação da saúde;

**XVII** - promover articulação com os órgãos de fiscalização do exercício profissional e outras entidades representativas da sociedade civil para a definição e controle dos padrões éticos para pesquisa, ações e serviços de saúde;

**XVIII** - promover a articulação da política e dos planos de saúde;

**XIX** - realizar pesquisas e estudos na área de saúde;

**XX** - definir as instâncias e mecanismos de controle e fiscalização inerentes ao poder de polícia sanitária;

**XXI** - fomentar, coordenar e executar programas e projetos estratégicos e de atendimento emergencial.

## SEÇÃO II
## DA COMPETÊNCIA

✪ **Art. 16.** A direção nacional do Sistema Único da Saúde - SUS compete:

**I** - formular, avaliar e apoiar políticas de alimentação e nutrição;

**II** - participar na formulação e na implementação das políticas:

*a)* de controle das agressões ao meio ambiente;

*b)* de saneamento básico; e

*c)* relativas às condições e aos ambientes de trabalho;

**III** - definir e coordenar os sistemas:

*a)* de redes integradas de assistência de alta complexidade;

*b)* de rede de laboratórios de saúde pública;

*c)* de vigilância epidemiológica; e

*d)* vigilância sanitária;

**IV** - participar da definição de normas e mecanismos de controle, com órgão afins, de agravo sobre o meio ambiente ou dele decorrentes, que tenham repercussão na saúde humana;

**V** - participar da definição de normas, critérios e padrões para o controle das condições e dos ambientes de trabalho e coordenar a política de saúde do trabalhador;

**VI** - coordenar e participar na execução das ações de vigilância epidemiológica;

**VII** - estabelecer normas e executar a vigilância sanitária de portos, aeroportos e fronteiras, podendo a execução ser complementada pelos Estados, Distrito Federal e Municípios;

**VIII** - estabelecer critérios, parâmetros e métodos para o controle da qualidade sanitária de produtos, substâncias e serviços de consumo e uso humano;

**IX** - promover articulação com os órgãos educacionais e de fiscalização do exercício profissional, bem como com entidades representativas de formação de recursos humanos na área de saúde;

**X** - formular, avaliar, elaborar normas e participar na execução da política nacional e produção de insumos e equipamentos para a saúde, em articulação com os demais órgãos governamentais;

**XI** - identificar os serviços estaduais e municipais de referência nacional para o estabelecimento de padrões técnicos de assistência à saúde;

**XII** - controlar e fiscalizar procedimentos, produtos e substâncias de interesse para a saúde;

**XIII** - prestar cooperação técnica e financeira aos Estados, ao Distrito Federal e aos Municípios para o aperfeiçoamento da sua atuação institucional;

**XIV** - elaborar normas para regular as relações entre o Sistema Único de Saúde - SUS e os serviços privados contratados de assistência à saúde;

**XV** - promover a descentralização para as Unidades Federadas e para os Municípios, dos serviços e ações de saúde, respectivamente, de abrangência estadual e municipal;

**XVI** - normatizar e coordenar nacionalmente o Sistema Nacional de Sangue, Componentes e Derivados;

**XVII** - acompanhar, controlar e avaliar as ações e os serviços de saúde, respeitadas as competências estaduais e municipais;

**XVIII** - elaborar o Planejamento Estratégico Nacional no âmbito do SUS, em cooperação técnica com os Estados, Municípios e Distrito Federal;

**XIX** - estabelecer o Sistema Nacional de Auditoria e coordenar a avaliação técnica e financeira do SUS em todo o Território Nacional em cooperação técnica com os Estados, Municípios e Distrito Federal.

**§ 1º** A União poderá executar ações de vigilância epidemiológica e sanitária em circunstâncias especiais, como na ocorrência de agravos inusitados à saúde, que possam escapar do controle da direção estadual do Sistema Único de Saúde - SUS ou que representem risco de disseminação nacional. *(Parágrafo único transformado em § 1º pela Lei 14.141/2021)*

**§ 2º** Em situações epidemiológicas que caracterizem emergência em saúde pública, poderá ser adotado procedimento simplificado para a remessa de patrimônio genético ao exterior, na forma do regulamento. *(Acrescido pela Lei 14.141/2021)*

**§ 3º** Os benefícios resultantes da exploração econômica de produto acabado ou material reprodutivo oriundo de acesso ao patrimônio genético de que trata o § 2º deste artigo serão repartidos nos termos da Lei nº 13.123, de 20 de maio de 2015. *(Acrescido pela Lei 14.141/2021)*

✪ **Art. 17.** À direção estadual do Sistema Único de Saúde - SUS compete:

**I** - promover a descentralização para os Municípios dos serviços e das ações de saúde;

**II** - acompanhar, controlar e avaliar as redes hierarquizadas do Sistema Único de Saúde - SUS;

**III** - prestar apoio técnico e financeiro aos Municípios e executar supletivamente ações e serviços de saúde;

**IV** - coordenar e, em caráter complementar, executar ações e serviços:

*a)* de vigilância epidemiológica;

*b)* de vigilância sanitária;

*c)* de alimentação e nutrição; e

*d)* de saúde do trabalhador;

**V** - participar, junto com os órgãos afins, do controle dos agravos do meio ambiente que tenham repercussão na saúde humana;

**VI** - participar da formulação da política e da execução de ações de saneamento básico;

**VII** - participar das ações de controle e avaliação das condições e dos ambientes de trabalho;

**VIII** - em caráter suplementar, formular, executar, acompanhar e avaliar a política de insumos e equipamentos para a saúde;

**IX** - identificar estabelecimentos hospitalares de referência e gerir sistemas públicos de alta complexidade, de referência estadual e regional;

**X** - coordenar a rede estadual de laboratórios de saúde pública e hemocentros, e gerir as unidades que permaneçam em sua organização administrativa;

**XI** - estabelecer normas, em caráter suplementar, para o controle e avaliação das ações e serviços de saúde;

**XII** - formular normas e estabelecer padrões, em caráter suplementar, de procedimentos de controle de qualidade para produtos e substâncias de consumo humano;

**XIII** - colaborar com a União na execução da vigilância sanitária de portos, aeroportos e fronteiras;

**XIV** - o acompanhamento, a avaliação e divulgação dos indicadores de morbidade e mortalidade no âmbito da unidade federada.

✪ **Art. 18.** À direção municipal do Sistema de Saúde - SUS compete:

**I** - planejar, organizar, controlar e avaliar as ações e os serviços de saúde e gerir e executar os serviços públicos de saúde;

**II** - participar do planejamento, programação e organização da rede regionalizada e hierarquizada do Sistema Único de Saúde - SUS, em articulação com sua direção estadual;

**III** - participar da execução, controle e avaliação das ações referentes às condições e aos ambientes de trabalho;

**IV** - executar serviços:

*a)* de vigilância epidemiológica;

*b)* vigilância sanitária;

*c)* de alimentação e nutrição;

*d)* de saneamento básico; e

*e)* de saúde do trabalhador;

**V** - dar execução, no âmbito municipal, à política de insumos e equipamentos para a saúde;

**VI** - colaborar na fiscalização das agressões ao meio ambiente que tenham repercussão sobre a saúde humana e atuar, junto aos órgãos municipais, estaduais e federais competentes, para controlá-las;

**VII** - formar consórcios administrativos intermunicipais;

**VIII** - gerir laboratórios públicos de saúde e hemocentros;

**IX** - colaborar com a União e os Estados na execução da vigilância sanitária de portos, aeroportos e fronteiras;

**X** - observado o disposto no art. 26 desta Lei, celebrar contratos e convênios com entidades prestadoras de serviços privados de saúde, bem como controlar e avaliar sua execução;

**XI** - controlar e fiscalizar os procedimentos dos serviços privados de saúde;

**XII** - normatizar complementarmente as ações e serviços públicos de saúde no seu âmbito de atuação.

**Art. 19.** Ao Distrito Federal competem as atribuições reservadas aos Estados e aos Municípios.

## CAPÍTULO V
## DO SUBSISTEMA DE ATENÇÃO À SAÚDE INDÍGENA

**Art. 19-A.** As ações e serviços de saúde voltados para o atendimento das populações indígenas, em todo o território nacional, coletiva ou individualmente, obedecerão ao disposto nesta Lei.

**Art. 19-B.** É instituído um Subsistema de Atenção à Saúde Indígena, componente do Sistema Único de Saúde - SUS, criado e definido por esta Lei, e pela Lei nº 8.142, de 28 de dezembro de 1990, com o qual funcionará em perfeita integração.

**Art. 19-C.** Caberá à União, com seus recursos próprios, financiar o Subsistema de Atenção à Saúde Indígena.

**Art. 19-D.** O SUS promoverá a articulação do Subsistema instituído por esta Lei com os órgãos responsáveis pela Política Indígena do País.

**Art. 19-E.** Os Estados, Municípios, outras instituições governamentais e não-governamentais poderão atuar complementarmente no custeio e execução das ações.

**§ 1º** A União instituirá mecanismo de financiamento específico para os Estados, o Distrito Federal e os Municípios, sempre que houver necessidade de atenção secundária e terciária fora dos territórios indígenas. *(Acrescido pela Lei 14.021/2020, vetado pelo Presidente da República, mantido pelo Congresso Nacional e publicado na Edição Extra A do DOU de 27.08.2020)*

**§ 2º** Em situações emergenciais e de calamidade pública: *(Acrescido pela Lei 14.021/2020, vetado pelo Presidente da República, mantido pelo Congresso Nacional e publicado na Edição Extra A do DOU de 27.08.2020)*

**I** – a União deverá assegurar aporte adicional de recursos não previstos nos planos de saúde dos Distritos Sanitários Especiais Indígenas (Dseis) ao Subsistema de Atenção à Saúde Indígena;

**II** – deverá ser garantida a inclusão dos povos indígenas nos planos emergenciais para atendimento dos pacientes graves das Secretarias Municipais e Estaduais de Saúde, explicitados os fluxos e as referências para o atendimento em tempo oportuno.

**Art. 19-F.** Dever-se-á obrigatoriamente levar em consideração a realidade local e as especificidades da cultura dos povos indígenas e o modelo a ser adotado para a atenção à saúde indígena, que se deve pautar por uma abordagem diferenciada e global, contemplando os aspectos de assistência à saúde, saneamento básico, nutrição, habitação, meio ambiente, demarcação de terras, educação sanitária e integração institucional.

**Art. 19-G.** O Subsistema de Atenção à Saúde Indígena deverá ser, como o SUS, descentralizado, hierarquizado e regionalizado.

**§ 1º** O Subsistema de que trata o *caput* deste artigo terá como base os Distritos Sanitários Especiais Indígenas.

**§ 1º-A**. A rede do SUS deverá obrigatoriamente fazer o registro e a notificação da declaração de raça ou cor, garantindo a identificação de todos os indígenas atendidos nos sistemas públicos de saúde. *(Acrescido pela Lei 14.021/2020, vetado pelo Presidente da República, mantido pelo Congresso Nacional e publicado na Edição Extra A do DOU de 27.08.2020)*

**§ 1º-B**. A União deverá integrar os sistemas de informação da rede do SUS com os dados do Subsistema de Atenção à Saúde Indígena. *(Acrescido pela Lei 14.021/2020, vetado pelo Presidente da República, mantido pelo Congresso Nacional e publicado na Edição Extra A do DOU de 27.08.2020)*

**§ 2º** O SUS servirá de retaguarda e referência ao Subsistema de Atenção à Saúde Indígena, devendo, para isso, ocorrer adaptações na estrutura e organização do SUS nas regiões onde residem as populações indígenas, para propiciar essa integração e o atendimento necessário em todos os níveis, sem discriminações.

**§ 3º** As populações indígenas devem ter acesso garantido ao SUS, em âmbito local, regional e de centros especializados, de acordo com suas necessidades, compreendendo a atenção primária, secundária e terciária à saúde.

**Art. 19-H.** As populações indígenas terão direito a participar dos organismos colegiados de formulação, acompanhamento e avaliação das políticas de saúde, tais como o Conselho Nacional de Saúde e os Conselhos Estaduais e Municipais de Saúde, quando for o caso.

## CAPÍTULO VI
## DO SUBSISTEMA DE ATENDIMENTO E INTERNAÇÃO DOMICILIAR

**Art. 19-I.** São estabelecidos, no âmbito do Sistema Único de Saúde, o atendimento domiciliar e a internação domiciliar.

**§ 1º** Na modalidade de assistência de atendimento e internação domiciliares incluem-se, principalmente, os procedimentos médicos, de enfermagem, fisioterapêuticos, psicológicos e de assistência social, entre outros necessários ao cuidado integral dos pacientes em seu domícilio.

**§ 2º** O atendimento e a internação domiciliares serão realizados por equipes multidisciplinares que atuarão nos níveis da medicina preventiva, terapêutica e reabilitadora.

**§ 3º** O atendimento e a internação domiciliares só poderão ser realizados por indicação médica, com expressa concordância do paciente e de sua família.

## CAPÍTULO VII
## DO SUBSISTEMA DE ACOMPANHAMENTO DURANTE O TRABALHO DE PARTO, PARTO E PÓS-PARTO IMEDIATO

**Art. 19-J.** Os serviços de saúde do Sistema Único de Saúde - SUS, da rede própria ou conveniada, ficam obrigados a permitir a presença, junto à parturiente, de 1 (um) acompanhante durante todo o período de trabalho de parto, parto e pós-parto imediato.

**§ 1º** O acompanhante de que trata o *caput* deste artigo será indicado pela parturiente.

**§ 2º** As ações destinadas a viabilizar o pleno exercício dos direitos de que trata este artigo constarão do regulamento da lei, a ser elaborado pelo órgão competente do Poder Executivo.

**§ 3º** Ficam os hospitais de todo o País obrigados a manter, em local visível de suas dependências, aviso informando sobre o direito estabelecido no *caput* deste artigo.

**Art. 19-L** (VETADO na Lei 11.108/2005)

## CAPÍTULO VIII
## DA ASSISTÊNCIA TERAPÊUTICA E DA INCORPORAÇÃO DE TECNOLOGIA EM SAÚDE

**Art. 19-M.** A assistência terapêutica integral a que se refere a alínea d do inciso I do art. 6º consiste em:

**I** - dispensação de medicamentos e produtos de interesse para a saúde, cuja prescrição esteja em conformidade com as diretrizes terapêuticas definidas em protocolo clínico para a doença ou o agravo à saúde a ser tratado ou, na falta do protocolo, em conformidade com o disposto no art. 19-P;

**II** - oferta de procedimentos terapêuticos, em regime domiciliar, ambulatorial e hospitalar, constantes de tabelas elaboradas pelo gestor federal do Sistema Único de Saúde - SUS, realizados no território nacional por serviço próprio, conveniado ou contratado.

**Art. 19-N.** Para os efeitos do disposto no art. 19-M, são adotadas as seguintes definições:

**I** - produtos de interesse para a saúde: órteses, próteses, bolsas coletoras e equipamentos médicos;

**II** - protocolo clínico e diretriz terapêutica: documento que estabelece critérios para o diagnóstico da doença ou do agravo à saúde; o tratamento preconizado, com os medicamentos e demais produtos apropriados, quando couber; as posologias recomendadas; os mecanismos de controle clínico; e o acompanhamento e a verificação dos resultados terapêuticos, a serem seguidos pelos gestores do SUS.

**Art. 19-O.** Os protocolos clínicos e as diretrizes terapêuticas deverão estabelecer os medicamentos ou produtos necessários nas diferentes fases evolutivas da doença ou do agravo à saúde de que tratam, bem como aqueles indicados em casos de perda de eficácia e de surgimento de intolerância ou reação adversa relevante, provocadas pelo medicamento, produto ou procedimento de primeira escolha.

**Parágrafo único.** Em qualquer caso, os medicamentos ou produtos de que trata o *caput* deste artigo serão aqueles avaliados quanto à sua eficácia, segurança, efetividade e custo-efetividade para as diferentes fases evolutivas da doença ou do agravo à saúde de que trata o protocolo.

**Art. 19-P.** Na falta de protocolo clínico ou de diretriz terapêutica, a dispensação será realizada:

**I** - com base nas relações de medicamentos instituídas pelo gestor federal do SUS, observadas as competências estabelecidas nesta Lei, e a responsabilidade pelo fornecimento será pactuada na Comissão Intergestores Tripartite;

**II** - no âmbito de cada Estado e do Distrito Federal, de forma suplementar, com base nas relações de medicamentos instituídas pelos gestores estaduais do SUS, e a responsabilidade pelo fornecimento será pactuada na Comissão Intergestores Bipartite;

**III** - no âmbito de cada Município, de forma suplementar, com base nas relações de medicamentos instituídas pelos gestores municipais do SUS, e a responsabilidade pelo fornecimento será pactuada no Conselho Municipal de Saúde.

**Art. 19-Q.** A incorporação, a exclusão ou a alteração pelo SUS de novos medicamentos, produtos e procedimentos, bem como a constituição ou a alteração de protocolo clínico ou de diretriz terapêutica, são atribuições do Ministério da Saúde, assessorado pela Comissão Nacional de Incorporação de Tecnologias no SUS.

**§ 1º** A Comissão Nacional de Incorporação de Tecnologias no SUS, cuja composição e regimento são definidos em regulamento, contará com a participação de 1 (um) representante indicado pelo Conselho Nacional de Saúde e de 1 (um) representante, especialista na área, indicado pelo Conselho Federal de Medicina.

**§ 2º** O relatório da Comissão Nacional de Incorporação de Tecnologias no SUS levará em consideração, necessariamente:

**I** - as evidências científicas sobre a eficácia, a acurácia, a efetividade e a segurança do medicamento, produto ou procedimento objeto do processo, acatadas pelo órgão competente para o registro ou a autorização de uso;

**II** - a avaliação econômica comparativa dos benefícios e dos custos em relação às tecnologias já incorporadas, inclusive no que se refere aos atendimentos domiciliar, ambulatorial ou hospitalar, quando cabível.

**§ 3º** As metodologias empregadas na avaliação econômica a que se refere o inciso II do § 2º deste artigo serão dispostas em regulamento e amplamente divulgadas, inclusive em relação aos indicadores e parâmetros de custo-efetividade utilizados em combinação com outros critérios. *(Acrescido pela Lei 14.313/2022)*

**Art. 19-R.** A incorporação, a exclusão e a alteração a que se refere o art. 19-Q serão efetuadas mediante a instauração de processo administrativo, a ser concluído em prazo não superior a 180 (cento e oitenta) dias, contado da data em que foi protocolado o pedido, admitida a sua prorrogação por 90 (noventa) dias corridos, quando as circunstâncias exigirem.

**§ 1º** O processo de que trata o *caput* deste artigo observará, no que couber, o disposto na Lei nº 9.784, de 29 de janeiro de 1999, e as seguintes determinações especiais:

**I** - apresentação pelo interessado dos documentos e, se cabível, das amostras de produtos, na forma do regulamento, com informações necessárias para o atendimento do disposto no § 2º do art. 19-Q;

**II** - (VETADO);

**III** - realização de consulta pública que inclua a divulgação do parecer emitido pela Comissão Nacional de Incorporação de Tecnologias no SUS;

**IV** - realização de audiência pública, antes da tomada de decisão, se a relevância da matéria justificar o evento.

**V** - distribuição aleatória, respeitadas a especialização e a competência técnica requeridas para a análise da matéria; *(Acrescido pela Lei 14.313/2022)*

**VI** - publicidade dos atos processuais. *(Acrescido pela Lei 14.313/2022)*

**§ 2º** ( VETADO).

**Art. 19-S.** (VETADO na Lei 12.401/2011)

**Art. 19-T.** São vedados, em todas as esferas de gestão do SUS:

**I** - o pagamento, o ressarcimento ou o reembolso de medicamento, produto e procedimento clínico ou cirúrgico experimental, ou de uso não autorizado pela Agência Nacional de Vigilância Sanitária - ANVISA;

**II** - a dispensação, o pagamento, o ressarcimento ou o reembolso de medicamento e produto, nacional ou importado, sem registro na Anvisa.

**Parágrafo único.** Excetuam-se do disposto neste artigo: *(Acrescido pela Lei 14.313/2022)*

**I** - medicamento e produto em que a indicação de uso seja distinta daquela aprovada no registro na Anvisa, desde que seu uso tenha sido recomendado pela Comissão Nacional de Incorporação de Tecnologias no Sistema Único de Saúde (Conitec), demonstradas as evidências científicas sobre a eficácia, a acurácia, a efetividade e a segurança, e esteja padronizado em protocolo estabelecido pelo Ministério da Saúde;

**II** - medicamento e produto recomendados pela Conitec e adquiridos por intermédio de organismos multilaterais internacionais, para uso em programas de saúde pública do Ministério da Saúde e suas entidades vinculadas, nos termos do § 5º do art. 8º da Lei nº 9.782, de 26 de janeiro de 1999.

**Art. 19-U.** A responsabilidade financeira pelo fornecimento de medicamentos, produtos de interesse para a saúde ou procedimentos de que trata este Capítulo será pactuada na Comissão Intergestores Tripartite.

# TÍTULO III
# DOS SERVIÇOS PRIVADOS DE ASSISTÊNCIA À SAÚDE

## CAPÍTULO I
## DO FUNCIONAMENTO

**Art. 20.** Os serviços privados de assistência à saúde caracterizam-se pela atuação, por iniciativa própria, de profissionais liberais, legalmente habilitados, e de pessoas jurídicas de direito privado na promoção, proteção e recuperação da saúde.

**Art. 21.** A assistência à saúde é livre à iniciativa privada.

**Art. 22.** Na prestação de serviços privados de assistência à saúde, serão observados os princípios éticos e as normas expedidas pelo órgão de direção do Sistema Único de Saúde - SUS quanto às condições para seu funcionamento.

**Art. 23.** É permitida a participação direta ou indireta, inclusive controle, de empresas ou de capital estrangeiro na assistência à saúde nos seguintes casos:

**I** - doações de organismos internacionais vinculados à Organização das Nações Unidas, de entidades de cooperação técnica e de financiamento e empréstimos;

**II** - pessoas jurídicas destinadas a instalar, operacionalizar ou explorar:

*a)* hospital geral, inclusive filantrópico, hospital especializado, policlínica, clínica geral e clínica especializada; e

*b)* ações e pesquisas de planejamento familiar;

**III** - serviços de saúde mantidos, sem finalidade lucrativa, por empresas, para atendimento de seus empregados e dependentes, sem qualquer ônus para a seguridade social; e

**IV** - demais casos previstos em legislação específica.

## CAPÍTULO II
## DA PARTICIPAÇÃO COMPLEMENTAR

**Art. 24.** Quando as suas disponibilidades forem insuficientes para garantir a cobertura assistencial à população de uma determinada área, o Sistema Único de Saúde - SUS poderá recorrer aos serviços ofertados pela iniciativa privada.

**Parágrafo único.** A participação complementar dos serviços privados será formalizada mediante contrato ou convênio, observadas, a respeito, as normas de direito público.

**Art. 25.** Na hipótese do artigo anterior, as entidades filantrópicas e as sem fins lucrativos terão preferência para participar do Sistema Único de Saúde - SUS.

**Art. 26.** Os critérios e valores para a remuneração de serviços e os parâmetros de cobertura assistencial serão estabelecidos pela direção nacional do Sistema Único de Saúde - SUS, aprovados no Conselho Nacional de Saúde.

**§ 1º** Na fixação dos critérios, valores, formas de reajuste e de pagamento da remuneração aludida neste artigo, a direção nacional do Sistema Único de Saúde - SUS deverá fundamentar seu ato em demonstrativo econômico-financeiro que garanta a efetiva qualidade de execução dos serviços contratados.

**§ 2º** Os serviços contratados submeter-se-ão às normas técnicas e administrativas e aos princípios e diretrizes do Sistema Único de Saúde - SUS, mantido o equilíbrio econômico e financeiro do contrato.

**§ 3º** (VETADO).

**§ 4º** Aos proprietários, administradores e dirigentes de entidades ou serviços contratados é vedado exercer cargo de chefia ou função de confiança no Sistema Único de Saúde - SUS.

# TÍTULO IV
# DOS RECURSOS HUMANOS

**Art. 27.** A política de recursos humanos na área da saúde será formalizada e executada, articuladamente, pelas diferentes esferas de governo, em cumprimento dos seguintes objetivos:

**I** - organização de um sistema de formação de recursos humanos em todos os níveis de ensino, inclusive de pós-graduação, além da elaboração de programas de permanente aperfeiçoamento de pessoal;

**II** - (VETADO)

**III** - (VETADO)

**IV** - valorização da dedicação exclusiva aos serviços do Sistema Único de Saúde - SUS.

**Parágrafo único.** Os serviços públicos que integram o Sistema Único de Saúde - SUS constituem campo de prática para ensino e pesquisa, mediante normas específicas, elaboradas conjuntamente com o sistema educacional.

**Art. 28.** Os cargos e funções de chefia, direção e assessoramento, no âmbito do Sistema Único de Saúde - SUS, só poderão ser exercidas em regime de tempo integral.

**§ 1º** Os servidores que legalmente acumulam dois cargos ou empregos poderão exercer suas atividades em mais de um estabelecimento do Sistema Único de Saúde - SUS.

**§ 2º** O disposto no parágrafo anterior aplica-se também aos servidores em regime de tempo integral, com exceção dos ocupantes de cargos ou função de chefia, direção ou assessoramento.

**Art. 29.** (VETADO).

**Art. 30.** As especializações na forma de treinamento em serviço sob supervisão serão regulamentadas por Comissão Nacional, instituída de acordo com o art. 12 desta Lei, garantida a participação das entidades profissionais correspondentes.

## TÍTULO V
## DO FINANCIAMENTO

### CAPÍTULO I
### DOS RECURSOS

**Art. 31.** O orçamento da seguridade social destinará ao Sistema Único de Saúde - SUS de acordo com a receita estimada, os recursos necessários à realização de suas finalidades, previstos em proposta elaborada pela sua direção nacional, com a participação dos órgãos da Previdência Social e da Assistência Social, tendo em vista as metas e prioridades estabelecidas na Lei de Diretrizes Orçamentárias.

**Art. 32.** São considerados de outras fontes os recursos provenientes de:

**I** - (VETADO)

**II** - Serviços que possam ser prestados sem prejuízo da assistência à saúde;

**III** - ajuda, contribuições, doações e donativos;

**IV** - alienações patrimoniais e rendimentos de capital;

**V** - taxas, multas, emolumentos e preços públicos arrecadados no âmbito do Sistema Único de Saúde - SUS; e

**VI** - rendas eventuais, inclusive comerciais e industriais.

**§ 1º** Ao Sistema Único de Saúde - SUS caberá metade da receita de que trata o inciso I deste artigo, apurada mensalmente, a qual será destinada à recuperação de viciados.

**§ 2º** As receitas geradas no âmbito do Sistema Único de Saúde - SUS serão creditadas diretamente em contas especiais, movimentadas pela sua direção, na esfera de poder onde forem arrecadadas.

**§ 3º** As ações de saneamento que venham a ser executadas supletivamente pelo Sistema Único de Saúde - SUS, serão financiadas por recursos tarifários específicos e outros da União, Estados, Distrito Federal, Municípios e, em particular, do Sistema Financeiro da Habitação - SFH.

**§ 4º** (VETADO).

**§ 5º** As atividades de pesquisa e desenvolvimento científico e tecnológico em saúde serão co-financiadas pelo Sistema Único de Saúde - SUS, pelas universidades e pelo orçamento fiscal, além de recursos de instituições de fomento e financiamento ou de origem externa e receita própria das instituições executoras.

**§ 6º** (VETADO).

### CAPÍTULO II
### DA GESTÃO FINANCEIRA

**Art. 33.** Os recursos financeiros do Sistema Único de Saúde - SUS serão depositados em conta especial, em cada esfera de sua atuação, e movimentados sob fiscalização dos respectivos Conselhos de Saúde.

**§ 1º** Na esfera federal, os recursos financeiros, originários do Orçamento da Seguridade Social, de outros Orçamentos da União, além de outras fontes, serão administrados pelo Ministério da Saúde, através do Fundo Nacional de Saúde.

**§ 2º** (VETADO).

**§ 3º** (VETADO).

**§ 4º** O Ministério da Saúde acompanhará, através de seu sistema de auditoria, a conformidade à programação aprovada da aplicação dos recursos repassados a Estados e Municípios. Constatada a malversação, desvio ou não aplicação dos recursos, caberá ao Ministério da Saúde aplicar as medidas previstas em lei.

**Art. 34.** As autoridades responsáveis pela distribuição da receita efetivamente arrecadada transferirão automaticamente ao Fundo Nacional de Saúde - FNS, observado o critério do parágrafo único deste artigo, os recursos financeiros correspondentes às dotações consignadas no Orçamento da Seguridade Social, a projetos e atividades a serem executados no âmbito do Sistema Único de Saúde - SUS.

**Parágrafo único.** Na distribuição dos recursos financeiros da Seguridade Social será observada a mesma proporção da despesa prevista de cada área, no Orçamento da Seguridade Social.

**Art. 35.** Para o estabelecimento de valores a serem transferidos a Estados, Distrito Federal e Municípios, será utilizada a combinação dos seguintes critérios, segundo análise técnica de programas e projetos:

**I** - perfil demográfico da região;

**II** - perfil epidemiológico da população a ser coberta;

**III** - características quantitativas e qualitativas da rede de saúde na área;

**IV** - desempenho técnico, econômico e financeiro no período anterior;

**V** - níveis de participação do setor saúde nos orçamentos estaduais e municipais;

**VI** - previsão do plano qüinqüenal de investimentos da rede;

**VII** - ressarcimento do atendimento a serviços prestados para outras esferas de governo.

**§ 1º** (Revogado pela Lei Complementar 141/2012)

**§ 2º** Nos casos de Estados e Municípios sujeitos a notório processo de migração, os critérios demográficos mencionados nesta lei serão ponderados por outros indicadores de crescimento populacional, em especial o número de eleitores registrados.

**§ 3º** (VETADO).

**§ 4º** (VETADO).

**§ 5º** (VETADO).

**§ 6º** O disposto no parágrafo anterior não prejudica a atuação dos órgãos de controle interno e externo e nem a aplicação de penalidades previstas em lei, em caso de irregularidades verificadas na gestão dos recursos transferidos.

## CAPÍTULO III
## DO PLANEJAMENTO E DO ORÇAMENTO

**Art. 36.** O processo de planejamento e orçamento do Sistema Único de Saúde - SUS será ascendente, do nível local até o federal, ouvidos seus órgãos deliberativos, compatibilizando-se as necessidades da política de saúde com a disponibilidade de recursos em planos de saúde dos Municípios, dos Estados, do Distrito Federal e da União.

**§ 1º** Os planos de saúde serão a base das atividades e programações de cada nível de direção do Sistema Único de Saúde - SUS, e seu financiamento será previsto na respectiva proposta orçamentária.

**§ 2º** É vedada a transferência de recursos para o financiamento de ações não previstas nos planos de saúde, exceto em situações emergenciais ou de calamidade pública, na área de saúde.

**Art. 37.** O Conselho Nacional de Saúde estabelecerá as diretrizes a serem observadas na elaboração dos planos de saúde, em função das características epidemiológicas e da organização dos serviços em cada jurisdição administrativa.

**Art. 38.** Não será permitida a destinação de subvenções e auxílios a instituições prestadoras de serviços de saúde com finalidade lucrativa.

## DAS DISPOSIÇÕES FINAIS E TRANSITÓRIAS

**Art. 39.** (VETADO).

**§ 1º** (VETADO).

**§ 2º** (VETADO).

**§ 3º** (VETADO).

**§ 4º** (VETADO).

**§ 5º** A cessão de uso dos imóveis de propriedade do INAMPS para órgãos integrantes do Sistema Único de Saúde - SUS será feita de modo a preservá-los como patrimônio da Seguridade Social.

**§ 6º** Os imóveis de que trata o parágrafo anterior serão inventariados com todos os seus acessórios, equipamentos e outros bens móveis e ficarão disponíveis para utilização pelo órgão de direção municipal do Sistema Único de Saúde - SUS ou, eventualmente, pelo estadual, em cuja circunscrição administrativa se encontrem, mediante simples termo de recebimento.

**§ 7º** (VETADO).

**§ 8º** O acesso aos serviços de informática e bases de dados, mantidos pelo Ministério da Saúde e pelo Ministério do Trabalho e da Previdência Social, será assegurado às Secretarias Estaduais e Municipais de Saúde ou órgãos congêneres, como suporte ao processo de gestão, de forma a permitir a gerência informatizada das contas e a disseminação de estatísticas sanitárias e epidemiológicas médico-hospitalares.

**Art. 40.** (VETADO).

**Art. 41.** As ações desenvolvidas pela Fundação das Pioneiras Sociais e pelo Instituto Nacional do Câncer, supervisionadas pela direção nacional do Sistema Único de Saúde - SUS, permanecerão como referencial de prestação de serviços, formação de recursos humanos e para transferência de tecnologia.

**Art. 42.** (VETADO).

**Art. 43.** A gratuidade das ações e serviços de saúde fica preservada nos serviços públicos contratados, ressalvando-se as cláusulas dos contratos ou convênios estabelecidos com as entidades privadas.

**Art. 44.** (VETADO).

**Art. 45.** Os serviços de saúde dos hospitais universitários e de ensino integram-se ao Sistema Único de Saúde - SUS, mediante convênio, preservada a sua autonomia administrativa, em relação ao patrimônio, aos recursos humanos e financeiros, ensino, pesquisa e extensão nos limites conferidos pelas instituições a que estejam vinculados.

**§ 1º** Os serviços de saúde de sistemas estaduais e municipais de previdência social deverão integrar-se à direção correspondente do Sistema Único de Saúde - SUS, conforme seu âmbito de atuação, bem como quaisquer outros órgãos e serviços de saúde.

**§ 2º** Em tempo de paz e havendo interesse recíproco, os serviços de saúde das Forças Armadas poderão integrar-se ao Sistema Único de Saúde - SUS, conforme se dispuser em convênio que, para esse fim, for firmado.

**Art. 46.** O Sistema Único de Saúde - SUS, estabelecerá mecanismos de incentivos à participação do setor privado no investimento em ciência e tecnologia e estimulará a transferência de tecnologia das universidades e institutos de pesquisa aos serviços de saúde nos Estados, Distrito Federal e Municípios, e às empresas nacionais.

**Art. 47.** O Ministério da Saúde, em articulação com os níveis estaduais e municipais do Sistema Único de Saúde - SUS, organizará, no prazo de dois anos, um sistema nacional de informações em saúde, integrado em todo o território nacional, abrangendo questões epidemiológicas e de prestação de serviços.

**Art. 48.** (VETADO).

**Art. 49.** (VETADO).

**Art. 50.** Os convênios entre a União, os Estados e os Municípios, celebrados para implantação dos Sistemas Unificados e Descentralizados de Saúde, ficarão rescindidos à proporção que seu objeto for sendo absorvido pelo Sistema Único de Saúde - SUS.

**Art. 51.** (VETADO).

**Art. 52.** Sem prejuízo de outras sanções cabíveis, constitui crime de emprego irregular de verbas ou rendas públicas (Código Penal, art. 315) a utilização de recursos financeiros do Sistema Único de Saúde - SUS em finalidades diversas das previstas nesta lei.

**Art. 53.** (VETADO).

**Art. 53-A.** Na qualidade de ações e serviços de saúde, as atividades de apoio à assistência à saúde são aquelas desenvolvidas pelos laboratórios de genética humana, produção e fornecimento de medicamentos e produtos para saúde, laboratórios de analises clínicas, anatomia patológica e de diagnóstico por imagem e são livres à participação direta ou indireta de empresas ou de capitais estrangeiros.

**Art. 54.** Esta Lei entra em vigor na data de sua publicação.

**Art. 55.** São revogadas a Lei nº. 2.312, de 3 de setembro de 1954, a Lei nº. 6.229, de 17 de julho de 1975, e demais disposições em contrário.

Brasília, 19 de setembro de 1990; 169º da Independência e 102º da República.

FERNANDO COLLOR

Alceni Guerra

# LEI Nº 8.629, DE 25 DE FEVEREIRO DE 1993

*Dispõe sobre a regulamentação dos dispositivos constitucionais relativos à reforma agrária, previstos no Capítulo III, Título VII, da Constituição Federal.*

O PRESIDENTE DA REPÚBLICA

Faço saber que o Congresso Nacional decreta e eu sanciono a seguinte Lei:

**Art. 1º** Esta Lei regulamenta e disciplina disposições relativas à reforma agrária, previstas no Capítulo III, Título VII, da Constituição Federal.

✪ **Art. 2º** A propriedade rural que não cumprir a função social prevista no art. 9º é passível de desapropriação, nos termos desta Lei, respeitados os dispositivos constitucionais.

**§ 1º** Compete à União desapropriar por interesse social, para fins de reforma agrária, o imóvel rural que não esteja cumprindo sua função social.

**§ 2º** Para os fins deste artigo, fica a União, através do órgão federal competente, autorizada a ingressar no imóvel de propriedade particular para levantamento de dados e informações, mediante prévia comunicação escrita ao proprietário, preposto ou seu representante.

**§ 3º** Na ausência do proprietário, do preposto ou do representante, a comunicação será feita mediante edital, a ser publicado, por três vezes consecutivas, em jornal de grande circulação na capital do Estado de localização do imóvel.

**§ 4º** Não será considerada, para os fins desta Lei, qualquer modificação, quanto ao domínio, à dimensão e às condições de uso do imóvel, introduzida ou ocorrida até seis meses após a data da comunicação para levantamento de dados e informações de que tratam os §§ 2º e 3º.

**§ 5º** No caso de fiscalização decorrente do exercício de poder de polícia, será dispensada a comunicação de que tratam os §§ 2º e 3º.

**§ 6º** O imóvel rural de domínio público ou particular objeto de esbulho possessório ou invasão motivada por conflito agrário ou fundiário de caráter coletivo não será vistoriado, avaliado ou desapropriado nos dois anos seguintes à sua desocupação, ou no dobro desse prazo, em caso de reincidência; e deverá ser apurada a responsabilidade civil e administrativa de quem concorra com qualquer ato omissivo ou comissivo que propicie o descumprimento dessas vedações.

**§ 7º** Será excluído do Programa de Reforma Agrária do Governo Federal quem, já estando beneficiado com lote em Projeto de Assentamento, ou sendo pretendente desse benefício na condição de inscrito em processo de cadastramento e seleção de candidatos ao acesso à terra, for efetivamente identificado como participante direto ou indireto em conflito fundiário que se caracterize por invasão ou esbulho de imóvel rural de domínio público ou privado em fase de processo administrativo de vistoria ou avaliação para fins de reforma agrária, ou que esteja sendo objeto de processo judicial de desapropriação em vias de imissão de posse ao ente expropriante; e bem assim quem for efetivamente identificado como participante de invasão de prédio público, de atos de ameaça, sequestro ou manutenção de servidores públicos e outros cidadãos em cárcere privado, ou de quaisquer outros atos de violência real ou pessoal praticados em tais situações.

**§ 8º** A entidade, a organização, a pessoa jurídica, o movimento ou a sociedade de fato que, de qualquer forma, direta ou indiretamente, auxiliar, colaborar, incentivar, incitar, induzir ou participar de invasão de imóveis rurais ou de bens públicos, ou em conflito agrário ou fundiário de caráter coletivo, não receberá, a qualquer título, recursos públicos.

**§ 9º** Se, na hipótese do § 8º, a transferência ou repasse dos recursos públicos já tiverem sido autorizados, assistirá ao Poder Público o direito de retenção, bem assim o de rescisão do contrato, convênio ou instrumento similar.

**Art. 2º-A.** Na hipótese de fraude ou simulação de esbulho ou invasão, por parte do proprietário ou legítimo possuidor do imóvel, para os fins dos §§ 6º e 7º do art. 2º, o órgão executor do Programa Nacional de Reforma Agrária aplicará pena administrativa de R$ 55.000,00 (cinquenta e cinco mil reais) a R$ 535.000,00 (quinhentos e trinta e cinco mil reais) e o cancelamento do cadastro do imóvel no Sistema Nacional de Cadastro Rural, sem prejuízo das demais sanções penais e civis cabíveis.

**Parágrafo único.** Os valores a que se refere este artigo serão atualizados, a partir de maio de 2000, no dia 1º de janeiro de cada ano, com base na variação acumulada do Índice Geral de Preços – Disponibilidade Interna – IGP-DI, da Fundação Getúlio Vargas, no respectivo período.

**Art. 3º** (VETADO)

**§ 1º** (VETADO)

**§ 2º** (VETADO)

✪ **Art. 4º** Para os efeitos desta Lei, conceituam-se:

**I** – Imóvel Rural – o prédio rústico de área contínua, qualquer que seja a sua localização, que se destine ou possa se destinar à exploração agrícola, pecuária, extrativa vegetal, florestal ou agroindustrial;

**II** – Pequena Propriedade – o imóvel rural:

*a)* de área até quatro módulos fiscais, respeitada a fração mínima de parcelamento;

*b)* (VETADO)

*c)* (VETADO)

**III** – Média Propriedade – o imóvel rural:

*a)* de área superior a 4 (quatro) e até 15 (quinze) módulos fiscais;

*b)* (VETADO)

**§ 1º** São insuscetíveis de desapropriação para fins de reforma agrária a pequena e a média propriedade rural, desde que o seu proprietário não possua outra propriedade rural.

**§ 2º** É obrigatória a manutenção no Sistema Nacional de Cadastro Rural (SNCR) de informações específicas sobre imóveis rurais com área de até um módulo fiscal.

✪ **Art. 5º** A desapropriação por interesse social, aplicável ao imóvel rural que não cumpra sua função social, importa prévia e justa indenização em títulos da dívida agrária.

**§ 1º** As benfeitorias úteis e necessárias serão indenizadas em dinheiro.

**§ 2º** O decreto que declarar o imóvel como de interesse social, para fins de reforma agrária, autoriza a União a propor ação de desapropriação.

**§ 3º** Os títulos da dívida agrária, que conterão cláusula assecuratória de preservação de seu valor real, serão resgatáveis a partir do segundo ano de sua emissão, em percentual proporcional ao prazo, observados os seguintes critérios:

**I** – do segundo ao décimo quinto ano, quando emitidos para indenização de imóvel com área de até setenta módulos fiscais;

**II** – do segundo ao décimo oitavo ano, quando emitidos para indenização de imóvel com área acima de setenta e até cento e cinquenta módulos fiscais; e

**III** – do segundo ao vigésimo ano, quando emitidos para indenização de imóvel com área superior a cento e cinquenta módulos fiscais.

**§ 4º** Na hipótese de acordo administrativo ou acordo realizado no âmbito do procedimento previsto na Lei Complementar nº 76, de 6 de julho de 1993, o pagamento será efetuado de forma escalonada em Títulos da Dívida Agrária (TDA), resgatáveis em parcelas anuais, iguais e sucessivas, a partir do segundo ano de sua emissão, observadas as seguintes condições:

**I** – imóveis com área de até três mil hectares, no prazo de cinco anos;

**II** – imóveis com área superior a três mil hectares:

*a)* o valor relativo aos primeiros três mil hectares, no prazo de cinco anos;

*b)* o valor relativo à área superior a três mil e até dez mil hectares, em dez anos;

*c)* o valor relativo à área superior a dez mil hectares até quinze mil hectares, em quinze anos; e

*d)* o valor da área que exceder quinze mil hectares, em vinte anos.

**§ 5º** Os prazos previstos no § 4º, quando iguais ou superiores a dez anos, poderão ser reduzidos em cinco anos, desde que o proprietário concorde em receber o pagamento do valor das benfeitorias úteis e necessárias integralmente em TDA.

**§ 6º** Aceito pelo proprietário o pagamento das benfeitorias úteis e necessárias em TDA, os prazos de resgates dos respectivos títulos serão fixados mantendo-se a mesma proporcionalidade estabelecida para aqueles relativos ao valor da terra e suas acessões naturais.

**§ 7º** Na aquisição por compra e venda ou na arrematação judicial de imóveis rurais destinados à implementação de projetos integrantes do Programa Nacional de Reforma Agrária, o pagamento poderá ser feito em dinheiro, na forma estabelecida em regulamento.

**§ 8º** Na hipótese de decisão judicial transitada em julgado fixar a indenização da terra nua ou das benfeitorias indenizáveis em valor superior ao ofertado pelo expropriante, corrigido monetariamente, a diferença será paga na forma do art. 100 da Constituição Federal.

**§ 9º** Se houver imissão prévia na posse e, posteriormente, for verificada divergência entre o preço ofertado em juízo e o valor do bem fixado na sentença definitiva, expressos em termos reais, sobre a diferença eventualmente apurada incidirão juros compensatórios a contar da imissão de posse, em percentual correspondente ao fixado para os títulos da dívida agrária depositados como oferta inicial para a terra nua, vedado o cálculo de juros compostos.

✪ **Art. 6º** Considera-se propriedade produtiva aquela que, explorada econômica e racionalmente, atinge, simultaneamente, graus de utilização da terra e de eficiência na exploração, segundo índices fixados pelo órgão federal competente.

**§ 1º** O grau de utilização da terra, para efeito do *caput* deste artigo, deverá ser igual ou superior a 80% (oitenta por cento), calculado pela relação percentual entre a área efetivamente utilizada e a área aproveitável total do imóvel.

**§ 2º** O grau de eficiência na exploração da terra deverá ser igual ou superior a 100% (cem por cento), e será obtido de acordo com a seguinte sistemática:

**I** – para os produtos vegetais, divide-se a quantidade colhida de cada produto pelos respectivos índices de rendimento estabelecidos pelo órgão competente do Poder Executivo, para cada Microrregião Homogênea;

**II** – para a exploração pecuária, divide-se o número total de Unidades Animais (UA) do rebanho, pelo índice de lotação estabelecido pelo órgão competente do Poder Executivo, para cada Microrregião Homogênea;

**III** – a soma dos resultados obtidos na forma dos incisos I e II deste artigo, dividida pela área efetivamente utilizada e multiplicada por 100 (cem), determina o grau de eficiência na exploração.

**§ 3º** Considera-se efetivamente utilizadas:

**I** – as áreas plantadas com produtos vegetais;

**II** – as áreas de pastagens nativas e plantadas, observado o índice de lotação por zona de pecuária, fixado pelo Poder Executivo;

**III** – as áreas de exploração extrativa vegetal ou florestal, observados os índices de rendimento estabelecidos pelo órgão competente do Poder Executivo, para cada Microrregião Homogênea, e a legislação ambiental;

**IV** – as áreas de exploração de florestas nativas, de acordo com plano de exploração e nas condições estabelecidas pelo órgão federal competente;

**V** – as áreas sob processos técnicos de formação ou recuperação de pastagens ou de culturas permanentes, tecnicamente conduzidas e devidamente comprovadas, mediante documentação e Anotação de Responsabilidade Técnica.

**§ 4º** No caso de consórcio ou intercalação de culturas, considera-se efetivamente utilizada a área total do consórcio ou intercalação.

**§ 5º** No caso de mais de um cultivo no ano, com um ou mais produtos, no mesmo espaço, considera-se efetivamente utilizada a maior área usada no ano considerado.

**§ 6º** Para os produtos que não tenham índices de rendimentos fixados, adotar-se-á a área utilizada com esses produtos, com resultado do cálculo previsto no inciso I do § 2º deste artigo.

**§ 7º** Não perderá a qualificação de propriedade produtiva o imóvel que, por razões de força maior, caso fortuito ou de renovação de pastagens tecnicamente conduzida, devidamente comprovados pelo órgão competente, deixar de apresentar, no ano respectivo, os graus de eficiência na exploração, exigidos para a espécie.

**§ 8º** São garantidos os incentivos fiscais referentes ao Imposto Territorial Rural relacionados com os graus de utilização e de eficiência na exploração, conforme o disposto no art. 49 da Lei nº 4.504, de 30 de novembro de 1964.

✪ **Art. 7º** Não será passível de desapropriação, para fins de reforma agrária, o imóvel que comprove estar sendo objeto de implantação de projeto técnico que atenda aos seguintes requisitos:

**I** – seja elaborado por profissional legalmente habilitado e identificado;

**II** – esteja cumprindo o cronograma físico-financeiro originalmente previsto, não admitidas prorrogações dos prazos;

**III** – preveja que, no mínimo, 80% (oitenta por cento) da área total aproveitável do imóvel seja efetivamente utilizada em, no máximo, 3 (três) anos para as culturas anuais e 5 (cinco) anos para as culturas permanentes;

**IV** – haja sido aprovado pelo órgão federal competente, na forma estabelecida em regulamento, no mínimo seis meses antes da comunicação de que tratam os §§ 2º e 3º do art. 2º.

**Parágrafo único.** Os prazos previstos no inciso III deste artigo poderão ser prorrogados em até 50% (cinquenta por cento), desde que o projeto receba, anualmente, a aprovação do órgão competente para fiscalização e tenha sua implantação iniciada no prazo de 6 (seis) meses, contado de sua aprovação.

✪ **Art. 8º** Ter-se-á como racional e adequado o aproveitamento de imóvel rural, quando esteja oficialmente destinado à execução de atividades de pesquisa e experimentação que objetivem o avanço tecnológico da agricultura.

**Parágrafo único.** Para os fins deste artigo só serão consideradas as propriedades que tenham destinados às atividades de pesquisa, no mínimo, 80% (oitenta por cento) da área total aproveitável do imóvel, sendo consubstanciadas tais atividades em projeto:

**I** – adotado pelo Poder Público, se pertencente a entidade de administração direta ou indireta, ou a empresa sob seu controle;

**II** – aprovado pelo Poder Público, se particular o imóvel.

✪ **Art. 9º** A função social é cumprida quando a propriedade rural atende, simultaneamente, segundo graus e critérios estabelecidos nesta lei, os seguintes requisitos:

**I** – aproveitamento racional e adequado;

**II** – utilização adequada dos recursos naturais disponíveis e preservação do meio ambiente;

**III** – observância das disposições que regulam as relações de trabalho;

**IV** – exploração que favoreça o bem-estar dos proprietários e dos trabalhadores.

**§ 1º** Considera-se racional e adequado o aproveitamento que atinja os graus de utilização da terra e de eficiência na exploração especificados nos §§ 1º a 7º do art. 6º desta Lei.

**§ 2º** Considera-se adequada a utilização dos recursos naturais disponíveis quando a exploração se faz respeitando a vocação natural da terra, de modo a manter o potencial produtivo da propriedade.

**§ 3º** Considera-se preservação do meio ambiente a manutenção das características próprias do meio natural e da qualidade dos recursos ambientais, na medida adequada à manutenção do equilíbrio ecológico da propriedade e da saúde e qualidade de vida das comunidades vizinhas.

**§ 4º** A observância das disposições que regulam as relações de trabalho implica tanto o respeito às leis trabalhistas e aos contratos coletivos de trabalho, como às disposições que disciplinam os contratos de arrendamento e parceria rurais.

**§ 5º** A exploração que favorece o bem-estar dos proprietários e trabalhadores rurais é a que objetiva o atendimento das necessidades básicas dos que trabalham a terra, observa as normas de segurança do trabalho e não provoca conflitos e tensões sociais no imóvel.

**§ 6º** (VETADO).

**Art. 10.** Para efeito do que dispõe esta lei, consideram-se não aproveitáveis:

**I** – as áreas ocupadas por construções e instalações, excetuadas aquelas destinadas a fins produtivos, como estufas, viveiros, sementeiros, tanques de reprodução e criação de peixes e outros semelhantes;

**II** – as áreas comprovadamente imprestáveis para qualquer tipo de exploração agrícola, pecuária, florestal ou extrativa vegetal;

**III** – as áreas sob efetiva exploração mineral;

**IV** – as áreas de efetiva preservação permanente e demais áreas protegidas por legislação relativa à conservação dos recursos naturais e à preservação do meio ambiente.

**V** – as áreas com remanescentes de vegetação nativa efetivamente conservada não protegidas pela legislação ambiental e não submetidas a exploração nos termos do inciso IV do § 3º do art. 6º desta Lei. *(Acrescido pela Lei 14.119/2021)*

**Art. 11.** Os parâmetros, índices e indicadores que informam o conceito de produtividade serão ajustados, periodicamente, de modo a levar em conta o progresso científico e tecnológico da agricultura e o desenvolvimento regional, pelos Ministros de Estado do Desenvolvimento Agrário e da Agricultura e do Abastecimento, ouvido o Conselho Nacional de Política Agrícola.

**Art. 12.** Considera-se justa a indenização que reflita o preço atual de mercado do imóvel em sua totalidade, aí incluídas as terras e acessões naturais, matas e florestas e as benfeitorias indenizáveis, observados os seguintes aspectos:

**I** – localização do imóvel;

**II** – aptidão agrícola;

**III** – dimensão do imóvel;

**IV** – área ocupada e ancianidade das posses;

**V** – funcionalidade, tempo de uso e estado de conservação das benfeitorias.

**§ 1º** Verificado o preço atual de mercado da totalidade do imóvel, proceder-se-á à dedução do valor das benfeitorias indenizáveis a serem pagas em dinheiro, obtendo-se o preço da terra a ser indenizado em TDA.

**§ 2º** Integram o preço da terra as florestas naturais, matas nativas e qualquer outro tipo de vegetação natural, não podendo o preço apurado superar, em qualquer hipótese, o preço de mercado do imóvel.

**§ 3º** O Laudo de Avaliação será subscrito por Engenheiro Agrônomo com registro de Anotação de Responsabilidade Técnica – ART, respondendo o subscritor, civil, penal e administrativamente, pela superavaliação comprovada ou fraude na identificação das informações.

**Art. 13.** As terras rurais de domínio da União, dos Estados e dos Municípios ficam destinadas, preferencialmente, à execução de planos de reforma agrária.

**Parágrafo único.** Excetuando-se as reservas indígenas e os parques, somente se admitirá a existência de imóveis rurais de propriedade pública, com objetivos diversos dos previstos neste artigo, se o poder público os explorar direta ou indiretamente para pesquisa, experimentação, demonstração e fomento de atividades relativas ao desenvolvimento da agricultura, pecuária, preservação ecológica, áreas de segurança, treinamento militar, educação de todo tipo, readequação social e defesa nacional.

**Art. 14.** (VETADO).

**Art. 15.** (VETADO).

**Art. 16.** Efetuada a desapropriação, o órgão expropriante, dentro do prazo de 3 (três) anos, contados da data de registro do título translativo de domínio, destinará a respectiva área aos beneficiários da reforma agrária, admitindo-se, para tanto, formas de exploração individual, condominial, cooperativa, associativa ou mista.

**Art. 17.** O assentamento de trabalhadores rurais deverá ser realizado em terras economicamente úteis, de preferência na região por eles habitada, observado o seguinte:

**I** – a obtenção de terras rurais destinadas à implantação de projetos de assentamento integrantes do programa de reforma agrária será precedida de estudo sobre a viabilidade econômica e a potencialidade de uso dos recursos naturais;

**II** – os beneficiários dos projetos de que trata o inciso I manifestarão sua concordância com as condições de obtenção das terras destinadas à implantação dos projetos de assentamento, inclusive quanto ao preço a ser pago pelo órgão federal executor do programa de reforma agrária e com relação aos recursos naturais;

**III** – nos projetos criados será elaborado Plano de Desenvolvimento de Assentamento – PDA, que orientará a fixação de normas técnicas para a sua implantação e os respectivos investimentos;

**IV** – integrarão a clientela de trabalhadores rurais, para fins de assentamento em projetos de reforma agrária, somente aqueles que satisfizerem os requisitos fixados para seleção e classificação previstos nesta Lei; e

**V** – a consolidação dos projetos de assentamento integrantes dos programas de reforma agrária dar-se-á com a concessão de créditos de instalação e a conclusão dos investimentos, bem como com a outorga do instrumento definitivo de titulação.

**§ 1º** *(Parágrafo acrescido pela MP 636/2013, e não mantido pela Lei 13.001/2014, na qual foi convertida)*

**§ 2º** Para a consolidação dos projetos de que trata o inciso V do *caput*, fica o Poder Executivo autorizado a conceder créditos de instalação aos assentados, nos termos do regulamento.

**§ 3º** Poderá ser contratada instituição financeira federal para a operacionalização da concessão referida no inciso V do *caput*, dispensada a licitação.

**§ 4º** As despesas relativas à concessão de crédito de que trata o inciso V do *caput* adequar-se-ão às disponibilidades orçamentárias e financeiras do órgão responsável pela execução do referido programa.

**§ 5º** O regulamento a que se refere o § 2º estabelecerá prazos, carências, termos, condições, rebates para liquidação e procedimentos simplificados para o cumprimento do disposto neste artigo.

**§ 6º** Independentemente da implementação dos requisitos exigidos no inciso V do *caput* deste artigo, considera-se consolidado o projeto de assentamento que atingir o prazo de quinze anos de sua implantação, salvo por decisão fundamentada do Incra.

**§ 7º** Os assentamentos que, em 1º de junho de 2017, contarem com quinze anos ou mais de criação, deverão ser consolidados em até três anos.

**§ 8º** A quitação dos créditos referidos no § 2º deste artigo não é requisito para a liberação das condições resolutivas do título de domínio ou da Concessão de Direito Real de Uso (CDRU), autorizada a cobrança da dívida na forma legal.

**Art. 18.** A distribuição de imóveis rurais pela reforma agrária far-se-á por meio de títulos de domínio, concessão de uso ou concessão de direito real de uso – CDRU instituído pelo art. 7º do Decreto-Lei nº 271, de 28 de fevereiro de 1967.

**§ 1º** Os títulos de domínio e a CDRU são inegociáveis pelo prazo de dez anos, contado da data de celebração do contrato de concessão de uso ou de outro instrumento equivalente, observado o disposto nesta Lei.

**§ 2º** Na implantação do projeto de assentamento, será celebrado com o beneficiário do programa de reforma agrária contrato de concessão de uso, gratuito, inegociável, de forma individual ou coletiva, que conterá cláusulas resolutivas, estipulando-se os direitos e as obrigações da entidade concedente e dos concessionários, assegurando-se a estes o direito de adquirir título de domínio ou a CDRU nos termos desta Lei.

**§ 3º** O título de domínio e a CDRU conterão cláusulas resolutivas e será outorgado ao beneficiário do programa de reforma agrária, de forma individual ou coletiva, após a realização dos serviços de medição e demarcação topográfica do imóvel a ser alienado.

**§ 4º** Regulamento disporá sobre as condições e a forma de outorga dos títulos de domínio e da CDRU aos beneficiários dos projetos de assentamento do Programa Nacional de Reforma Agrária.

**§ 5º** O valor da alienação, na hipótese de outorga de título de domínio, considerará o tamanho da área e será estabelecido entre 10% (dez por cento) e 50% (cinquenta por cento) do valor mínimo da pauta de valores da terra nua para fins de titulação e regularização fundiária elaborada pelo Incra, com base nos valores de imóveis avaliados para a reforma agrária, conforme regulamento.

**§ 6º** As condições de pagamento, carência e encargos financeiros serão definidas em regulamento, não podendo ser superiores às condições estabelecidas para os financiamentos concedidos ao amparo da Lei Complementar nº 93, de 4 de fevereiro de 1998, e alcançarão os títulos de domínio cujos prazos de carência ainda não expiraram.

**§ 7º** A alienação de lotes de até 1 (um) módulo fiscal, em projetos de assentamento criados em terras devolutas discriminadas e registradas em nome do Incra ou da União, ocorrerá de forma gratuita.

**§ 8º** São considerados não reembolsáveis:

**I** – os valores relativos às obras de infraestrutura de interesse coletivo;

**II** – aos custos despendidos com o plano de desenvolvimento do assentamento; e

**III** – aos serviços de medição e demarcação topográficos.

**§ 9º** O título de domínio ou a CDRU de que trata o *caput* poderão ser concedidos aos beneficiários com o cumprimento das obrigações estabelecidas com fundamento no inciso V do art. 17 desta Lei e no regulamento.

**§ 10.** Falecendo qualquer dos concessionários do contrato de concessão de uso ou de CDRU, seus herdeiros ou legatários receberão o imóvel, cuja transferência será processada administrativamente, não podendo fracioná-lo.

**§ 11.** Os herdeiros ou legatários que adquirirem, por sucessão, a posse do imóvel não poderão fracioná-lo.

**§ 12.** O órgão federal executor do programa de reforma agrária manterá atualizado o cadastro de áreas desapropriadas e das adquiridas por outros meios e de beneficiários da reforma agrária e disponibilizará os dados na rede mundial de computadores.

**§ 13.** Os títulos de domínio, a concessão de uso ou a CDRU a que se refere o *caput* deste artigo serão conferidos ao homem, na ausência de cônjuge ou companheira, à mulher, na ausência de cônjuge ou companheiro, ou ao homem e à mulher, obrigatoriamente, nos casos de casamento ou união estável.

**§ 14.** Para fins de interpretação, a outorga coletiva a que se refere o § 3º deste artigo não permite a titulação, provisória ou definitiva, a pessoa jurídica.

**§ 15.** Os títulos emitidos sob a vigência de norma anterior poderão ter seus valores reenquadrados, de acordo com o previsto no § 5º deste artigo, mediante requerimento do interessado, observados os termos estabelecidos em regulamento e vedada a restituição de valores já pagos que eventualmente excedam o valor devido após o reenquadramento.

**Art. 18-A.** Os lotes a serem distribuídos pelo Programa Nacional de Reforma Agrária não poderão ter área superior a 2 (dois) módulos fiscais ou inferior à fração mínima de parcelamento.

**§ 1º** Fica o Incra autorizado, nos assentamentos com data de criação anterior ao período de dois anos, contado retroativamente a partir de 22 de dezembro de 2016, a conferir o título de domínio ou a CDRU relativos às áreas em que ocorreram desmembramentos ou remembramentos após a concessão de uso, desde que observados os seguintes requisitos:

**I** – observância da fração mínima de parcelamento e do limite de área de até quatro módulos fiscais por beneficiário, observado o disposto no art. 8º da Lei nº 5.868, de 12 de dezembro de 1972;

**II** – o beneficiário não possua outro imóvel a qualquer título;

**III** – o beneficiário preencha os requisitos exigidos no art. 3º da Lei nº 11.326, de 24 de julho de 2006; e

**IV** – o desmembramento ou o remembramento seja anterior ao período de dois anos, contado retroativamente a partir de 22 de dezembro de 2016.

**§ 2º** O beneficiário titulado nos termos do § 1º não fará jus aos créditos de instalação de que trata o art. 17 desta Lei.

**§ 3º** Os títulos concedidos nos termos do § 1º deste artigo são inegociáveis pelo prazo de dez anos, contado da data de sua expedição.

**Art. 18-B.** Identificada a ocupação ou a exploração de área objeto de projeto de assentamento por indivíduo que não se enquadre como beneficiário do Programa Nacional de Reforma Agrária, o ocupante será notificado para desocupação da área, nos termos estabelecidos em regulamento, sem prejuízo de eventual responsabilização nas esferas cível e penal.

**Art. 19.** O processo de seleção de indivíduos e famílias candidatos a beneficiários do Programa Nacional de Reforma Agrária será realizado por projeto de assentamento, observada a seguinte ordem de preferência na distribuição de lotes:

**I** – ao desapropriado, ficando-lhe assegurada a preferência para a parcela na qual se situe a sede do imóvel, hipótese em que esta será excluída da indenização devida pela desapropriação;

**II** – aos que trabalham no imóvel desapropriado como posseiros, assalariados, parceiros ou arrendatários, identificados na vistoria;

**III** – aos trabalhadores rurais desintrusados de outras áreas, em virtude de demarcação de terra indígena, criação de unidades de conservação, titulação de comunidade quilombola ou outras ações de interesse público;

**IV** – ao trabalhador rural em situação de vulnerabilidade social que não se enquadre nas hipóteses previstas nos incisos I, II e III deste artigo;

**V** – ao trabalhador rural vítima de trabalho em condição análoga à de escravo;

**VI** – aos que trabalham como posseiros, assalariados, parceiros ou arrendatários em outros imóveis rurais;

**VII** – aos ocupantes de áreas inferiores à fração mínima de parcelamento.

**§ 1º** O processo de seleção de que trata o *caput* deste artigo será realizado pelo Incra com ampla divulgação do edital de convocação na internet e no Município em que será instalado o projeto de assentamento, bem como nos Municípios limítrofes, na forma do regulamento.

**§ 2º** Nos projetos de assentamentos ambientalmente diferenciados, definidos em regulamento, o processo de seleção será restrito às famílias que já residam na área, observadas as vedações constantes do art. 20 desta Lei.

**§ 3º** Caso a capacidade do projeto de assentamento não atenda todos os candidatos selecionados, será elaborada lista dos candidatos excedentes, com prazo de validade de dois anos, a qual será observada de forma prioritária quando houver substituição dos beneficiários originários dos lotes, nas hipóteses de desistência, abandono ou reintegração de posse.

**§ 4º** Esgotada a lista dos candidatos excedentes de que trata o § 3º deste artigo ou expirada sua validade, será instaurado novo processo de seleção específico para os lotes vagos no projeto de assentamento em decorrência de desistência, abandono ou reintegração de posse.

**§ 5º** A situação de vulnerabilidade social do candidato a que se refere o inciso IV do *caput* deste artigo será comprovada por meio da respectiva inscrição no Cadastro Único para Programas Sociais do Governo Federal (CadÚnico), ou em outro cadastro equivalente definido em regulamento.

**Art. 19-A.** Caberá ao Incra, observada a ordem de preferência de que trata o art. 19, classificar os candidatos a beneficiários do Programa Nacional de Reforma Agrária, segundo os seguintes critérios:

**I** – família mais numerosa cujos membros se proponham a exercer a atividade agrícola na área objeto do projeto de assentamento;

**II** – família ou indivíduo que resida há mais tempo no Município em que se localize a área objeto do projeto de assentamento para o qual se destine a seleção, ou nos Municípios limítrofes;

**III** – família chefiada por mulher;

**IV** – família ou indivíduo integrante de acampamento situado no Município em que se localize a área objeto do projeto de assentamento ou nos Municípios limítrofes;

**V** – filhos que tenham entre dezoito e vinte e nove anos de idade de pais assentados que residam na área objeto do mesmo projeto de assentamento;

**VI** – famílias de trabalhadores rurais que residam em área objeto de projeto de assentamento na condição de agregados; e

**VII** – outros critérios sociais, econômicos e ambientais estabelecidos por regulamento, de acordo com as áreas de reforma agrária para as quais a seleção é realizada.

**§ 1º** Regulamento estabelecerá a pontuação a ser conferida aos candidatos de acordo com os critérios definidos por este artigo.

**§ 2º** Considera-se família chefiada por mulher aquela em que a mulher, independentemente do estado civil, seja responsável pela maior parte do sustento material de seus dependentes.

**§ 3º** Em caso de empate, terá preferência o candidato de maior idade.

**Art. 20.** Não poderá ser selecionado como beneficiário dos projetos de assentamento a que se refere esta Lei quem:

**I** – for ocupante de cargo, emprego ou função pública remunerada;

**II** – tiver sido excluído ou se afastado do programa de reforma agrária, de regularização fundiária ou de crédito fundiário sem consentimento de seu órgão executor;

**III** – for proprietário rural, exceto o desapropriado do imóvel e o agricultor cuja propriedade seja insuficiente para o sustento próprio e o de sua família;

**IV** – for proprietário, cotista ou acionista de sociedade empresária em atividade;

**V** – for menor de dezoito anos não emancipado na forma da lei civil; ou

**VI** – auferir renda familiar proveniente de atividade não agrária superior a três salários mínimos mensais ou superior a um salário mínimo *per capita*.

**§ 1º** As disposições constantes dos incisos I, II, III, IV e VI do *caput* deste artigo aplicam-se aos cônjuges e conviventes, inclusive em regime de união estável, exceto em relação ao cônjuge que, em caso de separação judicial ou de fato, não tenha sido beneficiado pelos programas de que trata o inciso II do *caput* deste artigo.

**§ 2º** A vedação de que trata o inciso I do *caput* deste artigo não se aplica ao candidato que preste serviços de interesse comunitário à comunidade rural ou à vizinhança da área objeto do projeto de assentamento, desde que o exercício do cargo, do emprego ou da função pública seja compatível com a exploração da parcela pelo indivíduo ou pelo núcleo familiar beneficiado.

**§ 3º** São considerados serviços de interesse comunitário, para os fins desta Lei, as atividades prestadas nas áreas de saúde, educação, transporte, assistência social e agrária.

**§ 4º** Não perderá a condição de beneficiário aquele que passe a se enquadrar nos incisos I, III, IV e VI do *caput* deste artigo, desde que a atividade assumida seja compatível com a exploração da parcela pelo indivíduo ou pelo núcleo familiar beneficiado.

**Art. 21.** Nos instrumentos que conferem o título de domínio, concessão de uso ou CDRU, os beneficiários da reforma agrária assumirão, obrigatoriamente, o compromisso de cultivar o imóvel direta e pessoalmente, ou por meio de seu núcleo familiar, mesmo que por intermédio de cooperativas, e o de não ceder o seu uso a terceiros, a qualquer título, pelo prazo de 10 (dez) anos.

**Parágrafo único.** A família beneficiária poderá celebrar o contrato de integração de que trata a Lei nº 13.288, de 16 de maio de 2016.

**Art. 22.** Constará, obrigatoriamente, dos instrumentos translativos de domínio, de concessão de uso ou de CDRU, cláusula resolutória que preveja a rescisão do contrato e o retorno do imóvel ao órgão alienante ou concedente, no caso de descumprimento de quaisquer das obrigações assumidas pelo adquirente ou concessionário.

**§ 1º** Após transcorrido o prazo de inegociabilidade de dez anos, o imóvel objeto de título translativo de domínio somente poderá ser alienado se a nova área titulada não vier a integrar imóvel rural com área superior a quatro módulos fiscais.

**§ 2º** Na hipótese de a parcela titulada passar a integrar zona urbana ou de expansão urbana, o Incra deverá priorizar a análise do requerimento de liberação das condições resolutivas.

**Art. 22-A.** As benfeitorias, reprodutivas ou não, existentes no imóvel destinado para reforma agrária poderão ser cedidas aos beneficiários para exploração individual ou coletiva ou doadas em benefício da comunidade de assentados, na forma estabelecida em regulamento.

**Art. 23.** O estrangeiro residente no País e a pessoa jurídica autorizada a funcionar no Brasil só poderão arrendar imóvel rural na forma da Lei nº 5.709, de 7 de outubro de 1971.

**§ 1º** Aplicam-se ao arrendamento todos os limites, restrições e condições aplicáveis à aquisição de imóveis rurais por estrangeiro, constantes da lei referida no *caput* deste artigo.

**§ 2º** Compete ao Congresso Nacional autorizar tanto a aquisição ou o arrendamento além dos limites de área e percentual fixados na Lei nº 5.709, de 7 de outubro de 1971, como a aquisição ou arrendamento, por pessoa jurídica estrangeira, de área superior a 100 (cem) módulos de exploração indefinida.

**Art. 24.** As ações de reforma agrária devem ser compatíveis com as ações da política agrícola, das políticas sociais e das constantes no Plano Plurianual da União.

**Art. 25.** O orçamento da União fixará, anualmente, o volume de títulos da dívida agrária e dos recursos destinados, no exercício, ao atendimento do Programa de Reforma Agrária.

**§ 1º** Os recursos destinados à execução do Plano Nacional de Reforma Agrária deverão constar do orçamento do ministério responsável por sua implementação e do órgão executor da política de colonização e reforma agrária, salvo aqueles que, por sua natureza, exijam instituições especializadas para a sua aplicação.

**§ 2º** Objetivando a compatibilização dos programas de trabalho e propostas orçamentárias, o órgão executor da reforma agrária encaminhará, anualmente e em tempo hábil, aos órgãos da administração pública responsáveis por ações complementares, o programa a ser implantado no ano subsequente.

**Art. 26.** São isentas de impostos federais, estaduais e municipais, inclusive do Distrito Federal, as operações de transferência de imóveis desapropriados para fins de reforma agrária, bem como a transferência ao beneficiário do programa.

**Art. 26-A.** Não serão cobradas custas ou emolumentos para registro de títulos translativos de domínio de imóveis rurais desapropriados para fins de reforma agrária.

**Art. 26-B.** A ocupação de lote sem autorização do Incra em área objeto de projeto de assentamento criado há, no mínimo, dois anos, contados a partir de 22 de dezembro de 2016, poderá ser regularizada pelo Incra, observadas as vedações constantes do art. 20 desta Lei.

**§ 1º** A regularização poderá ser processada a pedido do interessado ou mediante atuação, de ofício, do Incra, desde que atendidas, cumulativamente, as seguintes condições:

**I** – ocupação e exploração da parcela pelo interessado há, no mínimo, um ano, contado a partir de 22 de dezembro de 2016;

**II** – inexistência de candidatos excedentes interessados na parcela elencados na lista de selecionados de que trata o § 3º do art. 19 desta Lei para o projeto de assentamento;

**III** – observância pelo interessado dos requisitos de elegibilidade para ser beneficiário da reforma agrária; e

**IV** – quitação ou assunção pelo interessado, até a data de assinatura de novo contrato de concessão de uso, dos débitos relativos ao crédito de instalação reembolsável concedido ao beneficiário original.

**§ 2º** Atendidos os requisitos de que trata o § 1º deste artigo, o Incra celebrará contrato de concessão de uso nos termos do § 2º do art. 18 desta Lei.

**Art. 27.** Esta Lei entra em vigor na data de sua publicação.

**Art. 28.** Revogam-se as disposições em contrário.

Brasília, 25 de fevereiro de 1993, 172º da Independência e 105º da República.

ITAMAR FRANCO

Lázaro Ferreira Barbosa

# LEI Nº 8.742, DE 7 DE DEZEMBRO DE 1993

*Dispõe sobre a organização da Assistência Social e dá outras providências.*

O PRESIDENTE DA REPÚBLICA Faço saber que o Congresso Nacional decreta e eu sanciono a seguinte lei:

## LEI ORGÂNICA DA ASSISTÊNCIA SOCIAL

### CAPÍTULO I
### DAS DEFINIÇÕES E DOS OBJETIVOS

**Art. 1º.** A assistência social, direito do cidadão e dever do Estado, é Política de Seguridade Social não contributiva, que provê os mínimos sociais, realizada através de um conjunto integrado de ações de iniciativa pública e da sociedade, para garantir o atendimento às necessidades básicas.

✪ **Art. 2º.** A assistência social tem por objetivos:

**I** - a proteção social, que visa à garantia da vida, à redução de danos e à prevenção da incidência de riscos, especialmente:

*a)* a proteção à família, à maternidade, à infância, à adolescência e à velhice;

*b)* o amparo às crianças e aos adolescentes carentes;

*c)* a promoção da integração ao mercado de trabalho;

*d)* a habilitação e reabilitação das pessoas com deficiência e a promoção de sua integração à vida comunitária; e

*e)* a garantia de 1 (um) salário-mínimo de benefício mensal à pessoa com deficiência e ao idoso que comprovem não possuir meios de prover a própria manutenção ou de tê-la provida por sua família;

**II** - a vigilância socioassistencial, que visa a analisar territorialmente a capacidade protetiva das famílias e nela a ocorrência de vulnerabilidades, de ameaças, de vitimizações e danos;

**III** - a defesa de direitos, que visa a garantir o pleno acesso aos direitos no conjunto das provisões socioassistenciais;

**IV** - (Revogado pela Lei 12.435/2011)

**V** - (Revogado pela Lei 12.435/2011)

**Parágrafo único.** Para o enfrentamento da pobreza, a assistência social realiza-se de forma integrada às políticas setoriais, garantindo mínimos sociais e provimento de condições para atender contingências sociais e promovendo a universalização dos direitos sociais.

**Art. 3º** Consideram-se entidades e organizações de assistência social aquelas sem fins lucrativos que, isolada ou cumulativamente, prestam atendimento e assessoramento aos beneficiários abrangidos por esta Lei, bem como as que atuam na defesa e garantia de direitos.

**§ 1º** São de atendimento aquelas entidades que, de forma continuada, permanente e planejada, prestam serviços, executam programas ou projetos e concedem benefícios de prestação social básica ou especial, dirigidos às famílias e indivíduos em situações de vulnerabilidade ou risco social e pessoal, nos termos desta Lei, e respeitadas as deliberações do Conselho Nacional de Assistência Social (CNAS), de que tratam os incisos I e II do art. 18. (Acrescido pela Lei 12.435/2011)

**§ 2º** São de assessoramento aquelas que, de forma continuada, permanente e planejada, prestam serviços e executam programas ou projetos voltados prioritariamente para o fortalecimento dos movimentos sociais e das organizações de usuários, formação e capacitação de lideranças, dirigidos ao público da política de assistência social, nos termos desta Lei, e respeitadas as deliberações do CNAS, de que tratam os incisos I e II do art. 18. (Acrescido pela Lei 12.435/2011)

**§ 3º** São de defesa e garantia de direitos aquelas que, de forma continuada, permanente e planejada, prestam serviços e executam programas e projetos voltados prioritariamente para a defesa e efetivação dos direitos socioassistenciais, construção de novos direitos, promoção da cidadania, enfrentamento das desigualdades sociais, articulação com órgãos públicos de defesa de direitos, dirigidos ao público da política de assistência social, nos termos desta Lei, e respeitadas as deliberações do CNAS, de que tratam os incisos I e II do art. 18. (Acrescido pela Lei 12.435/2011)

## CAPÍTULO II
## DOS PRINCÍPIOS E DAS DIRETRIZES

### SEÇÃO I
### DOS PRINCÍPIOS

✪ **Art. 4º** A assistência social rege-se pelos seguintes princípios:

**I** - supremacia do atendimento às necessidades sociais sobre as exigências de rentabilidade econômica;

**II** - universalização dos direitos sociais, a fim de tornar o destinatário da ação assistencial alcançável pelas demais políticas públicas;

**III** - respeito à dignidade do cidadão, à sua autonomia e ao seu direito a benefícios e serviços de qualidade, bem como à convivência familiar e comunitária, vedando-se qualquer comprovação vexatória de necessidade;

**IV** - igualdade de direitos no acesso ao atendimento, sem discriminação de qualquer natureza, garantindo-se equivalência às populações urbanas e rurais;

**V** - divulgação ampla dos benefícios, serviços, programas e projetos assistenciais, bem como dos recursos oferecidos pelo Poder Público e dos critérios para sua concessão.

### SEÇÃO II
### DAS DIRETRIZES

**Art. 5º** A organização da assistência social tem como base as seguintes diretrizes:

**I** - descentralização político-administrativa para os Estados, o Distrito Federal e os Municípios, e comando único das ações em cada esfera de governo;

**II** - participação da população, por meio de organizações representativas, na formulação das políticas e no controle das ações em todos os níveis;

**III** - primazia da responsabilidade do Estado na condução da política de assistência social em cada esfera de governo.

## CAPÍTULO III
## DA ORGANIZAÇÃO E DA GESTÃO

**Art. 6º** A gestão das ações na área de assistência social fica organizada sob a forma de sistema descentralizado e participativo, denominado Sistema Único de Assistência Social (Suas), com os seguintes objetivos:

**I** - consolidar a gestão compartilhada, o cofinanciamento e a cooperação técnica entre os entes federativos que, de modo articulado, operam a proteção social não contributiva; (Acrescido pela Lei 12.435/2011)

**II** - integrar a rede pública e privada de serviços, programas, projetos e benefícios de assistência social, na forma do art. 6º-C; (Acrescido pela Lei 12.435/2011)

**III** - estabelecer as responsabilidades dos entes federativos na organização, regulação, manutenção e expansão das ações de assistência social; (Acrescido pela Lei 12.435/2011)

**IV** - definir os níveis de gestão, respeitadas as diversidades regionais e municipais; (Acrescido pela Lei 12.435/2011)

**V** - implementar a gestão do trabalho e a educação permanente na assistência social; (Acrescido pela Lei 12.435/2011)

**VI** - estabelecer a gestão integrada de serviços e benefícios; e (Acrescido pela Lei 12.435/2011)

**VII** - afiançar a vigilância socioassistencial e a garantia de direitos. (Acrescido pela Lei 12.435/2011)

**§ 1º** As ações ofertadas no âmbito do Suas têm por objetivo a proteção à família, à maternidade, à infância, à adolescência e à velhice e, como base de organização, o território. (Acrescido pela Lei 12.435/2011)

**§ 2º** O Suas é integrado pelos entes federativos, pelos respectivos conselhos de assistência social e pelas entidades e organizações de assistência social abrangidas por esta Lei. (Acrescido pela Lei 12.435/2011)

**§ 3º** A instância coordenadora da Política Nacional de Assistência Social é o Ministério do Desenvolvimento Social e Combate à Fome.

**§ 4º**. Cabe à instância coordenadora da Política Nacional de Assistência Social normatizar e padronizar o emprego e a divulgação da identidade visual do Suas. (Acrescido pela Lei 13.714/2018)

**§ 5º**. A identidade visual do Suas deverá prevalecer na identificação de unidades públicas estatais, entidades e organizações de assistência social, serviços, programas, projetos e benefícios vinculados ao Suas. (Acrescido pela Lei 13.714/2018)

✪ **Art. 6º-A.** A assistência social organiza-se pelos seguintes tipos de proteção:

**I** - proteção social básica: conjunto de serviços, programas, projetos e benefícios da assistência social que visa a prevenir situações de vulnerabilidade e risco social por meio do desenvolvimento de potencialidades e aquisições e do fortalecimento de vínculos familiares e comunitários;

**II** - proteção social especial: conjunto de serviços, programas e projetos que tem por objetivo contribuir para a reconstrução de vínculos familiares e comunitários, a defesa de direito, o fortalecimento das potencialidades e aquisições e a proteção de famílias e indivíduos para o enfrentamento das situações de violação de direitos.

**Parágrafo único.** A vigilância socioassistencial é um dos instrumentos das proteções da assistência social que identifica e previne as situações de risco e vulnerabilidade social e seus agravos no território. (Acrescido pela Lei 12.435/2011)

**Art. 6º-B.** As proteções sociais básica e especial serão ofertadas pela rede socioassistencial, de forma integrada, diretamente pelos entes públicos e/ou pelas entidades e organizações de assistência social vinculadas ao Suas, respeitadas as especificidades de cada ação.

**§ 1º** A vinculação ao Suas é o reconhecimento pelo Ministério do Desenvolvimento Social e Combate à Fome de que a entidade de assistência social integra a rede socioassistencial.

**§ 2º** Para o reconhecimento referido no § 1º, a entidade deverá cumprir os seguintes requisitos:

**I** - constituir-se em conformidade com o disposto no art. 3º;

**II** - inscrever-se em Conselho Municipal ou do Distrito Federal, na forma do art. 9º;

**III** - integrar o sistema de cadastro de entidades de que trata o inciso XI do art. 19.

**§ 3º** As entidades e organizações de assistência social vinculadas ao Suas celebrarão convênios, contratos, acordos ou ajustes com o poder público para a execução, garantido financiamento integral, pelo Estado, de serviços, programas, projetos e ações de assistência social, nos limites da capacidade instalada, aos beneficiários abrangidos por esta Lei, observando-se as disponibilidades orçamentárias.

**§ 4º** O cumprimento do disposto no § 3º será informado ao Ministério do Desenvolvimento Social e Combate à Fome pelo órgão gestor local da assistência social. (Acrescido pela Lei 12.435/2011)

**Art. 6º-C.** As proteções sociais, básica e especial, serão ofertadas precipuamente no Centro de Referência de Assistência Social (Cras) e no Centro de Referência Especializado de Assistência Social (Creas), respectivamente, e pelas entidades sem fins lucrativos de assistência social de que trata o art. 3º desta Lei.

**§ 1º** O Cras é a unidade pública municipal, de base territorial, localizada em áreas com maiores índices de vulnerabilidade e risco social, destinada à articulação dos serviços socioassistenciais no seu território de abrangência e à prestação de serviços, programas e projetos socioassistenciais de proteção social básica às famílias.

**§ 2º** O Creas é a unidade pública de abrangência e gestão municipal, estadual ou regional, destinada à prestação de serviços a indivíduos e famílias que se encontram em situação de risco pessoal ou social, por violação de direitos ou contingência, que demandam intervenções especializadas da proteção social especial.

**§ 3º** Os Cras e os Creas são unidades públicas estatais instituídas no âmbito do Suas, que possuem interface com as demais políticas públicas e articulam, coordenam e ofertam os serviços, programas, projetos e benefícios da assistência social. (Acrescido pela Lei 12.435/2011)

**Art. 6º-D.** As instalações dos Cras e dos Creas devem ser compatíveis com os serviços neles ofertados, com espaços para trabalhos em grupo e ambientes específicos para recepção e atendimento reservado das famílias e indivíduos, assegurada a acessibilidade às pessoas idosas e com deficiência. (Acrescido pela Lei 12.435/2011)

**Art. 6º-E.** Os recursos do cofinanciamento do Suas, destinados à execução das ações continuadas de assistência social, poderão ser aplicados no pagamento dos profissionais que integrarem as equipes de referência, responsáveis pela organização e oferta daquelas ações, conforme percentual apresentado pelo Ministério do Desenvolvimento Social e Combate à Fome e aprovado pelo CNAS.

**Parágrafo único.** A formação das equipes de referência deverá considerar o número de famílias e indivíduos referenciados, os tipos e modalidades de atendimento e as aquisições que devem ser garantidas aos usuários, conforme deliberações do CNAS. (Acrescido pela Lei 12.435/2011)

**Art. 6º-F.** Fica instituído o Cadastro Único para Programas Sociais do Governo Federal (CadÚnico), registro público eletrônico com a finalidade de coletar, processar, sistematizar e disseminar informações georreferenciadas para a identificação e a caracterização socioeconômica das famílias de baixa renda. *(Acrescido pela Lei 14.284/2021)*

- Decreto 11.016/2022 (Regulamenta este artigo).

**§ 1º** As famílias de baixa renda poderão inscrever-se no CadÚnico nas unidades públicas de que tratam os §§ 1º e 2º do art. 6º-C desta Lei ou, nos termos do regulamento, por meio eletrônico.

**§ 2º** A inscrição no CadÚnico é obrigatória para acesso a programas sociais do Governo Federal.

DIFUSOS E COLETIVOS

**Art. 7º** As ações de assistência social, no âmbito das entidades e organizações de assistência social, observarão as normas expedidas pelo Conselho Nacional de Assistência Social - CNAS, de que trata o art. 17 desta Lei.

**Art. 8º** A União, os Estados, o Distrito Federal e os Municípios, observados os princípios e diretrizes estabelecidos nesta Lei, fixarão suas respectivas Políticas de Assistência Social.

**Art. 9º** O funcionamento das entidades e organizações de assistência social depende de prévia inscrição no respectivo Conselho Municipal de Assistência Social, ou no Conselho de Assistência Social do Distrito Federal, conforme o caso.

**§ 1º** A regulamentação desta lei definirá os critérios de inscrição e funcionamento das entidades com atuação em mais de um município no mesmo Estado, ou em mais de um Estado ou Distrito Federal.

**§ 2º** Cabe ao Conselho Municipal de Assistência Social e ao Conselho de Assistência Social do Distrito Federal a fiscalização das entidades referidas no *caput* na forma prevista em lei ou regulamento.

**§ 3º** (Revogado pela Lei 12.101/2009)

**§ 4º** As entidades e organizações de assistência social podem, para defesa de seus direitos referentes à inscrição e ao funcionamento, recorrer aos Conselhos Nacional, Estaduais, Municipais e do Distrito Federal.

**Art. 10.** A União, os Estados, os Municípios e o Distrito Federal podem celebrar convênios com entidades e organizações de assistência social, em conformidade com os Planos aprovados pelos respectivos Conselhos.

**Art. 11.** As ações das três esferas de governo na área de assistência social realizam-se de forma articulada, cabendo a coordenação e as normas gerais à esfera federal e a coordenação e execução dos programas, em suas respectivas esferas, aos Estados, ao Distrito Federal e aos Municípios.

**Art. 12.** Compete à União:

**I** - responder pela concessão e manutenção dos benefícios de prestação continuada definidos no art. 203 da Constituição Federal;

**II** - cofinanciar, por meio de transferência automática, o aprimoramento da gestão, os serviços, os programas e os projetos de assistência social em âmbito nacional;

**III** - atender, em conjunto com os Estados, o Distrito Federal e os Municípios, às ações assistenciais de caráter de emergência;

**IV** - realizar o monitoramento e a avaliação da política de assistência social e assessorar Estados, Distrito Federal e Municípios para seu desenvolvimento. (Acrescido pela Lei 12.435/2011)

**Art. 12-A.** A União apoiará financeiramente o aprimoramento à gestão descentralizada dos serviços, programas, projetos e benefícios de assistência social, por meio do Índice de Gestão Descentralizada (IGD) do Sistema Único de Assistência Social (Suas), para a utilização no âmbito dos Estados, dos Municípios e do Distrito Federal, destinado, sem prejuízo de outras ações a serem definidas em regulamento, a:

**I** - medir os resultados da gestão descentralizada do Suas, com base na atuação do gestor estadual, municipal e do Distrito Federal na implementação, execução e monitoramento dos serviços, programas, projetos e benefícios de assistência social, bem como na articulação intersetorial;

**II** - incentivar a obtenção de resultados qualitativos na gestão estadual, municipal e do Distrito Federal do Suas; e

**III** - calcular o montante de recursos a serem repassados aos entes federados a título de apoio financeiro à gestão do Suas.

**§ 1º** Os resultados alcançados pelo ente federado na gestão do Suas, aferidos na forma de regulamento, serão considerados como prestação de contas dos recursos a serem transferidos a título de apoio financeiro.

**§ 2º** As transferências para apoio à gestão descentralizada do Suas adotarão a sistemática do Índice de Gestão Descentralizada do Programa Bolsa Família, previsto no art. 8º da Lei nº 10.836, de 9 de janeiro de 2004, e serão efetivadas por meio de procedimento integrado àquele índice.

**§ 3º** (VETADO).

**§ 4º** Para fins de fortalecimento dos Conselhos de Assistência Social dos Estados, Municípios e Distrito Federal, percentual dos recursos transferidos deverá ser gasto com atividades de apoio técnico e operacional àqueles colegiados, na forma fixada pelo Ministério do Desenvolvimento Social e Combate à Fome, sendo vedada a utilização dos recursos para pagamento de pessoal efetivo e de gratificações de qualquer natureza a servidor público estadual, municipal ou do Distrito Federal. (Acrescido pela Lei 12.435/2011)

**Art. 13.** Compete aos Estados:

**I** - destinar recursos financeiros aos Municípios, a título de participação no custeio do pagamento dos benefícios eventuais de que trata o art. 22, mediante critérios estabelecidos pelos Conselhos Estaduais de Assistência Social;

**II** - cofinanciar, por meio de transferência automática, o aprimoramento da gestão, os serviços, os programas e os projetos de assistência social em âmbito regional ou local;

**III** - atender, em conjunto com os Municípios, às ações assistenciais de caráter de emergência;

**IV** - estimular e apoiar técnica e financeiramente as associações e consórcios municipais na prestação de serviços de assistência social;

**V** - prestar os serviços assistenciais cujos custos ou ausência de demanda municipal justifiquem uma rede regional de serviços, desconcentrada, no âmbito do respectivo Estado;

**VI** - realizar o monitoramento e a avaliação da política de assistência social e assessorar os Municípios para seu desenvolvimento. (Acrescido pela Lei 12.435/2011)

**Art. 14.** Compete ao Distrito Federal:

**I** - destinar recursos financeiros para custeio do pagamento dos benefícios eventuais de que trata o art. 22, mediante critérios estabelecidos pelos Conselhos de Assistência Social do Distrito Federal;

**II** - efetuar o pagamento dos auxílios natalidade e funeral;

**III** - executar os projetos de enfrentamento da pobreza, incluindo a parceria com organizações da sociedade civil;

**IV** - atender às ações assistenciais de caráter de emergência;

**V** - prestar os serviços assistenciais de que trata o art. 23 desta Lei;

**VI** - cofinanciar o aprimoramento da gestão, os serviços, os programas e os projetos de assistência social em âmbito local; (Acrescido pela Lei 12.435/2011)

**VII** - realizar o monitoramento e a avaliação da política de assistência social em seu âmbito. (Acrescido pela Lei 12.435/2011)

**Art. 15.** Compete aos Municípios:

**I** - destinar recursos financeiros para custeio do pagamento dos benefícios eventuais de que trata o art. 22, mediante critérios estabelecidos pelos Conselhos Municipais de Assistência Social;

**II** - efetuar o pagamento dos auxílios natalidade e funeral;

**III** - executar os projetos de enfrentamento da pobreza, incluindo a parceria com organizações da sociedade civil;

**IV** - atender às ações assistenciais de caráter de emergência;

**V** - prestar os serviços assistenciais de que trata o art. 23 desta Lei;

**VI** - cofinanciar o aprimoramento da gestão, os serviços, os programas e os projetos de assistência social em âmbito local; (Acrescido pela Lei 12.435/2011)

**VII** - realizar o monitoramento e a avaliação da política de assistência social em seu âmbito. (Acrescido pela Lei 12.435/2011)

**Art. 16.** As instâncias deliberativas do Suas, de caráter permanente e composição paritária entre governo e sociedade civil, são:

**I** - o Conselho Nacional de Assistência Social;

**II** - os Conselhos Estaduais de Assistência Social;

**III** - o Conselho de Assistência Social do Distrito Federal;

**IV** - os Conselhos Municipais de Assistência Social.

**Parágrafo único.** Os Conselhos de Assistência Social estão vinculados ao órgão gestor de assistência social, que deve prover a infraestrutura necessária ao seu funcionamento, garantindo recursos materiais, humanos e financeiros, inclusive com despesas referentes a passagens e diárias de conselheiros representantes do governo ou da sociedade civil, quando estiverem no exercício de suas atribuições. (Acrescido pela Lei 12.435/2011)

**Art. 17.** Fica instituído o Conselho Nacional de Assistência Social - CNAS, órgão superior de deliberação colegiada, vinculado à estrutura do órgão da Administração Pública Federal responsável pela coordenação da Política Nacional de Assistência Social, cujos membros, nomeados pelo Presidente da República, têm mandato de 2 (dois) anos, permitida uma única recondução por igual período.

**§ 1º** O Conselho Nacional de Assistência Social - CNAS é composto por 18 (dezoito) membros e respectivos suplentes, cujos nomes são indicados ao órgão da Administração Pública Federal responsável pela coordenação da Política Nacional de Assistência Social, de acordo com os critérios seguintes:

**I** - 9 (nove) representantes governamentais, incluindo 1 (um) representante dos Estados e 1 (um) dos Municípios;

**II** - 9 (nove) representantes da sociedade civil, dentre representantes dos usuários ou de organizações de usuários, das entidades e organizações de assistência social e dos trabalhadores do setor, escolhidos em foro próprio sob fiscalização do Ministério Público Federal.

**§ 2º** O Conselho Nacional de Assistência Social - CNAS é presidido por um de seus integrantes, eleito dentre seus membros, para mandato de

1 (um) ano, permitida uma única recondução por igual período.

**§ 3º** O Conselho Nacional de Assistência Social - CNAS contará com uma Secretaria Executiva, a qual terá sua estrutura disciplinada em ato do Poder Executivo.

**§ 4º** Os Conselhos de que tratam os incisos II, III e IV do art. 16, com competência para acompanhar a execução da política de assistência social, apreciar e aprovar a proposta orçamentária, em consonância com as diretrizes das conferências nacionais, estaduais, distrital e municipais, de acordo com seu âmbito de atuação, deverão ser instituídos, respectivamente, pelos Estados, pelo Distrito Federal e pelos Municípios, mediante lei específica.

**Art. 18.** Compete ao Conselho Nacional de Assistência Social:

**I** - aprovar a Política Nacional de Assistência Social;

**II** - normatizar as ações e regular a prestação de serviços de natureza pública e privada no campo da assistência social;

**III** - acompanhar e fiscalizar o processo de certificação das entidades e organizações de assistência social no Ministério do Desenvolvimento Social e Combate à Fome;

**IV** - apreciar relatório anual que conterá a relação de entidades e organizações de assistência social certificadas como beneficentes e encaminhá-lo para conhecimento dos Conselhos de Assistência Social dos Estados, Municípios e do Distrito Federal;

**V** - zelar pela efetivação do sistema descentralizado e participativo de assistência social;

**VI** - a partir da realização da II Conferência Nacional de Assistência Social em 1997, convocar ordinariamente a cada quatro anos a Conferência Nacional de Assistência Social, que terá a atribuição de avaliar a situação da assistência social e propor diretrizes para o aperfeiçoamento do sistema;

**VII** - (VETADO)

**VIII** - apreciar e aprovar a proposta orçamentária da Assistência Social a ser encaminhada pelo órgão da Administração Pública Federal responsável pela coordenação da Política Nacional de Assistência Social;

**IX** - aprovar critérios de transferência de recursos para os Estados, Municípios e Distrito Federal, considerando, para tanto, indicadores que informem sua regionalização mais eqüitativa, tais como: população, renda per capita, mortalidade infantil e concentração de renda, além de disciplinar os procedimentos de repasse de recursos para as entidades e organizações de assistência social, sem prejuízo das disposições da Lei de Diretrizes Orçamentárias;

**X** - acompanhar e avaliar a gestão dos recursos, bem como os ganhos sociais e o desempenho dos programas e projetos aprovados;

**XI** - estabelecer diretrizes, apreciar e aprovar os programas anuais e plurianuais do Fundo Nacional de Assistência Social - FNAS;

**XII** - indicar o representante do Conselho Nacional de Assistência Social - CNAS junto ao Conselho Nacional da Seguridade Social;

**XIII** - elaborar e aprovar seu regimento interno;

**XIV** - divulgar, no Diário Oficial da União, todas as suas decisões, bem como as contas do Fundo Nacional de Assistência Social - FNAS e os respectivos pareceres emitidos

**Parágrafo único.** (Revogado pela Lei 12.101/2009)

**Art. 19.** Compete ao órgão da Administração Pública Federal responsável pela coordenação da Política Nacional de Assistência Social:

**I** - coordenar e articular as ações no campo da assistência social;

**II** - propor ao Conselho Nacional de Assistência Social - CNAS a Política Nacional de Assistência Social, suas normas gerais, bem como os critérios de prioridade e de elegibilidade, além de padrões de qualidade na prestação de benefícios, serviços, programas e projetos;

**III** - prover recursos para o pagamento dos benefícios de prestação continuada definidos nesta Lei;

**IV** - elaborar e encaminhar a proposta orçamentária da assistência social, em conjunto com as demais áreas da Seguridade Social;

**V** - propor os critérios de transferência dos recursos de que trata esta lei;

**VI** - proceder à transferência dos recursos destinados à assistência social, na forma prevista nesta Lei;

**VII** - encaminhar à apreciação do Conselho Nacional de Assistência Social - CNAS relatórios trimestrais e anuais de atividades e de realização financeira dos recursos;

**VIII** - prestar assessoramento técnico aos Estados, ao Distrito Federal, aos Municípios e às entidades e organizações de assistência social;

**IX** - formular política para a qualificação sistemática e continuada de recursos humanos no campo da assistência social;

**X** - desenvolver estudos e pesquisas para fundamentar as análises de necessidades e formulação de proposições para a área;

**XI** - coordenar e manter atualizado o sistema de cadastro de entidades e organizações de assistência social, em articulação com os Estados, os Municípios e o Distrito Federal;

**XII** - articular-se com os órgãos responsáveis pelas políticas de saúde e previdência social, bem como com os demais responsáveis pelas políticas sócio-econômicas setoriais, visando à elevação do patamar mínimo de atendimento às necessidades básicas;

**XIII** - expedir os atos normativos necessários à gestão do Fundo Nacional de Assistência Social FNAS, de acordo com as diretrizes estabelecidas pelo Conselho Nacional de Assistência Social - CNAS;

**XIV** - elaborar e submeter ao Conselho Nacional de Assistência Social - CNAS os programas anuais e plurianuais de aplicação dos recursos do Fundo Nacional de Assistência Social - FNAS.

**Parágrafo único.** A atenção integral à saúde, inclusive a dispensação de medicamentos e produtos de interesse para a saúde, às famílias e indivíduos em situações de vulnerabilidade ou risco social e pessoal, nos termos desta Lei, dar-se-á independentemente da apresentação de documentos que comprovem domicílio ou inscrição no cadastro no Sistema Único de Saúde (SUS), em consonância com a diretriz de articulação das ações de assistência social e de saúde a que se refere o inciso XII deste artigo. (Acrescido pela Lei 13.714/2018)

## CAPÍTULO IV DOS BENEFÍCIOS/ASSISTÊNCIA SOCIAL

### SEÇÃO I DO BENEFÍCIO DE PRESTAÇÃO CONTINUADA

✪ **Art. 20.** O benefício de prestação continuada é a garantia de um salário-mínimo mensal à pessoa com deficiência e ao idoso com 65 (sessenta e cinco) anos ou mais que comprovem não possuir meios de prover a própria manutenção nem de tê-la provida por sua família.

**§ 1º** Para os efeitos do disposto no *caput*, a família é composta pelo requerente, o cônjuge ou companheiro, os pais e, na ausência de um deles, a madrasta ou o padrasto, os irmãos solteiros, os filhos e enteados solteiros e os menores tutelados, desde que vivam sob o mesmo teto.

**§ 2º** Para efeito de concessão do benefício de prestação continuada, considera-se pessoa com deficiência aquela que tem impedimento de longo prazo de natureza física, mental, intelectual ou sensorial, o qual, em interação com uma ou mais barreiras, pode obstruir sua participação plena e efetiva na sociedade em igualdade de condições com as demais pessoas.

**I** - (Revogado pela Lei 12.470/2011)

**II** - (Revogado pela Lei 12.470/2011)

**§ 3º** Observados os demais critérios de elegibilidade definidos nesta Lei, terão direito ao benefício financeiro de que trata o *caput* deste artigo a pessoa com deficiência ou a pessoa idosa com renda familiar mensal per capita igual ou inferior a 1/4 (um quarto) do salário-mínimo. *(Redação dada pela Lei 14.176/2021)*

**I** - *(Revogado pela Lei 14.176/2021)*

**II** - *(VETADO na Lei 13.982/2020)*

**§ 4º** O benefício de que trata este artigo não pode ser acumulado pelo beneficiário com qualquer outro no âmbito da seguridade social ou de outro regime, salvo os da assistência médica e da pensão especial de natureza indenizatória.

**§ 5º** A condição de acolhimento em instituições de longa permanência não prejudica o direito do idoso ou da pessoa com deficiência ao benefício de prestação continuada.

**§ 6º** A concessão do benefício ficará sujeita à avaliação da deficiência e do grau de impedimento de que trata o § 2º, composta por avaliação médica e avaliação social realizadas por médicos peritos e por assistentes sociais do Instituto Nacional de Seguro Social - INSS.

**§ 7º** Na hipótese de não existirem serviços no município de residência do beneficiário, fica assegurado, na forma prevista em regulamento, o seu encaminhamento ao município mais próximo que contar com tal estrutura.

**§ 8º** A renda familiar mensal a que se refere o § 3º deverá ser declarada pelo requerente ou seu representante legal, sujeitando-se aos demais procedimentos previstos no regulamento para o deferimento do pedido. (Acrescido pela Lei 9.720/1998)

**§ 9º** Os rendimentos decorrentes de estágio supervisionado e de aprendizagem não serão computados para os fins de cálculo da renda familiar per capita a que se refere o § 3º deste artigo.

**§ 10.** Considera-se impedimento de longo prazo, para os fins do § 2º deste artigo, aquele que produza efeitos pelo prazo mínimo de 2 (dois) anos. (Acrescido pela Lei 12.470/2011)

**§ 11.** Para concessão do benefício de que trata o *caput* deste artigo, poderão ser utilizados outros elementos probatórios da condição de miserabilidade do grupo familiar e da situação de vulnerabilidade, conforme regulamento. (Acrescido pela Lei 13.146/2015)

**§ 11-A**. O regulamento de que trata o § 11 deste artigo poderá ampliar o limite de renda mensal familiar per capita previsto no § 3º deste artigo para até 1/2 (meio) salário-mínimo, observado o disposto no art. 20-B desta Lei. *(Acrescido pela Lei 14.176/2021)*

**§ 12.** São requisitos para a concessão, a manutenção e a revisão do benefício as inscrições no Cadastro de Pessoas Físicas (CPF) e no Cadastro Único para Programas Sociais do Governo Federal - Cadastro Único, conforme previsto em regulamento. *(Acrescido pela Lei 13.846/2019)*

**§ 13.** *(Acrescido pela MP 871/2019, não mantido pela Lei 13.846/2019, na qual foi convertida a referida Medida Provisória)*

**§ 14.** O benefício de prestação continuada ou o benefício previdenciário no valor de até 1 (um) salário-mínimo concedido a idoso acima de 65 (sessenta e cinco) anos de idade ou pessoa com deficiência não será computado, para fins de concessão do benefício de prestação continuada a outro idoso ou pessoa com deficiência da mesma família, no cálculo da renda a que se refere o § 3º deste artigo. *(Acrescido pela Lei 13.982/2020)*

**§ 15.** O benefício de prestação continuada será devido a mais de um membro da mesma família enquanto atendidos os requisitos exigidos nesta Lei. *(Acrescido pela Lei 13.982/2020)*

**Art. 20-A.** *(Revogado pela Lei 14.176/2021)*

**Art. 20-B.** Na avaliação de outros elementos probatórios da condição de miserabilidade e da situação de vulnerabilidade de que trata o § 11 do art. 20 desta Lei, serão considerados os seguintes aspectos para ampliação do critério de aferição da renda familiar mensal per capita de que trata o § 11-A do referido artigo: *(Acrescido pela Lei 14.176/2021)*

**I** - o grau da deficiência;

**II** - a dependência de terceiros para o desempenho de atividades básicas da vida diária; e

**III** - o comprometimento do orçamento do núcleo familiar de que trata o § 3º do art. 20 desta Lei exclusivamente com gastos médicos, com tratamentos de saúde, com fraldas, com alimentos especiais e com medicamentos do idoso ou da pessoa com deficiência não disponibilizados gratuitamente pelo SUS, ou com serviços não prestados pelo Suas, desde que comprovadamente necessários à preservação da saúde e da vida.

**§ 1º** A ampliação de que trata o *caput* deste artigo ocorrerá na forma de escalas graduais, definidas em regulamento.

**§ 2º** Aplicam-se à pessoa com deficiência os elementos constantes dos incisos I e III do *caput* deste artigo, e à pessoa idosa os constantes dos incisos II e III do *caput* deste artigo.

**§ 3º** O grau da deficiência de que trata o inciso I do *caput* deste artigo será aferido por meio de instrumento de avaliação biopsicossocial, observados os termos dos §§ 1º e 2º do art. 2º da Lei nº 13.146, de 6 de julho de 2015 (Estatuto da Pessoa com Deficiência), e do § 6º do art. 20 e do art. 40-B desta Lei.

**§ 4º** O valor referente ao comprometimento do orçamento do núcleo familiar com gastos de que trata o inciso III do *caput* deste artigo será definido em ato conjunto do Ministério da Cidadania, da Secretaria Especial de Previdência e Trabalho do Ministério da Economia e do INSS, a partir de valores médios dos gastos realizados pelas famílias exclusivamente com essas finalidades, facultada ao interessado a possibilidade de comprovação, conforme critérios definidos em regulamento, de que os gastos efetivos ultrapassam os valores médios.

✪ **Art. 21.** O benefício de prestação continuada deve ser revisto a cada 2 (dois) anos para avaliação da continuidade das condições que lhe deram origem.

**§ 1º** O pagamento do benefício cessa no momento em que forem superadas as condições referidas no *caput*, ou em caso de morte do beneficiário.

**§ 2º** O benefício será cancelado quando se constatar irregularidade na sua concessão ou utilização.

**§ 3º** O desenvolvimento das capacidades cognitivas, motoras ou educacionais e a realização de atividades não remuneradas de habilitação e reabilitação, entre outras, não constituem motivo de suspensão ou cessação do benefício da pessoa com deficiência. (Acrescido pela Lei 12.435/2011)

**§ 4º** A cessação do benefício de prestação continuada concedido à pessoa com deficiência não impede nova concessão do benefício, desde que atendidos os requisitos definidos em regulamento.

**§ 5º** O beneficiário em gozo de benefício de prestação continuada concedido judicial ou administrativamente poderá ser convocado para avaliação das condições que ensejaram sua concessão ou manutenção, sendo-lhe exigida a presença dos requisitos previstos nesta Lei e no regulamento. *(Acrescido pela Lei 14.176/2021)*

✪ **Art. 21-A.** O benefício de prestação continuada será suspenso pelo órgão concedente quando a pessoa com deficiência exercer atividade remunerada, inclusive na condição de microempreendedor individual.

**§ 1º** Extinta a relação trabalhista ou a atividade empreendedora de que trata o *caput* deste artigo e, quando for o caso, encerrado o prazo de pagamento do seguro-desemprego e não tendo o beneficiário adquirido direito a qualquer benefício previdenciário, poderá ser requerida a continuidade do pagamento do benefício suspenso, sem necessidade de realização de perícia médica ou reavaliação da deficiência e do grau de incapacidade para esse fim, respeitado o período de revisão previsto no *caput* do art. 21.

**§ 2º** A contratação de pessoa com deficiência como aprendiz não acarreta a suspensão do benefício de prestação continuada, limitado a 2 (dois) anos o recebimento concomitante da remuneração e do benefício. (Acrescido pela Lei 12.470/2011)

## SEÇÃO II
## DOS BENEFÍCIOS EVENTUAIS

**Art. 22.** Entendem-se por benefícios eventuais as provisões suplementares e provisórias que integram organicamente as garantias do Suas e são prestadas aos cidadãos e às famílias em virtude de nascimento, morte, situações de vulnerabilidade temporária e de calamidade pública.

**§ 1º** A concessão e o valor dos benefícios de que trata este artigo serão definidos pelos Estados, Distrito Federal e Municípios e previstos nas respectivas leis orçamentárias anuais, com base em critérios e prazos definidos pelos respectivos Conselhos de Assistência Social.

**§ 2º** O CNAS, ouvidas as respectivas representações de Estados e Municípios dele participantes, poderá propor, na medida das disponibilidades orçamentárias das 3 (três) esferas de governo, a instituição de benefícios subsidiários no valor de até 25% (vinte e cinco por cento) do salário-mínimo para cada criança de até 6 (seis) anos de idade.

**§ 3º** Os benefícios eventuais subsidiários não poderão ser cumulados com aqueles instituídos pelas Leis nº 10.954, de 29 de setembro de 2004, e nº 10.458, de 14 de maio de 2002.

## SEÇÃO III
## DOS SERVIÇOS

**Art. 23.** Entendem-se por serviços socioassistenciais as atividades continuadas que visem à melhoria de vida da população e cujas ações, voltadas para as necessidades básicas, observem os objetivos, princípios e diretrizes estabelecidos nesta Lei.

**§ 1º** O regulamento instituirá os serviços socioassistenciais. (Acrescido pela Lei 12.435/2011)

**§ 2º** Na organização dos serviços da assistência social serão criados programas de amparo, entre outros:

**I** - às crianças e adolescentes em situação de risco pessoal e social, em cumprimento ao disposto no art. 227 da Constituição Federal e na Lei nº 8.069, de 13 de julho de 1990 (Estatuto da Criança e do Adolescente);

**II** - às pessoas que vivem em situação de rua.

## SEÇÃO IV
## DOS PROGRAMAS DE ASSISTÊNCIA SOCIAL

**Art. 24.** Os programas de assistência social compreendem ações integradas e complementares com objetivos, tempo e área de abrangência definidos para qualificar, incentivar e melhorar os benefícios e os serviços assistenciais.

**§ 1º** Os programas de que trata este artigo serão definidos pelos respectivos Conselhos de Assistência Social, obedecidos os objetivos e princípios que regem esta Lei, com prioridade para a inserção profissional e social.

**§ 2º** Os programas voltados para o idoso e a integração da pessoa com deficiência serão devidamente articulados com o benefício de prestação continuada estabelecido no art. 20 desta Lei.

**Art. 24-A.** Fica instituído o Serviço de Proteção e Atendimento Integral à Família (Paif), que integra a proteção social básica e consiste na oferta de ações e serviços socioassistenciais de prestação continuada, nos Cras, por meio do trabalho social com famílias em situação de vulnerabilidade social, com o objetivo de prevenir o rompimento dos vínculos familiares e a violência no âmbito de suas relações, garantindo o direito à convivência familiar e comunitária.

**Parágrafo único.** Regulamento definirá as diretrizes e os procedimentos do Paif. (Acrescido pela Lei 12.435/2011)

**Art. 24-B.** Fica instituído o Serviço de Proteção e Atendimento Especializado a Famílias e Indivíduos (Paefi), que integra a proteção social especial e consiste no apoio, orientação e acompanhamento a famílias e indivíduos em situação de ameaça ou violação de direitos, articulando os serviços socioassistenciais com as diversas políticas públicas e com órgãos do sistema de garantia de direitos.

**Parágrafo único.** Regulamento definirá as diretrizes e os procedimentos do Paefi. (Acrescido pela Lei 12.435/2011)

**Art. 24-C.** Fica instituído o Programa de Erradicação do Trabalho Infantil (Peti), de caráter intersetorial, integrante da Política Nacional de Assistência Social, que, no âmbito do Suas, compreende transferências de renda, trabalho social com famílias e oferta de serviços socioeducativos para crianças e adolescentes que se encontrem em situação de trabalho.

**§ 1º** O Peti tem abrangência nacional e será desenvolvido de forma articulada pelos entes federados, com a participação da sociedade civil, e tem como objetivo contribuir para a retirada de crianças e adolescentes com idade inferior a 16 (dezesseis) anos em situação de trabalho, ressalvada a condição de aprendiz, a partir de 14 (quatorze) anos.

**§ 2º** As crianças e os adolescentes em situação de trabalho deverão ser identificados e ter os seus dados inseridos no Cadastro Único para Programas Sociais do Governo Federal (CadÚnico), com a devida identificação das situações de trabalho infantil. (Acrescido pela Lei 12.435/2011)

## SEÇÃO V
## DOS PROJETOS DE ENFRENTAMENTO DA POBREZA

**Art. 25.** Os projetos de enfrentamento da pobreza compreendem a instituição de investimento econômico-social nos grupos populares, buscando subsidiar, financeira e tecnicamente, iniciativas que lhes garantam meios, capacidade produtiva e de gestão para melhoria das condições gerais de subsistência, elevação do padrão da qualidade de vida, a preservação do meio-ambiente e sua organização social.

**Art. 26.** O incentivo a projetos de enfrentamento da pobreza assentar-se-á em mecanismos de articulação e de participação de diferentes áreas governamentais e em sistema de cooperação entre organismos governamentais, não governamentais e da sociedade civil.

## SEÇÃO VI
## DO AUXÍLIO-INCLUSÃO
*(Acrescido pela Lei 14.176/2021)*

**Art. 26-A.** Terá direito à concessão do auxílio-inclusão de que trata o art. 94 da Lei nº 13.146, de 6 de julho de 2015 (Estatuto da Pessoa com Deficiência), a pessoa com deficiência moderada ou grave que, cumulativamente: *(Acrescido pela Lei 14.176/2021)*

**I** - receba o benefício de prestação continuada, de que trata o art. 20 desta Lei, e passe a exercer atividade:

*a)* que tenha remuneração limitada a 2 (dois) salários-mínimos; e

*b)* que enquadre o beneficiário como segurado obrigatório do Regime Geral de Previdência Social ou como filiado a regime próprio de previdência social da União, dos Estados, do Distrito Federal ou dos Municípios;

**II** - tenha inscrição atualizada no CadÚnico no momento do requerimento do auxílio-inclusão;

**III** - tenha inscrição regular no CPF; e

**IV** - atenda aos critérios de manutenção do benefício de prestação continuada, incluídos os critérios relativos à renda familiar mensal per capita exigida para o acesso ao benefício, observado o disposto no § 4º deste artigo.

**§ 1º** O auxílio-inclusão poderá ainda ser concedido, nos termos do inciso I do *caput* deste artigo, mediante requerimento e sem retroatividade no pagamento, ao beneficiário:

**I** - que tenha recebido o benefício de prestação continuada nos 5 (cinco) anos imediatamente anteriores ao exercício da atividade remunerada; e

**II** - que tenha tido o benefício suspenso nos termos do art. 21-A desta Lei.

**§ 2º** O valor do auxílio-inclusão percebido por um membro da família não será considerado no cálculo da renda familiar mensal per capita de que trata o inciso IV do *caput* deste artigo, para fins de concessão e de manutenção de outro auxílio-inclusão no âmbito do mesmo grupo familiar.

**§ 3º** O valor do auxílio-inclusão e o da remuneração do beneficiário do auxílio-inclusão de que trata a alínea "a" do inciso I do *caput* deste artigo percebidos por um membro da família não serão considerados no cálculo da renda familiar mensal per capita de que tratam os §§ 3º e 11-A do art. 20 desta Lei para fins de manutenção de benefício de prestação continuada concedido anteriormente a outra pessoa do mesmo grupo familiar.

**§ 4º** Para fins de cálculo da renda familiar per capita de que trata o inciso IV do *caput* deste artigo, serão desconsideradas:

**I** - as remunerações obtidas pelo requerente em decorrência de exercício de atividade laboral, desde que o total recebido no mês seja igual ou inferior a 2 (dois) salários-mínimos; e

**II** - as rendas oriundas dos rendimentos decorrentes de estágio supervisionado e de aprendizagem.

**Art. 26-B.** O auxílio-inclusão será devido a partir da data do requerimento, e o seu valor corresponderá a 50% (cinquenta por cento) do valor do benefício de prestação continuada em vigor. *(Acrescido pela Lei 14.176/2021)*

**Parágrafo único.** Ao requerer o auxílio-inclusão, o beneficiário autorizará a suspensão do benefício de prestação continuada, nos termos do art. 21-A desta Lei.

**Art. 26-C.** O pagamento do auxílio-inclusão não será acumulado com o pagamento de: *(Acrescido pela Lei 14.176/2021)*

**I** - benefício de prestação continuada de que trata o art. 20 desta Lei;

**II** - prestações a título de aposentadoria, de pensões ou de benefícios por incapacidade pagos por qualquer regime de previdência social; ou

**III** - seguro-desemprego.

**Art. 26-D.** O pagamento do auxílio-inclusão cessará na hipótese de o beneficiário: *(Acrescido pela Lei 14.176/2021)*

**I** - deixar de atender aos critérios de manutenção do benefício de prestação continuada; ou

**II** - deixar de atender aos critérios de concessão do auxílio-inclusão.

**Parágrafo único.** Ato do Poder Executivo federal disporá sobre o procedimento de verificação dos critérios de manutenção e de revisão do auxílioinclusão.

**Art. 26-E.** O auxílio-inclusão não está sujeito a desconto de qualquer contribuição e não gera direito a pagamento de abono anual. *(Acrescido pela Lei 14.176/2021)*

**Art. 26-F.** Compete ao Ministério da Cidadania a gestão do auxílio-inclusão, e ao INSS a sua operacionalização e pagamento. *(Acrescido pela Lei 14.176/2021)*

**Art. 26-G.** As despesas decorrentes do pagamento do auxílio-inclusão correrão à conta do orçamento do Ministério da Cidadania. *(Acrescido pela Lei 14.176/2021)*

**§ 1º** O Poder Executivo federal compatibilizará o quantitativo de benefícios financeiros do auxílio-inclusão de que trata o art. 26-A desta Lei com as dotações orçamentárias existentes.

**§ 2º** O regulamento indicará o órgão do Poder Executivo responsável por avaliar os impactos da concessão do auxílio-inclusão na participação no mercado de trabalho, na redução de desigualdades e no exercício dos direitos e liberdades fundamentais das pessoas com deficiência, nos termos do § 16 do art. 37 da Constituição Federal.

**Art. 26-H.** No prazo de 10 (dez) anos, contado da data de publicação desta "Seção, será promovida a revisão do auxílio-inclusão, observado o disposto no § 2º do art. 26-G desta Lei, com vistas a seu aprimoramento e ampliação. *(Acrescido pela Lei 14.176/2021)*

## CAPÍTULO V
## DO FINANCIAMENTO DA ASSISTÊNCIA SOCIAL

**Art. 27.** Fica o Fundo Nacional de Ação Comunitária - Funac, instituído pelo Decreto nº 91.970, de 22 de novembro de 1985, ratificado pelo Decreto Legislativo nº 66, de 18 de dezembro de 1990, transformado no Fundo Nacional de Assistência Social - FNAS.

**Art. 28.** O financiamento dos benefícios, serviços, programas e projetos estabelecidos nesta Lei far-se-á com os recursos da União, dos Estados, do Distrito Federal e dos Municípios, das demais contribuições sociais previstas no art. 195 da Constituição Federal, além daqueles que compõem o Fundo Nacional de Assistência Social - FNAS.

**§ 1º** Cabe ao órgão da Administração Pública responsável pela coordenação da Política de Assistência Social nas 3 (três) esferas de governo gerir o Fundo de Assistência Social, sob orientação e controle dos respectivos Conselhos de Assistência Social.

**§ 2º** O Poder Executivo disporá, no prazo de 180 (cento e oitenta) dias a contar da data de publicação desta lei, sobre o regulamento e funcionamento do Fundo Nacional de Assistência Social - FNAS.

**§ 3º** O financiamento da assistência social no Suas deve ser efetuado mediante cofinanciamento dos 3 (três) entes federados, devendo os recursos alocados nos fundos de assistência social ser voltados à operacionalização, prestação, aprimoramento e viabilização dos serviços, programas, projetos e benefícios desta política. (Acrescido pela Lei 12.435/2011)

**Art. 28-A.** *(Revogado pela Lei 13.813/2019)*

**Art. 29.** Os recursos de responsabilidade da União destinados à assistência social serão automaticamente repassados ao Fundo Nacional de Assistência Social - FNAS, à medida que se forem realizando as receitas.

**Parágrafo único.** Os recursos de responsabilidade da União destinados ao financiamento dos benefícios de prestação continuada, previstos no art. 20, poderão ser repassados pelo Ministério da Previdência e Assistência Social diretamente ao INSS, órgão responsável pela sua execução e manutenção. (Acrescido pela Lei 9.720/1998)

**Art. 30.** É condição para os repasses, aos Municípios, aos Estados e ao Distrito Federal, dos recursos de que trata esta lei, a efetiva instituição e funcionamento de:

**I** - Conselho de Assistência Social, de composição paritária entre governo e sociedade civil;

**II** - Fundo de Assistência Social, com orientação e controle dos respectivos Conselhos de Assistência Social;

**III** - Plano de Assistência Social.

**Parágrafo único.** É, ainda, condição para transferência de recursos do FNAS aos Estados, ao Distrito Federal e aos Municípios a comprovação orçamentária dos recursos próprios destinados à Assistência Social, alocados em seus respectivos Fundos de Assistência Social, a partir do exercício de 1999. (Acrescido pela Lei 9.720/1998)

**Art. 30-A.** O cofinanciamento dos serviços, programas, projetos e benefícios eventuais, no que couber, e o aprimoramento da gestão da política de assistência social no Suas se efetuam por meio de transferências automáticas entre os fundos de assistência social e mediante alocação de recursos próprios nesses fundos nas 3 (três) esferas de governo.

**Parágrafo único.** As transferências automáticas de recursos entre os fundos de assistência social efetuadas à conta do orçamento da seguridade social, conforme o art. 204 da Constituição Federal, caracterizam-se como despesa pública com a seguridade social, na forma do art. 24 da Lei Complementar nº 101, de 4 de maio de 2000. (Acrescido pela Lei 12.435/2011)

**Art. 30-B.** Caberá ao ente federado responsável pela utilização dos recursos do respectivo Fundo de Assistência Social o controle e o acompanhamento dos serviços, programas, projetos e benefícios, por meio dos respectivos órgãos de controle, independentemente de ações do órgão repassador dos recursos. (Acrescido pela Lei 12.435/2011)

**Art. 30-C.** A utilização dos recursos federais descentralizados para os fundos de assistência social dos Estados, dos Municípios e do Distrito Federal será declarada pelos entes recebedores ao ente transferidor, anualmente, mediante relatório de gestão submetido à apreciação do respectivo Conselho de Assistência Social, que comprove a execução das ações na forma de regulamento.

**Parágrafo único.** Os entes transferidores poderão requisitar informações referentes à aplicação dos recursos oriundos do seu fundo de assistência social, para fins de análise e acompanhamento de sua boa e regular utilização. (Acrescido pela Lei 12.435/2011)

## CAPÍTULO VI
## DAS DISPOSIÇÕES GERAIS E TRANSITÓRIAS

**Art. 31.** Cabe ao Ministério Público zelar pelo efetivo respeito aos direitos estabelecidos nesta lei.

**Art. 32.** O Poder Executivo terá o prazo de 60 (sessenta) dias, a partir da publicação desta Lei, obedecidas as normas por ela instituídas, para elaborar e encaminhar projeto de lei dispondo sobre a extinção e reordenamento dos órgãos de assistência social do Ministério do Bem-Estar Social.

**§ 1º** O projeto de que trata este artigo definirá formas de transferências de benefícios, serviços, programas, projetos, pessoal, bens móveis e imóveis para a esfera municipal.

**§ 2º** O Ministro de Estado do Bem-Estar Social indicará Comissão encarregada de elaborar o projeto de lei de que trata este artigo, que contará com a participação das organizações dos usuários, de trabalhadores do setor e de entidades e organizações de assistência social.

**Art. 33.** Decorrido o prazo de 120 (cento e vinte) dias da promulgação desta Lei, fica extinto o Conselho Nacional de Serviço Social - CNSS, revogando-se, em conseqüência, os Decretos-Lei nºs 525, de 1º de julho de 1938, e 657, de 22 de julho de 1943.

**§ 1º** O Poder Executivo tomará as providências necessárias para a instalação do Conselho Nacional de Assistência Social - CNAS e a transferência das atividades que passarão à sua competência dentro do prazo estabelecido no *caput*, de forma a assegurar não haja solução de continuidade.

**§ 2º** O acervo do órgão de que trata o *caput* será transferido, no prazo de 60 (sessenta) dias, para o Conselho Nacional de Assistência Social - CNAS, que promoverá, mediante critérios e prazos a serem fixados, a revisão dos processos de registro e certificado de entidade de fins filantrópicos das entidades e organização de assistência social, observado o disposto no art. 3º desta lei.

**Art. 34.** A União continuará exercendo papel supletivo nas ações de assistência social, por ela atualmente executadas diretamente no âmbito dos Estados, dos Municípios e do Distrito Federal, visando à implementação do disposto nesta Lei, por prazo máximo de 12 (doze) meses, contados a partir da data da publicação desta Lei.

**Art. 35.** Cabe ao órgão da Administração Pública Federal responsável pela coordenação da Política Nacional de Assistência Social operar os benefícios de prestação continuada de que trata esta lei, podendo, para tanto, contar com o concurso de outros órgãos do Governo Federal, na forma a ser estabelecida em regulamento.

**Parágrafo único.** O regulamento de que trata o *caput* definirá as formas de comprovação do direito ao benefício, as condições de sua suspensão, os procedimentos em casos de curatela e tutela e o órgão de credenciamento, de pagamento e de fiscalização, dentre outros aspectos.

**Art. 36.** As entidades e organizações de assistência social que incorrerem em irregularidades na aplicação dos recursos que lhes foram repassados pelos poderes públicos terão a sua vinculação ao Suas cancelada, sem prejuízo de responsabilidade civil e penal.

**Art. 37.** O benefício de prestação continuada será devido após o cumprimento, pelo requerente, de todos os requisitos legais e regulamentares exigidos para a sua concessão, inclusive apresentação da documentação necessária, devendo o seu pagamento ser efetuado em até quarenta e cinco dias após cumpridas as exigências de que trata este artigo.

**Parágrafo único.** No caso de o primeiro pagamento ser feito após o prazo previsto no *caput*, aplicar-se-á na sua atualização o mesmo critério adotado pelo INSS na atualização do primeiro pagamento de benefício previdenciário em atraso. (Acrescido pela Lei 9.720/1998)

**Art. 38.** (Revogado pela Lei 12.435/2011)

**Art. 39.** O Conselho Nacional de Assistência Social - CNAS, por decisão da maioria absoluta de seus membros, respeitados o orçamento da seguridade social e a disponibilidade do Fundo Nacional de Assistência Social - FNAS, poderá propor ao Poder Executivo a alteração dos limites de renda mensal per capita definidos no § 3º do art. 20 e *caput* do art. 22.

**Art. 40.** Com a implantação dos benefícios previstos nos arts. 20 e 22 desta Lei, extinguem-se a renda mensal vitalícia, o auxílio-natalidade e o auxílio-funeral existentes no âmbito da Previdência Social, conforme o disposto na Lei nº 8.213, de 24 de julho de 1991.

**§ 1º** A transferência dos beneficiários do sistema previdenciário para a assistência social deve ser estabelecida de forma que o atendimento à população não sofra solução de continuidade.

**§ 2º** É assegurado ao maior de setenta anos e ao inválido o direito de requerer a renda mensal vitalícia junto ao INSS até 31 de dezembro de 1995, desde que atenda, alternativamente, aos requisitos estabelecidos nos incisos I, II ou III do § 1º do art. 139 da Lei nº 8.213, de 24 de julho de 1991. (Acrescido pela Lei 9.711/1998)

**Art. 40-A.** Os benefícios monetários decorrentes do disposto nos arts. 22, 24-C e 25 desta Lei serão pagos preferencialmente à mulher responsável pela unidade familiar, quando cabível. (Acrescido pela Lei 13.014/2014)

**Art. 40-B.** Enquanto não estiver regulamentado o instrumento de avaliação de que tratam os §§ 1º e 2º do art. 2º da Lei nº 13.146, de 6 de julho de 2015 (Estatuto da Pessoa com Deficiência), a concessão do benefício de prestação continuada à pessoa com deficiência ficará sujeita à avaliação do grau da deficiência e do impedimento de que trata o § 2º do art. 20 desta Lei, composta por avaliação médica e avaliação social realizadas, respectivamente, pela Perícia Médica Federal e pelo serviço social do INSS, com a utilização de instrumentos desenvolvidos especificamente para esse fim. *(Acrescido pela Lei 14.176/2021)*

**Art. 40-C.** Os eventuais débitos do beneficiário decorrentes de recebimento irregular do benefício de prestação continuada ou do auxílio-inclusão poderão ser consignados no valor mensal desses benefícios, nos termos do regulamento. *(Acrescido pela Lei 14.176/2021)*

**Art. 41.** Esta lei entra em vigor na data da sua publicação.

**Art. 42.** Revogam-se as disposições em contrário.

Brasília, 7 de dezembro de 1993, 172º da Independência e 105º da República.

ITAMAR FRANCO
Jutahy Magalhães Júnior

# LEI Nº 9.394, DE 20 DE DEZEMBRO DE 1996

*Estabelece as diretrizes e bases da educação nacional.*

O PRESIDENTE DA REPÚBLICA Faço saber que o Congresso Nacional decreta e eu sanciono a seguinte Lei:

## TÍTULO I
## DA EDUCAÇÃO

**Art. 1º** A educação abrange os processos formativos que se desenvolvem na vida familiar, na convivência humana, no trabalho, nas instituições de ensino e pesquisa, nos movimentos sociais e organizações da sociedade civil e nas manifestações culturais.

**§ 1º** Esta Lei disciplina a educação escolar, que se desenvolve, predominantemente, por meio do ensino, em instituições próprias.

**§ 2º** A educação escolar deverá vincular-se ao mundo do trabalho e à prática social.

## TÍTULO II
## DOS PRINCÍPIOS E FINS DA EDUCAÇÃO NACIONAL

**Art. 2º** A educação, dever da família e do Estado, inspirada nos princípios de liberdade e nos ideais de solidariedade humana, tem por finalidade o pleno desenvolvimento do educando, seu preparo para o exercício da cidadania e sua qualificação para o trabalho.

✪ **Art. 3º** O ensino será ministrado com base nos seguintes princípios:

**I** - igualdade de condições para o acesso e permanência na escola;

**II** - liberdade de aprender, ensinar, pesquisar e divulgar a cultura, o pensamento, a arte e o saber;

**III** - pluralismo de idéias e de concepções pedagógicas;

**IV** - respeito à liberdade e apreço à tolerância;

**V** - coexistência de instituições públicas e privadas de ensino;

**VI** - gratuidade do ensino público em estabelecimentos oficiais;

**VII** - valorização do profissional da educação escolar;

**VIII** - gestão democrática do ensino público, na forma desta Lei e da legislação dos sistemas de ensino;

**IX** - garantia de padrão de qualidade;

**X** - valorização da experiência extra-escolar;

**XI** - vinculação entre a educação escolar, o trabalho e as práticas sociais.

**XII** - consideração com a diversidade étnico-racial.

**XIII** - garantia do direito à educação e à aprendizagem ao longo da vida.

**XIV** - respeito à diversidade humana, linguística, cultural e identitária das pessoas surdas, surdo-cegas e com deficiência auditiva. *(Acrescido pela Lei 14.191/2021)*

## TÍTULO III
## DO DIREITO À EDUCAÇÃO E DO DEVER DE EDUCAR

✪ **Art. 4º** O dever do Estado com educação escolar pública será efetivado mediante a garantia de:

**I** - educação básica obrigatória e gratuita dos 4 (quatro) aos 17 (dezessete) anos de idade, organizada da seguinte forma:

*a)* pré-escola;

*b)* ensino fundamental;

*c)* ensino médio;

**II** - educação infantil gratuita às crianças de até 5 (cinco) anos de idade;

**III** - atendimento educacional especializado gratuito aos educandos com deficiência, transtornos globais do desenvolvimento e altas habilidades ou superdotação, transversal a todos os níveis, etapas e modalidades, preferencialmente na rede regular de ensino;

**IV** - acesso público e gratuito aos ensinos fundamental e médio para todos os que não os concluíram na idade própria;

**V** - acesso aos níveis mais elevados do ensino, da pesquisa e da criação artística, segundo a capacidade de cada um;

**VI** - oferta de ensino noturno regular, adequado às condições do educando;

**VII** - oferta de educação escolar regular para jovens e adultos, com características e modalidades adequadas às suas necessidades e disponibilidades, garantindo-se aos que forem trabalhadores as condições de acesso e permanência na escola;

**VIII** - atendimento ao educando, em todas as etapas da educação básica, por meio de programas suplementares de material didático-escolar, transporte, alimentação e assistência à saúde;

**IX** - padrões mínimos de qualidade do ensino, definidos como a variedade e a quantidade mínimas, por aluno, de insumos indispensáveis ao desenvolvimento do processo de ensino-aprendizagem adequados à idade e às necessidades específicas de cada estudante, inclusive mediante a provisão de mobiliário, equipamentos e materiais pedagógicos apropriados; *(Redação dada pela Lei 14.333/2022)*

**X** - vaga na escola pública de educação infantil ou de ensino fundamental mais próxima de sua residência a toda criança a partir do dia em que completar 4 (quatro) anos de idade.

**XI** - alfabetização plena e capacitação gradual para a leitura ao longo da educação básica como requisitos indispensáveis para a efetivação dos direitos e objetivos de aprendizagem e para o desenvolvimento dos indivíduos. *(Acrescido pela Lei 14.407/2022)*

**Art. 4º-A.** É assegurado atendimento educacional, durante o período de internação, ao aluno da educação básica internado para tratamento de saúde em regime hospitalar ou domiciliar por tempo prolongado, conforme dispuser o Poder Público em regulamento, na esfera de sua competência federativa. (Acrescido pela Lei 13.716/2018)

**Art. 5º** O acesso à educação básica obrigatória é direito público subjetivo, podendo qualquer cidadão, grupo de cidadãos, associação comunitária, organização sindical, entidade de classe ou outra legalmente constituída e, ainda, o Ministério Público, acionar o poder público para exigi-lo.

**§ 1º** O poder público, na esfera de sua competência federativa, deverá:

**I** - recensear anualmente as crianças e adolescentes em idade escolar, bem como os jovens e adultos que não concluíram a educação básica;

**II** - fazer-lhes a chamada pública;

**III** - zelar, junto aos pais ou responsáveis, pela freqüência à escola.

**§ 2º** Em todas as esferas administrativas, o Poder Público assegurará em primeiro lugar o acesso ao ensino obrigatório, nos termos deste artigo, contemplando em seguida os demais níveis e modalidades de ensino, conforme as prioridades constitucionais e legais.

**§ 3º** Qualquer das partes mencionadas no *caput* deste artigo tem legitimidade para peticionar no Poder Judiciário, na hipótese do § 2º do art. 208 da Constituição Federal, sendo gratuita e de rito sumário a ação judicial correspondente.

**§ 4º** Comprovada a negligência da autoridade competente para garantir o oferecimento do ensino obrigatório, poderá ela ser imputada por crime de responsabilidade.

**§ 5º** Para garantir o cumprimento da obrigatoriedade de ensino, o Poder Público criará formas alternativas de acesso aos diferentes níveis de ensino, independentemente da escolarização anterior.

✪ **Art. 6º** É dever dos pais ou responsáveis efetuar a matrícula das crianças na educação básica a partir dos 4 (quatro) anos de idade.

**Art. 7º** O ensino é livre à iniciativa privada, atendidas as seguintes condições:

**I** - cumprimento das normas gerais da educação nacional e do respectivo sistema de ensino;

**II** - autorização de funcionamento e avaliação de qualidade pelo Poder Público;

**III** - capacidade de autofinanciamento, ressalvado o previsto no art. 213 da Constituição Federal.

✪ **Art. 7º-A** Ao aluno regularmente matriculado em instituição de ensino pública ou privada, de qualquer nível, é assegurado, no exercício da liberdade de consciência e de crença, o direito de, mediante prévio e motivado requerimento, ausentar-se de prova ou de aula marcada para dia em que, segundo os preceitos de sua religião, seja vedado o exercício de tais atividades, devendo-se-lhe atribuir, a critério da instituição e sem custos para o aluno, uma das seguintes prestações alternativas, nos termos do inciso VIII do *caput* do art. 5º da Constituição Federal: *(Acrescido pela Lei 13.796/2019)*

**I** - prova ou aula de reposição, conforme o caso, a ser realizada em data alternativa, no turno de estudo do aluno ou em outro horário agendado com sua anuência expressa;

**II** - trabalho escrito ou outra modalidade de atividade de pesquisa, com tema, objetivo e data de entrega definidos pela instituição de ensino.

**§ 1º** A prestação alternativa deverá observar os parâmetros curriculares e o plano de aula do dia da ausência do aluno.

**§ 2º** O cumprimento das formas de prestação alternativa de que trata este artigo substituirá a obrigação original para todos os efeitos, inclusive regularização do registro de frequência.

**§ 3º** As instituições de ensino implementarão progressivamente, no prazo de 2 (dois) anos, as providências e adaptações necessárias à adequação de seu funcionamento às medidas previstas neste artigo.

**§ 4º** O disposto neste artigo não se aplica ao ensino militar a que se refere o art. 83 desta Lei.

## TÍTULO IV
## DA ORGANIZAÇÃO DA EDUCAÇÃO NACIONAL

**Art. 8º** A União, os Estados, o Distrito Federal e os Municípios organizarão, em regime de colaboração, os respectivos sistemas de ensino.

**§ 1º** Caberá à União a coordenação da política nacional de educação, articulando os diferentes níveis e sistemas e exercendo função normativa, redistributiva e supletiva em relação às demais instâncias educacionais.

**§ 2º** Os sistemas de ensino terão liberdade de organização nos termos desta Lei.

✪ **Art. 9º** A União incumbir-se-á de:

**I** - elaborar o Plano Nacional de Educação, em colaboração com os Estados, o Distrito Federal e os Municípios;

**II** - organizar, manter e desenvolver os órgãos e instituições oficiais do sistema federal de ensino e o dos Territórios;

**III** - prestar assistência técnica e financeira aos Estados, ao Distrito Federal e aos Municípios para o desenvolvimento de seus sistemas de ensino e o atendimento prioritário à escolaridade obrigatória, exercendo sua função redistributiva e supletiva;

**IV** - estabelecer, em colaboração com os Estados, o Distrito Federal e os Municípios, competências e diretrizes para a educação infantil, o ensino fundamental e o ensino médio, que nortearão os currículos e seus conteúdos mínimos, de modo a assegurar formação básica comum;

**IV-A** - estabelecer, em colaboração com os Estados, o Distrito Federal e os Municípios, diretrizes e procedimentos para identificação, cadastramento e atendimento, na educação básica e na educação superior, de alunos com altas habilidades ou superdotação;

**V** - coletar, analisar e disseminar informações sobre a educação;

**VI** - assegurar processo nacional de avaliação do rendimento escolar no ensino fundamental, médio e superior, em colaboração com os sistemas de ensino, objetivando a definição de prioridades e a melhoria da qualidade do ensino;

**VII** - baixar normas gerais sobre cursos de graduação e pós-graduação;

**VIII** - assegurar processo nacional de avaliação das instituições de educação superior, com a cooperação dos sistemas que tiverem responsabilidade sobre este nível de ensino;

**IX** - autorizar, reconhecer, credenciar, supervisionar e avaliar, respectivamente, os cursos das instituições de educação superior e os estabelecimentos do seu sistema de ensino.

**§ 1º** Na estrutura educacional, haverá um Conselho Nacional de Educação, com funções normativas e de supervisão e atividade permanente, criado por lei.

**§ 2º** Para o cumprimento do disposto nos incisos V a IX, a União terá acesso a todos os dados e informações necessários de todos os estabelecimentos e órgãos educacionais.

**§ 3º** As atribuições constantes do inciso IX poderão ser delegadas aos Estados e ao Distrito Federal, desde que mantenham instituições de educação superior.

✪ **Art. 10.** Os Estados incumbir-se-ão de:

**I** - organizar, manter e desenvolver os órgãos e instituições oficiais dos seus sistemas de ensino;

**II** - definir, com os Municípios, formas de colaboração na oferta do ensino fundamental, as quais devem assegurar a distribuição proporcional das responsabilidades, de acordo com a população a ser atendida e os recursos financeiros disponíveis em cada uma dessas esferas do Poder Público;

**III** - elaborar e executar políticas e planos educacionais, em consonância com as diretrizes e planos nacionais de educação, integrando e coordenando as suas ações e as dos seus Municípios;

**IV** - autorizar, reconhecer, credenciar, supervisionar e avaliar, respectivamente, os cursos das instituições de educação superior e os estabelecimentos do seu sistema de ensino;

**V** - baixar normas complementares para o seu sistema de ensino;

**VI** - assegurar o ensino fundamental e oferecer, com prioridade, o ensino médio a todos que o demandarem, respeitado o disposto no art. 38 desta Lei;

**VII** - assumir o transporte escolar dos alunos da rede estadual.

**Parágrafo único.** Ao Distrito Federal aplicar-se-ão as competências referentes aos Estados e aos Municípios.

✪ **Art. 11.** Os Municípios incumbir-se-ão de:

**I** - organizar, manter e desenvolver os órgãos e instituições oficiais dos seus sistemas de ensino, integrando-os às políticas e planos educacionais da União e dos Estados;

**II** - exercer ação redistributiva em relação às suas escolas;

**III** - baixar normas complementares para o seu sistema de ensino;

**IV** - autorizar, credenciar e supervisionar os estabelecimentos do seu sistema de ensino;

**V** - oferecer a educação infantil em creches e pré-escolas, e, com prioridade, o ensino fundamental, permitida a atuação em outros níveis de ensino somente quando estiverem atendidas plenamente as necessidades de sua área de competência e com recursos acima dos percentuais mínimos vinculados pela Constituição Federal à manutenção e desenvolvimento do ensino.

**VI** - assumir o transporte escolar dos alunos da rede municipal.

**Parágrafo único.** Os Municípios poderão optar, ainda, por se integrar ao sistema estadual de ensino ou compor com ele um sistema único de educação básica.

**Art. 12.** Os estabelecimentos de ensino, respeitadas as normas comuns e as do seu sistema de ensino, terão a incumbência de:

**I** - elaborar e executar sua proposta pedagógica;

**II** - administrar seu pessoal e seus recursos materiais e financeiros;

**III** - assegurar o cumprimento dos dias letivos e horas-aula estabelecidas;

**IV** - velar pelo cumprimento do plano de trabalho de cada docente;

**V** - prover meios para a recuperação dos alunos de menor rendimento;

**VI** - articular-se com as famílias e a comunidade, criando processos de integração da sociedade com a escola;

**VII** - informar pai e mãe, conviventes ou não com seus filhos, e, se for o caso, os responsáveis legais, sobre a frequência e rendimento dos alunos, bem como sobre a execução da proposta pedagógica da escola;

**VIII** - notificar ao Conselho Tutelar do Município a relação dos alunos que apresentem quantidade de faltas acima de 30% (trinta por cento) do percentual permitido em lei; *(Redação dada pela Lei 13.803/2019)*

**IX** - promover medidas de conscientização, de prevenção e de combate a todos os tipos de violência, especialmente a intimidação sistemática (*bullying*), no âmbito das escolas;

**X** - estabelecer ações destinadas a promover a cultura de paz nas escolas. (Incluído pela Lei nº 13.663, de 2018)

**XI** - promover ambiente escolar seguro, adotando estratégias de prevenção e enfrentamento ao uso ou dependência de drogas. *(Acrescido pela Lei 13.840/2019)*

**Art. 13.** Os docentes incumbir-se-ão de:

**I** - participar da elaboração da proposta pedagógica do estabelecimento de ensino;

**II** - elaborar e cumprir plano de trabalho, segundo a proposta pedagógica do estabelecimento de ensino;

**III** - zelar pela aprendizagem dos alunos;

**IV** - estabelecer estratégias de recuperação para os alunos de menor rendimento;

**V** - ministrar os dias letivos e horas-aula estabelecidos, além de participar integralmente dos períodos dedicados ao planejamento, à avaliação e ao desenvolvimento profissional;

**VI** - colaborar com as atividades de articulação da escola com as famílias e a comunidade.

**Art. 14.** Os sistemas de ensino definirão as normas da gestão democrática do ensino público na educação básica, de acordo com as suas peculiaridades e conforme os seguintes princípios:

**I** - participação dos profissionais da educação na elaboração do projeto pedagógico da escola;

**II** - participação das comunidades escolar e local em conselhos escolares ou equivalentes.

**Art. 15.** Os sistemas de ensino assegurarão às unidades escolares públicas de educação básica que os integram progressivos graus de autonomia pedagógica e administrativa e de gestão financeira, observadas as normas gerais de direito financeiro público.

**Art. 16.** O sistema federal de ensino compreende:

**I** - as instituições de ensino mantidas pela União;

**II** - as instituições de educação superior mantidas pela iniciativa privada; *(Redação dada pela Lei 13.868/2019)*

**III** - os órgãos federais de educação.

**Art. 17.** Os sistemas de ensino dos Estados e do Distrito Federal compreendem:

**I** - as instituições de ensino mantidas, respectivamente, pelo Poder Público estadual e pelo Distrito Federal;

**II** - as instituições de educação superior mantidas pelo Poder Público municipal;

**III** - as instituições de ensino fundamental e médio criadas e mantidas pela iniciativa privada;

**IV** - os órgãos de educação estaduais e do Distrito Federal, respectivamente.

**Parágrafo único.** No Distrito Federal, as instituições de educação infantil, criadas e mantidas pela iniciativa privada, integram seu sistema de ensino.

**Art. 18.** Os sistemas municipais de ensino compreendem:

**I** - as instituições do ensino fundamental, médio e de educação infantil mantidas pelo Poder Público municipal;

**II** - as instituições de educação infantil criadas e mantidas pela iniciativa privada;

**III** – os órgãos municipais de educação.

**Art. 19.** As instituições de ensino dos diferentes níveis classificam-se nas seguintes categorias administrativas: (Regulamento) (Regulamento)

**I** - públicas, assim entendidas as criadas ou incorporadas, mantidas e administradas pelo Poder Público;

**II** - privadas, assim entendidas as mantidas e administradas por pessoas físicas ou jurídicas de direito privado.

**III** - comunitárias, na forma da lei. *(Acrescido pela Lei 13.868/2019)*

**§ 1º** As instituições de ensino a que se referem os incisos II e III do *caput* deste artigo podem qualificar-se como confessionais, atendidas a orientação confessional e a ideologia específicas. *(Acrescido pela Lei 13.868/2019)*

**§ 2º** As instituições de ensino a que se referem os incisos II e III do *caput* deste artigo podem ser certificadas como filantrópicas, na forma da lei. *(Acrescido pela Lei 13.868/2019)*

**Art. 20.** *(Revogado pela Lei 13.868/2019)*

## TÍTULO V DOS NÍVEIS E DAS MODALIDADES DE EDUCAÇÃO E ENSINO

### CAPÍTULO I DA COMPOSIÇÃO DOS NÍVEIS ESCOLARES

**Art. 21.** A educação escolar compõe-se de:

**I** - educação básica, formada pela educação infantil, ensino fundamental e ensino médio;

**II** - educação superior.

### CAPÍTULO II DA EDUCAÇÃO BÁSICA

#### SEÇÃO I DAS DISPOSIÇÕES GERAIS

**Art. 22.** A educação básica tem por finalidades desenvolver o educando, assegurar-lhe a formação comum indispensável para o exercício da cidadania e fornecer-lhe meios para progredir no trabalho e em estudos posteriores.

**Parágrafo único.** São objetivos precípuos da educação básica a alfabetização plena e a formação de leitores, como requisitos essenciais para o cumprimento das finalidades constantes do *caput* deste artigo. *(Acrescido pela Lei 14.407/2022)*

**Art. 23.** A educação básica poderá organizar-se em séries anuais, períodos semestrais, ciclos, alternância regular de períodos de estudos, grupos não-seriados, com base na idade, na competência e em outros critérios, ou por forma diversa de organização, sempre que o interesse do processo de aprendizagem assim o recomendar.

**§ 1º** A escola poderá reclassificar os alunos, inclusive quando se tratar de transferências entre estabelecimentos situados no País e no exterior, tendo como base as normas curriculares gerais.

**§ 2º** O calendário escolar deverá adequar-se às peculiaridades locais, inclusive climáticas e econômicas, a critério do respectivo sistema de ensino, sem com isso reduzir o número de horas letivas previsto nesta Lei.

✪ **Art. 24.** A educação básica, nos níveis fundamental e médio, será organizada de acordo com as seguintes regras comuns:

**I** - a carga horária mínima anual será de oitocentas horas para o ensino fundamental e para o ensino médio, distribuídas por um mínimo de duzentos dias de efetivo trabalho escolar, excluído o tempo reservado aos exames finais, quando houver;

**II** - a classificação em qualquer série ou etapa, exceto a primeira do ensino fundamental, pode ser feita:

*a)* por promoção, para alunos que cursaram, com aproveitamento, a série ou fase anterior, na própria escola;

*b)* por transferência, para candidatos procedentes de outras escolas;

*c)* independentemente de escolarização anterior, mediante avaliação feita pela escola, que defina o grau de desenvolvimento e experiência do candidato e permita sua inscrição na série ou etapa adequada, conforme regulamentação do respectivo sistema de ensino;

**III** - nos estabelecimentos que adotam a progressão regular por série, o regimento escolar pode admitir formas de progressão parcial, desde que preservada a sequência do currículo, observadas as normas do respectivo sistema de ensino;

**IV** - poderão organizar-se classes, ou turmas, com alunos de séries distintas, com níveis equivalentes de adiantamento na matéria, para o ensino de línguas estrangeiras, artes, ou outros componentes curriculares;

**V** - a verificação do rendimento escolar observará os seguintes critérios:

*a)* avaliação contínua e cumulativa do desempenho do aluno, com prevalência dos aspectos qualitativos sobre os quantitativos e dos resultados ao longo do período sobre os de eventuais provas finais;

*b)* possibilidade de aceleração de estudos para alunos com atraso escolar;

*c)* possibilidade de avanço nos cursos e nas séries mediante verificação do aprendizado;

*d)* aproveitamento de estudos concluídos com êxito;

*e)* obrigatoriedade de estudos de recuperação, de preferência paralelos ao período letivo, para os casos de baixo rendimento escolar, a serem disciplinados pelas instituições de ensino em seus regimentos;

**VI** - o controle de frequência fica a cargo da escola, conforme o disposto no seu regimento e nas normas do respectivo sistema de ensino, exigida a frequência mínima de setenta e cinco por cento do total de horas letivas para aprovação;

**VII** - cabe a cada instituição de ensino expedir históricos escolares, declarações de conclusão de série e diplomas ou certificados de conclusão de cursos, com as especificações cabíveis.

**§ 1º** A carga horária mínima anual de que trata o inciso I do *caput* deverá ser ampliada de forma progressiva, no ensino médio, para mil e quatrocentas horas, devendo os sistemas de ensino oferecer, no prazo máximo de cinco anos, pelo menos mil horas anuais de carga horária, a partir de 2 de março de 2017.

**§ 2º** Os sistemas de ensino disporão sobre a oferta de educação de jovens e adultos e de ensino noturno regular, adequado às condições do educando, conforme o inciso VI do art. 4º.

**Art. 25.** Será objetivo permanente das autoridades responsáveis alcançar relação adequada entre o número de alunos e o professor, a carga horária e as condições materiais do estabelecimento.

**Parágrafo único.** Cabe ao respectivo sistema de ensino, à vista das condições disponíveis e das características regionais e locais, estabelecer parâmetro para atendimento do disposto neste artigo.

**Art. 26.** Os currículos da educação infantil, do ensino fundamental e do ensino médio devem ter base nacional comum, a ser complementada, em cada sistema de ensino e em cada estabelecimento escolar, por uma parte diversificada, exigida pelas características regionais e locais da sociedade, da cultura, da economia e dos educandos.

**§ 1º** Os currículos a que se refere o *caput* devem abranger, obrigatoriamente, o estudo da língua portuguesa e da matemática, o conhecimento do mundo físico e natural e da realidade social e política, especialmente do Brasil.

**§ 2º** O ensino da arte, especialmente em suas expressões regionais, constituirá componente curricular obrigatório da educação básica.

**§ 3º** A educação física, integrada à proposta pedagógica da escola, é componente curricular obrigatório da educação básica, sendo sua prática facultativa ao aluno:

**I** – que cumpra jornada de trabalho igual ou superior a seis horas;

**II** – maior de trinta anos de idade;

**III** – que estiver prestando serviço militar inicial ou que, em situação similar, estiver obrigado à prática da educação física;

**IV** – amparado pelo Decreto-Lei nº 1.044, de 21 de outubro de 1969;

**V** – (VETADO)

**VI** – que tenha prole.

**§ 4º** O ensino da História do Brasil levará em conta as contribuições das diferentes culturas e etnias para a formação do povo brasileiro, especialmente das matrizes indígena, africana e europeia.

**§ 5º** No currículo do ensino fundamental, a partir do sexto ano, será ofertada a língua inglesa.

**§ 6º** As artes visuais, a dança, a música e o teatro são as linguagens que constituirão o componente curricular de que trata o § 2º deste artigo.

**§ 7º** A integralização curricular poderá incluir, a critério dos sistemas de ensino, projetos e pesquisas envolvendo os temas transversais de que trata o *caput*.

**§ 8º** A exibição de filmes de produção nacional constituirá componente curricular complementar integrado à proposta pedagógica da escola, sendo a sua exibição obrigatória por, no mínimo, 2 (duas) horas mensais.

**§ 9º** Conteúdos relativos aos direitos humanos e à prevenção de todas as formas de violência contra a criança, o adolescente e a mulher serão incluídos, como temas transversais, nos currículos de que trata o *caput* deste artigo, observadas as diretrizes da legislação correspondente e a produção e distribuição de material didático adequado a cada nível de ensino. *(Redação dada pela Lei 14.164/2021)*

**§ 9º-A.** A educação alimentar e nutricional será incluída entre os temas transversais de que trata o *caput*. (Incluído pela Lei nº 13.666, de 2018, em vigor após decorridos 180 (cento e oitenta) dias de sua publicação oficial - DOU 17.05.2018)

**§ 10.** A inclusão de novos componentes curriculares de caráter obrigatório na Base Nacional Comum Curricular dependerá de aprovação do Conselho Nacional de Educação e de homologação pelo Ministro de Estado da Educação.

**Art. 26-A.** Nos estabelecimentos de ensino fundamental e de ensino médio, públicos e privados, torna-se obrigatório o estudo da história e cultura afro-brasileira e indígena.

**§ 1º** O conteúdo programático a que se refere este artigo incluirá diversos aspectos da história e da cultura que caracterizam a formação da população brasileira, a partir desses dois grupos étnicos, tais como o estudo da história da África e dos africanos, a luta dos negros e dos povos indígenas no Brasil, a cultura negra e indígena brasileira e o negro e o índio na formação da sociedade nacional, resgatando as suas contribuições nas áreas social, econômica e política, pertinentes à história do Brasil.

**§ 2º** Os conteúdos referentes à história e cultura afro-brasileira e dos povos indígenas brasileiros serão ministrados no âmbito de todo o currículo escolar, em especial nas áreas de educação artística e de literatura e história brasileiras.

**Art. 27.** Os conteúdos curriculares da educação básica observarão, ainda, as seguintes diretrizes:

**I** - a difusão de valores fundamentais ao interesse social, aos direitos e deveres dos cidadãos, de respeito ao bem comum e à ordem democrática;

**II** - consideração das condições de escolaridade dos alunos em cada estabelecimento;

**III** - orientação para o trabalho;

**IV** - promoção do desporto educacional e apoio às práticas desportivas não-formais.

**Art. 28.** Na oferta de educação básica para a população rural, os sistemas de ensino promoverão as adaptações necessárias à sua adequação às peculiaridades da vida rural e de cada região, especialmente:

**I** - conteúdos curriculares e metodologias apropriadas às reais necessidades e interesses dos alunos da zona rural;

**II** - organização escolar própria, incluindo adequação do calendário escolar às fases do ciclo agrícola e às condições climáticas;

**III** - adequação à natureza do trabalho na zona rural.

**Parágrafo único.** O fechamento de escolas do campo, indígenas e quilombolas será precedido de manifestação do órgão normativo do respectivo sistema de ensino, que considerará a justificativa apresentada pela Secretaria de Educação, a análise do diagnóstico do impacto da ação e a manifestação da comunidade escolar.

## SEÇÃO II
## DA EDUCAÇÃO INFANTIL

✪ **Art. 29.** A educação infantil, primeira etapa da educação básica, tem como finalidade o desenvolvimento integral da criança de até 5 (cinco) anos, em seus aspectos físico, psicológico, intelectual e social, complementando a ação da família e da comunidade.

**Art. 30.** A educação infantil será oferecida em:

**I** - creches, ou entidades equivalentes, para crianças de até três anos de idade;

**II** - pré-escolas, para as crianças de 4 (quatro) a 5 (cinco) anos de idade.

**Art. 31.** A educação infantil será organizada de acordo com as seguintes regras comuns:

**I** - avaliação mediante acompanhamento e registro do desenvolvimento das crianças, sem o objetivo de promoção, mesmo para o acesso ao ensino fundamental;

**II** - carga horária mínima anual de 800 (oitocentas) horas, distribuída por um mínimo de 200 (duzentos) dias de trabalho educacional;

**III** - atendimento à criança de, no mínimo, 4 (quatro) horas diárias para o turno parcial e de 7 (sete) horas para a jornada integral;

**IV** - controle de frequência pela instituição de educação pré-escolar, exigida a frequência mínima de 60% (sessenta por cento) do total de horas;

**V** - expedição de documentação que permita atestar os processos de desenvolvimento e aprendizagem da criança.

## SEÇÃO III
## DO ENSINO FUNDAMENTAL

✪ **Art. 32.** O ensino fundamental obrigatório, com duração de 9 (nove) anos, gratuito na escola pública, iniciando-se aos 6 (seis) anos de idade, terá por objetivo a formação básica do cidadão, mediante:

**I** - o desenvolvimento da capacidade de aprender, tendo como meios básicos o pleno domínio da leitura, da escrita e do cálculo;

**II** - a compreensão do ambiente natural e social, do sistema político, da tecnologia, das artes e dos valores em que se fundamenta a sociedade;

**III** - o desenvolvimento da capacidade de aprendizagem, tendo em vista a aquisição de conhecimentos e habilidades e a formação de atitudes e valores;

**IV** - o fortalecimento dos vínculos de família, dos laços de solidariedade humana e de tolerância recíproca em que se assenta a vida social.

**§ 1º** É facultado aos sistemas de ensino desdobrar o ensino fundamental em ciclos.

**§ 2º** Os estabelecimentos que utilizam progressão regular por série podem adotar no ensino fundamental o regime de progressão continuada, sem prejuízo da avaliação do processo de ensino-aprendizagem, observadas as normas do respectivo sistema de ensino.

**§ 3º** O ensino fundamental regular será ministrado em língua portuguesa, assegurada às comunidades indígenas a utilização de suas línguas maternas e processos próprios de aprendizagem.

**§ 4º** O ensino fundamental será presencial, sendo o ensino a distância utilizado como complementação da aprendizagem ou em situações emergenciais.

**§ 5º** O currículo do ensino fundamental incluirá, obrigatoriamente, conteúdo que trate dos direitos das crianças e dos adolescentes, tendo como diretriz a Lei nº 8.069, de 13 de julho de 1990, que institui o Estatuto da Criança e do Adolescente, observada a produção e distribuição de material didático adequado.

**§ 6º** O estudo sobre os símbolos nacionais será incluído como tema transversal nos currículos do ensino fundamental.

**Art. 33.** O ensino religioso, de matrícula facultativa, é parte integrante da formação básica do cidadão e constitui disciplina dos horários normais das escolas públicas de ensino fundamental, assegurado o respeito à diversidade cultural religiosa do Brasil, vedadas quaisquer formas de proselitismo.

**§ 1º** Os sistemas de ensino regulamentarão os procedimentos para a definição dos conteúdos do ensino religioso e estabelecerão as normas para a habilitação e admissão dos professores.

**§ 2º** Os sistemas de ensino ouvirão entidade civil, constituída pelas diferentes denominações religiosas, para a definição dos conteúdos do ensino religioso.

**Art. 34.** A jornada escolar no ensino fundamental incluirá pelo menos quatro horas de trabalho efetivo em sala de aula, sendo progressivamente ampliado o período de permanência na escola.

**§ 1º** São ressalvados os casos do ensino noturno e das formas alternativas de organização autorizadas nesta Lei.

**§ 2º** O ensino fundamental será ministrado progressivamente em tempo integral, a critério dos sistemas de ensino.

## SEÇÃO IV
## DO ENSINO MÉDIO

✪ **Art. 35.** O ensino médio, etapa final da educação básica, com duração mínima de três anos, terá como finalidades:

**I** - a consolidação e o aprofundamento dos conhecimentos adquiridos no ensino fundamental, possibilitando o prosseguimento de estudos;

**II** - a preparação básica para o trabalho e a cidadania do educando, para continuar aprendendo, de modo a ser capaz de se adaptar com flexibilidade a novas condições de ocupação ou aperfeiçoamento posteriores;

**III** - o aprimoramento do educando como pessoa humana, incluindo a formação ética e o desenvolvimento da autonomia intelectual e do pensamento crítico;

**IV** - a compreensão dos fundamentos científico-tecnológicos dos processos produtivos, relacionando a teoria com a prática, no ensino de cada disciplina.

**Art. 35-A.** A Base Nacional Comum Curricular definirá direitos e objetivos de aprendizagem do ensino médio, conforme diretrizes do Conselho Nacional de Educação, nas seguintes áreas do conhecimento:

**I** - linguagens e suas tecnologias;

**II** - matemática e suas tecnologias;

**III** - ciências da natureza e suas tecnologias;

**IV** - ciências humanas e sociais aplicadas.

**§ 1º** A parte diversificada dos currículos de que trata o *caput* do art. 26, definida em cada sistema de ensino, deverá estar harmonizada à Base Nacional Comum Curricular e ser articulada a partir do contexto histórico, econômico, social, ambiental e cultural.

**§ 2º** A Base Nacional Comum Curricular referente ao ensino médio incluirá obrigatoriamente estudos e práticas de educação física, arte, sociologia e filosofia.

**§ 3º** O ensino da língua portuguesa e da matemática será obrigatório nos três anos do ensino médio, assegurada às comunidades indígenas, também, a utilização das respectivas línguas maternas.

**§ 4º** Os currículos do ensino médio incluirão, obrigatoriamente, o estudo da língua inglesa e poderão ofertar outras línguas estrangeiras, em caráter optativo, preferencialmente o espanhol, de acordo com a disponibilidade de oferta, locais e horários definidos pelos sistemas de ensino.

**§ 5º** A carga horária destinada ao cumprimento da Base Nacional Comum Curricular não poderá ser superior a mil e oitocentas horas do total da carga horária do ensino médio, de acordo com a definição dos sistemas de ensino.

**§ 6º** A União estabelecerá os padrões de desempenho esperados para o ensino médio, que serão referência nos processos nacionais de avaliação, a partir da Base Nacional Comum Curricular.

**§ 7º** Os currículos do ensino médio deverão considerar a formação integral do aluno, de maneira a adotar um trabalho voltado para a construção de seu projeto de vida e para sua formação nos aspectos físicos, cognitivos e socioemocionais.

**§ 8º** Os conteúdos, as metodologias e as formas de avaliação processual e formativa serão organizados nas redes de ensino por meio de atividades teóricas e práticas, provas orais e escritas, seminários, projetos e atividades on-line, de tal forma que ao final do ensino médio o educando demonstre:

**I** - domínio dos princípios científicos e tecnológicos que presidem a produção moderna;

**II** - conhecimento das formas contemporâneas de linguagem.

**Art. 36.** O currículo do ensino médio será composto pela Base Nacional Comum Curricular e por itinerários formativos, que deverão ser organizados por meio da oferta de diferentes arranjos curriculares, conforme a relevância para o contexto local e a possibilidade dos sistemas de ensino, a saber:

**I** - linguagens e suas tecnologias;

**II** - matemática e suas tecnologias;

**III** - ciências da natureza e suas tecnologias;

**IV** - ciências humanas e sociais aplicadas;

**V** - formação técnica e profissional.

**§ 1º** A organização das áreas de que trata o *caput* e das respectivas competências e habilidades será feita de acordo com critérios estabelecidos em cada sistema de ensino.

**I** - (revogado);

**II** - (revogado);

**III** – (revogado).

**§ 2º** (Revogado pela Lei nº 11.741, de 2008)

**§ 3º** A critério dos sistemas de ensino, poderá ser composto itinerário formativo integrado, que se traduz na composição de componentes curriculares da Base Nacional Comum Curricular - BNCC e dos itinerários formativos, considerando os incisos I a V do *caput*.

**§ 4º** (Revogado pela Lei nº 11.741, de 2008)

**§ 5º** Os sistemas de ensino, mediante disponibilidade de vagas na rede, possibilitarão ao aluno concluinte do ensino médio cursar mais um itinerário formativo de que trata o *caput*.

**§ 6º** A critério dos sistemas de ensino, a oferta de formação com ênfase técnica e profissional considerará:

**I** - a inclusão de vivências práticas de trabalho no setor produtivo ou em ambientes de simulação, estabelecendo parcerias e fazendo uso, quando aplicável, de instrumentos estabelecidos pela legislação sobre aprendizagem profissional;

**II** - a possibilidade de concessão de certificados intermediários de qualificação para o trabalho, quando a formação for estruturada e organizada em etapas com terminalidade.

**§ 7º** A oferta de formações experimentais relacionadas ao inciso V do *caput*, em áreas que não constem do Catálogo Nacional dos Cursos Técnicos, dependerá, para sua continuidade, do reconhecimento pelo respectivo Conselho Estadual de Educação, no prazo de três anos, e da inserção no Catálogo Nacional dos Cursos Técnicos, no prazo de cinco anos, contados da data de oferta inicial da formação.

**§ 8º** A oferta de formação técnica e profissional a que se refere o inciso V do *caput*, realizada na própria instituição ou em parceria com outras instituições, deverá ser aprovada previamente pelo Conselho Estadual de Educação, homologada pelo Secretário Estadual de Educação e certificada pelos sistemas de ensino.

**§ 9º** As instituições de ensino emitirão certificado com validade nacional, que habilitará o concluinte do ensino médio ao prosseguimento dos estudos em nível superior ou em outros cursos ou formações para os quais a conclusão do ensino médio seja etapa obrigatória.

**§ 10.** Além das formas de organização previstas no art. 23, o ensino médio poderá ser organizado em módulos e adotar o sistema de créditos com terminalidade específica.

**§ 11.** Para efeito de cumprimento das exigências curriculares do ensino médio, os sistemas de ensino poderão reconhecer competências e firmar convênios com instituições de educação a distância com notório reconhecimento, mediante as seguintes formas de comprovação:

**I** - demonstração prática;

**II** - experiência de trabalho supervisionado ou outra experiência adquirida fora do ambiente escolar;

**III** - atividades de educação técnica oferecidas em outras instituições de ensino credenciadas;

**IV** - cursos oferecidos por centros ou programas ocupacionais;

**V** - estudos realizados em instituições de ensino nacionais ou estrangeiras;

**VI** - cursos realizados por meio de educação a distância ou educação presencial mediada por tecnologias.

**§ 12.** As escolas deverão orientar os alunos no processo de escolha das áreas de conhecimento ou de atuação profissional previstas no *caput*.

## SEÇÃO IV-A
## DA EDUCAÇÃO PROFISSIONAL TÉCNICA DE NÍVEL MÉDIO

**Art. 36-A.** Sem prejuízo do disposto na Seção IV deste Capítulo, o ensino médio, atendida a formação geral do educando, poderá prepará-lo para o exercício de profissões técnicas.

**Parágrafo único.** A preparação geral para o trabalho e, facultativamente, a habilitação profissional poderão ser desenvolvidas nos próprios estabelecimentos de ensino médio ou em cooperação com instituições especializadas em educação profissional.

**Art. 36-B.** A educação profissional técnica de nível médio será desenvolvida nas seguintes formas:

**I** - articulada com o ensino médio;

**II** - subsequente, em cursos destinados a quem já tenha concluído o ensino médio.

**Parágrafo único.** A educação profissional técnica de nível médio deverá observar:

**I** - os objetivos e definições contidos nas diretrizes curriculares nacionais estabelecidas pelo Conselho Nacional de Educação;

**II** - as normas complementares dos respectivos sistemas de ensino;

**III** - as exigências de cada instituição de ensino, nos termos de seu projeto pedagógico.

**Art. 36-C.** A educação profissional técnica de nível médio articulada, prevista no inciso I do *caput* do art. 36-B desta Lei, será desenvolvida de forma:

**I** - integrada, oferecida somente a quem já tenha concluído o ensino fundamental, sendo o curso planejado de modo a conduzir o aluno à habilitação profissional técnica de nível médio, na mesma instituição de ensino, efetuando-se matrícula única para cada aluno;

**II** - concomitante, oferecida a quem ingresse no ensino médio ou já o esteja cursando, efetuando-se matrículas distintas para cada curso, e podendo ocorrer:

*a)* na mesma instituição de ensino, aproveitando-se as oportunidades educacionais disponíveis;

*b)* em instituições de ensino distintas, aproveitando-se as oportunidades educacionais disponíveis;

*c)* em instituições de ensino distintas, mediante convênios de intercomplementaridade, visando ao planejamento e ao desenvolvimento de projeto pedagógico unificado.

**Art. 36-D.** Os diplomas de cursos de educação profissional técnica de nível médio, quando registrados, terão validade nacional e habilitarão ao prosseguimento de estudos na educação superior.

**Parágrafo único.** Os cursos de educação profissional técnica de nível médio, nas formas articulada concomitante e subseqüente, quando estruturados e organizados em etapas com terminalidade, possibilitarão a obtenção de certificados de qualificação para o trabalho após a conclusão, com aproveitamento, de cada etapa que caracterize uma qualificação para o trabalho.

## SEÇÃO V
## DA EDUCAÇÃO DE JOVENS E ADULTOS

**Art. 37.** A educação de jovens e adultos será destinada àqueles que não tiveram acesso ou continuidade de estudos nos ensinos fundamental e médio na idade própria e constituirá instrumento para a educação e a aprendizagem ao longo da vida. (Redação dada pela Lei nº 13.632, de 2018)

**§ 1º** Os sistemas de ensino assegurarão gratuitamente aos jovens e aos adultos, que não puderam efetuar os estudos na idade regular, oportunidades educacionais apropriadas, consideradas as características do alunado, seus interesses, condições de vida e de trabalho, mediante cursos e exames.

**§ 2º** O Poder Público viabilizará e estimulará o acesso e a permanência do trabalhador na escola, mediante ações integradas e complementares entre si.

**§ 3º** A educação de jovens e adultos deverá articular-se, preferencialmente, com a educação profissional, na forma do regulamento.

**Art. 38.** Os sistemas de ensino manterão cursos e exames supletivos, que compreenderão a base nacional comum do currículo, habilitando ao prosseguimento de estudos em caráter regular.

**§ 1º** Os exames a que se refere este artigo realizar-se-ão:

**I** - no nível de conclusão do ensino fundamental, para os maiores de quinze anos;

**II** - no nível de conclusão do ensino médio, para os maiores de dezoito anos.

**§ 2º** Os conhecimentos e habilidades adquiridos pelos educandos por meios informais serão aferidos e reconhecidos mediante exames.

## CAPÍTULO III
## DA EDUCAÇÃO PROFISSIONAL
## DA EDUCAÇÃO PROFISSIONAL E TECNOLÓGICA

**Art. 39.** A educação profissional e tecnológica, no cumprimento dos objetivos da educação nacional, integra-se aos diferentes níveis e modalidades de educação e às dimensões do trabalho, da ciência e da tecnologia.

**§ 1º** Os cursos de educação profissional e tecnológica poderão ser organizados por eixos tecnológicos, possibilitando a construção de diferentes itinerários formativos, observadas as normas do respectivo sistema e nível de ensino.

**§ 2º** A educação profissional e tecnológica abrangerá os seguintes cursos:

**I** – de formação inicial e continuada ou qualificação profissional;

**II** – de educação profissional técnica de nível médio;

**III** – de educação profissional tecnológica de graduação e pós-graduação.

**§ 3º** Os cursos de educação profissional tecnológica de graduação e pós-graduação organizar-se-ão, no que concerne a objetivos, características e duração, de acordo com as diretrizes curriculares nacionais estabelecidas pelo Conselho Nacional de Educação.

**Art. 40.** A educação profissional será desenvolvida em articulação com o ensino regular ou por diferentes estratégias de educação continuada, em instituições especializadas ou no ambiente de trabalho. (Regulamento) (Regulamento)

**Art. 41.** O conhecimento adquirido na educação profissional e tecnológica, inclusive no trabalho, poderá ser objeto de avaliação, reconhecimento e certificação para prosseguimento ou conclusão de estudos.

**Art. 42.** As instituições de educação profissional e tecnológica, além dos seus cursos regulares, oferecerão cursos especiais, abertos à comunidade, condicionada a matrícula à capacidade de aproveitamento e não necessariamente ao nível de escolaridade.

## CAPÍTULO IV
## DA EDUCAÇÃO SUPERIOR

✪ **Art. 43.** A educação superior tem por finalidade:

**I** - estimular a criação cultural e o desenvolvimento do espírito científico e do pensamento reflexivo;

**II** - formar diplomados nas diferentes áreas de conhecimento, aptos para a inserção em setores profissionais e para a participação no desenvolvimento da sociedade brasileira, e colaborar na sua formação contínua;

**III** - incentivar o trabalho de pesquisa e investigação científica, visando o desenvolvimento da ciência e da tecnologia e da criação e difusão da cultura, e, desse modo, desenvolver o entendimento do homem e do meio em que vive;

**IV** - promover a divulgação de conhecimentos culturais, científicos e técnicos que constituem patrimônio da humanidade e comunicar o saber através do ensino, de publicações ou de outras formas de comunicação;

**V** - suscitar o desejo permanente de aperfeiçoamento cultural e profissional e possibilitar a correspondente concretização, integrando os conhecimentos que vão sendo adquiridos numa estrutura intelectual sistematizadora do conhecimento de cada geração;

**VI** - estimular o conhecimento dos problemas do mundo presente, em particular os nacionais e regionais, prestar serviços especializados à comunidade e estabelecer com esta uma relação de reciprocidade;

**VII** - promover a extensão, aberta à participação da população, visando à difusão das conquistas e benefícios resultantes da criação cultural e da pesquisa científica e tecnológica geradas na instituição.

**VIII** - atuar em favor da universalização e do aprimoramento da educação básica, mediante a formação e a capacitação de profissionais, a realização de pesquisas pedagógicas e o desenvolvimento de atividades de extensão que aproximem os dois níveis escolares.

**Art. 44.** A educação superior abrangerá os seguintes cursos e programas:

**I** - cursos sequenciais por campo de saber, de diferentes níveis de abrangência, abertos a candidatos que atendam aos requisitos estabelecidos pelas instituições de ensino, desde que tenham concluído o ensino médio ou equivalente;

**II** - de graduação, abertos a candidatos que tenham concluído o ensino médio ou equivalente e tenham sido classificados em processo seletivo;

**III** - de pós-graduação, compreendendo programas de mestrado e doutorado, cursos de especialização, aperfeiçoamento e outros, abertos a candidatos diplomados em cursos de graduação e que atendam às exigências das instituições de ensino;

**IV** - de extensão, abertos a candidatos que atendam aos requisitos estabelecidos em cada caso pelas instituições de ensino.

**§ 1º** O resultado do processo seletivo referido no inciso II do *caput* deste artigo será tornado público pela instituição de ensino superior, sendo obrigatórios a divulgação da relação nominal dos classificados, a respectiva ordem de classificação e o cronograma das chamadas para matrícula, de acordo com os critérios para preenchimento das vagas constantes do edital, assegurado o direito do candidato, classificado ou não, a ter acesso a suas notas ou indicadores de desempenho em provas, exames e demais atividades da seleção e a sua posição na ordem de classificação de todos os candidatos. *(Redação dada pela Lei 13.826/2019)*

**§ 2º** No caso de empate no processo seletivo, as instituições públicas de ensino superior darão prioridade de matrícula ao candidato que comprove ter renda familiar inferior a dez salários mínimos, ou ao de menor renda familiar, quando mais de um candidato preencher o critério inicial.

**§ 3º** O processo seletivo referido no inciso II considerará as competências e as habilidades definidas na Base Nacional Comum Curricular.

**Art. 45.** A educação superior será ministrada em instituições de ensino superior, públicas ou privadas, com variados graus de abrangência ou especialização. (Regulamento) (Regulamento)

**Art. 46.** A autorização e o reconhecimento de cursos, bem como o credenciamento de instituições de educação superior, terão prazos limitados, sendo renovados, periodicamente, após processo regular de avaliação.

**§ 1º** Após um prazo para saneamento de deficiências eventualmente identificadas pela avaliação a que se refere este artigo, haverá reavaliação, que poderá resultar, conforme o caso, em desativação de cursos e habilitações, em intervenção na instituição, em suspensão temporária de prerrogativas da autonomia, ou em descredenciamento.

**§ 2º** No caso de instituição pública, o Poder Executivo responsável por sua manutenção acompanhará o processo de saneamento e fornecerá recursos adicionais, se necessários, para a superação das deficiências.

**§ 3º** No caso de instituição privada, além das sanções previstas no § 1º deste artigo, o processo de reavaliação poderá resultar em redução de vagas autorizadas e em suspensão temporária de novos ingressos e de oferta de cursos.

**§ 4º** É facultado ao Ministério da Educação, mediante procedimento específico e com aquiescência da instituição de ensino, com vistas a resguardar os interesses dos estudantes, comutar as penalidades previstas nos §§ 1º e 3º deste artigo por outras medidas, desde que adequadas para superação das deficiências e irregularidades constatadas.

**§ 5º** Para fins de regulação, os Estados e o Distrito Federal deverão adotar os critérios definidos pela União para autorização de funcionamento de curso de graduação em Medicina.

**Art. 47.** Na educação superior, o ano letivo regular, independente do ano civil, tem, no mínimo, duzentos dias de trabalho acadêmico efetivo, excluído o tempo reservado aos exames finais, quando houver.

**§ 1º** As instituições informarão aos interessados, antes de cada período letivo, os programas dos cursos e demais componentes curriculares, sua duração, requisitos, qualificação dos professores, recursos disponíveis e critérios de avaliação, obrigando-se a cumprir as respectivas condições, e a publicação deve ser feita, sendo as 3 (três) primeiras formas concomitantemente:

**I** - em página específica na internet no sítio eletrônico oficial da instituição de ensino superior, obedecido o seguinte:

*a)* toda publicação a que se refere esta Lei deve ter como título "Grade e Corpo Docente";

*b)* a página principal da instituição de ensino superior, bem como a página da oferta de seus cursos aos ingressantes sob a forma de vestibulares, processo seletivo e outras com a mesma finalidade, deve conter a ligação desta com a página específica prevista neste inciso;

*c)* caso a instituição de ensino superior não possua sítio eletrônico, deve criar página específica para divulgação das informações de que trata esta Lei;

*d)* a página específica deve conter a data completa de sua última atualização;

**II** - em toda propaganda eletrônica da instituição de ensino superior, por meio de ligação para a página referida no inciso I;

**III** - em local visível da instituição de ensino superior e de fácil acesso ao público;

**IV** - deve ser atualizada semestralmente ou anualmente, de acordo com a duração das disciplinas de cada curso oferecido, observando o seguinte:

*a)* caso o curso mantenha disciplinas com duração diferenciada, a publicação deve ser semestral;

*b)* a publicação deve ser feita até 1 (um) mês antes do início das aulas;

*c)* caso haja mudança na grade do curso ou no corpo docente até o início das aulas, os alunos devem ser comunicados sobre as alterações;

**V** - deve conter as seguintes informações:

*a)* a lista de todos os cursos oferecidos pela instituição de ensino superior;

*b)* a lista das disciplinas que compõem a grade curricular de cada curso e as respectivas cargas horárias;

*c)* a identificação dos docentes que ministrarão as aulas em cada curso, as disciplinas que efetivamente ministrará naquele curso ou cursos, sua titulação, abrangendo a qualificação profissional do docente e o tempo de casa do docente, de forma total, contínua ou intermitente.

**§ 2º** Os alunos que tenham extraordinário aproveitamento nos estudos, demonstrado por meio de provas e outros instrumentos de avaliação específicos, aplicados por banca examinadora especial, poderão ter abreviada a duração dos seus cursos, de acordo com as normas dos sistemas de ensino.

**§ 3º** É obrigatória a frequência de alunos e professores, salvo nos programas de educação a distância.

**§ 4º** As instituições de educação superior oferecerão, no período noturno, cursos de graduação nos mesmos padrões de qualidade mantidos no período diurno, sendo obrigatória a oferta noturna nas instituições públicas, garantida a necessária previsão orçamentária.

**Art. 48.** Os diplomas de cursos superiores reconhecidos, quando registrados, terão validade nacional como prova da formação recebida por seu titular.

**§ 1º** Os diplomas expedidos pelas universidades serão por elas próprias registrados, e aqueles conferidos por instituições não-universitárias serão registrados em universidades indicadas pelo Conselho Nacional de Educação.

**§ 2º** Os diplomas de graduação expedidos por universidades estrangeiras serão revalidados por universidades públicas que tenham curso do mesmo nível e área ou equivalente, respeitando-se os acordos internacionais de reciprocidade ou equiparação.

**§ 3º** Os diplomas de Mestrado e de Doutorado expedidos por universidades estrangeiras só poderão ser reconhecidos por universidades que possuam cursos de pós-graduação reconhecidos e avaliados, na mesma área de conhecimento e em nível equivalente ou superior.

**§ 4º** *(VETADO na Lei 13.959/2019)*

**Art. 49.** As instituições de educação superior aceitarão a transferência de alunos regulares, para cursos afins, na hipótese de existência de vagas, e mediante processo seletivo.

**Parágrafo único.** As transferências ex officio dar-se-ão na forma da lei.

**Art. 50.** As instituições de educação superior, quando da ocorrência de vagas, abrirão matrícula nas disciplinas de seus cursos a alunos não regulares que demonstrarem capacidade de cursá-las com proveito, mediante processo seletivo prévio.

**Art. 51.** As instituições de educação superior credenciadas como universidades, ao deliberar sobre critérios e normas de seleção e admissão de estudantes, levarão em conta os efeitos desses critérios sobre a orientação do ensino médio, articulando-se com os órgãos normativos dos sistemas de ensino.

**Art. 52.** As universidades são instituições pluridisciplinares de formação dos quadros profissionais de nível superior, de pesquisa, de extensão e de domínio e cultivo do saber humano, que se caracterizam por:

**I** - produção intelectual institucionalizada mediante o estudo sistemático dos temas e problemas mais relevantes, tanto do ponto de vista científico e cultural, quanto regional e nacional;

**II** - um terço do corpo docente, pelo menos, com titulação acadêmica de mestrado ou doutorado;

**III** - um terço do corpo docente em regime de tempo integral.

**Parágrafo único.** É facultada a criação de universidades especializadas por campo do saber.

✪ **Art. 53.** No exercício de sua autonomia, são asseguradas às universidades, sem prejuízo de outras, as seguintes atribuições:

**I** - criar, organizar e extinguir, em sua sede, cursos e programas de educação superior previstos nesta Lei, obedecendo às normas gerais da União e, quando for o caso, do respectivo sistema de ensino;

**II** - fixar os currículos dos seus cursos e programas, observadas as diretrizes gerais pertinentes;

**III** - estabelecer planos, programas e projetos de pesquisa científica, produção artística e atividades de extensão;

**IV** - fixar o número de vagas de acordo com a capacidade institucional e as exigências do seu meio;

**V** - elaborar e reformar os seus estatutos e regimentos em consonância com as normas gerais atinentes;

**VI** - conferir graus, diplomas e outros títulos;

**VII** - firmar contratos, acordos e convênios;

**VIII** - aprovar e executar planos, programas e projetos de investimentos referentes a obras, serviços e aquisições em geral, bem como administrar rendimentos conforme dispositivos institucionais;

**IX** - administrar os rendimentos e deles dispor na forma prevista no ato de constituição, nas leis e nos respectivos estatutos;

**X** - receber subvenções, doações, heranças, legados e cooperação financeira resultante de convênios com entidades públicas e privadas.

**§ 1º** Para garantir a autonomia didático-científica das universidades, caberá aos seus colegiados de ensino e pesquisa decidir, dentro dos recursos orçamentários disponíveis, sobre:

**I** - criação, expansão, modificação e extinção de cursos;

**II** - ampliação e diminuição de vagas;

**III** - elaboração da programação dos cursos;

**IV** - programação das pesquisas e das atividades de extensão;

**V** - contratação e dispensa de professores;

**VI** - planos de carreira docente.

**§ 2º** As doações, inclusive monetárias, podem ser dirigidas a setores ou projetos específicos, conforme acordo entre doadores e universidades.

**§ 3º** No caso das universidades públicas, os recursos das doações devem ser dirigidos ao caixa único da instituição, com destinação garantida às unidades a serem beneficiadas.

**Art. 54.** As universidades mantidas pelo Poder Público gozarão, na forma da lei, de estatuto jurídico especial para atender às peculiaridades de sua estrutura, organização e financiamento pelo Poder Público, assim como dos seus planos de carreira e do regime jurídico do seu pessoal.

**§ 1º** No exercício da sua autonomia, além das atribuições asseguradas pelo artigo anterior, as universidades públicas poderão:

**I** - propor o seu quadro de pessoal docente, técnico e administrativo, assim como um plano de cargos e salários, atendidas as normas gerais pertinentes e os recursos disponíveis;

**II** - elaborar o regulamento de seu pessoal em conformidade com as normas gerais concernentes;

**III** - aprovar e executar planos, programas e projetos de investimentos referentes a obras, serviços e aquisições em geral, de acordo com os recursos alocados pelo respectivo Poder mantenedor;

**IV** - elaborar seus orçamentos anuais e plurianuais;

**V** - adotar regime financeiro e contábil que atenda às suas peculiaridades de organização e funcionamento;

**VI** - realizar operações de crédito ou de financiamento, com aprovação do Poder competente, para aquisição de bens imóveis, instalações e equipamentos;

**VII** - efetuar transferências, quitações e tomar outras providências de ordem orçamentária, financeira e patrimonial necessárias ao seu bom desempenho.

**§ 2º** Atribuições de autonomia universitária poderão ser estendidas a instituições que comprovem alta qualificação para o ensino ou para a pesquisa, com base em avaliação realizada pelo Poder Público.

**Art. 55.** Caberá à União assegurar, anualmente, em seu Orçamento Geral, recursos suficientes para manutenção e desenvolvimento das instituições de educação superior por ela mantidas.

**Art. 56.** As instituições públicas de educação superior obedecerão ao princípio da gestão democrática, assegurada a existência de órgãos colegiados deliberativos, de que participarão os segmentos da comunidade institucional, local e regional.

**Parágrafo único.** Em qualquer caso, os docentes ocuparão setenta por cento dos assentos em cada órgão colegiado e comissão, inclusive nos que tratarem da elaboração e modificações estatutárias e regimentais, bem como da escolha de dirigentes.

**Art. 57.** Nas instituições públicas de educação superior, o professor ficará obrigado ao mínimo de oito horas semanais de aulas.

## CAPÍTULO V
## DA EDUCAÇÃO ESPECIAL

✪ **Art. 58.** Entende-se por educação especial, para os efeitos desta Lei, a modalidade de educação escolar oferecida preferencialmente na rede regular de ensino, para educandos com deficiência, transtornos globais do desenvolvimento e altas habilidades ou superdotação.

**§ 1º** Haverá, quando necessário, serviços de apoio especializado, na escola regular, para atender às peculiaridades da clientela de educação especial.

**§ 2º** O atendimento educacional será feito em classes, escolas ou serviços especializados, sempre que, em função das condições específicas dos alunos, não for possível a sua integração nas classes comuns de ensino regular.

**§ 3º** A oferta de educação especial, nos termos do *caput* deste artigo, tem início na educação infantil e estende-se ao longo da vida, observados o inciso III do art. 4º e o parágrafo único do art. 60 desta Lei. (Redação dada pela Lei nº 13.632, de 2018)

**Art. 59.** Os sistemas de ensino assegurarão aos educandos com deficiência, transtornos globais do desenvolvimento e altas habilidades ou superdotação:

**I** - currículos, métodos, técnicas, recursos educativos e organização específicos, para atender às suas necessidades;

**II** - terminalidade específica para aqueles que não puderem atingir o nível exigido para a conclusão do ensino fundamental, em virtude de suas deficiências, e aceleração para concluir em menor tempo o programa escolar para os superdotados;

**III** - professores com especialização adequada em nível médio ou superior, para atendimento especializado, bem como professores do ensino regular capacitados para a integração desses educandos nas classes comuns;

**IV** - educação especial para o trabalho, visando a sua efetiva integração na vida em sociedade, inclusive condições adequadas para os que não revelarem capacidade de inserção no trabalho competitivo, mediante articulação com os órgãos oficiais afins, bem como para aqueles que apresentam uma habilidade superior nas áreas artística, intelectual ou psicomotora;

**V** - acesso igualitário aos benefícios dos programas sociais suplementares disponíveis para o respectivo nível do ensino regular.

**Art. 59-A.** O poder público deverá instituir cadastro nacional de alunos com altas habilidades ou superdotação matriculados na educação básica e na educação superior, a fim de fomentar a execução de políticas públicas destinadas ao desenvolvimento pleno das potencialidades desse alunado.

**Parágrafo único.** A identificação precoce de alunos com altas habilidades ou superdotação, os critérios e procedimentos para inclusão no cadastro referido no *caput* deste artigo, as entidades responsáveis pelo cadastramento, os mecanismos de acesso aos dados do cadastro e as políticas de desenvolvimento das potencialidades do alunado de que trata o *caput* serão definidos em regulamento.

**Art. 60.** Os órgãos normativos dos sistemas de ensino estabelecerão critérios de caracterização das instituições privadas sem fins lucrativos, especializadas e com atuação exclusiva em educação especial, para fins de apoio técnico e financeiro pelo Poder Público.

**Parágrafo único.** O poder público adotará, como alternativa preferencial, a ampliação do atendimento aos educandos com deficiência, transtornos globais do desenvolvimento e altas habilidades ou superdotação na própria rede pública regular de ensino, independentemente do apoio às instituições previstas neste artigo.

## CAPÍTULO V-A
## DA EDUCAÇÃO BILÍNGUE DE SURDOS

*(Acrescido pela Lei 14.191/2021)*

**Art. 60-A.** Entende-se por educação bilíngue de surdos, para os efeitos desta Lei, a modalidade de educação escolar oferecida em Língua Brasileira de Sinais (Libras), como primeira língua, e em português escrito, como segunda língua, em escolas bilíngues de surdos, classes bilíngues de surdos, escolas comuns ou em polos de educação bilíngue de surdos, para educandos surdos, surdo-cegos, com deficiência auditiva sinalizantes, surdos com altas habilidades ou superdotação ou com outras deficiências associadas, optantes pela modalidade de educação bilíngue de surdos. *(Acrescido pela Lei 14.191/2021)*

**§ 1º** Haverá, quando necessário, serviços de apoio educacional especializado, como o atendimento educacional especializado bilíngue, para atender às especificidades linguísticas dos estudantes surdos.

**§ 2º** A oferta de educação bilíngue de surdos terá início ao zero ano, na educação infantil, e se estenderá ao longo da vida.

**§ 3º** O disposto no *caput* deste artigo será efetivado sem prejuízo das prerrogativas de matrícula em escolas e classes regulares, de acordo com o que decidir o estudante ou, no que couber, seus pais ou responsáveis, e das garantias previstas na Lei nº 13.146, de 6 de julho de 2015 (Estatuto da Pessoa com Deficiência), que incluem, para os surdos oralizados, o acesso a tecnologias assistivas.

**Art. 60-B.** Além do disposto no art. 59 desta Lei, os sistemas de ensino assegurarão aos educandos surdos, surdo-cegos, com deficiência auditiva sinalizantes, surdos com altas habilidades ou superdotação ou com outras deficiências associadas materiais didáticos e professores bilíngues com formação e especialização adequadas, em nível superior. *(Acrescido pela Lei 14.191/2021)*

**Parágrafo único.** Nos processos de contratação e de avaliação periódica dos professores a que se refere o *caput* deste artigo serão ouvidas as entidades representativas das pessoas surdas.

# TÍTULO VI
# DOS PROFISSIONAIS DA EDUCAÇÃO

**Art. 61.** Consideram-se profissionais da educação escolar básica os que, nela estando em efetivo exercício e tendo sido formados em cursos reconhecidos, são:

**I** – professores habilitados em nível médio ou superior para a docência na educação infantil e nos ensinos fundamental e médio;

**II** – trabalhadores em educação portadores de diploma de pedagogia, com habilitação em administração, planejamento, supervisão, inspeção e orientação educacional, bem como com títulos de mestrado ou doutorado nas mesmas áreas;

**III** – trabalhadores em educação, portadores de diploma de curso técnico ou superior em área pedagógica ou afim.

**IV** – profissionais com notório saber reconhecido pelos respectivos sistemas de ensino, para ministrar conteúdos de áreas afins à sua formação ou experiência profissional, atestados por titulação específica ou prática de ensino em unidades educacionais da rede pública ou privada ou das corporações privadas em que tenham atuado, exclusivamente para atender ao inciso V do *caput* do art. 36;

**V** - profissionais graduados que tenham feito complementação pedagógica, conforme disposto pelo Conselho Nacional de Educação.

**Parágrafo único.** A formação dos profissionais da educação, de modo a atender às especificidades do exercício de suas atividades, bem como aos objetivos das diferentes etapas e modalidades da educação básica, terá como fundamentos:

**I** – a presença de sólida formação básica, que propicie o conhecimento dos fundamentos científicos e sociais de suas competências de trabalho;

**II** – a associação entre teorias e práticas, mediante estágios supervisionados e capacitação em serviço;

**III** – o aproveitamento da formação e experiências anteriores, em instituições de ensino e em outras atividades.

**Art. 62.** A formação de docentes para atuar na educação básica far-se-á em nível superior, em curso de licenciatura plena, admitida, como formação mínima para o exercício do magistério na educação infantil e nos cinco primeiros anos do ensino fundamental, a oferecida em nível médio, na modalidade normal.

**§ 1º** A União, o Distrito Federal, os Estados e os Municípios, em regime de colaboração, deverão promover a formação inicial, a continuada e a capacitação dos profissionais de magistério.

**§ 2º** A formação continuada e a capacitação dos profissionais de magistério poderão utilizar recursos e tecnologias de educação a distância.

**§ 3º** A formação inicial de profissionais de magistério dará preferência ao ensino presencial, subsidiariamente fazendo uso de recursos e tecnologias de educação a distância.

**§ 4º** A União, o Distrito Federal, os Estados e os Municípios adotarão mecanismos facilitadores de acesso e permanência em cursos de formação de docentes em nível superior para atuar na educação básica pública.

**§ 5º** A União, o Distrito Federal, os Estados e os Municípios incentivarão a formação de profissionais do magistério para atuar na educação básica pública mediante programa institucional de bolsa de iniciação à docência a estudantes matriculados em cursos de licenciatura, de graduação plena, nas instituições de educação superior.

**§ 6º** O Ministério da Educação poderá estabelecer nota mínima em exame nacional aplicado aos concluintes do ensino médio como pré-requisito para o ingresso em cursos de graduação para formação de docentes, ouvido o Conselho Nacional de Educação - CNE.

**§ 7º** (VETADO).

**§ 8º** Os currículos dos cursos de formação de docentes terão por referência a Base Nacional Comum Curricular.

**Art. 62-A.** A formação dos profissionais a que se refere o inciso III do art. 61 far-se-á por meio de cursos de conteúdo técnico-pedagógico, em nível médio ou superior, incluindo habilitações tecnológicas.

**Parágrafo único.** Garantir-se-á formação continuada para os profissionais a que se refere o *caput*, no local de trabalho ou em instituições de educação básica e superior, incluindo cursos de educação profissional, cursos superiores de graduação plena ou tecnológicos e de pós-graduação.

**Art. 62-B.** O acesso de professores das redes públicas de educação básica a cursos superiores de pedagogia e licenciatura será efetivado por meio de processo seletivo diferenciado.

**§ 1º** Terão direito de pleitear o acesso previsto no *caput* deste artigo os professores das redes públicas municipais, estaduais e federal que ingressaram por concurso público, tenham pelo menos três anos de exercício da profissão e não sejam portadores de diploma de graduação.

**§ 2º** As instituições de ensino responsáveis pela oferta de cursos de pedagogia e outras licenciaturas definirão critérios adicionais de seleção sempre que acorrerem aos certames interessados em número superior ao de vagas disponíveis para os respectivos cursos.

**§ 3º** Sem prejuízo dos concursos seletivos a serem definidos em regulamento pelas universidades, terão prioridade de ingresso os professores que optarem por cursos de licenciatura em matemática, física, química, biologia e língua portuguesa.

**Art. 63.** Os institutos superiores de educação manterão:

**I** - cursos formadores de profissionais para a educação básica, inclusive o curso normal superior, destinado à formação de docentes para a educação infantil e para as primeiras séries do ensino fundamental;

**II** - programas de formação pedagógica para portadores de diplomas de educação superior que queiram se dedicar à educação básica;

**III** - programas de educação continuada para os profissionais de educação dos diversos níveis.

**Art. 64.** A formação de profissionais de educação para administração, planejamento, inspeção, supervisão e orientação educacional para a educação básica, será feita em cursos de graduação em pedagogia ou em nível de pós-graduação, a critério da instituição de ensino, garantida, nesta formação, a base comum nacional.

**Art. 65.** A formação docente, exceto para a educação superior, incluirá prática de ensino de, no mínimo, trezentas horas.

**Art. 66.** A preparação para o exercício do magistério superior far-se-á em nível de pós-graduação, prioritariamente em programas de mestrado e doutorado.

**Parágrafo único.** O notório saber, reconhecido por universidade com curso de doutorado em área afim, poderá suprir a exigência de título acadêmico.

**Art. 67.** Os sistemas de ensino promoverão a valorização dos profissionais da educação, assegurando-lhes, inclusive nos termos dos estatutos e dos planos de carreira do magistério público:

**I** - ingresso exclusivamente por concurso público de provas e títulos;

**II** - aperfeiçoamento profissional continuado, inclusive com licenciamento periódico remunerado para esse fim;

**III** - piso salarial profissional;

**IV** - progressão funcional baseada na titulação ou habilitação, e na avaliação do desempenho;

**V** - período reservado a estudos, planejamento e avaliação, incluído na carga de trabalho;

**VI** - condições adequadas de trabalho.

**§ 1º** A experiência docente é pré-requisito para o exercício profissional de quaisquer outras funções de magistério, nos termos das normas de cada sistema de ensino.

**§ 2º** Para os efeitos do disposto no § 5º do art. 40 e no § 8º do art. 201 da Constituição Federal, são consideradas funções de magistério as exercidas por professores e especialistas em educação no desempenho de atividades educativas, quando exercidas em estabelecimento de educação básica em seus diversos níveis e modalidades, incluídas, além do exercício da docência, as de direção de unidade escolar e as de coordenação e assessoramento pedagógico.

**§ 3º** A União prestará assistência técnica aos Estados, ao Distrito Federal e aos Municípios na elaboração de concursos públicos para provimento de cargos dos profissionais da educação.

## TÍTULO VII
## DOS RECURSOS FINANCEIROS

**Art. 68.** Serão recursos públicos destinados à educação os originários de:

**I** - receita de impostos próprios da União, dos Estados, do Distrito Federal e dos Municípios;

**II** - receita de transferências constitucionais e outras transferências;

**III** - receita do salário-educação e de outras contribuições sociais;

**IV** - receita de incentivos fiscais;

**V** - outros recursos previstos em lei.

**Art. 69.** A União aplicará, anualmente, nunca menos de dezoito, e os Estados, o Distrito Federal e os Municípios, vinte e cinco por cento, ou o que consta nas respectivas Constituições ou Leis Orgânicas, da receita resultante de impostos, compreendidas as transferências constitucionais, na manutenção e desenvolvimento do ensino público.

**§ 1º** A parcela da arrecadação de impostos transferida pela União aos Estados, ao Distrito Federal e aos Municípios, ou pelos Estados aos respectivos Municípios, não será considerada, para efeito do cálculo previsto neste artigo, receita do governo que a transferir.

**§ 2º** Serão consideradas excluídas das receitas de impostos mencionadas neste artigo as operações de crédito por antecipação de receita orçamentária de impostos.

**§ 3º** Para fixação inicial dos valores correspondentes aos mínimos estatuídos neste artigo, será considerada a receita estimada na lei do orçamento anual, ajustada, quando for o caso, por lei que autorizar a abertura de créditos adicionais, com base no eventual excesso de arrecadação.

**§ 4º** As diferenças entre a receita e a despesa previstas e as efetivamente realizadas, que resultem no não atendimento dos percentuais mínimos obrigatórios, serão apuradas e corrigidas a cada trimestre do exercício financeiro.

**§ 5º** O repasse dos valores referidos neste artigo do caixa da União, dos Estados, do Distrito Federal e dos Municípios ocorrerá imediatamente ao órgão responsável pela educação, observados os seguintes prazos:

**I** - recursos arrecadados do primeiro ao décimo dia de cada mês, até o vigésimo dia;

**II** - recursos arrecadados do décimo primeiro ao vigésimo dia de cada mês, até o trigésimo dia;

**III** - recursos arrecadados do vigésimo primeiro dia ao final de cada mês, até o décimo dia do mês subsequente.

**§ 6º** O atraso da liberação sujeitará os recursos a correção monetária e à responsabilização civil e criminal das autoridades competentes.

**Art. 70.** Considerar-se-ão como de manutenção e desenvolvimento do ensino as despesas realizadas com vistas à consecução dos objetivos básicos das instituições educacionais de todos os níveis, compreendendo as que se destinam a:

**I** - remuneração e aperfeiçoamento do pessoal docente e demais profissionais da educação;

**II** - aquisição, manutenção, construção e conservação de instalações e equipamentos necessários ao ensino;

**III** – uso e manutenção de bens e serviços vinculados ao ensino;

**IV** - levantamentos estatísticos, estudos e pesquisas visando precipuamente ao aprimoramento da qualidade e à expansão do ensino;

**V** - realização de atividades-meio necessárias ao funcionamento dos sistemas de ensino;

**VI** - concessão de bolsas de estudo a alunos de escolas públicas e privadas;

**VII** - amortização e custeio de operações de crédito destinadas a atender ao disposto nos incisos deste artigo;

**VIII** - aquisição de material didático-escolar e manutenção de programas de transporte escolar.

**Art. 71.** Não constituirão despesas de manutenção e desenvolvimento do ensino aquelas realizadas com:

**I** - pesquisa, quando não vinculada às instituições de ensino, ou, quando efetivada fora dos sistemas de ensino, que não vise, precipuamente, ao aprimoramento de sua qualidade ou à sua expansão;

**II** - subvenção a instituições públicas ou privadas de caráter assistencial, desportivo ou cultural;

**III** - formação de quadros especiais para a administração pública, sejam militares ou civis, inclusive diplomáticos;

**IV** - programas suplementares de alimentação, assistência médico-odontológica, farmacêutica e psicológica, e outras formas de assistência social;

**V** - obras de infraestrutura, ainda que realizadas para beneficiar direta ou indiretamente a rede escolar;

**VI** - pessoal docente e demais trabalhadores da educação, quando em desvio de função ou em atividade alheia à manutenção e desenvolvimento do ensino.

**Art. 72.** As receitas e despesas com manutenção e desenvolvimento do ensino serão apuradas e publicadas nos balanços do Poder Público, assim como nos relatórios a que se refere o § 3º do art. 165 da Constituição Federal.

**Art. 73.** Os órgãos fiscalizadores examinarão, prioritariamente, na prestação de contas de recursos públicos, o cumprimento do disposto no art. 212 da Constituição Federal, no art. 60 do Ato das Disposições Constitucionais Transitórias e na legislação concernente.

**Art. 74.** A União, em colaboração com os Estados, o Distrito Federal e os Municípios, estabelecerá padrão mínimo de oportunidades educacionais para o ensino fundamental, baseado no cálculo do custo mínimo por aluno, capaz de assegurar ensino de qualidade.

**Parágrafo único.** O custo mínimo de que trata este artigo será calculado pela União ao final de cada ano, com validade para o ano subsequente, considerando variações regionais no custo dos insumos e as diversas modalidades de ensino.

**Art. 75.** A ação supletiva e redistributiva da União e dos Estados será exercida de modo a corrigir, progressivamente, as disparidades de acesso e garantir o padrão mínimo de qualidade de ensino.

**§ 1º** A ação a que se refere este artigo obedecerá a fórmula de domínio público que inclua a capacidade de atendimento e a medida do esforço fiscal do respectivo Estado, do Distrito Federal ou do Município em favor da manutenção e do desenvolvimento do ensino.

**§ 2º** A capacidade de atendimento de cada governo será definida pela razão entre os recursos de uso constitucionalmente obrigatório na manutenção e desenvolvimento do ensino e o custo anual do aluno, relativo ao padrão mínimo de qualidade.

**§ 3º** Com base nos critérios estabelecidos nos §§ 1º e 2º, a União poderá fazer a transferência direta de recursos a cada estabelecimento de ensino, considerado o número de alunos que efetivamente frequentam a escola.

**§ 4º** A ação supletiva e redistributiva não poderá ser exercida em favor do Distrito Federal, dos Estados e dos Municípios se estes oferecerem vagas, na área de ensino de sua responsabilidade, conforme o inciso VI do art.

10 e o inciso V do art. 11 desta Lei, em número inferior à sua capacidade de atendimento.

**Art. 76.** A ação supletiva e redistributiva prevista no artigo anterior ficará condicionada ao efetivo cumprimento pelos Estados, Distrito Federal e Municípios do disposto nesta Lei, sem prejuízo de outras prescrições legais.

**Art. 77.** Os recursos públicos serão destinados às escolas públicas, podendo ser dirigidos a escolas comunitárias, confessionais ou filantrópicas que:

**I** - comprovem finalidade não-lucrativa e não distribuam resultados, dividendos, bonificações, participações ou parcela de seu patrimônio sob nenhuma forma ou pretexto;

**II** - apliquem seus excedentes financeiros em educação;

**III** - assegurem a destinação de seu patrimônio a outra escola comunitária, filantrópica ou confessional, ou ao Poder Público, no caso de encerramento de suas atividades;

**IV** - prestem contas ao Poder Público dos recursos recebidos.

**§ 1º** Os recursos de que trata este artigo poderão ser destinados a bolsas de estudo para a educação básica, na forma da lei, para os que demonstrarem insuficiência de recursos, quando houver falta de vagas e cursos regulares da rede pública de domicílio do educando, ficando o Poder Público obrigado a investir prioritariamente na expansão da sua rede local.

**§ 2º** As atividades universitárias de pesquisa e extensão poderão receber apoio financeiro do Poder Público, inclusive mediante bolsas de estudo.

## TÍTULO VIII
## DAS DISPOSIÇÕES GERAIS

**Art. 78.** O Sistema de Ensino da União, com a colaboração das agências federais de fomento à cultura e de assistência aos índios, desenvolverá programas integrados de ensino e pesquisa, para oferta de educação escolar bilíngue e intercultural aos povos indígenas, com os seguintes objetivos:

**I** - proporcionar aos índios, suas comunidades e povos, a recuperação de suas memórias históricas; a reafirmação de suas identidades étnicas; a valorização de suas línguas e ciências;

**II** - garantir aos índios, suas comunidades e povos, o acesso às informações, conhecimentos técnicos e científicos da sociedade nacional e demais sociedades indígenas e não-índias.

**Art. 78-A.** Os sistemas de ensino, em regime de colaboração, desenvolverão programas integrados de ensino e pesquisa, para oferta de educação escolar bilíngue e intercultural aos estudantes surdos, surdo-cegos, com deficiência auditiva sinalizantes, surdos com altas habilidades ou superdotação ou com outras deficiências associadas, com os seguintes objetivos: *(Acrescido pela Lei 14.191/2021)*

**I** - proporcionar aos surdos a recuperação de suas memórias históricas, a reafirmação de suas identidades e especificidades e a valorização de sua língua e cultura;

**II** - garantir aos surdos o acesso às informações e conhecimentos técnicos e científicos da sociedade nacional e demais sociedades surdas e não surdas.

**Art. 79.** A União apoiará técnica e financeiramente os sistemas de ensino no provimento da educação intercultural às comunidades indígenas, desenvolvendo programas integrados de ensino e pesquisa.

**§ 1º** Os programas serão planejados com audiência das comunidades indígenas.

**§ 2º** Os programas a que se refere este artigo, incluídos nos Planos Nacionais de Educação, terão os seguintes objetivos:

**I** - fortalecer as práticas socioculturais e a língua materna de cada comunidade indígena;

**II** - manter programas de formação de pessoal especializado, destinado à educação escolar nas comunidades indígenas;

**III** - desenvolver currículos e programas específicos, neles incluindo os conteúdos culturais correspondentes às respectivas comunidades;

**IV** - elaborar e publicar sistematicamente material didático específico e diferenciado.

**§ 3º** No que se refere à educação superior, sem prejuízo de outras ações, o atendimento aos povos indígenas efetivar-se-á, nas universidades públicas e privadas, mediante a oferta de ensino e de assistência estudantil, assim como de estímulo à pesquisa e desenvolvimento de programas especiais.

**Art. 79-A.** (VETADO)

**Art. 79-B.** O calendário escolar incluirá o dia 20 de novembro como 'Dia Nacional da Consciência Negra'.

**Art. 79-C.** A União apoiará técnica e financeiramente os sistemas de ensino no provimento da educação bilíngue e intercultural às comunidades surdas, com desenvolvimento de programas integrados de ensino e pesquisa. *(Acrescido pela Lei 14.191/2021)*

**§ 1º** Os programas serão planejados com participação das comunidades surdas, de instituições de ensino superior e de entidades representativas das pessoas surdas.

**§ 2º** Os programas a que se refere este artigo, incluídos no Plano Nacional de Educação, terão os seguintes objetivos:

**I** - fortalecer as práticas socioculturais dos surdos e a Língua Brasileira de Sinais;

**II** - manter programas de formação de pessoal especializado, destinados à educação bilíngue escolar dos surdos, surdo-cegos, com deficiência auditiva sinalizantes, surdos com altas habilidades ou superdotação ou com outras deficiências associadas;

**III** - desenvolver currículos, métodos, formação e programas específicos, neles incluídos os conteúdos culturais correspondentes aos surdos;

**IV** - elaborar e publicar sistematicamente material didático bilíngue, específico e diferenciado.

**§ 3º** Na educação superior, sem prejuízo de outras ações, o atendimento aos estudantes surdos, surdo-cegos, com deficiência auditiva sinalizantes, surdos com altas habilidades ou superdotação ou com outras deficiências associadas efetivar-se-á mediante a oferta de ensino bilíngue e de assistência estudantil, assim como de estímulo à pesquisa e desenvolvimento de programas especiais.

**Art. 80.** O Poder Público incentivará o desenvolvimento e a veiculação de programas de ensino a distância, em todos os níveis e modalidades de ensino, e de educação continuada.

**§ 1º** A educação a distância, organizada com abertura e regime especiais, será oferecida por instituições especificamente credenciadas pela União.

**§ 2º** A União regulamentará os requisitos para a realização de exames e registro de diploma relativos a cursos de educação a distância.

**§ 3º** As normas para produção, controle e avaliação de programas de educação a distância e a autorização para sua implementação, caberão aos respectivos sistemas de ensino, podendo haver cooperação e integração entre os diferentes sistemas.

**§ 4º** A educação a distância gozará de tratamento diferenciado, que incluirá:

**I** - custos de transmissão reduzidos em canais comerciais de radiodifusão sonora e de sons e imagens e em outros meios de comunicação que sejam explorados mediante autorização, concessão ou permissão do poder público;

**II** - concessão de canais com finalidades exclusivamente educativas;

**III** - reserva de tempo mínimo, sem ônus para o Poder Público, pelos concessionários de canais comerciais.

**Art. 81.** É permitida a organização de cursos ou instituições de ensino experimentais, desde que obedecidas as disposições desta Lei.

**Art. 82.** Os sistemas de ensino estabelecerão as normas de realização de estágio em sua jurisdição, observada a lei federal sobre a matéria.

**Parágrafo único.** (Revogado).

**Art. 83.** O ensino militar é regulado em lei específica, admitida a equivalência de estudos, de acordo com as normas fixadas pelos sistemas de ensino.

**Art. 84.** Os discentes da educação superior poderão ser aproveitados em tarefas de ensino e pesquisa pelas respectivas instituições, exercendo funções de monitoria, de acordo com seu rendimento e seu plano de estudos.

**Art. 85.** Qualquer cidadão habilitado com a titulação própria poderá exigir a abertura de concurso público de provas e títulos para cargo de docente de instituição pública de ensino que estiver sendo ocupado por professor não concursado, por mais de seis anos, ressalvados os direitos assegurados pelos arts. 41 da Constituição Federal e 19 do Ato das Disposições Constitucionais Transitórias.

**Art. 86.** As instituições de educação superior constituídas como universidades integrar-se-ão, também, na sua condição de instituições de pesquisa, ao Sistema Nacional de Ciência e Tecnologia, nos termos da legislação específica.

## TÍTULO IX
## DAS DISPOSIÇÕES TRANSITÓRIAS

**Art. 87.** É instituída a Década da Educação, a iniciar-se um ano a partir da publicação desta Lei.

**§ 1º** A União, no prazo de um ano a partir da publicação desta Lei, encaminhará, ao Congresso Nacional, o Plano Nacional de Educação, com diretrizes e metas para os dez anos seguintes, em sintonia com a Declaração Mundial sobre Educação para Todos.

**§ 2º** (Revogado).

**§ 3º** O Distrito Federal, cada Estado e Município, e, supletivamente, a União, devem:

**I** - (revogado);

*a)* (Revogada)

*b)* (Revogada)

*c)* (Revogada)

**II** - prover cursos presenciais ou a distância aos jovens e adultos insuficientemente escolarizados;

**III** - realizar programas de capacitação para todos os professores em exercício, utilizando também, para isto, os recursos da educação a distância;

**IV** - integrar todos os estabelecimentos de ensino fundamental do seu território ao sistema nacional de avaliação do rendimento escolar.

**§ 4º** (Revogado).

**§ 5º** Serão conjugados todos os esforços objetivando a progressão das redes escolares públicas urbanas de ensino fundamental para o regime de escolas de tempo integral.

**§ 6º** A assistência financeira da União aos Estados, ao Distrito Federal e aos Municípios, bem como a dos Estados aos seus Municípios, ficam condicionadas ao cumprimento do art. 212 da Constituição Federal e dispositivos legais pertinentes pelos governos beneficiados.

**Art. 87-A.** (VETADO).

**Art. 88.** A União, os Estados, o Distrito Federal e os Municípios adaptarão sua legislação educacional e de ensino às disposições desta Lei no prazo máximo de um ano, a partir da data de sua publicação.

**§ 1º** As instituições educacionais adaptarão seus estatutos e regimentos aos dispositivos desta Lei e às normas dos respectivos sistemas de ensino, nos prazos por estes estabelecidos.

**§ 2º** O prazo para que as universidades cumpram o disposto nos incisos II e III do art. 52 é de oito anos.

**Art. 89.** As creches e pré-escolas existentes ou que venham a ser criadas deverão, no prazo de três anos, a contar da publicação desta Lei, integrar-se ao respectivo sistema de ensino.

**Art. 90.** As questões suscitadas na transição entre o regime anterior e o que se institui nesta Lei serão resolvidas pelo Conselho Nacional de Educação ou, mediante delegação deste, pelos órgãos normativos dos sistemas de ensino, preservada a autonomia universitária.

**Art. 91.** Esta Lei entra em vigor na data de sua publicação.

**Art. 92.** Revogam-se as disposições das Leis nºs 4.024, de 20 de dezembro de 1961, e 5.540, de 28 de novembro de 1968, não alteradas pelas Leis nºs 9.131, de 24 de novembro de 1995 e 9.192, de 21 de dezembro de 1995 e, ainda, as Leis nºs 5.692, de 11 de agosto de 1971 e 7.044, de 18 de outubro de 1982, e as demais leis e decretos-lei que as modificaram e quaisquer outras disposições em contrário.

Brasília, 20 de dezembro de 1996; 175º da Independência e 108º da República.
FERNANDO HENRIQUE CARDOSO

DOU de 23.12.1996

# LEI Nº 9.433, DE 8 DE JANEIRO DE 1997

*Institui a Política Nacional de Recursos Hídricos, cria o Sistema Nacional de Gerenciamento de Recursos Hídricos, regulamenta o inciso XIX do art. 21 da Constituição Federal e altera o art. 1º da Lei nº 8.001, de 13 de março de 1990, que modificou a Lei nº 7.990, de 28 de dezembro de 1989.*

O PRESIDENTE DA REPÚBLICA

Faço saber que o Congresso Nacional decreta e eu sanciono a seguinte Lei:

## TÍTULO I
## DA POLÍTICA NACIONAL DE RECURSOS HÍDRICOS

### CAPÍTULO I
### DOS FUNDAMENTOS

✪ **Art. 1º** A Política Nacional de Recursos Hídricos baseia-se nos seguintes fundamentos:

**I** - a água é um bem de domínio público;

**II** - a água é um recurso natural limitado, dotado de valor econômico;

**III** - em situações de escassez, o uso prioritário dos recursos hídricos é o consumo humano e a dessedentação de animais;

**IV** - a gestão dos recursos hídricos deve sempre proporcionar o uso múltiplo das águas;

**V** - a bacia hidrográfica e a unidade territorial para implementação da Política Nacional de Recursos Hídricos e atuação do Sistema Nacional de Gerenciamento de Recursos Hídricos;

**VI** - a gestão dos recursos hídricos deve ser descentralizada e contar com a participação do Poder Público, dos usuários e das comunidades.

## CAPÍTULO II
## DOS OBJETIVOS

✪ **Art. 2º** São objetivos da Política Nacional de Recursos Hídricos:

**I** - assegurar à atual e às futuras gerações a necessária disponibilidade de água, em padrões de qualidade adequados aos respectivos usos;

**II** - a utilização racional e integrada dos recursos hídricos, incluindo o transporte aquaviário, com vistas ao desenvolvimento sustentável;

**III** - a prevenção e a defesa contra eventos hidrológicos críticos de origem natural ou decorrentes do uso inadequado dos recursos naturais.

**IV** - incentivar e promover a captação, a preservação e o aproveitamento de águas pluviais.

## CAPÍTULO III
## DAS DIRETRIZES GERAIS DE AÇÃO

✪ **Art. 3º** Constituem diretrizes gerais de ação para implementação da Política Nacional de Recurso Hídricos:

**I** - a gestão sistemática dos recursos hídricos, sem dissociação dos aspectos de quantidade e qualidade;

**II** - a adequação da gestão de recursos hídricos às diversidades físicas, bióticas, demográficas, econômicas, sociais e culturais das diversas regiões do País;

**III** - a integração da gestão de recursos hídricos com a gestão ambiental;

**IV** - a articulação do planejamento de recursos hídricos com o dos setores usuários e com os planejamentos regional, estadual e nacional;

**V** - a articulação da gestão de recursos hídricos com a do uso do solo;

**VI** - a integração da gestão das bacias hidrográficas com a dos sistemas estuarinos e zonas costeiras.

**Art. 4º** A União articular-se-á com os Estados tendo em vista o gerenciamento dos recursos hídricos de interesse comum.

## CAPÍTULO IV
## DOS INSTRUMENTOS

**Art. 5º** São instrumentos da Política Nacional de Recursos Hídricos:

**I** - os Planos de Recursos Hídricos;

**II** - o enquadramento dos corpos de água em classes, segundo os usos preponderantes da água,

**III** - a outorga dos direitos de uso de recursos hídricos;

**IV** - a cobrança pelo uso de recursos hídricos;

**V** - a compensação a municípios;

**VI** - o Sistema de Informações sobre Recursos Hídricos.

### SEÇÃO I
### DOS PLANOS DE RECURSOS HÍDRICOS

**Art. 6º** Os Planos de Recursos Hídricos são planos diretores que visam a fundamentar e orientar a implementação da Política Nacional de Recursos Hídricos e o gerenciamento dos recursos hídricos.

✪ **Art. 7º** Os Planos de Recursos Hídricos são planos de longo prazo, com horizonte de planejamento compatível com o período de implantação de seus programas e projetos e terão o seguinte conteúdo mínimo:

**I** - diagnóstico da situação atual dos recursos hídricos;

**II** - análise de alternativas de crescimento demográfico, de evolução de atividades produtivas e de modificações dos padrões de ocupação do solo;

**III** - balanço entre disponibilidades e demandas futuras dos recursos hídricos, em quantidade e qualidade, com identificação de conflitos potenciais;

**IV** - metas de racionalização de uso, aumento da quantidade e melhoria da qualidade dos recursos hídricos disponíveis;

**V** - medidas a serem tomadas, programas a serem desenvolvidos e projetos a serem implantados, para o atendimento das metas previstas;

**VI** - (VETADO)

**VII** - (VETADO)

**VIII** - prioridades para outorga de direitos de uso de recursos hídricos;

**IX** - diretrizes e critérios para a cobrança pelo uso dos recursos hídricos;

**X** - propostas para a criação de áreas sujeitas a restrição de uso, com vistas à proteção dos recursos hídricos.

**Art. 8º** Os Planos de Recursos Hídricos serão elaborados por bacia hidrográfica, por Estado e para o País.

### SEÇÃO II
### DO ENQUADRAMENTO DOS CORPOS DE ÁGUA EM CLASSES, SEGUNDO OS USOS PREPONDERANTES DA ÁGUA

**Art. 9º** O enquadramento dos corpos de água em classes, segundo os usos preponderantes da água, visa a:

**I** - assegurar às águas qualidade compatível com os usos mais exigentes a que forem destinadas;

**II** - diminuir os custos de combate à poluição das águas, mediante ações preventivas permanentes.

**Art. 10.** As classes de corpos de água serão estabelecidas pela legislação ambiental.

## SEÇÃO III
## DA OUTORGA DE DIREITOS DE USO DE RECURSOS HÍDRICOS

**Art. 11.** O regime de outorga de direitos de uso de recursos hídricos tem como objetivos assegurar o controle quantitativo e qualitativo dos usos da água e o efetivo exercício dos direitos de acesso à água.

**Art. 12.** Estão sujeitos a outorga pelo Poder Público os direitos dos seguintes usos de recursos hídricos:

**I** - derivação ou captação de parcela da água existente em um corpo de água para consumo final, inclusive abastecimento público, ou insumo de processo produtivo;

**II** - extração de água de aqüífero subterrâneo para consumo final ou insumo de processo produtivo;

**III** - lançamento em corpo de água de esgotos e demais resíduos líquidos ou gasosos, tratados ou não, com o fim de sua diluição, transporte ou disposição final;

**IV** - aproveitamento dos potenciais hidrelétricos;

**V** - outros usos que alterem o regime, a quantidade ou a qualidade da água existente em um corpo de água.

**§ 1º** Independem de outorga pelo Poder Público, conforme definido em regulamento:

**I** - o uso de recursos hídricos para a satisfação das necessidades de pequenos núcleos populacionais, distribuídos no meio rural;

**II** - as derivações, captações e lançamentos considerados insignificantes;

**III** - as acumulações de volumes de água consideradas insignificantes.

**§ 2º** A outorga e a utilização de recursos hídricos para fins de geração de energia elétrica estará subordinada ao Plano Nacional de Recursos Hídricos, aprovado na forma do disposto no inciso VIII do art. 35 desta Lei, obedecida a disciplina da legislação setorial específica.

**Art. 13.** Toda outorga estará condicionada às prioridades de uso estabelecidas nos Planos de Recursos Hídricos e deverá respeitar a classe em que o corpo de água estiver enquadrado e a manutenção de condições adequadas ao transporte aquaviário, quando for o caso.

**Parágrafo único.** A outorga de uso dos recursos hídricos deverá preservar o uso múltiplo destes.

**Art. 14.** A outorga efetivar-se-á por ato da autoridade competente do Poder Executivo Federal, dos Estados ou do Distrito Federal.

**§ 1º** O Poder Executivo Federal poderá delegar aos Estados e ao Distrito Federal competência para conceder outorga de direito de uso de recurso hídrico de domínio da União.

**§ 2º** (VETADO)

**Art. 15.** A outorga de direito de uso de recursos hídricos poderá ser suspensa parcial ou totalmente, em definitivo ou por prazo determinado, nas seguintes circunstâncias:

**I** - não cumprimento pelo outorgado dos termos da outorga;

**II** - ausência de uso por três anos consecutivos;

**III** - necessidade premente de água para atender a situações de calamidade, inclusive as decorrentes de condições climáticas adversas;

**IV** - necessidade de se prevenir ou reverter grave degradação ambiental;

**V** - necessidade de se atender a usos prioritários, de interesse coletivo, para os quais não se disponha de fontes alternativas;

**VI** - necessidade de serem mantidas as características de navegabilidade do corpo de água.

**Art. 16.** Toda outorga de direitos de uso de recursos hídricos far-se-á por prazo não excedente a trinta e cinco anos, renovável.

**Art. 17.** (VETADO)

**Art. 18.** A outorga não implica a alienação parcial das águas, que são inalienáveis, mas o simples direito de seu uso.

## SEÇÃO IV
## DA COBRANÇA DO USO DE RECURSOS HÍDRICOS

**Art. 19.** A cobrança pelo uso de recursos hídricos objetiva:

**I** - reconhecer a água como bem econômico e dar ao usuário uma indicação de seu real valor;

**II** - incentivar a racionalização do uso da água;

**III** - obter recursos financeiros para o financiamento dos programas e intervenções contemplados nos planos de recursos hídricos.

**Art. 20.** Serão cobrados os usos de recursos hídricos sujeitos a outorga, nos termos do art. 12 desta Lei.

**Parágrafo único.** (VETADO)

**Art. 21.** Na fixação dos valores a serem cobrados pelo uso dos recursos hídricos devem ser observados, dentre outros:

**I** - nas derivações, captações e extrações de água, o volume retirado e seu regime de variação;

**II** - nos lançamentos de esgotos e demais resíduos líquidos ou gasosos, o volume lançado e seu regime de variação e as características físico-químicas, biológicas e de toxidade do afluente.

**Art. 22.** Os valores arrecadados com a cobrança pelo uso de recursos hídricos serão aplicados prioritariamente na bacia hidrográfica em que foram gerados e serão utilizados:

**I** - no financiamento de estudos, programas, projetos e obras incluídos nos Planos de Recursos Hídricos;

**II** - no pagamento de despesas de implantação e custeio administrativo dos órgãos e entidades integrantes do Sistema Nacional de Gerenciamento de Recursos Hídricos.

**§ 1º** A aplicação nas despesas previstas no inciso II deste artigo é limitada a sete e meio por cento do total arrecadado.

**§ 2º** Os valores previstos no *caput* deste artigo poderão ser aplicados a fundo perdido em projetos e obras que alterem, de modo considerado benéfico à coletividade, a qualidade, a quantidade e o regime de vazão de um corpo de água.

**§ 3º** (VETADO)

**Art. 23.** (VETADO)

### SEÇÃO V
### DA COMPENSAÇÃO A MUNICÍPIOS

**Art. 24.** (VETADO)

### SEÇÃO VI
### DO SISTEMA DE INFORMAÇÕES SOBRE RECURSOS HÍDRICOS

**Art. 25.** O Sistema de Informações sobre Recursos Hídricos é um sistema de coleta, tratamento, armazenamento e recuperação de informações sobre recursos hídricos e fatores intervenientes em sua gestão.

**Parágrafo único.** Os dados gerados pelos órgãos integrantes do Sistema Nacional de Gerenciamento de Recursos Hídricos serão incorporados ao Sistema Nacional de Informações sobre Recursos Hídricos.

**Art. 26.** São princípios básicos para o funcionamento do Sistema de Informações sobre Recursos Hídricos:

**I** - descentralização da obtenção e produção de dados e informações;

**II** - coordenação unificada do sistema;

**III** - acesso aos dados e informações garantido à toda a sociedade.

**Art. 27.** São objetivos do Sistema Nacional de Informações sobre Recursos Hídricos:

**I** - reunir, dar consistência e divulgar os dados e informações sobre a situação qualitativa e quantitativa dos recursos hídricos no Brasil;

**II** - atualizar permanentemente as informações sobre disponibilidade e demanda de recursos hídricos em todo o território nacional;

**III** - fornecer subsídios para a elaboração dos Planos de Recursos Hídricos.

## CAPÍTULO V
## DO RATEIO DE CUSTOS DAS OBRAS DE USO MÚLTIPLO/INTERESSE COMUM OU COLETIVO

**Art. 28.** (VETADO)

## CAPÍTULO VI
## DA AÇÃO DO PODER PÚBLICO

**Art. 29.** Na implementação da Política Nacional de Recursos Hídricos, compete ao Poder Executivo Federal:

**I** - tomar as providências necessárias à implementação e ao funcionamento do Sistema de Nacional de Gerenciamento de Recursos Hídricos.

**II** - outorgar os direitos de uso de recursos hídricos, e regulamentar e fiscalizar os usos, na sua esfera de competência;

**III** - implantar e gerir o Sistema de Informações sobre Recursos Hídricos, em âmbito nacional;

**IV** - promover a integração da gestão de recursos hídricos com a gestão ambiental.

**Parágrafo único.** O Poder Executivo Federal indicará, por decreto, a autoridade responsável pela efetivação de outorgas de direito de uso dos recursos hídricos sob domínio da União.

**Art. 30.** Na implementação da Política Nacional de Recursos Hídricos, cabe aos Poderes Executivos Estaduais e do Distrito Federal, na sua esfera de competência:

**I** - outorgar os direitos de uso de recursos hídricos e regulamentar e fiscalizar os seus usos;

**II** - realizar o controle técnico das obras de oferta hídrica;

**III** - implantar e gerir o Sistema de Informações sobre Recursos Hídricos, em âmbito estadual e do Distrito Federal;

**IV** - promover a integração da gestão de recursos hídricos com a gestão ambiental.

**Art. 31.** Na implementação da Política Nacional de Recursos Hídricos, os Poderes Executivos do Distrito Federal e dos municípios promoverão a integração das políticas locais de saneamento básico, de uso, ocupação e conservação do solo e de meio ambiente com as políticas federal e estaduais de recursos hídricos.

## TÍTULO II
## DO SISTEMA NACIONAL DE GERENCIAMENTO DE RECURSOS HÍDRICOS

### CAPÍTULO I
### DOS OBJETIVOS E DA COMPOSIÇÃO

**Art. 32.** Fica criado o Sistema Nacional de Gerenciamento de Recursos Hídricos, com os seguintes objetivos:

**I** - coordenar a gestão integrada das águas;

**II** - arbitrar administrativamente os conflitos relacionados com os recursos hídricos;

**III** - implementar a Política Nacional de Recursos Hídricos;

**IV** - planejar, regular e controlar o uso, a preservação e a recuperação dos recursos hídricos;

**V** - promover a cobrança pelo uso de recursos hídricos.

**Art. 33.** Integram o Sistema Nacional de Gerenciamento de Recursos Hídricos.

**I** - Conselho Nacional de Recursos Hídricos;

**I-A** - a Agência Nacional de Águas;

**II** - os Conselhos de Recursos Hídricos dos Estados e do Distrito Federal;

**III** - os Comitês de Bacia Hidrográfica;

**IV** - os órgão dos poderes públicos federal, estaduais, do Distrito Federal e municipais cujas competências se relacionem com a gestão de recurso hídricos;

**V** - as Agências de Água.

### CAPÍTULO II
### DO CONSELHO NACIONAL DE RECURSOS HÍDRICOS

**Art. 34.** O Conselho Nacional de Recursos Hídricos é composto por:

**I** - representantes dos Ministérios e Secretarias da Presidência da República com atuação no gerenciamento ou no uso de recursos hídricos;

**II** - representantes indicados pelos Conselhos Estaduais de Recursos Hídricos;

**III** - representantes dos usuários dos recursos hídricos;

**IV** - representantes das organizações civis de recursos hídricos.

**Parágrafo único.** O número de representantes do Poder Executivo Federal não poderá ceder à metade mais um do total dos membros do Conselho Nacional de Recursos Hídricos.

**Art. 35.** Compete ao Conselho Nacional de Recursos Hídricos:

**I** - promover a articulação do planejamento de recursos hídricos com os planejamentos nacional, regional, estaduais e dos setores usuários;

**II** - arbitrar, em última instância administrativa, os conflitos existentes entre Conselhos Estaduais de Recursos Hídricos;

**III** - deliberar sobre os projetos de aproveitamento de recursos hídricos cujas repercussões extrapolem o âmbito dos Estados em que serão implantados;

**IV** - deliberar sobre as questões que lhe tenham sido encaminhadas pelos Conselhos Estaduais de Recursos Hídricos ou pelos Comitês de Bacia Hidrográfica;

**V** - analisar propostas de alteração da legislação pertinente a recursos hídricos e à Política Nacional de Recursos Hídricos;

**VI** - estabelecer diretrizes complementares para implementação da Política Nacional de Recursos Hídricos, aplicação de seus instrumentos e atuação do Sistema Nacional de Gerenciamento de Recursos Hídricos;

**VII** - aprovar propostas de instituição dos Comitês de Bacia Hidrográfica e estabelecer critérios gerais para a elaboração de seus regimentos;

**VIII** - (VETADO)

**IX** - acompanhar a execução e aprovar o Plano Nacional de Recursos Hídricos e determinar as providências necessárias ao cumprimento de suas metas;

**X** - estabelecer critérios gerais para a outorga de direitos de uso de recursos hídricos e para a cobrança por seu uso.

**XI** - zelar pela implementação da Política Nacional de Segurança de Barragens (PNSB);

**XII** - estabelecer diretrizes para implementação da PNSB, aplicação de seus instrumentos e atuação do Sistema Nacional de Informações sobre Segurança de Barragens (SNISB);

**XIII** - apreciar o Relatório de Segurança de Barragens, fazendo, se necessário, recomendações para melhoria da segurança das obras, bem como encaminhá-lo ao Congresso Nacional.

**Art. 36.** O Conselho Nacional de Recursos Hídricos será gerido por:

**I** - 1 (um) Presidente, que será o Ministro de Estado do Desenvolvimento Regional; *(Redação dada pela Lei 13.844/2019)*

**II** - 1 (um) Secretário-Executivo, que será o titular do órgão integrante da estrutura do Ministério do Desenvolvimento Regional responsável pela gestão dos recursos hídricos. *(Redação dada pela Lei 13.844/2019)*

## CAPÍTULO III
## DOS COMITÊS DE BACIA HIDROGRÁFICA

**Art. 37.** Os Comitês de Bacia Hidrográfica terão como área de atuação:

**I** - a totalidade de uma bacia hidrográfica;

**II** - sub-bacia hidrográfica de tributário do curso de água principal da bacia, ou de tributário desse tributário; ou

**III** - grupo de bacias ou sub-bacias hidrográficas contíguas.

**Parágrafo único.** A instituição de Comitês de Bacia Hidrográfica em rios de domínio da União será efetivada por ato do Presidente da República.

**Art. 38.** Compete aos Comitês de Bacia Hidrográfica, no âmbito de sua área de atuação:

**I** - promover o debate das questões relacionadas a recursos hídricos e articular a atuação das entidades intervenientes;

**II** - arbitrar, em primeira instância administrativa, os conflitos relacionados aos recursos hídricos;

**III** - aprovar o Plano de Recursos Hídricos da bacia;

**IV** - acompanhar a execução do Plano de Recursos Hídricos da bacia e sugerir as providências necessárias ao cumprimento de suas metas;

**V** - propor ao Conselho Nacional e aos Conselhos Estaduais de Recursos Hídricos as acumulações, derivações, captações e lançamentos de pouca expressão, para efeito de isenção da obrigatoriedade de outorga de direitos de uso de recursos hídricos, de acordo com os domínios destes;

**VI** - estabelecer os mecanismos de cobrança pelo uso de recursos hídricos e sugerir os valores a serem cobrados;

**VII** - (VETADO)

**VIII** - (VETADO)

**IX** - estabelecer critérios e promover o rateio de custo das obras de uso múltiplo, de interesse comum ou coletivo.

**Parágrafo único.** Das decisões dos Comitês de Bacia Hidrográfica caberá recurso ao Conselho Nacional ou aos Conselhos Estaduais de Recursos Hídricos, de acordo com sua esfera de competência.

**Art. 39.** Os Comitês de Bacia Hidrográfica são compostos por representantes:

**I** - da União;

**II** - dos Estados e do Distrito Federal cujos territórios se situem, ainda que parcialmente, em suas respectivas áreas de atuação;

**III** - dos Municípios situados, no todo ou em parte, em sua área de atuação;

**IV** - dos usuários das águas de sua área de atuação;

**V** - das entidades civis de recursos hídricos com atuação comprovada na bacia.

**§ 1º** O número de representantes de cada setor mencionado neste artigo, bem como os critérios para sua indicação, serão estabelecidos nos regimentos dos comitês, limitada a representação dos poderes executivos da União, Estados, Distrito Federal e Municípios à metade do total de membros.

**§ 2º** Nos Comitês de Bacia Hidrográfica de bacias de rios fronteiriços e transfronteiriços de gestão compartilhada, a representação da União deverá incluir um representante do Ministério das Relações Exteriores.

**§ 3º** Nos Comitês de Bacia Hidrográfica de bacias cujos territórios abranjam terras indígenas devem ser incluídos representantes:

**I** - da Fundação Nacional do Índio - FUNAI, como parte da representação da União;

**II** - das comunidades indígenas ali residentes ou com interesses na bacia.

**§ 4º** A participação da União nos Comitês de Bacia Hidrográfica com área de atuação restrita a bacias de rios sob domínio estadual, dar-se-á na forma estabelecida nos respectivos regimentos.

**Art. 40.** Os Comitês de Bacia Hidrográfica serão dirigidos por um Presidente e um Secretário, eleitos dentre seus membros.

## CAPÍTULO IV DAS AGÊNCIAS DE ÁGUA

**Art. 41.** As Agências de Água exercerão a função de secretaria executiva do respectivo ou respectivos Comitês de Bacia Hidrográfica.

**Art. 42.** As Agências de Água terão a mesma área de atuação de um ou mais Comitês de Bacia Hidrográfica.

**Parágrafo único.** A criação das Agências de Água será autorizada pelo Conselho Nacional de Recursos Hídricos ou pelos Conselhos Estaduais de Recursos Hídricos mediante solicitação de um ou mais Comitês de Bacia Hidrográfica.

**Art. 43.** A criação de uma Agência de Água é condicionada ao atendimento dos seguintes requisitos:

**I** - prévia existência do respectivo ou respectivos Comitês de Bacia Hidrográfica;

**II** - viabilidade financeira assegurada pela cobrança do uso dos recursos hídricos em sua área de atuação.

**Art. 44.** Compete às Agências de Água no âmbito de sua área de atuação:

**I** - manter balanço atualizado da disponibilidade de recursos hídricos em sua área de atuação;

**II** - manter o cadastro de usuários de recursos hídricos;

**III** - efetuar, mediante delegação do outorgante, a cobrança pelo uso de recursos hídricos;

**IV** - analisar e emitir pareceres sobre os projetos e obras a serem financiados com recursos gerados pela cobrança pelo uso de Recursos Hídricos e encaminhá-los à instituição financeira responsável pela administração desses recursos;

**V** - acompanhar a administração financeira dos recursos arrecadados com a cobrança pelo uso de recursos hídricos em sua área de atuação;

**VI** - gerir o Sistema de Informações sobre Recursos Hídricos em sua área de atuação;

**VII** - celebrar convênios e contratar financiamentos e serviços para a execução de suas competências;

**VIII** - elaborar a sua proposta orçamentária e submetê-la à apreciação do respectivo ou respectivos Comitês de Bacia Hidrográfica;

**IX** - promover os estudos necessários para a gestão dos recursos hídricos em sua área de atuação;

**X** - elaborar o Plano de Recursos Hídricos para apreciação do respectivo Comitê de Bacia Hidrográfica;

**XI** - propor ao respectivo ou respectivos Comitês de Bacia Hidrográfica:

*a)* o enquadramento dos corpos de água nas classes de uso, para encaminhamento ao respectivo Conselho Nacional ou Conselhos Estaduais de Recursos Hídricos, de acordo com o domínio destes;

*b)* os valores a serem cobrados pelo uso de recursos hídricos;

*c)* o plano de aplicação dos recursos arrecadados com a cobrança pelo uso de recursos hídricos;

*d)* o rateio de custo das obras de uso múltiplo, de interesse comum ou coletivo.

## CAPÍTULO V DA SECRETARIA EXECUTIVA DO CONSELHO NACIONAL DE RECURSOS HÍDRICOS

**Art. 45.** A Secretaria-Executiva do Conselho Nacional de Recursos Hídricos será exercida pelo órgão integrante da estrutura do Ministério do Desenvolvimento Regional responsável pela gestão dos recursos hídricos. *(Redação dada pela Lei 13.844/2019)*

**Art. 46.** Compete à Secretaria Executiva do Conselho Nacional de Recursos Hídricos:

**I** - prestar apoio administrativo, técnico e financeiro ao Conselho Nacional de Recursos Hídricos;

**II** - (Revogado pela Lei 9.984/2000)

**III** - instruir os expedientes provenientes do Conselho Estaduais de Recursos Hídricos e dos Comitês de Bacia Hidrográfica;

**IV** - (Revogado pela Lei 9.984/2000)

**V** - elaborar seu programa de trabalho e respectiva proposta orçamentária anual e submetê-los à aprovação do Conselho Nacional de Recursos Hídricos.

## CAPÍTULO VI DAS ORGANIZAÇÕES CIVIS DE RECURSOS HÍDRICOS

**Art. 47.** São consideradas, para os efeitos desta Lei, organizações civis de recursos hídricos:

**I** - consórcios e associações intermunicipais de bacias hidrográficas;

**II** - associações regionais, locais ou setoriais de usuários de recursos hídricos;

**III** - organizações técnicas e de ensino e pesquisa com interesse na área de recursos hídricos;

**IV** - organizações não-governamentais com objetivos de defesa de interesses difusos e coletivos da sociedade;

**V** - outras organizações reconhecidas pelo Conselho Nacional ou pelos Conselhos Estaduais de Recursos Hídricos.

**Art. 48.** Para integrar o Sistema Nacional de Recursos Hídricos, as organizações civis de recursos hídricos devem ser legalmente constituídas.

## TÍTULO III
## DAS INFRAÇÕES E PENALIDADES

**Art. 49.** Constitui infração das normas de utilização de recursos hídricos superficiais ou subterrâneos:

**I** - derivar ou utilizar recursos hídricos para qualquer finalidade, sem a respectiva outorga de direito de uso;

**II** - iniciar a implantação ou implantar empreendimento relacionado com a derivação ou a utilização de recursos hídricos, superficiais ou subterrâneos, que implique alterações no regime, quantidade ou qualidade dos mesmos, sem autorização dos órgãos ou entidades competentes;

**III** - (VETADO)

**IV** - utilizar-se dos recursos hídricos ou executar obras ou serviços relacionados com os mesmos em desacordo com as condições estabelecidas na outorga;

**V** - perfurar poços para extração de água subterrânea ou operá-los sem a devida autorização;

**VI** - fraudar as medições dos volumes de água utilizados ou declarar valores diferentes dos medidos;

**VII** - infringir normas estabelecidas no regulamento desta Lei e nos regulamentos administrativos, compreendendo instruções e procedimentos fixados pelos órgãos ou entidades competentes;

**VIII** - obstar ou dificultar a ação fiscalizadora das autoridades competentes no exercício de suas funções.

**Art. 50.** Por infração de qualquer disposição legal ou regulamentar referente à execução de obras e serviços hidráulicos, derivação ou utilização de recursos hídricos, ou pelo não atendimento das solicitações feitas, o infrator, a critério da autoridade competente, ficará sujeito às seguintes penalidades, independentemente de sua ordem de enumeração: *(Redação dada pela Lei 14.066/2020)*

**I** - advertência por escrito, na qual serão estabelecidos prazos para correção das irregularidades;

**II** - multa, simples ou diária, proporcional à gravidade da infração, de R$ 100,00 (cem reais) a R$ 50.000.000,00 (cinquenta milhões de reais); *(Redação dada pela Lei 14.066/2020)*

**III** - embargo provisório, por prazo determinado, para execução de serviços e obras necessárias ao efetivo cumprimento das condições de outorga ou para o cumprimento de normas referentes ao uso, controle, conservação e proteção dos recursos hídricos;

**IV** - embargo definitivo, com revogação da outorga, se for o caso, para repor incontinenti, no seu antigo estado, os recursos hídricos, leitos e margens, nos termos dos arts. 58 e 59 do Código de Águas ou tamponar os poços de extração de água subterrânea.

**§ 1º** Sempre que da infração cometida resultar prejuízo a serviço público de abastecimento de água, riscos à saúde ou à vida, perecimento de bens ou animais, ou prejuízos de qualquer natureza a terceiros, a multa a ser aplicada nunca será inferior à metade do valor máximo cominado em abstrato.

**§ 2º** No caso dos incisos III e IV, independentemente da pena de multa, serão cobradas do infrator as despesas em que incorrer a Administração para tornar efetivas as medidas previstas nos citados incisos, na forma dos arts. 36, 53, 56 e 58 do Código de Águas, sem prejuízo de responder pela indenização dos danos a que der causa.

**§ 3º** Da aplicação das sanções previstas neste título caberá recurso à autoridade administrativa competente, nos termos do regulamento.

**§ 4º** Em caso de reincidência, a multa será aplicada em dobro.

## TÍTULO IV
## DAS DISPOSIÇÕES GERAIS E TRANSITÓRIAS

**Art. 51.** O Conselho Nacional de Recursos Hídricos e os Conselhos Estaduais de Recursos Hídricos poderão delegar a organizações sem fins lucrativos relacionadas no art. 47 desta Lei, por prazo determinado, o exercício de funções de competência das Agências de Água, enquanto esses organismos não estiverem constituídos.

**Art. 52.** Enquanto não estiver aprovado e regulamentado o Plano Nacional de Recursos Hídricos, a utilização dos potenciais hidráulicos para fins de geração de energia elétrica continuará subordinada à disciplina da legislação setorial específica.

**Art. 53.** O Poder Executivo, no prazo de cento e vinte dias a partir da publicação desta Lei, encaminhará ao Congresso Nacional projeto de lei dispondo sobre a criação das Agências de Água.

(...)

**Art. 54.** O art. 1º da Lei nº 8.001, de 13 de março de 1990, passa a vigorar com a seguinte redação:

(...)

**Art. 55.** O Poder Executivo Federal regulamentará esta Lei no prazo de cento e oitenta dias, contados da data de sua publicação.

**Art. 56.** Esta Lei entra em vigor na data de sua publicação.

**Art. 57.** Revogam-se as disposições em contrário.

Brasília, 8 de janeiro de 1997; 176º da Independência e 109º da República.

FERNANDO HENRIQUE CARDOSO

Gustavo Krause

# RESOLUÇÃO CONAMA Nº 237, DE 19 DE DEZEMBRO DE 1997

*Dispõe sobre a revisão e complementação dos procedimentos e critérios utilizados para o licenciamento ambiental*

O CONSELHO NACIONAL DO MEIO AMBIENTE - CONAMA, no uso das atribuições e competências que lhe são conferidas pela Lei nº 6.938, de 31 de agosto de 1981, regulamentadas pelo Decreto nº 99.274, de 6 de junho de 1990, e tendo em vista o disposto em seu Regimento Interno, e

Considerando a necessidade de revisão dos procedimentos e critérios utilizados no licenciamento ambiental, de forma a efetivar a utilização do sistema de licenciamento como instrumento de gestão ambiental, instituído pela Política Nacional do Meio Ambiente;

Considerando a necessidade de se incorporar ao sistema de licenciamento ambiental os instrumentos de gestão ambiental, visando o desenvolvimento sustentável e a melhoria contínua;

Considerando as diretrizes estabelecidas na Resolução CONAMA nº 11/94, que determina a necessidade de revisão no sistema de licenciamento ambiental;

Considerando a necessidade de regulamentação de aspectos do licenciamento ambiental estabelecidos na Política Nacional de Meio Ambiente que ainda não foram definidos;

Considerando a necessidade de ser estabelecido critério para exercício da competência para o licenciamento a que se refere o artigo 10 da Lei nº 6.938, de 31 de agosto de 1981;

Considerando a necessidade de se integrar a atuação dos órgãos competentes do Sistema Nacional de Meio Ambiente - SISNAMA na execução da Política Nacional do Meio Ambiente, em conformidade com as respectivas competências, resolve:

✪ **Art. 1º.** Para efeito desta Resolução são adotadas as seguintes definições:

**I** – Licenciamento Ambiental: procedimento administrativo pelo qual o órgão ambiental competente licencia a localização, instalação, ampliação e a operação de empreendimentos e atividades utilizadoras de recursos ambientais, consideradas efetiva ou potencialmente poluidoras ou daquelas que, sob qualquer forma, possam causar degradação ambiental, considerando as disposições legais e regulamentares e as normas técnicas aplicáveis ao caso.

**II** – Licença Ambiental: ato administrativo pelo qual o órgão ambiental competente, estabelece as condições, restrições e medidas de controle ambiental que deverão ser obedecidas pelo empreendedor, pessoa física ou jurídica, para localizar, instalar, ampliar e operar empreendimentos ou atividades utilizadoras dos recursos ambientais consideradas efetiva ou potencialmente poluidoras ou aquelas que, sob qualquer forma, possam causar degradação ambiental.

**III** – Estudos Ambientais: são todos e quaisquer estudos relativos aos aspectos ambientais relacionados à localização, instalação, operação e ampliação de uma atividade ou empreendimento, apresentado como subsídio para a análise da licença requerida, tais como: relatório ambiental, plano e projeto de controle ambiental, relatório ambiental preliminar, diagnóstico ambiental, plano de manejo, plano de recuperação de área degradada e análise preliminar de risco.

**IV** – Impacto Ambiental Regional: é todo e qualquer impacto ambiental que afete diretamente (área de influência direta do projeto), no todo ou em parte, o território de dois ou mais Estados.

**Art. 2º.** A localização, construção, instalação, ampliação, modificação e operação de empreendimentos e atividades utilizadoras de recursos ambientais consideradas efetiva ou potencialmente poluidoras, bem como os empreendimentos capazes, sob qualquer forma, de causar degradação ambiental, dependerão de prévio licenciamento do órgão ambiental competente, sem prejuízo de outras licenças legalmente exigíveis.

**§ 1º.** Estão sujeitos ao licenciamento ambiental os empreendimentos e as atividades relacionadas no anexo 1, parte integrante desta Resolução.

**§ 2º.** Caberá ao órgão ambiental competente definir os critérios de exigibilidade, o detalhamento e a complementação do anexo 1, levando em consideração as especificidades, os riscos ambientais, o porte e outras características do empreendimento ou atividade.

**Art. 3º.** A licença ambiental para empreendimentos e atividades consideradas efetiva ou potencialmente causadoras de significativa degradação do meio dependerá de prévio estudo de impacto ambiental e respectivo relatório de impacto sobre o meio ambiente (EIA/RIMA), ao qual dar-se-á publicidade, garantida a realização de audiências públicas, quando couber, de acordo com a regulamentação.

**Parágrafo único.** O órgão ambiental competente, verificando que a atividade ou empreendimento não é potencialmente causador de significativa degradação do meio ambiente, definirá os estudos ambientais pertinentes ao respectivo processo de licenciamento.

✪ **Art. 4º.** Compete ao Instituto Brasileiro do Meio Ambiente e dos Recursos Naturais Renováveis - IBAMA, órgão executor do SISNAMA, o licenciamento ambiental a que se refere o artigo 10 da Lei nº 6.938, de 31 de agosto de 1981, de empreendimentos e atividades com significativo impacto ambiental de âmbito nacional ou regional, a saber:

**I** – localizadas ou desenvolvidas conjuntamente no Brasil e em país limítrofe; no mar territorial; na plataforma continental; na zona econômica exclusiva; em terras indígenas ou em unidades de conservação do domínio da União.

**II** – localizadas ou desenvolvidas em dois ou mais Estados;

**III** – cujos impactos ambientais diretos ultrapassem os limites territoriais do País ou de um ou mais Estados;

**IV** – destinados a pesquisar, lavrar, produzir, beneficiar, transportar, armazenar e dispor material radioativo, em qualquer estágio, ou que utilizem energia nuclear em qualquer de suas formas e aplicações, mediante parecer da Comissão Nacional de Energia Nuclear – CNEN;

**V** - bases ou empreendimentos militares, quando couber, observada a legislação específica.

**§ 1º.** O IBAMA fará o licenciamento de que trata este artigo após considerar o exame técnico procedido pelos órgãos ambientais dos Estados e Municípios em que se localizar a atividade ou empreendimento, bem como, quando couber, o parecer dos demais órgãos competentes da União, dos Estados, do Distrito Federal e dos Municípios, envolvidos no procedimento de licenciamento.

**§ 2º.** O IBAMA, ressalvada sua competência supletiva, poderá delegar aos Estados o licenciamento de atividade com significativo impacto ambiental de âmbito regional, uniformizando, quando possível, as exigências.

✪ **Art. 5º.** Compete ao órgão ambiental estadual ou do Distrito Federal o licenciamento ambiental dos empreendimentos e atividades:

**I** – localizados ou desenvolvidos em mais de um Município ou em unidades de conservação de domínio estadual ou do Distrito Federal;

**II** – localizados ou desenvolvidos nas florestas e demais formas de vegetação natural de preservação permanente relacionadas no artigo 2º da Lei nº 4.771, de 15 de setembro de 1965, e em todas as que assim forem consideradas por normas federais, estaduais ou municipais;

**III** – cujos impactos ambientais diretos ultrapassem os limites territoriais de um ou mais Municípios;

**IV** – delegados pela União aos Estados ou ao Distrito Federal, por instrumento legal ou convênio.

**Parágrafo único.** O órgão ambiental estadual ou do Distrito Federal fará o licenciamento de que trata este artigo após considerar o exame técnico procedido pelos órgãos ambientais dos Municípios em que se localizar a atividade ou empreendimento, bem como, quando couber, o parecer dos demais órgãos competentes da União, dos Estados, do Distrito Federal e dos Municípios, envolvidos no procedimento de licenciamento.

✪ **Art. 6º.** Compete ao órgão ambiental municipal, ouvidos os órgãos competentes da União, dos Estados e do Distrito Federal, quando couber, o licenciamento ambiental de empreendimentos e atividades de impacto ambiental local e daquelas que lhe forem delegadas pelo Estado por instrumento legal ou convênio.

**Art. 7º.** Os empreendimentos e atividades serão licenciados em um único nível de competência, conforme estabelecido nos artigos anteriores.

**Art. 8º.** O Poder Público, no exercício de sua competência de controle, expedirá as seguintes licenças:

**I** - Licença Prévia (LP) - concedida na fase preliminar do planejamento do empreendimento ou atividade aprovando sua localização e concepção, atestando a viabilidade ambiental e estabelecendo os requisitos básicos e condicionantes a serem atendidos nas próximas fases de sua implementação;

**II** - Licença de Instalação (LI) - autoriza a instalação do empreendimento ou atividade de acordo com as especificações constantes dos planos, programas e projetos aprovados, incluindo as medidas de controle ambiental e demais condicionantes, da qual constituem motivo determinante;

**III** - Licença de Operação (LO) - autoriza a operação da atividade ou empreendimento, após a verificação do efetivo cumprimento do que consta das licenças anteriores, com as medidas de controle ambiental e condicionantes determinados para a operação.

**Parágrafo único.** As licenças ambientais poderão ser expedidas isolada ou sucessivamente, de acordo com a natureza, características e fase do empreendimento ou atividade.

**Art. 9º.** O CONAMA definirá, quando necessário, licenças ambientais específicas, observadas a natureza, características e peculiaridades da atividade ou empreendimento e, ainda, a compatibilização do processo de licenciamento com as etapas de planejamento, implantação e operação.

**Art. 10.** O procedimento de licenciamento ambiental obedecerá às seguintes etapas:

**I** - Definição pelo órgão ambiental competente, com a participação do empreendedor, dos documentos, projetos e estudos ambientais, necessários ao início do processo de licenciamento correspondente à licença a ser requerida;

**II** - Requerimento da licença ambiental pelo empreendedor, acompanhado dos documentos, projetos e estudos ambientais pertinentes, dando-se a devida publicidade;

**III** - Análise pelo órgão ambiental competente, integrante do SISNAMA, dos documentos, projetos e estudos ambientais apresentados e a realização de vistorias técnicas, quando necessárias;

**IV** - Solicitação de esclarecimentos e complementações pelo órgão ambiental competente integrante do SISNAMA, uma única vez, em decorrência da análise dos documentos, projetos e estudos ambientais apresentados, quando couber, podendo haver a reiteração da mesma solicitação caso os esclarecimentos e complementações não tenham sido satisfatórios;

**V** - Audiência pública, quando couber, de acordo com a regulamentação pertinente;

**VI** - Solicitação de esclarecimentos e complementações pelo órgão ambiental competente, decorrentes de audiências públicas, quando couber, podendo haver reiteração da solicitação quando os esclarecimentos e complementações não tenham sido satisfatórios;

**VII** - Emissão de parecer técnico conclusivo e, quando couber, parecer jurídico;

**VIII** - Deferimento ou indeferimento do pedido de licença, dando-se a devida publicidade.

**§ 1º.** No procedimento de licenciamento ambiental deverá constar, obrigatoriamente, a certidão da Prefeitura Municipal, declarando que o local e o tipo de empreendimento ou atividade estão em conformidade com a legislação aplicável ao uso e ocupação do solo e, quando for o caso, a autorização para supressão de vegetação e a outorga para o uso da água, emitidas pelos órgãos competentes.

**§ 2º.** No caso de empreendimentos e atividades sujeitos ao estudo de impacto ambiental - EIA, se verificada a necessidade de nova complementação em decorrência de esclarecimentos já prestados, conforme incisos IV e VI, o órgão ambiental competente, mediante decisão motivada e com a participação do empreendedor, poderá formular novo pedido de complementação.

**Art. 11.** Os estudos necessários ao processo de licenciamento deverão ser realizados por profissionais legalmente habilitados, às expensas do empreendedor.

**Parágrafo único.** O empreendedor e os profissionais que subscrevem os estudos previstos no *caput* deste artigo serão responsáveis pelas informações apresentadas, sujeitando-se às sanções administrativas, civis e penais.

**Art. 12.** O órgão ambiental competente definirá, se necessário, procedimentos específicos para as licenças ambientais, observadas a natureza, características e peculiaridades da atividade ou empreendimento e, ainda, a compatibilização do processo de licenciamento com as etapas de planejamento, implantação e operação.

**§ 1º.** Poderão ser estabelecidos procedimentos simplificados para as atividades e empreendimentos de pequeno potencial de impacto ambiental, que deverão ser aprovados pelos respectivos Conselhos de Meio Ambiente.

**§ 2º.** Poderá ser admitido um único processo de licenciamento ambiental para pequenos empreendimentos e atividades similares e vizinhos ou para aqueles integrantes de planos de desenvolvimento aprovados, previamente, pelo órgão governamental competente, desde que definida a responsabilidade legal pelo conjunto de empreendimentos ou atividades.

**§ 3º.** Deverão ser estabelecidos critérios para agilizar e simplificar os procedimentos de licenciamento ambiental das atividades e empreendimentos que implementem planos e programas voluntários de gestão ambiental, visando a melhoria contínua e o aprimoramento do desempenho ambiental.

**Art. 13.** O custo de análise para a obtenção da licença ambiental deverá ser estabelecido por dispositivo legal, visando o ressarcimento, pelo empreendedor, das despesas realizadas pelo órgão ambiental competente.

**Parágrafo único.** Facultar-se-á ao empreendedor acesso à planilha de custos realizados pelo órgão ambiental para a análise da licença.

**Art. 14.** O órgão ambiental competente poderá estabelecer prazos de análise diferenciados para cada modalidade de licença (LP, LI e LO), em função das peculiaridades da atividade ou empreendimento, bem como para a formulação de exigências complementares, desde que observado o prazo máximo de 6 (seis) meses a contar do ato de protocolar o requerimento até seu deferimento ou indeferimento, ressalvados os casos em que houver EIA/RIMA e/ou audiência pública, quando o prazo será de até 12 (doze) meses.

**§ 1º.** A contagem do prazo previsto no *caput* deste artigo será suspensa durante a elaboração dos estudos ambientais complementares ou preparação de esclarecimentos pelo empreendedor.

**§ 2º.** Os prazos estipulados no *caput* poderão ser alterados, desde que justificados e com a concordância do empreendedor e do órgão ambiental competente.

**Art. 15.** O empreendedor deverá atender à solicitação de esclarecimentos e complementações, formuladas pelo órgão ambiental competente, dentro do prazo máximo de 4 (quatro) meses, a contar do recebimento da respectiva notificação.

**Parágrafo único.** O prazo estipulado no *caput* poderá ser prorrogado, desde que justificado e com a concordância do empreendedor e do órgão ambiental competente.

**Art. 16.** O não cumprimento dos prazos estipulados nos artigos 14 e 15, respectivamente, sujeitará o licenciamento à ação do órgão que detenha competência para atuar supletivamente e o empreendedor ao arquivamento de seu pedido de licença.

**Art. 17.** O arquivamento do processo de licenciamento não impedirá a apresentação de novo requerimento de licença, que deverá obedecer aos procedimentos estabelecidos no artigo 10, mediante novo pagamento de custo de análise.

**Art. 18.** O órgão ambiental competente estabelecerá os prazos de validade de cada tipo de licença, especificando-os no respectivo documento, levando em consideração os seguintes aspectos:

**I** – O prazo de validade da Licença Prévia (LP) deverá ser, no mínimo, o estabelecido pelo cronograma de elaboração dos planos, programas e projetos relativos ao empreendimento ou atividade, não podendo ser superior a 5 (cinco) anos.

**II** – O prazo de validade da Licença de Instalação (LI) deverá ser, no mínimo, o estabelecido pelo cronograma de instalação do empreendimento ou atividade, não podendo ser superior a 6 (seis) anos.

**III** – O prazo de validade da Licença de Operação (LO) deverá considerar os planos de controle ambiental e será de, no mínimo, 4 (quatro) anos e, no máximo, 10 (dez) anos.

**§ 1º.** A Licença Prévia (LP) e a Licença de Instalação (LI) poderão ter os prazos de validade prorrogados, desde que não ultrapassem os prazos máximos estabelecidos nos incisos I e II.

**§ 2º.** O órgão ambiental competente poderá estabelecer prazos de validade específicos para a Licença de Operação (LO) de empreendimentos ou atividades que, por sua natureza e peculiaridades, estejam sujeitos a encerramento ou modificação em prazos inferiores.

**§ 3º.** Na renovação da Licença de Operação (LO) de uma atividade ou empreendimento, o órgão ambiental competente poderá, mediante decisão motivada, aumentar ou diminuir o seu prazo de validade, após avaliação do desempenho ambiental da atividade ou empreendimento no período de vigência anterior, respeitados os limites estabelecidos no inciso III.

**§ 4º.** A renovação da Licença de Operação (LO) de uma atividade ou empreendimento deverá ser requerida com antecedência mínima de 120 (cento e vinte) dias da expiração de seu prazo de validade, fixado na respectiva licença, ficando este automaticamente prorrogado até a manifestação definitiva do órgão ambiental competente.

**Art. 19.** O órgão ambiental competente, mediante decisão motivada, poderá modificar os condicionantes e as medidas de controle e adequação, suspender ou cancelar uma licença expedida, quando ocorrer:

**I** – violação ou inadequação de quaisquer condicionantes ou normas legais;

**II** – omissão ou falsa descrição de informações relevantes que subsidiaram a expedição da licença;

**III** – superveniência de graves riscos ambientais e de saúde.

**Art. 20.** Os entes federados, para exercerem suas competências licenciatórias, deverão ter implementados os Conselhos de Meio Ambiente, com caráter deliberativo e participação social e, ainda, possuir em seus quadros ou a sua disposição profissionais legalmente habilitados.

**Art. 21.** Esta Resolução entra em vigor na data de sua publicação, aplicando seus efeitos aos processos de licenciamento em tramitação nos órgãos ambientais competentes, revogadas as disposições em contrário, em especial os artigos 3º e 7º da Resolução CONAMA nº 1, de 23 de janeiro de 1986.

- Deixamos de publicar o Anexo I.

GUSTAVO KRAUSE GONÇALVES SOBRINHO
Presidente do Conselho

DOU de 22.12.1997

## LEI Nº 9.985, DE 18 DE JULHO DE 2000

*Regulamenta o art. 225, § 1º, incisos I, II, III e VII da Constituição Federal, institui o Sistema Nacional de Unidades de Conservação da Natureza e dá outras providências.*

- Lei 12.651/2012 – Dispõe sobre a proteção da vegetação nativa. (Código Florestal)
- Lei 11.794/2008 – Regulamenta o inciso VII do § 1º do art. 225 da CF, estabelecendo procedimentos para o uso científico de animais.
- Lei 11.460/2007 – Dispõe sobre o plantio de organismos geneticamente modificados em unidades de conservação.
- Lei 11.428/2006 – Dispõe sobre a utilização e proteção da vegetação nativa do Bioma Mata Atlântica.
- Lei 11.284/2006 – Dispõe sobre a gestão de florestas públicas para a produção sustentável; institui, na estrutura do Ministério do Meio Ambiente, o Serviço Florestal Brasileiro – SFB; cria o Fundo Nacional de Desenvolvimento Florestal – FNDF.
- Lei 11.105/2005 – Regulamenta os incisos II, IV e V do § 1º do art. 225 da CF, estabelece normas de segurança e mecanismos de fiscalização de atividades que envolvam organismos geneticamente modificados – OGM e seus derivados, cria o Conselho Nacional de Biossegurança – CNBS, reestrutura a Comissão Técnica Nacional de Biossegurança – CTNBio, dispõe sobre a Política Nacional de Biossegurança – PNB.
- Decreto 4.340/2002 – Regulamenta artigos da Lei 9.985/2000, que dispõe sobre o Sistema Nacional de Unidades de Conservação da Natureza – SNUC.
- Resolução 371/2006 do Conama – Estabelece diretrizes aos órgãos ambientais para o cálculo, cobrança, aplicação, aprovação e controle de gastos de recursos advindos de compensação ambiental, conforme a Lei 9.985/2000, que institui o Sistema Nacional de Unidades de Conservação da Natureza – SNUC.

O VICE-PRESIDENTE DA REPÚBLICA, no exercício do cargo de PRESIDENTE DA REPÚBLICA

Faço saber que o Congresso Nacional decreta e eu sanciono a seguinte Lei:

### CAPÍTULO I. DAS DISPOSIÇÕES PRELIMINARES

**Art. 1º.** Esta Lei institui o Sistema Nacional de Unidades de Conservação da Natureza – SNUC, estabelece critérios e normas para a criação, implantação e gestão das unidades de conservação.

✪ **Art. 2º.** Para os fins previstos nesta Lei, entende-se por:

**I** – unidade de conservação: espaço territorial e seus recursos ambientais, incluindo as águas jurisdicionais, com características naturais relevantes, legalmente instituído pelo Poder Público, com objetivos de conservação e limites definidos, sob regime especial de administração, ao qual se aplicam garantias adequadas de proteção;

**II** – conservação da natureza: o manejo do uso humano da natureza, compreendendo a preservação, a manutenção, a utilização sustentável, a restauração e a recuperação do ambiente natural, para que possa produzir o maior benefício, em bases sustentáveis, às atuais gerações, mantendo seu potencial de satisfazer as necessidades e aspirações das gerações futuras, e garantindo a sobrevivência dos seres vivos em geral;

**III** – diversidade biológica: a variabilidade de organismos vivos de todas as origens, compreendendo, dentre outros, os ecossistemas terrestres, marinhos e outros ecossistemas aquáticos e os complexos ecológicos de que fazem parte; compreendendo ainda a diversidade dentro de espécies, entre espécies e de ecossistemas;

**IV** – recurso ambiental: a atmosfera, as águas interiores, superficiais e subterrâneas, os estuários, o mar territorial, o solo, o subsolo, os elementos da biosfera, a fauna e a flora;

**V** – preservação: conjunto de métodos, procedimentos e políticas que visem a proteção a longo prazo das espécies, habitats e ecossistemas, além da manutenção dos processos ecológicos, prevenindo a simplificação dos sistemas naturais;

**VI** – proteção integral: manutenção dos ecossistemas livres de alterações causadas por interferência humana, admitido apenas o uso indireto dos seus atributos naturais;

**VII** – conservação *in situ*: conservação de ecossistemas e habitats naturais e a manutenção e recuperação de populações viáveis de espécies em seus meios naturais e, no caso de espécies domesticadas ou cultivadas, nos meios onde tenham desenvolvido suas propriedades características;

**VIII** – manejo: todo e qualquer procedimento que vise assegurar a conservação da diversidade biológica e dos ecossistemas;

**IX** – uso indireto: aquele que não envolve consumo, coleta, dano ou destruição dos recursos naturais;

**X** – uso direto: aquele que envolve coleta e uso, comercial ou não, dos recursos naturais;

**XI** – uso sustentável: exploração do ambiente de maneira a garantir a perenidade dos recursos ambientais renováveis e dos processos ecológicos, mantendo a biodiversidade e os demais atributos ecológicos, de forma socialmente justa e economicamente viável;

**XII** – extrativismo: sistema de exploração baseado na coleta e extração, de modo sustentável, de recursos naturais renováveis;

**XIII** – recuperação: restituição de um ecossistema ou de uma população silvestre degradada a uma condição não degradada, que pode ser diferente de sua condição original;

**XIV** – restauração: restituição de um ecossistema ou de uma população silvestre degradada o mais próximo possível da sua condição original;

**XV** – *(VETADO)*;

**XVI** – zoneamento: definição de setores ou zonas em uma unidade de conservação com objetivos de manejo e normas específicos, com o propósito de proporcionar os meios e as condições para que todos os objetivos da unidade possam ser alcançados de forma harmônica e eficaz;

**XVII** – plano de manejo: documento técnico mediante o qual, com fundamento nos objetivos gerais de uma unidade de conservação, se estabelece o seu zoneamento e as normas que devem presidir o uso da área e o manejo dos recursos naturais, inclusive a implantação das estruturas físicas necessárias à gestão da unidade;

**XVIII** – zona de amortecimento: o entorno de uma unidade de conservação, onde as atividades humanas estão sujeitas a normas e restrições específicas, com o propósito de minimizar os impactos negativos sobre a unidade; e

**XIX** – corredores ecológicos: porções de ecossistemas naturais ou seminaturais, ligando unidades de conservação, que possibilitam entre elas o fluxo de genes e o movimento da biota, facilitando a dispersão de espécies e a recolonização de áreas degradadas, bem como a manutenção de populações que demandam para sua sobrevivência áreas com extensão maior do que aquela das unidades individuais.

## CAPÍTULO II. DO SISTEMA NACIONAL DE UNIDADES DE CONSERVAÇÃO DA NATUREZA – SNUC

**Art. 3º.** O Sistema Nacional de Unidades de Conservação da Natureza – SNUC é constituído pelo conjunto das unidades de conservação federais, estaduais e municipais, de acordo com o disposto nesta Lei.

✪ **Art. 4º.** O SNUC tem os seguintes objetivos:

**I** – contribuir para a manutenção da diversidade biológica e dos recursos genéticos no território nacional e nas águas jurisdicionais;

**II** – proteger as espécies ameaçadas de extinção no âmbito regional e nacional;

**III** – contribuir para a preservação e a restauração da diversidade de ecossistemas naturais;

**IV** – promover o desenvolvimento sustentável a partir dos recursos naturais;

**V** – promover a utilização dos princípios e práticas de conservação da natureza no processo de desenvolvimento;

**VI** – proteger paisagens naturais e pouco alteradas de notável beleza cênica;

**VII** – proteger as características relevantes de natureza geológica, geomorfológica, espeleológica, arqueológica, paleontológica e cultural;

**VIII** – proteger e recuperar recursos hídricos e edáficos;

**IX** – recuperar ou restaurar ecossistemas degradados;

**X** – proporcionar meios e incentivos para atividades de pesquisa científica, estudos e monitoramento ambiental;

**XI** – valorizar econômica e socialmente a diversidade biológica;

**XII** – favorecer condições e promover a educação e interpretação ambiental, a recreação em contato com a natureza e o turismo ecológico;

**XIII** – proteger os recursos naturais necessários à subsistência de populações tradicionais, respeitando e valorizando seu conhecimento e sua cultura e promovendo-as social e economicamente.

✪ **Art. 5º.** O SNUC será regido por diretrizes que:

**I** – assegurem que no conjunto das unidades de conservação estejam representadas amostras significativas e ecologicamente viáveis das diferentes populações, habitats e ecossistemas do território nacional e das águas jurisdicionais, salvaguardando o patrimônio biológico existente;

**II** – assegurem os mecanismos e procedimentos necessários ao envolvimento da sociedade no estabelecimento e na revisão da política nacional de unidades de conservação;

**III** – assegurem a participação efetiva das populações locais na criação, implantação e gestão das unidades de conservação;

**IV** – busquem o apoio e a cooperação de organizações não governamentais, de organizações privadas e pessoas físicas para o desenvolvimento de estudos, pesquisas científicas, práticas de educação ambiental, atividades de lazer e de turismo ecológico, monitoramento, manutenção e outras atividades de gestão das unidades de conservação;

**V** – incentivem as populações locais e as organizações privadas a estabelecerem e administrarem unidades de conservação dentro do sistema nacional;

**VI** – assegurem, nos casos possíveis, a sustentabilidade econômica das unidades de conservação;

**VII** – permitam o uso das unidades de conservação para a conservação *in situ* de populações das variantes genéticas selvagens dos animais e plantas domesticados e recursos genéticos silvestres;

**VIII** – assegurem que o processo de criação e a gestão das unidades de conservação sejam feitos de forma integrada com as políticas de administração das terras e águas circundantes, considerando as condições e necessidades sociais e econômicas locais;

**IX** – considerem as condições e necessidades das populações locais no desenvolvimento e adaptação de métodos e técnicas de uso sustentável dos recursos naturais;

**X** – garantam às populações tradicionais cuja subsistência dependa da utilização de recursos naturais existentes no interior das unidades de conservação meios de subsistência alternativos ou a justa indenização pelos recursos perdidos;

**XI** – garantam uma alocação adequada dos recursos financeiros necessários para que, uma vez criadas, as unidades de conservação possam ser geridas de forma eficaz e atender aos seus objetivos;

**XII** – busquem conferir às unidades de conservação, nos casos possíveis e respeitadas as conveniências da administração, autonomia administrativa e financeira; e

**XIII** – busquem proteger grandes áreas por meio de um conjunto integrado de unidades de conservação de diferentes categorias, próximas ou contíguas, e suas respectivas zonas de amortecimento e corredores ecológicos, integrando as diferentes atividades de preservação da natureza, uso sustentável dos recursos naturais e restauração e recuperação dos ecossistemas.

**Art. 6º.** O SNUC será gerido pelos seguintes órgãos, com as respectivas atribuições:

**I** – órgão consultivo e deliberativo: o Conselho Nacional do Meio Ambiente – Conama, com as atribuições de acompanhar a implementação do Sistema;

**II** – órgão central: o Ministério do Meio Ambiente, com a finalidade de coordenar o Sistema; e

**III** – órgãos executores: o Instituto Chico Mendes e o Ibama, em caráter supletivo, os órgãos estaduais e municipais, com a função de implementar o SNUC, subsidiar as propostas de criação e administrar as unidades de conservação federais, estaduais e municipais, nas respectivas esferas de atuação.

**Parágrafo único.** Podem integrar o SNUC, excepcionalmente e a critério do Conama, unidades de conservação estaduais e municipais que, concebidas para atender a peculiaridades regionais ou locais, possuam objetivos de manejo que não possam ser satisfatoriamente atendidos por nenhuma categoria prevista nesta Lei e cujas características permitam, em relação a estas, uma clara distinção.

## CAPÍTULO III. DAS CATEGORIAS DE UNIDADES DE CONSERVAÇÃO

✪ **Art. 7º.** As unidades de conservação integrantes do SNUC dividem-se em 2 (dois) grupos, com características específicas:

**I** – Unidades de Proteção Integral;

‣ Lei 9.985/2000: art. 8º.

**II** – Unidades de Uso Sustentável.

‣ Lei 9.985/2000: art. 14.

**§ 1º.** O objetivo básico das Unidades de Proteção Integral é preservar a natureza, sendo admitido apenas o uso indireto dos seus recursos naturais, com exceção dos casos previstos nesta Lei.

**§ 2º.** O objetivo básico das Unidades de Uso Sustentável é compatibilizar a conservação da natureza com o uso sustentável de parcela dos seus recursos naturais.

‣ Lei 9.605/1998: art. 40-A, § 1º.

✪ **Art. 8º.** O grupo das Unidades de Proteção Integral é composto pelas seguintes categorias de unidade de conservação:

‣ Lei 9.985/2000: art. 7º, I.

**I** – Estação Ecológica;

**II** – Reserva Biológica;

**III** – Parque Nacional;

**IV** – Monumento Natural;

**V** – Refúgio de Vida Silvestre.

**Art. 9º.** A Estação Ecológica tem como objetivo a preservação da natureza e a realização de pesquisas científicas.

**§ 1º.** A Estação Ecológica é de posse e domínio públicos, sendo que as áreas particulares incluídas em seus limites serão desapropriadas, de acordo com o que dispõe a lei.

**§ 2º.** É proibida a visitação pública, exceto quando com objetivo educacional, de acordo com o que dispuser o Plano de Manejo da unidade ou regulamento específico.

**§ 3º.** A pesquisa científica depende de autorização prévia do órgão responsável pela administração da unidade e está sujeita às condições e restrições por este estabelecidas, bem como àquelas previstas em regulamento.

**§ 4º.** Na Estação Ecológica só podem ser permitidas alterações dos ecossistemas no caso de:

**I** – medidas que visem a restauração de ecossistemas modificados;

**II** – manejo de espécies com o fim de preservar a diversidade biológica;

**III** – coleta de componentes dos ecossistemas com finalidades científicas;

**IV** – pesquisas científicas cujo impacto sobre o ambiente seja maior do que aquele causado pela simples observação ou pela coleta controlada de componentes dos ecossistemas, em uma área correspondente a no máximo 3% (três por cento) da extensão total da unidade e até o limite de 1.500 (um mil e quinhentos) hectares.

**Art. 10.** A Reserva Biológica tem como objetivo a preservação integral da biota e demais atributos naturais existentes em seus limites, sem interferência humana direta ou modificações ambientais, excetuando-se as medidas de recuperação de seus ecossistemas alterados e as ações de manejo necessárias para recuperar e preservar o equilíbrio natural, a diversidade biológica e os processos ecológicos naturais.

**§ 1º.** A Reserva Biológica é de posse e domínio públicos, sendo que as áreas particulares incluídas em seus limites serão desapropriadas, de acordo com o que dispõe a lei.

**§ 2º.** É proibida a visitação pública, exceto aquela com objetivo educacional, de acordo com regulamento específico.

**§ 3º.** A pesquisa científica depende de autorização prévia do órgão responsável pela administração da unidade e está sujeita às condições e restrições por este estabelecidas, bem como àquelas previstas em regulamento.

**Art. 11.** O Parque Nacional tem como objetivo básico a preservação de ecossistemas naturais de grande relevância ecológica e beleza cênica, possibilitando a realização de pesquisas científicas e o desenvolvimento de atividades de educação e interpretação ambiental, de recreação em contato com a natureza e de turismo ecológico.

**§ 1º.** O Parque Nacional é de posse e domínio públicos, sendo que as áreas particulares incluídas em seus limites serão desapropriadas, de acordo com o que dispõe a lei.

**§ 2º.** A visitação pública está sujeita às normas e restrições estabelecidas no Plano de Manejo da unidade, às normas estabelecidas pelo órgão responsável por sua administração e àquelas previstas em regulamento.

**§ 3º.** A pesquisa científica depende de autorização prévia do órgão responsável pela administração da unidade e está sujeita às condições e restrições por este estabelecidas, bem como àquelas previstas em regulamento.

**§ 4º.** As unidades dessa categoria, quando criadas pelo Estado ou Município, serão denominadas, respectivamente, Parque Estadual e Parque Natural Municipal.

**Art. 12.** O Monumento Natural tem como objetivo básico preservar sítios naturais raros, singulares ou de grande beleza cênica.

**§ 1º.** O Monumento Natural pode ser constituído por áreas particulares, desde que seja possível compatibilizar os objetivos da unidade com a utilização da terra e dos recursos naturais do local pelos proprietários.

**§ 2º.** Havendo incompatibilidade entre os objetivos da área e as atividades privadas ou não havendo aquiescência do proprietário às condições propostas pelo órgão responsável pela administração da unidade para a coexistência do Monumento Natural com o uso da propriedade, a área deve ser desapropriada, de acordo com o que dispõe a lei.

**§ 3º.** A visitação pública está sujeita às condições e restrições estabelecidas no Plano de Manejo da unidade, às normas estabelecidas pelo órgão responsável por sua administração e àquelas previstas em regulamento.

**Art. 13.** O Refúgio de Vida Silvestre tem como objetivo proteger ambientes naturais onde se asseguram condições para a existência ou reprodução de espécies ou comunidades da flora local e da fauna residente ou migratória.

**§ 1º.** O Refúgio de Vida Silvestre pode ser constituído por áreas particulares, desde que seja possível compatibilizar os objetivos da unidade com a utilização da terra e dos recursos naturais do local pelos proprietários.

**§ 2º.** Havendo incompatibilidade entre os objetivos da área e as atividades privadas ou não havendo aquiescência do proprietário às condições propostas pelo órgão responsável pela administração da unidade para a coexistência do Refúgio de Vida Silvestre com o uso da propriedade, a área deve ser desapropriada, de acordo com o que dispõe a lei.

**§ 3º.** A visitação pública está sujeita às normas e restrições estabelecidas no Plano de Manejo da unidade, às normas estabelecidas pelo órgão responsável por sua administração e àquelas previstas em regulamento.

**§ 4º.** A pesquisa científica depende de autorização prévia do órgão responsável pela administração da unidade e está sujeita às condições e restrições por este estabelecidas, bem como àquelas previstas em regulamento.

✪ **Art. 14.** Constituem o Grupo das Unidades de Uso Sustentável as seguintes categorias de unidade de conservação:

- Lei 9.985/2000: art. 7º, II.

**I** – Área de Proteção Ambiental;

**II** – Área de Relevante Interesse Ecológico;

**III** – Floresta Nacional;

**IV** – Reserva Extrativista;

**V** – Reserva de Fauna;

**VI** – Reserva de Desenvolvimento Sustentável; e

**VII** – Reserva Particular do Patrimônio Natural.

**Art. 15.** A Área de Proteção Ambiental é uma área em geral extensa, com um certo grau de ocupação humana, dotada de atributos abióticos, bióticos, estéticos ou culturais especialmente importantes para a qualidade de vida e o bem-estar das populações humanas, e tem como objetivos básicos proteger a diversidade biológica, disciplinar o processo de ocupação e assegurar a sustentabilidade do uso dos recursos naturais.

- Decreto 4.340/2002 – Regulamenta artigos da Lei 9.985/2000, que dispõe sobre o Sistema Nacional de Unidades de Conservação da Natureza - SNUC.
- Lei 9.605/1998: art. 40-A, § 1º.

**§ 1º.** A Área de Proteção Ambiental é constituída por terras públicas ou privadas.

**§ 2º.** Respeitados os limites constitucionais, podem ser estabelecidas normas e restrições para a utilização de uma propriedade privada localizada em uma Área de Proteção Ambiental.

**§ 3º.** As condições para a realização de pesquisa científica e visitação pública nas áreas sob domínio público serão estabelecidas pelo órgão gestor da unidade.

**§ 4º.** Nas áreas sob propriedade privada, cabe ao proprietário estabelecer as condições para pesquisa e visitação pelo público, observadas as exigências e restrições legais.

**§ 5º.** A Área de Proteção Ambiental disporá de um Conselho presidido pelo órgão responsável por sua administração e constituído por representantes dos órgãos públicos, de organizações da sociedade civil e da população residente, conforme se dispuser no regulamento desta Lei.

**Art. 16.** A Área de Relevante Interesse Ecológico é uma área em geral de pequena extensão, com pouca ou nenhuma ocupação humana, com características naturais extraordinárias ou que abriga exemplares raros da biota regional, e tem como objetivo manter os ecossistemas naturais de importância regional ou local e regular o uso admissível dessas áreas, de modo a compatibilizá-lo com os objetivos de conservação da natureza.

- Lei 9.605/1998: art. 40-A, § 1º.

**§ 1º.** A Área de Relevante Interesse Ecológico é constituída por terras públicas ou privadas.

**§ 2º.** Respeitados os limites constitucionais, podem ser estabelecidas normas e restrições para a utilização de uma propriedade privada localizada em uma Área de Relevante Interesse Ecológico.

**Art. 17.** A Floresta Nacional é uma área com cobertura florestal de espécies predominantemente nativas e tem como objetivo básico o uso múltiplo sustentável dos recursos florestais e a pesquisa científica, com ênfase em métodos para exploração sustentável de florestas nativas.

- Decreto 4.340/2002 – Regulamenta artigos da Lei 9.985/2000, que dispõe sobre o Sistema Nacional de Unidades de Conservação da Natureza - SNUC.
- Lei 11.284/2006 – Dispõe sobre a utilização e proteção da vegetação nativa do Bioma Mata Atlântica.
- Lei 9.605/1998: art. 40-A, § 1º.

**§ 1º.** A Floresta Nacional é de posse e domínio públicos, sendo que as áreas particulares incluídas em seus limites devem ser desapropriadas de acordo com o que dispõe a lei.

**§ 2º.** Nas Florestas Nacionais é admitida a permanência de populações tradicionais que a habitam quando de sua criação, em conformidade com o disposto em regulamento e no Plano de Manejo da unidade.

**§ 3º.** A visitação pública é permitida, condicionada às normas estabelecidas para o manejo da unidade pelo órgão responsável por sua administração.

**§ 4º.** A pesquisa é permitida e incentivada, sujeitando-se à prévia autorização do órgão responsável pela administração da unidade, às condições e restrições por este estabelecidas e àquelas previstas em regulamento.

**§ 5º.** A Floresta Nacional disporá de um Conselho Consultivo, presidido pelo órgão responsável por sua administração e constituído por representantes de órgãos públicos, de organizações da sociedade civil e, quando for o caso, das populações tradicionais residentes.

**§ 6º.** A unidade desta categoria, quando criada pelo Estado ou Município, será denominada, respectivamente, Floresta Estadual e Floresta Municipal.

**Art. 18.** A Reserva Extrativista é uma área utilizada por populações extrativistas tradicionais, cuja subsistência baseia-se no extrativismo e, complementarmente, na agricultura de subsistência e na criação de animais de pequeno porte, e tem como objetivos básicos proteger os meios de vida e a cultura dessas populações, e assegurar o uso sustentável dos recursos naturais da unidade.

- Decreto 4.340/2002 – Regulamenta artigos da Lei 9.985/2000, que dispõe sobre o Sistema Nacional de Unidades de Conservação da Natureza – SNUC.
- Lei 9.605/1998: art. 40-A, § 1º.

**§ 1º.** A Reserva Extrativista é de domínio público, com uso concedido às populações extrativistas tradicionais conforme o disposto no art. 23 desta Lei e em regulamentação específica, sendo que as áreas particulares incluídas em seus limites devem ser desapropriadas, de acordo com o que dispõe a lei.

- Lei 6.938/1981: art. 9º, VI.

**§ 2º.** A Reserva Extrativista será gerida por um Conselho Deliberativo, presidido pelo órgão responsável por sua administração e constituído por representantes de órgãos públicos, de organizações da sociedade civil e das populações tradicionais residentes na área, conforme se dispuser em regulamento e no ato de criação da unidade.

**§ 3º.** A visitação pública é permitida, desde que compatível com os interesses locais e de acordo com o disposto no Plano de Manejo da área.

**§ 4º.** A pesquisa científica é permitida e incentivada, sujeitando-se à prévia autorização do órgão responsável pela administração da unidade, às condições e restrições por este estabelecidas e às normas previstas em regulamento.

**§ 5º.** O Plano de Manejo da unidade será aprovado pelo seu Conselho Deliberativo.

**§ 6º.** São proibidas a exploração de recursos minerais e a caça amadorística ou profissional.

**§ 7º.** A exploração comercial de recursos madeireiros só será admitida em bases sustentáveis e em situações especiais e complementares às demais atividades desenvolvidas na Reserva Extrativista, conforme o disposto em regulamento e no Plano de Manejo da unidade.

**Art. 19.** A Reserva de Fauna é uma área natural com populações animais de espécies nativas, terrestres ou aquáticas, residentes ou migratórias, adequadas para estudos técnico-científicos sobre o manejo econômico sustentável de recursos faunísticos.

- Lei 9.605/1998: art. 40-A, § 1º.

**§ 1º.** A Reserva de Fauna é de posse e domínio públicos, sendo que as áreas particulares incluídas em seus limites devem ser desapropriadas de acordo com o que dispõe a lei.

**§ 2º.** A visitação pública pode ser permitida, desde que compatível com o manejo da unidade e de acordo com as normas estabelecidas pelo órgão responsável por sua administração.

**§ 3º.** É proibido o exercício da caça amadorística ou profissional.

**§ 4º.** A comercialização dos produtos e subprodutos resultantes das pesquisas obedecerá ao disposto nas leis sobre fauna e regulamentos.

**Art. 20.** A Reserva de Desenvolvimento Sustentável é uma área natural que abriga populações tradicionais, cuja existência baseia-se em sistemas sustentáveis de exploração dos recursos naturais, desenvolvidos ao longo de gerações e adaptados às condições ecológicas locais e que desempenham um papel fundamental na proteção da natureza e na manutenção da diversidade biológica.

- Decreto 4.340/2002 – Regulamenta artigos da Lei 9.985/2000, que dispõe sobre o Sistema Nacional de Unidades de Conservação da Natureza – SNUC.
- Lei 9.605/1998: art. 40-A, § 1º.

**§ 1º.** A Reserva de Desenvolvimento Sustentável tem como objetivo básico preservar a natureza e, ao mesmo tempo, assegurar as condições e os meios necessários para a reprodução e a melhoria dos modos e da qualidade de vida e exploração dos recursos naturais das populações tradicionais, bem como valorizar, conservar e aperfeiçoar o conhecimento e as técnicas de manejo do ambiente, desenvolvido por estas populações.

**§ 2º.** A Reserva de Desenvolvimento Sustentável é de domínio público, sendo que as áreas particulares incluídas em seus limites devem ser, quando necessário, desapropriadas, de acordo com o que dispõe a lei.

**§ 3º.** O uso das áreas ocupadas pelas populações tradicionais será regulado de acordo com o disposto no art. 23 desta Lei e em regulamentação específica.

**§ 4º.** A Reserva de Desenvolvimento Sustentável será gerida por um Conselho Deliberativo, presidido pelo órgão responsável por sua administração e constituído por representantes de órgãos públicos, de organizações da sociedade civil e das populações tradicionais residentes na área, conforme se dispuser em regulamento e no ato de criação da unidade.

**§ 5º.** As atividades desenvolvidas na Reserva de Desenvolvimento Sustentável obedecerão às seguintes condições:

**I** – é permitida e incentivada a visitação pública, desde que compatível com os interesses locais e de acordo com o disposto no Plano de Manejo da área;

**II** – é permitida e incentivada a pesquisa científica voltada à conservação da natureza, à melhor relação das populações residentes com seu meio e à educação ambiental, sujeitando-se à prévia autorização do órgão responsável pela administração da unidade, às condições e restrições por este estabelecidas e às normas previstas em regulamento;

**III** – deve ser sempre considerado o equilíbrio dinâmico entre o tamanho da população e a conservação; e

**IV** – é admitida a exploração de componentes dos ecossistemas naturais em regime de manejo sustentável e a substituição da cobertura vegetal por espécies cultiváveis, desde que sujeitas ao zoneamento, às limitações legais e ao Plano de Manejo da área.

**§ 6º**. O Plano de Manejo da Reserva de Desenvolvimento Sustentável definirá as zonas de proteção integral, de uso sustentável e de amortecimento e corredores ecológicos, e será aprovado pelo Conselho Deliberativo da unidade.

**Art. 21.** A Reserva Particular do Patrimônio Natural é uma área privada, gravada com perpetuidade, com o objetivo de conservar a diversidade biológica.

- Decreto 5.746/2006 – Regulamenta o art. 21 da Lei 9.985/2000.

**§ 1º**. O gravame de que trata este artigo constará de termo de compromisso assinado perante o órgão ambiental, que verificará a existência de interesse público, e será averbado à margem da inscrição no Registro Público de Imóveis.

**§ 2º**. Só poderá ser permitida, na Reserva Particular do Patrimônio Natural, conforme se dispuser em regulamento:

**I** – a pesquisa científica;

**II** – a visitação com objetivos turísticos, recreativos e educacionais;

**III** – (*VETADO*).

**§ 3º**. Os órgãos integrantes do SNUC, sempre que possível e oportuno, prestarão orientação técnica e científica ao proprietário de Reserva Particular do Patrimônio Natural para a elaboração de um Plano de Manejo ou de Proteção e de Gestão da unidade.

## CAPÍTULO IV. DA CRIAÇÃO/CONSERVAÇÃO

**Art. 22.** As unidades de conservação são criadas por ato do Poder Público.

- Decreto 4.340/2002 – Regulamenta artigos da Lei 9.985/2000, que dispõe sobre o Sistema Nacional de Unidades de Conservação da Natureza – SNUC.

**§ 1º**. (*VETADO*).

**§ 2º**. A criação de uma unidade de conservação deve ser precedida de estudos técnicos e de consulta pública que permitam identificar a localização, a dimensão e os limites mais adequados para a unidade, conforme se dispuser em regulamento.

**§ 3º**. No processo de consulta de que trata o § 2º, o Poder Público é obrigado a fornecer informações adequadas e inteligíveis à população local e a outras partes interessadas.

**§ 4º**. Na criação de Estação Ecológica ou Reserva Biológica não é obrigatória a consulta de que trata o § 2º deste artigo.

**§ 5º**. As unidades de conservação do grupo de Uso Sustentável podem ser transformadas total ou parcialmente em unidades do grupo de Proteção Integral, por instrumento normativo do mesmo nível hierárquico do que criou a unidade, desde que obedecidos os procedimentos de consulta estabelecidos no § 2º deste artigo.

**§ 6º**. A ampliação dos limites de uma unidade de conservação, sem modificação dos seus limites originais, exceto pelo acréscimo proposto, pode ser feita por instrumento normativo do mesmo nível hierárquico do que criou a unidade, desde que obedecidos os procedimentos de consulta estabelecidos no § 2º deste artigo.

**§ 7º**. A desafetação ou redução dos limites de uma unidade de conservação só pode ser feita mediante lei específica.

**Art. 22-A.** O Poder Público poderá, ressalvadas as atividades agropecuárias e outras atividades econômicas em andamento e obras públicas licenciadas, na forma da lei, decretar limitações administrativas provisórias ao exercício de atividades e empreendimentos efetiva ou potencialmente causadores de degradação ambiental, para a realização de estudos com vistas na criação de Unidade de Conservação, quando, a critério do órgão ambiental competente, houver risco de dano grave aos recursos naturais ali existentes.

**§ 1º**. Sem prejuízo da restrição e observada a ressalva constante do *caput*, na área submetida a limitações administrativas, não serão permitidas atividades que importem em exploração a corte raso da floresta e demais formas de vegetação nativa.

**§ 2º**. A destinação final da área submetida ao disposto neste artigo será definida no prazo de 7 (sete) meses, improrrogáveis, findo o qual fica extinta a limitação administrativa.

**Art. 23.** A posse e o uso das áreas ocupadas pelas populações tradicionais nas Reservas Extrativistas e Reservas de Desenvolvimento Sustentável serão regulados por contrato, conforme se dispuser no regulamento desta Lei.

**§ 1º**. As populações de que trata este artigo obrigam-se a participar da preservação, recuperação, defesa e manutenção da unidade de conservação.

**§ 2º**. O uso dos recursos naturais pelas populações de que trata este artigo obedecerá às seguintes normas:

**I** – proibição do uso de espécies localmente ameaçadas de extinção ou de práticas que danifiquem os seus habitats;

**II** – proibição de práticas ou atividades que impeçam a regeneração natural dos ecossistemas;

**III** – demais normas estabelecidas na legislação, no Plano de Manejo da unidade de conservação e no contrato de concessão de direito real de uso.

**Art. 24.** O subsolo e o espaço aéreo, sempre que influírem na estabilidade do ecossistema, integram os limites das unidades de conservação.

- Decreto 4.340/2002 – Regulamenta artigos da Lei 9.985/2000, que dispõe sobre o Sistema Nacional de Unidades de Conservação da Natureza – SNUC.

**Art. 25.** As unidades de conservação, exceto Área de Proteção Ambiental e Reserva Particular do Patrimônio Natural, devem possuir uma zona de amortecimento e, quando conveniente, corredores ecológicos.

- Decreto 4.340/2002 – Regulamenta artigos da Lei 9.985/2000, que dispõe sobre o Sistema Nacional de Unidades de Conservação da Natureza – SNUC.

**§ 1º.** O órgão responsável pela administração da unidade estabelecerá normas específicas regulamentando a ocupação e o uso dos recursos da zona de amortecimento e dos corredores ecológicos de uma unidade de conservação.

**§ 2º.** Os limites da zona de amortecimento e dos corredores ecológicos e as respectivas normas de que trata o § 1º poderão ser definidas no ato de criação da unidade ou posteriormente.

**Art. 26.** Quando existir um conjunto de unidades de conservação de categorias diferentes ou não, próximas, justapostas ou sobrepostas, e outras áreas protegidas públicas ou privadas, constituindo um mosaico, a gestão do conjunto deverá ser feita de forma integrada e participativa, considerando-se os seus distintos objetivos de conservação, de forma a compatibilizar a presença da biodiversidade, a valorização da sociodiversidade e o desenvolvimento sustentável no contexto regional.

- Decreto 4.340/2002 – Regulamenta artigos da Lei 9.985/2000, que dispõe sobre o Sistema Nacional de Unidades de Conservação da Natureza – SNUC.

**Parágrafo único.** O regulamento desta Lei disporá sobre a forma de gestão integrada do conjunto das unidades.

**Art. 27.** As unidades de conservação devem dispor de um Plano de Manejo.

- Decreto 4.340/2002 – Regulamenta artigos da Lei 9.985/2000, que dispõe sobre o Sistema Nacional de Unidades de Conservação da Natureza – SNUC.

**§ 1º.** O Plano de Manejo deve abranger a área da unidade de conservação, sua zona de amortecimento e os corredores ecológicos, incluindo medidas com o fim de promover sua integração à vida econômica e social das comunidades vizinhas.

**§ 2º** Na elaboração, atualização e implementação do Plano de Manejo das Reservas Extrativistas, das Reservas de Desenvolvimento Sustentável, das Áreas de Proteção Ambiental e, quando couber, das Florestas Nacionais e das Áreas de Relevante Interesse Ecológico, será assegurada a ampla participação da população residente.

**§ 3º.** O Plano de Manejo de uma unidade de conservação deve ser elaborado no prazo de 5 (cinco) anos a partir da data de sua criação.

**§ 4º.** O Plano de Manejo poderá dispor sobre as atividades de liberação planejada e cultivo de organismos geneticamente modificados nas Áreas de Proteção Ambiental e nas zonas de amortecimento das demais categorias de unidade de conservação, observadas as informações contidas na decisão técnica da Comissão Técnica Nacional de Biossegurança – CTNBio sobre:

**I** – o registro de ocorrência de ancestrais diretos e parentes silvestres;

**II** – as características de reprodução, dispersão e sobrevivência do organismo geneticamente modificado;

**III** – o isolamento reprodutivo do organismo geneticamente modificado em relação aos seus ancestrais diretos e parentes silvestres; e

**IV** – situações de risco do organismo geneticamente modificado à biodiversidade.

**Art. 28.** São proibidas, nas unidades de conservação, quaisquer alterações, atividades ou modalidades de utilização em desacordo com os seus objetivos, o seu Plano de Manejo e seus regulamentos.

**Parágrafo único.** Até que seja elaborado o Plano de Manejo, todas as atividades e obras desenvolvidas nas unidades de conservação de proteção integral devem se limitar àquelas destinadas a garantir a integridade dos recursos que a unidade objetiva proteger, assegurando-se às populações tradicionais porventura residentes na área as condições e os meios necessários para a satisfação de suas necessidades materiais, sociais e culturais.

**Art. 29.** Cada unidade de conservação do grupo de Proteção Integral disporá de um Conselho Consultivo, presidido pelo órgão responsável por sua administração e constituído por representantes de órgãos públicos, de organizações da sociedade civil, por proprietários de terras localizadas em Refúgio de Vida Silvestre ou Monumento Natural, quando for o caso, e, na hipótese prevista no § 2º do art. 42, das populações tradicionais residentes, conforme se dispuser em regulamento e no ato de criação da unidade.

› Decreto 4.340/2002 – Regulamenta artigos da Lei 9.985/2000, que dispõe sobre o Sistema Nacional de Unidades de Conservação da Natureza – SNUC.

**Art. 30.** As unidades de conservação podem ser geridas por organizações da sociedade civil de interesse público com objetivos afins aos da unidade, mediante instrumento a ser firmado com o órgão responsável por sua gestão.

› Decreto 4.340/2002 – Regulamenta artigos da Lei 9.985/2000, que dispõe sobre o Sistema Nacional de Unidades de Conservação da Natureza – SNUC.

**Art. 31.** É proibida a introdução nas unidades de conservação de espécies não autóctones.

**§ 1º.** Excetuam-se do disposto neste artigo as Áreas de Proteção Ambiental, as Florestas Nacionais, as Reservas Extrativistas e as Reservas de Desenvolvimento Sustentável, bem como os animais e plantas necessários à administração e às atividades das demais categorias de unidades de conservação, de acordo com o que se dispuser em regulamento e no Plano de Manejo da unidade.

**§ 2º.** Nas áreas particulares localizadas em Refúgios de Vida Silvestre e Monumentos Naturais podem ser criados animais domésticos e cultivadas plantas considerados compatíveis com as finalidades da unidade, de acordo com o que dispuser o seu Plano de Manejo.

**Art. 32.** Os órgãos executores articular-se-ão com a comunidade científica com o propósito de incentivar o desenvolvimento de pesquisas sobre a fauna, a flora e a ecologia das unidades de conservação e sobre formas de uso sustentável dos recursos naturais, valorizando-se o conhecimento das populações tradicionais.

**§ 1º.** As pesquisas científicas nas unidades de conservação não podem colocar em risco a sobrevivência das espécies integrantes dos ecossistemas protegidos.

**§ 2º.** A realização de pesquisas científicas nas unidades de conservação, exceto Área de Proteção Ambiental e Reserva Particular do Patrimônio Natural, depende de aprovação prévia e está sujeita à fiscalização do órgão responsável por sua administração.

**§ 3º.** Os órgãos competentes podem transferir para as instituições de pesquisa nacionais, mediante acordo, a atribuição de aprovar a realização de pesquisas científicas e de credenciar pesquisadores para trabalharem nas unidades de conservação.

**Art. 33.** A exploração comercial de produtos, subprodutos ou serviços obtidos ou desenvolvidos a partir dos recursos naturais, biológicos, cênicos ou culturais ou da exploração da imagem de unidade de conservação, exceto Área de Proteção Ambiental e Reserva Particular do Patrimônio Natural, dependerá de prévia autorização e sujeitará o explorador a pagamento, conforme disposto em regulamento.

› Decreto 4.340/2002 – Regulamenta artigos da Lei 9.985/2000, que dispõe sobre o Sistema Nacional de Unidades de Conservação da Natureza – SNUC.

**Art. 34.** Os órgãos responsáveis pela administração das unidades de conservação podem receber recursos ou doações de qualquer natureza, nacionais ou internacionais, com ou sem encargos, provenientes de organizações privadas ou públicas ou de pessoas físicas que desejarem colaborar com a sua conservação.

**Parágrafo único.** A administração dos recursos obtidos cabe ao órgão gestor da unidade, e estes serão utilizados exclusivamente na sua implantação, gestão e manutenção.

**Art. 35.** Os recursos obtidos pelas unidades de conservação do grupo de Proteção Integral mediante a cobrança de taxa de visitação e outras rendas decorrentes de arrecadação, serviços e atividades da própria unidade serão aplicados de acordo com os seguintes critérios:

**I** – até 50% (cinquenta por cento), e não menos que 25% (vinte e cinco por cento), na implementação, manutenção e gestão da própria unidade;

**II** – até 50% (cinquenta por cento), e não menos que 25% (vinte e cinco por cento), na regularização fundiária das unidades de conservação do grupo;

**III** – até 50% (cinquenta por cento), e não menos que 15% (quinze por cento), na implementação, manutenção e gestão de outras unidades de conservação do grupo de Proteção Integral.

**Art. 36.** Nos casos de licenciamento ambiental de empreendimentos de significativo impacto ambiental, assim considerado pelo órgão ambiental competente, com fundamento em estudo de impacto ambiental e respectivo relatório – EIA/Rima, o empreendedor é obrigado a apoiar a implantação e manutenção de unidade de conservação do grupo de Proteção Integral, de acordo com o disposto neste artigo e no regulamento desta Lei.

› Decreto 4.340/2002 – Regulamenta artigos da Lei 9.985/2000, que dispõe sobre o Sistema Nacional de Unidades de Conservação da Natureza – SNUC.

**§ 1º.** O montante de recursos a ser destinado pelo empreendedor para esta finalidade não pode ser inferior a 0,5% (meio por cento) dos custos totais previstos para a implantação do empreendimento, sendo o percentual fixado pelo órgão ambiental licenciador, de acordo com o grau de impacto ambiental causado pelo empreendimento.

› ADIN 3.378-6: O STF, por maioria de votos, declarou a inconstitucionalidade da expressão "não pode ser inferior a 0,5% (meio por cento) dos custos totais previstos para a implantação do empreendimento". (D.O.U. 20.6.2008)

**§ 2º.** Ao órgão ambiental licenciador compete definir as unidades de conservação a serem beneficiadas, considerando as propostas apresentadas no EIA/Rima e ouvido o empreendedor, podendo inclusive ser contemplada a criação de novas unidades de conservação.

**§ 3º.** Quando o empreendimento afetar unidade de conservação específica ou sua zona de amortecimento, o licenciamento a que se refere o *caput* deste artigo só poderá ser concedido mediante autorização do órgão responsável por sua administração, e a unidade afetada, mesmo que não pertencente ao grupo de Proteção Integral, deverá ser uma das beneficiárias da compensação definida neste artigo.

- Resolução do Conama 428/2010 – Dispõe, no âmbito do licenciamento ambiental sobre a autorização do órgão responsável pela administração da Unidade de Conservação (UC), de que trata o § 3º do artigo 36 da Lei 9.985/2000, bem como sobre a ciência do órgão responsável pela administração da UC no caso de licenciamento ambiental de empreendimentos não sujeitos a EIA-RIMA.

**§ 4º** A obrigação de que trata o *caput* deste artigo poderá, em virtude do interesse público, ser cumprida em unidades de conservação de posse e domínio públicos do grupo de Uso Sustentável, especialmente as localizadas na Amazônia Legal. (Incluído pela Lei nº 13.668, de 2018)

## CAPÍTULO V. DOS INCENTIVOS, ISENÇÕES E PENALIDADES

**Art. 37.** (*VETADO*).

**Art. 38.** A ação ou omissão das pessoas físicas ou jurídicas que importem inobservância aos preceitos desta Lei e a seus regulamentos ou resultem em dano à flora, à fauna e aos demais atributos naturais das unidades de conservação, bem como às suas instalações e às zonas de amortecimento e corredores ecológicos, sujeitam os infratores às sanções previstas em lei.

**Art. 39.** Dê-se ao art. 40 da Lei 9.605, de 12 de fevereiro de 1998, a seguinte redação:

(...)

**Art. 40.** Acrescente-se à Lei 9.605, de 1998, o seguinte art. 40-A:

(...)

## CAPÍTULO VI. DAS RESERVAS DA BIOSFERA

**Art. 41.** A Reserva da Biosfera é um modelo, adotado internacionalmente, de gestão integrada, participativa e sustentável dos recursos naturais, com os objetivos básicos de preservação da diversidade biológica, o desenvolvimento de atividades de pesquisa, o monitoramento ambiental, a educação ambiental, o desenvolvimento sustentável e a melhoria da qualidade de vida das populações.

- Decreto 4.340/2002 – Regulamenta artigos da Lei 9.985/2000, que dispõe sobre o Sistema Nacional de Unidades de Conservação da Natureza – SNUC.

**§ 1º.** A Reserva da Biosfera é constituída por:

**I** – uma ou várias áreas-núcleo, destinadas à proteção integral da natureza;

**II** – uma ou várias zonas de amortecimento, onde só são admitidas atividades que não resultem em dano para as áreas-núcleo; e

**III** – uma ou várias zonas de transição, sem limites rígidos, onde o processo de ocupação e o manejo dos recursos naturais são planejados e conduzidos de modo participativo e em bases sustentáveis.

**§ 2º.** A Reserva da Biosfera é constituída por áreas de domínio público ou privado.

**§ 3º.** A Reserva da Biosfera pode ser integrada por unidades de conservação já criadas pelo Poder Público, respeitadas as normas legais que disciplinam o manejo de cada categoria específica.

**§ 4º.** A Reserva da Biosfera é gerida por um Conselho Deliberativo, formado por representantes de instituições públicas, de organizações da sociedade civil e da população residente, conforme se dispuser em regulamento e no ato de constituição da unidade.

**§ 5º.** A Reserva da Biosfera é reconhecida pelo Programa Intergovernamental "O Homem e a Biosfera – MAB", estabelecido pela Unesco, organização da qual o Brasil é membro.

## CAPÍTULO VII. DAS DISPOSIÇÕES GERAIS E TRANSITÓRIAS

**Art. 42.** As populações tradicionais residentes em unidades de conservação nas quais sua permanência não seja permitida serão indenizadas ou compensadas pelas benfeitorias existentes e devidamente realocadas pelo Poder Público, em local e condições acordados entre as partes.

- Decreto 4.340/2002 – Regulamenta artigos da Lei 9.985/2000, que dispõe sobre o Sistema Nacional de Unidades de Conservação da Natureza – SNUC.

**§ 1º.** O Poder Público, por meio do órgão competente, priorizará o reassentamento das populações tradicionais a serem realocadas.

**§ 2º.** Até que seja possível efetuar o reassentamento de que trata este artigo, serão estabelecidas normas e ações específicas destinadas a compatibilizar a presença das populações tradicionais residentes com os objetivos da unidade, sem prejuízo dos modos de vida, das fontes de subsistência e dos locais de moradia destas populações, assegurando-se a sua participação na elaboração das referidas normas e ações.

**§ 3º.** Na hipótese prevista no § 2º, as normas regulando o prazo de permanência e suas condições serão estabelecidas em regulamento.

**Art. 43.** O Poder Público fará o levantamento nacional das terras devolutas, com o objetivo de definir áreas destinadas à conservação da natureza, no prazo de 5 (cinco) anos após a publicação desta Lei.

**Art. 44.** As ilhas oceânicas e costeiras destinam-se prioritariamente à proteção da natureza e sua destinação para fins diversos deve ser precedida de autorização do órgão ambiental competente.

**Parágrafo único.** Estão dispensados da autorização citada no *caput* os órgãos que se utilizam das citadas ilhas por força de dispositivos legais ou quando decorrente de compromissos legais assumidos.

**Art. 45.** Excluem-se das indenizações referentes à regularização fundiária das unidades de conservação, derivadas ou não de desapropriação:

**I** - (*VETADO*).

**II** - (*VETADO*).

**III** - as espécies arbóreas declaradas imunes de corte pelo Poder Público;

**IV** - expectativas de ganhos e lucro cessante;

**V** - o resultado de cálculo efetuado mediante a operação de juros compostos;

**VI** - as áreas que não tenham prova de domínio inequívoco e anterior à criação da unidade.

**Art. 46.** A instalação de redes de abastecimento de água, esgoto, energia e infraestrutura urbana em geral, em unidades de conservação onde estes equipamentos são admitidos, depende de prévia aprovação do órgão responsável por sua administração, sem prejuízo da necessidade de elaboração de estudos de impacto ambiental e outras exigências legais.

**Parágrafo único.** Esta mesma condição se aplica à zona de amortecimento das unidades do grupo de Proteção Integral, bem como às áreas de propriedade privada inseridas nos limites dessas unidades e ainda não indenizadas.

**Art. 47.** O órgão ou empresa, público ou privado, responsável pelo abastecimento de água ou que faça uso de recursos hídricos, beneficiário da proteção proporcionada por uma unidade de conservação, deve contribuir financeiramente para a proteção e implementação da unidade, de acordo com o disposto em regulamentação específica.

- Decreto 4.340/2002 - Regulamenta artigos da Lei 9.985/2000, que dispõe sobre o Sistema Nacional de Unidades de Conservação da Natureza - SNUC.

**Art. 48.** O órgão ou empresa, público ou privado, responsável pela geração e distribuição de energia elétrica, beneficiário da proteção oferecida por uma unidade de conservação, deve contribuir financeiramente para a proteção e implementação da unidade, de acordo com o disposto em regulamentação específica.

- Decreto 4.340/2002 - Regulamenta artigos da Lei 9.985/2000, que dispõe sobre o Sistema Nacional de Unidades de Conservação da Natureza - SNUC.

**Art. 49.** A área de uma unidade de conservação do grupo de Proteção Integral é considerada zona rural, para os efeitos legais.

**Parágrafo único.** A zona de amortecimento das unidades de conservação de que trata este artigo, uma vez definida formalmente, não pode ser transformada em zona urbana.

**Art. 50.** O Ministério do Meio Ambiente organizará e manterá um Cadastro Nacional de Unidades de Conservação, com a colaboração do Ibama e dos órgãos estaduais e municipais competentes.

**§ 1º.** O Cadastro a que se refere este artigo conterá os dados principais de cada unidade de conservação, incluindo, dentre outras características relevantes, informações sobre espécies ameaçadas de extinção, situação fundiária, recursos hídricos, clima, solos e aspectos socioculturais e antropológicos.

**§ 2º.** O Ministério do Meio Ambiente divulgará e colocará à disposição do público interessado os dados constantes do Cadastro.

**Art. 51.** O Poder Executivo Federal submeterá à apreciação do Congresso Nacional, a cada 2 (dois) anos, um relatório de avaliação global da situação das unidades de conservação federais do País.

**Art. 52.** Os mapas e cartas oficiais devem indicar as áreas que compõem o SNUC.

**Art. 53.** O Ibama elaborará e divulgará periodicamente uma relação revista e atualizada das espécies da flora e da fauna ameaçadas de extinção no território brasileiro.

**Parágrafo único.** O Ibama incentivará os competentes órgãos estaduais e municipais a elaborarem relações equivalentes abrangendo suas respectivas áreas de jurisdição.

**Art. 54.** O Ibama, excepcionalmente, pode permitir a captura de exemplares de espécies ameaçadas de extinção destinadas a programas de criação em cativeiro ou formação de coleções científicas, de acordo com o disposto nesta Lei e em regulamentação específica.

**Art. 55.** As unidades de conservação e áreas protegidas criadas com base nas legislações anteriores e que não pertençam às categorias previstas nesta Lei serão reavaliadas, no todo ou em parte, no prazo de até 2 (dois) anos, com o objetivo de definir sua destinação com base na categoria e função para as quais foram criadas, conforme o disposto no regulamento desta Lei.

- Decreto 4.340/2002 – Regulamenta artigos da Lei 9.985/2000, que dispõe sobre o Sistema Nacional de Unidades de Conservação da Natureza – SNUC.

**Art. 56.** (*VETADO*).

**Art. 57.** Os órgãos federais responsáveis pela execução das políticas ambiental e indigenista deverão instituir grupos de trabalho para, no prazo de 180 (cento e oitenta) dias a partir da vigência desta Lei, propor as diretrizes a serem adotadas com vistas à regularização das eventuais superposições entre áreas indígenas e unidades de conservação.

**Parágrafo único.** No ato de criação dos grupos de trabalho serão fixados os participantes, bem como a estratégia de ação e a abrangência dos trabalhos, garantida a participação das comunidades envolvidas.

**Art. 57-A.** O Poder Executivo estabelecerá os limites para o plantio de organismos geneticamente modificados nas áreas que circundam as unidades de conservação até que seja fixada sua zona de amortecimento e aprovado o seu respectivo Plano de Manejo.

- Decreto 5.950/2006 – Regulamenta o art. 57-A da Lei 9.985/2000, para estabelecer os limites para o plantio de organismos geneticamente modificados nas áreas que circundam as unidades de conservação.

**Parágrafo único.** O disposto no *caput* deste artigo não se aplica às Áreas de Proteção Ambiental e Reservas de Particulares do Patrimônio Nacional.

**Art. 58.** O Poder Executivo regulamentará esta Lei, no que for necessário à sua aplicação, no prazo de 180 (cento e oitenta) dias a partir da data de sua publicação.

**Art. 59.** Esta Lei entra em vigor na data de sua publicação.

**Art. 60.** Revogam-se os arts. 5º e 6º da Lei nº 4.771, de 15 de setembro de 1965; o art. 5º da Lei nº 5.197, de 3 de janeiro de 1967; e o art. 18 da Lei nº 6.938, de 31 de agosto de 1981.

- Lei 12.651/2012 revogou a Lei 4.771/1965.

Brasília, 18 de julho de 2000; 179º da Independência e 112º da República.

MARCO ANTONIO DE OLIVEIRA MACIEL

D.O.U. 19.7.2000

# LEI Nº 10.216, DE 6 DE ABRIL DE 2001

*Dispõe sobre a proteção e os direitos das pessoas portadoras de transtornos mentais e redireciona o modelo assistencial em saúde mental.*

O PRESIDENTE DA REPÚBLICA Faço saber que o Congresso Nacional decreta e eu sanciono a seguinte Lei:

**Art. 1º** Os direitos e a proteção das pessoas acometidas de transtorno mental, de que trata esta Lei, são assegurados sem qualquer forma de discriminação quanto à raça, cor, sexo, orientação sexual, religião, opção política, nacionalidade, idade, família, recursos econômicos e ao grau de gravidade ou tempo de evolução de seu transtorno, ou qualquer outra.

✪ **Art. 2º** Nos atendimentos em saúde mental, de qualquer natureza, a pessoa e seus familiares ou responsáveis serão formalmente cientificados dos direitos enumerados no parágrafo único deste artigo.

**Parágrafo único.** São direitos da pessoa portadora de transtorno mental:

**I** - ter acesso ao melhor tratamento do sistema de saúde, consentâneo às suas necessidades;

**II** - ser tratada com humanidade e respeito e no interesse exclusivo de beneficiar sua saúde, visando alcançar sua recuperação pela inserção na família, no trabalho e na comunidade;

**III** - ser protegida contra qualquer forma de abuso e exploração;

**IV** - ter garantia de sigilo nas informações prestadas;

**V** - ter direito à presença médica, em qualquer tempo, para esclarecer a necessidade ou não de sua hospitalização involuntária;

**VI** - ter livre acesso aos meios de comunicação disponíveis;

**VII** - receber o maior número de informações a respeito de sua doença e de seu tratamento;

**VIII** - ser tratada em ambiente terapêutico pelos meios menos invasivos possíveis;

**IX** - ser tratada, preferencialmente, em serviços comunitários de saúde mental.

**Art. 3º** É responsabilidade do Estado o desenvolvimento da política de saúde mental, a assistência e a promoção de ações de saúde aos portadores de transtornos mentais, com a devida participação da sociedade e da família, a qual será prestada em estabelecimento de saúde mental, assim entendidas as instituições ou unidades que ofereçam assistência em saúde aos portadores de transtornos mentais.

✪ **Art. 4º** A internação, em qualquer de suas modalidades, só será indicada quando os recursos extra-hospitalares se mostrarem insuficientes.

**§ 1º** O tratamento visará, como finalidade permanente, a reinserção social do paciente em seu meio.

**§ 2º** O tratamento em regime de internação será estruturado de forma a oferecer assistência integral à pessoa portadora de transtornos mentais, incluindo serviços médicos, de assistência social, psicológicos, ocupacionais, de lazer, e outros.

**§ 3º** É vedada a internação de pacientes portadores de transtornos mentais em instituições com características asilares, ou seja, aquelas desprovidas dos recursos mencionados no § 2º e que não assegurem aos pacientes os direitos enumerados no parágrafo único do art. 2º .

**Art. 5º** O paciente há longo tempo hospitalizado ou para o qual se caracterize situação de grave dependência institucional, decorrente de seu quadro clínico ou de ausência de suporte social, será objeto de política específica de alta planejada e reabilitação psicossocial assistida, sob responsabilidade da autoridade sanitária competente e supervisão de instância a ser definida pelo Poder Executivo, assegurada a continuidade do tratamento, quando necessário.

**Art. 6º** A internação psiquiátrica somente será realizada mediante laudo médico circunstanciado que caracterize os seus motivos.

**Parágrafo único.** São considerados os seguintes tipos de internação psiquiátrica:

**I** - internação voluntária: aquela que se dá com o consentimento do usuário;

**II** - internação involuntária: aquela que se dá sem o consentimento do usuário e a pedido de terceiro; e

**III** - internação compulsória: aquela determinada pela Justiça.

**Art. 7º** A pessoa que solicita voluntariamente sua internação, ou que a consente, deve assinar, no momento da admissão, uma declaração de que optou por esse regime de tratamento.

**Parágrafo único.** O término da internação voluntária dar-se-á por solicitação escrita do paciente ou por determinação do médico assistente.

**Art. 8º** A internação voluntária ou involuntária somente será autorizada por médico devidamente registrado no Conselho Regional de Medicina - CRM do Estado onde se localize o estabelecimento.

**§ 1º** A internação psiquiátrica involuntária deverá, no prazo de setenta e duas horas, ser comunicada ao Ministério Público Estadual pelo responsável técnico do estabelecimento no qual tenha ocorrido, devendo esse mesmo procedimento ser adotado quando da respectiva alta.

**§ 2º** O término da internação involuntária dar-se-á por solicitação escrita do familiar, ou responsável legal, ou quando estabelecido pelo especialista responsável pelo tratamento.

**Art. 9º** A internação compulsória é determinada, de acordo com a legislação vigente, pelo juiz competente, que levará em conta as condições de segurança do estabelecimento, quanto à salvaguarda do paciente, dos demais internados e funcionários.

**Art. 10.** Evasão, transferência, acidente, intercorrência clínica grave e falecimento serão comunicados pela direção do estabelecimento de saúde mental aos familiares, ou ao representante legal do paciente, bem como à autoridade sanitária responsável, no prazo máximo de vinte e quatro horas da data da ocorrência.

**Art. 11.** Pesquisas científicas para fins diagnósticos ou terapêuticos não poderão ser realizadas sem o consentimento expresso do paciente, ou de seu representante legal, e sem a devida comunicação aos conselhos profissionais competentes e ao Conselho Nacional de Saúde.

**Art. 12.** O Conselho Nacional de Saúde, no âmbito de sua atuação, criará comissão nacional para acompanhar a implementação desta Lei.

**Art. 13.** Esta Lei entra em vigor na data de sua publicação.

Brasília, 6 de abril de 2001; 180º da Independência e 113º da República.

FERNANDO HENRIQUE CARDOSO

José Gregori

# MEDIDA PROVISÓRIA Nº 2.220, DE 4 DE SETEMBRO DE 2001

*Dispõe sobre a concessão de uso especial de que trata o § 1º do art. 183 da Constituição, cria o Conselho Nacional de Desenvolvimento Urbano – CNDU e dá outras providências.*

O PRESIDENTE DA REPÚBLICA, no uso da atribuição que lhe confere o art. 62 da Constituição, adota a seguinte Medida Provisória, com força de lei:

## CAPÍTULO I DA CONCESSÃO DE USO ESPECIAL

✪ **Art. 1º** Aquele que, até 22 de dezembro de 2016, possuiu como seu, por cinco anos, ininterruptamente e sem oposição, até duzentos e cinquenta metros quadrados de imóvel público situado em área com características e finalidade urbanas, e que o utilize para sua moradia ou de sua família, tem o direito à concessão de uso especial para fins de moradia em relação ao bem objeto da posse, desde que não seja proprietário ou concessionário, a qualquer título, de outro imóvel urbano ou rural.

**§ 1º** A concessão de uso especial para fins de moradia será conferida de forma gratuita ao homem ou à mulher, ou a ambos, independentemente do estado civil.

**§ 2º** O direito de que trata este artigo não será reconhecido ao mesmo concessionário mais de uma vez.

**§ 3º** Para os efeitos deste artigo, o herdeiro legítimo continua, de pleno direito, na posse de seu antecessor, desde que já resida no imóvel por ocasião da abertura da sucessão.

✪ **Art. 2º** Nos imóveis de que trata o art. 1º, com mais de duzentos e cinquenta metros quadrados, ocupados até 22 de dezembro de 2016, por população de baixa renda para sua moradia, por cinco anos, ininterruptamente e sem oposição, cuja área total dividida pelo número de possuidores seja inferior a duzentos e cinquenta metros quadrados por possuidor, a concessão de uso especial para fins de moradia será conferida de forma coletiva, desde que os possuidores não sejam proprietários ou concessionários, a qualquer título, de outro imóvel urbano ou rural.

**§ 1º** O possuidor pode, para o fim de contar o prazo exigido por este artigo, acrescentar sua posse à de seu antecessor, contanto que ambas sejam contínuas.

**§ 2º** Na concessão de uso especial de que trata este artigo, será atribuída igual fração ideal de terreno a cada possuidor, independentemente da dimensão do terreno que cada um ocupe, salvo hipótese de acordo escrito entre os ocupantes, estabelecendo frações ideais diferenciadas.

**§ 3º** A fração ideal atribuída a cada possuidor não poderá ser superior a duzentos e cinquenta metros quadrados.

**Art. 3º** Será garantida a opção de exercer os direitos de que tratam os arts. 1º e 2º também aos ocupantes, regularmente inscritos, de imóveis públicos, com até duzentos e cinquenta metros quadrados, da União, dos Estados, do Distrito Federal e dos Municípios, que estejam situados em área urbana, na forma do regulamento.

**Art. 4º** No caso de a ocupação acarretar risco à vida ou à saúde dos ocupantes, o Poder Público garantirá ao possuidor o exercício do direito de que tratam os arts. 1º e 2º em outro local.

**Art. 5º** É facultado ao Poder Público assegurar o exercício do direito de que tratam os arts. 1º e 2º em outro local na hipótese de ocupação de imóvel:

**I** – de uso comum do povo;

**II** – destinado a projeto de urbanização;

**III** – de interesse da defesa nacional, da preservação ambiental e da proteção dos ecossistemas naturais;

**IV** – reservado à construção de represas e obras congêneres; ou

**V** – situado em via de comunicação.

**Art. 6º** O título de concessão de uso especial para fins de moradia será obtido pela via administrativa perante o órgão competente da Administração Pública ou, em caso de recusa ou omissão deste, pela via judicial.

**§ 1º** A Administração Pública terá o prazo máximo de doze meses para decidir o pedido, contado da data de seu protocolo.

**§ 2º** Na hipótese de bem imóvel da União ou dos Estados, o interessado deverá instruir o requerimento de concessão de uso especial para fins de moradia com certidão expedida pelo Poder Público municipal, que ateste a localização do imóvel em área urbana e a sua destinação para moradia do ocupante ou de sua família.

**§ 3º** Em caso de ação judicial, a concessão de uso especial para fins de moradia será declarada pelo juiz, mediante sentença.

**§ 4º** O título conferido por via administrativa ou por sentença judicial servirá para efeito de registro no cartório de registro de imóveis.

✪ **Art. 7º** O direito de concessão de uso especial para fins de moradia é transferível por ato inter vivos ou causa mortis.

**Art. 8º** O direito à concessão de uso especial para fins de moradia extingue-se no caso de:

**I** – o concessionário dar ao imóvel destinação diversa da moradia para si ou para sua família; ou

**II** – o concessionário adquirir a propriedade ou a concessão de uso de outro imóvel urbano ou rural.

**Parágrafo único.** A extinção de que trata este artigo será averbada no cartório de registro de imóveis, por meio de declaração do Poder Público concedente.

**Art. 9º** É facultado ao poder público competente conceder autorização de uso àquele que, até 22 de dezembro de 2016, possuiu como seu, por cinco anos, ininterruptamente e sem oposição, até duzentos e cinquenta metros quadrados de imóvel público situado em área com características e finalidade urbanas para fins comerciais.

**§ 1º** A autorização de uso de que trata este artigo será conferida de forma gratuita.

**§ 2º** O possuidor pode, para o fim de contar o prazo exigido por este artigo, acrescentar sua posse à de seu antecessor, contanto que ambas sejam contínuas.

**§ 3º** Aplica-se à autorização de uso prevista no *caput* deste artigo, no que couber, o disposto nos arts. 4º e 5º desta Medida Provisória.

## CAPÍTULO II
## DO CONSELHO NACIONAL DE DESENVOLVIMENTO URBANO

**Art. 10.** Fica criado o Conselho Nacional de Desenvolvimento Urbano – CNDU, órgão deliberativo e consultivo, integrante da estrutura da Presidência da República, com as seguintes competências:

**I** – propor diretrizes, instrumentos, normas e prioridades da política nacional de desenvolvimento urbano;

**II** – acompanhar e avaliar a implementação da política nacional de desenvolvimento urbano, em especial as políticas de habitação, de saneamento básico e de transportes urbanos, e recomendar as providências necessárias ao cumprimento de seus objetivos;

**III** – propor a edição de normas gerais de direito urbanístico e manifestar-se sobre propostas de alteração da legislação pertinente ao desenvolvimento urbano;

**IV** – emitir orientações e recomendações sobre a aplicação da Lei nº 10.257, de 10 de julho de 2001, e dos demais atos normativos relacionados ao desenvolvimento urbano;

**V** – promover a cooperação entre os governos da União, dos Estados, do Distrito Federal e dos Municípios e a sociedade civil na formulação e execução da política nacional de desenvolvimento urbano; e

**VI** – elaborar o regimento interno.

**Art. 11.** O CNDU é composto por seu Presidente, pelo Plenário e por uma Secretaria-Executiva, cujas atribuições serão definidas em decreto.

**Parágrafo único.** O CNDU poderá instituir comitês técnicos de assessoramento, na forma do regimento interno.

**Art. 12.** O Presidente da República disporá sobre a estrutura do CNDU, a composição do seu Plenário e a designação dos membros e suplentes do Conselho e dos seus comitês técnicos.

**Art. 13.** A participação no CNDU e nos comitês técnicos não será remunerada.

**Art. 14.** As funções de membro do CNDU e dos comitês técnicos serão consideradas prestação de relevante interesse público e a ausência ao trabalho delas decorrente será abonada e computada como jornada efetiva de trabalho, para todos os efeitos legais.

## CAPÍTULO III
## DAS DISPOSIÇÕES FINAIS

**Art. 15.** O inciso I do art. 167 da Lei nº 6.015, de 31 de dezembro de 1973, passa a vigorar com as seguintes alterações:

(...)

**Art. 16.** Esta Medida Provisória entra em vigor na data de sua publicação.

Brasília, 4 de setembro de 2001;
180º da Independência e 113º da República.

FERNANDO HENRIQUE CARDOSO

(DOU. de 5.9.2001)

# RESOLUÇÃO CONAMA Nº 302, DE 20 DE MARÇO DE 2002

- Publicada no DOU nº 90, de 13 de maio de 2002, Seção 1, páginas 67-68

*Dispõe sobre os parâmetros, definições e limites de Áreas de Preservação Permanente de reservatórios artificiais e o regime de uso do entorno.*

- O STF, por unanimidade, julgou parcialmente procedente a ADPF 748 para declarar a inconstitucionalidade da Resolução CONAMA nº 500/2020, com a imediata restauração da vigência e eficácia das Resoluções CONAMA nºs 284/2001, 302/2002 e 303/2002, como já definido na medida cautelar implementada, e julgou improcedente o pedido de inconstitucionalidade da Resolução CONAMA nº 499/2020. (DJE de 30.05.2022)

O CONSELHO NACIONAL DO MEIO AMBIENTE--CONAMA, no uso das competências que lhe são conferidas pela Lei nº 6.938, de 31 de agosto de 1981, regulamentada pelo Decreto nº 99.274, de 6 de junho de 1990, e tendo em vista o disposto nas Leis nºs 4.771, de 15 de setembro de 1965, 9.433, de 8 de janeiro de 1997, e no seu Regimento Interno, e

Considerando que a função sócio-ambiental da propriedade prevista nos arts. 5º, inciso XXIII, 170, inciso VI, 182, § 2º, 186, inciso II e 225 da Constituição, os princípios da prevenção, da precaução e do poluidor-pagador;

Considerando a necessidade de regulamentar o art. 2º da Lei nº 4.771, de 1965, no que concerne às Áreas de Preservação Permanente no entorno dos reservatórios artificiais;

Considerando as responsabilidades assumidas pelo Brasil por força da Convenção da Biodiversidade, de 1992, da Convenção de Ramsar, de 1971 e da Convenção de Washington, de 1940, bem como os compromissos derivados da Declaração do Rio de Janeiro, de 1992;

Considerando que as Áreas de Preservação Permanente e outros espaços territoriais especialmente protegidos, como instrumento de relevante interesse ambiental, integram o desenvolvimento sustentável, objetivo das presentes e futuras gerações;

Considerando a função ambiental das Áreas de Preservação Permanente de preservar os recursos hídricos, a paisagem, a estabilidade geológica, a biodiversidade, o fluxo gênico de fauna e flora, proteger o solo e assegurar o bem estar das populações humanas, resolve:

**Art. 1º.** Constitui objeto da presente Resolução o estabelecimento de parâmetros, definições e limites para as Áreas de Preservação Permanente de reservatório artificial e a instituição da elaboração obrigatória de plano ambiental de conservação e uso do seu entorno.

✪ **Art. 2º.** Para efeito desta Resolução são adotadas as seguintes definições:

**I** - Reservatório artificial: acumulação não natural de água destinada a quaisquer de seus múltiplos usos;

**II** - Área de Preservação Permanente: a área marginal ao redor do reservatório artificial e suas ilhas, com a função ambiental de preservar os recursos hídricos, a paisagem, a estabilidade geológica, a biodiversidade, o fluxo gênico de fauna e flora, proteger o solo e assegurar o bem estar das populações humanas;

**III** - Plano Ambiental de Conservação e Uso do Entorno de Reservatório Artificial: conjunto de diretrizes e proposições com o objetivo de disciplinar a conservação, recupe- ração, o uso e ocupação do entorno do reservatório artificial, respeitados os parâmetros estabelecidos nesta Resolução e em outras normas aplicáveis;

**IV** - Nível Máximo Normal: é a cota máxima normal de operação do reservatório;

**V** - Área Urbana Consolidada: aquela que atende aos seguintes critérios:

*a)* definição legal pelo poder público;

*b)* existência de, no mínimo, quatro dos seguintes equipamentos de infra-estrutura urbana:

1) malha viária com canalização de águas pluviais,

2) rede de abastecimento de água;

3) rede de esgoto;

4) distribuição de energia elétrica e iluminação pública;

5) recolhimento de resíduos sólidos urbanos;

6) tratamento de resíduos sólidos urbanos; e

*c)* densidade demográfica superior a cinco mil habitantes por $km^2$.

**Art 3º.** Constitui Área de Preservação Permanente a área com largura mínima, em projeção horizontal, no entorno dos reservatórios artificiais, medida a partir do nível máximo normal de:

**I** - trinta metros para os reservatórios artificiais situados em áreas urbanas consolidadas e cem metros para áreas rurais;

**II** - quinze metros, no mínimo, para os reservatórios artificiais de geração de energia elétrica com até dez hectares, sem prejuízo da compensação ambiental;

**III** - quinze metros, no mínimo, para reservatórios artificiais não utilizados em abas- tecimento público ou geração de energia elétrica, com até vinte hectares de superfície e localizados em área rural.

**§ 1º** Os limites da Área de Preservação Permanente, previstos no inciso I, poderão ser ampliados ou reduzidos, observando-se o patamar mínimo de trinta metros, conforme estabelecido no licenciamento ambiental e no plano de recursos hídricos da bacia onde o reservatório se insere, se houver.

**§ 2º** Os limites da Área de Preservação Permanente, previstos no inciso II, somente poderão ser ampliados, conforme estabelecido no licenciamento ambiental, e, quando houver, de acordo com o plano de recursos hídricos da bacia onde o reservatório se insere.

**§ 3º** A redução do limite da Área de Preservação Permanente, prevista no § 1º deste artigo não se aplica às áreas de ocorrência original da floresta ombrófila densa - porção amazônica, inclusive os cerradões e aos reservatórios artificiais utilizados para fins de abastecimento público.

**§ 4º** A ampliação ou redução do limite das Áreas de Preservação Permanente, a que se refere o § 1º, deverá ser estabelecida considerando, no mínimo, os seguintes critérios:

**I** - características ambientais da bacia hidrográfica;

**II** - geologia, geomorfologia, hidrogeologia e fisiografia da bacia hidrográfica;

**III** - tipologia vegetal;

**IV** - representatividade ecológica da área no bioma presente dentro da bacia hidro- gráfica em que está inserido, notadamente a existência de espécie ameaçada de extinção e a importância da área como corredor de biodiversidade;

**V** - finalidade do uso da água;

**VI** - uso e ocupação do solo no entorno;

**VII** - o impacto ambiental causado pela implantação do reservatório e no entorno da Área de Preservação Permanente até a faixa de cem metros.

**§ 5º**. Na hipótese de redução, a ocupação urbana, mesmo com parcelamento do solo através de loteamento ou subdivisão em partes ideais, dentre outros mecanismos, não poderá exceder a dez por cento dessa área, ressalvadas as benfeitorias existentes na área urbana consolidada, à época da solicitação da licença prévia ambiental.

**§ 6º**. Não se aplicam as disposições deste artigo às acumulações artificiais de água, inferiores a cinco hectares de superfície, desde que não resultantes do barramento ou represamento de cursos d`água e não localizadas em Área de Preservação Permanente, à exceção daquelas destinadas ao abastecimento público.

**Art. 4º**. O empreendedor, no âmbito do procedimento de licenciamento ambiental, deve elaborar o plano ambiental de conservação e uso do entorno de reservatório artificial em conformidade com o termo de referência expedido pelo órgão ambiental competente, para os reservatórios artificiais destinados à geração de energia e abastecimento público.

**§ 1º**. Cabe ao órgão ambiental competente aprovar o plano ambiental de conservação e uso do entorno dos reservatórios artificiais, considerando o plano de recursos hídricos, quando houver, sem prejuízo do procedimento de licenciamento ambiental.

**§ 2º**. A aprovação do plano ambiental de conservação e uso do entorno dos reservatórios artificiais deverá ser precedida da realização de consulta pública, sob pena de nulidade do ato administrativo, na forma da Resolução CONAMA nº 9, de 3 de dezembro de 1987, naquilo que for aplicável, informando-se ao Ministério Público com antecedência de trinta dias da respectiva data.

**§ 3º** Na análise do plano ambiental de conservação e uso de que trata este artigo, será ouvido o respectivo comitê de bacia hidrográfica, quando houver.

**§ 4º** O plano ambiental de conservação e uso poderá indicar áreas para implantação de pólos turísticos e lazer no entorno do reservatório artificial, que não poderão exceder a dez por cento da área total do seu entorno.

**§ 5º** As áreas previstas no parágrafo anterior somente poderão ser ocupadas respeitadas a legislação municipal, estadual e federal, e desde que a ocupação esteja devidamente licenciada pelo órgão ambiental competente.

**Art. 5º** Aos empreendimentos objeto de processo de privatização, até a data de publicação desta Resolução, aplicam-se as exigências ambientais vigentes à época da privatização, inclusive os cem metros mínimos de Área de Preservação Permanente.

**Parágrafo único.** Aos empreendimentos que dispõem de licença de operação aplicam- se as exigências nela contidas.

**Art. 6º** Esta Resolução entra em vigor na data de sua publicação, incidindo, inclusive, sobre os processos de licenciamento ambiental em andamento.

JOSÉ CARLOS CARVALHO
Presidente do Conselho

- Este texto não substitui o publicado no DOU, de 13 de maio de 2002.

## RESOLUÇÃO CONAMA Nº 303, DE 20 DE MARÇO DE 2002

- Publicada no DOU nº 90, de 13 de maio de 2002, Seção 1, página 68

*Dispõe sobre parâmetros, definições e limites de Áreas de Preservação Permanente.*

- O STF, por unanimidade, julgou parcialmente procedente a ADPF 748 para declarar a inconstitucionalidade da Resolução CONAMA nº 500/2020, com a imediata restauração da vigência e eficácia das Resoluções CONAMA nºs 284/2001, 302/2002 e 303/2002, como já definido na medida cautelar implementada, e julgou improcedente o pedido de inconstitucionalidade da Resolução CONAMA nº 499/2020. (DJE de 30.05.2022)

O CONSELHO NACIONAL DO MEIO AMBIENTE--CONAMA, no uso das competências que lhe são conferidas pela Lei nº 6.938, de 31 de agosto de 1981, regulamentada pelo Decreto nº99.274,de6dejunhode1990,etendoemvista odispostonasLeisnºs4.771,de 15 de setembro de 1965, 9.433, de 8 de janeiro de 1997, e o seu Regimento Interno, e

Considerando a função sócio-ambiental da propriedade prevista nos arts. 5º, inciso XXIII, 170, inciso VI, 182, § 2º, 186, inciso II e 225 da Constituição e os princípios da prevenção, da precaução e do poluidor-pagador;

Considerando a necessidade de regulamentar o art. 2º da Lei nº 4.771, de 15 de setembro de 1965, no que concerne às Áreas de Preservação Permanente;

Considerando as responsabilidades assumidas pelo Brasil por força da Convenção da Biodiversidade, de 1992, da Convenção Ramsar, de 1971 e da Convenção de Washington, de 1940, bem como os compromissos derivados da Declaração do Rio de Janeiro, de 1992; Considerando a conveniência de regulamentar os arts. 2º e 3º da Lei no 4.771, de 15 de setembro de 1965, no que concerne às Áreas de Preservação Permanente; *(Considerando acrescentado pela Resolução nº 341/03)*

Considerando ser dever do Poder Público e dos particulares preservar a biodiversidade, notadamente a flora, a fauna, os recursos hídricos, as belezas naturais e o equilíbrio ecológico, evitando a poluição das águas, solo e ar, pressuposto intrínseco ao reconhecimento e exercício do direito de propriedade, nos termos dos arts. 5º, *caput* (direito à vida) e inciso XXIII (função social da propriedade), 170, VI, 186, II, e 225, todos da Constituição Federal, bem como do art. 1.299, do Código Civil, que obriga o proprietário e posseiro a respeitarem os regulamentos administrativos; *(Considerando acrescentado pela Resolução nº 341/03)*

Considerando a função fundamental das dunas na dinâmica da zona costeira, no controle dos processos erosivos e na formação e recarga de aqüíferos; *(Considerando acrescentado pela Resolução nº 341/03)*

Considerando a excepcional beleza cênica e paisagística das dunas, e a importância da manutenção dos seus atributos para o turismo sustentável; *(Considerando acrescentado pela Resolução nº 341/03)*

Considerando que as Áreas de Preservação Permanente e outros espaços territoriais especialmente protegidos, como instrumentos de relevante interesse ambiental, integram o desenvolvimento sustentável, objetivo das presentes e futuras gerações, resolve:

**Art. 1º.** Constitui objeto da presente Resolução o estabelecimento de parâmetros, definições e limites referentes às Áreas de Preservação Permanente.

✪ **Art. 2º.** Para os efeitos desta Resolução, são adotadas as seguintes definições:

**I** - nível mais alto: nível alcançado por ocasião da cheia sazonal do curso d'água perene ou intermitente;

**II** - nascente ou olho d'água: local onde aflora naturalmente, mesmo que de forma intermitente, a água subterrânea;

**III** - vereda: espaço brejoso ou encharcado, que contém nascentes ou cabeceiras de cursos d`água, onde há ocorrência de solos hidromórficos, caracterizado predominante- mente por renques de buritis do brejo (Mauritia flexuosa) e outras formas de vegetação típica;

**IV** - morro: elevação do terreno com cota do topo em relação a base entre cinqüenta e trezentos metros e encostas comdeclividade superior a trinta por cento (aproximadamente dezessete graus) na linha de maior declividade;

**V** - montanha: elevação do terreno com cota em relação a base superior a trezentos metros;

**VI** - base de morro ou montanha: plano horizontal definido por planície ou superfície de lençol d`água adjacente ou, nos relevos ondulados, pela cota da depressão mais baixa ao seu redor;

**VII** - linha de cumeada: linha que une os pontos mais altos de uma seqüência de morros ou de montanhas, constituindo-se no divisor de águas;

**VIII** - restinga: depósito arenoso paralelo à linha da costa, de forma geralmente alongada, produzido por processos de sedimentação, onde se encontram diferentes comunidades que recebem influência marinha, também consideradas comunidades edáficas por dependerem mais da natureza do substrato do que do clima. A cobertura vegetal nas restingas ocorre em mosaico, e encontra-se em praias, cordões arenosos, dunas e depres- sões, apresentando, de acordo com o estágio sucessional, estrato herbáceo, arbustivo e arbóreo, este último mais interiorizado;

**IX** - manguezal: ecossistema litorâneo que ocorre em terrenos baixos, sujeitos à ação das marés, formado por vasas lodosas recentes ou arenosas, às quais se associa, predominantemente, a vegetação natural conhecida comomangue, cominfluência flúvio-marinha, típica de solos limosos de regiões estuarinas e com dispersão descontínua ao longo da costa brasileira, entre os estados do Amapá e Santa Catarina;

**X** - duna: unidade geomorfológica de constituição predominante arenosa, com aparência de cômoro ou colina, produzida pela ação dos ventos, situada no litoral ou no interior do continente, podendo estar recoberta, ou não, por vegetação;

**XI** - tabuleiro ou chapada: paisagem de topografia plana, com declividade média inferior a dez por cento, aproximadamente seis graus e superfície superior a dez hectares, terminada de forma abrupta em escarpa, caracterizando-se a chapada por grandes superfícies a mais de seiscentos metros de altitude;

**XII** - escarpa: rampa de terrenos com inclinação igual ou superior a quarenta e cinco graus, que delimitam relevos de tabuleiros, chapadas e planalto, estando limitada no topo pela ruptura positiva de declividade (linha de escarpa) e no sopé por ruptura negativa de declividade, englobando os depósitos de colúvio que localizam-se próximo ao sopé da escarpa;

**XIII** - área urbana consolidada: aquela que atende aos seguintes critérios:

*a)* definição legal pelo poder público;

*b)* existência de, no mínimo, quatro dos seguintes equipamentos de infra-estrutura urbana:

1) malha viária com canalização de águas pluviais,

2) rede de abastecimento de água;

3) rede de esgoto;

4) distribuição de energia elétrica e iluminação pública;

5) recolhimento de resíduos sólidos urbanos;

6) tratamento de resíduos sólidos urbanos; e

*c)* densidade demográfica superior a cinco mil habitantes por km$^2$.

✪ **Art. 3º.** Constitui Área de Preservação Permanente a área situada:

**I** - em faixa marginal, medida a partir do nível mais alto, em projeção horizontal, com largura mínima, de:

*a)* trinta metros, para o curso d'água com menos de dez metros de largura;

*b)* cinqüenta metros, para o curso d'água com dez a cinqüenta metros de largura;

*c)* cem metros, para o curso d'água com cinqüenta a duzentos metros de largura;

*d)* duzentos metros, para o curso d'água com duzentos a seiscentos metros de largura;

*e)* quinhentos metros, para o curso d'água com mais de seiscentos metros de largura;

**II** - ao redor de nascente ou olho d'água, ainda que intermitente, com raio mínimo de cinqüenta metros de tal forma que proteja, em cada caso, a bacia hidrográfica contribuinte;

**III** - ao redor de lagos e lagoas naturais, em faixa com metragem mínima de:

*a)* trinta metros, para os que estejam situados em áreas urbanas consolidadas;

*b)* cem metros, para as que estejam em áreas rurais, exceto os corpos d`água com até vinte hectares de superfície, cuja faixa marginal será de cinqüenta metros;

**IV** - em vereda e em faixa marginal, em projeção horizontal, com largura mínima de cinqüenta metros, a partir do limite do espaço brejoso e encharcado;

**V** - no topo de morros e montanhas, em áreas delimitadas a partir da curva de nível correspondente a dois terços da altura mínima da elevação em relação a base;

**VI** - nas linhas de cumeada, em área delimitada a partir da curva de nível correspondente a dois terços da altura, em relação à base, do pico mais baixo da cumeada, fixando-se a curva de nível para cada segmento da linha de cumeada equivalente a mil metros;

**VII** - em encosta ou parte desta, com declividade superior a cem por cento ou quarenta e cinco graus na linha de maior declive;

**VIII** - nas escarpas e nas bordas dos tabuleiros e chapadas, a partir da linha de ruptura em faixa nunca inferior a cem metros em projeção horizontal no sentido do reverso da escarpa;

**IX** - nas restingas:

*a)* em faixa mínima de trezentos metros, medidos a partir da linha de preamar máxima;

*b)* em qualquer localização ou extensão, quando recoberta por vegetação com função fixadora de dunas ou estabilizadora de mangues;

**X** - em manguezal, em toda a sua extensão;

**XI** - em duna;

**XII** - em altitude superior a mil e oitocentos metros, ou, em Estados que não tenham tais elevações, a critério do órgão ambiental competente;

**XIII** - nos locais de refúgio ou reprodução de aves migratórias;

**XIV** - nos locais de refúgio ou reprodução de exemplares da fauna ameaçados de extinção que constem de lista elaborada pelo Poder Público Federal, Estadual ou Municipal;

**XV** - nas praias, em locais de nidificação e reprodução da fauna silvestre.

**Parágrafo único.** Na ocorrência de dois ou mais morros ou montanhas cujos cumes estejam separados entre si por distâncias inferiores a quinhentos metros, a Área de Preservação Permanente abrangerá o conjunto de morros ou montanhas, delimitada a partir da curva de nível correspondente a dois terços da altura em relação à base do morro ou montanha de menor altura do conjunto, aplicando-se o que segue:

**I** - agrupam-se os morros ou montanhas cuja proximidade seja de até quinhentos metros entre seus topos;

**II** - identifica-se o menor morro ou montanha;

**III** - traça-se uma linha na curva de nível correspondente a dois terços deste; e

**IV** - considera-se de preservação permanente toda a área acima deste nível.

**Art. 4º.** O CONAMA estabelecerá, em Resolução específica, parâmetros das Áreas de

Preservação Permanente de reservatórios artificiais e o regime de uso de seu entorno.

**Art. 5º.** Esta Resolução entra em vigor na data de sua publicação, revogando-se a Resolução CONAMA nº 4, de 18 de setembro de 1985.

JOSÉ CARLOS CARVALHO - Presidente do Conselho

‣ Este texto não substitui o publicado no DOU, de 13 de maio de 2002.

# LEI Nº 11.105, DE 24 DE MARÇO DE 2005

*Regulamenta os incisos II, IV e V do § 1º do art. 225 da Constituição Federal, estabelece normas de segurança e mecanismos de fiscalização de atividades que envolvam organismos geneticamente modificados – OGM e seus derivados, cria o Conselho Nacional de Biossegurança – CNBS, reestrutura a Comissão Técnica Nacional de Biossegurança – CTNBio, dispõe sobre a Política Nacional de Biossegurança – PNB, revoga a Lei nº 8.974, de 5 de janeiro de 1995, e a Medida Provisória nº 2.191-9, de 23 de agosto de 2001, e os arts. 5º, 6º, 7º, 8º, 9º, 10 e 16 da Lei nº 10.814, de 15 de dezembro de 2003, e dá outras providências.*

O PRESIDENTE DA REPÚBLICA

Faço saber que o Congresso Nacional decreta e eu sanciono a seguinte Lei:

‣ Lei 13.123/2015: art. 6º.
‣ Lei 9.985/2000 – Regulamenta o art. 225, § 1º, incisos I, II, III e VII da CF, institui o Sistema Nacional de Unidades de Conservação da Natureza.
‣ Decreto 5.591/2005 – Regulamenta dispositivos da Lei 11.105/2005.

## CAPÍTULO I. DISPOSIÇÕES PRELIMINARES E GERAIS

✪ **Art. 1º.** Esta Lei estabelece normas de segurança e mecanismos de fiscalização sobre a construção, o cultivo, a produção, a manipulação, o transporte, a transferência, a importação, a exportação, o armazenamento, a pesquisa, a comercialização, o consumo, a liberação no meio ambiente e o descarte de organismos geneticamente modificados – OGM e seus derivados, tendo como diretrizes o estímulo ao avanço científico na área de biossegurança e biotecnologia, a proteção à vida e à saúde humana, animal e vegetal, e a observância do princípio da precaução para a proteção do meio ambiente.

**§ 1º.** Para os fins desta Lei, considera-se atividade de pesquisa a realizada em laboratório, regime de contenção ou campo, como parte do processo de obtenção de OGM e seus derivados ou de avaliação da biossegurança de OGM e seus derivados, o que engloba, no âmbito experimental, a construção, o cultivo, a manipulação, o transporte, a transferência, a importação, a exportação, o armazenamento, a liberação no meio ambiente e o descarte de OGM e seus derivados.

**§ 2º.** Para os fins desta Lei, considera-se atividade de uso comercial de OGM e seus derivados a que não se enquadra como atividade de pesquisa, e que trata do cultivo, da produção, da manipulação, do transporte, da transferência, da comercialização, da importação, da exportação, do armazenamento, do consumo, da liberação e do descarte de OGM e seus derivados para fins comerciais.

✪ **Art. 2º.** As atividades e projetos que envolvam OGM e seus derivados, relacionados ao ensino com manipulação de organismos vivos, à pesquisa científica, ao desenvolvimento tecnológico e à produção industrial ficam restritos ao âmbito de entidades de direito público ou privado, que serão responsáveis pela obediência aos preceitos desta Lei e de sua regulamentação, bem como pelas eventuais consequências ou efeitos advindos de seu descumprimento.

**§ 1º.** Para os fins desta Lei, consideram-se atividades e projetos no âmbito de entidade os conduzidos em instalações próprias ou sob a responsabilidade administrativa, técnica ou científica da entidade.

**§ 2º.** As atividades e projetos de que trata este artigo são vedados a pessoas físicas em atuação autônoma e independente, ainda que mantenham vínculo empregatício ou qualquer outro com pessoas jurídicas.

**§ 3º.** Os interessados em realizar atividade prevista nesta Lei deverão requerer autorização à Comissão Técnica Nacional de Biossegurança – CTNBio, que se manifestará no prazo fixado em regulamento.

**§ 4º.** As organizações públicas e privadas, nacionais, estrangeiras ou internacionais, financiadoras ou patrocinadoras de atividades ou de projetos referidos no *caput* deste artigo devem exigir a apresentação de Certificado de Qualidade em Biossegurança, emitido pela CTNBio, sob pena de se tornarem corresponsáveis pelos eventuais efeitos decorrentes do descumprimento desta Lei ou de sua regulamentação.

✪ **Art. 3º.** Para os efeitos desta Lei, considera-se:

**I** – organismo: toda entidade biológica capaz de reproduzir ou transferir material genético, inclusive vírus e outras classes que venham a ser conhecidas;

**II** – ácido desoxirribonucleico – ADN, ácido ribonucleico – ARN: material genético que contém informações determinantes dos caracteres hereditários transmissíveis à descendência;

**III** – moléculas de ADN/ARN recombinante: as moléculas manipuladas fora das células vivas mediante a modificação de segmentos de ADN/ARN natural ou sintético e que possam multiplicar-se em uma célula viva, ou ainda as moléculas de ADN/ARN resultantes dessa multiplicação; consideram-se também os segmentos de ADN/ARN sintéticos equivalentes aos de ADN/ARN natural;

**IV** – engenharia genética: atividade de produção e manipulação de moléculas de ADN/ARN recombinante;

**V** – organismo geneticamente modificado – OGM: organismo cujo material genético – ADN/ARN tenha sido modificado por qualquer técnica de engenharia genética;

**VI** – derivado de OGM: produto obtido de OGM e que não possua capacidade autônoma de replicação ou que não contenha forma viável de OGM;

**VII** – célula germinal humana: célula-mãe responsável pela formação de gametas presentes nas glândulas sexuais femininas e masculinas e suas descendentes diretas em qualquer grau de ploidia;

**VIII** – clonagem: processo de reprodução assexuada, produzida artificialmente, baseada em um único patrimônio genético, com ou sem utilização de técnicas de engenharia genética;

**IX** – clonagem para fins reprodutivos: clonagem com a finalidade de obtenção de um indivíduo;

**X** – clonagem terapêutica: clonagem com a finalidade de produção de células-tronco embrionárias para utilização terapêutica;

**XI** – células-tronco embrionárias: células de embrião que apresentam a capacidade de se transformar em células de qualquer tecido de um organismo.

**§ 1º.** Não se inclui na categoria de OGM o resultante de técnicas que impliquem a introdução direta, num organismo, de material hereditário, desde que não envolvam a utilização de moléculas de ADN/ARN recombinante ou OGM, inclusive fecundação *in vitro*, conjugação, transdução, transformação, indução poliploide e qualquer outro processo natural.

**§ 2º.** Não se inclui na categoria de derivado de OGM a substância pura, quimicamente definida, obtida por meio de processos biológicos e que não contenha OGM, proteína heteróloga ou ADN recombinante.

**Art. 4º.** Esta Lei não se aplica quando a modificação genética for obtida por meio das seguintes técnicas, desde que não impliquem a utilização de OGM como receptor ou doador:

**I** – mutagênese;

**II** – formação e utilização de células somáticas de hibridoma animal;

**III** – fusão celular, inclusive a de protoplasma, de células vegetais, que possa ser produzida mediante métodos tradicionais de cultivo;

**IV** – autoclonagem de organismos não patogênicos que se processe de maneira natural.

✪ **Art. 5º.** É permitida, para fins de pesquisa e terapia, a utilização de células-tronco embrionárias obtidas de embriões humanos produzidos por fertilização *in vitro* e não utilizados no respectivo procedimento, atendidas as seguintes condições:

**I** – sejam embriões inviáveis; ou

**II** – sejam embriões congelados há 3 (três) anos ou mais, na data da publicação desta Lei, ou que, já congelados na data da publicação desta Lei, depois de completarem 3 (três) anos, contados a partir da data de congelamento.

**§ 1º.** Em qualquer caso, é necessário o consentimento dos genitores.

**§ 2º.** Instituições de pesquisa e serviços de saúde que realizem pesquisa ou terapia com células-tronco embrionárias humanas deverão submeter seus projetos à apreciação e aprovação dos respectivos comitês de ética em pesquisa.

**§ 3º.** É vedada a comercialização do material biológico a que se refere este artigo e sua prática implica o crime tipificado no art. 15 da Lei nº 9.434, de 4 de fevereiro de 1997.

✪ **Art. 6º.** Fica proibido:

**I** – implementação de projeto relativo a OGM sem a manutenção de registro de seu acompanhamento individual;

**II** – engenharia genética em organismo vivo ou o manejo *in vitro* de ADN/ARN natural ou recombinante, realizado em desacordo com as normas previstas nesta Lei;

**III** – engenharia genética em célula germinal humana, zigoto humano e embrião humano;

**IV** – clonagem humana;

**V** – destruição ou descarte no meio ambiente de OGM e seus derivados em desacordo com as normas estabelecidas pela CTNBio, pelos órgãos e entidades de registro e fiscalização, referidos no art. 16 desta Lei, e as constantes desta Lei e de sua regulamentação;

**VI** – liberação no meio ambiente de OGM ou seus derivados, no âmbito de atividades de pesquisa, sem a decisão técnica favorável da CTNBio e, nos casos de liberação comercial, sem o parecer técnico favorável da CTNBio, ou sem o licenciamento do órgão ou entidade ambiental responsável, quando a CTNBio considerar a atividade como potencialmente causadora de degradação ambiental, ou sem a aprovação do Conselho Nacional de Biossegurança – CNBS, quando o processo tenha sido por ele avocado, na forma desta Lei e de sua regulamentação;

**VII** – a utilização, a comercialização, o registro, o patenteamento e o licenciamento de tecnologias genéticas de restrição do uso.

**Parágrafo único.** Para os efeitos desta Lei, entende-se por tecnologias genéticas de restrição do uso qualquer processo de intervenção humana para geração ou multiplicação de plantas geneticamente modificadas para produzir estruturas reprodutivas estéreis, bem como qualquer forma de manipulação genética que vise à ativação ou desativação de genes relacionados à fertilidade das plantas por indutores químicos externos.

**Art. 7º.** São obrigatórias:

**I** – a investigação de acidentes ocorridos no curso de pesquisas e projetos na área de engenharia genética e o envio de relatório respectivo à autoridade competente no prazo máximo de 5 (cinco) dias a contar da data do evento;

**II** – a notificação imediata à CTNBio e às autoridades da saúde pública, da defesa agropecuária e do meio ambiente sobre acidente que possa provocar a disseminação de OGM e seus derivados;

**III** – a adoção de meios necessários para plenamente informar à CTNBio, às autoridades da saúde pública, do meio ambiente, da defesa agropecuária, à coletividade e aos demais empregados da instituição ou empresa sobre os riscos a que possam estar submetidos, bem como os procedimentos a serem tomados no caso de acidentes com OGM.

## CAPÍTULO II. DO CONSELHO NACIONAL DE BIOSSEGURANÇA – CNBS

**Art. 8º.** Fica criado o Conselho Nacional de Biossegurança – CNBS, vinculado à Presidência da República, órgão de assessoramento superior do Presidente da República para a formulação e implementação da Política Nacional de Biossegurança – PNB.

**§ 1º**. Compete ao CNBS:

**I** – fixar princípios e diretrizes para a ação administrativa dos órgãos e entidades federais com competências sobre a matéria;

**II** – analisar, a pedido da CTNBio, quanto aos aspectos da conveniência e oportunidade socioeconômicas e do interesse nacional, os pedidos de liberação para uso comercial de OGM e seus derivados;

**III** – avocar e decidir, em última e definitiva instância, com base em manifestação da CTNBio e, quando julgar necessário, dos órgãos e entidades referidos no art. 16 desta Lei, no âmbito de suas competências, sobre os processos relativos a atividades que envolvam o uso comercial de OGM e seus derivados;

**IV** – *(VETADO).*

**§ 2º**. *(VETADO).*

**§ 3º**. Sempre que o CNBS deliberar favoravelmente à realização da atividade analisada, encaminhará sua manifestação aos órgãos e entidades de registro e fiscalização referidos no art. 16 desta Lei.

**§ 4º**. Sempre que o CNBS deliberar contrariamente à atividade analisada, encaminhará sua manifestação à CTNBio para informação ao requerente.

**Art. 9º.** O CNBS é composto pelos seguintes membros:

**I** – Ministro de Estado Chefe da Casa Civil da Presidência da República, que o presidirá;

**II** – Ministro de Estado da Ciência e Tecnologia;

**III** – Ministro de Estado do Desenvolvimento Agrário;

**IV** – Ministro de Estado da Agricultura, Pecuária e Abastecimento;

**V** – Ministro de Estado da Justiça;

**VI** – Ministro de Estado da Saúde;

**VII** – Ministro de Estado do Meio Ambiente;

**VIII** – Ministro de Estado do Desenvolvimento, Indústria e Comércio Exterior;

**IX** – Ministro de Estado das Relações Exteriores;

**X** – Ministro de Estado da Defesa;

**XI** – Secretário Especial de Aquicultura e Pesca da Presidência da República.

**§ 1º**. O CNBS reunir-se-á sempre que convocado pelo Ministro de Estado Chefe da Casa Civil da Presidência da República, ou mediante provocação da maioria de seus membros.

**§ 2º**. *(VETADO).*

**§ 3º**. Poderão ser convidados a participar das reuniões, em caráter excepcional, representantes do setor público e de entidades da sociedade civil.

**§ 4º**. O CNBS contará com uma Secretaria-Executiva, vinculada à Casa Civil da Presidência da República.

**§ 5º**. A reunião do CNBS poderá ser instalada com a presença de 6 (seis) de seus membros e as decisões serão tomadas com votos favoráveis da maioria absoluta.

## CAPÍTULO III. DA COMISSÃO TÉCNICA NACIONAL DE BIOSSEGURANÇA – CTNBIO

**Art. 10.** A CTNBio, integrante do Ministério da Ciência e Tecnologia, é instância colegiada multidisciplinar de caráter consultivo e deliberativo, para prestar apoio técnico e de assessoramento ao Governo Federal na formulação, atualização e implementação da PNB de OGM e seus derivados, bem como no estabelecimento de normas técnicas de segurança e de pareceres técnicos referentes à autorização para atividades que envolvam pesquisa e uso comercial de OGM e seus derivados, com base na avaliação de seu risco zoofitossanitário, à saúde humana e ao meio ambiente.

**Parágrafo único.** A CTNBio deverá acompanhar o desenvolvimento e o progresso técnico e científico nas áreas de biossegurança, biotecnologia, bioética e afins, com o objetivo de aumentar sua capacitação para a proteção da saúde humana, dos animais e das plantas e do meio ambiente.

**Art. 11.** A CTNBio, composta de membros titulares e suplentes, designados pelo Ministro de Estado da Ciência e Tecnologia, será constituída por 27 (vinte e sete) cidadãos brasileiros de reconhecida competência técnica, de notória atuação e saber científicos, com grau acadêmico de doutor e com destacada atividade profissional nas áreas de biossegurança, biotecnologia, biologia, saúde humana e animal ou meio ambiente, sendo:

**I** - 12 (doze) especialistas de notório saber científico e técnico, em efetivo exercício profissional, sendo:

*a)* 3 (três) da área de saúde humana;

*b)* 3 (três) da área animal;

*c)* 3 (três) da área vegetal;

*d)* 3 (três) da área de meio ambiente;

**II** - um representante de cada um dos seguintes órgãos, indicados pelos respectivos titulares:

*a)* Ministério da Ciência e Tecnologia;

*b)* Ministério da Agricultura, Pecuária e Abastecimento;

*c)* Ministério da Saúde;

*d)* Ministério do Meio Ambiente;

*e)* Ministério do Desenvolvimento Agrário;

- Lei 13.341/2016: art. 1º, V.

*f)* Ministério do Desenvolvimento, Indústria e Comércio Exterior;

- Lei 13.341/2016: art. 2º, I (transformou o Ministério do Desenvolvimento, Indústria e Comércio Exterior em Ministério da Indústria, Comércio Exterior e Serviços).

*g)* Ministério da Defesa;

*h)* Secretaria Especial de Aquicultura e Pesca da Presidência da República;

*i)* Ministério das Relações Exteriores;

**III** - um especialista em defesa do consumidor, indicado pelo Ministro da Justiça;

**IV** - um especialista na área de saúde, indicado pelo Ministro da Saúde;

**V** - um especialista em meio ambiente, indicado pelo Ministro do Meio Ambiente;

**VI** - um especialista em biotecnologia, indicado pelo Ministro da Agricultura, Pecuária e Abastecimento;

**VII** - um especialista em agricultura familiar, indicado pelo Ministro do Desenvolvimento Agrário;

**VIII** - um especialista em saúde do trabalhador, indicado pelo Ministro do Trabalho e Emprego.

**§ 1º.** Os especialistas de que trata o inciso I do *caput* deste artigo serão escolhidos a partir de lista tríplice, elaborada com a participação das sociedades científicas, conforme disposto em regulamento.

**§ 2º.** Os especialistas de que tratam os incisos III a VIII do *caput* deste artigo serão escolhidos a partir de lista tríplice, elaborada pelas organizações da sociedade civil, conforme disposto em regulamento.

**§ 3º.** Cada membro efetivo terá um suplente, que participará dos trabalhos na ausência do titular.

**§ 4º.** Os membros da CTNBio terão mandato de 2 (dois) anos, renovável por até mais 2 (dois) períodos consecutivos.

**§ 5º.** O presidente da CTNBio será designado, entre seus membros, pelo Ministro da Ciência e Tecnologia para um mandato de 2 (dois) anos, renovável por igual período.

**§ 6º.** Os membros da CTNBio devem pautar a sua atuação pela observância estrita dos conceitos ético-profissionais, sendo vedado participar do julgamento de questões com as quais tenham algum envolvimento de ordem profissional ou pessoal, sob pena de perda de mandato, na forma do regulamento.

**§ 7º.** A reunião da CTNBio poderá ser instalada com a presença de 14 (catorze) de seus membros, incluído pelo menos um representante de cada uma das áreas referidas no inciso I do *caput* deste artigo.

**§ 8º.** *(VETADO).*

**§ 8º-A.** As decisões da CTNBio serão tomadas com votos favoráveis da maioria absoluta de seus membros.

**§ 9º.** Órgãos e entidades integrantes da administração pública federal poderão solicitar participação nas reuniões da CTNBio para tratar de assuntos de seu especial interesse, sem direito a voto.

**§ 10.** Poderão ser convidados a participar das reuniões, em caráter excepcional, representantes da comunidade científica e do setor público e entidades da sociedade civil, sem direito a voto.

**Art. 12.** O funcionamento da CTNBio será definido pelo regulamento desta Lei.

**§ 1º.** A CTNBio contará com uma Secretaria-Executiva e cabe ao Ministério da Ciência e Tecnologia prestar-lhe o apoio técnico e administrativo.

**§ 2º**. *(VETADO).*

**Art. 13.** A CTNBio constituirá subcomissões setoriais permanentes na área de saúde humana, na área animal, na área vegetal e na área ambiental, e poderá constituir subcomissões extraordinárias, para análise prévia dos temas a serem submetidos ao plenário da Comissão.

**§ 1º**. Tanto os membros titulares quanto os suplentes participarão das subcomissões setoriais e caberá a todos a distribuição dos processos para análise.

**§ 2º**. O funcionamento e a coordenação dos trabalhos nas subcomissões setoriais e extraordinárias serão definidos no regimento interno da CTNBio.

**Art. 14.** Compete à CTNBio:

**I** – estabelecer normas para as pesquisas com OGM e derivados de OGM;

**II** – estabelecer normas relativamente às atividades e aos projetos relacionados a OGM e seus derivados;

**III** – estabelecer, no âmbito de suas competências, critérios de avaliação e monitoramento de risco de OGM e seus derivados;

**IV** – proceder à análise da avaliação de risco, caso a caso, relativamente a atividades e projetos que envolvam OGM e seus derivados;

**V** – estabelecer os mecanismos de funcionamento das Comissões Internas de Biossegurança – CIBio, no âmbito de cada instituição que se dedique ao ensino, à pesquisa científica, ao desenvolvimento tecnológico e à produção industrial que envolvam OGM ou seus derivados;

**VI** – estabelecer requisitos relativos à biossegurança para autorização de funcionamento de laboratório, instituição ou empresa que desenvolverá atividades relacionadas a OGM e seus derivados;

**VII** – relacionar-se com instituições voltadas para a biossegurança de OGM e seus derivados, em âmbito nacional e internacional;

**VIII** – autorizar, cadastrar e acompanhar as atividades de pesquisa com OGM ou derivado de OGM, nos termos da legislação em vigor;

**IX** – autorizar a importação de OGM e seus derivados para atividade de pesquisa;

**X** – prestar apoio técnico consultivo e de assessoramento ao CNBS na formulação da PNB de OGM e seus derivados;

**XI** – emitir Certificado de Qualidade em Biossegurança – CQB para o desenvolvimento de atividades com OGM e seus derivados em laboratório, instituição ou empresa e enviar cópia do processo aos órgãos de registro e fiscalização referidos no art. 16 desta Lei;

**XII** – emitir decisão técnica, caso a caso, sobre a biossegurança de OGM e seus derivados no âmbito das atividades de pesquisa e de uso comercial de OGM e seus derivados, inclusive a classificação quanto ao grau de risco e nível de biossegurança exigido, bem como medidas de segurança exigidas e restrições ao uso;

**XIII** – definir o nível de biossegurança a ser aplicado ao OGM e seus usos, e os respectivos procedimentos e medidas de segurança quanto ao seu uso, conforme as normas estabelecidas na regulamentação desta Lei, bem como quanto aos seus derivados;

**XIV** – classificar os OGM segundo a classe de risco, observados os critérios estabelecidos no regulamento desta Lei;

**XV** – acompanhar o desenvolvimento e o progresso técnico-científico na biossegurança de OGM e seus derivados;

**XVI** – emitir resoluções, de natureza normativa, sobre as matérias de sua competência;

**XVII** – apoiar tecnicamente os órgãos competentes no processo de prevenção e investigação de acidentes e de enfermidades, verificados no curso dos projetos e das atividades com técnicas de ADN/ARN recombinante;

**XVIII** – apoiar tecnicamente os órgãos e entidades de registro e fiscalização, referidos no art. 16 desta Lei, no exercício de suas atividades relacionadas a OGM e seus derivados;

**XIX** – divulgar no Diário Oficial da União, previamente à análise, os extratos dos pleitos e, posteriormente, dos pareceres dos processos que lhe forem submetidos, bem como dar ampla publicidade no Sistema de Informações em Biossegurança – SIB a sua agenda, processos em trâmite, relatórios anuais, atas das reuniões e demais informações sobre suas atividades, excluídas as informações sigilosas, de interesse comercial, apontadas pelo proponente e assim consideradas pela CTNBio;

**XX** – identificar atividades e produtos decorrentes do uso de OGM e seus derivados potencialmente causadores de degradação do meio ambiente ou que possam causar riscos à saúde humana;

**XXI** – reavaliar suas decisões técnicas por solicitação de seus membros ou por recurso dos órgãos e entidades de registro e fiscalização, fundamentado em fatos ou conhecimentos científicos novos, que sejam relevantes quanto à biossegurança do OGM ou derivado, na forma desta Lei e seu regulamento;

**XXII** – propor a realização de pesquisas e estudos científicos no campo da biossegurança de OGM e seus derivados;

**XXIII** – apresentar proposta de regimento interno ao Ministro da Ciência e Tecnologia.

**§ 1º**. Quanto aos aspectos de biossegurança do OGM e seus derivados, a decisão técnica da

CTNBio vincula os demais órgãos e entidades da administração.

**§ 2º.** Nos casos de uso comercial, dentre outros aspectos técnicos de sua análise, os órgãos de registro e fiscalização, no exercício de suas atribuições em caso de solicitação pela CTNBio, observarão, quanto aos aspectos de biossegurança do OGM e seus derivados, a decisão técnica da CTNBio.

**§ 3º.** Em caso de decisão técnica favorável sobre a biossegurança no âmbito da atividade de pesquisa, a CTNBio remeterá o processo respectivo aos órgãos e entidades referidos no art. 16 desta Lei, para o exercício de suas atribuições.

**§ 4º.** A decisão técnica da CTNBio deverá conter resumo de sua fundamentação técnica, explicitar as medidas de segurança e restrições ao uso do OGM e seus derivados e considerar as particularidades das diferentes regiões do País, com o objetivo de orientar e subsidiar os órgãos e entidades de registro e fiscalização, referidos no art. 16 desta Lei, no exercício de suas atribuições.

**§ 5º.** Não se submeterá a análise e emissão de parecer técnico da CTNBio o derivado cujo OGM já tenha sido por ela aprovado.

**§ 6º.** As pessoas físicas ou jurídicas envolvidas em qualquer das fases do processo de produção agrícola, comercialização ou transporte de produto geneticamente modificado que tenham obtido a liberação para uso comercial estão dispensadas de apresentação do CQB e constituição de CIBio, salvo decisão em contrário da CTNBio.

**Art. 15.** A CTNBio poderá realizar audiências públicas, garantida participação da sociedade civil, na forma do regulamento.

**Parágrafo único.** Em casos de liberação comercial, audiência pública poderá ser requerida por partes interessadas, incluindo-se entre estas organizações da sociedade civil que comprovem interesse relacionado à matéria, na forma do regulamento.

## CAPÍTULO IV.
## DOS ÓRGÃOS E ENTIDADES DE REGISTRO E FISCALIZAÇÃO

**Art. 16.** Caberá aos órgãos e entidades de registro e fiscalização do Ministério da Saúde, do Ministério da Agricultura, Pecuária e Abastecimento e do Ministério do Meio Ambiente, e da Secretaria Especial de Aquicultura e Pesca da Presidência da República entre outras atribuições, no campo de suas competências, observadas a decisão técnica da CTNBio, as deliberações do CNBS e os mecanismos estabelecidos nesta Lei e na sua regulamentação:

**I** - fiscalizar as atividades de pesquisa de OGM e seus derivados;

**II** - registrar e fiscalizar a liberação comercial de OGM e seus derivados;

**III** - emitir autorização para a importação de OGM e seus derivados para uso comercial;

**IV** - manter atualizado no SIB o cadastro das instituições e responsáveis técnicos que realizam atividades e projetos relacionados a OGM e seus derivados;

**V** - tornar públicos, inclusive no SIB, os registros e autorizações concedidas;

**VI** - aplicar as penalidades de que trata esta Lei;

**VII** - subsidiar a CTNBio na definição de quesitos de avaliação de biossegurança de OGM e seus derivados.

**§ 1º.** Após manifestação favorável da CTNBio, ou do CNBS, em caso de avocação ou recurso, caberá, em decorrência de análise específica e decisão pertinente:

**I** - ao Ministério da Agricultura, Pecuária e Abastecimento emitir as autorizações e registros e fiscalizar produtos e atividades que utilizem OGM e seus derivados destinados a uso animal, na agricultura, pecuária, agroindústria e áreas afins, de acordo com a legislação em vigor e segundo o regulamento desta Lei;

**II** - ao órgão competente do Ministério da Saúde emitir as autorizações e registros e fiscalizar produtos e atividades com OGM e seus derivados destinados a uso humano, farmacológico, domissanitário e áreas afins, de acordo com a legislação em vigor e segundo o regulamento desta Lei;

**III** - ao órgão competente do Ministério do Meio Ambiente emitir as autorizações e registros e fiscalizar produtos e atividades que envolvam OGM e seus derivados a serem liberados nos ecossistemas naturais, de acordo com a legislação em vigor e segundo o regulamento desta Lei, bem como o licenciamento, nos casos em que a CTNBio deliberar, na forma desta Lei, que o OGM é potencialmente causador de significativa degradação do meio ambiente;

**IV** - à Secretaria Especial de Aquicultura e Pesca da Presidência da República emitir as autorizações e registros de produtos e atividades com OGM e seus derivados destinados ao uso na pesca e aquicultura, de acordo com a legislação em vigor e segundo esta Lei e seu regulamento.

**§ 2º.** Somente se aplicam as disposições dos incisos I e II do art. 8º e do *caput* do art. 10 da Lei nº 6.938, de 31 de agosto de 1981, nos casos em que a CTNBio deliberar que o OGM é potencialmente causador de significativa degradação do meio ambiente.

**§ 3º.** A CTNBio delibera, em última e definitiva instância, sobre os casos em que a atividade é potencial ou efetivamente causadora de degradação ambiental, bem como sobre a necessidade do licenciamento ambiental.

**§ 4º.** A emissão dos registros, das autorizações e do licenciamento ambiental referidos nesta Lei deverá ocorrer no prazo máximo de 120 (cento e vinte) dias.

**§ 5º.** A contagem do prazo previsto no § 4º deste artigo será suspensa, por até 180 (cento e oitenta) dias, durante a elaboração, pelo requerente, dos estudos ou esclarecimentos necessários.

**§ 6º.** As autorizações e registros de que trata este artigo estarão vinculados à decisão técnica da CTNBio correspondente, sendo vedadas exigências técnicas que extrapolem as condições estabelecidas naquela decisão, nos aspectos relacionados à biossegurança.

**§ 7º.** Em caso de divergência quanto à decisão técnica da CTNBio sobre a liberação comercial de OGM e derivados, os órgãos e entidades de registro e fiscalização, no âmbito de suas competências, poderão apresentar recurso ao CNBS, no prazo de até 30 (trinta) dias, a contar da data de publicação da decisão técnica da CTNBio.

## CAPÍTULO V. DA COMISSÃO INTERNA DE BIOSSEGURANÇA – CIBIO

**Art. 17.** Toda instituição que utilizar técnicas e métodos de engenharia genética ou realizar pesquisas com OGM e seus derivados deverá criar uma Comissão Interna de Biossegurança – CIBio, além de indicar um técnico principal responsável para cada projeto específico.

**Art. 18.** Compete à CIBio, no âmbito da instituição onde constituída:

**I** – manter informados os trabalhadores e demais membros da coletividade, quando suscetíveis de serem afetados pela atividade, sobre as questões relacionadas com a saúde e a segurança, bem como sobre os procedimentos em caso de acidentes;

**II** – estabelecer programas preventivos e de inspeção para garantir o funcionamento das instalações sob sua responsabilidade, dentro dos padrões e normas de biossegurança, definidos pela CTNBio na regulamentação desta Lei;

**III** – encaminhar à CTNBio os documentos cuja relação será estabelecida na regulamentação desta Lei, para efeito de análise, registro ou autorização do órgão competente, quando couber;

**IV** – manter registro do acompanhamento individual de cada atividade ou projeto em desenvolvimento que envolvam OGM ou seus derivados;

**V** – notificar à CTNBio, aos órgãos e entidades de registro e fiscalização, referidos no art. 16 desta Lei, e às entidades de trabalhadores o resultado de avaliações de risco a que estão submetidas as pessoas expostas, bem como qualquer acidente ou incidente que possa provocar a disseminação de agente biológico;

**VI** – investigar a ocorrência de acidentes e as enfermidades possivelmente relacionados a OGM e seus derivados e notificar suas conclusões e providências à CTNBio.

## CAPÍTULO VI. DO SISTEMA DE INFORMAÇÕES EM BIOSSEGURANÇA – SIB

**Art. 19.** Fica criado, no âmbito do Ministério da Ciência e Tecnologia, o Sistema de Informações em Biossegurança – SIB, destinado à gestão das informações decorrentes das atividades de análise, autorização, registro, monitoramento e acompanhamento das atividades que envolvam OGM e seus derivados.

**§ 1º.** As disposições dos atos legais, regulamentares e administrativos que alterem, complementem ou produzam efeitos sobre a legislação de biossegurança de OGM e seus derivados deverão ser divulgadas no SIB concomitantemente com a entrada em vigor desses atos.

**§ 2º.** Os órgãos e entidades de registro e fiscalização, referidos no art. 16 desta Lei, deverão alimentar o SIB com as informações relativas às atividades de que trata esta Lei, processadas no âmbito de sua competência.

## CAPÍTULO VII. DA RESPONSABILIDADE CIVIL E ADMINISTRATIVA

**Art. 20.** Sem prejuízo da aplicação das penas previstas nesta Lei, os responsáveis pelos danos ao meio ambiente e a terceiros responderão, solidariamente, por sua indenização ou reparação integral, independentemente da existência de culpa.

**Art. 21.** Considera-se infração administrativa toda ação ou omissão que viole as normas previstas nesta Lei e demais disposições legais pertinentes.

**Parágrafo único.** As infrações administrativas serão punidas na forma estabelecida no regulamento desta Lei, independentemente das medidas cautelares de apreensão de produtos, suspensão de venda de produto e embargos de atividades, com as seguintes sanções:

**I** – advertência;

**II** – multa;

**III** – apreensão de OGM e seus derivados;

**IV** – suspensão da venda de OGM e seus derivados;

**V** – embargo da atividade;

**VI** – interdição parcial ou total do estabelecimento, atividade ou empreendimento;

**VII** – suspensão de registro, licença ou autorização;

**VIII** – cancelamento de registro, licença ou autorização;

**IX** – perda ou restrição de incentivo e benefício fiscal concedidos pelo governo;

**X** – perda ou suspensão da participação em linha de financiamento em estabelecimento oficial de crédito;

**XI** – intervenção no estabelecimento;

**XII** – proibição de contratar com a administração pública, por período de até 5 (cinco) anos.

**Art. 22.** Compete aos órgãos e entidades de registro e fiscalização, referidos no art. 16 desta Lei, definir critérios, valores e aplicar multas de R$ 2.000,00 (dois mil reais) a R$ 1.500.000,00 (um milhão e quinhentos mil reais), proporcionalmente à gravidade da infração.

**§ 1º**. As multas poderão ser aplicadas cumulativamente com as demais sanções previstas neste artigo.

**§ 2º**. No caso de reincidência, a multa será aplicada em dobro.

**§ 3º**. No caso de infração continuada, caracterizada pela permanência da ação ou omissão inicialmente punida, será a respectiva penalidade aplicada diariamente até cessar sua causa, sem prejuízo da paralisação imediata da atividade ou da interdição do laboratório ou da instituição ou empresa responsável.

**Art. 23.** As multas previstas nesta Lei serão aplicadas pelos órgãos e entidades de registro e fiscalização dos Ministérios da Agricultura, Pecuária e Abastecimento, da Saúde, do Meio Ambiente e da Secretaria Especial de Aquicultura e Pesca da Presidência da República, referidos no art. 16 desta Lei, de acordo com suas respectivas competências.

**§ 1º**. Os recursos arrecadados com a aplicação de multas serão destinados aos órgãos e entidades de registro e fiscalização, referidos no art. 16 desta Lei, que aplicarem a multa.

**§ 2º**. Os órgãos e entidades fiscalizadores da administração pública federal poderão celebrar convênios com os Estados, Distrito Federal e Municípios, para a execução de serviços relacionados à atividade de fiscalização prevista nesta Lei e poderão repassar-lhes parcela da receita obtida com a aplicação de multas.

**§ 3º**. A autoridade fiscalizadora encaminhará cópia do auto de infração à CTNBio.

**§ 4º**. Quando a infração constituir crime ou contravenção, ou lesão à Fazenda Pública ou ao consumidor, a autoridade fiscalizadora representará junto ao órgão competente para apuração das responsabilidades administrativa e penal.

## CAPÍTULO VIII.
## DOS CRIMES E DAS PENAS

**Art. 24.** Utilizar embrião humano em desacordo com o que dispõe o art. 5º desta Lei:

Pena – detenção, de 1 (um) a 3 (três) anos, e multa.

**Art. 25.** Praticar engenharia genética em célula germinal humana, zigoto humano ou embrião humano:

Pena – reclusão, de 1 (um) a 4 (quatro) anos, e multa.

**Art. 26.** Realizar clonagem humana:

Pena – reclusão, de 2 (dois) a 5 (cinco) anos, e multa.

**Art. 27.** Liberar ou descartar OGM no meio ambiente, em desacordo com as normas estabelecidas pela CTNBio e pelos órgãos e entidades de registro e fiscalização:

Pena – reclusão, de 1 (um) a 4 (quatro) anos, e multa.

**§ 1º**. *(VETADO).*

**§ 2º**. Agrava-se a pena:

**I** – de 1/6 (um sexto) a 1/3 (um terço), se resultar dano à propriedade alheia;

**II** – de 1/3 (um terço) até a 1/2 (metade), se resultar dano ao meio ambiente;

**III** – da 1/2 (metade) até 2/3 (dois terços), se resultar lesão corporal de natureza grave em outrem;

**IV** – de 2/3 (dois terços) até o dobro, se resultar a morte de outrem.

**Art. 28.** Utilizar, comercializar, registrar, patentear e licenciar tecnologias genéticas de restrição do uso:

Pena – reclusão, de 2 (dois) a 5 (cinco) anos, e multa.

**Art. 29.** Produzir, armazenar, transportar, comercializar, importar ou exportar OGM ou seus derivados, sem autorização ou em desacordo com as normas estabelecidas pela CTNBio e pelos órgãos e entidades de registro e fiscalização:

Pena – reclusão, de 1 (um) a 2 (dois) anos, e multa.

## CAPÍTULO IX. DISPOSIÇÕES FINAIS E TRANSITÓRIAS

**Art. 30.** Os OGM que tenham obtido decisão técnica da CTNBio favorável a sua liberação comercial até a entrada em vigor desta Lei poderão ser registrados e comercializados, salvo manifestação contrária do CNBS, no prazo de 60 (sessenta) dias, a contar da data da publicação desta Lei.

**Art. 31.** A CTNBio e os órgãos e entidades de registro e fiscalização, referidos no art. 16 desta Lei, deverão rever suas deliberações de caráter normativo, no prazo de 120 (cento e vinte) dias, a fim de promover sua adequação às disposições desta Lei.

**Art. 32.** Permanecem em vigor os Certificados de Qualidade em Biossegurança, comunicados e decisões técnicas já emitidos pela CTNBio, bem como, no que não contrariarem o disposto nesta Lei, os atos normativos emitidos ao amparo da Lei nº 8.974, de 5 de janeiro de 1995.

**Art. 33.** As instituições que desenvolverem atividades reguladas por esta Lei na data de sua publicação deverão adequar-se as suas disposições no prazo de 120 (cento e vinte) dias, contado da publicação do decreto que a regulamentar.

**Art. 34.** Ficam convalidados e tornam-se permanentes os registros provisórios concedidos sob a égide da Lei nº 10.814, de 15 de dezembro de 2003.

**Art. 35.** Ficam autorizadas a produção e a comercialização de sementes de cultivares de soja geneticamente modificadas tolerantes a glifosato registradas no Registro Nacional de Cultivares – RNC do Ministério da Agricultura, Pecuária e Abastecimento.

**Art. 36.** Fica autorizado o plantio de grãos de soja geneticamente modificada tolerante a glifosato, reservados pelos produtores rurais para uso próprio, na safra 2004/2005, sendo vedada a comercialização da produção como semente.

- Decreto 5.534/2005: art. 1º.

**Parágrafo único.** O Poder Executivo poderá prorrogar a autorização de que trata o *caput* deste artigo.

**Art. 37.** A descrição do Código 20 do Anexo VIII da Lei nº 6.938, de 31 de agosto de 1981, acrescido pela Lei nº 10.165, de 27 de dezembro de 2000, passa a vigorar com a seguinte redação:

(...)

**Art. 38.** *(VETADO).*

**Art. 39.** Não se aplica aos OGM e seus derivados o disposto na Lei nº 7.802, de 11 de julho de 1989, e suas alterações, exceto para os casos em que eles sejam desenvolvidos para servir de matéria-prima para a produção de agrotóxicos.

**Art. 40.** Os alimentos e ingredientes alimentares destinados ao consumo humano ou animal que contenham ou sejam produzidos a partir de OGM ou derivados deverão conter informação nesse sentido em seus rótulos, conforme regulamento.

**Art. 41.** Esta Lei entra em vigor na data de sua publicação.

**Art. 42.** Revogam-se a Lei nº 8.974, de 5 de janeiro de 1995, a Medida Provisória nº 2.191-9, de 23 de agosto de 2001, e os arts. 5º, 6º, 7º, 8º, 9º, 10 e 16 da Lei nº 10.814, de 15 de dezembro de 2003.

Brasília, 24 de março de 2005; 184º da Independência e 117º da República.

LUIZ INÁCIO LULA DA SILVA

Publicado no D.O.U. 28.3.2005

# LEI Nº 11.346, DE 15 DE SETEMBRO DE 2006

*Cria o Sistema Nacional de Segurança Alimentar e Nutricional - SISAN com vistas em assegurar o direito humano à alimentação adequada e dá outras providências.*

O PRESIDENTE DA REPÚBLICA

Faço saber que o Congresso Nacional decreta e eu sanciono a seguinte Lei:

## CAPÍTULO I
## DISPOSIÇÕES GERAIS

**Art. 1º** Esta Lei estabelece as definições, princípios, diretrizes, objetivos e composição do Sistema Nacional de Segurança Alimentar e Nutricional - SISAN, por meio do qual o poder público, com a participação da sociedade civil organizada, formulará e implementará políticas, planos, programas e ações com vistas em assegurar o direito humano à alimentação adequada.

✪ **Art. 2º** A alimentação adequada é direito fundamental do ser humano, inerente à dignidade da pessoa humana e indispensável à realização dos direitos consagrados na Constituição Federal, devendo o poder público adotar as políticas e ações que se façam necessárias para promover e garantir a segurança alimentar e nutricional da população.

**§ 1º** A adoção dessas políticas e ações deverá levar em conta as dimensões ambientais, culturais, econômicas, regionais e sociais.

**§ 2º** É dever do poder público respeitar, proteger, promover, prover, informar, monitorar, fiscalizar e avaliar a realização do direito humano à alimentação adequada, bem como garantir os mecanismos para sua exigibilidade.

✪ **Art. 3º** A segurança alimentar e nutricional consiste na realização do direito de todos ao acesso regular e permanente a alimentos de qualidade, em quantidade suficiente, sem comprometer o acesso a outras necessidades essenciais, tendo como base práticas alimentares promotoras de saúde que respeitem a diversidade cultural e que sejam ambiental, cultural, econômica e socialmente sustentáveis.

✪ **Art. 4º** A segurança alimentar e nutricional abrange:

**I** - a ampliação das condições de acesso aos alimentos por meio da produção, em especial da agricultura tradicional e familiar, do processamento, da industrialização, da comercialização, incluindo-se os acordos internacionais, do abastecimento e da distribuição de alimentos, incluindo-se a água, bem como das medidas que mitiguem o risco de escassez de água potável, da geração de emprego e da redistribuição da renda; *(Redação dada pela Lei 13.839/2019)*

**II** - a conservação da biodiversidade e a utilização sustentável dos recursos;

**III** - a promoção da saúde, da nutrição e da alimentação da população, incluindo-se grupos populacionais específicos e populações em situação de vulnerabilidade social;

**IV** - a garantia da qualidade biológica, sanitária, nutricional e tecnológica dos alimentos, bem como seu aproveitamento, estimulando práticas alimentares e estilos de vida saudáveis que respeitem a diversidade étnica e racial e cultural da população;

**V** - a produção de conhecimento e o acesso à informação; e

**VI** - a implementação de políticas públicas e estratégias sustentáveis e participativas de produção, comercialização e consumo de alimentos, respeitando-se as múltiplas características culturais do País.

**VII** - a formação de estoques reguladores e estratégicos de alimentos. *(Acrescido pela Lei 13.839/2019)*

**Parágrafo único.** As cestas básicas entregues no âmbito do Sisan deverão conter como item essencial o absorvente higiênico feminino, conforme as determinações previstas na lei que institui o Programa de Proteção e Promoção da Saúde Menstrual. *(Vetado na Lei 14.214/2021, mantido pelo Congresso Nacional e publicado no DOU de 18.03.2022, em vigor 120 dias após a publicação)*

**Art. 5º** A consecução do direito humano à alimentação adequada e da segurança alimentar e nutricional requer o respeito à soberania, que confere aos países a primazia de suas decisões sobre a produção e o consumo de alimentos.

**Art. 6º** O Estado brasileiro deve empenhar-se na promoção de cooperação técnica com países estrangeiros, contribuindo assim para a realização do direito humano à alimentação adequada no plano internacional.

## CAPÍTULO II
## DO SISTEMA NACIONAL DE SEGURANÇA ALIMENTAR E NUTRICIONAL

**Art. 7º** A consecução do direito humano à alimentação adequada e da segurança alimentar e nutricional da população far-se-á por meio do SISAN, integrado por um conjunto de órgãos e entidades da União, dos Estados, do Distrito Federal e dos Municípios e pelas instituições privadas, com ou sem fins lucrativos, afetas à segurança alimentar e nutricional e que manifestem interesse em integrar o Sistema, respeitada a legislação aplicável.

**§ 1º** A participação no SISAN de que trata este artigo deverá obedecer aos princípios e diretrizes do Sistema e será definida a partir de critérios estabelecidos pelo Conselho Nacional de Segurança Alimentar e Nutricional - CONSEA e pela Câmara Interministerial de Segurança Alimentar e Nutricional, a ser criada em ato do Poder Executivo Federal.

**§ 2º** Os órgãos responsáveis pela definição dos critérios de que trata o § 1º deste artigo poderão estabelecer requisitos distintos e específicos para os setores público e privado.

**§ 3º** Os órgãos e entidades públicos ou privados que integram o SISAN o farão em caráter interdependente, assegurada a autonomia dos seus processos decisórios.

**§ 4º** O dever do poder público não exclui a responsabilidade das entidades da sociedade civil integrantes do SISAN.

**Art. 8º** O SISAN reger-se-á pelos seguintes princípios:

**I** - universalidade e equidade no acesso à alimentação adequada, sem qualquer espécie de discriminação;

**II** - preservação da autonomia e respeito à dignidade das pessoas;

**III** - participação social na formulação, execução, acompanhamento, monitoramento e controle das políticas e dos planos de segurança alimentar e nutricional em todas as esferas de governo; e

**IV** - transparência dos programas, das ações e dos recursos públicos e privados e dos critérios para sua concessão.

**Art. 9º** O SISAN tem como base as seguintes diretrizes:

**I** - promoção da intersetorialidade das políticas, programas e ações governamentais e não-governamentais;

**II** - descentralização das ações e articulação, em regime de colaboração, entre as esferas de governo;

**III** - monitoramento da situação alimentar e nutricional, visando a subsidiar o ciclo de gestão das políticas para a área nas diferentes esferas de governo;

**IV** - conjugação de medidas diretas e imediatas de garantia de acesso à alimentação adequada, com ações que ampliem a capacidade de subsistência autônoma da população;

**V** - articulação entre orçamento e gestão; e

**VI** - estímulo ao desenvolvimento de pesquisas e à capacitação de recursos humanos.

**Art. 10.** O SISAN tem por objetivos formular e implementar políticas e planos de segurança alimentar e nutricional, estimular a integração dos esforços entre governo e sociedade civil, bem como promover o acompanhamento, o monitoramento e a avaliação da segurança alimentar e nutricional do País.

**Art. 11.** Integram o SISAN:

**I** - a Conferência Nacional de Segurança Alimentar e Nutricional, instância responsável pela indicação ao CONSEA das diretrizes e prioridades da Política e do Plano Nacional de Segurança Alimentar, bem como pela avaliação do SISAN;

**II** – o CONSEA, órgão de assessoramento imediato ao Presidente da República, responsável pelas seguintes atribuições:

*a)* convocar a Conferência Nacional de Segurança Alimentar e Nutricional, com periodicidade não superior a 4 (quatro) anos, bem como definir seus parâmetros de composição, organização e funcionamento, por meio de regulamento próprio;

*b)* propor ao Poder Executivo Federal, considerando as deliberações da Conferência Nacional de Segurança Alimentar e Nutricional, as diretrizes e prioridades da Política e do Plano Nacional de Segurança Alimentar e Nutricional, incluindo-se requisitos orçamentários para sua consecução;

*c)* articular, acompanhar e monitorar, em regime de colaboração com os demais integrantes do Sistema, a implementação e a convergência de ações inerentes à Política e ao Plano Nacional de Segurança Alimentar e Nutricional;

*d)* definir, em regime de colaboração com a Câmara Interministerial de Segurança Alimentar e Nutricional, os critérios e procedimentos de adesão ao SISAN;

*e)* instituir mecanismos permanentes de articulação com órgãos e entidades congêneres de segurança alimentar e nutricional nos Estados, no Distrito Federal e nos Municípios, com a finalidade de promover o diálogo e a convergência das ações que integram o SISAN;

*f)* mobilizar e apoiar entidades da sociedade civil na discussão e na implementação de ações públicas de segurança alimentar e nutricional;

**III** - a Câmara Interministerial de Segurança Alimentar e Nutricional, integrada por Ministros de Estado e Secretários Especiais responsáveis pelas pastas afetas à consecução da segurança alimentar e nutricional, com as seguintes atribuições, dentre outras:

*a)* elaborar, a partir das diretrizes emanadas do CONSEA, a Política e o Plano Nacional de Segurança Alimentar e Nutricional, indicando diretrizes, metas, fontes de recursos e instrumentos de acompanhamento, monitoramento e avaliação de sua implementação;

*b)* coordenar a execução da Política e do Plano;

*c)* articular as políticas e planos de suas congêneres estaduais e do Distrito Federal;

**IV** - os órgãos e entidades de segurança alimentar e nutricional da União, dos Estados, do Distrito Federal e dos Municípios; e

**V** - as instituições privadas, com ou sem fins lucrativos, que manifestem interesse na adesão e que respeitem os critérios, princípios e diretrizes do SISAN.

**§ 1º** A Conferência Nacional de Segurança Alimentar e Nutricional será precedida de conferências estaduais, distrital e municipais, que deverão ser convocadas e organizadas pelos órgãos e entidades congêneres nos Estados, no Distrito Federal e nos Municípios, nas quais serão escolhidos os delegados à Conferência Nacional.

**§ 2º** O CONSEA será composto a partir dos seguintes critérios:

**I** – 1/3 (um terço) de representantes governamentais constituído pelos Ministros de Estado e Secretários Especiais responsáveis pelas pastas afetas à consecução da segurança alimentar e nutricional;

**II** – 2/3 (dois terços) de representantes da sociedade civil escolhidos a partir de critérios de indicação aprovados na Conferência Nacional de Segurança Alimentar e Nutricional; e

**III** – observadores, incluindo-se representantes dos conselhos de âmbito federal afins, de organismos internacionais e do Ministério Público Federal.

**§ 3º** O CONSEA será presidido por um de seus integrantes, representante da sociedade civil, indicado pelo plenário do colegiado, na forma do regulamento, e designado pelo Presidente da República.

**§ 4º** A atuação dos conselheiros, efetivos e suplentes, no CONSEA, será considerada serviço de relevante interesse público e não remunerada.

## CAPÍTULO III
## DISPOSIÇÕES FINAIS E TRANSITÓRIAS

**Art. 12.** Ficam mantidas as atuais designações dos membros do CONSEA com seus respectivos mandatos.

**Parágrafo único.** O CONSEA deverá, no prazo do mandato de seus atuais membros, definir a realização da próxima Conferência Nacional de Segurança Alimentar e Nutricional, a composição dos delegados, bem como os procedimentos para sua indicação, conforme o disposto no § 2º do art. 11 desta Lei.

**Art. 13.** Esta Lei entra em vigor na data de sua publicação.

Brasília, 15 de setembro de 2006; 185º da Independência e 118º da República.

LUIZ INÁCIO LULA DA SILVA

Patrus Ananias

# LEI Nº 11.445, DE 5 DE JANEIRO DE 2007

*Estabelece as diretrizes nacionais para o saneamento básico; cria o Comitê Interministerial de Saneamento Básico; altera as Leis nºs 6.766, de 19 de dezembro de 1979, 8.666, de 21 de junho de 1993, e 8.987, de 13 de fevereiro de 1995; e revoga a Lei nº 6.528, de 11 de maio de 1978. (Redação dada pela Lei 14.026/2020)*

O PRESIDENTE DA REPÚBLICA
Faço saber que o Congresso Nacional decreta e eu sanciono a seguinte Lei:

## CAPÍTULO I
## DOS PRINCÍPIOS FUNDAMENTAIS

**Art. 1º.** Esta Lei estabelece as diretrizes nacionais para o saneamento básico e para a política federal de saneamento básico.

**Art. 2º** Os serviços públicos de saneamento básico serão prestados com base nos seguintes princípios fundamentais:

**I** - universalização do acesso e efetiva prestação do serviço; *(Redação dada pela Lei 14.026/2020)*

**II** - integralidade, compreendida como o conjunto de atividades e componentes de cada um dos diversos serviços de saneamento que propicie à população o acesso a eles em conformidade com suas necessidades e maximize a eficácia das ações e dos resultados; *(Redação dada pela Lei 14.026/2020)*

**III** - abastecimento de água, esgotamento sanitário, limpeza urbana e manejo dos resíduos sólidos realizados de forma adequada à saúde pública, à conservação dos recursos naturais e à proteção do meio ambiente; *(Redação dada pela Lei 14.026/2020)*

**IV** - disponibilidade, nas áreas urbanas, de serviços de drenagem e manejo das águas pluviais, tratamento, limpeza e fiscalização preventiva das redes, adequados à saúde pública, à proteção do meio ambiente e à segurança da vida e do patrimônio público e privado; *(Redação dada pela Lei 14.026/2020)*

**V** - adoção de métodos, técnicas e processos que considerem as peculiaridades locais e regionais;

**VI** - articulação com as políticas de desenvolvimento urbano e regional, de habitação, de combate à pobreza e de sua erradicação, de proteção ambiental, de promoção da saúde, de recursos hídricos e outras de interesse social relevante, destinadas à melhoria da qualidade de vida, para as quais o saneamento básico seja fator determinante; *(Redação dada pela Lei 14.026/2020)*

**VII** - eficiência e sustentabilidade econômica;

**VIII** - estímulo à pesquisa, ao desenvolvimento e à utilização de tecnologias apropriadas, consideradas a capacidade de pagamento dos usuários, a adoção de soluções graduais e progressivas e a melhoria da qualidade com ganhos de eficiência e redução dos custos para os usuários; *(Redação dada pela Lei 14.026/2020)*

**IX** - transparência das ações, baseada em sistemas de informações e processos decisórios institucionalizados;

**X** - controle social;

**XI** - segurança, qualidade, regularidade e continuidade; *(Redação dada pela Lei 14.026/2020)*

**XII** - integração das infraestruturas e dos serviços com a gestão eficiente dos recursos hídricos; *(Redação dada pela Lei 14.026/2020)*

**XIII** - redução e controle das perdas de água, inclusive na distribuição de água tratada, estímulo à racionalização de seu consumo pelos usuários e fomento à eficiência energética, ao reúso de efluentes sanitários e ao aproveitamento de águas de chuva; *(Redação dada pela Lei 14.026/2020)*

**XIV** - prestação regionalizada dos serviços, com vistas à geração de ganhos de escala e à garantia da universalização e da viabilidade técnica e econômico-financeira dos serviços; *(Acrescido pela Lei 14.026/2020)*

**XV** - seleção competitiva do prestador dos serviços; e *(Acrescido pela Lei 14.026/2020)*

**XVI** - prestação concomitante dos serviços de abastecimento de água e de esgotamento sanitário. *(Acrescido pela Lei 14.026/2020)*

**Art. 3°** Para fins do disposto nesta Lei, considera-se: *(Redação dada pela Lei 14.026/2020)*

**I** - saneamento básico: conjunto de serviços públicos, infraestruturas e instalações operacionais de: *(Redação dada pela Lei 14.026/2020)*

*a)* abastecimento de água potável: constituído pelas atividades e pela disponibilização e manutenção de infraestruturas e instalações operacionais necessárias ao abastecimento público de água potável, desde a captação até as ligações prediais e seus instrumentos de medição; *(Redação dada pela Lei 14.026/2020)*

*b)* esgotamento sanitário: constituído pelas atividades e pela disponibilização e manutenção de infraestruturas e instalações operacionais necessárias à coleta, ao transporte, ao tratamento e à disposição final adequados dos esgotos sanitários, desde as ligações prediais até sua destinação final para produção de água de reuso ou seu lançamento de forma adequada no meio ambiente; *(Redação dada pela Lei 14.026/2020)*

*c)* limpeza urbana e manejo de resíduos sólidos: constituídos pelas atividades e pela disponibilização e manutenção de infraestruturas e instalações operacionais de coleta, varrição manual e mecanizada, asseio e conservação urbana, transporte, transbordo, tratamento e destinação final ambientalmente adequada dos resíduos sólidos domiciliares e dos resíduos de limpeza urbana; e *(Redação dada pela Lei 14.026/2020)*

*d)* drenagem e manejo das águas pluviais urbanas: constituídos pelas atividades, pela infraestrutura e pelas instalações operacionais de drenagem de águas pluviais, transporte, detenção ou retenção para o amortecimento de vazões de cheias, tratamento e disposição final das águas pluviais drenadas, contempladas a limpeza e a fiscalização preventiva das redes; *(Redação dada pela Lei 14.026/2020)*

**II** - gestão associada: associação voluntária entre entes federativos, por meio de consórcio público ou convênio de cooperação, conforme disposto no art. 241 da Constituição Federal; *(Redação dada pela Lei 14.026/2020)*

**III** - universalização: ampliação progressiva do acesso de todos os domicílios ocupados ao saneamento básico, em todos os serviços previstos no inciso XIV do *caput* deste artigo, incluídos o tratamento e a disposição final adequados dos esgotos sanitários; *(Redação dada pela Lei 14.026/2020)*

**IV** - controle social: conjunto de mecanismos e procedimentos que garantem à sociedade informações, representações técnicas e participação nos processos de formulação de políticas, de planejamento e de avaliação relacionados com os serviços públicos de saneamento básico; *(Redação dada pela Lei 14.026/2020)*

**V** – (VETADO);

**VI** - prestação regionalizada: modalidade de prestação integrada de um ou mais componentes dos serviços públicos de saneamento básico em determinada região cujo território abranja mais de um Município, podendo ser estruturada em: *(Redação dada pela Lei 14.026/2020)*

*a)* região metropolitana, aglomeração urbana ou microrregião: unidade instituída pelos Estados mediante lei complementar, de acordo com o § 3º do art. 25 da Constituição Federal, composta de agrupamento de Municípios limítrofes e instituída nos termos da Lei nº 13.089, de 12 de janeiro de 2015 (Estatuto da Metrópole); *(Acrescida pela Lei 14.026/2020)*

*b)* unidade regional de saneamento básico: unidade instituída pelos Estados mediante lei ordinária, constituída pelo agrupamento de

Municípios não necessariamente limítrofes, para atender adequadamente às exigências de higiene e saúde pública, ou para dar viabilidade econômica e técnica aos Municípios menos favorecidos; *(Acrescida pela Lei 14.026/2020)*

*c)* bloco de referência: agrupamento de Municípios não necessariamente limítrofes, estabelecido pela União nos termos do § 3º do art. 52 desta Lei e formalmente criado por meio de gestão associada voluntária dos titulares; *(Acrescida pela Lei 14.026/2020)*

**VII** - subsídios: instrumentos econômicos de política social que contribuem para a universalização do acesso aos serviços públicos de saneamento básico por parte de populações de baixa renda; *(Redação dada pela Lei 14.026/2020)*

**VIII** - localidades de pequeno porte: vilas, aglomerados rurais, povoados, núcleos, lugarejos e aldeias, assim definidos pela Fundação Instituto Brasileiro de Geografia e Estatística (IBGE); *(Redação dada pela Lei 14.026/2020)*

**IX** - contratos regulares: aqueles que atendem aos dispositivos legais pertinentes à prestação de serviços públicos de saneamento básico; *(Acrescido pela Lei 14.026/2020)*

**X** - núcleo urbano: assentamento humano, com uso e características urbanas, constituído por unidades imobiliárias com área inferior à fração mínima de parcelamento prevista no art. 8º da Lei nº 5.868, de 12 de dezembro de 1972, independentemente da propriedade do solo, ainda que situado em área qualificada ou inscrita como rural; *(Acrescido pela Lei 14.026/2020)*

**XI** - núcleo urbano informal: aquele clandestino, irregular ou no qual não tenha sido possível realizar a titulação de seus ocupantes, ainda que atendida a legislação vigente à época de sua implantação ou regularização; *(Acrescido pela Lei 14.026/2020)*

**XII** - núcleo urbano informal consolidado: aquele de difícil reversão, considerados o tempo da ocupação, a natureza das edificações, a localização das vias de circulação e a presença de equipamentos públicos, entre outras circunstâncias a serem avaliadas pelo Município ou pelo Distrito Federal; *(Acrescido pela Lei 14.026/2020)*

**XIII** - operação regular: aquela que observa integralmente as disposições constitucionais, legais e contratuais relativas ao exercício da titularidade e à contratação, prestação e regulação dos serviços; *(Acrescido pela Lei 14.026/2020)*

**XIV** - serviços públicos de saneamento básico de interesse comum: serviços de saneamento básico prestados em regiões metropolitanas, aglomerações urbanas e microrregiões instituídas por lei complementar estadual, em que se verifique o compartilhamento de instalações operacionais de infraestrutura de abastecimento de água e/ou de esgotamento sanitário entre 2 (dois) ou mais Municípios, denotando a necessidade de organizá-los, planejá-los, executá-los e operá-los de forma conjunta e integrada pelo Estado e pelos Munícipios que compartilham, no todo ou em parte, as referidas instalações operacionais; *(Acrescido pela Lei 14.026/2020)*

**XV** - serviços públicos de saneamento básico de interesse local: funções públicas e serviços cujas infraestruturas e instalações operacionais atendam a um único Município; *(Acrescido pela Lei 14.026/2020)*

**XVI** - sistema condominial: rede coletora de esgoto sanitário, assentada em posição viável no interior dos lotes ou conjunto de habitações, interligada à rede pública convencional em um único ponto ou à unidade de tratamento, utilizada onde há dificuldades de execução de redes ou ligações prediais no sistema convencional de esgotamento; *(Acrescido pela Lei 14.026/2020)*

**XVII** - sistema individual alternativo de saneamento: ação de saneamento básico ou de afastamento e destinação final dos esgotos, quando o local não for atendido diretamente pela rede pública; *(Acrescido pela Lei 14.026/2020)*

**XVIII** - sistema separador absoluto: conjunto de condutos, instalações e equipamentos destinados a coletar, transportar, condicionar e encaminhar exclusivamente esgoto sanitário; *(Acrescido pela Lei 14.026/2020)*

**XIX** - sistema unitário: conjunto de condutos, instalações e equipamentos destinados a coletar, transportar, condicionar e encaminhar conjuntamente esgoto sanitário e águas pluviais. *(Acrescido pela Lei 14.026/2020)*

**§§ 1º a 3º** (VETADOS).

**§ 4º** *(VETADO na Lei 14.026/2020)*

**§ 5º** No caso de Região Integrada de Desenvolvimento (Ride), a prestação regionalizada do serviço de saneamento básico estará condicionada à anuência dos Municípios que a integram. *(Acrescido pela Lei 14.026/2020)*

**Art. 3º-A.** Consideram-se serviços públicos de abastecimento de água a sua distribuição mediante ligação predial, incluídos eventuais instrumentos de medição, bem como, quando vinculadas a essa finalidade, as seguintes atividades: *(Acrescido pela Lei 14.026/2020)*

**I** - reservação de água bruta;

**II** - captação de água bruta;

**III** - adução de água bruta;

**IV** - tratamento de água bruta;

**V** - adução de água tratada; e

**VI** - reservação de água tratada.

**Art. 3º-B.** Consideram-se serviços públicos de esgotamento sanitário aqueles constituídos por 1 (uma) ou mais das seguintes atividades: *(Acrescido pela Lei 14.026/2020)*

**I** - coleta, incluída ligação predial, dos esgotos sanitários;

**II** - transporte dos esgotos sanitários;

**III** - tratamento dos esgotos sanitários; e

**IV** - disposição final dos esgotos sanitários e dos lodos originários da operação de unidades de tratamento coletivas ou individuais de forma ambientalmente adequada, incluídas fossas sépticas.

**Parágrafo único.** Nas Zonas Especiais de Interesse Social (Zeis) ou outras áreas do perímetro urbano ocupadas predominantemente por população de baixa renda, o serviço público de esgotamento sanitário, realizado diretamente pelo titular ou por concessionário, inclui conjuntos sanitários para as residências e solução para a destinação de efluentes, quando inexistentes, assegurada compatibilidade com as diretrizes da política municipal de regularização fundiária.

**Art. 3º-C.** Consideram-se serviços públicos especializados de limpeza urbana e de manejo de resíduos sólidos as atividades operacionais de coleta, transbordo, transporte, triagem para fins de reutilização ou reciclagem, tratamento, inclusive por compostagem, e destinação final dos: *(Acrescido pela Lei 14.026/2020)*

**I** - resíduos domésticos;

**II** - resíduos originários de atividades comerciais, industriais e de serviços, em quantidade e qualidade similares às dos resíduos domésticos, que, por decisão do titular, sejam considerados resíduos sólidos urbanos, desde que tais resíduos não sejam de responsabilidade de seu gerador nos termos da norma legal ou administrativa, de decisão judicial ou de termo de ajustamento de conduta; e

**III** - resíduos originários dos serviços públicos de limpeza urbana, tais como:

*a)* serviços de varrição, capina, roçada, poda e atividades correlatas em vias e logradouros públicos;

*b)* asseio de túneis, escadarias, monumentos, abrigos e sanitários públicos;

*c)* raspagem e remoção de terra, areia e quaisquer materiais depositados pelas águas pluviais em logradouros públicos;

*d)* desobstrução e limpeza de bueiros, bocas de lobo e correlatos;

*e)* limpeza de logradouros públicos onde se realizem feiras públicas e outros eventos de acesso aberto ao público; e

*f)* outros eventuais serviços de limpeza urbana.

**Art. 3º-D.** Consideram-se serviços públicos de manejo das águas pluviais urbanas aqueles constituídos por 1 (uma) ou mais das seguintes atividades: *(Acrescido pela Lei 14.026/2020)*

**I** - drenagem urbana;

**II** - transporte de águas pluviais urbanas;

**III** - detenção ou retenção de águas pluviais urbanas para amortecimento de vazões de cheias; e

**IV** - tratamento e disposição final de águas pluviais urbanas.

**Art. 4º.** Os recursos hídricos não integram os serviços públicos de saneamento básico.

**Parágrafo único.** A utilização de recursos hídricos na prestação de serviços públicos de saneamento básico, inclusive para disposição ou diluição de esgotos e outros resíduos líquidos, é sujeita a outorga de direito de uso, nos termos da Lei nº 9.433, de 8 de janeiro de 1997, de seus regulamentos e das legislações estaduais.

**Art. 5º.** Não constitui serviço público a ação de saneamento executada por meio de soluções individuais, desde que o usuário não dependa de terceiros para operar os serviços, bem como as ações e serviços de saneamento básico de responsabilidade privada, incluindo o manejo de resíduos de responsabilidade do gerador.

**Art. 6º.** O lixo originário de atividades comerciais, industriais e de serviços cuja responsabilidade pelo manejo não seja atribuída ao gerador pode, por decisão do poder público, ser considerado resíduo sólido urbano.

**Art. 7º.** Para os efeitos desta Lei, o serviço público de limpeza urbana e de manejo de resíduos sólidos urbanos é composto pelas seguintes atividades:

**I** - de coleta, de transbordo e de transporte dos resíduos relacionados na alínea "c" do inciso I do *caput* do art. 3º desta Lei; *(Redação dada pela Lei 14.026/2020)*

**II** - de triagem, para fins de reutilização ou reciclagem, de tratamento, inclusive por compostagem, e de destinação final dos resíduos relacionados na alínea "c" do inciso I do *caput* do art. 3º desta Lei; e *(Redação dada pela Lei 14.026/2020)*

**III** - de varrição de logradouros públicos, de limpeza de dispositivos de drenagem de águas pluviais, de limpeza de córregos e outros serviços, tais como poda, capina, raspagem e roçada, e de outros eventuais serviços de limpeza urbana, bem como de coleta, de acondicionamento e de destinação final ambientalmente adequada dos resíduos sólidos provenientes dessas atividades. *(Redação dada pela Lei 14.026/2020)*

## CAPÍTULO II
## DO EXERCÍCIO DA TITULARIDADE

**Art. 8º.** Exercem a titularidade dos serviços públicos de saneamento básico: *(Redação dada pela Lei 14.026/2020)*

**I** - os Municípios e o Distrito Federal, no caso de interesse local; *(Acrescido pela Lei 14.026/2020)*

**II** - o Estado, em conjunto com os Municípios que compartilham efetivamente instalações operacionais integrantes de regiões metropolitanas, aglomerações urbanas e microrregiões, instituídas por lei complementar estadual, no caso de interesse comum. *(Acrescido pela Lei 14.026/2020)*

**§ 1º** O exercício da titularidade dos serviços de saneamento poderá ser realizado também por gestão associada, mediante consórcio público ou convênio de cooperação, nos termos do art. 241 da Constituição Federal, observadas as seguintes disposições: *(Acrescido pela Lei 14.026/2020)*

**I** - fica admitida a formalização de consórcios intermunicipais de saneamento básico, exclusivamente composto de Municípios, que poderão prestar o serviço aos seus consorciados diretamente, pela instituição de autarquia intermunicipal;

**II** - os consórcios intermunicipais de saneamento básico terão como objetivo, exclusivamente, o financiamento das iniciativas de implantação de medidas estruturais de abastecimento de água potável, esgotamento sanitário, limpeza urbana, manejo de resíduos sólidos, drenagem e manejo de águas pluviais, vedada a formalização de contrato de programa com sociedade de economia mista ou empresa pública, ou a subdelegação do serviço prestado pela autarquia intermunicipal sem prévio procedimento licitatório.

**§ 2º** Para os fins desta Lei, as unidades regionais de saneamento básico devem apresentar sustentabilidade econômico-financeira e contemplar, preferencialmente, pelo menos 1 (uma) região metropolitana, facultada a sua integração por titulares dos serviços de saneamento. *(Acrescido pela Lei 14.026/2020)*

**§ 3º** A estrutura de governança para as unidades regionais de saneamento básico seguirá o disposto na Lei nº 13.089, de 12 de janeiro de 2015 (Estatuto da Metrópole). *(Acrescido pela Lei 14.026/2020)*

**§ 4º** Os Chefes dos Poderes Executivos da União, dos Estados, do Distrito Federal e dos Municípios poderão formalizar a gestão associada para o exercício de funções relativas aos serviços públicos de saneamento básico, ficando dispensada, em caso de convênio de cooperação, a necessidade de autorização legal. *(Acrescido pela Lei 14.026/2020)*

**§ 5º** O titular dos serviços públicos de saneamento básico deverá definir a entidade responsável pela regulação e fiscalização desses serviços, independentemente da modalidade de sua prestação. *(Acrescido pela Lei 14.026/2020)*

**Art. 8º-A.** É facultativa a adesão dos titulares dos serviços públicos de saneamento de interesse local às estruturas das formas de prestação regionalizada. *(Acrescido pela Lei 14.026/2020)*

**Art. 8º-B.** No caso de prestação regionalizada dos serviços de saneamento, as responsabilidades administrativa, civil e penal são exclusivamente aplicadas aos titulares dos serviços públicos de saneamento, nos termos do art. 8º desta Lei. *(Acrescido pela Lei 14.026/2020)*

**Art. 9º.** O titular dos serviços formulará a respectiva política pública de saneamento básico, devendo, para tanto:

**I** - elaborar os planos de saneamento básico, nos termos desta Lei, bem como estabelecer metas e indicadores de desempenho e mecanismos de aferição de resultados, a serem obrigatoriamente observados na execução dos serviços prestados de forma direta ou por concessão; *(Redação dada pela Lei 14.026/2020)*

**II** - prestar diretamente os serviços, ou conceder a prestação deles, e definir, em ambos os casos, a entidade responsável pela regulação e fiscalização da prestação dos serviços públicos de saneamento básico; *(Redação dada pela Lei 14.026/2020)*

**III** - definir os parâmetros a serem adotados para a garantia do atendimento essencial à saúde pública, inclusive quanto ao volume mínimo per capita de água para abastecimento público, observadas as normas nacionais relativas à potabilidade da água; *(Redação dada pela Lei 14.026/2020)*

**IV** - estabelecer os direitos e os deveres dos usuários; *(Redação dada pela Lei 14.026/2020)*

**V** - estabelecer os mecanismos e os procedimentos de controle social, observado o disposto no inciso IV do *caput* do art. 3º desta Lei; *(Redação dada pela Lei 14.026/2020)*

**VI** - implementar sistema de informações sobre os serviços públicos de saneamento básico, articulado com o Sistema Nacional de Informações em Saneamento Básico (Sinisa), o Sistema Nacional de Informações sobre a Gestão dos Resíduos Sólidos (Sinir) e o Sistema Nacional de Gerenciamento de Recursos

Hídricos (Singreh), observadas a metodologia e a periodicidade estabelecidas pelo Ministério do Desenvolvimento Regional; e *(Redação dada pela Lei 14.026/2020)*

**VII** - intervir e retomar a operação dos serviços delegados, por indicação da entidade reguladora, nas hipóteses e nas condições previstas na legislação e nos contratos. *(Redação dada pela Lei 14.026/2020)*

**Parágrafo único.** No exercício das atividades a que se refere o *caput* deste artigo, o titular poderá receber cooperação técnica do respectivo Estado e basear-se em estudos fornecidos pelos prestadores dos serviços. *(Acrescido pela Lei 14.026/2020)*

**Art. 10.** A prestação dos serviços públicos de saneamento básico por entidade que não integre a administração do titular depende da celebração de contrato de concessão, mediante prévia licitação, nos termos do art. 175 da Constituição Federal, vedada a sua disciplina mediante contrato de programa, convênio, termo de parceria ou outros instrumentos de natureza precária. *(Redação dada pela Lei 14.026/2020)*

**§§ 1º e 2º** (Revogados pela Lei 14.026/2020)

**§ 3º** Os contratos de programa regulares vigentes permanecem em vigor até o advento do seu termo contratual. *(Acrescido pela Lei 14.026/2020)*

**Art. 10-A.** Os contratos relativos à prestação dos serviços públicos de saneamento básico deverão conter, expressamente, sob pena de nulidade, as cláusulas essenciais previstas no art. 23 da Lei nº 8.987, de 13 de fevereiro de 1995, além das seguintes disposições: *(Acrescido pela Lei 14.026/2020)*

**I** - metas de expansão dos serviços, de redução de perdas na distribuição de água tratada, de qualidade na prestação dos serviços, de eficiência e de uso racional da água, da energia e de outros recursos naturais, do reúso de efluentes sanitários e do aproveitamento de águas de chuva, em conformidade com os serviços a serem prestados;

**II** - possíveis fontes de receitas alternativas, complementares ou acessórias, bem como as provenientes de projetos associados, incluindo, entre outras, a alienação e o uso de efluentes sanitários para a produção de água de reúso, com possibilidade de as receitas serem compartilhadas entre o contratante e o contratado, caso aplicável;

**III** - metodologia de cálculo de eventual indenização relativa aos bens reversíveis não amortizados por ocasião da extinção do contrato; e

**IV** - repartição de riscos entre as partes, incluindo os referentes a caso fortuito, força maior, fato do príncipe e álea econômica extraordinária.

**§ 1º** Os contratos que envolvem a prestação dos serviços públicos de saneamento básico poderão prever mecanismos privados para resolução de disputas decorrentes do contrato ou a ele relacionadas, inclusive a arbitragem, a ser realizada no Brasil e em língua portuguesa, nos termos da Lei nº 9.307, de 23 de setembro de 1996.

**§ 2º** As outorgas de recursos hídricos atualmente detidas pelas empresas estaduais poderão ser segregadas ou transferidas da operação a ser concedida, permitidas a continuidade da prestação do serviço público de produção de água pela empresa detentora da outorga de recursos hídricos e a assinatura de contrato de longo prazo entre esta empresa produtora de água e a empresa operadora da distribuição de água para o usuário final, com objeto de compra e venda de água.

**Art. 10-B.** Os contratos em vigor, incluídos aditivos e renovações, autorizados nos termos desta Lei, bem como aqueles provenientes de licitação para prestação ou concessão dos serviços públicos de saneamento básico, estarão condicionados à comprovação da capacidade econômico-financeira da contratada, por recursos próprios ou por contratação de dívida, com vistas a viabilizar a universalização dos serviços na área licitada até 31 de dezembro de 2033, nos termos do § 2º do art. 11-B desta Lei. *(Acrescido pela Lei 14.026/2020)*

**Parágrafo único.** A metodologia para comprovação da capacidade econômico-financeira da contratada será regulamentada por decreto do Poder Executivo no prazo de 90 (noventa) dias.

**Art. 11.** São condições de validade dos contratos que tenham por objeto a prestação de serviços públicos de saneamento básico:

**I** – a existência de plano de saneamento básico;

**II** - a existência de estudo que comprove a viabilidade técnica e econômico-financeira da prestação dos serviços, nos termos estabelecidos no respectivo plano de saneamento básico; *(Redação dada pela Lei 14.026/2020)*

**III** – a existência de normas de regulação que prevejam os meios para o cumprimento das diretrizes desta Lei, incluindo a designação da entidade de regulação e de fiscalização;

**IV** – a realização prévia de audiência e de consulta públicas sobre o edital de licitação, no caso de concessão, e sobre a minuta do contrato.

**V** – a existência de metas e cronograma de universalização dos serviços de saneamento básico. *(Acrescido pela Lei 14.026/2020)*

**§ 1º**. Os planos de investimentos e os projetos relativos ao contrato deverão ser compatíveis com o respectivo plano de saneamento básico.

**§ 2º**. Nos casos de serviços prestados mediante contratos de concessão ou de programa, as normas previstas no inciso III do *caput* deste artigo deverão prever:

**I** – a autorização para a contratação dos serviços, indicando os respectivos prazos e a área a ser atendida;

**II** - a inclusão, no contrato, das metas progressivas e graduais de expansão dos serviços, de redução progressiva e controle de perdas na distribuição de água tratada, de qualidade, de eficiência e de uso racional da água, da energia e de outros recursos naturais, em conformidade com os serviços a serem prestados e com o respectivo plano de saneamento básico; *(Redação dada pela Lei 14.026/2020)*

**III** – as prioridades de ação, compatíveis com as metas estabelecidas;

**IV** – as condições de sustentabilidade e equilíbrio econômico-financeiro da prestação dos serviços, em regime de eficiência, incluindo:

*a)* o sistema de cobrança e a composição de taxas e tarifas;

*b)* a sistemática de reajustes e de revisões de taxas e tarifas;

*c)* a política de subsídios;

**V** – mecanismos de controle social nas atividades de planejamento, regulação e fiscalização dos serviços;

**VI** – as hipóteses de intervenção e de retomada dos serviços.

**§ 3º**. Os contratos não poderão conter cláusulas que prejudiquem as atividades de regulação e de fiscalização ou o acesso às informações sobre os serviços contratados.

**§ 4º**. Na prestação regionalizada, o disposto nos incisos I a IV do *caput* e nos §§ 1º e 2º deste artigo poderá se referir ao conjunto de municípios por ela abrangidos.

**§ 5º** Fica vedada a distribuição de lucros e dividendos, do contrato em execução, pelo prestador de serviços que estiver descumprindo as metas e cronogramas estabelecidos no contrato específico da prestação de serviço público de saneamento básico. *(Acrescido pela Lei 14.026/2020)*

**Art. 11-A.** Na hipótese de prestação dos serviços públicos de saneamento básico por meio de contrato, o prestador de serviços poderá, além de realizar licitação e contratação de parceria público-privada, nos termos da Lei nº 11.079, de 30 de dezembro de 2004, e desde que haja previsão contratual ou autorização expressa do titular dos serviços, subdelegar o objeto contratado, observado, para a referida subdelegação, o limite de 25% (vinte e cinco por cento) do valor do contrato. *(Acrescido pela Lei 14.026/2020)*

**§ 1º** A subdelegação fica condicionada à comprovação técnica, por parte do prestador de serviços, do benefício em termos de eficiência e qualidade dos serviços públicos de saneamento básico.

**§ 2º** Os contratos de subdelegação disporão sobre os limites da sub-rogação de direitos e obrigações do prestador de serviços pelo subdelegatário e observarão, no que couber, o disposto no § 2º do art. 11 desta Lei, bem como serão precedidos de procedimento licitatório.

**§ 3º** Para a observância do princípio da modicidade tarifária aos usuários e aos consumidores, na forma da Lei nº 8.987, de 13 de fevereiro de 1995, ficam vedadas subconcessões ou subdelegações que impliquem sobreposição de custos administrativos ou gerenciais a serem pagos pelo usuário final.

**§ 4º** Os Municípios com estudos para concessões ou parcerias público-privadas em curso, pertencentes a uma região metropolitana, podem dar seguimento ao processo e efetivar a contratação respectiva, mesmo se ultrapassado o limite previsto no *caput* deste artigo, desde que tenham o contrato assinado em até 1 (um) ano.

**§ 5º** *(VETADO na Lei 14.026/2020)*

**§ 6º** Para fins de aferição do limite previsto no *caput* deste artigo, o critério para definição do valor do contrato do subdelegatário deverá ser o mesmo utilizado para definição do valor do contrato do prestador do serviço.

**§ 7º** Caso o contrato do prestador do serviço não tenha valor de contrato, o faturamento anual projetado para o subdelegatário não poderá ultrapassar 25% (vinte e cinco por cento) do faturamento anual projetado para o prestador do serviço.

**Art. 11-B.** Os contratos de prestação dos serviços públicos de saneamento básico deverão definir metas de universalização que garantam o atendimento de 99% (noventa e nove por cento) da população com água potável e de 90% (noventa por cento) da população com coleta e tratamento de esgotos até 31 de dezembro de 2033, assim como metas quantitativas de não intermitência do abastecimento, de redução de perdas e de melhoria dos processos de tratamento. *(Acrescido pela Lei 14.026/2020)*

**§ 1º** Os contratos em vigor que não possuírem as metas de que trata o *caput* deste artigo terão até 31 de março de 2022 para viabilizar essa inclusão.

**§ 2º** Contratos firmados por meio de procedimentos licitatórios que possuam metas diversas daquelas previstas no *caput* deste artigo, inclusive contratos que tratem, individualmente, de água ou de esgoto, permanecerão inalterados nos moldes licitados, e o titular do serviço deverá buscar alternativas para atingir as metas definidas no *caput* deste artigo, incluídas as seguintes:

**I** - prestação direta da parcela remanescente;

**II** - licitação complementar para atingimento da totalidade da meta; e

**III** - aditamento de contratos já licitados, incluindo eventual reequilíbrio econômico--financeiro, desde que em comum acordo com a contratada.

**§ 3º** As metas de universalização deverão ser calculadas de maneira proporcional no período compreendido entre a assinatura do contrato ou do termo aditivo e o prazo previsto no *caput* deste artigo, de forma progressiva, devendo ser antecipadas caso as receitas advindas da prestação eficiente do serviço assim o permitirem, nos termos da regulamentação.

**§ 4º** É facultado à entidade reguladora prever hipóteses em que o prestador poderá utilizar métodos alternativos e descentralizados para os serviços de abastecimento de água e de coleta e tratamento de esgoto em áreas rurais, remotas ou em núcleos urbanos informais consolidados, sem prejuízo da sua cobrança, com vistas a garantir a economicidade da prestação dos serviços públicos de saneamento básico.

**§ 5º** O cumprimento das metas de universalização e não intermitência do abastecimento, de redução de perdas e de melhoria dos processos de tratamento deverá ser verificado anualmente pela agência reguladora, observando-se um intervalo dos últimos 5 (cinco) anos, nos quais as metas deverão ter sido cumpridas em, pelo menos, 3 (três), e a primeira fiscalização deverá ser realizada apenas ao término do quinto ano de vigência do contrato.

**§ 6º** As metas previstas neste artigo deverão ser observadas no âmbito municipal, quando exercida a titularidade de maneira independente, ou no âmbito da prestação regionalizada, quando aplicável.

**§ 7º** No caso do não atingimento das metas, nos termos deste artigo, deverá ser iniciado procedimento administrativo pela agência reguladora com o objetivo de avaliar as ações a serem adotadas, incluídas medidas sancionatórias, com eventual declaração de caducidade da concessão, assegurado o direito à ampla defesa.

**§ 8º** Os contratos provisórios não formalizados e os vigentes prorrogados em desconformidade com os regramentos estabelecidos nesta Lei serão considerados irregulares e precários.

**§ 9º** Quando os estudos para a licitação da prestação regionalizada apontarem para a inviabilidade econômico-financeira da universalização na data referida no *caput* deste artigo, mesmo após o agrupamento de Municípios de diferentes portes, fica permitida a dilação do prazo, desde que não ultrapasse 1º de janeiro de 2040 e haja anuência prévia da agência reguladora, que, em sua análise, deverá observar o princípio da modicidade tarifária.

**Art. 12.** Nos serviços públicos de saneamento básico em que mais de um prestador execute atividade interdependente com outra, a relação entre elas deverá ser regulada por contrato e haverá entidade única encarregada das funções de regulação e de fiscalização.

**§ 1º.** A entidade de regulação definirá, pelo menos:

**I** – as normas técnicas relativas à qualidade, quantidade e regularidade dos serviços prestados aos usuários e entre os diferentes prestadores envolvidos;

**II** – as normas econômicas e financeiras relativas às tarifas, aos subsídios e aos pagamentos por serviços prestados aos usuários e entre os diferentes prestadores envolvidos;

**III** – a garantia de pagamento de serviços prestados entre os diferentes prestadores dos serviços;

**IV** – os mecanismos de pagamento de diferenças relativas a inadimplemento dos usuários, perdas comerciais e físicas e outros créditos devidos, quando for o caso;

**V** – o sistema contábil específico para os prestadores que atuem em mais de um Município.

**§ 2º.** O contrato a ser celebrado entre os prestadores de serviços a que se refere o *caput* deste artigo deverá conter cláusulas que estabeleçam pelo menos:

**I** – as atividades ou insumos contratados;

**II** – as condições e garantias recíprocas de fornecimento e de acesso às atividades ou insumos;

**III** – o prazo de vigência, compatível com as necessidades de amortização de investimentos, e as hipóteses de sua prorrogação;

**IV** – os procedimentos para a implantação, ampliação, melhoria e gestão operacional das atividades;

**V** – as regras para a fixação, o reajuste e a revisão das taxas, tarifas e outros preços públicos aplicáveis ao contrato;

**VI** – as condições e garantias de pagamento;

**VII** – os direitos e deveres sub-rogados ou os que autorizam a sub-rogação;

**VIII** – as hipóteses de extinção, inadmitida a alteração e a rescisão administrativas unilaterais;

**IX** – as penalidades a que estão sujeitas as partes em caso de inadimplemento;

**X** – a designação do órgão ou entidade responsável pela regulação e fiscalização das atividades ou insumos contratados.

**§ 3º.** Inclui-se entre as garantias previstas no inciso VI do § 2º deste artigo a obrigação do contratante de destacar, nos documentos de cobrança aos usuários, o valor da remuneração dos serviços prestados pelo contratado e de realizar a respectiva arrecadação e entrega dos valores arrecadados.

**§ 4º.** No caso de execução mediante concessão de atividades interdependentes a que se refere o *caput* deste artigo, deverão constar do correspondente edital de licitação as regras e os valores das tarifas e outros preços públicos a serem pagos aos demais prestadores, bem como a obrigação e a forma de pagamento.

**Art. 13.** Os entes da Federação, isoladamente ou reunidos em consórcios públicos, poderão instituir fundos, aos quais poderão ser destinadas, entre outros recursos, parcelas das receitas dos serviços, com a finalidade de custear, na conformidade do disposto nos respectivos planos de saneamento básico, a universalização dos serviços públicos de saneamento básico.

**Parágrafo único.** Os recursos dos fundos a que se refere o *caput* deste artigo poderão ser utilizados como fontes ou garantias em operações de crédito para financiamento dos investimentos necessários à universalização dos serviços públicos de saneamento básico.

## CAPÍTULO III
## DA PRESTAÇÃO REGIONALIZADA DE SERVIÇOS PÚBLICOS DE SANEAMENTO BÁSICO

**Arts. 14 a 16.** (Revogados pela Lei 14.026/2020)

**Art. 17.** O serviço regionalizado de saneamento básico poderá obedecer a plano regional de saneamento básico elaborado para o conjunto de Municípios atendidos. *(Redação dada pela Lei 14.026/2020)*

**§ 1º** O plano regional de saneamento básico poderá contemplar um ou mais componentes do saneamento básico, com vistas à otimização do planejamento e da prestação dos serviços. *(Acrescido pela Lei 14.026/2020)*

**§ 2º** As disposições constantes do plano regional de saneamento básico prevalecerão sobre aquelas constantes dos planos municipais, quando existirem. *(Acrescido pela Lei 14.026/2020)*

**§ 3º** O plano regional de saneamento básico dispensará a necessidade de elaboração e publicação de planos municipais de saneamento básico. *(Acrescido pela Lei 14.026/2020)*

**§ 4º** O plano regional de saneamento básico poderá ser elaborado com suporte de órgãos e entidades das administrações públicas federal, estaduais e municipais, além de prestadores de serviço. *(Acrescido pela Lei 14.026/2020)*

**Art. 18.** Os prestadores que atuem em mais de um Município ou região ou que prestem serviços públicos de saneamento básico diferentes em um mesmo Município ou região manterão sistema contábil que permita registrar e demonstrar, separadamente, os custos e as receitas de cada serviço em cada um dos Municípios ou regiões atendidas e, se for o caso, no Distrito Federal. *(Redação dada pela Lei 14.026/2020)*

**Parágrafo único.** Nos casos em que os contratos previstos no *caput* deste artigo se encerrarem após o prazo fixado no contrato de programa da empresa estatal ou de capital misto contratante, por vencimento ordinário ou caducidade, o ente federativo controlador da empresa delegatária da prestação de serviços públicos de saneamento básico, por ocasião da assinatura do contrato de parceria público-privada ou de subdelegação, deverá assumir esses contratos, mantidos iguais prazos e condições perante o licitante vencedor. *(Redação dada pela Lei 14.026/2020)*

**Art. 18-A.** O prestador dos serviços públicos de saneamento básico deve disponibilizar infraestrutura de rede até os respectivos pontos de conexão necessários à implantação dos serviços nas edificações e nas unidades imobiliárias decorrentes de incorporação imobiliária e de parcelamento de solo urbano. *(Acrescido pela Lei 14.026/2020)*

**Parágrafo único.** A agência reguladora instituirá regras para que empreendedores imobiliários façam investimentos em redes de água e esgoto, identificando as situações nas quais os investimentos representam antecipação de atendimento obrigatório do operador local, fazendo jus ao ressarcimento futuro por parte da concessionária, por critérios de avaliação regulatórios, e aquelas nas quais os investimentos configuram-se como de interesse restrito do empreendedor imobiliário, situação na qual não fará jus ao ressarcimento.

## CAPÍTULO IV
## DO PLANEJAMENTO

**Art. 19.** A prestação de serviços públicos de saneamento básico observará plano, que poderá ser específico para cada serviço, o qual abrangerá, no mínimo:

**I** – diagnóstico da situação e de seus impactos nas condições de vida, utilizando sistema de indicadores sanitários, epidemiológicos, ambientais e socioeconômicos e apontando as causas das deficiências detectadas;

**II** – objetivos e metas de curto, médio e longo prazos para a universalização, admitidas soluções graduais e progressivas, observando a compatibilidade com os demais planos setoriais;

**III** – programas, projetos e ações necessárias para atingir os objetivos e as metas, de modo compatível com os respectivos planos plurianuais e com outros planos governamentais correlatos, identificando possíveis fontes de financiamento;

**IV** – ações para emergências e contingências;

**V** – mecanismos e procedimentos para a avaliação sistemática da eficiência e eficácia das ações programadas.

**§ 1º** Os planos de saneamento básico serão aprovados por atos dos titulares e poderão ser elaborados com base em estudos fornecidos pelos prestadores de cada serviço. *(Redação dada pela Lei 14.026/2020)*

**§ 2º**. A consolidação e compatibilização dos planos específicos de cada serviço serão efetuadas pelos respectivos titulares.

**§ 3º** Os planos de saneamento básico deverão ser compatíveis com os planos das bacias hidrográficas e com planos diretores dos Municípios em que estiverem inseridos, ou com os planos de desenvolvimento urbano integrado das unidades regionais por eles abrangidas. *(Redação dada pela Lei 14.026/2020)*

**§ 4º** Os planos de saneamento básico serão revistos periodicamente, em prazo não superior a 10 (dez) anos. *(Redação dada pela Lei 14.026/2020)*

**§ 5º**. Será assegurada ampla divulgação das propostas dos planos de saneamento básico e dos estudos que as fundamentem, inclusive com a realização de audiências ou consultas públicas.

**§ 6º**. A delegação de serviço de saneamento básico não dispensa o cumprimento pelo prestador do respectivo plano de saneamento básico em vigor à época da delegação.

**§ 7º**. Quando envolverem serviços regionalizados, os planos de saneamento básico devem ser editados em conformidade com o estabelecido no art. 14 desta Lei.

**§ 8º**. Exceto quando regional, o plano de saneamento básico deverá englobar integralmente o território do ente da Federação que o elaborou.

**§ 9º** Os Municípios com população inferior a 20.000 (vinte mil) habitantes poderão apresentar planos simplificados, com menor nível de detalhamento dos aspectos previstos nos incisos I a V do *caput* deste artigo. *(Acrescido pela Lei 14.026/2020)*

**Art. 20.** (VETADO).

**Parágrafo único.** Incumbe à entidade reguladora e fiscalizadora dos serviços a verificação do cumprimento dos planos de saneamento por parte dos prestadores de serviços, na forma das disposições legais, regulamentares e contratuais.

## CAPÍTULO V
## DA REGULAÇÃO

**Art. 21.** A função de regulação, desempenhada por entidade de natureza autárquica dotada de independência decisória e autonomia administrativa, orçamentária e financeira, atenderá aos princípios de transparência, tecnicidade, celeridade e objetividade das decisões. *(Redação dada pela Lei 14.026/2020)*

**I e II** - *(Revogados pela Lei 14.026/2020)*

**Art. 22.** São objetivos da regulação:

**I** - estabelecer padrões e normas para a adequada prestação e a expansão da qualidade dos serviços e para a satisfação dos usuários, com observação das normas de referência editadas pela ANA; *(Redação dada pela Lei 14.026/2020)*

**II** - garantir o cumprimento das condições e metas estabelecidas nos contratos de prestação de serviços e nos planos municipais ou de prestação regionalizada de saneamento básico; *(Redação dada pela Lei 14.026/2020)*

**III** - prevenir e reprimir o abuso do poder econômico, ressalvada a competência dos órgãos integrantes do Sistema Brasileiro de Defesa da Concorrência; e *(Redação dada pela Lei 14.026/2020)*

**IV** - definir tarifas que assegurem tanto o equilíbrio econômico-financeiro dos contratos quanto a modicidade tarifária, por mecanismos que gerem eficiência e eficácia dos serviços e que permitam o compartilhamento dos ganhos de produtividade com os usuários. *(Redação dada pela Lei 14.026/2020)*

**Art. 23.** A entidade reguladora, observadas as diretrizes determinadas pela ANA, editará normas relativas às dimensões técnica, econômica e social de prestação dos serviços públicos de saneamento básico, que abrangerão, pelo menos, os seguintes aspectos: *(Redação dada pela Lei 14.026/2020)*

**I** – padrões e indicadores de qualidade da prestação dos serviços;

**II** – requisitos operacionais e de manutenção dos sistemas;

**III** – as metas progressivas de expansão e de qualidade dos serviços e os respectivos prazos;

**IV** – regime, estrutura e níveis tarifários, bem como os procedimentos e prazos de sua fixação, reajuste e revisão;

**V** – medição, faturamento e cobrança de serviços;

**VI** - monitoramento dos custos;

**VII** – avaliação da eficiência e eficácia dos serviços prestados;

**VIII** – plano de contas e mecanismos de informação, auditoria e certificação;

**IX** – subsídios tarifários e não tarifários;

**X** – padrões de atendimento ao público e mecanismos de participação e informação;

**XI** - medidas de segurança, de contingência e de emergência, inclusive quanto a racionamento; *(Redação dada pela Lei 14.026/2020)*

**XII** – (VETADO).

**XIII** - procedimentos de fiscalização e de aplicação de sanções previstas nos instrumentos contratuais e na legislação do titular; e *(Acrescido pela Lei 14.026/2020)*

**XIV** - diretrizes para a redução progressiva e controle das perdas de água. *(Acrescido pela Lei 14.026/2020)*

**§ 1º** A regulação da prestação dos serviços públicos de saneamento básico poderá ser delegada pelos titulares a qualquer entidade reguladora, e o ato de delegação explicitará a forma de atuação e a abrangência das atividades a serem desempenhadas pelas partes envolvidas. *(Redação dada pela Lei 14.026/2020)*

**§ 1º-A**. Nos casos em que o titular optar por aderir a uma agência reguladora em outro Estado da Federação, deverá ser considerada a relação de agências reguladoras de que trata o art. 4º-B da Lei nº 9.984, de 17 de julho de 2000, e essa opção só poderá ocorrer nos casos em que: *(Acrescido pela Lei 14.026/2020)*

**I** - não exista no Estado do titular agência reguladora constituída que tenha aderido às normas de referência da ANA;

**II** - seja dada prioridade, entre as agências reguladoras qualificadas, àquela mais próxima à localidade do titular; e

**III** - haja anuência da agência reguladora escolhida, que poderá cobrar uma taxa de regulação diferenciada, de acordo com a distância de seu Estado.

**§ 1º-B**. Selecionada a agência reguladora mediante contrato de prestação de serviços, ela não poderá ser alterada até o encerramento contratual, salvo se deixar de adotar as normas de referência da ANA ou se estabelecido de acordo com o prestador de serviços. *(Acrescido pela Lei 14.026/2020)*

**§ 2º**. As normas a que se refere o *caput* deste artigo fixarão prazo para os prestadores de serviços comunicarem aos usuários as providências adotadas em face de queixas ou de reclamações relativas aos serviços.

**§ 3º**. As entidades fiscalizadoras deverão receber e se manifestar conclusivamente sobre as reclamações que, a juízo do interessado, não tenham sido suficientemente atendidas pelos prestadores dos serviços.

**§ 4º** No estabelecimento de metas, indicadores e métodos de monitoramento, poderá ser utilizada a comparação do desempenho de diferentes prestadores de serviços. *(Acrescido pela Lei 14.026/2020)*

**Art. 24.** Em caso de gestão associada ou prestação regionalizada dos serviços, os titulares poderão adotar os mesmos critérios econômicos, sociais e técnicos da regulação em toda a área de abrangência da associação ou da prestação.

**Art. 25.** Os prestadores de serviços públicos de saneamento básico deverão fornecer à entidade reguladora todos os dados e informações necessários para o desempenho de suas atividades, na forma das normas legais, regulamentares e contratuais.

**§ 1º**. Incluem-se entre os dados e informações a que se refere o *caput* deste artigo aquelas produzidas por empresas ou profissionais contratados para executar serviços ou fornecer materiais e equipamentos específicos.

**§ 2º**. Compreendem-se nas atividades de regulação dos serviços de saneamento básico a interpretação e a fixação de critérios para a fiel execução dos contratos, dos serviços e para a correta administração de subsídios.

**Art. 25-A.** A ANA instituirá normas de referência para a regulação da prestação dos serviços públicos de saneamento básico por seus titulares e suas entidades reguladoras e fiscalizadoras, observada a legislação federal pertinente. *(Acrescido pela Lei 14.026/2020)*

**Art. 26.** Deverá ser assegurado publicidade aos relatórios, estudos, decisões e instrumentos equivalentes que se refiram à regulação ou à fiscalização dos serviços, bem como aos direitos e deveres dos usuários e prestadores, a eles podendo ter acesso qualquer do povo, independentemente da existência de interesse direto.

**§ 1º**. Excluem-se do disposto no *caput* deste artigo os documentos considerados sigilosos em razão de interesse público relevante, mediante prévia e motivada decisão.

**§ 2º**. A publicidade a que se refere o *caput* deste artigo deverá se efetivar, preferencialmente, por meio de sítio mantido na rede mundial de computadores – internet.

**Art. 27.** É assegurado aos usuários de serviços públicos de saneamento básico, na forma das normas legais, regulamentares e contratuais:

**I** – amplo acesso a informações sobre os serviços prestados;

**II** – prévio conhecimento dos seus direitos e deveres e das penalidades a que podem estar sujeitos;

**III** – acesso a manual de prestação do serviço e de atendimento ao usuário, elaborado pelo prestador e aprovado pela respectiva entidade de regulação;

**IV** – acesso a relatório periódico sobre a qualidade da prestação dos serviços.

**Art. 28.** (VETADO).

## CAPÍTULO VI
## DOS ASPECTOS ECONÔMICOS E SOCIAIS

**Art. 29.** Os serviços públicos de saneamento básico terão a sustentabilidade econômico-financeira assegurada por meio de remuneração pela cobrança dos serviços, e, quando necessário, por outras formas adicionais, como subsídios ou subvenções, vedada a cobrança em duplicidade de custos administrativos ou gerenciais a serem pagos pelo usuário, nos seguintes serviços: *(Redação dada pela Lei 14.026/2020)*

**I** - de abastecimento de água e esgotamento sanitário, na forma de taxas, tarifas e outros preços públicos, que poderão ser estabelecidos para cada um dos serviços ou para ambos, conjuntamente; *(Redação dada pela Lei 14.026/2020)*

**II** - de limpeza urbana e manejo de resíduos sólidos, na forma de taxas, tarifas e outros preços públicos, conforme o regime de prestação do serviço ou das suas atividades; e *(Redação dada pela Lei 14.026/2020)*

**III** - de drenagem e manejo de águas pluviais urbanas, na forma de tributos, inclusive taxas, ou tarifas e outros preços públicos, em conformidade com o regime de prestação do serviço ou das suas atividades. *(Redação dada pela Lei 14.026/2020)*

**§ 1º**. Observado o disposto nos incisos I a III do *caput* deste artigo, a instituição das tarifas, preços públicos e taxas para os serviços de saneamento básico observará as seguintes diretrizes:

**I** - prioridade para atendimento das funções essenciais relacionadas à saúde pública;

**II** – ampliação do acesso dos cidadãos e localidades de baixa renda aos serviços;

**III** – geração dos recursos necessários para realização dos investimentos, objetivando o cumprimento das metas e objetivos do serviço;

**IV** – inibição do consumo supérfluo e do desperdício de recursos;

**V** – recuperação dos custos incorridos na prestação do serviço, em regime de eficiência;

**VI** – remuneração adequada do capital investido pelos prestadores dos serviços;

**VII** – estímulo ao uso de tecnologias modernas e eficientes, compatíveis com os níveis exigidos de qualidade, continuidade e segurança na prestação dos serviços;

**VIII** – incentivo à eficiência dos prestadores dos serviços.

**§ 2º** Poderão ser adotados subsídios tarifários e não tarifários para os usuários que não tenham capacidade de pagamento suficiente para cobrir o custo integral dos serviços. *(Redação dada pela Lei 14.026/2020)*

**§ 3º** As novas edificações condominiais adotarão padrões de sustentabilidade ambiental que incluam, entre outros procedimentos, a medição individualizada do consumo hídrico por unidade imobiliária, nos termos da Lei nº 13.312, de 12 de julho de 2016. *(Redação dada pela Lei 14.026/2020)*

**§ 4º** Na hipótese de prestação dos serviços sob regime de concessão, as tarifas e preços públicos serão arrecadados pelo prestador diretamente do usuário, e essa arrecadação será facultativa em caso de taxas. *(Acrescido pela Lei 14.026/2020)*

**§ 5º** Os prédios, edifícios e condomínios que foram construídos sem a individualização da medição até a entrada em vigor da Lei nº 13.312, de 12 de julho de 2016, ou em que a individualização for inviável, pela onerosidade ou por razão técnica, poderão instrumentalizar contratos especiais com os prestadores de serviços, nos quais serão estabelecidos as responsabilidades, os critérios de rateio e a forma de cobrança. *(Acrescido pela Lei 14.026/2020)*

**Art. 30.** Observado o disposto no art. 29 desta Lei, a estrutura de remuneração e de cobrança dos serviços públicos de saneamento básico considerará os seguintes fatores: *(Redação dada pela Lei 14.026/2020)*

**I** – categorias de usuários, distribuídas por faixas ou quantidades crescentes de utilização ou de consumo;

**II** – padrões de uso ou de qualidade requeridos;

**III** – quantidade mínima de consumo ou de utilização do serviço, visando à garantia de objetivos sociais, como a preservação da saúde pública, o adequado atendimento dos usuários de menor renda e a proteção do meio ambiente;

**IV** – custo mínimo necessário para disponibilidade do serviço em quantidade e qualidade adequadas;

**V** – ciclos significativos de aumento da demanda dos serviços, em períodos distintos; e

**VI** – capacidade de pagamento dos consumidores.

**Art. 31.** Os subsídios destinados ao atendimento de usuários determinados de baixa renda serão, dependendo da origem dos recursos: *(Redação dada pela Lei 14.026/2020)*

**I** - (Revogado pela Lei 14.026/2020)

**II** - tarifários, quando integrarem a estrutura tarifária, ou fiscais, quando decorrerem da alocação de recursos orçamentários, inclusive por meio de subvenções; e *(Redação dada pela Lei 14.026/2020)*

**III** - internos a cada titular ou entre titulares, nas hipóteses de prestação regionalizada. *(Redação dada pela Lei 14.026/2020)*

**Arts. 32 a 34.** (VETADOS).

**Art. 35.** As taxas ou as tarifas decorrentes da prestação de serviço de limpeza urbana e de manejo de resíduos sólidos considerarão a destinação adequada dos resíduos coletados e o nível de renda da população da área atendida, de forma isolada ou combinada, e poderão, ainda, considerar: *(Redação dada pela Lei 14.026/2020)*

**I** - (Revogado pela Lei 14.026/2020)

**II** - as características dos lotes e as áreas que podem ser neles edificadas; *(Redação dada pela Lei 14.026/2020)*

**III** - o peso ou o volume médio coletado por habitante ou por domicílio.

**IV** - o consumo de água; e *(Acrescido pela Lei 14.026/2020)*

**V** - a frequência de coleta. *(Acrescido pela Lei 14.026/2020)*

**§ 1º** Na hipótese de prestação de serviço sob regime de delegação, a cobrança de taxas ou tarifas poderá ser realizada na fatura de consumo de outros serviços públicos, com a anuência da prestadora do serviço. *(Acrescido pela Lei 14.026/2020)*

**§ 2º** A não proposição de instrumento de cobrança pelo titular do serviço nos termos deste artigo, no prazo de 12 (doze) meses de vigência desta Lei, configura renúncia de receita e exigirá a comprovação de atendimento, pelo titular do serviço, do disposto no art. 14 da Lei Complementar nº 101, de 4 de maio de 2000, observadas as penalidades constantes da referida legislação no caso de eventual descumprimento. *(Acrescido pela Lei 14.026/2020)*

**§ 3º** Na hipótese de prestação sob regime de delegação, o titular do serviço deverá obrigatoriamente demonstrar a sustentabilidade econômico-financeira da prestação dos serviços ao longo dos estudos que subsidiaram a contratação desses serviços e deverá comprovar, no respectivo processo administrativo, a existência de recursos suficientes para o pagamento dos valores incorridos na delegação, por meio da demonstração de fluxo histórico e projeção futura de recursos. *(Acrescido pela Lei 14.026/2020)*

**Art. 36.** A cobrança pela prestação do serviço público de drenagem e manejo de águas pluviais urbanas deve levar em conta, em cada lote urbano, os percentuais de impermeabilização e a existência de dispositivos de amortecimento ou de retenção de água de chuva, bem como poderá considerar:

**I** – o nível de renda da população da área atendida;

**II** – as características dos lotes urbanos e as áreas que podem ser neles edificadas.

**Art. 37.** Os reajustes de tarifas de serviços públicos de saneamento básico serão realizados observando-se o intervalo mínimo de 12 (doze) meses, de acordo com as normas legais, regulamentares e contratuais.

**Art. 38.** As revisões tarifárias compreenderão a reavaliação das condições da prestação dos serviços e das tarifas praticadas e poderão ser:

**I** – periódicas, objetivando a distribuição dos ganhos de produtividade com os usuários e a reavaliação das condições de mercado;

**II** – extraordinárias, quando se verificar a ocorrência de fatos não previstos no contrato, fora do controle do prestador dos serviços, que alterem o seu equilíbrio econômico-financeiro.

**§ 1º**. As revisões tarifárias terão suas pautas definidas pelas respectivas entidades reguladoras, ouvidos os titulares, os usuários e os prestadores dos serviços.

**§ 2º**. Poderão ser estabelecidos mecanismos tarifários de indução à eficiência, inclusive fatores de produtividade, assim como de antecipação de metas de expansão e qualidade dos serviços.

**§ 3º**. Os fatores de produtividade poderão ser definidos com base em indicadores de outras empresas do setor.

**§ 4º**. A entidade de regulação poderá autorizar o prestador de serviços a repassar aos usuários custos e encargos tributários não previstos originalmente e por ele não administrados, nos termos da Lei nº 8.987, de 13 de fevereiro de 1995.

**Art. 39.** As tarifas serão fixadas de forma clara e objetiva, devendo os reajustes e as revisões serem tornados públicos com antecedência mínima de 30 (trinta) dias com relação à sua aplicação.

**Parágrafo único.** A fatura a ser entregue ao usuário final deverá obedecer a modelo estabelecido pela entidade reguladora, que definirá os itens e custos que deverão estar explicitados.

**Art. 40.** Os serviços poderão ser interrompidos pelo prestador nas seguintes hipóteses:

**I** – situações de emergência que atinjam a segurança de pessoas e bens;

**II** - necessidade de efetuar reparos, modificações ou melhorias de qualquer natureza nos sistemas, respeitados os padrões de qualidade e continuidade estabelecidos pela regulação do serviço; *(Redação dada pela Lei 14.026/2020)*

**III** – negativa do usuário em permitir a instalação de dispositivo de leitura de água consumida, após ter sido previamente notificado a respeito;

**IV** – manipulação indevida de qualquer tubulação, medidor ou outra instalação do prestador, por parte do usuário; e

**V** – inadimplemento, pelo usuário do serviço de abastecimento de água ou de esgotamento sanitário, do pagamento das tarifas, após ter sido formalmente notificado, de forma que, em caso de coleta, afastamento e tratamento de esgoto, a interrupção dos serviços deverá preservar as condições mínimas de manutenção da saúde dos usuários, de acordo com norma de regulação ou norma do órgão de política ambiental. *(Redação dada pela Lei 14.026/2020)*

**§ 1º**. As interrupções programadas serão previamente comunicadas ao regulador e aos usuários.

**§ 2º**. A suspensão dos serviços prevista nos incisos III e V do *caput* deste artigo será precedida de prévio aviso ao usuário, não inferior a 30 (trinta) dias da data prevista para a suspensão.

**§ 3º**. A interrupção ou a restrição do fornecimento de água por inadimplência a estabelecimentos de saúde, a instituições educacionais e de internação coletiva de pessoas e a usuário residencial de baixa renda beneficiário de tarifa social deverá obedecer a prazos e critérios que preservem condições mínimas de manutenção da saúde das pessoas atingidas.

**Art. 41.** Desde que previsto nas normas de regulação, grandes usuários poderão negociar suas tarifas com o prestador dos serviços, mediante contrato específico, ouvido previamente o regulador.

**Art. 42.** Os valores investidos em bens reversíveis pelos prestadores constituirão créditos perante o titular, a serem recuperados mediante a exploração dos serviços, nos termos das normas regulamentares e contratuais e, quando for o caso, observada a legislação pertinente às sociedades por ações.

**§ 1º**. Não gerarão crédito perante o titular os investimentos feitos sem ônus para o prestador, tais como os decorrentes de exigência legal aplicável à implantação de empreendimentos imobiliários e os provenientes de subvenções ou transferências fiscais voluntárias.

**§ 2º**. Os investimentos realizados, os valores amortizados, a depreciação e os respectivos saldos serão anualmente auditados e certificados pela entidade reguladora.

**§ 3º**. Os créditos decorrentes de investimentos devidamente certificados poderão constituir garantia de empréstimos aos delegatários, destinados exclusivamente a investimentos nos sistemas de saneamento objeto do respectivo contrato.

**§ 4º**. (VETADO).

**§ 5º** A transferência de serviços de um prestador para outro será condicionada, em qualquer hipótese, à indenização dos investimentos vinculados a bens reversíveis ainda não amortizados ou depreciados, nos termos da Lei nº 8.987, de 13 de fevereiro de 1995, facultado ao titular atribuir ao prestador que assumirá o serviço a responsabilidade por seu pagamento. *(Acrescido pela Lei 14.026/2020)*

## CAPÍTULO VII
## DOS ASPECTOS TÉCNICOS

**Art. 43.** A prestação dos serviços atenderá a requisitos mínimos de qualidade, incluindo a regularidade, a continuidade e aqueles relativos aos produtos oferecidos, ao atendimento dos usuários e às condições operacionais e de manutenção dos sistemas, de acordo com as normas regulamentares e contratuais.

**§ 1º** A União definirá parâmetros mínimos de potabilidade da água. *(Parágrafo único transformado em § 1º pela Lei 14.026/2020)*

**§ 2º** A entidade reguladora estabelecerá limites máximos de perda na distribuição de água tratada, que poderão ser reduzidos gradualmente, conforme se verifiquem avanços tecnológicos e maiores investimentos em medidas para diminuição desse desperdício. *(Acrescido pela Lei 14.026/2020)*

**Art. 44.** O licenciamento ambiental de unidades de tratamento de esgotos sanitários, de efluentes gerados nos processos de tratamento de água e das instalações integrantes dos serviços públicos de manejo de resíduos sólidos considerará os requisitos de eficácia e eficiência, a fim de alcançar progressivamente os padrões estabelecidos pela legislação ambiental, ponderada a capacidade de pagamento das populações e usuários envolvidos. *(Redação dada pela Lei 14.026/2020)*

**§ 1º** A autoridade ambiental competente assegurará prioridade e estabelecerá procedimentos simplificados de licenciamento para as atividades a que se refere o *caput* deste artigo, em função do porte das unidades, dos impactos ambientais esperados e da resiliência de sua área de implantação. *(Redação dada pela Lei 14.026/2020)*

**§ 2º.** A autoridade ambiental competente estabelecerá metas progressivas para que a qualidade dos efluentes de unidades de tratamento de esgotos sanitários atenda aos padrões das classes dos corpos hídricos em que forem lançados, a partir dos níveis presentes de tratamento e considerando a capacidade de pagamento das populações e usuários envolvidos.

**§ 3º** A agência reguladora competente estabelecerá metas progressivas para a substituição do sistema unitário pelo sistema separador absoluto, sendo obrigatório o tratamento dos esgotos coletados em períodos de estiagem, enquanto durar a transição. *(Acrescido pela Lei 14.026/2020)*

**Art. 45.** As edificações permanentes urbanas serão conectadas às redes públicas de abastecimento de água e de esgotamento sanitário disponíveis e sujeitas ao pagamento de taxas, tarifas e outros preços públicos decorrentes da disponibilização e da manutenção da infraestrutura e do uso desses serviços. *(Redação dada pela Lei 14.026/2020)*

**§ 1º.** Na ausência de redes públicas de saneamento básico, serão admitidas soluções individuais de abastecimento de água e de afastamento e destinação final dos esgotos sanitários, observadas as normas editadas pela entidade reguladora e pelos órgãos responsáveis pelas políticas ambiental, sanitária e de recursos hídricos.

**§ 2º.** A instalação hidráulica predial ligada à rede pública de abastecimento de água não poderá ser também alimentada por outras fontes.

**§ 3º** A instalação hidráulica predial prevista no § 2º deste artigo constitui a rede ou tubulação que se inicia na ligação de água da prestadora e finaliza no reservatório de água do usuário. *(Acrescido pela Lei 14.026/2020)*

**§ 4º** Quando disponibilizada rede pública de esgotamento sanitário, o usuário estará sujeito aos pagamentos previstos no *caput* deste artigo, sendo-lhe assegurada a cobrança de um valor mínimo de utilização dos serviços, ainda que a sua edificação não esteja conectada à rede pública. *(Acrescido pela Lei 14.026/2020)*

**§ 5º** O pagamento de taxa ou de tarifa, na forma prevista no *caput* deste artigo, não isenta o usuário da obrigação de conectar-se à rede pública de esgotamento sanitário, e o descumprimento dessa obrigação sujeita o usuário ao pagamento de multa e demais sanções previstas na legislação, ressalvados os casos de reúso e de captação de água de chuva, nos termos do regulamento. *(Acrescido pela Lei 14.026/2020)*

**§ 6º** A entidade reguladora ou o titular dos serviços públicos de saneamento básico deverão estabelecer prazo não superior a 1 (um) ano para que os usuários conectem suas edificações à rede de esgotos, onde disponível, sob pena de o prestador do serviço realizar a conexão mediante cobrança do usuário. *(Acrescido pela Lei 14.026/2020)*

**§ 7º** A entidade reguladora ou o titular dos serviços públicos de saneamento básico deverá, sob pena de responsabilidade administrativa, contratual e ambiental, até 31 de dezembro de 2025, verificar e aplicar o procedimento previsto no § 6º deste artigo a todas as edificações implantadas na área coberta com serviço de esgotamento sanitário. *(Acrescido pela Lei 14.026/2020)*

**§ 8º** O serviço de conexão de edificação ocupada por família de baixa renda à rede de esgotamento sanitário poderá gozar de gratuidade, ainda que os serviços públicos de saneamento básico sejam prestados mediante concessão, observado, quando couber, o reequilíbrio econômico-financeiro dos contratos. *(Acrescido pela Lei 14.026/2020)*

**§ 9º** Para fins de concessão da gratuidade prevista no § 8º deste artigo, caberá ao titular regulamentar os critérios para enquadramento das famílias de baixa renda, consideradas as peculiaridades locais e regionais. *(Acrescido pela Lei 14.026/2020)*

**§ 10.** A conexão de edificações situadas em núcleo urbano, núcleo urbano informal e núcleo urbano informal consolidado observará o disposto na Lei nº 13.465, de 11 de julho de 2017. *(Acrescido pela Lei 14.026/2020)*

**§ 11.** As edificações para uso não residencial ou condomínios regidos pela Lei nº 4.591, de 16 de dezembro de 1964, poderão utilizar-se de fontes e métodos alternativos de abastecimento de água, incluindo águas subterrâneas, de reúso ou pluviais, desde que autorizados pelo órgão gestor competente e que promovam o pagamento pelo uso de recursos hídricos, quando devido. *(Acrescido pela Lei 14.026/2020)*

**§ 12.** Para a satisfação das condições descritas no § 11 deste artigo, os usuários deverão instalar medidor para contabilizar o seu consumo e deverão arcar apenas com o pagamento pelo uso da rede de coleta e tratamento de esgoto na quantidade equivalente ao volume de água captado. *(Acrescido pela Lei 14.026/2020)*

**Art. 46.** Em situação crítica de escassez ou contaminação de recursos hídricos que obrigue à adoção de racionamento, declarada pela autoridade gestora de recursos hídricos, o ente regulador poderá adotar mecanismos tarifários de contingência, com objetivo de cobrir custos adicionais decorrentes, garantindo o equilíbrio financeiro da prestação do serviço e a gestão da demanda.

**Parágrafo único.** Sem prejuízo da adoção dos mecanismos a que se refere o *caput* deste artigo, a ANA poderá recomendar, independentemente da dominialidade dos corpos hídricos que formem determinada bacia hidrográfica, a restrição ou a interrupção do uso de recursos hídricos e a prioridade do uso para o consumo humano e para a dessedentação de animais. *(Acrescido pela Lei 14.026/2020)*

**Art. 46-A.** *(VETADO na Lei 14.026/2020)*

## CAPÍTULO VIII
## DA PARTICIPAÇÃO DE ÓRGÃOS COLEGIADOS NO CONTROLE SOCIAL

**Art. 47.** O controle social dos serviços públicos de saneamento básico poderá incluir a participação de órgãos colegiados de caráter consultivo, nacional, estaduais, distrital e municipais, em especial o Conselho Nacional de Recursos Hídricos, nos termos da Lei nº 9.433, de 8 de janeiro de 1997, assegurada a representação: *(Redação dada pela Lei 14.026/2020)*

**I** – dos titulares dos serviços;

**II** – de órgãos governamentais relacionados ao setor de saneamento básico;

**III** – dos prestadores de serviços públicos de saneamento básico;

**IV** – dos usuários de serviços de saneamento básico;

**V** – de entidades técnicas, organizações da sociedade civil e de defesa do consumidor relacionadas ao setor de saneamento básico.

**§ 1º.** As funções e competências dos órgãos colegiados a que se refere o *caput* deste artigo poderão ser exercidas por órgãos colegiados já existentes, com as devidas adaptações das leis que os criaram.

**§ 2º.** No caso da União, a participação a que se refere o *caput* deste artigo será exercida nos termos da Medida Provisória nº 2.220, de 4 de setembro de 2001, alterada pela Lei nº 10.683, de 28 de maio de 2003.

## CAPÍTULO IX
## DA POLÍTICA FEDERAL DE SANEAMENTO BÁSICO

**Art. 48.** A União, no estabelecimento de sua política de saneamento básico, observará as seguintes diretrizes:

**I** – prioridade para as ações que promovam a equidade social e territorial no acesso ao saneamento básico;

**II** – aplicação dos recursos financeiros por ela administrados de modo a promover o desenvolvimento sustentável, a eficiência e a eficácia;

**III** - uniformização da regulação do setor e divulgação de melhores práticas, conforme o disposto na Lei nº 9.984, de 17 de julho de 2000; *(Redação dada pela Lei 14.026/2020)*

**IV** – utilização de indicadores epidemiológicos e de desenvolvimento social no planejamento, implementação e avaliação das suas ações de saneamento básico;

**V** – melhoria da qualidade de vida e das condições ambientais e de saúde pública;

**VI** – colaboração para o desenvolvimento urbano e regional;

**VII** - garantia de meios adequados para o atendimento da população rural, por meio da utilização de soluções compatíveis com as suas características econômicas e sociais peculiares; *(Redação dada pela Lei 14.026/2020)*

**VIII** – fomento ao desenvolvimento científico e tecnológico, à adoção de tecnologias apropriadas e à difusão dos conhecimentos gerados;

**IX** - adoção de critérios objetivos de elegibilidade e prioridade, considerados fatores como nível de renda e cobertura, grau de urbanização, concentração populacional, porte populacional municipal, áreas rurais e comunidades tradicionais e indígenas, disponibilidade hídrica e riscos sanitários, epidemiológicos e ambientais; *(Redação dada pela Lei 14.026/2020)*

**X** – adoção da bacia hidrográfica como unidade de referência para o planejamento de suas ações;

**XI** – estímulo à implementação de infraestruturas e serviços comuns a Municípios, mediante mecanismos de cooperação entre entes federados;

**XII** - redução progressiva e controle das perdas de água, inclusive na distribuição da água tratada, estímulo à racionalização de seu consumo pelos usuários e fomento à eficiência energética, ao reúso de efluentes sanitários e ao aproveitamento de águas de chuva, em conformidade com as demais normas ambientais e de saúde pública; *(Redação dada pela Lei 14.026/2020)*

**XIII** - estímulo ao desenvolvimento e ao aperfeiçoamento de equipamentos e métodos economizadores de água; *(Acrescido pela Lei 14.026/2020)*

**XIV** - promoção da segurança jurídica e da redução dos riscos regulatórios, com vistas a estimular investimentos públicos e privados; *(Acrescido pela Lei 14.026/2020)*

**XV** - estímulo à integração das bases de dados; *(Acrescido pela Lei 14.026/2020)*

**XVI** - acompanhamento da governança e da regulação do setor de saneamento; e *(Acrescido pela Lei 14.026/2020)*

**XVII** - prioridade para planos, programas e projetos que visem à implantação e à ampliação dos serviços e das ações de saneamento básico integrado, nos termos desta Lei. *(Acrescido pela Lei 14.026/2020)*

**Parágrafo único.** As políticas e ações da União de desenvolvimento urbano e regional, de habitação, de combate e erradicação da pobreza, de proteção ambiental, de promoção da saúde, de recursos hídricos e outras de relevante interesse social direcionadas à melhoria da qualidade de vida devem considerar a necessária articulação, inclusive no que se refere ao financiamento e à governança, com o saneamento básico. *(Redação dada pela Lei 14.026/2020)*

**Art. 48-A.** Em programas habitacionais públicos federais ou subsidiados com recursos públicos federais, o sistema de esgotamento sanitário deverá ser interligado à rede existente, ressalvadas as hipóteses do § 4º do art. 11-B desta Lei. *(Acrescido pela Lei 14.026/2020)*

**Art. 49.** São objetivos da Política Federal de Saneamento Básico:

**I** - contribuir para o desenvolvimento nacional, a redução das desigualdades regionais, a geração de emprego e de renda, a inclusão social e a promoção da saúde pública; *(Redação dada pela Lei 14.026/2020)*

**II** - priorizar planos, programas e projetos que visem à implantação e à ampliação dos serviços e das ações de saneamento básico nas áreas ocupadas por populações de baixa renda, incluídos os núcleos urbanos informais consolidados, quando não se encontrarem em situação de risco; *(Redação dada pela Lei 14.026/2020)*

**III** – proporcionar condições adequadas de salubridade ambiental aos povos indígenas e outras populações tradicionais, com soluções compatíveis com suas características socioculturais;

**IV** - proporcionar condições adequadas de salubridade ambiental às populações rurais e às pequenas comunidades; *(Redação dada pela Lei 14.026/2020)*

**V** – assegurar que a aplicação dos recursos financeiros administrados pelo poder público dê-se segundo critérios de promoção da salubridade ambiental, de maximização da relação benefício-custo e de maior retorno social;

**VI** – incentivar a adoção de mecanismos de planejamento, regulação e fiscalização da prestação dos serviços de saneamento básico;

**VII** – promover alternativas de gestão que viabilizem a autossustentação econômica e financeira dos serviços de saneamento básico, com ênfase na cooperação federativa;

**VIII** – promover o desenvolvimento institucional do saneamento básico, estabelecendo meios para a unidade e articulação das ações dos diferentes agentes, bem como do desenvolvimento de sua organização, capacidade técnica, gerencial, financeira e de recursos humanos, contempladas as especificidades locais;

**IX** – fomentar o desenvolvimento científico e tecnológico, a adoção de tecnologias apropriadas e a difusão dos conhecimentos gerados de interesse para o saneamento básico;

**X** – minimizar os impactos ambientais relacionados à implantação e desenvolvimento das ações, obras e serviços de saneamento básico e assegurar que sejam executadas de acordo com as normas relativas à proteção do meio ambiente, ao uso e ocupação do solo e à saúde;

**XI** – incentivar a adoção de equipamentos sanitários que contribuam para a redução do consumo de água; *(Acrescido pela Lei 12.862/2013)*

**XII** - promover educação ambiental destinada à economia de água pelos usuários; *(Redação dada pela Lei 14.026/2020)*

**XIII** - promover a capacitação técnica do setor; *(Acrescido pela Lei 14.026/2020)*

**XIV** - promover a regionalização dos serviços, com vistas à geração de ganhos de escala, por meio do apoio à formação dos blocos de referência e à obtenção da sustentabilidade econômica financeira do bloco; *(Acrescido pela Lei 14.026/2020)*

**XV** - promover a concorrência na prestação dos serviços; e *(Acrescido pela Lei 14.026/2020)*

**XVI** - priorizar, apoiar e incentivar planos, programas e projetos que visem à implantação e à ampliação dos serviços e das ações de saneamento integrado, nos termos desta Lei. *(Acrescido pela Lei 14.026/2020)*

**Art. 50.** A alocação de recursos públicos federais e os financiamentos com recursos da União ou com recursos geridos ou operados por órgãos ou entidades da União serão feitos em conformidade com as diretrizes e objetivos estabelecidos nos arts. 48 e 49 desta Lei e com os planos de saneamento básico e condicionados:

**I** – ao alcance de índices mínimos de:

*a)* desempenho do prestador na gestão técnica, econômica e financeira dos serviços; e *(Redação dada pela Lei 14.026/2020) b)* eficiência e eficácia na prestação dos serviços públicos de saneamento básico; *(Redação dada pela Lei 14.026/2020)*

**II** - à operação adequada e à manutenção dos empreendimentos anteriormente financiados com os recursos mencionados no *caput* deste artigo. *(Redação dada pela Lei 14.026/2020)*

**III** - à observância das normas de referência para a regulação da prestação dos serviços públicos de saneamento básico expedidas pela ANA; *(Acrescido pela Lei 14.026/2020)*

**IV** - ao cumprimento de índice de perda de água na distribuição, conforme definido em ato do Ministro de Estado do Desenvolvimento Regional; *(Acrescido pela Lei 14.026/2020)*

**V** - ao fornecimento de informações atualizadas para o Sinisa, conforme critérios, métodos e periodicidade estabelecidos pelo Ministério do Desenvolvimento Regional; *(Acrescido pela Lei 14.026/2020)*

**VI** - à regularidade da operação a ser financiada, nos termos do inciso XIII do *caput* do art. 3º desta Lei; *(Acrescido pela Lei 14.026/2020)*

**VII** - à estruturação de prestação regionalizada; *(Acrescido pela Lei 14.026/2020)*

**VIII** - à adesão pelos titulares dos serviços públicos de saneamento básico à estrutura de governança correspondente em até 180 (cento e oitenta) dias contados de sua instituição, nos casos de unidade regional de saneamento básico, blocos de referência e gestão associada; e *(Acrescido pela Lei 14.026/2020)*

**IX** - à constituição da entidade de governança federativa no prazo estabelecido no inciso VIII do *caput* deste artigo. *(Acrescido pela Lei 14.026/2020)*

**§ 1º** Na aplicação de recursos não onerosos da União, serão priorizados os investimentos de capital que viabilizem a prestação de serviços regionalizada, por meio de blocos regionais, quando a sua sustentabilidade econômico-financeira não for possível apenas com recursos oriundos de tarifas ou taxas, mesmo após agrupamento com outros Municípios do Estado, e os investimentos que visem ao atendimento dos Municípios com maiores déficits de saneamento cuja população não tenha capacidade de pagamento compatível com a viabilidade econômico-financeira dos serviços. *(Redação dada pela Lei 14.026/2020)*

**§ 2º**. A União poderá instituir e orientar a execução de programas de incentivo à execução de projetos de interesse social na área de saneamento básico com participação de investidores privados, mediante operações estruturadas de financiamentos realizados com recursos de fundos privados de investimento, de capitalização ou de previdência complementar, em condições compatíveis com a natureza essencial dos serviços públicos de saneamento básico.

**§ 3º**. É vedada a aplicação de recursos orçamentários da União na administração, operação e manutenção de serviços públicos de saneamento básico não administrados por órgão ou entidade federal, salvo por prazo determinado em situações de eminente risco à saúde pública e ao meio ambiente.

**§ 4º**. Os recursos não onerosos da União, para subvenção de ações de saneamento básico promovidas pelos demais entes da Federação, serão sempre transferidos para Municípios, o Distrito Federal ou Estados.

**§ 5º** No fomento à melhoria da prestação dos serviços públicos de saneamento básico, a União poderá conceder benefícios ou incentivos orçamentários, fiscais ou creditícios como contrapartida ao alcance de metas de desempenho operacional previamente estabelecidas. *(Redação dada pela Lei 14.026/2020)*

**§ 6º**. A exigência prevista na alínea a do inciso I do *caput* deste artigo não se aplica à destinação de recursos para programas de desenvolvimento institucional do operador de serviços públicos de saneamento básico.

**§ 7º**. (VETADO).

**§ 8º** A manutenção das condições e do acesso aos recursos referidos no *caput* deste artigo dependerá da continuidade da observância dos atos normativos e da conformidade dos órgãos e das entidades reguladoras ao disposto no inciso III do *caput* deste artigo. *(Acrescido pela Lei 14.026/2020)*

**§ 9º** A restrição de acesso a recursos públicos federais e a financiamentos decorrente do descumprimento do inciso III do *caput* deste artigo não afetará os contratos celebrados anteriormente à sua instituição e as respectivas previsões de desembolso. *(Acrescido pela Lei 14.026/2020)*

**§ 10.** O disposto no inciso III do *caput* deste artigo não se aplica às ações de saneamento básico em: *(Acrescido pela Lei 14.026/2020)*

**I** - áreas rurais;

**II** - comunidades tradicionais, incluídas áreas quilombolas; e

**III** - terras indígenas.

**§ 11.** A União poderá criar cursos de capacitação técnica dos gestores públicos municipais, em consórcio ou não com os Estados, para a elaboração e implementação dos planos de saneamento básico. *(Acrescido pela Lei 14.026/2020)*

**§ 12.** *(VETADO na Lei 14.026/2020)*

**Art. 51.** O processo de elaboração e revisão dos planos de saneamento básico deverá prever sua divulgação em conjunto com os estudos que os fundamentarem, o recebimento de sugestões e críticas por meio de consulta ou audiência pública e, quando previsto na legislação do titular, análise e opinião por órgão colegiado criado nos termos do art. 47 desta Lei.

**Parágrafo único.** A divulgação das propostas dos planos de saneamento básico e dos estudos que as fundamentarem dar-se-á por meio da disponibilização integral de seu teor a todos os interessados, inclusive por meio da internet e por audiência pública.

**Art. 52.** A União elaborará, sob a coordenação do Ministério do Desenvolvimento Regional: *(Redação dada pela Lei 14.026/2020)*

**I** - o Plano Nacional de Saneamento Básico, que conterá: *(Redação dada pela Lei 14.026/2020)*

*a)* os objetivos e metas nacionais e regionalizadas, de curto, médio e longo prazos, para a universalização dos serviços de saneamento básico e o alcance de níveis crescentes de saneamento básico no território nacional, observando a compatibilidade com os demais planos e políticas públicas da União;

*b)* as diretrizes e orientações para o equacionamento dos condicionantes de natureza político-institucional, legal e jurídica, econômico-financeira, administrativa, cultural e tecnológica com impacto na consecução das metas e objetivos estabelecidos;

*c)* a proposição de programas, projetos e ações necessários para atingir os objetivos e as metas da política federal de saneamento básico, com identificação das fontes de financiamento, de forma a ampliar os investimentos públicos e privados no setor; *(Redação dada pela Lei 14.026/2020)*

*d)* as diretrizes para o planejamento das ações de saneamento básico em áreas de especial interesse turístico;

*e)* os procedimentos para a avaliação sistemática da eficiência e eficácia das ações executadas;

**II** – planos regionais de saneamento básico, elaborados e executados em articulação com os Estados, Distrito Federal e Municípios envolvidos para as regiões integradas de desenvolvimento econômico ou nas que haja a participação de órgão ou entidade federal na prestação de serviço público de saneamento básico.

**§ 1º** O Plano Nacional de Saneamento Básico deverá: *(Redação dada pela Lei 14.026/2020)*

**I** – abranger o abastecimento de água, o esgotamento sanitário, o manejo de resíduos sólidos e o manejo de águas pluviais, com limpeza e fiscalização preventiva das respectivas redes de drenagem, além de outras ações de saneamento básico de interesse para a melhoria da salubridade ambiental, incluindo o provimento de banheiros e unidades hidrossanitárias para populações de baixa renda; *(Redação dada pela Lei 13.308/2016)*

**II** - tratar especificamente das ações da União relativas ao saneamento básico nas áreas indígenas, nas reservas extrativistas da União e nas comunidades quilombolas.

**III** - contemplar programa específico para ações de saneamento básico em áreas rurais; *(Acrescido pela Lei 14.026/2020)*

**IV** - contemplar ações específicas de segurança hídrica; e *(Acrescido pela Lei 14.026/2020)*

**V** - contemplar ações de saneamento básico em núcleos urbanos informais ocupados por populações de baixa renda, quando estes forem consolidados e não se encontrarem em situação de risco. *(Acrescido pela Lei 14.026/2020)*

**§ 2º**. Os planos de que tratam os incisos I e II do *caput* deste artigo devem ser elaborados com horizonte de 20 (vinte) anos, avaliados anualmente e revisados a cada 4 (quatro) anos, preferencialmente em períodos coincidentes com os de vigência dos planos plurianuais.

**§ 3º** A União estabelecerá, de forma subsidiária aos Estados, blocos de referência para a prestação regionalizada dos serviços públicos de saneamento básico. *(Acrescido pela Lei 14.026/2020)*

**Art. 53.** Fica instituído o Sistema Nacional de Informações em Saneamento Básico – SINISA, com os objetivos de:

**I** – coletar e sistematizar dados relativos às condições da prestação dos serviços públicos de saneamento básico;

**II** – disponibilizar estatísticas, indicadores e outras informações relevantes para a caracterização da demanda e da oferta de serviços públicos de saneamento básico;

**III** – permitir e facilitar o monitoramento e avaliação da eficiência e da eficácia da prestação dos serviços de saneamento básico.

**§ 1º** As informações do Sinisa são públicas, gratuitas, acessíveis a todos e devem ser publicadas na internet, em formato de dados abertos. *(Redação dada pela Lei 14.026/2020)*

**§ 2º**. A União apoiará os titulares dos serviços a organizar sistemas de informação em saneamento básico, em atendimento ao disposto no inciso VI do *caput* do art. 9º desta Lei.

**§ 3º** Compete ao Ministério do Desenvolvimento Regional a organização, a implementação e a gestão do Sinisa, além do estabelecimento dos critérios, dos métodos e da periodicidade para o preenchimento das informações pelos titulares, pelas entidades reguladoras e pelos prestadores dos serviços e para a auditoria própria do sistema. *(Acrescido pela Lei 14.026/2020)*

**§ 4º** A ANA e o Ministério do Desenvolvimento Regional promoverão a interoperabilidade do Sistema Nacional de Informações sobre Recursos Hídricos (SNIRH) com o Sinisa. *(Acrescido pela Lei 14.026/2020)*

**§ 5º** O Ministério do Desenvolvimento Regional dará ampla transparência e publicidade aos sistemas de informações por ele geridos e considerará as demandas dos órgãos e das entidades envolvidos na política federal de saneamento básico para fornecer os dados necessários ao desenvolvimento, à implementação e à avaliação das políticas públicas do setor. *(Acrescido pela Lei 14.026/2020)*

**§ 6º** O Ministério do Desenvolvimento Regional estabelecerá mecanismo sistemático de auditoria das informações inseridas no Sinisa. *(Acrescido pela Lei 14.026/2020)*

**§ 7º** Os titulares, os prestadores de serviços públicos de saneamento básico e as entidades reguladoras fornecerão as informações a serem inseridas no Sinisa. *(Acrescido pela Lei 14.026/2020)*

**Art. 53-A.** Fica criado o Comitê Interministerial de Saneamento Básico (Cisb), colegiado que, sob a presidência do Ministério do Desenvolvimento Regional, tem a finalidade de assegurar a implementação da política federal de saneamento básico e de articular a atuação dos órgãos e das entidades federais na alocação de recursos financeiros em ações de saneamento básico. *(Acrescido pela Lei 14.026/2020)*

**Parágrafo único.** A composição do Cisb será definida em ato do Poder Executivo federal.

**Art. 53-B.** Compete ao Cisb: *(Acrescido pela Lei 14.026/2020)*

**I** - coordenar, integrar, articular e avaliar a gestão, em âmbito federal, do Plano Nacional de Saneamento Básico;

**II** - acompanhar o processo de articulação e as medidas que visem à destinação dos recursos para o saneamento básico, no âmbito do Poder Executivo federal;

**III** - garantir a racionalidade da aplicação dos recursos federais no setor de saneamento básico, com vistas à universalização dos serviços e à ampliação dos investimentos públicos e privados no setor;

**IV** - elaborar estudos técnicos para subsidiar a tomada de decisões sobre a alocação de recursos federais no âmbito da política federal de saneamento básico; e

**V** - avaliar e aprovar orientações para a aplicação dos recursos federais em saneamento básico.

**Art. 53-C.** Regimento interno disporá sobre a organização e o funcionamento do Cisb. *(Acrescido pela Lei 14.026/2020)*

**Art. 53-D.** Fica estabelecida como política federal de saneamento básico a execução de obras de infraestrutura básica de esgotamento sanitário e abastecimento de água potável em núcleos urbanos formais, informais e informais consolidados, passíveis de serem objeto de Regularização Fundiária Urbana (Reurb), nos termos da Lei nº 13.465, de 11 de julho de 2017, salvo aqueles que se encontrarem em situação de risco. *(Acrescido pela Lei 14.026/2020)*

**Parágrafo único.** Admite-se, prioritariamente, a implantação e a execução das obras de infraestrutura básica de abastecimento de água e esgotamento sanitário mediante sistema condominial, entendido como a participação comunitária com tecnologias apropriadas para produzir soluções que conjuguem redução de custos de operação e aumento da eficiência, a fim de criar condições para a universalização.

## CAPÍTULO X
## DISPOSIÇÕES FINAIS

**Art. 54.** (VETADO).

**Art. 54-A.** Fica instituído o Regime Especial de Incentivos para o Desenvolvimento do Saneamento Básico – REISB, com o objetivo de estimular a pessoa jurídica prestadora de serviços públicos de saneamento básico a aumentar seu volume de investimentos por meio da concessão de créditos tributários. *(Artigo acrescido pela Lei 13.329/2016, produzindo efeitos a partir do 2º exercício subsequente à sua vigência)*

**Parágrafo único.** A vigência do Reisb se estenderá até o ano de 2026.

**Art. 54-B.** É beneficiária do Reisb a pessoa jurídica que realize investimentos voltados para a sustentabilidade e para a eficiência dos sistemas de saneamento básico e em acordo com o Plano Nacional de Saneamento Básico. *(Artigo acrescido pela Lei 13.329/2016, produzindo efeitos a partir do 2º exercício subsequente à sua vigência)*

**§ 1º.** Para efeitos do disposto no *caput*, ficam definidos como investimentos em sustentabilidade e em eficiência dos sistemas de saneamento básico aqueles que atendam:

**I** – ao alcance das metas de universalização do abastecimento de água para consumo humano e da coleta e tratamento de esgoto;

**II** – à preservação de áreas de mananciais e de unidades de conservação necessárias à proteção das condições naturais e de produção de água;

**III** – à redução de perdas de água e à ampliação da eficiência dos sistemas de abastecimento

DIFUSOS E COLETIVOS

de água para consumo humano e dos sistemas de coleta e tratamento de esgoto;

**IV** – à inovação tecnológica.

**§ 2º.** Somente serão beneficiados pelo Reisb projetos cujo enquadramento às condições definidas no *caput* seja atestado pela Administração da pessoa jurídica beneficiária nas demonstrações financeiras dos períodos em que se apurarem ou se utilizarem os créditos.

**§ 3º.** Não se poderão beneficiar do Reisb as pessoas jurídicas optantes pelo Regime Especial Unificado de Arrecadação de Tributos e Contribuições devidos pelas Microempresas e Empresas de Pequeno Porte – Simples Nacional, de que trata a Lei Complementar nº 123, de 14 de dezembro de 2006, e as pessoas jurídicas de que tratam o inciso II do art. 8º da Lei nº 10.637, de 30 de dezembro de 2002, e o inciso II do art. 10 da Lei nº 10.833, de 29 de dezembro de 2003.

**§ 4º.** A adesão ao Reisb é condicionada à regularidade fiscal da pessoa jurídica em relação aos impostos e às contribuições administrados pela Secretaria da Receita Federal do Brasil.

**Art. 54-C.** *(VETADO na Lei 13.329/2016)*

**Art. 55.** O § 5º do art. 2º da Lei nº 6.766, de 19 de dezembro de 1979, passa a vigorar com a seguinte redação:

(...)

**Art. 56.** (VETADO)

**Art. 57.** O inciso XXVII do *caput* do art. 24 da Lei nº 8.666, de 21 de junho de 1993, passa a vigorar com a seguinte redação:

(...)

**Art. 58.** O art. 42 da Lei nº 8.987, de 13 de fevereiro de 1995, passa a vigorar com a seguinte redação:

(...)

**Art. 59.** (VETADO).

**Art. 60.** Revoga-se a Lei nº 6.528, de 11 de maio de 1978.

Brasília, 5 de janeiro de 2007; 186º da Independência e 119º da República.

LUIZ INÁCIO LULA DA SILVA

DOU 8.1.2007; retificado em 11.1.2007

# DECRETO Nº 7.217, DE 21 DE JUNHO DE 2010

*Regulamenta a Lei nº 11.445, de 5 de janeiro de 2007, que estabelece diretrizes nacionais para o saneamento básico, e dá outras providências.*

O PRESIDENTE DA REPÚBLICA, no uso das atribuições que lhe confere o art. 84, incisos IV e VI, alínea "a", da Constituição, e tendo em vista o disposto na Lei nº 11.445, de 5 de janeiro de 2007,

DECRETA:

## TÍTULO I
## DAS DISPOSIÇÕES PRELIMINARES

### CAPÍTULO I
### DO OBJETO

**Art. 1º** Este Decreto estabelece normas para execução da Lei nº 11.445, de 5 de janeiro de 2007.

### CAPÍTULO II
### DAS DEFINIÇÕES

✪ **Art. 2º** Para os fins deste Decreto, consideram-se:

**I** - planejamento: as atividades atinentes à identificação, qualificação, quantificação, organização e orientação de todas as ações, públicas e privadas, por meio das quais o serviço público deve ser prestado ou colocado à disposição de forma adequada;

**II** - regulação: todo e qualquer ato que discipline ou organize determinado serviço público, incluindo suas características, padrões de qualidade, impacto socioambiental, direitos e obrigações dos usuários e dos responsáveis por sua oferta ou prestação e fixação e revisão do valor de tarifas e outros preços públicos, para atingir os objetivos do art. 27;

**III** - fiscalização: atividades de acompanhamento, monitoramento, controle ou avaliação, no sentido de garantir o cumprimento de normas e regulamentos editados pelo poder público e a utilização, efetiva ou potencial, do serviço público;

**IV** - entidade de regulação: entidade reguladora ou regulador: agência reguladora, consórcio público de regulação, autoridade regulatória, ente regulador, ou qualquer outro órgão ou entidade de direito público que possua competências próprias de natureza regulatória, independência decisória e não acumule funções de prestador dos serviços regulados;

**V** - prestação de serviço público de saneamento básico: atividade, acompanhada ou não de execução de obra, com objetivo de permitir aos usuários acesso a serviço público de saneamento básico com características e padrões de qualidade determinados pela legislação, planejamento ou regulação;

**VI** - controle social: conjunto de mecanismos e procedimentos que garantem à sociedade informações, representações técnicas e participação nos processos de formulação de políticas, de planejamento e de avaliação relacionados aos serviços públicos de saneamento básico;

**VII** - titular: o ente da Federação que possua por competência a prestação de serviço público de saneamento básico;

**VIII** - prestador de serviço público: o órgão ou entidade, inclusive empresa:

*a)* do titular, ao qual a lei tenha atribuído competência de prestar serviço público; ou

*b)* ao qual o titular tenha delegado a prestação dos serviços, observado o disposto no art. 10 da Lei nº 11.445, de 2007;

**IX** - gestão associada: associação voluntária de entes federados, por convênio de cooperação ou consórcio público, conforme disposto no art. 241 da Constituição;

**X** - prestação regionalizada: aquela em que um único prestador atende a dois ou mais titulares, com uniformidade de fiscalização e regulação dos serviços, inclusive de sua remuneração, e com compatibilidade de planejamento;

**XI** - serviços públicos de saneamento básico: conjunto dos serviços públicos de manejo de resíduos sólidos, de limpeza urbana, de abastecimento de água, de esgotamento sanitário e de drenagem e manejo de águas pluviais, bem como infraestruturas destinadas exclusivamente a cada um destes serviços;

**XII** - universalização: ampliação progressiva do acesso de todos os domicílios ocupados ao saneamento básico;

**XIII** - subsídios: instrumento econômico de política social para viabilizar manutenção e continuidade de serviço público com objetivo de universalizar acesso ao saneamento básico, especialmente para populações e localidades de baixa renda;

**XIV** - subsídios diretos: quando destinados a determinados usuários;

**XV** - subsídios indiretos: quando destinados a prestador de serviços públicos;

**XVI** - subsídios internos: aqueles concedidos no âmbito territorial de cada titular;

**XVII** - subsídios entre localidades: aqueles concedidos nas hipóteses de gestão associada e prestação regional;

**XVIII** - subsídios tarifários: quando integrarem a estrutura tarifária;

**XIX** - subsídios fiscais: quando decorrerem da alocação de recursos orçamentários, inclusive por meio de subvenções;

**XX** - localidade de pequeno porte: vilas, aglomerados rurais, povoados, núcleos, lugarejos e aldeias, assim definidos pelo Instituto Brasileiro de Geografia e Estatística - IBGE;

**XXI** - aviso: informação dirigida a usuário pelo prestador dos serviços, com comprovação de recebimento, que tenha como objetivo notificar a interrupção da prestação dos serviços;

**XXII** - comunicação: informação dirigida a usuários e ao regulador, inclusive por meio de veiculação em mídia impressa ou eletrônica;

**XXIII** - água potável: água para consumo humano cujos parâmetros microbiológicos, físicos e químicos atendam ao padrão de potabilidade estabelecido pelas normas do Ministério da Saúde;

**XXIV** - sistema de abastecimento de água: instalação composta por conjunto de infraestruturas, obras civis, materiais e equipamentos, destinada à produção e à distribuição canalizada de água potável para populações, sob a responsabilidade do Poder Público;

**XXV** - soluções individuais: todas e quaisquer soluções alternativas de saneamento básico que atendam a apenas uma unidade de consumo;

**XXVI** - edificação permanente urbana: construção de caráter não transitório, destinada a abrigar atividade humana;

**XXVII** - ligação predial: derivação da água da rede de distribuição ou interligação com o sistema de coleta de esgotos por meio de instalações assentadas na via pública ou em propriedade privada até a instalação predial;

**XXVIII** - etapas de eficiência: parâmetros de qualidade de efluentes, a fim de se alcançar progressivamente, por meio do aperfeiçoamento dos sistemas e processos de tratamento, o atendimento às classes dos corpos hídricos; e

**XXIX** - metas progressivas de corpos hídricos: desdobramento do enquadramento em objetivos de qualidade de água intermediários para corpos receptores, com cronograma pré-estabelecido, a fim de atingir a meta final de enquadramento.

**§ 1º** Não constituem serviço público:

**I** - as ações de saneamento executadas por meio de soluções individuais, desde que o usuário não dependa de terceiros para operar os serviços; e

**II** - as ações e serviços de saneamento básico de responsabilidade privada, incluindo o manejo de resíduos de responsabilidade do gerador.

**§ 2º** Ficam excetuadas do disposto no § 1º:

**I** - a solução que atenda a condomínios ou localidades de pequeno porte, na forma prevista no § 1º do art. 10 da Lei nº 11.445, de 2007; e

**II** - a fossa séptica e outras soluções individuais de esgotamento sanitário, quando se atribua ao Poder Público a responsabilidade por sua operação, controle ou disciplina, nos termos de norma específica.

**§ 3º** Para os fins do inciso VIII do *caput*, consideram-se também prestadoras do serviço público de manejo de resíduos sólidos as associações ou cooperativas, formadas por pessoas físicas de baixa renda reconhecidas pelo Poder Público como catadores de materiais recicláveis, que executam coleta, processamento e comercialização de resíduos sólidos urbanos recicláveis ou reutilizáveis.

## CAPÍTULO III
## DOS SERVIÇOS PÚBLICOS DE SANEAMENTO BÁSICO

### SEÇÃO I
### DAS DISPOSIÇÕES GERAIS

**Art. 3º** Os serviços públicos de saneamento básico possuem natureza essencial e serão prestados com base nos seguintes princípios:

**I** - universalização do acesso;

**II** - integralidade, compreendida como o conjunto de todas as atividades e componentes de cada um dos diversos serviços de saneamento básico, propiciando à população o acesso na conformidade de suas necessidades e maximizando a eficácia das ações e resultados;

**III** - abastecimento de água, esgotamento sanitário, limpeza urbana, manejo dos resíduos sólidos e manejo de águas pluviais realizados de formas adequadas à saúde pública e à proteção do meio ambiente;

**IV** - disponibilidade, em todas as áreas urbanas, de serviços públicos de manejo das águas pluviais adequados à saúde pública e à segurança da vida e do patrimônio público e privado;

**V** - adoção de métodos, técnicas e processos que considerem as peculiaridades locais e regionais, não causem risco à saúde pública e promovam o uso racional da energia, conservação e racionalização do uso da água e dos demais recursos naturais;

**VI** - articulação com as políticas de desenvolvimento urbano e regional, de habitação, de combate à pobreza e de sua erradicação, de proteção ambiental, de recursos hídricos, de promoção da saúde e outras de relevante interesse social voltadas para a melhoria da qualidade de vida, para as quais o saneamento básico seja fator determinante;

**VII** - eficiência e sustentabilidade econômica;

**VIII** - utilização de tecnologias apropriadas, considerando a capacidade de pagamento dos usuários e a adoção de soluções graduais e progressivas;

**IX** - transparência das ações, baseada em sistemas de informações e processos decisórios institucionalizados;

**X** - controle social;

**XI** - segurança, qualidade e regularidade; e

**XII** - integração das infraestruturas e serviços com a gestão eficiente dos recursos hídricos.

### SEÇÃO II
### DOS SERVIÇOS PÚBLICOS DE ABASTECIMENTO DE ÁGUA

**Art. 4º** Consideram-se serviços públicos de abastecimento de água a sua distribuição mediante ligação predial, incluindo eventuais instrumentos de medição, bem como, quando vinculadas a esta finalidade, as seguintes atividades:

**I** - reservação de água bruta;

**II** - captação;

**III** - adução de água bruta;

**IV** - tratamento de água;

**V** - adução de água tratada; e

**VI** - reservação de água tratada.

**Art. 5º** O Ministério da Saúde definirá os parâmetros e padrões de potabilidade da água, bem como estabelecerá os procedimentos e responsabilidades relativos ao controle e vigilância da qualidade da água para consumo humano.

**§ 1º** A responsabilidade do prestador dos serviços públicos no que se refere ao controle da qualidade da água não prejudica a vigilância da qualidade da água para consumo humano por parte da autoridade de saúde pública.

**§ 2º** Os prestadores de serviços de abastecimento de água devem informar e orientar a população sobre os procedimentos a serem adotados em caso de situações de emergência que ofereçam risco à saúde pública, atendidas as orientações fixadas pela autoridade competente.

**Art. 6º** Excetuados os casos previstos nas normas do titular, da entidade de regulação e de meio ambiente, toda edificação permanente urbana será conectada à rede pública de abastecimento de água disponível.

**§ 1º** Na ausência de redes públicas de abastecimento de água, serão admitidas soluções individuais, observadas as normas editadas pela entidade reguladora e pelos órgãos responsáveis pelas políticas ambiental, sanitária e de recursos hídricos.

**§ 2º** As normas de regulação dos serviços poderão prever prazo para que o usuário se conecte à rede pública, preferencialmente não superior a noventa dias.

**§ 3º** Decorrido o prazo previsto no § 2º, caso fixado nas normas de regulação dos serviços, o usuário estará sujeito às sanções previstas na legislação do titular.

**§ 4º** Poderão ser adotados subsídios para viabilizar a conexão, inclusive a intradomiciliar, dos usuários de baixa renda.

**Art. 7º** A instalação hidráulica predial ligada à rede pública de abastecimento de água não poderá ser também alimentada por outras fontes.

**§ 1º** Entende-se como sendo a instalação hidráulica predial mencionada no *caput* a rede ou tubulação de água que vai da ligação de água da prestadora até o reservatório de água do usuário.

**§ 2º** A legislação e as normas de regulação poderão prever sanções administrativas a quem infringir o disposto no *caput*.

**§ 3º** O disposto no § 2º não exclui a possibilidade da adoção de medidas administrativas para fazer cessar a irregularidade, bem como a responsabilização civil no caso de contaminação de água das redes públicas ou do próprio usuário.

**§ 4º** Serão admitidas instalações hidráulicas prediais com objetivo de reúso de efluentes ou aproveitamento de água de chuva, desde que devidamente autorizadas pela autoridade competente.

**Art. 8º** A remuneração pela prestação dos serviços públicos de abastecimento de água pode ser fixada com base no volume consumido de água, podendo ser progressiva, em razão do consumo.

**§ 1º** O volume de água consumido deve ser aferido, preferencialmente, por meio de medição individualizada, levando-se em conta cada uma das unidades, mesmo quando situadas na mesma edificação.

**§ 2º** Ficam excetuadas do disposto no § 1º, entre outras previstas na legislação, as situações em que as infraestruturas das edificações não permitam individualização do consumo ou em que a absorção dos custos para instalação dos medidores individuais seja economicamente inviável para o usuário.

## SEÇÃO III
## DOS SERVIÇOS PÚBLICOS DE ESGOTAMENTO SANITÁRIO

**Art. 9º** Consideram-se serviços públicos de esgotamento sanitário os serviços constituídos por uma ou mais das seguintes atividades:

**I** - coleta, inclusive ligação predial, dos esgotos sanitários;

**II** - transporte dos esgotos sanitários;

**III** - tratamento dos esgotos sanitários; e

**IV** - disposição final dos esgotos sanitários e dos lodos originários da operação de unidades de tratamento coletivas ou individuais, inclusive fossas sépticas.

**§ 1º** Para os fins deste artigo, a legislação e as normas de regulação poderão considerar como esgotos sanitários também os efluentes industriais cujas características sejam semelhantes às do esgoto doméstico.

**§ 2º** A legislação e as normas de regulação poderão prever penalidades em face de lançamentos de águas pluviais ou de esgotos não compatíveis com a rede de esgotamento sanitário.

**Art. 10.** A remuneração pela prestação de serviços públicos de esgotamento sanitário poderá ser fixada com base no volume de água cobrado pelo serviço de abastecimento de água.

**Art. 11.** Excetuados os casos previstos nas normas do titular, da entidade de regulação e de meio ambiente, toda edificação permanente urbana será conectada à rede pública de esgotamento sanitário disponível.

**§ 1º** Na ausência de rede pública de esgotamento sanitário serão admitidas soluções individuais, observadas as normas editadas pela entidade reguladora e pelos órgãos responsáveis pelas políticas ambientais, de saúde e de recursos hídricos.

**§ 2º** As normas de regulação dos serviços poderão prever prazo para que o usuário se conecte a rede pública, preferencialmente não superior a noventa dias.

**§ 3º** Decorrido o prazo previsto no § 2º, caso fixado nas normas de regulação dos serviços, o usuário estará sujeito às sanções previstas na legislação do titular.

**§ 4º** Poderão ser adotados subsídios para viabilizar a conexão, inclusive intradomiciliar, dos usuários de baixa renda.

## SEÇÃO IV
## DOS SERVIÇOS PÚBLICOS DE MANEJO DE RESÍDUOS SÓLIDOS URBANOS

**Art. 12.** Consideram-se serviços públicos de manejo de resíduos sólidos as atividades de coleta e transbordo, transporte, triagem para fins de reutilização ou reciclagem, tratamento, inclusive por compostagem, e disposição final dos:

**I** - resíduos domésticos;

**II** - resíduos originários de atividades comerciais, industriais e de serviços, em quantidade e qualidade similares às dos resíduos domésticos, que, por decisão do titular, sejam considerados resíduos sólidos urbanos, desde que tais resíduos não sejam de responsabilidade de seu gerador nos termos da norma legal ou administrativa, de decisão judicial ou de termo de ajustamento de conduta; e

**III** - resíduos originários dos serviços públicos de limpeza pública urbana, tais como:

*a)* serviços de varrição, capina, roçada, poda e atividades correlatas em vias e logradouros públicos;

*b)* asseio de túneis, escadarias, monumentos, abrigos e sanitários públicos;

*c)* raspagem e remoção de terra, areia e quaisquer materiais depositados pelas águas pluviais em logradouros públicos;

*d)* desobstrução e limpeza de bueiros, bocas de lobo e correlatos; e

*e)* limpeza de logradouros públicos onde se realizem feiras públicas e outros eventos de acesso aberto ao público.

**Art. 13.** Os planos de saneamento básico deverão conter prescrições para manejo dos resíduos sólidos urbanos, em especial dos originários de construção e demolição e dos serviços de saúde, além dos resíduos referidos no art. 12.

**Art. 14.** A remuneração pela prestação de serviço público de manejo de resíduos sólidos urbanos deverá levar em conta a adequada destinação dos resíduos coletados, bem como poderá considerar:

**I** - nível de renda da população da área atendida;

**II** - características dos lotes urbanos e áreas neles edificadas;

**III** - peso ou volume médio coletado por habitante ou por domicílio; ou

**IV** - mecanismos econômicos de incentivo à minimização da geração de resíduos e à recuperação dos resíduos gerados.

## SEÇÃO V
## DOS SERVIÇOS PÚBLICOS DE MANEJO DE ÁGUAS PLUVIAIS URBANAS

**Art. 15.** Consideram-se serviços públicos de manejo das águas pluviais urbanas os constituídos por uma ou mais das seguintes atividades:

**I** - drenagem urbana;

**II** - transporte de águas pluviais urbanas;

**III** - detenção ou retenção de águas pluviais urbanas para amortecimento de vazões de cheias, e

**IV** - tratamento e disposição final de águas pluviais urbanas.

**Art. 16.** A cobrança pela prestação do serviço público de manejo de águas pluviais urbanas deverá levar em conta, em cada lote urbano, o percentual de área impermeabilizada e a existência de dispositivos de amortecimento ou de retenção da água pluvial, bem como poderá considerar:

**I** - nível de renda da população da área atendida; e

**II** - características dos lotes urbanos e as áreas que podem ser neles edificadas.

## SEÇÃO VI
## DA INTERRUPÇÃO DOS SERVIÇOS

**Art. 17.** A prestação dos serviços públicos de saneamento básico deverá obedecer ao princípio da continuidade, podendo ser interrompida pelo prestador nas hipóteses de:

**I** - situações que atinjam a segurança de pessoas e bens, especialmente as de emergência e as que coloquem em risco a saúde da população ou de trabalhadores dos serviços de saneamento básico;

**II** - manipulação indevida, por parte do usuário, da ligação predial, inclusive medidor, ou qualquer outro componente da rede pública; ou

**III** - necessidade de efetuar reparos, modificações ou melhorias nos sistemas por meio de interrupções programadas.

**§ 1º** Os serviços de abastecimento de água, além das hipóteses previstas no *caput*, poderão ser interrompidos pelo prestador, após aviso ao usuário, com comprovação do recebimento e antecedência mínima de trinta dias da data prevista para a suspensão, nos seguintes casos:

**I** - negativa do usuário em permitir a instalação de dispositivo de leitura de água consumida; ou

**II** - inadimplemento pelo usuário do pagamento devido pela prestação do serviço de abastecimento de água.

**§ 2º** As interrupções programadas serão previamente comunicadas ao regulador e aos usuários no prazo estabelecido na norma de regulação, que preferencialmente será superior a quarenta e oito horas.

**§ 3º** A interrupção ou a restrição do fornecimento de água por inadimplência a estabelecimentos de saúde, a instituições educacionais e de internação coletiva de pessoas e a usuário residencial de baixa renda beneficiário de tarifa social deverá obedecer a prazos e critérios que preservem condições mínimas de manutenção da saúde das pessoas atingidas.

## CAPÍTULO IV
## DA RELAÇÃO DOS SERVIÇOS PÚBLICOS DE SANEAMENTO BÁSICO COM OS RECURSOS HÍDRICOS

**Art. 18.** Os recursos hídricos não integram os serviços públicos de saneamento básico.

**Parágrafo único.** A prestação de serviços públicos de saneamento básico deverá ser realizada com base no uso sustentável dos recursos hídricos.

**Art. 19.** Os planos de saneamento básico deverão ser compatíveis com os planos de recursos hídricos das bacias hidrográficas em que os Municípios estiverem inseridos.

**Art. 20.** A utilização de recursos hídricos na prestação de serviços públicos de saneamento básico, inclusive para disposição ou diluição de esgotos e outros resíduos líquidos, é sujeita a outorga de direito de uso.

**Art. 21.** Em situação crítica de escassez ou contaminação de recursos hídricos que obrigue à adoção de racionamento, declarada pela autoridade gestora de recursos hídricos, o ente regulador poderá adotar mecanismos tarifários de contingência, com objetivo de cobrir custos adicionais decorrentes, garantindo o equilíbrio financeiro da prestação do serviço e a gestão da demanda.

**Parágrafo único.** A tarifa de contingência, caso adotada, incidirá, preferencialmente, sobre os consumidores que ultrapassarem os limites definidos no racionamento.

## CAPÍTULO V
## DO LICENCIAMENTO AMBIENTAL

**Art. 22.** O licenciamento ambiental de unidades de tratamento de esgoto sanitário e de efluentes gerados nos processos de tratamento de água considerará etapas de eficiência, a fim de alcançar progressivamente os padrões definidos pela legislação ambiental e os das classes dos corpos hídricos receptores.

**§ 1º** A implantação das etapas de eficiência de tratamento de efluentes será estabelecida em função da capacidade de pagamento dos usuários.

**§ 2º** A autoridade ambiental competente estabelecerá procedimentos simplificados de licenciamento para as atividades a que se refere o *caput*, em função do porte das unidades e dos impactos ambientais esperados.

**§ 3º** Para o cumprimento do *caput*, a autoridade ambiental competente estabelecerá metas progressivas para que a qualidade dos efluentes de unidades de tratamento de esgotos sanitários atendam aos padrões das classes dos corpos hídricos receptores, a partir dos níveis presentes de tratamento, da tecnologia disponível e considerando a capacidade de pagamento dos usuários envolvidos.

**§ 4º** O Conselho Nacional de Meio Ambiente e o Conselho Nacional de Recursos Hídricos editarão, no âmbito de suas respectivas competências, normas para o cumprimento do disposto neste artigo.

# TÍTULO II
# DAS DIRETRIZES PARA OS SERVIÇOS PÚBLICOS DE SANEAMENTO BÁSICO

## CAPÍTULO I
## DO EXERCÍCIO DA TITULARIDADE

**Art. 23.** O titular dos serviços formulará a respectiva política pública de saneamento básico, devendo, para tanto:

**I** - elaborar os planos de saneamento básico, observada a cooperação das associações representativas e da ampla participação da população e de associações representativas de vários segmentos da sociedade, como previsto no art. 2º, inciso II, da Lei nº 10.257, de 10 de julho de 2001;

**II** - prestar diretamente os serviços ou autorizar a sua delegação;

**III** - definir o ente responsável pela sua regulação e fiscalização, bem como os procedimentos de sua atuação;

**IV** - adotar parâmetros para a garantia do atendimento essencial à saúde pública;

**V** - fixar os direitos e os deveres dos usuários;

**VI** - estabelecer mecanismos de participação e controle social; e

**VII** - estabelecer sistema de informações sobre os serviços, articulado com o Sistema Nacional de Informações em Saneamento - SINISA.

**§ 1º** O titular poderá, por indicação da entidade reguladora, intervir e retomar a prestação dos serviços delegados nas hipóteses previstas nas normas legais, regulamentares ou contratuais.

**§ 2º** Inclui-se entre os parâmetros mencionados no inciso IV do *caput* o volume mínimo per capita de água para abastecimento público, observadas as normas nacionais sobre a potabilidade da água.

**§ 3º** Ao Sistema Único de Saúde - SUS, por meio de seus órgãos de direção e de controle social, compete participar da formulação da política e da execução das ações de saneamento básico, por intermédio dos planos de saneamento básico.

## CAPÍTULO II
## DO PLANEJAMENTO

**Art. 24.** O processo de planejamento do saneamento básico envolve:

**I** - o plano de saneamento básico, elaborado pelo titular;

**II** - o Plano Nacional de Saneamento Básico - PNSB, elaborado pela União; e

**III** - os planos regionais de saneamento básico elaborados pela União nos termos do inciso II do art. 52 da Lei nº 11.445, de 2007.

**§ 1º** O planejamento dos serviços públicos de saneamento básico atenderá ao princípio da solidariedade entre os entes da Federação, podendo desenvolver-se mediante cooperação federativa.

**§ 2º** O plano regional poderá englobar apenas parte do território do ente da Federação que o elaborar.

**Art. 25.** A prestação de serviços públicos de saneamento básico observará plano editado pelo titular, que atenderá ao disposto no art. 19 e que abrangerá, no mínimo:

**I** - diagnóstico da situação e de seus impactos nas condições de vida, utilizando sistema de indicadores de saúde, epidemiológicos, ambientais, inclusive hidrológicos, e socioeconômicos e apontando as causas das deficiências detectadas;

**II** - metas de curto, médio e longo prazos, com o objetivo de alcançar o acesso universal aos serviços, admitidas soluções graduais e progressivas e observada a compatibilidade com os demais planos setoriais;

**III** - programas, projetos e ações necessários para atingir os objetivos e as metas, de modo compatível com os respectivos planos plurianuais e com outros planos governamentais correlatos, identificando possíveis fontes de financiamento;

**IV** - ações para situações de emergências e contingências; e

**V** - mecanismos e procedimentos para avaliação sistemática da eficiência e eficácia das ações programadas.

**§ 1º** O plano de saneamento básico deverá abranger os serviços de abastecimento de água, de esgotamento sanitário, de manejo de resíduos sólidos, de limpeza urbana e de manejo de águas pluviais, podendo o titular, a seu critério, elaborar planos específicos para um ou mais desses serviços.

**§ 2º** A consolidação e compatibilização dos planos específicos deverão ser efetuadas pelo titular, inclusive por meio de consórcio público do qual participe.

**§ 3º** O plano de saneamento básico, ou o eventual plano específico, poderá ser elaborado mediante apoio técnico ou financeiro prestado por outros entes da Federação, pelo prestador dos serviços ou por instituições universitárias ou de pesquisa científica, garantida a participação das comunidades, movimentos e entidades da sociedade civil.

**§ 4º** O plano de saneamento básico será revisto periodicamente, em prazo não superior a quatro anos, anteriormente à elaboração do plano plurianual.

**§ 5º** O disposto no plano de saneamento básico é vinculante para o Poder Público que o elaborou e para os delegatários dos serviços públicos de saneamento básico.

**§ 6º** Para atender ao disposto no § 1º do art. 22, o plano deverá identificar as situações em que não haja capacidade de pagamento dos usuários e indicar solução para atingir as metas de universalização.

**§ 7º** A delegação de serviço de saneamento básico observará o disposto no plano de saneamento básico ou no eventual plano específico.

**§ 8º** No caso de serviços prestados mediante contrato, as disposições de plano de saneamento básico, de eventual plano específico de serviço ou de suas revisões, quando posteriores à contratação, somente serão eficazes em relação ao prestador mediante a preservação do equilíbrio econômico-financeiro.

**§ 9º** O plano de saneamento básico deverá englobar integralmente o território do titular.

**§ 10.** Os titulares poderão elaborar, em conjunto, plano específico para determinado serviço, ou que se refira à apenas parte de seu território.

**§ 11.** Os planos de saneamento básico deverão ser compatíveis com o disposto nos planos de bacias hidrográficas.

**Art. 26.** A elaboração e a revisão dos planos de saneamento básico deverão efetivar-se, de forma a garantir a ampla participação das comunidades, dos movimentos e das entidades da sociedade civil, por meio de procedimento que, no mínimo, deverá prever fases de:

**I** - divulgação, em conjunto com os estudos que os fundamentarem;

**II** - recebimento de sugestões e críticas por meio de consulta ou audiência pública; e

**III** - quando previsto na legislação do titular, análise e opinião por órgão colegiado criado nos termos do art. 47 da Lei nº 11.445, de 2007.

**§ 1º** A divulgação das propostas dos planos de saneamento básico e dos estudos que as fundamentarem dar-se-á por meio da disponibilização integral de seu teor a todos os interessados, inclusive por meio da rede mundial de computadores - internet e por audiência pública.

**§ 2º** Após 31 de dezembro de 2022, a existência de plano de saneamento básico, elaborado pelo titular dos serviços, será condição para o acesso aos recursos orçamentários da União ou aos recursos de financiamentos geridos ou administrados por órgão ou entidade da administração pública federal, quando destinados a serviços de saneamento básico. *(Redação dada pelo Decreto 10.203/2020)*

## CAPÍTULO III
## DA REGULAÇÃO

### SEÇÃO I
### DOS OBJETIVOS DA REGULAÇÃO

**Art. 27.** São objetivos da regulação:

**I** - estabelecer padrões e normas para a adequada prestação dos serviços e para a satisfação dos usuários;

**II** - garantir o cumprimento das condições e metas estabelecidas;

**III** - prevenir e reprimir o abuso do poder econômico, ressalvada a competência dos órgãos integrantes do sistema nacional de defesa da concorrência; e

**IV** - definir tarifas e outros preços públicos que assegurem tanto o equilíbrio econômico-financeiro dos contratos, quanto a modicidade tarifária e de outros preços públicos, mediante mecanismos que induzam a eficiência e eficácia dos serviços e que permitam a apropriação social dos ganhos de produtividade.

**Parágrafo único.** Compreendem-se nas atividades de regulação dos serviços de saneamento básico a interpretação e a fixação de critérios para execução dos contratos e dos serviços e para correta administração de subsídios.

### SEÇÃO II
### DO EXERCÍCIO DA FUNÇÃO DE REGULAÇÃO

#### *SUBSEÇÃO I*
#### *DAS DISPOSIÇÕES GERAIS*

**Art. 28.** O exercício da função de regulação atenderá aos seguintes princípios:

**I** - independência decisória, incluindo autonomia administrativa, orçamentária e financeira da entidade de regulação; e

**II** - transparência, tecnicidade, celeridade e objetividade das decisões.

#### *SUBSEÇÃO II*
#### *DAS NORMAS DE REGULAÇÃO*

**Art. 29.** Cada um dos serviços públicos de saneamento básico pode possuir regulação específica.

**Art. 30.** As normas de regulação dos serviços serão editadas:

**I** - por legislação do titular, no que se refere:

*a)* aos direitos e obrigações dos usuários e prestadores, bem como às penalidades a que estarão sujeitos; e

*b)* aos procedimentos e critérios para a atuação das entidades de regulação e de fiscalização; e

**II** - por norma da entidade de regulação, no que se refere às dimensões técnica, econômica e social de prestação dos serviços, que abrangerão, pelo menos, os seguintes aspectos:

*a)* padrões e indicadores de qualidade da prestação dos serviços;

*b)* prazo para os prestadores de serviços comunicarem aos usuários as providências adotadas em face de queixas ou de reclamações relativas aos serviços;

*c)* requisitos operacionais e de manutenção dos sistemas;

*d)* metas progressivas de expansão e de qualidade dos serviços e respectivos prazos;

*e)* regime, estrutura e níveis tarifários, bem como procedimentos e prazos de sua fixação, reajuste e revisão;

*f)* medição, faturamento e cobrança de serviços;

*g)* monitoramento dos custos;

*h)* avaliação da eficiência e eficácia dos serviços prestados;

*i)* plano de contas e mecanismos de informação, auditoria e certificação;

*j)* subsídios tarifários e não tarifários;

*k)* padrões de atendimento ao público e mecanismos de participação e informação; e

*l)* medidas de contingências e de emergências, inclusive racionamento.

**§ 1º** Em caso de gestão associada ou prestação regionalizada dos serviços, os titulares poderão adotar os mesmos critérios econômicos, sociais e técnicos da regulação em toda a área de abrangência da associação ou da prestação.

**§ 2º** A entidade de regulação deverá instituir regras e critérios de estruturação de sistema contábil e do respectivo plano de contas, de modo a garantir que a apropriação e a distribuição de custos dos serviços estejam em conformidade com as diretrizes estabelecidas na Lei nº 11.445, de 2007.

*SUBSEÇÃO III*
*DOS ÓRGÃOS E DAS ENTIDADES DE REGULAÇÃO*

**Art. 31.** As atividades administrativas de regulação, inclusive organização, e de fiscalização dos serviços de saneamento básico poderão ser executadas pelo titular:

**I** - diretamente, mediante órgão ou entidade de sua administração direta ou indireta, inclusive consórcio público do qual participe; ou

**II** - mediante delegação, por meio de convênio de cooperação, a órgão ou entidade de outro ente da Federação ou a consórcio público do qual não participe, instituído para gestão associada de serviços públicos.

**§ 1º** O exercício das atividades administrativas de regulação de serviços públicos de saneamento básico poderá se dar por consórcio público constituído para essa finalidade ou ser delegado pelos titulares, explicitando, no ato de delegação, o prazo de delegação, a forma de atuação e a abrangência das atividades a ser desempenhadas pelas partes envolvidas.

**§ 2º** As entidades de fiscalização deverão receber e se manifestar conclusivamente sobre as reclamações que, a juízo do interessado, não tenham sido suficientemente atendidas pelos prestadores dos serviços.

**Art. 32.** Os prestadores de serviços públicos de saneamento básico deverão fornecer à entidade de regulação todos os dados e informações necessários para desempenho de suas atividades.

**Parágrafo único.** Incluem-se entre os dados e informações a que se refere o *caput* aqueles produzidos por empresas ou profissionais contratados para executar serviços ou fornecer materiais e equipamentos.

*SUBSEÇÃO IV*
*DA PUBLICIDADE DOS ATOS DE REGULAÇÃO*

**Art. 33.** Deverá ser assegurada publicidade aos relatórios, estudos, decisões e instrumentos equivalentes que se refiram à regulação ou à fiscalização dos serviços, bem como aos direitos e deveres dos usuários e prestadores, a eles podendo ter acesso qualquer do povo, independentemente da existência de interesse direto.

**§ 1º** Excluem-se do disposto no *caput* os documentos considerados sigilosos em razão de interesse público relevante, mediante prévia e motivada decisão.

**§ 2º** A publicidade a que se refere o *caput* deverá se efetivar, preferencialmente, por meio de sítio mantido na internet.

## CAPÍTULO IV
## DO CONTROLE SOCIAL

**Art. 34.** O controle social dos serviços públicos de saneamento básico poderá ser instituído mediante adoção, entre outros, dos seguintes mecanismos:

**I** - debates e audiências públicas;

**II** - consultas públicas;

**III** - conferências das cidades; ou

**IV** - participação de órgãos colegiados de caráter consultivo na formulação da política de saneamento básico, bem como no seu planejamento e avaliação.

**§ 1º** As audiências públicas mencionadas no inciso I do *caput* devem se realizar de modo a possibilitar o acesso da população, podendo ser realizadas de forma regionalizada.

**§ 2º** As consultas públicas devem ser promovidas de forma a possibilitar que qualquer do povo, independentemente de interesse, ofereça críticas e sugestões a propostas do Poder Público, devendo tais consultas ser adequadamente respondidas.

**§ 3º** Nos órgãos colegiados mencionados no inciso IV do *caput*, é assegurada a participação de representantes:

**I** - dos titulares dos serviços;

**II** - de órgãos governamentais relacionados ao setor de saneamento básico;

**III** - dos prestadores de serviços públicos de saneamento básico;

**IV** - dos usuários de serviços de saneamento básico; e

**V** - de entidades técnicas, organizações da sociedade civil e de defesa do consumidor relacionadas ao setor de saneamento básico.

**§ 4º** As funções e competências dos órgãos colegiados a que se refere o inciso IV do *caput* poderão ser exercidas por outro órgão colegiado já existente, com as devidas adaptações da legislação.

**§ 5º** É assegurado aos órgãos colegiados de controle social o acesso a quaisquer documentos e informações produzidos por órgãos ou entidades de regulação ou de fiscalização, bem como a possibilidade de solicitar a elaboração de estudos com o objetivo de subsidiar a tomada de decisões, observado o disposto no § 1º do art. 33.

**§ 6º** Após 31 de dezembro de 2014, será vedado o acesso aos recursos federais ou aos geridos ou administrados por órgão ou entidade da União, quando destinados a serviços de saneamento básico, àqueles titulares de serviços públicos de saneamento básico que não instituírem, por meio de legislação específica, o controle social realizado por órgão colegiado, nos termos do inciso IV do *caput*.

**Art. 35.** Os Estados e a União poderão adotar os instrumentos de controle social previstos no art. 34.

**§ 1º** A delegação do exercício de competências não prejudicará o controle social sobre as atividades delegadas ou a elas conexas.

**§ 2º** No caso da União, o controle social a que se refere o *caput* será exercido nos termos da Medida Provisória nº 2.220, de 4 de setembro de 2001, alterada pela Lei nº 10.683, de 28 de maio de 2003.

**Art. 36.** São assegurados aos usuários de serviços públicos de saneamento básico, nos termos das normas legais, regulamentares e contratuais:

**I** - conhecimento dos seus direitos e deveres e das penalidades a que podem estar sujeitos; e

**II** - acesso:

*a)* a informações sobre os serviços prestados;

*b)* ao manual de prestação do serviço e de atendimento ao usuário, elaborado pelo prestador e aprovado pela respectiva entidade de regulação; e

*c)* ao relatório periódico sobre a qualidade da prestação dos serviços.

**Art. 37.** O documento de cobrança relativo à remuneração pela prestação de serviços de saneamento básico ao usuário final deverá:

**I** - explicitar itens e custos dos serviços definidos pela entidade de regulação, de forma a permitir o seu controle direto pelo usuário final; e

**II** - conter informações mensais sobre a qualidade da água entregue aos consumidores, em cumprimento ao inciso I do art. 5º do Anexo do Decreto nº 5.440, de 4 de maio de 2005.

**Parágrafo único.** A entidade de regulação dos serviços instituirá modelo de documento de cobrança para a efetivação do previsto no *caput* e seus incisos.

## CAPÍTULO V
## DA PRESTAÇÃO DOS SERVIÇOS

### SEÇÃO I
### DAS DISPOSIÇÕES GERAIS

**Art. 38.** O titular poderá prestar os serviços de saneamento básico:

**I** - diretamente, por meio de órgão de sua administração direta ou por autarquia, empresa pública ou sociedade de economia mista que integre a sua administração indireta, facultado que contrate terceiros, no regime da Lei nº 8.666, de 21 de junho de 1993, para determinadas atividades;

**II** - de forma contratada:

*a)* indiretamente, mediante concessão ou permissão, sempre precedida de licitação na modalidade concorrência pública, no regime da Lei nº 8.987, de 13 de fevereiro de 1995; ou

*b)* no âmbito de gestão associada de serviços públicos, mediante contrato de programa autorizado por contrato de consórcio público ou por convênio de cooperação entre entes federados, no regime da Lei nº 11.107, de 6 de abril de 2005; ou

**III** - nos termos de lei do titular, mediante autorização a usuários organizados em cooperativas ou associações, no regime previsto no art. 10, § 1º, da Lei nº 11.445, de 2007, desde que os serviços se limitem a:

*a)* determinado condomínio; ou

*b)* localidade de pequeno porte, predominantemente ocupada por população de baixa renda, onde outras formas de prestação apresentem custos de operação e manutenção incompatíveis com a capacidade de pagamento dos usuários.

**Parágrafo único.** A autorização prevista no inciso III deverá prever a obrigação de transferir ao titular os bens vinculados aos serviços por meio de termo específico, com os respectivos cadastros técnicos.

### SEÇÃO II
### DA PRESTAÇÃO MEDIANTE CONTRATO

#### *SUBSEÇÃO I*
#### *DAS CONDIÇÕES DE VALIDADE DOS CONTRATOS*

**Art. 39.** São condições de validade dos contratos que tenham por objeto a prestação de serviços públicos de saneamento básico:

**I** - existência de plano de saneamento básico;

**II** - existência de estudo comprovando a viabilidade técnica e econômico-financeira da prestação universal e integral dos serviços, nos termos do respectivo plano de saneamento básico;

**III** - existência de normas de regulação que prevejam os meios para o cumprimento das diretrizes da Lei nº 11.445, de 2007, incluindo a designação da entidade de regulação e de fiscalização; e

**IV** - realização prévia de audiência e de consulta públicas sobre o edital de licitação e sobre a minuta de contrato, no caso de concessão ou de contrato de programa.

**§ 1º** Para efeitos dos incisos I e II do *caput*, serão admitidos planos específicos quando a contratação for relativa ao serviço cuja prestação será contratada, sem prejuízo do previsto no § 2º do art. 25.

**§ 2º** É condição de validade para a celebração de contratos de concessão e de programa cujos objetos sejam a prestação de serviços de saneamento básico que as normas mencionadas no inciso III do *caput* prevejam:

**I** - autorização para contratação dos serviços, indicando os respectivos prazos e a área a ser atendida;

**II** - inclusão, no contrato, das metas progressivas e graduais de expansão dos serviços, de qualidade, de eficiência e de uso racional da água, da energia e de outros recursos naturais, em conformidade com os serviços a serem prestados;

**III** - prioridades de ação, compatíveis com as metas estabelecidas;

**IV** - hipóteses de intervenção e de retomada dos serviços;

**V** - condições de sustentabilidade e equilíbrio econômico-financeiro da prestação dos serviços, em regime de eficiência, incluindo:

*a)* sistema de cobrança e composição de taxas, tarifas e outros preços públicos;

*b)* sistemática de reajustes e de revisões de taxas, tarifas e outros preços públicos; e

*c)* política de subsídios; e

**VI** - mecanismos de controle social nas atividades de planejamento, regulação e fiscalização dos serviços.

**§ 3º** Os planos de investimentos e os projetos relativos ao contrato deverão ser compatíveis com o respectivo plano de saneamento básico.

**§ 4º** O Ministério das Cidades fomentará a elaboração de norma técnica para servir de referência na elaboração dos estudos previstos no inciso II do *caput*.

**§ 5º** A viabilidade mencionada no inciso II do *caput* pode ser demonstrada mediante mensuração da necessidade de aporte de outros recursos além dos emergentes da prestação dos serviços.

**§ 6º** O disposto no *caput* e seus incisos não se aplica aos contratos celebrados com fundamento no inciso IV do art. 24 da Lei nº 8.666, de 1993, cujo objeto seja a prestação de qualquer dos serviços de saneamento básico.

### *SUBSEÇÃO II*
### *DAS CLÁUSULAS NECESSÁRIAS*

**Art. 40.** São cláusulas necessárias dos contratos para prestação de serviço de saneamento básico, além das indispensáveis para atender ao disposto na Lei nº 11.445, de 2007, as previstas:

**I** - no art. 13 da Lei nº 11.107, de 2005, no caso de contrato de programa;

**II** - no art. 23 da Lei nº 8.987, de 1995, bem como as previstas no edital de licitação, no caso de contrato de concessão; e

**III** - no art. 55 da Lei nº 8.666, de 1993, nos demais casos.

## SEÇÃO III
## DA PRESTAÇÃO REGIONALIZADA

**Art. 41.** A contratação de prestação regionalizada de serviços de saneamento básico dar-se-á nos termos de contratos compatíveis, ou por meio de consórcio público que represente todos os titulares contratantes.

**Parágrafo único.** Deverão integrar o consórcio público mencionado no *caput* todos os entes da Federação que participem da gestão associada, podendo, ainda, integrá-lo o ente da Federação cujo órgão ou entidade vier, por contrato, a atuar como prestador dos serviços.

**Art. 42.** Na prestação regionalizada de serviços públicos de saneamento básico, as atividades de regulação e fiscalização poderão ser exercidas:

**I** - por órgão ou entidade de ente da Federação a que os titulares tenham delegado o exercício dessas competências por meio de convênio de cooperação entre entes federados, obedecido o art. 241 da Constituição; ou

**II** - por consórcio público de direito público integrado pelos titulares dos serviços.

**Art. 43.** O serviço regionalizado de saneamento básico poderá obedecer a plano de saneamento básico elaborado pelo conjunto de Municípios atendidos.

## SEÇÃO IV
## DO CONTRATO DE ARTICULAÇÃO DE SERVIÇOS PÚBLICOS DE SANEAMENTO BÁSICO

**Art. 44.** As atividades descritas neste Decreto como integrantes de um mesmo serviço público de saneamento básico podem ter prestadores diferentes.

**§ 1º** Atendidas a legislação do titular e, no caso de o prestador não integrar a administração do titular, as disposições de contrato de delegação dos serviços, os prestadores mencionados no *caput* celebrarão contrato entre si com cláusulas que estabeleçam pelo menos:

**I** - as atividades ou insumos contratados;

**II** - as condições e garantias recíprocas de fornecimento e de acesso às atividades ou insumos;

**III** - o prazo de vigência, compatível com as necessidades de amortização de investimentos, e as hipóteses de sua prorrogação;

**IV** - os procedimentos para a implantação, ampliação, melhoria e gestão operacional das atividades;

**V** - as regras para a fixação, o reajuste e a revisão das taxas, tarifas e outros preços públicos aplicáveis ao contrato;

**VI** - as condições e garantias de pagamento;

**VII** - os direitos e deveres sub-rogados ou os que autorizam a sub-rogação;

**VIII** - as hipóteses de extinção, inadmitida a alteração e a rescisão administrativas unilaterais;

**IX** - as penalidades a que estão sujeitas as partes em caso de inadimplemento; e

**X** - a designação do órgão ou entidade responsável pela regulação e fiscalização das atividades ou insumos contratados.

**§ 2º** A regulação e a fiscalização das atividades objeto do contrato mencionado no § 1º serão desempenhadas por único órgão ou entidade, que definirá, pelo menos:

**I** - normas técnicas relativas à qualidade, quantidade e regularidade dos serviços prestados aos usuários e entre os diferentes prestadores envolvidos;

**II** - normas econômicas e financeiras relativas às tarifas, aos subsídios e aos pagamentos por serviços prestados aos usuários e entre os diferentes prestadores envolvidos;

**III** - garantia de pagamento de serviços prestados entre os diferentes prestadores dos serviços;

**IV** - mecanismos de pagamento de diferenças relativas a inadimplemento dos usuários, perdas comerciais e físicas e outros créditos devidos, quando for o caso; e

**V** - sistema contábil específico para os prestadores que atuem em mais de um Município.

**§ 3º** Inclui-se entre as garantias previstas no inciso VI do § 1º a obrigação do contratante de destacar, nos documentos de cobrança aos usuários, o valor da remuneração dos serviços prestados pelo contratado e de realizar a respectiva arrecadação e entrega dos valores arrecadados.

**§ 4º** No caso de execução mediante concessão das atividades a que se refere o *caput*, deverão constar do correspondente edital de licitação as regras e os valores das tarifas e outros preços públicos a serem pagos aos demais prestadores, bem como a obrigação e a forma de pagamento.

## CAPÍTULO VI
## DOS ASPECTOS ECONÔMICOS E FINANCEIROS

### SEÇÃO I
### DA SUSTENTABILIDADE ECONÔMICO-FINANCEIRA DOS SERVIÇOS

**Art. 45.** Os serviços públicos de saneamento básico terão sustentabilidade econômico-financeira assegurada, sempre que possível, mediante remuneração que permita recuperação dos custos dos serviços prestados em regime de eficiência:

**I** - de abastecimento de água e de esgotamento sanitário: preferencialmente na forma de tarifas e outros preços públicos, que poderão ser estabelecidos para cada um dos serviços ou para ambos conjuntamente;

**II** - de limpeza urbana e de manejo de resíduos sólidos urbanos: taxas ou tarifas e outros preços públicos, em conformidade com o regime de prestação do serviço ou de suas atividades; e

**III** - de manejo de águas pluviais urbanas: na forma de tributos, inclusive taxas, em conformidade com o regime de prestação do serviço ou de suas atividades.

### SEÇÃO II
### DA REMUNERAÇÃO PELOS SERVIÇOS

**Art. 46.** A instituição de taxas ou tarifas e outros preços públicos observará as seguintes diretrizes:

**I** - prioridade para atendimento das funções essenciais relacionadas à saúde pública;

**II** - ampliação do acesso dos cidadãos e localidades de baixa renda aos serviços;

**III** - geração dos recursos necessários para realização dos investimentos, visando o cumprimento das metas e objetivos do planejamento;

**IV** - inibição do consumo supérfluo e do desperdício de recursos;

**V** - recuperação dos custos incorridos na prestação do serviço, em regime de eficiência;

**VI** - remuneração adequada do capital investido pelos prestadores dos serviços contratados;

**VII** - estímulo ao uso de tecnologias modernas e eficientes, compatíveis com os níveis exigidos de qualidade, continuidade e segurança na prestação dos serviços; e

**VIII** - incentivo à eficiência dos prestadores dos serviços.

**Parágrafo único.** Poderão ser adotados subsídios tarifários e não tarifários para os usuários e localidades que não tenham capacidade de pagamento ou escala econômica suficiente para cobrir o custo integral dos serviços.

**Art. 47.** A estrutura de remuneração e de cobrança dos serviços poderá levar em consideração os seguintes fatores:

**I** - capacidade de pagamento dos consumidores;

**II** - quantidade mínima de consumo ou de utilização do serviço, visando à garantia de objetivos sociais, como a preservação da saúde pública, o adequado atendimento dos usuários de menor renda e a proteção do meio ambiente;

**III** - custo mínimo necessário para disponibilidade do serviço em quantidade e qualidade adequadas;

**IV** - categorias de usuários, distribuída por faixas ou quantidades crescentes de utilização ou de consumo;

**V** - ciclos significativos de aumento da demanda dos serviços, em períodos distintos; e

**VI** - padrões de uso ou de qualidade definidos pela regulação.

**Art. 48.** Desde que previsto nas normas de regulação, grandes usuários poderão negociar suas tarifas com o prestador dos serviços, mediante contrato específico, ouvido previamente o órgão ou entidade de regulação e de fiscalização.

## SEÇÃO III
## DO REAJUSTE E DA REVISÃO DE TARIFAS E DE OUTROS PREÇOS PÚBLICOS

### *SUBSEÇÃO I*
### *DAS DISPOSIÇÕES GERAIS*

**Art. 49.** As tarifas e outros preços públicos serão fixados de forma clara e objetiva, devendo os reajustes e as revisões ser tornados públicos com antecedência mínima de trinta dias com relação à sua aplicação.

### *SUBSEÇÃO II*
### *DOS REAJUSTES*

**Art. 50.** Os reajustes de tarifas e de outros preços públicos de serviços públicos de saneamento básico serão realizados observandose o intervalo mínimo de doze meses, de acordo com as normas legais, regulamentares e contratuais.

### *SUBSEÇÃO III*
### *DAS REVISÕES*

**Art. 51.** As revisões compreenderão a reavaliação das condições da prestação dos serviços e das tarifas e de outros preços públicos praticados e poderão ser:

**I** - periódicas, objetivando a apuração e distribuição dos ganhos de produtividade com os usuários e a reavaliação das condições de mercado; ou

**II** - extraordinárias, quando se verificar a ocorrência de fatos não previstos no contrato, fora do controle do prestador dos serviços, que alterem o seu equilíbrio econômico-financeiro.

**§ 1º** As revisões tarifárias terão suas pautas definidas pelas entidades de regulação, ouvidos os titulares, os usuários e os prestadores dos serviços.

**§ 2º** Poderão ser estabelecidos mecanismos tarifários de indução à eficiência, inclusive fatores de produtividade, assim como de antecipação de metas de expansão e qualidade dos serviços.

**§ 3º** Os fatores de produtividade poderão ser definidos com base em indicadores de outras empresas do setor.

**§ 4º** A entidade de regulação poderá autorizar o prestador de serviços a repassar aos usuários custos e encargos tributários não previstos originalmente e por ele não administrados, nos termos da Lei nº 8.987, de 1995.

## SEÇÃO IV
## DO REGIME CONTÁBIL PATRIMONIAL

**Art. 52.** Os valores investidos em bens reversíveis pelos prestadores dos serviços, desde que estes não integrem a administração do titular, constituirão créditos perante o titular, a serem recuperados mediante exploração dos serviços.

**§ 1º** A legislação pertinente à sociedade por ações e as normas contábeis, inclusive as previstas na Lei nº 11.638, de 28 de dezembro de 2007, serão observadas, no que couber, quando da apuração e contabilização dos valores mencionados no *caput*.

**§ 2º** Não gerarão crédito perante o titular os investimentos feitos sem ônus para o prestador, tais como os decorrentes de exigência legal aplicável à implantação de empreendimentos imobiliários e os provenientes de subvenções ou transferências fiscais voluntárias.

**§ 3º** Os investimentos realizados, os valores amortizados, a depreciação e os respectivos saldos serão anualmente auditados e certificados pelo órgão ou entidade de regulação.

**§ 4º** Os créditos decorrentes de investimentos devidamente certificados poderão constituir garantia de empréstimos, destinados exclusivamente a investimentos nos sistemas de saneamento objeto do respectivo contrato.

**§ 5º** Os prestadores que atuem em mais de um Município ou que prestem serviços públicos de saneamento básico diferentes em um mesmo Município manterão sistema contábil que permita registrar e demonstrar, separadamente, os custos e as receitas de cada serviço em cada um dos Municípios atendidos e, se for o caso, no Distrito Federal.

# TÍTULO III
# DA POLÍTICA FEDERAL DE SANEAMENTO BÁSICO

## CAPÍTULO I
## DOS OBJETIVOS

**Art. 53.** A Política Federal de Saneamento Básico é o conjunto de planos, programas, projetos e ações promovidos por órgãos e entidades federais, isoladamente ou em cooperação com outros entes da Federação, ou com particulares, com os objetivos de:

**I** - contribuir para o desenvolvimento nacional, a redução das desigualdades regionais, a geração de emprego e de renda e a inclusão social;

**II** - priorizar a implantação e a ampliação dos serviços e ações de saneamento básico nas áreas ocupadas por populações de baixa renda;

**III** - proporcionar condições adequadas de salubridade ambiental às populações rurais e de pequenos núcleos urbanos isolados;

**IV** - proporcionar condições adequadas de salubridade ambiental aos povos indígenas e outras populações tradicionais, com soluções compatíveis com suas características socioculturais;

**V** - assegurar que a aplicação dos recursos financeiros administrados pelo Poder Público se dê segundo critérios de promoção da salubridade ambiental, de maximização da relação benefício-custo e de maior retorno social;

**VI** - incentivar a adoção de mecanismos de planejamento, regulação e fiscalização da prestação dos serviços de saneamento básico;

**VII** - promover alternativas de gestão que viabilizem a autossustentação econômico-financeira dos serviços de saneamento básico, com ênfase na cooperação federativa;

**VIII** - promover o desenvolvimento institucional do saneamento básico, estabelecendo meios para a unidade e articulação das ações dos diferentes agentes, bem como do desenvolvimento de sua organização, capacidade técnica, gerencial, financeira e de recursos humanos, contempladas as especificidades locais;

**IX** - fomentar o desenvolvimento científico e tecnológico, a adoção de tecnologias apropriadas e a difusão dos conhecimentos gerados de interesse para o saneamento básico; e

**X** - minimizar os impactos ambientais relacionados à implantação e desenvolvimento das ações, obras e serviços de saneamento básico e assegurar que sejam executadas de acordo com as normas relativas à proteção do meio ambiente, ao uso e ocupação do solo e à saúde.

## CAPÍTULO II
## DAS DIRETRIZES

**Art. 54.** São diretrizes da Política Federal de Saneamento Básico:

**I** - prioridade para as ações que promovam a equidade social e territorial no acesso ao saneamento básico;

**II** - aplicação dos recursos financeiros por ela administrados, de modo a promover o desenvolvimento sustentável, a eficiência e a eficácia;

**III** - estímulo ao estabelecimento de adequada regulação dos serviços;

**IV** - utilização de indicadores epidemiológicos e de desenvolvimento social no planejamento, implementação e avaliação das suas ações de saneamento básico;

**V** - melhoria da qualidade de vida e das condições ambientais e de saúde pública;

**VI** - colaboração para o desenvolvimento urbano e regional;

**VII** - garantia de meios adequados para o atendimento da população rural dispersa, inclusive mediante a utilização de soluções compatíveis com suas características econômicas e sociais peculiares;

**VIII** - fomento ao desenvolvimento científico e tecnológico, à adoção de tecnologias apropriadas e à difusão dos conhecimentos gerados;

**IX** - adoção de critérios objetivos de elegibilidade e prioridade, levando em consideração fatores como nível de renda e cobertura, grau de urbanização, concentração populacional, disponibilidade hídrica, riscos sanitários, epidemiológicos e ambientais;

**X** - adoção da bacia hidrográfica como unidade de referência para o planejamento de suas ações; e

**XI** - estímulo à implantação de infraestruturas e serviços comuns a Municípios, mediante mecanismos de cooperação entre entes federados.

**Parágrafo único.** As políticas e ações da União de desenvolvimento urbano e regional, de habitação, de combate e erradicação da pobreza, de proteção ambiental, de promoção da saúde e outras de relevante interesse social voltadas para a melhoria da qualidade de vida devem considerar a necessária articulação com o saneamento básico, inclusive no que se refere ao financiamento.

## CAPÍTULO III
*(Revogado pelo Decreto 10.588/2020)*

### SEÇÃO I
*(Revogada pelo Decreto 10.588/2020)*

**Art. 55.** *(Revogado pelo Decreto 10.588/2020)*

### SEÇÃO II
*(Revogada pelo Decreto 10.588/2020)*

**Art. 56.** *(Revogado pelo Decreto 10.588/2020)*

## CAPÍTULO IV
## DOS PLANOS DE SANEAMENTO BÁSICO DA UNIÃO

### SEÇÃO I
### DAS DISPOSIÇÕES GERAIS

**Art. 57.** A União elaborará, sob a coordenação do Ministério das Cidades:

**I** - o Plano Nacional de Saneamento Básico - PNSB; e

**II** - planos regionais de saneamento básico.

**§ 1º** Os planos mencionados no *caput*:

**I** - serão elaborados e revisados sempre com horizonte de vinte anos;

**II** - serão avaliados anualmente;

**III** - serão revisados a cada quatro anos, até o final do primeiro trimestre do ano de elaboração do plano plurianual da União; e

**IV** - deverão ser compatíveis com as disposições dos planos de recursos hídricos, inclusive o Plano Nacional de Recursos Hídricos e planos de bacias.

**§ 2º** Os órgãos e entidades federais cooperarão com os titulares ou consórcios por eles constituídos na elaboração dos planos de saneamento básico.

### SEÇÃO II
### DO PROCEDIMENTO

**Art. 58.** O PNSB será elaborado e revisado mediante procedimento com as seguintes fases:

**I** - diagnóstico;

**II** - formulação de proposta;

**III** - divulgação e debates;

**IV** - prévia apreciação pelos Conselhos Nacionais de Saúde, Meio Ambiente, Recursos Hídricos e das Cidades;

**V** - apreciação e deliberação pelo Ministro de Estado das Cidades;

**VI** - encaminhamento da proposta de decreto, nos termos da legislação; e

**VII** - avaliação dos resultados e impactos de sua implementação.

**Art. 59.** A Secretaria Nacional de Saneamento Ambiental do Ministério das Cidades providenciará estudos sobre a situação de salubridade ambiental no País, caracterizando e avaliando:

**I** - situação de salubridade ambiental no território nacional, por bacias hidrográficas e por Municípios, utilizando sistema de indicadores sanitários, epidemiológicos, ambientais e socioeconômicos, bem como apontando as causas das deficiências detectadas, inclusive as condições de acesso e de qualidade da prestação de cada um dos serviços públicos de saneamento básico;

**II** - demanda e necessidade de investimentos para universalização do acesso a cada um dos serviços de saneamento básico em cada bacia hidrográfica e em cada Município; e

**III** - programas e ações federais em saneamento básico e as demais políticas relevantes nas condições de salubridade ambiental, inclusive as ações de transferência e garantia de renda e as financiadas com recursos do FGTS ou do FAT.

**§ 1º** Os estudos mencionados no *caput* deverão se referir ao saneamento urbano e rural, incluindo as áreas indígenas e de populações tradicionais.

**§ 2º** O diagnóstico deve abranger o abastecimento de água, o esgotamento sanitário, o manejo de resíduos sólidos e o manejo de águas pluviais, ou ser específico para cada serviço.

**§ 3º** No diagnóstico, poderão ser aproveitados os estudos que informam os planos de saneamento básico elaborados por outros entes da Federação.

**§ 4º** Os estudos relativos à fase de diagnóstico são públicos e de acesso a todos, independentemente de demonstração de interesse, devendo ser publicados em sua íntegra na internet pelo período de, pelo menos, quarenta e oito meses.

**Art. 60.** Com fundamento nos estudos de diagnóstico, será elaborada proposta de PNSB, com ampla participação neste processo de comunidades, movimentos e entidades da sociedade civil organizada, que conterá:

**I** - objetivos e metas nacionais, regionais e por bacia hidrográfica, de curto, médio e longo prazos, para a universalização dos serviços de saneamento básico e o alcance de níveis crescentes de salubridade ambiental no território nacional, observada a compatibilidade com os demais planos e políticas públicas da União;

**II** - diretrizes e orientações para o equacionamento dos condicionantes de natureza político-institucional, legal e jurídica, econômico- financeira, administrativa, cultural e tecnológica que influenciam na consecução das metas e objetivos estabelecidos;

**III** - programas, projetos e ações necessárias para atingir os objetivos e as metas da Política Federal de Saneamento Básico, com identificação das respectivas fontes de financiamento;

**IV** - mecanismos e procedimentos, incluindo indicadores numéricos, para avaliação sistemática da eficiência e eficácia das ações programadas;

**V** - ações da União relativas ao saneamento básico nas áreas indígenas, nas reservas extrativistas da União e nas comunidades quilombolas;

**VI** - diretrizes para o planejamento das ações de saneamento básico em áreas de especial interesse turístico; e

**VII** - proposta de revisão de competências setoriais dos diversos órgãos e entidades federais que atuam no saneamento ambiental, visando racionalizar a atuação governamental.

**Parágrafo único.** A proposta de plano deve abranger o abastecimento de água, o esgotamento sanitário, o manejo de resíduos sólidos, o manejo de águas pluviais e outras ações de saneamento básico de interesse para a melhoria da salubridade ambiental, incluindo o provimento de banheiros e unidades hidrossanitárias para populações de baixa renda.

**Art. 61.** A proposta de plano ou de sua revisão, bem como os estudos que a fundamentam, deverão ser integralmente publicados na internet, além de divulgados por meio da realização de audiências públicas e de consulta pública.

**Parágrafo único.** A realização das audiências públicas e da consulta pública será disciplinada por instrução do Ministro de Estado das Cidades.

**Art. 62.** A proposta de PNSB ou de sua revisão, com as modificações realizadas na fase de divulgação e debate, será encaminhada, inicialmente, para apreciação dos Conselhos Nacionais de Saúde, de Meio Ambiente e de Recursos Hídricos.

**§ 1º** A apreciação será simultânea e deverá ser realizada no prazo de trinta dias.

**§ 2º** Decorrido o prazo mencionado no § 1º, a proposta será submetida ao Conselho das Cidades para apreciação.

**Art. 63.** Após a apreciação e deliberação pelo Ministro de Estado das Cidades, a proposta de decreto será encaminhada nos termos da legislação.

**Art. 64.** O PNSB deverá ser avaliado anualmente pelo Ministério das Cidades, em relação ao cumprimento dos objetivos e metas estabelecidos, dos resultados esperados e dos impactos verificados.

**§ 1º** A avaliação a que se refere o *caput* deverá ser feita com base nos indicadores de monitoramento, de resultado e de impacto previstos nos próprios planos.

**§ 2º** A avaliação integrará o diagnóstico e servirá de base para o processo de formulação de proposta de plano para o período subsequente.

## SEÇÃO III
## DOS PLANOS REGIONAIS

**Art. 65.** Os planos regionais de saneamento básico, elaborados e executados em articulação com os Estados, Distrito Federal e Municípios envolvidos serão elaborados pela União para:

**I** - as regiões integradas de desenvolvimento econômico; e

**II** - as regiões em que haja a participação de órgão ou entidade federal na prestação de serviço público de saneamento básico.

**§ 1º** Os planos regionais de saneamento básico, no que couber, atenderão ao mesmo procedimento previsto para o PNSB, disciplinado neste Decreto.

**§ 2º** Em substituição à fase prevista no inciso IV do art. 58, a proposta de plano regional de saneamento básico será aprovada por todos os entes da Federação diretamente envolvidos, após prévia oitiva de seus respectivos conselhos de meio ambiente, de saúde e de recursos hídricos.

## CAPÍTULO V
## DO SISTEMA NACIONAL DE INFORMAÇÕES EM SANEAMENTO – SINISA

**Art. 66.** Ao SINISA, instituído pelo art. 53 da Lei nº 11.445, de 2007, compete:

**I** - coletar e sistematizar dados relativos às condições da prestação dos serviços públicos de saneamento básico;

**II** - disponibilizar estatísticas, indicadores e outras informações relevantes para a caracterização da demanda e da oferta de serviços públicos de saneamento básico;

**III** - permitir e facilitar o monitoramento e avaliação da eficiência e da eficácia da prestação dos serviços de saneamento básico; e

**IV** - permitir e facilitar a avaliação dos resultados e dos impactos dos planos e das ações de saneamento básico.

**§ 1º** As informações do SINISA são públicas e acessíveis a todos, independentemente da demonstração de interesse, devendo ser publicadas por meio da internet.

**§ 2º** O SINISA deverá ser desenvolvido e implementado de forma articulada ao Sistema Nacional de Informações em Recursos Hídricos - SNIRH e ao Sistema Nacional de Informações em Meio Ambiente - SINIMA.

**Art. 67.** O SINISA será organizado mediante instrução do Ministro de Estado das Cidades, ao qual competirá, ainda, o estabelecimento das diretrizes a serem observadas pelos titulares no cumprimento do disposto no inciso VI do art. 9º da Lei nº 11.445, de 2007, e pelos demais participantes.

**§ 1º** O SINISA deverá incorporar indicadores de monitoramento, de resultados e de impacto integrantes do PNSB e dos planos regionais.

**§ 2º** O Ministério das Cidades apoiará os titulares, os prestadores e os reguladores de serviços públicos de saneamento básico na organização de sistemas de informação em saneamento básico articulados ao SINISA.

## CAPÍTULO VI
## DO ACESSO DIFUSO À ÁGUA PARA A POPULAÇÃO DE BAIXA RENDA

**Art. 68.** A União apoiará a população rural dispersa e a população de pequenos núcleos urbanos isolados na contenção, reservação e utilização de águas pluviais para o consumo humano e para a produção de alimentos destinados ao autoconsumo, mediante programa específico que atenda ao seguinte:

**I** - utilização de tecnologias sociais tradicionais, originadas das práticas das populações interessadas, especialmente na construção de cisternas e de barragens simplificadas; e

**II** - apoio à produção de equipamentos, especialmente cisternas, independentemente da situação fundiária da área utilizada pela família beneficiada ou do sítio onde deverá se localizar o equipamento.

**§ 1º** No caso de a água reservada se destinar a consumo humano, o órgão ou entidade federal responsável pelo programa oficiará a autoridade sanitária municipal, comunicando-a da existência do equipamento de retenção e reservação de águas pluviais, para que se proceda ao controle de sua qualidade, nos termos das normas vigentes no SUS.

**§ 2º** O programa mencionado no *caput* será implementado, preferencialmente, na região do semiárido brasileiro.

## CAPÍTULO VII
## DAS DISPOSIÇÕES FINAIS

**Art. 69.** No prazo de cento e oitenta dias, contado da data de publicação deste Decreto, o IBGE editará ato definindo vilas, aglomerados rurais, povoados, núcleos, lugarejos e aldeias para os fins do inciso VIII do art. 3º da Lei nº 11.445, de 2007.

**Art. 70.** Este Decreto entra em vigor na data de sua publicação.

Brasília, 21 de junho de 2010; 189º da Independência e 122º da República.

LUIZ INÁCIO LULA DA SILVA

Luiz Paulo Teles Ferreira Barreto
Guido Mantega
Paulo Sérgio Oliveira Passos
Carlos Lupi
José Gomes Temporão
Izabella Mônica Vieira Teixeira
Marcio Fortes de Almeida

# LEI Nº 11.977, DE 7 DE JULHO DE 2009

*Dispõe sobre o Programa Minha Casa, Minha Vida - PMCMV e a regularização fundiária de assentamentos localizados em áreas urbanas; altera o Decreto-Lei nº 3.365, de 21 de junho de 1941, as Leis nºs 4.380, de 21 de agosto de 1964, 6.015, de 31 de dezembro de 1973, 8.036, de 11 de maio de 1990, e 10.257, de 10 de julho de 2001, e a Medida Provisória nº 2.197-43, de 24 de agosto de 2001; e dá outras providências.*

O VICE-PRESIDENTE DA REPÚBLICA, no exercício do cargo de PRESIDENTE DA REPÚBLICA Faço saber que o Congresso Nacional decreta e eu sanciono a seguinte Lei:

## CAPÍTULO I DO PROGRAMA MINHA CASA, MINHA VIDA - PMCMV

### SEÇÃO I DA ESTRUTURA E FINALIDADE DO PMCMV

✪ **Art. 1º** O Programa Minha Casa, Minha Vida - PMCMV tem por finalidade criar mecanismos de incentivo à produção e aquisição de novas unidades habitacionais ou requalificação de imóveis urbanos e produção ou reforma de habitações rurais, para famílias com renda mensal de até R$ 4.650,00 (quatro mil, seiscentos e cinquenta reais) e compreende os seguintes subprogramas:

**I** - o Programa Nacional de Habitação Urbana (PNHU);

**II** - o Programa Nacional de Habitação Rural (PNHR); e

**III** - (VETADO na Lei 13.173/2015)

**§ 1º** Para os fins desta Lei, considera-se:

**I** - grupo familiar: unidade nuclear composta por um ou mais indivíduos que contribuem para o seu rendimento ou têm suas despesas por ela atendidas e abrange todas as espécies reconhecidas pelo ordenamento jurídico brasileiro, incluindo-se nestas a família unipessoal;

**II** - imóvel novo: unidade habitacional com até 180 (cento e oitenta) dias de "habite-se", ou documento equivalente, expedido pelo órgão público municipal competente ou, nos casos de prazo superior, que não tenha sido habitada ou alienada;

**III** - oferta pública de recursos: procedimento realizado pelo Poder Executivo federal destinado a prover recursos às instituições e agentes financeiros do Sistema Financeiro da Habitação - SFH para viabilizar as operações previstas no inciso III do art. 2º;

**IV** - requalificação de imóveis urbanos: aquisição de imóveis conjugada com a execução de obras e serviços voltados à recuperação e ocupação para fins habitacionais, admitida ainda a execução de obras e serviços necessários à modificação de uso;

**V** - agricultor familiar: aquele definido no *caput*, nos seus incisos e no § 2º do art. 3º da Lei nº 11.326, de 24 de julho de 2006; e

**VI** - trabalhador rural: pessoa física que, em propriedade rural, presta serviços de natureza não eventual a empregador rural, sob a dependência deste e mediante salário.

**§ 2º** (VETADO na Lei 13.173/2015)

**Art. 2º** Para a implementação do PMCMV, a União, observada a disponibilidade orçamentária e financeira:

**I** - concederá subvenção econômica ao beneficiário pessoa física no ato da contratação de financiamento habitacional;

**II** - participará do Fundo de Arrendamento Residencial (FAR), mediante integralização de cotas e transferirá recursos ao Fundo de Desenvolvimento Social (FDS) de que tratam, respectivamente, a Lei nº 10.188, de 12 de fevereiro de 2001, e a Lei nº 8.677, de 13 de julho de 1993;

**III** - realizará oferta pública de recursos destinados à subvenção econômica ao beneficiário pessoa física de operações em Municípios com população de até 50.000 (cinquenta mil) habitantes;

**IV** - concederá subvenção econômica por meio do Banco Nacional de Desenvolvimento Econômico e Social - BNDES, sob a modalidade de equalização de taxas de juros e outros encargos financeiros, especificamente nas operações de financiamento de linha especial para infraestrutura em projetos de habitação popular.

**V** - concederá subvenção econômica através do Banco Nacional de Desenvolvimento Econômico e Social - BNDES, sob a modalidade de equalização de taxas de juros e outros encargos financeiros, especificamente nas operações de financiamento de linha especial para infraestrutura em projetos de habitação popular.

**§ 1º** A aplicação das condições previstas no inciso III do *caput* dar-se-á sem prejuízo da possibilidade de atendimento aos Municípios com população entre 20.000 (vinte mil) e 50.000 (cinquenta mil) habitantes por outras formas admissíveis no âmbito do PMCMV, nos termos do regulamento.

**§ 2º** O regulamento previsto no § 1º deverá prever, entre outras condições, atendimento aos Municípios com população urbana igual ou superior a 70% (setenta por cento) de sua população total e taxa de crescimento populacional, entre os anos 2000 e 2010, superior à taxa verificada no respectivo Estado.

**§ 3º** (VETADO na Lei 13.274/2016)

✪ **Art. 3º** Para a indicação dos beneficiários do PMCMV, deverão ser observados os seguintes requisitos:

**I** - comprovação de que o interessado integra família com renda mensal de até R$ 4.650,00 (quatro mil, seiscentos e cinquenta reais);

**II** - faixas de renda definidas pelo Poder Executivo federal para cada uma das modalidades de operações;

**III** - prioridade de atendimento às famílias residentes em áreas de risco, insalubres, que tenham sido desabrigadas ou que perderam a moradia em razão de enchente, alagamento, transbordamento ou em decorrência de qualquer desastre natural do gênero;

**IV** - prioridade de atendimento às famílias com mulheres responsáveis pela unidade familiar; e

**V** - prioridade de atendimento às famílias de que façam parte pessoas com deficiência.

**VI** – (VETADO na Lei 13.342/2016)

**§ 1º** Em áreas urbanas, os critérios de prioridade para atendimento devem contemplar também:

**I** - a doação pelos Estados, pelo Distrito Federal e pelos Municípios de terrenos localizados em área urbana consolidada para implantação de empreendimentos vinculados ao programa;

**II** - a implementação pelos Estados, pelo Distrito Federal e pelos Municípios de medidas de desoneração tributária, para as construções destinadas à habitação de interesse social;

**III** - a implementação pelos Municípios dos instrumentos da Lei nº 10.257, de 10 de julho de 2001, voltados ao controle da retenção das áreas urbanas em ociosidade.

**§ 2º** (VETADO)

**§ 3º** O Poder Executivo Federal definirá:

**I** - os parâmetros de priorização e enquadramento dos beneficiários do PMCMV; e

**II** - a periodicidade de atualização dos limites de renda familiar estabelecidos nesta Lei.

**§ 4º** Além dos critérios estabelecidos no *caput*, os Estados, Municípios e Distrito Federal poderão fixar outros critérios de seleção de beneficiários do PMCMV, previamente aprovados pelos respectivos conselhos locais de habitação, quando existentes, e em conformidade com as respectivas políticas habitacionais e as regras estabelecidas pelo Poder Executivo federal.

**§ 5º** Os Estados, os Municípios e o Distrito Federal que aderirem ao PMCMV, as entidades privadas sem fins lucrativos, na qualidade de entidades organizadoras, e as instituições financeiras oficiais federais serão responsáveis pela realização do trabalho social nos empreendimentos implantados, na forma estabelecida em termo de adesão a ser definido em regulamento. *(Redação dada pela Lei 14.118/2021)*

**§ 6º** Na atualização dos valores adotados como parâmetros de renda familiar estabelecidos nesta Lei deverão ser observados os seguintes critérios:

**I** - quando o teto previsto no dispositivo for de R$ 4.650,00 (quatro mil, seiscentos e cinquenta reais), o valor atualizado não poderá ultrapassar 10 (dez) salários mínimos;

**II** - quando o teto previsto no dispositivo for de R$ 2.790,00 (dois mil, setecentos e noventa reais), o valor atualizado não poderá ultrapassar 6 (seis) salários mínimos;

**III** - quando o teto previsto no dispositivo for de R$ 1.395,00 (mil, trezentos e noventa e cinco reais), o valor atualizado não poderá ultrapassar 3 (três) salários mínimos.

**§ 7º** Os requisitos dispostos no *caput* deste artigo, bem como aqueles definidos em regulamentos do Poder Executivo, relativos à situação econômica ou financeira dos beneficiários do PMCMV deverão ainda:

**I** - observar a exigência da qualificação pessoal completa do beneficiário para constar do respectivo contrato, incluindo seu número de inscrição no Cadastro de Pessoa Física - CPF, mantido na Secretaria da Receita Federal do Brasil;

**II** - ter sua veracidade verificada por meio do cruzamento de dados fiscais e bancários do beneficiário, assegurado o sigilo constitucional dos dados informados.

**§ 8º** O agente financeiro responsável pelo financiamento responderá pelo cumprimento do disposto no § 7º deste artigo.

**§ 9º** (VETADO na Lei 13.274/2016)

## SEÇÃO II
## DO PROGRAMA NACIONAL DE HABITAÇÃO URBANA - PNHU

**Art. 4º** O Programa Nacional de Habitação Urbana - PNHU tem por objetivo promover a produção ou aquisição de novas unidades habitacionais ou a requalificação de imóveis urbanos, desde 14 de abril de 2009.

**§ 1º** Para a implementação do PNHU, a União disponibilizará recursos na forma prevista nos incisos I, II e III do art. 2º.

**I** - (Revogado pela Lei 12.424/2011)

**II** - (VETADO);

**III** - (Revogado pela Lei 12.424/2011)

**§ 2º** A assistência técnica e os seguros de engenharia, de danos estruturais, de responsabilidade civil do construtor, de garantia de término de obra e outros que visem à mitigação de riscos inerentes aos empreendimentos habitacionais podem fazer parte da composição de custos do PNHU. *(Redação dada pela Lei 14.118/2021)*

**Art. 5º** (Revogado a partir de 31/12/2011, de acordo com inciso III do art. 13 da Lei 12.424/2011)

✪ **Art. 5º-A** Para a implantação de empreendimentos no âmbito do PNHU, deverão ser observados:

**I** - localização do terreno na malha urbana ou em área de expansão que atenda aos requisitos estabelecidos pelo Poder Executivo federal, observado o respectivo plano diretor, quando existente;

**II** - adequação ambiental do projeto;

**III** - infraestrutura básica que inclua vias de acesso, iluminação pública e solução de esgotamento sanitário e de drenagem de águas pluviais e permita ligações domiciliares de abastecimento de água e energia elétrica; e

**IV** - a existência ou compromisso do poder público local de instalação ou de ampliação dos equipamentos e serviços relacionados a educação, saúde, lazer e transporte público.

**Art. 6º** A subvenção econômica de que trata o inciso I do art. 2º será concedida no ato da contratação da operação de financiamento, com o objetivo de:

**I** - facilitar a aquisição, produção e requalificação do imóvel residencial; ou

**II** - complementar o valor necessário a assegurar o equilíbrio econômico-financeiro das operações de financiamento realizadas pelas entidades integrantes do Sistema Financeiro da Habitação - SFH, compreendendo as despesas de contratação, de administração e cobrança e de custos de alocação, remuneração e perda de capital.

**§ 1º** A subvenção econômica de que trata o *caput* será concedida exclusivamente a mutuários com renda familiar mensal de até R$ 2.790,00 (dois mil, setecentos e noventa reais), uma única vez por imóvel e por beneficiário e será cumulativa, até o limite máximo a ser fixado em ato do Poder Executivo federal, com os descontos habitacionais concedidos nas operações de financiamento realizadas na forma do art. 9º da Lei nº 8.036, de 11 de maio de 1990, com recursos do Fundo de Garantia do Tempo de Serviço - FGTS.

**§ 2º** A subvenção poderá ser cumulativa com subsídios concedidos no âmbito de programas habitacionais dos Estados, do Distrito Federal ou dos Municípios.

**§ 3º** (Revogado pela Lei 12.693/2012)

**§ 4º** (Revogado pela Lei 12.693/2012)

**§ 5º** (Revogado pela Lei 12.693/2012)

**Art. 6º-A.** As operações realizadas com recursos advindos da integralização de cotas no FAR e recursos transferidos ao FDS, conforme previsto no inciso II do *caput* do art. 2º, são limitadas a famílias com renda mensal de até R$ 1.395,00 (mil trezentos e noventa e cinco reais), e condicionadas a:

**I** - exigência de participação financeira dos beneficiários, sob a forma de prestações mensais;

**II** - quitação da operação, em casos de morte ou invalidez permanente do beneficiário, sem cobrança de contribuição do beneficiário; e

**III** - cobertura de danos físicos ao imóvel, sem cobrança de contribuição do beneficiário.

**§ 1º** Nos empreendimentos habitacionais em edificações multifamiliares produzidos com os recursos de que trata o *caput*, inclusive no caso de requalificação de imóveis urbanos, será admitida a produção de unidades destinadas à atividade comercial a eles vinculada, devendo o resultado de sua exploração ser destinado integralmente ao custeio do condomínio.

**§ 2º** É vedada a alienação das unidades destinadas à atividade comercial de que trata o § 1º pelo condomínio a que estiverem vinculadas.

**§ 3º** Serão dispensadas, na forma do regulamento, a participação financeira dos beneficiários de que trata o inciso I do *caput* e a cobertura a que se refere o inciso III do *caput* nas operações com recursos advindos da integralização de cotas no FAR, quando essas operações:

**I** - forem vinculadas às programações orçamentárias do Programa de Aceleração do Crescimento (PAC) e demandarem reassentamento, remanejamento ou substituição de unidades habitacionais;

**II** - forem vinculadas a intervenções financiadas por operações de crédito ao setor público, conforme hipóteses definidas no regulamento, e demandarem reassentamento, remanejamento ou substituição de unidades habitacionais;

**III** - forem destinadas ao atendimento, nos casos de situação de emergência ou estado de calamidade pública reconhecidos pela União, a famílias desabrigadas que perderam seu único imóvel; ou

**IV** - forem vinculadas a reassentamentos de famílias, indicadas pelo poder público municipal ou estadual, decorrentes de obras vinculadas à realização dos Jogos Rio 2016, de que trata a Lei nº 12.035, de 1º de outubro de 2009.

**§ 4º** Exclusivamente nas operações previstas no § 3º, será admitido atendimento a famílias com renda mensal de até R$ 2.790,00 (dois mil, setecentos e noventa reais).

**§ 5º** Nas operações com recursos previstos no *caput*:

**I** - a subvenção econômica será concedida nas prestações do financiamento, ao longo de 120 (cento e vinte) meses;

**II** - a quitação antecipada do financiamento implicará o pagamento do valor da dívida contratual do imóvel na forma regulamentada por ato do Ministro de Estado do Desenvolvimento Regional; e *(Redação dada pela Lei 14.118/2021)*

**III** - não se admite transferência inter vivos de imóveis sem a respectiva quitação.

**§ 6º** As cessões de direitos, promessas de cessões de direitos ou procurações que tenham por objeto a compra e venda, promessa de compra e venda ou cessão de imóveis adquiridos sob as regras do PMCMV, quando em desacordo com o inciso III do § 5º, serão consideradas nulas.

**§ 7º** Nas operações previstas no § 3º, a subvenção econômica será concedida, no ato da contratação da unidade habitacional, exclusivamente para o beneficiário que comprovar a titularidade e regularidade fundiária do imóvel do qual será removido, do imóvel que foi destruído ou do imóvel cujo uso foi impedido definitivamente, quando nele esteja ou estivesse habitando, na forma do regulamento.

**§ 8º** É vedada a concessão de subvenções econômicas lastreadas nos recursos do FAR ou do FDS a beneficiário que tenha recebido benefício de natureza habitacional oriundo de recursos orçamentários da União, do FAR, do FDS ou de descontos habitacionais concedidos com recursos do FGTS, excetuadas as subvenções ou descontos destinados à aquisição de material de construção e aquelas previstas no atendimento a famílias nas operações estabelecidas no § 3º, na forma do regulamento.

**§ 9º** Após consolidada a propriedade em seu nome, em razão do não pagamento da dívida pelo beneficiário, o FAR e o FDS, na qualidade de credores fiduciários, ficam dispensados de levar o imóvel a leilão, hipótese em que deverão promover a reinclusão das unidades que reunirem condições de habitabilidade em programa habitacional, no mínimo uma vez, e destiná-las à aquisição por beneficiário a ser indicado conforme as políticas habitacionais e as normas vigentes. *(Redação dada pela Lei 14.118/2021)*

**§ 10.** Nos casos das operações previstas no inciso IV do § 3º deste artigo, é dispensado o atendimento aos dispositivos estabelecidos no art. 3º, e caberá ao poder público municipal ou estadual restituir integralmente os recursos aportados pelo FAR no ato da alienação do imóvel a beneficiário final cuja renda familiar mensal exceda o limite estabelecido no *caput* deste artigo.

**§ 11.** Serão disponibilizadas em sítio eletrônico informações relativas às operações previstas no inciso IV do § 3º deste artigo com a identificação do beneficiário final, os respectivos valores advindos da integralização de cotas do FAR e os valores restituídos ao FAR pelo poder público municipal ou estadual.

**§ 12.** O FAR poderá prestar garantia à instituição financeira em favor do beneficiário nos casos de operações de financiamento habitacional ao beneficiário com desconto concedido pelo FGTS para aquisição de imóveis construídos com recursos do FAR.

**§ 13.** No caso de execução da garantia de que trata o § 12, ficará o FAR sub-rogado nos direitos do credor.

**§ 14.** Para assegurar a expectativa trimestral de venda de imóveis estabelecida pelo FAR, as instituições financeiras executoras do PMCMV deverão repassar ao FAR o valor equivalente aos descontos do FGTS correspondente à referida expectativa trimestral.

**§ 15.** Caso os recursos de que trata o § 14 não sejam integralmente utilizados, o FAR devolverá o excedente às instituições financeiras ao final de cada trimestre, corrigido pela taxa do Sistema Especial de Liquidação e de Custódia – SELIC apurada no período.

**§ 16.** Na hipótese de não pagamento pelo beneficiário, as unidades habitacionais poderão ser doadas pelo FAR ou pelo FDS aos Estados, ao Distrito Federal, aos Municípios ou aos órgãos de suas administrações diretas e indiretas que pagarem os valores devidos pelas famílias inadimplentes, com vistas à sua permanência na unidade habitacional ou à sua disponibilização para outros programas de interesse social. *(Acrescido pela Lei 14.118/2021)*

**§ 17.** As unidades dispensadas da reinclusão em programa habitacional referida no § 9º deste artigo, as unidades ociosas, as unidades disponíveis sem indicação de beneficiários e as unidades integrantes de operações pendentes de finalização cuja viabilidade de conclusão restar prejudicada poderão ser alienadas pelo gestor operacional do respectivo Fundo nas condições estabelecidas em ato do Ministro de Estado do Desenvolvimento Regional, com prioridade para: *(Redação dada pela Lei 14.312/2022)*

**I** - União, Estados, Distrito Federal e Municípios, ou entidades da administração pública indireta desses entes, para destinação a programas habitacionais de interesse social por eles desenvolvidos; *(Redação dada pela Lei 14.312/2022)*

**II** - pessoas físicas que constituam o público-alvo dos programas habitacionais federais; e *(Redação dada pela Lei 14.312/2022)*

**III** - pessoas físicas que constituam público-alvo do Programa Nacional de Apoio à Aquisição de Habitação para Profissionais da Segurança Pública (Programa Habite Seguro). *(Acrescido pela Lei 14.312/2022)*

**Art. 6º-B.** Para a concessão de subvenção econômica nas operações de que trata o inciso III do art. 2º, fica estabelecido que a instituição ou agente financeiro participante só poderá receber recursos até o máximo de 15% (quinze por cento) do total ofertado em cada oferta pública, na forma do regulamento, considerado o limite de 100 (cem) unidades habitacionais por Município.

**§ 1º** O Poder Executivo federal disporá necessariamente sobre os seguintes aspectos:

**I** - valores e limites das subvenções individualizadas a serem destinadas a cada beneficiário;

**II** - remuneração das instituições e agentes financeiros pelas operações realizadas;

**III** - quantidade, condições e modalidades de ofertas públicas de cotas de subvenções; e

**IV** - tipologia e padrão das moradias e da infraestrutura urbana, com observância da legislação municipal pertinente.

**§ 2º** As operações de que trata o *caput* poderão ser realizadas pelos bancos múltiplos, pelos bancos comerciais, pelas sociedades de crédito imobiliário, pelas companhias hipotecárias, por órgãos federais, estaduais e municipais, inclusive sociedades de economia mista em que haja participação majoritária do poder público, que operem no financiamento de habitações e obras conexas, e pelas cooperativas de crédito que tenham entre seus objetivos o financiamento habitacional a seus cooperados, desde que tais instituições e agentes financeiros sejam especificamente autorizados a operar o programa pelo Banco Central do Brasil e pelo Ministério das Cidades, no âmbito de suas competências.

**§ 3º** Os Estados e os Municípios poderão complementar o valor das subvenções econômicas com créditos tributários, benefícios fiscais, bens ou serviços economicamente mensuráveis, assistência técnica ou recursos financeiros.

**§ 4º** É vedada a concessão de subvenções econômicas de que trata o inciso III do *caput* do art. 2º a beneficiário que tenha recebido benefício de natureza habitacional oriundo de recursos orçamentários da União, do FAR, do FDS ou de descontos habitacionais concedidos com recursos do FGTS, excetuadas as subvenções ou descontos destinados à aquisição de material de construção, na forma do regulamento.

**Art. 7º** Em casos de utilização dos recursos de que tratam os incisos I, II e III do art. 2º em finalidade diversa da definida nesta Lei, ou em desconformidade ao disposto nos arts. 6º, 6º-A e 6º- B, será exigida a devolução ao erário do valor da subvenção concedida, acrescido de juros e atualização monetária, com base na remuneração dos recursos que serviram de lastro à sua concessão, sem prejuízo das penalidades previstas em lei.

**Parágrafo único.** Para as operações com recursos de que trata o inciso III do art. 2º desta Lei, fica o Ministério das Cidades autorizado a fixar novas condições de pagamento e prazos para a conclusão das unidades habitacionais contratadas, obedecidos os seguintes parâmetros:

**I** – o prazo para conclusão das unidades habitacionais será de até doze meses, contados da entrada em vigor deste parágrafo;

**II** – as instituições e agentes financeiros habilitados deverão declarar a viabilidade de execução das unidades habitacionais contratadas, dentro dos prazos fixados pelo Ministério das Cidades, observado o limite previsto no inciso I deste parágrafo;

**III** – as instituições e agentes financeiros habilitados deverão declarar a viabilidade de execução das unidades habitacionais contratadas, dentro do valor originalmente previsto, sem custos adicionais para a União;

**IV** – a aceitação e a adesão pelas instituições e agentes financeiros habilitados às novas condições e prazos fixados serão formalizadas em instrumento próprio a ser regulamentado pelo Ministério das Cidades;

**V** – a liberação de recursos pela União às instituições e agentes financeiros habilitados dependerá da comprovação da correspondente parcela da obra executada, vedadas quaisquer formas de adiantamento;

**VI** – o não atendimento das condições e prazos finais fixados pelo Ministério das Cidades ensejará imediata devolução ao erário do valor dos recursos liberados, acrescido de juros e atualização monetária, com base na remuneração dos recursos que serviram de lastro à sua concessão, sem prejuízo das penalidades previstas em lei;

**VII** – nos casos de inadimplência pelas instituições e agentes financeiros habilitados das condições e prazos estabelecidos pelo Ministério das Cidades, fica autorizada a inscrição em dívida ativa da União dos valores previstos no inciso VI deste parágrafo; e

**VIII** – a definição dos procedimentos a serem adotados nos casos omissos caberá ao Ministério das Cidades.

**Art. 7º-A.** Os beneficiários de operações do PMCMV, com recursos advindos da integralização de cotas no FAR, obrigam-se a ocupar os imóveis adquiridos, em até trinta dias, a contar da assinatura do contrato de compra e venda com cláusula de alienação fiduciária em garantia, firmado com o FAR.

**Parágrafo único.** Descumprido o prazo de que trata o *caput* deste artigo, fica o FAR automaticamente autorizado a declarar o contrato resolvido e a alienar o imóvel a beneficiário diverso, a ser indicado conforme a Política Nacional de Habitação.

**Art. 7º-B.** Acarretam o vencimento antecipado da dívida decorrente de contrato de compra e venda com cláusula de alienação fiduciária em garantia firmado, no âmbito do PMCMV, com o FAR:

**I** – a alienação ou cessão, por qualquer meio, dos imóveis objeto de operações realizadas com recursos advindos da integralização de cotas no FAR antes da quitação de que trata o inciso III do § 5º do art. 6º-A desta Lei;

**II** – a utilização dos imóveis objeto de operações realizadas com recursos advindos da integralização de cotas no FAR em finalidade diversa da moradia dos beneficiários da subvenção de que trata o inciso I do art. 2º desta Lei e das respectivas famílias; e

**III** – o atraso superior a noventa dias no pagamento das obrigações objeto de contrato firmado, no âmbito do PMCMV, com o FAR, incluindo os encargos contratuais e os encargos legais, inclusive os tributos e as contribuições condominiais que recaírem sobre o imóvel.

**Art. 7º-C.** Vencida antecipadamente a dívida, o FAR, na condição de credor fiduciário, munido de certidão comprobatória de processo administrativo que ateste a ocorrência de uma das hipóteses previstas no art. 7º-B desta Lei, deverá requerer, ao oficial do registro de imóveis competente, que intime o beneficiário, ou seu representante legal ou procurador regularmente constituído, para satisfazer, no prazo previsto no § 1º do art. 26 da Lei nº 9.514, de 20 de novembro de 1997, a integralidade da dívida, compreendendo a devolução da subvenção devidamente corrigida nos termos do art. 7º desta Lei.

**§ 1º** Decorrido o prazo de que trata o *caput* deste artigo sem o pagamento da dívida antecipadamente vencida, o contrato será reputado automaticamente resolvido de pleno direito, e o oficial do registro de imóveis competente, certificando esse fato, promoverá a averbação, na matrícula do imóvel, da consolidação da propriedade fiduciária em nome do FAR, respeitada a Lei nº 9.514, de 20 de novembro de 1997.

**§ 2º** Uma vez consolidada a propriedade fiduciária em nome do FAR, proceder-se-á em conformidade com o disposto no § 9º do art. 6º-A desta Lei, e o imóvel deve ser-lhe imediatamente restituído, sob pena de esbulho possessório.

**§ 3º** O FAR, em regulamento próprio, disporá sobre o processo administrativo de que trata o *caput* deste artigo.

**§ 4º** A intimação de que trata o *caput* deste artigo poderá ser promovida, por solicitação do oficial do registro de imóveis, do oficial de registro de títulos e documentos da comarca da situação do imóvel ou do domicílio de quem deva recebê-la ou do serventuário por eles credenciado, ou pelo correio, com aviso de recebimento.

**§ 5º** Quando, por duas vezes, o oficial de registro de imóveis ou de registro de títulos e documentos ou o serventuário por eles credenciado houver procurado o intimando em seu domicílio ou residência sem o encontrar, deverá, havendo suspeita motivada de ocultação, intimar qualquer pessoa da família ou, em sua falta, qualquer vizinho de que, no dia útil imediato, retornará ao imóvel, a fim de efetuar a intimação, na hora que designar, aplicando-se subsidiariamente o disposto nos arts. 252, 253 e 254 da Lei nº 13.105, de 16 de março de 2015 (Código de Processo Civil).

**§ 6º** Nos condomínios edilícios ou outras espécies de conjuntos imobiliários com controle de acesso, a intimação de que trata este artigo poderá ser feita ao funcionário da portaria responsável pelo recebimento de correspondência.

**§ 7º** Caso não seja efetuada a intimação pessoal ou por hora certa, o oficial de registro de imóveis ou de registro de títulos e documentos ou o serventuário por eles credenciado promoverá a intimação do devedor fiduciante por edital, publicado por três dias, pelo menos, em um dos jornais de maior circulação ou em outro de comarca de fácil acesso, se no local não houver imprensa diária, contado o prazo para o pagamento antecipado da dívida da data da última publicação do edital.

**Art. 7º-D.** Para garantia da posse legítima dos empreendimentos produzidos pelo FAR ou pelo FDS ainda não alienados aos beneficiários finais que venham a sofrer turbação ou esbulho, poderão ser empregados atos de defesa ou de desforço diretos, inclusive por meio do auxílio de força policial. *(Acrescido pela Lei 14.118/2021)*

**§ 1º** O auxílio de força policial a que se refere o *caput* deste artigo poderá estar previsto no instrumento firmado ou em outro que venha a ser estabelecido entre a União e os Estados, o Distrito Federal e os Municípios.

**§ 2º** Os atos de defesa ou de desforço a que se refere o *caput* deste artigo não poderão ir além do indispensável à manutenção ou à restituição da posse e deverão ocorrer no prazo máximo de 5 (cinco) dias, contado da data de ciência do ato de turbação ou de esbulho.

**Art. 7º-E.** O disposto nos arts. 7º-A, 7º-B e 7º-C desta Lei aplica-se também aos empreendimentos executados com recursos provenientes do FDS. *(Acrescido pela Lei 14.118/2021)*

**Art. 8º** Caberá ao Poder Executivo a regulamentação do PNHU, especialmente em relação:

**I** - à fixação das diretrizes e condições gerais;

**II** - à distribuição regional dos recursos e à fixação dos critérios complementares de distribuição desses recursos;

**III** - aos valores e limites máximos de subvenção;

**IV** - ao estabelecimento dos critérios adicionais de priorização da concessão da subvenção econômica; e

**V** - ao estabelecimento das condições operacionais para pagamento e controle da subvenção econômica.

**Art. 8º-A.** O Ministério do Desenvolvimento Regional, nas situações enquadradas nos incisos VI e VII do parágrafo único do art. 7º desta Lei, deverá notificar, no prazo de até 60 (sessenta) dias, as instituições ou agentes financeiros para: *(Acrescido pela Lei 14.118/2021)*

**I** - efetuar a imediata devolução ao erário do valor dos recursos liberados, acrescido de juros e atualização monetária, com base na remuneração dos recursos que serviram de lastro à sua concessão, sem prejuízo das penalidades previstas em lei; ou

**II** - manifestar interesse na conclusão e entrega das unidades habitacionais.

**§ 1º** No caso de não atendimento à notificação a que se refere o *caput* deste artigo, caberá ao Ministério do Desenvolvimento Regional a adoção dos procedimentos necessários para inscrição das instituições ou agentes financeiros inadimplentes na dívida ativa da União.

**§ 2º** No caso previsto no inciso II do *caput* deste artigo, as instituições ou agentes financeiros poderão apresentar:

**I** - manifestação de interesse na conclusão e entrega das unidades habitacionais, dentro do valor originalmente previsto, sem custos adicionais para a União; ou

**II** - manifestação de interesse do Estado ou do Município, a ser firmada em conjunto com a instituição ou agente financeiro, na conclusão e entrega das unidades habitacionais com recursos provenientes do Estado ou do Município, vedada a liberação de recursos da União.

**§ 3º** Para cumprimento do disposto no § 2º deste artigo, as instituições ou agentes financeiros deverão declarar ao Ministério do Desenvolvimento Regional as unidades habitacionais que tenham viabilidade de execução para conclusão e entrega.

**§ 4º** A manifestação de interesse a que se refere o § 2º deste artigo possibilitará a prorrogação dos compromissos assumidos pelas instituições ou agentes financeiros pelo prazo de até 30 (trinta) meses, contado a partir de 26 de agosto de 2020, para conclusão e entrega das unidades habitacionais.

**§ 5º** Nos casos enquadrados no inciso I do § 2º deste artigo, a liberação de recursos pela União às instituições ou agentes financeiros fica condicionada à comprovação da conclusão e entrega da unidade habitacional, vedadas quaisquer formas de adiantamento.

**§ 6º** Nos casos enquadrados no inciso II do § 2º deste artigo, no período de vigência dos compromissos, fica suspensa a exigibilidade do crédito das instituições ou agentes financeiros constituído em decorrência do disposto nos incisos VI e VII do parágrafo único do art. 7º desta Lei.

**§ 7º** O adimplemento do compromisso decorrente da manifestação a que se refere o inciso II do *caput* deste artigo pelas instituições ou agentes financeiros implica a extinção da obrigação.

**§ 8º** O descumprimento do prazo-limite estabelecido no § 4º deste artigo implicará a aplicação do disposto nos incisos VI e VII do parágrafo único do art. 7º desta Lei.

**Art. 9º** A gestão operacional dos recursos destinados à concessão da subvenção do PNHU de que trata o inciso I do art. 2º desta Lei será efetuada pela Caixa Econômica Federal - CEF.

**Parágrafo único.** Os Ministros de Estado das Cidades e da Fazenda fixarão, em ato conjunto, a remuneração da Caixa Econômica Federal pelas atividades exercidas no âmbito do PNHU.

**Art. 10.** Competem aos Ministérios da Fazenda e das Cidades a regulamentação e a gestão do PNHU no âmbito das suas respectivas competências.

## SEÇÃO III
## DO PROGRAMA NACIONAL DE HABITAÇÃO RURAL - PNHR

**Art. 11.** O PNHR tem como finalidade subsidiar a produção ou reforma de imóveis para agricultores familiares e trabalhadores rurais, por intermédio de operações de repasse de recursos do orçamento geral da União ou de financiamento habitacional com recursos do Fundo de Garantia do Tempo de Serviço - FGTS, desde 14 de abril de 2009.

**Parágrafo único.** A assistência técnica pode fazer parte da composição de custos do PNHR.

**Art. 12.** (Revogado a partir de 31/12/2011, de acordo com inciso III do art. 13 da Lei 12.424/2011)

**Art. 13.** Nas operações de que trata o art. 11, poderá ser concedido subvenção econômica, no ato da contratação do financiamento, com o objetivo de:

**I** - facilitar a produção ou reforma do imóvel residencial;

**II** - complementar o valor necessário a assegurar o equilíbrio econômico-financeiro das operações de financiamento realizadas pelos agentes financeiros; ou

**III** - complementar a remuneração do agente financeiro, nos casos em que o subsídio não esteja vinculado a financiamento.

**§ 1º** A subvenção econômica do PNHR será concedida uma única vez por imóvel e por beneficiário e, excetuados os casos previstos no inciso III deste artigo, será cumulativa, até o limite máximo a ser fixado em ato do Poder Executivo federal, com os descontos habitacionais concedidos nas operações de financiamento realizadas na forma do art. 9º da Lei nº 8.036, de 11 de maio de 1990, com recursos do FGTS.

**§ 2º** A subvenção poderá ser cumulativa com subsídios concedidos no âmbito de programas habitacionais dos Estados, Distrito Federal ou Municípios.

**§ 3º** Para definição dos beneficiários do PNHR, deverão ser respeitados, exclusivamente, o limite de renda definido para o PMCMV e as faixas de renda definidas pelo Poder Executivo federal.

**Art. 14.** Em casos de utilização dos recursos de que trata o art. 11 em finalidade diversa da definida nesta Lei, ou em desconformidade ao disposto no art. 13, será exigida a devolução ao erário do valor da subvenção concedida, acrescido de juros e atualização monetária, com base na remuneração dos recursos que serviram de lastro à sua concessão, sem prejuízo das penalidades previstas em lei.

**Art. 15.** O Poder Executivo regulamentará o disposto nesta Seção, especialmente no que concerne à definição das diretrizes e condições gerais de operação, gestão, acompanhamento, controle e avaliação do PNHR.

**Art. 16.** A gestão operacional do PNHR será efetuada pela Caixa Econômica Federal.

**Parágrafo único.** Os Ministros de Estado das Cidades e da Fazenda fixarão, em ato conjunto, a remuneração da Caixa Econômica Federal pelas atividades exercidas no âmbito do PNHR.

**Art. 17.** Competem aos Ministérios da Fazenda e das Cidades a regulamentação e a gestão do PNHR no âmbito das suas respectivas competências.

## SEÇÃO IV
## DAS TRANSFERÊNCIAS DE RECURSOS POR PARTE DA UNIÃO E DA SUBVENÇÃO PARA MUNICÍPIOS DE PEQUENO PORTE

**Art. 18.** (Revogado a partir de 31/12/2011, de acordo com inciso III do art. 13 da Lei 12.424/2011)

**§ 1º** (Revogado pela Lei 12.424/2011)

**§ 2º** (Revogado a partir de 31/12/2011, de acordo com inciso III do art. 13 da Lei 12.424/2011)

**Art. 19.** (Revogado a partir de 31/12/2011, de acordo com inciso III do art. 13 da Lei 12.424/2011)

**§§ 1º ao 5º** (Revogados pela Lei 12.424/2011)

## SEÇÃO V
## DO FUNDO GARANTIDOR DA HABITAÇÃO POPULAR - FGHAB

**Art. 20.** Fica a União autorizada a participar, até o limite de R$ 2.000.000.000,00 (dois bilhões de reais), de Fundo Garantidor da Habitação Popular - FGHab, que terá por finalidades:

**I** - garantir o pagamento aos agentes financeiros de prestação mensal de financiamento habitacional, no âmbito do Sistema Financeiro da Habitação, devida por mutuário final, em caso de desemprego e redução temporária da capacidade de pagamento, para famílias com renda mensal de até R$ 4.650,00 (quatro mil seiscentos e cinquenta reais); *(Redação dada pela MP 1.114/2022)*

> **Texto anterior:** I - garantir o pagamento aos agentes financeiros de prestação mensal de financiamento habitacional, no âmbito do Sistema Financeiro da Habitação, devida por mutuário final, em caso de desemprego e redução temporária da capacidade de pagamento, para famílias com renda mensal de até R$ 4.650,00 (quatro mil, seiscentos e cinquenta reais); e

**II** - assumir o saldo devedor do financiamento imobiliário, em caso de morte ou invalidez permanente, e as despesas de recuperação relativas a danos físicos ao imóvel para mutuários com renda familiar mensal de até R$ 4.650,00 (quatro mil seiscentos e cinquenta reais); e *(Redação dada pela MP 1.114/2022)*

> **Texto anterior:** II - assumir o saldo devedor do financiamento imobiliário, em caso de morte e invalidez permanente, e as despesas de recuperação relativas a danos físicos ao imóvel para mutuários com renda familiar mensal de até R$ 4.650,00 (quatro mil, seiscentos e cinquenta reais).

**III** - garantir, direta ou indiretamente, parte do risco em operações de financiamento habitacional, no âmbito do Sistema Financeiro da Habitação, contratados a partir de 1º de junho de 2022, para famílias com a renda mensal de que trata o inciso III do § 6º do art. 3º, no âmbito dos programas habitacionais do Governo federal estabelecidos em lei. *(Acrescido pela MP 1.114/2022)*

**§ 1º** As condições e os limites das coberturas de que tratam os incisos I e II deste artigo serão definidos no estatuto do FGHab, que poderá estabelecer os casos em que será oferecida somente a cobertura de que trata o inciso II.

**§ 1º-A** As contratações realizadas a partir de 1º de junho de 2022 somente poderão contar com as coberturas de que tratam os incisos I e III do *caput* cujas condições e cujos limites tenham sido estabelecidos no estatuto do FGHab. *(Acrescido pela MP 1.114/2022)*

**§ 1º-B** Sem prejuízo dos valores já aportados no FGHab pela União até 31 de dezembro de 2021, com fundamento na autorização de que trata este artigo, as finalidades de que tratam os incisos I e III do *caput* não serão custeadas por novos aportes da União. *(Acrescido pela MP 1.114/2022)*

**§ 2º** O FGHab terá natureza privada e patrimônio próprio dividido em cotas, separado do patrimônio dos cotistas.

**§ 3º** Constituem patrimônio do FGHab:

**I** - os recursos oriundos da integralização de cotas pela União e pelos agentes financeiros que optarem por aderir às coberturas previstas no *caput*; *(Redação dada pela MP 1.114/2022)*

> **Texto anterior:** I - os recursos oriundos da integralização de cotas pela União e pelos agentes financeiros que optarem por aderir às coberturas previstas nos incisos I e II do caput deste artigo;

**II** - os rendimentos obtidos com a aplicação das disponibilidades financeiras em títulos públicos federais e em ativos com lastro em créditos de base imobiliária, cuja aplicação esteja prevista no estatuto social;

**III** - os recursos provenientes da recuperação de prestações honradas com recursos do FGHab;

**IV** - as comissões cobradas com fundamento no *caput*; e *(Redação dada pela MP 1.114/2022)*

> **Texto anterior:** IV - as comissões cobradas com fundamento nos incisos I e II do *caput* deste artigo; e

**V** - outras fontes de recursos definidas no estatuto do Fundo.

**§ 4º** Os agentes financeiros que optarem por aderir à cobertura do FGHab deverão integralizar cotas proporcionais ao valor do financiamento para o mutuário final, na forma definida pelo estatuto.

**§ 5º** A integralização de cotas pela União será autorizada por decreto e poderá ser realizada, a critério do Ministério da Fazenda:

**I** - em moeda corrente;

**II** - em títulos públicos;

**III** - por meio de suas participações minoritárias; ou

**IV** - por meio de ações de sociedades de economia mista federais excedentes ao necessário para manutenção de seu controle acionário.

**§ 6º** O FGHab terá direitos e obrigações próprias, pelas quais responderá com seu patrimônio, não respondendo os cotistas por qualquer obrigação do Fundo, salvo pela integralização das cotas que subscreverem.

**Art. 21.** É facultada a constituição de patrimônio de afetação para a cobertura de que trata o inciso II do *caput* do art. 20, que não se comunicará com o restante do patrimônio do FGHab, ficando vinculado exclusivamente à garantia da respectiva cobertura, não podendo ser objeto de penhora, arresto, sequestro, busca e apreensão ou qualquer ato de constrição judicial decorrente de outras obrigações do Fundo.

**Parágrafo único.** A constituição do patrimônio de afetação será feita por registro em cartório de registro de títulos e documentos.

**Art. 22.** O FGHab não pagará rendimentos a seus cotistas, assegurando-se a qualquer deles o direito de requerer o resgate total ou parcial de suas cotas, correspondente ao montante de recursos financeiros disponíveis ainda não vinculados às garantias já contratadas, fazendo-se a liquidação com base na situação patrimonial do Fundo.

**Art. 23.** Os rendimentos auferidos pela carteira do FGHab não se sujeitam à incidência de imposto de renda na fonte, devendo integrar a base de cálculo dos impostos e contribuições devidos pela pessoa jurídica, na forma da legislação vigente, quando houver o resgate de cotas, total ou parcial, ou na dissolução do Fundo.

**Art. 24.** O FGHab será criado, administrado, gerido e representado judicial e extrajudicialmente por instituição financeira controlada direta ou indiretamente pela União, com observância das normas a que se refere o inciso XXII do art. 4º da Lei nº 4.595, de 31 de dezembro de 1964.

**§ 1º** A representação da União na assembléia de cotistas dar-se-á na forma do inciso V do art. 10 do Decreto-Lei nº 147, de 3 de fevereiro de 1967.

**§ 2º** Caberá à instituição financeira de que trata o *caput* deste artigo, na forma estabelecida no estatuto do Fundo:

**I** - deliberar sobre a gestão e a alienação dos bens e direitos do FGHab, zelando pela manutenção de sua rentabilidade e liquidez, após autorização dos cotistas;

**II** - receber comissão pecuniária, em cada operação, do agente financeiro concedente do crédito, que poderá exigi-la do mutuário, desde que o valor cobrado do mutuário, somado a outras eventuais cobranças de caráter securitário, não ultrapasse 10% (dez por cento) da prestação mensal.

**§ 3º** A instituição financeira a que se refere o *caput* deste artigo fará jus à remuneração pela administração do FGHab, a ser estabelecida no estatuto do Fundo.

**§ 4º** O estatuto do FGHab será proposto pela instituição financeira e aprovado em assembléia de cotistas.

**Art. 25.** Fica criado o Comitê de Participação no Fundo Garantidor da Habitação Popular - CPFGHab, órgão colegiado com composição e competência estabelecidas em ato do Poder Executivo.

**§ 1º** O CPFGHab contará com representantes do Ministério da Fazenda, que o presidirá, do Ministério do Planejamento, Orçamento e Gestão e da Casa Civil da Presidência da República.

**§ 2º** O estatuto do FGHab deverá ser examinado previamente pelo CPFGHab antes de sua aprovação na assembléia de cotistas.

**Art. 26.** O FGHab não contará com qualquer tipo de garantia ou aval por parte do setor público e responderá por suas obrigações até o limite dos bens e direitos integrantes de seu patrimônio.

**Art. 27.** A garantia de que trata o inciso I do *caput* do art. 20 será prestada mediante as seguintes condições:

**I** - limite de cobertura, incluindo o número de prestações cobertas, a depender da renda familiar do mutuário, verificada no ato da contratação;

**II** - período de carência definido pelo estatuto;

**III** - retorno das prestações honradas pelo Fundo na forma contratada com o mutuário final, imediatamente após o término de cada período de utilização da garantia, dentro do prazo remanescente do financiamento habitacional ou com prorrogação do prazo inicial, atualizadas pelos mesmos índices previstos no contrato de financiamento; e

**IV** - risco de crédito compartilhado entre o Fundo e os agentes financeiros nos percentuais, respectivamente, de 95% (noventa e cinco por cento) e 5% (cinco por cento), a ser absorvido após esgotadas medidas de cobrança e execução dos valores honrados pelo FGHab.

**Art. 27-A.** A garantia de que trata o inciso III do *caput* do art. 20 será prestada por meio de condições e limites a serem estabelecidos no estatuto do FGHab. *(Acrescido pela MP 1.114/2022)*

**Art. 28.** Os financiamentos imobiliários garantidos pelo FGHab, na forma do inciso II do *caput* do art. 20, serão dispensados da contratação de seguro com cobertura de Morte, Invalidez Permanente - MIP e Danos Físicos ao Imóvel - DFI.

**Art. 29.** *(Revogado pela MP 1.114/2022)*

> **Texto anterior:** Art. 29. O FGHab concederá garantia para até 2.000.000 (dois milhões) de financiamentos imobiliários contratados exclusivamente no âmbito do PMCMV.

**Art. 30.** As coberturas do FGHab de que trata o art. 20 serão prestadas às operações de financiamento habitacional nas seguintes hipóteses: *(Redação dada pela MP 1.114/2022)*

> **Texto anterior:** Art. 30. As coberturas do FGHab descritas no art. 20 serão prestadas às operações de financiamento habitacional a partir de 14 de abril de 2009, nos casos de:

**I** - produção ou aquisição de imóveis novos em áreas urbanas;

**II** - requalificação de imóveis já existentes em áreas consolidadas no âmbito do Programa Nacional de Habitação Urbana - PNHU; ou

**III** - produção de moradia no âmbito do Programa Nacional de Habitação Rural - PNHR.

**§ 1º** A contratação das coberturas de que trata o *caput* está sujeita às seguintes condições:

**I** - os valores de financiamento devem obedecer aos limites definidos no estatuto do Fundo;

**II** - a cobertura do FGHab está limitada a um único imóvel financiado por mutuário no âmbito do SFH; e

**III** - a previsão da cobertura pelo FGHab deve estar expressa em cláusula específica dos contratos celebrados entre os agentes financeiros e os mutuários.

**§ 2º** O estatuto do FGHab definirá o prazo das coberturas oferecidas pelo Fundo.

**Art. 31.** A dissolução do FGHab ficará condicionada à prévia quitação da totalidade dos débitos garantidos.

**Art. 32.** Dissolvido o FGHab, o seu patrimônio será distribuído entre os cotistas, na proporção de suas cotas, com base na situação patrimonial à data da dissolução.

## SEÇÃO VI
## DA SUBVENÇÃO ECONÔMICA AO BANCO NACIONAL DE DESENVOLVIMENTO ECONÔMICO E SOCIAL – BNDES

**Art. 33.** Fica a União autorizada a conceder subvenção econômica ao BNDES, sob a modalidade de equalização de taxas de juros e outros encargos financeiros, especificamente nas operações de financiamento de linha especial para infraestrutura em projetos de habitação popular.

**§ 1º** O volume de recursos utilizado para a linha de que dispõe o *caput* deste artigo não pode superar R$ 5.000.000.000,00 (cinco bilhões de reais).

**§ 2º** A equalização de juros de que trata o *caput* deste artigo corresponderá ao diferencial entre o custo da fonte de captação do BNDES e o custo da linha para a instituição financeira oficial federal.

**Art. 34.** A concessão da subvenção de equalização de juros obedecerá aos limites e normas operacionais a serem estabelecidos pelo Conselho Monetário Nacional, especialmente no que diz respeito a custos de captação e de aplicação dos recursos.

## SEÇÃO VII
## DISPOSIÇÕES COMPLEMENTARES

**Art. 35.** Os contratos e registros efetivados no âmbito do PMCMV serão formalizados, preferencialmente, em nome da mulher.

**Art. 35-A.** Nas hipóteses de dissolução de união estável, separação ou divórcio, o título de propriedade do imóvel adquirido no âmbito do PMCMV, na constância do casamento ou da união estável, com subvenções oriundas de recursos do orçamento geral da União, do FAR e do FDS, será registrado em nome da mulher ou a ela transferido, independentemente do regime de bens aplicável, excetuados os casos que envolvam recursos do FGTS.

**Parágrafo único.** Nos casos em que haja filhos do casal e a guarda seja atribuída exclusivamente ao marido ou companheiro, o título da propriedade do imóvel será registrado em seu nome ou a ele transferido.

**Art. 36.** Os lotes destinados à construção de moradias no âmbito do PMCMV não poderão ser objeto de remembramento, devendo tal proibição constar expressamente dos contratos celebrados.

**Parágrafo único.** A vedação estabelecida no *caput* perdurará pelo prazo de 15 (quinze) anos, contados a partir da celebração do contrato.

## CAPÍTULO II
## DO REGISTRO ELETRÔNICO E DAS CUSTAS E EMOLUMENTOS

**Art. 37.** Os serviços de registros públicos de que trata a Lei nº 6.015, de 31 de dezembro de 1973 (Lei de Registros Públicos) promoverão a implantação e o funcionamento adequado do Sistema Eletrônico dos Registros Públicos (Serp), nos termos da Medida Provisória nº 1.085, de 27 de dezembro de 2021. *(Redação dada pela Lei 14.382/2022)*

**Art. 38.** Os documentos eletrônicos apresentados aos serviços de registros públicos ou por eles expedidos deverão atender aos requisitos estabelecidos pela Corregedoria Nacional de Justiça do Conselho Nacional de Justiça, com a utilização de assinatura eletrônica avançada ou qualificada, conforme definido no art. 4º da Lei nº 14.063, de 23 de setembro de 2020. *(Redação dada pela Lei 14.382/2022)*

**§ 1º** Os serviços de registros públicos disponibilizarão serviços de recepção de títulos e de fornecimento de informações e certidões em meio eletrônico. *(Parágrafo único transformado em § 1º pela Lei 14.382/2022)*

**§ 2º** Ato da Corregedoria Nacional de Justiça do Conselho Nacional de Justiça poderá estabelecer hipóteses de admissão de assinatura avançada em atos que envolvam imóveis. *(Acrescido pela Lei 14.382/2022)*

**Art. 39.** Os atos registrais praticados a partir da vigência da Lei nº 6.015, de 31 de dezembro de 1973, serão inseridos no sistema de registro eletrônico, no prazo de até 5 (cinco) anos a contar da publicação desta Lei.

**Parágrafo único.** Os atos praticados e os documentos arquivados anteriormente à vigência da Lei nº 6.015, de 31 de dezembro de 1973, deverão ser inseridos no sistema eletrônico.

**Art. 40.** Serão definidos em regulamento os requisitos quanto a cópias de segurança de documentos e de livros escriturados de forma eletrônica.

**Art. 41.** A partir da implementação do sistema de registro eletrônico de que trata o art. 37, os serviços de registros públicos disponibilizarão ao Poder Judiciário e ao Poder Executivo federal, por meio eletrônico e sem ônus, o acesso às informações constantes de seus bancos de dados, conforme regulamento.

**Parágrafo único.** O descumprimento do disposto no *caput* ensejará a aplicação das penas previstas nos incisos II a IV do *caput* art. 32 da Lei nº 8.935, de 18 de novembro de 1994.

**Art. 42.** Os emolumentos devidos pelos atos de abertura de matrícula, registro de incorporação, parcelamento do solo, averbação de construção, instituição de condomínio, averbação da carta de "habite-se" e demais atos referentes à construção de empreendimentos no âmbito do PMCMV serão reduzidos em:

**I** - 75% (setenta e cinco por cento) para os empreendimentos do FAR e do FDS;

**II** - 50% (cinquenta por cento) para os atos relacionados aos demais empreendimentos do PMCMV.

**III** - (Revogado pela Lei 12.424/2011)

**§ 1º** A redução prevista no inciso I será também aplicada aos emolumentos devidos pelo registro da transferência de propriedade do imóvel para o FAR e o FDS.

**§ 2º** No ato do registro de incorporação, o interessado deve declarar que o seu empreendimento está enquadrado no PMCMV para obter a redução dos emolumentos previstos no *caput*.

**§ 3º** O desenquadramento do PMCMV de uma ou mais unidades habitacionais de empreendimento que tenha obtido a redução das custas na forma do § 2º implica a complementação do pagamento dos emolumentos relativos a essas unidades.

**Art. 43.** Os emolumentos referentes a escritura pública, quando esta for exigida, ao registro da alienação de imóvel e de correspondentes garantias reais e aos demais atos relativos ao imóvel residencial adquirido ou financiado no âmbito do PMCMV serão reduzidos em:

**I** - 75% (setenta e cinco por cento) para os imóveis residenciais adquiridos do FAR e do FDS;

**II** - 50% (cinquenta por cento) para os imóveis residenciais dos demais empreendimentos do PMCMV.

**Parágrafo único.** (Revogado pela Lei 12.424/2011)

**I** - (Revogado pela Lei 12.424/2011)

**II** - (Revogado pela Lei 12.424/2011)

**Art. 43-A.** (VETADO).

**Art. 44.** Os cartórios que não cumprirem o disposto nos arts. 42 e 43 ficarão sujeitos à multa no valor de até R$ 100.000,00 (cem mil reais), bem como a outras sanções previstas na Lei nº 8.935, de 18 de novembro de 1994.

**Art. 44-A.** Nos atos registrais relativos ao PMCMV, o prazo para qualificação do título e respectivo registro, averbação ou devolução com indicação das pendências a serem satisfeitas para sua efetivação não poderá ultrapassar a 15 (quinze) dias, contados da data em que ingressar na serventia.

**§ 1º** Havendo exigências de qualquer ordem, elas deverão ser formuladas de uma só vez, por escrito, articuladamente, de forma clara e objetiva, em papel timbrado do cartório, com data, identificação e assinatura do servidor responsável, para que o interessado possa satisfazê-las, ou, não se conformando, requerer a suscitação de dúvida.

**§ 2º** Reingressando o título dentro da vigência da prenotação, e estando em ordem, o registro ou averbação será feito no prazo de 10 (dez) dias.

**§ 3º** Em caso de inobservância do disposto neste artigo, será aplicada multa, na forma do inciso II do *caput* do art. 32 da Lei nº 8.935, de 18 de novembro de 1994, com valor mínimo de 20% (vinte por cento) dos respectivos emolumentos, sem prejuízo de outras sanções cabíveis.

**Art. 45.** Regulamento disporá sobre as condições e as etapas mínimas, bem como sobre os prazos máximos, a serem cumpridos pelos serviços de registros públicos, com vistas na efetiva implementação do sistema de registro eletrônico de que trata o art. 37.

## CAPÍTULO III
## DA REGULARIZAÇÃO FUNDIÁRIA DE ASSENTAMENTOS URBANOS
## *(Revogado pela Lei 13.465/2017)*

### SEÇÃO I
### DISPOSIÇÕES PRELIMINARES

**Arts. 46 a 52.** (Revogados pela Lei 13.465/2017)

### SEÇÃO II
### DA REGULARIZAÇÃO FUNDIÁRIA DE INTERESSE SOCIAL

**Arts. 53 a 60-A.** (Revogados pela Lei 13.465/2017)

### SEÇÃO III
### DA REGULARIZAÇÃO FUNDIÁRIA DE INTERESSE ESPECÍFICO

**Art. 61.** (Revogado pela Lei 13.465/2017)

**Art. 62.** (Revogado pela Lei 13.465/2017)

**Art. 63.** (VETADO)

### SEÇÃO IV
### DO REGISTRO DA REGULARIZAÇÃO FUNDIÁRIA

**Arts. 64 a 68.** (Revogados pela Lei 13.465/2017)

### SEÇÃO V
### DISPOSIÇÕES GERAIS

**Arts. 69 a 71-A.** (Revogados pela Lei 13.465/2017)

## CAPÍTULO IV
## DISPOSIÇÕES FINAIS

**Art. 72.** Nas ações judiciais de cobrança ou execução de cotas de condomínio, de imposto sobre a propriedade predial e territorial urbana ou de outras obrigações vinculadas ou decorrentes da posse do imóvel urbano, nas quais o responsável pelo pagamento seja o possuidor investido nos respectivos direitos aquisitivos, assim como o usufrutuário ou outros titulares de direito real de uso, posse ou fruição, será notificado o titular do domínio pleno ou útil, inclusive o promitente vendedor ou fiduciário.

✪ **Art. 73.** Serão assegurados no PMCMV:

**I** - condições de acessibilidade a todas as áreas públicas e de uso comum;

**II** - disponibilidade de unidades adaptáveis ao uso por pessoas com deficiência, com mobilidade reduzida e idosos, de acordo com a demanda;

**III** - condições de sustentabilidade das construções;

**IV** - uso de novas tecnologias construtivas.

**Parágrafo único.** Na ausência de legislação municipal ou estadual acerca de condições de acessibilidade que estabeleça regra específica, será assegurado que, do total de unidades habitacionais construídas no âmbito do PMCMV em cada Município, no mínimo, 3% (três por cento) sejam adaptadas ao uso por pessoas com deficiência.

**Art. 73-A.** Excetuados os casos que envolvam recursos do FGTS, os contratos em que o beneficiário final seja mulher chefe de família, no âmbito do PMCMV ou em programas de regularização fundiária de interesse social promovidos pela União, Estados, Distrito Federal ou Municípios, poderão ser firmados independentemente da outorga do cônjuge, afastada a aplicação do disposto nos arts. 1.647 a 1.649 da Lei nº 10.406, de 10 de janeiro de 2002 (Código Civil).

**§ 1º** O contrato firmado na forma do *caput* será registrado no registro de imóveis competente, sem a exigência de documentos relativos a eventual cônjuge.

**§ 2º** Prejuízos sofridos pelo cônjuge por decorrência do previsto neste artigo serão resolvidos em perdas e danos.

**Art. 74.** O Decreto-Lei nº 3.365, de 21 de junho de 1941, passa a vigorar com as seguintes alterações:

(...)

**Art. 75.** A Lei nº 4.380, de 21 de agosto de 1964, passa a vigorar com as seguintes alterações:

(...)

**Art. 76.** A Lei nº 6.015, de 31 de dezembro de 1973, passa a vigorar com as seguintes alterações:

(...)

**Art. 77.** O inciso VII do art. 20 da Lei nº 8.036, de 11 de maio de 1990, passa a vigorar com a seguinte redação:

(...)

**Art. 78.** O inciso V do art. 4º da Lei nº 10.257, de 10 de julho de 2001, passa a vigorar acrescido das seguintes alíneas *t* e *u*:

(...)

**Art. 79.** Os agentes financeiros do SFH somente poderão conceder financiamentos habitacionais com cobertura securitária que preveja, no mínimo, cobertura aos riscos de morte e invalidez permanente do mutuário e de danos físicos ao imóvel.

**§ 1º** Para o cumprimento do disposto no *caput*, os agentes financeiros, respeitada a livre escolha do mutuário, deverão:

**I** - disponibilizar, na qualidade de estipulante e beneficiário, quantidade mínima de apólices emitidas por entes seguradores diversos, que observem a exigência estabelecida no *caput*;

**II** - aceitar apólices individuais apresentadas pelos pretendentes ao financiamento, desde que a cobertura securitária prevista observe a exigência mínima estabelecida no *caput* e o ente segurador cumpra as condições estabelecidas pelo Conselho Nacional de Seguros Privados - CNSP, para apólices direcionadas a operações da espécie.

**§ 2º** Sem prejuízo da regulamentação do seguro habitacional pelo CNSP, o Conselho Monetário Nacional estabelecerá as condições necessárias à implementação do disposto no § 1º deste artigo, no que se refere às obrigações dos agentes financeiros.

**§ 3º** Nas operações em que sejam utilizados recursos advindos do Fundo de Arrendamento Residencial - FAR e do Fundo de Desenvolvimento Social - FDS, os agentes financeiros poderão dispensar a contratação de seguro de que trata o *caput*, nas hipóteses em que os riscos de morte e invalidez permanente do mutuário e de danos físicos ao imóvel estejam garantidos pelos respectivos fundos.

**§ 4º** Nas operações de financiamento na modalidade de aquisição de material de construção com recursos do FGTS, os agentes financeiros ficam autorizados a dispensar a contratação do seguro de danos físicos ao imóvel.

**§ 5º** Nas operações de financiamento de habitação rural, na modalidade de aquisição de material de construção, com recursos do FGTS, os agentes financeiros ficam autorizados a dispensar a contratação do seguro de morte e invalidez permanente do mutuário nos casos em que estes riscos contarem com outra garantia.

**Art. 79-A.** Para construção, reforma ou requalificação de imóveis no âmbito do PMCMV, a Caixa Econômica Federal fica autorizada a adquirir, em nome do FAR, e pelo prazo necessário à conclusão das obras e transferência da unidade construída aos beneficiários do programa:

**I** - os direitos de posse em que estiver imitido qualquer ente da Federação a partir de decisão proferida em processo judicial de desapropriação em curso, conforme comprovado mediante registro no cartório de registro de imóveis competente; e

**II** - os direitos reais de uso de imóvel público, de que trata o art. 7º do Decreto-Lei nº 271, de 28 de fevereiro de 1967.

**§ 1º** A aquisição prevista no inciso I do *caput* será condicionada ao compromisso do ente público de transferir o direito de propriedade do imóvel ao FAR, após o trânsito em julgado da sentença do processo judicial de desapropriação.

**§ 2º** A transferência ao beneficiário final será condicionada ao adimplemento das obrigações assumidas por ele com o FAR.

**§ 3º** A aquisição prevista no inciso II do *caput* somente será admitida quando o direito real de uso for concedido por prazo indeterminado.

**§ 4º** Os contratos de aquisição de imóveis ou de direitos a eles relativos pelo FAR serão celebrados por instrumento particular com força de escritura pública e registrados no registro de imóveis competente.

**Art. 80.** Até que a quantidade mínima a que se refere o inciso I do § 1º do art. 79 desta Lei seja regulamentada pelo Conselho Monetário Nacional, os agentes financeiros poderão oferecer apenas uma apólice ao mutuário.

**Art. 81.** Ficam convalidados os atos do Conselho Monetário Nacional que relacionaram as instituições integrantes do Sistema Financeiro da Habitação.

**Art. 81-A.** Os limites de renda familiar expressos nesta Lei constituem valores máximos, admitindo-se a atualização nos termos do § 6º do art. 3º, bem como a definição, em regulamento, de subtetos de acordo com as modalidades operacionais praticadas.

**Art. 82.** Fica autorizado o custeio, no âmbito do PMCMV, da aquisição e instalação de equipamentos de energia solar ou que contribuam para a redução do consumo de água em moradias.

**Parágrafo único.** (Revogado pela Lei 12.722/2012)

**Art. 82-A.** Enquanto não efetivado o aporte de recursos necessários às subvenções econômicas de que tratam os incisos I e II do art. 2º e o art. 11 desta Lei, observado o disposto na lei orçamentária anual, o agente operador do FGTS, do FAR e do FDS, que tenha utilizado as disponibilidades dos referidos fundos em contratações no âmbito do PMCMV, terá direito ao ressarcimento das quantias desembolsadas, devidamente atualizadas pela taxa Selic.

**Art. 82-B.** O PMCMV, nos termos do art. 1º desta Lei, tem como meta promover a produção, aquisição, requalificação e reforma de dois milhões de unidades habitacionais, a partir de 1º de dezembro de 2010 até 31 de dezembro de 2014, das quais, no mínimo, 220.000 (duzentas e vinte mil) unidades serão produzidas por meio de concessão de subvenção econômica na forma do inciso I do § 1º do art. 6º-B, nas operações de que trata o inciso III do *caput* do art. 2º, a beneficiários finais com renda de até R$ 1.395,00 (mil, trezentos e noventa e cinco reais), respeitados os valores consignados nas respectivas leis orçamentárias anuais."

**Parágrafo único.** As diretrizes para a continuidade do programa poderão ser complementadas no plano nacional de habitação a ser apresentado pelo Poder Executivo federal mediante projeto de lei.

**Art. 82-C.** Para o exercício de 2011, a União fica autorizada a utilizar os recursos previstos nos arts. 2º, 5º, 12, 18 e 19 desta Lei.

**Art. 82-D.** No âmbito do PMCMV, no caso de empreendimentos construídos com recursos do FAR, poderá ser custeada a edificação de equipamentos de educação, saúde e outros complementares à habitação, inclusive em terrenos de propriedade pública, nos termos do regulamento.

**§ 1º** A edificação dos equipamentos de que trata o *caput* está condicionada à existência de compromisso prévio do Governo Estadual, Municipal ou Distrital em assumir a operação, a guarda e a manutenção do equipamento, imediatamente após a conclusão da obra, e colocá-lo em funcionamento em prazo compatível com o atendimento da demanda do empreendimento, nos termos do regulamento.

**§ 2º** Caso a operação não seja iniciada no prazo previsto no termo de compromisso, o ente responsável deverá ressarcir o FAR com os recursos gastos com a edificação, devidamente atualizados.

**§ 3º** Os equipamentos de que trata o *caput* serão incorporados ao patrimônio do ente público proprietário do terreno no qual foi realizada a edificação ou doados ao ente público responsável pela operação, guarda e manutenção, caso a edificação seja realizada em terreno de propriedade do FAR.

**§ 4º** Quando a edificação tiver que ser realizada em terreno cuja propriedade não seja do ente público responsável pela operação, guarda e manutenção dos equipamentos, o termo de compromisso deverá contar com a participação de todos os entes envolvidos como também prever a obrigação de transferência do uso ou da propriedade para o mencionado ente responsável pela operacionalização.

**Art. 83.** Esta Lei entra em vigor na data de sua publicação.

Brasília, 7 de julho de 2009; 188º da Independência e 121º da República.

JOSÉ ALENCAR GOMES DA SILVA

Luiz Paulo Teles Ferreira Barreto
Guido Mantega
Paulo Bernardo Silva
Carlos Minc
Márcio Fortes de Almeida

# DECRETO Nº 7.053, DE 23 DE DEZEMBRO DE 2009

*Institui a Política Nacional para a População em Situação de Rua e seu Comitê Intersetorial de Acompanhamento e Monitoramento, e dá outras providências.*

O PRESIDENTE DA REPÚBLICA, no uso da atribuição que lhe confere o art. 84, inciso VI, alínea "a", da Constituição,

DECRETA:

**Art. 1º** Fica instituída a Política Nacional para a População em Situação de Rua, a ser implementada de acordo com os princípios, diretrizes e objetivos previstos neste Decreto.

**Parágrafo único.** Para fins deste Decreto, considera-se população em situação de rua o grupo populacional heterogêneo que possui em comum a pobreza extrema, os vínculos familiares interrompidos ou fragilizados e a inexistência de moradia convencional regular, e que utiliza os logradouros públicos e as áreas degradadas como espaço de moradia e de sustento, de forma temporária ou permanente, bem como as unidades de acolhimento para pernoite temporário ou como moradia provisória.

**Art. 2º** A Política Nacional para a População em Situação de Rua será implementada de forma descentralizada e articulada entre a União e os demais entes federativos que a ela aderirem por meio de instrumento próprio.

**Parágrafo único.** O instrumento de adesão definirá as atribuições e as responsabilidades a serem compartilhadas.

**Art. 3º** Os entes da Federação que aderirem à Política Nacional para a População em Situação de Rua deverão instituir comitês gestores intersetoriais, integrados por representantes das áreas relacionadas ao atendimento da população em situação de rua, com a participação de fóruns, movimentos e entidades representativas desse segmento da população.

**Art. 4º** O Poder Executivo Federal poderá firmar convênios com entidades públicas e privadas, sem fins lucrativos, para o desenvolvimento e a execução de projetos que beneficiem a população em situação de rua e estejam de acordo com os princípios, diretrizes e objetivos que orientam a Política Nacional para a População em Situação de Rua.

**Art. 5º** São princípios da Política Nacional para a População em Situação de Rua, além da igualdade e equidade:

**I** - respeito à dignidade da pessoa humana;

**II** - direito à convivência familiar e comunitária;

**III** - valorização e respeito à vida e à cidadania;

**IV** - atendimento humanizado e universalizado; e

**V** - respeito às condições sociais e diferenças de origem, raça, idade, nacionalidade, gênero, orientação sexual e religiosa, com atenção especial às pessoas com deficiência.

**Art. 6º** São diretrizes da Política Nacional para a População em Situação de Rua:

**I** - promoção dos direitos civis, políticos, econômicos, sociais, culturais e ambientais;

**II** - responsabilidade do poder público pela sua elaboração e financiamento;

**III** - articulação das políticas públicas federais, estaduais, municipais e do Distrito Federal;

**IV** - integração das políticas públicas em cada nível de governo;

**V** - integração dos esforços do poder público e da sociedade civil para sua execução;

**VI** - participação da sociedade civil, por meio de entidades, fóruns e organizações da população em situação de rua, na elaboração, acompanhamento e monitoramento das políticas públicas;

**VII** - incentivo e apoio à organização da população em situação de rua e à sua participação nas diversas instâncias de formulação, controle social, monitoramento e avaliação das políticas públicas;

**VIII** - respeito às singularidades de cada território e ao aproveitamento das potencialidades e recursos locais e regionais na elaboração, desenvolvimento, acompanhamento e monitoramento das políticas públicas;

**IX** - implantação e ampliação das ações educativas destinadas à superação do preconceito, e de capacitação dos servidores públicos para melhoria da qualidade e respeito no atendimento deste grupo populacional; e

**X** - democratização do acesso e fruição dos espaços e serviços públicos.

**Art. 7º** São objetivos da Política Nacional para a População em Situação de Rua:

**I** - assegurar o acesso amplo, simplificado e seguro aos serviços e programas que integram as políticas públicas de saúde, educação, previdência, assistência social, moradia, segurança, cultura, esporte, lazer, trabalho e renda;

**II** - garantir a formação e capacitação permanente de profissionais e gestores para atuação no desenvolvimento de políticas públicas intersetoriais, transversais e intergovernamentais direcionadas às pessoas em situação de rua;

**III** - instituir a contagem oficial da população em situação de rua;

**IV** - produzir, sistematizar e disseminar dados e indicadores sociais, econômicos e culturais sobre a rede existente de cobertura de serviços públicos à população em situação de rua;

**V** - desenvolver ações educativas permanentes que contribuam para a formação de cultura de respeito, ética e solidariedade entre a população em situação de rua e os demais grupos sociais, de modo a resguardar a observância aos direitos humanos;

**VI** - incentivar a pesquisa, produção e divulgação de conhecimentos sobre a população em situação de rua, contemplando a diversidade humana em toda a sua amplitude étnico-racial, sexual, de gênero e geracional, nas diversas áreas do conhecimento;

**VII** - implantar centros de defesa dos direitos humanos para a população em situação de rua;

**VIII** - incentivar a criação, divulgação e disponibilização de canais de comunicação para o recebimento de denúncias de violência contra a população em situação de rua, bem como de sugestões para o aperfeiçoamento e melhoria das políticas públicas voltadas para este segmento;

**IX** - proporcionar o acesso das pessoas em situação de rua aos benefícios previdenciários e assistenciais e aos programas de transferência de renda, na forma da legislação específica;

**X** - criar meios de articulação entre o Sistema Único de Assistência Social e o Sistema Único de Saúde para qualificar a oferta de serviços;

**XI** - adotar padrão básico de qualidade, segurança e conforto na estruturação e reestruturação dos serviços de acolhimento temporários, de acordo com o disposto no art. 8º;

**XII** - implementar centros de referência especializados para atendimento da população em situação de rua, no âmbito da proteção social especial do Sistema Único de Assistência Social;

**XIII** - implementar ações de segurança alimentar e nutricional suficientes para proporcionar acesso permanente à alimentação pela população em situação de rua à alimentação, com qualidade; e

**XIV** - disponibilizar programas de qualificação profissional para as pessoas em situação de rua, com o objetivo de propiciar o seu acesso ao mercado de trabalho.

**Art. 8º** O padrão básico de qualidade, segurança e conforto da rede de acolhimento temporário deverá observar limite de capacidade, regras de funcionamento e convivência, acessibilidade, salubridade e distribuição geográfica das unidades de acolhimento nas áreas urbanas, respeitado o direito de permanência da população em situação de rua, preferencialmente nas cidades ou nos centros urbanos.

**§ 1º** Os serviços de acolhimento temporário serão regulamentados nacionalmente pelas instâncias de pactuação e deliberação do Sistema Único de Assistência Social.

**§ 2º** A estruturação e reestruturação de serviços de acolhimento devem ter como referência a necessidade de cada Município, considerando-se os dados das pesquisas de contagem da população em situação de rua.

**§ 3º** Cabe ao Ministério do Desenvolvimento Social e Combate à Fome, por intermédio da Secretaria Nacional de Assistência Social, fomentar e promover a reestruturação e a ampliação da rede de acolhimento a partir da transferência de recursos aos Municípios, Estados e Distrito Federal.

**§ 4º** A rede de acolhimento temporário existente deve ser reestruturada e ampliada para incentivar sua utilização pelas pessoas em situação de rua, inclusive pela sua articulação com programas de moradia popular promovidos pelos Governos Federal, estaduais, municipais e do Distrito Federal.

**Arts. 9º ao 14.** *(Revogados pelo Decreto 9.894/2019)*

**Art. 15.** A Secretaria Especial dos Direitos Humanos da Presidência da República instituirá o Centro Nacional de Defesa dos Direitos Humanos para a População em Situação de Rua, destinado a promover e defender seus direitos, com as seguintes atribuições:

**I** - divulgar e incentivar a criação de serviços, programas e canais de comunicação para denúncias de maus tratos e para o recebimento de sugestões para políticas voltadas à população em situação de rua, garantido o anonimato dos denunciantes;

**II** - apoiar a criação de centros de defesa dos direitos humanos para população em situação de rua, em âmbito local;

**III** - produzir e divulgar conhecimentos sobre o tema da população em situação de rua, contemplando a diversidade humana em toda a sua amplitude étnico-racial, sexual, de gênero e geracional nas diversas áreas;

**IV** - divulgar indicadores sociais, econômicos e culturais sobre a população em situação de rua para subsidiar as políticas públicas; e

**V** - pesquisar e acompanhar os processos instaurados, as decisões e as punições aplicadas aos acusados de crimes contra a população em situação de rua.

**Art. 16.** Este Decreto entra em vigor na data de sua publicação.

Brasília, 23 de dezembro de 2009; 188º da Independência e 121º da República

LUIZ INÁCIO LULA DA SILVA

Tarso Genro
Fernando Haddad

## LEI Nº 12.187, DE 29 DE DEZEMBRO DE 2009

*Institui a Política Nacional sobre Mudança do Clima - PNMC e dá outras providências.*

O PRESIDENTE DA REPÚBLICA

Faço saber que o Congresso Nacional decreta e eu sanciono a seguinte Lei:

**Art. 1º** Esta Lei institui a Política Nacional sobre Mudança do Clima - PNMC e estabelece seus princípios, objetivos, diretrizes e instrumentos.

**Art. 2º** Para os fins previstos nesta Lei, entende-se por:

**I** - adaptação: iniciativas e medidas para reduzir a vulnerabilidade dos sistemas naturais e humanos frente aos efeitos atuais e esperados da mudança do clima;

**II** - efeitos adversos da mudança do clima: mudanças no meio físico ou biota resultantes da mudança do clima que tenham efeitos deletérios significativos sobre a composição, resiliência ou produtividade de ecossistemas naturais e manejados, sobre o funcionamento de sistemas socioeconômicos ou sobre a saúde e o bem-estar humanos;

**III** - emissões: liberação de gases de efeito estufa ou seus precursores na atmosfera numa área específica e num período determinado;

**IV** - fonte: processo ou atividade que libere na atmosfera gás de efeito estufa, aerossol ou precursor de gás de efeito estufa;

**V** - gases de efeito estufa: constituintes gasosos, naturais ou antrópicos, que, na atmosfera, absorvem e reemitem radiação infravermelha;

**VI** - impacto: os efeitos da mudança do clima nos sistemas humanos e naturais;

**VII** - mitigação: mudanças e substituições tecnológicas que reduzam o uso de recursos e as emissões por unidade de produção, bem como a implementação de medidas que reduzam as emissões de gases de efeito estufa e aumentem os sumidouros;

**VIII** - mudança do clima: mudança de clima que possa ser direta ou indiretamente atribuída à atividade humana que altere a composição da atmosfera mundial e que se some àquela provocada pela variabilidade climática natural observada ao longo de períodos comparáveis;

**IX** - sumidouro: processo, atividade ou mecanismo que remova da atmosfera gás de efeito estufa, aerossol ou precursor de gás de efeito estufa; e

**X** - vulnerabilidade: grau de suscetibilidade e incapacidade de um sistema, em função de sua sensibilidade, capacidade de adaptação, e do caráter, magnitude e taxa de mudança e variação do clima a que está exposto, de lidar com os efeitos adversos da mudança do clima, entre os quais a variabilidade climática e os eventos extremos.

**Art. 3º** A PNMC e as ações dela decorrentes, executadas sob a responsabilidade dos entes políticos e dos órgãos da administração pública, observarão os princípios da precaução, da prevenção, da participação cidadã, do desenvolvimento sustentável e o das responsabilidades comuns, porém diferenciadas, este último no âmbito internacional, e, quanto às medidas a serem adotadas na sua execução, será considerado o seguinte:

**I** - todos têm o dever de atuar, em benefício das presentes e futuras gerações, para a redução dos impactos decorrentes das interferências antrópicas sobre o sistema climático;

**II** - serão tomadas medidas para prever, evitar ou minimizar as causas identificadas da mudança climática com origem antrópica no território nacional, sobre as quais haja razoável consenso por parte dos meios científicos e técnicos ocupados no estudo dos fenômenos envolvidos;

**III** - as medidas tomadas devem levar em consideração os diferentes contextos socioeconomicos de sua aplicação, distribuir os ônus e encargos decorrentes entre os setores econômicos e as populações e comunidades interessadas de modo equitativo e equilibrado e sopesar as responsabilidades individuais quanto à origem das fontes emissoras e dos efeitos ocasionados sobre o clima;

**IV** - o desenvolvimento sustentável é a condição para enfrentar as alterações climáticas e conciliar o atendimento às necessidades comuns e particulares das populações e comunidades que vivem no território nacional;

**V** - as ações de âmbito nacional para o enfrentamento das alterações climáticas, atuais, presentes e futuras, devem considerar e integrar as ações promovidas no âmbito estadual e municipal por entidades públicas e privadas;

**VI** - (VETADO)

**Art. 4º** A Política Nacional sobre Mudança do Clima - PNMC visará:

**I** - à compatibilização do desenvolvimento econômico-social com a proteção do sistema climático;

**II** - à redução das emissões antrópicas de gases de efeito estufa em relação às suas diferentes fontes;

**III** - (VETADO);

**IV** - ao fortalecimento das remoções antrópicas por sumidouros de gases de efeito estufa no território nacional;

**V** - à implementação de medidas para promover a adaptação à mudança do clima pelas 3 (três) esferas da Federação, com a participação e a colaboração dos agentes econômicos e sociais interessados ou beneficiários, em particular aqueles especialmente vulneráveis aos seus efeitos adversos;

**VI** - à preservação, à conservação e à recuperação dos recursos ambientais, com particular atenção aos grandes biomas naturais tidos como Patrimônio Nacional;

**VII** - à consolidação e à expansão das áreas legalmente protegidas e ao incentivo aos reflorestamentos e à recomposição da cobertura vegetal em áreas degradadas;

**VIII** - ao estímulo ao desenvolvimento do Mercado Brasileiro de Redução de Emissões - MBRE.

**Parágrafo único.** Os objetivos da Política Nacional sobre Mudança do Clima deverão estar em consonância com o desenvolvimento sustentável a fim de buscar o crescimento econômico, a erradicação da pobreza e a redução das desigualdades sociais.

**Art. 5º** São diretrizes da Política Nacional sobre Mudança do Clima:

**I** - os compromissos assumidos pelo Brasil na Convenção-Quadro das Nações Unidas sobre Mudança do Clima, no Protocolo de Quioto e nos demais documentos sobre mudança do clima dos quais vier a ser signatário;

**II** - as ações de mitigação da mudança do clima em consonância com o desenvolvimento sustentável, que sejam, sempre que possível, mensuráveis para sua adequada quantificação e verificação a posteriori;

**III** - as medidas de adaptação para reduzir os efeitos adversos da mudança do clima e a vulnerabilidade dos sistemas ambiental, social e econômico;

**IV** - as estratégias integradas de mitigação e adaptação à mudança do clima nos âmbitos local, regional e nacional;

**V** - o estímulo e o apoio à participação dos governos federal, estadual, distrital e municipal, assim como do setor produtivo, do meio acadêmico e da sociedade civil organizada, no desenvolvimento e na execução de políticas, planos, programas e ações relacionados à mudança do clima;

**VI** - a promoção e o desenvolvimento de pesquisas científico-tecnológicas, e a difusão de tecnologias, processos e práticas orientados a:

*a)* mitigar a mudança do clima por meio da redução de emissões antrópicas por fontes e do fortalecimento das remoções antrópicas por sumidouros de gases de efeito estufa;

*b)* reduzir as incertezas nas projeções nacionais e regionais futuras da mudança do clima;

*c)* identificar vulnerabilidades e adotar medidas de adaptação adequadas;

**VII** - a utilização de instrumentos financeiros e econômicos para promover ações de mitigação e adaptação à mudança do clima, observado o disposto no art. 6º;

**VIII** - a identificação, e sua articulação com a Política prevista nesta Lei, de instrumentos de ação governamental já estabelecidos aptos a contribuir para proteger o sistema climático;

**IX** - o apoio e o fomento às atividades que efetivamente reduzam as emissões ou promovam as remoções por sumidouros de gases de efeito estufa;

**X** - a promoção da cooperação internacional no âmbito bilateral, regional e multilateral para o financiamento, a capacitação, o desenvolvimento, a transferência e a difusão de tecnologias e processos para a implementação de ações de mitigação e adaptação, incluindo a pesquisa científica, a observação sistemática e o intercâmbio de informações;

**XI** - o aperfeiçoamento da observação sistemática e precisa do clima e suas manifestações no território nacional e nas áreas oceânicas contíguas;

**XII** - a promoção da disseminação de informações, a educação, a capacitação e a conscientização pública sobre mudança do clima;

**XIII** - o estímulo e o apoio à manutenção e à promoção:

*a)* de práticas, atividades e tecnologias de baixas emissões de gases de efeito estufa;

*b)* de padrões sustentáveis de produção e consumo.

**Art. 6º** São instrumentos da Política Nacional sobre Mudança do Clima:

**I** - o Plano Nacional sobre Mudança do Clima;

**II** - o Fundo Nacional sobre Mudança do Clima;

**III** - os Planos de Ação para a Prevenção e Controle do Desmatamento nos biomas;

**IV** - a Comunicação Nacional do Brasil à Convenção-Quadro das Nações Unidas sobre Mudança do Clima, de acordo com os critérios estabelecidos por essa Convenção e por suas Conferências das Partes;

**V** - as resoluções da Comissão Interministerial de Mudança Global do Clima;

**VI** - as medidas fiscais e tributárias destinadas a estimular a redução das emissões e remoção de gases de efeito estufa, incluindo alíquotas diferenciadas, isenções, compensações e incentivos, a serem estabelecidos em lei específica;

**VII** - as linhas de crédito e financiamento específicas de agentes financeiros públicos e privados;

**VIII** - o desenvolvimento de linhas de pesquisa por agências de fomento;

**IX** - as dotações específicas para ações em mudança do clima no orçamento da União;

**X** - os mecanismos financeiros e econômicos referentes à mitigação da mudança do clima e à adaptação aos efeitos da mudança do clima que existam no âmbito da Convenção-Quadro das Nações Unidas sobre Mudança do Clima e do Protocolo de Quioto;

**XI** - os mecanismos financeiros e econômicos, no âmbito nacional, referentes à mitigação e à adaptação à mudança do clima;

**XII** - as medidas existentes, ou a serem criadas, que estimulem o desenvolvimento de processos e tecnologias, que contribuam para a redução de emissões e remoções de gases de efeito estufa, bem como para a adaptação, dentre as quais o estabelecimento de critérios de preferência nas licitações e concorrências públicas, compreendidas aí as parcerias público-privadas e a autorização, permissão, outorga e concessão para exploração de serviços públicos e recursos naturais, para as propostas que propiciem maior economia de energia, água e outros recursos naturais e redução da emissão de gases de efeito estufa e de resíduos;

**XIII** - os registros, inventários, estimativas, avaliações e quaisquer outros estudos de emissões de gases de efeito estufa e de suas fontes, elaborados com base em informações e dados fornecidos por entidades públicas e privadas;

**XIV** - as medidas de divulgação, educação e conscientização;

**XV** - o monitoramento climático nacional;

**XVI** - os indicadores de sustentabilidade;

**XVII** - o estabelecimento de padrões ambientais e de metas, quantificáveis e verificáveis, para a redução de emissões antrópicas por fontes e para as remoções antrópicas por sumidouros de gases de efeito estufa;

**XVIII** - a avaliação de impactos ambientais sobre o microclima e o macroclima.

**Art. 7º** Os instrumentos institucionais para a atuação da Política Nacional de Mudança do Clima incluem:

**I** - o Comitê Interministerial sobre Mudança do Clima;

**II** - a Comissão Interministerial de Mudança Global do Clima;

**III** - o Fórum Brasileiro de Mudança do Clima;

**IV** - a Rede Brasileira de Pesquisas sobre Mudanças Climáticas Globais - Rede Clima;

**V** - a Comissão de Coordenação das Atividades de Meteorologia, Climatologia e Hidrologia.

**Art. 8º** As instituições financeiras oficiais disponibilizarão linhas de crédito e financiamento específicas para desenvolver ações e atividades que atendam aos objetivos desta Lei e voltadas para induzir a conduta dos agentes privados à observância e execução da PNMC, no âmbito de suas ações e responsabilidades sociais.

**Art. 9º** O Mercado Brasileiro de Redução de Emissões - MBRE será operacionalizado em bolsas de mercadorias e futuros, bolsas de valores e entidades de balcão organizado, autorizadas pela Comissão de Valores Mobiliários - CVM, onde se dará a negociação de títulos mobiliários representativos de emissões de gases de efeito estufa evitadas certificadas.

**Art. 10.** (VETADO)

**Art. 11.** Os princípios, objetivos, diretrizes e instrumentos das políticas públicas e programas governamentais deverão compatibilizar-se com os princípios, objetivos, diretrizes e instrumentos desta Política Nacional sobre Mudança do Clima.

**Parágrafo único.** Decreto do Poder Executivo estabelecerá, em consonância com a Política Nacional sobre Mudança do Clima, os Planos setoriais de mitigação e de adaptação às mudanças climáticas visando à consolidação de uma economia de baixo consumo de carbono, na geração e distribuição de energia elétrica, no transporte público urbano e nos sistemas modais de transporte interestadual de cargas e passageiros, na indústria de transformação e na de bens de consumo duráveis, nas indústrias químicas fina e de base, na indústria de papel e celulose, na mineração, na indústria da construção civil, nos serviços de saúde e na agropecuária, com vistas em atender metas gradativas de redução de emissões antrópicas quantificáveis e verificáveis, considerando as especificidades de cada setor, inclusive por meio do Mecanismo de Desenvolvimento Limpo - MDL e das Ações de Mitigação Nacionalmente Apropriadas - NAMAs.

✪ **Art. 12.** Para alcançar os objetivos da PNMC, o País adotará, como compromisso nacional voluntário, ações de mitigação das emissões de gases de efeito estufa, com vistas em reduzir entre 36,1% (trinta e seis inteiros e um décimo por cento) e 38,9% (trinta e oito inteiros e nove décimos por cento) suas emissões projetadas até 2020.

**Parágrafo único.** A projeção das emissões para 2020 assim como o detalhamento das ações para alcançar o objetivo expresso no *caput* serão dispostos por decreto, tendo por base o segundo Inventário Brasileiro de Emissões e Remoções Antrópicas de Gases de Efeito Estufa não Controlados pelo Protocolo de Montreal, a ser concluído em 2010.

**Art. 13.** Esta Lei entra em vigor na data de sua publicação.

Brasília, 29 de dezembro de 2009; 188º da Independência e 121º da República.

LUIZ INÁCIO LULA DA SILVA

Nelson Machado

## RESOLUÇÃO CNJ Nº 107, DE 06 DE ABRIL DE 2010

*Institui o Fórum Nacional do Judiciário para monitoramento e resolução das demandas de assistência à saúde.*

O PRESIDENTE DO CONSELHO NACIONAL DE JUSTIÇA, no uso de suas atribuições constitucionais e regimentais, e,

CONSIDERANDO o elevado número e a ampla diversidade dos litígios referentes ao direito à saúde, bem como o forte impacto dos dispêndios decorrentes sobre os orçamentos públicos;

CONSIDERANDO os resultados coletados na audiência pública nº 04, realizada pelo Supremo Tribunal Federal para debater as questões relativas às demandas judiciais que objetivam prestações de saúde;

CONSIDERANDO o que dispõe a Recomendação nº 31 do Conselho Nacional de Justiça, de 30 de março de 2010;

CONSIDERANDO o deliberado pelo Plenário do Conselho Nacional de Justiça na 102ª Sessão Ordinária, realizada em 6 de abril de 2010, nos autos do ATO 0002243-92.2010.2.00.0000;

RESOLVE:

✪ **Art. 1º** Fica instituído, no âmbito do Conselho Nacional de Justiça, o Fórum Nacional do Judiciário para a Saúde (Fonajus), com a atribuição de elaborar estudos e propor medidas concretas e normativas para o aperfeiçoamento de procedimentos, o reforço à efetividade dos processos judiciais e à prevenção de novos conflitos. (Redação dada pela Resolução CNJ 461/2022)

✪ **Art. 2º** Caberá ao Fórum Nacional:

**I** - o monitoramento das ações judiciais que envolvam prestações de assistência à saúde, como o fornecimento de medicamentos, produtos ou insumos em geral, tratamentos e disponibilização de leitos hospitalares;

**II** - o monitoramento das ações judiciais relativas ao Sistema Único de Saúde;

**III** - a proposição de medidas concretas e normativas voltadas à otimização de rotinas processuais, à organização e estruturação de unidades judiciárias especializadas;

**IV** - a proposição de medidas concretas e normativas voltadas à prevenção de conflitos judiciais e à definição de estratégias nas questões de direito sanitário;

**V** - o estudo e a proposição de outras medidas consideradas pertinentes ao cumprimento do objetivo do Fórum Nacional.

**Art. 3º** *(Revogado pela Resolução CNJ 388/2021)*

**Art. 4º** O Fórum Nacional será integrado por magistrados atuantes em unidades jurisdicionais, especializadas ou não, que tratem de temas relacionados ao objeto de sua atuação, podendo contar com o auxílio de autoridades e especialistas com atuação nas áreas correlatas, especialmente do Conselho Nacional do Ministério Público, do Ministério Público Federal, dos Estados e do Distrito Federal, das Defensorias Públicas, da Ordem dos Advogados do Brasil, de universidades e outras instituições de pesquisa.

**Art. 5º** Para dotar o Fórum Nacional dos meios necessários ao fiel desempenho de suas atribuições, o Conselho Nacional de Justiça poderá firmar termos de acordo de cooperação técnica ou convênios com órgãos e entidades públicas e privadas, cuja atuação institucional esteja voltada à busca de solução dos conflitos já mencionados precedentemente.

**Art. 6º** O Fórum Nacional será coordenado pelos Conselheiros integrantes da Comissão Permanente de Políticas Sociais e de Desenvolvimento do Cidadão. *(Redação dada pela Resolução CNJ 326/2020)*

**Art. 7º** Caberá ao Fórum Nacional, em sua primeira reunião, a elaboração de seu programa de trabalho e cronograma de atividades.

**§ 1º** As reuniões do Fórum Nacional ocorrerão preferencialmente por videoconferência. *(Acrescido pela Resolução CNJ 388/2021)*

**§ 2º** Os relatórios de atividades do Fórum deverão ser apresentados ao Plenário do CNJ semestralmente. *(Acrescido pela Resolução CNJ 388/2021)*

**Art. 8º** *(Revogado pela Resolução CNJ 388/2021)*

**Art. 9º** Esta Resolução entra em vigor na data de sua publicação.

Ministro GILMAR MENDES

## LEI Nº 12.305, DE 2 DE AGOSTO DE 2010

*Institui a Política Nacional de Resíduos Sólidos; altera a Lei nº 9.605, de 12 de fevereiro de 1998; e dá outras providências.*

› Decreto 10.936/2022 - Regulamenta Lei nº 12.305/2010.

O PRESIDENTE DA REPÚBLICA

Faço saber que o Congresso Nacional decreta e eu sanciono a seguinte Lei:

### TÍTULO I DISPOSIÇÕES GERAIS

### CAPÍTULO I DO OBJETO E DO CAMPO DE APLICAÇÃO

✪ **Art. 1º** Esta Lei institui a Política Nacional de Resíduos Sólidos, dispondo sobre seus princípios, objetivos e instrumentos, bem como sobre as diretrizes relativas à gestão integrada e ao gerenciamento de resíduos sólidos, incluídos os perigosos, às responsabilidades dos geradores e do poder público e aos instrumentos econômicos aplicáveis.

**§ 1º** Estão sujeitas à observância desta Lei as pessoas físicas ou jurídicas, de direito público ou privado, responsáveis, direta ou indiretamente, pela geração de resíduos sólidos e as que desenvolvam ações relacionadas à gestão integrada ou ao gerenciamento de resíduos sólidos.

**§ 2º** Esta Lei não se aplica aos rejeitos radioativos, que são regulados por legislação específica.

**Art. 2º** Aplicam-se aos resíduos sólidos, além do disposto nesta Lei, nas Leis nºs 11.445, de 5 de janeiro de 2007, 9.974, de 6 de junho de 2000, e 9.966, de 28 de abril de 2000, as normas estabelecidas pelos órgãos do Sistema Nacional do Meio Ambiente (Sisnama), do

Sistema Nacional de Vigilância Sanitária (SNVS), do Sistema Unificado de Atenção à Sanidade Agropecuária (Suasa) e do Sistema Nacional de Metrologia, Normalização e Qualidade Industrial (Sinmetro).

## CAPÍTULO II
## DEFINIÇÕES

✪ **Art. 3º** Para os efeitos desta Lei, entende-se por:

**I** - acordo setorial: ato de natureza contratual firmado entre o poder público e fabricantes, importadores, distribuidores ou comerciantes, tendo em vista a implantação da responsabilidade compartilhada pelo ciclo de vida do produto;

**II** - área contaminada: local onde há contaminação causada pela disposição, regular ou irregular, de quaisquer substâncias ou resíduos;

**III** - área órfã contaminada: área contaminada cujos responsáveis pela disposição não sejam identificáveis ou individualizáveis;

**IV** - ciclo de vida do produto: série de etapas que envolvem o desenvolvimento do produto, a obtenção de matérias-primas e insumos, o processo produtivo, o consumo e a disposição final;

**V** - coleta seletiva: coleta de resíduos sólidos previamente segregados conforme sua constituição ou composição;

**VI** - controle social: conjunto de mecanismos e procedimentos que garantam à sociedade informações e participação nos processos de formulação, implementação e avaliação das políticas públicas relacionadas aos resíduos sólidos;

**VII** - destinação final ambientalmente adequada: destinação de resíduos que inclui a reutilização, a reciclagem, a compostagem, a recuperação e o aproveitamento energético ou outras destinações admitidas pelos órgãos competentes do Sisnama, do SNVS e do Suasa, entre elas a disposição final, observando normas operacionais es pecíficas de modo a evitar danos ou riscos à saúde pública e à segurança e a minimizar os impactos ambientais adversos;

**VIII** - disposição final ambientalmente adequada: distribuição ordenada de rejeitos em aterros, observando normas operacionais específicas de modo a evitar danos ou riscos à saúde pública e à segurança e a minimizar os impactos ambientais adversos;

**IX** - geradores de resíduos sólidos: pessoas físicas ou jurídicas, de direito público ou privado, que geram resíduos sólidos por meio de suas atividades, nelas incluído o consumo;

**X** - gerenciamento de resíduos sólidos: conjunto de ações exercidas, direta ou indiretamente, nas etapas de coleta, transporte, transbordo, tratamento e destinação final ambientalmente adequada dos resíduos sólidos e disposição final ambientalmente adequada dos rejeitos, de acordo com plano municipal de gestão integrada de resíduos sólidos ou com plano de gerenciamento de resíduos sólidos, exigidos na forma desta Lei;

**XI** - gestão integrada de resíduos sólidos: conjunto de ações voltadas para a busca de soluções para os resíduos sólidos, de forma a considerar as dimensões política, econômica, ambiental, cultural e social, com controle social e sob a premissa do desenvolvimento sustentável;

**XII** - logística reversa: instrumento de desenvolvimento econômico e social caracterizado por um conjunto de ações, procedimentos e meios destinados a viabilizar a coleta e a restituição dos resíduos sólidos ao setor empresarial, para reaproveitamento, em seu ciclo ou em outros ciclos produtivos, ou outra destinação final ambientalmente adequada;

**XIII** - padrões sustentáveis de produção e consumo: produção e consumo de bens e serviços de forma a atender as necessidades das atuais gerações e permitir melhores condições de vida, sem comprometer a qualidade ambiental e o atendimento das necessidades das gerações futuras;

**XIV** - reciclagem: processo de transformação dos resíduos sólidos que envolve a alteração de suas propriedades físicas, físico-químicas ou biológicas, com vistas à transformação em insumos ou novos produtos, observadas as condições e os padrões estabelecidos pelos órgãos competentes do Sisnama e, se couber, do SNVS e do Suasa;

**XV** - rejeitos: resíduos sólidos que, depois de esgotadas todas as possibilidades de tratamento e recuperação por processos tecnológicos disponíveis e economicamente viáveis, não apresentem outra possibilidade que não a disposição final ambientalmente adequada;

**XVI** - resíduos sólidos: material, substância, objeto ou bem descartado resultante de atividades humanas em sociedade, a cuja destinação final se procede, se propõe proceder ou se está obrigado a proceder, nos estados sólido ou semissólido, bem como gases contidos em recipientes e líquidos cujas particularidades tornem inviável o seu lançamento na rede pública de esgotos ou em corpos d'água, ou exijam para isso soluções técnica ou economicamente inviáveis em face da melhor tecnologia disponível;

**XVII** - responsabilidade compartilhada pelo ciclo de vida dos produtos: conjunto de atribuições individualizadas e encadeadas dos fabricantes, importadores, distribuidores e comerciantes, dos consumidores e dos titulares dos serviços públicos de limpeza urbana e de manejo dos resíduos sólidos, para minimizar o volume de resíduos sólidos e rejeitos gerados, bem como para reduzir os impactos causados à saúde humana e à qualidade ambiental decorrentes do ciclo de vida dos produtos, nos termos desta Lei;

**XVIII** - reutilização: processo de aproveitamento dos resíduos sólidos sem sua transformação biológica, física ou físico-química, observadas as condições e os padrões estabelecidos pelos órgãos competentes do Sisnama e, se couber, do SNVS e do Suasa;

**XIX** - serviço público de limpeza urbana e de manejo de resíduos sólidos: conjunto de atividades previstas no art. 7º da Lei nº 11.445, de 2007.

## TÍTULO II
## DA POLÍTICA NACIONAL DE RESÍDUOS SÓLIDOS

### CAPÍTULO I
### DISPOSIÇÕES GERAIS

**Art. 4º** A Política Nacional de Resíduos Sólidos reúne o conjunto de princípios, objetivos, instrumentos, diretrizes, metas e ações adotados pelo Governo Federal, isoladamente ou em regime de cooperação com Estados, Distrito Federal, Municípios ou particulares, com vistas à gestão integrada e ao gerenciamento ambientalmente adequado dos resíduos sólidos.

**Art. 5º** A Política Nacional de Resíduos Sólidos integra a Política Nacional do Meio Ambiente e articula-se com a Política Nacional de Educação Ambiental, regulada pela Lei nº 9.795, de 27 de abril de 1999, com a Política Federal de Saneamento Básico, regulada pela Lei nº 11.445, de 2007, e com a Lei nº 11.107, de 6 de abril de 2005.

### CAPÍTULO II
### DOS PRINCÍPIOS E OBJETIVOS

✪ **Art. 6º** São princípios da Política Nacional de Resíduos Sólidos:

**I** - a prevenção e a precaução;

**II** - o poluidor-pagador e o protetor-recebedor;

**III** - a visão sistêmica, na gestão dos resíduos sólidos, que considere as variáveis ambiental, social, cultural, econômica, tecnológica e de saúde pública;

**IV** - o desenvolvimento sustentável;

**V** - a ecoeficiência, mediante a compatibilização entre o fornecimento, a preços competitivos, de bens e serviços qualificados que satisfaçam as necessidades humanas e tragam qualidade de vida e a redução do impacto ambiental e do consumo de recursos naturais a um nível, no mínimo, equivalente à capacidade de sustentação estimada do planeta;

**VI** - a cooperação entre as diferentes esferas do poder público, o setor empresarial e demais segmentos da sociedade;

**VII** - a responsabilidade compartilhada pelo ciclo de vida dos produtos;

**VIII** - o reconhecimento do resíduo sólido reutilizável e reciclável como um bem econômico e de valor social, gerador de trabalho e renda e promotor de cidadania;

**IX** - o respeito às diversidades locais e regionais;

**X** - o direito da sociedade à informação e ao controle social;

**XI** - a razoabilidade e a proporcionalidade.

✪ **Art. 7º** São objetivos da Política Nacional de Resíduos Sólidos:

**I** - proteção da saúde pública e da qualidade ambiental;

**II** - não geração, redução, reutilização, reciclagem e tratamento dos resíduos sólidos, bem como disposição final ambientalmente adequada dos rejeitos;

**III** - estímulo à adoção de padrões sustentáveis de produção e consumo de bens e serviços;

**IV** - adoção, desenvolvimento e aprimoramento de tecnologias limpas como forma de minimizar impactos ambientais;

**V** - redução do volume e da periculosidade dos resíduos perigosos;

**VI** - incentivo à indústria da reciclagem, tendo em vista fomentar o uso de matérias-primas e insumos derivados de materiais recicláveis e reciclados;

**VII** - gestão integrada de resíduos sólidos;

**VIII** - articulação entre as diferentes esferas do poder público, e destas com o setor empresarial, com vistas à cooperação técnica e financeira para a gestão integrada de resíduos sólidos;

**IX** - capacitação técnica continuada na área de resíduos sólidos;

**X** - regularidade, continuidade, funcionalidade e universalização da prestação dos serviços públicos de limpeza urbana e de manejo de resíduos sólidos, com adoção de mecanismos gerenciais e econômicos que assegurem a recuperação dos custos dos serviços prestados, como forma de garantir sua sustentabilidade operacional e financeira, observada a Lei nº 11.445, de 2007;

**XI** - prioridade, nas aquisições e contratações governamentais, para:

*a)* produtos reciclados e recicláveis;

*b)* bens, serviços e obras que considerem critérios compatíveis com padrões de consumo social e ambientalmente sustentáveis;

**XII** - integração dos catadores de materiais reutilizáveis e recicláveis nas ações que envolvam a responsabilidade compartilhada pelo ciclo de vida dos produtos;

**XIII** - estímulo à implementação da avaliação do ciclo de vida do produto;

**XIV** - incentivo ao desenvolvimento de sistemas de gestão ambiental e empresarial voltados para a melhoria dos processos produtivos e ao reaproveitamento dos resíduos sólidos, incluídos a recuperação e o aproveitamento energético;

**XV** - estímulo à rotulagem ambiental e ao consumo sustentável.

## CAPÍTULO III
## DOS INSTRUMENTOS

**Art. 8º** São instrumentos da Política Nacional de Resíduos Sólidos, entre outros:

**I** - os planos de resíduos sólidos;

**II** - os inventários e o sistema declaratório anual de resíduos sólidos;

**III** - a coleta seletiva, os sistemas de logística reversa e outras ferramentas relacionadas à implementação da responsabilidade compartilhada pelo ciclo de vida dos produtos;

**IV** - o incentivo à criação e ao desenvolvimento de cooperativas ou de outras formas de associação de catadores de materiais reutilizáveis e recicláveis;

**V** - o monitoramento e a fiscalização ambiental, sanitária e agropecuária;

**VI** - a cooperação técnica e financeira entre os setores público e privado para o desenvolvimento de pesquisas de novos produtos, métodos, processos e tecnologias de gestão, reciclagem, reutilização, tratamento de resíduos e disposição final ambientalmente adequada de rejeitos;

**VII** - a pesquisa científica e tecnológica;

**VIII** - a educação ambiental;

**IX** - os incentivos fiscais, financeiros e creditícios;

**X** - o Fundo Nacional do Meio Ambiente e o Fundo Nacional de Desenvolvimento Científico e Tecnológico;

**XI** - o Sistema Nacional de Informações sobre a Gestão dos Resíduos Sólidos (Sinir);

**XII** - o Sistema Nacional de Informações em Saneamento Básico (Sinisa);

**XIII** - os conselhos de meio ambiente e, no que couber, os de saúde;

**XIV** - os órgãos colegiados municipais destinados ao controle social dos serviços de resíduos sólidos urbanos;

**XV** - o Cadastro Nacional de Operadores de Resíduos Perigosos;

**XVI** - os acordos setoriais;

**XVII** - no que couber, os instrumentos da Política Nacional de Meio Ambiente, entre eles:

*a)* os padrões de qualidade ambiental;

*b)* o Cadastro Técnico Federal de Atividades Potencialmente Poluidoras ou Utilizadoras de Recursos Ambientais;

*c)* o Cadastro Técnico Federal de Atividades e Instrumentos de Defesa Ambiental;

*d)* a avaliação de impactos ambientais;

*e)* o Sistema Nacional de Informação sobre Meio Ambiente (Sinima);

*f)* o licenciamento e a revisão de atividades efetiva ou potencialmente poluidoras;

**XVIII** - os termos de compromisso e os termos de ajustamento de conduta;

**XIX** - o incentivo à adoção de consórcios ou de outras formas de cooperação entre os entes federados, com vistas à elevação das escalas de aproveitamento e à redução dos custos envolvidos.

# TÍTULO III
# DAS DIRETRIZES APLICÁVEIS AOS RESÍDUOS SÓLIDOS

## CAPÍTULO I
## DISPOSIÇÕES PRELIMINARES

✪ **Art. 9º** Na gestão e gerenciamento de resíduos sólidos, deve ser observada a seguinte ordem de prioridade: não geração, redução, reutilização, reciclagem, tratamento dos resíduos sólidos e disposição final ambientalmente adequada dos rejeitos.

**§ 1º** Poderão ser utilizadas tecnologias visando à recuperação energética dos resíduos sólidos urbanos, desde que tenha sido comprovada sua viabilidade técnica e ambiental e com a implantação de programa de monitoramento de emissão de gases tóxicos aprovado pelo órgão ambiental.

**§ 2º** A Política Nacional de Resíduos Sólidos e as Políticas de Resíduos Sólidos dos Estados, do Distrito Federal e dos Municípios serão compatíveis com o disposto no *caput* e no § 1º deste artigo e com as demais diretrizes estabelecidas nesta Lei.

**Art. 10.** Incumbe ao Distrito Federal e aos Municípios a gestão integrada dos resíduos sólidos gerados nos respectivos territórios, sem prejuízo das competências de controle e fiscalização dos órgãos federais e estaduais do Sisnama, do SNVS e do Suasa, bem como da responsabilidade do gerador pelo gerenciamento de resíduos, consoante o estabelecido nesta Lei.

**Art. 11.** Observadas as diretrizes e demais determinações estabelecidas nesta Lei e em seu regulamento, incumbe aos Estados:

**I** - promover a integração da organização, do planejamento e da execução das funções públicas de interesse comum relacionadas à gestão dos resíduos sólidos nas regiões metropolitanas, aglomerações urbanas e microrregiões, nos termos da lei complementar estadual prevista no § 3º do art. 25 da Constituição Federal;

**II** - controlar e fiscalizar as atividades dos geradores sujeitas a licenciamento ambiental pelo órgão estadual do Sisnama.

**Parágrafo único.** A atuação do Estado na forma do *caput* deve apoiar e priorizar as iniciativas do Município de soluções consorciadas ou compartilhadas entre 2 (dois) ou mais Municípios.

**Art. 12.** A União, os Estados, o Distrito Federal e os Municípios organizarão e manterão, de forma conjunta, o Sistema Nacional de Informações sobre a Gestão dos Resíduos Sólidos (Sinir), articulado com o Sinisa e o Sinima.

**Parágrafo único.** Incumbe aos Estados, ao Distrito Federal e aos Municípios fornecer ao órgão federal responsável pela coordenação do Sinir todas as informações necessárias sobre os resíduos sob sua esfera de competência, na forma e na periodicidade estabelecidas em regulamento.

✪ **Art. 13.** Para os efeitos desta Lei, os resíduos sólidos têm a seguinte classificação:

**I** - quanto à origem:

*a)* resíduos domiciliares: os originários de atividades domésticas em residências urbanas;

*b)* resíduos de limpeza urbana: os originários da varrição, limpeza de logradouros e vias públicas e outros serviços de limpeza urbana;

*c)* resíduos sólidos urbanos: os englobados nas alíneas "a" e "b";

*d)* resíduos de estabelecimentos comerciais e prestadores de serviços: os gerados nessas atividades, excetuados os referidos nas alíneas "b", "e", "g", "h" e "j";

*e)* resíduos dos serviços públicos de saneamento básico: os gerados nessas atividades, excetuados os referidos na alínea "c";

*f)* resíduos industriais: os gerados nos processos produtivos e instalações industriais;

*g)* resíduos de serviços de saúde: os gerados nos serviços de saúde, conforme definido em regulamento ou em normas estabelecidas pelos órgãos do Sisnama e do SNVS;

*h)* resíduos da construção civil: os gerados nas construções, reformas, reparos e demolições de obras de construção civil, incluídos os resultantes da preparação e escavação de terrenos para obras civis;

*i)* resíduos agrossilvopastoris: os gerados nas atividades agropecuárias e silviculturais, incluídos os relacionados a insumos utilizados nessas atividades;

*j)* resíduos de serviços de transportes: os originários de portos, aeroportos, terminais alfandegários, rodoviários e ferroviários e passagens de fronteira;

*k)* resíduos de mineração: os gerados na atividade de pesquisa, extração ou beneficiamento de minérios;

**II** - quanto à periculosidade:

*a)* resíduos perigosos: aqueles que, em razão de suas características de inflamabilidade, corrosividade, reatividade, toxicidade, patogenicidade, carcinogenicidade, teratogenicidade e mutagenicidade, apresentam significativo risco à saúde pública ou à qualidade ambiental, de acordo com lei, regulamento ou norma técnica;

*b)* resíduos não perigosos: aqueles não enquadrados na alínea "I".

**Parágrafo único.** Respeitado o disposto no art. 20, os resíduos referidos na alínea "I" do inciso I do *caput*, se caracterizados como não perigosos, podem, em razão de sua natureza, composição ou volume, ser equiparados aos resíduos domiciliares pelo poder público municipal.

## CAPÍTULO II
## DOS PLANOS DE RESÍDUOS SÓLIDOS

### SEÇÃO I
### DISPOSIÇÕES GERAIS

**Art. 14.** São planos de resíduos sólidos:

**I** - o Plano Nacional de Resíduos Sólidos;

**II** - os planos estaduais de resíduos sólidos;

**III** - os planos microrregionais de resíduos sólidos e os planos de resíduos sólidos de regiões metropolitanas ou aglomerações urbanas;

**IV** - os planos intermunicipais de resíduos sólidos;

**V** - os planos municipais de gestão integrada de resíduos sólidos;

**VI** - os planos de gerenciamento de resíduos sólidos.

**Parágrafo único.** É assegurada ampla publicidade ao conteúdo dos planos de resíduos sólidos, bem como controle social em sua formulação, implementação e operacionalização, observado o disposto na Lei nº 10.650, de 16 de abril de 2003, e no art. 47 da Lei nº 11.445, de 2007.

## SEÇÃO II
## DO PLANO NACIONAL DE RESÍDUOS SÓLIDOS

**Art. 15.** A União elaborará, sob a coordenação do Ministério do Meio Ambiente, o Plano Nacional de Resíduos Sólidos, com vigência por prazo indeterminado e horizonte de 20 (vinte) anos, a ser atualizado a cada 4 (quatro) anos, tendo como conteúdo mínimo:

**I** - diagnóstico da situação atual dos resíduos sólidos;

**II** - proposição de cenários, incluindo tendências internacionais e macroeconômicas;

**III** - metas de redução, reutilização, reciclagem, entre outras, com vistas a reduzir a quantidade de resíduos e rejeitos encaminhados para disposição final ambientalmente adequada;

**IV** - metas para o aproveitamento energético dos gases gerados nas unidades de disposição final de resíduos sólidos;

**V** - metas para a eliminação e recuperação de lixões, associadas à inclusão social e à emancipação econômica de catadores de materiais reutilizáveis e recicláveis;

**VI** - programas, projetos e ações para o atendimento das metas previstas;

**VII** - normas e condicionantes técnicas para o acesso a recursos da União, para a obtenção de seu aval ou para o acesso a recursos administrados, direta ou indiretamente, por entidade federal, quando destinados a ações e programas de interesse dos resíduos sólidos;

**VIII** - medidas para incentivar e viabilizar a gestão regionalizada dos resíduos sólidos;

**IX** - diretrizes para o planejamento e demais atividades de gestão de resíduos sólidos das regiões integradas de desenvolvimento instituídas por lei complementar, bem como para as áreas de especial interesse turístico;

**X** - normas e diretrizes para a disposição final de rejeitos e, quando couber, de resíduos;

**XI** - meios a serem utilizados para o controle e a fiscalização, no âmbito nacional, de sua implementação e operacionalização, assegurado o controle social.

**Parágrafo único.** O Plano Nacional de Resíduos Sólidos será elaborado mediante processo de mobilização e participação social, incluindo a realização de audiências e consultas públicas.

## SEÇÃO III
## DOS PLANOS ESTADUAIS DE RESÍDUOS SÓLIDOS

**Art. 16.** A elaboração de plano estadual de resíduos sólidos, nos termos previstos por esta Lei, é condição para os Estados terem acesso a recursos da União, ou por ela controlados, destinados a empreendimentos e serviços relacionados à gestão de resíduos sólidos, ou para serem beneficiados por incentivos ou financiamentos de entidades federais de crédito ou fomento para tal finalidade.

**§ 1º** Serão priorizados no acesso aos recursos da União referidos no *caput* os Estados que instituírem microrregiões, consoante o § 3º do art. 25 da Constituição Federal, para integrar a organização, o planejamento e a execução das ações a cargo de Municípios limítrofes na gestão dos resíduos sólidos.

**§ 2º** Serão estabelecidas em regulamento normas complementares sobre o acesso aos recursos da União na forma deste artigo.

**§ 3º** Respeitada a responsabilidade dos geradores nos termos desta Lei, as microrregiões instituídas conforme previsto no § 1º abrangem atividades de coleta seletiva, recuperação e reciclagem, tratamento e destinação final dos resíduos sólidos urbanos, a gestão de resíduos de construção civil, de serviços de transporte, de serviços de saúde, agrossilvopastoris ou outros resíduos, de acordo com as peculiaridades microrregionais.

**Art. 17.** O plano estadual de resíduos sólidos será elaborado para vigência por prazo indeterminado, abrangendo todo o território do Estado, com horizonte de atuação de 20 (vinte) anos e revisões a cada 4 (quatro) anos, e tendo como conteúdo mínimo:

**I** - diagnóstico, incluída a identificação dos principais fluxos de resíduos no Estado e seus impactos socioeconômicos e ambientais;

**II** - proposição de cenários;

**III** - metas de redução, reutilização, reciclagem, entre outras, com vistas a reduzir a quantidade de resíduos e rejeitos encaminhados para disposição final ambientalmente adequada;

**IV** - metas para o aproveitamento energético dos gases gerados nas unidades de disposição final de resíduos sólidos;

**V** - metas para a eliminação e recuperação de lixões, associadas à inclusão social e à emancipação econômica de catadores de materiais reutilizáveis e recicláveis;

**VI** - programas, projetos e ações para o atendimento das metas previstas;

**VII** - normas e condicionantes técnicas para o acesso a recursos do Estado, para a obtenção de seu aval ou para o acesso de recursos administrados, direta ou indiretamente, por entidade estadual, quando destinados às ações e programas de interesse dos resíduos sólidos;

**VIII** - medidas para incentivar e viabilizar a gestão consorciada ou compartilhada dos resíduos sólidos;

**IX** - diretrizes para o planejamento e demais atividades de gestão de resíduos sólidos de regiões metropolitanas, aglomerações urbanas e microrregiões;

**X** - normas e diretrizes para a disposição final de rejeitos e, quando couber, de resíduos, respeitadas as disposições estabelecidas em âmbito nacional;

**XI** - previsão, em conformidade com os demais instrumentos de planejamento territorial, especialmente o zoneamento ecológicoeconômico e o zoneamento costeiro, de:

*a)* zonas favoráveis para a localização de unidades de tratamento de resíduos sólidos ou de disposição final de rejeitos;

*b)* áreas degradadas em razão de disposição inadequada de resíduos sólidos ou rejeitos a serem objeto de recuperação ambiental;

**XII** - meios a serem utilizados para o controle e a fiscalização, no âmbito estadual, de sua implementação e operacionalização, assegurado o controle social.

**§ 1º** Além do plano estadual de resíduos sólidos, os Estados poderão elaborar planos microrregionais de resíduos sólidos, bem como planos específicos direcionados às regiões metropolitanas ou às aglomerações urbanas.

**§ 2º** A elaboração e a implementação pelos Estados de planos microrregionais de resíduos sólidos, ou de planos de regiões metropolitanas ou aglomerações urbanas, em consonância com o previsto no § 1º, dar-se-ão obrigatoriamente com a participação dos Municípios envolvidos e não excluem nem substituem qualquer das prerrogativas a cargo dos Municípios previstas por esta Lei.

**§ 3º** Respeitada a responsabilidade dos geradores nos termos desta Lei, o plano microrregional de resíduos sólidos deve atender ao previsto para o plano estadual e estabelecer soluções integradas para a coleta seletiva, a recuperação e a reciclagem, o tratamento e a destinação final dos resíduos sólidos urbanos e, consideradas as peculiaridades microrregionais, outros tipos de resíduos.

## SEÇÃO IV
## DOS PLANOS MUNICIPAIS DE GESTÃO INTEGRADA DE RESÍDUOS SÓLIDOS

**Art. 18.** A elaboração de plano municipal de gestão integrada de resíduos sólidos, nos termos previstos por esta Lei, é condição para o Distrito Federal e os Municípios terem acesso a recursos da União, ou por ela controlados, destinados a empreendimentos e serviços relacionados à limpeza urbana e ao manejo de resíduos sólidos, ou para serem beneficiados por incentivos ou financiamentos de entidades federais de crédito ou fomento para tal finalidade.

**§ 1º** Serão priorizados no acesso aos recursos da União referidos no *caput* os Municípios que:

**I** - optarem por soluções consorciadas intermunicipais para a gestão dos resíduos sólidos, incluída a elaboração e implementação de plano intermunicipal, ou que se inserirem de forma voluntária nos planos microrregionais de resíduos sólidos referidos no § 1º do art. 16;

**II** - implantarem a coleta seletiva com a participação de cooperativas ou outras formas de associação de catadores de materiais reutilizáveis e recicláveis formadas por pessoas físicas de baixa renda.

**§ 2º** Serão estabelecidas em regulamento normas complementares sobre o acesso aos recursos da União na forma deste artigo.

**Art. 19.** O plano municipal de gestão integrada de resíduos sólidos tem o seguinte conteúdo mínimo:

**I** - diagnóstico da situação dos resíduos sólidos gerados no respectivo território, contendo a origem, o volume, a caracterização dos resíduos e as formas de destinação e disposição final adotadas;

**II** - identificação de áreas favoráveis para disposição final ambientalmente adequada de rejeitos, observado o plano diretor de que trata o § 1º do art. 182 da Constituição Federal e o zoneamento ambiental, se houver;

**III** - identificação das possibilidades de implantação de soluções consorciadas ou compartilhadas com outros Municípios, considerando, nos critérios de economia de escala, a proximidade dos locais estabelecidos e as formas de prevenção dos riscos ambientais;

**IV** - identificação dos resíduos sólidos e dos geradores sujeitos a plano de gerenciamento específico nos termos do art. 20 ou a sistema de logística reversa na forma do art. 33, observadas as disposições desta Lei e de seu regulamento, bem como as normas estabelecidas pelos órgãos do Sisnama e do SNVS;

**V** - procedimentos operacionais e especificações mínimas a serem adotados nos serviços públicos de limpeza urbana e de manejo de resíduos sólidos, incluída a disposição final ambientalmente adequada dos rejeitos e observada a Lei nº 11.445, de 2007;

**VI** - indicadores de desempenho operacional e ambiental dos serviços públicos de limpeza urbana e de manejo de resíduos sólidos;

**VII** - regras para o transporte e outras etapas do gerenciamento de resíduos sólidos de que trata o art. 20, observadas as normas estabelecidas pelos órgãos do Sisnama e do SNVS e demais disposições pertinentes da legislação federal e estadual;

**VIII** - definição das responsabilidades quanto à sua implementação e operacionalização, incluídas as etapas do plano de gerenciamento de resíduos sólidos a que se refere o art. 20 a cargo do poder público;

**IX** - programas e ações de capacitação técnica voltados para sua implementação e operacionalização;

**X** - programas e ações de educação ambiental que promovam a não geração, a redução, a reutilização e a reciclagem de resíduos sólidos;

**XI** - programas e ações para a participação dos grupos interessados, em especial das cooperativas ou outras formas de associação de catadores de materiais reutilizáveis e recicláveis formadas por pessoas físicas de baixa renda, se houver;

**XII** - mecanismos para a criação de fontes de negócios, emprego e renda, mediante a valorização dos resíduos sólidos;

**XIII** - sistema de cálculo dos custos da prestação dos serviços públicos de limpeza urbana e de manejo de resíduos sólidos, bem como a forma de cobrança desses serviços, observada a Lei nº 11.445, de 2007;

**XIV** - metas de redução, reutilização, coleta seletiva e reciclagem, entre outras, com vistas a reduzir a quantidade de rejeitos encaminhados para disposição final ambientalmente adequada;

**XV** - descrição das formas e dos limites da participação do poder público local na coleta seletiva e na logística reversa, respeitado o disposto no art. 33, e de outras ações relativas à responsabilidade compartilhada pelo ciclo de vida dos produtos;

**XVI** - meios a serem utilizados para o controle e a fiscalização, no âmbito local, da implementação e operacionalização dos planos de gerenciamento de resíduos sólidos de que trata o art. 20 e dos sistemas de logística reversa previstos no art. 33;

**XVII** - ações preventivas e corretivas a serem praticadas, incluindo programa de monitoramento;

**XVIII** - identificação dos passivos ambientais relacionados aos resíduos sólidos, incluindo áreas contaminadas, e respectivas medidas saneadoras;

**XIX** - periodicidade de sua revisão, observado o período máximo de 10 (dez) anos. *(Redação dada pela Lei 14.026/2020)*

**§ 1º** O plano municipal de gestão integrada de resíduos sólidos pode estar inserido no plano de saneamento básico previsto no art. 19 da Lei nº 11.445, de 2007, respeitado o conteúdo mínimo previsto nos incisos do *caput* e observado o disposto no § 2º, todos deste artigo.

**§ 2º** Para Municípios com menos de 20.000 (vinte mil) habitantes, o plano municipal de gestão integrada de resíduos sólidos terá conteúdo simplificado, na forma do regulamento.

**§ 3º** O disposto no § 2º não se aplica a Municípios:

**I** - integrantes de áreas de especial interesse turístico;

**II** - inseridos na área de influência de empreendimentos ou atividades com significativo impacto ambiental de âmbito regional ou nacional;

**III** - cujo território abranja, total ou parcialmente, Unidades de Conservação.

**§ 4º** A existência de plano municipal de gestão integrada de resíduos sólidos não exime o Município ou o Distrito Federal do licenciamento ambiental de aterros sanitários e de outras infraestruturas e instalações operacionais integrantes do serviço público de limpeza urbana e de manejo de resíduos sólidos pelo órgão competente do Sisnama.

**§ 5º** Na definição de responsabilidades na forma do inciso VIII do *caput* deste artigo, é vedado atribuir ao serviço público de limpeza urbana e de manejo de resíduos sólidos a realização de etapas do gerenciamento dos resíduos a que se refere o art. 20 em desacordo com a respectiva licença ambiental ou com normas estabelecidas pelos órgãos do Sisnama e, se couber, do SNVS.

**§ 6º** Além do disposto nos incisos I a XIX do *caput* deste artigo, o plano municipal de gestão integrada de resíduos sólidos contemplará ações específicas a serem desenvolvidas no âmbito dos órgãos da administração pública, com vistas à utilização racional dos recursos ambientais, ao combate a todas as formas de desperdício e à minimização da geração de resíduos sólidos.

**§ 7º** O conteúdo do plano municipal de gestão integrada de resíduos sólidos será disponibilizado para o Sinir, na forma do regulamento.

**§ 8º** A inexistência do plano municipal de gestão integrada de resíduos sólidos não pode ser utilizada para impedir a instalação ou a operação de empreendimentos ou atividades devidamente licenciados pelos órgãos competentes.

**§ 9º** Nos termos do regulamento, o Município que optar por soluções consorciadas intermunicipais para a gestão dos resíduos sólidos, assegurado que o plano intermunicipal preencha os requisitos estabelecidos nos incisos I a XIX do *caput* deste artigo, pode ser dispensado da elaboração de plano municipal de gestão integrada de resíduos sólidos.

## SEÇÃO V
## DO PLANO DE GERENCIAMENTO DE RESÍDUOS SÓLIDOS

**Art. 20.** Estão sujeitos à elaboração de plano de gerenciamento de resíduos sólidos:

**I** - os geradores de resíduos sólidos previstos nas alíneas "e", "f", "g" e "k" do inciso I do art. 13;

**II** - os estabelecimentos comerciais e de prestação de serviços que:

*a)* gerem resíduos perigosos;

*b)* gerem resíduos que, mesmo caracterizados como não perigosos, por sua natureza, composição ou volume, não sejam equiparados aos resíduos domiciliares pelo poder público municipal;

**III** - as empresas de construção civil, nos termos do regulamento ou de normas estabelecidas pelos órgãos do Sisnama;

**IV** - os responsáveis pelos terminais e outras instalações referidas na alínea "j" do inciso I do art. 13 e, nos termos do regulamento ou de normas estabelecidas pelos órgãos do Sisnama e, se couber, do SNVS, as empresas de transporte;

**V** - os responsáveis por atividades agrossilvopastoris, se exigido pelo órgão competente do Sisnama, do SNVS ou do Suasa.

**Parágrafo único.** Observado o disposto no Capítulo IV deste Título, serão estabelecidas por regulamento exigências específicas relativas ao plano de gerenciamento de resíduos perigosos.

**Art. 21.** O plano de gerenciamento de resíduos sólidos tem o seguinte conteúdo mínimo:

**I** - descrição do empreendimento ou atividade;

**II** - diagnóstico dos resíduos sólidos gerados ou administrados, contendo a origem, o volume e a caracterização dos resíduos, incluindo os passivos ambientais a eles relacionados;

**III** - observadas as normas estabelecidas pelos órgãos do Sisnama, do SNVS e do Suasa e, se houver, o plano municipal de gestão integrada de resíduos sólidos:

*a)* explicitação dos responsáveis por cada etapa do gerenciamento de resíduos sólidos;

*b)* definição dos procedimentos operacionais relativos às etapas do gerenciamento de resíduos sólidos sob responsabilidade do gerador;

**IV** - identificação das soluções consorciadas ou compartilhadas com outros geradores;

**V** - ações preventivas e corretivas a serem executadas em situações de gerenciamento incorreto ou acidentes;

**VI** - metas e procedimentos relacionados à minimização da geração de resíduos sólidos e, observadas as normas estabelecidas pelos órgãos do Sisnama, do SNVS e do Suasa, à reutilização e reciclagem;

**VII** - se couber, ações relativas à responsabilidade compartilhada pelo ciclo de vida dos produtos, na forma do art. 31;

**VIII** - medidas saneadoras dos passivos ambientais relacionados aos resíduos sólidos;

**IX** - periodicidade de sua revisão, observado, se couber, o prazo de vigência da respectiva licença de operação a cargo dos órgãos do Sisnama.

**§ 1º** O plano de gerenciamento de resíduos sólidos atenderá ao disposto no plano municipal de gestão integrada de resíduos sólidos do respectivo Município, sem prejuízo das normas estabelecidas pelos órgãos do Sisnama, do SNVS e do Suasa.

**§ 2º** A inexistência do plano municipal de gestão integrada de resíduos sólidos não obsta a elaboração, a implementação ou a operacionalização do plano de gerenciamento de resíduos sólidos.

**§ 3º** Serão estabelecidos em regulamento:

**I** - normas sobre a exigibilidade e o conteúdo do plano de gerenciamento de resíduos sólidos relativo à atuação de cooperativas ou de outras formas de associação de catadores de materiais reutilizáveis e recicláveis;

**II** - critérios e procedimentos simplificados para apresentação dos planos de gerenciamento de resíduos sólidos para microempresas e empresas de pequeno porte, assim consideradas as definidas nos incisos I e II do art. 3º da Lei Complementar nº 123, de 14 de dezembro de 2006, desde que as atividades por elas desenvolvidas não gerem resíduos perigosos.

**Art. 22.** Para a elaboração, implementação, operacionalização e monitoramento de todas as etapas do plano de gerenciamento de resíduos sólidos, nelas incluído o controle da disposição final ambientalmente adequada dos rejeitos, será designado responsável técnico devidamente habilitado.

**Art. 23.** Os responsáveis por plano de gerenciamento de resíduos sólidos manterão atualizadas e disponíveis ao órgão municipal competente, ao órgão licenciador do Sisnama e a outras autoridades, informações completas sobre a implementação e a operacionalização do plano sob sua responsabilidade.

**§ 1º** Para a consecução do disposto no *caput*, sem prejuízo de outras exigências cabíveis por parte das autoridades, será implementado sistema declaratório com periodicidade, no mínimo, anual, na forma do regulamento.

**§ 2º** As informações referidas no *caput* serão repassadas pelos órgãos públicos ao Sinir, na forma do regulamento.

**Art. 24.** O plano de gerenciamento de resíduos sólidos é parte integrante do processo de licenciamento ambiental do empreendimento ou atividade pelo órgão competente do Sisnama.

**§ 1º** Nos empreendimentos e atividades não sujeitos a licenciamento ambiental, a aprovação do plano de gerenciamento de resíduos sólidos cabe à autoridade municipal competente.

**§ 2º** No processo de licenciamento ambiental referido no § 1º a cargo de órgão federal ou estadual do Sisnama, será assegurada oitiva do órgão municipal competente, em especial quanto à disposição final ambientalmente adequada de rejeitos.

## CAPÍTULO III
## DAS RESPONSABILIDADES DOS GERADORES E DO PODER PÚBLICO

### SEÇÃO I
### DISPOSIÇÕES GERAIS

**Art. 25.** O poder público, o setor empresarial e a coletividade são responsáveis pela efetividade das ações voltadas para assegurar a observância da Política Nacional de Resíduos Sólidos e das diretrizes e demais determinações estabelecidas nesta Lei e em seu regulamento.

**Art. 26.** O titular dos serviços públicos de limpeza urbana e de manejo de resíduos sólidos é responsável pela organização e prestação direta ou indireta desses serviços, observados o respectivo plano municipal de gestão integrada de resíduos sólidos, a Lei nº 11.445, de 2007, e as disposições desta Lei e seu regulamento.

**Art. 27.** As pessoas físicas ou jurídicas referidas no art. 20 são responsáveis pela implementação e operacionalização integral do plano de gerenciamento de resíduos sólidos aprovado pelo órgão competente na forma do art. 24.

**§ 1º** A contratação de serviços de coleta, armazenamento, transporte, transbordo, tratamento ou destinação final de resíduos sólidos, ou de disposição final de rejeitos, não isenta as pessoas físicas ou jurídicas referidas no art. 20 da responsabilidade por danos que vierem a ser provocados pelo gerenciamento inadequado dos respectivos resíduos ou rejeitos.

**§ 2º** Nos casos abrangidos pelo art. 20, as etapas sob responsabilidade do gerador que forem realizadas pelo poder público serão devidamente remuneradas pelas pessoas físicas ou jurídicas responsáveis, observado o disposto no § 5º do art. 19.

**Art. 28.** O gerador de resíduos sólidos domiciliares tem cessada sua responsabilidade pelos resíduos com a disponibilização adequada para a coleta ou, nos casos abrangidos pelo art. 33, com a devolução.

**Art. 29.** Cabe ao poder público atuar, subsidiariamente, com vistas a minimizar ou cessar o dano, logo que tome conhecimento de evento lesivo ao meio ambiente ou à saúde pública relacionado ao gerenciamento de resíduos sólidos.

**Parágrafo único.** Os responsáveis pelo dano ressarcirão integralmente o poder público pelos gastos decorrentes das ações empreendidas na forma do *caput*.

### SEÇÃO II
### DA RESPONSABILIDADE COMPARTILHADA

**Art. 30.** É instituída a responsabilidade compartilhada pelo ciclo de vida dos produtos, a ser implementada de forma individualizada e encadeada, abrangendo os fabricantes, importadores, distribuidores e comerciantes, os consumidores e os titulares dos serviços públicos de limpeza urbana e de manejo de resíduos sólidos, consoante as atribuições e procedimentos previstos nesta Seção.

**Parágrafo único.** A responsabilidade compartilhada pelo ciclo de vida dos produtos tem por objetivo:

**I** - compatibilizar interesses entre os agentes econômicos e sociais e os processos de gestão empresarial e mercadológica com os de gestão ambiental, desenvolvendo estratégias sustentáveis;

**II** - promover o aproveitamento de resíduos sólidos, direcionando- os para a sua cadeia produtiva ou para outras cadeias produtivas;

**III** - reduzir a geração de resíduos sólidos, o desperdício de materiais, a poluição e os danos ambientais;

**IV** - incentivar a utilização de insumos de menor agressividade ao meio ambiente e de maior sustentabilidade;

**V** - estimular o desenvolvimento de mercado, a produção e o consumo de produtos derivados de materiais reciclados e recicláveis;

**VI** - propiciar que as atividades produtivas alcancem eficiência e sustentabilidade;

**VII** - incentivar as boas práticas de responsabilidade socioambiental.

**Art. 31.** Sem prejuízo das obrigações estabelecidas no plano de gerenciamento de resíduos sólidos e com vistas a fortalecer a responsabilidade compartilhada e seus objetivos, os fabricantes, importadores, distribuidores e comerciantes têm responsabilidade que abrange:

**I** - investimento no desenvolvimento, na fabricação e na colocação no mercado de produtos:

*a)* que sejam aptos, após o uso pelo consumidor, à reutilização, à reciclagem ou a outra forma de destinação ambientalmente adequada;

*b)* cuja fabricação e uso gerem a menor quantidade de resíduos sólidos possível;

**II** - divulgação de informações relativas às formas de evitar, reciclar e eliminar os resíduos sólidos associados a seus respectivos produtos;

**III** - recolhimento dos produtos e dos resíduos remanescentes após o uso, assim como sua subsequente destinação final ambientalmente adequada, no caso de produtos objeto de sistema de logística reversa na forma do art. 33;

**IV** - compromisso de, quando firmados acordos ou termos de compromisso com o Município, participar das ações previstas no plano municipal de gestão integrada de resíduos sólidos, no caso de produtos ainda não inclusos no sistema de logística reversa.

**Art. 32.** As embalagens devem ser fabricadas com materiais que propiciem a reutilização ou a reciclagem.

**§ 1º** Cabe aos respectivos responsáveis assegurar que as embalagens sejam:

**I** - restritas em volume e peso às dimensões requeridas à proteção do conteúdo e à comercialização do produto;

**II** - projetadas de forma a serem reutilizadas de maneira tecnicamente viável e compatível com as exigências aplicáveis ao produto que contêm;

**III** - recicladas, se a reutilização não for possível.

**§ 2º** O regulamento disporá sobre os casos em que, por razões de ordem técnica ou econômica, não seja viável a aplicação do disposto no *caput*.

**§ 3º** É responsável pelo atendimento do disposto neste artigo todo aquele que:

**I** - manufatura embalagens ou fornece materiais para a fabricação de embalagens;

**II** - coloca em circulação embalagens, materiais para a fabricação de embalagens ou produtos embalados, em qualquer fase da cadeia de comércio.

**Art. 33.** São obrigados a estruturar e implementar sistemas de logística reversa, mediante retorno dos produtos após o uso pelo consumidor, de forma independente do serviço público de limpeza urbana e de manejo dos resíduos sólidos, os fabricantes, importadores, distribuidores e comerciantes de:

**I** - agrotóxicos, seus resíduos e embalagens, assim como outros produtos cuja embalagem, após o uso, constitua resíduo perigoso, observadas as regras de gerenciamento de resíduos perigosos previstas em lei ou regulamento, em normas estabelecidas pelos órgãos do Sisnama, do SNVS e do Suasa, ou em normas técnicas;

**II** - pilhas e baterias;

**III** - pneus;

**IV** - óleos lubrificantes, seus resíduos e embalagens;

**V** - lâmpadas fluorescentes, de vapor de sódio e mercúrio e de luz mista;

**VI** - produtos eletroeletrônicos e seus componentes.

**§ 1º** Na forma do disposto em regulamento ou em acordos setoriais e termos de compromisso firmados entre o poder público e o setor empresarial, os sistemas previstos no *caput* serão estendidos a produtos comercializados em embalagens plásticas, metálicas ou de vidro, e aos demais produtos e embalagens, considerando, prioritariamente, o grau e a extensão do impacto à saúde pública e ao meio ambiente dos resíduos gerados.

**§ 2º** A definição dos produtos e embalagens a que se refere o § 1º considerará a viabilidade técnica e econômica da logística reversa, bem como o grau e a extensão do impacto à saúde pública e ao meio ambiente dos resíduos gerados.

**§ 3º** Sem prejuízo de exigências específicas fixadas em lei ou regulamento, em normas estabelecidas pelos órgãos do Sisnama e do SNVS, ou em acordos setoriais e termos de compromisso firmados entre o poder público e o setor empresarial, cabe aos fabricantes, importadores, distribuidores e comerciantes dos produtos a que se referem os incisos II, III, V e VI ou dos produtos e embalagens a que se referem os incisos I e IV do *caput* e o § 1º tomar todas as medidas necessárias para assegurar a implementação e operacionalização do sistema de logística reversa sob seu encargo, consoante o estabelecido neste artigo, podendo, entre outras medidas:

**I** - implantar procedimentos de compra de produtos ou embalagens usados;

**II** - disponibilizar postos de entrega de resíduos reutilizáveis e recicláveis;

**III** - atuar em parceria com cooperativas ou outras formas de associação de catadores de materiais reutilizáveis e recicláveis, nos casos de que trata o § 1º.

**§ 4º** Os consumidores deverão efetuar a devolução após o uso, aos comerciantes ou distribuidores, dos produtos e das embalagens a que se referem os incisos I a VI do *caput*, e de outros produtos ou embalagens objeto de logística reversa, na forma do § 1º.

**§ 5º** Os comerciantes e distribuidores deverão efetuar a devolução aos fabricantes ou aos importadores dos produtos e embalagens reunidos ou devolvidos na forma dos §§ 3º e 4º.

**§ 6º** Os fabricantes e os importadores darão destinação ambientalmente adequada aos produtos e às embalagens reunidos ou devolvidos, sendo o rejeito encaminhado para a disposição final ambientalmente adequada, na forma estabelecida pelo órgão competente do Sisnama e, se houver, pelo plano municipal de gestão integrada de resíduos sólidos.

**§ 7º** Se o titular do serviço público de limpeza urbana e de manejo de resíduos sólidos, por acordo setorial ou termo de compromisso firmado com o setor empresarial, encarregar-se de atividades de responsabilidade dos fabricantes, importadores, distribuidores e comerciantes nos sistemas de logística reversa dos produtos e embalagens a que se refere este artigo, as ações do poder público serão devidamente remuneradas, na forma previamente acordada entre as partes.

**§ 8º** Com exceção dos consumidores, todos os participantes dos sistemas de logística reversa manterão atualizadas e disponíveis ao órgão municipal competente e a outras autoridades informações completas sobre a realização das ações sob sua responsabilidade.

**Art. 34.** Os acordos setoriais ou termos de compromisso referidos no inciso IV do *caput* do art. 31 e no § 1º do art. 33 podem ter abrangência nacional, regional, estadual ou municipal.

**§ 1º** Os acordos setoriais e termos de compromisso firmados em âmbito nacional têm prevalência sobre os firmados em âmbito regional ou estadual, e estes sobre os firmados em âmbito municipal.

**§ 2º** Na aplicação de regras concorrentes consoante o § 1º, os acordos firmados com menor abrangência geográfica podem ampliar, mas não abrandar, as medidas de proteção ambiental constantes nos acordos setoriais e termos de compromisso firmados com maior abrangência geográfica.

**Art. 35.** Sempre que estabelecido sistema de coleta seletiva pelo plano municipal de gestão integrada de resíduos sólidos e na aplicação do art. 33, os consumidores são obrigados a:

**I** - acondicionar adequadamente e de forma diferenciada os resíduos sólidos gerados;

**II** - disponibilizar adequadamente os resíduos sólidos reutilizáveis e recicláveis para coleta ou devolução.

**Parágrafo único.** O poder público municipal pode instituir incentivos econômicos aos consumidores que participam do sistema de coleta seletiva referido no *caput*, na forma de lei municipal.

**Art. 36.** No âmbito da responsabilidade compartilhada pelo ciclo de vida dos produtos, cabe ao titular dos serviços públicos de limpeza urbana e de manejo de resíduos sólidos, observado, se houver, o plano municipal de gestão integrada de resíduos sólidos:

**I** - adotar procedimentos para reaproveitar os resíduos sólidos reutilizáveis e recicláveis oriundos dos serviços públicos de limpeza urbana e de manejo de resíduos sólidos;

**II** - estabelecer sistema de coleta seletiva;

**III** - articular com os agentes econômicos e sociais medidas para viabilizar o retorno ao ciclo produtivo dos resíduos sólidos reutilizáveis e recicláveis oriundos dos serviços de limpeza urbana e de manejo de resíduos sólidos;

**IV** - realizar as atividades definidas por acordo setorial ou termo de compromisso na forma do § 7º do art. 33, mediante a devida remuneração pelo setor empresarial;

**V** - implantar sistema de compostagem para resíduos sólidos orgânicos e articular com os agentes econômicos e sociais formas de utilização do composto produzido;

**VI** - dar disposição final ambientalmente adequada aos resíduos e rejeitos oriundos dos serviços públicos de limpeza urbana e de manejo de resíduos sólidos.

**§ 1º** Para o cumprimento do disposto nos incisos I a IV do *caput*, o titular dos serviços públicos de limpeza urbana e de manejo de resíduos sólidos priorizará a organização e o funcionamento de cooperativas ou de outras formas de associação de catadores de materiais reutilizáveis e recicláveis formadas por pessoas físicas de baixa renda, bem como sua contratação.

**§ 2º** A contratação prevista no § 1º é dispensável de licitação, nos termos do inciso XXVII do art. 24 da Lei nº 8.666, de 21 de junho de 1993.

## CAPÍTULO IV
## DOS RESÍDUOS PERIGOSOS

**Art. 37.** A instalação e o funcionamento de empreendimento ou atividade que gere ou opere com resíduos perigosos somente podem ser autorizados ou licenciados pelas autoridades competentes se o responsável comprovar, no mínimo, capacidade técnica e econômica, além de condições para prover os cuidados necessários ao gerenciamento desses resíduos.

**Art. 38.** As pessoas jurídicas que operam com resíduos perigosos, em qualquer fase do seu gerenciamento, são obrigadas a se cadastrar no Cadastro Nacional de Operadores de Resíduos Perigosos.

**§ 1º** O cadastro previsto no *caput* será coordenado pelo órgão federal competente do Sisnama e implantado de forma conjunta pelas autoridades federais, estaduais e municipais.

**§ 2º** Para o cadastramento, as pessoas jurídicas referidas no *caput* necessitam contar com responsável técnico pelo gerenciamento dos resíduos perigosos, de seu próprio quadro de funcionários ou contratado, devidamente habilitado, cujos dados serão mantidos atualizados no cadastro.

**§ 3º** O cadastro a que se refere o *caput* é parte integrante do Cadastro Técnico Federal de Atividades Potencialmente Poluidoras ou Utilizadoras de Recursos Ambientais e do Sistema de Informações previsto no art. 12.

**Art. 39.** As pessoas jurídicas referidas no art. 38 são obrigadas a elaborar plano de gerenciamento de resíduos perigosos e submetê-lo ao órgão competente do Sisnama e, se couber, do SNVS, observado o conteúdo mínimo estabelecido no art. 21 e demais exigências previstas em regulamento ou em normas técnicas.

**§ 1º** O plano de gerenciamento de resíduos perigosos a que se refere o *caput* poderá estar inserido no plano de gerenciamento de resíduos a que se refere o art. 20.

**§ 2º** Cabe às pessoas jurídicas referidas no art. 38:

**I** - manter registro atualizado e facilmente acessível de todos os procedimentos relacionados à implementação e à operacionalização do plano previsto no *caput*;

**II** - informar anualmente ao órgão competente do Sisnama e, se couber, do SNVS, sobre a quantidade, a natureza e a destinação temporária ou final dos resíduos sob sua responsabilidade;

**III** - adotar medidas destinadas a reduzir o volume e a periculosidade dos resíduos sob sua responsabilidade, bem como a aperfeiçoar seu gerenciamento;

**IV** - informar imediatamente aos órgãos competentes sobre a ocorrência de acidentes ou outros sinistros relacionados aos resíduos perigosos.

**§ 3º** Sempre que solicitado pelos órgãos competentes do Sisnama e do SNVS, será assegurado acesso para inspeção das instalações e dos procedimentos relacionados à implementação e à operacionalização do plano de gerenciamento de resíduos perigosos.

**§ 4º** No caso de controle a cargo de órgão federal ou estadual do Sisnama e do SNVS, as informações sobre o conteúdo, a implementação e a operacionalização do plano previsto no *caput* serão repassadas ao poder público municipal, na forma do regulamento.

**Art. 40.** No licenciamento ambiental de empreendimentos ou atividades que operem com resíduos perigosos, o órgão licenciador do Sisnama pode exigir a contratação de seguro de responsabilidade civil por danos causados ao meio ambiente ou à saúde pública, observadas as regras sobre cobertura e os limites máximos de contratação fixados em regulamento.

**Parágrafo único.** O disposto no *caput* considerará o porte da empresa, conforme regulamento.

**Art. 41.** Sem prejuízo das iniciativas de outras esferas governamentais, o Governo Federal deve estruturar e manter instrumentos e atividades voltados para promover a descontaminação de áreas órfãs.

**Parágrafo único.** Se, após descontaminação de sítio órfão realizada com recursos do Governo Federal ou de outro ente da Federação, forem identificados os responsáveis pela contaminação, estes ressarcirão integralmente o valor empregado ao poder público.

## CAPÍTULO V
## DOS INSTRUMENTOS ECONÔMICOS

**Art. 42.** O poder público poderá instituir medidas indutoras e linhas de financiamento para atender, prioritariamente, às iniciativas de:

**I** - prevenção e redução da geração de resíduos sólidos no processo produtivo;

**II** - desenvolvimento de produtos com menores impactos à saúde humana e à qualidade ambiental em seu ciclo de vida;

**III** - implantação de infraestrutura física e aquisição de equipamentos para cooperativas ou outras formas de associação de catadores de materiais reutilizáveis e recicláveis formadas por pessoas físicas de baixa renda;

**IV** - desenvolvimento de projetos de gestão dos resíduos sólidos de caráter intermunicipal ou, nos termos do inciso I do *caput* do art. 11, regional;

**V** - estruturação de sistemas de coleta seletiva e de logística reversa;

**VI** - descontaminação de áreas contaminadas, incluindo as áreas órfãs;

**VII** - desenvolvimento de pesquisas voltadas para tecnologias limpas aplicáveis aos resíduos sólidos;

**VIII** - desenvolvimento de sistemas de gestão ambiental e empresarial voltados para a melhoria dos processos produtivos e ao reaproveitamento dos resíduos.

**Art. 43.** No fomento ou na concessão de incentivos creditícios destinados a atender diretrizes desta Lei, as instituições oficiais de crédito podem estabelecer critérios diferenciados de acesso dos beneficiários aos créditos do Sistema Financeiro Nacional para investimentos produtivos.

**Art. 44.** A União, os Estados, o Distrito Federal e os Municípios, no âmbito de suas competências, poderão instituir normas com o objetivo de conceder incentivos fiscais, financeiros ou creditícios, respeitadas as limitações da Lei Complementar nº 101, de 4 de maio de 2000 (Lei de Responsabilidade Fiscal), a:

**I** - indústrias e entidades dedicadas à reutilização, ao tratamento e à reciclagem de resíduos sólidos produzidos no território nacional;

**II** - projetos relacionados à responsabilidade pelo ciclo de vida dos produtos, prioritariamente em parceria com cooperativas ou outras formas de associação de catadores de materiais reutilizáveis e recicláveis formadas por pessoas físicas de baixa renda;

**III** - empresas dedicadas à limpeza urbana e a atividades a ela relacionadas.

**Art. 45.** Os consórcios públicos constituídos, nos termos da Lei nº 11.107, de 2005, com o objetivo de viabilizar a descentralização e a prestação de serviços públicos que envolvam resíduos sólidos, têm prioridade na obtenção dos incentivos instituídos pelo Governo Federal.

**Art. 46.** O atendimento ao disposto neste Capítulo será efetivado em consonância com a Lei Complementar nº 101, de 2000 (Lei de Responsabilidade Fiscal), bem como com as diretrizes e objetivos do respectivo plano plurianual, as metas e as prioridades fixadas pelas leis de diretrizes orçamentárias e no limite das disponibilidades propiciadas pelas leis orçamentárias anuais.

## CAPÍTULO VI
## DAS PROIBIÇÕES

**Art. 47.** São proibidas as seguintes formas de destinação ou disposição final de resíduos sólidos ou rejeitos:

**I** - lançamento em praias, no mar ou em quaisquer corpos hídricos;

**II** - lançamento in natura a céu aberto, excetuados os resíduos de mineração;

**III** - queima a céu aberto ou em recipientes, instalações e equipamentos não licenciados para essa finalidade;

**IV** - outras formas vedadas pelo poder público.

**§ 1º** Quando decretada emergência sanitária, a queima de resíduos a céu aberto pode ser realizada, desde que autorizada e acompanhada pelos órgãos competentes do Sisnama, do SNVS e, quando couber, do Suasa.

**§ 2º** Assegurada a devida impermeabilização, as bacias de decantação de resíduos ou rejeitos industriais ou de mineração, devidamente licenciadas pelo órgão competente do Sisnama, não são consideradas corpos hídricos para efeitos do disposto no inciso I do *caput*.

**Art. 48.** São proibidas, nas áreas de disposição final de resíduos ou rejeitos, as seguintes atividades:

**I** - utilização dos rejeitos dispostos como alimentação;

**II** - catação, observado o disposto no inciso V do art. 17;

**III** - criação de animais domésticos;

**IV** - fixação de habitações temporárias ou permanentes;

**V** - outras atividades vedadas pelo poder público.

**Art. 49.** É proibida a importação de resíduos sólidos perigosos e rejeitos, bem como de resíduos sólidos cujas características causem dano ao meio ambiente, à saúde pública e animal e à sanidade vegetal, ainda que para tratamento, reforma, reúso, reutilização ou recuperação.

# TÍTULO IV
# DISPOSIÇÕES TRANSITÓRIAS E FINAIS

**Art. 50.** A inexistência do regulamento previsto no § 3º do art. 21 não obsta a atuação, nos termos desta Lei, das cooperativas ou outras formas de associação de catadores de materiais reutilizáveis e recicláveis.

**Art. 51.** Sem prejuízo da obrigação de, independentemente da existência de culpa, reparar os danos causados, a ação ou omissão das pessoas físicas ou jurídicas que importe inobservância aos preceitos desta Lei ou de seu regulamento sujeita os infratores às sanções previstas em lei, em especial às fixadas na Lei nº 9.605, de 12 de fevereiro de 1998, que "dispõe sobre as sanções penais e administrativas derivadas de condutas e atividades lesivas ao meio ambiente, e dá outras providências", e em seu regulamento.

**Art. 52.** A observância do disposto no *caput* do art. 23 e no § 2º do art. 39 desta Lei é considerada obrigação de relevante interesse ambiental para efeitos do art. 68 da Lei nº 9.605, de 1998, sem prejuízo da aplicação de outras sanções cabíveis nas esferas penal e administrativa.

**Art. 53.** O § 1º do art. 56 da Lei nº 9.605, de 12 de fevereiro de 1998, passa a vigorar com a seguinte redação:

(...)

**Art. 54.** A disposição final ambientalmente adequada dos rejeitos deverá ser implantada até 31 de dezembro de 2020, exceto para os Municípios que até essa data tenham elaborado plano intermunicipal de resíduos sólidos ou plano municipal de gestão integrada de resíduos sólidos e que disponham de mecanismos de cobrança que garantam sua sustentabilidade econômico-financeira, nos termos do art. 29 da Lei nº 11.445, de 5 de janeiro de 2007, para os quais ficam definidos os seguintes prazos: *(Redação dada pela Lei 14.026/2020)*

**I** - até 2 de agosto de 2021, para capitais de Estados e Municípios integrantes de Região Metropolitana (RM) ou de Região Integrada de Desenvolvimento (Ride) de capitais; *(Acrescido pela Lei 14.026/2020)*

**II** - até 2 de agosto de 2022, para Municípios com população superior a 100.000 (cem mil) habitantes no Censo 2010, bem como para Municípios cuja mancha urbana da sede municipal esteja situada a menos de 20 (vinte) quilômetros da fronteira com países limítrofes; *(Acrescido pela Lei 14.026/2020)*

**III** - até 2 de agosto de 2023, para Municípios com população entre 50.000 (cinquenta mil) e 100.000 (cem mil) habitantes no Censo 2010; e *(Acrescido pela Lei 14.026/2020)*

**IV** - até 2 de agosto de 2024, para Municípios com população inferior a 50.000 (cinquenta mil) habitantes no Censo 2010. *(Acrescido pela Lei 14.026/2020)*

**§ 1º** *(VETADO na Lei 14.026/2020)*

**§ 2º** Nos casos em que a disposição de rejeitos em aterros sanitários for economicamente inviável, poderão ser adotadas outras soluções, observadas normas técnicas e operacionais estabelecidas pelo órgão competente, de modo a evitar danos ou riscos à saúde pública e à segurança e a minimizar os impactos ambientais. *(Acrescido pela Lei 14.026/2020)*

**Art. 55.** O disposto nos arts. 16 e 18 entra em vigor 2 (dois) anos após a data de publicação desta Lei.

**Art. 56.** A logística reversa relativa aos produtos de que tratam os incisos V e VI do *caput* do art. 33 será implementada progressivamente segundo cronograma estabelecido em regulamento.

**Art. 57.** Esta Lei entra em vigor na data de sua publicação.

Brasília, 2 de agosto de 2010; 189º da Independência e 122º da República.

LUIZ INÁCIO LULA DA SILVA

Rafael Thomaz Favetti

# LEI Nº 13.146, DE 6 DE JULHO DE 2015

*Institui a Lei Brasileira de Inclusão da Pessoa com Deficiência (Estatuto da Pessoa com Deficiência).*

- DOU 7.7.2015.

## LIVRO I PARTE GERAL

## TÍTULO I DISPOSIÇÕES PRELIMINARES

### CAPÍTULO I DISPOSIÇÕES GERAIS

**Art. 1º** É instituída a Lei Brasileira de Inclusão da Pessoa com Deficiência (Estatuto da Pessoa com Deficiência), destinada a assegurar e a promover, em condições de igualdade, o exercício dos direitos e das liberdades fundamentais por pessoa com deficiência, visando à sua inclusão social e cidadania.

- arts. 5º; 6º; 7º, XXXI; 23, II; 24, XIV; 37, VIII; 40, § 4º; 201, § 1º; 203, IV, V; 208, III; 227, §§ 1º e 2º; 244, CF.

**Parágrafo único.** Esta Lei tem como base a Convenção sobre os Direitos das Pessoas com Deficiência e seu Protocolo Facultativo, ratificados pelo Congresso Nacional por meio do Decreto Legislativo nº 186, de 9 de julho de 2008, em conformidade com o procedimento previsto no § 3º do art. 5º da Constituição da República Federativa do Brasil, em vigor para o Brasil, no plano jurídico externo, desde 31 de agosto de 2008, e promulgados pelo Decreto nº 6.949, de 25 de agosto de 2009, data de início de sua vigência no plano interno.

**Art. 2º** Considera-se pessoa com deficiência aquela que tem impedimento de longo prazo de natureza física, mental, intelectual ou sensorial, o qual, em interação com uma ou mais barreiras, pode obstruir sua participação plena e efetiva na sociedade em igualdade de condições com as demais pessoas.

- art. 2º, I, Dec. 10.415/2020.

**§ 1º** A avaliação da deficiência, quando necessária, será biopsicossocial, realizada por equipe multiprofissional e interdisciplinar e considerará:

- art. 124 desta lei.
- Art. 1º do Decreto 11.063/2022 (Estabelece os critérios e os requisitos para a avaliação de pessoas com deficiência ou pessoas com transtorno do espectro autista para fins de concessão de

isenção do Imposto sobre Produtos Industrializados – IPI na aquisição de automóveis)

**I** - os impedimentos nas funções e nas estruturas do corpo;

**II** - os fatores socioambientais, psicológicos e pessoais;

**III** - a limitação no desempenho de atividades; e

**IV** - a restrição de participação.

**§ 2º** O Poder Executivo criará instrumentos para avaliação da deficiência.

› Lei 14.126/2021 (Classifica a visão monocular como deficiência sensorial, do tipo visual).

**Art. 3º** Para fins de aplicação desta Lei, consideram-se:

**I** - acessibilidade: possibilidade e condição de alcance para utilização, com segurança e autonomia, de espaços, mobiliários, equipamentos urbanos, edificações, transportes, informação e comunicação, inclusive seus sistemas e tecnologias, bem como de outros serviços e instalações abertos ao público, de uso público ou privados de uso coletivo, tanto na zona urbana como na rural, por pessoa com deficiência ou com mobilidade reduzida;

**II** - desenho universal: concepção de produtos, ambientes, programas e serviços a serem usados por todas as pessoas, sem necessidade de adaptação ou de projeto específico, incluindo os recursos de tecnologia assistiva;

**III** - tecnologia assistiva ou ajuda técnica: produtos, equipamentos, dispositivos, recursos, metodologias, estratégias, práticas e serviços que objetivem promover a funcionalidade, relacionada à atividade e à participação da pessoa com deficiência ou com mobilidade reduzida, visando à sua autonomia, independência, qualidade de vida e inclusão social;

**IV** - barreiras: qualquer entrave, obstáculo, atitude ou comportamento que limite ou impeça a participação social da pessoa, bem como o gozo, a fruição e o exercício de seus direitos à acessibilidade, à liberdade de movimento e de expressão, à comunicação, ao acesso à informação, à compreensão, à circulação com segurança, entre outros, classificadas em:

*a)* barreiras urbanísticas: as existentes nas vias e nos espaços públicos e privados abertos ao público ou de uso coletivo;

*b)* barreiras arquitetônicas: as existentes nos edifícios públicos e privados;

*c)* barreiras nos transportes: as existentes nos sistemas e meios de transportes;

*d)* barreiras nas comunicações e na informação: qualquer entrave, obstáculo, atitude ou comportamento que dificulte ou impossibilite a expressão ou o recebimento de mensagens e de informações por intermédio de sistemas de comunicação e de tecnologia da informação;

*e)* barreiras atitudinais: atitudes ou comportamentos que impeçam ou prejudiquem a participação social da pessoa com deficiência em igualdade de condições e oportunidades com as demais pessoas;

*f)* barreiras tecnológicas: as que dificultam ou impedem o acesso da pessoa com deficiência às tecnologias;

**V** - comunicação: forma de interação dos cidadãos que abrange, entre outras opções, as línguas, inclusive a Língua Brasileira de Sinais (Libras), a visualização de textos, o Braille, o sistema de sinalização ou de comunicação tátil, os caracteres ampliados, os dispositivos multimídia, assim como a linguagem simples, escrita e oral, os sistemas auditivos e os meios de voz digitalizados e os modos, meios e formatos aumentativos e alternativos de comunicação, incluindo as tecnologias da informação e das comunicações;

**VI** - adaptações razoáveis: adaptações, modificações e ajustes necessários e adequados que não acarretem ônus desproporcional e indevido, quando requeridos em cada caso, a fim de assegurar que a pessoa com deficiência possa gozar ou exercer, em igualdade de condições e oportunidades com as demais pessoas, todos os direitos e liberdades fundamentais;

**VII** - elemento de urbanização: quaisquer componentes de obras de urbanização, tais como os referentes a pavimentação, saneamento, encanamento para esgotos, distribuição de energia elétrica e de gás, iluminação pública, serviços de comunicação, abastecimento e distribuição de água, paisagismo e os que materializam as indicações do planejamento urbanístico;

**VIII** - mobiliário urbano: conjunto de objetos existentes nas vias e nos espaços públicos, superpostos ou adicionados aos elementos de urbanização ou de edificação, de forma que sua modificação ou seu traslado não provoque alterações substanciais nesses elementos, tais como semáforos, postes de sinalização e similares, terminais e pontos de acesso coletivo às telecomunicações, fontes de água, lixeiras, toldos, marquises, bancos, quiosques e quaisquer outros de natureza análoga;

**IX** - pessoa com mobilidade reduzida: aquela que tenha, por qualquer motivo, dificuldade de movimentação, permanente ou temporária, gerando redução efetiva da mobilidade, da flexibilidade, da coordenação motora ou da percepção, incluindo idoso, gestante, lactante, pessoa com criança de colo e obeso;

**X** - residências inclusivas: unidades de oferta do Serviço de Acolhimento do Sistema Único de Assistência Social (Suas) localizadas em áreas residenciais da comunidade, com estruturas adequadas, que possam contar com apoio psicossocial para o atendimento das necessidades da pessoa acolhida, destinadas a jovens e adultos com deficiência, em situação de dependência, que não dispõem de condições de autossustentabilidade e com vínculos familiares fragilizados ou rompidos;

**XI** - moradia para a vida independente da pessoa com deficiência: moradia com estruturas adequadas capazes de proporcionar serviços de apoio coletivos e individualizados que respeitem e ampliem o grau de autonomia de jovens e adultos com deficiência;

**XII** - atendente pessoal: pessoa, membro ou não da família, que, com ou sem remuneração, assiste ou presta cuidados básicos e essenciais à pessoa com deficiência no exercício de suas atividades diárias, excluídas as técnicas ou os procedimentos identificados com profissões legalmente estabelecidas;

**XIII** - profissional de apoio escolar: pessoa que exerce atividades de alimentação, higiene e locomoção do estudante com deficiência e atua em todas as atividades escolares nas quais se fizer necessária, em todos os níveis e modalidades de ensino, em instituições públicas e privadas, excluídas as técnicas ou os procedimentos identificados com profissões legalmente estabelecidas;

**XIV** - acompanhante: aquele que acompanha a pessoa com deficiência, podendo ou não desempenhar as funções de atendente pessoal.

## CAPÍTULO II
## DA IGUALDADE E DA NÃO DISCRIMINAÇÃO

▸ Lei 7.853/1989 (Dispõe sobre o apoio às pessoas portadoras de deficiência, sua integração social, sobre a Coordenadoria Nacional para Integração da Pessoa Portadora de Deficiência - Corde, institui a tutela jurisdicional de interesses coletivos ou difusos dessas pessoas, disciplina a atuação do Ministério Público e define crimes).

**Art. 4º** Toda pessoa com deficiência tem direito à igualdade de oportunidades com as demais pessoas e não sofrerá nenhuma espécie de discriminação.

**§ 1º** Considera-se discriminação em razão da deficiência toda forma de distinção, restrição ou exclusão, por ação ou omissão, que tenha o propósito ou o efeito de prejudicar, impedir ou anular o reconhecimento ou o exercício dos direitos e das liberdades fundamentais de pessoa com deficiência, incluindo a recusa de adaptações razoáveis e de fornecimento de tecnologias assistivas.

**§ 2º** A pessoa com deficiência não está obrigada à fruição de benefícios decorrentes de ação afirmativa.

**Art. 5º** A pessoa com deficiência será protegida de toda forma de negligência, discriminação, exploração, violência, tortura, crueldade, opressão e tratamento desumano ou degradante.

**Parágrafo único.** Para os fins da proteção mencionada no *caput* deste artigo, são considerados especialmente vulneráveis a criança, o adolescente, a mulher e o idoso, com deficiência.

**Art. 6º** A deficiência não afeta a plena capacidade civil da pessoa, inclusive para:

**I** - casar-se e constituir união estável;

**II** - exercer direitos sexuais e reprodutivos;

**III** - exercer o direito de decidir sobre o número de filhos e de ter acesso a informações adequadas sobre reprodução e planejamento familiar;

**IV** - conservar sua fertilidade, sendo vedada a esterilização compulsória;

**V** - exercer o direito à família e à convivência familiar e comunitária; e

**VI** - exercer o direito à guarda, à tutela, à curatela e à adoção, como adotante ou adotando, em igualdade de oportunidades com as demais pessoas.

▸ arts. 1.583 e ss.; 1.618; 1.619; 1.728 e ss., CC.

**Art. 7º** É dever de todos comunicar à autoridade competente qualquer forma de ameaça ou de violação aos direitos da pessoa com deficiência.

**Parágrafo único.** Se, no exercício de suas funções, os juízes e os tribunais tiverem conhecimento de fatos que caracterizem as violações previstas nesta Lei, devem remeter peças ao Ministério Público para as providências cabíveis.

**Art. 8º** É dever do Estado, da sociedade e da família assegurar à pessoa com deficiência, com prioridade, a efetivação dos direitos referentes à vida, à saúde, à sexualidade, à paternidade e à maternidade, à alimentação, à habitação, à educação, à profissionalização, ao trabalho, à previdência social, à habilitação e à reabilitação, ao transporte, à acessibilidade, à cultura, ao desporto, ao turismo, ao lazer, à informação, à comunicação, aos avanços científicos e tecnológicos, à dignidade, ao respeito, à liberdade, à convivência familiar e comunitária, entre outros decorrentes da Constituição Federal, da Convenção sobre os Direitos das Pessoas com Deficiência e seu Protocolo Facultativo e das leis e de outras normas que garantam seu bem-estar pessoal, social e econômico.

### SEÇÃO ÚNICA
### DO ATENDIMENTO PRIORITÁRIO

**Art. 9º** A pessoa com deficiência tem direito a receber atendimento prioritário, sobretudo com a finalidade de:

**I** - proteção e socorro em quaisquer circunstâncias;

**II** - atendimento em todas as instituições e serviços de atendimento ao público;

**III** - disponibilização de recursos, tanto humanos quanto tecnológicos, que garantam atendimento em igualdade de condições com as demais pessoas;

**IV** - disponibilização de pontos de parada, estações e terminais acessíveis de transporte coletivo de passageiros e garantia de segurança no embarque e no desembarque;

**V** - acesso a informações e disponibilização de recursos de comunicação acessíveis;

**VI** - recebimento de restituição de imposto de renda;

**VII** - tramitação processual e procedimentos judiciais e administrativos em que for parte ou interessada, em todos os atos e diligências.

**§ 1º** Os direitos previstos neste artigo são extensivos ao acompanhante da pessoa com deficiência ou ao seu atendente pessoal, exceto quanto ao disposto nos incisos VI e VII deste artigo.

**§ 2º** Nos serviços de emergência públicos e privados, a prioridade conferida por esta Lei é condicionada aos protocolos de atendimento médico.

## TÍTULO II
## DOS DIREITOS FUNDAMENTAIS

### CAPÍTULO I
### DO DIREITO À VIDA

**Art. 10.** Compete ao poder público garantir a dignidade da pessoa com deficiência ao longo de toda a vida.

**Parágrafo único.** Em situações de risco, emergência ou estado de calamidade pública, a pessoa com deficiência será considerada vulnerável, devendo o poder público adotar medidas para sua proteção e segurança.

**Art. 11.** A pessoa com deficiência não poderá ser obrigada a se submeter a intervenção clínica ou cirúrgica, a tratamento ou a institucionalização forçada.

**Parágrafo único.** O consentimento da pessoa com deficiência em situação de curatela poderá ser suprido, na forma da lei.

**Art. 12.** O consentimento prévio, livre e esclarecido da pessoa com deficiência é indispensável para a realização de tratamento, procedimento, hospitalização e pesquisa científica.

**§ 1º** Em caso de pessoa com deficiência em situação de curatela, deve ser assegurada sua participação, no maior grau possível, para a obtenção de consentimento.

- arts. 1.728 e ss., CC.

**§ 2º** A pesquisa científica envolvendo pessoa com deficiência em situação de tutela ou de curatela deve ser realizada, em caráter excepcional, apenas quando houver indícios de benefício direto para sua saúde ou para a saúde de outras pessoas com deficiência e desde que não haja outra opção de pesquisa de eficácia comparável com participantes não tutelados ou curatelados.

**Art. 13.** A pessoa com deficiência somente será atendida sem seu consentimento prévio, livre e esclarecido em casos de risco de morte e de emergência em saúde, resguardado seu superior interesse e adotadas as salvaguardas legais cabíveis.

### CAPÍTULO II
### DO DIREITO À HABILITAÇÃO E À REABILITAÇÃO

- Dec. 8.725/2016 (Institui a Rede Intersetorial de Reabilitação Integral e dá outras providências).

**Art. 14.** O processo de habilitação e de reabilitação é um direito da pessoa com deficiência.

**Parágrafo único.** O processo de habilitação e de reabilitação tem por objetivo o desenvolvimento de potencialidades, talentos, habilidades e aptidões físicas, cognitivas, sensoriais, psicossociais, atitudinais, profissionais e artísticas que contribuam para a conquista da autonomia da pessoa com deficiência e de sua participação social em igualdade de condições e oportunidades com as demais pessoas.

- Lei 10.216/2001 (Dispõe sobre a proteção e os direitos das pessoas portadoras de transtornos mentais e redireciona o modelo assistencial em saúde mental).

**Art. 15.** O processo mencionado no art. 14 desta Lei baseia-se em avaliação multidisciplinar das necessidades, habilidades e potencialidades de cada pessoa, observadas as seguintes diretrizes:

**I** - diagnóstico e intervenção precoces;

**II** - adoção de medidas para compensar perda ou limitação funcional, buscando o desenvolvimento de aptidões;

**III** - atuação permanente, integrada e articulada de políticas públicas que possibilitem a plena participação social da pessoa com deficiência;

**IV** - oferta de rede de serviços articulados, com atuação intersetorial, nos diferentes níveis de complexidade, para atender às necessidades específicas da pessoa com deficiência;

**V** - prestação de serviços próximo ao domicílio da pessoa com deficiência, inclusive na zona rural, respeitadas a organização das Redes de Atenção à Saúde (RAS) nos territórios locais e as normas do Sistema Único de Saúde (SUS).

**Art. 16.** Nos programas e serviços de habilitação e de reabilitação para a pessoa com deficiência, são garantidos:

**I** - organização, serviços, métodos, técnicas e recursos para atender às características de cada pessoa com deficiência;

**II** - acessibilidade em todos os ambientes e serviços;

**III** - tecnologia assistiva, tecnologia de reabilitação, materiais e equipamentos adequados e apoio técnico profissional, de acordo com as especificidades de cada pessoa com deficiência;

**IV** - capacitação continuada de todos os profissionais que participem dos programas e serviços.

**Art. 17.** Os serviços do SUS e do Suas deverão promover ações articuladas para garantir à pessoa com deficiência e sua família a aquisição de informações, orientações e formas de acesso às políticas públicas disponíveis, com a finalidade de propiciar sua plena participação social.

**Parágrafo único.** Os serviços de que trata o *caput* deste artigo podem fornecer informações e orientações nas áreas de saúde, de educação, de cultura, de esporte, de lazer, de transporte, de previdência social, de assistência social, de habitação, de trabalho, de empreendedorismo, de acesso ao crédito, de promoção, proteção e defesa de direitos e nas demais áreas que possibilitem à pessoa com deficiência exercer sua cidadania.

## CAPÍTULO III
## DO DIREITO À SAÚDE

**Art. 18.** É assegurada atenção integral à saúde da pessoa com deficiência em todos os níveis de complexidade, por intermédio do SUS, garantido acesso universal e igualitário.

**§ 1º** É assegurada a participação da pessoa com deficiência na elaboração das políticas de saúde a ela destinadas.

**§ 2º** É assegurado atendimento segundo normas éticas e técnicas, que regulamentarão a atuação dos profissionais de saúde e contemplarão aspectos relacionados aos direitos e às especificidades da pessoa com deficiência, incluindo temas como sua dignidade e autonomia.

**§ 3º** Aos profissionais que prestam assistência à pessoa com deficiência, especialmente em serviços de habilitação e de reabilitação, deve ser garantida capacitação inicial e continuada.

**§ 4º** As ações e os serviços de saúde pública destinados à pessoa com deficiência devem assegurar:

**I** - diagnóstico e intervenção precoces, realizados por equipe multidisciplinar;

**II** - serviços de habilitação e de reabilitação sempre que necessários, para qualquer tipo de deficiência, inclusive para a manutenção da melhor condição de saúde e qualidade de vida;

**III** - atendimento domiciliar multidisciplinar, tratamento ambulatorial e internação;

**IV** - campanhas de vacinação;

**V** - atendimento psicológico, inclusive para seus familiares e atendentes pessoais;

**VI** - respeito à especificidade, à identidade de gênero e à orientação sexual da pessoa com deficiência;

**VII** - atenção sexual e reprodutiva, incluindo o direito à fertilização assistida;

**VIII** - informação adequada e acessível à pessoa com deficiência e a seus familiares sobre sua condição de saúde;

**IX** - serviços projetados para prevenir a ocorrência e o desenvolvimento de deficiências e agravos adicionais;

**X** - promoção de estratégias de capacitação permanente das equipes que atuam no SUS, em todos os níveis de atenção, no atendimento à pessoa com deficiência, bem como orientação a seus atendentes pessoais;

**XI** - oferta de órteses, próteses, meios auxiliares de locomoção, medicamentos, insumos e fórmulas nutricionais, conforme as normas vigentes do Ministério da Saúde.

**§ 5º** As diretrizes deste artigo aplicam-se também às instituições privadas que participem de forma complementar do SUS ou que recebam recursos públicos para sua manutenção.

**Art. 19.** Compete ao SUS desenvolver ações destinadas à prevenção de deficiências por causas evitáveis, inclusive por meio de:

**I** - acompanhamento da gravidez, do parto e do puerpério, com garantia de parto humanizado e seguro;

**II** - promoção de práticas alimentares adequadas e saudáveis, vigilância alimentar e nutricional, prevenção e cuidado integral dos agravos relacionados à alimentação e nutrição da mulher e da criança;

**III** - aprimoramento e expansão dos programas de imunização e de triagem neonatal;

**IV** - identificação e controle da gestante de alto risco.

**Art. 20.** As operadoras de planos e seguros privados de saúde são obrigadas a garantir à pessoa com deficiência, no mínimo, todos os serviços e produtos ofertados aos demais clientes.

▸ Lei 9.656/1998 (Dispõe sobre os planos e seguros privados de assistência à saúde).

**Art. 21.** Quando esgotados os meios de atenção à saúde da pessoa com deficiência no local de residência, será prestado atendimento fora de domicílio, para fins de diagnóstico e de tratamento, garantidos o transporte e a acomodação da pessoa com deficiência e de seu acompanhante.

**Art. 22.** À pessoa com deficiência internada ou em observação é assegurado o direito a acompanhante ou a atendente pessoal, devendo o órgão ou a instituição de saúde proporcionar condições adequadas para sua permanência em tempo integral.

**§ 1º** Na impossibilidade de permanência do acompanhante ou do atendente pessoal junto à pessoa com deficiência, cabe ao profissional de saúde responsável pelo tratamento justificá-la por escrito.

**§ 2º** Na ocorrência da impossibilidade prevista no § 1º deste artigo, o órgão ou a instituição de saúde deve adotar as providências cabíveis para suprir a ausência do acompanhante ou do atendente pessoal.

**Art. 23.** São vedadas todas as formas de discriminação contra a pessoa com deficiência, inclusive por meio de cobrança de valores diferenciados por planos e seguros privados de saúde, em razão de sua condição.

**Art. 24.** É assegurado à pessoa com deficiência o acesso aos serviços de saúde, tanto públicos como privados, e às informações prestadas e recebidas, por meio de recursos de tecnologia assistiva e de todas as formas de comunicação previstas no inciso V do art. 3º desta Lei.

**Art. 25.** Os espaços dos serviços de saúde, tanto públicos quanto privados, devem assegurar o acesso da pessoa com deficiência, em conformidade com a legislação em vigor, mediante a remoção de barreiras, por meio de projetos arquitetônico, de ambientação de interior e de comunicação que atendam às especificidades das pessoas com deficiência física, sensorial, intelectual e mental.

**Art. 26.** Os casos de suspeita ou de confirmação de violência praticada contra a pessoa com deficiência serão objeto de notificação compulsória pelos serviços de saúde públicos e privados à autoridade policial e ao Ministério Público, além dos Conselhos dos Direitos da Pessoa com Deficiência.

**Parágrafo único.** Para os efeitos desta Lei, considera-se violência contra a pessoa com deficiência qualquer ação ou omissão, praticada em local público ou privado, que lhe cause morte ou dano ou sofrimento físico ou psicológico.

## CAPÍTULO IV
## DO DIREITO À EDUCAÇÃO

- arts. 58 a 60, Lei 9.394/1996 (Lei de Diretrizes e Bases da Educação Nacional).

**Art. 27.** A educação constitui direito da pessoa com deficiência, assegurados sistema educacional inclusivo em todos os níveis e aprendizado ao longo de toda a vida, de forma a alcançar o máximo desenvolvimento possível de seus talentos e habilidades físicas, sensoriais, intelectuais e sociais, segundo suas características, interesses e necessidades de aprendizagem.

**Parágrafo único.** É dever do Estado, da família, da comunidade escolar e da sociedade assegurar educação de qualidade à pessoa com deficiência, colocando-a a salvo de toda forma de violência, negligência e discriminação.

**Art. 28.** Incumbe ao poder público assegurar, criar, desenvolver, implementar, incentivar, acompanhar e avaliar:

**I** - sistema educacional inclusivo em todos os níveis e modalidades, bem como o aprendizado ao longo de toda a vida;

**II** - aprimoramento dos sistemas educacionais, visando a garantir condições de acesso, permanência, participação e aprendizagem, por meio da oferta de serviços e de recursos de acessibilidade que eliminem as barreiras e promovam a inclusão plena;

**III** - projeto pedagógico que institucionalize o atendimento educacional especializado, assim como os demais serviços e adaptações razoáveis, para atender às características dos estudantes com deficiência e garantir o seu pleno acesso ao currículo em condições de igualdade, promovendo a conquista e o exercício de sua autonomia;

**IV** - oferta de educação bilíngue, em Libras como primeira língua e na modalidade escrita da língua portuguesa como segunda língua, em escolas e classes bilíngues e em escolas inclusivas;

**V** - adoção de medidas individualizadas e coletivas em ambientes que maximizem o desenvolvimento acadêmico e social dos estudantes com deficiência, favorecendo o acesso, a permanência, a participação e a aprendizagem em instituições de ensino;

**VI** - pesquisas voltadas para o desenvolvimento de novos métodos e técnicas pedagógicas, de materiais didáticos, de equipamentos e de recursos de tecnologia assistiva;

**VII** - planejamento de estudo de caso, de elaboração de plano de atendimento educacional especializado, de organização de recursos e serviços de acessibilidade e de disponibilização e usabilidade pedagógica de recursos de tecnologia assistiva;

**VIII** - participação dos estudantes com deficiência e de suas famílias nas diversas instâncias de atuação da comunidade escolar;

**IX** - adoção de medidas de apoio que favoreçam o desenvolvimento dos aspectos linguísticos, culturais, vocacionais e profissionais, levando-se em conta o talento, a criatividade, as habilidades e os interesses do estudante com deficiência;

**X** - adoção de práticas pedagógicas inclusivas pelos programas de formação inicial e continuada de professores e oferta de formação continuada para o atendimento educacional especializado;

**XI** - formação e disponibilização de professores para o atendimento educacional especializado, de tradutores e intérpretes da Libras, de guias intérpretes e de profissionais de apoio;

**XII** - oferta de ensino da Libras, do Sistema Braille e de uso de recursos de tecnologia assistiva, de forma a ampliar habilidades funcionais dos estudantes, promovendo sua autonomia e participação;

**XIII** - acesso à educação superior e à educação profissional e tecnológica em igualdade de oportunidades e condições com as demais pessoas;

**XIV** - inclusão em conteúdos curriculares, em cursos de nível superior e de educação profissional técnica e tecnológica, de temas relacionados à pessoa com deficiência nos respectivos campos de conhecimento;

**XV** - acesso da pessoa com deficiência, em igualdade de condições, a jogos e a atividades recreativas, esportivas e de lazer, no sistema escolar;

**XVI** - acessibilidade para todos os estudantes, trabalhadores da educação e demais integrantes da comunidade escolar às edificações, aos ambientes e às atividades concernentes a todas as modalidades, etapas e níveis de ensino;

**XVII** - oferta de profissionais de apoio escolar;

**XVIII** - articulação intersetorial na implementação de políticas públicas.

**§ 1º** Às instituições privadas, de qualquer nível e modalidade de ensino, aplica-se obrigatoriamente o disposto nos incisos I, II, III, V, VII, VIII, IX, X, XI, XII, XIII, XIV, XV, XVI, XVII e XVIII do *caput* deste artigo, sendo vedada a cobrança de valores adicionais de qualquer natureza em suas mensalidades, anuidades e matrículas no cumprimento dessas determinações.

**§ 2º** Na disponibilização de tradutores e intérpretes da Libras a que se refere o inciso XI do *caput* deste artigo, deve-se observar o seguinte:

**I** - os tradutores e intérpretes da Libras atuantes na educação básica devem, no mínimo, possuir ensino médio completo e certificado de proficiência na Libras;

**II** - os tradutores e intérpretes da Libras, quando direcionados à tarefa de interpretar nas salas de aula dos cursos de graduação e pós-graduação, devem possuir nível superior, com habilitação, prioritariamente, em Tradução e Interpretação em Libras.

**Art. 29.** (Vetado).

**Art. 30.** Nos processos seletivos para ingresso e permanência nos cursos oferecidos pelas instituições de ensino superior e de educação profissional e tecnológica, públicas e privadas, devem ser adotadas as seguintes medidas:

**I** - atendimento preferencial à pessoa com deficiência nas dependências das Instituições de Ensino Superior (IES) e nos serviços;

**II** - disponibilização de formulário de inscrição de exames com campos específicos para que o candidato com deficiência informe os recursos de acessibilidade e de tecnologia assistiva necessários para sua participação;

**III** - disponibilização de provas em formatos acessíveis para atendimento às necessidades específicas do candidato com deficiência;

**IV** - disponibilização de recursos de acessibilidade e de tecnologia assistiva adequados, previamente solicitados e escolhidos pelo candidato com deficiência;

**V** - dilação de tempo, conforme demanda apresentada pelo candidato com deficiência, tanto na realização de exame para seleção quanto nas atividades acadêmicas, mediante prévia solicitação e comprovação da necessidade;

**VI** - adoção de critérios de avaliação das provas escritas, discursivas ou de redação que considerem a singularidade linguística da pessoa com deficiência, no domínio da modalidade escrita da língua portuguesa;

**VII** - tradução completa do edital e de suas retificações em Libras.

## CAPÍTULO V
## DO DIREITO À MORADIA

**Art. 31.** A pessoa com deficiência tem direito à moradia digna, no seio da família natural ou substituta, com seu cônjuge ou companheiro ou desacompanhada, ou em moradia para a vida independente da pessoa com deficiência, ou, ainda, em residência inclusiva.

**§ 1º** O poder público adotará programas e ações estratégicas para apoiar a criação e a manutenção de moradia para a vida independente da pessoa com deficiência.

**§ 2º** A proteção integral na modalidade de residência inclusiva será prestada no âmbito do Suas à pessoa com deficiência em situação de dependência que não disponha de condições de autossustentabilidade, com vínculos familiares fragilizados ou rompidos.

**Art. 32.** Nos programas habitacionais, públicos ou subsidiados com recursos públicos, a pessoa com deficiência ou o seu responsável goza de prioridade na aquisição de imóvel para moradia própria, observado o seguinte:

**I** - reserva de, no mínimo, 3% (três por cento) das unidades habitacionais para pessoa com deficiência;

**II** - (Vetado);

**III** - em caso de edificação multifamiliar, garantia de acessibilidade nas áreas de uso comum e nas unidades habitacionais no piso térreo e de acessibilidade ou de adaptação razoável nos demais pisos;

**IV** - disponibilização de equipamentos urbanos comunitários acessíveis;

**V** - elaboração de especificações técnicas no projeto que permitam a instalação de elevadores.

**§ 1º** O direito à prioridade, previsto no *caput* deste artigo, será reconhecido à pessoa com deficiência beneficiária apenas uma vez.

**§ 2º** Nos programas habitacionais públicos, os critérios de financiamento devem ser compatíveis com os rendimentos da pessoa com deficiência ou de sua família.

**§ 3º** Caso não haja pessoa com deficiência interessada nas unidades habitacionais reservadas por força do disposto no inciso I do *caput* deste artigo, as unidades não utilizadas serão disponibilizadas às demais pessoas.

**Art. 33.** Ao poder público compete:

**I** - adotar as providências necessárias para o cumprimento do disposto nos arts. 31 e 32 desta Lei; e

**II** - divulgar, para os agentes interessados e beneficiários, a política habitacional prevista nas legislações federal, estaduais, distrital e municipais, com ênfase nos dispositivos sobre acessibilidade.

## CAPÍTULO VI
## DO DIREITO AO TRABALHO

### SEÇÃO I
### DISPOSIÇÕES GERAIS

**Art. 34.** A pessoa com deficiência tem direito ao trabalho de sua livre escolha e aceitação, em ambiente acessível e inclusivo, em igualdade de oportunidades com as demais pessoas.

**§ 1º** As pessoas jurídicas de direito público, privado ou de qualquer natureza são obrigadas a garantir ambientes de trabalho acessíveis e inclusivos.

**§ 2º** A pessoa com deficiência tem direito, em igualdade de oportunidades com as demais pessoas, a condições justas e favoráveis de trabalho, incluindo igual remuneração por trabalho de igual valor.

**§ 3º** É vedada restrição ao trabalho da pessoa com deficiência e qualquer discriminação em razão de sua condição, inclusive nas etapas de recrutamento, seleção, contratação, admissão, exames admissional e periódico, permanência no emprego, ascensão profissional e reabilitação profissional, bem como exigência de aptidão plena.

**§ 4º** A pessoa com deficiência tem direito à participação e ao acesso a cursos, treinamentos, educação continuada, planos de carreira, promoções, bonificações e incentivos profissionais oferecidos pelo empregador, em igualdade de oportunidades com os demais empregados.

**§ 5º** É garantida aos trabalhadores com deficiência acessibilidade em cursos de formação e de capacitação.

**Art. 35.** É finalidade primordial das políticas públicas de trabalho e emprego promover e garantir condições de acesso e de permanência da pessoa com deficiência no campo de trabalho.

**Parágrafo único.** Os programas de estímulo ao empreendedorismo e ao trabalho autônomo, incluídos o cooperativismo e o associativismo, devem prever a participação da pessoa com deficiência e a disponibilização de linhas de crédito, quando necessárias.

- art. 1º, § 3º, LC 123/2006 (Estatuto Nacional da Microempresa e da Empresa de Pequeno Porte).

### SEÇÃO II
### DA HABILITAÇÃO PROFISSIONAL E REABILITAÇÃO PROFISSIONAL

**Art. 36.** O poder público deve implementar serviços e programas completos de habilitação profissional e de reabilitação profissional para que a pessoa com deficiência possa ingressar, continuar ou retornar ao campo do trabalho, respeitados sua livre escolha, sua vocação e seu interesse.

- art. 428, §§ 3º, 5º, 6º, CLT.

**§ 1º** Equipe multidisciplinar indicará, com base em critérios previstos no § 1º do art. 2º desta Lei, programa de habilitação ou de reabilitação que possibilite à pessoa com deficiência restaurar sua capacidade e habilidade profissional ou adquirir novas capacidades e habilidades de trabalho.

**§ 2º** A habilitação profissional corresponde ao processo destinado a propiciar à pessoa com deficiência aquisição de conhecimentos, habilidades e aptidões para exercício de profissão ou de ocupação, permitindo nível suficiente de desenvolvimento profissional para ingresso no campo de trabalho.

- art. 461, § 4º, CLT.

**§ 3º** Os serviços de habilitação profissional, de reabilitação profissional e de educação profissional devem ser dotados de recursos necessários para atender a toda pessoa com deficiência, independentemente de sua característica específica, a fim de que ela possa ser capacitada para trabalho que lhe seja adequado e ter perspectivas de obtê-lo, de conservá-lo e de nele progredir.

- art. 7º, XXXI, CF.

**§ 4º** Os serviços de habilitação profissional, de reabilitação profissional e de educação profissional deverão ser oferecidos em ambientes acessíveis e inclusivos.

**§ 5º** A habilitação profissional e a reabilitação profissional devem ocorrer articuladas com as redes públicas e privadas, especialmente de saúde, de ensino e de assistência social, em todos os níveis e modalidades, em entidades de formação profissional ou diretamente com o empregador.

**§ 6º** A habilitação profissional pode ocorrer em empresas por meio de prévia formalização do contrato de emprego da pessoa com deficiência, que será considerada para o cumprimento da reserva de vagas prevista em lei, desde que por tempo determinado e concomitante com a inclusão profissional na empresa, observado o disposto em regulamento.

**§ 7º** A habilitação profissional e a reabilitação profissional atenderão à pessoa com deficiência.

### SEÇÃO III
### DA INCLUSÃO DA PESSOA COM DEFICIÊNCIA NO TRABALHO

- Dec. 9.508/2018 (Reserva às pessoas com deficiência percentual de cargos e de empregos públicos ofertados em concursos públicos e em processos seletivos no âmbito da administração pública federal direta e indireta).

**Art. 37.** Constitui modo de inclusão da pessoa com deficiência no trabalho a colocação competitiva, em igualdade de oportunidades com as demais pessoas, nos termos da legislação trabalhista e previdenciária, na qual devem ser atendidas as regras de acessibilidade, o fornecimento de recursos de tecnologia assistiva e a adaptação razoável no ambiente de trabalho.

**Parágrafo único.** A colocação competitiva da pessoa com deficiência pode ocorrer por meio de trabalho com apoio, observadas as seguintes diretrizes:

**I** - prioridade no atendimento à pessoa com deficiência com maior dificuldade de inserção no campo de trabalho;

**II** - provisão de suportes individualizados que atendam a necessidades específicas da pessoa com deficiência, inclusive a disponibilização de recursos de tecnologia assistiva, de agente facilitador e de apoio no ambiente de trabalho;

**III** - respeito ao perfil vocacional e ao interesse da pessoa com deficiência apoiada;

**IV** - oferta de aconselhamento e de apoio aos empregadores, com vistas à definição de estratégias de inclusão e de superação de barreiras, inclusive atitudinais;

**V** - realização de avaliações periódicas;

**VI** - articulação intersetorial das políticas públicas;

**VII** - possibilidade de participação de organizações da sociedade civil.

**Art. 38.** A entidade contratada para a realização de processo seletivo público ou privado para cargo, função ou emprego está obrigada à observância do disposto nesta Lei e em outras normas de acessibilidade vigentes.

## CAPÍTULO VII
## DO DIREITO À ASSISTÊNCIA SOCIAL

**Art. 39.** Os serviços, os programas, os projetos e os benefícios no âmbito da política pública de assistência social à pessoa com deficiência e sua família têm como objetivo a garantia da segurança de renda, da acolhida, da habilitação e da reabilitação, do desenvolvimento da autonomia e da convivência familiar e comunitária, para a promoção do acesso a direitos e da plena participação social.

› arts. 23, II; 24, XIV, CF.

**§ 1º** A assistência social à pessoa com deficiência, nos termos do *caput* deste artigo, deve envolver conjunto articulado de serviços do âmbito da Proteção Social Básica e da Proteção Social Especial, ofertados pelo Suas, para a garantia de seguranças fundamentais no enfrentamento de situações de vulnerabilidade e de risco, por fragilização de vínculos e ameaça ou violação de direitos.

**§ 2º** Os serviços socioassistenciais destinados à pessoa com deficiência em situação de dependência deverão contar com cuidadores sociais para prestar-lhe cuidados básicos e instrumentais.

**Art. 40.** É assegurado à pessoa com deficiência que não possua meios para prover sua subsistência nem de tê-la provida por sua família o benefício mensal de 1 (um) salário-mínimo, nos termos da Lei nº 8.742, de 7 de dezembro de 1993.

› arts. 2º, I, e; 20, Lei 8.742/1993 (Dispõe sobre a organização da Assistência Social).

## CAPÍTULO VIII
## DO DIREITO À PREVIDÊNCIA SOCIAL

**Art. 41.** A pessoa com deficiência segurada do Regime Geral de Previdência Social (RGPS) tem direito à aposentadoria nos termos da Lei Complementar nº 142, de 8 de maio de 2013.

## CAPÍTULO IX
## DO DIREITO À CULTURA, AO ESPORTE, AO TURISMO E AO LAZER

**Art. 42.** A pessoa com deficiência tem direito à cultura, ao esporte, ao turismo e ao lazer em igualdade de oportunidades com as demais pessoas, sendo-lhe garantido o acesso:

**I** - a bens culturais em formato acessível;

**II** - a programas de televisão, cinema, teatro e outras atividades culturais e desportivas em formato acessível; e

**III** - a monumentos e locais de importância cultural e a espaços que ofereçam serviços ou eventos culturais e esportivos.

**§ 1º** É vedada a recusa de oferta de obra intelectual em formato acessível à pessoa com deficiência, sob qualquer argumento, inclusive sob a alegação de proteção dos direitos de propriedade intelectual.

**§ 2º** O poder público deve adotar soluções destinadas à eliminação, à redução ou à superação de barreiras para a promoção do acesso a todo patrimônio cultural, observadas as normas de acessibilidade, ambientais e de proteção do patrimônio histórico e artístico nacional.

**Art. 43.** O poder público deve promover a participação da pessoa com deficiência em atividades artísticas, intelectuais, culturais, esportivas e recreativas, com vistas ao seu protagonismo, devendo:

**I** - incentivar a provisão de instrução, de treinamento e de recursos adequados, em igualdade de oportunidades com as demais pessoas;

**II** - assegurar acessibilidade nos locais de eventos e nos serviços prestados por pessoa ou entidade envolvida na organização das atividades de que trata este artigo; e

**III** - assegurar a participação da pessoa com deficiência em jogos e atividades recreativas, esportivas, de lazer, culturais e artísticas, inclusive no sistema escolar, em igualdade de condições com as demais pessoas.

**Art. 44.** Nos teatros, cinemas, auditórios, estádios, ginásios de esporte, locais de espetáculos e de conferências e similares, serão reservados espaços livres e assentos para a pessoa com deficiência, de acordo com a capacidade de lotação da edificação, observado o disposto em regulamento.

**§ 1º** Os espaços e assentos a que se refere este artigo devem ser distribuídos pelo recinto em locais diversos, de boa visibilidade, em todos os setores, próximos aos corredores, devidamente sinalizados, evitando-se áreas segregadas de público e obstrução das saídas, em conformidade com as normas de acessibilidade.

**§ 2º** No caso de não haver comprovada procura pelos assentos reservados, esses podem, excepcionalmente, ser ocupados por pessoas sem deficiência ou que não tenham mobilidade reduzida, observado o disposto em regulamento.

**§ 3º** Os espaços e assentos a que se refere este artigo devem situar-se em locais que garantam a acomodação de, no mínimo, 1 (um) acompanhante da pessoa com deficiência ou com mobilidade reduzida, resguardado o direito de se acomodar proximamente a grupo familiar e comunitário.

**§ 4º** Nos locais referidos no *caput* deste artigo, deve haver, obrigatoriamente, rotas de fuga e saídas de emergência acessíveis, conforme padrões das normas de acessibilidade, a fim de permitir a saída segura da pessoa com deficiência ou com mobilidade reduzida, em caso de emergência.

**§ 5º** Todos os espaços das edificações previstas no *caput* deste artigo devem atender às normas de acessibilidade em vigor.

**§ 6º** As salas de cinema devem oferecer, em todas as sessões, recursos de acessibilidade para a pessoa com deficiência.

› art. 125, II, desta lei.

**§ 7º** O valor do ingresso da pessoa com deficiência não poderá ser superior ao valor cobrado das demais pessoas.

**Art. 45.** Os hotéis, pousadas e similares devem ser construídos observando-se os princípios do desenho universal, além de adotar todos os meios de acessibilidade, conforme legislação em vigor.

› Dec. 9.296/2018 (Regulamenta este artigo).

**§ 1º** Os estabelecimentos já existentes deverão disponibilizar, pelo menos, 10% (dez por cento) de seus dormitórios acessíveis, garantida, no mínimo, 1 (uma) unidade acessível.

**§ 2º** Os dormitórios mencionados no § 1º deste artigo deverão ser localizados em rotas acessíveis.

## CAPÍTULO X
## DO DIREITO AO TRANSPORTE E À MOBILIDADE

**Art. 46.** O direito ao transporte e à mobilidade da pessoa com deficiência ou com mobilidade reduzida será assegurado em igualdade de oportunidades com as demais pessoas, por meio de identificação e de eliminação de todos os obstáculos e barreiras ao seu acesso.

› arts. 24, I, IV; Lei 12.587/2012 (Institui as diretrizes da Política Nacional de Mobilidade Urbana).

**§ 1º** Para fins de acessibilidade aos serviços de transporte coletivo terrestre, aquaviário e aéreo, em todas as jurisdições, consideram-se como integrantes desses serviços os veículos, os terminais, as estações, os pontos de parada, o sistema viário e a prestação do serviço.

**§ 2º** São sujeitas ao cumprimento das disposições desta Lei, sempre que houver interação com a matéria nela regulada, a outorga, a concessão, a permissão, a autorização, a renovação ou a habilitação de linhas e de serviços de transporte coletivo.

**§ 3º** Para colocação do símbolo internacional de acesso nos veículos, as empresas de transporte coletivo de passageiros dependem da certificação de acessibilidade emitida pelo gestor público responsável pela prestação do serviço.

**Art. 47.** Em todas as áreas de estacionamento aberto ao público, de uso público ou privado de uso coletivo e em vias públicas, devem ser reservadas vagas próximas aos acessos de circulação de pedestres, devidamente sinalizadas, para veículos que transportem pessoa com deficiência com comprometimento de mobilidade, desde que devidamente identificados.

**§ 1º** As vagas a que se refere o *caput* deste artigo devem equivaler a 2% (dois por cento) do total, garantida, no mínimo, 1 (uma) vaga devidamente sinalizada e com as especificações de desenho e traçado de acordo com as normas técnicas vigentes de acessibilidade.

**§ 2º** Os veículos estacionados nas vagas reservadas devem exibir, em local de ampla visibilidade, a credencial de beneficiário, a ser confeccionada e fornecida pelos órgãos de trânsito, que disciplinarão suas características e condições de uso.

**§ 3º** A utilização indevida das vagas de que trata este artigo sujeita os infratores às sanções previstas no inciso XX do art. 181 da Lei nº 9.503, de 23 de setembro de 1997 (Código de Trânsito Brasileiro). (Redação dada pela Lei nº 13.281, de 2016)

**§ 4º** A credencial a que se refere o § 2º deste artigo é vinculada à pessoa com deficiência que possui comprometimento de mobilidade e é válida em todo o território nacional.

**Art. 48.** Os veículos de transporte coletivo terrestre, aquaviário e aéreo, as instalações, as estações, os portos e os terminais em operação no País devem ser acessíveis, de forma a garantir o seu uso por todas as pessoas.

**§ 1º** Os veículos e as estruturas de que trata o *caput* deste artigo devem dispor de sistema de comunicação acessível que disponibilize informações sobre todos os pontos do itinerário.

**§ 2º** São asseguradas à pessoa com deficiência prioridade e segurança nos procedimentos de embarque e de desembarque nos veículos de transporte coletivo, de acordo com as normas técnicas.

**§ 3º** Para colocação do símbolo internacional de acesso nos veículos, as empresas de transporte coletivo de passageiros dependem da certificação de acessibilidade emitida pelo gestor público responsável pela prestação do serviço.

**Art. 49.** As empresas de transporte de fretamento e de turismo, na renovação de suas frotas, são obrigadas ao cumprimento do disposto nos arts. 46 e 48 desta Lei.

**Art. 50.** O poder público incentivará a fabricação de veículos acessíveis e a sua utilização como táxis e vans, de forma a garantir o seu uso por todas as pessoas.

**Art. 51.** As frotas de empresas de táxi devem reservar 10% (dez por cento) de seus veículos acessíveis à pessoa com deficiência.

**§ 1º** É proibida a cobrança diferenciada de tarifas ou de valores adicionais pelo serviço de táxi prestado à pessoa com deficiência.

**§ 2º** O poder público é autorizado a instituir incentivos fiscais com vistas a possibilitar a acessibilidade dos veículos a que se refere o *caput* deste artigo.

- Dec. 9.762/2019 (Regulamenta este artigo).

**Art. 52.** As locadoras de veículos são obrigadas a oferecer 1 (um) veículo adaptado para uso de pessoa com deficiência, a cada conjunto de 20 (vinte) veículos de sua frota.

**Parágrafo único.** O veículo adaptado deverá ter, no mínimo, câmbio automático, direção hidráulica, vidros elétricos e comandos manuais de freio e de embreagem.

- Dec. 9.762/2019 (Regulamenta este artigo).

## TÍTULO III
## DA ACESSIBILIDADE

### CAPÍTULO I
### DISPOSIÇÕES GERAIS

**Art. 53.** A acessibilidade é direito que garante à pessoa com deficiência ou com mobilidade reduzida viver de forma independente e exercer seus direitos de cidadania e de participação social.

- Lei 10.098/2000 (Estabelece normas gerais e critérios básicos para a promoção da acessibilidade das pessoas portadoras de deficiência ou com mobilidade reduzida).

**Art. 54.** São sujeitas ao cumprimento das disposições desta Lei e de outras normas relativas à acessibilidade, sempre que houver interação com a matéria nela regulada:

**I** - a aprovação de projeto arquitetônico e urbanístico ou de comunicação e informação, a fabricação de veículos de transporte coletivo, a prestação do respectivo serviço e a execução de qualquer tipo de obra, quando tenham destinação pública ou coletiva;

**II** - a outorga ou a renovação de concessão, permissão, autorização ou habilitação de qualquer natureza;

**III** - a aprovação de financiamento de projeto com utilização de recursos públicos, por meio de renúncia ou de incentivo fiscal, contrato, convênio ou instrumento congênere; e

**IV** - a concessão de aval da União para obtenção de empréstimo e de financiamento internacionais por entes públicos ou privados.

**Art. 55.** A concepção e a implantação de projetos que tratem do meio físico, de transporte, de informação e comunicação, inclusive de sistemas e tecnologias da informação e comunicação, e de outros serviços, equipamentos e instalações abertos ao público, de uso público ou privado de uso coletivo, tanto na zona urbana como na rural, devem atender aos princípios do desenho universal, tendo como referência as normas de acessibilidade.

**§ 1º** O desenho universal será sempre tomado como regra de caráter geral.

**§ 2º** Nas hipóteses em que comprovadamente o desenho universal não possa ser empreendido, deve ser adotada adaptação razoável.

**§ 3º** Caberá ao poder público promover a inclusão de conteúdos temáticos referentes ao desenho universal nas diretrizes curriculares da educação profissional e tecnológica e do ensino superior e na formação das carreiras de Estado.

**§ 4º** Os programas, os projetos e as linhas de pesquisa a serem desenvolvidos com o apoio de organismos públicos de auxílio à pesquisa e de agências de fomento deverão incluir temas voltados para o desenho universal.

**§ 5º** Desde a etapa de concepção, as políticas públicas deverão considerar a adoção do desenho universal.

**Art. 56.** A construção, a reforma, a ampliação ou a mudança de uso de edificações abertas ao público, de uso público ou privadas de uso coletivo deverão ser executadas de modo a serem acessíveis.

**§ 1º** As entidades de fiscalização profissional das atividades de Engenharia, de Arquitetura e correlatas, ao anotarem a responsabilidade técnica de projetos, devem exigir a responsabilidade profissional declarada de atendimento às regras de acessibilidade previstas em legislação e em normas técnicas pertinentes.

**§ 2º** Para a aprovação, o licenciamento ou a emissão de certificado de projeto executivo arquitetônico, urbanístico e de instalações e equipamentos temporários ou permanentes e para o licenciamento ou a emissão de certificado de conclusão de obra ou de serviço, deve ser atestado o atendimento às regras de acessibilidade.

**§ 3º** O poder público, após certificar a acessibilidade de edificação ou de serviço, determinará a colocação, em espaços ou em locais de ampla visibilidade, do símbolo internacional de acesso, na forma prevista em legislação e em normas técnicas correlatas.

**Art. 57.** As edificações públicas e privadas de uso coletivo já existentes devem garantir acessibilidade à pessoa com deficiência em todas as suas dependências e serviços, tendo como referência as normas de acessibilidade vigentes.

**Art. 58.** O projeto e a construção de edificação de uso privado multifamiliar devem atender aos preceitos de acessibilidade, na forma regulamentar.

- Dec. 9.451/2018 (Regulamenta este artigo).

**§ 1º** As construtoras e incorporadoras responsáveis pelo projeto e pela construção das edificações a que se refere o *caput* deste artigo devem assegurar percentual mínimo de suas unidades internamente acessíveis, na forma regulamentar.

**§ 2º** É vedada a cobrança de valores adicionais para a aquisição de unidades internamente acessíveis a que se refere o § 1º deste artigo.

**Art. 59.** Em qualquer intervenção nas vias e nos espaços públicos, o poder público e as empresas concessionárias responsáveis pela execução das obras e dos serviços devem garantir, de forma segura, a fluidez do trânsito e a livre circulação e acessibilidade das pessoas, durante e após sua execução.

**Art. 60.** Orientam-se, no que couber, pelas regras de acessibilidade previstas em legislação e em normas técnicas, observado o disposto na Lei nº 10.098, de 19 de dezembro de 2000, nº 10.257, de 10 de julho de 2001, e nº 12.587, de 3 de janeiro de 2012:

**I** - os planos diretores municipais, os planos diretores de transporte e trânsito, os planos de mobilidade urbana e os planos de preservação de sítios históricos elaborados ou atualizados a partir da publicação desta Lei;

**II** - os códigos de obras, os códigos de postura, as leis de uso e ocupação do solo e as leis do sistema viário;

**III** - os estudos prévios de impacto de vizinhança;

**IV** - as atividades de fiscalização e a imposição de sanções; e

**V** - a legislação referente à prevenção contra incêndio e pânico.

**§ 1º** A concessão e a renovação de alvará de funcionamento para qualquer atividade são condicionadas à observação e à certificação das regras de acessibilidade.

**§ 2º** A emissão de carta de habite-se ou de habilitação equivalente e sua renovação, quando esta tiver sido emitida anteriormente às exigências de acessibilidade, é condicionada à observação e à certificação das regras de acessibilidade.

**Art. 61.** A formulação, a implementação e a manutenção das ações de acessibilidade atenderão às seguintes premissas básicas:

**I** - eleição de prioridades, elaboração de cronograma e reserva de recursos para implementação das ações; e

**II** - planejamento contínuo e articulado entre os setores envolvidos.

**Art. 62.** É assegurado à pessoa com deficiência, mediante solicitação, o recebimento de contas, boletos, recibos, extratos e cobranças de tributos em formato acessível.

## CAPÍTULO II
## DO ACESSO À INFORMAÇÃO E À COMUNICAÇÃO

**Art. 63.** É obrigatória a acessibilidade nos sítios da internet mantidos por empresas com sede ou representação comercial no País ou por órgãos de governo, para uso da pessoa com deficiência, garantindo-lhe acesso às informações disponíveis, conforme as melhores práticas e diretrizes de acessibilidade adotadas internacionalmente.

**§ 1º** Os sítios devem conter símbolo de acessibilidade em destaque.

**§ 2º** Telecentros comunitários que receberem recursos públicos federais para seu custeio ou sua instalação e lan houses devem possuir equipamentos e instalações acessíveis.

**§ 3º** Os telecentros e as lan houses de que trata o § 2º deste artigo devem garantir, no mínimo, 10% (dez por cento) de seus computadores com recursos de acessibilidade para pessoa com deficiência visual, sendo assegurado pelo menos 1 (um) equipamento, quando o resultado percentual for inferior a 1 (um).

**Art. 64.** A acessibilidade nos sítios da internet de que trata o art. 63 desta Lei deve ser observada para obtenção do financiamento de que trata o inciso III do art. 54 desta Lei.

**Art. 65.** As empresas prestadoras de serviços de telecomunicações deverão garantir pleno acesso à pessoa com deficiência, conforme regulamentação específica.

**Art. 66.** Cabe ao poder público incentivar a oferta de aparelhos de telefonia fixa e móvel celular com acessibilidade que, entre outras tecnologias assistivas, possuam possibilidade de indicação e de ampliação sonoras de todas as operações e funções disponíveis.

**Art. 67.** Os serviços de radiodifusão de sons e imagens devem permitir o uso dos seguintes recursos, entre outros:

**I** - subtitulação por meio de legenda oculta;

**II** - janela com intérprete da Libras;

**III** - audiodescrição.

‣ arts. 218; 219-A; 219-B, CF.

**Art. 68.** O poder público deve adotar mecanismos de incentivo à produção, à edição, à difusão, à distribuição e à comercialização de livros em formatos acessíveis, inclusive em publicações da administração pública ou financiadas com recursos públicos, com vistas a garantir à pessoa com deficiência o direito de acesso à leitura, à informação e à comunicação.

**§ 1º** Nos editais de compras de livros, inclusive para o abastecimento ou a atualização de acervos de bibliotecas em todos os níveis e modalidades de educação e de bibliotecas públicas, o poder público deverá adotar cláusulas de impedimento à participação de editoras que não ofertem sua produção também em formatos acessíveis.

**§ 2º** Consideram-se formatos acessíveis os arquivos digitais que possam ser reconhecidos e acessados por softwares leitores de telas ou outras tecnologias assistivas que vierem a substituí-los, permitindo leitura com voz sintetizada, ampliação de caracteres, diferentes contrastes e impressão em Braille.

**§ 3º** O poder público deve estimular e apoiar a adaptação e a produção de artigos científicos em formato acessível, inclusive em Libras.

**Art. 69.** O poder público deve assegurar a disponibilidade de informações corretas e claras sobre os diferentes produtos e serviços ofertados, por quaisquer meios de comunicação empregados, inclusive em ambiente virtual, contendo a especificação correta de quantidade, qualidade, características, composição e preço, bem como sobre os eventuais riscos à saúde e à segurança do consumidor com deficiência, em caso de sua utilização, aplicando-se, no que couber, os arts. 30 a 41 da Lei nº 8.078, de 11 de setembro de 1990.

**§ 1º** Os canais de comercialização virtual e os anúncios publicitários veiculados na imprensa escrita, na internet, no rádio, na televisão e nos demais veículos de comunicação abertos ou por assinatura devem disponibilizar, conforme a compatibilidade do meio, os recursos de acessibilidade de que trata o art. 67 desta Lei, a expensas do fornecedor do produto ou do serviço, sem prejuízo da observância do disposto nos arts. 36 a 38 da Lei nº 8.078, de 11 de setembro de 1990.

**§ 2º** Os fornecedores devem disponibilizar, mediante solicitação, exemplares de bulas, prospectos, textos ou qualquer outro tipo de material de divulgação em formato acessível.

**Art. 70.** As instituições promotoras de congressos, seminários, oficinas e demais eventos de natureza científico-cultural devem oferecer à pessoa com deficiência, no mínimo, os recursos de tecnologia assistiva previstos no art. 67 desta Lei.

**Art. 71.** Os congressos, os seminários, as oficinas e os demais eventos de natureza científico-cultural promovidos ou financiados pelo poder público devem garantir as condições de acessibilidade e os recursos de tecnologia assistiva.

**Art. 72.** Os programas, as linhas de pesquisa e os projetos a serem desenvolvidos com o apoio de agências de financiamento e de órgãos e entidades integrantes da administração pública que atuem no auxílio à pesquisa devem contemplar temas voltados à tecnologia assistiva.

**Art. 73.** Caberá ao poder público, diretamente ou em parceria com organizações da sociedade civil, promover a capacitação de tradutores e intérpretes da Libras, de guias intérpretes e de profissionais habilitados em Braille, audiodescrição, estenotipia e legendagem.

## CAPÍTULO III
## DA TECNOLOGIA ASSISTIVA

**Art. 74.** É garantido à pessoa com deficiência acesso a produtos, recursos, estratégias, práticas, processos, métodos e serviços de tecnologia assistiva que maximizem sua autonomia, mobilidade pessoal e qualidade de vida.

**Art. 75.** O poder público desenvolverá plano específico de medidas, a ser renovado em cada período de 4 (quatro) anos, com a finalidade de:

**I** - facilitar o acesso a crédito especializado, inclusive com oferta de linhas de crédito subsidiadas, específicas para aquisição de tecnologia assistiva;

**II** - agilizar, simplificar e priorizar procedimentos de importação de tecnologia assistiva, especialmente as questões atinentes a procedimentos alfandegários e sanitários;

**III** - criar mecanismos de fomento à pesquisa e à produção nacional de tecnologia assistiva, inclusive por meio de concessão de linhas de crédito subsidiado e de parcerias com institutos de pesquisa oficiais;

**IV** - eliminar ou reduzir a tributação da cadeia produtiva e de importação de tecnologia assistiva;

**V** - facilitar e agilizar o processo de inclusão de novos recursos de tecnologia assistiva no rol de produtos distribuídos no âmbito do SUS e por outros órgãos governamentais.

**Parágrafo único.** Para fazer cumprir o disposto neste artigo, os procedimentos constantes do plano específico de medidas deverão ser avaliados, pelo menos, a cada 2 (dois) anos.

## CAPÍTULO IV
## DO DIREITO À PARTICIPAÇÃO NA VIDA PÚBLICA E POLÍTICA

**Art. 76.** O poder público deve garantir à pessoa com deficiência todos os direitos políticos e a oportunidade de exercê-los em igualdade de condições com as demais pessoas.

**§ 1º** À pessoa com deficiência será assegurado o direito de votar e de ser votada, inclusive por meio das seguintes ações:

**I** - garantia de que os procedimentos, as instalações, os materiais e os equipamentos para votação sejam apropriados, acessíveis a todas as pessoas e de fácil compreensão e uso, sendo vedada a instalação de seções eleitorais exclusivas para a pessoa com deficiência;

**II** - incentivo à pessoa com deficiência a candidatar-se e a desempenhar quaisquer funções públicas em todos os níveis de governo, inclusive por meio do uso de novas tecnologias assistivas, quando apropriado;

**III** - garantia de que os pronunciamentos oficiais, a propaganda eleitoral obrigatória e os debates transmitidos pelas emissoras de televisão possuam, pelo menos, os recursos elencados no art. 67 desta Lei;

**IV** - garantia do livre exercício do direito ao voto e, para tanto, sempre que necessário e a seu pedido, permissão para que a pessoa com deficiência seja auxiliada na votação por pessoa de sua escolha.

**§ 2º** O poder público promoverá a participação da pessoa com deficiência, inclusive quando institucionalizada, na condução das questões públicas, sem discriminação e em igualdade de oportunidades, observado o seguinte:

**I** - participação em organizações não governamentais relacionadas à vida pública e à política do País e em atividades e administração de partidos políticos;

**II** - formação de organizações para representar a pessoa com deficiência em todos os níveis;

**III** - participação da pessoa com deficiência em organizações que a representem.

## TÍTULO IV
## DA CIÊNCIA E TECNOLOGIA

▸ arts. 218; 219-A; 219-B, CF.

**Art. 77.** O poder público deve fomentar o desenvolvimento científico, a pesquisa e a inovação e a capacitação tecnológicas, voltados à melhoria da qualidade de vida e ao trabalho da pessoa com deficiência e sua inclusão social.

**§ 1º** O fomento pelo poder público deve priorizar a geração de conhecimentos e técnicas que visem à prevenção e ao tratamento de deficiências e ao desenvolvimento de tecnologias assistiva e social.

**§ 2º** A acessibilidade e as tecnologias assistiva e social devem ser fomentadas mediante a criação de cursos de pós-graduação, a formação de recursos humanos e a inclusão do tema nas diretrizes de áreas do conhecimento.

**§ 3º** Deve ser fomentada a capacitação tecnológica de instituições públicas e privadas para o desenvolvimento de tecnologias assistiva e social que sejam voltadas para melhoria da funcionalidade e da participação social da pessoa com deficiência.

**§ 4º** As medidas previstas neste artigo devem ser reavaliadas periodicamente pelo poder público, com vistas ao seu aperfeiçoamento.

**Art. 78.** Devem ser estimulados a pesquisa, o desenvolvimento, a inovação e a difusão de tecnologias voltadas para ampliar o acesso da pessoa com deficiência às tecnologias da informação e comunicação e às tecnologias sociais.

**Parágrafo único.** Serão estimulados, em especial:

**I** - o emprego de tecnologias da informação e comunicação como instrumento de superação de limitações funcionais e de barreiras à comunicação, à informação, à educação e ao entretenimento da pessoa com deficiência;

**II** - a adoção de soluções e a difusão de normas que visem a ampliar a acessibilidade da pessoa com deficiência à computação e aos sítios da internet, em especial aos serviços de governo eletrônico.

# LIVRO II
# PARTE ESPECIAL

## TÍTULO I
## DO ACESSO À JUSTIÇA

### CAPÍTULO I
### DISPOSIÇÕES GERAIS

**Art. 79.** O poder público deve assegurar o acesso da pessoa com deficiência à justiça, em igualdade de oportunidades com as demais pessoas, garantindo, sempre que requeridos, adaptações e recursos de tecnologia assistiva.

**§ 1º** A fim de garantir a atuação da pessoa com deficiência em todo o processo judicial, o poder público deve capacitar os membros e os servidores que atuam no Poder Judiciário, no Ministério Público, na Defensoria Pública, nos órgãos de segurança pública e no sistema penitenciário quanto aos direitos da pessoa com deficiência.

**§ 2º** Devem ser assegurados à pessoa com deficiência submetida a medida restritiva de liberdade todos os direitos e garantias a que fazem jus os apenados sem deficiência, garantida a acessibilidade.

**§ 3º** A Defensoria Pública e o Ministério Público tomarão as medidas necessárias à garantia dos direitos previstos nesta Lei.

**Art. 80.** Devem ser oferecidos todos os recursos de tecnologia assistiva disponíveis para que a pessoa com deficiência tenha garantido o acesso à justiça, sempre que figure em um dos polos da ação ou atue como testemunha, partícipe da lide posta em juízo, advogado, defensor público, magistrado ou membro do Ministério Público.

**Parágrafo único.** A pessoa com deficiência tem garantido o acesso ao conteúdo de todos os atos processuais de seu interesse, inclusive no exercício da advocacia.

- art. 228, º 2º, CC.
- art. 208, CPP.

**Art. 81.** Os direitos da pessoa com deficiência serão garantidos por ocasião da aplicação de sanções penais.

**Art. 82.** (Vetado).

**Art. 83.** Os serviços notariais e de registro não podem negar ou criar óbices ou condições diferenciadas à prestação de seus serviços em razão de deficiência do solicitante, devendo reconhecer sua capacidade legal plena, garantida a acessibilidade.

**Parágrafo único.** O descumprimento do disposto no *caput* deste artigo constitui discriminação em razão de deficiência.

### CAPÍTULO II
### DO RECONHECIMENTO IGUAL PERANTE A LEI

**Art. 84.** A pessoa com deficiência tem assegurado o direito ao exercício de sua capacidade legal em igualdade de condições com as demais pessoas.

- art. 208, CPP.

**§ 1º** Quando necessário, a pessoa com deficiência será submetida à curatela, conforme a lei.

**§ 2º** É facultado à pessoa com deficiência a adoção de processo de tomada de decisão apoiada.

**§ 3º** A definição de curatela de pessoa com deficiência constitui medida protetiva extraordinária, proporcional às necessidades e às circunstâncias de cada caso, e durará o menor tempo possível.

**§ 4º** Os curadores são obrigados a prestar, anualmente, contas de sua administração ao juiz, apresentando o balanço do respectivo ano.

**Art. 85.** A curatela afetará tão somente os atos relacionados aos direitos de natureza patrimonial e negocial.

**§ 1º** A definição da curatela não alcança o direito ao próprio corpo, à sexualidade, ao matrimônio, à privacidade, à educação, à saúde, ao trabalho e ao voto.

**§ 2º** A curatela constitui medida extraordinária, devendo constar da sentença as razões e motivações de sua definição, preservados os interesses do curatelado.

**§ 3º** No caso de pessoa em situação de institucionalização, ao nomear curador, o juiz deve dar preferência a pessoa que tenha vínculo de natureza familiar, afetiva ou comunitária com o curatelado.

**Art. 86.** Para emissão de documentos oficiais, não será exigida a situação de curatela da pessoa com deficiência.

**Art. 87.** Em casos de relevância e urgência e a fim de proteger os interesses da pessoa com deficiência em situação de curatela, será lícito ao juiz, ouvido o Ministério Público, de oficio ou a requerimento do interessado, nomear, desde logo, curador provisório, o qual estará sujeito, no que couber, às disposições do Código de Processo Civil.

# TÍTULO II
# DOS CRIMES E DAS INFRAÇÕES ADMINISTRATIVAS

**Art. 88.** Praticar, induzir ou incitar discriminação de pessoa em razão de sua deficiência:

Pena – reclusão, de 1 (um) a 3 (três) anos, e multa.

› art. 140, § 3º, CP.

**§ 1º** Aumenta-se a pena em 1/3 (um terço) se a vítima encontrar-se sob cuidado e responsabilidade do agente.

**§ 2º** Se qualquer dos crimes previstos no *caput* deste artigo é cometido por intermédio de meios de comunicação social ou de publicação de qualquer natureza:

**Pena** – reclusão, de 2 (dois) a 5 (cinco) anos, e multa.

**§ 3º** Na hipótese do § 2º deste artigo, o juiz poderá determinar, ouvido o Ministério Público ou a pedido deste, ainda antes do inquérito policial, sob pena de desobediência:

**I** - recolhimento ou busca e apreensão dos exemplares do material discriminatório;

**II** - interdição das respectivas mensagens ou páginas de informação na internet.

**§ 4º** Na hipótese do § 2º deste artigo, constitui efeito da condenação, após o trânsito em julgado da decisão, a destruição do material apreendido.

**Art. 89.** Apropriar-se de ou desviar bens, proventos, pensão, benefícios, remuneração ou qualquer outro rendimento de pessoa com deficiência:

Pena – reclusão, de 1 (um) a 4 (quatro) anos, e multa.

**Parágrafo único.** Aumenta-se a pena em 1/3 (um terço) se o crime é cometido:

› art. 168-A, CP.

**I** - por tutor, curador, síndico, liquidatário, inventariante, testamenteiro ou depositário judicial; ou

**II** - por aquele que se apropriou em razão de ofício ou de profissão.

› arts. 312 e ss., CP.

**Art. 90.** Abandonar pessoa com deficiência em hospitais, casas de saúde, entidades de abrigamento ou congêneres:

**Pena** – reclusão, de 6 (seis) meses a 3 (três) anos, e multa.

**Parágrafo único.** Na mesma pena incorre quem não prover as necessidades básicas de pessoa com deficiência quando obrigado por lei ou mandado.

› arts. 133; 244, CP.

**Art. 91.** Reter ou utilizar cartão magnético, qualquer meio eletrônico ou documento de pessoa com deficiência destinados ao recebimento de benefícios, proventos, pensões ou remuneração ou à realização de operações financeiras, com o fim de obter vantagem indevida para si ou para outrem:

**Pena** – detenção, de 6 (seis) meses a 2 (dois) anos, e multa.

**Parágrafo único.** Aumenta-se a pena em 1/3 (um terço) se o crime é cometido por tutor ou curador.

# TÍTULO III
# DISPOSIÇÕES FINAIS E TRANSITÓRIAS

**Art. 92.** É criado o Cadastro Nacional de Inclusão da Pessoa com Deficiência (Cadastro-Inclusão), registro público eletrônico com a finalidade de coletar, processar, sistematizar e disseminar informações georreferenciadas que permitam a identificação e a caracterização socioeconômica da pessoa com deficiência, bem como das barreiras que impedem a realização de seus direitos.

**§ 1º** O Cadastro-Inclusão será administrado pelo Poder Executivo federal e constituído por base de dados, instrumentos, procedimentos e sistemas eletrônicos.

**§ 2º** Os dados constituintes do Cadastro-Inclusão serão obtidos pela integração dos sistemas de informação e da base de dados de todas as políticas públicas relacionadas aos direitos da pessoa com deficiência, bem como por informações coletadas, inclusive em censos nacionais e nas demais pesquisas realizadas no País, de acordo com os parâmetros estabelecidos pela Convenção sobre os Direitos das Pessoas com Deficiência e seu Protocolo Facultativo.

**§ 3º** Para coleta, transmissão e sistematização de dados, é facultada a celebração de convênios, acordos, termos de parceria ou contratos com instituições públicas e privadas, observados os requisitos e procedimentos previstos em legislação específica.

**§ 4º** Para assegurar a confidencialidade, a privacidade e as liberdades fundamentais da pessoa com deficiência e os princípios éticos que regem a utilização de informações, devem ser observadas as salvaguardas estabelecidas em lei.

**§ 5º** Os dados do Cadastro-Inclusão somente poderão ser utilizados para as seguintes finalidades:

**I** - formulação, gestão, monitoramento e avaliação das políticas públicas para a pessoa com deficiência e para identificar as barreiras que impedem a realização de seus direitos;

**II** - realização de estudos e pesquisas.

**§ 6º** As informações a que se refere este artigo devem ser disseminadas em formatos acessíveis.

**Art. 93.** Na realização de inspeções e de auditorias pelos órgãos de controle interno e externo, deve ser observado o cumprimento da legislação relativa à pessoa com deficiência e das normas de acessibilidade vigentes.

**Art. 94.** Terá direito a auxílio-inclusão, nos termos da lei, a pessoa com deficiência moderada ou grave que:

**I** - receba o benefício de prestação continuada previsto no art. 20 da Lei nº 8.742, de 7 de dezembro de 1993, e que passe a exercer atividade remunerada que a enquadre como segurado obrigatório do RGPS;

**II** - tenha recebido, nos últimos 5 (cinco) anos, o benefício de prestação continuada previsto no art. 20 da Lei nº 8.742, de 7 de dezembro de 1993, e que exerça atividade remunerada que a enquadre como segurado obrigatório do RGPS.

**Art. 95.** É vedado exigir o comparecimento de pessoa com deficiência perante os órgãos públicos quando seu deslocamento, em razão de sua limitação funcional e de condições de acessibilidade, imponha-lhe ônus desproporcional e indevido, hipótese na qual serão observados os seguintes procedimentos:

**I** - quando for de interesse do poder público, o agente promoverá o contato necessário com a pessoa com deficiência em sua residência;

**II** - quando for de interesse da pessoa com deficiência, ela apresentará solicitação de atendimento domiciliar ou fará representar-se por procurador constituído para essa finalidade.

**Parágrafo único.** É assegurado à pessoa com deficiência atendimento domiciliar pela perícia médica e social do Instituto Nacional do Seguro Social (INSS), pelo serviço público de saúde ou pelo serviço privado de saúde, contratado ou conveniado, que integre o SUS e pelas entidades da rede socioassistencial integrantes do Suas, quando seu deslocamento, em razão de sua limitação funcional e de condições de acessibilidade, imponha-lhe ônus desproporcional e indevido.

**Art. 96.** O § 6º-A do art. 135 da Lei nº 4.737, de 15 de julho de 1965 (Código Eleitoral), passa a vigorar com a seguinte redação:

(...)

**Art. 97.** A Consolidação das Leis do Trabalho (CLT), aprovada pelo Decreto-Lei nº 5.452, de 1º de maio de 1943, passa a vigorar com as seguintes alterações:

(...)

**Art. 98.** A Lei nº 7.853, de 24 de outubro de 1989, passa a vigorar com as seguintes alterações:

(...)

**Art. 99.** O art. 20 da Lei nº 8.036, de 11 de maio de 1990, passa a vigorar acrescido do seguinte inciso XVIII:

(...)

**Art. 100.** A Lei nº 8.078, de 11 de setembro de 1990 (Código de Defesa do Consumidor), passa a vigorar com as seguintes alterações:

(...)

**Art. 101.** A Lei nº 8.213, de 24 de julho de 1991, passa a vigorar com as seguintes alterações:

(...)

**Art. 102.** O art. 2º da Lei nº 8.313, de 23 de dezembro de 1991, passa a vigorar acrescido do seguinte § 3º:

(...)

**Art. 103.** O art. 11 da Lei nº 8.429, de 2 de junho de 1992, passa a vigorar acrescido do seguinte inciso IX:

(...)

**Art. 104.** A Lei nº 8.666, de 21 de junho de 1993, passa a vigorar com as seguintes alterações:

(...)

**Art. 105.** O art. 20 da Lei nº 8.742, de 7 de dezembro de 1993, passa a vigorar com as seguintes alterações:

(...)

**Art. 106.** (Vetado).

**Art. 107.** A Lei nº 9.029, de 13 de abril de 1995, passa a vigorar com as seguintes alterações:

(...)

**Art. 108.** O art. 35 da Lei nº 9.250, de 26 de dezembro de 1995, passa a vigorar acrescido do seguinte § 5º:

(...)

**Art. 109.** A Lei nº 9.503, de 23 de setembro de 1997 (Código de Trânsito Brasileiro), passa a vigorar com as seguintes alterações:

(...)

**Art. 110.** O inciso VI e o § 1º do art. 56 da Lei nº 9.615, de 24 de março de 1998, passam a vigorar com a seguinte redação:

(...)

**Art. 111.** O art. 1º da Lei nº 10.048, de 8 de novembro de 2000, passa a vigorar com a seguinte redação:

(...)

**Art. 112.** A Lei nº 10.098, de 19 de dezembro de 2000, passa a vigorar com as seguintes alterações:

(...)

**Art. 113.** A Lei nº 10.257, de 10 de julho de 2001 (Estatuto da Cidade), passa a vigorar com as seguintes alterações:

(...)

**Art. 114.** A Lei nº 10.406, de 10 de janeiro de 2002 (Código Civil), passa a vigorar com as seguintes alterações:

(...)

**Art. 115.** O Título IV do Livro IV da Parte Especial da Lei nº 10.406, de 10 de janeiro de 2002 (Código Civil), passa a vigorar com a seguinte redação:

(...)

**Art. 116.** O Título IV do Livro IV da Parte Especial da Lei nº 10.406, de 10 de janeiro de 2002 (Código Civil), passa a vigorar acrescido do seguinte Capítulo III:

(...)

**Art. 117.** O art. 1º da Lei nº 11.126, de 27 de junho de 2005, passa a vigorar com a seguinte redação:

(...)

**Art. 118.** O inciso IV do art. 46 da Lei nº 11.904, de 14 de janeiro de 2009, passa a vigorar acrescido da seguinte alínea "k":

(...)

**Art. 119.** A Lei nº 12.587, de 3 de janeiro de 2012, passa a vigorar acrescida do seguinte art. 12-B:

(...)

**Art. 120.** Cabe aos órgãos competentes, em cada esfera de governo, a elaboração de relatórios circunstanciados sobre o cumprimento dos prazos estabelecidos por força das Leis nº 10.048, de 8 de novembro de 2000, e nº 10.098, de 19 de dezembro de 2000, bem como o seu encaminhamento ao Ministério Público e aos órgãos de regulação para adoção das providências cabíveis.

**Parágrafo único.** Os relatórios a que se refere o *caput* deste artigo deverão ser apresentados no prazo de 1 (um) ano a contar da entrada em vigor desta Lei.

**Art. 121.** Os direitos, os prazos e as obrigações previstos nesta Lei não excluem os já estabelecidos em outras legislações, inclusive em pactos, tratados, convenções e declarações internacionais aprovados e promulgados pelo Congresso Nacional, e devem ser aplicados em conformidade com as demais normas internas e acordos internacionais vinculantes sobre a matéria.

**Parágrafo único.** Prevalecerá a norma mais benéfica à pessoa com deficiência.

**Art. 122.** Regulamento disporá sobre a adequação do disposto nesta Lei ao tratamento diferenciado, simplificado e favorecido a ser dispensado às microempresas e às empresas de pequeno porte, previsto no § 3º do art. 1º da Lei Complementar nº 123, de 14 de dezembro de 2006.

**Art. 123.** Revogam-se os seguintes dispositivos:

**I** - o inciso II do § 2º do art. 1º da Lei nº 9.008, de 21 de março de 1995;

**II** - os incisos I, II e III do art. 3º da Lei nº 10.406, de 10 de janeiro de 2002 (Código Civil);

**III** - os incisos II e III do art. 228 da Lei nº 10.406, de 10 de janeiro de 2002 (Código Civil);

**IV** - o inciso I do art. 1.548 da Lei nº 10.406, de 10 de janeiro de 2002 (Código Civil);

**V** - o inciso IV do art. 1.557 da Lei nº 10.406, de 10 de janeiro de 2002 (Código Civil);

**VI** - os incisos II e IV do art. 1.767 da Lei nº 10.406, de 10 de janeiro de 2002 (Código Civil);

**VII** - os arts. 1.776 e 1.780 da Lei nº 10.406, de 10 de janeiro de 2002 (Código Civil).

**Art. 124.** O § 1º do art. 2º desta Lei deverá entrar em vigor em até 2 (dois) anos, contados da entrada em vigor desta Lei.

**Art. 125.** Devem ser observados os prazos a seguir discriminados, a partir da entrada em vigor desta Lei, para o cumprimento dos seguintes dispositivos:

**I** - incisos I e II do § 2º do art. 28, 48 (quarenta e oito) meses;

**II** - § 6º do art. 44, 84 (oitenta e quatro) meses; (Redação dada pela Lei 14.159/2021)

**III** - art. 45, 24 (vinte e quatro) meses;

**IV** - art. 49, 48 (quarenta e oito) meses.

**Art. 126.** Prorroga-se até 31 de dezembro de 2021 a vigência da Lei nº 8.989, de 24 de fevereiro de 1995.

**Art. 127.** Esta Lei entra em vigor após decorridos 180 (cento e oitenta) dias de sua publicação oficial.

Brasília, 6 de julho de 2015;
194º da Independência e 127º da República.

## LEI Nº 13.979, DE 6 DE FEVEREIRO DE 2020

*Dispõe sobre as medidas para enfrentamento da emergência de saúde pública de importância internacional decorrente do coronavírus responsável pelo surto de 2019.*

O PRESIDENTE DA REPÚBLICA

*Faço saber que o Congresso Nacional decreta e eu sanciono a seguinte Lei:*

**Art. 1º** Esta Lei dispõe sobre as medidas que poderão ser adotadas para enfrentamento da emergência de saúde pública de importância internacional decorrente do coronavírus responsável pelo surto de 2019.

**§ 1º** As medidas estabelecidas nesta Lei objetivam a proteção da coletividade.

**§ 2º** Ato do Ministro de Estado da Saúde disporá sobre a duração da situação de emergência de saúde pública de que trata esta Lei.

**§ 3º** O prazo de que trata o § 2º deste artigo não poderá ser superior ao declarado pela Organização Mundial de Saúde.

**Art. 2º** Para fins do disposto nesta Lei, considera-se:

**I** - isolamento: separação de pessoas doentes ou contaminadas, ou de bagagens, meios de transporte, mercadorias ou encomendas postais afetadas, de outros, de maneira a evitar a contaminação ou a propagação do coronavírus; e

**II** - quarentena: restrição de atividades ou separação de pessoas suspeitas de contaminação das pessoas que não estejam doentes, ou de bagagens, contêineres, animais, meios de transporte ou mercadorias suspeitos de contaminação, de maneira a evitar a possível contaminação ou a propagação do coronavírus.

**Parágrafo único.** As definições estabelecidas pelo Artigo 1 do Regulamento Sanitário Internacional, constante do Anexo ao Decreto nº 10.212, de 30 de janeiro de 2020, aplicam-se ao disposto nesta Lei, no que couber.

**Art. 3º** Para enfrentamento da emergência de saúde pública de importância internacional de que trata esta Lei, as autoridades poderão adotar, no âmbito de suas competências, entre outras, as seguintes medidas: (Redação dada pela Lei 14.035/2020)

**I** - isolamento;

**II** - quarentena;

**III** - determinação de realização compulsória de:

*a)* exames médicos;

*b)* testes laboratoriais;

*c)* coleta de amostras clínicas;

*d)* vacinação e outras medidas profiláticas; ou

› ADIs 6.586/2020 e 6.587/2020.

*e)* tratamentos médicos específicos;

**III-A** - uso obrigatório de máscaras de proteção individual; *(Acrescido pela Lei 14.019/2020)*

**IV** - estudo ou investigação epidemiológica;

**V** - exumação, necropsia, cremação e manejo de cadáver;

**VI** - restrição excepcional e temporária, por rodovias, portos ou aeroportos, de: (Redação dada pela Lei 14.035/2020) *a)* entrada e saída do País; e (Acrescida pela Lei 14.035/2020)

*b)* locomoção interestadual e intermunicipal; (Acrescida pela Lei 14.035/2020)

- (Vide ADI nº 6.343/2020, publicada no DOU de 3/6/2020)
- ADI 6.343/2020.

**VII** - requisição de bens e serviços de pessoas naturais e jurídicas, hipótese em que será garantido o pagamento posterior de indenização justa; e

**VIII** - autorização excepcional e temporária para a importação e distribuição de quaisquer materiais, medicamentos, equipamentos e insumos da área de saúde sujeitos à vigilância sanitária sem registro na Anvisa considerados essenciais para auxiliar no combate à pandemia do coronavírus, desde que: (Redação dada pela Lei 14.006/2020)

*a)* registrados por pelo menos 1 (uma) das seguintes autoridades sanitárias estrangeiras e autorizados à distribuição comercial em seus respectivos países: *(Redação dada pela Lei 14.006/2020)*

1. Food and Drug Administration (FDA); *(Item acrescido pela Lei 14.006/2020)*
2. European Medicines Agency (EMA); *(Item acrescido pela Lei 14.006/2020)*
3. Pharmaceuticals and Medical Devices Agency (PMDA); *(Item acrescido pela Lei 14.006/2020)*
4. National Medical Products Administration (NMPA); *(Item acrescido pela Lei 14.006/2020)*

*b) (Revogada pela Lei 14.006/2020)*

**§ 1º** As medidas previstas neste artigo somente poderão ser determinadas com base em evidências científicas e em análises sobre as informações estratégicas em saúde e deverão ser limitadas no tempo e no espaço ao mínimo indispensável à promoção e à preservação da saúde pública.

**§ 2º** Ficam assegurados às pessoas afetadas pelas medidas previstas neste artigo:

**I** - o direito de serem informadas permanentemente sobre o seu estado de saúde e a assistência à família conforme regulamento;

**II** - o direito de receberem tratamento gratuito;

**III** - o pleno respeito à dignidade, aos direitos humanos e às liberdades fundamentais das pessoas, conforme preconiza o Artigo 3 do Regulamento Sanitário Internacional, constante do Anexo ao Decreto nº 10.212, de 30 de janeiro de 2020.

**§ 3º** Será considerado falta justificada ao serviço público ou à atividade laboral privada o período de ausência decorrente das medidas previstas neste artigo.

**§ 4º** As pessoas deverão sujeitar-se ao cumprimento das medidas previstas neste artigo, e o descumprimento delas acarretará responsabilização, nos termos previstos em lei.

**§ 5º** Ato do Ministro de Estado da Saúde:

**I** - disporá sobre as condições e os prazos aplicáveis às medidas previstas nos incisos I e II do *caput* deste artigo; e

**II** - *(Revogado pela Lei 14.006/2020)*

**§ 6º** Ato conjunto dos Ministros de Estado da Saúde, da Justiça e Segurança Pública e da Infraestrutura disporá sobre as medidas previstas no inciso VI do *caput* deste artigo, observado o disposto no inciso I do § 6º-B deste artigo. (Redação dada pela Lei 14.035/2020)

- ADI 6.343/2020.

**§ 6º-A.** (Parágrafo acrescido pela Medida Provisória nº 927/2020, com prazo de vigência encerrado em 19/7/2020)

**§ 6º-B.** As medidas previstas no inciso VI do *caput* deste artigo deverão ser precedidas de recomendação técnica e fundamentada: (Acrescido pela Lei 14.035/2020)

**I** - da Agência Nacional de Vigilância Sanitária (Anvisa), em relação à entrada e saída do País e à locomoção interestadual; ou

**II** - do respectivo órgão estadual de vigilância sanitária, em relação à locomoção intermunicipal.

**§§ 6º-C e 6º-D.** (VETADOS na Lei nº 14.035/2020)

**§ 7º** As medidas previstas neste artigo poderão ser adotadas:

**I** - pelo Ministério da Saúde, exceto a constante do inciso VIII do *caput* deste artigo; *(Redação dada pela Lei 14.006/2020)*

**II** - pelos gestores locais de saúde, desde que autorizados pelo Ministério da Saúde, nas hipóteses dos incisos I, II, III-A, V e VI do *caput* deste artigo; (Redação dada pela Lei 14.035/2020)

- (Vide ADI nº 6.343/2020, publicada no DOU de 3/6/2020)
- ADI 6.343/2020.

**III** - pelos gestores locais de saúde, nas hipóteses dos incisos III, IV e VII do *caput* deste artigo.

**IV** - pela Anvisa, na hipótese do inciso VIII do *caput* deste artigo. *(Acrescido pela Lei 14.006/2020)*

**§ 7º-A.** A autorização de que trata o inciso VIII do *caput* deste artigo deverá ser concedida pela Anvisa em até 72 (setenta e duas) horas após a submissão do pedido à Agência, dispensada a autorização de qualquer outro órgão da administração pública direta ou indireta para os produtos que especifica, sendo concedida automaticamente caso esgotado o prazo sem manifestação. (Acrescido pela Lei nº 14.006/2020, vetado pelo Presidente da República, mantido pelo Congresso Nacional e publicado na Edição Extra A do DOU de 27/08/2020)

**§ 7º-B.** O médico que prescrever ou ministrar medicamento cuja importação ou distribuição tenha sido autorizada na forma do inciso VIII do *caput* deste artigo deverá informar ao paciente ou ao seu representante legal que o produto ainda não tem registro na Anvisa e foi liberado por ter sido registrado por autoridade sanitária estrangeira. *(Acrescido pela Lei 14.006/2020)*

**§ 7º-C.** Os serviços públicos e atividades essenciais, cujo funcionamento deverá ser resguardado quando adotadas as medidas previstas neste artigo, incluem os relacionados ao atendimento a mulheres em situação de violência doméstica e familiar, nos termos da Lei nº 11.340, de 7 de agosto de 2006, a crianças, a adolescentes, a pessoas idosas e a pessoas com deficiência vítimas de crimes tipificados na Lei nº 8.069, de 13 de julho de 1990 (Estatuto da Criança e do Adolescente), na Lei nº 10.741, de 1º de outubro de 2003 (Estatuto do Idoso), na Lei nº 13.146, de 6 de julho de 2015 (Estatuto da Pessoa com Deficiência), e no Decreto-Lei nº 2.848, de 7 de dezembro de 1940 (Código Penal). *(Acrescido pela Lei 14.022/2020)*

**§ 8º** Na ausência da adoção de medidas de que trata o inciso II do § 7º deste artigo, ou até sua superveniência, prevalecerão as determinações: (Acrescido pela Lei 14.035/2020)

**I** - do Ministério da Saúde em relação aos incisos I, II, III, IV, V e VII do *caput* deste artigo; e

**II** - do ato conjunto de que trata o § 6º em relação às medidas previstas no inciso VI do *caput* deste artigo.

**§ 9º** A adoção das medidas previstas neste artigo deverá resguardar o abastecimento de produtos e o exercício e o funcionamento de serviços públicos e de atividades essenciais, assim definidos em decreto da respectiva autoridade federativa. (Acrescido pela Lei nº 14.035/2020)

**§ 10.** As medidas a que se referem os incisos I, II e VI do *caput*, observado o disposto nos incisos I e II do § 6º-B deste artigo, quando afetarem a execução de serviços públicos e de atividades essenciais, inclusive os regulados, concedidos ou autorizados, somente poderão ser adotadas em ato específico e desde que haja articulação prévia com o órgão regulador ou o poder concedente ou autorizador. (Acrescido pela Lei 14.035/2020)

**§ 11.** É vedada a restrição à ação de trabalhadores que possa afetar o funcionamento de serviços públicos e de atividades essenciais, definidos conforme previsto no § 9º deste artigo, e as cargas de qualquer espécie que possam acarretar desabastecimento de gêneros necessários à população. (Acrescido pela Lei 14.035/2020)

**Art. 3º-A.** É obrigatório manter boca e nariz cobertos por máscara de proteção individual, conforme a legislação sanitária e na forma de regulamentação estabelecida pelo Poder Executivo federal, para circulação em espaços públicos e privados acessíveis ao público, em vias públicas e em transportes públicos coletivos, bem como em: *(Acrescido pela Lei 14.019/2020)*

**I** – veículos de transporte remunerado privado individual de passageiros por aplicativo ou por meio de táxis;

**II** – ônibus, aeronaves ou embarcações de uso coletivo fretados;

**III** - estabelecimentos comerciais e industriais, templos religiosos, estabelecimentos de ensino e demais locais fechados em que haja reunião de pessoas. (Acrescido pela Lei nº 14.019/2020, vetado pelo Presidente da República, mantido pelo Congresso Nacional e publicado na Edição Extra A do DOU de 08/09/2020)

▸ ADPF 714/2021.

**§ 1º** O descumprimento da obrigação prevista no *caput* deste artigo acarretará a imposição de multa definida e regulamentada pelo ente federado competente, devendo ser consideradas como circunstâncias agravantes na gradação da penalidade: (Acrescido pela Lei nº 14.019/2020, vetado pelo Presidente da República, mantido pelo Congresso Nacional e publicado na Edição Extra A do DOU de 08/09/2020)

**I** - ser o infrator reincidente;

**II** - ter a infração ocorrido em ambiente fechado.

**§ 2º** A definição e a regulamentação referidas no § 1º deste artigo serão efetuadas por decreto ou por ato administrativo do respectivo Poder Executivo, que estabelecerá as autoridades responsáveis pela fiscalização da obrigação prevista no *caput* e pelo recolhimento da multa prevista no § 1º deste artigo. (Acrescido pela Lei nº 14.019/2020, vetado pelo Presidente da República, mantido pelo Congresso Nacional e publicado na Edição Extra A do DOU de 08/09/2020)

**§§ 3º a 5º** (VETADOS na Lei nº 14.019/2020)

**§ 6º** Em nenhuma hipótese será exigível a cobrança da multa pelo descumprimento da obrigação prevista no *caput* deste artigo às populações vulneráveis economicamente. (Acrescido pela Lei nº 14.019/2020, vetado pelo Presidente da República, mantido pelo Congresso Nacional e publicado na Edição Extra A do DOU de 08/09/2020)

**§ 7º** A obrigação prevista no *caput* deste artigo será dispensada no caso de pessoas com transtorno do espectro autista, com deficiência intelectual, com deficiências sensoriais ou com quaisquer outras deficiências que as impeçam de fazer o uso adequado de máscara de proteção facial, conforme declaração médica, que poderá ser obtida por meio digital, bem como no caso de crianças com menos de 3 (três) anos de idade. (Acrescido pela Lei 14.019/2020)

**§ 8º** As máscaras a que se refere o *caput* deste artigo podem ser artesanais ou industriais. (Acrescido pela Lei 14.019/2020)

**Art. 3º-B.** Os estabelecimentos em funcionamento durante a pandemia da Covid-19 são obrigados a fornecer gratuitamente a seus funcionários e colaboradores máscaras de proteção individual, ainda que de fabricação artesanal, sem prejuízo de outros equipamentos de proteção individual estabelecidos pelas normas de segurança e saúde do trabalho. (Acrescido pela Lei nº 14.019/2020, vetado pelo Presidente da República, mantido pelo Congresso Nacional e publicado na Edição Extra A do DOU de 08/09/2020)

**§ 1º** O descumprimento da obrigação prevista no *caput* deste artigo acarretará a imposição de multa definida e regulamentada pelos entes federados, observadas na gradação da penalidade: (Acrescido pela Lei nº 14.019/2020, vetado pelo Presidente da República, mantido pelo Congresso Nacional e publicado na Edição Extra A do DOU de 08/09/2020)

**I** - a reincidência do infrator;

**II** - a ocorrência da infração em ambiente fechado, hipótese que será considerada como circunstância agravante;

**III** - a capacidade econômica do infrator.

**§ 2º** O disposto no § 1º deste artigo será regulamentado por decreto ou por ato administrativo do respectivo Poder Executivo, que estabelecerá as autoridades responsáveis pela fiscalização da obrigação prevista no *caput* e pelo recolhimento da multa prevista no § 1º deste artigo. (Acrescido pela Lei nº 14.019/2020, vetado pelo Presidente da República, mantido pelo Congresso Nacional e publicado na Edição Extra A do DOU de 08/09/2020)

**§§ 3º e 4º** (VETADOS na Lei 14.019/2020)

**§ 5º** Os órgãos, entidades e estabelecimentos a que se refere este artigo deverão afixar cartazes informativos sobre a forma de uso correto de máscaras e o número máximo de pessoas permitidas ao mesmo tempo dentro do estabelecimento, nos termos de regulamento. (Vetado na republicação da Lei 14.019/2020, veiculada no DOU de 6/7/2020, e restabelecido pelo STF nos termos das Decisões das ADPF's 714, 715 e 718, publicadas no DOU de 23/2/2021)

**§ 6º** (VETADO na Lei 14.019/2020)

**Art. 3º-C.** As multas previstas no § 1º do art. 3º-A e no § 1º do art. 3º-B desta Lei somente serão aplicadas na ausência de normas estaduais ou municipais que estabeleçam multa com hipótese de incidência igual ou semelhante. (Acrescido pela Lei nº 14.019/2020, vetado pelo Presidente da República, mantido pelo Congresso Nacional e publicado na Edição Extra A do DOU de 08/09/2020)

**Art. 3º-D.** Os valores recolhidos das multas previstas no § 1º do art. 3ºA e no § 1º do art. 3º-B desta Lei deverão ser utilizados obrigatoriamente em ações e serviços de saúde. (Acrescido pela Lei nº 14.019/2020, vetado pelo Presidente da República, mantido pelo Congresso Nacional e publicado na Edição Extra A do DOU de 08/09/2020)

**Parágrafo único.** Os valores recolhidos deverão ser informados em portais de transparência ou, na falta destes, em outro meio de publicidade, para fins de prestação de contas.

**Art. 3º-E.** É garantido o atendimento preferencial em estabelecimentos de saúde aos profissionais de saúde e aos profissionais da segurança pública, integrantes dos órgãos previstos no art. 144 da Constituição Federal, diagnosticados com a Covid-19, respeitados os protocolos nacionais de atendimento médico. *(Acrescido pela Lei 14.019/2020)*

**Art. 3º-F.** É obrigatório o uso de máscaras de proteção individual nos estabelecimentos prisionais e nos estabelecimentos de cumprimento de medidas socioeducativas, observado o disposto no *caput* do art. 3º-B desta Lei. (Vetado na republicação da Lei 14.019,/2020, veiculada no DOU de 6/7/2020, e restabelecido pelo STF nos termos das Decisões das ADPF's 714, 715 e 718, publicadas no DOU de 23/2/2021)

**Art. 3º-G.** As concessionárias e empresas de transporte público deverão atuar em colaboração com o poder público na fiscalização do cumprimento das normas de utilização obrigatória de máscaras de proteção individual, podendo inclusive vedar, nos terminais e meios de transporte por elas operados, a entrada de passageiros em desacordo com as normas estabelecidas pelo respectivo poder concedente. *(Incluído pela Lei 14.019/2020)*

**Parágrafo único.** O poder público concedente regulamentará o disposto neste artigo, inclusive em relação ao estabelecimento de multas pelo seu descumprimento.

**Art. 3º-H.** Os órgãos e entidades públicos, por si, por suas empresas, concessionárias ou permissionárias ou por qualquer outra forma de empreendimento, bem como o setor privado de bens e serviços, deverão adotar medidas de prevenção à proliferação de doenças, como a assepsia de locais de circulação de pessoas e do interior de veículos de toda natureza usados em serviço e a disponibilização aos usuários de produtos higienizantes e saneantes. *(Incluído pela Lei 14.019/2020)*

**Parágrafo único.** Incorrerá em multa, a ser definida e regulamentada pelo Poder Executivo do ente federado competente, o estabelecimento autorizado a funcionar durante a pandemia da Covid-19 que deixar de disponibilizar álcool em gel a 70% (setenta por cento) em locais próximos a suas entradas, elevadores e escadas rolantes. (Acrescido pela Lei nº 14.019/2020, vetado pelo Presidente da República, mantido pelo Congresso Nacional e publicado na Edição Extra A do DOU de 08/09/2020)

**Art. 3º-I.** (Vetado na Lei 14.019/2020)

**Art. 3º-J.** Durante a emergência de saúde pública decorrente do coronavírus responsável pelo surto de 2019, o poder público e os empregadores ou contratantes adotarão, imediatamente, medidas para preservar a saúde e a vida de todos os profissionais considerados essenciais ao controle de doenças e à manutenção da ordem pública. *(Acrescido pela Lei 14.023/2020)*

**§ 1º** Para efeitos do disposto no *caput* deste artigo, são considerados profissionais essenciais ao controle de doenças e à manutenção da ordem pública:

**I** - médicos;

**II** - enfermeiros;

**III** - fisioterapeutas, terapeutas ocupacionais, fonoaudiólogos e profissionais envolvidos nos processos de habilitação e reabilitação;

**IV** - psicólogos;

**V** - assistentes sociais;

**VI** - policiais federais, civis, militares, penais, rodoviários e ferroviários e membros das Forças Armadas;

**VII** - agentes socioeducativos, agentes de segurança de trânsito e agentes de segurança privada;

**VIII** - brigadistas e bombeiros civis e militares;

**IX** - vigilantes que trabalham em unidades públicas e privadas de saúde;

**X** - assistentes administrativos que atuam no cadastro de pacientes em unidades de saúde;

**XI** - agentes de fiscalização;

**XII** - agentes comunitários de saúde;

**XIII** - agentes de combate às endemias;

**XIV** - técnicos e auxiliares de enfermagem;

**XV** - técnicos, tecnólogos e auxiliares em radiologia e operadores de aparelhos de tomografia computadorizada e de ressonância nuclear magnética;

**XVI** - maqueiros, maqueiros de ambulância e padioleiros;

**XVII** - cuidadores e atendentes de pessoas com deficiência, de pessoas idosas ou de pessoas com doenças raras;

**XVIII** - biólogos, biomédicos e técnicos em análises clínicas;

**XIX** - médicos-veterinários;

**XX** - coveiros, atendentes funerários, motoristas funerários, auxiliares funerários e demais trabalhadores de serviços funerários e de autópsias;

**XXI** - profissionais de limpeza;

**XXII** - profissionais que trabalham na cadeia de produção de alimentos e bebidas, incluídos os insumos;

**XXIII** - farmacêuticos, bioquímicos e técnicos em farmácia;

**XXIV** - cirurgiões-dentistas, técnicos em saúde bucal e auxiliares em saúde bucal;

**XXV** - aeronautas, aeroviários e controladores de voo;

**XXVI** - motoristas de ambulância;

**XXVII** - guardas municipais;

**XXVIII** - profissionais dos Centros de Referência de Assistência Social (Cras) e dos Centros de Referência Especializados de Assistência Social (Creas);

**XXIX** - servidores públicos que trabalham na área da saúde, inclusive em funções administrativas;

**XXX** - outros profissionais que trabalhem ou sejam convocados a trabalhar nas unidades de saúde durante o período de isolamento social ou que tenham contato com pessoas ou com materiais que ofereçam risco de contaminação pelo novo coronavírus.

**§ 2º** O poder público e os empregadores ou contratantes fornecerão, gratuitamente, os equipamentos de proteção individual (EPIs) recomendados pela Anvisa aos profissionais relacionados no § 1º deste artigo que estiverem em atividade e em contato direto com portadores ou possíveis portadores do novo coronavírus, considerados os protocolos indicados para cada situação.

**§ 3º** Os profissionais essenciais ao controle de doenças e à manutenção da ordem pública que estiverem em contato direto com portadores ou possíveis portadores do novo coronavírus terão prioridade para fazer testes de diagnóstico da Covid-19 e serão tempestivamente tratados e orientados sobre sua condição de saúde e sobre sua aptidão para retornar ao trabalho.

**Art. 4º** É dispensável a licitação para aquisição ou contratação de bens, serviços, inclusive de engenharia, e insumos destinados ao enfrentamento da emergência de saúde pública de importância internacional de que trata esta Lei. (Redação dada pela Lei 14.035/2020)

**§ 1º** A dispensa de licitação a que se refere o *caput* deste artigo é temporária e aplica-se apenas enquanto perdurar a emergência de saúde pública de importância internacional decorrente do coronavírus.

**§ 2º** Todas as aquisições ou contratações realizadas com base nesta Lei serão disponibilizadas, no prazo máximo de 5 (cinco) dias úteis, contado da realização do ato, em site oficial específico na internet, observados, no que couber, os requisitos previstos no § 3º do art. 8º da Lei nº 12.527, de 18 de novembro de 2011, com o nome do contratado, o número de sua inscrição na Secretaria da Receita Federal do Brasil, o prazo contratual, o valor e o respectivo processo de aquisição ou contratação, além das seguintes informações: (Redação dada pela Lei 14.035/2020)

**I** - o ato que autoriza a contratação direta ou o extrato decorrente do contrato; (Acrescido pela Lei 14.035/2020)

**II** - a discriminação do bem adquirido ou do serviço contratado e o local de entrega ou de prestação; (Acrescido pela Lei 14.035/2020)

**III** - o valor global do contrato, as parcelas do objeto, os montantes pagos e o saldo disponível ou bloqueado, caso exista; (Acrescido pela Lei 14.035/2020)

**IV** - as informações sobre eventuais aditivos contratuais; (Acrescido pela Lei 14.035/2020)

**V** - a quantidade entregue em cada unidade da Federação durante a execução do contrato, nas contratações de bens e serviços. (Acrescido pela Lei 14.035/2020)

**VI** - as atas de registros de preços das quais a contratação se origine. (Acrescido pela Lei 14.065/2020)

**§ 3º** Na situação excepcional de, comprovadamente, haver uma única fornecedora do bem ou prestadora do serviço, será possível a sua contratação, independentemente da existência de sanção de impedimento ou de suspensão de contratar com o poder público. (Acrescido pela Lei 14.035/2020)

**§ 3º-A**. No caso de que trata o § 3º deste artigo, é obrigatória a prestação de garantia nas modalidades previstas no art. 56 da Lei nº 8.666, de 21 de junho de 1993, que não poderá exceder a 10% (dez por cento) do valor do contrato. (Acrescido pela Lei 14.035/2020)

- Lei 14.133/2021 (Nova Lei de Licitações)

**§ 4º** Na hipótese de dispensa de licitação a que se refere o *caput* deste artigo, quando se tratar de compra ou de contratação por mais de um órgão ou entidade, poderá ser utilizado o sistema de registro de preços, previsto no inciso II do *caput* do art. 15 da Lei nº 8.666, de 21 de junho de 1993. (Acrescido pela Lei 14.065/2020)

- Lei 14.133/2021 (Nova Lei de Licitações)

**§ 5º** Nas situações abrangidas pelo § 4º deste artigo, o ente federativo poderá aplicar o regulamento federal sobre registro de preços se não houver regulamento que lhe seja especificamente aplicável. (Acrescido pela Lei 14.065/2020)

**§ 6º** O órgão ou entidade gerenciador da compra estabelecerá prazo entre 2 (dois) e 8 (oito) dias úteis, contado da data de divulgação da intenção de registro de preço, para que outros órgãos e entidades manifestem interesse em participar do sistema de registro de preços realizado nos termos dos §§ 4º e 5º deste artigo. (Acrescido pela Lei 14.065/2020)

**§ 7º** O disposto nos §§ 2º e 3º do art. 4º-E desta Lei não se aplica a sistema de registro de preços fundamentado nesta Lei. (Acrescido pela Lei 14.065/2020)

**§ 8º** Nas contratações celebradas após 30 (trinta) dias da assinatura da ata de registro de preços, a estimativa de preços será refeita, com o intuito de verificar se os preços registrados permanecem compatíveis com os praticados no âmbito dos órgãos e entidades da administração pública, nos termos do inciso VI do § 1º do art. 4º-E desta Lei. (Acrescido pela Lei 14.065/2020)

**Art. 4º-A.** A aquisição ou contratação de bens e serviços, inclusive de engenharia, a que se refere o *caput* do art. 4º desta Lei, não se restringe a equipamentos novos, desde que o fornecedor se responsabilize pelas plenas condições de uso e de funcionamento do objeto contratado. (Acrescido pela Lei 14.035/2020)

**Art. 4º-B.** Nas dispensas de licitação decorrentes do disposto nesta Lei, presumem-se comprovadas as condições de: (Acrescido pela Lei 14.035/2020)

**I** - ocorrência de situação de emergência;

**II** - necessidade de pronto atendimento da situação de emergência;

**III** - existência de risco à segurança de pessoas, de obras, de prestação de serviços, de equipamentos e de outros bens, públicos ou particulares; e

**IV** - limitação da contratação à parcela necessária ao atendimento da situação de emergência.

**Art. 4º-C.** Para a aquisição ou contratação de bens, serviços, inclusive de engenharia, e insumos necessários ao enfrentamento da emergência de saúde pública de que trata esta Lei, não será exigida a elaboração de estudos preliminares quando se tratar de bens e de serviços comuns. (Acrescido pela Lei 14.035/2020)

**Art. 4º-D.** O gerenciamento de riscos da contratação somente será exigível durante a gestão do contrato. (Acrescido pela Lei 14.035/2020)

**Art. 4º-E.** Nas aquisições ou contratações de bens, serviços e insumos necessários ao enfrentamento da emergência de saúde pública de importância internacional de que trata esta Lei, será admitida a apresentação de termo de referência simplificado ou de projeto básico simplificado. (Acrescido pela Lei 14.035/2020)

**§ 1º** O termo de referência simplificado ou o projeto básico simplificado referidos no *caput* deste artigo conterá: (Acrescido pela Lei 14.035/2020)

**I** - declaração do objeto;

**II** - fundamentação simplificada da contratação;

**III** - descrição resumida da solução apresentada;

**IV** - requisitos da contratação;

**V** - critérios de medição e de pagamento;

**VI** - estimativa de preços obtida por meio de, no mínimo, 1 (um) dos seguintes parâmetros:

*a)* Portal de Compras do Governo Federal;

*b)* pesquisa publicada em mídia especializada;

*c)* sites especializados ou de domínio amplo;

*d)* contratações similares de outros entes públicos; ou

*e)* pesquisa realizada com os potenciais fornecedores;

**VII** - adequação orçamentária.

**§ 2º** Excepcionalmente, mediante justificativa da autoridade competente, será dispensada a estimativa de preços de que trata o inciso VI do § 1º deste artigo. (Acrescido pela Lei 14.035/2020)

**§ 3º** Os preços obtidos a partir da estimativa de que trata o inciso VI do § 1º deste artigo não impedem a contratação pelo poder público por valores superiores decorrentes de oscilações ocasionadas pela variação de preços, desde que observadas as seguintes condições: (Acrescido pela Lei 14.035/2020)

**I** - negociação prévia com os demais fornecedores, segundo a ordem de classificação, para obtenção de condições mais vantajosas; e

**II** - efetiva fundamentação, nos autos da contratação correspondente, da variação de preços praticados no mercado por motivo superveniente.

**Art. 4º-F.** Na hipótese de haver restrição de fornecedores ou de prestadores de serviço, a autoridade competente, excepcionalmente e mediante justificativa, poderá dispensar a apresentação de documentação relativa à regularidade fiscal ou, ainda, o cumprimento de 1 (um) ou mais requisitos de habilitação, ressalvados a exigência de apresentação de prova de regularidade trabalhista e o cumprimento do disposto no inciso XXXIII do *caput* do art. 7º da Constituição Federal. (Acrescido pela Lei 14.035/2020)

**Art. 4º-G.** Nos casos de licitação na modalidade pregão, eletrônico ou presencial, cujo objeto seja a aquisição ou contratação de bens, serviços e insumos necessários ao enfrentamento da emergência de saúde pública de importância internacional de que trata esta Lei, os prazos dos procedimentos licitatórios serão reduzidos pela metade. (Acrescido pela Lei 14.035/2020)

**§ 1º** Quando o prazo original de que trata o *caput* deste artigo for número ímpar, este será arredondado para o número inteiro antecedente. (Acrescido pela Lei 14.035/2020)

**§ 2º** Os recursos dos procedimentos licitatórios somente terão efeito devolutivo. (Acrescido pela Lei 14.035/2020)

**§ 3º** Fica dispensada a realização de audiência pública a que se refere o art. 39 da Lei nº 8.666, de 21 de junho de 1993, para as licitações de que trata o *caput* deste artigo. (Acrescido pela Lei 14.035/2020)

▸ Lei 14.133/2021 (Nova Lei de Licitações)

**§ 4º** As licitações de que trata o *caput* deste artigo realizadas por meio de sistema de registro de preços serão consideradas compras nacionais e observarão o disposto em regulamento editado pelo Poder Executivo federal, observado o prazo estabelecido no § 6º do art. 4º desta Lei. (Acrescido pela Lei 14.065/2020)

**Art. 4º-H.** Os contratos regidos por esta Lei terão prazo de duração de até 6 (seis) meses e poderão ser prorrogados por períodos sucessivos, enquanto vigorar o Decreto Legislativo nº 6, de 20 de março de 2020, respeitados os prazos pactuados. (Acrescido pela Lei 14.035/2020)

**Art. 4º-I.** Para os contratos decorrentes dos procedimentos previstos nesta Lei, a administração pública poderá prever que os contratados fiquem obrigados a aceitar, nas mesmas condições contratuais, acréscimos ou supressões ao objeto contratado de até 50% (cinquenta por cento) do valor inicial atualizado do contrato. (Acrescido pela Lei 14.035/2020)

**Art. 4º-J.** Os órgãos e entidades da administração pública federal poderão aderir a ata de registro de preços gerenciada por órgão ou entidade estadual, distrital ou municipal em procedimentos realizados nos termos desta Lei, até o limite, por órgão ou entidade, de 50% (cinquenta por cento) dos quantitativos dos itens do instrumento convocatório e registrados na ata de registro de preços para o órgão gerenciador e para os órgãos participantes. (Acrescido pela Lei 14.065/2020)

**Parágrafo único.** As contratações decorrentes das adesões à ata de registro de preços de que trata o *caput* deste artigo não poderão exceder, na totalidade, ao dobro do quantitativo de cada item registrado na ata de registro de preços para o órgão gerenciador e para os órgãos participantes, independentemente do número de órgãos não participantes que aderirem.

**Art. 4º-K.** Os órgãos de controle interno e externo priorizarão a análise e a manifestação quanto à legalidade, à legitimidade e à economicidade das despesas decorrentes dos contratos ou das aquisições realizadas com fundamento nesta Lei. (Acrescido pela Lei 14.065/2020)

**Parágrafo único.** Os tribunais de contas devem atuar para aumentar a segurança jurídica na aplicação das normas desta Lei, inclusive por meio de respostas a consultas.

**Art. 5º** Toda pessoa colaborará com as autoridades sanitárias na comunicação imediata de:

**I** - possíveis contatos com agentes infecciosos do coronavírus;

**II** - circulação em áreas consideradas como regiões de contaminação pelo coronavírus.

**Art. 5º-A.** Enquanto perdurar o estado de emergência de saúde internacional decorrente do coronavírus responsável pelo surto de 2019: (Acrescido pela Lei 14.022/2020)

**I** - os prazos processuais, a apreciação de matérias, o atendimento às partes e a concessão de medidas protetivas que tenham relação com atos de violência doméstica e familiar cometidos contra mulheres, crianças, adolescentes, pessoas idosas e pessoas com deficiência serão mantidos, sem suspensão;

**II** - o registro da ocorrência de violência doméstica e familiar contra a mulher e de crimes cometidos contra criança, adolescente, pessoa idosa ou pessoa com deficiência poderá ser realizado por meio eletrônico ou por meio de número de telefone de emergência designado para tal fim pelos órgãos de segurança pública;

**Parágrafo único.** Os processos de que trata o inciso I do *caput* deste artigo serão considerados de natureza urgente.

**Art. 5º-B.** O receituário médico ou odontológico de medicamentos sujeitos a prescrição e de uso contínuo será válido pelo menos enquanto perdurarem as medidas de isolamento para contenção do surto da Covid-19. (Acrescido pela Lei 14.028/2020)

**§ 1º** O disposto no *caput* não se aplica ao receituário de medicamentos sujeitos ao controle sanitário especial, que seguirá a regulamentação da Anvisa. (Acrescido pela Lei 14.028/2020)

**§ 2º** (VETADO na Lei 14.028/2020)

**Art. 6º** É obrigatório o compartilhamento entre órgãos e entidades da administração pública federal, estadual, distrital e municipal de dados essenciais à identificação de pessoas infectadas ou com suspeita de infecção pelo coronavírus, com a finalidade exclusiva de evitar a sua propagação.

**§ 1º** A obrigação a que se refere o *caput* deste artigo estende-se às pessoas jurídicas de direito privado quando os dados forem solicitados por autoridade sanitária.

**§ 2º** O Ministério da Saúde manterá dados públicos e atualizados sobre os casos confirmados, suspeitos e em investigação, relativos à situação de emergência pública sanitária, resguardando o direito ao sigilo das informações pessoais.

**Art. 6º-A.** Para a concessão de suprimento de fundos e por item de despesa, e para as aquisições e as contratações a que se refere o *caput* do art. 4º desta Lei, quando a movimentação for realizada por meio de Cartão de Pagamento do Governo, ficam estabelecidos os seguintes limites: (Acrescido pela Lei 14.035/2020)

**I** - na execução de serviços de engenharia, o valor estabelecido na alínea "a" do inciso I do *caput* do art. 23 da Lei nº 8.666, de 21 de junho de 1993; e

- Lei 14.133/2021 (Nova Lei de Licitações)

**II** - nas compras em geral e em outros serviços, o valor estabelecido na alínea "a" do inciso II do *caput* do art. 23 da Lei nº 8.666, de 21 de junho de 1993.

- Lei 14.133/2021 (Nova Lei de Licitações)

**Art. 6º-B.** (Acrescido pela MP 928/2020, com vigência encerrada em 20/7/2020)

**Art. 6º-C.** (Acrescido pela MP 928/2020, com vigência encerrada em 20/7/2020)

**Art. 7º** O Ministério da Saúde editará os atos necessários à regulamentação e operacionalização do disposto nesta Lei.

**Art. 8º** Esta Lei vigorará enquanto estiver vigente o Decreto Legislativo nº 6, de 20 de março de 2020, observado o disposto no art. 4º-H desta Lei. (Redação dada pela Lei 14.035/2020)

- ADI 6.625/2020.

**Art. 9º** Esta Lei entra em vigor na data de sua publicação.

Brasília, 6 de fevereiro de 2020; 199º da Independência e 132º da República.

JAIR MESSIAS BOLSONARO

Sérgio Moro

Luiz Henrique Mandetta

DOU 07.02.2020

# Direitos Humanos

| Diploma | Estudado | Revisto | Questões |
|---|---|---|---|
| Lei nº 6.001/1973 | ☐ | ☐ | ☐ |
| Lei nº 8.899/1994 | ☐ | ☐ | ☐ |
| Lei nº 9.474/1997 | ☐ | ☐ | ☐ |
| Lei nº 10.098/2000 | ☐ | ☐ | ☐ |
| Lei nº 12.764/2012 | ☐ | ☐ | ☐ |
| Lei nº 12.847/2013 | ☐ | ☐ | ☐ |
| Decreto nº 8.136/2013 | ☐ | ☐ | ☐ |

## LEI Nº 6.001, DE 19 DE DEZEMBRO DE 1973

*Dispõe sobre o Estatuto do Índio.*

- DOU, 21.12.1973.
- arts. 22, XIV. 231 e 232, CF.
- art. 4º, p.u., CC/2002.

O Presidente da República. Faço saber que o Congresso Nacional decreta e eu sanciono a seguinte Lei:

### TÍTULO I
### DOS PRINCÍPIOS E DEFINIÇÕES

**Art. 1º** Esta Lei regula a situação jurídica dos índios ou silvícolas e das comunidades indígenas, com o propósito de preservar a sua cultura e integrá-los, progressiva e harmoniosamente, à comunhão nacional.

**Parágrafo único.** Aos índios e às comunidades indígenas se estende a proteção das leis do País, nos mesmos termos em que se aplicam aos demais brasileiros, resguardados os usos, costumes e tradições indígenas, bem como as condições peculiares reconhecidas nesta Lei.

**Art. 2º** Cumpre à União, aos Estados e aos Municípios, bem como aos órgãos das respectivas administrações indiretas, nos limites de sua competência, para a proteção das comunidades indígenas e a preservação dos seus direitos:

**I** - estender aos índios os benefícios da legislação comum, sempre que possível a sua aplicação;

**II** - prestar assistência aos índios e às comunidades indígenas ainda não integrados à comunhão nacional;

**III** - respeitar, ao proporcionar aos índios meios para o seu desenvolvimento, as peculiaridades inerentes à sua condição;

**IV** - assegurar aos índios a possibilidade de livre escolha dos seus meios de vida e subsistência;

**V** - garantir aos índios a permanência voluntária no seu *habitat*, proporcionando-lhes ali recursos para seu desenvolvimento e progresso;

**VI** - respeitar, no processo de integração do índio à comunhão nacional, a coesão das comunidades indígenas, os seus valores culturais, tradições, usos e costumes;

**VII** - executar, sempre que possível mediante a colaboração dos índios, os programas e projetos tendentes a beneficiar as comunidades indígenas;

**VIII** - utilizar a cooperação, o espírito de iniciativa e as qualidades pessoais do índio, tendo em vista a melhoria de suas condições de vida e a sua integração no processo de desenvolvimento;

**IX** - garantir aos índios e comunidades indígenas, nos termos da Constituição, a posse permanente das terras que habitam, reconhecendo-lhes o direito ao usufruto exclusivo das riquezas naturais e de todas as utilidades naquelas terras existentes;

**X** - garantir aos índios o pleno exercício dos direitos civis e políticos que em face da legislação lhes couberem.

**Parágrafo único.** (Vetado.)

**Art. 3º** Para os efeitos de lei, ficam estabelecidas as definições a seguir discriminadas:

**I** - Índio ou Silvícola - É todo indivíduo de origem e ascendência pré-colombiana que se identifica e é identificado como pertencente a um grupo étnico cujas características culturais o distinguem da sociedade nacional;

**II** - Comunidade Indígena ou Grupo Tribal - É um conjunto de famílias ou comunidades índias, quer vivendo em estado de completo isolamento em relação aos outros setores da comunhão nacional, quer em contatos intermitentes ou permanentes, sem contudo estarem neles integrados.

✪ **Art. 4º** Os índios são considerados:

**I** - Isolados - Quando vivem em grupos desconhecidos ou de que se possuem poucos e vagos informes através de contatos eventuais com elementos da comunhão nacional;

**II** - Em vias de integração - Quando, em contato intermitente ou permanente com grupos estranhos, conservam menor ou maior parte das condições de sua vida nativa, mas aceitam algumas práticas e modos de existência comuns aos demais setores da comunhão nacional, da qual vão necessitando cada vez mais para o próprio sustento;

**III** - Integrados - Quando incorporados à comunhão nacional e reconhecidos no pleno exercício dos direitos civis, ainda que conservem usos, costumes e tradições característicos da sua cultura.

## TÍTULO II
## DOS DIREITOS CIVIS E POLÍTICOS

## CAPÍTULO I
## DOS PRINCÍPIOS

**Art. 5º** Aplicam-se aos índios ou silvícolas as normas dos artigos 145 e 146 da Constituição Federal, relativas à nacionalidade e à cidadania.

▸ Refere-se aos arts. 231 e 232, CF.

**Parágrafo único.** O exercício dos direitos civis e políticos pelo índio depende da verificação das condições especiais estabelecidas nesta Lei e na legislação pertinente.

✪ **Art. 6º** Serão respeitados os usos, costumes e tradições das comunidades indígenas e seus efeitos, nas relações de família, na ordem de sucessão, no regime de propriedade e nos atos ou negócios realizados entre índios, salvo se optarem pela aplicação do direito comum.

**Parágrafo único.** Aplicam-se as normas de direito comum às relações entre índios não integrados e pessoas estranhas à comunidade indígena, excetuados os que forem menos favoráveis a eles e ressalvado o disposto nesta Lei.

## CAPÍTULO II
## DA ASSISTÊNCIA OU TUTELA

▸ art. 4º, p.u., CC/2002.

**Art. 7º** Os índios e as comunidades indígenas ainda não integrados à comunhão nacional ficam sujeito ao regime tutelar estabelecido nesta Lei.

**§ 1º** Ao regime tutelar estabelecido nesta Lei aplicam-se no que couber, os princípios e normas da tutela de direito comum, independendo, todavia, o exercício da tutela da especialização de bens imóveis em hipoteca legal, bem como da prestação de caução real ou fidejussória.

**§ 2º** Incumbe a tutela à União, que a exercerá através do competente órgão federal de assistência aos silvícolas.

**Art. 8º** São nulos os atos praticados entre o índio não integrado e qualquer pessoa estranha à comunidade indígena quando não tenha havido assistência do órgão tutelar competente.

**Parágrafo único.** Não se aplica a regra deste artigo no caso em que o índio revele consciência e conhecimento do ato praticado, desde que não lhe seja prejudicial, e da extensão dos seus efeitos.

✪ **Art. 9º** Qualquer índio poderá requerer ao Juiz competente a sua liberação do regime tutelar previsto nesta Lei, investindo-se na plenitude da capacidade civil, desde que preencha os requisitos seguintes:

**I** - idade mínima de 21 anos;

**II** - conhecimento da língua portuguesa;

**III** - habilitação para o exercício de atividade útil, na comunhão nacional;

**IV** - razoável compreensão dos usos e costumes da comunhão nacional.

**Parágrafo único.** O Juiz decidirá após instrução sumária, ouvidos o órgão de assistência ao índio e o Ministério Público, transcrita a sentença concessiva no registro civil.

**Art. 10.** Satisfeitos os requisitos do artigo anterior e a pedido escrito do interessado, o órgão de assistência poderá reconhecer ao índio, mediante declaração formal, a condição de integrado, cessando toda restrição à capacidade, desde que, homologado judicialmente o ato, seja inscrito no registro civil.

✪ **Art. 11.** Mediante decreto do Presidente da República, poderá ser declarada a emancipação da comunidade indígena e de seus membros, quanto ao regime tutelar estabelecido em lei, desde que requerida pela maioria dos membros do grupo e comprovada, em inquérito realizado pelo órgão federal competente, a sua plena integração na comunhão nacional.

**Parágrafo único.** Para os efeitos do disposto neste artigo, exigir-se-á o preenchimento, pelos requerentes, dos requisitos estabelecidos no artigo 9º.

## CAPÍTULO III
## DO REGISTRO CIVIL

▸ Lei 6.015/1973 (Lei de Registros Públicos).

✪ **Art. 12.** Os nascimentos e óbitos, e os casamentos civis dos índios não integrados, serão registrados de acordo com a legislação comum, atendidas as peculiaridades de sua condição quanto à qualificação do nome, prenome e filiação.

**Parágrafo único.** O registro civil será feito a pedido do interessado ou da autoridade administrativa competente.

**Art. 13.** Haverá livros próprios, no órgão competente de assistência, para o registro administrativo de nascimentos e óbitos dos índios, da cessação de sua incapacidade e dos casamentos contraídos segundo os costumes tribais.

**Parágrafo único.** O registro administrativo constituirá, quando couber documento hábil para proceder ao registro civil do ato correspondente, admitido, na falta deste, como meio subsidiário de prova.

## CAPÍTULO IV
## DAS CONDIÇÕES DE TRABALHO

**Art. 14.** Não haverá discriminação entre trabalhadores indígenas e os demais trabalhadores, aplicando-se-lhes todos os direitos e garantias das leis trabalhistas e de previdência social.

**Parágrafo único.** É permitida a adaptação de condições de trabalho aos usos e costumes da comunidade a que pertencer o índio.

**Art. 15.** Será nulo o contrato de trabalho ou de locação de serviços realizado com os índios de que trata o artigo 4º, I.

**Art. 16.** Os contratos de trabalho ou de locação de serviços realizados com indígenas em processo de integração ou habitantes de parques ou colônias agrícolas dependerão de prévia aprovação do órgão de proteção ao índio, obedecendo, quando necessário, a normas próprias.

**§ 1º** Será estimulada a realização de contratos por equipe, ou a domicílio, sob a orientação do órgão competente, de modo a favorecer a continuidade da via comunitária.

**§ 2º** Em qualquer caso de prestação de serviços por indígenas não integrados, o órgão de proteção ao índio exercerá permanente fiscalização das condições de trabalho, denunciando os abusos e providenciando a aplicação das sanções cabíveis.

**§ 3º** O órgão de assistência ao indígena propiciará o acesso, aos seus quadros, de índios integrados, estimulando a sua especialização indigenista.

# TÍTULO III
# DAS TERRAS DOS ÍNDIOS

## CAPÍTULO I
## DAS DISPOSIÇÕES GERAIS

**Art. 17.** Reputam-se terras indígenas:

**I** - as terras ocupadas ou habitadas pelos silvícolas, a que se referem os artigos 4º, IV, e 198, da Constituição;

▸ arts. 231 e 232, CF.

**II** - as áreas reservadas de que trata o Capítulo III deste Título;

**III** - as terras de domínio das comunidades indígenas ou de silvícolas.

**Art. 18.** As terras indígenas não poderão ser objeto de arrendamento ou de qualquer ato ou negócio jurídico que restrinja o pleno exercício da posse direta pela comunidade indígena ou pelos silvícolas.

**§ 1º** Nessas áreas, é vedada a qualquer pessoa estranha aos grupos tribais ou comunidades indígenas a prática da caça, pesca ou coleta de frutos, assim como de atividade agropecuária ou extrativa.

**§ 2º** (Vetado.)

✪ **Art. 19.** As terras indígenas, por iniciativa e sob orientação do órgão federal de assistência ao índio, serão administrativamente demarcadas, de acordo com o processo estabelecido em decreto do Poder Executivo.

**§ 1º** A demarcação promovida nos termos deste artigo, homologada pelo Presidente da República, será registrada em livro próprio do Serviço do Patrimônio da União (SPU) e do registro imobiliário da comarca da situação das terras.

**§ 2º** Contra a demarcação processada nos termos deste artigo não caberá a concessão de interdito possessório, facultado aos interessados contra ela recorrer à ação petitória ou à demarcatória.

✪ **Art. 20.** Em caráter excepcional e por qualquer dos motivos adiante enumerados, poderá a União intervir, se não houver solução alternativa, em área indígena, determinada a providência por decreto do Presidente da República.

**§ 1º** A intervenção poderá ser decretada:

*a)* para pôr termo à luta entre grupos tribais;

*b)* para combater graves surtos epidêmicos, que possam acarretar o extermínio da comunidade indígena, ou qualquer mal que ponha em risco a integridade do silvícola ou do grupo tribal;

*c)* por imposição da segurança nacional;

*d)* para a realização de obras públicas que interessem ao desenvolvimento nacional;

*e)* para reprimir a turbação ou esbulho em larga escala;

*f)* para a exploração de riquezas do subsolo de relevante interesse para a segurança e o desenvolvimento nacional.

**§ 2º** A intervenção executar-se-á nas condições estipuladas no decreto e sempre por meios suasórios, dela podendo resultar, segundo a gravidade do fato, uma ou algumas das medidas seguintes:

*a)* contenção de hostilidades, evitando-se o emprego de força contra os índios;

*b)* deslocamento temporário de grupos tribais de uma para outra área;

*c)* remoção de grupos tribais de uma para outra área.

**§ 3º** Somente caberá a remoção de grupo tribal quando de todo impossível ou desaconselhável a sua permanência na área sob intervenção, destinando-se à comunidade indígena removida área equivalente à anterior, inclusive quanto às condições ecológicas.

**§ 4º** A comunidade indígena removida será integralmente ressarcida dos prejuízos decorrentes da remoção.

**§ 5º** O ato de intervenção terá a assistência direta do órgão federal que exercita a tutela do índio.

**Art. 21.** As terras espontânea e definitivamente abandonadas por comunidade indígena ou grupo tribal reverterão, por proposta do órgão federal de assistência ao índio e mediante ato declaratório do Poder Executivo, à posse e ao domínio pleno da União.

## CAPÍTULO II
## DAS TERRAS OCUPADAS

‣ arts. 231 e 232, CF.

**Art. 22.** Cabe aos índios ou silvícolas a posse permanente das terras que habitam e o direito ao usufruto exclusivo das riquezas naturais e de todas as utilidades naquelas terras existentes.

**Parágrafo único.** As terras ocupadas pelos índios, nos termos deste artigo, serão bens inalienáveis da União (artigo 4º, IV, e 198, da Constituição Federal).

**Art. 23.** Considera-se posse do índio ou silvícola a ocupação efetiva da terra que, de acordo com os usos, costumes e tradições tribais, detém e onde habita ou exerce atividade indispensável à sua subsistência ou economicamente útil.

**Art. 24.** O usufruto assegurado aos índios ou silvícolas compreende o direito à posse, uso e percepção das riquezas naturais e de todas as utilidades existentes nas terras ocupadas, bem assim ao produto da exploração econômica de tais riquezas naturais e utilidades.

**§ 1º** Incluem-se, no usufruto, que se estende aos acessórios e seus acrescidos, o uso dos mananciais e das águas dos trechos das vias fluviais compreendidos nas terras ocupadas.

**§ 2º** É garantido ao índio o exclusivo exercício da caça e pesca nas áreas por ele ocupadas, devendo ser executadas por forma suasória as medidas de polícia que em relação a ele eventualmente tiverem de ser aplicadas.

**Art. 25.** O reconhecimento do direito dos índios e grupos tribais à posse permanente das terras por eles habitadas, nos termos do artigo 198, da Constituição Federal, independerá de sua demarcação, e será assegurado pelo órgão federal de assistência aos silvícolas, atendendo à situação atual e ao consenso histórico sobre a antiguidade da ocupação, sem prejuízo das medidas cabíveis que, na omissão ou erro do referido órgão, tomar qualquer dos Poderes da República.

## CAPÍTULO III
## DAS ÁREAS RESERVADAS

**Art. 26.** A União poderá estabelecer, em qualquer parte do território nacional, áreas destinadas à posse e ocupação pelos índios, onde possam viver e obter meios de subsistência, com direito ao usufruto e utilização das riquezas naturais e dos bens nelas existentes, respeitadas as restrições legais.

**Parágrafo único.** As áreas reservadas na forma deste artigo não se confundem com as de posse imemorial das tribos indígenas, podendo organizar-se sob uma das seguintes modalidades:

*a)* reserva indígena;

*b)* parque indígena;

*c)* colônia agrícola indígena.

**Art. 27.** Reserva indígena é uma área destinada a servidor de *habitat* a grupo indígena, com os meios suficientes à sua subsistência.

**Art. 28.** Parque indígena é a área contida em terra na posse de índios, cujo grau de integração permita assistência econômica, educacional e sanitária dos órgãos da União, em que se preservem as reservas de flora e fauna e as belezas naturais da região.

**§ 1º** Na administração dos parques serão respeitados a liberdade, usos, costumes e tradições dos índios.

**§ 2º** As medidas de polícia, necessárias à ordem interna e à preservação das riquezas existentes na área do parque, deverão ser tomadas por meios suasórios e de acordo com o interesse dos índios que nela habitem.

**§ 3º** O loteamento das terras dos parques indígenas obedecerá ao regime de propriedade, usos e costumes tribais, bem como às normas administrativas nacionais, que deverão ajustar-se aos interesses das comunidades indígenas.

**Art. 29.** Colônia agrícola indígena é a área destinada à exploração agropecuária, administrada pelo órgão de assistência ao índio, onde convivam tribos aculturadas e membros da comunidade nacional.

**Art. 30.** Território federal indígena é a unidade administrativa subordinada à União, instituída em região na qual pelo menos um terço da população seja formado por índios.

**Art. 31.** As disposições deste Capítulo serão aplicadas, no que couber, às áreas em que a posse decorra da aplicação do artigo 198, da Constituição Federal.

## CAPÍTULO IV
## DAS TERRAS DE DOMÍNIO INDÍGENA

**Art. 32.** São de propriedade plena do índio ou da comunidade indígena, conforme o caso, as terras havidas por qualquer das formas de aquisição do domínio, nos termos da legislação civil.

**Art. 33.** O índio, integrado ou não, que ocupe como próprio, por dez anos consecutivos, trecho de terra inferior a cinquenta hectares, adquirir-lhe-á a propriedade plena.

**Parágrafo único.** O disposto neste artigo não se aplica às terras do domínio da União, ocupadas por grupos tribais, às áreas reservadas de que trata esta Lei, nem às terras de propriedade coletiva de grupo tribal.

## CAPÍTULO V
## DA DEFESA DAS TERRAS INDÍGENAS

**Art. 34.** O órgão federal de assistência ao índio poderá solicitar a colaboração das Forças Armadas e Auxiliares e da Polícia Federal, para assegurar a proteção das terras ocupadas pelos índios e pelas comunidades indígenas.

**Art. 35.** Cabe ao órgão federal de assistência ao índio a defesa judicial ou extrajudicial dos direitos dos silvícolas e das comunidades indígenas.

**Art. 36.** Sem prejuízo do disposto no artigo anterior, compete à União adotar as medidas administrativas ou propor, por intermédio do Ministério Público Federal, as medidas judiciais adequadas à proteção da posse dos silvícolas sobre as terras que habitem.

**Parágrafo único.** Quando as medidas judiciais previstas neste artigo forem propostas pelo órgão federal de assistência, ou contra ele, a União será litisconsorte ativa ou passiva.

**Art. 37.** Os grupos tribais ou comunidades indígenas são partes legítimas para a defesa dos seus direitos em juízo, cabendo-lhes, no caso, a assistência do Ministério Público Federal ou do órgão de proteção ao índio.

**Art. 38.** As terras indígenas são inusucapíveis e sobre elas não poderá recair desapropriação, salvo o previsto no artigo 20.

## TÍTULO IV
## DOS BENS E RENDA DO PATRIMÔNIO INDÍGENA

✪ **Art. 39.** Constituem bens do Patrimônio Indígena:

**I** - as terras pertencentes ao domínio dos grupos tribais ou comunidades indígenas;

**II** - o usufruto exclusivo das riquezas naturais e de todas as utilidades existentes nas terras ocupadas por grupos tribais ou comunidades indígenas e nas áreas a eles reservadas;

**III** - os bens móveis ou imóveis, adquiridos a qualquer título.

**Art. 40.** São titulares do Patrimônio Indígena:

**I** - a população indígena do País, no tocante a bens ou rendas pertencentes ou destinadas aos silvícolas, sem discriminação de pessoas ou grupos tribais;

**II** - o grupo tribal ou comunidade indígena determinada, quanto à posse e usufruto das terras por ele exclusivamente ocupadas, ou a ele reservadas;

**III** - a comunidade indígena ou grupo tribal nomeado no título aquisitivo da propriedade, em relação aos respectivos imóveis ou móveis.

**Art. 41.** Não integram o Patrimônio Indígena:

**I** - as terras de exclusiva posse ou domínio do índio ou silvícola, individualmente considerado, e o usufruto das respectivas riquezas naturais e utilidades;

**II** - a habitação, os móveis e utensílios domésticos, os objetos de uso pessoal, os instrumentos de trabalho e os produtos da lavoura, caça, pesca e coleta ou do trabalho em geral dos silvícolas.

**Art. 42.** Cabe ao órgão de assistência a gestão do Patrimônio Indígena, propiciando-se, porém, a participação dos silvícolas e dos grupos tribais na administração dos próprios bens, sendo-lhes totalmente confiado o encargo, quando demonstrem capacidade efetiva para o seu exercício.

**Parágrafo único.** O arrolamento dos bens do Patrimônio Indígena será permanentemente atualizado, procedendo-se à fiscalização rigorosa de sua gestão, mediante controle interno e externo, a fim de tornar efetiva a responsabilidade dos seus administradores.

**Art. 43.** A renda indígena é a resultante da aplicação de bens e utilidades integrantes do Patrimônio Indígena, sob a responsabilidade do órgão de assistência ao índio.

**§ 1º** A renda indígena será preferencialmente reaplicada em atividades rentáveis ou utilizada em programas de assistência ao índio.

**§ 2º** A reaplicação prevista no parágrafo anterior reverterá principalmente em benefício da comunidade que produziu os primeiros resultados econômicos.

**Art. 44.** As riquezas do solo, nas áreas indígenas, somente pelos silvícolas podem ser exploradas, cabendo-lhes com exclusividade o exercício da garimpagem, faiscação e cata das áreas referidas.

**Art. 45.** A exploração das riquezas do subsolo nas áreas pertencentes aos índios, ou do domínio da União, mas na posse de comunidades indígenas, far-se-á nos termos da legislação vigente, observado o disposto nesta Lei.

**§ 1º** O Ministério do Interior, através do órgão competente de assistência aos índios, representará os interesses da União, como proprietária do solo, mas a participação no resultado da exploração, as indenizações e a renda devida pela ocupação do terreno, reverterão em benefício dos índios e constituirão fontes de renda indígena.

**§ 2º** Na salvaguarda dos interesses do Patrimônio Indígena e do bem-estar dos silvícolas, a autorização de pesquisa ou lavra, a terceiros, nas posses tribais, estará condicionada a prévio entendimento com o órgão de assistência ao índio.

**Art. 46.** O corte de madeira nas florestas indígenas, consideradas em regime de preservação permanente, de acordo com a letra g e § 2º, do artigo 3º, do Código Florestal, está condicionado à existência de programas ou projetos para o aproveitamento das terras respectivas na exploração agropecuária, na indústria ou no reflorestamento.

- Refere-se à Lei 4.771/1965 (antigo Código Florestal).
- Lei 12.651/2012 (Código Florestal).

## TÍTULO V
## DA EDUCAÇÃO, CULTURA E SAÚDE

**Art. 47.** É assegurado o respeito ao patrimônio cultural das comunidades indígenas, seus valores artísticos e meios de expressão.

**Art. 48.** Estende-se à população indígena, com as necessárias adaptações, o sistema de ensino em vigor no País.

**Art. 49.** A alfabetização dos índios far-se-á na língua do grupo a que pertençam, e em português, salvaguardado o uso da primeira.

**Art. 50.** A educação do índio será orientada para a integração na comunhão nacional mediante processo de gradativa compreensão dos problemas gerais e valores da sociedade nacional, bem como do aproveitamento das suas aptidões individuais.

**Art. 51.** A assistência aos menores, para fins educacionais, será prestada, quanto possível, sem afastá-los do convívio familiar ou tribal.

**Art. 52.** Será proporcionada ao índio a formação profissional adequada, de acordo com o seu grau de aculturação.

**Art. 53.** O artesanato e as indústrias rurais serão estimulados, no sentido de elevar o padrão de vida do índio com a conveniente adaptação às condições técnicas modernas.

**Art. 54.** Os índios têm direito aos meios de proteção à saúde facultados à comunhão nacional.

**Parágrafo único.** Na infância, na maternidade, na doença e na velhice, deve ser assegurada ao silvícola, especial assistência dos poderes públicos, em estabelecimentos a esse fim destinados.

**Art. 55.** O regime geral da previdência social será extensivo aos índios, atendidas as condições sociais, econômicas e culturais das comunidades beneficiadas.

## TÍTULO VI
## DAS NORMAS PENAIS

### CAPÍTULO I
### DOS PRINCÍPIOS

- Súm. 140, STJ.

**Art. 56.** No caso de condenação de índio por infração penal, a pena deverá ser atenuada e na sua aplicação o Juiz atenderá também ao grau de integração do silvícola.

**Parágrafo único.** As penas de reclusão e de detenção serão cumpridas, se possível, em regime especial de semiliberdade, no local de funcionamento do órgão federal de assistência aos índios mais próximos da habitação do condenado.

**Art. 57.** Será tolerada a aplicação, pelos grupos tribais, de acordo com as instituições próprias, de sanções penais ou disciplinares contra os seus membros, desde que não revistam caráter cruel ou infamante, proibida em qualquer caso a pena de morte.

## CAPÍTULO II
## DOS CRIMES CONTRA OS ÍNDIOS

✪ **Art. 58.** Constituem crimes contra os índios e a cultura indígena:

**I** - escarnecer de cerimônia, rito, uso, costume ou tradição culturais indígenas, vilipendiá-los ou perturbar, de qualquer modo, a sua prática.

Pena - detenção de um a três meses;

‣ art. 208, CP.

**II** - utilizar o índio ou comunidade indígena como objeto de propaganda turística ou de exibição para fins lucrativos.

Pena - detenção de dois a seis meses;

**III** - propiciar, por qualquer meio, a aquisição, o uso e a disseminação de bebidas alcoólicas, nos grupos tribais ou entre índios não integrados.

**Pena** - detenção de seis meses a dois anos.

**Parágrafo único.** As penas estatuídas neste artigo são agravadas de um terço, quando o crime for praticado por funcionário ou empregado do órgão de assistência ao índio.

‣ art. 327, CP.

**Art. 59.** No caso de crime contra a pessoa, o patrimônio ou os costumes, em que o ofendido seja índio não integrado ou comunidade indígena, a pena será agravada de um terço.

## TÍTULO VII
## DISPOSIÇÕES GERAIS

✪ **Art. 60.** Os bens e rendas do Patrimônio Indígena gozam de plena isenção tributária.

**Art. 61.** São extensivos aos interesses do Patrimônio Indígena os privilégios da Fazenda Pública, quanto à impenhorabilidade de bens, rendas e serviços, ações especiais, prazos processuais, juros e custas.

**Art. 62.** Ficam declaradas a nulidade e a extinção dos efeitos jurídicos dos atos de qualquer natureza que tenham por objeto o domínio, a posse ou a ocupação das terras habitadas pelos índios ou comunidades indígenas.

‣ art. 231, § 6º, CF.

**§ 1º** Aplica-se o disposto deste artigo às terras que tenham sido desocupadas pelos índios ou comunidades indígenas em virtude de ato ilegítimo de autoridade e particular.

**§ 2º** Ninguém terá direito a ação ou indenização contra a União, o órgão de assistência ao índio ou os silvícolas em virtude da nulidade e extinção de que trata este artigo, ou de suas consequências econômicas.

**§ 3º** Em caráter excepcional e a juízo exclusivo do dirigente do órgão de assistência ao índio, será permitida a continuação, por prazo razoável dos efeitos dos contratos de arrendamento em vigor na data desta lei, desde que a sua extinção acarrete graves consequências sociais.

**Art. 63.** Nenhuma medida judicial será concedida liminarmente em causas que envolvam interesse de silvícolas ou do Patrimônio Indígena, sem prévia audiência da União e do órgão de proteção ao índio.

**Art. 64.** (Vetado.)

**Parágrafo único.** (Vetado.)

**Art. 65.** O Poder Executivo fará, no prazo de cinco anos, a demarcação das terras indígenas, ainda não demarcadas.

**Art. 66.** O órgão de proteção ao silvícola fará divulgar e respeitar as normas da Convenção 107, promulgada pelo Decreto n. 58.824, de 14 julho de 1966.

**Art. 67.** É mantida a Lei n. 5.371, de 05 de dezembro de 1967.

**Art. 68.** Esta Lei entrará em vigor na data de sua publicação, revogadas as disposições em contrário.

EMÍLIO G. MEDICI

# LEI Nº 8.899, DE 29 DE JUNHO DE 1994

*Concede passe livre às pessoas portadoras de deficiência no sistema de transporte coletivo interestadual.*

O PRESIDENTE DA REPÚBLICA

Faço saber que o Congresso Nacional decreta e eu sanciono a seguinte lei:

✪ **Art. 1º.** É concedido passe livre às pessoas portadoras de deficiência, comprovadamente carentes, no sistema de transporte coletivo interestadual.

HUMANOS

**Art. 2º.** O Poder Executivo regulamentará esta Lei no prazo de noventa dias a contar de sua publicação.

**Art. 3º.** Esta Lei entra em vigor na data de sua publicação.

**Art. 4º.** Revogam-se as disposições em contrário.

Brasília, 29 de junho de 1994; 173º da Independência e 106º da República.

ITAMAR FRANCO

Cláudio Ivanof Lucarevschi

Leonor Barreto Franco

# LEI Nº 9.474, DE 22 DE JULHO DE 1997

▸ DOU, 23.07.1997.

*Define mecanismos para a implementação do Estatuto dos Refugiados de 1951, e determina outras providências.*

O Presidente da República. Faço saber que o Congresso Nacional decreta e eu sanciono a seguinte Lei:

## TÍTULO I DOS ASPECTOS CARACTERIZADORES

## CAPÍTULO I DO CONCEITO, DA EXTENSÃO E DA EXCLUSÃO

### SEÇÃO I DO CONCEITO

✪ **Art. 1º** Será reconhecido como refugiado todo indivíduo que:

**I** - devido a fundados temores de perseguição por motivos de raça, religião, nacionalidade, grupo social ou opiniões políticas encontre-se fora de seu país de nacionalidade e não possa ou não queira acolher-se à proteção de tal país;

**II** - não tendo nacionalidade e estando fora do país onde antes teve sua residência habitual, não possa ou não queira regressar a ele, em função das circunstâncias descritas no inciso anterior;

**III** - devido a grave e generalizada violação de direitos humanos, é obrigado a deixar seu país de nacionalidade para buscar refúgio em outro país.

### SEÇÃO II DA EXTENSÃO

✪ **Art. 2º** Os efeitos da condição dos refugiados serão extensivos ao cônjuge, aos ascendentes e descendentes, assim como aos demais membros do grupo familiar que do refugiado dependerem economicamente, desde que se encontrem em território nacional.

### SEÇÃO III DA EXCLUSÃO

**Art. 3º** Não se beneficiarão da condição de refugiado os indivíduos que:

**I** - já desfrutem de proteção ou assistência por parte de organismo ou instituição das Nações Unidas que não o Alto Comissariado das Nações Unidas para os Refugiados - ACNUR;

**II** - sejam residentes no território nacional e tenham direitos e obrigações relacionados com a condição de nacional brasileiro;

**III** - tenham cometido crime contra a paz, crime de guerra, crime contra a humanidade, crime hediondo, participado de atos terroristas ou tráfico de drogas;

**IV** - sejam considerados culpados de atos contrários aos fins e princípios das Nações Unidas.

## CAPÍTULO II DA CONDIÇÃO JURÍDICA DE REFUGIADO

**Art. 4º** O reconhecimento da condição de refugiado, nos termos das definições anteriores, sujeitará seu beneficiário ao preceituado nesta Lei, sem prejuízo do disposto em instrumentos internacionais de que o Governo brasileiro seja parte, ratifique ou venha a aderir.

**Art. 5º** O refugiado gozará de direitos e estará sujeito aos deveres dos estrangeiros no Brasil, ao disposto nesta Lei, na Convenção sobre o Estatuto dos Refugiados de 1951 e no Protocolo sobre o Estatuto dos Refugiados de 1967, cabendo-lhe a obrigação de acatar as leis, regulamentos e providências destinados à manutenção da ordem pública.

✪ **Art. 6º** O refugiado terá direito, nos termos da Convenção sobre o Estatuto dos Refugiados de 1951, a cédula de identidade comprobatória de sua condição jurídica, carteira de trabalho e documento de viagem.

## TÍTULO II
## DO INGRESSO NO TERRITÓRIO NACIONAL E DO PEDIDO DE REFÚGIO

**Art. 7º** O estrangeiro que chegar ao território nacional poderá expressar sua vontade de solicitar reconhecimento como refugiado a qualquer autoridade migratória que se encontre na fronteira, a qual lhe proporcionará as informações necessárias quanto ao procedimento cabível.

**§ 1º** Em hipótese alguma será efetuada sua deportação para fronteira de território em que sua vida ou liberdade esteja ameaçada, em virtude de raça, religião, nacionalidade, grupo social ou opinião política.

**§ 2º** O benefício previsto neste artigo não poderá ser invocado por refugiado considerado perigoso para a segurança do Brasil.

**Art. 8º** O ingresso irregular no território nacional não constitui impedimento para o estrangeiro solicitar refúgio às autoridades competentes.

**Art. 9º** A autoridade a quem for apresentada a solicitação deverá ouvir o interessado e preparar termo de declaração, que deverá conter as circunstâncias relativas à entrada no Brasil e às razões que o fizeram deixar o país de origem.

**Art. 10.** A solicitação, apresentada nas condições previstas nos artigos anteriores, suspenderá qualquer procedimento administrativo ou criminal pela entrada irregular, instaurado contra o peticionário e pessoas de seu grupo familiar que o acompanhem.

**§ 1º** Se a condição de refugiado for reconhecida, o procedimento será arquivado, desde que demonstrado que a infração correspondente foi determinada pelos mesmos fatos que justificaram o dito reconhecimento.

**§ 2º** Para efeito do disposto no parágrafo anterior, a solicitação de refúgio e a decisão sobre a mesma deverão ser comunicadas à Polícia Federal, que as transmitirá ao órgão onde tramitar o procedimento administrativo ou criminal.

## TÍTULO III
## DO CONARE

**Art. 11.** Fica criado o Comitê Nacional para os Refugiados - CONARE, órgão de deliberação coletiva, no âmbito do Ministério da Justiça.

- O Ministério da Justiça foi transformado em Ministério da Justiça e Cidadania pela Lei 13.341/2016.

## CAPÍTULO I
## DA COMPETÊNCIA

**Art. 12.** Compete ao CONARE, em consonância com a Convenção sobre o Estatuto dos Refugiados de 1951, com o Protocolo sobre o Estatuto dos Refugiados de 1967 e com as demais fontes de direito internacional dos refugiados:

**I** - analisar o pedido e declarar o reconhecimento, em primeira instância, da condição de refugiado;

**II** - decidir a cessação, em primeira instância, *ex officio* ou mediante requerimento das autoridades competentes, da condição de refugiado;

**III** - determinar a perda, em primeira instância, da condição de refugiado;

**IV** - orientar e coordenar as ações necessárias à eficácia da proteção, assistência e apoio jurídico aos refugiados;

**V** - aprovar instruções normativas esclarecedoras à execução desta lei.

**Art. 13.** O regimento interno do CONARE será aprovado pelo Ministro de Estado da Justiça.

**Parágrafo único.** O regimento interno determinará a periodicidade das reuniões do CONARE.

## CAPÍTULO II
## DA ESTRUTURA E DO FUNCIONAMENTO

**Art. 14.** O CONARE será constituído por:

**I** - um representante do Ministério da Justiça, que o presidirá;

- O Ministério da Justiça foi transformado em Ministério da Justiça e Cidadania pela Lei 13.341/2016.

**II** - um representante do Ministério das Relações Exteriores;

**III** - um representante do Ministério do Trabalho;

**IV** - um representante do Ministério da Saúde;

**V** - um representante do Ministério da Educação e do Desporto;

**VI** - um representante do Departamento de Polícia Federal;

**VII** - um representante de organização não governamental, que se dedique a atividades de assistência e proteção de refugiados no país.

**§ 1º** O Alto Comissariado das Nações Unidas para Refugiados - ACNUR será sempre membro convidado para as reuniões do CONARE, com direito a voz, sem voto.

**§ 2º** Os membros do CONARE serão designados pelo Presidente da República, mediante indicações dos órgãos e da entidade que o compõem.

**§ 3º** O CONARE terá um Coordenador-Geral, com a atribuição de preparar os processos de requerimento de refúgio e a pauta de reunião.

**Art. 15.** A participação no CONARE será considerada serviço relevante e não implicará remuneração de qualquer natureza ou espécie.

**Art. 16.** O CONARE reunir-se-á com quórum de quatro membros com direito a voto, deliberando por maioria simples.

**Parágrafo único.** Em caso de empate, será considerado voto decisivo o do Presidente do CONARE.

## TÍTULO IV
## DO PROCESSO DE REFÚGIO

### CAPÍTULO I
### DO PROCEDIMENTO

**Art. 17.** O estrangeiro deverá apresentar-se à autoridade competente e externar vontade de solicitar o reconhecimento da condição de refugiado.

**Art. 18.** A autoridade competente notificará o solicitante para prestar declarações, ato que marcará a data de abertura dos procedimentos.

**Parágrafo único.** A autoridade competente informará o Alto Comissariado das Nações Unidas para Refugiados - ACNUR sobre a existência do processo de solicitação de refúgio e facultará a esse organismo a possibilidade de oferecer sugestões que facilitem seu andamento.

**Art. 19.** Além das declarações, prestadas se necessário com ajuda de intérprete, deverá o estrangeiro preencher a solicitação de reconhecimento como refugiado, a qual deverá conter identificação completa, qualificação profissional, grau de escolaridade do solicitante e membros do seu grupo familiar, bem como relato das circunstâncias e fatos que fundamentem o pedido de refúgio, indicando os elementos de prova pertinentes.

**Art. 20.** O registro de declaração e a supervisão do preenchimento da solicitação do refúgio devem ser efetuados por funcionários qualificados e em condições que garantam o sigilo das informações.

### CAPÍTULO II
### DA AUTORIZAÇÃO DE RESIDÊNCIA PROVISÓRIA

✪ **Art. 21.** Recebida a solicitação de refúgio, o Departamento de Polícia Federal emitirá protocolo em favor do solicitante e de seu grupo familiar que se encontre no território nacional, o qual autorizará a estada até a decisão final do processo.

**§ 1º** O protocolo permitirá ao Ministério do Trabalho expedir carteira de trabalho provisória, para o exercício de atividade remunerada no país.

**§ 2º** No protocolo do solicitante de refúgio serão mencionados, por averbamento, os menores de quatorze anos.

✪ **Art. 22.** Enquanto estiver pendente o processo relativo à solicitação de refúgio, ao peticionário será aplicável a legislação sobre estrangeiros, respeitadas as disposições específicas contidas nesta Lei.

### CAPÍTULO III
### DA INSTRUÇÃO E DO RELATÓRIO

**Art. 23.** A autoridade competente procederá a eventuais diligências requeridas pelo CONARE, devendo averiguar todos os fatos cujo conhecimento seja conveniente para uma justa e rápida decisão, respeitando sempre o princípio da confidencialidade.

**Art. 24.** Finda a instrução, a autoridade competente elaborará, de imediato, relatório, que será enviado ao Secretário do CONARE, para inclusão na pauta da próxima reunião daquele Colegiado.

**Art. 25.** Os intervenientes nos processos relativos às solicitações de refúgio deverão guardar segredo profissional quanto às informações a que terão acesso no exercício de suas funções.

### CAPÍTULO IV
### DA DECISÃO, DA COMUNICAÇÃO E DO REGISTRO

**Art. 26.** A decisão pelo reconhecimento da condição de refugiado será considerada ato declaratório e deverá estar devidamente fundamentada.

**Art. 27.** Proferida a decisão, o CONARE notificará o solicitante e o Departamento de

Polícia Federal, para as medidas administrativas cabíveis.

**Art. 28.** No caso de decisão positiva, o refugiado será registrado junto ao Departamento de Polícia Federal, devendo assinar termo de responsabilidade e solicitar cédula de identidade pertinente.

## CAPÍTULO V
## DO RECURSO

✪ **Art. 29.** No caso de decisão negativa, esta deverá ser fundamentada na notificação ao solicitante, cabendo direito de recurso ao Ministro de Estado da Justiça, no prazo de quinze dias, contados do recebimento da notificação.

**Art. 30.** Durante a avaliação do recurso, será permitido ao solicitante de refúgio e aos seus familiares permanecer no território nacional, sendo observado o disposto nos §§ 1º e 2º do art. 21 desta lei.

**Art. 31.** A decisão do Ministro de Estado da Justiça não será passível de recurso, devendo ser notificada ao CONARE, para ciência do solicitante, e ao Departamento de Polícia Federal, para as providências devidas.

**Art. 32.** No caso de recusa definitiva de refúgio, ficará o solicitante sujeito à legislação de estrangeiros, não devendo ocorrer sua transferência para o seu país de nacionalidade ou de residência habitual, enquanto permanecerem as circunstâncias que põem em risco sua vida, integridade física e liberdade, salvo nas situações determinadas nos incisos III e IV do art. 3º desta lei.

# TÍTULO V
# DOS EFEITOS DO ESTATUTO DE REFUGIADOS SOBRE A EXTRADIÇÃO E A EXPULSÃO

## CAPÍTULO I
## DA EXTRADIÇÃO

✪ **Art. 33.** O reconhecimento da condição de refugiado obstará o seguimento de qualquer pedido de extradição baseado nos fatos que fundamentaram a concessão de refúgio.

**Art. 34.** A solicitação de refúgio suspenderá, até decisão definitiva, qualquer processo de extradição pendente, em fase administrativa ou judicial, baseado nos fatos que fundamentaram a concessão de refúgio.

**Art. 35.** Para efeito do cumprimento do disposto nos arts. 33 e 34 desta lei, a solicitação de reconhecimento como refugiado será comunicada ao órgão onde tramitar o processo de extradição.

## CAPÍTULO II
## DA EXPULSÃO

✪ **Art. 36.** Não será expulso do território nacional o refugiado que esteja regularmente registrado, salvo por motivos de segurança nacional ou de ordem pública.

**Art. 37.** A expulsão de refugiado do território nacional não resultará em sua retirada para país onde sua vida, liberdade ou integridade física possam estar em risco, e apenas será efetivada quando da certeza de sua admissão em país onde não haja riscos de perseguição.

# TÍTULO VI
# DA CESSAÇÃO E DA PERDA DA CONDIÇÃO DE REFUGIADO

## CAPÍTULO I
## DA CESSAÇÃO DA CONDIÇÃO DE REFUGIADO

**Art. 38.** Cessará a condição de refugiado nas hipóteses em que o estrangeiro:

**I** - voltar a valer-se da proteção do país de que é nacional;

**II** - recuperar voluntariamente a nacionalidade outrora perdida;

**III** - adquirir nova nacionalidade e gozar da proteção do país cuja nacionalidade adquiriu;

**IV** - estabelecer-se novamente, de maneira voluntária, no país que abandonou ou fora do qual permaneceu por medo de ser perseguido;

**V** - não puder mais continuar a recusar a proteção do país de que é nacional por terem deixado de existir as circunstâncias em consequência das quais foi reconhecido como refugiado;

**VI** - sendo apátrida, estiver em condições de voltar ao país no qual tinha sua residência habitual, uma vez que tenham deixado de existir as circunstâncias em consequência das quais foi reconhecido como refugiado.

## CAPÍTULO II
## DA PERDA DA CONDIÇÃO DE REFUGIADO

**Art. 39.** Implicará perda da condição de refugiado:

HUMANOS

**I** - a renúncia;

**II** - a prova da falsidade dos fundamentos invocados para o reconhecimento da condição de refugiado ou a existência de fatos que, se fossem conhecidos quando do reconhecimento, teriam ensejado uma decisão negativa;

**III** - o exercício de atividades contrárias à segurança nacional ou à ordem pública;

**IV** - a saída do território nacional sem prévia autorização do Governo brasileiro.

**Parágrafo único.** Os refugiados que perderem essa condição com fundamento nos incisos I e IV deste artigo serão enquadrados no regime geral de permanência de estrangeiros no território nacional, e os que a perderem com fundamento nos incisos II e III estarão sujeitos às medidas compulsórias previstas na Lei n. 6.815, de 19 de agosto de 1980.

- A Lei 6.815/1980 foi revogada pela Lei 13.445/2017 (Institui a Lei de Migração).

## CAPÍTULO III
## DA AUTORIDADE COMPETENTE E DO RECURSO

**Art. 40.** Compete ao CONARE decidir em primeira instância sobre cessação ou perda da condição de refugiado, cabendo, dessa decisão, recurso ao Ministro de Estado da Justiça, no prazo de quinze dias, contados do recebimento da notificação.

**§ 1º** A notificação conterá breve relato dos fatos e fundamentos que ensejaram a decisão e cientificará o refugiado do prazo para interposição do recurso.

**§ 2º** Não sendo localizado o estrangeiro para a notificação prevista neste artigo, a decisão será publicada no Diário Oficial da União, para fins de contagem do prazo de interposição de recurso.

**Art. 41.** A decisão do Ministro de Estado da Justiça é irrecorrível e deverá ser notificada ao CONARE, que a informará ao estrangeiro e ao Departamento de Polícia Federal, para as providências cabíveis.

# TÍTULO VII
# DAS SOLUÇÕES DURÁVEIS

## CAPÍTULO I
## DA REPATRIAÇÃO

**Art. 42.** A repatriação de refugiados aos seus países de origem deve ser caracterizada pelo caráter voluntário do retorno, salvo nos casos em que não possam recusar a proteção do país de que são nacionais, por não mais subsistirem as circunstâncias que determinaram o refúgio.

## CAPÍTULO II
## DA INTEGRAÇÃO LOCAL

**Art. 43.** No exercício de seus direitos e deveres, a condição atípica dos refugiados deverá ser considerada quando da necessidade da apresentação de documentos emitidos por seus países de origem ou por suas representações diplomáticas e consulares.

**Art. 44.** O reconhecimento de certificados e diplomas, os requisitos para a obtenção da condição de residente e o ingresso em instituições acadêmicas de todos os níveis deverão ser facilitados, levando-se em consideração a situação desfavorável vivenciada pelos refugiados.

## CAPÍTULO III
## DO REASSENTAMENTO

**Art. 45.** O reassentamento de refugiados em outros países deve ser caracterizado, sempre que possível, pelo caráter voluntário.

**Art. 46.** O reassentamento de refugiados no Brasil se efetuará de forma planificada e com a participação coordenada dos órgãos estatais e, quando possível, de organizações não governamentais, identificando áreas de cooperação e de determinação de responsabilidades.

# TÍTULO VIII
# DAS DISPOSIÇÕES FINAIS

**Art. 47.** Os processos de reconhecimento da condição de refugiado serão gratuitos e terão caráter urgente.

**Art. 48.** Os preceitos desta lei deverão ser interpretados em harmonia com a Declaração Universal dos Direitos do Homem de 1948, com a Convenção sobre o Estatuto dos Refugiados de 1951, com o Protocolo sobre o Estatuto dos Refugiados de 1967 e com todo dispositivo pertinente de instrumento internacional de proteção de direitos humanos com o qual o Governo brasileiro estiver comprometido.

**Art. 49.** Esta Lei entra em vigor na data de sua publicação.

Brasília, 22 de julho de 1997; 176º da Independência e 109º da República.

FERNANDO HENRIQUE CARDOSO

# LEI Nº 10.098, DE 19 DE DEZEMBRO DE 2000

*Estabelece normas gerais e critérios básicos para a promoção da acessibilidade das pessoas portadoras de deficiência ou com mobilidade reduzida, e dá outras providências.*

O Presidente da República

Faço saber que o Congresso Nacional decreta e eu sanciono a seguinte Lei:

## CAPÍTULO I
## DISPOSIÇÕES GERAIS

**Art. 1º** Esta Lei estabelece normas gerais e critérios básicos para a promoção da acessibilidade das pessoas portadoras de deficiência ou com mobilidade reduzida, mediante a supressão de barreiras e de obstáculos nas vias e espaços públicos, no mobiliário urbano, na construção e reforma de edifícios e nos meios de transporte e de comunicação.

✪ **Art. 2º** Para os fins desta Lei são estabelecidas as seguintes definições:

**I** - acessibilidade: possibilidade e condição de alcance para utilização, com segurança e autonomia, de espaços, mobiliários, equipamentos urbanos, edificações, transportes, informação e comunicação, inclusive seus sistemas e tecnologias, bem como de outros serviços e instalações abertos ao público, de uso público ou privados de uso coletivo, tanto na zona urbana como na rural, por pessoa com deficiência ou com mobilidade reduzida;

**II** - barreiras: qualquer entrave, obstáculo, atitude ou comportamento que limite ou impeça a participação social da pessoa, bem como o gozo, a fruição e o exercício de seus direitos à acessibilidade, à liberdade de movimento e de expressão, à comunicação, ao acesso à informação, à compreensão, à circulação com segurança, entre outros, classificadas em:

*a)* barreiras urbanísticas: as existentes nas vias e nos espaços públicos e privados abertos ao público ou de uso coletivo;

*b)* barreiras arquitetônicas: as existentes nos edifícios públicos e privados;

*c)* barreiras nos transportes: as existentes nos sistemas e meios de transportes;

*d)* barreiras nas comunicações e na informação: qualquer entrave, obstáculo, atitude ou comportamento que dificulte ou impossibilite a expressão ou o recebimento de mensagens e de informações por intermédio de sistemas de comunicação e de tecnologia da informação;

**III** - pessoa com deficiência: aquela que tem impedimento de longo prazo de natureza física, mental, intelectual ou sensorial, o qual, em interação com uma ou mais barreiras, pode obstruir sua participação plena e efetiva na sociedade em igualdade de condições com as demais pessoas;

**IV** - pessoa com mobilidade reduzida: aquela que tenha, por qualquer motivo, dificuldade de movimentação, permanente ou temporária, gerando redução efetiva da mobilidade, da flexibilidade, da coordenação motora ou da percepção, incluindo idoso, gestante, lactante, pessoa com criança de colo e obeso;

**V** - acompanhante: aquele que acompanha a pessoa com deficiência, podendo ou não desempenhar as funções de atendente pessoal;

**VI** - elemento de urbanização: quaisquer componentes de obras de urbanização, tais como os referentes a pavimentação, saneamento, encanamento para esgotos, distribuição de energia elétrica e de gás, iluminação pública, serviços de comunicação, abastecimento e distribuição de água, paisagismo e os que materializam as indicações do planejamento urbanístico;

**VII** - mobiliário urbano: conjunto de objetos existentes nas vias e nos espaços públicos, superpostos ou adicionados aos elementos de urbanização ou de edificação, de forma que sua modificação ou seu traslado não provoque alterações substanciais nesses elementos, tais como semáforos, postes de sinalização e similares, terminais e pontos de acesso coletivo às telecomunicações, fontes de água, lixeiras, toldos, marquises, bancos, quiosques e quaisquer outros de natureza análoga;

**VIII** - tecnologia assistiva ou ajuda técnica: produtos, equipamentos, dispositivos, recursos, metodologias, estratégias, práticas e serviços que objetivem promover a funcionalidade, relacionada à atividade e à participação da pessoa com deficiência ou com mobilidade reduzida, visando à sua autonomia, independência, qualidade de vida e inclusão social;

**IX** - comunicação: forma de interação dos cidadãos que abrange, entre outras opções, as línguas, inclusive a Língua Brasileira de Sinais (Libras), a visualização de textos, o Braille, o sistema de sinalização ou de comunicação tátil, os caracteres ampliados, os dispositivos multimídia, assim como a linguagem simples, escrita e oral, os sistemas auditivos e os meios de voz digitalizados e os modos, meios e formatos aumentativos e alternativos de comunicação, incluindo as tecnologias da informação e das comunicações;

**X** - desenho universal: concepção de produtos, ambientes, programas e serviços a serem usados por todas as pessoas, sem necessidade de adaptação ou de projeto específico, incluindo os recursos de tecnologia assistiva.

## CAPÍTULO II
## DOS ELEMENTOS DA URBANIZAÇÃO

✪ **Art. 3º** O planejamento e a urbanização das vias públicas, dos parques e dos demais espaços de uso público deverão ser concebidos e executados de forma a torná-los acessíveis para todas as pessoas, inclusive para aquelas com deficiência ou com mobilidade reduzida.

**Parágrafo único.** O passeio público, elemento obrigatório de urbanização e parte da via pública, normalmente segregado e em nível diferente, destina-se somente à circulação de pedestres e, quando possível, à implantação de mobiliário urbano e de vegetação.

✪ **Art. 4º** As vias públicas, os parques e os demais espaços de uso público existentes, assim como as respectivas instalações de serviços e mobiliários urbanos deverão ser adaptados, obedecendo-se ordem de prioridade que vise à maior eficiência das modificações, no sentido de promover mais ampla acessibilidade às pessoas portadoras de deficiência ou com mobilidade reduzida.

**Parágrafo único.** No mínimo 5% (cinco por cento) de cada brinquedo e equipamento de lazer existentes nos locais referidos no caput devem ser adaptados e identificados, tanto quanto tecnicamente possível, para possibilitar sua utilização por pessoas com deficiência, inclusive visual, ou com mobilidade reduzida.

**Art. 5º** O projeto e o traçado dos elementos de urbanização públicos e privados de uso comunitário, nestes compreendidos os itinerários e as passagens de pedestres, os percursos de entrada e de saída de veículos, as escadas e rampas, deverão observar os parâmetros estabelecidos pelas normas técnicas de acessibilidade da Associação Brasileira de Normas Técnicas – ABNT.

**Art. 6º** Os banheiros de uso público existentes ou a construir em parques, praças, jardins e espaços livres públicos deverão ser acessíveis e dispor, pelo menos, de um sanitário e um lavatório que atendam às especificações das normas técnicas da ABNT.

**§ 1º** Os eventos organizados em espaços públicos e privados em que haja instalação de banheiros químicos deverão contar com unidades acessíveis a pessoas com deficiência ou com mobilidade reduzida. *(Acrescido pela Lei 13.825/2019)*

**§ 2º** O número mínimo de banheiros químicos acessíveis corresponderá a 10% (dez por cento) do total, garantindo-se pelo menos 1 (uma) unidade acessível caso a aplicação do percentual resulte em fração inferior a 1 (um). *(Acrescido pela Lei 13.825/2019)*

✪ **Art. 7º** Em todas as áreas de estacionamento de veículos, localizadas em vias ou em espaços públicos, deverão ser reservadas vagas próximas dos acessos de circulação de pedestres, devidamente sinalizadas, para veículos que transportem pessoas portadoras de deficiência com dificuldade de locomoção.

**Parágrafo único.** As vagas a que se refere o caput deste artigo deverão ser em número equivalente a dois por cento do total, garantida, no mínimo, uma vaga, devidamente sinalizada e com as especificações técnicas de desenho e traçado de acordo com as normas técnicas vigentes.

## CAPÍTULO III
## DO DESENHO E DA LOCALIZAÇÃO DO MOBILIÁRIO URBANO

**Art. 8º** Os sinais de tráfego, semáforos, postes de iluminação ou quaisquer outros elementos verticais de sinalização que devam ser instalados em itinerário ou espaço de acesso para pedestres deverão ser dispostos de forma a não dificultar ou impedir a circulação, e de modo que possam ser utilizados com a máxima comodidade.

**Art. 9º** Os semáforos para pedestres instalados nas vias públicas deverão estar equipados com mecanismo que emita sinal sonoro suave, intermitente e sem estridência, ou com mecanismo alternativo, que sirva de guia ou orientação para a travessia de pessoas portadoras de deficiência visual, se a intensidade do fluxo de veículos e a periculosidade da via assim determinarem.

**Parágrafo único.** Os semáforos para pedestres instalados em vias públicas de grande circulação, ou que deem acesso aos serviços de reabilitação, devem obrigatoriamente estar equipados com mecanismo que emita sinal sonoro suave para orientação do pedestre.

**Art. 10.** Os elementos do mobiliário urbano deverão ser projetados e instalados em locais que permitam sejam eles utilizados pelas pessoas portadoras de deficiência ou com mobilidade reduzida.

**Art. 10-A.** A instalação de qualquer mobiliário urbano em área de circulação comum para pedestre que ofereça risco de acidente à pessoa com deficiência deverá ser indicada mediante sinalização tátil de alerta no piso, de acordo com as normas técnicas pertinentes.

## CAPÍTULO IV
## DA ACESSIBILIDADE NOS EDIFÍCIOS PÚBLICOS OU DE USO COLETIVO

**Art. 11.** A construção, ampliação ou reforma de edifícios públicos ou privados destinados ao uso coletivo deverão ser executadas de modo que sejam ou se tornem acessíveis às pessoas portadoras de deficiência ou com mobilidade reduzida.

**Parágrafo único.** Para os fins do disposto neste artigo, na construção, ampliação ou reforma de edifícios públicos ou privados destinados ao uso coletivo deverão ser observados, pelo menos, os seguintes requisitos de acessibilidade:

**I** – nas áreas externas ou internas da edificação, destinadas a garagem e a estacionamento de uso público, deverão ser reservadas vagas próximas dos acessos de circulação de pedestres, devidamente sinalizadas, para veículos que transportem pessoas portadoras de deficiência com dificuldade de locomoção permanente;

**II** – pelo menos um dos acessos ao interior da edificação deverá estar livre de barreiras arquitetônicas e de obstáculos que impeçam ou dificultem a acessibilidade de pessoa portadora de deficiência ou com mobilidade reduzida;

**III** – pelo menos um dos itinerários que comuniquem horizontal e verticalmente todas as dependências e serviços do edifício, entre si e com o exterior, deverá cumprir os requisitos de acessibilidade de que trata esta Lei; e

**IV** – os edifícios deverão dispor, pelo menos, de um banheiro acessível, distribuindo-se seus equipamentos e acessórios de maneira que possam ser utilizados por pessoa portadora de deficiência ou com mobilidade reduzida.

**Art. 12.** Os locais de espetáculos, conferências, aulas e outros de natureza similar deverão dispor de espaços reservados para pessoas que utilizam cadeira de rodas, e de lugares específicos para pessoas com deficiência auditiva e visual, inclusive acompanhante, de acordo com a ABNT, de modo a facilitar-lhes as condições de acesso, circulação e comunicação.

**Art. 12-A.** Os centros comerciais e os estabelecimentos congêneres devem fornecer carros e cadeiras de rodas, motorizados ou não, para o atendimento da pessoa com deficiência ou com mobilidade reduzida.

## CAPÍTULO V
## DA ACESSIBILIDADE NOS EDIFÍCIOS DE USO PRIVADO

**Art. 13.** Os edifícios de uso privado em que seja obrigatória a instalação de elevadores deverão ser construídos atendendo aos seguintes requisitos mínimos de acessibilidade:

**I** – percurso acessível que una as unidades habitacionais com o exterior e com as dependências de uso comum;

**II** – percurso acessível que una a edificação à via pública, às edificações e aos serviços anexos de uso comum e aos edifícios vizinhos;

**III** – cabine do elevador e respectiva porta de entrada acessíveis para pessoas portadoras de deficiência ou com mobilidade reduzida.

**Art. 14.** Os edifícios a serem construídos com mais de um pavimento além do pavimento de acesso, à exceção das habitações unifamiliares, e que não estejam obrigados à instalação de elevador, deverão dispor de especificações técnicas e de projeto que facilitem a instalação de um elevador adaptado, devendo os demais elementos de uso comum destes edifícios atender aos requisitos de acessibilidade.

**Art. 15.** Caberá ao órgão federal responsável pela coordenação da política habitacional regulamentar a reserva de um percentual mínimo do total das habitações, conforme a característica da população local, para o atendimento da demanda de pessoas portadoras de deficiência ou com mobilidade reduzida.

## CAPÍTULO VI
## DA ACESSIBILIDADE NOS VEÍCULOS DE TRANSPORTE COLETIVO

✪ **Art. 16.** Os veículos de transporte coletivo deverão cumprir os requisitos de acessibilidade estabelecidos nas normas técnicas específicas.

## CAPÍTULO VII
## DA ACESSIBILIDADE NOS SISTEMAS DE COMUNICAÇÃO E SINALIZAÇÃO

**Art. 17.** O Poder Público promoverá a eliminação de barreiras na comunicação e estabelecerá mecanismos e alternativas técnicas que tornem acessíveis os sistemas de comunicação e sinalização às pessoas portadoras de deficiência sensorial e com dificuldade de comunicação, para garantir-lhes o direito de acesso à informação, à comunicação, ao trabalho, à educação, ao transporte, à cultura, ao esporte e ao lazer.

**Art. 18.** O Poder Público implementará a formação de profissionais intérpretes de escrita em braile, linguagem de sinais e de guias-intérpretes, para facilitar qualquer tipo de comunicação direta à pessoa portadora de deficiência sensorial e com dificuldade de comunicação.

**Art. 19.** Os serviços de radiodifusão sonora e de sons e imagens adotarão plano de medidas técnicas com o objetivo de permitir o uso da linguagem de sinais ou outra subtitulação, para garantir o direito de acesso à informação às pessoas portadoras de deficiência auditiva, na forma e no prazo previstos em regulamento.

## CAPÍTULO VIII
## DISPOSIÇÕES SOBRE AJUDAS TÉCNICAS

**Art. 20.** O Poder Público promoverá a supressão de barreiras urbanísticas, arquitetônicas, de transporte e de comunicação, mediante ajudas técnicas.

**Art. 21.** O Poder Público, por meio dos organismos de apoio à pesquisa e das agências de financiamento, fomentará programas destinados:

**I** – à promoção de pesquisas científicas voltadas ao tratamento e prevenção de deficiências;

**II** – ao desenvolvimento tecnológico orientado à produção de ajudas técnicas para as pessoas portadoras de deficiência;

**III** – à especialização de recursos humanos em acessibilidade.

**Art. 21-A.** Às pessoas com deficiência visual será garantido, sem custo adicional, quando por elas solicitado, um kit que conterá, no mínimo: *(Acrescido pela Lei 13.835/2019)*

**I** - etiqueta em braile: filme transparente fixo ao cartão com informações em braile, com a identificação do tipo do cartão e os 6 (seis) dígitos finais do número do cartão;

**II** - identificação do tipo de cartão em braile: primeiro dígito, da esquerda para a direita, identificador do tipo de cartão;

**III** - fita adesiva: fita para fixar a etiqueta em braile de dados no cartão;

**IV** - porta-cartão: objeto para armazenar o cartão e possibilitar ao portador acesso às informações necessárias ao pleno uso do cartão, com identificação, em braile, do número completo do cartão, do tipo de cartão, da bandeira, do nome do emissor, da data de validade, do código de segurança e do nome do portador do cartão.

**Parágrafo único.** O porta-cartão de que trata o inciso IV do *caput* deste artigo deverá possuir tamanho suficiente para que constem todas as informações descritas no referido inciso e deverá ser conveniente ao transporte pela pessoa com deficiência visual.

## CAPÍTULO IX
## DAS MEDIDAS DE FOMENTO À ELIMINAÇÃO DE BARREIRAS

**Art. 22.** É instituído, no âmbito da Secretaria de Estado de Direitos Humanos do Ministério da Justiça, o Programa Nacional de Acessibilidade, com dotação orçamentária específica, cuja execução será disciplinada em regulamento.

## CAPÍTULO X
## DISPOSIÇÕES FINAIS

**Art. 23.** A Administração Pública federal direta e indireta destinará, anualmente, dotação orçamentária para as adaptações, eliminações e supressões de barreiras arquitetônicas existentes nos edifícios de uso público de sua propriedade e naqueles que estejam sob sua administração ou uso.

**Parágrafo único.** A implementação das adaptações, eliminações e supressões de barreiras arquitetônicas referidas no caput deste artigo deverá ser iniciada a partir do primeiro ano de vigência desta Lei.

**Art. 24.** O Poder Público promoverá campanhas informativas e educativas dirigidas à população em geral, com a finalidade de conscientizá-la e sensibilizá-la quanto à acessibilidade e à integração social da pessoa portadora de deficiência ou com mobilidade reduzida.

**Art. 25.** As disposições desta Lei aplicam-se aos edifícios ou imóveis declarados bens de interesse cultural ou de valor histórico-artístico, desde que as modificações necessárias observem as normas específicas reguladoras destes bens.

**Art. 26.** As organizações representativas de pessoas portadoras de deficiência terão legitimidade para acompanhar o cumprimento dos requisitos de acessibilidade estabelecidos nesta Lei.

**Art. 27.** Esta Lei entra em vigor na data de sua publicação.

Brasília, 19 de dezembro de 2000; 179º da Independência e 112º da República.

FERNANDO HENRIQUE CARDOSO

DOU de 20.12.2000

# LEI Nº 12.764, DE 27 DE DEZEMBRO DE 2012

*Institui a Política Nacional de Proteção dos Direitos da Pessoa com Transtorno do Espectro Autista; e altera o § 3º do art. 98 da Lei nº 8.112, de 11 de dezembro de 1990.*

A PRESIDENTA DA REPÚBLICA

Faço saber que o Congresso Nacional decreta e eu sanciono a seguinte Lei:

✪ **Art. 1º** Esta Lei institui a Política Nacional de Proteção dos Direitos da Pessoa com Transtorno do Espectro Autista e estabelece diretrizes para sua consecução.

**§ 1º** Para os efeitos desta Lei, é considerada pessoa com transtorno do espectro autista aquela portadora de síndrome clínica caracterizada na forma dos seguintes incisos I ou II:

**I** - deficiência persistente e clinicamente significativa da comunicação e da interação sociais, manifestada por deficiência marcada de comunicação verbal e não verbal usada para interação social; ausência de reciprocidade social; falência em desenvolver e manter relações apropriadas ao seu nível de desenvolvimento;

**II** - padrões restritivos e repetitivos de comportamentos, interesses e atividades, manifestados por comportamentos motores ou verbais estereotipados ou por comportamentos sensoriais incomuns; excessiva aderência a rotinas e padrões de comportamento ritualizados; interesses restritos e fixos.

**§ 2º** A pessoa com transtorno do espectro autista é considerada pessoa com deficiência, para todos os efeitos legais.

**§ 3º** Os estabelecimentos públicos e privados referidos na Lei nº 10.048, de 8 de novembro de 2000, poderão valer-se da fita quebra-cabeça, símbolo mundial da conscientização do transtorno do espectro autista, para identificar a prioridade devida às pessoas com transtorno do espectro autista. *(Acrescido pela Lei 13.977/2020)*

**Art. 2º** São diretrizes da Política Nacional de Proteção dos Direitos da Pessoa com Transtorno do Espectro Autista:

**I** - a intersetorialidade no desenvolvimento das ações e das políticas e no atendimento à pessoa com transtorno do espectro autista;

**II** - a participação da comunidade na formulação de políticas públicas voltadas para as pessoas com transtorno do espectro autista e o controle social da sua implantação, acompanhamento e avaliação;

**III** - a atenção integral às necessidades de saúde da pessoa com transtorno do espectro autista, objetivando o diagnóstico precoce, o atendimento multiprofissional e o acesso a medicamentos e nutrientes;

**IV** - (VETADO);

**V** - o estímulo à inserção da pessoa com transtorno do espectro autista no mercado de trabalho, observadas as peculiaridades da deficiência e as disposições da Lei nº 8.069, de 13 de julho de 1990 (Estatuto da Criança e do Adolescente);

**VI** - a responsabilidade do poder público quanto à informação pública relativa ao transtorno e suas implicações;

**VII** - o incentivo à formação e à capacitação de profissionais especializados no atendimento à pessoa com transtorno do espectro autista, bem como a pais e responsáveis;

**VIII** - o estímulo à pesquisa científica, com prioridade para estudos epidemiológicos tendentes a dimensionar a magnitude e as características do problema relativo ao transtorno do espectro autista no País.

**Parágrafo único.** Para cumprimento das diretrizes de que trata este artigo, o poder público poderá firmar contrato de direito público ou convênio com pessoas jurídicas de direito privado.

✪ **Art. 3º** São direitos da pessoa com transtorno do espectro autista:

**I** - a vida digna, a integridade física e moral, o livre desenvolvimento da personalidade, a segurança e o lazer;

**II** - a proteção contra qualquer forma de abuso e exploração;

**III** - o acesso a ações e serviços de saúde, com vistas à atenção integral às suas necessidades de saúde, incluindo:

*a)* o diagnóstico precoce, ainda que não definitivo;

*b)* o atendimento multiprofissional;

*c)* a nutrição adequada e a terapia nutricional;

*d)* os medicamentos;

*e)* informações que auxiliem no diagnóstico e no tratamento;

**IV** - o acesso:

*a)* à educação e ao ensino profissionalizante;

*b)* à moradia, inclusive à residência protegida;

*c)* ao mercado de trabalho;

*d)* à previdência social e à assistência social.

**§ 1º** Em casos de comprovada necessidade, a pessoa com transtorno do espectro autista incluída nas classes comuns de ensino regular, nos termos do inciso IV do art. 2º, terá direito a acompanhante especializado. *(Parágrafo único transformado em § 1º pela Lei 13.977/2020)*

**§ 2º** *(VETADO na Lei 13.977/2020)*

**Art. 3º-A.** É criada a Carteira de Identificação da Pessoa com Transtorno do Espectro Autista (Ciptea), com vistas a garantir atenção integral, pronto atendimento e prioridade no atendimento e no acesso aos serviços públicos e privados, em especial nas áreas de saúde, educação e assistência social. *(Acrescido pela Lei 13.977/2020)*

**§ 1º** A Ciptea será expedida pelos órgãos responsáveis pela execução da Política Nacional de Proteção dos Direitos da Pessoa com Transtorno do Espectro Autista dos Estados, do Distrito Federal e dos Municípios, mediante requerimento, acompanhado de relatório médico, com indicação do código da Classificação Estatística Internacional de Doenças e Problemas Relacionados à Saúde (CID), e deverá conter, no mínimo, as seguintes informações:

**I** - nome completo, filiação, local e data de nascimento, número da carteira de identidade civil, número de inscrição no Cadastro de Pessoas Físicas (CPF), tipo sanguíneo, endereço residencial completo e número de telefone do identificado;

**II** - fotografia no formato 3 (três) centímetros (cm) x 4 (quatro) centímetros (cm) e assinatura ou impressão digital do identificado;

**II** - nome completo, documento de identificação, endereço residencial, telefone e e-mail do responsável legal ou do cuidador;

**IV** - identificação da unidade da Federação e do órgão expedidor e assinatura do dirigente responsável.

**§ 2º** Nos casos em que a pessoa com transtorno do espectro autista seja imigrante detentor de visto temporário ou de autorização de residência, residente fronteiriço ou solicitante de refúgio, deverá ser apresentada a Cédula de Identidade de Estrangeiro (CIE), a Carteira de Registro Nacional Migratório (CRNM) ou o Documento Provisório de Registro Nacional Migratório (DPRNM), com validade em todo o território nacional.

**§ 3º** A Ciptea terá validade de 5 (cinco) anos, devendo ser mantidos atualizados os dados cadastrais do identificado, e deverá ser revalidada com o mesmo número, de modo a permitir a contagem das pessoas com transtorno do espectro autista em todo o território nacional.

**§ 4º** Até que seja implementado o disposto no caput deste artigo, os órgãos responsáveis pela execução da Política Nacional de Proteção dos Direitos da Pessoa com Transtorno do Espectro Autista deverão trabalhar em conjunto com os respectivos responsáveis pela emissão de documentos de identificação, para que sejam incluídas as necessárias informações sobre o transtorno do espectro autista no Registro Geral (RG) ou, se estrangeiro, na Carteira de Registro Nacional Migratório (CRNM) ou na Cédula de Identidade de Estrangeiro (CIE), válidos em todo o território nacional.

**Art. 4º** A pessoa com transtorno do espectro autista não será submetida a tratamento desumano ou degradante, não será privada de sua liberdade ou do convívio familiar nem sofrerá discriminação por motivo da deficiência.

**Parágrafo único.** Nos casos de necessidade de internação médica em unidades especializadas, observar-se-á o que dispõe o art. 4º da Lei nº 10.216, de 6 de abril de 2001.

**Art. 5º** A pessoa com transtorno do espectro autista não será impedida de participar de planos privados de assistência à saúde em razão de sua condição de pessoa com deficiência, conforme dispõe o art. 14 da Lei nº 9.656, de 3 de junho de 1998.

**Art. 6º** (VETADO).

✪ **Art. 7º** O gestor escolar, ou autoridade competente, que recusar a matrícula de aluno com transtorno do espectro autista, ou qualquer outro tipo de deficiência, será punido com multa de 3 (três) a 20 (vinte) salários-mínimos.

**§ 1º** Em caso de reincidência, apurada por processo administrativo, assegurado o contraditório e a ampla defesa, haverá a perda do cargo.

**§ 2º** (VETADO).

**Art. 8º** Esta Lei entra em vigor na data de sua publicação.

Brasília, 27 de dezembro de 2012; 191º da Independência e 124º da República.

DILMA ROUSSEFF

José Henrique Paim Fernandes

Miriam Belchior

# LEI Nº 12.847, DE 2 DE AGOSTO DE 2013

*Institui o Sistema Nacional de Prevenção e Combate à Tortura; cria o Comitê Nacional de Prevenção e Combate à Tortura e o Mecanismo Nacional de Prevenção e Combate à Tortura; e dá outras providências.*

A PRESIDENTA DA REPÚBLICA Faço saber que o Congresso Nacional decreta e eu sanciono a seguinte Lei:

- Lei 9.455/1997 – Define os crimes de tortura.
- Decreto 6.085/2007 – Promulga o Protocolo Facultativo à Convenção contra a Tortura e Outros Tratamentos ou Penas Cruéis, Desumanos ou Degradantes, adotado em 18 de dezembro de 2002.
- Decreto 40/1991 – Promulga a Convenção Contra a Tortura e Outros Tratamentos ou Penas Cruéis, Desumanos ou Degradantes.

## CAPÍTULO I. DO SISTEMA NACIONAL DE PREVENÇÃO E COMBATE À TORTURA - SNPCT

**Art. 1º.** Fica instituído o Sistema Nacional de Prevenção e Combate à Tortura - SNPCT, com o objetivo de fortalecer a prevenção e o combate à tortura, por meio de articulação e atuação cooperativa de seus integrantes, dentre outras formas, permitindo as trocas de informações e o intercâmbio de boas práticas.

✪ **Art. 2º.** O SNPCT será integrado por órgãos e entidades públicas e privadas com atribuições legais ou estatutárias de realizar o monitoramento, a supervisão e o controle de estabelecimentos e unidades onde se encontrem pessoas privadas de liberdade, ou de promover a defesa dos direitos e interesses dessas pessoas.

**§ 1º.** O SNPCT será composto pelo Comitê Nacional de Prevenção e Combate à Tortura - CNPCT, pelo Mecanismo Nacional de Prevenção e Combate à Tortura - MNPCT, pelo Conselho Nacional de Política Criminal e Penitenciária - CNPCP e pelo órgão do Ministério da Justiça responsável pelo sistema penitenciário nacional.

**§ 2º.** O SNPCT poderá ser integrado, ainda, pelos seguintes órgãos e entidades, dentre outros:

**I** – comitês e mecanismos estaduais e distrital de prevenção e combate à tortura;

**II** – órgãos do Poder Judiciário com atuação nas áreas de infância, de juventude, militar e de execução penal;

**III** – comissões de direitos humanos dos poderes legislativos federal, estaduais, distrital e municipais;

**IV** – órgãos do Ministério Público com atuação no controle externo da atividade policial, pelas promotorias e procuradorias militares, da infância e da juventude e de proteção ao cidadão ou pelos vinculados à execução penal;

**V** – defensorias públicas;

**VI** – conselhos da comunidade e conselhos penitenciários estaduais e distrital;

**VII** – corregedorias e ouvidorias de polícia, dos sistemas penitenciários federal, estaduais e distrital e demais ouvidorias com atuação relacionada à prevenção e combate à tortura, incluídas as agrárias;

**VIII** – conselhos estaduais, municipais e distrital de direitos humanos;

**IX** – conselhos tutelares e conselhos de direitos de crianças e adolescentes; e

**X** – organizações não governamentais que reconhecidamente atuem no combate à tortura.

**§ 3º.** Ato do Poder Executivo disporá sobre o funcionamento do SNPCT.

✪ **Art. 3º.** Para os fins desta Lei, considera-se:

**I** – tortura: os tipos penais previstos na Lei nº 9.455, de 7 de abril de 1997, respeitada a definição constante do Artigo 1 da Convenção Contra a Tortura e Outros Tratamentos ou Penas Cruéis, Desumanos ou Degradantes, promulgada pelo Decreto nº 40, de 15 de fevereiro de 1991; e

**II** – pessoas privadas de liberdade: aquelas obrigadas, por mandado ou ordem de autoridade judicial, ou administrativa ou policial, a permanecerem em determinados locais públicos ou privados, dos quais não possam sair de modo independente de sua vontade, abrangendo locais de internação de longa permanência, centros de detenção, estabelecimentos penais, hospitais psiquiátricos, casas de custódia, instituições socioeducativas para adolescentes em conflito com a lei e centros de detenção disciplinar em âmbito militar, bem como nas instalações mantidas pelos órgãos elencados no art. 61 da Lei nº 7.210, de 11 de julho de 1984.

**Art. 4º.** São princípios do SNPCT:

**I** – proteção da dignidade da pessoa humana;

**II** – universalidade;

**III** – objetividade;

**IV** – igualdade;

**V** – imparcialidade;

**VI** – não seletividade; e

**VII** – não discriminação.

**Art. 5º.** São diretrizes do SNPCT:

**I** – respeito integral aos direitos humanos, em especial aos direitos das pessoas privadas de liberdade;

**II** – articulação com as demais esferas de governo e de poder e com os órgãos responsáveis pela segurança pública, pela custódia de pessoas privadas de liberdade, por locais de internação de longa permanência e pela proteção de direitos humanos; e

**III** – adoção das medidas necessárias, no âmbito de suas competências, para a prevenção e o combate à tortura e a outros tratamentos ou penas cruéis, desumanos ou degradantes.

## CAPÍTULO II. DO COMITÊ NACIONAL DE PREVENÇÃO E COMBATE À TORTURA - CNPCT

**Art. 6º.** Fica instituído no âmbito da Secretaria de Direitos Humanos da Presidência da República o Comitê Nacional de Prevenção e Combate à Tortura - CNPCT, com a função de prevenir e combater a tortura e outros tratamentos ou penas cruéis, desumanos ou degradantes, mediante o exercício das seguintes atribuições, entre outras:

**I** – acompanhar, avaliar e propor aperfeiçoamentos às ações, aos programas, aos projetos e aos planos de prevenção e combate à tortura e a outros tratamentos ou penas cruéis,

HUMANOS

desumanos ou degradantes desenvolvidos em âmbito nacional;

**II** - acompanhar, avaliar e colaborar para o aprimoramento da atuação de órgãos de âmbito nacional, estadual, distrital e municipal cuja função esteja relacionada com suas finalidades;

**III** - acompanhar a tramitação dos procedimentos de apuração administrativa e judicial, com vistas ao seu cumprimento e celeridade;

**IV** - acompanhar a tramitação de propostas normativas;

**V** - avaliar e acompanhar os projetos de cooperação firmados entre o Governo brasileiro e organismos internacionais;

**VI** - recomendar a elaboração de estudos e pesquisas e incentivar a realização de campanhas;

**VII** - apoiar a criação de comitês ou comissões semelhantes na esfera estadual e distrital para o monitoramento e a avaliação das ações locais;

**VIII** - articular-se com organizações e organismos locais, regionais, nacionais e internacionais, em especial no âmbito do Sistema Interamericano e da Organização das Nações Unidas;

**IX** - participar da implementação das recomendações do MNPCT e com ele se empenhar em diálogo sobre possíveis medidas de implementação;

**X** - subsidiar o MNPCT com dados e informações;

**XI** - construir e manter banco de dados, com informações sobre a atuação dos órgãos governamentais e não governamentais;

**XII** - construir e manter cadastro de alegações, denúncias criminais e decisões judiciais;

**XIII** - difundir as boas práticas e as experiências exitosas de órgãos e entidades;

**XIV** - elaborar relatório anual de atividades, na forma e no prazo dispostos em seu regimento interno;

**XV** - fornecer informações relativas ao número, tratamento e condições de detenção das pessoas privadas de liberdade; e

**XVI** - elaborar e aprovar o seu regimento interno.

**Art. 7º.** O CNPCT será composto por 23 (vinte e três) membros, escolhidos e designados pelo Presidente da República, sendo 11 (onze) representantes de órgãos do Poder Executivo federal e 12 (doze) de conselhos de classes profissionais e de organizações da sociedade civil, tais como entidades representativas de trabalhadores, estudantes, empresários, instituições de ensino e pesquisa, movimentos de direitos humanos e outras cuja atuação esteja relacionada com a temática de que trata esta Lei.

**§ 1º.** O CNPCT será presidido pelo Ministro de Estado Chefe da Secretaria de Direitos Humanos da Presidência da República.

**§ 2º.** O Vice-Presidente será eleito pelos demais membros do CNPCT e exercerá mandato fixo de 1 (um) ano, assegurando-se a alternância entre os representantes do Poder Executivo federal e os representantes de conselhos de classes profissionais e de organizações da sociedade civil, na forma do regulamento.

**§ 3º.** Haverá 1 (um) suplente para cada membro titular do CNPCT.

**§ 4º.** Representantes do Ministério Público, do Poder Judiciário, da Defensoria Pública e de outras instituições públicas participarão do CNPCT na condição de convidados em caráter permanente, com direito a voz.

**§ 5º.** Poderão participar das reuniões do CNPCT, a convite de seu Presidente, e na qualidade de observadores, especialistas e representantes de instituições públicas ou privadas que exerçam relevantes atividades no enfrentamento à tortura.

**§ 6º.** A participação no CNPCT será considerada prestação de serviço público relevante, não remunerada.

**§ 7º.** Ato do Poder Executivo disporá sobre a composição e o funcionamento do CNPCT.

**§ 8º.** Para a composição do CNPCT - Comitê Nacional de Prevenção e Combate à Tortura, será assegurada a realização de prévia consulta pública para a escolha dos membros de classe e da sociedade civil, observadas a representatividade e a diversidade da representação.

## CAPÍTULO III. DO MECANISMO NACIONAL DE PREVENÇÃO E COMBATE À TORTURA - MNPCT

**Art. 8º.** Fica criado o Mecanismo Nacional de Prevenção e Combate à Tortura-MNPCT, órgão integrante da estrutura da Secretaria de Direitos Humanos da Presidência da República, responsável pela prevenção e combate à tortura e a outros tratamentos ou penas cruéis, desumanos ou degradantes, nos termos do Artigo 3 do Protocolo Facultativo à Convenção das Nações Unidas contra a Tortura e Outros Tratamentos ou Penas Cruéis, Desumanos ou Degradantes, promulgado pelo Decreto nº 6.085, de 19 de abril de 2007.

**§ 1º.** O MNPCT será composto por 11 (onze) peritos, escolhidos pelo CNPCT entre pessoas com notório conhecimento e formação de nível superior, atuação e experiência na área de prevenção e combate à tortura e a outros tratamentos ou penas cruéis, desumanos ou degradantes, e nomeados pelo Presidente da República, para mandato fixo de 3 (três) anos, permitida uma recondução.

**§ 2º.** Os membros do MNPCT terão independência na sua atuação e garantia do seu mandato, do qual não serão destituídos senão pelo Presidente da República nos casos de condenação penal transitada em julgado, ou de processo disciplinar, em conformidade com as Leis nºs 8.112, de 11 de dezembro de 1990, e 8.429, de 2 de junho de 1992.

**§ 3º.** O afastamento cautelar de membro do MNPCT poderá ser determinado por decisão fundamentada do CNPCT, no caso de constatação de indício de materialidade e autoria de crime ou de grave violação ao dever funcional, o que perdurará até a conclusão do procedimento disciplinar de que trata o § 2º.

**§ 4º.** Não poderão compor o MNPCT, na condição de peritos, aqueles que:

**I** – exerçam cargos executivos em agremiação partidária;

**II** – não tenham condições de atuar com imparcialidade no exercício das competências do MNPCT.

**§ 5º.** Os Estados poderão criar o Mecanismo Estadual de Prevenção e Combate à Tortura – MEPCT, órgão responsável pela prevenção e combate à tortura e a outros tratamentos ou penas cruéis, desumanos ou degradantes, no âmbito estadual.

**§ 6º.** A visita periódica a que se refere o inciso I do *caput* e o § 2º, ambos do art. 9º, deverá ser realizada em conjunto com o Mecanismo Estadual, que será avisado com antecedência de 24 (vinte e quatro) horas.

**§ 7º.** A inexistência, a recusa ou a impossibilidade de o Mecanismo Estadual acompanhar a visita periódica no dia e hora marcados não impede a atuação do MNPCT.

**Art. 9º.** Compete ao MNPCT:

**I** – planejar, realizar e monitorar visitas periódicas e regulares a pessoas privadas de liberdade em todas as unidades da Federação, para verificar as condições de fato e de direito a que se encontram submetidas;

**II** – articular-se com o Subcomitê de Prevenção da Organização das Nações Unidas, previsto no Artigo 2 do Protocolo Facultativo à Convenção das Nações Unidas contra a Tortura e Outros Tratamentos ou Penas Cruéis, Desumanos ou Degradantes, promulgado pelo Decreto 6.085, de 19 de abril de 2007, de forma a dar apoio a suas missões no território nacional, com o objetivo de unificar as estratégias e políticas de prevenção da tortura e de outros tratamentos e práticas cruéis, desumanos ou degradantes;

**III** – requerer à autoridade competente que instaure procedimento criminal e administrativo mediante a constatação de indícios da prática de tortura e de outros tratamentos e práticas cruéis, desumanos ou degradantes;

**IV** – elaborar relatório circunstanciado de cada visita realizada nos termos do inciso I e, no prazo máximo de 30 (trinta) dias, apresentá-lo ao CNPCT, à Procuradoria-Geral da República e às autoridades responsáveis pela detenção e outras autoridades competentes;

**V** – elaborar, anualmente, relatório circunstanciado e sistematizado sobre o conjunto de visitas realizadas e recomendações formuladas, comunicando ao dirigente imediato do estabelecimento ou da unidade visitada e ao dirigente máximo do órgão ou da instituição a que esteja vinculado o estabelecimento ou unidade visitada de qualquer dos entes federativos, ou ao particular responsável, do inteiro teor do relatório produzido, a fim de que sejam solucionados os problemas identificados e o sistema aprimorado;

**VI** – fazer recomendações e observações às autoridades públicas ou privadas, responsáveis pelas pessoas em locais de privação de liberdade, com vistas a garantir a observância dos direitos dessas pessoas;

**VII** – publicar os relatórios de visitas periódicas e regulares realizadas e o relatório anual e promover a difusão deles;

**VIII** – sugerir propostas e observações a respeito da legislação existente; e

**IX** – elaborar e aprovar o seu regimento interno.

**§ 1º.** A atuação do MNPCT dar-se-á sem prejuízo das competências atribuídas aos demais órgãos e entidades que exerçam funções semelhantes.

**§ 2º.** Nas visitas previstas no inciso I do *caput*, o MNPCT poderá ser representado por todos os seus membros ou por grupos menores e poderá convidar representantes de entidades da sociedade civil, peritos e especialistas com atuação em áreas afins.

**§ 3º.** A seleção de projetos que utilizem recursos oriundos do Fundo Penitenciário Nacional, do Fundo Nacional de Segurança Pública, do Fundo Nacional do Idoso e do Fundo Nacional para a Criança e o Adolescente deverá levar em conta as recomendações formuladas pelo MNPCT.

**§ 4º.** O Departamento de Polícia Federal e o Departamento de Polícia Rodoviária Federal prestarão o apoio necessário à atuação do MNPCT.

**Art. 10.** São assegurados ao MNPCT e aos seus membros:

**I** – a autonomia das posições e opiniões adotadas no exercício de suas funções;

**II** – o acesso, independentemente de autorização, a todas as informações e registros relativos ao número, à identidade, às condições de detenção e ao tratamento conferido às pessoas privadas de liberdade;

**III** – o acesso ao número de unidades de detenção ou execução de pena privativa de liberdade e a respectiva lotação e localização de cada uma;

**IV** – o acesso a todos os locais arrolados no inciso II do *caput* do art. 3º, públicos e privados, de privação de liberdade e a todas as instalações e equipamentos do local;

**V** – a possibilidade de entrevistar pessoas privadas de liberdade ou qualquer outra pessoa que possa fornecer informações relevantes, reservadamente e sem testemunhas, em local que garanta a segurança e o sigilo necessários;

**VI** – a escolha dos locais a visitar e das pessoas a serem entrevistadas, com a possibilidade, inclusive, de fazer registros por meio da utilização de recursos audiovisuais, respeitada a intimidade das pessoas envolvidas; e

**VII** – a possibilidade de solicitar a realização de perícias oficiais, em consonância com as normas e diretrizes internacionais e com o art. 159 do Decreto-Lei nº 3.689, de 3 de outubro de 1941 Código de Processo Penal.

**§ 1º**. As informações obtidas pelo MNPCT serão públicas, observado o disposto na Lei nº 12.527, de 18 de novembro de 2011.

**§ 2º**. O MNPCT deverá proteger as informações pessoais das pessoas privadas de liberdade, de modo a preservar sua segurança, intimidade, vida privada, honra ou imagem, sendo vedada a publicação de qualquer dado pessoal sem o seu consentimento expresso.

**§ 3º**. Os documentos e relatórios elaborados no âmbito das visitas realizadas pelo MNPCT nos termos do inciso I do *caput* do art. 9º poderão produzir prova em juízo, de acordo com a legislação vigente.

**§ 4º**. Não se prejudicará pessoa, órgão ou entidade por ter fornecido informação ao MNPCT, assim como não se permitirá que nenhum servidor público ou autoridade tolere ou lhes ordene, aplique ou permita sanção relacionada com esse fato.

**Art. 11.** O MNPCT trabalhará de forma articulada com os demais órgãos que compõem o SNPCT e, anualmente, prestará contas das atividades realizadas ao CNPCT.

## CAPÍTULO IV. DISPOSIÇÕES FINAIS E TRANSITÓRIAS

**Art. 12.** A Secretaria de Direitos Humanos da Presidência da República garantirá o apoio técnico, financeiro e administrativo necessários ao funcionamento do SNPCT, do CNPCT e do MNPCT, em especial à realização das visitas periódicas e regulares previstas no inciso I do *caput* do art. 9º por parte do MNPCT, em todas as unidades da Federação.

**Art. 13.** A Secretaria de Direitos Humanos da Presidência da República fomentará a criação de mecanismos preventivos de combate à tortura no âmbito dos Estados ou do Distrito Federal, em consonância com o Protocolo Facultativo à Convenção das Nações Unidas contra a Tortura e Outros Tratamentos ou Penas Cruéis, Desumanos ou Degradantes, promulgado pelo Decreto nº 6.085, de 19 de abril de 2007.

**Art. 14.** Os primeiros membros do MNPCT cumprirão mandatos diferenciados, nos seguintes termos:

**I** – 3 (três) peritos serão nomeados para cumprir mandato de 2 (dois) anos;

**II** – 4 (quatro) peritos serão nomeados para cumprir mandato de 3 (três) anos; e

**III** – 4 (quatro) peritos serão nomeados para cumprir mandato de 4 (quatro) anos.

**Parágrafo único.** Nos mandatos subsequentes deverá ser aplicado o disposto no § 1º do art. 8º.

**Art. 15.** Esta Lei entra em vigor na data de sua publicação.

Brasília, 2 de agosto de 2013; 192º da Independência e 125º da República.

DILMA ROUSSEFF

Publicado no D.O.U. de 5.8.2013

# DECRETO Nº 8.136, DE 5 DE NOVEMBRO DE 2013

*Aprova o regulamento do Sistema Nacional de Promoção da Igualdade Racial - Sinapir, instituído pela Lei nº 12.288, de 20 de julho de 2010.*

A PRESIDENTA DA REPÚBLICA, no uso da atribuição que lhe confere o art. 84, *caput*, inciso VI, da Constituição, e tendo em vista o disposto no art. 47 da Lei nº 12.288, de 20 de julho de 2010,

DECRETA:

✪ **Art. 1º** Fica aprovado o regulamento do Sistema Nacional de Promoção da Igualdade Racial - Sinapir, na forma do Anexo.

**Art. 2º** Este Decreto entra em vigor na data de sua publicação.

Brasília, 5 de novembro de 2013; 192º da Independência e 125º da República.

DILMA ROUSSEFF

Luiza Helena de Bairros

## ANEXO
## REGULAMENTO DO SISTEMA NACIONAL DE PROMOÇÃO DA IGUALDADE RACIAL

## CAPÍTULO I
## DA DEFINIÇÃO E DOS MARCOS REGULATÓRIOS

### SEÇÃO I
### DA DEFINIÇÃO

**Art. 1º** O Sistema Nacional de Promoção da Igualdade Racial - Sinapir, instituído pela Lei nº 12.288, de 20 de julho de 2010, constitui forma de organização e de articulação voltadas à implementação do conjunto de políticas e serviços destinados a superar as desigualdades raciais existentes no País, prestado pelo Poder Executivo federal.

**§ 1º** O Sinapir é um sistema integrado que visa a descentralizar e tornar efetivas as políticas públicas para o enfrentamento ao racismo e para a promoção da igualdade racial no País.

**§ 2º** O Sistema tem a função precípua de organizar e promover políticas de igualdade racial, compreendidas como conjunto de diretrizes, ações e práticas a serem observadas na atuação do Poder Público e nas relações entre o Estado e a sociedade.

**Art. 2º** O Sinapir será organizado por meio da definição de competências e responsabilidades específicas para a União e para os demais entes federados que aderirem ao Sistema.

**§ 1º** O funcionamento do Sistema deve assegurar que a ação de cada parte integrante observe a finalidade comum, garantida a participação da sociedade civil e o controle social das políticas públicas.

**§ 2º** Deverão ser adotadas estratégias para assegurar à política de igualdade racial prioridade no planejamento e no orçamento dos entes federados que aderirem ao Sinapir de modo a garantir o desenvolvimento de programas com impacto efetivo na superação das desigualdades raciais.

**§ 3º** O Sinapir deve garantir que a igualdade racial seja contemplada na formulação, implementação, monitoramento e avaliação de políticas públicas, em todas as esferas de governo.

### SEÇÃO II
### DOS FUNDAMENTOS LEGAIS

**Art. 3º** São fundamentos legais do Sinapir:

**I** - Lei nº 12.288, de 20 de julho de 2010, que institui o Estatuto da Igualdade Racial, em cujo Título III (Capítulos I, II e III) foi instituído o Sinapir;

**II** - Convenção Internacional sobre a Eliminação de todas as Formas de Discriminação Racial, aprovada pelo Decreto Legislativo nº 23, de 21 de junho de 1967, ratificada pela República Federativa do Brasil em 27 de março de 1968 e promulgada pelo Decreto nº 65.810, de 8 de dezembro de 1969;

**III** - Política Nacional de Promoção da Igualdade Racial, instituída pelo Decreto nº 4.886, de 20 de novembro de 2003; e

**IV** - Plano Nacional de Promoção da Igualdade Racial - Planapir, aprovado pelo Decreto nº 6.872, de 4 de junho de 2009.

## CAPÍTULO II
## DOS PRINCÍPIOS E DOS OBJETIVOS

### SEÇÃO I
### DOS PRINCÍPIOS

✪ **Art. 4º** São princípios do Sinapir:

**I** - desconcentração, que consiste no compartilhamento, entre os órgãos e entidades da administração púbica federal, das responsabilidades pela execução e pelo monitoramento das políticas setoriais de igualdade racial;

**II** - descentralização, que se realiza na definição de competências e responsabilidades dos Estados, Distrito Federal e Municípios, de modo a permitir que as políticas de igualdade racial atendam as necessidades da população;

**III** - gestão democrática, que envolve a participação da sociedade civil na proposição, acompanhamento e realização de iniciativas, por meio dos conselhos e das conferências de Promoção da Igualdade Racial; e

**IV** - estímulo à adoção de medidas que favoreçam a promoção da igualdade racial pelos Poderes Legislativo e Judiciário, Ministério Público, Defensorias Públicas e iniciativa privada.

### SEÇÃO II
### DOS OBJETIVOS

**Art. 5º** São objetivos do Sinapir, de acordo com o art. 48 da Lei nº 12.288, de 2010:

**I** - promover a igualdade étnica e o combate às desigualdades sociais resultantes do racismo, inclusive mediante a adoção de ações afirmativas;

**II** - formular políticas destinadas a combater os fatores de marginalização e a promover a integração social da população negra;

**III** - descentralizar a implementação de ações afirmativas pelos governos estaduais, distrital e municipais;

**IV** - articular planos, ações e mecanismos para promoção da igualdade étnica; e

**V** - garantir a eficácia dos meios e dos instrumentos criados para a implementação das ações afirmativas e o cumprimento das metas a serem estabelecidas.

## CAPÍTULO III
## DOS INSTRUMENTOS GERENCIAIS

**Art. 6º** Constituem instrumentos de gestão do Sinapir:

**I** - o Plano Nacional de Promoção da Igualdade Racial - Planapir, e os planos estaduais, distrital e municipais;

**II** - o Plano Plurianual de Governo; e

**III** - a Rede-Sinapir, a ser criada com o fim de promover:

*a)* a gestão de informação;

*b)* as condições para o monitoramento;

*c)* a avaliação do Sinapir; e

*d)* o acesso e o controle social.

**Art. 7º** A atuação da Rede-Sinapir deverá ser precedida de:

**I** - formação de cadastro nacional dos órgãos de políticas de promoção da igualdade racial, nas esferas estadual, distrital e municipal; e

**II** - desenvolvimento de portal na internet, com acesso diferenciado e voltado para a divulgação das ações dos diversos órgãos e entidades que compõem o Sinapir.

**Parágrafo único.** Simultaneamente ao funcionamento do Sistema, ocorrerão o aperfeiçoamento e a disseminação dos instrumentos e técnicas de avaliação e monitoramento das ações dos órgãos e entidades que compõe o Sinapir e a análise do impacto dessas ações nas condições de vida das populações negra, indígena e cigana.

## CAPÍTULO IV
## DA ESTRUTURA DO SINAPIR

### SEÇÃO I
### DA ESTRUTURA

**Art. 8º** Integram a estrutura do Sinapir:

**I** - conferências de Promoção da Igualdade Racial - nacional, estaduais, distrital e municipais, que constituem instâncias formais de diálogo entre o setor público e a sociedade civil, visando a garantir a participação social na proposição, implementação e monitoramento das políticas públicas;

**II** - Conselho Nacional de Promoção da Igualdade Racial - CNPIR, de natureza consultiva, ao qual compete exercer o controle social, por meio do acompanhamento da implementação das políticas de promoção da igualdade racial, e contribuir para que sua execução esteja em conformidade com as diretrizes da Conferência Nacional de Promoção da Igualdade Racial;

**III** - Secretaria de Políticas de Promoção da Igualdade Racial da Presidência da República - SEPPIR-PR, responsável pela articulação ministerial e pela coordenação central do Sistema;

**IV** - Fórum Intergovernamental de Promoção da Igualdade Racial - Fipir, espaço de formação de pactos no âmbito do Sistema, constituído pela Secretaria de Políticas de Promoção da Igualdade Racial da Presidência da República e pelos órgãos de promoção da igualdade racial estaduais, distrital e municipais, responsáveis pela articulação da política nas suas esferas de governo; e

**V** - Ouvidoria Permanente em Defesa da Igualdade Racial do Poder Executivo, responsável pela interlocução imediata entre cidadãos e o Poder Público, a qual cabe funcionar como canal para o recebimento de opiniões e reclamações, a mediação de conflitos e o encaminhamento de denúncias de racismo e discriminação racial.

**Parágrafo único.** A implementação do Sistema em âmbito federal será feita pela Secretaria de Políticas de Promoção da Igualdade Racial da Presidência da República em conjunto com os Ministérios responsáveis pela execução de politicas setoriais de promoção igualdade racial.

**Art. 9º** As conferências devem ser realizadas a cada quatro anos, conforme cronograma a ser definido pela Secretaria de Políticas de Promoção da Igualdade Racial da Presidência da República, ouvido o Conselho Nacional de Promoção da Igualdade Racial.

**Art. 10.** Os órgãos estaduais de promoção da igualdade racial dos entes que aderirem ao Sinapir são responsáveis pela criação de fóruns estaduais de gestores municipais e pelo apoio ao seu funcionamento, a fim de assegurar a descentralização da política de promoção da igualdade racial e possibilitar a representação dos Municípios na instância de formação de pactos do Sinapir.

**Art. 11.** Fica instituído, no âmbito do Sinapir, o Fórum Intergovernamental de Promoção da Igualdade Racial - Fipir, com o objetivo de implementar estratégias para a incorporação da política nacional de promoção da igualdade étnico-racial às ações governamentais de Estados e Municípios.

**§ 1º** Ao Fipir competirá atuar como instância de formação de pactos entre os entes federados, com o fim de promover a igualdade racial e o enfrentamento ao racismo.

**§ 2º** O Fipir será composto por dirigentes responsáveis pela articulação e pela coordenação da política de promoção da igualdade racial da União, dos Estados, do Distrito Federal e da representação dos Municípios em cada Estado, escolhida no fórum estadual de gestores municipais.

**§ 3º** O regimento interno provisório do Fipir e as orientações gerais para o funcionamento dos fóruns estaduais de gestores municipais serão definidas em ato do Ministro de Estado Chefe da Secretaria de Políticas de Promoção da Igualdade Racial da Presidência da República.

**§ 4º** Uma vez que o Fipir e os fóruns estaduais de gestores municipais estejam compostos, respectivamente, por cinquenta por cento dos Estados e por cinquenta por cento dos Municípios com órgãos de promoção da igualdade racial, será elaborado o regimento interno de ambas as instâncias.

**§ 5º** Para a votação do regimento interno do Fipir, cada esfera da federação representada no fórum terá direito a um voto.

**§ 6º** Para fins do disposto no §5º, considera-se o Distrito Federal incluído na esfera estadual.

**§ 7º** A coordenação do Fipir compete à Secretaria de Políticas de Promoção da Igualdade Racial da Presidência da República, que proverá o apoio administrativo e os meios necessários ao seu funcionamento.

## CAPÍTULO V
## DA ADESÃO, PARTICIPAÇÃO, COMPETÊNCIAS E RESPONSABILIDADES

### SEÇÃO I
### DA ADESÃO AO SISTEMA

**Art. 12.** São requisitos para adesão de Estados, Distrito Federal e Municípios ao Sinapir:

**I** - instituição e funcionamento de conselho voltado para a promoção da igualdade racial, composto por igual número de representantes de órgãos e entidades públicas e de organizações da sociedade civil; e

**II** - instituição e funcionamento de órgão de promoção da igualdade racial na estrutura administrativa.

**Parágrafo único.** Os Municípios poderão satisfazer as condições previstas nos incisos I e II do caput por meio de consórcios públicos, nos termos do art.26.

### SEÇÃO II
### DAS CONDIÇÕES PARA A PARTICIPAÇÃO DE ESTADOS, DISTRITO FEDERAL E MUNICÍPIOS NO SINAPIR

**Art. 13.** Participam do Sinapir a União, representada pela Secretaria de Políticas de Promoção da Igualdade Racial da Presidência da República e pelos órgãos responsáveis pela execução de políticas setoriais de promoção da igualdade racial, e, os Estados, Distrito Federal e os Municípios que tenham aderido ao Sistema.

**Parágrafo único.** Ato do Ministro de Estado Chefe da Secretaria de Políticas de Promoção da Igualdade Racial da Presidência da República disciplinará os procedimentos a serem seguidos no processo de adesão ao Sinapir pelos entes federados, no prazo de noventa dias, contado da data de publicação deste Decreto.

**Art. 14.** São condições para a participação de Estados e Distrito Federal no Sinapir:

**I** - instituir e apoiar administrativa e financeiramente os conselhos estaduais e distrital voltados para a promoção da igualdade racial;

**II** - assegurar o funcionamento dos órgãos estaduais e distrital de promoção da igualdade racial, oferecendo condições administrativas e financeiras, observados os requisitos e as formas de gestão do Sinapir, nos termos do art. 14;

**III** - participar do Fórum Intergovernamental de Promoção da Igualdade Racial;

**IV** - organizar e coordenar fóruns estaduais de gestores municipais de promoção da igualdade racial;

**V** - elaborar e executar os planos estaduais e distrital de promoção da igualdade racial;

**VI** - apoiar os Municípios na criação de órgãos de promoção da igualdade racial e na elaboração e execução de seus planos;

**VII** - realizar conferências estaduais e distrital de promoção da igualdade racial e apoiar a realização de conferências municipais;

**VIII** - fortalecer os planos e programas decorrentes da Política Nacional de Promoção da Igualdade Racial; e

**IX** - executar a política estadual e distrital de promoção da igualdade racial, em conformidade com o que for pactuado no Sinapir.

**Parágrafo único.** Salvo as condições previstas nos incisos I e II do caput, as demais poderão ser satisfeitas concomitantemente à participação do Estado ou Distrito Federal no Sinapir.

**Art. 15.** São condições para participação dos Municípios no Sinapir:

**I** - instituir e apoiar administrativa e financeiramente os conselhos municipais voltados para a promoção da igualdade racial;

**II** - assegurar o funcionamento dos órgãos municipais de promoção da igualdade racial, oferecendo condições administrativas e financeiras, observados os requisitos e as formas de gestão do Sinapir, nos termos do art. 14;

**III** - participar e contribuir para o fortalecimento dos fóruns estaduais de gestores municipais de promoção da igualdade racial;

**IV** - participar do Fórum Intergovernamental de Promoção da Igualdade Racial, por meio de representação do respectivo fórum estadual de gestores municipais;

**V** - elaborar e executar os planos municipais de promoção da igualdade racial;

**VI** - realizar as conferências municipais de promoção da igualdade racial; e

**VII** - executar a política de promoção da igualdade racial em âmbito municipal, em conformidade com o que for pactuado no Sinapir.

**§ 1º** Salvo as condições previstas nos incisos I e II do caput, as demais poderão ser satisfeitas concomitantemente à participação dos Municípios ao Sinapir.

**§ 2º** Os Municípios poderão satisfazer as condições para a participação no Sistema por meio de consórcios públicos, nos termos do art. 26.

**Art. 16.** Ato do Ministro de Estado Chefe da Secretaria de Políticas de Promoção da Igualdade Racial da Presidência da República, no prazo de noventa dias, contado da data de publicação deste Decreto, definirá as modalidades de gestão do Sistema.

**Parágrafo único.** A qualquer momento os entes federados poderão retirar-se do Sistema.

### SEÇÃO III
### DA PARTICIPAÇÃO DA SOCIEDADE CIVIL NO SINAPIR

**Art. 17.** A sociedade civil participará do Sistema por meio dos conselhos voltados para a promoção da igualdade racial em âmbito nacional, estadual, distrital e municipal e das conferências de Promoção da Igualdade Racial.

**Art. 18.** A composição de grupos de trabalho, comitês ou outras instâncias para as quais a sociedade civil tenha representantes devidamente designados será considerada forma de participação no Sistema.

**Art. 19.** A execução pela sociedade civil de projetos específicos de promoção da igualdade racial e de enfrentamento ao racismo, de interesse da coletividade, financiados pelo Poder Público, também constitui forma de participação no Sinapir.

### SEÇÃO IV
### DAS COMPETÊNCIAS E RESPONSABILIDADES DA UNIÃO

**Art. 20.** Compete à União coordenar o Sinapir e exercer as seguintes funções:

**I** - adotar políticas de fomento para a participação de Estados, Distrito Federal e Municípios no Sistema;

**II** - articular planos e programas a serem pactuados no âmbito do Sinapir e executados sob a coordenação dos órgãos de promoção da igualdade racial integrantes do Sistema;

**III** - fortalecer os planos e programas decorrentes da Política Nacional de Promoção da Igualdade Racial;

**IV** - apoiar os Estados, o Distrito Federal e os Municípios na criação de órgãos de promoção da igualdade racial e na implementação das políticas de promoção da igualdade racial;

**V** - executar a política de promoção da igualdade racial em âmbito federal, monitorá-la e criar instrumentos para aferir a sua eficácia;

**VI** - implementar o Plano Nacional de Promoção da Igualdade Racial - Planapir;

**VII** - realizar conferências nacionais de promoção da igualdade racial e apoiar a realização das conferências estaduais e distrital; e

**VIII** - apoiar o funcionamento da Ouvidoria Permanente de Promoção da Igualdade Racial no Poder Público federal.

## CAPÍTULO VI
## DO MECANISMO DE FINANCIAMENTO

**Art. 21.** Os entes que aderirem ao Sinapir devem assegurar, em seus orçamentos, recursos para a implementação das políticas de igualdade racial e promover medidas de transparência quanto à alocação desses recursos.

**Art. 22.** As políticas de promoção da igualdade racial e de enfrentamento ao racismo pactuadas no âmbito do Sistema serão cofinanciadas pela União e os Estados, Distrito Federal e Municípios que aderirem ao Sinapir.

**Art. 23.** O mecanismo de financiamento do Sinapir, em âmbito federal, compreende recursos oriundos:

**I** - do orçamento da Secretaria de Políticas de Promoção da Igualdade Racial da Presidência da República;

**II** - das ações orçamentárias previstas na lei orçamentária anual direcionadas à promoção da igualdade racial e enfrentamento ao racismo;

**III** - de doações voluntárias de particulares, de empresas privadas e de organizações não governamentais;

**IV** - de doações voluntárias de fundos nacionais e internacionais; e

**V** - de doações de Estados estrangeiros, por meio de convênios, tratados e acordos internacionais.

**Art. 24.** As transferências voluntárias de recursos federais para apoio à promoção da igualdade racial deverão priorizar os entes estaduais, distrital e municipais que tiverem aderido ao Sinapir.

**Parágrafo único.** A Secretaria de Políticas de Promoção da Igualdade Racial da Presidência da República poderá selecionar projetos de Estados, Distrito Federal e Municípios por editais, priorizados aqueles apresentados por entes que tiverem aderido ao Sinapir.

**Art. 25.** O apoio a iniciativas de organizações da sociedade civil será feito por meio de parcerias com entidades selecionadas mediante editais de chamamento público.

## CAPÍTULO VII
## DISPOSIÇÕES GERAIS

**Art. 26.** Os entes que quiserem aderir ao Sinapir poderão formar consórcios públicos para a implementação conjunta das políticas de promoção da igualdade racial.

**Art. 27.** A participação nas atividades do Fipir é considerada prestação de serviço público relevante, não remunerada.

**Art. 28.** Ato do Ministro de Estado Chefe da Secretaria de Políticas de Promoção da Igualdade Racial da Presidência da República disciplinará normas adicionais necessárias ao cumprimento do disposto neste Decreto.

**Art. 29.** Será criado no âmbito do Governo federal o Disque Igualdade Racial, sob responsabilidade da Secretaria de Políticas de Promoção da Igualdade Racial da Presidência da República, para receber denúncias de racismo e discriminação racial, em especial, as relacionadas à juventude negra, comunidades tradicionais de matriz africana, comunidades quilombolas e povos de cultura cigana.

**Parágrafo único.** Poderão ser celebradas com os Estados, Distrito Federal e Municípios integrantes do Sinapir parcerias para formação de rede nacional de atendimento às vítimas de discriminação racial.

EDITORA JusPODIVM
www.editorajuspodivm.com.br

RENOVA GRAF
www.renovagraf.com.br